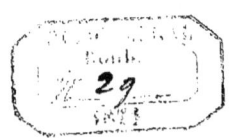

OEUVRES COMPLÈTES

DE SAINT AUGUSTIN

ÉVÊQUE D'HIPPONE

TABLE DES OUVRAGES COMPRIS DANS LE TOME XI

EXPLICATION DE QUELQUES PROPOSITIONS DE L'EPITRE AUX ROMAINS (Un livre) 1
EXPLICATION DE L'EPITRE AUX GALATES (Un livre). 60

APPENDICE

DES MERVEILLES DE L'ECRITURE SAINTE (Trois livres). 122
DES BÉNÉDICTIONS DU PATRIARCHE JACOB 195
QUESTIONS SUR L'ANCIEN ET LE NOUVEAU TESTAMENT 210
EXPOSITION DE L'APOCALYPSE DE SAINT JEAN 301

Traduits par M. PÉRONNE, chanoine titulaire de Soissons.

DISCOURS SUR LES PSAUMES (Du psaume Ier au psaume XXXe). 555

Traduits par M. VINCENT, curé archiprêtre de Vervins.

Besançon. — Imprimerie d'Outhenin-Chalandre fils.

ŒUVRES COMPLÈTES

DE

SAINT AUGUSTIN

ÉVÊQUE D'HIPPONE

TRADUITES EN FRANÇAIS ET ANNOTÉES

PAR MM.

PÉRONNE
Chanoine titulaire de Soissons, ancien professeur
d'Écriture sainte et d'éloquence sacrée.

ÉCALLE
Professeur au grand séminaire de Troyes, traducteur
de la *Somme contre les Gentils*.

VINCENT
Archiprêtre de Vervins.

CHARPENTIER
Doct. en théol., trad. des *Œuvres de S. Bernard*.

H. BARREAU
Docteur ès-lettres et en philosophie, chevalier de plusieurs ordres.

renfermant

LE TEXTE LATIN ET LES NOTES DE L'ÉDITION DES BÉNÉDICTINS

TOME ONZIÈME

EXPLICATION DES ÉPITRES AUX ROMAINS ET AUX GALATES ; APPENDICE CONTENANT DES OPUSCULES
SUR L'ÉCRITURE SAINTE ET DES QUESTIONS SUR L'ANCIEN ET LE NOUVEAU TESTAMENT ; COMMENCEMENT DES DISCOURS
SUR LES PSAUMES

PARIS

LIBRAIRIE DE LOUIS VIVÈS, ÉDITEUR

RUE DELAMBRE, 13

1871

EXPLICATION DE QUELQUES PROPOSITIONS
DE
L'ÉPITRE AUX ROMAINS
PAR
SAINT AURÈLE AUGUSTIN
ÉVÊQUE D'HIPPONE.

LIVRE UNIQUE [1]

Voici le sens de quelques propositions de l'épître de saint Paul aux Romains. Il faut avant tout que chacun se pénètre bien de cette vérité, qu'il est question dans cette épître des œuvres de la loi et de la grâce.

PROPOSITION I. — « Selon l'esprit de sainteté, par sa résurrection d'entre les morts, »(*Rom.*, I, 4) c'est-à-dire que les fidèles ont reçu le don de l'Esprit saint après la résurrection du Sauveur; saint Paul fait ici mention de la résurrection des morts, parce que c'est en lui que nous avons tous été crucifiés et que nous sommes ressuscités.

II. — « Pour vous faire part de la grâce spirituelle, » (*Rom.*, I, 11) c'est-à-dire de l'amour de Dieu et du prochain, afin que la charité de Jésus-Christ les défendît de tout sentiment d'envie contre les Gentils, appelés à la connaissance de l'Evangile.

III. — « Là aussi nous est révélée la colère de Dieu contre toute impiété, » etc. (*Rom.*, I, 18.) Salomon a dit en parlant des sages du monde : « S'ils ont pu avoir assez de lumière pour connaître l'ordre de l'univers, comment n'ont-ils pas découvert plus facilement le maître du monde? » (*Sag.*, XIII, 9.) Mais ceux à qui Salomon adresse ce reproche n'ont pas connu le Créateur par la créature, tandis que ceux que condamne l'Apôtre l'ont connu, mais sans lui rendre grâce, et en se disant sages ils sont devenus fous (*Ibid.*, 21, 22) et sont tombés dans le culte honteux des idoles. Le même Apôtre prouve

---

[1] Ce livre a été écrit vers l'an 394 de Jésus-Christ, lorsqu'Augustin n'était encore que simple prêtre. (Voyez livre I *des Rétractations*, chapitre XXIII.)

S. AURELII AUGUSTINI, HIPPONENSIS EPISCOPI
EXPOSITIO
QUARUMDAM PROPOSITIONUM
EX EPISTOLA AD ROMANOS
LIBER UNUS.

Sensus hi sunt in Epistola ad Romanos Pauli apostoli. Primo omnium ut quisque intelligat in hac Epistola quæstionem versari operum legis et gratiæ.

PROPOSITIO I. — Quod autem ait : « Secundum Spiritum sanctificationis ex resurrectione mortuorum, » (*Rom.*, I, 4) id est, quia Spiritus donum acceperunt post ejus resurrectionem : mortuorum vero resurrectionem memorat, quia in ipso omnes crucifixi sumus, et resurreximus.

II. — Quod autem dicit : « Ut gratiam vobis spiritalem impertiar : » (*Rom.*, I, 11) dilectionem scilicet Dei et proximi, ut per caritatem Christi Gentibus in Evangelium vocatis minime inviderent.

III. — Quod autem dicit : « Revelatur ira Dei de cœlo super omnem impietatem, » etc. (*Rom.*, I, 18) ait et Salomon de sapientibus mundi : Si enim tantum potuerunt scire, ut possent æstimare sæculum, quomodo ipsius mundi Dominum et creatorem non facilius invenerunt? (*Sap.*, XIII, 9.) Sed quos arguit Salomon, non cognoverunt per creaturam creatorem : quos autem arguit Apostolus, cognoverunt, sed gratias non egerunt, et dicentes se esse sapientes, stulti facti sunt (*Rom.*, I, 21, 22) et ad colenda simulacra deciderunt. Nam sapientes Gentium quod invenerint creatorem,

jusqu'à l'évidence que les sages parmi les Gentils ont découvert le Créateur lorsque, parlant aux Athéniens, après leur avoir dit : « C'est en lui que nous avons la vie, le mouvement et l'être, » (*Act.*, XVII, 28) il ajoute : « Comme quelques-uns de vos poètes ont dit. » S'il commence par condamner l'impiété des Gentils, c'est dans l'intention de leur prouver que ceux d'entre eux qui se convertiront pourront avoir part à la grâce. Il serait injuste en effet qu'ils subissent le châtiment de leur impiété sans recevoir la récompense de leur foi.

IV. — « Ayant connu Dieu, ils ne l'ont point glorifié comme Dieu et ne lui ont point rendu grâce. » (*Rom.*, I, 21.) Voilà le principe du péché, comme l'Esprit saint l'a dit ailleurs : « L'orgueil est la source de tout péché. » (*Eccli.*, X, 15.) S'ils avaient rendu grâces à Dieu, qui leur avait donné cette sagesse, ils ne se seraient rien attribué dans leurs pensées. Aussi ont-ils mérité que Dieu les livrât aux désirs de leur cœur, qui les ont entraînés dans des actions infâmes.

V. — « Il les a livrés, » dit saint Paul (*Rom.*, I, 24), c'est-à-dire il les a abandonnés aux désirs de leur cœur, et le juste châtiment qu'ils ont reçu de Dieu, selon l'Apôtre, c'est d'avoir été ainsi livrés aux désirs de leur cœur.

VI. — « Dieu a livré à un sens dépravé, etc., ces hommes remplis de toute sorte d'iniquités, » (*Rom.*, I, 28) ce qu'il faut entendre des crimes qui sont de nature à nuire au prochain. L'Apôtre avait parlé précédemment de ces œuvres de corruption qu'on nomme les péchés honteux et qui conduisent aux crimes qui blessent les droits du prochain. En effet, une fois entraîné par la douceur pernicieuse des uns, on s'efforce d'écarter ceux qui s'opposent à ces infâmes jouissances, et l'on tombe dans les crimes dont il est ici question. Cette progression se trouve également indiquée dans le livre de la sagesse où Salomon, après avoir énuméré ces mêmes œuvres de corruption, ajoute : « Dressons des pièges au juste dans l'indigence, parce qu'il nous est inutile, » etc. (*Sag.*, II, 12.)

VII. — « Et non-seulement ceux qui font de pareilles actions, mais encore ceux qui les approuvent. » (*Rom.*, I, 32.) Saint Paul veut nous apprendre que c'est de leur pleine volonté qu'ils ont fait ces actions, puisque non-contents de consentir au mal, ils lui donnent leur approbation. C'est donc de ces péchés qui ont tout leur caractère de malice que l'Apôtre parle ensuite en ces termes : — VIII. — « C'est pourquoi, qui que vous soyez, ô homme, vous êtes inexcusable en condamnant les autres. » (*Rom.*, II, 1.) Cette expression : « Qui que vous soyez, » indique déjà dans sa pensée non-seulement les Gentils, mais les Juifs, qui prétendaient juger les Gentils d'après la loi.

---

manifeste idem Apostolus, cum Atheniensibus loqueretur, ostendit. Cum enim dixisset : Quia in ipso vivimus et movemur, et sumus (*Act.*, XVII, 28) : addidit : Sicut et quidam secundum vos dixerunt. Hac autem intentione prius arguit impietatem Gentium, ut ex hac probet etiam ad gratiam posse pertingere conversos. Injustum est enim, ut pœnam subeant impietatis, et præmium fidei non accipiant.

IV. — Quod autem dicit : « Cognoscentes Deum, non ut Deum glorificaverunt, aut gratias egerunt, » (*Rom.*, I, 21) hoc caput est peccati, de quo dictum est : Initium omnis peccati superbia. (*Eccli.*, X, 15.) Qui si gratias egissent Deo, qui dederat hanc sapientiam, non sibi aliquid tribuissent cogitationibus suis. Quapropter in desideria cordis sui traditi sunt a Domino, ut facerent quæ non convenirent.

V. — Quod autem dicit : « Tradidit, » intelligitur, dimisit in desideria cordis eorum. (*Rom.*, I, 24.) Mercedem autem mutuam dicit recepisse de Deo, ut traderentur in desideria cordis sui.

VI. — Quod autem demum dicit : « Tradidit illos Deus in reprobam mentem, etc. repletos, ait, omni iniquitate, » (*Rom.*, I, 28) datur intelligi, ad nocendum pertinere ista, quæ nunc dicit, id est facinora. Superius autem dicebat de corruptelis, quæ flagitia nominantur, ex quibus ad facinora pervenitur : quoniam quisque perniciosam dulcedinem flagitiorum sequens, dum impedientes personas removere conatur, pergit in facinus. Sic distinctus est etiam ille locus in Sapientia Salomonis, ubi cum enumerasset superiora flagitia, ait : Circumveniamus pauperem justum, quoniam inutilis est nobis, etc. (*Sap.*, II, 12.)

VII. — Quod autem dicit : « Non solum qui ea faciunt, sed etiam qui consentiunt facientibus, » (*Rom.*, I, 32) significat quia quæcumque fecerunt, non inviti, sed cum ad mala facta consentiunt, etiam illa quæ fecerunt approbant : et ideo de perfectis jam peccatis dicit : — VIII. — « Propterea inexcusabilis es, o homo omnis qui judicas. » (*Rom.*, II, 1.) « Omnis » autem cum dicit, subintrat jam ut monstret, non solum Gentilem, sed etiam Judæum, qui secundum Legem volebat judicare de Gentibus.

IX. — « Vous vous amassez un trésor de colère pour le jour de la colère. » (*Rom.*, II, 5.) Saint Paul prend ici continuellement le mot de colère dans le sens de vengeance. C'est pour cela qu'il ajoute : « Du juste jugement de Dieu. » Il est à remarquer que cette expression colère de Dieu est également employée dans le Nouveau Testament. Les adversaires de la loi de Moïse (1) condamnent cette expression lorsqu'ils la rencontrent dans la loi ancienne. Dieu, disent-ils, n'est pas comme nous sujet au trouble intérieur de l'âme. « Vous, le dominateur de la puissance, dit Salomon, vous jugez avec un calme parfait. » (*Sag.*, XII, 18.) Mais la colère, nous l'avons dit, est prise ici dans le sens de vengeance.

X. — Ces paroles : « Par le témoignage de leur propre conscience, » (*Rom.*, II, 15) sont conformes à ce que dit l'apôtre saint Jean : « Mes bien-aimés, si notre cœur nous condamne, Dieu est plus grand que notre cœur, » etc. (I *Jean*, III, 20.)

XI. — « En esprit et non selon la lettre, » (*Rom.*, II, 29) c'est-à-dire qu'il faut entendre la loi d'après l'esprit, et non d'après la lettre de la loi, comme il est arrivé à ceux qui ont reçu la circoncision dans un sens charnel plutôt que dans sa signification spirituelle.

XII. — Ces paroles : « Dont la gloire vient non des hommes, mais de Dieu, » (*Rom.*, II, 29) ont le même sens que ces autres : « Le vrai Juif est celui qui l'est intérieurement. »

XIII. — « Parce que nul homme ne sera justifié devant Dieu par les œuvres de la loi, car ce que donne la loi, c'est la connaissance du péché. » (*Rom.*, III, 20.) Ces paroles et d'autres semblables où plusieurs croient trouver un blâme sévère contre la loi doivent être lues avec beaucoup d'attention pour éviter cette double conséquence, ou que l'Apôtre ait voulu condamner la loi ou qu'il ait détruit le libre arbitre de l'homme. Distinguons donc ces trois états progressifs de l'homme, avant la loi, sous la loi, sous la grâce, dans la paix. Avant la loi, nous suivons la concupiscence de la chair; sous la loi, elle nous entraîne; sous la grâce, nous ne la suivons point, et elle cesse de nous entraîner; sous le règne de la paix, la concupiscence de la chair n'existe plus. Avant la loi donc nous ne combattons point, parce que non-seulement la concupiscence et le péché nous dominent, mais obtiennent même notre approbation ; sous la loi, nous combattons, mais nous sommes vaincus ; nous avouons que nos œuvres sont mauvaises, et cet aveu prouve que nous ne voulons point les faire ; mais la grâce nous fait encore défaut, et nous sommes nécessairement vaincus. Ce premier degré nous apprend l'état d'abaissement où nous sommes réduits ; mais en voulant nous

---

(1) Les Manichéens.

IX. — Quod autem dicit : « Thesaurizas tibi iram in die iræ, » (*Rom.*, II, 5) iram Dei ubique loquitur pro vindicta. Idcirco ait : « Justi judicii Dei. » Notandum autem, quia ira Dei ponitur et in Novo Testamento : quod cum in Vetere legunt homines qui Legi veteri adversantur, culpandam eam putant : cum Deus utique sicuti nos perturbationibus non subjaceat, dicente Salomone : Tu autem Domine virtutum cum tranquillitate judicas. (*Sap.*, XII, 18.) Sed ira, ut dictum est, in vindictæ significatione ponitur.

X. — Quod autem dicit : « Contestante conscientia illorum, » (*Rom.*, II, 15) secundum illud loquitur Joannis apostoli quo ait : Dilectissimi, si cor nostrum nos reprehenderit, major est Deus conscientia nostra, etc. (I *Joan.*, III, 20.)

XI. — Quod autem dicit : « Spiritu, non littera, » (*Rom.*, II, 29) hoc est, ut secundum spiritum, non secundum quod habet littera, Lex intelligatur : quod utique contigit illis, qui circumcisionem magis carnaliter quam spiritaliter acceperunt.

XII. — Quod autem dicit : « Cujus laus non ex hominibus, sed ex Deo, » (*Rom.*, II, 29) illi convenit quod ait : « Qui in secreto Judæus est. »

XIII. — Quod autem dicit : — « Quia non justificabitur in Lege omnis caro coram illo, per Legem enim cognitio peccati, » (*Rom.*, III, 20) et cætera similia, quæ quidam putant in contumeliam Legis objicienda, sollicite satis legenda sunt, ut neque Lex ab Apostolo improbata videatur, neque homini arbitrium liberum sit ablatum. Itaque quatuor istos gradus hominis distinguamus, ante Legem, sub Lege, sub gratia, in pace. Ante Legem, sequimur concupiscentiam carnis : sub Lege, trahimur ab ea : sub gratia, nec sequimur eam, nec trahimur ab ea : in pace, nulla est concupiscentia carnis. Ante Legem ergo non pugnamus ; quia non solum concupiscimus et peccamus, sed etiam approbamus peccata : sub Lege pugnamus, sed vincimur ; fatemur enim mala esse quæ facimus, et fatendo mala esse, utique nolumus facere, sed quia nondum est gratia, superamur. In isto gradu ostenditur nobis quomodo jaceamus, et

relever, nous faisons de nouvelles chutes qui ne font qu'aggraver nos maux.

XIV. — C'est ce qui fait dire à saint Paul dans cette même épître : « La loi est survenue pour que le péché abondât. » (*Rom.*, v, 20.)

XV. — C'est dans le même sens qu'il dit encore : « Car par la loi on n'a que la connaissance du péché. » (*Rom.*, III, 20.) La loi ne détruit pas le péché, c'est le privilége exclusif de la grâce. La loi est donc bonne parce qu'elle défend ce qui est mal et commande ce qui est bien. Mais lorsqu'un homme se flatte de pouvoir accomplir la loi par ses propres forces et sans la grâce du libérateur, cette présomption lui devient non-seulement inutile, mais même nuisible, car elle le livre tout entier à la violence des désirs coupables et donne à ses fautes le caractère d'une prévarication véritable. « Là au contraire où il n'y a point de loi, il n'y a point de prévarication. » (*Rom.*, IV, 15.) Lors donc que dans cet état d'impuissance l'homme reconnaît qu'il ne peut se relever par lui-même, qu'il implore le secours du libérateur, il verra bientôt venir la grâce qui lui pardonnera ses péchés passés, aidera ses efforts, lui donnera l'amour de la justice et bannira toute crainte de son âme.

XVI. — Alors, bien que dans le cours de cette vie les désirs de la chair soulèvent encore des luttes intestines contre l'esprit pour l'entraîner dans le péché, l'esprit affermi dans la grâce et l'amour de Dieu refuse de consentir à ses désirs et reste innocent de tout péché. Car ce n'est point le désir coupable, mais le consentement qui fait le péché.

XVII. — C'est ce que nous enseigne le même apôtre lorsqu'il dit : « Que le péché ne règne donc point dans votre corps mortel, en sorte que vous obéissiez à ses convoitises. » (*Rom.*, VI, 12.) Il nous apprend que c'est en résistant aux désirs coupables qui s'élèvent dans notre âme que nous détruisons en nous le règne du péché. Mais comme ces désirs naissent de l'infirmité de notre chair mortelle et qu'ils nous sont transmis avec la vie par le péché de notre premier père, nous ne pouvons espérer d'en voir la fin que lorsque nous aurons mérité, par la résurrection de notre corps, cette heureuse transformation qui nous est promise, et où nous jouirons d'une paix parfaite, c'est-à-dire lorsque nous serons arrivés au quatrième état. Or, cette paix sera parfaite, parce qu'étant soumis nous-mêmes à Dieu, nous n'éprouverons plus aucune résistance.

XVIII. — C'est ce qu'enseigne l'Apôtre dans les paroles suivantes : « Le corps est mort à cause du péché, mais l'esprit est vivant à cause de la justice. Si donc l'esprit de celui qui a ressuscité Jésus d'entre les morts habite en vous, celui qui a ressuscité Jésus d'entre les morts vi-

dum surgere volumus et cadimus, gravius affligimur.

XIV. — Inde hic dicitur : Lex subintravit, ut abundaret delictum. (*Rom.*, v, 20.)

XV. — Inde et quod nunc positum est : « Per Legem enim cognitio peccati. » (*Rom.*, III, 20.) Non enim ablatio peccati est; quia per solam gratiam aufertur peccatum. Bona est ergo Lex, quia ea vetat quæ vetanda sunt, et ea jubet quæ jubenda sunt. Sed cum quisque illam viribus suis se putat implere, non per gratiam liberatoris sui, nihil ei prodest ista præsumptio : imo etiam tantum nocet, ut et vehementiori peccati desiderio rapiatur, et in peccatis etiam prævaricator inveniatur. Ubi enim non est Lex, nec prævaricatio. (*Rom.*, IV, 15.) Sic ergo jacens cum se quisque cognoverit, per seipsum surgere non valere, imploret Liberatoris auxilium. Venit ergo gratia quæ donet peccata præterita, et conantem adjuvet, et tribuat caritatem justitiæ, et auferat metum.

XVI. — Quod cum fit, tametsi desideria quædam carnis, dum in hac vita sumus, adversus spiritum nostrum pugnant, ut eum ducant in peccatum, non tamen his desideriis consentiens spiritus, quoniam est fixus in gratia et caritate Dei, desinit peccare. Non enim in ipso desiderio pravo, sed in nostra consensione peccamus.

XVII. — Ad hoc valet quod dicit idem Apostolus : Non ergo regnet peccatum in vestro mortali corpore ad obediendum desideriis ejus. (*Rom.*, VI, 12.) Hinc enim ostendit esse desideria, quibus non obediendo peccatum in nobis regnare non sinimus. Sed quoniam ista desideria de carnis mortalitate nascuntur, quæ trahimus ex primo peccato primi hominis, unde carnaliter nascimur; non fluientur hæc nisi resurrectione corporis immutationem illam, quæ nobis promittitur, meruerimus, ubi perfecta pax erit, cum in quarto gradu constituemur. Ideo autem perfecta pax, quia nihil nobis resistet non resistentibus Deo.

XVIII. — Hoc est quod dicit Apostolus : « Corpus quidem mortuum est propter peccatum, spiritus autem vita est propter justitiam. Si ergo Spiritus ejus qui suscitavit Jesum a mortuis, habitat in vobis; qui suscitavit Christum Jesum a mortuis, vivificabit et mortalia corpora vestra per inhabitantem Spiri-

vifiera aussi vos corps mortels à cause de son Esprit qui habite en vous. » (*Rom.*, VIII, 10, 11.) Le premier homme avait donc le libre arbitre dans sa perfection ; pour nous, au contraire, avant que nous ayions reçu la grâce, le libre arbitre n'est point le pouvoir, mais simplement la volonté de ne point pécher. C'est la grâce qui nous donne et la volonté et le pouvoir de faire le bien, non par nos propres forces, mais avec le secours du libérateur qui, au jour de la résurrection, nous accordera aussi cette paix parfaite qui est la récompense de la bonne volonté, selon qu'il est écrit : « Gloire à Dieu au plus haut des cieux, et paix aux hommes de bonne volonté. » (*Luc.*, II, 14.)

XIX. — Détruisons-nous donc la loi par la foi? A Dieu ne plaise ! au contraire, nous l'établissons, c'est-à-dire nous l'affermissons. Mais comment affermir la loi si ce n'est par la justice, et par la justice qui vient de la foi, car les œuvres que ne pouvait accomplir la loi ont été accomplies par la foi.

XX. — « Si Abraham a été justifié par ses œuvres, il a de quoi se glorifier, mais non devant Dieu ; » (*Rom.*, IV, 2) c'est-à-dire qu'Abraham, qui vivait avant la loi, n'a pu rechercher la gloire qui vient des œuvres de la loi, puisque cette loi n'était pas encore donnée, et par conséquent la gloire de sa justification ne lui appartient pas, mais à Dieu seul ; car ce n'est point à ses vertus et à ses œuvres qu'il doit sa justification, mais à la grâce de Dieu, qui l'a justifié par la foi.

XXI. — « Or, la récompense qu'on donne à quelqu'un pour ses œuvres ne lui est pas imputée comme une grâce, mais comme une dette. » (*Rom.*, IV, 4.) Saint Paul rappelle ici la manière dont les hommes récompensent les services qui leur sont rendus. Au contraire, ce que Dieu nous accorde est une grâce, parce que c'est lui qui donne aux pécheurs de vivre dans la justice par la foi, c'est-à-dire de faire le bien. Si donc nous faisons le bien après avoir reçu la grâce, ce n'est pas à nous, mais à celui qui nous a justifiés par sa grâce qu'il faut en renvoyer la gloire. Car si Dieu voulait nous rendre la récompense que nous méritons, nous n'aurions à attendre que les châtiments qui sont dus aux pécheurs.

XXII. — Saint Paul dit : « Qui justifie le pécheur, » (*Rom.*, IV, 5) c'est-à-dire qui le fait juste de pécheur qu'il était, afin que désormais il persévère dans la piété et la justice, car il n'a reçu la justification que pour être juste, et non pour croire qu'il pût légitimement continuer à vivre dans le péché.

XXIII. — « La loi produit la colère. » (*Rom.*, IV, 15.) La colère est prise ici dans le sens de vengeance, et ces paroles se rapportent à l'état des hommes sous la loi.

---

tum ejus in vobis. » (*Rom.*, VIII, 10, et 11.) Liberum ergo arbitrium perfecte fuit in primo homine, in nobis autem ante gratiam non est liberum arbitrium ut non peccemus, sed tantum ut peccare nolimus. Gratia vero efficit, ut non tantum velimus recte facere, sed etiam possimus ; non viribus nostris, sed Liberatoris auxilio, qui nobis etiam perfectam pacem in resurrectione tribuet, quæ pax perfecta bonam voluntatem consequitur. Gloria enim in excelsis Deo, et in terra pax hominibus bonæ voluntatis. (*Luc.*, II, 14.)

XIX. — Quod autem dicit : « Legem ergo evacuamus per fidem ? Absit : sed Legem statuimus, » (*Rom.*, III, 31) id est, firmamus. Sed quemadmodum firmanda erat Lex, nisi per justitiam ? Justitiam autem quæ est per fidem : quia ea ipsa quæ non poterant impleri per Legem, per fidem impleta sunt.

XX. — Quod autem ait : « Si enim Abraham ex operibus justificatus est, habet gloriam, sed non apud Deum, » (*Rom.*, IV, 2) hoc est, quia Abraham sine Lege dum non ex operibus Legis gloriam conquirit, quasi suis viribus Legem impleat, cum adhuc Lex ista data non esset, Dei illa gloria, non sua est. Non enim merito sui tanquam ex operibus, sed Dei gratia fide justificatus est.

XXI. — Quod autem ait : « Ei autem qui operatur, merces non imputatur secundum gratiam, sed secundum debitum, » (*Rom.*, IV, 4) quemadmodum homines hominibus reddant mercedem. Nam Deus per gratiam dedit, quia peccatoribus dedit, ut per fidem juste viverent, id est, bene operarentur. Quod ergo bene operamur jam accepta gratia, non nobis, sed illi tribuendum est, qui per gratiam nos justificavit. Nam si debitam mercedem vellet reddere, pœnam rederet debitam peccatoribus.

XXII. — Quod autem ait : « Qui justificat impium, » (*Rom.*, IV, 5) hoc est ex impio pium facit, ut de cætero in ipsa pietate permaneat atque justitia ; quia ideo justificatus est ut justus sit, non ut peccare sibi licere arbitretur.

XXIII. — Quod autem ait : « Lex enim iram operatur, » (*Rom.*, IV, 15) vindictam significat, et ad illum gradum pertinet, cum est quisque sub Lege.

XXIV. — « Devant Dieu auquel il a cru. » (*Rom.*, IV, 17) Saint Paul veut nous apprendre par là que la foi est dans l'homme intérieur, qu'elle n'a que Dieu pour témoin, et ne cherche pas à paraître aux yeux des hommes, comme la circoncision de la chair.

XXV. — Il dit d'Abraham « qu'il rendit gloire à Dieu, » (*Rom.*, IV, 20) condamnant ainsi ceux qui cherchaient devant les hommes la gloire qui vient des œuvres de loi.

XXVI. — « Mais nous nous glorifions de plus dans les tribulations, » (*Rom.*, V, 3) et l'Apôtre nous conduit ainsi par degrés jusqu'à l'amour de Dieu. Cet amour, nous dit-il, est un don de l'Esprit saint, pour nous apprendre que tout ce que nous serions tentés de nous attribuer, nous devons en renvoyer la gloire à Dieu qui a daigné nous accorder sa grâce par l'Esprit saint.

XXVII. — « Le péché a été dans le monde avant même le temps de la loi, » (*Rom.*, V, 13) c'est-à-dire jusqu'au temps où la grâce a été donnée. Saint Paul combat ici ceux qui prétendent que la loi a pu effacer le péché.

XXVIII. — L'Apôtre ajoute que la loi a fait connaître le péché, mais qu'elle n'a pu le détruire. « Mais le péché n'était pas imputé, la loi n'étant pas encore. » (*Rom.*, V, 13.) Il ne dit pas Le péché n'existait pas, mais : « Il n'était pas imputé. » Lorsque la loi est donnée, le péché ne cesse pas d'exister, mais il commence à être imputé, c'est-à-dire à être connu comme péché. Il ne faut donc point entendre ces paroles : « Jusqu'à la loi, » dans ce sens que le péché n'existait plus sous la loi ; cette expression : « Jusqu'à la loi, » comprend tout le temps de la loi, jusqu'à la fin de la loi qui est Jésus-Christ.

XXIX. — « Cependant depuis Adam jusqu'à Moïse, la mort a régné sur ceux mêmes qui n'avaient point péché par une transgression semblable à celle d'Adam. » (*Rom.*, V, 14.) Ces paroles peuvent s'entendre de deux manières : ou bien : « La mort a régné sur ceux qui n'avaient point péché par une transgression semblable à celle d'Adam, » parce que sans avoir péché comme lui, ils n'ont pas laissé d'être soumis à la mort par suite de l'origine mortelle qu'ils ont reçue de lui. Ou bien « la mort a régné même sur ceux qui n'avaient point péché par une transgression semblable à celle d'Adam, » c'est-à-dire qui ont péché avant la loi. Dans ce second sens, ceux qui commettent un péché semblable à celui d'Adam, sont ceux qui pèchent après avoir reçu la loi, à l'exemple d'Adam, qui pécha en transgressant le précepte formel qui lui fut donné. Ces paroles : « Jusqu'à Moïse, » doivent s'entendre de tout le temps de la loi. C'est par opposition qu'Adam est appelé « la figure de celui qui devait venir, » car de même

---

XXIV. — Quod autem ait : « Ante Deum cui credidit, » (*Rom.*, IV, 17) significavit fidem in interiore homine esse in conspectu Dei ; non in ostentatione hominum, sicuti est carnis circumcisio.

XXV. — Quod autem ait de Abraham : « Dans gloriam Deo, » (*Rom.*, IV, 20) adversus illos positum est, qui gloriam suam de operibus Legis coram hominibus quaerebant.

XXVI. — Quod autem ait : « Non solum autem, sed et gloriamur in tribulationibus, » (*Rom.*, V, 3) et caetera gradatim perducit usque ad caritatem Dei, quam caritatem dum dicit nos habere per donum Spiritus, monstrat illa omnia quae possemus nobis tribuere, Deo esse tribuenda, qui per Spiritum sanctum gratiam dare dignatus est.

XXVII. — Quod autem ait : « Usque ad Legem enim peccatum in mundo fuit, » (*Rom.*, V, 13) intelligendum est quo usque veniret gratia. Contra eos enim dictum est, qui arbitrantur per Legem auferri potuisse peccata.

XXVIII. — Dicit autem Apostolus, manifestata esse peccata per Legem, non autem ablata, cum dicit : « Peccatum autem non deputabatur, cum Lex non esset. » (*Rom.*, V, 13.) Non enim ait, non erat : sed, « non deputabatur. » Neque cum Lex data est, ablatum est ; sed deputari coepit, id est, apparere. Non ergo putemus, « usque ad Legem, » ita dictum esse, quasi jam sub Lege non esset peccatum : sed sic dictum est, « usque ad Legem, » ut totum Legis tempus annumeres usque ad finem Legis, quod est Christus.

XXIX. — Quod autem ait : « Sed regnavit mors ab Adam usque ad Moysen, et in iis qui non peccaverunt in similitudinem praevaricationis Adae, » (*Rom.*, V, 14) duobus modis distinguitur : aut : « In similitudinem praevaricationis Adae regnavit mors ; » quia et qui non peccaverunt, ex origine mortalitatis Adam, mortui sunt. Aut certe : « Regnavit mors, et in his qui non in similitudinem praevaricationis Adae peccaverunt, » sed ante Legem peccaverunt : ut illi peccasse intelligantur in similitudinem praevaricationis Adae, qui Legem acceperunt ; quia et Adam accepta praecepti lege peccavit. Sane etiam id quod dictum est, « usque ad Moysen, » totum tempus Legis intelligendum est. Forma autem futuri dictus est Adam, sed a contrario : ut quo-

qu'il a été pour nous l'auteur de la mort, Notre-Seigneur a été l'auteur de la vie.

« Mais il n'en est pas de la grâce comme du péché. » (*Rom.*, III, 15.) La grâce a une double supériorité ; premièrement, la grâce est beaucoup plus abondante parce qu'elle nous donne la vie éternelle, tandis que la mort, dont le péché d'Adam a été le principe, n'a régné que temporellement. Secondement, la condamnation d'un seul péché est devenue dans la personne d'Adam la cause de la mort d'une multitude d'hommes ; la grâce nous a été donnée par Notre-Seigneur Jésus-Christ pour la vie éternelle, pour la rémission d'une multitude de péchés. L'Apôtre nous explique ensuite une autre différence en ajoutant : « Et il n'en est pas de ce don comme du péché par un seul, car nous avons été condamnés par le jugement de Dieu pour un seul péché, au lieu que nous sommes justifiés par la grâce après plusieurs péchés. » (*Rom.*, V, 16.) Après ces mots : « Pour un seul » il faut sous-entendre « péché, » comme l'exigent les paroles qui suivent : « La grâce nous justifie après un grand nombre de péchés. » Cette différence consiste donc en ce qu'une seule faute a été condamnée dans la personne d'Adam, tandis que le Seigneur nous a pardonné une multitude de péchés. Saint Paul réunit aussi les deux caractères de différence dans ce qui suit : « Si donc à cause du péché d'un seul, la mort a régné par un seul homme, à plus forte raison ceux qui reçoivent l'abondance de la grâce, et du don, et de la justice, régneront dans la vie par un seul, qui est Jésus-Christ. » (*Ibid.*, 17.) Ces paroles : « A plus forte raison, ils régneront, » se rapportent à la vie éternelle, et ces autres : « Ils reçoivent l'abondance de la grâce, » ont pour objet la rémission d'un grand nombre de péchés. Après avoir expliqué ces différences, saint Paul revient à son sujet dont il avait interrompu la suite. Il avait commencé par dire : « Comme le péché est entré dans le monde par un seul homme, et la mort par le péché. » (*Ibid.*, 12.) Il reprend cette pensée en ajoutant ici : « Ainsi donc comme c'est par le péché d'un seul que tous les hommes sont tombés dans la condamnation, c'est par la justice d'un seul que tous les hommes reçoivent la justification de la vie. Car, comme par la désobéissance d'un seul, plusieurs sont devenus pécheurs, de même par l'obéissance d'un seul plusieurs deviendront justes. » (*Ibid.*, 18, 19.) Voilà bien la figure du second Adam dont il avait commencé à parler plus haut. Il avait interrompu son raisonnement pour intercaler quelque caractère de différence entre les deux Adam. Il y revient ici par cette conclusion : « Ainsi donc, comme c'est par le péché d'un seul que les hommes, » etc.

---

modo per illum mors, sic per Dominum nostrum vita. Quod autem ait : « Sed non sicut delictum, ita est et donatio, » (*Rom.*, V, 15) duobus modis donatio præcellit, vel quod multo magis abundat gratia, quia utique in æternum per illam vivitur ; temporaliter autem per mortem Adæ mors regnavit : vel quod unius delicti condemnatione mors multorum facta est per Adam, per Dominum autem nostrum Jesum Christum multorum delictorum donatione data gratia in vitam æternam. Aliam vero differentiam sic explicat, dicens : « Et non sicut per unum (*a*) peccantem, ita est et donum. Nam judicium quidem ex uno in condemnationem : gratia autem ex multis delictis, ad justificationem. » (*Rom.*, V, 16.) « Ex uno » ergo quod dictum est, subauditur, delicto, quia sequitur, « gratia autem ex multis delictis. » Ergo hæc differentia est, quod in Adam unum delictum damnatum est, a Domino autem multa donata sunt. Quod ergo sequitur, ambas istas differentias tenet, ut explicetur sic : « Si enim ob unius delicti mors regnavit per unum, multo magis qui abundantiam gratiæ et justitiæ accipiunt, in vita regnabunt per unum Jesum Christum. » (*v.* 17.) Quod ergo dixit : « Multo magis regnabunt, » ad vitam æternam pertinet : quod autem dixit : « Abundantiam gratiæ accipiunt, » ad donationem multorum pertinet delictorum. Post explicatas autem has differentias, redit ad formam unde cœperat, cujus ordinem suspenderat, cum diceret : « Sicut enim per unum hominem peccatum intravit in hunc mundum, et per peccatum mors. » Ad quod nunc redit, cum dicit (*Ibid.*, 12) : « Itaque sicut per unius delictum in omnes homines ad condemnationem, ita et per unius justificationem in omnes homines ad justificationem vitæ. (*v.* 18.) Sicut enim per inobedientiam unius hominis peccatores constituti sunt multi, ita et per unius obedientiam justi constituentur multi. (*v.* 19.) » Hæc est forma futuri Adam, de qua superius loqui cœperat, et ejus aliquas differentias interponens distulerat ordinem, ad quem nunc redeundo conclusit, dicens : « Itaque sicut per unius delictum in omnes homines, » etc.

(*a*) Sic Mss. juxta Græcum, δι' ἑνὸς ἁμαρτήσαντος. At editi *per unum peccatum*.

XXX. — Or, la loi est survenue pour que le péché abondât. » (*Rom.*, v, 20.) L'Apôtre indique assez par les expressions dont il se sert que les Juifs n'ont pas su dans quel dessein la loi leur a été donnée. Ce n'est pas afin d'être pour eux un principe de vie, la grâce seule donne la vie par la foi ; mais la loi leur a été donnée pour leur montrer quels liens étroits et multipliés tenaient enchaînés ceux dont la présomption prétendait pouvoir accomplir la justice par leurs propres forces. Or, le péché s'est multiplié, lorsque la défense est venue prêter une nouvelle force à la concupiscence, et donner aux péchés contre la loi le caractère d'une prévarication véritable. Cette vérité sera bien comprise par celui qui se rappelle ce qui a été dit du deuxième des quatre états progressifs dont nous avons parlé. (*Prop.* XIII.)

XXXI. — « Que dirons-nous donc ? Demeurerons-nous dans le péché, afin que la grâce abonde? A Dieu ne plaise ! Car une fois morts au péché, comment vivrons-nous encore dans le péché ? » (*Rom.*, VI, 1, 2.) L'Apôtre nous apprend que les péchés passés ont été pardonnés, et que c'est dans le pardon de ces péchés que la grâce s'est montrée surabondante. Celui donc qui cherche encore à multiplier ses péchés pour obtenir une mesure de grâce plus abondante, ne comprend pas que par cette conduite il annule en lui toute opération de la grâce ; car l'œuvre de la grâce est de nous faire mourir au péché.

XXXII. — Ces paroles : « Sachant que notre vieil homme a été crucifié avec lui, afin que le corps du péché soit détruit, » (*Rom.*, VI, 6) se rapportent à ces autres où Moïse déclare : « Maudit de Dieu celui qui est suspendu au bois. » (*Deut.*, XXI, 23.) C'est qu'en effet le crucifiement du vieil homme a été figuré dans la croix du Seigneur, de même que la réparation de l'homme nouveau dans la résurrection du Sauveur. Il est évident que nous portons la figure de ce vieil homme qui a été maudit, et c'est à cause de lui, tout le monde en convient, que Notre-Seigneur a été appelé péché, parce qu'il a porté nos péchés (*Isa.*, LIII, 11), que Dieu l'a rendu péché pour nous, et qu'il a condamné le péché par le péché même.

XXXIII. — Or, que signifie cette destruction du corps du péché? Saint Paul l'explique lui-mème : « Afin que nous ne soyons plus désormais esclaves du péché. »

XXXIV. — Il ajoute : « Si nous sommes morts avec Jésus-Christ, » c'est-à-dire, si nous sommes crucifiés avec Jésus-Christ, car il dit dans un autre endroit : « Ceux qui appartiennent à Jésus-Christ, ont crucifié leur chair avec ses passions et ses désirs déréglés. » (*Gal.*, V, 24.) Moïse n'a donc point proféré de malédictions contre le Seigneur, il a sim-

---

XXX. — Quod autem ait : « Lex subintravit ut abundaret delictum, » (*Rom.*, v, 20) ipso verbo satis significavit nescisse Judæos qua dispensatione Lex data sit. Non enim data est quæ posset vivificare ; quia gratia vivificat per fidem : sed data est Lex ad ostendendum quantis quamque arctis vinculi peccatorum constringerentur qui de suis viribus ad implendam justitiam præsumebant. Sic abundavit peccatum, cum et concupiscentia ex prohibitione ardentior facta est, et peccantibus contra Legem prævaricationis crimen accessit. Quod intelligit qui secundum gradum in illis (*sup.* *Prop.* XIII) quatuor gradibus considerat.

XXXI. — Quod autem ait : « Quid ergo dicemus ? Permanebimus in peccato, ut gratia abundet ? Absit. Qui mortui sumus peccato, quomodo vivemus in eo ? » (*Rom.*, VI, 1, 2.) Hinc ostendit de præteritis peccatis factum esse ut donarentur, et in eo superabundasse gratiam, ut præterita peccata dimitterentur. Ergo quisquis adhuc quærit augmenta peccati, ut augmentum gratiæ sentiat, non intelligit se id agere, ut nihil in eo gratia operetur. Opus enim gratiæ est, ut moriamur peccato.

XXXII. — Quod autem ait : « Hoc scientes, quia vetus homo noster simul crucifixus est, ut evacuaretur corpus peccati, » (*Rom.*, VI, 6) refertur ad illud quod per Moysen dictum est : Maledictus omnis qui in ligno pependerit. (*Deut.*, XXI, 23.) Veteris enim hominis crucifixio significata est in cruce Domini, sicut novi hominis instauratio in resurrectione significata est. Manifestum est autem, secundum eum nos agere veterem hominem, qui maledictus est : propter quem peccatum et de Domino dictum esse nemo ambigit, quod peccata nostra portavit, et peccatum pro nobis fecit, et de peccato condemnavit peccatum. (*Isa.*, LIII, 11.)

XXXIII. — Quid est autem evacuare corpus peccati ? Ipse exposuit : « Ut ultra non serviamus peccato. »

XXXIV. — Et illud quod ait : « Si mortui sumus cum Christo, » hoc est : Si crucifixi sumus cum Christo. Dicit enim alio loco : « Qui enim Christi Jesu sunt, carnem suam crucifixerunt cum vitiis et con-

plement prédit ce que figurait son crucifiement.

XXXV. — « Le péché ne dominera plus sur vous, parce que vous n'êtes plus sous la loi, mais sous la grâce. » (*Rom.*, VI, 14.) Ces paroles se rapportent au troisième état où l'homme obéit déjà par l'esprit à la loi de Dieu, bien que sa chair soit encore soumise à la loi du péché. (*Rom.*, VII, 25.) En effet, il n'obéit plus au désir du péché, bien que la concupiscence le sollicite vivement et le presse d'y consentir, jusqu'à ce que son corps ait reçu une nouvelle vie, et que la mort soit absorbée dans sa victoire. (I *Cor.*, XV, 54.) Donc par là même que nous ne consentons pas à ces désirs coupables, nous sommes dans la grâce, et le péché ne règne plus dans notre corps mortel (*Rom.*, VI, 13). A commencer de cet endroit où l'Apôtre s'écrie : « Nous qui sommes morts au péché, comment vivrons-nous encore dans le péché, » il décrit l'homme qui vit sous l'empire de la grâce. Quant à celui qui est encore dominé par le péché, bien qu'il veuille résister au péché, il est encore sous la loi, il n'est pas encore sous la grâce.

XXXVI. — « Une femme mariée est liée par la loi du mariage à son mari, tant qu'il est vivant, mais s'il vient à mourir, elle est dégagée de la loi de son mari, etc. » (*Rom.*, VII, 2.) Il faut remarquer que cette comparaison offre un certain caractère de différence avec l'objet auquel saint Paul l'applique. D'un côté, il suppose que l'homme meurt pour affranchir la femme de la loi du mariage et lui permettre de s'unir à qui elle veut ; de l'autre côté l'épouse représente l'âme, le mari les passions mauvaises qui agissent dans nos membres pour produire des fruits de mort et donner naissance à une race digne d'une telle union, et la loi du mari, la loi qui a été donnée non pour détruire le péché, ou nous délivrer du péché, mais pour faire connaître le péché avant la grâce. Qu'est-il arrivé de là ? c'est que les hommes sous la loi, ont été entraînés à pécher par un désir plus violent, et que leur péché a revêtu le caractère beaucoup plus grave de transgression de la loi. Cependant quoiqu'il y ait trois termes dans cette comparaison, l'épouse qui est la figure de l'âme, les passions qui représentent l'homme, la loi qui est comme la loi du mariage, cependant ce ne sont pas les péchés qui meurent comme le mari pour rendre à l'âme sa liberté, c'est l'âme elle-même qui meurt au péché qui est encore vivant, et elle est affranchie de la loi pour appartenir à un autre homme, c'est-à-dire à Jésus-Christ. C'est ce qui arrive lorsqu'au lieu d'obéir et de consentir à ces inclinations mauvaises qui subsistent encore en nous comme des aiguillons qui nous excitent

---

cupiscentiis. » (*Gal.*, v, 24.) Non ergo Domino maledixit Moyses, sed quid ostenderet ejus crucifixio prophetavit.

XXXV. — Quod autem ait : « Peccatum enim in vobis non dominabitur, non enim estis sub Lege, sed sub gratia, » (*Rom.*, VI, 14) utique ad tertium illum gradum jam pertinet, ubi homo jam mente servit Legi Dei, quamvis carne serviat legi peccati. (*Rom.*, VII, 25.) Non enim obaudit desiderio peccati, quamvis adhuc sollicitent concupiscentiæ, et provocent ad consensionem, donec vivificetur etiam corpus, et absorbeatur mors in victoriam. (I *Cor.*, XV, 54.) Quia ergo non consentimus desideriis pravis, in gratia sumus, et non regnat peccatum in nostro mortali corpore (*Rom.*, VI, 12) et omnino ex illo loco ubi ait : « Qui mortui sumus peccato, quomodo vivemus in eo ? » (*v.* 2) eum describit, qui est sub gratia constitutus. Cui autem dominatur peccatum, quamvis velit peccato resistere, adhuc sub Lege est, nondum sub gratia.

XXXVI. — Quod autem dicit : « Mulier enim sub viro vivo marito, vincta est legi, si autem mortuus fuerit vir ejus, evacuata est a lege viri, » etc.

(*a*) *Forte* : Et legem viri quasi Legem quæ, etc.

(*Rom.*, VII, 2,) animadvertendum est, istam similitudinem in hoc differre ab ea re, propter quam adhibita est, quod hic virum dicit mori, ut mulier nubat cui volet, liberata utique a lege viri : ibi autem cum constituat animam quasi mulierem, virum autem quasi passiones peccatorum quæ operantur in membris, ut fructum ferant morti, id est, ut tali conjugio proles digna nascatur ; et (*a*) Lex quæ data est non ad auferendum peccatum, vel ad liberationem a peccato, sed ad ostendendum peccatum ante gratiam ; per quod factum est, ut sub Lege positi vehementiori desiderio peccandi raperentur, et amplius etiam prævaricatione peccarent : cum ergo et ibi tria sint, anima tanquam mulier, passiones peccatorum tanquam vir, et Lex tanquam lex viri, non ibi tamen peccatis mortuis, tanquam viro mortuo, liberari animam dicit ; sed ipsam animam mori peccato, et liberari a Lege, ut sit alterius viri, id est Christi, cum mortua fuerit peccato, quamvis adhuc quasi vivente ipso peccato : quod fit cum adhuc manentibus in nobis desideriis et incitamentis quibusdam ad peccandum, non obedimus tamen, neque consentimus, mente servientes legi Dei ; quia mortui sumus

au péché, nous obéissons par l'esprit à la loi de Dieu, parce que nous sommes morts au péché. (*Ibid.*, 25.) Quant au péché, il ne mourra que lorsque le corps aura subi dans la résurrection cette transformation que l'Apôtre prédit plus loin en ces termes : « Il vivifiera vos corps mortels, à cause de son esprit qui habite en vous. »

XXXVII. — « Or, à l'occasion du commandement, le péché a produit en moi toute espèce de convoitises, » (*Rom.*, VII, 8) c'est-à-dire que la concupiscence n'avait pas encore atteint tout son développement, avant que la défense ne fût venue lui donner une nouvelle force ; en effet, sans la grâce du libérateur, la défense ne peut qu'accroître l'inclination mauvaise. Avant la défense elle ne se déclare pas tout entière, mais une fois la défense portée, la concupiscence, en l'absence de la grâce, prend un si grand accroissement qu'elle se porte aux derniers excès, agit contre la loi et donne au péché qu'elle commet une malice plus grande, et le caractère d'une véritable prévarication.

Saint Paul ajoute : « Sans la loi le péché était mort. » (*Rom.*, VII, 8.) Il était mort, non qu'il n'existât plus, mais parce qu'il ne paraissait pas. Ce qu'il explique lorsqu'il dit un peu plus loin : « Mais le péché pour faire paraître sa corruption, m'a donné la mort par une chose qui était bonne. » (*Ibid.*, 13.) En effet, la loi est bonne en elle-même, mais sans la grâce elle ne peut que faire connaître le péché, sans pouvoir le détruire.

XXXVIII. — « Et moi je vivais lorsque je n'avais pas de loi, » (*Rom.*, VII, 9) c'est-à-dire je croyais vivre, parce qu'avant le commandement le péché m'était moins connu. Mais le commandement étant survenu, le péché a commencé à revivre, et moi je suis mort (*Ibid.*, 10), c'est-à-dire le péché a commencé à se déclarer, et moi j'ai reconnu que j'étais mort.

XXXIX. — « Car prenant occasion du commandement, le péché m'a séduit, et me tue par le commandement même. » (*Rom.*, VII, 11.) Saint Paul s'exprime de la sorte, parce que le fruit défendu est beaucoup plus doux pour celui qui le désire. C'est ce qui fait que les péchés commis en secret ont une douceur particulière, bien que cette douceur donne la mort. Voilà pourquoi cette femme, qui dans les Proverbes de Salomon est l'image de la fausse doctrine, invite les insensés à venir à elle, en leur disant : » Savourez avec plaisir ces pains dérobés, et buvez ces eaux furtives qui sont beaucoup plus douces. » (*Prov.*, IX, 17.) Cette douceur, c'est l'occasion que le péché trouve dans le commandement, elle trompe celui qui la désire, et devient la source des plus cruelles amertumes.

XL. — « Quoi donc ? ce qui était bon est-il

peccato. (*Ibid.*, xxv.) Morietur autem et peccatum, cum reformatio corporis in resurrectione facta fuerit, de qua post dicit : Vivificabit et mortalia corpora vestra, propter Spiritum manentem in vobis. (*Rom.*, VIII, 11.)

XXXVII. — Quod autem dicit : « Occasione autem accepta peccatum per mandatum operatum est in me omnem concupiscentiam, » (*Rom.*, VII, 8) intelligendum est non omnem fuisse concupiscentiam, antequam prohibitione aucta esset. Augetur enim prohibitione concupiscentia, quando deest gratia liberantis : ideo nondum est omnis antequam prohibeatur : cum autem prohibita fuerit, desistente, ut diximus, gratia, tantum crescit concupiscentia, ita in suo genere omnis, id est consummata fiat, ut etiam contra Legem fiat, et prævaricatione crimen accumulet.

Quod autem dicit : « Sine Lege enim peccatum mortuum est, » (*Rom.*, VII, 8) non quia non est, dixit « mortuum est, » sed quia latet : quod in consequentibus manifestat, cum dicit : Sed peccatum ut appareat peccatum, per bonum mihi operatum est mortem. (*Ibid.*, 13.) Bona est enim Lex : sed sine gratia ostendit tantummodo peccata, non tollit.

XXXVIII. — Quod autem ait : « Ego autem vivebam aliquando sine Lege, » (*Rom.*, VII, 9) intelligendum est, vivere mihi videbar; quia ante mandatum latebat peccatum. Et quod ait : « Adveniente autem mandato, peccatum revixit ; ego autem mortuus sum, » (*Ibid.* 10) intelligendum est, peccatum apparere cœpit, ego autem mortuum me esse cognovi.

XXXIX. — Quod autem ait : « Peccatum enim occasione accepta per mandatum fefellit me, et per illud occidit, » (*Rom.*, VII, 11) ideo dictum est, quia desiderii prohibiti fructus dulcior est. Unde etiam quæcumque peccata occulte fiunt, dulciora sunt : quamvis mortifera ista dulcedo sit. Inde est quod apud Salomonem fallacis doctrinæ imagine sedens mulier, et invitans ut ad se veniant insipientes, scribitur dicere : Panes occultos libenter edite, et aquam furtivam dulcem bibite. (*Prov.*, IX, 17.) Ista dulcedo est occasio per mandatum inventa peccati : quæ cum appetitur, utique fallit, et in majores amaritudines vertit.

XL. — Quod autem ait : « Quod ergo bonum est, mihi factum est mors ? Absit : sed peccatum ut

devenu mortel pour moi ? Nullement, mais c'est le péché qui, pour faire paraître sa corruption, m'a donné la mort par une chose qui était bonne. » (*Rom.*, vii, 13.) L'Apôtre explique clairement ici le sens des paroles qui précèdent : « Avant la loi, le péché était mort, » (*Ibid.*, 8) c'est-à-dire sa malice était cachée. En effet, comme il le déclare ici, ce n'est point la loi qui était bonne, qui est devenue pour lui une cause de mort, mais le péché pour déclarer toute sa malice qui demeurait cachée avant la loi, s'est servi de la loi qui était bonne pour faire paraître toute sa corruption. En effet, tout homme qui ne peut accomplir un précepte dont il reconnaît la justice, est obligé d'avouer qu'il est mort, et son péché a un caractère de malice beaucoup plus grand que si la défense n'existait pas. C'est la conclusion que tire saint Paul : « En sorte que par le commandement même, le péché s'est augmenté sans mesure, » (*Ibid.*, 13) tandis qu'avant le commandement le péché n'avait point ces proportions, parce que là où il n'y a point de loi, il n'y a pas de prévarication.

XLI. — « Nous savons que la loi est spirituelle, mais moi je suis charnel. » (*Rom.*, vii, 14.) C'est enseigner clairement que la loi ne peut être accomplie que par les hommes spirituels, tels que les fait la grâce de Dieu. (I *Ré-*

tract., xxiii.) L'homme devenu semblable à la loi accomplit facilement ce qu'elle commande, il n'est plus sans la loi, mais avec la loi ; tel est le privilège de celui qui n'est ni séduit par les biens de la terre, ni effrayé par les afflictions de la vie présente.

XLII. — « Je suis vendu pour être assujetti au péché, » (*Rom.*, vii, 14) c'est-à-dire que chacun, en péchant, vend son âme au démon et reçoit en échange la douceur des voluptés de la terre, et Notre-Seigneur est appelé notre rédempteur parce que nous étions vendus de la manière qu'on vient de dire.

XLIII. — Ce qu'ajoute l'Apôtre : « Je ne comprends pas ce que je fais » (*Rom.*, vii, 15) pour les esprits peu exercés peut paraître en contradiction à ce qu'il dit plus haut : « Le péché, pour faire paraître sa corruption, m'a donné la mort par une chose qui était bonne. » Comment, en effet, peut-il à la fois faire paraître sa corruption et demeurer inconnu ? « Je ne comprends pas » signifie donc ici je n'approuve pas. Ainsi on ne voit point les ténèbres, mais on les sent par comparaison avec la lumière, et les sentir est la même chose que ne pas les voir. Il en est de même du péché ; comme il n'est pas éclairé par la lumière de la justice, on le commet sans le comprendre, de même qu'on sent les ténèbres sans les voir, vérité que le Psalmiste lui-même a

---

appareat peccatum, per bonum mihi operatum est mortem, » (*Rom.*, vii, 13) hic evidenter ostendit, quod superius dixerat : Sine Lege enim peccatum mortuum est (*Ibid.*, 8), ideo dixisse, quia latet : quando quidem nunc dicit, non illud bonum, id est : Legem factam sibi esse mortem, sed peccatum operatum esse mortem per bonum Legis, id est, ut appareret peccatum quod latebat sine Lege. Tunc enim se mortuum quisque cognoscit, cum illud quod recte præceptum esse confitetur, implere non potest ; et prævaricationis crimine amplius peccat, quam si non prohiberetur. Hoc est quod in consequentibus dicit : « Ut fiat supra modum peccator (*a*) aut peccatum per mandatum : » (*v.* 13) quod ante mandatum minus erat ; quia ubi non est lex, nec prævaricatio.

XLI. — Quod autem ait : « Scimus quia Lex spiritalis est, ego autem carnalis sum, » (*Rom.*, vii, 14) satis ostendit non posse impleri Legem, nisi ab spiritalibus, quales facit gratia Dei. Similis enim quisque factus ipsi Legi, facile implet quod præcipit ;

nec erit sub illa, sed cum illa : is est autem qui jam non capitur temporalibus bonis, nec terretur temporalibus malis. (I *Retract.*, xxiii.)

XLII. — Quod autem ait : « Venumdatus sub peccato, » (*Rom.*, vii, 14) intelligendum est, quod unusquisque peccando animam suam diabolo vendit, accepta tanquam pretio dulcedine temporalis voluptatis. Unde et Dominus Redemptor noster dictus est, quia hoc modo quo dictum est, venditi eramus.

XLIII. — Quod autem ait : « Quod enim operor, ignoro, » (*Rom.*, vii, 15) potest videri minus intelligentibus, contrarium esse illi sententiæ qua dixit : Peccatum ut appareat peccatum, per bonum mihi operatum est mortem. (*Ibid.*, 13.) Quomodo enim apparet, si ignoratur ? Sed « ignoro, » sic dictum est hoc loco, ut intelligatur, non approbo. Quomodo enim tenebræ non videntur, sed lucis comparatione sentiuntur ; hoc est autem sentire tenebras, quod est non videre : sic et peccatum, quia non illustratur luce justitiæ, non intelligendo dignoscitur, sicuti tenebras dictum est non videndo sentiri. Et ad hoc

---

(*a*) Editi *peccator peccans*. Mss. vero *peccator aut peccatum* : sic alibi Aug. quod forte in Græco legeretur, ἡ ἁμαρτία.

voulu exprimer quand il a dit : « Qui peut comprendre ses péchés ? » (*Ps.* XVIII, 13.)

XLIV. — Je ne fais pas le bien que je veux, et je fais le mal que je ne veux pas. Or, si je fais ce que je ne veux pas, j'acquiesce à la loi comme étant bonne. » (*Rom.*, VI, 16, 20.) La loi est mise ici suffisamment à l'abri de toute accusation, mais prenons garde qu'on ne voie dans ces paroles la destruction du libre arbitre, ce qui est une erreur. Saint Paul décrit ici l'état de l'homme sous la loi, avant la grâce. C'est le temps où il est vaincu par ses péchés en cherchant à vivre dans la justice par ses propres forces et sans le secours de la grâce du Libérateur. Mais il trouve dans son libre arbitre le moyen de croire au Libérateur et de recevoir la grâce. Aidé du secours puissant de l'auteur de la grâce, il ne pèche plus, il cesse d'être sous la loi, il est avec la loi ou dans la loi, et l'amour de Dieu lui fait accomplir cette loi, que la crainte lui rendait impossible.

XLV. — « Mais je sens dans mes membres une autre loi qui combat contre la loi de mon esprit, et qui me tient captif sous la loi du péché qui est dans mes membres. » (*Rom.*, VII, 21.) Cette loi du péché est celle qui nous tient enchaînés dans les liens des habitudes de la chair. Cette loi combat contre son esprit et le tient captif sous la loi du péché, preuve évidente que saint Paul décrit ici l'état de l'homme qui n'est pas encore sous la grâce. (I *Rétract.*, XXIII.) Car si ces inclinations charnelles combattaient seulement en lui, sans le réduire en captivité, il n'y aurait rien là de condamnable. Ce qui nous rend dignes de condamnation, c'est que nous consentons, c'est que nous obéissons aux désirs déréglés de la chair. Mais ces désirs peuvent exister et se faire sentir sans que nous y consentions, sans que nous en soyons esclaves, et alors nous sommes sous la grâce que l'Apôtre célèbrera lorsqu'il implorera à grands cris le secours du Libérateur afin que la grâce lui rende possible par la charité ce que la crainte ne pouvait faire par la loi. « Malheureux homme que je suis, s'écrie-t-il, qui me délivrera de ce corps de mort ? » Et il ajoute aussitôt : « La grâce de Dieu par Jésus-Christ Notre-Seigneur. » (*Ibid.*, 24, 25.) Il commence ensuite à décrire l'état de l'homme sous la grâce, troisième degré parmi les quatre que nous avons distingués plus haut. (*Prop.* XIII.)

XLVI. — C'est à ce troisième degré que se rapportent ces paroles qu'il ajoute aussitôt : « Ainsi je suis moi-même soumis à la loi de Dieu par l'esprit, et à la loi du péché par la chair. » (*Rom.*, VII, 25.) Car bien que les désirs de la chair existent encore dans celui qui, sous la grâce, est soumis à la loi de Dieu par l'esprit et à la loi du péché par la chair, cependant il ne

---

pertinet quod in Psalmo dicitur : Delicta quis intelligit ? (*Psalm.* XVIII, 13.)

XLIV. — Quod autem ait : « Non enim quod volo hoc ago : sed quod nolo hoc facio. Si autem quod nolo hoc facio, consentio Legi, quoniam bona est, » (*Rom.*, VII, 16, 20) satis quidem Lex ab omni criminatione defenditur : sed cavendum, ne quis arbitretur his verbis auferri nobis liberum voluntatis arbitrium, quod non ita est. Nunc enim homo describitur sub Lege positus ante gratiam. Tunc enim peccatis vincitur, dum viribus suis juste vivere conatur sine adjutorio liberantis gratiæ Dei. In libero autem arbitrio habet ut credat Liberatori, et accipiat gratiam, ut jam illo qui eam donat liberante et adjuvante non peccet ; atque ita desinat esse sub Lege, sed cum Lege vel in Lege, implens eam caritate Dei, quod timore non poterat.

XLV. — Quod autem ait : « Video aliam legem in membris meis, repugnantem legi mentis meæ, et captivantem me sub lege peccati quæ est in membris meis, » (*Rom.*, VII, 27) legem peccati dicit, qua quisque carnali consuetudine implicatus astringitur. Hanc repugnare ait Legi mentis suæ, et se captivare sub lege peccati : unde intelligitur ille homo describi (I *Retract.*, XXIII, 1), qui nondum est sub gratia. Si enim repugnaret tantum consuetudo carnalis, et non captivaret, non esset damnatio. In eo enim est damnatio, quod obtemperamus et servimus desideriis pravis carnalibus. Si autem existant, non desint talia desideria, non tamen his obediamus ; non captivamur, et sub gratia jam sumus, de qua loquetur cum exclamaverit et imploraverit Liberatoris auxilium, ut possit per gratiam caritas, quod per Legem timor non poterat. Dixit enim : « Infelix ego homo, quis me liberabit de corpore mortis hujus ? » Et subjecit : « Gratia Dei per Jesum Christum Dominum nostrum. » (*v.* 24, 25.) Deinde incipit describere hominem sub gratia constitutum : qui tertius gradus est illorum quatuor quos (*Prop.* XIII) superius distinximus.

XLVI. — Ad hunc gradum jam pertinet quod statim subjungit : « Igitur ego ipse mente servio Legi Dei, carne autem legi peccati : » (*Rom.*, VII, 25) quia licet existentibus desideriis carnalibus, jam non servit consentiendo ad faciendum peccatum, qui sub gratia constitutus mente servit Legi Dei, carne autem

leur obéit plus en consentant à commettre le péché. Saint Paul appelle loi du péché cette condition mortelle que nous a transmise le péché d'Adam et qui nous soumet à la mort. C'est en s'appuyant sur cette tache originelle imprimée sur notre chair que la concupiscence de la chair nous sollicite au mal, ce qui fait dire à l'Apôtre dans un autre endroit : « Nous avons été aussi par nature enfants de colère, comme le reste des hommes. » (*Ephés.*, II, 3.)

XLVII. — « Il n'y a donc point maintenant de condamnation pour ceux qui sont en Jésus-Christ; » (*Rom.*, VIII, 1) paroles qui établissent clairement qu'il n'y a point de condamnation pour ceux qui ne consentent point aux désirs charnels qui sollicitent au péché, ce qui arrive à ceux qui sont encore sous la loi et non sous la grâce. En effet, ceux qui sont sous la loi non-seulement sentent les révoltes de la concupiscence, mais ils en subissent l'esclavage en cédant à ses désirs, ce que ne font point ceux qui sont soumis par l'esprit à la loi de Dieu.

XLVIII. — « Ce qui était impossible à la loi, rendue faible par la chair, Dieu, envoyant son Fils en la ressemblance de la chair de péché, a convaincu et condamné le péché dans la chair, afin que la justice de la loi fût accomplie en nous, qui ne marchons pas selon la chair, mais selon l'esprit. » (*Rom.*, VIII, 3, 4.) L'Apôtre nous enseigne de la manière la plus évidente que les mêmes préceptes de la loi n'ont pas été accomplis malgré l'obligation qu'ils imposaient, parce que ceux à qui la loi avait été donnée avant la grâce étaient livrés tout entiers aux biens de la terre, où ils voulaient placer tout leur bonheur, et qu'ils ne craignaient que les afflictions qui pouvaient les leur enlever; aussi dès qu'ils étaient troublés dans la jouissance de ces biens sensibles, ils s'éloignaient des préceptes de la loi. La loi était donc frappée d'impuissance parce que ses préceptes n'étaient pas accomplis. La faute toutefois n'en était pas à la loi, mais à la chair, c'est-à-dire aux hommes, chez qui les désirs des biens sensibles étouffaient l'amour pour la justice de la loi, et qui lui préféraient les avantages temporels. Voilà pourquoi notre libérateur, Notre-Seigneur Jésus-Christ, en se revêtant d'une chair mortelle, est venu dans la ressemblance de la chair du péché. La mort était le juste châtiment dû à cette chair de péché. Mais la mort du Sauveur fut un acte de bonté et non le paiement d'une dette. Cependant l'Apôtre ne laisse pas de donner le nom de péché à cette chair mortelle quoique innocente qu'a prise Notre-Seigneur, parce qu'étant immortelle, elle semble se rendre coupable de péché en se soumettant à la mort. Mais il a convaincu le péché dans la chair à cause du péché même. En effet, c'est depuis la mort du Seigneur que les hommes ont cessé de craindre la mort, de désirer les biens

---

legi peccati. Legem autem peccati dicit ex transgressione Adæ conditionem mortalem, qua mortales facti sumus. Ex hac enim labe carnis concupiscentia carnalis sollicitat, et secundum hanc dicit alio loco : Fuimus et nos natura filii iræ, sicut et cæteri. (*Ephes.*, II, 3.)

XLVII. — Quod autem dicit : « Nulla ergo condemnatio est nunc his qui sunt in Christo Jesu, » (*Rom.*, VIII, 1) satis ostendit condemnationem non esse, si existant desideria carnalia, sed si eis ad peccandum non obediatur. Quod contingit his qui sub Lege constituti sunt, nondum sub gratia. Nam sub Lege constituti, non solum repugnantem habent concupiscentiam, sed etiam captivi ducuntur, cum obtemperant ei. Non autem contingit his qui mente serviunt Legi Dei.

XLVIII. — Quod autem ait : « Quod enim impossibile erat Legi, in quo infirmabatur per carnem : Deus Filium suum misit in similitudine carnis peccati, et de peccato damnavit peccatum in carne, ut justitia Legis impleretur in nobis, qui non secundum carnem ambulamus, sed secundum spiritum, » (*Rom.*, VIII, 3) manifestissime docet, eadem ipsa præcepta Legis propterea non impleta, quamvis essent implenda, quoniam quibus data erat Lex ante gratiam, dediti erant carnalibus bonis, et ex his beatitudinem acquirere cupiebant, neque metuebant, nisi cum talibus bonis imminebat adversitas; et ideo cum illa temporalia bona turbarentur, facile recedebant a præceptis Legis. Infirmabatur ergo Lex non implendo quod præcipiebat, non sua culpa, sed per carnem, id est, eos homines qui carnalia bona appetendo non amabant Legis justitiam, sed ei temporalia commoda præponebant. Ideo Liberator noster Dominus Jesus Christus suscipiendo mortalem carnem, venit in similitudine carnis peccati. Carni enim peccati debita mors est. At vero illa mors Domini, dignationis fuit, non debiti : et tamen hoc quoque Apostolus peccatum vocat susceptionem mortalis carnis, quamvis non peccatricis, ideo quia immortalis tanquam peccatum facit cum moritur. Sed « de peccato, inquit, damnavit peccatum in carne. »

de la terre et de redouter les maux de la vie présente par suite de cette prudence de la chair qui ne pouvait accomplir les préceptes de la loi. Mais une fois que Notre-Seigneur eut détruit dans sa personne cette prudence de la chair, la justice de la loi s'accomplit dans ceux qui ne marchent plus selon la chair, mais selon l'esprit. C'est ainsi que le Sauveur a pu dire en toute vérité : « Je ne suis point venu détruire la loi, mais l'accomplir. » (*Matth.*, v, 17.) La charité est donc la plénitude de la loi (*Rom.*, XIII, 10), et la charité est le partage de ceux qui marchent selon l'esprit, car elle est un effet de la grâce de l'Esprit saint. En effet, tant que les hommes étaient dominés par la crainte et non par l'amour de la justice, la loi n'était pas accomplie.

XLIX. — « Comme la sagesse de la chair est ennemie de Dieu, parce qu'elle n'est point soumise à la loi de Dieu, car elle ne peut l'être. » (*Rom.*, VIII, 7.) Saint Paul explique cette expression : « Elle est ennemie, » pour ne pas laisser croire à l'existence d'une nature qui viendrait d'un principe opposé que Dieu n'aurait pas créé et qui serait en guerre avec lui. Il appelle donc ennemi de Dieu celui qui refuse de se soumettre à sa loi, suivant en cela les inspirations de la prudence de la chair, qui lui fait désirer les biens de la terre et craindre les maux de la vie présente. Car on définit ordinairement la prudence une vertu qui fait désirer le bien et éviter le mal. C'est donc avec raison que l'Apôtre appelle prudence de la chair cette inclination qui porte l'homme à rechercher comme la souveraine félicité des biens qu'il ne peut toujours conserver, et lui fait craindre de perdre ce qu'il doit nécessairement perdre un jour. Or, une telle prudence ne peut être soumise à la loi de Dieu. L'homme obéit à la loi de Dieu lorsqu'à la prudence de la chair succède en lui la prudence de l'esprit, qui ne lui inspire ni l'espérance des biens de la terre, ni la crainte des maux passagers de cette vie. Car notre âme, dont la nature est une, obéit à la prudence de la chair lorsqu'elle poursuit les jouissances d'un ordre inférieur, et à la prudence de l'esprit lorsqu'elle s'attache aux biens d'un ordre plus élevé. Ainsi la même eau se congèle par le froid et se liquéfie sous l'action de la chaleur. Saint Paul déclare donc que « la prudence de la chair n'est point soumise à la loi de Dieu et qu'elle ne peut l'être, » dans le même sens que nous disons que la neige ne s'échauffe point et ne peut s'échauffer, mais lorsqu'elle vient à se dissoudre sous l'action de la chaleur et que l'eau atteint une température plus élevée, on ne peut plus dire que c'est de la neige.

L. — « Le corps, il est vrai, est mort à cause du péché, mais l'esprit est vivant à cause de la

---

Id enim egit mors Domini, ne mors timeretur, et ex eo jam non appeterentur temporalia bona, nec metuerentur temporalia mala, in quibus carnalis erat illa prudentia, in qua impleri Legis præcepta non poterant. Hac autem prudentia in homine Dominico destructa et ablata, justitia Legis impletur, cum secundum carnem non ambulatur, sed secundum spiritum. Unde verissime dictum est : Non veni Legem solvere, sed implere. (*Matth.*, v, 17.) Plenitudo ergo Legis caritas. (*Rom.*, XIII, 10.) Et caritas eorum est qui secundum spiritum ambulant. Hæc enim ad gratiam pertinet Spiritus sancti. Quando enim non erat caritas justitiæ, sed timor : Lex non implebatur.

XLIX. — Quod autem ait : « Quia prudentia carnis inimica in Deum; Legi enim Dei non est subjecta, nec enim potest, » (*Rom.*, VIII, 7) ostendit quid dixerit, « inimica : » ne quis putaret tanquam ex adverso principio aliquam naturam, quam non condidit Deus, inimicitias adversus Deum exercere. Inimicus ergo Dei dicitur, qui Legi ipsius non obtemperat, et hoc per carnis prudentiam, id est, cum appetit temporalia bona, et timet temporalia mala.

Definitio enim prudentiæ in appetendis bonis et vitandis malis explicari solet. Quapropter recte appellat Apostolus carnis prudentiam, qua hæc appetuntur pro magnis bonis, quæ non perseverant cum homine; et ne hæc amittantur timetur, quæ quandoque amittenda sunt. Non potest autem talis prudentia Legi Dei obtemperare. Sed tunc obtemperatur Legi, cum hæc prudentia extincta fuerit, ut ei succedat prudentia spiritus, qua nec in temporalibus bonis spes nostra est, neque in malis timor. Eadem namque animæ natura et prudentiam carnis habet, cum inferiora sectatur ; et prudentiam spiritus, cum superiora eligit. Quemadmodum eadem aquæ natura et frigore congelascit, et calore resolvitur. Sic ergo dictum est : « Legi Dei non est subjecta prudentia carnis, nec enim potest : » quomodo recte diceretur, nivem non posse calefieri, neque enim potest ; sed cum adhibito calore solvitur, et calescit aqua, jam nemo potest eam nivem dicere.

L. — Quod autem ait : « Corpus quidem mortuum est propter peccatum, spiritus autem vita est propter justitiam (*Rom.*, VIII, 10) : Corpus mortuum » dicitur, mortale. Ex ipsius enim mortalitate indi-

justice. » (*Rom.*, VIII, 10.) Saint Paul dit : « Le corps est mort, » c'est-à-dire assujetti à la mort. En effet, c'est par suite de la mortalité de notre corps que les nécessités de la vie présente sollicitent puissamment notre âme, excitent en elle des désirs coupables auxquels ne consent point celui qui est soumis par l'esprit à la loi de Dieu.

LI. — « Si donc l'esprit de celui qui a ressuscité Jésus d'entre les morts habite en vous, celui qui a ressuscité Jésus-Christ d'entre les morts vivifiera aussi vos corps mortels à cause de son esprit qui habite en vous. » (*Rom.*, VIII, 11.) C'est ici l'état le plus élevé parmi les quatre que nous avons distingués plus haut. (*Prop.* XXII.) Mais ce n'est pas dans cette vie qu'il faut le chercher, car il est l'objet de cette espérance qui nous fait attendre la délivrance de notre corps lorsque cette chair corruptible revêtira l'incorruptibilité et que ce corps mortel revêtira l'immortalité. (I *Cor.*, XV, 53.) La paix alors sera parfaite, parce que l'âme n'aura plus à souffrir aucune lutte intestine de la part de la chair, désormais vivifiée et transformée en un corps tout céleste.

LII. — « Aussi n'avez-vous point reçu l'esprit de servitude pour vous conduire encore par la crainte, mais vous avez reçu l'esprit d'adoption des enfants dans lequel nous crions : Abba, mon Père. » (*Rom*, VIII, 15.) Ces paroles établissent une distinction manifeste entre les deux Testaments, l'un où domine la crainte, l'autre où règne de la charité. Mais quel est cet esprit de servitude? Car l'esprit d'adoption des enfants est évidemment l'Esprit saint. L'esprit de servitude qui inspire la crainte est donc celui qui exerce la puissance de la mort, parce que cette crainte tenait toute leur vie soumis à la servitude ceux qui étaient sous la loi et non sous la grâce. Il n'est pas étonnant que ceux qui recherchaient avidement les biens temporels aient reçu cet esprit par une disposition de la divine Providence. Ce n'est pas qu'il fût l'auteur de la loi et du commandement ; « car la loi est sainte, et le commandement est saint, juste et bon ; » (*Rom.*, VII, 12) et tel n'est pas cet esprit de servitude que reçoivent ceux qui ne peuvent accomplir les préceptes de la loi qui leur a été donnée, et qui, n'étant pas encore élevés à l'adoption des enfants par la grâce du libérateur, sont les esclaves des désirs de la chair. Cet esprit de servitude n'a en sa puissance que celui qui lui est livré par l'ordre de la divine Providence et par un effet de la justice de Dieu, qui donne à chacun ce qui lui est dû. L'Apôtre avait reçu ce pouvoir lorsqu'il dit de certains pécheurs : « Je les ai livrés à Satan afin qu'ils apprennent à ne point blasphémer. » (I *Tim.*, 1, 20.) Et d'un autre encore : « J'ai jugé utile de le livrer à Satan pour

---

gentia rerum terrenarum sollicitat animam, et quædam desideria excitat, quibus ad peccandum non obtemperat qui jam mente servit Legi Dei.

LI. — Quod autem ait : « Si Spiritus ejus qui suscitavit Jesum Christum a mortuis habitat in vobis; qui suscitavit Jesum Christum a mortuis, vivificabit et mortalia corpora vestra per inhabitantem Spiritum ejus in vobis. » (*Rom.*, VIII, 11.) Jam quartum gradum demonstrat ex illis quatuor, quos superius (*Prop.* XIII) distinximus. Sed gradus iste in hac vita non invenitur. Pertinet enim ad spem qua expectamus redemptionem corporis nostri, quando corruptibile hoc induet incorruptionem, et mortale hoc induct immortalitatem. (I *Cor.*, XV, 53.) Ibi pax perfecta est, quia nihil molestiarum anima de corpore patitur jam vivificato, et in cœlestem qualitatem immutato.

LII. — Quod autem ait : « Non enim accepistis spiritum servitutis in (*a*) timorem, sed accepistis spiritum adoptionis filiorum, in quo clamamus : Abba, Pater, » (*Rom.*, VIII, 15) evidentissime duorum Testamentorum distincta sunt tempora. Illud enim ad timorem pertinet : Novum autem ad caritatem. Sed quæritur qui sit spiritus servitutis ? Nam spiritus adoptionis filiorum, utique Spiritus sanctus est. Spiritus ergo servitutis in timore, ille est qui potestatem habet mortis; quia ipso timore per totam vitam rei erant servitutis qui sub Lege agebant, non sub gratia. Nec mirum est quod eum acceperunt per divinam providentiam qui bona temporalia sectabantur, non quia ipsius est Lex, et mandatum. Nam Lex sancta, et mandatum sanctum et justum et bonum (*Rom.*, VII, 12) : ille autem spiritus servitutis non utique bonus, quem accipiunt qui præcepta datæ Legis implere non possunt, dum serviunt desideriis carnalibus, nondum gratia Liberatoris assumpti in filiorum adoptionem. Quia et ipse spiritus servitutis non habet quemquam in potestate, nisi qui ei per ordinem divinæ providentiæ traditus fuerit : Dei justitia sua cuique tribuente. Quam potestatem acceperat Apostolus cum dicit de quibusdam : Quos tradidi satanæ, ut discant non blasphemare. (I *Tim.*, I, 20.) Et iterum de alio : Jam judicavi, inquit, tra-

(*a*) Editi, *in timorem*, juxta Græcum εἰς φόβον, cui consentit Vulgata in antiq. Corbeiensib. Bibliis.

qu'il soit puni dans son corps afin que son âme soit sauvée. » (I *Cor.*, v, 5.) Ceux donc qui ne sont pas encore sous la grâce et qui, vivant sous la loi, sont dominés par les péchés qui les forcent d'obéir aux passions charnelles et ajoutent à la gravité de leurs crimes le caractère d'une véritable prévarication, ont reçu l'esprit de servitude, c'est-à-dire l'esprit qui exerce la puissance de mort. Si nous voulons entendre cet esprit de servitude de l'esprit de l'homme lui-même, l'esprit d'adoption devrait s'entendre aussi de ce même esprit devenu meilleur. Mais comme nous sommes obligés de reconnaître que l'esprit d'adoption est l'Esprit saint lui-même, d'après le témoignage exprès de l'Apôtre : « L'Esprit lui-même rend témoignage à notre esprit, » (*Rom.*, VIII, 16) l'esprit de servitude est nécessairement celui dont les pécheurs suivent les inspirations. De même donc que l'Esprit saint nous délivre de la crainte de la mort, ainsi l'esprit de servitude qui exerce la puissance de la mort tient les pécheurs asservis à cette crainte de la mort. Le seul moyen donc pour tous d'y échapper est d'implorer le secours du libérateur malgré tous les efforts du démon qui désire nous avoir toujours en sa puissance.

LIII. — « Aussi la créature attend d'une vive attente la manifestation des enfants de Dieu. Car elle est assujettie à la vanité, non point volontairement, » etc. jusqu'à ces paroles : « Et nous-mêmes qui possédons les prémices de l'esprit, nous gémissons au-dedans de nous, attendant l'adoption des enfants de Dieu, la rédemption de notre corps. » (*Rom.*, VIII, 19, 23.) Il ne faut point entendre ce passage dans le sens qui attribuerait le sentiment de la douleur et de l'affliction aux arbres, aux légumes, aux pierres et aux autres créatures de ce genre ; c'est l'erreur où sont tombés les Manichéens. Gardons-nous de penser également que les saints anges soient assujettis à la vanité, et qu'ils seront un jour délivrés de la servitude de la mort, puisqu'ils sont immortels de leur nature. Le nom de créature doit être entendu ici sans aucune difficulté de l'homme lui-même. En effet, la créature est nécessairement ou spirituelle, comme nous la voyons au premier degré le plus élevé dans les anges, ou animale, comme elle nous apparaît clairement dans la vie des bêtes, ou matérielle, c'est-à-dire accessible à la vue et au toucher. Or, ces trois aspects de la créature se réunissent dans l'homme qui est composé de corps et d'âme. Donc la créature, c'est-à-dire tout ce qui maintenant dans l'homme est assujetti à la souffrance, à la corruption, attend la manifestation des enfants de Dieu, cette manifestation dont le même Apôtre dit ailleurs : « Vous êtes morts, et votre vie est cachée en

---

dere hujusmodi satanæ in interitum carnis, ut anima salva sit. (I *Cor.*, v, 5.) Qui ergo nondum sub gratia sunt, et sub Lege constituti vincuntur peccatis ad obediendum desideriis carnalibus, et prævaricatione augent reatum criminum suorum, spiritum acceperunt servitutis, id est, spiritum ejus qui potestatem mortis habet. Nam si spiritum servitutis ipsum spiritum hominis intellexerimus, incipit et spiritus adoptionis ipse intelligi tanquam in melius commutatus. Sed quia spiritum adoptionis Spiritum sanctum accipimus, quem manifeste ostendit cum dicit : « Ipse Spiritus testimonium reddit spiritui nostro : » (*Rom.*, VIII, 16) restat ut spiritum servitutis illum intelligamus, cui serviunt peccatores : ut quemadmodum Spiritus sanctus a timore mortis vindicat, sic spiritus servitutis qui potestatem habet mortis, ejusdem mortis terrore reos teneat, ut se ad Liberatoris auxilium quisque convertat, etiam ipso diabolo invito, qui cum semper in potestate habere desiderat.

LIII. — Quod autem ait : « Nam expectatio creaturæ revelationem filiorum Dei expectat. Vanitati enim creatura subjecta est, non sponte, » etc.(*Rom.*, VIII, 19, 20) usque ad id quod ait : « Et ipsi in nobismetipsis ingemiscimus, adoptionem expectantes, redemptionem corporis nostri, » (*v.* 23) sic intelligendum est, ut neque sensum dolendi et gemendi opinemur esse in arboribus et oleribus et lapidibus, et cæteris hujuscemodi creaturis ; hic enim error Manichæorum est : neque Angelos sanctos vanitati subjectos esse arbitremur ; et de his existimemus quod liberabuntur a servitute interitus, cum interitu utique non sint : sed omnem creaturam in ipso homine sine ulla calumnia cogitemus. Non enim creatura ulla esse potest, nisi aut spiritalis, quæ excellit in Angelis ; aut animalis, quæ etiam in vita bestiarum satis apparet ; aut corporalis, quæ videri aut tangi potest : omnis autem est etiam in homine ; quia homo constat spiritu et anima et corpore. Ergo « creatura revelationem filiorum Dei expectat, » quidquid nunc in homine laborat, et corruptioni subjacet, illam scilicet manifestationem de qua idem dicit Apostolus : « Mortui enim estis, et vita vestra abscondita est cum Christo in Deo : cum Christus apparuerit vita vestra, tunc et vos cum ipso apparebitis in gloria. » (*Colos.*, III, 3.) Dicit et Joannes : « Di-

Dieu avec Jésus-Christ. Lorsque Jésus-Christ qui est votre vie apparaîtra, vous apparaîtrez aussi avec lui dans la gloire, » (*Coloss*., III, 3) et dont saint Jean parle aussi en ces termes : « Mes bien-aimés, nous sommes maintenant les enfants de Dieu, mais ce que nous serons un jour ne paraît pas encore. Nous savons que quand il viendra dans sa gloire, nous serons semblables à lui, parce que nous le verrons tel qu'il est. » (1 *Jean*, III, 2.) C'est donc cette manifestation des enfants de Dieu qu'attend la créature qui maintenant dans l'homme est assujettie à la vanité, tant qu'elle s'attache aux choses du temps qui passent comme une ombre, comme le dit le Psalmiste : « L'homme est devenu semblable à la vanité, ses jours passent comme l'ombre. » (*Ps*. CXLIII, 4.) C'est de cette vanité que Salomon lui-même a dit : « Vanité des vaniteux, et tout est vanité. Qu'a de plus l'homme de tout le labeur dont il se consume sous le soleil ? » (*Eccl*., I, 2, 3.) C'est cette même vanité que David reproche aux hommes en ces termes : « Pourquoi aimez-vous la vanité et cherchez-vous le mensonge ? » (*Ps*. IV, 3.) Or, l'Apôtre ne nous représente point la créature comme soumise volontairement à la vanité, parce que cet assujettissement est une peine. Le châtiment auquel l'homme a été condamné n'a pas été volontaire comme son péché, et cependant ce châtiment n'a pas été infligé à notre nature sans espérance de réparation. » Voilà pourquoi saint Paul ajoute : « Mais c'est à cause de celui qui l'y a assujettie, avec l'espérance qu'elle sera un jour affranchie de cet asservissement à la corruption, pour entrer dans la liberté de la gloire des enfants de Dieu ; » (*Rom*., VIII, 20, 21) il veut parler ici de la créature qui n'est encore que créature et qui n'est pas encore aggrégée au nombre des enfants de Dieu, car l'Apôtre voyait dans ceux qui devaient embrasser la foi l'accomplissement de ces paroles : « La créature sera délivrée de la servitude de la mort, et affranchie de la tyrannie de la mort qui pèse sur tous les pécheurs. » En effet, il a été dit au pécheur : « Vous mourrez de mort. » (*Gen*., II, 17.) Mais la créature sera délivrée pour entrer dans la liberté de la gloire des enfants de Dieu, » c'est-à-dire qu'elle parviendra par la foi à cette liberté de la gloire des enfants de Dieu, elle qui avant d'avoir la foi n'était qu'une simple créature. C'est encore à elle que se rapporte ce qui suit : « Nous savons que jusqu'à présent toutes les créatures gémissent et sont dans la douleur. » (*Rom*., VIII, 22.) Car parmi ceux qui devaient croire, il en était dont l'esprit était soumis au joug des plus pénibles erreurs. Cependant saint Paul ne veut pas laisser croire qu'il n'a en vue que leurs souffrances, et il va parler de ceux qui avaient déjà embrassé la foi. « En effet, ils sont soumis, il est vrai, par l'esprit, c'est-à-dire par la raison à la loi de Dieu ; cependant comme la chair est assujettie à la loi du péché » (*Rom*., VII, 25) tant

lectissimi, nunc filii Dei sumus, et nondum apparuit quid erimus : scimus autem quia cum apparuerit, similes ei erimus, quoniam videbimus eum sicuti est. » (1 *Joan*., III, 2.) Hanc ergo revelationem filiorum Dei expectat creatura, quæ in homine nunc vanitati subjecta est, quamdiu dedita est temporalibus rebus, quæ transeunt tanquam umbra. Unde et in Psalmo dicitur : Homo vanitati similis factus est, dies ejus velut umbra prætereunt. (*Psal*. CXLIII, 4.) De qua vanitate etiam Salomon loquitur, cum dicit : « Vanitas vanitantium, et omnia vanitas : quæ abundantia homini in omni labore suo, quo ipse laborat sub sole ? » (*Eccle*., I, 2, 3.) De qua item David dicit : Ut quid diligitis vanitatem, et quæritis mendacium ? (*Psal*. IV, 3.) Non sponte autem dicit esse subjectam vanitati creaturam, quoniam pœnalis est ista subjectio. Non enim homo sicut sponte peccavit, sic etiam sponte damnatus est : quæ tamen damnatio non sine spe reparationis irrogata est naturæ nostræ. Et ideo : « Propter eum, inquit, qui subjecit in spe ; quia et ipsa creatura liberabitur a servitute interitus in libertatem gloriæ filiorum Dei, » (*Rom*., VIII, 20, 21) id est, etiam ipsa quæ tantummodo creatura est, nondum per fidem aggregata numero filiorum Dei : sed tamen in eis qui credituri erant, videbat Apostolus quod dicit, quia « creatura liberabitur a servitute interitus, » ut interitui non serviat, cui serviunt omnes peccatores. Peccatori enim dictum est : Morte morieris. (*Gen*., II, 17.) « Liberabitur autem in libertatem gloriæ filiorum Dei, » id est, ut et ipsa perveniat ad libertatem gloriæ filiorum Dei per fidem : quæ fides cum in ea non erat, tantummodo creatura dicebatur. Et ad ipsam refert quod sequitur : « Scimus enim, quia creatura congemiscit, et dolet usque adhuc. » (*Rom*., VIII, 22.) Erant enim adhuc credituri qui etiam spiritu subjacebant laboriosis erroribus. Sed ne quis putaret de ipsorum labore tantum dictum esse, subjungit etiam de iis qui jam crediderant. Quanquam enim spiritu, hoc est, mente servirent Legi Dei (*Rom*., VII, 25), tamen

que nous sommes en butte aux peines et aux tentations inhérentes à notre mortalité, saint Paul ajoute : « Et non-seulement elles, mais aussi nous-mêmes qui possédons les prémices de l'Esprit, nous gémissons en dedans de nous. » (*Rom.*, VIII, 23.) C'est-à-dire les gémissements et la douleur ne sont pas le partage exclusif de ce que j'appelle la créature ou des hommes qui n'ont pas encore la foi, et ne font point encore partie des enfants de Dieu ; mais nous-mêmes qui croyons, qui avons les prémices de l'esprit, qui sommes entièrement unis à Dieu par la foi, et qui portons non plus le nom de créatures, mais d'enfants de Dieu, nous ne laissons pas de gémir intérieurement en nous-mêmes, en attendant la rédemption de notre corps. » Car cette adoption qui s'est déjà réalisée en esprit dans ceux qui ont reçu la foi ne s'est pas encore étendue au corps. Notre corps n'a pas encore passé par cette transformation céleste, comme l'esprit que la foi a réconcilié à Dieu en le ramenant des erreurs à la vérité. Cette manifestation qui doit accompagner la résurrection du corps est donc encore en expectative pour ceux même qui ont embrassé la foi. Elle fait partie de ce quatrième état, où nous jouirons d'une paix de tout point parfaite, et d'un repos éternel, sans que nous ayons à lutter contre aucun élément de corruption, contre aucune sollicitation importune.

LIV. — « De même aussi l'Esprit aide notre faiblesse, car nous ne savons ce que nous devons demander. » (*Rom.*, VIII, 26.) Il est évident que l'Apôtre veut parler ici de l'Esprit saint, qu'il désigne clairement dans ce qui suit : « Parce qu'il demande pour les saints ce qui est selon Dieu. » (*Ibid.*, 27.) Nous ne savons donc ce que nous devons demander, et cela pour deux raisons : l'objet futur de notre espérance, et le terme vers lequel nous tendons ne paraît pas encore ; et en second lieu, bien souvent dans cette vie, nous prenons le change sur ce qui peut faire notre malheur ou notre bonheur véritable. Ainsi la tribulation qui vient quelquefois assaillir le serviteur de Dieu pour l'éprouver ou pour le corriger paraît tout-à-fait inutile à des esprits simples. Mais si nous nous rappelons cette pensée du Roi-Prophète : « Secourez-nous, Seigneur, dans la tribulation, parce que le salut de l'homme est trompeur, » (*Ps.* LIX, 13) nous comprendrons que la plupart du temps, c'est au milieu de la tribulation que Dieu nous fait sentir son secours, et que c'est bien à tort qu'on attend une délivrance qui est quelquefois un malheur parce qu'elle enchaîne notre âme par les attraits séducteurs et par l'amour de cette vie. C'est ce qui fait dire au Psalmiste : « J'ai trouvé la tribulation et la douleur, et j'ai invoqué le nom du Seigneur. » (*Ps.* CXIV, 3 et 4.) En disant : « J'ai

---

quia carne servitur legi peccati, quamdiu molestias et sollicitationes mortalitatis nostræ patimur, ideo addidit, dicens : « Non solum autem ipsi, sed et nos primitias spiritus habentes, et ipsi in nobismetipsis ingemiscimus. » (*Rom.*, VIII, 23.) Non solum ergo, inquit, ipsa quæ tantummodo creatura dicitur in hominibus qui nondum crediderunt, et ideo nondum in filiorum Dei numero constituti sunt, congemiscit et dolet ; sed etiam nosmetipsi qui credimus, et spiritus primitias habemus, quia jam spiritu adhæremus Deo per fidem, et ideo non jam creatura, sed filii Dei appellamur ; tamen « et ipsi in nobismetipsis ingemiscimus, adoptionem expectantes redemptionem corporis nostri. » Hæc enim adoptio, quæ jam facta est in iis qui crediderunt, spiritu, non corpore facta est. Nondum enim etiam corpus reformatum est in cœlestem illam immutationem, sicut spiritus jam mutatus est reconciliatione fidei ab erroribus conversus ad Deum. Ergo etiam in iis qui crediderunt, expectatur adhuc illa manifestatio, quæ in corporis resurrectione proveniet : quæ pertinet ad quartum illum gradum, ubi ex toto perfecta pax erit, et quies æterna, nulla nobis ex aliqua parte corruptione resistente, aut sollicitante molestia.

LIV. — Quod autem ait : « Similiter et Spiritus adjuvat infirmitatem nostram : quid enim oremus sicut oportet, nescimus : » (*Rom.*, VIII, 26) manifestum est eum de Spiritu sancto dicere, quod in consequentibus clarum est, ubi ait : « Quia secundum Deum interpellat pro sanctis. » Nos ergo « quid oremus sicut oportet, nescimus, » (v. 27) duas ob res ; quod et illud quod futurum speramus, et quo tendimus, nondum apparet ; et in hac ipsa vita multa possunt nobis prospera videri quæ adversa sunt, et adversa quæ prospera. Nam et tribulatio quando accidit servo Dei ad probationem vel emendationem, videtur nonnunquam minus intelligentibus inutilis : sed si referatur ad illud quod dictum est : Da nobis auxilium de tribulatione, et vana salus hominis (*Psal.* LIX, 13) : intelligitur, quia plerumque tribulatione nos adjuvat Deus ; et frustra salus optatur, quæ aliquando adversa est, cum delectatione et amore hujus vitæ implicat animam. Inde est et illud : Tribulationem et dolorem inveni, et nomen Domini invocavi. (*Psal.* CXIV, 3, 4.) Cum enim dicit, inveni, significat utilem. Non enim recte gra-

trouvé, » il déclare que la tribulation est utile, car quelle raison de nous féliciter si nous n'avions trouvé ce que nous cherchions. « Nous ne savons donc pas ce que nous devons demander. » Dieu, au contraire, sait ce qui nous est avantageux dans cette vie et ce qu'il doit nous donner après cette vie. « Mais l'esprit lui-même demande par des gémissements ineffables. » (*Rom.*, VIII, 27.) L'Apôtre nous représente l'Esprit saint comme gémissant, c'est-à-dire qu'il nous fait gémir par la charité qu'il répand dans nos cœurs, et en excitant en nous le désir de la vie future. C'est ainsi qu'il est dit : « Le Seigneur votre Dieu vous tente pour savoir si vous l'aimez. » (*Deut.*, XIII, 3.) C'est-à-dire pour vous faire savoir si vous l'aimez ; car rien n'est caché aux yeux de Dieu.

LV. — « Ceux qu'il a appelés il les a justifiés. » (*Rom.*, VIII, 30.) Ces paroles pourront peut-être surprendre et on se demandera si tous ceux qui sont appelés sont justifiés. Mais nous lisons dans un autre endroit : « Beaucoup sont appelés, peu sont élus. » (*Matth.*, XXII, 14.) Cependant comme les élus sont nécessairement appelés, il est évident qu'il n'y a pour être justifiés que ceux qui sont appelés, non pas tous ceux qui sont appelés en général, mais ceux qui sont appelés selon le décret comme il l'a dit plus haut. (*Rom.*, VIII, 28.) Il s'agit ici du décret de Dieu et non de la volonté de ceux qui sont appelés. L'Apôtre nous explique lui-même ce que c'est d'être appelé selon le décret divin, lorsqu'il dit : « Ceux qu'il a connus dans sa prescience, il les a aussi prédestinés pour être conformes à l'image de son Fils. » (*Ibid.*, 29.) Ainsi tous ceux qui ont été appelés ne l'ont pas été selon ce décret, car ce décret fait partie de la prescience et de la prédestination de Dieu, et Dieu ne prédestine que ceux qu'il a prévus devoir embrasser la foi, et suivre leur vocation, et il les appelle ses élus. Il en est beaucoup qui ne viennent point, tout appelés qu'ils sont, mais nul ne peut venir sans être appelé.

LVI. — « Afin qu'il fût lui-même le premier-né entre plusieurs frères, » (*Rom.*, VIII, 29) paroles qui établissent clairement la distinction que nous devons faire en Notre-Seigneur de son titre de Fils unique et de sa qualité de premier-né. Comme Fils unique, il n'a pas de frères, il est par nature le Fils de Dieu, le Verbe qui était dès le commencement et par lequel tout a été fait. (*Jean*, I, 1.) Comme homme, au contraire, et en vertu du mystère de l'Incarnation par lequel il a daigné nous élever à l'adoption des enfants, nous qui ne l'étions point naturellement, il est appelé premier-né entre plusieurs frères. Dès lors qu'il est le premier, il n'est pas seul, mais il doit être suivi par des frères qui consacrent sa prééminence sur eux. Voilà pourquoi dans un autre endroit saint Paul déclare « qu'il est le

---

tulamur nos invenisse, nisi quod quærebamus. Ergo « quid oremus sicut oportet, nescimus. » Deus enim novit, et quid nobis in hac vita expediat, et quid post hanc vitam daturus sit. « Sed ipse Spiritus interpellat gemitibus inenarrabilibus. » (*Rom.*, VIII, 27.) Gemere dicit Spiritum, quod nos gemere faciat caritate, concitans desiderium futuræ vitæ, sicut dicit : Tentat vos Dominus Deus vester, ut sciat si diligitis eum : id est, ut scire vos faciat. (*Deut.*, XIII, 3.) Non enim Deum aliquid latet.

LV. — Quod autem ait : « Quos vocavit, ipsos et justificavit, » (*Rom.*, VIII, 30) potest movere, et quæri, utrum omnes qui vocati sunt, justificentur. Sed alibi legimus : Multi vocati, pauci autem electi. (*Matth.*, XXII, 14.) Tamen quia ipsi quoque electi utique vocati sunt, manifestum est non justificatos nisi vocatos, quanquam non omnes vocatos, sed eos qui secundum propositum vocati sunt (*Rom.*, VIII, 28), sicut superius dixit. Propositum autem Dei accipiendum est, non ipsorum. Ipse autem exponit quid sit secundum propositum, cum dicit : « Quoniam quos ante præscivit, et prædestinavit conformes imaginis Filii ejus. » (v. 29.) Non enim omnes qui vocati sunt, secundum propositum vocati sunt : hoc enim propositum ad præscientiam et ad prædestinationem Dei pertinet ; nec prædestinavit aliquem, nisi quem præscivit crediturum et secuturum vocationem suam, quos et electos dicit. Multi enim non veniunt, cum vocati fuerint : nemo autem venit qui vocatus non fuerit.

LVI. — Quod autem dicit : « Ut sit primogenitus in multis fratribus, » (*Rom.*, VIII, 29) satis docet, aliter intelligendum Dominum nostrum unigenitum, aliter primogenitum. Nam ubi Unigenitus dicitur, fratres non habet, et naturaliter est Filius Dei, Verbum in principio, per quod facta sunt omnia. (*Joan.*, I, 1.) Secundum susceptionem autem hominis, et incarnationis dispensationem, per quam nos etiam non naturaliter filios in adoptionem filiorum vocare dignatus est, primogenitus dicitur cum adjunctione fratrum. Ubi enim primus dicitur, non utique solus, sed consecuturis fratribus in id quo ipse præcessit.

premier-né d'entre les morts, afin, dit-il, qu'il soit le premier en tout. » (*Coloss.*, I, 18.) En effet, avant lui aucun mort n'est ressuscité pour ne plus mourir ; après lui un grand nombre de saints qu'il ne rougit pas d'appeler ses frères, à cause de l'humanité qui lui est commune avec eux, ont eu part à cette résurrection.

LVII. — Ces paroles : « Qui nous séparera de la charité de Jésus-Christ ? La tribulation, ou l'angoisse, ou la persécution ? etc. » (*Rom.*, VIII, 35) se rattachent à celles qui précèdent : « Si toutefois nous souffrons avec lui pour être glorifiés ; car j'estime que les souffrances de la vie présente n'ont aucune proportion avec cette gloire qui doit un jour éclater en nous. » (*Ibid.*, 17.) Le but unique que se propose ici saint Paul est d'exhorter ceux à qui il s'adresse à ne point se laisser abattre par les persécutions en vivant selon la prudence de la chair qui nous fait désirer les biens et craindre les maux de la vie présente.

LVIII. — « Je suis certain, » dit l'Apôtre, et non pas simplement je pense, c'est-à-dire que sa foi lui donne une pleine conviction, que ni la menace de mort, quelle qu'elle soit, ni la promesse de la vie présente, ni aucune des choses dont il fait l'énumération, ne peuvent séparer de l'amour de Dieu celui qui croit en lui. Rien donc n'a le pouvoir de le séparer de Dieu, ni les menaces de la mort, parce que celui qui croit en Jésus-Christ, bien qu'il meure vivra, ni les promesses de la vie, parce que Dieu donne la vie éternelle. En effet, en comparaison de la vie éternelle, les promesses de la vie du temps ne sont dignes que de mépris. Un ange lui-même ne peut le séparer, car dit le même Apôtre : « Quand un ange venu du ciel vous annoncerait un évangile différent de celui que nous vous avons annoncé, qu'il soit anathème. » (*Gal.*, I, 8.) « Ni les puissances, » c'est-à-dire les puissances ennemies, parce que le Sauveur a dépouillé les principautés et les puissances, et a triomphé publiquement d'elles en lui-même. » (*Colos.*, II, 15.) « Ni les choses présentes, ni les futures, » c'est-à-dire les choses temporelles dont les unes sont pour nous pleines de charme et d'espérance, les autres une source d'affliction et de crainte. « Ni la force. » Il faut entendre ici la force qui nous est contraire et dont Notre-Seigneur a dit : « Personne ne peut enlever les biens du fort, si auparavant il n'a lié le fort. » (*Matth.*, XII, 29.) « Ni tout ce qu'il y a de plus haut ou de plus profond. » Souvent, en effet, le vain désir de connaître les choses qu'on ne peut découvrir, soit dans les hauteurs des cieux, soit dans les profondeurs de l'abîme, ou dont la découverte est inutile, sépare de Dieu, à moins que la charité ne l'emporte en invitant les hommes à la connaissance certaine des biens spirituels, non par le charme trompeur des choses exté-

---

Unde et alio loco primogenitum eum a mortuis dicit, ut sit ipse primatum tenens. (*Coloss.*, I, 18.) Resurrectio enim mortuorum ut jam non moriantur, ante illum nulla : post illum autem multorum sanctorum est, quos fratres non confunditur appellare, propter ipsam communicationem humanitatis.

LVII. — Quod autem dicit : « Quis nos separabit a caritate Christi ? Tribulatio, an angustia, an persecutio, » etc., (*Rom.*, VIII, 33) ex superiore sententia pendet, ubi ait : « Si tamen compatimur, ut et glorificemur : existimo enim quod non sunt condignæ passiones hujus temporis ad futuram gloriam, quæ revelabitur in nobis. » (*Ibid.*, 17, etc.) Ad ipsam enim hortationem omnis hujus loci intentio directa est, ne illi quibus loquitur persecutionibus frangerentur, si viverent secundum prudentiam carnis, qua temporalia bona appetuntur, et timentur temporalia mala.

LVIII. — Quod autem ait : « Certus sum enim, » (*Rom.*, VIII, 38) et non dixit : Opinor enim, plena fide tenuit, « quod nec mors » ulla, « nec vita » temporalis promissa, nec cætera subsequentia possunt credentem a caritate Dei detorquere. Nemo ergo separat, nec qui minatur mortem ; quia qui credit in Christo, licet moriatur, vivet : neque qui pollicetur vitam ; quia ille dat vitam æternam. Nam temporalis vitæ pollicitatio, æternæ comparatione contemnenda est. « Neque Angelus » separat, quia licet Angelus, inquit, de cœlo descendat, et annuntiet vobis præter quam quod accepistis, anathema sit. (*Gal.*, I, 8.) « Neque principatus, » id est, contrarius, quia exuit se ipse hos principatus et potestates, triumphans eos in semetipso. (*Coloss.*, II, 15.) « Neque præsentia neque futura, » id est, temporalia vel quæ delectant, vel quæ premunt, vel quæ spem dant, vel quæ incutiunt timorem. « Neque virtus. » Et hic virtutem contrariam oportet intelligi, secundum quam dicit : Nemo vasa fortis diripiet, nisi prius alligaverit fortem. « Neque altitudo, neque profundum. » (*Matth.*, XII, 29.) Plerumque enim inanis curiositas earum rerum quæ inveniri non possunt, aut frustra etiam inveniuntur sive in cœlo sive in

rieures, mais par l'attrait tout intérieur de la vérité. « Ni aucune autre créature. » Ce qu'on peut entendre de deux manières différentes : d'abord de la créature visible, car nous-mêmes, considérés dans notre âme, nous sommes des créatures, mais des créatures invisibles; le sens des paroles de l'Apôtre serait donc que nulle autre créature, c'est-à-dire l'amour des choses extérieures, n'est capable de le séparer de l'amour de Dieu. Ou bien aucune créature ne peut nous séparer de l'amour de Dieu, parce qu'il n'en est aucune qui soit entre Dieu et nous un obstacle à l'union étroite que nous voulons avoir avec lui. Car au-dessus de l'âme de l'homme qui a la raison en partage, il n'y a plus d'autre créature, il n'y a que Dieu.

LIX. — « Qui ont pour pères les patriarches, et de qui est sorti selon la chair Jésus-Christ même, » et l'Apôtre ajoute : « Le Dieu au-dessus de toutes choses et béni dans tous les siècles. » (*Rom.*, IX, 5.) Ces paroles de l'Apôtre sont l'expression d'une foi pleine et entière, car nous confessons tout ensemble que Notre-Seigneur est Fils de l'homme, considéré dans son incarnation, et que dans sa nature éternelle, il est le Verbe qui était dans le commencement, le Dieu au-dessus de toutes choses et béni dans tous les siècles. Les Juifs qui s'en tenaient à la première partie de cette profession de foi ont été confondus par Notre-Seigneur. En effet, lorsqu'il leur eut demandé de qui le Christ était Fils, ils répondirent : de David, c'était la vérité pour sa nature mortelle. Mais ils ne lui répondirent rien sur sa nature divine. Aussi le Sauveur leur dit-il : « Comment David qui était inspiré s'appelle-t-il le Seigneur ? » (*Matth.*, XXII, 42.) Il veut leur faire comprendre qu'ils s'étaient bornés à reconnaître dans le Christ le Fils de David, mais qu'ils n'avaient point confessé que le Christ est le Seigneur de David lui-même. Car il est Fils de David par son incarnation, il est Fils de Dieu par sa nature divine et éternelle.

LX. — « Avant qu'ils fussent nés et qu'ils eussent bien ou mal agi, afin que le décret de Dieu demeurât ferme selon son élection, et non à cause de leurs œuvres, mais par la volonté de celui qui appelle, il lui fut dit : L'aîné sera assujetti au plus jeune, selon qu'il est écrit : J'ai aimé Jacob et j'ai haï Esaü. » (*Rom.*, IX, 11, 13; *Gen.*, XXVI, 23; *Malach.*, I, 2, 3.) Ces paroles forment difficulté pour quelques-uns qui pensent que l'apôtre saint Paul détruit le libre arbitre, qui nous rend agréable à Dieu par les œuvres de religion, ou coupable à ses yeux par nos actes d'impiété. Ils allèguent en effet qu'avant toute œuvre bonne ou mauvaise, avant même que ces deux enfants fussent nés, Dieu a aimé l'un et haï l'autre. Mais nous répondons que cela s'est fait par la prescience de Dieu, qui sait même avant

abysso, separat a Deo, nisi caritas vincat, quæ ad certa spiritalia non vanitate rerum quæ foris sunt, sed veritate quæ intus, homines invitat. « Neque creatura alia. » Quod duobus modis intelligi potest : aut visibilis creatura, quia et nos, id est, anima, creatura sumus, sed invisibilis; ut hoc dixerit, quod nos non separat alia creatura, id est, amor corporum : aut certe quia nos non separat alia creatura a caritate Dei, ex eo quod nulla creatura est alia inter nos et Deum, quæ se opponat, et a complexu ejus excludat. Supra humanas enim mentes quæ rationales sunt, jam nulla creatura, sed Deus est.

LIX. — Quod autem dicit : « Quorum patres et ex quibus Christus secundum carnem, » et adjecit : » Qui est super omnes Deus benedictus in sæcula, » (*Rom.*, IX, 5) plenissimam fidem commendat, quia Dominum nostrum et secundum susceptionem carnis filium hominis confitemur, et secundum æternitatem Verbum in principio Deum benedictum super omnes in sæcula. Hujus autem confessionis Judæi quoniam partem tenuerunt, refelluntur a Domino. Nam cum eos interrogasset, cujus filium dicerent esse Christum : responderunt, David. (*Matth.*, XXII, 42.) Hoc autem secundum carnem est. De divinitate vero ejus quod Deus est, nihil responderunt. Ideo Dominus ait eis : Quomodo ergo David in Spiritu vocat eum Dominum ? Ut intelligerent hoc se confessos esse tantum, quod Christus filius est David; hoc autem tacuisse, quod est Christus Dominus ipsius David. Illud enim est secundum susceptionem carnis, hoc secundum æternitatem divinitatis.

LX. — Quod autem ait : « Nondum enim nascentium, neque agentium aliquid boni aut mali, ut secundum electionem propositum Dei maneret, non ex operibus, sed ex vocante dictum est ei, quia major serviet minori, sicut scriptum est : Jacob dilexi, Esau autem odio habui, » (*Rom.*, IX, 11-13 ; *Gen.*, XXV, 23; *Malach.*, I, 2, 3) nonnullos movet, ut putent apostolum Paulum abstulisse liberum voluntatis arbitrium, quo promeremur Deum bono pietatis, vel malo impietatis offendimus. Dicunt enim, quod ante opera aliqua, seu bona seu mala, duorum

qu'il soit né ce que chacun doit être dans la suite même. Et qu'on ne dise pas non plus : Dieu, dans celui qu'il a aimé a donc choisi les œuvres qui n'étaient pas encore, mais qu'il prévoyait dans sa prescience. Or, s'il a choisi les œuvres, comment l'Apôtre peut-il dire que l'élection n'a point été faite d'après les œuvres ? Il nous faut donc entendre que les bonnes œuvres sont le fruit de l'amour, et que l'amour est en nous par un don de l'Esprit saint, au témoignage du même apôtre : « L'amour de Dieu a été répandu dans nos cœurs par l'Esprit saint qui nous a été donné. » (*Rom.*, v, 5.) Personne donc n'a le droit de se glorifier de ses œuvres comme si elles venaient de lui, parce qu'elles sont un don de Dieu, et que c'est l'amour de Dieu qui opère en nous le bien que nous faisons. Qu'a donc pu choisir Dieu ? S'il donne à qui il veut l'Esprit saint par lequel la charité opère le bien, comment a-t-il pu choisir celui à qui il donne ce divin Esprit ? S'il n'y a aucun mérite, il n'y a point de raison de choisir; en dehors du mérite, tous sont égaux, et il ne peut y avoir de choix parmi des choses absolument égales. Nous disons donc que comme l'Esprit saint n'est donné qu'à ceux qui croient, le choix de Dieu tombe sur la foi et non sur les œuvres dont il est l'auteur lorsqu'il nous donne l'Esprit saint qui nous fait opérer le bien par la charité; car celui qui ne croit point en Dieu et ne persévère point dans la volonté de recevoir la grâce, ne reçoit point le don de Dieu, c'est-à-dire l'Esprit saint, qui nous donne de pouvoir faire le bien par la charité qu'il répand dans nos cœurs. Dieu n'a donc point, dans sa prescience, choisi les œuvres dont il devait être le principe et l'auteur, mais il a choisi la foi, c'est-à-dire qu'il a choisi pour lui donner l'Esprit saint celui qu'il a prévu devoir embrasser la foi, afin que par la pratique des bonnes œuvres il pût obtenir la vie éternelle (1); car, dit l'Apôtre : « Il n'y a qu'un même Dieu qui opère tout en tous, » (I *Cor.*, xii, 6) et nulle part il n'est dit que Dieu croit tout en tous. Notre foi est donc notre œuvre, mais le pouvoir de faire le bien vient de celui qui donne l'Esprit saint à ceux qui croient en lui. (II *Sent.*, dist. 28, cap. *in expositione*.) C'est la doctrine que l'on oppose à certains Juifs qui, après avoir embrassé la foi en Jésus-Christ, se glorifiaient des œuvres qu'ils avaient faites avant d'avoir reçu la grâce, et prétendaient que c'était à leurs bonnes œuvres précédentes qu'ils devaient la grâce elle-même de l'Evangile, alors que les bonnes œuvres ne sont possibles qu'à celui qui a reçu la grâce. Or, le caractère particulier de la grâce est que la vocation est donnée au pécheur

---

(1) Voyez *Rétractations*, livre I, chap. XXIII, n. 2, et *De la prédestination des saints*, livre I, chap. XXIII, où saint Augustin reconnaît qu'il s'est trompé.

---

nondum nascentium Deus unum dilexerit, alterum odio habuerit. Sed respondemus, præscientia Dei factum esse, qua novit etiam de nondum natis, qualis quisque futurus sit. Sed ne quis dicat : Opera ergo elegit Deus in eo quem dilexit, quanquam nondum erant, quod erant futura præsciebat : quod si opera elegit, quomodo dicit Apostolus, non ex operibus factam electionem? Propterea ergo intelligendum est, opera bona per dilectionem fieri, dilectionem autem esse in nobis per donum Spiritus sancti, sicut idem Apostolus ait : Caritas Dei diffusa est in cordibus nostris per Spiritum sanctum qui datus est nobis. (*Rom.*, v, 5.) Non ergo quisquam gloriari debet ex operibus tanquam suis, quæ per donum Dei habet, cum ipsa dilectio in eo bonum operetur. Quid ergo elegit Deus? Si enim cui vult donat Spiritum sanctum, per quem dilectio bonum operatur, quomodo elegit cui donet? Si enim nullo merito, non est electio; æquales enim omnes sunt ante meritum, nec potest in rebus omnino æqualibus electio nominari. Sed quoniam Spiritus sanctus non datur nisi credentibus, non quidem Deus elegit opera quæ ipse largitur, cum dat Spiritum sanctum, ut per caritatem bona operemur : sed tamen elegit fidem. Quia nisi quisque credat in eum, et in accipiendi voluntate permaneat, non accipit donum Dei, id est, Spiritum sanctum, per quem diffusa caritate bonum possit operari. Non ergo elegit Deus opera cujusquam in præscientia, quæ ipse daturus est; sed fidem elegit in præscientia : ut quem sibi crediturum esse præscivit, ipsum elegerit cui Spiritum sanctum daret, ut bona operando etiam vitam æternam consequeretur. Dicit enim idem Apostolus : Idem Deus qui operatur omnia in omnibus. (I *Cor.*, xii, 6.) Nusquam autem dictum est, Deus credit omnia in omnibus. Quod ergo credimus nostrum est : quod autem bonum operamur, illius qui credentibus se dat Spiritum sanctum. (II *Sent.*, dist. 28, cap. *In expositione*.) Hoc autem exemplum quibusdam Judæis objectum est, qui Christo crediderunt, et de operibus ante gratiam gloriabantur, et dicebant se ipsam Evangelii gratiam per sua bona opera præcedentia meruisse, cum bona opera in nullo esse possint, nisi qui acceperit gratiam. Est autem gratia, ut vocatio

alors que ses œuvres antérieures ne méritaient que la damnation. S'il correspond à cette première grâce en obéissant à la voix de celui qui l'appelle, ce qui dépend de son libre arbitre, il méritera de recevoir l'Esprit saint qui lui donnera de pouvoir faire le bien, et s'il persévère dans cet état, ce qui dépend également de son libre arbitre, il méritera la vie éternelle, qui est à l'abri de toute corruption, de toute souillure.

LXI. — « Je ferai miséricorde à qui il me plaira de faire miséricorde, et j'aurai pitié de qui il me plaira d'avoir pitié. » (*Rom.*, IX, 15; *Exod.*, XXXIII, 19.) Saint Paul nous enseigne ici qu'il ne peut y avoir d'injustice en Dieu, comme quelques-uns pourraient le conclure de ces paroles : « Avant même leur naissance, j'ai aimé Jacob, mais j'ai haï Esaü; » (*Malach.*, I, 2, 3) car, dit Dieu : « Je ferai miséricorde à qui il me plaira de faire miséricorde. » Le premier acte de la miséricorde de Dieu à notre égard a été de nous appeler lorsque nous étions pécheurs. Celui à qui j'aurai fait miséricorde en l'appelant, dit Dieu, je lui ferai encore miséricorde lorsqu'il aura cru. Or, quel sera l'effet de cette miséricorde? De donner l'Esprit saint à celui qui croira et qui le demandera. Après ce nouveau don, il fera encore miséricorde à celui à qui il a fait miséricorde, en lui inspirant la vertu de miséricorde qui lui fera pratiquer le bien par la charité. Que personne donc n'ose s'attribuer le mérite de ses œuvres de miséricorde, car c'est Dieu qui lui a donné par l'Esprit saint la charité, sans laquelle il est impossible de faire le bien. Dieu n'a donc point choisi ceux qui font le bien, mais bien plutôt ceux qui croient, pour leur rendre possible la pratique du bien. C'est à nous de croire et de vouloir, mais c'est à Dieu seul de donner à ceux qui ont la foi et la bonne volonté le pouvoir de faire le bien par l'Esprit saint, qui répand la charité dans nos cœurs pour nous rendre miséricordieux. (I *Rétract.*, XXIII, 3.)

LXII. — Lorsque saint Paul ajoute : « Il ne suffit donc ni de vouloir, ni de courir, il faut que Dieu fasse miséricorde, » (*Rom.*, IX, 16) il ne détruit pas le libre arbitre de la volonté, mais il déclare que cette volonté ne suffit pas si Dieu ne vient à son secours en nous inspirant par l'Esprit saint la miséricorde qui nous rend capables de faire le bien. Ces paroles se rattachent à celles qui précèdent : « J'aurai pitié de qui il me plaira d'avoir pitié, et je ferai miséricorde à qui il me plaira de faire miséricorde. » (*Ibid.*, 15.) En effet, nous ne pouvons vouloir avant d'être appelés, et quand par suite de cette vocation nous avons eu la bonne volonté, il ne nous suffit encore ni de vouloir ni de courir si Dieu ne nous soutient dans notre course et ne nous conduit là où il nous appelle. (I *Rétract.*, XXIII, 3.) Il est donc évident que si nous faisons le bien, cela ne dépend ni de celui qui veut, ni de celui

---

peccatori prærogetur, cum ejus merita nulla, nisi ad damnationem præcesserint. Quod si vocatus vocantem secutus fuerit, quod est jam in libero arbitrio, merebitur et Spiritum sanctum, per quem bona possit operari, in quo permanens, (quod nihilo minus est in libero arbitrio) merebitur etiam vitam æternam, quæ nulla possit labe corrumpi.

LXI. — Quod autem ait : « Miserebor cui misertus ero, et misericordiam præstabo cui misericors fuero, » (*Rom.*, IX, 15 : *Exod.*, XXXIII, 19) hinc ostenditur non esse iniquitatem apud Deum; quod possunt dicere quidam, cum audiunt : Antequam nascerentur, Jacob dilexi, Esau autem odio habui. (*Malach.*, I, 2 et 3.) « Miserebor, enim inquit, cui misertus ero. » Primo enim misertus est nostri Deus, cum peccatores essemus ut vocaret nos. « Cui ergo misertus ero, » inquit, ut eum vocem, « miserebor » adhuc ejus cum crediderit. Quomodo autem adhuc, nisi ut det credenti et petenti Spiritum sanctum? Quo dato misericordiam præstabit cui misericors fuerit, id est, ut faciat eum misericordem, quo bona possit per dilectionem operari. Nemo ergo sibi audeat tribuere quod misericorditer operatur : quia Deus illi per Spiritum sanctum dedit dilectionem, sine qua nemo potest esse misericors. Non ergo elegit Deus bene operantes, sed credentes potius, ut ipse illos faciat bene operari. Nostrum enim est credere et velle, illius autem dare credentibus et volentibus facultatem bene operandi per Spiritum sanctum (I *Rétract.*, XXIII, 3), per quem caritas Dei diffunditur in cordibus nostris, ut nos misericordes efficiat. (*Rom.*, V, 5.)

LXII. — Quod autem ait : « Igitur non volentis, neque currentis, sed miserentis est Dei, » (*Rom.*, IX, 16) non tollit liberum voluntatis arbitrium, sed non sufficere dicit velle nostrum, nisi adjuvet Deus, misericordes nos efficiendo ad bene operandum per donum Spiritus sancti, ad hoc referens, quod superius dixit : « Miserebor cui misertus ero, et misericordiam præstabo cui misericors fuero. » (*Ibid.*, 15.) Quia neque velle possumus, nisi vocemur; et cum post vocationem voluerimus, non sufficit voluntas nostra et cursus noster, nisi Deus et vires currentibus præ-

qui court, mais de Dieu, qui fait miséricorde, bien que notre volonté, qui seule ne peut rien absolument, prête ici son concours. Saint Paul confirme cette vérité par une preuve tirée du châtiment de Pharaon, lorsque Dieu dit de lui dans la sainte Ecriture : « Je t'ai suscité moi-même pour faire éclater en toi ma puissance et pour rendre mon nom célèbre par toute la terre. » (*Ibid.*, 17; *Exod.*, IX, 16.) En effet, nous lisons dans l'Exode : « Le cœur de Pharaon fut endurci au point que les prodiges les plus éclatants ne faisaient aucune impression sur lui. » (*Exod.*, I, 10.) Or, cette désobéissance de Pharaon aux ordres de Dieu était un châtiment. Et personne ne peut dire que Pharaon n'avait point mérité cet endurcissement du cœur, car ce fut le juste châtiment dont Dieu punit son incrédulité. On ne lui fait donc point un crime d'avoir résisté alors aux ordres de Dieu, puisque l'endurcissement de son cœur lui rendait l'obéissance impossible; mais d'avoir mérité cet endurcissement par son incrédulité précédente. De même en effet que dans ceux qui sont choisis de Dieu, ce ne sont pas les œuvres, mais la foi qui commence à leur faire mériter la grâce de Dieu pour faire le bien ; ainsi dans ceux qu'il réprouve, c'est l'incrédulité et l'impiété qui commencent à leur faire mériter cette peine, qui devient elle-même le principe de leur conduite coupable (I *Rétract.*, XXIII, 3), comme l'Apôtre l'a enseigné plus haut : « Et comme ils n'ont pas fait usage de la connaissance de Dieu, Dieu les a livrés à un sens dépravé, en sorte qu'ils ont fait des actions indignes. » (*Rom.*, I, 28.) Aussi tire-t-il cette conclusion : « Donc il fait miséricorde à qui il lui plait, et il endurcit qui il veut. » (*Rom.*, IX, 18.) Celui dont il a pitié, il lui donne de faire le bien, et celui qu'il endurcit, il l'abandonne pour lui laisser faire le mal. Mais cette miséricorde est attribuée au mérite précédent de la foi, de même que cet endurcissement à l'impiété qui a précédé (I *Rétract.*, XXIII, 4) ; et c'est ainsi que nous faisons le bien par la grâce de Dieu et le mal par un effet de sa juste vengeance, sans toutefois que le libre arbitre de la volonté soit détruit dans l'homme ou pour croire en Dieu et obtenir ainsi la miséricorde, ou pour commettre l'impiété et mériter ainsi le châtiment. Cette conclusion une fois déduite, saint Paul présente cette objection comme si elle lui était faite par un contradicteur : « Vous me direz peut-être : Après cela, pourquoi se plaindre? Car qui est-ce qui résiste à sa volonté ? » (*Ibid.*, 19.) Et il répond à cette question de manière à nous faire entendre qu'il n'y a que les hommes spirituels et qui ne vivent plus selon les inspirations de l'homme terrestre qui puissent avoir l'intelligence de ces premiers mé-

beat, et perducat quo vocat. (I *Retract.*, XXIII, 3.) Manifestum est ergo non volentis neque currentis, sed miserentis Dei esse, quod bonum operamur, quanquam ibi sit etiam voluntas nostra, quæ sola nihil posset. Unde sequitur etiam de Pharaonis supplicio testimonium, cum ait scriptura de Pharaone : « Quia ad hoc te excitavi, ut ostendam in te potentiam meam, et ut annuntietur nomen meum in universa terra. » (*Exod.*, IX, 16, 17.) Sicut enim legimus in Exodo : Obduratum est cor Pharaonis, ut tamen evidentibus signis non moveretur. (*Exod.*, X, 1.) Quod ergo tunc Pharao non obtemperabat præceptis Dei, jam de supplicio veniebat. Non autem quisquam potest dicere obdurationem illam cordis immerito accidisse Pharaoni, sed judicio Dei retribuentis incredulitati ejus debitam pœnam. Non ergo hoc illi imputatur, quod tunc non obtemperaret, quando quidem obdurato corde obtemperare non poterat; sed quia dignum se præbuit, cui cor obduraretur priore infidelitate. Sicut enim in iis quos elegit Deus, non opera, sed fides inchoat meritum, ut per munus Dei bene operentur : sic in his quos damnat, infidelitas et impietas inchoat pœnæ meritum, ut per ipsam pœnam etiam male operentur (I *Retract.*, XXIII, 3) ; sicut et superius idem dicit Apostolus : « Et quoniam non probaverunt Deum in notitia habere, tradidit illos Deus in reprobum sensum, ut faciant quæ non conveniunt. » (*Rom.*, I, 28.) Quapropter ita concludit Apostolus : « Ergo cui vult miseretur, et quem vult obdurat. » (*Rom.*, IX, 18.) Cujus enim miseretur, facit eum bene operari : et quem obdurat, relinquit eum ut male operetur. Sed et illa misericordia præcedenti merito fidei tribuitur, et ista obduratio præcedenti impietati : ut et bona per donum Dei operemur, et mala per supplicium ; cum tamen homini non auferatur liberum voluntatis arbitrium, sive ad credendum Deo ut consequatur uos misericordia, sive ad impietatem ut consequatur supplicium. (I *Retract.*, XXIII, 4.) Qua conclusione illata, infert quæstionem tanquam a contradicente. Ait enim : « Dicis itaque mihi, quid adhuc conqueritur ? Nam voluntati ejus quis resistit ? (*v.* 19.) Cui sane inquisitioni sic respondet, ut intelligamus spiritalibus viris, et jam non secundum terrenum hominem viventibus, patere posse prima merita fidei et impietatis, quomodo Deus præscius eligat credituros, et damnet incredulos ; nec

rites de la foi et de l'impiété et comprendre comment Dieu, dans sa prescience, choisit ceux qui doivent croire et réprouve les incrédules, sans toutefois choisir les uns et condamner les autres d'après leurs œuvres; mais qu'il donne à la foi des premiers de faire le bien, et endurcit l'impiété des autres par un abandon qui leur laisse faire le mal. Toutefois comme l'intelligence de cette vérité n'est donnée qu'aux hommes spirituels et reste un profond mystère pour la prudence de la chair, l'Apôtre, en répondant à celui qui l'interroge, cherche à lui faire comprendre qu'il doit d'abord se dépouiller de l'homme terrestre pour mériter d'approfondir cette vérité par l'esprit : « O homme, lui dit-il, qui êtes-vous pour contester avec Dieu? Un vase d'argile dit-il à celui qui l'a formé : Pourquoi m'avez-vous fait ainsi? Le potier n'a-t-il pas le pouvoir de tirer de la même masse d'argile un vase de gloire et un autre destiné à l'opprobre? » (*Ibid.*, 20, 21.) Tant que vous êtes un de ces vases d'argile, dit saint Paul, et que vous faites partie de cette masse de boue; tant que vous n'êtes pas élevé jusque dans la sphère des choses spirituelles et devenu vous-même un homme spirituel qui juge tout et n'est jugé par personne, interdisez-vous ces sortes de recherches et ne cherchez pas à répondre à Dieu. Celui qui désire avoir l'intelligence de ses conseils doit auparavant être reçu dans son amitié, ce qui n'est possible qu'aux hommes spirituels qui portent déjà l'image de l'homme céleste. « Je ne vous appellerai plus serviteurs, dit Jésus à ses apôtres, mais je vous appellerai mes amis, parce que je vous ai fait connaître tout ce que j'ai appris de mon Père. » (*Jean*, xv, 15.) Tant que vous êtes un vase d'argile, il faut vous appliquer à le briser en vous-mêmes avec cette verge de fer dont il est dit : « Vous les briserez avec un sceptre de fer, vous les réduirez en poussière comme un vase d'argile. » (*Ps.* II, 9.) L'homme extérieur une fois détruit en vous, et l'homme intérieur renouvelé, vous pourrez, étant enraciné et fondé dans la charité, comprendre quelle est la largeur, la longueur, la hauteur et la profondeur, et connaître aussi l'amour de Jésus-Christ, qui surpasse toute science. » (*Ephés.*, III, 16.) Mais maintenant, que Dieu fasse de la même masse des vases d'honneur et des vases d'opprobre, ce n'est pas à vous à lui en demander la raison, vous qui vivez encore en suivant les inspirations de cette masse, c'est-à-dire vous qui n'avez que des goûts terrestres et des instincts charnels.

LXIII. — « Il a supporté avec une grande patience les vases de colère préparés pour la perdition. » (*Rom.*, IX, 22.) Nous avons ici une preuve suffisante que l'endurcissement du cœur dans Pharaon fut le juste châtiment de l'impiété secrète de ce prince. Dieu l'a supportée patiem-

---

illos ex operibus eligens, nec istos ex operibus damnans, sed illorum fidei præstans ut bene operentur, et istorum impietatem obdurans deserendo ut male operentur. Qui quoniam intellectus, ut dixi, spiritalibus patet, a carnali autem prudentia longe remotus est, sic refellit inquirentem, ut intelligat se deponere debere prius hominem luti, ut ista per spiritum investigare mereatur. Itaque, inquit : « O homo tu quis es, qui respondeas Deo? Numquid dicit figmentum ei qui se finxit, quare sic me fecisti? An non habet potestatem figulus luti, ex eadem conspersione vas facere, aliud quidem in honorem, aliud in contumeliam? » (v. 20, 21.) Quamdiu figmentum es, inquit, et ad massam luti pertines, nondum perductus ad spiritalia, ut sis spiritalis omnia judicans, et a nemine judiceris, cohibeas te oportet ab hujusmodi inquisitione, et non respondeas Deo. Cujus consilium quis scire cupiens, oportet ut prius in ejus amicitiam recipiatur : quod contingere nisi spiritalibus non potest, jam portantibus imaginem cœlestis hominis. Jam enim, inquit, non vos dicam servos, sed amicos : omnia enim quæ audivi a Patre meo, nota feci vobis. (*Joan.*, xv, 15.) Quamdiu itaque vas fictile es, conterendum est hoc ipsum in te prius virga illa ferrea, de qua dictum est : Reges eos in virga ferrea, et tanquam vas figuli conteres eos (*Psal.*, II, 9) : Ut corrupto exteriore homine, et interiore renovato, possis in caritate radicatus et fundatus comprehendere latitudinem, longitudinem, altitudinem, et profundum, cognoscere etiam supereminentem scientiam caritatis Dei. (*Ephes.*, III, 16.) Nunc itaque cum ex eadem conspersione Deus alia vasa in honorem facit, alia in contumeliam, non est tuum discutere, quisquis secundum hanc conspersionem adhuc vivis, id est terreno sensu et carnaliter sapis.

LXIII. — Quod autem ait : « Attulit in multa patientia vasa iræ, quæ perfecta sunt in perditionem, » (*Rom.*, IX, 22) hinc satis significavit obdurationem cordis, quæ in Pharaone facta est, ex meritis venisse occultæ superioris impietatis : quam tamen patienter sustinuit Deus, donec ad illud tempus perduce-

ment jusqu'au temps où il jugea qu'il était utile d'exercer contre lui sa vengeance pour l'instruction de ceux qu'il avait résolu de délivrer de l'erreur et d'amener à son culte en les appelant dans sa bonté et en accordant miséricordieusement son secours à leurs prières et à leurs gémissements.

LXIV. — « Il nous a appelés non-seulement d'entre les Juifs, mais aussi d'entre les Gentils, selon ce qu'il dit dans Osée : J'appellerai mon peuple ceux qui n'étaient point mon peuple, » etc. (*Rom.*, IX, 24, 25; *Osée*, II, 24.) Voici le but que se propose saint Paul dans toute cette discussion. Il a enseigné en termes exprès que la miséricorde de Dieu est en nous le principe des bonnes œuvres. Les Juifs doivent donc cesser de se glorifier de leurs œuvres, eux qui prétendant avoir reçu l'Evangile en vertu de leurs mérites ne voulaient point qu'il fût annoncé aux Gentils. Ils doivent renoncer à cette prétention orgueilleuse en comprenant que si nous sommes appelés à croire non par nos œuvres, mais par la miséricorde de Dieu, et si lorsque nous croyons nous recevons la grâce de faire le bien (I *Rétract.*, XXIII, 4), il ne faut pas envier cette même grâce aux Gentils, comme si les Juifs devaient leur être préférés à cause de leurs mérites, qui sont nuls.

LXV. — « Isaïe s'écrie à cause d'Israël : Quand le nombre des enfants d'Israël serait égal à celui du sable de la mer, les restes seulement seront sauvés. » (*Rom.*, IX, 27; *Isa.*, X, 22.) L'Apôtre nous montre ici comment Dieu est la principale pierre de l'angle qui unit en elle les deux murs. (*Ephés.*, II, 20.) Car de même qu'il a cité en faveur des Gentils ce témoignage du prophète Osée : « J'appellerai mon peuple ceux qui n'étaient point mon peuple, » (*Osée*, II, 24) il apporte en faveur des Gentils cet oracle d'Isaïe : Les restes seront sauvés et mis au nombre des enfants d'Abraham qui ont cru en Jésus-Christ. C'est ainsi que Dieu réunit les deux peuples en un seul, selon ce que dit Jésus-Christ dans son Evangile en parlant des Gentils : « J'ai d'autres brebis qui ne sont point de cette bergerie; il faut que je les amène, et il n'y aura qu'un seul troupeau et un seul pasteur. » (*Jean*, X, 16.)

LXVI. — Mes frères, la disposition de mon cœur et mes prières à Dieu sont toutes pour le salut d'Israël. (*Rom.*, X, 1.) L'Apôtre commence à parler des espérances qu'il a des Juifs pour ôter aux Gentils tout motif de s'enorgueillir contre eux. Il a dû réprimer l'orgueil des Juifs qui se glorifiaient de leurs œuvres; il doit remplir le même devoir à l'égard des Gentils, et leur apprendre à ne point s'enorgueillir de leur prétendue supériorité sur les Juifs.

retur, quo opportune in eum vindicta procederet, ad correctionem eorum quos ab errore instituerat liberare, et ad cultum suum (*a*) pietate vocando perducere, precibus eorum et gemitibus opem præbens.

LXIV. — Quod autem ait : « Quos et vocavit nos, non solum ex Judæis, sed etiam ex gentibus. Sicut et in Osee dicit : Vocabo non plebem meam, plebem meam, » etc. (*Rom.*, IX, 24, 25, *Osee*; II, 24.) Totius hujus disputationis propositum ad hoc perducit, ut quoniam docuit misericordiæ Dei esse, quod bene operamur, non tanquam ex operibus Judæi glorientur, qui cum Evangelium percepissent, tanquam meritis suis id tribuendum existimantes, nolebant Gentibus dari : a qua superbia jam debent desistere, intelligentes, quoniam si non ex operibus, sed misericordia Dei vocamur ut credamus, et credentibus præstatur ut bene operemur, non est Gentibus ista invidenda misericordia, quasi prælato merito Judæorum, quod nullum est. (I *Retract.*, XXIII, 4.)

LXV. — Quod autem dicit : « Isaias autem clamat pro Israel, si fuerit numerus filiorum Israel quasi arena maris, reliquiæ salvæ fient, » (*Rom.*, IX, 27; *Isai*, X, 22) ostendit quemadmodum sit Deus lapis angularis, utrumque parietem in se conjungens. (*Ephes.*, II, 20.) Testimonium enim Osee prophetæ dictum est pro Gentibus : Vocabo non plebem meam, plebem meam, et non dilectam, dilectam (*Osee*, II, 24) : et Isaiæ testimonium dictum est pro Israel, quoniam reliquiæ salvæ fient (*Isa.*, X, 22), ut ipsæ deputentur in semen Abrahæ, quæ crediderunt in Christum ; ita concordes ambos populos facit, secundum et Domini testimonium dicentis in Evangelio de Gentibus : Habeo alias oves quæ non sunt de hoc ovili, quas oportet me adducere, et erit unus grex, et unus pastor. (*Joan.*, X, 16.)

LXVI. — Quod autem ait : « Fratres : Bona voluntas cordis mei et deprecatio ad Deum fit pro illis in salutem, » (*Rom.*, X, 1) hinc jam incipit de spe Judæorum loqui, ne etiam Gentes superbire audeant adversus Judæos. Sicut enim Judæorum superbia refellenda erat tanquam ex operibus gloriantium : sic et Gentibus occurrendum est, ne tanquam Judæis prælati superbiant.

(*a*) Nostri omnes Mss. *et ad cultum suum pietatemque revocando perducere.*

LXVII. — « La parole est près de vous, elle est dans votre bouche et dans votre cœur ; cette parole est la parole de foi que nous prêchons. Parce que si vous confessez de votre bouche le Seigneur Jésus, et si vous croyez en votre cœur que Dieu l'a ressuscité d'entre les morts, vous serez sauvé. Car il faut croire de cœur pour obtenir la justice, et confesser de bouche pour obtenir le salut. » (*Rom.*, x, 8, 10 ; *Deut.*, xxx, 14.) Ce passage tout entier se rapporte à ce que saint Paul a dit plus haut : « Dieu réduira et abrégera sa parole sur la terre, » (*Rom.*, ix, 28) c'est-à-dire qu'après avoir écarté ces cérémonies figuratives multipliées jusqu'à l'infini, et dont le peuple juif était comme accablé, la miséricorde de Dieu nous a ouvert à tous dans une courte confession de foi un chemin facile pour parvenir au salut.

LXVIII. — Saint Paul dit plus loin en citant le témoignage de Moïse : « J'exciterai votre jalousie contre un peuple qui n'est pas un peuple ; j'exciterai votre indignation contre une nation insensée. » (*Rom.*, x, 19 ; *Deut.*, xxxii, 21.) « Cette nation insensée, » c'est celle dont il vient de dire qu'elle n'est pas une nation, comme si dans sa pensée un peuple insensé ne méritait pas le nom de peuple. Et cependant c'est la foi de cette nation qui excitera la colère du peuple juif, irrité de voir les Gentils embrasser la foi qu'ils ont rejetée. Ou bien l'Apôtre appelle les Gentils un peuple qui n'en est pas un, une nation insensée, parce que ce peuple commettait un acte de folie en adorant les idoles ; mais cependant il s'est dépouillé du caractère de la gentilité en se soumettant à la foi. C'est ce qui a fait dire à saint Paul : « Si un homme incirconcis garde les ordonnances de la loi, n'est-il pas vrai que tout incirconcis qu'il est, il sera considéré comme incirconcis ? » (*Rom.*, ii, 26.) Voici donc le sens des paroles que nous expliquons : J'exciterai votre jalousie contre celle qui a cessé d'être une nation (*gens*) en dépouillant la gentilité pour embrasser la foi en Jésus-Christ après avoir été une nation insensée en se prostituant au culte des idoles.

LXIX. — « Est-ce que Dieu a rejeté son peuple ? Non sans doute, car je suis moi-même Israélite, de la race d'Abraham et de la tribu de Benjamin. » (*Rom.*, xi, 1.) Ces paroles se rapportent à ce que l'Apôtre a dit précédemment : « Non que la parole de Dieu ait été vaine, car tous ceux qui descendent d'Israël ne sont pas pour cela Israélites, et ceux qui sont de la race d'Abraham ne sont pas tous enfants ; mais c'est en Isaac que comptera ta race, » (*Rom.*, ix, 6) c'est-à-dire que parmi le peuple juif lui-même il n'y a que ceux qui ont cru au Seigneur qui soient regardés comme enfants d'Israël. C'est de ce même peuple qu'il a été dit précédemment : « Les restes seront sauvés. » (*Ibid.*, 27.)

LXVII. — Quod autem dicit : « Prope est verbum in ore tuo, et in corde tuo, hoc est verbum fidei quod prædicamus : quia si confitearis in ore tuo quia Dominus est Jesus, et credideris in corde tuo quia Deus illum suscitavit a mortuis, salvus eris. Corde enim creditur ad justitiam, ore autem confessio fit in salutem. » (*Rom.*, x, 8, 10 ; *Deut.*, xxx, 14.) Totus hic locus ad illud refertur, quod superius dixit : Verbum enim consummans et brevians faciet Dominus super terram. (*Rom.*, ix, 28.) Remotis enim innumerabilibus et multiplicibus sacramentis, quibus Judaicus populus premebatur, per misericordiam Dei factum est, ut brevitate confessionis fidei ad salutem perveniremus.

LXVIII. — Quod autem dicit, secundum testimonium Moysi : « Ego ad æmulationem vos perducam in non gentem, in gentem insipientem irritabo vos, » (*Rom.*, x, 19 ; *Deut.*, xxxii, 21) dicendo « gentem insipientem » exposuit quid dixerit, « in non gentem » : quasi quod nec gens dicenda sit quæ nsipiens est. De cujus tamen fide irritandum dicit populum Judaicum, quia illi apprehenderunt quod isti respuerunt. Vel certe « in non gentem, in gentem insipientem » : quia cum esset gens insipiens omnis populus idola colens, tamen gentilitatem credendo deposuit. Unde illud etiam est : Si igitur præputium justitias Legis custodiat, nonne præputium ejus in circumcisione deputabitur. (*Rom.*, ii, 26.) Ut sit hic sensus : Ego in æmulationem vos adducam in eam, quæ non gens facta est, deponendo gentilitatem per fidem Christi, cum fuisset gens insipiens colendo idola.

LXIX. — Quod autem ait : « Numquid repulit Deus plebem suam ? absit. Nam et ego Israelita sum, ex semine Abraham, de tribu Benjamin, » (*Rom.*, xi, 1) ad hoc refertur, quod superius dixit : « Non potest autem excidere verbum Dei. Non enim omnes qui sunt ex Israel, hi sunt Israelitæ ; neque quia sunt semen Abraham, omnes filii ; sed in Isaac vocabitur tibi semen (*Rom.*, ix, 6) : ut de ipso scilicet populo Judæorum illi deputentur in semen, qui Domino crediderunt. » De hoc item dicit superius : Reliquiæ salvæ fient. (*Ibid.*, 27.)

LXX. — « Je dis donc : Les Juifs se sont-ils heurtés pour tomber sans retour? A Dieu ne plaise; mais leur chute est devenue le salut des Gentils. » (*Rom.*, xi, 11.) Il ne dit pas qu'ils ne sont pas tombés, mais que leur chute n'a pas été inutile, puisqu'elle a servi au salut des Gentils. Dans leur péché, Dieu ne s'est pas seulement proposé leur chute comme le châtiment qu'ils méritaient, mais il a voulu qu'elle fût une occasion de salut pour les Gentils. L'Apôtre commence ensuite à relever le peuple juif de cette chute où les a fait tomber leur incrédulité pour comprimer tout sentiment d'orgueil dans les Gentils, car cette chute des Juifs a été une occasion précieuse pour le salut des Gentils. Ils doivent donc se mettre en garde contre l'orgueil qui les exposerait à une chute semblable.

LXXI. — « Si votre ennemi a faim, donnez-lui à manger; s'il a soif, donnez-lui à boire; en faisant cela, vous amasserez des charbons de feu sur sa tête. » (*Rom.*, xii, 20; *Prov.*, xxv, 21.) Ces paroles peuvent paraître à plusieurs en contradiction avec le commandement que nous a donné le Seigneur, d'aimer nos ennemis et de prier pour ceux qui nous persécutent, ou à cette recommandation que l'Apôtre a faite précédemment : « Bénissez ceux qui vous persécutent, bénissez-les et gardez-vous bien de les maudire à jamais; » (*Rom.*, xii, 14) et encore : « Ne rendez à personne le mal pour le mal. » (*Ibid.*, 17.) Car quel amour du prochain peut-on supposer dans celui qui lui donne à boire et à manger dans le dessein d'amasser des charbons ardents sur sa tête, si ces charbons de feu dans la pensée de l'Apôtre signifient quelque châtiment rigoureux? Il faut donc entendre ces expressions dans le sens que nous devons amener par nos bienfaits celui qui nous a offensés à se repentir de son action. Ces charbons de feu signifient qu'il faut consumer, c'est-à-dire briser l'esprit qui est comme la tête de l'âme dont toute la malice est consumée lorsque l'homme subit l'heureuse transformation que produit la pénitence; ces charbons sont semblables à ceux dont il est dit dans les psaumes : « Que recevrez-vous et quel fruit vous reviendra-t-il de votre langue trompeuse? Des flèches aiguisées poussées par une main puissante avec des charbons dévorants. » (*Ps.* cxix, 3.)

LXXII. — Ces paroles : « Que toute âme soit soumise aux puissances supérieures, car il n'y a point de puissance qui ne soit de Dieu, » (*Rom.*, xiii, 1) sont un avertissement plein de sagesse que l'Apôtre donne aux chrétiens. Qu'un homme soit appelé par son Seigneur à la liberté et qu'il devienne chrétien, ce n'est pas une raison pour croire qu'il peut s'affranchir des obligations que lui impose sa condition ici-bas

---

LXX. — Quod autem dicit : « Dico ergo : Numquid sic deliquerunt ut caderent? absit. Sed illorum delicto salus Gentibus. » (*Rom.*, xi, 11.) (*a*) Non ideo dicit, quia non ceciderunt; sed quia casus ipsorum non fuit inanis, quoniam ad salutem Gentium profecit. Non ergo ita deliquerunt ut caderent, id est, ut tantummodo caderent, quasi ad pœnam suam solum; sed ut hoc ipsum quod ceciderunt, prodesset Gentibus ad salutem. Deinde incipit ex hoc loco Judæorum populum commendare, etiam de ipso casu infidelitatis, ut non superbiant Gentes; quia etiam casus Judæorum tam pretiosus exstitit pro salute Gentium : sed magis debent cavere Gentes, ne, dum superbiunt, similiter cadant.

LXXI. — Quod autem dixit : « Si esurierit inimicus tuus, ciba illum ; si sitit, potum da illi : hoc enim faciens, carbones ignis congeres super caput ejus, » (*Rom.*, xii, 20; *Prov.*, xxv, 21) multis videri potest repugnare illi sententiæ, qua Dominus præcepit, ut diligamus inimicos nostros, et oremus pro iis qui nos persequuntur (*Luc.*, vi, 35) : vel huic etiam quam idem Apostolus superius dixit : Benedicite persequentes vos, benedicite, et nolite maledicere (*Rom.*, xii, 14) : et iterum : Nulli malum pro malo reddentes. (*Ibid.*, 17.) Quomodo enim quisque diligit eum, cui propterea cibum et potum dat, ut carbones ignis congerat super caput ejus, si carbones ignis hoc loco aliquam gravem pœnam significant? Quapropter intelligendum est, ad hoc dictum esse, ut eum qui nos læserit provocemus ad pœnitentiam facti sui, cum ei nos benefacimus. Isti enim carbones ignis ad exustionem, id est contribulationem spiritus valent, qui est quasi caput animæ, in qua exuritur omnis malitia, cum homo in melius per pœnitentiam commutatur, ut sunt illi carbones, de quibus dicitur in Psalmis : Quid detur tibi, aut quid apponatur tibi ad linguam subdolam? Sagittæ potentis acutæ cum carbonibus vastatoribus. (*Psal.* cxix, 3.)

LXXII. — Quod autem ait : « Omnis anima potestatibus sublimioribus subdita sit : non est enim potestas nisi a Deo, » (*Rom.*, xiii, 1) rectissime jam monet, ne quis ex eo quod a Domino suo in libertatem vo-

---

(*a*) In editis additur, *est*, quod a Mss. et a Græco abest : at Vaticanus Ms. ejus loco habet *omni*.

et qu'il peut se dispenser d'obéir à ceux qui ont reçu pour la vie présente le gouvernement des choses temporelles. Nous sommes composés de corps et d'âme, et tant que dure pour nous cette vie du temps, nous usons des choses temporelles pour soutenir notre existence; c'est donc un devoir pour nous d'être soumis dans tout ce qui a rapport à cette vie aux puissances, c'est-à-dire aux hommes élevés en dignité et qui gouvernent les choses humaines. Au contraire, dans la sphère de la foi et de la vocation toute spirituelle au royaume de Dieu, il faut nous garder de nous soumettre à aucun homme qui chercherait à détruire en nous la grâce que Dieu a daigné nous donner pour obtenir la vie éternelle. Si donc un chrétien croit pouvoir s'autoriser de sa qualité de chrétien soit pour ne point payer les impôts ou le tribut, soit pour ne pas rendre les honneurs qui sont dus aux puissances chargées de ces intérêts temporels, il se trompe grandement. De même dans un sens contraire, s'il pense qu'il doit pousser la soumission jusqu'à mettre sa foi sous le joug de ceux qui sont revêtus de ces hautes dignités, qui les établissent sur les choses de ce monde, il tombe dans une plus grande erreur. Il nous faut garder ici le juste tempérament que Notre-Seigneur nous prescrit, « de rendre à César ce qui est à César et à Dieu ce qui est à Dieu. » (*Matth.*, XVII, 21.) Nous sommes appelés, il est vrai, à la possession de ce royaume d'où toute puissance de ce genre sera bannie; mais tant que nous sommes dans le chemin de cette vie et jusqu'à ce que nous soyons entrés dans cette vie où disparaîtra toute principauté et toute puissance, supportons notre condition en respectant par une conduite exempte de toute dissimulation l'ordre établi de Dieu pour les choses humaines et en obéissant en cela moins aux hommes qu'à Dieu, qui nous fait un commandement de cette soumission.

LXXIII. — « Voulez-vous n'avoir point à craindre la puissance? Faites le bien et vous en recevrez des louanges. » (*Rom.*, XIII, 3.) Ces paroles peuvent former difficulté pour quelques-uns qui savent que ces puissances ont souvent persécuté les chrétiens. Dira-t-on en effet que les chrétiens ne faisaient pas le bien, parce que loin de les louer, ces puissances les ont persécutés et mis à mort? Pénétrons dans le sens des paroles de l'Apôtre. Il n'a pas dit : Faites le bien et la puissance vous louera, mais : « Faites le bien et vous en recevrez des louanges. » C'est-à-dire, soit que la puissance approuve votre bonne action, soit qu'elle la censure, vous en recevrez des louanges, ou bien lorsque vous l'aurez ga-

---

catus est, factusque Christianus, extollatur in superbiam, et non arbitretur in hujus vitæ itinere servandum esse ordinem suum, et potestatibus sublimioribus, quibus pro tempore rerum temporalium gubernatio tradita est, putet non se esse subdendum. Cum enim constemus ex anima et corpore, et quamdiu in hac vita temporali sumus, etiam rebus temporalibus ad subsidium degendæ hujus vitæ utamur; oportet nos ex ea parte, quæ ad hanc vitam pertinet, subditos esse potestatibus, id est, hominibus res humanas cum aliquo honore administrantibus. Ex illa vero parte, qua credimus Deo, et in regnum ejus vocamur, non nos oportet esse subditos cuiquam homini, idipsum in nobis evertere cupienti, quod Deus ad vitam æternam donare dignatus est. Si quis ergo putat, quoniam Christianus est, non sibi esse vectigal reddendum, aut tributum, aut non esse exhibendum honorem debitum eis quæ hæc curant potestatibus; in magno errore versatur. (*a*) Item si quis sic se putat esse subdendum, ut etiam in suam fidem habere potestatem arbitretur eum, qui temporalibus administrandis aliqua sublimitate præcellit; in majorem errorem labitur. Sed modus iste servandus est, quem Dominus ipse præscribit, ut reddamus Cæsari quæ Cæsaris sunt, et Deo quæ Dei sunt. (*Matth.*, XXII, 21.) Quanquam enim ad illud regnum vocemur, ubi nulla erit potestas hujusmodi : in hoc tamen itinere dum agimus, donec perveniamus ad illud sæculum, ubi sit evacuatio omnis principatus et potestatis, conditionem nostram pro ipso rerum humanarum ordine toleremus, nihil simulate facientes, et in eo ipso non tam hominibus quam Deo, qui hæc jubet, obtemperantes.

LXXIII. — Quod autem ait : « Vis autem non timere potestatem? bonum fac, et habebis laudem ex illa, » (*Rom.*, XIII, 3) potest movere aliquos, cum cogitaverint ab istis potestatibus persecutionem sæpe passos fuisse Christianos. Numquid ergo non faciebant bonum, quia non solum non sunt laudati ab istis potestatibus, sed etiam pœnis affecti et necati sunt? Consideranda ergo sunt verba Apostoli. Non enim ait : Bonum fac, et laudabit te potestas : sed ait : « Bonum fac, et habebis laudem ex illa. » Sive enim probet factum tuum bonum, sive persequatur, « laudem habebis ex illa; » vel cum eam in obsequium Dei lucratus fueris, vel cum ejus persecu-

---

(*a*) Isthæc sententia : *Item si quis*, etc., quam Mss. omnes exhibent, omissa est apud Am. et Er.

guée elle-même au service de Dieu, ou lorsque ses persécutions vous auront mérité la couronne éternelle. Il faut entendre dans le même sens les paroles qui suivent : « Le prince est le ministre de Dieu pour votre bien, » (*Rom.*, xiii, 2) alors même qu'il l'est pour son propre malheur.

LXXIV. — « Il faut donc nécessairement lui être soumis. » (*Rom.*, xiii, 5.) Saint Paul veut nous faire comprendre que cette soumission est une nécessité pour nous dans la vie présente, et qu'elle nous impose l'obligation de ne point résister à ceux qui veulent nous prendre une partie de ces biens temporels sur lesquels s'exerce leur pouvoir ; comme ces biens sont passagers, cette soumission doit se borner aux choses nécessaires à la vie présente et ne point s'étendre aux biens qui doivent durer toujours. Cependant l'Apôtre craint qu'on ne s'autorise de ces paroles : « Soyez soumis par nécessité » pour n'obéir qu'à contre-cœur et sans un amour véritable, et il se hâte d'ajouter : « Non-seulement par crainte, mais aussi par conscience, » c'est-à-dire non-seulement pour éviter la colère, ce que peut faire une obéissance simulée, mais de manière que votre conscience vous assure que vous agissiez avec amour pour celui à qui vous êtes soumis par l'ordre du Seigneur, qui veut que tous les hommes soient sauvés et parviennent à la connaissance de la vérité (I *Tim.*, ii, 4) ; car c'est en parlant des puissances que saint Paul fait cette recommandation. Dans un autre endroit, il engage également les serviteurs à obéir à leur maître en les servant non pas seulement devant eux comme pour plaire aux hommes (*Ephés.*, vi, 6), c'est-à-dire que la soumission à leurs maîtres ne doit pas être pour eux un motif de les haïr ou de chercher à gagner leurs bonnes grâces par le mensonge et la fourberie.

LXXV. — « Celui qui aime son prochain accomplit la loi. » (*Rom.*, xiii, 8.) L'Apôtre nous enseigne que l'accomplissement parfait de la loi consiste dans l'amour, c'est-à-dire dans la charité. Notre-Seigneur lui-même nous dit dans son Evangile que ces deux commandements de l'amour de Dieu et du prochain renferment toute la loi et les prophètes. Aussi après être venu lui-même pour accomplir la loi, il a donné à ses disciples l'amour par l'Esprit saint, afin que la charité pût accomplir ce que la crainte n'avait pu accomplir jusqu'alors. C'est à cette même vérité que se rapportent ces paroles de l'Apôtre : « La charité est la plénitude de la loi. » (*Rom.*, xiii, 10) et ces autres : « La fin des commandements est la charité d'un cœur pur, d'une bonne conscience et d'une foi sincère. » (I *Tim.*, i, 5.)

LXXVI. — « Nous savons que le temps presse et que l'heure est déjà venue de nous réveiller de notre assoupissement, » (*Rom.*, xiii, 11) pa-

tione coronam merueris. Hoc etiam in consequentibus intelligitur, cum dicit : « Dei enim minister est tibi in bonum, » (*v.* 4) etiam si sibi in malum.

LXXIV. — Quod autem ait : « Ideoque (*a*) necessitati subditi estote, » (*Rom.*, xiii, 5) ad hoc valet, ut intelligamus, quia necesse est propter hanc vitam subditos nos esse oportere, non resistentes si quid illi auferre voluerint, in quod sibi potestas data est, de temporalibus rebus ; quæ quoniam transeunt, ideo et ista subjectio non in bonis quasi permansuris, sed in necessariis huic tempori constituenda est. Tamen quoniam dixit : « Necessitati subditi estote ; » ne quis non integro animo et pura dilectione subditus fieret hujusmodi potestatibus, addidit, dicens : « Non solum propter iram, sed etiam propter conscientiam, » id est, non solum ad iram (*b*) evadendam, quod potest etiam simulate fieri ; sed ut in tua conscientia certus sis, illius dilectione te facere, cui subditus fueris jussu Domini tui, qui omnes vult salvos fieri, et in agnitionem veritatis venire. (I *Tim.*, ii, 4.) Et hoc enim cum diceret Apostolus de ipsis potestatibus agebat. Hoc est quod servis alio loco suadet : Non ad oculum servientes, quasi hominibus placentes (*Ephes.*, vi, 6) : ut idipsum quod subduntur dominis suis, non eos oderint, aut fallaciis promereri desiderent.

LXXV. — Quod autem dicit : « Qui enim diligit (*c*) alterum, legem implevit, » (*Rom.*, xiii, 8) ostendit consummationem Legis in dilectione positam, id est, in caritate. Unde et Dominus in illis duobus præceptis totam Legem pendere dicit, et omnes Prophetas, id est, in dilectione Dei et proximi. (*Matth.*, xxii, 40.) Unde et ipse qui Legem venit implere, dilectionem donavit per Spiritum sanctum, ut quod antea timor implere non poterat, caritas postmodum impleret. Inde est illud ejusdem Apostoli : « Plenitudo autem Legis caritas. » (*Rom.*, xiii, 10.) Et illud : Finis autem præcepti est caritas de corde puro, et conscientia bona, et fide non ficta. (I *Tim.*, i, 5.)

LXXVI. — Quod autem ait : « Et hoc scientes tempus, quia hora est jam nos de somno surgere, » (*Rom.*, xiii, 11) illuc spectat quod dictum est : Ecce

---

(*a*) Am. Er. et sex Mss. hic et infra *necessitate*. — (*b*) Omnes nostri Mss. *evacuandam*. — (*c*) Editi *diligit proximum*. At Mss. *alterum juxta Græc.* τὸν ἕτερον.

roles qui se rapportent à ces autres du même Apôtre : « Voici maintenant le temps favorable voici maintenant le jour du salut. » (II *Cor.*, VI, 2.) Saint Paul désigne ici le temps de l'Evangile, qui est le temps favorable du salut pour tous ceux qui croient en Dieu.

LXXVII. — « Ne prenez pas soin de votre chair jusqu'à contenter ses désirs. » (*Rom.*, XIII, 14.) Saint Paul nous enseigne ici que les soins donnés à la chair ne sont pas défendus lorsqu'ils se bornent à ce qui est nécessaire à l'entretien du corps. Mais s'ils s'étendent aux jouissances inutiles et aux plaisirs sensuels, si l'on met sa joie dans ce que la chair désire, on devient justement coupable, parce qu'on cherche à contenter la chair dans ses convoitises. « Car, dit le même Apôtre, celui qui sème dans sa chair, c'est-à-dire celui qui met son bonheur dans les plaisirs charnels ne recueillera de la chair que la corruption. » (*Gal.*, VI, 8.)

LXXVIII. — « Soutenez celui qui est encore faible dans la foi sans disputes d'opinions. » (*Rom.*, XIV, 1.) Saint Paul veut que nous accueillions avec bienveillance celui qui est faible dans la foi, que notre force soit l'appui de sa faiblesse et que nous ne cherchions point à discuter ses opinions, c'est-à-dire à porter un jugement sur les pensées du cœur d'autrui, que nous ne voyons pas. Voilà pourquoi il ajoute : « L'un croit pouvoir manger de toutes choses, et l'autre, au contraire, faible dans la foi, ne mange que des légumes. » (*Ibid.*, 2.) Il y avait alors un grand nombre de chrétiens affermis dans la foi, pleinement persuadés, selon la maxime du Seigneur, que ce n'est point ce qui entre dans la bouche, mais ce qui en sort qui souille l'homme; ils prenaient donc indifféremment et sans aucun scrupule toute sorte d'aliments. D'autres, au contraire, plus faibles dans la foi, s'abstenaient des viandes et du vin dans la crainte de manger à leur insu de ce qui avait été consacré aux idoles. En effet, toutes les viandes immolées étaient alors vendues au marché, les païens offraient les prémices du vin aux idoles et leur offraient des sacrifices jusque dans les pressoirs. L'Apôtre fait donc un devoir à ceux qui usaient en toute conscience de ces viandes et de ce vin de ne point mépriser la faiblesse de ceux qui croyaient devoir s'en abstenir, et à ceux qui étaient plus faibles de ne point regarder comme souillés ceux qui mangeaient de ces viandes et buvaient de ce vin sans scrupule. C'est le sens de cette recommandation qui suit : « Que celui qui mange ne méprise point celui qui n'ose manger, et que celui qui ne mange pas ne condamne point celui qui mange. » (*Rom.*, XIV, 3.) En effet, les chrétiens affermis dans la foi avaient un mépris plein de hauteur pour ceux qui étaient plus faibles, et les chrétiens plus faibles à leur tour jugeaient sévè-

---

nunc tempus acceptabile, ecce nunc dies salutis. (II *Cor.*, VI, 2.) Tempus enim Evangelii significatur, et illa opportunitas salvos faciendi credentes in Deum.

LXXVII. — Quod autem ait : « Et carnis providentiam ne (*a*) feceritis in concupiscentiis, » (*Rom.*, XIII, 14) ostendit non esse culpandam carnis providentiam, quando ea providentur quæ ad necessitatem salutis corporalis valent. Si autem ad superfluas delectationes atque luxurias, ut quisque in his gaudeat quæ carne cupit, recte reprehenditur, quia providentiam carnis in concupiscentiis facit. Quoniam qui seminat in carne sua, de carne metet corruptionem (*Gal.*, VI, 8), id est, qui delectationibus carnalibus gaudet.

LXXVIII. — Quod autem dicit : « Infirmum autem in fide recipite, non in dijudicationibus cogitationum, » (*Rom.*, XIV, 1) hoc dicit, ut eum qui infirmus in fide est, recipiamus, et nostra firmitate infirmitatem ejus sustineamus, neque dijudicemus cogitationes ejus, id est, quasi ferre audeamus sententiam de alieno corde, quod non videmus. Ideo sequitur, et dicit : « Alius quidem credit manducare omnia : qui autem infirmus est, olus manducet. » (*v.* 2.) Quia illo jam tempore multi jam firmi in fide, et scientes secundum sententiam Domini, non commaculare ea, quæ in os intrant, sed quæ exeunt (*Matth.*, XV, 17), indifferenter sumebant cibos salva conscientia : quidam vero infirmiores abstinebant a carnibus et a vino, ne vel nescientes inciderent in ea quæ idolis sacrificabantur. Omnis enim tunc immolatitia caro in macello vendebatur, et de primitiis vini libabant Gentes simulacris suis, et quædam in ipsis torcularibus sacrificia faciebant. Jubet ergo Apostolus et his qui salva conscientia talibus alimentis utebantur, non spernere infirmitatem illorum qui se a talibus cibis et potu abstinebant : et illis infirmis, ne eos qui carnibus non abstinebant, et vinum bibebant, tanquam pollui judicarent. Ad hoc valet quod consequenter dicit : « Qui manducat, non manducantem non spernat; et qui non manducat, manducantem non judicet. » (*Rom.*, XIV, 3.) Firmi enim infirmiores

---

(*a*) Vaticanus cod. *superfeceritis* : cæteri Mss. *perfeceritis*.

rement et avec témérité la conduite de leurs frères.

LXXIX. — « Qui êtes-vous pour oser condamner ainsi le serviteur d'autrui ? » (*Rom.*, XIV, 4.) Saint Paul nous enseigne ici que dans les choses que l'on peut faire dans une bonne ou dans une mauvaise intention, nous devons laisser à Dieu le soin d'en juger, et n'avoir pas la témérité de porter un jugement sur le cœur de notre frère que nous ne voyons point. S'agit-il au contraire de ces actions qui ont été évidemment faites avec une intention vicieuse et coupable et qu'il est impossible d'interpréter autrement, il ne nous est pas défendu de les juger. Ainsi dans la question des aliments, nous ignorons dans quelle intention on en fait usage ; il ne veut donc point que nous en soyons les juges, c'est à Dieu d'en juger. Au contraire, il nous ordonne de juger comme il le mérite cet inceste abominable commis par un fils avec la femme de son père (I *Cor.*, V, 1) ; car cet homme ne pouvait excuser sur la droiture de son intention un crime aussi monstrueux. Ainsi donc, toute action qui porte avec elle un tel caractère d'évidence qu'on ne puisse dire : Je l'ai faite avec une bonne intention, nous pouvons la juger, mais toutes celles dont il est impossible de saisir le motif et l'intention, gardons-nous de les juger et réservons-en le jugement à Dieu, selon qu'il est écrit : « Ce qui est secret sera connu de Dieu, mais les choses manifestes seront mises au grand jour pour vous et pour vos enfants. » (*Deut.*, XXIX, 29.)

LXXX. — « L'un met de la différence entre un jour et un jour, l'autre juge tous les jours pareils. » (*Rom.*, XIV, 5.) Sauf meilleur avis l'Apôtre, me paraît mettre ici en présence non pas deux hommes, mais l'homme et Dieu. Celui qui fait différence entre un jour et un autre, c'est l'homme, car son jugement peut être demain tout différent de ce qu'il est aujourd'hui ; ainsi celui qu'il condamne aujourd'hui comme coupable sur des preuves évidentes ou sur son propre aveu, sera pour lui demain un homme de bien lorsqu'il se sera corrigé ; au contraire, celui dont la vertu mérite aujourd'hui des éloges, n'est plus le lendemain qu'un homme vicieux et dépravé. Mais celui qui juge tous les jours pareils c'est Dieu, car il connaît non-seulement les dispositions actuelles de chacun, mais ce qu'il doit être tous les jours de sa vie. « Donc, ajoute l'Apôtre, que chacun abonde en son sens, » c'est-à-dire qu'il n'aille point dans ses jugements au delà des bornes de l'intelligence humaine et de la sienne en particulier. « Celui qui distingue les jours, dit saint Paul, les distingue pour plaire au Seigneur, » (*Ibid.*, 6) c'est-à-dire que c'est en vue de Dieu et pour lui être agréable qu'il juge en bonne part le jour présent. Or, ce jugement en bonne part sur le jour présent consiste à ne

---

contumaciter contemnebant, et infirmi firmos temere judicabant.

LXXIX. — Quod autem dicit : « Tu quis es qui judices alienum servum ? » (*Rom.*, XIV, 4) ad hoc dicit, ut in his rebus, quæ possunt et bono animo fieri et malo, judicium Deo dimittamus, nec audeamus de alterius corde, quod non videmus, ferre sententiam. In his vero rebus quæ ita comprehenduntur, ut eas bono et casto animo non posse fieri manifestum sit, non improbatur, si judicemus. Itaque hoc quod de cibis dicit, quia ignoratur quo animo fiat, non vult nos esse judices, sed Deum : de illo autem nefario stupro, ubi uxorem patris sui quidam habuerat, præcepit debere judicari. (I *Cor.*, V, 1.) Non enim poterat ille dicere, bono animo se tam immane flagitium commisisse. Ergo quæcumque facta ita manifestantur, ut non possit dici : Bono animo feci, judicanda sunt a nobis : quæcumque autem ita fiunt, ut quo animo fiant incertum sit, non sunt judicanda, sed reservanda judicio Dei : sicut scriptum est : Quæ occulta sunt, Deo, quæ autem palam sunt, vobis et filiis vestris erunt. (*Deut.*, XXIX, 29.)

LXXX. — Quod autem ait : « Alius quidem judicat alternos dies, alius autem judicat omnem diem, » (*Rom.*, XIV, 5) sequestrata interim meliore consideratione, non de duobus hominibus mihi videtur dictum, sed de homine et Deo. Qui enim alternos dies judicat, homo est : potest enim hodie aliud cras aliud judicare : id est, ut quemcumque hodie malum convictum confessumve damnaverit, cras bonum inveniat cum se correxerit ; contra, cum aliquem justum hodie laudaverit, cras inveniat depravatum. Qui autem judicat omnem diem, Deus est : quia non solum qualis quisque sit, sed etiam qualis omni die futurus sit, novit. « Ergo : Unusquisque in suo intellectu abundat, » inquit : id est, quantum humano intellectui, vel unicuique homini concessum est, tantum audeat judicare. « Qui sapit, inquit, diem, Domino sapit : » (v. 6) id est, quia hoc ipsum quod præsentem diem bene judicat, Domino sapit. Hoc est autem bene judicare ad diem, ut noveris non esse de cor-

point désespérer pour l'avenir de celui dont vous avez condamné actuellement la faute évidente.

LXXXI. — Ce que saint Paul ajoute : « Heureux celui qui ne se condamne pas lui-même dans ce qu'il approuve, » (*Rom*., XIV, 22) se rapporte surtout à ce qu'il a dit précédemment : « Qu'on ne blasphème donc point le bien dont nous jouissons. » (*Ibid*., 16.) C'est la même pensée qu'il exprime immédiatement avant la maxime que nous expliquons : « Avez-vous une foi éclairée? Ayez-la dans votre cœur aux yeux de Dieu. » (*Ibid*., 22.) Ainsi nous croyons avec raison que tout est pur pour ceux qui sont purs, et nous nous approuvons d'avoir cette foi; faisons donc un bon usage de notre bien, n'allons pas nous rendre coupables vis-à-vis de nos frères en abusant de ce bien pour les scandaliser; car en scandalisant ainsi les faibles, nous trouverions notre condamnation dans ce bien que nous approuvons, dans cette foi que nous sommes heureux de posséder.

LXXXII. — « Je dis que Jésus-Christ s'est dévoué d'abord pour le peuple circoncis, afin de justifier la véracité de Dieu et de confirmer les promesses faites à nos pères. Quant aux Gentils, ils doivent glorifier Dieu de la miséricorde qu'il leur a faite. » L'Apôtre veut faire ici comprendre aux Gentils, pour prévenir en eux tout sentiment d'orgueil, que Notre-Seigneur Jésus-Christ a été envoyé aux Juifs. Les Juifs ayant refusé de recevoir ce qui leur était offert, l'Evangile fut annoncé aux Gentils, comme nous en trouvons la preuve en termes exprès dans le livre des Actes où les apôtres disent aux Juifs : « C'était à vous qu'il fallait annoncer premièrement la parole de Dieu; mais puisque vous la rejetez, et que vous vous jugez vous-mêmes indignes de la vie éternelle, voilà que nous allons vers les Gentils. » (*Act*., XIII, 46.) Le Seigneur lui-même rend témoignage à cette vérité : « Je n'ai été envoyé, dit-il, qu'aux brebis perdues de la maison d'Israël; » et un peu plus loin : « Il n'est pas bon de prendre le pain des enfants et de le jeter aux chiens. » (*Matth*., XV, 24, 26.) Si les Gentils méditent bien ces vérités, ils comprendront que cette foi qui leur apprend que tout est pur pour ceux qui sont purs (*Tit*., I, 15), ne leur donne pas le droit d'insulter à ceux des Juifs convertis, mais encore faibles, qui n'osent toucher à aucune sorte de viande, dans la crainte de se souiller par la communication avec les idoles.

LXXXIII. — « Dieu m'a fait la grâce d'être le ministre de Jésus-Christ parmi les nations exerçant la sacrificature de l'Evangile de Dieu, afin que l'oblation des Gentils lui soit agréable, étant sanctifiée par le Saint-Esprit, » (*Rom*., XV, 16) c'est-à-dire afin que les Gentils soient offerts à

---

rectione ejus desperandum in futurum, de cujus culpa manifesta in præsentia judicaveris.

LXXXI. — Quod autem ait : « Beatus qui non judicat semetipsum in quo probat, » (*Rom*., XIV, 22) ad id potissimum referendum est, quod superius dixit : Non ergo blasphemetur bonum nostrum. (*Ibid*., 16.) Hoc est etiam quod nunc ait ante istam sententiam. « Tu fidem quam habes penes temetipsum, habe coram Deo : » (*v*. 22) ut quoniam bona est hæc fides, qua credimus omnia munda mundis (*Tit*., I, 15), et in ea fide nos probamus, bene utamur ipso bono nostro; ne forte cum ad offendiculum infirmorum fratrum ex bono abusi fuerimus, peccemus in fratres; et in eo ipso bono nos judicemus, cum scandalizamus infirmos, in quo bono nos probamus, cum ipsa fides nobis placet.

LXXXII. — Quod autem ait : « Dico enim Christum Jesum ministrum fuisse circumcisionis, propter veritatem Dei, ad confirmandas promissiones Patrum, Gentes autem super misericordia glorificare Deum, » (*Rom*., XV, 8, 9) ad hoc dicit, ut intelligant Gentes Dominum Christum ad Judæos esse missum, et non superbiant. Judæis enim repellentibus quod ad ipsos missum est, factum est ut Gentibus Evangelium prædicaretur : quod et in Actibus Apostolorum manifestissime scribitur, cum dicant Apostoli Judæis : «Vobis primum oportuit prædicari verbum, sed quoniam indignos vos judicastis, ecce convertimus nos ad Gentes. » (*Act*., XIII, 46.) Secundum ipsa etiam Domini testimonia, cum dicit : Non sum missus nisi ad oves perditas domus Israel : et iterum : Non est bonum panem filiorum mittere canibus. (*Matth*., XV, 24, 26.) Quod Gentes si bene considerent, intelligunt ista sua fide, qua jam credunt, omnia munda mundis (*Tit*., V, 15), non se debere insultare his, si qui forte infirmi ex (*a*) circumcisione fuerint, qui propter communicationem idolorum nullas omnino audeant carnes attingere.

LXXXIII. — Quod autem dicit : « Ut minister sim Christi Jesu in Gentibus, consecrans Evangelium Dei, ut fiat oblatio Gentium acceptabilis, sanctificata in Spiritu sancto, » (*Rom*., XV, 16) hoc intelligitur, ut offe-

---

(*a*) Omnes Mss. *infirmi ex se fuerint*.

Dieu comme un sacrifice agréable, lorsqu'ils ont embrassé la foi en Jésus-Christ et qu'ils sont sanctifiés par l'Evangile, comme l'Apôtre l'enseigne plus haut : « Je vous conjure donc, mes frères, par la miséricorde de Dieu, de lui offrir vos corps en hostie vivante, sainte et agréable à ses yeux. » (*Rom.*, XII, 1.) (1).

LXXXIV. — « Mes frères, prenez garde, je vous prie, à ceux qui causent parmi vous des divisions et des scandales, en s'éloignant de la doctrine que vous avez apprise. » (*Rom.*, XVI, 17.) Saint Paul veut parler ici de ceux dont il écrivait à Timothée : « Je vous renouvelle la prière que je vous ai déjà faite en partant pour la Macédoine, de demeurer à Ephèse et d'avertir certaines personnes de ne point enseigner une doctrine différente, et de ne point s'appliquer à des fables et à des généalogies sans fin, qui sont plus propres à des disputes qu'à l'édification de Dieu qui est dans la foi; » (I *Tim.*, I, 3, 4) et à Tite : « Il y en a plusieurs, surtout parmi les circoncis, qui sont indociles, vains dans leurs paroles, séducteurs des âmes. Il faut fermer la bouche à ces hommes qui renversent les familles entières, enseignant, à cause d'un gain misérable, ce qu'on ne doit point enseigner. Un d'entre eux, leur propre prophète, a dit : « Crétois, toujours menteurs, bêtes méchantes, ventres paresseux. » (*Tit.*, I, 10.) C'est la même pensée qu'il exprime dans cette épître : « De tels hommes ne servent point Jésus-Christ Notre-Seigneur, mais sont esclaves de leurs sens. » (*Rom.*, XVI, 18.) Et dans une autre épître où il dit : « Leur dieu, c'est leur ventre. » (*Pilipp.*, III, 19.)

(1) Cet opuscule se termine ici dans les éditions d'Amsterdam et d'Erasme, on n'y trouve point la proposition LXXXIV, qui est la dernière dans l'édition de Louvain et dans tous les manuscrits.

rantur Gentes Deo, tanquam acceptabile sacrificium, cum in Christum credentes per Evangelium sanctificantur : sicut et superius dicit : « Obsecro itaque vos, fratres, per misericordiam Dei, ut exhibeatis corpora vestra hostiam vivam, sanctam, Deo placentem. » (*Rom.*, XII, 1.)

LXXXIV.—Quod autem ait : « Obsecro vos, fratres, ut intendatis in eos, qui dissensiones et scandala, præter doctrinam quam vos didicistis, faciunt, » (*Rom.*, XVI, 17) de quibus intelligitur dicere, de quibus et ad Timotheum scripsit, dicens : « Sicut rogavi te, ut sustineres Ephesi, cum irem in Macedoniam, ut denuntiares quibusdam ne aliter docerent, neque intenderent fabulis et genealogiis interminatis, quæ quæstiones magis præstant quam ædificationem Dei, quæ est in fide : » (I *Tim.*, I, 3, 4) et ad Titum : « Sunt enim multi non subditi, vaniloqui et mentis seductores, qui maxime ex circumcisione sunt, quos oportet refelli, qui universas domos subvertunt, docentes quæ non oportet, turpis lucri gratia : dixit quidam ex ipsis proprius eorum Propheta : Cretenses semper mendaces, malæ bestiæ, ventres pigri. » (*Tit.*, I, 10.) Ad hoc enim refertur quod et hic ait : « Hi enim Christo Domino non serviunt, sed suo ventri : » (*Rom.*, XVI, 18) de quibus alio loco dicit : Quorum Deus venter est. (*Philip.*, III, 19.)

EXPLICATION COMMENCÉE
DE
L'ÉPITRE AUX ROMAINS[1]

LIVRE UNIQUE

OU SAINT AUGUSTIN SE BORNE A EXPLIQUER LA SALUTATION, ET A DISCUTER LA QUESTION DU PÉCHÉ CONTRE LE SAINT-ESPRIT.

1. Voici le sujet que l'apôtre saint Paul traite dans l'épître qu'il a écrite aux Romains, autant que nous pouvons en juger par le texte même : L'Évangile de Notre-Seigneur Jésus-Christ a-t-il été annoncé aux seuls Juifs à cause du mérite des œuvres légales, ou bien la justification qui vient par la foi a-t-elle été donnée à toutes les nations sans aucun mérite des œuvres précédentes? En d'autres termes, la foi a-t-elle été pour les hommes la récompense des œuvres précédentes ou le principe même de la justification et le commencement d'une vie juste et sainte ? L'Apôtre se propose donc d'enseigner cette grande vérité, que la grâce de l'Évangile de Notre-Seigneur Jésus-Christ a été offerte à tous les hommes, et il prouve qu'on lui a donné le nom de grâce parce qu'elle n'a pas été le paiement d'une dette de justice, mais une faveur purement gratuite. Un certain nombre de Juifs qui avaient embrassé la foi commençaient à soulever les esprits contre les Gentils et plus spécialement contre l'apôtre saint Paul, parce qu'il avait admis à la grâce de l'Évangile les incirconcis affranchis des obligations de l'ancienne loi, et qu'il leur prêchait la foi en Jésus-Christ sans les assujettir aucunement au joug de la circoncision légale. Mais saint Paul enseigne cette vérité avec une si grande modération, qu'il ne laisse aux Juifs aucun motif de s'enorgueillir des œuvres de la loi, ni aux Gentils aucune raison de s'élever au-dessus des Juifs par le mérite de leur foi, à laquelle ils doivent d'avoir reçu le Christ que les Juifs ont crucifié. Comme il le dit dans un autre endroit, il remplit les fonctions d'ambassadeur pour le Seigneur lui-même (II *Cor.*, v, 20), c'est-à-dire pour celui qui est la pierre de l'angle (*Ephés.*, II, 20; VI, 20), et il unit en Jésus-Christ par le lien de la grâce le

---

[1] Cet opuscule a été écrit vers l'an de Jésus-Christ 394, alors que saint Augustin n'était que simple prêtre. Voyez *Rétractations*, livre I, chap. XXIII et XXV.

EPISTOLÆ AD ROMANOS
INCHOATA EXPOSITIO

LIBER UNUS

IN QUO SALUTATIO TANTUMMODO EXPEDITUR, ET DISPUTATUR DE PECCATO IN SPIRITUM SANCTUM.

1. In Epistola quam Paulus apostolus scripsit ad Romanos, quantum ex ejus textu intelligi potest, quæstionem habet talem : Utrum Judæis solis Evangelium Domini nostri Jesu Christi veniret propter merita operum Legis, an vero nullis operum meritis præcedentibus, omnibus Gentibus venerit justificatio fidei, quæ est in Christo Jesu, ut non quia justi erant homines, crederent; sed credendo justificati, deinceps juste vivere inciperent. Hoc ergo docere intendit, omnibus venisse gratiam Evangelii Domini nostri Jesu Christi. Quod propterea etiam gratiam vocari ostendit, quia non quasi debitum justitiæ redditum est, sed gratuito datum. Cœperant enim nonnulli qui ex Judæis crediderant, tumultuari adversus gentes, et maxime adversus apostolum Paulum, quod incircumcisos et Legis veteris vinculis liberos admittebat ad Evangelii gratiam, prædicans eis ut in Christum crederent, nullo imposito carnalis circumcisionis jugo. Sed plane tanta moderatione, uti nec Judæos superbire permittat, tanquam de meritis operum Legis; nec Gentes merito fidei adversus Judæos inflari, quod ipsi receperint Christum, quem illi crucifixerunt : tanquam enim (sicut alio loco dicit) pro ipso Domino legatione fungens (II *Cor.*, v,

peuple choisi parmi les Juifs et le peuple des Gentils, en ôtant à chacun d'eux tout sujet de s'enorgueillir de ses mérites et en les unissant dans la même vertu d'humilité qui doit les conduire à la justification.

2. Il commence ainsi son épître : « Paul, serviteur de Jésus-Christ, appelé à l'apostolat, choisi pour l'Evangile de Dieu. » (*Rom.*, I, 1.) En deux mots l'Apôtre distingue avec une admirable concision la dignité de l'Eglise de l'ancienne synagogue. L'Eglise tire son nom du mot « appeler, » tandis que le nom de synagogue vient d'un mot qui signifie « rassemblement, attroupement. » L'expression « appeler » s'applique plus justement aux hommes, le mot « rassembler » se dit plutôt des animaux; aussi dans le sens propre le mot troupeau s'emploie plus ordinairement pour les animaux. Dans mille endroits de l'Ecriture, il est vrai, l'Eglise est appelée le troupeau de Dieu; le bercail de Dieu, les brebis de Dieu, cependant le nom d'animaux donné métaphoriquement aux hommes est presque toujours le signe de la vie ancienne. C'est comme une preuve que ces hommes n'ont point encore faim de la nourriture de l'éternelle vérité et se contentent de l'aliment terrestre des promesses temporelles. « Paul, serviteur de Jésus-Christ, a donc été appelé à l'apostolat, » et cette vocation en a fait un membre de l'Eglise. « Il a été séparé pour l'Evangile de Dieu. » D'où a-t-il été séparé? Du troupeau de la synagogue, si la signification du mot latin est parfaitement conforme au sens du texte grec.

3. Saint Paul relève ensuite l'Evangile pour lequel il a été séparé, par l'autorité des prophètes. Il avait mis au-dessus des Juifs, dont il déclare avoir été séparé, ceux qui ont embrassé la foi en Jésus-Christ et au nombre desquels il a été appelé; mais il avertit les Gentils que ce n'est pas pour eux un motif de s'enorgueillir. Car c'est du peuple juif que sont sortis les prophètes qui ont promis bien longtemps à l'avance, comme il l'atteste lui-même, cet Evangile dont la foi est le principe de la justification. « Séparé, dit-il, pour l'Evangile de Dieu, qu'il avait promis auparavant par ses prophètes. » (*Ibid.*, 2.) Il y a eu en effet des prophètes qui n'étaient pas les prophètes de Dieu et dans lesquels on trouve quelques oracles prophétiques concernant le Christ; et ces prophètes répétaient les oracles qu'ils avaient entendus, comme on le dit en particulier de la Sybille. J'aurais peine à le croire, je l'avoue, si un des poètes les plus célèbres de Rome, célébrant l'avénement d'une ère nouvelle en termes qui paraissent convenir parfaitement au règne de Notre-Seigneur Jésus-Christ, n'avait commencé par ce vers : « Le dernier âge de l'oracle de Cumes est enfin venu. » (VIRG.,

20), hoc est, pro lapide angulari, utrumque populum tam ex Judæis quam ex Gentibus connectit in Christo per vinculum gratiæ (*Ephes.*, II, 20; VI, 20), utrisque auferens omnem superbiam meritorum, et justificandos utrosque per disciplinam humilitatis associans.

2. Itaque Epistolam sic exorsus est : « Paulus servus Jesu Christi vocatus apostolus, segregatus in Evangelium Dei. » (*Rom.*, I, 1.) Breviter in duobus verbis Ecclesiæ dignitatem a synagogæ vetustate discernit. Ecclesia quippe ex vocatione appellata est, synagoga vero ex congregatione. Convocari enim magis hominibus congruit, congregari autem magis pecoribus : unde greges proprie pecorum dici solent. Quanquam ergo plerisque Scripturarum locis ipsa Ecclesia grex Dei, et ovile Dei, et pecus Dei vocetur: tamen cum in comparatione homines pecora dicuntur, ad vitam veterem pertinent. Et apparet hujusmodi homines, non cibo sempiternæ veritatis, sed temporalium promissionum tanquam terreno pabulo esse contentos. « Paulus ergo servus Christi Jesu vocatus est Apostolus, » quæ vocatio illum cooptavit Ecclesiæ. « In Evangelium autem Dei segregatus est, » unde nisi a grege synagogæ, si verborum Latinorum significatio omni modo cum Græca interpretatione concordat?

3. Sane Evangelium Dei, in quod segregatum se esse commemorat, commendat auctoritate Prophetarum : ut quoniam credentes Christum, in quorum numerum vocatus est, Judæis præposuerat, a quibus se dixerat segregatum, Gentes rursus jam non superbire admoneat. Si quidem de populo Judæorum fuerunt Prophetæ, per quos Evangelium, cujus fide credentes justificantur, ante promissum esse testatur : « Segregatus enim, inquit, in Evangelium Dei, quod ante promiserat per Prophetas suos. » (*Ibid.* 2.) Fuerunt enim et prophetæ non ipsius, in quibus etiam aliqua inveniuntur quæ de Christo audita cecinerunt, sicut etiam de Sibylla dicitur : quod non facile crederem, nisi quod poetarum quidam in Romana lingua nobilissimus, antequam diceret ea de innovatione sæculi, quæ in Domini nostri Jesu Christi regnum satis concinere et convenire videantur, præposuit versum, dicens :

Ultima Cumæi venit jam carminis ætas.

(VIRG., *Eclog.*, IV.)

Eglog., IV.) Or, chacun sait que l'oracle de Cumes est un oracle de la Sybille. L'Apôtre donc n'ignorait pas qu'on trouvait dans les écrits des païens des témoignages de la vérité, comme il le prouve évidemment dans les Actes des Apôtres en parlant aux Athéniens. (*Act.*, XVII, 28.) Aussi il ne se contente pas de dire : « Par ses prophètes, » mais dans la crainte que de faux prophètes ne vinssent à séduire les esprits et à les entraîner dans l'impiété à la faveur de quelques témoignages rendus à la vérité, saint Paul ajoute : « Dans les saintes Ecritures, » et il montre par là que les écrits des Gentils, remplis de superstition et d'idolâtrie, ne doivent pas être regardés comme saints, parce qu'ils rendent par fois hommage à Jésus-Christ.

4. Il ne veut même pas qu'on ait la pensée de mettre en avant l'autorité de certains prophètes tout à fait étrangers au peuple juif quand on ne trouverait chez eux aucune trace du culte des idoles, j'entends des idoles qui sont l'œuvre de la main des hommes, car toute erreur trompe ses partisans par les idoles de ses vaines imaginations. Il ne veut donc pas qu'en produisant les témoignages de ces prophètes et en y montrant avec une espèce d'ostentation le nom du Christ, on les présente comme étant les saintes Ecritures à l'exclusion de celles qui ont été divinement confiées au peuple juif; aussi après avoir dit : « Dans les saintes Ecritures, » il ajoute cette pensée pleine d'opportunité : « Touchant son Fils, qui lui est né de la race de David selon la chair. » (*Rom.*, I, 3.) David a été certainement roi des Juifs. Or, il était juste que les prophètes qui devaient prédire l'avénement du Christ sortissent de la nation qui devait donner le jour à celui qu'ils annonçaient. Il fallait aussi s'opposer par avance à l'impiété de ceux qui ne voient dans Jésus-Christ que la nature humaine qu'il a prise et qui ne veulent point reconnaître en lui la divinité séparée de toute relation avec la nature créée. Tels sont les Juifs qui regardent le Christ comme étant simplement le fils de David et qui méconnaissent cette grandeur qui fait de lui, en tant qu'il est Fils de Dieu, le Seigneur de David. Aussi Notre-Seigneur dans son Evangile les confond-il par la prophétie sortie de la bouche de David lui-même. Il leur demande comment celui que David appelle son Seigneur peut être en même temps son fils. Ils auraient dû lui répondre que par sa nature humaine il était fils de David, mais que par sa nature divine il était Fils de Dieu et le Seigneur de David. Voyez en effet l'apôtre saint Paul qui connaissait parfaitement cette vérité; après avoir dit : « Séparé pour l'Evangile de Dieu, qu'il avait promis auparavant par ses prophètes dans les saintes Ecritures, touchant son Fils qui lui est

---

Cumæum autem carmen Sibyllinum esse, nemo dubitaverit. Sciens ergo Apostolus ea in libris Gentium inveniri testimonia veritatis, quæ etiam in Actibus Apostolorum loquens Atheniensibus manifestissime ostendit (*Act.*, XVII, 28), non solum ait, « per Prophetas suos, » ne quis a pseudoprophetis per quasdam veritatis confessiones in aliquam impietatem seduceretur; sed addidit etiam « in Scripturis sanctis; » volens utique ostendere litteras Gentium superstitiosæ idololatriæ plenissimas, non ideo sanctas haberi oportere, quia in eis aliquid quod ad Christum pertinet invenitur.

4. Et ne quisquam etiam prophetas aliquos remotos atque alienos a gente Judæorum forte proferret, in quibus nullus simulacrorum cultus esset, quantum attinet ad simulacra quæ humana operatur manus : nam simulacris phantasmatum suorum sectatores suos omnis error illudit : ne quis tamen aliqua hujusmodi proferens, quia ibi Christi nomen ostentat, eas potius sanctas Scripturas esse asserat, non eas quæ populo Hebræorum sunt divinitus creditæ, satis opportune mihi videtur adjungere, cum dixisset, « in Scripturis sanctis, » quod adjecit, « de Filio suo, qui factus est ei ex semine David, secundum carnem. » (*Rom.*, I, 3.) David enim certe rex Judæorum fuit. Oportebat autem ut ex illa gente orirentur Christi prænuntiatores Prophetæ, ex qua gente carnem assumpturus erat quem prænuntiabant. Occurrendum autem erat etiam illorum impietati, qui Dominum nostrum Jesum Christum secundum hominem tantummodo, quem suscepit, accipiunt; divinitatem autem in eo non intelligunt ab universæ creaturæ communione discretam : velut ipsi Judæi, qui Christum filium David tantummodo esse opinantur, ignorantes excellentiam qua Dominus est ipsius David, secundum id quod est Filius Dei. Unde illos in Evangelio redarguit per prophetiam, quæ ipsius David ore prolata est. Quærit enim ab eis, quem ipse David Dominum appellat, quomodo filius ejus sit (*Matth.*, XXII, 42) : cui deberent utique respondere, quod secundum carnem filius esset David, secundum divinitatem autem Filius Dei et Dominus ipsius David. Quod Paulus apostolus quia jam didicerat, postea quam dixit, « in Evangelium Dei, quod ante promiserat per Prophetas suos in Scripturis sanctis, de Filio suo, qui factus est ei ex semine David, » addidit,

né de la race de David, » il a soin d'ajouter : « Selon la chair, » pour ne point laisser croire que toute la personne de Jésus-Christ se résumait exclusivement dans la nature humaine. En ajoutant : « Selon la chair, » il conservait à la divinité toute la prééminence qui lui appartient et qu'on ne peut attribuer ni à la race de David, ni à la nature angélique, ni au rejeton d'aucune créature, quelqu'excellente qu'elle soit, parce que le Fils de Dieu est le Verbe de Dieu par qui toutes choses ont été faites. Ce Verbe s'est fait chair de la race de David, et il a habité parmi nous (*Jean*, I, 14), non pas qu'il se soit changé et transformé en chair, mais il s'est revêtu de la chair pour se rendre accessible aux yeux des hommes charnels. Aussi ce n'est pas seulement par ces paroles : « Selon la chair » que l'Apôtre distingue l'humanité de la divinité du Christ, mais par ces autres : « Il est né, il a été fait. » Ce n'est pas comme Verbe de Dieu qu'il a été fait, car toutes choses ont été faites par lui, et celui par qui tout a été fait ne peut avoir été tiré du néant comme le reste des créatures. On ne peut pas dire non plus qu'il a été fait avant toutes choses qui ont été faites ensuite par lui ; car si l'on veut admettre en sa faveur cette exception qu'il a été fait avant toutes choses, on ne voit plus comment toutes choses ont été faites par lui et on ne peut plus dire dans un sens véritable que toutes choses ont été faites par lui alors qu'il n'en ferait point partie, bien qu'il ait été fait lui-même. Voilà pourquoi l'Apôtre, après avoir dit que le Christ a été fait, ajoute : « Selon la chair, » pour nous montrer que ce n'est point par création, mais par naissance et comme engendré de Dieu qu'il est le Verbe, le Fils de Dieu.

5. « Celui qui a été fait de la race de David selon la chair a été, continue l'Apôtre, prédestiné Fils de Dieu en puissance, » non pas selon la chair, mais « selon l'esprit, » et non pas selon un esprit quelconque, mais « selon l'esprit de sainteté par sa résurrection d'entre les morts. » (*Rom.*, I, 4.) En effet, la puissance d'un mort éclate dans sa résurrection, c'est pour cela que saint Paul dit qu'il a été prédestiné en puissance selon l'esprit de sainteté par sa résurrection d'entre les morts. » Cette sainteté est devenue ensuite la source d'une nouvelle vie dont la résurrection de Notre-Seigneur a été la figure. Ce qui a fait dire à l'Apôtre dans un autre endroit : « Si vous êtes ressuscités avec Jésus-Christ, cherchez les choses d'en haut où Jésus-Christ est assis à la droite de Dieu. » (*Coloss.*, III, 1.) On peut, il est vrai, construire cette phrase dans un ordre différent et rattacher ces paroles : « L'esprit de sainteté » non pas « à la résurrection d'entre les morts, » mais « à la prédestination, » et telle serait la construction naturelle : « Il a été prédestiné pour la résurrection

---

« secundum carnem : » ne hoc solum et totum in Christo esse arbitrarentur, quod factus erat secundum carnem. Addendo ergo, « secundum carnem, » servavit divinitati dignitatem suam. Quæ non solum semini David, sed nec alicui Angelicæ aut cujusvis excellentissimæ creaturæ generationi tribui potest ; quandoquidem ipsum est Verbum Dei, per quod facta sunt omnia. Quod Verbum ex semine David caro factum est, et habitavit in nobis (*Joan.*, I, 14), non mutatum et conversum in carnem ; sed carne ut carnalibus congruenter appareret indutum. Quapropter Apostolus non solum eo verbo quod ait, « secundum carnem, » humanitatem a divinitate distinxit : sed etiam illo quo ait, « factus est. » Non est enim factus secundum in quod Verbum Dei est. Omnia enim per ipsum facta sunt (*Joan.*, I, 3) : nec fieri cum omnibus posset per quem facta sunt omnia. Neque ante omnia factus est, ut per ipsum fierent omnia : ipso enim excepto, si ante illa jam factus esset, non essent illa omnia quæ per illum fierent ; nec possent vere dici facta omnia per ipsum, in quibus ipse non esset, si ipse etiam factus esset. Et ideo Apostolus cum factum diceret Christum, addidit, « secundum carnem : » ut secundum Verbum quod est Filius Dei, non factum a Deo, sed natum esse monstraret.

5. Eumdem sane ipsum « qui secundum carnem factus est ex semine David (*Rom.*, I, 4), prædestinatum dicit Filium Dei, in virtute : » non secundum carnem, « sed secundum Spiritum : » nec quemlibet spiritum, sed « Spiritum sanctificationis ex resurrectione mortuorum. » In resurrectione enim virtus morientis apparet, ut diceretur « prædestinatus in virtute secundum Spiritum sanctificationis ex resurrectione mortuorum. » Deinde sanctificatio vitam novam fecit, quæ in Domini nostri resurrectione signata est. Unde idem Apostolus alio loco dicit : Si consurrexistis cum Christo, quæ sursum sunt quærite, ubi Christus est in dextera Dei sedens. » (*Coloss.*, III, 1.) Potest quidem etiam sic esse ordo verborum, ut non « ad Spiritum sanctificationis » adjungamus quod ait, « ex resurrectione mortuorum : » sed ad id quod ait, « prædestinatus est : » ut ordo sit, « qui prædesti-

d'entre les morts, » proposition entre laquelle se trouveraient intercalées ces paroles : « Fils de Dieu en puissance selon l'esprit de sainteté. » Il paraît en effet plus raisonnable et plus logique de dire qu'il était fils de David dans la faiblesse de la nature humaine, et Fils de Dieu en puissance selon l'esprit de sainteté. Il a donc été fait de la race de David, c'est-à-dire fils de David dans un corps mortel et qui a été soumis à la mort. Mais il a été « prédestiné Fils de Dieu et le Seigneur de David par la résurrection d'entre les morts. » En effet, il est mort comme fils de David, mais il est ressuscité d'entre les morts comme Fils de Dieu et le Seigneur de David lui-même. C'est ce que le même Apôtre dit en termes exprès dans un autre endroit : « Il est mort selon la faiblesse, mais il vit par la puissance de Dieu, » (II *Cor.*, XIII, 4) c'est-à-dire que la faiblesse vient de David et la vie éternelle de la puissance de Dieu. Voilà pourquoi David le proclame son Seigneur en ces termes : « Le Seigneur a dit à mon Seigneur : Asseyez-vous à ma droite jusqu'à ce que je réduise vos ennemis à vous servir de marche-pied. » (*Ps.* CIX, 1.) Depuis sa résurrection, en effet, il est assis à la droite du Père. Or, David qui à la lumière de l'inspiration, le voyait prédestiné par sa résurrection d'entre les morts à s'asseoir à la droite du Père, n'aurait pas osé l'appeler son fils; il l'appelle donc son Seigneur. Aussi, comme conséquence de ces paroles : « Par sa résurrection d'entre les morts, » saint Paul ajoute : « Jésus-Christ Notre-Seigneur, » et nous fait ainsi connaître la raison pour laquelle David l'appelle son Seigneur plutôt que son fils. Or, il ne dit pas qu'il est prédestiné d'entre les morts, mais par sa résurrection d'entre les morts. Ce n'est point en effet la résurrection elle-même de Jésus-Christ qui révèle en lui le Fils de Dieu dans cette haute et incommunicable dignité qui fait de lui le chef de l'Eglise, puisque d'autres morts doivent ressusciter; mais il a été prédestiné Fils de Dieu par une certaine primauté de résurrection, parce qu'il a été prédestiné le premier à la résurrection d'entre les morts, c'est-à-dire qu'il a été choisi de Dieu pour ressusciter de préférence aux autres et avant tous les autres. Aussi l'Apôtre en joignant ces deux termes : « Il a été prédestiné Fils de Dieu, » veut faire ressortir cette incomparable dignité; car cette prédestination ne pouvait convenir qu'au Fils de Dieu en tant qu'il est chef de l'Eglise; aussi l'appelle-t-il dans un autre endroit le premier né d'entre les morts. (*Coloss.*, I, 18.) Il était juste que celui qui devait venir pour juger les hommes ressuscités fût le même qui était ressuscité pour être leur modèle, et non point le modèle de tous ceux qui doivent ressusciter, mais de ceux-là

natus est ex resurrectione mortuorum : » cui ordini interposita sint hæc : « Filius Dei in virtute secundum Spiritum sanctificationis. » Et nimirum iste ordo certior et melior videtur, ut sit filius David in infirmitate secundum carnem, Filius autem Dei in virtute secundum Spiritum sanctificationis. « Factus est ergo ex semine David, » id est, filius David ex mortali corpore, propter quod et mortuus est. « Prædestinatus est autem Filius Dei, » et Dominus ipsius David, « ex resurrectione mortuorum. » In quantum enim mortuus est, ad id pertinet quod est filius David : in quantum autem resurrexit a mortuis ad id quod est Filius Dei, et Dominus ipsius David, sicut alibi idem Apostolus dicit : Nam et si mortuus est ex infirmitate, sed vivit in virtute Dei (II *Cor.*, XIII, 4) : ut infirmitas pertineat ad David, vita vero æterna ad virtutem Dei. Ideoque in his ipsis verbis Dominum suum designat cum David, dicens : Dixit Dominus Domino meo, sede ad dexteram meam, donec ponam inimicos tuos sub pedibus tuis. (*Psal.* CIX, 1.) Ex eo enim quod resurrexit a mortuis, sedet ad dexteram Patris. Prædestinatum ergo ex resurrectione mortuorum, ut sederet ad dexteram Patris, videns in Spiritu David, non auderet dicere filium suum, sed Dominum suum. Unde et consequenter Apostolus hic adjungit : « Jesu Christi Domini nostri, » postea quam dixit, « ex resurrectione mortuorum : » tanquam admonens unde illum David Dominum suum potius quam filium esse testatus sit. Non autem ait eum « prædestinatum » a mortuis, sed « ex resurrectione mortuorum. » Non enim resurrectione ipsa sua Filius apparet Dei, propria illa et eminentissima dignitate, qua etiam est caput Ecclesiæ, cum et cæteri mortui resurrecturi sint : sed Filius Dei prædestinatus est quodam principatu resurrectionis, quia ex resurrectione omnium mortuorum ipse prædestinatus est, id est, ut præ cæteris et ante cæteros resurgeret designatus. Ut quod hic positum est, « Filius Dei, » cum dixisset, « prædestinatus est, » ad documentum valeat tantæ sublimitatis. Non enim sic prædestinari oportuit nisi Filium Dei, secundum quod est etiam caput Ecclesiæ : unde illum alio loco primogenitum ex mortuis appellat. (*Colos.*, I, 18.) Eum enim decebat venire ad judicium resurgentium, qui præcesserat ad exemplum : neque ad exemplum omnium resurgentium, sed ad

seulement dont la résurrection doit être suivie d'une vie et d'un règne éternel, et dont il est le chef comme des membres de son corps. C'est en vue de la résurrection de ces derniers qu'il a été prédestiné pour devenir leur chef; quant aux autres dont la résurrection n'aura aucun rapport avec la sienne, il est non pas leur chef, mais leur juge. Il n'a donc pas été prédestiné pour la résurrection des morts qu'il doit condamner. L'Apôtre veut nous faire comprendre cette prédestination dans ce sens qu'il a précédé la résurrection des morts. Or, il a précédé ceux qui doivent le suivre dans ce royaume céleste où il est entré le premier. Aussi il ne dit point : Jésus-Christ Notre-Seigneur qui a été prédestiné Fils de Dieu pour la résurrection des morts, mais : « Pour la résurrection des morts de Notre-Seigneur Jésus-Christ, » c'est-à-dire qui a été prédestiné Fils de Dieu pour la résurrection de ses morts, en d'autres termes de ceux qui sont à lui pour la vie éternelle. L'Apôtre semble supposer qu'on lui fait cette question : « De quels morts est-il question ? » Et il répond : « Des morts de Jésus-Christ Notre-Seigneur. » En effet, il n'a pas été prédestiné pour la résurrection des autres morts qu'il n'a point précédés dans la gloire de la vie éternelle et qui ne doivent point l'y suivre, parce que les impies ne ressusciteront que pour leur châtiment. Le Fils unique de Dieu a donc été prédestiné comme le premier né d'entre les morts pour la résurrection des morts. Quels sont ces morts? Ceux qui appartiennent à Notre-Seigneur Jésus-Christ.

6. « Par lequel nous avons reçu la grâce et l'apostolat. » (*Rom.*, I, 5.) La grâce lui est commune avec tous les fidèles, mais non l'apostolat. S'il déclarait n'avoir reçu que l'apostolat, il témoignerait de l'ingratitude pour la grâce qui lui a remis ses péchés, car il paraîtrait faire dépendre l'apostolat du mérite de ses œuvres précédentes. Il observe donc parfaitement l'ordre exigé par la cause qu'il soutient, et personne n'osera dire que ce sont les mérites de sa vie passée qui l'ont conduit à la grâce de l'Evangile, puisque les apôtres, qui sont après le chef les premiers de tous les membres, n'auraient pu recevoir le privilége spécial de l'apostolat, s'ils n'avaient reçu tout d'abord avec les autres fidèles la grâce qui guérit et justifie les pécheurs. Il ajoute ensuite : « Pour soumettre à la foi tous les peuples en son nom, » (*Rom.*, I, 5) c'est-à-dire pour amener tous les hommes à la foi en Jésus-Christ, et imprimer en son nom le signe du salut à tous ceux qui veulent être sauvés. Or, ce salut, d'après l'Apôtre, ce n'est pas seulement pour les Juifs qu'il est venu, comme le pensaient

exemplum eorum qui sic resurrecturi sunt, ut cum illo vivant et regnent in sempiternum; quorum etiam caput est, tanquam corporis sui. Ex ipsorum enim resurrectione etiam prædestinatus est, ut ipsis princeps fieret : cæterorum autem in sua conditione resurgentium non princeps, sed judex est. Non itaque ex illorum mortuorum resurrectione prædestinatus est, quos est damnaturus. Prædestinatum enim esse ex resurrectione mortuorum, ut præcederet resurrectionem mortuorum, vult intelligi Apostolus : hos autem præcessit, qui ad ipsum cœleste regnum, quo eos præcessit, secuturi sunt. Propter quod non ait, « qui prædestinatus est Filius Dei ex resurrectione mortuorum » Jesus Christus Dominus noster, sed « ex resurrectione mortuorum Jesu Christi Domini nostri : » tanquam si diceret : Qui prædestinatus est Filius Dei ex resurrectione mortuorum suorum, hoc est, ad se pertinentium in vitam æternam; velut si interrogaretur, quorum mortuorum, et responderet, ipsius Jesu Christi Domini nostri. Ex resurrectione enim cæterorum mortuorum non est prædestinatus, quos non præcessit ad gloriam vitæ æternæ, non utique secuturos, quoniam ad pœnas suas impii resurrecturi sunt. Ergo ille tanquam Filius Dei unigenitus, etiam primogenitus ex mortuis « prædestinatus est, ex resurrectione mortuorum. » Quorum mortuorum, nisi « Domini nostri Jesu Christi ? »

6. « Per quem accepimus, inquit, gratiam et Apostolatum. » (*Rom.*, I, 5.) « Gratiam » cum omnibus fidelibus, « Apostolatum » autem non cum omnibus. Et ideo si tantummodo Apostolatum se diceret accepisse, ingratus exstitisset gratiæ, qua illi peccata dimissa sunt : tanquam enim meritis priorum operum accepisse Apostolatum videretur. Optime itaque tenet ordinem causæ, ut nemo audeat dicere vitæ prioris meritis se ad Evangelium esse perductum : quando nec ipsi Apostoli, qui cæteris membris post caput corporis supereminent, accipere Apostolatum proprie potuissent, nisi prius communiter cum cæteris gratiam, quæ peccatores sanat et justificat, accepissent. Quod autem subjungit : « Ad obediendum fidei in omnibus gentibus pro nomine ejus : » ad hoc dicit Apostolatum se accepisse, ut obediatur fidei pro nomine Domini nostri Jesu Christi, hoc est, ut credant omnes Christo, et signentur in ejus nomine qui salvi esse cupiunt. Quam salutem non solis Judæis, sicut nonnulli qui ex ipsis crediderant arbitrabantur,

plusieurs d'entre eux qui avaient embrassé la foi; c'est, dit-il, « pour toutes les nations, du nombre desquelles vous êtes aussi, vous appelés par Jésus-Christ, » (*Ibid.*, 6) c'est-à-dire afin que vous soyez aussi à Jésus-Christ qui est le salut de tous les peuples, bien que ce ne soit point au sein du peuple juif, mais parmi les Gentils que vous ayez été trouvés.

7. Jusqu'ici saint Paul nous a fait connaître l'auteur de cette Epître. Celui qui l'a écrite est « Paul, serviteur de Jésus-Christ, appelé à l'apostolat, choisi pour l'Evangile de Dieu. » Mais quel Evangile? pouvait-on lui demander. Il répond : « L'Evangile que Dieu avait promis auparavant par ses prophètes dans les saintes Ecritures annonçant son Fils. » Mais quel Fils ? pouvait-on lui dire encore : « Qui a été prédestiné Fils de Dieu en puissance, poursuit-il, selon l'esprit de sainteté, par sa résurrection d'entre les morts, c'est-à-dire Jésus-Christ Notre-Seigneur. » Et à cette autre question : Comment lui appartenez-vous? il répond : « C'est par lui que nous avons reçu la grâce et l'apostolat pour soumettre à la foi tous les peuples en son nom. » Enfin à cette dernière : Quel motif vous a porté à nous écrire? « C'est, dit l'Apôtre, parce que vous êtes vous-mêmes de ce nombre, vous qui êtes appelés par Jésus-Christ. » Puis, suivant les règles du style épistolaire, il fait connaître les personnes auxquelles il adresse son Epître : « A tous ceux qui sont à Rome, chéris de Dieu, et appelés saints. » Ici encore il fait ressortir la miséricorde de Dieu, bien plus que leurs mérites, car il ne leur dit pas : A vous qui aimez Dieu, mais à vous qui êtes chéris de Dieu. Car il nous a aimés antérieurement à tout mérite de notre part, afin que son amour pour nous fût la cause de celui que nous aurions pour lui. Voilà pourquoi saint Paul ajoute : « Qui êtes appelés saints. » En effet, crût-on pouvoir s'attribuer le mérite de l'obéissance à celui qui appelle, personne ne peut s'attribuer le mérite d'avoir été appelé. Ces paroles : « A vous qui êtes appelés saints, » ne signifient pas que leur sainteté a été la cause de leur vocation, mais bien plutôt que leur vocation a été le principe de leur sainteté.

8. Il ne lui reste plus qu'à saluer les Romains pour satisfaire entièrement à l'usage ordinairement suivi quand on commence une lettre. Or, voici la salutation qu'il leur adresse : « La grâce et la paix soient avec vous de la part de Dieu notre Père et de Notre-Seigneur Jésus-Christ. » En effet, toute grâce ne vient pas de Dieu. Ainsi les juges iniques accordent des grâces lorsqu'ils font acception de personnes en se laissant séduire par les attraits de la cupidité, ou effrayer par la crainte des menaces. De même encore toute paix n'est pas la paix de Dieu ou ne vient pas de lui. Aussi Notre-Seigneur établit-

---

venisse jam ostendit, cum ait : « In omnibus gentibus : in quibus estis, inquit, et vos vocati Jesu Christi, » (*v.* 6) id est, ut et vos sitis ejus Jesu Christi, qui omnium gentium salus est, quanquam non in numero Judæorum, sed in numero cæterarum gentium sitis inventi.

7. Huc usque dixit ipse quis esset qui scribit Epistolam. Est enim qui scribit Epistolam : « Paulus servus Jesu Christi vocatus Apostolus, segregatus in Evangelium Dei. » Sed quia occurrebat : Quod Evangelium ? respondit : « Quod ante promiserat per Prophetas suos in Scripturis sanctis de Filio suo. » Item quia occurrebat : De quo Filio suo? respondit : « Qui factus est ei ex semine David secundum carnem, qui prædestinatus est Filius Dei in virtute secundum spiritum sanctificationis ex resurrectione mortuorum, Domini nostri Jesu Christi. » Et quasi diceretur : Quomodo tu ad eum pertines ? respondit : « Per quem accepimus gratiam et Apostolatum, ad obediendum fidei in omnibus gentibus pro nomine ejus. » Item quasi diceretur : Quæ igitur causa est ut scribas ad nos ? respondit : « In quibus estis et vos vocati Jesu Christi. » Nunc deinde adjunxit ex more epistolæ quibus scribat : « Omnibus, inquit, qui sunt Romæ, dilectis Dei, vocatis sanctis. » (*v.* 7.) Etiam hic significavit benignitatem Dei potius quam meritum illorum. Non enim ait, diligentibus Deum, sed, « dilectis Dei. » Prior enim dilexit nos ante omnia merita, ut et nos eum dilecti diligeremus. Unde etiam addidit : « Vocatis sanctis. » (I *Joan.*, IV, 19.) Quanquam enim sibi quis tribuat quod vocanti obtemperat, nemo potest sibi tribuere quod vocatus est. « Vocatis autem sanctis, » non ita intelligendum est, tanquam ideo vocati sint, quia sancti erant : sed ideo sancti effecti, quia vocati sunt.

8. Restat ergo ut salutem dicat, ut compleatur usitatum epistolæ principium tanquam ille illis salutem. Pro eo autem ac si diceret salutem : « Gratia, inquit, vobis et pax a Deo Patre nostro, et Domino Jesu Christo. » Non enim omnis gratia est a Deo. Nam et judices mali præbent gratiam in accipiendis personis aliqua cupiditate illecti, aut timore perterriti. Neque omnis pax Dei est, vel ab illo : unde ipse

il cette distinction : « Je vous donne ma paix; » (*Jean*, XIV, 27) et il ajoute que la paix qu'il donne n'est pas celle que donne le monde. La grâce donc qui nous remet les péchés qui nous rendaient les ennemis de Dieu, vient de Dieu le Père et de Notre-Seigneur Jésus-Christ. La paix est le lien de notre réconciliation avec Dieu. En effet, lorsque la grâce de la rémission des péchés a détruit toute inimitié entre Dieu et nous, il faut encore que la paix nous unisse étroitement à celui dont nos péchés seuls nous séparaient, suivant ces paroles du Prophète : « Son oreille n'est point appesantie pour ne point entendre, mais vos crimes ont établi une séparation entre Dieu et vous. » (*Is.*, LIX, 1, 2.) Or une fois que ces péchés sont remis par la foi en Notre-Seigneur Jésus-Christ, aucun obstacle ne s'opposera plus à ce que la paix règne entre Dieu et nous.

9. On se demandera peut-être avec étonnement, comment on doit comprendre la justice des jugements de Dieu dans la grâce de la rémission des péchés. Rien de plus juste cependant que cette grâce. N'est-il pas de toute justice, en effet, que ceux qui se repentent de leurs péchés sans attendre que la terreur des châtiments se manifeste tout entière à leurs yeux, soient séparés par la miséricorde de Dieu de ceux qui cherchent opiniâtrement à soutenir leurs crimes, et qui refusent de faire pénitence et de changer de vie? Il serait injuste d'associer au châtiment de ces derniers ceux qui n'ont point méprisé la voix de Dieu qui les appelait, qui ont condamné leur conduite coupable, et ont détesté leurs péchés comme Dieu lui-même les détestait. Car enfin, la règle que doit suivre la justice humaine, c'est de n'aimer en soi que ce qui vient de Dieu, et de haïr ce qui vient de nous ; de ne point justifier nos propres péchés et de ne point en rejeter sur un autre que nous la responsabilité; de ne pas croire qu'il suffit de détester nos péchés, si nous ne les évitons ensuite avec l'attention la plus vigilante; enfin de ne pas nous imaginer que nous puissions les éviter par nos propres forces et sans le secours de Dieu. Il est donc juste que Dieu pardonne à ces pécheurs repentants tous les péchés qu'ils ont commis précédemment, et qu'ils ne soient pas mêlés et confondus avec ceux dont les dispositions sont toute différentes, ce qui serait d'une souveraine injustice. Ainsi donc Dieu est juste en ne pardonnant pas aux uns, il est miséricordieux en pardonnant aux autres. La grâce de Dieu est donc juste comme sa justice est miséricordieuse, puisque la grâce de Dieu doit tellement précéder le mérite de la pénitence, que personne absolument ne pourrait se repentir de son péché sans une voix de Dieu qui l'avertit et qui l'appelle.

10. Cependant la rigueur de la justice divine est si grande, qu'après même la remise de la

---

Dominus discernens ait : Pacem meam do vobis (*Joan.*, XIV, 27) : adjungens etiam et dicens, non se talem pacem dare, qualem dat hic mundus. Gratia est ergo a Deo Patre, et Domino nostro Jesu Christo, qua nobis peccata remittuntur, quibus adversabamur Deo. Pax vero ipsa qua reconciliamur Deo. Cum enim per gratiam remissis peccatis absumptæ fuerint inimicitiæ, restat ut pace adhæreamus illi, a quo nos sola peccata dirimebant : sicut Propheta dicit : Non gravabit aurem, ut non audiat; sed peccata vestra inter vos et Deum separant. (*Isa.*, LIX, 1, 2.) Quibus remissis per fidem Domini nostri Jesu Christi, nulla separatione interveniente pax erit.

9. Fortasse autem quisque miretur, quomodo intelligenda sit justitia judicis Dei, cum gratiam præbet ignoscendo peccatis. Sed hoc plane justum est apud Deum ; quia vere justum est, ut ii quos peccatorum suorum pœnitet, eo tempore quo nondum pœnarum manifestus terror apparet, misericorditer separentur ab eis qui defensiones peccatorum suorum pertinaciter exquirentes, nulla pœnitentia corrigi volunt. Injustum est enim ut cum his illi ad consortium pœnale copulentur, qui vocantem Deum non spreverunt, et peccantes displicuerunt sibi, ut quemadmodum ille peccata eorum, sic etiam ipsi odissent sua. Ea enim demum est humanæ justitiæ disciplina, non in se amare nisi quod Dei est, et odisse quod proprium est; nec approbare peccata sua, nec in eis alium improbare, sed seipsum ; nec putare satis sibi esse, ut sua peccata displiceant, nisi etiam vigilantissima deinceps intentione vitentur; nec in eis vitandis vires suas existimare sufficere, nisi divinitus adjuvetur. Justum est ergo apud Deum, ut ignoscatur talibus quæcumque antea commiserunt, ne (quod injustissimum est) cum eis qui tales non sunt confundantur atque misceantur. Quapropter et quia talibus non ignoscitur, justitia Dei est : et quia ignoscitur, gratia est. Justa est ergo gratia Dei, et grata justitia, cum in eo quoque etiam pœnitentiæ meritum gratia præcedat, quod neminem peccati sui pœniteret, nisi admonitione aliqua vocationis Dei.

10. Porro justitiæ divinæ tanta constantia est, ut

peine spirituelle et éternelle, elle n'exempte personne des douleurs et des souffrances du corps qui ont éprouvé en tant de manières les saints martyrs, ni enfin de la mort elle-même que notre nature a méritée par le péché. Car si les justes et les saints eux-mêmes sont soumis à ces châtiments, c'est, n'en doutons point, par un juste jugement de Dieu. C'est cette justice que les saintes Ecritures appellent aussi la correction à laquelle aucun juste ne peut échapper. En effet, nul n'est excepté dans ces paroles : « Le Seigneur châtie celui qu'il aime, et il frappe de verges tous ceux qu'il reçoit parmi ses enfants. » (*Hebr.*, XII, 6.) Voilà pourquoi Job lui-même, dont les innombrables souffrances eurent surtout pour but de faire éclater le courage héroïque et la fidélité inviolable de ce grand serviteur de Dieu, déclare cependant que ces souffrances corporelles sont le juste châtiment de ses péchés. L'apôtre saint Pierre enseigne la même vérité, lorsqu'il exhorte ses frères à supporter les souffrances de cette vie pour le nom de Jésus-Christ : « Qu'aucun de vous ne souffre comme meurtrier ou comme voleur, ou comme calomniateur, ou comme un homme qui convoite le bien d'autrui ; mais s'il souffre comme chrétien, qu'il n'en ait point de honte, mais qu'il en glorifie Dieu, car voici le temps où Dieu va commencer son jugement par sa propre maison. Et s'il commence par nous, quelle sera la fin de ceux qui ne croient point à l'Evangile de Dieu ? Et si le juste même se sauve à peine, que deviendront l'impie et le pécheur ? » (I *Pier.*, IV, 15, etc.) Nous avons ici une preuve évidente que les souffrances de cette vie qui sont le partage des justes eux-mêmes, sont un effet de la justice de Dieu, dont le jugement, dit l'Apôtre, doit commencer d'abord par la maison de Dieu, pour nous laisser conjecturer la grandeur des châtiments qui sont réservés aux impies. C'est pour cette raison que saint Paul, écrivant aux Thessaloniciens, leur disait : « Nous nous glorifions nous-mêmes en vous dans les Eglises de Dieu, à cause de votre patience et de votre foi, au milieu même de toutes les persécutions et des tribulations que vous avez à soutenir, et qui sont des marques du juste jugement de Dieu. » (II *Thess.*, I, 4.) Ces paroles ont une analogie frappante avec celles où saint Pierre déclare qu'il est temps que le jugement commence par la maison de Dieu, et avec celles du Prophète qu'il rappelle : « Si le juste même se sauve à peine, que deviendront l'impie et le pécheur ? » (*Prov.*, XI, 31.) Aussi je pense que les menaces faites au roi David par le prophète Nathan, de la part de Dieu, reçurent leur entier accomplissement, malgré le pardon accordé au repentir du coupable, pour bien établir que ce pardon spirituel lui était accordé en vue de lui faire éviter les justes châtiments qui attendent après cette vie l'impénitence de la vie

cum pœna spiritalis et sempiterna pœnitenti fuerit relaxata, pressuræ tamen cruciatusque corporales, quibus etiam Martyres exercitatos novimus; postremo mors ipsa, quam peccando meruit nostra natura, nulli relaxetur. Quod enim etiam justi homines et pii, tamen exsolvunt ista supplicia, de justo Dei judicio venire credendum est. Ipsa est quæ in sacris Scripturis etiam disciplina nominatur, quam nemo justorum effugere sinitur. Neminem quippe excepit, cum diceret : Quem enim diligit Deus, corripit : flagellat autem omnem filium quem recipit. (*Hebr.*, XII, 6.) Unde etiam ipse Job, qui propterea tam multa illa passus est, ut hominibus quis vir esset, et quantus Dei servus, eluceret, pœnas tamen corporis pro peccatis suis se exsolvere sæpe testatur. Petrus quoque apostolus exhortans fratres ad perferendas pro Christi nomine passiones, ita loquitur : « Nemo autem vestrum patiatur quasi homicida, aut fur, aut maledicus, aut curas alienas agens : si vero quasi Christianus, non erubescat; glorificet autem Deum in isto nomine, quia tempus inchoationis judicii a domo Dei : si autem initium a nobis, quis finis eorum qui non credunt Evangelio Dei ? Et si justus quidem vix salvus fit, peccator et impius ubi parebunt ? » (I *Petr.*, IV, 15, etc.) Manifeste ostendit easdem ipsas passiones, quas justi patiuntur, ad judicium Dei pertinere : quod inchoari dixit ex domo Dei, ut inde conjiciatur, quantæ impiis futuræ serventur. Unde etiam ipse Paulus ad Thessalonicenses dicit : « Ita ut nos ipsi de vobis gloriemur in Ecclesiis Dei, pro vestra patientia et fide in omnibus persecutionibus vestris, et pressuris quas sustinetis in exemplum justi judicii Dei. (II *Thess.*, I, 4.) Quod omnino ad illud respicit, quod ait Petrus tempus esse inchoationis judicii a domo Dei : et illud quod de Propheta interposuit : Et si justus vix salvus erit, peccator et impius ubi parebunt ? (*Prov.*, XI, 31.) Unde mihi videtur, etiam illa quæ per Nathan prophetam regi David comminatus est Deus, quanquam statim ignoverit pœnitenti (II *Reg.*, XII, 1, etc.), propterea tamen accidisse omnia, ut demonstraretur illam veniam spiritaliter datam propter futurum judicium pœnarum,

présente. (II *Reg.*, xii, 2, etc.) C'est cette vérité que saint Pierre exprime en ces termes dans un autre endroit : « L'Evangile a été aussi prêché aux morts, afin que jugés devant les hommes, selon la chair, ils reçussent devant Dieu la vie de l'Esprit. » (I *Pier.*, iv, 6.) Si j'insiste sur ce point, c'est pour prouver autant que je le puis et que le texte sacré m'en fournit l'occasion, que lorsqu'on parle de la grâce et de la paix de Dieu, il faut bien se garder de penser que Dieu puisse jamais s'écarter de la justice. Notre-Seigneur lui-même, lorsqu'il promet la paix à ses disciples, leur dit : Je vous ai parlé de la sorte, afin que vous ayez la paix en moi; cependant vous aurez de grandes tribulations dans le monde. Mais lorsque ces tribulations et ces souffrances sont les peines expiatoires que la justice divine impose aux pécheurs, loin d'être une occasion de péché pour les bons et pour les justes, qui ont pour le péché une plus vive horreur que pour toutes les peines corporelles, elles les purifient entièrement de toute souillure. Quant à notre corps, il recevra lui-même en son temps la paix dans toute sa perfection, si notre esprit garde avec une fidélité inébranlable, sans la moindre altération, la paix que Notre-Seigneur a daigné nous donner par la foi.

11. Or, si l'Apôtre leur souhaite la grâce et la paix de la part de Dieu le Père et de Notre-Seigneur Jésus-Christ sans y joindre l'Esprit saint, la seule raison à mon avis, c'est qu'il veut nous faire comprendre que le don de Dieu n'est autre que l'Esprit saint lui-même. La grâce qui nous délivre de nos péchés et la paix qui nous réconcilie avec Dieu ne peuvent donc en aucune manière être données aux hommes que par l'Esprit saint. Aussi la trinité des personnes et l'immuable unité se trouvent-elles exprimées dans cette salutation. Et en voici, selon moi, la principale raison : A l'exception de l'Épître aux Hébreux, où l'Apôtre a omis à dessein, dit-on, cette salutation, de peur que les Juifs qui le décriaient avec acharnement, irrités à la vue de son nom, ne vinssent à lire dans un esprit hostile ou même à ne pas lire du tout cette Epître qu'il avait écrite pour leur salut, (ce qui a fait que quelques-uns ont hésité à recevoir cette Épître dans le canon des Écritures); quoiqu'il en soit de cette question, à l'exception de cette Epître, toutes les autres, qui de l'aveu de toutes les Eglises sont incontestablement de l'apôtre saint Paul, sont précédées de cette salutation, avec cette différence que dans les deux Epîtres à Timothée, saint Paul interpose le nom de miséricorde. « Que Dieu notre Père et Notre-Seigneur Jésus-Christ, lui dit-il, vous donnent la grâce, la miséricorde et la paix. » (I *Tim.*, i, 2; II *Tim.*, i, 2.) Le style plus familier et par là même plus affec-

---

quod expectat eos qui hoc tempore corrigi nolunt. Dicit enim et alibi Petrus : « Propter hoc enim et mortuis evangelizatum est, ut judicentur quidem secundum hominem in carne, vivant autem secundum Deum in spiritu. » (I *Pet.*, iv, 6.) Hoc dixi, ut ostenderem quantum possem, et quantum opportunitas præsentis loci Scripturarum sinit, non sic accipiendam gratiam et pacem Dei, cum dicitur, ut existiment homines a justitia Deum posse discedere. Nam et ipsam pacem cum promitteret Dominus, ait : Hæc dixi, ut in me pacem habeatis, in mundo autem pressuram. (*Joan.*, xvi, 33.) Sed tribulationes et molestiæ cum per justitiam Dei redduntur peccatis, bonos et justos, et quibus jam plus peccata ipsa displicent quam ulla corporis pœna, non reflectunt ad peccandum, sed ab omni labe penitus purgant. Pax enim perfecta etiam corporis suo tempore (*a*) dabitur, si nunc pacem quam Dominus per fidem dare dignatus est, inconcusse spiritus noster atque incommutabiliter teneat.

11. Quod autem Apostolus gratiam et pacem a Deo Patre et Domino nostro Jesu Christo dicit, non adjungens etiam Spiritum sanctum; non mihi alia ratio videtur, nisi quia ipsum donum Dei Spiritum sanctum intelligamus : gratia porro et pax, quid aliud est quam donum Dei ? Unde nullo modo dari hominibus gratia potest qua liberamur a peccatis, et pax qua reconciliamur Deo, nisi in Spiritu sancto. Et ideo ipsa Trinitas pariterque incommutabilis unitas in ista salutatione cognoscitur. Quod propterea maxime credo, quoniam excepta Epistola quam ad Hebræos scripsit, ubi principium salutatorium de industria dicitur omisisse, ne Judæi qui adversus eum pugnaciter oblatrabant, nomine ejus offensi vel inimico animo legerent, vel omnino legere non curarent, quod ad eorum salutem scripserat : unde nonnulli eam in canonem Scripturarum recipere timuerunt : sed quoquo modo se habeat ista quæstio, excepta hac Epistola, cæteræ omnes quæ nulla dubitante Ecclesia Pauli apostoli esse firmantur, talem continent salutationem : nisi quod ad Timotheum in utraque interponit misericordiam. Nam ita scribit :

(*a*) Sic Vaticanus Ms. At editi *roborabitur*.

tueux de cette Epître, explique l'addition de ce mot, qui établit d'ailleurs et prouve jusqu'à l'évidence que ce n'est point en vertu de nos œuvres précédentes, mais par un effet de la miséricorde de Dieu, que l'Esprit saint nous est donné pour effacer nos péchés qui nous séparaient de Dieu, et nous donner le bienfait de la réconciliation qui nous attache inviolablement à lui.

12. Toutes les autres Epîtres des apôtres que la tradition de l'Eglise reçoit comme authentiques, rendent également dès leur exorde un témoignage éclatant à cette auguste Trinité. Pierre commence ainsi sa première Epître : « Que la grâce et la paix se multiplient sur vous. » (I *Pier.*, I, 2, 3.) Et il ajoute aussitôt : « Béni soit le Dieu et le Père de Notre-Seigneur Jésus-Christ. » Après avoir désigné le Saint-Esprit par la grâce et la paix, il nomme expressément le Père et le Fils pour nous rappeler la Trinité tout entière. Dans sa deuxième Epître il dit encore : « Que la grâce et la paix soient accomplies en vous par la connaissance de Dieu et de Jésus-Christ Notre-Seigneur. » (II *Pier.*, I, 2.) Saint Jean, je ne sais pour quelle raison, commence son Epître d'une manière différente; cependant il n'a pas omis de faire mention de la Trinité, en remplaçant la grâce et la paix par le mot de société : « Nous vous annonçons ce que nous avons vu, afin que vous entriez avec nous dans la même société, et que notre société soit avec le Père et avec son Fils Jésus-Christ. » (I *Jean*, I, 3.) Dans sa seconde Epître il s'exprime dans les mêmes termes que saint Paul dans une de ses Epîtres à Timothée : « Que Dieu le Père, et Jésus-Christ, Fils du Père, vous donnent la grâce, la miséricorde et la paix. » (II *Jean*, I, 3.) En commençant sa troisième Epître, il ne dit rien absolument de la Trinité, par la raison, ce me semble, qu'elle est excessivement courte. En effet, il commence en ces termes : « Le vieillard, au très-cher Gaïus que j'aime dans la vérité. » (III *Jean*, I.) Or, je crois que la vérité est mise ici pour la Trinité. Saint Jude, après avoir nommé expressément Dieu le Père et Notre-Seigneur Jésus-Christ, emploie ces trois mots pour désigner l'Esprit saint, c'est-à-dire le don de Dieu : « Jude, serviteur de Jésus-Christ et frère de Jacques, à ceux qui sont aimés de Dieu le Père, et que Jésus-Christ a conservés et appelés ; que la miséricorde, et la paix et la charité abondent en vous. » (*Jud.*, I, 1.) On ne peut, en effet, concevoir la grâce et la paix sans la miséricorde et la charité. Saint Jacques adopte en commençant son Epître la formule la plus usitée : « Jacques, serviteur de Dieu et de Notre-Seigneur Jésus-Christ, aux douze tribus qui sont dispersées, salut! » (*Jacq.*, I, 1.) Dans sa pensée, si je ne me trompe, le salut ne pouvait exister sans le don de Dieu, inséparable de la grâce et

---

Gratia, misericordia, pax a Deo Patre, et Jesu Christo Domino nostro. (I *Tim.*, I, 2 ; II *Tim.*, I, 2.) Quo enim familiarius, eo dulcius quodammodo scribens ad Timotheum, id verbum interposuit, quo plane aperitur atque ostenditur, non meritis operum priorum, sed secundum misericordiam Dei nobis dari Spiritum sanctum, ut et peccatorum abolitio fiat, quibus sejungebamur a Deo; et reconciliatio, ut illi inhæreamus.

12. Nec aliæ Apostolorum epistolæ, quas usus ecclesiasticus recipit, parum nos admonent de ista Trinitate in principiis suis. Nam Petrus ita dicit : Gratia vobis et pax adimpleatur. Deinde statim subjicit : Benedictus Deus et Pater Domini nostri Jesu Christi. (I *Petr.*, I, 2, 3.) Ut per gratiam et pacem Spiritu sancto intellecto, Patris et Filii commemoratio animum de Trinitate commoneat. Et in alia sic ait : Gratia vobis et pax multiplicetur in recognitione Dei et Christi Jesu Domini nostri. (II *Petr.*, I, 2.) Joannes autem nescio quam ob causam omisit tale principium; sed plane Trinitatis commemorationem nec ipse neglexit, pro gratia et pace, societatem interponens : Quod ergo vidimus, inquit, nuntiamus et vobis, ut et vos societatem habeatis nobiscum, et societas nostra sit cum Patre et Filio ejus Jesu Christo. (I *Joan.*, I, 3.) In secunda vero illis quæ ad Timotheum sunt consonat, dicens : « Sit vobiscum gratia, misericordia, pax, a Deo Patre et Jesu Christo Filio Patris. » (II *Joan.*, I, 3.) In tertiæ principio de Trinitate penitus tacetur, credo, quod sit omnino brevissima. Sic enim incipit : Senior Gaio dilectissimo, quem ego diligo in veritate. (III *Joan.*, I, 1.) Quam veritatem pro ipsa Trinitate positam puto. Judas nominato Deo Patre et Domino Jesu Christo, ad intelligendum Spiritum sanctum, hoc est donum Dei, tria verba ponit : sic quippe incipit : « Judas Jesu Christi servus, frater autem Jacobi, in Deo Patre dilectis, et Jesu Christo conservatis et vocatis, misericordia vobis, et pax, et caritas adimpleatur. » (*Jud.*, I, 1.) Gratia enim et pax sine misericordia et caritate intelligi non potest. Jacobus autem usitatissimum exordium fecit epistolæ, ita scribens : « Jacobus Dei et Domini nostri

de la paix. Avant de prononcer le mot de salut, il a bien, il est vrai, fait mention expresse de Dieu et de Notre-Seigneur Jésus-Christ ; mais comme les hommes ne sont sauvés par aucune grâce, par aucune paix qui ne vienne de Dieu le Père et de Notre-Seigneur Jésus-Christ, il emploie ici, ce me semble, le mot de salut pour désigner la Trinité dans le même sens que saint Jean a fait usage du mot de vérité.

13. Je ne crois pas devoir passer ici sous silence un fait que notre père Valère (1) a remarqué avec admiration dans la conversation de certains paysans. Tous deux s'étant abordés en se disant : « Salut, » l'un demanda à l'autre qui connaissait la langue latine et la langue punique, ce que signifiait le mot salut ; trois choses, lui fut-il répondu. Le saint évêque reconnaissant avec joie que notre mot salut signifiait la Trinité, ne regarda pas comme un effet du hasard cette analogie des deux langues, mais l'attribua à un effet secret de la divine Providence, en vertu de laquelle le mot latin *salus*, salut, a pour les Carthaginois le sens de *trois*, de même que le mot punique trois signifie *salut* pour les latins. Voyez cette Chananéenne, c'est-à-dire cette femme carthaginoise, qui, sortie des confins de Tyr et de Sidon, est dans l'Evangile le symbole de la Gentilité ; elle demandait le salut de sa fille, et le Seigneur lui répond : « Il n'est pas bon de jeter aux chiens le pain des enfants. » (*Matth.*, xv, 26.) Elle ne repousse point ce reproche humiliant ; elle espère que l'aveu de ses fautes lui obtiendra le salut de sa fille, c'est-à-dire de sa nouvelle vie : « Il est vrai, Seigneur, lui dit-elle, mais les petits chiens mangent les miettes qui tombent de la table de leurs maîtres ; » car dans la langue de cette femme, qui était chananéenne, le mot salut signifiait *trois*. Ainsi demandez à nos paysans ce qu'ils sont, ils vous répondront en langue punique : *Chanani*, chananens, c'est-à-dire chananéens, sauf une lettre qu'ils suppriment comme il arrive en pareil cas. Donc en implorant le salut, cette femme implorait la Trinité ; car la langue romaine, dont le mot *salus*, salut, signifie Trinité dans la langue carthaginoise, était la langue principale des Gentils à l'avènement du Seigneur, et nous avons dit que cette Chananéenne était le symbole de la Gentilité. D'ailleurs, en appelant pain ce que demandait cette femme, Notre-Seigneur rendait témoignage à la Trinité. En effet, dans un autre endroit il enseigne on ne peut plus clairement que sous la figure de trois pains il faut entendre cette même Trinité. Cependant que cette analogie de mots vienne d'un effet du hasard ou d'un dessein formel de

(1) Valère, évêque d'Hippone.

Jesu Christi servus, duodecim tribubus quæ sunt in dispersione salutem. » (*Jacob.*, i, 1.) Credo, considerans salutem non esse nisi in (*a*) dono Dei, ubi gratia et pax. Et quanquam ante hoc verbum nominaverit Deum et Dominum nostrum Jesum Christum : tamen quia nulla gratia et nulla pace salvi fiunt homines, nisi quæ est a Deo Patre et Domino Jesu Christo, sicut Joannes in tertia veritatem, sic iste salutem pro ipsa Trinitate posuisse mihi videtur.

13. Quo loco prorsus non arbitror prætereundum, quod pater Valerius animadvertit admirans in quorumdam rusticanorum collocutione. Cum enim alter alteri dixisset : « Salus, » quæsivit ab eo qui et Latine nosset et Punice, quid esset « Salus » : responsum est : « Tria. » Tum ille agnoscens cum gaudio salutem nostram esse Trinitatem, convenientiam linguarum non fortuitu sic sonuisse arbitratus est, sed occultissima dispensatione divinæ providentiæ : ut cum Latine nominatur « Salus, » a Punicis intelligantur « Tria ; » et cum Punici lingua sua « Tria » nominant, Latine intelligatur « Salus. » Chananæa enim, hoc est, Punica mulier, de finibus Tyri et Sidonis egressa, quæ in Evangelio personam Gentium gerit, salutem petebat filiæ suæ, cui responsum est a Domino : Non est bonum panem filiorum mittere canibus. (*Matth.*, xv, 26.) Quod crimen objectum illa non negans, tanquam de confessione peccatorum impetratura salutem filiæ, hoc est novæ vitæ suæ : « Ita, inquit, Domine, nam et canes edunt de micis quæ cadunt de mensa dominorum suorum. » « Tria » enim mulieris lingua « Salus » vocantur : erat enim Chananæa. Unde interrogati rustici nostri quid sint, Punice respondentes « Chanani, » corrupta scilicet, sicut in talibus solet, una littera, quid aliud respondent quam Chananæi ? Petens itaque salutem, Trinitatem petebat : quia et Romana lingua, quæ in salutis nomine Trinitatem Punice sonat, caput Gentium inventa est in adventu Domini : et diximus, Chananæam mulierem, Gentium sustinere personam. Panem autem appellans Dominus id ipsum quod a muliere petebatur, quid aliud quam Trinitati attestatur ? Namque alio loco eamdem Trinitatem in tribus panibus intelligendam esse, apertissime docet. Sed hæc verborum consonantia, sive provenerit, sive

(*a*) Vaticanus Ms. *in domo Dei*.

la Providence, il ne faut pas vouloir l'imposer opiniâtrement à tous, mais ne le faire qu'autant que la bonne disposition de l'auditeur se prête au tour ingénieux que donne l'interprète à cette explication.

14. Voici une vérité bien digne assurément de toute notre attention et de tous les efforts de notre piété. Si les expressions de grâce et de paix que l'Apôtre emploie pour compléter le souvenir de la Trinité ont la même force que s'il avait nommé expressément l'Esprit saint, c'est pécher contre ce divin Esprit que de se laisser aller au désespoir, que de tourner en dérision ou mépriser la prédication de la grâce qui efface les péchés, et de la paix qui nous réconcilie avec Dieu; que de refuser de faire pénitence de ses péchés, en formant la résolution de continuer à en goûter la douceur impie et mortelle et en y persévérant jusqu'à la fin. Il ne faut donc pas écouter avec négligence cet enseignement du Seigneur, que si un homme parle contre le Fils de l'homme, il lui sera remis, mais s'il parle contre le Saint-Esprit, il ne lui sera remis ni dans ce siècle ni dans le siècle à venir, et son péché demeurera éternellement. (*Matth.*, XII, 32; *Luc*, XII, 10.) Supposons, en effet, un homme qui ne connaît point la langue latine; on prononce devant lui le nom du Saint-Esprit, il demande ce que signifie cette réunion de syllabes; un trompeur ou un impie qui veut se moquer de lui donne à ce nom une signification vile et méprisable pour l'induire en erreur, comme ces sortes de gens ont coutume de faire, sous prétexte de s'égayer. Or, que cet homme par suite de son ignorance fasse de ce nom dont il ignore le véritable sens l'objet de ses mépris ou même de ses outrages, nul, je crois, ne sera ni assez léger ni assez irréfléchi pour l'accuser du moindre crime d'impiété. Au contraire, sans exprimer ce nom, on se sert de termes en rapport avec son intelligence et qui lui font assez entendre qu'il est question de l'Esprit saint; s'il parle ou s'il agit contre cette sainteté infinie, il sera nécessairement coupable. Ainsi donc je regarde comme une vérité évidente, que celui qui, entendant prononcer le nom du Saint-Esprit et lui donnant une signification toute différente, profère contre ce nom une parole injurieuse, ne commet point un péché qu'on puisse appeler une parole contre l'Esprit saint. De même encore un homme demande ce que c'est que l'Esprit saint, un ignorant lui répond que c'est le Fils de Dieu par qui toutes choses ont été faites, qui dans le temps marqué par la sagesse divine est né d'une vierge, a été mis à mort par les Juifs, est ressuscité; il nie ou il tourne en dérision ce qu'il vient d'entendre; on ne doit point le regarder comme coupable d'avoir parlé contre l'Esprit saint, mais

---

provisa sit, non pugnaciter agendum est, ut ei quisque consentiat, sed quantum interpretantis elegantiam hilaritas audientis admittit.

14. Illud sane magna intentione animi considerandum, et totis viribus pietatis amplectendum satis apparet, quoniam sic gratia et pax ad implendam Trinitatis commemorationem sic ab Apostolo ponitur, ac si Spiritum sanctum nominasset : ille peccat in Spiritum sanctum, qui desperans, vel irridens atque contemnens prædicationem gratiæ per quam peccata diluuntur, et pacis per quam reconciliamur Deo, detrectat agere pœnitentiam de peccatis suis, et in eorum impia atque mortifera quadam suavitate perdurandum sibi esse decernit, et in illum usque perdurat. Quod ergo ait Dominus, dimitti homini, si verbum dixerit adversus filium hominis : si autem verbum dixerit adversus Spiritum sanctum, non i dimitti, neque hic, neque in futuro sæculo (*Matth.*, XII, 32; *Luc.*, XII, 10), sed reum esse æterni peccati, non negligenter audiendum est. Constituamus enim aliquem Latinæ linguæ ignarum, cum illo audiente pronuntiatus fuerit ab aliquo Spiritus sanctus, quærere quid rerum significetur sub isto syllabarum sono : ab aliquo autem deceptore vel irrisore impio responderi aliquid aliud, quodlibet vile et abjectum, ut quærentem decipiat, sicuti a talibus fieri solet ridendi gratia : illum autem per ignorantiam contempsisse hoc nomen, dum nescit quid significet, et aliqua etiam in hoc convicia jactitasse : neminem esse arbitror tam vanum et inconsideratum, qui hunc hominem ullo crimine impietatis aspergat. At contra, si tacito nomine res ipsa verbis quibus potest ad quærentis intelligentiam perducatur, tum vero contumeliose in tantam sanctitatem vel verba vel facta protulerit, reus tenebitur. Quæ cum ita sint, manifestum esse arbitror, eum qui hoc nomine audito, aliam pro alia rem significari putaverit, et adversus eam rem quam significari hoc nomine credidit, verbum dixerit : non hunc sic peccare, ut adversus Spiritum sanctum verbum dixisse judicetur. Ita quoque si quisquam quærens quid sit Spiritus sanctus, audiat ab imperito, hunc esse Filium Dei per quem facta sunt omnia, qui etiam certa opportunitate temporis de virgine natus sit, et occisus sit a Judæis, et resurrexerit, quibus auditis vel neget vel irrideat quæ dicta sunt : non cum sic teneri putandum est,

bien plutôt contre le Fils de Dieu ou le fils de l'homme, puisqu'il a daigné en prendre le nom et la nature. Il faut donc considérer ici, non point l'expression dont on s'est servi à l'égard de cet ignorant, mais la signification qu'on a voulu y attacher. Car celui qui prononçait contre ce nom des paroles injurieuses, avait l'intention d'outrager celui que cette expression rendait présent à son esprit. Quel que soit donc le terme qu'on emploie, toute la question se réduit à savoir si la chose qu'il signifie doit être un objet de vénération, de négation ou de mépris. De même encore, un homme demande ce que c'est que Jésus-Christ; et à cette question on fait une réponse qui se rapporte non pas au Fils de Dieu, mais bien plutôt à l'Esprit saint, et cette réponse il ne l'accueille que par des blasphèmes, il est évident qu'il sera coupable d'avoir parlé non contre le Fils de Dieu, mais contre l'Esprit saint.

15. Mais si nous ne donnons qu'une attention transitoire et légère à ces paroles : « Si quelqu'un parle contre le Saint-Esprit, il ne lui sera remis ni dans ce siècle, ni dans le siècle à venir, » pourrons-nous trouver un seul homme à qui Dieu ait accordé le pardon de ses péchés? En effet, ceux qu'on nomme païens, au défaut des tourments et des supplices qu'ils ne peuvent plus employer, poursuivent de leurs malédictions et de leurs outrages tous les dogmes de notre religion, et tout ce que nous enseignons sur l'auguste Trinité devient l'objet de leurs négations et de leurs blasphèmes. Car ils ne font pas exception pour l'Esprit saint en l'entourant de leurs respects pour attaquer avec plus de liberté les autres vérités, ils se déchaînent avec une fureur impie contre tout ce que nous enseignons avec une vigilante sollicitude sur les trois augustes personnes de la Trinité. Ils n'ont pas même de Dieu le Père des pensées dignes de sa majesté; les uns nient absolument son existence, les autres la reconnaissent, mais avec un si grand mélange d'idées fausses que ce n'est plus Dieu, mais leurs propres inventions qu'ils adorent. A plus forte raison ont-ils mieux aimé suivant leur coutume impie tourner en dérision ce que nous enseignons sur le Fils de Dieu et sur l'Esprit saint que de se joindre à nous pour leur offrir l'hommage d'une piété sincère. Cependant nous les exhortons avec tout le zèle dont nous sommes capables à s'appliquer à connaître Jésus-Christ et par lui Dieu le Père; nous les engageons à combattre sous les ordres de ce roi souverain et véritable, et nous les invitons à embrasser la foi en leur promettant le pardon de tous leurs péchés passés. En leur parlant de la sorte nous reconnaissons que tout ce qu'ils ont pu dire contre l'Esprit saint par suite de leurs erreurs sacrilèges leur est indubitablement pardonné lorsqu'ils sont devenus chrétiens. Quant aux Juifs, nous savons combien ils étaient op-

---

ac si verbum adversus Spiritum sanctum dixerit; sed potius adversus Filium Dei, vel filium hominis, sicut et vocari et esse dignatus est. Non enim quid sit imperito per vocem propositum, sed per rationem expositum, considerandum est. Quia ille cum maledicta proferret, ei utique maledicebat, quem sibi enarratum in cogitatione intuebatur. Quodlibet autem vocaretur, utrum res ipsa veneranda, an neganda, vel vituperanda esset, hoc quæritur. Hoc modo etiam si quispiam quærat quis sit Jesus Christus; et ea quærenti respondeantur quæ non in Filium Dei, sed potius in Spiritum sanctum conveniunt, quibus auditis ille blasphemet : non utique adversus Filium, sed adversus Spiritum sanctum verbum dixisse tenebitur.

15. Sed si transitorie ac negligenter attenderimus quod dictum est : Si quis verbum dixerit adversus Spiritum sanctum, non remittetur ei, neque in hoc sæculo, neque in futuro : quis inveniri poterit cui veniam peccatorum dederit Deus? Nam et Pagani qui appellantur, etiam nunc totam nostram religionem, quia jam ferro et cædibus prohibentur, maledictis contumeliisque insectantur; et quidquid de ipsa Trinitate dicimus, negando et blasphemando contemnunt. Non enim excipiunt sibi Spiritum sanctum quem venerentur, ut in cætera sæviant : sed simul adversus omnia quæcumque sollicite de trina Dei majestate loquimur, quanto possunt furore impietatis oblatrant. Nam neque de ipso Deo Patre digna sentiunt, quem partim penitus negant, partim sic fatentur, ut de illo falsa fingendo, non utique illum, sed sua figmenta venerentur. Multo magis ergo quod de Filio Dei, vel de Spiritu sancto dicimus, suo impio more deridere, quam nostra pia societate colere maluerunt. Quos tamen, quantum possumus, adhortamur ad Christum cognoscendum, et per ipsum Patrem Deum, summoque et vero Imperatori militandum esse suademus; eosque promissa impunitate præteritorum omnium peccatorum invitamus ad fidem. Qua in re satis judicamus, etiam si quid adversus Spiritum sanctum in sua sacrilega superstitione dixerunt, cum Christiani facti fuerint,

posés à l'Esprit saint par le témoignage de saint Etienne, qu'ils lapidèrent, lui qui était plein du Saint-Esprit et qui ne leur reprochait que tout ce que ce divin Esprit lui inspirait. Aussi leur dit-il en termes on ne peut plus clairs : « Vous avez toujours résisté à l'Esprit saint. » Cependant au nombre de ces Juifs qui résistaient à l'Esprit saint et qui ne lapidaient Etienne que parce qu'il était comme un temple rempli de l'Esprit saint se trouvait l'apôtre saint Paul. Il était comme dans les mains de tous ceux dont il gardait les vêtements, ce dont il s'accuse amèrement après sa conversion, lorsqu'il était lui-même rempli du Saint-Esprit auquel il opposait alors la résistance la plus insensée, et qu'il était prêt à mourir pour cette même doctrine dont il avait lapidé le prédicateur. Que dirons-nous des Samaritains? Ne poussent-ils pas l'opposition à l'Esprit saint jusqu'à vouloir anéantir entièrement les prophéties faites par son inspiration? Cependant Notre-Seigneur déclare qu'ils peuvent être sauvés lorsqu'il fait l'éloge de ce lépreux qui, tout Samaritain qu'il était, des dix que le Sauveur avait guéris fût le seul pour venir lui rendre grâces; ou encore lorsqu'il s'entretient soit avec cette femme qu'il rencontre près d'un puits à la sixième heure, soit avec ceux qui crurent en lui par son entremise. Après l'ascension de Notre-Seigneur, quelle joie pour tous les saints lorsque la Samarie reçut la parole de Dieu? L'apôtre saint Pierre reproche à Simon le magicien l'idée sacrilège qu'il s'est faite de l'Esprit saint, cependant il ne désespère point de lui au point de ne lui laisser aucun moyen d'obtenir son pardon, car il l'invite avec bonté à se repentir. Voyez enfin l'Eglise catholique, dont l'autorité est si grande sur la terre, cette Eglise qui, par le don de l'Esprit saint, s'étend si heureusement par tout l'univers comme la mère de tous les saints, à quel hérétique, à quel schismatique a-t-elle jamais ôté l'espoir de sa délivrance s'il consent à revenir de ses erreurs? A qui a-t-elle refusé le moyen d'apaiser la colère de Dieu? Ne rappelle-t-elle point par ses larmes à rentrer dans son sein tous ceux qui l'ont abandonnée avec un orgueilleux dédain? Cependant peut-on en trouver un seul, soit parmi les chefs des hérétiques, soit parmi les simples brebis qui ne soit opposé à l'Esprit saint? A moins qu'on ne pousse la perversité jusqu'à regarder comme coupable celui qui parle contre l'Esprit saint et à déclarer innocent celui qui ne cesse d'agir contre lui. Or, ceux qui se déclarent si ouvertement contre l'Esprit saint ne sont-ils point, par leurs orgueilleuses disputes, les plus violents ennemis de la paix de l'Eglise? Et à n'examiner que les paroles, je vous le demande, ne disent-ils rien contre l'Esprit saint ceux qui

---

sine ulla caligine dubitationis ignosci. Judæi vero quales adversus Spiritum sanctum fuerint, testis est Stephanus, quem ipso Spiritu sancto plenum lapidaverunt, cum illa omnia quæ in eos dixit, ipse Spiritus dixerit. In quibus verbis apertissime dictum est Judæis : Vos semper restitistis Spiritui sancto. (*Act.*, vii, 51.) In illo tamen numero Judæorum resistentium Spiritui sancto, et non ob aliud Stephanum vas ejus, nisi quod ipse eo plenus erat, lapidantium, etiam Paulus apostolus erat, in manibus omnium quorum vestimenta servabat : quod ipse sibi postea etiam pœnitendo increpitat, eo ipso Spiritu jam plenissimus, cui primo inanissimus resistebat, et paratus jam lapidari pro talibus dictis, qualium prædicatorem ipse lapidaverat. Quid Samaritani, nonne ita Spiritui sancto adversantur, ut ipsam prophetiam penitus conentur extinguere, quæ per Spiritum sanctum ministrata est? Quorum tamen saluti et ipse Dominus attestatur, in eo qui de decem leprosis mundatis solus reversus est ut ageret gratias, cum esset Samaritanus (*Luc.*, xvii, 15); et in illa muliere, cum qua ad puteum sexta hora locutus est, vel eis qui per illam crediderunt. (*Joan.*, iv, 7.) Post Dominum autem ascensionem, sicut in Actibus Apostolorum scriptum est, quanta gratulatione sanctorum recipit Samaria verbum Dei? (*Act.*, viii, 9.) Simonem quoque magum arguens Petrus apostolus, quod tam male de Spiritu sancto senserit, ut cum venalem putans pecunia sibi emendum poposcerit; non tamen ita de illo desperavit, ut veniæ locum nullum relinqueret : nam benigne etiam ut cum pœniteret admonuit. Ipsa denique catholicæ Ecclesiæ tam insignis auctoritas, quæ in eodem dono Spiritus sancti omnium sanctorum mater toto secunda orbe diffunditur, cui unquam hæretico vel schismatico spem liberationis, si se corrigat, amputavit? cui placandi Dei aditum clausit? Nonne omnes ad ubera sua, quæ superbo fastidio reliquerunt, cum lacrymis revocat? Quis vero vel de principibus, vel de gregibus hæreticorum invenitur, qui non adversetur Spiritui sancto? Nisi forte quisquam tam perverse sentit, ut arbitretur eum teneri reum, qui adversus Spiritum sanctum aliquid dixerit; eum vero qui adversus Spiritum sanctum multa fecerit, non teneri. Qui autem tanta evidentia contra Spiritum sanctum pugnant, quam illi qui adversus Ecclesiæ pacem superbissimis con-

refusent absolument de lui reconnaître une existence propre et personnelle et prétendent que l'unité de Dieu exige que le Père, le Fils, le Saint-Esprit soient une seule et même personne? Les autres confessent l'existence de l'Esprit saint, mais ils nient ou son égalité avec Dieu, ou sa nature divine. D'autres encore avouent qu'il n'y a dans la Trinité qu'une seule et même nature, mais ils se forment de la nature divine des idées si impies, qu'ils la soumettent au changement et à la corruption, et qu'ils enseignent suivant leurs inventions sacriléges que l'Esprit saint que Notre-Seigneur a promis d'envoyer à ses disciples n'est point venu cinquante jours après sa résurrection, comme l'attestent les Actes des Apôtres (Act., II, 1), mais trois cents ans plus tard, dans la personne d'un homme. Ceux-ci nient également cet avénement qui fait l'objet de notre foi et soutiennent qu'il s'est choisi dans la Phrygie des prophètes par lesquels il voulait, tant de temps après, parler aux hommes. Ceux-là anéantissent comme d'un souffle ses sacrements et n'hésitent pas à baptiser de nouveau ceux qui ont déjà été baptisés au nom du Père, et du Fils, et du Saint-Esprit. Mais pour ne point m'étendre davantage et continuer une énumération presque sans fin, si tous ceux dont je viens de parler sommairement, autant que le temps me l'a permis, reviennent à l'épouse de Jésus-Christ et condamnent par un repentir sincère leurs erreurs et leur impiété, aucune loi de la discipline catholique ne leur refuse la paix de l'Eglise et ne leur ferme les entrailles de la miséricorde.

16. On me dira peut-être que le péché contre l'Esprit saint est celui qui est commis par un homme qui a reçu par le baptême la rémission de ses péchés; mais même alors on doit se rappeler que la sainte Eglise ne refuse point le pardon au pécheur repentant. Serait-il indigne de ce pardon parce qu'ayant reçu la grâce de la foi et les sacrements des fidèles, il ne peut plus dire qu'il a péché par ignorance? Mais ce sont deux choses toutes différentes de dire qu'il ne peut obtenir son pardon parce qu'il a péché dans un temps où il ne pouvait prétexter son ignorance, et de dire qu'il en est indigne parce qu'il a prononcé une parole contre l'Esprit saint. En effet, si l'ignorance seule mérite le pardon, et que cette ignorance ne puisse être admise que pour le temps qui a précédé le baptême, ce n'est plus seulement la parole dite contre l'Esprit saint, mais la parole contre le Fils de l'homme après le baptême, mais encore la fornication, l'homicide, et tout autre crime ou attentat dont un chrétien se souille qui ne peuvent être effacés par le repentir. Ceux qui ont soutenu ce sentiment ont été exclus de la communion ca-

---

tentionibus sæviunt? Sed si de verbis quæstio est, quæro utrum nihil dicant adversus Spiritum sanctum, cum alii eum, quod ad ipsum proprie pertinet, omnino ne esse asseverent; sed ita esse unum Deum, ut idem ipse Pater, idem ipse Filius, idem ipse Spiritus sanctus appelletur. Alii fateantur quidem esse Spiritum sanctum; sed æqualem Filio, vel omnino esse Deum negent. Alii unam quidem et eamdem Trinitatis substantiam esse fateantur, sed de ipsa divina substantia tam impie sentiant, ut eam commutabilem et corruptibilem putent; ipsumque Spiritum sanctum, quem Dominus discipulis se missurum esse promisit, non quinquagesimo die post ejus resurrectionem, sicut Apostolorum Acta testantur, sed post trecentos fere annos per hominem venisse confingant. (Act., II, 1.) Alii similiter adventum ejus, quem tenemus, negent; et eum Prophetas in Phrygia, per quos tanto post loqueretur, elegisse contendant. Alii sacramenta ejus exsufflent, et baptizatos in nomine Patris, et Filii, et Spiritus sancti, denuo baptizare non dubitent. Sed ne pergam per singula, quæ sunt innumerabilia, his certe omnibus quos pro tempore breviter attigi, ad sponsam Christi redeuntibus, et errorem atque impietatem pœnitendo damnantibus, nulla catholica disciplina negandam Ecclesiæ pacem, et claudenda viscera misericordiæ judicavit.

16. Quod si quisquam tunc putat verbum dici adversus Spiritum sanctum, cum ab eo dicitur cui jam per baptismum dimissa sunt peccata: attendat nec talibus per Ecclesiæ sanctitatem auferri pœnitentiæ locum. Si enim propterea credit non dari veniam ei, quia gratia fidei sacramentisque fidelium jam perceptis non potest dici peccasse ignorantia: videat aliam causam esse, cum dicitur propterea non ignosci, quia non ignorantiæ tempore peccatum est; et aliam causam esse, cum dicitur propterea non ignosci, quia verbum dixit adversus Spiritum sanctum. Si enim sola ignorantia veniam meretur, et ignorantia non accipitur nisi antequam quisque fuerit baptizatus; non solum si adversus Spiritum sanctum, sed etiam si adversus filium hominis post baptismum dixerit verbum; et omnino si qua fornicatione, vel homicidio, vel ullo flagitio, aut facinore post baptismum sese maculaverit, non potest pœnitendo curari. Quod qui senserunt exclusi sunt a com-

tholique, et l'Eglise a jugé que des âmes aussi cruelles ne pouvaient avoir part à la miséricorde divine. Dira-t-on que le pardon n'est refusé qu'à la parole seule dite contre l'Esprit saint par un chrétien baptisé? Je répondrai d'abord que Notre-Seigneur n'excepte ici aucun temps, mais qu'il dit en général : « Si quelqu'un profère une parole contre l'Esprit saint, elle ne lui sera remise ni dans ce siècle ni dans l'autre. » (*Matth.*, XII, 32 ; *Luc*, XII, 10.) J'ajoute que Simon le Magicien dont je viens de parler avait reçu le baptême lorsqu'il crut que l'Esprit saint pouvait être l'objet d'un abominable trafic, et cependant saint Pierre, après lui avoir reproché son crime, lui donna le conseil de faire pénitence. (*Act.*, VIII, 13.) Que dirons-nous encore de ceux qui, après avoir reçu le sacrement de baptême dans leur jeunesse, ou même dans leur première enfance, privés de toute éducation, mènent la vie la plus honteuse au milieu des ténèbres de l'ignorance? Ils ignorent absolument ce que commande, ce que défend la loi chrétienne ; ils ne connaissent ni ses promesses, ni ses menaces, ni ce qu'il faut croire, ni ce qu'il faut espérer, ni ce qu'il faut aimer. Oserons-nous dire que leurs péchés ne sont pas l'effet de l'ignorance, parce qu'ils les ont commis après le baptême, alors qu'en réalité leur ignorance est extrême, qu'ils ne savaient, comme on dit, où ils avaient la tête, qu'ils péchaient par suite d'un prodigieux égarement?

17. Or, si le péché commis sciemment est celui qui est commis avec la connaissance du mal qu'on fait, sans cependant qu'on s'en abstienne, pourquoi ce péché n'est-il irrémissible que lorsqu'il s'attaque à l'Esprit saint, et ne l'est-il plus lorsqu'il est commis contre Notre-Seigneur Jésus-Christ? Dira-t-on que le péché, que la parole contre l'Esprit saint, c'est tout péché commis sciemment, de sorte que tout péché commis par ignorance serait un péché contre le Fils de l'homme, et tout péché commis avec connaissance un péché contre l'Esprit saint? Mais alors, je le demande, qui ne sait que c'est un crime d'attenter à la pudeur de la femme d'autrui par cela seul qu'il ne voudrait pas que son épouse fût victime d'un semblable outrage? Qui ne voit un péché manifeste dans le commerce frauduleux, dans le mensonge qui trompe, dans le faux témoignage qui opprime, dans les piéges tendus au prochain pour s'emparer de son bien, ou pour lui donner la mort? et s'il s'aperçoit qu'on lui fait une chose qu'il ne veut pas qu'un autre lui fasse, hésite-t-il un seul instant à porter contre le coupable une accusation franche et déclarée? Si nous prétendons que ces crimes sont commis par des hommes qui ne savent pas ce qu'ils font, où trouver un péché qu'ils com-

---

munione catholica ; satisque judicatum est, eos in illa crudelitate, divinæ misericordiæ participes esse non posse. Si autem illud solum, quod adversus Spiritum sanctum dicitur, sine venia esse post acceptum baptismum putatur : primo Dominus cum inde loqueretur, nullum tempus excepit, sed regulariter ait : Qui dixerit verbum adversus Spiritum sanctum, non remittetur ei, neque in hoc sæculo, neque in futuro. (*Matth.*, XII, 32 ; *Luc.*, XII, 10.) Deinde Simon, quem paulo ante commemoravi, jam baptismum acceperat, cum Spiritum sanctum turpissimo mercatui subditum credidit : cui correpto a se Petrus tamen consilium pœnitendi dedit. (*Act.*, VIII, 13.) Quid autem de iis, qui cum baptismi sacramenta pueri vel etiam infantes perceperint, postea negligenter educati, per ignorantiæ tenebras vitam turpissimam ducunt, nescientes omnino quid Christiana disciplina jubeat aut vetet, quid polliceatur, et quid minetur, quid credendum, quid sperandum, quid diligendum sit ; num audebimus peccata eorum propterea non ignorantiæ deputare, quia baptizati peccaverunt, cum omnino ignorantes, et omnino, quemadmodum dicitur, ubi caput haberent nescientes, in magno errore peccaverint?

17. Quod si eo tempore cum scientia quisque peccasse dicatur, quo scit malum esse quod facit, et tamen facit ; cur hoc in Spiritum sanctum solum, non etiam in Dominum Jesum Christum irremissibile judicatur? Aut si hoc ipsum esse creditur peccare, vel verbum dicere adversus Spiritum sanctum, quodlibet peccatum cum scientia committere ; ut quidquid homines ignorando peccant, in Filium peccare ; quidquid autem facientes peccant, in Spiritum sanctum peccare judicentur : quæro quis nesciat malum esse, verbi gratia, corrumpere pudicitiam uxoris alienæ, vel eo ipso certe quod hoc in sua conjuge nollet perpeti ; aut fraudare quemquam in negotio, aut circumvenire mendacio, aut opprimere testimonii falsitate, aut auferendæ rei ejus causa insidiari, et occidere quempiam ; et si quid omnino est quod sibi ab altero fieri non vult, et si fieri senserit, toto corde indubitanter accusat? Aut si hæc ab ignorantibus fieri dicimus, quid invenimus in quo scientes homines peccare videantur? Restat ergo ut, si hoc est peccare in Spiritum sanctum, peccare cum scientia, illis

mettent en connaissance de cause? Si donc le péché contre l'Esprit saint, c'est le péché commis sciemment, il s'ensuit qu'il faut refuser le pardon à tous les pécheurs que je viens d'énumérer, car Notre-Seigneur a ôté tout espoir de pardon au péché contre l'Esprit saint; si au contraire la foi chrétienne rejette ce sentiment et ne cesse d'inviter à la pénitence tous ceux qui commettent ces crimes, il nous faut encore rechercher quel est le péché contre l'Esprit saint auquel tout pardon est refusé.

18. Dira-t-on qu'un homme pèche sans la connaissance suffisante lorsque tout en connaissant la malice du péché, il ignore cependant Dieu et sa volonté? C'est ce que paraît enseigner l'apôtre saint Paul lorsqu'il dit aux Hébreux : « Si nous péchons volontairement après avoir reçu la connaissance de la vérité, il ne nous reste plus de victime pour les péchés. » (*Hébr.*, x, 26.) Cette doctrine serait moins formelle si l'Apôtre s'était contenté de dire : « Si nous péchons volontairement, » sans ajouter : « Après avoir reçu la connaissance de la vérité, » connaissance où il faut voir celle de Dieu et sa volonté. Or, ce qu'il dit ici de la connaissance de la vérité semble se rapporter à cette maxime de Notre-Seigneur : « Le serviteur qui, ne connaissant pas la volonté de son maître, aura fait des actions dignes de châtiment, recevra moins de coups; mais celui qui a connu la volonté de son maître et qui ne l'a point exécutée sera frappé d'un grand nombre de coups. » (*Luc*, XII, 47.) Nous devons donc entendre ces paroles : « Il recevra moins de coups, » dans ce sens qu'après avoir été légèrement châtié, il obtiendra son pardon, tandis que ces autres : « Il recevra un grand nombre de coups, » désignent le supplice éternel dont il menace ceux qui pèchent contre l'Esprit saint, en leur déclarant que leur péché ne leur sera jamais remis; et d'après cette explication, pécher contre l'Esprit saint ce serait pécher après avoir connu la volonté de Dieu. Or, s'il en est ainsi, il nous faut examiner tout d'abord et préciser à quel moment on connaît la volonté de Dieu. Quelques-uns, en effet, ont connu cette volonté avant même d'avoir reçu le baptême. C'est ainsi que le centurion Corneille puisa cette connaissance dans les enseignements de l'apôtre saint Pierre avant même d'être baptisé, comme des prodiges manifestes l'attestèrent alors. (*Act.*, x, 1, etc.) Cependant loin de dédaigner ce sacrement, ce fut pour lui un motif de s'en approcher au plus tôt, et il ne voulut point tarder d'un seul instant de recevoir ces signes sacrés dont les effets s'étaient déjà produits dans son âme pour y trouver la connaissance parfaite de la vérité. Un grand nombre au contraire, même après avoir reçu le baptême, ne se mettent nullement en peine de connaître la volonté de Dieu. Aussi nous est-il absolument

---

peccatis quæ commemoravi negetur pœnitendi locus; quoniam peccato in Spiritum sanctum omnem spem veniæ Dominus amputavit : quod si regula Christiana respuit, omnesque illos qui sic peccant, ad correctionem vitæ vocare non cessat; adhuc quærendum est quid sit peccare in Spiritum sanctum, cui peccato venia nulla conceditur.

18. An forte non est dicendus cum scientia peccare, qui peccatum ipsum malum esse novit, et tamen Deum voluntatemque ejus ignorans peccat? Hoc enim videtur ad Hebræos dicere, cum dicit : Voluntarie enim peccantibus nobis postquam accepimus scientiam veritatis, non adhuc relinquitur pro peccatis sacrificium. (*Hebr.*, x, 26.) Parum enim erat, si tantum modo diceret: « Voluntarie peccantibus nobis, nisi adderet, postquam accepimus scientiam veritatis : in qua utique Deus voluntasque ejus cognoscitur. » Quæ scientia videtur congruere Dominicæ illi sententiæ, cum ait : « Servus ignorans voluntatem domini sui, et faciens digna plagis, vapulabit pauca, servus autem sciens voluntatem domini sui, et faciens digna plagis, vapulabit multa. » (*Luc.*, XII, 47.) Ut hoc putemus dictum esse, quod dictum est, vapulabit pauca, tanquam si diceret, leviter emendatus ad veniam pertinebit : in eo vero quod dictum est, vapulabit multa, sempiternum supplicium intelligatur, quod minatur peccantibus in Spiritum sanctum, quibus dicit nunquam posse dimitti peccatum : ut hoc sit peccare in Spiritum sanctum, cognita Dei voluntate peccare. Quod si ita est, cogitari oportet, et discuti prius quando cognoscatur voluntas Dei. Nonnulli enim et ante perceptum baptismi sacramentum cognoverunt eam. Nam et Cornelius Centurio voluntatem Dei utique apostolo Petro docente cognovit, et ipsum Spiritum sanctum manifestissimis coattestantibus signis, antequam baptizaretur, accepit (*Act.*, x, 1, etc.) : quanquam non ideo sacramenta illa contempserit, sed multo certius baptizatus sit; ut etiam ipsa sacro sancta signacula, quorum res in eo præcesserat, ad perficiendam scientiam veritatis percipere nullo modo moraretur. Multi autem nec post acceptum baptismum curant cognoscere vo-

impossible de dire ou de croire qu'un homme qui, avant son baptême, a péché avec la connaissance de la volonté de Dieu, ne trouve point dans le baptême qu'il reçoit le pardon de tous ses péchés, d'autant plus que l'abrégé de la volonté de Dieu dans l'enseignement donné aux fidèles consiste à aimer Dieu et son prochain, en sorte que toute la loi et les prophètes sont renfermées dans ces deux commandements. (*Matth.*, XXII, 40.) Or, Notre-Seigneur lui-même nous recommande d'aimer notre prochain et de comprendre dans cet amour tous les hommes, même nos ennemis. Nous voyons un grand nombre de chrétiens qui, après leur baptême, reconnaissent la vérité de cet enseignement et le vénèrent comme l'expression de la volonté du Seigneur. Mais dès qu'ils ont souffert quelqu'offense d'un de leurs ennemis, le désir de la vengeance les entraîne si violemment et le feu de la haine les enflamme avec tant d'ardeur que l'autorité et le témoignage de l'Evangile sont impuissants à les calmer. Les Eglises sont pleines de ces hommes qui ont reçu le baptême, et ceux qui sont spirituels ne cessent de les avertir fraternellement et de les instruire avec douceur (*Gal.*, VI, 1), afin qu'ils soient toujours prêts à s'opposer, à résister à ces tentations, et qu'ils mettent bien au-dessus du triste plaisir d'accabler leur ennemi celui de régner en paix avec Jésus-Christ. Or, ces efforts seraient inutiles si la pénitence n'avait aucun remède pour ces sortes de péchés. Que ceux qui soutiennent ce sentiment se gardent toutefois d'affirmer que David, ce patriarche que Dieu lui-même avait choisi et qu'il jugea digne de ses louanges, ait ignoré la volonté de Dieu lorsqu'épris d'amour pour la femme de son prochain, il prit tous les moyens de tromper son mari et ensuite de le mettre à mort. (II *Rois*, XI, 2; XII, 1.) Et cependant après qu'il se fut condamné lui-même pour ce crime et qu'il l'eut été par la voix du prophète, l'humilité de son repentir et l'aveu de son péché lui en obtinrent le pardon. Il fut toutefois châtié avec rigueur, et son exemple nous apprend à ne point appliquer aux peines éternelles, mais à un châtiment temporel plus sévère ces paroles : « Celui qui a connu la volonté de son maître et a fait des actions dignes de châtiment, recevra un grand nombre de coups. » (*Luc*, XII, 47.)

19. Ceux qui examinent plus attentivement ce passage de l'épître aux Hébreux : « Il ne leur reste plus de victime pour les péchés, » (*Hébr.*, X, 26) l'entendent non du sacrifice d'un cœur brisé par le repentir, mais du sacrifice dont parlait alors l'Apôtre, c'est-à-dire du sacrifice de la passion de Notre-Seigneur, que chacun offre pour ses péchés lorsqu'il se consacre à Dieu par la foi à la passion du Sauveur et qu'il reçoit par

---

luntatem Dei. Quapropter quisquis ante baptismum cognita Dei voluntate peccaverit, non possumus dicere, aut ullo modo credere, cum ad baptismum accesserit, non ei dimitti omnia quæcumque peccavit. Huc accedit quod voluntas Dei in diligendo Deo et proximo breviter insinuetur credentibus, ita ut in his duobus præceptis tota Lex pendeat, et omnes Prophetæ. (*Matth.*, XXII, 40.) Dilectionem autem proximi, id est, dilectionem hominis usque ad inimici dilectionem, nobis Dominus ipse commendat : et videmus quam multi jam baptizati, et vera esse ista fateantur, et tanquam Domini præcepta venerentur; cum autem perpessi fuerint alicujus inimicitias, ita rapiuntur animo ad ulciscendum, et tantis inardescunt facibus odiorum, ut nec prolato et recitato Evangelio placari possint : et talibus hominibus jam baptizatis Ecclesiæ plenæ sunt ; quos tamen spiritales viri fraterne admonere non cessant, et in spiritu lenitatis instanter instruunt (*Galat.*, VI, 1), ut hujusmodi tentationibus occurrere ac resistere parati sint, et magis diligant in Christi pace regnare, quam de inimici oppressione lætari. Quod inaniter fieret, si talium peccatorum nulla spes veniæ, nulla pœnitentiæ medicina remaneret. Et certe caveant qui hoc sentiunt, ne David patriarcham divina electione probatum atque laudatum, ignorasse affirment voluntatem Dei, cum alienæ conjugis amore perculsus, etiam maritum ejus decipiendum necandumque curavit (II *Reg.*, XI, 2; XII, 1) : de quo tamen scelere cum esset primo sua, deinde Prophetæ voce damnatus, pœnitendi humilitate, et peccati confessione liberatus est. Sed plane vapulavit multa, et exemplo suo docuit intelligi, non sempiternam pœnam, sed ad severiorem disciplinam pertinere quod dictum est a Domino : Qui autem novit voluntatem Domini sui, et facit digna plagis vapulabit multa. (*Luc.*, XII, 47.)

19. Nam et illud ad Hebræos qui diligentius pertractant, sic intelligunt, ut non de sacrificio contribulati per pœnitentiam cordis accipiendum sit quod dictum est : Non adhuc pro peccatis relinquitur sacrificium (*Hebr.*, X, 26) : sed de sacrificio de quo tunc loquebatur Apostolus, id est, holocausto Dominicæ passionis, quod eo tempore offert quisque pro peccatis suis, quo ejusdem passionis fide dedicatur, et Christianorum fidelium nomine baptizatus imbuitur : ut hoc significaverit Apostolus, non posse deinceps

le baptême le nom des chrétiens fidèles; saint Paul veut donc dire ici que celui qui pèche après son baptême ne peut plus être purifié dans les eaux du baptême. Mais cette explication n'exclut pas la possibilité du repentir, bien que nous ne laissions pas de reconnaître que ceux qui n'ont point été baptisés n'ont pas encore reçu la connaissance parfaite de la vérité. Par conséquent tous ceux qui sont parvenus à cette connaissance parfaite ont par là même reçu le baptême. Mais tous ceux qui ont reçu le baptême n'ont pas reçu pour cela la connaissance de la vérité, soit à cause de l'avancement de certains catéchumènes trop en retard, soit par suite d'une négligence malheureuse. Et cependant ce sacrifice dont parlait l'Apôtre, c'est-à-dire l'holocauste du Seigneur que chacun offre d'une certaine manière lorsqu'il est marqué de son nom en recevant le baptême ne peut plus être offert s'il retombe dans ses péchés, car le baptême une fois donné ne peut plus se réitérer, lors même que les péchés commis après le baptême auraient pour cause l'ignorance de la vérité. Or, voici la conséquence de cette doctrine : Puisque sans le baptême on ne peut dire en vérité de personne qu'il a reçu la science de la vérité, il ne reste plus à tout chrétien qui a reçu cette connaissance de victime pour ses péchés, c'est-à-dire qu'il ne peut recevoir une seconde fois le baptême. Mais il ne s'ensuit pas pour cela que celui qui n'a point reçu par l'enseignement la connaissance de la vérité puisse espérer qu'il pourra offrir pour lui ce sacrifice s'il l'a déjà offert; c'est-à-dire que s'il a reçu par le baptême le sacrement de la vérité, il ne peut être baptisé une seconde fois. Ainsi, que nous disions : Nul homme n'est quadrupède, il ne s'ensuit pas que tout animal qui n'est pas un homme soit un quadrupède. Pour ceux qui ont reçu le baptême, nous disons plus justement qu'ils sont guéris plutôt que renouvelés par la pénitence, parce que ce renouvellement est le fruit particulier du baptême. Sans doute, même dans le baptême, la pénitence opère en eux, mais elle opère comme sur le fondement. Tant que le fondement demeure, l'édifice peut être réparé, mais si l'on veut renouveler le fondement, il faut de toute nécessité renverser l'édifice tout entier. Voilà pourquoi saint Paul disait aux Hébreux qui paraissaient abandonner la nouvelle alliance pour retourner au sacerdoce de l'ancienne loi : « Laissant donc les instructions que l'on donne aux novices dans la foi en Jésus-Christ, élevons-nous à ce qu'il y a de plus parfait, sans jeter de nouveau les fondements de la pénitence des œuvres mortes, de la foi en Dieu, de la doctrine sur le baptême, de l'imposition des mains, de la résurrection des morts et du jugement éternel. » (*Hébr.*, VI, 1, 2.) Toutes ces vérités sont enseignées dans le baptême, et

cum qui peccaverit, iterum baptizando purgari. Quo intellectu non intercluditur poenitendi locus : ita sane, ut eos qui nondum baptizati sunt, nondum plenam scientiam veritatis accepisse fateamur. Ex quo conficitur, ut omnis qui scientiam veritatis accepit, etiam baptizatus intelligatur. Non autem omnis baptizatus etiam scientiam veritatis accepit, propter quorumdam posteriorum provectum vel miserabilem negligentiam : et tamen illud sacrificium de quo loquebatur, id est, holocaustum Domini, quod tunc pro unoquoque offertur quodammodo, cum ejus nomine in baptizando signatur, iterum si peccaverit, offerri non potest. Non enim possunt denuo baptizati qui semel baptizati sunt, quamvis etiam post baptismum per ignorantiam veritatis peccaverint. Ita fit, ut quoniam sine baptismo nemo recte dicitur accepisse scientiam veritatis, omnis qui accepit eam, non ei relinquatur pro peccatis sacrificium, hoc est, non possit denuo baptizari : nec tamen omnis qui non accepit per doctrinam scientiam veritatis, debeat arbitrari posse pro se illud offerri sacrificium, si jam oblatum est ; id est, si jam ejusdem veritatis per baptismum sacramenta percepit, non potest iterum baptizari. Tanquam si diceremus, omnem hominem non esse quadrupedem, non ideo tamen omne animal quod homo non est, etiam quadrupes esse. Eos enim qui jam baptizati fuerint, curari melius dicimus per poenitentiam, non renovari : quia renovatio in baptismo est. Ubi quidem operatur poenitentia, sed tanquam in fundamento. Manente itaque fundamento, recurari aedificium potest : si autem fundamentum iterare quis voluerit, totum aedificium subvertat necesse est. Propterea hoc dicit Hebraeis, qui ex novo Testamento ad sacerdotium vetus declinasse videbantur : « Ideoque remittentes, inquit, initii Christi verbum, in consummationem respiciamus, non iterum jacientes fundamentum poenitentiae a mortuis operibus, et fidei in Deum, lavacri doctrinae, impositionis manus, resurrectionis etiam mortuorum, et judicii aeterni. » (*Hebr.*, VI, 1 et 2.) Ista omnia in baptismo traduntur, quae negat esse repetenda, utique in consecrandis fidelibus. Nam in verbi Dei tracta-

saint Paul ne veut pas qu'on les réitère pour la sanctification des fidèles. Lorsqu'il s'agit au contraire de l'enseignement de la parole de Dieu et de la doctrine, ce n'est pas une seconde fois, mais bien souvent qu'il faut y revenir et aussi souvent qu'il est opportun de traiter ces vérités.

20. Mais ne peut-on pas dire ici que ce n'est pas tout péché commis avec connaissance, mais le péché commis contre l'Esprit saint avec la connaissance suffisante qui doit être regardé comme indigne de pardon ? Or, on peut demander à ce sujet si les Juifs savaient que Notre-Seigneur agissait par l'Esprit saint lorsque, par un blasphème sacrilége, ils l'accusaient de chasser les démons par le prince des démons. (*Matth.*, IX, 34.) Je serais bien surpris qu'ils aient pu reconnaître en lui l'action de l'Esprit saint alors qu'ils ignoraient que Notre-Seigneur fût le Fils de Dieu par suite de cet aveuglement où les Juifs sont tombés jusqu'à ce que la plénitude des nations fût entrée. (*Rom.*, XI, 25.) Mais nous traiterons cette question en son lieu avec plus d'opportunité, si Dieu nous le permet et nous en fait la grâce. On peut encore faire cette question s'il faut entendre le discernement des esprits de celui qui fait discerner dans un homme l'opération de l'Esprit saint de l'action de l'esprit de mensonge, et que l'Esprit saint ne donne aux fidèles cette grâce de discernement que dans un temps déterminé, comme l'Apôtre l'enseigne dans un autre endroit (I *Cor.*, XII, 10) ; comment les Juifs infidèles pouvaient-ils, sans cette grâce, discerner si Notre-Seigneur agissait par l'Esprit saint ? Et cependant ils ont donné des preuves assez claires, assez frappantes de leur malveillance et de leur haine pour légitimer les justes châtiments dont ils furent frappés lorsqu'ils suscitèrent contre lui des faux témoins (*Matth.*, XXVI, 60), lorsqu'ils envoyèrent des espions hypocrites pour le surprendre dans ses paroles (XXII, 16), lorsqu'au récit des prodiges surprenants qui eurent lieu à sa résurrection, ils s'efforcèrent de corrompre les gardes pour répandre des bruits mensongers et cacher la vérité (XXVIII, 13), lorsqu'enfin, comme le récit évangélique nous l'apprend, ils firent éclater en mille autres circonstances toute la méchanceté, tout le venin dont leur âme était remplie.

21. On commence donc à voir ici clairement que celui-là pèche contre l'Esprit saint qui contredit dans une intention malveillante les œuvres dont l'Esprit saint est l'auteur. Il ne sait pas, je le veux, que ce soit l'Esprit saint ; cependant, par la disposition naturelle de son âme, il est porté à nier que ce divin Esprit soit l'auteur des œuvres qui sont l'objet de sa haine, non que ces œuvres soient mauvaises, mais parce qu'il ne peut les souffrir, parce que sa malice le rend l'ennemi déclaré de tout bien ; or n'est-ce pas avec raison qu'on dira de cet homme qu'il pèche contre

---

tione atque doctrina, non iterum tantum, sed sæpius dicenda sunt, sicut rerum de quibus disseritur opportunitas flagitat.

20. An vero jam illud occurret, ut non jam si quodlibet peccatum sciens admiserit, sed si proprie peccatum in Spiritum sanctum sciens admiserit, tunc non habere veniam judicetur ? Quo loco quæri potest, utrum scirent Judæi per Spiritum sanctum operari Dominum, quando eum in principe dæmoniorum dæmonia excludere blasphemabant ? (*Matth.*, IX, 34.) Miror autem quomodo possent in illo Spiritum sanctum cognoscere, cum ipsum Dominum Filium Dei esse nescirent : in illa scilicet cæcitate, quæ ex parte in Israel facta est, donec plenitudo Gentium intraret. (*Rom.*, XI, 25.) De qua opportunius suo loco, Domino adjuvante atque permittente, tractabitur. Deinde si dijudicatio spirituum illa intelligitur, qua quisque dijudicat, utrum in quoquam Spiritus sanctus, an fallaciæ spiritus operetur ; hæc autem dijudicatio certo quodam tempore per Spiritum sanctum fidelibus datur, sicut alio loco idem Apostolus dicit (I *Cor.*, XII, 10) : quomodo poterant infideles Judæi sine isto munere dijudicare, utrum per Spiritum sanctum Dominus operaretur : et tamen in eis, ut justa pœna ferirentur, apertissima indicia malevolentiæ claruerunt, et cum falsos testes in eum compararunt (*Matth.*, XXVI, 60), et submiserunt simulatores qui eum in verbo caperent (*Matth.*, XXII, 16) ; et cum tremenda mirabilia, quæ in ejus resurrectione facta sunt, eis renuntiarentur (*Matth.*, XXVIII, 13) famam falsam disseminare, ac veritatem abscondere, custodum corruptione conati sunt : et alia malitiosi et venenosi animi signa in eis, quantum Evangelica narratio demonstrat, apparuerunt.

21. Unde jam velut incœpit elucere, cum peccare in Spiritum sanctum, qui operibus quæ per Spiritum sanctum fiunt, malevolo animo contradicit. Quanquam enim nesciat utrum ille sit Spiritus sanctus ; tamen qui hoc animo est, ut ea opera quibus invidet, malit non esse Spiritus sancti ; non quia mala sunt, sed quia invidet eis, quia ipsi bonitati est contrarius per malitiam suam ; recte in Spiritum

l'Esprit saint? Et cependant si parmi ces hommes à qui Notre-Seigneur reproche ce crime, il en est qui embrassent la foi de Jésus-Christ, qui domptent ce sentiment de haine par les rudes travaux de la pénitence et implorent le salut avec larmes, comme quelques-uns d'entre eux l'ont fait, je le demande, qui pousserait l'erreur et la cruauté jusqu'à nier qu'on ait dû les admettre au baptême, ou que le baptême soit resté pour eux inutile? Car si l'on regarde comme coupable de péché contre l'Esprit saint et par là même indigne de pardon celui qui, par un sentiment de haine, blasphème les œuvres de Dieu, parce que la malice intérieure de son âme le met en opposition formelle avec les biens, c'est-à-dire avec les dons de Dieu, examinons si l'Apôtre saint Paul n'a pas été de ce nombre : « J'étais autrefois, nous dit-il, un blasphémateur, un persécuteur, un ennemi acharné, mais j'ai obtenu miséricorde parce que j'ai fait tous ces maux par ignorance, n'ayant pas la foi. » (I *Tim.*, I, 13.) Dira-t-on qu'il n'était point coupable de ce crime parce qu'il n'était point dominé par l'envie? Ecoutons ce qu'il dit ailleurs : « Nous étions aussi nous-mêmes autrefois insensés, incrédules, égarés, asservis à toute sorte de passions et de voluptés, agissant avec malignité et envie, dignes d'êtres haïs et nous haïssant les uns les autres. » (*Tit.*, III, 3.)

22. Si donc on ne ferme la porte du baptême ni aux païens, ni aux Juifs, ni aux hérétiques, ni aux schismatiques qui ne l'ont pas encore reçu, dès lors qu'ils condamnent leur vie passée pour suivre une voie meilleure, bien qu'avant d'être purifiés dans les eaux du baptême ils aient été les ennemis du christianisme et de l'Eglise et qu'ils aient résisté à l'Esprit saint avec la plus grande opiniâtreté; si l'on ne refuse point le secours de la miséricorde aux hommes qui sont parvenus à une connaissance suffisante de la vérité pour recevoir les sacrements et qui sont ensuite tombés dans la résistance au Saint-Esprit, dès lors qu'ils reviennent au bien et cherchent avec un cœur repentant la paix et la réconciliation avec Dieu; si enfin parmi ceux mêmes à qui Notre-Seigneur reprochait de proférer des blasphèmes contre l'Esprit saint, il s'en est trouvé qui, touchés de repentir, ont cherché un refuge dans la miséricorde de Dieu et y ont trouvé sans aucun doute la guérison de leur âme, que nous reste-t-il à conclure, sinon que ce péché contre l'Esprit saint qui, au témoignage de Notre-Seigneur, ne peut être remis ni dans ce siècle, ni dans l'autre, est uniquement la persévérance dans le crime et dans le mal, avec le désespoir de la miséricorde divine? Car c'est là vraiment résister à la grâce et à la paix de Dieu dont nous avons parlé en commençant. Car il est

sanctum peccare judicatur. Verumtamen si ex eo quoque hominum numero, quibus Dominus illud crimen objicit, veniens ad fidem Christi, et pœnitendi cruciatibus edomita invidia salutem cum lacrymis poscens, sicut etiam nonnulli eorum fortasse fecerunt; quæro utrum quisquam tanto errore crudescat, ut aut neget eos ad Christi baptismum admitti oportuisse, aut frustra admissos esse contendat? Nam si (*f.* qui, *vel* quisquis) quis per invidiam opera divina blasphemat, quoniam bonis Dei, hoc est donis Dei malitia sua resistit, in Spiritum sanctum peccare, et propterea spem veniæ non habere existimandus est ; attendamus utrum ex eo numero fuerit apostolus Paulus. Dicit enim : « Qui prius fui blasphemus, et persecutor et injuriosus, sed misericordiam consecutus sum, quia ignorans feci in incredulitate. » (I *Tim.*, I, 13.) An forte ideo non pertinuit ad hoc genus criminis, quia non erat invidus? Audiamus quid alibi dicat : « Fuimus enim, inquit, et nos stulti aliquando et increduli, errantes, servientes voluptatibus et desideriis variis, in malitia et invidia] agentes, abominabiles, invicem odio habentes. » (*Tit.*, III, 3.)

22. Si ergo nec Paganis, nec Hebræis, nec hæreticis, aut schismaticis nondum baptizatis, ad baptismum Christi aditus clauditur, ubi condemnata vita priore in melius commutentur ; quamvis Christianitati et Ecclesiæ Dei adversantes antequam Christianis sacramentis abluerentur, etiam Spiritu sancto quanta potuerunt infestatione restiterint : si etiam hominibus, qui usque ad sacramentorum perceptionem veritatis scientiam perceperunt, et post hæc lapsi Spiritui sancto restiterunt, ad sanitatem redeuntibus, et pacem Dei pœnitendo quærentibus, auxilium misericordia non negatur : si denique de illis ipsis, quibus blasphemiam in Spiritum sanctum ab eis prolatam Dominus objecit (*Matth.*, XII, 31), si qui resipiscentes ad Dei gratiam confugerunt, sine ulla dubitatione sanati sunt : quid aliud restat, nisi ut peccatum in Spiritum sanctum, quod neque in hoc sæculo, neque in futuro dimitti Dominus dicit, nullum intelligatur nisi perseverantia in nequitia et in malignitate, cum desperatione indulgentiæ Dei? Hoc est enim gratiæ illius et paci resistere, de quibus nobis sermo nunc ortus est. Nam hinc licet advertere, etiam ipsis Judæis, quorum blasphemiam Do-

bon de remarquer ici que les Juifs eux-mêmes, à qui Notre-Seigneur reprochait ces blasphèmes, n'avaient point perdu tout moyen de se repentir et de se corriger, ce que Notre-Seigneur leur apprend en même temps qu'il leur fait ce reproche : « Ou faites un arbre bon et son fruit sera bon, ou rendez un arbre mauvais et son fruit sera mauvais, » (*Matth.*, XII, 33) paroles qui n'auraient aucun sens pour eux si les blasphèmes les rendaient incapables de dispositions meilleures, et de produire les fruits des bonnes œuvres ou d'en produire d'inutiles sans pouvoir obtenir la rémission de leurs péchés.

23. Lors donc que Notre-Seigneur chassait les démons par l'Esprit de Dieu et qu'il guérissait les autres maladies et infirmités corporelles, il ne se proposait que de rendre plus facile la foi à ces paroles qu'il adressait aux peuples : « Faites pénitence, car le royaume de Dieu approche. La rémission des péchés est une opération invisible, or les miracles que le Sauveur opérait avaient pour but de préparer les esprits à croire cette rémission, et l'exemple du paralytique nous en donne une des preuves les plus évidentes. Notre-Seigneur commence par lui faire part de la grâce visible qui était un des objets de sa mission, car le Fils de l'homme n'était pas venu pour juger le monde, mais pour le sauver. » Il lui dit donc : « Vos péchés vous sont remis; » et comme les Juifs murmuraient et s'indignaient de ce qu'il s'arrogeait une si grande puissance, il leur répond : « Quel est le plus facile de dire : Vos péchés vous sont remis, ou de dire : Levez-vous et marchez? Or, afin que vous sachiez que le Fils de l'homme a le pouvoir de remettre les péchés sur la terre : Levez-vous, dit-il alors au paralytique, prenez votre lit et allez dans votre maison. » (*Matth.*, IX, 2; *Marc*, II, 3; *Jean*, III, 17.) Cet acte et les paroles qui précèdent font assez voir qu'il opère ces miracles sur les corps afin que l'on crût qu'il pouvait également délivrer les âmes par la rémission des péchés, et que sa puissance visible rendît plus facile la foi à sa puissance invisible. C'est donc par l'Esprit de Dieu qu'il opérait tous ces prodiges pour donner aux hommes la grâce et la paix (I *Rétract.*, XXV), la grâce dans la rémission des péchés, la paix dans la réconciliation avec Dieu, dont les péchés seuls nous séparent. Or, les Juifs, témoins de ces miracles, ayant osé dire que c'était par Béelzébub qu'il chassait les démons, il voulut les avertir dans sa bonté de ne point proférer cette parole blasphématoire contre l'Esprit saint (*Matth.*, XII, 24), c'est-à-dire de ne point résister à la grâce et à la paix de Dieu qu'il était venu donner aux hommes par l'Esprit saint. Ils n'avaient pas encore commis ce péché qui ne pouvait leur être remis ni dans ce monde ni dans l'autre, mais le Sauveur veut les en préserver en les prémunissant contre le désespoir du pardon ou contre une

---

minus arguit, non fuisse clausum corrigendi se et pœnitendi locum, quod idem Dominus in ea ipsa reprehensione ait illis : « Aut facite arborem bonam, et fructum ejus bonum : aut facite arborem malam, et fructum ejus malum. » (*Ibid.*, 33.) Quod utique nulla ratione diceretur eis, si propter illam blasphemiam jam commutare animum in melius, et recte factorum fructus generare non possent, aut frustra, etiam sine peccati sui dimissione generarent.

23. Ergo quia Dominus in Spiritu Dei expellebat dæmonia, cæterosque humanorum corporum morbos languoresque sanabat, non ob aliud nisi ut crederetur dicenti sibi : Agite pœnitentiam, appropinquavit enim regnum cœlorum. (*Matth.*, III, 2.) Invisibiliter enim peccata dimittuntur, cui dimissioni fidem miraculis comparabat : quod in illo paralytico manifestissime ostenditur. (*Matth.*, IX, 34; *Marc.*, II, 3.) Cum enim primo ei donum visibile obtulisset, propter quod venerat ; non enim jam venerat filius hominis, ut judicaret sæculum, sed ut servaret sæculum : (*Joan.*, III, 17) cum ergo dixisset : Dimissa sunt tibi peccata : murmuratumque esset a Judæis indignantibus quod eis tantam potestatem sibi arrogasse videretur (*Marc.*, II, 9 etc.) : « Quid est, inquit facilius dicere : Dimissa sunt tibi peccata, an dicere : Surge et ambula? Ut sciatis autem, quia potestatem habet filius hominis dimittere peccata (dicit paralytico) : Tibi dico surge, tolle grabatum tuum, et vade in domum tuam. » Quo facto, et quibus dictis, satis declaravit, ideo se illa facere in corporibus, ut crederetur animas peccatorum dimissione liberare, id est, ut de potestate visibili potestas invisibilis mereretur fidem. Quia ergo in Spiritu Dei faciebat illa omnia, ut gratiam pacemque hominibus largiretur (I *Rétract.*, lib. I, c, XXV), gratiam in remissione peccatorum, pacem in reconciliatione Dei, a quo separant sola peccata : cum dixissent Judæi quod in Beelzebub ejiceret dæmonia (*Matth.*, XII, 24), misericorditer eos voluit admonere, ne verbum dicerent, et blasphemiam in Spiritum sanctum, hoc est, ne gratiæ Dei pacificæ resisterent, quam per spiritum sanctum donare Dominus venerat. Non quia jam hoc fecerant, quod sibi

confiance présomptueuse en leur propre justice, contre l'impénitence et la persévérance dans leurs péchés; en effet, ils se seraient rendus coupables d'une parole de blasphème contre l'Esprit saint, par lequel le Seigneur accomplissait ces prodiges pour donner aux hommes la grâce et la paix, si par leur persévérance dans le péché ils résistaient à la grâce et à la paix. Car cette parole ne doit pas s'entendre ici de la parole telle que notre langue l'exprime, mais de toute pensée que notre âme conçoit et qu'elle traduit ensuite dans les œuvres. De même ce n'est point confesser Dieu que de le confesser seulement par le mouvement des lèvres sans y joindre les bonnes œuvres, comme l'enseigne l'Apôtre saint Paul : « Ils font profession de connaître Dieu, mais ils le renoncent par leurs actions. » (*Tit.*, I, 16.) Il est donc évident qu'on peut nier une vérité par ses actions. Ainsi ces autres paroles du même Apôtre : « Personne ne peut dire : Jésus est le Seigneur, sinon par le Saint-Esprit, » ne peuvent s'entendre dans un sens légitime qu'en les appliquant aux actions. Dira-t-on en effet que ceux à qui le Sauveur reprochait de dire : Seigneur, Seigneur, sans faire ce qu'il disait (*Luc*, VI, 40), et dont il dit ailleurs : « Tous ceux qui me disent : Seigneur, Seigneur, n'entreront point dans le royaume des cieux, » (*Matth.*, VII, 21) parlaient sous l'impression de l'Esprit saint? C'est donc aussi par le langage des actions que l'on prononce contre l'Esprit saint cette parole que Notre-Seigneur déclare irrémissible, c'est-à-dire en désespérant de recevoir la grâce et la paix qu'il vient apporter au monde, et en prétendant qu'on doit persévérer dans ses péchés. Ainsi, de même que ceux-ci renient le Seigneur par leurs œuvres, les autres soutiennent aussi par leurs œuvres qu'ils peuvent persévérer dans leur vie coupable et dans leurs mœurs dépravées, et ils donnent en effet l'exemple de cette triste persévérance. Or, si telle est leur conduite, comment s'étonner, comment ne pas comprendre que Notre-Seigneur Jésus-Christ ait voulu par cette menace amener les Juifs à la pénitence pour répandre la grâce et la paix sur ceux qui croiraient en lui? Comment s'étonner qu'en les voyant résister à cette grâce et à cette paix et proférer ainsi une parole blasphématoire contre l'Esprit saint, c'est-à-dire qu'en face de cette persévérance dans le péché, triste fruit de leur désespoir et de leur opiniâtreté impie, et d'un orgueil qui s'élevait contre Dieu en repoussant la confession qu'inspire l'humilité et le repentir, il ait déclaré que ce péché ne pouvait être remis ni dans ce siècle ni dans l'autre? S'il en est ainsi, à l'occasion de la grâce et de la paix qui nous sont données par Dieu le Père et Notre-Seigneur Jésus-Christ, nous avons

---

neque in hoc sæculo, neque in futuro dimitteretur; sed ne desperando de venia, aut quasi de sua justitia præsumendo, et pœnitentiam non agendo, aut perseverando in peccatis, hoc facerent: hoc modo enim dicerent verbum, hoc est blasphemiam in Spiritum sanctum, in quo Dominus signa illa propter largiendam gratiam pacemque faciebat, si perseverantia peccatorum ipsi gratiæ pacique resisterent. Verbum enim dicere, non ita videtur hic positum, ut tantum modo illud intelligatur, quod per linguam fabricamus, sed quod corde conceptum, etiam opere exprimimus. Sicut enim non confitentur Deum, qui tantum oris sono confitentur, non etiam bonis operibus: nam de his dictum est : Confitentur enim se nosse Deum, factis autem negant. (*Tit.*, I, 16.) Ex quo manifestum est dici aliquid factis, sicut manifestum est negari aliquid factis. Et sicut illud quod ait Apostolus: Nemo dicit Dominus Jesus, nisi in Spiritu sancto (1 *Cor.*, XII, 3) non potest recte intelligi, nisi in factis dicere intelligatur. Non enim hoc in Spiritu sancto dicere putandi sunt, quibus ipse Dominus dicit : Ut quid mihi dicitis : Domine Domine, et non facitis quæ dico vobis? (*Luc.*, VI, 46.) Et illud : Non omnis qui mihi dicit : Domine, Domine, intrabit in regnum cœlorum. (*Matth.*, VII, 21.) Sic etiam qui hoc verbum, quod sine venia vult intelligi Dominus, in Spiritum sanctum dicit, hoc est, qui desperans de gratia et pace quam donat, in peccatis suis perseverandum sibi esse dicit, dicere intelligendus est factis : ut quomodo illi factis Dominum negant, sic isti factis dicant se in mala vita sua et perditis moribus perseveraturos, et ita faciant, hoc est perseverent. Quod si faciunt, quis jam miretur, aut quis non intelligat, et Dominum Jesum Christum per illam comminationem ad pœnitentiam vocasse Judæos, ut eis in se credentibus gratiam pacemque donaret; et huic gratiæ pacique resistentibus, et hoc modo verbum atque blasphemiam in Spiritum sanctum dicentibus, hoc est, in peccatis suis desperata atque impia mentis obstinatione perseverantibus, et adversus Deum sine humilitate confessionis atque pœnitentiæ superbientibus, neque in hoc sæculo, neque in futuro veniam posse concedi? Quæ si ita sunt, opportunitate tractandi de gratia et pace, quæ nobis est a Deo Patre et Domino nostro Jesu Christo, magna et difficillima eodem ipso Domino largiente quæstio dissoluta est.

résolu, avec le secours de Dieu, une question aussi importante qu'elle est difficile. Quant à celui qui désirerait une explication plus étendue, plus approfondie de cette grande vérité, nous lui rappellerons que c'est dans l'explication de l'Evangile et dans les paroles des Evangélistes qu'il doit la chercher, et que nous avons entrepris ici l'étude de l'épitre de saint Paul aux Romains, étude que nous continuerons dans les livres suivants, car il est temps de mettre fin à celui-ci.

Quisquis autem adhuc de re tanta diligentiorem considerationem tractationemque desiderat, in Evangelii tractatione atque in verbis Evangelistarum sibi desideranda esse cognoscat : et meminerit nos nunc Epistolam Pauli apostoli ad Romanos suscepisse tractandam, cujus Epistolæ textum consequentem in aliis voluminibus, si Dominus voluerit, vestigabimus, ut hujus jam tandem iste sit modus.

EXPLICATION
DE
L'ÉPITRE AUX GALATES [1]

LIVRE UNIQUE

PRÉFACE. — 1. Le motif qui détermine l'apôtre saint Paul à écrire aux Galates est de leur faire comprendre que l'effet de la grâce de Dieu dans leurs âmes doit être de les délivrer du joug de la loi. Lorsque la grâce de l'Evangile leur eut été annoncée, il se rencontra des Juifs convertis qui, chrétiens de nom, n'appréciaient pas encore pleinement le bienfait de la grâce, et voulaient rester assujettis aux prescriptions onéreuses de la loi que Dieu avait imposées non pas aux serviteurs de la justice, mais aux esclaves du péché. En effet, Dieu avait donné cette loi juste à des hommes injustes pour leur faire connaître leurs péchés, mais non pour les effacer ; car ils ne peuvent être effacés que par la grâce de la foi qui opère la charité. Ces faux docteurs voulurent donc replacer sous la servitude de la loi les Galates placés sous le règne de la grâce, en leur persuadant que l'Evangile ne leur servirait de rien, s'ils ne se faisaient circoncire et ne se soumettaient à toutes les autres observances du judaïsme. Aussi les Galates commençaient à nourrir quelque défiance contre l'apôtre saint Paul, qui leur avait prêché l'Evangile comme ne suivant pas la même règle que les autres apôtres qui forçaient les Gentils convertis à pratiquer le judaïsme. Pierre avait cédé devant les exigences de ces hommes, et avait été entraîné à user de dissimulation, comme s'il était persuadé lui-même que l'Evangile n'avait d'efficacité pour les Gentils qu'à la condition pour eux de se soumettre aux observances de la loi ; c'est cette dissimulation que l'Apôtre combat dans Pierre, comme il nous l'apprend dans cette Epître. (*Gal.*, II, 14.) Saint Paul traite ici le même sujet que dans l'Epître aux Romains, mais avec cette différence que dans l'Epître aux Romains l'Apôtre met fin aux contestations, et termine le différend qui existait entre les Juifs et ceux des Gentils qui avaient embrassé la foi,

[1] Voyez pour cet ouvrage que saint Augustin écrivit l'an 394, lorsqu'il était encore simple prêtre, le 1er livre des *Rétractations*, chap. XXIII et XXIV.

EPISTOLÆ AD GALATAS
EXPOSITIO

LIBER UNUS

PREFATIO. — 1. Causa propter quam scribit Apostolus ad Galatas, hæc est, ut intelligant gratiam Dei id secum agere, ut sub Lege jam non sint. Cum enim prædicata eis esset Evangelii gratia, non defuerunt quidam ex circumcisione, quamvis Christiani nomine, nondum tamen tenentes ipsum gratiæ beneficium, et adhuc volentes esse sub oneribus Legis, quæ Dominus Deus imposuerat, non justitiæ servientibus, sed peccato, justam scilicet Legem injustis hominibus dando ad demonstranda peccata eorum, non auferenda. Non enim aufert peccata nisi gratia fidei, quæ per dilectionem operatur. Sub hac ergo gratia jam Galatas constitutos, illi volebant constituere sub oneribus Legis, asseverantes nihil eis prodesse Evangelium, nisi circumciderentur, et cæteras carnales Judaici ritus observationes subirent. Et ideo Paulum apostolum suspectum habere cœperant, a quo illis Evangelium prædicatum erat, tanquam non tenentem disciplinam cæterorum Apostolorum, qui Gentes cogebant judaizare. Cesserat enim talium hominum scandalis apostolus Petrus, et in simulationem ductus erat, tanquam et ipse hoc sentiret, nihil prodesse Gentibus Evangelium, nisi opera Legis implerent : a qua simulatione idem apostolus Paulus eum revocat, sicut in hac ipsa Epistola docet. (*Gal.*, II, 14.) Talis quidem quæstio est et in Epistola ad Romanos : verumtamen videtur aliquid interesse, quod ibi contentionem ipsam dirimit, litemque componit, quæ

les premiers qui prétendaient que l'Evangile leur avait été annoncé en récompense du mérite des œuvres de la loi, récompense qu'ils refusaient de partager avec les incirconcis qui ne l'avaient pas mérité, tandis que les Gentils s'efforçaient de s'élever bien au-dessus des Juifs qui avaient mis leur Sauveur à mort. Dans cette Epître, au contraire, il écrit à des chrétiens qui s'étaient laissé ébranler par l'autorité des Juifs convertis qui les forçaient à pratiquer les observances judaïques, si saint Paul ne leur avait point prêché la vérité en leur défendant de se faire circoncire. Voilà pourquoi il débute en ces termes : « Je m'étonne que vous quittiez sitôt celui qui vous a appelés à la gloire de Jésus-Christ pour passer à un autre Evangile. » (*Gal.*, I, 6.) Cet exorde est comme le sommaire de la question qu'il traite dans cette Epître. Déjà du reste dans la salutation, où il déclare qu'il est apôtre non pas des hommes, ni par l'autorité d'aucun homme (*Ibid.*, 1), il indiquait assez clairement que ceux qui voulaient leur persuader cette doctrine erronée ne tenaient pas leur mission de Dieu, mais des hommes, et qu'on ne devait pas le regarder comme inférieur aux autres apôtres quant à l'autorité de la prédication de l'Evangile, puisqu'il était certain que son apostolat ne venait ni des hommes, ni par l'intermédiaire des hommes, mais de Jésus-Christ et de Dieu le Père. Telle est la question que nous avons entrepris d'étudier et de discuter avec la permission et le secours de Dieu, depuis les premières paroles jusqu'à la fin.

Exposition. — 2. « Paul établi apôtre, non par des hommes, ni par l'autorité d'aucun homme, mais par l'autorité de Jésus-Christ et de Dieu son Père qui l'a ressuscité d'entre les morts, et tous les frères qui sont avec moi aux Eglises de Galatie. » (*Gal.*, I, 1-2.) Celui qui reçoit sa mission des hommes, est menteur, celui qui la reçoit par l'intermédiaire d'un homme peut être vrai, parce que Dieu qui est la vérité même peut donner la mission par l'entremise d'un homme. Celui donc qui ne tient sa mission ni des hommes ni par l'entremise des hommes, mais de Dieu directement, participe à la véracité de Dieu qui la communique à ceux qu'il envoie par l'intermédiaire des hommes. Les premiers apôtres étaient donc véridiques, parce qu'ils avaient reçu leur mission non des hommes, mais de Dieu par le moyen d'un homme, c'est-à-dire de Jésus-Christ, soumis encore à la loi de la mortalité. Le dernier des apôtres est également véridique, lui qui a été envoyé par Jésus-Christ alors qu'après sa résurrection il était Dieu dans tout son être. (I *Rétract.*, ch. XXIV, n. 1.) Les autres apôtres qui ont reçu leur mission par Jésus-Christ qui était encore homme en partie, c'est-à-dire mortel, sont les premiers ; le dernier de tous est l'apôtre saint Paul, qui

---

inter eos qui ex Judæis, et eos qui ex Gentibus crediderant, orta erat, cum illi tanquam ex meritis operum Legis sibi redditum Evangelii præmium arbitrarentur, quod præmium incircumcisis tanquam immeritis nolebant dari ; illi contra Judæis se præferre gestirent, tanquam interfectoribus Domini : in hac vero Epistola ad eos scribit, qui jam commoti erant auctoritate illorum qui ex Judæis erant, et ad observationes Legis cogebant : cœperant enim eis credere, tanquam Paulus apostolus non vera prædicasset, quod eos circumcidi noluisset. Et ideo sic cœpit : « Miror quod sic tam cito transferimini ab eo, qui vos vocavit in gloriam Christi, in aliud Evangelium. » (*Galat.*, I, 6.) Hoc ergo exordio causæ quæstionem breviter insinuavit. Quanquam et ipsa salutatione, cum dicit se Apostolum : « Non ab hominibus, neque per hominem, » (*ibid.*, 1) quod in nulla alia Epistola dixisse invenitur, satis ostendit, et illos qui talia persuadebant, non esse a Deo, sed ab hominibus ; et cæteris Apostolis, quantum ad auctoritatem testimonii Evangelici pertinet, imparem se haberi non oportere : quandoquidem non ab hominibus, neque per hominem, sed per Jesum Christum et Deum Patrem se Apostolum noverit. Singula igitur ab ipso Epistolæ vestibulo, permittente Domino et adjuvante studium nostrum, sic consideranda et tractanda suscepimus.

Expositio. — 2. « Paulus Apostolus non ab hominibus, neque per hominem, sed per Jesum Christum, et Deum Patrem, qui suscitavit illum a mortuis, et qui mecum sunt omnes fratres, ecclesiis Galatiæ. » (I, 1, 2.) Qui ab hominibus mittitur, mendax est : qui per hominem mittitur, potest esse verax, quia et Deus verax potest per hominem mittere : qui ergo neque ab hominibus, neque per hominem, sed per Deum mittitur, ab illo verax est, qui etiam per hominem missos veraces facit. Priores ergo Apostoli veraces, qui non ab hominibus, sed a Deo per hominem missi sunt, per Jesum Christum scilicet adhuc mortalem. Verax etiam novissimus Apostolus, qui per Jesum Christum (I *Retract.*, XXIV, 1) totum jam Deum post resurrectionem ejus

tient la sienne de Jésus-Christ alors que tout son être était divin, c'est-à-dire immortel. Son témoignage a donc une égale autorité, et la gloire qui entourait le Seigneur, lorsqu'il l'a choisi, supplée d'une manière brillante à l'infériorité qui pourrait résulter pour lui d'avoir été appelé le dernier dans l'ordre du temps. Aussi après avoir dit : « Et par Dieu le Père, » il ajoute : « Qui l'a ressuscité d'entre les morts, » pour rappeler ainsi en peu de mots l'état de gloire où était le Sauveur lorsqu'il lui donna sa mission.

3. « Que la grâce et la paix vous soient données par Dieu le Père et par Notre-Seigneur Jésus-Christ. » (*Gal.*, I, 3.) La grâce de Dieu est ce qui nous remet nos péchés et nous rend possible la réconciliation avec Dieu; la paix est cette réconciliation même. (I *Rétract.*, XXIV, n. 2.) « Qui s'est livré lui-même pour nos péchés, afin de nous retirer de la corruption du siècle présent. » Ce qui rend le siècle présent mauvais et corrompu, c'est la perversité des hommes dont il est composé; c'est ainsi que nous disons d'une maison qu'elle est mauvaise, par allusion à la corruption de ceux qui l'habitent. « Selon la volonté de Dieu notre Père, à qui appartient la gloire dans les siècles des siècles. Amen. » (*Ibid.*, 5.) Avec quel soin les hommes doivent éviter de s'attribuer orgueilleusement le bien qu'ils peuvent faire, puisque le Fils de Dieu lui-même dans son Évangile déclare qu'il ne cherche point sa gloire, qu'il n'est pas venu faire sa volonté, mais la volonté de celui qui l'a envoyé. (*Jean*, VIII, 50; VI, 38.) L'apôtre saint Paul rappelle ici cette volonté, cette gloire, pour apprendre aux Galates qu'à l'exemple de Notre-Seigneur qui l'a envoyé il ne cherche ni sa gloire ni à faire sa volonté dans la prédication de l'Evangile, comme il le déclare un peu après : « Si je voulais encore plaire aux hommes, je ne serais plus serviteur de Jésus-Christ. » (*Gal.*, I, 10.)

4. « Je m'étonne que vous quittiez sitôt celui qui vous a appelés à la gloire de Jésus-Christ, pour passer à un autre Evangile, non qu'il y en ait un autre. » (*Gal.*, I, 6, 7.) Si en effet, il y avait un autre Evangile en dehors de celui que le Seigneur a donné par lui-même ou par ses apôtres, on ne pourrait lui donner justement le nom d'Evangile. C'est avec dessein qu'après avoir dit : « Que vous quittiez sitôt celui qui vous a appelés, » l'Apôtre ajoute : « A la gloire de Jésus-Christ, » gloire que les judaïsants voulaient anéantir, puisque c'est bien inutilement que Jésus-Christ serait venu, si la circoncision de la chair et les autres œuvres légales avaient la vertu de sauver les hommes. « Mais il y a des hommes qui mettent le trouble parmi vous et qui veulent changer l'Evangile de Jésus-Christ. »

missus est. Priores sunt cæteri Apostoli per Christum adhuc ex parte hominem, id est, mortalem : novissimus est Paulus apostolus, per Christum jam totum Deum, id est, omni ex parte immortalem. Sit ergo testimonii ejus æqualis auctoritas, in cujus honorem implet clarificatio Domini, si quid habebat ordo temporis minus. Ideo enim cum dixisset : « Et Deum Patrem, addidit, qui suscitavit illum a mortuis : » ut etiam ex hoc modo breviter jam a clarificato missum se esse commemoraret.

3. « Gratia vobis et pax a Deo Patre et Domino Jesu Christo. » (*Galat.*, I, 3.) Gratia Dei est (I *Retract.*, XXIV, 2), qua nobis donantur peccata, ut reconciliemur Deo; pax autem, qua reconciliamur Deo. « Qui dedit semetipsum pro peccatis nostris, ut eximeret nos de præsenti sæculo maligno. »(*v.* 4.) Sæculum præsens malignum propter malignos homines, qui in eo sunt, intelligendum est : sicut dicimus et malignam domum, propter malignos inhabitantes in ea. « Secundum voluntatem Dei et Patris nostri, cui est gloria in sæcula sæculorum. Amen. » (*v.* 5.) Quanto igitur magis homines non debent arrogantur ad seipsos referre, si quid operantur boni; quando et ipse Dei Filius in Evangelio, non gloriam suam se quærere dixit (*Joan.*, VIII, 50), neque voluntatem suam venisse facere, sed voluntatem ejus qui cum misit? (*Joan.*, VI, 38.) Quam voluntatem gloriamque Patris nunc commemoravit Apostolus, ut ipse quoque Domini exemplo, a quo missus est, non se quærere gloriam suam significaret, nec facere voluntatem suam in prædicatione Evangelii, sicut paulo post dicit : Si hominibus placerem, Christi servus non essem. (*Gal.*, I, 10.)

4. Miror quod sic tam cito transferimini ab eo, qui vos vocavit in gloriam Christi, in aliud Evangelium, quod non est aliud. » (*v.* 6, 7.) Evangelium enim si aliud est, præter id quod, sive per se, sive per aliquem Dominus dedit; jam nec Evangelium recte dici potest. Vigilanter autem, cum dixisset : « Transferimini ab eo, qui vos vocavit, adjunxit, in gloriam Christi, » quam volebant illi evacuare, quasi frustra venerit Christus, si jam circumcisio carnis atque hujusmodi opera Legis tantum valebant, ut per illa homines salvi fierent. « Nisi aliqui sunt conturbantes vos, et volentes convertere Evangelium Christi. » Non quemadmodum istos conturbant ita etiam con-

Ils répandaient le trouble parmi les Galates, sans pouvoir de même renverser l'Evangile de Jésus-Christ, parce qu'il est inébranlable; cependant ils s'efforçaient de le changer, en détachant le cœur des fidèles des choses spirituelles pour les ramener aux observances charnelles. Eussent-ils embrassé de nouveau ces observances, l'Evangile n'en reste pas moins inébranlable. Aussi, après avoir dit : « Ils mettent le trouble parmi vous, » il n'ajoute pas : Et ils changent, mais : « Ils veulent changer l'Evangile de Jésus-Christ. » Mais quand nous vous annoncerions nous-mêmes, ou quand un ange descendu du ciel vous annoncerait un Evangile différent de celui que nous vous avons annoncé, qu'il soit anathème. » (*Ibid.*, 8.) La vérité doit être aimée pour elle-même, et non à cause de l'homme ou de l'ange qui l'annoncent. Car ceux qui l'aiment pour ceux qui en sont les prédicateurs peuvent également aimer leurs mensonges s'ils viennent à les mêler à la prédication de la vérité. « Comme nous vous l'avons dit, ainsi je le répète : Si quelqu'un vous annonce un Evangile différent de celui que vous avez reçu, qu'il soit anathème. » (*Ibid.*, 9.) Il le leur avait dit de vive voix, ou ces paroles : « Comme nous vous l'avons dit, » doivent s'entendre d'une simple répétition de ce qu'il vient de dire. Quoi qu'il en soit, cette répétition est un avertissement salutaire de rester fermes pour eux et inébranlables dans la foi à laquelle il rend un si éclatant témoignage.

5. « Car enfin, sont-ce les hommes ou Dieu que je veux persuader? ou ai-je pour but de plaire aux hommes? Si je voulais encore plaire aux hommes, je ne serais pas serviteur de Jésus-Christ. » (*Ibid.*, 10.) Personne ne peut persuader Dieu, parce que toutes choses sont pour lui à découvert, mais on peut légitimement persuader les hommes lorsqu'on cherche non pas à leur plaire, mais à leur rendre agréable la vérité qu'on leur enseigne. Celui, en effet, qui plaît aux hommes sans chercher la gloire qui vient des hommes, et ne se proposant que la gloire de Dieu dans l'intérêt de leur salut, ne plaît pas précisément aux hommes, mais à Dieu, ou du moins on ne peut dire absolument qu'il plaise aux hommes, lorsqu'il plaît à la fois aux hommes et à Dieu. Car il y a une grande différence entre plaire aux hommes et plaire tout ensemble à Dieu et aux hommes. D'ailleurs si quelqu'un plaît aux hommes, parce qu'il leur enseigne la vérité, ce n'est plus lui, mais la vérité qui leur plaît. Saint Paul dit : « Si je plaisais, » c'est-à-dire si j'avais l'intention, la volonté de leur plaire, en d'autres termes, si je voulais leur plaire. Car si indépendamment de sa volonté il plaît aux hommes par lui-même, plutôt que pour Dieu et pour l'Evangile qu'il annonce, il faut en accuser non point son orgueil, mais l'erreur de ceux à qui il plaît pour des motifs répréhensibles. Voici donc le sens de ces paroles : « Est-ce les hommes ou Dieu que je cherche à

---

vertunt Evangelium Christi, quia manet firmissimum : sed tamen convertere volunt, qui ab spiritalibus ad carnalia revocant intentionem credentium. Illis enim ad ista conversis, manet Evangelium non conversum. Et ideo cum dixisset : « Conturbantes vos, », non dixit, et convertentes, sed, « volentes, inquit, convertere Evangelium Christi. » (*v.* 8.) « Sed licet nos, aut Angelus de cœlo vobis evangelizaverit præter quam quod evangelizavimus vobis, anathema sit. » Veritas propter seipsam diligenda est, non propter hominem, aut propter Angelum, per quem annuntiatur. Qui enim propter annuntiatores diligit eam, potest etiam mendacia diligere, si qua forte ipsi sua protulerint. « Sicut prædiximus, et nunc iterum dico, si quis vobis evangelizaverit, præter quam quod accepistis, anathema sit. » (*v.* 9.) Aut præsens hoc prædixerat, aut quia iteravit quod dixit, propterea voluit dicere : « Sicut prædiximus. » Tamen ipsa iteratio saluberrime intentionem movet ad firmitatem retinendi eam, quæ sic commendatur, fidem.

5. « Modo ergo hominibus suadeo, an Deo? aut quæro hominibus placere? Si adhuc hominibus placerem, Christi servus non essem. » (*v.* 10.) Nemo Deo suadet, quia manifesta sunt illi omnia : sed hominibus ille bene suadet, qui non se illis placere vult, sed ipsam quam suadet veritatem. Qui enim placet hominibus, non ab ipsis suam gloriam quærens, sed Dei, ut salvi fiant, non jam hominibus, sed Deo placet : aut certe jam cum et Deo placet simul et hominibus, non utique hominibus placet. Aliud est enim placere hominibus, aliud et Deo et hominibus. Item qui hominibus propter veritatem placet, non jam ipse illis, sed veritas placet. « Placerem » autem dixit quantum in seipso est, quantum ad ejus voluntatem attinet : ac si diceret, placere vellem. Non enim si hoc eo non agente placeat alicui, quasi propter seipsum, et non propter Deum atque Evangelium quod annuntiat, superbiæ ipsius potius, quam errori ejus cui perverse placet, tribuendum est. Iste itaque sensus est : Modo ergo hominibus suadeo, an

persuader, ou bien en persuadant les hommes, ai-je l'intention de plaire aux hommes? Si je plaisais encore aux hommes, je ne serais plus serviteur de Jésus-Christ. » En effet, il commande à ses serviteurs d'apprendre de lui à être doux et humble de cœur. (*Matth.*, XI, 29.) Or, c'est ce que ne peut faire celui qui cherche à plaire aux hommes pour sa gloire particulière et personnelle. Le même Apôtre dit dans un autre endroit : « Nous cherchons à persuader les hommes, mais nous sommes connus de Dieu, » (II *Cor.*, V, 11) pour nous faire comprendre que le sens de ces paroles : « Est-ce les hommes ou Dieu que je cherche à persuader, » est que ce n'est pas Dieu, mais les hommes qu'il faut persuader. Qu'on ne soit donc point surpris de ce qu'il dit ailleurs : « Je m'efforce de plaire à tous en toutes choses, » (II *Cor.*, X, 33) car il ajoute aussitôt : « Ne cherchant point ce qui m'est avantageux en particulier, mais ce qui est utile aux autres pour leur salut. » Or, un prédicateur ne peut être utile au salut des hommes, s'il leur plaît à cause de ses qualités personnelles; il ne peut leur plaire utilement qu'autant qu'il leur plaît à cause de Dieu, c'est-à-dire afin que Dieu leur plaise et soit glorifié lorsqu'ils considèrent ses dons dans un homme, ou qu'ils les reçoivent eux-mêmes par le ministère d'un homme. Quand un homme plaît de cette manière, ce n'est plus lui, c'est Dieu qui plaît en lui. Saint Paul peut donc très-bien dire tout à la fois : Je plais, et je ne plais pas. Car pour celui dont l'esprit est droit et qui frappe avec piété pour obtenir l'intelligence de ces paroles, ces deux propositions sont claires et n'offrent pas entre elles la moindre contradiction.

6. « Je vous déclare donc, mes frères, que l'Evangile que je vous ai prêché n'est pas selon l'homme, car je ne l'ai reçu ni appris d'aucun homme, mais par la révélation de Jésus-Christ. » (*Gal.*, I, 11, 12.) L'Evangile qui serait selon l'homme, serait un mensonge, « car tout homme est menteur, » (*Ps.* CV, 11) et tout ce qu'on trouve de vérité dans l'homme, ne vient pas de l'homme, mais de Dieu par l'homme. Donc un enseignement tout humain ne mérite point le nom d'Evangile, et tel était celui de ces faux docteurs qui voulaient entraîner de la liberté dans la servitude, ceux que Dieu appelait au contraire de la servitude à la liberté.

7. « Car vous avez ouï dire de quelle manière j'ai vécu autrefois dans le judaïsme, persécutant à outrance et ravageant l'Eglise de Dieu; me signalant dans le judaïsme au-dessus d'un grand nombre de ma nation et de mon époque, et zélateur outre mesure des traditions de mes pères. » (*Gal.*, I, 13, 14.) Si en persécutant et en ravageant l'Eglise de Dieu, il faisait des progrès dans le judaïsme, il est évident que le judaïsme est opposé à l'Eglise de Dieu, et par judaïsme il

---

Deo? aut quia hominibus suadeo, quæro hominibus placere? Si adhuc hominibus quærerem placere, Christi servus non essem. Jubet enim ille servis suis, ut discant ab ipso mites esse et humiles corde. (*Matth.*, XI, 29.) Quod nullo modo potest, qui propter seipsum, id est propter suam quasi privatam et propriam gloriam placere hominibus quærit. Dicit autem et alibi : Hominibus suademus, Deo autem manifestati sumus (II *Cor.*, V, 11) : ut intelligas quod hic ait : « Hominibus suadeo, an Deo? » non utique Deo, sed hominibus suadendum. Non ergo moveat, quod alibi dixit: Sicut et ego omnibus per omnia placeo. (II *Cor.*, X, 33.) Addidit enim, non quærens quod mihi prodest, sed quod multis, ut salvi fiant. Nulli autem prodest, ut salvus fiat, si homo ei propter seipsum placeat : qui non placet utiliter, nisi cum propter Deum placet, id est, ut Deus placeat et glorificetur, cum dona ejus attenduntur in homine, aut per ministerium hominis accipiuntur : cum autem sic homo placet, non jam homo, sed Deus placet. Utrumque ergo recte dici potest, et ego placeo, et non ego placeo. Si enim adsit bonus intellector, piusque pulsator, patebit utrumque, et nulla inter se repugnantia repellet intrantem.

6. « Notum enim vobis facio, fratres, Evangelium, quod evangelizatum est a me, quia non est secundum hominem. Neque enim ego ab homine accepi illud, neque didici, sed per revelationem Jesu Christi. » (*Gal.*, I, 11, 12.) Evangelium quod secundum hominem est, mendacium est. Omnis enim homo mendax (*Psal.* CV, 11) : quia quidquid veritatis invenitur in homine, non est ab homine, sed a Deo per hominem. Ideo jam quod secundum hominem est, nec Evangelium dicendum est : quale illi afferebant, qui in servitutem ex libertate attrahebant eos, quos Deus ex servitute in libertatem vocabat.

7. « Audistis enim conversationem meam aliquando in Judaismo, quia supra modum persequebar Ecclesiam Dei, et vastabam illam, et proficiebam in Judaismo supra multos coætaneos meos in genere meo, abundantius æmulator exsistens paternarum mearum traditionum. » (*Gal.*, I, 13, 14.) Si perse-

faut entendre ici non pas la loi spirituelle que les Juifs ont reçue, mais les observances charnelles dont ils étaient esclaves. Et si Paul persécutait l'Eglise de Dieu par un zèle à outrance, c'est-à-dire pour suivre rigoureusement les traditions de ses pères, ces traditions sont donc contraires à l'Eglise de Dieu. Or, ce n'est pas la loi qu'il faut accuser ici, car la loi est spirituelle (*Rom.*, VII, 14), et ne force personne de l'entendre dans un sens charnel, mais la perversité de ceux qui entendent dans un sens charnel les vérités qu'ils ont reçues, et y mêlent en grand nombre leurs propres inventions, détruisant ainsi, comme Notre-Seigneur le leur reproche, le commandement de Dieu à cause de leurs traditions. (*Matth.*, XV, 3.)

8. « Mais lorsqu'il eût plu à Dieu, qui m'a choisi dès le sein de ma mère et qui m'a appelé par sa grâce, de me faire connaître son Fils pour l'annoncer aux Gentils, aussitôt je cessai de prendre conseil de la chair et du sang. » (*Gal.*, I, 15, 16.) Dieu sépare en quelque sorte dès le sein de sa mère celui qu'il détache des coutumes aveugles de ses parents selon la chair ; et l'homme suit les inspirations de la chair et du sang lorsqu'il cède aux conseils et aux impulsions naturelles de ses parents et de ses proches. « Et sans retourner à Jérusalem pour voir ceux qui étaient apôtres avant moi, je m'en allai en Arabie et je retournai encore à Damas. Trois ans après, j'allai à Jérusalem pour voir Pierre et je demeurai quinze jours avec lui. » (*Ibid.*, 17, 18.) Si Paul ne vit Pierre qu'après avoir prêché l'Evangile dans l'Arabie, il n'est point venu le voir dans le dessein d'apprendre de lui l'Evangile qu'il devait prêcher, car alors il serait venu le voir auparavant ; ce fut donc uniquement pour augmenter par cette connaissance plus sensible la charité fraternelle qui les unissait. « Mais je ne vis aucun des autres apôtres, sinon Jacques, frère du Seigneur. » (*Ibid.*, 19.) L'Apôtre appelle Jacques frère du Seigneur en ce sens qu'il était un des fils que Joseph avait eus d'une autre épouse, ou tout simplement parent de Marie, mère de Jésus.

9. « Je prends Dieu à témoin que je ne mens point dans tout ce que je vous écris. » (*Gal.*, I, 20.) Prendre Dieu à témoin qu'on ne ment pas, c'est faire un serment. Et qu'y a-t-il de plus sacré que ce serment ? Or, Dieu ne défend point le serment qui a pour cause non pas la mauvaise disposition de celui qui le fait, mais l'incrédulité coupable de celui qui force d'y recourir. Nous voyons en effet par la conduite de saint Paul que Dieu interdit le serment en ce sens qu'on doit l'éviter autant qu'on le peut, tandis que la plupart l'ont toujours sur les lèvres comme une chose qui les distingue ou qui leur

---

quendo et vastando Ecclesiam Dei proficiebat in Judaismo, apparet contrarium esse Judaismum Ecclesiæ Dei, non per illam spiritalem Legem quam acceperunt Judæi, sed per carnalem conversationem servitutis ipsorum. Et si æmulator, id est, imitator paternarum suarum traditionum persequebatur Paulus Ecclesiam Dei, paternæ ipsius traditiones contrariæ sunt Ecclesiæ Dei, non autem Legis illius culpa est; Lex enim spiritalis est (*Rom.*, VII, 14), nec carnaliter se cogit intelligi : sed illorum vitium est, qui et illa quæ acceperunt, carnaliter sentiunt, et multa etiam sua tradiderunt, dissolventes, sicut Dominus dicit, mandatum Dei, propter traditiones suas. (*Matth.*, XV, 3.)

8. « Cum autem placuit Deo, qui me segregavit de ventre matris meæ, et vocavit per gratiam suam, revelare Filium suum in me, ut annuntiarem eum in Gentibus, continuo non acquievi carni et sanguini. » (*Gal.*, I, 15, 16.) Segregatur quodammodo de ventre matris, quisquis a carnalium parentum consuetudine cæca separatur : acquiescit carni et sanguini, quisquis carnalibus propinquis et consanguineis suis carnaliter suadentibus assentitur. « Neque veni in Jerosolymam ad præcessores meos Apostolos, sed abii in Arabiam, et iterum reversus sum Damascum. Deinde post annos tres, ascendi Jerosolymam videre Petrum, et mansi apud illum diebus quindecim. » (v. 17, 18.) Si cum evangelizasset Paulus in Arabia, postea vidit Petrum, non ideo ut per ipsum Petrum disceret Evangelium ; nam ante eum utique vidisset : sed ut fraternam caritatem etiam corporali notitia cumularet. « Alium autem Apostolorum non vidi, nisi Jacobum fratrem Domini. » (v. 19.) Jacobus Domini frater, vel ex filiis Joseph de alia uxore, vel ex cognatione Mariæ matris ejus debet intelligi.

9. « Quæ autem scribo vobis, ecce coram Deo, quia non mentior. » (v. 20.) Qui dicit : « Ecce coram Deo, quia non mentior, » jurat utique. Et quid sanctius hac juratione ? Sed non est contra præceptum juratio quæ a malo est, non jurantis, sed incredulitatis ejus cui jurare cogitur. Nam hinc intelligitur ita Dominum prohibuisse a jurando, ut quantum in ipso est quisque non juret : quod multi faciunt in ore habentes juratione tanquam magnum aut suave aliquid. Nam utique Apostolus noverat præceptum Domini, et juravit tamen. Non enim audiendi sunt,

est agréable. Ainsi l'Apôtre connaissait bien la défense du Seigneur, et cependant il ne laisse point de faire serment. Car on ne peut admettre l'opinion de ceux qui prétendent que ce ne sont point là des serments. Que diront-ils alors de celui-ci : « Je meurs chaque jour, mes frères, par la gloire que je reçois de vous en Jésus-Christ, » (1 Cor., xv, 31) paroles où le texte grec prouve de la manière la plus évidente que saint Paul fait un serment (1)? Il s'abstient de jurer autant qu'il le peut, car il n'est porté au serment ni par la passion, ni par le plaisir qu'il y trouve. Le serment va plus loin que cette simple formule : « Oui, oui, non, non, » (*Matth.*, v, 37) et c'est pour cela qu'il vient du mal, c'est-à-dire de la faiblesse ou de l'incrédulité de ceux dont on ne peut obtenir créance autrement. « J'allai de là dans la Syrie et dans la Cilicie. Or, les Eglises de Judée qui croyaient en Jésus-Christ ne connaissaient point mon visage. » (*Gal.*, i, 21, 22.) Il faut remarquer que ce n'est pas seulement dans la ville de Jérusalem que les Juifs avaient embrassé la foi en Jésus-Christ et qu'ils n'étaient pas réduits à un si petit nombre qu'ils fussent confondus avec les Eglises des Gentils ; ils étaient au contraire assez nombreux pour former des Eglises distinctes. « Elles avaient seulement ouï dire : Celui qui autrefois nous persécutait annonce maintenant la foi qu'il s'efforçait alors de détruire. Et ils glorifiaient Dieu à cause de moi. » (*Ibid.*, 23, 24.) C'est ce qu'il disait plus haut, qu'il ne plaisait pas aux hommes, c'est-à-dire qu'il ne leur plaisait pas pour lui-même, mais afin que Dieu fût glorifié dans sa personne, suivant cette recommandation du Sauveur : « Que vos œuvres brillent devant les hommes afin qu'ils voient le bien que vous faites et qu'ils glorifient votre Père qui est dans les cieux. »

10. « Quatorze ans après j'allai encore à Jérusalem avec Barnabé, ayant pris aussi Tite avec moi. » (*Gal.*, ii, 1.) Il les désigne par leurs noms pour multiplier les témoignages. « Or, j'y montais suivant une révélation. » (*Ibid.*, 2.) Il va ainsi au-devant de la difficulté qu'on pouvait lui faire, pourquoi il se rendait alors dans cette ville où il n'était point allé depuis si longtemps. Si donc il s'y rend suivant une révélation, c'est que cette démarche avait son utilité. « Et j'exposai aux fidèles, et en particulier à ceux qui paraissaient les plus considérés. » S'il expose en particulier l'Evangile à ceux qui tenaient les premières places dans l'Eglise, après l'avoir prêché à tous indistinctement, ce n'est point que sa prédication eût été mêlée de quelques erreurs qui l'obligeassent à rendre hommage à la vérité devant un petit nombre de témoins ; non, il avait seulement gardé le silence sur quelques

---

(1) Voyez Livre Ier du *Sermon sur la montagne*, chap. xvii, n° 51.

---

qui has jurationes esse non putant. Quid enim faciet de illa : Quotidie morior per gloriam vestram, fratres (I Cor., xv, 31), quam habeo in Christo Jesu Domino nostro : quam Græca exemplaria manifestissimam jurationem esse convincunt. Quantum ergo in ipso est, non jurat Apostolus : non enim appetit jurationem cupiditate aut delectatione jurandi. Amplius est enim quam : Est, est ; non, non : et ideo a malo est (Matth., v, 37), sed intirmitatis aut incredulitatis eorum, qui non aliter moventur ad fidem. « Deinde venit in partes Syriæ, et Ciliciæ. Eram autem ignotus facie Ecclesiis Judææ, quæ in Christo sunt. » (Gal., i, 21, 22.) Animadvertendum, non in sola Jerosolyma Judæos in Christum credidisse ; nec tam paucos fuisse, ut Ecclesiis Gentium miscerentur ; sed tam multos, ut ex illis Ecclesiæ fierent. « Tantum autem audientes erant, quia qui aliquando nos persequebatur, nunc evangelizat fidem, quam aliquando vastabat : et in me magnificabant Deum. » (v. 23, 24.) Hoc est quod dicebat, se non placere hominibus, utique per seipsum, sed ut in illo magnificaretur Deus : hoc est quod etiam Dominus dicit : Luceant opera vestra coram hominibus, ut videant bona facta vestra, et glorificent Patrem vestrum, qui in cœlis est. (Matth., v, 16.)

10. Deinde : « Post annos quatuordecim iterum ascendi Jerosolymam cum Barnaba, assumpto etiam Tito. » (Gal., ii, 1.) Tanquam testimoniis pluribus agit, cum etiam istos nominat. « Ascendi autem secundum revelationem : » (v. 2) ne moveret eos quare vel tunc ascenderit, quo tam diu non ascenderat. Quapropter si ex revelatione ascendit, tunc proderat ut ascenderet. « Et exposui illis Evangelium, quod prædico in Gentibus ; seorsum autem his qui (*a*) videntur. » Quod seorsum exposuit Evangelium, eis qui eminebant in Ecclesia, cum jam illud exposuisset coram omnibus, non ideo factum est, quod aliqua falsa dixerat, ut seorsum paucioribus vera dice-

---

(*a*) Lovanienses codicis Amandiensis auctoritate reponunt *his qui videbantur esse aliquid*. Cæteris tamen libris abest *esse aliquid*, quo etiam in antiq. Corbeiensib. Bibliis caret Vulgata : atque hæc ibi habet *his qui videbantur*, sicque tres Mss. bic : at alii octo, necnon Am. et Er. *his qui videntur*. Porro in Græco est τοῖς δοκοῦσι, id est eis qui eminent in Ecclesia, uti interpretatur Augustinus.

points que les faibles n'étaient pas encore capables de comprendre dans le sens qu'il dit aux Corinthiens : « Je vous ai donné du lait, et non une nourriture solide. » (I *Cor.*, III, 2.) Il n'est jamais permis de dire rien de faux, mais il est quelquefois utile de taire une vérité. Il était donc nécessaire que les Apôtres connussent le degré de perfection où Paul était parvenu ; car il pouvait être un chrétien sincère, avoir une foi vraie et irréprochable sans avoir nécessairement pour cela des droits au titre d'Apôtre. Les paroles qui suivent : « De peur de travailler ou d'avoir travaillé inutilement, » ne se rapportent point à ceux avec lesquels il a comparé séparément son Evangile, mais à ceux à qui il écrit cette lettre, et c'est une espèce de question qu'il se fait ; or une preuve qu'il ne court point, qu'il ne travaille point inutilement, c'est le témoignage que lui rendent les autres Apôtres, qu'il ne s'écarte en rien de la vérité de l'Evangile.

11. « Mais on n'obligea pas même Tite, qui était avec moi, tout Gentil qu'il était, à se faire circoncire. » (*Gal.*, II, 3.) Bien que Tite fût Gentil d'origine et qu'aucune habitude, qu'aucune alliance de ses parents avec les Juifs ne l'obligeassent à se faire circoncire, comme Timothée, cependant l'Apôtre le lui eût facilement permis ; car il n'enseignait pas que la circoncision détruisait nécessairement le salut, mais il établissait qu'il était contraire au salut de placer dans la circoncision l'espérance du salut. Il aurait donc pu la tolérer patiemment comme une chose superflue en suivant la doctrine qu'il expose ailleurs : « Ce n'est rien d'être circoncis ou d'être incirconcis, mais l'essentiel est d'observer les commandements de Dieu. » (I *Cor.*, VII, 19.) « Et la considération de quelques faux frères ne contraignit point Tite à se faire circoncire, c'est-à-dire on ne put obtenir de lui qu'il se fît circoncire, parce que ceux qui s'étaient introduits pour examiner la liberté des chrétiens l'observaient d'un œil scrutateur et désiraient que Tite se fît circoncire, afin que de l'aveu et du consentement de Paul lui-même, ils pussent enseigner que la circoncision est nécessaire au salut, et « réduire ainsi les fidèles en servitude, » en les replaçant sous le joug de la loi. « Cependant, ajoute l'Apôtre, nous ne leur cédâmes pas même pour un moment, et nous refusâmes de nous assujettir à ce qu'ils voulaient, afin que la vérité de l'Evangile demeurât parmi nous. » (*Gal.*, II, 5.)

12. Or, ceux qui étaient envieux du grand Apôtre le signalaient et voulaient le faire passer pour suspect parce qu'il avait autrefois persécuté l'Eglise, et c'est ce qui lui fait dire : « Quant à ceux qui paraissaient les plus considérables, peu m'importe ce qu'ils ont été autrefois. Car

---

ret : sed aliqua tacuerat, quæ adhuc parvuli portare non poterant : qualibus se ad Corinthios lac dicit dedisse, non escam. (I *Cor.*, III, 2.) Falsum enim dicere nihil licet : aliquando autem aliquid veri tacere, utile est. Perfectionem ipsius opus erat ut scirent cæteri Apostoli. Non enim sequebatur ut si fidelis esset, veramque et rectam teneret fidem, jam etiam Apostolus esse deberet. Illud autem quod subjungit : « Ne forte in vacuum curro, aut cucurri, » (*Gal.*, II, 2) non ad illos cum quibus seorsum contulit Evangelium, sed ad istos quibus scribit, quasi per interrogationem dictum intelligendum est : ut ex eo appareret, non eum in vacuum currere aut cucurrisse, quia jam etiam attestatione cæterorum nihil ab Evangelii veritate dissentire approbatur.

11. « Sed neque Titus qui mecum erat, inquit, cum esset Græcus, compulsus est circumcidi. » (*v.* 3.) Quamvis Titus Græcus esset, et nulla eum consuetudo aut cognatio parentum circumcidi cogeret, sicut Timotheum, facile tamen etiam istum circumcidi permisisset Apostolus. Non enim tali circumcisione salutem docebat auferri, sed si in ea constitueretur spes salutis, hoc esse contra salutem ostendebat. Poterat ergo ut superfluam æquo animo tolerare, secundum sententiam quam alibi dixit : Circumcisio nihil est, et præputium nihil est, sed observatio mandatorum Dei. (I *Cor.*, VII, 19.) « Propter subintroductos autem falsos fratres, » (*Gal.*, II, 4) non est compulsus Titus circumcidi : id est, non ei potuit extorqueri, ut circumcideretur ; quia illi « qui subintroierunt, dicit, proscultare libertatem » eorum, vehementer observabant, et cupiebant circumcidi Titum, ut jam circumcisionem, etiam ipsius Pauli attestatione et consensione, tanquam saluti necessariam prædicarent ; et sic eos, ut ait, « in servitutem redigerent, » id est, sub onera Legis servilia revocarent. « Quibus se nec ad horam, » id est, nec ad tempus « cessisse dicit subjectioni, ut veritas Evangelii permaneret ad Gentes. « (*v.* 5.)

12. Denotabant autem suspectumque haberi volebant invidi apostolum Paulum, quod aliquando persecutor Ecclesiarum fuerit : et ideo dicit : « De his autem qui videntur esse aliquid, quales aliquando fuerint, nihil mea interest. » (*v.* 6.) Quia et qui videntur esse aliquid, carnalibus hominibus videntur esse aliquid : nam non sunt ipsi aliquid. Et si enim

enfin ceux qui paraissent être quelque chose, n'ont cette apparence qu'aux yeux des hommes charnels, en réalité ils ne sont rien par eux-mêmes. J'admets qu'ils sont de fidèles ministres de Dieu, c'est Jésus-Christ qui est en eux quelque chose, et non pas eux-mêmes. Car s'ils étaient quelque chose par eux-mêmes, ils l'auraient toujours été. » Saint Paul déclare que peu lui importe ce qu'ils ont été autrefois, c'est-à-dire qu'ils aient été pécheurs eux-mêmes, parce que Dieu ne fait point acception de personnes, et qu'il appelle sans distinction aucune tous les hommes au salut sans leur imputer leurs péchés. Dieu fit donc de saint Paul un apôtre parfait sans le concours et la participation de ceux qui le précédèrent dans l'apostolat, afin qu'ils ne pussent rien ajouter à sa perfection lorsqu'il vint conférer avec eux, mais qu'ils reconnussent que le même Seigneur Jésus-Christ qui sauve les hommes sans acception de personnes avait donné à Paul pour devenir le ministre des Gentils la même grâce qu'il avait faite à Pierre pour être le ministre des Juifs. Il ne se rencontre donc aucun point de divergence entre eux; à l'affirmation de Paul qu'il avait reçu l'Evangile dans sa perfection, ils n'opposèrent aucune dénégation, ils n'eurent point la pensée d'y ajouter comme à une œuvre imparfaite, bien loin au contraire d'y relever aucun défaut, ils s'accordèrent à en proclamer l'excellence; « et ils nous donnèrent la main en signe de communion, » (*Ibid.*, 9) c'est-à-dire ils consentirent à entrer avec nous en société et ils obéirent à la volonté du Seigneur, en consentant que Paul et Barnabé allassent vers les Gentils, tandis qu'eux-mêmes continueraient de prêcher aux circoncis qui paraissent opposés aux incirconcis, c'est-à-dire aux Gentils. On peut en effet entendre dans ce sens l'expression *e contrario* en disposant ainsi les membres de cette proposition : « Ceux qui paraissent être quelque chose n'ont rien ajouté à mon enseignement, au contraire, ils furent d'avis que Barnabé et moi nous irions vers les Gentils qui sont opposés aux circoncis, tandis qu'ils iraient eux-mêmes vers les Juifs; c'est dans ce sens qu'ils nous ont donné la main en signe de communion.

13. Il ne faut pas considérer comme un outrage à l'adresse de ses prédécesseurs ce que dit l'Apôtre : « Ceux qui paraissaient les plus considérables, peu m'importe ce qu'ils ont été autrefois. » Car ces apôtres qui se conduisaient par les inspirations de l'esprit résistaient aux tendances des chrétiens charnels qui les regardaient comme des hommes considérables plutôt que de voir en eux Jésus-Christ, et leur plus grande joie était d'arriver à persuader aux hommes qu'eux-mêmes, les prédécesseurs de Paul et pécheurs comme lui, avaient été aussi justifiés par le Seigneur, qui ne fait point acception de personnes, parce qu'ils cherchaient la gloire de Dieu et non leur propre gloire. Mais

---

boni ministri Dei sunt, Christus in illis est aliquid, non ipsi per se. Nam si ipsi per se essent aliquid, semper fuissent aliquid. « Quales aliquando fuerint, » id est, quia et ipsi peccatores fuerunt, nihil sua dicit interesse : quia « Deus hominis personam non accipit, » id est, sine personarum acceptione omnes ad salutem vocavit, non reputans illis delicta eorum. Et ideo absentibus illis, qui priores facti erant Apostoli, Paulus a Domino perfectus est : ut quando cum eis contulit, nihil esset quod perfectioni ejus adderent, sed potius viderent eumdem Dominum Jesum Christum, qui sine personarum acceptione salvos facit, hoc dedisse Paulo ut ministraret Gentibus, quod et am Petro dederat ut ministraret Judæis. Non ergo inventi sunt in aliquo dissentire ab illo, ut cum ille se perfectum Evangelium accepisse diceret, illi negarent, et aliquid vellent tanquam imperfecto addere : sed e contrario pro reprehensoribus imperfectionis, approbatores perfectionis fuerunt. « Et dederunt dexteras societatis, » (*v.* 9) id est, consenserunt in societatem, et paruerunt voluntati Domini, consentientes ut Paulus et Barnabas irent « ad Gentes, ipsi autem in circumcisionem, » quæ præputio, id est, Gentibus contraria videtur. Nam etiam sic potest intelligi, quod ait, « e contrario, » ut ordo iste sit : Mihi enim qui videntur aliquid, nihil apposuerunt, sed e contrario, ut nos quidem in Gentes iremus, quæ sunt contrariæ circumcisioni, ipsi autem in circumcisionem, consenserunt mihi et Barnabæ : hoc est, « dexteras societatis nobis dederunt. »

13. Neque in contumeliam præcessorum ejus putet quis ab eo dictum : « Qui videntur esse aliquid, quales aliquando fuerint, nihil mea interest. » Et illi enim tanquam spirituales viri volebant resisti carnalibus, qui putabant aliquid ipsos esse, et non potius Christum in eis; multumque gaudebant, cum persuaderetur hominibus, et seipsos præcessores Pauli, sicut eumdem Paulum, ex peccatoribus justificatos esse a Domino, qui personam hominis non accipit : quia Dei gloriam quærebant, non suam. Sed

les hommes charnels et superbes qui s'irritent au moindre mot qui atteint leur vie passée, et le regardent comme un sanglant outrage, jugent les Apôtres d'après leurs sentiments. Or, Pierre, Jacques et Jean étaient les plus honorés de tous les apôtres, parce que c'est devant ces trois disciples que Notre-Seigneur voulut donner sur la montagne une image de son royaume après leur avoir dit six jours auparavant : « Il y en a quelques-uns ici présent qui ne mourront pas avant d'avoir vu le Fils de l'homme venant en son royaume. » (*Matth.*, XVI, 28.) Ils n'étaient pas eux-mêmes les colonnes, mais ils en avaient l'apparence. Paul savait que la sagesse s'est bâti une demeure et qu'elle l'a appuyée non pas sur trois, mais sur sept colonnes (*Prov.*, IX, 1), nombre qui est la figure symbolique de l'unité de l'Eglise. En effet, ce nombre s'emploie souvent pour exprimer le tout, comme dans ce passage de l'Evangile : « Il recevra dans cette vie sept fois autant (1), » paroles qui signifient que les apôtres sont comme n'ayant rien et qu'ils posséderont tout. (II *Cor.*, VI, 10.) C'est dans le même sens que saint Jean écrit aux sept Eglises qui représentent l'Eglise universelle. (*Apoc.*, I, 4.) Ces sept colonnes, dans un sens plus vrai, sont peut-être la figure des sept opérations de l'Esprit saint, de la sagesse et de l'intelligence, du conseil et de la force, de la science et de la piété, et de la crainte du Seigneur (*Is.*, XI, 2), opérations qui soutiennent la maison du Fils de Dieu, c'est-à-dire l'Eglise.

14. « Ils nous recommandèrent seulement de nous souvenir des pauvres, et c'est ce que j'ai eu grand soin de faire. » (*Gal.*, II, 10.) Tous les Apôtres avaient soin en commun des chrétiens pauvres qui étaient dans la Judée et qui avaient déposé aux pieds des Apôtres le prix de leurs biens qu'ils avaient vendus. (*Act.*, IV, 25.) Paul et Barnabé furent donc envoyés vers les Gentils pour exhorter les Eglises chrétiennes de la gentilité qui n'avaient pas encore renoncé à leurs biens à venir en aide à ceux qui s'en étaient dépouillés, comme saint Paul l'écrit aux Romains : « Maintenant je m'en vais à Jérusalem porter des secours aux fidèles. Car la Macédoine et l'Achaïe ont trouvé bon de faire quelque contribution pour les saints de Jérusalem qui sont pauvres. Ils s'y sont portés avec joie, et en effet ils leur sont redevables, car si les Gentils ont participé aux richesses spirituelles des Juifs, ils doivent aussi leur faire part de leurs biens temporels. » (*Rom.*, XV, 25, 27.)

15. Saint Paul ne s'était donc rendu coupable d'aucune dissimulation, car il réglait partout sa conduite sur ce qu'il croyait utile aux Eglises soit des Juifs, soit des Gentils ; il ne supprimait jamais une coutume dont l'observance n'était pas un

---

(1) On lit dans le texte grec ἑπταπλασίονα.

---

quia carnales et superbi homines, si quid de vita ipsorum præterita dicitur, irascuntur, et in contumeliam accipiunt; ex animo suo conjiciunt Apostolos. Petrus autem et Jacobus et Joannes honoratiores in Apostolis erant, quia ipsis tribus se in monte Dominus ostendit in significatione regni sui, cum ante sex dies dixisset : Sunt hic quidam de circumstantibus, qui non gustabunt mortem (*Matth.*, XVI, 28), donec videant filium hominis in regno Patris sui. Nec ipsi erant columnæ, sed videbantur. Noverat enim Paulus sapientiam ædificasse sibi domum, et non tres columnas constituisse, sed septem (*Prov.*, IX, 1) : qui numerus vel ad unitatem Ecclesiarum refertur : (solet enim pro universo poni, sicut in Evangelio dictum est : Accipiet in hoc sæculo septies tantum (*Matth.*, XIX, 29); ac si diceret : Quasi nihil habentes, et omnia possidentes. Unde etiam Joannes ad septem scribit Ecclesias, quæ utique universalis Ecclesiæ personam gerunt :) vel certe ad septenariam operationem Spiritus sancti magis refertur septenarius numerus columnarum, sapientiæ et intellectus, consilii et fortitudinis, scientiæ et pietatis, et timoris Dei (*Is.*, XI, 2), quibus operationibus domus Filii Dei, hoc est, Ecclesia continetur.

14. Quod autem ait : « Tantum ut pauperum memores essemus, quod et studui hoc ipsum facere : » (*Gal.*, II, 10) communis cura erat omnibus Apostolis de pauperibus sanctorum, qui erant in Judæa, qui rerum suarum venditarum pretia ad pedes Apostolorum posuerant. (*Act.*, IV, 35.) Sic ergo ad Gentes missi sunt Paulus et Barnabas, ut Ecclesiæ Gentium quæ hoc non fecerant, ministrarent, hortatione ipsorum, eis qui hoc fecerant : sicut ad Romanos dicit : « Nunc autem pergam Jerusalem ministrare sanctis : placuit enim Macedoniæ et Achaiæ communionem aliquam facere in pauperes sanctorum, qui sunt in Jerusalem. Placuit enim illis, et debitores eorum sunt. Si enim spiritalibus eorum communicaverunt Gentes, debent et in carnalibus ministrare eis. » (*Rom.*, XV, 25, etc.)

15. In nullam ergo simulationem Paulus lapsus erat, quia servabat ubique quod congruere videbat,

obstacle au royaume de Dieu; il recommandait seulement aux chrétiens de ne point placer l'espérance de leur salut dans des pratiques inutiles, même lorsqu'il voulait qu'ils restassent fidèles à une coutume pour ne pas devenir un objet de scandale aux faibles. C'est la règle qu'il enseigne aux Corinthiens : « Un homme circoncis est-il appelé à la foi, qu'il n'affecte point de paraître incirconcis. Un autre y est-il appelé, n'étant pas circoncis, qu'il ne se fasse point circoncire. Ce n'est rien d'être circoncis, ou d'être incirconcis, mais l'essentiel est d'observer les commandements. Que chacun demeure dans la vocation où il était quand Dieu l'a appelé. (I *Cor.*, VII, 18, etc.) Saint Paul appliquait cette règle aux coutumes ou aux usages qui ne nuisent en rien à la foi ou aux bonnes mœurs, car si un voleur était appelé à la foi, il est évident qu'il ne devrait pas continuer ses brigandages. Or, Pierre étant venu à Antioche, fut repris par Paul (*Gal.*, II, 11), non parce qu'il restait fidèle aux observances de la religion juive dans laquelle il était né et avait été élevé (bien qu'il s'en affranchît au milieu des Gentils), mais parce qu'il voulait imposer ces observances aux Gentils lorsqu'il vit arriver quelques envoyés de l'apôtre saint Jacques, c'est-à-dire de la Judée, car Jacques gouvernait l'Eglise de Jérusalem. Pierre donc par crainte de ceux qui croyaient ces observances essentielles au salut, se retirait de la société des Gentils, et par une dissimulation coupable se joignait aux Juifs pour soumettre les Gentils convertis à cette dure servitude, ce qui parait assez clairement dans les termes mêmes de sa réprimande. En effet, il ne lui dit pas : Si vous qui êtes juif, vivez comme les Gentils, et non pas comme les Juifs, (*Gal.*, II, 14) pourquoi retournez-vous aux observances judaïques? mais : « Pourquoi contraignez-vous les Gentils de judaïser? » S'il lui adressa ce reproche devant tous les fidèles, il y fut contraint par la nécessité, et parce qu'il voulait que cette réprimande devînt un remède salutaire pour toute l'Eglise. Quelle utilité, en effet, de reprendre en secret une erreur si dangereuse pour tous? Ajoutons que la fermeté et la charité de Pierre à qui Notre-Seigneur avait demandé trois fois : « M'aimez-vous, paissez mes brebis, » (*Jean*, XXI, 15) supportait très-volontiers pour le salut du troupeau cette réprimande, bien qu'elle vînt d'un pasteur d'une dignité inférieure. Celui qui reçoit ici la réprimande est plus admirable et plus difficile à imiter que celui qui la fait. En effet, il vous est plus difficile de voir les défauts d'un autre et de leur infliger le blâme ou la censure qu'ils méritent, que de voir vos propres défauts et de permettre qu'ils soient repris soit par vous-même, soit par un autre, surtout s'il vous est inférieur et qu'il vous reprenne publiquement. La conduite de Pierre nous offre ici un

sive Ecclesiis Gentium, sive Judæorum, ut nusquam auferret consuetudinem, quæ servata non impediebat ad obtinendum regnum Dei : tantum admonens, ne quis in superfluis poneret spem salutis, etiam si consuetudinem in eis propter offensionem infirmorum custodire vellet. Sicut ad Corinthios dicit : Circumcisus quis vocatus est, non adducat præputium : in præputio quis vocatus est, non circumcidatur. Circumcisio nihil est, et præputium nihil est, sed observatio mandatorum Dei. Unusquisque in qua vocatione vocatus est, in ea permaneat. (I *Cor.*, VII, 18, etc.) Hoc enim ad eas consuetudines vel conditiones vitæ retulit, quæ nihil obsunt fidei bonisque moribus. Non enim si latro erat quisque cum vocatus est, debet in latrocinio permanere. Petrus autem cum venisset Antiochiam, objurgatus est a Paulo (*Gal.*, II, 11), non quia servabat consuetudinem Judæorum, in qua natus atque educatus erat, (quanquam apud Gentes eam non servaret;) sed objurgatus est, quia Gentibus eam volebat imponere cum vidisset quosdam venisse ab Jacobo, id est, a Judæa : nam Ecclesiæ Jerosolymitanæ Jacobus præfuit. Timens ergo eos qui adhuc putabant in illis observationibus salutem constitutam, segregabat se a Gentibus, et simulate illis consentiebat ad imponenda Gentibus illa onera servitutis : quod in ipsius objurgationis verbis satis apparet. Non enim ait : « Si tu, cum Judæus sis, gentiliter, et non Judaice vivis, » (*Gal.*, II, 14) quemadmodum rursus ad consuetudinem Judæorum reverteris; sed, « quemadmodum, inquit, Gentes cogis judaïzare? » Quod autem hoc ei coram omnibus dixit, necessitas coegit, ut omnes illius objurgatione sanarentur. Non enim utile erat errorem, qui palam noceret, in secreto emendare. Huc accedit, quod firmitas et caritas Petri, cui ter a Domino dictum est : Amas me? pasce oves meas (*Joan.*, XXI, 15), objurgationem talem posterioris pastoris pro salute gregis libentissime sustinebat. Nam erat objurgatore suo ipse qui objurgabatur mirabilior, et ad imitandum difficilior. Facilius est enim videre quid in alio corrigas, atque id vituperando vel objurgando corrigere, quam videre quid

magnifique exemple d'humilité qui est la grande règle de la discipline chrétienne, car l'humilité est la gardienne de la charité; rien, en effet, ne lui porte un coup plus prompt et plus funeste que l'orgueil. Aussi Notre-Seigneur ne nous a pas dit : Prenez mon joug et apprenez de moi que je ressuscite et fais sortir du tombeau des morts de quatre jours, que je chasse tous les démons du corps des hommes, que je guéris les maladies et que j'opère d'autres miracles semblables; mais : « Prenez mon joug et apprenez de moi que je suis doux et humble de cœur. » (*Matth.*, XI, 29.) En effet, ces prodiges étaient la figure des grâces spirituelles, mais la douceur et l'humilité gardienne de la charité, sont les grâces spirituelles elles-mêmes, et la vue de ces prodiges conduit à ces grâces spirituelles ceux qui trop attachés aux sens du corps cherchent dans des prodiges nouveaux et extraordinaires la foi au monde invisible qu'ils ne peuvent trouver dans les choses qui leur sont connues et familières. Si donc ceux qui voulaient contraindre les Gentils de judaïser eussent appris à être doux et humbles de cœur, comme Pierre l'avait appris lui-même de son divin Maître, l'empressement d'un si grand homme à réformer sa conduite eût été pour eux un motif puissant de l'imiter et de ne plus croire que l'Evangile de Jésus-Christ était la juste récompense de leur justice. « Sachant au contraire qu'on n'est pas justifié par les œuvres de la loi, mais par la foi en Jésus-Christ, » (*Gal.*, II, 16) qui nous fait accomplir les œuvres de la loi avec l'aide non de nos propres mérites mais de la grâce de Dieu qui vient au secours de notre faiblesse, ils cesseraient d'exiger des Gentils la pratique des observances charnelles de la loi, et ils reconnaîtraient que c'est par la grâce de la foi qu'ils peuvent accomplir les œuvres spirituelles de la loi. Car les œuvres de la loi, lorsqu'on les attribue à ses propres forces plutôt qu'à la grâce et à la miséricorde de Dieu ne peuvent justifier aucune chair, c'est-à-dire aucun homme, ou si l'on veut aucun de ceux qui suivent les inspirations de la chair. Voilà pourquoi ceux qui ont cru en Jésus-Christ lorsqu'ils étaient encore sous la loi, ont obtenu la grâce de la foi non parce qu'ils étaient justes, mais pour être justifiés.

16. Les Juifs donnaient aux Gentils le nom de pécheurs par suite de leur orgueil invétéré qui les représentait comme justes à leurs yeux et leur faisait apercevoir une paille dans l'œil d'autrui, sans leur laisser voir la poutre qui les aveuglait. C'est donc en se conformant à leur manière de parler que l'Apôtre dit : « Nous sommes, nous autres, Juifs de naissance, et non des pécheurs issus des Gentils, » (*Gal.*, II, 15) c'est-à-dire de ceux qu'ils traitent de pécheurs,

in te corrigendum sit, libenterque corrigi, vel per teipsum, nedum per alium; adde posteriorem, adde coram omnibus. Valet autem hoc ad magnum humilitatis exemplum, quæ maxima est disciplina Christiana : humilitate enim conservatur caritas. Nam nihil eam citius violat quam superbia. Et ideo Dominus non ait : Tollite jugum meum et discite a me, quoniam quatriduana de sepulcris cadavera exsuscito, atque omnia dæmonia de corporibus hominum morbosque depello, et cætera hujusmodi : Tollite, inquit, jugum meum, et discite a me quia mitis sum, et humilis corde. (*Matth.*, XI, 29.) Illa enim signa sunt rerum spiritalium : mitem autem esse et humilem caritatis (*a*) conservatorem, res ipsæ spiritales sunt, ad quas per illa ducuntur, qui oculis corporis dediti fidem invisibilium, quia jam de notis usitatisque non possunt, de novis et repentinis visibilibus quærunt. Si ergo et illi qui cogebant Gentes judaïzare, didicissent mites esse et humiles corde, quod a Domino Petrus didicerat; saltem correcto tanto viro ad imitandum invitarentur, nec putarent Evangelium Christi justitiæ suæ tanquam debitum redditum : « Sed scientes quoniam non justificatur homo ex operibus Legis, nisi per fidem Christi Jesu, » (*Gal.*, II, 16) ut impleat opera Legis, adjuvante infirmitatem suam, non merito suo, sed gratia Dei, non exigerent de Gentibus carnales Legis observationes, sed per ipsam gratiam fidei, spiritalia opera Legis eos implere posse cognoscerent. Quoniam ex operibus Legis, cum suis viribus ea quisque tribuerit, non gratiæ miserantis Dei, non justificabitur omnis caro, id est, omnis homo, sive omnes carnaliter sentientes. Et ideo illi, qui cum jam essent sub Lege, Christo crediderunt, non quia justi erant, sed ut justificarentur, venerunt ad gratiam fidei.

16. Peccatorum autem nomen Gentibus imposuerant Judæi, jam vetusta quadam superbia, tanquam ipsi justi essent, videndo stipulam in oculo alieno, et non trabem in suo. Secundum eorum morem locutus Apostolus ait : « Nos natura Judæi, et non ex Gentibus peccatores, » (*v.* 15) id est, quos appellant peccatores, cum sint et ipsi peccatores. « Nos ergo, in-

---

(*a*) Ita Mss. At editi *caritatis conservatio est. Res ipsæ*, etc.

tout pécheurs qu'ils sont eux-mêmes. « Nous donc, dit-il, qui sommes Juifs de naissance, puisque nous ne faisions point partie des Gentils que les Juifs traitent de pécheurs, mais qui ne laissons pas d'être nous-mêmes des pécheurs, nous croyons aussi en Jésus-Christ pour être justifiés par la foi que nous avons en lui. » (*Ibid.*, 16.) Or, s'ils n'étaient point coupables de péché, ils ne chercheraient point la justification. Dira-t-on que leur péché vient justement d'avoir voulu être justifiés par Jésus-Christ, parce que s'ils avaient déjà la justice, ils sont devenus pécheurs en la cherchant ailleurs? Mais s'il en était ainsi, dit l'Apôtre, « Jésus-Christ serait donc le ministre du péché? » (*Ibid.*, 17.) Or, ils ne peuvent admettre cette conséquence, car ceux-là mêmes qui s'opposaient à ce qu'on annonçât l'Evangile aux Gentils incirconcis, avaient embrassé la foi en Jésus-Christ. Aussi en disant : « A Dieu ne plaise, » l'Apôtre exprime leur sentiment aussi bien que le sien propre. Il a donc détruit l'orgueil qui se glorifiait des œuvres de la loi, orgueil qu'il était indispensable et possible de détruire, car la grâce de la foi eût cessé de paraître nécessaire si les œuvres de la loi avaient pu justifier sans elle. Il est donc prévaricateur, s'il rétablit de nouveau ces œuvres en enseignant que les œuvres de la loi peuvent justifier sans la grâce, doctrine qui tendrait à faire de Jésus-Christ le ministre du péché. « Si je rétablissais de nouveau ce que j'ai détruit, dit l'Apôtre, je me rendrais moi-même prévaricateur. » (*Ibid.*, 18.) On pouvait cependant lui objecter : Quoi donc! vous vous rendez prévaricateur, en cherchant à établir aujourd'hui la foi en Jésus-Christ que vous vouliez détruire auparavant? Mais non, il ne l'a pas détruite, parce qu'elle est indestructible. Quant à cet orgueil, il l'avait réellement détruit, et il ne cessait d'en poursuivre l'entière destruction, parce qu'il était possible de l'anéantir. On ne peut donc accuser de prévarication celui qui a cherché d'abord à détruire une chose véritable, mais qui en ayant reconnu la vérité et l'indestructibilité s'y est attaché comme au fondement de l'édifice qu'il voulait élever ; mais le vrai prévaricateur est celui qui, après avoir détruit une erreur trop réelle et qui pouvait être détruite, cherche à la rétablir de nouveau.

17. Saint Paul déclare qu'il est mort à la loi, en ce sens qu'il n'est plus sous la loi ; mais cependant c'est par la loi qu'il est mort à la loi, parce qu'il était juif et qu'il avait reçu la loi comme un pédagogue, comme il l'enseigne dans la suite de l'Epître. Or, le travail du pédagogue doit tendre à ce qu'il ne soit plus nécessaire ; ainsi le lait qui nourrit l'enfant doit le conduire à n'avoir plus besoin du sein de sa mère ; de même encore le navire qui ramène dans la patrie devient ensuite inutile. Ou bien encore c'est par la loi entendue dans son sens spirituel que l'Apôtre est mort à la loi pour ne plus vivre sous

---

quit, natura Judæi, » cum gentiles non essemus, quos ipsi peccatores appellant, tamen « et nos » peccatores « in Christo Jesu credidimus, ut justificemur per fidem Christi. » (*v.* 16.) Non autem quærerent justificari, nisi essent peccatores. An forte quia in Christo voluerunt justificari, peccaverunt? quia, si jam justi erant, aliud quærendo utique peccaverunt : sed, si ita est, inquit, ergo « Christus peccati minister est. » (*v.* 17.) Quod utique non possunt dicere, quia et ipsi qui nolebant nisi circumcisis Gentibus tradi Evangelium, in Christo crediderant. Et ideo quod dicit : « Absit, » non solus, sed cum ipsis dicit. Destruxit autem superbiam gloriantem de operibus Legis, quæ destrui et deberet et posset, nam gratia fidei videretur non necessaria, si opera Legis etiam sine illa justificare crederentur. Et ideo prævaricator est, si rursus illa ædificat, dicens quod opera Legis etiam sine gratia justificant, ut Christus peccati minister inveniatur. Posset ergo illi objici dicenti : « Si enim quæ destruxi, hæc eadem rursus ædifico, prævaricatorem meipsum constituo. » (*v.* 18.) Quid ergo, quia fidem Christi oppugnabas antea, quam nunc ædificas, prævaricatorem te constituis? Sed illam non destruxit, quia destrui non potest. Hanc autem superbiam vere destruxerat, constanterque destruebat, quia destrui poterat. Et ideo non ille prævaricator est, qui rem veram cum conaretur destruere, et postea veram esse ac destrui non posse cognosceret, tenuit eam ut in ea ædificaretur : sed ille prævaricator est, qui cum destruxerit rem falsam, quia destrui potest, eam rursus ædificat.

17. « Mortuum » autem se « Legi » dicit, ut jam sub Lege non esset, sed tamen « per Legem : » sive quia Judæus erat, et tanquam pædagogum Legem acceperat, sicut postea manifestat. Hoc autem agitur per pædagogum (*Gal.*, III, 24), ut non sit necessarius pædagogus : sicut per ubera nutritur infans, ut jam uberibus non indigeat ; et per navem pervenitur ad patriam, ut jam navi opus non sit. Sive per Legem spiritaliter intellectam Legi mortuus est, ne sub ea

les prescriptions charnelles de la loi. C'est ainsi qu'il voulait que les Galates mourussent à la loi par la loi, lorsqu'il leur dit un peu après : « Dites-moi, vous qui voulez être sous la loi, n'avez-vous pas lu ce qui est écrit dans la loi, qu'Abraham eut deux fils, » etc., (*Gal.*, IV, 21, etc.) c'est-à-dire que la loi entendue dans un sens spirituel devait les conduire à mourir aux observances charnelles de la loi. Il ajoute : « Afin de vivre pour Dieu ; » (II, 19) vivre pour Dieu, c'est être soumis à Dieu ; vivre pour la loi, c'est être soumis à la loi. Or, tout homme vit sous la loi, en tant que pécheur, c'est-à-dire en tant qu'il n'est point dépouillé du vieil homme, car il vit de sa propre vie, et la loi est au-dessus de lui, et tout homme qui ne l'accomplit point est au-dessous d'elle. En effet, la loi n'est point établie pour le juste (I *Tim.*, I, 9), c'est-à-dire elle ne lui est pas imposée de manière qu'elle soit au-dessus de lui, car le juste est plutôt dans la loi que sous la loi, parce qu'il ne vit point de sa vie propre dont la loi a pour but de réprimer les écarts, s'il m'est permis de parler ainsi, il vit en quelque sorte de la loi, parce qu'il vit dans la justice avec l'amour de la justice, en plaçant sa joie non point dans un bien particulier et transitoire, mais dans le bien commun et immuable. Saint Paul n'avait donc point besoin qu'on lui imposât la loi, à lui qui pouvait dire : « Je vis, ce n'est plus moi, mais Jésus-Christ qui vit en moi. » (*Gal.*, II, 20.) Qui oserait imposer la loi à Jésus-Christ qui vit dans la personne de Paul? Car qui aurait la témérité d'avancer que la vie de Jésus-Christ n'est pas sainte, et que la loi est nécessaire pour la soumettre à la justice? « Et ce que j'ai maintenant de vie dans cette chair, » dit saint Paul. Il ne pouvait pas dire que Jésus-Christ vit encore d'une vie mortelle, tandis que la vie dans la chair est encore soumise à la mort, il ajoute donc : « Je l'ai en la foi du Fils de Dieu. » C'est ainsi que Jésus-Christ vit dans l'âme du fidèle et habite par la foi dans l'homme intérieur, afin de le combler un jour par la jouissance de la claire vision lorsque tout ce qui est mortel sera absorbé par la vie. (II *Cor.*, V, 4.) Or, pour preuve que Jésus-Christ vit en lui, et que pendant cette vie mortelle il vit dans la foi du Fils de Dieu, non par la vertu de ses mérites, mais par un effet de la grâce de Dieu, il ajoute : « Qui m'a aimé, et s'est livré lui-même pour moi. » Pour qui s'est-il livré, si ce n'est pour un pécheur qu'il voulait justifier? Et celui qui parle ainsi est un juif de naissance et d'éducation et un zélateur outre mesure de la tradition de ses pères. Si donc Jésus-Christ s'est livré pour de tels hommes, c'est une preuve qu'ils étaient pécheurs comme les autres. Qu'ils n'attribuent donc pas à leurs propres mérites la justification dont ils n'auraient pas eu besoin s'ils avaient été justes. « Car, dit le Seigneur, ce ne

---

carnaliter viveret. Nam hoc modo per Legem Legi ut morerentur volebat, cum eis paulo post ait : Dicite mihi sub Lege volentes esse, Legem non legistis? Scriptum est enim, quod Abraham duos filios habuit, etc., (*Gal.*, IV, 21, etc.) ut per eamdem Legem spiritaliter intellectam morerentur carnalibus observationibus Legis. Quod autem adjungit : « Ut Deo vivam : » (*Gal.*, II, 19) Deo vivit qui sub Deo est ; Legi autem qui sub Lege est : sub Lege autem vivit, inquantum quisque peccator est, id est, inquantum a vetere homine non est mutatus ; sua enim vita. vivit, et ideo Lex supra illum est : quia qui eam non implet, infra illam est. Nam justo Lex posita non est (I *Tim.*, I, 9), id est imposita, ut supra illum sit : in illa est enim potius quam sub illa ; quia non sua vita vivit, cui coercendæ Lex imponitur. Ut enim sic dicam, (*a*) ipsa quodammodo Lege vivit. qui cum dilectione justitiæ juste vivit, non proprio ac transitorio, sed communi ac stabili gaudens bono. Et ideo Paulo non erat Lex imponenda, qui dicit : « Vivo autem jam non ego, vivit vero in me Christus. » (*Gal.*, II, 20.) Quis ergo audeat Christo Legem imponere, qui vivit in Paulo? Non enim audet quis dicere Christum non recte vivere, ut ei coercendo Lex imponenda sit. « Quod autem nunc vivo, inquit, in carne, » quia non posset dicere Christum adhuc mortaliter vivere, vita autem in carne mortalis est, « in fide, inquit, vivo Filii Dei : » ut etiam sic Christus vivat in credente, habitando in interiore homine per fidem, ut postea per speciem impleat eum, cum absorptum fuerit mortale a vita. Ut autem ostenderet, quod vivit in illo Christus, et quod in carne vivens in fide vivit Filii Dei, non meriti sui esse, sed gratiæ ipsius : « Qui me, inquit, dilexit, et tradidit seipsum pro me. » Pro quo utique, nisi pro peccatore, ut eum justificaret? Et dicit hoc qui Judæus natus et educatus erat, et abundantius æmulator exstiterat paternarum suarum traditionum. Ergo si et pro talibus se tradidit Christus, etiam ipsi peccatores erant. Non ergo meritis justitiæ suæ datum di-

(*a*) Sic aliquot Mss. At editi *ipsam quodammodo legem.*

sont pas les justes, mais les pécheurs que je suis venu appeler, » (*Matth.*, IX, 13) afin qu'ils cessent d'être pécheurs. Si donc Jésus-Christ m'a aimé et s'est livré lui-même pour moi, « je n'ai garde de rejeter la grâce de Dieu, » (*Gal.*, II, 21) en soutenant que la justice vient de la loi. Car si la justice vient de la loi, c'est donc en vain que Jésus-Christ est mort, c'est-à-dire que sa mort est sans raison, puisque la loi, c'està-dire les œuvres de la loi, pourraient être la cause de la justification dans les hommes. Or, ceux-là mêmes que saint Paul combattait n'osaient soutenir que Jésus-Christ fût mort inutilement, parce qu'ils voulaient passer pour chrétiens. Ils tombaient donc dans une grossière erreur en cherchant à persuader que les chrétiens pouvaient être justifiés par les œuvres de la loi.

18. Aussi est-ce avec raison que l'Apôtre leur adresse ce reproche : « Galates insensés, qui vous a fasciné l'esprit? » (*Gal.*, III, 1.) Ce n'est point ainsi qu'il leur parlerait s'ils n'avaient fait aucun progrès dans la foi; ce langage suppose qu'ils s'étaient ralentis dans cette voie du progrès. « Vous, aux yeux desquels Jésus-Christ a été proscrit comme s'il eût été crucifié parmi vous? » c'est-à-dire vous, aux yeux desquels Jésus-Christ a perdu son héritage et son domaine sous les efforts de ceux qui le lui ont enlevé et en ont chassé le Seigneur en voulant ramener les fidèles à la pratique des œuvres légales au détriment de la grâce de la foi par laquelle Jésus-Christ s'était assuré la possession des Gentils. En effet, ils le dépouillaient de son domaine en lui enlevant ceux dans l'âme desquels il daignait habiter par le droit que lui donnait la grâce et la foi. Or, l'Apôtre veut montrer que cela s'est vérifié pour les Galates, et c'est pourquoi il leur dit : « Vous, aux yeux desquels; » car quelle chose se passa plus sous leurs yeux que ce qui s'accomplissait en eux-mêmes? Or, après avoir dit : « Jésus-Christ a été proscrit, » il ajoute : « Comme s'il eût été crucifié. » Il veut produire sur eux une plus vive impression en attirant leur attention sur le prix qu'a coûté à Jésus-Christ cette possession qu'ils lui faisaient perdre, ce qui était beaucoup plus que de leur dire comme plus haut, qu'il était mort inutilement. Car en s'exprimant de la sorte, il veut leur faire comprendre qu'il n'est point parvenu à posséder ce domaine pour lequel il a donné son sang. Or, dès qu'un homme est proscrit, on lui enlève tout ce qu'il possédait; toutefois cette proscription ne nuit en rien à Jésus-Christ qui, en vertu de sa divinité, est le maître de toutes choses, mais elle est funeste au domaine qui demeure ainsi privé de la culture de sa grâce.

19. L'Apôtre va maintenant démontrer comment la grâce de la foi suffit pour la justification sans les œuvres de la loi. Il prévient ainsi

---

cant, quod non opus erat justis dari. Non enim veni vocare justos, ait Dominus, sed peccatores (*Matth.*, IX, 13) : ad hoc utique, ne sint peccatores. Si ergo Christus me dilexit, et tradidit seipsum pro me : « Non irritam facio gratiam Dei, » (*Gal.*, II, 21) ut dicam per Legem esse justitiam. « Nam si per Legem justitia, ergo Christus gratis mortuus est : » id est, sine causa mortuus est, quando per Legem, id est, per opera Legis quibus Judæi confidebant, posset esse justitia in hominibus. Gratis autem mortuum Christum nec illi dicunt quos refellit, quoniam Christianos se volebant haberi. Non ergo recte per illa Legis opera Christianos justificari suadebant.

18. Quibus recte dicit : « O stulti Galatæ, quis vos fascinavit? » (*Gal.*, III, 1.) Quod non recte diceretur de his qui nunquam profecissent, sed de his qui ex profectu defecissent. « Ante quorum oculos Christus Jesus proscriptus est, crucifixus : » hoc est, quibus videntibus Christus Jesus hæreditatem suam possessionemque suam amisit : his utique auferentibus eam, Dominumque inde expellentibus, qui ex gratia fidei per quam Christus possidet Gentes, ad Legis opera eos qui crediderant revocabant, auferendo illi possessionem suam, id est, eos in quibus jure gratiæ fideique inhabitabat. Quod in ipsis Galatis accidisse vult videri Apostolus : nam ad hoc pertinet quod ait : « Ante quorum oculos. » Quid enim tam ante oculos eorum contigit, quam quod in ipsis contigit? Cum autem dixisset : « Jesus Christus proscriptus est, » addidit, « crucifixus : » ut hinc eos maxime moveret, cum considerarent quo pretio emerit possessionem, quam in eis amittebat : ut parum esset gratis eum mortuum, quod superius dixerat. Illud enim ita sonat, tanquam non pervenerit ad possessionem, pro qua sanguinem dedit. Proscripto autem etiam quæ tenebat, auferuntur : sed hæc proscriptio non obest Christo, qui etiam sic per divinitatem Dominus est omnium; sed ipsi possessioni, quæ hujus gratiæ cultura caret.

19. Hinc jam incipit demonstrare, quemadmodum gratia fidei sufficiat ad justificandum sine operibus Legis; ne quis diceret non se quidem operibus Legis

cette objection qu'on pourrait lui faire : Les œuvres de la loi prises isolément sont insuffisantes, il est vrai, pour la justification, aussi bien que la grâce seule de la foi, mais le salut vient tout ensemble des œuvres de la loi et de la foi réunies. Pour traiter cette question avec tout le soin qu'elle demande et pour éviter toute équivoque, il faut se rappeler tout d'abord que les œuvres de la loi sont de deux sortes. Elles embrassent la partie sacramentelle ou cérémonielle et la partie morale. A la partie cérémonielle se rapportent la circoncision de la chair, le sabbat temporel, les néoménies, les sacrifices, et une foule d'autres observances de ce genre. La partie morale comprend ces préceptes : Vous ne tuerez point, vous ne serez point adultère, vous ne déroberez point; vous ne porterez point de faux témoignages contre le prochain, et d'autres semblables. (*Exod.*, xx, 13.) Or, dira-t-on qu'il importe aussi peu à l'Apôtre qu'un chrétien soit homicide, adultère, ou chaste et innocent, qu'il lui est indifférent de le savoir circoncis ou incirconcis? Il veut donc ici parler surtout des œuvres cérémonielles, tout en faisant entendre qu'il y joint quelquefois les œuvres morales. Vers la fin de l'épître, il traite séparément des œuvres morales et en peu de mots, tandis qu'il s'étend davantage sur les œuvres cérémonielles. Il ne veut pas qu'on charge les Gentils du fardeau de ces observances, qui ne sont utiles que par l'intelligence qu'il faut en avoir. En effet, on les explique aux chrétiens pour leur en faire comprendre la signification et non pour les forcer de les pratiquer. Si on n'a pas le sens de ces observances, elles ne sont qu'une servitude telles qu'elles étaient et qu'elles sont encore pour le peuple juif; mais si on joint l'intelligence à la pratique, loin d'être nuisibles, elles ne sont pas sans utilité si elles sont en rapport avec le temps. C'est ainsi que Moïse et les prophètes se soumirent à ces observances en se conformant aux besoins de ce peuple à qui cette espèce de servitude était nécessaire pour le maintenir dans la crainte. Rien n'est plus propre en effet à inspirer une sainte frayeur qu'une cérémonie mystérieuse dont on ne comprend pas la signification; si au contraire on parvient à en découvrir le sens, elle produit dans l'âme une sainte joie et on la pratique en toute liberté dans le temps voulu. Si le temps de ces observances est passé, on se contente de les lire et de les expliquer avec un sentiment de joie toute spirituelle. Or, toute observance cérémonielle bien comprise se rapporte ou à la contemplation de la vérité, ou à la pratique de la vertu. La contemplation de la vérité a pour fondement l'amour de Dieu seul; la pratique de la vertu embrasse tout à la fois l'amour de Dieu et du prochain, et ces deux commandements renferment toute la loi et les prophètes. (*Matth.*, xxii, 40.) Voyons maintenant

---

tantum totam hominis justificationem tribuere, sed neque tantum gratiæ fidei, ex utroque autem perfici salutem. Sed hæc quæstio ut diligenter tractetur, ne quis fallatur ambiguo, scire prius debet opera Legis bipertita esse. Nam partim in sacramentis, partim vero in moribus accipiuntur. Ad sacramenta pertinent, circumcisio carnis, sabbatum temporale, neomeniæ, sacrificia, atque omnes hujusmodi innumeræ observationes. Ad mores autem : Non occides : Non mœchaberis : Non falsum testimonium dices (*Exod.*, xx, 13), et talia cætera. Numquid nam ergo Apostolus ita potest non curare, utrum Christianus homicida aut mœchus sit, an castus atque innocens; quemadmodum non curat, utrum circumcisus carne, an præputiatus sit? Nunc ergo de his operibus maxime tractat, quæ sunt in sacramentis, quanquam et illa interdum se admiscere significet. Prope finem autem Epistolæ, de his separatim tractabit, quæ sunt in moribus : et illud breviter, hoc autem diutius. Hæc enim onera potius imponi (a) Gentibus quorum utilitas in intellectu est : nam hæc omnia exponuntur Christianis, ut quid valeant, tantum intelligant, non etiam facere cogantur. In observationibus autem, si non intelligantur, servitus sola est; qualis erat in populo Judæorum, et est usque adhuc : si autem et observentur illa, et intelligantur, non modo nihil obsunt, sed etiam prosunt aliquid, si tempori congruant; sicut ab ipso Moyse Prophetisque observata sunt, congruentibus illi populo, cui adhuc talis servitus utilis erat, ut sub timore custodiretur. Nihil enim tam pie terret animam, quam sacramentum non intellectum : intellectum autem, gaudium pium parit, et celebratur libere, si opus est tempori; si autem non est opus, cum suavitate spirituali tantummodo legitur, et tractatur. Omne autem sacramentum cum intelligitur, aut ad contemplationem veritatis refertur, aut ad bonos mores. Contemplatio veritatis in solius Dei dilectione fundata est : boni mores in dilectione Dei et proximi, in quibus duobus præceptis tota Lex pendet et Prophetæ. (*Matth.*, xxii,

(a) *Forte* Prohibet imponi, *aut*, potius exponit.

comment la circoncision de la chair et les autres œuvres de la loi cessent d'être nécessaires sous le règne de la grâce de la foi.

20. « Je ne veux savoir de vous qu'une seule chose. Est-ce par les œuvres de la loi que vous avez reçu le Saint-Esprit ou par l'audition de la foi ? » (*Gal.*, III, 12.) Ils sont obligés de répondre : C'est par l'audition de la foi. Ce fut en effet l'Apôtre qui leur prêcha la foi, et c'est pendant sa prédication qu'ils avaient senti la venue et la présence de l'Esprit saint ; car dans ces temps où c'était chose nouvelle que d'amener les hommes à la foi, l'Esprit saint manifestait sa présence par des signes sensibles, comme nous le lisons dans les Actes des Apôtres. (*Act.*, II.) C'est ce qui avait eu lieu pour les Galates avant que ces faux docteurs ne fussent venus les séduire et les forcer de se faire circoncire. Voici donc le sens de ces paroles : Si votre salut dépendait de ces œuvres légales, vous n'auriez pas reçu l'Esprit saint avant d'être circoncis. Il ajoute : « Etes-vous si insensés qu'après avoir commencé par l'Esprit, vous finissiez maintenant par la chair ? » (*Gal.*, III, 3.) C'est la même pensée qu'il leur exprimait dès l'exorde de cette lettre : « Il y a seulement des hommes qui mettent le trouble parmi vous et qui veulent changer l'Evangile de Jésus-Christ. » (I, 7.) Le trouble est en effet contraire à l'ordre, car l'ordre demande qu'on s'élève des choses charnelles aux spirituelles, et non pas qu'on descende des spirituelles aux charnelles. C'est là un changement rétrograde de l'Evangile, et comme ce changement ne peut être bon, ce n'est plus dès lors la prédication de l'Evangile. Il leur dit : « Vous avez tant souffert, » (*Gal.*, III, 4) parce qu'ils avaient enduré de rudes épreuves pour la foi, non par crainte, comme lorsqu'ils étaient sous la loi, mais au milieu de leurs souffrances ils avaient triomphé de la crainte par la charité ; car la charité de Dieu avait été répandue dans leurs cœurs par l'Esprit saint, qu'ils avaient reçu. (*Rom.*, V, 5.) « Sera-ce donc en vain que vous aurez tant souffert, leur dit-il, vous qui des hauteurs de la charité qui vous a fait supporter de si grandes épreuves voulez retomber dans la crainte stérile. Je veux espérer toutefois que ce ne sera pas en vain. Ce qui se fait en vain est superflu ; or, le superflu n'est ni nuisible ni utile, mais il faut prendre garde qu'il ne devienne un principe de ruine. » Il y a une différence entre ne pas s'élever et tomber, bien que les Galates ne fussent pas encore tombés, mais que leur chute fût seulement imminente. Car l'Esprit saint opérait encore des merveilles au milieu d'eux, comme l'Apôtre l'indique dans les paroles suivantes : « Celui donc qui vous donne son Esprit et qui fait des miracles parmi vous le fait-il par les œuvres de la loi ou par la parole de la foi ? » (*Gal.*, III, 5.) La réponse est

---

40.) Nunc igitur quemadmodum circumcisio carnis, et cætera hujusmodi Legis opera, ubi jam gratia fidei est, non sint necessaria, videamus.

20. « Hoc solum, inquit, volo discere a vobis, ex operibus Legis Spiritum accepistis, an ex auditu fidei ? » (*Gal.*, III, 2.) Respondetur : Utique ex auditu fidei. Ab Apostolo enim prædicata est eis fides, in qua prædicatione utique adventum et præsentiam sancti Spiritus senserant : sicut illo tempore in novitate invitationis ad fidem etiam sensibilibus miraculis præsentia sancti Spiritus apparebat, sicut in Actibus Apostolorum legitur. (*Act.*, II.) Hoc autem factum erat apud Galatas antequam isti ad eos pervertendos et circumcidendos venissent. Iste ergo sensus est : Si in illis operibus Legis esset salus vestra, non vobis Spiritus sanctus nisi circumcisis daretur. Deinde intulit : « Sic stulti estis, ut cum spiritu cœperitis, nunc carne consummemini ; » (*Gal.*, III, 3) hoc est quod superius in exordio dixerat : Nisi aliquid sunt conturbantes vos, et volentes convertere Evangelium Christi. (*Gal.*, I, 7.) Conturbatio enim ordini contraria est : ordo est autem a carnalibus ad spiritalia surgere, non ab spiritalibus ad carnalia cadere, sicut istis acciderat. Et hæc est Evangelii conversio retrorsus : quod quia bonum non est, non est Evangelium, cum hoc annuntiatur. Quod autem dicit : « Tanta passi estis ; » (*Gal.*, III, 4) multa jam pro fide toleraverant, non timore, tanquam sub Lege positi, sed magis in ipsis passionibus caritate timorem vicerant. Quoniam caritas Dei diffusa est in cordibus eorum per Spiritum sanctum, quem acceperunt. (*Rom.*, V, 5.) « Sine causa, » ergo, inquit, « tanta passi estis, » qui ex caritate, quæ in vobis tanta sustinuit, ad timorem relabi vultis. « Si tamen sine causa » tanta passi estis. Quod enim sine causa factum dicitur, superfluum est ; superfluum autem nec prodest, nec nocet : hoc vero videndum est, ne ad perniciem valeat. Non enim hoc est non surgere, quod est cadere : quamvis isti nondum cecidissent, sed jam inclinarentur ut caderent. Nam utique adhuc in eis Spiritus sanctus operabatur, sicut consequenter dicit : « Qui ergo tribuit vobis Spiritum, et vir-

claire : C'est par l'audition de la foi, comme il a été dit plus haut. Saint Paul apporte ensuite l'exemple du patriarche Abraham, dont il parle d'une manière beaucoup plus explicite et plus longue dans l'épître aux Romains (*Rom.*, IV, 3), car ce qui rend cet exemple victorieux et péremptoire, c'est que la foi d'Abraham lui fut imputée à justice avant qu'il fût circoncis, et c'est à cette circonstance que se rapporte directement cette promesse : « En toi toutes les nations seront bénies, » (*Gen.*, XXII, 18) en imitant sa foi qui lui obtint la justification avant qu'il eût reçu la circoncision, qu'il reçut comme le sceau de la foi et avant toutes les servitudes de la loi, qui ne fut donnée que bien longtemps après.

21. « Car tous ceux qui s'appuient sur les œuvres de la loi sont sous la malédiction de la loi, » (*Gal.*, III, 10) c'est-à-dire sous l'impression de la crainte au lieu d'être en liberté. En effet, ceux qui ne demeuraient point fidèles à observer toutes les prescriptions écrites dans la loi étaient soumis à un châtiment extérieur et actuel, et de plus ces châtiments corporels entraînaient avec eux la crainte de l'opprobre attaché à la malédiction. Au contraire, pour être justifié devant Dieu, il faut le servir gratuitement, c'est-à-dire sans le désir d'obtenir, sans la crainte de perdre autre chose que lui. Car en lui seul se trouve notre véritable et parfaite béatitude; et comme il est invisible aux yeux de la chair, nous l'adorons par la foi tant que nous vivons dans cette chair mortelle, comme saint Paul le dit plus haut : « Ce que j'ai maintenant de vie dans ce corps mortel, je l'ai en la foi du Fils de Dieu; » et c'est en cela que consiste la justice, selon cette doctrine du même Apôtre : « Le juste vit de la foi; » (*Gal.*, III, 11) car une preuve évidente que nul ne peut être justifié par la loi, c'est qu'il est écrit que le juste vit de la foi. La loi dans la pensée de saint Paul a la même signification qu'ici les œuvres de la loi, et il s'adresse à ceux qui étaient comme renfermés dans la circoncision de la chair et dans d'autres observances semblables; celui qui vit au milieu de ces observances est dans la loi comme assujetti à la loi. Or, la loi est mise ici pour les œuvres de la loi, ce qui paraît évidemment dans la suite du texte : « Or, la loi n'est pas d'après la foi, mais elle dit : Celui qui observera ces préceptes y trouvera la vie. » (*Gal.*, III, 12.) Il ne dit pas : Celui qui l'observera y trouvera la vie, pour vous faire entendre que la loi a ici le même sens que les œuvres de la loi. Ceux qui vivaient au milieu de ces œuvres craignaient qu'en ne les accomplissant pas ils ne fussent condamnés au supplice de la lapidation, de la croix, ou d'autres châtiments semblables. Celui donc qui accom-

tutes operatur in vobis, ex operibus Legis, an ex auditu fidei? » (*Gal.*, III, 5.) Respondetur : Utique ex auditu fidei, sicut superius tractatum est. Deinde adhibet exemplum patris Abraham, de quo in Epistola ad Romanos uberius apertiusque dissertum est. (*Rom.*, IV, 3.) Hoc enim maxime in eo victoriosum est, quod antequam circumcideretur, deputata est fides ejus ad justitiam, et ad hoc rectissime refertur quod ei dictum est : Quia benedicentur in te omnes gentes (*Gen.*, XXII, 18) : imitatione utique fidei ejus, qua justificatus est etiam ante sacramentum circumcisionis, quod ad fidei signaculum accepit, et ante omnem servitutem Legis, quæ multo post data est.

21. Quod autem ait : « Quicumque enim ex operibus Legis sunt, sub maledicto sunt Legis; » (*Gal.*, III, 10) sub timore vult intelligi, non in libertate : ut scilicet corporali præsentique vindicta vindicaretur in eos, qui non permanerent in omnibus quæ scripta sunt in libro Legis, ut facerent ea; huc quoque accederet, ut in ipsa corporum pœna etiam maledicti ignominiam formidarent. Ille autem justificatur apud Deum, qui cum gratis colit, non scilicet cupiditate appetendi aliquid ab ipso præter ipsum, aut timore amittendi. In ipso enim solo vera nostra beatitudo atque perfecta est; et quoniam invisibilis est oculis carneis, fide colitur, quamdiu in hac carne vivimus, sicut supra dixit : Quod autem nunc vivo in carne, in fide vivo Filii Dei (*Gal.*, II, 20) : et ipsa est justitia. Quo pertinet quod dictum est : « Quia justus ex fide vivit. » (*Gal.*, III, 11.) Hinc enim ostendere voluit, quia in Lege nemo justificatur, quia scriptum est justum ex fide vivere. Quare intelligendum est in Lege, quod nunc ait « in operibus Legis, » dictum esse; et hoc istis, qui in circumcisione carnis et talibus observationibus continentur : in quibus qui vivit, ita in Lege est, ut sub Lege vivat. Sed Legem, ut dictum est, pro ipsis operibus Legis nunc posuit, quod in posterioribus manifestatur. Ait enim : « Lex autem non est ex fide, sed qui fecerit ea, vivet in illis. » (*v.* 12.) Non ait : Qui fecerit eam, vivet in ea : ut intelligas Legem in hoc loco pro ipsis operibus positam. Qui autem vivebant in his operibus, timebant utique ne, si non ea fecissent, lapidationem, vel crucem, vel aliquid hujusmodi paterentur. Ergo, « qui fecerit ea, inquit, vivet in illis, » id est,

plira fidèlement ces œuvres, dit saint Paul, y trouvera la vie, c'est-à-dire qu'il aura pour récompense d'éviter cette mort qu'il redoute. Mais il n'est point justifié devant Dieu; car celui-là seul qui vit ici-bas de la foi divine recevra au sortir de cette vie Dieu lui-même comme récompense suprême. On ne vit donc point de la foi quand on fait des choses présentes et visibles l'objet de ses désirs ou de ses craintes, parce que la foi divine a pour objet les biens invisibles qui ne nous seront donnés qu'après cette vie. Il y a bien sans doute dans les œuvres de la loi une espèce de justice (puisqu'elles ne restent point sans récompense), c'est que celui qui est fidèle à les observer y trouve la vie. C'est ce que l'Apôtre écrit aux Romains : « Si Abraham a été justifié par les œuvres, il a de quoi se glorifier, mais non devant Dieu. » (*Rom.*, IV, 2.) Il y a donc une différence entre n'être point justifié et ne l'être point devant Dieu. Celui qui n'a aucune justice n'observe ni les commandements auxquels se trouve attachée une récompense temporelle, ni ceux qui méritent une récompense éternelle. Celui qui place sa justice dans les œuvres de la loi n'est point justifié devant Dieu, parce qu'il n'attend comme but de ses efforts qu'une récompense extérieure et temporelle. Cependant elle ne laisse pas d'être, comme je l'ai dit, une espèce de justice terrestre et charnelle, et l'Apôtre lui-même n'hésite pas à lui donner le nom de justice lorsqu'il dit ailleurs qu'il a vécu sans reproche quant à la justice de la loi. (*Philipp.*, III, 6.)

22. C'est pour cette raison que Notre-Seigneur Jésus-Christ, sur le point de donner la liberté à ceux qui croiraient en lui, n'a point voulu garder à la lettre quelques-unes de ces observances. Ainsi lorsqu'un jour de sabbat ses disciples avaient arraché des épis pour apaiser leur faim, il répondit aux Pharisiens, indignés de cette action, que le Fils de l'homme était le maître du sabbat lui-même. (*Matth.*, XII, 1.) Or, en n'observant pas ces prescriptions charnelles, il alluma contre lui la haine envieuse des hommes charnels, et il prit sur lui le châtiment réservé aux transgresseurs de ces observances; mais pour affranchir ceux qui croyaient en lui de la crainte de ces châtiments, comme l'Apôtre le déclare dans ce qui suit : « Jésus-Christ nous a rachetés de la malédiction de la loi, s'étant rendu lui-même malédiction pour nous, selon qu'il est écrit : Maudit est celui qui est suspendu au bois. » (*Gal.*, III, 13 ; *Deut.*, XXI, 23.) Cette parole est un symbole d'affranchissement pour ceux qui la comprennent dans le sens spirituel; mais pour ceux qui l'entendent dans le sens littéral et charnel, elle est un joug de servitude s'ils sont juifs, un voile d'aveuglement s'ils sont païens ou hérétiques. Il en est quelques-uns parmi nous, peu versés dans la connaissance des Ecritures, qui, par une crainte exagérée de ces paroles et par un sentiment de respect légitime

---

habebit præmium, ne ista morte puniatur. Non ergo apud Deum, cujus ex fide si quis in hac vita vixerit, cum hinc excesserit, tunc eum magis habebit præsentissimum præmium. Non itaque ex fide vivit, quisquis præsentia quæ videntur, vel cupit, vel timet : quia fides Dei ad invisibilia pertinet, quæ post dabuntur. Nam est ista quædam in operibus Legis justitia, (quando sine suo præmio relicta non est,) ut qui fecerit ea, vivat in eis. Unde et ad Romanos dicit : Si enim Abraham ex operibus justificatus est, habet gloriam, sed non ad Deum. (*Rom.*, IV, 2.) Aliud est ergo, non justificari : aliud, non justificari apud Deum. Qui omnino non justificatur, nec illa servat, quæ temporale habent præmium, nec illa quæ æternum : qui autem in operibus Legis justificatur, non apud Deum justificatur; quia temporalem inde expectat visibilemque mercedem. Sed tamen est etiam ista, ut dixi, quædam, ut sic dicam, terrena carnalisque justitia : nam et ipse Apostolus eam justitiam vocat, cum alibi dicit : Secundum justitiam quæ in Lege est, conversatus qui fuerim sine querela. (*Philipp.*, III, 6.)

22. Propterea Dominus Jesus Christus jam libertatem daturus credentibus, quædam earum observationum non servavit ad litteram. Unde etiam cum sabbato esurientes discipuli spicas evulsissent, respondit indignantibus, Dominum esse filium hominis etiam sabbati. (*Matth.*, XII, 1.) Itaque illa carnaliter non observando, carnalium conflagravit invidiam : et suscepit quidem pœnam propositam illis, qui ea non observassent ; sed ut credentes in se talis pœnæ timore liberaret : quo pertinet quod adjungit : « Christus nos redemit de maledicto Legis, factus pro nobis maledictum; quia scriptum est : maledictus omnis qui pendet in ligno. » (*Gal.*, III, 13 ; *Deut.*, XXI, 23.) Quæ sententia spiritaliter intelligentibus sacramentum est libertatis : carnaliter autem sentientibus, si Judæi sunt, jugum est servitutis; si pagani aut hæretici, velamentum est cæcitatis. Nam quod quidam nostri minus in Scripturis eruditi, senten-

pour l'Ancien Testament, croient qu'elles s'appliquent non pas à Notre-Seigneur, mais au traître Judas. C'est pour cela, disent-ils, qu'il n'est point écrit : Maudit soit tout homme qui est attaché au bois, mais : « Qui est pendu au bois, » parce que ce n'est point le Seigneur que l'écrivain sacré avait en vue, mais celui qui s'est pendu lui-même. C'est là une grave erreur, et ils ne considèrent pas qu'ils se mettent en contradiction avec l'Apôtre lui-même qui dit expressément : « Jésus-Christ nous a rachetés de la malédiction de la loi, s'étant rendu lui-même malédiction pour nous, selon qu'il est écrit : Maudit est celui qui est suspendu au bois. » Celui donc qui s'est rendu malédiction pour nous est celui-là même qui a été suspendu au bois, c'est-à-dire Jésus-Christ, qui nous a délivrés de la malédiction de la loi. Ainsi nous apprend-il à ne plus chercher par la crainte la justification dans les œuvres de la loi, mais la justification véritable devant Dieu par la foi qui opère non point par la crainte, mais par la charité. En effet, l'Esprit saint qui a proclamé cette vérité par la bouche de Moïse a eu un double but, contenir par la crainte des châtiments extérieurs ceux qui n'étaient pas encore capables de vivre de la foi aux choses invisibles, et délivrer les hommes de cette crainte par celui qui en prenant sur lui ce châtiment si redouté, pouvait substituer au sentiment de la crainte le don de la charité. Il ne faut point voir du reste un outrage pour le Seigneur dans ces paroles : « Maudit soit celui qui est suspendu au bois. » C'est dans sa nature mortelle qu'il a été suspendu au bois; or, les fidèles savent quel est le principe de la mortalité; elle vient du châtiment et de la malédiction qui suivirent le péché du premier homme, et Notre-Seigneur a porté à la fois cette malédiction et nos péchés en son corps sur la croix. (I *Pier.*, II, 24.) Si l'on disait : La mort a été frappée de malédiction, nul ne frémirait d'horreur. Or, qui est-ce qui a été supendu au bois? n'est-ce point la mort du Seigneur qui a voulu ainsi triompher de la mort par sa propre mort? C'est donc la mort qui a été tout à la fois maudite et vaincue. Que l'on dise encore : Le péché a été maudit, personne ne s'en étonnerait; or, que voyons-nous suspendu au bois? n'est-ce point le péché du vieil homme que Notre-Seigneur a porté dans sa chair mortelle pour nous en délivrer? Aussi l'Apôtre n'a ni honte ni crainte de dire que Dieu l'a fait péché pour nous, en ajoutant : « Qu'il a condamné le péché dans la chair à cause du péché même. » (*Rom.*, VIII, 3.) Notre vieil homme ne serait pas crucifié avec lui, comme le même Apôtre le dit ailleurs, si la figure de notre péché n'était pas attachée à la croix dans la mort du Seigneur, afin que le corps du péché soit détruit et que nous ne soyons plus esclaves du péché. (*Rom.*, VI, 6.) C'est comme

tiam istam nimis timentes, et Scripturas veteres debita pietate approbantes, non putant hoc de Domino esse dictum, sed de Juda traditore ejus : aiunt enim propterea non esse dictum : « Maledictus omnis, » qui figitur in ligno; sed : « Qui pendet in ligno : » quia non hic Dominus significatus est, sed ille qui se laqueo suspendit : nimis errant, nec attendunt se contra Apostolum disputare, qui ait : « Christus non redemit de maledicto Legis, factus pro nobis maledictum; quia scriptum est : Maledictus omnis qui pendet in ligno. » Qui ergo pro nobis factus est maledictum, ipse utique pependit in ligno, id est, Christus, qui nos liberavit a maledicto Legis : ut non jam timore justificaremur in operibus Legis, sed fide apud Deum, quæ non per timorem, sed per dilectionem operatur. Spiritus enim sanctus, qui hoc per Moysen dixit, utrumque providit, ut et timore visibilis pœnæ custodirentur, qui nondum poterant ex invisibilium fide vivere; et ipse timorem istum solveret suscipiendo quod timebatur, qui timore sublato donum dare poterat caritatis. Nec in hoc quod maledictus est appellatus, qui pendet in ligno, contumelia in Dominum putanda est. Ex parte quippe mortali pependit in ligno : mortalitas autem unde sit, notum est credentibus : ex pœna quippe est, et maledictione peccati primi hominis, quam Dominus suscepit et peccata nostra pertulit in corpore suo super lignum. (I *Petr.*, II, 24.) Si ergo diceretur : Mors maledicta est; nemo exhorresceret : quid autem nisi mors Domini pependit in ligno, ut mortem moriendo superaret : eadem igitur maledicta, quæ victa est. Item si diceretur : Peccatum maledictum est; nemo miraretur : quid autem pependit in ligno, nisi peccatum veteris hominis, quod Dominus pro nobis in ipsa carnis mortalitate suscepit? Unde nec erubuit, nec timuit Apostolus dicere, peccatum cum fecisse pro nobis, addens : Ut de peccato condemnaret peccatum. (*Rom.*, VIII, 3.) Non enim et vetus homo noster simul crucifigeretur, sicut idem Apostolus alibi dicit, nisi in illa morte Domini peccati nostri figura penderet, ut evacuaretur corpus peccati, ut ultra non serviamus peccato. (*Rom.*, VI, 6.) In cujus peccati et

symbole de ce péché et de cette mort que Moïse dans le désert éleva le serpent d'airain sur une espèce de gibet. (*Nomb.*, XXI, 9.) En effet, c'est à la persuasion du serpent que l'homme a mérité par sa chute d'être condamné à mort. C'est donc comme juste figure de cette mort que le serpent a été élevé sur un gibet. C'était le symbole figuratif de la mort du Seigneur attaché au bois de la croix. Or, qui serait effrayé d'entendre dire : Maudit le serpent qui est suspendu au bois? Et cependant ce serpent suspendu au bois représentait la mort corporelle du Sauveur, qui rend lui-même témoignage à la vérité de cette figure : « De même que Moïse éleva le serpent au désert, ainsi il faut que le fils de l'homme soit élevé. » (*Jean*, III, 14.) Nul sans doute n'osera dire que c'est dans le dessein d'outrager Notre-Seigneur que Moïse a élevé ce serpent, lui qui savait que la croix devait être une source si abondante de salut pour les hommes, et qui n'eut point d'autre but en élevant ce serpent comme figure de la croix, que de guérir par la vue de ce serpent figuratif les blessures mortelles que les serpents avaient faites. Et la seule raison pour laquelle ce serpent fût d'airain, c'est pour figurer plus expressément la foi permanente et la passion du Seigneur. En effet, dans le langage populaire, on dit qu'une chose est d'airain lorsqu'elle subsiste toujours. Si les hommes avaient oublié, si la mémoire des siècles avait cessé de conserver cette vérité que Jésus-Christ est mort pour les hommes, ils seraient victimes d'une mort véritable. Maintenant, au contraire, la foi en sa passion demeure comme une foi d'airain, et au milieu de ces générations qui meurent et qui naissent, les hommes la trouvent toujours élevée au-dessus d'eux, et sa vue seule les guérit et les sauve. Il n'y a donc rien d'étonnant si Notre-Seigneur a triomphé de la malédiction par la malédiction, lui qui a triomphé de la mort par la mort, du péché par le péché, du serpent par le serpent. La mort est maudite, le péché est maudit, le serpent est maudit, et c'est sur la croix que tous ces ennemis sont vaincus. « Maudit donc est celui qui est suspendu au bois. » Donc, puisque ce n'est point par les œuvres de la loi, mais par la foi que Jésus-Christ justifie ceux qui croient en lui, la crainte de la malédiction de la croix cesse de peser sur les hommes, l'amour seul des bénédictions répandues sur Abraham comme récompense de sa foi demeure parmi les Gentils, « afin, dit saint Paul, que nous puissions recevoir par la foi l'Esprit qui avait été promis, » (*Gal.*, III, 14) c'est-à-dire afin qu'on pût annoncer à ceux qui devaient croire non ce que redoute la chair, mais ce qui est aimé par l'Esprit.

23. C'est pour le même motif que l'Apôtre invoque l'exemple des testaments humains, dont la force est beaucoup moins grande que celle

mortis figura, etiam Moyses in eremo super lignum exaltavit serpentem. (*Num.*, XXI, 9.) Persuasione quippe serpentis homo in damnationem mortis cecidit. Itaque serpens ad significationem ipsius mortis, convenienter in ligno exaltatus est : in illa enim figura mors Domini pendebat in ligno. Quis autem abhorreret, si diceretur : Maledictus serpens qui pendet in ligno? Et tamen mortem carnis Domini præfigurans serpens pendebat in ligno, cui sacramento ipse Dominus attestatus est, dicens : Sicut exaltavit Moyses serpentem in eremo, ita exaltari oportet filium hominis super terram. (*Joan.*, III, 14.) Non enim et hoc in contumeliam Domini Moysen fecisse, aliquis dixerit, cum tantam in ea cruce salutem hominum esse cognosceret, ut non ob aliud ad ejus indicium serpentem illum erigere juberet, nisi ut eum intuentes, qui morsi a serpentibus morituri erant, continuo sanarentur. Nec propter aliud ille serpens æneus factus erat, nisi ut permansuræ passionis Domini fidem significaret. Etiam vulgo quippe dicuntur ænea, quorum numerus (*f.* memoria) manet. Si enim obliti essent homines, et obliteratum esset de memoria temporis, quod Christus pro hominibus mortuus est, vere morerentur : nunc autem tanquam ænea permanet crucis fides, ut cum alii moriantur, alii nascantur, ipsam tamen sublimem permanere inveniant, quam intuendo sanentur. Non igitur mirum, si de maledicto vicit maledictum, qui vicit de morte mortem, et de peccato peccatum, de serpente serpentem. Maledicta autem mors, maledictum peccatum, maledictus serpens : et hæc omnia in cruce triumphata sunt. « Maledictus igitur omnis qui pendet in ligno. » Quia ergo non ex operibus Legis, sed ex fide justificat Christus credentes in se, timor maledictionis crucis ablatus est : caritas benedictionis Abrahæ propter exemplum fidei permanet ad Gentes. « Et annuntiationem, inquit, spiritus per fidem accipiamus : » (*Gal.*, III, 14) id est, ut non quod timetur in carne, sed quod spiritu diligitur, credituris annuntietur.

23. Unde etiam testamenti humani mentionem facit, quod utique multo est infirmius, quam divinum.

du Testament divin. « Lorsqu'un homme, dit-il, a fait un testament déclaré valable, nul ne peut le rejeter ni y rien ajouter. » (*Gal.*, III, 14.) Si le testateur modifie son testament, c'est qu'il n'est pas encore confirmé et ratifié, car il ne l'est que par la mort du testateur. Or, de même qu'un testament reçoit toute sa force de la mort du testateur, parce qu'il ne peut plus dès lors en changer les dispositions, c'est l'immutabilité de la promesse divine qui confirme l'héritage à Abraham, dont la foi a été imputée à justice. Voilà pourquoi l'Apôtre déclare que le rejeton d'Abraham, à qui les promesses ont été faites, est Jésus-Christ (*Rom.*, IV, 9; *Gal.*, III, 16), c'est-à-dire tous les chrétiens imitateurs de la foi d'Abraham. Il les représente ici au singulier en faisant remarquer qu'il n'a pas été dit : A ceux qui naîtront, mais : « A celui qui naîtra, » parce que la foi est une, et que ceux qui mènent une vie charnelle au milieu des œuvres de la loi ne peuvent être justifiés comme ceux qui vivent spirituellement de la foi. Ce qu'ajoute l'Apôtre achève de mettre à néant les prétentions de ces faux docteurs. La loi n'avait pas encore été donnée, et en venant après tant d'années, elle ne pouvait annuler les anciennes promesses faites à Abraham. (*Gal.*, III, 17.) Car si la justification vient de la loi, Abraham n'a pas été justifié, puisqu'il a vécu bien avant la loi.

Comme ils ne peuvent admettre cette conséquence, ils sont forcés d'avouer que ce n'est point par les œuvres de la loi, mais par la foi que l'homme est justifié, et nous sommes nous-mêmes contraints de reconnaître que tous ceux qui ont été justifiés dans les temps anciens l'ont été par la foi; c'est en croyant au premier avénement du Sauveur, qui est pour nous dans le passé, et à son second avénement, que nous attendons dans l'avenir, que nous sommes sauvés; et c'est par la foi que l'Esprit saint leur donnait à ce double avénement tout entier pour eux dans l'avenir que les anciens parvenaient au salut; c'est ce qui a fait dire à Notre-Seigneur : « Abraham désire voir mon jour, il l'a vu et il s'est réjoui. » (*Jean*, VIII, 56.)

24. L'Apôtre répond ensuite à une difficulté assez importante : Si la justification vient de la foi, et si les justes des premiers temps qui ont été justifiés devant Dieu, ne l'ont été que par la foi, qu'était-il besoin de donner la loi? Il propose cette difficulté sous forme d'interrogation : « Pourquoi donc la loi ? » Voilà la question; voici maintenant la réponse : « Elle a été établie à cause des transgressions, jusqu'à l'avénement de celui qui devait naître et pour lequel Dieu avait fait la promesse, et elle a été remise (1) par des anges dans la main d'un médiateur. Or, un médiateur ne l'est pas d'un seul; et

(1) Nous avons traduit ce verset d'après le texte grec et celui de la Vulgate qui rapportent ici au rejeton à qui la promesse a été faite, d'autant plus que dans la suite de l'explication le saint Docteur semble lui-même adopter cette interprétation.

« Tamen hominis confirmatum testamentum, inquit, nemo irritum facit, aut superordinat. » (*v.* 15.) Quia cum testator mutat testamentum, non confirmatum mutat : testatoris enim morte confirmatur. Quod autem mors testatoris valet ad confirmandum testamentum ejus, quia consilium mutare jam non potest : hoc incommutabilitas promissionis Dei valet ad confirmandam hæreditatem Abrahæ, cujus fides deputata est ad justitiam. (*Rom.*, IV, 9.) Et ideo semen Abrahæ, cui « dictæ sunt promissiones, » (*Gal.*, III, 16) Christum dicit Apostolus, hoc est omnes Christianos fide imitantes Abraham : quod ad singularitatem redigit, commendando quod non dictum est : Et seminibus, sed : Semini tuo, quia et una est fides, et non possunt similiter justificari qui vivunt ex operibus carnaliter, cum his qui vivunt ex fide spiritaliter. Vincuntur autem quod infert : Lex nondum data erat, nec posset post tot annos ita dari, ut antiquas Abrahæ promissiones irritas faceret. (*v.* 17.) Si enim Lex justificat, non est justificatus Abraham, qui multum ante Legem fuit. Quod quia dicere non possunt, coguntur fateri, non Legis operibus justificari hominem, sed fide. Simul etiam nos cogit intelligere, omnes antiquos, qui justificati sunt, ex ipsa fide justificatos. Quod enim nos ex parte præteritum, id est, primum adventum Domini; ex parte futurum, id est, secundum adventum Domini credendo salvi efficimur : hoc totum illi, id est, utrumque adventum futurum credebant, revelante sibi Spiritu sancto, ut salvi fierent. Unde est etiam illud : Abraham concupivit diem meum videre, et vidit, et gavisus est. (*Joan.*, VIII, 56.)

24. Sequitur quæstio satis necessaria : Si enim fides justificat, et priores sancti, qui apud Deum justificati sunt, per ipsam justificati sunt, quid opus erat Legem dari? Quam quæstionem tractandam sic intulit, interrogans, et dicens : « Quid ergo ? » (*Gal.*, III, 19.) Huc usque enim interrogatio est : deinde infertur responsio : « Lex transgressionis gratia proposita est, donec veniret, inquit, semen, cui promis-

Dieu est seul. » (*Gal.*, III, 19, 20; I *Rétract.*, ch. XXIV, n. 2.) Or, ce médiateur c'est Jésus-Christ homme, comme l'Apôtre l'explique plus clairement dans ces autres paroles : « Il y a un seul Dieu et un seul médiateur entre Dieu et les hommes, Jésus-Christ homme. » (I *Tim.*, II, 15.) Il ne peut y avoir de médiateur entre Dieu et Dieu, car Dieu est un; « or, un médiateur ne l'est pas d'un seul, parce qu'il tient le milieu entre deux termes opposés. » Les anges qui ne sont point déchus de la présence de Dieu, n'ont point besoin de médiateur pour les réconcilier avec Dieu. De même les anges qui sans aucune instigation, sont déchus volontairement et d'eux-mêmes de leur premier état, n'ont point été réconciliés par un médiateur. Reste donc l'homme qui est tombé pour avoir cédé aux insinuations orgueilleuses d'un médiateur orgueilleux, le démon, et qui ne peut être relevé qu'en se laissant persuader l'humilité par l'humble médiateur Jésus-Christ. En effet, si le Fils de Dieu était demeuré dans cette nature divine qui le rend égal à son Père, s'il ne s'était point anéanti en prenant la forme d'esclave (*Philip.*, II, 7), il ne serait point médiateur entre Dieu et les hommes, parce que la Trinité est un seul Dieu en trois personnes, le Père, le Fils et le Saint-Esprit, ayant toutes trois la même divinité, la même éternité. Le Fils unique de Dieu est donc devenu le médiateur entre Dieu et les hommes, lorsque le Verbe de Dieu, Dieu lui-même qui est en Dieu, a daigné abaisser sa majesté jusqu'à notre humanité, et relever la bassesse de notre nature jusqu'à sa divinité, pour devenir ainsi le médiateur entre Dieu et les hommes, médiateur que la divinité élevait bien au-dessus de tous les hommes. Car il surpasse en beauté les plus beaux des enfants des hommes, et il a été oint d'une huile de joie d'une manière plus excellente que tous ceux qui doivent la partager. (*Ps.* XLIV, 2.) Tous ceux donc qui ont cru à l'humilité de Jésus-Christ, et qui l'ont aimée soit par une révélation particulière avant l'incarnation du Fils de Dieu, soit par l'Evangile dans les temps qui l'ont suivie, tous ceux qui l'ont aimée jusqu'à l'imiter ont été guéris de l'impiété de l'orgueil et réconciliés avec Dieu. Toutefois cette justice de la foi qui n'a point été donnée aux hommes comme récompense de leurs mérites, mais par un effet de la miséricorde et par la grâce de Dieu, n'était ni commune ni populaire avant qu'un Dieu fait homme eût daigné prendre naissance parmi les hommes. Ce rejeton, à qui la promesse a été faite, représente le peuple, non pas le très-petit nombre de ceux qui, connaissant cette justice par une révélation particulière, y trouvaient leur salut personnel, mais ne pouvaient communiquer ce salut au peuple tout entier. Ce peuple, si l'on considère tout l'univers (car c'est de toutes les parties de

---

sum est, dispositum per Angelos in manu mediatoris. (v. 20.) Mediator autem unius non est, Deus vero unus est. » (I *Retract.*, XXIV, 2.) Mediatorem Jesum Christum secundum hominem dici, ex illa ejusdem Apostoli sententia sit planius, cum ait : Unus enim Deus, unus et mediator Dei et hominum homo Christus Jesus. (1 *Tim.*, II, 5.) Mediator ergo inter Deum et Deum esse non posset, quia unus est Deus : « Mediator autem unius non est, » quia inter aliquos medius est. Angeli porro, qui non lapsi sunt a conspectu Dei, mediatore non opus habent, per quem reconcilientur. Item angeli qui nullo suadente spontanea praevaricatione sic lapsi sunt, per mediatorem non reconciliantur. Restat ergo, ut qui mediatore superbo diabolo superbiam persuadente dejectus est, mediatore humili Christo humilitatem persuadente erigatur. Nam si Filius Dei in naturali aequalitate Patris manere vellet, nec se exinaniret, formam servi accipiens (*Philipp.*, II, 7), non esset mediator Dei et hominum : quia ipsa Trinitas unus Deus est, eadem in tribus, Patre et Filio et Spiritu sancto, deitatis æternitate et æqualitate constante. Sic itaque unicus Filius Dei, mediator Dei et hominum factus est, cum Verbum Dei Deus apud Deum, et majestatem suam usque ad humana deposuit, et humilitatem humanam usque ad divina subvexit, ut mediator esset inter Deum et homines homo per Deum ultra homines. Ipse est enim speciosus forma prae filiis hominum, et unctus oleo exsultationis prae participibus suis. (*Psalm.* XLIV, 2.) Sanati sunt ergo ab impietate superbiae, ut reconcilientur Deo, quicumque homines humilitatem Christi, et per revelationem antequam fieret, et per Evangelium postea quam facta est, credendo dilexerunt, diligendo imitati sunt. Sed haec justitia fidei, quia non pro merito data est hominibus, sed pro misericordia et gratia Dei, non erat popularis antequam Deus homo inter homines nasceretur. « Semen autem, cui promissum est, » populum significat : non illos paucissimos, qui revelationibus eam futuram cernentes, quamvis in eamdem salvi fierent, populum tamen salvum facere non poterant. Qui populus sane, si per totum orbem consideretur

l'univers que Dieu rassemble ceux qui composent l'Eglise de la céleste Jérusalem), est peu nombreux, parce que c'est le petit nombre qui suit la voie étroite. Cependant lorsqu'on réunit ensemble tout ceux qui ont pu exister depuis la prédication de l'Evangile et tous ceux qui existeront dans toutes les nations jusqu'à la fin des siècles, en y joignant ceux qui en très-petit nombre ont reçu la grâce du salut avant le double avénement du Seigneur, par la foi prophétique qu'ils ont eue en lui, on arrive à compléter le nombre des saints qui forment l'heureux empire de l'éternelle cité. La loi a donc été donnée à ce peuple à cause de son orgueil. Comme il ne pouvait recevoir la grâce de la charité sans s'être humilié, et que cette grâce lui était indispensable pour accomplir les préceptes de la loi, Dieu permit qu'il fût humilié par ses transgressions pour l'amener à recourir à la grâce, à ne plus croire qu'il devait son salut à ses mérites, et afin qu'il devînt juste non par son pouvoir et par ses propres forces, mais par la puissance du médiateur qui justifie l'impie. Or, toute l'économie de l'Ancien Testament a eu pour ministres les anges, agissant sous la conduite de l'Esprit saint et du Verbe de vérité qui n'était pas encore incarné, mais qui n'a jamais cessé de présider à l'enseignement de la vérité. La loi a donc été donnée par l'entremise des anges, qui à l'exemple des prophètes parlaient tantôt en leur nom, tantôt au nom de Dieu; et comme cette loi montrait le mal sans le guérir, elle a brisé l'orgueil des hommes par les prévarications mêmes dont elle a été l'occasion. La postérité d'Abraham a été remise par les anges dans les mains du médiateur, afin qu'il délivrât de leurs péchés ceux que la transgression de la loi forçait de reconnaître, qu'ils ne pouvaient recevoir la rémission de leurs péchés que par la grâce et la miséricorde du Seigneur, et obtenir par une vie nouvelle le bienfait de la réconciliation avec Dieu que par celui qui avait répandu son sang pour eux.

25. Il était nécessaire de briser par la vue de ces transgressions de la loi l'orgueil des Juifs qui se glorifiaient d'avoir Abraham pour père, se vantaient d'avoir comme une justice native, et élevaient au-dessus de tous les autres peuples le mérite de la circoncision avec une prétention d'autant plus funeste qu'elle était plus arrogante. Quant aux Gentils, ils avaient sans cette transgression de la loi assez de motifs pour s'humilier. Ils ne pouvaient se glorifier en aucune manière d'avoir reçu de leurs parents un héritage de justice, ils adoraient même encore les idoles lorsque la grâce de l'Evangile leur fut annoncée. Car si l'on pouvait leur dire que leurs pères en adorant les idoles n'avaient eu en aucune fa-

(nam de toto orbe (a) Ecclesiam Jerusalem congregat) pauci sunt, quia via angusta paucorum est : in unum tamen congregati, quotquot existere potuerunt, ex quo Evangelium prædicatur, et quotquot poterunt usque in finem sæculi per omnes gentes, adjunctis sibi etiam illis, quamvis paucissimis, qui ex fide Domini, fide (b) prophetica, ante ambos adventus ejus salutem gratiæ perceperunt, implent sanctorum beatissimum civitatis sempiternæ statum. Superbienti ergo populo Lex posita est, ut quoniam gratiam caritatis nisi humiliatus accipere non posset, et sine hac gratia nullo modo præcepta Legis impleret, transgressione humiliaretur, ut quæreret gratiam, nec se suis meritis salvum fieri, quod superbum est, opinaretur : ut esset non in sua potestate et viribus justus, sed in manu mediatoris justificantis impium. Per Angelos autem ministrata est omnis dispensatio Veteris Testamenti, agente in eis Spiritu sancto, et ipso Verbo veritatis, nondum incarnato, sed nunquam ab aliqua veridica administratione recedente. Quia per Angelos disposita est illa dispensatio Legis, cum aliquando suam, aliquando Dei personam, sicut Prophetarum etiam mos est, agerent: perque illam Legem morbos ostendentem, non auferentem, etiam prævaricationis crimine contrita est superbia : « Dispositum est per Angelos (c) semen in manu mediatoris, » ut ipse liberaret a peccatis, jam per transgressionem Legis coactos confiteri, opus sibi esse gratiam et misericordiam Domini, ut sibi peccata dimitterentur, et in nova vita per eum, qui pro se sanguinem fudisset, reconciliarentur Deo.

25. In istis enim erat per transgressionem Legis confringenda superbia, qui gloriantes de patre Abraham, quasi naturalem se jactabant habere justitiam, et merita sua in circumcisione cæteris gentibus tanto perniciosius, quanto arrogantius præferebant. Gentes autem facillime etiam sine hujusmodi Legis transgressione humiliarentur. Homines enim nullam ex parentibus originem justitiæ se trahere prævidentes, simulacrorum etiam servos invenit Evangelica gratia. Non enim, sicut istis dici poterat non fuisse illam justitiam parentum eorum in colendis idolis,

(a) Tres Mss. *Ecclesia :* unus, *in Jerusalem cœlestem congregatur.* — (b) Sic Mss. At Lov. *ex fide Domini et prophetiam.* — (c) Sic plures Mss. At editi *per Angelos sed in manu.*

çon cette justice qu'ils leur attribuaient, on ne pouvait également dire aux Juifs que la justice de leur père Abraham n'avait été qu'imaginaire. Aussi que leur dit le saint précurseur? « Faites de dignes fruits de pénitence, et gardez-vous de dire en vous-mêmes : Nous avons Abraham pour père, car Dieu peut susciter de ces pierres mêmes des enfants d'Abraham. » (*Matth.*, III, 8, 9.) Voici au contraire le langage que l'Apôtre tient aux Gentils : « Souvenez-vous qu'autrefois vous, Gentils par votre origine, et appelés incirconcis par ceux qu'on nomme circoncis à cause de la circoncision faite dans leur chair par la main des hommes, vous étiez alors sans Jésus-Christ entièrement séparés de la société d'Israël, étrangers aux alliances, sans espérance des biens promis, et sans Dieu dans le monde. » (*Ephés.*, II, 11, 12.) D'un côté enfin, nous voyons des branches infidèles retranchées de l'olivier véritable, de l'autre des branches fidèles, qui de l'olivier sauvage sont entées sur l'olivier franc. (*Rom.*, XI, 17.) Il fallait donc, je le répète, écraser leur orgueil par le spectacle de leurs transgressions. C'est ainsi que saint Paul, après avoir fait un tableau saisissant de leurs péchés avec les expressions mêmes de l'Ecriture, ajoute : « Or, vous savez que tout ce que dit la loi, c'est à ceux qui sont sous la loi qu'elle le dit, afin que toute bouche soit fermée et que tout le monde se reconnaisse coupable devant Dieu, » (*Rom.*, III, 19) les Juifs de la transgression de la loi, les Gentils des impiétés qu'ils ont commises sous la loi. Aussi l'Apôtre dit-il ailleurs : « Dieu a renfermé tous les hommes dans l'incrédulité pour faire miséricorde à tous. » (*Ibid.*, XI, 32.) C'est la vérité qu'il exprime ici en reprenant la même question : « La loi est-elle donc contre les promesses de Dieu? Nullement; car si nous avions reçu une loi qui pût donner la vie, il serait vrai de dire que la justice viendrait de la loi. Mais l'Ecriture a tout renfermé dans le péché, afin que ce que Dieu avait promis fût donné par la foi en Jésus-Christ à ceux qui croiraient. » (*Gal.*, III, 21, 22.) La loi n'a donc pas été donnée pour détruire le péché, mais pour tout renfermer dans le péché. En effet, la loi montrait le péché dans des actions que les Juifs, aveuglés par leurs coupables habitudes, pouvaient regarder comme des œuvres de justice, afin que cette vue les humiliât et leur fît reconnaître que leur salut n'était pas en leur pouvoir, mais dépendait du divin médiateur, car l'humilité nous fait remonter sur les hauteurs d'où l'orgueil nous précipite. Et cette humilité nous prédispose admirablement à recevoir la grâce de Jésus-Christ, qui est pour nous un modèle admirable d'humilité.

26. Que personne ici ne nous fasse cette question pleine d'ignorance : Pourquoi n'a-t-il servi de rien aux Juifs que les anges qui leur ont

---

quam esse arbitrabantur, ita etiam Judæis dici poterat falsam fuisse justitiam patris Abraham. Itaque illis dicitur : Facite ergo fructum dignum pœnitentiæ: et ne dixeritis vobis: Patrem habemus Abraham. Potens est enim Deus de lapidibus istis suscitare filios Abraham. » (*Matth.*, III, 8, 9.) Istis autem dicitur : « Propter quod memores estis, quia vos aliquando Gentes in carne, qui dicimini præputium, ab ea quæ dicitur circumcisio in carne manu facta, qui eratis illo tempore sine Christo, alienati a societate Israel, et peregrini testamentorum, promissionis spem non habentes, et sine Deo in hoc mundo. » (*Ephes.*, II, 11, etc.) Denique illic infideles de oliva sua fracti, hic autem fideles de oleastro in olivam illorum inserti esse monstrantur. (*Rom.*, XI, 17.) Illorum ergo erat de Legis transgressione atterenda superbia. Sicut ad Romanos cum Scripturarum verbis peccata eorum exaggerasset : « Scitis autem, inquit, quoniam quæcumque Lex dicit, his qui in Lege sunt loquitur, ut omne os obstruatur, et reus fiat omnis mundus Deo : » (*Rom.*, III, 19) Judæi scilicet de transgressione Legis, et Gentes de impietate sine Lege. Unde et iterum ait : Conclusit enim Deus omnia in incredulitatem, ut omnibus misereatur. (*Rom.*, XI, 32.) Hoc et nunc dicit, refricans ipsam quæstionem : « Lex ergo adversus promissa Dei? absit. Si enim data esset Lex quæ posset vivificare, omnino ex Lege esset justitia. Sed conclusit Scriptura omnia sub peccato, ut promisso ex fide Jesu Christi daretur credentibus.» (*Gal.*, III, 21, 22.) Non ergo Lex data est ut peccatum auferret, sed ut sub peccato omnia concluderet. Lex enim ostendebat esse peccatum, quod illi per consuetudinem cæcati, possent putare justitiam: ut hoc modo humiliati, cognoscerent non in sua manu esse salutem suam, sed in manu mediatoris. Maxime quippe humilitas revocat, unde nos dejecit superbia. Et ipsa humilitas est accommodata percipiendæ gratiæ Christi, qui singulare humilitatis exemplum est.

26. Nec quisquam hic tam imperite dixerit : Cur ergo non profuit Judæis, quod per Angelos Legem ministrantes, in manu mediatoris dispositi sunt?

donné la loi les aient remis dans la main du médiateur ? On ne peut exprimer les avantages immenses qu'ils en ont recueillis. Quelles sont, en effet, parmi les Gentils, les Eglises qui ont apporté aux pieds des apôtres le prix de leurs biens qu'ils avaient vendus, ce que firent sur-le-champ des milliers de Juifs ? (*Act.*, IV, 34.) Il ne faut point considérer ici le grand nombre de ceux qui sont restés infidèles, car dans toute aire on voit toujours bien plus de paille que de froment. Les paroles du même Apôtre aux Romains ne sont-elles pas d'ailleurs une allusion évidente à la sanctification des Juifs ? « Quoi donc ! est-ce que Dieu a rejeté son peuple ? Non, sans doute, car je suis moi-même israélite de la race d'Abraham et de la tribu de Benjamin. Dieu n'a point rejeté son peuple qu'il a connu dans sa prescience. » (*Rom.*, XI, 1, 2.) Dans l'éloge que fait saint Paul des Eglises de Thessalonique qu'il élève bien au-dessus des autres Eglises des Gentils, il leur dit qu'ils sont devenus les imitateurs des Eglises de Judée, parce qu'ils ont souffert les mêmes persécutions de la part de leurs concitoyens que ces Eglises de la part des Juifs. (I *Thess.*, II, 14.) C'est la même vérité qu'il exprime dans ce passage de l'Epître aux Romains que je viens de rappeler : « Si les Gentils ont participé aux richesses spirituelles des Juifs, ils doivent aussi leur faire part de leurs biens temporels. » (*Rom.*, XV, 27.) C'est donc des Juifs eux-mêmes qu'il dit en continuant : « Or, avant que la foi fût venue, nous étions sous la garde de la loi qui nous tenait renfermés, en attendant cette foi qui devait être révélée. » (*Gal.*, III, 23.) En effet, s'ils se sont trouvés si proches de Dieu, et si dociles à sa volonté qu'ils aient vendu leurs biens, suivant le conseil que Notre-Seigneur donne à ceux qui veulent arriver à la perfection (*Matth.*, XIX, 21), ils le doivent à la loi qui les avait sous sa garde, et qui « les tenait renfermés en attendant cette foi, » c'est-à-dire l'avénement de cette foi qui devait être révélée dans la suite ; or, ce qui les tenait ainsi renfermés c'était la crainte d'un seul Dieu. Ajoutons que les transgressions de la loi dont ils se sont rendus coupables ont été une occasion de salut et non de ruine pour ceux d'entre eux qui ont cru ; car la connaissance de leurs profondes blessures leur a fait désirer plus vivement et aimer avec plus d'ardeur le médecin qui devait les guérir, selon cette parole du Sauveur : « Celui à qui on pardonne beaucoup, aime aussi beaucoup. » (*Luc*, VII, 47.)

27. « Ainsi, continue saint Paul, la loi a été notre pédagogue dans le Christ. » (*Gal.*, III, 24.) C'est la même pensée qu'il vient d'exprimer : « Nous étions sous la garde de la loi qui nous tenait renfermés ; mais la foi étant venue, nous ne sommes plus sous le pédagogue. » (*Ibid.*, 25.) Il combat maintenant ceux qui anéantissent la grâce de Jésus-Christ et qui veulent continuer à être sous le pédagogue,

---

Profuit enim, quantum dici non potest. Quæ enim Gentium Ecclesiæ venditarum rerum suarum pretia ad pedes Apostolorum posuerunt, quod tot milla hominum tam repente fecerunt ? (*Act.*, IV, 34.) Nec turbæ infidelium considerandæ sunt : omnis enim area multis partibus ampliorem habet paleam, quam frumentum. Unde autem etiam illa ejusdem Apostoli verba ad Romanos, nisi de sanctificatione Judæorum ? « Quid ergo ? numquid repulit Deus plebem suam ? absit. Nam et Ego Israelita sum ex semine Abraham, tribu Benjamin. Non repulit Deus plebem suam, quam præscivit. » (*Rom.*, XI, 1, 2.) Cum autem laudaret præ cæteris Ecclesiis Gentium Ecclesiam Thessalonicensium, similes eos factos ait Ecclesiis Judææ ; quia multa a contribulibus suis pro fide passi erant, quomodo et illi a Judæis. (I *Thess.*, II, 14.) Hinc et et illud, quod paulo ante commemoravi, quod ait ad Romanos : Si enim spiritalibus eorum communicaverunt Gentes, debent et in carnalibus ministrare eis. (*Rom.*, XV, 27.) De ipsis ergo Judæis etiam consequenter dicit : « Prius autem quam veniret fides, sub Lege custodiebamur, conclusi in eam fidem, quæ postea revelata est. » (*Gal.*, III, 23.) Ut enim tam prope invenirentur, et tam de proximo ad Deum venditis suis rebus accederent, quod Dominus eis præcepit qui vellent esse perfecti (*Matth.*, XIX, 21), Lege ipsa factum est, sub qua custodiebantur, « conclusi in eam fidem, » id est in adventum ejus fidei, « quæ postea revelata est : » conclusio enim eorum erat tum timor unius Dei. Et quod prævaricatores ipsius Legis inventi sunt, non ad perniciem, sed ad utilitatem valuit eis qui crediderunt : cognitio enim majoris ægritudinis, et desiderari medicum vehementius fecit, et diligi ardentius. Cui enim plurimum dimittitur, plurimum diligit. (*Luc*, VII, 47.)

27. « Itaque Lex, inquit, pædagogus noster fuit in Christo : » (*Gal.*, III, 24) hoc est, quod ait : Sub Lege custodiebamur conclusi in ea. « Postea quam venit fides, jam non sumus sub pædagogo. » (*v.* 25.) Eos ergo nunc reprehendit, qui faciunt irritam gratiam

comme si celui qui devait les appeler à la liberté n'était pas encore venu. Il déclare que tous sont les enfants de Dieu par la foi, parce que tous ceux qui ont été baptisés en Jésus-Christ se sont revêtus de Jésus-Christ (*Ibid.*, 26, 27), et il veut par là prévenir toute pensée de découragement dans les Gentils, qui auraient pu se croire déshérités du titre d'enfants de Dieu, parce qu'ils n'avaient pas été sous la garde du pédagogue. Tous donc en revêtant Jésus-Christ par la foi, deviennent les enfants de Dieu, non par nature, comme le Fils unique qui est aussi la sagesse de Dieu, ni par le privilége particulier et incommunicable en vertu duquel la nature humaine ne fait qu'une seule personne avec la sagesse divine dans le médiateur qui s'est uni à elle sans l'entremise d'aucun autre médiateur; mais ils deviennent enfants de Dieu en entrant en participation de cette sagesse, à laquelle la foi du médiateur les prépare et leur donne un droit assuré. Or, l'Apôtre appelle cette grâce de la foi un vêtement, pour faire entendre que tous ceux qui ont cru en Jésus-Christ se sont revêtus de lui, et sont ainsi devenus les enfants de Dieu et les frères du médiateur.

28. Dans cette foi il n'y a aucune différence entre le Juif et le Gentil, l'esclave et l'homme libre, l'homme et la femme; en tant que fidèles, ils ne sont tous qu'un en Jésus-Christ. Et si la foi, à la lumière de laquelle nous marchons ici-bas dans les voies de la justice, produit une si grande unité, combien la claire vision des cieux la rendra-t-elle plus parfaite et plus intime lorsque nous verrons Dieu face à face? (I *Cor.*, XIII, 12.) Durant cette vie, en effet, bien que nous ayons les prémices de l'Esprit (*Rom.*, VIII, 23) qui est la vie à cause de la justice de la foi, cependant comme notre corps est mort à cause du péché, cette différence de peuple, de condition, de sexe disparaît devant l'unité de la foi, mais elle demeure dans les rapports de la vie ordinaire, et les apôtres nous commandent de respecter l'ordre qui en est la conséquence pendant le pèlerinage de cette vie. C'est pour cela qu'ils nous ont donné des règles de la plus haute sagesse qui tracent à chacun suivant la différence de nationalité, de Juif ou de Gentil, de condition de maître et de serviteur, de sexe, c'est-à-dire d'homme et de femme, et d'autres rapports semblables, la conduite qu'il doit tenir. Et le Seigneur lui-même n'a-t-il pas dit le premier : « Rendez à César ce qui appartient à César, et à Dieu ce qui est à Dieu? » (*Matth.*, XXI, 21.) Il y a, en effet, des devoirs auxquels tous indistinctement nous sommes fidèles dans l'unité d'une même foi; et il en est d'autres que nous observons pour respecter l'ordre de cette vie où nous sommes voyageurs, et ne point

---

Christi : quasi enim nondum venerit, qui vocaret in libertatem, sic adhuc volunt esse sub pædagogo. Quod autem filios Dei dicit esse omnes per fidem, quia induerunt Christum, quicumque in Christo baptizati sunt (*v.* 26, 27) : ad hoc valet, ne Gentes de se desperarent, quia non custodiebantur sub pædagogo, et ideo se filios non putarent : sed per fidem induendo Christum, omnes fiunt filii; non natura, sicut unicus Filius, qui etiam Sapientia Dei est; neque (*a*) præpotentia et singularitate susceptionis ad habendam naturaliter et agendam personam Sapientiæ, sicut ipse mediator unum cum ipsa suscipiente Sapientia sine interpositione alicujus mediatoris effectus : sed filii fiunt participatione sapientiæ, id præparante atque præstante mediatoris fide : quam fidei gratiam nunc indumentum vocat, ut Christum induti sint, qui in eum crediderunt, et ideo filii Dei fratresque ejus mediatoris effecti sunt.

28. In qua fide non est distantia Judæi, neque Græci, non servi neque liberi, non masculi et feminæ (*Gal.*, III, 28) : inquantum enim omnes fideles sunt, omnes unum sunt in Christo Jesu. Et si hoc facit fides, per quam in hac vita juste ambulatur, quanto perfectius atque cumulatius id species ipsa factura est, cum videbimus facie ad faciem? (I *Cor.*, XIII, 12.) Nam nunc quamvis primitias habentes spiritus, qui vita est, propter justitiam fidei; tamen quia adhuc mortuum est corpus propter peccatum (*Rom.*, VIII, 23), differentia ista vel Gentium, vel conditionis, vel sexus, jam quidem ablata est ab unitate fidei, sed manet in conversatione mortali; ejusque ordinem in hujus vitæ itinere servandum esse, et Apostoli præcipiunt, qui etiam regulas saluberrimas tradunt, quemadmodum secum vivant pro differentia gentis Judæi et Græci, et pro differentia conditionis domini et servi, et pro differentia sexus viri et uxoris, vel si qua talia cætera occurrunt. Et ipse prior Dominus, qui ait : Reddite Cæsari quæ Cæsaris sunt, et Deo quæ Dei sunt. (*Matth.*, XXII, 21.) Alia sunt enim quæ servamus in unitate fidei sine ulla distantia, et alia in ordine vitæ hujus tanquam in via, ne nomen Dei et doctrina blasphemetur. Et hoc

---

(*a*) Sic Am. Er. et 9. Mss. At Lov. *per potentiam et singularitatem.*

exposer aux blasphèmes le nom et la doctrine de Dieu. Or, ce n'est point seulement par crainte de la colère et pour ne point blesser les hommes, mais aussi par un principe de conscience, c'est-à-dire ce n'est point seulement à l'extérieur et lorsque les hommes ont les yeux sur nous que nous agissons de la sorte, mais par un motif intérieur de charité sincère et en vue de Dieu qui veut que tous les hommes soient sauvés et parviennent à la connaissance de la vérité. (I *Tim.*, II, 4.) « Vous n'êtes donc tous qu'un en Jésus-Christ, » (*Gal.*, III, 28) leur dit l'Apôtre. Et il ajoute : « S'il en est ainsi, » c'est-à-dire qu'il faut subdiviser et sous-entendre : « Si vous n'êtes qu'un en Jésus-Christ, » et tirer cette conclusion : « Vous êtes donc la race d'Abraham, » (*Ibid.*, 29) et telle est la suite logique de cette proposition : Vous n'êtes donc tous qu'un en Jésus-Christ; or, si vous êtes tous un en Jésus-Christ, vous êtes donc la race d'Abraham. (*Ibid.*, 16.) Il avait fait remarquer plus haut que l'Ecriture ne dit pas : A ceux qui naîtront, comme si elle eût voulu en marquer plusieurs, mais, comme parlant d'un seul : « A celui qui naîtra de vous, et qui est Jésus-Christ. » L'Apôtre veut nous enseigner ici que dans cet unique rejeton qui est le Christ, il ne faut pas seulement comprendre le médiateur lui-même, mais l'Eglise qui est son corps et dont il est le chef. Ainsi tous sont un en Jésus-Christ, et suivant la promesse ont tous part à l'héritage par la foi en vue de laquelle le peuple juif était renfermé, c'est-à-dire dans l'attente de laquelle il était sous la garde d'un pédagogue, jusqu'à l'âge favorable où la liberté devait succéder à la servitude pour ceux d'entre les Juifs qui étaient appelés selon les desseins de Dieu, et qui ont été recueillis comme le froment dans l'aire.

29. L'Apôtre poursuit la même pensée en ces termes : « Je dis plus, tant que l'héritier est encore enfant, il ne diffère point d'un esclave, quoiqu'il soit le maître de tout ; mais il est sous la puissance des tuteurs et des curateurs jusqu'au temps marqué par son père. Ainsi, nous, lorsque nous étions encore enfants, nous étions assujettis aux premiers éléments du monde. » (*Gal.*, IV, 1-3.) Une question se présente ici : Comment peut-on dire, d'après cette comparaison, que les Juifs étaient asservis aux éléments de ce monde, puisque la loi qu'ils avaient reçue leur enseignait à adorer un seul Dieu qui a fait le ciel et la terre? On peut donner une autre explication de ce passage; saint Paul, dans ce qui précède, assimile la loi à un pédagogue sous lequel était le peuple juif (*ibid.*, III, 24); il représente maintenant les éléments du monde dont les Gentils étaient les esclaves comme des tuteurs et des curateurs, c'est-à-dire que ce jeune enfant, en d'autres termes, ce peuple qui, par l'unité de sa foi, faisait partie de l'unique postérité d'A-

---

non solum propter iram, ut effugiamus offensionem hominum; sed etiam propter conscientiam, ut non simulate, quasi ad oculos hominum ista faciamus, sed pura dilectionis conscientia propter Deum, qui omnes homines vult salvos fieri, et in agnitionem veritatis venire. (I *Tim.*, II, 4.) « Omnes ergo, inquit, vos unum estis in Christo Jesu. » (*Gal.*, III, 28.) Et addidit : « Si autem, » ut hic subdistinguatur et subaudiatur, « vos unum estis in Christo Jesu, » (v. 29) ac deinde inferatur : « Ergo Abrahæ semen estis : » ut iste sit sensus : Omnes ergo vos unum estis in Christo Jesu, si autem vos unum estis in Christo Jesu, vos ergo Abrahæ semen estis. Superius enim dixerat : Non dicit : Et seminibus, tanquam in multis; sed tanquam in uno : Et semini tuo, quod est Christus. (v. 16.) Hic ergo ostendit unum semen Christum, non tantum ipsum mediatorem intelligendum esse, verum etiam Ecclesiam, cujus ille corporis caput est : ut omnes in Christo unum sint, et capiant secundum promissionem hæreditatem per fidem, in quam conclusus erat, id est, in cujus adventum tanquam sub pædagogo custodiebatur populus usque ad ætatis opportunitatem, qua in libertatem vocandi erant, qui in eodem populo secundum propositum vocati sunt, id est, qui in illa area frumentum inventi sunt.

29. Ad hoc enim adjungit : « Dico autem : Quanto tempore hæres parvulus est, nihil differt a servo, cum sit dominus omnium; sed sub procuratoribus et actoribus est usque ad præfinitum tempus a patre : sic et nos cum essemus parvuli, sub elementis hujus mundi eramus servientes. » (*Gal.*, IV, 1, 3.) Quæri autem potest, quomodo secundum hanc similitudinem sub elementis hujus mundi fuerint Judæi; cum illis per Legem, quam acceperunt, unus Deus qui fecit cœlum et terram, colendus commendaretur. Sed potest esse alius exitus capituli hujus, ut cum superius Legem pædagogum fecerit (*Gal.*, III, 24), sub quo erat ille populus Judæorum : nunc procuratores et actores dicat elementa mundi, sub quibus serviebant Gentes : ut filius ille parvulus, id est populus propter unam fidem ad unum semen Abrahæ pertinens, quo-

braham, ayant été formé des Juifs et des Gentils, a été en partie sous la conduite du pédagogue ou de la loi dans sa première enfance, en tant qu'il a été composé de Juifs, et en partie sous la dépendance des éléments de ce monde auxquels il était soumis comme à des tuteurs et à des curateurs, du côté des Gentils qui ont également concouru à former le peuple fidèle. L'Apôtre, il est vrai, personnifie en lui-même ceux dont il parle ici. Il ne dit point : Lorsque vous étiez encore enfants, mais : « Lorsque nous étions encore enfants nous étions assujettis aux premiers éléments du monde; » cependant il ne veut point désigner les Juifs dont il tirait son origine, mais bien plutôt, et dans cet endroit seulement, les Gentils. Il n'y a, en effet, rien d'inconvenant qu'il se donne comme faisant partie de ceux à qui Dieu l'envoyait annoncer l'Evangile.

30. L'Apôtre explique maintenant comment Dieu, lorsque la plénitude des temps fut venue, a envoyé son Fils pour délivrer l'enfant héritier asservi d'un côté à la loi comme à un pédagogue; de l'autre, aux éléments de ce monde comme à autant de tuteurs et de curateurs. « Dieu, dit-il, a envoyé son Fils formé d'une femme. » (Gal., IV, 4.) Le mot *mulier*, qui signifie femme mariée, est mis ici pour *femina*, femme en général, suivant l'usage de la langue hébraïque. Ainsi, lorsque la Genèse dit que Dieu forma la femme (Gen., II, 22) *mulierem*, elle n'avait encore eu aucun rapport avec son mari, ce qui n'eut lieu que lorsqu'ils furent chassés du paradis. Saint Paul dit « qu'il a été formé » à cause de la nature créée dont il s'est revêtu. En effet, bien que ceux qui prennent naissance dans le sein de leurs mères ne naissent pas alors de Dieu, cependant c'est Dieu qui les forme et leur donne de naître comme il fait pour toute créature. Il ajoute qu'il a été assujetti à la loi, parce qu'il a été circoncis et qu'on a offert pour lui la victime prescrite par la loi. (Luc., II, 21 24.) Il n'y a rien d'étonnant qu'il ait voulu se soumettre aux œuvres de la loi pour délivrer ceux que ces œuvres retenaient dans la servitude, puisqu'il a enduré la mort même pour en affranchir ceux qui gémissaient dans les durs liens de la mortalité. « Afin, continue-t-il, que nous puissions recevoir l'adoption des enfants. » (Gal., IV, 5.) Il emploie le mot d'adoption pour nous faire bien comprendre la distinction du Fils unique de Dieu. Nous sommes les fils de Dieu par un bienfait et une condescendance de la miséricorde divine, pour lui il est Fils de Dieu par nature, parce qu'il est Dieu comme le Père. Il ne dit pas afin que nous prenions, *accipiamus*, mais : « Afin que nous puissions recevoir, » *recipiamus*, pour nous faire entendre que nous avons perdu ce privilége dans la personne d'Adam, qui a été la cause de notre mortalité. Ces paroles : « Pour

niam et de Judæis et de Gentibus congregatus est, partim fuerit sub pædagogo Legis, tempore pueritiæ suæ, id est ex ea parte, qua de Judæis congregatus est; partim sub elementis hujus mundi, quibus tanquam procuratoribus et actoribus serviebat, ex ea parte qua de Gentibus congregatus est : ut quod immiscet Apostolus personam suam, non dicens : Cum essetis parvuli, sub elementis hujus mundi eratis; sed dicens : « Cum essemus parvuli, sub elementis hujus mundi eramus servientes, » non pertineat ad significationem Judæorum, ex quibus Paulus originem ducit, sed magis ad Gentium, hoc dumtaxat loco : quoniam et eorum personæ decenter se potest annectere, quibus ad evangelizandum missus est.

30. Deinde jam dicit, veniente plenitudine temporis Deum misisse Filium suum ad liberandum parvulum hæredem, servientem ex parte Legi tanquam pædagogo (Gal., IV, 4), ex parte elementis hujus mundi tanquam procuratoribus et actoribus : « Misit Deus, inquit, Filium suum factum ex muliere. » Mulierem pro femina posuit, more locutionis Hebræorum. Non enim quia de Eva dictum est : Formavit eam in mulierem, jam passa erat concubitum viri, quod non scribitur passa, nisi cum dimissi essent de paradiso. (Gen., II, 22.) « Factum » autem dixit, propter susceptionem creaturæ : quia qui nascuntur ex feminis, non tunc a Deo nascuntur, sed tamen Deus illos facit, ut sic nasci possint, ut omnem creaturam. « Factum autem sub Lege » dixit, quia et circumcisus est, et hostia pro illo legitima oblata est. (Luc., II, 21, 24.) Nec mirum si et illa Legis opera sustinuit, ex quibus liberaret qui eis serviliter tenebantur; qui etiam mortem sustinuit, ut ex ea liberaret eos qui mortalitate tenebantur. « Ut adoptionem, inquit, filiorum recipiamus. » (Gal., IV, 5.) Adoptionem propterea dicit, ut distincte intelligamus unicum Dei Filium. Nos enim beneficio et dignatione misericordiæ ejus filii Dei sumus : ille natura est Filius, qui hoc est quod Pater. Nec dixit accipiamus, sed « recipiamus : » ut significaret hoc nos amisisse in Adam, ex quo mortales sumus. Hoc ergo quod

racheter ceux qui étaient sous la loi ; » s'appliquent à l'affranchissement de ce peuple qui pendant son enfance était assujetti à la direction d'un pédagogue, et se rapportent à ce qu'il vient de dire : « Assujetti à la loi. » Ces autres paroles : « Afin que nous puissions recevoir l'adoption des enfants, » se rapportent à cet autre membre de phrase : « Formé d'une femme. » Si, en effet, nous recevons l'adoption des enfants, c'est parce que le Fils unique n'a pas dédaigné d'entrer en participation de notre nature et qu'il a été formé d'une femme, afin d'être non-seulement le Fils unique qui ne peut avoir de frères, mais le premier-né entre plusieurs frères. (*Rom.*, VIII, 29.) L'Apôtre explique ces deux idées : « Formé d'une femme, assujetti à la loi, » dans un ordre différent de celui où il les a présentées.

31. Il s'empresse d'associer au peuple juif les peuples gentils, qui dans leur enfance étaient assujettis à des tuteurs et à des curateurs, c'est-à-dire aux éléments de ce monde, et qui auraient pu croire qu'ils n'étaient pas les enfants de Dieu, parce qu'ils n'étaient pas sous la direction d'un pédagogue. « Et parce que vous êtes enfants, leur dit saint Paul, Dieu a envoyé dans vos cœurs l'Esprit de son Fils qui crie : « Abba, mon Père. » (*Gal.*, IV, 6.) De ces deux explications, la seconde est l'explication de la première, puisque le mot *Abba* a le même sens que Père. L'Apôtre fait un heureux emploi de ces deux mots qu'il emprunte à dessein à deux langues différentes, en vue de ce peuple qui a été appelé des Juifs comme des Gentils à l'unité de la foi. Ainsi le mot hébreu est pour les Juifs, le mot grec pour les Gentils; cependant ils ont une même signification et ils expriment tous deux l'unité d'une même foi et d'un même esprit. Dans l'Epître aux Romains, où il traite la même question de la paix que Jésus-Christ a établie entre les Juifs et les Gentils, il exprime la même pensée : « Vous n'avez pas, leur dit-il, reçu l'Esprit de servitude, pour vous conduire encore par la crainte, mais vous avez reçu l'Esprit d'adoption des enfants dans lequel nous crions : « Abba, mon Père. » (*Rom.*, VIII, 15.) Saint Paul veut ici, et avec raison, prouver aux Gentils par la présence et le don du Saint-Esprit, qu'ils ont part à la promesse de l'héritage. En effet, l'Evangile ne fut prêché aux Gentils qu'après l'ascension de Notre-Seigneur et la descente du Saint-Esprit. Les Juifs, au contraire, avaient commencé à embrassé la foi pendant la vie mortelle du Sauveur, comme l'Evangile nous l'apprend. Nous le voyons, sans doute, faire l'éloge de la foi de la chananéenne (*Matth.*, XV, 18) et de celle du centurion, dont il dit : « Je n'ai point trouvé une si grande foi dans Israël. » (*Matth.*, VIII, 10.) Cependant ces paroles indiquent assez clairement que c'était proprement aux Juifs qu'il annonçait l'Evangile, lors-

---

ait : « Ut eos qui sub Lege erant redimeret, » et ad liberandum eum popu'um pertinet, qui parvulus sub pædagogo serviebat ; et refertur ad id quod dixit, « factum sub Lege. » Illud autem quod ait, « ut adoptionem filiorum recipiamus, » refertur ad id quod dixit, « factum ex muliere. » Hinc enim adoptionem recipimus, quod ille Unicus non dedignatus est participationem naturæ nostræ, factus ex muliere, ut non solum Unigenitus esset, ubi fratres non habet, sed etiam Primogenitus in multis fratribus fieret. (*Rom.*, VIII, 29.) Duo enim proposuit, « factum ex muliere, factum sub Lege : » sed mutato ordine respondit.

31. Jam illum populum adjungens, qui parvulus sub procuratoribus et actoribus serviebat, id est, elementis hujus mundi, ne putarent se non esse filios, quia non erant sub pædagago : « Quoniam autem filii estis, inquit, misit Deus Spiritum Filii sui in corda vestra, clamantem : Abba, Pater. » (*Gal.*, IV, 6.) Duo sunt verba quæ posuit, ut posteriore interpretaretur primum. Nam hoc est « Abba, » quod « Pater. » Eleganter autem intelligitur non frustra duarum linguarum verba posuisse idem significantia, propter universum populum, qui de Judæis et de Gentibus in unitatem fidei vocatus est : ut Hebræum verbum ad Judæos, Græcum ad Gentes, utriusque tamen verbi eadem significatio ad ejusdem fidei spiritusque unitatem pertineat. Nam et ad Romanos, ubi similis quæstio de pace in Christo Judæorum Gentiumque tractatur, hoc dicit : « Non enim accepistis spiritum servitutis iterum in timore : sed accepistis Spiritum adoptionis filiorum, in quo clamamus : Abba, Pater. » (*Rom.*, VIII, 15.) Recte autem de præsentia et de dono Spiritus sancti probare voluit Gentibus, quod pertineant ad promissionem hæreditatis. Non enim evangelizatum est Gentibus, nisi post ascensum Domini et adventum Spiritus sancti. Cœperant enim jam Judæi credere, cum in terris adhuc Filius Dei mortalem hominem gereret, sicut in Evangelio scriptum est : ubi quanquam et Chananææ mulieris fidem ipse laudaverit (*Matth.*, XV, 28), et illius Centurionis, de quo ait, non se invenisse talem fidem

que, par exemple, il déclare qu'il n'a été envoyé qu'aux brebis qui ont péri de la maison d'Israël (*Matth.*, xv, 24), et qu'il dit à ses disciples en leur donnant leur mission : « N'allez point vers les nations, et n'entrez point dans les villes des Samaritains, mais allez plutôt vers les brebis perdues de la maison d'Israël. » (*Matth.*, x, 5.) Quant aux Gentils, il les appelait un autre bercail. « J'ai encore, disait-il, d'autres brebis qui ne sont point de cette bergerie, » (*Jean*, x, 16) et il promet de les amener pour qu'il n'y ait qu'un seul troupeau et un seul pasteur; à quel moment devait-il les amener? après sa glorification. En effet, après sa résurrection, il envoie ses disciples vers les Gentils, lorsqu'il leur commande de rester quelque temps à Jérusalem, jusqu'à ce qu'il leur donne l'Esprit saint selon sa promesse. (*Act.*, i, 4.) Donc après avoir dit : « Dieu a envoyé son Fils formé d'une femme et assujetti à la loi, pour racheter ceux qui étaient sous la loi, afin que nous devinssions enfants adoptifs, il restait à l'Apôtre d'établir que les Gentils qui n'étaient point sous la loi, avaient cependant part à la même adoption des enfants, ce qu'il prouve par le don du Saint-Esprit qu'ils ont reçu. C'est ce que fait également saint Pierre, lorsqu'ayant à se défendre auprès des Juifs devenus chrétiens, d'avoir baptisé le centurion Corneille qui était incirconcis, il leur dit qu'il n'a pu refuser de répandre l'eau du baptême sur des hommes qui avaient reçu l'Esprit saint d'une manière aussi éclatante. (*Act.*, x, 47.) Saint Paul a fait usage plus haut, contre les Galates, de cette même preuve si convaincante : « Je ne veux savoir de vous qu'une seule chose. Est-ce par les œuvres de la loi que vous avez reçu le Saint-Esprit ou par l'audition de la foi? » (*Gal.*, iii, 2) et un peu après : « Celui donc qui vous donne son Esprit et qui fait des miracles en vous, le fait-il par les œuvres de la loi ou par la parole de la foi? » (*Ibid.*, 5.) Et c'est ici la même pensée qu'il exprime : « Parce que vous êtes enfants, Dieu a envoyé dans vos cœurs l'Esprit de son Fils qui crie : Abba, mon Père. »

32. Il prouve ensuite jusqu'à l'évidence qu'il a voulu parler de ceux des Gentils qui avaient embrassé la foi et à qui il adresse également cette Epître : « Aucun de vous n'est donc plus esclave, mais fils, » (*Gal.*, iv, 7) leur dit-il, en faisant allusion à ce qu'il a dit plus haut : « Tant que l'héritier est encore enfant, il ne diffère point d'un esclave (*Ibid.*, 1); mais si chacun de vous est fils, il est aussi héritier par Dieu, » (*Ibid.*, 7) c'est-à-dire par la miséricorde de Dieu, et non en vertu des promesses faites aux patriarches dont vous ne descendez point selon la chair comme les Juifs. Et cependant vous ne laissez pas d'être les enfants d'Abraham, en

---

in Israel (*Matth.*, viii, 10) : tamen proprie tunc Judæis esse evangelizatum, verbis ipsius Domini satis clarum est, cum ad ipsius Chananææ deprecationem dixit, non se esse missum nisi ad oves quæ perierunt domus Israel (*Matth.*, xv, 24) : et discipulos cum mitteret, ait : « In viam Gentium ne abieritis, et in civitates Samaritanorum ne introieritis; sed ite primum ad oves quæ perierunt domus Israël. » (*Matth.*, x, 5.) Gentium autem aliud ovile appellavit, cum diceret : Habeo alias oves quæ non sunt de hoc ovili (*Joan.*, x, 16) : quas tamen se adducturum ait, ut esset unus grex, et unus pastor : quando autem, nisi post clarificationem suam? Post resurrectionem autem etiam ad Gentes discipulos misit, cum eos interim Jerosolymæ manere jussisset, donec eis secundum promissionem suam Spiritum sanctum mitteret. (*Act.*, 1, 4.) Cum ergo dixisset Apostolus : « Misit Deus Filium suum, factum ex muliere, factum sub Lege, ut eos qui sub Lege erant redimeret, ut adoptionem filiorum recipiamus » (*Gal.*, iv, 4) restabat, ut etiam Gentes, quæ non erant sub Lege, ad eamdem tamen adoptionem filiorum pertinere ostenderet : quod de sancti Spiritus dono, qui omnibus datus est, docet.

Unde se etiam Petrus de baptizato incircumciso Centurione Cornelio defendit apud Judæos qui crediderant, dicens, non se potuisse aquam negare illis, quos jam Spiritum sanctum accepisse claruerat. (*Act.*, x, 47.) Nam et ipso gravissimo documento etiam superius usus est Paulus, cum diceret : « Hoc solum volo discere a vobis, ex operibus Legis Spiritum accepistis, an ex auditu fidei? » (*Gal.*, iii, 2.) Et paulo post : « Qui ergo tribuit vobis Spiritum, et virtutes operatur in vobis, ex operibus Legis, an ex auditu fidei? » (*v.* 5.) Sic et hic : « Quoniam, inquit, filii Dei estis, misit Deus Spiritum Filii sui in corda vestra clamantem : Abba, Pater. »

32. Deinde manifestissime ostendit, de his etiam se dicere, qui ex Gentibus ad fidem venerant, ad quos etiam Epistolam scribit : « Itaque jam, inquit, non est servus, sed filius : » (*Gal.*, iv, 7) propter id quod dixerat : Quamdiu hæres parvulus est, nihil differt a servo (*v.* 1) : « Si autem filius, inquit et hæres, per Deum : » (*v.* 7) id est per misericordiam Dei, non per promissiones Patrum, de quibus carnaliter sicut Judæi natus non est; sed tamen filius Abrahæ secundum imitationem fidei, cujus fidei gra-

imitant sa foi dont vous avez obtenu la grâce par la miséricorde de Dieu. » Autrefois, continue-t-il, lorsque vous ne connaissiez point Dieu, vous étiez esclaves de ceux qui ne sont point dieux en réalité. » (*Ibid.*, 8.) Il est évident qu'il ne s'adresse point aux Juifs, mais aux Gentils; aussi ne dit-il pas : Nous étions esclaves, mais : « Vous étiez esclaves. » Il est donc assez probable que ce sont également les Gentils qu'il représente plus haut assujettis aux éléments du monde comme à des tuteurs et à des curateurs. (*Ibid.*, 1.) Car ces éléments ne sont point des dieux par leur nature, ni dans le ciel ni sur la terre, comme il y a beaucoup de dieux et beaucoup de seigneurs. Mais pour nous, il n'y a qu'un seul Dieu, le Père d'où procèdent toutes choses, et qui nous a faits pour lui, et un seul Seigneur, Jésus-Christ, par qui toutes choses ont été faites, et nous sommes par lui. (I *Cor.*, VIII, 5.) En disant : « Vous étiez esclaves de ceux qui ne sont point dieux en réalité, » il établit clairement qu'il n'y a qu'un seul vrai Dieu par nature, en qui tout cœur chrétien et catholique reconnaît et adore la Trinité. Quant à ceux qui ne sont point dieux par nature, l'Apôtre les appelle des tuteurs et des curateurs, parce qu'il n'est aucune créature, soit qu'elle demeure dans la vérité en rendant gloire à Dieu, soit qu'elle s'en écarte en cherchant sa propre gloire; il n'est, dis-je, aucune créature qui, de gré ou de force, ne serve les desseins de la Providence. Si elle le fait volontairement, elle concourt au bien, devient l'instrument de sa bonté; si c'est contre sa volonté, Dieu en fait l'instrument de sa justice. En effet, si les anges prévaricateurs avec le démon qui est leur prince, n'étaient point justement appelés les tuteurs et les curateurs de la divine Providence, Notre-Seigneur n'aurait pas appelé le diable le prince de ce siècle, et la puissance des apôtres ne s'en serait point servi pour châtier les pécheurs, comme saint Paul le déclare : « Je les ai livrés à Satan, afin qu'ils apprennent à ne point blasphémer; » (I *Tim.*, I, 20) et dans un autre endroit, pour les sauver : « Quant à moi, absent de corps, j'ai déjà porté ce jugement comme présent, qu'étant assemblés au nom de Notre-Seigneur Jésus-Christ, et moi en esprit au milieu de vous, celui qui a commis ce crime, soit par la puissance de Notre-Seigneur Jésus-Christ livré à Satan pour être puni dans son corps, afin que son âme soit sauvée au jour de Notre-Seigneur Jésus-Christ. » (I *Cor.*, V, 3, etc.) Un magistrat ne peut faire que ce que lui permet le souverain dont il tient sa mission; ainsi les tuteurs et les curateurs de ce monde ne peuvent rien qu'avec la permission du Seigneur.

tiam per misericordiam Domini meruit. « Sed tunc quidem, inquit, ignorantes Deum, his qui naturaliter non sunt dii servistis. » (v. 8.) Nunc certe quia non Judæis scribit sed Gentibus ; nec ait servivimus, sed « servistis : » satis probabile est etiam superius de Gentibus dictum, quod sub elementis hujus mundi erant servientes, tanquam sub procuratoribus et actoribus. (*Ibid.*, v. 1.) Nam ipsa elementa utique non sunt naturaliter dii, sive in cœlo, sive in terra quemadmodum multi dii, et domini multi (I *Cor.*, VIII, 5); sed nobis unus Deus Pater, ex quo omnia, et nos in ipso; et unus Dominus Jesus Christus, per quem omnia, et nos per ipsum. Cum autem dicit : « Illis qui naturaliter non sunt dii, servistis, » satis demonstrat unum verum Deum natura esse Deum, quo nomine Trinitas fidelissimo et catholico gremio cordis accipitur. Eos autem qui natura non sunt dii, propterea superius procuratores actoresque appellat, quia nulla creatura est, sive quæ in veritate manet, dans gloriam Deo ; sive quæ in veritate non stetit, quærens gloriam suam : nulla inquam creatura est, quæ non, velit nolit, divinæ providentiæ serviat : sed volens facit cum (*a*) ea quod bonum est ; de illa vero, quæ hoc non vult, fit quod justum est. Nam si etiam ipsi prævaricatores angeli, cum principe suo diabolo, non recte dicerentur procuratores vel actores divinæ providentiæ, non Dominus magistratum hujus mundi diabolum diceret ; nec uteretur illo ad correptionem hominum ipsa potestas Apostolica, eodem Paulo alibi dicente : « Quos tradidi satanæ, ut discant non blasphemare : » (1 *Tim.*, I, 20) et alio loco ad salutem; ait enim : « Ego quidem sicut absens corpore, præsens autem spiritu, jam judicavi quasi præsens, eum qui sic operatus est, in nomine Domini nostri Jesu Christi congregatis vobis et meo spiritu, cum potentia domini nostri Jesu Christi, tradere hujusmodi satanæ in interitum carnis, ut spiritus salvus sit in die Domini Jesu. » (I *Cor.*, V, 3, etc.) Sed et magistratus sub (*b*) statuto imperatore non facit, nisi quantum illi permittitur ; et procuratores actoresque hujus mundi nihil faciunt, nisi quantum Dominus sinit. Non enim latet eum aliquid, sicut hominem ; aut in

---

(*a*) Lov. trium Mss. auctoritate *volens facit*, *cum de ea quod bonum est sit*. Ante vero in editis Am. et Er. legebatur *volens facit cum ea* (subaud. *divina providentia*) *quod bonum est* ; quam lectionem firmant nostri Mss. omnes, excepto Albinensi, qui habet, *volens facit*, *cum facit id quod bonum est*. — (*b*) Am. Er. et decem Mss. *sub tanto*.

Rien absolument ne lui échappe, comme il arrive souvent aux hommes, et l'étendue de sa puissance ne permet pas que les tuteurs et les curateurs qui lui sont soumis puissent agir à son insu ou malgré lui sur les créatures que la Providence leur a soumises suivant leur degré. Cependant Dieu ne leur tient pas compte des actes de justice dont ils sont les instruments, mais seulement de l'intention qui les fait agir, car Dieu n'a jamais privé sa créature raisonnable du libre usage de sa volonté, tout en se réservant le pouvoir de faire concourir les pécheurs à l'accomplissement des desseins de sa justice. Nous avons souvent traité cette vérité avec beaucoup plus d'étendue dans d'autres livres (1). Soit donc que les Gentils aient adoré le soleil, la lune, les étoiles, le ciel et la terre et d'autres créatures semblables, soit qu'ils aient adoré les démons, on peut dire en toute vérité qu'ils étaient assujettis à des tuteurs et à des curateurs.

33. Cependant ce qui suit paraît jeter de nouveau l'obscurité sur l'explication que l'Apôtre vient de donner. Dans toute cette épître, en effet, nous ne voyons pas que d'autres que les Juifs aient cherché à ébranler la foi des Galates en voulant les ramener aux observances légales comme si leur salut en dépendait. Ici, au contraire, il paraît s'adresser à ceux qui s'efforçaient de retourner aux superstitions des Gentils : « Mais à présent que vous connaissez Dieu, leur dit-il, ou plutôt que vous êtes connus de Dieu, comment vous tournez-vous encore vers des éléments faibles et pauvres, auxquels vous voulez vous assujettir par une nouvelle servitude? » (*Gal.*, IV, 9.) En effet, comme ces paroles : « Pourquoi retournez-vous, » s'adressent non aux Juifs circoncis, mais aux Gentils, ainsi que le prouve toute la suite des épîtres, il ne leur reproche point de retourner à la circoncision, à laquelle ils n'avaient jamais été soumis, mais : « A des éléments faibles et pauvres auxquels, dit-il, vous voulez vous assujettir par une nouvelle servitude. » Nous sommes donc forcés d'admettre qu'il parle ici des Gentils; il leur a dit plus haut : « Lorsque vous ne connaissiez point Dieu, vous étiez esclaves de ceux qui ne sont point Dieu en réalité; » (*Ibid.*, 8) et il leur reproche ici de vouloir se jeter de nouveau dans cet esclavage : « Comment vous tournez-vous encore vers des éléments faibles et pauvres, auxquels vous voulez vous assujettir par une nouvelle servitude? »

34. Les paroles qui suivent : « Vous observez les jours et les mois, les saisons et les années; je crains pour vous que je n'aie peut-être travaillé en vain parmi vous, » semblent venir à l'appui de ce sentiment. En effet, une des erreurs les

(1) Dans le livre du *Libre Arbitre*.

---

aliquo est minus potens, ut procuratores atque actores, qui sunt in ejus potestate, aliquid ipso sive non permittente, sive nesciente, in subjectis sibi pro suo gradu rebus efficiant. Non eis tamen rependitur, quod de ipsis juste fit, sed quo animo ipsi faciunt : quia neque liberam voluntatem rationali creaturæ suæ Deus negavit, et tamen potestatem, qua etiam injustos juste ordinat, sibi retinuit. Quem locum latius et uberius in libris aliis (a) sæpe tractavimus. Sive ergo solem et lunam et sidera et cœlum et terram, cæteraque hujusmodi Gentes colebant, sive dæmonia, recte sub procuratoribus et actoribus fuisse intelliguntur.

33. Verumtamen ea quæ sequuntur, jam quasi explicatam quæstionem rursus implicant. Cum enim per totam Epistolam non ab aliis ostendat sollicitatam fuisse Galatarum fidem, nisi ab eis qui ex circumcisione erant, et ad carnales observationes Legis, tanquam in eis salus esset, adducere cupiebant : hoc tantum loco ad eos loqui videtur, qui ad Gentilium superstitiones redire tentarent. Ait enim : « Nunc autem cognoscentes Deum, imo cogniti a Deo, quomodo revertimini iterum ad infirma et egena elementa, quibus rursus ut antea servire vultis? » (*Gal.*, IV, 9.) In eo enim quod dicit, « revertimini, » quando non circumcisis, sed Gentibus loquitur, sicut in tota Epistola apparet; non utique ad circumcisionem dicit eos reverti, in qua nunquam erant, sed « ad infirma, inquit, et egena elementa, quibus rursus ut antea servire vultis. » Quod de Gentibus intelligere cogimur : his enim supra dixerat : Sed tunc quidem ignorantes Deum, his qui natura non sunt dii, servistis (v. 8) : ad quam servitutem reverti eos velle significat, cum ait : « Quomodo revertimini ad infirma et egena elementa, quibus rursus ut antea servire vultis? »

34. Quod autem adjungit : « Dies observatis, et menses, et annos, et tempora : timeo vos ne forte sine causa laboraverim in (b) vos, » (v. 10, 11) magis hanc sententiam confirmare videri potest. Vulgatissimus est

(a) Deest *sæpe*, apud Am. Er. et septem Mss. — (b) Editi hic et infra *in vobis*. At Mss. *in vos*, juxta Græcum.

plus répandues parmi les Gentils est, dans les actions qu'ils entreprennent comme pour les divers événements de la vie et le succès de leurs affaires, de tenir compte des jours, des mois, des années qui sont particulièrement désignés par les astrologues et les Chaldéens. Cependant il n'est peut-être pas nécessaire d'entendre ces paroles de l'erreur des Gentils pour ne point paraître nous écarter tout d'un coup et sans raison du but que l'Apôtre se propose dans cette épître et qu'il poursuit sans interruption du commencement jusqu'à la fin, et il vaut mieux y voir un des abus qu'il s'applique clairement à réprimer dans toute la suite de cette épître. Car les Juifs eux-mêmes s'astreignent servilement aux jours, aux mois, aux années et aux temps lorsqu'ils observent d'une manière toute charnelle le sabbat, les néoménies, le mois des fruits nouveaux, et la septième année qu'ils appellent le sabbat des sabbats. Ces pratiques étaient des ombres de l'avenir; après l'avénement de Jésus-Christ, elles sont devenues des superstitions pour ceux qui les observaient comme essentielles au salut, sans connaître la fin à laquelle elles se rapportaient. Voici donc le langage que saint Paul tient aux Gentils : Que vous sert d'avoir brisé les liens de votre servitude qui vous assujettissaient aux éléments du monde si vous retournez à des chaînes semblables en vous laissant séduire par ceux qui ne connaissant point l'époque d'où date leur liberté, entre autres œuvres de la loi, qu'ils entendent dans un sens charnel, se rendent esclaves des temps. Or voulez-vous vous associer à leur esclavage, comme précédemment, et observer avec eux les jours, les mois, les années et les temps, auxquels vous étiez assujettis avant de croire en Jésus-Christ? Il est évident, en effet, que le cours des temps est réglé par les éléments de ce monde, c'est-à-dire par le ciel et la terre, par le mouvement et les révolutions des astres. L'Apôtre les appelle des éléments « faibles, » c'est que leur apparence n'a rien de stable et change sans cesse d'aspect; des éléments « pauvres » parce qu'ils tiennent l'être dont ils jouissent de la puissance souveraine et immuable du Créateur.

35. Le lecteur peut donc choisir le sentiment qu'il voudra, mais qu'il comprenne bien que l'observance superstitieuse des temps expose l'âme à un si grand danger que l'Apôtre se croit obligé d'ajouter : « Je crains pour vous que je n'aie peut-être travaillé en vain parmi vous. » (*Gal.*, IV, 2.) Ces paroles sont lues dans les Églises, par tout l'univers avec la solennité et l'autorité qu'elles méritent, et cependant nos réunions sont pleines d'hommes qui consultent les astrologues sur le temps convenable aux actions qu'ils veulent entreprendre. Que dis-je? Ces hommes qui ne savent pas, comme on dit,

enim error Gentilium iste, ut vel in agendis rebus, vel in expectandis eventis vitæ ac negotiorum suorum, ab Astrologis et Chaldæis notatos dies, et menses, et annos, et tempora observent. Fortasse tamen non opus est, ut hoc de Gentilium errore intelligamus, ne intentionem causæ, quam ab exordio susceptam ad finem usque perducit, subito et aliud temere detorquere velle videamur; sed de his potius, de quibus cavendis eum agere per totam Epistolam apparet. Nam et Judæi serviliter observant dies et menses, et annos, et tempora in carnali observatione sabbati et neomeniæ et mense novorum, et septimo quoque anno quem vocant Sabbatum sabbatorum. Quæ quoniam erant umbræ futurorum jam adveniente Christo in superstitione remanserunt, cum tanquam salutaria observarentur a nescientibus quo referenda sint : ut tanquam hoc dixerit Apostolus Gentibus : Quid prodest vos evasisse servitutem qua tenebamini, cum serviretis elementis mundi, quando rursus ad talia reditis, seducti ab eis qui nondum agnoscentes libertatis suæ tempus, inter cætera opera Legis quæ carnaliter sapiunt, etiam temporibus serviunt : quibus et vos rursus ut antea servire vultis, et observare cum eis dies, et menses, et annos, et tempora, quibus serviebatis et antequam Christo crederetis? Manifestum est enim, volumina temporum per elementa hujus mundi, hoc est, cœlum et terram et motus atque ordinem siderum administrari. Quæ « infirma » appellat ex eo quod infirma et instabili specie variantur : « egena » vero, ex eo quod egent summa et stabili specie Creatoris, ut quomodo sunt esse possint.

35. Ergo eligat lector utram volet sententiam dummodo intelligat ad tantum periculum animæ pertinere superstitiosas temporum observationes, ut huic loco subjecerit Apostolus : « Timeo vos, ne forte sine causa laboraverim in vos. » (*Gal.*, IV, 2.) Quod cum tanta celebritate atque auctoritate per orbem terrarum in Ecclesiis legatur, plena sunt conventicula nostra hominibus, qui tempora rerum agendarum a mathematicis accipiunt. Jam vero ne aliquid inchoetur, aut ædificiorum, aut hujusmodi quorum-

où ils mettent le pied, vont jusqu'à nous détourner ou de commencer une construction, ou toute autre entreprise semblable un des jours qu'ils appellent égyptiaques. Si ce passage doit s'entendre des observances superstitieuses des Juifs, quelle espérance peut rester à ceux qui veulent qu'on les appelle chrétiens et qui règlent leur vie naufragée sur les tables astronomiques, quand ils voient qu'en observant comme les Juifs les temps marqués dans les livres divins que Dieu a donné à son peuple encore charnel, ils entendraient cette effrayante sentence de l'Apôtre : « Je crains pour vous que je n'aie peut-être travaillé en vain parmi vous? » Cependant si on découvre un catéchumène qui observe le sabbat à la manière des Juifs, l'Eglise est dans l'agitation. Et en même temps une multitude innombrable de gens qui se disent chrétiens viennent nous dire en face avec une assurance étonnante : Je ne me mets pas en route le jour qui suit les calendes, et c'est à peine si nous parvenons à détruire ce préjugé par la patience, en nous contentant de sourire dans la crainte qu'ils ne s'emportent et ne voient une espèce de nouveauté dans nos paroles (1). Malheur aux péchés des hommes qui ne nous font horreur que lorsqu'ils sont extraordinaires ! Quant aux péchés plus communs, pour l'expiation desquels le Fils de Dieu a versé tout son sang, malgré leur énormité et bien qu'ils nous ferment sans retour le royaume de Dieu, à force de les voir se répéter sous nos yeux, nous les tolérons, et cette tolérance va souvent jusqu'à nous en faire commettre quelques-uns ; et plaise à Dieu que nous ne commettions pas tous ceux que nous n'avons pu empêcher.

36. Voyons maintenant ce qui suit. Nous avions passé ces paroles qui précèdent : « Mais à présent que vous connaissez Dieu, ou plutôt que vous êtes connus de lui. » (*Gal.*, IV, 9.) L'Apôtre paraît vouloir ici accommoder son langage à la faiblesse des hommes pour nous apprendre que ce n'est pas seulement dans les livres de l'Ancien Testament que la parole divine s'est abaissée jusqu'aux pensées terrestres des hommes. Qu'il semble vouloir revenir sur ce qu'il a dit : « Maintenant que vous connaissez Dieu, » nous ne devons pas en être surpris ; car il est évident que tant que nous marchons sous la conduite de la foi et non à la splendeur de la claire vue (II *Cor.*, V, 7), nous ne connaissons pas entièrement Dieu. Mais la foi nous purifie et nous rend capables de cette connaissance dans le temps convenable. Si l'on entend cependant dans leur sens propre ce que l'Apôtre dit en se reprenant : « Ou plutôt que vous êtes connus de lui, » on pourrait croire que Dieu emprunte au temps une connaissance qu'il n'avait pas auparavant. Il faut donc voir ici une expression métaphorique ; les yeux de Dieu, c'est son amour

---

(1) Saint Augustin a inséré ce passage dans son *Enchiridion*, chap. LXXX.

libet operum, diebus quos Ægyptiacos vocant, sæpe etiam nos monere non dubitant, nescientes, ut dicitur, ubi ambulant. Quod si locus iste de Judæorum superstitiosa observatione intelligendus est, quam spem habent, cum Christianos se dici velint ex ephemeridis vitam naufragam gubernantes quando de divinis libris, quos Deus adhuc carnali populo dedit, si more Judæorum tempora observarent diceret eis Apostolus : « Timeo vos, ne forte sine causa laboraverim in vos ? » (/. Et tantum.) Et tamen si deprehendatur quisquam vel cathecumenus Judaico ritu sabbatum observans, tumultuatur Ecclesia. Nunc autem innumerabiles de numero fidelium cum magna confidentia in faciem nobis dicunt : Die post Kalendas non proficiscor. Et vix lente ista prohibemus arridentes, ne irascantur, et timentes ne quasi novum aliquid mirentur. Væ peccatis hominum, quæ sola inusitata exhorrescimus. Usitata vero pro quibus abluendis Filii Dei sanguis effusus est, quamlibet magna sint, et omnino claudi contra se faciant regnum Dei, sæpe videndo omnia tolerare, sæpe tolerando nonnulla etiam facere cogimur : atque utinam, o Domine, non omnia quæ non potuerimus prohibere, faciamus.

36. Sed jam videamus quæ sequuntur. Sane præterieramus quod dictum est : « Nunc autem cognoscentes Deum, imo cogniti a Deo. (*Gal.*, IV, 9) Videtur enim certe hoc loco etiam Apostolica locutio congruere velle infirmitati hominum : ne tantummodo in Veteris Testamenti libris usque ad terrenas hominum cogitationes modus divini eloquii descendisse videatur. Nam quoniam correxit quod dixerat, « cognoscentes Deum, » nihil nos movere debet : manifestum est enim quamdiu per fidem ambulamus, non per speciem (II *Cor.*, V, 7), nondum nos cognovisse Deum, sed ea fide purgari, ut opportuno tempore cognoscere, valeamus. Sed quod in ipsa correctione ait, « imo cogniti a Deo, » si proprie accipiatur, putabitur Deus quasi ex tempore aliquid cognoscere, quod ante non noverat. Translate ergo dictum est,

pour nous qu'il a fait éclater en envoyant son Fils unique et en consentant qu'il fût mis à mort pour les impies ; c'est ainsi que nous disons de ceux qu'on aime qu'on les a toujours devant les yeux. Ces paroles : « Maintenant que vous connaissez Dieu, ou plutôt que vous êtes connus de Dieu, » doivent donc s'entendre dans le même sens que ces autres de saint Jean : « Ce n'est pas nous qui avons aimé Dieu, mais c'est lui qui nous a aimés le premier. » (I *Jean*, IV, 10.)

37. Il poursuit en leur disant : « Soyez comme moi, » (*Gal.*, IV, 12) qui, bien que juif de naissance, rejette, à l'aide du discernement spirituel ces observances charnelles. « Puisque je suis moi-même comme vous, » c'est-à-dire homme. Il prend ensuite occasion de là pour leur rappeler dans un langage plein de convenance sa charité, dans la crainte qu'ils ne le considèrent comme un ennemi : « Mes frères, leur dit-il, je vous en prie, vous ne m'avez offensé en rien, » c'est-à-dire : Gardez-vous de croire que j'ai l'intention de vous blesser moi-même. « Au contraire, vous le savez, je vous ai autrefois prêché l'Evangile dans la faiblesse de la chair, » (*Ibid.*, 13) c'est-à-dire au milieu des persécutions. « Et cette épreuve à laquelle vous avez été mis à cause de ma chair, vous ne l'avez ni méprisée, ni repoussée. » (*Ibid.*, 14.) En effet devant ces persécutions que souffrait l'Apôtre, ils ont pu se demander s'ils devaient l'abandonner par un motif de crainte ou s'attacher à lui par un sentiment de charité. « Et vous n'avez point méprisé cette épreuve, » que vous regardiez comme utile, « et vous ne l'avez point repoussée » en refusant de partager mes dangers. « Mais vous m'avez reçu comme un ange de Dieu, comme le Christ Jésus. » Il leur rappelle ensuite avec admiration leurs œuvres spirituelles afin que ce souvenir placé devant leurs yeux les empêche de tomber dans une crainte toute charnelle : « Où donc, leur demande-t-il, est votre bonheur d'autrefois ? Car je puis vous rendre ce témoignage que vous étiez prêts alors, s'il eût été possible, à vous arracher les yeux pour me les donner. Suis-je donc devenu votre ennemi parce que je vous ai dit la vérité ? » (*Ibid.*, 15, 16.) Evidemment non, doivent-ils répondre. Mais quelle est cette vérité qu'il leur a prêchée, sinon qu'ils ne doivent point se faire circoncire ? Aussi voyez ce qu'il ajoute : « Le zèle empressé qu'ils vous témoignent n'est pas bon, » (*Ibid.*, 17) c'est-à-dire ils vous portent envie, puisque de spirituels que vous êtes ils veulent faire de vous des hommes charnels ; c'est en cela que le zèle qu'ils vous témoignent n'est pas bon ; « mais ils veulent vous séparer afin que vous vous attachiez à eux, » c'est-à-dire afin que vous les imitiez. Comment ? En courbant la tête, à leur exemple, sous le joug de la servitude.

---

ut oculos Dei accipiamus ipsam dilectionem ejus, quam commendavit mittendo pro impiis occidendum unicum Filium : sic enim de iis qui diliguntur dicere solemus quod ante oculos habeantur. Hoc est ergo « cognoscentes Deum, » imo cogniti a Deo, quod et Joannes dixit : Non quod nos dilexerimus Deum, sed quoniam ipse dilexit nos. (I *Joan.*, IV, 10.)

37. Dicit autem : « Estote sicut et ego : » (*Gal.*, IV, 12) qui utique cum Judæus natus sim, jam ista carnalia spiritali dijudicatione contemno. « Quoniam et ego sicut vos : » id est, homo sum. Deinde opportune ac decenter fecit eos recolere caritatem suam, ne tanquam inimicum illum deputent. Dicit enim : « Fratres, precor vos, nihil me læsistis : » tanquam si diceret : Ne ergo putetis, quod ego lædere vos cupiam. « Scitis quia per infirmitatem carnis jam pridem evangelizavi vobis : » (v. 13) id est, cum persecutionem paterer. « Et tentationem vestram in carne mea non sprevistis, neque respuistis. » (v. 14.) Tentati sunt enim, cum persecutionem pateretur Apostolus, utrum timore desererent eum, an caritate amplecterentur. Et « neque sprevistis, » inquit, tanquam utilem istam tentationem : « neque respuistis, » ut non susciperetis communionem periculi mei. « Sed sicut Angelum Dei excepistis me, sicut Christum Jesum. » Deinde admirans, opus eorum spiritale commendat, ut hoc intuentes, in carnalem timorem non decidant. « Quæ ergo fuit, inquit, beatitudo vestra ? Testimonium enim vobis perhibeo, quoniam si fieri posset, oculos vestros eruissetis, et dedissetis mihi. Ergo inimicus factus sum vobis, verum vobis prædicans ? » (v. 15, 16.) Respondetur utique : Non. Sed quid « verum prædicans, » nisi ut non circumcidantur ? Et ideo vide quid adjungit : » « Æmulantur vos non bene (v. 17) id est, invident vobis, qui vos carnales de spiritalibus volunt facere, hoc est, « æmulantur non bene. Sed excludere, inquit, vos volunt, ut illos, æmulemini, » hoc est, imitemini : quomodo, nisi ut servitutis jugo attineamini, sicut ipsi attinentur ? « Bonum (a) autem, ait, æmulari in bono semper. » (v. 18.) Vult enim ut

(a) Sic Mss. juxta Græc. At editi *Bonum autem est*.

« Pour vous, recherchez avec zèle le bien pour le bien. » (*Ibid.*, 18.) Il veut qu'ils soient toujours ses imitateurs, c'est pour cela qu'il ajoute : « Et non pas seulement quand je suis parmi vous, » car en étant prêts à donner leurs yeux pour lui, ils s'efforçaient d'imiter celui qu'ils aimaient si tendrement.

38. C'est pour cela qu'il leur dit encore : « Mes petits enfants, » pour les engager à l'imiter comme leur père : « Que j'enfante de nouveau jusqu'à ce que Jésus-Christ soit formé en vous. » (*Ibid.*, 19.) C'est plutôt en personnifiant en lui l'Eglise notre mère qu'il leur parle ainsi, car il dit de lui-même dans un autre endroit : « Nous nous sommes rendus petits parmi vous, comme une nourrice pleine de tendresse pour ses enfants. » (I *Thess.*, II, 7.) Or, Jésus-Christ se forme dans le fidèle par la foi qui se développe dans l'homme intérieur appelé à la liberté de la grâce, doux et humble de cœur, qui ne se glorifie point du mérite de ses œuvres, puisqu'ils n'en ont aucun, qui ne commence à faire quelqu'œuvre méritoire qu'avec le concours de la grâce, et que Jésus-Christ appelle un de ses plus petits, c'est-à-dire un autre lui-même lorsqu'il dit : « Autant de fois que vous avez agi ainsi pour l'un des moindres de mes frères, c'est pour moi que vous l'avez fait. » (*Matth.*, XXV, 40.) Jésus-Christ est formé dans l'âme de celui qui reçoit la forme de Jésus-Christ, qui s'attache à Jésus-Christ par un amour tout spirituel. Or, en l'imitant de la sorte, le chrétien devient en quelque sorte ce qu'il est, autant que sa condition le lui permet. « Car, au témoignage de saint Jean, celui qui dit qu'il demeure en Jésus-Christ doit marcher lui-même comme Jésus-Christ a marché. » (I *Jean*, II, 6.) Cependant comme les enfants sont d'abord conçus dans le sein de leurs mères avant d'être formés, et qu'ils sont déjà formés lorsqu'elles les enfantent et les mettent au jour, comment l'Apôtre peut-il dire : « Vous que j'enfante de nouveau jusqu'à ce que Jésus-Christ soit formé en vous? » (*Gal.*, IV, 25.) Les douleurs de l'enfantement représentent ici les angoisses, les sollicitudes au milieu desquelles il les a enfantés à une nouvelle vie en Jésus-Christ, et les enfante encore en les voyant exposés aux dangers de la séduction qui les troublent. Or, cette vigilante sollicitude qu'il assimile aux douleurs de l'enfantement doit durer jusqu'à ce qu'ils parviennent à la mesure de l'âge de la plénitude du Christ, où ils ne se laisseront plus emporter çà et là à tout vent de doctrine. » (*Ephés.*, IV, 13.) Il ne veut donc point parler ici du commencement de la foi, à laquelle ils étaient déjà nés, mais de la force de la perfection de la foi lorsqu'il leur dit : « Vous que j'enfante de nouveau jusqu'à ce que Jésus-Christ soit formé en vous. » Ce sont ces mêmes douleurs dont il parle ailleurs en d'autres termes :

semper ipsum imitentur : propter hoc addidit : « Et non solum cum præsens sum apud vos. » Cum enim præsenti oculos suos dare vellent, utique ipsum conabantur imitari, quem ita diligebant.

38. Ad hoc dicit etiam : « Filioli mei, » ut tanquam parentem utique imitentur : « Quos iterum, inquit, parturio, donec Christus formetur in vobis. » (v. 19.) Magis hoc ex persona matris Ecclesiæ locutus est : nam et alibi dicit : Factus sum parvulus in medio vestrum, tanquam si nutrix foveat filios suos. (I *Thess.*, II, 7.) Formatur autem Christus in credente per fidem in interiore homine, vocato in libertatem gratiæ, miti et humili corde, non se jactante de operum meritis, quæ nulla sunt; sed ab ipsa gratia meritum aliquod inchoante, quem possit dicere minimum suum (a), id est, seipsum, ille qui ait : Cum enim fecistis uni ex minimis meis, mihi fecistis. (*Matth.*, XXV, 40.) Formatur enim Christus in eo, qui formam accipit Christi : formam autem accipit Christi, qui adhæret Christo dilectione spirituali. Ex hoc enim fit, ut hujus imitatione sit quod ille, quantum gradu suo sinitur. Qui enim dicit se in Christo manere, ait Joannes, debet quomodo ille ambulavit, et ipse ambulare. (I *Joan.*, II, 6.) Sed cum homines a matribus concipiantur ut formentur, jam formati autem parturiantur ut nascantur, potest movere quod dictum est : « Quos iterum parturio, donec Christus formetur in vobis. » Nisi parturitionem hanc pro curarum angoribus positam intelligamus, quibus eos parturit ut nascerentur in Christo ; et iterum parturivit propter pericula seductionis, quibus eos conturbari videt. Sollicitudo autem talium de illis curarum, qua se quodammodo parturire dicit, tamdiu esse poterit, donec perveniant in mensuram ætatis plenitudinis Christi, ut jam non moveantur omni vento doctrinæ. (*Ephes.*, IV, 13.) Non ergo propter initium fidei, quo jam nati erant, sed propter robur et perfectionem dictum est : « Quos iterum parturio, donec Christus formetur in vobis. » Hanc parturitionem aliis verbis etiam alibi commen-

---

(a) Duo Mss. *minimum suum eumdem ipsum ille qui ait.*

« Les soins de chaque jour, la sollicitude de toutes les Églises; qui est faible sans que je sois faible avec lui? Qui est scandalisé sans que je brûle? » (II *Cor.*, XI, 28.)

39. Il ajoute : « Je voudrais maintenant être avec vous et changer mes paroles, car je suis dans l'angoisse à cause de vous, » (*Gal.*, IV, 20) paroles dont voici le sens : Il les avait appelés ses petits enfants, il veut donc les ménager dans sa lettre dans la crainte que les faux docteurs, dont il ne pouvait déjouer les intrigues pendant son absence, ne profitent de l'impression produite par ses reproches trop sévères, pour inspirer aux Galates de la haine contre lui. « Je voudrais donc, leur dit-il, être maintenant avec vous et changer mes paroles, » c'est-à-dire vous renier pour mes enfants, parce que je suis embarrassé à votre égard; » car les parents vont quelquefois jusqu'à renier leurs enfants pour n'avoir point à rougir de leur vie criminelle.

40. « Dites-moi, continue-t-il, vous qui voulez être sous la loi, n'entendez-vous point ce que dit la loi? » (*Gal.*, IV, 21.) Il est facile de comprendre ce que l'Apôtre dit ici des deux fils d'Abraham, car il donne lui-même l'explication de cette allégorie. Abraham avait ces deux enfants, lorsqu'ils furent choisis pour être la figure des deux Testaments. Ceux qu'il eut d'une autre épouse après la mort de Sara, n'ont point trait à cette allégorie. Voilà pourquoi un grand nombre de ceux qui lisent cette Épître, sans connaître le livre de la Genèse, s'imaginent qu'Abraham n'a eu que deux fils. L'Apôtre ne parle que de ces deux enfants, parce qu'ils étaient les seuls qu'avait Abraham lorsqu'ils furent choisis comme deux symboles allégoriques, dont il va donner l'explication. L'enfant né de la servante appelée Agar représente l'Ancien Testament, c'est-à-dire le peuple de l'ancienne alliance courbé sous le joug servile des observances charnelles, et enchaîné dans les promesses terrestres qui étaient l'objet unique de ses espérances, et l'éloignaient de l'héritage spirituel du patrimoine des cieux. Mais il ne suffirait pas qu'Isaac fût né d'une mère libre pour être la figure du peuple héritier du Nouveau Testament, il faut surtout qu'il soit né en vertu de la promesse. Il aurait pu naître selon la chair, d'une servante aussi bien que d'une femme libre, telle que fut Céthura qu'Abraham épousa dans la suite, et dont il eut des enfants selon la chair sans qu'ils fussent les enfants de la promesse. (*Gen.*, XXV, 1.) Mais ce qui fait le caractère distinctif d'Isaac, c'est qu'il est né miraculeusement en vertu d'une promesse, et alors que son père et sa mère étaient fort avancés en âge. Si l'on s'autorise de l'exemple de l'Apôtre qui nous montre on ne peut plus clairement que ces deux enfants sont des symboles allégoriques pour voir également dans les

---

dat, ubi dicit : « Incursus in me quotidianus, sollicitudo omnium Ecclesiarum. Quis infirmatur, et ego non infirmor? Quis scandalizatur, et ego non uror? » (II *Cor.*, II, 28.)

39. Quod vero subjecit : « Vellem autem nunc adesse apud vos, et mutare vocem meam ; quia confundor in vobis : » (*Gal.*, IV, 20) quid aliud intelligatur, nisi quia filiolos suos esse dixerat, parcens eis fortasse per litteras, ne severiore objurgatione commoti, facile in ejus odium traducerentur a deceptoribus illis, quibus absens non posset resistere. « Vellem ergo, inquit, nunc adesse apud vos, et mutare vocem meam, » id est, negare vos filios ; « quia confundor in vobis. » Malos enim filios, ne de his erubescant, etiam parentes abdicare solent.

40. Deinde subjungit : « Dicite mihi sub Lege volentes esse, Legem non audistis ? » (v. 21) Et de duobus quidem filiis Abrahæ quod dicit, facile intelligitur : nam ipse interpretatur hanc allegoriam. Hos enim duos filios habebat Abraham, cum duo Testamenta significata sunt. (*Gen.*, XXI, 1.) Post mortem autem Saræ, quos de alia uxore genuit, non pertinent ad hanc significationem. Et ideo multi legentes Apostolum, librum autem Geneseos ignorantes, putant solos habuisse duos filios Abraham. Hos ergo solos commemorat Apostolus, quia solos adhuc habebat, cum hæc significarentur, quæ consequenter exponit : quod ille de ancilla, quæ Agar vocabatur, Vetus Testamentum significat, id est, populum Veteris Testamenti, propter jugum servile carnalium observationum, et promissa terrena, quibus irretiti, et quæ tantummodo sperantes de Deo, non admittuntur ad hæreditatem spiritalem cœlestis patrimonii. Non autem sufficit, quod de libera uxore natus est Isaac, ad significandum populum hæredem Novi Testamenti : sed plus hic valet, quod secundum promissionem natus est. Ille autem et de ancilla secundum carnem, et de libera nasci potuit secundum carnem, sicut de Cethura, quam postea duxit Abraham, non secundum promissionem, sed secundum carnem suscepit filios. (*Gen.*, XXV, 1.) Isaac enim mirabiliter natus est per repromissionem, cum ambo parentes senuissent.

enfants de Céthura des figures de l'avenir (car ce n'est pas sans raison que l'Esprit saint a inspiré d'écrire les actions de ce grand personnage), on découvrira peut-être qu'ils représentent les hérésies et les schismes. Ces enfants sont nés d'une femme libre, comme les hérétiques sont sortis du sein de l'Eglise ; mais cependant ils sont nés selon la chair, et non selon l'Esprit et en vertu d'une promesse. S'il en est ainsi, ils n'ont point droit à l'héritage, c'est-à-dire à la céleste Jérusalem que l'Ecriture appelle stérile, parce qu'elle a été longtemps sans donner le jour à ses enfants sur la terre. L'Ecriture l'appelle aussi délaissée, parce que les hommes avaient abandonné la justice céleste pour suivre les affections de la terre, tandis que la Jérusalem terrestre avait pour époux, en quelque sorte, la loi qui lui avait été donnée. Voilà pourquoi Sara est la figure de la Jérusalem céleste, parce qu'elle a été longtemps délaissée de son mari, qui avait reconnu sa stérilité. Car ces saints personnages, tel qu'était Abraham, n'usaient point des relations conjugales pour satisfaire leur passion, mais pour assurer la perpétuité de leur famille. La vieillesse se joignait ici à la stérilité, et toute espérance étant perdue, c'était une action du plus grand mérite que d'ajouter foi à la promesse de Dieu. Assuré donc de cette divine promesse, Abraham s'approcha, pour accomplir le devoir de la génération, de son épouse arrivée à une extrême vieillesse, et avec laquelle il avait cessé toute relation conjugale lorsqu'elle était dans la vigueur de l'âge. L'Apôtre n'a pas d'autre motif, en expliquant l'allégorie de ces deux femmes, que de leur appliquer cette parole du Prophète : « Celle qui était délaissée a plus d'enfants que celle qui a un époux, » (*Gal.*, IV, 27 ; *Is.*, LIV, 1) puisque Sara mourut avant son mari, et qu'il n'y eut jamais de divorce entre eux. Comment donc l'une est-elle délaissée, tandis que l'autre a un époux? Parce qu'Abraham avait choisi sa servante Agar qui était féconde pour lui donner des enfants qu'il ne pouvait plus espérer de la stérilité de Sara. C'était toutefois avec la permission et sur l'offre même de son épouse qu'Abraham s'unissait à sa servante pour en avoir des enfants. En effet, il est une antique règle de justice dont le même Apôtre recommande l'observation aux Corinthiens : « Le corps de la femme n'est point à elle, mais à son mari ; de même le corps du mari n'est point à lui, mais à sa femme. » (I *Cor.*, VII, 4.) Or, les devoirs de cette sorte, comme tous les autres, dépendent de la volonté de ceux à qui ils sont dues ; et celui qui respecte ce pouvoir reste fidèle aux droits de la chasteté conjugale. Or, la vieillesse des parents d'Isaac signifie que le peuple du Nouveau Testament, bien qu'il soit nouveau,

---

Quod si data per Apostolum fiducia, qua duos illos allegorice accipiendos apertissime ostendit, voluerit aliquis etiam Cethuræ filios in aliqua rerum figura futurarum inspicere : (non enim frustra de talibus personis administratio Spiritus sancti hæc gesta conscripta sunt :) inveniet fortasse hæreses et schismata significari. Qui filii de libera quidem sicut isti de Ecclesia ; sed tamen secundum carnem nati sunt, non spiritaliter per repromissionem. Quod si ita est, nec ipsi ad hæreditatem inveniuntur pertinere, id est, ad cœlestem Jerusalem, quam sterilem vocat Scriptura, quia diu filios in terra non genuit. Quæ deserta etiam dicta est (a), cœlestem justitiam deserentibus hominibus terrena sectantibus, tanquam virum habente illa terrena Jerusalem, quia Legem acceperat. Et ideo cœlestem Jerusalem Sara significat, quæ diu deserta est a concubitu viri propter cognitam sterilitatem. Non enim tales homines, qualis erat Abraham, ad explendam libidinem utebantur feminis, sed ad successionem prolis. Accesserat autem sterilitati etiam senectus, ut ex omni desperatione divina promissio magnum meritum credentibus daret. Certus ergo de promissione Dei officio gignendi accessit ad ætate jam gravem, quam in annis vigentioribus corporali copulatione deseruerat. Non enim ob aliud Apostolus, adjuncta earum mulierum figura interpretatur quod per Prophetam dictum est : « Quoniam multi filii desertæ magis quam ejus quæ habet virum : » (*Gal.*, IV, 27 ; *Isai.*, LIV, 1) cum et marito prior Sara sit mortua, neque inter eos ullum exstitisset divortium. Unde ergo illa deserta, aut illa habens virum, nisi quod Abraham propagandæ prolis operam ad Agar ancillæ fecunditatem ab uxoris Saræ sterilitate transtulerat ? ipsa tamen permittente et ultro offerente, ut maritus ejus de ancilla susciperet filios. Antiqua enim justitiæ regula est, quam commendat ad Corinthios idem Apostolus : Mulier sui corporis potestatem non habet, sed vir : similiter autem et vir sui corporis potestatem non habet, sed mulier. (I *Cor.*, VII, 4.) Et hujusmodi enim debita, sicut cætera, in eorum quibus debentur potestate consistunt. Cui potestati qui fraudem non facit, ille

(a) Tres Mss. *cœlestibus justitiam deserentibus.*

était cependant prédestiné depuis longtemps dans les desseins de Dieu, aussi bien que la Jérusalem céleste. Voilà pourquoi saint Jean écrivait aux Parthes : « Je vous écris, pères, parce que vous avez connu ce qui était dès le commencement. » (I *Jean*, II, 13.) Quant aux hommes charnels qui sont dans l'Eglise, et d'où naissent les hérésies et les schismes, c'est l'Evangile, il est vrai, qui leur a donné occasion de naître ; mais l'erreur charnelle qui les a conçus et qu'ils portent avec eux, est étrangère à l'antique vérité, et c'est pour cela qu'ils sont nés d'une mère encore jeune, et d'un père âgé en dehors de toute promesse. Ce n'est que pour nous rappeler cette antiquité de la vérité, que Notre-Seigneur apparut dans l'Apocalypse avec des cheveux blancs. (*Apoc.*, I, 14.) C'est donc à l'occasion, et comme sous le manteau de l'antique vérité, que les hérétiques et les schismatiques ont pris naissance dans la nouveauté de leurs mensonges éphémères. L'Apôtre enseigne donc que nous sommes comme Isaac, enfants de la promesse, et qu'Isaac a été persécuté par Ismaël comme ceux qui veulent vivre spirituellement étaient persécutés par les Juifs charnels. Toutefois ces persécutions n'eurent point de fâcheux résultats, car l'Ecriture déclare que la servante et son fils seront chassés, sans que ce fils puisse hériter avec le fils de la femme libre. (*Gen.*, XXI, 10.) Or, mes frères, nous ne sommes point les enfants de l'esclave, mais de la femme libre. » (*Gal.*, IV, 31.) C'est cette liberté qu'il faut maintenant opposer au joug de la servitude des œuvres de la loi qui pesait sur ceux qui voulaient forcer les Galates à se faire circoncire.

41. L'Apôtre leur dit : « Restez fermes, » (*Gal.*, V, 1) et il fait voir par là qu'ils n'étaient pas encore tombés; autrement il eût été plus juste de leur dire : Relevez-vous. Il continue : « Et ne vous remettez point sous le joug de la servitude. » Or, comme on ne peut entendre ici par ce joug dont il veut les voir délivrés, que celui de la circoncision et des autres observances judaïques, puisqu'il ajoute immédiatement : « Je vous déclare, moi, Paul, que si vous vous faites circoncire, Jésus-Christ ne vous servira plus de rien, » (*Ibid.*, 2) quel sens faut-il donner à ces paroles : « Ne vous remettez point sous le joug de la servitude, » adressées à ceux qui n'avaient jamais eu rien de commun avec les Juifs, et qu'il dissuade de se faire circoncire ? Le sentiment que nous avons exposé plus haut, reçoit donc ici une nouvelle confirmation. Je ne vois pas, en effet, ce que l'Apôtre peut recommander ici aux Gentils, sinon qu'il leur est souverainement avantageux d'avoir été délivrés de l'esclavage de leurs superstitions par la foi en Jésus-Christ, et qu'ils doivent éviter de se

---

castitatis conjugalis jura custodit. Senectus autem parentum Isaac ad eam significationem valet quoniam Novi Testamenti populus quamvis sit novus prædestinatio tamen ejus apud Deum, et ipsa Jerusalem cœlestis antiqua est. Unde et Joannes ad (*a*) Parthos dicit : Scribo vobis patres, quoniam cognovistis quod erat ab initio. (I *Joan.*, II, 13.) Carnales autem qui sunt in Ecclesia, ex quibus hæreses et schismata fiunt, ex Evangelio quidem occasionem nascendi acceperunt ; sed carnalis error quo concepti sunt, et quem secum trahunt, non refertur ad antiquitatem veritatis : et ideo de matre adolescentula, et de patre sene sine repromissione nati sunt. Quia et Dominus non nisi ob antiquitatem veritatis in Apocalypsi albo capite apparuit. (*Apoc.*, I, 14.) Nati sunt ergo tales ex occasione antiquæ veritatis in novitio temporalique mendacio. Dicit ergo nos Apostolus secundum Isaac promissionis filios esse : et sic persecutionem passum Isaac ab Ismaele, quemadmodum hi qui spiritaliter vivere cœperant, a carnalibus Judæis persecutionem patiebantur ; frustra tamen, cum secundum Scripturam ejiciatur ancilla et filius ejus, nec hæres esse possit cum filio liberæ. (*Gen.*, XXI, 10.) « Nos autem, inquit, fratres, non sumus ancillæ filii, sed liberæ. » (*Gal.*, IV, 31.) Ea enim libertas nunc maxime opponenda est servitutis jugo, quo in operibus Legis tenebantur, qui ad circumcisionem istos trahebant.

41. Cum autem dicit : « State ergo, » significat eos nondum cecidisse : accomodatius enim diceret : Surgite. Sed quod addidit : « Et ne iterum servitutis jugo attineamini (*Gal.*, V, 1), quando quidem hic nullum aliud jugum potest intelligi, quo eos attineri nolit, nisi circumcisionis taliumque observationum Judaicarum : ita enim et sequitur : « Ecce ego Paulus dico vobis, quia si circumcidamini, Christus vobis nihil proderit : » (*Ibid.*, 2) quomodo accepturi sumus quod ait, « ne iterum servitutis jugo attineamini : » cum ad eos scribat qui Judæi nunquam fuerant? Nam hoc agit utique, ne circumcidantur. Sed nimirum hic declaratur et confirmatur illa sententia, de qua superius disputavimus. Quid enim aliud hoc loco gentibus dicat, non invenio, nisi ut prosit illis quod

---

(*a*) Ita sex Mss. At Lov. *ad patres :* Am. et Er. *ad parentes*

replacer sous le joug des observances charnelles prescrites par la loi de Dieu, il est vrai, mais qui retenait dans les liens de la servitude un peuple encore charnel. Il leur déclare que Jésus-Christ ne leur servira plus de rien s'ils se font circoncire, mais comme l'entendaient ceux qui voulaient les contraindre à la circoncision, c'est-à-dire en faisant dépendre de la circoncision de la chair toute l'espérance de leur salut. On ne peut dire, en effet, que Jésus-Christ ne servit de rien à Timothée, parce que Paul le fit circoncire lorsqu'il embrassa dans sa jeunesse la foi chrétienne. (*Act.*, XVI, 3.) L'Apôtre le voulut ainsi pour éviter de scandaliser les Juifs, non point par esprit de dissimulation, mais en vertu de cette indifférence qui lui fait dire dans un autre endroit : « Ce n'est rien d'être circoncis, ou d'être incirconcis. » (I *Cor.*, VII, 19.) Car cette circoncision ne peut nuire à celui qui ne croit point qu'elle puisse contribuer au salut. C'est dans ce même sens qu'il ajoute : « Je déclare encore à quiconque se fait circoncire, » c'est-à-dire qui la désire et la recherche comme un moyen de salut, « qu'il est obligé de garder la loi tout entière. » (*Gal.*, V, 3.) En leur parlant de la sorte il veut que la crainte d'être astreints à ces observances sans nombre qui sont écrites dans la loi, et que ni les Juifs ni leurs pères n'ont pu accomplir, comme saint Pierre le déclare dans les Actes des Apôtres (*Act.*, XV,

10), les empêche de courber la tête sous le joug qu'on voulait leur imposer.

42. « Vous qui voulez être justifiés par la loi, vous êtes étrangers au Christ. » (*Gal.*, V, 4.) C'est la proscription dont il avait dit précédemment que Jésus-Christ était frappé, lorsqu'ils n'ont plus aucune part à Jésus-Christ, et qu'il se retire d'eux comme d'un héritage qu'il abandonne et que les œuvres de la loi reprennent tout leur pouvoir sur eux comme sur une terre délaissée. Comme tout le malheur est ici pour eux et non pour le Christ, il ajoute : « Vous êtes déchus de la grâce. » La grâce de Jésus-Christ affranchissait du joug des œuvres de la loi ceux qui étaient tenus de les observer, et les Galates, pleins d'ingratitude pour une si grande grâce, voulaient s'obliger à observer la loi tout entière. Ils n'en étaient pas encore arrivés à cette extrémité ; mais comme leur volonté était fortement ébranlée, l'Apôtre leur parle presque toujours comme si ce malheur était consommé : « Pour nous, continue-t-il, c'est par l'Esprit, et en vertu de la foi, que nous espérons recevoir la justice. » (*Ibid.*, 5.) Il leur enseigne donc que les espérances spirituelles seules sont l'objet de la foi en Jésus-Christ et non les espérances de la terre telles que les promesses qui retenaient le peuple esclave dans la fidélité à la loi, comme il le dit dans un autre endroit : « Nous ne considérons point les choses visibles, mais les invisibles ; car

---

a servitute superstitionis suæ per fidem Christi liberati sunt, ne iterum servi esse velint sub jugo observationum carnalium, quamvis sub Lege Dei, tamen carnalem populum serviliter alligantium. Christum autem nihil eis profuturum esse dicit, si circumcidantur : sed illo modo, quo eos isti volebant circumcidi, id est, ut in carnis circumcisione ponerent spem salutis. Non enim Timotheo non profuit Christus, quia Paulus ipse illum jam Christianum juvenem circumcidit (*Act.*, XVI, 3) : fecit autem hoc propter scandalum suorum, nihil simulans omnino, sed ex illa indifferentia, qua dicit : Circumcisio nihil est, et præputium nihil est. (I *Cor.*, VII, 19.) Nihil enim obest illa circumcisio ei, qui salutem in illa esse non credit. Secundum hanc sententiam etiam illud addidit : « Testificor autem omni homini circumcidenti se, » id est, tanquam salutarem istam circumcisionem appetenti, « quia debitor est universæ Legis faciendæ. » (*Gal.*, V, 3.) Quod ideo ait, ut vel terrore tam innumerabilium observationum, quæ in Legis operibus scriptæ sunt, ne omnes implere coge-

rentur (quod nec ipsi Judæi, nec parentes eorum implere potuerunt, sicut Petrus in Actibus Apostolorum dicit), abstinerent se ab his, quibus eos isti subjugare cupiebant. (*Act.*, XV, 10.)

42. « Evacuati, inquit, estis a Christo, qui in Lege justificamini. » (*Gal.*, V, 4.) Hæc est illa proscriptio, qua Christum proscriptum superius dixerat, ut cum isti evacuarentur a Christo (*Gal.*, III, 1), id est Christus ab eis tanquam a possessione quam tenebat, abscedit, opera Legis in eam possessionem tanquam in vacuam inducantur. Quod quia non Christo, sed illis obest, addidit : « a gratia excidistis. » Cum enim hoc agat gratia Christi, ut illi qui debitores erant operum Legis, liberentur hoc debito ; isti ingrati tantæ gratiæ, debitores esse volunt universæ Legis faciendæ. Nondum autem erat factum ; sed quia voluntas moveri cœperat, ita plerisque locis loquitur quasi factum sit. « Nos enim, inquit, spiritu ex fide spem justitiæ expectamus. » (v. 5.) In quo demonstrat ea pertinere ad fidem Christi, quæ spiritaliter expectantur ; non quæ carnaliter desiderantur, qua-

les choses visibles sont passagères, mais les invisibles sont éternelles. » (II *Cor.*, IV, 18.) Il ajoute : « Car en Jésus-Christ, ni la circoncision ni l'incirconcision ne servent à rien. » (*Gal.*, V, 6.) Suivant cette doctrine, la circoncision est donc une pratique indifférente, et n'a rien de nuisible à moins qu'on ne la considère comme un moyen de salut : « Ni la circoncision, ni l'incirconcision ne servent donc de rien, mais la foi qui agit par la charité. » L'Apôtre touche ici en passant cette vérité, parce que sous la loi l'esprit de servitude n'agissait que par un motif de crainte. « Vous avez bien commencé votre course, leur dit-il; qui vous a arrêtés, en vous empêchant d'obéir à la vérité? » (*Ibid.*, 7.) C'est le même reproche qu'il leur a fait plus haut : « Qui vous a fascinés? » (*Ibid.*, III, 1.) Ce qu'on vous a persuadé ne vient pas de celui qui vous a appelés, » (*Ibid.*, V, 8) car cette persuasion est toute charnelle, tandis que Dieu vous a appelés à la liberté. L'Apôtre prend ici le mot persuasion pour le sentiment qu'on cherchait à leur persuader. Or, comme les quelques auteurs de cette persuasion étaient en très-petit nombre comparés à la multitude des Galates qui avaient embrassé la foi, il leur donne le nom de levain; s'ils se laissent pénétrer par ce levain, s'ils reçoivent avec honneur ces faux docteurs comme des hommes justes et fidèles, toute la pâte, c'est-à-dire leur Eglise tout entière entrera en fermentation et sera infectée par la corruption de la servitude charnelle. (*Ibid.*, 9.) « J'ai toutefois en vous cette confiance par la grâce du Seigneur, que vous n'aurez point d'autres sentiments. » (*Ibid.*, 10.) Nous avons ici une preuve évidente que ces faux docteurs ne s'étaient pas encore rendus entièrement leurs maîtres. « Mais celui qui met le trouble parmi vous, quel qu'il soit, en portera la peine. » Il s'agit ici d'un renversement contraire à l'ordre, puisqu'il tendait à les rendre charnels de spirituels qu'ils étaient. Il faut croire que quelques-uns de ceux qui voulaient entraîner les Galates dans cet esclavage, et qui les voyaient retenus par l'autorité de l'apôtre saint Paul, le leur représentaient comme partageant ce sentiment, mais en évitant de le faire trop facilement connaître. Aussi l'Apôtre leur fait-il ce raisonnement plein d'à-propos : « Et moi, mes frères, si je prêche encore la circoncision, pourquoi est-ce que je souffre tant de maux? » (*Ibid.*, 11.) En effet, il était persécuté par ceux qui s'efforçaient de persuader cette erreur, bien qu'ils eussent en apparence reçu la doctrine de l'Evangile. C'est à eux qu'il fait allusion dans un autre endroit lorsqu'il parle des dangers que lui font courir les faux frères (II *Cor.*, XI, 26), et au commencement de cette Epître : « La considération de faux frères qui

---

libus promissionibus servitus illa tenebatur : sicut alio loco dicit : « Non respicientibus nobis quæ videntur, sed quæ non videntur. Quæ enim videntur, temporalia sunt : quæ autem non videntur, æterna sunt. » (II *Cor.*, IV, 18.) Deinde subjunxit : « In Christo enim Jesu neque circumcisio quidquam valet, neque præputium : » (*Gal.*, V, 6) ut illam indifferentiam declararet, nihilque perniciosum esse in hac circumcisione ostenderet, nisi ex illa salutem sperare. Nihil ergo valere dicit in Christo circumcisionem aut præputium, « sed fidem quæ per dilectionem operatur. » Et hic illud tetigit, quia sub Lege servitus per timorem operatur. « Currebatis bene, inquit, quis vos impedivit veritati non obedire ? » (*v.* 7.) Hoc est, quod superius ait : Quis vos fascinavit ? (*Gal.*, III, 1.) « Suasio, inquit, vestra non ex eo est qui vocavit vos. » (*Gal.*, V, 8.) Hæc enim suasio carnalis est, ille autem in libertatem vocavit. Suasionem autem eorum dixit, quod eis suadebatur. Eos autem paucos qui ad illos venichant, ut ista suaderent, in comparatione multitudinis credentium Galatarum exigui numero erant, fermentum appellat. (*v.* 9.) Recipient autem isti fermentum; et tota massa, id est, tota corum Ecclesia in corruptione carnalis servitutis quodammodo fermentabitur, si tales suasores tanquam justos et fideles recipientes honoraverint. « Ego, inquit, confido in vobis in Domino, quod nihil aliud sapietis. » (*v.* 10.) Hinc utique manifestum est, nondum illos fuisse possessos a talibus. « Qui autem conturbat vos, inquit, portabit judicium, quicumque ille fuerit. » Hæc est illa conturbatio contraria ordini, ut de spiritalibus carnales fiant. Et quoniam intelligendum est fuisse quosdam, qui cum vellent eis istam servitutem persuadere, et viderent eos Pauli apostoli auctoritate revocari, dicerent etiam ipsum Paulum id sentire, sed non eis facile aperire voluisse sententiam suam, opportunissime subjecit : « Ego autem, fratres, si circumcisionem adhuc prædico, quid adhuc persecutionem patior ? » (*v.* 11.) Etiam ab ipsis enim patiebatur persecutionem, qui talia persuadere moliebantur, cum jam Evangelium suscepisse viderentur. Quos tangit alio loco, ubi ait : Periculis in falsis fratribus ? (II *Cor.*, XI, 26.) Et hic in capite Epistolæ, ubi dicit : Propter subintroductos autem falsos fratres, qui subintroierunt proscultare libertatem nostram, quam habemus in Christo Jesu,

s'étaient introduits par surprise, et qui s'étaient glissés parmi nous pour observer la liberté que nous avons en Jésus-Christ, et nous réduire en servitude. » (*Gal.*, II, 4.) Si donc il prêchait la nécessité de la circoncision, ils cesseraient de le persécuter. Cependant, pour combattre dans ceux à qui la liberté chrétienne était prêchée, la crainte de ces faux docteurs, et ne point paraître les craindre lui-même, il met avec une pleine assurance son nom en tête de cette déclaration. « Je vous déclare, moi Paul, que si vous vous faites circoncire, Jésus-Christ ne vous servira plus de rien. » (*Gal.*, V, 2.) C'était dire en termes équivalents : Ecoutez-moi et cessez de craindre, ou si vous craignez, rejetez sur moi la responsabilité de cette doctrine. Ces paroles : « Le scandale de la croix est donc anéanti, » (*Ibid.*, V, 11) est une répétition de cette vérité : « Si la justice vient de la loi, c'est donc en vain que Jésus-Christ est mort. » (*Gal.*, II, 21.) Comme il vient de prononcer le nom de scandale, il leur rappelle que ce qui a surtout scandalisé les Juifs dans la personne du Christ, c'est l'indifférence, le mépris même qu'ils lui voyaient professer pour ces observances charnelles qu'ils regardaient comme des conditions indispensables au salut. Voici donc le raisonnement de l'Apôtre : C'est sans raison que les Juifs se sont scandalisés de voir le mépris du Christ pour ces observances et qu'ils l'ont pour cela mis à mort, si l'on cherche encore à en persuader la nécessité à ceux pour qui il a été crucifié. Il se sert ensuite d'une équivoque très-ingénieuse en cachant la bénédiction sous l'apparence de la malédiction : « Plût à Dieu que ceux qui mettront le trouble parmi vous soient eux-mêmes mutilés (1). » (*Gal.*, V, 12.) Qu'ils soient non-seulement circoncis, mais mutilés. Ils deviendront ainsi eunuques en vue du royaume des cieux (*Matth.*, XIX, 12), et ils cesseront de semer leurs doctrines charnelles.

43. « Car vous êtes appelés, mes frères, à la liberté. » (*Gal.*, V, 13.) En effet, ce trouble qui les faisait tomber de l'esprit dans la chair les entraînait dans la servitude. L'Apôtre, comme j'ai annoncé qu'il le ferait à la fin de cette Epître (n. 19), entre ici dans l'explication de ces œuvres de la loi, qui de l'aveu de tous font aussi partie du Nouveau Testament, mais qu'il faut pratiquer dans une autre fin, celle qui convient à des âmes libres, c'est-à-dire par un motif de charité qui espère et qui attend avec foi les récompenses éternelles. Les Juifs étaient loin d'agir de la sorte; c'est par un sentiment de crainte qu'ils accomplissaient forcément ces préceptes, et ce n'était point cette crainte chaste qui demeure éternellement (*Ps.* XVIII, 10), mais cette crainte servile qui n'avait pour objet que la vie présente. Aussi se bornaient-ils à prati-

(1) Saint Augustin est le seul qui entende ces paroles dans ce sens tout à fait en dehors de l'interprétation commune et des exigences du contexte.

ut nos in servitutem redigerent. (*Gal.*, II, 4.) Ergo si circumcisionem prædicabat, desinerent eum persequi. Qui tamen ne timerentur ab eis, quibus Christiana libertas annuntiabatur : aut ne ab ipso Apostolo timeri putarentur, propterea superius libera plenus fiducia, nomen suum etiam professus est, dicens : « Ecce ego Paulus dico vobis, quia si circumcidamini, Christus vobis nihil proderit : » (*Gal.*, V, 2) tanquam si diceret : Ecce me imitamini, ut non timeatis ; aut in me causam refundite, si timetis. Quod autem dicit : « Ergo evacuatum est scandalum crucis, » (*v.* 11) sententiam illam repetit : Si ex Lege justitia, ergo Christus gratis mortuus est. (*Gal.*, II, 21.) Sed hic quoniam scandalum nominat, in memoriam revocat propterea maxime in Christo passos esse scandalum Judæos, quia istas carnales observationes, quas pro ipsa salute se habere arbitrabantur, eum sæpe animadvertebant præterire atque contemnere. Hoc ergo ita dixit, ac si diceret : Sine causa ergo Christum, cum ista contemneret scandalizati Judæi crucifixerunt, si adhuc eis pro quibus crucifixus est, talia persuadentur. Et adjecit elegantissima ambiguitate quasi sub specie maledictionis benedictionem, dicens : « Utinam et abscidantur qui vos conturbant. » (*Gal.*, V, 12.) Non tantum, inquit, circumcidantur, sed et abscidantur. Sic enim fient spadones propter regnum cœlorum, et carnalia seminare cessabunt. (*Matth.*, XIX, 12.)

43. « Vos enim, inquit, in libertatem vocati estis fratres. » (*Gal.*, V, 13.) Quia illa conturbatio a spiritalibus ad carnalia revocans in servitutem trahebat. Sed jam hinc opera illa Legis tractare incipit, de quibus cum supra dixeram in fine Epistolæ tractaturum (*supra, n.* 19), quæ ad Novum quoque Testamentum pertinere nemo ambigit; sed alio fine, quo liberos ea facere decet, id est, caritatis æterna sperantis hinc præmia, et ex fide expectantis. Non sicut Judæi, qui timore ista implere cogebantur, non illo casto permanente in sæculum sæculi (*Psal.* XVIII, 10), sed quo timebant præsentis vitæ suæ : et ideo quædam opera Legis implebant, quæ in sacramentis sunt ; illa vero quæ ad bonos mores pertinent, omnino non poterant.

quer les œuvres cérémonielles de la loi, tandis qu'il leur était impossible d'accomplir les préceptes moraux, car la charité seule peut les accomplir. Si en effet, vous respectez la vie d'un homme, afin qu'on ne porte point atteinte à la vôtre, vous n'accomplissez point le précepte de justice; il faut pour cela que vous vous absteniez de donner la mort à votre prochain, parce que c'est une chose injuste, quand même vous pourriez le faire impunément non-seulement aux yeux des hommes, mais aux yeux de Dieu lui-même. C'est ainsi que David, à qui Dieu avait donné tout pouvoir sur Saül, aurait pu le mettre à mort impunément sans craindre ni la vengeance des hommes qui avaient pour lui la plus grande affection, ni celle de Dieu qui lui avait donné tout pouvoir sur Saül, pour le traiter comme il le voudrait. Mais David l'épargna, en aimant son prochain comme lui-même, bien que Saül avait été et devait encore être son persécuteur, parce qu'il aimait mieux le voir revenir au bien que de le mettre à mort. David vivait dans l'Ancien Testament, mais il n'était pas le disciple de l'Ancien Testament; la foi au futur héritage du Christ se révélait à lui pour le sauver et l'appeler à l'imitation de ce divin modèle. C'est pour cela que l'Apôtre dit aux Galates : « Vous avez été appelés, mes frères, à la liberté. Ayez soin seulement que cette liberté ne vous soit point une occasion de vivre selon la chair, » (*Gal.*, v, 13) c'est-à-dire n'allez pas croire que ce nom de liberté vous donne le droit de pécher impunément. « Mais assujettissez-vous les uns aux autres par la charité de l'esprit. » Celui, en effet, qui sert par un motif de charité, sert avec liberté; il obéit à Dieu sans aucune peine, c'est l'amour qui accomplit volontairement ce qui lui est enseigné, et non la crainte qui agit par contrainte et par force.

44. « Car toute la loi est renfermée dans ce seul précepte : Vous aimerez le prochain comme vous-même. » (*Gal.*, v, 14.) L'Apôtre entend ici toute la loi des préceptes qui ont pour objet de régler les mœurs. Car les lois cérémonielles elles-mêmes, non pas telles que les observent charnellement les esclaves, mais telles que les comprennent les fidèles appelés à la liberté, se rapportent nécessairement au double précepte de l'amour de Dieu et du prochain. C'est aussi dans le même sens qu'il faut entendre ces paroles du Sauveur : « Je ne suis point venu détruire la loi, mais l'accomplir. » (*Matth.*, x, 17.) Il venait, en effet, pour détruire la crainte charnelle et la remplacer par la charité spirituelle qui seule peut accomplir la loi. La charité est donc la plénitude de la loi (*Rom.*, XIII, 10), et comme c'est la foi qui obtient l'Esprit saint par lequel la charité de Dieu est répandue dans le cœur de ceux qui opèrent la justice, personne, avant la grâce de la foi, ne peut se glorifier de

---

Non enim implet ea nisi caritas. Quia et hominem si propterea non occidit aliquis, ne et ipse occidatur; non implet præceptum justitiæ : sed si ideo non occidit, quia injustum est, etiam si id possit facere impune, non solum apud homines, sed etiam apud Deum. Sicut David cum divinitus accepisset in potestatem regem Saul (I *Reg.*, XXIV, 4), impune utique occideret, nec hominibus in se vindicaturis, quia multum ab eis diligebatur idem David; nec Deo, qui hanc ipsam potestatem dedisse se dixerat, ut omnino ei faceret quod vellet. Pepercit ergo diligens proximum tanquam seipsum, non solum persecutum, sed etiam persecuturum, qui eum corrigi quam interfici malebat : homo in Veteri Testamento, sed non homo de Veteri Testamento, quem fides futuræ hæreditatis Christi revelata et (*a*) credita salvum faciebat, et ad imitandum vocabat. Ideo nunc dicit Apostolus : « In libertatem vocati estis fratres, tantum ne ipsam libertatem in occasionem carnis detis : » (*Gal.*, v, 13) id est, ne audito nomine libertatis, impune

(*a*) Sic Mss. Editi vero *et reddita*.

vobis peccandum esse arbitremini. « Sed per caritatem, inquit, servite invicem. » Qui enim per caritatem servit, libere servit, et sine miseria obtemperans Deo, cum amore faciendo quod docetur, non cum timore quod cogitur.

44. « Omnis enim Lex, inquit, in uno sermone impleta est, in eo quod diliges proximum tuum tanquam seipsum. » (*v.* 14.) Omnem ergo Legem nunc dicit ex his operibus, quæ ad bonos mores pertinent. Quia et illa quæ sunt in sacramentis, cum bene a liberis intelliguntur, nec carnaliter observantur a servis, ad illa duo præcepta referantur necesse est, dilectionis Dei et proximi. Recte itaque accipitur ad hoc pertinere quod etiam Dominus ait : Non veni Legem solvere, sed implere (*Matth.*, v, 17) : quia erat ablaturus timorem carnalem; spiritalem autem caritatem daturus, qua sola Lex impleri potest. Plenitudo enim Legis, caritas (*Rom.*, XIII, 10) : ut quoniam fides impetrat Spiritum sanctum, per quem caritas Dei diffusa est in cordibus operantium justi-

ses bonnes œuvres. Aussi pour combattre ceux qui mettaient toute leur gloire dans les œuvres de la loi, l'Apôtre leur montre que les observances purement cérémonielles étaient la figure de l'avenir, et que l'avénement du Seigneur les a rendues inutiles pour l'héritier qu'il a mis en liberté, et que les préceptes moraux ne pouvaient être accomplis que par la charité par laquelle la foi agit et se manifeste. (*Gal.*, v, 6.) Si donc parmi les œuvres de la loi, les unes sont inutiles après la foi, les autres nulles après la foi, le juste doit vivre dans la foi (*Habac.*, II, 4) pour secouer les lourdes chaînes de la servitude, prendre le fardeau si doux et si fortifiant de Jésus-Christ, et porter avec obéissance le joug si suave de la charité pour n'outrepasser jamais les bornes de la justice.

45. On peut demander ici pourquoi l'Apôtre ne fait mention que de l'amour du prochain, qui est à lui seul, dit-il, l'accomplissement de la loi, de même que dans l'Épître aux Romains, où il traite la même question : « Celui, dit-il, qui aime son prochain, accomplit la loi. En effet, vous ne commettrez point d'adultère, vous ne tuerez point, vous ne déroberez point, vous ne porterez point de faux témoignage, vous ne convoiterez point, et s'il en est quelque autre semblable, tous ces commandements sont compris dans cette parole : Vous aimerez votre prochain comme vous-même. L'amour du prochain n'opère point le mal. L'amour est donc la plénitude de la loi. » (*Rom.*, XIII, 8, etc.) Mais puisque la charité parfaite comprend ces deux préceptes de l'amour de Dieu et du prochain, pourquoi l'Apôtre, dans cette Épître et dans l'Épître aux Romains, ne parle-t-il que de l'amour du prochain? Parce que les hommes, en prétendant avoir l'amour de Dieu, peuvent tromper plus facilement, car cet amour est soumis à de plus rares épreuves, tandis qu'il est plus aisé de les convaincre qu'ils n'ont pas l'amour du prochain, lorsqu'ils se rendent coupables d'injustice à l'égard des hommes. Cependant celui qui aime Dieu de tout son cœur, de tout son esprit, de toute son âme, doit nécessairement aimer son prochain comme lui-même, parce que tel est le commandement de celui qu'il aime de tout son cœur, de tout son esprit, de toute son âme. De même encore qui peut aimer son prochain, c'est-à-dire tout homme comme soi-même, à moins d'aimer Dieu qui nous commande d'aimer notre prochain, et nous donne la grâce pour accomplir ce précepte? Ces deux préceptes sont donc tellement unis qu'on ne peut accomplir l'un sans l'autre; par là même il suffit ordinairement de rappeler l'un des deux lorsqu'on parle des œuvres de justice; mais il est plus à propos de faire mention de celui dont il est plus facile

---

tiam (*Rom.*, v, 5), nullo modo quisquam ante gratiam fidei de bonis operibus glorietur. Quapropter istos jactantes se de operibus Legis ita refellit Apostolus, dum ostendit opera vetusta sacramentorum umbras futurorum fuisse, quas jam adventu Domini libero hæredi necessarias non esse monstravit : opera vero ad bonos mores pertinentia non impleri nisi dilectione, per quam fides operatur. (*Gal.*, v, 6.) Unde si opera Legis quædam post fidem superflua, quædam ante fidem nulla sunt ; vivat justus ex fide (*Habac.*, II, 4), ut et onus grave servitutis abjiciat, levi sarcina Christi vegetatus (*Math.*, XI, 30), et justitiæ metas non transgrediatur, (*a*) leni jugo caritatis obtemperans.

45. Quæri autem potest, cur Apostolus et hic solam commemoravit proximi dilectionem, qua Legem dixit impleri ; et ad Romanos cum in eadem quæstione versaretur : « Qui enim diligit alterum, inquit, Legem implevit : nam : Non adulterabis, non homicidium facies, non furaberis, non concupisces, et si quod est aliud mandatum, in hoc sermone recapitulatur : Diliges proximum tuum tanquam teipsum. Dilectio proximi malum non operatur. Plenitudo autem Legis, caritas. » (*Rom.*, XIII, 8, etc.) Cum ergo nonnisi in duobus præceptis dilectionis Dei et proximi perfecta sit caritas, cur Apostolus et in hac et in illa Epistola solam proximi dilectionem commemorat ; nisi quia de dilectione Dei possunt mentiri homines, quia rariores tentationes eam probant ; in dilectione autem proximi facilius convincuntur eam non habere, dum inique cum hominibus agunt? Consequens est autem, ut qui ex toto corde, ex tota anima, ex tota mente Deum diligit, diligat et proximum tanquam seipsum : quia hoc jubet ille, quem ex toto corde, ex tota anima, ex tota mente diligit. Item diligere proximum, id est, omnem hominem tanquam seipsum, quis potest, nisi Deum diligat, cujus præcepto et dono dilectionem proximi possit implere? Cum ergo utrumque præceptum ita sit ut neutrum sine altero possit teneri, etiam unum horum commemorare plerumque sufficit, cum agitur de operibus justitiæ : sed opportunius illud, de quo

(*a*) Editi *levi jugo*. Mss. *leni*.

de prouver la pratique dans chacun de nous. C'est ce qui fait dire à saint Jean : « Celui qui n'aime pas son frère qu'il voit, comment peut-il aimer Dieu qu'il ne voit pas ? » (I *Jean*, IV, 20.) Ils mentaient donc en soutenant qu'ils avaient en eux l'amour de Dieu, tandis qu'ils étaient convaincus de haine contre leurs frères, comme il était facile de le leur prouver par leur conduite et leurs actes de tous les jours. « Or, si vous vous déchirez et vous dévorez les uns les autres, prenez garde que vous ne vous consumiez les uns les autres. » (*Gal.*, V, 15.) C'était surtout cet esprit de contestation et de jalousie qui nourrissait parmi eux le goût de ces disputes pernicieuses où ils parlaient les uns contre les autres, et cherchaient leur propre gloire et une victoire aussi vaine que leurs efforts ; et ces discussions passionnées détruisaient les liens de la société en la divisant en mille partis. Or, comment pourront-ils éviter ces déplorables excès ? en se conduisant par l'Esprit et en combattant les concupiscences de la chair. La première est la plus grande grâce que nous fait l'Esprit saint, c'est celle de l'humilité et de la douceur. Voilà pourquoi Notre-Seigneur, comme je l'ai déjà rappelé, s'écrie : « Apprenez de moi que je suis doux et humble de cœur ; » (*Matth.*, XI, 29) et le Prophète : « Sur qui reposera mon Esprit, sinon sur celui qui est humble, paisible et qui tremble en entendant mes paroles ? » (*Is.*, LXVI, 2.)

46. « Car la chair a des désirs contraires à ceux de l'esprit, et l'esprit en a de contraires à ceux de la chair, et ils sont opposés l'un à l'autre ; de sorte que vous ne faites pas toutes les choses que vous voudriez. » (*Gal.*, V, 17.) Il en est qui voient dans ces paroles de l'Apôtre une négation du libre arbitre de l'homme. Ils ne réfléchissent pas que saint Paul parle ici à ceux qui sont infidèles à la grâce de la foi qu'ils ont reçue et sans laquelle il est impossible de se conduire par l'esprit et de résister aux convoitises de la chair. Si donc ils ne conservent point cette grâce, ils ne pourront point faire ce qu'ils veulent. Ils veulent par exemple accomplir les œuvres de justice que prescrit la loi, mais ils sont vaincus par la concupiscence de la chair, qu'ils n'ont pu suivre sans abandonner la grâce de la foi. Voilà pourquoi saint Paul écrivait aux Romains : « La sagesse de la chair est ennemie de Dieu, parce qu'elle n'est point soumise à la loi de Dieu, et elle ne peut l'être. » (*Rom.*, VIII, 7.) En effet, la charité accomplit la loi, tandis que la sagesse de la chair, toujours à la recherche des avantages de la terre, est diamétralement opposée à la charité, qui est spirituelle. Comment donc pourrait-elle être soumise à la loi de Dieu, c'est-à-dire se porter avec empressement et docilité à l'accomplissement de la justice et ne point lui résister, alors que ses efforts mêmes sont suivis nécessairement de sa défaite

---

quisque facilius convincitur. Unde Joannes dicit : Qui enim non diligit fratrem suum quem videt, Deum quem non videt quomodo potest diligere ? (1 *Joan.*, IV, 20.) Mentiebantur enim quidam dilectionem se Dei habere, et de odio fraterno eam non habere convincebantur : de quo judicare in quotidiana vita et moribus facile est. « Si autem mordetis, inquit, et comeditis invicem, videte ne ab invicem consumamini : » (*Gal.*, V, 15) hoc enim maxime vitio contentionis et invidentiæ, perniciosæ disputationes inter eos nutriebantur, male de invicem loquendo, et quærendo quisque gloriam suam vanamque victoriam, quibus studiis consumitur societas populi, dum in partes discinditur. Quomodo autem ista vitare possunt, nisi spiritu ambulent, et concupiscentias carnis non perficiant ? Primum enim et magnum munus est spiritus, humilitas, et mansuetudo. Unde illud, quod jam commemoravi, Dominus clamat : Discite a me, quia mitis sum, et humilis corde (*Matth.*, XI, 29) : et illud Prophetæ : Super quem requiescit Spiritus meus, nisi super humilem, et quietum, et trementem verba mea ? (*Isai.*, LXVI, 2.)

46. Quod autem ait : « Caro enim concupiscit adversus spiritum, spiritus autem adversus carnem ; hæc enim invicem adversantur, ut non ea quæ vultis faciatis : » (*Gal.*, V, 17) putant hic homines liberum voluntatis arbitrium negare Apostolum nos habere, nec intelligunt hoc eis dictum, si gratiam fidei susceptam tenere nolunt, per quam solam possunt spiritu ambulare, et concupiscentias carnis non perficere ; si ergo nolunt eam tenere, non poterunt ea quæ volunt facere. Volunt enim operari opera justitiæ, quæ sunt in Lege, sed vincuntur concupiscentia carnis, quam sequendo deserunt gratiam fidei. Unde et ad Romanos dicit : « Prudentia carnis inimica in Deum : Legi enim Dei non est subjecta, neque enim potest. » (*Rom.*, VIII, 7.) Cum enim caritas Legem impleat, prudentia vero carnis commoda temporalia consectando spirituali caritati adversetur, quomodo potest Legi Dei esse subjecta, id est, libenter atque obsequenter implere justitiam, eique non adversari ; quando etiam dum conatur, vincatur necesse est, ubi

dès qu'elle découvre que l'iniquité lui promet ici-bas de plus grands avantages que la fidélité aux lois de la justice? En effet, il faut distinguer trois vies successives dans l'homme : la première avant la loi, lorsqu'aucun acte vicieux ou mauvais ne lui était défendu, et qu'en l'absence de toute défense il ne résistait aucunement à ses passions déréglées. La seconde sans la loi, avant la grâce; alors le mal lui est défendu, et il s'efforce de s'en abstenir; mais il est vaincu parce qu'il n'aime pas encore la justice pour Dieu et pour la justice elle-même, et qu'il veut la faire servir comme un moyen de se procurer les biens de cette vie. Si donc il voit d'un côté la justice, de l'autre un avantage temporel, il est entraîné par le poids de la convoitise pour les jouissances de la terre, et il sacrifie la justice, dont il n'observait les prescriptions que pour obtenir ces jouissances qu'il perd nécessairement, il le voit, s'il lui reste fidèle. La troisième vie est celle de l'homme sous la grâce; aucun avantage temporel ne l'emporte alors sur la justice, ce qui ne peut se faire qu'à l'aide de la charité spirituelle que Notre-Seigneur nous a enseignée par son exemple et donnée par sa grâce. Car, bien que pendant cette vie les désirs charnels se fassent sentir dans ce corps mortel, cependant ils n'entraînent pas l'âme jusqu'à consentir au péché et à s'en rendre l'esclave. Le péché ne règne donc plus dans notre corps mortel (*Rom.*, VI, 12), bien qu'il y habite nécessairement tant que ce corps est soumis aux lois de la mortalité. Il cesse donc d'abord de régner lorsque nous sommes soumis à la loi de Dieu par l'esprit, quoique nous le soyons encore à la loi du péché par la chair (*Rom.*, VII, 25), c'est-à-dire à cette inclination qui est la suite du péché et le principe de ces désirs coupables auxquels nous refusons cependant notre consentement. Enfin le péché est détruit dans toutes ses parties. « Car si l'Esprit de Jésus habite en nous, celui qui a ressuscité Jésus-Christ d'entre les morts vivifiera aussi vos corps mortels à cause de son Esprit qui habite en vous. » (*Rom.*, VI, 13.) Il nous faut donc maintenant parcourir ce troisième degré sous la grâce, c'est-à-dire accomplir par l'esprit ce que nous voulons, bien que la chair s'y refuse; en d'autres termes ne point obéir aux inclinations du péché en lui abandonnant nos membres comme des instruments d'iniquité (*Rom.*, VI, 13), bien que nous ne puissions détruire entièrement ces inclinations. Alors si nous ne jouissons pas encore de cette paix éternelle et parfaite qui satisfait tous les désirs de l'homme, nous cesserons du moins d'être sous la loi où notre âme est coupable de prévarication en consentant au péché où la convoitise l'entraîne dans un honteux esclavage; et nous serons sous la grâce où il n'y a plus de condamnation pour ceux qui sont en Jé-

---

invenerit majus commodum temporale de iniquitate se posse assequi, quam si custodiat æquitatem ? Sicut enim prima hominis vita est ante Legem cum nulla nequitia et malitia prohibetur, neque ulla ex parte pravis cupiditatibus resistit ; quia non est qui prohibeat : sic secunda est sub Lege ante gratiam, quando prohibetur quidem et conatur a peccato abstinere se, sed vincitur ; quia nondum justitiam propter Deum et propter ipsam justitiam diligit, sed eam sibi vult ad conquirendum terrena servire. Itaque ubi viderit ex alia parte ipsam, ex alia commodum temporale, trahitur pondere temporalis cupiditatis, et relinquit justitiam : quam propterea tenere conabatur, ut haberet illud, quod se nunc videt amittere, si illam tenuerit. Tertia est vita sub gratia, quando nihil temporalis commodi justitiæ præponitur : quod nisi caritate spiritali, quam Dominus exemplo suo docuit, et gratia donavit, fieri non potest. In hac enim vita etiamsi exsistant desideria carnis de mortalitate corporis, tamen mentem ad consensionem peccati non subjugant. Ita jam non regnat peccatum in nostro mortali corpore (*Rom.*, VI, 12); quamvis non possit nisi inhabitare in eo, quamdiu mortale corpus est. Primo enim non regnat, cum mente serviumus Legi Dei, quamvis carne legi peccati (*Rom.*, VII, 25), id est, pœnali consuetudini, cum ex illa exsistunt desideria, quibus tamen non obedimus. Postea vero ex omni parte exstinguitur. Quoniam si Spiritus Jesu habitat in nobis, qui suscitavit Jesum Christum a mortuis, vivificabit et mortalia corpora nostra, propter Spiritum qui habitat in nobis. (*Rom.*, VIII, 11.) Nunc ergo implendus est gradus sub gratia, ut faciamus quod volumus spiritu, etiamsi carne non possumus : id est, non obediamus desideriis peccati ab præbenda illi membra nostra arma iniquitatis (*Rom.*, VI, 13), etiamsi non valemus efficere ut eadem desideria non exsistant : ut quamvis nondum simus in pace illa æterna ex omni hominis parte perfecta, jam tamen desinamus esse sub Lege, ubi prævaricationis reæ mens tenetur, dum eam concupiscentia carnis in consensionem peccati captivam ducit ; simus autem sub gratia, ubi nulla est condamnatio iis qui sunt in

sus-Christ, parce que le châtiment atteint non pas le généreux combattant, mais celui qui se laisse honteusement vaincre.

47. L'Apôtre suit on ne peut plus logiquement son argumentation et ajoute : « Que si vous êtes conduits par l'esprit, vous n'êtes point sous la loi. » (*Gal.*, v, 18; I *Rétract.*, XXIV, 2.) Il veut nous faire entendre que ceux qui sont sous la loi sont ceux dont l'esprit convoite contre la chair pour les empêcher de faire ce qu'ils veulent, c'est-à-dire ceux qui, au lieu de se tenir invinciblement attachés à la charité de la justice, se laissent vaincre par la chair qui se révolte contre eux, non-seulement en résistant à la loi de leur esprit, mais en les tenant captifs sous la loi du péché qui est dans leurs membres mortels; car s'ils ne sont point conduits par l'esprit, ils le sont nécessairement par la chair. Or, ce qui nous rend coupables de condamnation, ce n'est point de souffrir les révoltes de la chair, mais d'y obéir. Voilà pourquoi saint Paul dit : « Si vous êtes conduits par l'esprit, vous n'êtes point sous la loi. » (*Ibid.*, 16.) En effet, saint Paul n'a pas dit plus haut : Conduisez-vous par l'esprit et ne ressentez plus, mais : « N'accomplissez plus les convoitises de la chair. » Car ne plus ressentir les révoltes de la chair, ce n'est plus le temps du combat, mais le temps de la récompense si nous avons remporté la victoire en persévérant dans la grâce. C'est la transformation de notre corps dans son état d'immortalité, qui seul le mettra pour toujours à l'abri des attaques de la concupiscence.

48. Il énumère ensuite les œuvres de la chair afin que les Galates puissent reconnaître que s'ils ont consenti à suivre ces inclinations charnelles, ils sont conduits par la chair et non par l'esprit. « Or, il est aisé de connaître les œuvres de la chair, qui sont la fornication, l'impureté, l'impudicité, la luxure, l'idolâtrie, les empoisonnements, les dissensions, les inimitiés, les jalousies, les animosités, les querelles, les divisions, les hérésies, les envies, les meurtres, les ivrogneries, les débauches de table, et autres crimes semblables; car je déclare, et je l'ai déjà dit, que ceux qui les commettent ne posséderont point le royaume de Dieu. » (*Gal.*, v, 19, 21.) Or, on se rend coupable de ces crimes lorsqu'on est résolu à les commettre en consentant à des désirs criminels, lors même que les moyens d'exécution font défaut. Ceux au contraire qui ressentent ces inclinations coupables et n'en demeurent que plus inébranlables dans la charité, non-seulement en ne leur abandonnant point les membres du corps pour faire le mal, mais en leur refusant tout consentement intérieur, ne sont point coupables de ces crimes et pourront entrer dans le royaume de Dieu. Alors, en effet, le péché ne règne plus dans leur corps mortel pour les forcer d'obéir à ses désirs

---

Christo Jesu; quia non certantem, sed victum pœna consequitur.

47. Ordinatissime itaque subjungit : « Quod si spiritu ducimini, non adhuc estis sub Lege : » (*Gal.*, v, 18) ut intelligamus eos esse sub Lege, quorum spiritus ita concupiscit adversus carnem, ut non ea quæ volunt faciant : id est, non se teneant invictos in caritate justitiæ, sed a concupiscente adversum se carne vincantur; non solum ea repugnante legi mentis eorum, sed etiam captivante illos sub lege peccati, quæ est in membris mortalibus. Qui enim non ducuntur spiritu, sequitur ut carne ducantur. Non autem pati adversitatem carnis, sed duci a carne, damnatio est. Et ideo : « Quod si spiritu, inquit, ducimini, non adhuc estis sub Lege. » (v. 16.) Nam et superius non ait : Spiritu ambulate, et concupiscentias carnis non habueritis; sed, ne perfeceritis. Quippe non eas omnino habere, non jam certamen, sed certaminis præmium est, si obtinuerimus victoriam perseverando sub gratia. Commutatio enim corporis in immortalem statum sola carnis concupiscentias non habebit.

48. Deinde incipit opera carnis enumerare, ut intelligant se, si ad operandum ista desideriis carnalibus consenserint, tunc duci carne, non spiritu. « Manifesta autem sunt, inquit, opera carnis, quæ sunt fornicationes, immunditiæ, idolorum servitus, veneficia, inimicitiæ, contentiones, animositates, æmulationes, dissensiones, hæreses, invidiæ, ebrietates, comessationes, et his similia, quæ prædico vobis, sicut prædixi, quoniam qui talia agunt, regnum Dei non possidebunt. » (v. 19-21.) Agunt autem hæc qui cupiditatibus carnalibus consentientes facienda esse decernunt, etiam si ad implendum facultas non datur. Cæterum qui tanguntur hujus modi motibus, et immobiles in majore caritate consistunt, non solum non eis exhibentes membra corporis ad male operandum, sed neque nutu consensionis ad exhibendum consentientes; non hæc agunt, et ideo regnum Dei possidebunt. Non enim jam regnat peccatum in eorum mortali corpore, ad obediendum desideriis ejus (*Rom.*, VI, 12); quamvis habitet in eorum mortali corpore peccatum, nondum exstincto impetu

(*Rom.*, vi, 12), bien que le péché habite encore dans leur chair mortelle, puisque l'inclination violente au mal avec laquelle nous naissons à cette vie mortelle n'est point encore éteinte, non plus que les penchants volontaires que nous y avons ajoutés par nos péchés personnels, qui ont fortifié ces inclinations vicieuses que nous tenions de notre origine coupable. Il y a en effet une grande différence entre ne point pécher et n'avoir point de péché. Celui en qui le péché ne règne point ne pèche point, c'est-à-dire n'obéit point à ses inclinations vicieuses, celui au contraire en qui ces inclinations n'existent même plus, non-seulement ne pèche plus, mais il est pour toujours exempt de péché. On peut arriver ici-bas en très-grande partie à ce résultat heureux, mais on ne peut l'atteindre dans toute sa perfection qu'après la résurrection de la chair et la transformation de nos corps. Une question se présente ici. Dans quelle circonstance saint Paul a-t-il fait cette déclaration : « Car je déclare, et je l'ai déjà dit, que ceux qui commettent ces crimes ne posséderont point le royaume de Dieu, » car on n'en trouve aucune trace dans cette épître? Ce fut lorsqu'il était au milieu d'eux, ou bien il savait qu'ils avaient eu connaissance de la lettre qu'il avait écrite aux Corinthiens. On y lit en effet : « Ne vous y trompez pas, ni les fornicateurs, ni les idolâtres, ni les adultères, ni les voluptueux, ni les abominables, ni les voleurs, ni les avares, ni les ivrognes, ni les médisants, ni les ravisseurs du bien d'autrui ne seront héritiers du royaume de Dieu. » (I *Cor.*, vi, 9, 10.)

49. Après cette énumération des œuvres de la chair auxquels le royaume de Dieu reste fermé, l'Apôtre passe aux œuvres de l'esprit qu'il appelle aussi les fruits de l'esprit. « Mais les fruits de l'esprit sont la charité, la joie, la paix, la patience, la bénignité, la bonté, la longanimité, la douceur, la foi, la modestie, la continence, la chasteté, » et il ajoute : « Il n'y a point de loi contre ceux qui vivent de cette sorte, » (*Gal.*, v, 22, 23) pour nous faire comprendre que nous sommes sous la loi si ces vertus ne règnent pas en nous. Ceux en qui elles règnent usent légitimement de la loi, parce que la loi ne leur est point donnée pour les réprimer, car la justice est pour eux un attrait bien plus fort et bien plus puissant. C'est ce que saint Paul écrit à Timothée : « Nous savons que la loi n'est point établie pour le juste, mais pour les injustes, les rebelles, les impies, les pécheurs, les scélérats, les profanes, les meurtriers de leur père et de leur mère, les homicides, les fornicateurs, les abominables, les plagiaires, les menteurs, les parjures, et pour tout ce qui est opposé à la saine doctrine ; » (I *Tim.*, i, 8, etc.) sous entendez : La loi a été établie. Ces fruits spirituels règnent donc dans l'homme en qui le péché a

---

consuetudinis naturalis, qua mortaliter nati sumus, et propriæ vitæ nostræ, cum et nos ipsi peccando auximus quod ab origine peccati humani damnationisque trahebamus. Aliud est enim, non peccare ; aliud non habere peccatum. Nam in quo peccatum non regnat, non peccat, id est, qui non obedit desideriis ejus : in quo autem non exsistunt omnino ista desideria, non solum non peccat, sed etiam non habet peccatum. Quod etiam si ex multis partibus in ista vita possit effici, ex omni tamen parte nonnisi in resurrectione carnis atque commutatione sperandum est. Potest autem movere quod ait : « Quæ prædico vobis, sicut prædixi, quoniam qui talia agunt, regnum Dei non possidebunt, » si quæratur ubi ista prædixerit; nam in hac Epistola non invenitur. Ergo aut præsens cum esset, hoc prædixerat; aut cognoverat pervenisse ad illos Epistolam, quæ missa est ad Corinthios. Ibi enim sic ait : « Nolite errare, neque fornicatores, neque idolis servientes, neque adulteri, neque molles, neque masculorum concubitores, neque fures, neque avari, neque ebriosi, neque maledici, neque rapaces regnum Dei possidebunt. » (I *Cor.*, vi, 9 et 10.)

49. Hic ergo cum enumerasset opera carnis, quibus clausum est regnum Dei, subjecit etiam opera spiritus, quos spiritus fructus vocat : « Fructus autem spiritus est, inquit, caritas, gaudium, pax, longanimitas, benignitas, bonitas, fides, mansuetudo, continentia : » et addidit : « Adversus hujusmodi non est lex : » (*Gal.*, v, 22, 23) ut intelligamus illos sub Lege positos, in quibus ista non regnant. Nam in quibus hæc regnant, ipsi Lege legitime utuntur, quia non est illis Lex ad coercendum posita : major enim et præpollentior delectatio eorum justitia est. Sic enim ad Timotheum dicit : « Scimus enim quia bona est Lex, si quis ea legitime utatur, sciens hoc quia Lex justo posita non est : injustis autem, et non subditis, impiis et peccatoribus, et scelestis, et contaminatis, patricidis et matricidis, homicidis, fornicatoribus, masculorum concubitoribus, plagiariis, mendacibus, perjuris et si quid aliud sanæ doctrinæ adversatur : » (I *Tim.*, i. 8, etc.) subauditur, his Lex

cessé d'exercer son empire. Et pour qu'ils règnent il suffit que leur attrait soit assez puissant pour retenir notre âme et l'empêcher de consentir au péché. En effet, nous agissons nécessairement suivant la force de la délectation qui nous charme. Ainsi, par exemple, une femme d'une grande beauté se présente à nos regards et fait naître en nous le désir d'un plaisir coupable, mais la beauté intérieure et vraie de la chasteté a pour nous plus de charme, et nous y conformons notre vie et nos œuvres. Ainsi le péché ne règne plus en nous pour nous forcer d'obéir à ses convoitises, mais il laisse sa place à la justice qui règne par la charité et nous fait accomplir avec une délectation extrême tout ce qu'elle nous fait connaître de la volonté de Dieu. Or, ce que j'ai dit de la chasteté et de la fornication s'applique également à tous les autres vices, à toutes les autres vertus.

50. Nous ne devons être surpris ni de ce que les œuvres de la chair que l'Apôtre énumère ici ne sont pas dans le même nombre que dans l'épître aux Corinthiens, ni que les biens spirituels soient en moins grand nombre que les vices de la chair, ni que la chasteté ne réponde pas exactement à la fornication, la pureté à l'impudicité, et les autres vertus aux autres vices. Le dessein de l'Apôtre n'était pas de faire une énumération complète, mais de faire connaître la nature des vices qu'on devait fuir, comme des vertus qu'il fallait pratiquer. Sous les noms de chair et d'esprit il voulait nous enseigner la nécessité d'éviter le châtiment du péché et le péché lui-même et de nous attacher à la grâce de Dieu et à la justice, car en nous séparant de cette grâce par laquelle Notre-Seigneur est mort pour nous dans le temps, il nous était impossible de parvenir au repos éternel où il vit pour nous; et en ne comprenant point la fin de cette peine temporelle, la mortalité de la chair par laquelle Notre-Seigneur a voulu dompter notre orgueil, nous tombions dans ces supplices éternels préparés à l'orgueil qui persévère dans sa révolte contre Dieu. En effet, lorsqu'après avoir rappelé un grand nombre d'œuvres de la chair, il ajoute : « Et d'autres semblables; » il nous montre assez qu'il n'a point voulu en faire une énumération complète, mais en parler comme ils se présentaient à son esprit. Il suit la même marche pour les fruits de l'esprit, car il ne dit pas : Il n'y a point de loi contre ces vertus, mais : « Contre de pareilles choses il n'y a point de loi (1), » c'est-à-dire ni contre celles que je viens d'énumérer, ni contre d'autres semblables.

51. Cependant si nous examinons sérieusement, nous trouverons que cette opposition des

(1) Le sens qu'on donne plus généralement à ces paroles : « Adversus hujusmodi, » est : « Il n'y a point de loi contre ceux qui vivent de la sorte. »

posita est. Regnant ergo spiritales isti fructus in homine, in quo peccata non regnant. Regnant autem ista bona si tantum delectant, ut ipsa tenent animum in tentationibus ne in peccati consensionem ruat. Quod enim amplius nos delectat, secundum id operemur necesse est : ut verbi gratia, occurrit forma speciosæ feminæ, et movet ad delectationem fornicationis: sed si plus delectat pulchritudo illa intima et sincera speciei castitatis, per gratiam quæ est in fide Christi, secundum hanc vivimus, et secundum hanc operamur; ut non regnante in nobis peccato ad obediendum desideriis ejus, sed regnante justitia per caritatem cum magna delectatione faciamus quidquid in ea Deo placere cognoscimus. Quod autem de castitate et de fornicatione dixi, hoc de cæteris intelligi volui.

50. Neque moveat, vel quod non omnino ad eumdem numerum et ordinem opera carnis in hac Epistola enumeravit, atque in illa ad Corinthios : vel quod spiritalia bona pauciora, pluribus carnalibus vitiis opposuit ; neque ita e contrario ut fornicationibus castitas, immunditiis munditia, atque ita cæteris cætera occurrerent. Non enim hoc suscepit ut doceret quot sint, sed in quo genere illa vitanda, illa vero expetenda sint, cum carnis et spiritus nominibus a pœna peccati atque peccato ad gratiam Domini atque justitiam nos converti oporteret prædiceret : ne deserendo gratiam temporalem, qua pro nobis Dominus mortuus est, non perveniamus ad æternam quietem, in qua pro nobis Dominus vivit ; neque intelligendo pœnam temporalem in qua (a) nos Dominus mortalitate carnis edomare dignatus est, in pœnam sempiternam incidamus, quæ perseveranti adversum Dominum superbiæ præparata est. Cum enim commemoratis multis operibus carnis, addidit « et his similia : » satis ostendit non se ista examinatione numero collocasse, sed liberiore sermone posuisse. Hoc etiam de spiritalibus fructibus fecit. Non enim ait : Adversus hæc « non est Lex : » sed : « Adversus hujusmodi, » hoc est, sive ista, sive etiam cætera hujusmodi.

51. Sed tamen diligenter considerantibus non hic

(a) Tres Mss. *in qua Dominus mortalitatem carnis.*

vices de la chair et des fruits de l'esprit se présente dans un ordre assez satisfaisant. Cet ordre échappe à première vue parce que l'Apôtre n'oppose que quelques vertus, une seule même à plusieurs vices. Mais en plaçant la fornication en tête des vices de la chair et la charité comme le premier des fruits de l'esprit, n'invite-t-il pas tous ceux qui ont le goût des saintes Ecritures à étudier et à poursuivre cette opposition? La fornication est l'amour qui cherche en dehors des liens d'une légitime union les moyens de satisfaire librement sa passion. Mais quelle union plus légitime que celle de l'âme avec Dieu, qui lui communique une fécondité toute spirituelle? Plus cette union est étroite, plus aussi elle est pure; or, c'est la charité qui est le lien de cette union. L'opposition que l'Apôtre établit entre la charité et la fornication est donc très-juste, puisque la charité est la seule gardienne de la chasteté. Les impuretés sont tous ces troubles qui naissent dans l'âme à la suite de la fornication, troubles auxquels saint Paul oppose la joie d'un cœur tranquille. La servitude des idoles est la dernière des fornications de l'âme; c'est pour elle qu'une des guerres les plus furieuses a été déclarée à l'Evangile et aux hommes réconciliés avec Dieu; les restes de cette guerre sont éteints depuis longtemps, et cependant ils semblent encore vouloir se ranimer. A cette idolâtrie l'Apôtre oppose la paix qui nous réconcilie avec Dieu, et cette même paix que nous gardons avec les hommes guérit les vices des empoisonnements, des inimitiés, des contestations, des jalousies, des animosités, des dissensions, et pour nous faciliter la pratique de la justice et de la modération à l'égard de ceux avec qui nous vivons, la patience nous aide à les supporter, la bienveillance à en prendre soin, la bonté à leur pardonner. Il est facile de voir pour le reste que la foi est opposée à l'hérésie, la douceur à l'envie, la tempérance à l'ivrognerie et aux excès de la table.

52. Il faut se garder de confondre l'envie avec la jalousie, il y a entre elles beaucoup d'analogie, et cette analogie-là même fait souvent prendre l'une pour l'autre, la jalousie pour l'envie, ou l'envie pour la jalousie. Mais comme dans cette énumération l'Apôtre donne à ces deux passions une place distincte, nous devons aussi les distinguer. La jalousie est une douleur que l'âme ressent lorsqu'elle voit un seul parvenir à un bien que deux ou plusieurs désiraient obtenir, et qui ne pouvait être possédé que par un seul. Cette passion trouve sa guérison dans la paix, car la paix nous fait désirer le bien qui ne fait qu'un de tous ceux qui le désirent et qui parviennent à l'obtenir. Quant à l'envie, elle est un chagrin que l'âme éprouve lorsqu'elle voit un homme indigne obtenir même un bien qui n'était pas l'objet de ses désirs. Le remède à

omni modo carnalium spiritaliumque operum oppositio inordinata atque confusa est. Ob hoc autem latet, quia pauciora, vel singula quibusdam pluribus opponuntur. Nam ex eo quod carnalium vitiorum in capite posuit fornicationes, in capite autem virtutum spiritalium caritatem, quem non divinarum litterarum studiosum faciat intentum ad perscrutanda cætera? Si enim fornicatio est amor a legitimo connubio solutus et vagus, explendæ libidinis consectando licentiam; quid tam legitime ad spiritalem fecunditatem conjungitur quam anima Deo? Cui quanto fixius inhæserit, tanto est incorruptior. Inhæret autem caritate. Recte igitur fornicationi opponitur caritas, in qua sola est custodia castitatis. Immunditiæ autem sunt omnes perturbationes de illa fornicatione conceptæ, quibus gaudium tranquillitatis opponitur. Idolorum autem servitus, ultima fornicatio est animæ, propter quam etiam bellum adversus Evangelium cum reconciliatis Deo furiosissimum gestum est, cujus reliquiæ quamvis tritæ diu, adhuc tamen recalent. Huic itaque pax contraria est, qua reconciliamur Deo eademque pace etiam cum hominibus custodita, veneficiorum, inimicitiarum, contentionum, æmulationum, animositatum, dissensionumque vitia sanantur in nobis: ut autem in aliis, inter quos vivimus, justa moderatione tractentur, et ad sustinendum longanimitas, et ad curandum benignitas et ad ignoscendum bonitas militat. Jam vero hæresibus fides, invidiæ mansuetudo, ebrietatibus et comessationibus continentia reluctatur.

52. Ne quis sane arbitretur hoc esse invidiam quod est æmulatio: vicina enim sunt, et propter ipsam vicinitatem plerumque utrumlibet horum pro altero, vel æmulatio pro invidia, vel invidia pro æmulatione ponitur. Sed quia utrumque hic locis suis dictum est, utique distinctionem de nobis flagitant. Nam æmulatio est dolor animi, cum alius pervenit ad rem quam duo pluresve appetebant, et nisi ab uno haberi non potest. Istam sanat pax, qua id appetimus, quod omnes qui appetunt, si assequantur, unum in eo fiunt. Invidia vero dolor animi est, cum indignus videtur aliquis assequi, etiam quod tu non

l'envie est la douceur qui, rapportant tout au jugement de Dieu, ne songe pas à résister à sa volonté et trouve qu'il a mieux fait d'accorder ces biens à un autre qu'à nous-mêmes, selon notre jugement personnel.

53. « Or, ceux qui appartiennent à Jésus-Christ, continue saint Paul, ont crucifié leur chair avec ses passions et ses désirs déréglés. » (*Gal.*, v, 24.) « Or, comment l'ont-ils crucifiée, sinon à l'aide de cette crainte chaste qui demeure éternellement, » (*Ps.* XVIII, 10) et qui nous fait éviter d'offenser celui que nous aimons de tout notre cœur, de toute notre esprit, de toute notre âme? Ce n'est point la crainte de l'adultère qui redoute la surveillance de son mari, mais la crainte de l'épouse chaste, qui craint que son époux ne s'éloigne; l'une s'attriste de la présence de son époux, l'autre de son absence. Aussi la crainte adultère est une crainte corrompue qui ne veut pas aller au delà de cette vie, tandis que la crainte chaste demeure éternellement. C'est par cette crainte que le prophète désire d'être comme cloué à la croix lorsqu'il dit à Dieu : « Pénétrez profondément ma chair de votre crainte; » (*Ps.* CXVIII, 120) et c'est de cette croix que Notre-Seigneur nous dit : « Prenez votre croix et suivez-moi. » (*Matth.*, XVI, 24.)

54. « Si nous vivons par l'esprit, marchons aussi dans l'esprit. » (*Gal.*, v, 25.) Il est évident que notre vie sera conforme à ce que nous poursuivons et que nous poursuivrons ce que nous aimons. Supposons que nous soyons en présence de deux choses contraires, ce que commande la justice et ce qui flatte l'inclination de la chair, et que nous aimions l'un et l'autre, nous nous porterons vers l'objet que nous aimons davantage. Si l'attrait est égal, nous nous abstiendrons et nous serons entraînés par crainte ou malgré nous vers l'un ou l'autre de ces objets, ou s'ils nous inspirent tous deux la même crainte, nous resterons exposés au danger, ballottés successivement par les flots de l'amour et de la crainte. « Que la paix de Jésus-Christ triomphe donc dans nos cœurs. » (*Coloss.*, III, 15.) Alors nous joindrons les gémissements à nos prières, la main de la miséricorde divine que nous aurons appelée à notre secours ne méprisera point le sacrifice d'un cœur contrit et rallumera dans notre âme les feux plus vifs de son amour en nous découvrant la grandeur du danger dont il nous a délivrés. Ce qui faisait l'erreur des Galates, c'est qu'ils ne pouvaient nier qu'ils devaient suivre l'Esprit saint, l'auteur et le guide de leur liberté, et qu'en même temps ils ne comprenaient point qu'ils reculaient en arrière en retournant charnellement aux œuvres serviles. Voilà pourquoi l'Apôtre ne leur dit pas : Si nous vivons par l'esprit, suivons l'esprit, mais : « Marchons dans l'esprit, » car

---

appetebas. Hanc sanat mansuetudo, cum quisque ad judicium Dei (a) revocans, non resistit voluntati ejus, et magis ei credit recte factum esse, quam sibi quod putabat indignum.

53. « Crucifixerunt autem carnem suam cum passionibus et concupiscentiis, » sicut consequenter dicit, « qui sunt in Christo Jesu. » (*Gal.*, v, 24.) Unde autem crucifixerunt, nisi timore illo casto permanente in sæculum sæculi (*Psal.* XVIII, 10), quo cavemus offendere illum, quem toto corde, tota anima, tota mente diligimus? Non enim hoc timore timet adultera, ne custodiatur a viro, quo timet casta ne deseratur : illi enim tristis est præsentia viri, huic absentia. Et ideo timor ille corruptus est, et transire non vult hoc sæculum : iste autem castus permanet in sæculum sæculi. De quo timore crucifigi optat Propheta, cum dicit : Confige clavis a timore tuo carnes meas. (*Psal.* CXVIII, 120.) Ista crux est de qua Dominus dicit : Tolle crucem tuam, et sequere me.

54. « Si spiritu, inquit, vivimus, spiritu et sectemur. » (*Gal.*, v, 25.) Manifestum est certe secundum id nos vivere quod sectati fuerimus, sectabimur autem quod dilexerimus. Itaque si ex adverso existant duo, præceptum justitiæ, et consuetudo carnalis, et utrumque diligitur, id sectabimur quod amplius dilexerimus : si tantumdem utrumque diligitur, nihil horum sectabimur, sed aut timore, aut inviti trahemur in alterutram partem aut si utrumque æqualiter etiam timemus, in periculo sine dubio remanebimus, fluctu dilectionis et timoris alternante quassati. Sed pax Christi vincat in cordibus nostris. (*Coloss.*, III, 15.) Tunc enim orationes et gemitus, et in auxilium invocata dextera misericordiæ Dei, sacrificium contribulati cordis non despicit, caritatemque sui ampliorem commendatione periculi, de quo liberavit exsuscitat. In eo autem illi fallebantur, quod negare quidem non poterant, sectandum sibi esse Spiritum sanctum, assertorem ac ducem libertatis suæ; sed ad opera servilia carnaliter conversi, retrorsum se conari non intelligebant. Propterea non ait : « Si spi-

(a) Tres Mss. *se revocans*.

tout en reconnaissant l'obligation de se soumettre à l'Esprit saint, ils prétendaient le suivre non par l'esprit, mais par la chair, et loin de s'appliquer à obtenir la grâce de Dieu par des œuvres spirituelles, ils plaçaient l'espérance de leur salut dans la circoncision de la chair, et dans d'autres observances semblables.

55. « Ne soyons point amateurs de la vaine gloire, nous provoquant les uns les autres, envieux les uns des autres. » (*Gal.*, v, 26.) Une inspiration admirable et manifestement divine semble dicter cet ordre à l'Apôtre. Après avoir prémuni les Galates contre ceux qui voulaient les entraîner dans la servitude, il les met en garde contre un autre danger, c'est qu'en étant plus éclairés et en voulant répondre aux calomnies de ces hommes charnels, ils ne se laissent aller aux vaines disputes et tenter par le désir de la vaine gloire; et qu'en se déchargeant du fardeau des œuvres légales, ils ne se rendent les esclaves des vaines convoitises.

56. Rien ne prouve qu'un homme est vraiment spirituel comme la conduite qu'il tient à l'égard des péchés d'autrui, lorsqu'il pense bien plus à l'en délivrer qu'à l'humilier, à lui porter secours qu'à lui faire des reproches, et à lui témoigner toute la bienveillance possible. Voilà pourquoi saint Paul ajoute : « Mes frères, si quelqu'un est tombé par surprise dans quelque péché, vous autres, qui êtes spirituels, instruisez-le. » (*Gal.*, vi, 1.) Et il ne faut pas confondre ici cette instruction avec les moqueries insolentes qui tournent le pécheur en dérision, ou avec ces blâmes superbes qui le représentent comme incurable; aussi saint Paul ajoute : « Dans un esprit de douceur, chacun de vous réfléchissant sur soi-même et craignant d'être tenté comme lui. » Rien, en effet, n'incline plus le cœur à la compassion que la pensée du danger qu'on peut courir soi-même. Il veut donc à la fois qu'ils ne manquent pas au devoir de la correction fraternelle et qu'ils n'y cherchent l'occasion de vaines contestations. Car pour un grand nombre d'hommes, si vous les réveillez de leur sommeil, ils s'empressent de disputer, et si la dispute leur est interdite, le sommeil leur paraît préférable. Conservons donc dans notre cœur la paix et l'amour par la pensée du danger qui nous est commun, et soit que la vivacité, soit que la douceur domine dans nos reproches, réglons-les toujours sur l'intérêt spirituel de celui que nous voulons corriger. C'est ce que saint Paul nous recommande dans un autre endroit : « Or, il ne faut pas qu'un serviteur de Dieu dispute; mais il doit être modéré envers tout le monde, capable d'instruire, patient. » (II *Tim.*, ii, 24.) Et qu'on ne pense pas que l'Apôtre nous interdit ici de reprendre les erreurs de nos frères, car écoutez la suite : « Reprenant avec douceur ceux qui résistent à la vérité. » (*Ibid.*,

---

ritu vivimus, spiritum sectemur; sed, « spiritu sectemur, » inquit. Fatebantur enim Spiritui sancto servire oportere : et eum non spiritu suo, sed carne volebant sectari; non spiritaliter obtinentes gratiam Dei, sed in circumcisione carnali et cæteris hujusmodi spem constituentes salutis.

55. « Non efficiamur, inquit, inanis gloriæ cupidi, invicem invidentes, et invicem provocantes. » (*Gal.*, v, 16.) Prorsus magnifice et omnino divino ordine, postea quam eos instruxit adversus illos a quibus in servitutem Legis seducebantur, hoc in eis cavet, ne instructiores facti et volentes jam calumniis carnalium respondere, contentionibus studeant, et appetitu inanis gloriæ, Legis oneribus non servientes, vanis cupiditatibus serviant.

56. Nihil autem sic probat spiritalem virum, quam peccati alieni tractatio, cum liberationem ejus potius quam insultationem, potiusque auxilia quam convitia meditatur, et quantum facultas tribuitur suscipit. Et ideo dicit : « Fratres, etsi præoccupatus fuerit homo in aliquo delicto, vos qui spiritales estis, instruite hujusmodi. (*Gal.*, vi, 1.) Deinde ne sibi quisque videatur instruere, etiam cum proterve exagitat irridetque peccantem, aut superbe tanquam insanabilem detestatur, « in spiritu, inquit, mansuetudinis, intendens teipsum, ne et tu tenteris. » Nihil enim ad misericordiam sic inclinat, quam proprii periculi cogitatio. Ita eos nec deesse voluit fratrum correptioni, nec studere certamini. Multi enim homines cum a somno excitantur, litigare volunt; aut rursus dormire, cum litigare prohibentur. Pax igitur et dilectio, (*a*) communis periculi cogitatione, in corde servetur : modus autem sermonis, sive acrius, sive blandius proferatur, sicut salus ejus quem corrigis postulare videtur, moderandus est. Nam et alio loco dicit : Servum autem Domini litigare non oportet : sed mitem esse ad omnes, docibilem, patientem. (II *Tim.*, ii, 24.) Et ne quisquam ex eo putet cessandum sibi esse a correptione erroris alterius, vide quid adjungat : In modestia, inquit, corripientem diversa sentientes.

(*a*) Am. et Er. *et communis periculi cogitatio in corde reservetur.* Sic etiam Mas. uno tantum excepto.

25.) Mais comment user de modération et tout à la fois reprendre si ce n'est en gardant fidèlement la douceur dans le cœur et en jetant sur la plaie quelque reproche plus vif pour la guérir? Et je ne vois pas qu'on puisse donner un autre sens à ces paroles que nous lisons dans la même épître : « Annoncez la parole, insistez à temps, à contre-temps, reprenez, suppliez, menacez en toute patience et doctrine. » (II *Tim.*, IV, 2.) Ces deux locutions à temps, à contre-temps, semblent s'exclure, et un remède ne peut guérir qu'autant qu'on l'applique à temps. On peut donc adopter une autre division qui donne à la phrase un autre sens : « Insistez à temps, reprenez à contre-temps; » et le reste s'enchaîne naturellement : « Exhortez, menacez en toute patience et doctrine. » C'est-à-dire choisissez le moment favorable lorsque vous vous proposez d'édifier; mais s'agit-il de détruire et de réprimer, ne vous mettez pas en peine de paraître agir à contre-temps et que vos reproches soient accusés d'inopportunité. Les deux recommandations qui suivent peuvent se rapporter à ce qui précède de cette manière : Exhortez en insistant à temps, menacez en reprenant à contre-temps, et les deux conditions que l'Apôtre exige se rattachent également à cette double recommandation, mais avec cette inversion : En toute patience pour supporter les emportements de ceux que vous reprenez, en toute doctrine pour instruire et diriger ceux que vous édifiez. Cependant on peut s'en tenir à l'interprétation la plus commune : « Insistez à temps, et si vous ne gagnez rien, insistez à contre-temps. » Or, voici comme il faut entendre ces paroles : « N'oubliez jamais de choisir l'occasion favorable, et prenez cette expression à contre-temps, » dans ce sens que vous pourrez paraître importun à celui qui ne reçoit pas volontiers les reproches que vous lui adressez. Cependant de votre côté vous êtes persuadé de l'opportunité de ces reproches, vous l'aimez tendrement, vous désirez sa guérison avec un cœur plein de douceur, de modération et de véritable fraternité. Il en est beaucoup, en effet, qui, revenant sur les justes reproches qui leur étaient faits, se sont condamnés eux-mêmes avec plus de rigueur et de sévérité. Ils avaient quitté le médecin dans un sentiment d'irritation mal contenu, cependant la force de sa parole pénétrait peu à peu jusque dans la moelle de l'âme et parvenait à les guérir, ce qui n'arriverait pas si nous attendions toujours que la gangrène, gagnant tous les membres, mît le malade en danger et le forçât de demander l'emploi du fer ou du feu. Mais les médecins du corps eux-mêmes, qui exercent leur art dans des vues d'intérêt, n'attendent pas cette extrémité. Combien parmi leurs malades dont il n'ait fallu lier leurs membres avant de leur appliquer le fer ou le feu, car c'est le petit nombre qui consent volon-

---

(*Ibid.*, 25.) Quomodo in modestia, quomodo corripientem, nisi cum lenitatem corde retinemus, et aliquam medicamenti acrimoniam verbo correptionis aspergimus? Nec aliter accipiendum video quod in eadem Epistola positum est : Prædica verbum, insta opportune, importune, argue, hortare, increpa in omni longanimitate et doctrina. (II *Tim.*, IV, 2.) Importunitas enim opportunitati utique contraria est : neque omnino ullum medicamentum sanat, nisi quod opportune adhibueris. Quanquam ergo et sic possit distingui : Insta opportune, ut alius sit sensus : Importune argue, deinde cætera contexantur: Hortare, increpa cum omni longanimitate et doctrina : ut tunc opportunus sentiaris, cum instas ædificando ; cum autem destruis arguendo, non cures etiam si importunus videaris, si hoc est talibus importunum. Ita duo quæ sequuntur, ad duo superiora possunt singillatim referri : Hortari cum opportune instas, increpa cum importune arguis : deinde cætera duo similiter, sed converso ordine, referuntur : Cum omni longanimitate ad sustinendas indignationes eorum quos destruis, et doctrina ad instruenda eorum studia quos ædificas. Tamen etiamsi illo usitatiore modo distinguatur : Insta opportune ; quod si hoc modo non proficis, importune : ita intelligendum est, ut tu opportunitatem omnino non deseras, et sic accipias quod dictum est, importune, ut illi videaris importunus, qui non libenter audit quæ dicuntur in eum : tu tamen scias hoc illi esse opportunum, et dilectionem curamque sanitatis ejus animo teneas mansueto et modesto et fraterno. Multi enim postea cogitantes quæ audierint, et quam justa audierint, ipsi se gravius et severius arguerunt ; et quamvis perturbatiores a medico viderentur abscedere, paulatim verbi vigore in medullas penetrante, sanati sunt : quod non fieret, si semper expectaremus periclitantem putrescentibus membris, quando eum liberet aut uri aut secari. Quod nec ipsi corporis medici attendunt, qui terrenæ mercedis intuitu curant. Quotus enim quisque reperitur, qui ferrum eorum aut ignem non ligatus expertus sit? cum et illi rariores sint qui volentes ligati fuerint? Plures enim resistentes, et mori

TOM. XI.   8

tiers à se laisser lier? La plupart, au contraire, se débattent, s'écrient qu'ils aiment mieux la mort qu'une guérison obtenue par de tels moyens. Cependant les médecins n'en serrent pas moins étroitement leurs membres, en leur laissant à peine l'usage de leur langue; ils ne tiennent compte ni de leurs inclinations personnelles, ni des résistances des malades, ils ne consultent que les prescriptions de leur art, et les cris, les outrages même du patient ne peuvent ni émouvoir leur âme, ni arrêter leur main. Les célestes médecins des âmes, au contraire, ne voient qu'à travers la poutre de la haine la paille qui est dans l'œil de leur frère, ils consentent plus volontiers à voir la mort du pécheur qu'à entendre sortir de sa bouche une parole d'indignation. Il en serait bien autrement si lorsque nous entreprenons de guérir l'âme de nos frères notre âme était dans des dispositions aussi saines que les mains des médecins qui opèrent sur les membres du corps.

57. N'entreprenons donc jamais d'exercer le devoir de la correction avant d'avoir examiné notre conscience, de nous être interrogés intérieurement et d'avoir pu nous répondre clairement devant Dieu que nous n'agissons que par amour. Si les injures, les menaces, les persécutions même de celui que vous reprenez trouvent votre cœur trop sensible, et que cependant la guérison de votre frère vous paraisse encore possible, ne répondez rien avant d'avoir guéri le premier la blessure de votre âme; autrement il est à craindre que le mouvement naturel d'un cœur froissé vous porte à le blesser lui-même et que vous ne fassiez servir votre langue d'instrument d'iniquité pour le péché (*Rom.*, VI, 13) en rendant le mal pour le mal et outrage pour outrage. (*Rom.*, XII, 17.) Car tout ce que vous dites avec un cœur blessé est un acte de vengeance et non une correction inspirée par la charité. Commencez par aimer et dites ce que vous voulez. Une parole sévère en apparence perdra tout ce qu'elle a de dur, d'outrageant même si vous vous rappelez, si vous êtes profondément convaincu que votre intention doit être de délivrer par le glaive de la parole de Dieu votre frère des vices qui l'assiégent. Si cependant, comme il arrive souvent, vous voulez remplir le devoir de la correction par un principe d'amour et que vous l'entrepreniez par un motif de charité, mais que dans l'accomplissement de ce devoir la résistance qu'on vous oppose vous détourne de la pensée de corriger la faute de votre prochain et vous irrite profondément contre lui, lavez cette tache dans vos larmes et rappelez-vous cette pensée salutaire que nous devons bien nous garder de nous enorgueillir à la vue des péchés d'autrui, puisque nous péchons nous-mêmes en voulant les reprendre et que la colère du pécheur nous irrite bien plus contre lui que sa misère ne nous inspire de compassion.

58. « Portez les fardeaux les uns des autres,

---

se malle clamantes, quam illo curare modo, vix lingua ipsa eorum relicta libera omnibus membris constrinxerunt; neque ad suum, neque ad reluctantis, sed ad ipsius artis arbitrium : quorum tamen vocibus conviciisque dolentium nec commovetur curantis animus, nec quiescit manus. Medicinæ autem cœlestis ministri, aut per odiorum trabem cernere stipulam in oculo fratris volunt, aut tolerabilius mortem videre peccantis, quam verbum indignantis audire : quod non ita accidisset, si tam sanum animum curando alterius animo adhiberemus, quam sanis manibus illi medici aliena membra pertractant.

57. Nunquam itaque alieni peccati objurgandi suscipiendum est negotium, nisi cum internis interrogationibus examinantes nostram conscientiam liquido nobis coram Deo responderimus, dilectione nos facere. Quod si convicium, vel minæ, vel etiam persecutiones ejus quem argueris, laceraverint animum, si adhuc ille per te sanari posse videbitur nihil respondeas donec saneris prior : ne forte carnalibus motibus tuis ad nocendum consentias, et exhibeas linguam tuam arma iniquitatis peccato (*Rom.*, VI, 13) ad reddendum malum pro malo, aut maledictum pro maledicto. (*Rom.*, XII, 17.) Quidquid enim lacerato animo dixeris, punientis est impetus, non caritas corrigentis. Dilige, et dic quod voles : nullo modo maledictum erit quod specie maledicti sonuerit, si memineris senserisque te in gladio verbi Dei, liberatorem hominis esse velle ab obsidione vitiorum. Quod si forte, ut plerumque accidit, dilectione quidem talem suscipis actionem, et ad cam corde dilectionis accedis, sed inter agendum subrepserit aliquid, dum tibi resistitur, quod te auferat ab hominis vitio percutiendo, et ipsi homini faciat infestum; postea te lacrymis lavantem hujusmodi pulverem, multo salubrius meminisse oportebit, quam non debeamus super aliorum superbire peccata quando in ipsa eorum objurgatione peccamus, cum facilius nos ira peccantis iratos, quam miseria misericordes facit.

58. « Alter alterius onera portate et sic adimple-

et vous accomplirez ainsi la loi de Jésus-Christ, » (*Gal.*, VI, 2 ; *Rom.*, XIII, 2) c'est-à-dire la loi de charité. Or, si l'amour du prochain accomplit la loi, et si d'ailleurs les anciennes Ecritures (*Levit.*, XIX, 28) nous recommandent spécialement cet amour du prochain dont l'Apôtre a dit dans un autre endroit qu'il résume tous les autres préceptes de la loi (*Rom.*, XIII, 9), il est évident que ces Ecritures qui ont été données au peuple juif sont la loi de Jésus-Christ et qu'il est venu accomplir par la charité cette loi, qui ne pouvait l'être par la crainte. (*Matth.*, V, 17.) C'est donc la même Ecriture et la même loi ; lorsqu'elle pèse sur les esclaves qui soupirent après les biens de la terre, on l'appelle l'Ancien Testament ; et elle prend le nom de Nouveau Testament que lorsqu'elle élève vers le ciel les cœurs libres et brûlant d'amour pour les biens éternels.

59. « Si quelqu'un s'imagine être quelque chose, n'étant rien, il se trompe lui-même. » (*Gal.*, VI, 3.) Ce ne sont point les flatteurs qui le trompent, il est à lui-même son propre séducteur, puisqu'étant bien plus présent à lui-même qu'ils ne le sont, il aime mieux chercher sa gloire dans l'opinion des hommes que dans lui-même. Mais que dit l'Apôtre : « Or, que chacun examine bien ses propres actions, et alors il aura seulement de quoi se glorifier en lui-même, et non dans un autre, » (*Ibid.*, 4) c'est-à-dire dans l'intérieur de sa conscience, et non dans un autre, c'est-à-dire dans les louanges qui lui sont données. « Car chacun, continue-t-il, portera son fardeau. » (*Ibid.*, 5.) Ce ne sont donc point les flatteurs qui, par leurs louanges, allégeront le fardeau qui pèse sur notre conscience. Plaise à Dieu même qu'ils ne le rendent pas plus écrasant ! Car la plupart du temps la crainte de les voir diminuer, les louanges qu'ils nous donnent, si nous venons à les blesser, fait ou que nous négligeons de leur adresser de salutaires reproches, ou que nous cherchons à faire briller à leurs yeux quelques actions d'éclat plutôt que la constance égale d'une vertu persévérante. Je ne dis rien ici de la dissimulation et des mensonges que les hommes mettent en usage pour capter les louanges de leurs semblables. Peut-on imaginer un aveuglement plus profond que d'exploiter l'erreur des hommes pour obtenir une gloire si futile et si vaine, et de ne pas tenir compte du témoin divin que nous portons dans notre cœur ? Peut-on même établir une comparaison entre l'erreur de celui qui croit à la sincérité de votre vertu, et ce prodigieux égarement qui vous fait chercher à plaire aux hommes par des vertus imaginaires, tandis que vous ne craignez point de déplaire à Dieu par des défauts trop véritables ?

60. Tout ce qui suit n'offre, ce me semble, aucune difficulté. C'est en effet un précepte bien connu que celui qui fait un devoir aux fidèles de fournir le nécessaire au prédicateur de la parole

---

bitis Legem Christi : » (*Gal.*, VI, 2.) Legem utique caritatis. Si autem implet Legem qui diligit proximum (*Rom.*, XIII, 8), dilectioque proximi etiam in veteribus Scripturis maxime commendatur (*Levit.*, XIX, 28); in qua dilectione dicit alio loco idem Apostolus, recapitulari omnia mandata Legis (*Rom.*, XIII, 9) : manifestum est etiam illam Scripturam, quæ priori populo data est, Legem Christi esse, quam venit implere caritate (*Matth.*, V, 17); quæ non implebatur timore. Eadem igitur Scriptura et idem mandatum, cum bonis terrenis inhiantes premit servos, Testamentum Vetus ; cum in bona æterna flagrantes erigit liberos, Testamentum Novum vocatur.

59. « Si enim aliquis, inquit, videtur esse aliquid, cum nihil sit, seipsum seducit. » (*Gal.*, VI, 3.) Non enim cum seducunt laudatores ejus, sed ipse potius : quia cum sibi sit ipse præsentior quam illi, mavult se in illis quærere, quam in seipso. Sed quid dicit Apostolus ? « Opus autem suum probet unusquisque, et tunc in seipso tantum gloriam habebit, et non in altero, » (*v.* 4) id est, intus in conscientia sua : « et non in altero, » id est, cum eum alter laudat. « Unusquisque enim, inquit, proprium onus portabit. » (*v.* 5.) Non ergo laudatores nostri minuunt onera conscientiæ nostræ : atque utinam non etiam accumulent, cum plerumque ne illis offensis laus nostra minuatur, aut objurgatione illos curare negligimus, aut jactanter eis aliquid nostrum ostentamus, potius quam constanter ostendimus. Omitto ea quæ fingunt et mentiuntur de se homines propter hominum laudes. Quid enim ista cæcitate tenebrosius, ad obtinendam inanissimam gloriam errorem hominis aucupari, et Deum testem in corde contemnere ? Quasi vero ullo modo comparandus sit error illius qui te bonum putat, errori tuo qui homini de falso bono placere studes, de vero malo displices Deo.

60. Jam cætera planissima esse existimo. Nam et illud usitatum præceptum est, ut prædicatori verbi Dei præbeat necessaria, cui prædicatur. Ad bona enim

de Dieu. Mais il fallait exhorter les Galates à pratiquer les bonnes œuvres et à servir Jésus-Christ dans la personne des pauvres, pour mériter de se tenir un jour à sa droite avec les agneaux, c'est-à-dire à rendre l'amour qui vient de la foi plus actif et plus efficace que ne l'était la crainte de la loi. Or, qui pouvait faire cette recommandation avec plus d'assurance que l'Apôtre, qui vivant du travail de ses mains (*Act.*, XVIII, 3; XX, 34; I *Cor.*, IV, 12; I *Thess.*, II, 9; II *Thess.*, III, 8), ne voulait pas profiter du droit qu'il avait, pour montrer avec une plus grande autorité qu'il recommandait l'accomplissement de ce précepte beaucoup plus pour l'utilité de ceux qui donneraient, que dans l'intérêt de ceux qui recevraient?

61. Il ajoute ensuite : « Ne vous y trompez pas, on ne se moque pas de Dieu, car l'homme ne recueillera que ce qu'il a semé, » (*Gal.*, VI, 7, 8) parce qu'il sait par quels discours impies les hommes pervers affligent les fidèles qui vivent dans la foi aux choses invisibles. Ils voient bien la semence de leurs bonnes œuvres, mais ils n'en voient point la moisson. D'ailleurs la moisson qui leur est promise n'a aucun rapport avec celle qu'on recueille ici-bas, car « le juste vit de la foi. » (*Habac.*, II, 4; *Gal.*, VI, 8.) « Ainsi celui qui sème dans sa chair, continue l'Apôtre, ne recueillera de sa chair que la corruption. » Il veut parler ici de ceux qui aiment les voluptés plus que Dieu. Or, semer dans sa chair, c'est faire toutes ses actions, même celles qui paraissent bonnes, pour en recueillir des avantages charnels. « Et celui qui sème dans l'Esprit, recueillera de l'Esprit la vie éternelle. » Semer dans l'Esprit, c'est faire les œuvres de la justice par un motif de foi et de charité, et ne point suivre les désirs de la chair qui sont comme les fruits naturels de ce corps mortel. Or, la moisson de la vie éternelle aura lieu lorsque la mort, le dernier ennemi sera détruit, que tout ce qu'il y a en nous de mortel sera absorbé par la vie, et que cette chair corruptible revêtira l'incorruptibilité. Dans ce troisième degré où nous sommes sous le règne de la grâce, nous semons donc dans les larmes, parce que ce corps animal soulève en nous des désirs auxquels non-seulement nous ne consentons point, mais nous résistons. Or, c'est afin de moissonner un jour dans la joie, lorsque notre corps étant transfiguré, nous n'aurons plus aucun danger à redouter ni de la part des hommes, ni des souffrances, ni des tentations. Le corps animal lui-même est considéré comme une semence. « Il est semé corps animal, » dit l'Apôtre dans un autre endroit, pour nous faire comprendre qu'il aura part à la moisson, dont il ajoute : « Il ressuscitera corps spirituel. » (*Ibid.*, 44.) Le Roi-Prophète avait rendu témoignage à cette vérité, lorsqu'il disait : « Celui qui sème dans les larmes moissonnera

---

opera hortandi erant, ut etiam egenti Christo ministrarent, staturi ad dexteram cum agnis : ut plus in eis operaretur dilectio fidei, quam Legis posset timor. Neque hoc quisquam majore fiducia debet præcipere, quam hic Apostolus, qui manibus suis dictum transigens (*Act.*, XVIII, 3, et XX, 34), hæc in se nolebat fieri, ut majore pondere, propter eorum magis utilitatem qui hæc exhiberent, quam propter eorum quibus exhiberent ea, se monere omnibus demonstraret. (I *Cor.*, IV, 12; I *Thess.*, II, 9; II *Thess.*, III, 8.)

61. Quod autem deinde subjungit : « Nolite errare, Deus non subsannatur : quod enim seminaverit homo, hoc et metet : » (*Gal.*, VI, 7) novit inter quæ verba perditorum hominum laborent, qui constituuntur in fide rerum earum, quas non vident. Vident enim seminationem operum suorum, sed messem non vident. Nec talis eis messis promittitur, qualis hic reddi solet; quia justus ex fide vivit. (*Habac.*, II, 4.) « Quia qui seminaverit, inquit, in carne sua, ex carne metet corruptionem. » (*Gal.*, VI, 8.) Hoc dicit de amatoribus voluptatum magis quam Dei. In carne enim sua seminat, qui omnia quæ facit etiamsi bona videantur, propterea tamen facit, ut carnaliter ei bene sit. « Qui autem seminaverit in spiritu, de spiritu metet vitam æternam. » Seminatio in spiritu est, ex fide cum caritate servire justitiæ, et non obaudire desideriis peccati, quamvis de mortali carne exsistentibus. Messis autem vitæ æternæ cum inimica novissima destruetur mors, et absorbebitur mortale a vita, et corruptibile hoc induet incorruptionem. (I *Cor.*, XV, 26.) In hoc ergo tertio gradu, quo sub gratia sumus, seminamus in lacrymis, cum exsistunt desideria de animali corpore; quibus non consentiendo renitimur, ut in gaudio metamus, cum etiam reformato corpore, ex nulla parte hominis, ulla nos sollicitabit molestia ullumve tentationis periculum. Nam etiam ipsum animale corpus deputatur in semine. Seminatur enim corpus animale ait alio loco (*ibid.*, 44) : ut ad messem pertineat quod adjunxit, surget corpus spiritale. Huic ergo sententiæ Propheta concinit, dicens : Qui seminat in lacrymis,

dans la joie. » (*Ps.* cxxv, 5.) Or, il est plus facile de bien semer, c'est-à-dire de faire de bonnes œuvres que d'y persévérer. Ce sont les fruits qu'il espère qui consolent le laboureur au milieu de ses travaux ; or, notre moisson ne nous est promise qu'à la fin de la vie ; la persévérance nous est donc bien nécessaire, « car celui-là seul qui persévérera jusqu'à la fin sera sauvé. » (*Matth.*, x, 22.) Et le Prophète s'écrie de son côté : « Attendez le Seigneur, affermissez-vous, fortifiez votre cœur, attendez le Seigneur. » (*Ps.* xxvi, 20.) C'est ce que nous rappelle ici l'Apôtre : « Ne nous lassons donc point de faire le bien, car si nous ne perdons point courage, nous moissonnerons dans le temps. Donc, pendant que nous en avons le temps, faisons du bien à tous, mais principalement aux serviteurs de la foi. » (*Gal.*, vi, 9, 10.) Quels sont ceux qu'il désigne dans ces dernières paroles, sinon les chrétiens ? Car si la charité doit nous faire désirer pour tous la vie éternelle, nous ne pouvons accomplir à l'égard de tous les mêmes devoirs de charité.

62. Après avoir enseigné que les œuvres de la loi vraiment utiles pour le salut, c'est-à-dire les œuvres morales ne peuvent être accomplies que par l'amour qui vient de la foi, et jamais par la crainte servile, l'Apôtre revient à l'objet principal de cette Épître : « Voyez, dit-il, quelle lettre je vous ai écrite de ma propre main. » (*Gal.*, vi, 11.) Il craint qu'à la faveur d'une lettre qui porterait son nom, on ne parvienne à tromper les simples. « Tous ceux, continue-t-il, qui mettent leur gloire dans les avantages charnels, ne vous obligent à vous faire circoncire, qu'afin de ne pas souffrir la persécution pour la croix de Jésus-Christ. » (*Ibid.*, 12.) En effet, les Juifs persécutaient avec une espèce d'acharnement ceux qui paraissaient oublier ces observances charnelles qui faisaient partie de leurs traditions. Or, saint Paul leur fait voir combien peu il les redoute en écrivant cette lettre de sa propre main. Il leur montre en même temps quel empire la crainte exerce sur ces esclaves des pratiques légales qui veulent contraindre les Gentils à se faire circoncire. « Car ceux qui se font circoncire, ajoute-t-il, ne gardent point eux-mêmes la loi. » (*Ibid.*, 13.) Cette loi, c'est évidemment celle qui défend le meurtre, l'adultère, le faux témoignage, et prescrit tout ce qui est nécessaire aux bonnes mœurs. Or, ce n'est que par la charité et par l'espérance des biens éternels dont la foi est le principe, que nous pouvons accomplir cette loi. « Mais ils veulent que vous receviez la circoncision, afin de se glorifier dans votre chair, » c'est-à-dire non-seulement pour éviter les persécutions des Juifs qui ne souffraient aucunement qu'on fît connaître la loi aux circoncis, mais pour se glorifier devant eux d'avoir fait un si grand nombre de prosé-

in gaudio metet. (*Psal.* cxv, 5.) Bene autem seminare, id est, bene operari, facilius est, quam in opere perseverare. Fructus enim solet laborem consolari : messis autem nostra in fine promittitur ; et ideo perseverantia opus est. Qui enim perseveraverit usque in finem, hic salvus erit. (*Matth.*, x, 22.) Et Propheta clamat : Sustine Dominum, viriliter age, et confortetur cor tuum, et sustine Dominum. (*Psal.* xxvi, 20.) Quod nunc Apostolus ait : « Bonum autem facientes, inquit, non infirmemur : proprio enim tempore metemus infatigabiles. Itaque dum tempus habemus, operemur bonum ad omnes, maxime autem ad domesticos fidei. » (*Gal.*, vi, 9, 10.) Quos eum credendum est, nisi Christianos significare ? Omnibus enim pari dilectione vita æterna optanda est : sed non omnibus eadem possunt exhiberi dilectionis officia.

62. Deinde cum docuisset opera ipsa Legis, quæ sunt salubria et ad bonos mores pertinent, dilectione fidei posse tantummodo impleri, non timore servili ; redit ad illud, unde tota causa agitur : « Vidistis, inquit, qualibus litteris vobis scripsi manu mea. » (v. 11.) Cavet, ne quisquam sub nomine Epistolæ ejus fallat incautos. « Qui volunt, inquit, placere in carne, hi cogunt vos circumcidi, tantum ut in cruce Christi persecutionem non patiantur. » (v. 12.) Multum enim persequebantur Judæi eos, qui videbantur deserere tradita hujusmodi observationes : quos ipse non timeat satis ostendit, cum tales litteras etiam sua manu scribere voluit. Docet ergo timorem adhuc in istis operari, tanquam sub Lege constitutis, qui ad circumcisionem Gentes cogerent. « Neque enim qui circumcisi sunt, hi Legem custodiunt. » (v. 13.) Illam enim dicit custoditionem Legis : Non occidere, non mœchari, non falsum testimonium dicere ; et si qua hujusmodi ad bonos mores pertinere manifestum est : quæ nisi caritate et spe bonorum æternorum, quæ per fidem accipiuntur, impleri non posse jam dictum est. « Sed volunt vos circumcidi, inquit, ut in vestra glorientur carne : » id est, ut non solum non patiantur persecutionem a Judæis, qui nullo modo ferebant incircumcisis Legem prodi, sed etiam glo-

lytes. « Car pour faire un seul prosélyte, les Juifs, au témoignage de Notre-Seigneur, auraient parcouru la terre et les mers. » (*Matth.*, XXIII, 15.) « Mais pour moi, à Dieu ne plaise que je me glorifie en autre chose qu'en la croix de Notre-Seigneur Jésus-Christ, par qui le monde est crucifié pour moi, et par qui je suis crucifié pour le monde. » (*Gal.*, VI, 14.) « Le monde est crucifié pour moi, » dit-il, il ne peut plus rien sur moi, « et je suis crucifié pour le monde ; » et je ne tiens plus à lui par aucun lien, c'est-à-dire le monde ne peut me nuire, et de mon côté je ne désire plus rien de ce qui est dans le monde. Or, celui qui se glorifie dans la croix de Jésus-Christ, ne cherche pas à mettre sa gloire dans des avantages temporels, parce qu'il ne craint plus les persécutions des hommes charnels que le Sauveur a souffertes le premier sur la croix, pour laisser un grand exemple à ceux qui voudraient marcher sur ses traces.

63. « Car en Jésus-Christ, ni la circoncision ni l'incirconcision ne servent de rien, mais la nouvelle créature. » (*Ibid.*, 15.) L'Apôtre témoigne jusqu'à la fin la même indifférence pour la circoncision, pour ôter jusqu'à la pensée que ce serait par dissimulation qu'il aurait fait circoncire Timothée, ou qu'il conseillerait à quelque autre de se soumettre à cette observance légale. Il affirme, en effet, que ce n'est pas la circoncision elle-même qui est un obstacle au salut des fidèles, mais l'espérance du salut qu'on place dans de telles observances. C'est ainsi que dans les Actes des Apôtres (XVI, 3), nous voyons ces faux docteurs enseigner que la circoncision était si nécessaire, que sans elle, disaient-ils, aucun des Gentils qui avaient embrassé la foi ne pourrait être sauvé. Ce n'est donc point la pratique de la circoncision, mais l'erreur pernicieuse dont elle était l'occasion que l'Apôtre combat ici. « En Jésus-Christ donc ni la circoncision, ni l'incirconcision ne servent de rien, mais la nouvelle créature. » Il appelle nouvelle créature la vie nouvelle qu'inaugure la foi en Jésus-Christ, et cette expression est à remarquer. En effet, vous trouverez difficilement dans l'Ecriture ce nom de créature donné à ceux qui par la foi ont eu part à l'adoption des enfants. Cependant l'Apôtre en fait usage dans un autre endroit : « Si donc quelqu'un est en Jésus-Christ une nouvelle créature, le passé n'est plus, tout est devenu nouveau, et tout vient de Dieu. » (II *Cor.*, V, 17, 18.) Mais quand il dit : « Et les créatures elles-mêmes seront affranchies de l'asservissement à la corruption, » et qu'il ajoute : « Et non-seulement elles, mais aussi nous-mêmes qui possédons les prémices de l'Esprit, » (*Rom.*, VIII, 21-23) il distingue les fidèles des créatures, de même que tantôt il leur donne, tantôt il leur refuse le nom d'hommes. Ainsi lorsqu'il reproche aux Corinthiens dans sa première Epître

---

rientur apud eos, quod tam multos proselytos faciunt. Ut enim unum proselytum Judæi faccrent, mare et terram eos circuire solere, Dominus dixit. (*Matth.*, XIII, 15.) « Mihi autem absit gloriari nisi in cruce Domini nostri Jesu Christi, per quem mihi mundus crucifixus est, et ego mundo. » (*Gal.*, VI, 14.) « Mundus mihi crucifixus est, » ait ut me non teneat : « et ego mundo, » ut eum non teneam : id est, ut neque mundus mihi nocere possit, neque ego de mundo aliquid cupiam. Qui autem in cruce Christi gloriatur, non vult placere in carne ; quia persecutiones carnalium non timet, quas prior ut crucifigeretur ille sustinuit, ut vestigia sua sectantibus præberet exemplum.

63. « Neque enim circumcisio aliquid est, neque præputium. » (*Gal.*, VI, 15.) Servat usque in finem illam indifferentiam, ne quis cum putaret, vel in Timothei circumcisione simulate aliquid egisse, vel in cujusquam agere, si forte aliqua talis causa exstitisset. Ostendit enim, non ipsam circumcisionem obesse aliquid credentibus, sed spem salutis in talibus observationibus constitutam. Nam et in Actibus Apostolorum hoc modo inveniuntur illi circumcisionem persuadere ut aliter eos, qui ex Gentibus crediderant salvos fieri negent posse. (*Act.*, XVI, 3.) Non ergo ipsius operis, sed hujus erroris perniciem refellit Apostolus. « Neque circumcisio ergo, aliquid est, neque præputium, sed nova, inquit, creatura. » Novam creaturam dicit vitam novam per fidem Jesu Christi : et notandum verbum est. Difficile enim inveneris creaturam vocari etiam eos, qui jam credendo in adoptionem filiorum venerunt. Dicit tamen et alio loco : Si qua igitur in Christo nova creatura, vetera transierunt, ecce facta sunt omnia nova : omnia autem ex Deo. (II *Cor.*, V, 17, et 18.) Ubi autem dicit : Et ipsa creatura liberabitur a servitute interitus (*Rom.*, VIII, 23) : et postea dicit : Non solum autem, sed et nos ipsi primitias Spiritus habentes ; discernit eos qui crediderunt ab appellatione creaturæ, quomodo eosdem aliquando homines, aliquando non homines dicit. Nam exprobrans objecit Corinthiis quodam loco, quod adhuc homines essent, ubi ait : Nonne homines

de se conduire encore comme des hommes, il leur dit : « N'est-il pas visible que vous êtes des hommes, et que vous vous conduisez selon l'homme. » (I *Cor.*, III, 3.) C'est ainsi qu'en parlant de Notre-Seigneur après sa résurrection, tantôt il dit qu'il n'est pas un homme : « Ce n'est ni par des hommes, ni par l'autorité d'aucun homme, mais par Jésus-Christ, qu'il a été établi apôtre; » (*Gal.*, I, 1) tantôt il lui donne ce nom d'homme, comme dans cet endroit : « Car il n'y a qu'un seul Dieu et un seul médiateur entre Dieu et les hommes, Jésus-Christ homme. » (I *Tim.*, II, 5.) « Quant à tous ceux qui suivront cette règle, je leur souhaite la paix et la miséricorde, et à l'Israël de Dieu, » (*Gal.*, VI, 16) c'est-à-dire à ceux qui se préparent véritablement à voir Dieu ; non pas à ceux, qui tout en portant le nom d'Israël, se laissent aveugler par la chair, refusent de voir le Seigneur, et préfèrent, en repoussant sa grâce, la servitude de la vie présente.

64. « Au reste, que personne ne me fasse de la peine. » (*Gal.*, VI, 17.) Il demande qu'on cesse de le tourmenter par des discussions turbulentes sur une matière qu'il a suffisamment expliquée et dans l'Épître qu'il a écrite aux Romains, et dans celle-ci : « Car je porte imprimées sur mon corps les stigmates du Seigneur Jésus, » c'est-à-dire j'ai à soutenir avec ma chair d'autres luttes, d'autres combats qui viennent m'assaillir au milieu des persécutions que je souffre. Les stigmates sont certaines marques de flétrissure qui font partie des châtiments des esclaves. Ainsi, par exemple, un esclave est mis aux fers, ou condamné à d'autres peines semblables pour une faute, pour un délit quelconque, on dit qu'il est stigmatisé, et il a beaucoup moins de droits à recouvrer sa liberté. Or, l'Apôtre a voulu donner ici le nom de stigmates aux marques des persécutions qu'il endurait. Il les regardait comme le juste châtiment des persécutions qu'il avait fait souffrir lui-même aux Eglises de Jésus-Christ, comme le Seigneur lui-même l'avait prédit à Ananias qui redoutait Saul comme un cruel persécuteur des chrétiens : « Je lui montrerai, dit Dieu, combien il faut qu'il souffre pour mon nom. » (*Act.*, IX, 16.) Cependant, grâce à la rémission des péchés qu'il avait reçue dans le baptême, non-seulement il n'avait rien à craindre de ces persécutions, mais il y trouvait même la matière d'une plus éclatante victoire.

65. La conclusion de cette Epître équivaut évidemment à une signature, et plusieurs de ses Epîtres n'en portent point d'autre : « Que la grâce de Notre-Seigneur Jésus-Christ, mes frères, soit avec votre esprit. » (*Gal.*, VI, 18.)

estis, et secundum hominem ambulatis? (I *Cor.*, III, 3.) Quomodo eumdem Dominum etiam post resurrectionem, alicubi non hominem appellat, sicut in principio hujus Epistolæ, cum ait : Non ab hominibus, neque per hominem, sed per Jesum Christum (*Galat.*, I, 1); alicubi autem hominem, sicut illo loco ubi ait : Unus enim Deus, unus et mediator Dei et hominum homo Christus Jesus. (I *Tim.*, II, 5.) « Et quicumque, inquit, hanc regulam sectantur, pax super illos et misericordia, et super Israel Dei : » (*Gal.*, VI, 16) id est, eos qui vere ad visionem Dei præparantur, non qui vocantur hoc nomine, et carnali cæcitate videre Dominum nolunt, quando gratiam ejus respuentes servi esse temporum cupiunt.

64. « De cætero, inquit, laborem nemo mihi præstet. » (v. 17.) Non vult per turbulentas contentiones tædium sibi fieri de re, quantum satis erat, exposita, et in Epistola quam ad Romanos scripsit, et hac ipsa. « Ego enim stigmata Domini Jesu Christi in corpore meo porto : » id est, habeo alios conflictus et certamina cum carne mea, quæ in persecutionibus quas patior, mecum dimicant. Stigmata enim dicuntur notæ quædam pœnarum servilium : ut si quis, verbi gratia, servus in compedibus fuerit propter noxam, id est, propter culpam, vel hujusmodi aliquid passus fuerit stigmata habere dicatur : et ideo in jure manumissionis inferioris est ordinis. Nunc ergo Apostolus stigmata voluit appellare, quasi notas pœnarum de persecutionibus, quas patiebatur. Propter culpam enim persecutionis, qua persecutus erat Ecclesias Christi, hæc sibi retribui cognoverat : sicut ab ipso Domino dictum est Ananiæ, cum idem illum Ananias tanquam persecutorem Christianorum formidaret : Ego illi ostendam, inquit, quæ oporteat eum pati pro nomine meo. (*Act.*, IX, 16.) Verumtamen propter remissionem peccatorum, in qua baptizatus erat, omnes illæ tribulationes non ei valebant ad perniciem, sed ad coronam victoriæ proficiebant.

65. Conclusio Epistolæ tanquam subscriptio manifesta est ; nam et in nonnullis aliis Epistolis ea utitur : « Gratia Domini nostri Jesu Christi cum spiritu vestro, fratres. Amen. » (*Gal.*, VI, 18.)

APPENDICE

AU TOME TROISIÈME DES ŒUVRES DE SAINT AUGUSTIN

COMPRENANT

QUELQUES TRAITÉS SUR L'ÉCRITURE SAINTE

qui lui ont été faussement attribués, c'est-à-dire

DES MERVEILLES DE L'ECRITURE SAINTE (trois livres). — DES BÉNÉDICTIONS DU PATRIARCHE JACOB. — QUESTIONS SUR L'ANCIEN ET LE NOUVEAU TESTAMENT (qui faisaient autrefois partie du tome III). — COMMENTAIRE SUR L'APOCALYPSE (qui se trouvait autrefois dans le tome IX).

Nous avons renvoyé à d'autres tomes quelques opuscules que comprenait précédemment cet appendice, parce qu'ils n'avaient aucun rapport avec la Sainte Ecriture, c'est-à-dire

Au tome VIII : DES DOGMES ECCLÉSIASTIQUES ; DE LA FOI QU'ON DOIT AVOIR A PIERRE ; DE L'ESPRIT ET DE L'AME ; QUESTIONS SUR LA TRINITÉ. — *Au tome IX* : DES SENTENCES DE PROSPER.

APPENDIX

TERTII TOMI OPERUM S. AUGUSTINI, COMPLECTENS ALIQUOT IN SCRIPTURAM TRACTATUS

IPSI OLIM FALSO ADSCRIPTOS, NIMIRUM

DE MIRABILIBUS SACRÆ SCRIPTURÆ (libros tres). — DE BENEDICTIONIBUS PATRIARCHÆ JACOB. — QUÆSTIONES VETERIS ET NOVI TESTAMENTI (olim in IV tomo exhibitas). — IN APOCALYPSIM JOANNIS EXPOSITIONEM (olim in IX tomo).

Alia quædam opuscula in tertii tomi appendice antehac contenta, cum ad sacram Scripturam non pertineant in alios tomos retulimus, scilicet

In VIII tomum : DE ECCLESIASTICIS DOGMATIBUS ; DE FIDE AD PETRUM ; DE SPIRITU ET ANIMA ; QUÆSTIUNCULAS DE TRINITATE. — *In IX tomum* : SENTENTIAS PROSPERI.

AVERTISSEMENT SUR L'OPUSCULE SUIVANT

Cet opuscule n'a rien du style ni du génie de saint Augustin au jugement d'Erasme et des théologiens de Louvain. C'est ce qu'avait reconnu autrefois saint Thomas, dans sa *Somme*, part. III, q. XLV, a. 3, où il leur refuse toute autorité, et affirme qu'ils sont faussement attribués à saint Augustin. Dans les manuscrits et dans les éditions précédentes, à l'exception de celle d'Erasme, on trouve en tête de cet opuscule une préface sous forme de lettre, qui à elle seule suffit pour prouver que saint Augustin, évêque d'Hippone, n'est point l'auteur de ces livres, mais un autre qui portait le même nom, et qui tout en dédiant cet ouvrage aux évêques et aux prêtres surtout de l'Eglise de Carthage, paraît indiquer plus bas qu'il est originaire d'Angleterre ou de l'Hibernie (aujourd'hui l'Irlande). En effet, au chapitre 7 du livre I, où il fait en passant quelques observations sur les îles, il se contente de nommer l'Hibernie seule, et peu après il donne au flux et au reflux de la mer le nom de Lédon et de Malines, dénominations reçues chez les Anglais et les peuples voisins des côtes britanniques, surtout du temps du vénérable Bède. Au livre II, chapitre 4, il rapporte encore la mort d'un certain hibernais, nommé Manichée, et dans le même endroit, traitant la question des Cycles, il montre évidemment qu'il écrivait ces livres après l'an 660 de Jésus-Christ, et qu'il les adressait, nous le supposons, aux prêtres des monastères non pas de Carthage, mais de Cantorbéry ou de Cambridge (si toutefois ces dénominations étaient déjà en usage), ou de Kilkenny, etc.

ADMONITIO IN PROXIME SUBJECTUM OPUSCULUM

Hoc opusculum nec stilo, nec ingenio refert S. Augustinum, judicio Erasmi et Lovaniensium Theologorum. Id quod jam olim intellexerat S. Thomas, qui in parte III, q. XLV, a. 3, non vult hosce libros auctoritate pollere, falsoque ascribi Augustino dicit. In Mss. et superioribus editionibus, si tamen Erasmianam exceperis, præmittitur præfatio epistolari forma, e qua vel sola constare potest librorum istorum auctorem non esse Augustinum Hipponensem; sed alium quemdam cognominem, qui cum hic Episcopis et Presbyteris, maxime Carthaginensium, dedicet id operis; inferius tamen videtur se gente Anglum, sive Hibernum indicare in lib. I, c. VII, ubi quidpiam obiter observans de insulis, Hiberniam ex omnibus unam nominat: pauloque post æstum maris Ledonem ac Malinam appellat, verbis apud Anglos vicinosque accolas Britannici maris, præsertim ævo Bedæ, usu receptis. Tum in lib. II, c. IV Manichæum quemdam Hiberniensium mortuum notat: quo insuper loco de cyclis disserens ostendit liquido se post 660. Christi annum scripsisse hos libros: quos ab ipso non Carthaginensium, sed Cantuariensium vel Cambrensium (si tamen vox jam in usu erat) vel Kilkennensium, etc. Monasteriorum Presbyteris nuncupatos fuisse suspicamur.

DES MERVEILLES
DE L'ÉCRITURE SAINTE

TROIS LIVRES

Aux très-vénérables évêques et prêtres des villes et des monastères, surtout de Carthage (peut-être de Cantorbéry), AUGUSTIN, leur très-humble serviteur, souhaite le salut en Jésus-Christ.

PRÉFACE.

L'injonction pressante que m'a faite pendant sa vie notre bienheureux père Eusèbe d'entreprendre cet ouvrage, les invitations réitérées des chrétiens, et surtout l'autorité vénérable qui m'en a imposé l'obligation, m'ont déterminé à composer, avec le secours de Dieu, et sous une forme aussi abrégée que possible, ces trois livres sur les *Merveilles de l'Écriture sainte*, tant de l'Ancien que du Nouveau Testament. Si cette entreprise paraît téméraire, l'autorité de ceux qui me l'ont commandée sera mon excuse. Je me trouvais sans doute bien au-dessous de la tâche qu'ils m'imposaient, cependant je n'osais désobéir à leurs ordres et prendre un autre parti, car je savais parfaitement que ma désobéissance à ce commandement qui m'était fait serait plus rigoureusement punie que ma docilité à entreprendre sur leurs ordres une œuvre bien au-dessus de mes forces. C'est ainsi que Jonas rencontra bien plus de dangers au milieu des flots qu'il n'aurait souffert, comme il le craignait, des récriminations de la part de son peuple en exécutant les ordres de Dieu. (*Jon.*, II, 1.) Ainsi encore le prophète de l'autel de Béthel, pour avoir reculé devant les privations de la faim et de la soif qui l'attendaient dans le voyage pénible que le ciel lui commandait, à peine rassasié trouva la mort sur le chemin comme punition de sa désobéissance. (III *Rois*, XIII, 24.) Au contraire, Jérémie encore enfant n'avait encore ni la science, ni la prudence ferme de l'âge mûr lorsque Dieu lui donna sa mission, mais son obéissance au commandement qui lui était imposé lui mérita d'obtenir la science qui lui faisait défaut. (*Jérém.*, I, 9.) Je ferme donc les yeux sur mon indigence et sur ma pauvreté pour ne voir que la sage autorité de ceux qui me commandent. Si vous n'étiez persuadés qu'il y a en moi quelque petite étincelle capable d'éclairer, vous ne m'auriez pas imposé le travail compliqué d'un ouvrage aussi important. Or, voici l'ordre que je me propose de suivre dans la composition de ces livres. Le premier traitera du Pentateuque de Moïse; le second des Prophètes, le troisième du Nouveau Testament. Le but que j'ai cons-

DE
MIRABILIBUS SACRÆ SCRIPTURÆ
LIBRI TRES

Venerandissimis urbium et monasteriorum episcopis et presbyteris, maxime (*f.* Cantuariensium) Carthaginensium, AUGUSTINUS per omnia subjectus, optabilem in Christo salutem.

PRÆFATIO.

Beatissimi, dum adhuc viveret, Patris mei Eusebii ad hoc opus præcepto constrictus, adhortantibus etiam vobis Christianis, vel maxime venerandissimo magistro imperii auctoritate compellente, tres *de Mirabilibus sanctæ Scripturæ* Veteris ac Novi Testamenti libros, historica expositione, quanta potui brevitate, Domino annuente composui : in quibus arrepti operis audacia jubentium auctoritate excusabitur. Me etenim quamvis illis quæ dicebantur imparem esse conspexeram, præcipientium tamen imperiis cedere, et in aliam partem declinare non audebam, certissime sciens quod major vindicta jussionum refugam inobedientem consequitur, quam præcepto obtemperantem cuicumque imperato imparem operi vituperantium accusatio comitatur. Plus namque periculi fugiens Jonas propheta in marinis fluctibus reperit, quam accusationis, si quod jubebatur impleret, in sermonibus populi sui pateretur, quod metuit. (*Jon.*, II, 1.) Propheta quoque altaris Bethel, quoniam laboriosi itineris famem et sitim, ut sibi jussum fuerat, non perpetravit, inobedientiæ vindictam mortem ipsam paulo post in via saturatus invenit. (III *Reg.*, XIII, 24.) Jeremias vero adhuc puer, nec litterarum doctrinam, nec virilis prudentiæ vigorem (quando a Domino missus est prophetare) habuit : sed quod præcepto obedivisset, scientiam quam non habuerat, accipere promeruit. (*Jerem.*, I, 9.) Unde ergo non meæ exiguæ facultatis penuriam, sed præcipientium providam aspicio auctoritatem. Quoniam si in me igniculum aliquem lucis non crederetis, nullo modo mihi tam præcipui operis ingeniosum laborem injungeretis. In his voluminibus talis dispositionis ratio intenditur, ut Primus de Moysi Pentateucho, Secundus de (*a*) Propheticis, Tertius de Novo Testamento prænotetur. Cuncti vero laboris hoc magno-

(*a*) Vetus codex monasterii S. Audoëni Rotomagensis. *de Prophetia*.

tamment poursuivi dans tout cet ouvrage est de bien établir que dans toutes les choses qui sont en dehors du gouvernement ordinaire de ce monde et des lois naturelles, Dieu ne crée pas de nouvelle nature, mais se contente de gouverner celle qu'il a créée. Je me suis appliqué encore à mettre de côté tous les sens allégoriques et figurés pour ne m'occuper que de l'ordre et de l'ensemble des faits. En effet, tous les endroits qui nous ont fourni quelque narration historique présentent une grande abondance de sens divers, et si j'avais voulu m'arrêter à chacun d'eux j'aurais écrit des ouvrages sans fin et imposé aux lecteurs un travail aussi long que fatigant. J'ai cru que je pouvais d'autant plus omettre l'exposition de ces divers sens que les auteurs qui ont interprété ces passages se sont attachés à en donner l'explication allégorique et figurée. Que cet ouvrage soit destiné à mourir ou à vivre, son sort dépend de vous. C'est à l'un de vous, Bathanus, après notre père Manchinanus, que je dois le peu de lumière que j'ai répandue dans cet ouvrage, et c'est d'un autre qui était l'interprète fidèle de ses paroles que j'ai reçu la mission de l'écrire en sa place. Or, j'adresse à tous mes lecteurs cette demande, cette humble prière, c'est de ne point concevoir de dégoût pour les choses que j'ai à leur dire avant qu'ils ne les aient parfaitement comprises.

LIVRE PREMIER

DU PENTATEUQUE DE MOISE.

CHAPITRE PREMIER.

De Dieu créateur et de la création du monde.

Dans le dessein que j'ai formé de parler, avec le secours du Dieu tout-puissant, des œuvres merveilleuses qu'il a opérées, par qui puis-je commencer plus convenablement ce discours que par le Créateur de toutes choses, à qui l'Ecriture rend souvent ce glorieux témoignage : « Ses œuvres sont grandes, incompréhensibles, merveilleuses, innombrables? » (*Job*, IX, 10.) Or, il a comme établi le solide fondement de toutes ces merveilles lorsqu'il a tiré du néant les êtres qu'il a créés. Le Créateur éternel et tout-puissant de tout ce qui existe, trinité et unité immuable dont la puissance n'éprouve aucune altération, a seul préexisté à toutes les créatures sans aucune succession de temps : voulant ensuite rendre sensibles dans les créatures l'immensité de cette bonté, de cette puissance, de cette bienveillance dont il portait en lui une source inépuisable, il a divisé et coordonné les espèces si variées des êtres visibles et invisibles, c'est-à-dire corporels et spirituels, intelligents et privés de raison. Ce fut l'œuvre de six jours successifs, comme nous l'apprend le récit inspiré de la Genèse, qui nous enseigne clairement que Dieu acheva le sixième jour tout ce qui

pere intentio procurat, ut in omnibus rebus, in quibus extra quotidianam administrationem aliquid factum videtur, non novam ibi Deum facere naturam, sed ipsam quam in principio condidit gubernare ostendat. Præterea etiam in hoc opere curavimus, ut sepositis adhuc figurarum intellectibus, rerum tantummodo gestarum rationem et ordinem exponeremus. Quoniam in his locis de quibus historica narratione quædam tetigimus, multiplex sensuum intellectus habetur, et si de ipso per singula disputaremus, plurimos libros et longioris laborem operis legentibus præberemus. Sed hoc præcipue negligentius omittere idcirco rati sumus, quoniam quicumque auctores hæc loca explanare curaverunt, mystico allegoriarum intellectui, hoc est, figurali expositioni, quæ in his reperta est, adhæserunt. Hoc autem opus utrum intercat, an maneat, in vestro pendet arbitrio. Ab uno enim vestrum, id est, (*a*) Bathano post patrem (*b*) Manchinanum si quid intelligentiæ addidi, et ab altero ut credo saliva oris ejus vicem laborum causam suscepi. Ab omnibus vero legentibus generatim oratio nostra atque petitio deplorat, quatenus ea quæ dicta sunt, antequam decursa intelligant, occasione aliqua non fastidiant.

LIBER PRIMUS

DE MOYSI PENTATEUCHO.

CAPUT I.

De Deo creatore et constitutione creaturarum.

Cum omnipotentis Dei auxilio de mirabilibus rerum cupimus tractare sermonem, unde repetendum aptius, et sumendum videtur exordium, quam ab ipso rerum omnium Creatore, de quo sæpe Scriptura attestatur dicens : « Qui facit magna et inscrutabilia et mirabilia, quorum non est numerus. » (*Job*, IX, 10.) Quorum omnium mirabilium velut principale quoddam fundamentum instituit, quando omnes quas condidit creaturas, ex nihilo fecit. Æternus ergo et omnipotens Creator rerum, trinus et individuus semper manens, sine ullo potentiæ suæ detrimento, solus sine tempore cunctas præcessit creaturas : ac deinde ut immensam bonitatem ac potentiam et benevolentiam, quas in se solo prius habuit, etiam per creaturas ostenderet, ex informi materia, quam ipse prius ex nihilo condidit, cunctarum visibilium et invisibilium rerum, hoc est, sensibilium et insensibilium, intellectualium et intellectu carentium, species multiformes divisit. Quod, ut libri Geneseos auctoritas confirmat,

---

(*a*) Vetus codex Audoenensis *Barbano*, forte *Baithano*, qui fuit Scotus episcopus, apud Bedam, lib. II, *Hist.*, c. XIX. — (*b*) Ms. Aud. *Manchianum*.

avait rapport à la création du ciel et de la terre : « Dieu accomplit toutes ses œuvres le sixième jour, et il bénit le septième jour, parce qu'il s'était reposé en ce jour après avoir créé tous ses ouvrages, » (*Gen.*, II, 2) paroles qu'il faut entendre dans ce sens que Dieu acheva toutes ses œuvres le sixième jour, et qu'en se reposant le septième jour, il cessa de produire de nouvelles espèces de créatures, mais non d'agir. C'est d'après les paroles de Notre-Seigneur répondant aux Juifs qui l'interrogeaient sur le repos du sabbat : « Mon Père ne cesse point d'agir, et moi aussi je ne cesse pas d'agir, » (*Jean*, v, 17) que nous n'hésitons pas à croire qu'il a terminé toutes ses œuvres le sixième jour, qu'il s'est reposé le septième et que cependant il continue d'agir. Mais on veut pénétrer plus avant, et on se demande comment Dieu peut avoir achevé alors toutes ses œuvres et cependant ne cesse point d'agir. Nous répondons qu'il s'est reposé des œuvres de la création, mais sans cesser de gouverner le monde qu'il a créé. D'un côté c'est le Dieu qui crée, de l'autre le Dieu qui gouverne, et lors même que nous voyons paraître au sein de la création quelque phénomène nouveau, nous devons croire non pas que Dieu produise de nouvelles natures, mais qu'il tire des profondeurs secrètes de la création ce qu'elles tenaient de caché à nos yeux. Or, ces actes extraordinaires et qui font éclater la puissance de celui qui gouverne d'une manière plus sensible que l'uniformité habituelle des lois ordinaires qui président au gouvernement du monde, sont appelés les merveilles de l'Ecriture. Nous en parlerons beaucoup plus au long lorsque nous arriverons à chacune d'elles.

Pour le moment, restons bien convaincus de cette vérité, que lorsqu'il eut tiré du néant toutes les natures créées, Dieu s'est reposé après avoir achevé son ouvrage (*Gen.*, II, 2), mais qu'il ne cesse pas un seul instant de gouverner tout ce qu'il a créé. D'après le récit de la Genèse, c'est en six jours distincts que toutes les créatures ont été tirées du néant, cependant il ne faut pas voir dans ces six jours distincts une véritable succession de temps, mais la manifestation successive des œuvres de la création. Car l'historien a cru devoir diviser dans son récit ce que Dieu n'avait point divisé dans l'accomplissement de son œuvre. En effet, Dieu a créé en un seul instant tout ce qui existe (*Eccli.*, XVIII, 1), c'est-à-dire que par un seul acte de sa volonté et sans aucune succession de temps, il a tiré du néant toutes les espèces si variées des créatures, et qu'il ne cesse depuis leur création de leur donner dans le temps la forme et la perfection.

CHAPITRE II.

Du péché différent des deux natures raisonnables.

Dieu a commencé le grand ouvrage de la création par donner l'être à la créature spirituelle, invisible ; et ensuite, pour établir un rapport d'analogie entre le monde visible et le monde invisible, il a donné l'existence à la créature corporelle et visible, et l'universalité des êtres créés comprend surtout ces deux grandes divisions des créatures raisonnables, les unes purement spirituelles, les autres unies à une nature corporelle, c'est-à-dire les anges et les

per sex dierum alternationem effectum fuisse monstratur, ita ut in die sexto cuncta consummasse, quæ ad institutionem et instructionem pertinent creaturæ, firmissime declaretur. Sic enim scribitur : « Et consummavit Deus omnia opera sua in die sexto, et benedixit diem septimum, quod in ipso requievit ab omnibus operibus suis. » (*Gen.*, II, 2.) Ex quo intelligitur, Deum in die sexto omnia perfecisse, ut in die septimo non a labore, sed ab opere videatur cessasse. Sed quod Dominus Jesus Judæis de sabbati requie quærentibus respondit : « Pater meus usque modo operatur, et ego operor : » (*Joan.*, v, 17) illum quidem die sexto cuncta perfecisse et in septimo requievisse credimus, et usque modo operari non dubitamus. Sed quemadmodum tunc consummasse, et nunc operari idem Deus intelligatur, subtilius investigatur. In die enim sexto creaturæ naturas perfecit, quas gubernare etiam nunc non desinit. Et in die septimo requievit ab opere creationis, qui nunquam cessat a gubernationis regimine. Tunc ergo Creator, nunc Gubernator Deus intelligendus est : ac per hoc etiamsi novi aliquid in creaturis exoriri videamus, non creare ibi novam naturam, sed gubernare olim creatam Deus putandus est. Sed ita potens est in gubernatione creaturæ qui condidit, ut veluti naturam novam creare videatur, cum ab abditis naturæ sinibus, quod in illa latebat, depromit. Illa igitur inusitata gubernatione, cum res per voluntatem potentiam gubernatoris ostendunt, quod per efficaciam quotidianæ administrationis non faciunt, in Scripturis mirabilia memorantur. Sed dum de his mirabilibus latius post modum, quando ad eorum loca venerimus, disseremus; hoc fixum interim permaneat, quod consummatis naturarum creationibus, in septimo Deus ab opere suo requievit, (*Gen.*, II, 2) et nunc postmodum per omne tempus a creaturæ totius gubernatione non cessat. Sed quamvis per sex dierum alternationem omnis instituta fuisse creatura perhibetur, non tamen hæc dierum alternatio per spatium temporis intelligitur : sed in his operum vicissitudo declaratur. Post namque historiæ narrator divisit in sermone, quod Deus non divisit in operis perfectione. Simul enim cuncta quæ condidit, Deus creavit, (*Eccli.*, XVIII, 1) dum una voluntate multiplicem omnium specierum varietatem fieri disposuit, in qua voluntate una omnia simul sine tempore esse fecit, quæ ab ipso ortu suo per tempus dispensare non desinit.

CAPUT II.

De rationabilium naturarum dissimili peccato.

In hac ergo rerum omnium conditione primo spiritualis creatura invisibilis originaliter processit. Et deinde ne quod interius erat, hoc exterius non esset in Dei operibus, etiam corporalis et visibilis creatura fieri cœpit : in qua utique principali rerum universarum generaliquæ divisione, duas rationales, unam in spiritali, alteram in corporali instituit creator naturas, Angelorum videlicet

hommes, et Dieu leur a donné un lieu d'habitation en rapport avec leur nature, le ciel aux anges, la terre aux hommes. Le péché de ces deux créatures, c'est-à-dire des anges et des hommes, suit de près leur création. La Genèse nous a conservé le récit du péché du premier homme. Mais pourquoi l'Ecriture ne dit-elle rien de la manière dont les anges ont péché, question difficile qui excite l'attention des esprits sérieux? Le prophète Isaïe a voulu sans doute nous donner une figure allégorique de la chute des anges dans la personne du roi de Babylone, qui disait : « Je monterai sur la montagne du Testament, aux côtés de l'Aquilon ; je me placerai au-dessus des nuées les plus élevées ; j'élèverai mon trône à l'Aquilon et je serai semblable au Très-Haut. » (*Isa.*, xiv, 13, 14.) Ces paroles s'appliquent directement au roi de Babylone dans le sens historique, et ce n'est que dans le sens figuré qu'on pourrait les transporter allégoriquement des membres du corps à la tête. Cette question reste donc ici sans solution, puisque l'Evangile même ne nous rapporte point sous forme historique la cause de la chute des anges, leur sentence de condamnation et leur châtiment. Dira-t-on que leur péché originel vient de la séduction de l'homme par le serpent, et que le juste châtiment de cette séduction fut la sentence prononcée contre lui par le Seigneur : « Tu es maudit entre tous les animaux et toutes les bêtes de la terre, tu ramperas sur le ventre et tu mangeras la poussière tous les jours de ta vie? » (*Gen.*, III, 14.) Mais loin de nous cette pensée que l'ange ait jamais pu conseiller à l'homme de pécher sur la terre s'il n'avait péché lui-même le premier dans le ciel, suivant ces paroles du Sauveur : « J'ai vu Satan tomber du ciel comme la foudre. » (*Luc*, x, 18.) Car comment aurait-il pu porter envie au bonheur des hommes s'il n'avait perdu d'abord sa propre félicité? Non-seulement donc la chute du démon a précédé le péché de l'homme, mais elle a eu lieu même avant que Dieu eût achevé les œuvres de la création le sixième jour. Notre-Seigneur nous rapporte en ces termes dans l'Evangile la sentence qui sera portée contre les réprouvés au dernier jour : « Retirez-vous de moi, maudits, et allez au feu éternel que mon Père a préparé au démon et à ses anges. » (*Matth.*, xxv, 41.) Or, à quel moment ce feu a-t-il été préparé, si ce n'est lorsque Dieu eut achevé de tirer du néant tous les êtres créés? Dirons-nous que Dieu, après ce sixième jour où il avait terminé tout son ouvrage, a donné l'être à une nouvelle créature? Mais ce serait accuser de mensonge et l'Ecriture et nous-mêmes. Puisque donc cette prison de feu a été préparée au démon dès la création du monde, il s'ensuit que son péché avait précédé l'existence de toutes les créatures ; c'est ce que l'Ecriture nous apprend lorsqu'elle dit : « Il est menteur dès le commencement, et il n'est point demeuré dans la vérité. » (*Jean*, VIII, 44.) Il nous reste donc à expliquer pourquoi Notre-Seigneur ne nous a point fait connaître l'histoire du péché du démon, bien que nous ne doutions nullement de la chute de cet ange, la première des créatures de Dieu. Ce céleste médecin n'a point voulu nous apprendre comment les anges s'étaient fait cette blessure, parce qu'il n'entrait point dans ses desseins de la guérir. Il ne nous a point fait connaître la sentence qui les a chassés du ciel, parce que le repentir ne devait leur en rouvrir les portes. Au contraire, l'Ecriture nous a conservé l'histoire du péché

et Hominum, quibus prout naturarum differentia expetit, etiam habitationum loca distinxit. Cœlum namque Angelis, terram hominibus habitandam præstitit. Quibus institutis, utriusque naturæ peccatum, Angelorum scilicet et Hominum consequitur. Sed mandati transgressio quæ in Hominibus facta erat, libri Geneseos historia narratur. (*Isa.*, XIV, 13.) Quæstionem vero non minimam intuentibus præstat, qua causa Angelorum delictum Scripturæ testimoniis, qualiter factum est, reticetur. Quamvis namque sub persona Babylonici regis illius angelicæ ruinæ verba per Prophetam declarentur, dicentem : « Sedebo in monte Testamenti, in lateribus Aquilonis : ascendam super altitudinem nubium, et ædificabo thronum meum ad Aquilonem, et ero similis Altissimo. » Hæc de rege Babylonis historica expositione facillime possunt intelligi, nisi forte figurali expositione de corpore ad caput verba per allegoriam transferantur. Unde loco assumpta quæstio in hoc loco non dissolvitur, dum historialiter in ipso Evangelio causa ruinæ et sententia et vindicta non manifestatur. Nisi forte, ut cæteri existimant, originale illius peccatum in seductione hominis per serpentem esse aliquis dicat ; per quam et sententiam animadversionis acceperat, dicente Domino : « Maledictus tu inter omnia animantia et bestias terræ, super pectus tuum gradieris et terram comedes omnibus diebus vitæ tuæ. » (*Gen.*, III, 14.) Sed absit hoc, ut sentiamus Angelum posse suadere homini peccatum in terra, nisi prius ipse peccaret in cœlo, dicente Domino : « Vidi satanam sicut fulgur de cœlo cadentem. » (*Luc.*, X, 18.) Unde enim potuisset et ipse invidere felicitati humanæ, nisi prius amisisset beatitudinem propriam? Non solum ergo peccatum hominis præcessisse diabolica ruina credenda est, sed etiam perfectionem illam creaturarum quæ in die sexta facta est ; de damnandis in novissimo die Domino pronuntiante : « Discedite a me maledicti in ignem æternum, quem præparavit Pater meus diabolo et angelis ejus. » (*Matth.*, XXV, 41.) Quando ergo præparatus est ille ignis, nisi in perfectione creaturarum omnium? Nisi forte dicamus post sexti diei perfectionem Deum aliquid creasse : quod absit, ne mendacem Scripturam, imo nosmetipsos faciamus. Cui ergo carcer in illa creaturarum conditione præparatus est, illius peccatum originalitur illius creatura præcessit. Quoniam ut Scriptura inquit : « Ipse ab initio mendax est, et in veritate non stetit. » (*Joan.*, VIII, 44.) Restat ergo ut ruina angelica, qua causa a Domino tacita est, exponamus, dum illum creaturarum Dei principium angelum cecidisse non ambigamus. Angelicum vero vulnus verus medicus qualiter factum sit, indicare noluit, dum illud postea curare non destinavit. Et qualiter est ejectus per sententiam vindictæ, reticuit, quem per pœnitentiam nullo modo revocavit. Peccatum vero Hominis quomodo factum

du premier homme parce que Dieu lui donne l'espérance qu'il pourrait un jour obtenir son pardon. Dieu a voulu nous apprendre comment l'homme avait été chassé du paradis terrestre parce qu'il devait plus tard le rappeler à son premier état. Il ne nous a point caché la sentence de condamnation qu'il a prononcée contre lui, parce qu'il devait un jour, dans sa miséricorde, accepter la satisfaction qui lui serait offerte. C'est en considérant cette différence entre les hommes et les anges que l'Apôtre a dit : « Dieu ne s'est pas rendu le libérateur des anges, mais il s'est rendu le libérateur de la race d'Abraham. » (*Hébr.*, II, 16.) En effet, lorsque le Créateur, qui partageait cette nature souveraine et immuable de Dieu le Père, a daigné, par un excès de clémence et de miséricorde, s'anéantir en prenant une forme d'esclave (*Philip.*, II, 7), il n'a point choisi la nature des anges, mais la nature humaine. Or cette conduite de Dieu, qui n'a point épargné les anges après leur péché, tandis qu'il a pardonné à l'homme pécheur en s'unissant à la nature humaine, donne lieu à une autre question. Pourquoi le péché du premier des anges a-t-il été frappé d'une condamnation irrévocable, tandis que l'homme qui avait également péché et transgressé le commandement de son Créateur, a été admis à la pénitence et au pardon, comme l'attestent Jean-Baptiste, Notre-Seigneur et l'apôtre Pierre, qui nous disent : « Faites pénitence, car le royaume des cieux approche. » (*Luc*, III, 3; *Matth.*, IV, 17; *Act.*, II, 38.) Je réponds que l'ange élevé dès sa création au plus haut degré de sa nature, ne pouvait passer à un état plus parfait qu'en se tenant par la contemplation de son Créateur sur les hauteurs continuelles où Dieu l'avait placé. Aussi une fois tombé de ces hauteurs il ne put y remonter, parce qu'il était descendu volontairement de la plus haute élévation que Dieu pût donner à la nature angélique. L'homme, au contraire, placé sur la terre où il devait perpétuer sa race par la génération et soutenir son existence par l'usage des aliments, était appelé à jouir sans passer par la mort d'une vie plus parfaite, plus heureuse, et toute spirituelle, s'il avait été fidèle à observer le commandement qui lui avait été donné. Mais avant qu'il fût parvenu à cet état plus sublime, il fut atteint par le péché et perdit le droit qu'il avait à une félicité inférieure, c'est-à-dire à l'immortalité de son corps par cette condamnation : « Tu es poussière, et tu retourneras en poussière. » (*Gen.*, III, 19.) C'est donc un effet de la miséricorde du Créateur que l'homme soit ramené par la passion du Sauveur à cette béatitude dont il n'était pas encore en possession avant son péché. S'il fût tombé comme les anges, sa chute eût été sans retour ; et comme il n'était pas encore parvenu au degré de perfection qui lui était réservé, c'est-à-dire à l'immortalité de son corps, la félicité à laquelle Dieu nous rappelle ne nous sera donnée que par la résurrection, après la mort de tous les hommes. Cependant ce n'est pas seulement sur les hauteurs et dans l'état où il était avant sa chute que l'homme sera replacé, mais dans un état plus sublime qui a été l'objet de ses espérances sur cette parole du Seigneur : « Ils seront comme des anges de Dieu dans le ciel. » (*Matth.*, XXII, 30.) Ce qui d'ailleurs ajoute encore à la grandeur du péché du démon, c'est qu'aussitôt son péché il tomba dans l'abîme du désespoir. Car s'il n'avait désespéré d'obtenir le pardon de son péché, il n'eût jamais cherché à séduire

---

fuerit, profertur : ipsum namque quandoque promereri veniam non desperatur. Et qualiter ejectus sit Homo, indicare Deus maluit, quem ad statum pristinum in novissimo iterum revocavit. Et quomodo animadversionis sententiam accepit, non occultavit, a quo aliquando per clementiam suæ veniam satisfactionem accipere non recusavit. Hanc ergo differentiam in Hominibus et Angelis Apostolus considerans, ait : « Non enim Angelos, sed Abrahæ semen apprehendit Deus. » (*Heb.*, II, 16.) Cum enim Creator clemens et misericors in summa illa et incommutabili Dei Patris manens substantia, in servi formam semetipsum exinanire voluit (*Philipp.*, II, 7), non angelicam naturam, sed humanam apprehendit. Sed et in hoc quæstio nascitur : cum Deus Angelis peccantibus non pepercit, et tamen peccanti Homini per assumptionem humanæ carnis veniam relaxavit; quare ergo inevitabili vindicta summus Angelus est percussus, cum peccans et mandatum sui Conditoris Homo transgrediens, veniabiliter postmodum ad pœnitentiam revocatus sit Joanne, et Domino, et Petro clamantibus. « Pœnitentiam agite ; appropinquavit enim regnum cœlorum. » (*Luc.*, II, 3; *Matth.*, IV, 17; *Act.*, II, 38.) Angelus ergo in summo honoris sui ordine constitutus, immutationem ad excellentiorem statum non habuit, nisi per contemplationem sui Creatoris confirmatus, in eo statu permaneret ubi conditus fuit : et idcirco prolapsus, iterum revocari minime potuit, qui de sublimissimo sui ordinis statu proruit. Homo vero adhuc in terra positus, generandi officio destinatus, ciborumque esui deputatus, immutationem in sublimiorem et meliorem spiritalemque vitam sine morte reciperet, si quamdiu in hac conversatione positus esset, in mandati custodia permaneret. Hunc antequam ad statum veniret sublimiorem, delictum præripuit, et ideo de inferiori illo suo ordine, id est, immortalitate sui corporis confestim ruit, dicente Domino : « Terra es, et in terram ibis. » (*Gen.*, III, 19.) Clementia ergo Conditoris Homo ad illam beatitudinem, ad quam peccans adhuc non pervenit, per passionem Domini revocatur : qui si inde cecidisset sicut Angelus, nunquam iterum revocaretur : quoniam ad illum ordinem, id est, immortalitatem sui corporis nunquam iterum pervenit, nisi peracta omnium morte, illa beatitudo ad quam revocamur, per resurrectionem restauretur. Non ad illum tamen ordinem aut ad statum unde primus homo ceciderat, sed ad alium sublimiorem, quem speravit, restitutio fiet, dicente Domino : « Erunt sicut Angeli Dei in cœlo. » (*Matth.*, XXII, 30.) Præterea quoque ad cumulum diabolici peccati illud accidit, quod statim postquam peccavit, foveam desperationis incurrit. Si enim de suo delicto habere veniam non desperasset, nunquam consentienti sibi homini damnum salutis suæ procuraret. Qui enim de priori peccato habere veniam

l'homme pour l'entraîner dans sa perte. Celui qui désire obtenir le pardon du péché qu'il a commis, se garde bien de l'aggraver. Par cette conduite, non-seulement il creusa l'abîme de perdition où il est tombé, mais y entraîna l'homme en lui conseillant de transgresser le commandement divin. Ce qui au contraire peut atténuer le péché de l'homme, c'est que non-seulement la pensée de transgresser le commandement qui lui était donné ne vint pas de lui, et qu'il ne fit en cela que céder aux insinuations du serpent, mais qu'il n'a pas entraîné dans sa désobéissance à Dieu une autre créature raisonnable. C'est pour cela qu'il a trouvé plus facilement ouvertes les portes du repentir par lesquelles il faut nécessairement entrer pour éviter la mort éternelle. Pour celui au contraire qui a effacé ses péchés par la pénitence, il aura part au bonheur des anges pour l'éternité.

CHAPITRE III.

D'Abel et d'Enoch les premiers parmi les hommes qui ont pratiqué la justice.

Dieu qui voulait montrer aux hommes dès l'origine du monde et aussitôt le péché originel, qu'ils pouvaient obtenir leur pardon, en choisit un petit nombre auxquels il donna des témoignages plus particuliers de sa bonté. Dans la suite des temps il augmenta successivement le nombre de ceux qu'il daignait visiter, jusqu'à ce qu'il vînt lui-même en personne, avénement qui devait répandre la lumière sur tous les hommes de l'univers. Or, de ce petit nombre, le premier fut Abel, celui qui occupe le premier rang parmi tous les justes de l'humanité. (*Gen.*, IV, 8.) Le second, et le plus illustre qui fut choisi après lui avant le déluge est Enoch, et tous deux sont la plus haute personnification de la justice, l'un au commencement, l'autre à la fin du monde. L'un, dès les premiers pas dans la carrière de l'innocence, et dès l'origine du monde, est couronné par l'effusion de son sang et s'élève jusqu'à la gloire du martyre. Le second, exempt jusqu'à présent de la mort, est réservé pour servir de témoignage dans les derniers jours du monde. (*Gen.*, v, 24.) Or, Notre-Seigneur Jésus-Christ a proclamé cette primauté de justice qui appartient à Abel parmi tous les hommes, lorsqu'il a dit : « Depuis le sang du juste Abel jusqu'au sang de Zacharie. » (*Matth.*, XXIII, 35.) En effet, en disant : « Depuis le sang d'Abel le juste jusqu'au sang de Zacharie, » sans y ajouter : « Le juste, » il montre que Zacharie avait conservé fidèlement l'héritage de la justice d'Abel. C'est ainsi que nous lisons dans la généalogie du Sauveur : « Jessé engendra le roi David, le roi David engendra Salomon, » (*Matth.*, I, 6) sans que l'écrivain sacré ait ajouté le mot roi, bien que le royaume de Salomon ait été beaucoup plus étendu que celui de David son père. Mais il veut nous faire comprendre que Salomon tenait par droit d'héritage le royaume de son père David, et que l'honneur de la royauté était plutôt dû à David, qui le premier de sa famille était monté sur le trône. Or, c'est ainsi qu'Abel eut la primauté de la justice parmi les hommes, parce qu'il fut le premier juste qui ait paru sur la terre. Tous les justes lui succèdent donc comme des enfants par droit d'héritage et suivent ses traces en accomplissant les différentes obligations de la vertu de justice. Mais l'examen que nous faisons de cette question donnera peut-être lieu de nous en adresser une autre : Pourquoi, dira-t-on, Dieu n'a-t-il pas exempté de la mort et réservé pour servir de témoignage dans les derniers jours, Abel

---

desiderat, nullo modo aliud augmentare præparat. Per hanc ergo non solum sibimetipsi foveam perditionis invenit, sed etiam per se peccanti homini causa perditionis exstitit. Hoc autem ad leviandum hominis delictum occurrit, quod non solum per semetipsum mandati transgressionem non reperit, sed serpentinæ suasioni consensit, verum etiam aliam creaturam rationabilem in Dei offensam non induxit : ac per hoc facilius pœnitentiæ januam adinvenit apertam ; quam qui non ingressus fuerit, damno perpetuæ vitæ subjacebit. Qui vero per pœnitentiam peccata diluerit, angelicæ felicitatis consors in æternum erit.

CAPUT III.

De Abel et Enoch primatum tenentibus in hominum justitia.

Ut autem ab ipso humani generis post peccatum originale primordio homines quandoque promereri veniam Deus ostenderet, paucos homines elegit, quibus notitiam suæ amicitiæ demonstraret : quos processu temporis paulatim plures usque ad suæ præsentiæ visitaret adventum, quousque in adventu suo omne genus humanum per totum orbem illuminaret. Ex quibus paucis primus Abel totius humanæ justitiæ princeps (*Gen.*, IV, 8), et secundus post eum Enoch, insignissimus ante diluvium eligitur, quibus summa justitiæ in initio ipso mundi et fine committitur. Unus enim statim in justitiæ suæ initio, in ipso etiam mundi principio sanguinis sui tripudio coronatus, martyrio arripitur. Alter adhuc sine morte, in testimonium novissimi temporis reservatur. (*Gen.*, v, 24.) Sed huic Abel Dominus Jesus Christus primatum justitiæ hominum commisit, ita inquiens : « A sanguine Abel justi, usque ad sanguinem Zachariæ. » (*Matth.*, XXIII, 35.) In eo enim quod dicit : « A sanguine Abel justi, usque ad sanguinem Zachariæ, » et non addidit, « justi ; » hæreditatem justitiæ Abel tenere Zachariam ostendit. Sicut etiam in genealogia Salvatoris scribitur : « Jesse autem genuit David regem, David autem rex genuit Salomonem ; » (*Matth.*, I, 6) cui non additur « regem, » cum Salomon patris regno teneret majus imperium. Sed ex hoc intelligitur patris sui David regnum Salomon hæreditatio jure possidere, et ad David honorem regni plus pertinere, quod primus ex illa generatione regnum obtinuit ; sicut et Abel in justitia hominum primatum tenuit, eo quod primus in terra justus fieri cœpit. Unde quasi hæreditario jure patrum succedunt. Sic omnes justi vestigia Abel in cunctis justitiæ partibus capiunt. Sed ista investigatione recte incitatus aliquis fortasse interrogabit : Cur ergo, inquiens, dum Abel justitiæ primatum tenuit, non hunc Deus sine morte ad

qui avait cette primauté de justice, et n'a-t-il pas donné pour docteur à la fin du monde celui qui dès l'origine avait été le modèle de la plus parfaite vertu? Il sera facile de répondre à cette question si l'on se rappelle que la justice, considérée dans son ensemble embrasse trois états, la virginité, le sacerdoce, le martyre. Or, cette triple justice se trouve réunie dans Abel, qui offrit à Dieu des sacrifices qui lui furent agréables, ne laissa point d'enfants, et mérita la couronne du martyre par l'effusion de son sang. Si la vie d'Abel s'était prolongée sur la terre comme celle d'Enoch, il se serait évidemment marié. Car il vivait sous cette loi que Dieu avait donnée au premier homme : « Croissez et multipliez, et remplissez la terre. » (*Gen.*, I, 28.) Et s'il avait accompli cette loi, il aurait sans nul doute cessé d'être vierge. Si d'un autre côté Dieu l'eût préservé de la mort, il n'aurait pas mérité d'être le premier des martyrs. Il était donc on ne peut plus convenable qu'on vît réunie toute la perfection de la justice dans celui que Dieu choisissait pour être le premier juste sur la terre, et qui le premier, après le péché, avait l'honneur d'être la figure du Sauveur qui est aussi vierge, prêtre et martyr. Enoch, au contraire, a été préservé de la mort, et Dieu pendant toute la durée du monde présent le garde dans un lieu éloigné du commerce des hommes, pour montrer comment, s'ils n'avaient point péché, les enfants des hommes, après avoir assuré la perpétuité de leur famille, auraient échangé cette vie contre une vie toute spirituelle, sans passer par la mort. Mais bien que sa vie se prolonge pendant une longue suite de siècles, il ne pourra cependant échapper à la dette de la mort que nous avons tous contractée dans la personne d'Adam. Nous avons encore à examiner une question du genre de celles qui nous ont donné lieu d'écrire sur les merveilles de l'Ecriture : Pourquoi la vie d'Enoch se prolonge-t-elle contre les lois de la nature au delà des bornes ordinaires de la vie humaine? Nous répondons que Dieu ne donne pas ici à un homme une nature d'un genre différent, mais qu'il se contente de diriger et de conserver la nature ancienne et commune de tous les hommes. En effet, ceux qui étudient sérieusement le livre de la Genèse, peuvent y voir clairement que l'homme était appelé non-seulement à vivre de longues années, mais éternellement, si la mort à l'aide de l'aiguillon du péché n'avait détruit les conditions de sa nature.

CHAPITRE IV.

Pourquoi les animaux terrestres seuls ont-ils péri dans les eaux du déluge.

Dans la suite, les hommes au péché d'origine ajoutèrent une multitude de crimes volontaires contre Dieu, et tombèrent dans l'oubli de leur Créateur, surtout lorsque de coupables alliances eurent donné naissance à des géants d'une taille extraordinaire. (*Gen.*, VI, 4.) C'est alors que Dieu résolut de laver dans les eaux les crimes de toute la terre. Il révéla le secret de ses conseils à Noé, fils de Lamech, homme juste et parfait parmi les siens, et lui commanda de faire une arche dont la construction durerait de longues années. (*Ibid.*, 13.) Il voulait par là sauver Noé et sa famille de la mort dont ils étaient menacés, ou que la perspective de cette ruine prochaine pût inspirer aux hommes une crainte salutaire et le repentir de leurs péchés. Mais ils refusèrent opiniâtrement de se rendre à ces salutaires avertissements.

testimonium novissimi temporis reservavit, ut in mundi fine ipse doctor existeret veritatis, qui in principio erat auctor perfecti operis? Attamen huic responsioni congrue obviare poterit, qui justitiam in tribus partibus constare novit. Tota enim justitia hæc est, virginitas, sacerdotium, et martyrium. Quæ triplex justitia in Abel primo fuit, qui et munera Deo placita obtulit, prosapiam generis in sæculo non reliquit, et martyrii coronam sanguinis effusione promeruit. Si ergo longiori tempore ut Enoch Abel maneret, sine ulla dubitatione conjugium iniret. Quippe qui in tempore illius Legis viveret, quæ dixit : « Crescite, et multiplicamini, et implete terram. » (*Gen.*, I, 28.) Et si illud mandatum expleret, pro certo nequaquam virgo esset. Et si illum Deus sine morte servaret, martyrii primatum nequaquam acciperet. Recte ergo competebat, ut qui primus in terra justus eligitur, in eo totius justitiæ forma servaretur, cuique primo in hominibus post delictum gestare figuram concederetur Salvatoris, qui virgo, et sacerdos et martyr esse videtur. Enoch vero sine morte, per totius pene sæculi tempus remotus ab hominum conversatione custoditur, ut in eo qualiter hominum homines si non peccarent, generata prole comnutarentur in vitam spiritalem sine morte, ostenderetur. Sed licet longo reservatus tempore adhuc vivat : mortis tamen debitum, quod omnes in Adam sumpsimus, vitare non poterit. Certe in hoc etiam illud occurrit, unde scribendi de mirabilibus occasio sumpta videtur, quare quasi contra naturam, ultra humani ævi metas, hujus vita tam longo admodum tempore distenditur. Attamen in hoc non nova natura uni homini gignitur : sed pristina et generalis omnium hominum gubernatur. Insitum enim omni homini in prima conditione Geneseos libri historiam considerantibus esse apparet, ut non solum longo tempore, sed etiam perpetuo viveret, nisi peccati aculeo mors naturæ metas exterminaret.

CAPUT IV.

De eo quod terrena tantum animalia in diluvio mortificata sunt.

Inde processu temporis, hominibus post originale peccatum per propria studia in Dei offensam procedentibus, et in oblivionem sui conditoris decidentibus, cum per enorme peccatum, grandi corporis mole gigantes essent exorti, totius terræ facinus aquis diluere parat : et viro perfecto in genere suo reperto, Noe videlicet Lamech filio, mysterium consilii sui soli insinuat, eique arcam per longi temporis spatium fabricare commendat (*Gen.*, VI, 4 ; *Ibid.*, 13) : ut vel ille per hoc factum morte imminente cum domo sua liberaretur, vel videntes imminens exitium pertimescentes ad delictorum pœnitudem revocarentur. Sed illo contumaciter et negligenter judicio contempto, ex insperato tempore Deus offensus, ad com-

Aussi Dieu irrité de leur impénitence, et au moment où ils s'y attendaient le moins, engloutit toute la terre sous les eaux pour perdre tous ses habitants, et à l'exception de ceux qui étaient renfermés dans l'arche, il détruisit sous les eaux qu'il fit tomber du ciel tous les êtres qui ne peuvent vivre que sur la terre. Mais le fléau n'atteignit point ceux qui peuvent vivre dans les eaux; il ne fit périr que les animaux terrestres. (*Gen.*, VII, 21.) Des esprits curieux pourront m'adresser cette question, à laquelle je crois nécessaire de répondre. Pourquoi les animaux terrestres ont-ils été victimes des péchés des hommes, plutôt que les animaux aquatiques, alors qu'ils n'étaient pas plus coupables? Je réponds que cependant à la suite du péché du premier homme, la terre dont ils avaient goûté le fruit est aussitôt frappée de malédiction, par cette sentence sortie de la bouche de Dieu : « La terre sera maudite dans son travail, etc. » (*Gen.*, III, 17.) Or, je ferai ici remarquer que les animaux qui se sont nourris des fruits d'une terre maudite, ne peuvent échapper à la malédiction, surtout lorsque la sentence de malédiction enveloppait toute la terre avec les animaux qui l'habitaient. Une autre question se présente encore : Pourquoi Dieu n'a-t-il pas compris les eaux dans la malédiction d'Adam? La réponse est facile; c'est que le premier homme n'a point bu de l'eau contre la défense du Seigneur, tandis qu'il a mangé des fruits de la terre au mépris de cette défense. Indépendamment de ces raisons, Dieu n'étendit point aux eaux la malédiction dont Adam fut frappé, parce que c'est par les eaux qu'il avait résolu d'effacer cette malédiction, ce qui eut lieu dans le déluge, et ce qui se fait encore par le baptême, car c'est dans l'eau et l'Esprit saint que les hommes sont purifiés de tous leurs crimes extérieurs et intérieurs. Les animaux aquatiques ne périssent donc point sous le coup de la malédiction, parce qu'ils n'ont point eu de part à la malédiction. C'est pour cela que Notre-Seigneur, après qu'il eut dépouillé dans sa résurrection la malédiction qui condamnait à mort le genre humain, mange la chair non plus des animaux terrestres, mais des animaux qui vivent dans les eaux, lorsque pour confirmer sa résurrection aux yeux de ses disciples il mangea la moitié d'un poisson rôti et un rayon de miel. (*Luc*, XIV, 43.)

CHAPITRE V.

Comment les animaux qui ne peuvent vivre exclusivement soit sur la terre, soit dans l'eau, ont échappé aux eaux du déluge.

On se demande ici comment les animaux qui ne peuvent vivre exclusivement ni sur la terre ni dans l'eau ont pu échapper au déluge. De ce nombre sont les loutres, les veaux marins, et quantité d'oiseaux qui cherchent leur nourriture dans les eaux, mais qui dorment, mangent et se reposent sur le sable. Si on les a renfermés dans l'arche, ils n'ont pu vivre dans l'eau dont ils ont besoin, et si on les avait laissés en dehors de l'arche, où ont-ils pu trouver à se reposer, puisque les eaux couvraient la terre tout entière? La question se réduit donc à savoir si Dieu par un acte de sa puissance, a communiqué à la nature de ces animaux la vertu de vivre soit dans l'eau seulement, soit en dehors de l'eau. Mais comment admettre pour ces animaux cet acte exceptionnel de

---

mune totius orbis excidium, aquis universa terræ spatia pariter obtexit : et exceptis quæ arca clauserat, cuncta quæ in terra tantum vivere possunt, homines et cætera animantia ab ipso cœlo aqua conducta delevit. Sed universa quæ in aquis vivere possunt, plaga illa non tetigit (*Gen.*, VII, 21) : terrena tantum animalia mortificavit. Quo in loco astute quærentibus ac solutione indigens quæstio subvenit : Quamobrem terrena animalia humanæ vindictæ plus quam aquatica succumbunt, quorum nec plura peccaminum gesta subveniunt. In peccato tamen primi hominis, terra de qua gustaverat, statim maledicitur. Per divinum namque oraculum ita infertur. « Maledicta terra in opere tuo, » etc. (*Gen.*, III, 17.) Qua in re notandum, ipsa animalia quæ maledictionem terram manducaverunt, expertia maledictionis esse non posse, præsertim cum terra cum suis animalibus maledicta erat. Iterum ergo alia adhuc quæstio surgit : Quare Deus etiam aquis in Adæ maledicto non maledixit? Cui facillime respondetur, quod non aquam contra interdictum Domini bibit, sed de terræ fructu homo comedit. Exceptis quoque his rationibus, aquis a maledicto Adæ Deus pepercit, quoniam per aquam diluere maledictionem illam paraverat, quod in diluvio est factum, et nunc per baptismum indulgetur : nam in aqua et Spiritu sancto cuncta humana corporalia crimina simul et spiritalia purgantur. Aquatilia enim maledicto vindictæ non succumbunt, quia in maledictionis participatione non sunt. Ac per hoc et Dominus, cum mortis humanæ maledictum resurgendo deposuerat, non terrestrium, sed aqualilium carnem animalium comedebat, cum ad confirmationem resurrectionis coram discipulis piscis assi partem et favum mellis accipiens manducavit. (*Luc.*, XIV, 43.)

CAPUT V.

De animalibus quæ nec in terra tantum vivere, nec in aqua tantum possunt, quomodo diluvium evaserint.

(*a*) De animalibus quoque quæ nec in terra tantum, nec in aqua tantum vivere possunt, quæstio vertitur, quomodo diluvium evaserunt, quales sunt lutri, vituli marini, et multa avium genera, quæ in aquis escarum suarum victum requirunt, sed in arena dormiunt, et nutriuntur, et requiescunt. Si ergo arca includerentur, sine aquarum adjumento vivere non possent : et si extra arcam remanerent, aquis universa tegentibus, ubi requiescerent quomodo haberent? De his ergo, ut supra dixi, quæstio vertitur : Utrum per virtutem suam utramvis earum naturam, donec diluvium transiret, Deus temperavit, ut aut in humore tantum, aut in arida tantum illis tunc vita esse potuerit. Sed qui Noe cum domo sua per arcam, non per virtutem servare voluerat, qualiter hoc per virtutem custodire vellet? (*Gen.*, VII, 20.)

(*a*) Extat apud Alcuinum in lib. *qq. in Gen.*, q. CXXIII.

puissance, alors que Dieu n'en fait point usage pour sauver Noé et sa famille, qui n'échappent au déluge qu'au moyen de l'arche? Dira-t-on que les rochers pouvaient offrir à ces animaux quelque refuge? Supposition impossible, puisque l'eau dépassait de douze coudées les plus hautes montagnes. Ou bien ont-ils pu trouver à se reposer sur le toit de l'arche, longue de trois cents coudées, haute de trente, large de cinquante, et qui présentait une surface large et solide pour recevoir les animaux, de manière qu'en mettant à l'abri du danger ceux qui étaient dans l'intérieur, l'arche servait en même temps de refuge aux animaux qui traversent les profondeurs de la mer?

CHAPITRE VI.
De l'irruption des eaux du déluge.

L'irruption des eaux du déluge nous est racontée en ces termes : « Les sources du grand abîme furent rompues, et les cataractes du ciel ouvertes; et la pluie tomba sur la terre quarante jours et quarante nuits. » (*Gen.*, VII, 11, 12.) Plus bas l'historien sacré ajoute : « Les sources de l'abîme furent fermées et les pluies du ciel furent arrêtées. » (*Gen.*, VIII, 2.) Le peu d'étendue de nos connaissances nous défend de donner une explication claire et précise de cette difficulté. Contentons-nous donc d'exposer ce que les maîtres en ont pensé, sans donner une autorité absolue à leurs opinions diverses, et en laissant toute liberté de les approuver ou de les blâmer. On se demande si avant le déluge il y avait des sources donnant naissance à des fleuves. La sainte Ecriture ne nous donne sur ce point aucune donnée certaine; ces fleuves existaient-ils avant le déluge, elle ne l'affirme ni ne le nie. Nous lisons seulement qu'une source s'élevait de la terre et se divisait en quatre canaux pour en arroser la surface. (*Gen.*, II, 6.) A moins qu'on ne dise que de cette source unique sortaient toutes les autres qui jaillissaient par toute la terre, et que l'écrivain désigne sous la dénomination générale de cette seule grande source. Ou bien encore ces sources ont-elles commencé seulement à jaillir dans des lieux où elles n'existaient pas, comme nous le voyons souvent arriver, lors de cette irruption extraordinaire des eaux du déluge? Mais ce n'est point des sources de la terre, mais de celles de l'abîme qu'il est dit : « Toutes les sources du grand abîme furent rompues. » Toutefois cette expression peut s'entendre de toutes les sources en général. Car comment la terre aurait-elle pu faire jaillir ces sources de son sein, si les filets d'eau qui leur donnent naissance ne venaient pas des conduits secrets de l'abîme qui est placé au-dessous d'elle? Les sources de l'abîme peuvent donc être aussi appelées les sources de la terre. Mais comment ceux qui soutiennent ce sentiment expliqueront-ils ces paroles par lesquelles l'écrivain sacré annonce la fin de cette pluie extraordinaire de quarante jours : « Et les sources du grand abîme furent fermées, et les pluies du ciel furent arrêtées? » (*Gen.*, VIII, 2.) Si ces sources qui coulent maintenant par toute la terre ont été ouvertes au moment du déluge, comment dire qu'elles ont été de nouveau fermées, à moins qu'il ne soit point ici question de toutes les sources, mais seulement de celles qui donnaient issue aux eaux du déluge? Cependant on peut admettre aussi que l'ex-

---

An his alicubi scopulorum aliqua refugia esse poterant? Sed etiam illa quomodo subvenirent, dum omnes montes, quibus duodecim cubitis altior fuit, aqua tegeret? An etiam in arcæ tecto foris requies his esse aliqua valebat, quod a trecentis cubitis longitudinis, et altitudinis triginta, et latitudinis quinquaginta cubitis in unum cubitum undique contractum latum et stabile spatium faciebat, ut quod intus manentes, sine periculo conservaret, etiam per profundi periculum (*a*) vagantibus refugium foret?

CAPUT VI.
De eruptione aquarum diluvii.

De eruptione aquarum diluvii ita refertur : « Rupti sunt omnes fontes abyssi magnæ, et cataractæ cœli apertæ sunt, et facta est pluvia quadraginta diebus et quadraginta noctibus. » Postea subinfertur : « Clausi sunt fontes abyssi, et prohibitæ sunt pluviæ de cœlo. » (*Gen.*, VII, 11; VIII, 2.) Hujus rei difficultatem fixa sententia explanare, scientiæ nostræ parvitate prohibemur. Verumtamen in his magistrorum quid intentio potuit excogitare, indifferenti sermone proferamus, nulli ex diversis opinionibus certiorem tribuentes auctoritatem; de quibus narrationibus, de singulis electionibus arbitrium probandi seu reprobandi concedimus libertatem. Fluvii enim de fontibus utrum ante diluvium fuerunt, inquisitio profertur : de quibus nulla in principio creaturæ certa definitio, utrum facti an non facti sint ostenditur; nisi quod fons unus ascendens de terra, et divisus in quatuor capita, regiones irrigabat. (*Gen.*, II, 6.) Nisi forte de illo fonte cæteros per totum terræ spatium ubique ebullire etiam tunc aliquis dicat, propter quorum omnium singillatim assignationem originalis illius magni fontis commemoratio suffceret. An etiam ante diluvium non erant, donec illa aquarum abundantissima eruptione universorum fontium venæ, ubi vel jam ante non fuerunt, quod etiam sæpe nunc fieri cernimus, erumperent? Attamen non de fontibus terræ, sed de fontibus abyssi dicitur : « Et rupti sunt fontes abyssi. » Sed hoc generaliter de fontibus potest sentiri. Unde enim terra potuisset habere, nisi subjacente abysso per occultos meatus fontium venas susciperet? Et idcirco abyssi fontes etiam terræ fontes possunt nominari. Sed qui hoc ita sentiunt, quid dicent in eo quod paulo post, consummata quadraginta dierum inundatione, subinfertur : « Et clausi sunt fontes abyssi magnæ, et prohibitæ sunt pluviæ de cœlo. » (*Gen.*, VIII, 2.) Si fontes illi, qui nunc per terras fluunt in diluvio aperti sunt, quomodo iterum clausi pronuntiantur? nisi non omnes fontes clausos esse denuntient, præter eos tantummodo, per quos exitus hujus aditus administrabatur. Verum etiam hoc pro tempore solummodo

---

(*a*) Ms. Aud. *navigantibus*.

pression de l'écrivain sacré doit s'entendre pour un temps seulement, c'est-à-dire que les sources qui étaient fermées lorsque cette pluie extraordinaire était arrêtée, furent rouvertes de nouveau comme la raison l'exige, lorsque les eaux allaient et revenaient. (*Gen.*, VIII, 5.) Car d'où revenaient-elles, si ce n'est du lieu d'où elles étaient sorties en premier lieu? C'est donc par ces sources ouvertes que les eaux avaient fait irruption sur la terre, et elles furent fermées pour arrêter cette irruption des eaux. Mais lorsque les eaux sont rappelées, les sources qui étaient fermées sont de nouveau ouvertes. Car comment ces eaux qui ne pouvaient se donner jour tant que les ouvertures demeuraient fermées, auraient-elles pu revenir, à moins que les mêmes issues ne leur eussent livré passage? Ces autres expressions : « Et les cataractes du ciel furent ouvertes, et la pluie tomba, » (*Gen.*, VII, 11) soulèvent une question non moins difficile et qui a reçu diverses solutions de ceux qui l'ont examinée. Quelques-uns pensent que ces cataractes ont été ouvertes dans les nuées qui sont souvent désignées dans les Ecritures sous le nom de ciel, comme dans ces passages : « Et les cieux donneront la pluie, et la terre donnera son fruit. » (*Jérém.*, XIV, 22.) « Il leur a donné le pain du ciel. » (*Ps.* LXXXIV, 13 ; LXXVII, 24.) « Afin que les oiseaux du ciel puissent y fixer leur séjour. » (*Marc*, IV, 32.) « Les oiseaux du ciel ont des nids pour s'y reposer. » (*Luc*, IX, 58.) Ces auteurs pensent donc que ces cataractes ont été ouvertes dans le ciel, c'est-à-dire dans les nuées pour que la pluie tombât sur la terre, phénomène que chacun rapporte tous les jours aux nuées, sans aucune difficulté. Mais l'Ecriture sainte nous dit que les cataractes du ciel furent ouvertes, parce que la pluie tomba avec une abondance extraordinaire et inconnue jusqu'alors. D'autres placent ces cataractes dans ce firmament plus élevé, que Dieu avait créé dès le commencement pour diviser les eaux supérieures d'avec les eaux inférieures, et ils disent que c'est en vue du déluge que Dieu les avait placées au-dessus du firmament. Ils voient dans la nature de ces eaux supérieures et inférieures une figure du saint baptême : la pluie du ciel représente l'Esprit saint, les eaux de l'abîme sont le symbole des eaux du baptême. De même que les eaux du ciel et de la terre réunies ont effacé les péchés du premier âge du monde, ainsi l'Esprit saint et l'eau efface les péchés de notre première vie. Mais nous nous sommes proposé dans cet ouvrage d'exposer les faits plutôt que d'entrer dans l'explication du sens figuré; continuons donc d'examiner le fait qui nous occupe. Ceux qui veulent que les eaux du firmament aient été tenues en réserve pour le déluge, soutiennent qu'avant le déluge il n'était pas tombé de pluie sur la terre. Ils appuient leur opinion sur l'apparition de l'arc qu'on vit briller dans les nuées après le déluge. Leurs recherches sur la nature des choses les conduisent à dire que si des pluies douces et fines étaient tombées sur la terre avant le déluge, l'iris, c'est-à-dire l'arc-en-ciel eût paru dans les nuées pénétrées par la lumière du soleil, puisque cet arc est produit par le soleil et quelquefois aussi par la lune, qui pénètrent de leurs rayons les nuées chargées de vapeur. On peut donc admettre que les premiers âges du monde n'étaient point sujets aux perturbations violentes de l'atmosphère et à des pluies torrentielles, et que la terre était simplement humectée par la rosée du matin et du soir. De même que dans ces premiers âges, nous

esse dictum confirmant. Fontes enim qui clausi erant, cum illa insolens eruptio prohiberetur, postea apertos fuisse sequens ratio pronuntiat, dum aquæ ibant et revertebantur. (*Gen.*, VIII, 5.) Quo enim revertebantur, nisi unde venerant? Per fontes igitur apertos aquæ irruperant, qui post ut cessaret eruptio clausi erant. Sed cum iterum aqua revocaretur, etiam fontes, qui clausi fuerant, reserantur. Aquæ enim quæ clausis januis venire non poterant, quo modo retro, nisi apertis aditibus reintrabant? De eo autem quod dicitur : « Et cataractæ cœli apertæ sunt, et facta est pluvia, » (*Gen.*, VII, 11) non minori diligentia indigens quæstio, diversis inquisitorum sententiis ventilata dignoscitur : Quibusdam namque placet, ut istæ cataractæ in nubibus apertæ fuisse putentur, quæ sæpe cœli nomine per Scripturas divinas nuncupantur, quomodo est illud : « Et cœli dabunt imbrem, » (*Jerem.*, XIV, 22) « et terra dabit fructum suum : » (*Psal.* LXXXIV, 13) et : « Panem cœli dedit eis : » (*Psal.* LXXVII, 24) et : « Possint aves cœli habitare : » (*Marc.*, IV, 32) et : « Volucres cœli nidos habent ubi requiescunt. » (*Luc.*, IX, 58.) Cataractas ergo in cœlo, in nubibus videlicet factas ut pluvia veniret, illi prædicti æstimant, quemadmodum etiam nunc tale ministerium per nubes fieri totus mundus non ambigit. Sed tunc cataractas cœli apertas Scriptura sancta commemorat, quod solito plus, ingens effusio pluvialis facta erat. Cæteri vero istas cataractas in summo illo firmamento, quod ut divideret inter aquas et aquas, Deus in principio fecerat, factas prius esse dicunt : qui Deum illas aquas, quas supra firmamentum posuerat, ad tale ministerium præparasse dicunt : et in hac conditione et superioris et inferioris aquæ, sacri baptismatis ministerium figurali expositione inspiciunt, dum per cœlestem pluviam Spiritum sanctum, per abyssi undam, aquam baptismatis intelligunt : ut sicut aqua superior et inferior, primæ vitæ mundi peccamina diluit ; sic Spiritus sanctus et aqua, nostræ vitæ prioris delicta remittat. Sed dum in hoc opere intellectum potius rerum gestarum, quam figuralem expositionem assumpsimus, quod ad rem præsentem pertinet, prosequamur. Hi ergo qui firmamento aquas ad diluvium venire ponunt, etiam ante diluvium pluvias in mundo fuisse non æstimant, occasione illius arcus, qui post diluvium in nubibus est constitutus, in hanc æstimationem ducti, ex ipsarum creaturarum natura investigantes, quod si ulla serena ante diluvium pluvia fieret, iris, id est, arcus ille in nubibus serenis appareret; qui per solem semper et humectas serenasque nubes efficitur : et non a sole tantum fieri, sed etiam per lunam aliquotiens in serenis nubibus videtur. Poterat ergo ipsa mundi nuper creati prima ætas sine ullis turbulenti aeris immutationibus et pluviis per matutinum et vespertinum rorem ali : ut in ipsa fortitudine sicut homines longævos

voyons les hommes doués d'une longévité plus grande et d'une force extraordinaire, ainsi la terre, à l'abri de ces perturbations atmosphériques, produisait les fruits nécessaires à la nourriture de ses habitants. Le second âge, au contraire, est livré dans l'ordre naturel à des secousses violentes comme dans l'ordre moral, à des tempêtes et à des orages sans nombre. C'est ainsi qu'aujourd'hui encore, dans l'Egypte, ce n'est point aux pluies qui tombent du ciel, mais à la rosée de la terre, aux conditions favorables de la terre et aux inondations du Nil que la terre doit sa fertilité. Jusqu'à quel point ces recherches sont-elles fondées, c'est aux hommes de science et de foi à en décider.

CHAPITRE VII.

De l'écoulement des eaux du déluge.

Nous allons exposer de la même manière le sentiment des maîtres de la science sur l'écoulement des eaux du déluge, sans chercher à l'appuyer de notre autorité personnelle. Une question des plus difficiles se présente ici aux esprits sérieux. Les eaux du déluge ont-elles laissé un espace vide lorsqu'elles ont couvert la surface de la terre, et si elles n'ont point laissé d'espace libre, quel lieu ont-elles rempli lorsqu'elles se sont retirées ? Parmi les savants, on compte deux sentiments différents sur ces eaux qui ont découlé des cataractes du ciel. Quelques-uns pensent que ces eaux sont remontées vers ces mêmes cataractes ; de même, disent-ils, que les nuées arides attirent les vapeurs aqueuses de la mer, ainsi les espaces vides du firmament supérieur pouvaient rappeler les eaux qui étaient tombées des nuées. « Les eaux, dit l'Ecriture, allaient et revenaient. » (Gen., VIII, 3.) Où retournaient-elles ? dans l'endroit d'où elles étaient venues. Si donc, comme nous l'avons avancé d'après quelques auteurs, les eaux ont découlé de ce firmament supérieur, et ont laissé vide l'espace qu'elles occupaient, quoi d'étonnant qu'en y retournant, elles aient de nouveau rempli cet espace ? Ou bien si l'on accorde que cette pluie abondante et torrentielle est tombée des nuées, qu'est-ce qui empêche un esprit intelligent d'admettre que cette pluie est remontée vers les nuées, comme nous voyons tous les jours, en vertu des lois du monde physique, la pluie réabsorbée par les nuées d'où elle descend ? Ceux au contraire qui ne veulent point qu'il y ait eu de pluie avant le déluge, expliquent autrement l'écoulement des eaux. Ils accordent que cette pluie extraordinaire est tombée du firmament, mais ils affirment que ces eaux sont remontées seulement vers les nuées. Quant à l'excédant des eaux du ciel qui avaient inondé la terre, il est la cause incessante des perturbations atmosphériques et des variations de température qui se produisent dans l'air, parce qu'en effet, l'air tour à tour chargé de vapeurs aqueuses les répand sur les parties inférieures du monde, c'est-à-dire sur la terre et la mer, et les recueille de nouveau des mêmes éléments, c'est-à-dire de la mer et de la terre, de même que nous voyons dans l'homme le phénomène de l'expiration et de l'inspiration se produire par l'abaissement et l'élévation successive de la poitrine. Au milieu de ces opinions différentes, de ces solutions plus ou moins obscures données par les maîtres de la science, nous tenons pour certain que le vent desséchait toutes les eaux qui étaient tombées du ciel pour que la terre fût libre de ces eaux.

et sanitate corporum alacres habuerit, ita et mundus ipse nullis adhuc perturbationibus agitatus aptos vescentibus ferens fructus consisteret : et a secunda aetate sicut turbulentis motibus, ita turbidis rerum tempestatibus vivere et vigere inciperet. Quemadmodum in terra Ægypti etiam nunc nequaquam nubium imbribus, sed terrae ipsius sudore, et aeris commoditate, et Nili fluminis incrementis fovetur. Sed haec investigatio qualiter accipienda sit pro certo, eruditi et Catholici viri videant.

CAPUT VII.

De recessu aquarum diluvii.

Item de recessu aquarum diluvii quid docti et ingeniosi magistri sentiunt, sine ulla nostrae auctoritatis praesumptione proferamus : ubi nodosa quaestio studiosis mentibus ostenditur : Si aliquem locum vacuum reliquerant, cum terrae spatium aquae diluvii occupabant ; et si nullum spatium tale habuerant quando recesserant quid implebant. De qua inquisitione in illis aquis, quae de cataractis coeli defluxerunt, bina magistrorum aestimatio est. Aut enim, ut nonnulli aestimant, per easdem cataractas revocantur, et quemadmodum de mari aridae nubes lymphaticos imbres consuescunt attrahere, ita et superni illius firmamenti spatium, aquas quas emiserat de nubibus posset revocare. « Aquae enim, inquit Scriptura, ibant et revertebantur. » (Gen., VIII, 3.) Quo ergo ibant nisi unde venerant ? Si ergo de excelso illo firmamento, ut juxta quorumdam aestimationem diximus, aquae desuper fluxissent, et spatium quod occupabant, dimiserunt, si illuc revocatae sunt, quid mirum si eadem quae deseruerant, spatia complebant ? Vel certe si de nubibus eadem nimborum copia fuisse monstrata conceditur, quid intelligentibus mentibus repugnat, si ad nubes iterum ipsa retrorsum verteretur, quemadmodum in quotidiana rerum administratione fieri cernitur, ut pluvia de nubibus emissa et resumpta videatur. Caeterum ii quoque qui ante diluvium pluviam esse non permittunt, de recessu aquarum aliter sentiunt. Ipsi enim cum aquarum diffusionem de firmamento factam pronuntiant, in nubes tamen tantummodo eas redire confirmant : et superfluum illud quod aqua desuper fluens praebuerat, etiam nunc per omne tempus turbulentos aeris motus, et hæmisphaerias diversas in nubibus gignit, quod reciprocis immutationibus idem aer nubilosus nunc in inferiores partes mundi, hoc est terram et mare dimittit, nunc de eisdem, mari scilicet et terra, recolligit : quomodo et in pectore humano halitus reciprocis mutationibus eodem modo quo dimittitur, iterum exigitur ut resumatur. In his autem quamlibet diversis opinionibus et magistrorum plurimis ambagibus, hoc animo fixum suscipimus, quod aquarum quodcumque desuper venerat, ut terra aquis

Nous lisons en effet dans la Genèse : « Dieu envoya un grand vent sur la terre, et les eaux diminuèrent. » (*Gen.*, VIII, 1.) Mais le vent a-t-il fait remonter ces eaux dans les nuées, ou ont-elles été recueillies dans les espaces du firmament supérieur, c'est au savant de décider cette question. Quant aux eaux qui étaient sorties avec impétuosité des sources de l'abîme lorsqu'elles furent ouvertes, elles rentraient au commandement du Seigneur par les mêmes ouvertures qui leur avaient livré passage. Mais nous nous retrouvons ici en face d'une question qui paraissait avoir reçu sa solution dans plusieurs de ses parties. Lorsque les eaux ont inondé la terre, sont-elles sorties d'un espace qu'elles laissaient vide, et si elles n'occupaient point cet espace, quel autre lieu ont-elles rempli lorsqu'elles ont quitté la terre ? Il en est qui cherchent à résoudre cette question en disant que la mer pouvait très-bien, sur l'ordre de Dieu, prendre un accroissement extraordinaire par l'éruption de ces sources, sortir de son lit et inonder toute la terre par le débordement de ses eaux, et ramener ensuite dans son sein ce qu'elle avait perdu, ou porter sur des espaces de terre laissés libres ce qui venait des eaux inférieures. En effet, c'est aux sources que la terre puise les eaux qui couvrent sa surface et qu'elle s'assimile, car il n'est nullement contraire à ce qui se passe ordinairement sous nos yeux que des choses très-petites reçoivent un accroissement considérable. Il n'est pas non plus contraire à la nature de la terre qu'elle absorbe incessamment l'eau qui la recouvre, puisque Dieu a donné ce pouvoir aux saints, à Élie et à Élisée qui firent lever un petit nuage du sein de la mer. (III *Rois*, XVIII, 44.) La mer elle-même s'avance toujours au delà de ses anciennes limites, comme nous l'attestent des vieillards qui vivent encore de notre temps. C'est ainsi qu'elle forme insensiblement de nouvelles îles qui n'existaient point au commencement du monde, en séparant du continent des promontoires qui s'avançaient dans la mer. Cette circonstance suffit pour prouver que les animaux qui sont renfermés dans ces îles n'y ont point été importés à dessein par les hommes, mais s'y trouvaient déjà lorsque ces îles furent séparées du continent. Qui aurait par exemple importé dans l'Hibernie les loups, les cerfs, les porcs sauvages, les renards, les blaireaux, et d'autres quadrupèdes semblables ? Ou si ces animaux étaient alors des animaux domestiques, comment ont-ils pu fuir la main de celui qui les conduisait, au point que nous voyons toutes ces espèces errer maintenant dans les forêts ? Quelques auteurs qui pensent que les animaux que renferment les îles ne viennent point de ceux qui étaient dans l'arche, mais sont sortis de la terre elle-même, vont jusqu'à dire que la terre a la vertu de produire ces espèces d'animaux et de bêtes sauvages. Quant à l'explication que donnent quelques autres de l'écoulement des eaux du déluge, bien qu'elle puisse paraître acceptable et suffisante à certains esprits, elle reste encore pour nous entourée de difficultés. Le flux et le reflux journalier de l'Océan font sans cesse renaître cette question. Nous ne savons ni d'où vient la marée montante ni où elle se retire ; il en est de même de l'écoulement des eaux du déluge. En effet, cette marée se produit tous les jours pendant un temps déterminé dans l'espace de vingt-quatre heures, et les marées appelées Lédon et Malines al-

---

nudaretur, ventus lambebat. Sic enim scribitur : « Immisit Dominus ventum super terram, et diminutæ sunt aquæ. » (*Gen.*, VIII, 1.) Utrum vero in nubes ventus lymphata æquora collegerat, an illa superni firmamenti spatium resumpserat, pro certo eruditi viderint. Aquæ autem illæ, quæ de abyssi fontibus diruptis largiter defluxerunt, per easdem vias unde venerant, rursum Dominico jussu remeabant. Sed adhuc nobis communis quæstio in his renascitur, quæ in reliquis velut curata videbatur : si quando inundaverant, aliquod spatium relinquebant ; et si non hoc habuerant, quando reversæ sunt, quid implebant. Cæteri hanc quæstionem ita disserunt, quod mare tunc Dei jussu de suo modo consueto, per illorum fontium apertionem crescere, et ultra metas suas inundatione insolita per cuncta terræ spatia transundare poterat, et in se iterum quod amiserat resumere, vel etiam in spatium terræ deportare, quod ad inferiores aquas pertinebat : quæ terra semper superpositas lymphas nisi de fontibus absumeret, et in semetipsum redigere consuescit, quoniam non contra consuetudinem videmus etiam perparvas res in majus crescere. Nec contra naturam terræ est, superpositos humores semper consumere, præsertim cum hoc Deus in potestate etiam sanctis suis tribuit, quemadmodum Eliæ et Elisæo dedit in (*a*) nubecula. (III *Reg.*, XVIII, 44.) Maria quoque extra terminos antiquos crescere consuescunt, et terrarum spatia diminuunt atque præscindunt, sicut et senes nostro adhuc tempore viventes, vidisse se confirmant. Unde etiam insulas quæ ab initio conditi orbis, ut multi affirmant, non fuerant, processu temporis faciunt, dum propinqua promontoria marinis finibus a continenti terra dividunt. Per quod intelligitur, quod illæ feræ quæ insularum orbibus includuntur, non humana diligentia devectæ, sed in illa divisione insularum a continenti terra repertæ esse probantur. Quis enim, verbi gratia, lupos, cervos, et silvaticos porcos, et vulpes, taxones, et lepusculos, et sesquivolos in Hiberniam devexerit ? Vel qualiter si tunc domestica erant, manum portantis ita effugerant, ut omnia genera hæc per silvas nunc oberrare videantur ? Sed nonnulli auctores genera hæc bestiarum et ferorum animalium, ipsam terram gignere dicunt, qui hæc animalia non in insulis includuntur, non ex arca, sed ex ipsa terra procreata esse existimant. Hanc vero putationem eorum de quibus diximus de recessu aquarum diluvii, etsi aliquis acceptam et sufficientem esse crediderit, nostris tamen adhuc mentibus illa quæstio innodata residet. Quotidianis etenim inundationibus et recessibus Oceani, hæc semper quæstio renascitur. Quemadmodum hanc inundationem unde veniat, aut quo recedit nescimus : ita etiam recessum diluvii ignoramus. Hæc namque quotidiana inundatio bis in die a tempore ad tempus, per horas vigintiqua-

---

(*a*) Ms. Aud. *dedit in viduas*.

ternent successivement d'une semaine à l'autre (1). La marée de Lédon met six heures pour monter et autant pour se retirer; la marée appelée Malines grossit pendant cinq heures, et met sept heures à s'éloigner des rivages qu'elle couvre. La marée se produit dans un rapport on ne peut plus frappant avec les phases de la lune. Elle commence constamment trois jours et demi avant la nouvelle lune, et continue le même espace de temps pendant le premier quartier. Elle commence également trois jours et demi avant la pleine lune, et achève son cours dans un espace égal de temps. Chaque année ordinaire compte suivant les supputations lunaires six marées dites Malines dans chacune des saisons du printemps, de l'été, de l'automne, de l'hiver, en tout vingt-quatre à l'exception des années embolismiques, et qui ont vingt-six marées dites Malines. Il est à remarquer d'ailleurs que les deux marées qui se trouvent entre les saisons, c'est-à-dire les équinoxiales, et celles qui ont lieu lorsque le jour et la nuit atteignent leur plus longue durée, sont plus violentes et plus hautes. La marée appelée Lédon se produit également à intervalles réglés, et toujours de la même manière. Or, où se retire cette marée si régulière et si persévérante dans son cours, c'est ce qui demeure caché pour nous; et la science de l'homme prépare ici un avantage non moins grand à l'ignorance. Car celui qui désire la vraie sagesse doit s'efforcer d'arriver à ce royaume éternel d'où l'ignorance est bannie, et répéter en attendant avec l'illustre docteur des Gentils : « Ici-bas nos connaissances sont imparfaites et nos prophéties bornées. » En effet, nous n'avons qu'une connaissance incomplète de tous les objets qui nous entourent. Nous voyons de nos yeux la surface de la terre où s'accomplissent nos travaux, qui nous fournit la nourriture nécessaire à l'entretien de notre vie; mais cependant nous ignorons comment elle est soutenue dans l'espace. Le soleil nous est donné pour nous éclairer de sa lumière pendant les travaux de la journée, mais quelle course accomplit-il pendant la nuit, nous l'ignorons. Qui pourra faire connaître clairement les causes des phases successives de la lune qui croît pendant quinze jours, et décroît pendant les quinze jours suivants? Il nous est permis de considérer l'élévation des flots de la mer au fort de la marée montante, mais nous ne savons comment cette marée se retire. Nous connaissons le jour de notre naissance et nous l'avons sans cesse présent à notre esprit, mais nous ignorons malgré sa certitude le jour précis de notre mort. Les objets mêmes corporels qui sont accessibles à nos regards, nous ne pouvons les considérer que sous quelques-uns de leurs rapports. Nos connaissances pendant cette vie sont donc nécessairement imparfaites; mais si nous parvenons jusqu'à la céleste clarté du Père des lumières, les créatures n'auront plus pour nous aucun mystère. Or, pour revenir au dessein que je me suis proposé en discutant ce prodigieux événement du déluge, dont les éléments créés de Dieu furent les instruments, je dis

(1) Bède dans son ouvrage *de Nat. Temp.*, cap. XXVIII, s'exprime de la sorte. « On a trouvé bon d'appeler *Malines* les marées plus hautes et *Ledo* les marées décroissantes; » ce langage semble indiquer que ces dénominations étaient récentes. Dans un ouvrage composé par un certain Marcel l'Empirique, qui vivait dans les Gaules sous l'empire du premier Théodose, on trouve également (chap. XVI, et XXV) ces noms de Ledo et de *Malines*, mais dans une signification tant soit peu différente, comme l'observe Ducange dans son *Glossaire*. Pour Bède (chap. VIII de l'ouvrage cité plus haut), comme pour notre auteur, le *Ledo* est cette marée plus faible qui a lieu chaque mois quatre jours à peu près avant le second et le dernier quartier de la lune, la marée appelée *Malines* est cette marée plus forte qui se produit les autres jours aux approches tant de la nouvelle que de la pleine lune.

tuor semper peragitur, et per alternas hebdomadas Ledonis et Malinæ vicissitudo commutatur. Sed Ledo sex horas inundationis, et totidem recessus habet : Malina vero grandis per quinque horas ebullit, et per septem horas littorum dorsa retegit. Quæ tantam' concordiam cum luna ostendit, ut antequam luna nascatur, tribus diebus et duodecim horis semper incipiat; et post nascentis lunæ principia alios tres dies, et duodecim horas consuescit habere : similiter et ante plenilunium tribus diebus et duodecim horis incipit, et post totidem temporis cursus sui terminum consumit. Sex vero uniuscujusque temporis Malinas, veris scilicet et æstatis, autumni et hyemis, secundum lunarem supputationem, hoc est, simul omnes viginti quatuor unusquisque communis annus habet, exceptis videlicet embolismis, qui viginti et sex Malinas retinent : et uniuscujusque de prædictis temporibus mediæ duæ, videlicet æquinoctiales, et aliæ quando vel dies vel nox cursus sui terminum consumit, solito validior ac inundatione altior fieri consuescit. Interpositis vero spatiis iterum tantumdem semper Ledo intermittitur. At vero rationabilis hujus perseverantiæ inundatio, quo recedit, mentibus nostris occultata est : non minorem profectum nescientibus præparat scientia hominis. Nam qui veram sapientiam cupit, ad æternum regnum, ubi nulla est ignorantia, festinare contendat, et interim cum insigni gentium magistro dicat : « Ex parte cognoscimus, et ex parte prophetamus. » (1 *Cor.*, XIII, 9.) Etenim omnes res, quas possidemus, ex parte vix novimus. Terræ namque superficies in qua laboramus, alimur, vivimus et sustentamur, nostris apparet obtutibus; sed tamen quomodo illa sustentatur, adhuc ignoramus. Sol in ministerium nostræ necessitatis per diem traditur, sed qualem in nocte profectum exsequitur, a nostra scientia occultatur. Lunæ quindecim diebus crescentis, et totidem tempore decrescentis, totius vicissitudinis causas quis intelligere sufficiet? Maris inundantis tumores considerare permittitur, sed recedentis illius intelligentia privamur. In nobismetipsis diem nostræ nativitatis scimus et memoramur : diem mortis quando veniet, cum certe ventura sit, nescimus. Res etiam corporales quas videmus, ex parte tantum considerare possumus. Ex parte ergo cognoscimus, quamdiu in hoc sæculo sumus. Sed si ad illam lucem Patris luminum venerimus, nihil in creaturis erit quod nesciamus. At vero ut nostrum sequamur propositum in isto diluvii tam magno in Dei creaturis miraculo, nihil contra naturam factum esse ostenditur, quoniam nihil quod Deus in creaturarum prima conditione non fecerat, superinduc-

que nous n'y voyons rien de contraire à la nature, parce que Dieu n'y fait servir aucunes créatures nouvelles, distinctes de celles auxquelles il a donné l'être au commencement du monde. Nous voyons seulement la mer soumise à un débordement extraordinaire et la pluie tomber avec une plus grande abondance. Je n'affirme rien ici de mon autorité privée, et par conséquent je ne défends point mon sentiment avec opiniâtreté ; mais si un esprit plus exercé trouve une explication plus satisfaisante de ces phénomènes, mon intelligence modeste est toute disposée à l'accepter, car je n'ai fait que reproduire dans ce petit écrit ce que je tiens de l'érudition de mes maîtres, et s'il renferme quelque proposition répréhensible ou d'une doctrine moins exacte en apparence, il ne faut pas les en accuser, c'est moi seul qui ai failli.

CHAPITRE VIII.

Du cours du soleil et de la lune pendant le déluge.

La durée de la course du soleil et de la lune et leur retour périodique pendant le déluge est une question qui préoccupe et exerce un grand nombre d'esprits. Cependant le cours de ces astres lumineux dans l'année où eut lieu le déluge n'indique nullement que leur révolution eût été en rien modifiée. En effet, Noé entra dans l'arche avec tout ce qui lui appartenait, le dix-septième jour du second mois. (*Gen.*, vii, 7, 11.) Cent cinquante jours après, le vingt-septième jour du septième mois, l'arche s'arrêta sur les montagnes de l'Arménie. Le premier jour du dixième mois, on vit paraître les sommets des montagnes (*Gen.*, viii, 4.) Le premier jour du premier mois de l'année suivante les eaux diminuèrent. Ainsi, après un an écoulé, le deuxième mois, le vingt-septième jour du mois, Noé vit que la terre était desséchée, et ce jour-là même Dieu lui commanda de sortir de l'arche avec toute sa famille. (*Ibid.*, 5-18.) Ces indications prouvent jusqu'à l'évidence que rien ne fut changé au cours ordinaire de l'année ni à la révolution des astres et à la succession régulière des jours et des nuits qui en est la conséquence. Si la marche des grands luminaires, c'est-à-dire du soleil et de la lune avait été tant soit peu modifiée, la succession des jours et des nuits d'abord, et la révolution de l'année tout entière auraient ressenti les effets de ce changement ; mais comme le cours de l'année a continué sa marche régulière, il est évident que l'année précédente le cours des astres n'avait été en rien modifié.

CHAPITRE IX.

De la division des langues.

Dieu ayant ainsi lavé tous les crimes de l'univers dans les eaux du déluge, et commandé aux eaux de se retirer de la terre qu'ils avaient couverte, la famille de Noé, le seul juste qui existât alors, et qui était appelée à remplir toutes les parties du monde, se multiplia en peu de temps. (*Gen.*, ix et x.) Mais avant de se répandre dans les différentes contrées du monde, une pensée aussi impie qu'orgueilleuse entra dans leur esprit, ce fut de rendre leur nom célèbre plutôt que celui du Dieu créateur ; ils résolurent de bâtir une tour qui s'élèverait jusqu'aux nues, pour les immortaliser dans le souvenir de la postérité et les signaler à l'admiration de tous les peuples et de

---

tum esse videtur, nisi quod solito abundantior maris copia, et imbrium ducta congregatur. Nihil in his auctoritate firmaverim, ut in defensione alicujus contentiosus sim : sed si quid alterius ingenio forte meliori intelligentia horum suffecerit, hoc et meo ingeniolo forsitan complacebit. Ego enim quod in hoc magistrorum quorumcumque eruditio contulit, litterulis his intimavi, in quibus si quid vitiosum, et minus sanæ intentionis apparet, non illorum, sed mea titubavit intentio.

CAPUT VIII.

De cursu solis et lunæ in diluvio.

De terminis, de recursu solis et lunæ in diluvio, quamvis famosa plurimorum mentes quæstio pulsat : nihil in luminarium aut siderum consuetis ministrationibus diluvium commutasse, ipsius anni quo diluvium est factum, cursus manifestat. Noe enim secundi decimo septimo die mensis, cum universis, quæ ad eum pertinebant, arcam intravit. (*Gen.*, viii, 4.) Post centum quinquaginta dies in mense septimo, vicesimo septimo die mensis, in montibus Armeniæ eadem arca requievit. Prima die decimi cacumina montium apparuerunt. Et prima die mensis primi aquæ minutæ sunt. Atque evoluto anni circulo, mense secundo, vicesima septima die mensis arefacta terra conspicitur, qua die Domini jussu Noe cum omni domo sua de arca egressus est. (*Ibid.*, 18.) Ex quibus indiciis manifestissime ostenditur, quod in iis quæ ad anni circulum peragendum pertinebant, in luminarium ministrationibus dierum ac noctium plenitudine decursa, nihil decedere videtur. Si enim luminarium, solis scilicet et lunæ, cursus in aliquo titubaret, dierum ac noctium primitus vicissitudo, et deinde totius anni circulus impeditus appareret : dum vero nullo modo turbatus in se anni circulus revertitur, manifestum est quod in anno præcedente luminarium cursus non turbatur.

CAPUT IX.

De dispersione linguarum.

Jam generali totius orbis purgatione per aquam Deo gubernante perfecta, atque aquis iterum terra eodem jussu retecta, egressa de arca Noe solius tunc justi prosapia, totius mundi partes completura, cito succrevit. (*Gen.*, ix et x.) Sed antequam in omnes terras essent divisi, impia cunctorum mentibus et superba cogitatio subrepsit, ut in commune magnificare nomen suum, non Dei creatoris, per excellentissimæ turris ad cœlum usque ædificationem decernerent, et in memoria posteritatis per omnes postea generationes, gubernationes, et totius sæculi tempus indelebili cunctorum præconio celebres forent. (*Gen.*, xi, 4.) Sed hac temeritate et superba præ-

tous les siècles. Or, Dieu, quoique souverainement offensé par cette nouvelle témérité et cette orgueilleuse présomption, ne voulut point punir cette faute, qui était le fait de tous, par la destruction de toute la race humaine et la ruine de tous les hommes, parmi lesquels il n'y avait pas un seul juste qui pût être sauvé du châtiment. Cependant ils parlaient tous jusqu'alors une seule langue ; or, lorsqu'ils entreprirent de bâtir cette tour, Dieu confondit leur langue et leur fit parler un langage différent. C'est ainsi que par un jugement équitable du juste juge, ceux qui avaient méprisé Dieu dans l'excès de leur orgueil furent punis de leur superbe langage dans le membre le moins considérable de leur corps. Or, ce châtiment n'atteignit pas seulement les pères, la vengeance divine s'étendit à tous leurs enfants. Ils avaient voulu s'immortaliser aux yeux de la postérité, Dieu voulut perpétuer dans cette postérité et jusque dans les siècles les plus reculés le témoignage de leur orgueilleuse prétention. Cette division des langues avait encore une autre raison dans les desseins de Dieu ; il voulait que la langue d'un seul peuple choisi entre tous les autres gardât le dépôt sacré des divines Ecritures jusqu'au temps marqué : et lorsque ce temps fut arrivé et qu'il voulut révéler à tous les peuples les secrets de ses mystérieux conseils, il envoya du haut du ciel aux ministres qu'il avait choisis pour prêcher ce grand mystère l'Esprit saint, qui apportait avec lui la science de toutes les langues. (*Act.*, II, 4.) Et ce divin Esprit, qui jusqu'alors n'avait chanté que dans une langue les grandeurs de Dieu, les annonçait dès ce premier jour dans toutes les langues par la bouche des Apôtres pour les consacrer toutes au Seigneur. En effet, les Juifs de toutes les nations que Dieu avait rassemblés à Jérusalem pour être les témoins de ce prodige s'écriaient : « Nous les entendons tous célébrer dans notre langue les grandeurs de Dieu. » (*Ibid.*, 11.) C'est ainsi que l'humilité des Apôtres en vertu de l'effusion de l'Esprit saint réunissait ceux qu'une orgueilleuse présomption et le désir de la vaine gloire avaient divisés. Or, un grand nombre d'auteurs pensent que ces diverses langues furent au nombre de soixante-douze, parce que c'était le nombre des pères de famille qui se réunirent dans la terre de Sennaar, maintenant le centre de Babylone, pour y bâtir cette tour. (*Gen.*, XI, 2.) C'est pour cela que Notre-Seigneur, comme l'Evangile nous l'apprend, choisit en dehors des principaux apôtres soixante-douze disciples pour prêcher ensuite l'Evangile dans toutes les nations. (*Luc*, X, 11.) C'est en figure de ces disciples que l'esprit de Moïse est communiqué à soixante-douze vieillards, et que le don de l'esprit prophétique est accordé à deux autres qui étaient restés dans le camp, Heldad et Medad. (*Nomb.*, XI, 24.) Ce furent comme les successeurs de ces soixante-douze vieillards que le grand prêtre Eléazar et ceux qui gouvernaient alors le peuple de Dieu envoya à Ptolémée Philadelphe, roi d'Alexandrie, dans la personne de ces soixante-dix sages qui descendaient du peuple d'Israël et qui traduisirent en grec les livres saints de l'Ancien Testament. Or, lorsque le règne du Nouveau Testament succède à l'Ancien, trois langues dominent sur toutes les autres, la langue hébraïque, la langue grecque et la langue latine, parce qu'au témoignage de l'Evangile, nous les voyons figurer sur l'inscription de la croix écrite en hébreu, en grec, en latin. (*Jean*, XIX, 20.) Mais Dieu, en divi-

---

sumptione rursus Deus offensus, per totius generis communem culpam individua omnium strage, quod in hominibus nuper erat expertus, præsertim cum nullus repertus est justus, qui residuus, esset, totam funditus gentem delere noluit. Verumtamen cum illud usque tempus esset unius linguæ cunctus populus, universorum qui ad tale opus venerant, linguas in diversa verba divisit, scilicet ut rectissimo justi arbitrii judicio, qui alto Deum superbiæ tumore contempserant, in fragilissimo substantiæ suæ membro sermonis pœnam utique sentirent. Et hoc non in ipsis tantum patribus quod evenerat fiebat; sed per omnes filiorum propagines talis vindictæ conditio pertransibat: ut qui æternam sibi posteritatis famam quærerent, mansuram in illis posteritatibus ipsius præsumptionis per universa venturi sæculi tempora animadversionem invenirent. Postea quoque hæc linguarum divisio Dei dispensatione evenerat, ut divinarum Scripturarum mysterium usque ad maturum tempus unius electi ex multis populi lingua custodiret : donec præfinito tempore, quando universis gentibus sacramentum suæ dispensationis aperire voluit, Spiritum sanctum de excelso linguarum omnium scientiam afferentem, ejusdem sacramenti præordinatis ministris transmisit (*Act.*, II, 4) qui Dei magnalia ad illud usque per unam linguam cantaverat, velut ad consecrationem omnium linguarum in ipso suo primo adventu per Apostolos prædicabat. Sic enim illi quos de universis gentibus, velut ad hujus rei comprobationem, in Jerusalem tunc temporis collegerat Deus, dicebant : « Audivimus eos linguis nostris loquentes magnalia Dei. » (*Ibid.*, 11.) Sic apostolica humilitas Spiritus sancti munere colligebat, quod superbæ præsumptionis et vanæ gloriæ cupido disperserat. Linguas autem illas septuaginta duas esse, plurimi auctores consentiunt, quia in ædificationem turris illius in terra Sennaar, quæ nunc est Babylon, tot patres congregatos fuisse dicunt. (*Gen.*, XI, 2.) Unde et Dominus septuaginta duos discipulos, exceptis illis primariis Apostolis, elegisse sermone Evangelii refertur, per quos postea in omnes gentes idem Evangelium prædicaretur. (*Luc.*, X, 11.) In quorum præfiguratione etiam Moysi spiritus in septuaginta seniores distribuitur : et aliis duobus qui in castris resederant, Heldad videlicet et Medad, ejus spiritus prophetiæ donum condonatur. (*Num.*, XI, 24.) Quorum quasi hæreditarii successores, ad Ptolomæum Philadelphum Alexandriæ regem a pontificibus, Eleazaro scilicet et cæteris, qui eodem tempore Judæorum populo præerant, septuaginta sapientes, qui ex Israel stirpe descenderant, missi sunt, et Scripturas antiquæ Legis in græcum eloquium transtulerunt. Harum vero omnium linguarum Novi Testamenti tempore, tribus linguis, Hebraicæ utique, Græcæ et Latinæ, principatus committitur, quia in eis crucis Christi titulus litteris Hebraicis, Græcis et Latinis

sant et en confondant les langues des hommes et leurs discours, n'a point changé la nature essentielle du langage qu'il a donnée autrefois à l'homme ; ce qui fait l'essence de ce langage demeure dans tous les hommes et ce n'est qu'une éducation ou que des habitudes différentes, et non la nature, qui font substituer une langue à une autre. Ainsi un Latin ou un Grec né ou élevé parmi les barbares parlera leur langue, et au contraire le fils d'un barbare élevé par des Grecs ou des Latins parlera le langage élégant de l'un ou l'autre. Il résulte de là que Dieu n'a ni changé la nature des hommes, ni créé en eux rien de nouveau, et qu'il a seulement divisé en diverses espèces les modes et les formes du langage qu'ils parlaient.

CHAPITRE X.
Du châtiment des habitants de Sodome.

Longtemps après, cinq villes situées sur les confins de l'Arabie et de la Palestine, Sodome, Gomorrhe, Adama, Seboïm et Segor (*Gen.*, xiv, 2), dans une contrée des plus fertiles et au milieu de l'abondance de toutes choses, s'étant rendues coupables d'impuretés abominables et d'avarice poussée jusqu'à l'extrême, attirèrent sur eux la vengeance du Seigneur. Il fit pleuvoir sur toute la contrée une pluie de feu et de soufre qui la consuma tout entière avec ses habitants, les animaux et les villes. (*Gen.*, xix, 24.) Ils s'étaient unis ensemble pour outrager Dieu, il était donc juste qu'ils périssent victimes d'un châtiment commun ; ils avaient brûlé contre l'ordre de la nature des feux d'une passion infâme, il était juste que leur mort fût différente de la mort ordinaire des hommes et fût l'effet non d'un châtiment terrestre, mais d'une pluie de feu tombant du ciel. Ils avaient non-seulement commis ouvertement ces abominations, mais ils s'en étaient glorifiés, il était donc convenable qu'un châtiment signalé mit fin à des infamies auxquelles ils donnaient une si triste célébrité. La vengeance de Dieu continue de s'appesantir aujourd'hui sur cette terre pour apprendre quels supplices attendent ceux qui commettent de semblables crimes. Or, nous voyons cette différence entre ces deux grands châtiments des premiers temps du monde, le déluge et la ruine de Sodome, que d'un côté c'est l'eau, de l'autre le feu qui servent d'instruments à la justice divine. D'un côté la terre est submergée par les pluies du ciel et les eaux de l'abîme, de l'autre elle est consumée par une pluie de feu et de soufre. Lors du premier châtiment, la terre est délivrée au bout d'un an des eaux qui l'inondaient ; le second l'a condamnée à une stérilité dont elle porte encore les signes. Dans le premier, Dieu punit dans les hommes des crimes naturels, dans le second ce sont des crimes contre nature qui sont l'objet de la vengeance divine. Or, dans le supplice des habitants de Sodome, l'action de Dieu ne paraît pas s'être exercée en dehors de l'ordre naturel, car c'est dans les parties supérieures et enflammées des airs que s'est allumé ce feu d'une ardeur extraordinaire.

CHAPITRE XI.
De la femme de Loth changée en statue de sel
(Gen., xix, 17, 26).

Loth, serviteur fidèle de Dieu, fut préservé par les anges du châtiment des pécheurs, mais son épouse,

---

scriptus, Evangelica auctoritate perhibetur. At vero Deus in hoc contra naturam humani eloquii, quam olim disposuit, nil dividendo et confundendo linguas hominum et sermones fecit, quando ejusdem loquelæ natura in hominibus permanet, nisi quod consuetudo diversa docuerit ab alterutro linguas, non naturaliter, sed consuetudinarie docet. Latinus namque vel Græcus inter Barbaricos genitus vel nutritus, barbarice loquitur ; versaque vice Barbari filius a Græcis aut Latinis edoctus, venusto sermone fatur. Ex quo intelligitur Deum non naturam hominum mutasse, non novum in eis aliquid condidisse, sed dicendi tantum modos et formas in diversis generibus divisisse.

CAPUT X.
De Sodomitica vindicta.

Magno deinde temporis intervallo peracto, in confinio Arabiæ et Palestinæ quinque positæ civitates, Sodoma, Gomorrha, Adama, Seboim, et Segor (*Gen.*, xiv, 2), fœcundissimi soli habitatione, et rerum omnium abundantia perfruentes, inconvenientis luxuriæ et cupidinis in contractione tritici convictæ, Dominicæ vindictæ aditum præbuerunt, ita ut imbribus ignis et sulphuris superfusa tota cum habitatoribus suis et animantibus et urbibus regio flagrans arderet. (*Gen.*, xix, 24.) Hoc namque modo conveniebat, ut qui communi studio Deum offenderunt, communis vindictæ impetu eodem perirent : et qui contra consuetudinem hominum in turpis concupiscentiæ perpetratione exarserant, contra consuetam hominum mortem non terrena vindicta, sed cœlestium ignium infusione arderent : et qui peccatum suum non solum faciendo, sed etiam prædicando palam fecerant, infamem vitam famosa pœna consumerent. Quæ vindicta hactenus eorumdem terram non deseruit, dum quali pœnæ, qui talia agunt subjacebunt, ostendit. Inter istas vero duas primarias in sæculo pœnas, diluvii scilicet et Sodomitanam, talis differentia deprehenditur, quod aqua una terra, igni altera punita videatur : una cœli rore et abyssi unda diluitur, altera igneo imbre et sulphuris superfusione damnatur. Una anni circulo unius permanente terra retegitur, per alteram terra et adhuc cessatione maceratur. In una naturale scelus in hominibus punitur, per alteram adinventio concupiscentiæ contra consuetudinem facta vindicatur. In ista vero Sodomitana pœna nil contra naturam Deus facere cernitur, cum desuper aereo ignito illo spatio, insoliti desiderii ardor inflammatur.

CAPUT XI.
De uxore Loth in statuam salis mutata (Gen., xix, 17, 26).

De qua peccatorum plaga Loth Dei servus per Angelos eruitur, sed illius uxor ne retro respiceret jussa dum

malgré la défense qui lui avait été faite, ayant regardé derrière elle, fut changée en statue de sel. Ses yeux avaient participé à la faute des coupables, elle en fut punie par la mort, quoiqu'elle eût échappé à l'incendie qui dévora Sodome, parce qu'elle partageait l'habitation d'un juste. Or, puisque je me suis proposé de démontrer que dans les créatures sorties de la main de Dieu, rien ne se fait contre la nature, mais que Dieu les dirige constamment dans les limites de la nature qu'il leur a données, le fait de la femme de Loth changée en statue de sel donne lieu d'examiner comment, dans cette transformation, la nature du corps humain a été conduite et dirigée. On ne peut nier que le corps humain ne contienne une certaine partie de sel dès qu'on a constaté la saveur salée des larmes qui sortent du foie troublé, disent les médecins, et contiennent une partie de sel qu'ils puisent dans les profondeurs cachées de la nature, comme on peut s'en assurer au goût. Et ce ne sont pas seulement les larmes, mais les sécrétions salivaires et les expectorations produites par la toux qui prouvent que la nature du sel est répandue par tout le corps. Lors donc que celui qui gouverne toutes choses par sa toute-puissance veut donner au tout les propriétés de la partie, il se contente de répandre sur le tout ce qui était caché dans la partie. Ainsi donc, lorsqu'il a voulu changer la femme de Loth en statue de sel, il a répandu sur tout son corps cette partie imperceptible de sel qui s'y trouvait renfermée. Donc, celui qui a le sixième jour achevé de créer toutes les natures ne greffe pas une nature sur une autre, mais dirige chacune d'elles dans les limites qu'il lui a données lors de la création.

CHAPITRE XII.
De Sara mettant au monde un fils à l'âge de quatre-vingt-dix ans (Gen., XXI, 1).

Ce fut à peu près dans le même temps que la femme d'Abraham, que Dieu avait choisi du milieu de toutes les nations pour l'honorer de son amitié, enfanta à l'âge de quatre-vingt-dix ans un fils qui fut nommé Isaac, après avoir été stérile toute sa vie jusqu'à cet âge. Or, le fils qu'elle mettait au monde étant la figure du Christ, qui devait naître d'une vierge sans aucune intervention de la volupté des sens, il était souverainement convenable qu'elle enfantât ce fils non pas à l'âge où les femmes ont coutume de devenir mères, c'est-à-dire entre douze et quarante ans, mais au delà des limites de la fécondité ordinaire, et qu'elle devînt mère non-seulement après la cinquantième année, ou la femme cesse d'être féconde, mais dans sa quatre-vingt-dixième année, où tout sentiment de volupté est éteint. Or, cet enfantement est un fait contraire à la coutume, mais non à la nature, car s'il n'est pas ordinaire qu'une femme enfante dans l'extrême vieillesse, cependant il n'est pas contraire à la nature qu'un enfant naisse du sein d'une femme.

CHAPITRE XIII.
De la source que vit Agar lorsqu'elle fut chassée avec son fils (Gen., XXI, 19).

Lorsque cet enfant fut sevré, Agar, servante d'Abraham, fut chassée avec son fils qui était né avant Isaac. Elle errait dans un désert, et l'eau qu'elle avait prise étant venue à manquer, elle se voyait

respicit, in salis statuam solidatur, ut cujus visus non erat immunis ex culpæ consortio, mortem effugere non posset, quamvis propter justi contubernium eruta sit de incendio. (*Genes.*, XIX, 17, 26.) Sed dum hoc assumpsimus, quod nihil in Dei creatura contra naturam sit, sed insita natura semper in omnibus gubernetur; qualiter uxor Loth cum in salis statuam vertitur, humani corporis natura in hac mutatione gubernatur? Salis igitur naturam in humano corpore esse nullus ambigit, qui lacrymarum salsitudinem comprobavit, quæ a turbato felle, ut medici dicunt, egredientes, salis naturam, quam in recondito naturæ sinu concipiunt, de oculis fluentes, etiam saporis comprobatione ostendunt. Et non solum in lacrymis, sed etiam in phlegmate, et tussi expresso sputo pectoris sapitur, quod salis natura per humanum corpus inseratur. Potens ergo rerum gubernator, cum totum in partem vertere cupit, quod in modica parte latebat, per totum infundit. Atque hac ex causa, cum uxorem Loth in statuam salis vertere voluit, pars illa tenuissima salis quæ carni inerat, totum corpus infecit. Et ita factum est, ut qui sexto die omnes naturas constituere consummavit, nihil ex aliqua natura in aliam congessit, sed unamquamque in semetipsa gubernat, quam in prima conditione constituebat.

CAPUT XII.
De Sara nonagenaria pariente filium (Gen., XXI, 1).

Eodem fere tempore Abrahæ illius ex multitudine gentium in Dei amicitiam electi, Sara sterilis uxor filium, Isaac nomine, jam nonagenaria peperit, cum illam usque ætatem per totum vitæ suæ spatium sterilis fuit. (*Genes.*, XXI, 1.) Sed hoc valde conveniebat, ut quoniam filius quem parturiebat, ipsam figuram Christi, qui ex sola Virgine sine aliqua humanæ voluptatis cupidine nasceretur, prætulit, illum non ætate qua solent feminæ parere, id est, a duodecimo anno usque ad quadragesimum nonum annum, sed ultra illius consuetudinis metas parturiret : ut scilicet ille infaus non solum ultra quinquagesimum annum, desinente partus officio, sed etiam nonagesimo anno nasceretur, desinente voluptatis desiderio. Et hoc quamvis contra consuetudinem, non tamen adversus naturam factum est : quoniam etsi contra consuetudinem est ut pariat anus, adversus tamen naturam non est, ut in utero feminali nascatur quandoque filius.

CAPUT XIII.
De puteo quem vidit Agar ejecta cum filio (Gen., XXI, 19).

Quo nascente filio et ablactato, ancilla Agar cum filio suo Ismael, qui prior natus est, ejicitur, quæ per deser-

près de mourir de soif elle et son enfant et pleurait amèrement. Mais un ange l'ayant appelée du ciel et lui ayant dit : « Le Seigneur a entendu la voix de ton enfant, » elle ouvrit les yeux et vit une source pleine d'eau dans le désert. On admet généralement ou que cette source jaillit de terre sur l'heure même, ou si elle existait déjà que les yeux d'Agar furent ouverts pour qu'elle pût apercevoir cette source qu'elle ne voyait pas auparavant.

CHAPITRE XIV.
Du bélier qu'Abraham offrit à la place de son fils (Gen., XXII, 2).

Isaac était dans l'âge de la jeunesse lorsque Dieu, voulant montrer aux hommes l'étendue de la fidélité d'Abraham, lui commanda de lui offrir ce fils en holocauste sur une des montagnes qu'il lui indiquerait. Abraham obéit à cet ordre, s'empressa de se rendre vers le lieu que Dieu lui indiquait, et il était sur le point d'immoler son fils, qu'il avait étendu sur un bûcher. Mais un ange lui ayant défendu de faire aucun mal à cet enfant, il aperçut un bélier qui avait les cornes embarrassées dans un buisson, et sur l'ordre que l'ange lui donna, il l'offrit aussitôt en holocauste à la place de son fils. Or, on demande d'où vient ce bélier dans le désert. Fut-il produit immédiatement par la terre, comme les animaux le furent au commencement? Quelques-uns l'affirment. Mais pour n'être point obligé d'admettre que Dieu ait donné l'être à de nouvelles créatures après le sixième jour, nous croyons que ce bélier fut amené dans ce lieu par l'ange, de même qu'un ange trans-

porta dans la ville d'Azot Philippe, qui était près de l'Eunuque (Act., VIII, 39), et de même aussi qu'un ange transporta le prophète Habacuc dans Babylone vers Daniel dans la fosse aux lions. (Dan., XIV, 35.)

CHAPITRE XV.
De Jacob et de Joseph; pourquoi l'un est-il enseveli dans la terre promise et l'autre dans l'Egypte?

Isaac ayant donné le jour à ses deux fils, Jacob et Esaü (Gen., XXV, 25), et Jacob aux douze patriarches, les dix frères de Joseph le vendirent à des marchands égyptiens par un sentiment d'envie. (Ibid., XXXVII, 28.) Or, dans cette terre d'exil et de captivité, Joseph devint le sauveur du peuple au milieu duquel il se trouvait. Le roi l'investit du gouvernement de tout son royaume et l'établit maître de toute l'Egypte, où il fit venir son père avec toute sa famille. (Ibid., XLI, 41; XLV, 9.) Jacob vécut encore seize ans en Egypte, et sentant le jour de sa mort approcher, il fit jurer à son fils Joseph de reporter son corps dans le tombeau de ses pères, dans la terre promise, où Abraham, Isaac, Sara, Rebecca et Lia elle-même étaient ensevelis. (Ibid., XLVII, 29.) Joseph fut fidèle à ce serment et transporta le corps de Jacob dans le tombeau de ses pères. (Ibid., L, 24.) Mais lorsque lui-même fut sur le point de mourir dans l'Egypte, il ne voulut pas être aussitôt transporté dans le tombeau de ses pères ; il demanda qu'on l'ensevelît d'abord dans la terre d'Egypte et commanda seulement de transporter ses ossements de cette terre lorsque son peuple en sortirait. (Gen., L, 24.) Pourquoi donc l'un est-il aussitôt transporté dans le sépulcre d'A-

---

tum deficiente aqua, et siti moriente cum puero vadens lacrymatur. Sed Angelo eam compellante et dicente : « Exaudivit Dominus vocem pueri, » aperti sunt oculi ejus, et vidit puteum in solitudine. De quo puteo ita refertur, ut aut tunc erumpens jam e terra prodatur aut si ibi ante fuerit, tunc Agar oculi, ut videret, quem ante non poterat, aperiuntur.

CAPUT XIV.
De ariete quem Abraham obtulit pro filio (Gen., XXII, 2).

Ut autem appareret etiam hominibus quam fidelis in Dei amicitia permaneret Abraham, filium suum Isaac cum esset jam adultus offerre sibi in holocaustum super unum montium, quem ei monstraverat Deus præcepit. Qui obediens ad locum quem ostenderat ei Deus, cito perrexit et assumpsit filium jam jamque immolare cœpit : sed clamante Angelo, filio suo quidquam mali ne faceret, jam inter vepres hærentem cornibus arietem vidit, quem Angelo jubente holocaustum pro filio statim obtulit. Sed iste aries requiritur unde in solitudine fuit : utrum, ut quidam afferunt, hunc in illa hora terra protulit, quomodo et in principio pecora gignit? An etiam, ne illud opus post diem sextum condidisse de terra Deus dicatur, istum arietem detulisse Angelum aliunde credimus, quo modo et Philippum Angelus ab eunucho transtulit in Azotum (Act., VIII, 39), et ad Danielem in Babylonem Habacuc

transtulisse ad lacum leonum fertur Angelus. (Dan., XIV, 35.)

CAPUT XV.
De Jacob et Joseph, quare unus in terra repromissionis, alter in Ægypto sepelitur.

Inde Isaac generante filios Jacob et Esau (Genes., XXV, 25), Jacob duodecim Patriarchas generante, decem fratres invidentes Joseph vendiderunt in Ægyptum (Genes., XXV, 25; XXXVII, 28; XLI, 41; XLV, 9; XLVII 29) ; L, 7 ; qui in terra peregrinationis et captivitatis suæ salutem gentibus præstans ad quos pervenit, totius regni Ægyptiorum dispensationem, et dominium terræ Ægypti accepit, ita ut et patrem cum omni domo sua in Ægyptum invitaverit : ubi cum annis sedecim vixisset, die mortis jam instante, filium suum Joseph adjuravit, ut ad sepulcrum patrum suorum in terram repromissionis, in qua Abraham et Isaac cum Sara et Rebecca jacebant, ubi etiam Lia condita fuerat, illum deportaret. Quam abjurationem Joseph opere complevit : patrum enim suorum ad sepulcrum paternum corpus devexit. Et tamen ille in Ægypto postea moriens, statim post mortem devehi ad paternum sepulcrum noluit, sed in Ægypto interim sepulturæ locum suscepit, et postea de ossibus suis pergenti de Ægypto populo mandavit, dicens : « Efferte ossa mea vobiscum hinc. » (Genes., L, 24.) Quare ergo alter ad sepulcrum Abraham in terram repromissionis

braham, dans la terre promise, tandis que l'autre est enseveli pour un temps dans l'Egypte? C'est que Jacob ne s'était point marié à des femmes étrangères, mais s'était uni à celles qui étaient venues avec lui de la Mésopotamie, tandis que Joseph, en épousant Assenech, fille de Putiphar, prêtre d'Héliopolis, s'était allié à un sang étranger, et voilà pourquoi après sa mort il est enseveli dans une terre étrangère. Mais pourquoi voulut-il que ses restes, ensevelis d'abord en Egypte, fussent dans la suite transportés dans la terre promise? Joseph, plein de l'esprit prophétique, avait prévu que le peuple égyptien, livré tout entier à l'idolâtrie, voudrait un jour l'adorer comme l'auteur de l'abondance et de la prospérité dont ils avaient joui et comme le sauveur qui les avait arrachés aux horreurs de la famine, et c'est ce qu'ils firent en effet; car ils élevèrent près de son tombeau l'image d'un bœuf, parce que le bœuf est l'auxiliaire de l'homme dans les travaux de l'agriculture. C'est pour la même raison que les enfants d'Israël, lorsqu'ils voulurent adorer une idole dans le désert, choisirent de préférence l'image d'un veau, c'est-à-dire d'un bœuf, et leur grand motif est que cette image était adorée dans l'Egypte près du tombeau de Joseph. Joseph donc craignant de devenir l'objet du culte idolâtrique des Egyptiens et prévoyant la sortie des enfants d'Israël, leur dit : « Soyez certains que Dieu vous visitera, et transportez d'ici mes ossements avec vous. » (*Ibid.*) J'ai placé ce fait dans cet endroit non qu'il prenne place parmi les merveilles, mais pour ne point laisser un si grand intervalle entre Abraham et Moïse sans quelqu'événement intermédiaire digne de notre attention.

CHAPITRE XVI.
Moïse et le buisson d'Oreb.

Après la mort de Joseph les Egyptiens commencèrent à opprimer les enfants d'Israël sous le joug de la plus dure servitude, et pour mettre obstacle à la multiplication trop grande de cette nation, ils faisaient jeter leurs enfants mâles dans le fleuve et les condamnaient à périr de différentes manières. (*Exod.*, I, 14, 22.) Ce fut dans ce temps et dans ces tristes circonstances que naquit Moïse, fils d'Amram, et que Dieu le suscita pour être le vengeur de son peuple. Aussi ayant vu un Egyptien qui maltraitait un israélite, il tua l'Egyptien. (*Exod.*, II, 12.) Cette action étant parvenue à la connaissance du roi d'Egypte, Moïse s'enfuit de l'Egypte et demeura quarante ans en exil dans la terre de Madian, où il paissait les troupeaux. Le temps de la promesse qui avait été faite aux patriarches étant accomplis, Moïse qui conduisait son troupeau dans les pâturages, vit sur le mont Oreb un buisson ardent qui brûlait sans se consumer. (*Exod.*, III, 2.) Et comme il s'avançait pour examiner comment ce buisson brûlait sans se consumer, le Seigneur lui dit du milieu du buisson : « Je suis le Seigneur le Dieu de tes pères. Je t'enverrai dans l'Egypte pour délivrer leurs enfants de l'oppression et du joug de la servitude. » La première chose que nous avons à examiner dans cette vision surprenante, est de savoir comment le feu paraissait brûler, tandis que le buisson qu'il entourait de ses flammes n'était pas consumé. Si ce feu était alimenté par le buisson, pourquoi ce qui lui servait d'aliment n'était-il pas consumé? Et si la flamme n'était pas

protinus portatur, alter adhuc in terra Ægypti quandoque deportandus sepelitur? Jacob namque nequaquam externæ gentis feminis, iis iis quæ de Mesopotamia secum venerant miscebatur, idcirco ad paternum sepulcrum integro corpore post mortem statim devehitur. Joseph vero Assenech Putifaris sacerdotis Heliopoleos filiam uxorem accipiens, externo sanguini fuerat mixtus, et ideo post mortem in extraneæ terræ limo conditus est. Quare ergo postmodum ad terram repromissionis vehi voluit, dum primitus in Ægypto conditus fuit? Joseph ergo ut vir propheticus, prævidit quod Ægyptiorum gens idololatriæ dedita, ipsum qui terrenæ munificentiæ illis auctor fuisset, et ipsos de famis periculo liberasset, aliquando adorare vellet : quod et fecerunt. Nam bovis simulacrum juxta sepulcrum Joseph statuerunt, eo quod bos viro in agricultura cooperatur. Qua etiam causa filii Israel cum in deserto idolium adorare vellent, non aliam aliquam statuam quam vitulum, id est, bovem fecerunt: hac vel maxime causa quod ipse in Ægypto juxta sepulcrum Joseph adoraretur. Ne ergo Joseph Ægyptiorum idololatriæ succumberet, profectionem filiorum Israel prævidens, dixit : « Visitatione visitabit vos Deus; et offerte ossa mea hinc vobiscum. » (*Ibid.*) Hanc ergo causam in hoc loco posui, non quod inter mirabilia deputaretur, sed ne tam magnum inter Abraham et Moysen, sine aliquo quod commemoratione dignum sit, spatium omitterem.

CAPUT XVI.
De Moysi et rubo in Oreb.

Post mortem autem Joseph, durissimæ servitutis jugo Ægyptiorum gens filios Israel cœpit opprimere, ita ut mares eorum parvulos, ne ultra modum gens succresceret, in flumine projicere, et diversa juberet morte mactare. (*Exod.*, I, 14, 22.) Quo tempore Moyses Amræ filius, in illa tempestate generatus, Leviticæ stirpis vir in ultionem suæ gentis surrexit : et videns virum Ægyptium Israelitam opprimentem, occidit. (*Exod.*, II, 12.) Quæ res ut Ægyptiorum regi qualiter facta esset, innotuit, ipse de Ægypto fugiens, per quadraginta annos in terra Madian oves pascens exsul fuit. Cui evoluto tempore promissionis, quæ facta est ad patres, minauti, per pascua gregem in monte Oreb rubus ardens, et igne suo non comburi apparuit. (*Exod.*, III, 2) Et cum talem visionem explorare cuperet, cur rubus non combureretur cum arderet, Dominus de medio rubi : « Ego, inquit, sum Dominus Deus patrum tuorum. In Ægyptum mittam te, ut inde servitutis jugo oppressum solvas semen eorum. » In hac horribili visione, hoc nostro operi primum occurrit, quomodo ignis videbatur ardere, et tamen illud in hac materia ignis alimoniam sumpserat, quare illud unde creverat non consumebatur? Et si non de hac materia

alimentée par le buisson, quelle nécessité de la faire paraître au milieu de ce buisson? On raconte d'une certaine espèce d'arbrisseau que plus il brûle, non-seulement moins il se consume, mais plus le feu l'émonde et le purifie. Saint Jérôme, dans l'explication de l'autel de bois qui fut montré en vision dans la ville au prophète Ezéchiel, rapporte que cet arbrisseau est de la couleur du lin; cependant il ne dit point le nom de ce bois, tout en indiquant sa nature. (Jér., sur Ezech., XLI, 22.) Or, si c'est sur cet arbrisseau que le feu apparut à Moïse, quoi d'étonnant qu'il ne fût pas consumé? Les propriétés naturelles de l'un et de l'autre, c'est-à-dire du feu et de l'arbre, ont donc été conservées, le feu brûlant naturellement au milieu du buisson, et le buisson restant sans être consumé selon les lois de sa nature, ou peut-être le feu qui brûlait au milieu de ce buisson n'était pas le feu qui consume les arbres qu'il enflamme, mais plutôt ce feu dont il est dit : « Qui rendez vos anges aussi légers que les vents, et vos ministres aussi ardents que les flammes. » (Ps. CIII, 4.) C'est donc un feu incorruptible qui apparaissait dans le buisson, et comme ce feu était manifesté à un homme revêtu d'un corps, il était nécessaire qu'il apparût sous une forme matérielle et sensible.

CHAPITRE XVII.

Des deux prodiges de la main transformée dans le sein de Moïse, et de la verge changée en serpent (Exod., IV, 2, 6).

Tandis que Moïse retournait en Egypte, Dieu lui donna un double signe de sa mission divine, afin que toute parole fût appuyée sur trois témoins, sur Dieu même et ces deux prodiges. En effet, le bâton que Moïse tenait à la main lorsqu'il conduisait les brebis, étant jeté à terre, se changeait en serpent. Il mettait la main dans son sein une première fois et la retirait couverte de lèpre; il la remettait une seconde fois, et la retirait saine et semblable au reste du corps; mais d'un côté comme de l'autre, nous ne voyons rien de contraire à la nature, soit du bâton, soit de la main. En effet, le corps de l'homme, comme nous le voyons quelquefois, est naturellement et successivement le sujet de la lèpre et de la santé. Mais que ce changement s'opère si rapidement qu'au même moment la main paraisse saine et couverte de lèpre, et qu'elle revienne de nouveau à son premier état, c'est un miracle éclatant pour ceux qui en sont témoins. Quant à la verge changée en serpent et au serpent reprenant la première forme de la verge, c'est une question difficile et laborieuse pour ceux qui scrutent les secrets de la nature. Il est d'abord un fait certain et qu'on ne peut s'empêcher d'admettre, c'est que la verge et le serpent proviennent de la terre. Or, ce qui est le produit d'une même matière peut, par la puissance de Dieu qui gouverne toutes choses, prendre indifféremment les différentes formes de cette matière. Mais si nous admettons que toutes les créatures sorties de la terre peuvent prendre indifféremment la forme l'une de l'autre, de manière qu'un animal puisse être changé en arbre, le pain en pierre, l'homme en oiseau, nous paraîtrons adopter l'opinion de ceux qui pensent qu'aucune créature ne peut demeurer invariablement dans les limites de la nature qui lui est propre, et les fables ridicules des magiciens qui soutiennent que leurs ancêtres ont traversé les siècles sous la forme d'oiseaux. Et nous serons obligés, par voie de conséquence, de reconnaître que Dieu ne dirige pas, mais qu'il change les natures,

flamma, quæ videbatur, surrexerat, ut in rubo ostenderetur quid necesse erat? Cujusdam ergo virgulti consuetudo refertur, quod quanto plus arserit, non tantum non consumitur; sed ardendo purgatius redditur. De quo ligno sanctus Hieronymus in explanatione altaris lignei, quod in civitate per visionem Domini in Ezechiele ostenditur, refert, quod quasi lini colorem habeat : attamen de hujus nomine reticuit, cum illius naturam indicavit. (Hier. in Ezech., XLI, 22.) Si ergo in illius arboris rubo ignis ille Moysi ostensus arserat, quid mirum si nequaquam illud comburebatur? Servata ergo in utroque natura, igne scilicet et arbore consideratur, dum et ignis naturaliter de arbore ardet et arbor ardens igni naturaliter non consumitur. Vel certe in illo rubo non ille ignis arboris inimicus videbatur ; sed potius ignis ille ibi fuit, de quo dicitur : « Qui facit Angelos suos spiritus, et ministros suos ignem urentem. » (Psal. CIII, 4.) Ignis ergo incorporeus in rubo declaratur, qui dum corporali homini ostensus est, necesse fuit ut aliqua corporea materia monstraretur.

CAPUT XVII.

De duobus signis, id est manu in sinum conversa, et virga in colubrum mutata (Exod., IV, 2, 6).

Deinde pergenti in Ægyptum, bifarium condonatur signum, scilicet ut in tribus testibus, in se et in duobus signis, consisteret verbum. Nam virga quam Moyses adhuc ovium pastor manu portaverat, cum in terram projiceret, serpens fiebat : et manum illius in proprium sinum suum missam prima vice leprosam protulerat, et secunda vice in eumdem sinum conversa sana apparebat, sed in manu aut in ligno contra naturam esse aliquid factum non apparet. Lepram enim et sanitatem insitam, ut alternatim sæpe probatur, carnis humanæ natura retinet. Sed crebra talis mutatio, ut in eodem momento sana manus et lepra cadens, et rursum sana appareret, insignissimi miraculum signi intuentibus præbet. Virga igitur in anguem versa et rursus serpens in arborem mutatus, laborem naturæ inquisitoribus præparat. Nisi quia utrumque, virga scilicet et serpens, factum esse manifeste docetur ex terra. Quod ergo ex eadem materia oritur, gubernatoris Dei potentia vicissim in alterutrum mutatur. Sed si omnia, quæ de terra facta sunt, in alterutrum mutari vicissim concedantur, hoc est, ut animal in arborem, panis in lapidem, homo in volucrem verti posse concedatur, nihil ex his firmiter possit intra suæ naturæ terminos permanere et ridiculosis magorum fabulationibus dicentium in avium substantia majores suos sæcula pervolasse, assensum præstare videbimur, ac per hoc Deum in his non gubernatorem, sed mutatorem na-

conséquence impossible, à moins de croire, ce qui n'est pas moins impossible, que Dieu après avoir créé en premier lieu toutes les natures, a tiré du néant des êtres nouveaux qui ne conservent point leur nature propre. « Car il n'y a rien de nouveau sous le soleil, et nul ne peut dire : Voici une chose nouvelle. » (*Eccles.*, I, 10.) Aussi un grand nombre de docteurs croient devoir soutenir que cette verge véritable, qui dans les mains de Moïse conservait sa nature d'arbrisseau, fut seulement changée d'une manière simulée en serpent pour servir de signe miraculeux, ce qui est d'autant plus probable qu'elle ne devait servir à aucun usage qu'à établir ce signe miraculeux. En effet, si elle avait été un véritable serpent, elle serait toujours restée serpent après le miracle. Car c'était un bâton véritable avec lequel Moïse avait frappé l'Egyptien; cette verge n'avait jamais été changée en serpent, elle avait toujours conservé la forme qui lui était propre. C'est avec cette verge qu'il avait divisé les eaux de la mer (*Exod.*, XLV, 21) et frappé le rocher d'Oreb et la pierre de Cadès. (*Nomb.*, XX, 11.) Si donc ces prodiges n'ont pour effet que de faire paraître l'image d'un serpent, pourquoi ce serpent dévore-t-il les autres serpents des magiciens en présence de Pharaon? Les savants répondront facilement à cette objection, que les serpents qui furent dévorés, furent eux-mêmes des serpents imaginaires, et que l'image d'un prodige divin pouvait bien dévorer le prodige simulé produit par les enchantements des magiciens. Dans ce sentiment, la verge de Moïse n'est point changée en véritable serpent, elle n'en revêt que la forme apparente pour l'utilité du miracle. En effet, il n'y a rien dans la nature d'un arbre qui puisse se transformer en serpent; aussi ce ne fut qu'au moment où le prodige devait être opéré, que ce qui était une verge en réalité prit l'apparence d'un serpent.

CHAPITRE XVIII.

De l'eau qui fut changée en sang (Exod., V, 1, et VII, 10, 20).

Moïse s'étant donc rendu en Egypte, opéra en présence de Pharaon les prodiges que Dieu lui avait commandé de faire et lui signifia que Dieu voulait qu'il laissât partir son peuple. Le roi ne voulut en aucune façon se rendre à cet ordre. Ce fut alors que Moïse, sur l'ordre du Seigneur, frappa des dix plaies la terre d'Egypte, et en premier lieu changea en sang les eaux qu'il frappa de sa verge. Toutes les eaux de l'Egypte furent immédiatement changées en sang; les animaux qu'elles contenaient périrent, et les hommes eux-mêmes, ne pouvant plus apaiser leur soif, étaient exposés à une mort certaine. Or, cette première plaie qui atteignit les Egyptiens et leur roi fut un acte de haute justice. Ils avaient commandé de jeter dans le fleuve les enfants du peuple de Dieu, il était juste que l'eau de ce même fleuve, changée en sang, fût mortelle pour ceux qui en buvaient, et devînt une cause de mort pour ceux qui s'en abstenaient. Mais pour rester fidèles au but que nous nous sommes proposé dans cet ouvrage, nous avons à examiner comment Dieu, qui règle et gouverne la nature, a changé l'eau en sang. L'eau est la matière de toute liqueur, et tous les jours elle prend différentes formes suivant les usages auxquels on la soumet, en servant continuellement d'après sa nature à nourrir et à entretenir les êtres créés. Ainsi lorsqu'elle se répand dans le cep de la vigne, elle prend

---

turarum dicemus ; quod absit, ne illum post primam naturarum omnium conditionem, aliquid novum, quod non propria natura retineat, facere credamus : « Nihil enim sub sole novum. Nec valet quisquam dicere : Ecce hoc recens est : » (*Eccle.*, I, 10) et ideo plurimi doctores plus dicunt illam veram virgam, quæ semper Moysi manibus comprehensa virgultum manebat, imaginarie tantum in serpentis formam aliquoties pro signo fuisse versam, præsertim cum ad nullos usus, nisi ad signi ostensionem necessaria esset. Si enim verus serpens fuisset, serpens semper post situ maneret. Etenim vera virga fuerat ex qua Moyses Ægypti plagis flagellare cœperat, numquam in serpentem mutata, semper virga permanserat. De qua mare dividitur (*Exod.*, XIV, 21), et petræ in Oreb et in Cades (*Num.*, XX, 11) percutiuntur. Si ergo imaginarius serpens ille per signa tantum ostenditur, cur coram Pharaone cæteri magorum serpentes per eum devorantur? Cui objectioni facile docti respondere poterunt, quod et ipsi serpentes, qui per eum devorabantur, imaginarii fuerunt, et ideo divini signi imaginatio devorare poterat quod per magorum diabolicas incantationes imaginatum fiebat. Juxta ergo hanc æstimationem non in naturam serpentis virga vertitur, sed pro signo in similitudinem imaginarie commutatur. Nihil enim in arboris natura, quod facere serpentem possit invenitur : et idcirco nisi in hora signi quæ erat virga naturaliter, (*a*) serpens specialiter videtur.

CAPUT XVIII.

De aqua in sanguinem versa (Exod., V, 1, et VII, 10, 20).

Pergens igitur in Ægyptum Moyses, cum coram Pharaone ut sibi Dominus imperaverat, signa faceret, et Dei sententiam, ut Israeliticum populum dimitteret, regi indicaret, et ipse rex Dei præcepto nullo modo consentiret, et jubente Domino decem plagis terram Ægypti flagellaret, primo percussas in sanguinem vertit aquas, ita ut omnes aquæ per totam Ægyptum mutatæ in sanguinem, animantibus quæ in ipsis erant, mortem præstarent, et per interitum sitis hominibus pœnale facerent exitium. Hæc autem primitus vindicta Ægyptiis cum rege suo convenienter evenerat, ut qui Dei populi infantes in flumen jactari præceperant, ejusdem fluminis aqua in sanguinem versa, exitium bibentibus inferret, et non bibentibus pœnam præstaret. At vero et hoc requirendum est, quod ad præsentis operis propositum respicit, quomodo Deus naturæ gubernator naturaliter aquam in sanguinem mutavit. Aqua igitur cuncti liquoris materia, quotidie per ipsarum rerum ministrationes in diversa mutatur, dum ad uniuscujusque naturæ pastum et refectionem indesinenter et naturaliter contra-

(*a*) Ms. Aud. *Virga specialiter semper videtur*. Optime.

le goût et la couleur du vin. Lorsqu'elle monte jusqu'aux plus hautes branches de l'olivier, elle y produit l'huile plus épaisse. Est-elle recueillie par les abeilles dans leurs rayons, elle concourt à produire le miel si doux. Circule-t-elle dans le tronc du palmier, elle lui fait produire ses fruits, et lorsqu'on l'exprime elle a la douceur du suc des dattes. Enfin lorsqu'elle sert à la nourriture des différents animaux, elle se transforme dans les diverses parties du sang d'un même corps. Ainsi pour nourrir l'enfant qui n'a point encore vu le jour, elle lui prépare dans le sein de sa mère le lait de couleur blanche et d'une douceur extraordinaire, tandis que dans tous les autres membres du corps elle rend plus foncée la couleur rouge du sang. Le sang prend un grand nombre d'autres formes dans un même corps. Les physiologistes en comptent jusqu'à vingt-trois, parmi lesquels ils placent l'urine, la semence, le fiel noir et rouge, la salive et les larmes. Or, c'est l'eau, qui par les divers usages auxquels sa nature se plie, prépare ces différentes formes. Pourquoi donc un esprit sérieux refuserait-il de reconnaître que par l'ordre du Maître tout-puissant qui gouverne la nature, l'eau peut devenir en un instant ce que nous la voyons devenir tous les jours dans un espace de temps plus long? Donc l'eau changée en sang n'a pas agi contre sa nature; mais sur l'ordre de Dieu elle a pris aussitôt la forme qu'elle prend successivement dans les autres circonstances.

CHAPITRE XIX.
Des autres plaies d'Egypte.

Quant aux autres plaies dont Dieu par Moïse et Moïse par Aaron frappa Pharaon, la terre d'Egypte et ses habitants, le simple récit de ces plaies prouve qu'il n'a dépassé en rien les limites de la nature. Ainsi les grenouilles sortent toujours des eaux, bien qu'elles se soient ici multipliées prodigieusement; les moucherons dans l'été naissent de la poussière sous les rayons ardents du soleil; les sauterelles et les mouches, sous l'action brûlante du même astre, se réunissent en grande quantité; les animaux domestiques terminent leur vie sous l'influence de causes diverses; la poussière soulevée par le vent obscurcit souvent dans la sérénité de l'air, et l'air infecté engendre à son tour des pustules et ensuite des ulcères dans les hommes et dans les chevaux. La grêle et la foudre sont elles-mêmes la suite de la congélation brusque et de la perturbation des vapeurs de l'air; plus la lumière s'éloigne de nous, plus aussi son absence rend pour nous épaisse l'obscurité des ténèbres. La mort enfin qui a commencé en Adam, exerce son empire sur tous ses enfants, et elle appesantit alors plus fortement son bras sur les premiers-nés des Egyptiens. Cependant, quoique toutes ces plaies aient leur cause dans la nature, cependant à titre spécial de châtiment, et pour réprimer la perfidie des Egyptiens, elles se produisirent tout d'un coup et d'une manière plus fréquente. Or, nous remarquons dans l'ordre que suivirent ces plaies la même gradation que dans ceux dont Dieu se servit pour les produire. Ainsi les trois premières sont dues à Aaron. Il frappa l'eau de sa verge, et elle se changea immédiatement en sang. (*Exod.*, VII, 20.) Il étendit de nouveau sa verge sur le fleuve, et une multitude innombrable de grenouilles en sortit et

---

bitur. Cum enim per vitis arborem infunditur, in vini saporem et colorem mutatur. Et cum olivæ ligni ad excelsas summitates ascendit, eadem aqua olei pinguedinem facit : et cum ab apibus in favos congeritur, mellis dulcedinem operatur : et cum per palmarum robora digeritur, dactylos gignit, et ad siceræ suavitatem expressa pervenit : et cum in animalium diversorum pastum deputatur, in sanguinis substantias diversas per eamdem carnem distinguitur. Nam et nutriendis fetibus, albi coloris et suavissimæ dulcedinis in uberibus lac præparat, et per cuncta reliquæ carnis membra rubicundum sanguinis colorem fuscat. Multa sunt præterea sanguinis genera per eamdem carnem, quæ usque ad viginti tria physiologi dinumerant, ex quibus urinam, semen, fel nigrum et rufum, salivas et lacrymas, et cætera esse denuntiant : hæc quotidianis administrationibus naturæ suæ per res varias aqua præparat. Quid ergo capacibus mentibus obstat, si illud quod per tempus longius facit, in momento per jussum potentissimi gubernatoris naturaliter efficiatur? Aqua ergo in sanguinem versa, non contra naturam facit, sed quod aliis rebus per tempus efficeret, jubente Domino in semetipsa protinus operatur.

CAPUT XIX.
De cæteris plagis Ægyptorum.

De cæteris vero plagis quibus Deus per Moysen et Moyses per Aaron, Pharaonem et terram ejus et servos ejus castigaverat, nil excessisse terminos naturæ, ipsa plagarum simplex narratio manifestat. Quoniam etsi tunc solito plures, semper tamen de aquis ranæ nascuntur; et cynifes æstatis tempore calore solis de pulvere oriuntur; locustæ et muscæ solis fervore solidatæ undique conveniunt, et jumenta diversis causis morte solita vitæ suæ terminum peragunt; pulvis quoque conturbatus de terra sæpe aerem serenum obscurat, et vesicas, et postea ulcera in hominibus et jumentis infectis aer general. Grando etiam et fulgura de congelantibus et vehementer turbatis nubibus ruunt, et absentia lucis oculorum obtutus quantocumque lux recessit, tenebræ plus præpediunt. Mors quoque in Adam seminata primitus, omnibus filiis ejus dominatur, per quam tunc in Ægypto primogenita soboles cunctorum arctius damnatur. Sed quamvis hæc omnia in rerum naturis insita erant, Ægyptiis tamen plagali conditione, ad eorum perfidiam compescendam, et subito, et plus solito acciderunt. Quarum ordo plagarum sicut in differentia rerum, ita et ministrorum crevit. Primæ namque ex omnibus tres plagæ per Aaron efficiuntur. Qui primo cum percussisset aquam, in sanguinem statim vertitur. (*Exod.*, VII, 20.) Et cum iterum extendisset eamdem virgam super aquam, ranarum inundatio replevit terram. (*Exod.*, VIII, 6.) Et cum tertio extendisset virgam super pulverem terræ, cynifes ebulliunt (*Exod.*, VIII, 17) :

couvrit toute la terre. (*Exod.*, VIII, 6.) Une troisième fois il frappa de sa verge la poussière de la terre, et elle fut convertie en essaims de moucherons. (*Exod.*, VIII, 17.) Aaron fut l'instrument de ces troies plaies. Les trois suivantes furent produites à la parole de Moïse. C'est sur son ordre que des quantités de sauterelles et de mouches vinrent fondre sur l'Egypte et déterminer la mort des animaux. (*Exod.*, IX, 6.) Pour les trois suivantes, Moïse joignit l'action à la parole. En effet, il prit de la cendre du foyer et la jeta vers le ciel, et alors il se forma des tumeurs sur les hommes et sur les animaux, et des ulcères qui se répandirent comme la poussière sur toute la terre d'Egypte. (*Ibid.*, 10.) Il prit ensuite sa verge et l'étendit vers le ciel, et le Seigneur fit tomber sur la terre une quantité prodigieuse de grêle mêlée d'éclairs et de tonnerre. Moïse étendit encore sa verge vers le ciel, et pendant trois jours et trois nuits Dieu répandit sur toute la terre des ténèbres horribles et si épaisses qu'on pouvait les toucher. (*Exod.*, XX, 22.) La dernière plaie ne fut envoyée ni par Aaron ni par Moïse; mais un ange du Seigneur traversant l'Egypte, frappa de mort tous les premiers-nés des Egyptiens. (*Exod.*, XII, 19.) Toutes les fois que le châtiment vient de la terre, c'est Aaron, inférieur en dignité, qui en est l'instrument. Les plaies des insectes qui volent dans l'air et des animaux qui semblent voler sur la terre, sont produites à la parole de Moïse. Lorsque la plaie vient des nuées élevées, Moïse élève sa main vers le ciel pour appeler ce châtiment sur la terre. Mais quand Dieu veut punir les Egyptiens en les frappant de mort, ce n'est plus à un homme, mais à un ange qu'il en remet le soin. C'est ainsi que ce châtiment qui les atteignait dans la partie essentielle de leur être, portait une crainte salutaire dans l'âme des Egyptiens, restés presque insensibles aux plaies qui ne tombaient que sur les biens et les animaux qu'ils possédaient. Ces plaies viennent à la fois de la terre, des eaux, des animaux, de l'air, du feu, des nuées du ciel et des anges, pour montrer que l'univers entier s'arme contre ceux qui osent lever contre Dieu l'étendard de la rebellion et d'une superbe opiniâtreté. (*Sag.*, V, 18.) Or, de même que toutes les créatures se déclarent contre ceux que Dieu veut châtier, toutes les créatures aussi favorisent ceux que Dieu couvre de sa protection divine. C'est ainsi que la mer Rouge, séparant ces deux peuples, mit fin aux persécutions de l'un et ouvrit à l'autre le chemin de la félicité et du bonheur.

CHAPITRE XX.

De la division et du desséchement de la mer Rouge (Exod., XIV, 5).

Les Egyptiens, sous le poids des fléaux qui les accablaient, avaient été obligés de consentir au départ des Israélites, mais bientôt un repentir coupable s'empara de leur âme, et le roi, à la tête de son armée, se mit à la poursuite du peuple qu'il avait laissé partir afin de le replacer sous le joug de la servitude. Les Israélites étaient resserrés dans l'espace étroit qui les séparait de la mer Rouge ; Moïse étendit sa verge sur la mer, les eaux de la mer Rouge se divisèrent tout à coup; la voie s'élargit devant ce peuple, qui y marcha à pied sec et devant ses ennemis qui le poursuivaient. Dieu fit souffler pendant toute la nuit un vent violent qui sécha le fond de la mer, qui était divisée, et mit entre les

et per Aaron istæ tres plagæ fiunt. Et sequentes tres aliæ per verbum Moysi ministrantur. Nam illo jubente, locustæ et muscæ veniunt, et mors jumentorum consequitur.(*Exod.*, IX, 6.) At vero tres aliæ non sermone tantummodo imperantur, sed per Moysi opus convocantur. Moyses enim sumptum de camino pulverem in cœlum sparsit, et vesicæ in hominibus et jumentis, et ulcera manantia ut pulvis in omni terra Ægypti nascuntur. (*Ibid.*, 10.) Et postea assumens virgam in cœlum, extendit, et grandinis fulgurumque insolens copia in terram ruit. Iterumque idem Moyses eamdem virgam in cœlum direxit, et tribus diebus totidemque noctibus permanentes tenebras crassitudine palpabiles, et admodum ferales super terram induxit. (*Exod.*, X, 22.) Ultima autem plaga neque per Aaron, neque per Moysen accidit, sed Angelus Domini per Ægyptum transiens cuncta Ægyptiorum primogenita delevit. (*Exod.*, XII, 29.) Quoties ergo de terra vindicta colligitur, per Aaron velut inferioris ordinis ministrum : quæ vero de volatilibus et morte jumentorum, quæ et ipsa velut in terra volant, pœna contrahitur, per Moysi imperium agitur : quando autem de supernis nubibus castigatio convocatur, per extensionem in altum Mosaicæ manus conducitur. At vero quando humanæ mortis exitus a Deo dispensatur, non homini, sed Angelo ministerium illud committitur : ut qui illud usque tempus per rerum, quas possidebant, flagella minus terrebantur, saltem per suæ insignissimæ partis detrimentum commune, quod sequebatur, interitum vererentur. Istarum quoque modus plagarum undique, hoc est, terra, aquis, animantibus, aere, igne, nubibus, cœlo et Angelis convenerat, ut ostenderetur, quod contra Deo rebelles et contumaces sese pariter universus orbis armat. (*Sap.*, V, 18.) Sicut autem iis quos Deus punire voluit, omnis creatura irascitur : sic et illis quibus auxilium præbuit, omnis creatura suffragatur. Etenim hos ambos populos mare Rubrum divisit : ubi eorum alteri totius pressuræ finis, initium alteri cunctæ felicitatis fuit.

CAPUT XX.

De recedente et siccato mari rubro (Exod., XIV, 5).

Cum dimissum, tot plagis attriti, Israeliticum populum, Ægyptii a se exire compulissent, mala rursus pœnitudine acti, cuncti cum rege suo exercitus pergunt, ut quos dimiserant, iterum ad servitutem retraherent. Tum Israel in angusto maris Rubri sinu coarctato, Moyse virgam super pelagus extendente, subito maris unda Rubritidis dividitur : et ingrediente populo pedibus siccis, hostibusque succedentibus, via dilatatur : immissoque vento, per totam noctem Deus mare divisum, etiam in siccum vertit, et inter ambos populos nubem,

deux peuples pour les séparer une nuée ténébreuse d'un côté et qui de l'autre communiquait à la nuit une lumière brillante. L'armée de Pharaon entra dans la mer après le peuple d'Israël, mais si elle fut une voie de salut pour les Israélites, les Egyptiens n'y trouvèrent que la mort. La nuée qui les séparait était ténébreuse pour les Egyptiens, en sorte que les deux armées ne purent s'approcher pendant toute la nuit. Cette nuée, au contraire, éclairait même la nuit pour les Israélites et leur permettait de traverser les profondeurs de la mer à la clarté d'une vive lumière. Le jour étant venu, tout le peuple de Dieu, échappé au double danger dont le menaçaient la mer et ses ennemis, s'avança dans le désert, tandis que toute l'armée de Pharaon fut engloutie dans les eaux de la mer, qui se rejoignirent, sans qu'il en restât un seul pour porter la nouvelle de ce désastre. Dans ce miracle si éclatant parmi les ouvrages de Dieu, le but que nous poursuivons ici exige que nous examinions comment on peut expliquer raisonnablement que la mer ait été séchée sous l'action du vent et se soit retirée de ses rivages. Mais cette question n'est pas autrement difficile à résoudre. Dieu lui-même nous en offre les moyens, lui qui nous fait voir si souvent la surface des lacs couverte de glace sous l'action de la gelée. Ce que font naturellement dans les eaux sous l'action de la gelée les parties inférieures de l'air en l'absence du vent et des pluies se produisit immédiatement dans la mer sur l'ordre de Dieu et sous l'action d'un vent glacial. Or, de même que la mer se sécha aussitôt en la parole du Seigneur, elle obéit à cette même parole pour se liquéfier de nouveau et ramener ses eaux au même lieu où elles étaient auparavant. Nous avons déjà parlé du reflux qui se produit chaque jour dans la mer, et dont les sables que l'eau laisse libres en se retirant sont une preuve perpétuelle. Nous pouvons conclure de là que de même que la mer s'éloigne naturellement chaque jour de ses rivages, elle n'agit pas alors contre sa nature, quoique d'une manière toute différente en découvrant sous la conduite de Dieu et en mettant à sec ses rivages.

CHAPITRE XXI.

Du cantique que chantèrent les enfants d'Israël
(Exod., xv, 1).

Les enfants d'Israël, à la vue de cette puissance extraordinaire que Dieu avait déployée pour leur délivrance, chantèrent tous ensemble à la suite de Moïse un cantique au Seigneur. Or, on vit alors un prodige des plus dignes d'admiration, c'est que tous, vieillards et enfants, tous les âges réunis inspirés d'un même esprit et comme d'une seule voix et sans aucune instruction préliminaire chantaient les mêmes paroles d'un parfait accord. L'observateur attentif de la nature trouve ici toute sécurité, car ce ne sont pas les efforts ordinaires de l'esprit humain, mais l'esprit de Dieu qui inspire les cœurs et les bouches. Cependant cet esprit n'a rien fait contre la nature dans ceux qui ont chanté ce cantique, puisque le jeu de la respiration et le mécanisme de la voix suffisent pour former les paroles au moyen de la bouche et de la langue. Or, ce que la parole et l'application auraient pu produire naturellement, Dieu leur donna de le faire sur l'heure et de chanter tous ensemble un même cantique. Ainsi celui qui venait d'ouvrir devant eux les profondeurs de la mer dirigeait ensuite leur esprit et leur langue dans le chant de ce cantique.

---

quæ divideret, tenebrosam, et noctem ipsam illuminantem columnam, immisit. Nam et Pharaonis exercitus mare post Israel intravit : sed uni refugium, alteri laqueus fuit. Quapropter et illa nubes media Ægyptiis erat tenebrosa, ut per totam noctem præcedentibus conjungi non valerent : Israeli vero noctem ipsam illuminabat, ut profunda maris lucida via incederent. Orto autem diluculo, defensus utroque periculo, hostium et pelagi, totus Dei populus evasit ad rura deserti, cum totus sine saltem nuntio evadente Pharaonis cuneus, undis ad suas metas revertentibus, concidit in glarea profundi. In hoc tam insigni in Dei operibus miraculo, istud de præsenti actus nostri intentione exigitur, quomodo in siccato et recedente de littoribus mari ratio conservatur. Sed ipsum non tam difficulter Deo auxiliante nos invenire credimus, qui congelantibus undis stagnorum dorsa glacie superstrata sæpissime consideramus. Quod ergo venti et pluviarum desinente turbine aeris inferiores partes gelu obtinente, in aquis sæpe naturaliter efficitur, illud tunc Dei jussu per glacialem ventum subito (*f.* rigente) urgente pelago factum fuisse comprobatur. Sed sicut repente mare siccum Domino imperante redditur, ita eodem jubente liquefactum, in fluidas undas de sicco resolvitur. De recessu vero illius quotidiana administratione, jam ante prædiximus, quia per Oceani maris æstuaria indesinenter fieri videre solemus. Ex quo colligere possumus, quod mare sicut naturaliter quotidie deserit littora, non contra naturam, quamvis longe aliter dissimili modo, Deo tunc gubernante, propria littora detexit.

CAPUT XXI.

De carmine consono filiorum Israel (Exod., xv, 1).

Considerantes igitur filii Israel validissimam potestatem, quam in sui liberatione Dominus fecit, Moyse præcinente consono carmine canticum Domino universi pariter decantabant. Ubi enormi satis admiratione accidit dignum miraculum, ut cuncti pariter senes cum pueris, et omnes ætates eodem inspirati flamine, uno quasi ex ore, nulla præmonitione edocti, easdem concinenter litteras decantarent in unum. Sed naturæ inquisitor in hoc loco securus efficitur, ubi non consuetudine humani ingenii, sed divino Spiritu cantorum pectora et ora inspirantur. Sed in his tamen cantoribus nil idem Spiritus contra naturam effecisse dignoscitur, in quibus per ora et linguas halitus et vox ad verba movetur. Et quod per verbum et studium ipsi facere potuerant, consonum omnes carmen decantare in uno momento Dominus illis donavit. Et qui paulo ante profundum coram eis aperuerat, ipse postmodum in tale canticum eorum linguas et ingenia gubernabat.

CHAPITRE XXII.

Des eaux qui devinrent douces à Mara
(Exod., xv, 24).

Ils s'avancèrent ensuite pendant trois jours dans le désert, où nul oiseau n'apparaissait, et où la fatigue de la marche et l'ardeur de la soif excitèrent leurs murmures, lorsqu'ils arrivèrent enfin aux eaux de Mara; mais ces eaux étaient amères et ils ne purent en boire pour apaiser leur soif. C'est alors que Dieu indiqua à Moïse un bois qu'il jeta dans les eaux et dont le contact fit disparaître leur amertume. Le peuple but en abondance de cette eau devenue douce et y étancha la soif brûlante qui le consumait depuis si longtemps. Mais comment celui qui examine attentivement l'action de la nature pourra-t-il voir un fait naturel dans ces eaux amères dont le contact d'un certain bois fait disparaître en un instant l'amertume? Quel est donc ce bois qui a la propriété d'être si doux qu'il suffise de le jeter dans l'eau d'un fleuve pour que cette eau, de très-amère qu'elle était, devienne aussitôt elle-même douce et d'une saveur délicieuse? Qu'on jette par exemple un rayon de miel dans une eau amère, ce rayon de miel prendra bien plutôt l'amertume de l'eau qu'il ne lui communiquera sa douceur. Il nous faut donc admettre que ce n'est point ce bois qui a ôté à l'eau son amertume naturelle, mais que cette eau est devenue douce et d'un goût agréable sur l'ordre du Créateur et du souverain Maître de la nature. Ainsi cette verge dont Moïse frappa la mer Rouge et avec laquelle il produisit sur les eaux du fleuve, dans le ciel et sur la terre ces fléaux divers dont la terre d'Egypte fut successivement tourmentée, n'avait pas en elle cette vertu naturelle lorsque Moïse et Aaron l'élevaient en l'air pour opérer ces prodiges, pour changer par exemple l'eau du fleuve en sang, faire sortir de la poussière des nuées de moucherons ou faire descendre du ciel sur la terre d'épaisses ténèbres. Qu'un autre que Moïse, et sans l'ordre de Dieu, eût frappé la mer de cette verge, il est évident qu'elle n'eût pas obéi. Qu'il eût encore frappé fortuitement les eaux de cette verge, assurément elles ne se seraient pas changées en sang. De même si un autre que Moïse, et sans en avoir reçu premièrement l'ordre de Dieu, eût jeté ce bois dans une eau amère, il est certain que l'amertume de cette eau n'aurait pas fait place à une saveur délicieuse. Si donc Dieu pour opérer ces prodiges, fait intervenir ces bois, ou d'autre part les cendres du foyer, ce n'est pas pour nous faire croire que les effets produits tiennent à leurs propriétés naturelles. Il a voulu établir ici les figures des mystères à venir afin qu'un sage docteur pût donner l'explication allégorique de ce qui s'opère maintenant pour le bien de l'Eglise par les choses dont nous voyons ici la figure. Mais si ce bois n'a point agi sur l'eau en vertu d'une propriété naturelle, comment ce fait est-il arrivé naturellement? Posons d'abord en principe que les propriétés qu'une longue application fait découvrir dans un objet quelconque ne lui sont point communiquées à dessein par une nature étrangère; ces propriétés étaient cachées dans les replis secrets de sa nature, et de longs efforts joints au secours d'une nature étrangère les mettent à découvert. Or, ce que les efforts de l'homme et le cours ordinaire des choses ne pro-

CAPUT XXII.

De aquis indulcatis in Marath (Exod., xv, 24).

Inde per infecundæ avium digressi solitudinis trium dierum continuo fatigati labore, querulosi ardore sitis, in Marath aquas amarissimas invenerunt, quarum falsitate prohibiti, suæ sitis habere solamen minime valuerunt. Sed Moysi a Domino lignum ostenditur, cujus tactu amara fluminis aqua indulcatur, ejusque dehinc dulci sapore populus sitis ardorem depotatus deposuit, quem illuc usque incessabiliter fervor fatigavit. Sed qualiter naturæ investigator naturaliter esse factum approbabit, quod amaræ aquæ in momento ligni attactu protinus indulcantur? Cujus ergo naturæ aut tantæ dulcedinis lignum fuisse videtur, quo semel intincta fluminis unda amarissima, suavis et sapida fit? Etenim si favum mellis aliquis nunc in amaram undam jecerit, nonne potius favus amarus quam unda sapida erit? Ex quo intelligitur, non tunc lignum contra naturam aquam effecisse dulcem, sed præcepto Conditoris et naturæ gubernatoris lympham mutavit in saporem. Nam et virga illa qua a Moyse mare Rubrum percutitur, et flumen et cœlum et terra flagellantur, quando terra Ægypti diversis plagis maceratur, non hanc in se naturæ virtutem habuit, cum eam Moyses vel Aaron ad hæc facienda elevavit, vel ut aquam fluminis in sanguinem verteret, vel etiam cyniphes de pulvere suscitaret, vel tenebras deduceret de cœlo. Si enim aliquis præter Moysen, et non cum Dei præcepto, mare iterum ex illa virga percussisset, pro certo ejus percussioni Tethys nequaquam cederet. Et si iterum aquas fortuitu percuteret, profecto illas nunquam in sanguinem mutaret. Sic et illam arborem per quam in Marath aqua salsa indulcatur, si in amarum liquorem aliquis intingueret, et non idem Deus ut primitus imperaret, pro certo non illam salsuginem in suavem saporem commutaret. Unde pervidendum est, quod non ideo Deus hæc ligna, vel etiam de fornace pulverem in his mirabilibus interesse præceperat, ut aliquid in illis per eorum naturam vel administrationem effectum fuisse quis credat. Sed per hæc futurorum mysteria præsignata esse instituit, ut quid in his nunc in Ecclesiæ provectibus ista faciant, sapiens doctor figurali expositione decernat. Dum autem lignum nihil in hoc naturaliter fecisse approbavimus, restat nunc ut quomodo per naturam factum sit exponamus. Quodcumque ergo per studium quamvis longi temporis in re aliqua invenitur, non aliunde in eamdem per industriam ex aliena natura conducitur, sed cum in naturæ abdito recessu occultatur, prius hoc perplexi temporis industria, et alterius naturæ adjumentum reddit. Et quod per humanum seu etiam rerum effectum longo cultu efficitur, hoc Dei voluntate, cum necesse habet, ipsa natura operatur. Aquas igitur amaras, vel

duisent qu'à la longue, la nature elle-même, lorsqu'il est nécessaire, l'opère par la seule volonté de Dieu. Ainsi que les eaux amères et les plus chargées de sel puissent devenir douces, c'est un fait souvent expérimenté des matelots; ils jettent ces eaux sur une terre d'une nature excellente, et par ce moyen leur ôtent toute leur amertume et peuvent ainsi étancher leur soif. Les nuages eux-mêmes absorbent du sein de la mer des vapeurs d'eau salée, mais lorsqu'il pleut, elles retombent en eau douce pour les différents usages de la terre. Ces eaux déposent en passant par la terre ou par les nuées cette propriété salée qui leur était naturelle. Par une raison semblable les eaux douces où l'on a jeté des cendres de plantes marines ont une saveur salée beaucoup plus forte que les eaux de l'Océan. Les eaux sont donc par leur nature susceptibles de ce changement, mais il se produit beaucoup plus vite par l'ordre du Créateur que par les efforts de l'industrie des hommes et par les différents usages auquel on les soumet. L'industrie humaine a besoin d'une nature étrangère et d'une action particulière sur un objet pour en changer la superficie; mais le Créateur et souverain Maître de toutes choses, sans aucune autre intervention, met à découvert la nature secrète d'un objet créé qui n'aurait pu être connue que par l'intermédiaire d'un autre objet. Ainsi de même que l'eau amère, en passant par la terre ou par les nuages, se décharge de son amertume et ne fait plus sentir au goût qu'une douceur qui était cachée dans les parties intimes de sa nature, ainsi la volonté du Maître tout-puissant de toutes les natures peut lui faire produire cet effet par elle-même et sans avoir besoin d'une autre nature comme auxiliaire.

etiam ipsas salsissimas in dulcem saporem verti posse, frequenter nautæ comprobant, qui illas per humum optimæ terræ infusas, et hoc artificio etiam indulcatas, sæpe sitim temperant. Nubes quoque de marinis fluibus vapores levant salsi liquoris, sed easdem dulces, quando pluunt, terrenis usibus ministrant. Quoniam salsuginis vitium quod in semetipsis aquæ insitum capiunt, per infusionem terræ aut nubium deponunt. Similiter quoque et dulces aquæ, cum eas homines per marinorum olerum cineres hauriunt, salsum et plusquam Oceani saporem reddunt. Hanc ergo immutationem insitam sibi naturaliter aquæ habent; sed celerius per præceptum Conditoris illam, quam per efficaciam humanæ diligentiæ et ipsarum rerum ministrationis exhibent. Per alterius enim rei adjumentum humana diligentia, vel ipsa cujusque rei ministratio alicujus naturæ superficiem mutat: ipse vero creaturarum Conditor et gubernator, naturam occultam, quæ per aliam rem manifestanda fieret, in re ipsa sola denudat. Sicut et nunc amara aqua dulcedinem quam in occulto suæ naturæ continuerat, per humum aut nubem ab amaritudine purgata ostenderet: ita jussu gubernatoris potentissimi naturarum per se solam absque alterius rei juvamine exhibet.

CHAPITRE XXIII.

De la manne qui tombait du ciel (Exod., XII, 34; XVI, 14 et 25).

Les Israélites comptaient près de six cent mille hommes en état de porter les armes lorsqu'ils entrèrent dans le désert, sans parler du reste de l'armée, c'est-à-dire de cette multitude innombrable et sans ordre qui était sortie de l'Egypte. Or, Dieu nourrit tout ce peuple avec la manne, c'est-à-dire d'un pain céleste pendant quarante ans. C'est ce pain que le Psalmiste rappelait dans la suite en ces termes : « Il leur a donné le pain du ciel, l'homme a mangé le pain des anges. » (*Ps.* LXXVII, 24.) Ce pain tombait toutes les nuits en même temps que la rosée autour du camp et avait la blancheur de la neige. « La manne, dit l'Ecriture, était comme la graine de la coriandre, de la couleur du bdellion et blanche comme la neige.» (*Nomb.*, XI, 7.) Elle ne pouvait supporter la chaleur du soleil, elle se fondait aussitôt, tandis que lorsqu'on la ramassait et qu'on la pilait dans un mortier pour en faire du pain qu'on mettait au four, elle supportait la chaleur du feu. Si quelqu'un en gardait une partie jusqu'au lendemain matin, il la trouvait pleine de vers et toute corrompue. (*Exod.*, XVI, 24.) Cependant elle se conserva intacte pendant des siècles dans un vase (un gomor) qui en était rempli et qu'on avait placé dans l'arche. Or, ce prodige admirable et qui avait alors sa nécessité, indépendamment de la signification allégorique qu'il renferme, fait naître dans les esprits attentifs des questions qui demandent une solution claire. Essayons de la donner avec le secours du Seigneur. On demande d'abord si cette manne était un vrai pain, pourquoi on l'appelle le

CAPUT XXIII.

De manna pluente de cœlo (Exod., XII, 34, et XVI, 14, et 25).

Ingressi ergo solitudinem hujus populi sexcenta ferme millia peditum pugnatorum, excepto purgamento exercitus, id est, innumerabili et promiscuo vulgo, quod de Ægypto conscenderat, Deus per annos quadraginta manna, id est, cœlesti pane saturavit. Denique de illo pane et Psalmista postmodum commemorans dixit : « Panem cœli dedit eis, panem Angelorum manducavit homo. » (*Psal.* LXXVII, 24.) Qui per noctem semper, excepta nocte sabbati, cum rore descendens circa castrorum locum candorem nivis ostenderet. « Erat enim, inquit Scriptura, quasi semen coriandri, et coloris bdellii, album quasi nix. » (*Num.*, XI, 7.) Hoc autem solis ortum sufferre non poterat, sed continuo liquefiebat, cum versa vice collectum et mola confractum, in coquendis panibus ignis ardorem sustentabat. Et si quis in mane alterius diei, residuum aliquid ex eo relinqueret, vermibus scatebat. (*Exod.*, XVI, 24.) Cum tamen Gomor mensura manna sanum post longa postmodum tempora plena Arca reservabat. In quo et mirabili et necessario tunc signo, exceptis iis quæ ad figuralem expositionem pertinent, studiosis mentibus subveniunt, quæ suæ explanationis illuminationem Domini adjutorio exigunt. Primum utrum enim panis sit quæritur : Et

pain des anges, et si ce pain n'avait rien de matériel et de terrestre, comment il a pu nourrir des hommes qui vivaient sur la terre soumis à toutes les infirmités de la chair. Ce pain, dans le verset du psaume que nous avons cité, est appelé, comme nous l'avons remarqué, un pain céleste, c'est-à-dire qui tombe des nues et à qui l'Ecriture, nous l'avons déjà dit, donne le nom de cieux. La manne est appelée le pain des anges, non que les anges s'en rassasient, puisqu'ils n'ont point besoin de nourriture, mais parce qu'elle était donnée au peuple par le ministère des anges, comme la loi et tout ce qui l'accompagnait fut donnée aux Israélites par les anges et l'entremise d'un médiateur. (*Gal.*, III, 19.) Or, comment la manne pouvait-elle soutenir l'existence de tous ces hommes si sa substance n'avait eu quelque partie matérielle et terrestre? Mais comment démontrer que ce qui tombait des nues avait quelque chose de terrestre si l'on ne prouve d'abord que les régions inférieures de l'atmosphère contiennent elles-mêmes des parties terrestres? Comment en effet l'air pourrait-il soutenir le corps des oiseaux qui volent s'il n'était composé de quelques parties plus solides? C'est en vertu de cette propriété de leur nature qui renferment quelques parties terrestres que l'air et les nuées se congèlent pour former la neige et la grêle presqu'aussi dure que la pierre. Pourquoi donc un esprit intelligent refuserait-il d'admettre que les nuées ont pu produire les grains de la manne comme ils produisent de petites pelotes de grêle, supposition d'autant plus vraisemblable qu'elle tombait sur la terre en même temps que la rosée, et que si le soleil la trouvait encore sur la terre à son lever, elle se fondait et disparaissait comme la grêle? Dans cette supposition on comprend que la manne produite dans les parties de l'atmosphère terrestre ait pu servir de nourriture aux hommes qui habitent la terre. L'Ecriture donne même le nom de terre à cette partie inférieure de l'atmosphère dans le psaume CXLVIII, où le Psalmiste, dans un esprit prophétique, invite toutes les créatures à célébrer la gloire de leur Créateur. Ainsi, après avoir parcouru toutes les magnificences du ciel supérieur, il arrive aux parties inférieures et dit : « Louez le Seigneur, habitants de la terre, » etc., jusqu'à ces paroles : « Qui obéissent à sa parole. » (*Ps.* CXLVIII, 7.) Ainsi le prophète, avant de descendre aux régions tout à fait terrestres dont il parle ensuite, donne le nom de terre à l'air plus épais qui se trouve mêlé aux nuages et aux vapeurs. C'est donc dans cette partie supérieure de la terre où se forment la grêle et la neige que se produisait la manne, qui était donnée ensuite par les anges comme nourriture aux habitants de la partie inférieure de la terre. Il est donc facile de voir que ce n'est pas d'une matière en dehors de la nature, mais de la terre que Dieu a tiré cette nourriture qu'il destinait à son peuple. Ce n'est pas sans doute qu'il n'eût pu lui donner chaque jour dans le désert le pain ordinaire et commun ; c'est qu'il voulait que l'homme nourri d'un pain qui venait d'en haut se rappelât que l'homme ne vit pas seulement de pain, mais de toute parole qui sort de la bouche de Dieu. (*Deut.*, VIII, 3.) De même qu'il a commandé à la nature de fournir à l'homme le pain en abondance, ainsi tout objet quel qu'il soit peut, sur son ordre, fournir à l'homme une nourriture excellente, de même qu'il recevait alors la pluie qui tombait des nuées.

quomodo panis Angelorum vocatur : Et si cibus ille nihil terrenæ naturæ habuisse describitur, quomodo adhuc in terra positi, et vitiis carnalibus subjecti ex eo homines sustentantur? Panis enim in Psalmistæ prædicto versiculo, ut prædiximus, cœlestis esse scribitur, qui de nubibus pariter cum pluvia tribuatur : quæ nubes, ut ante jam diximus, per Scripturas, cœlorum nomine vocitantur. Panis autem Angelorum cibus ille dicitur, non quod illo Angeli, qui cibo non egent, saturarentur, sed quod per Angelorum ministerium tale officium, sicut Lex et cætera populo præbebantur, quæ disposita per Angelos in manu mediatoris tribuitur. (*Gal.*, III, 19.) Qualiter ergo homines qualescumque sustentare potuisset, nisi terrenam aliquid in sua substantia haberet? Sed unde nubibus manna pluens terrenam substantiam habere monstrabitur, nisi forte aeris ipsius inferior pars, terrenam aliquam naturam retinere ostendatur? Quomodo enim avium volantium corpora sufferre valuisset, si non terrenæ soliditatis aliquid aer contineret? Quapropter illa substantia et nubes fultæ terræ ipsius natura, etiam in nives et grandines congelascunt, qui pene duritiam lapidum contrahunt. Quid igitur hoc capacibus animis repugnat, si sicut nubes grandinis lapillos concipiunt, sic et mannæ grana gignere potuerunt : præsertim cum ad terram veniens, veluti cum cognato rore, si illud sol ortus inveniret, quasi grando in terra liquescens deperiret? Atque ita fieri poterit, ut manna in terreni aeris hujus partibus genitum, terrenis hominibus præbuerit cibalem pastum. Ista etenim pars inferior aeris, terra etiam in Scriptura divina nominatur, dum in centesimo quadragesimo octavo Psalmo, prophetali spiritu in Domini creatoris laudem omnes creaturæ incitantur. Sic namque consummatis his quæ ad superiorem ornatum cœli pertinent, ad partes aeris hujus inferiores venitur, taliter subinfertur : « Laudate Dominum de terra, » etc. usque, « quæ faciunt verbum ejus. » (*Psal.* CXLVIII, 7.) Ecce nunc crassiorem nubibus et vaporibus insertum aerem, terram Propheta nominavit, et antequam ad inferioris terræ, quæ postea subinferuntur, spatia perveniat. In illa ergo superiori parte terræ, ubi grando et nix gignitur, nascebatur manna, et in cibum inferioris terræ partis hominibus per Angelos administrabatur. Ex quo facile dignoscitur, non aliunde extra naturam quæsiisse, sed de terra Deus victum præparasse. Non quod Deus quotidie illis panem illum communem etiam in deserto præstare non posset, sed ut homo pastus de nubibus, sciret quia non in solo pane vivit; sed in omni verbo quod de Dei ore procedit. (*Deut.*, VIII, 3.) Sicut enim naturæ imperavit, ut homo saturaretur pane, ita etiam de omni quacumque re, si ita illi jusserit, quomodo habebat et tunc de nubibus pluviam, victum habebit incolumem.

CHAPITRE XXIV.

Du rocher d'Oreb que Moïse frappa de sa verge
(Exod., XVII, 6).

Ce même peuple, brûlé par les ardeurs du désert, demandait de l'eau pour étancher sa soif. Moïse, sur l'ordre de Dieu, frappa de sa verge la pierre d'Oreb, d'où l'eau jaillit en abondance. L'investigateur attentif de la nature se trouve ici embarrassé et demande comment la nature de l'eau se trouve renfermée dans la matière si dure de la pierre. Mais comment peut-on ignorer que des pierres ont été produites au commencement par l'eau, lorsqu'on voit que la glace produite par la neige soumise à de longues gelées finit par devenir aussi dure que la pierre? D'ailleurs ne voyons-nous pas souvent au sommet des arbres ou des rochers des mottes qui ne sont point composées de terre, mais d'herbe qui pousse et dans lesquelles nous trouvons de petites pierres que la pluie y a déposées, ou qui sont produites par la chute de ces mottes sur la terre? Nous voyons encore des terres argileuses qui, sous l'action des courants d'eau qui les traversent, deviennent aussi dures que la pierre; nous y trouvons même des pierres plus dures d'un âge plus reculé et que la terre renfermait depuis longtemps dans son sein. C'est ainsi que nous voyons des coquillages si étroitement unis à des pierres calcaires qu'ils semblent ne faire qu'un avec ces pierres, et qui ont été déposés au milieu de ces pierres lorsqu'elles étaient dans un état moins solide. Dans d'autres coquillages très-anciens que la mer rejette sur les rivages, on constate l'existence de couches superposées dont la formation n'est point due au gravier de la mer, mais à la qualité même de ses eaux et qui présentent à l'extrémité de leur corps une peau d'une dureté et d'une densité semblable à celle de la pierre. Beaucoup de reptiles marins sont couvert d'écailles qu'il apportent en naissant et qui paraissent plus dures qu'un grand nombre de pierres. En présence de ces témoignages évidents, aucun savant ne peut nier que les pierres sont maintenant produites les unes par l'eau seule, les autres par l'eau et la terre réunies, comme l'indique la nature du marbre, à la surface duquel l'eau suinte et découle. Le sel lui-même passe de l'état liquide à l'état solide et de l'état solide à l'état liquide. La pierre elle-même, au témoignage du livre de Job (*Job*, XXVIII, 2), se change en airain sous l'action du feu, ce qui serait impossible si elle ne prenait d'abord une forme liquide. Tout métal d'ailleurs, si dur qu'il soit et bien qu'il soit évident qu'il n'est pas liquide de sa nature, peut cependant se liquéfier sous l'action du feu. Puisque donc il est prouvé que la nature des pierres peut être produite par l'eau, qui s'oppose à ce que, par la volonté de Dieu qui gouverne toutes choses, la pierre se soit changée aussi en eau et semble avoir voulu retourner à son origine première lorsque Dieu commanda au rocher de faire jaillir de l'eau pour son peuple?

CAPUT XXIV.

De petra percussa in Oreb (Exod., XVII, 6).

Idem quoque populus in deserto sitiens potamenti refocillationem postulavit. Unde Moyses princeps Deo imperante virga percussa petra in Oreb, aquam de ea produxit. In hoc naturæ investigator in angustum redigitur, quomodo aquæ natura in duro lapide occultatur. De aqua vero in principio lapides factos, qualiter ignorat, qui crystalli naturam, nive per multum temporis congelante, in commutabilem lapidis duritiam procedere non ambigat: præsertim cum glebas non de terræ ipsius humo, sed de fœni primitus incremento in summis arboribus vel scopulis sæpe consideramus, in quibus jam lapillos per pluviarum infusionem et ipsius fœni in humum motionem genitos invenimus. Nonnullas quoque terras argillosas transfluentium aquarum assueto cursu superfusas in duritiam lapidum vidimus conversas: in quibus etiam duriores velut antiquioris ætatis lapides, quos ipsa humus prius in se habuerat animadvertimus insertos. Qualiter jam nonnullis lapidibus quoque concavos ostreos, quos quando mollis humus fuerat, interpositos habebat, veluti suæ naturali duritiæ nunc insertos videmus. In cæteris quoque quos longæ admodum ætatis mare ad terras projecit, superpositæ (*a*) moræ nagarbæ videntur, quas non de maris glarea elevatas, sed ex ipsa marini humoris qualitate, et eorum extrema corporum indurata cute admodum esse concretas, ipsa consideratione probamus. Plurima etiam marina reptilia testudinibus coætaneis induuntur, in quibus durities plusquam plurimorum lapidum videtur. Ex quibus omnibus manifestis approbationibus, lapides ex aqua tantum nunc, et nonnullos ex aqua et humo nunc genitos esse, doctus quisque non denegat; sicut et lacrymosi marmoris natura et consuetudo indicat. Satis etiam natura de liquore in lapidis duritiam concreta vertitur, et iterum in liquorem solvi contuetur. Lapis quoque, ut Job libri narrat historia (*Job*, XXVIII, 2), resolutus calore in æs convertitur; quod non potest, nisi prius in liquoris naturam moveatur. Præterea quoque omne metallum quantæcumque duritiæ fuerit, (*b*) quamvis liquidæ naturæ esse non pateat, igne resolutum liquescit. Dum ergo ex aquæ humore lapidum natura gigni comprobatur, quid obstat si Dei gubernatoris voluntate lapis in aquam versa vice mutetur, ut natura ad suam originem redire festinet, cum Deus aquam de petra populo suo præberi jubet?

(*a*) Ms. Aud. *roccæ nagarba*. — (*b*) Ms. Aud. *quatenus liq. natur. esse pateat*.

CHAPITRE XXV.

Pourquoi les enfants de Moïse ne lui ont pas succédé dans la conduite du peuple de Dieu (Exod., xviii).

Ensuite le beau-père de Moïse, ayant pris avec lui Séphora, épouse de Moïse et ses deux fils, se hâta d'aller à la rencontre de Moïse dans le désert. Il lui donna le conseil que Moïse suivit, quoiqu'il vînt d'un idolâtre, d'établir des chefs dans le peuple de Dieu, pour commander les uns mille hommes, les autres cent, les autres cinquante, les autres dix. Mais on se demande pourquoi les fils de Moïse n'ont pas succédé à leur père dans la conduite du peuple de Dieu, et n'ont pas été même revêtus du sacerdoce, alors que le Psalmiste dit : « Aaron et Moïse ont été ses prêtres. » (*Ps.*, xcviii, 6.) Or, cette question trouve sa réponse dans cette raison que les fils de Moïse étaient nés d'une mère idolâtre qu'il avait épousée pendant son exil. Car c'est ainsi que le livre de l'Exode s'exprime lorsque Moïse eut son fils premier-né : « Et il le nomma Gerson, en disant : J'ai été voyageur dans une terre étrangère. » (*Exod.*, ii, 22.)

CHAPITRE XXVI.

Du jeûne de quarante jours.

Moïse ayant ensuite, sur l'ordre de Dieu, jeûné pendant quarante jours, après avoir préservé son peuple des dix plaies d'Egypte, cinquante jours après la célébration de la Pâque en Egypte, il lui apporta écrites sur deux tables de pierre la loi des dix commandements qu'il avait reçue sur le mont Sinaï. (*Exod.*, xxiv, 12; xxxi, 18.) Mais irrité des excès sacriléges de ce peuple idolâtre, il les brisa au pied de la montagne. (*Exod.*, xxxii, 18.) Il prépara de nouvelles tables de la même matière, et après un second jeûne de quarante jours, il obtint de la bonté de Dieu qu'il écrivit sur ces tables les mêmes préceptes. (*Exod.*, xxxiv, 28.) Or, pendant ce temps, Moïse, comme je l'ai dit, fut par deux fois en dehors des lois ordinaires de la nature, quarante jours sans prendre aucune nourriture et sans être fatigué de ce jeûne prolongé, parce que la parole de Dieu qui le soutenait, lui donnait la force de supporter un si long jeûne sans ressentir les souffrances de la faim.

CHAPITRE XXVII.

Convoitise du peuple qui demande de la viande.

Bientôt une partie de ce peuple infidèle, cédant au désir violent de manger de la chair, murmura contre Moïse et préféra hautement les viandes de l'Egypte à la manne. (*Exod.*, xi, 4.) Moïse ne pouvait supporter une telle ingratitude; le Seigneur lui dit : « Purifiez ce peuple pour demain, je lui donnerai de la viande à manger pendant tout un mois. » (*Exod.*, xi, 21.) Moïse, sous l'inspiration d'un sentiment tout humain, répondit à Dieu : « Il y a six cent mille hommes de pied dans ce peuple; faudra-t-il égorger tout ce qu'il y a de moutons ou de bœufs pour pouvoir fournir à leur nourriture? où ramassera-t-on tous les poissons de la mer pour les rassasier? » (*Ibid.*, 22.) Mais Dieu ne voulant pour nourrir son peuple aucun de ces moyens conçus par la faiblesse de l'esprit humain, « excita un vent violent qui emportant des cailles de delà la mer, les amena et les fit tomber dans le camp

CAPUT XXV.

De filiis Moysi, quare ducatu sacerdotum privati sunt (Exod., xviii).

Post hæc quoque Moysi cognatus, cum Sephoram illius Moysi uxorem et duos filios ejus detulerat, ocius ipsi in occursum Moyses per desertum exire festinat. Cujus consilio quamvis gentilis, tamen cum ad castrorum locum venitur, Tribuni et Centuriones et quinquagenarii et decuriones in Dei populo constituuntur. Sed de Moysi filiis quæstio nascitur, cur patris sui in ducatu populi hæredes non sunt, sacerdotio saltem privantur, dum per Psalmistam dicitur : « Moyses et Aaron in sacerdotibus ejus. » (*Psal.* xcviii, 6.) Hæc tamen quæstio rationem dando vincitur, cum filii Moysi de gentili matre peregrinationis causa generantur. Sic etenim de Moyse, cum primogenitum genuisset, refertur : « Et vocavit nomen ejus Gerson, dicens, quia advena fui in terra aliena. » (*Exod.*, ii, 220.)

CAPUT XXVI.

De jejunio quadraginta dierum.

Interea invitatus Dei famine Moyses, quadraginta dies jejunavit, et liberato Dei populo de Ægyptiorum decem plagis, quinquagesimo die, ex quo in Ægypto Pascha celebratum est, decem mandatorum legem de monte Sinaï in duabus lapideis tabulis detulit. (*Exod.*, xxiv, 12; xxxi, 18.) Quas, cum offensus esset populi peccantis piaculo, ad montis radices confregit. (*Exod.*, xxxii, 18.) Restauratisque totidem numeri ejusdem materiæ tabulis rursus quadraginta diebus jejunus Dei largitoris munere, eadem præcepta recipere meruit. (*Exod.*, xxxiv, 28.) Sed per hoc tempus contra consuetudinem humani moris, bis taliter, ut prædixi, nullo fatigatus inediæ labore, nullam terrenæ conversationis escam manducavit; quoniam divini sermonis consortio fultus, tam longam inediam sine esurie sustinere potuit.

CAPUT XXVII.

De populo carnes postulante.

Præterea carnium concupiscentia infidelis populi pars flagrans murmuravit, et mannæ cœlesti ollas carnium Ægyptiorum præposuit. (*Num.*, xi, 4.) Sed et Moysi cum esset intoleranda res visa, Dominus : « Populum, inquit, sanctifica crastino : ego enim illos mense integro carnibus saturabo. » (*Ibid.*, 21.) Cui imbecillitate incitatus humana Moyses : « Sexcenta millia, respondit, peditum pugnatorum, excepto innumerabili vulgo hujus populi numerantur : numquid boum et ovium immensa multitudo cædetur, aut ad saturationem innumerabilis turbæ pisces maris in unum congregabuntur? » Et idcirco ut nihil de iis, quæ Moysi mens fragilis, utpote humana

et autour du camp, en un espace aussi grand qu'est le chemin que l'on peut faire en un jour. » (*Ibid.*, 31.) Ces cailles étaient d'une grosseur extraordinaire (1), et le peuple les ayant ramassées, en mangea pendant un mois entier, c'est-à-dire pendant trente jours consécutifs. Mais la vengeance divine atteignit bientôt les murmurateurs incrédules, car tous ceux qui étaient coupables de cette convoitise furent frappés de mort et ensevelis dans ce lieu, avant que le peuple l'eût quitté. Or, pour accomplir ce prodige, Dieu ne créa rien de nouveau et ne fit rien contre les lois ordinaires de la nature; il fit simplement venir en quantité, pour les besoins de son peuple, des oiseaux qu'il avait créés dès le commencement, et qu'il tenait en réserve dans quelque endroit inconnu du monde. Il est écrit dans le livre de la Sagesse, il est vrai : « Ils virent une race nouvelle d'oiseaux. » (*Sag.*, XIX, 11.) Il faut entendre qu'ils la voyaient pour la première fois, mais non qu'elle fût nouvellement créée. Dieu donna pour subvenir aux besoins de son peuple ce qu'il avait créé autrefois dès le commencement avec tous les autres êtres. Cependant il choisit cette fois, pour instruments de sa vengeance, ces cailles qui lorsqu'elles étaient tombées la première fois dans le camp avec la manne, n'avaient fait aucun mal à ceux qui en avaient mangé, afin qu'on ne pût croire que cette nourriture était capable de donner la mort à son peuple, s'il n'avait murmuré contre lui. En effet, pendant que la vengeance de Dieu atteignait ici les coupables, ceux qui avaient la conscience pure mangeaient de ces oiseaux sans aucun danger, de même que, lorsqu'elles furent envoyées avec la manne, tout le peuple s'en nourrit sans en éprouver aucun mal.

(1) Le mot grec ὀρτυγόμητρα est le nom d'un genre de cailles d'une grosseur extraordinaire.
(2) Année du monde 3580.

CHAPITRE XXVIII.

De l'épouse éthiopienne de Moïse et de la lèpre dont fut couverte Marie en punition de ses murmures (Nomb., XII, 1).

Bientôt après Aaron et Marie tinrent contre Moïse des discours outrageants à cause de sa femme qui était éthiopienne. Or, au témoignage de l'Esprit saint, Moïse était le plus doux de tous les hommes qui demeuraient sur la terre. Mais Dieu les ayant appelés tous trois dans le tabernacle, Aaron fut repris sévèrement par le Seigneur, et ne dut qu'à l'huile sainte qui l'avait consacré d'échapper au châtiment. Marie, au contraire, parut aussitôt toute blanche de lèpre comme de la neige, et Dieu commanda qu'elle fût séparée hors du camp. Moïse ayant prié pour elle, elle recouvra la santé le septième jour. Or, les savants sont partagés sur cette éthiopienne, épouse de Moïse. Avait-il épousé cette éthiopienne lorsqu'il était encore dans le palais de Pharaon dont il sortit à l'âge de quarante ans, et cette épouse l'aurait-elle attendu pendant les longs jours de son exil? Ou bien était-ce au temps où il opéra ses prodiges lorsqu'il revint en Egypte après son exil, qu'il avait pris pour épouse une éthiopienne qu'il amenait de l'Ethiopie et qu'il conduisait avec lui dans le désert? Ou enfin peut-on dire de Séphora qu'elle était éthiopienne, en se fondant sur ce qu'au nord de la mer Rouge, où les Ethiopiens ont autrefois habité, il y a une autre Ethiopie comme nous le voyons dans une multitude d'endroits des livres historiques de la sainte Ecriture. On raconte dans les chroniques ecclésiastiques d'Eusèbe (2), que les Ethiopiens sortis des bords du fleuve de l'Indus vinrent se fixer près de l'Egypte.

---

arripuit, in pastum populi cederet : « Ventus a Domino egrediens, arreptas trans mare coturnices, ad castrorum loca detulit, casque duobus, cubitis in aere volantes circa castrorum loca, quantum una die confici potest. » (*Ibid.*, 31.) Ortygometram inseruit : quam populus colligens, mense integro, id est, triginta diebus comedit. Sed incredulos murmurationis ultio consequitur. Nam in illo loco, priusquam populus egrederetur, qui concupierant, ira dominica mactati sepeliuntur. Certe in hoc nihil novum vel contra naturam a Domino contribuitur, qui olim creaturam avium conditam, et in aliquo mundi quodam angulo reconditam, in necessitate populi sui præstare videtur. Quamvis in libro Sapientiæ scribitur : « Novam creaturam avium viderunt : » (*Sap.*, XIX, 11) nuper utique ostensam, non nuper creatam. Quod olim Deus cum cæteris creaturis in principio condidit, hoc in tempore necessitati plebi suæ ministravit. Sed tamen idcirco coturnices ad tale ministerium, quæ prius cum manna contributæ, nihil adversi edentibus contulerant, ista vice iterum detulit, ne quisquam putaret, quod esca avium sine murmurationis culpa mortem populo præstitit : quoniam et in hac vindicta sana conscientia comedentes incolumes servavit; et quando cum manna data est, toti multitudini nihil incommodi præbuit.

CAPUT XXVIII.

De Æthiopissa uxore Moysi, et lepra murmurantis Mariæ (Num., XII, 1).

Postmodum propter Æthiopissam ejus uxorem, Aaron et Maria contra Moysen insolentia verba depromunt, quem omnium qui tunc in terra morabantur, mitissimum hominum Spiritus sancti dicta testificabunt. Sed cum tres tantum illos in tabernaculum vocasset, Aaron castigatus Dei sermone, oleo unctionis a vindicta defenditur, Mariæ vero lepræ candore corpus maceratur, quapropter etiam extra castra manere præcipitur. Sed orante pro ea Moyse, septimo die iterum revocatur sana. At vero de ista Moysi Æthiopissa conjuge duplex magistrorum invenitur intentio : utrum de Æthiopia cum esset in domo Pharaonis, de qua quadragenarius egreditur, acceperit, quæ per multos peregrinationis ejus dies illum expectavit, an signorum tempore, cum post peregrinationem in Ægyptum reversus est, Æthiopissam uxorem sibi junxerat, quam de Æthiopia secum et per desertum ducebat, an æque de Sephora dicitur quod Æthiopissa sit, quando ad Aquilonem maris rubri, ubi prius Æthiopes fuerunt, Æthiopiam alteram esse in multis locis historiarum Scripturæ describunt. De qua in Ecclesiastica historia

La contrée qu'ont habitée autrefois les Ethiopiens, peut donc très-bien être appelée Ethiopie, et l'épouse de Moïse éthiopienne, si Moïse a épousé une femme de cette Ethiopie.

CHAPITRE XXIX.
De Coré, Dathan et Abiron (Nomb., xvi, 1).

En ce même temps Coré, fils d'Issaar, de la tribu de Lévi, parent de Moïse et d'Aaron, Dathan et Abiron, fils d'Eliab, Hon, fils de Phélech, de la tribu de Ruben, et avec eux deux cent cinquante des principaux de la synagogue, et qui dans le temps des assemblées étaient appelés par leur nom, se soulevèrent avec un orgueil plein d'arrogance contre Moïse et Aaron. (*Nomb.*, xvi, 1.) Coré voulait usurper le sacerdoce, et les autres se disputaient le commandement du peuple. Or, celui qui avait voulu offrir à Dieu contre sa volonté le feu de l'holocauste, fut dévoré à l'heure de l'holocauste avec ceux qui s'étaient joints à lui par un feu descendu du ciel; et ceux qui avaient voulu se lever orgueilleusement contre l'ordre établi de Dieu, virent la terre s'entr'ouvrir sous leurs pas et les engloutir dans l'enfer. (*Ibid.*, xvi, 31.) Nous avons ici une preuve manifeste que les créatures vivantes et inanimées obéissent également aux ordres de Dieu (*Sag.*, v, 18); de même que les créatures vivantes s'empressent d'obéir au commandement qu'il leur fait, ainsi les créatures inanimées montrent le même empressement et la même obéissance. La terre s'entr'ouvrit comme un être animé pour accomplir ce grand acte de justice; cependant il n'y a rien ici qui soit contraire à la nature. En effet, la terre est douée, on ne peut le nier, d'une vie qu'on peut appeler insensible et qu'elle semble communiquer aux tiges des arbres et des plantes qui croissent dans son sein. De même donc que dans un corps vivant, le sang se meut et circule dans ses veines, ainsi des courants d'eaux qui paraissent animés circulent par toute la terre. C'est en vertu de cette vie insensible dont elle est douée que la terre, sur l'ordre de Dieu, et devenant l'instrument de ses vengeances, s'entr'ouvrit et engloutit les tentes des pécheurs.

CHAPITRE XXX.
De la plaie dont le peuple fut frappé lorsque Moïse s'enfuit dans le Tabernacle (Nomb., xvi, 41).

Le jour suivant, toute la multitude des enfants d'Israël s'éleva contre Moïse et Aaron, comme coupables d'avoir répandu le sang de leurs frères, et voulut les immoler pour venger leur mort. Mais tous deux, c'est-à-dire Moïse et Aaron, s'enfuirent au tabernacle de l'alliance, et le feu du ciel vint tomber de nouveau sur ce peuple rebelle. Alors Aaron, sur l'ordre de Moïse, emplit son encensoir du feu de l'autel, et alla vers le peuple, et le feu vengeur ne passa point au delà d'Aaron qui se tenait debout entre les vivants et les morts. Dieu fit paraître ici doublement sa sagesse; ceux que le feu de la colère avait soulevé contre les princes légitimes du peuple furent en proie au feu de la juste vengeance du ciel; et celui qui avait pardonné miséricordieusement dans son cœur le crime de ses frères, par sa seule présence,

---

scribitur quod ex parte Indiæ adhæret. Et in Chronicis Canonicis Eusebii refertur, quod Æthiopes ab Indo flumine consurgentes juxta Ægyptum consederunt. Ex quo intelligitur, quod terra illa in qua primitus Æthiopes habitaverunt, Æthiopia dicta esse potuerit, ex qua Æthiopia, si Moyses uxorem suam acceperat, ideo Æthiopissa dicta fuerat.

CAPUT XXIX.
De Chore et Dathan et Abiron. (Num., xvi, 1).

Chore quoque filius Issaar de tribu Levi, patruelis Moysi et Aaron; et Dathan, et Abiron filii Eliab; et Hon, filius Phelech de tribu Ruben, et præterea ducenti quinquaginta viri proceres synagogæ, qui tempore consilii per nomina vocitabantur, supercilioso superbiæ tumore contra Moysen et Aaron steterunt. (*Num.*, xvi, 1.) Etenim Chore vindicare sibi sacerdotium voluerat, et reliqui alii de principatu populi contendebant. Sed illum qui ignem holocausti Deo non præcipiente offerre appetivit, holocausti tempore, cœlestis ignis cum his, qui ad eum pertinebant, absumpsit : et eos qui se in excelsum elevantes Dei ordinationi resistere cœperant, sub pedibus eorum terra debiscens, aperto ore in infernum deglutiens, voravit. (*Ibid.*, 31.) In quibus manifeste ostenditur, quod tantumdem sensibiles et insensibiles creaturæ Dei dicto obediunt (*Sap.*, v, 18), dum quemadmodum viventes celeriter cum ejus imperio veniunt, ita et quæ non vivunt, velut viventes quod præcipitur peragunt. Sed quamvis quasi vivens terra illud vindictæ officium peragit, contra naturam tamen in illo nequaquam aliquid fit : vitam enim insensibilem terra habere indubitanter dignoscitur, per quam in se crescentia arborum et olerum frutecta moveri videntur. Unde quasi in vivente carne palpitantes venæ sanguinis discurrunt, ita etiam per terram viventium aquarum rivi profluunt : per quam vitam insensibilem Deo imperante terra os suum aperuit, quando hominum peccatorum, quasi serviens in ministerio vindictæ, tabernacula voravit.

CAPUT XXX.
De plaga, quæ descendit in populum, quando Moyses fugit in Tabernaculum (Num., xvi, 41).

Sequenti itidem die totus populus contra Moysen et Aaron, quasi sanguinis reos consurrexit, eosque in eorumdem ultionem occidere voluit. Sed hic uterque, Moyses videlicet et Aaron ad Tabernaculum Dei diffugiunt, et iterum in rebelli populo cœlestis flamma desævit. Rursumque Aaron imperante Moyse, impleto altaris igne thuribulo, foras in populum venit, et inter vivos et mortuos digredientis vestigium vindicta non transivit. Recto in utroque moderamine effecto, ut contra justos principes iracundiæ igne intus exarserant, foris justissimæ vindictæ flamma conflagrarent. Et qui in corde proximorum culpas veniabiliter dimiserat, ejus vestigio defensos ignis de cœlo missus urere non

les défendait des atteintes du feu du ciel. Or, le nombre de ceux qui furent consumés par le feu fut de quatorze mille.

CHAPITRE XXXI.

De la verge d'Aaron qui fleurit (Nomb., XVII, 6).

Ce crime de rebellion semblait peser sur eux de tout son poids. Cependant la révolte ayant cessé, Moïse, afin de faire connaître clairement celui que le Seigneur avait choisi pour exercer les fonctions de grand-prêtre, demanda aux chefs des douze tribus d'apporter douze verges sur lesquelles le nom de chaque prince serait écrit. Le nom d'Aaron se trouvait écrit sur la verge de la tribu de Lévi. Moïse les plaça toutes devant le Seigneur dans le tabernacle, où elles restèrent une nuit. Le lendemain matin on trouva que la verge d'Aaron avait poussé des boutons de fleur d'amandes, preuve évidente que Dieu l'avait choisi de préférence à tous les autres pour la dignité de grand-prêtre. Or, en fleurissant de la sorte, la verge d'Aaron ne paraît pas avoir agi contrairement à la nature.

CHAPITRE XXXII.

Du rocher que Moïse frappa deux fois en Cadès.

Quelque temps après, le peuple ayant manqué d'eau dans le désert de Sin, à Cadès, murmura hautement et excita une sédition contre Moïse et Aaron. Moïse s'étant adressé au Seigneur, en reçut l'ordre de frapper le rocher avec sa verge. (*Exod.*, XVII, 2; *Nomb.*, XX, 11.) Mais les murmures de ce peuple infidèle le troublèrent au point d'ébranler sa foi au commandement du Seigneur; il frappa donc deux fois le rocher en présence du peuple avec Aaron, et il en sortit une grande abondance d'eau pour apaiser la soif du peuple. En punition de ce léger doute, Moïse n'entra point dans la terre promise. Il n'avait frappé qu'une fois le rocher d'Oreb, où l'incrédulité seule du peuple est condamnée. Dans le désert de Sin, au contraire, il frappe deux fois le rocher de Cadès, et donne lieu de signaler à la fois l'infidélité et du peuple et de son chef.

CHAPITRE XXXIII.

Du serpent d'airain (Nomb., XXI, 6).

Le peuple ayant continué à murmurer, Dieu envoya contre lui des serpents brûlants dont le souffle brûlait comme le feu, et fit périr un grand nombre de murmurateurs. Les autres, effrayés du châtiment de ceux qui étaient morts, et disposés à expier leurs murmures par la pénitence, s'adressèrent à Moïse et prièrent le Seigneur pour que cette plaie s'éloignât d'eux. Le Seigneur, touché des larmes de leur repentir, commanda à Moïse d'élever bien haut un serpent d'airain devant le peuple. Moïse suspendit ce serpent d'airain au haut d'un poteau, et sa vue seule guérissait les blessures que les autres avaient faites. Cependant comme nous l'avons dit de la verge et du bois qui adoucit les eaux amères, ce n'est pas dans le serpent, mais dans le commandement du Seigneur que se trouvait le salut; car tout ce qu'il commandait devenait un principe de salut pour le peuple. Mais toutes ces choses se passaient alors en figure; elles n'ont toute leur vérité et toute leur force que dans Jésus-Christ et dans l'Eglise.

---

audebat. Illa autem die quatuordecim millia ignis ille consumpserat.

CAPUT XXXI.

De virga Aaron, quæ fronduerat (Num., XVII, 6).

Quos etiam rebellionis reatus gravius perurgebat. Attamen cessante tumultu, ut singuli manifestius scirent, quem sibi Dominus in sacerdotium eligeret, singulorum ex duabus et decem tribubus principum virgas insertis nominibus Moyses postulaverat, et pro sorte Leviticæ tribus Aaron virgam inserto nomine acceperat, quas in conspectu Domini sub Tabernaculi tecto una nocte recondit. Crastino autem mane Aaron virga gemmulas amygdalini floris ostendit, quo patebat Aaron præ omnibus in sacerdotium Deum elegisse. Nec tamen in hoc contra naturam virga monstratur aliquid effecisse.

CAPUT XXXII.

De petra bis percussa in Cades.

Interjecto tempore dehinc populus sitiens in Cades deserti Sin, murmure gravi contra Moysen et Aaron tumultuabat. Quæ res dum ad Dominum per Moysen refertur, virga percuti petra præcipitur. Sed Moyses infidelis populi murmure permotus, etiam de præcepto Domini fide titubavit, coramque populo cum Aaron bis petram percussit, largiterque fluentes aquas, sitiens populus bibit. (*Exod.*, XVII, 2; *Num.*, XX, 11.) Sed hac causa Moyses terram repromissionis non intravit. Semel in Oreb petra percutitur, ubi tantum populi infidelitas notatur. In Cades autem deserti Sin saxum bis cæsum pulsatur : ibi namque infidelitas in populo et in duce dignoscitur.

CAPUT XXXIII.

De serpente æneo (Num., XXI, 6).

Itidem murmurante populo ignitos serpentes flatuque adurentes in eum Dominus immisit, quorum flatu adustos plurimos murmuratorum necavit. Cæteri autem intereuntium pœna territi, et animo pœnitente ad satisfactionem inclinati, ad Moysen et ad Dominum clamaverunt, ut hæc ab eis plaga cessaret. Et idcirco flexus pœnitentium lacrymis Dominus Moysi jubet, ut serpentem æneum virga in excelsum coram populo elevaret. Quo facto statim serpens æneus erigitur, et per illius aspectum priorum serpentium vulnera curabantur. Attamen quemadmodum et de virga diximus, et arbore qua amara aqua indulcatur, non in serpente salus, sed in Domini imperio tenebatur. Quidquid enim ipse præcepisset, illud tunc in populo salus esset. Sed historia præcedentium rerum in figura, virtus nunc in Christo et in Ecclesia continetur.

CHAPITRE XXXIV.

De Balaam et de son ânesse (Nomb., XXII, 5).

Balach, fils de Sephor, ayant appris que le peuple d'Israël était venu dans le pays qu'il habitait, envoya des ambassadeurs vers le devin Balaam pour l'inviter à venir maudire ce peuple. Il était en chemin assis sur son ânesse, et cet animal ayant été saisi de crainte en voyant un ange qui se tenait dans un lieu étroit avec une épée nue, son maître la frappa jusqu'à ce qu'elle tombât sous les pieds de celui qu'elle portait. Balaam l'ayant battue plus fort encore, elle lui parla comme une servante qui se plaint à son maître; et tandis qu'elle parlait, les yeux de Balaam s'ouvrirent et aperçurent l'ange. Dans ce prodige surprenant, quoique l'ânesse tienne un langage en rapport avec sa position, cependant ce langage n'est l'expression ni de ses pensées, ni de ses sentiments; c'est le Seigneur dont il est dit : « Et le Seigneur ouvrit la bouche de l'ânesse, » (*Ibid.*, 28) qui, de même qu'il ouvrit sa bouche pour la faire parler dirigea sa langue et son palais pour lui faire prononcer les paroles. L'ânesse, en effet, était absolument incapable de savoir et ce qu'elle dirait, et comment elle le dirait. Les hommes eux-mêmes qui parlent sous l'inspiration d'un esprit étranger, ne savent pas ce qu'ils disent au moment qu'ils parlent et ne se souviennent de rien lorsqu'ils reviennent à leur état naturel. Celui donc qui a pu trouver le moyen de parler par les nuées et par le feu, a pu aussi assouplir la langue d'un animal muet jusqu'à la rendre capable de parler. Nous pouvons conclure de là que le Seigneur n'a rien changé dans la nature de l'ânesse, mais qu'à son insu, il s'est servi de l'air qui sortait de sa bouche pour combattre l'ignorance du prophète et lui apprendre qu'il ne devait point s'enorgueillir quand même l'Esprit de Dieu parlerait par sa bouche, puisqu'il voyait de ses yeux que Dieu pouvait se faire entendre par l'organe des choses inanimées, par la bouche d'un animal muet et à son service. En effet, l'Esprit de Dieu souffle où il veut (*Jean*, III, 8), quand même celui qui parle n'entrerait point dans les desseins de Dieu. Ainsi Saül qui voulait mettre à mort les prophètes était venu dans les dispositions les plus mauvaises, et cependant l'Esprit du Seigneur s'étant emparé de lui, il prophétisait au milieu de ceux qu'il persécutait. (1 *Rois*, XIX, 24.) Ainsi Balaam qui avait été appelé pour maudire et qui était venu dans ce dessein, ne put maudire le peuple de Dieu, et contre sa volonté fut forcé par l'Esprit de Dieu de le bénir. Ce fut pour deux raisons que Dieu permit que Balaam se rendît à l'invitation qui lui était faite, pour combattre et réprimer sa folie, et faire écrire dans la loi de Dieu la prédiction faite par un prophète idolâtre de l'avènement de Jésus-Christ qui devait être le futur sauveur des Gentils. Pendant tout le voyage des enfants d'Israël, ils furent constamment précédés par une colonne de nuée pendant le jour et par une colonne de feu pendant la nuit (*Exod.*, XIII, 21), pour les défendre du froid des nuits et les éclairer au milieu des ténèbres; de même la colonne de nuée les garantissait des ardeurs du soleil pendant le jour. Celui que le Seigneur gardien d'Israël protège en vérité, n'a rien à craindre ni des ardeurs du soleil pendant le jour, ni de la lueur incertaine de la lune pendant la nuit. (*Ps.* CXX, 6.)

CAPUT XXXIV.

De Balaam et asina ejus (Num., XXII, 5).

Balach filius Sephor, cum in terram suam Israel venisse comperisset, nuntios misit, ut Balaam hariolum invitaret, ut populum Israel maledicaret. Qui cum sedens super asinam pergeret, et asina Angelum in angustiis stantem evaginato gladio videns timuisset, ter cæsa demum domino substitit. Unde amplius flagellata humano more et sermone quasi querulosa ancilla loquitur. Et illa loquente, statim Balaam oculi, ut Angelum cerneret, aperiuntur. In hoc admirabili signo quamvis asina competentia sibi verba profatur, non tamen sua mente nec affectu suo loquitur : sed Dominus de quo dicitur : « Et aperuit Dominus os asinæ, » sicut ad loquendum os aperuit, ita etiam linguam et palatum in verba gubernavit. Asina enim quid et quomodo diceret, et si aliquid diceret, omnino nesciebat. Quoniam et homines qui alieno inflati spiritu loquuntur, et adhuc cum loquuntur quid dicunt nesciunt, et nihil ex eo recordantur cum resipiscunt. Sed qui loquendi modos et in nubibus et in igne sæpe invenit, et in ore muti animalis linguæ plectrum in verba gubernavit. Ex quo intelligimus nihil in natura asinæ Dominum commutasse, sed per aerem oris ejus, illa etiam ignorante, Prophetæ ignorantiam compescuisse : quatenus Domini Spiritus etsi in se loqueretur, elatus in superbiam non esset, qui frequenter et per res insensibiles, et brutum et mutum et subjectum sibi animal, eumdem loqui comperisset. Quoniam Spiritus Dei ubi vult spirat (*Joan.*, III, 8), etiamsi voluntati ejus, qui loquitur, minus conveniat. Sicut et Saul Prophetas occidere volens, mala incitatus voluntate venerat, et tamen Spiritu Domini arreptus, inter eos quos persequebatur prophetabat. (I *Reg.*, XIX, 24.) Unde et ipse Balaam ad maledicendum deductus (*Num.*, XXIII, 8 etc.), et illud volens implere, non maledicere Dei populo potuit, sed contra voluntatem suam a Domini Spiritu coactus est benedicere. His ergo duabus causis Balaam venire a Domino permissus est, ut per mutum animal ejus insipientia confutaretur, et adventus Christi per Prophetam gentilem, qui futurus erat gentium Salvator, in Lege Dei scriberetur. In omni populi Israel itinere columna nubis per diem nunquam defuit, nec coram populo columna ignis per noctem (*Exod.*, XIII, 2), ut noctis frigore defensi, et a tenebris illuminati pergerent cum igne. Et a calore solis protecti fuerunt in die sub nube. Quem Dominus custos Israel vere protegit, nec sol per diem nec unquam luna per noctem exurit.

CHAPITRE XXXV.

Moïse se rend sur la montagne d'Abarim.

La quarantième année de la sortie des enfants d'Israël de l'Egypte, le peuple établit son quarantième campement dans les plaines de Moab, au-dessus du Jourdain. (*Deut.*, 1, 3.) Ce fut là que Moïse promulgua devant le peuple le Deutéronome, c'est-à-dire la répétition de la loi; puis, après avoir établi pour lui succéder dans la conduite du peuple Jésus, fils de Nun, de la tribu d'Ephraïm (*Ibid.*, XXXI, 7), il monta par l'ordre du Seigneur sur la montagne d'Abarim ou des passages, puis se rendit seul sur la montagne de Nébo où à l'âge de cent-vingt ans il paya la dette commune à tout le genre humain, et jusqu'au dernier moment sa vue ne baissa point, ses dents ne furent point ébranlées et son corps fut sans infirmités. (*Ibid.*, XXXIV, 5.) Or, les esprits sages prétendent que Dieu permit pour deux raisons que personne ne connût le lieu de sa mort et de sa sépulture. C'était d'abord pour dérober à tous les regards les ravages que la mort avait produits sur cette figure autrefois si resplendissante de ses entretiens avec le Seigneur. C'était ensuite de peur que le peuple d'Israël ne fût tenté d'adorer son tombeau s'il avait connu le lieu de sa sépulture. Aussi Moïse avait-il emporté avec lui la verge qui avait opéré tant de prodiges, dans la crainte qu'elle ne devînt l'objet d'un culte idolâtrique; et, en effet, les enfants d'Israël se prosternèrent dans la suite devant le serpent d'airain qu'il avait élevé. Or, toute la vie de Moïse se divise en trois parties de quarante années chacune. Il passa les quarante premières années en Egypte dans le palais de Pharaon où il fut appliqué à l'étude des lettres. Il fut ensuite quarante ans exilé de l'Egypte dans la maison d'un prêtre de Madian. Et les quarante dernières années il conduisit le peuple de Dieu dans le désert. Nous avons achevé l'exposition de tous les faits historiques que nous avons tirés du Pentateuque, il est donc temps de mettre fin à ce premier livre *des merveilles de l'Ecriture sainte*, pour commencer le second intitulé *de la Prophétie*, par Josué, fils de Nun, et le passage du Jourdain.

LIVRE SECOND

DE LA PROPHÉTIE.

CHAPITRE I.

De Josué, fils de Nun, et du Jourdain passé à pied sec par le peuple de Dieu (Jos., I, 6).

Après la mort de Moïse, Josué, fils de Nun, prit le gouvernement du peuple de Dieu, et fortifié par la parole du Seigneur, il quitta avec toute l'armée les plaines de Moab pour s'avancer vers le fleuve du Jourdain. Or, aussitôt que les prêtres à qui revenait l'honneur de porter l'arche d'alliance et qui marchaient devant le peuple, furent entrés dans le Jourdain, le lit du fleuve, de l'endroit où ils étaient jusqu'à la mer fut complétement desséché, et la masse des eaux qui venaient d'en haut des sources

CAPUT XXXV.

De Moyse pergente in montem Abarim.

Quadragesimo anno egressionis filiorum Israel de Ægypto, quadragesima secunda mansione in campestribus Moab super Jordanem populus sedit (*Deut.*, I, 3), ubi Moyses Deuteronomium, hoc est, iterationem Legis prædicavit, et postea constituto pro se in ducatu populi Jesu filio Nun ex tribu Ephraim, imperio Domini in montem Abarim transituum, in montem Nebo solus ascendit (*Ibid.*, XXXI, 7), ubi centesimo et vigesimo ætatis suæ anno, nec motis dentibus, nec caligantibus oculis, integro corpore, totius humani generis commune debitum solvit. (*Ibid.*, XXXIV, 5.) Duabus autem causis, ut sapientes aiunt, mortis ejus et sepulcri nemo conscius erat, quatenus illam faciem, quæ consortio sermonis Domini rutilaverat, mortis mœrore repressam, nullus videret: et ne sepulcrum ejus populus Israel, si cognovisset ubi esset, adoraret. Unde et virgam in qua signa fecerat, ut plurimi putant, ne adoraretur secum abstulerat; quoniam et serpentem quem fecerat, filii Israel postmodum adorabant. Omnis autem illius ætas in tres quadragenarias partes dividitur. Quadraginta enim annis in Ægypto in domo Pharaonis ab infantia litteras didicit. Quadraginta annis exul ex Ægypto in domo sacerdotis Madian fuit. Et quadraginta annis per desertum ducatum populo præbuit. Certe et nos consummatis his quæ de Pentateucho historica narratione comprehendimus, primi libri finem de mirabilibus hic facere conveniat, ut secundus de Prophetia scilicet excerptus, ab Jesu filio Nun et Jordane initium sumat.

LIBER SECUNDUS

DE PROPHETIA.

CAPUT I.

De Jesu filio Nun, et dirempto Jordane in transitu populi (Jos., 1, 6).

Cum autem Moyse egrediente, Dei populi gubernationem Jesus filius Nun suscepisset, confortatus sermone Domini, de campestribus Moab ad Jordanis fluvium castra moveri jubet : ac deinde cum Arcæ Testamenti onere decorati, reliquam plebem præcedentes sacerdotes primas undas ingrederentur, ab illo loco ubi steterunt usque ad mare omnis fluminis alveus aquis suis confestim nudatus, superiorque aquarum moles quæ de fonti-

du Jourdain s'éleva comme une montagne jusqu'à ce que tout le peuple d'Israël eut passé le fleuve à pied sec. Pour conserver le souvenir de ce miracle, Josué commanda de retirer du milieu du lit du Jourdain douze pierres, aussi grosses que douze hommes pouvaient les porter et de les placer au milieu du camp, et de prendre douze autres pierres prises sur les bords du fleuve pour les mettre à la place des premières. (*Josué*, IV, 5.) Le plan de cet ouvrage nous fait un devoir d'examiner dans ce miracle comment les eaux du fleuve n'ont pu permettre naturellement à l'arche sainte de les traverser. La partie des eaux qui se dirige vers la mer a continué son cours ordinaire en suivant selon les lois naturelles les pentes du terrain qui conduit insensiblement le fleuve vers son embouchure. Nous avons lu et nous avons appris que les hommes par leurs travaux sont parvenus à dessécher le lit des fleuves, par exemple, Cyrus, roi des Perses, qui fit, dit-on, camper son armée sur le bord du Gange, le plus grand des fleuves après l'Euphrate, lorsqu'il vint assiéger Babylone. Mais la plus grande partie des hommes et des cavaliers qui avait eu l'audace de traverser le fleuve fut engloutie dans les gouffres creusés au milieu de son lit. Le roi, saisi d'une violente colère contre le fleuve, voulut en tirer vengeance comme d'une créature animée, et il fit travailler pendant une année entière à détourner les eaux de ce fleuve immense dans quatre cent-soixante fossés creusés à l'avance, et il mit son lit à sec, de manière à ce que les femmes elles-mêmes pussent le traverser ayant à peine de l'eau jusqu'aux genoux. Ce même roi, dans cette même expédition, étant venu à la tête de son armée pour assiéger Babylone, tous leurs efforts vinrent échouer contre la hauteur des murs, et ils furent obligés de remonter le cours supérieur du fleuve de l'Euphrate. Instruits par leur première expérience, ils détournèrent d'un autre côté le cours du fleuve, et étant entrés par son lit mis à sec dans l'enceinte de Babylone, ils s'emparèrent de cette ville. Or, ce que l'industrie humaine peut effectuer au prix de travaux immenses, Dieu peut le faire plus facilement par un seul acte de sa puissance. On me dira peut-être qu'il y a une grande différence entre ces deux faits, d'un côté les eaux d'un fleuve coulent sur une pente inclinée dans les fossés creusés d'avance; de l'autre elles s'élèvent comme une montagne sans aucun soutien, sans aucun appui. Mais est-ce que les hommes par leurs travaux ne font pas souvent monter les eaux des vallées à une très-grande hauteur et retourner vers leurs sources celles qu'ils rencontrent? Or, ce que les hommes, êtres terrestres, font tous les jours avec un élément aussi grossier que la terre, pourquoi les anges, qui sont les instruments de toutes ces merveilles, ne pourraient-ils le faire au moyen de l'air? D'autant plus que c'est une propriété naturelle de l'air et l'un de ses emplois de retenir les eaux dans les nuées, ce qu'il fait tous les jours, comme le savent les savants aussi bien que les ignorants. Sur l'ordre de Dieu, il a donc pu très-bien suspendre le cours du Jourdain pour permettre à l'arche sainte et aux prêtres de traverser le lit de ce fleuve.

CHAPITRE II.
Des chaussures et des vêtements des enfants d'Israël (Jos., v, 12).

Le peuple d'Israël étant entré dans la terre promise après les fatigues d'un long voyage, mangea

bus augebatur, sursum in aera montabat, quousque omnis Israel siccis pedibus alveum fluminis transierat. In cujus miraculi testimonio duodecim lapides, quantos duodecim viri portare poterant, de ima glarea Jordanis portati sunt in locum castrorum, et totidem tanti ex his quos terra sicca continuerat, positi sunt in eorum locum. (*Jos.*, IV, 5.) Certe et in hoc signo propositi operis nostri causa requiritur, qualiter Arcam Domini fluvius naturaliter præterire non permittat. Ita enim aquarum pars quæ ad mare perrexit, naturæ suæ cursum consuetum consequitur, dum altiora deserens, per prona proprio more fluminis paulatim delabitur. At vero humana industria alveos fluminum nudatos legimus et audivimus, quomodo Cyrus Imperator Persarum exercitus super Gangem fluvium, qui est secundæ post Euphrateum quantitatis, illa expeditione qua Babyloniam expugnavit, dicitur esse castrametatus. Ubi carissimum et virorum et equitum, equitem transmeandi fluminis audacia persuasum, rapacis alvei vortex demersit. Quo facto, rex incredibiliter iracundiæ furore adversus fluvium permotus, velut in sensibilem creaturam ulcisci statuit: ac immensum amnem perpeti anno totis viribus in quatercentas sexaginta fossas divisit; nudatoque alveo, meabilem vix genua tingentibus feminis reliquit. Unde eodem exercitu et rege eadem expeditione Babyloniam obsidente, excelsissimo murorum objectu ab expugnandi molimine repulsi, ad Euphratis fluminis perfluentis superiora vada convertunt. Illa autem prædicta arte edocti, per alienum limitem divertentes, per ejus nudatum alveum Babylonis murum subintrantes, urbem capiunt. Quod ergo humana industria laborioso conamine potuit, hoc Deus potentiæ suæ virtute facilius peregit. Sed forsitan quisquam dispariter respondebit hoc factum esse, dicens : Illic enim fossuræ opus alveos aquarum per humiliora divertit : hic vero stans aqua, nullo renitente ad aeris sublimia conscendit. Sed et hoc nonne humana diligentia sæpe efficit, et ab oppositis vallibus aquas in excelsum montare, et ad fontes redire offensas compellit? Quod vero homines velut terreni, de terrena crassa materia frequenter faciunt, quomodo Angeli tunc, quorum officiis hæc omnia mirabilia peraguntur, per aerem facere non potuerunt? Cum sit naturale aeris opus et proprium officium aquas retinere in nubibus, et ut docti indoctique pariter norunt, quotidiana administratione retinet : ita tunc Deo jubente fluminis cursum prohibuit, ut per illius fluenta arca Dei et sacerdotes transirent.

CAPUT II.
De calceamentis et vestibus filiorum Israel (Jos., v, 12).

Terram igitur repromissionis post longi laborem itineris ingressi, de fructibus Chananitidis regionis populi

les fruits du pays de Chanaan, et la manne cessa de tomber du ciel pour le nourrir. Or, un fait digne d'admiration, c'est que pendant ce long voyage qui dura quarante ans, ni les chaussures ni les vêtements d'aucun Israélite ne furent usées. (*Deut.*, XXIX, 5.) Or, le Seigneur ici n'a point créé une nouvelle substance dans ces chaussures et ces vêtements, mais il a simplement conservé celle qu'il avait créée.

CHAPITRE III.

De la destruction de Jéricho (Jos., VI, 20).

Lorsque les Israélites eurent quitté les bords du Jourdain, la première des villes du pays de Chanaan qu'ils rencontrèrent fut celle de Jéricho. Ils en firent le tour pendant sept jours, et cette ville, comme saisie de crainte à la vue de l'arche du Seigneur et de son armée, vit en un instant ses murs s'écrouler. Le peuple en faisant ainsi le tour de la ville ne fit aucun usage de ses armes, il se contenta de jeter de grands cris et les murailles furent détruites jusque dans leurs fondements. Or, le fait seul bien examiné prouve que rien ne s'est produit ici contre la nature. Car l'Ecriture nous montre les mêmes effets produits souvent par des tremblements de terre. C'est ainsi que ce fameux tremblement de terre renversa cent villes de la Lybie et que celui qui eut lieu à la passion du Sauveur en détruisit onze dans la Thrace. D'ailleurs ce que les uns bâtissent, les autres le renversent, ou le temps lui-même suffit pour le détruire. Toutefois, en parlant de la sorte, nous ne prétendons pas que la destruction des murs de Jéricho soit un effet du hasard. Mais ce n'est pas non plus un fait qui se soit produit contre les lois de la nature, comme nous montrerons que cela s'est fait dans d'autres miracles. De même que les anges ont été les instruments des autres faits merveilleux dont nous avons parlé, celui-ci a été produit par le commandement seul de Dieu.

CHAPITRE IV.

Du soleil et de la lune s'arrêtant à la voix de Josué (Jos., X; Eccli., XLVI, 6).

Quelques temps après cinq rois des Chananéens s'étant réunis pour combattre les enfants d'Israël, au fort de la mêlée, et alors que la victoire se déclarait pour le peuple de Dieu, Josué fils de Nun et chef du peuple d'Israël, commanda au soleil et à la lune, au milieu du jour, de s'arrêter, jusqu'à ce que le peuple de Dieu eut tiré une entière vengeance de ses ennemis, ce qui eut lieu. En effet, le soleil renferma ainsi deux jours dans un seul, et la lune suspendit son cours pendant un jour entier. Or, ces astres en s'arrêtant ainsi obéirent non point à l'autorité d'un homme, mais à l'autorité de Dieu qui leur commanda de suspendre leur cours. Les créatures ne font rien pour obéir à la parole de l'homme, mais elles exécutent les ordres de Dieu, obéissant lui-même aux prières de son serviteur. C'est ce qui est écrit : « Le soleil s'arrêta sur Gabaon, et la lune sur la vallée d'Aialon, le Seigneur obéissant à la voix d'un homme. » (*Josué*, X, 12, 14.) Dieu nous apprend ainsi qu'il obéit aux prières de ses serviteurs, et qu'il gouverne les créatures de manière à les plier à leurs besoins. Or, la suspension du mouvement de ces deux astres ne produisit rien de nouveau dans la nature, bien qu'elle ait déterminé quelque changement pour

---

turba comedit, et mannæ de nubibus esca ministrari desinit. (*Jos.*, V, 12.) In hoc tam longo itinere admiratione dignum accidit illud, quod per quadraginta annos nullius ex omni populo calciamentum aut vestis defecit. (*Deut.*, XXIX, 5.) In quo Dominus non naturam novam in calciamentis et vestibus condidit, sed olim conditam conservavit.

CAPUT III.

De subversione Jericho (Jos., VI, 20).

Inde Jordanis ripam egressis, urbs Jericho prima ex Chananitidis civitatibus occurrit. Quæ lustrata circuitu dierum septem, quasi Arcæ Dominicæ et exercitus expavescens adventum, cito corruit. In quo circuitu nullo armorum suffragio usus est victor populus, sed ad clamorem in gyro sonantem murus erat usque ad fundamenta dirutus. Ubi nihil extra naturam esse factum gesta res ostendit. Siquidem et hoc terræ motibus esse factum frequenter Scriptura denuntiat. Quomodo et in famoso illo terræ motu centum Libyæ urbes corruerunt, et in terræ motu Dominicæ Passionis undecim in Thracia subversæ sunt. Præterea quoque quod humani actus efficacia congerit, hoc alterius destruentis vel etiam senectutis tempus consumit. Attamen hæc dicentes, non casu accidisse murorum Jericho ruinam, ostendimus. Sed nec contra naturam sicut aliquid in miraculis factum ostendemus. Hoc enim sicut et cætera ministrari angelico opere designavimus, Dei jussu effectum fuisse non dubitamus.

CAPUT IV.

De sole et luna stantibus ad imperium Josue (Jos., X; Eccl., XLVI, 6).

Post hoc quoque Chananæorum quinque regibus in unum congregatis ut pugnarent adversus filios Israel, cum ex adverso miscerentur cohortes, et victoria in Dei populi partem concederet, Jesus filius Nun princeps populi Israel soli in medio die præcepit, ut ne se moveret, et lunæ ubi fuerat staret, donec se Dei populus de inimicis vindicaret, quod et factum est. Nam sol duos dies in uno conclusit, et luna diei spatio non occurrit. In qua jussione non humani imperii auctoritate luminaria requieserunt, sed Domini imperantis ut starent, jussui obediunt. Nihil enim propter jubentis hominis verbum Dei creaturæ faciunt, sed quod Dominus servi sui orationi obediens præcepit, hoc efficiunt. Sic enim perscribitur : « Sol stetit contra Gabaon, et luna ad vallem Hailon, obediente Domino voci hominis. » (*Jos.*, X, 12, 14.) Ex quo intelligitur Deum servorum suorum precibus obedire. et ad eorum necessitatem creaturas suas opportune gubernare. Hæc luminarium mora nihil novum in natura commisit, etsi in ministerio aliquid varium osten-

l'emploi du temps. Toutefois, ce changement ne dérangea en rien le cours de l'année des autres jours, parce que le soleil et la lune s'arrêtèrent en même temps dans la sphère qui leur est propre. Si l'un de ces astres avait continué sa course, tandis que l'autre s'arrêtait, il aurait porté la perturbation dans le cours ordinaire des jours, des mois et des années. Mais ce temps d'arrêt étant commun à tous les deux, ces deux astres continuèrent leur course vers leur couchant comme ils l'auraient fait après un jour ordinaire écoulé. Si Josué a commandé à la lune de s'arrêter, ce n'est pas qu'elle put servir à éclairer le champ de bataille en présence du soleil, mais afin que le repos de l'un pendant que l'autre continuait sa course n'introduisît quelque désordre dans la marche régulière des astres. Mais comme le flux de la mer et le cours de la lune ont entre eux une étroite affinité, ainsi que nous l'avons démontré malgré le silence de l'Ecriture sur ce point, l'observation attentive de ces phénomènes ne prouve-t-elle pas que le flux de la mer a dû lui-même s'arrêter? Or, la lune n'a pas seulement suspendu sa marche, mais ses phases de croissance ou de décroissance se sont également arrêtées. Car si pendant qu'elle suspendait sa course, elle eût continué de croître, ou de décroître, cet accroissement de la lune en dehors du cours du soleil eût amené quelque perturbation dans l'ordre des cycles. Si au contraire, par un effet semblable à celui d'un cercle qui tourne sur lui-même, ce jour ne produisit rien de plus qu'un jour ordinaire, il est évident que le soir venu, la marche croissante de la lune n'était que ce qu'elle est ordinairement dans l'espace d'un seul jour. Pour appuyer cette vérité sur des preuves évidentes, nous allons exposer sommairement l'ordre et la suite des cycles depuis le commencement du monde, et nous montrerons que ces cycles reviennent toujours sans obstacle après cinq cent trente-deux ans, calculés d'après la marche régulière et harmonique du soleil et de la lune. Ainsi ce fut l'an cent quatorze du cinquième cycle, depuis la création du monde, qu'eut lieu, du temps de Noé (*Gen.*, VI, 17), le déluge universel, et ce cycle acheva sa révolution l'an quatre cent dix-huit après le déluge. Celui qui recommence ensuite, c'est-à-dire le sixième, se termine la huitième année d'Abraham. Le septième commence la neuvième année d'Abraham pour finir la trente-cinquième année de la sortie des enfants d'Israël de l'Egypte, cinq ans avant la mort de Moïse. Vient ensuite le huitième où eut lieu cette suspension du mouvement du soleil et de la lune, et qui commence la trente-sixième année de la sortie d'Egypte, pour se terminer à la trente et unième année d'Asa, roi de Juda. (IV *Rois*, XX, 11.) Le neuvième commence à la trente-deuxième année de ce roi, c'est dans ce cycle qu'arriva cet autre miracle dont le soleil fut l'objet du temps du roi Ezéchias et dont nous parlerons plus bas. Ce cycle finit cent huit ans après la restauration du temple qui eut lieu sous Darius. Le dixième commence la quatre-vingt-douzième année après la passion du Sauveur pour terminer sa révolution sous les consuls Aviola et Pansa. Le onzième commence au consulat de Paternus et de Torquatus, et vient jusqu'à nous pour finir la dernière année d'un des sages de l'Hibernie, nommé Manichée. Le douzième en est à sa troisième année, il est l'objet de la science des choses futures et nous

dit. Sed et illa varietas nihil in anni cursu et reliquorum dierum commovit, dum pariter sol et luna unumquodque in suo ordine requievit. Si enim unum luminare curreret, dum alterum interim requiesceret, dierum et mensium et annorum assuetum cursum conturbaret. Dum autem utrumque moram hanc habuit, quasi post consuetum diem in occasus sui limitem perrexit. Non enim quod ad belli illuminationem luna tunc in præsentia solis proficeret, stare imperatur : sed ne quid in congruo luminarium meatu per unius quietem et alterius cursum destrueretur. Sed quoniam et maris cursum lunari convenientem esse in omnibus evidenter monstravimus, et illum tunc requievisse, etsi Scripturæ vocibus reticetur, nonne ipse illarum rerum pronuntiat observabilis commeatus? Luna vero non tantum in hac statione requieverit, sed et incrementi vel decrementi sui interim consuetudinem agere non potuit. Si enim dum stetit luna, licet stans sua incrementa vel decrementa ageret, illud incrementum lunare ultra solis cursum in cyclorum rationibus aliquid turbaret. Dum vero nihil in circuli in se revertentis cursu dies illa solito longior præbuit, tunc manifestum est, quod in illa superveniente vespera, unius diei incrementum luna, sicut quotidie solet, gessit. Ut enim hoc manifestis approbationibus pateat, cyclorum etiam ab initio conditi orbis recursus in se breviter digeremus, quos semper post quingentos triginta duos annos sole ut in principio, et luna per omnia convenientibus, nullis subvenientibus impedimentis, in id unde cœperant, redire ostendemus. Quinto namque cyclo a mundi principio anno centesimo quartodecimo, generale totius mundi diluvium sub Noe venit (*Gen.*, VI, 17), qui post diluvium quadringentesimo decimo octavo anno defecit : et inde alius incipiens, id est, sextus, in octavo ætatis Abrahæ anno finitur. Et nono ejus anno septimus incipiens, tricesimo quinto anno egressionis filiorum Israel de Ægypto, quinquennio ante mortem Moysi concluditur. Post quem octavus, in quo est illud signum in sole et luna factum (*Jos.*, X, 12), tricesimo sexto anno egressionis Israel de Ægypto incipiens, in tricesimum primum annum Asæ regis Juda incidit. (IV *Reg.*, XX, 11.) Cujus tricesimo secundo anno nonus exordium capiens, in quo et aliud signum in sole, Ezechiæ regis tempore, de quo paulo post dicemus, factum legitur, centesimo octavo anno post templi restaurationem, quæ sub Dario facta est, sui cursus spatium consummavit : donec decimus inde oriens nonagesimo secundo anno post Passionem Salvatoris; (*Pro Aviola* et *Pansa*) Alia et Sparsa consulibus peractis cursibus consummatur. Post quem undecimus a consulatu Paterni et Torquati ad nostra usque tempora decurrens, extremo anno Hiberniensium moriente Manichæo inter cæteros sapientes, peragitur. Et duodecimus nunc tertium annum agens ad futurorum scientiam se præstans, a nobis qualem finem sit habiturus ignoratur : quorum unusquisque uniformi statu,

ignorons comment il doit finir. Chacune de ces périodes chronologiques après une espace de cinq cent trente-deux ans revient uniformément sur elle-même, c'est-à-dire qu'elle fait place à la suivante, après avoir rempli dans sa durée dix-neuf cycles solaires de vingt-huit ans et vingt-huit cycles lunaires de dix-neuf ans. A l'expiration de ces cycles calculés dans la supputation lunaire au moyen de douze années communes et de sept années embolismiques, ou si l'on veut au moyen de dix-neuf années ordinaires plus les additions lunaires que les computistes appellent épactes; et dans la supputation solaire par le moyen des années communes et des années bissextiles, les deux astres ayant enfin le même nombre de jours et conservant dans tous les points de leur course les mêmes rapports et la même harmonie, la première année du monde créé semble recommencer. Puisque ces périodes d'années reviennent régulièrement sur elles-mêmes et sans le moindre changement même après les cycles dans lesquels eurent lieu sous Josué ou sous Ezéchias cette suspension miraculeuse de la marche du soleil et de la lune, il est donc évident que cette suspension ou cette rétrogradation n'ont apporté aucun obstacle, aucune modification à la marche régulière de ces astres ou des temps. Ils sont arrivés au terme de leur course comme s'ils parcouraient un seul jour entier, bien qu'il se soit écoulé un espace beaucoup plus long que celui d'un jour ordinaire. Ce jour prolongé n'a donc modifié en rien la durée de la nuit suivante, parce que la reine de la nuit a suspendu sa marche en même temps que l'astre du jour.

CHAPITRE V.

De Gédéon et des deux signes miraculeux qui lui furent donnés.

La terre de Chanaan ayant été délivrée de ses coupables habitants fut remise par le Seigneur entre les mains de son peuple. Mais il se laissa bientôt énerver par le calme et les loisirs de la paix et entraîner au culte des idoles de cette terre et des nations qui l'entouraient. (*Jug.*, II, 11.) Pour l'en châtier, Dieu le condamna souvent à devenir l'esclave des peuples dont il adorait les idoles. (*Ibid.*, III, 8; IV, 2.) Or accablé sous le joug de la servitude et des plus durs travaux, il implorait son pardon en exprimant à Dieu son repentir, et Dieu, apaisé par les larmes de la pénitence, suscitait pour le délivrer des juges qui l'arrachaient au joug de la servitude et se mettaient à sa tête plutôt comme des arbitres que comme des souverains. A l'époque où il était sous la domination des Madianites, un messager céleste apparut à Gédéon, fils de Joas, et lui prédit la délivrance de son peuple après qu'il aurait entièrement renoncé au culte des idoles. (*Jug.*, VI, 12.) Tandis que Gédéon se préparait en sa présence à offrir un sacrifice à Dieu et répandait le jus de la chair sur la victime, un feu céleste consuma l'holocauste. (*Ibid.*, 21.) Il demanda cependant un autre signe de sa mission, et toute la terre demeura sèche tandis que la rosée tombait sur la toison seule; et une seconde fois la toison demeura sèche tandis que toute la terre était trempée de rosée. (*Ibid.*, 38, etc.) Ces deux signes sont mis au rang des merveilles, bien qu'ils ne présentent

---

peractis quingentis triginta duobus annis in semetipsum, id est, in sequentis initium revolvitur, completis videlicet in unoquoque solaribus octovicenis nonodecies, et in lunaribus decemnovenalibus vigies octies circulis. Post quos et in lunari supputatione per communes duodecim et embolismos septem, per ogdoadem et hendecadem et incrementum lunare, quod computatores saltum nominant; et solari per quadrantes et bissextos diligenter dinumeratos, demum duobus luminaribus totidem dies habentibus, et per cursus sui omnes lineas concordi ratione convenientibus, veluti primus conditi orbis annus innovatur. Dum ergo hi circulorum totales recursus in se congrue, et post illos cyclos quibus in sole et luna moræ vel reditus signa, quomodo sub Jesu vel Ezechia factum legitur, apparuisse describitur, sine ulla varietate redeunt : manifeste intelligitur, quod non mora illa aut reversio aliquid in luminarium et temporum assueto cursu præpeditum vel insolitum reliquerunt; sed quasi per diem omnem in occasus sui, ut supra dixi, limitem currunt, postquam illius solito longioris diei spatium peregerunt. Per quod videtur quod nihil ad sequentis noctis longitudinem temporis illa dies longa contulerit, cujus princeps pariter in die cum sole diei præposito luna requievit.

CAPUT V.

De Gedeone et duobus signis.

Itaque purgata funestis habitatoribus Chananitidis regione, in Dei populi deditionem ipsa a Domino terra tribuitur. Qui postmodum pacis otio resolutus, in idolorum terræ illius et reliquarum in circuitu nationum cultum pervagatur. (*Jud.*, II, 11.) Propter quod gentibus sæpe, quorum idola ipse colebat, potestate a Domino concessa, mancipium servire tribuitur. (*Ibid.*, III, 8; IV, 2.) Sed captivitatum et servitutum laboribus durissimis afflictus, frequenter a Deo per pœnitentiam veniam precabatur : ad cujus liberationem, pœnitentium lacrymis sedatus ille, judices suscitabat, qui de servitutis jugo plebem cruentos, nequaquam potentiæ dominio, sed arbitrorum jure præfiebant. Quorum temporibus dum Madianitis serviret populus, Gedeoni filio Joas cœlestis nuntius apparuit, illumque destructo idololatriæ ritu, de plebis suæ liberatione commonuit. (*Jud.*, VI, 12.) In cujus conspectu dum Gedeon oblationem componeret, desuper carnis jus fundens, cœlestis ignis holocaustum absumpsit. (*Ibid.*, 21.) Et iterum postulanti signum siccitas in omni terra, et ros in solo vellere : et rursum siccitas in solo vellere, et ros in omni terra fuit. (*Ibid.*, 38.) Sed hæc quamvis sociantur numero mirabilium, nihil tamen velut novum ostendere videntur in ministratione rerum. Quoniam et cœlestis ignis res terrenas, ut sæpe diximus et dicemus, frequenter devorat, et alternatim in mundo per partes nimbus rorat. Sed tamen multa talia de mirabilibus Scripturarum subveniunt, quæ etsi in rebus gestis diligentem explanationem non exigunt, figurarum tamen præsignatione in rerum spiritualium intelli-

rien de nouveau dans les phénomènes de la nature. Souvent, en effet, comme nous l'avons dit et nous le dirons encore, le feu du ciel consume des matières terrestres, de même que la rosée tombe seulement sur certaines parties de la terre. Cependant un grand nombre de ces phénomènes sont rangés parmi les merveilles de la sainte Ecriture, car bien qu'ils n'exigent pas comme faits historiques une explication très-développée comme figures des choses spirituelles qu'ils annoncent, ils sont pleins des vérités les plus relevées. Mais comme nous nous sommes proposé seulement dans cet ouvrage l'explication des faits historiques, nous rangeons cet événement pour en conserver le souvenir au nombre des merveilles historiques de l'Ecriture. Nous voyons souvent de semblables phénomènes arriver fortuitement dans la nature par la volonté de Dieu, cependant ils se produisent d'une manière plus saisissante, plus prompte, plus certaine et plus merveilleuse lorsque Dieu les choisit pour en faire l'objet d'un miracle éclatant. Or, l'holocauste consumé non par un feu terrestre, mais par un feu céleste signifiait que l'heureuse issue de la guerre qui allait avoir lieu serait due non aux efforts des combattants, mais à un secours céleste ; et la rosée qui, en premier lieu, était tombée seulement sur la toison annonçait que la miséricorde divine qui s'exerçait alors à l'égard d'Israël, peuple faible et sans vigueur, pouvait éteindre la colère enflammée des nations comme l'eau éteint le feu.

CHAPITRE VI.

De la force de Samson qui était dans ses cheveux
(Jug., XIII, 2).

Dans le temps que les Israélites étaient de nouveau livrés entre les mains de leurs ennemis et asservis aux Philistins, un ange du Seigneur apparut sous la forme d'un prophète à l'épouse stérile jusque là de Manué, fils de Saraa, de la tribu de Dan, pour lui apprendre comment ils devraient élever l'enfant que Dieu leur donnerait ; le rasoir ne devait point passer sur sa tête, et il ne devait boire ni vin ni liqueur fermentée, ni rien de ce qui peut enivrer. Manué, ignorant que ce fut un ange, voulut lui préparer à manger, mais l'ange lui dit : Je ne mangerai point des aliments que vous m'offrez, mais si vous voulez faire un holocauste, offrez-le au Seigneur. (*Jug.*, XIII, 16.) Ce qu'ayant fait Manué, l'ange monta aussitôt dans le ciel devant eux avec la flamme de l'holocauste. Or, cette flamme de l'holocauste offert sur la terre, en montant vers le ciel, annonçait que la délivrance du peuple de Dieu aurait lieu par la force toute divine de l'enfant qui devait naître. L'enfant naquit, il fut élevé conformément aux prescriptions du Seigneur et eut une force extraordinaire dont le principe était dans les sept tresses de sa tête (*Ibid.*, 24), et une preuve certaine de cette vérité, c'est qu'il perdit momentanément sa force lorsque sa tête eut été rasée. En effet, il aima une femme du pays des Philistins, dans la vallée de Sorec, et cette femme ayant reçu des Philistins, à qui Samson avait fait souffrir de rudes épreuves, une somme d'argent pour prix de sa trahison, elle demanda à Samson le secret de sa force, et il lui découvrit qu'elle résidait dans ses cheveux. Or, l'ayant endormi sur son sein, cette femme fit venir un barbier qui lui rasa la tête. (*Jug.*, XVI, 19.) Les Philistins s'emparèrent alors de lui, lui crevèrent les yeux et le condamnèrent à tourner une meule de moulin. Cependant ses cheveux étant repoussés atteignirent leur première longueur. Un jour donc que les Philistins faisaient

---

gentia referta sunt. Sed quoniam in opere isto rerum tantummodo gestarum intellectum prosequi disponimus, hoc licet memoriæ causa statim historialiter numero mirabilium inseremus. Quæ etiamsi sæpe fortuito casu Dei voluntate in rebus proveniunt, terribilius tamen et celerius et certius et mirabilius in signi alicujus ostensione per Domini imperium gubernata et ostensa sunt. Unde cum historialiter in holocausti hac concrematione, non terrestri igne, sed cœlesti flamma hoc ostendebatur, quod futurum tunc bellum, non humanis viribus, sed cœlesti auxilio proficeret : et ros prius demonstrabat in solo vellere ostensus, quod divina miseratio, quæ tunc in Israel fragili et molli populo fuerat, ignitas gentium iras sicut aqua ignem possit exstinguere.

CAPUT VI.

De Samsonis fortitudine in capillis (Jud., XIII, 2).

Iterum cum Philistæis serviret Israelitica plebs, Manue filii Saraa de tribu Dan sterili uxori primo, deinde ipsi Manue Dei Angelus prophetali habitu apparuit, eosque de filio qui illis esset nasciturus, qualiter foret educandus edocuit, quatenus ne unquam novacula caput ipsius transiret, et siceram et vinum et omne quod inebriare potest non biberet. (*Jud.*, XIII, 6.) Cui cum Manue nesciens esse Angelum, prandium voluisset præbere, Angelus inquit : « De cibis tuis non comedam : sed Domino, si vis, holocaustum compone. » (*Ibid.*, 24.) Quod cum Manue illo præcipiente composuit, cum igne holocausti coram eis statim Angelus in cœlum ascendit. Et hic terrestris holocausti ignis de terra in cœlum ascendens demonstraverat, quod per nascituri hominis fortitudinem Deus populi liberationem præparaverat. Natus igitur Samson, juxtaque imperium Domini nutritus, maximam fortitudinem in septem sui capitis crinibus habuit. Quod pro certo probatum est, dum eisdem nudatus aliquando etiam virtutem amisit. Nam cum Daliiam in valle Sorecti mulierem de regione Philistinorum alienigenam adamaret, et illa pecuniam a Philistinis principibus, quibus Samson multa mala fecerat, proditionis ejus mercedem accepisset, ipse poscenti fortitudinis suæ mysterium in capillorum suorum conservatione fieri indicavit. Et illa dormientis in sinu suo vocato rasore, caput totondit. (*Jud.*, XVI, 19.) Perductusque Samson a Philistæis, oculis orbatus molem manu vertebat, donec capilli illius ad priorem longitudinem creverunt. Deinde Philistæis epulantibus, ut inter epulas Samson illuderetur, adducitur ; et ipse puero regenti gressus dixerat, ut se ad duas columnas perduceret, quibus tota domus imminebat, quatenus super illas veluti lassus reclinaretur.

de grands festins, ils firent venir Samson au milieu du repas pour se moquer de lui. Samson dit au jeune homme qui guidait ses pas de le conduire contre les deux colonnes qui soutenaient toute la salle comme pour s'appuyer dessus et prendre un peu de repos ; alors prenant les deux colonnes de ses deux mains, après avoir imploré le secours du Seigneur, il ébranla toute la maison. Elle s'écroula aussitôt et trois mille Philistins furent écrasés avec Samson. (*Ibid.*, 30.) Or, en examinant ici la nature des choses, une question assez importante se présente : Comment la force d'un corps vivant a-t-elle pu avoir son principe dans une matière inanimée telle que les cheveux, dont la perte n'est suivie d'aucune douleur lorsque le barbier les sépare avec le rasoir du reste du corps? Remarquons qu'avant même la naissance de Samson, le Seigneur avait défendu que sa tête fût jamais rasée avec le rasoir ou avec un autre instrument. (*Jug.*, XIII, 5.) Tant qu'il avait gardé fidèlement le précepte divin, l'Esprit saint lui communiquait une force extraordinaire. Mais du jour qu'il l'eut transgressé à la persuasion d'une femme, il vit aussitôt cet esprit de force se retirer de lui. Ce n'est pas bien entendu que la force des os, de la chair et du sang résidait dans ces cheveux insensibles et qui ne pouvaient avoir aucune force ; c'était l'observation du commandement donné par le Seigneur qui conservait en lui ce don de force extraordinaire. Mais, me dira-t-on peut-être, pourquoi la force lui revint-elle de nouveau avec ses cheveux si le principe n'en était pas auparavant dans les cheveux eux-mêmes? C'est que même cette seconde fois ce n'est pas à la longueur de ses cheveux qu'il devait le retour de sa première force, mais à la grâce spirituelle qu'il avait perdue par sa négligence et que son repentir lui avait obtenue à mesure que ses cheveux repoussaient ; car il était tant soit peu excusable en partie d'avoir transgressé la défense du Seigneur. Il avait bien, il est vrai, fait connaître à Dalila qui l'en priait le secret mystérieux de sa force, cependant ce n'était ni sur son ordre, ni d'après sa permission ou son consentement que sa tête avait été rasée. Aussi obtint-il plus facilement dans son malheur ce qu'il avait perdu non par sa volonté, mais par les séductions de la femme qui l'avait endormi sur son sein.

CHAPITRE VII.

De l'arche du Seigneur transportée dans le pays des Philistins (1 Rois, IV, 4).

Un temps assez long s'étant écoulé, les enfants d'Israël offensèrent Dieu de nouveau par leurs transgressions, et les Philistins réunirent leurs troupes pour combattre contre eux. Les Israélites n'espérant rien d'eux-mêmes firent venir l'arche d'alliance dans leur camp pour les seconder contre leurs ennemis. Mais l'arche sainte ne peut couvrir de sa protection les transgresseurs de la loi de Dieu ; le peuple d'Israël fut donc vaincu et détruit en partie, et l'arche fut prise par les idolâtres. Fiers et joyeux de leur victoire, ils emmenèrent l'arche du Dieu d'Israël dans leur pays et la placèrent dans leur temple près de l'idole de Dagon, leur dieu, qu'ils regardaient comme l'auteur de leur triomphe. Mais le lendemain du premier jour, ils trouvèrent l'idole de Dagon tombée le visage contre terre devant l'arche ; ils la relevèrent et la remirent à sa place. Le jour suivant ils trouvèrent l'idole brisée en cent parties, la tête, les deux mains et l'épine dorsale étaient séparées ; signe évident que l'idolâtrie devait disparaître de la terre

---

Quibus ambabus utraque manu apprehensis, invocato in auxilium Deo totam domum concussit. (*Ibid.*, 30.) Quæ cito corruens, tria Philistinorum millia pariter cum ipso Samsone prostravit. Sed naturas investigantibus, quæstionem non minimam incutit, quomodo totum sensibile corpus in sensibili capillo motum fortitudinis habuit : cujus damnum doloris sensum nequaquam intulit, cum illum tonsor a reliquo corpore ferramenti aculeo divisit. De Samsone ergo, priusquam nasceretur, a Domino præcipitur, ut capillus illius nunquam ferri acumine vel alicujus aculei tonderetur. (*Jud.*, XIII, 5.) Quamdiu igitur in mandati divini custodia permanserat, Spiritus sancti munere maximam fortitudinem habebat. Unde cum muliebri persuasione præcepti Dominici transgressionem adinvenit, etiam spiritale fortitudinis donum, quod habuerat, statim recessit. Non quia in insensibili capillo ossium, et carnis, et sanguinis, qui nihil ex his habet, virtus inerat ; sed mandati Dominici observatio donum fortitudinis observabat. Sed fortasse aliquis dicet : Quare ergo cum capillis iterum fortitudo illius succrevit, si non in capillis etiam prius robur habuit? Attamen etiam hac vice, non tam in longo capillo amissam virtutem recuperabat, quam donum spiritale quod negligens amisit, afflictus pœnitentia crescentibus capillis paulatim impetrabat : præsertim cum in hujus mandati transgressione ex parte licet aliqua excusabatur, quamvis suæ virtutis Dalilæ petenti mysterium dicere non negavit, non tamen se imperante, vel concedente, vel consentiente tondetur. Unde afflictus postea a Deo impetravit facilius, quod non sponte, sed dormiens seductus amiserat.

CAPUT VII.

De arca Domini in terra Philistiim (1 Reg., IV, 4).

Inde post non parvum temporis, filiis Israel mandatorum transgressione Deum offendentibus, incitata Philistinorum agmina ad bellandum contra eos conveniunt. Et filii Israel de se nihil confidentes, Arcam Testamenti Domini in exercitu suo in pugnam contra adversarios conducunt. Sed Legis transgressores nequaquam Legis arca tuetur, victo potius et deleto ex parte populo, ab alienigenis ipsa capitur. Qui victoriæ munere lætantes, in terram suam eamdem captam perducunt, et veluti triumphi hujus auctorem, juxta Dagon deum suum, arcam Dei Israel in templo statuerunt. (1 *Reg.*, V, 1.) Sed primo die Dagon coram arca prostratus repertus, iterum in loco suo restituitur. Crastino vero fracti ad limen in centum partes, capite et manibus, spina dorsi ejus truncata reperitur : quod fugientem idolatriæ, in adventu Dominicæ legis, cultum monstrabat. Qui enim

lors de l'avénement du Seigneur, car ceux qui s'enfuient tournent le dos à ceux qui les poursuivent. En outre, une plaie des plus honteuses frappa les habitants de toute la contrée, leurs intestins sortaient de leur conduit naturel, et il sortit tout d'un coup des champs une multitude extraordinaire de rats qui se répandirent dans toute la contrée. (*Ibid.*, 6.) Le Seigneur leur infligeait ici le double châtiment qu'exigeait la souveraine justice et la nature même de leurs crimes. Ils avaient rendu les honneurs divins à de misérables animaux, il était juste qu'ils fussent châtiés par ces mêmes animaux au moment où la loi du Seigneur arrivait parmi eux. Ils avaient conduit chez eux la partie la plus intime du tabernacle du Seigneur, c'est-à-dire l'arche d'alliance, en l'entraînant hors de ses limites sacrées; c'était donc justement qu'ils étaient frappés de cette plaie honteuse qui faisait sortir leurs intestins au dehors. Aussi lorsqu'ils eurent placé l'arche sur un chariot neuf, auquel ils attelèrent deux vaches qui allaitaient leurs veaux et qui n'avaient pas encore porté le joug, et qu'ils la renvoyèrent dans la terre d'Israël tandis que leurs veaux mugissaient dans l'étable; ils envoyèrent en même temps cinq rats d'or et des figures d'anus également en or en souvenir des plaies dont ils avaient été frappés; et pour ne pas renvoyer l'arche sans présents, ils placèrent ces objets dans une cassette près de l'arche. (I *Rois*, vi, 10.) Cette histoire renferme une multitude de sens figurés dont l'explication exigerait et du temps et une étude toute particulière.

CHAPITRE VIII.
Du bruit épouvantable du tonnerre qui effraya les Philistins (I Rois, vii, 10).

Les Philistins rassemblèrent de nouveau des armées innombrables comme les sables de la mer et se répandirent dans les plaines de la terre d'Israël. Samuel ayant prié Dieu, le Seigneur fit éclater son tonnerre avec un bruit épouvantable sur les Philistins, qui furent saisis d'effroi devant les enfants d'Israël. Il voulait que son peuple comprît qu'il devait la victoire non point à ses propres forces, et que ses ennemis reconnussent à n'en pouvoir douter la protection éclatante dont Dieu entourait son peuple.

CHAPITRE IX.
Du tonnerre qui éclata et de la pluie qui tomba quand Saül fut sacré (I Rois, viii, 5).

Samuel ayant de nouveau prié le Seigneur alors que le peuple demandait un roi et que sur l'ordre de Dieu le prophète sacrait Saül, fils de Cis, de la tribu de Benjamin, le Seigneur fit éclater son tonnerre d'une manière effrayante et tomber la pluie pour faire comprendre au peuple qu'il condamnait sa conduite en demandant que Dieu ne régnât plus désormais sur lui. Ce fut encore à la prière de Samuel que le Seigneur fit cesser les éclats du tonnerre lorsqu'il vit le repentir intérieur que le peuple avait conçu de son péché.

CHAPITRE X.
Saül prophétise au milieu des prophètes (I Rois, xix, 20).

Saül, stimulé par l'aiguillon de l'envie et souvent livré à l'influence du mauvais esprit, conçut le projet de mettre David à mort, et alors que David prophétisait avec Samuel et d'autres prophètes, il envoya des gens pour se saisir de lui et lui ôter la vie. Mais aussitôt qu'ils arrivèrent, l'Esprit qui inspirait les prophètes s'emparait d'eux. Saül lui-même étant venu

---

fugiunt, persequenti dorsum dant. Præterea quoque tota Philistæa fœda admodum plaga percutitur : nam et extales eorum foras prominebant, et ingens soricum et insolens copia per totam provinciam diffundebatur. (*Ibid.*, 6.) Convenienter quippe Dominus illis utramque pœnam præstaverat, qualem rerum ipsarum conveniens ratio exigebat : Quatenus qui misera animalia divino cultu venerabantur, per miserrima animalia in adventu Dominicæ legis castigarentur : et qui Tabernaculi Domini interiora, id est, arcam extra limites suos protraxere; hi interiorum suorum foras prominentium fœda affligerentur clade. Quapropter quando plaustro novo impositam duabus fetis vaccis vehendam, quæ jugum antea non portaverant, teneris domi vitulis mugientibus, ad fines suos redire arcam permiserunt, quinque mures et totidem anulos aureos indices plagarum suarum, quatenus ne eam vacuam remitterent, juxta eam in capsella posuerunt. (I *Reg.*, vi, 10.) Sed in his multiplex figurarum intelligentia latet, quæ proprii operis industria, et temporis otio indiget.

CAPUT VIII.
De cœli fragore, quo territi sunt Allophyli (I Reg., vii, 10).

Iterum quoque infinita Philistinorum agmina, quasi area maris innumerabilia, per plana se terræ Israel effuderunt, quæ Dominus Samuele orante a facie filiorum Israel ingenti cœli fragore perterrebat, quatenus per hoc et Israel non propria virtute vicisse intelligerent : et hostes Dei protectionem, et auxilium erga hunc populum esse scirent.

CAPUT IX.
De vocibus et pluviis quando Saul ordinatus est (I Reg., viii, 5; xii, 18).

Ibidem quoque Samuele invocante Dominum, cum populus sibi regem peteret, et Saul filium Cis de tribu Benjamin in Dei famine jussus Propheta ordinaret, Dominus per pluvias et horribiles voces intonuit, quibus plebs quæ audierat se Dominum repulisse, ne regnaret sibi, intelligeret : quos fragores per Samuelis iterum Dominus deprecationem compescuit, postquam populi de hac re pœnitudinem intus aspexit.

CAPUT X.
De Saul prophetante inter Prophetas (I Reg., xix, 20).

Saul invidiæ stimulo suscitatus, et malo spiritu sæpe arreptus, cum David occidere vellet, et ipse David tunc cum Samuele et cæterorum prophetarum cuneo prophe-

en troisième lieu comme pour exécuter l'ordre qu'il avait donné, fut à peine arrivé au milieu des prophètes qu'il se mit à prophétiser avec eux. En traitant la question de Balaam et de son ânesse, nous avons dit que les inspirations prophétiques de l'Esprit saint ne sont point mesurées au mérite personnel de ceux qui proclament ses oracles, mais exclusivement à la volonté de ce divin Esprit. Cependant les mérites de ceux qu'il choisit pour organes ne se trouvent pas augmentés, si leur vie est d'ailleurs sans bonnes œuvres, comme celle de Balaam, de Saül et du grand-prêtre Caïphe. Ce sont ces prophètes réprouvés qui, au jour du jugement, diront au Seigneur: « Est-ce que nous n'avons pas prophétisé en votre nom? » (*Matth.*, VII, 21) et qui ne laisseront pas d'être condamnés au supplice du feu éternel avec les impies. Il en est qui pensent que ce n'est point l'Esprit de Dieu, mais le mauvais esprit qui s'emparait souvent de Saül qui le fit prophétiser pendant toute cette journée, jusqu'à ce que David, par une inspiration particulière et un effet de la protection divine, échappa à la mort dont il était menacé. Mais comment accorder cette opinion avec ces paroles : « Il fut saisi de l'Esprit du Seigneur, et il prophétisait en marchant? » (I *Rois*, XIX, 23.) Dira-t-on qu'il faut entendre ici cet Esprit du Seigneur dans le sens où il est dit dans un autre endroit que l'Esprit mauvais du Seigneur s'emparait de Saül? (*Ibid.*, XVI, 14.) Mais partout où l'on trouve dans les Ecritures, « l'Esprit de Dieu, » ou « l'Esprit du Seigneur, » ou « l'Esprit de Jésus-Christ, » ou l'Esprit de Jésus, » sans aucune autre addition, tout esprit sensé ne fait nulle difficulté de reconnaître qu'il faut entendre l'Esprit saint. Lorsqu'au contraire nous lisons : « L'Esprit mauvais du Seigneur, » comme dans le livre de Samuel, cette addition désigne évidemment le démon. Il est l'Esprit du Seigneur, parce qu'il exécute ses ordres ; il est mauvais, à cause de sa nature viciée. Souvent encore nous trouvons dans la sainte Ecriture cette seule dénomination : « L'Esprit, » sans qu'on ajoute le mot « saint, » ou « de Dieu, » ou quelqu'autre caractère qui désigne clairement l'Esprit saint ; il faut entendre alors l'Esprit qui lui est contraire, c'est-à-dire le diable ou un des démons qui lui sont soumis et concourent à l'exécution de ses mauvais desseins.

CHAPITRE XI.

Samuel évoqué par la pythonisse.

Saül, roi d'Israël, se trouvant dans une étrange extrémité, pressé de toutes parts par les Philistins, et ne pouvant obtenir de réponse du Seigneur ni par les prophètes, ni par les prêtres, ni par les songes (I *Rois*, XXVIII, 6), alla trouver une pythonisse pour qu'elle évoquât quelqu'un des morts par les prestiges de la magie. Elle lui demanda : Qui voulez-vous que je fasse sortir du sommeil du tombeau? Il lui répondit : Faites venir Samuel. Samuel évoqué par la pythonisse, prédit à Saül ce qui devait lui arriver. « Demain à cette heure, lui dit-il, vous serez avez moi, vous et vos fils, et je livrerai le peuple d'Israël avec vous entre les mains de ses ennemis. » (*Ibid.*, 19.) Or, comment expliquer que Samuel ait été évoqué par la pythonisse, alors que cette femme a recours

---

taret, misit nuntios, et ipsum interficiendum de medio Prophetarum rapere jubet. Sed illos protinus ut adveniebant, spiritus qui in Prophetis loquebatur, arripiebat. Ipse quoque Saul quasi injunctum famulis opus tertiis acturus post eos exiens, cum inter Prophetas venerat, prophetabat. Diximus autem cum de Balaam et asina ejus disserimus, quoniam Spiritus sancti verba, non dicentium merito pensantur, sed ipsius voluntate ubicumque voluerit, proferuntur : per quod tamen proferentium ea merita non in melius augentur, si bona non habent opera, sicut in Balaam, et Saul, et Caipha pontifice. Unde tales Prophetæ in judicio : « Nonne in tuo nomine prophetavimus, » damnati Domino respondebunt (*Matth.*, VII, 2) : et tamen æterni ignis consortium inter cæteros impios subibunt. At vero et hoc loco quidam æstimant, quod Saul non divino spiritu, sed malo illo quo sæpe arripiebatur, per totum illum diem prophetaret, donec David etiam imminens mortis periculum, ipso suo spiritu (*a*) arreptus, Domini dispensatione evaderet. Sed qualiter hoc sentiri potest, dum ita scribitur : « Et factus est super eum spiritus Domini, et ambulans prophetabat? » (I *Reg.*, XIX, 23.) Nisi forte sic in hoc loco accipiatur, spiritus Domini, quomodo et in alio loco spiritus Domini malus Saul arripiebat. (I *Reg.*, XVI, 14.) Verumtamen ubicumque sine additamento « spiritus Dei, » vel « spiritus Domini, » vel « spiritus Christi, » vel « spiritus Jesu, » in Scripturis sanctis invenitur,

(*a*) Ms. Aud. *arrepto.*

Spiritus sanctus esse a nullo sano sensu dubitatur. Ubicumque vero cum additamento dicitur « spiritus Domini malus, » ut est in libro Samuelis, intelligitur diabolus esse : Qui « Domini » propter ministerium, « malus » propter vitium dictus videtur. Sæpe quoque cum singulariter « spiritus » tantum, et non addito, « sanctus, » aut « Dei, » aut aliud quodcumque ex his, quæ ad signandum aut demonstrandum Spiritum sanctum pertinent, deprehenditur, contrarius spiritus qui est diabolus, aut subjectus quisque sibi ex his qui ministrant dæmonibus, dignoscitur.

CAPUT XI.

De Samuele suscitato a Pythone.

Post etiam in augustia constitutus hostili se premente impetu, cum neque per Prophetas, neque per Sacerdotes, neque per somnia, petenti sibi Dominus ullum responsum daret (I *Reg.*, XXVIII, 6), Saul rex Israel ad pythonissam perrexit, ut mortuis aliquem sibi per suæ artis incantationes suscitaret. Quæ cum quæreret ex eo, quem mortuorum de somno cuperet resolvi, ille sibi Samuelem velle respondit suscitari. Suscitatus vero Samuel, Sauli quid eveniret prænuntiat. « Hac, inquies, hora tu et filii tui mecum eritis, sed et Israel tradam tecum in manum inimicorum ejus. » (*Ibid.*, 19.) Qualiter ergo Samuel a pythonissa suscitari dicitur, dum pythonissa

pour cela aux sortiléges et aux prestiges de la magie? Et comment d'ailleurs Saül, qui ne put obtenir de réponse d'aucun des prophètes vivants, a-t-il mérité d'en recevoir une d'un prophète sorti du tombeau? On résout plus facilement cette difficulté en disant que ce ne fut point le prophète Samuel qui apparut à Saül, mais le démon qui se transfigure en ange de lumière (I *Cor.*, XI, 14), qui lui apparut sous la forme apparente de Samuel. Les paroles qu'il adresse à Saül : « Vous et vos enfants vous serez avec moi, » viennent à l'appui de ce sentiment. En effet, si Samuel était véritablement apparu à Saül, il n'eût point dit à ce roi coupable qu'il partagerait son sort après la mort. Mais si c'est le démon que la pythonisse fait paraître aux yeux de Saül, pourquoi l'Ecriture dit-elle qu'elle a évoqué Samuel? Dans un grand nombre d'endroits l'Ecriture sainte donne le nom des choses véritables à des objets qui n'en ont que l'apparence. Ainsi elle donne le nom de serpent à la verge de Moïse dont nous avons parlé, et qui ne prit que la forme apparente d'un serpent (*Exod.*, VII, 10), à celle des magiciens d'Egypte, et au serpent d'airain élevé dans le désert. Il en est de même de l'image des deux chérubins qui couvrent le propitiatoire de leurs ailes (*Exod.*, XXXVII, 7); des cinq rats et des cinq figures d'anus que les Philistins placèrent dans une cassette et qu'ils renvoyèrent avec l'arche du Seigneur (I *Rois*, VI, 11); des douze bœufs qui soutenaient la mer d'airain (III *Rois*, VII, 25); des douze lions qui supportaient le trône d'ivoire de Salomon (*ibid.*, X, 19); des chérubins, des grenades, des guirlandes, des réseaux qui étaient peints ou sculptés dans le temple. (*Ibid.*, VI, 32.) Tous ces objets n'avaient que l'apparence et non la réalité des choses dont ils portaient le nom. Cependant l'Ecriture n'hésite pas à leur donner ce nom, comme s'ils avaient cette réalité. Elle donne donc ici le nom de Samuel à l'image de Samuel (1), de même que dans les visions des prophètes, et dans l'Apocalypse de saint Jean nous voyons l'image de certains hommes apparaître sous le nom véritable de ces personnes.

CHAPITRE XII.

De la punition d'Oza (II Rois, VII, 7).

Quelque temps après, David ayant été proclamé roi, l'arche d'alliance fut conduite par le roi et tout le peuple de la maison d'Aminadab à Jérusalem. Oza, fils d'Aminadab, qui suivait l'arche, ayant porté la main à l'arche pour la soutenir, fut frappé de mort subite et comme étouffé sur-le-champ. Dieu condamnait ainsi la témérité d'Oza qui avait osé porter la main à l'arche sans être de la famille d'Aaron, et il apprenait au peuple avec quel respect il devait traiter les choses saintes. Il en est qui pensent qu'Oza fut ainsi puni pour quelqu'autre péché commis précédemment, parce qu'il arrive souvent que des fautes légères reçoivent le châtiment qu'avaient mérité des fautes précédentes plus considérables.

CHAPITRE XIII.

David fait le recensement du peuple
(II Rois, XXIV, 15).

C'est ainsi que le peuple d'Israël s'étant rendu

---

(1) Cette opinion est contraire au sentiment généralement reçu que Samuel apparut véritablement à Saül, et que ce ne fut ni la magie ni Saül qui furent cause qu'il lui apparut, mais Dieu.

---

dæmoniacis incantationibus et præstigiis uti videtur? Et quomodo Saul, qui in viventibus Prophetis Dei responsum non invenit, resuscitatum a morte Prophetam audire meruit? Unde non hunc esse Samuelem illum Prophetam perfectum, facilius intelligitur : sed diabolus qui se transfigurat in Angelum lucis (II *Cor.*, XI, 14), in phantasia Samuelis consideretur. Quod ex sermonibus ejus recte dignoscitur, quoniam funesto Sauli dicebat : « Tu et filii tui mecum eritis. » Etenim si verus ille Samuel hic ostensus esset, nullo modo iniquum regem consortem sui meriti post mortem diceret. Si ergo a pythonissa diabolus ostenditur, quare Samuel in divina Scriptura dicitur suscitatus? In multis sacræ Scripturæ locis imaginatis rebus verarum rerum nomina sæpe adscribuntur. Quomodo et prædicta virga in similitudinem serpentis imaginata, et phantastica illa magorum serpentium in Ægypto (*Exod.*, VII, 10), et ille æneus in deserto serpens nominatur. (*Num.*, XXI, 9.) Duo quoque Cherubim pro similitudine obumbrare propitiatorium memorantur. (*Exod.*, XXXVII, 7.) Quinque mures, et quinque anuli de terra Philistiim in capsella cum arca Domini referuntur. (I *Reg.*, VI, 11.) Duodecim boves sub mari æneo (III *Reg.*, VII, 25), et quatuordecim leones in throno Salomonis eburneo statuuntur (III *Reg.*, X, 19), Cherubim quoque et palmæ, et mala granata, et retia in templi ædificio depicta describuntur (III *Reg.*, VI, 32), cum hæc omnia non ipsa rerum veritate, sed pro similitudine ista nomina recipiunt. Ipsæ tamen Scripturæ sine ullo incertitudinis respectu quasi res veras hæc nominatim ponunt. Phantasma igitur Samuelis velut ipse Samuel ostensum pronuntiatur, sicut et in visibus Prophetarum, et in Apocalypsi Joannis ostensi viri pronuntiantur.

CAPUT XII.

De percussione Ozæ (II Reg., VI, 7).

Post modicum deinde David regnum obtinente, arca Testamenti de domo Aminadab ad Jerusalem a rege et omni populo perducitur. Oza filius Aminadab sequens arcam, cum illam velut sustenians tangeret, subita morte percussus et suffocatus est. In quo facto temeritas in ipso Oza, qui cum non esset de genere Aaron arcam tetigerit, damnatur; et totus populus quin caute in divinis rebus se agere deberet, admonetur. Sed quidam aliquod præcedens peccatum in Oza per hanc punitum culpam esse existimant : quoniam sæpe evenit, ut minores culpæ præcedentium peccatorum vindictam incutiant.

CAPUT XIII.

De David numerante populum (II Reg., XXIV, 15).

Quemadmodum cum populus Israel peccasset, com-

coupable contre Dieu, le Seigneur permit que David donnât ordre de faire le dénombrement du peuple, et cette faute légère du roi attira sur le peuple coupable le châtiment de ses crimes précédents. L'ange du Seigneur fit mourir soixante-dix mille hommes de tout le peuple d'Israël jusqu'à Bersabée, et il se disposait à étendre sa main sur Jérusalem. Ce n'est pas que le Seigneur voulût alors détruire cette ville qu'il a depuis dispersée, mais il voulait que l'ange, se montrant dans l'appareil de la vengeance, inspirât au roi qui le voyait de dignes sentiments de pénitence. Nous devons conclure de là que David a commis une faute beaucoup moins grave que le peuple; il a expié cette faute par la pénitence, tandis que le péché du peuple a été puni de mort dans ceux qui l'avaient commis.

CHAPITRE XIV.

Des deux signes de l'autel de Béthel.

Lorsque plus tard par suite de la conduite criminelle de Salomon, le royaume du peuple de Dieu fut divisé en deux parties, Jéroboam, fils de Naboth, roi des dix tribus situées au nord, craignant que le peuple en se rendant au temple de Jérusalem pour y offrir des sacrifices, ne revînt en même temps sous l'autorité de Roboam, fils de Salomon, plaça des idoles à Dan et à Béthel. (III *Rois*, XII, 29.) Or, tandis qu'il faisait la dédicace de l'autel de Béthel, le Seigneur envoya un homme de Juda pour prophétiser contre cet autel. A peine fut-il arrivé, qu'il fit paraître deux signes terribles de sa mission divine. L'autel se rompit aussitôt en deux parties à l'heure même de l'holocauste, et la main du roi se sécha.

Ces deux prodiges étaient parfaitement en rapport avec ce qui s'était passé, et la fin que Dieu se proposait, c'est-à-dire de faire ressortir le crime dont le roi s'était rendu coupable. Il était juste, en effet, que celui qui avait voulu rompre l'unité du culte de Dieu qui n'avait lieu jusqu'alors que sur un seul autel et dans un seul temple, vit se rompre l'autel qu'il avait élevé. Et il n'était pas moins juste que pour avoir séché la main du peuple de Dieu et l'empêcher d'offrir à son Dieu des offrandes et des holocaustes, la main du roi fût séchée au moment où il offrait cet holocauste schismatique.

CHAPITRE XV.

De la sécheresse qui dura trois ans et six mois.

Sous le règne d'Achab, fils d'Amri, qui se livrait à toutes sortes de crimes à l'instigation de Jézabel, son épouse, Elie de Thesbé, du pays de Galaad, dit au nom du Seigneur : « Pendant ces années il ne tombera ni rosée ni pluie que selon la parole qui sortira de ma bouche. » (III *Rois*, XVII, 1.) En effet, la pluie fut arrêtée par cette parole et ne tomba point sur la terre pendant l'espace de trois ans et six mois, pour priver ainsi d'un ciel favorable et des douces influences de l'air ceux qui avaient irrité par leurs crimes la colère de Dieu sur la terre. Toutefois ce châtiment, selon l'opinion de plusieurs savants, ne se fit sentir que dans la terre d'Israël. Mais c'est la coutume des Ecritures saintes de donner indifféremment le nom de toute la terre à la contrée dont elles parlent, et l'entretien d'Achab avec Elie nous en donne une preuve évidente. Achab voyant Elie lui dit : « Est-ce donc vous qui troublez tout Israël? »

---

movit Dominus ut David numeraret populum, per quod accidit, ut plebs peccaus per parvam regis culpam poenam sustineret præcedentium delictorum ; Angelus enim Domini septuaginta virorum millia ex omni Israel usque Bersabee occidit, et Jerosolymam urbem velut delere proposuit : non quod Dominus civitatem, quam nunc disperdidit, delere vellet, sed ut ostensus in procinctu vindictæ Angelus, dignum videnti regi pœnitentiam incuteret. Ex quo intelligitur David minorem culpam commisisse quam plebem, qui peccatum suum per solam pœnitentiam delevit : populi vero delictum in auctoribus suis mortis severitatem promeruit.

CAPUT XIV.

De duobus signis juxta altare Bethel.

Et deinde cum per peccatum Salomonis populi Israel regnum unum in duo divisit, Jeroboam filius Nabath rex decem tribuum in parte Aquilonis, metuens ne templi, quod erat in Jerusalem, visitatio rursum populum Roboam filio Salomonis jungeret, idola et altaria in Dan et in Bethel posuit. (III *Reg.*, XII, 29.) Sed in dedicatione altaris quod fuit in Bethel, vir de Juda ut contra illud altare prophetaret, a Domino mittitur. Quo adveniente duo terribilia signa ostenduntur. Nam et altare in duas partes statim in hora holocausti scinditur, et regis ipsius arida manus siccatur. (III *Reg.*, XIII, 4, 5.) Quæ duo signa rei et operi suo apte convenerunt, dum quid in ipso tunc rege sit factum evidenter ostendunt. Aptum enim videbatur, ut qui Dei cultum, qui illud usque in uno altari et templo erat, divisisset, ipsius altare quod ille sibimetipsi fecerat, sic scissum dissecaret. Et qui populi Dei manum, ne Domino suo oblationem et holocausta immolaret, aridam fecisset, in schismatico illo holocausto manus illius arida appareret.

CAPUT XV.

De trium annorum et sex mensium siccitate.

Præterea quoque Achab filio Amri, incitante cum Jezabel uxore sua, plura agente scelera, Elias Thesbites de Galaad in sermone Dei dixit : « Si non ros et pluvia, nisi juxta oris mei verba his annis erunt. » (III *Reg.*, XVII, 1.) Cujus oratione prohibita pluvia tribus annis et sex mensibus non pluit : quatenus qui Deum per mala in terra exacerbassent, cœli clementia et aeris commoditate carerent. Verum hæc plaga, ut multi magistri putant, tantum terram Israel castigaverat. Sed moris est Scripturarum, ut illam provinciam de qua dicunt, omnem terram indifferenter nominent, quod convenienter cum Elia postmodum Achab sermone demonstratur. Cum enim Eliam ipse vidisset : « Tu quis es qui

Elie lui répond en déclarant qu'Israël seul était coupable du crime qui avait attiré ce châtiment. « Ce n'est pas moi qui trouble Israël, lui dit-il, mais c'est vous-même et la maison de votre père, lorsque vous avez abandonné les commandements du Seigneur, et que vous avez servi Baal. » (III *Rois*, xvii, 17, 18.) Ce langage dans la bouche d'Achab comme dans celle d'Elie, démontre clairement le rapport de la faute avec le châtiment. Si ce fléau s'était étendu au monde entier, Achab n'eût point dit : « Est-ce vous qui troublez Israël, » mais : Est-ce vous qui troublez toute la terre? Or, pendant ce temps de sécheresse, le Seigneur donna l'ordre à Elie de chercher un refuge dans une caverne située sur les bords du torrent de Carith, où les corbeaux lui apporteraient du pain et de la chair, et où il pourrait boire de l'eau du torrent. (III *Rois*, xvii, 3.) Le Seigneur avait en cela un double motif, nourrir le prophète pendant cette famine et le mettre à l'abri de la fureur de ses persécuteurs qui s'acharnaient à sa perte. Les corbeaux reçoivent l'ordre de servir le prophète comme pour expier la faute que cet oiseau avait commise au temps du déluge. Il avait été pour Noé un messager négligent et trompeur; il devient pour Elie un serviteur assidu et fidèle. Cet office que les corbeaux remplissent à l'égard d'Elie, nous apprend encore que si l'homme n'eût point péché, il aurait maintenant à son service les oiseaux dont il ne tire aucun parti. Mais d'où ce corbeau tirait-il cette chair et ce pain qu'il apportait, c'est à celui qui lui confiait cet office de nous l'expliquer. On peut cependant admettre que les corbeaux recevaient ces aliments de personnes qui faisaient cuire ces pains et préparaient ces chairs, ou en sachant ou en ignorant à quel usage ils étaient destinés.

CHAPITRE XVI.
De la veuve de Sarepta des Sidoniens (III Rois, xvii, 8).

La grande sécheresse ayant absorbé l'eau du torrent, Dieu commanda à Elie de sortir de sa retraite et d'aller vers une veuve de Sarepta qui devait le nourrir. Elle le reçut avec bienveillance et lui fournissait la nourriture dont il avait besoin chaque jour; aussi pour la récompenser, le petit vase d'huile et la mesure de farine ne diminuèrent point jusqu'à ce que Dieu eût visité son peuple. Or, les choses se passèrent ainsi, non que la main du Seigneur fût impuissante à fournir d'ailleurs à Elie les pains et la chair qui lui étaient nécessaires, même lorsque l'eau du torrent lui eut fait défaut ; mais il l'envoie dans la ville de Sarepta, des Sidoniens, pour y nourrir lui-même cette veuve si bonne et si fidèle. Il ne faut pas s'étonner si la terre des Sidoniens est affligée du même fléau que la terre d'Israël, car c'est de là que tirait son origine Jézabel, la persécutrice des prophètes, la cause de tous les crimes et du châtiment qu'ils attiraient; elle était la fille du roi de Sidon. Remarquons encore que dans ce miracle Dieu ne crée pas une nouvelle nature, mais dirige simplement dans ses excès et d'une manière extraordinaire celle qu'il a créée, comme nous l'avons fait remarquer à l'occasion des chaussures et des vêtements des Israélites. (*Deut.*, xxix, 5.) En effet, dans tous ces prodiges dont nous avons parlé, il n'y a rien d'essentiellement contraire à la nature, comme les faits eux-mêmes nous en donnent souvent la preuve.

conturbas populum Israel, » Achab dixisse refertur. Cui respondens Elias, in Israel tantummodo culpam, quæ hanc plagam incitaverat, fuisse denuntiat. « Non enim, inquit, Elias ego conturbo Israel, sed tu et domus patris tui, quia dereliquisti legem Domini, et servis Baal. » (III *Reg.*, xvii, 18.) Quibus utrisque dictionibus in Israel tantummodo culpam et plagam convenientia verborum esse demonstrat. Si etenim totum mundum plaga illa flagellaret, non « qui conturbas Israel » tantummodo, sed qui conturbas totum orbem, Achab dixisset. In tempore autem siccitatis a Domino Eliæ dicitur, ut in spelunca torrentis Carith se absconderet, ubi corvis ministrantibus pane et carnibus, et aqua torrentis illum satiaret, duplici scilicet occasione, quatenus et in tempore famis haberet alimoniam, et persecutorum avide se quærentium rabidam effugeret iram. (III *Reg.*, xvii, 3.) Corvis vero ministrare Prophetæ præcipitur, ut scilicet culpam, quam in diluvio commiserat in terra, purgare avis illa videretur, dum ut fidelis minister efficitur Eliæ, qui negligens et fallax erat antea Noe. Præterea quoque in hoc ministerio illud etiam ostenditur, qualiter homo si non peccasset, etiam infructuosorum animalium nunc ministeriis uteretur. Unde vero eas carnes et panes ille corvus detulerit, ipse viderit, qui tale officium committebat. In quo tamen intuendum est, quod ex aliquorum hominum scientium aut nescientium industria, corvi hæc acciperent, qui coctos panes et carnes quaslibet qualitercumque præparabant.

CAPUT XVI.
De vidua in Sarepta Sidoniorum (III Reg., xvii, 8).

Cumque de torrente propter nimiam siccitatem aqua deficeret, ad viduam in Sareptam, ut ibi pasceretur, exire Eliam Deus jubet. Quæ cum eum in domo sua victu quotidiano satiaret, familiariter receptum, lecythus olei, et farinæ hydria, in quibus unius diei refectionem in adventu suo invenerat, non minuta sunt, donec visitavit Dominus populum suum. Et hoc accidit, non quod invalida manus Domini esset, ut etiam postquam torrentis unda defecisset, aquam illi cum panibus aliunde et carne donaret : sed idcirco ad Sareptam Sidoniorum saturandus Propheta mittitur, ut per illum bona et fidelis vidua pasceretur. Ne vero quem moveat, quod Sidoniorum terra hanc eamdem plagam pariter cum Israel perpessa erat, dum inde Jezabel persecutrix Prophetarum, et totius vindictæ et faciuoris causa, Sidoniorum regis filia, paternam originem ducebat. Certe etiam hoc signo non nova a Domino, sed condita natura immodica non modica substantia gubernatur, quomodo de calciamentis et Israel vestibus prædictum memoratur. (*Deut.*, xxix, 5.) Nam in cæteris prædictis omnibus miraculis nil naturæ rationem refugit, sicut ipse rerum eventus frequenter ostendit.

CHAPITRE XVII.

Du fils unique de la veuve que ressuscite Élie
(III Rois, XXII, 17).

Pendant qu'Élie demeurait dans la maison de cette veuve, son fils fut atteint d'une maladie si violente qu'il mourut. Mais Élie par sa prière le rappela de nouveau à la vie, et la tradition des Hébreux porte que cet enfant devint dans la suite le prophète Jonas, que le Seigneur, après trois jours, délivra du ventre de la baleine qui l'avait englouti. (*Jon.*, II, 11.) En effet, le Seigneur, qui peut mettre à mort son ennemi dans quelque lieu assuré qu'il se réfugie, peut également, quand il le veut, délivrer son serviteur des dernières extrémités. Quant à la grande question de la résurrection des morts, nous nous réservons de la traiter lorsque nous parlerons de Lazare.

CHAPITRE XVIII.

De l'holocauste offert sur la montagne du Carmel.

Lorsque le temps de la sécheresse fut passé et que le Seigneur eut résolu de faire tomber la pluie sur la terre, il commanda au prophète Élie d'aller à la rencontre du roi Achab, qui avait convoqué autour de lui sur la montagne du Carmel tous les enfants d'Israël et les prophètes des idoles, au nombre de quatre cent cinquante. (III *Rois*, XVIII, 19.) Lorsqu'ils furent rassemblés, le saint prophète demanda que deux bœufs fussent immolés, l'un par lui au Seigneur, l'autre à Baal par les prophètes des idoles, afin que le Dieu qui déclarerait par le feu qu'il aurait exaucé les vœux qu'on lui faisait, fût reconnu pour le Dieu de tout le peuple. Cette proposition ayant été agréée, les prêtres de Baal immolèrent les premiers leur bœuf et du matin jusqu'à midi priaient Baal avec tristesse de consumer l'holocauste par le feu. Mais Baal, qui était lui-même la victime et la proie du feu, ne pouvait faire descendre le feu sur l'holocauste. Élie alors coupa son bœuf par morceaux en divisant les membres et le plaça sur l'autel qui avait été élevé et dont il avait surveillé les dispositions ; il y répandit de l'eau en abondance, et à peine eut-il fait sa prière que le feu du ciel descendit et dévora le bœuf avec l'autel, les pierres et l'eau elle-même. Il fit prendre ensuite les prophètes de Baal, qui lui furent abandonnés, il les fit mettre à mort dans le torrent de Cison (*Ibid.*, 40), et tout le peuple reconnut que le Seigneur était le Dieu véritable et crut en lui. Or, dans cette circonstance, le feu n'agit point contre sa nature, il descendit des sphères supérieures enflammées, et sur l'ordre de Dieu qui le dirigeait, il dévora la matière même qui lui sert d'aliment et qu'il avait trouvée sur la terre. En effet, que le feu existe en abondance dans ces sphères supérieures, nous en avons la preuve dans le feu qui brûle sur la terre et qui tend vivement à monter dans les sphères où est sa nature. De même que la nature de l'eau la fait découler de haut en bas, ainsi une des propriétés du feu est de s'élever toujours en haut. Cependant l'eau n'agit point contre sa nature lorsqu'elle paraît s'élever dans les hauteurs, ce n'est point par elle-même que sa nature, qui est pesante, s'élève ainsi, mais par un effet de la nature plus légère de l'air où s'amassent des gouttes imperceptibles de vapeur d'eau. Lorsque ces parcelles imperceptibles

---

CAPUT XVII.

De mortuo unico viduæ filio quem suscitavit Elias
(III Reg., XVII, 17).

Hujus viduæ filius illo tempore, quo Elias in domo ejus morabatur, gravi ægritudine mortuus fuit. Sed hunc Elias oratione sua ad vitam iterum revocavit, de quo tradunt Hebræi, quod ipse Jonas Propheta postea fuerit, quem de ventre cæti glutientis, evolutis tribus diebus, Dominus absolvit. (*Jon.*, II, 11.) Quia Dominus qui inimicum suum in quocumque tuto loco potest occidere, servum suum quem vult eruere, de qualicumque angustia liberare valet. At vero illa famosa quæstio, qua de mortuis resuscitatis agitur, usque ad Lazarum a nobis reservatur.

CAPUT XVIII.

De holocausto in monte Carmeli (III Reg., XVIII, 19).

Evoluto autem tempore siccitatis, cum Dominus super terram vellet pluviam dare, Prophetam Eliam in occursum regis Achab jussit exire, qui omnem Israel ad eum et idolorum Prophetas quadringentos quinquaginta in montem Carmeli congregavit. Quibus congregatis, sanctus Elias duos boves, unum Domino, et alterum Baal, per se et per Prophetas idolorum mactari in holocaustum rogavit, ut Deus qui per ignem exaudierit, ipse totius populi Deus sit. Quo impetrato, sacerdotes Baal bovem suum prius occidentes, usque ad mediam diem tristes, Baal ut per ignem consumeret holocaustum, rogabant. Sed Baal qui potius igni in potestatem traditus est, super holocaustum ignem dare non poterat. Elias vero bovem suum in frusta comminuens, per membra dividens, super altare quod constructum fuerat, et quod ipse curaverat, tunc statuit : eumque aqua abunde superfudit, oranteque illo, subito ignis de cœlo cecidit, qui bovem cum altari et lapidibus et aqua simul consumpsit. Ac deinde sacerdotes Baal in potestatem sibi traditos, in torrente Cison interfecit, et omnis populus Deum Dominum esse confessus credidit. (*Ibid.*, 40.) In hoc etiam extra naturam ignis nequaquam aliquid fecit, quid desuper aerio ignito spatio descendens, cum Dei gubernantis imperio, alimenti sui materiam, quam in terra repererat, consumpsit. In superiore enim illo spatio ignis naturam abundantius esse, etiam ignis in terra ardens pronuntiat, qui ad superiora ubi est natura illius, ardenter conscendere tentat. Sicut enim aquæ natura, descendere semper ad inferiora, sic ignis proprium est appetere excelsa. Non tamen contra naturam suam etiam aqua sæpe in excelsa videtur conscendere : quod non substantia sua quæ gravis est, per semetipsam, sed per aeris leviorem naturam, qua aquarum minutissimæ guttæ vaporaliter contrahuntur, solet facere : quæ minutissimæ guttæ, ad aeris altiora fumali modo conscendentes, cum in densioribus nubibus

qui s'élèvent dans l'air comme la fumée se réunissent et forment d'épaisses nuées, elles ne peuvent plus être soutenues par la nature de l'air, mais sous l'impulsion du vent et de leur pesanteur naturelle elles tombent sur la terre. Si avant qu'elles tombent la gelée les saisit alors qu'elles sont déjà condensées, la rigueur du froid les congèle encore davantage, en forme les petites masses de grêle; si la gelée ne les trouve pas encore condensées, elle les cristallise et en forme des flocons de neige; si elles ne sont point soumises à l'action de la gelée, l'eau suit librement sa pente et retombe sur la terre d'où elle était venue. De même donc que l'eau ne peut monter par elle-même, mais qu'elle a besoin pour cela d'une autre substance, de même le feu ne peut descendre qu'à l'aide aussi d'une autre substance. Ainsi, lorsque le Seigneur fit tomber une pluie de feu sur les cinq villes dont nous avons parlé dans le premier livre, il se servit pour cela du soufre, c'est-à-dire que le feu brûlait dans le soufre et qu'entraîné par la nature plus pesante du soufre, il tombait sur la terre. (*Gen.*, XIX, 24.) Ici donc où nous voyons le feu descendre sur l'autel pour dévorer l'holocauste, ce feu descendit par le moyen soit de l'air, soit du soufre, car le feu ne peut descendre par lui-même, à moins que Dieu ne lui commande de se mêler à un élément d'une nature plus pesante. Or, Élie, serviteur de Dieu, en faisant mettre à mort les prêtres des idoles, ne se rendit nullement coupable d'homicide, car il vivait sous une loi qui disait : « Le blasphémateur sera puni de mort. » (*Lévit.*, XXIV, 16.) Or, personne ne peut adorer les idoles sans être coupable de blasphème ; celui donc qui met à mort les adorateurs des idoles purifie la terre des blasphémateurs et des sacrilèges. Après que ces prophètes eurent été mis à mort, celui qui, par ses prières, avait empêché la pluie de mouiller la terre pendant trois ans et six mois obtint en un instant, par la vertu de ces mêmes prières, une pluie abondante et douce pour humecter la terre desséchée. Or, cette pluie ne fût point tombée sur la terre s'il ne l'eût d'abord purifiée en mettant à mort les adorateurs de Baal.

CHAPITRE XIX.

Du jeûne de quarante jours.

Jézabel ayant appris qu'Élie avait mis à mort ses prophètes, voulut l'effrayer en le menaçant lui-même de le faire mourir. (III *Rois*, XIX, 2.) Élie donc s'en alla dans la terre de Judas en exhalant ses plaintes en présence de Dieu, et s'étant jeté à terre, il s'endormit à l'ombre d'un genièvre. L'ange du Seigneur le toucha pour le réveiller de son sommeil et lui présenta du pain et de l'eau pour apaiser sa faim et sa soif. Élie s'étant fortifié par cette nourriture marcha dans sa force quarante jours et quarante nuits jusqu'à Oreb, la montagne de Dieu, sans rien manger. Après y avoir été favorisé d'un entretien avec Dieu, il revint de nouveau dans la terre d'Israël. Quant à ce pain et à cette eau qui lui sont apportées par le ministère des anges et dont la vertu soutient le prophète sans manger pendant quarante jours, nous laissons l'explication de ce phénomène à ceux qui connaissent l'origine des natures. Dans ce pain, nous voyons, il est vrai, la ressemblance de ce pain qui est le produit de l'industrie humaine, parce qu'il est cuit au feu, mais nous comprenons que ce n'est pas la vertu d'un pain terrestre qui, pris une seule fois, a pu

---

in se conveniunt, aeris natura superferri non possunt, sed vento coagente graviuscula mole ad terram dilabuntur. Et si illas in nubibus, priusquam lapsae fuerint, gelu praeripuerit, easdem guttas concretas in grandinum lapillos glacialiter solidatos frigoris rigor deducit : et si remissiores et needum densatas eas gelu invenerit, nivem facit : et si has gelidum frigus non perstrinxerit, aquae stillicidium liberum, ad inferiores partes unde ierat redit. Sicut autem aqua per semetipsam, nisi per aliam substantiam, ut ostendimus, non ascendit : sic et ignis nisi per aliam substantiam inferius non descendit. Unde cum et Dominus super quinque civitates de quibus in primo libro diximus, igneos imbres plueret (*Gen.*, XIX, 24), hoc idem per sulphur fiebat, quatenus et in sulphure ignis arderet, et per graviorem sulphuris naturam idem ad terram laberetur. In hoc ergo loco ubi super altare ad holocaustum ignis descendit, aut per aerem aut per sulphur descendit : quoniam ignis per semetipsum non potest descendere, nisi se alicui materiae graviori Deus jusserit immisceri. Sacerdotes ergo idolorum sine homicidii culpa Elias Dei servus interfecit. Quippe qui erat in illa Lege quae dicit : « Blasphemum non patieris vivere. » (*Levit.*, XXIV, 16.) Nullus hominum ergo idolum colit, nisi Dei blasphemus extiterit. Ac per hoc qui idololatriae cultores mactaverat, blasphemos et sacrilegos de terra purgabat. Et post haec omnia, qui imbres a terrae perfusione tribus annis et sex mensibus oraudo prohibuerat, in modico temporis spatio, eodem orationis suae officio, sitienti terrae abundantem pluviam et placidam a Deo impetrabat. Quae in terram prius nequaquam venisset, nisi eam a cultoribus Baal occidendo mundaret.

CAPUT XIX.

De quadraginta dierum jejunio.

Quos cum Jezabel ab Elia interfectos esse comperisset, illum de morte propria minacibus verbis Prophetam terret. Unde pergens in terram Juda querulus Elias, in umbra juniperi sedens obdormivit. (III *Reg.*, XIX, 2.) Quem Angelus Domini tangens de somno suscitavit, et pane et aqua esurientem saturans et sitientem reficit. Quo cibo refectus, in ejus fortitudine quadraginta diebus et quadraginta noctibus nil comedens, usque ad Oreb montem ambulavit. Unde verbi Domini fruitus consortio, rursum in terram Israel rediit. De isto vero pane et aqua angelico officio ministratis, quorum fortitudo pastum famis labore Prophetam quadraginta diebus (*a*) pervexit, scientibus unde naturae sint intelligentiam disserendam patefacere servamus. In quo pane cum quasi humanae industriae, quod panis coctus sit, operis simili-

---

(*a*) Ms. Aud. *protexit.*

soutenir un homme sans manger pendant quarante jours. A moins qu'on ne dise que les anges auront composé ce pain d'une matière terrestre quelconque pour en faire une nourriture plus forte que le pain dont se nourrissent les hommes. Mais bien que ce pain excite la curiosité du lecteur par sa nature cachée, cependant il ne trouve point de difficulté dans le jeûne de quarante jours que supporta le prophète, car c'est par une vertu spéciale et divine qu'il a pu rester si longtemps sans prendre aucune nourriture.

CHAPITRE XX.
Du feu qui est descendu sur les cinquante soldats.

Quelque temps après, le prophète étant assis sur le haut d'une montagne, le roi envoya un capitaine de cinquante soldats avec les hommes qui étaient sous lui, avec ordre de lui amener Elie. Cet homme, enflé d'orgueil à cause de la mission qu'il avait reçue, dit à Elie : « Homme de Dieu, le roi Ochozias, » c'est-à-dire le fils d'Achab, « vous commande de descendre. » Elie lui répondit : « Si, comme vous le dites, je suis prophète et homme de Dieu, que le feu du ciel tombe sur vous et sur ceux qui sont avec vous. » (IV *Rois*, 1, 9.) Ce que le roi ayant appris, il envoya un autre capitaine avec un nombre égal d'hommes; il tint au prophète le même langage et fut frappé du même châtiment. Un troisième capitaine, qui était destiné au même sort, se prosterna humblement devant le prophète avec ses hommes et le supplia de venir trouver le roi. L'ange du Seigneur dit à Elie : « Descendez avec lui. » Elie se leva aussitôt, et lui qui avait puni de mort des orgueilleux ne fit aucune difficulté de se joindre à un homme humble et suppliant pour aller trouver le roi. Or, le feu dans cette circonstance, comme dans l'holocauste dont nous avons parlé précédemment, obéit à la parole du prophète et exécuta ses ordres. Peut-être aussi la flamme vengeresse punit-elle dans ces hommes qu'elle dévora des crimes précédents, comme il est arrivé pour Oza et pour le peuple qui avait été recensé.

CHAPITRE XXI.
Elie et Elisée passent le Jourdain.

Enfin le temps étant venu où le Seigneur avait dessein d'enlever Elie au ciel, Elisée, fils de Saphan, son serviteur et lui traversèrent le Jourdain à pied sec après en avoir divisé les eaux avec le manteau d'Elie, comme cela était déjà arrivé dans le passage des enfants d'Israël. (IV *Rois*, II, 8.) Ce que nous avons dit dans le livre de Josué suffit pour l'explication de ce prodige. En effet, les miracles qui précèdent ont beaucoup d'analogie avec ceux-ci, et bien qu'ils diffèrent sous le rapport figuré, ils demandent le même genre d'explication pour ce qui est du sens historique. Avant donc de mettre fin à cet ouvrage modeste sur les merveilles de l'Ecriture sainte, je crois utile d'exposer le sens historique des merveilles qui, par leur analogie avec celles qui précèdent, ont par là même moins besoin d'explication ; je le fais d'autant plus volontiers que je me suis proposé de ne rien omettre des merveilles de l'Ecriture sainte qui paraissent s'élever au-dessus de la marche ordinaire des choses.

---

tudinem conspiciamus, non terreni panis virtutem, quod una saturitate quadraginta dierum necessitatem impleverit, esse intelligimus. Nisi forte angelico opere de quacumque terrena materia factus in panem angelorum hominis pastam validiorem hominum pane effecerit. Sed hic panis etsi propriam occultando naturam sollicitum lectorem facit ; de quadraginta tamen dierum jejunio, quomodo illud tempus jejunus Propheta pertulerit, securum reddit, dum per unius virtutem nullo egens cibo tanto tempore vixit.

CAPUT XX.
De igne descendente super quinquagenarios.

Inde intervallo quodam temporis interjecto, ipso Propheta in monte sedente, quinquagenarium principem, cum iis qui sub eo erant, ut eum ad se ducerent rex jussit. Qui supercilio, id est superbo tumore inflatus animo dixit : « Homo Dei ut ad illum nobiscum exeas, rex Ochozias, id est filius Achab jussit. » Cui Elias : « Ut inquis, si homo Dei ego sum Propheta, in te nunc et in eos qui tecum sunt, cœlestis flamma ardebit. » (IV *Reg.*, I, 9, 10.) Quo facto, et alium ejusdem ordinis virum cum tot comitibus ad eumdem rex ire præcepit : quam consona priori proferentem, simili sententia eadem vindicta consumpsit. Quo facto, tertius ad idem destinatus periculum quinquagenarius cum suis coram Domini Propheta suppliciter genu flexit, et per verba precatoria illum regis adire conspectum rogavit. Sed : « Huic associare, » Eliæ Angelus Domini dixit. Qui cito surgens et gressum sociavit, superbis interemptis, cum humiliato et supplice ad regem perrexit. Ignis autem in hoc loco, sicut et in prædicto holocausto Dei, dicto Prophetæ verbo obediens, quod jubebatur implevit. Et in his gravioris forsitan ante commissi crimen peccati, sicut et in Oza et numero populi prædiximus, ultrix flamma nimirum punivit.

CAPUT XXI.
De transeuntibus Jordanem Elia et Eliseo.

Demum vero cum Dominus Eliam elevare voluisset, ipse et Eliseus filius Saphan, minister suus, Jordanis flumen divisum pallio Eliæ, pede sicco, sicut in transitu filiorum Israel factum prædiximus, transierunt. (IV *Reg.*, II, 8.) In cujus rei explanationem, de libro Jesu prædicta huic operi satis sufficiunt. Quoniam dum in multis his mirabilibus virtutum gestis prædicta conveniunt, iisdem rebus miracula facta, etsi in figurali explanatione deviaverunt, eamdem tamen rationem in rerum gestarum historico intellectu expositionis naturæ exigunt. Antequam de mirabilibus divinæ totius Scripturæ sermonis nostri cœperimus texere coronulam, operæ pretium est etiam ea, in quibus propter præcedentium similitudinem explanare aliquid non est necesse, prout gesta sunt exponam ; præsertim cum ex mirabilibus Scripturæ Dominicæ nil præterire disposui, in quibus a ministerio quotidiano excellere ut in alio videantur.

CHAPITRE XXII.

Elie est enlevé au ciel.

Lorsqu'ils furent tous deux sortis du Jourdain, Elie dit à son serviteur : « Demandez-moi ce que vous vous voudrez, afin que je l'obtienne pour vous avant que je sois enlevé de vous. » (IV *Rois*, II, 9.) Elisée lui répondit : « Je vous prie que votre double esprit repose sur moi. » Elie lui dit : « Vous me demandez une chose bien difficile. Néanmoins si vous me voyez lorsque je serai enlevé d'avec vous, vous aurez ce que vous avez demandé. » En faisant cette demande, Elisée ne voulait point s'élever au-dessus de son maître; mais il voyait les crimes innombrables du peuple, et il prévoyait que le prophète qui survivrait à Elie ne pouvait combattre et réprimer ces crimes s'il n'avait nécessairement le double esprit d'Elie. Car si cette demande avait été entachée de ce désir d'élévation, Elisée n'en eût obtenu l'effet ni du Seigneur, ni d'Elie lui-même. Or, après cet entretien, Elie porté sur un char de feu fut enlevé dans le ciel aux yeux d'Elisée. (*Ibid.*, 11.) Et jusqu'à ce jour il est préservé de la mort comme Enoch, et destiné à servir de témoin dans les derniers jours (*Apoc.*, XI, 3), afin que les enseignements des derniers jours soient confirmés par l'autorité de deux témoins dans ces temps qui précéderont la condamnation de Satan qui déclare une guerre ouverte au genre humain. Or, il était convenable qu'Elie, dont l'âme avait brûlé si ardemment du zèle de l'amour de Dieu, et qui avait opéré tant de prodiges par le moyen du feu, fût enlevé par le Seigneur sur un char de feu du commerce des hommes à un état plus parfait. Ce que nous avons dit d'ailleurs d'Enoch dans le premier livre peut également s'appliquer à Elie.

CHAPITRE XXIII.

Des prodiges opérés par Elisée.

Elisée ayant ramassé plein de tristesse le manteau qu'Elie lui avait laissé en héritage, passa de nouveau le Jourdain à pied sec en invoquant le Dieu d'Elie. Il vint ensuite à Jéricho, où il rendit douces des eaux amères et stériles, en jetant du sel dans la fontaine (IV *Rois*, II, 15), comme Moïse avait fait avec un certain bois dans le désert. De là il vint à Béthel, où des enfants se raillèrent de lui, parce qu'il était chauve. Elisée les maudit au nom du Seigneur, et deux ours étant sortis du bois, et s'étant jetés sur cette troupe d'enfants, ils en déchirèrent quarante-deux. (*Ibid.*, 24.) Si le Prophète entre ici en colère et maudit ces enfants, ce n'est point pour venger l'outrage qui lui est personnel, mais pour frapper d'un juste châtiment les enfants de ceux qui s'étaient détournés du Seigneur et de sa loi, en immolant aux idoles de Béthel, d'autant plus que ces petits enfants étaient peut-être eux-mêmes, suivant une coutume sacrilège, consacrés aux idoles; car c'est à Béthel que se trouvait un de ces deux veaux qu'avait fait fondre Jéroboam, fils de Nabath, qui entraîna ainsi les Israélites dans l'idolâtrie (III *Rois*, XII, 19), et c'est dans les dix tribus d'Israël que le peuple se rendit coupable de ce crime, en abandonnant le culte du vrai Dieu pour le culte des idoles. Le Prophète prévoyait d'ailleurs ce que bien longtemps après ce

CAPUT XXII.

De ascensione Eliæ.

Igitur ambobus his ripa Jordanis egressis, Elias ministro suo dicebat: « Postula a me quod vis, priusquam me Deus a te transire et recipi jubeat. » (IV *Reg.*, II, 9.) Cui Eliseeus : « Spiritus, inquit, tuus duplex obsecro in me requiescat. » Rursumque Elias : « Duriter, dicens postulasti, sed tamen si hora receptionis meæ mihi præsens adstiteris et videris, hanc petitionem eventus complebit. » Hoc ergo postulans Eliseeus, non elationis affectum super magistrum suum voluit, sed videns peccata populi innumera, a Propheta, qui relinqueretur, non simplici Eliæ spiritu, sed duplici compesci posse prævidit. Si enim illud quod petivit vitio volentis se elevare animo postulasset, nequaquam a Domino et ab ipso Elia quod petebat, impetraret. Igitur his dictis, jam jamque Elias igneo curru receptus velut ad cœlum considerante Eliseeo rapitur. (*Ibid.*, 11.) Et hactenus ipse, sicut et Enoch in testimonium novissimi temporis, adhuc sine morte servatur (*Apoc.*, XI, 3), ut scilicet horum in eo duorum testium, novissimi testimonii sermo consistat, in extremo tempore, paulo ante quam damnetur satanas, qui humanum genus aperto bello deprimat. Conveniebat ergo ut Elias, quem divini amoris zelus, ignito ardore in anima sua flagrasset, et per ignem miranda multa signa faceret, et per currum igneum ab hominibus commutatum Dominus ad sublimiorem statum eveheret. Cæterum vero quod de Enoch in primo libro prædiximus, Eliæ etiam convenire videamus.

CAPUT XXIII.

De virtutibus Elisæi.

Interea labentia in terram vestimenta Eliæ mœstus hæres Eliseeus colligebat, et Jordanem, item Deum Eliæ invocans, pede sicco transierat. Veniens in Jericho, amaras et steriles aquas, immisso in fontem sale, sicut per lignum in eremo Moyses, sanabat. (IV *Reg.*, II, 15; *Exod.*, XV, 25.) De qua etiam re in loco illo disseruisse sufficit. Inde veniens in Bethel, a pueris parvis calvus Eliseeus illudebatur. Quibus cum in nomine Domini maledicerct, duobus ursis de silva venientibus quadraginta duo pueri lacerantur. (IV *Reg.*, II, 24.) In hoc loco non propter proprium convicium, Propheta in iracundiam commotus pueris maledixit, sed aversatorum a Domino et Lege patrum filios, qui in Bethel idolis immolabant, cum fortasse et ipsi parvi pueri, ut moris tunc erat, idolis sunt consecrati, justa vindicta plexit. In Bethel namque unus ex duobus vitulis, quos Jeroboam filius Nabath fecerat, qui peccare fecit Israel, fuit constitutus. (III *Reg.*, XII, 29.) In quibus decem tribubus Israel a Domino idola colendo divertens peccavit populus. Præterea etiam Propheta præviders quid longa post tempora

peuple insolent devait souffrir pour s'être moqué de Jésus-Christ crucifié sur le Calvaire, et il voulut donner ici une figure du châtiment qui leur était réservé. Joram, roi d'Israël, et Josaphat, roi de Juda, et le roi d'Edom, ayant entrepris une expédition contre le roi de Moab, toute l'armée était accablée de soif dans le désert. Elisée obtint de Dieu que le lit d'un torrent fût rempli d'eau sans qu'il tombât de pluie sur la terre, et il ordonna de creuser des fosses et des puits le long du torrent pour les Israélites et les peuples idolâtres qui faisaient partie de l'armée. (IV *Rois*, III, 9.) A la suite de cette expédition, étant revenu dans la terre d'Israël, la veuve d'un des prophètes vint le trouver et lui cria en versant des larmes : « Voici que mon créancier veut m'enlever mes deux enfants que j'ai eus de mon mari votre serviteur, parce que je ne puis lui rendre ce que je lui dois. » (IV *Rois*, IV, 1.) Elisée lui dit : « Qu'avez-vous dans votre maison ? Je n'ai, répondit-elle, qu'un peu d'huile en réserve dans un vase pour m'en oindre. » Elisée lui dit : Allez emprunter de vos voisins un grand nombre de vaisseaux vides. » Ce qu'ayant fait cette femme, elle remplit tous ces vases du peu d'huile qu'elle avait. Cette petite portion d'huile put très-bien se multiplier par la vertu du prophète sans aller contre sa nature ; car il est dans l'ordre que la grandeur et l'étendue des objets créés aient toujours leur point de départ dans leur état premier de petitesse, ce que nous voyons surtout se produire dans les liquides, où par les procédés des liquoristes une faible quantité de certaines boissons s'accroît, se développe, jusqu'à déborder du vase qui la contient. Le même Prophète traversant souvent la ville de Suna, y recevait une hospitalité généreuse de la part d'une femme considérable de la ville, mais qui était stérile. Elisée lui prédit qu'elle aurait un fils de son mari. Cet enfant naquit en effet, et fut élevé par sa mère ; mais ayant été saisi d'une violente maladie, il mourut encore dans l'enfance. Or, Elisée le ressuscita comme une figure de l'avenir et le rendit vivant à sa mère. (IV *Rois*, IV, 8-37.) Dans une autre circonstance, les enfants des prophètes, pressés par la faim et ne sachant point discerner parmi les herbes sauvages les coloquintes pleines de poison amer et mortel, les firent cuire avec leur manger ; mais à peine en eurent-ils goûté qu'ils s'écrièrent tous que la mort était dans le pot. Elisée prit alors un peu de farine et la jeta dans le pot, et sa vertu, jointe au goût agréable, doux et salutaire de cette farine, neutralisa le poison insipide et mortel des coloquintes sauvages. (*Ibid.*, 41.) Une autre fois il commanda de partager vingt pains à cent hommes, et ils furent tous rassasiés, et les serviteurs recueillirent une quantité extraordinaire des morceaux qui étaient restés. (*Ibid.*, 42.) Nous expliquerons avec plus de soin la nature de ce prodige, lorsque nous arriverons dans l'Evangile, si Dieu le permet, au miracle de la multiplication des cinq pains et des deux poissons, et une autre fois des sept pains et des poissons.

CHAPITRE XXIV.

Naaman est guéri de la lèpre ; Giézi en est frappé.

Quelque temps après, Naaman, général des armées du roi de Syrie, et qui était couvert de lèpre,

---

illudens Christo in Calvariæ crucifixo Judæorum petulans populus esset passurus, quod eis figurali ratione competebat, interim est operatus. Deinde in illa expeditione, qua Joram rex Israel, et Josaphat rex Juda, et rex Edom ad filios Moab exierant, cum ab inopia totus exercitus sitis labore fieret fatigatus, Elisæus aquas per siccatum torrentem sine pluvia venire a Deo impetraverat : ubi fossas et puteos populum facere jussit propter Israelitas et gentiles, qui in eodem exercitu erant. (IV *Reg.*, III, 9.) Cumque ex illa expeditione reversus in terram Israel venisset, mulier vidua unius ex Prophetis, lacrymabiliter ad eum clamavit : « Ecce, inquiens, creditor meus duos filios, quos servo tuo viro meo genui, ad servandum sibi, quia reddere aliud ultra non habeam, tollere cupit. » (IV *Reg.*, IV, 1.) Cui Elisæus : « Dic, inquit, quam rem in domo tua potes habere ? Parvum, respondens ait, olei quo unguar reconditum penes me habeo in vase. Pete ergo, inquit Elisæus, mutuo a vicinis tuis vasa vacua non pauca. » Quod cum fecisset, de parvo illo olei crescente ipsa replevit omnia. Hæc exigua olei particula per virtutem Prophetæ in majus crescere non contra naturam potuit. Omnem enim magnitudinem creaturarum de parvitate semper crescere convenit, cum præsertim specialius hoc in liquoris natura, pincernaria arte fit, ut quædam poculorum genera de parva materia in abundantiam liquoris exundare et fervescere comprobentur. Per Sunam quoque civitatem sæpe idem vir egrediens, cum a quadam divite femina, sed sterili, bono frequenter hospitio receptus fuerat, prædixit quod de viro suo proprio conciperet. (IV *Reg.*, IV, 8.) Sed ille natus et nutritus gravi et solita doloris ægritudine, adhuc puer percussus obiit. Quem tamen Elisæus figurali ordine resuscitans, matri vivum assignavit. (*Ibid.*, 37.) Quodam etiam tempore fame coacti filii Prophetarum, inter cæteras herbas agrestes colocynthidas mortiferas et valde amaras non agnoscentes, in pulmento coxerunt : quod cum unus quispiam illorum gustasset, in olla mortem esse clamavit. Sed cum Elisæus farinæ parum in eadem ollam manu propria misit, illius virtus per illius farinulæ sapidum et suavem et sanum saporem, insipidum et mortiferum colocyntidarum agrestium vicit. Viginti quoque panes in centum viros dividi præcipiens, turbam saturaverunt, et superabundantem copiam fragmentorum colligentes ministri habuerunt. (*Ibid.*, 42.) Sed et de hujus virtutis intelligentia diligentius explanabimus, cum de quinque panibus et duobus piscibus, et rursus de septem panibus et pisciculis paucis in Evangelio, si Dominus permiserit, disseremus.

CAPUT XXIV.

De lepra Naaman curata, et adhærente Giezi.

Post hæc Naaman princeps exercitus regis Syriæ leprosus, cum mirabilem Prophetam et sanitatum gratia

ayant appris qu'il y avait dans la terre d'Israël un prophète admirable à qui Dieu avait donné la grâce des guérisons, vint, escorté d'une troupe de gardes, chargé de riches présents et d'une lettre que lui avait remis son souverain, et se rendit d'abord auprès du roi d'Israël, qui lui conseilla d'aller trouver le prophète Elisée. Naaman étant arrivé devant la porte du prophète, Elisée lui fit dire par son serviteur d'aller se laver sept fois dans le Jourdain. (IV Rois, v, 5.) Naaman n'aurait accueilli qu'avec le plus orgueilleux dédain cette réponse que lui transmettait l'envoyé du prophète, si ceux qui l'accompagnaient ne lui eussent persuadé d'exécuter une chose si facile. Il se rendit à leurs conseils, il alla se laver sept fois dans le Jourdain comme Elisée le lui avait ordonné, et sa peau devint flexible et pure comme celle d'un petit enfant. Il revint alors témoigner à l'homme de Dieu sa reconnaissance pour la santé qui lui était rendue, en lui offrant des présents. Elisée les refusa ; il voulait donner gratuitement ce qu'il avait reçu gratuitement. Nous avons une preuve manifeste, et je l'ai déjà fait remarquer ailleurs, que la puissance qui opère ici la guérison n'est point attachée à un objet quelconque, mais qu'elle vient tout entière de l'ordre et du commandement de Dieu transmis par Elisée. Supposez, en effet, qu'en dehors de l'ordre de Dieu et du Prophète, Naaman eût été se laver dans le Jourdain, il n'y eût certainement point trouvé la guérison de sa lèpre. Or, Giezi, serviteur de l'homme de Dieu, réfléchit en lui-même qu'Elisée son maître avait eu tort d'épargner Naaman ; il prit donc avec lui deux jeunes hommes et s'empressa de courir après lui, comme si son maître l'envoyait, et sur un mensonge qu'il composa à sa façon, il reçut de Naaman et rapporta sur ses chevaux une partie de la somme d'argent dont Elisée n'avait voulu en aucune manière recevoir la totalité. Elisée ayant alors demandé à Giezi où il avait été, celui-ci lui répondit par un nouveau mensonge qu'il n'avait été nulle part. Mais le prophète, dévoilant par un témoignage irrécusable ce mensonge qu'il s'efforçait de cacher, lui dit : « Mon cœur n'était-il pas présent avec vous, lorsque cet homme est descendu de son chariot pour aller au-devant de vous ? Maintenant donc, puisqu'une malheureuse pensée d'avarice vous a inspiré cette conduite et ces discours de mensonge, la lèpre de Naaman s'attachera avec son argent à vous et à toute votre race pour jamais. » (IV Rois, v, 26.) C'est donc en vertu de la même puissance qu'Elisée fait disparaître d'un côté la lèpre du corps de Naaman, et lui commande de s'attacher à la personne et à la race de Giezi. Il faut donc bien se rappeler que tous ces prodiges ne sont point produits par l'action des causes naturelles, mais par l'ordre de celui qui leur commande, bien que dans les effets produits on ne remarque rien absolument qui soit contre la nature même des choses. Toutefois, dans l'accomplissement de ces prodiges, la volonté de Dieu qui commande soit par lui-même, soit par les anges, soit par les hommes, choisit de préférence les choses qui devaient être les figures les plus justes et les plus parfaites des mystères à venir.

CHAPITRE XXV.

Du fer qui surnage sur l'eau.

Un jour que les enfants des prophètes travaillaient en présence d'Elisée à se bâtir une demeure, l'un d'eux laissa échapper de ses mains le fer de sa cognée qui tomba dans le fleuve du Jourdain. La perte de

---

condonatum in terra Israel esse comperisset, comitum stipatus turba militum, sumptis a domino suo muneribus et epistolis, primitus ad regem Israel pergit : et ipse illum ad domum Elisæi tendere monet. Ubi præ foribus stante illo, Elisæus per puerum jussit, ut septies in Jordane se lavaret. (IV Reg., v, 5.) Sed ipse superciliose nuntium omnino despiceret, nisi sociorum suorum sermonibus, ut hanc tam facilem rem faceret, suasus foret : quibus acquiescens, septies, ut Elisæus præceperat, in Jordane lavatur, ejusque cutis tota mollis et tenera quasi pueri sanata redditur. Unde pro salutis beneficio viro Dei munera offerre tentabat. Quæ ille recusans, quod gratis acceperat, gratis impertiri malebat. Ex hac re manifestissime declaratur, ut prædixi, quod in sermone imperantis Dei, secundum imperium Prophetæ, non in re aliqua virtutis sacramentum continetur : quoniam si sine imperio Prophetæ, imo Dei per Prophetam, Naaman in Jordane se lavaret, suæ lepræ purgationem nullo modo tam cito reciperet. Cogitans ergo apud se Giezi minister viri Dei, quod quasi sine causa Naaman dominus suus Elisæus pepercerat, duobus assumptis secum pueris, festinantius post eum exire, ac si a domino suo missus, properat : acceptamque ab eo, composito mendacio, pecuniam in equis ex parte reportabat, quam Elisæus accipere totam, et habere nequaquam voluerat. Deinde vero interrogatus Giezi a domino suo quo isset, non quoquam se isse falso simulavit. Sed occultum mendacium evidenti judicio Propheta convincens : « Nonne, inquit, spiritus meus tibi præsens erat, quando homo in occursum tui de suo curru descendit ? Dum igitur infelix te cupiditatis cogitatio, ut hoc ageres et diceres, fefellit, lepra Naaman cum sua pecunia tibi et semini tuo usque in sæculum adhærebit. » (IV Reg., v, 26.) Ecce eadem potestate Elisæus Propheta lepram Naaman corpori deposuerat, qua Giezi caumdem adhærere carni et domui imperabat. Unde pervidendum est istas omnes virtutes non rerum ipsarum effectibus, sed imperantis præcepto peragi : quamvis contra naturam nihil in illarum vel harum effectione certum est perfici. In quarum tamen perfectione ipsa Dei imperantis voluntas, seu per se, seu per Angelos, seu per homines illas res inquirit, quas futurorum figuris apte per omnia convenire prænovit.

CAPUT XXV.

De ferri supernatatione.

Quodam quoque tempore filiis Prophetarum coram Eliseo facientibus sibi locum, manu unius ex illis securis ferrum de manubrio lapsum excidens in Jordanis

cette cognée qu'il avait empruntée lui arracha des plaintes amères. (IV *Rois*, vi, 5.) Elisée, touché des cris de cet homme, cherchait des yeux l'endroit où le fer était tombé. Dès qu'il l'eut aperçu, au moyen d'un morceau de bois que cet homme jeta au même endroit, il fit remonter le fer du fond de l'eau à sa surface. Or, la nature spécifiquement plus légère de l'eau ne peut supporter la pesanteur plus considérable du fer. Cependant celui qui plus tard affermit les eaux de la mer sous les pieds de saint Pierre (*Matth.*, xiv, 29) lui commande de soulever à sa surface le fer tombé dans ses profondeurs. Il est certain que la nature de l'eau, quoique beaucoup plus légère que la terre, est cependant plus pesante que l'air. Une preuve que sa pesanteur spécifique est moindre que celle de la terre, c'est qu'elle ne peut supporter à sa surface les métaux et les pierres. Mais elle doit à l'air qui la pénètre de pouvoir supporter les corps des hommes et des autres animaux, et les bois qui flottent à sa surface. Aussi, bien qu'elle ne puisse supporter une masse de métal isolée, elle le peut en partie cependant lorsque cette masse est portée par des hommes. C'est ainsi, pour apporter un exemple connu, qu'une pierre que deux hommes peuvent à peine lever en l'air, suspendue dans l'eau à un cordage peut être retenue par un seul homme. Il est donc certain que l'eau peut en partie, sinon en totalité, supporter le fer. Or, la propriété qu'elle n'a que partiellement, Dieu peut l'étendre naturellement à sa totalité. La nature de l'eau pouvait donc ici porter le fer à sa surface, parce Dieu lui commandait de faire en totalité ce qu'elle ne fait d'ordinaire qu'en partie.

CHAPITRE XXVI.

De la victoire remportée par Elisée.

Le roi de Syrie ayant déclaré la guerre au roi d'Israël, cherchait à lui dresser partout des embuscades (IV *Rois*, vi, 8), qu'Elisée découvrait toujours au roi d'Israël, en l'avertissant de se mettre en garde. Le roi de Syrie apprit que c'était par Elisée que le roi d'Israël était instruit de ce qu'il faisait; il envoya aussitôt vers la ville de Dothan une armée nombreuse avec de la cavalerie et des chariots. Le serviteur de l'homme de Dieu se levant au point du jour, fut saisi de crainte et d'effroi, et vint avertir Elisée. Le prophète le rassura et lui dit : « Nous avons plus d'auxiliaires que d'ennemis. » Et pour calmer l'épouvante de son serviteur, il lui ouvrit les yeux et lui fit voir toute la montagne entourée des phalanges des anges, de chevaux et de chariots de feu. Puis il sortit en présence des ennemis et demanda au Seigneur de frapper tout ce peuple d'aveuglement, comme il avait fait autrefois devant la maison de Loth. (*Gen.*, xix, 11.) Il conduisit ainsi les ennemis aveuglés dans la ville de Samarie, en leur promettant de leur montrer l'homme qu'ils cherchaient, et il leur ouvrit alors les yeux. Le roi d'Israël les ayant vus, demanda à Elisée s'il devait leur ôter ou leur laisser la vie. L'homme de Dieu lui commanda non de les mettre à mort, mais au contraire de leur donner à manger et de leur donner la liberté de s'en aller. L'aveuglement de ces gens ne les empêchait pas de voir la lumière du jour, mais leur dérobait seulement la vue d'Elisée qui était devant eux et des

---

fluvium cecidit. Qui amisso ferramento quod mutuatum acceperat, animo graviter doluit. (IV *Reg.*, vi, 5.) Unde Elisæus viri clamore motus, affectu dolentis locum ubi ferrum ceciderat demersum, requirebat. Quo adnotato, et a se illuc ligno immisso, ferrum de profundo ad superiora aquæ natans revocat. Gravem vero ferri naturam tenuis aquæ substantia ferre non valet. Sed tamen qui postmodum sub Petri pedibus maris solidaverat naturam (*Matth.*, xiv, 29), ante illam de profundo ferrum levare jubet. Sane aquæ natura quamvis terra fragilior, tamen aere solidior videtur. Hoc enim a terra minus habere virtutis ostenditur, quod ab ea metalla et lapides minus sufferuntur. Ab aere vero illud plus retinet, quod hominum et cæterorum animalium corpora et ligna supernatantia sufferre valet. Unde etsi metallum ad integrum aqua non supportat, ex parte tamen ab portantibus tolerat : quoniam lapidem, ut sæpe probatur, quem vix duo viri in aere possunt levare, in aqua cum de funa pependerit, unus homo poterit retinere. Unde apparet aquam etsi non per totum, ex parte tamen metallum sufferre posse; et quod ex parte res habet, Deum per totum ut sequatur naturaliter imperare. Propter quod aquæ natura natans ferrum sufferre poterat, quia Deus quod ex parte per semetipsam creatura consuescit, ut ad integrum faceret, imperabat.

CAPUT XXVI.

De victoria per Elisæum.

Belli quoque tempore regi Israel in multis locis rex Syriæ insidias componebat, quas Elisæus Propheta regi Israel semper ut se caute in his ageret, manifestabat. Sed dum hoc rex Syriæ per Elisæum fieri pro certo dignosceret, ad Dothan civitatem Elisæi misit copiosum curribus et equis instructum exercitum. (IV *Reg.*, vi, 8.) Quod cum viri Dei minister mature surgens videret, territus et pavore concussus ad Elisæum venit. Quem confortans Propheta : « Plures, inquit, auxiliatores nostri quam hostes. » Et ne ultra modum pueri mens perterrita fieret, videntis inimicorum multitudinem copiosam, ei Angelorum igneis curribus et equis instructos per totum montem in ejus circuitu adstantes phalangas fecit esse visibiles. Unde ad hostes digrediens hoc a Domino impetrabat, ut illam gentem, sicut antea in foribus Loth (*Gen.*, xix, 11), cæcitate percuteret. Hostes igitur obcæcatos, demonstraturum se virum quem quærerent, promittens, in Samariam urbem perduxit, eorumque oculos aperuit ibi. Quos rex Israel videns, ab Elisæo quæsivit, utrum occideret eos, an non. Cui vir Dei, non ut interficeret imperavit, sed versa vice inimicos cibis reficeret, et abirent. Non ita igitur ut lucem diei non videret hic populus, cæcitate percutitur, sed præsentis Elisæi, et

lieux qu'ils traversaient. Car si une si grande multitude avait été privée de voir la lumière, elle n'eût pu suivre Elisée seul qui la conduisait dans Samarie. Elle fut donc frappée d'aveuglement en ce sens qu'elle ne vit ni ne reconnut celui qui était sous ses yeux. L'homme de Dieu agit de la même manière avec son serviteur ; il lui ouvre les yeux non pour lui faire voir la lumière du jour à la clarté de laquelle il découvrait la multitude des ennemis, mais pour lui faire considérer les phalanges des esprits célestes qu'il n'apercevait pas auparavant. Dans cette même guerre, Benadab, roi de Syrie, assembla une armée innombrable et vint assiéger Samarie. Le siége se prolongeant, les habitants furent réduits à une si grande extrémité, que des mères mangèrent leurs enfants. (IV *Rois*, vi, 18.) Le roi d'Israël, profondément irrité de ces abominables excès, vint plein de fureur à la demeure d'Elisée, dans l'intention de lui couper la tête pour délivrer son peuple de cette calamité. Le prophète, comme s'il était sensible au danger qui le menaçait, répondit en ces termes : « Demain, à cette même heure, la mesure de farine et deux mesures d'orge se vendront un sicle à la porte de la ville. » (*Ibid.*, vii, 1.) Un des grands de la cour refusant de croire à cette prédiction, dit en se moquant du Prophète : « Quand Dieu ouvrirait les cataractes du ciel, ce que vous dites pourrait-il se faire? » Elisée lui répondit : « Vous le verrez de vos yeux ; mais en punition de votre incrédulité, vous n'en mangerez pas. » La nuit suivante Dieu fit retentir dans le camp des Syriens un bruit épouvantable qui mit en fuite toutes les troupes ennemies. Le peuple de Samarie l'ayant appris, se précipita en foule par la porte de la ville, et étouffa ce chef infidèle. C'est ainsi que selon la prédiction d'Elisée, il vit cette abondance sans qu'il pût en profiter. Dans tous ces prodiges que nous avons exposés sommairement, parce que nous les considérons comme les merveilles de la sainte Ecriture, de même que dans les prodiges semblables qui font l'objet du premier livre, ou dans ceux de l'Evangile et du Nouveau Testament que nous examinerons dans le troisième, il est certains points que nous nous réservons d'expliquer, si Dieu nous prête vie et nous en fait la grâce. Après la mort d'Elisée, fidèle serviteur de Dieu, un jour que ceux qui habitaient avec lui portaient un mort au lieu de sa sépulture, ils aperçurent des voleurs qui les saisirent d'effroi, et ils jetèrent le cadavre de cet homme dans le tombeau d'Elisée qui était proche. A peine eut-il touché les os d'Elisée qu'il fut rappelé à la vie, et se leva sur ses pieds et marcha. (IV *Rois*, xiii, 21.) Il en est qui voient dans ce prodige l'accomplissement de la demande qu'Elisée avait faite à Elie : « Que votre double esprit repose sur moi, » (*Ibid.*, ii, 9) puisqu'elle a dû nécessairement s'accomplir. Elie pendant sa vie, et avant d'être enlevé au ciel, a ressuscité un mort. (III *Rois*, xvii, 22.) Nous avons vu qu'Elisée avait opéré le même prodige. (IV *Rois*, iv, 35.) Mais il fait plus, et après sa mort et jusque dans son tombeau, il ressuscite un autre mort. Nous dirons toutefois qu'on ne voit pas clairement ici une double grâce ; car ce qu'Elie avait fait une fois, il l'aurait pu faire une seconde, une troisième fois, s'il avait été nécessaire. Cette double grâce d'Elie, communiquée à Elisée, consiste plutôt en ce qu'Elisée accomplissait en commandant ce qu'Elie obtenait par

locorum per quos ambulabant, agnitio ab illorum oculis occultatur. Si etenim cæcata diei lucem non conspiceret, nequaquam tanta multitudo solum Eliseum sequi ducentem in Samariam potuisset. Ipsa igitur cæcitate percussi sunt, dum quem viderunt, nullo modo intellexerunt. Unde simili modo vir Dei suo ministro, non ad videndam lucem diei, per quam hostes videret, oculos aperuit ; sed in Angelorum consideratione, quos ante non videbat, ejus intuitum direxit. Hoc etiam bello Benadab rex Syriæ in terram Israel cum infinita multitudine veniens, Samariam multis diebus obsedit, et ad tantam angustiam inclusos, ut matres filios suos comederent, obsidionis necessitate coercuit. (IV *Reg.*, vi, 28.) Unde rex Israel tam obscœna infamia permotus, ad domum Elisæi furore plenus venit, et ut præsentem angustiam valentem absolvere, decollare destinavit. Quapropter ipse Propheta velut de animæ periculo curans, fixo sermone respondit : « Cras eadem hora hac, statere modius similæ, et hordei modii mercabuntur in hujus introitu urbis uno statere. » (IV *Reg.*, vii, 1.) At unus ex duobus ducibus regis infida mente garriens : « Si, inquit, cataractas Dominus in cœlo fecerit, verum, quod dicis, esse valebit. » Cui Elisæus ait : « Tu hæc oculis tuis videbis, sed causa hujus infidelitatis ex his comedere non poteris. » Sequente dehinc nocte, sonitum aerei fragoris in Syrorum castris Dominus audiri fecerat, qui cunctas inimicorum catervas pariter versas in fugam divertebat. Quo explorato, catervatim populus per portam civitatis prorumpens, infidelem illum ducem suffocavit. Qui videns ista, juxta Elisæi verbum, eis vesci non potuit. His omnibus virtutibus, quas propter mirabilium divinæ Scripturæ originem servandam perstrinximus, aut ante in primo libro similia quædam adnotavimus, aut etiam tertio, quo de Evangelio et Novo Testamento dissereremus, si Dominus vitam et adjutorium dederit, quædam explananda reservamus. Interea post mortem Elisæi famuli Dei, cum quadam die familiares ejus mortuum quemdam portantes, latrunculos videntes pertimuissent, in sepulcrum Elisæi, quod prope erat, mortui cadaver projecerunt. Quod dum tangeret ossa Elisæi, revixit, et ambulavit. (IV *Reg.*, xiii, 21.) Unde quidam præscriptum sermonem in hoc signo impletum fuisse dicunt, hoc est : « Spiritus qui in te est, fiat duplex in me : » (IV *Reg.*, ii, 9) quod necessario impleri debuit. Elias ergo in vita sua priusquam reciperetur, mortuum resuscitasse unum scribitur (III *Reg.*, xvii, 22) quod similiter et Elisæus fecisse jam cernitur. (IV *Reg.*, iv, 35.) Sed et alium, id est istum, post mortem suam videlicet in sepulcro, revivificasse videtur. Sed etiam in hoc duplex gratia facto esse non apparet. Quippe quod enim Elias semel fecerat, bis ac ter, si necesse esset, iterare posset. Sed potius hoc duplicem gratiam Eliæ esse in Elisæo pronuntiat, quod Elisæus imperando præcipiebat, quæ Elias orando et postulando impetrabat. Sive, ut cæteri dicunt, quod Elisæus

ses demandes et ses prières. Ou bien nous dirons avec d'autres qu'Elisée eut au milieu des honneurs et de la considération du monde le don des miracles et de prophétie qu'Elie n'avait que dans les privations d'une vie errante, persécutée, cachée dans les montagnes et les cavernes, et loin de tout commerce des hommes.

CHAPITRE XXVII.
De la captivité du peuple et de l'arrivée de Sennachérib dans la Judée.

Les enfants d'Israël ayant transgressé pendant de longues années la loi de Dieu et les recommandations des prophètes, et par le culte qu'ils rendaient aux idoles outragé Dieu lui-même, qui avait tiré leurs pères de la terre d'Egypte, ils furent livrés aux mains des nations idolâtres, et le Seigneur, après avoir châtié ce peuple par des désastres répétés et la destruction des villes que les ennemis assiégeaient, avait fini par rejeter entièrement de devant sa face (IV *Rois*, XVII, 6) les dix tribus qui faisaient partie du royaume de Samarie. Or, les rois d'Assyrie, Salmanasar et Téglatphalasar, que la justice divine avait chargés de les réduire en captivité et de les emmener dans leur pays, firent venir des habitants choisis parmi plusieurs nations et dans un grand nombre de villes et les établirent dans la Samarie à la place des Israélites pour que la terre ne demeurât pas inculte. Mais comme ils ne craignaient point le Seigneur, il envoya contre eux des lions qui les tuaient. Le roi leur envoya donc un des prêtres de la tribu de Lévi qui leur apprit le culte du vrai Dieu. Ces peuples s'y soumirent mais sans abandonner entièrement leurs superstitions idolâtriques, et ils cessèrent d'être la proie des lions. Quant à la tribu de Juda et à la ville de Jérusalem, que le Seigneur avait choisie, et à tous leurs habitants, Dieu les avait jusque-là préservés de l'invasion des nations idolâtres. C'était Ezéchias, roi juste et craignant Dieu, qui régnait alors sur le peuple de Juda. (*Ibid.*, XVII, 1.) Or, Sennachérib, roi des Assyriens, voyant que ses pères avaient détruit le royaume de Samarie et le peuple d'Israël, rassembla lui-même contre le royaume de Juda une armée sous la conduite de Rabsacès, que les Hébreux disent être le fils d'Isaïe, qui se serait enfui de la Judée pour passer chez les Assyriens, et lui ordonna d'aller faire le siège de Jérusalem. Mais au moment où ils mettaient tout en œuvre pour s'emparer de cette ville, Dieu, qui voulait protéger son peuple et humilier l'orgueil de ses ennemis, envoya un soldat de la milice céleste, c'est-à-dire un ange dans le camp des Assyriens, qui dans une seule nuit tua cent quatre-vingt mille hommes de l'armée de Sennachérib. (*Ibid.*, XIX, 35.) Ce roi s'enfuit ainsi honteusement de la terre de Juda et parvint à grand'peine avec quelques-uns des siens à rentrer dans Ninive, sa capitale. Là, pendant qu'il adorait son Dieu dans son temple, ses deux propres fils le tuèrent à coups d'épée.

CHAPITRE XXVIII.
De la maladie d'Ezéchias et du signe qui lui fut donné.

Peu de temps après, Ezéchias, roi de Juda, fut atteint d'une très-grave maladie. Le Seigneur voulait le préserver ainsi de l'orgueil que pouvait lui inspirer une si grande victoire, et peut-être aussi le pu-

---

cum multo honore et sæculi dignitate, virtutum et prophetiæ donum habuit, quod Elias profugus et persecutus, in montibus et speluncis degens, et ejectus ab hominibus retinebat.

CAPUT XXVII.
De captivitate populi et Sennacherib veniente in Judæam.

Per longum deinde tempus populus Israel cum Dei Legem et Prophetarum dicta transgrediens, idola colendo Dominum ipsum contemneret, qui patres suos de terra Ægypti duxerat, in manus gentium traditus, post plurimas populi strages, et urbium obsessarum eversiones, decem tribus quæ in partibus Samariæ fuerunt, a facie sua penitus projiciebat (IV *Reg.*, XVII, 6) : et reges Assyriorum, Salmanasar scilicet et (*a*) Teglatphalasar, quibus eos captivandos et translatos tradiderat, Samaritas pro eis custodes videlicet ex multis gentibus et urbibus, ne esset inculta terra, congregabant. Quos leones jubente Domino, quod eum non metuissent, dilacerabant. Unde ad regem Teglatphalasar cito per nuntios sermo devenerat, quod gentes quas statuerat in terra Israel, cultum Dei terræ ignorantes, leones lacerabant. Quapropter rex unum de sacerdotibus Leviticæ stirpis mittens, illas gentes Deum colere fecit. Quo accepto quamvis gentili superstitione minus relicta, leonum plaga cessavit. Tribum autem Juda et Jerusalem civitatem quam elegit Dominus, et omnes qui ad eas pertinebant, adhuc Deus tunc reservavit. Cujus regnum ipso tempore Ezechias rex justus Deumque timens gubernavit. (IV *Reg.*, XVIII, 1.) Sed Sennacherib rex Assyriorum, videns quod patres sui Samariæ regnum et imperium Israel destruxissent, et ipse ad terram Juda, duce Rapsace, quem Hebræi Isaiæ Prophetæ filium dicunt, et profugum Judæum ad Assyrios commigrasse, exercitum convocat, et Jerusalem urbem expugnare jubet. Sed in ipso conamine Deus populi defensor et superborum humiliator, de cœlesti exercitu militem, Angelum videlicet ad Assyriorum castra misit, qui opere unius noctis centum octoginta quinque millia ab exercitu Sennacherib interfecit. (IV *Reg.*, XIX, 35.) Qui sic fugatus de terra Juda, cum paucis ad Ninivem urbem suam fugiens vix evasit. Ubi in idolorum fano repertus, filiorum suorum quos ipse genuit, vulnere corruit.

CAPUT XXVIII.
De infirmitate et signo Ezechiæ.

Parvo interjecto, Ezechias rex Juda, ne de tanta victoria esset elevatus, et forsitan etiam gratiarum actione exiguus in gravissimi languoris morbum incidit. Ad

---

(*a*) Ms. Aud. *Teglaphainasar.*

nir de son peu de reconnaissance. Le prophète Isaïe étant venu pour le visiter dans sa maladie lui dit : « Mettez ordre à votre maison, car vous ne vivrez pas et vous mourrez. » (IV *Rois*, xx, 1.) Le roi, vivement impressionné par cette triste nouvelle, tourna son visage contre la muraille et fit une prière touchante entremêlée de larmes au Dieu de toute bonté et de toute miséricorde. Ce n'est pas que ce roi si pieux et si vertueux fût incertain du mérite de ses œuvres en présence de son Créateur, mais il s'affligeait de ne point laisser un rejeton de sa race pour donner naissance au Christ qui devait venir, ni de lumière sur le trône de David. Or, le Seigneur, plein de bonté, touché des prières et des larmes du roi son serviteur, donna de nouveau l'ordre à Isaïe, avant qu'il eût passé la moitié du vestibule, de retourner vers Ezéchias et de lui annoncer son retour à la santé, un règne de paix et de calme pour lui et pour la ville; et quinze années de vie à partir du jour même où Dieu lui donnait cette assurance. Mais comme Isaïe venait de faire au même moment deux prédictions contraires, il était nécessaire qu'il confirmât par un signe miraculeux la vérité de celle qui devait recevoir son accomplissement. Pour inspirer au roi une foi inébranlable à la vérité de la prédiction qui lui était faite, Dieu fit rétrograder le soleil de dix degrés, d'Occident en Orient, de manière à lui faire recommencer comme le matin sa course, à laquelle il ne manquait que deux heures pour être terminée. C'est l'opinion de plusieurs auteurs que pendant ces deux heures le soleil retourna rapidement d'Occident en Orient et recommença un jour nouveau qui ne fut point précédé de la nuit, de manière que deux jours s'écoulèrent sans que la lumière cessât d'éclairer la terre. Il est également hors de doute que la lune subit ce même mouvement rétrograde, comme pendant le combat qui eut lieu sous Josué, fils de Nun (*Jos.*, x, 15), pour ne point déranger, comme nous l'avons déjà dit, la marche des cycles. Par la même raison on peut dire que le flux et reflux de la mer furent suspendus pour conserver l'accord que nous remarquons tous les jours entre eux et les différentes phases de la lune. Or, le soleil, dans ce mouvement rétrograde, n'a point changé sa nature, il n'a fait qu'obéir à l'ordre que lui donnait son Créateur. De même que la lumière et la chaleur sont deux propriétés qui lui sont naturelles, il est également dans sa nature d'accomplir sa course, de l'arrêter ou de revenir en arrière. Or, rien de plus convenable que ce signe miraculeux donné à Ezéchias, qui touchait aux portes de la mort, et on ne peut s'empêcher de reconnaître ici dans ce mouvement rétrograde du soleil une pensée aussi juste que cachée de la providence divine. De même, en effet, que le soleil arrivé à l'extrémité de sa course et près de se coucher revient bientôt pour recommencer un nouveau jour, ainsi le roi Ezéchias, qui touchait à sa dernière heure, ouvre son cœur à la joie d'une vie qui semble recommencer pour lui. Or, le Seigneur lui promet de lui donner encore quinze années de vie, c'est-à-dire autant de temps nécessaire pour que le fils qui allait lui naître fût en état de prendre les rênes du royaume après la mort de son père. (IV *Rois*, xx, 6.) Mais Dieu avait-il résolu de mettre ici un terme à sa vie si les larmes d'Ezéchias ne l'avaient fléchi? C'est une question assez difficile que

---

quem in ipso languore visitandum Isaias Propheta veniens dixit : « Dispone domui tuæ, quia non vives ultra, sed morte morieris. » (IV *Reg.*, xx, 1.) Quo tristi admodum nuntio protinus rex ipse permotus, ad parietem faciem suam convertit, lacrymabilemque pro vita sua preceem fudit. Non quod de suo, ut pote perfectus, merito in conspectu conditoris sui incertus fuit, sed quia in Christi venturi generationi sui generis prosapiam, et in throno David lucernam non dereliquit. Sed cum supplicantis fletibus regis et famuli sui, pius Dominus ad misericordiam esset flexus, rursus Isaias Propheta puro agitatus numine mittitur, vix medium atrii digressus, qui sanitatem et regnum et pacem undique regi ipsi et civitati fore denuntiat, et quindecim annos vitæ suæ ab ipso die Dei sermone addi confirmat. Sed dum Isaias duas prophetias sibimet invicem contrarias eadem (*a*) hora protulisset, necesse erat ut alteram quæ facienda esset, signi ostensione firmaret. Unde rex ut quod dicebatur indubitanter crederet, solis in ortum ab occasu per decem horas cursum recidivo Deus tramite retorquet, quatenus inde veluti mane iterum festinare inciperet, qui diei totius, exceptis duabus horis, spatium consummasset. Per quas duas horas, ut multi æstimant, celeri cursu de occasu in ortum revertitur, ut dies integra rursum sine interveniente nocte in ortu innovaretur, ut scilicet dies duos, etiam in hac vice, in una luce concluderet. Quomodo e sub Jesu filio Nun, in illo prædicto bello moram fecisset, indubitanter et hac vice reverti luna minime dubitatur (*Jos.*, x, 15); quatenus nequidquam, ut prædiximus, in cyclorum cursibus conturbaretur. Propter quod et maris ipsa vicissitudo impedita fuisse non denegatur, ut de cætero convenienter, qualiter quotidie fieri solet, cum lunæ cursibus comitaretur. Naturam enim in hac reversione convenit solem non mutasse, sed sui Conditoris in omnibus naturaliter præcepto obedire. Sicut enim lucere et calere naturæ suæ insitum sol possidet : ita quidquid præciperet Dominica jussio, seu currere, seu stare, seu recurrere naturaliter habet. Convenienter autem tale signum regi in mortis exspectatione posito aptissimum evenit, quod Dominus per solem fieri taliter, congrua dispensatione disposuit. Quoniam sicut sol in procinctu occasus sui positus, in diei initium reducitur : sic rex in mortis exspectatione constitutus, quasi ad incipientis vitæ gaudia revocatur. Tantum quoque temporis, id est, quindecim annos ejus vitæ se Dominus dixit addere, quatenus nasciturus tunc filius consumpto illo tempore, regnum defuncti patris valeret gubernare. (IV *Reg.*, xx, 6.) Cæterum illam quam non exiguam quæstionem de isto, utrum suæ vitæ finem hunc, si non fieret, fieri Deus disposuit, multi auctores habuere, quando de Lazaro illo quatriduano mortuo aliquid dicemus, si Do-

(*a*) Ms. Aud. *die.*

plusieurs auteurs ont soulevée. Lorsque nous parlerons de Lazare, mort depuis quatre jours, notre dessein est de chercher à résoudre cette question par l'autorité même de l'Evangile. En effet, la solution à donner est la même pour Ezéchias, qui est rappelé des portes de la mort, et pour ceux qui ont été ressuscités dans les bras même de la mort et le sommeil du tombeau.

CHAPITRE XXIX.
De la captivité de Babylone.

Après la mort d'Ezéchias, les rois de Juda et le peuple tout entier multiplièrent leurs crimes, et le Seigneur leur fit prédire par les prophètes qu'il livrerait aux Chaldéens Jérusalem avec ses rois et ses habitants, et qu'il les abandonnerait à une ruine complète. L'événement ne tarda pas à confirmer la vérité de ces prédictions, que le peuple se faisait un jeu de mépriser. Pharaon, roi d'Egypte, ayant marché contre les Assyriens et les Chaldéens, Josias, roi de Juda, qui était assez juste, alla au-devant de lui dans la plaine de Magéddo. (IV *Rois*, XXIII, 29.) Il fut vaincu et mis à mort dans ce combat, et le peuple de Juda établit en sa place son fils Joachaz. Nechao, ayant défait l'armée des Assyriens et des Chaldéens, établit des généraux dans la ville de Carcamis comme pour protéger le royaume qu'il avait conquis, et trois mois après la mort de Josias, il revint à Jérusalem avec une nombreuse armée. Or, comme Joachaz, fils de Josias, avait été proclamé roi sans son consentement, il mit en sa place son frère Joachim et emmena en Egypte Joachaz chargé de chaines. Mais après la mort de Nechao et la défaite des généraux qu'il avait laissés à Carchamis, la troisième année de Joachim, roi de Juda, qui jusqu'alors était resté attaché à Nechao, Nabuchodonosor, roi de Babylone, vint avec une armée pour assiéger Jérusalem, qu'il considérait comme une colonie de l'Egypte. (*Ibid.*, XXIV, 1.) Joachim se rendit volontairement, et moyennant les otages qu'il donna, c'est-à-dire Daniel, Ananias, Azarias, Misaël, et une partie des vases du temple, il fut laissé dans son royaume. Mais la servitude que Nabuchodonosor faisait peser sur lui, devenant par trop accablante, il fit de nouveau alliance avec le roi d'Egypte. Le roi de Babylone envoya alors une armée pour se saisir de lui et l'emmener captif, et il fut mis à mort avant d'arriver à Babylone, dans la plaine qui l'entoure, la onzième année de son règne. Pendant ce temps-là, Joachim, son fils, qui s'appelle aussi Jéchonias, fut établi roi en sa place par le peuple dans la ville de Jérusalem. Le troisième mois de son règne, l'armée des Chaldéens revint pour assiéger Jérusalem. Jérémie fit les plus grandes instances pour que la ville ne fût point livrée aux flammes; alors le roi Joachim, avec sa mère Noescha, avec toutes les familles du peuple, tous les soldats, les artisans, les lapidaires, se livra aux Chaldéens, qui l'emmenèrent avec tout son peuple dans la Chaldée, c'est-à-dire à Babylone. Les Chaldéens établirent en sa place Sédecias, son oncle, fils de Josias, roi de Juda, qui régna sur Jérusalem. La neuvième année de son règne, il se détacha des Chaldéens pour retourner vers le roi d'Egypte et donna lieu au roi Nabuchodonosor de faire assiéger et prendre d'assaut la ville de Jérusalem par son armée, tandis qu'il était lui-même dans la ville de Reblatha (maintenant An-

---

minus permiserit, ex ipsa Evangelii auctoritate cupimus intimare. Eadem quippe de isto ex mortis janua revocato sententia, quæ de resuscitatis ex mortis ipsius somno iterum quandoque obeuntibus est proferenda.

CAPUT XXIX.
De captivitate Babylonica.

Hoc quoque defuncto, cum reges Juda et reliquus populus multiplicarent scelera, et per Prophetas traditurum se Chaldæis Jerusalem cum regibus et populis ad destruendam Dominus prædiceret, id postea ipsius eventus, dum dicta Prophetarum tota pariter plebs contempserat, comprobabat. Nam cum Pharao rex Ægypti contra Assyrios et Chaldæos pugnaturus venerat, Josias rex Juda satis justus, in campo Mageddo illi cum exercitu obviavit. (IV *Reg.*, XXIII, 29.) In quo conflictu dum Josias victus et vulneratus occiditur, Joachaz filius ejus a populo terræ Juda pro rege ordinatur. Nechao vero Assyriorum et Chaldæorum devicto exercitu, velut ad tuendum regnum quod ceperat, constitutus in Carchamis oppido ducibus, cum exercitu copioso post tres menses, ex quo Josias occisus est, Jerusalem revertitur. Unde se inconsulto ordinatus rex Joachaz Josiæ filius inventus, Joachim fratre suo in loco ejus constituto, catenis vinctus in Ægyptum secum trahebatur. Sed mortuo Nechaone et ducibus qui in Carchamis relicti fuerant bello victis, tertio anno Joachim regis Juda, qui illud usque Nechaoni adhæserat, Nabuchodonosor rex Babylonis per exercitum Jerusalem velut Ægypti coloniam obsidebat. (IV *Reg.*, XXIV, 1.) Cui se Joachim sponte tradens, datis obsidibus, Daniele videlicet, Anania, Azaria, Misaele, et parte vasorum templi Domini, adhuc in regno suo relinquitur, donec gravissimæ servitutis onere depressus, ad Ægyptiorum regem iterum divertens, misso rursum de Babylone exercitu comprehensus et tractus, priusquam ad urbem perveniret, in campo Babylonis undecimo anno regni sui interficitur. Et interim dum hæc aguntur, in ejus locum Joachim, qui dicitur et Jechonias, filius ejus, pro patre suo a populo in Jerusalem rex constituitur. Cujus regni tertio mense Chaldæorum reverso exercitu, et civitatem Jerusalem obsidente, monente Jeremia Propheta, ne civitas combureretur, rex Joachim cum Noescha matre ejus, et cunctis populi tribubus, et militibus, et fabris, et clusoribus Chaldæorum, se populo tradidit, qui illum cum omni transmigratione sua, in terram Chaldæorum, id est, in Babylonem deduxit. Post quem constitutus a Chaldæis Sedecias patruus suus filius Josiæ regis Juda, regnum Jerusalem obtinuit. Qui et ipse nono regni sui anno, deficiens a Chaldæis ad Ægypti regem, regi Nabuchodonosori occasionem dedit, ut ipso sedente in Reblatha in terra Emath, quæ nunc est Antio-

tioche), dans la terre d'Emath. (IV *Rois*, xxv, 1.) Le roi lui-même fut fait prisonnier la onzième année de son règne, la ville et le temple livrés aux flammes, un grand nombre des habitants passés au fil de l'épée, et les autres emmenés captifs à Babylone avec Sédécias, à qui Nabuchodonosor fit crever les yeux après avoir fait mourir ses fils en sa présence.

CHAPITRE XXX.
De la célébrité de Daniel à Babylone.

Dans ce même temps, Daniel, que nous avons nommé parmi ceux des Juifs qui furent donnés en otage, jouissait d'une grande célébrité à la cour du roi de Babylone. Comme il était plein de l'Esprit de Dieu et qu'il avait reçu le don de prophétie, Dieu lui révélait des choses qui étaient cachées au reste des hommes. Or, il arriva que le roi Nabuchodonosor eut un songe, et qu'à son réveil il ne lui en resta pas le moindre souvenir dans l'esprit, et Dieu fit connaître à Daniel non-seulement le songe, mais ce qui même en avait été l'occasion avant que le roi s'endormît. (*Dan.*, II, 1.) Le Seigneur voulait par là donner au roi la connaissance du Créateur souverain de toutes choses, et apporter en même temps quelque léger soulagement, quelque consolation à la captivité, à la servitude de son peuple.

CHAPITRE XXXI.
Des trois enfants qui échappèrent au supplice de la fournaise, et ne furent point atteints par les flammes.

Mais ce roi barbare tomba bientôt dans un si grand oubli de Dieu qu'il se fit élever une statue d'or d'une grandeur extraordinaire dans la campagne de Dura, province de Babylone, pour recevoir les honneurs divins. Tous les satrapes des provinces et des peuples furent convoqués, par un décret, pour la dédicace de cette statue, et forcés de gré ou de force de l'adorer, avec menace pour celui qui refuserait de se prosterner devant elle d'être jeté dans les flammes d'une fournaise des plus ardentes. (*Dan.*, III.) Or, trois de ceux qui avaient l'intendance des affaires de la province de Babylone, Sidrach, Misach, Abdénago, tous trois de la nation juive et qui, comme nous l'avons dit (chap. XIX), avaient été emmenés à Babylone au commencement de la captivité, furent accusés en présence du roi par les Chaldéens de ne vouloir adorer ni les dieux protecteurs du roi, ni la statue qui venait d'être consacrée. Le roi, craignant que cette accusation eût pour cause la haine plutôt qu'un fait répréhensible, les fit venir devant lui et leur demanda si ce qui lui avait été rapporté était vrai. Et allant plus loin encore : Ne parlons plus, leur dit-il, du passé; accomplissez maintenant mes ordres et adorez la statue d'or que j'ai fait élever. Si vous refusez de m'obéir, vous serez jetés au même moment au milieu des flammes de la fournaise. » Mais ces trois jeunes hommes répondirent unanimement : « Non-seulement nous n'honorons point vos dieux, mais nous ne voulons en aucune façon adorer la statue que vous avez fait élever. Le Créateur céleste de tout ce qui existe, voilà celui que nous adorons de tout cœur et à qui nous rendons un culte public et particulier. Sa puissance est assez grande pour délivrer de tout danger celui qui conserve dans

---

chia, per exercitum suum obsideret, et expugnaret. (IV *Reg.*, xxv, 1.) Et cum ipsum regem undecimo anno regni sui cepisset, incenso templo et tota urbe, plurimis occisis, et reliquis captivis, eumdem filiis pariter et oculis orbatum, secum in Babylonem perduceret.

CAPUT XXX.
De Daniele clarente in Babylone.

Quo tempore Daniel, quem in primordio captivitatis unum de obsidum numero posuimus, in Babylone ex Judæorum stirpe, illustri fama clarebat. Quoniam cum esset Spiritu Dei plenus, et prophetiæ munere condonatus, quæ hominibus cæteris fiebant incognita, ipsi Deus demonstrabat. Unde accidit ut Nabuchodonosor rex somnium videret, evigilantique etiam ex parte aliqua somnii memoria nulla remaneret, Deus Danieli non solum somnium ipsum, sed etiam somnii ipsam occasionem, quæ esset antequam rex dormiret, indicaverat. (*Dan.*, II, 1.) Hoc vero factum est, ut regi Daniel summi Creatoris notitiam insinuaret, et plebs in servitute et captivitate posita, aliquod quamvis parvum auxilium et solatium haberet.

CAPUT XXXI.
De tribus pueris qui ignis tormentum sine læsura evaserunt.

Sed rex ille ita in Dei oblivionem animo efferus incidit, ut statuam auream altitudinis nimiæ in campo Duran provinciæ Babyloniæ erigens, proprio nomine consecrari divino cultu præceperit. In cujus statuæ dedicationem omnes undique provinciarum populorumque præpositi convocati, communi decreto, ipsam imaginem vellent nollent, coacti sunt adorare, proposita recusantibus præsente pœna, quod non parva fornacis flamma urendum quisque agere nolens semetipsum præsciret. (*Dan.*, 3.) Unde accidit, ut præpositi Babylonicæ regionis tres numero, Sidrach, Misach, Abdenago, ex Judæorum stirpe progeniti, de quibus in initio captivitatis pariter cum Daniele Babylonem deductis diximus (*Supr.*, cap. XXIX), a Chaldæis accusati sint coram rege, quod nec deos patronos ipsius regis, nec illam tunc consecratam nuper voluissent imaginem adorare. Quos, ne accusatio alicujus odii causa, et non justa querela posset provenire, ipse rex ad se vocari jussit, et utrum ut aliorum faminibus aure traxerat, ita certa re haberetur, interrogavit. Augensque interrogata : « Sufficiat, inquit, de præterito narratum; nunc in mei præsentia jussa complete, et auream quam erexi statuam adorate. Si vero quod jubetur, exsequi non vultis, opere necessario camini ignis ardores experiendos subire debetis. » Sed illi unanimi respondentes sententia : « Deos quoscumque tuos non tantum non colimus, verum etiam adstantem præsentialiter statuam nuper editam, inquiunt, nequaquam adoramus. Solum enim universitatis auctorem cœlestem

son cœur une foi sincère et pure de toute œuvre mauvaise. Nous ne craignons donc point, ô roi, cette fournaise, et aucune puissance est capable de nous effrayer par ses menaces et ses supplices. Le Créateur tout-puissant et le maître absolu de toutes choses peut très-bien délivrer ses serviteurs de ces flammes dévorantes et de tous les supplices que votre main peut leur faire endurer. » Alors le roi, rempli d'une fureur incroyable, commanda que le feu de la fournaise fût sept fois plus ardent qu'il n'avait accoutumé d'être, et donna aux plus forts soldats de ses gardes l'ordre féroce de se saisir de ces jeunes hommes et de les jeter au milieu de la fournaise avec leurs vêtements et leurs ornements. Ils tombèrent donc tout liés au milieu des flammes, mais sans que le feu leur fît le moindre mal. Car l'ange du Seigneur descendit avec eux dans la fournaise, il en écarta les flammes dévorantes et fit tomber au milieu de la fournaise comme une douce rosée qui les mit à l'abri de toute atteinte et de tout danger, tandis que le feu dévorait autour de la fournaise tous ceux des Chaldéens qui avaient travaillé à les perdre et à les faire mourir. Alors Nabuchodonosor regardant dans la fournaise s'écria : Je vois quatre hommes qui marchent sans être liés au milieu des flammes, et le quatrième est de beaucoup supérieur aux autres par la hauteur de sa taille. Il appela alors par leur nom ceux qu'il avait fait jeter dans la fournaise. Tous ceux qui étaient présents pouvaient se convaincre qu'ils n'avaient eu rien à souffrir de leur séjour dans la fournaise, que non-seulement le feu n'avait laissé aucune blessure, aucune trace de son passage sur leurs corps, mais que leurs vêtements même étaient intacts et qu'un seul cheveu de leur tête n'avait pas été brûlé. A la vue d'un prodige aussi extraordinaire, l'observateur attentif de la nature demande comment le feu a pu être inoffensif et si doux pour ceux qui étaient renfermés dans la fournaise, tandis qu'au même moment il dévorait des hommes de même nature qui entouraient la fournaise. Comment expliquer d'un côté cette douceur du feu, et de l'autre cette ardeur dévorante qui lui fait mettre à mort les ennemis des serviteurs de Dieu? La substance ou la nature du feu, nature incorporelle, ne peut vivre que par l'eau ou par quelqu'autre élément humide; voilà pourquoi le feu qui brûle le bois absorbe tout ce qu'il renferme d'humide, et dans la cendre, qui est de nouveau rendue à la terre, le feu se trouve éteint par l'absence d'élément liquide. L'ardeur du feu, en consumant cette nature humide, ne l'absorbe pas tellement tout entière qu'une partie ne cherche à s'élever dans les airs, qui en contiennent une quantité considérable. Et cette vapeur habituelle qui s'élève dans les airs se condense en nuages et retombe par les pluies sur la terre, d'où elle était sortie. Nous en avons une preuve frappante dans les provinces ravagées par d'immenses incendies, ou par les montagnes enflammées d'où sortent des vapeurs qui retombent sur la terre en pluies abondantes. Le feu continue donc de brûler dans une matière terrestre jusqu'à ce qu'il ait absorbé lui-même toute l'humidité qu'elle contenait, ou qu'il ait élevé dans les airs la partie qui ne lui a point servi d'aliment. Si un feu peu ardent tombe sur une matière par trop humide, comme le plus faible cède devant un plus fort, il se retire devant cette humi-

tantummodo libenti voluntate et communi privatoque studio veneramur. Cujus potentia, quicumque sibi puram, nullo pravo opere læsam conservat fidem, a qualicumque augustia protegit. Ideoque, o rex, nec præsentis camini flammas pertimescimus, nec in ullo aliquo potestatis minas et supplicia formidamus. Quoniam potentissimus rerum conditor et gubernator, servos suos de ignis ardore, et qualicumque, quam manus tua intulerit, plaga, per omnia potest liberare. » Unde rex incredibiliter ira succensus, et fornacem plus solito succendi præceperat, et hos per fortissimos de suo agmine viros, cum vestimentis et ornamentis in ignem projici, feroci sententia jubebat. Sed ipsi in fornacem projecti, cum in flammarum medio cecidissent, nullo modo ignis ardorem sibi in aliquo adversantem sentiebant. Namque Dei Angelus, cum in fornacem missis eadem hora pariter in ignem condescendit, qui foras ignis ardores et flammas de fornace excussit, et intus manentes velut placido rore superfusos, sine ulla molestia incolumes conservavit : atque in circuitu fornacis inimicos quoscumque Chaldæos perditionis et interfectionis eorum reos reperit, ignis ille consumpsit. Unde rex Nabuchodonosor caminum introspiciens, ait : « Ecce ego quatuor video viros expeditos in medio flammæ, sed quartus cæteris excellit eminentia formæ. » Illosque tres quos in ignem miserat, de fornace statim per propria nomina vocat. Quibus nihil adversi de fornacis consortio accidisse, cuncti videntes populi considerabant; ita ut non solum corpora ardoris vulnera et pene ulla vestigia non pertulerant; sed etiam sana vestis aut capillus nullum adustionis aut ignis ardorem saltem habebat. In hoc mirabili facto, naturæ scrutator qualiter ignis leniter fornace inclusos fovit, inquirit, cum interim eodem igne viri circumstantes ejusdem substantiæ, eadem hora comburuntur. Unde ergo lenitatem hanc in una sui parte tunc ignis habuit, cum ex altera parte inimicos regnorum (f. servorum) Dei ferox illius ardor interfecit? Ignis igitur substantia vel natura in nulla nisi in aqua vel alicujus liquoris materia potest vivere, cum ipse incorporeæ intelligitur esse naturæ. Ex quo accidit, ut dum in lignis ardens, totum quod in eis est humorem pertinet consumit, in arido cinere qui rursum terræ fuerat redditus, liquoris penuria ignem exstinguit. Eamdem quoque liquoris naturam ardoris voracitas consumendo non totam devorat, sed dum in superiora, ubi illius naturæ est copia, pergere nititur, rursum se in aera elevat. Unde familiaris vapor ille, cum ad aeris excelsa sustollitur, nebulosa facie concretus, terris iterum, unde ierat, per pluvias ministratur. Quod sæpe vastatarum adustionibus provinciarum comprobatur, et incensorum montium crebro vaporibus roreas copias deducentibus declaratur. Tamdiu igitur ignis in quacumque terrena materia perseverat, quoadusque liquorem omnem, qui in ea est, vel ipse consumat, vel quod ex suo pastu superest, sursum in aera mittat. Si

dité surabondante. D'ailleurs, comme il s'alimente d'une matière liquide, comme je l'ai dit plus haut, il ne peut exister qu'au moyen de l'air; qu'on cherche à l'allumer dans l'huile ou dans quelqu'autre matière inflammable, s'il n'est pas de tous côtés en contact avec l'air, il s'éteint aussitôt. Toutes les fois donc qu'il s'allume au sein de quelque matière terrestre, l'air et l'humidité sont les deux conditions de son existence. Aussi celui qui gouverne avec une souveraine puissance la nature du feu, a voulu diviser ses propriétés entre ses ennemis et ses serviteurs; il donna aux ennemis l'ardeur dévorante, à ses serviteurs la nature, la fraîche et douce nature de l'air et de l'eau; et ainsi les uns furent consumés par la nature dévorante du feu, et les autres, grâce à ce vent frais et à cette vapeur aqueuse, ne ressentirent aucun mal. Voilà pourquoi l'Écriture dit : « L'ange du Seigneur descendit avec Azarias et ses compagnons dans la fournaise, et il en écarta les flammes, et il forma au milieu de la fournaise un vent frais et une douce rosée. » (*Dan.*, III, 49.) Il puisa ce vent dans les airs et la rosée dans le feu lui-même. Le Seigneur opéra ce partage comme tous ses autres prodiges, par le ministère d'un ange, qui, comme je l'ai dit, descendit dans la fournaise avec les serviteurs de Dieu.

CHAPITRE XXXII.
De Daniel dans la fosse aux lions.

Daniel, serviteur du vrai Dieu, que nous avons fait connaître en commençant à parler de la captivité, était un des trois premiers princes du royaume des Perses et des Mèdes (*Dan.*, VI, 2), et par une grâce spéciale de Dieu, le roi Darius, fils d'Astyage, avait pour lui une affection beaucoup plus grande que pour les autres. Mais comme les honneurs sont la suite de l'affection et que les grandes dignités excitent l'envie, les autres princes des Mèdes et des Perses avaient conçu contre lui une jalousie profonde. La loi de son Dieu était la seule chose où ils pussent trouver un motif de le faire mettre à mort. Ils persuadèrent donc au roi, qui ne soupçonnait pas une perfidie aussi noire, de publier une loi confirmée par l'autorité des Perses et des Mèdes, qui défendait à tout homme durant l'espace de trente jours de demander quoique ce fût à quelque dieu ou à quelqu'homme que ce pût être, sinon au roi. Celui qui serait convaincu d'avoir contrevenu à ce décret devait être jeté sans pitié et sans espérance de pardon dans la fosse aux lions pour en être dévoré. Le roi ayant sanctionné ce décret, ils épièrent avec le plus grand soin la conduite de Daniel, et le virent qui adorait son Dieu chaque jour dans sa maison à trois heures différentes. Ils s'empressèrent donc de venir l'accuser de ce crime énorme auprès du roi, qui cherchait les moyens de le délivrer de leurs mains. Mais cette loi des Mèdes et des Perses ne le lui permit point. Ce fut donc avec un profond sentiment de tristesse qu'il commanda de jeter Daniel dans la fosse aux lions. Mais un ange du Seigneur, qui ne voulait point laisser périr un innocent, vint fermer la gueule des lions. Le roi, après une nuit sans sommeil, vint tout en larmes à la fosse aux lions, où il trouva Daniel couché tranquillement au milieu de ces animaux qui ne lui avaient fait aucun mal. Le roi commanda aussitôt qu'on fît sortir Daniel de cette fosse,

---

vero exiguus ignis satis humidam materiam invenerit, ipse velut infirmior a validiore victus, humoris abundantiæ cedit. Præterea quoque, cum lymphatica, ut supra dixi, substantia pascitur, ipsius nequaquam in aliquo vita, nisi per aerem conservari. Etenim si in oleo vel in quocumque fomento incendatur, si circumfusus per totum aerem non contigerit, jamjamque exstinguitur. Quamdiu ergo in aliqua terrena materia arserit, ipsius vita in aere et humore consistit. Unde potens gubernator ignis naturam inter inimicos et servos dividere voluit, ardorem inimicis, flabilem et humidam aeris et aquæ substantiam famulis suis convertit; ut et illi per comburentem naturam accensi arderent, et hi in flabili et lymphatico vapore nihil adversitatis perpeti sentirent. Quapropter ita Scriptura dicit : « Angelus Domini descendit cum Azaria et sociis ejus in caminum, et excussit flammam ignis de camino, et fecit medium fornacis quasi ventum roris flantem. » (*Dan.*, III, 49.) Ex aere enim spiritum, et ex aqua in ipso igne invenit rorem. Ecce et hanc divisionem sicut et cætera mirabilia per Angelum effecit, qui pariter cum servis Dei, ut supra dixi, in ignem descendit.

CAPUT XXXII.
De Daniele quiescente in lacu leonum.

Daniel quoque veri Dei cultor, de quo in captivitatis principio diximus, cum de tribus principibus regni Persarum et Medorum unus fuisset constitutus (*Dan.*, VI, 2), regi Dario Astyagis filio, Domino præstante, præ omnibus factus fuerat carus. Sed quoniam dilectionem honor sequitur, et honor maximus invidiam suscitat, ipsi cæteri Medorum et Persarum principes graviter invidebant. Et idcirco non valentes nisi in lege Dei sui occasionem illi aliquam, unde eum morti traderent invenire, legem ex regis edicto talem fallaciam nescientis, Persarum et Medorum auctoritate firmatam statuere, quatenus ne quisquam petitionem quamcumque a quoquam deo vel homine per triginta dies postulasset, nisi a rege. Cui decreto si quis jam inveniretur esse contrarius, illum absque ulla misericordia aut clementia, devorandum leonum reciperet lacus. Quo confirmato edicto, dum diligentissima cura non desisterent observare Danielem, in domo sua ter in omni die more consueto, vero Deo suo deprehendebant genua flectere. Unde graviter ab iis accusatum, de manibus eorum eruere voluit rex. Sed hoc lex constituta Medorum atque Persarum non permisit. Quapropter mœsto animo dolente rege devorandus Daniel in lacum leonibus decernitur. Sed a Dei Angelo, ne insons periret, leonum ora clauduntur. Unde rex transacta insomni nocte, mane lacrymabilis ad lacum venit, ubi incolumem cubantem inter leones, secura mente Danielem reperit. Imperante ergo rege, jamjamque Daniel de lacu leonum abstrahitur, quo proditores illius

où ses accusateurs furent aussitôt jetés pour être dévorés. Les lions qui n'avaient osé assouvir leur faim sur Daniel, se jetèrent avec d'autant plus de fureur sur les corps coupables de ceux qui avaient voulu le faire périr, et les dévorèrent en un instant. Or, dans ce prodige si surprenant, comme dans les précédents, Dieu ne changea pas la nature des lions, mais il maîtrisa, par l'intermédiaire d'un ange, celle qu'il avait créée. Les lions témoignaient à Daniel la douceur et les caresses qu'ils témoignaient à leurs petits, et ils assouvissaient sur les coupables qu'ils dévoraient la fureur et la férocité avec lesquelles ils se jettent sur leur proie. C'est donc une vérité certaine que Dieu ne permet pas qu'une créature exerce son action au delà des limites de sa nature, mais qu'il dirige les propriétés des différentes natures pour appliquer leur action partout où il est nécessaire, soit pour défendre et consoler ceux qu'il protège, soit pour perdre ceux qu'il veut châtier. Nous ne parlons pas ici de la fosse aux lions où Daniel fut jeté une seconde fois (*Dan.*, XIV, 3), ni d'Habacuc transporté dans les airs, ni de la narration fabuleuse de Bel et du dragon, parce que ces fragments ne jouissent point de la même autorité que les divines Ecritures (1).

CHAPITRE XXXIII.

D'Esdras rétablissant l'autorité de la loi (Jer., XXV, 12; XXIX, 10; Dan., IX, 2; I Esdr., VI et VII).

Le temps marqué par les prédictions divines des prophètes étant accompli, le Seigneur préparait le retour de son peuple et sa délivrance, en se servant de la bonté du roi Cyrus. Ce fut dans ce temps que le prêtre Esdras rétablit dans les archives du temple la loi que les Chaldéens avaient brûlée, car il était plein de ce même Esprit dans lequel la loi avait été écrite.

CHAPITRE XXXIV.

Des principales guerres heureusement terminées par le secours du Seigneur.

J'ai présenté dans ces deux premiers livres un exposé historique sommaire des merveilles renfermées dans les Ecritures de l'Ancien Testament, c'est-à-dire de la loi et des prophètes. Si un esprit plus exercé que le mien veut y ajouter par des recherches plus approfondies, je ne refuse point de devenir son disciple. J'ai cru devoir omettre dans cet exposé les principales guerres où le peuple de Dieu a remporté la victoire avec le secours du ciel, parce que ces événements, par suite même de cette protection divine, sont dignes d'admiration, il est vrai, et renferment dans le sens figuré un grand nombre de mystères, mais ne présentent aucune incertitude sous le rapport historique. Ainsi nous savons que Josué, fils de Nun, a triomphé d'Amalec par les prières de Moïse (*Exod.*, XVII, 11), et que le peuple d'Israël a défait et mis à mort Sehon, roi des Amorrhéens, et Og, roi de Basan, tous deux d'une taille gigantesque. (*Nomb.*, XXI, 33; XXII, 5; XXV, 17.) Phinées, fils d'Eléazar, a fait mourir Balach, fils de Séphor, roi de Madian, avec Balaam, un de ses principaux devins. Josué, fils de Nun, mit en déroute dans plusieurs combats trente et un rois du pays de Chanaan. (*Josué*, XII, 7.) Gédéon, avec trois cents hommes seulement, a mis à mort des milliers de Madianites, au moyen de

(1) Ces fragments sont maintenant considérés par l'Eglise comme un ouvrage divin, et comme faisant partie essentielle du catalogue des livres divinement inspirés.

---

protinus devorandi pro eo mittuntur. Et quos inedia Danielis esurientes fecerat, reorum sanguinis illius criminosa corpora leones recipiebant. In hoc etiam tam insigni facto, non natura in leonibus mutatur, sed insita a conditionis initio suapte per Angelum a Deo gubernatur. Blanditiem enim et lenitatem, quas catulis suis leones ostendunt, in Danielem exercebant : et sævitiam et ferocitatem, quam in prædam faciunt, in devoratis peccatoribus reddebant. Unde certum est, quod non solum naturæ suæ terminos ullam creaturam Dominus aliquid facere, sed naturarum partes qualitercumque necesse habetur, aut in defensionem et solatium eorum, quos protegit, aut in detrimentum eorum quos premit, gubernare disponit. De lacu vero iterum (*Dan.*, XIV, 31) et Abacuc translato in Belis et draconis fabulis, idcirco in hoc ordine non ponitur, quod in auctoritate divinæ Scripturæ non habentur.

CAPUT XXXIII.

De Esdra restituente Legem (Jer., XXV, 12; XXIX, 10; Dan., IX, 2; I Esd., VI et VII).

Interea captivitatis tempore completo, quod Dominus per Prophetas implendum esse prædixerat, reversionem populi sui et captivitatis solutionem per Cyri regis clementiam præparabat. Quo tempore Esdras Dei sacerdos combustam a Chaldæis in archivis templi restituit Legem. Nempe qui eodem Spiritu, quo ante scripta fuerat, plenus fuerit.

CAPUT XXXIV.

De bellis præcipuis quæ Domini auxilio peracta sunt.

Sanctæ Scripturæ Veteris Testamenti, Legis scilicet et Prophetarum mirabilium ordinem in duobus his libellis historica expositione summatim posui. Quibus si quid alicujus forte melioris ingenii sagax investigatio addiderit, adhuc me non recuso discipulum fieri. Præcipua vero bella tantum auxilio Domini peracta, quæ textui divinæ Scripturæ inserta sunt, in his idcirco omisimus, quoniam etsi propter de cœlo auxilium admirationæ digna sunt, et figurali ratione contineant multa mysteria, tamen in rerum gestarum intellectibus nihil relinquunt incerti. Scimus quod Amalech, orante Moyse, Jesus filius Nun superabat (*Exod.*, XVII, 11; *Num.*, XXI, 33; XXII, 5; XXV, 17); et Sehon regem Amorrhæorum, et Og regem Basan, proceræ altitudinis viros populus Israel interficiebat. Balach filium Sephor regem Madian, cum Balaam illo præcipuo astrologo, Phinees filius Eleazar cum exercitu occidit. Et Jesus Bennun unum et triginta reges Chananitidis, multis conflictibus prostravit. (*Jos.*, XII, 7.)

lampes et de trompettes. (*Jug.*, VII, 19.) Jephté, fils de Galaad, par droit de conquête, délivra son peuple du pouvoir des nations ennemies. (*Ibid.*, XI, 32.) Samson, le plus fort des Hébreux, mit en pièces, sans autres armes, un lion furieux qu'il rencontra sur son chemin. Il prit ensuite dans la gueule de la tête de ce lion un rayon de miel et en mangea (*Ibid.*, XIV, 6); et prenant après cela trois cents renards, il les lia l'un à l'autre par la queue en y attachant des flambeaux allumés, et les lança dans les moissons des Philistins. (*Ibid.*, XV, 4.) Avec une mâchoire d'âne il tua en une seule fois mille Philistins. (*Ibid.*, 15.) Tandis que les Philistins environnaient la ville où il passait la nuit, il alla prendre les deux portes de la ville avec leurs linteaux, leurs poteaux et leurs serrures, et les ayant mises sur ses épaules, il les porta sur la montagne qui regarde Bersabée. (*Ibid.*, XVI, 3.) Tout le peuple d'Israël, pour punir un crime monstrueux, détruisit dans trois combats successifs la tribu de Benjamin tout entière, à l'exception de six cents hommes. (*Jug.*, XIX, etc.; XX, 47.) Jonathas, fils de Saül, et son écuyer, taillèrent en pièces un poste de Philistins. (I *Rois*, XIV, 13.) David, fils de Jessé, alors qu'étant encore enfant il conduisait le troupeau de son père, arracha de la gueule des ours et des lions qu'il tuait les brebis qu'ils emportaient; et d'une pierre lancée avec sa fronde il renversa et tua le philistin Goliath. (*Ibid.*, XVII, 34, 49.) Il fit preuve dans la suite d'une patience admirable en épargnant la vie de Saül son ennemi, qui tomba deux fois entre ses mains. (*Ibid.*, XXIV, 6; XXVI, 10.) Devenu roi, il battit les armées des Philistins dans trois combats où leur défaite fut complète, et les rendit tributaires. (*Ibid.*, V, 17; VIII, 1.) David lui seul en tua huit cents d'une seule fois. (*Ibid.*, XXIII, 8.) Trois des plus vaillants de son armée traversèrent les rangs des Philistins, afin d'aller puiser de l'eau pour David dans la citerne de Bethléem, au milieu même des ennemis. (*Ibid.*, 18.) Banaïas, fils de Joaïda, tua deux lions dans le pays de Moab, et lorsque la terre était couverte de neige, il descendit dans une citerne où il tua un lion. (*Ibid.*, 20.) Avec un bâton qu'il tenait à la main il tua encore un égyptien qui se donnait comme en spectacle et était armé d'une lance. Les guerres que les armées de David firent en Gabaam ne furent pas moins heureuses. Il livra une multitude d'autres combats des plus importants contre les peuples qui l'entouraient, soit par lui-même, soit par ses armées, et toujours la protection divine lui fit remporter la victoire. (II *Rois*, VIII, 3; X, 6; XII, 28.) La guerre civile que David dut faire dans la forêt d'Ephraïm au peuple d'Israël, le remit en possession du royaume de Samarie. (*Ibid.*, XVIII, 6.) Le peuple de Dieu livra encore contre les Syriens et les rois de Damas, tantôt d'un côté, tantôt de l'autre, d'autres combats dont les chances furent partagées. Or, tous ces résultats merveilleux étaient l'effet d'une protection toute divine. Mais nous ne pouvons convenablement en joindre le récit à notre ouvrage, car il ne présenterait rien d'extraordinaire et en dehors de la marche habituelle des événements, c'est le courage des hommes et la protection des anges qui concoururent à assurer la victoire. Nous aurions bien trouvé dans les livres des Machabées des faits merveilleux et dignes de figurer dans cet exposé; cependant nous les laissons complètement de côté, parce que nous nous

---

Gedeon filius Joas in trecentis viris innumera Madianitarum millia per tubas et lucernas occidit. (*Jud.*, VII, 19.) Jephte Galaadites populum de gentium potestate belli jure liberavit. (*Jud.*, XI, 32.) Samson ille fortissimus Hebræorum, leonem sibi occurrentem nihil habenti in manibus, confregit; de cujus postea ore et capite favum mellis accepit et comedit (*Jud.*, XIV, 6), trecentasque vulpes copiens igneque successas in Philistinorum segetes dimisit. (*Jud.*, XV, 4.) De quibus ille mille viros impetu uno asini mandibula solus mortificavit : et undique sedentibus circa civitatem, in qua dormitaverat, Philistæis, ambas portæ fores cum ostiis et superliminaribus et seris et vectibus pariter comprehendens, in vertice montis qui respicit Bersabee, dereliquit. (*Jud.*, XVI, 3.) Tribum quoque Benjamin propter commissum piaculum totam, exceptis sexcentis viris, omnis filiorum Israel populus post tria bella delevit. (*Jud.*, XIX, XX, 47.) Jonathas filius Saul et armiger suus stationem Philistinorum percussit. (I *Reg.*, XIV, 13.) David filius Jesse adhuc puer et pastor ovium, ursi et leonis interfecti de ore prædam eripuit, et Goliath Philistæum de fundibula lapide prostravit. (I *Reg.*, XVII, 34, 49.) Qui postea patientiæ virtute Saul bis deprehenso inimico suo pepercit. (I *Reg.*, XXIV, 6; XXVI, 10.) Et rex postmodum factus, tribus gravissimis præliis prostrata Philistinorum agmina tributaria fecit. (II *Reg.*, V, 17; VIII, 1.) David solus octingentos interfecit impetu uno. (II *Reg.*, XXIII, 8.) Abisai filius Sarviæ levavit hastam suam contra trecentos, et interfecit eos. Tres robustissimi ruperunt agmina Philistinorum, ut potum darent regi David de cisterna Bethleem, quæ in medio hostium erat. (*Ibid.*, 18.) Banaias filius Joiadæ interfecit duos leones in Moab, et leonem in cisterna in diebus nivis. (*Ibid.*, 20.) Ipse quoque virgam tenens manu, Ægyptium spectaculo dignum hastam habentem, occidit. Bellum quoque robustorum in Gabaam exercitui David cessit in prosperum. Præter hæc maxima regis David adversus in circuitu regiones bella, prospere Domini auxilio favente, seu per semetipsum, seu per exercitum sæpe peracta sunt. (II *Reg.*, VIII, 3; X, 6; XII, 28.) Bellum vero civile in saltu Ephraim in ipso Israel, in testamentum David restituit Samariæ regnum. (II *Reg.*, XVIII, 6.) Contra Syros et reges Damasci, nunc huc, nunc illuc, alterno proventu vergentis certamina multa fuerunt. Hæc omnia propter de cœlo auxilia mirabiliter gesta, provenerunt. Sed illi operi nostro conveniens additamentum conferre non possunt : quoniam nihil in quotidianam rerum administrationem inusitatum ostendunt, dum per hominum et ipsorum etiam Angelorum dispensationes et fortitudines effecta fiunt. In Machabæorum libris, etsi aliquid mirabilium numero inserendum conveniens fuisse ordini inveniatur, de hoc tamen nulla cura fatigabimur : quia tantum agere proposuimus, ut de divini canonis mirabilibus exiguam, quamvis ingenioli nostri modulum excedentem historicam expositionem ex

sommes proposé exclusivement de donner des merveilles de l'Ecriture contenues dans le canon divin (1) un exposé restreint et modeste, mais qui cependant dépasse encore la capacité de notre esprit. Nous terminons donc ici ce second livre pour commencer le troisième par le commencement même de l'Evangile, c'est-à-dire par Jean-Baptiste et Notre-Seigneur.

LIVRE TROISIÈME
DU NOUVEAU TESTAMENT.

CHAPITRE PREMIER.
De la vision de Zacharie et de la naissance de Jean-Baptiste.

La quarante et unième année d'Octave-Auguste César, Zacharie, prêtre de la famille d'Abia, offrait à son tour l'holocauste dans le temple, lorsque l'ange Gabriel, un de ceux qui se tiennent en présence du Seigneur, vint promptement lui apporter un message céleste qu'il termine en ajoutant : « Elisabeth votre épouse, jusqu'ici stérile et d'un âge avancé, enfantera un fils qui s'appellera Jean et qui sera le prophète et le précurseur du Très-Haut. » Mais Zacharie restait incrédule et ne pouvait ajouter foi aux paroles de l'ange. « Comment, lui répondit-il, cela pourra-t-il se faire, car je suis vieux, et ma femme demeurée stérile dans sa jeunesse est maintenant très-avancée en âge? » (*Luc*, I, 18.) Cependant l'ange ne fut point repoussé par cette excuse; l'incrédulité de Zacharie ne lui fit point retirer sa grâce qu'il lui annonçait, mais jusqu'au moment où sa prédiction devait s'accomplir, il laissa ce prêtre muet et frappé d'un châtiment en rapport avec la faute qu'il avait commise. Ce ne fut qu'à la naissance de son fils que sa langue se délia, et alors qu'il allait écrire le nom qu'il lui donnait, il dit : « Jean est son nom. » Or, c'est par un effet admirable de la Providence divine qui voulait que Jean donnât dans la suite par son genre de nourriture, de vêtement, par le lieu qu'il habitait, l'exemple de la pénitence, que son père dès le temps même de sa conception et jusqu'à sa naissance, accomplit cette loi de la pénitence que l'ange lui imposait. Cette punition a encore un autre caractère de convenance ; il était juste que dans le temps de la conception de celui qui devait annoncer le royaume des cieux, le prêtre chargé d'annoncer la loi ancienne et les prophètes fût condamné au silence, car la loi et les prophètes ont prophétisé jusqu'à Jean ; depuis ce temps le royaume de Dieu est évangélisé. (*Matth.*, XI, 13.) Jean, dès le sein de sa mère, et avant sa naissance, sentit l'entrée de Marie, mère du Seigneur, dans la maison où il était, et en vertu d'une inspiration toute divine, il prophétisa par la bouche de sa mère la naissance du Christ Seigneur qui devait sortir de son sein. Puisqu'en effet l'esprit de Moïse s'est répandu sur les soixante-douze conseillers qu'il avait choisis (*Nomb.*, XI, 25), quoi de surprenant que l'esprit d'un enfant parle par la bouche de celle qui le porte encore dans son sein?

---

(1) Les livres des Machabées font eux-mêmes partie du canon divin des Ecritures.

---

parte aliqua tangeremus. Ideo et præsens libellus in hoc loco finem suum contingat, ut tertius de Novo Testamento ab Evangelii initio, Joanne videlicet et Domino primordium sumat.

LIBER TERTIUS
DE NOVO TESTAMENTO.

CAPUT I.
De visione Zachariæ et nativitate Joannis Baptistæ.

Octaviani Augusti Cæsaris quadragesimo primo anno, Zacharias sacerdos de vice Abia, cum in ordine suo holocaustum in templo offerebat, Angelus Gabriel unus de illorum numero, qui stant in conspectu Domini, celeri nuntio ipsi responsa deferebat : quibus subnectens : « Uxor, inquit, tua hucusque sterilis Elisabeth, grandæva satis, concipiet, filiumque Joannem nomine, Altissimi Prophetam et Præcursorem tibi pariet. » Sed incredula mente sacerdos, parum his dictis animo fidem accommodans : « Quomodo, respondit, hoc fieri poterit ; cum ego sim satis senex, et uxor mea isto officio in juventute privata, in diebus suis provecta ætate processerit. » (*Luc.*, I, 18.) Attamen Angelus in ista nequaquam excusatione repulsus, non causa perfidiæ illatum munus retraxit, sed quo a Domino quod dicebatur, impleretur, convenienti oris sui vindictæ subjectum mutum sacerdotem dereliquit : donec nascente postmodum puero, ligatæ linguæ vinculum solutum est, cui nomen filii scribere tentans : « Joannes, dixit, est nomen ejus. » Convenienté autem dispensatione factum est, ut Joannes qui postea hominibus victu et vestitu et loco exempla pœnitentiæ præberet, et pœnitentiam prædicans, etiam conceptionis ejus tempore pater pœnitentiæ modum ab Angelo sibi impositum, donec ille nasceretur, sustineret. Aliter quoque congrue hoc signum evenerat, uti dum qui regnum cœlorum prædicaret nasciturus conciperetur, antiquæ Legis et Prophetarum prædicator sacerdos silentio damnaretur : quoniam Lex et Prophetæ usque ad Joannem fuerunt, ex eo autem regnum Dei evangelizatur. (*Matth.*, XI, 13.) Qui conceptus adhuc in matris utero manens, priusquam nasceretur cum Mariæ matris Domini introitum in domum ubi fuerat sensit, spiritali famine per os matris de nascituro ex ea Christo Domino prophetavit. Dum enim Moysi spiritus in septuaginta duos consiliarios distribuitur (*Num.*, XI, 25), quid mirum si pueri adhuc in utero manentis spiritus per matrem loqueretur?

CHAPITRE II.

De l'Incarnation de Notre-Seigneur Jésus-Christ et de sa naissance de la Vierge Marie.

Dans le même temps, le même messager céleste est également chargé d'aller annoncer à l'épouse de Joseph, la vierge Marie, de la race de David, que sans connaître aucun homme elle enfanterait un fils par la seule action de l'Esprit saint. Cet enfant, lui dit-il, promis par tous les oracles des prophètes, sera grand devant le Seigneur, et toutes les bouches des croyants le proclameront éternellement le fils du Très-Haut. Car il lui a donné par un commandement exprès le trône de David son père, et il régnera éternellement sur la maison de Jacob sans avoir d'héritier qui lui succède. (*Luc*, I, 31, 32.) La Vierge se rendit à ces paroles que sa foi lui fit recevoir avec joie, et elle y consentit sans la moindre objection qui vint de l'incrédulité ou de la désobéissance. Mais cet événement remplit d'inquiétude l'âme de Joseph, qui voyait l'état de grossesse de son épouse dont il ne s'était jamais approché. (*Matth.*, I, 19.) Pour le décharger de ce poids qui l'oppressait, le même ange vint lui apprendre la conception et la naissance prochaine de cet enfant, et lui commander de prendre Marie pour épouse. Le temps de l'enfantement étant arrivé, la Vierge mit au monde, sans aucune atteinte à sa virginité, celui qu'elle avait conçu sans aucun commerce avec un homme et sans aucune impression de volupté charnelle. Cette conception a lieu en dehors de toutes les conceptions ordinaires et sans le fait d'aucun homme; cependant il n'est pas en dehors des lois naturelles que cet enfant naquit après avoir pris la matière de son corps dans le sein d'une femme. C'est donc suivant les lois naturelles qu'il prend de la nature humaine cette même nature, lorsque par la coopération de l'Esprit saint il prend dans son intégrité de la chair seule de sa mère la substance véritable de la chair de l'homme, à l'exception des passions mauvaises. Pour donner un exemple qui prouve que ce n'est point là une nouveauté dans les créatures de Dieu, nous voyons une multitude d'êtres animés qui sont engendrés sans le concours du père et de la mère. Ainsi les abeilles ne croissent que sous la chaleur du corps de leur mère, et sans que le père y ait aucune part, et tous les animaux de cette espèce conçoivent leurs petits de la même manière. Un grand nombre d'oiseaux peuvent pondre des œufs en dehors de l'action du mâle. Les physiologistes affirment que plusieurs espèces de poissons donnent des exemples de conceptions semblables. Le ver naît de la chair seule en dehors de la génération ordinaire, et c'est pour cela que le Seigneur n'a pas dédaigné de dire par le Prophète qu'il était semblable à un ver. (*Ps.* XXI, 7.) Pourquoi donc regarder comme contraire à la nature que ce que le Seigneur fait habituellement dans une multitude de choses, il l'ait fait aussi quand il l'a voulu lorsque son Fils fut conçu dans le sein d'une vierge en dehors de l'action de l'homme, et par la seule opération de l'Esprit saint?

CHAPITRE III.

Des bergers auxquels les anges annoncent la naissance de l'enfant Dieu.

Cet enfant étant né à Bethléem, ville de Juda, des bergers qui veillaient à la garde de leurs troupeaux sont avertis par les anges que le Roi du ciel, des-

CAPUT II.

De Incarnatione Domini nostri Jesu Christi, et nativitate ex Maria Virgine.

Interea nuntius ad sponsam Joseph Mariam Virginem de stirpe David talia dicta detulit, cui sine viri cognitione parturire filium Spiritus sancti munere prædixit. « Hic, inquiens, natus, quem omnium spondent oracula Prophetarum, magnus erit in conspectu Domini, et in æternum ore cunctorum credentium filius vocabitur Altissimi. Huic enim præcepto munere patris sui David sedem donavit, et regni domus Jacob absque fine imperium, sine succedente hærede, in sempiternum tenebit, » (*Luc.*, I, 31.) Quibus verbis ovans virgo accommodata fide, sine ullo incredulitatis aut inobedientiæ objectu consensit. Sed mentem Joseph, conjugis tumentem uterum videntis, quam ipse nunquam cognoverat, ista res sollicitam reddidit. (*Matth.*, I, 19.) Quem tamen ne hac cogitatione fatigaretur, idem Angelus de concepto puero et nascituro, et accipienda virgine commonuit. Quæ virgo postmodum instante tempore filium, quem sine viri semine, et carnalis oblectamento voluptatis concepit, sine damno suæ virginitatis peperit. (*Luc.*, II, 7.) In qua re, quamvis præter cunctorum hominum conceptionis consuetudinem, absque viri semine factum opus ostenditur, non tamen extra naturam de muliebri utero sumpta substantia carnis nasceretur. Ex natura naturaliter naturam suscepit, qui cooperante Spiritu Sancto ex materna, quamvis sola carne, veram carnis substantiam humanæ, exceptis vitiorum passionibus, integram contulit. Quam rem ne sine exemplo naturæ alicujus, velut novam in Dei creaturis dimittamus, multa animantia absque parentum coitu progigni comprobamus. Qualiter apes sine patribus fotu materni corporis tantummodo crescunt, et omnia illiusmodi volatilia fetus suos taliter concipiunt. Sed et multæ sine absque maribus ova gignere possunt. Et talem conceptum in multis piscium generibus esse physiologi aiunt. In sola quoque carne sine patre vermis nascitur, cui se Dominus hac de causa similem dicere per Prophetam non dedignatur. (*Psal.* XXI, 7.) Quod ergo in multis rebus consueto more Dominus operatur, quid naturæ contrarium dicendum est, si quando ipse voluit, ut in virginali utero Spiritu sancti dispensatione filius sine viri coitu nasceretur?

CAPUT III.

De pastoribus quibus angeli natum infantem nuntiaverunt.

Quo nascente in Bethlehem civitate David, pastores custodiæ gregum destinati, ab Angelis imbuuntur, quod cœli rex in terra cum hominibus ex homine carnem nascendi lege assumere tunc dignaretur. Et deinde cum

cendu des cieux au milieu des hommes, avait daigné prendre lui-même la chair de l'homme et se soumettre aux conditions de sa naissance. Ils entonnent en même temps en présence des bergers un cantique en rapport avec ce message et remontent dans les cieux. (*Luc.*, II, 9.) Les anges suivent ici un ordre aussi plein de sagesse que de convenance, en annonçant la naissance de l'Agneau aux bergers, et la naissance du vrai pasteur aux brebis. Ce n'est pas sans une profonde raison que dans ces deux enfants, Jean et Jésus, le précurseur et le Seigneur, le récit de leur naissance nous fait remarquer que l'un est conçu d'une femme âgée, l'autre d'une jeune vierge. Le précurseur du Christ en toutes choses a dû naître d'une femme avancée en âge, parce qu'il a été la fin de la loi ancienne et comme le dernier de ses enfants. Jésus-Christ, au contraire, a pris un corps dans le sein d'une jeune vierge, car il est le commencement du Nouveau Testament et le premier-né des enfants qui devaient naître de la loi nouvelle. Ce fut donc la quarante-deuxième année d'Octave-Auguste César, sous le règne d'Hérode, roi de la Judée, alors que les Juifs avaient perdu le pouvoir souverain, que Notre-Seigneur Jésus-Christ naquit de la vierge Marie à Bethléem, ville de Judée. Admirable coïncidence, c'est lorsque la succession des rois et des prêtres de la race de Jacob avait cessé d'exister, que naît celui qui devait être roi et pontife pour l'éternité.

CHAPITRE IV.

Des Mages qui viennent de l'Orient sous la conduite d'une étoile (Matth., II, 1, etc.).

Aussitôt après la naissance de cet enfant, que les prophètes d'Israël et ceux de la Gentilité avaient prédit comme le Sauveur des deux peuples, des Mages de la terre d'Evilath entreprirent sous la conduite d'une étoile un immense voyage avec de riches présents. Après qu'ils eurent adoré cet enfant en lui offrant leurs présents, ils retournèrent dans leur pays, mais par une autre voie, selon l'avertissement qui leur fut donné du ciel. Or, cette étoile, d'après le récit de l'Evangile, servit de guide aux Mages de Jérusalem à Bethléem. Ceux qui prétendent qu'elle conduisit les Mages de leur pays jusqu'à Jérusalem, ne peuvent appuyer leur sentiment sur l'autorité de l'Evangile. En effet, lorsque les Mages étaient encore dans leur pays, ils virent une étoile qui brillait d'un éclat plus vif que toutes les autres, et ils comprirent, soit d'après leurs connaissances naturelles, soit d'après leurs oracles (*Nomb.*, XXIV, 17) et les prophéties divines qu'elle était l'étoile du Dieu et du roi qui devait naître dans Israël. Ils se dirigèrent donc vers la terre d'Israël et vinrent à Jérusalem, siège et capitale du royaume, pour s'enquérir de ce roi Dieu qui était né. On leur montra les oracles des prophètes d'Israël qui indiquaient le lieu où cet enfant devait naître (*Mich.*, V, 2); et excités en même temps par les instances perfides d'un roi dissimulé, ils y allèrent pleins de joie. A peine furent-ils sortis de la ville, que l'étoile s'offrit de nouveau à leurs regards et les conduisit jusqu'au berceau du Christ. Quant à cette étoile, était-ce une étoile proprement dite ou un ange, ou l'Esprit saint? Aucune de ces hypothèses n'est contraire à la foi catholique, et comme elles ont été également soutenues, nous laissons dans notre faible science à de plus habiles que nous la liberté de choisir entre ces diverses opinions.

---

huic nuntio conveniens audientibus pastoribus carmen concinunt, ad cœlum rursum conscendentes Angeli redeunt. (*Luc.*, II, 9.) Et in hoc conveniens ab Angelis peractus ordo conspicitur, ut prius pastoribus nasci agnus et gregibus pastor nuntiaretur. In his duobus pueris Joanne et Jesu, præcursore et Domino, non sine historica ratione nativitatis ordo intenditur, quod de anu unus, alter de virgine puella generatur. Christi enim præcursor per omnia Joannes idcirco de vetula matre nasci debuit, dum ipse veteris Legis finis quasi novissimus filius fuit. Christus vero de puella virgine corpus assumpsit. Ipse enim est Novi Testamenti principium, filiorumque, qui ex nova Lege nascerentur, exordium exstitit. Igitur quadragesimo secundo anno Octaviani Augusti Cæsaris, temporibus Herodis regis Judæorum, ablata ex Judæis omni dominandi potestate, in oppido Judææ Bethlehem, de David stirpe, ex virgine Maria Jesus Christus Dominus nascitur. Quod competenter evenerat, ut cum regum et pontificum ex Jacob stirpe descendentium successio consumpta fuerat, qui in æternum rex est et pontifex, tunc nasceretur.

CAPUT IV.

De Magis ab Oriente et stella duce.

Nascente ergo illo puero, quem Israelitarum et gentium Prophetæ utriusque populi Salvatorem fore prædixerant, Magi de terra Evilath ducti stella, ad eum cum muneribus longo admodum itinere venerant. Qui oblatis muneribus et adorato per tempus puero reversi non, non eadem tamen via qua venerunt, sed per aliam ad patriæ loca remeare moniti divino famine curabant. De hac autem stella, quod ab Jerusalem pergentibus Magis usque ad Bethlehem dux itineris fuit, Evangelii dicta exponunt. Cæterum vero qui de terra sua usque Jerusalem hanc ducem sui itineris habuisse Magos existimant, ex Evangelica auctoritate firmare non possunt : quoniam Magi in terra sua cum essent, excellentem sideribus stellam videntes, Dei esse et regis, qui juxta prophetias tam ipsorum (*Num.*, XXIV, 17) quam ecclesiasticos ex Israel nasceretur, seu ex propria eorum scientia, seu angelica admonitione intelligentes, ad terram Israel venerunt, et ad Jerosolymam, ubi totius provinciæ principatus fuerat, venientes, de rege nato et pariter Deo perquirunt. Unde inventis Israelitarum oraculis vatum de eodem nato, ubi nascendi locum acciperet (*Mich.*, V, 2), monente subdolo sermone rege, alacres pergunt. Egressique urbem, mox ducem itineris ad Christum stellam sequentes deveniunt. De ista vero stella, utrum stella simpliciter, an Angelus, an Spiritus sanctus accipiatur, etsi catholico sensui nihil repugnat, cum de singulis disputatum fuerit, arbitris majoribus eligendi liberam voluntatem ingenioli nostri

Or, si l'on prétend que ce fut une véritable étoile, comment pour servir de guide aux Mages a-t-elle suivi une marche différente des autres étoiles? En effet, les étoiles, du moment de leur création, ont été placées dans le firmament céleste comme l'enseigne le récit inspiré de la Genèse. (*Gen.*, IV, 17.) Si donc cette étoile demeurait dans le firmament du ciel, comment pouvait-elle servir de guide à ceux qui allaient de Jérusalem à Bethléem? Si l'on suppose qu'elle traversait les airs comme une flèche, bien qu'en modérant sa course pour ceux qui la suivaient, elle a donc quitté la place qu'elle occupait dans le firmament et la sphère où elle accomplissait sa révolution? Or, c'est ce que l'Ecriture n'admet point, même pour les plus grands astres, lorsque pour servir de signes miraculeux ils ont suspendu leur marche ou sont revenus en arrière. (*Josué*, x, 13; IV *Rois*, xx, 11.) Peut-être donc pourrait-on dire que ce fut simplement un météore de feu tel qu'on en voit éclater dans les airs qui servit de guide aux Mages, et auquel on a donné le nom d'étoile à cause de sa ressemblance avec ces astres. Si au contraire on soutient que ce fut un ange qui remplit cet office sous la forme d'une étoile, rien ne s'y oppose, puisque nous voyons les anges prendre différentes formes pour se manifester aux hommes. Ainsi l'ange qui parlait à Moïse du milieu du buisson d'Horeb, lui apparaissait sous la forme de feu. (*Exod.*, III, 2.) C'est sous la forme d'un soldat armé qu'un autre se fait voir à Josué, fils de Nun, dans les plaines de Galgal. Lorsqu'Elie est enlevé au ciel, les anges sont représentés sous la forme d'un char de feu et de chevaux enflammés. (IV *Rois*, II, 11.) Lorsqu'Elisée ouvre les yeux de son serviteur, c'est sous cette même forme qu'il vit apparaître une multitude innombrable d'anges. (*Ibid.*, xx, 11.) C'est sous la forme de voyageurs demandant l'hospitalité que les anges se présentent à Abraham et à Loth. (*Gen.*, XVIII, 2; XIX, 1.) Manué et sa femme virent l'ange qui leur parlait sous la forme d'un prophète. (*Jug.*, XIII, 11.) Ici donc c'est un ange qui sert également de guide aux Mages, et comme ils étaient versés dans l'astronomie, il prend la forme d'une étoile et la vive lumière d'un des astres les plus brillants. Les visions révélées à l'apôtre saint Jean dans l'Apocalypse sont symboliques, il est vrai; cependant il n'y a rien de contraire à ce sentiment dans ces paroles : « Les sept étoiles sont les sept anges des Eglises. » (*Apoc.*, I, 20.) Si donc les anges, bien que dans un sens figuré, portent le nom d'étoiles, qui s'oppose à ce que nous voyions ici un ange dans l'étoile qui apparait aux Mages? Si toutefois l'on soutient que cette étoile ne fut ni un ange, ni une étoile du firmament, ni un autre météore brillant, il faut donc admettre que c'est l'Esprit saint qui se manifesta sous la forme d'une étoile. De même que dans la suite il descendit sur Jésus dans le Jourdain sous la forme d'une colombe (*Matth.*, III, 16; *Luc*, III, 22), il conduit ici sous la forme d'une étoile, au berceau du Dieu qui vient de naître, les nations qui venaient l'adorer. C'est de lui que le devin Balaam parlait dans un sens allégorique, lorsqu'il disait : « Une étoile se lèvera de Jacob, » (*Nomb.*, XXIV, 17) c'est-à-dire la lumière brillante de la grâce spirituelle de Jésus-Christ, qui dissipe les ténèbres de l'infidélité des Gentils. De même encore que l'Esprit saint descendit plus tard sur les apôtres dans le cénacle sous la forme de langues de feu (*Act.*, II, 3), il conduit ici les Mages au berceau du Seigneur, sous la forme d'une étoile.

---

mensura concedet. Si enim simpliciter stellam accipiendam esse quis maluerit, a cæteris stellis in hoc ducatu quomodo deviavit? Quarum natura ab initio condita, in firmamento cœli constituta fuisse dignoscitur, sicut libri Geneseos auctoritate manifestatur. (*Gen.*, I, 17.) Si ergo in firmamento cœli maneret, inter Bethlehem et Jerusalem dux fieri ambulantibus qualiter posset? Et si per aera, sagittæ more, quamvis paulo lentiore cursu propter sequentes pervolaret, assuetum in firmamento locum et cursum interim desereret. Quod nec majoribus quidem luminaribus accidisse Scripturæ describunt, cum in signis aut steterunt, aut reversa sunt. (*Jos.*, x, 13; IV *Reg.*, xx, 11.) Nisi forte aereus ille ignis, qui tale ministerium accepit, propter similitudinem, sicut in multis diximus, stellæ vocabulum accepit. Aut si Angelus habitu stellæ hoc ministerium fecit, quid repugnat, dum se Angeli quando se hominibus ostendunt, in multos transformant habitus? Quomodo et Moysi in Choreb de rubo Angelus ignita facie loquebatur (*Exod.*, III, 2), et velut miles armatus Josue filio Nun extra castra in Galgalis ostenditur. (*Jos.*, v, 13.) In currum et equos igneos in ascensione Eliæ Angeli finguntur. (IV *Reg.*, II, 11.) Et quando Eliseus pueri sui oculos aperuit, in eisdem habitudinibus Angeli manifestantur. (IV *Reg.*, VI, 17.) In forma hospitum Abrahæ et Loth conspectibus se præbuerunt (*Gen.*, XVIII, 2; XIX, 1) : et Manue et uxor ejus prophetali habitu loquentem ad eos Angelum viderunt. (*Jud.*, XIII, 11.) Nimirum eorum et ista vice Angelus dux Magorum efficitur, qui astrologis in stellæ similitudinem et clarissimi sideris fulgorem transformatur. Licet enim in imagine rerum, quæ Joanni in Apocalypsi sua per visionem dicuntur, huic tamen intellectui non contra facit : « Stellæ septem, ecclesiarum septem Angeli sunt. » (*Apoc.*, I, 20.) Unde quamvis in spiritu, dum tamen stellæ Angeli dicuntur, quid repugnat, si etiam in hoc loco stella Angelus dictus esse sentiatur? Vel certe si neque Angelus, neque stella firmamenti, neque alius quispiam ignis hæc stella fuisse dignoscitur, Spiritus ergo sanctus stella hæc fieri concedatur. Qui sicut postmodum corporali specie columbæ descendit super Jesum Dominum in Jordane (*Matth.*, III, 16; *Luc.*, III, 22), sic gentes adoratrices, stellæ specie duxit ad cunabula Domini nascentis in carne. De quo per parabolam Balaam astrologus loquebatur : « Orietur stella ex Jacob, » (*Num.*, XXIV, 17) rutilum scilicet lumen spiritalis gratiæ Christi, quæ nox infidelitatis gentium illuminator. Sicut ergo in igne super Apostolos postea in cœnaculo Sion descendit (*Act.*, II, 3), ita in specie stellæ Magos ad Dominum Spiritus sanctus deduxit.

CHAPITRE V.

Du baptême de Jésus-Christ.

Lorsque ce divin enfant, dont la science devançait l'âge, fut parvenu à sa trentième année, il vint sur les bords du Jourdain trouver Jean-Baptiste, fils de Zacharie, dont nous avons déjà parlé, et qui baptizait alors le peuple qui croyait en celui qui devait venir. Celui qui était l'agneau de Dieu voulut tout d'abord recevoir le baptême, et l'eau du Jourdain coula sur celui dont le ciel allait publier les grandeurs; car l'Esprit saint descendit sur lui sous la forme d'une colombe, et il entendit le Père qui disait de lui du haut des cieux : « Celui-ci est mon Fils bien-aimé en qui j'ai mis toute mon affection. » (*Luc*, III, 23.) En même temps il vit le ciel ouvert, et après qu'il eut été baptisé il sortit des eaux du Jourdain. Or, Notre-Seigneur Jésus-Christ consent à être baptisé, non qu'il eût besoin du sacrement de baptême et des effets qu'il produit, lui qui n'était coupable d'aucun péché, soit originel, soit actuel; mais il voulait par là purifier les eaux qui, sans avoir été maudites de Dieu après le péché d'Adam, étaient cependant atteintes par la malédiction qui pesait sur la terre qui les contenait. Devant ce grand exemple, qui oserait négliger de recevoir le sacrement de baptême, alors que celui qui était sans péché consentait à s'y soumettre? Qui oserait faire peu d'estime du baptême donné par un inférieur, alors que le Seigneur demandait lui-même à son serviteur de le plonger dans les eaux du baptême? (*Matth.*, III, 14.) Il voulait encore, jusqu'à ce que la tentation fût accomplie, rester caché aux yeux du démon, qui ne voyait en lui qu'un homme à qui le baptême était nécessaire et qui se mêlait aux pécheurs pour se purifier avec eux de ses crimes. Il vit donc l'Esprit saint qui descendait sur lui dans le baptême, il entendit la voix du Père qui, du haut du ciel, le proclamait son Fils, et il aperçut le ciel ouvert au-dessus de sa tête. (*Marc*, I, 10.) Ce n'est pas qu'avant son baptême, le Fils de Dieu n'eût toutes ces magnifiques prérogatives, mais il voulait faire ressortir toute l'efficacité du sacrement de baptême. En effet, ce ne fut pas alors qu'il reçut l'Esprit saint pour la première fois, puisque c'est un article de notre foi qu'il a une même nature avec l'Esprit saint. Ce n'est point non plus pour la première fois que le Père le proclamait son Fils, puisqu'il lui dit par la bouche du Roi-prophète : « Je vous ai engendré avant l'aurore, » (*Ps.* CIX, 3) c'est-à-dire avant toute créature angélique à qui l'Ecriture donne souvent le nom de Lucifer. Enfin, ce n'était point la première fois que les cieux s'ouvraient pour celui qui dit : « Le ciel est mon trône, et la terre est mon marchepied. » (*Isa.*, LXVI, 1.) Mais la sainte Trinité a réuni toutes ces gloires dans le baptême de Notre-Seigneur pour apprendre à chacun de nous les grâces dont il est comblé dans le sacrement de baptême. C'est alors, en effet, que le chrétien reçoit l'Esprit saint dans une âme purifiée des souillures du péché; c'est alors que, par l'effet de la grâce, il devient le fils adoptif du Père; c'est alors qu'il voit s'ouvrir devant lui les portes du royaume des cieux; c'est alors qu'il devient le citoyen de la céleste patrie et le concitoyen des anges. Quoique l'Esprit saint soit descendu sur Notre-Seigneur sous une forme corporelle (*Luc*, III, 22), cependant il est certain pour tous que c'est dans l'air, et non du corps des oiseaux, qu'il a pris cette forme d'une colombe. Il n'était pas nécessaire, en effet, que

CAPUT V.

De baptismate Christi.

Hic igitur puer scientia præibat ætatem, donec tricesimum annum agens ad Jordanem venit, et ab Joanne, de quo supra diximus, Zachariæ filio, qui tunc populum in cum crediturum, qui venturus erat, baptizabat, et ipse baptismum agnus ante suscepit, et confitendum unda Jordanis lavavit, in specie columbæ Spiritus sanctus super eum descendit, et Patrem de cœlis loquentem de se audivit : « Hic est Filius meus dilectus, in quo sibi anima mea complacuit. » (*Luc.*, III, 23.) Cum his signis cœlum apertum vidit, et ita baptizatus de fluminis lavacro ascendit. Ad baptismum vero Dominus Jesus exivit, non quod baptismi sacramento et lavacro egeret, qui proprii aut originalis peccati nullam culpam haberet, sed ut aquas, quas quamvis in delicto Adæ Deus non maledixerat, terræ qua continebantur maledicto infectas purgaret. Et ne quisquam baptismi sacramentum negligeret, dum qui sine peccato fuerat, baptismi aquas inivit. Et ne quisquam ab inferiore baptizari parvipenderet, dum Dominus a servo suo mergi undis baptismi appeteret. (*Matth.*, III, 14.) Et quatenus adhuc a diabolo se, donec tentatio perficeretur, occultaret, qui illum velut lavacro indigentem, inter pollutos peccaminibus ablui aquis conspiceret. Spiritum vero sanctum super se in baptismo descendentem vidit, et vocem Patris de cœlo se confitentem Filium suum audivit, et cœlum coram se apertum conspexit. (*Marc.*, I, 10.) Non quod ante baptismum suum hæc omnia Dei Filius non haberet, sed ut baptismi sacramentum quid valeat ostenderet. Non enim tunc Spiritum ille cœpit accipere, qui eamdem cum Spiritu sancto substantiam creditur habere. Nec tunc illum Pater Filium suum primitus professus est esse, cui dixit : « Ex utero ante Luciferum genui te : » (*Psal.* CIX, 3) ante videlicet omnem angelicam creaturam, quæ Luciferi appellationem per Scripturas sæpe tenet. Neque tunc illi aperiri cœperat thalamus cœlorum, qui ait : « Cœlum mihi sedes, terra autem scabellum pedum meorum. » (*Isa.*, LXVI, 1.) Sed idcirco hæc omnia sancta Trinitas in baptismo Domini congessit, ut sciret unusquisque nostrum, quid muneris in sacri baptismatis mysterio suscepit. Tunc enim Spiritum sanctum quisque peccatorum sordibus ablutus accipit, et a Deo Patre profiteri filius adoptionis gratia incipit, et tunc sibi regni cœlorum januam aperiri, et civem cœlestis patriæ Angelorum sanctorum consors intelligi. Quamvis vero corporali specie Spiritus sanctus super Dominum descendere dicitur (*Luc.*, III, 22), non tamen de avibus sumpsisse columbam, sed ex aere, minime dubitatur. Nequaquam enim

l'Esprit saint prit un corps formé de la substance même des oiseaux, qui n'avaient trangressé en rien la loi de leur nature, et l'eussent-ils transgressée en quelque point, ils ne pouvaient mériter que l'Esprit saint les délivrât du châtiment de leur faute en se revêtant de leur chair, puisqu'ils ne faisaient point partie des créatures éternelles ou raisonnables. Mais comme la personne du Fils était revêtue d'un corps humain, il était convenable que la personne de l'Esprit saint descendît sur lui sous une forme corporelle, et que la voix extérieure du Père descendît du ciel et traversât les airs pour retentir aux oreilles du corps. Le Père et le Saint-Esprit apparaissent en outre au baptême du Seigneur sous la forme d'une nuée et d'une colombe, parce que ces deux substances ont quelque chose de la nature de l'eau. En effet, puisque le Fils choisissait sur la terre l'élément de l'eau comme matière du sacrement de baptême, il était comme nécessaire que le Père fît retentir sa voix par le moyen d'une nuée chargée de vapeurs aqueuses, et que l'Esprit saint prit la forme d'un oiseau qui, dans l'origine, a été créé au moyen de l'eau pour montrer ainsi l'accord d'une seule volonté dans les trois personnes de la Trinité.

CHAPITRE VI.

De la tentation et du jeûne de Jésus-Christ
(Matth., IV, 1, etc.).

Lorsque Notre-Seigneur Jésus-Christ fut sorti des eaux du Jourdain, après son baptême, il se retira dans les profondeurs inhabitées du désert pour donner au démon l'occasion de le tenter, et il y jeûna quarante jours et quarante nuits, sans prendre aucune nourriture. Il y fut soumis aux trois tentations par lesquelles le premier homme se laissa séduire, et il triompha par trois réponses des attaques du démon. Les trois suggestions du démon renferment toutes les espèces d'iniquité, de même que les trois réponses que Jésus-Christ oppose au démon contiennent l'abrégé de toute justice. Or, la condamnation et la défaite de l'ennemi de notre salut préparent ici la liberté et la rédemption du genre humain; car tandis que Satan cherche à s'élever au-dessus de son Créateur, celui qui avait été jusque-là sous sa domination, c'est-à-dire l'homme, prend le dessus sur lui par le secours qu'il trouve dans la victoire du Sauveur. Et c'est alors qu'il cherche à enchaîner celui qui était libre de toute cause de servitude, que celui qu'il retenait captif voit se briser les fers qui l'enchaînaient. Il veut lutter contre celui qui était plus fort que lui, et il donne des forces contre lui à celui qui lui était assujetti par sa faiblesse. Le démon avait été seulement jusque-là précipité du ciel sur la terre; le Seigneur lui intime alors l'ordre effrayant de descendre de la terre dans les enfers. Or, le corps du Sauveur a pu très-bien supporter ce jeûne de quarante jours sans aucun danger pour sa vie; car la parole du Seigneur, qui, à deux reprises, avait renouvelé pendant quarante jours les forces de Moïse au moyen de l'air (*Exod.*, XXIV, 18; XXXIV, 28), pouvait aussi rafraîchir et fortifier les membres et les nerfs du Sauveur. Mais pourquoi est-il écrit qu'après avoir jeûné quarante jours et quarante nuits, Notre-Seigneur eut faim, tandis que nous ne voyons pas que Moïse et Élie, après un jeûne

ex avibus Spiritum sanctum necesse fuit corpus assumere, dum aves sibi connexæ statutam (*forte* constitutam) in nullo transgredderentur, in hoc tantum meriti non haberent, utpote nec œterna, nec rationabilis creatura, ut a Spiritu assumptione carnis a delicti vindicta solveretur. Sed quod Filii persona corpore carnis humanæ induebatur, conveniens erat ut Spiritus sancti persona per corporalem speciem super eum descenderet, et Patris vox corporalis de nube per aërem corporis auribus audiretur. Præterea quoque idcirco in nube et columbæ imagine Pater et Spiritus sanctus ad baptismum veniunt, quoniam aquaticæ naturæ res illæ aliquid habuerunt. Dum enim in terra Filius ad baptismi mysterium aquæ creaturam elegisset, necesse fuit ut et Pater per aquaticam nubem intonaret, et Spiritus sanctus illud corpus, quod de aqua in principio factum est, ex illa nube acceptum simularet, ut sic tota Trinitas eamdem voluntatem, sicut habet, ostenderet.

CAPUT VI.

De Christi tentatione et jejunio (Matth., IV, 1).

Cum ergo de aqua Dominus Jesus baptizatus, confestim ascendit, ut diabolo daret occasionem tentandi, avia deserti petivit, ubi et quadraginta dies, et totidem noctes nullo humani pastus suffragio fultus jejunavit. Ibique per tria tentatus, in quibus primus homo seductus est, tentantem satanam tribus responsionibus vicit. In diaboli tribus propositionibus tota iniquitas : in Christi vero tribus responsionibus, quibus diabolus repugnatur, tota justitia fuit. Cum inimicus damnatur et vincitur, et humano generi libertas et redemptio præparatur. In hoc namque satanas dum se supra (*a*) auctorem elevare voluit, qui sub eo illuc usque fuerat, id est, homo per Domini victoris auxilium ultra ipsum excrevit. Et dum illum qui ab omni impedimento (*b*) liber fuerat, alligare tentabat, interim vinctus ille, quem ipse tenebat in carcere, quibus tenebatur vincula deponit. Et dum contra se fortiorem repugnare nititur, interim ipse qui erat infirmior adversus eum roboratur. Et eum qui huc usque de cœlo tantum in terram ejectus fuerat, (*c*) terrore etiam de terra ad inferna eum migrare Dominus jubebat. Quadraginta dierum inediam Domini incarnatio sustinere sine vitæ periculo poterat : quoniam sermo Dominicus, qui Moysen per aera quadraginta diebus bis renovaverat (*Exod.*, XXIV, 18; XXXIV, 28), hic Christi artus et nervos intus irrigabat. Quare igitur consummatis quadraginta diebus et quadraginta noctibus esurire Dominus Jesus describitur, cum Moyses et Elias tanti temporis per jejunium famem pati non memorantur? (III *Reg.*, XIX, 8.) Famem vero et laborem Redemptor noster con-

(*a*) Ms. Aud. *altiorem*. — (*b*) Ms. Aud. *sacer*. — (*c*) Mss. *errore*.

semblable, ait éprouvé le besoin de la faim? (II *Rois*, XIX, 8.) Notre-Seigneur, après ce jeûne prolongé, souffre du besoin de la faim pour offrir au démon l'occasion de le tenter et donner une preuve certaine de la vérité de la chair qu'il avait prise. Or, dans ce jeûne, nous ne voyons rien qui soit au delà de ce que peuvent faire les hommes, puisque le Sauveur n'a point dépassé l'espace de temps pendant lequel des hommes avaient jeûné avant lui.

CHAPITRE VII.
Des miracles de l'Evangile jusqu'à celui où Notre-Seigneur marche sur les eaux.

Après ce jeûne de quarante jours et la défaite de l'ennemi du salut, le Sauveur parcourut la Judée et la Galilée pour appeler le peuple d'Israël dans les voies du salut (*Matth.*, IV, 17), et il sépara par un choix tout spécial les douze premiers soldats qu'il destinait à cette guerre spirituelle. (*Luc*, VI, 13.) Pour affermir les cœurs dans la foi à la grâce invisible et intérieure du salut des âmes, il guérissait les corps par l'intermédiaire même de ses serviteurs, sans que la violence de la maladie lui opposât jamais la moindre résistance. Lorsqu'il parcourait la Galilée en prêchant le royaume de Dieu, il voyait cette multitude confuse de peuple accablée sous le poids de mille infirmités, les uns privés du bonheur de voir la lumière qui nous éclaire, les autres couverts des pieds jusqu'à la tête d'une lèpre honteuse, d'autres enfin qui n'avaient point l'usage de leurs pieds, et il les guérissait tous. Dans la guérison du paralytique, que quatre hommes apportent devant lui, nous voyons trois œuvres manifestement divines :

Jésus lui remet ses péchés, il le guérit par une seule parole de la maladie qui le tourmentait, et il répond aux pensées de ses ennemis en Dieu, qui scrute les cœurs. (*Matth.*, IX, 2; *Marc*, II, 3.) Cet homme est encore une preuve que les maladies du corps ont, pour quelques-uns, leur cause dans les souillures de l'âme. Comment celui qui était muet aurait-il pu ne point parler alors que le Verbe de Dieu le Père le pressait de répondre? Comment celui qui a su rendre éloquente la langue d'une ânesse (*Nomb.*, XXIII, 28) n'aurait point rendu l'usage de la parole à une langue qui en était privée? (*Matth.*, IX, 33.) Comment cette lumière de justice, qui venait dans le monde pour l'éclairer, n'aurait-elle pas ouvert les yeux de l'aveugle-né? (*Jean*, III, 19.) Comment le démon aurait-il pu continuer à demeurer maître de l'homme devant Jésus-Christ, qui venait le chasser de la terre, comme il l'avait autrefois chassé du ciel après son péché? Le miracle des cinq pains et des deux poissons qui nourrissent cinq mille personnes présente trois circonstances dignes d'admiration, le peu de pain et de poissons, la multitude du peuple qui fut rassasiée, et la quantité des restes qui furent recueillis.

CHAPITRE VIII.
Notre-Seigneur marche sur les eaux (Matth., XIV, 26).

Le Sauveur était resté sur le rivage tandis que ses disciples traversaient la mer; il lui fallait, de la terre où il était, rejoindre ses disciples; donc, pour les rejoindre, marcher sur les eaux. La fin de ce miracle fut de confirmer la foi de Pierre, car si Jésus-Christ seul en avait été l'objet, la vérité de sa chair eût pu être révoquée en doute. Mais dès lors que Pierre, né

---

summato tanto dierum numero sustinet, quatenus et tentatori occasionem tentandi inferret, et nosceretur quam veram humanæ carnis substantiam gestaret. Unde nec extra humanum opus et in hoc jejunio aliquid egit novi, dum temporis quod prius homines jejunaverunt, spatium non excessit.

CAPUT VII.
De virtutibus Evangelii usque ad ambulationem super mare.

Devicto ergo adversario et quadraginta dierum perfecto jejunio, per Judæam et Galilæam Israeliticum populum ad viam salutis vocabat (*Matth.*, IV, 17) et duodecim primarios sibi milites ex omnibus speciali electionis munere segregabat. (*Luc*, VI, 13.) Et quatenus de invisæ et internæ substantiæ, animarum videlicet sanitate, faceret fida omnium corda, etiam (*a*) in servi potestate visibiliter nulla resistente vi languoris curata reddebat corpora. Unde cum prædicans Evangelium regni Dei, Galilæam circumiret, et promiscuum vulgus varia ægritudine pressum cerneret, quosdam oculorum præsentis defectio lucis lætitia privabat, alios perfusa per totius corporis superficiem lepra fœdaverat, nonnullos pedum frustratos habita forma, curavit. In paralytico autem a quatuor viris portato, tria divina opera cernuntur, dum

(a) Mss. Aud. *inferni.*

dimittuntur ei peccata, et præsentis ægritudinis plaga verbo tuuc solvitur, et cogitationibus more Dei omnia scrutantis respondetur. (*Matth.*, IX, 2; *Marc*, II, 3.) Et in hoc viro ostenditur quosdam propter animæ maculas dolore grassari. Quomodo mutus loqui non poterat, cum Verbum Dei Patris responsa ab illo postularet? Qui in ore asinæ facundiam reperit (*Num.*, XXIII, 28), quomodo humanam linguam, quamvis mutam, ad verba non solidaret? (*Matth.*, IX, 33.) Et cum justitiæ lux, quæ in mundum venit, appareret, qualiter cæcus non videret? (*Joan.*, III, 19.) Et qua potestate diabolus in homine permaneret, ad quem ejiciendum quomodo illum peccantem de cœlo expulerat, Christus veniret? (*Matth.*, XIV, 16.) In quinque panibus et duobus piscibus quinque millia saturantibus, continentur miratione digna tria, scilicet materiæ paucitas, et populi saturati multitudo, et fragmentorum copia.

CAPUT VIII.
De ambulante Domino super undas (Matth., XIV, 26).

Dominus de terra discipulos petens, necesse habuit in undis ambulare. Causa hujus Petri fides fuit, id est, ne si solus Christus id egisset, veritatem carnis dubiam relinqueret. Dum autem Petrus filius viri et mulieris hoc

d'un homme et d'une femme, marchait lui-même sur les eaux avec le secours du Christ, qui lui en donnait l'ordre, il ne restait plus aucune incertitude sur la vérité de la chair du Fils de la Vierge. Or, on peut demander si le corps du Seigneur et celui de Pierre ont été rendus plus légers pour que l'eau pût les soutenir à sa surface, ou si l'eau elle-même a été assez affermie sous leurs pas pour supporter le poids d'un corps humain. Que ces deux hypothèses se soient réalisées par l'ordre du Seigneur, que sa parole ait rendu l'eau plus ferme ou le corps plus léger, il n'y a rien qui soit contraire à la nature. Les anciens nous rapportent que les Scythes s'exerçaient sur les bords de la mer, et qu'ils savaient si bien nager qu'ils plongeaient à peine à mi-corps en se jetant au milieu des eaux. Voilà ce dont les hommes sont capables; comment donc s'étonner qu'à la parole du Seigneur, le corps perde de son poids, alors que les corps ressuscités seront doués d'une telle légèreté qu'ils se soutiendront non-seulement sur l'eau, élément beaucoup plus dense, mais sur les nuées et dans les airs, au témoignage de l'Apôtre : « Nous serons enlevés sur les nuées pour aller dans les airs au-devant de Jésus-Christ. » (I *Thess.*, IV, 16.) Les choses se sont passées autrement si l'on admet que la nature de l'eau s'est solidifiée, parce que l'eau participe en quelque chose à la densité de la terre; ainsi lorsque la gelée vient condenser ses parties, elle offre une surface plus dure que la terre et peut supporter le poids d'une nombreuse multitude, jusqu'à ce qu'une température plus chaude vienne la rendre à son état liquide. Ou bien en supposant même que la surface liquide de l'eau ne se soit point solidifiée, ne voyons-nous pas les eaux de la mer, par leur seule nature, soutenir à leur surface des pièces de bois énormes, les corps des hommes et des animaux, et les vaisseaux des Liburniens, qui voguent sur ses flots? C'est à la parole du Seigneur que l'eau s'est ainsi affermie, et nous ne devons pas être surpris qu'elle cesse de soutenir Pierre dès que sa foi chancelle, puisque la terre n'a pu supporter les incrédules tels que Dathan et Abiron et les a engloutis sur l'ordre du Seigneur. (*Nomb.*, XVI, 31.)

CHAPITRE IX.

Des autres miracles de Notre-Seigneur Jésus-Christ.

Dans le gouvernement des choses de la nature, nous distinguons deux manières d'agir différentes, l'une inférieure et plus habituelle, en vertu de laquelle l'eau sert à former le sang dans les animaux, et l'eau chargée de sel s'adoucit lorsqu'elle remonte dans les nuées ou se filtre à travers la terre ; l'autre supérieure et moins fréquente que nous constatons dans les miracles, lorsque par exemple l'eau fut changée en sang dans l'Egypte, et lorsque Dieu lui ôta son amertume au moyen d'un bois qu'il commanda d'y jeter. (*Exod.*, VII, 20 ; XV, 25.)

CHAPITRE X.

Des pains et des poissons qui servirent à nourrir plusieurs mille personnes.

Or, suivant le premier ordre de choses que j'appelle inférieur, Dieu met un long espace de temps pour faire produire à une petite semence d'abondantes moissons qui servent à nourrir des multitudes innombrables, tandis que dans l'ordre supérieur il multiplie en un instant par sa bénédiction une légère quantité de pain. (*Matth.*, XIV, 19 ; Jean,

---

faceret, per imperantis Christi auxilium, nullam de carne Virginis filii dubitationem admittit. Sed quæri potest, utrum Domini et Petri corporum levigata natura, ut illa aqua sustineret, an aquæ substantia solidata est, ut corpora humana fulcire posset? Quamvis ergo utrumque hoc fieret, non contra naturam, Domino præcipiente, esset, si aut aquam solidaret, aut humanam Domini jussio carnem levigaret, ut militantes in Scytharum oris, ut antiqui ferunt, et super æquorum anribus (*f.* littoribus) proludant : natandi arte quoque imbuti, merso medio in profunda vix subeunt. Hominibus ergo illud valentibus, quid mirum si Domino imperante caro levigaretur, præsertim cum resurrectionis corpora in tantum levigabuntur, ut non solum crassa aqua, sed etiam nubibus et aere sustineantur, ut Apostolus ait : « Rapiemur ad occurrendum Christo in aera. » (I *Thess.*, IV, 16.) Aliter si aquæ naturam solidatam esse quisquam elegerit, quoniam aqua terrenam habet crassitudinem, ut cum se gelu perstrinxerit, in duriorem quam terræ ipsius soliditatem, rigeat, et multitudinem sufferre valeat, et postea calida aura resolvat. Vel certe, si liquidas undas non perstrinxerit, natura quæ aquis inserta est, ligna quamvis grandia, et humana, et cæterorum animalium corpora, et naves Liburnicas supernatantes sustinere consuescit. Illa soliditas Domino imperante facta, nec mirum si etiam Petrum diffidentem non sustinet, cum infideles Domino volente etiam terra non sustentabat, ut Dathan et Abiron. (*Num.*, XVI, 31.)

CAPUT IX.

De cæteris virtutibus Domini Nostri Jesu Christi
(Exod., VII, 20 ; XV, 25).

In naturali rerum administratione binæ rationes deprehenduntur. Deinde inferior ratio quotidiana rerum administratio intelligitur, ut de aqua in animalibus sanguis fit, et unda salsa per nubes aut terræ infusionem indulcessit. Et ratio superior inusitata gubernatio fit, quæ in miraculis rerum dignoscitur, ut in sanguinem aquam in Ægypto in momento, et intincto ligno in dulcedinem Deus commutavit.

CAPUT X.

De panibus et piscibus saturantibus millia populorum.

Quapropter et panem de parvo semine juxta inferiorem rationem in magnam segetem per longi temporis administrationis innumerabilium hominum pastum procreat : quem secundum superiorem rationem de materia modica in momento per benedictionem multiplicat.

vi, 11.) C'est ainsi qu'il a donné aux poissons la vertu de se multiplier par cette bénédiction : « Croissez et multipliez, et remplissez les eaux de la mer, » (*Gen.*, I, 22) et que dans l'ordre supérieur il les multiplie en un instant par sa bénédiction pour rassasier tout un peuple.

CHAPITRE XI.
Notre-Seigneur apparaît sur la montagne s'entretenant avec Moïse et Élie (Matth., XVII, 3).

Bien que le visage du Sauveur ait resplendi de l'éclat du soleil dans cette manifestation, ce n'est cependant point sa chair qui a brillé de cette splendeur, mais la divinité cachée, voilée par son corps qui laissait transpercer et arriver une petite partie de sa lumière aux yeux des hommes, et d'une manière proportionnée à leur faiblesse. D'où vient donc que ses vêtements devinrent blancs comme la neige, puisqu'ils ne tenaient ni à sa nature mortelle, ni à sa divinité ? De même peut-être que la divinité a fait briller sa lumière au dehors par l'intermédiaire de la chair, ainsi la chair toute pénétrée des rayons de la divinité a resplendi à son tour par les vêtements. Moïse et Élie sont spécialement choisis pour cette manifestation, comme pour annoncer la fin de la loi et des prophètes, dont ils sont les premiers représentants, ou afin que l'éclat du visage rayonnant de Moïse (*Exod.*, XXXIV, 34 ; *II Cor.*, III, 13), sur lequel les enfants d'Israël ne pouvaient fixer les yeux, et du prophète Élie, enlevé sur un char de feu (*IV Rois*, XII, 11), fût comme obscurci en comparaison de la gloire resplendissante du Christ. Et bien que l'Écriture nous rapporte que tous deux aient jeûné quarante jours, c'est à Notre-Seigneur Jésus-Christ seul que la voix du Père rend témoignage en leur présence. Or, Élie vint pour cette manifestation avec le corps dont il est encore revêtu ; mais que dire de Moïse ? Vint-il dans cette circonstance avec son véritable corps, ou n'avait-il qu'un corps apparent, comme autrefois Samuel ? (I *Rois*, XXVIII, 14.) Et s'il avait son véritable corps, a-t-il eu part dès lors à cette résurrection qui, pour les autres hommes, ne doit arriver qu'à la fin des temps ? Les auteurs sont ici unanimes pour dire que puisque Notre-Seigneur a paru dans sa transfiguration, ainsi que ses trois disciples et Élie, avec un corps véritable, Moïse lui-même a repris dans le tombeau son véritable corps. Mais comme c'est un article de notre foi que Notre-Seigneur Jésus-Christ est le premier né d'entre les morts (*Apoc.*, I, 5), le corps de Moïse, après cette apparition, fut rendu au tombeau, où il le reprendra lors de la résurrection générale au dernier jour.

CHAPITRE XII.
De Lazare et des autres morts qui ont été ressuscités.

Dieu, dans ses décrets immuables, a fixé à la vie de tous les hommes des limites certaines et déterminées. Il permet la mort de quelques-uns non pas pour qu'ils meurent irrévocablement, mais pour environner d'un plus grand éclat aux yeux des hommes ceux qui les ressuscitent, en montrant combien ils sont chers au cœur de Dieu. Voilà pourquoi Notre-Seigneur disait à ses disciples en parlant de Lazare : « Cette maladie ne va pas à la mort, mais elle est pour la gloire de Dieu, afin que le Fils de Dieu soit

---

(Matth., XIV, 19 ; Joan., VI, 11.) Sic et pisces per primam benedictionem multiplicat, quando dictum est : « Crescite et multiplicamini, et replete aquas maris. » (Gen., I, 22.) Quorum nunc carnes per superioris rationis causam, ad turbarum saturitatem præsenti benedictione multiplicantur.

CAPUT XI.
De visione Domini in monte cum Moyse et Elias colloquentibus (Matth., XVII, 3).

Licet in hac ostensione Domini facies solari splendore fulserit, non tamen ipsa caro splenduit, sed divinitas latens in corpore, luminis sui portiunculam conspiciendam foris videntibus, quantum poterant, concessit. Unde ergo vestimenta candorem nivis habuerunt, dum neque de carne, neque de divinitate erant ? Nisi forte ut per carnem divinitas foris illuxit, sic et caro illuminata de divinitate, per vestimenta radiavit. Moyses autem et Elias specialiter ad talem ostensionem, velut Legis et prophetiæ principes adhibentur, vel ideo ut Moysi cornuta facies, in quam non poterant filii Israel intendere (*Exod.*, XXXIV, 34 ; II *Cor.*, III, 13), et Elias curru igneo raptus (IV *Reg.*, XII, 11), comparato Christo obscurarentur. Et cum isti quadraginta dies jejunasse Scripturæ vocibus memorantur : de Jesu tantum Domino his præsentibus, Patris se illis pronuntiantis testimonium. Sed dum Elias manens adhuc in corpore vel ad talem conductionem venerat, quid de Moyse dicendum est : utrum in corpore iterum ad hanc ostensionem aderat : an ex aere simulatum, sicut Samuel visus est, habitum fingebat (I *Reg.*, XXVIII, 14) : et si suo corpore indutus venit, si hac vice resurrectionem suam, quæ cæteris nonnisi in novissimo est futura, complevit ? De qua quæstione auctores una eademque sententia prolata non differenter dicunt, quod dum Dominus cum tribus discipulis suis et Elias, non cum imaginatis, sed veris corporibus convenisse non dubitantur, et ipse Moyses in suo vero corpore de sepulcro resumpto videtur. Sed si Dominus Jesus primogenitus mortuorum recte creditur (*Apoc.*, I, 5) : Moysi iterum post hanc visionem corpus sepulturæ commendatur, ut ipsum in novissimo die, quando resurgent mortui, assumere (*a*) possit.

CAPUT XII.
De Lazaro et cæteris resuscitatis mortuis.

Immobili ergo voluntate Deus universorum vitas certo fini et termino præordinavit : quorumdam igitur vita non ut moriantur, morte interfici videtur, sed ut per hoc qui eos resuscitant clariores, utpote Deo cari, hominibus etiam habeantur. Unde de ipso Lazaro discipulis a

---

(*a*) Ms. Aud. *speretur*.

glorifié. » (*Jean.* xi, 4.) Quelque temps après ces paroles, Lazare meurt, mais le Fils de Dieu, qui est glorifié en lui, le ressuscita le quatrième jour, parce qu'il n'avait pas fixé à ce moment la durée de sa vie. Mais le Seigneur paraît quelquefois retarder l'accomplissement de ce qu'il a résolu de faire, comme lorsqu'il a différé de rendre fécondes les épouses d'Abraham et d'Isaac, afin de rendre plus vives les joies de la maternité. (*Gen.*, xvi, 1; xxv, 21.) Or, il prend soin d'offrir ces occasions afin que nous lui demandions ce qu'il désire nous accorder; car si un saint le prie de lui donner ce qui n'entre point dans ses desseins, Dieu ne permet pas qu'il reçoive l'effet de sa prière. Ainsi Moïse a demandé d'entrer dans la terre promise (*Deut.*, xxxiv, 4), Paul a prié Dieu d'éloigner de lui l'ange de Satan (II *Cor.*, xii, 8), et ils n'ont pas obtenu ce qu'ils demandaient. Une remarque générale à faire sur tous ces morts ressuscités, c'est qu'ils sont morts une première fois pour glorifier par leur résurrection ceux qui en étaient dignes. En effet, dans ces huit morts dont les divines Ecritures, tant de l'Ancien que du Nouveau Testament, nous rapportent la résurrection, il nous faut considérer ce qu'elles disent de la manière dont Elie ressuscita le premier, c'est-à-dire le fils de la veuve : « Seigneur, mon Dieu, faites, je vous prie, que l'âme de cet enfant retourne en son corps; » (II *Rois*, xvii, 21) et aussi de la résurrection du dernier Eutychius, dont les Actes des Apôtres disent : « Et il fut relevé mort. » (*Act.*, xx, 9.) Paul étant descendu au lieu où il était, se coucha sur lui, et l'ayant embrassé, il dit : « Ne vous troublez point, car la vie est en lui. » Ces deux passages doivent être entendus avec discernement. Il est dit du fils de la veuve qu'il était mort, et que le prophète demanda à Dieu que son âme revienne en lui, et du second qu'il était mort également, et que cependant Paul déclare que son âme est en lui. L'Ecriture dit la vérité d'un côté comme de l'autre, parce qu'elle ne peut mentir. Mais quelle raison nous persuadera jamais que l'âme d'un mort puisse être cachée dans les membres du corps, à moins qu'on ne dise que l'âme, qui est immatérielle, habite secrètement quelqu'endroit retiré du corps? Quelques-uns, pour s'épargner le travail d'une interprétation raisonnable, disent d'Eutychius que son âme se sépara de son corps au moment de sa mort, mais que c'est alors qu'elle y rentrait quelques instants après que Paul a pu dire : « Son âme est en lui. » Cependant l'Ecriture ne dit ni que son âme était sortie de son corps, ni qu'elle revint ensuite. Quant aux six autres morts dont l'Ecriture ne rapporte point ni que leurs âmes étaient sorties de leurs corps, ni qu'elles y sont rentrées, il n'y a pas le moindre doute, ils sont réellement morts et ont ressuscités par l'action de la puissance divine.

CHAPITRE XIII.
De l'éclipse du soleil dans la passion de Notre-Seigneur (Luc, xxiii, 44).

Cette éclipse du soleil eut lieu non pas comme d'ordinaire, lorsque la lune est dans sa croissance, mais lorsqu'elle était dans son plein, c'est-à-dire le quinzième jour du mois, pour ne pas laisser croire que ce qui se produisait alors était l'effet du hasard. Et les ténèbres obscurcirent tellement la lumière du soleil qu'on vit les étoiles au ciel pendant les trois heures que dura l'éclipse.

Domino dicitur : « Hæc infirmitas non est ad mortem, sed ut filius hominis clarificetur per eam. » (*Joan.*, xi, 4.) Ecce hoc dicto Lazarus cito moritur : sed tamen per Filium Dei, qui in eo clarificatur, quarto die resuscitatur, quod non spatium vitæ ejus posuit; sed quod sine mutatione Dominus disposuit facere, sæpe retrahere simulat, ut partum uxoribus Abraham et Isaac distulit, ut gratius foret. (*Gen.*, xvi, 1; xxv, 21.) Et Dominus occasiones præstat, ut quod ipse alicui donare cupit, indulgere rogetur. Si etenim ea quæ non disposuit, aliquis sanctorum rogaverit, nullo modo fieri permittit, ut quod Moyses terram repromissionis ingrederetur (*Deut.*, xxxiv, 4), et Paulus ut ab eo Angelus satanæ recederet, et petentes non impetraverunt. (II *Cor.*, xii, 8.) De omnibus ergo generaliter mortuis tale quid sentitur, quod ideo prima vice moriuntur, ut per illos digni clarificentur. In his enim octo mortuis, quos divina Scriptura Veteris et Novi Testamenti resuscitatos commemorat, hoc considerandum est, quod de eorum primo, id est, filio viduæ, quem Elias suscitaverat ita refertur : « Revertatur obsecro anima pueri. » (II *Reg.*, xvii, 21.) De novissimo; id est, de Eutycho in Actibus Apostolorum : « Et sublatus repertus est mortuus. » (*Act.*, xx, 9.) Ad quem cum descendisset Paulus, incubuit super eum, et complexus, dixit : « Nolite turbari, anima enim ejus in eo est. » Caute utrumque intelligendum est, quod viduæ filius mortuus est, atque anima ejus reverti a Propheta postulatur : alter vero mortuus est, et in eo ejus esse animam Paulus dixit. In utroque namque Scriptura vera est, quia mentiri non potest. Sed qua ratione recipi potest, ut in membris occultari corporis posset mortui anima. Nisi forte anima, quæ incorporalis est, corpori inesse occulte creditur. Sed quidam intelligendi laborem vitantes, dicunt de Eutycho, quod emittens animam ita mortuus est, ut post modicum intervallum anima revertente Paulum dixisse putent : « Anima illius in eo est. » Sed tamen Scriptura tacet, si egressa est aut reversa anima. Cæteri vero sex mortui, quibus nec egressus animæ, nec reversæ nuntiantur, sine ulla hic ambiguitate præstant quod mortui sint, et divina operatione resuscitati sint.

CAPUT XIII.
De solis eclipsi in passione Domini (Luc., xxiii, 44).

Solis defectio juxta carnem, non ut solet, quando luna accenditur, facta erat : sed in plena luna, scilicet quinta decima die mensis, ne casu putaretur fuisse, quod evenerat : et tantum lucem solis media die tenebræ obscuraverunt, ut per tres illas horas defectionis stellæ in cœlo visæ sint.

CHAPITRE XIV.

Des corps des saints qui sortirent de leurs tombeaux après la résurrection du Sauveur (Matth., XXVII, 53).

Les corps des saints sortirent de leurs tombeaux après la résurrection du Sauveur, mais il y rentrèrent ensuite, comme je l'ai dit de Moïse, pour y attendre la résurrection générale au dernier jour, selon ces paroles de l'Apôtre : « Et tous ceux que leur foi a rendus recommandables n'ont point reçu l'effet des promesses, Dieu ayant voulu par une faveur particulière qu'ils ne reçussent pas sans nous l'accomplissement de leur félicité. » (*Act.*, XXIV, 13 ; *Hebr.*, XI, 39.) Or, doit-on croire que ces saints et Moïse ont le privilége d'une double résurrection, une première fois dans cette apparition, une seconde à la résurrection générale, alors cependant qu'ils n'ont subi qu'une fois la mort à laquelle les a condamnés le péché d'Adam ? Non, la foi catholique nous défend de croire qu'un homme qui ne meurt qu'une fois puisse ressusciter deux fois. Mieux vaudrait dire peut-être que ces saints et Moïse ont passé deux fois par la mort. Mais l'Écriture ne présente nulle part ceux qui ont ainsi apparu comme vraiment ressuscités ; elle dit simplement qu'ils vivent, ou qu'ils ont apparu, ou qu'ils sont sortis de leurs tombeaux. L'expression de résurrection n'est employée que pour ceux qui, après leur mort, ont vécu de nouveau sur la terre, ou pour Notre-Seigneur Jésus-Christ, ou lorsqu'il s'agit de la résurrection générale. L'apparition de ces saints n'avait aucun des caractères ni de la vie humaine, ni de la résurrection future ; elle avait seulement pour objet de confirmer la vérité de la résurrection du Sauveur et d'établir dans les âmes la foi à la résurrection des morts. De même que dans les morts vraiment ressuscités nous voyons seulement la ressemblance de la mort, et non une mort persévérante et sans retour, ainsi ces apparitions nous présentent seulement une ressemblance de la résurrection plutôt qu'une résurrection véritable. Personne, en effet, avant le dernier jour, n'est ressuscité de la mort à une vie impérissable, à l'exception de Notre-Seigneur, de même qu'aucun de ceux qui auront part à la résurrection véritable ne retourneront de nouveau dans la mort du tombeau.

CHAPITRE XV.

De la nourriture que prit Notre-Seigneur après la résurrection (Luc, XXIV, 43).

Les savants examinent ici comment une chair ressuscitée a pu se nourrir d'un aliment matériel, la spiritualité, comme tous les fidèles le savent, étant une des qualités des corps ressuscités, comme l'assure l'Apôtre : « Il ressuscitera corps spirituel. » (1 *Cor.*, XV, 44.) Les corps ressusciteront, il est vrai, pour ne plus manger, mais on peut admettre avec vraisemblance la possibilité pour eux de se nourrir d'aliments matériels, s'il y avait nécessité. L'Écriture semble autoriser ce sentiment, par exemple, dans les anges à qui Abraham sert un repas sous les chênes de Mambré. (*Gen.*, XVIII, 8.) Toutefois s'ils prennent ces aliments, ce n'est pas pour les soumettre, comme nous, au travail de la digestion dans l'estomac et dans les intestins, mais aussitôt qu'ils ont paru se nourrir de ces aliments, ils les transforment non pas en partie, mais en totalité, dans leur propre nature.

CAPUT XIV.

De corporibus sanctorum venientibus de monumentis suis post resurrectionem Domini (Matth., XXVII, 53).

Sancti venerunt de monumentis suis post resurrectionem Domini : sed rursum in monumenta, quomodo et de Moyse memini, redintrarunt ; ubi resurrectionem omnium novissimam expectant, ut Apostolus ait : « Hi omnes testimonio fidei probati inventi sunt, non acceperunt repromissionem a Deo pro nobis melius aliquid providente, uti ne sine nobis consummarentur. » (*Act.*, XXIV, 15 ; *Hebr.*, XI, 39.) Si igitur isti et Moyses bis resurgere, in hac ostensione utique, et in novissima cunctorum resurrectione, credendi sunt ; dum semel mortem sibi inditam Adæ delicto gustaverunt ? Sed hoc absit a catholica fide ut semel morientem bis credat quis resurgere. Nisi forte bis mori Moysen et istos aliquis dicat. Sed nusquam de his scribitur, qui sic apparuerunt, resurrexisse ; sed aut vivere, aut apparuisse, vel de sepulcris exisse. Nomen autem resurrectionis in iis, qui post mortem in vita hac conversati sunt, aut in Domini solius, aut in futura omnium resurrectione ponitur. Talis autem apparitio istorum, nec ad vitam humanam, neque ad resurrectionem futuram pertinet, sed ad confirmationem Dominicæ resurrectionis, et ad credulitatem resurrectionis animarum ex inferis talis apparitio animos movet. Sicut in resuscitatis mortuis similitudo tantum, non mors continua fieri cernitur : ita et in his similitudo resurrectionis, non ipsa resurrectio ostendebatur. De continua enim morte nullus ad vitam indeciduam, nisi Dominus, usque ad novissimam diem revertitur, et a vera resurrectione nunquam in mortem iterum aliquis retrudetur.

CAPUT XV.

De cibo Domini post resurrectionem (Luc., XXIV, 43).

Hunc autem carnalem cibum qualiter resurrectionis caro susceperit, docti requirunt, dum resurrectura corpora spiritalia esse cuncti fideles sciunt, ut dicitur : « Resurget corpus spiritale. » (1 *Corinth.*, XV, 44.) Quapropter resurgent corpora non gustatura, sano sensu creditur possibilitatem edendi cibos, si necesse foret, habitura. Hæc fidei exempla minime denegant, ut Angeli juxta ilicem Mambre. (*Gen.*, XVIII, 8.) Sed hoc non ut nos ruminatos cibos stomacho et intestinis conferunt, sed statim ut accepta velut videntur, degustent, in spiritalem naturam, non ex parte, sed tota transformant.

CHAPITRE XVI.
Pierre guérit un paralytique.

Nous avons donné une explication aussi convenable qu'il nous a été possible de l'Esprit saint descendant sur Jésus-Christ sous la forme d'une colombe (*Matth.*, III, 16), et sur les Apôtres sous la forme de langue de feu (*Act.*, II, 3), lorsque nous avons parlé de la division des langues et des miracles opérés par les Apôtres après avoir reçu l'Esprit saint. C'est ainsi que Pierre s'excuse sur la pauvreté dont il fait profession de ne pouvoir faire l'aumône, et dit au paralytique : « Lève-toi et marche. » (*Act.*, III, 6.) Fidèle au précepte du Seigneur : « N'ayez ni or, ni argent, » (*Matth.*, x, 9 ; *Luc*, XVI, 11) il s'était affranchi de l'esclavage des richesses d'iniquité pour ne servir que Dieu seul, et il lui suffisait d'une parole de commandement pour rendre le mouvement aux membres perclus de ce paralytique.

CHAPITRE XVII.
Puissance de Pierre.

Quelle grande puissance Jésus-Christ communique à ses apôtres! Pierre d'une seule parole frappe de mort Ananie, dont il vient de condamner la conduite (*Act.*, v, 4), et de cette même parole puissante il affranchit Tabitha des liens de la mort qui l'enchaînaient. (*Act.*, IX, 40.) Or, Ananie et Saphire ont été ainsi frappés de mort soudaine en présence de toute l'Eglise, pour apprendre aux fidèles quelle était l'autorité des apôtres, quel crime c'était de reprendre ce qu'on avait offert à l'Eglise, et inspirer à tous, par cet exemple terrible, une crainte salutaire.

CAPUT XVI.
Petrus paraclyticum restituit.

Convenientia de Spiritu sancto in columba super Christum (*Matth.*, III, 16), et in igne super Apostolos perscripta sunt (*Act.*, II, 3), et quando diximus de divisione linguarum et de virtutibus Apostolorum post acceptum Spiritum, in excusatione eleemosynæ et paupertatis professione, quando Petrus paralytico dixit : « Surge et ambula, » (*Act.*, III, 6) magistri præceptum servans : « Nolite habere aurum, neque argentum, » (*Matth.*, x, 9 ; *Luc*, XVI, 11) dum soli Deo serviens de iniquo mammona expeditus fuerat, verbo imperii morbo ligatum cito solvebat.

CAPUT XVII.
Virtus Petri.

Ecce quanta est apostolica virtus in Christo, sanum Ananiam dum Petrus arguit per sermonis tantum imperium, morte ligavit (*Act.*, v, 4) et Tabitham mortis vinculo ligatam, eadem imperii potestate dissolvit. (*Act.*, IX, 40.) Ideoque prius Ananias et Saphira in conspectu Ecclesiæ cito mortui sunt, ut apostolica auctoritas quanta esset ostenderetur, et quam magnum peccatum esset, quod oblatum est iterum, ab Ecclesia retrahere, monstraretur, et cæteri exemplo hujus castigarentur.

AVERTISSEMENT SUR L'OPUSCULE SUIVANT

Cette explication historique et allégorique des bénédictions du patriarche Jacob n'est point de saint Augustin, mais d'Alcuin ; elle est tirée de son livre *Des questions sur la Genèse*. On trouve, il est vrai, et presque dans les mêmes termes, la première partie de cette explication dans l'opuscule qui fait partie des œuvres de saint Jérôme et qui a pour titre : *Questions sur la Genèse*. La seconde partie se trouve dans les livres *Des Morales* de saint Grégoire *sur Job*. On trouve même cette explication tout entière, mais présentée dans un ordre différent et avec quelque léger changement d'expressions dans le troisième livre *Des commentaires sur la Genèse*, qui, autrefois, ont été faussement attribués à saint Eucher, de Lyon, et édités sous son nom dans la bibliothèque des Pères.

ADMONITIO IN SUBSEQUENTI OPUSCULO

Non Augustini, sed Alcuini est isthæc de Benedictionibus Jacob Patriarchæ quæstio expositioque historica et allegorica, decerpta nimirum ex ipsius libro *Quæstionum in Genesim*. Quanquam etiam apud Hieronymum sub iisdem ac totidem fere verbis in Opusculo, quod item *Quæstionum in Genesim* inscribitur, expositionem priorem reperias : posterioris vero expositionis partem postremam apud Gregorium in libris *Moralium in Job*. Imo utraque ex integro, sed ordine non nihil diverso, atque aliquot permutatis vocibus habetur in tertio libro *Commentariorum in Genesim*, qui Eucherio Lugdunensi tributi olim falso fuere, editique in Bibliotheca Patrum.

DES BÉNÉDICTIONS
DU PATRIARCHE JACOB

Comment faut-il expliquer les bénédictions que le patriarche Jacob donne à ses enfants? Doit-on entendre dans un sens historique ou allégorique ces paroles : « Asssemblez-vous tous, enfants de Jacob, afin que je vous annonce ce qui doit vous arriver dans les derniers temps, » (*Gen.*, XLIX, 2) et ces paroles semblent-elles indiquer une allégorie plutôt qu'une histoire? — Rép. Nous avons ici tout à la fois une histoire et une allégorie; une histoire, quant à la division de la terre promise qui devait être partagée entre les enfants de Jacob; et une allégorie, pour ce qui regarde Jésus-Christ et son Eglise, et ne devait arriver que dans les derniers temps. Commençons donc par établir les fondements du récit historique, afin d'établir plus facilement ensuite sur cette première construction l'édifice de l'interprétation allégorique.

« Ruben, mon fils aîné, tu étais toute ma force, et tu es devenu la principale cause de ma douleur; tu devais être le premier de tes frères dans le partage de mes dons, le plus grand en autorité. Mais tu t'es répandu comme l'eau; tu ne croîtras point, parce que tu as monté sur le lit de ton père, et que tu as souillé sa couche. » (*Gen.*, XLIX, 1.) Voici le sens de ces paroles : Tu es mon premier-né, le plus grand parmi mes enfants; tu devais, d'après l'ordre de ta naissance, entrer en possession de l'héritage qui appartient de droit aux premiers-nés, c'est-à-dire du sacerdoce et de la royauté. C'est ce que le patriarche désigne sous l'emblème de ces dons particuliers et de cette force extraordinaire qu'il reconnaît dans son fils. Mais parce que tu as péché, et qu'entraîné par une passion violente tu t'es répandu comme une eau qui sort du vase qui la contenait, je te commande de ne point ajouter à ce crime, de prendre rang parmi tes frères, en expiant ta faute par la perte de ton droit d'aînesse. Tout premier-né est le commencement de la douleur, parce que les entrailles paternelles sont vivement émues à son sujet. « Siméon et Lévi sont frères, instruments d'un carnage plein d'injustice. A Dieu ne plaise que mon âme soit entrée dans leur conseil, et que ma gloire ait été présente dans leurs assemblées, quand, dans leur fureur, ils ont tué un homme; quand dans leur vengeance, ils ont renversé des remparts ! Maudite soit leur colère, parce qu'elle a été persévérante! maudite soit leur fureur, parce qu'elle a été cruelle! Je les diviserai dans Jacob, et je les dispersera au milieu d'Israël. » (*Gen.*, XLIX, 5.) Jacob veut dire qu'il n'a pris aucune part aux projets criminels de ses enfants, lorsqu'ils ont tué Sichem et Hémor leurs alliés, lorsque contre toute justice, dans un temps de paix et d'amitié, ils ont répandu le sang innocent, et qu'emportés par une fureur cruelle, ils ont renversé les murs d'une ville amie. (*Gen.*, XXXIV, 26.) Voilà pourquoi il dit : « Maudite soit leur fureur, parce

DE BENEDICTIONIBUS
JACOB PATRIARCHÆ

Quid intelligendum est de benedictionibus, quibus Jacob Patriarcha benedixit filios suos : an historice vel allegorice intelligendæ sint, dum dicit : « Congregamini filii Jacob, ut annuntiem vobis quæ ventura sunt in novissimis diebus (*Gen.*, XLIX 2) et si videtur ex his verbis magis allegoriam sonare quam historiam? Resp. Utrumque vero, et historiam et allegoriam : historiam de divisione terræ repromissionis, quæ divisiones dividendæ erant nepotibus eorum : et allegoriam de Christo et de Ecclesia in novissimis temporibus futura. Sed prius historiæ fundamenta ponenda sunt, ut aptius allegoriæ culmen priori structuræ superponatur.

« Ruben primogenitus meus, tu fortitudo mea, principium doloris mei : prior in donis, major imperio : Effusus es sicut aqua; non crescas : quia ascendisti cubile patris tui, et maculasti stratum ejus. » (*Gen.*, XLIX, 3.) (1) Est autem sensus hic : Tu es primogenitus meus, major in liberis, et debebas, juxta ordinem nativitatis tuæ, hæreditatem quæ primogenitis jure debebatur, sacerdotium accipere et regnum. Hoc quippe in portando honore et prævalido robore demonstratur. Verum quia peccasti, et quasi aqua quæ quolibet vasculo non tenetur, voluptatis effusus es impetu : idcirco præcipio tibi ut ultra non pecces, sisque in fratrum numero, pœnas peccati luens, quod primogeniti ordinem perdidisti. [(2) Principium autem doloris est omnis primogenitus, quia pro eo commoventur viscera parentum.] « Simeon et Levi fratres, vasa iniquitatis bellantia : in consilium eorum non veniat anima mea, et in cœtu illorum non sit gloria mea : quia in furore suo occiderunt virum, et in voluntate sua suffoderunt murum. Maledictus furor eorum, quia pertinax; et indignatio eorum, quia dura. Dividam eos in Jacob, et dispergam illos in Israel. » (*Gen.*, XLIX, 5.) Significat autem non sui consilii fuisse, quod Sichem et Emor fœderatos viros interfecerunt, et contra fas in pacis et amicitiarum tempore sanguinem fuderunt innocentem, et quasi quodam furore sic crudelitate raptati

(1) Ex Hieronymo, lib. *quæst. in Genes.* — (2) Hæc non sunt Hieronymi.

qu'elle est persévérante, » et le reste. « Et je les disperserai dans Israël. » En effet, Lévi n'a point reçu d'héritage en propre, mais on lui assigna dans toutes les tribus quelque ville pour lieu d'habitation. (*Josué*, xxi, 20.) Nous lisons aussi dans le livre de Josué, que Siméon n'eut point de part spéciale dans le partage de la terre promise, et qu'on lui donna une portion de ce qui revenait à la tribu de Juda. (*Josué*, xix, 1.) « Juda, tes frères te loueront, ta main mettra sous le joug tes ennemis, les enfants de ton père s'inclineront devant toi. Juda est un jeune lion. Mon fils, tu t'es élancé sur ta proie, en te reposant tu t'es couché comme le lion et comme la lionne; qui osera le réveiller? » (*Gen.*, xlix, 8.) Le mot Juda signifie *confession* ou *louange*, c'est donc avec raison qu'il est dit de Juda : « Tes frères confesseront ta gloire, » ou « te loueront. » Quoique Jacob, dans ces paroles, ait en vue le grand mystère du Christ, cependant elles signifient à la lettre que de la race de David sortirait une multitude de rois, et que toutes les tribus s'inclineraient devant la tribu de Juda. Il ne dit pas : Les fils de ta mère, mais : « Les fils de ton père. » Ce qui suit : « Tu t'es levé, mon fils, pour ravir ta proie, » est une prédiction que la tribu de Juda réduirait les peuples en captivité, et dans un sens plus élevé, qu'un personnage plus auguste monterait dans les cieux, traînant avec lui de nombreux captifs. (*Ps.* lxvii, 19; *Ephés.*, iv, 8.) Ou bien peut-être serait-il mieux de voir dans la captivité la passion, et dans l'action de monter la résurrection. « Il liera son ânon à la vigne, et il attachera son ânesse à la vigne. » Il veut dire qu'il a lié le petit de l'ânesse sur lequel Jésus s'est assis, c'est-à-dire le peuple des Gentils à la vigne des apôtres qui sortent d'entre les Juifs; et qu'il a attaché à la vigne, ou comme porte le texte hébreu, à Soreth, ou à une vigne choisie, l'ânesse sur laquelle il s'est assis, c'est-à-dire l'Eglise formée de toutes les nations. (*Jean*, xii, 14.) En disant : « Mon fils, » Jacob s'adresse à Jésus-Christ lui-même, parce que c'est lui qui sera l'auteur de toutes ces merveilles. Jacob ajoute : « Le sceptre ne sera point ôté de Juda, ni le prince de sa postérité, jusqu'à ce que vienne celui qui doit être envoyé, et c'est lui qui sera l'attente des nations, » prophétie qui annonce clairement que les princes de la tribu de Juda ne cesseraient de régner jusqu'au temps où est né Jésus-Christ qui a été envoyé par son Père comme l'attente des nations. « Zabulon habitera sur le rivage de la mer, et près du lieu où abordent les navires, et il s'étendra jusqu'à Sidon. Issachar est comme un âne robuste, et couché au milieu de son héritage. Il a vu que le repos était bon, et que sa terre était excellente, et il a baissé l'épaule sous les fardeaux et il s'est assujetti aux tribus. » (*Gen.*, xlix, 13, 14.) Après avoir dit de Zabulon qu'il aurait dans son héritage les rivages de la grande mer, et qu'il s'étendrait jusqu'à Sidon et aux autres villes de la Phénicie, il revient à la contrée qui longe la Méditerranée, et il donne en partage par sa bénédiction à Issachar le magnifique pays qui touche à la tribu de Nephtali. Il appelle Issachar un âne fort ou robuste qui baisse les épaules sous les fardeaux, parce que cette tribu devait s'appliquer avec activité aux travaux de la terre et porter jusqu'à la mer les produc-

---

muros hospitæ urbis everterunt. (*Gen.*, xxxiv, 26.) Unde dicit : « Maledictus furor eorum, quia pertinax, » et reliqua. « Et dispergam illos in Israel. » Levi enim hæreditatem propriam non accepit, sed in omnibus sceptris paucas urbes ad inhabitandum habuit. (*Josue*, xxi, 20.) De Simeone vero in libro Jesu scriptum est, quod et ipse proprium funiculum non acceperit, sed de tribu Juda quiddam acceperit. (*Josue*, xix, 1.) « Juda te laudabunt fratres tui, manus tua in cervicibus inimicorum tuorum; adorabunt te filii patris tui. Catulus leonis Juda, ad prædam filii mi ascendisti, requiescens accubuisti ut leo, et quasi leæna. Quis suscitabit eum ? » (*Gen.*, xlix, 8.) Quia Juda confessio sive laus interpretatur, recte scribitur de Juda : « Confitebuntur tibi fratres, vel laudabunt te. » Et licet de Christo grande mysterium sit, tamen secundum litteram significat, quod per David stirpem generarentur reges, et quod adorarent eum omnes tribus. Non enim ait, filii matris tuæ; sed : « Filii patris tui. » Et quod sequitur : « Ad prædam filii mi ascendisti, » ostendit eum captivos populos esse ducturam, et juxta intelligentiam sacratiorem ascendisse in altum, et captivam duxisse captivitatem. (*Psal.* lxvii, 19 ; *Ephes.*, iv, 8.) Sive quod melius puto, captivitas passionem, ascensus resurrectionem significat : « Alligans ad vineam pullum suum, et ad vitem asinam suam. » Quod videlicet pullum asinæ, cui supersedit Jesus, hoc est gentilium populum, vineæ Apostolorum, qui ex Judæis sunt, copulaverit : et ad vitem, sive, ut in Hebræo habetur, Soreth, id est electam vitem alligaverit, asinam, cui supersedit, Ecclesia ex nationibus congregata. (*Joan.*, xii, 14.) Quod autem dicit, « Fili mi, » (*a*) conversionem ad Christum de ipso Juda facit, eo quod Christus sit universa facturus. [(1) Quod autem dicitur : « Non auferetur sceptrum de Juda, et dux de femoribus ejus, donec veniat ille qui mittendus est ; et ipse erit expectatio gentium : » significat quod non deficerent principes de tribu Juda usque ad tempus, quo natus est Christus, qui missus à Patre expectatio est gentium.] « Zabulon in littore maris habitabit, et in statione navium, pertingens usque ad Sidonem. Issachar asinus fortis accubans inter terminos, vidit requiem quod esset bona, et terram quod optima : et supposuit humerum suum ad portandum, factusque est tributis serviens. » (*Gen.*, xlix, 13.) Quia supra Zabulon dixerat, quod maris magni littora esset possessurus, Sidonem quoque et reliquas Phœnices urbes contingeret, nunc ad mediterraneam provinciam redit, et Issachar, qui juxta Nephtalim pulcherrimam in Galilæa regionem possessurus est, benedictione sua habitatorem facit. Asinum autem osseum vel fortem vocat, et humerum dicit supposuisse ad portandum ; quia in labore terræ et vehendis ad mare, quæ in finibus suis nascebantur, plurimum laboraret, regibus quoque tributa

---

(1) Non sunt hæc Hieronymi.
(a) Ms. Corb. *apostrophen ad ipsum Judam facit*.

tions de son terroir fertile, et payer aussi aux rois de riches tributs. Les Hébreux donnent de ce passage cette explication figurée, que la tribu d'Issachar mettra toute son application à méditer nuit et jour les saintes Ecritures, et c'est pour cela que tous se mettront à son service et lui apporteront des présents comme à leur maître. « Dan jugera son peuple aussi bien que les autres tribus d'Israël. Dan sera un serpent dans la voie, une vipère dans le sentier, qui mord le pied du coursier, afin que le cavalier tombe à la renverse. Seigneur, j'attendrai le salut que vous devez envoyer. » (*Ibid.*, 17, 18.) Samson, juge du peuple d'Israël, sortait de la tribu de Dan. (*Jug.*, XIII, 2.) Voici donc le sens de cette prophétie de Jacob. Je vois en esprit Samson, nazaréen qui vous est consacré, laisser pousser sa chevelure, et triompher de ses ennemis qu'il taille en pièces, semblable à un serpent ou à un aspic qui occupe la voie et ne laisse personne traverser la terre d'Israël. Et si un téméraire, confiant dans sa force comme dans la vitesse de son cheval, veut la ravager comme font les brigands, il ne pourra lui échapper. Toute cette prédiction est présentée sous la métaphore d'un serpent et d'un cavalier. En considérant donc votre nazaréen si courageux, si fort, et qui meurt trahi par une courtisane, et qui en mourant ensevelit ses ennemis dans sa mort (*Jug.*, XVI, 29), j'ai pensé, ô mon Dieu! qu'il était le Christ votre Fils; mais comme sa mort n'a pas été suivie de sa résurrection, et qu'Israël a été de nouveau conduit en captivité, je dois attendre un autre Sauveur du monde et de ma race; la venue de celui dont il est dit : « Il est l'attente des nations. » « Gad combattra tout armé à la tête d'Israël, et il retournera ensuite couvert de ses armes. » (*Gen.*, XLIX, 19.) Ces paroles signifient que Gad, Ruben, et la moitié de la tribu de Manassé, qui avaient eu en partage les terres situées au delà du Jourdain, retournant après quatorze ans près de leurs enfants, les trouveront aux prises dans une guerre acharnée avec les nations voisines, sur lesquelles ils remporteront par leur courage une victoire éclatante. Lisez le livre de Josué, fils de Navé, et celui des Paralipomènes. (I *Paral.*, v, 1, 11.) Nephtali est comme un cerf échappé et la grâce est répandue sur ses paroles. » (*Gen.*, XLIX, 21.) Ou bien « Nephtali est comme un champ parfaitement arrosé. » Le texte hébreu *Aiala Seluha* présente les deux sens. Il peut signifier que cette tribu renferme des sources d'eaux chaudes ou qu'elle est arrosée au-dessus du lac de Génézareth par le fleuve du Jourdain. Les Hébreux pensent que dans ces champs arrosés et ces paroles pleines de grâce, il faut voir une prophétie allégorique de Tibériade qui paraissait avoir la connaissance de la loi. Ce cerf échappé est l'emblème de l'abondance et de la fertilité hâtive de cette terre féconde. Mais il vaut mieux rapporter toute cette prophétie à la doctrine du Sauveur, qui, d'après l'Evangile, a surtout enseigné dans cette tribu. (*Matth.*, IV, 15.) « Mon fils Joseph grandira et ira toujours croissant; il est d'une rare beauté, et les jeunes filles ont couru sur les murailles pour le voir. Cependant ses ennemis armés de traits l'ont piqué avec des paroles aigres, l'ont injurié et lui ont porté envie. Mais son arc a reposé sur le fort, et les chaînes de ses bras et de ses mains ont été rompues par la main du Tout-Puissant, Dieu de Jacob. Il est sorti de là pour être le pasteur et la pierre d'Israël. » (*Gen.*, XLIX, 22-24.) O mon fils Joseph! toi d'une beauté si grande que la multitude des jeunes filles de l'Egypte courent à l'envi pour te voir du haut de leurs murailles, de leurs tours et de leurs

---

comportans. Aiunt Hebræi per metaphoram significari, quod Scripturas sanctas de die ac nocte meditans studium suum dederit ad laborandum : et idcirco ei omnes servient, quasi magistro dona portantes. « Dan judicabit populum suum, sicut et alia tribus in Israel. Fiat Dan coluber in via, cerastes in semita, mordens ungulas equi, ut cadat ascessor ejus retro. Salutare tuum expectabo Domine. » (*Ibid.*, XVII, 18.) Samson Judex in Israel de tribu Dan fuit. (*Jud.*, XIII, 2.) Hoc ergo dicit : Nunc videns in spiritu comam nutrire Samsonem Nazaræum tuum, cæsisque hostibus triumphare, quod in similitudinem colubri regulique obsidens vias nullum per terram Israel transire permittat, sed etiam si quis temerarius, virtute sua quasi velocitate equi confisus, eam volucri prædonis more populare, non effugere valebit. Totum autem per metaphoram serpentis et equitis loquitur. Videns ergo tam fortem Nazaræum tuum, quod ipse propter meretricem mortuus est, et moriens nostros occidit inimicos (*Jud.*, XVI, 29), putavi, o Deus ipsum esse Christum filium tuum : verum quia mortuus est, et non resurrexit, et rursum ductus est Israel in captivitatem, ut alium Salvator mundi, et mei generis præstolandus est, ut veniat cui repositum est, et ipse expectatio gentium. « Gad accinctus præliabitur ante eum, et ipse accingetur retrorsum. » (*Gen.*, XLIX, 19.) Significat, quod Gad, Ruben, et dimidia tribus Manasse ad filios, quos trans Jordanem in possessionem dimiserat (*Josue*, XIII, 7), post quatuordecim annos revertens, prælium adversus eos gentium vicinarum grande repererit, et victis hostibus fortiter dimicaverit. Lege Jesum Nave et Paralipomenon. (I *Paral.*, v, 1, 11.) « Nephtalim, cervus emissus dans eloquia pulchritudinis ; » sive « Nephtalim ager irriguus. » (*Gen.*, XLIX, 21.) Utrumque significat Hebræum verbum, Aiala Seluha, significat autem, quod aquæ calidæ in ipsa nascantur tribu, sive quod super lacum Genesar fluento Jordanis esset irriguus. Hebræi autem volunt propter Tiberiadem, quæ Legis videbatur habere notitiam, agrum irriguum et eloquia pulchritudinis prophetari. Cervus autem emissus temporaneas fruges et velocitatem terræ uberioris ostendit. Sed melius si ad doctrinam Salvatoris cuncta referamus, quod ibi vel maxime docuerit Salvator, ut in Evangelio, quoque scriptum est. (*Matth.*, IV, 15.) « Filius meus Joseph accrescens, filius meus accrescens et decorus aspectu ; filiæ decurrerunt super murum ; sed exasperaverunt eum, et jurgati sunt, inviderantque illi habentes jacula. Sedit in forti arcus ejus, et dissoluta sunt vincula brachiorum et manuum ejus per manus potentis Jacob. Inde pastor egressus est lapis Israel. » (*Gen.*, XLIX, 22.) O fili Joseph, qui tam pulcher es, ut te tota de muris et turribus ac fenestris puel-

fenêtres; vos frères vous ont porté envie et vous ont irrité en lançant contre vous les flèches de la haine et d'une jalousie blessée. Mais vous avez placé votre arc et vos armes dans le Dieu de la force dans les combats; il a brisé les liens dont vos frères avaient enchaîné vos membres, pour donner à la tribu d'Ephraïm qui sortira de vous une force immuable, une invincible fermeté à l'égal de la pierre la plus dure et l'autorité du commandement sur les dix tribus d'Israël. « Benjamin sera un loup ravissant, il dévorera la proie le matin, et le soir il partagera les dépouilles. » (*Gen.*, XLIX, 27.) De l'aveu de tous, l'apôtre saint Paul est l'objet évident de cette prophétie; il a persécuté l'Église dans sa jeunesse, et il est devenu dans sa vieillesse le prédicateur de l'Évangile. (*Act.*, VIII, 3; *Gal.*, I, 13.) Les Hébreux, de leur côté, expliquent ainsi ces paroles : L'autel sur lequel étaient immolées les victimes et dont la base était arrosée de leur sang, était dans la tribu de Benjamin; ces paroles signifient donc que les prêtres immolent les victimes le matin, et se partagent le soir ce que la loi leur attribue; ce loup sanguinaire, ce loup dévorant, c'est l'autel, et ceux qui partagent les dépouilles sont les prêtres qui servent à l'autel et vivent de l'autel. Telle est l'explication historique.

Dans le sens allégorique, Ruben est la figure du premier peuple, du peuple des Juifs, à qui le Seigneur dit : « Israël, tu es mon fils aîné; » (*Gen.*, XLIX, 3) car, en vertu du droit dévolu à l'aîné, c'était à lui qu'appartenait le sacerdoce et la royauté. (*Exod.*, IV, 22.) Jacob ajoute : « Tu es ma force, » parce qu'en effet c'est de ce même peuple qu'est sorti le fondement de la foi, la force de Dieu, qui est Jésus-Christ. (I *Cor.*, I, 24.) Or, comment ce peuple est-il le commencement de sa douleur? Parce qu'il n'a cessé d'outrager Dieu le Père en lui tournant le dos plutôt que de s'approcher de lui. Il a été le premier favorisé dans les dons, parce que c'est au peuple d'Israël que Dieu a confié le dépôt des oracles divins, de la législation du Testament ou de la promesse. (*Rom.*, III, 2.) Il est le plus grand en autorité, parce que, eu égard à la grandeur des forces dont il pouvait disposer, le règne de ce peuple a été plus long et plus glorieux que celui des autres peuples. Il s'est répandu comme l'eau qui ne peut plus être contenue par le vase qui la renferme, en péchant contre le Christ; il s'est répandu par la violence de sa passion, et c'est pour cela que Jacob ajoute : « Tu ne croîtras point, » parce que ce peuple une fois dispersé dans tout l'univers a singulièrement diminué. Mais pourquoi a-t-il mérité ce châtiment? « Parce que tu as monté sur le lit de ton père, » répond Jacob. Il proclame ici l'audace du peuple premier né qui a monté sur le lit de son père, et a profané sa couche, lorsqu'après s'être saisi du corps du Seigneur, dans lequel reposait la plénitude de la divinité (*Coloss.*, II, 9), il l'a attaché à la croix et l'a souillé par les atteintes d'un fer sacrilège. « Siméon et Lévi sont frères, instruments d'un carnage plein d'injustice. » (*Gen.*, XLIX, 5.) Siméon et Lévi figurent ici les Scribes les Pharisiens et les prêtres du peuple juif. De la tribu de Siméon, en effet, sortaient les Scribes, les Pharisiens, et de la tribu de Lévi les princes des prêtres qui tinrent conseil pour s'emparer de Jésus par la ruse et le faire mourir. C'est de ce conseil que Jacob dit ici :

---

larum Ægypti turba prospectet, inviderunt tibi, et ad iracundiam te provocaverunt fratres tui, habentes livoris sagittas et zeli jaculis vulnerati. Verum arcum tuum et arma pugnandi posuisti in Deo, qui fortis est pugnator : et vincula tua quibus te fratres ligaverunt, ab ipso soluta sunt, et disrupta, ut ex tuo semine tribus nascatur Ephraim fortis et stabilis, et instar lapidis durioris invicta, imperans quoque decem tribubus Israel. « Benjamin lupus rapax, mane comedet prædam, et vespere dividet spolia. » (*Gen.*, XLIX, 27.) Quam de Apostolo Paulo quæ dicta sunt, manifestissima sit prophetia omnibus patet, quod in adolescentia persecutus sit Ecclesiam, in senectute prædicator Evangelii fuerit. (*Act.*, VIII, 3; *Gal.*, I, 13.) Hebræi autem ita dixerunt : Altare in quo immolabantur hostiæ, et victimarum sanguis ad basim illius fundebatur, in parte tribus Benjamin fuit : hoc, inquiunt, significat, quod sacerdotes immolant mane hostias, ad vesperam dividunt ea quæ sibi ex Lege collata sunt, lupum sanguinarium, lupum voracem super altaris interpretatione ponentes, et spoliorum divisorem super sacerdotibus, qui servientes altari vivunt de altari. (1) Hæc autem historice.

Spiritaliter autem in Ruben prioris populi Judæorum ostendit esse personam, cui a Domino dicitur : « Israel primogenitus meus. » (*Gen.*, XLIX, 3.) Etenim juxta quod primogenito debebatur, ipsius erat accipere sacerdotium et regnum. (*Exod.*, IV, 22.) Additur, « tu virtus mea. » Utique quod ex ipso populo fundamentum fidei, ex ipso virtus Dei, qui est Christus, advenit. (I *Cor.*, I, 24.) Quomodo autem ipse sit principium dolorum, nisi dum Patri Deo semper irrogaverit injuriam : dum convertit ad eum dorsum, et non faciem. Iste prior in donis, quia primum ipsi credita sunt eloquia Dei, et legislatio, et Testamentum sive promissio. (*Rom.*, III, 2.) Iste major imperio; utique pro magnitudine virium quia copiosius cæteris in hoc sæculo populus idem regnavit. Effusus est autem sicut aqua, peccando in Christum, quia vasculo non tenetur : voluptatis effusus est impetu, et idcirco additit : « Ultra non crescas; » quia populus ipse postquam in universo orbe dispersus est, valde imminutus est. Sed quare talia meruit, ita subjecit : « Quia ascendisti cubile patris tui. » Primogenitæ autem plebis audaciam prædicat, quæ ascendit cubile patris sui, et maculavit stratum ejus, quando corpus Dominicum, in quo plenitudo divinitatis requiescebat (*Colos.*, II, 9), raptum in cruce suspendit, et ferro commaculavit. « Simeon et Levi fratres, vasa iniquitatis bellantia. » (*Gen.*, XLIX, 5.) Per Simeon et Levi Scribæ et Pharisæi et sacerdotes Judaici populi intelliguntur. De Simeone enim Scribæ erant Judæorum, de tribu vero Levi principes sacerdotum, qui consilium fecerunt, ut Jesum dolo tenerent et occiderent. De quo consilio, dicit : « In con-

---

(1) Hucusque ex Hieronymo.

DES BÉNÉDICTIONS DU PATRIARCHE JACOB.

« Mon âme n'entrera point dans leur conseil. » Il avait horreur de ces excès sacriléges auxquels les Juifs devaient se porter dans les derniers temps. « Dans leur fureur ils ont tué un homme, » c'est-à-dire le Christ, dont un prophète dit : « Voici un homme, l'Orient est son nom. » (*Zach.*, VI, 12.) Et ailleurs : « La femme environnera un homme fait. » (*Jér.*, XXXI, 22.) « Ils ont renversé la muraille, » c'est-à-dire ils ont percé de leur lance ce mur solide et ferme qui gardait Israël. « Maudite soit leur colère, parce qu'elle a été persévérante lorsqu'enflammés de colère et de fureur ils ont présenté Jésus-Christ à Ponce-Pilate en criant : Crucifiez-le, crucifiez-le ! » (*Jean*, XIX, 6.) « Maudite soit leur fureur, parce qu'elle a été cruelle, » lorsqu'ils ont demandé qu'on leur délivrât un scélérat tel que Barabbas, et que l'on crucifiât l'auteur de la vie ! (*Matth.*, XXVII, 21.) « Je les diviserai dans Jacob, et je les disperserai dans Israël, » parce qu'en effet quelques-uns d'entre eux ont cru, et d'autres sont restés dans leur incrédulité. (*Act.*, III, 15.) Ceux qui sont divisés sont ceux qui se sont séparés d'eux pour embrasser la foi, et les dispersés sont cette race incrédule qui, après avoir vu la ruine de son temple et de sa patrie, est disséminée par toute la terre. « Juda, vos frères vous loueront. » (*Gen.*, XLIX, 8.) Juda est ici le véritable confesseur de la gloire de Dieu, c'est-à-dire le Christ qui, selon la chair, est né de la tribu de Juda. Ses frères le loueront, c'est-à-dire les Apôtres et tous ses cohéritiers qui sont devenus les enfants de Dieu par adoption, les frères de Jésus-Christ par la grâce, et dont il est lui-même le Seigneur par sa nature. « Votre main sera sur la tête de vos ennemis. » Car sous ces mêmes mains et sous ce même trophée de la croix il a couvert et protégé les siens et abaissé ses ennemis et toutes les puissances contraires. C'est la promesse que le Père lui fait en ces termes : « Asseyez-vous à ma droite jusqu'à ce que je réduise vos ennemis à vous servir de marchepied. » (*Ps.*, CIX, 1.) « Les enfants de votre père vous adoreront, » ce qui s'est accompli lorsqu'il a été adoré par un grand nombre des enfants de Jacob, qui ont été sauvés par le choix de la grâce. (*Rom.*, XI, 5.) « Juda est un jeune lion, » lorsque le Christ s'est fait petit par sa naissance, comme il est écrit : « Un petit enfant nous est né. » (*Isa.*, IX, 6.) « Mon fils, vous vous êtes élancé sur votre proie, » c'est-à-dire en montant sur la croix, vous avez racheté les peuples captifs, et vous avez délivré par votre mort ceux que l'ennemi retenait dans la servitude ; enfin en revenant des enfers, vous êtes monté dans le ciel conduisant avec vous les captifs dont vous aviez brisé les chaînes. (*Ps.* LXVII, 19.) « En vous reposant, vous vous êtes couché comme un lion ; » Jésus-Christ s'est manifestement couché dans sa passion, lorsqu'ayant incliné la tête il rendit l'esprit (*Jean*, XIX, 30), et lorsqu'il descendit avec assurance dans le tombeau comme pour y prendre le sommeil nécessaire à son corps. Mais pourquoi comme un lion et comme un jeune lion ? Il s'est montré lion dans son sommeil, auquel il s'est soumis non par nécessité, mais par puissance, comme il le déclare ouvertement : « Nul ne m'ôte la vie, mais je la donne de moi-même ; » (*Jean*, X, 18) et comme un jeune lion, parce que la cause de sa naissance a été la cause de sa mort. Jésus-Christ s'est donc reposé comme un lion parce que non-seulement il n'a pas craint les cruelles amertumes de la mort, mais par sa mort même il a détruit l'empire de la mort.

---

silium eorum ne veniat anima mea. » Horrebat enim tanta scelera, quæ novissimis temporibus facturi erant Judæi. « Quia in furore suo occiderunt virum ; » id est Christum, de quo dicitur : Ecce vir oriens nomen ejus. (*Zach.*, VI, 12.) Et alibi : Femina circumdabit virum. (*Jer.*, XXXI, 22.) « Suffoderunt murum, » id est, illum spiritalem fortissimum murum, qui custodit Israel, lancea confoderunt. « Maledictus furor eorum, quia pertinax : » utique quando furore accensi et ira, obtulerunt Christum Pontio Pilato, dicentes : Crucifige, crucifige. (*Joan.*, XIX, 6.) « Et indignatio eorum, quia dura : » dum Barrabam latronem peterent, et principem vitæ crucifigendum postularent. (*Matth.*, XXXVII, 21.) « Dividam eos in Jacob, et dispergam illos in Israel : » quia nonnulli ex ipsis crediderunt, quidam in infidelitate permanserunt. (*Act.*, III, 15.) Dicuntur enim divisi ii, qui ab eis separantur, et veniunt ad fidem : dispersi autem, quorum patria temploque subverso, per orbem terræ incredulum genus spargitur. « Juda te laudabunt fratres tui. » (*Gen.*, XLIX, 8.) Per hunc Judam verus confessor exprimitur Christus, qui ex ejus tribu secundum carnem est genitus. Ipsum laudabunt fratres sui, Apostoli scilicet et omnes cohæredes ejus, qui per adoptionem Patris, filii Dei effecti sunt, et Christi fratres per gratiam, quorum ipse est Dominus per naturam. « Manus tuæ in cervicibus inimicorum tuorum. » Eisdem enim manibus atque eodem crucis trophæo et suos texit, et inimicos et adversarias potestates curvavit. Juxta quod et Pater promittit ei dicens : Sede ad dexteram meam, donec ponam inimicos tuos scabellum pedum tuorum. (*Psal.* CIX, 1.) « Adorabunt te filii patris tui : » quando multi ex filiis Jacob adorant eum, per electionem gratiæ salvi facti. (*Rom.*, XI, 5.) « Catulus leonis Juda. » Quando nascendo factus est parvulus, sicut scriptum est : Parvulus natus est nobis. (*Isa.*, IX, 6.) « Ad prædam, fili mi ascendisti : » id est, ascendens in crucem, captivos populos redemisti ; et quos ille contrarius invaserat, tu moriens eripuisti : denique rediens ab inferis, ascendisti in altum, captivam duxisti captivitatem. (*Psal.* LXVII, 19.) « Requiescens accubuisti ut leo. » Manifestissime Christus in passione accubuit, quando inclinato capite tradidit spiritum (*Joan.*, XIX, 30) : et quando in sepulcro securus, velut quodam corporis somno quievit. Sed quare ut leo, et velut catulus leonis ? In somno enim suo leo fuit, quando non necessitate, sed potestate hoc ipsum complevit, sicut ipse dicit : Nemo tollit a me animam meam, sed ego pono eam. (*Joan.*, X, 18.) Quod vero addit, « et ut catulus leonis : » inde enim mortuus unde natus. Bene ergo Christus ut leo requievit, qui non solum mortis acerbitatem non timuit, sed et in ipsa morte mortis imperium vicit. Quod autem dicit : « Quis suscitabit eum ? » Quia nullus nisi ipse, juxta quod ipse

Jacob ajoute : « Qui osera le réveiller? » parce qu'en effet il s'est lui seul chargé de ce soin, comme il l'avait prédit aux Juifs : « Détruisez ce temple, et je le ressusciterai en trois jours. » (*Jean*, II, 19.) « Le sceptre ne sera point ôté de Juda, » et le reste. Ces paroles s'appliquent on ne peut plus clairement à Juda. En effet, la succession de l'autorité et du gouvernement se perpétua sans interruption dans cette tribu jusqu'à la naissance du Christ, comme nous l'avons dit. « Il liera son ânon à la vigne. » Cet ânon, c'est le peuple qui vient des Gentils et à qui le fardeau de la loi n'avait pas encore été imposé. Il a attaché cet ânon à la vigne, c'est-à-dire aux Apôtres qui sont sortis du peuple juif. Car la vigne du Seigneur des armées, c'est la maison d'Israël. (*Isa.*, v, 7.) « Et il liera son ânesse à la vigne. » Jésus-Christ a dit lui-même : « Je suis la vraie vigne. » (*Jean*, xv. 1.) C'est donc à cette vigne qu'il lie son ânesse, c'est-à-dire la synagogue, qui vient à lui à pas lents et comme accablée sous le fardeau pesant de la loi. « Il lavera sa robe dans le vin, » c'est-à-dire ou bien sa chair dans le sang de sa passion, ou la sainte Église dans ce vin qui sera répandu pour plusieurs, afin que leurs péchés soient remis. (*Matth.*, XXVI, 28.) « Et son manteau dans le sang du raisin. » Son manteau, ce sont les nations qu'il a unies à son corps, suivant ce qui est écrit : « Je vis, dit le Seigneur, et je me revêtirai d'eux tous, comme d'un vêtement. » « Ses yeux sont plus beaux que le vin. » (*Gen.*, XXIX, 12.) Les yeux du Christ sont les Apôtres et les Évangélistes, qui donnent à l'Église la lumière de la science, et dont les préceptes l'emportent sur la dureté du vin de la loi ancienne, parce qu'ils sont beaucoup plus doux et plus légers. « Et ses dents sont plus blanches que le lait. » Les dents figurent les saints docteurs qui retranchent les erreurs de l'esprit des hommes, et en les mangeant les font passer dans le corps de Jésus-Christ. Or, les docteurs de l'Église ont été d'une blancheur plus éclatante que le lait de l'ancienne loi. « Zabulon habitera sur le rivage de la mer et près du port des navires. » (*Gen.*, XLIX, 13.) Zabulon signifie l'habitation de la force et il est la figure de l'Église. Elle habite sur les rivages de la mer et près du port des navires pour être le refuge des croyants et montrer le port de la foi à ceux qui sont en danger de périr. Ferme et inébranlable contre tous les orages du siècle, elle considère le naufrage des Juifs et les tempêtes au milieu desquelles les hérétiques sont emportés à tout vent de doctrine ; elle-même est battue par les flots, mais elle n'est jamais brisée. « Il s'étendra jusqu'à Sidon, » c'est-à-dire jusqu'aux nations. Nous lisons dans l'Évangile que quelques apôtres furent choisis dans cette contrée (*Matth.*, IV, 15), et que le Seigneur y enseigna souvent, comme il est écrit : « La terre de Zabulon et la terre de Nephtali, le peuple qui était assis dans les ténèbres a vu une grande lumière. » Sidon signifie un homme ou une femme qui chasse. Ces chasseurs, qui sont-ils? Les Apôtres. Ce sont eux qui, comme nous l'avons dit plus haut, ont été choisis dans ces contrées dont il est dit : « J'enverrai une multitude de chasseurs, et ils vous chasseront sur toutes les montagnes. » (*Jér.*, XVI, 16.) « Issachar est un âne robuste, » (*Gen.*, XLIX, 14.) Issachar, qui veut dire *récompense*, représente le peuple des Gentils que le Seigneur a racheté au prix de son sang. Issachar est appelé ici un âne robuste, parce que le peuple des Gentils a d'abord été comme

---

ait : Solvite templum hoc, et in triduo resuscitabo illud. (*Joan.*, II, 19.) « Non deficiet dux de Juda, » et reliqua. Hoc manifestissime ad Judam refertur. Diu enim fuit ex semine illius intemerata apud Judæos successio regni, donec Christus nasceretur, sicut supra diximus. « Alligans ad vineam pullum suum. » Pullus suus populus est ex gentibus, cui adhuc nunquam fuerat Legis onus impositum. Hunc copulavit ad vineam, ad Apostolos scilicet qui ex Judæis sunt. Nam vinea Domini Sabaoth domus Israel est. (*Isa.*, v, 7.) « Et ad vitem asinam suam. » Ipse dicit : Ego sum vitis vera. (*Joan.*, xv, 1.) Ad hanc ergo vitem alligat asinam suam, synagogam tardigradam scilicet, et gravi Legis pondere depressam. « Lavit in vino stolam suam : » sive carnem suam in sanguine passionis, sive sanctam Ecclesiam illo vino, quod pro multis effundetur in remissionem peccatorum. (*Matth.*, XXVI, 23.) « Et in sanguine uvæ pallium suum. » Pallium gentes sunt, quos corpori suo junxit : sicut scribitur : Vivo ego, dicit Dominus, nisi hos omnes induam sicut vestimentum.« Pulchriores oculi ejus vino. » (*Gen.*, XLIX, 12,) Oculi Christi Apostoli sunt et Evangelistæ, qui lumen scientiæ Ecclesiæ præstant : quorum præcepta austeritatem vini priscæ Legis superant, quia longe leviora sunt. « Et dentes ejus lacte candidiores. » Dentes præceptores sunt sancti, qui præcidunt ab erroribus homines, et eos quasi comedendo in Christi corpus transmittunt. Candidiores autem effecti sunt doctores Ecclesiæ lacte veteris Legis. « Zabulon habitavit in littore maris, et in statione navium. » (*Gen.*, XLIX, 13.) Zabulon interpretatur habitaculum fortitudinis, et Ecclesiam significat. Hæc in littore maris habitat et in statione navium, ut credentibus sit refugium, et periclitantibus demonstret fidei portum. Hæc contra omnes turbines sæculi inconcussa firmitate solida spectat naufragium Judæorum, et hæreticorum procellas, qui circumferuntur omni vento doctrinæ, quorum etsi fluctibus, non tamen frangitur. « Pertendit autem usque ad Sidonem, » hoc est, usque ad gentes. Legitur etiam in Evangelio inde assumptos esse Apostolos aliquos (*Matth.*, IV, 15), et ipsis locis Dominum sæpe docuisse, sicut scriptum est : Terra Zabulon, et terra Nephtalim, populus qui sedebat in tenebris, vidit lucem magnum. (*Isa.*, IX, 1.) Sidon interpretatur venator vel venatrix. Venatores qui sunt, nisi Apostoli ? Qui, ut supra diximus, ex illis locis assumpti sunt, de quibus dicitur : Mittam venatores multos, et venabuntur vos in omni monte. (*Jer.*, XVI, 16.) « Issachar asinus fortis, » Issachar qui interpretatur merces, refertur ad populum gentium, quem Dominus sanguinis sui pretio mercatus est. (*Gen.*, XLIX, 14.) Hic Issachar asinus fortis scribitur, quia prius populus gentilis quasi brutum et luxuriosum animal nullaque ratione substitit, sed postmodum jugum disci-

un animal sans raison et livré à tous les instincts mauvais, mais ensuite il s'est soumis volontiers au joug de la discipline évangélique. « Il s'est couché dans les bornes de son héritage, il a vu que le repos était bon et que sa terre est excellente. » Se coucher dans les bornes de son héritage, c'est se reposer dans l'attente de la fin du monde, ne chercher rien des choses de la terre, mais désirer les biens de l'éternité. Cet âne robuste voit que le repos est bon et la terre excellente, lorsque la gentilité s'élève jusqu'à la force des bonnes œuvres en tendant vers la patrie de la vie éternelle. Il baisse l'épaule sous les fardeaux, parce que dans le désir d'arriver au repos éternel qui lui a été promis, il porte volontiers tous les fardeaux que lui imposent les commandements. C'est ainsi qu'il s'assujettit à payer les tributs, c'est-à-dire qu'il offre à Jésus-Christ, qui est son roi, les dons de sa foi et les présents de ses bonnes œuvres. « Dan jugera son peuple aussi bien que les autres tribus d'Israël; Dan sera comme un serpent dans la voie, comme une vipère dans le sentier. » (Gen., XLIX, 16.) Il en est qui voient ici une prédiction de l'Antechrist qui doit sortir un jour de cette tribu, parce que Dan nous est ici représenté sous la figure d'un serpent qui mord, et parce que parmi toutes les tribus d'Israël la tribu de Dan fixa la première ses tentes au nord (Nomb., II, 22), figurant ainsi celui qui dit de lui-même qu'il s'est assis du côté de l'Aquilon, et dont le prophète dit dans un sens figuré : « Le bruit des chevaux a été entendu du côté de Dan. » (Jér., VIII, 16.) Il est non-seulement un serpent, mais un céraste ou une vipère. Κέρατα, en grec, signifie cornes. Ce serpent nous est donc représenté comme armé de cornes, et figure justement l'Antechrist, parce qu'aux morsures de ses prédications pestilentielles qui attaqueront la vie des fidèles, il joindra les cornes de sa puissance. Or, qui ne sait que le sentier est plus étroit que la voie? Dan devient donc un serpent dans la voie, parce qu'il excite à marcher dans la voie large de la vie présente ceux qu'il semble vouloir épargner par ses caresses; mais il les mord dans la voie parce qu'il empoisonne du venin de ses erreurs ceux qu'il appelle à la liberté. Il devient une vipère dans le sentier, parce que ceux dont il reconnaît la fidélité et qui se gênent et se resserrent dans les sentiers étroits des commandements célestes, non-seulement il les attaque par ses perfides et artificieuses insinuations, mais il les accable sous la terreur que leur inspire sa puissance, et après quelques instants de fausse douceur, il exerce sur eux son pouvoir tyrannique. Ce cheval dont la vipère mord le pied est la figure de ce monde qui, par ses prétentions orgueilleuses, jette son écume dans sa course à travers les siècles. Ce sont les derniers jours et comme les extrémités du monde dont l'Antechrist cherchera à s'emparer. Voilà pourquoi cette vipère nous est représentée mordant le pied du cheval; mordre le pied du cheval c'est s'attaquer aux extrémités du monde. « Afin de faire tomber son cavalier. » Le peuple incrédule des Juifs, enchaîné dans les filets de son erreur, attend l'Antechrist comme le véritable Christ. Que Jacob fut donc bien inspiré en s'écriant ici au nom de tous les élus : « J'attendrai votre salut, Seigneur, » c'est-à-dire je n'attends pas l'Antechrist comme les infidèles, mais je crois fermement que le véritable Christ est celui qui doit venir pour nous racheter. Ainsi soit-il.

plinæ Evangelicæ libenter portavit. « Hic accubans inter terminos, vidit requiem quod esset bona, et terram quod optima. » (1) Inter terminos autem cubare, est præstolato mundi fine requiescere, nihilque de iis quæ nunc versantur in medio quærere, sed ultima desiderare. Et fortis asinus requiem et terram optimam videt, cum simplex gentilitas idcirco se ad robur boni operis erigit, quod ad æternæ vitæ patriam tendit. Unde etiam apponit humerum suum ad portandum, quia dum ad promissam requiem pervenire desiderat, cuncta mandatorum onera libenter portat. Unde factus est tributis serviens, hoc est, Christo regi suæ fidei dona et operum bonorum offerens munera. « Dan judicabit populum suum sicut aliæ tribus in Israel. Fiat Dan coluber in via, cerastes in semita, » (Gen., XLIX, 16) et reliqua. Dicunt quidam Antichristum per hæc verba et (2) prædici de ista tribu futurum, pro eo quod hoc loco Dan et coluber asseritur et mordens, et quod inter tribus Israel primus Dan ad Aquilonem castra metatus est (Num., II, 25), illum significans qui se in lateribus Aquilonis sedere dicit, et de quo figuraliter dicit Propheta : A Dan auditus est fremitus equorum ejus. (Jer., VIII, 16.) Qui non solum coluber, sed etiam cerastes vocatur. Κέρατα enim Græce cornua dicuntur. Serpens ergo ille cornutus esse perhibetur, per quem digne Antichristus asseritur, quia contra vitam fidelium cum morsu pestiferæ prædicationis armabitur etiam cornibus potestatis. Quis autem nesciat semitam angustiorem esse quam viam? Fit ergo Dan coluber in via, quia in præsentis vitæ latitudine eos ambulare provocat, quibus quasi parcendo blanditur : sed in via mordet, quia eos quibus libertatem tribuit, erroris sui veneno consumit. Fit cerastes in semita : quia quos fideles reperit, et sese inter angusta præcepti cœlestis itinera constringentes, non solum nequitia callidæ persuasionis impetit, sed etiam terrore potestatis premit, et in persecutionis languore, post beneficia fictæ dulcedinis exercet cornua potestatis. Equus iste cujus ungulas cerastes mordere dicitur, hunc mundum insinuat, qui per elationem suam in cursu labentium temporum spumat. Et quia Antichristus extrema mundi hujus apprehendere nititur, cerastes iste equi ungulas mordere perhibetur. Ungulas quippe equi mordere est extrema sæculi feriendo contingere. « Ut cadat ascensor ejus retro. » (a) Plebs infidelis Judæa, erroris sui laqueis capta, pro Christo Antichristum expectat. Bene Jacob eodem loco repente in electorum vocem conversus est dicens : « Salutare tuum expectabo Domine : » id est, non sicut infideles Antichristum ; sed eum qui in redemptionem nostram venturus est, verum credo fideliter Christum. Amen.

(1) Ex Gregorio lib. I, *Moral.*, cap. VI. — (2) Ex Gregorio, lib. XXXI, *Moral*, c. X.
(a) In Corb. Ms. sic desinit : *Ascensor equi est, quisquis iniquitatibus hujus mundi extollitur, qui retro cadere dicitur.*

AVERTISSEMENT

SUR LE LIVRE

DES QUESTIONS SUR L'ANCIEN ET LE NOUVEAU TESTAMENT

Tous les savants sont unanimes à reconnaître que cet ouvrage n'est pas de saint Augustin. Et rien de plus juste, car le choix des matières, la méthode d'enseignement, pour ne rien dire de la différence du style, sont tout à fait en opposition avec le génie et la foi du saint docteur. Dans la question II, il est dit que Dieu, voulant détruire la présomption du démon non par la puissance, mais par la raison, a créé la matière qui était un amas confus des choses qui devaient lui servir à faire le monde. Dans la question XIII, l'auteur affirme sans restriction que les enfants qui ont péri avec leurs parents dans l'incendie de Sodome ont été sauvés de l'enfer, parce qu'ils sont morts victimes de crimes qui leur étaient étrangers. L'auteur de ces questions, quel qu'il soit, a paru ici à Bellarmin nier le péché originel. Et en effet, Alcuin, répondant à cette même question dans son ouvrage *Sur la Genèse*, question CIII, après avoir employé à peu près les mêmes termes que nous lisons ici, se garde bien cependant de nier la culpabilité du péché originel. « Dieu, dit-il, n'a-t-il pas agi avec ces enfants avec une bonté providentielle, de peur qu'en prolongeant leur vie ils ne suivissent les exemples de leurs pères, et pour leur ménager dans la vie future des châtiments moins rigoureux, si tant est qu'ils doivent y être soumis, puisqu'ils sont morts pour des crimes qui ne leur étaient point personnels. » Dans les questions XXI et XLV, l'auteur prétend que la femme n'a pas été créée à l'image de Dieu, tandis que saint Augustin enseigne le contraire dans son livre III *De la Genèse à la lettre*, chap. XXII. Dans la question XXIII, il ne trouve sur l'origine de l'âme aucune des difficultés que rencontre saint Augustin. Dans la question XXVII, il affirme d'une manière si absolue que ce n'est point Samuel lui-même que la pythonisse a évoqué devant Saül, mais son spectre, ou son image, ou le démon, qu'il va jusqu'à traiter de fausse et d'absurde l'opinion contraire, opinion cependant que saint Augustin déclare parfaitement conforme aux saintes Ecritures dans son livre II des *Questions à Simplicien*. Dans la question XLI, il s'efforce de prouver que ces paroles de la Genèse : « L'esprit de Dieu était porté sur les eaux, » ne doivent pas s'entendre de l'Esprit saint, comme saint Augustin cependant l'explique en plusieurs endroits. Dans la question XLIII, il condamne sévèrement le vœu de Jephté, qu'il appelle un vœu criminel, et il sou-

ADMONITIO

IN LIBRUM QUÆSTIONUM VETERIS ET NOVI TESTAMENTI.

Hoc opus Augustino abjudicant eruditi quique. Nec injuria sane, quandoquidem res ratioque docendi, ut de stili distantia nihil dicamus, procul abhorret a S. Doctoris ingenio et fide. In quæstione XI dicitur Deus, ut diaboli præsumptionem non potestate, sed ratione destrueret, materiam condidisse, quæ esset rerum confusio, ex qua faceret mundum. In q. XIII, infantes qui in Sodomis cum parentibus perierunt, a gehenna liberos esse, quia in aliena causa occisi sunt, absolute pronuntiatur. Quo loco quæstionum auctor, quisquis est, originale peccatum inficiari videbatur Bellarmino. Et re vera ad hanc ipsam quæstionem respondens Alcuinus in opere *Super Genesim*, interrog. CIII, cum alioquin iisdem, quæ hic leguntur, verbis usus fuerit, nequaquam tamen originalis peccati reatum dissimulavit : « Nonne, ait, provisum est illis, ne diu viventes exempla sequerentur Patrum ; et ut levius in futuro crucientur, vel omnino non, aliena causa occisi. » Quæstionibus XXI et XLV, contendit auctor, mulierem non esse creatam ad imaginem Dei : contra quam docet Augustinus in lib. III *De Genesi ad litt.*, cap. XXII. In q. XXIII, non patitur quidquam difficultatis, ut Augustinus, circa originem animæ. Q. XXVII, non Samuelem a pythonissa excitatum, sed ejus spectrum sive diabolum Saüli apparuisse sic asserit, ut falsam et absurdam esse velit aliam opinionem : quam tamen pulchre congruere sacris Scripturis ostendit Augustinus in lib. II *Quæst. ad Simplicianum*. Q. XLI illud Geneseos : « Spiritus Domini ferebatur super aquas, » pugnat ne intelligatur de Spiritu sancto, de quo passim ab Augustino explicatur. Q. XLIII, vehementer improbat votum Jephte, quem facinorosum appellat,

AVERTISSEMENT.

tient que sa conduite ne présente aucun caractère de justice, alors cependant qu'il est mis au nombre des personnages recommandables dont saint Paul fait l'éloge dans le chapitre XI de son Épître aux Hébreux. Dans la question XLVI, il traite d'ignorants ou d'insensés ceux qui soutiennent que Samuel a rempli les fonctions sacerdotales, ce que saint Augustin lui-même enseigne avec plusieurs autres dans le livre XVII *De la Cité de Dieu*, chap. IV. Dans la question XLVIII, il parle du Fils de Dieu comme les Ariens. Dans la question LVI, il prétend que c'est à tort que quelques auteurs (et c'est cependant le sentiment de saint Augustin) pensent que Joseph est à la fois fils d'Héli et de Jacob, fils de l'un selon la nature, fils de l'autre selon la loi. Dans la question LIX, il veut que ces paroles du Seigneur, que nous lisons dans l'Évangile selon saint Jean : « L'esprit souffle où il veut, » soient entendues non pas de l'Esprit saint, mais du vent. Or, saint Augustin soutient le contraire. Dans la question CVIII, il accable d'outrages ceux qui veulent que les Hébreux tirent leur nom d'Héber et non d'Abraham; or, saint Augustin, dans le livre II des *Rétractations*, chap. XVII, et dans le livre XVI de la *Cité de Dieu*, chap. XI, adopte justement ce sentiment. Dans la question CIX, il s'applique tout entier à persuader que Melchisédech n'était point un homme, mais l'Esprit saint, et il condamne l'opinion de ceux qui soutiennent qu'il est appelé grand prêtre lorsqu'il fit son offrande. Dans la question CXV, il prétend qu'Abraham et son père adoraient les idoles, tandis que saint Augustin soutient le contraire dans le livre XVI de la *Cité de Dieu*, chap. XIII. Dans la question CXVI, il fait dériver *pascha* de *passione*, tandis que saint Augustin, dans son épître LII *à Janvier*, n. 2, pense que *pascha* vient d'un mot hébreu qui signifie *passage*. En outre, quelques-unes de ces questions, telles que les LXXIX, LXXX, LXXXIII, etc., sentent l'hérésie pélagienne, au jugement des docteurs de Louvain; et il en est très-peu qui ne soient, sous quelque rapport, en opposition avec la doctrine de saint Augustin. Il est donc superflu d'ajouter à toutes ces preuves que le saint docteur ne fait aucune mention de cet ouvrage si long dans ses livres *Des Rétractations*, où il fait cependant une énumération exacte des autres livres des questions qu'il a traitées.

Il nous reste maintenant à soumettre à l'examen et au jugement des lecteurs une opinion qui a l'approbation d'un grand nombre de savants de nos jours et qui attribue ces questions à l'auteur des *Commentaires sur les épîtres de saint Paul*, publiées sous le nom de saint Ambroise. En effet, en comparant ces deux ouvrages, ils ont trouvé la plus grande analogie pour le fond des choses, pour les pensées, et même pour les expressions, par exemple entre la question XXIV et le commentaire sur la première épître aux Corinthiens, chapitre XI, verset 25; entre la question LXXIV et le *Commentaire sur la première épître aux Corinthiens*, chapitre V, verset 21; et le *Commentaire sur l'épître aux Galates*, chapitre III, verset 13; entre la question CII et le *Commentaire*

nullumque justitiæ testimonium habere dicit, cum is tamen inter insignes viros laudetur in epistola ad Hebr., c. XI. In q. XLVI, nota ignorantiæ aut stultitiæ condemnat eos, qui dicunt Samuelem functum officio sacerdotis, quod ipse cum aliis plurimis sentit Augustinus in lib. XVII *De civit.*, c. IV. In q. XLVIII, de Filio Dei loquitur more Arianorum. Q. LVI, dicit immerito quibusdam videri (quod tamen Augustino etiam visum est) Joseph esse filium Heli et Jacob, unius secundum naturam, alterius secundum Legem. Q. LIX, quod apud Joannem dixit Dominus : « Spiritus ubi vult spirat, » vult de vento interpretandum esse, non de Spiritu sancto : cum Augustinus aliter interpretetur. Q. CVIII, multis conviciis insectatur eos, qui volunt Hebræos dictos ab Heber, non ab Abraham : at Augustinus in lib. II *Retract.*, c. XVI, et *De civitate Dei*, lib. XVI, c. XI, eam sequitur sententiam. Q. CIX, incumbit ut suadeat Melchisedech non hominem fuisse, sed Spiritum sanctum, ipsumque in oblatione dici summum sacerdotem improbat. Q. CXV, dicit Abrahamum cum patre suo idola coluisse : contra Aug. in lib. XVI *De civit. Dei*, c. XIII. In q. CXVI, ille pascha a passione, Augustinus vero ab Hebræa voce transitum significante censet fuisse appellatum in Epist. 53 *ad Januarium*, n. 2. Præterea Pelagianam hæresim quæstiones aliquot resipiunt Lovaniensium Theologorum judicio, veluti quæst. LXXIX, LXXX, LXXXIII, etc., perpaucæ demum sunt, quæ non aliqua ex parte pugnent in Augustini doctrinam; ut superfluum sit his addere, quod hujus operis prolixi nullam S. Doctor mentionem facit in libris *Retractationum*, cum illic diligenter quæstionum libros alios recensæat.

Superest ut examini judicioque Lectorum subjiciamus opinionem eruditis hodie quamplurimis probatam, quæ hasce quæstiones eidem auctori, cui *Commentarios in Apostolum* Ambrosii nomine vulgatos attribuit. Quippe collatis ad invicem utrisque operibus, scilicet quæst. XXIV *ad Comment. in I Cor.*, XI, v. 5; quæst. LXXIV *ad Comment. in II Cor.*, V, v. 21, et *in Gal.*, III, v. 13; quæst. CII *ad Comment. in II Timoth.*, II, v. 20; quæst. CVIII *ad Comment. in Philipp.*, III, v. 5; quæst. CXIII *ad Comment. in Ephes.*, III, v. 10, etc.,

sur la deuxième épître à Timothée, chapitre II, verset 20; entre la question CVIII et le *Commentaire sur l'épître aux Philippiens*, chap. III, verset 5; entre la question CXIII et le *Commentaire sur l'épître aux Éphésiens*, chap. III, verset 10. Ils pensent d'ailleurs que ces deux ouvrages ont dû être composés à peu près dans le même temps ; les commentaires, sous le pontificat du pape Damase, qui mourut vers la fin de l'année 384, comme l'atteste l'auteur de ces commentaires au chapitre III, verset 15 de la deuxième épître à Timothée ; les questions, vers l'an 300, depuis la ruine de Jérusalem, comme le prouve la question XLIV contre les Juifs, bien que quelques-uns pensent qu'il faut compter ces années à partir de la naissance de Jésus-Christ. On pense que l'auteur des commentaires est celui qui est désigné par saint Augustin dans le livre IV de l'ouvrage adressé à Boniface, chap. IV, où il avance sous le nom d'un certain Hilaire une opinion qui se trouve littéralement exprimée dans les *Commentaires sur l'épître aux Romains*, chapitre V, verset 12. Or, comme ces commentaires se trouvent on ne peut plus opposés au style et à la doctrine de saint Hilaire, évêque de Poitiers ; on croit qu'ils ne peuvent avoir pour auteur qu'un certain diacre, appelé Hilaire, qui était contemporain du pape Damase, Sarde d'origine et de la secte des Lucifériens. Sans rien décider sur le véritable auteur de ces commentaires, nous croyons devoir faire une observation importante sur ces questions. Nous avons trouvé une si grande variété dans les manuscrits qu'elle donne de la vraisemblance et une nouvelle force à l'opinion d'Érasme et d'autres auteurs qui soupçonnaient d'abord que ces questions n'étaient pas l'ouvrage d'un seul homme, car elles contiennent des répétitions; sous des titres différents la même question s'y trouve traitée plusieurs fois; le style est souvent tout différent, et non-seulement l'auteur ne soutient pas toujours les mêmes sentiments, mais il avance souvent des opinions tout à fait contraires. Or, ces manuscrits sont de deux sortes. Les uns comprennent les cent vingt-sept questions qui ont été publiées en premier lieu, quarante-sept *de l'Ancien* et toutes les autres *du Nouveau Testament*, et la seule différence avec les éditions imprimées , c'est qu'elles ne portent pas ce troisième titre : *Questions tirées de l'un et de l'autre Testament*, que les imprimeurs ont placé en tête des trente dernières questions. Deux des manuscrits de la première catégorie se trouvent dans la bibliothèque de la Sorbonne, deux également dans celle de l'abbaye de Saint-Victor, dans la bibliothèque Colbert un beaucoup plus ancien et qui a été écrit avant l'année 700. Nous n'avons trouvé que trois manuscrits de la seconde catégorie, un dans la bibliothèque de la Sorbonne , un second dans celle de Saint-Victor, un troisième dans la nôtre, de Saint-Germain. Bien que ces manuscrits contiennent cent cinquante-une questions, c'est-à-dire cinquante-six *sur l'Ancien*, et quatre-vingt-quinze *sur le Nouveau*, et qu'ils renferment par conséquent vingt-quatre questions de plus que les ma-

---

concordiam in rebus, in sententiis, in verbis etiam ipsis, quam maximam deprehenderunt. Ad hæc utrumque opus eodem fere tempore confectum putant, Commentarios quidem cum Damasus Papa, qui sub anni 384 finem obiit, Romanam ecclesiam regeret, uti eorumdem auctor testatur in 1 Timoth., III, v. 15. Quæstiones autem anno circiter 300, ab excidio Jerosolymitano, ex quæst. *Adversus Judæos* XLIV (tametsi non nemo sit qui hunc annum ab adventu Christi numerari arbitretur). Jam vero Commentariorum scriptor creditur designatus ab Augustino in lib. IV *ad Bonifacium*, c. IV, ubi Hilarii nomine sententiam profert, quæ ad verbum in iisdem *Commentariis sup. Rom.*, V, v. 12, continetur : porro autem cum ab Hilarii Episcopi Pictavensis stilo et doctrina plurimum dissideant iidem Commentarii, non alius esse existimantur quam Hilarii Diaconi, qui Damaso Pontifice pariter vivebat, illius nimirum qui secta Luciferianus, patria Sardus dicitur. Hic nos, ut de Commentariorum auctore nihil pronuntiemus, juvat in subjectas Quæstiones observare, Mss. codicum eam a nobis deprehensam esse varietatem, quæ efficere possit, ut jam demum revocetur atque invalescat opinio Erasmi, et aliorum, qui primum suspicabantur iidem Commentarii non unius hominis esse illud quæstionum opus, in quo eadem quæ dicta sunt iterari, et propositis titulis rursum tractari eamdem quæstionem; tum dissimile dicendi genus adhiberi; nec ipsa constanter eadem, sed plane contraria dogmata propugnari cernebant. Enim vero duo sunt Mss. codicum genera. Quidam 127 illas quæ primo vulgatæ fuerunt, quæstiones complectuntur : scilicet 47 *ex Veteri Testamento*, reliquas omnes *ex Novo Testamento* inscriptas; nilque ab editis differunt, nisi quod titulum huncce tertium, *ex utroque mixtim*, qui posterioribus 30 quæstionibus a typographis præfixus fuit, nusquam habent. Hujus primi generis Mss. duo sunt in Bibliotheca Sorbonica, in Victorina totidem, in Colbertina unus antiquior multo et ante annos circiter 700 exaratus. Alterius generis Mss. non plus quam tres reperimus, unum Sorbonicum, alium Victorinum, tertium Germanensem nostrum, qui licet 151 quæstiones contineant, scilicet 56 *ex Veteri*, et 95 *ex Novo Testamento*, adeoque primi generis codicibus sint viginti-quatuor quæstionibus auctiores, non tamen habent

nuscrits de la première catégorie, cependant on n'y trouve pas la plupart des traités et des discours qui faisaient partie des premiers, et ce qui est très-important, on n'y trouve pas la question XLIV, *Contre les Juifs,* ni la CXV, *Contre les Astrologues,* non plus que quelques autres qui servaient à faire connaître l'âge et la patrie de l'auteur. Jacob Hæmer a tiré des manuscrits de cette seconde catégorie une série de questions qui ont été ensuite publiées. Nous donnons ici la double table des questions où l'on voit d'un seul coup d'œil la différence de ces deux sortes de manuscrits. Les questions qui sont propres exclusivement à l'une ou à l'autre de ces catégories sont imprimées en caractères italiques.

tractatus plerosque et conciones ex istis primum vulgatas : quodque ad rem facit, carent XLIV illa *Adversum Judæos,* et CXV *Adversum Mathematicos* quæstione aliisque nonnullis, unde auctoris ætas et patria comperiri posse credebatur. Ex hoc secundo Mss. genere eruit Jacobus Hæmer alteram collectionem quæstionum, quæ post vulgatæ sunt. Damus hic denique quæstionum Elenchum duplicem, in quo Mss. diversitas uno conspectu intelligitur. Quæstiones quæ codicibus sive primi sive secundi generis propriæ sunt, charactere italico, ut vocant, designandas curavimus.

ELENCHUS QUÆSTIONUM

EX MANUSCRIPTIS CODICIBUS

PRIMI GENERIS.

QUÆSTIONES VETERIS TESTAMENTI (1).

I. Quid est Deus.
II. Cur Deus mundum fecerit.
III. Quid opus erat per Moysen, et non ante, exordium mundi et immundis creaturæ exponere.
IV. Quare Legem non in primordio dedit.
V. Ut quid Abel sacrificium acceptatum est, et Cain refutatum.
VI. Si Lamech occidit Cain, sicut putatur.
VII. Quæ decem verba in tabulis data sunt, etc.
VIII. Ut quid Moyses descendens de monte vultum splendidum habuit.
IX. Si omnia Deus bona fecit, quid est ut dicat ad Noe de mundis et immundis : Induc tecum, etc.
X. Cum Deus dicat, quod quarta progenie exituri essent filii Israel de Ægypto, cur Moyses quinta, inquit, progenie exierunt.
XI. Si viri justi voluntas bona est, quare Isaac non Esau quem voluit, sed Jacob benedixit quem noluit.
XII. Quare Abraham fidei suæ signum circumcisionem accepit.
XIII. Si judicium Dei justum est, quare infantes in Sodomis cremati sunt.
XIV. Quid est ut Deus, qui justus prædicatur, peccata patrum filiis dicat reddi.
XV. Cum justum prædicet Lex, contra Salomon : Noli, ait, esse justus multum.
XVI. Quare Angelus, qui volebat in via Moysen occidere, circumcisione infantis placatus est.
XVII. Quid est ut maledictos dicat, qui non reliquerint semen in Israel.
XVIII. Quare Saul peccans petit orari pro se, et impetrare non potuit : David autem e contra.
XIX. Si Adam corpus immortale habuit, an mortale.
XX. Quid est quod dicitur : Panem Angelorum manducavit homo : cum Angeli non egeant cibo.

(1) Hac serie continentur omnes quæstiones primo vulgatæ.

XXI. Quid sit ad imaginem et similitudinem Dei fecisse hominem, et an mulier imago Dei.
XXII. Quid est ut dicat Salomon : Justifica animam tuam ante obitum tuum, etc.
XXIII. An ex traduce sint animæ, sicut corpora.
XXIV. Quid est ut vir imago Dei sit, et non mulier.
XXV. Ut quid Joseph adjurat filios Israel, ut tollerent cineres ejus de Ægypto.
XXVI. De Eliseo, an id quod dure petiit ab Elia, consecutus sit.
XXVII. An pythonissa Samuel excitaverit.
XXVIII. Quid contradicendum his sit, qui mundum æternum dicunt.
XXIX. Quare octavo die circumcidi mandatum est.
XXX. In Proverbiis ait : Justus sui accusator est : quomodo justus, si peccator.
XXXI. An cum muliere serpens natura locutus sit, an ab actu dictus serpens an diabolus.
XXXII. Legimus apud Salomonem : Dives et pauper obviaverunt sibi, fecit autem ambos Deus. Quomodo ergo non est personarum acceptio apud Deum.
XXXIII. Salomon : Anni, inquit, impiorum minuentur : cum videamus impios aliquantos longævos.
XXXIV. Apud Salomonem, Deus mortem non fecit : et alio loco : Bona et mala, vita et mors a Deo sunt.
XXXV. Qua ratione David Saul, postquam Deus ab eo recessit, Christum Domini vocat, etc.
XXXVI. Si anima quæ peccat ipsa morietur, quid est ut in causa Charmi triginta viri occisi sunt.
XXXVII. Quid est ut missa mors in Jacob venerit in Israel.
XXXVIII. Si equus et mulus non habent intellectum, quanto magis terra ? quid ergo est ut dicatur terra benedicere Dominum.
XXXIX. Quid est quod legitur in Salomone : Spes est in tenebris. Melior est canis vivus leone mortuo.
XL. Quid est quod dicit Propheta : Lætare sterilis, quæ non paris, etc.
XLI. An Spiritus qui super aquas ferebatur, Spiritus sanctus intelligatur.

ELENCHUS QUÆSTIONUM.

XLII. Cur Angelus Moysi et in igne et in rubo apparuit.

XLIII. *Cum Abraham prohibitus sit filium suum immolare, cur Jephte filiam immolare non prohibetur.*

XLIV. *Adversum Judæos.*

XLV. *Quomodo homo ad imaginem Dei factus sit, et an mulier quoque.*

XLVI. *Utrum Samuel fuerit de filiis Aaron, et utrum sacerdos.*

XLVII. *De hoc quod in Isaia legitur : Et apprehendent septem mulieres.*

QUÆSTIONES NOVI TESTAMENTI.

XLVIII. Deus perfectio est : quid ergo opus fuit Christo ut nasceretur.

XLIX. Cur Salvator baptizatus sit.

L. Si ideo Salvator baptizatus est ut exemplo esset, quare non ita et in circumcisione.

LI. Quomodo intelligatur : Spiritus sanctus superveniet in te.

LII. Si de Spiritu sancto natus est Christus, cur dictum est : Sapientia ædificavit sibi domum.

LIII. Quid est ut VIII Kalend. Januar. Salvator natus dicatur.

LIV. Si ex semine David Christus Filius Dei factus, id est jam natus est, quare cum baptizatur audit, Filius meus es tu : Ego hodie genui te.

LV. Quid causæ fuit ut VIII Kal. April. crucifigi se permitteret Dominus.

LVI. Quare in Matthæo pater Joseph Jacob scribitur, et in Luca, Heli, etc.

LVII. Quid est ut cum in Malachia scriptum sit : Ecce ego mitto Angelum meum, Marcus dicat in Isaia, etc.

LVIII. Qua ratione negat Joannes Christum se nosse ante baptismum, cum probet ante eum nosse.

LIX. Si baptismus cœleste mysterium est, cur Nicodemo ait Dominus : Si terrestria dixi vobis, etc.

LX. Si Lex et Prophetæ usque ad Joannem, quare Salvator ad Sacerdotes mittit offerri munera.

LXI. Quid est ut Judæis discipulos, accusantibus Dominus David exemplum proferret, per quod videntur simul cum David rei fieri.

LXII. Quid est ut occisis filiis Liæ, Rachel filios suos plangere dicatur.

LXIII. Qua ratione Magi per stellam Christum Regem Judæorum natum intellexerunt.

LXIV. Quomodo probatur, post tres dies et noctes resurrexisse Salvatorem.

LXV. Si uno ore Evangelistæ locuti sunt, cur tres sexta hora, et Marcus tertia dixerit passum Dominum.

LXVI. Marcus dæmonia dixit cognovisse Dominum, Apostolus vero : Si intellexissent, ait, etc.

LXVII. Quid est ut in cruce Dominus dicat : Pater ignosce illis : non enim sciunt, etc. Si enim nesciunt, quid ignoscitur.

LXVIII. Orandum pro inimicis docemur, quare animæ occisorum vindicari se petant.

LXIX. Si prædicante Joanne Lex cessavit, quomodo Salvator : Non veni, ait, solvere Legem, sed adimplere.

LXX. *Dominus certe inimicos nos esse vult diabolo, quare ergo : Esto, inquit, consentiens adversario.*

XXI. Jacob appellatus est homo videns Deum; quomodo Deum nemo vidit unquam.

LXXII. Quid est quod dicitur in Apocalypsi : Vade et accipe librum, et devora illum, etc.

LXXIII. Quid est quod dicit Simeon ad Mariam matrem Domini : Positus est hic in ruinam, etc.

LXXIV. Quid sibi vult ut Isaias dicat de Christo : Qui peccatum non fecit : et Apostolus : Pro nobis peccatum fecit.

LXXV. Cur Salvator pro se tantum et pro Petro didrachma solvit.

LXXVI. In Evangelio Lex, per Moysen data est; gratia et veritas per Christum. An antea veritas non erat. Ergo nec Lex.

LXXVII. Quid est quod dicitur in Marco : Intrans in domum neminem voluit scire, et non potuit latere.

LXXVIII. *Legitur in Joanne quod cum negaret se Jesus ascendisse ad diem festum, ascendit tamen.*

LXXIX. Si proprio arbitrio vivimus, quare Salvator dixit : Nemo venit ad me nisi Pater attraxerit eum.

LXXX. Certe aut Filius Dei quisque est aut diaboli, quid ergo nascimur requirendum est.

LXXXI. Apostolus ait : Nos natura Judæi : de Judæis ergo nasci Judæos ostendit, non de proselytis, etc.

LXXXII. Pagani elementis subjecti sunt, quare ergo dicat Apostolus : Eramus sub elementis, etc.

LXXXIII. Si per Christum salus et vera cognitio, cur non ante venit, etc.

LXXXIV. Quare Lunæ cursum in ratione Paschæ custodientes, reprehendimus Paganos, quia dies lunares et motum custodiant.

LXXXV. Quid est ut cum a David usque ad transmigrationem Babylonis septem decim sint generationes; Evangelista dicat quatuor decim.

LXXXVI. Quid est quod probet matrem Domini esse de tribu David.

LXXXVII. Si unus est Deus, cur in tribus spes salutis est.

LXXXVIII. *Si major gratia in Novo est Testamento, cur in veteri sedes videntur Dominus et stans in novo.*

LXXXIX. Quomodo accipiendum quod Salvator dicit de Spiritu sancto, quod veniens arguet mundum, etc.

XC. Si satanas diabolus est, quare dicit Judæis : De patre diabolo nati estis, etc.

XCI. Adversus Photinum qui dicit Christum ante Mariam non esse.

XCII. Quomodo intelligatur quod dicit Dominus : Pacem meam do vobis, etc.

XCIII. An Apostoli Spiritum sanctum habuerunt præsente Domino in carne.

XCIV. Si Judas Scariothes ante Passionem Domini crepuit pendens.

XCV. Unde orta sit observatio Pentecostes.

XCVI. Si pascha transitus interpretetur.

XCVII. Adversus Arium.

XCVIII. Si satanas diabolus est, quare Salvator dicit Judæis : De patre diabolo estis.

XCIX. Quid sit : Tentatio vos non apprehendat nisi humana.

C. De eo quod legitur in Evangelio Matthæi : Confitcor tibi Pater, etc.

CI. *De jactantia Romanorum Levitarum.*

CII. *Contra Novatianos, qui pænitentiam salutarem negant.*

CIII. *Cum constet Deum in Levitico de sacrificiis offerendis mandasse, cur alibi negat et respuit.*

CIV. *Ut quid Dominus gladium parari jussit, et post prohibuit percutere.*

CV. *Quomodo Prophetia quadret cum Evangelio de obscuratione solis*, etc.

CVI. *Quomodo intelligenda sunt quæ leguntur in Genesi de opere sex dierum.*

CVII. *De ordine diei et noctis, utra sit prior.*

CVIII. *De lingua hebraica, unde nomen accepit.*

CIX. *De Melchisedech, quomodo Abrahamo benedixerit*, etc.

CX. *De Psalmo primo.*
CXI. *De Psalmo vigesimo tertio.*
CXII. *De Psalmo quinquagesimo.*
CXIII. *Cur Filius Dei missus sit, et non alius.*
CLIV. *Adversus paganos.*
CXV. *De fato.*
CXVI. *De Paschate unde dictum sit, et quomodo mystice celebretur per sanguinem.*
CXVII. *De Abraham et ejus fide.*
CXVIII. *De Job.*
CXIX. *De Tobia.*
CXX. *De jejunio.*

CXXI. *De Paschate, quam laudabilis et gloriosa sit solemnitas.*
CXXII. *De eo quod legitur apud Evangelium: In principio erat Verbum.*
CXXIII. *Utrum Adam Spiritum sanctum habuerit.*
CXXIV. *Quomodo idem opus differt secundum personas sive in laudem sive in condemnationem.*
CXXV. *Contra Eusebium, utrum Spiritus sanctus sanctus scivit mysterium nativitatis Dominicæ.*
CXXVI. *De eo qui fidem percepit, quid plus habeat ad gratiam consequendam.*
CXXVII. *De Adam et Eva.*

EX MANUSCRIPTIS CODICIBUS

SECUNDI GENERIS.

CAPITULA DE VETERI TESTAMENTO (1).

1. De Deo et de hominis libero arbitrio.
2. *Adversum eos qui negant ad Deum aliquid pertinere.*
3. Cur Deus mundum fecerit.
4. Quid opus erat per Moysen postea et non ante, exordium mundi et ordinem creaturæ exponere.
5. Quare Legem non in primordio dedit.
6. Ut quid Abel sacrificium acceptatum est, Cain repudiatum.
7. Si Lamech occidit Cain, sicut putatur.
8. Quæ decem verba in tabulis data sunt.
9. Ut quid Moyses descendens de monte, etc.
10. Si omnia Deus bona fecit, quid est, etc.
11. Cum Deus dicat ad Abraham de filiis Israel, quod quarta progenie exituri essent, etc.
12. Si viri justi voluntas bona est, quid est ut Esau, etc.
13. Qua ratione David Saul, postquam Deus ab eo recessit, Christum Domini vocat.
14. Quare Abraham fidei suæ signum, etc.
15. Si judicium Dei justum est, quare infantes in Sodomis, etc.
16. Quid est ut Deus qui justus prædicatur, etc.
17. Cum justum prædicet Lex, contra Salomon, etc.
18. Quare Angelus qui in via volebat occidere Moysen, etc.
19. Quid est ut maledictus dicat qui, etc.
20. Quare Saul peccans petit orari pro se, etc.
21. Si Adam corpus immortale habuit, etc.
22. Quid est quod dicitur: Panem, etc.
23. Quid sit ad imaginem et similitudinem Dei, etc.
24. Quid est ut dicat Salomon: Justifica, etc.
25. An ex traduce sint animæ.
26. Quid est ut vir imago Dei sit, etc.
27. Ut quid Joseph adjurat filios Israël, etc.
28. De Elisæo, an id quod dure petiit, etc.
29. An pythonissa Samuel excitaverit.
30. Quid contradicendum his qui mundum æternum dicunt.
31. Quare octavo die circumcidi mandatum est.
32. In Proverbiis ait: Justus sui accusator est, etc.
33. An cum muliere natura serpens locutus sit, etc.
34. Legimus apud Salomon: Dives et pauper, etc.
35. Salomon: Anni, inquit, impiorum minuentur, etc.
36. Apud Salomonem: Deus mortem non fecit, etc.
37. Cur Deus dixit: *Non permanebit spiritus meus in hominibus istis, quia sunt caro; et erunt anni illorum centum viginti.*
38. Quid contineat benedictio Jacob, quam dedit.
39. Cur Angelus Moysi et in igne et in rubo apparuit.
40. *Non fuit aliud signum, quod fieret a Moyse palam Pharaoni, nisi serpens.*
41. Quid est quod in Psalmo: *Homines, inquit, et jumenta salvos facies.* Et ad Jonam: *Non parcam,* ait, *civitati, in qua habitant centum viginti millia hominum et pecora multa,* etc.
42. Si Adam factus a Deo et animatus Spiritum sanctum accepit (2).
43. Si anima quæ peccat ipsa morietur, quid est ut in causa Charmi triginta sex viri occisi sunt.
44. Quid est ut missa mors in Jacob, venerit in Israel.
45. *In sole,* inquit, *posuit tabernaculum suum,* id est corpus suum in quo habitavit Christus, qui a Pilato flagellis cæsus est: quomodo ergo dicitur in Psal. de Christo: *Flagellum non appropinquabit tabernaculo tuo.*
46. Cur Adam in mundo positus mandatum accepit.
47. *Vetus Lex Deum jurasse allegat: Salvator autem jurare prohibuit: quomodo non destruxit vetera.*
48. Cur in Lege etiam ipsi Aaron dictum est ut pro peccatis suis holocausta offerret, cum dicat David: *Pro delictis holocaustum non postulasti,* etc.
49. Cur Salomon Spiritum sapientiæ habuit, cum vitam mundam non habuit.
50. *In Tobia: Opera Dei revelare et confiteri honorificum est: Salvator autem opus Dei faciens: Nulli* ait, *dixeris.*
51. *Ut quid circumcisio et præcepta data sunt populo, quæ prius non erant, neque nunc in auctoritate habentur.*
52. Quid est ut dicatur terra benedicere Dominum, etc.
53. Quid est quod legitur in Salomone: Spes est in tenebris, etc.
54. *In Sapientia: Qui creavit,* inquit, *orbem ex materia invisa. Et contra, quia ex nihilo facti sumus.*
55. Quid est quod dicit Propheta: Lætare sterilis, quæ non paris, etc.
56. An spiritus, qui super aquas ferebatur, Spiritus sanctus intelligatur.

CAPITULA DE NOVO TESTAMENTO.

1. Deus perfectio est: quid ergo opus fuit Christo ut nasceretur.
2. Si unus Deus est, cur in tribus spes salutis, et quare prius non est Trinitas prædicata.
3. *Cur facta et dicta Dominica quatuor libris, et a quatuor Evangelistis scripta.*
4. Quis ordo quatuor Evangeliorum.
5. Quare Matthæus scribit: *Liber generationis Jesu Christi Filii David; cum prior sit Abraham.*

---

1) Hac serie inter alias continentur quæstiones pos. vulgatæ. — (2) Hæc diversa est a CXXIII, quæst. Mss. I, *generis.*

6. *Quid est ut generationes in tres partes divideret Matthæus.*
7. *Quare cum* XLI *sint generationes, Evangelista* XLII *numerasse videtur.*
8. Quid est ut cum constet a David ad transmigrationem Babylonis XVIII esse generationes, Evangelista XIV dicat.
9. Cur Salvator baptizatus sit.
10. Si ideo Salvator baptizatus est ut exemplo esset, quare non ita et in circumcisione.
11. Si ex semine David Christus Filius Dei factus, id est jam natus est, quare cum baptizatur audit : Filius meus es tu : Ego hodie genui te.
12. Si de Spiritu sancto natus est Christus, cur dictum est : Sapientia ædificavit sibi domum.
13. Quomodo intelligatur, Spiritus sanctus superveniet in te.
14. Quid est ut VIII Kalend. Januar. Salvator natus dicatur.
15. Quid causæ fuit ut VIII April. crucifigi se permitteret Dominus.
16. Quare in Matthæo pater Joseph Jacob scribitur, et in Luca Heli, etc.
17. *Ut quid Salvator* XL *diebus jejunavit et postea esuriit.*
18. Cur baptismus Joannis cessavit.
19. *Quare Lex usque ad Joannem, cum Apostolus dicat Legi nos subjectos esse debere.*
20. Si prædicante Joanne Lex cessavit, quomodo Salvator : Non veni, ait, solvere Legem, etc.
21. Si Lex et prophetæ usque ad Joannem, quare Salvator ad sacerdotes mittit, etc.
22. *Quomodo non evacuata Lex est, quando sabbatum solutum est.*
23. *Cur Salvator discipulos suos filios tonitrui appellavit.*
24. Cur Nicodemo ait Dominus : Si terrena dixi vobis, etc.
25. Quid est ut Judæis discipulos accusantibus Dominus David exemplum proferret, etc.
26. Qua ratione Magi per stellam Christum regem Judæorum natum intellexerunt.
27. Quid est ut occisis filiis Liæ, Rachel filios suos plangere dicatur.
28. *Cur post baptismum accessit ad Salvatorem tentator, dicens : Si Filius Dei est,* etc.
29. *Cur Salvator tentatori non aliter quam exemplis Legis restitit.*
30. Quid est ut cum in Malachia scriptum sit : Ecce ego mitto Angelum meum : Marcus dicat in Isaia.
31. Qua ratione negat Joannes Christum se nosse ante baptismum, cum probet ante eum nosse.
32. Quomodo Deum nemo vidit unquam, cum Filius dicat videri Patrem cum ipse videtur.
33. *Cur Salvator mulieri alienigenæ, id est Chananeæ, initio misericordiam denegabat, non item Centurioni alienigenæ,* etc.
34. Quomodo probatur post tres dies et noctes resurrexisse Salvatorem.
35. Cur tres Evangelistæ sexta hora, et Marcus tertia dixerit passum Dominum.
36. Quid est ut in Cruce Dominus dicat : Pater ignosce illis, etc.
37. Marcus dæmonia cognovisse dixit Dominum : Apostolus vero de principibus sæculi : Si cognovissent, ait, etc.
38. Orandum pro inimicis docemur : quare animæ occisorum vindicari se petant.
39. *Quid est : Propter quod donavit illi nomen,* etc. *cum imperfectus videatur, qui per opera sua augetur.*

40. In Evangelio, Lex, ait, per Moysen data est, gratia et veritas per Christum. An antea veritas non erat, etc.
41. Quid est quod legitur in Marco : Intrans in domum voluit neminem scire, et non potuit latere.
42. *Cur Joannes ad Dominum : Tu es qui venturus es, an alium expectamus.*
43. Quid est ut Salvator alio verbo, cæcum autem facto luto de sputo curaret.
44. *Quid est ut Lazarum resuscitaturus fleret; aut locum ubi positus erat, quasi ignarus quæreret.*
45. *Quid est, ut Herodem mortuum legamus; infra autem, et post multos annos Herodem Joannem occidisse.*
46. Quid est quod probet matrem Domini esse de tribu David.
47. Si arbitrio proprio vivimus, cur Salvator dixit : Nemo venit ad me nisi Pater attraxerit eum.
48. *Cur Apostolus omnibus omnia se factum dicit, quod factum videtur adulatoris et hypocritæ.*
49. Quid est quod dicitur in Apocalypsi : Vade et accipe librum et devora, etc.
50. *Quid est ut Apostolus factum Salvatorem dicat ex semine David.*
51. *Quid est quod dicit Apostolus ad Galat. Estote sicut ego, quia ego sicut vos ?*
52. *Quomodo liberi sumus arbitrii ac voluntatis, cum dicat Apostolus : Caro concupiscit adversus Spiritum, et Spiritus adversus carnem, ut non quæ vultis ea faciatis.*
53. *Qua ratione sapientia carnis inimica est Deo, etc.*
54. *Quid est quod dicit Simeon ad Mariam matrem Domini : Positus est hic in ruinam, etc.*
55. *Quid est quod Joannes dicit ad Christum : Tu es qui venturus es, an alium expectamus ? an dubitans dixerit.*
56. Quid sibi vult ut Isaias dicat de Christo : Qui peccatum non fecit ; et Apostolus : Qui pro nobis peccatum fecit.
57. *Quid est quod Apostolus dicit Galatis : Miror quod sic tam cito transferimini ab eo qui vocavit vos in gratiam in aliud Evangelium, quod non est aliud, etc.*
58. *Quare Apostolus dicit : Omne peccatum quod fecerit homo extra corpus est ; qui autem fornicatur, in corpus suum peccat : cum peccare in corpus suum videantur, qui sibi vim inferunt.*
59. Cur Salvator pro se tantum et pro Petro didrachma solvit.
60. *Cur Apostolus Paulus reprehendat Petrum quod circumcisionem daret, cum et ipse Timotheum circumcidit.*
61. *Quem Spiritum Apostolus salvandum asserit cum dicit, tradi hujusmodi hominem satanæ in interitum carnis, ut Spiritus, etc.*
62. *Quare Salvator orat et ait : Ne flat fuga vestra hyeme vel sabbato : cum tempus persecutionis hujus differri non possit.*
63. Certe aut Filius Dei quisque est, aut diaboli : quid ergo nascimur requirendum est.
64. Apostolus ait : Nos natura Judæi. De Judæis ergo nasci Judæos ostendit, non de proselytis, etc.
65. *Quid est quod Apostolus dicat : Nemo potest dicere Dominum Deum nisi in Spiritu sancto, cum Photinus Marcion, Manichæus, meretrices et spurci dicant.*
66. *Si in Lege nemo justificatur, ut quid maledictus est, qui non implevit Legem.*
67. *Si in Christo omnes thesauri sapientiæ et scientiæ, quomodo de die et hora judicii dicit se nescire.*
68. Pagani elementis subjecti sunt, quare ergo dicat Apostolus : Eramus sub elementis, etc.
69. Salvator ait : Qui non reliquerit omnia, etc. non

potest meus esse discipulus : cum ex Evangelio discipulus Jesu fuerit Joseph ab Arimathia homo dives, etc.
70. Quid est ut Salvator dicat Mariæ : Noli me tangere, etc. cum legatur ab aliis mulieribus tactus.
71. Quid est : Qui ante me fuerunt, fures sunt, etc. quod videtur Prophetas pulsare.
72. Apostolus dicit Christum pro omnibus mortuum esse : at ipse Dominus ait se dare animam suam redemptionem pro multis.
73. Quid est ut David : Euge, in malo accipit : Salvator in bono ponit.
74. Quid sit : Tentatio vos non apprehendat nisi humana.
75. Quomodo Lex sancta et justa et bona, si quidem iram operatur.
76. Si dura mandata propter diffidentiam acceperant Judæi, quid est ut eorum posteri iisdem astringerentur.
77. Salvator dicit : Non pro mundo rogo : quid ergo Joannes ait, eum advocatum esse pro universo mundo.
78. Quomodo regni Christi non erit finis, cum Apostolus dicat : Cum tradiderit regnum Deo et Patri.
79. Si per Christum salus et vera cognitio, cur non ante venit, etc.
80. Cur Apostolus ad Galatas ait : Deus unus est : quasi unum Deum negarent.

81. Cum Salvator dixerit : Postquam resurrexero, præcedam vos in Galilæam, ibi me videbitis : quid est ut inveniatur versus Jerusalem.
82. Quomodo Apostolus contristandum vetat, cum ipse contristandum se si Epaphroditus obiisset, declarat.
83. Apostoli alios sibi oblatos sanarunt, quid est ut propriis infirmis medelam non dederint.
84. Unde origo Pentecostes.
85. Jacob appellatus est homo videns Deum : quomodo Deum nemo vidit unquam.
86. Quare lunæ cursum in ratione Paschæ custodientes, reprehendimus Paganos, quia lunares dies custodiant.
87. Quid est quod Salvator dicit de Spiritu sancto, quod veniens arguet mundum, etc.
88. Si satanas diabolus est, quare dicit Judæis : De patre diabolo estis.
89. Quomodo intelligitur quod dicit Dominus : Pacem meam do vobis.
90. An Apostoli Spiritum sanctum habuerunt præsente Domino in carne.
91. Si Pascha transitus interpretetur.
92. De æternitate Filii.
93. Adversus Photinum, etc.
94. Adversus Arium.
95. De Spiritu sancto (1).

(1) Sic Elenchus collectioni præfixus in Mss. qui tamen hujus xcv quæstionis loco exhibent Hieronymi dialogum adversus Luciferianos.

TOM. XI.

QUESTIONS
SUR
L'ANCIEN ET LE NOUVEAU TESTAMENT

SUR L'ANCIEN TESTAMENT

QUESTION I. — Qu'est-ce que Dieu ?

C'est un être que nulle conception ne peut atteindre ; il est au-dessus de toute parole comme de toute pensée. Disons cependant quelque chose qui, sans être à la hauteur d'une si grande majesté, paraisse en quelque chose moins indigne de Dieu. Chaque nature conçoit de Dieu une idée proportionnée à sa capacité, et la différence qui existe dans les natures se trouve également dans les pensées et les jugements que l'on se forme de Dieu. Dieu étant au-dessus de tout doit nécessairement dépasser les conceptions de tous les esprits créés. Les hommes, quelle que soit l'étendue de leur esprit, voient ce que Dieu est plutôt par simple conjecture que par une définition certaine. Les anges, qui sont supérieurs aux hommes, ont de Dieu, sans aucun doute, des idées plus élevées, et par la même raison ces pensées sont encore plus sublimes, plus étendues dans les archanges, dans les chérubins et les séraphins, puissances spirituelles plus rapprochées de Dieu, sans toutefois que ces esprits puissent comprendre entièrement ce qu'est Dieu. Car nul ne connaît le Père si ce n'est le Fils, comme nul ne connaît le Fils si ce n'est le Père. Dieu est donc, comme il paraît aux hommes, un esprit simple par sa nature, lumière inaccessible, invisible, incompréhensible, infini, parfait, indépendant, éternel, immortel sous tous rapports, principe de toutes choses, digne de vénération, d'amour, de crainte, en dehors duquel rien n'existe, dans lequel sont toutes les choses qui sont soit au-dessus, soit au-dessous de nous, les plus élevées comme les plus basses, être tout-puissant qui embrasse tout, véritablement riche en toutes choses, parce que tout vient de lui, bon, juste, miséricordieux. Il est bon parce qu'il a donné l'être aux créatures qui n'existaient pas. Il est juste parce qu'il a donné l'usage de la liberté aux êtres qu'il a créés susceptibles de progrès ; mais comme leur perfection n'est pas assez grande pour les rendre inébranlables, il a répandu dans leur cœur comme la semence de la loi naturelle, et il y a ajouté le secours d'une loi clairement révélée, qui consacrât les droits de son autorité aux yeux des hommes. Il est miséricordieux parce qu'il ne punit point facilement les pécheurs, mais qu'il les supporte afin de pardonner au repentir. Il est sévère pour conserver par une crainte salutaire ses créatures dans la bonté qu'il leur a donnée, et les sauver de l'abîme où les précipiterait leur négligence. Et pour ne point oublier ce qui est plus admirable encore, sa clémence

QUÆSTIONES
VETERIS ET NOVI TESTAMENTI

EX VETERI TESTAMENTO

QUÆSTIO I. — Quid est Deus?

Hoc est quod nulla attingit opinio. Plus est enim quam quidquid dici poterit aut cogitari. Sed dicamus aliquid, quod licet impar sit, tamen ex aliqua conveniat ratione his quæ Deo digna videntur. Nam unaquæque natura pro capacitate sui suspicatur de Deo, ut quantum natura distat a natura, tantum distet sententia a sententia in judicando quid sit Deus. Quia enim supra omnia est, necesse est ut omnium mentes excedat. Homines enim quantum possunt aciem mentis extendere, aspiciunt quid Deus sit, opinione non definitione. Angeli autem qui superiores hominibus sunt, quia plus de Deo aliquid sentiunt, non est dubium : Archangeli vero eo ipso amplius : Cherubim autem et Seraphim, quæ potentiæ juxta Deum esse dicuntur, majora de Deo sentiunt, non tamen comprehendunt penitus quid Deus sit. (*Matth.* xi, 27.) Quia nemo novit Patrem nisi Filius, nec Filium quis novit nisi Pater. Igitur Deus est, sicut hominibus videtur, spiritus natura simplex, lux inaccessibilis, invisibilis, inæstimabilis, infinitus, perfectus, nullius egens æternus, immortalis omnimodo, a quo omnia initium consecuta sunt, venerandus, diligendus, metuendus extra quem nihil est, imo in quo sunt omnia quæqui sunt sursum et deorsum, summa et ima, omnipotens omnitenens, vere in omnibus dives, quia nihil est quod ejus non sit : bonus, justus, misericors. Bonus, quia existere quæ non erant. Justus, quia quæcumque feci ut proficerent, proprio libertatis arbitrio dimissa sunt quia tamen non tam perfecta sunt ut labi non possint semina his legis inesse decrevit naturaliter ; addens auxilium manifestatæ legis, ut auctoritas ejus perfecta esse hominibus. Misericors vero, quia peccantibus non facili reddit, sed sustinet ut conversis ignoscat. Est et severus ut terrore quæ ab eo bene condita sunt conservantur ne negligentia pareret vitæ præcipitium. Et ne quod admirabilius est præstermittamus, tanta est ejus clementia, ut contumelias passus ab his quos fecit sufferat, e

est si grande qu'il supporte les outrages de ses propres créatures et les appelle le premier à se réconcilier avec lui. N'est-ce pas là un acte de puissance plus grande que la création elle-même? Mais cette bonté excessive, par une trop longue persévérance, pourrait nuire à la créature. Aussi veut-il inspirer tantôt l'amour, tantôt la crainte aux hommes pour ne point laisser périr ceux qui s'égarent loin de lui. C'est afin de ne point exposer sa patience à des mépris qui, sans l'atteindre, tourneraient à notre ruine, qu'il nous dit par son prophète : « Je me suis tu jusqu'ici ; garderai-je toujours le silence? » (*Isa.*, XLII, 14.) Ainsi donc, Dieu est bon, et tout ce qu'il a fait est également bon. D'où vient donc le mal? Le mal n'est que la transgression du bien qui a lieu ou lorsqu'on fait des choses défendues, ou lorsqu'on use d'une manière désordonnée de celles qui sont permises, de manière que le commandement tombe sur un objet et le péché sur un autre, par exemple lorsqu'on use avec une femme de mauvaise vie des droits qu'on n'a que sur son épouse ; lorsqu'on offre au démon ce qui ne devait être offert qu'à Dieu, qu'on s'empare non pas de son bien, mais du bien d'autrui, lorsqu'enfin on met à mort l'innocent pour le coupable. Aucune nature donc n'approuve essentiellement le mal. La volonté est un accident de la nature et qui prend sa source dans des causes qui peuvent porter au mal lorsqu'elle veut dépasser les bornes et se livrer à des actes contraires à sa nature. Or, les causes de prévarication viennent des sens lorsque, par exemple, nous voyons ou nous entendons certaines choses contrairement à l'ordre établi. Et la raison de cette erreur, c'est que l'homme n'est pas Dieu, et que Dieu seul est à l'abri de toute erreur. La nature humaine a donc été laissée et abandonnée à son libre arbitre afin qu'elle puisse faire ce qu'elle veut. Si l'homme ajoute par l'exercice à la bonté de sa nature, elle en devient plus digne d'honneur ; s'il énerve sa vigueur naturelle, il mérite d'être puni, car il agit contre lui-même. C'est une grâce bien importante faite à l'homme que ce sentiment de joie qu'il éprouve lorsqu'il suit la voie droite, en voyant que ses actions le rendent plus parfait, et au contraire que ce jugement intérieur qui lui fait imputer à lui-même de n'avoir pas cherché à se rendre meilleur par la pratique des bonnes œuvres. Si l'homme n'était pas maître de ses actions, il aurait été esclave de la nécessité, il ne devrait recevoir ni la récompense glorieuse de ses bonnes actions, ni la punition des mauvaises ; il serait semblable aux animaux. Dieu nous a donc créés avec la faculté ou de pécher par défaut de soin si nous voyons, si nous entendons dans une mauvaise intention, c'est-à-dire contrairement à la règle et à la raison des choses que nous devions voir et entendre dans un but tout opposé ; ou de garder, à l'aide de la vigilance, le bien qu'il a mis dans notre nature. Cependant nous ne pouvons toujours être sur nos gardes, justement à cause de cette double faculté qui est en nous ; si donc nous venons à faillir, nous ne sommes pas immédiatement condamnés, à moins que nous ne retombions dans les mêmes fautes par une espèce de trahison. Celui qui a péché une première fois doit se prémunir aussitôt contre les dangers d'une nouvelle chute, pour ne point devenir semblable à celui qui a triomphé de lui, et au contraire pour lui être supérieur en se garantissant de toute rechute dans le péché. Une seule défaite pourra devenir ainsi l'occasion d'un double triomphe. La justice demande, en effet, que puisque la vie présente est un combat, celui qui est plus fortement sollicité au péché soit couronné lorsqu'il résiste à la

---

prior vocet eos ad pacem. Numquid non majoris virtutis hoc est, quam condidisse creaturam? In quo si permaneret nimia bonitas ejus, obesset creaturæ. Unde aliquando diligi, aliquando timeri se vult, ne aberrantes ab eo depereant. Hinc est unde ne patientia ejus non utique ad damnum ipsius, sed ad nostrum omnino contemnenda putaretur, ait : « Tacui : numquid semper tacebo? » (*Isa.*, XLII, 14.) Itaque Deus bonus, et omnia quæ fecit bona sunt. Unde ergo malum? Nihil est malum nisi prævaricatio boni, dum aut inconcessa præsumuntur, aut concessa inordinate fiunt : ut alibi mandatum, alibi peccatum fiat : ut quando quod in uxore concessum est, fit in meretrice, et quod Deo offerendum erat, offertur diabolo : et cum quis non tollit suum, sed alienum ; et cum prævaricator occidi debeat, occiditur innocens. Nulla igitur natura probatur malum. Voluntas autem est accidens naturæ, concepta ex causis, quæ male moventur, dum excedit modum, ut illa gerat quæ naturæ suæ non sunt. Causæ autem prævaricationis oriuntur ex sensibus, quando aliquid male videmus aut audimus. Quam erroram hæc res facit, quia homo non est Deus, qui solus errare non potest. Natura igitur hominum proprio arbitrio remissa et dimissa est, ut possit facere quod vult : ut si bonum naturæ suæ exercitio melior, et honorabilior sit : si autem infirmiret vigorem suum, contumelia dignus habeatur hujusmodi. Facit enim quod contra se sit. Non est minimum quod concessum est homini, ut cum recta sequitur, gaudeat in sese per id quod opere suo videt se meliorem : aut certe imputet sibi, qui cum potuit non dedit operam ut melioraret se bonis. Si autem homo potestatis suæ non esset, subjectus fuerat necessitati, ut neque boni operis haberet gloriam, neque mali pœnam, sed fuisset unum ex pecoribus. Quoniam ergo ad utrumque facti sumus possibiles, ut per negligentiam delinquamus, ut quod bene audire et videre debemus, male, id est, extra (a) normam et rationem audiamus ; per vigilantiam autem naturæ bonum custodiamus : et cauti esse semper non possumus, quia, sicut dixi, ad utrumque facti sumus possibiles ; si peccamus, non jam condemnamur, nisi iterum delinquamus, jam quasi proditores. Qui enim semel peccaverit, reparare se debet ne denuo peccet, ne par sit ei qui se viceret, ut iterum si non peccet, jam superior habeatur. Quia semel elisus bis triumphabit. Hæc justitia est, ut quia colluctatio est in mundo,

---

(a) Mss. *naturam*.

tentation. Il n'y a donc rien de mauvais dans les œuvres de Dieu. Si quelques-uns prétendent que c'est un mal que le poison, les ténèbres, parce que nos corps ne peuvent supporter la violence du poison, qu'ils disent aussi que le feu ou l'eau sont un mal, que le fer ou le plomb sont un mal, parce qu'il y a entre eux et l'or une grande différence. Ils condamnent les ténèbres par comparaison avec la lumière, bien qu'ils sachent qu'elles sont nécessaires en leur temps, comme le plomb, ou la brique, car ce sont elles qui nous procurent le repos après le travail. Celui donc qui combat généreusement en ce monde doit opposer la plus forte résistance, s'il ne veut succomber au milieu des tentations difficiles, se rendre coupable aux yeux de Dieu, s'exposer aux suites d'un repentir tardif ou imparfait, être surpris par la mort dans cet état, et sortir de cette vie avec son péché. Celui qui a courageusement résisté, s'il vient à être renversé, tombe au moins comme un homme de cœur, nul ne s'indigne contre lui, et il excite lui-même son âme à réparer cet échec. Chacun voit en effet que son intention était de vaincre, et on espère qu'il pourra remporter d'autant plus facilement la victoire que sa défaite a coûté plus de peine à son ennemi. Celui, au contraire, qui se laisse facilement vaincre n'avait pas le dessein de résister; à proprement parler, il n'est point vaincu, il consent à sa défaite. Son péché est donc plus grave. Celui qui a fait le vœu de pécher peut à peine espérer son pardon. Celui au contraire qui médite sérieusement sur les moyens d'éviter le péché est plus excusable s'il vient à faillir; car, même aux plus vigilants, il échappe de ces fautes qui sont plus petites ou plus légères. Or, plus elles sont petites, plus aussi elles sont imperceptibles, et le mépris qu'on en fait empêche de les éviter. Les fautes plus graves apparaissent de loin. Aussi celui qui les commet ne peut en accuser que sa volonté coupable. Nous avons dit plus haut que les péchés prenaient leur source dans les sens, lorsque nous regardons ou nous entendons quelque chose contre le commandement de la loi ou contre la raison; si par exemple, en considérant le soleil nous croyons que nous devons l'adorer à cause de sa beauté, nous le voyons d'une manière coupable, parce que c'est outrager le Créateur que de rendre à la créature des honneurs qui ne sont dus qu'à lui seul, et c'est lui-même qui intime cette défense par la loi. De même encore si en voyant des corps dont la forme égale l'éclat et la beauté, ou quelqu'autre chose qui appartienne au prochain, nous en faisons l'objet de nos désirs et nous jetons sur eux des regards défendus par la loi, nous commettons un péché qui est un véritable mal. On me dira peut-être : Dieu ne devait donner à aucun corps la beauté en partage, ils ne seraient pas pour nous une occasion de péché, et leur difformité serait notre appui, notre sécurité. Mais alors le fer lui-même ne devrait pas exister, puisqu'il sert d'instrument aux homicides. Pourquoi encore les lampes dont les voleurs peuvent se servir pour leurs effractions? C'est-à-dire que les choses les plus utiles devraient être supprimées pour ces raisons futiles. N'est-il pas évident que tous ces objets sont toujours sous nos yeux sans que cependant ils excitent toujours nos désirs ? Ce n'est donc pas ces objets, c'est nous-mêmes qu'il faut accuser lorsque nous sommes négligents, triste résultat de la distance qui sépare la créature du Créateur. Nous prêtons une oreille coupable aux discours qui affirment que les idoles sont des dieux, si nous y donnons en même temps notre consente-

---

qui propensior ad peccandum est, in non peccando coronetur. Nihil ergo in Dei opere malum est. At si a quibusdam mala quædam dicantur, ut venenum, aut tenebræ, quia corpora nostra vim veneni ferre non possunt : malum dicant etiam ignem aut aquam, et ferrum vel plumbum, quia multum ab auro distat, malum dicatur. Ad comparationem enim lucis tenebras condemnant, cum sciant pro loco suo necessarias esse, sicut plumbum aut testam. Nam utique requiem dant post laborem. Igitur omnis qui colluctatur in mundo, sic eniti debet, ne in re aspera victus abscedat, et fiat reus, vix aut tarde se reparans, et forte inter hæc proveniat exitus, et exeat hinc cum peccato. Qui enim omni virtute renititur, si elisus forte fuerit, quasi vir cadit, nec succenset ei quisquam, sed hortatu quodam animum ejus reparat. Videt enim eum propositum habuisse vincendi, et sperat talem posse proficere ad victoriam, quem non sine fatigatione sui hostis elisit. Qui enim facile vincitur, non habet animum resistendi : nec vincitur, sed consentit. Hic acerbius peccat. Hujusmodi (a) vix ad veniam admittendus est, qui votum habet delinquendi. Qui enim id meditatur ne peccet, etiam si peccaverit, non aspere peccat. Diligentioribus enim aliquando minora peccata subrepunt. Quanto autem minora sunt, tanto subtiliora. Et dum contemnuntur non vitantur. Majora enim longe apparent. Ac per hoc qui in majoribus peccat, voluntatis ejus est crimen. Sane quoniam superius peccata ex sensibus ortum capere diximus, dum contra legis imperium vel rationem, aliquid aspicimus aut audimus, id est, si solem videntes adorandum eum putemus propter pulchritudinem ejus, tunc male videmus : quia ad injuriam pertinet Creatoris communis, ut quod illi soli debitum est, deputetur creaturæ. Quippe cum ab eo prohibitum sit per Legem. Aut cum corpora bene composita et decora videmus, aut aliquid proximi, si concupiscamus, et aliter ea aspicimus, quam mandat lex : tunc facimus peccatum quod vocatur malum. Sed forte dicatur : Nihil igitur formosum debuit fieri, ne nos peccaremus, ut tutela nostra ex aliorum deformitate constaret? Quod si esset, nec ferrum esset, ne de eo fierent homicidia. Neque lucerna in usu esset, ne fures lumine ejus ad effringendum uterentur, ut quod magnopere omnibus utile est, deesset propter quorumdam vaniloquia. Cum constet nos semper omnia aspicere, nec tamen semper omnia concupiscere : quia non illorum vitium, sed nostrum est cum sumus negligentes, quod constat ex intervallo creari, quia non sumus

(a) Mss. 2 generis, nec.

ment, ou si nous entendons volontiers des chants obscènes. Au contraire, nous faisons bien d'écouter, si nous éprouvons un véritable sentiment de joie lorsqu'on nous dit que Dieu est un. Celui qui entend des discours contre la loi et y donne son consentement est coupable, et il fait mal en les écoutant.

QUESTION II. — Pourquoi Dieu a-t-il créé le monde?

Dieu a fait le monde parce qu'il est le souverain artisan, ou si on lui conteste ce titre, qu'on le dise ouvertement; mais ses œuvres elles-mêmes l'établissent d'une manière évidente. Me demandera-t-on : avant qu'il les créât, toutes choses étaient-elles dans le néant, ou qu'y avait-il avant la création? Le vase d'élection répond à cette question en peu de mots : « C'est en lui que nous avons la vie, le mouvement et l'être, » (*Act.*, XVII, 28) c'est-à-dire toutes choses sont en Dieu, parce qu'il est partout, et qu'il existait seul de toute éternité avant toutes choses, d'une manière invisible à toute créature. Et pour ne point paraître éluder ce mystère ou plutôt ignorer pourquoi le monde a été fait, nous disons que le diable, par son apostasie, a entraîné un grand nombre d'anges, c'est-à-dire les puissances spirituelles dans sa prévarication, lorsqu'il voulut, dans son orgueilleuse impiété, usurper le trône même de Dieu, ce que le prophète Isaïe rappelle lorsqu'il dit : « Comment es-tu tombé du ciel, astre brillant, fils de l'aurore? » (*Isaïe*, XIV, 12) c'est-à-dire qui étais plus éclatant que tous les astres. Il était le chef de nombreuses légions qu'il surpassait toutes en splendeur, et à la tête desquelles il engagea ce combat sacrilége. Il voyait au-dessous de lui une multitude de puissances spirituelles, et comme la connaissance des mystères des cieux l'élevait dans le paradis au-dessus de tous les autres, il voulut être appelé Dieu. Il trouve tous les jours dans la vie présente des imitateurs, qui fiers de voir une multitude de soldats réunis autour d'eux, veulent exploiter ce foyer de conspiration qui leur est offert par leurs satellites, et cherchent à usurper l'autorité souveraine. C'est alors que Dieu voulant châtier sa présomption, non par sa puissance, mais par la raison, créa la matière qui était un amas confus des éléments qui servirent à créer le monde. En établissant la distinction dans cette confusion, Dieu donna au monde cet ordre, cet éclat que nous admirons. Les éléments s'étant séparés les uns des autres, ont formé par leur disposition ce que nous appelons le monde, parce que chaque chose séparée distinctement l'une de l'autre, concourut à sa formation. Quant à l'homme placé sur cette terre, il est un composé de deux natures, l'une supérieure, l'autre inférieure, l'une céleste, l'autre terrestre, et sa création établit clairement la souveraine autorité d'un seul Dieu qui fit l'homme non-seulement par sa parole, mais à son image, et le créa seul pour être la source d'où devait sortir le genre humain. Dieu a voulu créer seul un seul homme pour bien établir que toutes choses viennent d'un seul principe, et qu'il n'y a par conséquent qu'un seul Dieu, afin que la créature supérieure apprît pour sa confusion la vérité par l'exemple de l'homme qui avait été créé de la terre. De ce moment le diable devint l'ennemi de l'homme. Il pressentit que l'homme avait été créé pour l'accuser; aussi mit-il en œuvre toutes les subtilités de sa nature pour l'entraîner dans la prévarication où il était tombé lui-même, et faire ainsi partager sa condamnation à son accusateur. Il lui promit donc pour fruit de sa désobéissance la di-

---

quod Deus est. Sic autem male audimus, si audientes idola deos esse, consentiamus, aut si turpia cantantibus, aurem accommodemus. Tunc autem bene audimus, si audientes de Deo quod unus sit, oblectemur. Si quis autem aliquem legem aliquid audiens assentiat, peccat : et hoc erit male audire.

QUÆSTIO II. — Cur Deus mundum fecerit?

Fecit quia est opifex, aut negetur si non est. Sed esse, ipsa opera manifestant. Fecit ergo ut esset quod ante non erat, quia sine dubio melius est esse, quam non esse. Si dicatur : Numquid inane fuit aliquid ubi faceret, aut quid prius erat ubi fecit? Hoc Vas electionis paucis absolvit. Ait enim cum de Deo esset sermo : « In ipso vivimus et movemur, et sumus : » (*Act.*, XVII, 28) hoc est, omnia in Deo, quia ubique est, ac aute omnia solus ac æternus, invisibilis omni creaturæ. Et ne mysterium prætermisisse videmur, aut potius ignorasse cur mundus factus sit, dicimus diaboli apostasiam multos angelos, id est, spiritales potentias secum in prævaricationem traxisse, dum voluit sibi regnum impia præsumptione defendere : quod Propheta Isaias significat, dicens : « Quomodo cecidisti de cœlo Lucifer, qui mane oriebaris : » (*Isa.*, XIV, 12) id est, qui cæteris lucidior apparebas? Erat enim quasi princeps multorum, inter quos clarior erat, et cum quorum societate ad impium descendit certamen. Videns enim infra se multas spiritales potentias, quippe cum in paradiso Dei præstantior esset cognitione mysterii cœlestis, ipsa elatione inflatus, voluit dici Deus : hac scilicet ratione, qua etiam in præsenti vita exemplum ejus quosdam imitatos videmus, qui contemplatione aggregatorum circa se militum elati, satellitibus in hac re fomitem conspirationis præbentibus, imperium sibi vindicare voluerunt : hinc est unde Deus ut ejus præsumptionem non potestate, sed ratione destrueret, materiam condidit, quæ esset rerum confusio, ex qua faceret mundum. Distincta enim, quæ simul confusa erant, hunc præstiterunt quem videmus ornatum. Discretis enim ab invicem substantiis, facta compaginatione mundus vocatur : quia unaquæque res ab altera segregata ad mundum apparuit : ut hic homo positus, creatus ex supernis et infernis, id est, ex cœlestibus et terrenis, unius Dei dominium, non tantum voce, sed et imagine, qua unus ab uno Deo factus est, ex quo cæteri orientur, ostenderet. Ideo enim unus unum fecit, ut doceret ab uno omnia esse, ac per hoc unum esse Deum, ut superior creatura ad confusionem suam in homine disceret, qui de terra conditus est, veritatem. Ex eo diabolus inimicus exstitit hominis. Prævidit enim quia ad accusationem ejus factus est homo : unde subtilitate sua id egit, ut in eamdem illum prævaricationem in quam ipse ruit, induceret, ut accusatorem suum participem suæ damnationis efficeret. Ex transgressione enim

vinité, lui qui en voulant l'usurper par son orgueil avait été précipité dans l'abîme. Or, comme toute nature est libre par sa création de tout principe mauvais, elle prend sa dénomination de ses accidents. La chose signifiée précède le nom qui doit la signifier. Ainsi la composition des noms de Satan et de diable viennent de ses œuvres, et sont l'expression non de sa nature, mais de sa volonté. Or, afin que les desseins et décrets éternels de Dieu dans la création de l'homme eussent leur effet, et que le démon mît le comble au crime qui avait précipité l'homme dans sa ruine, le Christ a daigné descendre du ciel sur la terre, pour délivrer l'homme de la peine de sa désobéissance et faire connaître les châtiments réservés au démon, et par là détourner les hommes d'imiter sa conduite. Voilà pourquoi l'apôtre saint Jean dit : « Le Fils de Dieu est venu dans le monde pour détruire les œuvres du diable. » (I *Jean*, III, 8.) Or, s'il était mauvais par nature, ce serait une folie ou une injustice que de lui prédire des châtiments. Qui songe en effet à condamner celui qu'il voit n'agir que selon sa nature? Qui s'irrite contre le feu, parce qu'il brûle, contre l'eau, parce qu'elle refroidit, l'un et l'autre n'agissant en cela que conformément à leur nature et non par un acte de leur volonté? Si donc le démon était mauvais de sa nature, il n'aurait pas ici de volonté. Il serait incapable de discernement et il se mêlerait comme un aveugle à toutes choses d'une seule et même manière. Or, au contraire, il agit avec un certain discernement; il ménage ceux qui font sa volonté, il use de dissimulation vis-à-vis des néophytes, il sème des obstacles et des empêchements sous les pas de ceux qui veulent recourir à la protection de Dieu; il tend des embûches à ses serviteurs, et il se déclare surtout contre ceux qui obéissent plus fidèlement aux volontés divines. Il est donc évident que sa volonté est toute dans le mal. C'est pourquoi l'apôtre saint Pierre nous dit : « Soyez sobre et veillez, car le démon votre ennemi tourne autour de vous comme un lion rugissant, cherchant quelqu'un à dévorer. » (II *Pier.*, v, 8.) Ce n'est pas aux païens, ce n'est pas aux Juifs, ce n'est pas aux gens de mauvaise vie et mœurs qu'il s'attaque, c'est aux serviteurs fidèles de Dieu et de Jésus-Christ qu'il sait être ses ennemis, parce qu'ils condamnent son entreprise et son orgueil. Lorsque la loi fut donnée, sa jalousie devint plus ardente contre ceux qui vivaient sous la loi, parce qu'il savait que la loi enseignait aux hommes l'existence d'un seul Dieu, et les règles d'une vie pure et sainte. Si donc on croit que le démon n'agit qu'en vertu de sa nature, on ne peut admettre qu'il soit coupable, parce qu'il agit comme il peut agir conformément à sa nature, et qu'il ne fait pas ce qu'il ne peut faire, parce que c'est contraire à sa nature. Il ne mérite donc ni éloges, ni condamnation; ni éloges, parce ses actions sont nuisibles, ni condamnation, parce qu'il n'agit point volontairement, mais par l'impulsion de sa nature. Nous savons que des hommes atteints subitement de folie ont blessé leurs semblables avec des bâtons, des glaives, des pierres, ou par leurs morsures, et qu'ils en ont tué même quelques-uns. On s'est emparé avec soin de leurs personnes pour les amener devant les tribunaux qui les ont déclarés innocents, parce qu'ils n'avaient point agi sciemment et volontairement, mais sous l'impulsion de je ne sais quelle force qui les a entraînés. Comment en effet établir la culpabilité d'un

---

deitatem illi spopondit, ad quam ipse dum affectaret, ab ea dejectus est. Et quia omnis natura a crimine libera est, ex accidenti sumit nomina. Ante enim res, postea significatio : ac per hoc satanas et diabolus ex actu ejus composita sunt nomina, ut sit non naturæ ejus, sed voluntatis significatio. Itaque ut propositum Dei, quod in causa creati hominis decrevit, maneret, et factum diaboli, per quod hominem circumvenit, ad cumulum ejus reatus proficeret, Christus de sacris sedibus etiam ad terras venire dignatus est; ut et hominem a transgressionis sententia liberaret, et diaboli futuram perditionem, ne quis factum ejus imitaretur, ostenderet. Propterea dixit Joannes apostolus : « Ideo venit Filius Dei, ut solveret opera diaboli : » (I *Joan.*, III, 8) qui si natura malus esset, pœnam ei promittere, aut dementis erat, aut iniqui. Quis enim arguat eum, quem videt non aliter aliquid facere, quam natura ejus admittit? Si igni potest succenseri, quia urit, aut aquæ quia infrigidat, cum non utique voluntate hoc faciat, sed natura? Unde etiam diabolus si natura malus esset, voluntatem non haberet. Nec enim posset discernere, sed uno atque eodem modo omnibus se quasi cæcus (*a*) ingereret. Porro autem judicio quodam hoc agit : nam suam voluntatem facientibus parcit, a quibusdam neophytis dissimulat, ad Dei auxilium confugere volentibus offendicula et impedimenta opponit : servis Dei insidias tendit, et promptioribus circa ejus obsequia magis infestus est. Unde manifestum est, voluntatem ejus esse in crimine. Quamobrem Petrus apostolus ait : « Sobrii estote et vigilate; quia adversarius vester diabolus tanquam leo rugiens circumit, quærens quem devoret. » (II *Pet.*, v, 8.) Gentiles non quærit, Judæos non quærit, malæ vitæ et conversationis non quærit : sed quærit Dei servos et Christi famulos, quos sibi scit inimicos; quia factum ejus, et præsumptionem ejus condemnant. Denique Lege data, plus exarsit invidia adversus eos qui sub Lege erant, sciens Legis documenta unum Deum tradere, et bonam conversationem hominibus. Igitur si hoc naturaliter putatur facere, reus constitui non potest : quia hoc facit quod naturæ suæ est, et potest; et non facit quod non potest, quia naturæ suæ non est. Itaque neque laudandus, neque condemnandus est. Laudandus non est, quia obsunt quæ agit : condemnandus autem non est, quia non voluntate hæc facit, sed impulsu naturæ. Nam aliquos scimus subito dementes factos, fuste, ferro, lapidibus, morsibus, multis nocuisse, quosdam etiam occidisse : captos autem industria et judicibus oblatos, minime reos factos, eo quod non voluntate, sed impellente vi nescio qua hæc gesserint nescientes. Quomodo enim reus constituitur, qui nescit quid fecerit? Ita et diabolus si bonum nescit, quare con-

---

(*a*) Mss. Colb. et Germ. *immergeret.*

homme qui ne sait pas ce qu'il a fait? Si donc le démon ne connaît pas le bien, pourquoi le juger digne de condamnation, parce qu'il ne fait pas ce qu'il ignore? Au contraire, s'il était possible, il serait bien plutôt digne de louanges, parce qu'il fait ce qu'il ne sait pas. Pour nous, c'est en toute justice que nous sommes devenus coupables, parce que nous ne faisons pas ce que nous savons devoir faire; ou parce que nous faisons ce que nous savons nous être défendu. Or, toutes les Ecritures s'accordent à déclarer le démon coupable; c'est pour cela que nous lisons que le supplice de l'enfer lui est réservé, et que la loi divine l'a condamné sans retour, parce qu'il a fait le mal tout en sachant et en pouvant faire le bien. Dieu, en effet, la justice même, ne le condamnerait pas pour n'avoir pas fait le bien qu'il ne connaissait pas, mais pour avoir fait le mal qu'il connaissait. Je regarde donc comme une vérité incontestable, qu'aucune substance ne peut être appelée mauvaise, parce que tout mal, comme nous l'avons démontré, tire son origine de la volonté qui est venue vicier la nature par le moyen des sens.

QUESTION III. — Quel besoin de faire connaître par Moïse et non avant lui le commencement du monde et l'ordre de la création?

Cette histoire n'a pas dû être écrite avant Moïse, parce que la création n'avait pas encore donné lieu à de si grandes erreurs parmi les hommes. Mais elle devint nécessaire dès que ces erreurs se répandirent dans le genre humain, jusque-là que les enfants d'Israël entendaient les philosophes de l'Egypte qui avaient instruit Moïse dans toutes les sciences des Egyptiens, contredire la vérité de la création et affirmer qu'un certain Apis avait créé ce monde par le moyen des mauvais anges, et que Satan est le prince de ce monde. Marcion adopta ce sentiment pour sa ruine. Les Manichéens prétendent que ce même Satan a créé l'homme, mais non le monde, et en cela ils sont plus insensés que les autres. Car c'est une vérité certaine que le monde a été créé pour l'homme, et ils viennent dire que Dieu a créé ce monde, quoique d'une matière étrangère, tandis que l'homme a été créé par son ennemi, c'est-à-dire que l'un aurait placé un maître dans la maison de l'autre. Moïse a donc dû, pour signaler et détruire cette erreur, enseigner que la création de l'homme comme celle du monde avait Dieu seul pour auteur. L'autorité que lui donnait les miracles et les prodiges qu'il opérait garantissait la vérité de son enseignement appuyé sur de tels témoignages. En effet, qui refuserait de croire à l'auteur d'aussi grands miracles? Voilà pourquoi ceux qui contredisent cette doctrine sont convaincus facilement d'erreur, parce qu'ils n'ont que leur parole pour garant de leurs affirmations. Moïse voulant démontrer que rien n'est coéternel à Dieu, expose d'abord l'ordre dans lequel s'est faite la création, les créatures moins considérables d'abord, puis les plus importantes, prouvant ainsi qu'aucune absolument n'avait été incréée. En effet, celles qui sont d'une création postérieure ont une excellence plus grande. A ceux donc qui cherchaient à exciper du temps où les premières ont été créées, on peut opposer leur infériorité de nature qui les soumet à celles qui leur sont postérieures d'origine. Si au contraire ils réclament la primauté en faveur des créatures plus excellentes, leurs prétentions sont combattues par le rang d'ordre qu'elles occupent dans la création; de sorte qu'il n'en est aucune qui n'ait eu

---

demnandus censetur, qui non facit quod nescit? Imo si posset fieri laudandus erat, quia facit quod non novit. Nos autem jure rei constituimur, quia (a) illud non facimus quod scimus debere nos facere, vel quia illud facimus quod scimus debere nos non facere. Sed quia per omnem Scripturam reum diabolum constitui videmus, et propterea gehennam illi paratam legimus, legibus illum damnandum scimus : quia cum sciret et posset facere bonum, fecit malum. Nec enim Deus qui justus est, damnaret eum, quia bonum non fecerat, quod nescierat; sed quia malum fecerat quod sciverat. Manifestatum itaque puto, nullam naturam debere dici malum : quia omne malum, sicut claruit, ex voluntate fit, quæ per sensus accidit naturæ.

QUÆSTIO III. — Quid opus erat per Moysen postea, et non ante, exordium mundi et ordinem creaturæ exponere?

Prius describi non debuit, quia adhuc ex hac causa error tantus non erat in hominibus. At ubi jam error creverit generi humano, ita ut etiam filii Israel contra hanc expositionem in Ægypto tradi audirent a philosophis Ægyptiorum, a quibus etiam Moyses fuerat instructus omnem peritiam Ægyptiacam, quæ (b) Apim quemdam mundum istum asserit per malos angelos condidisse; hunc quoque principem mundi videri, id est, satanam. Quam sententiam Marcion secutus ruit in mortem. Nam et Manichæi ab eodem (c) satana hominem dicunt factum, non mundum istum, stultiores cæteris. Cum enim mundum constet hominis causa fabricatum, illi a Deo dicunt mundum factum, licet de alieno : hominem vero ab adversario creatum, ut in domo alterius alter posuerit Dominum. Oportuit ergo Moysen, ut errorem istum proderet et auferret, manifestare mundi et hominis fabricati Deum esse auctorem. Accepta enim auctoritate per signa et prodigia quæ fecit, docuit sine dubio id verum esse quod testibus signis tradebat. Quis enim non crederet ei, cujus tanta signa in rebus gestis exsisterent? Denique hinc est, unde qui contra disciplinam hanc sentiunt, errare noscuntur, quia nudis verbis assertionem suam allegare nituntur. Itaque ut nihil Deo coæternum esse doceret, ordinem ipsum creaturarum rerum exponit, ut dum minora prius facta memorat, postea autem majora, nihil horum infectum habeatur : quia quæ tempore minora sunt, virtute majora sunt : ut si illa præscribere de tempore se putent, ipsa infirmitate qua posterioribus subjecta sunt, convincantur : aut si hæc de virtute præsumendo (d) primatum sibi vendicent, posteritate ipsa humilientur, ut nihil horum non initio subjectum videa-

---

(a) Mss. *aliud facimus quam scimus debere nos facere. Sed quia*, etc. — (b) Ms. Germ. *Saclam.* Colbert *Salam.* — (c) Mss. Ger. et Colbert. *Saclam.* — (d) Mss. *primatus.*

un commencement. Avant tout, Dieu a créé le ciel et la terre; ensuite la lumière destinée à éclairer le jour; puis le firmament qu'on appelle le ciel, et les amas des eaux qui reçoivent le nom de mer, et au-dessus desquelles apparut la terre habitable. La terre que Moïse nous présente comme ayant été faite après le ciel, n'est pas exclusivement la terre proprement dite, mais toutes les créatures inférieures et l'ensemble de tous les éléments matériels. Le ciel qui a été créé au commencement n'est pas non plus ce ciel visible, mais le ciel supérieur et spirituel. Lors donc que Moïse nous apprend que Dieu a fait d'abord le ciel et la terre, il entend par le ciel toutes les choses invisibles et par la terre toutes les choses visibles que Dieu a créées. En réunissant ainsi les deux termes extrêmes de toute la nature, il établit d'une manière certaine que tous les êtres intermédiaires ont dû être également créés. Les astres qu'il a placés au firmament, pour régler l'ordre de l'univers, ont été créés le quatrième jour, et le temps de leur création est en raison inverse de l'excellence de leur nature. Quant à l'homme, il l'a créé le sixième jour, afin de ne l'introduire que dans une habitation parfaitement achevée. Or, l'homme que nous voyons créé le sixième jour est supérieur de beaucoup à toutes les autres créatures, et cette supériorité vient surtout de sa nature intérieure, invisible et douée d'intelligence. Le soleil l'emporte sous le rapport de la force, et la lune est plus lumineuse que la terre. Voilà pourquoi il en est qui n'aiment pas cette parole de la Genèse : « Et Dieu vit que la lumière était bonne. » (*Gen.*, I, 4.) Comme ils prétendaient que toutes les créatures avaient pour auteur un principe mauvais, et qu'ils ne pouvaient croire à leur

bonté, Moïse, pour bien établir la bonté de toutes les choses créées, montre que Dieu les trouvait bonnes à mesure qu'il les faisait, et condamne ainsi celui qui serait tenté de les trouver mauvaises. Comment peut-on supposer que celui qui a dit : « Que la lumière soit, et la lumière fut, » n'ait pas connu la lumière? Peut-on faire ce qu'on ne connaît point? Or, la lumière aussitôt qu'elle fut, plut à celui qui l'avait faite. Quel artisan ne trouve pas sa joie dans son ouvrage? Voilà pourquoi il est écrit : « Et il vit que la lumière était bonne. » Et il en est cependant qui soutiennent qu'elle est mauvaise. Que serait-ce donc si Dieu avait laissé cette vérité sans témoignage? Moïse donc, après le récit de la création du monde, fait voir la succession du genre humain depuis le premier homme, par Seth, d'abord, qui remplaça Abel, et il vient par ordre jusqu'à Abraham, le père du peuple juif. Il montre qu'Abraham a cru à ce Dieu créateur du monde, et que ce même Dieu a donné la loi où se trouvaient contenues les promesses du Christ futur qui devait délivrer le genre humain de la tyrannie du démon. C'est par ces autorités que nous prouvons combien notre foi est raisonnable. Car ce récit des origines du monde rend ce témoignage à notre foi que les chrétiens remontent jusqu'au commencement du monde. En effet, de Seth, fils d'Adam, nous descendons jusqu'à Enoch; d'Enoch à Noé; de Noé à Abraham; d'Abraham à David; de David à Marie, de laquelle naît Jésus-Christ par l'opération du Saint-Esprit. Tous ceux donc qui dans les anciens temps ont eu la foi en un seul Dieu, que le Sauveur a prêchée, méritent à juste titre le nom de chrétiens; car la promesse du Sauveur à venir date du commencement du monde. Voilà pourquoi saint

tur. Ante quidem cœlum factum est et terra; deinde lux, quæ in officio (*a*) diei est : post firmamentum quod appellatum est cœlum, et congregationes aquarum quas appellavit maria, ut appareret terra in qua possit habitari. Terram autem quam post cœlum factam dicit, non terram solam vult intelligi, sed materiam significavit, id est, omnia inferna quæ in mundi omnem speciem profecerunt. Cœlum autem non hoc carnale, sed illud supernum quod spirituale est, in principio factum contendit : ut cum cœlum primo dicit factum, deinde terram, in cœlo omnia invisibilia, et in terra omnia visibilia creata a Deo significaret. Totius enim naturæ summa et ima comprehendit, ut quidquid medium est, proculdubio etiam factum credatur. Luminaria vero quæ ad gubernandum mundum instituit, quarto die asserit facta, ut quanto majora sunt virtute, tanto inferiora sint tempore. Hominem autem sexto die constituit, ut in domum jam factam habitatorem introduceret. Et valde sublimior est homo, quem utique sexto die factum declaratum est : quem idcirco sublimiorem dixi, quia interior ejus natura invisibilis est, et intellectu capax : sed fortitudine major est sol, et lumine potior luna est, quam terra. Hinc est quod quibusdam displicet dictum : « Et vidit lucem, quia bona est : » (*Gen.*, I, 4) ut quia omnia a malo facta dicebantur, et bona credi non poterant, Moyses ut bona

quæ facta sunt probaret, ipsi Deo placita quæ fecit ostendit, ut qui displicerent, reum faceret. Nam quomodo possit nescire lucem qui dixit : « Fiat lux, et facta est lux? » Aut quis facit quod nescit? Facta autem lux placuit ei qui se fecit. Quis opifex in opere suo non lætetur? Sic dictum est : « Vidit Deus lucem quia bona est. » Et non desunt qui dicant, quod mala est. Quid si sine testimonio esset relictum? Igitur descripta mundi fabrica, e primi hominis origine traducem *(auuit* generis Seth, qui redditus est pro Abel, et per ordinem venit ad Abraham patrem Judæorum : ut ostenderet Abraham huic Deo credidisse, qui opifex mundi est, et ipsum Legem dedisse, in qua futurus Christus promissus est, qui liberaret genus humanum de dominio diaboli. Ex his (*b*) rationalis probatur fides nostra. Testimonium enim huic dat origo descripta, quia ab initio genus est Christianorum. Ex Seth enim filio Adæ venitur ad Enoch, ab Enoch ad Noe, ex Noe ad Abraham, ab Abraham descenditur ad David, a David ad Mariam, ex Maria de Spiritu sancto nascitur Christus. Retro ergo omnes quotquot fidem habuerunt unius Dei, quam Salvator prædicavit, jure Christiani dicendi sunt. Ab initio enim Salvator venturus promissus est. Unde Joannes in Apocalypsi ait : « Agnus qui occisus est a constitutione mundi. » (*Apoc.*, XIII, 8.) Itaque semper Christiani fuerunt. Ii enim

(*a*) Mss. *dies*. — (*b*) Ms. Germ. *rationibus*.

Jean l'appelle dans son Apocalypse : « L'Agneau immolé dès l'origine du monde. » (*Apoc.*, XIII, 8.) Les chrétiens ont donc toujours existé. Tous ceux, en effet, dont je viens de parler qui ont existé depuis le premier homme, et par lesquels on arrive jusqu'au Sauveur, ont eu la foi en ce Dieu dont Jésus-Christ a dit : « La vie éternelle consiste à vous connaître le seul et vrai Dieu, et celui que vous avez envoyé, Jésus-Christ. » (*Jean*, XVII, 3.) Mais ne peut-on pas faire cette objection : Si tous ceux dont vous parlez ont été chrétiens avant la venue du Sauveur, quelle connaissance nous a donc apportée Jésus-Christ? L'avénement de Jésus-Christ a développé l'intelligence de cette vérité, parce que la prédication a fait voir le mystère que renfermait ce Dieu unique, les propriétés de chacune des personnes divines, et que pour nous faire accomplir la justice de la loi, Jésus-Christ nous a donné les grâces que Dieu tenait en réserve.

QUESTION IV. — Pourquoi Dieu n'a pas donné la loi dès le commencement?

La loi écrite ne dut pas être donnée tout d'abord, parce qu'elle est en quelque sorte gravée dans la nature, et que la connaissance du Créateur se perpétuait par la tradition de père en fils. Qui ne sait, en effet, ce qu'exige la vie d'un homme de bien? qui peut ignorer qu'il ne doit point faire à un autre ce qu'il ne veut pas qu'on lui fasse à lui-même? Mais la loi naturelle étant venue à s'affaiblir sous le poids des habitudes criminelles, une loi clairement révélée devint nécessaire, et le peuple juif fut choisi pour la faire connaître à tous les hommes. Ce n'est pas que la loi naturelle fût entièrement effacée, mais comme elle avait perdu la plus grande partie de son autorité, les hommes étaient livrés à l'idolâtrie. Plus de crainte de Dieu sur la terre, où dominaient les vices les plus honteux, et où chacun convoitait avidement le bien de son prochain. Il fallait donc donner une loi qui sanctionnât l'autorité des préceptes connus et fît connaître ceux qui commençaient à s'obscurcir dans l'esprit des hommes. En effet, même avant Moïse, non-seulement les préceptes de la loi n'étaient pas inconnus, mais la transgression en était sévèrement punie. Aussi trouvons-nous alors un grand nombre de justes qui évitaient le péché, parce qu'ils savaient que Dieu ne le laisserait pas impuni. Cette crainte salutaire du péché ayant successivement diminué, il devint nécessaire de révéler la loi naturelle, pour faire connaître clairement à tous les hommes que Dieu leur demanderait compte de leurs actions. La vengeance divine, il est vrai, s'était fait sentir aux pécheurs dans le déluge et dans la ruine de Sodome et Gomorrhe (*Gen.*, VII, 11; XIX, 24), mais l'ancienneté de ces châtiments les avait fait tomber dans l'oubli. Moïse crut donc devoir les rappeler pour effrayer les pécheurs, les engager à changer de vie, et à réformer les idées qu'ils s'étaient faites de Dieu. Voilà pourquoi l'Apôtre dit : « La loi n'est point établie pour les justes, mais pour les injustes, pour les adorateurs des idoles, pour les fornicateurs et autres pécheurs semblables. » (I *Tim.*, I, 9.) Voyons maintenant si la loi est d'accord avec ceux qui se moquent du jugement de Dieu dont on les menace, voyons si elle est utile ou nuisible, si elle a la vérité pour appui ou si elle est dépourvue de raison. La loi a été donnée au monde, il est vrai, mais nous la voyons sans action sur un grand nombre. Il n'est donc point juste que ceux qui pèchent ici-bas, en abusant de leur puissance, jouissent de la paix et de la sécurité. Ailleurs, nous voyons les lois tournées en dérision, les pauvres opprimés, les justes victimes d'accusa-

---

omnes, quos supra dixi, a primo homine creato in mundo, per quos tradux tenditur ad Salvatorem, hujus Dei fidem habuerunt, de quo Christus locutus est dicens : « Hæc est autem vita æterna, ut cognoscant te solum et verum Deum, et quem misisti Jesum Christum. » (*Joan.*, XVII, 3.) Potest dici e contrario : Si ante et illi Christiani fuerunt, quæ notitia per Christum? Hunc intelligentiæ profectum adventus contulit Christi, quia prædicatio unius Dei ostendit mysterium, et quid cuique personæ competat, demonstravit, et ad explendam Legis justitiam, addidit quæ reservata erant.

QUÆSTIO IV. — Quare Deus Legem non in primordio dedit?

Primum Lex formata in litteris dari non debuit, quia in natura ipsa quodammodo inserta est, et Creatoris notitia ex traduce non latebat (1). Nam quis nesciat quid bonæ vitæ conveniat : aut ignoret, quia quod sibi fieri non vult, alii minime debeat facere? (2) At ubi naturalis lex evanuit, oppressa consuetudine delinquendi, tunc oportuit Legem manifestari, ut in Judæis omnes homines audirent. Non quod penitus obliterata esset, sed quia maxima ejus auctoritate carebant : Idololatriæ studebatur. Timor Dei in terris non erat. Fornicatio operabatur. Circa rem proximi avida erat concupiscentia. Danda ergo Lex erat (ALCUIN.), ut et quæ sciebantur auctoritatem haberent, et quæ latere cœperant, manifestarentur. Nam invenimus ante Moysen non solum non latuisse, sed etiam vindicata esse peccata. Quamobrem et justi fuisse reperiuntur multi, qui scientes Deum vindicem, timebant peccare. Quod cum cœpisset jam negligi, legem naturalem revelari oportuit, ut scirent cuncti aperta ratione Deum requisiturum actus humanos. Quamvis per diluvium vindicatum legatur, et in Sodomam et Gomorrham (*Gen.*, VII, 11; XIX, 24) : sed hæc vetustatis oblivio texerat. Unde per Moysen (ALCUIN.) terroris causa ad disciplinam corrigendam, et fidem in Deum reformandam, commemorata sunt. Quare et Apostolus : « Justis, ait, Lex non est posita, sed injustis, idola colentibus, fornicatoribus, » et talia. (I *Tim.*, I, 9.) Nunc videamus an conveniat iis, qui Dei judicium audientes rident futurum : si proderit, an oberit : si veritate munitur, an caret ratione. Lex quidem data est mundo, sed videmus eam circa multos cessare. Non ergo justum videtur, ut qui hic peccant per potentiam, securi sint. Alii legibus illudunt, pauperes deprimuntur, justis accusatio componitur, bene agentes opprobrio sunt, pii indigent, mali florent, iniqui

---

(1) Confer. Alcuin., q. XIV in *Genesim*. — (2) Alcuini verba.

tions iniques, les gens de bien couverts d'opprobres, les hommes pieux dans l'indigence, les méchants dans la prospérité, l'iniquité dans les honneurs, les avares et les ravisseurs dans les richesses, la justice objet d'un honteux trafic. Ne serait-ce pas une injustice que le Créateur du monde laissât impunis de tels désordres? Non, il faut qu'il relève, qu'il glorifie les victimes d'une injuste oppression, et qu'il récompense ceux dont la vertu n'a recueilli ici-bas que des privations, qu'il comble d'honneurs ceux qui ont été couverts d'opprobres pour la justice. Quant à ceux qui, par un indigne abus de leur puissance, ont méprisé les lois ou s'en sont joué par leurs subterfuges, partisans de l'iniquité dont l'orgueil et l'arrogance sont une véritable insulte à la justice, il faut qu'ils soient humiliés, confondus et livrés aux supplices en présence des justes qu'ils ont pris plaisir à humilier, à persécuter, et qui dans un véritable sentiment de joie, rendront ainsi grâces à Dieu qui ne fait point acception de personnes (*Rom.*, II, 11), des châtiments de leurs oppresseurs.

QUESTION V. — Pourquoi le sacrifice d'Abel a-t-il été agréé de Dieu, et celui de Caïn refusé?

On peut conclure des termes seuls de ce récit que la vérité de l'histoire n'y est point voilée par aucun artifice littéraire. La sainte Ecriture nous dit ici clairement qu'Abel était prudent et religieux, tandis que Caïn était négligent et imprévoyant, et par là même avait beaucoup moins de religion. Abel choisit donc les meilleures brebis de son troupeau pour les offrir à son Créateur. En lui offrant ainsi les prémices des biens qu'il avait créés, il donnait un témoignage de l'excellence de Dieu et de sa profonde soumission, il attestait ses sentiments de respect, d'adoration, et reconnaissait que Dieu était l'auteur de toutes choses. Caïn, guidé par des sentiments plus grossiers, ne put offrir à Dieu un sacrifice semblable. Tout plongé qu'il était dans les choses de la terre, il ne put lever vers le ciel les yeux de son âme pour considérer ce qui pouvait être digne de son Créateur, et il offrit à Dieu les fruits les plus communs de la terre. C'est en cela aussi que les Juifs ont manqué de droiture. Car le Seigneur leur a souvent reproché qu'ils offraient inconsidérément sur son autel des victimes indignes même d'être offertes aux hommes. « Vous m'offrez, leur dit-il, des victimes aveugles ou borgnes, je ne les recevrai pas de vos mains; offrez-les à votre maître ou à votre chef si elles lui plaisent. » (*Malach.*, I, 8.) Tout le monde convient, en effet, qu'on doit offrir ce qu'il y a de plus excellent à une personne d'une dignité plus relevée. Le Seigneur rejeta donc les présents de Caïn et lui dit : « Pourquoi es-tu irrité et pourquoi ton visage est-il abattu? Si tu fais ton offrande avec droiture, mais que tu n'en aies point dans le choix de tes présents, tu pèches. Reste donc en repos. Ton offrande te revient et tu en es le maître (1). » (*Gen.*, IV, 6.) Vous voyez que c'est le choix du présent qui l'a rendu coupable; il n'a point su discerner ce qui était digne de Dieu, et il a réservé les meilleurs fruits pour son usage. Ce n'est donc point l'offrande qu'il a faite que Dieu reproche à Caïn, mais les présents indignes qu'il lui offre. Et il n'est pas même condamné pour ce fait, mais parce que malgré cet avertissement il ne voulut point corriger sa conduite. « Cette offrande te revient, et tu en es le

(1) Nous n'avons pas besoin de faire remarquer que cette interprétation des paroles de Dieu à Caïn est toute différente de celle qui est généralement admise d'après le texte hébreu aussi bien que d'après la Vulgate.

et corruptores in honore sunt, avari et raptores locupletantur, judex venalis est. Nonne iniquum videtur si conditor rerum non hæc requirat : ut qui hic injuste oppressi sunt, releventur; et qui bene vivendo indiguerunt, remunerentur; et qui propter justitiam opprobrio erant, honorentur : illi autem qui per potentiam leges contempserunt, aut tergiversatione illuserunt, iniquitatem sectantes, sic gloriosi in his, ut ipsi justitiæ insultare videantur, ut humiliati et confusi tormentis subjiciantur in conspectu eorum, in quorum malis et despectione gaudebant, ut et ipsi de pœna illorum læti Deo gratias referant, apud quem solum personarum acceptio cessat? (*Rom.*, II, 11.)

QUÆSTIO V. — Ut (1) quid Abel sacrificium acceptatum est, et Cain refutatum?

Ex verbis hoc ipsius lectionis potest colligi, quia non est litterarum arte velata historia. Nam Abel prudentem et devotum in eo ipso sermo indicat Scripturæ, Cain vero negligentem et improvidum, ac per hoc minus devotum. Abel ergo de placidis potiora elegit quæ Domino offerret creatori, ut de iis utique quæ creaverat, præcipua illi offerret, ut per hoc et dicationem suam et meritum ejus probaret, ut et propriam reverentiam, et Deum auctorem ostenderet. Hoc Cain velut rusticus præsentare nequivit. Totum enim animum terræ inserens, mentis oculos ad cœlum levare non potuit, ut quid Creatore dignum esset, aspiceret, qualiacumque enim Deo obtulit munera. Quæ causa etiam in Judæis obliquæ mentis deprehenditur. Sæpe enim reprehensi sunt, cum munera sua improvide Dei altari offerrent, quæ nec hominibus digna viderentur, dicente Domino : « Cœcas et luscas offertis mihi, non hæc suscipiam de manibus vestris. Offer ea præposito aut duci tuo, si acceperit ea. » (*Malach.*, I, 8.) Cum constet apud omnes, personæ sublimi maxima offerri debere munera. Ideoque Cain munera repudiata sunt, dicente et Domino : « Quid contristatus es, et ut quid concidit vultus tuus? Nonne si recte offeras, recte autem non dividas, peccasti? Quiesce ; apud te conversio ejus, et tu dominaberis ejus. » (*Gen.*, IV, 6.) Vides ergo quia divisio incurrit peccatum, dum non æstimans quid dignum Deo esset, præcipua reservavit suis usibus. Itaque non quia obtulit reprehensus est, sed quia indigna obtulit. Neque ex eo damnatus est, sed quia factum noluit emendare commonitus : « Ad te enim, ait, conversio ejus, et tu ejus dominaberis : » (*Ibid.*, 7) hoc est, me non accipiente, ad tuum dominium conversum est munus a te oblatum, ut de cætero sciret quid faceret. Hinc invidia exarsit ut occideret fratrem, ut ab

(1) Alcuin., q. xv, *in Gen.*

maître, » (*Ibid.*, 7) c'est-à-dire ces présents que je rejette redeviennent ta propriété; il veut ainsi lui apprendre ce qu'il devait faire à l'avenir. Caïn conçut de là une violente jalousie contre son frère; cet homme d'iniquité mit à mort le premier juste et donna ainsi aux hommes l'exemple du crime. En effet, cette profonde jalousie l'aveugla à ce point que non-seulement il ne rendit point grâce à Dieu qui, loin de le punir comme coupable, lui enseignait à corriger sa conduite, mais qu'il tomba dans un crime bien plus énorme qui lui attira sa juste condamnation. La conduite imprudente du fratricide Caïn ressemble à celle de ce méchant serviteur qui, sans reconnaissance pour le pardon qu'il venait de recevoir de son maître, voulait en sortant étouffer son compagnon, et méritait ainsi d'être condamné sans excuse et pour la faute qui lui avait été pardonnée, et pour sa cruauté envers son semblable. (*Matth.*, XVIII, 28.) Cependant Caïn ne fut pas condamné sur-le-champ, il fut laissé sur la terre à la confusion et à la terreur que devait lui inspirer son crime, pour lui faciliter les voies du repentir et du pardon. Et comme il craignait d'être mis à mort pour le crime qu'il avait commis, il dit au Seigneur : « Mon iniquité est trop grande pour que je sois abandonné ; si vous me rejetez aujourd'hui de la face de la terre, je me déroberai à tous les regards, je serai errant et gémissant sur la terre, et quiconque me trouvera me tuera. » (*Gen.*, IV, 13.) Caïn, effrayé de la condamnation du juste Juge, craint que cet abandon du Seigneur le force à fuir les regards des hommes, certain qu'il est que celui qui a contre lui un Dieu irrité doit craindre d'être mis à mort par les hommes. Mais que lui répond le Seigneur ? « Il n'en sera pas ainsi, » lui dit-il, c'est-à-dire je ne vous laisse pas aller, vous qui ne méritez pas de vivre, pour que vous tombiez sous les coups de vos semblables, mais afin que vous passiez votre vie dans les gémissements, dans la crainte et les alarmes comme punition du mauvais exemple que vous avez le premier donné sur la terre, et en voyant que la terre ne répond point par sa fécondité à vos travaux. « Celui donc, ajoute-t-il, qui tuera Caïn sera puni sept fois. » Cette sentence prouve la justice de la condamnation de Caïn. Lorsqu'il vit cette loi donnée avec cette sanction menaçante qui défendait d'imiter sa conduite criminelle, il connut toute l'étendue du crime qu'il avait commis, et ses craintes redoublèrent. Dieu menace donc d'un châtiment sept fois plus grand celui qui commettrait un semblable forfait, afin qu'en comprenant par là combien grand était le crime de Caïn avant même la promulgation d'une loi positive, il sût qu'il encourait un châtiment sept fois plus rigoureux s'il s'en rendait coupable ; c'est-à-dire que la connaissance de la loi ajouterait six degrés de plus au châtiment qu'avait mérité Caïn et que ce châtiment serait littéralement septuple. Ce même nombre figure aussi la récompense de ceux qui ont tout quitté pour suivre le Seigneur, et qui, en outre, recevront dans l'autre monde la vie éternelle. Voici donc le signe que le Seigneur mit sur Caïn, « afin que quiconque le trouverait ne le tuât point. » (*Ibid.*, 15.) En vertu de cette loi qui a été portée contre les parricides, tout homme qui aurait commis un homicide, parce que tout parricide est un homicide, serait sept fois plus coupable que Caïn ; Dieu voulut que la crainte d'un châtiment aussi sévère arrêtât ceux qui seraient tentés de commettre un tel crime.

QUESTION VI. — Lamech a-t-il tué Caïn, comme quelques-uns le pensent?

---

injusto occideretur, qui justitiam primus ostenderat, et exemplum malum daretur hominibus. Sic enim æmulatione zeli cæcatus est, ut non solum gratias non ageret, eo quod reus factus non fuerat, sed et didicerat quomodo hoc facto occideret, ait ad Dominum : « Major causa est mea, *(a)* reliqui me; si ejicis me hodie a facie tua, et a facie terræ abscondam me, et ero gemens et tremens super terram. Et erit, omnis qui invenerit me, occidet me. » (*Gen.*, IV, 13.) Territus itaque Cain verbis justi judicis, timet despici a Domino, ita ut et a conspectu hominum confugere se debere putet : certus, quia qui irato Deo vivit, etiam ab homine possit occidi. Sed quid ei respondet Dominus ? « Non sic, » inquit : hoc est, non ad hoc te remisi cum non merearis vivere, ut ab aliquo occidaris, sed ut gemas et tremas, quasi qui primus malum exemplum dederis super terram, dum laboribus tuis non respondet fructus ex humo : « Itaque omnis qui occiderit, inquit, Cain, septem vindictas exsolvet. » Hæc sententia ostendit jure damnandum Cain. Quando enim vidit legem datam sub tali comminatione, ne quis imitaretur factum ejus, plus cœpit timere, sciens quid mali amiserat. Septem ergo vindictas promittit, si quis ad hoc facinus aspirasset, ut videns ex hoc opere Cain reum factum, et cum adhuc legis manifestatio non erat, sciret se septuplici pœna mulctari si hoc non vitaret : ut legis notitia sex plagas adderet supra quam meruerat Cain, et cum plaga Cain septem numerarentur vindictæ. Hoc etiam numero remunerandi sunt qui relictis omnibus Dominum sequuntur, et in futuro vitam æternam habebunt : « Hoc est signum quod posuit Dominus in Cain, ne occideret eum omnis qui invenisset eum. » In parricida enim posita lex est, ut si quis homicidium fecisset, quia omne parricidium homicidium est, septies reus esset, quam fuerat Cain, ut hac severitate perterriti cæteri, ab hoc se facinore cohiberent.

QUÆSTIO VI. — Si Lamech occidit Cain, sicut putatur?

(a) Mss. *relinque*.

C'est une opinion fausse qui s'appuie sur ce que Lamech dit en parlant de Caïn : « J'ai tué un homme qui m'a blessé, un jeune homme qui m'a couvert de plaies. » (*Gen.*, IV, 23.) Car Lamech était né de la cinquième génération après Caïn, c'est-à-dire de Mathusalem, arrière petit-fils de Caïn. Or, Lamech rappelle ce fait pour montrer qu'un châtiment beaucoup plus rigoureux était réservé à celui qui pècherait depuis la promulgation de la loi. Si donc après Caïn le châtiment a été septuple pour l'imitateur de son crime, combien sera plus rigoureux ce châtiment pour celui que ni le crime de Caïn, ni les reproches sévères qui lui sont adressés, ni la sentence prononcée contre lui n'auraient pu détourner d'un crime où l'impiété se trouve jointe à la cruauté. Lamech a donc commis cet homicide après Caïn, et, sans aucun doute, d'après ce que nous avons dit, son châtiment a été sept fois plus sévère. Or, qu'arrivera-t-il à celui qui, après Lamech, suivra son exemple? Il nous l'apprend en disant : « On vengera la mort de Lamech septante fois sept fois. Si cette action criminelle n'est pas suivie de repentir, elle sera punie d'un supplice septante fois sept fois plus terrible. Voilà pourquoi Notre-Seigneur commande de pardonner à celui qui a péché ce même nombre de fois, si toutefois il a regret de ses fautes. (*Matth.*, XVIII, 22.) Mais il ne faut pas croire qu'un autre homicide ait été commis avant celui de Lamech et après celui de Caïn, parce que Lamech dit : « Le meurtre de Caïn a été vengé, » (*Gen.*, IV, 24, *sel. les Sept.*) comme si cette vengeance était un fait accompli. Quant à Lamech, comment aurait-il pu dire qu'il avait déjà été l'objet de cette vengeance, alors que l'homicide qu'il avouait avoir commis était encore récent? On peut donc dire que tout crime porte avec lui sa condamnation; car lorsqu'il n'y a point d'autre espérance, outre que l'on sait ce que mérite un acte qui est consommé, on regarde comme déjà faite une chose qui est encore à faire. Enfin il a été dit à Adam et à Eve : « Le jour où vous mangerez de ce fruit, vous mourrez de mort, » (*Gen.*, II, 17) et toutefois ils ne sont point morts immédiatement, mais après un long intervalle de temps. Cependant, comme ils avaient déjà perdu l'espérance de l'immortalité, la mort, qui ne devait les frapper que plus tard, leur est pour ainsi dire présente, parce qu'elle a été dès lors l'objet de leurs craintes. Lors donc que Lamech avoue avoir tué un jeune homme, puisqu'il est certain que Caïn n'a pu vivre jusqu'à ce temps, ou que si sa vie s'est prolongée jusque-là, ce qui paraît impossible, c'était alors un vieillard, ce n'est point lui que Lamech a tué.

QUESTION VII. — Quelles sont les dix paroles qui ont été écrites sur les deux tables, ou quelles paroles étaient gravées sur chaque table, et quel était leur nombre?

Ces dix paroles sont les dix commandements. C'est ainsi que le Sauveur appelle le sentiment qu'il demande entre autres choses aux Juifs : « J'ai aussi une parole à vous demander; répondez-moi : D'où venait le baptême de Jean? Du ciel ou des hommes? » (*Matth.*, XXI, 24.) Il donne à ce sentiment le nom de parole. C'est par une raison semblable que l'Ecriture nous dit que dix paroles ont été écrites sur les deux tables, et ces dix paroles sont dix pensées différentes. Voici la première parole : « Vous n'aurez point d'autres dieux que moi. » (*Exod.*, III.) Vient ensuite la seconde : « Vous ne vous ferez aucune image de ce qui est en haut dans le ciel, ni de ce qui est en bas sur la terre, ni dans les eaux sous la terre. »

Frustra hoc putant, qui arbitrantur quod Lamech dixerit de Cain : « Occidi virum in livore meo, et juvenem in vulnere meo. » (*Gen.*, IV, 23.) Jam enim in quinta generatione natus erat Lamech a Cain, id est, de Mathusalem ab nepote Cain. Hoc autem idcirco commemorat Lamech, ut ostenderet acrius astringendum eum qui sub manifestata lege peccaverit. Ac per hoc si post Cain in imitatorem ejus septies vindicatum est, quanto amplius in eum vindicandum est, quem nec factum Cain et correptio, nec post in eum lata sententia terruit, ut a tam impio et crudeli facinore voluntatem averteret? Post Cain ergo Lamech hoc homicidium perpetravit, qui sine dubio juxta ea quæ supra dicta sunt, septem vindictas exsolvit : et quid post Lamech ei qui hoc secutus fuisset esset futurum, ostendit dicens : « De Lamech autem septuagies septies. » Ut quia malum opus pœnitentia non subsequitur, septuaginta septem plagarum ictibus feriatur. Unde et Salvator etiam septuagies septies peccati, converso tamen remitti præcepit. (*Matth.*, XVIII, 22.) Sed ne putetur alius ante Lamech homicidium post Cain fecisse, quia dixit : « De Cain vindicatum est, » (*Gen.*, IV, 24, *sec.* LXX) quasi jam factum. Lamech autem de se quomodo diceret quia vindicatum in eum erat, cum adhuc recens esset homicidium quod confessus fuerat se fecisse? Cum constet omne factum sententiam secum habere. Quando enim alia spes non est, præterquam quod expleto operi dignum scitur, futurum pro facto habetur. Denique dictum est Adæ et Evæ : « Qua die manducaveritis, morte moriemini » (*Gen.*, II, 17) : et utique non statim mortui sunt, sed post longum temporis intervallum : sed quia jam spem immortalitatis amiserant, futura mors præsens dicta est, quia hæc cœpit in eo timeri. Igitur cum Lamech juvenem se occidisse fatetur, et Cain, sicut claruit, usque ad hoc tempus pervenire non potuit, aut si pervenit, quod impossibile videtur, senior fuit, eum non occidit.

QUÆSTIO VII. — Quæ decem verba in tabulis data sint, aut singulæ tabulæ quæ et quot verba habuerint?

Decem sententias, decem verba appellavit : quia et Salvator sensum verbum significavit, dicens inter cætera ad Judæos : « Interrogo vos et ego unum verbum; respondete mihi : Baptismus Joannis unde erat, e cœlo, an ex hominibus? » (*Matth.*, XXI, 24.) Hunc sensum verbum appellavit. Simili modo et in duabus tabulis decem verba scripta dicuntur, quæ decem sensus sunt. Denique dicit : « Non sint tibi dii alii præter me : » (*Exod.*, XX, 3) primum verbum hæc est : et subjecit secundum : « Non facies tibi ullam similitudinem in cœlo sursum, et in terra deorsum, neque in aqua quæ est sub terra. » Deinde adjecit tertium : « Non assumes nomen Dei tui

Dieu ajoute en troisième lieu : « Vous ne prendrez point le nom du Seigneur votre Dieu en vain, car Dieu ne regardera point comme innocent celui qui aura pris en vain le nom du Seigneur son Dieu, » c'est-à-dire vous ne prendrez point le nom de votre Dieu pour appuyer un mensonge et parjurer ce nom auguste. Le quatrième commandement est ainsi conçu : « Vous observerez le sabbat du Seigneur votre Dieu, et vous ne ferez dans ce jour aucune œuvre servile. » Ces quatre premières paroles se rapportent directement à Dieu et sont l'objet de la première table. Voici les autres : La première parole de la seconde table : « Honorez votre père et votre mère ; » la seconde : « Vous ne tuerez pas ; » la troisième : « Vous ne serez point adultère ; » la quatrième : « Vous ne déroberez point ; » la cinquième : « Vous ne porterez point de faux témoignage ; » la sixième : « Vous ne convoiterez rien de ce qui appartient à votre prochain. » L'Apôtre saint Paul nous apprend que tels étaient les commandements de la seconde table lorsqu'il dit : « Honorez votre père et votre mère, ce qui est le premier commandement de la promesse. » (*Ephés.*, vi, 2.) Comment ce commandement serait-il le premier si Dieu ne l'avait gravé en tête de la seconde table ? Saint Paul dit « de la promesse, » parce que Dieu ajoute aussitôt : « Afin que vous soyez heureux et que vous viviez longtemps sur la terre. » Telle est la promesse qui est faite à ceux qui observent les commandements. Vous avez donc ici les commandements distincts, leur nombre exact et l'indication précise de ceux qui étaient gravés sur chaque table.

Question VIII. — Pourquoi Moïse, en descendant de la montagne avec les tables de la loi, avait-il un visage si éclatant qu'on ne pouvait fixer les regards sur lui ?

La puissance que Dieu avait donnée à Moïse sur les pécheurs se traduisait par cette marque d'honneur et par ce visage resplendissant lorsqu'il descendit de la montagne. (*Exod.*, xxxiv, 29.) Car c'est contre les pécheurs que la loi a été donnée. Moïse donc, qui n'avait point péché, apparut environné de gloire et d'une gloire si éclatante que les pécheurs ne pouvaient arrêter leurs yeux sur lui. Le Seigneur voulut montrer dans sa personne que les pécheurs ne sont pas dignes de voir la gloire de Dieu. En effet, après que les Israélites eurent fondu et adoré l'idole du veau d'or, après que Moïse eut brisé les tables sur lesquelles la loi de Dieu était écrite, Moïse monta une seconde fois sur la montagne avec de nouvelles tables, et lorsqu'il descendit avec la loi que Dieu y avait écrite, son visage jetait de tels rayons de lumière que les enfants d'Israël et Aaron lui-même ne pouvaient arrêter les yeux sur lui, parce qu'ils avaient péché. Il leur parlait donc en mettant un voile sur son visage, car tant qu'ils persévéraient dans leurs péchés, ils étaient indignes de voir la gloire de Dieu. Voilà pourquoi l'Apôtre dit : « Lorsque ce peuple sera converti au Seigneur, le voile sera ôté, » (I *Cor.*, iii, 16) c'est-à-dire lorsque purifiés par la grâce de Dieu, ils seront devenus dignes de contempler la gloire de Dieu. En brisant les deux tables qu'il avait reçues en premier lieu, Moïse a figuré la réprobation de ce peuple qui, par son attachement à l'iniquité, devait se rendre indigne des promesses divines. La loi donnée une seconde fois signifiait qu'à ce peuple en succéderait un autre qui saurait profiter de la loi donnée sur la montagne.

Question IX. — Si toutes les créatures que Dieu a faites étaient bonnes et très-bonnes, pourquoi dit-il à Noé : « Faites entrer avec vous dans l'arche des ani-

in vanum. Non enim mundabit eum Dominus, qui sumit nomen ejus in vanum » : hoc est : Non in mendacio nomen Dei tui assumes ut perjures per illud. Dehinc quarto loco dicit : « Sabbatum Domini Dei tui servabis, et non facies in illo ullum opus servile. » Hæc quatuor verba ad Deum proprie pertinent, et in prima tabula continentur. Reliqua hæc sunt : Primum verbum est : « Honora patrem tuum et matrem tuam. » Secundum : « Non occides. » Tertium : « Non fornicaberis. » Quartum : « Non furaberis. » Quintum : « Non falsum testimonium dices. » Sextum : « Non concupisces quidquam proximi tui. » Hæc in secunda tabula scripta probat apostolus Paulus, dicens : « Honora patrem et matrem, quod est mandatum primum in promissione. » (*Eph.*, vi, 2.) Quomodo enim esset primum, nisi in secunda tabula ab ipso cœpisset ? In promissione autem ideo dicit, quia statim subjecit : « Ut sis longævus super terram, et bene sit tibi. » Hæc est promissio facta iis qui mandata custodiunt. Itaque habes et mandata distincta, et numerum eorum consummatum, et quæ et quot singulis tabulis scripta sunt.

Quæstio VIII. — Ut quid Moyses descendens de monte cum tabulis vultum splendidum habuit et intolerabilem ?

Accepta potestate in peccatores cum honorificentia descendit de monte, facie gloriosa. (*Exod.*, xxxiv, 29.) Lex enim contra peccatores data est. Moyses ergo quia non peccaverat, gloriosus apparuit, et in tantum ut a peccatoribus videri non posset. Ostensum enim in eo est, quia peccatores gloriam Dei non merentur aspicere. Post simulacrum enim vituli fusilis, et confractionem tabularum in quibus data Lex fuerat, rursus ascendit Moyses in montem cum tabulis, in quibus accepta Lege cum descenderet, gloriosa facta est facies ejus, ita ut non possent aspicere filii Israel vultum ejus, neque Aaron, quia et ipse peccaverat. Sed interposito velamine loquebatur ad illos, ut tam diu indigni essent gloria Dei, quam diu in peccatis versarentur. Unde dicit Apostolus : « Cum conversus fuerit ad Deum, auferetur velamen, » (II *Cor.*, iii, 16) ut domo Dei abluti, digni fierent intendere gloriam Dei. In confractione enim tabularum, quas ante acceperat, Judæorum populum reprobum significavit, eo quod peccatis studentes, promissione Dei indigni futuri erant. Quod autem reiterata lex est, alter populus futurus significatus est, cui proficeret lex data in monte.

Quæstio IX. — Si omnia Deus bona fecit et valde bona, ut quid dixit ad Noe : « De mundis et immundis

maux purs et impurs, » puisqu'on ne peut appeler bon ce qui est impur? (*Gen.*, I, 31; VII, 2.)

Ces paroles ne font une question que parce qu'elles ont plusieurs significations. Si l'on considère la circonstance dont il s'agit, elles ne donnent lieu à aucune difficulté, parce que les choses s'expliquent elles-mêmes par le rang qu'elles occupent. Nous appelons commun tantôt ce qui n'est point divisé, tantôt ce qui est impur. Ainsi l'apôtre saint Pierre dit : « Je n'ai jamais rien mangé de commun ni d'impur; » (*Act.*, X, 14) et saint Paul : « Tout ce qui ne vient pas de la foi est péché; » (*Rom.*, XIV, 23) et ailleurs : « La loi ne vient pas de la foi; » (*Gal.*, III, 12) et cependant elle n'est pas un péché. Vous voyez donc qu'une même expression n'a pas toujours le même sens. Lors donc qu'une chose est qualifiée d'impure, il faut considérer dans quel sens, car quelquefois on ne lui donne cette qualification que par comparaison avec une chose plus parfaite; quelquefois, au contraire, on veut exprimer par là des œuvres impures et véritablement mauvaises. Aucune substance n'est mauvaise de sa nature, et les choses qui sont appelées naturellement mauvaises ne le sont que par comparaison avec des natures plus excellentes. Ainsi un chien est dit impur en comparaison d'une brebis, le plomb est impur si on le compare à l'or, le corbeau si on le compare au paon. Dans un même corps il y a des membres plus honorables les uns que les autres, et on sait qu'ils ne sont point mauvais. Toutes choses donc sont bonnes dans leur nature, parce que toutes sont utiles.

QUESTION X. — Dieu ayant prédit à Abraham que les enfants d'Israël seraient affranchis de la domination des Egyptiens à la quatrième génération, pourquoi la loi dit-elle : « Les enfants d'Israël sortiront de la terre d'Egypte à la cinquième génération? » (*Gen.*, XV, 16.)

A ne considérer que les paroles, elles renferment, ce semble, une contradiction, mais cette contradiction disparaît si l'on s'attache au sens même qu'elles présentent. La loi parle dans un langage intelligible pour les esprits attentifs et sérieux, et la vérité qui se cache aux esprits insouciants se révèle aux âmes pleines d'une religieuse sollicitude. Dieu a dit en effet : « A la quatrième génération, » et Moïse a écrit : A la cinquième génération; c'est Moïse qui rapporte ces deux versions, et on ne peut admettre l'intention de vouloir tromper dans un homme par lequel la puissance divine a opéré de si grands prodiges. Il nous faut donc examiner la signification de ces paroles, car la sainte Ecriture ne parle jamais inutilement et sans raison. Dieu et Moïse ont pris chacun ici un point de départ différents. Dieu compte les quatre générations qui sont nées en Egypte; Moïse ajoute à ces quatre générations celle d'où elles sont sorties lorsque les Israélites sont entrés en Egypte. « Les enfants d'Israël, dit-il, sortiront d'Egypte à la cinquième génération. » Il a embrassé tout ensemble la génération qui est entrée en Egypte et les quatre qui sont nées dans ce pays. D'Abraham à la sortie des enfants d'Israël de l'Egypte on compte huit générations. En effet, depuis la promesse faite à Abraham, ils habitèrent dans la terre de Chanaan deux cent quinze ans, et deux cent quinze ans en Egypte. Ce sont ces années réunies que comprend l'Apôtre lorsqu'il dit dans son Epître aux Galates : « La loi a été donnée après quatre cent trente ans. » (*Gal.*, III, 17.) Quatre générations sont donc nées

induc tecum in arcam, » cum immundum bonum dici absolute non possit? (*Gen.*, I, 31; VII, 2.)

Per id quod multimodam rationem habent verba, faciunt quæstiones. Nam si ad causam de qua agitur referantur, nulla erit quæstio, quia per ordinem res ipsæ se produnt. Nam aliquando commune dicimus, quod indivisum est; aliquando, quod immundum est. Duobus enim modis appellatur commune. Denique Petrus apostolus : « Commune, inquit, et immundum nunquam introivit in os meum. » (*Act.*, X, 14.) Et apostolus Paulus : « Omne, inquit, quod non est ex fide, peccatum est, » (*Rom.*, XIV, 23) et alibi : « Lex, ait, non est ex fide, » (*Gal.*, III, 12) et tamen non est peccatum. Vides ergo, quia unus atque idem sermo non eadem semper significat. Ideo et cum dicitur, immundum, considerandum est qua ex causa dicatur, quia aliquando ad comparationem melioris immundum dicitur, aliquando ad opera sordida refertur, ut malum intelligatur. Nulla igitur substantia malum, quia quæ per substantiam immunda dicuntur, ad comparationem pulcherrimarum rerum immunda sunt. Nam et canis immundus dicitur ad ovem, et plumbum ad comparationem auri immundum est, et corvus ad parvum, cum unius corporis membra sint, alia honesta, alia inhonesta vocantur, cum sciantur mala non esse. Itaque omnia in sua natura bona sunt, quia utilia.

QUÆSTIO X. — Cum Deus dicat ad Abraham de filiis Israel, quod quarta progenie exituri essent de potestate Ægyptiorum, cur Lex dicit : « Quinta progenie exierunt filii Israel de terra Ægypti? » (*Gen.*, XV, 16.)

Quantum ad verba pertinet, videtur esse contrarium, si autem sensus requiratur invenietur esse non dispar. Sic enim Lex loquitur, ut a diligentibus et sedulis possit intelligi, ut ratio veritatis non incuriosis, sed sollicitis se revelet. Nam utique Deus dixit : « Quarta progenie, » et Moyses scripsit : « Quinta progenie » : quamvis utrumque Moyses retulerit, et fallere cum impossibile sit, in quo tanta virtus operata sit : ac per hoc investigandus est sensus, quia non otiose aliquid aut improvide divina loquitur Scriptura. Itaque duæ partes sunt, quas singuli memorarunt. Deus enim quatuor generationes significavit, quæ natæ sunt in Ægypto; Moyses autem addens his unam, ex qua hæ ortum acceperunt, cum intrassent in Ægyptum : « Quinta, inquit, generatione exierunt filii Israel. » Generationem enim quæ intravit in Ægyptum, et quatuor quæ illic natæ sunt simul complexus est. Nam ab Abraham usque ad exitum filiorum Israel de Ægypto, generationes sunt octo. Ducentis enim quindecim annis a promissione facta Abrahæ, habitaverunt in Chanaan, et ducentis quindecim in Ægypto. Hi sunt anni quos comprehendit Apostolus ad Galatas, dicens : « Post quadringentos et triginta annos facta est Lex. » (*Gal.*, III, 17.) Igitur hæ quatuor generationes

dans la terre de Chanaan, la première dans Isaac, la seconde dans Jacob, la troisième dans Lévi, la quatrième dans Gerson, Caath et Merari. Lorsque les enfants d'Israël entrèrent en Egypte, Caath engendra Amram, ce fut la première génération qui naquit en Egypte. Amram engendra Aaron, Moïse et Marie, seconde génération. Aaron engendra Eléazar et ses frères, qui formèrent la troisième. Eléazar engendra Phinée, et ce fut la quatrième génération. Voilà donc les quatre générations qui naquirent en Egypte. Voilà pourquoi le Seigneur disait à Abraham : « Votre postérité demeurera dans une terre étrangère ; elle sera réduite en servitude, mais je les délivrerai, et ils sortiront de cette terre d'exil après la quatrième génération. » (Gen., xv, 13.) N'est-il pas évident que Dieu n'a voulu parler exclusivement que de ce qui s'est accompli en Egypte? Moïse, au contraire, a voulu ajouter cette génération qui est entrée en Egypte avec Jacob son père, et de laquelle sont sorties les quatre suivantes. De là ces paroles : « Les enfants d'Israël sont sortis de la terre d'Egypte à la cinquième génération. »

QUESTION XI. — Si la volonté de l'homme juste est bonne, pourquoi Isaac n'a-t-il point béni Esaü comme il le voulait, mais Jacob qu'il ne voulait point bénir? (Gen., xxvii, 27.)

La volonté de l'homme juste est bonne, considérée dans sa conscience ; mais quant à la prescience, elle reste étrangère aux événements fâcheux. Car Dieu seul peut porter un jugement sur les choses futures. Voilà pourquoi le juste Isaac, à ne considérer que l'extérieur, croyait que son fils aîné méritait d'être béni de préférence. Mais Dieu qui connaît ce qu'il y a de plus de secret, fit voir que le plus jeune méritait cette bénédiction, pour montrer que cette bénédiction était non pas une faveur humaine, mais une grâce de Dieu ; car ce n'est point au mérite de l'homme, mais à la dignité de l'emploi, qu'est attachée la bénédiction de Dieu. Nous voyons dans le livre des Nombres que Dieu dit à Moïse et à Aaron qui étaient prêtres : « Invoquez mon nom sur les enfants d'Israël, et moi, le Seigneur, je les bénirai. » (Nomb., vi, 27.) Ainsi la grâce est transmise aux hommes par le ministère de ceux que Dieu choisit à cet effet, sans que la volonté du prêtre puisse être un obstacle ou un avantage ; Dieu ne tient compte ici que du caractère de celui qui demande la bénédiction. Comprenons de là quelle est la grandeur de la dignité sacerdotale. L'Évangéliste dit en parlant de Caïphe, ce grand-prêtre qui porta la méchanceté aux dernières limites en faisant mettre à mort le Sauveur : « Il ne dit point cela de lui-même, mais il fit cette prophétie, parce qu'il était grand-prêtre de cette année. » Nous voyons par là que l'Esprit des grâces n'est point attaché à la personne, qu'elle en soit digne ou non, mais à la succession de l'ordre sacerdotal. Par conséquent, quel que soit le mérite d'un homme, il n'a point le pouvoir de bénir s'il n'est choisi et ordonné pour remplir cette fonction sacrée ; mais c'est toujours de Dieu que la bénédiction reçoit son efficacité.

QUESTION XII. — Pourquoi Abraham a-t-il reçu la circoncision comme signe de sa foi? (Gen., xvii, 10.)

Si vous voulez y faire attention, vous verrez une parfaite convenance dans ce qui au premier abord pourrait vous paraître dépourvu de raison. Abraham

---

natæ sunt in Chanaan. In Isaac una, altera in Jacob, tertia in Levi, quarta in Gerson, et Caath, et Merari. Cum intrassent autem filii Israel in Ægyptum, Caath genuit Amram : hæc est prima generatio facta in Ægypto. Amram autem genuit Aaron et Moysen et Mariam, quæ est secunda generatio facta in Ægypto. Et Aaron genuit Eleazar et fratres ejus, quæ est generatio tertia. Eleazar autem genuit Phinees quarta generatione. Hæ sunt generationes quatuor procreatæ in Ægypto. Unde sit Dominus ad Abraham : « Peregrinum erit semen tuum, et servitio opprimunt eos, ego autem liberabo eos, et quarta generatione exient inde. » (Gen., xv, 1.) Vide si non apertum est, quia non aliquid significavit Deus, quam quod gestum est in Ægypto. Moyses autem ut etiam illam generationem poneret, quæ cum Jacob patre suo intravit in Ægyptum, ex qua istæ quatuor originem habent, dixit : « Quinta progenie exierunt filii Israel de terra Ægypti. »

QUÆSTIO XI. — Si viri justi voluntas bona est, quid est ut Isaac, non Esau quem voluit, sed Jacob quem noluit benedixit? (Gen., xxvii, 27.) (1).

Justi hominis, quantum ad conscientiam ejus pertinet, voluntas bona est : quantum autem ad præscientiam, immunis est ab adversis. Deus enim solus est, qui de futuris judicat. Ac per hoc Isaac justus quantum ad præ- sentem humanitatem, dignum esse majorem filium suum benedicendum magis putabat. Sed Deus qui occultorum cognitor est, minorem benedictionem mereri ostendit, ut in benedictione non hominis ostenderet esse beneficium, sed Dei ; quia officii dignitas est, non hominis meritum, quam Dei sequitur benedictio. Denique dictum est a Deo in Numeris ad Moysen et Aaron sacerdotes : « Vos ponite nomen meum super filios Israel, ego Dominus benedicam eos : » (Num., vi, 27) ut gratiam traditio per ministerium ordinantis transfundat hominibus, nec voluntas sacerdotis obesse aut prodesse possit, sed meritum benedictionem poscentis. Quanta autem sit dignitas ordinis sacerdotalis, hinc advertamus. Dictum est enim de nequissimo Caipha interfectore Salvatoris inter cætera : « Hoc autem a semetipso non dixit : sed cum esset princeps sacerdotum anni illius, prophetavit. » (Joan., xi, 51.) Per quod ostenditur spiritum gratiarum non personam sequi aut digni aut indigni, sed (a) ordinationem traditionis : ut quamvis aliquis boni meriti sit, non tamen possit benedicere, nisi fuerit ordinatus ut officium ministerii exhibeat. Dei autem est effectum tribuere benedictionis.

QUÆSTIO XII. — Quare Abraham fidei suæ signum, circumcisionis accepit sacramentum? (Gen., xvii, 10.)

Si velis advertere, non incongruum videbis quod pu-

---

(1) Exstat apud Alcuinum, q. ccxxxviii in Gen.
(a) Mss. 2 generis, ordinem.

croyant qu'il aurait un fils dans lequel toutes les nations seraient bénies, et qui serait le principe de toute sainteté, reçut le signe de cette promesse sur le membre par lequel commence la génération des enfants, et par où aussi elle finit lorsqu'il tend à une plus haute sainteté. Si l'on était tenté d'y voir quelque chose de difforme, qu'on se rappelle que la circoncision fut un sujet de joie pour Abraham, et que ses enfants furent toujours glorieux de ce témoignage. En effet, Achior, l'un des princes des nations idolâtres, témoin des grandes merveilles du Dieu d'Abraham, qui par la main d'une simple femme avait tranché, avec le cimeterre même d'Holopherne, la tête de ce général des milices assyriennes, dont toute la terre redoutait la puissance, voulut recevoir lui-même la circoncision comme une marque d'honneur et de dignité. Un chrétien n'est-il point fier d'avoir perdu un œil ou un membre quelconque pour le nom de Jésus-Christ? ne découvre-t-il pas cette partie mutilée aux regards des hommes comme un titre de gloire? Et en effet, une perte momentanée pour la foi est un véritable gain. La circoncision qu'Abraham reçut comme signe de sa foi, a donc été pour lui non pas une mutilation difforme, mais une marque d'honneur. Or, cette cérémonie signifiait dans le sens spirituel que les nuages de la chair devaient être retranchés des cœurs des hommes par la foi de Jésus-Christ, parce que l'erreur des sens en couvrant comme d'un nuage le cœur des hommes, était un obstacle à la connaissance du Créateur. Or, Abraham à qui Dieu promit que le Christ qui devait dissiper ce nuage naîtrait un jour de sa race fut circoncis, parce qu'il crut qu'il lui naîtrait un fils qui détruirait cette erreur. Jugez maintenant s'il n'était pas convenable qu'il reçût sur cette partie du corps le signe de sa foi.

QUESTION XIII. — Si les jugements de Dieu sont justes, pourquoi les enfants ont-ils été consumés avec leurs parents dans l'incendie de Sodome? (*Gen.*, XIX, 25.)

Pour faire mieux ressortir la grandeur du crime des habitants de Sodome, Dieu voulut que le châtiment s'étendît jusqu'à la mort de leurs enfants, afin de détruire jusqu'aux derniers restes de cette race coupable. Mais Dieu n'a-t-il pas agi dans leur intérêt, de peur qu'en prolongeant leur vie ils ne vinssent à suivre les exemples de leurs pères? car ils sont exempts des peines de l'enfer, parce qu'ils ont été victimes d'un crime qu'ils n'avaient pas commis. Les parents sont chargés de la double responsabilité de leur châtiment et de celui de leurs enfants, parce que pour effacer les traces de leurs crimes, il a fallu détruire toute leur postérité. De même que les enfants se réjouissent des vertus de leurs parents, parce qu'elles sont pour eux un titre de gloire, ainsi ils n'ont pas droit de se plaindre de la mort qui les frappe pour punir les crimes de ceux qui leur ont donné le jour. Ils sont associés aux avantages, ils doivent l'être au châtiment. Dans l'Egypte, les enfants ont été également punis pour les fautes de leurs parents, mais pour ramener ces derniers à des sentiments plus justes. Les autres prodiges n'avaient pu les déterminer à croire au Dieu que représentait Moïse et à l'adorer; ce fléau avait pour fin, en les frappant de terreur, de leur faire confesser et expier leur endurcissement, et de leur épargner un châtiment plus rigoureux. Le crime des parents est donc la cause de la mort des enfants. De quelque manière

---

las diversum esse a ratione. (1) Credens enim se filium habiturum, in quo omnes gentes benedicerentur, et a quo sanctimonium exoriendum erat, illa in parte signum accepit, per quam generatio filiorum et inchoat, et cessat, ut sanctior sit. Sed si aliquibus deformatio videtur, animadvertant Abraham in eo gavisum, et filios ejus hoc testimonio fuisse gloriosos. Nam Achior utique unus ex principibus gentilium videns tantam virtutem esse in Deo Abrahæ, ut Holoferne ducem exercitus Assyriorum, cujus potentiæ tota terra tremebat, proprio gladio manu feminæ decollaret, sponte se circumcidit, arbitratus ex eo ipso dignitatem sibi esse quæsitam. (*Judit.*, XIII, 27 ; XIV, 6.) Nonne præ se fert, si aliquis pro nomine Christi oculum aut aliquod membrum amiserit? Nonne partem ipsam humanis vultibus ingerit, ut appareat gloriosus? Pro fide enim aliquid ad tempus amittere, lucrum est facere. Ita et Abraham fidei suæ signum accipiens, non deformatus est, sed melioratus. (2) Spiritaliter vero hoc significavit, quia nebula carnis circumcidi debebat a cordibus hominum per fidem Christi: quia carnalis error obstabat, caligine præstabat humanis cordibus ne cognoscent Creatorem. Abraham autem, quia et promissus est ex semine ejus futurus Christus, qui hanc caliginem abstergeret, ideo circumcisus est, quia filium credidit se habiturum, qui errorem hunc amputaret. Jam vide si non congrue illa in parte vel tale signum accepit.

QUÆSTIO XIII. — Si judicium Dei justum est, quare infantes in Sodomis simul cum parentibus cremati sunt? (*Gen.*, XIX, 25.)

Ut nimis impium facinus Sodomitarum possit averti, peccatum eorum pervenit usque ad necem filiorum ipsorum, ne de origine illorum signum aliquod remaneret: Nonne provisum est illis ne diu viventes exempla sequerentur patrum? (3) A gehenna enim liberi sunt, in aliena causa occisi. Parentes enim tam pro se, quam pro his rei sunt, quia ut eorum opera obliterarentur, omnis progenies ipsorum erasa est. Nam sicut de bonis parentum læti sunt filii, eo quod commendentur prærogativa illorum : sic et de morte quæ pro malis illorum infertur queri non possunt. Quemadmodum enim participes in lucro sunt, necesse est ut sint et in damno. Similiter et in Ægypto pro noxiis patrum plexi sunt filii, sed ut ad emendationem eorum proficeret : ut quia ex aliis causis Deum credere et venerari, qui in Moyse erat, noluerunt, hac plaga territi confiterentur cum satisfactione, ne gravius hunc reatum sentirent. Hæc ergo mors filiorum, crimen est patrum. Quocumque enim modo filii debitum spiritum reddiderunt, futuri accusatores parentum,

---

(1) Alcuin., q. CLXXIV, *in Gen.* — (2) Reliquum deest in Mss. 2 generis. — (3) Cautius Alcuinus, q. CLXXXIII *in Gen. Et ut levius crucientur, vel omnino non in aliena causa occisi.*

que les enfants aient payé cette dette, ils seront un jour les accusateurs de leurs parents, parce que le sang même de leurs enfants n'a pu triompher de leur perfidie. Ce n'est donc point pour la vie future, mais pour la vie présente que les enfants ont subi le châtiment dû aux crimes de leurs pères. Et ce n'est point pour eux une légère faveur que d'échapper à la culpabilité, sans être cependant dans la gloire. Nous voyons des hommes demander avec instance à la fin de leur vie de faire profession de la vraie foi, afin d'obtenir, sinon la couronne, du moins leur pardon; comment donc pourront se plaindre ceux qui par la conduite tenue à leur égard, n'ont eu ni à implorer le pardon de leurs fautes, ni à obtenir une récompense extraordinaire, parce qu'ils ne l'ont point méritée par leurs travaux? Comparez un instant de souffrance avec un supplice qui dure des siècles. Considérez encore qu'un grand nombre se donnent beaucoup de peine, et faute de persévérance, non-seulement perdent le fruit de leurs travaux, mais se rendent coupables de châtiment. Ajoutez encore qu'il est difficile à ceux qui sont nés de parents vicieux et qui ont été élevés ou qui ont vécu dans la société des méchants, de faire plier leur âme sous le joug de la loi divine. Voyez donc ici encore si Dieu n'a pas agi sagement à l'égard de ces enfants.

QUESTION XIV. — Pourquoi Dieu, dont l'Ecriture vante la justice, menace-t-il de punir les péchés des parents sur les enfants jusqu'à la troisième et la quatrième génération?

Dieu ne peut ni faire, ni dire aucune injustice, en douter c'est folie. Si donc on ne retranche aucune des paroles du Seigneur, mais qu'on réunisse avec soin tous les éléments de la question, la lumière fera place à l'obscurité, et on regardera comme un trait de bonté ce qui paraissait une souveraine injustice. Supprimer quelques-uns des éléments d'une question, c'est faire preuve ou d'ignorance ou de mauvaise foi, car c'est l'œuvre d'un homme qui aime mieux calomnier que s'instruire. Or, Dieu a menacé, il est vrai, de poursuivre les péchés des parents jusque sur leurs enfants, mais sur ceux qui n'auraient pour lui que de la haine, c'est-à-dire qui persévérant dans l'iniquité de leurs pères, adoreraient les idoles à leur exemple; car c'est se déclarer l'ennemi de Dieu que d'attribuer à la créature l'honneur qui n'est dû qu'à lui seul. De même que les enfants des justes qui sont justes eux-mêmes ennoblissent une famille, où la justice se transmet comme un héritage et recueillent la double gloire de leurs vertus et de celles de leurs parents, de même les enfants des méchants qui héritent de leur méchanceté ajoutent aux crimes de leurs pères, parce qu'ils sont les enfants des méchants et qu'ils imitent leurs coupables exemples pour la perte d'un grand nombre. Dieu veut donc inspirer ici la terreur, mais sa parole est vraie et fondée en raison. Qui de nous, en effet, n'a en exécration à double titre le fils mauvais d'un père coupable? qui ne juge digne d'une double récompense le fils vertueux d'un homme de bien? Or, Dieu menace d'exercer sa vengeance jusque sur la troisième et quatrième génération, parce qu'un père mauvais peut avoir un fils qui ne marche point sur ses traces, tandis que le petit-fils le suivra dans la voie du mal; or, il faut qu'il sache qu'il ne peut échapper à la rigueur de cette sentence. Si, au contraire, le petit-fils ne suit point les exemples de son aïeul, mais ceux de son père, en aimant comme lui

---

quia perfidiam suam nec sanguine filiorum vincere potuerunt. Non ergo in futurum, sed ad præsens tempus mala parentum filios invenerunt. (1) Nec qualecunque beneficium est, gloriosum non esse, nec tamen reum. Nam si quidam cum precibus enituntur in postremis positi, ad fidem veram accedere, ut si non coronam, vel veniam mereantur; quomodo poterunt hinc aliquid queri, cum quibus ita actum est, ut neque esset unde ignosci sibi precarentur, neque sublimes haberentur quia minime laboraverunt? Confer nunc unius momenti cruciatum ad multi temporis pœnam. Arbitrare etiam multos laborare, et quia perseverare non possunt, non solum effectum laboris amittere, sed et pœna mulctari. Adde etiam, quia difficile de malis nati, et inter nequissimos educati vel conversati, mensem suam temperant ad disciplinam Dei sequendam. Vide ergo si non magis bene actum est cum filiis perditorum.

QUÆSTIO XIV. — Quid est ut Deus, qui justus prædicatur, peccata patrum filiis reddere promiserit in tertiam et quartam progeniem? (*Exod.*, XX, 5.)

Nihil injuste Deum facere aut dicere, qui dubitat, insanus est. Itaque si verba Domini non supprimantur, sed omnia quæ ad eamdem quæstionem pertinent, proponantur, lucebit quod obscurum videtur, et piam æstimabitur quod minime justum putatur. Qui enim verba supprimit quæstionis, aut imperitus est, aut tergiversator, qui calumniæ magis studeat quam doctrinæ. Porro autem repromisit quidem Dominus reddere se peccata patrum filiis, sed qui oderint eum, hoc est, qui in paternis malis versati servierint idolis, sicut et patres illorum. Ille enim inimicus Dei est, qui honorem hominis ejus vindicat creaturæ. Sicut enim justorum filii et ipsi justi nobilitant in se genus justitiæ, dum et patrum et sua justitia sublimantur: ita et nequissimorum, et ipsi filii nequissimi crementum faciunt malitiæ, quia et malorum filii sunt, et nequitiam illorum exemplarunt ad perditionem multorum. Cum terrore ergo locutus videtur Deus: sed verum est, et hoc habet ratio. Quis enim malum et mali hominis filium non duplici genere exsecretur, quomodo bonum et boni filium duplici (a) mercede censet honorandum? Idcirco autem in tertiam et quartam progeniem reddere se promisit, ut si post patrem malum filius non sequatur perfidiam patris, nepos autem avi in malis imitator existens sciat se non immunem futurum a severitate sententiæ: aut si et nepos forte non avi, sed patris secutus vestigia Testamentum diligat Dei, non ignoret pronepos ad se usque pervenire sententiam, si æmulus sit proavi perfidiæ. Hac legis ma-

---

(1) Apud Alcuin. clarius in q. CLXXXIII in Gen. Est qualecumque beneficium, reum non esse qui gloriosus non est.
(a) Mss. 2 generis, *merito*.

la loi de Dieu, que l'arrière petit-fils n'oublie pas que la sentence peut s'étendre jusqu'à lui, s'il imite la conduite criminelle de son bisaïeul. En promulguant cette loi, Dieu a voulu agir sur l'impiété des parents, et leur faire reconnaître les maux sans nombre qu'enfante le culte des idoles, afin que leur affection pour leurs enfants les rappelât au moins aux sentiments de religion qu'ils doivent à leur Créateur, ou afin que les fils, dans la crainte des châtiments dus aux crimes de leurs pères, tissent profession d'obéissance à la loi de Dieu. Mais les insensés, par un surcroît de malice, interprétèrent dans un autre sens cette divine sentence, en disant : « Nos pères ont mangé des raisins verts, et les dents des enfants en ont été agacées, » (*Ezéch.*, XVIII, 2) c'est-à-dire qu'assurés de l'impunité, parce que leurs enfants subiraient la peine due à leurs péchés, ils restaient insensibles à l'amour spirituel de Dieu aussi bien qu'à l'affection naturelle pour leurs enfants. Voilà pourquoi Dieu leur dit par son Prophète : « Le fils ne mourra point pour le père, ni le père pour le fils, mais l'âme qui aura péché, mourra elle-même. » Il veut leur apprendre que c'est en vain qu'ils espèrent l'impunité, mais que les péchés des pères seront punis dans la personne des enfants, en ce sens qu'ils seront châtiés plus rigoureusement, parce qu'en imitant l'impiété de leurs pères ils ont renouvelé l'exemple de crimes qu'ils auraient dû effacer. Après avoir fait connaître les maux dont l'idolâtrie est la source, Dieu ajoute aussitôt le tableau des récompenses qu'il réserve à ceux qui l'aiment : « Et je fais miséricorde dans la suite de mille générations à ceux qui m'aiment et gardent mes commandements, » (*Exod.*, XX, 6) c'est-à-dire que les vertus du père sont récompensées non-seulement dans l'arrière petit-fils, mais jusque dans la suite de mille et mille générations. Ainsi, par exemple, qu'un homme qui aime Dieu soit de la race de David, dont l'existence remonte bien au-dessus de mille ans, il est l'objet de la miséricorde de Dieu, et dans la nécessité il mérite à double titre de recevoir cette miséricorde, par sa fidélité personnelle au service de Dieu, et parce qu'il descend de la race d'un homme qui a fait profession d'aimer Dieu. Et c'est ici que la bonté de Dieu est vraiment digne de nos louanges ; sa justice sur ceux qui le haïssent ne s'exerce que jusqu'à la troisième et la quatrième génération, et non sur des milliers de générations. Si donc l'iniquité se perpétue dans la cinquième génération, sa vengeance part de là pour s'étendre de nouveau jusqu'à la troisième et la quatrième génération. Mais on me fera cette objection : Le premier auteur d'un crime doit être plus sévèrement puni que celui qui ne fait que l'imiter. L'auteur du crime reçoit le juste châtiment qui lui est dû ; si les enfants sont plus rigoureusement châtiés, c'est la punition des parents. Si vous en demandez la raison, je répondrai que la connaissance de la loi ajoute à la gravité du péché, comme il arriva pour Lamech et après Lamech. Il en est cependant qui pensent que les fils ont porté la peine due aux crimes de leurs pères lorsqu'ils furent emmenés en captivité en expiation de leurs crimes, et qu'ils y restèrent jusqu'à la quatrième génération. Si ce sentiment est vrai, non-seulement Dieu n'a pas seulement puni les péchés des pères sur les enfants qui le haïssaient, mais sur ceux qui aimaient son nom, car au nombre de ces captifs étaient Daniel, les trois enfants Baruch, Ezéchiel, et Esdras, qui naquit pendant la captivité elle-même. Nous avons donc répondu clairement à la question que nous nous étions posée.

QUESTION XV. — Puisque la loi fait l'éloge du juste

---

nifestatione deterreri voluit Deus impios patres, ut agnoscentes quantum mali pareret sectatio idololatriæ, vel affectu filiorum revocarentur ad reverentiam Creatoris, aut filii timentes ne incurrerent peccata patrum, Dei legi obtemperarent. Illi autem addentes ad nequitiam, aliter hoc interpretari cœperunt dicentes : « Patres nostri manducaverunt uvam acerbam, et dentes filiorum obstupuerunt ; » (*Ezech.*, XVIII, 2) ut securi de impunitate, eo quod filiis ipsorum redderentur peccata, neque spiritus neque carnis haberent pietatem. Hinc dicitur eis : « Non morietur filius pro patre, neque pater pro filio ; sed anima quæ peccavit, ipsa morietur. » Ut addiscerent non impune sibi futurum, sed sic reddi peccata patrum filiis, ut quia impietatem parentum secuti, mala quæ obliteranda erant, exemplaverint, acerbius puniantur. Postquam ostendit Deus quid mali pariat idololatria, addidit statim quæ bona diligentes se sequantur, dicens : « Et faciens misericordiam in millia millium iis, qui diligunt me, et custodiunt præcepta mea ; » (*Exod.*, XX, 6) ut bonum patris, non usque ad pronepotem, sed usque ad millia millium reddat. Ut puta si quis ex semine David diligat Deum, quem constat utique porro ante mille annos fuisse ; huic additur misericordia Dei, ut in necessitate duabus suffragantibus causis, misericordiam accipere mereatur ; quia et ipse Dei cultor est, et ex ejus semine est, qui amaverit Deum. Et in hoc clementia Dei laudabilis est, ut odio habentibus se usque in tertiam et quartam reddat progeniem, et non in millia millium : ut si in quintam progeniem tractum fuerit malum, inde iterum caput habere incipiat, ut ex eo numeretur usque ad tertiam et quartam progeniem. Sed dicet quis : Auctori magis amplius reddendum justum videtur, quam imitatori. In auctorem congrue datur vindicta : filiis autem quod plus dicit reddi, pœna est patrum. Et si causam quæras, accessu Legis peccatores plus fiunt rei, sicut Lamech et post Lamech. Quibusdam tamen videtur, sic reddita esse peccata patrum in filios, dum in captivitatem ducti sunt causa patrum, et fuerunt ibi usque ad quartam generationem. Quod si verum est, non solum odio habentibus se reddidit peccata patrum, sed et diligentibus nomen suum : quia et Daniel abductus est, et tres pueri, et Baruch, et Ezechiel, et Esdras ibi natus est. Liquido ergo apparet illud convenire propositæ quæstioni, quod supra diximus.

QUÆSTIO XV. — Cum justum Lex prædicet, et hic vere justus sit, qui plenam habet justitiam, quomodo

et que le vrai juste est celui qui accomplit toute justice, comment expliquer ces paroles de Salomon : « Ne soyez point juste à l'excès ? » (*Eccl.*, VII, 17.)

Une justice portée à l'excès est exposée à pécher, tandis qu'une justice modérée rend les hommes parfaits. Celui qui est par trop juste n'est point exempt de péché; car si vous voulez reprendre chaque faute en détail, c'est pour vous autant d'occasions de péché. Ajoutons que la justice de Dieu est toujours modérée. Tantôt elle pardonne aux pécheurs, tantôt elle s'irrite contre eux; tantôt elle ne les punit point autant qu'ils le méritent; elle les supporte pour les ramener au bien. La loi par elle-même ne peut relâcher de sa sévérité; c'est donc à nous de l'adoucir dans l'intérêt de ceux qui lui sont soumis. L'homme qui modèle sa conduite sur celle de Dieu ne peut donc être juste à l'excès.

QUESTION XVI. — *Pourquoi l'ange qui voulait tuer Moïse dans le chemin fut apaisé par la circoncision de son enfant ?* (*Exod.*, IV, 24.)

A l'aspect de l'ange qui le menaçait, Moïse répara une omission qui avait été chez lui sans dessein. La colère de l'ange s'arrêta devant l'accomplissement de cette cérémonie, différée par négligence. Or, cette colère de l'ange qui menace Moïse de lui ôter la vie, vient de ce que la faute d'un homme élevé en dignité revêt un caractère particulier de gravité. Cette gravité est toujours en raison directe de la position élevée qu'on occupe. La faute commise par un homme que Dieu avait choisi pour être le chef souverain de son peuple était donc très-grande. Moïse allait se présenter devant les enfants d'Israël, missus a Deo Abrahæ, et il ne portait point le signe de la justice d'Abraham, qu'il savait être pour les Juifs un titre de gloire, et il s'exposait à passer pour un séducteur ou à ne pas être reçu comme l'envoyé du Dieu qui avait choisi Abraham. Il n'avait point circoncis ses enfants pendant son séjour dans la terre de Madian; il ne devait donc pas les emmener avec lui en Egypte, d'où il allait tirer ses frères, ou les circoncire d'abord pour les raisons que nous avons exposées. Séphora, épouse de Moïse, comme l'Ecriture le raconte sommairement, sachant bien pour quelle raison l'ange était irrité contre son mari, prit une pierre aiguë et circoncit son fils, et l'ange s'éloigna. Elle apaise par cette action la colère que la négligence de Moïse avait excitée contre lui. L'Ecriture dit souvent sous une forme très-succincte des choses que le sujet même qu'elle traite doit faire sous-entendre; par exemple, dans ces reproches que le Sauveur adresse aux Juifs : « Pourquoi vous-mêmes violez-vous le commandement de Dieu pour demeurer fidèles à votre tradition? car Dieu a fait ce commandement : Honorez votre père et votre mère; et cet autre : Celui qui aura outragé de paroles son père ou sa mère sera puni de mort. Mais vous, vous dites : Quiconque aura dit à son père ou à sa mère : Tout don que j'offre de mon bien tournera à votre profit, quoiqu'après cela il n'honore point son père et sa mère. » (*Matth.*, XV, 3-6; *Exod.*, XX, 12.) Le Sauveur a ici évidemment abrégé son discours, et laissé sous-entendre que les prêtres juifs, en se livrant à l'avarice, méprisaient la loi de Dieu. Par un concert que l'impiété seule pouvait inspirer, ils donnaient aux enfants qui maudissent leur père et leur mère le conseil d'offrir à Dieu ce qu'ils voudraient, et pour être ainsi affranchis de la sentence prononcée contre les enfants qui outragent leurs parents. Or, les enfants confiants dans ce conseil, n'avaient que du mépris pour leurs parents contre le commandement

contra Salomon : « Noli, inquit, esse justus multum? » (*Eccl.*, VII, 17.)

Nimia justitia incurrit peccatum, temperata vero justitia facit perfectos. Non enim sine malitia est, qui multum est justus : quia peccantibus ad singula si respondeas, non deerit ubi pecces. Denique Dei temperata justitia est. Peccantibus enim aliquando ignoscit, aliquando irascitur; aliquando reddit non quantum digni sunt : suffert enim eos, ut sint qui proficiant. Lex enim quia seipsam mollire non potest, a nobis mitiganda est, ut possit prodesse suis agentibus. Hic ergo justus non est multum, qui Dei imitator est.

QUÆSTIO XVI. — *Quare angelus qui volebat in via Moysen occidere, circumcisione infantis placatus est?* (*Exod.*, IV, 24.)

Quod sine consilio Moyses fecerat, apparentia comminantis Angeli emendavit. Denique videns fieri, quod per negligentiam fuerat prætermissum, cessavit ab ira. Idcirco ergo sic infestum Angelum in se vidit Moyses, et paratum ad vindictam; quia viri sublimis culpa, grave peccatum est. Quanto enim persona ejus sublimis est, tanto magis grave delictum ejus. Quod ergo a summo viro, utpote a ductore populi fit, acerbissimum est peccatum. Pergebat itaque ad filios Israel, missus a Deo Abrahæ, et signum justitiæ Abrahæ non ferebat, in quo gloriari sciebat Judæos, ut aut ipse sollicitator diceretur, et non ab eodem Deo missus, qui Abraham elegerat. In Madian enim habitans filios suos minime circumcidit : quos aut ducere secum ad Ægyptum non debuit, qui cæteros ibat inde educere, aut certe circumcisos assumere, propter quæ supra diximus. Sephora ergo uxor Moysi, quod compendio loquitur Scriptura, non ignorans qua causa viro suo infestus Angelus videbatur, accipiens petram, circumcidit filium suum, et recessit Angelus. Ea enim ratione, mitigata est ira, qua fuerat accensa. Nam aliquando compendio loquitur Scriptura, quæ subintelligi vult ex proposita ratione : sicut et illud, quod Salvator dicit inter cætera ad Judæos : « Quare et vos præteritis mandatum Dei, ut traditionem vestram statuatis? Nam Deus dixit : Honora patrem tuum et matrem, et qui maledixerit patri aut matri, morte moriatur : Vos autem dicitis : Quicumque dixerit patri aut matri, omne munus quodcumque fuerit ex me, tibi proderit? et non honorificabit patrem aut matrem suam. » (*Matth.*, XV, 3; *Exod.*, XX, 12.) Sine dubio per compendium dixit hoc Salvator, ut subintelligantur sacerdotes Judæorum, dum avaritiæ studerent, Dei Legem sprevisse. Impia enim conspiratione consilium dederunt filiis, ut maledicentes patrem aut matrem, quodcumque offerrent quasi donum Deo, per quod data sententia in maledicos solve-

exprès de Dieu. C'est ainsi que Moïse voyant l'ange irrité contre lui, en comprit la raison, et indiqua à son épouse ce qu'il y avait à faire pour calmer le courroux de l'ange qui voulait lui ôter la vie. C'est ce qui est sous-entendu dans le récit, de même que ce que nous avons fait remarquer dans les reproches adressés aux prêtres juifs.

QUESTION XVII. — Pourquoi la loi déclare-t-elle maudits ceux qui n'ont pas laissé de postérité dans Israël, tandis qu'Isaïe promet que rien n'est à craindre pour les eunuques qui ne peuvent avoir d'enfants? (*Exod.*, XXIII, 26; *Deut.*, VII, 14.)

Les Juifs avaient entendu les paroles du Prophète dans un sens différent que celui qu'il leur donnait; Isaïe leur en fait donc connaître la véritable signification. (*Isaïe*, LVI, 3.) Comme il avait prononcé cette sentence contre ceux qui transgresseraient la loi de Dieu, et que pour les punir d'avoir abandonné son culte ils étaient condamnés à n'avoir point d'épouses et à ne point laisser de postérité, les Juifs étaient tombés dans cette erreur de regarder comme coupables aux yeux de Dieu ceux qui ne voudraient point prendre de femmes, ou qui tout en se mariant ne pouvaient avoir d'enfants, comme si Dieu ne demandait autre chose que des enfants; c'est le reproche que leur fait le prophète Malachie. Isaïe donc, pour consoler ceux qu'avaient attristés la fausse interprétation de ses paroles, leur enseigne que celui qui ne peut ou ne veut point avoir d'enfants, n'a rien à craindre, pourvu qu'il observe la loi de Dieu. La malédiction ne tombait que sur ceux qui ayant la puissance et la volonté d'avoir des enfants, demeuraient stériles par un effet du jugement de Dieu, qui refusait le fruit de la création à ceux qui n'avaient que du mépris pour le Créateur. Il voulait qu'en se voyant condamnés à ne pouvoir engendrer d'enfants, ou leur conserver la vie s'ils en avaient, qu'ils reconnussent les effets de la colère d'un Dieu irrité et revinssent à lui dans les sentiments d'un repentir véritable. En effet, les saints personnages qui désiraient vivement avoir des enfants sans pouvoir en obtenir, croyaient que leurs péchés en étaient la cause et ils étaient profondément affligés, ne sachant pas que la providence de Dieu les réservait pour l'accomplissement de ses desseins. C'est ainsi que par l'intervention divine Anne conçut et enfanta Samuel (I *Rois*, I, 20), Elisabeth Jean-Baptiste (*Luc*, I, 24), et l'épouse de Manué Samson. (*Jug.*, XIII, 24.) Le sens spirituel de ces paroles est qu'il faut regarder comme maudits ceux qui n'ont point laissé de postérité destinée à voir Dieu, c'est-à-dire qui n'ont pas inspiré à leurs enfants, ou à leurs serviteurs, ou à leur prochain, les sentiments de crainte de Dieu qu'ils auraient eux-mêmes à enseigner aux autres sur la terre.

QUESTION XVIII. — Pourquoi Saül après son péché demande qu'on prie Dieu de lui accorder son pardon, sans qu'il ait pu l'obtenir, tandis que David, également pécheur, l'a demandé et obtenu? (I *Rois*, XV, 24; II *Rois*, XII, 13.)

Il ne convient pas de réviser les jugements de Dieu; c'est à l'école de ces jugements que la faiblesse ou l'ignorance des hommes doit s'instruire de ce qu'elle ne comprend pas, et se convaincre qu'ils sont l'expression de la vérité; par conséquent Dieu n'a point dû agir autrement qu'il n'a réellement agi, puisque nous savons qu'il n'y a point chez lui acception de personnes. (*Act.*, X, 34.) Il a

---

retur : unde securi facti filii, contra Dei præceptum contemnebant parentes. Ita et Moyses cum infestum sibi videret Angelum, intelligens causam, quid fieri deberet ostendit uxori ut recederet ab eo Angelus, qui eum quærebat occidere. Hoc subintelligitur in hac causa, sicut et illud quod supra diximus in sacerdotes.

QUÆSTIO XVII. — Quid est ut maledictos dicat Lex, qui semen non reliquerint in Israel : per Isaiam autem nihil obesse dicatur spadonibus, quia generare non possunt? (*Exod.*, XXIII, 26; *Deut.*, VII, 14.)

Quoniam aliter quam dictum erat, intelligi cœperat : idcirco Isaias propheta ostendit postea, quo sensu dictum esset. (*Isa.*, LVI, 3.) Cum enim hoc ex causa offensi Dei sententiæ loco positum esset, quia deserentes Deum in eo percutiebantur, ne ducentes uxores semen relinquerent, sic hoc arripuit error humanus, ut putarent reos esse apud Deum, si qui aut uxores nollent, aut accipientes, ut assolet, generare non possent : quasi nihil aliud quam semen (a) quæreret Deus, sicut arguuntur per Malachiam prophetam. Isaias ergo ut consolaretur eos, quos mala intelligentia contristaverat, docuit nihil obesse, si quis aut non posset habere filios, aut nollet, dummodo Legem Dei servaret. Maledictum enim illis competebat, qui cum possent ac vellent, divino obstante judicio, steriles erant, ne fructum haberent creationis Dei, quem spernebant : ut cum viderent aut generare se non posse, aut genitos minime possidere, cognoscerent indignantis Dei iram esse, et conversi satisfacerent. Nam et sancti viri cum cupidi essent filiorum, et non id obtinerent, æstimabant peccata obstare et dolebant, ignorantes Dei esse providentiam, cui servabantur. Denique ad Dei procurationem, et Anna concepit, et peperit Samuelem (I *Reg.*, I, 20), et Elizabeth Joannem (*Luc*, I, 24), et uxor Manue Samsonem. (*Judith*, XIII, 24.) Spiritalis enim intelligentia in hac causa ista est, ut maledicti habeantur qui non reliquerint semen, quod videat Deum, id est, qui non imbuerint aut filium, aut servum, aut proximum, qui Dei timorem doceat super terram.

QUÆSTIO XVIII. — Quare Saul peccans petiit orari pro se ut ignosceretur sibi, et impetrare non potuit : David autem peccans postulavit, et veniam consecutus est? (I *Reg.*, XV, 24; II *Reg.*, XII, 13.)

Dei judicium retractari non convenit : nam humana imbecillitas atque imperitia Dei se debet judicio erudire, in hoc quod non sapit, ut ex sententia Dei intelligat veritatem, et nihil aliud fieri debuisse, quam quod videt fecisse Deum, quem scit acceptorem personarum non esse. (*Act.*, X, 34.) Si enim David precem suscepit, et Saul refutavit, nihil adversum sentiendum est Deum fecisse. Sciens enim qua mente uterque locutus est,

(a) Mss. 2 generis vetaret.

exaucé la prière de David, il a rejeté celle de Saül, il n'a commis en cela aucune injustice. Il savait dans quelles dispositions intérieures chacun d'eux le priait; il a donc exaucé la prière de celui qui implorait son pardon d'un cœur contrit et humilié, et rejeté la prière de celui qui avait fermé son âme à tout sentiment de repentir. Dieu, en effet, prête bien plus l'oreille aux sentiments du cœur qu'aux paroles qui sortent de la bouche; il le déclare en propres termes : « L'homme, dit-il, voit ce qui paraît, mais Dieu regarde le cœur. » (I *Rois*, XVI, 7.) Ce qui nous induit en erreur, c'est que nous nous laissons tromper par l'artifice du langage ou par un extérieur mensonger, car nous ne pouvons voir ce qui se passe dans le cœur. Il nous faut donc suivre le jugement de Dieu qui examine les hommes dans le plus intime du cœur, là où se trouvent les sentiments véritables. C'est ce que faisait le Sauveur lui-même, comme nous le voyons dans l'Evangile. Il ne veut point recevoir au nombre de ses disciples un scribe qui s'offre à lui (*Matth.*, VIII, 19), et il appelle à sa suite Lévi, qui était assis dans la maison de l'impôt (*Matth.*, IX, 17; *Marc*, II, 14; *Luc*, V, 27), parce que les sentiments de ce scribe n'étaient point en harmonie avec ses paroles; Lévi, au contraire, sans dire une seule parole, avait dans le cœur ce que le scribe n'avait que sur les lèvres. Or, Jésus, qui selon ce qui est écrit, savait ce qu'il y a dans l'homme (*Jean*, II, 25), choisit Lévi. D'ailleurs, David ne demanda point comme Saül qu'un autre s'humiliât pour lui, mais il implora lui-même son pardon dans les sentiments d'un cœur profondément contrit et humilié.

QUESTION XIX. — Le corps d'Adam, lorsqu'il fut créé, était-il immortel ou sujet à la mort ?

Dieu en créant l'homme lui avait donné le privilège de l'immortalité supposé qu'il ne pécherait point. Il devait être pour lui-même l'auteur de la vie ou de la mort. S'il évitait le péché, il devait jouir de l'immortalité comme du fruit de son travail; mais s'il était infidèle à son devoir, il ne devait imputer qu'à lui-même d'être soumis à la mort. Tant qu'il persévéra dans l'obéissance à la loi du Créateur, il fut digne de se nourrir du fruit de l'arbre de vie, qui le préservait de la mort; car son corps n'était point par sa nature à l'abri de la dissolution, c'était la vertu de l'arbre de vie qui le préservait de la corruption. Je dirai de même après le péché il eût pu demeurer incorruptible s'il avait été permis à l'homme de manger de l'arbre de vie. Mais comment admettre un corps immortel pour qui la nourriture est un soutien nécessaire? Un être immortel n'a besoin ni de manger ni de boire. La nourriture lui donnait des forces, mais l'arbre de vie, par une espèce de vertu médicinale, éloignait de lui tout élément de corruption. C'est ainsi qu'il était pour l'homme un mur infranchissable à la mort.

QUESTION XX. — Pourquoi l'Ecriture dit-elle : « L'homme a mangé le pain des anges, » puisque les anges, créatures simples par leur nature et revêtus d'une puissance toute spirituelle, n'ont pas besoin de nourriture? (*Ps.* LXXVII, 25.)

Ce pain, que le Psalmiste appelle le pain des anges, n'est autre chose que la manne. Or, le mot *manne* signifie : *Qu'est-ce cela?* Car les enfants d'Israël voyant tomber sur la terre comme une espèce de graine blanche de coriandre, se dirent les uns aux autres : Qu'est-ce cela? en hébreu *Man hu*. (*Exod.*, XVI, 15.) Ce pain ou cet aliment n'a pas été créé en vertu des lois qui régissent le monde, par le mélange de certains éléments, il est descendu du

---

ejus petitionem accepit, quem vidit tribulatio corde veniam postulare : illum autem despexit, quia animam ejus pœnitentiæ non tetigerat dolor. Quia Deus cordis auditor est magis quam vocis. Hinc dictum est : « Homo videt in facie, Deus autem in corde. » (I *Reg.*, XVI, 7.) Ideo etiam fallimur, quia simulatio in verbis et vultu circumvenit nos : in corde enim quid sit videre non possumus. Quamobrem Dei judicium sequi nos oportet, qui secundum cor, in quo uniuscujusque sententia est, examinat singulos. Hoc etiam et salvatorem fecisse invenimus. Scribam enim se offerentem non suscepit (*Matth.*, VIII, 19), sedentem autem Levi ad telonium vocavit (*Matth.*, IX, 9; *Marc.*, II, 14; *Luc.*, V, 27) quia verba Scribæ non secutum est cor, Levi autem tacens hoc in corde habebat, quod scriba in verbis: Jesus autem, qui juxta quod scriptum est, sciebat quid esset in homine (*Joan.*, II, 25), Levi elegit. (1) Præterea David non alium pro se voluit humiliari sicut Saul, sed ipse supplex tribulato corde veniam precabatur.

QUÆSTIO XIX. — Quærendum est, si Adam factus, corpus immortale habuit, an mortale?

Deus hominem fecit, qui quamdiu non peccaret, immortalitate vigeret : ut ipse sibi auctor esset aut ad vitam, aut ad mortem : ut custodiens se a peccato, labore suo gauderet, esse se immortalem; negligens vero factus ipse sibi imputaret, quia cœperat esse mortalis. Quamdiu enim in Creatoris lege duravit, dignus fuit edere de arbore vitæ, ut mori non posset. Nec enim corpus tale erat quod dissolvi impossibile videretur : sed gustus arboris vitæ, corruptionem corporis inhibebat. Denique etiam post peccatum potuit indissolubilis manere, si modo permissum esset illi edere de arbore vitæ. Nam quomodo immortale corpus habebat, quod cibo sustentabatur? Immortalis enim non eget esca neque potu. Cibus enim vires præstabat, vitæ autem arbor medicinali modo corruptionem omnem prohibebat. Sic enim homini erat quasi inexpugnabilis murus.

QUÆSTIO XX.— Quid est quod dicitur : « Panem angelorum manducavit homo, » cum Angeli non egeant cibo; quippe cum sint natura simplices, et potentia spirituali vigentes? (*Psal.* LXXVII, 25.)

Panis quem Angelorum appellat, manna est. Manna autem interpretatur, « quid est hoc? » Videntes enim filii Israel, quasi semen coriandri cadere super terram candidum, dixerunt ad invicem : « Quid est hoc ? » Quod in Hebræa lingua dicitur : « man hu ? » (*Exod.*, XVI, 15.)

---

(1) Reliq. deest in Mss. 2 generis.

ciel par un effet d'une providence toute divine. Il n'existait même pas dans les régions supérieures de l'air, il a été créé à l'instant par la puissance de Dieu pour nourrir les corps. On lui a donné le nom de pain des anges parce qu'il a été créé par cette même puissance qui a donné aux anges l'existence et la vie ; car nulle vie en dehors de Dieu. C'est donc parce qu'elle descendait des cieux que la manne a été appelée le pain des anges. Le Psalmiste s'est exprimé de la sorte pour rappeler la grandeur et l'excellence des bienfaits de Dieu sur les hommes, afin qu'à cette vue ils rendissent grâces à Dieu, qui gouverne ses serviteurs avec tant de bonté, qu'il leur donne, si elle leur est nécessaire, la nourriture même des anges. L'Apôtre dit entre autres choses : « Le Christ était la pierre, » (I *Cor.*, x, 4) c'est-à-dire que le Christ a été appelé la pierre, parce que c'est sa puissance qui a fait couler des torrents d'eau de la pierre. (*Exod.*, xvii, 6.) De même, comme c'est par un effet de sa puissance que la manne est descendue du ciel, elle reçoit le nom de manne, c'est-à-dire de pain ; cette nourriture symbolique est la figure de ce qui est offert maintenant dans l'Église, et les hommes, c'est-à-dire les Juifs, ont mangé alors le pain du peuple chrétien figuré dans l'Écriture par les anges. Ajoutons que la grâce est maintenant plus abondante qu'elle ne l'a été sous les prophètes, aussi bien que la liberté donnée par Jésus-Christ, car là où est l'esprit du Seigneur, là est la liberté. (II *Cor.*, iii, 17.) Voilà pourquoi, eu égard aux temps et à l'abondance des grâces, le nom d'anges a été donné aux chrétiens, dont le pain, qui est Jésus-Christ, a été mangé par les Juifs, qui sont appelés ici les hommes ; car Jésus-Christ appartient plutôt à ceux à qui il a été révélé et qui ont l'honneur de porter ce nom. Cette question peut donc être entendue dans deux sens différents, et la manne peut être appelée ou le pain des anges du ciel, ou le pain des chrétiens, selon l'explication que nous avons donnée.

QUESTION XXI. — Dans quel sens faut-il entendre que Dieu a fait l'homme à son image et à sa ressemblance, et la femme est-elle aussi l'image de Dieu? (*Gen.*, i, 27.)

L'homme a été fait à l'image de Dieu en ce sens que le seul et unique Dieu a fait un seul homme, et que de même que toutes choses viennent d'un seul Dieu, tout le genre humain descend aussi d'un seul homme. Il a été créé à sa ressemblance, parce que de même que le Fils vient du Père, ainsi la femme est formée de l'homme pour consacrer l'autorité d'un seul principe. Mais le Fils est né de Dieu le Père d'une manière ineffable et incompréhensible ; la femme, au contraire, comme nous le lisons, a été formée extérieurement de l'homme (*Gen.*, ii, 21) pour donner elle-même naissance aux autres hommes. Le Fils de Dieu est né afin que toutes choses fussent créées par lui. C'est donc en cela que consiste la différence. Le Fils est né Dieu de Dieu le Père, tandis que la femme a été formée de l'homme, car la simplicité est un des attributs de la nature divine, et un être simple ne peut sortir que d'une nature simple, un esprit d'un esprit, un Dieu d'un Dieu. L'homme est donc l'image de Dieu, comme il est écrit : « Dieu a créé l'homme, et il l'a créé à l'image de Dieu. » (*Gen.*, i, 27.) Voilà pourquoi l'Apôtre dit : « L'homme ne doit point se couvrir la tête, parce qu'il est l'image et la gloire de Dieu ; la femme, au contraire, doit mettre un voile sur sa tête. » (I *Cor.*, xi, 7.)

Hic ergo panis aut cibus, non mundi lege creatus est, commixtione elementorum ; sed desuper venit spiritali ratione (*a*) provisus. Nec quidem in supernis habebatur, quia corporibus alendis ad momentum Dei virtute creatus est. Ideo autem Angelorum panis dictus est, quia ea virtute creatus est, qua angelica natura subsistit et vivit. Sine Deo enim nulla vita est. Per id ergo quod de cœlo venisse dicitur, Angelorum dictus est panis. Ut enim quanta et qualia beneficia Dei circa hominem sunt memoraret, sic locutus est, ut agnoscentes Deo gratias referrent, qui tanta cura servos suos gubernat, ut eis hæc in carne adhuc positis, si necesse fuerit, exhibeat, per quæ vivunt Angeli. Dixit Apostolus inter cætera : « Petra autem erat Christus : » (I *Cor.*, x, 4) ut quia Christi virtute aqua fluxit de petra (*Exod.*, xvii, 6), petra appellatus sit Christus. Simili modo, et quia manna potestate ejus venit de cœlo, manna, id est, panis dicatur : ut quod tunc factum est, ejus rei, quæ nunc in Ecclesia offertur figura fuisse existimetur, ut Christiani populi quos in Angelis significavit Scriptura, panem manducarent homines, id est, Judæi. Et quia major gratia est nunc, quam fuit in Prophetis, et libertas data per Christum, quia ubi spiritus Domini, ibi libertas (II *Cor.*, iii, 17) ; ad comparationem temporum et gratiarum, Christiani Angeli dicti sunt : quorum pane, qui Christus est, satiati sunt Judæi, quos homines dixit. Horum enim magis Christus est, quibus et revelatus est, et qui hoc nomine vocari centur. Duplici ergo genere potest intelligi supra dicta quæstio, ut et panis Angelorum cœlestium dici possit, et Christianorum secundum ea quæ dicta sunt.

QUÆSTIO XXI.— Quid sit ad imaginem et similitudinem Dei fecisse hominem, et an mulier imago Dei sit? (*Gen.*, i, 27.)

Hoc est ad imaginem Dei factum esse hominem, quia unus unum fecit : ut sicut ab uno Deo sunt omnia, ita et ab uno homine omne genus humanum. Similitudo autem hæc est, ut quemadmodum de Patre est Filius, sic et de viro mulier, et unius principii auctoritate conservetur. Sed filius ineffabiliter et incomprehensibiliter natus est de Deo Patre : mulier autem corporaliter, sicut legimus (*Gen.*, ii, 21), facta est de viro, ut per eam nativitas oriretur. Filius vero Dei ideo natus est, ut per ipsum fieret creatura. In hoc ergo dissimile est. Nam et de Deo Deus natus est, de viro autem femina : quia illic simplicitas est, et non potuit nisi de simplici simplex nasci, spiritus de spiritu, Deus de Deo. Igitur vir imago Dei est. Sic enim scriptum est : « Fecit Deus hominem, ad imaginem Dei fecit eum. (*Gen.*, i, 27.) Unde et Apostolus : « Vir quidem, inquit, non debet velare caput, cum sit imago et gloria Dei : Mulier autem, inquit, velet caput. »

(*a*) Mss. 2 generis *pro justis*.

Pourquoi? Parce qu'elle n'est pas l'image de Dieu. C'est pour la même raison qu'il dit ailleurs : « Je ne permets pas aux femmes d'enseigner ni de prendre autorité sur leurs maris. » (I *Tim.*, II, 12.)

QUESTION XXII. — Pourquoi Salomon dit-il : « Justifiez votre âme avant votre mort, » (*Eccli.*, XIV, 16) tandis que nous lisons dans un psaume : « Nul homme vivant ne sera justifié en votre présence ? » (*Ps.* CXLII, 2.)

Justifier son âme avant sa mort, c'est embrasser la foi dans l'espérance de la vie future pour ne point mourir dans le péché. Or, Salomon fait cette recommandation à celui qui vit sous la loi et ne pratique point la justice. Si cet homme vient à se repentir et à marcher dans les voies de la justice, il justifie son âme avant sa mort. Salomon lui donne ce conseil en vue du jugement à venir, de peur que par négligence il ne vienne à mourir dans son péché. David, au contraire, parle de la perfection de la justice, c'est-à-dire que nul ne sera justifié en présence de Dieu et ne sera jugé digne des promesses, à moins de mourir dans la justice. Tant qu'il vit sur cette terre, il ne mérite point encore pleinement les biens de la vie future. Voilà pourquoi le Sauveur a dit : « Celui qui persévérera jusqu'à la fin sera sauvé. » (*Matth.*, X, 22; XXIV, 23.)

QUESTION XXIII. — Les âmes viennent-elles par voie de propagation comme les corps ?

Il me paraît inconvenant de dire que les âmes soient engendrées simultanément avec les corps, et que l'âme donne naissance à l'âme, propriété que Dieu n'a point donnée à l'âme. Si chacune des puissances célestes a reçu, dans la création, le pouvoir de donner l'existence à toutes les autres, on pourrait admettre que toutes les âmes dérivent de la seule âme d'Adam. Mais ce sentiment n'est point admissible, parce que la génération d'un être simple est un privilège que Dieu s'est exclusivement réservé. Cette génération, considérée dans la personne du Sauveur, est une chose si pleine de mystère que non-seulement les païens et les Juifs, mais ceux même qui se disent chrétiens, la regardent comme une chose incroyable. En effet, les Photiniens et les Ariens rejettent cet article de foi et se refusent à croire qu'un Dieu ait engendré. Dira-t-on qu'au moment où le germe du corps est semé, l'âme engendre l'âme ? Mais nous lisons que Dieu a tiré une côte d'Adam sans que l'écrivain sacré ajoute que l'âme ait donné naissance à l'âme. Si à cette côte se trouvait jointe une âme, on ne peut dire que cette âme est née, c'est une partie détachée d'une autre âme. Or, l'Ecriture ne dit rien non plus de cette circonstance. Nous lisons au contraire dans le prophète Zacharie : « Dieu qui a formé dans l'homme l'esprit de l'homme. » (*Zach.*, XII, 1.) Isaïe exprime la même vérité quand il dit : « Voici ce que dit le Seigneur qui vous a créé, qui vous a formé dans le sein de votre mère. » (*Isa.*, XLIV, 2.) Si l'âme est formée dans le sein de la mère, elle est unie à un corps qui a déjà reçu sa forme. Comme elle étend son action à tous les membres du corps, on dit de l'âme qu'elle est formée dans le corps. Ainsi, de même que l'eau, qui n'a point de forme particulière, en reçoit une du vase qui la contient, l'âme substance incorporelle et simple, reçoit comme sa forme dans le corps en communiquant la vie à tous ses membres. C'est ce que Moïse exprime plus clairement encore dans ces paroles : « Si quelqu'un frappe une femme grosse et qu'elle accouche avant le terme, il rendra vie pour vie si l'enfant était déjà formé ; s'il ne l'était pas en-

---

(I *Cor.*, XI, 7.) Quare? Quia non est imago Dei. Unde denuo dicit Apostolus : « Mulieri autem docere non permittitur, neque dominari in virum. » (I *Tim.*, II, 12.)

QUÆSTIO XXII. — Quid est, ut dicat Salomon : Justifica animam tuam ante obitum tuum. » (*Eccli.*, XIV, 16). Et in Psalmo : « Non justificabitur, ait, in conspectu tuo omnis homo vivens ? » (*Psalm.* CXLII, 2.)

Hic justificat animam suam ante mortem, qui spe vitæ futuræ consequitur fidem, ne moriatur impius. Sed Salomon de eo dicit, qui sub Lege vivit, et non conversatur juste. Hujusmodi ergo si corrigat animum ut justitiæ vias ambulet, justificat animam suam ante mortem. Salomon enim propter judicium futurum consilium dedit, ne quis indiligens circa se in peccatis moriatur. David vero de perfectione justitiæ locutus est, quia nemo justificabitur apud Deum, ut dignus promissione sit, nisi fuerit mortuus cum justitia. Quandiu enim vivit, futurorum meritum non habet adhuc plenum. Unde dicit Salvator : « Qui perseveraverit usque in finem, hic salvus erit. » (*Matth.*, X, 22; XXIV, 23.)

QUÆSTIO XXIII. — An ex traduce sint animæ sicut et corpora ?

Inhonestum puto, si dicantur animæ cum corporibus generari, ut anima nascatur ex anima, quod nec animæ ipsi competit : aut si certæ singulæ cœlestes potestates factæ sunt, et ex ipsis cæteræ natæ sunt, potest ex una Adæ anima credibile videri cæteras nasci. Sed non convenit, quia soli Deo hoc possibile fuit, ut simplex generaret, nec cæteris concederetur. Quod tam mysticum est in causa Salvatoris, ut non solum a solis gentilibus vel Judæis, verum etiam ab ipsis qui Christianos se dicunt, incredibile reputetur. Photiniani enim et Ariani hanc fidem spernunt, nec credunt Deum generasse. Nam si eo tempore quo seminatur corpus, etiam anima generatur ex anima, de Adam costam sublatam legimus, non tamen animam natam ex anima : sed si costa secum habuit animam, jam non nata est, sed detracta in partem. Sed nec hoc scriptum est. Propheta enim Zacharias inter cætera : « Qui plasmavit, inquit, animam hominis in eum. » (*Zach.*, XII, 1.) Nec Isaias ab his dissentiens ait: « Sic dicit Dominus Deus qui fecit te, et finxit te in utero. » (*Isa.*, XLIV, 2.) Si ergo in utero fingitur, jam formato corpori tribuitur. Cum enim omnia membra implet corporis, figurata dicitur in corpore. Ut sicut aqua cum sit sine effigie, missa tamen in vas figurata videtur : ita et anima cum sit natura incorporea et simplex, quasi formatur in corpore, singula membra vivificans. Quod quidem Moyses manifestius tradidit dicens : « Si quis percusserit mulierem in utero habentem, et abortiverit : si formatum fuerit, det animam pro anima :

core, il paiera une somme d'argent, » (*Exod.*, XXI, 22) paroles qui prouvent que l'âme n'est pas unie au corps avant qu'il soit formé. Si à la semence du corps se trouve jointe la semence incorporelle de l'âme, un grand nombre d'âmes périssent tous les jours, lorsque la semence se perd sans être suivie de la naissance. Mais si nous examinons la chose de plus près, nous verrons le sentiment que nous devons adopter. Considérons la création d'Adam. Nous avons dans la personne d'Adam un exemple qui nous fait comprendre que le corps était déjà formé lorsqu'il a reçu son âme. Dieu pouvait sans doute mêler l'âme au limon de la terre et former ainsi le corps. Mais une souveraine raison présidait à sa formation; il fallait d'abord construire et assembler les différentes parties de la maison avant d'y introduire celle qui devait l'habiter. L'âme étant un esprit ne peut habiter dans un élément solide; c'est pour cela qu'elle est, dit-on, répandue dans le sang. Lors donc que les linéaments du corps ne sont pas encore formés, où peut être l'âme? Dira-t-on qu'elle erre au dehors jusqu'à ce qu'elle lui soit unie? Mais la raison nous enseigne qu'elle n'existe que pour animer le corps, et non pour errer sans remplir aucune fonction. Or, que ceux qui pensent différemment nous disent de qui vient l'âme. Est-ce de l'homme ou de la femme? Diront-ils de la femme? On ne peut admettre ce sentiment puisque l'exemple en question lui est contraire. Car ils disent que l'âme a été donnée à la femme avec la côte qui a été tirée de l'homme, sentiment combattu, nous l'avons vu, par un grand nombre de raisons. Peut-être sera-t-on tenté de dire que l'âme est donnée par la femme, surtout à cause du Sauveur, qui est né de la femme par l'opération du Saint-Esprit, en dehors de toute union charnelle.

Mais ce sentiment donne trop à la femme en lui attribuant un droit et une autorité qui appartiennent à l'homme. D'ailleurs, ils affirment que c'est de l'homme que vient l'origine du corps et de l'âme, et voilà que, changeant de sentiment, ils attribuent à la femme l'origine de la nature plus excellente, c'est-à-dire de l'âme, et à l'homme l'origine de la nature moins parfaite, c'est-à-dire du corps, alors qu'il est manifeste qu'on ne peut changer l'ordre que Dieu a suivi dans l'exemple qu'il nous a donné.

QUESTION XXIV. — Pourquoi, puisque l'homme et la femme sont une seule chair, l'homme est-il l'image de Dieu et non la femme?

L'homme et la femme ont, il est vrai, une même substance dans leur âme comme dans leur corps, mais l'homme est supérieur en dignité à la femme, comme le dit l'Apôtre : « Le mari est le chef de la femme. » (*Ephés.*, V, 23 ; I *Cor.*, XI, 3.) C'est par la volonté de Dieu et non par sa nature que l'homme est supérieur à la femme. C'est ainsi que, dans un même corps, il y a des membres plus ou moins considérables, non par leur nature, mais par le rang qui leur a été donné.

QUESTION XXV. — Pourquoi Joseph, après avoir prédit l'avenir, adjure les enfants d'Israël de transporter ses cendres de l'Egypte lorsque Dieu les aura délivrés? (*Gen.*, L, 24.)

C'est une vérité incontestable que Joseph n'a pas fait sans motif cette recommandation aux enfants d'Israël. On ne peut supposer que celui dont le regard venait de plonger dans l'avenir ait parlé ici sans raison. Il était plein d'une religion profonde pour le Dieu Créateur; il savait d'ailleurs quelle vénération avaient pour lui les Egyptiens, qui se rappelaient la sagesse de son administration pendant la

---

si autem informatum fuerit, mulctetur pecunia : » (*Exod.*, XXI, 22) ut probaret non inesse animam ante formam. Itaque si jam formato corpori datur, non in conceptu corporis nascitur cum semine derivata. Nam si cum semine et anima existit ex anima, multæ animæ quotidie pereunt, quia semen fluxu quodam non proficit nativitati. Sed si propius respiciamus, videbimus quid sequi debeamus. Contemplemur facturam Adæ. In Adam enim exemplum datum est, ut ex eo intelligatur, quia jam formatum corpus accepit animam. Nam potuerat animam limo terræ admiscere, et sic formare corpus. Sed ratione informabatur, quia primum oportebat domum compaginari, et sic habitatorem induci. Anima certe quia spiritus est, in sicco habitare non potest, ideo in sanguine fertur. Cum ergo corporis lineamenta compacta non fuerint, ubi erit anima? An foris vagatur quamdiu immittatur : cum ratio tradat sic dari eam ut animet corpus, non ut otiosa vagetur? Sed ex quo detur dicant qui aliud putant, (*a*) ex mare, an ex femina? Si ex femina, non convenit, quia aliud in exemplo est. Proponunt enim ex viro cum costa datam et animam : quod multis rationibus infirmari docuimus. Unde forte videatur dari ex semina, maxime propter Salvatorem, quem scimus sine complexu carnis de Spiritu sancto natum ex femina. Quod si arbitrantur, plus dant feminis : auctoritatem enim viri immutant in feminam. Cum enim tam corporis quam animæ originem ex viro dicant, convertunt se ut id quod potius est, ex muliere dicant, id est, animam; quod vero minus, ex masculo, id est, corpus : cum manifestum sit ordinem exempli a Deo traditi immutari non posse.

QUÆSTIO XXIV. — Quid est, ut cum vir et mulier una sint caro, vir imago Dei sit, et non femina?

Unius substantiæ quidem sunt vir et mulier, in anima, et in carne : sed gradu major est vir, quia ex eo est femina, sicut dicit Apostolus : « Caput mulieris vir. » (*Eph.*, V, 23 ; I *Cor.*, XI, 3.) Causa enim majorem fecit virum, non substantia. Nam et in uno corpore majora membra sunt et minora, non natura, sed (*b*) ordinatione.

QUÆSTIO XXV. — Ut quid Joseph post prophetiam adjurat filios Israel, ut cum a Deo liberarentur, cineres ejus de Ægypto transferrent ? (*Gen.*, L, 24.)

Non otiose istud mandasse Joseph filiis Israel, in absoluto est. Qui enim prophetare potuit, non improvide locutus esse credendus est. Cum enim esset in Dei Creatoris devotione propensior; sciens autem ab Ægyptiis se soli causa administrationis, qua in magna egestate

---

(*a*) Mss. 2 generis *aliud putant ex mare dari, aliud ex femina.* — (*b*) Mss. 2 generis *ordine.*

famine qui pesa sur l'Egypte. Il voulut donc leur retrancher cette cause d'erreur après sa mort et les empêcher de lui rendre le culte qui n'appartient qu'au Créateur, car il ne savait que trop que le peuple vain et léger est porté à rendre les honneurs divins aux morts plutôt qu'aux vivants. Il prouve par cette conduite qu'il ne partageait pas les vaines superstitions des Egyptiens, puisqu'il commande de transporter ses cendres pour qu'elles ne deviennent pas un sujet d'offenser Dieu. Les Apôtres ont imité cet exemple. Paul et Barnabé, s'apercevant qu'on voulait leur offrir un sacrifice, et sachant combien Dieu avait en horreur une semblable idolâtrie, déchirèrent leurs vêtements en s'écriant : « Que faites-vous ? nous sommes des hommes comme vous. » (*Act.*, XIV, 14.) Et ils détournèrent ainsi le peuple de ce sacrilége dessein.

QUESTION XXVI. — Elisée a-t-il obtenu ce qu'il a demandé indiscrètement à Elie ? (IV *Rois*, II, 10.)

Elisée désirait vivement l'esprit et le don des miracles ; séduit par l'exemple de son maître qui lui permettait de lui demander tout ce qu'il voudrait, et avare du bien qu'il pouvait obtenir, il demanda pour lui une double portion de l'esprit qu'avait Elie. L'homme de Dieu lui répondit : « Vous m'avez demandé une chose bien difficile. » Un désir trop vif lui fit oublier que le disciple n'est pas au-dessus du maître. (*Matth.*, x, 24.) Toutefois Elie, sachant bien que ce n'était point par l'ambition de la gloire de ce monde qu'il avait fait cette demande, lui répondit : « Néanmoins si vous me voyez lorsque je serai enlevé d'avec vous, vous aurez ce que vous avez demandé. » Le sens de ces paroles exige une sérieuse attention. Elie dont le mécontentement perce dans ces paroles : « Vous me demandez une chose bien difficile, » ne laisse pas d'ajouter : « Si cependant vous me voyez lorsque je serai enlevé d'avec vous, vous aurez ce que vous avez demandé. » Il ne lui avait pas opposé un refus absolu, il lui apprend seulement qu'il obtiendra selon son mérite plutôt que selon sa demande. L'Ecriture veut en effet qu'on sous-entende beaucoup de choses, afin que le sens qui résulte des expressions n'ait rien de contraire aux principes de la religion. Cette demande indiscrète devait n'avoir aucun effet ; mais parce qu'Elisée ne la fit que par le désir du bien, Dieu qui sait ce qu'il doit donner à chacun, ne voulut point qu'il fût privé des biens qu'il était digne de recevoir. Voyons maintenant si Elie méritait qu'Elisée reçût une double portion de l'esprit qu'il avait lui-même. L'Esprit saint fit connaître à Zacharie quels seraient la grandeur et le mérite de Jean. « Il viendra, lui dit-il, dans l'esprit et la vertu d'Elie. » (*Luc*, I, 17.) Il lui annonce que Jean sera l'égal d'Elie, et Notre-Seigneur dit de son côté : « Nul ne s'est élevé d'entre les enfants des femmes plus grand que Jean-Baptiste. » (*Matth.*, XI, 11.) Il ne dit pas : Il est plus grand que tous, mais : « Nul n'est plus grand que lui ; » c'est-à-dire on peut être son égal, on ne peut lui être supérieur. Elie lui est donc égal, et n'est inférieur à personne ; comment donc Elisée pourra-t-il être plus grand que lui, puisque Jean qui n'a personne au-dessus de lui est égal à Elie ? Car lorsqu'il arriva sur les bords du Jourdain, les eaux n'auraient point cédé à sa parole pour lui livrer passage, s'il n'avait invoqué le nom d'Elie (II *Rois*, II, 14), Dieu ne voulant point lui laisser croire qu'il eût reçu l'effet de sa demande indiscrète, parce que la mesure de l'esprit qui avait été accordée à Elie n'était pas suffisante pour le temps où il vivait.

QUESTION XXVII. — La pythonisse a-t-elle évoqué Samuel; a-t-il paru véritablement devant elle, et a-t-il dit à Saül les paroles que rapporte le livre des Rois? (I *Rois*, XXVIII, 12.)

Ce fait me paraît peu digne, si l'on s'en tient aux simples paroles du récit historique. Comment admettre que la puissance de l'art magique ait forcé de paraître un homme aussi saint dans ses œuvres que dans sa naissance? ou que sans y être forcé il ait apparu volontairement? Il est absurde d'admettre l'une ou l'autre de ces suppositions dans cet homme juste. S'il a été évoqué malgré lui, la justice n'a donc aucune puissance ; s'il a consenti à cette évocation, il a perdu le mérite de ces vertus qu'il avait pratiquées pendant sa vie mortelle; conséquence absurde, car celui qui sort de cette vie dans la justice, y persévère toujours. Or, les artifices de Satan vont si loin, que pour en tromper un plus grand nombre il veut paraître tenir les bons sous sa puissance. C'est ce que l'Apôtre veut nous faire entendre par ces paroles : « Satan lui-même se transfigure en ange de lumière. » (II *Cor.*, XI, 14.) Pour accréditer une erreur qui tournât à sa gloire, il se déguisa sous l'extérieur et le nom d'un homme juste, pour faire voir ainsi le peu de fondement de l'espérance donnée aux serviteurs de Dieu, puisque les justes qui sortaient de cette vie étaient soumis à son pouvoir. Quelques-uns se laissent ici tromper parce qu'il a dit la vérité sur la mort de Saül et de ses fils, comme s'il était difficile au démon de prévoir avant qu'elle arrive, la mort du corps, alors surtout que des signes avant-coureurs se manifestent à ceux dont la mort est proche, parce que la protection de Dieu paraît s'être retirée d'eux. Combien plus doit-on supposer cette connaissance dans le démon, dont les oracles prophétiques nous retracent la sublime dignité au-dessus de tous les anges et dont l'Apôtre a dit : « Ignorez-vous donc les hauteurs de Satan? » (*Apoc.*, II, 24 ; II *Cor.*, II, 11.) Qu'y a-t-il donc d'étonnant qu'il ait pu prévoir la mort imminente de Saül, alors que cette prédiction lui servait à tromper les hommes et à se faire adorer comme revêtu de sa puissance? Saül poussa la démence et la stupidité jusqu'à recourir aux enchantements d'une pythonisse. La dépravation de son cœur lui fit employer des moyens sacriléges qu'il avait lui-même condamnés. Si par respect pour l'histoire on ne croit pas devoir passer légèrement sur le récit littéral des faits, on aura raison, pourvu qu'on n'en conclue pas à la réalité de ces faits, mais seulement à ce qui fit impression sur les yeux et l'esprit. Saül, réprouvé de Dieu, ne pouvait avoir un esprit juste et droit. L'historien nous décrit les dispositions de Saül et l'extérieur de Samuel ; il raconte les paroles qui furent dites, les apparences qui s'offrirent aux yeux, mais sans dire si ces apparences sont conformes ou non à la vérité. Que dit-il, en effet? Saül apprenant sous quelle forme apparaissait celui qu'il avait demandé, « comprit que c'était Samuel. » (I *Rois*, XXVIII, 14.) L'historien raconte quelle fut la pensée de Saül, et comme cette pensée n'était pas bonne, il adora un autre que Dieu contre la défense de l'Ecriture, dans la pensée que c'était Samuel, et il adora le démon, qui recueillit ainsi le fruit de ses artifices ; car le but de tous ses efforts est de se faire adorer comme Dieu. Si Samuel avait apparu véritablement à Saül, cet homme juste n'eût point permis qu'on l'adorât, lui qui avait enseigné que l'adoration n'était due qu'à Dieu seul. Comment d'ailleurs cet homme de Dieu qui était avec Abraham dans le séjour du bonheur, pouvait-il

QUÆSTIO XXVII. — An pythonissa Samuelem excitaverit, et ipse ab ea visus sit, et locutus sit ad Saul quæ historia refert in libro Reguorum ? (I *Reg.*, XXVIII, 12.)

Indignum facinus æstimo si secundum verba historiæ commendetur assensus. Quomodo enim fieri poterat, ut arte magica attraheretur vir, et nativitate sanctus, et vitæ operibus justus? aut si non attractus est, consensit; quod utrumque de viro justo credere absurdum est. Si enim invitus adductus est, nullum suffragium habet justitia. Si autem voluntarius amisit meritum spiritale, quod positus in carne quæsiverat : quod valde absurdum est; quia qui hinc justus recedit, permanet justus. Porro autem hoc est præstigium satanæ, quo ut plurimos fallat, etiam bonos in potestate se habere confingit. Quod Apostolus inter cætera ait : « Ipse satanas transfigurat se in Angelum lucis. » (II *Cor.*, XI, 14.) Ut enim errorem faceret, in quo et ipse gloriaretur, in habitu viri justi et nomine se subornavit : ut nihil proficere spem quæ prædicabatur Dei cultoribus mentiretur, quando hinc exeuntes justos fluxit in sua esse potestate. Sed hoc quosdam fallit, quod de morte Saul et filiorum ejus non sit mentitus : quasi magnum sit diabolo, ante diem occasum corporis prævidere, cum signa quædam soleant apparere morituris : quippe a quibus Dei protectio amota videtur. Quanto magis diabolus quem angelica majestate sublimem prophetica oracula fuisse testantur; de cujus magnitudine Apostolus ait : « An ignoratis altitudinem satanæ ? » (*Apoc.*, II, 24 ; II *Cor.*, II, 11.) Quid mirum ergo si imminentem prope mortem potuit prævidere, cum hoc sit unde fallit, et se in Dei potestate vult adorari ? Nam tanta hebetudine demens effectus est Saul, ut ad pythonissam confugeret. Depravatus enim causa peccati, ad hæc se contulit quæ damnaverat. Sed si quis propter historiam, et ea quæ verbis expressa sunt putet non prætermittenda, ne ratio historiæ inanis sit, recte faciet quidem, si tamen minime istud ad veri rapiat rationem, sed ad visum et intellectum. Saul namque reprobus factus, non poterat bonum intellectum habere. Historicus enim mentem Saul et habitum Samuelis descripsit, ea quæ dicta et visa sunt exprimens : prætermittens si vera an falsa sint. Quid enim ait? Audiens in quo habitu esset excitatus : « Intellexit, inquit, hunc esse Samuelem. » (I *Reg.*, XXVIII, 14.) Quid intellexerit retulit, et quia non bene intellexit, contra Scripturam alium adoravit quam Deum ; et putans Samuelem, adoravit diabolum, ut fructum fallaciæ suæ haberet satanas. Hoc enim nititur, ut adoretur quasi Deus. Si enim vere Samuel illi apparuisset, non utique vir justus permisisset se adorari, qui prædicaverat Deum solum esse adorandum. Et quomodo homo Dei, qui cum Abraham in re-

dire à cet homme coupable digne des flammes de l'enfer : « Vous serez demain avec moi? » Satan trahit doublement ici la subtilité de ses ruses; il permet qu'on l'adore sous l'extérieur et le nom de Samuel contre la défense expresse de la loi, et malgré la distance immense qui sépare les pécheurs des justes, il prouve faussement à un homme chargé d'iniquités qu'il partagera la félicité du plus juste des hommes. Ces paroles seraient vraies si le nom de Samuel ne s'y trouvait mêlé, parce qu'en réalité Saül devait être avec le démon. Il alla retrouver celui qu'il avait adoré. Le démon a beau se déguiser, il se trahit toujours par des actions contraires au caractère des personnes dont il veut faire les instruments de ses tromperies.

QUESTION XXVIII. — Que peut-on répondre à ceux qui prétendent que ce monde existe naturellement de toute éternité, et qu'il n'a ni commencement ni fin?

Que le monde existe de toute éternité et qu'il soit indépendant, c'est une chose à la fois invraisemblable et impossible. Nous le voyons composé d'une multitude de corps divers; or, la simplicité est l'attribut essentiel d'un être divin et éternel; il ne doit présenter aucune diversité, mais la plus parfaite unité. Le monde n'est pas même uniforme dans la succession des temps; non-seulement on y voit des différences de temps et des substances contraires, mais la succession même des temps n'y est pas régulière. Or, une substance éternelle est souverainement éloignée de toute diversité, elle n'est accessible ni au toucher ni à la vue, parce qu'elle est incorporelle. Le monde au contraire est sujet à l'altération, l'eau est en opposition avec le feu; si le feu devient plus fort, il triomphe de l'eau, et la terre à son tour, nature sèche et froide, s'embrase comme une chose matérielle. On ne peut donc admettre l'éternité de ce monde que nous voyons soumis à tant d'altérations et de changements, qui s'use et vieillit de siècle en siècle et que nous croyons devoir un jour finir. Mais que doit-on penser de l'homme qui croit le monde éternel? L'homme certainement commence à exister dans le monde; or, avant qu'il existât, à quoi servait la fécondité annuelle de la terre? Dira-t-on que cette fécondité existait sans aucun dessein et comme au hasard? Et comment un être éternel pouvait-il produire des êtres corruptibles et mortels, alors que d'un être éternel ne peut sortir qu'un être également éternel? Comment encore oser appeler éternel ce qui se voit, ce qui se sent, ce qui se touche? Comment appeler éternel ce qui est soumis à la succession des temps, succession même qui n'est pas toujours uniforme ni régulière? car l'éternité n'est sujette à aucune altération, à aucun changement.

QUESTION XXIX. — Pourquoi Dieu commanda-t-il de circoncire les enfants le huitième jour? (*Gen.*, XVII, 12.)

Dieu commanda de circoncire tout enfant mâle le huitième jour qui suivait sa naissance, parce qu'après le nombre de sept jours écoulés, le huitième jour devient comme le premier après le sabbat, et qu'il n'est plus le huitième, mais bien le premier. Comme le salut que le Christ devait apporter au monde devait s'opérer le premier jour appelé le jour du Seigneur, parce que le Seigneur ressuscita ce jour qui suit le sabbat; le signe figuratif du salut fut donné dans la circoncision pour faire connaître la régénération future jusque sous la loi de la circoncision. C'était par la foi que les hommes devaient être sauvés, et

---

frigerio erat, dicebat ad virum pestilentiæ, dignum ardore gehennæ : « Cras mecum eris? » His duobus titulis subtilitatem fallaciæ suæ prodidit improvidus satanas, quia et adorari se permisit sub habitu et nomine Samuelis contra Legem; et virum peccatis pressum, cum magna distantia peccatorum et justorum sit, cum Samuele justissimo futurum mentitus est. Verum potest videri si de Samuelis nomine taceatur, quia Saul cum diabolo futurus erat. Ad eum enim transmigravit, quem adoravit. Semper enim diabolus sub velamine latens, prodit se, dum ea confingit quæ abhorreant a personis, per quas fallere nititur.

QUÆSTIO XXVIII. — Quid contradicendum iis sit, qui mundum istum ab æterno naturaliter moveri inquiunt, neque initio, neque abolitioni obnoxium.

Mundum ab æterno constare, et nulli debere subjectionem improbabile et impossibile est, quem videmus tanta diversitate extare corporum : cum nihil divinum et æternum possit esse nisi simplex, in quo nulla diversitas videatur, sed sit unitas. Nam et vices ipsas temporum non servat, ut non solum in temporibus varius sit, aut contrariis constet substantiis, sed et in ipsis vicibus temporum : cum res æterna diversitatem abhorreat, et sit nec tactu nec visu capienda, utpote incorporalis : hic autem passioni obnoxius est, quia et aqua repugnat igni; et ignis si amplius fuerit, superat aquam ; et terra cum sit natura arida et frigida, patitur incendium, quasi res corporalis. Itaque inconveniens est mundum æternum dicere, quem cum videmus passioni subjectum, et per sæcula senectute deficere, credimus et finiri. Quid censetur de homine, qui mundum æternum putat? Certe homo cœpit in mundo : sine homine ergo cui proficiebat annua fecunditas mundi? An sine aliqua providentia generabat? Et quomodo æternus corruptibilia et mortalia generabat, cum de æterno debeat æternum existere? Et quod visibile est et sentitur et tangitur, qua audacia vocatur æternum? Et quod vicibus temporum ministratur, ita ut ipsa aliquando non servent officia sua, quomodo appellatur æternum? Æternitas enim non corrumpitur, nec immutatur.

QUÆSTIO XXIX. — Quare octavo die mandatum est circumcidi? (*Gen.*, XVII, 12.)

Octavo die a nativitate idcirco præceptum est circumcidi, quia juxta numerum et curricula dierum septem, ipse rursum primus invenitur quasi post sabbatum, ut jam non octavus habeatur, sed primus. Quia enim salus futura per Christum in primo die erat prædestinata, qui Dominicus ideo dicitur, quia in eo resurrexit Dominus, qui est post sabbatum, propterea salutis hujus figura in circumcisione data est, ut quasi renovatio futura in cir-

cette foi a reçu sa confirmation le premier jour de la résurrection du Sauveur; le signe figuratif du salut a donc été établi le premier jour dans la loi de la circoncision, qui devait être aussi le signe de la foi d'Abraham. L'harmonie est donc ici complète; le signe de la foi passée qui a été donnée le premier jour, a été la figure de la foi future qui a été solidement établie le premier jour.

QUESTION XXX. — Il est écrit dans les Proverbes : « Le juste s'accuse le premier dès le commencement de son discours. » (*Prov.*, XVIII, 17.) Comment peut-il être juste s'il est pécheur ?

Toute vérité est en même temps justice. En avouant donc ce qu'il est, l'homme est juste, car il dit la vérité. Les pécheurs, au contraire, qui se font honneur de leurs fautes, ne peuvent être justifiés. Cet homme qui s'accuse mérite donc le nom de juste, parce qu'en confessant son péché, il en demande la rémission et implore la miséricorde de Dieu, car il sait qu'il est écrit dans la loi : « Confessez vos péchés pour être justifiés. » (*Isaïe*, XLIII, 26.) Or, faire cet aveu au commencement de son discours, c'est le faire sans y être forcé et de plein gré. Car quel est celui qui vivant même dans la crainte de Dieu puisse être sans péché, puisqu'il se mêle même à nos pensées, et que nous péchons quelquefois comme malgré nous? On peut cependant entendre ces paroles du catéchumène qui embrasse la foi pour être justifié. Puisqu'il demande d'être changé, sans aucun doute il confesse ses péchés pour en être justifié.

QUESTION XXXI. — Est-ce un serpent véritable qui a parlé avec la femme, ou est-ce l'acte même du diable qui l'a séduite, qui lui a fait donner le nom de serpent ? (*Gen.*, III, 1.)

Si l'on s'en tient au récit historique, il s'agit d'un serpent véritable qui était le plus fin de tous les animaux que le Seigneur Dieu avait formé sur la terre. D'ailleurs c'est contre le serpent que Dieu a prononcé sa sentence. Qu'y aurait-il en effet d'étonnant que le démon fût plus fin que les animaux, lui dont l'Apôtre a dit : « Est-ce que vous ignorez les profondeurs de Satan ? » (II *Cor.*, II, 11; *Apoc.*, II, 24.) Une autre preuve que c'était un serpent véritable, c'est que Dieu lui dit : « Tu ramperas sur le ventre, et tu mangeras la terre tous les jours de ta vie. » (*Gen.*, III, 14.) Ce châtiment ne convient nullement à la nature de Satan, puisqu'il n'est ni revêtu d'un corps, ni sujet à la mort. Si l'on examine les choses de plus près, on verra que cette sentence n'a point aggravé la condition du serpent, et qu'il a été condamné à rester dans l'état où Dieu l'avait créé. Il avait été l'instrument de Satan pour assujettir l'homme à qui Dieu avait tout assujetti; c'est pour cela que Dieu réprima l'orgueil du serpent par cet assujettissement où il avait placé toutes les créatures vis-à-vis de l'homme, parce qu'il avait été pour l'homme un ministre d'orgueil. L'homme paraissait s'être soumis au serpent en suivant le conseil qu'il lui donna de transgresser la loi qu'il lui avait imposée. Le Seigneur lui-même rend témoignage à la prudence des serpents, lorsqu'il dit : « Soyez prudents comme des serpents. » (*Matth.*, X, 16.) Il est donc bien établi que le serpent a véritablement parlé avec Eve; il nous reste maintenant à examiner s'il a été assez fin et assez rusé pour la tromper. Car s'il était plus fin que les autres animaux, il ne pouvait l'être plus que les hommes, puisque nul animal n'est doué de raison, si ce n'est l'homme. Il est donc impossible que le ser-

---

cumcisionis lege dignosceretur. Et quia per fidem salvari haberent homines, quæ primo die resurrectionis Domini firmata est, figura hujus rei in circumcisione primo die data est, quæ etiam esset signum fidei Abrahæ. Integra ergo causa est, quia signum præteritæ fidei primo die signatæ, figura fuit futuræ fidei primo die constabilitæ?

QUÆSTIO XXX. — In Proverbiis : « Justus, ait, accusator est sui in primordio sermonis : » (*Prov.*, XVIII, 17) quomodo justus, si peccator?

Omnis veritas justitia est. Quia ergo confitetur quod est, justus est : veritatem enim loquitur; peccatores autem vindicantes sua delicta, justificari non possunt. Unde hujusmodi digne justus dicitur, quia pronuntians peccatum sum, remitti sibi utique postulat, misericordiam Dei implorans. Scit enim dictum in Lege : « Confitere peccata tua, ut justificeris. » (*Isa.*, XLIII, 26.) Quid est autem in primordio sermonis confiteri, nisi non coactum fateri, sed voluntarium? Quis enim etiam timens Deum sine peccato est, cum et in cogitatione admisceantur delicta, et aliquotiens peccemus inviti? Potest tamen et de eo dici vel sentiri, qui catechumenus dicitur, ut accedens ad fidem justificetur. Cum enim petit immutari se, sine dubio peccatorem se confitetur ut justificetur.

QUÆSTIO XXXI. — An cum muliere natura serpens locutus sit, an (f. astu,) actu dictus serpens diabolus eam seduxerit? (*Gen.*, III, 1.)

Quantum ad historiam pertinet, serpens natura dictus est, qui sapientior esset cæteris bestiis, quas fecerat Dominus Deus super terram. Denique et sententiam Deus in serpentem dedit. Nam quid mirum si diabolus sapientior erat bestiis, de quo dicit Apostolus inter cætera : « An ignoratis altitudinem satanæ? »(II *Cor.*, II, 2; *Apoc.*, II, 24.) Usque adeo autem natura serpens fuit, ut diceretur illi : « Supra pectus et ventrem tuum repes, et terram edes omnibus diebus vitæ tuæ. » (*Gen.*, III, 14.) Hæc longe sunt a conditione satanæ; quia neque corporeus est, neque mortalis. Et si propius aspiciatur, videbitur sententia data nihil obfuisse serpenti : sed in eo in quo factus est, jussus est permanere. Quia enim minister factus est satanæ ad hominem subjugandum, cui omnia Deus subjecerat : idcirco Deus in ea subjectione, qua omnia homini subjecerat, repressit elationem serpentis; quia cœperat minister esse superbiæ. Videbatur enim homo factus sub serpente, per quem accepto consilio legem datam contempsit. Quoniam autem serpentes prudentes sunt, confirmat in Evangelio Dominus dicens : « Estote astuti ut serpentes. » (*Matth.*, X, 16.) Igitur quia claruit vere serpentem locutum esse cum Eva; illud superest ut discernatur, an potuerit tam prudens esse et astutus, ut dolo falleret eam. Si enim cæteris bestiis prudentior erat, non tamen hominibus : quippe cum nullum animal rationale sit nisi homo. Itaque serpentem subtilitatem istam com-

pent soit l'auteur de ces subtiles insinuations ; qu'il soit fin, à la bonne heure, mais sa finesse ne peut aller au delà de sa nature. Il ne peut ni délibérer, ni réfléchir, ni prendre conseil. Il est donc certain que c'est le démon, qui sous la forme du serpent, a cherché à séduire la femme. En se glissant sous la forme du serpent, il s'en servit comme d'un instrument, de sorte que la femme, qui connaissait la finesse du serpent, ne put soupçonner la ruse du démon qui se cachait sous cette forme. Par conséquent la sentence de condamnation portée extérieurement contre le serpent, tombe spirituellement sur Satan, parce que la sentence doit atteindre le vrai coupable. Cette sentence ne vient point de l'homme, qui par erreur ou par malveillance pourrait condamner un innocent; elle vient de Dieu qui est infaillible, et dont le jugement n'atteint jamais que le seul coupable. Satan, quoique invisible, dresse ses pièges extérieurement ; la sentence de condamnation est prononcée extérieurement, mais elle tombe spirituellement sur celui dont le crime a nécessité la sentence. En effet, Satan, cet esprit audacieux et impudent, a été précipité de la demeure sacrée des cieux et condamné à ramper et à gémir sur la terre. On me demandera peut-être dans quel langage le serpent a parlé à la femme; je réponds : Dans le langage du serpent. S'il en est, en effet, qui aujourd'hui, comprennent la signification de l'aboiement des chiens, des hurlements des loups, des cris des éléphants, du chant des coqs, pourquoi la femme, qui alors n'avait pas moins d'intelligence, n'aurait-elle pas pu comprendre le sifflement du serpent, alors que nous en connaissons beaucoup qui comprennent la signification du chant des oiseaux ? Il est certain, en effet, que le démon s'est servi de la langue de celui dans le corps duquel il était entré, autrement il n'aurait pu tromper la femme. Il a donc parlé le langage du serpent qu'il avait choisi pour instrument.

QUESTION XXXII. — Nous lisons dans les Proverbes de Salomon : « Le riche et le pauvre se sont rencontrés, le Seigneur est le créateur de l'un et de l'autre. » (*Prov.*, XXII, 2.) Comment donc peut-on dire qu'il n'y ait point en Dieu d'acception de personnes ?

Loin de l'esprit des fidèles une assertion aussi impie. L'Ecriture, pour ne point paraître enseigner à mépriser le pauvre et à honorer le riche, nous rappelle que Dieu est le créateur de l'un et de l'autre, non en tant qu'ils sont riches ou pauvres, mais en tant qu'ils sont hommes. Car si leur fortune est différente, leur nature est la même ; et si les occasions qui se produisent dans la vie ont pour résultat de donner aux uns la prospérité qui suit les richesses, ou les privations qui accompagnent la pauvreté, ce n'est point une raison pour mépriser ceux que Dieu n'a pas humiliés, ou pour honorer ceux à qui la vérité n'a point rendu témoignage. Ceux qui sont incontestablement dignes de mépris, ce sont les corrupteurs publics des mœurs et les violateurs sacriléges de la loi de Dieu, de même que nous devons honorer ceux qui aiment Dieu et gardent fidèlement sa loi. Les hommes vraiment riches aux yeux de Dieu sont ceux dont la vie est pure, et plus ils paraissent méprisables dans le monde, plus ils sont dignes d'honneur dans les cieux. Ceux que les faveurs de la vie présente ont rendus possesseurs d'immenses richesses, s'ils se connaissent bien et comprennent la volonté de Dieu qui a donné la terre à tous les hommes, qui fait lever son soleil pour tous et ré-

---

posuisse impossibile est : quamvis enim prudens dicatur, sed non ultra naturam suam. Nec enim deliberat aut excogitat, aut consilium capit. Idcirco diabolum fuisse, qui per serpentem mulierem circumvenit, dubium non est. Admiscens enim se serpenti, egit per illum quasi per organum, ut nec mulier occulti diaboli intelligeret dolum, sciens prudentem esse serpentem. Ac per hoc corporaliter data sententia, spiritaliter in satanam cecidit; quia sententia reum tenet. Non enim ab homine data sententia est, ut innocentem forte perimeret per errorem aut malevolentiam, sed a Deo qui falli utique non potest, ut sententia ejus cum solum teneat, qui reus est. Quia enim cum sit invisibilis satanas, laqueos corporaliter egit, corporalis videtur data sententia, ut illum spiritaliter teneat, cujus factum elicuit dari sententiam. Nam projectus de sacratissimis cœlorum sedibus impudentissimus satanas in terra volutatur gemens semper. Sed forte dicatur : In qua putas lingua serpens locutus est ad mulierem ? Serpentis utique ore. Si enim hodie non desunt, qui latratum canum intelligant, et luporum ululatum, et barritum elephantorum, et cantum gallorum; quare non magis rudis adhuc mulier scire potuit et intelligere sibilum serpentum, cum multos sciamus avium voces discernere ? (1) Nam et constat diabolum ejus lingua uti, cujus corpus intraverit : nec aliter falleret mulierem. Ac per hoc serpentis ore locutus est per serpentem.

QUÆSTIO XXXII. — Legimus apud Salomonem : « Dives et pauper obviaverunt sibi ; fecit autem ambos Dominus : » (*Prov.*, XXII, 2) quomodo ergo personarum acceptio non est apud Deum ?

Longe absit a fidelium mentibus hæc impietatis assertio. Nam Scriptura ne pauperem contemnendum doceret, et divitem honorificandum, ostendit amborum opificem esse Deum : non utique in paupertate et divitiis, sed in eo quod sunt. Si enim facultatibus ab invicem discrepant, non tamen naturæ substantia. Nec enim quia occasiones proventus quosdam faciunt in mundo, aut prosperos in divitiis, aut infaustos in paupertate, idcirco despiciendi sunt quos Deus non humiliavit, aut suspiciendi quibus veritas non dedit testimonium. Contemnendi plane sunt, sed corruptores morum et sacrilegi in Lege Dei : honorandi vero diligentes Deum et disciplinæ cultores. Hi enim divites apud Deum habentur, qui bonæ conversationis sunt : et quanto in mundo contemptibiliores sunt, tanto magis honorificentiores sunt in cœlo. Nam qui beneficium temporis habent in ampliandis facultatibus, si se cognoscant, et Dei intelligant voluntatem, qui terram omnibus dedit, et solem suum cunctis oriri jubet, et

(1) Reliq. abest a Mss. 2 generis.

pand indistinctement sur tous la rosée du ciel (*Matth.*, v, 45), en voyant que l'injustice des temps, ou un malheur imprévu, ou l'indigence refusent à quelques-uns ce que Dieu a donné à tous, leur feront part de ce qu'ils possèdent, et en accomplissant ainsi la volonté de Dieu, ils seront riches non-seulement sur la terre, mais dans le ciel, et ces richesses passagères ne les excluront point de la possession des richesses éternelles. Quant à ceux que la pauvreté semble rendre dignes de mépris, s'ils méditent le jugement futur de Dieu, ils verront qu'ils seront éternellement riches, là où les riches du siècle seront réduits à une extrême indigence, et se repentiront de n'avoir pas été pauvres sur la terre.

QUESTION XXXIII. — Salomon dit que les années des méchants seront abrégées (*Prov.*, x, 27); comment donc voyons-nous des impies en grand nombre prolonger leur vie sur la terre?

La justice demandait que tous les impies qui oublient leur Créateur, pour attribuer sur leur vie à la créature une souveraine autorité, vissent leurs jours abrégés, je dirais plus, fussent privés immédiatement de la vie. Mais l'Ecriture veut parler ici des impies, qui tout en vivant sous la loi de Dieu, étaient portés au culte des idoles. Ces impies sont de pire espèce que les autres, car tout en connaissant Dieu, ils méprisent son autorité pour obéir à ses serviteurs. Or, l'Apôtre nous enseigne que c'est bien d'eux qu'il est question lorsqu'il dit : « Nous savons que tout ce que dit la loi, c'est à ceux qui sont sous la loi qu'elle le dit. » (*Rom.*, IX, 19.) Quant aux Gentils, ils ne sont point comptés au nombre des vivants.

QUESTION XXXIV. — Comment le même Salomon dit d'un côté : « Dieu n'a point fait la mort, » (*Sag.*, I, 13) et dans un autre : « Les biens et les maux, la vie et la mort, la pauvreté et l'opulence viennent de Dieu? » (*Eccli.*, XI, 14.)

Personne ne doute que tous les biens viennent de Dieu; quant aux maux dont il est ici question, ils ne sont tels que lorsqu'ils servent à nous châtier. C'est ainsi que Dieu parle aux pécheurs par son Prophète : « Je vous ferai du mal, » c'est-à-dire je vous châtirai. Or, la vie et la mort nous sont représentées comme venant de Dieu, parce qu'il a donné la loi qui promet la vie à ceux qui l'observent, et menace ceux qui la transgressent de la mort qui est appelée la seconde mort. Comme c'est Dieu qui rend à chacun ce qu'il mérite, c'est de lui que viennent ou la sentence de vie ou la condamnation à la mort. Dieu n'est donc pas l'auteur de la mort, mais le juge; l'auteur de la mort c'est le péché. Comment donc Dieu aurait-il pu faire la mort, lui qui ne connaît point le péché? C'est parce qu'il rend aux péchés ce qui leur est dû, que l'Ecriture dit que la mort vient de lui, bien qu'elle n'en vienne pas en réalité, mais de celui qui a péché; c'est dans le même sens que la pauvreté et la richesse viennent de Dieu. Il en est quelques-uns qui sous l'impression de la crainte de Dieu méprisent les plaisirs des sens, fuient les prodigalités de la vie, ne détournent point les yeux du pauvre et de l'indigent, et accumulent ainsi de véritables trésors, car il est écrit dans les Proverbes : L'amour de la règle fait disparaître la misère et l'ignominie (1). » (*Prov.*, XIII, 18.) Mais ceux qui n'ont point la crainte de Dieu, qui vivent sans règle et sans frein, et méprisent le pauvre, seront dans l'indigence, suivant ce qui est écrit : Ils ont été pleins non-seulement de négligence et d'imprévoyance pour

---

(1) Le texte de la Vulgate présente un sens tout différent. « Egestas et ignominia ei qui deserit disciplinam, » misère et ignominie à celui qui abandonne la règle.

---

pluvias indiscretas effundit (*Matth.*, V, 45), iniquitas autem temporis, aut fortuitæ occasionis, aut indigentia quibusdam abnegat quæ Deus omnibus dedit : ipsi ministrant eis, ut perficientes Dei voluntatem, non solum in mundo, sed et in cœlo divites sint, ne pauci temporis divitiæ excludant æternas. Illi vero quos paupertatis causa despiciendos putant, si futurum Dei judicium contemplentur, illic semper divites erunt, ubi divites sæculi egebunt, pœnitentes se pauperes non fuisse.

QUÆSTIO XXXIII. — Salomon : « Anni, inquit, impiorum minuentur : » (*Prov.*, X, 27) quomodo ergo est quod videamus impios aliquantos longævos?

Dignum erat quidem omnes impios, non solum citius hac luce carere, verum etiam nec unius momenti temporis vita frui, qui conditoris sui immemores, vitæ totius auctoritatem imputant creaturæ. Sed Scriptura hos impios alloquitur, qui cum sub Dei Lege agerent, propensiores in idolis erant. Pejores enim sunt cæteris impiis : scientes enim Deum et contemnentes eum, obtemperant servis. Et quod de his dictum sit, probat Apostolus dicens : « Scimus autem quoniam quæcumque Lex loquitur, his qui in Lege sunt loquitur. » (*Rom.*, III, 19.) Gentiles autem non habentur in numero vivorum.

QUÆSTIO XXXIV. — Quomodo idem Salomon : « Deus, inquit, mortem non fecit : » (*Sap.*, I, 13) cum alio loco dicat : « Bona et mala, vita et mors, paupertas et honestas a Deo sunt? » (*Eccli.*, XI, 14.)

Nulli dubium est bona omnia a Deo esse, mala autem quæ dixit, solum mala sunt, dum vindicatur de nobis. Pœna enim quamvis juste inferatur, patienti tamen mala videtur. Nam et per Prophetam ad peccatores loquitur Deus dicens : « Faciam vobis mala, » id est, pœnis vos agam. Vita autem et mors sic a Deo est, quia Legem dedit, quæ servantibus se vitam promittit, contemptoribus vero mortem, sed illam quæ secunda dicitur. Dum enim unumquemque adjudicat quid meretur, ab ipso est, sive absolutio ad vitam, sive reatus ad mortem. Non ergo inventor mortis est, sed judex, quia mortis auctor peccatum est. Quomodo ergo Deus poterat facere mortem, qui nescit peccare? Sed dum peccatis retribuit, ab ipso dicta est esse mors, cum non ex ipso sit, sed ex hoc qui peccavit. Eadem ratione paupertas et divitiæ a Deo sunt. Quidam enim habentes timorem Dei, luxuriam spernunt, vitam prodigam fugiunt, ab egeno et paupere oculum non avertunt : hujusmodi crementum faciunt bonorum. Scriptum est enim in Proverbiis : « Paupertatem et ignobilitatem aufert disciplina. » (*Prov.*, XIII, 18.) At hi qui timorem Dei non habent, solutius viventes et egenum

leurs intérêts, mais de mépris pour la loi qui leur était donnée. C'est donc dans ce sens que Dieu a fait les pauvres et les riches ; comme la transgression de la loi produit la pauvreté, on attribue cet effet à Dieu, auteur de la loi, et lorsque d'autres, par crainte de ses jugements, sont fidèles aux prescriptions de la loi, on dit également que c'est Dieu, auteur de la loi, qui les enrichit.

QUESTION XXXV. — Comment David peut-il encore appeler Saül l'oint du Seigneur, et lui rendre honneur en cette qualité après que le Seigneur s'était retiré de lui? (I *Rois*, XXVI, 16.)

David n'ignorait pas que la dignité royale était d'origine divine, et tant qu'il voit Saül revêtu de cette dignité, il l'honore en cette qualité pour ne point paraître manquer à Dieu qui fait un devoir de ces honneurs à l'égard des rois. Le roi, en effet, est l'image de Dieu, comme l'évêque est l'image du Christ. Tant qu'il occupe ce haut rang, on doit donc l'honorer, sinon pour lui, du moins pour la dignité dont il est revêtu. C'est la recommandation que fait l'Apôtre : « Soyez soumis aux puissances supérieures. Il n'y a point de puissance qui ne soit de Dieu, et celles qui sont, ont été ordonnées de Dieu. » (*Rom.*, XIII, 1.) Voilà pourquoi nous rendons honneur à un païen constitué en dignité, bien qu'il en soit personnellement indigne, lui qui, tenant la place de Dieu, rend ses hommages au démon. Le pouvoir a droit à ces honneurs que nous lui rendons et il les mérite. C'est pour cela que Dieu a révélé en songe à Pharaon ses futures années de disette (*Gen.*, XLI, 1, 26), et que seul de tous ceux qui étaient présents avec lui il vit le Fils de Dieu dans la fournaise ardente (*Dan.*, III), grâce non sans doute à ses mérites personnels, lui qui voulut se faire adorer dans une idole, mais à l'excellence de la dignité royale dont il était revêtu.

QUESTION XXXVI. — Si l'âme qui pèche doit seule être punie du mort, pourquoi lors du péché d'Achan, fils de Charmi, trente hommes ont été tués pour expier son crime? (*Jos.*, VII, 24.)

Cette parole de l'Ecriture doit s'entendre dans un autre sens que celui qu'on lui donne. Elle a voulu parler ici non pas de cette mort qui est commune à tous, mais de celle qui est appelée la seconde mort. Cette mort est le châtiment réservé aux pécheurs. Quant à ceux qui ont été tués dans ce combat, ils n'ont pas expié le péché d'Achan, mais ils ont été privés de la protection divine qui les aurait rendus victorieux de leurs ennemis. Ce n'est point le péché d'Achan qui a été cause de leur défaite, mais ils étaient privés du secours de Dieu pour opposer une courageuse résistance, et ils ont été mis à mort, car ils étaient peu nombreux contre une grande multitude, et ils furent accablés par le nombre. Il n'y a donc aucune injustice dans la volonté de Dieu ; il est en son pouvoir d'accorder ou de refuser son secours ; s'il l'accorde, c'est un acte de miséricorde ; s'il le refuse, c'est un effet de sa justice, car il n'est point ici un débiteur rigoureusement obligé de payer ce qu'il doit. Voilà pourquoi Josué, fils de Navé, contristé de cet échec, déchira ses vêtements (*Jos.*, VII, 6), parce qu'il comprenait que ce n'était pas sans raison que Dieu avait refusé l'appui de son secours divin.

(1) Quant à Charmi, il était coupable, et il mourut lapidé. Les trente-six hommes, au contraire, qui

(1) Même question telle qu'elle se trouve dans les manuscrits de la seconde catégorie, et qui était précédemment la XIVe sur l'Ancien Testament.

despicientes (sicut scriptum est) : « In inopia erunt, » non solum negligentes et improvidi circa se, verum etiam contemptores datæ Legis. Hoc modo fecit Deus pauperes ac divites : quia dum offensio Legis parit egestatem, a Deo fieri dicitur auctore Legis; et cum aliqui terrore disciplinam Legis custodiunt, a Deo auctore Legis divites fiunt.

QUÆSTIO XXXV. — Qua ratione David Saul, postquam Deus ab eo recessit, Christum Domini vocat, et honorem defert ei ? (I *Reg.*, XXVI, 16.)

Non nescius David divinam esse traditionem in officio ordinis regalis, idcirco Saul in eadem adhuc traditione positum honorificat, ne Deo injuriam facere videretur qui his ordinibus honorem decrevit. Dei enim imaginem habet rex, sicut et episcopus Christi. Quamdiu ergo in ea traditione est, honorandus est, si non propter se, vel propter ordinem. Unde Apostolus, inquit : « Potestatibus sublimioribus subditi estote. Non est potestas nisi a Deo. Quæ enim sunt, a Deo ordinatæ sunt. » (*Rom.*, XIII, 1.) Hinc est ut gentilem in potestate tamen positum honorificemus, licet ipse indignus sit, qui Dei ordinem tenens gratias agit diabolo. Potestas enim exigit, quia meretur honorem. (*Gen.*, XLI, 1, 26.) Nam ideo Pharaoni futuræ famis somnium revelatum est : et Nabuchodonosor aliis secum assistentibus solus filium Dei vidit in camino ignis (*Dan.*, III), non utique merito suo, qui in idolo se adorari voluit, sed merito ordinis regalis.

QUÆSTIO XXXVI. — Si anima quæ peccaverit, ipsa morietur, quid est ut Achan filius Charmi peccaverit, et triginta (*a*) viri occisi sunt in causa ejus? (*Jos.*, VII, 24.)

Alio sensu Scriptura locuta est quam propositum est. Non enim de hac morte quæ communis utique omnibus est, dixit, sed de illa quæ appellatur secunda. Hæc enim peccatores suscipit : illis autem qui in pugna mortui sunt, non peccatum Achan redditum est, sed obfuit illis ne in protectione divina adjuti invalescerent hostibus. Nec enim causa Achan infirmati sunt, sed Dei auxilio minime muniti, ut dum fortiter facere nequeunt, occiderentur. Nam pauci fuerunt contra multos, unde et superati noscuntur. Nulla ergo injustitia in voluntate Dei est : in potestate enim habet, si adjuvare vult, ut si affuerit, misericors sit, si noluerit, justus : nec enim in talibus debitor est, ut teneatur obnoxius. Hinc est quod Jesus Nave contristatus scidit vestimenta sua, intelligens non sine causa Deum auxilium suum subtraxisse. (*Jos.*, VII, 6.)

Charmi quidem peccavit, et mortuus est lapidibus. Illi autem triginta sex viri, qui in pugna mortui sunt, non

(*a*) Mss. 2 generis *triginta sex viri*. Et verius.

périrent dans le combat n'ont pas été accablés sous le poids de la vengeance divine, mais simplement privés de son secours. C'est leur faiblesse et par suite leur défaut de résistance qui a été cause de leur mort. Le péché de Charmi n'a déterminé ici qu'une seule chose, c'est que ceux qui pouvaient compter sur le secours de Dieu en ont été privés. Voilà pourquoi Josué, fils de Navé, fut contristé et déchira ses vêtements, parce qu'il comprit que Dieu, qui était son protecteur, lui avait retiré son appui dans cette circonstance.

QUESTION XXXVII. — Pourquoi la mort envoyée contre Jacob est tombée sur Israël, puisque Jacob est aussi appelé du nom d'Israël? (*Isa.*, IX, 8, *sel. les Sept.*)

Le prophète se sert ici de deux noms désignant le même peuple pour marquer la distinction des mérites par la différence des noms. Car celui qui a reçu le nom d'Israël s'appelait d'abord Jacob. En luttant contre le Sauveur, il comprit que c'était Dieu qu'il voyait sous une forme humaine (*Gen.*, XXXII, 28), et c'est à la suite de cette vision qu'il fut appelé l'homme qui voit Dieu. Le peuple auquel le prophète donne ici le nom de Jacob représente le peuple charnel, comme les noms que les parents donnent à leurs enfants. Mais le nom d'Israélites n'a jamais été donné à ce peuple, c'est-à-dire aux Juifs, que leur conduite criminelle en rendait indignes, parce qu'ils sacrifiaient aux animaux et aux forêts sous le règne et par le fait du roi Jéroboam. Le peuple, au contraire, qui offrait à Jérusalem, dans le temple du Seigneur, des victimes par le ministère des prêtres, était appelé Israël. Le royaume de Samarie fut donc livré à la captivité et à la mort en punition de son impiété; Jérusalem fut protégée pendant quelque temps, grâce à la piété et au zèle de ses rois pour le culte du vrai Dieu. Mais dès que Jérusalem suivit elle-même l'impiété de Samarie, elle fut enveloppée dans sa condamnation. C'est pour cela que le prophète commence par dire : « Dieu a envoyé la mort contre Jacob, » c'est-à-dire contre le peuple de Samarie, dont la vie était toute charnelle, comme nous l'avons remarqué plus haut, et « la mort est tombée sur Israël, » c'est-à-dire sur le peuple de Jérusalem, parce qu'il a suivi le peuple de Samarie dans les voies de l'idolâtrie et qu'il fut emmené en captivité par Nabuchodonosor, comme le peuple de Samarie avait été emmené par Salmanasar, roi des Assyriens. En termes plus clairs, la sentence prononcée contre les mauvais s'étendit jusqu'aux bons, parce qu'ils avaient cessé de marcher dans les voies de la justice. En effet, la mort envoyée contre Jacob est tombée sur Israël, comme nous l'avons montré, mais sans omettre de frapper Samarie. La cause qui la fit envoyer contre Samarie s'étant produite dans Jérusalem, elle y fut envoyée pour y punir les mêmes crimes que dans Samarie. Car la vengeance divine poursuit le crime sans distinction de personnes.

(1) Le prophète se sert ici de deux noms désignant le même peuple. Celui qui s'appelait d'abord Jacob reçut ensuite le nom d'Israël après sa lutte avec le Fils de Dieu, et lorsque le voyant dans son esprit il fut comme un homme qui a vu Dieu. Le peuple auquel il donne ici le nom de Jacob désigne le peuple qui ne voit point Dieu, le peuple charnel, à cause de ses œuvres mauvaises. De même que le patriarche Jacob, avant de voir le Christ Dieu, ne s'appelait pas Israël, ce peuple qui porte le nom de

(1) Même question telle qu'elle se trouve dans les manuscrits de la seconde catégorie, précédemment la XIIIᵉ sur l'Ancien Testament.

utique pressi a Deo sunt, sed non adjuti. Imbecillitate enim sua, dum fortiter facere nequiverunt, occisi sunt. Charmi ergo causa hoc præstitit vel obfuit, quia qui adjuvari habuerant, neglecti a Deo sunt. Hinc ergo est quod Jesus filius Nave contristatus excidit vestimenta sua, quia intellexit Deum adjutorem suum auxilium subtraxisse in hoc loco.

QUÆSTIO XXXVII. — Quid est ut missa mors in Jacob venerit in Israel, cum Jacob ipse dictus sit Israel? (*Isa.*, IX, 8, *sec.* LXX.)

Unius populi duo nomina posuit, ut ex nominibus merita eorum possint intelligi. Nam utique qui Israel cognominatos est, dum collucta est, prius Jacob dicebatur. Colluctans enim cum Salvatore, intellexit Deum esse, quem in specie corporis videbat (*Gen.*, XXXII, 28) : ideoque appellatus est homo videns Deum. Populum ergo, quem Jacob nuncupat, hoc loco et in hac causa carnalem significat, quomodo nomina quæ natis a parentibus imponuntur. Sed hi, id est, Judæi, propter mala opera non Israelitæ dicti sunt, quia vaccis et lucis sacrificabant in Samaria, studio et imperio Jeroboam regis. Ille autem populus, qui in Jerosolymis in templo Domini hostias offerebat per sacerdotes Dei, Israel appellatus est. Samaria ergo propter impietatem suam tradita est captivitati et morti : Jerosolyma autem reservata est, propter quod habuit reges diligentes Deum. At ubi autem et ipsa Jerusalem impietatem secuta est Samariæ, sententia illam comprehendit data in Samariam. Ideo ergo dictum est : « Misit Deus mortem in Jacob, » *hoc est*, in populum Samariæ, qui carnaliter conversatus est, sicut supra diximus : « Et venit in Israel, » hoc est, in populum Jerusalem, quia idololatriam secuta est, imitata Samariam : ut simili modo abduceretur in captivitatem a Nabuchodonosor, sicut Samaria a Salmanasar rege Assyriorum. Hoc est aperte, sententia data in malos, invenit et bonos, dum desierint esse justi. Missa enim mors in Jacob, sicut supra ostensum est, pervenit in Israel, non prætermittens Samariam; sed dum causa, qua missa est in Samariam, inventa est in Jerusalem, missa illuc venit etiam in eum locum, quo eadem res erat. Quia vindicta causam sequitur, non discernens personam.

Unius populi duo nomina posuit. Nam utique qui prius Jacob dicebatur, postea accepit nomen Israel, cum colluctatus est cum Filio Dei, et vidit eum per intellectum homo videns Deum. Populus ergo quem Jacob nuncupat, hoc in loco et in hac causa non videns Deum intelligitur, sed quasi carnalis habetur, propter opera (f. non bona) Nam sicut Jacob priusquam videret Deum Christum, non dicebatur Israelita, et hi dum populus dicuntur Jacob, non videntes Deum designentur. Israel

Jacob désigne ceux qui ne voient point Dieu. Israël, au contraire, représente la partie du peuple que ses œuvres saintes ont rendu digne de voir Dieu. Or, le peuple de Jacob qui, livré au culte des idoles, s'appuyait sur un bras de chair au lieu de mettre sa confiance dans le secours de Dieu, fut livré à la mort lorsque Dieu fit marcher contre lui le roi des Assyriens. Car les paroles du prophète Isaïe doivent s'entendre du peuple de Samarie qui, le premier, a fait le mal devant Dieu en établissant des veaux auxquels il offrait des sacrifices par le ministère des nouveaux prêtres que Jéroboam avait institués. La mort fut donc envoyée contre ce peuple; car il fut le premier pris et emmené en captivité par Salmanasar, roi des Assyriens, pour servir d'exemple au peuple de Juda, de Benjamin et de Lévi, les deux tribus et demi qui restaient et qui, sous Roboam, fils de Salomon, offraient des sacrifices dans le temple par le ministère des prêtres du Seigneur. Le prophète les appelle le peuple d'Israël à cause de la tribu de Juda et de Lévi, que l'exemple du peuple de Samarie aurait dû effrayer et porter au bien, et qui se sont également livrées au mal et au culte honteux des idoles. Cependant il y eut quelques rois dans Jérusalem qui, malgré les exemples coupables donnés par Salomon et son fils Roboam, suivirent les traces de David et marchèrent dans la voie droite en présence du Seigneur. Tous les rois de Samarie, au contraire, firent le mal aux yeux de Dieu jusqu'au temps de leur captivité. De là le nom de charnel qui leur fut donné. Jérusalem ayant imité leur impiété, son peuple fut lui-même à son tour emmené en captivité par Nabuchodonosor, roi de Babylone; ainsi se trouvent expliquées ces paroles : « La mort a été envoyée contre Jacob, et elle est tombée sur Israël. » Elle a été envoyée d'abord contre Samarie, mais la cause qui la fit envoyer s'étant produite dans Jérusalem, elle y fut envoyée pour châtier les mêmes crimes que dans Samarie; car la vengeance de Dieu s'attache non pas au lieu, mais au crime qu'elle veut châtier.

QUESTION XXXVIII. — Si le cheval et le mulet n'ont point d'intelligence, combien moins la terre, qui n'a aucun sentiment? pourquoi donc la terre est-elle invitée à bénir le Seigneur? (*Ps.* xxvi, 9.)

Ces paroles ne doivent pas être entendues dans le sens qui se présente tout d'abord. C'est l'ouvrage ici qui tout muet qu'il est proclame la gloire du Créateur, car il excite tous ceux qui le voient à bénir celui qui l'a créé, comme un vase parfaitement exécuté fait l'éloge de l'artisan qui en est l'auteur. On lit dans les Psaumes : « Est-ce que la poussière vous louera, annoncera-t-elle votre vérité ? » (*Ps.* xxix, 10.) Dans toute substance inanimée, ce n'est point la volonté qui n'existe pas, c'est l'œuvre elle-même qui bénit son auteur. Si vous préférez entendre ces paroles dans un sens spirituel, la terre alors peut signifier l'homme, suivant ce que dit le prophète : « Souvenez-vous, Seigneur, que nous ne sommes que terre, » et ce sont les œuvres de la création qui sont pour lui une exhortation à célébrer la gloire du Créateur.

(1) « Que la terre bénisse le Seigneur, » c'est-à-dire loue et confesse votre vérité. Comment donc lisons-nous dans un autre psaume : « Est-ce que la terre vous louera, annoncera-t-elle votre vérité ? » Ces paroles ne doivent donc pas être entendues dans le sens qu'elles semblent présenter tout d'abord;

---

(1) Même question telle qu'elle se trouve dans les manuscrits de la seconde catégorie, la XVIe sur l'Ancien Testament.

---

autem populum dicit, qui operibus Dei factus dignus habetur Deum. Itaque populus Jacob, quia carnali fretus erat auxilio, desperans de adjutorio Dei (idola enim diligebat) traditur morti, dum excitatur adversus eos rex Assyriorum. De Samaria autem hoc dictum intelligitur ab Isaia Propheta, quæ prius malum fecit coram Deo, vaccas instituens quibus sacrificarent, ad invenieute novo sacerdotia Jeroboam : mors ergo ad eos missa est. Primi enim ipsi capti sunt, et transmigrati a Salmanasar rege Assyriorum, ut illorum exemplo populus Juda et Benjamin et Levi, quæ duæ tribus remanserunt, et dimidia in Jerusalem Roboam filio Salomonis, quæ in templo Domini per sacerdotes Domini sacrificabant. Hos ergo dicit populum Israel propter tribum Juda et Levi, qui et ipsi cum exemplo Samariæ territi recte agere debuerunt, maligne fecerunt idolis servientes : tamen fuerunt aliquanti reges in Jerusalem, qui post excessum Salomonis et filii ejus Roboam, viam secuti sunt David, recte ambulantes in conspectu Dei. Omnes autem reges Samariæ maligne egerunt in conspectu Domini usque ad transmigrationem suam. Ideoque carnali nomine nuncupati sunt. Et quia Jerusalem eorum impietatem secuta est, traditur etiam ipsa in captivitatem Nabuchodonosor regi Babyloniæ : et hoc est missæ mortem in Jacob, et venisse in Israel. Missa est enim in Samariam, sed dum causa per quam missa est in Samaria, inventa est in Jerusalem, missa illuc venit etiam in locum in quo eadem res erat. Non enim locum sequitur vindicta, sed causam.

QUÆSTIO XXXVIII. — Si equus et mulus non habent intellectum, quanto magis terra res sine sensu? quid ergo est ut dicatur terra benedicere Dominum? (*Ps.* xxxi, 9.)

Non est sic intelligendum ut sonant verba. Opus est enim, quod licet mutum sit, clamare dicitur laudem Creatoris : hortatur enim aspicientes ad, benedicere opificem : sicut et omne vas bene compositum, laudat artificem. Quippe cum legatur in Psalmis : « Numquid confitebitur tibi pulvis, aut annuntiabit veritatem tuam ? » (*Ps.* xxix, 10.) In omni ergo insensata substantia, non voluntas, quæ utique nulla est, sed opera benedicunt auctorem. Si autem spiritualiter vis hoc accipere, per terram hominem significatum intellige, secundum dictum Prophetæ : « Memento enim ait, Domine, quoniam terra sumus, » quem opera creaturæ in laudem conditoris sui prorumpere exhortantur.

Benedicat « terra Dominum, » ait, hoc est laudet et confiteatur veritatem tuam. Quomodo ergo in Psalmis : « Numquid confitebitur tibi, inquit, pulvis, aut annuntiabit veritatem tuam ? » Non est sic intelligendum ut le-

car la terre n'a point de sentiment et ne peut rendre grâces à son Créateur. Mais si vous les entendez dans un sens spirituel, la terre ici peut signifier l'homme, selon cette parole du prophète : « Souvenez-vous, Seigneur, que nous sommes terre. » (*Ps.* CII.) Le prophète exhorte donc les œuvres de la création à éclater en louanges en l'honneur du Créateur, et il attribue ainsi la confession de la vérité aux créatures qui, toutes muettes qu'elles sont, semblent proclamer la gloire de celui dont elles sont l'ouvrage. Voilà pourquoi le Psalmiste donne à la terre une voix pour bénir Dieu parmi les œuvres de la création.

QUESTION XXXIX. — Que signifient ces paroles de Salomon : « L'espérance est dans les ténèbres; un chien vivant vaut mieux qu'un lion mort? » (*Eccl.*, IX, 4.)

Les ténèbres sont ici la figure de la gentilité et de l'ignorance. L'écrivain sacré veut donc nous faire entendre qu'il y a plus d'espérance dans le peuple de la gentilité que dans un apostat; c'est ce qu'indiquent les paroles qui suivent : « Un chien vivant vaut mieux qu'un lion mort, » car le lion est le plus fort de tous les animaux, et la religion chrétienne est plus forte que toutes les autres sectes. Si donc on se sépare de cette religion divine, on perd l'espérance du salut et on devient pire qu'un païen, car il peut se faire qu'un païen embrasse la foi et acquière des droits au salut qu'a perdu l'apostat. Si le païen reste dans son incrédulité, l'apostat est dans un état pire encore, parce qu'il est beaucoup plus mal d'avoir perdu le salut que de n'y avoir jamais eu de droits. Or, Notre-Seigneur lui-même nous enseigne que le chien est la figure des Gentils lorsqu'il dit : « Il n'est pas bon de prendre le pain des enfants et de le donner aux chiens. » (*Matth.*, XV, 26.)

(1) Les ténèbres sont ici la figure de l'ignorance et de la Gentilité, parce qu'un païen offre plus d'espérance qu'un apostat. Le lion mort, c'est le chrétien apostat; tant qu'il a conservé la foi, c'était un lion; vient-il à perdre la foi, c'est un lion mort. Le chien, c'est le Gentil dont on peut espérer qu'il embrassera la foi, et on a cette espérance tant qu'il est en vie. Pour l'autre, au contraire, plus d'espérance. Or, Notre-Seigneur nous enseigne que le chien est la figure des Gentils lorsqu'il dit : « Il n'est pas bon de prendre le pain des enfants et de le donner aux chiens. » (*Matth.*, XV, 26.)

QUESTION XL. — Que signifient ces paroles du prophète : « Réjouis-toi, stérile qui n'enfantes pas, chante des cantiques de louanges, pousse des cris de joie, toi qui n'avais pas d'enfants, l'épouse abandonnée est devenue plus féconde que celle qui a un époux. » (*Isa.*, LIV, 1.)

Les enfants de la Jérusalem terrestre qui ont apostasié le culte de Dieu ne peuvent être invités par le prophète à se réjouir, mais bien plutôt à gémir et à pleurer. C'est donc par comparaison avec l'opprobre de cette Jérusalem que le prophète invite à la joie la Jérusalem céleste que l'Apôtre appelle notre mère (*Gal.*, IV, 20), parce que sans gémissements et sans douleur elle a eu un plus grand nombre d'enfants que celle qui engendre dans les larmes les enfants de la chair, c'est-à-dire les Juifs. La Jérusalem céleste engendre par la foi des enfants spirituels. Le prophète l'appelle une épouse abandonnée parce qu'elle est la vie qu'Adam a le premier abandonnée pour suivre les voies de la mort. Or, lorsque les hommes sont régénérés, ils reviennent à la vie

(1) Même question telle qu'elle se trouve dans les manuscrits de la seconde catégorie, la XIXe sur l'Ancien Testament.

gitur et sonant verba. Neque enim sensum habet terra, ut gratias agat Creatori. Si autem spiritualiter hoc acceperis, terram hominem intellige, secundum dictum Prophetæ : « Memento Domine, quoniam terra sumus. » (*Ps.* CII.) Quam operam facti mundi in laudem Creatoris prorumpere exhortatur, ut confessionem veritatis ejus acquirat illi, quæ licet taceat, clamare dicitur laudem Creatoris, cujus opus est. Hæc ergo causa est, quod in creatione terra Deum dicitur benedicere.

QUÆSTIO XXXIX. — Quid est quod legitur in Salomone : « Spes est, inquit, in tenebris : Melior est canis vivus leone mortuo? » (*Eccl.*, IX, 4.)

Tenebræ gentilitatem et ignorantiam significant. Spem ergo majorem in gentili populo esse, quam in apostata vult intelligi per id quod subjecit, dicens : « Melior est canis vivus leone mortuo : » quia sicut leo omnibus feris fortior est, ita Christianus omnibus sectis. Si quis ergo ab hac destiterit, amittit salutem, et it deterior gentili sit. Potest enim fieri ut credat gentilis, et acquirat salutem, quam perdidit apostata. At si non credat, adhuc pejor est apostata : quia deterius est amissam salutem, quam non habuisse. Canem autem gentilem significari Salvator ostendit dicens : « Non licet accipere panem filiorum, et mittere canibus. » (*Matth.*, XV, 26.)

Tenebræ ignorantiam significant et gentilitatem : quia spes est in gentili potius, quam in apostata. Hunc enim dicit leonem mortuum, hoc est, Christianum apostatam : quoniam quamdiu in fide duravit leo erat; at ubi recessit, mortuus dicitur. Canem vero gentilem dixit, de quo spes est, ut credat : quamdiu enim vivit, speratur de illo. Illius autem spes peribit. Nam canem, gentilem significari Salvator ostendit dicens : « Non licet panem accipere filiorum, et mittere canibus. » (*Matth.*, XV, 26.)

QUÆSTIO XL. — Quid est quod dicit Propheta : « Lætare sterilis quæ non paris, erumpe et exclama quæ non parturis : quia multi filii desertæ magis, quam ejus quæ habet virum? » (*Isa.*, LXIV, 1.)

Quoniam filii Jerusalem terrenæ apostataverunt a Deo, non potest huic gaudium ascribi, sed mœror. Ad opprobrium ergo hujus Jerusalem Propheta illam superiorem Jerusalem lætari debere dicit, quam Apostolus matrem nostram appellat (*Gal.*, IV, 26) : quia sine gemitu et doloribus multo plures filios habet, quam hæc quæ cum lacrymis generat carnaliter, Judæos utique : illa autem Christianos per fidem spiritaliter. Quam ideo desertam dicit, quia ipsa est vita, quam deseruit Adam

QUESTIONS SUR L'ANCIEN TESTAMENT.

qu'ils avaient abandonnée. Cette vie, c'est Jésus-Christ qui a dit de lui-même : « Je suis la vie. » (*Jean*, xiv, 16.) Dieu le Père est aussi la vie, comme Notre-Seigneur l'enseigne dans un autre endroit : « De même que le Père à la vie, de même il a donné au Fils d'avoir la vie. » (*Jean*, v, 26.) Nul doute que l'Esprit saint ne soit aussi la vie, d'après ce témoignage du Sauveur : « Il recevra de ce qui est à moi. » (*Jean*, xvi, 15.) Celui qui reçoit de la vie est lui-même la vie. Ces trois personnes sont donc une seule vie. C'est par la foi à cette vie que nous sommes régénérés. Elle est notre mère, comme nous le lisons dans la Genèse, parce que cette vie est la mère de tous les vivants. (*Gen.*, iii, 20.) Or, quels sont ces vivants si ce n'est ceux qui croient?

(1) Il faut entendre ici qu'il y a deux mères, l'une céleste, l'autre terrestre, c'est-à-dire la Jérusalem libre, dont l'Apôtre dit qu'elle est notre mère, et cette Jérusalem qui, selon le même Apôtre, « est esclave avec ses enfants, c'est-à-dire avec les Juifs. » (*Gal.*, iv, 25.) Le prophète annonçant l'avènement du Seigneur et proclamant d'une voix triomphante le temps où la grâce doit se répandre avec abondance, exhorte à se réjouir la Jérusalem céleste qu'il dit avoir été abandonnée, parce qu'elle n'avait pas autour d'elle d'enfants engendrés par la foi. Le temps était venu où elle devait avoir les enfants qui lui avaient été prédits et en bien plus grand nombre que les enfants de la Jérusalem terrestre, car le nombre des chrétiens a surpassé de beaucoup celui des Juifs. Elle est aussi appelée stérile parce qu'elle est vierge et qu'elle engendre ses enfants spirituellement par la foi et sans que la chair y ait aucune part. Aussi le prophète ne dit pas qu'elle enfante, car l'enfantement est toujours accompagné de douleur. Elle, au contraire, pousse des cris de joie en voyant le salut du genre humain. La Jérusalem terrestre a un époux, parce qu'elle engendre des enfants selon la chair. La ville est ici assimilée à une mère, de même que l'habitation céleste qui nous est destinée est appelée notre mère.

Question XLI. — L'Esprit qui était porté sur les eaux est-il l'Esprit saint, comme sembleraient l'indiquer ces paroles : « L'Esprit de Dieu était porté sur les eaux ? » (*Gen.*, i, 2.)

S'il y a erreur dans cette proposition, on ne doit point l'admettre. Quelques-uns croient qu'il est ici question de l'Esprit saint, parce qu'il est appelé l'Esprit de Dieu, opinion dénuée de toute preuve et de tout fondement. Non-seulement l'ordre et la raison se refusent à cette interprétation, mais le texte lui-même est sans force pour l'établir. Car nous trouvons fréquemment les mêmes paroles employées par les écrivains sacrés dans un autre sens. Ainsi entre autres choses le Seigneur Dieu dit : « Mon esprit ne demeurera point dans ces hommes, parce qu'ils sont chair; » (*Gen.*, vi, 3) et il ajoute : « J'exterminerai toute créature, depuis l'homme jusqu'aux animaux. » Dira-t-on que dans ces paroles, où le Seigneur prédit le déluge qu'il doit envoyer sur la terre, il est question de l'Esprit saint? N'a-t-il point voulu parler des âmes? Car le nom d'esprit est donné non-seulement à nos âmes, mais à celles des animaux. En effet, il est écrit : « Et toute chair dans laquelle se trouvait l'esprit de vie mourut dans les eaux. » (*Gen.*, vii, 21.) Nous lisons aussi dans le

---

(1) Même question telle qu'elle se trouve dans les manuscrits de la seconde catégorie, question xv sur l'Ancien Testament.

---

primus, et secutus est mortem. Cum regenerantur ergo homines, revertuntur ad eam, quam deseruerant, vitam. Hæc vita Christus est, quia ipse dicit : « Ego sum vita. » (*Joan.*, xiv, 6.) Est et Deus pater vita, quia ait Dominus : « Sicut habet pater vitam, ita dedit Filio vitam. » (*Joan.*, v, 26.) Sine dubio et Spiritus sanctus vita est, dicente Domino : « Quia de meo, inquit, accipiet. » (*Joan.*, xvi, 15.) De vita utique qui accipit, vita est. Tres ergo sunt una vita. Hæc est vita, per cujus fidem regeneramur. Ipsa est mater nostra, sicut in Genesi legimus, quia ipsa, id est : Vita, est mater omnium vivorum. (*Gen.*, iii, 20.) Qui sunt qui vivunt, nisi qui credunt?

Duas matres hoc in loco intelligimus, cœlestem et terrestrem, id est Jerusalem liberam, de qua dicit Apostolus : « Quæ est mater nostra, » et Jerusalem istam quam « servire dicit cum filiis suis, » (*Gal.*, iv, 25) hoc est Judæis. Propheta enim adventum Domini prædicans, et tempus gratiæ plenum in exsultatione vocis obtestans, Jerusalem cœlestem, quæ ideo deserta dicta est, quia inhabitantes filios per fidem generatos non habebat, lætari debere hortatur. Tempus enim venerat, ut haberet filios olim prædictos et multo plures quam fuerant hujus Jerusalem : quia Christiani supergressi sunt numerum Judæorum. Sterilis ergo dicta est, quia virgo est, quæ non per mixtionem et complexum generat filium, sed per solam fidem spiritaliter. Unde nec parturire dicitur; quæ enim parturit, dolores patitur. Hæc enim exclamat in lætitiam salutis humanæ. Jerusalem vero terrena ideo virum habuisse dicta est, quia carnaliter generabat. Civitas enim quasi in matrem est significata, sicut et habitatio cœlestis illa ad quam vocamur, mater nostra dicitur.

Quæstio XLI. — An spiritus qui super aquas ferebatur, Spiritus sanctus intelligatur, quia dictum est : « Spiritus Dei ferebatur super aquas? » (*Gen.*, i, 2.)

Si videtur hic errasse in ista sententia, non est accipiendum quod dixit. Ideo et a quibusdam Spiritus sanctus esse putatur, quia Dei spiritus legitur esse. Invalida autem et inanis assertio est : non solum enim ordo hoc non patitur, et ratio abnuit, sed et verba ipsa infirma probantur ad causam istam astruendam. Nam his verbis frequenter aliud invenimus significatum in Lege. Inter cætera autem ait Dominus Deus dicens : « Non permanebit spiritus meus in hominibus istis, quia sunt caro. » (*Gen.*, vi, 3.) Et in subjectis : « Sed deleam, inquit, omnia, ab homine usque ad pecus. » Propterea quia diluvium facturus erat super terram, numquid Spiritus sanctus potest intelligi? Nonne de animabus locutus est? Nam non solum nostræ animæ spiritus dicuntur, sed et pecorum. Sic enim scriptum est : « Et mortua est omnis caro in aqua, in qua erat spiritus vitæ. » (*Gen.*, vii, 21.) Et in Ezechiele Propheta sic dictum est, dum de re-

prophète Ezéchiel lorsque Dieu promet par sa bouche la résurrection du genre humain : « Voici ce que dit le Seigneur à ces os : J'étendrai la peau sur vous, et je vous donnerai de mon esprit, et vous vivrez. » (*Ezéch.*, XXXVII, 5.) Est-ce qu'il est ici question de l'Esprit saint, ou plutôt n'a-t-il point voulu parler de l'âme? Toutes les créatures célestes sont esprits, mais elles diffèrent l'une de l'autre; Dieu lui-même est esprit (*Jean*, IV, 24; II *Cor.*, III, 17), mais d'une nature tout autre. Tout esprit est donc l'esprit de Dieu, mais n'est pas Dieu cependant, si ce n'est l'esprit qui est de lui-même, et dont le caractère particulier est la sainteté. Les hommes sont appelés aussi les fils de Dieu, comme Jésus-Christ est appelé lui-même Fils de Dieu, mais il y a cette différence qu'il est le vrai Fils de Dieu, et que les hommes ne sont que ses fils adoptifs. La même différence existe dans l'emploi de cette dénomination d'esprit de Dieu. L'Esprit saint vient de Dieu, il lui est consubstantiel; les autres esprits sont appelés les esprits de Dieu, mais ce sont de simples créatures. L'ordre lui-même se refuse à ce que l'on admette que c'est l'Esprit saint qui était porté sur les eaux. La raison nous enseigne qu'au-dessus des eaux existe une créature spirituelle qui a elle-même au-dessus d'elle une créature plus excellente, parce qu'une créature diffère en clarté d'une autre créature (I *Cor.*, XV, 41); car plus les créatures célestes sont proches du trône de Dieu, plus aussi leurs ministères sont plus éclatants. Voilà pourquoi l'ange Raphaël dit à Tobie : « Je suis l'ange Raphaël, l'un des sept anges saints qui se tiennent et passent leur vie en présence de la majesté de Dieu. » (*Tob.*, XII, 15.)

(1) Si quelques-uns pensent qu'il faut entendre ici l'Esprit saint parce qu'il est appelé l'Esprit de Dieu, c'est une opinion dénuée de toute preuve et de tout fondement. Non-seulement l'ordre et la raison se refusent à cette interprétation, mais le texte lui-même est sans force pour établir cette assertion. Car nous trouvons fréquemment les mêmes paroles employées par les écrivains sacrés dans un autre sens. Ainsi le Seigneur Dieu dit : « Mon esprit ne demeurera point dans ces hommes, parce qu'ils sont chair; » (*Gen.*, VI, 3) et il ajoute : « J'exterminerai toute créature, depuis l'homme jusqu'aux animaux, » (*Gen.*) paroles où Dieu annonce le dessein de faire périr la terre par le déluge. Or, on ne peut raisonnablement entendre ces paroles de l'Esprit saint; Dieu veut parler ici des âmes; car le nom d'esprit est donné non-seulement à nos âmes, mais à celle des animaux. En effet, il est écrit : « Et toute chair dans laquelle se trouvait l'esprit de vie mourut dans les eaux. » (*Gen.*, VII, 22.) Nous lisons aussi dans le prophète Ezéchiel, lorsque Dieu promet par sa bouche la résurrection du genre humain : « Voici ce que dit le Seigneur à ces os : J'étendrai la peau sur vous, et je vous donnerai de mon esprit et vous vivrez. » (*Ezéch.*, XXXVII, 6.) Or, on ne peut entendre de l'Esprit saint ces paroles : « Je vous donnerai de mon esprit, » où Dieu n'a voulu évidemment parler que de l'âme. C'est une dénomination commune à tout esprit ainsi qu'à l'Esprit saint que l'un et l'autre sont appelés l'Esprit de Dieu. Il faut donc faire appel ici à l'intelligence pour bien discerner les choses qui ont un nom commun. Ainsi le nom d'esprit est donné à Dieu, à l'âme de l'homme, au vent, à l'air, à l'âme des animaux, aux anges et à toutes les créatures qui ont reçu de vivre de leur propre nature. Mais l'in-

(1) Même question telle qu'elle se trouve dans les manuscrits de la seconde catégorie, la 11ᵉ sur l'Ancien Testament.

formatione hominum promittit Deus dicens : « Hæc dicit Dominus Deus ossibus istis : Extendam super vos cutem, et dabo in vobis spiritum meum, et vivetis. » (*Ezech.*, XXXVII, 5.) Nunquid de sancto Spiritu locutus est et non de anima? Omnia quidem cœlestia spiritus sunt, sed differunt ab invicem, et Deus spiritus est (*Joan.*, IV, 24; II *Cor.*, III, 17), sed longe aliter. Omnis itaque spiritus Dei est, non tamen Deus est, nisi spiritus qui de ipso est. Cujus significatio hæc est ut sanctus dicatur. Nam et homines filii Dei vocantur et Christus dicitur Filius Dei, sed intervallum est, quia hic verus est, illi adoptivi. Sic quoque et inter spiritum Dei diversitas est. Spiritus enim sanctus de Deo est, et consubstantivus ei : reliqui vero spiritus Dei esse dicuntur, sed creatura sunt. Sed nec ordinis est ut Spiritus sanctus ferri super aquas intelligatur. Cum super aquas spiritalem creaturam esse tradat ratio, et quæ super se habeat potiorem creaturam alteram, quia creatura a creatura differt in claritate : quidquid enim prope sedem Dei acceditur, clariora sunt ministeria. (I *Cor.*, XV, 41.) Unde dicit Raphael Angelus inter cætera : « Ego sum, inquit, unus ex septem Angelis sanctis, qui astamus et conversamur ante majestatem Dei. » (*Tob.*, XII, 15.)

Si ideo a quibusdam Spiritus sanctus putatur, quia Dei esse spiritus legitur, invalida et inanis assertio est. Non solum enim ordo hoc non patitur, et ratio abnuit, sed et verba ipsa infirma probantur ad hanc assertionem astruendam. His enim verbis aliud dictum significatur frequenter in Lege. Ait autem Dominus Deus : « Non permanebit spiritus meus in hominibus istis, propterea quod sint caro. » (*Gen.*, VI, 3.) Et in subjectis : « Sed deleam, inquit, omnia ab homine usque ad pecus. » Hoc utique dicit, quia diluvium inducere habuit super terram. Nunquam hic Spiritus sanctus potest intelligi. De animabus enim dixit. Nam non solum nostræ animæ spiritus dicuntur, sed et pecorum. Sic enim scriptum est : « Et mortua est omnis caro in aqua, in qua erat spiritus vitæ. » (*Gen.*, VII, 22.) Et in Ezechiele Propheta sic dictum est, cum de reformatione hominum promittit Deus dicens : « Hæc dicit Dominus ossibus istis : Extendam super in vos cutem, et dabo in vos spiritum meum, et vivetis. » (*Ezech.*, XXXVII, 6.) Non utique ex eo spiritus sanctus debet intelligi, quia dictum est a Domino : « Dabo spiritum meum in vos : » cum manifeste de anima dixerit Deus. Commune est enim hoc omni spiritui cum sancto Spiritu, ut similiter dicatur omnis spiritus, Dei spiritus. Intelligentia enim hic necessaria est quæ discernat res unius nominis. Nam Deus utique spiritus dicitur, et anima hominis spiritus dicitur, et ventus similiter, et aer, et anima pecoris, et angeli, et quæcumque

telligence vous aide ici à discerner que Dieu est appelé esprit bien différemment des créatures ; de même vous comprenez que Jésus-Christ et les hommes sont appelés Fils de Dieu dans un sens tout différent. Toutes les fois que l'Ecriture veut désigner l'esprit qui est proprement de Dieu, elle ajoute : l'Esprit saint ; elle exclue ainsi toute idée de créature et fait entendre que l'esprit étant de Dieu, ne peut être lui-même autre chose que Dieu. Or, Moïse décrivant la création de la nature, c'est-à-dire la confusion de toutes choses qui était privée de tout sentiment, nous représente l'esprit de Dieu porté sur la terre, sur l'abime et sur les ténèbres, pour nous faire comprendre par cette dénomination et le lieu où l'esprit était porté, qu'il était question d'une créature supérieure que nous appelons spirituelle. En effet par là même qu'il représente cet esprit comme porté au-dessus des eaux, il a voulu désigner une créature, car toute créature de Dieu est portée par la vertu de celui qui lui a donné l'existence. Or, comment serait-il dans l'ordre que l'Esprit saint fût porté au-dessus des eaux, lui qui, de l'aveu de tous, est au-dessus de toute créature ? Si Jésus-Christ est à la droite de Dieu au-dessus de tous les cieux (*Colos.*, VI), l'Esprit saint s'y trouve également. Les êtres qui ont une même excellence et une même nature sont inséparables. Nous confessons sans doute que Dieu, c'est-à-dire la Trinité toute-puissante, est partout, cependant nous lui attribuons cet honneur singulier d'être au-dessus de toute créature, comme un privilège qui lui est propre. C'est pour cela que nous disons : « Notre Père qui êtes dans les cieux, » et : « Qui habite une lumière inaccessible. »

QUESTION XLII. — Pourquoi l'ange qui fut envoyé pour parler à Moïse lui apparut sur la montagne au milieu du feu et d'un buisson ? (*Exod.*, III, 2.)

Dieu est le Très-Haut, il était donc convenable qu'il apparût en un lieu élevé, c'est-à-dire plus voisin du ciel. Et comme le feu cherche toujours les sphères supérieures et tend à s'élever vers le ciel, le Seigneur a jugé convenable de se manifester sous la forme d'un élément qui, par sa nature, tend toujours à s'élever dans l'air. Il apparut au milieu d'un buisson pour montrer que ce buisson était la figure des péchés des hommes. Or, comme c'est pour combattre le péché qu'il était descendu donner la loi, et que les épines sont, dans l'Ecriture, la figure des péchés, « j'ai attendu, dit Dieu par son prophète, qu'elle produisît des raisins, et elle ne produit que des épines, » (*Isa.*, V, 2) et que la loi ne venait pas immédiatement châtier le péché, mais le faire connaître ; le feu ne consuma point le buisson, c'est-à-dire la loi qui fut donnée ne rendit point les pécheurs coupables et dignes de châtiment pour le passé. Les péchés ne tiennent pas essentiellement à la nature humaine, ils ne lui sont qu'accidentels ; de même les buissons, c'est-à-dire les bois qui portent les épines, n'ont point d'épines à leurs racines. Il était donc conforme à la raison que Dieu apparut sous cette forme à Moïse.

(1) Une des propriétés de la nature angélique est d'être simple et de tendre toujours à s'élever vers les choses supérieures plutôt qu'à s'abaisser vers la terre. Voilà pourquoi le Seigneur voulut apparaître sous la forme et au milieu du feu, dont la nature tend toujours à s'élever dans les hauteurs où est Jésus-Christ. Il apparut au milieu d'un buisson, parce que le buisson est armé d'épines qui blessent et

(1) Même question telle qu'elle se trouve dans les manuscrits de la seconde catégorie, question VII sur l'Ancien Testament.

acceperunt ut vivant per substantiam propriam. Sed jam per intelligentiam discernis aliter Deum spiritum dici, et aliter creaturam : sicut aliter intelligis Christum dici Filium Dei, et aliter homines vocari filios Dei. Quotienscumque autem spiritum qui proprie de Deo est, vult Scriptura significare, addit dicens : Spiritum sanctum, ut per hoc non creatura intelligatur, sed quia de Deo est, non aliud esse quam est Deus creatur. Moyses autem cum creaturam hylicam, id est confusionem rerum describeret, quæ utique sensu bruta est, super terram et abyssum et tenebras spiritum Dei superferri interlocutus est, ut ex eo spiritu et loco in quo ferebatur superior creatura, quam spiritualem dicimus, cognosceretur. Nam et ex eo quod superferri illum dixit, creaturam illum significavit, quia omnis creatura Dei fertur virtute a quo accepit ut sit. Nam quis ordo est ut Spiritus sanctus super aquas ferretur, quem constat utique super omnem esse creaturam ? Si enim Christus in dextera Dei est super omnes cœlos (*Col.*, VI), illic est et Spiritus sanctus : Res enim unius meriti et naturæ simul sint oportet : quanquam ubique Deus esse non negetur, hoc est Trinitatis potestas, tamen debita honorificentia etiam reservatur, ut super omnem creaturam esse dicatur, ut proprium illi hoc sit. Quare et dicimus : « Pater noster qui es in cœlis : » et « qui lucem habitat inaccessibilem. »

QUÆSTIO XLII. — Cur Angelus missus loqui ad Moysen, in igne et in rubo apparuit in monte ? (*Exod.*, III, 2.)

Deus excelsus est : dignum ergo fuit ut in alto appareret, scilicet in loco qui vicinus est cœlo. Et quia ignis semper superiora appetit sursum crescendo ad cœlum, in eo debuit cœlorum Dominus apparere, qui de humo ad superna contendit. In rubo vero causa fecit, ut appareret delictorum. Quia enim peccatorum causa Legem descenderat dare, spinæ autem in peccatis significantur, quia « sustinui, inquit, ut faceret uvam, fecit autem spinas ; » (*Isa.*, V, 2) et Lex statim vindicare non venerat, sed prius ostendere ; ideo ignis rubum non combussit : id est, data Lex non fecit reos de præterito peccatores. Nam et quia peccata non sunt de natura, sed ex accidenti ; rubi, id est, spinarum materia non habet radicem spinis armatam. Ratione ergo factum est, ut ita Dominus appareret Moysi.

Natura angelica secundum se simplex est, cujus substantia superiora appetit, non inferiora. Ideoque Dominus in igne apparuit, cujus natura semper ad superiora tendit, ubi Christus est. In rubo autem idcirco, quia et spinas habet quæ nocent, et facilis est ad combustionem, et tamen ab igne non combustus est. Ignem fac esse Legem, quia peccatoribus ignis est. Rubus autem

qu'il est facile à s'embraser, et cependant il ne fut point consumé par le feu. Le feu est l'emblème de la loi, qui est comme un feu pour les pécheurs. Le buisson est la figure des péchés, et le Sauveur le représente comme étant par comparaison avec les autres arbres l'emblème du mauvais arbre. Les péchés ne sont autre chose que des actes de malice. Lors donc que le feu apparut comme le symbole de la loi, il ne consuma point le buisson, de même que la loi donnée à cause des péchés passés ne les a point punis ; elle a suspendu les effets de sa justice pour ne l'exercer que contre ceux qui mépriseraient son autorité. Le Seigneur apparut donc au milieu du feu et d'un buisson, parce que le feu dans le buisson est la figure de la loi.

QUESTION XLIII. — Puisque Dieu défendit à Abraham d'immoler son fils, pourquoi ne défendit-il pas aussi à Jephté de sacrifier sa fille ? (*Jug.*, XI, 39.)

Il y a une grande différence entre Abraham et Jephté. D'abord Abraham eut une naissance légitime, tandis que celle de Jephté était illégitime, car il était fils d'une courtisane. Ensuite, la vie d'Abraham était irréprochable ; Jephté était chef de brigands. Abraham était un homme juste et que la tentation avait éprouvé. Jephté ne pouvait présenter aucun témoignage de justice. Abraham reçut donc le commandement d'immoler son fils à Dieu pour montrer aux hommes la grandeur de la foi qu'il avait en Dieu, puisque sur son ordre il n'hésitait pas à lui sacrifier son fils. En effet, il ne douta point un instant que celui qui, contre toute espérance humaine, avait pu faire naître cet enfant d'une femme stérile et avancée en âge ne pût aussi, contre les lois de la nature, le ressusciter d'entre les morts. Cette obéissance mit le comble à la justice d'Abraham, car Dieu fit voir alors qu'il ne demandait point le sang de cet enfant, mais qu'il voulait seulement, par ce commandement, mettre le dernier trait à la vertu de son serviteur. Il soumet ceux qui l'aiment à certaines épreuves pour motiver les justes récompenses qu'il leur réserve. Jephté, au contraire, homme sans vertu et sans prévoyance, par un sentiment de religion mal entendu, promet un sacrifice à Dieu en ces termes : « J'offrirai en holocauste à Dieu le premier qui sortira de la porte de ma maison et qui viendra au-devant de moi lorsque je reviendrai du combat. » (*Jug.*, XI, 34.) Fut-il forcé de faire ce vœu ? ou comprit-il la manière dont il devait l'accomplir ? Qu'aurait-il fait s'il s'était présenté à lui un chien, un âne, que la loi défend d'offrir au Seigneur, ou le fils ou l'épouse d'un autre ? Aurait-il accompli son vœu en se réjouissant aux dépens de la douleur d'autrui ? Le jugement de Dieu permit donc que ce vœu, dont l'imprévoyance pouvait être si funeste aux autres, retombât sur lui-même ; et Jephté poussa l'aveuglement jusqu'à ne pas reconnaître ensuite qu'il avait fait un vœu téméraire et qu'il devait revenir sur la promesse erronée dont il était l'auteur. Il aurait dû comprendre que Dieu ne peut agréer un sacrifice semblable, prier pour sa conduite imprudente, et offrir à Dieu une victime qui ne fut point contraire à la loi ; mais il aima mieux devenir parricide en restant fidèle à son vœu, sans se rappeler cette vérité qu'une promesse téméraire et insensée, loin d'être utile ne peut qu'être funeste. Il se sacrifia lui-même en immolant sa fille, voilà pourquoi Dieu dissimula sa réprobation pour un tel sacrifice. S'il l'avait positivement interdit, il eût paru vouloir qu'on lui immolât une autre victime, alors qu'il savait que Jephté ne pouvait la lui offrir pour cause d'indignité.

in peccatis significatur, quia a Salvatore ad comparationem cæterorum rubus mala arbor significata est : Et peccata nihil aliud quam malitia. Igitur ignis cum in persona Legis apparuit, non tamen exussit rubum : sicut Lex data præteriti peccati causa, non utique vindicavit, sed magis abstinuit vim justitiæ suæ, ut postea jam data si contempta fuisset, vindicaret. Hac ergo causa Dominus in igne et rubo apparuit, quia in rubo ignis Legem significavit.

QUÆSTIO XLIII. — Cum Abraham filium immolare prohibitus sit, cur Jephtæ filiæ sacrificium persolvere non est prohibitus (1) ? (*Jud.*, XI, 39 ; *Gen.*, XXII, 11.)

Multum intervallum est inter causam Abrahæ, et causam Jephte. Primo quidem Abraham legitime natus est, Jephte vero spurius : erat enim filius meretricis. Deinde Abraham conversationis optimæ ; Jephte autem princeps latronum. Abraham vir justus, et in tentatione probatus ; in Jephte autem nullum justitiæ testimonium. Abrahæ itaque præceptum est, ut filium suum Deo offerret, ut ostenderetur hominibus, quantum Deo crederet Abraham, qui nec filium suum jubente eo dubitavit occidere. Qui enim contra mundi spem nasci eum potuit facere de sterili et anicula, non fuit ambiguum, quod contra mundi rationem posset eum suscitare a mortuis. Hoc facto cumulatus est justitia Abraham. Ostendit enim Deus, quia non sanguinem pueri poposcerat, sed ut famulus suus Abraham hoc facto auctior fieret. Diligentes se aliquid pati vult, ut juste illos promovere videatur. Nam Jephte homo facinorosus et improvidus, stulta devotione munus Deo promisit dicens : « Quidquid mihi redeunti a cæde occurrerit ante ostia domus meæ, hoc offeram Deo. » (*Jud.*, XI, 31.) Numquid coactus devovit, aut numquid intellexit quomodo deberet votum facere ? Quid enim si canis illi aut asinus occurrisset, quod Dominus offerri prohibuit, aut si filius alienus, aut si uxor, ut in dolore alieno exsultans redderet votum ? Idcirco improvidæ menti quod in alienam perniciem devoverat, in illum ipsum judicio divino retortum est : et usque adeo insensatus fuit Jephte, ut nec postea stulte se devovisse cognosceret, ut error ejus qui ab ipso operat, per ipsum emendaretur. Intelligere enim debuit Deum non tali sacrificio delectari, et rogare pro stultitia sua, et aliud offerre quod contra Legem non esset : sed fidelem se præstitit factus parricida, cum constet fidem stultam non solum minime prodesse, sed obesse. In causa itaque filiæ suæ ipse mactatus est, unde et Deus a tali sacrificio dissimulavit. Si enim hoc prohibuisset, aliud offerre sibi illum voluisse videretur, cum sciret ut

(1) Hæc deest in Mss. 2 generis.

Quant à sa fille, la mort fut un gain pour elle, parce qu'en mourant victime innocente du vœu coupable de son père, elle évita la peine de l'enfer à laquelle elle n'aurait peut-être pu échapper en prolongeant sa vie sur la terre. Si nous voyons le triomphe couronner les efforts de Jephté, gardons-nous de l'attribuer à son mérite personnel ou à celui de son armée, car nous ne lisons pas qu'ils aient prié Dieu de leur donner un défenseur. D'ailleurs Dieu avait-il donné cette mission à Jephté? lui avait-il adressé la parole? Non, mais comme les nations étrangères exaltaient la puissance de leurs dieux, comme s'ils leur avaient assujetti les enfants d'Israël et n'avaient que des insultes pour le Dieu d'Abraham, Dieu exerça sa vengeance contre ces nations non point pour son peuple, qui en était indigne, mais pour l'honneur de son nom en vue des mérites d'Abraham et pour son sanctuaire. Ainsi, lorsque nous voyons l'esprit de Dieu s'emparer de Samson, qui s'était livré à une courtisane, dirons-nous qu'il en était digne? Non, mais cette grâce ne lui était donnée que pour la destruction des nations ennemies. (*Jug.*, XIV, 6, 19; XV, 14.)

QUESTION XLIV. — Comment peut-on prouver par le témoignage des prophètes reçu par les Gentils sous la nouvelle alliance, que la promesse que Dieu a faite à Abraham a été accomplie par l'avénement du Christ?

Il est écrit dans le prophète Isaïe : « Ma maison sera appelée maison de prière pour toutes les nations. » (*Isaïe*, LVI, 7.) Mais les Juifs diront peut-être : La maison de Dieu, c'est-à-dire la synagogue, est ouverte à tous les hommes. Nous ne disons pas le contraire, mais à la condition que les hommes seront circoncis avant de se soumettre à la loi; car un article de cette loi leur commande d'être circoncis à l'exemple d'Abraham. Il n'y aurait donc rien de nouveau dans cet oracle du Prophète, puisque depuis l'origine du judaïsme il n'a été défendu à personne, de quelque nation qu'il vienne, d'embrasser la pratique de la loi. Le Prophète n'a donc rien dit de nouveau, disons plus, ses paroles sont superflues, si les Gentils ont toujours été admis à servir le Dieu d'Abraham, sans que jamais on leur en eût fait la défense. Et la vérité, c'est qu'aucun de ceux qui ont voulu se soumettre à la loi n'a été repoussé. Or, s'il en est ainsi, c'est bien inutilement que le Prophète nous rappelle une vérité qui a toujours été connue et observée. Mais qui serait assez dépourvu de sens pour oser dire qu'un si grand Prophète a parlé inutilement et sans raison? Je ne sais si l'on peut entendre impunément ce langage sans s'y opposer. Comme les Juifs à qui les prophètes reprochaient souvent leurs crimes contre Dieu et la confiance qu'ils mettaient dans les idoles, refusaient d'entrer dans les voies de la pénitence et d'un sincère retour vers Dieu, Dieu, pour les confondre, déclare qu'il ouvrira sa maison à toutes les nations pour prier, et qu'à la place des Juifs qu'il rejette, il y admettra d'autres adorateurs. Si en effet, les Gentils ont toujours été admis à la pratique de la loi, comme nous l'avons dit plus haut, comment le Prophète pouvait-il prédire ce fait comme une nouveauté, sinon parce qu'il voulait signifier autre chose que ce qui était commandé précédemment? Car il ne pouvait dire d'une chose qui se faisait tous les jours qu'elle se ferait dans l'avenir. Il est donc évident que ces paroles sont la condamnation des Juifs à qui le Prophète prédit qu'après

---

indignum non debere illum offerre. Filia autem ejus lucrum fecit, quia enim innocens in malis patris mortua est, pœna caruit inferi, quod diu forte vivendo adipisci nequisset. Ut autem triumphus victoriæ Jephte prosequeretur, non meritum ejus fecit, neque populi : nec enim legitur supplices illos fuisse Deo, ut daret eis defensorem. Aut numquid ipsum Jephte Dominus misit, aut allocutus est? Sed quia Allophyli deos suos laudabant, quasi qui subjectos illis fecerant filios Israel, vituperantes Deum Abrahæ, idcirco propter honorem nominis sui Deus vindicavit in Allophylos, si non propter istos vel propter meritum Abrahæ et suum culmen. Aut numquid quia spiritus Domini insiliit in Samsonem meretricantem, dignus dicetur, cum hoc factum intelligatur ad Allophylorum perniciem? (*Jud.*, XIV, 6, 19; XV, 14.)

QUÆSTIO XLIV. — Quomodo ostendi posset ex Prophetarum testimonio jam in Novo Testamento a gentibus recepto, promissionem quam Deus Abrahæ fecerat, per Christi adventum esse completam (1)?

Scriptum est in Isaia Propheta :« Domus mea domus orationis vocabitur omnibus gentibus. » (*Isa.*, LVI, 7.) Sed forte dicant Judæi, Domus Dei, id est, synagoga omnibus patet. Nec renitimur, ita tamen ut sicut semper, circumcisi applicentur ad Legem. Lex enim eorum est qua jussi sunt more Abrahæ circumcidi. Nihil ergo novum hoc exemplo Prophetæ poterit videri, quia ex quacumque gente quis veniens, non est prohibitus adjungere se Legi ab exordio Judaismi. Nihil novum a Propheta dictum poterit æstimari, imo superflue, si semper admissi sunt servire gentiles Deo Abrahæ, nec aliquando prohibiti invenientur. Et verum est, quia subjicientes Legi numquam non suscepti probantur. Si igitur hæc ita sunt, superflue videtur admonuisse Propheta, quod semel traditum custoditum est semper. Et an quis tam hebes poterit inveniri, qui dicat tantum Prophetam rem superfluam et inanem locutum ? nescio cui hoc tutum sit vel audire et non prohibere. Nam cum Judaicus utique populus propter peccata, quæ in Deum delinquebant, ab idolis suffragia requirentes, a Prophetis sæpe correpti, pœnitentiæ iter ingredi nollent, ut reverterentur ad Deum, ad exprobationem illorum domum suam Deus aperturum se omnibus gentibus ad orandum significavit, ut abdicatis Judæis, alios in loco illorum positurum se ostenderet. Nam si semper admissæ sunt gentes ad Legem, sicut supra dictum est, quomodo hoc Propheta dicebat futurum, nisi quia aliud significavit quam præceptum erat prius ? Non enim posset dicere de re quæ quotidie fiebat, quia futura erat. Unde manifestum est istud ad necem proficere Judæorum, quibus ostendit Propheta, quod alii his amotis vocandi essent, ac receptari donum gratiæ Dei, quod

(1) Hæc deest in Mss. 2 generis.

leur réprobation, d'autres seront appelés pour recevoir le don de la grâce de Dieu qui avait été promis aux Juifs. Or, le prophète Isaïe nous apprend quelle était cette promesse, lorsqu'il dit : « Il viendra un Rédempteur qui délivrera Sion et qui éloignera l'impiété de Jacob, et c'est l'alliance que je ferai avec eux. » (*Isaïe*, LIX, 20.) Cette alliance c'est donc la destruction des péchés, c'est la nouvelle alliance que Dieu promettait en ces termes par le prophète Jérémie : « Voici que les jours viennent, dit le Seigneur, et j'établirai une nouvelle alliance avec la maison d'Israël et la maison de Juda, non pas selon l'alliance que j'ai formée avec leurs pères, dans les jours où je les pris par la main pour les tirer de la terre d'Egypte, alliance qu'ils ont rendue vaine, et je les ai punis, dit le Seigneur. » (*Jérém.*, XXXI, 31.) Il veut parler de la prévarication qu'ils commirent en fabriquant un veau d'or pour l'adorer, c'est alors qu'ils profanèrent son alliance. Aussi les tables sur lesquelles la loi était écrite furent brisées au pied de la montagne, parce que le peuple méritait de recevoir des commandements plus sévères et plus pénibles. Mais le Seigneur plein de clémence et de miséricorde promit par ses prophètes de changer la loi et de la remplacer par une alliance toute différente de la première, c'est-à-dire que non-seulement tout ce que la première avait de pénible serait supprimé, mais aussi tous les préceptes qui étaient figuratifs, comme le sabbat et la circoncision. Ils avaient gémi longtemps sous ce lourd fardeau, Dieu voulait les en délivrer entièrement, afin qu'ils lui rendissent d'humbles actions de grâces. Mais ils aimèrent mieux persévérer dans l'iniquité de leurs pères, et ne voulurent point renoncer au culte des idoles; le Prophète prédit donc que les Gentils avec le peu de Juifs qui avaient conservé la foi au vrai Dieu, entreront en possession de la nouvelle alliance, pour punir ainsi d'un double châtiment la perfidie des Juifs. En effet, ils sont ici-bas accablés sous le fardeau des préceptes, et dans l'autre vie ils recevront le juste châtiment dû à leurs crimes, parce qu'ils ont été infidèles à Dieu dans la nouvelle comme dans l'ancienne alliance. Dieu déclare donc qu'il donne cette nouvelle alliance pour remplacer l'ancienne qui avait été donnée à leurs pères. Celui qui sert Dieu sous cette nouvelle alliance n'est plus astreint à l'observation ni du sabbat, ni des néoménies, ni de la circoncision, ni de la distinction des aliments; il lui suffit d'avoir la crainte de Dieu jointe à la foi, parce que ce n'est point par la loi, mais par la foi qu'il est justifié, d'après ce témoignage du prophète Habacuc : « Le juste vivra de la foi. » (*Habac.* II, 4.) Il n'a donc plus besoin d'un grand nombre de préceptes pour plaire à Dieu; quelques-uns suffisent d'après ces autres paroles du prophète Isaïe : « Quand le nombre des enfants d'Israël serait aussi multiplié que les sables de la mer, les restes seulement se convertiront, car Dieu dans sa justice accomplira et abrégera sa parole; oui, le Seigneur donnera une parole abrégée sur toute la terre (1). » (*Isaïe*, X, 22; *Rom.*, IX, 28.) Ainsi Dieu a fait connaître la parole abrégée de la loi, c'est-à-dire la nouvelle alliance qu'il avait promise au petit nombre de ceux qui au milieu de l'incrédulité générale avaient persévéré dans la foi. Il lui donne le nom d'alliance, parce que comme l'ancienne alliance, elle a été confirmée par le témoignage du sang; elles portent toutes deux le même nom, avec cette différence que l'ancienne alliance

---

(1) Nous suivons cette interprétation qui n'est point la plus vraisemblable, parce qu'elle est exigée par l'ensemble du raisonnement de l'auteur.

---

promissum fuerat Judæis. Quid sit autem promissum. Isaias Propheta docet, dicens : « Veniet ex Sion qui eripiet et avertet impietatem ab Jacob; et hoc illis a me testamentum. » (*Isa.*, LIX, 20.) Igitur hoc testamentum est abolitio peccatorum. Hoc est Testamentum Novum, quod promissum est per Jeremiam dicentem : « Ecce venient dies, dicit Dominus, et consummabo domui Israel et domui Juda Testamentum Novum, non secundum Testamentum quod disposui patribus illorum in die, qua apprehendi manum illorum, ut educerem illos de terra Ægypti : quia ipsi non permanserunt in Testamento meo, et ego neglexi eos, dicit Dominus. » (*Jer.*, XXXI, 31; *Exod.*, XXXII, 4, 19.) Hæc est prævaricatio illorum, quando simulacrum vituli fecerunt; tunc Testamentum ejus corruperunt. Unde et tabulæ in quibus data Lex fuerat, sub monte confractæ sunt, ex eo quod graviora præcepta meruerunt accipere. Sed quia clemens et misericors Deus est, promisit per Prophetas mutare se Legem, ut aliud Testamentum daret, quod differret ab eo quod dederat prius : ut non solum quod grave erat mutaretur, sed et illa quæ in figura data erant, id est, sabbatum et circumcisio : ut quia diu pressi erant, per omnia relevati supplices Deo gratias agerent. Et quia in prævaricatione paterna durantes animos ab idolis avertere noluerunt, gentes cum residuis qui fidem servaverunt Testamento frui quod futurum dixerat contestatur : ut duplici modo gravati excruciarentur perfidi Judæi. Et ad tempus enim gravati sunt præceptis, et in futurum congruas pœnas exsolvent, quia neque in veteri, neque in Novo Testamento fideles inventi sunt. Novum ergo Testamentum dare se dixit, ut cessaret Vetus, quod datum erat Patribus. Ac per hoc qui in hoc Testamento servit Deo, neque sabbatum, neque neomenias, neque circumcisionem custodit, neque escarum discretiones, sed tantum Dei habet timorem in fide : quia non ex Lege justificabitur, sed ex fide, dicente Habacuc Propheta : « Quia justus ex fide vivet : » (*Habac.*, II, 4) id non utique jam multis utatur præceptis ad Deum promerendum, sed paucis : Isaia iterum de hoc sensu eadem dicente; ait enim : « Si fuerit numerus filiorum Israel tanquam arena maris, reliquiæ eorum salvæ fient. Verbum enim consummans et brevians in æquitate, quia verbum breviatum faciet Dominus in universo orbe. » (*Isa.*, X, 22.) Reliquis qui in fide promissionis perseveraverint, cæteris diffidentibus, breviatum Legis verbum ostendit : hoc est Novum Testamentum quod promisit. Quod non aliter Testamentum diceretur, nisi simili modo etiam hoc sanguinis testimonio firmaretur : sicut et Tes-

contenait un grand nombre de préceptes, tandis que selon la promesse de Dieu ils sont réduits de beaucoup dans la nouvelle. Dieu avait prédit à Abraham qu'il serait le père d'un grand nombre de nations. (*Gen.*, XVII, 4, 5.) Ses enfants devaient donc être justifiés comme le père, et devenir enfants d'Abraham, selon la promesse du Seigneur, sans recourir aux observances qui n'avaient été établies qu'après la foi d'Abraham, et par la foi qui avait justifié Abraham. Il n'est pas du reste nouveau et sans exemple que les hommes aient été justifiés sans l'observation du sabbat, de la circoncision et des autres prescriptions de ce genre. Ce n'est point par la fidélité à ces observances qu'Enoch fut agréable à Dieu et mérita d'être transporté (*Gen.*, V, 44), ni que Noé fut le seul juste que Dieu ait trouvé lors du déluge; Abraham lui-même ne dut pas à la circoncision d'être justifié. « Abraham crut à Dieu, est-il écrit, et sa foi lui fut imputée à justice. » (*Rom.*, IV, 3; *Gal.*, II, 6.) La circoncision fut pour lui un signe de sa foi à la promesse qu'il aurait un fils dans sa vieillesse. Le mérite d'Abraham ne vient donc point de la circoncision, mais de sa foi. Par conséquent la foi seule suffit pour justifier les hommes et en faire des enfants d'Abraham par la foi, non par la circoncision dont ils n'ont aucun besoin; car l'objet de leur foi n'est pas le même qui fut imposé à la foi d'Abraham. Les Juifs étaient soumis au précepte de la circoncision, parce qu'ils devaient porter le signe de la foi d'Abraham, non de leur foi, comme le signe distinctif des enfants d'Abraham selon la chair; s'ils ont eux-mêmes la foi, ils deviennent ses enfants par la justification. Que sert à un homme sans force de se dire fils d'un homme puissant? N'est-ce pas plutôt pour lui un obstacle, car c'est une honte pour le fils d'un homme dont la gloire égale le mérite d'être lui-même sans honneur. La circoncision est tellement peu méritoire, que Dieu menace par le prophète Jérémie d'exercer sa vengeance sur tous ceux qui portent le signe de la circoncision extérieure, mais sans être circoncis de cœur. (*Jérém.*, IV, 4.) Au contraire, il ne s'irrite point contre ceux qui observent la circoncision du cœur sans la circoncision de la chair, parce que nul ne peut plaire à Dieu sans la circoncision du cœur. Tous ceux donc qui ont reçu la circoncision de la chair sont les enfants d'Abraham selon la chair; ceux qui pratiquent la circoncision du cœur représentent les enfants d'Abraham selon la foi, parce qu'ils retranchent de leur cœur toutes les erreurs du monde et reconnaissent Dieu seul pour leur père. Que sert donc au juif la circoncision de la chair sans la foi, pour arriver à la perfection d'Abraham? Ou en quoi peut lui nuire l'incirconcision de la chair, puisque personne ne peut parvenir à la justice d'Abraham sans être l'imitateur de sa foi? C'est donc bien en vain qu'ils se glorifient de la circoncision de la chair, puisqu'elle n'a aucun mérite aux yeux de Dieu. Et si, comme nous l'avons prouvé, il vaut mieux avoir la foi que d'être circoncis, les Gentils sont meilleurs que les Juifs, puisqu'ils ont la foi, tandis que les Juifs n'ont que la circoncision. Quels sont ceux, dites-moi, qu'Abraham reconnaîtra pour ses enfants, ceux qui lui sont semblables selon la chair ou ceux qui sont les imitateurs de sa foi? Mais c'est la foi qui a rendu témoignage à Abraham. Par conséquent il se glorifie non dans la chair, mais dans la foi, et il n'admet au nombre de ses enfants que ceux qu'il voit être les imitateurs de

tamentum Vetus, ut nomen unum sit utriusque : sed in Veteri multa, in Novo autem pauca sint præcepta, sicut promisit. Ut quia Abraham patrem multarum gentium futurum dixerat (*Gen.*, XVII, 4, 5), eodem modo justificarentur et filii, sicut fuerat justificatus et pater : ut cessantibus quæ post fidem Abrahæ cœperant, suscipientes fidem per quam justificatus est idem Abraham, filii essent Abrahæ, sicut dictum est a Domino. Quod quidem nec mirum nec inauditum est, ut sine cura sabbati et circumcisione et reliquis hujusmodi mandatis justificentur homines. Nec enim per hoc placuit Deo Enoch, ut transferretur (*Gen.*, V, 24), neque Noe hoc servando in diluvio solus inventus est justus (*Gen.*, VI, 8), neque ipse Abraham postquam circumcisus est, justificatus est : « Credidit, inquit, Abraham Deo, et reputatum est ei ad justitiam. » (*Rom.*, IV, 3; *Gal.*, III, 6.) Tunc circumcisus est, ut signum esset in eo, quia credidit cum senior esset, filium se habiturum. Non ergo circumcisio commendat Abraham, sed fides. Ideoque credentibus sufficit fides ad justificationem, ut filii sint Abrahæ in fide, non in circumcisione, quia his non est opus circumcisione. Non enim hoc creditur, quod credidit Abraham. Judæi autem idcirco jussi sunt circumcidi , ut fidei Abrahæ signum haberent , non suæ fidei, sed ut filii ejus secundum carnem scirentur : si autem credant, erunt filii ejus et in justificatione. Quid enim prodest dici filium potentis eum qui impotens sit, nisi quia magis obest? Dedecus est enim, inclyti et gloriosi filium esse sine honore. Nam in tantum circumcisio carnis nullius meriti est, ut vindicaturum se dicat Deus per Jeremiam prophetam in omnes circumcisos præputio, si non fuerint circumcisi corde. (*Jer.*, IV, 4.) Illis autem non indignatur , qui circumcisi corde præputiati sunt carne, quia nemo sine cordis circumcisione placuit Deo. Quicumque ergo circumcisi sunt carne, genus significant Abrahæ juxta carnem : nam qui circumcisi sunt corda, significant genus Dei secundum fidem , quia circumcisi omni muudano errore Deum profitentur parentem. Quid ergo prodest carnis circumcisio, si cum fides defecerit in Judæo, ad meritum Abrahæ pervenire non poterit? Aut quid obest præputium , cum nemo nisi qui æmulus fuerit fidei Abrahæ, pervenit ad justitiam ejus? Superflue igitur glorianuntur de carnis circumcisione, cum videant illam apud Deum meritum non habere. Et si, sicut est ostensum, melius est fidem habere, quam circumcisionem, meliores sunt gentiles Judæis, quia isti fidem habent, Judæi circumcisionem. Et quos putas magis agnoscat filios Abraham, qui juxta carnem similes illi sunt, an qui in fide? Sed Abrahæ fides testimonium perhibet. Ac per hoc non in carne, sed in fide gloriatur. Ideoque istos in filios suscepit, quos videt imitatores esse gloriæ suæ. Quomodo enim illos potest appellare filios, a quibus videt abhor-

sa gloire. Car comment pourrait-il appeler ses enfants ceux qui n'ont que de l'éloignement pour ce qui l'a rendu agréable à Dieu et lui a mérité la justification? Il verra bien plutôt en eux ses ennemis que ses enfants; et en effet, ils semblent se déclarer contre lui en méprisant la foi qui a été la cause de sa gloire. Il n'y a rien d'étonnant, du reste, dans l'incrédulité des Juifs qui refusent de recevoir le Nouveau Testament, puisqu'ils n'ont pas été plus fidèles sous l'ancienne alliance. Leurs révoltes contre Dieu étaient continuelles, ils ne cessaient de l'outrager; voilà pourquoi il leur imposa des préceptes sévères pour tenir sous le joug ces têtes altières et inflexibles. Jamais ils ne voulurent reconnaître que Dieu était la source de tous les biens; et cependant que de bienfaits ils en avaient reçu, que de prodiges éclatants opérés en leur faveur! C'est ce qu'il leur rappelle par la bouche du prophète Ezéchiel : « J'ai élevé ma main sur eux dans la solitude pour les disperser parmi les nations et les répandre sur la terre, parce qu'ils n'ont pas observé mes commandements, et qu'ils ont rejeté mes préceptes. » Et un peu plus loin : « C'est pourquoi je leur ai donné des préceptes qui ne sont pas bons, et des ordonnances où ils ne trouveront pas la vie. » (*Ezéch.*, xx, 23.) Il leur apprend pourquoi il leur a donné des préceptes si nombreux et si difficiles; ils n'avaient témoigné que de l'ingratitude pour d'aussi grands bienfaits; il leur a imposé alors sous l'inspiration de sa justice des commandements plus sévères. Il les appelle des préceptes qui ne sont pas bons, bien qu'ils soient justes, parce que loin de les justifier, ils tournaient à leur ruine, et qu'un châtiment tout juste qu'il est n'est point bon pour celui qui le souffre. Cependant malgré leurs infidélités, Dieu, dans sa bonté, promit de donner une nouvelle alliance, où la loi réduite à un petit nombre de préceptes justifierait comme Abraham ceux qui croiraient en lui, c'est-à-dire que sans l'observance des néoménies, du sabbat, de la circoncision et des autres préceptes de ce genre, et en restant simplement fidèles aux préceptes de la loi naturelle, qui défendent l'homicide, l'adultère et autres crimes semblables, ils seraient justifiés comme l'avait été Abraham. Puisqu'il faisait revivre la foi d'Abraham sur la terre, il voulut mettre fin à toutes les autres prescriptions, et ramener les hommes au temps de la foi d'Abraham. Mais les Juifs diront peut-être : Admettons que les commandements donnés par Moïse ont cessé d'obliger par cet abrégé de la loi; la circoncision est-elle du nombre de ces préceptes qui devaient être abrogés? C'est par elle que nous portons le signe de notre père, le caractère des enfants d'Abraham qui ne doit jamais être abrogé pour être un témoignage perpétuel de notre race. Je réponds que la circoncision a dû être observée dans son temps, c'est-à-dire avant que Dieu eût donné aux hommes le Nouveau Testament qu'il avait promis. Mais dès que la grâce de Dieu a déchargé les hommes des fardeaux de la loi, qu'est-il encore besoin de la circoncision? Or, la loi nouvelle, c'est-à-dire la loi spirituelle, a été donnée pour mettre fin aux observances charnelles, et afin que ceux qui l'embrasseraient portassent le signe de cette loi. Ainsi de même que sous l'Ancien Testament, les Juifs portaient le signe d'Abraham auquel remonte l'ancienne alliance, de même les chrétiens sous la nouvelle alliance doivent porter le signe du Sauveur, auteur du Nouveau Testament. En effet, de même que les Hébreux tirent leur nom d'Abraham, les chrétiens prennent leur nom du Christ. Tous ceux donc qui portent encore le nom d'Hébreux, n'ont pas encore reçu la nouvelle alliance que Dieu

---

rere unde placuit Deo et justificatus est? Non ergo filios suos, sed inimicos poterit judicare. Invidi enim ejus videntur spernentes fidem, per quam glorificatus est. Nec mirum si Judæi diffidentes deprehendentur minime suscipientes Novum Testamentum, cum sciamus illos nec in Veteri fuisse fideles. Semper enim contra Deum rebelles et contumeliosi fuerunt, unde talia præcepta acceperunt, per quæ cervices illorum, quæ inflexibiles erant, premerentur. Nunquam enim bona de Deo sperare voluerunt, cujus tanta beneficia et virtutes tam miranda agnoverant. Hinc est unde inter cætera dicit Ezechiel propheta : « Levavi manum meam in deserto inter eos, ut dispergerentur inter gentes, et disseminarentur in regionibus, eo quod justificationes meas non fecerunt, et præcepta mea repulerunt. » (*Ezech.*, xx, 23.) Et in subjectis : « Ego dedi illis præcepta non bona, et justificationes meas, in quibus non vivent in eis. » Ostendit qua causa data sint illis præcepta tanta et tam aspera, ut quia ingrati tantis bonis exstiterunt, dictante justitia, præceptis severioribus premerentur. Idcirco non bona ea dixit, cum justa sint : quia non illis ad justifica ionem proficiebant, sed ad exitium : et pœna licet digne illata, patienti tamen bona non est. Post hæc tamen, quia pius est Deus, Novum Testamentum daturum se promisit, in quo abbreviatio facta Legis justificaret credentes, sicut justificatus est Abraham : ut cessantibus neomeniis et sabbato et circumcisione et cæteris præceptis, non quæ naturalis legis sunt, id est, homicidio, adulterium, et talia, ita justificarentur sicut Abraham. Renovata enim fide Abrahæ, omnia voluit cessare, ut tale tempus esset, quale fuerat quando credidit Abraham. Sed forte dicant Judæi : Si ea quæ a Moyse data sunt, cessare dicta sunt per abbreviationem Legis, numquid circumcisio a Moyse data est ut cesset? Ac per hoc signum patris nostri habemus, quia sumus filii Abrahæ, quod propter testimonium generis cessare non debet. Tempore quidem suo servanda fuit circumcisio, id est, antequam Novum Testamentum daretur, quod promissum erat. At ubi Dei gratia præstante, onera Legis cessare jussa sunt, quid opus est circumcisio? Idcirco autem nova Lex data est, id est spiritalis, ut cessarent carnalia, et suscipientes eam signum ejus acciperent : ut sicut in Veteri Testamento Abrahæ signum habuerunt, ex quo cœpit Testamentum Vetus, ita et in Novo signum habeant Salvatoris, qui Novi Testamenti constitutor est. Quemadmodum enim ex Abraham Hebræi dicti sunt, sic et ex Christo Christiani dicuntur. Quicumque ergo adhuc Hebræi dicuntur, Novum Testamentum quod promisit Deus,

a promise ; ils rendent inutiles les bienfaits et la miséricorde de Dieu, qui ne veut plus que son peuple porte le nom d'un homme, mais daigne donner aux hommes le nom même de son Fils. Quelle est donc cette audace dans les Juifs de dire que c'est leur loi et non pas la nôtre que nous pratiquons, alors que David dit hautement : « Je vous louerai parmi les nations; » (*Ps.* xvii, 50; lvi, 10) et encore : « Nations, asseyez-vous à la même table que son peuple? » Le Seigneur dit encore au prophète Jérémie : « Je vous ai connu avant que je vous eusse formé dans les entrailles de votre mère ; je vous ai sanctifié avant que vous fussiez sorti de son sein, et je vous ai établi prophète parmi les nations. » (*Jérém.*, i, 5.) Le judaïsme a dans l'Ecriture des dénominations qui lui sont propres ; il est représenté sous les noms de Jacob, ou de Samarie, ou de Jérusalem, ou de la Judée, ou d'Israël. Mais pour les Gentils, il est évident qu'ils sont désignées sous d'autres noms que les Juifs. Jérémie est donc plus particulièrement notre prophète. Car bien que Dieu se soit servi de tous les prophètes pour annoncer que les Gentils auraient part à ses grâces, il le déclare d'une manière plus spéciale à Jérémie parce qu'il est notre prophète. C'est lui, en effet, qui a été chargé de prédire que la nouvelle alliance serait plus féconde pour les Gentils que pour les Juifs, ce que nous voyons maintenant accompli. Voyez, la nouvelle alliance a été prêchée par toute la terre, et cependant il est si rare, si difficile de trouver un juif qui ait embrassé la foi, que toutes les Eglises du Nouveau Testament portent le nom des nations païennes comme le prophète Osée l'avait prédit : « J'appellerai mon peuple celui qui n'était pas mon peuple, et ma bien-aimée celle que je n'avais pas aimée. » (*Osée*, ii, 24 ; *Rom.*, ix, 25.) Dieu rejette donc les Juifs et appelle les Gentils par un effet de cette miséricorde et de cette grâce par lesquelles il a daigné appeler Abraham, car Abraham n'a point connu le Seigneur avant d'être appelé. Ainsi celui qui a daigné appeler Abraham, a daigné aussi appeler les Gentils. Pourquoi donc cette prétention de dire : C'est notre loi, alors qu'il est manifeste que le don de Dieu appartient à tous ceux qui le veulent sincèrement? Qu'ils cessent donc cette usurpation téméraire; la grâce de Dieu est le patrimoine commun de tous les hommes. Quelle impudence encore de nier que Notre-Seigneur Jésus-Christ ait été promis dans la loi, quand ils le voient réunir en lui tous les caractères prédits par la loi? Toutes les nations qui croient en lui sont justifiées, suivant la promesse faite à Abraham (*Gen.*, xxii, 18) ; il est né d'une vierge à Bethléem de la tribu de Juda, selon la prédiction du prophète Isaïe, et de la race de David, comme Dieu l'avait promis. (*Isaïe*, vii, 14 ; *Mich.*, v, 2.) Suivant la prophétie de Jérémie (*Jérém.*, xxxi, 31), il a prêché la nouvelle alliance que Dieu avait promis d'établir avec les hommes, et après tous les miracles éclatants qu'il a opérés, il s'est humilié comme l'avaient prédit tous les oracles prophétiques ; il a souffert, il est mort, comme il est écrit dans les Prophètes. S'ils demandent le temps où s'est réalisée cette promesse, tel qu'il est fixé dans le prophète Daniel (*Dan.*, ix, 24), ils en trouveront l'accomplissement au temps où Jésus-Christ est né et à souffert; car depuis la première année de Darius, roi des Perses, jusqu'à la naissance et à la passion de Notre-Seigneur, et jusqu'à la ruine de Jérusalem qui eut lieu sous Vespasien, empereur

non receperunt, beneficium et misericordiam Dei in irritum deducentes : qui populum suum jam non hominis nomine voluns censeri, sed Filii sui nomine constituere illos dignatus est. Qua igitur audacia dicunt Judæi, non nostra nos lege uti, sed sua, cum dicat David : « Confitebor tibi in gentibus, » et iterum : « Epulamini gentes cum populo ejus ? » (*Ps.* xvii, 50 ; lvi, 10.) Et ad Jeremiam prophetam dicit Dominus : « Priusquam te formarem in utero, novi te : et antequam exires de vulva, sanctificavi te ; et prophetam in gentibus posui te. » (*Jerem.*, i, 5.) Judaismus certe proprias habet significationes : aut enim populus iste in Jacob significatur, aut in Samaria, aut in Jerusalem, aut in Judæa, aut in Israel. De gentibus autem apertum est, quia aliter illos significat quam sunt Judæi. Noster ergo propheta est Jeremias. Quamvis enim in omnibus Prophetis gentes participes doni sui ostenderit Deus, ad Jeremiam tamen specialiter dicit, quia nobis illum dedit Prophetam. Hic enim Novum Testamentum futurum significavit, quod plus gentibus proficeret quam Judæis, quod nunc declaratum videtur. Cum enim in universa terra Novi Testamenti sit prædicatio ; tam raro et difficile Judæus fidelis invenitur, ut omnes Ecclesiæ Novi Testamenti gentium nominentur, sicut dictum erat in Osee propheta : « Vocabo non plebem meam, plebem meam ; et non dilectam, dilectam. » (*Osee*, ii, 24.) Repulsis ergo Judæis, convocat gentes ea misericordia et gratia, qua vocare dignatus est et Abraham, nec enim Abraham non vocatus cognovit Dominum : itaque quia dignatus est Abraham, idem ipse dignatus est gentes. Cur ergo dicunt : Nostra est Lex ; cum manifestum sit, donum Dei omnium esse volentium ? Cesset itaque ista usurpationis temeritas, quia gratia Dei communis est omnibus. Quo namque pudore negant Christum nostrum in Lege promissum, cum videant omnia signa in eo, quæ Lex futura prædixerat ? Quia et secundum Abrahæ promissionem omnes gentes justificantur, in eum credentes (*Gen.*, xxii, 18) ; et secundum dicta Prophetarum de virgine natus est in Bethlehem ex tribu Juda, sicut fuit promissum ex semine David (*Isa.*, vii, 14 ; *Mich.*, v, 2) : et juxta quod Jeremias prophetavit, Novum Testamentum, quod Deus tunc promiserat futurum, prædicavit (*Jer.*, xxxi, 31) : et post omnia signa virtutum ostensa, humiliavit se, secundum dicta Prophetarum et omnia quæ prædicta sunt, passus, tertia die resurrexit, quemadmodum scriptum est in Propheta. (*Dan.*, ix, 24.) Et si tempus promissionis requirant, sicut in Daniele Propheta ostensum est, invenient impletum tempore quo natus et passus est Christus : quia a tempore primi anni Darii regis Persarum usque ad nativitatem et passionem Domini et excidium Jerusalem, quod factum est per Vespasianum imperii Romani principem, impletæ sunt hebdomadæ sep-

romain, les soixante-dix semaines se sont écoulées, c'est-à-dire quatre cent quatre-vingt-dix ans, et ce calcul se trouve clairement établi par les règnes des différents princes qui se sont succédés. Tertullien fait lui-même ce calcul dans le livre qu'il a écrit contre les Juifs (ch. VIII); mais de peur que l'exactitude et la précision de son calcul ne lui attirât des injures, nous l'avons passé sous silence. Quelles difficultés peut-on faire sur ce nombre, puisque voici trois cents ans que le nombre de ces années prédites s'est accompli? C'est donc une impudence sans exemple après le long espace de temps qui est venu s'ajouter à l'avénement du Sauveur, de dire : Il n'est pas venu. Que du temps des apôtres ou lorsque Notre-Seigneur vivait encore au milieu des hommes la malice put se déguiser pour contredire la vérité, et que malgré l'évidence des signes prophétiques du Christ qui brillaient dans le Sauveur elle voulut discuter sur l'époque de sa venue pour mieux cacher sa perfidie, à la bonne heure. Mais aujourd'hui qu'un grand nombre d'années est venu s'ajouter au nombre prédit par les prophètes, quelle impudence encore une fois de nier la venue du Christ dont les signes et les temps concourent à démontrer l'avénement? Qu'un vase soit plein, mais sans déborder, un esprit ami de la dispute pourra nier qu'il soit plein; mais s'il déborde, il met fin à toute discussion. Ainsi les Juifs ont pu dire au temps du Sauveur (bien que sans bonne foi) que les calculs depuis Darius jusqu'à Notre-Seigneur, qui tendaient à prouver qu'il était le Christ promis, étaient mal établis. Car nous pouvons nous tromper en supputant les années, les mois, et les jours des empereurs, et on ne peut ici avoir de dates précises et incontestables. Mais aujourd'hui que les années et les siècles viennent s'ajouter au nombre précis des années marquées par le Prophète, quelle excuse reste-t-il aux Juifs pour ne point reconnaître le Christ dans celui qui est venu, à moins d'accuser de mensonge (ce qu'à Dieu ne plaise!) l'auteur même de la promesse? Voici, en effet, que le temps de la promesse est écoulé, et on nie l'avénement de celui qui était promis; qu'est-ce autre chose que de dire à l'auteur de la promesse : Vous êtes un menteur? Mais non celui qui a promis est la vérité même, nous en avons pour preuve tous les signes que les prophètes ont donnés du Christ et que nous trouvons réunis dans la personne du Christ. Quant aux Juifs qui auraient honte de sortir de leur erreur, ils ne pensent pas au jugement qui les attend, car rien n'est plus coupable que de nier la vérité de ce que l'on comprend parfaitement n'être pas un mensonge.

QUESTION XLV. — Comment l'homme a-t-il été fait à l'image de Dieu, a-t-il été créé pour commander, et en est-il de même de la femme?

« Faisons, dit Dieu, l'homme à notre image et à notre ressemblance. » (*Gen.*, I, 26.) Il en est qui veulent entendre ces paroles de la même manière que ces autres où Dieu dit encore : « Venons, descendons et confondons leurs langues. » (*Gen.*, XI, 17.) A ne voir que l'écorce de la lettre, ces paroles sont semblables, c'est la voix d'un seul qui parle au pluriel; mais le sens est loin d'être le même, parce que les circonstances sont toute différentes. D'un côté il est question de la création de l'homme, que Dieu veut créer à son image et ressemblance. Ces paroles, au contraire : « Venez, descendons et confondons leurs langues, » avaient pour but d'empêcher les

---

tuaginta, quæ sunt anni quadringenti nonaginta, qui computus per regna et per successores imperii manifestus est. Quomodo etiam a Tertulliano computatum invenitur in libro quem scripsit adversus Judæos (*c.* VIII), quod ne ad injuriam ejus proficeret, quia recte computavit, prætermisimus. Et quis ambigat de hoc numero, cum trecenti circiter anni nunc super hunc numerum inveniantur? Impudentis ergo est post tantum superadditum numerum adventui Salvatoris, dicere : Non venit. Sub Apostolis enim, aut tempore quo agebat Dominus inter homines, se poterat occultare malitia contradicens veritati, ut cum omnia signa promissi Christi viderentur in Salvatore, de tempore tamen ambigere se diceret, ut perfidiam suam celaret. Post autem, cum super promissum numerum supercrescere multi anni cœperunt, quæ impudentia est negare venisse, quod etiam et signis et temporibus adimpletum scitur? Nam quando aliquid plenum est, et non superabundat, potest contentiosus aliquis dicere, non esse plenum; sed superabundantia clauditur os contentioso : ita et Judæi tempore Salvatoris potuerunt dicere (licet per fallaciam) non bene computatum a Darii tempore usque ad Dominum Christum, ut ipse dicatur esse qui promissus est. Fallimur enim in annis et in mensibus et in diebus Imperatorum, et ad liquidum non colligimus. Ubi autem creverint tempora super numerum præscriptum annorum promissi Christi, nulla potest prætendi excusatio, ut non ipse esse Christus dicatur, qui venit, nisi (quod absit) mentitus dicatur esse qui promisit. Quando enim tempus promissionis emensum erit, et negatur venisse qui promissus est, quid aliud quam mendacii arguitur qui promisit? Sed veracem esse qui promisit, signa omnia docent, quæ prædicta in Christo sunt, et reperta in Christo noscuntur. Judæi autem, dum emendare erubescunt, non cogitant futurum judicium. Nihil enim pejus est, quam si neget quis verum esse quod intelligit non esse mendacium.

QUÆSTIO XLV. — Quomodo homo ad imaginem Dei factus sit, et utrum ad dominationem, et an mulier quoque (1)?

« Faciamus, inquit, hominem ad imaginem et similitudinem nostram. » (*Gen.*, I, 26.) Hoc quibusdam ex alia parte lectionis intelligendum esse videtur, ubi hac videlicet, in qua legimus dixisse Deum : « Venite, descendamus, et confundamus linguas eorum. » (*Gen.*, XI, 7.) Quia quantum in superficie videtur, simile est : unius enim vox est, plurali numero loquentis : sed discrepat sensu, quia et dissimilis ratio est. Illic enim de creando homine dicit, quem ad imaginem et similitudinem suam Deus vult creari. Illud autem quod dicit : « Venite, descendamus, et confundamus linguas eorum, » ad hoc pertinet,

---

(1) Hæc deest in Mss. ¿2 generis.

hommes de s'entendre. On peut donc admettre que Dieu parle ici à ses anges, comme un général à son armée. Il parle ici au pluriel et collectivement, parce que c'est par eux qu'il doit agir comme leur Créateur, et c'est pour cela qu'il dit : « Confondons leurs langues. » Lorsqu'il dit : « Faisons l'homme à notre image et à notre ressemblance, » on ne peut dire qu'il s'adresse aux anges, car on ne peut dire que les anges aient une même image avec Dieu, comme un général avec ses soldats. Ceux qui ont une même image ne peuvent avoir une dignité, une nature différentes. D'ailleurs l'écrivain sacré ajoute : « Et Dieu fit l'homme, et il le fit à son image, » c'est-à-dire que c'est Dieu qui parle, et Dieu qui agit, ce n'est point un autre Dieu, un Dieu différent, c'est un seul et même Dieu. Ce langage d'un sujet à un autre sujet n'implique pas une autre nature, mais une autre personne. En effet bien qu'il n'y ait qu'un seul Dieu, il y a cependant trois personnes, et il n'y a qu'un seul Dieu, parce que dans le Fils comme dans le Saint-Esprit il n'y a qu'une seule et même nature, car tout ce qui sort de cette nature ne peut être que ce qu'est Dieu lui-même. C'est donc la personne du Père qui dit : « Faisons, » et la personne du Fils qui fait l'homme à l'image de Dieu, soit à l'image du Père, soit à la sienne, peu importe, puisqu'ils ont une seule et même image. Or, le Fils a fait l'homme par le Saint-Esprit, car de même que l'Ecriture nous représente le Père agissant par le Fils, le Fils agit par le Saint-Esprit, comme il le déclare lui-même : « C'est par l'Esprit de Dieu que je chasse les démons. » (*Matth.*, XII, 28.) L'image des trois personnes divines est donc la même, puisque, soit que l'on considère le Père, le Fils, le Saint-Esprit, c'est un seul Dieu. C'est ainsi qu'un seul homme a été fait à l'image d'un seul Dieu. Or, l'homme est fait à l'image de Dieu en ce sens que de même qu'il n'y a dans les cieux qu'un seul Dieu, par qui subsistent tous les esprits célestes, il n'y eut aussi sur la terre qu'un seul homme de qui tous les autres tireraient leur origine selon la chair. Il en est cependant qui pensent que l'homme a été fait à l'image de Dieu dans le pouvoir qu'il a reçu de commander, parce que Dieu lui dit : « Qu'il domine sur les poissons de la mer, sur les oiseaux du ciel et sur toute la terre, » alors que nous voyons toutes ces choses soumises non-seulement à l'homme, mais à la femme, qui n'est certainement pas faite à l'image de Dieu. Cette opinion est fausse pour deux raisons, premièrement parce qu'il s'ensuivrait que ce n'est point au Fils que Dieu aurait dit : « Faisons l'homme à notre image et à notre ressemblance, » mais aux puissances célestes que l'Apôtre énumère, si l'image de Dieu empreinte sur l'homme est la puissance de commander ; et en second lieu parce que la femme serait faite elle-même à l'image de Dieu, ce qui est une absurdité. Car comment peut-on dire de la femme qu'elle est à l'image de Dieu, elle que nous voyons soumise à l'empire de l'homme sans avoir aucune autorité ? Car elle ne peut ni enseigner, ni déposer en justice, ni engager sa parole, ni juger, combien moins donc peut-elle commander ?

Question XLVI. — Samuel était-il du nombre des enfants d'Aaron, et doit-on admettre qu'il fut prêtre ?

Il en est parmi nous qui, tout occupés des affaires du monde ou peu zélés pour l'étude des saintes Ecritures, soutiennent cette opinion erronée que Samuel était prêtre, c'est-à-dire descendant d'Aa-

---

ne se intelligerent homines : unde ad Angelos potest videri locutus Deus, quasi Imperator ad exercitum. Communiter enim dicit, quia facturus erat per illos, utpote Creator illorum : ac per hoc : « Confundamus, inquit, linguas eorum. » Nam cum dicit : « Faciamus hominem ad imaginem et similitudinem nostram, » non potest dici Angelis locutus : quia non potest dici una esse imago Dei et Angelorum, sicut Imperatoris et Comitum. Quia quorum imago est una, non potest dissimilis esse dignitas vel natura. Denique adjecit : « Et fecit, inquit, Deus hominem ; ad imaginem Dei fecit eum : » ut Deus dixerit, et Deus fecerit ; non alter Deus aut differens, sed idem Deus. Quod enim unus ad unum dixit, non aliam naturam significavit, sed personam. Cum enim Deus unus sit, tres tamen personæ sunt : et ideo unus est Deus, quia sive in Filio, sive in Spiritu sancto Dei unius substantia est : quia non potest non hoc esse, quod de ipsa est, quod ipse est. Dei ergo Patris persona est dicentis : « Faciamus : » Filii vero facientis hominem ad imaginem Dei ; sive ad Patris, sive ad suam, nihil interest, quia utriusque una imago est. Fecit autem Filius per Spiritum sanctum. Sicut enim Pater per Filium dicitur facere, ita et Filius per Spiritum sanctum, ipso dicente, quia « ego in Spiritu Dei ejicio dæmonia. » (*Matth.*, XII, 2.) Igitur una trium imago est, quia sive Pater, sive Filius, sive Spiritus sanctus, unus est Deus. Ac per hoc unus factus homo ad unius Dei imaginem. In eo autem imago Dei est homo, ut sicut unus est Deus in cœlis, ex quo omnia subsistunt spiritalia : ita unus esset in terris homo, ex quo cæteri haberent carnalem originem. Aliquibus tamen videtur, quia in dominatione Dei imago est factus homo ; et quia dicit : « Et dominetur piscium maris, et volatilium cœli, et totius terræ : » cum non solum viro, sed et mulieri ista cernantur subjecta, quam constat Dei imaginem non habere. Quod quidem duplici modo caret ratione : per hoc enim neque ad Filium dixisse Deus asseritur : « Faciamus hominem ad imaginem et similitudinem nostram, » sed ad dominationes cœlestes, quas Apostolus commemorat, si imaginem Dei homo in dominatione habet : et mulieri datur, ut et ipsa imago Dei sit, quod absurdum est. Quomodo enim potest de muliere dici, quia imago Dei est, quam constat dominio viri subjectam, et nullam auctoritatem habere ? Nec docere enim potest, nec testis esse, neque fidem dicere, neque judicare : quanto magis non potest imperare ?

Quæstio XLVI. — Utrum Samuel fuerit de filiis Aaron, et utrum sacerdos fuisse existimandus sit (1) ?

Sunt quidam inter nos, qui partim negotiis sæcularibus occupati, partim minus studiosi circa Scripturas sacras, errorem patiuntur, putantes Samuelem sacerdotem fuisse,

(1) Hæc desunt in Mss. 2 generis.

ron, dont les fils, d'après l'ordre de Dieu, naissaient prêtres et ne le devenaient pas. Ils avaient seuls le privilége d'offrir l'encens sur l'autel. D'autres poussent plus loin l'erreur; ils admettent que Samuel n'était point de la race d'Aaron, c'est-à-dire qu'il n'était pas né prêtre, et ils ne laissent pas d'affirmer qu'il a rempli les fonctions sacerdotales. C'est à ces derniers qu'il faut répondre tout d'abord, car il est plus absurde d'affirmer que Samuel a rempli les fonctions sacerdotales sans être né prêtre que de soutenir qu'il était prêtre comme descendant d'Aaron. D'un côté il n'y a que de l'ignorance, de l'autre il y a de la déraison. Quand nous aurons prouvé à ceux qui pensent que Samuel était né prêtre qu'il n'était point de la race d'Aaron, ils seront convaincus qu'il n'était point revêtu du sacerdoce, car ils semblent ignorer qu'il n'était permis qu'aux enfants d'Aaron d'exercer les fonctions sacerdotales, vérité dont l'Écriture nous donne des preuves manifestes. Ainsi Coré, qui n'était point des enfants d'Aaron, ayant voulu offrir l'encens sur l'autel, la terre s'entr'ouvrit sous ses pas et l'engloutit avec ceux qui s'étaient joints à lui. (*Nomb.*, XVI, 31.) Le roi Ozias, qui n'était pas non plus de la race d'Aaron, mais de la tribu de Juda, ayant osé usurper les fonctions sacerdotales en se présentant devant l'autel, il fut frappé de la lèpre au front et demeura lépreux jusqu'au jour de sa mort. (IV *Rois*, XV, 5 ; II *Paralip.*, XXVI, 21.) Quant à ceux qui prétendent que Samuel, sans être prêtre par droit de naissance, ne laissa pas d'en remplir les fonctions, leur opinion est passablement déraisonnable, et ce n'est pas un travail médiocre que de persuader la vérité à un insensé. Quelle est, en effet, leur folie de soutenir qu'il est nuit alors que le soleil verse des flots de lumière sur la terre? Ils lisent, et non pas dans un seul endroit, que Dieu a établi par une loi que les fonctions du sacerdoce seraient exclusivement réservées à Aaron et à ses enfants, et ils soutiennent opiniâtrement que Samuel était prêtre. Ils ne comprennent pas que si Samuel a rempli les fonctions sacerdotales, sans tenir ce droit de sa naissance, c'est un usurpateur, car Dieu a établi que ce droit viendrait de la naissance, et non de la volonté des hommes. Il y a même plus que de la témérité de concevoir cette opinion de Samuel. Comment supposer, en effet, qu'un homme si digne d'estime, si recommandable au témoignage même de Dieu, eût osé usurper des fonctions qu'il savait lui être interdites? Il n'ignorait pas d'ailleurs avec quelle rigueur Dieu avait châtié plus d'une fois cette témérité. Il ne pouvait d'ailleurs prétendre à cette dignité par une concession particulière de Dieu, qu'il savait immuable dans ses décrets, et si cette concession lui eût été faite, il l'aurait plutôt regardée comme une tentation, dans la conviction où il était que Dieu ne pouvait en aucune manière revenir sur ce qu'il avait établi. Il eût pensé bien plutôt que c'était le démon qui lui concédait ce droit sous l'apparence et au nom de Dieu que de croire que Dieu eût changé ses décrets. Lorsque Dieu eût défendu à Balaam d'aller trouver Balach, et qu'il lui eût demandé de nouveau s'il pouvait se rendre à l'invitation qui lui était faite (*Nomb.*, XXII, 19), Dieu, irrité contre lui, le reprit par la bouche d'une ânesse, car cet animal voyant l'ange qui s'opposait à son passage ne voulait plus avancer. Or, Balaam, en demandant de nouveau à Dieu, qui lui avait défendu d'entreprendre ce voyage, s'il consentait à son dé-

---

id est, ex Aaron habere originem : ex cujus progenie constituit Dominus Deus nasci, non fieri sacerdotes. Nec alicui præter filios ejus concessum est, ut poneret in altare incensum. Ex quibus aliqui plus errantes, negant quidem Samuelem de genere fuisse Aaron ; hoc est, non illum dicunt natum sacerdotem, et nihilominus sacerdotio illum asserunt functum. Quibus prius respondendum est. Pejus enim est negare Samuelem natum fuisse sacerdotem, et tamen asserere illum functum esse sacerdotio, quam dicere sacerdotem illum fuisse ex filiis Aaron. Hic enim ignorantia est, illic stultitia. Cum enim didicerint, qui illum putant natum sacerdotem, ex filiis Aaron non esse, manifestum habebunt non illum fuisse sacerdotem : ignari quia non licuit agere alicui sacerdotium, nisi ei qui esset ex semine Aaron. Compertum enim habent: manifestum est enim, quod Chore cum non esset ex filiis Aaron, et voluisset super altare imponere incensum, hiatu terræ absumptus est cum sociis suis. (*Num.*, XVI, 31.) Et Ozias rex, cum non utique esset ex semine Aaron, sed ex tribu Juda, et præsumpsisset agere sacerdotium, stans ante altare, percussus lepra in fronte est, et sic expiravit. (IV *Reg.*, XV, 5 ; II *Paral.*, XXVI, 21.) Illi autem, qui dicunt Samuelem non natum esse sacerdotem, et nihilominus egisse illum asserunt sacerdotium, satis stultum est quod dicunt : et stulto suadere quod bonum est, laboris est maximi. Quanta enim hebetudine ducuntur, ut sole apparente super terram, dicant, quia nox est. Cum enim legant, non uno loco legant, hoc a Deo esse decretum, ut nemo auderet sacerdotium agere præter Aaron et filios ejus, obstinata mente contendunt, sacerdotem fuisse Samuelem : non enim intelligunt, quia si natus sacerdos non est Samuel, et sacerdotium egit, præsumptor dicitur: quia hoc Deus statuit, ut nascerentur, non fierent sacerdotes. Et de Samuele hoc sentire puto tutum non esse. Quomodo enim posset fieri, ut vir laudabilis et Dei testimonio commendatus hoc ageret, quod inconcessum sciebat? Cujus etiam præsumptionis vindictam pro certo habebat semel et iterum factam. Neque enim Dei judicio potuit ad hoc aspirare, quem immutabilem sciebat : a quo, si forte hoc audisset, tentari se potius credidisset, sciendo Deum nullo modo sententiam suam posse rescindere. Posset enim magis sub Dei apparentia et nomine id agi secum credere, ut circumveniretur a parte adversa, quam judicium suum Deum posse mutare. Denique cum Balaam prohibitus fuisset a Deo, ne iret ad Balach, et postea iterum requisisset, an iret, indignatus ei Deus, ex ore asinæ corripuit eum (*Num.*, XXII, 19) : quia prohibentem Angelum videns asina, cœptum iter implere nolebat. Balaam vero, prohibente Deo ne iret, iterum interrogans, an ire illum vellet, sic de Deo quasi de homine judicavit, qui per id quod impræscius est, varius et mutabilis est. Sed Balaam nullo divino testimonio

part, jugeait de Dieu comme d'un homme qui, par là même qu'il ne peut prévoir l'avenir, est changeant et variable dans ses desseins. Mais Balaam n'a pour lui aucun témoignage venant du ciel, car c'était un devin. Samuel, au contraire, était un homme aimé de Dieu et connaissant l'invariabilité de ses décrets ; comment donc aurait-il pu croire qu'il lui était permis d'agir contre une loi aussi clairement établie ? Ce fut, disent-ils, après la mort d'Héli et de ses fils, qui étaient prêtres, que Samuel commença à remplir les fonctions sacerdotales. C'est ce que l'histoire ne dit pas, c'est ce que la raison ne peut admettre. Ceux qui avancent cette opinion sont obligés de supposer qu'il n'y avait plus alors personne qui pût exercer les fonctions sacerdotales, et qu'après la mort d'Héli et de ses deux fils, le sacerdoce aurait cessé d'exister si Samuel n'avait offert lui-même des sacrifices à Dieu. Un tel sentiment est injurieux à Dieu, car ceux qui le soutiennent semblent l'accuser d'imprévoyance en instituant un ministère qui ne pouvait avoir de durée. Pourquoi, en effet, établir que nul autre que les enfants d'Aaron ne pourrait à perpétuité remplir les fonctions sacerdotales jusqu'aux temps de l'avénement du Christ, s'il savait que ce sacerdoce devait défaillir ? Si, au contraire, il ne l'a point su (et loin de nous cette pensée), il a donc été sans prévoyance, alors il a pu également se faire qu'à défaut de ces prêtres légitimes Samuel n'exerçât point les fonctions du sacerdoce. Mais si l'on est forcé d'admettre et la providence et la prescience de Dieu, ce qu'il a établi a dû demeurer, et s'il en est ainsi, Samuel n'a point exercé le sacerdoce, parce qu'il n'était pas prêtre. Dans l'ancienne loi, en effet, et d'après l'ordre établi de Dieu, le sacerdoce était attaché à la naissance ; dans la nouvelle, Dieu a établi que les prêtres seraient institués. Qu'ils choisissent donc l'une de ces deux choses, qu'ils prouvent que Samuel est né prêtre ou qu'il l'est devenu. Or, ils avouent qu'il n'est point né prêtre, parce qu'ils savent qu'il n'est point de la famille d'Aaron. Si donc Samuel n'est point prêtre par sa naissance, et si d'ailleurs nous ne lisons point, si l'on ne peut prouver que Dieu avait prescrit d'instituer des prêtres en dehors de la famille d'Aaron, la conclusion rigoureuse est que Samuel n'était point prêtre. Cependant les contradicteurs s'obstinent à fermer les yeux à l'évidence ; soit, disent-ils, Samuel n'était pas prêtre, mais il en a rempli les fonctions, puisque nous lisons qu'il a offert un sacrifice à Dieu. (I Rois, VII, 9, 10.) Qui osera s'inscrire en faux contre ce témoignage des saints livres ? Oui, Samuel a offert un sacrifice à Dieu, mais il ne s'ensuit pas qu'il ait exercé le ministère sacerdotal. On dit tous les jours qu'un homme offre un sacrifice lorsqu'il remet au prêtre les victimes que celui-ci place sur l'autel ; et c'est en ce sens que Samuel l'a offert lui-même, c'est-à-dire par l'intermédiaire du prêtre, comme cela se fait tous les jours. L'Ecriture dit également de David, de Salomon et de tant d'autres, qu'ils ont offert des sacrifices, est-ce à dire que tous ont fait acte de fonctions sacerdotales ? Le prêtre, il est vrai, s'acquitte du ministère qui lui est propre, cependant on attribue l'acte même du sacrifice à celui au nom duquel le prêtre sacrifie, en d'autres termes, on l'attribue à celui qui présente les victimes. Comment, en effet, celui qui n'était point prêtre aurait-il pu tenir la place d'un prêtre ? Est-ce qu'un diacre peut remplacer un prêtre ? Un préfet peut remplacer un préfet, un préteur tenir la place d'un préteur, mais un homme privé ne peut remplacer une autorité quelconque ; combien moins celui qui n'est point prêtre peut-il remplacer un prêtre ? Dans quel dessein pourrait-il aspirer à l'exercice d'un ministère qu'il

---

commendatur : erat enim hariolus. Samuel autem vir Deo carus, et judiciorum ejus sciens fixam esse sententiam, quomodo aliud fieri debere crederet, quam sciebat a Deo esse constitutum ? Sed Heli, inquiunt, mortuo, et filiis ejus sacerdotibus, Samuel cœpit agere sacerdotium. Quod nec lectio docet, nec ratio admittit. Hoc enim dicentes, nullum putant tunc fuisse, qui ageret sacerdotium, ut his tribus mortuis, nisi Samuel populi munera obtulisset, sacerdotium agi desiisset. Quæ asseveratio est Dei inimica. Illis enim Deus improvidus judicatur quasi nescius, cum id statuit, quod permanere non possit. Quid enim nulli alii quam filiis Aaron sacerdotium agere usque in sæculum statuit, hoc est, usque ad tempora adventus Christi, si hoc deficere sciebat ? Si autem nescivit, quod absit, improvidus fuit : et ideo fieri potuit, ut nec Samuel fuerit illis deficientibus sacerdos. Si autem providus et præscius Deus est, permansit quod statuit : et si permansit quod statuit, Samuel non egit sacerdotium, qui Dei non erat sacerdos. In veteri enim Lege nasci decrevit Deus sacerdotes, in nova vero fieri Dominus jussit sacerdotes. Eligant nunc unum e duobus, aut natum probent Samuelem sacerdotem, aut factum. Sed consentiunt non illum natum esse sacerdotem ; quia sciunt illum non esse ex filiis Aaron. Si ergo natus non est sacerdos Samuel, factus autem non legitur, nec probatur, quia nec statuerat Deus fieri sacerdotes ; in absoluto est, Samuelem minime fuisse sacerdotem. Sed contradictores clausis oculis, si sacerdos, inquiunt, non fuit, vicem tamen egit sacerdotis ; quoniam legitur Deo sacrificium obtulisse. (I Reg., VII, 9, 10.) Quis audeat negare quod scriptum probatur ? Obtulit enim Deo sacrificium Samuel, sed non inde vicem sacerdotis egisse cognoscitur. Ipse enim semper dicitur offerre, cujus oblationes sunt, quas super altare imponit sacerdos, et Saul obtulit hoc utique genere, id est, per sacerdotem, sicut et nunc offertur : et David obtulit, et Salomon obtulit, et cæteri similiter obtulerunt, numquid omnes vicem sacerdotis egerunt ? Quamvis enim proprio sacerdos fungatur officio, ille tamen offerre dicitur, cujus nomine sacerdos. Ipsi enim munera, cujus munera offeruntur. Et qui non fuit sacerdos, quomodo vicem agere poterat sacerdotis ? Numquid diaconus potest vicem gerere sacerdotis ? Præfectus etenim potest agere vicem præfecti, et prætor prætoris : non tamen privatus potest agere vicem potestatis alicujus : quanto magis sacerdotis vicem agere

sait lui être interdit ? Si un prêtre vient à faire défaut dans un endroit, on prie un autre de venir le suppléer ; mais jamais un prophète, quelque saint qu'il soit, ne fera une chose qu'il sait lui être défendue. Une vie sainte, en effet, n'emporte pas le pouvoir d'exercer un ministère quelconque. De même que le prêtre ne peut fonder sur son caractère seul l'estime qu'il veut qu'on fasse de sa vie ; celui dont la vie est sainte et les mœurs pures ne peut espérer y trouver le droit d'exercer le ministère sacerdotal. Le sacerdoce est une institution bonne, il est vrai, mais il devient un mal pour celui qui prétend l'exercer sans aucun droit. Si nous considérons attentivement ce qui est écrit de Samuel, nous verrons quel témoignage lui rend l'Ecriture : « Et tout le peuple, connut, dit-elle, que Samuel était le fidèle prophète du Seigneur. » (I *Rois*, III, 20.) Et dans le livre des Psaumes : « Que Moïse et Aaron soient ses prêtres, et Samuel du nombre de ceux qui invoquaient son nom. » (*Ps.* XCVIII, 6.) Qui ne voit par cette distinction, que ces personnages sont séparés par leurs dignités différentes ; c'est-à-dire que nous voyons Moïse et Aaron revêtus de la dignité sacerdotale, et Samuel, parmi les prophètes, est jugé digne d'invoquer par ses prières la protection de Dieu sur son peuple, comme il le fit, en effet. (I *Rois*, VII, 9.) — Les prêtres, du reste, firent si peu défaut, que lorsque l'arche fut ramenée de chez les Philistins, portée par les lévites, les habitants de Bethsamée offrirent des sacrifices à Dieu en l'absence de Samuel ; et lorsque Saül fut devenu roi, Achimaas, petit-fils du grand-prêtre Héli portait l'éphod. Or, diront-ils, c'est justement là une preuve que Samuel était prêtre, car il était revêtu de l'éphod. Mais est-ce qu'aujourd'hui les diacres ne sont point revêtus de la dalmatique comme les évêques ? Nous lisons aussi que David était revêtu de l'éphod (II *Rois*, VI, 14), et d'un double éphod. Samuel encore tout petit enfant était lui-même vêtu de l'éphod (I *Rois*, XI, 18), pouvait-il à cet âge offrir à Dieu les présents du peuple ? Vous voyez donc que ce nom d'éphod a des significations différentes. Les prêtres portaient l'éphod, mais ne s'en revêtaient point, tandis qu'il était le vêtement des rois et du lévite Samuel. L'éphod signifie tantôt un vêtement, tantôt une espèce d'ornement que les prêtres portaient pour consulter le Seigneur. Autant qu'il nous semble, nous avons donc prouvé que Samuel n'était pas prêtre, mais prophète. Nous avons maintenant à répondre à ceux qui pensent que Samuel était prêtre, parce qu'ils ignorent que Samuel n'était point des enfants d'Aaron, car il n'était point permis à un descendant d'Aaron de ne point exercer le ministère sacerdotal. Je veux leur prouver tout d'abord que si Samuel était prêtre, son père Helcana devait sans aucun doute être également, de même que les fils de Samuel. Or, une preuve qu'ils n'étaient point prêtres, c'est qu'il les établit juges sur les enfants d'Israël, comme Samuel l'était lui-même. Nous lisons, en effet, « qu'il jugea les enfants d'Israël. » Helcana, père de Samuel, n'était pas prêtre non plus, car, dit l'Ecriture : « Il allait de la ville appelée Ramathaïm aux jours ordonnés pour adorer le Seigneur et offrir des sacrifices au Dieu tout-puissant des

---

non potest, qui non est sacerdos? Quo enim consilio ad hoc aspirare audeat, quod sibi scit non licere? Nam si sacerdos alicubi desit, potest alterius loci sacerdos rogatus venire, et vicem ejus agere : non tamen propheta, quamvis sanctæ vitæ sit, agere potest quod scit sibi minime esse concessum. Aliud enim est bene vivere, et aliud potestatem alicujus officii accipere. Sicut enim qui sacerdos est, non ex eo vitam suam commendatam putare debet : ita et qui sanctæ conversationis et vitæ est, non jam ex eo sibi sacerdotium vindicare debebit. Quamvis enim bonum sit sacerdotium, tamen malum erit ei, cui concessum non est, et præsumit. Nam si respiciamus quod scriptum est de sancto Samuele, videbimus quale testimonium det ei Scriptura, dicens : « Et innotuit, inquit, omni populo, quoniam fidelis esset Samuel propheta Domino. » (*Reg.*, III, 20.) Et in Psalmo : « Fiant, inquit, Moyses et Aaron in sacerdotes ejus, et Samuel inter eos qui invocant nomen ejus. » (*Psal.*, XCVIII, 6.) Quis non advertat ex hac distinctione divisas esse personas dignitatum causa, ut Moyses et Aaron sacerdotalem dignitatem adepti noscantur, Samuel vero inter prophetas Deo dignus extitisse habeatur, qui precibus Deum invocabant ad protegendum populum suum, sicut legitur? (I *Reg.*, VII, 9.) In tantum autem sacerdotes minime defuisse probantur, ut revocata arca ab Allophylis, bajulis Levitis, viri Bethsamis obtulerint Deo sacrificia absente Samuele, rege autem facto Saule, Achimaas erat pronepos Heli sacerdotis, qui portabat Ephoth. Sed hinc, inquiunt, videtur sacerdos fuisse Samuel, quia vestitus erat Ephoth. Quasi non hodie diaconi Dalmaticis induantur sicut Episcopi. Ephoth autem etiam David legimus fuisse indutum, et duplicem Ephoth. (II *Reg.*, VI, 14.) Samuel autem adhuc puerulus, succinctus erat Ephoth (I *Reg.*, II, 18) : numquid puerulus potuit Deo munera populi offerre? Vides ergo, quia Ephoth unum quidem nomen est, sed non unam rem semper significat. Sacerdotes enim portabant, non vestiebantur Ephoth : Reges vero et Levita Samuel induebantur Ephoth. Aliquando ergo vestis, aliquando quasi (*a*) armariolum, quod portabant, sacerdotes ad interrogandum Dominum, significatur Ephoth. Quantum apparet, probatum est Samuelem non sacerdotem, sed Prophetam fuisse : nunc his respondemus, qui ignorantes quia Samuel non est de filiis Aaron sacerdotis, æstimant illum sacerdotem fuisse, nec enim fas erat, ut de origine Aaron descendens, sacerdos non esset. Quos primum volo cognoscere, quia si sacerdos erat Samuel, sine dubio et Helcana pater ejus sacerdos fuit : congruum quoque fuerat et filios ejus sacerdotes fuisse : quos, quia sacerdotes non erant, judices illos constituit filiis Israel, sicuti et idem ipse erat Samuel. Sic enim legimus, quia « judicavit filios Israel. » Helcana autem pater Samuelis, propter quod sacerdos non erat : « Ascendebat, inquit, ex diebus in dies de civitate sua Ramathaim adorare et sacrificare Deo omnipotenti Sabaoth : et ibi erat Heli et duo filii

(*a*) Ms. Colbert. *armiliolum.*

armées, et là se trouvaient alors les deux fils d'Héli, Ophni et Phinées, prêtres du Seigneur. » (I *Rois*, I, 3.) Peut-on établir plus clairement qu'Helcana venait offrir au temps marqué des sacrifices au Seigneur par la main des prêtres, selon les prescriptions de Moïse, d'après lesquelles les Hébreux devaient trois fois l'année offrir des victimes et la dîme de leurs biens, là où était l'arche et les prêtres du Seigneur? D'ailleurs, il avait simultanément deux femmes, ce qui était interdit aux prêtres. En effet, Helcana était du nombre des lévites, comme l'indique la suite des généalogies marquées dans le livre des Paralipomènes. (I *Paralip*., VI.) Les lévites n'avaient pas encore alors de fonctions déterminées à remplir auprès des prêtres et de l'arche du Seigneur. David, pendant son règne, répartit ainsi les fonctions sacrées entre les prêtres et les lévites. Depuis l'âge de vingt ans et au-dessus, et d'après la loi depuis vingt-cinq ans et au-dessus, ils devaient commencer à prêter leur ministère dans les cérémonies sacrées. Il institua parmi les enfants d'Aaron, c'est-à-dire parmi les descendants de Phinées et de Thamar, vingt-quatre classes de prêtres pour s'acquitter alternativement de leur ministère à des temps déterminés. Il établit aussi des lévites pour être les portiers du tabernacle, porter l'arche du Seigneur, veiller à la garde du lieu saint et des vases sacrés et recevoir la masse des offrandes. Il institua aussi vingt-quatre classes de chantres, de joueurs de harpe et d'autres musiciens, qui remplissaient leurs offices chacun à leur tour, parce qu'il fallait leur laisser quelque repos et le temps de prendre soin de leurs affaires domestiques. Or, non-seulement ces détails concourent à établir la vérité que nous cherchons à prouver, c'est-à-dire que Samuel n'était point des enfants d'Aaron, mais la promesse même que sa mère fait au Seigneur en est une nouvelle preuve : « Si vous m'accordez un fils, lui dit-elle, je le donnerai au Seigneur tous les jours de ma vie. » (I *Rois*, I, 11.) Or, elle n'aurait pas tenu ce langage s'il avait été prêtre par droit de naissance; il eût été nécessairement consacré au service des autels. Mais il n'était que lévite, et il n'y avait encore aucune loi particulière pour les lévites; chacun faisait ce qu'il voulait, et souvent ils s'engageaient dans les sentiers de l'erreur et de l'iniquité. Ainsi Jonathas, petit-fils de Moïse, et qui était au nombre des lévites, prit sur lui d'attribuer le sacerdoce à la tribu de Dan. Voilà pourquoi nous lisons dans le livre des Juges : « En ce temps-là il n'y avait point de roi dans Israël; mais chacun faisait tout ce qui lui semblait bon. » (*Jug.*, XVII, 6.) Anne consacra donc Samuel à Dieu en disant : « Je remets cet enfant entre les mains du Seigneur » pour qu'il ne fût pas exposé à s'égarer comme les autres. Enfin, pour traiter cette question sous toutes ses faces, discutons encore ce qui est dit d'Helcana, « qu'il venait aux jours ordinaires pour offrir des sacrifices et la dîme de ses biens. » Comment pouvait-il offrir la dîme de ses biens puisqu'il ne possédait rien? Car les lévites n'eurent point de part à la division des terres, parce qu'ils devaient vivre des dîmes que le peuple leur donnait. Mais il peut se faire, et cette opinion est fondée, qu'il possédait les biens de sa femme ou d'autres qu'il aurait achetés, parce que non-seulement les lévites, mais les autres et les prêtres eux-mêmes prenaient des épouses dans d'autres tribus. Ainsi nous voyons le grand-prêtre Joïada prendre pour épouse la fille du roi Joram, de la tribu de Juda. (II *Paralip*., XXII, 11.)

ejus, Ophni et Phinees sacerdotes Domini. » (I *Reg.*, I, 3.) Quid tam apertum, quia veniebat Helcana offerre munera sua ante Dominum per sacerdotes tempore competenti, secundum quod statuerat Moyses, ut tribus temporibus anni offerrent munera et decimas suas, ubi fuisset arca Domini et sacerdotes? Quippe cum et duas uxores habuerit tempore uno, quod illicitum est sacerdotibus. Erat enim Helcana ex Levitis, sicut generationum ordo se continet in libro Paralipomenon. (I *Paralip.*, VI.) Adhuc enim Levitæ non erant habentes ordinem constitutum ministerii circa sacerdotes et arcam Domini. David enim in regno suo disposuit vices sacerdotibus et Levitis, ut a viginti annis et supra, in Lege autem a viginti quinque annis et supra, inciperent exhibere servitia Dominicis cæremoniis : ut essent de filiis Aaron, id est de Phinees et Thamar traduce classes sacerdotum viginti quatuor, quæ vices suas agerent certis temporibus. Levitæ autem constituti sunt, qui essent tabernaculi janitores, et qui bajuli arcæ Domini, et qui excubias observarent, et qui vasorum essent custodes, et qui promiscuas susciperent oblationes. Et viginti quatuor classes institutæ sunt cantantium et citharizantium et musicorum cæterorum, ita ut etiam hi, id est, omnes Levitæ haberent temporum vices : quia necesse erat eos et otium habere, ut et domorum suarum agerent curam. Et non solum hæc proficiunt ad causam supra dictam, quoniam Samuel non fuit de filiis Aaron ; sed et illud quod dicit mater ejus ad Dominum, quia « si mihi, inquit, dederis filium, commodo eum Domino omnibus diebus vitæ suæ. » (I *Reg.*, I, 11). Non hoc diceret, si natus esset sacerdos, oportebat enim illum servire altari : sed quia Levita erat, et adhuc Lex Levitis non erit posita ; sed unusquisque pro voluntate sua agebat, ita ut oberrantes illicita præsumerent. Jonatha enim filius filii Moysi, cum inter Levitas deputatus esset, sacerdotium agere præsumpsit tribui Dan. Ac per hoc legimus in libro Judicum : « Quia unusquisque, inquit, placita, sibi faciebat, eo quod non esset rex in Israel. » (*Jud.*, XVII, 6.) Idcirco vovit Anna dicens : « Commodo eum Domino : » ne cum cæteris oberraret. Et ut plenius quæstio disculi possit, etiam illud tractemus, quod dictum est de Helcana, quia « veniebat ex diebus in dies offerre munera sua, et decimas : » quomodo decimas offerebat, qui nihil possidebat? Levitæ enim non acceperunt agros ; quia de decimis, quæ a plebe dantur, victum quærebant. Sed potest fieri, et sic datur intelligi, quia potuit habere possessionem uxoris suæ, aut emptam : quia de aliis tribubus accipiebant uxores, non solum hi, sed et cæteri ; ita ut et sacerdotes acciperent de aliis tribubus uxores. Nam Joiade sacerdos magnus uxorem duxit de tribu Juda filiam regis Joram. (II *Par.*, XXII, 11.)

QUESTION XLVII. — Comment ces paroles d'Isaïe : « Sept femmes prendront, etc., » doivent-elles s'entendre des sept Eglises catholiques?

« En ce jour-là, dit le Prophète, sept femmes s'approcheront d'un seul homme et lui diront : Nous mangerons notre pain, nous pourvoirons nous-mêmes à nos vêtements; que votre nom seulement soit invoqué sur nous, délivrez-nous de l'opprobre qui pèse sur nous. » (*Isaïe*, IV, 1.) C'est une vérité généralement admise que ces sept femmes figurent les sept Eglises; car bien que l'Eglise soit une, on la représente cependant comme ayant sept formes différentes, de même qu'un seul corps est formé de sept membres différents. En effet, nous ne sommes pas les seuls membres de l'Eglise dont Jésus-Christ est le chef (*Ephés.*, V, 23); les habitants des cieux en font eux-mêmes partie. Soit donc qu'on ne parle que d'une seule Eglise, soit qu'on se représente sept Eglises différentes, il n'y a point de contradiction. L'Eglise est une parce qu'elle n'a qu'un seul chef qui est Jésus-Christ; et on peut dire qu'il y a sept Eglises, parce que de même que les membres sont divers, ainsi les puissances spirituelles parmi lesquelles nous prenons place, sont des vertus différentes qu'on appelle pour cela les puissances des airs. Or, elles sont différentes pour qu'elles n'aient pas toutes le même pouvoir, mais qu'elles concourent toutes à former le corps de Jésus-Christ; car il est le chef du corps de l'Eglise, et c'est à lui que le corps tout entier doit son existence, c'est-à-dire c'est de lui que toute chose, soit dans le ciel, soit sur la terre, tire son origine. Or, en parlant de l'Eglise de la terre, l'écrivain sacré fait mention de toutes les Eglises, parce que les mystères du Créateur qui sont enseignés à l'Eglise de la terre, sont en même temps annoncés aux esprits célestes. Lorsque les inférieurs sont instruits, ceux qui sont au-dessus doivent nécessairement participer à cet enseignement. C'est ce qui fait dire à l'Apôtre : « J'ai reçu, moi, le plus petit d'entre les saints, la grâce d'annoncer aux Gentils les richesses incompréhensibles de Jésus-Christ, et d'éclairer tous les hommes sur l'économie du mystère qui était caché depuis des siècles en Dieu, créateur de toutes choses, afin que les principautés et les puissances célestes connussent par l'Eglise la sagesse de Dieu, si diverse dans ses opérations. » (*Ephés.*, III, 8-10.) Ainsi c'est l'Eglise de la terre qui a instruit les puissances célestes, car « la vérité est sortie du sein de la terre. » (*Ps.* LXXXIV, 12.) C'est donc pour faire mention des puissances célestes que les sept Eglises sont ici nommées comme ne formant qu'un seul peuple, et le Prophète les représente adressant leurs supplications au Sauveur fait homme. Elles comprirent en effet que Jésus-Christ était né pour effacer l'opprobre d'abord de ceux qui vivaient sous la loi, et ensuite de tous les autres peuples. Elles se rappelaient cette prophétie : « Il viendra de Sion un Rédempteur qui délivrera Jacob et qui éloignera de lui toute impiété. » Ces sept Eglises se sont donc approchées d'un seul homme, c'est-à-dire de Jésus-Christ à sa naissance et lui ont dit : « Nous mangerons notre pain, nous pourvoirons nous-mêmes à nos vêtements; que votre nom seulement soit invoqué sur nous, délivrez-nous de l'opprobre qui pèse sur nous. » Quel est donc l'objet de leur prière? Si elles mangent leur pain, si elles pourvoient à leurs vêtements, c'est-à-dire si elles ont la nourriture et le vêtement, que leur manque-t-il

---

QUÆSTIO XLVII. — Quomodo hoc quod in Isaia dicitur : « Et apprehendent septem mulieres, » etc. septem Ecclesiæ Catholicæ significentur (1) ?

« Et apprehendent, inquit, septem mulieres unum hominem, dicentes: Panem nostrum manducabimus, et vestimentis nostris operiemur : verumtamen invocetur super nos nomen tuum, aufer opprobrium nostrum. » (*Isa.*, IV, 1.) In absoluto est, per septem mulieres septem Ecclesias esse significatas : quamvis enim una sit, sed septiformis dicitur, ut corpus unum septemplici numero constet membrorum : non solum enim nos, sed et superni cives Ecclesiæ membra sunt, cujus caput Christus est. (*Ephes.*, V, 23.) Sive igitur una, sive septem dicantur Ecclesiæ, non discrepat. Una enim dicitur, quia unum habet caput, quod est Christus : septem autem ideo, quia sicut membra diversa sunt, ita et potentiæ spirituales, inter quas et nos deputamur, diversæ sunt virtutes, propter quod et (*a*) aeriæ dicuntur. Idcirco enim diversæ sunt, ut non omnia singulæ possint, sed simul omnes corpus sint Christi : quia ipse est caput corporis Ecclesiæ (*Col.*, I, 18), ex quo totum corpus subsistit, id est ex quo omnia in cœlis et in terra habent originem. In hac ergo quæ in terris est Ecclesia, omnium Ecclesiarum facta est mentio : quia cum huic sacramentum Creatoris prædicatur, etiam cœlestibus hujusmodi intimatur doctrina. Inferioribus enim cum insinuatur, necesse est ut audiant et superni. Unde Apostolus : « Mihi, inquit, minimo omnium sanctorum data est hæc gratia, inter gentes evangelizare incomprehensibiles divitias Christi, et illuminare omnes, quæ sit dispositio ministerii absconditi a sæculis in Deo, qui universa creavit, ut innotesceret principibus et potestatibus in cœlestibus per Ecclesiam multiformis sapientia Dei. » Per hanc ergo Ecclesiam superni docentur, quia « Veritas, ait, de terra orta est. » (*Psal.* LXXXIV, 12.) Ut enim mentio superiorum fiat, hic septem Ecclesiæ nuncupantur in una plebe, quas septem Ecclesias supplices Propheta inducit Salvatori facto homini. Intellexerunt enim ad hoc natum esse Christum, ut auferret opprobrium, primum quidem sub Lege sua agentium, deinde cæterorum. Habebant autem in memoria, scriptum esse : « Veniet ex Sion qui eripiat et avertat impietatem ab Jacob. » Hæ ergo septem Ecclesiæ apprehenderunt hominem unum, id est, natum Christum dicentes: « Panem nostrum manducabimus, et vestimentis nostris operiemur. Verumtamen invocetur nomen tuum super nos, aufer opprobrium nostrum. » Quid est hoc quod precantur? Si enim pane proprio utuntur, et vestimentis

(1) Hæc desunt in Mss. 2 generis.
(*a*) Mss. Colbert. *egere*.

encore? Le pain est l'emblème de la vie, et le vêtement signifie l'action de se revêtir de Dieu, parce que celui qui est sans Dieu, est dans un véritable état de nudité. Voilà pourquoi l'Apôtre dit : « Vous tous qui avez été baptisés en Jésus-Christ, vous avez revêtu Jésus-Christ. » (*Gal.*, III, 27.) Et dans un autre endroit : « Si toutefois nous sommes trouvés vêtus et non pas nus. » (II *Cor.*, V, 3.) Or quel est cet opprobre dont ces femmes demandent d'être délivrées? Ces sept Eglises représentent le peuple qui vivait sous la loi dans l'attente du Christ promis qui devait effacer ses péchés. Elles lui disent : « Nous mangerons notre pain, » c'est-à-dire les paroles de la loi qui enseignent l'existence d'un seul Dieu seront notre nourriture; « car l'homme ne vit pas seulement de pain, mais de toute parole qui sort de la bouche de Dieu. » (*Deut.*, VIII, 3; *Matth.*, IV, 4.) « Et nous nous vêtirons de nos habits, » c'est-à-dire nous porterons le nom de notre Créateur, car chacun est comme revêtu de la profession de sa foi. C'est à leurs vêtements qu'on reconnaît les sénateurs et les magistrats. Mais ce n'était pas assez pour être digne de Dieu; il a donc établi que c'est par la connaissance d'un seul Dieu que l'homme deviendrait héritier du royaume des cieux. La loi le purifie de ses péchés, le délivre de la seconde mort qui, d'après la sentence prononcée contre Adam, retenait les hommes dans les enfers, et libre ainsi de tout lien il se dirige vers le paradis de Dieu le Père, où le Seigneur promettait au bon larron qu'il serait avec lui. (*Luc*, XXIII, 43.) Bien que le peuple dont nous venons de parler et dont les sept Eglises sont la figure fût sous la loi de Dieu, il était coupable tant de ses propres péchés que du péché de son premier père; « car, dit saint Paul, tous ont péché et ont besoin de la gloire de Dieu. » (*Rom.*, III, 23.) Ces Eglises demandent donc à Dieu de les délivrer de leur opprobre par l'invocation du nom de Jésus-Christ, parce que ceux qui portent le signe par lequel il a vaincu la mort, ne peuvent être retenus sous la puissance de son ennemi. Et ce ne sont pas seulement ces Eglises de la terre, mais les puissances spirituelles qui habitent les cieux, qui demandent que le nom de Jésus-Christ soit invoqué sur eux. Car toute spirituelles et toute célestes qu'elles sont, ces puissances ne laissent pas d'être soumises à l'opprobre si elles demeurent éloignées de leur Créateur, et faute de connaître leur chef elles s'égarent et ne peuvent être les membres de son corps. Le Prophète lui-même confirme la vérité de l'explication que nous venons de donner, en ajoutant : « En ce jour le Seigneur fera briller sur la terre la lumière de ses conseils, » (*Isaïe*, IV, 2, *selon les Sept.*) et un peu plus loin : « Le Seigneur lavera les souillures des fils et des filles de Sion, et il les purifiera du sang qui est au milieu d'eux. » N'est-il pas de toute évidence que dans ce jour, c'est-à-dire dans ce jour où les promesses de Dieu seront accomplies, et les mystères de la foi révélés aux hommes, ceux qui étaient soumis à une condamnation de mort ont été éclairés, purifiés par la connaissance de leur Créateur, et sont devenus héritiers de la vie éternelle? Le Prophète a donc parlé ici en général pour signifier que tous avaient besoin de la grâce de Dieu, et bien établir que tous justes ou pécheurs avaient dû attendre sa miséricorde : les pécheurs, pour être purifiés de leurs péchés personnels et délivrés des atteintes de la mort; les justes, pour être affranchis du péché de leur premier père, et de la sentence

suis induuntur, id est, et vivunt, et nudæ non sunt, quid eis deest? Si enim panis ad vitam significarit, et vestitus ad Dei (*a*) induitionem; quia qui sine Deo est, nudus dicitur : unde Apostolus : « Qui in Christo, ait, baptizati estis, Christum induistis. » (*Gal.*, III, 27.) Et iterum : « Si expoliati, inquit, non nudi inveniamur, » (II *Cor.*, V, 3) quid est quod poscunt ut auferatur ab eis opprobrium : nisi quia hic populus significatur in septem Ecclesiarum numero, qui sub Lege agens Christum expectabat promissum ad abolenda peccata? Ideo dicunt? « Panem nostrum manducabimus, » hoc est, verbis Legis quæ unum tradunt Deum, pascemur : quia non in pane tantum vivit homo, sed in omni verbo Dei. (*Deut.*, VIII, 3; *Matth.*, IV, 4.) « Et vestimentis nostris operiemur, » id est, Creatoris nostri nomine censebimur : quia hoc unusquisque indutus dicitur, quod et est et profitetur. Denique senatores vel officiales ex vestibus intelliguntur quid sint. Sed quia hæc satis non faciunt ad Deum promerendum, hoc etiam statuit, ut per sacramentum cognitionis unius Dei, hæres esset homo regni cœlorum. Per fidem enim peccatis ablatus, et a morte secunda (quæ ex sententia data in Adam, homines apud inferos detinebat) alienus, nullo detinente, pergit in paradisum Dei Patris, in quo dixit latroni Dominus, quod secum esset futurus. (*Luc.*, XXIII, 43.) Quamvis enim populus supradictus, qui per septem Ecclesias significatus est, sub Dei Lege esset, et devotione (*b*) tam proprii, quam paterni delicti : « Quia omnes, inquit, peccaverunt, et egent gloria Dei; » (*Rom.*, III, 23) idcirco orant supra memoratæ Ecclesiæ, ut auferatur opprobrium earum invocatione nominis Christi : quia qui signum ejus habent quo vicit mortem, ab inimico teneri non possunt. Et non solum istæ Ecclesiæ Christi nomen super se invocari precantur, sed et supernæ spiritales in cœlestibus degentes. Quanquam enim spiritales sint et cœlestes potentiæ, opprobrio tamen subjacent, si a Creatore suo fuerint alienæ, et nec membra erunt corporis, quæ caput suum non cognoscentes oberrant. Et quia aliud non est quam explanavimus, in subjectis propheta testatur dicens : « In illa autem die illuminabit Deus in consilio super terram. » (*Isa.*, IV, 3, *Sec.* LXX.) Et adjecit : « Quoniam abluet Dominus, inquit, sordes filiorum et filiarum, et sanguinem purgabit de medio eorum. » Quid tam evidens, quam in illo die, id est quo promissum Dei adimpletum est, et fidei sacramentum declaratum est hominibus, illuminati sunt, ut per Creatoris cognitionem purificati, qui rei fuerant mortis, fierent æternæ vitæ hæredes? Promiscue igitur Propheta locutus est, ut omnes dono Dei indigere significaret, ut sive peccatores, sive justi, Dei misericordiam expectasse noscerentur : peccatores

(*a*) Ms. Colbert. *devotionem*. — (*b*) Ms. Colb. *devotione a mundi ipsius origine induebatur tunc purificatione tam proprii*, etc.

prononcée contre Adam, qui retenait tous les hommes sous la servitude de la mort, et recouvrer la liberté et leurs droits au royaume de Dieu, dont ils ne sont plus les serviteurs mais les enfants.

QUESTIONS SUR LE NOUVEAU TESTAMENT

QUESTION XLVIII. — Dieu est sans nul doute souverainement parfait et indépendant de toutes choses; qu'était-il donc besoin que le Christ Sauveur naquît de Dieu, et que Dieu eût un Fils par lequel il fît toutes choses?

Dieu ayant résolu de tirer du néant tout ce qui existe, et sachant que cette œuvre n'était nullement en rapport avec sa majesté, a engendré d'abord de lui-même, nature simple et incorporelle, un Fils qui lui fut absolument semblable, par un acte qui répondait parfaitement à sa grandeur. En effet, que pouvait-il faire de plus que d'engendrer de lui-même un être dont la perfection fût égale à la sienne? C'est là une œuvre parfaite, et on ne peut en imaginer une plus excellente. Toutes les autres œuvres sont bien inférieures; car plus le Christ est élevé au-dessus de toutes les créatures, plus leur création est inférieure à sa génération. Disons encore que Dieu, principe de toutes choses, voulant tirer les créatures du néant, engendra d'abord le Verbe qui était dans les profondeurs mystérieuses de son être, c'est-à-dire qu'il lui donna l'être lui-même. A ce Verbe il donna le nom de Fils, pour montrer que c'est à lui qu'il devait l'être et qu'il lui était consubstantiel. La loi, en vertu de laquelle les enfants naissent des parents, préparait à croire cette génération qui révélait aux hommes le mystère qui était caché en Dieu de toute éternité.

QUESTION XLIX. — Pourquoi le Sauveur, saint dès sa naissance et qui reçut alors le nom du Christ Seigneur, a-t-il été baptisé, puisque le baptême a été institué pour purifier du péché? (*Matth.*, III, 14.)

C'est une vérité de toute évidence que le Sauveur n'avait pas besoin d'être baptisé, parce qu'il n'a pas été fait, mais qu'il est né Christ, comme l'ange l'annonçait aux bergers : « Voici qu'il vous est né aujourd'hui un Sauveur, qui est le Christ, le Seigneur. » (*Luc*, II, 11.) Aussi Jean-Baptiste qui connaissait sa sainteté, se défendit de lui donner le baptême; mais le Sauveur insista pour le recevoir, non pour effacer ses péchés, mais pour accomplir toute justice. Il était convenable, en effet, que celui qui venait enseigner aux hommes que c'était par le baptême qu'ils deviendraient enfants de Dieu, donnât lui-même l'exemple aux futurs enfants de Dieu. Il était convenable que celui qui promettait que Dieu donnerait l'Esprit saint à tous ceux qui croiraient, fît voir ce divin Esprit descendant visiblement sur lui, pour donner aux fidèles l'espérance certaine qu'ils recevraient ce même Esprit, quoique d'une manière invisible. En effet, le Sauveur qui était né de l'Esprit saint, avait un corps pur de tout péché. L'onction

---

propter delicta propria, ut de faucibus mortis eriperentur : justi vero paterno absoluti peccato, deleta sententia data in Adam, per quam cuncti tenebantur a morte, libertate accepta Dei regnum intrarent, facti jam non servi, sed Filii Dei.

QUÆSTIONES EX NOVO TESTAMENTO

QUÆSTIO XLVIII. — Deus certe perfectio est et nullius egens, quid ergo opus fuit Christo Salvatori ut nasceretur de Deo, et filium haberet Deus per quem omnia faceret?

Cum ea quæ non erant Deus voluisset existere, et majestatis suæ minime hoc condignum opus sciret, prius de se, cum sit natura simplex et incorporeus, Filium generavit, (*a*) qui nihil ab eo distaret, ut magnitudini suæ congruus responderet effectus. Quid enim ultra posset facere, quam ut ex se alterum qui perfectus est, generaret? Hoc ergo perfectum opus est, quo nihil possit aliud videri præstantius. [(*b*) Cætera enim omnia minora sunt : quanto enim inferior his omnibus Christus est, tanto magis creatio illorum inferior est generatione ejus. Est et aliud :] Deus enim, ex quo sunt omnia, volens condere creaturam, Verbum prius quod in mysterio apud se habebat, generavit, hoc est fecit existere. Quod Verbum idcirco Filium nuncupavit, ut ostenderet de se illum exstitisse, et esse sibi consubstantivum : ut lex, qua filii de parentibus sunt, hoc credibile faceret, per quod manifestaret creaturæ mysterium, quod latuit in eo ex æterno.

QUÆSTIO XLIX. — Cur Salvator cum sanctus natus sit, et Christus Dominus in ipsa nativitate appellatus, baptizatus est, cum baptisma purificationis causa sit, et peccati? (*Matth.*, III, 14.)

Verum et manifestum est : Salvatorem non eguisse baptismo; quia Christus non factus, sed natus est, dicente Angelo pastoribus : « Ecce natus est vobis hodie Salvator, qui est Christus Dominus. » (*Luc.*, II, 11.) Denique sciens Joannes sanctitatem ejus, prohibuit eum a baptismo : Salvator vero instituit fieri oportere, non utique propter peccatum suum; sed propter implendam justitiam. Dignum enim erat, ut ipse exemplo esset futuris filiis Dei, qui per baptismum filios Dei fieri docebat; et qui credentibus Spiritum sanctum a Deo dari promittebat, debuit istud in semetipso visibiliter demonstrare, quo comperto credentes invisibiliter se posse Spiritum sanctum habere sperarent. Nam Salvator utique, cum de Spiritu sancto nasceretur, purificatum corpus habuit. Unctio enim carni ejus spiritualiter in utero virginis data

---

(*a*) In Mss. 2 gen. additur *in quo ipse videretur*. — (*b*) Hæc omitt. in Mss. 2 gen. postque verbum *generavit*, sic q. terminatur, *per quem faceret quæ facta sunt, ut ostenderet creaturæ mysterium, quod latuit in illo ex æternis, sicut dicit Apostolus.*

divine avait été communiquée spirituellement à sa chair dans le sein de la Vierge. L'Esprit saint a purifié ce qui a été pris de la vierge Marie pour former le corps du Sauveur, et c'est là l'onction qui fut donnée à son corps. Voilà pourquoi il reçut dès sa naissance le nom de Christ. Ce que Dieu donnait par le ministère des prophètes et par l'onction de l'huile sainte à ceux qui recevaient la consécration royale, l'Esprit saint le donna à Jésus-Christ en y ajoutant le pouvoir d'expier les péchés. Ceux qui avaient porté précédemment le nom de Christ recevaient exclusivement par cette onction le pouvoir de commander; le Sauveur a reçu ce pouvoir dans sa naissance, en même temps qu'il naissait dans un état de sainteté parfaite. Quelle souveraine inconvenance, en effet, que le Fils de Dieu naquît dans un corps esclave du péché? Puisqu'il venait se charger des intérêts des hommes et leur enseigner à devenir les enfants de Dieu par le sacrement de la régénération, il a dû lui-même recevoir le baptême pour confirmer sa doctrine par son exemple ; car un maître persuade facilement de la vérité de ses enseignements lorsqu'il les met le premier en pratique. Les miracles qui accompagnèrent le baptême du Seigneur avaient pour fin de le manifester comme le Fils de Dieu, qui par le ministère de la régénération venait guérir les passions du corps, et montrer par son exemple à ceux qui devaient être ses frères, que le sacrement de la régénération communique à celui qui le reçoit une puissance toute divine.

QUESTION L. — Si le Sauveur a voulu être baptisé pour servir d'exemple, pourquoi, bien qu'il eût été circoncis, a-t-il défendu aux autres de l'être?

La circoncision est un commandement appartenant aux temps anciens. Elle a dû conserver son autorité jusqu'à Jésus-Christ, et demeurer en vigueur jusqu'à la naissance du Christ promis à Abraham ; la promesse une fois accomplie, la circoncision n'avait plus de raison d'être. C'était comme figure du Christ qu'Isaac fût promis à Abraham. Dieu lui dit en effet : « Toutes les nations seront bénies dans celui qui sortira de toi, » (*Gen.*, XXII, 18) c'est-à-dire en Jésus-Christ. Jésus-Christ est venu renouveler la foi qu'Abraham avait reçue, afin que toutes les nations fussent bénies dans celui qui est sorti d'Abraham, c'est-à-dire dans Jésus-Christ, selon la promesse faite à Abraham. La circoncision fut donc le signe du Fils de Dieu promis à Abraham, c'est-à-dire du Christ. Ce signe de la promesse a dû cesser à la naissance du Christ; mais celui qui était l'objet de la promesse a dû recevoir en naissant le signe de son père, pour se faire reconnaître comme celui qui, aux termes de la promesse, devait justifier toutes les nations par la foi jointe à la circoncision du cœur. La circoncision du corps a été le signe extérieur qui distinguait les enfants d'Abraham selon la chair; la circoncision du cœur est le signe invisible qui distingue ses enfants spirituels, et voilà pourquoi la circoncision charnelle a dû cesser après la venue de Jésus-Christ.

(1) La circoncision a été imposée jusqu'à l'avènement du Christ ; Abraham l'a reçue avec la promesse du Christ, et le précepte de la circoncision devait être en vigueur jusqu'à la naissance du Christ promis à Abraham, et qui devait justifier toutes les nations par la foi, comme Abraham lui-même avait été justifié. Le Christ lui-même a dû être soumis au précepte de la circoncision pour qu'il fût bien établi

(1) Même question telle qu'elle se trouve dans les manuscrits de la seconde catégorie, la XXIIe sur le Nouveau Testament.

est. Spiritus enim sanctus purificavit quod de Maria virgine in corpus Salvatoris profecit : et hæc est unctio carnis corporis Salvatoris. Quare et natus Christus est appellatus. Quod enim per olei unctionem præstabat Deus ministerio prophetarum iis, qui in reges ungucbantur, hoc præstitit Spiritus sanctus homini Christo, addita expiatione. Quia anteriores Christi solam potestatem imperii accipiebant per unctionem : Salvator autem et potestatem accepit homo natus, et purificatus est natus. Incongruum enim erat, ut Dei Filius in corpore peccatis subdito nasceretur. Hominis ergo causam suscipiens, et per regenerationem filios Dei fieri docens, baptizari debuit, ut in se hoc ostenderet ratum. Facile enim probatum habetur et suadetur quod dicitur, si a magistro fieri videatur : sic utique et virtutum insignia oportuit fieri, ut jam Filius Dei apparens, per mysterium regenerationis medelam daret corporis passionibus, ut exemplo esset futuris fratribus, quia per regenerationem accipit unusquisque potestatem virtutis.

QUÆSTIO L. — Si ideo Salvator baptizatus est, ut exemplo esset ; quare circumcisus, cæteros prohibuit circumcidi ?

Circumcisio præteriti temporis mandatum est, quam usque ad Christum oportuit habere auctoritatem, ut tamdiu curreret, quandiu Christus nasceretur promissus Abrahæ, ut de cætero cessaret circumcisio promissione impleta. In figura enim Christi Isaac promissus est. Dixit enim ei Deus : « In semine tuo benedicentur omnes gentes : » (*Gen.*, XXII, 18) quod est Christus. Fides enim, quam Abraham acceperat, restaurata a Christo est, ut in semine Abrahæ, quod est Christus, omnes gentes benedicerentur, sicut promissum fuerat Abrahæ. Circumcisio itaque signum fuit promissi Filii Dei, id est Christi; quo nato cessare oportuit signum promissionis : ita tamen ut ipse promissus adveniens signum patris acciperet, ut sciretur is esse, qui promissus fuerat omnes gentes justificare per fidem in circumcisione cordis. Quia enim patri Abrahæ carnaliter nascentis filii signaculum circumcisionis corporale fuit; ita et eorum, qui spiritaliter nascuntur, spiritale signum est circumcisio cordis : ideoque recte post Christum non adhuc oportuit carnaliter circumcidi.

Circumcisio usque ad Christum indulta est : Abraham autem circumcisionem in Christo promisso accepit, ut tamdiu circumcisio curreret, quamdiu Christus nasceretur promissus Abrahæ, qui omnes gentes justificaret per fidem, sicut fuerat justificatus Abraham. Ideo debuit circumcidi, ut ipse probaretur esse qui promissus Abrahæ esset : ita ut de cætero circumcisio cessaret, impleta promissione. Baptismus autem non debuit ces-

qu'il était celui qui fut promis à Abraham; mais une fois la promesse accomplie, la circoncision n'avait plus de raison d'être. Le baptême, au contraire, n'a jamais dû cesser d'être obligatoire, parce que c'est à Jésus-Christ que commence ce mode de régénération. Il n'a point été en usage avant lui et n'a point reçu sa consommation après son avénement; mais il commence avec Jésus-Christ et doit continuer jusqu'à la fin du monde.

Question LI. — Comment doit-on entendre la réponse que l'ange Gabriel fit à ces paroles de Marie : « Comment saurai-je ce que vous me dites, car je ne connais point d'homme; » et l'ange Gabriel répondant lui dit : « Le Saint-Esprit surviendra en vous, et la vertu du Très-Haut vous couvrira de son ombre? » (*Luc*, 1, 34.)

Au doute que Marie exprime sur la conception qui lui est annoncée, l'ange répond en lui apprenant comment elle s'accomplira. « L'Esprit saint surviendra en vous, » c'est-à-dire : N'ayez aucun doute, parce que vous ne connaissez point d'homme. Je vous ai dit : Vous concevrez, c'est l'Esprit saint qui surviendra en vous, qui opérera cette conception, sans l'intermédiaire d'un homme. « Et la vertu du Très-Haut vous couvrira de son ombre. » La vertu du Très-Haut sans contredit Jésus-Christ, car c'est un des attributs de sa personne. L'Esprit saint en survenant dans la vierge Marie, l'a sanctifiée par son action en formant de son corps un corps pur et saint dans lequel la vertu qu'on appelle le Fils de Dieu put prendre naissance. Cette vertu devait la couvrir de son ombre, c'est-à-dire que quelque chose de l'immensité divine devait se répandre dans le sein de la Vierge, et l'éclat de cette majesté fait dire à l'ange que la vertu de Dieu, qui n'est autre que Dieu lui-même, la couvrira de son ombre. En effet, rien de ce qui sort de la substance divine qui ne doive être appelé Dieu. C'est un des caractères des choses extérieures et sensibles qu'il se trouve dans la chair des parties auxquelles on ne puisse donner le nom de chair, comme les poils, les os, les nerfs, etc.

(1) Au doute que Marie exprime, etc.... La vertu du Très-Haut est sans contredit le Christ; car cette dénomination est un des caractères distinctifs du Fils de Dieu qui est appelé la vertu de Dieu. Si l'on considère la divinité, le Père est aussi la vertu, le Saint-Esprit l'est également, et ces trois personnes ont une seule et même vertu, parce qu'elles ont une seule et même nature. L'Esprit saint a donc formé du corps de la Vierge la chair du Sauveur, et la vertu du Très-Haut, c'est-à-dire le Christ, l'a couverte de son ombre en venant dans cette chair formée par l'Esprit saint, de manière que cette vertu se trouvait cachée à la fois dans le corps et dans l'âme. Or, demeurer caché pour la vertu du Très-Haut, c'est n'être point compris pour un temps. Examinons plus attentivement le sens complet de cette expression : « Elle la couvrira de son ombre. » Pour exprimer la force qu'elle renferme, nous dirons que lorsque la vertu du Très-Haut couvre de son ombre, le corps qu'elle couvre de la sorte semble entrer en participation de la vertu de Dieu. Cette opération forme un tout complet, car la divinité ne peut souffrir de partage. Aussi l'ange ajoute : « C'est pourquoi le saint qui naîtra de vous s'appellera le Fils de Dieu. » Car ce qui est né de l'Esprit saint, ce que la vertu de Dieu, qui est le Fils de Dieu, a couvert de son ombre, en un mot le corps du Fils de

(1) Même question telle que se trouve dans les manuscrits de la seconde catégorie, la xxxviii sur le Nouveau Testament.

sare, quia forma renascibilitatis est a Christo cœpta; non prius data, et usque ad Christum consummata, sed a tempore Christi incipiens et cursum suum tenens usque ad consummationem mundi.

Quæstio LI. — Quomodo intelligatur, quod dicenti Mariæ ad Angelum : « Et unde hoc sciam, quia virum non cognosco, » (*Luc.*, 1, 34) respondit Gabriel Angelus : « Spiritus sanctus superveniet in te, et virtus Altissimi obumbrabit tibi ? »

Ambigenti Mariæ de conceptu, possibilitatem Angelus prædicat, dicens : « Spiritus sanctus superveniet in te, » hoc est : Ne dubites, quia virum nescis : quod enim dixi, quia concipies, Spiritus sanctus superveniens in te, operabitur ut concipias sine viro. « Et virtus Altissimi, inquit, obumbrabit tibi. » Altissimi virtus sine dubio Christus est : hoc enim ad ipsius personam pertinet. Superveniens ergo Spiritus sanctus in Virginem, sanctificavit eam opere suo efficiens corpus sanctum ex ea, in quo virtus quæ dicitur Dei Filius, nasceretur. Cujus obumbratio in Virginem, hæc est, ut de immensitate divinitatis aliquid esset in utero Virginis, quantum posset capere natura humana, quod quasi ex splendore obumbratio diceretur, (*a*) virtus Dei esset; quæ Dei virtus, necnon et Deus. Nihil enim de Deo est, quod non dicatur Deus. Nam hoc corporeum est, ut sit in carne aliquid et caro dici non possit, ut pili, et ossa, et nervi et cætera.

Ambigenti Mariæ de conceptu, etc. Virtus Altissimi sine dubio Christus est. Ad ipsius enim personam pertinet dictum hoc signum enim Filii Dei, hoc est cum dicitur : Virtus Dei. Juxta divinitatem vero et Pater virtus, et sanctus Spiritus virtus est, et trium horum una virtus, quia una substantia est. Spiritus sanctus ergo carnem ex virgine fecit Salvatori : virtus Altissimi autem, id est Christus, obumbravit eam veniens in carnem factam a Spiritu, ut in corpore et anima lateret Filii virtus. Latere autem ejus, est ad tempus non intelligi. Obumbratio autem quid penitus intelligatur, considerandum est. Vis autem hujus verbi si exprimatur, obumbratio virtutis Dei, impetitio aliqua intelligitur, ut dum obumbratur corpus, aliquid sumere ex Dei virtute dignoscitur. Hoc autem aliquid totum est, quia non potest partiri divinitas. Sequitur itaque : « Propterea et quod nascetur ex te sanctum, vocabitur Filius Dei. » Quod enim de Spiritu sancto natum est, in se habens obumbrationem virtutis Dei, quæ est Filius Dei, sine dubio sanctum natum est, id est corpus Filii Dei. Sancti

(*a*) *Forte* diceretur virtute Dei, essetque.

Dieu est né saint, on ne peut le nier. Le corps de celui qui est saint participe nécessairement à sa sainteté. Le Fils de Dieu, la sainteté même, est donc né dans un corps saint ; car David, parlant de la chair de Jésus-Christ, a dit : « Vous ne permettrez point que votre saint voie la corruption, » et c'est lui-même qu'il avait en vue sous la figure de corps pur et sans tache.

QUESTION LII. — Si le Christ est né de l'Esprit saint, c'est-à-dire si c'est par son opération qu'il a été fait chair de la chair de Marie, pourquoi est-il écrit : « La sagesse, qui est le Christ, s'est construit une demeure ? » (*Prov.*, IX, 1.)

Cette question peut être entendue à un double point de vue. D'abord la maison de Jésus-Christ est l'Eglise, qu'il s'est construite par son sang. Son corps peut être aussi appelé sa maison, de même qu'il est appelé son temple. S'il est appelé son temple parce qu'il l'habite, on peut aussi très-bien l'appeler sa maison, comme nous le lisons dans la loi. Mais si le corps a été formé par l'opération du Saint-Esprit et que nous pensions pouvoir lui donner le nom de maison, on demandera pourquoi on attribue cette formation à la personne de Jésus-Christ. L'opération du Fils est l'opération du Père, parce qu'ils ont une seule et même vertu. De même l'opération de l'Esprit saint est l'opération du Fils de Dieu, à cause de l'unité de nature et de volonté. Que l'action vienne du Père, ou du Fils, ou de l'Esprit saint, c'est la Trinité qui agit, et tout ce qui est fait par les trois personnes divines est l'œuvre d'un seul Dieu.

(1) L'opération du Fils est l'opération du Père, parce que le Père et le Fils ont une seule et même vertu. De même, l'opération du Saint-Esprit est l'opération du Christ, parce que l'Esprit saint a reçu de ce qui était à lui. Si l'on considère l'action des personnes, c'est par l'opération de l'Esprit saint que le Christ a été fait chair, c'est-à-dire a été fait homme ; mais si l'on considère l'action de la nature divine, c'est le Christ qui a opéré dans la vierge pour devenir chair ; car l'Esprit saint et Jésus-Christ ont une seule et même divinité, et par conséquent l'œuvre de l'Esprit saint est l'œuvre de Jésus-Christ.

QUESTION LIII. — Si Dieu fait tout avec raison, pourquoi dit-on que le Sauveur est né le huitième des calendes de janvier ?

Personne ne poussera l'extravagance jusqu'à nier que Dieu ne soit inspiré dans tout ce qu'il fait par une souveraine raison. Aussi Jésus-Christ, descendant du ciel pour sauver le monde et voulant montrer qu'il était le Créateur du monde et des temps, a voulu naître comme homme pour faire croître en Dieu le genre humain, si rapetissé, si amoindri, lorsque la lumière, qui n'est autre que le jour, commence à croître après les jours les plus courts. Il voulut ainsi que le temps de sa naissance fût en rapport avec sa doctrine divine, qui a tiré les hommes de l'ombre de la mort pour augmenter en eux la vie.

QUESTION LIV. — Si Jésus-Christ, de la race de David, est devenu Fils de Dieu selon la chair, c'est-à-dire si dans sa naissance il était Fils de Dieu dans ses deux natures parce qu'il est né saint, comment le Seigneur Dieu lui a-t-il dit après son baptême : « Vous êtes mon fils, je vous ai engendré aujourd'hui ? » (*Ps.* II, 7.)

Le Christ est Fils de Dieu de toute éternité selon l'esprit de sainteté, mais il est né Fils de Dieu de la

(1) Même question telle qu'elle se trouve dans les manuscrits de la seconde catégorie.

---

enim corpus sanctum est. Sanctus ergo Filius Dei in sancto corpore natus est. Sic etenim de carne Christi dixit David : « Non dabis sanctum tuum videre corruptionem : » in corpore sancto ipse significatur.

QUÆSTIO LII. — Si de Spiritu sancto natus est Christus, id est effectu ejus ex Maria caro factus, cur dictum est : « Sapientia, quæ utique Christus est, ædificavit sibi domum ? » (*Prov.*, IX, 1.)

Quæstio ista gemina ratione potest intelligi : Primum enim domus Christi Ecclesia est, quam ædificavit sibi sanguine suo. Deinde etiam potest et corpus ejus dici domus ipsius, sicut dicitur et templum ejus. Si enim propter habitationem dicitur templum Dei, non absurde dicetur et domus, sicut legimus in Lege. Sed si effectu Spiritus sancti factum est corpus, et domum posse dici arbitramur, quare ad personam Christi relatum est, quæritur. Factum Filii, factum Patris est, quia utriusque una virtus est. Simili modo etiam factum Spiritus sancti, factum Filii Dei est, propter naturæ et voluntatis unitatem. Sive enim Pater faciat, sive Filius, sive Spiritus sanctus, Trinitas est quæ operatur : et quidquid tres fecerint, Dei unius est operatio.

Factum Filii : Factum Patris est ; quia una virtus Patris et Filii est. Sic factum Spiritus sancti, factum Christi est, quia de ipsius accepit. Secundum personam ergo effectu Spiritus sancti Christus caro factus est, id est homo natus : secundum divinitatem autem Christus operatus est in Virgine, ut fieret caro. Quia Spiritus sancti et Christi una divinitas est ; ac per hoc opus Spiritus sancti, opus Christi est.

QUÆSTIO LIII. — Si omnia ratione facta sunt, quid est ut octavo Kalendas Januarias Salvator natus esse dicatur ?

Nemo sic poterit hebetari, ut neget omnia facere Deum cum ratione. Ideo ergo Christus descendens de sacris sedibus ad salutem mundo tribuendam, ut etiam mundum ipsum et tempora a se instituta doceret, tunc nasci homo voluit, qua diminutionem humani generis augmentandam in Deum, quando ex magna diminutione lux quæ dies est, crementum incipit accipere : ut tempus nativitatis ejus ratione congruat doctrinæ divinæ, quæ ex umbra mortis homines cœpit multiplicare ad vitam.

QUÆSTIO LIV. — Si ex semine David Christus Filius Dei factus est secundum carnem, hoc est, natus jam Filius Dei in utroque, quia sanctus natus est, quomodo ergo postquam baptizatus est, dictum ei a Domino Deo est : « Tu es filius meus, ego hodie genui te ? » (*Psal.* II, 7.)

Christus Dei Filius ex æterno est secundum spiritum sanctitatis : juxta carnem vero ex semine David natus

race de David selon la chair, et d'un côté comme de l'autre il n'a pas été fait, il est né Fils de Dieu. Les paroles qu'il entend lors de son baptême ne sont point pour lui, mais pour signifier le mystère qui s'accomplit dans le baptême. Elles lui sont adressées pour tous ceux qui le reçoivent. Elles font sans doute paraître dans Jésus-Christ fait homme la puissance de la divinité; mais elles ont surtout pour objet de confirmer ce titre à ceux qui sont baptisés, parce qu'ils commencent dès lors à être les fils de Dieu en recevant l'Esprit saint. Le corps du Seigneur était saint dans sa naissance, cependant le Christ fait homme n'eût pas été confirmé dans la dignité de Fils de Dieu par le sacrement de la régénération s'il n'eût reçu l'Esprit saint selon les décrets de la bonté de Dieu dans la régénération de l'homme. Les Juifs ont été aussi appelés fils de Dieu par un sentiment d'affection, mais non en vertu du sacrement, dont l'effet principal est de leur donner avec la rémission des péchés, par le Saint-Esprit qui survient en eux, ce titre d'enfants de Dieu. Le Sauveur est donc né selon la chair Fils de Dieu, et il a été confirmé dans ce titre lors de son baptême. Il était impossible que ce qui est né de l'Esprit saint ne fût pas né de Dieu, mais l'Esprit saint, qui est descendu sur lui, loin d'amoindrir le dessein que Dieu se proposait dans ce mystère, lui a donné un nouvel accroissement.

(1) Le Christ est Fils de Dieu de toute éternité, selon l'Esprit, mais il est né Fils de Dieu de la race de David selon la chair. Ce n'est point par son baptême qu'il l'est devenu, parce qu'étant né de l'Esprit saint, son corps était pur et saint dès sa naissance. Lors de son baptême, il entend ces paroles : « Vous êtes mon Fils, je vous ai engendré aujourd'hui, » pour montrer que c'est le baptême qui rend les hommes enfants de Dieu. Ces paroles lui sont adressées au moment où l'Esprit saint descend et demeure sur lui, parce qu'ils ne sont point enfants de Dieu avant d'avoir reçu le baptême. Ce n'est donc point pour lui, mais pour nous qu'il entend ces paroles, pour nous apprendre par son exemple comment nous pourrions devenir enfants de Dieu. Car ce n'est point pour lui non plus, mais pour nous qu'il a été baptisé; et de même qu'il dit dans un autre endroit : « Ce n'est pas pour moi que cette voix s'est fait entendre, mais pour vous, afin que vous croyiez. » (*Jean*, XII, 30.) Ainsi ces paroles lui ont été dites dans son baptême afin qu'il devînt notre modèle.

QUESTION LV. — Pourquoi le Seigneur a-t-il voulu être crucifié le huitième jour des calendes d'avril, époque de la célébration de la Pâque pour les Juifs?

Le Sauveur a fait toutes choses en leur lieu et en leur temps. Pour montrer qu'il avait créé le monde et tout ce qu'il renferme par la volonté du Père, il a voulu racheter le monde et le renouveler par sa passion au temps où il l'avait créé, c'est-à-dire dans l'équinoxe où le monde a commencé et où le jour devient plus long que la nuit. Comme il vivait au milieu de l'empire romain, il a dû souffrir le huitième jour des calendes d'avril, époque de l'équinoxe des Romains. C'est alors, en effet, que la lumière s'est répandue sur cette partie du monde et que le jour a commencé à prendre de l'accroissement. La passion du Sauveur l'a conduit des ténèbres à la lumière. La conduite du Créateur est donc à l'abri de tout blâme, puisqu'il a réparé sa créature déchue au temps même où il l'avait créée. On ne peut trouver rien à redire au temps de la création d'une chose déchue lorsque sa réparation a

(1) Même question telle qu'elle se trouve dans les manuscrits de la deuxième catégorie, la XLVIe sur le Nouveau Testament.

est Filius Dei, ut in utroque non factus Dei Filius habeatur, sed natus. Illud autem quod in baptismo audit, mysterii, non sua causa est : Nam hoc omnibus audit, qui baptizantur. Ipse autem demonstratur tantummodo, ut ex hoc appareat in homine virtutibus Deus : cæteri vero firmantur, quia ex hoc incipiunt esse Filii Dei, cum sanctum accipiunt Spiritum. Quamvis enim sanctum natum sit corpus Domini, non tamen sacramento regenerationis firmatus fuerat homo Christus esse Filius Dei, nisi Spiritum sanctum accepisset, juxta decretum renascibilitatis donum. Nam et Judæi Filii Dei dicti sunt in devotione, non in sacramento quod nunc operatur, ut accepta remissione peccatorum superveniente sancto Spiritu dicantur Filii Dei. Salvator ergo et natus est secundum carnem Filius Dei, et post in mysterio firmatus. Nec enim poterat quod de sancto Spiritu natum est, non de Deo nasci : sed ut propositum mysterii impleretur, superveniente spiritu non diminutum est, sed auctum.

Christus Filius Dei secundum spiritum ex æterno est, juxta carnem autem Dei Filius ex semine David est ex nativitate. Non per baptismum factus, quia de Spiritu sancto natus purificatum corpus habuit. In baptismo autem ideo audit : « Filius meus es tu, ego hodie genui te, » ut ostenderet per mysterium baptismatis filios Dei fieri. Denique Spiritu descendente et manente in se, audit hæc verba : quia ante acceptum Spiritum sanctum non sunt Filii Dei. Audit ergo non sibi, sed nobis, ut in illo discernamus quomodo Filii Dei esse possemus. Non enim sibi baptizatus est, sed nobis, quomodo alio loco ipse Dominus ait : « Non propter me venit hæc vox, sed propter vos, ut credatis : » (*Joan.*, XII, 30) ita et hoc factum est, ut forma nobis fieret.

QUÆSTIO LV. — Quid causæ fuit ut illo tempore crucifigi se permitteret Dominus, quo octavo Kalendas Aprilis Pascha acturi erant Judæi ?

Omnia propriis locis et temporibus egit Salvator. Ut enim omnia se voluntate Patris recte condidisse doceret, tunc voluit passione sua mundum redimere et reformare, quando eum et creaverat, id est in æquinoctio, unde mundus initium cœpit, et dies super noctem increscere. In regno itaque agens Romano, nonnisi octavo Kalendas Aprilis pati debuit, quando æquinoctium habent Romani. Tunc enim utique primum hæc pars mundi illuminata est, et ex eo dies cœpit crementum accipere. Ideoque et passione Salvatoris tunc a tenebris ad lucem perducta est. Nulla itaque vituperatio auctoris poterit

lieu dans le même temps, et Dieu a voulu que la joie du renouvellement de la créature eût lieu le jour même de son inauguration.

QUESTION LVI. — Pourquoi saint Matthieu a-t-il écrit que Jacob était le père de Joseph, tandis que saint Luc le donne comme le fils d'Héli, de manière qu'on le présente assez peu judicieusement comme ayant eu deux pères, ou qu'on ne sait pas au juste quel est son véritable père? (*Matth.*, I, 16; *Luc*, III, 23.)

Il n'est nullement douteux que Jacob ait été le père de Joseph. En effet, la généalogie part de David, descend par Salomon et parvient en ligne droite jusqu'à Jacob, dont Joseph est le fils. La généalogie d'Héli, au contraire, fils de Mathat, part il est vrai de David, mais descend par Nathan, également fils de David, jusqu'au temps de l'avénement du Sauveur. Or, les deux évangélistes en suivant la généalogie de chacun des deux frères, ont fait comme une bifurcation, c'est-à-dire que saint Matthieu descend de David par Salomon jusqu'à Joseph; tandis que saint Luc remonte d'Héli, contemporain du Sauveur, par la ligne de Mathat, fils de Nathan, fils de David, et il réunit les tribus d'Héli et de Joseph, pour montrer qu'elles sont de la même famille. En associant ainsi Héli à Joseph, il fait voir que leur généalogie n'est pas différente, mais qu'ils sont frères, et que par conséquent le Sauveur est non-seulement fils de Joseph, mais fils d'Héli. Par la même raison, en effet, que le Sauveur est appelé fils de Joseph, il est aussi fils d'Héli et de tous les autres qui sont de la même tribu, vérité que l'Apôtre exprime en ces termes : « Qui ont pour pères les patriarches, et de qui est sorti selon la chair, Jésus-Christ. » (*Rom.*, IX, 5.) C'est par une inspiration divine que saint Luc remonte d'Héli par la ligne de Nathan jusqu'à David, et par Tharam, son père, jusqu'à Sem, fils de Noé, et avant le déluge, jusqu'à Seth, fils d'Adam, qui lui fut donné pour remplacer Abel, et il présente le Sauveur comme fils d'Adam par la même raison qu'il l'appelle fils de Joseph et d'Héli. Il l'élève même au-dessus d'Adam, et avant l'existence de toute chair, il déclare que le Christ est le fils de Dieu. Il en est qui pensent qu'Héli avait épousé la femme de Jacob, suivant la prescription de la loi d'après laquelle si un homme mourait sans enfants, son frère ou un de ses proches épousait sa femme et donnait des enfants à son frère. (*Deut.*, XXV, 5.) On comprend alors, disent-ils, qu'Héli ait engendré Joseph pour son frère Jacob dont il avait épousé la femme. Les deux généalogies se trouvent ainsi réunies, et il n'est point extraordinaire que l'évangéliste donne Héli pour père à Joseph. Cette explication n'a aucune probabilité et ne résoud point la difficulté. Au contraire, le sentiment que nous avons exposé plus haut réunit les deux frères fils d'un même père, et montre que le Christ était Fils de Dieu avant toute génération. Comment, en effet, s'exprime saint Luc? « Et Jésus, commençant sa mission, avait environ trente ans, fils, comme on le croyait de Joseph, qui le fut d'Héli, » c'est-à-dire qu'on croyait que Jésus était fils de Joseph, et il était fils non-seulement de Joseph, mais d'Héli. (*Luc*, III, 23.) Il ne dit pas que Joseph était fils d'Héli, mais de même que Jésus était appelé fils de Joseph, il

---

videri, quando lapsam creaturam tunc reformavit quando et fecerat, Nec enim reprehendi poterit rei lapsæ initium creationis, cum ad id redeat instauratio. Eadem (*a*) enim die voluit esse renovationis gaudium, quo fuerat et dedicationis.

QUÆSTIO LVI. — Quare in Matthæo pater Joseph acob scribitur, et in Luca Heli, ut ambo duos patres habere imperite descriptus sit, aut certe qui vere pater ejus sit nesciatur? (*Matth.*, I, 16 ; *Luc.*, III, 23.)

Non est ambiguum patrem Joseph Jacob fuisse. Ordo enim a David per Salomonem tramitem suum tenens, recto cursu pervenit ad Jacob, cujus filius est Joseph : Heli autem filius Mathat, a David per Nathan filium ejusdem David, ordinem tenet, usque ad tempus quo (*b*) Salvator advenit. Unde singuli Evangelistæ a David singulorum fratrum generationum ordinem prosecuti, quasi furcam fecerunt, ut Matthæus a David per Salomonem descenderet ad Joseph : Lucas vero ab Heli, qui tempore fuit Salvatoris, ascendit per traducem Nathan filii David : et utriusque, id est, Heli et Joseph junxit tribum, ostendens unius generis esse utrumque ; ut cum Heli sociat Joseph, non discrepare eos in generatione, sed fratres ostendat : nec per hoc non solum ipsius Joseph filium esse Salvatorem, sed et Heli. Ipsa enim ratione, qua ipsius Joseph filius dicitur Salvator, ipsa est Heli et filius, et cæterorum omnium, qui de eadem tribu sunt. Hinc est quod dicit Apostolus : « Quorum patres, et ex quibus Christus secundum carnem. » (*Rom.*, IX, 5.) Divino etenim nutu permotus Lucas est, ut ab Heli per traducem Nathan ascenderet ad David, et per Tharam patrem ejus ascenderet ad Sem filium Noe, et adhuc super diluvium perveniret ad Seth filium Adæ, qui redditus est pro Abel : et eadem ratione faceret filium Adæ Salvatorem, qua dicebatur filius esse Joseph et Heli. Super Adam autem transcendens, assignaret ante omnem carnem Christum Filium Dei esse. Illud quod quibusdam videtur, quia Heli acceperat uxorem Jacob, quomodo Lex mandavit, ut si quis mortuus fuisset sine filiis, acciperet frater aut propinquus uxorem ejus, et resuscitaret semen fratris sui (*Deut.*, XXV, 5) ; et ita factum, ut Heli generaret Joseph Jacob, cujus uxorem acceperat ; et per hoc jungi generationem, ut non immerito Joseph patrem habere Heli dicatur : hoc nec probabile est, nec ad ullam rem proficit. Illud autem quod supra dictum est, et per generationem jungit duos fratres filios unius, et Christum ostendit Filium Dei esse ante omnem generationem. Evangelista enim cum referret, dicens : « Et ipse Jesus erat incipiens fere annorum triginta, filius sicut putabatur Joseph, qui fuit Heli, » (*Luc.*, III, 23) id est Jesus filius æstimabatur Joseph : et non solum Joseph

---

(*a*) In Mss. 2 generis ita concluditur : *Ergo mysterium hoc continet, ut salus mundo tunc redderetur, quando eam acceperat.* — (*b*) Mss. 2 generis *ad tempus quo fuit Joseph. Hi enim duo filii id est Joseph et Heli duorum fratrum, Salomonis et Nathan, singuli ex singulis fratribus per ordinem generationum suarum pervenerunt ad tempus quo Salvator advenit.*

était également fils d'Héli, parce que Joseph et Héli étaient fils de deux frères, c'est-à-dire de Salomon et de Nathan, fils de David, et en remontant ainsi par David jusqu'à Abraham, Noé, Seth, jusqu'à Adam lui-même et au-dessus d'Adam, il enseignait que le Christ était le Fils de Dieu. En effet, en disant : « Qui fut fils de Seth, qui fut fils d'Adam, qui fut fils de Dieu, il fait voir que le Christ était fils d'Adam de la même manière qu'il était appelé fils de Joseph. C'est dans ce sens que Marie dit : « Mon fils, pourquoi avez-vous agi de la sorte ? Voici que nous vous cherchions, votre père et moi, fort affligés. » (*Luc*, II, 48.) Mais il s'élève au-dessus d'Adam pour unir le Christ à Dieu le Père, afin de faire bien comprendre que s'il était appelé le fils de tous ceux qui descendent d'Adam jusqu'à Joseph et Héli, il avait avant toutes ces générations le vrai Fils de Dieu, et de confondre ainsi l'erreur de Photius qui soutenait que le Christ ne venait que de Marie et n'avait point existé avant elle. On lui donnait donc pour pères ceux dont il n'était pas le fils, et on niait qu'il fût le vrai fils de Dieu, alors qu'il l'était en réalité. Si l'on adopte l'explication aussi invraisemblable qu'inutile que nous avons rapportée plus haut, et d'après laquelle Joseph est appelé le fils d'Héli, le récit de l'évangéliste signifiera simplement que le Christ était fils d'Adam, mais non pas qu'il fut fils de Dieu. En remontant, en effet, des fils aux pères, il arrive à Enoch, dont le père est Seth, le père de Seth est Adam, et Adam a pour père Dieu ; or, je ne vois pas qu'il fût autrement utile de s'exprimer de la sorte. Si au contraire chacun de ceux qui forment la suite de la généalogie sont appelés les pères de Jésus-Christ, dans le même sens qu'il était appelé le fils de Joseph, suivant ces paroles : « Qui ont pour pères les patriarches, et de qui est sorti selon la chair Jésus-Christ ; » (*Rom.*, IX, 5) en suivant cet ordre on comprend que l'Évangéliste dise qu'il était fils de Seth et fils d'Adam. Et en remontant au-dessus de tous les patriarches, il déclare qu'il était le Fils de Dieu pour montrer qu'il existait bien avant ceux dont il est appelé le Fils.

QUESTION LVII. — Comment saint Marc peut-il attribuer au prophète Isaïe ces paroles que nous lisons dans le prophète Malachie : « Voici que j'envoie mon ange devant votre face pour vous préparer la voie. » (*Malach.*, III, 1 ; *Marc*, I, 2.)

Saint Marc ne pouvait ignorer ce qu'il écrivait, car on ne peut supposer qu'il n'avait pas lu les prophètes, lui qui dès son enfance avait appris les saintes Ecritures, et qui était versé dans l'étude de la loi, comme un des compagnons fidèles des Apôtres. Comme il savait donc que toute chose doit être rapportée à son auteur, il attribue cette citation à Isaïe qui en avait le premier exprimé le sens en disant : « Voix de celui qui crie dans le désert, préparez la voie du Seigneur, rendez droits ses sentiers. » Aussi après avoir cité les paroles de Malachie, l'évangéliste ajoute aussitôt : « Voix de celui qui crie dans le désert, » afin de réunir sous le nom du premier prophète ces deux témoignages qui expriment la même pensée.

QUESTION LVIII. — Pour quelle raison Jean-Baptiste peut-il nier qu'il connut le Christ avant son baptême, alors qu'il lui dit lorsqu'il s'approche de lui pour être baptisé : « C'est moi qui dois être baptisé par vous, et vous venez à moi ? » Comment ne connaissait-il pas celui qu'il se défendait de bap-

---

erat filius, sed et Heli. Non quia Joseph filium dici Heli, sed eodem genere, quo Joseph vocabatur filius esse Jesus, ita erat etiam filius Heli, propter quod fratrum filii erant Joseph et Heli, id est Salomonis et Nathan filiorum David, ut per David ascendens ad Abraham et Noe et Seth, et ad ipsum Adam, et super Adam, doceat esse Christum Filium Dei. Cum enim dicit : « Qui fuit filius Seth, qui fuit filius Adæ, qui fuit Filius Dei ; » Christum utique ita dicit Adæ filius, sicut dicebatur filius Joseph. Ait enim Maria ad eum : « Fili quid fecisti nobis sic ? Etenim ego et pater tuus mœsti et tristes quærebamus te. » (*Luc.*, II, 48.) Super Adam autem junxit Christum Patri Deo, ut qui horum, id est ab Adam usque ad Joseph et Heli filius dicebatur, ante istos omnes Dei verus Filius intelligeretur, ad confusionem Photini, qui Christum nonnisi ex Maria, nec ante fuisse contendit. (1) Quorum enim non erat, filius dicebatur ; et Dei, cujus Filius verus erat, negabatur. Si enim, quod improbabile est, et ad nullam rem proficit, Joseph Heli filius dicatur, secundum quod supra diximus, non dixisse videbatur de Christo, quia fuit Filius Dei, sed de Adam. Per ordinem enim singulorum filiorum patres subjiciendo, venit ad Enos, cujus patrem dicit Seth : patrem autem Seth dicit Adam, Adæ vero patrem dicit Deum : et nescio quæ utilitas sit sic asseverare. Si autem per ordinem, sicut diximus, singuli patres Christi dicantur, sicut et filius dicebatur Joseph, quia dictum est : « Quorum patres, et ex quibus Christus secundum carnem ; » (*Rom.*, IX, 5) ipso ordine legitur filius esse Seth, et filius Adæ. Et super hos omnes assignatur filius Dei, ut ante ipsos dicatur esse, quorum filius nuncupatur.

QUÆSTIO LVII. — Quid est hoc ut cum in Malachia propheta scriptum sit : « Ecce mitto Angelum meum ante faciem tuam, qui præparet viam tuam ante te ; » Marcus hoc evangelista in Isaia propheta scriptum asserit ? (*Malac.*, III, 1 ; *Marc.*, I, 2.)

Non potuit latere Marcum, quid scriberet : nec enim expers erat lectionis, qui ab infantia divinis litteris imbutus et exercitatus erat in Lege, maxime cum Apostolos sit secutus. Sciens autem omnia ad auctorem referenda dicta, hæc ad Isaiam revocavit, qui sensum istum prior intimaverat dicens : « Vox clamantis in deserto : parate viam Domino, rectas facite semitas Dei nostri. » (*Isa.*, XL, 3.) Denique post verba Malachiæ statim subjecit Evangelista dicens : « Vox clamantis in deserto ; » ut jungeret verba utriusque prophetæ ad unum sensum pertinentia sub prioris prophetæ persona.

QUÆSTIO LVIII. — Qua ratione negat se Joannes Christum scisse ante baptismum, cum venienti ei ad baptismum dicat : « Ego a te debeo baptizari, et tu venis ad

(1) Reliquum deest in Mss. 2 generis.

tiser en s'humiliant profondément devant lui? » (*Jean*, 1, 31, 33 ; *Matth.*, III, 14.)

Jean-Baptiste a été élevé dès son berceau à une sainteté si éminente qu'on ne peut admettre ni qu'il ait pu être trompé ou induire les autres en erreur, ni qu'il n'ait point connu son Seigneur, qui dans le sein de sa mère l'avait rempli des plus vives lumières par l'Esprit saint. Il est donc certain qu'il le connut lorsque le Saint-Esprit descendit sur lui et qu'il n'était pas sans le connaître avant qu'il vînt à lui pour être baptisé. Oui, il le connaissait, mais il ne savait pas s'il était celui qui devait apporter à la terre le don que Dieu avait autrefois promis aux patriarches. C'est ce qu'il déclare avoir connu lorsqu'il vit l'Esprit saint descendre sur lui. Tel est, en effet, le signe que Dieu lui avait donné : « Celui sur qui vous verrez l'Esprit saint descendre et se reposer, c'est celui-là qui baptise dans le Saint-Esprit. » (*Jean*, I, 33.) L'apôtre rend témoignage à la même vérité lorsqu'il dit : « Je dis que Jésus-Christ a été le ministre de l'Évangile à l'égard des Juifs circoncis, afin de vérifier la parole de Dieu, et de confirmer les promesses faites à nos pères. » (*Rom.*, xv, 8.) Voilà ce que Jean-Baptiste ne connaissait pas dans le Seigneur ; car bien que sa grandeur ne lui fût point inconnue, il ne savait point toutefois que c'était par lui que devaient s'accomplir les promesses faites à Abraham.

QUESTION LIX. — Si le baptême est un mystère céleste, pourquoi Notre-Seigneur dit-il à Nicodème qui doutait de la vertu du baptême dont il lui parlait : « Si je vous ai dit des choses terrestres et que vous ne les croyiez point, comment me croirez-vous si je vous dis des choses célestes? » (*Jean*, III, 2.)

Celui qui fait dépendre l'efficacité du baptême du signe matériel, n'est point un homme spirituel, et on ne peut obtenir le don céleste qu'à la condition de croire que c'est par la foi, et non par l'eau seulement que nos âmes sont renouvelées. L'eau frappe les yeux du corps, mais l'Esprit saint, qu'on ne voit point, opère dans l'âme et lui inspire la foi. De même que l'eau lave les souillures du corps, l'Esprit saint purifie l'âme de ses péchés ; l'élément matériel produit un effet matériel, l'Esprit saint produit des effets tout spirituels, et ce sont ces effets qu'il faut surtout considérer dans le baptême. Ce qu'on y entend a une vertu supérieure à ce que l'on voit. Or, comme Nicodème était sous l'empire d'idées toutes matérielles, le Sauveur a recours à une comparaison très-juste pour l'attirer à la foi, et pour confirmer la vérité d'une chose invisible, il lui apporte l'exemple d'un fait visible, qui n'est perçu que par l'ouïe et non par la vue, sans que cependant on en conteste l'existence, et toutefois c'est un fait terrestre parce qu'il fait partie des phénomènes de ce monde. Notre-Seigneur dit donc à Nicodème pour le persuader : « Le vent souffle où il veut, vous entendez sa voix, mais vous ne savez ni d'où il vient, ni où il va, ainsi en est-il de tout homme qui est né de l'Esprit, » (*Jean*, III, 8) c'est-à-dire, de même que vous entendez, mais sans l'apercevoir, comme il a été dit, la voix du vent qui souffle, de même on entend les paroles qui expriment les effets du baptême, mais on ne voit point comment l'Esprit saint produit ces effets : on entend les paroles qui annoncent ce que va faire celui qui les prononce, et qui ont pour but d'inspirer la foi, mais non de rendre raison de l'action elle-même. Or, comme cette comparaison ne suffisait pas encore pour amener Nicodème à la foi, le Sauveur lui dit : « Si vous ne croyez pas lorsque je vous

---

me : » quomodo ignorabat eum quem prohibuit, humilians se ei? (*Joan.*, 1, 31, 33 ; *Matth.*, III, 14.)

Tanta sanctitate præditus est etiam ab ipsis cunabulis Joannes, ut nec falli nec fallere crederet, nec Dominum suum qui eum in utero per Spiritum sanctum illuminaverat nescire : ac per hoc verum est, quia et descendente in eum Spiritu agnovit eum, et priusquam ad baptismum veniret, eum non ignoraret. Sciebat enim eum, sed an ipse esset, qui donum Dei olim Patribus repromissum ministraturus esset, nesciebat ? hoc est, quod tunc se didicisse profitetur, cum vidit in eum Spiritum descendisse. Sic enim se a Deo instructum dicit Joannem : « Super quem, ait, videris Spiritum descendentem et manentem super eum, ipse est qui baptizat in Spiritu sancto. » (*Joan.*, 1, 33.) Hoc etiam Apostolus contestatur : « Dico enim, inquit, Christum ministrum fuisse circumcisionis propter veritatem Dei, ad confirmandas promissiones Patrum. » (*Rom.*, xv, 8.) Hoc est in quo nesciebat Dominum Joannes : quamvis enim magnificentiam ejus non ignoraret, hoc tamen latuit eum, quia per ipsum fides Abrahæ implenda erat.

QUÆSTIO LIX. — Si baptisma cœleste mysterium est, cur Nicodemo cum de baptismo dubitanti loquitur Dominus : « Si terrestria, inquit, dixi vobis, et non creditis, quomodo si dixero vobis cœlestia creditis? (*Joan.*, III, 12.)

Qui baptismum putat carnali ratione consistere, hic non est spiritalis : nec donum cœleste poterit consequi, qui se non per aquam, sed per fidem immutari non credat. Aqua enim cernitur, sed qui non videtur Spiritus operatur, ut fides in eo sit. Quia sicut sordes corporeas aqua, ita Spiritus animam abluit a peccatis : ut quomodo visibilia visibilibus, ita et spiritalibus prosit Spiritus : ac per hoc spiritalis ratio vertitur in baptismo. Plus enim est ibi quod auditur, quam quod videtur. Cum hinc ergo Nicodemus carnali instructus ratione dubitaret, Salvator ut eum ad fidem attraheret cœleste poterit exemplo usus est congruo, ut ad rem invisibilem firmandam visibile daret exemplum, quod solo auditu consistit, non visu, et non negatur : et est tamen terrenum, quia mundi rem operatur. Ait ergo Dominus ad Nicodemum suadendo illi : « Spiritus ubi vult spirat, et vocem ejus audis, et nescis unde veniat vel quo eat. Sic est omnis qui renascitur ex aqua et Spiritu sancto : » (*Joan.*, III, 8) ut quomodo vox venientis spiritus, id est, venti, auditur quidem, non autem videtur, sicut dictum est : sic et ratio baptismi auditur quod dicatur ; tamen quomodo per Spiritum fit non videtur : auditur tamen, cum quid futurum est ab eo qui verba insinuat, prædicatur, ut fieri credatur quod auditur, non tamen ratio facti reddatur. Cum autem nec per exemplum Nicodemus duceretur ad fidem, tunc audivit a Salvatore :

parle des choses de la terre, comment croirez-vous lorsque je vous parlerai des choses qui sont dans le ciel? » Ces choses terrestres qu'il a dites, c'est la comparaison qu'il vient d'apporter; c'est-à-dire, si la comparaison terrestre du vent qui souffle ne peut vous porter à croire ce fait, parce que vous ne voyez point comment il se produit, comment pourriez-vous croire si je vous apportais des raisons célestes que vous ne connaissez pas? On peut persuader à un homme ce qu'il ne sait pas au moyen de ce qu'il sait; ainsi lorsque Dieu dit de Jésus-Christ qu'il est son vrai fils, on ne peut comprendre comme cela se fait; mais comme nous savons le mode de naissance des enfants selon la chair, nous croyons qu'en disant le Christ est mon Fils véritable, Dieu a voulu dire qu'il l'avait engendré de sa propre substance. C'est ainsi qu'il veut nous faire comprendre dans le Sauveur ce que la parole et l'esprit de l'homme ne peuvent expliquer par ce qui est sensible et peut s'entendre, c'est-à-dire qu'il a voulu rendre croyable l'action de l'Esprit saint, qu'on ne peut comprendre par l'exemple du vent que les sens perçoivent et que l'oreille entend. Ainsi encore nous lisons dans les Actes des Apôtres : « Soudain un bruit s'entend venant du ciel pareil à un vent violent qui s'approche, et il remplit toute la maison où ils étaient assis, etc. » (*Act.*, II, 2.) L'auteur sacré nous montre ici clairement que l'Esprit saint est venu du ciel comme le vent, et avec un bruit semblable à celui d'un vent violent qui souffle sur la terre. Jérémie compare aussi l'Esprit au vent dans ces paroles : « Le vent souffle dans tous les pays. » Or, par là même qu'il est dans ce monde et qu'il circule en tous lieux, nous ne savons ni d'où il vient, ni où il va. L'Esprit saint, au contraire, descend du ciel, comme nous l'avons lu, pour éclairer tous ceux qui croient en lui. Comment donc expliquer ce que le Sauveur a dit de l'Esprit saint. « Le vent souffle où il veut, et vous entendez sa voix, mais vous ne savez d'où il vient, ni où il va, » puisqu'il a voulu s'appuyer ici sur une comparaison? Il ajoute : « Il en est ainsi de tout homme qui est né de l'Esprit. » (*Jean*, III, 8.) N'est-il pas de toute évidence qu'il a voulu comparer l'Esprit au vent? Mais ils pensent que ce n'est point du vent qu'il est question, parce qu'il dit : « Il souffle où il veut, » comme si toute créature, bien que soumise à des lois qui la régissent, n'était pas laissée à sa liberté. Nous-mêmes nous allons et nous faisons ce que nous voulons, tout en étant soumis à une loi, c'est pour cela que nous rendrons compte de nos actions. On peut encore admettre, et cette opinion n'est point contraire à la raison, que pour exprimer l'effet produit par l'Esprit saint, il l'a choisi lui-même pour exemple. La question me paraît donc résolue sous toutes ses faces.

(1) Ces paroles du Seigneur : « Si je vous ai dit des choses terrestres et que vous ne les croyiez point, » ne se rapportent point au baptême, car nous savons que notre baptême, bien qu'ayant l'eau pour matière, est tout spirituel; mais il y a ici un mystère céleste. Ce n'est point l'eau qui purifie, mais Dieu, qui agit d'une manière invisible et incompréhensible. Il veut donner un exemple de cette vérité en disant : « Le vent souffle où il veut, et vous entendez sa voix, mais vous ne savez ni d'où il vient, ni où il va. » Il a voulu par cette comparaison

---

(1) Même question telle qu'elle se trouve dans les manuscrits de la seconde catégorie, la XVIᵉ sur le Nouveau Testament.

« Si terrestria, inquit, dixi vobis, et non creditis, quomodo si dixero vobis cœlestia, credetis ? » Ista verba terrena dixit, quæ ad exemplum protulit : hoc est, si per rationem terrenam, inquit, exempli dati, spiritus, id est, venti, non creditis posse fieri, quia quomodo fiat, non videtur, quomodo fieri poterat, ut si darem cœlestia exempla, quæ utique nescitis, crederetis? Potest enim homini suaderi quod nescit, per id quod scit; ut puta Deus dicit de Christo, quod Filius ejus sit verus, quod quomodo sit, comprehendi non potest : per id autem quod scimus secundum carnem quomodo sint filii, credimus ideo Deum dixisse, Christus Filius meus est verus, ut de semetipso illum esse significaret. Hoc modo et Salvatorem quod nec verbis nec animo explicari potest, per id quod sensibile est et auribus auditur, voluit commendare; hoc est per exemplum spiritus qui est ventus, quem et sensibilitas capit et auris audit, sed unde veniat nescit, factum Spiritus sancti, quod capi non potest, voluit facere credibile. Sed et in Actibus Apostolorum eodem modo legitur : « Et factus est, inquit, subito de cœlo sonus, tanquam advenientis spiritus validi, et replevit totam domum, etc. » (*Act.*, II, 2.) Ecce aperte exemplo venti Spiritum sanctum insinuat ita de cœlo advenisse, et sonuisse, quemadmodum validus ventus super terram. Nam et Jeremias ventum spiritum vocat dicens : « Ventus spirat in omni regione. » Qui propterea quod in hoc mundo est, et per diversa circumfertur loca, unde veniat, vel quo eat, nescimus. Spiritus autem factus de cœlo venit, sicut legimus, ut credentes illuminet. Quomodo ergo quibusdam videtur de Spiritu sancto Salvatorem dixisse : « Spiritus ubi vult spirat, et vocem ejus audis, sed nescis unde veniat, vel quo eat? » cum constet exempli causa locutum hoc Salvatorem. Denique subjecit : « Sic est, inquit, omnis qui renatus fuerit ex aqua, et Spiritu sancto. » Quid tam apertum, quia spiritum ventum significavit? Sed ideo putant non ventum significatum, quia ait : « Ubi vult spirat : » quasi non omnis creatura, lege sibi posita, remissa sit arbitrio proprio. Et nos enim imus, et facimus quod volumus, agentes sub lege, quare et rationem præstabimus. Aut possibile putatur, et nec stultum videtur, ut effectum volens sancti Spiritus insinuare, illum ipsum daret exemplum. Igitur omni genere quæstionem solutam arbitror.

Quod dixit : « Si terrestria dixi vobis, et non creditis, » non pertinet ad baptismum ; quia baptismum nostrum scimus esse spiritale, quamvis per aquam celebretur : sed ratio illic vertitur cœlestis. Nec enim aqua purificat, sed invisibiliter et incomprehensibiliter Deus. Pertinet vero ad imitationem dati exempli, id est, ad id quod dixit : « Spiritus ubi vult spirat, et vocem ejus audis, sed nescis unde veniat, vel quo eat. » Per hoc enim exemplum ad fidem Nicodemum voluit informare, ut crederet re-

conduire à la foi Nicodème en l'amenant à croire que l'homme recevait une nouvelle naissance de l'eau et de l'Esprit saint, sans qu'il pût comprendre comment elle se faisait, car c'est une opération toute spirituelle. C'est ainsi que vous entendez la voix de l'esprit, c'est-à-dire du vent, mais vous ne savez ni d'où il vient, ni où il va; ainsi vous ne savez comment s'opère le changement dans celui qui reçoit une nouvelle naissance, cependant vous vous apercevez qu'il se fait, parce que ce changement est sensible pour vous. En effet, si le vent souffle où il veut, combien plus l'Esprit, qui est de Dieu, peut-il sanctifier tous ceux qu'il veut. Notre-Seigneur dit : « Il souffle où il veut, » parce que toute créature, bien que soumise à des lois, est cependant laissée à sa liberté. Si quelqu'un prétend que cet esprit qui souffle est l'Esprit saint, il est dans l'erreur, puisque le Sauveur prend cet esprit pour terme de comparaison pour persuader à Nicodème de la régénération de l'homme par l'eau et l'Esprit, régénération qu'il ne pouvait se résoudre à croire. La comparaison est différente de l'objet qu'elle sert à démontrer. Si donc Notre-Seigneur fait ici usage de comparaison, cet esprit sensible qu'on appelle le vent n'est pas l'Esprit saint. Il voulait persuader à Nicodème une raison spirituelle, et pour triompher de ses doutes, il lui apporte l'exemple du vent pour lui rendre plus faciles à croire l'existence et l'action de l'Esprit saint. Nous savons cependant que l'Esprit saint est venu du ciel pour se répandre dans l'âme des croyants, comme nous voyons qu'il vint sur les Apôtres au commencement de l'Église, et la voix de l'Esprit saint est comparée à un grand bruit. « Et soudain un bruit s'entendit venant du ciel pareil à un vent violent. » (*Act.*, II, 2.) Dans ce qui suit, l'écrivain sacré appelle ce son une voix. Par la comparaison du vent il fait voir les œuvres de l'Esprit saint pour confirmer la parole du Sauveur. N'est-ce pas ce que signifient ces paroles : « Et soudain un bruit s'entendit venant du ciel pareil à un vent violent. » Il veut nous faire entendre que l'Esprit saint est descendu avec un bruit semblable à celui que fait un vent violent. Il a donc pris le vent pour terme de comparaison. Il ajoute : « Il en est ainsi de tout homme qui est né de l'esprit. » Nous ne savons d'où vient le vent, mais l'Esprit saint descend du ciel.

QUESTION LX. — Si la loi et les prophètes n'ont été en vigueur que jusqu'à Jean-Baptiste, comment le Sauveur envoie-t-il des lépreux offrir des présents aux prêtres pour la guérison de leur lèpre? (*Matth.*, VIII, 4; *Marc*, I, 44; *Luc*, V, 14.)

Cette prescription n'était plus en vigueur, il est vrai, mais le Sauveur l'impose aux lépreux pour la condamnation des Juifs. Ils n'avaient point compris que la souveraine vérité se manifestait plus clairement à eux en des jours meilleurs dans l'intérêt de leur salut; la vérité s'abaissait donc jusqu'à les accuser. Ils regardaient le Sauveur comme ennemi de la loi, parce que dans un sentiment de miséricorde il voulait les délivrer du joug pesant de la loi, selon cette prédiction du prophète Jérémie : « Et j'établirai au milieu d'eux une nouvelle alliance, non pas telle que l'alliance que j'ai donnée à leurs pères. » (*Jér.*, XXXI, 32.) Le Sauveur donc, pour ne point donner lieu à cette accusation qu'il était l'ennemi de la loi en prêchant une doctrine nouvelle, envoya aux prêtres celui qu'il avait guéri de la lèpre, afin qu'il leur offrît pour sa guérison les présents prescrits par la loi de Moïse. (*Lévit.*, XIV, 2.) Et afin de bien établir que cette démarche avait pour fin de les ac-

cuser, il ajoute : « Pour leur servir de témoignage, » c'est-à-dire qu'elle était un témoin contre eux qui osaient dire que le Sauveur était ennemi de la loi. L'apôtre saint Paul imita cet exemple ; il enseignait qu'on ne devait plus se soumettre à la circoncision, et cependant il ne laissa pas de circoncire Timothée pour éviter de scandaliser les Juifs. Il aima mieux faire une action inutile que d'exciter de l'agitation parmi les faux frères. Mais cette démarche ne fit que confirmer les Juifs dans l'erreur. Cette satisfaction qui leur fut alors donnée devint la cause d'une erreur où ils persévèrent encore.

(1) L'apôtre saint Paul imita cet exemple. Il enseignait que le précepte de la circoncision n'obligeait plus personne, et cependant il circoncit Timothée pour éviter de scandaliser les Juifs. Il aima mieux faire une chose inutile que d'être un objet de scandale pour quelques esprits peu instruits qui pouvaient être sauvés. Le Seigneur tient à peu près la même conduite vis-à-vis des Juifs pour détruire l'opinion qu'ils s'étaient formée de lui, qu'il était ennemi des traditions des Juifs. Il commanda donc au lépreux d'aller offrir au prêtre pour sa guérison les dons prescrits par la loi de Moïse, et il ajouta : « Pour leur servir de témoignage, » afin que cette démarche fût contre eux un témoignage que le Sauveur n'était pas ennemi de la loi. Il prescrivit donc une action qui avait cessé d'être obligatoire. Mais comme les choses inutiles ne sont pas pour cela nuisibles, cette démarche devint même utile à ceux qui s'étaient formé de lui une mauvaise opinion en leur donnant lieu de se convaincre que le Sauveur n'était pas ennemi de la loi.

QUESTION LXI. — Pourquoi le Sauveur, répondant aux Juifs qui accusaient les disciples de violer le sabbat en froissant des épis dans leurs mains pour les manger, leur apporte-t-il l'exemple de David, qui avait mangé des pains qu'il n'était permis de manger qu'aux prêtres seulement, exemple qui, loin de les justifier, les rend coupables de la même faute que David, qui d'ailleurs n'a pas fait cette action un jour de sabbat.

Le Sauveur veut confondre l'hypocrisie des Juifs par un grand nombre d'exemples. Il leur cite donc des transgressions plus grandes sous la loi sans que personne ait osé les accuser, il montre le sabbat violé plusieurs fois dans la loi, les pains réservés aux prêtres mangés du consentement des prêtres par ceux qui ne l'étaient pas, et ces transgressions ayant pour auteurs des hommes qui jouissaient d'une grande autorité sous la loi. Le premier fut Josué, fils de Navé, qui, par l'ordre de Dieu lui-même, n'observa pas le jour du sabbat et vit les murs de Jéricho tomber à son approche. Il lui fut donc grandement utile d'avoir obéi à l'ordre de Dieu plutôt qu'à la loi du sabbat. Les Machabées, vaincus dans une première bataille, en livrèrent une seconde le jour du sabbat et triomphèrent de leurs ennemis. David avait déjà reçu l'onction royale et dépouillé de ses armes le Philistin, qu'il avait tué par la vertu de Dieu. Or, se trouvant en voyage, pressé par la faim, il reçut des mains du grand-prêtre des pains qu'il lui était défendu de manger ; mais cette défense n'était qu'en dehors de la nécessité qui en permettait l'usage. Le grand-prêtre, devant cette nécessité, lui donna de ces pains, et David, l'élu de Dieu, n'hésita point à les prendre. Il en est de même du sabbat,

(1) Même question telle qu'elle se trouve dans les manuscrits de la seconde catégorie, question XXVIII sur le Nouveau Testament.

proficere testaretur : « In testimonium, inquit, illis : » ut in judicio hæc res contra illos testis esset, qui Salvatorem inimicum Legis dicebant. Hoc secutus est et apostolus Paulus : cum enim prædicaret jam non oportere circumcidi, ipse Timotheum circumcidit propter scandalum Judæorum (*Act.*, XVI, 3) : maluit enim rem superfluam facere, quam tumultum excitari a falsis fratribus : quod quidem errori profecit Judæorum. Satis enim eis factum est ad horam, per quod in perpetuum errarent.

Hoc secutus est apostolus Paulus. Cum enim prædicaret jam non oportere circumcidi quemquam, ipse Timotheum circumcidit, propter scandalum Judæorum. Maluit enim rem superfluam facere, quam imperitos ex quibus aliqui possent salvari, scandalo esse. Dominus autem prope similiter, ut Judæis, quod de illo opinabantur, auferret (dicebant enim hunc inimicum traditionis Judaicæ), tunc jussit ut leprosus offerret munera pro emundatione sua, sicut præceptum erat a Moyse : et subjecit : « In testimonium illis : » ut hæc res testis esset contra illos, quia Salvator non erat Legis inimicus. Factum itaque est quod jam cessare debuerat. Sed quia solent superflua jam non nocere, ideo factum est ut prodesset illis utique, qui male opinabantur, ut satis sibi facerent, quia Salvator non erat Legis inimicus.

QUÆSTIO LXI. — Quid est ut Judæis Discipulos accusantibus, eo quod sabbatum violarent, spicas manibus confricantes et comedentes, Salvator exemplum David proferret, quia manducavit panes, quos non licebat manducare nisi solis sacerdotibus ? per quod non videntur excusari, sed simul cum David rei fieri : quippe cum nec sabbatis fecerit hoc David. (*Matth.*, XII, 1 ; I *Reg.*, XXI, 4.)

Salvator hypocrisim Judæorum multis vult exemplis arguere, majora ostendens admissa in Lege, et nullum ausum fuisse accusare : ut non solum semel et iterum sabbatum in Lege violatum monstraret, verum etiam sacerdotalem panem ipso sacerdote concedente præsumptum illicite ; et quod majus est, a sublimi auctoritate Legis suæ viris. Primus enim Jesu Nave divino præcepto sabbatum non servavit, quo facto muri Jericho ultro ceciderunt. (*Jos.*, VI, 20.) Quantum profuit sabbatum non custodisse, sed fidem ? Et Machabæi, cum prius cæsi fuissent, sabbatis dimicaverunt, et de hostibus triumphaverunt. (I *Mach.*, II, 38 et 41.) Et sacerdotes ut Dominicis cæremoniis inservirent, in templo sabbatum contemnebant. (I *Reg.*, XXI, 4.) David autem jam unctus in regem, postquam Dei virtute interfectum armis expoliavit Allophylum, in itinere positus, necessitatem famis passus, a sacerdote panem accepit, quem non illi licebat manducare : sed excepta necessitate non licebat ; licitum autem erat, si necessitas exegisset. Denique sacerdos videns necessitatem, non negavit ; et David a Deo electus, sine cunctatione accepit : talis causa est et sabbati, quare

aussi n'est-il point défendu de donner la circoncision le jour du sabbat. Les commandements dont la violation n'entraîne aucun danger doivent être observés; mais s'il y a nécessité, on peut les transgresser sans aucun péril, parce qu'ils ont été donnés plutôt pour imprimer un certain respect que comme nécessaires au salut. Au contraire, ce qui est défendu absolument n'est jamais permis, et la transgression, quelle que soit la nécessité, est toujours nuisible. Ce que les lois interdisent comme essentiellement mauvais est toujours défendu. Quant aux préceptes dont nous avons dit que la transgression en est quelquefois permise, ce sont par exemple les jeûnes d'obligation, qu'on peut ne pas observer en cas de nécessité sans se rendre coupables, si l'on y est autorisé par la faiblesse de l'estomac ou par la maladie. Les Juifs ne l'ignoraient pas, et l'accusation qu'ils portaient contre les disciples d'avoir violé la loi du sabbat n'était pas sincère. Or, le Sauveur ne voulut point leur opposer le temps de la loi qui touchait à sa fin pour ne pas les irriter davantage, mais il combat leur accusation calomnieuse par des exemples pris dans le passé bien plus favorable pour eux à la défense du sabbat, et, comme nous l'avons dit plus haut, il les confond non-seulement sur l'article du sabbat, mais sur les pains réservés aux prêtres.

(1) Le Sauveur ne voulut point réfuter l'accusation des Juifs par cette raison que la loi du sabbat avait cessé d'être obligatoire; il ne les jugea pas dignes d'entendre ouvertement la vérité à cause de leur incrédulité. Il leur opposa donc des raisons empruntées à un temps sur lequel ils s'appuyaient avec complaisance, c'est-à-dire à un temps où la loi du sabbat était dans toute sa vigueur, pour repousser l'accusation dirigée contre ses disciples d'arracher des

épis et de les broyer dans leurs mains pour les manger dans un temps où la loi du sabbat avait cessé d'obliger. Notre-Seigneur, laissant donc de côté cette raison, leur démontre que dans le temps même où la loi du sabbat avait toute sa force, on violait la loi du sabbat dans le cas de nécessité. Ainsi David fit ce qui ne lui était point permis, Josué fit ce que la loi défendait lorsqu'il commanda à ses soldats armés de faire pendant sept jours le tour de Jéricho; les Machabées firent ce qui leur était interdit en se défendant le jour du sabbat. « Et les prêtres, ajoute le Sauveur, violent le sabbat dans le temple et ne sont pas coupables. » (*Matth.*, XII, 5.) Il fait ainsi voir que l'accusation des Juifs contre les disciples avait pour cause la malveillance bien plus que l'erreur, puisque malgré ces exemples qu'ils connaissaient de saints personnages qui avaient volontairement violé le jour du sabbat, ils ne laissaient pas d'accuser des innocents. La loi du sabbat était obligatoire, mais si la nécessité l'exigeait, on n'était pas coupable en ne l'observant pas. Ainsi il n'était pas défendu de circoncire le jour du sabbat parce qu'il y avait nécessité. Ainsi les disciples arrachaient des épis, ce que la loi ancienne défendait, mais la faim qui les pressait légitimait cette action. C'est ainsi encore que David, également pressé par la faim, fit ce qui ne lui était pas permis, en sachant bien toutefois que la faim l'excusait. Il en est de même aujourd'hui pour les jeûnes prescrits par la loi. Est-ce qu'un malade est coupable de rompre le jeûne ? Non sans doute, parce que cette transgression est sans aucun danger. Elle est quelquefois autorisée, comme la violation du sabbat sous l'ancienne loi. Ce qui au contraire n'est jamais permis n'admet point l'excuse tirée de la nécessité.

(1) Même question telle qu'elle se trouve dans les manuscrits de la seconde catégorie, la XXIIIe sur le Nouveau Testament.

et circumcidi in sabbato non prohibetur. Hæc enim quæ periculosa non sunt, sic servanda mandata sunt, ut non obsit, si ex necessitate fuerint admissa : quia non ad salutem, sed ad reverentiam mandata sunt. Illud autem quod omnino non licet, semper non licet, nec aliqua necessitate mitigatur, ut admissum non obsit. Est enim semper illicitum, quod legibus quia criminosum est, prohibetur. Superiora autem illa, quæ diximus aliquando licere, talia sunt, qualia jejunia legitima, quæ in necessitate soluta, non faciunt reos, si stomachi fuerit causa aut infirmitas febrium. Hæc igitur scientes, dolose Judæi Discipulos accusabant, quasi sabbatum violarent, sicut supra dictum est. Salvator autem noluit illis de tempore impletæ Legis præjudicare, ne plus ad insaniam prosilirent; sed de præterito, unde sabbatum vindicandum magis putabant, calumniosos illos ostendit : et non solum in sabbati causa, sed etiam in sacerdotali pane confusi sunt, sicut supra ostensum est.

Noluit Salvator de tempore impleti sabbati præjudicare Judæis. Aperte enim audire quod verum est, non illos dignos judicavit, utpote infideles : sed de eo illos voluit convincere, quod sibi præsumebant, id est de tempore quo adhuc sabbatum robur suum tenere videbatur, cum accusarent Discipulos cur sabbatis spicas vellerent, et confricantes manibus manducarent, et jam sabbati ser-

vandi tempus esset impletum. Prætermisso hoc ostendit illis, etiam tunc quando sabbati adhuc lex manebat, necessitatis causa sabbatum fuisse violatum : quod enim non licebat, fecit David ; et quod prohibitum erat fecit Jesus Nave, quando muros Jericho septem diebus armatos jussit circuiare : et quod interdictum erat Machabæi gesserunt, sabbatis se defendentes : « Et in templo, inquit, sacerdotes sabbatum violant, et sine crimine sunt. » Per hæc ergo ostendit, malevolentia magis quam errore accusari Discipulos a Judæis; quando hæc omnia scientes, a voluntariis sabbatis gesta, et a sanctis quidem, accusabant innocentes. Sic enim mandatum est sabbatum custodiri, ut si necessitas tamen esset, reus non fieret qui sabbatum violasset. Ideo sabbatis circumcidi non est prohibitum, quia necessitas erat ut fieret. Unde et Discipuli esurientes spicas vellebant, quod non licebat secundum prætoritum tempus, sed necessitate famis factum est licitum : sicut et David fecit quod non licebat cum esuriret, et sciens famem hoc excusare. Talis hæc causa est, qualis hodie in jejuniis legitimis. Nunquid si quis æger jejunium corruperit, reus constituitur? Non utique, quia non est periculum. Hoc enim aliquando licet, sicut sabbatum apud veteres. Quod enim semper non licet, non habet excusationem necessitatis.

QUESTION LXII. — Pourquoi dit-on que Rachel pleure ses enfants alors que ce sont les enfants de Lia qui avaient été mis à mort? (*Matth.*, II, 18.)

D'après l'histoire, en effet, les enfants de Rachel sont de la tribu de Benjamin. Or, en punition de leurs crimes personnels, c'est-à-dire des crimes de Sodome et du forfait abominable qu'ils avaient commis sur la femme d'un lévite, ils furent complètement détruits et anéantis par les autres tribus. (*Jug.*, XIX.) Rachel ne veut donc recevoir aucune consolation, parce qu'elle sait qu'il ne reste aucune espérance à ceux qui ont péri de la sorte. Les fils de Lia, au contraire, ont été mis à mort dès leurs premières années pour la cause du Sauveur. Aussi Lia ne veut pas qu'on les pleure, parce que ces victimes innocentes ont été immolées pour Dieu et ont certainement reçu de lui pour récompense la vie éternelle. Pour les fils de Rachel, ils sont dignes de larmes, parce qu'ils sont morts à jamais pour le temps et pour l'éternité. Les enfants de Lia ont fait couler des larmes, il est vrai, mais ils ont reçu des consolations spirituelles. Mais les enfants de Rachel, dont la vie était toute charnelle, seront consumés dans les flammes immatérielles de l'enfer. Or, l'Evangéliste atteste que Rachel a pleuré la mort des enfants de Lia parce qu'elle s'est lamentée sur le sort de ses propres enfants en voyant les enfants de sa sœur massacrés pour une cause si glorieuse que leur mort leur assurait l'héritage de la vie éternelle. En effet, pour celui qui est dans l'infortune, le bonheur d'autrui lui fait déplorer plus amèrement ses propres malheurs.

QUESTION LXIII. — Comment les Mages de la Chaldée ont-ils pu apprendre la naissance du Christ, roi des Juifs, sur l'apparition d'une étoile qui est plus ordinairement le signe qui annonce un roi de la terre? (*Matth.*, II, 2.)

Ces Mages de la Chaldée étudiaient le cours des astres non pour une fin mauvaise, mais par simple curiosité. Comme le récit de l'Evangéliste le laisse conjecturer, ils suivaient la tradition de Balaam que Balach avait fait venir pour maudire le peuple de Dieu et qu'une impulsion divine força de le bénir. (*Nomb.*, XXIII, 20.) Ils savaient donc par ce fait historique que la providence de Dieu devait faire sortir un roi de Jacob; Balaam avait en effet prédit clairement « qu'une étoile se lèverait de Jacob. » (*Nomb.*, XXIV, 17.) Les Mages, fidèles à cette tradition, voyant briller au ciel une étoile en dehors du cours ordinaire des astres, comprirent qu'elle était celle que Balaam avait prédite comme le signe futur de la naissance du roi des Juifs. Ce fait va directement contre les ennemis de la religion. Elle reçoit ici un témoignage de ceux-là mêmes qui ont coutume de l'attaquer, car les astrologues sont ennemis de la vérité.

(1) Ce n'est point pour une fin mauvaise que les Mages de la Chaldée, etc. « Une étoile sortira de Jacob, un rejeton s'élèvera d'Israël; il frappera les chefs de Moab et ruinera tous les enfants de Seth; il possédera l'Idumée, etc. » Cette prophétie vient de Balaam; il n'était pas prophète, mais Dieu le choisit pour défendre la cause de son peuple, et le força malgré lui de servir à ses desseins. C'est ainsi que nous voyons ceux que Saül avait envoyés pour s'emparer de David, saisis de l'esprit prophétique, et qu'il est dit de

---

(1) Même question telle qu'elle se trouve dans les manuscrits de la seconde catégorie, la XXXIX° sur le Nouveau Testament.

QUÆSTIO LXII. — Quid est ut occisis filiis Liæ, qui erant ex tribu Juda, Rachel filios suos plangere dicatur? (*Matth.*, II, 18.)

Quantum ad historiam pertinet, Rachel filii sunt tribus Benjamin. Porro olim pro maleficiis propriis, operibus scilicet Sodomitarum, et stupro quod in concubinam viri Levitæ gesserant, a reliquis tribubus extincti et erasi sunt. (*Judic.*, 19.) Quamobrem consolationem recipere velle negatur, sciens nullam spem eorum qui periisse noscuntur. Filii autem Liæ in primævis annis, in Salvatoris causa occisi sunt. Unde eorum causam planctui non vult ascribi; quia et innocentes occisi sunt, et propter Deum, a quo sine dubio mercedis gratia æterna vita donati sunt. Quapropter planctum Rachel filiis dicit competere, qui et in præsenti et in futuro erasi sunt. Illi autem carnaliter plancti, spiritaliter consolati sunt. Filii autem Rachel carnaliter conversati, flammis spiritalibus consumentur. Idcirco autem Liæ filiis occisis adimpletum planctum Rachelis Evangelista testatur (*Matth.*, II, 18) quia tunc (*a*) plangere filios suos cœpit, quando filios sororis suæ in tali causa vidit occisos, ut æternæ vitæ hæredes exsisterent. Cui enim aliquid adversum advenit, ex felicitate alterius, infausta suæ miserius luget.

QUÆSTIO LXIII. — Qua ratione Magi Chaldæi per stellæ apparentiam Christum regem Judæorum natum intellexerunt, cum stella indice temporalis rex soleat designari. (*Matth.*, II, 2.)

Hi Magi Chaldæi non malevolentia astrorum cursum, sed rerum curiositate speculabantur. Sicut enim datur intelligi, traditionem Balaam sequebantur: qui cum accersitus esset a Balach ad maledicendum populum Dei, divino nutu benedicere cœpit. (*Num.*, XXIII, 20.) Ex hujus ergo relatione compertum habebant, futurum Dei providentia ex Jacob qui regnaret. Hinc enim, quod non est occultum, prophetavit dicens: « Orietur stella ex Jacob, etc. » (*Num.*, XXIV, 17.) Istam ergo traditionem Magi secuti, videntes stellam extra ordinem mundi, hanc esse intellexerunt quam Balaam futuram indicem regis Judæorum prophetaverat. Quod quidem factum contra inimicos religionis est. Inde enim testimonium accepit unde solet improbari. Astrologi enim inimici sunt veritatis.

Hi Magi Chaldæi non malevolentia, etc. « Orietur stella ex Jacob, et exurget homo de Israel, et confringet duces Moab, et prædabitur omnes filios Seth, et erit Edom hæreditas ejus, etc. » Hæc ergo prophetia est Balaam, non quia fuit propheta, sed Deus causam populi sui egit per illum, ut voluntarium sed invitum: sicut prophetasse inveniuntur missi a Saul ad David capiendum, et sicut ipse Saul cum dictum est: « Nunquid et Saul inter

---

(*a*) Mss. 2 generis, *plus plangere*.

Saül lui-même : « Est-ce que Saül est aussi parmi les prophètes ? » Dieu voulut montrer par là combien grande était la majesté du Dieu des Juifs, qui changea tellement le cœur de celui qui était venu pour maudire, que ce faux prophète regarda comme une action bonne et louable de bénir le peuple de Dieu. Dieu ne pouvait craindre la malédiction de celui dont le cœur était en son pouvoir. Or, on est autorisé à croire que la tradition de ce prophète avait été conservée par ceux qui s'appliquaient aux mêmes études; en examinant attentivement les astres, ils virent une étoile inconnue qui brillait d'un si vif éclat, qu'elle effaçait la lumière du soleil (car elle était visible pendant le jour), et ayant conféré entre eux, ils découvrirent que c'était l'étoile prédite par Balaam.

QUESTION LXIV. — Comment peut-on prouver que le Sauveur est ressuscité des morts après trois jours et trois nuits écoulés ?

Si vous cherchez ici le nombre suivi de jours et de nuits, vous n'arriverez pas à comprendre ces paroles : Moïse a jeûné quarante jours et quarante nuits (*Exod.*, XXIV, 18); cependant on ne retrouve pas intégralement ce nombre, car le jour où il est monté, et le jour où il est descendu n'en font point rigoureusement partie. Mais la coutume est de ne point compter la nuit sans compter le jour, de ne point compter non plus le jour sans la nuit, en prenant la partie pour le tout. C'est dans ce sens que le Sauveur a dit : « Comme Jonas a été trois jours et trois nuits dans le ventre de la baleine, ainsi le fils de l'homme sera trois jours et trois nuits dans le sein de la terre. » (*Matth.*, XII, 40.) Comme il y a eu trois nuits, on compte également trois jours. Il est fait mention de la nuit pour ne point paraître exprimer une chose nouvelle et contraire à la raison, puisque la nuit est une conséquence du jour. Nul doute que le soir qui est suivi de la nuit n'ait été établi avant la lumière qui a donné naissance au jour, et on n'avance rien d'absurde en affirmant que la passion du Seigneur a commencé avec la nuit. De même en effet que la lumière, c'est-à-dire le jour, est l'image de la vie, ainsi la nuit, c'est-à-dire les ténèbres, sont le symbole de la mort; c'est ainsi que l'Ecriture elle-même établit un contraste frappant entre les enfants de la lumière et les enfants des ténèbres. Or, il n'est pas étonnant que bien que, toujours et partout, le jour soit placé avant la nuit, la lumière avant les ténèbres; ici cependant les choses qui suivent soient placées avant celles qui les précèdent, ou que dans l'espèce actuelle l'ordre soit interverti comme nous l'avons déjà remarqué. En effet, la nuit paraît bien plus propre à être l'image de la mort que le jour. La mort commence donc avec la nuit, parce qu'il était impossible de s'introduire autrement que par la nuit dans l'empire du prince des ténèbres et de triompher de lui. Il était comme nécessaire que le Seigneur de la lumière, c'est-à-dire de la vie éternelle, fût un instant soumis au prince des ténèbres ou de la mort, afin de devenir le libérateur de tous ceux sur lesquels la mort avait régné dans le passé, ou voudrait étendre son empire dans l'avenir. Ni la mort n'eût été entièrement détruite, ni les nuages des ténèbres n'eussent été dissipés, si elle n'eût vu le Seigneur s'introduire dans son empire. Devant cette vive lumière, le secret de la mort où était toute sa force s'évanouit, et on ne peut triompher entièrement que de celui qui est pris par ses propres armes ou dans ses propres domaines. C'est donc par un dessein plein de sagesse que dans ce grand drame

---

Prophetas? » Hinc enim probare voluit Deus quanta sit majestas Dei Judæorum, qui cum maledicere venerat, convertit, ut bonum illi videretur benedicere populum Dei. Nec enim maledictum ejus poterat timere, cujus cor habebat in potestate. Hunc ergo Prophetam hanc intimasse collegis suis datur intelligi, qui cum curiosi sunt circa astra, videntes stellam incognitam, et nimia claritate fulgentem, ita ut solem luce superaret (videbatur enim per diem), conferentes inter se, animadverterunt hanc esse stellam quam futuram dixerat Balaam.

QUÆSTIO LXIV. — Quomodo probatur post tres dies et noctes resurrexisse Salvatorem ex mortuis?

In hac causa si numerum dierum ac noctium per ordinem requiris, effectum intelligentiæ non habebis. Quia et Moyses quadraginta diebus et quadraginta noctibus jejunavit (*Exod.*, XXIV, 18), et tamen non integer numerus invenitur: quando enim per diem ascendit, et per diem descendit, omnem utique numerum non implevit: sed quia ubi dies est computatur nox, et ubi nox est computatur et dies, ut a parte ad totum, quadraginta dies et quadraginta noctes dicuntur. Ita est quod dixit Salvator: «Sicut fuit Jonas in ventre ceti tribus diebus et tribus noctibus, ita erit filius hominis in corde terræ. » (*Matth.*, XII, 40.) Et quia tres noctes sunt, tres accipiantur et dies. Est enim nox ne novum aut contra rationem forte videatur, ut cum nox ex die pendeat: nam ante lucem factam, ex qua appellatus est dies, quam vesperum quod sequitur nox institutum, minime dubitatur, quod passio Dominica a nocte sumere asseveratur initium, non absurdum est. Nam sicut lux, id est dies, imago vitæ est; ita nox similitudo mortis est, id est tenebræ : sicut in Scripturis evidenter ostenduntur filii lucis, et e contra tenebrarum. Nec mirum si cum ubique dies nocti, et lumen tenebris, hic solum quæ sunt sequentia anterioribus præponantur; vel quod in tali causa rerum ordo confunditur et mutatur, ut ante signavimus. Nam mortis nox magis, quam dies esse videtur. Ideo etenim a nocte initium sumitur, quia non aliter principi tenebrarum nisi per noctem potuit subintrari, id est non potuit vinci : et ut aliquatenus Dominus lucis, id est æternæ vitæ, principi tenebrarum sive mortis subjectus esset ad tempus; quatenus et præteritos et post futuros a morte liberaret. Nam non esset mors penitus evacuata, nec unquam tenebrarum caligo discussa, si Dominum non vidisset subintrantem. Etenim tanta luce secretum mortis, in quo dominabatur, evanuit, nec penitus vinci potest, nisi qui vel per sua vel in suis capitur. Recte ergo in tali negotio tantummodo nox obtinet principatum, ita ut amitteret potestatem : et ut Judæi non credentes in perpetua nocte remanerent, nec auctor dies tanti sceleris, imo sacrilegii, sed nox fieret,

la nuit obtient la prééminence pour perdre tout son pouvoir. Afin donc que les Juifs incrédules demeurassent enveloppés dans une nuit éternelle, et que le jour ne parût point l'auteur d'un si grand crime, d'un si énorme sacrilège, mais bien la nuit; le jour contre l'ordre naturel des choses est soumis à la nuit qui précède, de même que le Dieu et le Seigneur de toutes choses est soumis au prince de la mort, afin de délivrer tous les hommes des chaînes de la mort. Si quelqu'un était tenté de voir encore ici quelque contradiction, qu'il considère pour modérer son appréciation, que Dieu en se revêtant de la forme, je ne dirai pas de l'homme, mais du serviteur, s'est livré volontairement à la mort. Pourquoi donc exiger que l'ordre soit suivi, là où vous voyez en toutes choses cet ordre renversé? Car quelle est cette lumière qui a lui dans les ténèbres et que les ténèbres n'ont point comprise? (*Jean*, 1, 5.) C'est le Seigneur de la lumière qui a permis qu'on se saisît de sa personne. Or, celui qui sait qu'on s'empare de lui pour le mettre à mort, compte dès ce moment le temps de sa mort. A cette nuit succède le jour où il fut jugé et crucifié. Puis vient la nuit qui aboutit au jour du sabbat et le jour du sabbat lui-même. Il y a encore le soir qui suit le sabbat. Voilà pourquoi Moïse avait donné aux Juifs le précepte figuratif de commencer dès le soir le jour du sabbat dans lequel le Seigneur est ressuscité et qui embrasse tout le jour du dimanche, car on ne compte point de nuit sans jour ni de jour sans nuit. Avec cette explication on comprend que la résurrection de Notre-Seigneur a eu lieu après trois jours et trois nuits écoulés.

(1) Le Sauveur, qui prévoyait tout ce qui devait lui arriver, a fait hautement cette déclaration. Il savait à n'en pouvoir douter que les Juifs se saisiraient de lui pour le mettre à mort, et qu'il n'opposerait aucune résistance à leurs efforts sacrilèges, alors qu'il lui était si facile de les déjouer. N'était-il pas déjà leur captif lorsqu'il guérit l'oreille du serviteur du grand-prêtre que Pierre avait coupée avec une épée? Il leur montrait par là que ses humiliations n'étaient point l'effet de sa faiblesse, mais que par une disposition providentielle il cédait pour un temps à leur volonté criminelle pour détruire ainsi le royaume de l'enfer. En effet, le démon, dans son imprévoyance, se glissa dans l'âme des Juifs pour les pousser à mettre le Sauveur à mort, comme s'il avait à gagner en ôtant la vie à celui qui enseignait la voie de la vérité; et il ne savait pas que cette mort devait tourner contre lui-même. C'est alors qu'il triomphait à la vue de la servitude où l'homme était tombé par suite de son péché, qu'il fut convaincu du crime d'avoir fait mettre à mort le Christ innocent, retenu captif au milieu des pécheurs celui qui ne connaissait point le péché, et il perdit ainsi ceux mêmes sur lesquels s'étendait justement son pouvoir dans les enfers. C'est dans la prescience divine que le Sauveur avait de toutes ces choses qu'il compte pour sa mort la nuit où il fut pris par ses ennemis. En effet, tout prisonnier qui n'a nulle espérance d'échapper aux mains de son juge se regarde comme mort avant même le coup qui doit le frapper. Ajoutez à cette nuit le jour même de sa passion et la nuit suivante. Ajoutez encore le sabbat en y joignant la nuit qui se termine avec l'aurore du jour du dimanche et le dimanche lui-même, et vous avez le nombre complet des jours prédits par le Seigneur. Car c'est la dernière nuit, lorsque les ténèbres couvraient encore la terre et que le jour commençait seulement à poindre, que le Sauveur ressuscita entre la lumière et les ténèbres, afin que la

(1) Même question telle qu'elle se trouve dans les manuscrits de la seconde catégorie, la XVIIIe sur le Nouveau Testament.

præcedenti nocti contra rerum seriem subditur dies, sicut Deus et Dominus omnium rerum principi nefariæ mortis, ut omnes a mortis laqueis explicaret. Quod si cui adhuc forte videtur esse contrarium, diligenter advertat ne incipiat illud durius æstimare, quod Deus se personam induens servi, non dicam hominis, morti dederit. Quid ergo hic et ordinem quæris, ubi omnia videas esse contraria? Quæ est enim lux quæ fuit in tenebris, et tenebræ eam non comprehenderunt? Dominus lucis, qui comprehensus est. (*Joan*, 1, 5.) Qui enim scit se ad hoc prehendi ut feriatur, tempus illud in mortem computat. Est et dies sequens qua auditus et crucifixus est. Est et nox quæ cadit in sabbatum, est et ipsum sabbatum. Est etiam vesper post sabbatum, hoc est quod Judæis a Moyse præceptum est in figura, ut vespere intrarent in sabbatum, in quo Dominus resurrexit: qui complectitur diem Dominicum; quia nox non computatur sine die, neque dies sine nocte. Hac ratione post tres dies et post tres noctes Dominus resurrexit.

Præscius Salvator omnium quæ in se futura erant, hæc protestatus est, certus ad hoc se a Judæis comprehendi ut occideretur, se quoque impietati illorum non repugnaturum, cum posset utique eos illudere. Quippe cum propterea jam detentus, aurem servi principis sacerdotum, quam producto gladio abscideret Petrus apostolus, reddidit: ut se ostenderet non infirmitate humiliatum, sed providentia quadam voluntati illorum cessisse ad tempus, ut per hoc regnum inferni destrueret. Improvidus enim diabolus sensibus se Judæorum immersit, ut eos ad necem Salvatoris incenderet, quasi sibi prodesset, si hic qui viam veritatis ostenderet, tolleretur de vita: nesciens futurum adversum se. Cum enim peccati causa de captivitate hominis triumpharet, inventus ipse reus per id quod Christum innocentem occidit, ut eum qui peccatum nesciebat, inter peccatores teneret: ita factum est, ut etiam illos quos jure in inferis tenebat, amitteret. Igitur horum præscius Salvator, noctem qua comprehensus est, simul computavit. Omnis enim detentus, qui se judicis manus non credit evadere, antequam feriatur, jam se mortuum dicit. Adde huic diem quo passus est, et sequentem noctem. Adde et sabbatum et noctem quæ lucescit in diem Dominicum cum ipso die Dominico, et complevisti mysterium verborum Domini. Novissima enim nocte cum adhuc tenebræ essent, et dies inciperet oriri, inter

nuit fût comptée comme le jour et qu'ainsi la prédiction qu'il avait faite fût accomplie dans son intégrité.

QUESTION LXV. — Si les évangélistes n'ont eu qu'une même pensée, qu'un même langage, comment se fait-il que lorsque trois d'entre eux, saint Matthieu, saint Luc et saint Jean, disent que le Sauveur a été crucifié à la sixième heure, saint Marc, au contraire, rapporte qu'il l'a été à la troisième heure?

Il n'est pas bon d'envelopper la vérité dans un langage obscur. Les trois évangélistes n'ont eu qu'une même pensée, mais saint Marc a voulu mentionner une circonstance qu'ils avaient omise et qu'il jugeait nécessaire. En effet, on ne peut supposer que cet évangéliste qui, suivant l'exemple des autres écrivains sacrés, s'est instruit avec un profond sentiment de religion et un soin scrupuleux de ce qu'il écrivait, et qui a été inspiré de l'Esprit saint, ait pu commettre une erreur. Il faut donc examiner quel a été son dessein en s'exprimant de la sorte. Considérons d'abord que ce n'est point par Pilate, mais par les Juifs que le Sauveur a été crucifié, car, d'après les lois romaines, il déclara que Jésus était innocent. N'est-ce pas lui qui dit aux Juifs : « Je ne trouve en lui aucun crime? » (*Joan*, XIX, 4.) Ils lui crient : « Crucifiez-le, et il leur répond : Quel crime a-t-il commis? Enfin, comme il insistait et voulait le tirer de leurs mains, ils eurent recours à cette accusation calomnieuse : « Si vous délivrez cet homme vous n'êtes point ami de César, car quiconque se fait roi, se déclare contre César. » C'est alors qu'il leur livra le Sauveur pour être jugé par eux. Ce n'est donc point Pilate qui a prononcé la sentence, mais les Juifs.

C'est à l'instigation des princes des prêtres, dit l'évangéliste, qu'ils lui criaient : « Qu'il soit crucifié. » Saint Marc a donc voulu nous faire comprendre que la sentence fut rendue à la troisième heure alors qu'ils demandaient par leurs cris répétés que Jésus fût crucifié dans l'intervalle de près de trois heures pendant lesquelles Jésus fut conduit chez Hérode et ramené à Pilate. En effet, tout homme condamné à mort est regardé comme mort du moment où la sentence de mort lui a été signifiée. Saint Marc établit ainsi clairement que ce n'est point en vertu de la sentence du juge que Jésus a été crucifié; car il est difficile de prouver l'innocence de celui qui est condamné par une sentence judiciaire. Il s'est donc exprimé d'une manière différente pour nous apprendre que ce qui fut accompli à la sixième heure, non point en vertu de la loi, mais par la méchanceté persévérante des Juifs, avait commencé à la troisième heure.

(1) Il n'est pas bon d'envelopper la vérité dans un langage obscur. L'accord des trois évangélistes est une preuve qu'ils ont dit la vérité. Quant à saint Marc, son récit indique qu'il a voulu nous faire connaître une circonstance qui demeurait cachée. Car on ne peut supposer que cet évangéliste, qui, à l'exemple des autres auteurs sacrés, avait appris avec autant de religion que de soins ce qu'il devait écrire, soit tombé dans l'erreur. Il nous faut donc examiner attentivement ce qu'il a voulu nous apprendre en s'exprimant de la sorte. Car ce n'est point sans raison qu'il s'écarte ici des trois autres évangélistes. Considérons si, ceux qui avancent que la sentence a été prononcée à la troisième heure, et que par conséquent le Sauveur a été crucifié à cette heure, ne sont

---

(1) Même question telle qu'elle se trouve dans les manuscrits de la seconde catégorie, la XXIe sur le Nouveau Testament.

---

lucem et tenebras surrexit, ut et nox computetur, et dies, quo possit numerus a Salvatore prædictus integer inveniri.

QUÆSTIO LXV. — Si uno ore et ratione Evangelistæ locuti sunt, quomodo factum est ut tribus dicentibus, id est Matthæo, Luca et Joanne, quia sexta hora crucifixus est Dominus, Marcus e diverso tertia hora crucifixum dicat Salvatorem? (*Matth*., XXVII, 45; *Luc*., XXIII, 44; *Joan*., XIX, 14; *Marc*., XXV, 25.)

Obscuris vera involvere non est bonum. Nam tres Evangelistæ unum sensum habuerunt, Marcus autem rem quæ ab illis prætermissa fuerat, voluit intimare, sciens necessariam. Nec enim falli posset qui auctorum exempla secutus, et quæ scripsit magna devotione et industria didicit, et nec sine sancto Spiritu fecit. Quid ergo ex hoc ostendere voluit, debet absolvi. Contuendum itaque est, quia non a Pilato, sed a Judæis Salvator crucifixus est. Quantum enim ad leges Romanas pertinuit, innocentem pronuntiavit Salvatorem. Ait enim Pilatus Judæis : « Ego nullam invenio causam in eo. » (*Joan*., XIX, 4.) Et dicentibus illis : « Crucifige eum, » respondit : « Quid enim mali fecit? » Denique persistens et volens educere eum de manibus eorum calumniam passus est, dicentibus eis : « Si hunc dimittis, non es amicus Cæsaris. Omnis enim qui se regem facit, contradicit Cæsari. » Sic factum est ut traderet eum judicio illorum. Sententiam ergo non dedit Pilatus, sed Judæi. Denique præmoniti sunt, inquit, a principibus sacerdotum, ut dicerent : « Crucifigatur. » Hanc sententiam tertia hora datam vult intelligi in qua assiduis vocibus perdurantes cum intervallo horarum fere trium, quibus itum et reditum est ab Herode, crucifixerunt Salvatorem. Omnis enim qui addicitur morti, ex eo jam mortuus computatur, quo sententiam excipit. Manifestavit igitur Marcus, quia non in judicis sententia Salvator crucifixus est. Difficile est enim innocentem probare eum, qui sententia judicis punitur. Discordare ergo se passus est in verbo, ut doceret tertia hora cœptum esse, quod sexta hora impletum est : non legibus, sed persistente malevolentia Judæorum.

Obscuris vera involvere non est bonum. Nam tres Evangelistas verum dixisse ipsa concordia obtestatur. Marcum autem sensum nescio quem occultum voluisse prodere, res ipsa declarat. Nec enim falli posset, qui auctorum exempla secutus, ea quæ scripsit, magna devotione et industria didicit. Quid ergo ex hoc dicto prodere voluit, sollerti vigilantia investigandum est. Nec enim otiose a tribus Evangelistis discordare se passus in verbis est. Animadvertamus ne verum dicant, qui sententiam datam tertia hora dixerunt, ac per hoc tertia hora crucifixum Salvatorem, quamvis illud probare non vale-

pas dans le vrai, bien qu'ils ne puissent démontrer la vérité de leur sentiment. Ils voient cette vérité, mais ils ne savent comment l'établir. Laissons donc un instant la personne de Pilate et voyons à quel moment on peut faire remonter la sentence prononcée contre le Sauveur, et nous verrons alors si l'on peut admettre comme vrai le sentiment dont nous venons de parler. Il est certain que c'est à l'instigation des princes des prêtres que les Juifs ont demandé qu'on leur délivrât Barrabas pour le jour de la fête, et que Jésus fût crucifié. Pilate leur résista longtemps parce qu'il voulait délivrer le Sauveur; il rentra et sortit plusieurs fois pour parler aux Juifs et leur dire qu'il ne trouvait en lui aucun crime qui méritât la mort. Mais les Juifs insistaient avec plus de force en criant : « Qu'il soit crucifié. » Il s'écoula donc un certain espace de temps, pendant lequel Jésus fut en butte aux railleries des soldats, qui le présentèrent au peuple, le revêtirent d'un lambeau de pourpre, le couronnèrent d'épines, fléchirent le genou devant lui, lui crachèrent au visage, le flagellèrent, le souffletèrent, ce qui le conduisit jusqu'à la sixième heure à laquelle Jésus fut crucifié. Il fut amené à Pilate, Pilate sortit pour venir trouver les Juifs, parce qu'ils n'entrèrent pas eux-mêmes dans le prétoire. Il leur parla, entendit leurs fausses accusations et envoya Jésus à Hérode. Puis il revint, interrogea de nouveau Jésus qui lui répondit; puis il sortit de nouveau vers les Juifs et leur déclara qu'il ne trouvait dans le Sauveur aucune cause de mort. On était ainsi arrivé à la troisième heure. Alors les Juifs dirent à Pilate qui voulait délivrer Jésus : « Qu'il soit crucifié. » Pilate leur résista longtemps, mais n'ayant pu rien obtenir, il abandonna Jésus à leur volonté vers la sixième heure, comme l'Evangéliste le dit expressément : « Il le leur livra pour qu'ils en fissent ce qu'ils voudraient. » Il est donc vrai de dire que la sentence de mort a été rendue à la troisième heure, parce qu'elle n'a pas été prononcée par Pilate, mais par les Juifs. Pilate n'y consentit qu'à regret et malgré lui à cause de l'insinuation perfide qu'ils firent retentir à ses oreilles : « Si vous le délivrez, vous n'êtes pas ami de César. » Voyons donc ce que saint Marc a voulu mettre en évidence. Il a voulu montrer que ce n'était point par la sentence du juge que le Sauveur avait été condamné, car il est difficile que celui qui est condamné par une sentence vraiment judiciaire, ne paraisse pas mis à mort avec justice.

Question LXVI. — Comment l'évangéliste saint Marc a-t-il pu dire que les démons connaissaient Jésus et le confessaient publiquement, tandis que l'apôtre déclare que les princes et les puissances de ce monde n'ont point connu la divinité du Seigneur Jésus. En effet, saint Marc dit : « Ils savaient que c'était lui. » (*Marc*, 1, 34.) L'Apôtre, au contraire, assure que nul des princes de ce monde ne l'a connu, car s'ils l'avaient connu, ils n'auraient jamais crucifié le Seigneur de la gloire. » (I *Cor.*, ii, 8.) Si les démons le connaissaient, comment les princes l'ignoraient-ils ?

Quelques-uns pensent que par les princes de ce siècle, il faut entendre les principaux des Juifs, dans le sens de ces paroles de l'apôtre saint Pierre : « Vous savez, mes frères, leur dit-il, que vous avez commis ce crime par ignorance, comme vos chefs. » (*Act.*, iii, 17.) Or, il s'agit ici des chefs des Juifs, qui n'étaient pas pour cela les princes de ce monde. Aussi

---

runt. Sensum enim forte sciunt, sed quatenus defendant, ignorant. Ideoque Pilati persona interim sequestrata videamus, unde sententia data in Salvatorem accepit exordium, et tunc apparebit an possit verum videri quod dicimus. Constat itaque principes Judæorum præmonuisse Judæos ut Barrabam latronem peterent sibi in die festo dimitti, Jesum vero crucifigere debere. Contra quod Pilatus cum diu resisteret, volens dimittere Salvatorem, frequenter intrans et exiens ad Judæos, dicebat nullam se in eo causam mortis videre. Illi autem insistentes dicebant : « Crucifigatur. » Hinc moræ ortæ sunt, et cum illuditur a militibus, et producitur, et veste purpurea induitur, et fit ei corona de spinis, et adoratur, et conspuitur, et flagellatur, et palmis verberatur, propterea sexta hora in crucem positus est. Ad Pilatum autem adductus est : tunc exivit ad eos Pilatus foras, quoniam ipsi non introierunt prætorium ; et allocutus est eos, et audivit falsas accusationes eorum, et misit illum ad Herodem, et regressus est, et iterum interrogavit Jesum, et ipse e contra respondit ei, et postea iterum exivit ad Judæos et collocutus est, nullam causam mortis esse in Salvatore. Interea perventum est ad horam tertiam per has moras. Tunc Judæi volenti Pilato dimittere eum dixerunt : « Crucifigatur. » Contra quos Pilatus diu resistens, cum non potuisset obtinere, tradidit Jesum sententiæ illorum hora fere sexta. Sic enim scriptum est : « Tunc tradidit eum voluntatibus illorum. » Ideoque dictum est recte sententiam tertia hora datam ; non a Pilato data est, sed a Judæis. Pilatus autem invitus consensisse videtur : propter invidiam enim maxime dicentium : « Si hunc dimittis, non es amicus Cæsaris. » Quid ergo Marcus volens purgare hoc, seculus est, videamus. Ostendere voluit Salvatorem non judicis sententia occisum, quia difficile qui judicis sententiam excipit, non juste occisus videtur.

Quæstio LXVI. — Quomodo Marcus Evangelista dæmonia cognovisse ait et professa esse Jesum, e contra autem Apostolus, principes et potestates hujus sæculi neget cognovisse divinitatem Domini Jesu. Dicit enim inter cætera Marcus : « Sciebant eum ipsum esse. » (*Marc.*, I. 34.) Apostolus vero : « Quem nemo, inquit, principum hujus sæculi cognovit. Si enim cognovissent, nunquam Dominum majestatis crucifixissent. » (I *Cor.*, ii, 8.) Si dæmonia sciebant, quomodo principes ignorabant ?

Quibusdam videtur principes hujus sæculi, majores Judæorum significasse, quasi juxta illud quod Petrus apostolus dicit : « Scitis enim, inquit, fratres, quia per ignorantiam gessistis hoc malum, sicut et principes vestri. » (*Act.*, iii, 17.) Ergo Judæorum erant principes, non tamen hujus sæculi principes erant. Unde ait : « vestri, » non sæculi : quippe cum dixerint regem se habere Cæ-

dit-il « vos princes » et non les princes de ce monde, puisqu'ils ont déclaré qu'ils avaient pour roi César sous la puissance duquel ils avaient été réduits. Ces princes sont donc ceux dont l'Apôtre a dit dans un autre endroit : « Nous avons à combattre, non contre la chair et le sang, mais contre les principautés, contre les puissances, contre les princes de ce monde de ténèbres. » (*Ephés.*, vi, 12.) La question a donc sa raison d'être. Si ces puissances ne connaissaient pas Jésus, comment les démons pouvaient-ils le connaître ? Or, il y a une grande différence entre ce que les démons ont connu dans le Christ, selon saint Marc, et ce que les princes de ce monde ont ignoré suivant saint Paul. Les démons savaient qu'il était le Christ promis par la loi, car ils voyaient en lui tous les signes prédits par les prophètes, comme par exemple, qu'il sortirait de la race de David, qu'il naîtrait d'une vierge et serait le Rédempteur d'Israël ; mais ils ignoraient le mystère de sa divinité aussi bien que leurs princes. En effet, le démon cherche artificieusement, il est vrai, à savoir du Sauveur qui il est : « Si tu es le Fils de Dieu, etc. » Il voyait en lui tantôt des signes de puissance toute divine, tantôt des marques de la faiblesse humaine, et le doute où le jetait ce mélange était pour lui un tourment. Les Écritures sont donc parfaitement d'accord sur les points qui ont été révélés. Il est impossible, en effet, de supposer aucune contradiction entre des hommes inspirés par un même esprit.

(1) Quelques-uns pensent que par les princes et les puissances de ce monde, il faut entendre les premiers et les chefs des Juifs qui, selon l'apôtre saint Pierre, ont ignoré la grandeur du mal qu'ils avaient commis : « Je sais, mes frères que vous avez commis ce crime par ignorance, comme vos chefs. » (*Act.*, iii, 17.) Il s'agit ici des princes ou des chefs des Juifs, qui n'ont pu être appelés les princes de ce siècle, puisqu'ils étaient réduits sous la puissance des Romains et qu'ils déclaraient qu'ils n'avaient pas d'autre roi que César. Ces princes du monde sont donc ceux dont l'Apôtre a dit dans un autre endroit : « Nous avons à combattre non contre la chair et le sang, mais contre les princes de ce monde de ténèbres. » Si donc ce sont ces princes qui ont crucifié Jésus-Christ parce qu'ils ne savaient pas qu'il fût le Seigneur de gloire, comment les démons ont-ils pu le savoir ? La science des démons n'a pas dû être différente de la science des princes de ce siècle. Ils savaient donc qu'il était celui qui avait été promis dans la loi par les oracles prophétiques, mais ils ne connaissaient ni le mystère de sa filiation divine et éternelle, ni le mystère de son Incarnation.

QUESTION LXVII. — Comment expliquer ces paroles du Sauveur sur la croix : « Mon Père, pardonnez-leur, car ils ne savent ce qu'ils font ? » (*Luc*, xxiii, 34.) S'ils ne savent ce qu'ils font, comment peut-on leur pardonner alors que le roi Abimélech dit à Dieu : « Perdrez-vous une nation innocente à cause de son ignorance ? » (*Gen.*, xx, 4.)

Toute ignorance n'est pas exempte de châtiment. L'ignorance est excusable dans celui qui n'a pu trouver les moyens de s'instruire. Or, le Sauveur demande à son Père de pardonner à ceux qui n'ont eu aucun souci de s'instruire lorsqu'ils le pouvaient. Cette ignorance est donc coupable chez eux, et elle leur sera pardonnée s'ils se convertissent.

(1) Même question telle qu'elle se trouve dans les manuscrits de la seconde catégorie, la XLVIIIe sur le Nouveau Testament.

sarem, sub cujus fuerant redacti potestate. Sunt autem isti hi principes, quos alio loco significavit Apostolus dicens : « Non est nobis collectatio adversus carnem et sanguinem, sed adversus principes et potestates hujus mundi, adversus tenebrarum harum rectores. » (*Ephes.*, vi, 12.) Recte ergo quæritur. Si enim isti non cognoverunt Jesum, quomodo poterat fieri ut dæmonia agnoscerent eum ? Sed aliud est quod cognovisse in Christo dæmones dicit, et aliud quod hujus sæculi principes negat cognovisse. Nam dæmonia sciebant ipsum quidem esse, sed qui per Legem fuerat promissus. Omnia enim signa videbant in eo, quæ dixerant futura esse Prophetæ, ut quod ex semine David de virgine venturus esset redemptor Israel : mysterium autem divinitatis ejus ignorabant, sicut et principes eorum. Denique quærit, quamvis captiose, diabolus a Salvatore dicens : « Si tu es Filius Dei, etc. » (*Matth.*, iv, 3.) Videns enim istum aliquando divinam virtutem, aliquando hominis infirmitatem, ambigens quid verum esset, torquebatur. Concordant ergo Scripturæ secundum ea quæ revelata sunt. Impossibile est enim discordate unius spiritus viros.

Quibusdam videtur principes et potestates hujus sæculi Judæorum majores et principes dixisse, qui juxta Petri apostoli dicta ignoraverunt quid mali fecerunt. Ait enim : « Scio fratres quia per ignorantiam gessistis hoc malum, sicut et principes vestri. » (*Act.*, iii, 17.) Judæorum principes hi fuerunt, non tamen hujus sæculi principes dici potuerunt : quippe cum in potestate redacti fuerant Romanorum, profitentes se non habere regem nisi Cæsarem. Hi sunt principes isti, quos alio loco significat Apostolus, dicens : « Non est nobis collectatio adversus carnem, sed adversus hujus mundi principes, et tenebrarum harum rectores. » Si ergo h sunt principes qui nescientes Dominum majestatis Christum esse, crucifixerunt, quomodo a dæmonibus potuit sciri ? Non illum aliter scierunt dæmones, quam sciebant principes hujus sæculi. Sciebant enim ipsum esse qui promissus erat in Lege per signa prophetiæ, non tamen mysterium ejus, quo Filius Dei erat ex æterno, sciebant, neque sacramentum incarnationis.

QUÆSTIO LXVII. — Quid est quod in cruce positus Salvator ait : « Pater ignosce illis, non enim sciunt quid faciunt : » (*Luc.*, xxiii, 34.) si enim nesciunt, quid est quod ignoscitur, maxime cum dicat rex Abimelech ad Deum : « Numquid gentem ignorantem perdes ? » (*Gen.*, xx, 4.)

Non omnis ignorans immunis a pœna est : ille enim ignorans potest excusari a pœna, qui a quo discerit non invenit. Istis autem hoc ignosci petit, qui habentes a quo discerent, operam non dederunt. Hujusmodi non licet ignorare. Accipient ergo veniam, si convertantur.

(1) Toute ignorance n'est pas exempte de châtiment. Celui qui pouvait s'instruire et ne l'a point fait s'est rendu coupable. La matière non plus que les maîtres ne lui manquaient pour apprendre, mais les plaisirs ou une mauvaise disposition lui ont fait négliger ce devoir et l'ont rendu tout à fait inexcusable. C'est ce qui fait dire au Sauveur en parlant des Juifs : « Si je n'étais pas venu, et si je ne leur avais point parlé, ils n'auraient point de péché. » Quant à celui qui est dans l'ignorance sans qu'il y ait de sa faute, parce qu'il n'a point trouvé de maître pour s'instruire et qu'il n'a pu connaître par le public ce qu'il fallait penser de telle doctrine, il est tout à fait exempt de faute et de condamnation. Le Seigneur demande à son Père de pardonner s'ils se convertissent, à ceux qui n'ont pris aucun soin de s'instruire de la vérité lorsqu'il la leur annonçait et qui ont mis à mort par ignorance l'auteur même de la vérité. Voilà pourquoi l'apôtre saint Pierre leur dit dans les Actes : « Convertissez-vous afin que vos péchés soient effacés. » (*Act.*, III, 19.)

QUESTION LXVIII. — Notre-Seigneur nous commande de prier pour nos ennemis (*Matth.*, v, 44), comment donc expliquer cet endroit de l'Apocalypse, où les âmes de ceux qui ont été tués demandent à Dieu de les venger? (*Apoc.*, vi, 10.)

Les âmes de ceux qui ont été mis à mort demandent à être vengées comme le sang d'Abel criait vengeance de la terre (*Gen.*, iv, 10); ce sont les faits eux-mêmes qui crient vengeance alors même qu'ils sont privés de langage. Que demande en effet le sang versé sinon qu'on le venge, et il crie vengeance non en parlant, mais par le fait même de son effusion? C'est ainsi qu'on dit qu'une œuvre loue celui qui l'a faite par cela seul qu'elle réjouit ses regards. Les saints ne sont pas si impatients qu'ils pressent Dieu de faire ce qu'ils savent devoir s'accomplir au temps marqué et dont l'accomplissement ne peut être ni anticipé ni différé. Saint Jean a voulu nous apprendre par ces paroles que Dieu vengerait un jour le sang de ses saints, de peur que la patience dont il fait usage ne fît croire à l'impunité de cette guerre impie qui est faite aux saints, et en même temps pour inspirer de l'effroi aux persécuteurs des serviteurs de Dieu et encourager ceux qui souffrent pour son nom. L'âme de celui qui souffre reprend courage lorsqu'elle apprend qu'elle sera vengée par une main puissante. Elle est pleine d'espérance à la pensée que sa mort n'a point l'approbation de son juge, car elle est certaine alors de son innocence. Dieu est miséricordieux et patient, mais il agit avec une grande modération. Il attend que les impies ouvrent leur cœur à la foi et que les pécheurs se convertissent; s'ils ne profitent point de cette grâce, ils seront punis pour avoir méprisé la longue patience de Dieu. Or, il nous donne des exemples de cette vérité même dans le temps où sa miséricorde est annoncée afin que sa patience ne soit pas traitée d'insensibilité qui ne peut être touchée, ni par les souffrances, ni par les sentiments de la piété. Voilà pourquoi il dit par son prophète : « Je me suis tu, mais me tairai-je toujours? » (*Isa.*, XLII, 14.) et Notre-Seigneur lui-même : « Est-ce que Dieu ne fera pas justice à ses élus qui crient vers lui jour et nuit? » (*Luc*, xviii, 7.) Ils crient de la manière que nous avons dite plus haut. Si donc un chrétien se venge ici-bas sans rigueur excessive, et sans effusion de sang, il ne pêche pas; il fera mieux ce-

---

(1) Même question telle qu'elle se trouve dans les manuscrits de la seconde catégorie, la IVᵉ des questions sur l'Ancien et le Nouveau Testament.

Non omnis ignorans immunis a pœna est. Hic enim qui potuit discere, et non dedit operam, reum se fecit. Erat enim ut discerret, et a quo discerret : sed negligentior luxuria aut malevolentia factus inexcusabilis est a crimine. Unde dicit Salvator : « Si non venissem, et locutus eis fuissem, peccatum non haberent. » Ille autem qui non suo vitio ignorat, ideo enim ignorat quia non fuit a quo discerret, nec rumore comperit doctrinæ opinionem, omni genere immunis a condemnatione est. Ideo his si convertantur, Dominus veniam postulat a Patre, qui cum prædicaretur veritas, ut eam addiscerent operam non dederunt, sed per ignorantiam auctorem ejus occiderunt. Unde Petrus apostolus in Actibus ait : « Convertimini, ut deleantur peccata vestra. » (*Act.*, III, 19.)

QUÆSTIO LXVIII. — Cum utique orandum pro inimicis Dominus docuerit (*Matth.*, v, 44), quid est quod in Apocalypsi contra hos animæ occisorum ulcisci se petant, a Deo postulantes vindictam? (*Apoc.*, vi, 10.)

Sic enim animæ occisorum clamant vindicari se postulantes, sicut sanguis Abel clamavit de terra. (*Gen.*, iv, 10.) Causæ ergo sunt quæ clamare dicuntur, cum loqui non possint. Sanguis enim effusus quid aliud quam vindicari se postulat, clamans non voce, sed ratione? Nam et opus opificem laudare dicitur per hoc ipsum quod videntem se oblectat. Non enim tam impatientes sunt sancti, ut urgeant jam fieri quod sciunt tempore præfinito futurum, quod nec anticipari potest, nec differri. Sed hoc dicto ostendere voluit, vindicaturum Deum sanguinem sanctorum suorum : ne quia tam patiens nunc videtur, inultum putaretur impium bellum, quod contra sanctos geritur : ut et terrorem incutiens persequentibus Dei servos, et exhortaretur pro se patientes. Relevatur enim anima patientis quando vindicari se audit a potente. Præ se enim spem fert, si mortem suam audiat judici displicere : tunc enim pro certo habet innocentem se esse. Et Deus quidem misericors et patiens est, sed moderate. Expectat enim ut impii credant, et peccatores se emendent : si quo minus, plectentur, quia Dei longam patientiam contempserunt. Cujus rei exemplum etiam tempore misericordiæ prædicatæ ostendit, ne non patiens, sed insensibilis, et quam neque dolor alicujus, neque pietas commoveret, videretur. Hinc est unde ait per Prophetam : « Tacui, nunquid semper tacebo? » (*Isa.*, XLII, 14.) Et Dominus : « Nunquid non faciet, inquit, Deus vindictam servorum suorum clamantium ad se die ac nocte? » (*Luc.*, XVIII, 7.) Sic utique clamant, sicut supra diximus. Si quis ergo Christianus ad tempus vindicet, non acerbe, neque cum sanguine, non

pendant d'abandonner cette vengeance à Dieu, qui est son juge.

(1) L'auteur de l'Apocalypse, en prédisant les calamités futures et les tribulations par lesquelles la justice de Dieu devait punir l'impiété et les crimes des hommes, et en démontrant du regard d'une foi éclairée le châtiment propre à chaque péché, dit que les âmes de ceux qui ont été mis à mort crient vengeance nuit et jour pour prouver qu'aucun acte d'impiété ou de cruauté ne restera impuni. Or, il n'y a en cela rien de contraire au précepte du Seigneur. En effet, Dieu, qui est l'auteur de cette loi, a promis d'exercer sa vengeance au jour du jugement. Ce précepte est donc pour la vie présente, et les âmes de ceux qui ont été mis à mort sont excusables, puisqu'elles demandent vengeance alors qu'elles sont en possession de l'autre vie. Cependant, pour donner une explication plus vraie, c'est le fait même de leur sang répandu qui crie ici vengeance. Ce fait ne se tait pas, il ne cesse de demander vengeance. Comme Dieu le disait à Caïn : « Le sang de ton frère crie vers moi de la terre. » (*Gen.*, IV, 10.) Quel est le sens de ces paroles? c'est que l'acte même du crime demande justice et crie vengeance ; de même que nous disons que la terre loue le Seigneur, parce qu'elle est son ouvrage, bien qu'elle n'ait ni voix ni sentiment. On ne peut supposer dans les saints ni tant d'impatience, ni tant d'ignorance qu'ils demandent à Dieu de les venger avant le jour du jugement et qu'ils le pressent de faire ce qu'ils savaient ne devoir s'accomplir qu'au temps marqué. C'est ce que le Sauveur affirme en termes exprès : « Est-ce que Dieu ne fera pas justice à ses élus qui crient vers lui nuit et jour? »

QUESTION LXIX. — Si la loi a cessé d'être obligatoire à la prédication de Jean-Baptiste ou du Sauveur, comment expliquer ces paroles de Notre-Seigneur : « Je ne suis pas venu détruire la loi ou les prophètes, mais l'accomplir? » (*Matth.*, V, 17.) Car s'il était défendu de l'observer, n'a-t-elle pas été détruite en perdant l'autorité qu'elle avait sur la conduite des hommes?

Tout ce qui avait été prédit de Jésus-Christ a été accompli, et Notre-Seigneur a lui-même accompli la loi et les prophètes lorsqu'il a fait tout ce que les Ecritures avaient dit de lui ; il n'a rien détruit, mais a confirmé toutes choses. C'est lui qui avait été l'objet des oracles prophétiques, et les prédictions qui le concernent n'ont plus à attendre d'accomplissement après lui ; de même qu'après lui les prophètes n'ont pu faire de prédictions semblables, parce qu'elles n'avaient plus d'objet et que celui qu'ils avaient prédit était venu. Ils ont tout embrassé dans leurs écrits, ils ont prédit son incarnation, sa vie, sa passion, sa résurrection, la manifestation de sa divinité, le jugement à venir, et par conséquent leur ministère prophétique a dû cesser lorsque l'œuvre qu'ils prédisaient eut reçu son accomplissement. Or, la loi a cessé de deux manières, mais non pas tout entière, car ce qui a cessé peut encore demeurer si l'on reste dans la condition de la loi. Il faut distinguer ici dans ce qui a cessé la sentence de la loi, de la loi elle-même. Lorsque Jean-Baptiste prêcha le baptême de la pénitence pour la rémission des péchés, la sentence de la loi qui déclarait coupables les pécheurs a cessé, de même les fardeaux de la loi qui avaient été imposés aux Juifs à cause de la dureté

---

(1) Même question telle qu'elle se trouve dans les manuscrits de la seconde catégorie, la XIIe sur le Nouveau Testament.

peccat : melius tamen fecerit, si dimiserit judici Deo.

Apocalypsis cum futura mala et tribulationes diffidentiæ et malæ vitæ causa Deo vindice testaretur, exemplare etiam pœnarum uniuscujusque peccati oculata fide demonstrans, ut nihil impietatis et crudelitatis inultum remansere probaret, animas occisorum die ac nocte dicit vindicari se postulare : quod quidem non est contrarium : quia Deus utique qui hanc Legem dedit, vindicare se in diem judicii repromisit, ut hoc præceptum ad præsens dedisse videatur, quod excusat occisorum animas, si illic jam positi mortis ultionis deposcunt. Tamen, ut verius dicam, causam clamare intelligendum est. Ipsa enim non tacet, sed semper vindictam flagitat : sicut dicit Deus ad Cain : « Sanguis fratris tui clamat ad me de terra. » (*Gen.*, IV, 10.) Quid est hoc, nisi quia causa facinoris clamat, vindicari desiderans ? Si enim dicimus, propter opus : Laudat terra Dominum, cum utique neque vocem habeat, et careat intellectu : sic propter opera mala clamare dicitur sanguis. Nam utique non tam impatientes erant, neque tam imperiti, ut ante diem futurum judicii vindicari se peterent, ne postularent fieri quod sciebant non effici ante tempus definitum. Et Salvator similiter : « Non faciet, inquit, Deus vindictam electorum suorum clamantium die ac nocte? »

QUÆSTIO LXIX. — Si jam prædicante Joanne, aut Salvatore, Lex cessavit, quomodo Salvator ait : « Non veni solvere Legem aut Prophetas, sed adimplere : » (*Matth.*, V, 17.) Si enim (*a*) prohibita est, quomodo non soluta est, quæ agendi amisit auctoritatem?

Omnia quæ de Christo dicta sunt, adimpleta sunt : et ipse Dominus sic adimplevit Legem et Prophetas, cum omnia quæcumque de se scripta sunt, fecit, nec dissolvit aliquid, sed confirmavit. Lex enim et Prophetæ usque ad ipsum. Prophetæ enim de ipso locuti sunt, ideo ultra illum quæ ab his de hoc, id est, de Christo dicta sunt, tendi non possunt ; neque post ipsum aliquid hujusmodi Prophetæ reperiri potuerunt : quia neque habent de quo dicant, et de quo dicebatur jam venit. Omnia etenim suis voluminibus complexi sunt, et incarnationem, et conversationem, et passionem, et resurrectionem, et divinitatis manifestationem, et futurum ejus judicium revelaverunt : ac per hoc cessaverunt Prophetæ impleto opere dispensationis. Lex autem duplici modo cessavit ; nec quidem tota : nam et id quod cessavit poterit permanere, si servetur conditio. Aliud enim cessavit in sententia, aliud in ipsa Lege. Prædicante Joanne baptismum pœnitentiæ in remissionem peccatorum, cessavit sententia Legis, quæ reos tenebat peccatores : cessaverunt etiam onera Legis, quæ ad duritiam

---

(*a*) Sic Cod. Colbert. At Mss. 2 gen. *cessavit*. Editi *prophetia est*.

de leur cœur, comme les préceptes qui avaient pour objet les aliments, les néoménies, le sabbat, ou autres choses semblables. Le règne de la justice devait faire place au règne de la miséricorde. Mais les fardeaux de la loi ont cessé à tout jamais. La sentence de la loi a cessé également et a été détruite pour ceux qui ont persévéré dans le bienfait qu'ils ont reçu. Mais pour ceux qui retournent au vieil homme, l'autorité de la loi reprend son empire, parce qu'ils oublient les bienfaits de Dieu pour se replacer sous la sentence de la loi. Quant à la circoncision et au sabbat, ils ont été obligatoires jusqu'au temps où les préceptes de la nouvelle loi ont été annoncés ; car ils avaient été donnés pour prendre fin à l'avénement de la loi de la foi. C'est ce qui fait dire à l'Apôtre : « Jésus-Christ est la fin de la loi. » (*Rom.*, x, 4.) C'est la même vérité qu'exprime Daniel lorsqu'il prédit l'avénement du Seigneur et les semaines qui doivent s'écouler jusque là ; il déclare que l'onction, que le jugement, le sacrifice et la ville elle-même cesseront d'exister. (*Dan.*, IX, 24.) En effet, il était juste que la loi charnelle cédât la place à la loi spirituelle. Le culte que l'on rendait alors à Dieu était tout extérieur ; maintenant c'est un culte intérieur, le premier était un culte qui frappait les sens, le second est invisible ; le premier s'accomplissait dans la chair, le second est un culte en esprit et en vérité. En effet, Dieu est esprit, et c'est en esprit qu'il doit être servi. (*Jean*, IV, 24.) La loi n'a donc pas été détruite parce qu'elle a cessé d'obliger, elle a été simplement remplacée au temps marqué. Ni le ministère de la loi, ni les jugements qu'elle portait ne sont donc condamnés, parce que le pardon est accordé aux pécheurs ; au contraire, c'est une preuve de la sagesse et de la justice qui la firent donner aux hommes, puisqu'on ne peut nier que ceux qui lui étaient soumis ne fussent pécheurs. « La loi, dit saint Paul, n'est point établie pour le juste. » (I *Tim.*, I, 9.) Que la miséricorde soit préférable, ce n'est pas une raison pour mépriser la justice, car sans la crainte de la justice la miséricorde demeure stérile. Si les hommes ne conservent pas cette crainte de la justice après avoir reçu le pardon de leurs fautes, la miséricorde de Dieu ne leur sert de rien. Que dit en effet la loi ? « Vous ne vous ferez point d'idole, vous n'adorerez rien de ce qui est en haut dans le ciel, ni de ce qui est en bas sur la terre. Vous ne ferez point de parjure. Honorez votre père et votre mère. Vous ne tuerez point. Vous ne commettrez point d'adultère. Vous ne déroberez point. Vous ne ferez point de faux témoignages. Vous ne convoiterez rien de ce qui appartient à votre prochain. » (*Exod.*, xx, 4, etc.) Or, dira-t-on que ces préceptes ont cessé d'être obligatoires ? A Dieu ne plaise, car sans l'observation fidèle de ces commandements, qui peut prétendre dans cette vie même à l'estime et à la considération ? Les préceptes de la loi qui ont cessé d'obliger sont ceux dont nous avons parlé plus haut, les néoménies, le sabbat, la loi sur les aliments, les sacrifices, la circoncision, etc. Voilà pourquoi l'Apôtre dit dans une de ses Epîtres : « Les princes ne sont point à craindre pour qui fait le bien, mais pour qui fait le mal. Voulez-vous donc n'avoir point à craindre la puissance ? Faites le bien et vous en recevrez des louanges. » (*Rom.*, XIII, 3.) L'observation de ces commandements fait les gens de bien, mais ne les rend point parfaits. Aussi écoutez ce que dit le Sauveur : « Si votre justice n'est pas plus parfaite que celle des Scribes et des Pharisiens, vous n'entrerez point dans le royaume des cieux. » (*Matth.*, v, 20.) En ajoutant à l'ancienne loi des préceptes plus parfaits, le Sauveur ne détruit point la loi, il l'accomplit. La

cordis Judaici fuerant data in escis, neomeniis, sabbatis, et cæteris. Misericordia enim adveniente, cessavit vindicta. Sed onera Legis in perpetuum cessaverunt. Sententia vero his cessat et aboletur, qui permansere in beneficio consecuto. His autem qui redeunt ad hominem veterem, refricatur Legis auctoritas, quia immemores beneficiorum redeunt sub sententiam Legis. Circumcisio vero et sabbatum usque ad illud tempus valuit, quo novæ Legis prædicaretur mandatum. Sic enim data sunt, ut adveniente lege fidei cessarent. Unde dicit Apostolus : « Finis Legis Christus. » (*Rom.*, x, 4.) Nam et Daniel hoc significat, cum et de adventu Domini et temporibus hebdomadum prophetat, quia et chrisma et judicium et sacrificium et ipsa civitas cessatura erant. (*Dan.*, IX, 24.) Spiritali enim adveniente lege, necesse erat cessare carnalia. Tunc enim ex parte corporis serviebatur Deo, nunc ex parte animæ : pridem visibiliter, modo invisibiliter : tunc in carne, nunc in animo. Quia Deo utique qui spiritus est, in spiritu serviendum est. (*Joan.*, IV, 24.) Non ergo soluta Lex est, quia cessavit, sed successum illi est impleto tempore. Nec enim administratio ejus accusatur aut judicium, si peccatoribus indulgentia datur : cum hinc magis recte data et justa probetur, quia quibus dominabatur, peccatores fuisse non negantur, quia « justis, inquit, Lex non est posita. » (I *Tim.*, I, 9.) Non ergo quia misericordia præferenda est, contemnenda putetur justitia : cujus reverentia si non esset, ipsa misericordia fructum non haberet. Nisi enim hanc servaverint post acceptam misericordiam, nihil illis proderit indulgentia. Nam dixit Lex : « Non facies tibi idolum, neque adoraveris quæ in cœlo sursum sunt, et quæ in terra deorsum : » et : « Honora patrem et matrem : » et : « Non occides : Neque fornicaberis : Neque furtum facies : Non dices falsum testimonium : Neque concupisces quidquam proximi tui. » (*Exod.*, xx, 4.) Numquid hæc cessasse dicenda sunt ? Absit. Sine his enim quis poterit vel in hac vita idoneus judicari ? Ac per hoc cætera cessaverunt quæ supra diximus, neomeniæ, sabbata, lex escarum, sacrificia, circumcisio, etc. Hinc est unde dicit Apostolus inter alia : « Principes non sunt timori operi bono, sed malo. Vis autem non timere potestatem, fac bonum, et habebis laudem ex illa. » (*Rom.*, XIII, 3.) Hæc servata bonos faciunt, non tamen perfectos. Unde Salvator : « Nisi abundaverit, inquit, justitia vestra plus quam Scribarum et Pharisæorum, non intrabitis in regnum cœlorum. » (*Matth.*, v, 20.) Addens enim istis potiora Salvator, non solvit utique Legem, sed adimplevit. Sensus enim Legis

loi bien comprise avait pour fin de sauvegarder la vie de l'homme, par exemple celle qui disait : « Œil pour œil, dent pour dent. » (*Matth.*, v, 38 ; *Lév.*, xxiv, 20.) La crainte de souffrir lui-même ce qu'il lui était défendu de faire aux autres l'éloignait ainsi de tout acte d'agression. Mais le Sauveur élève ce commandement à un degré bien supérieur de justice : « Pour moi, je vous dis de ne pas résister au mal, mais si quelqu'un vous frappe sur la joue droite, présentez-lui la gauche, » (*Matth.*, v, 39 ; *Luc*, vi, 29) et offre ainsi le moyen d'être parfait à celui qui ne rend pas le mal pour le mal. Rendre le mal pour le mal, c'est un acte de justice, mais qui est loin d'être pleine et entière ; dissimuler l'injure qu'on a reçue, voilà la justice pleine et parfaite. La vengeance qu'on tire du mal peut donner satisfaction pour un moment, mais on se procure une joie éternelle en renvoyant cette vengeance au jugement futur. Le Sauveur a donc accompli la loi en rendant plus justes ceux à qui la loi enseigne la justice, sans pouvoir faire davantage. C'est donc un véritable sujet de joie pour la loi que de voir ses disciples plus instruits. Le Sauveur eût détruit la loi s'il eût enseigné aux hommes à pécher impunément. Or, il diffère de rendre la sentence pour laisser à celui qui a mal fait le temps du repentir ; s'il n'en profite point, cette sentence retombe d'autant plus sévère sur lui qu'il n'a point voulu reconnaître que Dieu ne l'avait différée que pour lui donner le temps de se corriger.

(1) Les oracles des prophètes qui annonçaient la venue du Messie, ont reçu leur accomplissement lors de son avénement. Quand l'objet d'une prédiction se réalise, elle est accomplie. La loi qui, comme nous l'avons dit, a été donnée pour un temps, cesse avec le temps qu'il lui était défendu de dépasser, parce qu'elle recevait alors son accomplissement. Elle eût perdu son autorité, elle eût paru détruite, si elle n'eût cessé au temps marqué. On donne un successeur à un homme constitué en dignité, dira-t-on qu'il est détruit ? La loi eût été vraiment détruite si elle avait été dénoncée, accusée alors qu'elle était dans toute sa force. Et remarquez que le Sauveur ne dit pas qu'il a rempli, mais qu'il a accompli la loi et les prophètes. Or, le mot accomplir signifie ajouter jusqu'à rendre complet. Qu'est-ce qu'ajouter aux prophètes ? c'est établir le culte de Dieu sous le nom de la Trinité. Sans doute, les prophètes ont enseigné et repris le peuple au nom de Dieu, mais ce mystère restait caché. Accomplir la loi, c'est ajouter de nouveaux préceptes aux anciens, par exemple : « Vous avez appris qu'il a été dit aux anciens : Œil pour œil, dent pour dent. Et moi je vous dis de ne point résister aux mauvais traitements, mais si quelqu'un vous a frappé sur la joue droite, présentez-lui encore la gauche. » (*Matth.*, v, 38, 39.) C'est ainsi que le Sauveur accomplit la loi. Il ne la détruit point, il y ajoute des préceptes plus parfaits, non pour condamner comme coupable celui qui se venge, mais pour montrer qu'il est plus parfait de ne point se venger. Il n'a voulu que ce qui est renfermé dans la loi bien comprise, mais il a perfectionné l'intention de la loi. Pour enseigner la justice à l'homme, et le sauver par là même, la loi condamnait celui qui avait arraché un œil à perdre lui-même un œil ; elle voulait ainsi inspirer de la crainte aux hommes, les détourner de faire ce qu'ils n'auraient pas voulu qu'on leur fît et trouver leur salut dans l'observation de ce précepte. Mais comme le genre humain

(1) Même question telle qu'elle se trouve dans les manuscrits de la seconde catégorie, la xiiie sur le Nouveau Testament.

ad salutem hominis pertinet, ut puta, oculum pro oculo, dentem pro dente (*Matth.*, v, 38 ; *Levit.*, xxiv, 20) : ut timens ne pateretur quod alii facere prohibitus est, cohiberet se a nequitia. Salvator autem superiorem in hunc sensum addens justitiam : « Ego autem, inquit, dico vobis, non resistere malo, sed si quis te percusserit in dextram maxillam tuam, præbe illi et sinistram : » (*Matth.*, v, 39 ; *Luc.*, vi, 29) ut dum vicem non reddit malo, perfectus sit. Reddere enim vicem justitia est, sed non plena : si vero dissimulet ab injuria, plena justitia est et abundans. Retribuere enim gaudere ad impus est, remittere autem in futurum præstat lætitiam. Sic ergo adimplevit Legem Salvator, dum quos illa justitiam docuit, hic justiores effecit, quod illa non potuit. Quamobrem gaudium Legis est, quia discipuli ejus peritiores effecti sunt. Destruxisset plane Legem, si impune peccare docuisset. Porro autem suspendit sententiam, ut hic qui male facit, habeat spatium pœnitendi : si quo minus, redit in illum sententia cumulata, quia non cognovit ad hoc se remissum ut emendaret se.

Prophetarum dicta de Salvatoris adventu, impleta sunt cum venit ; quando enim quod prædictum est factum est, impletum videtur : Lex autem, quam ad tempus datam diximus, cum tempore, quod transgredi prohibita est ; quia quod impletur, cessat. Auctoritatem enim amisisset, et destructa videretur, si non juxta prædictum tempus cessasset. Nam si alicui in potestate constituto successor datur, numquid destructus dicetur ? Destructa plane esset Lex si tempore quo viguit accusaretur. Et non dixit, implesse se Legem aut Prophetas : sed « adimplere. » Adimplere autem non aliud significat quam plene addere. Quid est autem addere Prophetis, nisi culturam Dei sub Trinitatis nomine ordinare ? Quamvis enim Prophetæ in Dei nomine docuerunt et corripuerunt populum ; hoc tamen mysterium in abscondito erat. Legem adimplere est adimplesse, manentibus præteritis nova addere, ut puta : « Audistis, inquit, quia dictum est antiquis : Oculum pro oculo, dentem pro dente ; Ego autem dico vobis, non resistere malo, sed si quis percusserit te in maxillam tuam dexteram, præbe illi et sinistram. » Hoc fuit adimplere. Non enim destruxit illam, sed potiora addidit, non ut peccare videretur qui vindicat, sed ut melior sit qui non retribuat. Nec aliud ergo voluit, quam quod Lex in sensu habet, sed voluntatem ejus perfecit. Ut enim Lex hominem justitiam doceret, et per hanc salvum faceret, mandavit ut si quis oculum tolleret alicui, oculum amitteret : et ut hoc timore territi homines non facerent quod sibi fieri nollent, et per hoc salutem haberent. Sed quoniam fragile genus est hominum, et ad peccandum proclive, ideo in-

est fragile et enclin au péché, il s'expose à souffrir ce qu'il ne veut pas qu'on lui fasse. Le Sauveur a donc changé les termes de la loi et enseigné ce qui est vraiment utile au salut pour accomplir le sens véritable de la loi. La crainte de loi étant impuissante pour sauver les hommes, ils seraient ainsi vaincus par la patience et amenés à se corriger. Ce précepte a été donné afin que les hommes de mœurs douces pussent trouver la vie dans l'exercice de la patience, en ne rendant pas le mal à ceux qui leur en font, et que si ces derniers veulent se corriger, les bons pussent en retirer de l'avantage, et les méchants un double châtiment. La justice n'a donc pas été détruite, puisque nous la voyons exercée par les Apôtres, et que Pierre en a fait usage contre Ananie et Sapphire. (*Act.*, v, 1.) Le vase d'élection loin de la rejeter en a fait lui-même usage en rendant aveugle le magicien Elymas qui résistait à la voix du Seigneur. (*Act.*, xiii, 11.) Il est encore un autre point où la loi a reçu son accomplissement. Notre-Seigneur dit : « Vous avez appris qu'il a été dit : Vous aimerez votre prochain et vous haïrez votre ennemi, » c'est la justice, « mais moi je vous dis : Aimez vos ennemis. » Il ajoute à la loi, c'est-à-dire il l'accomplit, parce qu'il ne détruit pas les anciens commandements, mais il y ajoute des préceptes plus excellents pour conduire les hommes à la perfection. Les ennemis, c'est-à-dire les méchants, n'avaient pu être corrigés et rendus meilleurs par le châtiment qu'autorisait la justice ; Notre-Seigneur veut les sauver par l'amour et la bienveillance, c'est ce que la loi renfermait dans ses entrailles. Son intention était de faire disparaître toute inimitié, et que les hommes effrayés du châtiment qui les menaçait, cessassent d'être en guerre les uns avec les autres. Mais les hommes ont poussé l'audace jusqu'à mépriser la crainte de la loi et de la nature, ils sont devenus de jour en jour plus mauvais ; c'est alors que le Sauveur a voulu triompher de ces inimitiés par l'humilité, afin que les hommes fussent ramenés au bien en voyant qu'on ne leur rendait pas inimitié pour inimitié, et que ceux qui persévéreraient dans des sentiments de haine fussent punis plus sévèrement, puisqu'ils n'ont pu être vaincus par l'humilité de celui dont ils auraient dû éprouver la juste vengeance. La justice qui exerce la vengeance n'a donc pas été détruite, elle n'est que suspendue dans l'un et l'autre cas. Elle a cessé pour celui qui se connaît ; elle punira rigoureusement celui qui est rebelle à ses prescriptions.

QUESTION LXX. — Notre-Seigneur nous commande certainement d'être ennemis du démon ; pourquoi donc nous dit-il dans l'Evangile : « Hâtez-vous de vous réconcilier avec votre adversaire ? » (*Matth.*, v, 25.) Quel est l'adversaire de l'homme, si ce n'est le démon ?

Nul doute que le démon ne soit l'ennemi de l'homme et surtout du chrétien fidèle. C'est contre les serviteurs de Dieu qu'il aiguise ses traits les plus redoutables. De même donc que le démon est l'ennemi des bons, ainsi la loi est opposée aux méchants, car, qui n'est contraire à celui qui le méprise ? Le Seigneur avertit donc le pécheur de s'accorder avec les commandements qui condamnent sa désobéissance, de se soumettre à leur volonté, et de devenir leur ami d'ennemi qu'il était. En effet, le contempteur de la loi est son ennemi, car il résiste à sa volonté. Le Seigneur exhorte donc le pécheur à se réconcilier avec la loi par ses bonnes œuvres, de peur qu'elle ne l'accuse devant le juge au jour du jugement, et qu'il

---

currit ut patiatur quod sibi fieri non vult. Immutatis ergo Salvator verbis docuit quod saluti prodesset, ut sensum Legis adimpleret, ut quia timore Legis salvi esse nequiverunt, per patientiam victi emendarentur, sese corrigentes. Hoc præceptum datum est, ut non insolentes viverent patientia bonorum, dum non illis retribuunt condigna, ut si voluerint corrigi, boni ex hoc profectum habeant, illi vero geminam pœnam. Non ergo justitia destructa est, quam videmus etiam per Apostolos operatam : quia et Petrus Apostolus in Anania et Sapphira hanc servavit. (*Act.*, v, 1.) Et vas electionis non repudiavit, sed usus est, dum et Elymam magum resistentem viæ Domini, excæcavit. (*Act.*, xiii, 11.) Est etiam aliud quo impleta Lex est. Dicit enim Dominus : Audistis quia dictum est : Diliges proximum tibi, et odio habebis inimicum tibi ; » hæc justitia est : Dominus autem : « Ego autem, inquit, dico vobis : Diligite inimicos vestros. » Addit utique, quod est adimplevit, quia non destruxit vetera, sed ut perfectos faceret, potiora mandavit. Inimicos enim, hoc est malos, quia retributione, quæ justitia dictante fit, emendare et corrigere non potuit, per amorem illos et obsequium salvos fieri voluit, quod et Lex in sensibus habebat. Lex enim sic voluit inimicitiam tollere, ut per retributionem territi homines desinerent esse inimici : et quoniam audacia sua homines timorem Legis et naturæ spreverunt, crescentes in malum ; per humilitatem Salvator inimicitiam voluit vinci, ut vel sic homines flecterentur ad bonum, dum viderent non sibi reddi inimicitiam ; permanentes autem gravius tractandos fore, quia nec humilitate ejus, cujus vicissitudinem experiri debuerant, victi sunt. Non ergo justitia in vindicta obliterata est, sed suspensa ad utrumque ; quia cessavit circa eum qui sese cognovit : si quo minus, plecteret contumacem.

QUÆSTIO LXX. — Dominus certe inimicos nos diabolo fieri præcepit : quid ergo est ut in Evangelio dicat : « Esto consentiens adversario tuo cito ? » (*Matth.*, v, 25.) Quis est hominis adversarius, nisi diabolus (1) ?

Nulli dubium est diabolum esse hominis inimicum, maxime fidelis. Vehementiora enim tela sua contra Dei servos exacuit. Sicut ergo iste bonorum inimicus est, ita et lex malis adversa est. Quis enim contemnenti se non adversetur ? Dominus ergo peccatorem alloquitur, ut consentiat mandatis quæ illum inobedientem condemnant, ut subjiciat se voluntati eorum, et fiat ex inimico amicus. Quia et contemptor legis inimicus est ejus : voluntati enim ejus resistit. Ideoque hortatur Dominus peccatorem, ut bene agendo reconciliet sibi legem, ne

(1) Hæc deest in Mss. 2 generis.

ne soit alors condamné aux justes châtiments de ses mépris pour la loi. Car, dit le Sauveur, la doctrine du Seigneur est ennemie de tout homme qui veut faire le mal; s'il ne s'accorde pas avec elle, il sera jeté dans l'enfer qui a été préparé pour le démon, le véritable ennemi du genre humain.

QUESTION LXXI. — Jacob a été appelé l'homme qui voit Dieu (*Gen.*, XXXII, 30), et Moïse a vu Dieu face à face. (*Exod.*, XXXIII, 11.) Isaïe dit aussi : « J'ai vu de mes yeux le Dieu des armées. » (*Isaïe*, VI, 5.) Au contraire, l'évangéliste saint Jean dit : « Nul homme n'a jamais vu Dieu. » (I *Jean*, IV, 12.) Il y a donc ici contradiction.

Pour parler selon la vérité, nul homme n'a réellement vu Dieu, ni le Père, ni le Fils. Si l'Ecriture nous dit que les hommes l'ont vu, c'est par l'intelligence, car il n'a pu leur apparaître qu'en figure. De même que sans connaître les empereurs, nous les voyons en image et non en réalité, ainsi Dieu a été vu en ce sens que les hommes comprenaient que Dieu leur apparaissait d'une manière rationnelle et non substantielle, car Dieu ne peut être vu dans sa nature. Pour mettre dans tout son jour la difficulté que renferme cette question, efforçons-nous d'expliquer le sens des paroles de saint Jean. Car il a voulu ici nous révéler une vérité cachée et qui fait partie de la doctrine du salut : « Nul homme, dit-il, n'a jamais vu Dieu; le Fils unique qui est dans le sein du Père nous l'a manifesté lui-même. » (*Jean*, I, 18.) Examinons le sens de ces paroles de l'Evangéliste; pour nous montrer qu'il est de toute vérité que nul homme n'a jamais vu Dieu, il place cette déclaration sur les lèvres du Fils lui-même qui ne peut être trompé, parce qu'il est dans le sein du Père. Or, qu'est-ce que le sein du Père, si ce n'est le sentiment d'amour du vrai Père pour son Fils par l'unité de nature qui leur est commune? Nul donc n'a jamais vu Dieu, si ce n'est le Fils unique, c'est que l'apôtre de Dieu a révélé entre autres choses à l'apôtre saint Jean : « Ce n'est pas que quelqu'un ait vu le Père, il n'y a que celui qui est de Dieu qui a vu le Père. » Or, c'est pour condamner les Juifs qui ne voulaient ni entendre dire, ni croire que Jésus-Christ fût le Fils de Dieu, que l'Evangéliste leur prouve que c'est ce même Christ qui apparaissait comme Dieu aux patriarches, et que le Père n'a jamais été vu si ce n'est par le Fils. En effet, en niant que Dieu le Père ait été jamais vu, et en déclarant cependant que Dieu a apparu aux patriarches, le Fils de Dieu veut se révéler et montrer que c'est lui qui apparaissait comme Dieu à leurs pères. Voilà pourquoi il dit aux Juifs en parlant de son Père : « Vous n'avez jamais entendu sa voix ni vu sa face. » (*Jean*, V, 37.) Il n'y a donc aucune contradiction à dire que Dieu tout à la fois a été vu et qu'il est invisible.

QUESTION LXXII. — Quand nous lisons dans l'Apocalypse : « Va et prends le livre ouvert de la main de l'ange et dévore-le, et il sera amer dans tes entrailles, mais dans ta bouche il sera doux comme du miel, » (*Apoc.*, X, 8) quel est ce livre qui quoique doux est amer dans les entrailles?

Toutes les divines Ecritures sont amères, mais pour les incrédules et les hommes charnels. Ainsi, il est désagréable pour les idolâtres d'entendre prêcher un seul Dieu en Jésus-Christ. Cette doctrine saisit Photin d'horreur et d'effroi. Sabellius rougit

---

in die judicii accuset eum apud judicem, et condemnatus pœnas det spretæ legis : Omni etenim, inquit, qui male vult agere, disciplina Dominica inimica videtur : cui nisi consenserit, mittetur in gehennam, diabolo, qui vere inimicus humani generis est, præparatam.

QUÆSTIO LXXI. — Jacob appellatus est homo videns Deum (*Gen.*, XXXII, 30), et Moyses vidit Deum facie ad faciem (*Exod.*, XXXIII, 11) : nec non et Isaias : « Vidi, ait, Deum sabaoth oculis meis : » (*Isa.*, VI, 5) contra autem Joannes Evangelista : « Deum, inquit, nemo vidit unquam : » (I *Joan.*, IV, 12) hoc, quantum videtur, contrarium est.

Quantum ad fidem veri pertinet, Deum omnino nemo vidit unquam, neque Patrem, neque Filium. Quod enim visus dicitur, ad intelligentiam refertur, quia est enim velut in imagine. Veluti nos cum imperatores nescimus, videmus eos in figura, non in veritate : ita et Deus visus est, ut intelligeretur. Deus ergo qui apparebat, per rationem, non per substantiam; quia in natura sua Deus videri non potest. Et ut verius propositæ quæstionis secreta pandamus, sensum Evangelistæ explicare nitamur. Joannes enim occultum aliquid prodere voluit, quod scivit ad salutarem doctrinam pertinere : idcirco : « Deum, inquit, nemo vidit unquam, nisi unigenitus filius qui est in sinu Patris, ipse enarravit » Animadvertamus sensum Evangelistæ : ut enim verum esse, quia nemo vidit Deum unquam, ostenderet, Filium hoc enarrasse docet : quem falli utique impossibile est, quia in sinu Patris est. Sinus autem Patris quid est, nisi affectus in caritate veri Patris per naturæ unitatem in Filium? Quamobrem nemo vidit Deum, nisi unicus Filius : hoc Joannes apostolus Filium Dei audivit dicentem inter alia : « Non quia Patrem vidit quisquam, nisi qui est a Deo, hic vidit Patrem. » Ut ergo ad condemnationem proficeret Judæorum, qui Christum Dei Filium audire nolebant vel credere, ostendit Evangelista hunc esse Christum qui Patribus apparuisset (*a*) in Deum : illum autem qui Pater est, nunquam videri nisi a Filio. Quando enim Deum Patrem negat visum, et Deum apparuisse Patribus profitetur, manifestare se vult Dei Filius, quia ipse semper in Deum visus a Patribus est. Unde inter cætera dicit Judæis de Patre : « Neque vocem ejus audistis aliquando, neque figuram ejus vidistis. » (*Joan.*, V, 37.) Ecce non est contrarium, et visum et invisum esse Deum.

QUÆSTIO LXXII. — Quando legitur in Apocalypsi Joannis : « Vade, inquit, et accipe librum de manu Angeli, et devora illum, et amaricabit ventrem tuum, sed in ore tuo erit dulcis sicut mel : » (*Apoc.*, X, 8) quis iste liber est, qui amarum facit ventrem cum sit dulcis?

Omnia divina volumina amara sunt, sed perfidis atque carnalibus. Idololatris enim insuave est, cum audiunt

---

(*a*) Abest *in Deum* a Mss. 2 generis.

aussi d'entendre annoncer un Père qui ne peut être appelé le Fils, parce qu'il est le principe de toutes choses, et un Fils qui est appelé Fils, parce qu'il n'est point le Père, mais qu'il est du Père, et que ce n'est pas de lui, mais par lui que sont toutes choses. Arius se trouve également condamné en lisant que Jésus-Christ est le vrai Fils de Dieu, car il ne pourrait être appelé son véritable Fils, s'il ne venait de Dieu dans un sens rigoureux. Cette doctrine convainc Marcion de mensonge en lui apprenant, à lui qui nie que le Christ ait une chair véritable, que « le Verbe s'est fait chair. » (*Jean*, I, 14.) Elle accuse aussi l'impudent Manichéen, en lui montrant dans le récit de l'Evangéliste, à lui qui interdit le mariage et prêche une honteuse promiscuité, que le Sauveur non-seulement a honoré les noces de sa présence, mais a fourni aux époux le vin qui leur était nécessaire. (*Jean*, II.) Voilà les vérités contenues dans le livre que l'Apôtre reçut pour le dévorer. Ce livre, c'est l'évangile selon saint Jean, qui est amer non-seulement pour ceux qui l'interprètent mal, mais pour les esprits sans frein et sans retenue qui ne veulent pas changer de vie, et s'enfoncent de plus en plus dans le mal. Or, cette révélation eut lieu au temps que l'apôtre saint Jean était dans l'île de Pathmos où l'empereur Domitien l'avait exilé pour la cause de la foi. Il fut alors ravi en esprit afin de pouvoir contempler les mystères du ciel, et tandis que Dieu lui dévoilait les châtiments qu'il réservait à l'impiété, à l'adultère et aux autres crimes, il lui fut donné un livre qui était doux à la bouche, mais amer dans les entrailles; c'est-à-dire que parmi les chrétiens qui ne paraissent former qu'un seul corps, il devait être doux à ceux qui sont figurés par la bouche, à cause de leur vie sainte et irréprochable, car une chose n'est douce à la bouche que lorsqu'elle est une et sans mélange; mais il devait être amer à ceux que la dépravation de l'hérésie rend charnels dans leurs actions comme dans leurs sentiments, et qui sont figurés par les entrailles, car ce livre sera leur accusateur au jour du jugement de Dieu. A la suite de cette révélation, Dieu lui donne donc l'ordre d'écrire son Evangile pour les raisons que nous avons dites. Le prophète Ezéchiel reçut également l'ordre de prendre un livre qui était doux à sa bouche, lorsqu'il l'envoya pour reprocher au peuple son infidélité. (*Ezéch.*, III, 1.)

(1) Il arrive souvent qu'en cherchant à abréger on tombe dans l'erreur. Pourquoi n'exposez-vous pas tous les éléments d'une question, et en supprimez-vous une partie pour rendre le sens plus obscur ? Il a donc été dit à Jean : « Va, et prends ce livre qui est dans la main de l'ange, et dévore-le, et il sera doux dans ta bouche comme du miel, mais il sera amer dans tes entrailles; » et Dieu ajoute : « Il faut encore que tu prophétises à un grand nombre de peuples et de nations. » (*Apoc.*, VIII, 9, 11.) Or, la vérité est que saint Jean écrivit son Evangile après son exil. Il avait été exilé dans l'île de Pathmos par l'empereur Domitien, et c'est là qu'il eut une révélation un jour de dimanche comme il le dit lui-même; et à la suite de cette révélation, il écrivit son Evangile qui est amer aux hérétiques figurés par les entrailles, car ils sont charnels; parce qu'ils se font de fausses idées du Christ. Mais dans votre bouche, est-il dit à

---

(1) Même question telle qu'elle se trouve dans les manuscrits de la seconde catégorie, la LXVe sur le Nouveau Testament.

unum Deum prædicari in Christo. Et Photinus simul pertimescit horrore correptus. Erubescit etiam Sabellius audiens Patrem esse qui Filius dici non possit, quia ab ipso sunt omnia : Filium autem idcirco Filium appellari, quia non utique Pater ipse est, sed de Patre, nec a quo, sed per quem sunt omnia. Confutatur et Arius, cum legit Christum verum esse Filium Dei : sine dubio enim verus dici non posset, nisi proprie esset de Deo. Convincitur et Marcion, addiscens quia Verbum caro factum est (*Joan.*, I, 14), qui putat Christo carnem negandam. Arguitur etiam improbus Manichæus, videns scriptum ab Evangelista, quia Salvator non solum præsentia sui, nuptiarum vota decoravit, verum etiam poculis honestavit (*Joan.*, II) : qui nuptiarum aditus intercludit et promiscue convenire hortatur. Hæc continentur in libro, quem accipit Apostolus devorandum. Hic liber Evangelium est quod κατὰ Joannem intitulatur, quod non solum male sentientibus amarum est, verum etiam indisciplinatis, qui nolunt corripi ut in pejus proficiant. Ista revelatio eo tempore facta est, quo Apostolus Joannes in insula erat Pathmos, relegatus a Domitiano Imperatore fidei causa. Tunc fuit in spiritu, ut posset videre cœlestia, et dum hæc ei ostenduntur, quæ futura sunt causa impietatis et stupri et cæterorum, datus est illi liber qui dulcis quidem erat in ore, sed amarum faceret ventrem : ut ex his qui videntur unius (*a*) corpus esse hominis, istis dulcis esset qui propter quod integræ professionis sunt in ore significati sunt : hoc enim dulce ad quod unum est : illis autem qui hæretica pravitate carnaliter vivunt vel sentiunt, propter quod in ventre significati sunt, amarus. Accusabit enim eos in die judicii Dei. Post revelationem ergo Evangelium jussus est scribere, propter hæc quæ supra diximus. Et Ezechieli prophetæ similiter dictum est, ut acciperet librum qui esset dulcis in ore ejus, quando perfidiam populi missus est increpare. (*Ezech.*, III, 1.)

Frequenter, qui compendium quærit, solet errare. Quid est ut non omnia ad causam dicta proponas, sed aliqua reprimas, ut obscurior fiat sensus? Nam dictum est Joanni : « Vade, et accipe librum, qui est in manu Angeli, et devora illum; et erit in ore tuo dulcis tanquam mel, sed amaricabit ventrem tuum. » Et ait : « Oportet, inquit, te prophetare iterum populis et gentibus multis. » Quantum ergo ad veri pertinet rationem, post exsilium Evangelium scripsisse probatur. In exsilio enim positus in insula Pathmos, in quam fuerat a Domitiano Imperatore relegatus, vidit revelationem, sicut dixi, in die Dominico : post, sicut dixi, scripsit Evangelium, quod hæreticis amarum est, quos in ventre significavit. Sunt enim carnales, quia male intelligunt Christum : « In ore autem tuo, quod dicit, erit dulcis tanquam mel : » quasi omnium Christianorum unum facit

(*a*) Mss. Colbert. *corporis esse hominibus.*

Jean, il sera doux comme du miel. » Dieu fait de tous les chrétiens un seul corps, dans lequel ils sont les membres les uns des autres; la bouche qui fait partie de la tête, est la figure des plus honorables et des plus fidèles pour qui la vérité qui vient de Jésus-Christ est pleine de douceur. Les entrailles figurent les hérétiques, parce qu'ils sont charnels. Aussi, la vérité qui découvre dans Jésus-Christ un Dieu véritable leur est amère. En effet, l'Evangile de saint Jean est tout entier dirigé contre les hérétiques. Contre Photin, qui nie que le Christ existât avant Marie, il prouve que le Sauveur est descendu des cieux. Contre Arius, il montre que le Christ n'a pas eu de commencement, parce qu'au commencement le Christ était le Fils de Dieu, Dieu lui-même en Dieu son Père, et comme rien n'a été fait sans lui, on ne peut dire qu'il a été fait lui-même. Car s'il avait été fait, quelque chose eût été fait sans lui; mais comme rien n'a été fait sans lui, il a donc toujours existé. Quant à Sabellius, qui confond le Père avec le Fils, et n'en fait qu'une seule personne sous deux noms différents, il le confond par ces paroles du Sauveur : « Si vous m'aimiez, vous vous réjouiriez de ce que je vais à mon Père, parce que mon Père est plus grand que moi. » (*Jean*, XIV, 28.) Il distingue ici clairement deux personnes, puisque le Fils déclare que le Père est plus grand que lui. S'il est seul, il ne peut être plus grand que lui-même. Cet Evangile condamne encore Marcion qui niait que le Christ se fût revêtu d'une chair véritable, par ces paroles : « Le Verbe s'est fait chair, et il a habité parmi nous. » (*Jean*, I, 14.) Il combat également Manichée qui ne sait pas que Jésus-Christ est venu dans la chair et interdit le mariage, dans l'ignorance où il est que le Sauveur a daigné fournir ce qui manquait à un repas de noces. Un ange commanda également au prophète Ezéchiel de prendre un livre et de le dévorer; il devait être doux à sa bouche et remplir ses entrailles. (*Ezéch.*, III, 1.) Le Prophète reçut cet ordre lorsque Dieu l'envoya reprendre l'infidélité et les désordres de son peuple figuré par les entrailles à cause de sa vie toute charnelle. De ce nombre sont ceux à qui le prophète Isaïe donne le nom de frères, malgré leur méchanceté : « Vous qui craignez Dieu, dites à ceux qui vous haïssent et qui n'ont pas écouté mes préceptes : « Vous êtes nos frères. » (*Isaïe*, LXVI, 5, *sel. les Sep.*)

QUESTION LXXIII. — Que signifient ces paroles de Siméon à Marie, mère de Notre-Seigneur : « Celui-ci est établi pour la ruine et pour la résurrection de plusieurs en Israël..... et le glaive percera votre âme afin que les pensées cachées au fond des cœurs d'un grand nombre soient révélées ? » (*Luc*, II, 34.)

Siméon, ce saint personnage, dont les divines Ecritures font l'éloge, révèle par une inspiration divine ce que Jésus-Christ sera pour les hommes, un principe de chute et de ruine pour ceux qui se regardent comme inébranlables dans l'observance et la science de la loi, mais qui ne croient point aux œuvres de Jésus-Christ et n'ont aucune part aux promesses faites à leurs pères; un principe de résurrection pour ceux qui ne jouissaient d'aucune espèce de considération dans la loi, mais qui ont cru en Jésus-Christ, c'est-à-dire que Dieu a rendu dignes de lui ceux qui étaient regardés comme indignes et inutiles, et qu'il a réprouvé ceux qui paraissaient considérables dans le monde. C'est cette même vérité que Notre-Seigneur exprime dans un autre en-

---

corpus, ut singuli membra sint alter alterius, ita ut in ore, quod utique capitis pars est, honorabiliores et fideliores significet, quibus veritas quæ de Christo est, dulcis est. In ventre hæreticos significat, quia carnales sunt. Veritas enim quæ Christum verum Deum loquitur, his amara est. Totum enim Evangelium Joannis contra hæreticos est. Contra Photinum enim, qui Christum ante Mariam esse negat, probat de cœlis descendisse Salvatorem. Contra Arium autem, ostendit Christum initium non habere : quia in initio erat Deus Christus Filius Dei apud Deum Patrem, et quia nihil sine illo factum est, ipsum non posse dici facturam. Si enim factura erat, factum esset aliquid sine illo : sed quia nihil sine illo erat, semper fuit. Sabellium autem qui unionem accipit Patrem et Filium, ut unus singularis duobus nominibus nuncupetur, sic confutat ut dicat : « Si me diligeretis, gauderetis utique, quia vado ad Patrem, quia Pater major me est : » (*Joan.*, XIV, 28) ubi manifestavit duorum personas, quando Filius Patrem majorem appellat. Nec enim singularis ipse sibi major est. Nec non convincit et Marcionem qui carnem Christi denegat. Dixit enim : « Et verbum caro factum est, et habitavit in nobis. » (*Joan.*, I, 14.) Hoc sensu etiam Manichæum arguit, qui Christum in carne venisse nescit, et nuptiarum aditus intercludit, ignarus Salvatorem nuptiarum convivium remu-

(1) Hæc desunt in Mss. 2 generis.

nerasse. Simili modo et prophetæ Ezechieli dictum est ab Angelo ut acciperet volumen, et devoraret illud, et dulce esset in ore ejus, ventrem autem ejus repleret. (*Ezech.*, III, 1.) Hoc dictum est Prophetæ, cum missus est arguere populum perfidum et indisciplinatum, qui similiter in ventre significati sunt, quia erant carnales. Ex his enim quos Scriptura in Isaia propheta, licet mali sint, fratres appellat. Dicit enim : « Vos qui timetis Deum, dicite illis qui vos oderunt, nec audierunt præcepta mea, fratres nostri estis. » (*Isa.*, LXVI, 5, *Sec.* LXX.)

QUÆSTIO LXXIII. — Quid est quod Simeon dicit ad Mariam matrem Domini inter cætera : « Hic positus est in ruinam et in resurrectionem multorum in Israel : et tuam, inquit, ipsius animam pertransibit gladius, ut revelentur multorum cordium cogitationes ? » (*Luc.*, II, 34.)

Simeon vir sanctus, et divinis oraculis commendatus, per spiritum sanctum locutus quid futurum esset hominibus ex causa Christi, ut ruina his esset, qui cum sibi viderentur stare per observantiam et peritiam Legis, diffidentia tamen operum Christi caderent, dissoluti a promissione Patrum : illis autem qui nullius prope dignitatis essent in Lege, credentibus vero in Christum, resurrectio in Israel. [(a) Ut digni Deo fierent qui prius indigni et inutiles erant, et reprobarentur qui aliquid esse putabantur.] Hoc est quod alio loco dicit Dominus :

droit : « Je suis venu en ce monde pour le jugement, afin que ceux qui ne voient point, voient, et que ceux qui voient deviennent aveugles. » (*Jean*, IX, 39.) Et par le fait, ce ne sont ni les docteurs de la loi, ni les pharisiens, ni les scribes qui ont suivi Jésus-Christ, mais des pécheurs ignorants et sans éducation. Voilà ce qui a fait dire au Sauveur : « Mon Père, je vous rends grâces, parce que vous avez caché ces choses aux sages et aux prudents, et que vous les avez révélées aux petits. » (*Matth.*, XI, 25.) Quant à ce que Siméon ajoute : « Et le glaive percera votre âme, afin que les pensées cachées au fond des cœurs d'un grand nombre soient révélées, » (*Luc*, II, 35) cela indique que Marie, dans le sein de laquelle s'est opéré le mystère de l'incarnation, a éprouvé quelque doute à la mort de Notre-Seigneur, mais doute que l'éclat de la résurrection et la puissance du Sauveur changea bientôt en une foi ferme et inébranlable (1). A la mort du Sauveur, tous sous une impression d'effroi, laissèrent entrer le doute dans leur âme. Toutefois ils n'ont point persévéré dans le doute. Le glaive ne fait que traverser l'âme si le doute ne reste point dans la pensée; mais il en sort chassé par la force de l'âme qui reprend ses droits. Qui n'aurait été accessible au doute en voyant celui qui se disait le Fils de Dieu humilié jusqu'à la mort? Mais comme je l'ai dit, la résurrection du Sauveur devait faire disparaître toute espèce de doute; voilà pourquoi il est dit que le glaive passera et non qu'il tombera sur le cœur, ou qu'il atteindra quelque membre en passant. Un trait qui est lancé et qui passe près d'un homme peut l'effrayer, mais sans le blesser; ainsi le doute devait produire de la tristesse, mais non jusqu'à la mort, parce qu'il n'est point resté dans l'âme et qu'il l'a simplement traversée, en touchant comme une ombre les cœurs des disciples. Voyez Cléophas et cet autre disciple qui allaient à Emmaüs; ils étaient tristes dans le chemin, et disaient au Sauveur lui-même qu'ils ne reconnaissaient point : « Nous pensions qu'il était celui qui devait délivrer Israël. » Ils doutaient donc, mais à peine eurent-ils reconnu le Seigneur que ce doute s'évanouit. Il est dit aussi de Joseph que « le fer traversa son âme. » (*Ps.* CIV, 18.) Retenu longtemps dans les fers malgré son innocence, il n'est pas étonnant qu'il ait pu douter de la justice de Dieu à son égard, mais comme son espérance en Dieu était plus forte, il ne persévéra point dans le doute. Chacun est jugé sur le vice pour lequel il a le plus d'inclination. L'Apocalypse de saint Jean confirme cette vérité. « Ceux qui doutent, dit-il, et les incrédules auront leur part dans l'étang brûlant de feu et de soufre. » (*Apoc.*, XXI, 8.) Celui donc qui ne persévère point dans le doute est délivré de la mort, c'est-à-dire qu'il échappe à la mort, car le doute sur Dieu ou sur Jésus-Christ est une véritable mort. Celui donc qui cesse de douter, cesse par là même d'être soumis à la mort.

QUESTION LXXIV. — Comment concilier ces paroles du prophète Isaïe parlant du Christ : « Il n'a point commis le péché, » (*Isaïe*, LIII, 9) avec ces autres de l'Apôtre : « Il a rendu péché pour nous celui qui ne connaissait point le péché? » (II *Cor.*, V, 21.)

Quant au sens, il y a ici deux questions différentes; mais les expressions qui paraissent semblables sont en partie semblables, en partie diffé-

---

(1) Cette opinion aussi bien que l'interprétation des paroles de Siméon sont au moins des plus singulières, pour ne rien dire de plus.

« In judicium ego veni in hunc mundum, ut qui non vident, videant, et qui vident, cæci fiant. » (*Joan.*, IX, 39.) Denique non Legis Doctores, non Pharisæi, non Scribæ secuti sunt Christum; sed piscatores homines imperiti et rusticani. Hinc est unde dicit Dominus : « Pater gratias ago tibi, quia abscondisti hæc a sapientibus et prudentibus, et revelasti ea parvulis. » (*Matth.*, XI, 25.) Quod autem adjecit, dicens : « Et tuam ipsius animam pertransibit gladius, ut revelentur multorum cordium cogitationes; » (*Luc*, II, 35) hoc utique significavit, quia etiam Maria, per quam gestum est mysterium incarnationis Salvatoris, in morte Domini dubitaret, ita tamen ut resurrectionis honore et virtute Domini firmaretur. Omnes enim stupore quodam in morte Domini dubitarunt. Non tamen in dubitatione permanserunt. Sic enim animam pertransit gladius, si dubitatio non permaneat in cogitatione, sed pellatur superveniente reformante se pristina virtute. [(*a*) Quis enim non ambigeret videns eum, qui se Filium Dei dicebat sic humiliatum, ut usque ad mortem descenderet? Et quia, ut dixi, omnis ambiguitas in resurrectione Domini recessura erat, pertransire dixit gladium, non supercadere, aut contingere transeuntem membrum aliquod. Ut sicut gladius missus pertransiens juxta hominem, timorem facit, et tamen non percutit : ita et dubitatio mæstitiam faceret, non tamen occideret : quia non sedit in anima, sed pertransiit, quasi per umbram contingens corda discipulorum. Denique Cleophas et (*b*) alius discipulus Emmaüs euntes, in via tristes, dixerunt inter cætera ipsi Domino, nescientes quia Dominus est : « Nos putabamus, quia ipse erat qui incipiebat liberare Israel. » Dubitaverunt, sed statim agnito Domino, transivit dubitatio.] Sicut dictum est et de Joseph, quia « ferrum pertransivit animam ejus. » (*Ps.* CIV, 18.) In carcere enim innocens diu positus, de Dei judicio circa se quod dubitaverit, non est mirum : sed quia plus de Deo sperabat, non permansit in ambiguitate. In eo enim quis judicatur, in quo propensior est. Apocalypsis Joannis hoc sancit. Dicit enim : « Dubiis et infidelibus pars erit in stagno ignis et sulphuris. » (*Apoc.*, XXI, 8.) Ideo qui non permanet in dubitatione, eripitur a morte : (*c*) hoc est mortem evadere; quia dubitare de Deo, vel de Christo, mors est. Ac per hoc qui desinit dubitare, evadit mortem.

QUÆSTIO LXXIV. — Quid sibi vult ut Isaias propheta dicat de Christo : « Qui peccatum non fecit : » (*Isa.*, LIII, 9) contra autem Apostolus : « Eum qui peccatum, inquit, nesciebat, pro nobis peccatum fecit? » (II *Cor.*, V, 21.)

Quantum ad sensum pertinet, quæstiones diversæ sunt, sed verba similia, ex parte quidem similia, ex

---

(*a*) Hæc desunt in Mss. 2 generis. — (*b*) Mss. Colbert. *Cleophas et Amaüs euntes.* — (*c*) Reliq. deest in Mss. 2 generis.

rentes; il a fait, et il n'a point fait sont deux termes contradictoires; il ne connaissait point et il n'a point fait sont deux locutions semblables. Le Prophète, en parlant de la personne du Christ, dit donc qu'il n'a point commis le péché, et que le mensonge ne s'est point trouvé sur ses lèvres. L'Apôtre, au contraire, parle de la personne du Père qui a rendu péché pour nous le Christ qui ne connaissait point le péché. Ce qu'il faut entendre de deux manières. Premièrement il l'a rendu péché lorsqu'il a résolu son incarnation et décrété que celui qui n'était point soumis à cette condition prendrait un corps d'une chair pécheresse (1), et c'est ainsi qu'il a été fait péché. Il l'a encore rendu péché en l'offrant pour nos péchés, car la victime qu'on offrait sous la loi pour les péchés prenait le nom de péché. Jésus-Christ n'a donc point connu le péché, comme le déclare le Prophète, mais son Père l'a rendu péché, comme nous l'avons montré. Offrir le Christ pour nous, n'est-ce pas laisser tout pouvoir à ceux qui veulent le mettre à mort? Or, pourquoi ce pouvoir leur a-t-il été accordé, c'est dans notre intérêt, afin que le Christ pût descendre aux enfers et le dépouiller des âmes qu'il retenait captives. C'est un péché énorme, inouï, d'avoir mis à mort celui qui non-seulement n'était coupable d'aucune espèce de péché, mais qui avait rendu la vie à un si grand nombre; c'est de ce péché que le démon s'est rendu coupable, et il a perdu par là son pouvoir d'orgueilleuse opposition. Nous lisons quelque chose de semblable dans l'Epître aux Galates : « Il a été fait pour nous malédiction, » dit saint Paul. (Gal., III, 13.) Or, qui l'a rendu malédiction, si ce n'est le Père? Car c'est par un effet du jugement de Dieu que la croix de Jésus-Christ est la malédiction des Juifs, et la mort du Sauveur proclame hautement leur péché. Il a donc voulu être crucifié, afin que sa passion nous pût être utile, et que ceux qui sortiraient de cette vie avec le signe du Sauveur fussent affranchis de la tyrannie de la seconde mort; car la mort redoute jusqu'aux serviteurs de celui qui a triomphé d'elle.

(2) Dans cette question non-seulement les paroles, mais les personnes sont différentes. Il a fait et il n'a point fait sont deux termes contradictoires; mais comme l'action qu'on affirme avoir été faite ne l'a pas été par celui qu'on nie l'avoir faite, on ne peut dire qu'il y ait de contradiction. Les paroles du Prophète s'appliquent à la personne du Christ, celles de l'Apôtre à la personne du Père. En effet, Dieu le Père s'est réconcilié le monde par Jésus-Christ, et c'est ainsi qu'il a rendu le Christ péché. Il l'a donc rendu péché, en faisant descendre dans le sein d'une vierge pour naître homme, celui qui par sa nature n'était point soumis à une naissance humaine, et c'est ainsi qu'il a été fait péché du côté de la chair qui est une chair de péché. Il est donc né pour être offert comme victime pour les pécheurs. Ainsi l'Apôtre dit qu'il a été fait péché, parce que selon la loi la victime qui était offerte pour les péchés prenait le nom de péché. Nous lisons quelque chose de semblable dans l'Epître de saint Paul aux Galates. Il dit en parlant du Sauveur : « Il a été fait pour nous malédiction, » (Gal., III, 13) paroles dont voici le sens : Dieu le Père l'a fait pour nous péché ou malédiction, en permettant que les Juifs le missent à mort, afin que leur incrédulité, cause de leur réprobation, nous donnât lieu

(1) Si l'auteur entend par là que la chair qui a servi à former le corps de Jésus était soumise au péché, c'est une grave erreur. » Le Fils de Dieu, dit saint Paul, s'est revêtu d'une chair semblable à celle du péché. » (Rom., VIII, 3.)
(2) Même question telle qu'elle se trouve dans les manuscrits de la seconde catégorie, la XLe sur le Nouveau Testament.

parte vero discrepantia : fecit enim, et non fecit contrarium est : nesciebat et non fecit, simile est. Propheta ergo ex persona Christi locutus est, quia peccatum non fecit, nec dolus inventus est in ore ejus : Apostolus vero loquitur de persona Dei Patris, qui eum, id est Christum qui peccatum nesciebat, pro nobis peccatum fecit. Hoc duplici modo intelligendum est. Primum enim fecit illum peccatum, dum incarnari illum voluit, ut quem sors non tangebat, de peccatrice carne corpus acciperet, per quod dicitur factus peccatum. Deinde dum offert eum pro peccatis, fecit illum peccatum. Hostia enim in Lege pro peccatis oblata, peccatum nuncupabatur. Non ergo Christus peccatum fecit, sicut dicit Propheta; sed a Patre ipse peccatum factus est, sicut ostensum est. Offerre autem Christum pro nobis quid est, nisi dare potestatem volentibus eum occidere ? Quod idcirco concessum est, quia profuturum erat, ut esset causa descendendi ad inferos, ut spoliaret tartarum animabus. Superabundans enim et inauditum peccatum est, occidisse eum qui non solum nullo genere peccaverat, sed et multis vitam donaverat. Hoc peccato reus factus diabolus, contradicendi audaciam perdidit. Nam simile aliud ad Galatas in Epistola legitur : inter cætera enim : « Factus, inquit, pro nobis maledictum. » (Gal., III, 13.)

A quo factus, nisi a Patre ? Judicio enim Dei crux Christi maledictum est Judæorum : peccatum enim illorum exclamat mors Salvatoris. Crucifigi ergo se permisit, ut passio ejus proficeret nobis, ut hinc cum signo ejus exeuntes, a secunda morte minime teneremur. Metuit enim mors etiam servos ejus a quo victa est.

Quantum ad propositum pertinet, non solum verba discrepant, sed et personæ diversæ sunt. Fecit enim, et non fecit, contrarium est. Sed quia non ab hoc factum intelligitur, qui fecisse negatus est, contrarium dici non potest. Prophetæ enim dictum ad personam pertinet Christi, Apostoli vero ad personam Patris. Deus enim Pater reconciliavit sibi mundum per Christum ; et ita factum est, ut eum, id est Christum faceret peccatum. Hoc est enim fecisse eum peccatum, dare illum in utero virginali, ut nasceretur homo, ex parte carnis factus peccatum, quia caro peccati est, hic utique quem sors et conditio non tangebat homineum procreare. Ad hoc igitur natus est, ut hostia pro peccatoribus offerretur. Peccatum ergo factus dicitur, quia secundum Legem hostia quæ pro peccatis offerebatur, peccatum nuncupabatur. Similis locus est alius Apostoli ad Galatas dicentis de Salvatore : « Factus pro nobis maledictum, » (Gal., III, 13) ipse sensus est : Factus est pro nobis peccatum

de prendre leur place selon ce qu'a dit le Sauveur : « Le royaume de Dieu vous sera ôté, et il sera donné à un peuple qui en portera les fruits. » (*Matth.*, xxi, 43.) Dans le langage de l'Écriture Dieu est censé faire ce qu'il permet, parce qu'une chose ne se fait que parce qu'il le permet. Aussi Notre-Seigneur dit à Pilate : « Vous n'auriez point de pouvoir sur moi, s'il ne vous était donné d'en haut. » (*Jean*, xix, 11.) Ce n'est point en l'envoyant du haut du ciel, mais en permettant l'usage du pouvoir que Dieu le donne, et l'âme perverse qui reçoit le pouvoir de faire ce qu'elle veut devient coupable, comme les Juifs qui en mettant à mort le Sauveur ont fait de lui leur malédiction, par un juste jugement de Dieu. En effet, la croix du Sauveur a été la malédiction des Juifs. Le sacrifice qui a été offert sur la croix n'a point purifié celui qui l'offrait comme la victime qu'on immolait pour les péchés; au contraire, le Sauveur dans ce sacrifice est devenu le péché qui souille l'âme de ceux qui l'ont offert, et la justification de ceux qui vivaient éloignés de lui, afin que la bénédiction promise à Abraham se répandît parmi les nations. En effet le sacrifice des Juifs a profité aux Gentils, qui n'ont pas hésité à embrasser la foi de Jésus-Christ.

QUESTION LXXV. — Pourquoi le Seigneur paie-t-il seulement le didrachme pour lui et pour Pierre, et non pour les autres apôtres? Puisque tous avaient abandonné leurs biens pour le suivre, ne devait-il pas payer ce tribut pour tous? (*Matth.*, xvii, 26.)

Le didrachme était un tribut personnel et non l'impôt qui frappait les biens d'un chacun. (On appelait cet impôt l'or des haillons, parce qu'on l'exigeait des pauvres eux-mêmes.) Car le Sauveur ne possédait rien en ce monde, quoiqu'étant le maître du monde. Après sa mort, il a été enseveli aux frais d'autrui; et nous, à qui le monde est étranger, nous désirons accroître nos biens; c'est ainsi qu'en mourant nous attestons non-seulement par nos paroles, mais par nos écrits, que nous avons comme envahi le monde, et que notre propre déclaration nous fait condamner par le souverain maître de ce monde. Voilà pourquoi le Seigneur dit dans l'Évangile : « Celui qui n'aura point tout abandonné pour me suivre ne peut être mon disciple. » (*Luc*, xiv, 26.) Celui donc qui possède les biens de ce monde sans y placer son espérance, et en étant disposé à y renoncer pour la foi, marche dans la voie qui conduit à Notre-Seigneur Jésus-Christ. Ce tribut était donc exigé de ceux qui faisaient quelque négoce ou exerçaient quelque profession. Or, puisque ni le Sauveur, ni ses disciples n'étaient mêlés à aucune des affaires de ce monde, on ne devait point leur demander cet impôt. Mais comme le démon était sans cesse en embuscade pour saisir l'occasion de triompher du Sauveur, il s'empara de l'âme des collecteurs du didrachme pour en faire les instruments de sa volonté et leur inspirer d'aller trouver Pierre, le premier des apôtres, et de lui dire que leur maître devait payer cet impôt alors qu'ils en étaient parfaitement déchargés; car ils ne se livraient à aucune des occupations du monde. Comme le Sauveur n'avait pas de quoi payer cet impôt, le démon voulait en faire un sujet de scandale ou le forcer de s'abaisser jusqu'à prier un autre de payer pour lui. C'est alors que Notre-Seigneur, pour montrer que le démon, dans son imprévoyance, ourdissait des trames où il devait être

---

sive maledictum nostra causa a Deo Patre, qui permisit illum a Judæis occidi, ut incredulitatis suæ causa abdicarentur a nobis in locum illorum inducti, sicut dicit Salvator : « Tolletur a vobis regnum Dei, et dabitur genti facienti fructum ejus. » (*Matth.*, xxi, 43.) Nam omne quod permittit Deus, facere dicitur : quia si non permittat, non fit. Unde dicit Dominus ad Pilatum : « Non haberes potestatem in me, nisi data esset tibi desuper. » (*Joan.*, xix, 11.) Non ergo immittens, sed permittens dare dicitur potestatem, ut dum mala mens voluntatis suæ accipit potestatem, sit rea : sicut Judæi qui occiderunt Salvatorem, fecerunt illum maledictum suum Dei judicio. Crux enim Salvatoris maledictum est Judæorum. Non enim sicut hostia quæ pro peccatis offerebatur, abluebat offerentem; sed contra oblatus Salvator macula et peccatum fit offerentium : justificatio autem illorum qui dissentiunt, ut gentibus benedictio Abrahæ fieret in Christo Jesu. Oblatio enim Judæorum profecit gentibus non diffidentibus a fide Jesu Christi.

QUÆSTIO LXXV. — Cur Salvator pro se tantum et Petro didrachmam solvit, non etiam pro cæteris Apostolis : quippe cum omnes eum relictis facultatibus omnibus subsecuti sint, pro omnibus solvere debuisse videtur? (*Matth.*, xvii, 26.)

Didrachma capitum exactio intelligitur, non prædiorum, (*a*) [quod nunc pannosum aurum appellatur, quia et pauperes exiguntur :] nec enim Salvator aliquid possidebat in mundo, cum sit dominus mundi. Mortuus enim alienis impendiis sepelitur : et nos a quibus mundus extraneus est, facultates augere cupimus, ut morientes mundum a nobis invasum, non tantum voce, sed et litteris contestemur, ut professione nostra ab eo cujus mundus est, condemnemur. Hinc Dominus : « Qui non, inquit, reliquerit omnia, et secutus me fuerit, non potest meus esse discipulus. » (*Luc.*, xiv, 26.) [(*b*) Quicumque ergo sic habet facultates suas, ut spem in illis non habeat, paratus autem sit pro fide illas abjicere, viam sequitur qua itur ad Christum Dominum nostrum.] Didrachma ergo ab his exigenda erat, qui aliquid negotii gerebant, aut artibus operam dabant. Salvator autem, quia nihil horum curabat, neque Discipuli ejus, exigendus utique non erat : sed quia inimicus diabolus semper in insidiis erat, occasionem quærens si posset inclinare Salvatorem, exactorum didrachmæ animos occupavit, ut ejus facerent voluntatem; ut accedentes ad Petrum, qui primus inter Apostolos erat, solvi debere ab eorum magistro dicerent didrachmam, qui ab his oneribus liberi erant. Nihil enim agebant in mundo quod esset mundi : ut quia non erat unde solveret, aut his scandalo esset, aut certe humilitatis suffragii quæreret a quo solveretur. Tunc Dominus ut improvidum diabolum adversus semetipsum semper machinari ostenderet, ad mare ire Petrum Apos-

(*a*) Absunt hæc a Ms. Colbertino. — (*b*) Hæc absunt a Mss. 2 generis.

pris lui-même, commande à son apôtre d'aller sur les bords de la mer, d'ouvrir la bouche du premier poisson qu'il trouverait et d'y prendre la pièce de monnaie exigée pour cet impôt. En s'acquittant de ce tribut, non-seulement il évitait de scandaliser ceux qui étaient chargés de le recueillir, et il n'avait pas besoin de s'abaisser jusqu'à demander à d'autres de le payer pour lui, mais il donnait une preuve de sa grande puissance en attirant à lui ceux qui étaient dans les chaînes du démon, pour lui faire trouver son supplice dans ses propres inventions et dans ses artifices. Les collecteurs du didrachme dirent donc à l'apôtre saint Pierre : « Votre maître ne paie pas le tribut, etc. ; » et ils allèrent ensuite trouver son maître pour le déterminer à payer cet impôt pour tous les disciples. Le Sauveur, en commandant de le payer pour Pierre et pour lui, semble le payer pour tous ses disciples ; car de même qu'ils étaient tous dans le Sauveur comme les disciples dans leur maître, ainsi après le Sauveur ils étaient tous renfermés dans Pierre ; « car Notre-Seigneur l'a établi pour être leur chef et le pasteur du troupeau du Seigneur. » En effet, Jésus dit à ses disciples : « Veillez et priez afin de ne pas entrer en tentation. » (*Matth.*, XXVI, 41.) Mais à Pierre il dit : « Voilà que Satan a désiré te passer au crible comme le froment, et moi j'ai prié pour toi afin que ta foi ne défaille pas ; et toi, quand tu seras converti, affermis tes frères. » (*Luc*, XXII, 31.) Quel doute peut-il rester ? Il priait pour Pierre et ne priait pas pour Jacques et pour Jean, sans parler des autres. Il est évident qu'ils étaient tous renfermés dans Pierre ; car lorsqu'il prie pour Pierre, on doit reconnaître qu'il prie pour tous les autres disciples. C'est toujours, en effet, dans celui qui est à sa tête que le peuple reçoit des reproches ou des louanges. Et Notre-Seigneur lui-même dit dans un autre endroit : « Je prie pour ceux que mon Père m'a donnés, et je veux que là où je suis, ils soient avec moi. » (*Jean*, XVII, 9, 24.)

QUESTION LXXVI. — Saint Jean dit dans son Evangile : « La loi a été donnée par Moïse ; la grâce et la vérité sont venues de Jésus-Christ. » (*Jean*, I, 17.) Donc la grâce et la vérité n'existaient pas auparavant. Comment donc Dieu a-t-il donné une loi qui ne contenait pas la vérité ?

Ne passons point légèrement sur ces paroles, mais considérons attentivement ce que signifient ces paroles : « La loi a été donnée par Moïse. » La loi donnée par Moïse a des préceptes clairs ; mais il a de plus écrit une histoire à laquelle on a donné aussi le nom de loi. Voyons donc ce qui, dans les préceptes, ne serait pas conforme à la vérité. Serait-ce ces commandements : « Vous ne tuerez point, vous ne commettrez point d'adultère, vous ne déroberez point. » (*Exod.*, XX, 13.) Les autres sont semblables. Quant à la partie historique, il est évident qu'elle n'était point vérité avant l'avénement de Jésus-Christ ; car on ne pouvait savoir la vraie signification de ces choses qui étaient couvertes comme d'un voile. Mais lorsque Jésus-Christ vint faire connaître à quelle personne Dieu s'adresse en disant : « Faisons l'homme à notre image et à notre ressemblance, » (*Gen.*, I, 26) quel est celui qui l'a créé, celui qui a paru aux patriarches dans un buisson (*Exod.*, III, 2), celui qui a rendu la pierre féconde (*Exod.*, XVII, 6) et qui a fait couler des torrents dans le désert, car la pierre, dit l'Apôtre, était Jésus-Christ (I *Cor.*, X, 4) ; on peut dire que la

---

tolum jubet, (*a*) et capti piscis os aperire, et illic invenire nummum exactioni debitum : quo soluto, non solum scandalum non esset exactoribus, neque inclinaretur requisito auxilio ad solvendum, verum etiam signum virtutis maximæ demonstraret, per quod captos a diabolo ad se traheret, ut argumento et astutia sua diabolus torqueretur. Dicunt ergo exactores didrachmæ ad Petrum apostolum : « Magister vester non solvit didrachmam, » etc. (*Matth.*, XVII, 23.) Quo dicto, magistrum ut pro omnibus Discipulis solveret, convenerunt. Salvator autem cum pro se et Petro dari jubet, pro omnibus exsolvisse videtur : quia sicut in Salvatore erant omnes causa magisterii, ita et post Salvatorem in Petro omnes continentur. Ipsum enim (*b*) constituit esse caput eorum, ut pastor esset gregis Dominici. Nam inter cætera dicit Discipulis : « Vigilate, et orate, ne intretis in tentationem. » (*Matth.*, XXVI, 41.) Et Petro dicit : « Ecce satanas expostulavit ut vos ventilet sicut triticum : ego autem rogavi pro te, ut non deficiat fides tua : et tu aliquando conversus confirma fratres tuos. » (*Luc.*, XXII, 31.) Quid ambigitur ? Pro Petro rogabat, et pro Jacobo et Joanne non rogabat, ut cæteros taceam ? Manifestum est in Petro omnes contineri : rogans enim pro Petro, pro omnibus rogasse dignoscitur. Semper enim in præposito populus aut corripitur, aut laudatur. Quia et alio loco dicit : « Ego pro his rogo quos mihi dedisti Pater, et volo ut ibi ego sum, et ipsi sint mecum. » (*Joan.*, XVII, 9, 24.)

QUÆSTIO LXXVI. — Joannes in Evangelio : « Lex, ait, per Moysen data est, gratia et veritas per Jesum Christum facta est : » (*Joan.*, I, 17) ergo gratia et veritas ante non fuit. Quomodo ergo Lex a Deo data dicitur, in qua veritas non fuit ?

Non sic passim prætereundum est, sed considerandum est quid sit : « Lex per Moysen data est. » Per Moysen enim Lex data manifesta habet præcepta, sed scripsit et historiam, quæ et ipsa Lex appellatur. Et videamus quid in præceptis ejus non erit verum : forte quod dicit : « Non occides ? Non fornicaberis : Non furtum facies ? » (*Exod.*, XX, 13.) Talia sunt et cætera. Nam historia ejus, quia ante adventum Christi veritas non erat, hoc manifestum est. Etenim quæ sub velamine erant, quid significarent, incertum erat. Cum autem per Christum manifestaretur, cujus persona sit quæ dicit in Genesi : « Faciamus hominem ad imaginem et ad similitudinem nostram, » (*Gen.*, I, 26) et quis est qui fecit, et quis fuerit qui in rubo a Patriarchis visus fuit (*Exod.*, III, 2), et qui in petra operatus sit (*Exod.*, XVII, 6), quæ dedit aquas in deserto ; quia « petra, inquit, erat Christus : » (I *Cor.*, X, 4) sic fuit veritas per Christum, quando ea

---

(*a*) Mss. 2 generis addunt *quasi cui curam domus delegaverat.* — (*b*) Mss. 2 generis *post se reliquit pastorem.*

vérité a brillé du plus vif éclat par Jésus-Christ lorsqu'il a dévoilé le véritable sens des choses qui étaient demeurées jusque-là cachées ou douteuses. N'est-ce pas lui qui nous dit : « C'est de moi que Moïse a écrit? » (*Jean*, v, 46.) Voilà ce qui, avant lui, était caché et faisait erreur. On prenait pour Dieu le Père celui qui était le Fils, et on reconnut que c'était le Fils de Dieu lui-même qui apparaissait sous la forme d'un ange. La promesse que Dieu avait faite à Abraham restait douteuse tant qu'elle n'était pas accomplie; mais lorsque l'avènement de Jésus-Christ vint lui donner son accomplissement, elle devint une vérité, car elle eut alors tout son effet et on vit clairement quel était son objet. En effet on reconnaît la vérité de celui qui fait une promesse lorsqu'il la met à exécution.

(1) Examinons ce que signifient ces paroles : « La loi a été donnée par Moïse. » La loi donnée par Moïse a des préceptes clairs; quel est celui de ces préceptes qui ne soit point d'une exacte vérité? « Vous ne tuerez point, vous ne commettrez point d'adultère; » les autres sont semblables. Mais Moïse a aussi écrit une histoire dans laquelle, jusqu'à l'avènement du Sauveur, la vérité restait couverte comme d'un voile. Lorsque Jésus-Christ vint faire connaître à quelle personne Dieu s'adressait en disant : « Faisons l'homme, » quelle est celle qui a créé l'homme, quel est celui qui s'est montré dans le buisson ou aux patriarches, qui a fait couler de la pierre des torrents d'eau; car « la pierre était le Christ, » dit saint Paul; la vérité a été faite par Jésus-Christ, qui nous a fait connaître le véritable sens des choses qui demeuraient pour nous incertaines. La loi donnée par Moïse a donc convaincu les pécheurs d'être coupables; la grâce qui avait été promise par la loi leur a remis leurs péchés et les a délivrés de la mort. L'ordre que Dieu voulut suivre fut de donner d'abord la loi, et ensuite la miséricorde, qui devient la grâce lorsqu'elle remet les péchés; car la promesse se change en grâce par son accomplissement. « Il viendra, dit Isaïe, un rédempteur pour Sion qui délivrera Jacob de son impiété. » (*Isa.*, LIX, 20, sel. les Sept.) Cette promesse est devenue la grâce par Jésus-Christ qui remet gratuitement les péchés. Or, comment pardonnerait-il les péchés s'il ne donnait d'abord la loi qui, rendant les hommes coupables, lui donne occasion de leur remettre leurs péchés ? Car il ne pouvait remettre que ce qui lui était dû. Or, cette dette ne pouvait exister si la loi n'avait précédé.

QUESTION LXXVII. — Que signifient ces paroles de l'évangéliste saint Marc sur Notre-Seigneur Jésus-Christ : « Etant entré dans une maison, il désirait que personne ne le sût, mais il ne put rester caché? » (*Marc*, VII, 24.) S'il désirait rester caché et qu'il ne l'ait pu, sa volonté a donc été impuissante?

Il est impossible que la volonté du Sauveur n'ait pas son effet, et il ne peut d'ailleurs vouloir que ce qui doit se faire, il faut donc admettre qu'il a voulu tout ce qui s'est fait, car sa volonté ne dépasse jamais la puissance de sa nature. Elle est par conséquent irrépréhensible comme sa nature. Le fait dont il est question s'est passé sur les confins de Tyr; Jésus entra dans une maison et il désira que personne ne le sût. Or, on demande comment et pour quelle raison il a voulu qu'on ne sût point son arrivée. Remarquons que ce fait a eu lieu sur les confins de la Gentilité, à qui l'Evangile ne devait pas encore être prêché. Lorsqu'il donna leur

---

(1) Même question telle qu'elle se trouve dans les manuscrits de la seconde catégorie, la XXXe sur le Nouveau Testament.

---

quæ latebant, aut in dubium veniebant, quid significarent a Christo ostensum est. Nam inter cætera Dominus ait : « De me scripsit Moyses. » (*Joan.*, v, 46) Hoc prius latuit : error enim erat. Putabatur enim Deus Pater, qui erat Filius : et qui æstimabatur Angelus, cognitus est esse Dei Filius. Et promissio facta fuerat Abrahæ, quæ quandiu non reddebatur, in ambiguo erat, cum autem veniente Christo reddita est, facta est veritas : quando et quod promissum est redditum est, et cœpit sciri quod erat promissum. Promittentis enim fides tunc vera probatur, cum exsolvit promissum.

Videndum est quid sit : « Lex per Moysen data est. » Per Moysen autem Lex data, manifesta habet præcepta, et quid illic non erit verum ? « Non occides : Non fornicaberis ? » talia et cætera sunt. Sed scripsit et historiam in qua usque ad adventum Salvatoris quæ esset veritas manifestata non erat. Cum ergo per Christum manifestatur, cujus persona dicat : « Faciamus; » et quæ sit quæ faciat; et quis fuerit qui in rubo aut Patriarchis visus sit, et qui in petram, cum aquam ipse produxit, operatus sit, quia « petra, inquit, erat Christus; » fit ergo veritas per Christum, dum ea quæ in dubium veniebant, quid significent intelliguntur. Itaque Lex per Moysen data reos constituit peccatores : Gratia autem promissa in Lege adveniens, donatis peccatis peccatores morte privavit. Ordo ergo fuit primum Legem dare, postea vero misericordiam, quæ tunc fit gratia, dum donat peccata. Ante enim promissio erat, quæ postea fit gratia. « Veniet enim, inquit, ex Sion qui eripiat et avertat impietatem ab Jacob. » (*Isa.*, LIX, 20, sec. LXX.) Hæc promissio per Christum, facta est gratia, dum donat gratis peccata. Quomodo autem donaret peccata, si non prius Legem daret, per quam reis factis veniam largiretur ? Nam non daret nisi quod sibi debebatur. Deberi autem non poterat, nisi Lex præcederet.

QUÆSTIO LXXVII. — Quid est quod inter cætera dicit Marcus Evangelista de Christo : « Intrans in domum voluit neminem scire, et non potuit latere : » (*Marc.*, VII, 24) si ergo voluit et non potuit, infirmata voluntas ejus videtur ?

Impossibile prorsus est ut Salvatoris voluntas non impleatur, nec potest velle quod scit fieri non debere : idcirco quod factum est, hoc voluisse dicendus est. Nam voluntas ejus nunquam extra naturam ejus est. Sicut ergo natura ejus in reprehensionem non cadit, ita nec voluntas. Nam quod proponitur, factum legitur in finibus Tyri : tunc intravit in domum, et neminem voluit scire. Nunc requiritur quomodo vel quare neminem voluit scire. Animadvertendum est enim, quia istud in finibus gestum est gentilium, quibus adhuc tempus præ-

mission à ses disciples, il leur dit : « N'allez point vers les nations et n'entrez point dans les villes des Samaritains; mais allez plutôt vers les brebis perdues de la maison d'Israël. » (*Matth.*, x, 5.) Il ne voulut donc point qu'on fit connaître qu'il était dans cette maison, il ne voulait pas être recherché, mais il accueillait volontiers ceux qui se présentaient; car bien que le temps de prêcher l'Evangile aux Gentils ne fût pas encore venu, cependant il y aurait eu quelque chose d'odieux à ne point recevoir ceux qui venaient spontanément pour embrasser la foi. Ainsi donc, ce ne furent point les disciples qui firent connaître la venue du Sauveur, mais ceux qui le virent entrer dans la maison qui répandirent le bruit de son arrivée. On sut ainsi qu'il était dans cette maison, et tous ceux qui voulaient obtenir quelque bienfait y entrèrent. Notre-Seigneur ne voulait donc point que ses disciples fissent connaître qu'il était dans cette maison, il voulait qu'on le recherchât, et c'est ce qui eut lieu en effet; car il ne put rester caché une fois qu'on sut qu'il était entré dans cette maison. Ainsi, aussitôt que la Chananéenne eut appris son arrivée, elle s'empressa de venir le trouver pour le supplier de chasser le démon du corps de sa fille (*Matth.*, xv, 22), et certainement elle n'eût pas obtenu cette grâce si elle ne se fût auparavant soumise par la foi au Dieu des Juifs. La volonté du Sauveur a donc été accomplie d'après l'explication que nous venons de donner, et la discussion nous a fait trouver ce que le récit abrégé de l'Évangéliste nous tenait caché.

(1) Ce fait, qui est présenté d'une manière très-abrégée comme pour en rendre la signification plus cachée, s'est passé sur les confins de Tyr. Le Seigneur étant donc arrivé sur les confins de Tyr entra dans une maison. Comme le temps n'était pas encore venu de prêcher l'Evangile aux Gentils, il défendit qu'on fît savoir à personne son arrivée, c'est-à-dire « il voulut que personne ne le sût. » Il faut sous-entendre qu'il ne voulut point que ses disciples apprissent à personne qu'il était dans cette maison. Il ne voulait point qu'on le recherchât, parce que le temps n'était pas venu d'offrir la grâce aux Gentils. Or, cette femme étant venue, et ayant appris que Jésus était là par ceux qui l'avaient vu entrer dans cette maison, le suppliait de chasser le démon du corps de sa fille. Mais le Sauveur, qui savait que le temps n'était pas encore venu de donner la grâce aux Gentils, lui répondit : « Laissez les enfants se rassasier tout d'abord, car il n'est point permis de prendre le pain des enfants et de le donner aux chiens. » (*Matth.*, xv, 26.) Cette femme se rendit à la réponse du Sauveur et obtint le bienfait qu'elle désirait. Par cet acquiescement aux paroles de Jésus, elle fit profession de s'unir au Dieu des Juifs. Voilà donc la raison pour laquelle il ne voulut point qu'on sût par ses disciples qu'il était dans cette maison, et la chose eut lieu comme il le voulait.

QUESTION LXXVIII. — Nous lisons dans l'Évangile selon saint Jean que le Sauveur, après avoir dit qu'il n'irait pas à Jérusalem pour le jour de la fête, s'y rendit cependant en secret. (*Jean*, vii, 8, 14.) N'est-ce point là un acte d'inconstance?

Vous présentez toujours vos questions sous une forme abrégée qui en dissimule le sens. Le fait dont vous parlez ici a eu lieu lorsque Jésus se trouvait en Galilée, à cause de l'agitation des Juifs contre lui; ses parents, qui ne croyaient pas encore en lui, le

---

(1) Même question telle qu'elle se trouve dans les manuscrits de la seconde catégorie, la xxe sur le Nouveau Testament.

---

dicandi non erat. Denique mittens Discipulos suos præcepit, dicens : « In viam gentium ne abieritis, et in civitates Samaritanorum ne introieritis; sed ite potius ad oves quæ perierunt domus Israel. » (*Matth.*, x, 5.) Idcirco noluit se prodi, quod esset in domo : requiri autem se non noluit, sed libenter accepit. Quamvis enim tempus non esset prædicandi gentilibus, ultro tamen venientes ad fidem non suscipere, invidiæ erat. Sic factum est, ut dum Salvator a Discipulis proditus non esset, ab aliis tamen qui eum ingredientem domum viderant, proditus sit : et cœpit sciri quod esset in domo, ut intrarent ad illum qui vellent consequi beneficia. A suis ergo noluit prædicari, quod esset in domo. Requiri enim se voluit; et ita factum est. Non enim latuit ab aliis demonstratus quod esset in domo. Denique mulier Chananæa audiens de illo, intravit ad eum deprecans ut expelleret dæmonium a filia ejus (*Matth.*, xv, 22) : quæ nisi prius subjecisset se Deo Judæorum, beneficium consecuta non esset. Impleta ergo voluntas Salvatoris est secundum quæ explanavimus : ea enim quæ compendio brevitatis studens Evangelista complexus est, discutientes invenimus quod latebat.

Hoc quod per compendium propositum est, ut plus sensum possit occulere, in finibus factum legitur Tyri : quia cum Salvator pervenisset in fines Tyri, intravit in domum. Et quia non adhuc gentibus prædicare oportebat, jussit neminem alicui nuntiare adventum suum : hoc est, « neminem voluit scire : » et subauditur, a suis noluit nuntiari alicui qui erat in domo. Requiri autem se noluit, quia tempus offerendi gentibus gratiam non erat. Denique veniens mulier, comperto ab aliis qui viderant illum intrasse in domum, orabat expelli dæmonium a filia sua. Salvator autem sciens non esse tempus dandi ultro gratiam gentibus, ait : « Sine, nati prius saturentur. Non enim licet accipere panem filiorum, et mittere canibus. » (*Matth.*, xv, 26.) Tunc mulier consensit Salvatoris verbis, et accepit beneficium quod volebat. Consentiendo enim junxit se Deo Judæorum. Hac ergo causa noluit per suos sciri quod esset in domo : et ita factum est ut voluit.

QUÆSTIO LXXVIII. — Legitur in Evangelio Joannis, quod cum negasset se Salvator ascendere ad diem festum, ascendit : hoc inconstantis esse videtur (1).

Semper breviata propositione sensum occultas. Nam hoc quod in quæstionem vocas tunc factum est, quando in Galilæa positus propter tumultum Judæorum, fratribus

---

(1) Hæc desunt in Mss. 2 generis.

pressaient, à l'approche d'une fête des Juifs, de se rendre en Judée pour l'exposer aux suites d'une sédition. Le Sauveur leur répondit : « Vous, allez à cette fête, parce que le monde ne vous hait point; mais il me hait parce que je condamne ses œuvres. Je ne vais point à cette fête parce que mon temps n'est pas encore venu. » Ses frères se rendirent alors à cette fête, et Jésus resta dans la Galilée. Or, où est ici la contradiction ? Il ne se rend point à cette fête quand il déclare qu'il n'y va pas, il ne s'y rend que plus tard, et il n'y va point pour la fête elle-même, mais comme s'il se rendait à une discussion, à un jugement. Tous les autres étaient allés joyeux à cette fête pour goûter le plaisir qu'elle leur promettait. Pour le Sauveur, son jour de fête fut celui où il racheta le monde par sa passion. C'est alors qu'il dit : « Maintenant le fils de l'homme est glorifié, et Dieu est glorifié en lui. » (*Jean*, XIII, 31.) Son jour de fête est celui où il a triomphé de la mort.

QUESTION LXXIX. — Si nous sommes les maîtres de notre volonté, pourquoi le Sauveur dit-il : « Nul ne vient à moi si mon Père, qui m'a envoyé, ne l'attire ? » (*Jean*, VI, 44.) L'Apôtre s'exprime en termes semblables : « Il ne suffit ni de vouloir ni de courir, il faut que Dieu fasse miséricorde; » et encore : « Il fait miséricorde à qui il lui plaît, et il laisse endurcir qui il lui plaît. » (*Rom.*, IX, 16, 18.) Comment la volonté demeure-t-elle libre si elle est entraînée au bien ou au mal, au gré d'une volonté étrangère ?

Les choses sont tout autres que vous ne le prétendez, et le sens de ces paroles n'est nullement celui que vous leur donnez. Le libre arbitre n'a rien à craindre ici, et si vous voulez approfondir le sens de ces paroles, vous verrez qu'elles sont encore un des plus fermes appuis de la libre volonté. Jésus parle ici aux Juifs, dont il connaissait les dispositions hostiles. Par une honteuse dissimulation qui naissait d'un sentiment d'envie, ils affirmaient que Joseph était le propre père, et ses enfants les frères du Sauveur, afin de ne point laisser croire qu'il fût le Fils de Dieu. C'est alors qu'il leur dit : « Nul ne peut venir à moi si mon Père, qui m'a envoyé, ne l'attire. » Or, comment le Père attirait-il au Fils, si ce n'est par les œuvres qu'il opérait par le Fils ? C'est ce que le Fils lui-même déclare : « Le Père qui demeure en moi fait les œuvres que je fais, » (*Jean*, XIV, 10) afin que ces œuvres attirassent les hommes à la foi en Jésus-Christ. En effet, les miracles qu'opérait le Sauveur étaient une preuve que Dieu était son Père, de sorte que celui qui soutenait qu'il avait un autre père n'était point attiré par Dieu le Père à Jésus-Christ. Dieu faisait donc ces œuvres par Jésus-Christ afin que les hommes pussent croire aux paroles par lesquelles il affirmait qu'il était le Fils de Dieu. Ce n'est point là une attraction violente, c'est le témoignage que Dieu rend à Jésus-Christ, et celui qui croit à ce témoignage, le Père l'attire à Jésus-Christ. Nul, en effet, ne peut croire au Sauveur si ce n'est celui qui reconnaît qu'il a Dieu pour Père. Ce n'est point pour ébranler le libre arbitre que l'Apôtre a exprimé la vérité dont vous faites ici une question, mais c'est pour défendre à l'homme de mettre en discussion les jugements de Dieu qu'il proclame ici sa justice, car Dieu sait à qui il doit faire miséricorde. Il scrute le fond des cœurs et y voit si les dispositions intérieures de celui qui prie le rendent digne de recevoir l'effet de sa prière. En

---

suis adhuc non credentibus sibi, compellebatur ascendere in Judæam, quia futurus erat dies festus Judæorum, ut seditionem pateretur. Ipse autem respondit eis, dicens : « Vos ascendite ad diem festum istum, quia mundus vos non odit : me autem odit, quia arguo opera ejus. Ego non ascendo ad diem festum hunc, quia tempus meum nondum impletum est. » (*Joan.*, VII, 8, 14.) Tunc fratres ejus ascenderunt ad diem festum, ipse vero mansit in Galilæa. Post autem et ipse ascendit ad diem festum. Quid videtur contrarium, quando, non tunc ascendit quando negavit, sed ascendit postea; et ascendit non quasi ad diem festum, sed quasi ad litem ? Illi enim omnes læti ascenderunt, quasi ad perfruendas delicias diei festi. Certum est ergo, quia non ascendit ad diem festum. Salvatoris autem ille fuit dies festus, quo passione sua redemit mundum. Denique dicit : « Nunc clarificatus est filius hominis, et Deus clarificatus est in eo. » (*Joan.*, XIII, 31.) Hic dies festus ejus est, in quo vicit mortem.

QUÆSTIO LXXIX. — Si proprio arbitrio vivimus, quare Salvator dixit : « Nemo venit ad me, nisi Pater qui misit me traxerit eum. » (*Joan.*, VI, 44.) Et consentiens his Apostolus : « Neque volentis, inquit, neque currentis, sed miserentis Dei est : » et : « Cujus vult misereretur, et quem vult indurat. » (*Rom.*, IX, 16, 18.) Quomodo voluntatis arbitrium liberum est, quando alterius nutu aut ad bonum ducitur, aut ad malum ?

Aliter causa se habet quam proposita est. Non enim hic quæstionis hujus sensus est quem obtendis. Nam nullo genere ex his liberi arbitrii poterit causa turbari : quia si penitus sensuum dictorum advertas, scies hinc magis arbitrii liberi firmari sententiam. Hæc enim contra malevolos Judæos prolata sunt. Cum enim dolo simulationis ortæ ex invidia, Joseph patrem proprium et filios ejus fratres assererent Salvatoris, ne Dei esse Filius crederetur, tunc Salvator ait : « Nemo venit ad me, nisi Pater qui misit me, attraxerit eum. » Quomodo autem Pater attrahebat ad Filium, nisi per opera quæ faciebat per illum ? Sic enim dicit : « Pater manens in me, ipse operatur » (*Joan.*, XIV, 10) ut opera hæc attraherent ad fidem Christi. Virtutes enim quas faciebat Salvator, ipsæ suadebant Deum esse Patrem Christi : ut qui alium patrem habere illum diceret, non attraheretur a Deo ad Christum. Ideo ergo Deus operabatur per Christum, ut verbis ejus fides commodaretur, quibus dicebat se Filium Dei. Hæc est attractio, non violentia, sed testimonium Dei in Christo, cui qui crediderit, attractus dicitur ab eo ad Christum. Nemo enim Salvatori credit, nisi qui Patrem illius proprium dicit Deum. Nam Apostolus non ut arbitrium pulsaret hæc fatus est, quæ in quæstionem redegisti : sed ut judicium Dei retractari prohiberet, hæc dixit, justum prædicans Deum; scit enim cujus debeat misereri. Cordis enim inspector provident postu-

effet, Dieu nous dit par son prophète : « Ce peuple m'honore des lèvres, mais son cœur est loin de moi. » (*Isaïe*, XXIX, 13.) Il est donc de sa justice d'endurcir l'âme de l'hypocrite; car celui qui donne à la vérité le nom de mensonge non par erreur, mais par une intention coupable, et qui, tout en comprenant ce qui est bien, feint d'ignorer ce que c'est que le bien pour le transformer en mal, mérite d'être condamné à perdre avec l'intelligence du bien ses droits au salut, auquel il renonce. Il n'est pas juste, en effet, de sauver malgré lui un homme qui fait mépris du salut non par ignorance, mais par malice et par envie. Ces paroles confirment bien plutôt le libre arbitre qu'elles ne le détruisent, puisque chacun est traité ici selon sa volonté (1).

(2) La cause du libre arbitre ne peut nullement être compromise par ces paroles. Si vous les appliquez à la vérité à l'occasion de laquelle elles ont été dites, vous verrez qu'elles servent bien plutôt à la défense du libre arbitre. En effet, les Juifs, par une inspiration malveillante, disaient du Sauveur : « N'est-il pas le fils de Joseph ? Ne connaissons-nous pas son père ? Comment donc peut-il dire : Je suis descendu du ciel ? » (*Jean*, VI, 42.) C'est alors que Jésus leur répondit : « Nul ne peut venir à moi si mon Père, qui m'a envoyé, ne l'attire. » Voyons maintenant comment le Père attire à son Fils. Prenons ces paroles du Sauveur lui-même : « Les œuvres que je fais, c'est mon Père qui les fait. Croyez que je suis en mon Père et mon Père en moi. » (*Jean*, XIV, 10.) Si donc le Père agit dans le Fils et que les œuvres qu'il fait invitent à la foi, Notre-Seigneur a raison de dire : « Nul ne vient à moi si mon Père ne l'attire. » Le Père attire lorsqu'il agit par le Fils. Comment celui qui demande qu'on ait la foi en lui pourrait-il détruire la volonté du libre arbitre ? Comment celui qui convainc un homme d'incrédulité l'attirerait-il malgré lui ? C'est aux Juifs qui lui donnaient un autre père que son Père véritable qu'il tient ce langage. Nul, en effet, ne peut croire au Sauveur qu'en reconnaissant que Dieu est son Père. Si l'Apôtre, de son côté, s'exprime de la sorte, ce n'est point pour ébranler le libre arbitre, mais pour montrer la justice des jugements de Dieu, qui ne peut être trompé lorsqu'il donne ou qu'il refuse sa miséricorde. L'un implore la miséricorde et ne mérite point de la recevoir, l'autre la demande, et il est digne de l'obtenir. Celui-ci la demande non-seulement par ses paroles, mais par ses œuvres; celui-là ne l'implore que du bout des lèvres, tandis que l'autre joint à ses paroles un cœur contrit et assure ainsi l'effet de sa prière. Que dit Dieu, en effet, dans la loi ? « Ce peuple m'honore des lèvres, mais son cœur est loin de moi. » (*Isa.*, XXIX, 13.) Si donc deux hommes font la même prière et qu'un seul soit exaucé, nous devons être convaincus que la prière l'a rendu digne de recevoir ce qu'il demandait, car Dieu est juste et ne donne ses grâces qu'à bon escient. Vous voyez donc que le libre arbitre, loin d'être détruit, se trouve confirmé. Si l'on vous disait que deux hommes ont adressé à Dieu la même prière, dans un même esprit, et avec les mêmes œuvres, et que l'un d'eux a été exaucé, l'autre rejeté, vous auriez droit de dire qu'il n'y a plus de libre arbitre et que Dieu fait acception de personnes.

QUESTION LXXX. — Chacun est nécessairement fils

---

(1) L'auteur de cette explication et de la suivante émet ici des propositions qui se rapprochent de l'hérésie pélagienne.
(2) Même question telle qu'elle se trouve dans les manuscrits de la seconde catégorie, la XXXII° sur le Nouveau Testament.

---

lantis mentem an mereamur accipere. Denique dicit per Prophetam : « Plebs hæc labiis me honorat, cor autem eorum longe est a me. » (*Isa.*, XXIX, 13.) Nam simulatoris animum justum est ut obduret. Qui enim non per errorem, verum vocat falsum, sed per malevolentiam, ut intelligens bonum, fingat se nescire quod bonum est, ut coverlat illud in malum, hoc utique debet illi præstari et vere non intelligat bonum, ne salvetur, quod non vult. Nec enim justum est, ut invitus salvetur, qui non per ignorantiam salutem spernit, sed per malitiam vel invidiam. His igitur confirmatur magis liberum arbitrium quam destruitur, ut unicuique pro voto suo respondeatur.

Nullo genere ex his arbitrii causa poterit turbari. Si enim dicta ad causam referas qua dicta sunt, scies hinc magis arbitrii liberi firmari sententiam. Cum enim Judæi studio malevolentiæ suæ de Salvatore dicerent : « Nonne hic est filius Joseph, cujus nos novimus Patrem ? Quomodo ergo hic dicit, quia de cœlo descendi ? » (*Joan.*, VI, 42.) Ad hoc respondit Jesus : « Nemo potest venire ad me, nisi Pater qui misit me, attraxerit eum. » Nunc videndum est quomodo trahit Pater. Ipsius Salvatoris verbum sumatur, dicit enim : « Opera quæ facio, Pater facit. Credite quia ego in Patre, et Pater in me. » (*Joan.*, XIV, 10.) Si ergo in Filio Pater operatur, opera autem sunt quæ invitant ad fidem; recte dixit, « quia nemo venit ad me, nisi quem Pater traxerit. » Trahit autem, cum operatur per Filium. Nam qui sibi vult credi, quomodo tollit liberi arbitrii voluntatem ? Et qui incredulum arguit, qua ratione trahit invitum ? Ad Judæos utique hoc protulit, qui alium Patrem illius quam qui est dicebant. Nemo enim Salvatori credit, nisi qui Patrem illius dicit Deum. Apostolus quoque non ut arbitrium pulsaret, hæc fatus est, quæ nunc proposita sunt; sed ut ostenderet Dei esse justum judicium, qui falli non potest in danda aut non danda misericordia. Est enim qui postulat, et non meretur accipere : alius vero petit, et meretur accipere. Hic enim non solis verbis, sed operibus obsecrat : ille sola lingua; hic et corde contribulato : talis enim potest impetrare. Denique quid dictum in Lege est ? « Plebs hæc labiis me honorat, cor autem illorum longe est a me. » (*Isa.*, XXIX, 13.) Si ergo duo petant, unus autem ex his accipiat, debet sciri hunc sic postulasse ut dignus esset accipere : quia Deus qui justus est, non dat nisi cui daudum scit. Vides ergo non arbitrium negatum, sed firmatum. Nam si una mente, una operatione duos audieris postulasse, et unum ex his exauditum, alterum despectum; recte et arbitrium non esse, et Deum acceptorem personarum putares.

QUÆSTIO LXXX. — Certe aut Filius Dei quisque est

de Dieu ou fils du démon, il est donc toujours fils, tantôt de Dieu, tantôt du démon ; pourquoi donc nous est-il commandé de prendre une seconde naissance ?

Les enfants d'Israël que Dieu avait tirés de l'Egypte, n'ayant cessé de l'offenser, le Seigneur irrité prononça contre eux cette sentence qu'aucun d'eux n'entrerait dans la terre promise, à l'exception de Caleb et de Josué, fils de Navé, qui s'appelait auparavant Ausés. Quant à ceux qui étaient nés dans le désert, il leur promit qu'ils y entreraient, parce qu'ils ne connaissaient ni le bien ni le mal. Or, l'ignorance du bien et du mal est une certaine simplicité naturelle qui n'a pas été instruite dans la science du mal. C'est une ignorance sans malice. Nous naissons, en effet, sans aucun sentiment, mais notre nature a cela de bon qu'elle est capable d'apprendre la vérité. Mais le fils du démon, qui dès sa naissance est plongé dans le mal, fait profession d'erreurs contraires au Créateur, il affirme qu'il existe plusieurs dieux, et qu'il faut leur sacrifier comme aux maîtres du monde. Si cependant il reprend des sentiments meilleurs et plus conformes à sa nature en revenant à son Créateur, il deviendra fils de Dieu. Ainsi donc les hommes ne sont ni fils de Dieu, ni fils du démon par naissance. Que dit, en effet, le Sauveur aux Juifs ? « Vous avez le démon pour père, et vous voulez accomplir les désirs de votre père. » (*Jean*, VIII, 44.) Vous le voyez donc, c'est par les œuvres et par leur genre de vie que les hommes deviennent enfants du démon ; les enfants de Dieu sont ceux qui confessent que Dieu est le père véritable du Christ, et dont la vie est conforme à cette croyance. Le dessein de Dieu en créant notre nature a été que nous naissions sans aucun sentiment préconçu, mais que nous ayons cependant le pouvoir d'apprendre soit le bien, soit le mal, que nous soyons capable de mérite ou de démérite, afin que nous puissions trouver en nous la joie qui suit la récompense due aux bonnes œuvres, ou que nous n'imputions qu'à nous-mêmes si nos mauvaises actions nous attirent une sentence de condamnation.

(1) Les enfants d'Israël que Dieu avait tirés de l'Egypte, n'ayant cessé de l'offenser, le Seigneur irrité ne permit point qu'aucun d'eux entrât dans la terre promise, à l'exception de Caleb et de Josué, fils de Navé. Quant à leurs enfants qui étaient nés dans le désert, il leur promit qu'ils y entreraient, parce qu'ils ne connaissaient ni le bien ni le mal. Or, l'ignorance du bien et du mal est une certaine simplicité naturelle qui n'a été instruite ni du bien ni du mal, c'est une ignorance sans malice. Nous naissons, en effet, sans aucun sentiment, mais notre nature est capable d'apprendre la vérité. Mais le fils du démon qui dès sa naissance est plongé dans le mal et fait profession d'erreurs contraires au Créateur, affirme qu'il existe plusieurs dieux et qu'il faut leur sacrifier comme aux maîtres du monde. Si cet homme revient à de meilleurs sentiments et rentre dans les voies de la justice naturelle, en recevant la foi en Jésus-Christ, il deviendra fils de Dieu. Ainsi donc les hommes ne sont ni fils de Dieu ni fils du démon par naissance. Que dit en effet le Sauveur aux Juifs ? « Vous avez le démon pour père, et vous voulez accomplir les désirs de votre père. » (*Jean*, VIII, 44.) C'est donc par leurs œuvres et par leur genre de vie que les hommes deviennent enfants du démon. Le dessein de Dieu en créant notre nature a été que

(1) Même question telle qu'elle se trouve dans les manuscrits de la seconde catégorie, la XLIe sur le Nouveau Testament.

aut diaboli : semper ergo filius est ; sed aliquando Dei, aliquando vero diaboli : quid ergo nascimur requirendum est.

Dominus cum filii Israel sæpe delinquerent educti de Ægypto, iratus sententiam dedit, dicens, nullum illorum intraturum in terram promissionis excepto Caleph et Josue filio Nave, qui prius Auses dicebatur. Eos autem qui nati fuerant in deserto, ipsos dixit intraturos, eo quod nescirent bonum aut malum. Nescire autem bonum aut malum, simplicitas quædam est naturalis, quæ neque ad malum erudita est. Hæc est ignorantia sine malitia. Sine sensu enim nascimur : sed natura nostra hoc bonum habet, quod capax est ediscere veritatem. Filius autem diaboli est, qui natus malis rebus imbuitur, ut his studeat quæ inimica sunt Creatori, multos asserens deos, et his immolandum quasi mundi rectoribus. Hic si resipiscat, et juxta naturam suam sentiat, ad Creatorem se conferens, filius Dei erit. Ac per hoc neque Filii Dei sunt qui nascuntur, neque filii diaboli. Quid enim dicit Salvator Judæis ? « Vos de patre diabolo estis, et concupiscentias patris vestri vultis facere. » (*Joan.*, VIII, 44.) Vides ergo operibus et professione filios creari diaboli : hos autem esse filios Dei, qui confitentes proprium esse Deum Patrem Christi, recte versantur. Sic enim Deus instituit genus nostrum, ut sine sensu nascamur ; possibilitatem tamen habeamus discendi, sive bona, sive mala ; ut ipsi nobis aut mala acquiramus, aut bona : ut lætemur in nobis cum recte agentes remuneramur, aut ipsi nobis imputemus, si prava sequentes condemnemur.

Dominus cum filii Israel sæpe delinquerent educti de Ægypto, iratus, nullum illorum in terram promissionis intrare permisit, excepto Caleph et Jesu Nave. Filios autem eorum qui nati fuerant in deserto, ipsos dixit intraturos, eo quod nescirent bonum aut malum. Nescire autem bonum vel malum, simplicitas quædam est naturalis, quæ neque ad bonum neque ad malum erudita est : hoc est, ignorantia sine malitia. Sine sensu enim nascimur, sed nostra natura capax est ediscere veritatem. Filius autem diaboli est, qui natus malis rebus imbutus, iis studet quæ adversus Creatorem sunt, dicens multos esse deos, et iis sacrificandum quasi mundi rectoribus. Hic si resipiscat, ad naturalem regressus justitiam, recipiens fidem Christi, erit filius Dei : ac per hoc neque filii Dei sunt qui nascuntur, neque diaboli. Quid enim dicit Salvator Judæis ? « Vos de patre diabolo nati estis, et concupiscentias patris vestri vultis facere. » (*Joan.*, VIII, 44.) Vides ergo operibus et professione filios diaboli procreari. Sic enim Deus instituit genus nostrum ut sine sensu nati, possimus tamen erudiri ad

nous naissions sans aucun sentiment préconçu, mais que nous puissions être instruits à notre choix dans la science du bien ou du mal, afin que nous trouvions en nous la joie qui suit la récompense due aux bonnes œuvres, ou que nous n'imputions qu'à nous-mêmes, si nos mauvaises actions nous attirent une sentence de condamnation. Dieu nous a laissés à notre propre volonté pour nous ôter tout prétexte de nous plaindre des maux que nous pourrions mériter, et nous donner le droit de nous réjouir de la couronne que nous pourrions obtenir après être devenus les enfants de Dieu par la foi. Dieu, créateur et auteur de notre nature a voulu que nous ayons quelque chose qui nous fût propre, afin de pouvoir justement nous glorifier de la foi que nous avons en Dieu. Car celui qui n'est point maître de lui-même, n'a rien à lui de ce qu'il paraît avoir; il ne peut ni se glorifier de ses bonnes œuvres, ni être condamné pour les mauvaises.

QUESTION LXXXI. — L'Apôtre en disant « Nous sommes nous autres Juifs de naissance, » (*Gal.*, II, 15) veut montrer que les Juifs tirent leur naissance des Juifs. Je ne parle pas ici des prosélytes qui deviennent Juifs. Ainsi, ceux qui sont nés dans le désert, n'ont pas été circoncis, et cependant ils étaient Juifs. Ce n'est donc point la circoncision qui fait le Juif, mais la naissance de parents fidèles à la religion d'un Dieu créateur. Si donc les Juifs naissent des Juifs, pourquoi les chrétiens ne naissent-ils pas aussi des chrétiens, comme les païens naissent des païens?

Tout ce qui naît n'est point de même nature que ce qui lui donne naissance. Ainsi l'or naît de la terre sans être terre lui-même, il en est de même de la nourriture qui naît du bois, du petit oiseau qui naît de l'œuf. Or, si les païens naissent des païens, en voici la raison : tout païen est dans l'ignorance, et celui qui naît n'ayant aucune idée vraie, tous deux sont ignorants. Il y a cependant cette différence entre eux, c'est que celui qui donne naissance est sans aucun doute un blasphémateur, et par là même un enfant du démon; tandis que l'enfant qui vient de naître ne sait ni blasphémer ni bénir, cependant il est païen parce qu'il n'a aucune intelligence de la vérité. Le Juif naît d'un Juif parce qu'il doit le jour à des parents fidèles au culte du Dieu créateur. C'est ce que dit Adam à la naissance de Caïn : « J'ai engendré un homme par la grâce de Dieu. » (*Gen.*, IV, 1.) De même que les païens sans religion pour le Créateur rendent grâce au démon dans tous les événements de leur vie, ainsi les Juifs qui adorent le Dieu créateur le louent dans toutes leurs actions, ils ne sont blâmables que de ne pas reconnaître le Christ par qui toutes choses existent. (*Jean*, I, 3.) Le Juif naît donc de parents juifs de cette manière. Ce n'est pas, comme quelques-uns le pensent que la circoncision fasse le Juif. La circoncision est le signe du judaïsme et non pas le judaïsme, de même que la circoncision d'Abraham n'a pas été pour lui la justice, mais le signe de la justice, afin que ceux qui naîtraient d'Abraham portassent le signe caractéristique des enfants d'Abraham. C'est de Judas Machabée que les Juifs tirent leur nom, et non-seulement les habitants de la tribu de Juda, mais tous les autres enfants de Jacob sont appelés Juifs (*judai*) parce que Judas a été leur chef; et voilà pourquoi les Juifs reçoivent à leur naissance un signe qui les fasse reconnaître. Pour le chrétien, au contraire, il ne naît point d'un chrétien, parce que celui qui lui donne le jour n'est pas né, mais est devenu chrétien. Celui donc

utrumque, ut sive ad bonum, sive ad malum ipsi nobis quodammodo simus auctores, ut lætemur in nobis cum recte agentes remuneramur, aut nobis imputemus si prava sequentes pœnis subjiciamur : ideo judicio nostro nos dimisit, ut neque queramur de malis, neque frustra, sicut in Dei filios per fidem fieri, de nobis gaudeamus si coronemur. Deus conditor et auctor substantiæ nostræ voluit aliquid nos proprium nostrum habere, ut non indigne gloriemur de fide, quam habemus in Deo. Qui enim potestatis suæ non est, quidquid habuerit alienum est, ut ne gloriari possit de bonis, nec reus constitui de malis.

QUÆSTIO LXXXI. — Apostolus ait : « Nos natura Judæi : » (*Gal.*, II, 15) de Judæis ergo nasci Judæos ostendit : non de Proselytis dico, quos constat fieri Judæos. Denique qui in eremo nati sunt, non sunt circumcisi, et tamen Judæi erant. Non ergo circumcisio Judæum facit; sed nativitas sub Dei Creatoris devotione progenita. Si ergo de Judæis Judæi nascuntur, quare non etiam de Christianis Christiani : nam et de paganis pagani nascuntur?

Non omne quod nascitur, hoc est unde nascitur. Nam et aurum de terra nascitur, et non tamen terra est; et gemmæ et alia multa : et de ligno esca nascitur, et de ovo pullus. De paganis autem ut pagani nascantur hæc facit causa : quia enim omnis paganus in ignorantia est, et qui nascitur ex eo sine sensu est, ambo ignorantes sunt. Sed hoc interest inter utrumque, quia qui generat, sine dubio blasphemus est, ac per hoc filius diaboli est : natus autem infans nescit blasphemare, sicut nescit benedicere ; paganus tamen est, quia sine sensu est. De Judæo autem idcirco Judæus nascitur, quia sub Creatoris devotione generatur. Sicut dixit Adam de Caïn : « Procreavi hominem per Deum. » (*Gen.*, IV, 1.) Sicut enim pagani indevoti Creatori, dæmoniis gratias agunt in omnibus quæ agunt : ita et Judæi Deo Creatori supplices, laudant eum in omni actu suo, in eo despiciendi quia non cognoscunt Christum, per quem sunt omnia. (*Joan.*, I, 3.) Hoc etiam modo de Judæo Judæus nascitur. Non enim sicut quibusdam videtur, quia circumcisio facit Judæum. Circumcisio enim signum Judaismi est, non Judaismus : quia non Abrahæ circumcisio justitia est, sed signum justitiæ, ut nati ex Abraham signum haberent, per quod probarentur filii esse Abrahæ. Quippe cum ex Juda Machabæo hoc nomine sint appellati, ut non solum ex Juda, sed et cæteri ex omnibus filiis Jacob Judæi vocarentur, propterea quod Judas dux fuerit eis. Ideoque nati Judæi signum accipiunt, ut qui sunt intelligantur. De Christiano autem ideo non nascitur Christianus, quia ipse qui generat, non natus, sed factus est Christianus.

qui naît de lui doit aussi le devenir s'il veut l'être en effet ; car il ne naît point chrétien en vertu de sa nature, il le devient par la foi qui lui est donnée après sa naissance. L'ignorance est la compagne de la naissance charnelle, le don spirituel de la foi n'est donné qu'ensuite. Mais voici ce qu'on m'objecte : Si celui qui engendre est devenu chrétien, il doit transmettre par la génération ce qu'il est pour perpétuer la dignité dont il est revêtu. C'est ainsi que les sénateurs donnent le jour à des sénateurs. Je réponds que la dignité de sénateur est sans mérite aux yeux de Dieu. Ce n'est point à la nature, c'est-à-dire à la substance de l'homme, que cette dignité est attachée, elle est tout entière dans la renommée et dans l'appréciation des hommes. Cette appréciation se transmet par la génération, mais la dignité qu'elle donne n'existe que dans l'opinion, c'est ainsi que les consuls, ou ceux à qui on élève des statues, mettent leur joie dans la vanité. Mais lorsqu'on devient chrétien la nature elle-même est revêtue de cette dignité, l'essence de l'homme entre en participation de l'éternel bienfait de l'incorruptibilité ; ce n'est point ici une simple présomption, c'est une réalité effective aux yeux de Dieu. Les premiers ressemblent à un homme éloquent, mais pauvre, à qui l'on prodigue les éloges et qui manque de pain ou des autres choses nécessaires à la vie. La dignité vraiment digne de louange est celle qui met à l'abri de tout besoin celui qui en est revêtu, qui est indépendante par sa nature et n'a besoin d'aucun secours, d'aucun appui ; telle est la vraie richesse et la véritable gloire.

(1) Tout ce qui naît n'est point de même nature que ce qui lui donne naissance. Ainsi l'or, etc. Il y a cependant le païen qui est sans intelligence, et qui n'a de mérite ni par lui-même ni par un autre. Or, le Juif naît d'un Juif, etc. Mais voici ce qu'on m'objecte : Si celui qui engendre est devenu ce qu'il est, il doit engendrer un être semblable à lui, afin d'assurer la transmission de la dignité dont il est revêtu, comme il est arrivé pour les Juifs ; car, Abraham, d'idolâtre qu'il était est devenu serviteur du vrai Dieu, et c'est de lui que les Juifs tirent leur origine, de même que ceux qui deviennent sénateurs engendrent à leur tour des sénateurs. Mais la dignité des sénateurs n'a point de mérite aux yeux de Dieu, cette dignité n'est attachée ni à la nature ni à la substance, elle consiste tout entière dans la renommée et l'appréciation des hommes, et cette appréciation se transmet par la génération, mais la dignité qu'elle donne n'existe que dans l'opinion. Nous avons dit pourquoi les Juifs naissent des Juifs. Quant au chrétien, sa nature, sa substance, tout son être entrent en participation de la dignité qu'il reçoit, ce n'est pas seulement une simple présomption, c'est une réalité effective devant Dieu. Ajoutons que par la rémission des péchés, l'homme est purifié tout entier et devient le fils adoptif de Dieu. Il faut donc que tous ceux qui sont nés soient soumis à cette seconde naissance, parce que la miséricorde de Dieu donne à chacun la grâce. L'un ne peut recevoir pour l'autre la rémission des péchés. L'âme qui naît dans le corps ou avec le corps, soumise à la mort dont Adam a été la cause, ne peut éviter le supplice de l'enfer si elle ne porte le signe de la victoire qu'elle a remportée sur la mort. Chacun reçoit ce bienfait pour soi, et non pour celui qui n'existe pas encore. Si celui qui devient chrétien entrait aussitôt en possession de l'immortalité, l'enfant qui naîtrait de lui serait semblable à

(1) Même question telle qu'elle se trouve dans les manuscrits de la seconde catégorie, la LXVIᵉ sur le Nouveau Testament.

Quamobrem et iste qui nascitur, fieri oportet ut sit. Nec enim per substantiam nascitur, sed per fidem quæ jam natis accedit. Ignorantia enim cum carne nascitur, fides autem postea spirituali ratione inseritur. Sed dicitur e contra : Si factus utique est qui generat, hoc jam debet generare quod ipse est, ut accepta dignitas traducem faceret. Nam senatores generant senatores. Sed senatorum dignitas non habet apud Deum meritum. Neque ipsa natura, hoc est substantia consequitur beneficium, sed in sola fama et sermone dignitas vertitur. Ac per hoc currit quidem sermo per traducem carnis, sed nihil aliud præstat quam opinionem dignitatis : sicut et hi qui consules sunt, aut statuis honestantur, gaudent in vano. Christiani autem cum fiunt, ipsi naturæ accedit dignitas, ut essentia ipsa hominis æternum habeat incorruptibilitatis beneficium, ut non opinio sola, sed et res sit in effectu apud Deum. Tale est ut istud, si quis disertus pauper in laude sit et egeat pane, aut reliquis necessariis. Hæc enim vera laus est, si sic illi proficiat quæsita dignitas, ut nullius egeat ; dum hoc naturæ ejus præstatur, ut per se ipsa vivat, et bene vivat nullo requisito suffragio : hoc est, vere divitem fieri et gloriosum.

Non omne quod nascitur, hoc est quod unde nascitur. Nam et aurum, etc. Paganus tamen est, quia sine sensu est, neque suum habens meritum, neque alterius. De Judæo autem idcirco Judæus nascitur, etc. Sed dicitur e contra : Si factus utique est qui generat, hoc debet generare quod ipse est, ut jam accepta dignitas traducem faciat : sicut et in Judæis, quia Abraham de Pagano Dei cultor factus est, et ex eo origo Judæorum ; sicut et facti senatores, jam senatores generant. Sed senatorum dignitas non apud Deum meritum habet, neque ipsa natura, id est substantia consequitur beneficium, sed in sola fama et sermone dignitas vertitur ; ac per hoc currit sermo per traducem carnis, nihil aliud præstans quam opinionem mundanæ dignitatis. Quare autem de Judæo Judæus nascitur, jam dictum est : Christianus autem cum boni dignitas naturæ ipsi accedit, ut substantia hominis qua constat beneficium consequatur, ut non opinio sola, sed et res sit in effectu apud Deum. Denique accepta remissione peccatorum, purificatur totus homo, ita ut et filius a Deo adoptetur. Quamobrem omnes natos renasci oportet, quia misericordia Dei singulis donat gratiam. Nec enim alter alteri potest remissionem accipere. Anima enim quæ nascitur in corpore, vel cum corpore, subdita morti inventæ ab Adam, nisi signum acceperit evictæ mortis, tartarum inferni non evadit. Unusquisque enim sibi accipit beneficium, non et ei qui nondum est. Si enim factus Christianus immortalis jam

celui qui lui donne le jour. Ceux qui deviennent chrétiens, reçoivent le signe qui les affranchit de la seconde mort, cependant ils ne peuvent se soustraire à la mort présente, suite du péché d'Adam. Or, les enfants sont baptisés, tout innocents qu'ils sont, afin que leur âme sans expérience qui est née avec le corps porte le signe de sa victoire sur la mort, qui perd ainsi ses droits sur elle. Abraham ni les prophètes n'ont eu ce signe, parce que le temps n'était pas encore arrivé; il était réservé au Fils de Dieu qui venait triompher de la mort de répandre cette grâce dans l'âme des croyants. Voilà pourquoi Notre-Seigneur disait aux Juifs : « Abraham, votre père, a désiré voir mon jour, il l'a vu et s'en est réjoui. » Abraham savait, en effet, que le Christ lui avait été promis comme le libérateur du genre humain ; et comme il fallait de toute nécessité que ceux qui étaient dans les limbes attendissent son arrivée, Abraham tressaillit de joie lorsqu'il vit en esprit la naissance du Christ, dans la certitude qu'il sortirait bientôt de ce lieu d'attente pour entrer dans les cieux. Comment donc les chrétiens pourraient-ils naître des chrétiens, puisque la foi et le baptême sont deux conditions nécessaires pour être chrétien?

QUESTION LXXXII. — Nul doute que les païens ne fussent assujettis aux éléments du monde. Pourquoi donc l'Apôtre dit-il : « Nous étions nous-mêmes asservis sous les éléments de ce monde. » (*Gal.*, IV, 3.) Si les Juifs étaient eux-mêmes asservis aux éléments, en quoi différaient-ils des païens?

Il est une chose certaine, c'est que l'addition, la suppression ou le changement d'une seule syllabe suffisent pour dénaturer le sens d'une proposition. Or, chacun sait que les païens adoraient les éléments.

Les Juifs, au contraire, ne rendaient aucun culte aux éléments, mais ils servaient Dieu à l'aide des éléments, c'est-à-dire des institutions élémentaires, telles que les néoménies, le sabbat, la circoncision et autres prescriptions semblables qui sont primitives et charnelles, car tout ce qui est visible est charnel et vient des éléments. Mais comme ces prescriptions étaient d'institution divine, elles faisaient partie du culte que l'on rendait à Dieu ; ces choses visibles avaient pour fin d'élever les esprits aux choses invisibles, et la fidélité à ces prescriptions les rendaient capables de comprendre de plus grandes vérités et dignes des promesses spirituelles. Sous ce rapport donc que j'ai indiqué, les Juifs étaient assujettis sous les éléments; mais d'un autre côté ils avaient une loi spirituelle qui défendait le péché et exhortait à l'amour du Seigneur Dieu, qui selon la promesse qui leur était faite, devait venir pour la rémission des péchés.

(1) Les païens ne sont pas seulement assujettis sous les éléments, mais asservis aux éléments eux-mêmes, car ils adorent dans le firmament les astres, le soleil, la lune, les étoiles; dans le monde inférieur, la terre, l'eau; dans la mer, Neptune; dans les enfers, Pluton; en un mot tout est Dieu pour eux dans la création, à l'exception du Créateur. Les Juifs étaient aussi sous les éléments; mais cependant ils servaient Dieu qui était l'auteur de ces institutions. Ils observaient les néoménies, les sabbats, les sacrifices des animaux. Au commencement du septième mois, ils sonnaient de la trompette, et le quinzième jour de ce mois ils prenaient des fruits du plus bel arbre, des branches de palmier, des rameaux des arbres les plus touffus, des branches de saule, et ils

(1) Même question telle qu'elle se trouve dans les manuscrits de la seconde catégorie, la LIXe sur le Nouveau Testament.

esset, recte natus de illo hoc esset quod et genitor. Nam qui fiunt Christiani, signum accipiunt, ne a morte secunda teneantur : non tamen mortem præsentem, quam Adam invenit, evadunt. Infantes autem propterea baptizantur, cum sint innocentes, ut anima rudis nata in corpore, signum habeat mortis evictæ, ne possit ab ea teneri. Hoc signum Abraham non habuit, neque Prophetæ, quia tempus illos non invenit : reservatum est autem Filio Dei, qui veniens vinceret mortem, et hanc gratiam credentibus largiretur. Hinc est unde Dominus ait Judæis : « Abraham pater vester cupivit ut videret diem meum, et vidit, et gavisus est. » (*Joan.*, VIII, 56.) Sciens enim Abraham Christum ad liberationem humani generis repromissum, semper enim necesse erat ortum ejus in inferis positos expectare, quem ubi in spiritu natum esse vidit, gavisus est, certus quod in brevi de inferno ereptus induceretur in cœlos. Quomodo ergo de Christianis nasci deberent Christiani, quando qui non crediderit, aut non fuerit baptizatus, non erit Christianus?

QUESTIO LXXXII. — Paganos elementis esse subjectos nulli dubium est: quid est ergo quod Apostolus dicit : « Eramus et nos sub elementis hujus mundi servientes. » (*Gal.*, IV, 3.) Si itaque et Judæi elementis erant servientes, quid differebant a paganis ?

Manifestum est adjectione, aut diminutione, sive immutatione unius syllabæ sensum perverti. Idcirco paganos elementa colere omnibus cognitum est : Judæos autem non elementis, sed sub elementis Deo servisse, propter neomenias, et sabbata, et circumcisionem, et cætera talia; hæc enim carnalia sunt. Quidquid enim visibile est, carnale est, et de elementis est. Sed quia ex præcepto Dei erat, Deo serviebatur ; ut ex visibilibus ad invisibilia veniretur, et ex hac causa profectus fieret ad majora capienda, ut in his meditati digni fierent promissis spiritalibus. Ex ea igitur parte, quam supra dixi, sub elementis serviebant Judæi : ex alia parte Legem habebant spiritalem, quæ et peccare prohibet, et exhortatur ad dilectionem Domini Dei, qui venturus ex fuerat promissus ad remittenda peccata.

Pagani non sub elementis serviunt, sed ipsis elementis. Colunt enim astra, solem, lunam et sidera; hæc in firmamento : in inferioribus autem terram, aquam : in mari vero Neptunum : in inferis autem Plutonem, aperte creaturam mundanam coluit, præterito Creatore. Nam Judæi hoc modo sub elementis, Deo tamen serviebant, qui hæc ipsa mandata dederat. Observant enim neomenias, sabbata, pecorum sacrificia. Initio mensis septimi tuba canere, quinto decimo autem die mensis septimi medullas palmarum et ramos ligni spissos, et ramos salicis circum-

habitaient sept jours sous des tentes formées de ces branches d'arbre. (*Lév.*, XXIII, 40.) En observant ces prescriptions, les Juifs étaient sous les éléments dans un sens véritable, car elles ont pour objet les éléments. Les chrétiens, au contraire, en servant Dieu, non pas sous les éléments, mais en s'élevant au-dessus des éléments, et en se hâtant d'arriver à la Jérusalem céleste adorent Dieu en esprit, non pas à l'aide des choses extérieures et visibles, mais par un culte intérieur, et en rendant des hommages invisibles au Dieu invisible, suivant la recommandation du Seigneur dans son Evangile : « L'heure vient où les vrais adorateurs adoreront le Père en esprit et en vérité. » (*Jean*, IV, 23.) La vérité consiste donc à servir Dieu en esprit, et à lui rendre un culte où l'esprit ait plus de part que le corps, parce que Dieu est esprit. Sous un rapport les Juifs étaient donc assujettis sous les éléments, comme je l'ai rappelé ; mais, d'un autre côté, la fin de leur loi était toute spirituelle ; elle leur interdisait de pécher, leur commandait d'aimer Dieu de tout leur cœur et de mettre leur espérance en Jésus-Christ. Or, tandis que les apôtres leur prêchaient ces devoirs tout spirituels, les Juifs défendaient les institutions élémentaires et charnelles. Saint Paul rappelle ce souvenir pour confondre les Juifs qui restaient asservis aux observances visibles, et méprisaient la partie spirituelle de la loi. L'Apôtre veut donc leur montrer la faiblesse et l'impuissance de ces pratiques comparées à la loi de la foi, et il le fait en intervenant personnellement dans le débat, lui qui avait été autrefois un zélateur ardent de ces observances. Mais dès qu'il eut connu Jésus-Christ, il n'eût plus que du mépris pour ces pratiques, car la grâce de Dieu qui nous est donnée par Jésus-Christ diffère immensément de la loi des œuvres.

QUESTION LXXXIII. — Si c'est par Jésus-Christ que nous avons le salut, la connaissance véritable et parfaite de Dieu, pourquoi n'est-il point venu plus tôt afin que nos pères qui étaient dans l'ignorance pussent apprendre la vérité? Depuis l'avènement du Christ les hommes ont été sauvés en bien plus grand nombre qu'auparavant. Si donc il était venu plus tôt, le nombre des élus eût été beaucoup plus considérable. Il est donc répréhensible de ne l'avoir point fait.

Celui qui fait un acte de miséricorde doit être à l'abri de toute accusation. Dès lors qu'il donne, il est libre de faire miséricorde quand et autant qu'il lui plaît. On peut sans doute le prier, le fléchir par des prières, mais on ne doit jamais chercher à le détourner par la discussion des bonnes œuvres qu'il veut faire. Peut-être serait-il moins contredit si sa miséricorde était moins gratuite. Condamne-t-on un médecin qui offre gratuitement ses remèdes et ses soins? Ceux qui n'ont pas songé à en profiter, iront-ils accuser sa négligence? Nous parlons ici suivant les lumières de la raison, mais la bonté du Sauveur ne se dirige point d'après ces considérations, à cause de la faiblesse humaine. Il est donc venu quand il a dû venir, et il obéissait en cela aux décrets de sa volonté, bien plus qu'à la voix de nos mérites. Si vous examinez ici les mérites, il n'avait aucun motif pour venir. Il est donc descendu lorsqu'il vit qu'il était temps de venir en notre secours, et que la grâce de la rédemption serait comprise et appréciée. Si vous vous hâtez de secourir celui qui est menacé d'un danger, il vous sera sans doute reconnaissant ; toutefois il n'appréciera point à sa juste valeur ce que vous avez fait pour lui ; mais si vous venez à son aide au plus fort du danger, il comprendra toute l'étendue du service que vous lui rendez. Le danger extrême auquel

ferre, et in casis septem diebus habitare. Hæc ergo observantes, recte sub elementis dicuntur servisse : hæc enim ex elementis sunt. Christiani autem non sub elementis, sed supra elementa Deo serviunt, ad Jerusalem cœlestem properantes, in spiritu Deum adorant, non in visibilibus et mundanis sed in animo Dei culturam habentes, invisibili invisibiliter servientes, sicut dicit Dominus in Evangelio : « Veniet hora, in qua veri adoratores adorabunt Patrem in spiritu et veritate. » (*Joan.*, IV, 23.) Hæc ergo veritas est, spiritu Deo servire, animo magis quam corpore : ut quia Deus spiritus est, spiritaliter excolatur. Ex hac parte Judæos sub elementis subjectos dicit fuisse, qua supra memoravi : ex alia autem parte, Legis spiritalem fuisse rationem, qua et peccare prohibuit, et diligendum ex omni corde Dominum mandavit, et spem habere in Christo. Sed Apostolis prædicantibus hæc, magis defendebant quæ carnaliter data fuerant. Hæc Apostolus memorat ut obfuscet Judæos, qui obtrectantes Legis spiritalis visibilibus erant subjecti : et ut hæc vere ad comparationem Legis fidei infirma ostenderet, etiam interposita persona hoc denotat, qui utique eorum æmulus fuerat vehementer. Cognito autem Christo, hæc contemni æstimavit, quia multum differt gratia Dei per Christum a Lege factorum.

QUÆSTIO LXXXIII. — Si per Christum salus, et vera et perfecta cognitio, cur non ante venit, ut et anteriores nostri qui in ignorantia fuerunt, addiscerent veritatem? Denique post adventum Christi multi salvati sunt, magis quam prius. Unde et si ante venisset, multo plures salvati fuissent. Si ergo ita est, reprehensibile videtur.

Nulli misericordiam facienti calumniam fieri oportet. In potestate enim dantis est, quando vel quantum velit misereri. Exhortandus est enim ejusmodi et precibus provocandus, non contentione a bono opere revocandus. Forte, non contradiceretur, si pro hac misericordia vices illi aliqua redderetur. An quis medicum arguet qui medicamenta sua et officium suum gratis impendet : aut accusabitur tarditas ejus ab eis, a quibus non est requisitus? Hæc quidem diximus secundum rationem, sed Salvatoris bonitas ista non curat propter imbecillitatem humanam : suam enim sequitur naturam ad faciendam misericordiam. Idcirco tunc venit quando debuit venire, voluntatis suæ rationem secutus, non meritorum nostrorum. Nam si merita perpendas, venire non debuit. Venit ergo quando et subveniri debere scivit, et gratum futurum beneficium. Si autem ei cui necessitas imminet ante subveniatur, erit quidem gratum ; non tamen valde poterit scire quid sibi præstitum est : si autem in ipsa necessitate posito auxilium feras, sciet quale beneficium consecutus sit. De tribulatione enim ereptus, majores gratias re-

vous l'avez arraché lui inspirera les plus vives actions de grâce. C'est comme si vous offriez du pain à un homme qui a faim ; si vous l'offrez au contraire à celui qui n'éprouve pas ce besoin, sa reconnaissance sera moins vive. Le Seigneur a donc eu des raisons très-sages de ne point venir plus tôt sur la terre. Il a laissé d'abord le genre humain se conduire au gré de ses volontés, mais il n'est pas resté sans témoignage, car le spectacle de la création, les dons annuels de sa libéralité qu'il répandait sur les hommes par le moyen des éléments pour subvenir à leurs besoins, devaient leur donner l'intelligence et la crainte de sa divinité. D'ailleurs la tradition qui venait du premier homme et qui s'était transmise à Enoch et à Noé, avait conservé la connaissance du vrai Dieu sur la terre. Mais lorsque par suite de la faiblesse du genre humain la connaissance du vrai Dieu vint à s'affaiblir parmi les hommes, et leurs mœurs à se dépraver, le Seigneur daigna faire choix d'Abraham pour donner en lui l'exemple de la connaissance de Dieu renouvelée sur la terre et de la pureté des mœurs. Les hommes étant devenus moins respectueux encore pour Dieu, il leur donna par Moïse la loi écrite, afin qu'elle ne pût s'effacer de leur souvenir, et leur inspirât une crainte salutaire, car la crainte est d'autant plus grande que l'autorité est plus manifeste. Or, comme les nations ont méprisé cette loi, en refusant de s'y soumettre, et que ceux qui l'ont reçue ne l'ont point observée, le Seigneur, touché de compassion, envoya son Fils qui en s'immolant pour eux, en détruisant l'empire de la mort, et en donnant à tous les hommes la rémission de leurs péchés, pût les offrir ainsi justifiés à Dieu son Père. En effet, il ne pouvait descendre dans les enfers que par sa mort. Ni l'ordre ni la raison ne permettaient que personne franchît le seuil des enfers sans passer par la mort. Si quelqu'un veut surprendre les barbares dans leur propre pays, ne se déguise-t-il pas sous leur habillement, afin qu'ils le prennent pour l'un d'eux et qu'il puisse ainsi plus sûrement trouver les moyens de les détruire ? C'est ce que Dieu a fait pour le démon ; il avait perdu l'homme par ses insinuations coupables ; Dieu, pour le sauver de la mort, trouva un remède pour arracher au démon les victimes qu'il retenait injustement, s'introduire secrètement jusque dans son empire, et lui faire sentir comme Dieu dans les enfers, celui en qui il pensait n'avoir fait mourir qu'un homme. Dès lors sa méchanceté fut dévoilée, il perdit tous ceux qu'il tenait captifs, et la voie du ciel fut dès lors ouverte à tous les hommes. Tels furent les fruits de l'avènement du Sauveur, il fit connaître aux hommes de quel immense danger ils étaient délivrés, et leur donna ainsi un sujet de continuelles actions de grâces. Mais on me fera peut-être cette objection : Si un grand nombre avant la loi et après la loi, accablés sous le poids de leurs péchés, se sont plongés dans la chair et méritent de rester à jamais dans l'enfer, il en est certainement qui pleins de religion et de respect pour le Créateur, ont donné pour frein à leur vie la loi naturelle ; cependant n'ont-ils pas été aussi retenus dans les limbes après cette vie ? Or, si le Christ était venu aussitôt la mort d'Adam, la délivrance d'Adam qui s'était rendu le premier coupable, aurait ouvert aux autres hommes la voie du ciel, et ceux qui auraient bien vécu dans la connaissance du Créateur auraient été reçus dans les cieux après leur mort. L'avènement tardif du Christ a donc été ici un véritable préjudice ? Oui, le préjudice est manifeste ; mais examinez s'il est juste ou in-

feret : quomodo si esurienti offeras panem ; si autem offeras cum non esurit, non utique tam gratum erit. Idcirco recte factum est, ut non ante veniret Dominus. Primum enim dimisit genus hominum uti voluntate sua, non sine testimonio sui, quia ex ipsa mundi fabrica per annua munera, quæ elementorum ministerio humanis usibus exiberi decrevit, intelligi et timeri divinitatem suam voluit. Quippe cum etiam ex traduce primi hominis, deinde Enoch et Noe notitia ejus esset in terris. Sed cum languore quodam humani generis obsolescere cœpisset cognitio Dei inter homines , et mores immutarentur, eligere dignatus est Abraham, in quo forma esset renovatæ notitiæ Dei et morum. Et cum adhuc reverentior sequior esset, postea per Moysen Legem litteris dedit, quæ neque obsolesceret, et magis metum incuteret. Major enim timor est, ubi auctoritas manifesta est. Et quia acceptam Legem gentes spreverunt, non se subjicientes ci, neque ii qui acceperunt servaverunt eam, motus Dominus misericordia, misit Filium suum, qui se pro illis offerens, mortem destruens, data omnibus remissione peccatorum, Deo Patri illos justificatos offerret. Non enim posset descendi ad inferos, nisi per mortem. Nec ordo enim nec ratio poscebat, eum qui mortuus non fuisset, intrare januas tartari. Nonne si quis vult in terra sua barbaros decipere, immutat se in habitu illorum, ut putetur unus ex his, et sic explorat quomodo illos subvertat ? Ita factum est et de diabolo : quoniam malo more hominem subverterat, ut in morte non remaneret, inventum est remedium, quomodo quos male tenebat amitteret, et subintraretur ei : et quem putabat se velut hominem occidisse, reperiret illum apud inferos Deum. Quo facto, reus inventus omnes quos tenebat amisit, et de cætero aperta est ad cœlum via. Ecce quantum profuit adventus Salvatoris, ut scientes homines de quo periculo liberati sunt, sine cessatione gratias illi referant. Sed forte e contra dicatur : Si multi ante Legem et post Legem peccatis pressi totos se carni dederunt, et digni fuerunt in tartaro remanere, sine dubio fuerunt qui devotione et Creatoris reverentia vitam suam naturæ lege frenarunt : numquid non etiam hi detenti sunt apud inferos, (a) exuti hac vita ? Si autem ante venisset post mortem Adæ, liberato Adam qui prior peccaverat, cæteris ad cœlum aperiret viam, ut qui bene vixerant, agnito Creatore defuncti reciperentur in cœlum. Damnum ergo est, quia non ante venit Christus ? Damnum esse manifestum est, sed quære, justum, an injustum sit. Solent enim domna justa esse, de quibus queri non liceat. Numquid fur deprehensus et juxta legem in quadruplum condamnatus,

(o) Ms. Colb. *expuncti.*

juste. Il y a des préjudices qui sont de toute justice, et dont il n'est point permis de se plaindre. Est-ce qu'un voleur surpris en flagrant délit et condamné au quadruple osera se plaindre? Or, le dommage qu'a éprouvé le genre humain n'avait rien que de juste, voilà pourquoi Dieu l'a permis. Le Sauveur n'a donc pas dû venir dès le commencement du monde. Le démon s'étant laissé dominer par l'orgueil, Dieu créa l'homme pour l'opposer au démon, afin qu'avec le secours de Dieu qui fortifiait son impuissance naturelle, il pût lui résister en restant fidèle au commandement qui lui était donné. Or, le démon eut recours à ses artifices ordinaires; il feignit d'ignorer le commandement que Dieu avait donné à l'homme, et il trouva la volonté d'Eve chancelante. Il leur promit alors pour prix de leur désobéissance qu'ils seraient comme des dieux, et il réussit à les séduire. Le démon remporta sur l'homme le triomphe qu'il désirait, et l'homme honteusement vaincu, assujettit au péché toute sa postérité. Il n'était donc pas juste d'enlever violemment au vainqueur ses dépouilles, car Dieu ne peut agir que d'une manière souverainement juste. D'ailleurs l'homme avait commis une faute des plus graves en se laissant persuader que la désobéissance au précepte divin ferait de lui un dieu, et il tomba par là même dans l'idolâtrie, autre crime contre Dieu. Il n'était donc pas juste que Dieu vînt aussitôt à son secours, puisqu'il ne manifestait aucun repentir, et la miséricorde de Dieu eût été pour lui de peu de prix, s'il n'avait su le châtiment qu'il méritait. En effet, bien que tout soit possible à la puissance de Dieu, il agit toujours d'une manière conforme à la raison, et sa conduite reste toujours à l'abri de tout reproche.

(1) Si l'on vient au secours d'un homme en détournant de lui un danger qui le menace, il sera sans doute reconnaissant, mais il ne pourra bien apprécier le service qui lui est rendu. Si au contraire vous venez à son secours au plus fort du danger, il comprendra toute l'étendue du bienfait dont il est l'objet. La délivrance d'une aussi rude épreuve lui inspirera une reconnaissance plus vive. Ce sera comme si vous donniez du pain à un homme qui est tourmenté par la faim. Si vous l'offrez au contraire à celui qui n'éprouve point ce besoin, quelle reconnaissance vous en témoignera-t-il? Notre-Seigneur a donc agi très-sagement en ne venant point plus tôt sur la terre; il a laissé d'abord le genre humain se conduire au gré de ses volontés; mais il n'est point resté sans témoignage, car le spectacle de la création, les dons annuels de sa libéralité qu'il répandait sur les hommes par le moyen des éléments pour subvenir à leurs besoins, devaient leur donner l'intelligence et la crainte de sa divinité. Mais lorsque la connaissance de Dieu vint à s'affaiblir sur la terre, et les mœurs à se corrompre, Dieu daigna visiter le genre humain; il donna la loi, ou il la renouvela (car elle était dans la nature, mais à peu près oubliée) pour rétablir la connaissance de son nom et l'autorité de la loi, et inspirer aux hommes une crainte salutaire à l'aide de cette connaissance et de la loi plus clairement promulguée. Les hommes devaient alors être certains que celui qui a donné la loi jugerait leurs actions. Cependant cette loi fut impuissante à les détourner du péché, qu'ils pouvaient cependant éviter; les prophètes multiplièrent longtemps leurs avertissements jusqu'à ce qu'enfin Dieu, touché de compassion, envoyât son Fils qui, en s'immolant pour eux et en détruisant l'empire de la mort, leur donna la rémission de leurs péchés afin de pouvoir les offrir ainsi justifiés à Dieu son Père.

(1) Même question telle qu'elle se trouve dans les manuscrits de la seconde catégorie, la LVIIIe sur le Nouveau Testament.

ausus est queri? Ac per hoc damnum quod genus hominum passum est, juste factum est, unde et permissum est. Quare et Salvator inter ipsa primordia venire non debuit. Cum enim diabolus superbiret, homo factus a Deo positus est illi inimicus, ut auxilio Dei munitus, quia impar erat, resisteret accepto mandato. Diabolus autem solita subtilitate simulavit se ignorare quid præceptum esset a Deo, et invenit Evam instabilem: postea ipse homini promittens illi, quod si interdictum contigisset præstaret illis divinitatem, circumvenit eos. Tunc diabolus superato homine triumphavit: hic victus genus suum subjecit peccato. Quamobrem injustum erat victori violenter auferre spolia, quia Deus quod facit juste facit. Præterea cum acerbe peccaverit homo assentiens ei, contra mandatum Creatoris, fieri ut Deum, idolatriam admisit, per quod in Deum peccavit: ideoque non illi statim debuit subveniri; quippe cum nec pœnituerit: nec grata ei fuisset misericordia, si non scivisset quid mereretur. Quamquam enim omnia possit Deus, illud facit quod convenit rationi, ut irreprehensibilis perseveret.

Si ei cui necessitas imminet, ante subveniatur, erit quidem gratus, non valde tamen poterit scire quid sibi præstitum est. Si autem in ipsa necessitate posito auxilium feras, sciet quale beneficium consecutus est. De tribulatione enim ereptus plus gratias agit, quomodo si esurienti offeras panem. Si autem offeras non esurienti, quæ erit gratia? Idcirco recte factum est, ut non ante veniret Dominus. Primum enim dimisit genus humanum uti voluntate sua, non sine testimonio sui: quia ex ipsa fabrica mundi per annua munera, quæ elementorum ministerio humanis usibus exhiberi decrevit, cognosci et timeri divinitatem suam voluit. Postea vero cum obsolesceret notitia Dei in terris, et mores immutarentur, dignatus est visitare genus hominum, ut data Lege, vel reformata, (erat enim in natura, sed negligi cœperat,) et notitiam sui et Legis auctoritatem restauraret, ut recognito Deo et revocata Lege timere inciperent: certi quia qui Legem dedit, judicaturus esset actus humanos. Et quia accepta Lege a peccatis se cohibere nequiverunt, cum possent, diu etiam per Prophetas admoniti: motus Deus misericordia misit Filium suum, qui se pro illis offerens, et mortem destruens, data illis remissione peccatorum Deo Patri illos justificatos offerret: ut scientes de quo periculo sunt erepti, sine cessatione Deo gratias

Il voulait ainsi leur faire connaître à quel danger il les avait arrachés, afin qu'ils ne cessent de rendre grâces à Dieu et qu'ils sachent bien que quand même il leur demanderait de verser leur sang pour lui, ils seraient encore bien loin de ce qu'il avait fait pour eux. Qu'il est donc grand, qu'il est précieux ce bienfait que la mort même ne peut reconnaître! Mais on me fera peut-être cette objection : Si un grand nombre, avant la loi comme après la loi, accablés sous le poids de leurs péchés, se sont plongés dans la chair, il en est certainement qui, pleins de religion pour le Créateur, ont mis un frein à leurs inclinations vicieuses. Et après être sortis de cette vie, ne sont-ils pas descendus dans les enfers? Or, si le Christ était venu plus tôt, aussitôt après la mort d'Adam, la délivrance d'Adam, victime de son propre péché, eût ouvert aux autres hommes le chemin du ciel en leur donnant l'espérance qu'après une vie pure et dévouée à leur Créateur et Rédempteur, ils seraient reçus dans les cieux. L'avénement tardif du Christ a donc été un véritable préjudice. Oui, le préjudice est manifeste, mais examinez s'il est juste ou injuste. Il y a des préjudices qui sont de toute justice. Est-ce qu'un voleur surpris en flagrant délit, et condamné au quadruple n'éprouve point un véritable dommage? Mais ce dommage est juste, et pour une raison semblable, le dommage qu'a souffert le genre humain est de toute justice, et c'est pour cela que Dieu l'a permis. Le Sauveur n'a donc pas dû venir dès le commencement du monde. Le démon s'étant laissé dominer par l'orgueil, Dieu créa l'homme pour l'opposer au démon, afin qu'aidé du secours de Dieu, qui fortifiait son impuissance naturelle, il pût lui résister en restant fidèle au précepte qu'il avait reçu, en montrant qu'il était sur la terre l'image d'un seul Dieu et en prouvant, pour détruire l'erreur opposée, qu'un seul Dieu avait créé un seul homme d'où devaient descendre tous les autres. Mais le démon eut recours à ses artifices ordinaires, il feignit d'ignorer le commandement que Dieu avait donné à l'homme, et il trouva la volonté d'Eve chancelante. C'est alors qu'il leur promit qu'ils deviendraient comme des dieux s'ils mangeaient du fruit défendu, et qu'il réussit à les séduire. C'est ainsi que le démon remporta sur l'homme le triomphe qu'il désirait et que l'homme, honteusement vaincu, vendit au péché toute sa postérité. Il n'était donc pas juste d'enlever aussitôt violemment au vainqueur ses dépouilles, car Dieu ne peut agir que d'une manière souverainement juste. D'ailleurs l'homme avait commis une faute des plus graves en se laissant persuader qu'il deviendrait comme un dieu, et il tomba par là même dans l'idolâtrie, autre crime énorme contre Dieu. Il n'était donc pas juste que Dieu vînt aussitôt à son secours, puisqu'il ne manifestait aucun repentir. Le démon soumit ensuite les justes Job, Joseph, Jérémie, Zacharie, les autres prophètes et tous les autres justes à des souffrances sans nombre. Le Christ reçut alors de Dieu son Père la mission de triompher de lui, de se manifester au monde, de détruire l'empire du démon par la raison plutôt que par la puissance, bien que tout soit possible à Dieu, mais il agit toujours d'une manière conforme à la raison, et sa conduite reste toujours à l'abri de tout reproche.

Question LXXXIV. — Pourquoi nous, qui réglons sur le cours de la lune la fête de Pâque, reprochons-nous aux païens d'observer les jours et les différentes phases de la lune?

Loin des chrétiens le reproche d'adorer les astres, eux qui ont reçu de Dieu un culte tout spirituel qui leur enseigne à mépriser les choses qui paraissent,

---

agant, ut etiam si usus exegerit sanguinem pro illo fundentes, nec sic se illi vicem reddere profiteantur. Quam gratum ergo et pretiosum beneficium existimant, quod nec morte compensari putant? Sed forte contra dicatur : Si multi ante Legem, et post Legem peccatis pressi totos se carni dederunt : sine dubio fuerunt aliqui, qui Creatori Deo devoti a vitiis se infrænarent. Age numquid hi expuncti a vita non in infernum descenderunt. Si autem ante, post mortem Adæ Christus venisset, liberato Adam, qui peccato proprio tenebatur, a morte, cæteris ad cœlum iter fecerit, credentibus, ut quia hic bene vixerant, grati Creatori et restauratori defuncti reciperentur in cœlum. Damnum ergo est, quia non ante venit Christus. Damnum esse manifestum est. Sed quære an justum, an injustum sit. Solent enim damna justa esse. Numquid fur reprehensus, cum in quadruplum, juxta legem, damnatur, non damnum patitur? Sed justum est, ac per hoc justum quod hominum genus passum est, juste provenit, ideo et permissum est. Quare et Salvator inter ipsa primordia venire non debuit. Cum enim diabolus superbiret, et homo a Deo factus positus est illi inimicus, ut auxiliis Dei munitus, quia impar erat viribus, resisteret illi accepto mandato unius Dei imaginem in terris ad errorem auferendum, per id quod unus ab uno factus, ex quo cæteris, demonstraret. Diabolus autem solita subtilitate simulavit se ignorare quid præceptum fuisset a Deo, et invenit Evam instabilem, post autem promittens illis, quod si interdictum degustassent, futuri essent dii, circumvenit eos. Sic diabolus devicto homine triumphavit, hic victus genus suum vendidit peccato. Non ergo justum erat victori statim auferre violenter spolia; quia quod facit Deus, juste fecit : Præterea cum acerbe peccaverit homo, assentiens enim fieri se Deum, idololatriam admisit, hoc est in Deum peccavit : ideoque non illi statim debuit subveniri, qui nec pœnituit. Post autem justis multa mala intulit Satanas, Job, Joseph, Jeremiæ, Isaiæ, Zachariæ, et cæteris Prophetis, et justis. Idcirco commissus est Christus a Deo Patre suo qui illum vinceret, et se manifestaret, regnum ejus auferens ratione, non potestate ; quanquam omnia possit Deus : sed illud facit quod congruit rationi, ut irreprehensibilis perseveret.

QUÆSTIO LXXXIV. — Quare lunæ cursum in ratione Paschæ custodientes, Paganos reprehendimus, quia dies lunares et motum custodiunt?

Absit a Christianis ut sidera venerari dicantur, quibus indulta est spiritalis cultura, ut despicientes quæ videntur, iis quæ invisibilia et supercœlestia sunt, copulentur, et

pour s'unir aux choses invisibles et célestes, et à s'élever au-dessus de tous les objets créés jusqu'au ciel, où ils doivent être éternellement avec les anges de Dieu. Quant aux adorateurs des astres, ils seront avec eux ou même au-dessous ; car comment placer un homme au-dessus de ce qui a été l'objet de ses adorations ? Ce n'est donc pas le cours de la lune que les païens observent, c'est la lune elle-même, qu'ils adorent comme une divinité. Ils s'imaginent avoir découvert l'influence de ses différentes phases, et ils décident en conséquence ce qu'ils devront faire ou omettre à certains jours, en soumettant catégoriquement leur conduite et toute leur vie à son empire. Or, c'est là une témérité en opposition directe avec l'ordre de Dieu et qui les fait tomber, comme nous le voyons, dans de fréquentes erreurs. Dieu a établi les astres pour déterminer les temps. Nous observons donc le nombre des jours de la lune, mais nous ne l'adorons pas, et nous précisons l'époque de la Pâque par le quatorzième jour de la lune, qui est la première d'après la loi. Toutes les choses que Dieu a faites ont un caractère de plénitude ; il nous est donc permis de célébrer la Pâque pendant sept jours, depuis le quatorzième jour de la lune jusqu'au vingt-un, de manière à renfermer dans cet espace sept jours depuis la préparation de la Pâque jusqu'à la résurrection du Sauveur, en évitant que la passion tombe le treizième jour, ou la résurrection le quatorzième ou le quinzième, afin que la passion ne soit point célébrée avant la première lune selon nous, ni sa résurrection un autre jour que celui où le monde a été créé. En effet, tous les temps qui règlent le cours du monde sont compris dans l'espace d'une seule semaine, parce que c'est dans l'espace de sept jours que Dieu a donné au monde la forme et l'éclat que nous y admirons. Il a créé le monde en six jours et il a cessé de créer le septième jour, que nous appelons sabbat. Ces sept jours comprennent toute la raison et les différents nombres du monde. En revenant continuellement sur eux-mêmes, ils donnent lieu à la multiplication des temps. Après le sabbat, la semaine recommence depuis le premier jour jusqu'au septième, c'est-à-dire jusqu'au sabbat, pour nous apprendre que la résurrection du Seigneur s'est faite le premier jour de la création du monde, qu'on appelle le jour du Seigneur. Dieu l'a fait conjointement avec le soir, et après une révolution de sept jours, il revient de nouveau pour être le premier jour d'une nouvelle semaine. Les choses ont été ainsi réglées dès le commencement en vue des mystères de l'incarnation du Seigneur, de sa passion et de sa résurrection ; car la résurrection du corps du Seigneur a été la résurrection, la réparation du monde presque tout entier. Il est donc bien acquis que nous ne rendons aucun culte à la lune, mais que nous observons le nombre des jours qui sont marqués par le cours de la lune. Le démon donc, qui est le même que Satan, pour donner quelque autorité à ses tromperies et revêtir ses mensonges des couleurs de la vérité, au premier mois où il sait qu'on doit célébrer les mystères du Seigneur, use de sa puissance, qui est grande, pour établir parmi les païens des mystères qu'il leur commande aussi de célébrer. Il retient ainsi leurs esprits dans l'erreur par deux raisons. Comme ses mensonges précèdent la vérité, il leur donne ainsi la supériorité sur elle, et il fait de cette ancienneté comme un préjugé défavorable à la vérité. En second lieu, comme c'est dans le premier mois où les Romains placent, comme nous, l'équinoxe (1) que les païens

(1) L'auteur parle ici comme s'il écrivait ailleurs qu'à Rome, il n'est donc point le même que l'auteur de la cxve question qui a été écrite à Rome.

hæc omnia transcendant futuri cum Angelis Dei. Nam et siderum cultores aut cum ipsis erunt, aut infra ipsa. Quomodo enim fieri potest, ut aliquis super hæc sit quæ colit ? Pagani itaque non computum lunæ observant ; sed lunam ipsam velut deam venerantur. Et effectus curriculorum ejus apprehendisse se arbitrantes, quid certis diebus agendum, quidve cavendum sit, decernunt, imperio ejus quasi vitam et conversationem suam ordine quodam subjicientes : quos, quia extra Dei ordinationem hæc ausi sunt usurpare, falli frequenter deprehendimus. Hæc enim luminaria in signa temporum Deus constituit. Unde et nos numerum lunæ custodimus, non illam ipsam excolimus, ut a quarta decima luna, quæ nobis secundum Legem prima est, rationem Paschæ observemus. Omnia enim plena Deus instituit : ideoque a quarta decima usque ad vigesimam primam his septem diebus Pascha nobis celebrare concessum est, ut de his septem aliqui dies a parasceve usque ad resurrectionem Domini concludantur : ut neque tertia decima in passione sit, neque quarta decima in resurrectione, aut quinta decima ; ne ante primam secundum nos lunam passio Christi sit, neque resurrectio ejus non primo die quo cœptus mundus est. Omnia enim mundi tempora unius hebdomadæ curriculis numerantur ; quia his Deus mundi membra et ornamenta composuit. Sex enim diebus mundum aptavit, et septima cessavit, quam sabbatum appellavit. His enim septem diebus totius mundi ratio et numerus continetur. Semper enim in se redeuntes, multiplicant numerum temporum. Post sabbatum enim a primo die repetit semper usque ad diem septimum, id est sabbatum : ut resurrectio Domini primo die inchoati mundi facta discatur ; qui dies Dominicus dicitur. Ipsum enim fecit Dominus unum cum vespere, et in septenarium numerum evolutus incipit iterum, ut sit post hebdomadam primus. Quod ita decretum ab initio est propter sacramentum incarnationis Domini, et passionis, et resurrectionis. In corpore enim Domini totus prope mundus resurrexit, et instauratus est. Absolutum est non nos lunam colere, sed numerum qui per lunæ cursum institutus est custodire. Diabolus autem qui est satanas, ut fallaciæ suæ auctoritatem aliquam possit adhibere, et mendacia sua commentitia veritate colorare, primo mense quo sacramenta Dominica scit celebranda, quia non mediocris potentiæ est, Paganis quæ observarent instituit mysteria, ut animas eorum duabus ex causis in errore detineret : ut quia prævenit veritatem fallacia, melius

célèbrent ces sacrifices et qu'ils affirment que l'expiation se fait par le sang, comme nous disons qu'elle se fait par la croix; le démon, par cet artifice, les retient dans l'erreur, leur persuade que notre vérité n'est qu'une imitation de la vérité et une superstition que nous avons inventée dans un esprit de rivalité. Car, disent-ils, on ne peut regarder comme véritable ce qui est d'invention postérieure. Mais les miracles et les prodiges rendent témoignage que nous sommes certainement en possession de la vérité, et l'éclat de ces miracles met dans tout son jour la perversité du démon. Comme cette preuve est en effet la seule qui persuade facilement, Dieu l'a opposée aux artifices et aux ruses du démon pour dévoiler ses mensonges. Qui pourrait en effet, fût-il ennemi de la religion chrétienne, nier que la vérité se trouve là où la puissance divine se révèle dans toute sa force?

QUESTION LXXXV. — Il est certain que depuis David jusqu'à la transmigration de Babylone, il y a dix-sept générations; pourquoi donc l'Evangéliste n'en compte-t-il que quatorze, en mettant Ochosias qui après Joram est le fils de Josaphat, ainsi que Joas fils d'Ochosias et Amasias fils de Joas? (*Matth.*, 1, 17.)

On doit admettre que l'évangéliste s'est conformé ici à l'esprit de la loi. C'est donc à juste titre que ces rois ont été retranchés de la série des générations; car leur impiété s'est perpétuée sans la moindre interruption. Après avoir commencé dans Joram, elle se continue jusqu'à Osias, fils d'Amasias, et aucun de ces princes ne put trouver dans les vertus de son père un appui qui lui permit de figurer dans la série des rois de Juda. Joram se livra à toutes sortes de crimes, mais il dut à Josaphat d'être conservé au nombre des rois. Ozias dut la même faveur au mérite de Joatham. La vie de ces trois princes ne fut qu'une impiété continuelle contre Dieu. C'est grâce au mérite de son père que Salomon resta sur le trône, et Roboam, son fils, dut à Asa d'être conservé, malgré sa vie criminelle, parmi les rois de Juda. Quant à ces trois rois impies ils ont été comme enfermés au milieu de leurs crimes et retranchés de la généalogie; car l'exemple du vice entraîne la ruine de toute une race quand il est donné avec éclat et sans discontinuité. Pour parler plus exactement, ces rois ont été omis, parce que Joseph ne descend pas de leur race. L'Evangéliste, en effet, a suivi depuis Abraham, la généalogie de ceux dont descend Joseph, à qui était fiancée Marie, de laquelle est né le Christ.

QUESTION LXXXVI. — Quelle est la preuve que Marie, mère du Seigneur, était de la tribu et de la race de David?

Citons les paroles d'un témoin authentique. C'est l'ange lui-même qui dit à Marie : « Le Seigneur Dieu lui donnera le nom de David, son père, et il régnera sur la maison de Jacob éternellement. » (*Luc*, 1, 27.) Comment un témoin aussi véridique pourrait-il donner David pour père à Jésus-Christ, si sa mère n'était pas elle-même de la race de David?

QUESTION LXXXVII. — S'il n'y a qu'un seul Dieu, pourquoi placer dans trois l'espérance du salut, plutôt que dans deux, dans quatre ou dans un seul;

---

quiddam fallacia videretur, quasi antiquitate præjudicans veritati. Et quia in primo mense, in quo æquinoctium habent Romani, sicut et nos, ea ipsa observatio ab his custoditur, ita ut etiam per sanguinem dicant expiationem fieri, sicut et nos per crucem : hac versutia paganos detinet in errore, ut putent veritatem nostram imitationem potius videri quam veritatem, quasi per æmulationem superstitione quadam inventam. Nec enim verum potest, inquiunt, æstimari quod postea est inventum. Sed quia apud nos pro certo veritas est, et ab initio hæc est, virtutum atque prodigiorum signa perhibent testimonium, ut teste, virtute, diaboli improbitas innotescat. Quoniam enim sola est quæ facile suadeat, hæc contra versutiam et præventum diaboli posita est, ut simulationem ejus revelet. Nemo enim etiam inimicorum negare audeat illic esse veritatem, ubi virtus apparet.

QUÆSTIO LXXXV. — Quid est ut cum constet a David usque ad transmigrationem Babylonis decem et septem esse generationes, Evangelista quatuor decim dicat, prætermissis Ochozia, qui post Joram est filium Josaphat, et Joas filio Ochoziæ, et Amasia filio Joas? (*Matth.*, 1, 17),

Nihil Evangelistam quam sensum Legis secutum credibile videri debet. Ideoque non immerito hi ab Evangelista sublati sunt de numero cæterorum. Sic enim horum continuavit impietas, ut malignum eorum nullum intervallum haberet. A Joram autem cœptum malignum sic perambulavit usque ad Oziam filium Amasiæ, ut nullius lateris esset suffragium, quo ex parte merito patris aliquis horum remaneret in numero regum. Nam Joram maligne agens merito Josaphat præmissus in numero est ; et Ozias merito Joathan reservatus in numero est. Illorum autem trium continuata malignitas in Deum est. Salomon quoque merito patris remissus in regno est ; et Roboam filius Salomonis maligne agens merito Asa relictus est in numero regum. Illi autem tres in medio malorum conclusi sunt maligne agentes, ideo erasi sunt. Pejus enim a perditione generis exemplum est, quando se jugiter malignitas pandit. (1) Et ut proprie dicam, propterea, quod ex traduce eorum non est Joseph, prætermissi sunt. Ab Abraham enim horum generationes secutus est Evangelista, ex quibus originem trahit Joseph, cui desponsata est Maria, quæ genuit Christum.

QUÆSTIO LXXXVI. — Quid est quod probet Mariam matrem Domini ex tribu et semine esse David?

Idonei testis proferemus sermonem. Dicit enim Angelus ad Mariam inter cætera : « Et dabit illi Dominus Deus sedem David patris sui, et regnabit in domo Jacob in æternum, et regni ejus non erit finis. » (*Luc*., 1, 27.) Quomodo diceretur ab idoneo teste pater ejus David, si non esset mater ejus Maria ex semine David ?

QUÆSTIO LXXXVII. — Si unus est Deus, cur in tribus spes salutis est, et non in duobus aut quator, aut certe

---

(1) Reliquum deest in Mss. 2 generis.

pourquoi enfin le mystère de la Trinité n'a-t-il pas été prêché dès le commencement?

Il ne s'est produit ici presque rien de nouveau. On prêche le mystère de la Trinité, mais en établissant la foi à l'existence d'un seul Dieu. Aucune addition n'a donc été faite, mais le mystère d'un seul Dieu a été plus pleinement révélé. Cette révélation ne devait pas se faire tout d'abord, la prédication devait précéder, et être suivie de la révélation de la doctrine prêchée, révélation qui devait nous apprendre que le Père est le principe de toutes choses, que le Fils est celui par qui elles existent, et l'Esprit saint celui par qui toutes les choses dont le Père est le principe et qui existent par le Fils, prennent une nouvelle naissance dans la foi à un seul Dieu. Il y a donc ici trois personnes, mais une seule divinité. Or, c'est par l'effet d'une souveraine raison qu'elles sont trois, et non pas en plus ou moins grand nombre. Tout nombre s'élève jusqu'à neuf, parce que trois multipliés par trois font neuf. En effet, trois se trouvent dans un, et ces trois ne font qu'un. Celui qui voit cette unité, voit les trois autres, parce qu'elles ne diffèrent en rien l'une de l'autre. Ainsi trois font un, de même que trois multipliés par trois. Le nombre neuf est parfait, parce que c'est de l'unité que tout procède. Ajoutez cette unité au nombre neuf produit du nombre trois multiplié par lui-même, et vous avez dix ou vingt. Toujours, cependant, on va jusqu'à neuf et on ajoute un à ce nombre parce que neuf sont un, et c'est ainsi qu'on donne à l'unité toute sa perfection.

(1) Il n'y a qu'un Dieu, mais il n'est pas seul. Il a de toute éternité dans son être mystérieux deux autres personnes. Or, bien que Dieu le Père eût en lui ces deux autres personnes, comme je l'ai dit, il était convenable de ne prêcher d'abord qu'un seul Dieu sans faire connaître le mystère que renfermait la nature divine, c'est-à-dire que le Père est le principe du Fils, et le Fils le principe du Fils, parce qu'il a reçu de lui ce qu'il est, et que de même que le Père a envoyé le Fils, le Fils a envoyé le Saint-Esprit. Mais lorsque Dieu principe de toutes choses fut connu, alors il révéla à ceux qui le connaissaient son Fils qu'il a engendré en lui-même de toute éternité. Le Fils de Dieu ainsi manifesté, à son tour enseigna que c'était le Père que l'on annonçait sous le nom d'un seul Dieu. Il révéla également l'existence de l'Esprit saint, qui est le troisième après le Père, et le second après le Christ, dans l'ordre numérique, et non quant à la substance, car les trois personnes ne diffèrent en rien l'une de l'autre ; et il enseigna que ces trois personnes existaient de toute éternité dans le mystère de Dieu que nous devons adorer dans la Trinité. Car il veut que nous rendions à ce qui est de lui les mêmes hommages qu'à lui-même qui en est le principe. Puisque toutes choses sont en Dieu, qu'elles ont été faites par le Fils, et qu'elles ont reçu leur lumière de l'Esprit saint, il était convenable que le salut fût prêché au nom de la Trinité, en suivant l'ordre des personnes, et que la puissance indivisible d'une seule divinité reçût nos adorations. Or, c'est par l'effet d'une raison souveraine que les personnes divines sont au nombre de trois, ni plus, ni moins. Comme ces trois personnes vivent l'une dans l'autre, on prêche de tous côtés la Trinité, parce que trois sont dans un et que trois ne font qu'un. Celui qui voit cette unité voit les trois personnes, parce qu'elles ne diffèrent en rien l'une de l'autre.

(1) Même question telle qu'elle se trouve dans les manuscrits de la seconde catégorie, la IXe sur l'Ancien Testament.

in ipso uno ; et quare non est ab initio Trinitas prædicata ?

Nihil pene novum effectum est : sic enim Trinitas prædicatur, ut unus Deus credatur. Non ergo additum est aliquid, sed sacramentum Dei unius revelatum. Inter ipsa autem primordia manifestari non oportuit ; quia prius prædicandum, et postea id quod prædicatum est revelandum : ut scias Patrem esse, a quo cuncta sunt ; Filium vero dici, per quem sunt omnia ; Spiritum autem sanctum appellari, per quem omnia, quæ a Patre quidem, sed per Filium sunt, regenerantur ad fidem Dei unius. Hi ergo tres sunt quidem, sed una divinitas. Ratio igitur facit ut tres sint, non plures aut infra. Omnis enim numerus usque ad novem pervenit, quia tres dum invicem in se sunt, faciunt numero novem ; quia in uno tres sunt, et tres sunt unum. Qui enim videt unum, videt tres, dum nihil differt alter ab altero. Tres ergo unum, et ter tres unum. Hæc enim in nono numero perfectio est, quantum ad numerum pertinet, quia de uno sunt omnia. Addito enim uno ex quo vel in quo tres qui numerantur novem, fiunt decem vel viginti. Semper tamen usque ad novem venitur, et unus additur, quia novem unum sunt, ut plena perfectio sit unitatis.

Unus quidem est Deus, sed non singularis est. Habet ex æternis in mysterio alterum qui sit cum altero. Et quoniam Deus Pater in se habet alterum cum altero, sicut dixi, dignum fuit unum prius prædicare non manifestato mysterio quod erat in ipso : quoniam caput Filii Pater est, et caput Spiritus sancti Filius, quia de ipso accepit : et sicut Pater misit Filium, ita et Filius misit Spiritum sanctum. Postquam autem cognitus est Deus ex quo sunt omnia, tunc scientibus se manifestavit Filium suum, quem ex æterno habuit apud se. Manifestatus autem Filius ostendit Patrem esse qui prius unus Deus prædicabatur esse. Quo cognito palam fecit esse etiam Spiritum sanctum, qui tertius sit a Patre, secundus autem a Christo secundum numeri ordinationem, juxta substantiam autem non esse et non differre alterum ab altero : et hoc ex æternis fuisse in mysterio Dei, qui in Trinitate est adorandus. In eodem enim honore vult recipi quod ex ipso est, in quo recipitur ipse a quo est. Dignum enim est, quia in ipso fuerunt et omnia per Filium facta, et per Spiritum sanctum illuminata, ut in Trinitate salus prædicetur, servato ordine personarum, unius divinitatis indiscreta adoretur potestas. Ut ergo tres sint non plus aut infra, ratio facit : quia omnis numerus usque ad tres pervenit. Tres enim quia invicem in se sunt, undique Trinitas annuntiatur, quia in uno tres sunt, et tres unum sunt. Unum qui videt, videt tres, dum nihil differt alterum ab altero. Tres ergo unum, et unum tres. Hæc est

Ici donc trois font un et un fait trois. Telle est la Trinité dans toute sa perfection, et l'intelligence parfaite de la Trinité consiste à savoir que ces trois personnes ne font qu'un.

QUESTION LXXXVIII. — Si la grâce a été plus abondante et l'intelligence plus claire sous le Nouveau Testament que dans l'Ancien, pourquoi le prophète Isaïe a-t-il vu sur le trône de sa majesté le Dieu des armées qui est le Christ, selon l'explication de l'évangéliste saint Jean qui a dit : « Isaïe a prophétisé ainsi quand il a vu sa gloire et qu'il a parlé de lui ; » (Isaïe, VI, 1 ; Jean, XII, 41) tandis que sous le Nouveau Testament, Etienne, le premier des martyrs, déclare avoir vu Jésus assis à la droite de Dieu ? (Act., VII, 55.) Comment se fait-il que d'un côté le Christ paraisse dans un rang secondaire après ses triomphes, et de l'autre comme le Dieu souverain, avant d'avoir remporté la victoire ?

Le Seigneur s'est manifesté de la manière que les circonstances l'exigeaient. Il apparaît au prophète comme un roi qui reprend son peuple, et il se montre tel qu'il était assis sur son trône, car la cause de sa divinité n'était pas en question. Mais il apparaît debout à saint Etienne à cause des accusations des Juifs, parce que dans la personne d'Etienne, c'était la cause du Sauveur qu'ils attaquaient. Il apparaît donc debout devant le Dieu juge souverain assis sur son trône, comme pour défendre sa cause ; et il est à la droite du juge parce que sa cause est juste. En effet, tout homme qui plaide sa cause doit se tenir debout.

QUESTION LXXXIX. — Le Sauveur dit de l'Esprit saint, que « lorsqu'il sera venu, il convaincra le monde en ce qui touche le péché, et la justice, et le jugement ; le péché, parce qu'ils n'ont point cru en moi ; la justice, parce que je m'en vais à mon Père, et vous ne me verrez plus ; et le jugement, parce que le prince de ce monde est déjà jugé. » (Jean, XVI, 8.) Notre-Seigneur formule ici une accusation contre le monde, mais qui a besoin d'explication.

Comme les Juifs ne croyaient point au Sauveur, ni les puissants du monde ; « car ce n'est pas seulement aux hommes qu'il a voulu se manifester, mais aux princes et aux puissances célestes, comme l'enseigne l'Apôtre dans son Épître aux Éphésiens ; » (Éphés., III, 10) il prédit qu'après sa passion, l'Esprit saint montrera qu'il a dit la vérité. Convaincre le monde, c'est donc lui démontrer la vérité des choses qu'il n'a point voulu croire. Ainsi il a refusé de croire qu'il était le Sauveur envoyé de Dieu. Or, le Sauveur après avoir accompli toute justice, n'a point hésité à retourner vers celui qui l'avait envoyé, et par cela même qu'il retournait dans les cieux, il a prouvé qu'il en était venu. « Car personne, dit-il, ne remonte vers Dieu, si ce n'est celui qui est descendu de Dieu. » (Jean, III, 13.) Lors donc que les puissances le virent remonter dans les cieux, elles furent confondues en voyant la vérité de ce qu'elles avaient méprisé comme un mensonge. Il leur donne donc la conviction de cette justice en vertu de laquelle il remonte dans les cieux d'où il était descendu. Il les convainc ensuite de péché, parce que non-seulement ils n'ont pas voulu croire en lui, mais qu'ils l'ont mis à mort. Il les convainc enfin en ce qui touche le jugement, en dévoilant l'iniquité du prince du monde, et sa condamnation par celui auquel ils n'ont point voulu croire. En voyant les âmes sortir des limbes pour monter au ciel, ils connurent que le prince de

---

Trinitas undique perfecta. Et hæc est Trinitatis intelligentia, quæ tunc perfecta est, si unum dicantur.

QUÆSTIO LXXXVIII (1). — Si major gratia et manifestior intelligentia in Novo est quam in Vetere Testamento, quare Isaias propheta sedentem in throno majestatis vidit Dominum Sabaoth, qui est Christus, juxta interpretationem Joannis evangelistæ : dixit enim inter cætera : « Hæc locutus est Isaias, quando vidit majestatem ejus, et locutus est de eo. » (Isa., VI, 1 ; Joan., XII, 41.) In Novo autem Stephanus primus martyr stantem se vidisse dicit Jesum a dextris Dei. Quid est istud ut hic subjectus videatur post triumphos, et illic quasi Dominus antequam vinceret ? (Act., VII, 55.)

Prout causa fecit ita et Dominus se ostendit. Prophetæ enim visus est quasi rex corripiens plebem : et hoc ut ostendit quod erat, hoc est, sedentem. In pace enim erat causa divinitatis ejus. Stephano autem ut stans appareret, fecit calumnia Judæorum. In Stephano autem Salvatoris causa vim patiebatur. Ideo sedente judice Deo, stans apparuit, quasi cui causam diceret : et quia bona causa ejus est, ad dexteram judicis erat. Omnis qui causam dicit stet necesse est.

QUÆSTIO LXXXIX. — Salvator inter cætera dicit de Spiritu sancto, quod « veniens, inquit, ille arguet mundum de peccato, et de justitia, et de judicio. De peccato quidem, quia non crediderunt in me. De justitia vero, quia eo ad Patrem, et jam non videbitis me. De judicio autem, quia princeps hujus mundi judicatus est. » (Joan., XVI, 8.) Causam quidem videtur dixisse arguendi mundi, sed indiget explanatione.

Cum Salvatori non crederent Judæi, neque mundanæ protestates ; quia non solum hominibus se manifestari voluit, sed et principibus et potestatibus in cœlestibus, sicut docet Apostolus in Epistola ad Ephesios (Ephes., III, 10), post passionem suam vera se locutum Spiritum sanctum probaturum ostendit. Et hoc est arguere mundum, ostendere illi vera esse quæ credere noluit. Credere enim noluit a Deo venisse Salvatorem. Salvator autem servata justitia non trepidavit reverti ad eum a quo se miserat : et per id quod regressus est, probavit se inde venisse. Quia « nemo, inquit, ascendit ad Deum, nisi qui descendit a Deo. » (Joan., III, 13.) Videntes ergo potestates ascendere eum, confusæ sunt, videntes verum esse quod velut falsum spreverant. Itaque ista justitia arguit eos, quia justum probatum est, quia regressus est unde venerat. Sic autem arguit eos de peccato, quia non solum credere ei noluerunt, sed et occiderunt eum. De judicio vero sic eos corripuit, dum ostendit principem mundi reum factum et comprehensum ab eo, cujus fidei non communicarunt. Videntes enim animas de inferis ire in cœlos, co-

(1) Hæc desunt in Mss. 2 generis.

ce monde était jugé, et que, déclaré coupable de la mort du Sauveur, il perdait tous ses droits sur ceux qu'il retenait captifs. C'est ce qu'on vit lorsque le Sauveur monta dans les cieux, mais ce qui parut avec plus d'éclat lorsque l'Esprit saint descendit sur les Apôtres. Quel jugement plus véritable que celui qui fut prononcé contre le monde, lorsqu'après la passion et la résurrection de Notre-Seigneur, ce monde perfide vit les témoignages publics que rendaient au Sauveur les morts ressuscités, les boiteux qui marchaient, les lépreux guéris, les paralytiques redressés, les aveugles qui voyaient, les sourds qui entendaient, les muets qui parlaient, les possédés délivrés, les malades qui lui rendaient grâces de les avoir guéris de leurs infirmités? C'est ainsi que l'Esprit saint a convaincu le monde en opérant ces prodiges de guérison au nom du Sauveur qui avait été réprouvé par le monde.

Question XC. — Si le diable est Satan lui-même, pourquoi Notre-Seigneur dit-il aux Juifs : « Le père dont vous êtes nés est le démon, et vous voulez accomplir les désirs de votre père. Il a été homicide dès le commencement, et il n'est point demeuré dans la vérité, car la vérité n'est point en lui. Quand il profère le mensonge, il dit ce qui lui est propre, car il est menteur comme son père (1). » (*Jean*, VIII, 44.)

Le nom de diable n'est pas un nom particulier, mais un nom commun. Quelque soit celui où nous trouvons les œuvres du diable nous sommes autorisés à lui donner ce nom. C'est le nom qui convient à ses œuvres plutôt qu'à sa nature. Ce père des Juifs dont Notre-Seigneur veut parler en cet endroit est Caïn, dont ils ont voulu être les imitateurs en mettant le Sauveur à mort. Voilà pourquoi il déclare qu'il n'est point demeuré dans la vérité, parce qu'il s'est souillé par un parricide et s'est rendu digne de mort; c'est lui qui a donné aux hommes le premier exemple de fratricide. Notre-Seigneur dit que quand il profère le mensonge, il dit ce qui lui est propre pour montrer que nul ne pèche que par sa propre volonté, mais comme il a été lui-même imitateur du diable, il ajoute : « Parce qu'il est menteur comme son père. » Cet esprit de mensonge feignit, en effet, d'ignorer le commandement que Dieu avait donné au premier homme, pour le faire condamner à mort. C'est ainsi que Caïn, lorsque Dieu l'interroge, feint d'ignorer où est son frère Abel qu'il avait mis à mort. Le diable ici dans la pensée du Sauveur est donc Caïn, et il a pour père le diable dont il a imité les œuvres. Le fils du diable est lui-même un diable. Mais le diable qui s'appelle Satan n'a point de père, auteur de sa méchanceté. Il est à lui-même l'auteur de sa propre malice. C'est lui qui le premier a donné l'exemple du péché et tous ceux qui l'imiteront seront appelés ses enfants, comme il est appelé leur père. C'est ainsi que nous avons pour père dans la foi Abraham, parce qu'il a le premier cru en Dieu, et qu'à ce titre nous sommes ses enfants, car nous portons le nom de fidèles, comme il l'a mérité lui-même.

Question XCI. — Comment peut-on combattre les arguments de Photin, qui prétend que le Christ n'est point antérieur à Marie?

Interrogeons d'abord Jean-Baptiste, que le Sauveur lui-même a proclamé publiquement son témoin. Voici entre autres le témoignage qu'il rend à Notre-Seigneur : « Celui qui vient d'en haut est au-

---

(1) L'auteur de cette question donne à ces dernières paroles du Sauveur un sens exigé par l'explication qu'il en fait, mais opposé à l'interprétation généralement admise qui traduit : « Il est menteur et père du mensonge. »

---

gnoverunt adjudicatum esse principem hujus mundi, ut reus factus in causa Salvatoris, quæ tenebat jure amitteret. Hæc quidem ascendente Salvatore visa sunt : sed superveniente in discipulos Spiritu sancto, palam aperteque manifestata sunt. Vera enim correptio tunc fuit, quando post passionem resurrectionemque ad testimonium Salvatoris publice a perfidis videbantur resurgentes mortui, claudi currentes, leprosi mundati, paralytici confirmati, cæci aspicere, surdi audire, muti eloqui, dæmoniaci purgari, infirmi recuperata sanitate gratias agere. Hoc modo Spiritus sanctus arguit mundum : quia in nomine Salvatoris, qui reprobatus est a mundo, omnium curationum virtutes operatus est.

Quæstio CX. — Si diabolus ipse est satanas, quid est ut inter cætera dicat ad Judæos Salvator : « Vos de patre diabolo estis, et concupiscentias patris vestri vultis facere. Ille homicida fuit ab initio, et in veritate non stetit ; quia veritas non est in eo : cum loquitur mendacium, ex suis propriis loquitur ; quia mendax est sicut et pater ejus ? » (*Joan.*, VIII, 44.)

Diabolus non speciale nomen est, sed commune cum cæteris. In quocumque opera diaboli fuerint inventa, sine dubio diabolus appellandus est. Operis enim nomen est, non naturæ. Itaque hoc in loco patrem Judæorum Caïn significat, cujus imitatores volentes esse Judæi, Salvatorem peremerunt. Hinc dicit eum, quia se parricidio maculavit, et reum fecit mortis, in veritate non stetisse. Ab ipso enim forma data est fratricidii. Istum ipsum dicit, « cum loquitur mendacium, de suis propriis loqui, » ut ostenderet unumquemque nonnisi propria voluntate peccare. Sed quia imitator diaboli est, adjecit : « Quia mendax est, sicut et pater ejus. » Hic enim ut primum hominem morte condemnaret, simulavit se nescisse quid præceptum fuisset ei a Deo. Sic et Caïn interrogatus finxit se nescire ubi esset frater suus Abel, quem occiderat. (*Gen.*, IV, 9.) Hoc ergo in loco diabolum Caïn esse dixit : patrem autem ejus diabolum, cujus opera secutus est. Diaboli enim filius, diabolus est. Sed diabolus ille qui est satanas, patrem in malitia sua nullum habet. Ipse enim sibi in malo auctor est. Prior enim ipse peccavit, ac per hoc quicumque imitati illum fuerint, filii ejus dicentur, et ille pater eorum. Etenim nos in fide patrem Abraham habemus, quia prior ipse credidit Deo : ac per hoc nomine ejus censemur. Fideles enim dicimur sicut et ille.

Quæstio XCI. — Quærendum quomodo contradicendum sit argumentis Photini dicentis Christum ante Mariam non esse.

A Joanne prius quæramus Baptista, quem ipse Salvator testem suum esse professus est. Ait enim inter

dessus de tous; celui qui est sorti de la terre est de la terre, et parle de la terre. Celui qui est venu du ciel rend témoignage de ce qu'il a vu et entendu, et nul ne reçoit son témoignage. » (*Jean*, III, 31.) Voici donc qu'en comparaison du Seigneur, Jean appelle tous les hommes, et lui-même, terrestres, parce qu'il atteste qu'il est descendu du ciel, et que tous les autres sont de la terre, c'est-à-dire ont une origine inférieure. Notre-Seigneur exprime la même vérité lorsqu'il dit : « Je ne suis pas descendu des cieux pour faire ma volonté, mais la volonté de mon Père, qui m'a envoyé. » (*Jean*, VI, 38.) Ailleurs il dit encore dans le même sens : « Je ne vous dis point que je prierai mon Père pour vous, car mon Père lui-même vous aime, parce que vous m'avez aimé et que vous avez cru que je suis sorti de Dieu. Je suis sorti de mon Père et je suis venu dans le monde ; maintenant je quitte le monde et je vais à mon Père. » (*Jean*, XVI, 26.) Ses disciples, l'entendant parler aussi clairement, lui dirent : « Voilà que vous parlez ouvertement et que vous ne vous servez point de paraboles. Nous voyons maintenant que vous savez toutes choses et qu'il n'est pas besoin que personne vous interroge ; pour cela nous croyons que vous êtes sorti de Dieu. » Ces paroles n'ont point besoin d'explication. En effet, le point capital de notre religion, c'est de croire qu'avant son incarnation Jésus-Christ était dans les cieux avec Dieu comme le Fils avec le Père. Si c'est uniquement à cause de sa vie sainte et de sa céleste doctrine qu'il déclare qu'il est descendu des cieux, sorti de Dieu et venu en ce monde, tous les prophètes et les apôtres ont pu tenir le même langage. Dira-t-on que ces paroles : « Maintenant je quitte le monde et je vais à mon Père, » signifient que la doctrine qui est sortie de Dieu retourne à Dieu après avoir quitté le monde ? C'est la seule explication qu'ils peuvent en donner. Si, en effet, ces paroles du Sauveur : « Qu'il est descendu du ciel, qu'il est sorti de Dieu et venu en ce monde, » doivent s'entendre de la vérité qui était en lui et de sa doctrine, et non de sa personne, ce qu'il ajoute : « Maintenant je quitte le monde et je vais à mon Père, » doit s'entendre également de cette vertu, de cette doctrine, qui retournent au lieu de leur origine. Mais nous voyons, au contraire, qu'après le départ du Sauveur, sa vertu et sa doctrine ont persévéré dans le monde. Vous voyez donc que Notre-Seigneur ne veut point parler ici de sa vertu et de sa doctrine, mais de lui-même. Si vous soutenez que ce sont là les paroles de la vertu qui opérait dans le Christ, remarquez que cette vertu appelle Dieu son Père. Vous venez donc vous heurter contre l'écueil que vous redoutez, car si le Fils de Dieu est la vertu de Dieu, c'est cette même vertu de Dieu dont l'Apôtre a dit : « Le Christ est la vertu de Dieu et la sagesse de Dieu. » (I *Cor.*, I, 24.) Cette vertu de Dieu est sortie de Dieu, et elle retourne vers Dieu. C'est cette même vertu, qui n'est autre que Jésus-Christ, qui déclare qu'elle chasse les démons par l'Esprit de Dieu (*Matth.*, XII, 28) ; ce même Esprit qui opérait des prodiges par les apôtres, pour vous apprendre que l'Esprit saint par lequel Notre-Seigneur opérait ces miracles en opérait de semblables par les apôtres après que le Seigneur eut quitté la terre, et donner une preuve sans réplique qu'il a voulu parler de lui-même lorsqu'il a quitté le monde pour retourner vers Dieu. Si vous persistez à penser que cette vertu n'est pas le Christ, alors il y aura

cætera de Domino : « Qui de sursum venit, super omnes est : qui autem de terra est, de terra loquitur. Qui vero de cœlo venit, quod vidit et audivit, testificatur : et testimonium ejus nemo accipit. » (*Joan.*, III, 31.) Ecce Joannes omnes secum pariter ad comparationem Domini terrestres appellat : quia illum de cœlis testatur venisse, cæteros vero omnes de terra esse, hoc est, de inferioribus. Et ipse Dominus inter cætera eadem loquitur, dicens : « Non enim descendi de cœlo ut faciam voluntatem meam, sed voluntatem ejus qui misit me Patris. » (*Joan.*, VI, 38.) Et iterum Dominus inter alia hoc sensu loquitur dicens : « Et non dico vobis, quia ego rogabo Patrem. Ipse enim Pater diligit vos, quia vos me diligitis et credidistis quia a Deo exivi. Exivi enim a Patre, et veni in hunc mundum : iterum relinquo mundum, et vado ad Patrem. » (*Joan.*, XVI, 26.) Tunc videntes Discipuli manifeste illum esse locutum, dicunt ei : « Ecce nunc palam loqueris, et proverbium nullum dicis. Nunc scimus quoniam scis omnia, et non opus tibi est ut quis te interroget : in hoc credimus quoniam a Deo exiisti. » Hæc interpretatione non indigent. Quippe cum ista summa sit religionis nostræ, ut Christum ante carnem in cœlis cum Deo fuisse credeamus, ut Filium apud Patrem. Nam si propter justam conversationem et cœlestem doctrinam de cœlo et a Deo se dixit exiisse, et venisse in mundum, eadem debuerant dicere de se omnes Prophetæ et Apostoli. Et quia dixit : « Iterum relinquo mundum, et vado ad Patrem ; » hoc forte dicatur significasse, quia doctrina quæ venerat a Deo, relicto mundo ad Deum est regressa. Aliud enim quod dicant non habent. Si enim de cœlo venisse, et a Deo exiisse, et venisse in hunc mundum, ad virtutis et doctrinæ pertinet causam, non ad Salvatoris personam, cum dixit : « Iterum relinquo mundum, et vado ad Patrem ; » illo utique redit unde venerat : sed videmus post abscessum Domini, et virtutem fuisse in mundo et doctrinam. Vides ergo non de virtute dictum esse a Domino et doctrina, sed specialiter de se Dominum locutum. Quod si virtutis quæ in Christo operata est, dicis esse verba ; hæc ipsa virtus Deum Patrem suum appellat. Ecce incurris quod times : quia si virtus Dei Filius Dei est, ipsa utique virtus Dei est, de qua dicit Apostolus : « Christum Dei virtutem et Dei sapientiam. » (I *Cor.*, I, 24.) Hæc exivit a Deo, et iterum ad eum regressa est. Itaque hæc ipsa virtus quæ Christus est, in Spiritu Dei dæmonia se testatur ejicere *Matth.*, XII, 28) ; qui Spiritus per Apostolos operatus est, ut scias Spiritum sanctum per quem Dominus operatus est, post abscessum Domini hic in mundo per Apostolos operatum : ut plenius appareat Dominum de sua persona locutum, quia relicto mundo regressus est ad Deum. Aut si putas virtutem hanc non esse Christum ; duæ erunt virtutes et duo Filii Dei ; et ubi est illud quod legitur :

308   APPENDICE.

deux vertus et deux fils de Dieu ; et que deviendra la vérité de ces paroles : « Le Fils unique de Dieu qui est dans le sein du Père? » (*Jean*, I, 18) et de ces autres : « C'est ainsi que Dieu a aimé ce monde qu'il lui a donné son Fils unique? » (*Jean*, III, 16.) Vous remarquez que cette vertu de Dieu qui a opéré dans le monde des prodiges extérieurs est la même qui est appelée à la fois la vertu de Dieu et le Fils de Dieu. Or, voyons ce qu'ont cru les apôtres et à qui ils ont ajouté foi lorsqu'ils entendirent le Seigneur leur dire : « Maintenant je quitte le monde et je vais à mon Père. » (*Jean*, XVI, 28.) Ils lui répondirent : « Voilà que vous parlez ouvertement et que vous ne vous servez point de paraboles ; pour cela nous croyons que vous êtes sorti de Dieu. » Voyons maintenant si les disciples ont jamais douté que les miracles du Seigneur eussent Dieu pour auteur, lorsque par exemple ils virent ressusciter Lazare mort depuis quatre jours et exhalant la corruption du tombeau (*Jean*, XI, 44), un aveugle de naissance recouvrer la vue (*Jean*, IX, 1) ; une femme guérie d'un flux de sang en touchant le bord de son vêtement (*Matth.*, IX, 20) ; l'eau changée en vin. (*Jean*, II, 9.) Nul d'entre eux n'a eu le moindre doute soit sur la personne du Seigneur, soit sur ses miracles, alors que les autres disaient que c'était Élie, Jérémie, ou un des prophètes. (*Matth.*, XVI, 14.) Lorsque les Juifs voulurent le lapider, que leur répond Jésus ? « Je vous ai montré plusieurs œuvres excellentes qui viennent de mon Père ; pour laquelle me lapidez-vous ? » (*Jean*, X, 32.) Les Juifs lui dirent : « Nous ne vous lapidons pas pour une bonne œuvre, mais pour votre blasphème, et parce qu'étant homme vous vous faites Dieu. » Quoi ! les Juifs ne doutent nullement que les miracles de Jésus fussent les œuvres de Dieu, et les apôtres en auraient douté ? Tout le doute se concentrait donc sur la personne du Sauveur (car c'était une chose inouïe qui ne pouvait tomber dans l'esprit humain et qui étonnait les hommes au plus haut degré que d'entendre Jésus dire qu'il sortait de Dieu et qu'il avait Dieu pour Père) ; et les apôtres se déclarent satisfaits sur ce point du langage si clair du Seigneur : « Nous voyons maintenant que vous savez toutes choses et qu'il n'est pas besoin que personne vous interroge ; pour cela nous croyons que vous êtes sorti de Dieu. » S'il n'est pas vraiment sorti de Dieu, la foi des apôtres se trouve anéantie, mais cela est impossible, car elle a reçu l'approbation du Sauveur. Il leur dit alors : « Vous croyez maintenant, » c'est-à-dire tant de prodiges dont vous avez été les témoins n'avaient pu vous déterminer à croire. Il a donc été démontré aux apôtres que le Christ était sorti de Dieu et venu dans le monde, et par là même ils n'ont eu aucune difficulté à croire qu'il fût le Fils de Dieu. Si nul ne voit Dieu que celui qui est de Dieu (*Jean*, VI, 46), et si nul ne connaît le Père que le Fils (*Matth.*, XI, 27), c'est vraiment là être en Dieu le Père et être sorti de Dieu pour venir en ce monde. Nul, en effet, ne pouvait sortir de Dieu que celui qui était en Dieu dès le commencement (*Jean*, I, 1), parce que nul autre ne connaissait Dieu ou n'avait vu Dieu. Il n'y a donc rien d'extraordinaire pour nous à croire que le Sauveur soit le vrai Fils de Dieu. C'est ce que dit saint Jean dans sa première épître : « Afin que nous soyons en son vrai Fils Jésus-Christ. C'est le vrai Dieu et la vie éternelle. » (I *Jean*, V, 20.) Et l'Apôtre dans son Épître aux Romains : « Il n'a point épargné

« Unigenitus Filius Dei, qui est in sinu Patris ? » (*Joan.*, I, 18.) Et iterum : « Sic enim, inquit, dilexit Deus mundum hunc, ut Filium suum unicum daret pro eo. » (*Joan.*, III, 16.) Animadvertis jam virtutem Dei, quæ corporaliter operata est in mundo, ipsam unam esse quæ et Dei virtus dicatur et Filius. Et videamus quid crediderint, aut cui Apostoli audientes a Domino : « Ecce iterum relinquo mundum, et vado ad Patrem : » (*Joan.*, XVII, 28) responderunt enim : « Ecce nunc palam loqueris, et proverbium nullum dicis. Nunc scimus quia nosti omnia, et non opus est tibi ut quis te interroget. In hoc credimus, quoniam a Deo exiisti. » Nunc videamus si de virtutibus ambigerent Discipuli, utrum a Deo exissent, cum vidissent Lazarum jam fœtidum quarta die resuscitatum (*Joan.*, XI, 44), cæco a nativitate oculos reformatos (*Joan.*, IX, 1), tactu fimbriæ mulierem a profluvio liberatam (*Matth.*, IX, 20), aquæ naturam mutatam in vinum. (*Joan.*, II, 9.) At de persona Domini nemo plane dubitavit, vel de virtutibus : quippe cum dicerent illum, alii esse Eliam, alii Jeremiam, aut unum ex Prophetis (*Matth.*, XVII, 14) : Nam cum lapidare vellent illum Judæi, respondit eis Jesus : « Multa opera bona ostendi vobis a Patre meo ; propter quod eorum opus lapidatis me ? » (*Joan.*, X, 32.) Dixerunt ei Judæi : « Nos de bono opere non te lapidamus, sed propter blasphemiam : et quia cum sis homo, facis te Deum. » Si ergo Judæi quod Dei opera essent non ambigebant, Apostolis ambigebant ? Quoniam ergo omnis dubitatio de Salvatoris persona erat : (res enim inaudita, et quæ in sensum humanum non rueret, stuporem hominibus faciebat, cum audiebant dicentem illum se a Deo exiisse, et proprium sibi Patrem esse Deum) : idcirco Discipuli satis sibi esse factum confitentes manifestatione verborum Domini, dixerunt ad eum : « Nunc scimus quoniam nosti omnia, et non est opus ut quis te interroget. In hoc credimus, quoniam a Deo exiisti. » Si enim non vere a Deo exivit, fides Apostolorum exinanitur ; sed non potest, quia a Salvatore probata est. Respondit enim eis : « Modo creditis » ; id est, tanta signa videntes non credebatis. Itaque probatum est Apostolis Christum a Deo exiisse et venisse, ut per hanc exitionem Filium istum Dei credere non esset ambiguum. Si enim nemo vidit Deum nisi qui est a Deo, hic vidit Deum (*Joan.*, VI, 46) : et si nemo novit Patrem nisi Filius (*Matth.*, XI, 27), hoc est vere apud Deum Patrem fuisse, et ab eo exiisse, et venisse. Nemo enim alius poterat a Deo exire, nisi hic qui in principio erat apud Deum (*Joan.*, I, 1) : quia et nec quisquam alius sciebat, aut viderat Deum. Ideo non incredibile nobis est, verum Filium hunc Dei credere. Sicut dicit Joannes in Epistola prima : « Et simus, inquit, in vero Filio ejus Jesu Christo. Hic est verus Deus, et vita æterna. » (I *Joan.*, V, 20.) Et Apostolus : « Qui proprio, inquit, Filio non pepercit. » (*Rom.*, VIII, 32.) Et

son propre Fils. » (*Rom.*, VIII, 32.) Et l'Evangéliste : « Parce qu'il disait que Dieu était son Père. » (*Jean*, V, 18.) Or, si Jésus-Christ est le vrai Fils de Dieu, comment ne serait-il qu'un homme ? L'appellerait-on vrai Fils de Dieu si Dieu ne l'avait véritablement engendré ? Que Photin nous dise pourquoi donc on croit qu'il est le vrai Fils de Dieu s'il ne l'est point véritablement ? Ou quel besoin de croire qu'il est le Fils de Dieu s'il n'était que comme un des saints qui ont été jugés dignes d'être appelés les fils de Dieu ? N'y a-t-il donc pas quelque inconvenance qui défend de croire qu'il n'est Fils de Dieu que comme les autres et qui motive ce titre supérieur de Fils de Dieu, qu'on a tant de mal à lui reconnaître dans toute sa vérité ? Car, supposez qu'il soit seulement au-dessus des autres, quel besoin de dire : Croyez que Jésus-Christ est Fils de Dieu, puisque après tout il est comme un des autres, si ce n'est parce qu'il nous est commandé de croire qu'il est Fils de Dieu dans un sens tout différent des autres ? C'est-à-dire que tandis qu'un grand nombre sont appelés fils de Dieu à cause de leur sainteté, lui seul est présenté à notre foi comme le Fils véritable de Dieu, et c'est pour cela qu'il est appelé le Fils unique. Qui, en effet, parmi les saints a osé s'affirmer le Fils de Dieu, je ne dis pas le Fils unique, si ce n'est le Sauveur dans la connaissance qu'il avait de sa naissance toute divine ? Comment aurait-il pu souffrir qu'on l'adorât s'il n'avait su qu'il était de Dieu, alors qu'il est écrit : « Vous adorerez le Seigneur votre Dieu et ne servirez que lui seul ? » (*Deut.*, VI, 13.) Est-ce que l'ange n'a pas repris saint Jean l'évangéliste qui voulait l'adorer ? « Gardez-vous bien de le faire, lui dit-il, je suis serviteur comme vous, adorez Dieu. » (*Apoc.*, XIX, 10 ; XXII, 9.) Or, bien que l'Ecriture déclare qu'on ne doit servir que Dieu (*Deut.*, VI, 13), est-ce que l'Apôtre n'a pas dit : « Celui qui sert Jésus-Christ plait à Dieu? » (*Rom.*, XIV, 18.) Pourquoi? Parce que Dieu est le Christ, le Père et le Fils ne sont qu'un. Le même Apôtre se déclare le serviteur de Jésus-Christ, et il dit aux Corinthiens : « Ne vous rendez pas les serviteurs des hommes; » (1 *Cor.*, VII, 23) et aux Galates : « Paul établi apôtre non par des hommes, ni par l'autorité d'aucun homme, mais par l'autorité de Jésus-Christ son Père qui l'a ressuscité d'entre les morts. » (*Gal.*, I, 1.) Il prouve ainsi en termes clairs que Jésus-Christ est à la fois Dieu et homme et que son titre d'apôtre ne vient pas d'un homme, mais de Jésus-Christ, en tant qu'il est Dieu et qu'il vient de Dieu le Père. Et il ajoute plus bas : « Je n'ai reçu ni appris l'Evangile d'aucun homme, mais par la révélation de Jésus-Christ. » (*Ibid.*, I, 12.) Quoi de plus clair ? Saint Paul déclare que ce n'est point d'un homme qu'il a reçu la doctrine de Dieu, mais qu'il a été instruit à l'école de Dieu même. Pour nous c'est par les hommes que nous avons reçu la doctrine de Dieu, mais ce vase d'élection déclare qu'il n'a rien appris des apôtres, c'est-à-dire par le moyen des hommes. Dira-t-on qu'il n'a rien appris des hommes parce qu'il est question de la doctrine de Dieu? Où serait alors le privilège exceptionnel qu'il revendique s'il l'avait apprise comme les autres apôtres (1)? Pourquoi dit-il : « Je n'ai reçu ni appris l'Evangile d'aucun homme, mais par la révélation de Jésus-Christ ? » Qui peut mettre en question que saint Paul n'ait voulu enseigner ici la

---

(1) Les autres apôtres l'avaient apprise directement et immédiatement de Jésus-Christ, ce raisonnement n'a de force qu'autant qu'on l'applique à ceux qui ont été instruits par l'intermédiaire des hommes.

Evangelista : Quia proprium, ait, sibi patrem dicebat Deum.» (*Joan.*, V, 18.) Si verus ergo Filius Dei est Christus, quomodo homo tantum est ? Verus enim Filius non diceretur, nisi proprie ab eo esset genitus. Aut dicat Photinus, quare verus Filius Dei creditur, si non est verus ? Aut quid opus erat hunc credere Filium Dei esse, si unus esset de cæteris sanctis, qui filii Dei digni sunt appellari ? Aut numquid aliqua indignitas in hoc est, per quam Filius Dei sicut cæteri sunt, credi non posset : et idcirco dicitur, ut hic de quo incredulum videtur, credatur Filius esse Dei ? Si enim potior cæteris est, quid opus est ut dicatur : Crede Christum Filium Dei esse, si unus esset de cæteris, nisi quia ut aliter de hoc credatur præcipitur quam de cæteris ? Ut quia multi sunt qui Filii Dei sanctitatis causa appellantur, hic solus verus Filius Dei credatur, unde et unicus dicitur. Nam quis sanctorum ausus fuerit Filium Dei se dicere, non dicam ut (*a*) unicum, nisi Salvator conscius nativitatis suæ a Deo profectæ ? Quomodo autem pateretur se adorari, si nesciret de Deo, cum scriptum sit : « Dominum Deum tuum adorabis, et ipsi soli servies » (*Deut.*, VI, 13.) » Quippe cum Joannem Angelus corripuerit, eo quod adorare se vellet, dicens ei : « Ne feceris, quia conservus tuus sum : Deum adora.» (*Apoc.*, XIX, 10 ; XXII, 9.) Et cum soli Deo serviendum Scriptura testetur (*Deut.*, VI, 13); Apostolus tamen : « Qui servit, inquit, Christo, placet Deo.» (*Rom.*, XIV, 18.) Quare ? Quia unum sunt Deus et Christus, Pater et Filius. Apostolus se Christi servum fatetur, et dicit Corinthiis : » Nolite fieri servi hominum. » (1 *Cor.*, VII, 23.) Et ad Galatas : « Paulus Apostolus, non ab hominibus, neque per hominem ; sed per Jesum Christum, et Deum Patrem, qui suscitavit eum a mortuis : » (*Gal.*, I, 1) ostendit aperte Christum Deum esse et hominem, ut Apostolatum suum non ab homine esse, sed a Christo, juxta quod Deus est, et a Patre Deo esse demonstraret. Denique in subjectis ait : « Neque enim ego ab homine accepi illud, neque didici ; sed per revelationem Jesu Christi. » Quid tam apertum ? Dei enim doctrinam non per hominem dicit se esse assecutum, sed ab ipso Deo edoctum. Nam nos Dei doctrinam per homines accipimus : vas autem electionis nihil se probat ab Apostolis assecutum, hoc est, ab hominibus. Nam si, quia Dei doctrina est, ideo non per hominem discitur, quam laudem suam testatur Apostolus, si sic didicit sicut cæteri Apostoli ? Ut quid dicit: « Neque ego ab homine accepi illud, neque edoctus sum ; sed per revelationem Jesu Christi ? » Quis ambigat hoc loco Christum Deum significatum ? Sed quid mirum,

(*a*) Ms. Colb. *verum*.

divinité de Jésus-Christ ? Et qu'y aurait-il d'étonnant, puisque dans son Epître aux Romains il leur dit en parlant des Juifs : « Qui ont pour pères les patriarches et de qui est sorti, selon la chair, Jésus-Christ, le Dieu au-dessus de toutes choses et béni dans tous les siècles. » (*Rom.*, IX, 5.) Que signifient ces paroles : « De qui est sorti selon la chair Jésus-Christ ? » L'Apôtre ne s'exprimerait pas de la sorte si Jésus-Christ n'existait aussi selon Dieu, c'est-à-dire que selon la chair Jésus-Christ est sorti des patriarches, et que selon la divinité il est sorti de Dieu, et il est le Dieu au-dessus de toutes choses. Essaierait-on d'appliquer ces paroles à la personne du Père ? Mais il n'est nullement ici question du Père. Si donc on refuse de les appliquer à Jésus-Christ, à quelle autre personne conviendront-elles ? Pourquoi donc ne pas les appliquer à Jésus-Christ, au nom duquel tout genou fléchit dans le ciel, sur la terre et dans les enfers (*Philip.*, II, 10) ; c'est-à-dire qui est Dieu au-dessus de toutes choses, car il n'y a plus rien en dehors de celles qu'il vient d'énumérer ? Que Photin nous dise donc si ces créatures fléchissent le genou devant un homme, ou si Dieu a ordonné à ces puissances célestes et aux saints anges d'adorer un homme. Non sans doute, parce que Dieu ne peut rien commander qui soit contraire à la raison. Si donc il est défendu sur la terre d'adorer un autre que Dieu, à combien plus forte raison dans les cieux ? Un roi, sur la terre, reçoit les hommages de ses sujets comme tenant la place de Dieu. Or, Jésus-Christ, après avoir accompli la mission qu'il tenait de Dieu, reçoit maintenant les adorations du ciel et de la terre. Nous lisons que « le Verbe s'est fait chair, » c'est-à-dire que le Verbe s'est incarné dans le sein de Marie par l'opération du Saint-Esprit, ce Verbe qui était en Dieu dès le commencement, qui est Dieu et est appelé le Fils de Dieu. Comment donc celui qui était dès le commencement et qui était Dieu n'aurait-il pas été antérieur à Marie ? Quand même votre aveuglement irait jusqu'à nier qu'il soit Dieu, vous ne pouvez nier qu'il soit le Verbe ; et vous n'ignorez pas que ce Verbe est appelé le Fils de Dieu, et qu'il était en Dieu dès le commencement. Par quelle raison soutenez-vous donc qu'il est postérieur à Marie, puisque vous lisez qu'il existait dès le commencement ? Saint Jean parlant de Jésus-Christ dans l'Apocalypse dit : « Et son nom est le Verbe de Dieu. » (*Apoc.*, XIX, 13.) Le nom de Verbe a plusieurs significations. Tout ce qui sort de la nature de Dieu doit être appelé Dieu ; mais pour sauvegarder l'autorité d'un seul Dieu, l'Evangéliste donne le nom de Verbe à celui qui est né de Dieu, afin que de même que nous sommes persuadés que nos paroles ne peuvent sortir que de nous, nous croyions également que le Christ est sorti de Dieu. On ne peut entendre dans un autre sens que le Christ vient de Dieu et non d'un principe en dehors de Dieu. C'est dans le même sens qu'il est appelé la vertu et la sagesse de Dieu qui viennent de Dieu de la même manière. Si l'Evangéliste eût dit Dieu et Dieu, il n'eût point exprimé qu'il était sorti de Dieu, mais il eût fait comme deux dieux, ce qui est opposé à l'unité divine. Les saints livres enseignent, il est vrai, que Jésus-Christ est Dieu, mais sans jamais aller au delà de l'unité d'un seul Dieu. Comment donc, Photin, poussez-vous la folie jusqu'à vouloir établir dans le premier chapitre de saint Jean une ponctuation différente pour ne point reconnaître que le Verbe est Dieu ? En effet, voici comme vous lisez : « Au commencement était le Verbe, et le Verbe était en Dieu, et Dieu était. Ce Verbe était en Dieu dès le commencement. » (*Jean*, I, 1.) Que signifie cette

---

cum inter cætera dicat ad Romanos : « Quorum patres, et ex quibus Christus secundum carnem, qui est super omnia Deus, benedictus in sæcula. (*Rom.*, IX, 5.) Quid est, « et ex quibus Christus secundum carnem ? » Non enim hoc diceret, nisi esset et secundum Deum, ut secundum carnem ex Patribus, secundum divinitatem vero ex Deo Christus sit super omnia Deus. Sed forte ad Patris personarum pertinere dicatur ? Sed hoc loco nulla est paterni nominis mentio. Ideoque si de Christo dictum negatur, persona cui competat detur. Quare autem Christo non competat, cujus nomini cœlestia, terrestria et inferna genu flectunt ? (*Phil.*, II, 10) hoc est, super omnia esse Deum. Præter hæc enim alia nulla sunt. Dicat nunc Photinus, si hæc homini genu flectunt : aut si Deus potentias illas cœlestes et sanctos Angelos ut hominem adorent, decrevit. Sed absit, quia Deus nihil stultum decrevit ; maxime cum non liceat, nisi Deum adorari, quanto magis in cœlis ? Rex enim adoratur in terris quasi vicarius Dei. Christus autem post vicariam impletam dispensationem adoratur in cœlis et in terra. Legimus namque, quia « Verbum caro factum est : » (*Joan.*, I, 14) hoc est, ministro Spiritu sancto incarnatum esse ex Maria hoc Verbum, in principio apud Deum fuisse, et Deum esse, hoc quoque Filium Dei appellari. Quomodo ergo non ante Mariam est quod in principio erat, et Deus erat ? Etiamsi obcæcatus Deum hoc esse negas, Verbum tamen non negas : neque ignoras hoc Verbum Filium Dei appellari, et hoc apud Deum fuisse in principio. Qua ergo ratione post Mariam dicis esse, quod in principio legis fuisse ? In Apocalypsi enim legimus de Christo : « Et nomen ejus est Verbum Dei. » (*Apoc.*, XIX, 13.) Quod verbum multas habet interpretationes. Nam nihil de Deo est quod non Deus dicatur ; sed propter auctoritatem unius Dei, quod de ipso natum est, Verbum appellavit : ut hac ratione ducti, qua scimus verba nostra nonnisi ex nobis esse, Christum de Deo esse crederemus. Nec aliter quidem oportuit dici ut de ipso, et non extra eum crederetur. Nam simili modo et virtus et sapientia Dei vocatur, ut eadem ratione de ipso intelligatur. Si enim dixisset Deus et Deus ; non illum de se esse significaverat, sed duos fecerat deos, quod unitati adversum est. Hæc ratio in divinis libris est, ut significatus Deus Christus, modum non excedat Dei unius. Quam autem illud tuum stultum est, Photine, qui sic distinguis in capite Evangelii Joannis ne Verbum Deus dicatur. Sic enim legis : « In principio erat Verbum, et Verbum erat apud Deum, et Deus erat. Verbum hoc in principio erat apud Deum. » (*Joan.*, I, 1.) Quid sibi vult hæc dis-

division? Quel sens présente-t-elle? Quelle signification chrétienne? Elle n'indique qu'une hostilité ouverte contre le Fils de Dieu; car que signifie encore une fois cette phrase ainsi ponctuée : « Et le Verbe était en Dieu, et Dieu était? » Ainsi donc toute la sagesse de notre loi consisterait à nous enseigner que Dieu existe. Quelle langue, quelle nation, quelle terre, quelle secte ose nier l'existence de Dieu? Que veut donc exprimer l'Evangéliste en disant : « Et le Verbe était en Dieu, » (*Jean*, I, 1) et que veut-il nous faire entendre par ce Verbe, si ce n'est la raison éternelle de Dieu? Car ce n'est point pour Dieu, dont personne ne doute, que l'Evangile est écrit, mais pour le Verbe, dont la nature est mise en question. C'est en effet le mystère de Dieu, mystère qu'il faut croire, parce qu'il n'a point pour tous les esprits l'évidence d'une vérité démontrée. L'Evangile s'applique donc à nous enseigner ce que c'est que le Verbe en disant : « Et le Verbe était en Dieu, et le Verbe était Dieu, il était dès le commencement en Dieu. » Ce sens est conforme à la raison, et l'intégrité de la proposition est conservée. Saint Jean veut donc nous enseigner que ce Verbe qui était en Dieu dès le commencement et qui était Dieu dans ce mystère du Dieu éternel inconnu aux siècles et aux générations qui ont précédé, nous devons croire qu'il était Dieu et qu'il était en Dieu. Et comme le doute entre ici dans les esprits charnels, qui voudraient que la sainte Ecriture ne dépassât point dans son langage la faible portée de leur intelligence, Dieu a établi la foi qui se conforme au sens de l'Ecriture inspirée et reçoit la récompense de sa docilité. Lorsque Salomon eut demandé la sagesse à Dieu, le Seigneur lui répondit : « Je t'ai donné un cœur sage et intelligent, en sorte qu'il n'y a jamais eu d'homme avant toi semblable à toi et qu'il ne s'en élèvera point après toi. » (III *Rois*, III, 12.) Que dirons-nous? La promesse de Dieu est-elle véritable? Assurément, et rien n'est plus véritable. Nul homme donc ne sera semblable à Salomon. Que dirons-nous donc de Jésus-Christ, dont voici les propres expressions : « La reine du midi est venue des extrémités de la terre pour écouter la sagesse de Salomon, et il y a ici plus que Salomon? » (*Matth.*, XII, 42.) Choisissez donc maintenant, Photin ; à qui croirez-vous? Sera-ce à Dieu ou à Jésus-Christ, au Père ou au Fils? Si vous croyez au Père, vous condamnez le Fils; si vous croyez au Fils, vous accusez le Père. Si, en effet, Jésus-Christ n'est qu'un homme, c'est bien à tort qu'il se met au-dessus de Salomon contre la promesse de Dieu. Si au contraire il est vraiment Dieu, il a eu raison de se mettre au-dessus de Salomon, et la promesse de Dieu reste inviolable, parce qu'en effet il ne s'est point élevé d'homme semblable à Salomon. Jésus-Christ ne se déclare supérieur à Salomon que parce qu'il est Dieu. O extravagance de Photin, qui ne veut pas reconnaître que le Christ existait avant Marie, bien qu'il l'entende attester qu'il existait avant Abraham! En effet, lorsque les Juifs discutaient avec lui sur son âge en lui disant : « Vous n'avez pas encore cinquante ans et vous avez vu Abraham, » (*Jean*, VIII, 55) que leur répondit-il? « Je vous le dis en vérité, avant qu'Abraham fût, moi je suis. » Il ne dit pas je lui suis supérieur, il répond à la question qui lui est faite, c'est-à-dire qu'il existait bien avant que ne le pensaient les Juifs. Photin ne peut échapper à la malédiction prononcée par la loi, parce qu'il place son espérance en Jésus-Christ, en qui il ne voit qu'un homme ; car il est écrit : « Maudit soit l'homme qui place son espérance

tinctio? quem indicat sensum? quam significat pietatis rationem, nisi solam adversus Dei Filium inimicitiam? Quæ enim significatio est pronuntiatis, et Verbum erat apud Deum, et Deus erat? Hæc ergo Legis nostræ sapientia est, ut doceat quia est Deus? Quæ lingua est, quæ gens, quæ terra, quæ secta, quæ neget Deum esse? Et ut quid insinuet dicit : « Et Verbum erat apud Deum : » (*Joan.*, I, 1) aut verbum hoc quid vult intelligi, nisi rationem ejus ostendat? Non enim propter Deum Evangelium scribitur, de quo nemo dubitat, sed propter Verbum de quo quæstiones fiunt. Mysterium Verbum Dei est, quod ideo creditur, quia non est omnibus manifestum. Ideoque Scriptura contendit docere quid sit Verbum, dicens : « Et Verbum erat apud Deum, et Deus erat Verbum : hoc erat in principio apud Deum. » Istud et rationi convenit, et pronuntiatio integra est. Ostendit enim quia Verbum hoc, quod in principio apud Deum erat, et Deus erat, in sacramento mysterii æterni Dei quod ignotum erat, a sæculis et generationibus, Deus Verbum apud Deum Patrem fuisse credatur. Et quia carnalibus in dubium venit, qui volunt Scripturam pro sensus sui loqui capacitate, fides posita est, quæ sensum Scripturæ secuta præmium mereatur. Salomoni cum sapientiam a Deo postulasset, responsum a Domino est : « Ecce dedi tibi, inquit, cor sapiens et prudens, quale non fuit ante te, et post te non exsurget vir similis tibi. » (III *Reg.*, III, 12.) Quid dicemus? Verum est quod promisit Deus? Imo verum est. Nemo ergo hominum similis erit Salomoni. Et quid videbitur de Christo, qui inter cætera : « Regina, inquit, Austri venit ab ultimis terræ audire sapientiam Salomonis : et ecce plus Salomone hic? » (*Matth.*, XII, 42.) Nunc elige cui credas Photine, Deo an Christo, Patri an Filio? Si Patri credis, arguis Filium : si Filio credis, accusas Patrem. Si enim homo tantum est Christus, frustra se præposuit Salomoni contra promissum Dei : si autem intelligitur esse et Deus, digne se anteposuit Salomoni, et promissum incontaminatum est Dei, quia non exsurrexit homo similis Salomoni. Christus enim idcirco se potiorem ostendit, quia Deus est. O dementiam Photini, qui Christum ante Mariam fateri non vult, quem voce sua audit testantem quod ante Abraham sit? Cum enim de tempore agerent cum eo Judæi dicentes : « Quinquaginta annos nondum habes, et Abraham vidisti? » (*Joan.*, VIII, 55) respondit eis : « Amen dico vobis, antequam Abraham fieret ego sum. » Non dixit, melior sum : sed ad interrogata respondit, quia ante erat quam putabant Judæi. Maledictum plane Legis Photinus evadere non potest, quia spem suam habet in Christo, quem tantum hominem dicit, cum legat : « Maledictus homo qui spem habet in homine. »

dans l'homme. » (*Jérém.*, XVII, 5.) Mais pour l'Apôtre, qui savait que Jésus-Christ était Dieu, ce n'est pas seulement pour la vie présente, mais pour la vie future qu'il place en lui son espérance. « Si l'espérance que nous avons en Jésus-Christ, dit-il, n'est que pour cette vie, nous sommes les plus malheureux de tous les hommes. » (I *Cor.*, XV, 19.) Ce n'est donc pas seulement dans un homme qu'on nous enseigne à placer notre espérance, car ce serait une espérance vaine. Nous avons choisi ces raisons entre plusieurs autres ; si Photin était de bonne foi, ce que nous avons dit en dernier lieu suffirait.

QUESTION XCII. — Comment doit-on entendre ces paroles du Sauveur : « Je vous donne ma paix, je vous laisse ma paix, je ne vous la donne pas comme le monde la donne ? » (*Jean*, XIV, 27.)

Celui qui reçoit la paix du Sauveur devient l'ennemi du monde. S'il n'est en guerre avec le démon, il n'aura point la paix avec Jésus-Christ. Nul ne peut servir deux maîtres. (*Matth.*, VI, 24.) Celui donc qui est en guerre avec le monde est celui qui observe fidèlement la loi de Dieu, et qui, fort de la paix de Jésus-Christ, repousse tous les traits de ses ennemis. Qui oserait entreprendre contre celui qu'il sait être l'ami du roi? Cependant le monde donne la paix autrement que le Sauveur promet de la donner. Le monde donne la paix par crainte ou parce qu'on la lui demande. Mais le Sauveur, dont la force n'a point d'égale, ne craint personne et ne donne point la paix seulement parce qu'on l'en prie. C'est la paix du Sauveur qu'il nous donne comme un rempart contre nos ennemis. Un seul nom sert à exprimer la paix de Dieu et celle du monde ; mais quelle distance immense les sépare ! L'une est fragile, l'autre est ferme ; l'une est charnelle, l'autre est spirituelle ; celle-ci est terrestre, celle-là est céleste ; la première est l'effet de la nécessité, la seconde est toute volontaire. Jésus-Christ qui n'a besoin de personne offre la paix à ceux qui sont faibles, désarmés ; il l'offre comme le Seigneur à ses sujets, comme un bon maître à de mauvais serviteurs, comme Dieu à des hommes. Il a donc raison de dire : « Je ne vous la donne point comme le monde la donne ; » il veut par là nous faire comprendre toute l'étendue de la bonté et de sa miséricorde. Tout homme accorde la paix pour qu'elle lui soit profitable ; le Sauveur la donne non dans son intérêt, mais dans l'intérêt de ceux qui la reçoivent. Le monde donne donc la paix autrement que ne l'a donnée le Sauveur. Et cette paix du monde n'enseigne pas la vie sainte et pure, elle ne persuade point la patience, elle n'excite point aux œuvres de justice, elle n'exhorte pas à la miséricorde, elle ne promet point la vie éternelle. Celui au contraire qui a reçu la paix de Jésus-Christ, est éloigné de tous les vices du monde qui livrent à l'âme de violents combats.

QUESTION XCIII. — Il nous faut examiner si les apôtres ont eu l'Esprit saint dans le temps qu'ils étaient sur la terre avec le Seigneur, car l'Évangéliste dit : « L'Esprit saint n'avait pas encore été donné, parce que Jésus-Christ n'était pas encore glorifié. » (*Jean*, VII, 39.) Et dans un autre endroit : « Si vous m'aimez, dit Jésus à ses disciples, gardez mes commandements. Et je prierai mon Père, et il vous donnera un autre consolateur, afin qu'il demeure éternellement avec vous, l'Esprit de vérité que le monde ne peut recevoir, parce qu'il ne le voit point, et qu'il ne le connaît point ; mais vous,

---

(*Jer.*, XVII, 5.) Apostolus autem sciens Christum Deum, ideo et in præsenti et in futuro spem esse in eo ait : « Si in hac tantum vita, inquit, sperantes sumus in Christo, miserabiliores sumus omnibus hominibus. » (1 *Cor.*, XV, 19.) Non ergo homo tantum est, in quo spem habere docemur ; quia vana spes in homine est. Hæc diximus pauca de multis ; sufficeret enim, si bonæ mentis esset, Photino hoc solum quod postremum posuimus.

QUÆSTIO XCII. — Quomodo intelligitur quod dicit Salvator : « Pacem meam do vobis, pacem meam relinquo vobis : non sicut hic mundus dat, ego do vobis ? » (*Joan.*, XIV, 27.)

Qui pacem suscipit Salvatoris, inimicitiam contrahet mundi. Nisi enim discordaverit a diabolo, pacem non habebit cum Christo. Nemo enim potest duobus dominis servire. (*Matth.*, VI, 24.) Hic ergo a mundo discordat, qui Legem Dei fideliter servat, Christi pace munitus, omnium adversariorum comprimit tela. Quis inim audeat adversus eum quem scit regis amicum ? Aliter tamen mundus pacem dat, quam se Salvator dare promisit. Mundus enim aut metu dat pacem, aut prece. Salvator vero cum sit fortissimus omnium, nullum utique metuens, non rogatus dat pacem. Salvatoris ergo hæc pax est, quæ idcirco datur, ut munimentum sit contra hostes. Pax quidem uno nomine appellatur, sed longo intervallo discernitur, Dei et mundi. Hæc enim fragilis est, illa fortis : hæc carnea, illa spiritalis : hæc terrena, illa cœlestis : hæc de necessitate est, illa de voluntate. Christus enim nullius egens pacem offert invalidis et inuermibus, Dominus servis, bonus malis, Deus hominibus. Recte ergo ait : « Non sicut hic mundus dat, ego do vobis ; » hoc enim dicens, intelligi voluit clementiam bonæ voluntatis suæ. Cum enim omnis idcirco det pacem ut proficiat sibi ; hic, id est Salvator ad hoc dat, ut prosit non sibi, sed eis quibus dat. Aliter ergo mundus dat pacem, quam dedit Salvator. Et mundi pax non docet bonam vitam, non suadet ad patientiam, non provocat ad justitiam, non hortatur ad misericordiam, non promittit æternam vitam. Quicumque enim acceperit pacem Christi, alienus erit a vitiis hujus mundi, quæ militant adversus animam.

QUÆSTIO XCIII. — Quærendum an Spiritum sanctum habuerint Apostoli tempore illo, quo fuerunt in terra cum Domino : quia inter multa dicit Evangelista : « Spiritus nondum erat datus, quia Jesus nondum fuerat honorificatus. » (*Joan.*, VII, 39.) Et alio in loco : « Si diligitis me, ait, præcepta mea servate, et ego rogabo Patrem, et alium Paracletum dabit vobis, ut vobiscum sit in æternum, Spiritus veritatis, quem mundus non potest accipere ; quia non videt nec cognoscit eum : vos videtis eum et cognoscitis ; quia apud vos manet, et vobiscum est. » (*Joan.*, XIV, 15.) Quid est hoc ? Negat datum Spi-

vous le connaîtrez, parce qu'il demeurera avec vous et qu'il est en vous. » (*Jean*, xiv, 15.) Que veulent dire ces paroles? L'Évangéliste nie que l'Esprit saint ait été donné avant la passion, et Jésus promet de prier son Père de l'envoyer; et de l'autre il ajoute que cet Esprit était avec eux et demeurait en eux. Nous lisons qu'après sa résurrection il a soufflé sur les apôtres et leur a dit : « Recevez l'Esprit saint. » (*Jean*, xx, 22.) Les Actes des Apôtres nous apprennent encore qu'il est descendu sur les apôtres le jour de la Pentecôte. (*Actes*, ii, 1.) Je vois tant de contradictions dans ces différentes assertions, que je ne sais plus à quoi m'en tenir.

Ces différentes propositions ont un objet différent qui se trouve caractérisé d'une manière sommaire, mais précise. Il n'y a qu'un seul et même Esprit, mais ses dons sont multipliés. Lors donc qu'on vous parle de l'Esprit saint, il ne faut point le séparer de son office dans lequel il est comme personnifié. Qu'il fût avec les apôtres et qu'il dût venir, c'est une vérité incontestable, mais en l'entendant de la personne et non de la nature. Jésus-Christ a promis, en effet, d'envoyer de son Père un autre consolateur, mais dans ce sens que leur nature divine étant la même, la présence de Jésus-Christ n'emporte pas l'absence de l'Esprit saint, de même que la venue et la manifestation de l'Esprit saint n'exclut pas la présence de Jésus-Christ. Aussi lorsqu'il promet à ses disciples la venue de l'Esprit saint, il leur dit : « Vous le verrez, parce qu'il demeurera avec vous et qu'il sera en vous. » (*Jean*, xiv, 17.) Il leur donne ainsi l'assurance qu'après l'ascension du Seigneur ils auront pour les protéger un pasteur et un roi dont la puissance ne sera ni moins grande ni la nature moins excellente. Car il est certain que l'Esprit saint n'a été donné qu'à ceux qui croyaient que dans le temps marqué par l'Évangéliste, lorsque le Seigneur eut triomphé de la mort et qu'il fût ressuscité glorieusement du tombeau. C'est ce que dit le Sauveur en termes exprès à ses disciples après sa résurrection triomphante : « Jean vous a baptisés dans l'eau, mais vous serez baptisés dans l'Esprit saint que vous recevrez dans peu de jours. Il leur parlait ainsi dans le temps où il se disposait à remonter vers son Père. Lorsque le Seigneur quelques jours après sa résurrection, souffle sur ses apôtres et leur dit : « Recevez le Saint-Esprit, » (*Jean*, xx, 22) il leur communique la puissance ecclésiastique. Comme dans l'exercice des pouvoirs que confère le Seigneur, tout se fait par l'Esprit saint, lorsqu'il leur donne la règle et la forme de cette institution divine, il leur dit : « Recevez le Saint-Esprit. » Et pour montrer qu'il s'agit en réalité de la puissance conférée à l'Église, il ajoute : « Celui dont vous aurez retenu les péchés, ils lui seront retenus, et celui à qui vous les aurez remis, ils lui seront remis. » Cette insufflation est donc une grâce qui est communiquée par la tradition à ceux qui sont ordonnés, et qui leur imprime un caractère plus auguste et plus sacré. Voilà pourquoi l'Apôtre dit à Timothée : « Ne négligez point la grâce qui est en vous, et qui vous a été donnée avec l'imposition des mains des prêtres. » (I *Tim.*, iv, 14.) Voilà ce que le Sauveur dut faire une fois, afin qu'il fût bien établi dans l'Église que la transmission de ce pouvoir ne pouvait avoir lieu sans l'Esprit saint. De même que le Sauveur a voulu donner en sa personne un exemple visible que l'Esprit saint était donné après le baptême à tous ceux qui croyaient en lui; ainsi il a voulu nous donner ici une preuve certaine que la transmission de la puissance

ritum ante passionem : rogaturum autem se promittit Patrem, ut mittat eum. Item subjecit, quia « cum ipsis erat, et manebat apud eos. » Post resurrectionem autem legitur insufflasse et dixisse eis : « Accipite Spiritum sanctum. » (*Joan.*, xx, 22.) In Pentecoste autem descendisse legitur Spiritus sanctus in Apostolos. (*Act.*, ii, 1.) Tantas video in hac causa perturbationes, ut quid tenendum sit nesciam.

In his omnibus quæ proposita sunt, non una est causa. Breviter enim singularum causarum significatæ sunt formæ; quia unus quidem est Spiritus, sed dona habet multa. Cum ergo legitur Spiritus sanctus, intelligi debet et ejus officium, in quo sit significatus. Nam quia et cum eis erat, et venturus erat, non est falsum : sed si non istud ad personam trahas, sed ad naturam. Alterum enim se venturum a Patre promisit Christus; ut quia indifferens est eorum divinitas, in præsentia Christi non putetur absens Spiritus sanctus, et in adventu et in apparentia Spiritus sancti præsens æstimetur et Christus. Ideo cum venturum eum promittit, dicit : « Vos videbitis cum, quia apud vos manebit, et vobiscum erit : » (*Joan.*, xiv, 17) ut securi essent Apostoli, quia post ascensionem Domini non minorem aut degenerem haberent aut tuitionem habituri essent pastorem aut regem. Nam non est dubium non datum esse credentibus Spiritum, nisi sicut Evangelista testatur, postquam devicta morte resurgens clarificatus est Dominus. Ipsius enim triumphantis Domini verba sunt et dicentis : « Quia Joannes quidem baptizavit aqua, vos autem baptizabimini Spiritu sancto, quem accepturi estis non post multos hos dies : » hoc tempore quo ascendere ad Patrem disposuit, interfatus videtur. Illud autem quod insufflasse in Discipulos Dominus legitur post dies paucos resurrectionis suæ, et dixisse : « Accipite Spiritum sanctum, » (*Joan.*, xx, 22) Ecclesiastica potestas collata intelligitur esse. Quia enim omnia in traditione Dominica per Spiritum sanctum aguntur, idcirco cum regula eis et forma traditur hujus disciplinæ, dicitur eis : « Accipite Spiritum sanctum. » Et quia vere ad jus Ecclesiasticum pertinet, statim subjecit dicens : « Cujus tenueritis peccata, tenebuntur : et cujus remiseritis, remittentur ei. » Inspiratio ergo hæc, gratia quædam est quæ per traditionem infunditur ordinatis, per quam commendatiores habeantur. Unde Apostolus dicit ad Timotheum : « Noli, inquit, negligere gratiam quæ est in te, quæ data est tibi per impositionem manuum presbyterii. » (I *Tim.*, iv, 14.) Semel ergo fieri oportuit, ut de cætero traditio ista non sine dono Spiritus sancti esse crederetur. Sicut enim in Salvatore forma data est visibiliter, ut post baptismum Spiritus sanctus credentibus de cætero invisibiliter dari non ambigeretur:

ecclésiastique était inséparable de l'infusion de l'Esprit saint. Or, les apôtres ont reçu comme les prophètes le pouvoir de faire des miracles en présence même du Seigneur. Nous voyons donc dans la personne des apôtres trois formes de ministères différents qui leur sont conférées par l'Esprit saint. La première, c'est la puissance ecclésiastique pour régénérer les fidèles et pour accomplir les autres devoirs du ministère sacré. La seconde, qui fut donnée à la Pentecôte est générale, car ce n'est pas seulement sur les apôtres, mais sur tous les fidèles que descendit l'Esprit saint. La troisième fut donnée aux apôtres seuls, pour opérer des miracles et des prodiges jusqu'à ce que les semences de la foi qu'ils jetaient dans les cœurs fussent suffisamment développées. Ces semences de la foi c'étaient les prodiges opérés par les apôtres. Dieu les a établis comme les pontifes de la vérité, afin d'attester par les miracles et les prodiges qu'ils opéraient que notre foi était conforme à la raison. En effet, quelle preuve plus forte de la vérité qu'un miracle? Voilà ce qui convainc de fausseté tous les systèmes philosophiques de la terre, c'est qu'ils ne sont qu'un tissu de paroles vaines, sans avoir pour appui le témoignage du miracle qui attesterait la vérité immuable de leur doctrine. L'Esprit saint est donc donné généralement à tous les fidèles, dans l'âme desquels il demeure comme une preuve qu'ils sont les fils de Dieu. S'agit-il au contraire de miracles et de prodiges à opérer, l'Esprit saint ne demeure point dans l'homme, il vient en lui lorsqu'il est appelé, il lui inspire ce qui est nécessaire et se retire. Il en est de même dans la transmission des pouvoirs sacrés ou dans l'ordination; la grâce est extérieure, et le secours intérieur n'est donné qu'aux âmes pleines de foi.

(1) Ces différentes propositions ont un objet différent qui se trouve caractérisé d'une manière sommaire, etc. Il est certain que l'Esprit saint n'a été donné aux fidèles qu'après la victoire du Seigneur sur la mort et sa glorieuse résurrection. Avant son ascension, le Sauveur a donné à ses apôtres la forme sous laquelle les fidèles devraient recevoir l'Esprit saint après leur baptême, forme qui est encore fidèlement observée par les évêques. Nous voyons donc dans la personne des apôtres trois formes de ministères différents qui sont conférées par l'Esprit saint. La première forme est générale; elle a été donnée le jour de la Pentecôte, lorsque l'Esprit saint est descendu non-seulement sur les apôtres, mais sur tous les fidèles, qui publièrent alors dans diverses langues les grandeurs de Dieu comme les enfants d'un même peuple. La seconde forme est particulière. Elle n'est point donnée à tous les fidèles, elle est exclusivement réservée aux évêques; elle communique le pouvoir de donner, par l'imposition des mains, l'Esprit saint aux fidèles baptisés. On peut cependant l'appeler générale pour les évêques. La troisième forme n'a été accordée qu'aux apôtres, pour opérer les miracles et les prodiges nécessaires à l'accroissement de la foi, car les semences de la foi sont les prodiges opérés par les apôtres. L'Esprit saint a donc été donné aux apôtres suivant l'ordre de ces différents ministères. Il est descendu d'abord sur eux comme sur les autres fidèles le jour de la Pentecôte. Ils l'ont ensuite reçu en qualité de premiers prêtres et pour donner comme évêques l'Esprit saint aux fidèles en leur imposant les mains. Le don des miracles que reçurent les apôtres était une grâce particulière au

(1) Même question telle qu'elle se trouve dans les manuscrits de la seconde catégorie, la XLIIe sur le Nouveau Testament.

ita et in supra dicta causa forma data est in principio, ut ex eo traditioni ecclesiasticæ Spiritus sanctus infusus credatur. Ut autem Apostoli præsente Domino virtutes facerent, potestas data est, sicut et prius Prophetis. Trium ergo officiorum formæ doni Spiritus sancti in Apostolis sunt ostensæ. Quarum prima hæc est, quæ ad jus ecclesiasticum pertinet in regenerandis vel cæteris officiis. Secunda, quæ in Pentecoste data est, quæ est generalis. Non solum enim in Apostolos, verum etiam in omnes decidit Spiritus sanctus credentes. Tertia forma est, quæ solis Apostolis concessa est in signis ac virtutibus faciendis, usque dum fidei semina jacerentur ad crementum. Semina enim fidei sunt virtutes per Apostolos factæ. Ipsi enim antistites positi sunt hujusmodi veritatis, qui per signa et prodigia non irrationabilem esse fidem nostram testarentur. Nulla enim probatio major est veritatis quam virtus. Hæc est enim quæ omnem terrenam philosophiam accusat, quia semper solis verbis studuit, non habens testimonium virtutis, quæ stabile esse quod verbis astructum erat, demonstraret. Igitur Spiritus sanctus generaliter semel datur omnibus credentibus, per quem filii Dei esse probentur, dum manet in eis. In signis vero et prodigiis faciendis non manet in homine, sed vocatus advenit, aut suggerit necessaria, et recedit. Similiter et in traditione vel ordinatione deforis gratiam præstat, tuitionem etiam deferens devotis fidei.

In his omnibus, quæ proposita sunt, non una est causa. Breviter enim, etc. Nam non est dubium credentibus non datum esse Spiritum, nisi postquam devicta morte clarificatus est Dominus. Ante ascensum enim Dominus formam discipulis dedit, quomodo accipere deberent baptizati Spiritum sanctum, quod nunc ab Episcopis custoditur. Trium ergo officiorum formæ doni Spiritus sancti in Apostolis datæ sunt. Prima est quæ generalis est, quæ in Pentecoste data est; non solum enim in Apostolos, verum etiam in omnes cecidit Spiritus sanctus credentes, ut loquerentur magnalia Dei linguis diversis unius gentis homines. Secunda forma specialis est. Non enim pertinet ad omnes credentes, sed ad Episcopos tantum, ut baptizatis per manus impositionem dent Spiritum sanctum : quæ inter Episcopos potest dici generalis. Tertia forma est, quæ solis Apostolis est concessa, in signis ac miraculis faciendis ad fidei incrementum. Semina enim sunt fidei virtutes per Apostolos factæ. Itaque per ordinem officiorum Spiritus sanctus Apostolis datus est, ut primum decideret in eos sicut et in cæteros credentes in Pentecoste. Deinde quasi primi sacerdotes ut Episcopi manus imponentes credentibus darent Spiritum sanctum. Nam prodigia ut fierent per Apostolos,

temps plutôt qu'aux personnes; ils ont reçu ce don parce que c'était le temps où le Seigneur répandait ses grâces sur la terre, et le pouvoir de faire des miracles par l'Esprit saint leur a été communiqué pour l'édification des fidèles. Ils ont donc reçu, au moment où Notre-Seigneur les envoyait, le pouvoir de chasser les démons et d'opérer d'autres prodiges, de commander aux démons ou aux diverses maladies sans invoquer son nom, et de voir leur commandement suivi de la guérison. Ils agissaient en vertu du même pouvoir que les prophètes Elie et Elisée avaient reçu pour opérer leurs prodiges. Or, le Sauveur dit à ses disciples : « En vérité, en vérité, je vous le dis, si vous demandez quelque chose à mon Père en mon nom, il vous le donnera; demandez, et vous recevrez. » (*Jean*, XVI, 23.) Donc si les apôtres ont opéré leurs miracles sans invoquer le nom du Sauveur, ce n'est cependant point sous la puissance de ce nom divin ; car par là même qu'ils étaient envoyés par celui qui était la terreur des démons et des souffrances, la crainte seule de son nom mettait en fuite les démons, et guérissait les infirmités. C'était donc le nom du Seigneur qui opérait secrètement toutes ces merveilles. En effet, écoutez ce que l'apôtre saint Pierre dit aux Juifs : « C'est au nom de Jésus-Christ de Nazareth que vous avez renié et crucifié, que cet homme est ici devant vous debout et sain, car nul autre nom sous le ciel n'a été donné aux hommes par lequel nous devrons être sauvés. » (*Actes*, IV, 16.)

QUESTION XCIV. — Judas Iscariote qui a trahi Notre-Seigneur, s'est-il pendu avant la passion du Sauveur?

Notre-Seigneur était livré entre les mains de ses ennemis, et on était au matin du jour de la préparation, lorsque tous les princes des prêtres, les scribes et les anciens du peuple se réunirent dans la maison de Caïphe, où ils savaient qu'on devait amener Jésus, afin de l'entendre. Voilà ce que rapportent les évangélistes saint Matthieu et saint Marc, et d'après leur récit aucun d'eux ne sortit de la maison de Caïphe avant que cette œuvre d'impiété ne fût consommée, car tout leur zèle, toute leur religion pour la célébration de la Pâque n'avaient qu'un objet, la mort du Sauveur. Mais puisque les princes des prêtres étaient occupés depuis le matin jusqu'à la neuvième heure à presser l'exécution de la mort du Sauveur, comment admettre que Judas leur eût reporté avant le crucifiement le prix de sa trahison et qu'il leur eût dit dans le temple : « J'ai péché, en livrant le sang innocent? » (*Matth.*, XXVII, 4.) Il est certain, en effet, que tous les princes des prêtres et les anciens du peuple ne se trouvaient pas dans le temple avant la mort du Sauveur, et une preuve, c'est qu'ils l'insultaient lorsqu'il était sur la croix. On ne peut pas le conclure non plus de ce que ce fait est raconté avant la passion de Notre-Seigneur ; car il est un grand nombre de faits qui bien que s'étant passés antérieurement sont cependant racontés en dernier lieu, de même que quand l'occasion se présente, les écrivains sacrés anticipent le récit d'un fait qui n'a eu lieu qu'après. Ainsi il est évident que le psaume cinquante est antérieur au troisième. Il arrive donc quelquefois que des événements postérieurs sont racontés par anticipation. Ainsi encore il est prouvé que Marie après la résurrection de son frère Lazare, six jours avant la fête de Pâques, a répandu dans un festin des parfums sur les pieds du

---

temporis gratia est, non personarum : sed beatificati sunt, quia eos tempus invenit, quo Dominus donum suum effudit super terram, ut potestatem acciperent ad exemplum credentium, per Spiritum sanctum faciendarum virtutum. Ut autem præsente Domino missi dæmonia pellerent, et virtutes cæteras facerent, Apostolis potestas data est, ut sine invocatione nominis imperarent dæmoniis, aut cæteris ægrorum passionibus, et salutis prosequeretur effectus. Hac scilicet rationis potestate, qua usi sunt prophetæ, Elias et Elisæus, in virtutibus faciendis. Denique dicit Salvator discipulis suis : « Amen, amen dico vobis : Si quid petieritis a Patre in nomine meo, dabit vobis : usque modo non petistis quidquam in nomine meo : petite, et accipietis. » (*Joan.*, XVI, 23.) Quoniam ergo sine invocatione nominis fecerunt virtutes Apostoli, sicut supra memoravi, non tamen omnino sine nominis potestate. Per id enim quod ab ipso missi erant, qui dæmonibus et passionibus terrori erat, ipso metu fugabantur dæmonia, et infirmitates curabantur. Itaque nomen Domini tacite operabatur. Denique Apostolus Petrus dicit Judæis inter cætera : « In nomine Jesu Christi Nazareni, quem vos abnegastis et crucifixistis, hic adstat sanus coram vobis : nec quidem aliud nomen datum est sub cœlo, in quo oportet salvos fieri. » (*Act.*, IV, 16.)

(1) Hæc desunt in Mss. 2 generis.

QUÆSTIO XCIV. — Quærendum est, si Judas Scariotes proditor Domini, ante passionem Salvatoris laqueo vitam finivit (1).

Tradito Salvatore, et illucescente parasceve, omnes principes sacerdotum et Scribæ et seniores convenerunt in domum Caiphæ pontificis, quo perducendum sciebant esse Jesum, ut audirent eum. Hoc Matthæus et Marcus Evangelistæ testantur, et nullum ex his ante perfectum impium opus a domo præsidis abscessisse, quippe cum omnis instantia eorum et devotio ad agendum Pascha mors esset Salvatoris. Occupatis ergo eis ad necem Domini a mane usque ad horam nonam, quo modo Judas eis retulisse pretium sanguinis, quod acceperat, ante crucem Domini probatur, et dixisse illis in templo : « Peccavi, quod tradiderim sanguinem justum ? » (*Matth.*, XVII, 4.) Cum constet utique omnes principes et seniores ante passionem Domini non fuisse in templo. Quippe cum etiam in cruce posito insultarent ei. Non enim inde potest probari, quia ante passionem relatum est, cum sint multa, quæ cum facta probentur, novissima ordinantur : et iterum quando locus admittit, ut quod post factum est, ante ponatur. Nam manifestum utique est quinquagesimum Psalmum anteriorem esse quam tertium. Sic ergo aliquando evenit, ut anticipentur quæ posteriora sunt. Unde et Maria cum post resurrectionem

Seigneur, et l'Evangéliste anticipe le récit de ce fait à cause de sa signification. Marie, dit-il, était celle qui répandit des parfums sur le Seigneur. (*Jean*, XI, 2.) Saint Jean raconte ce fait avant la mort de Lazare, et si nous n'apprenions qu'il n'a eu lieu qu'après, nous ne saurions en quel temps le placer. Peut-être pourrait-on dire que Judas a reporté l'argent à la neuvième heure, et que voyant le Sauveur mis à mort, le voile du temple déchiré, la terre trembler, les rochers se briser, les éléments bouleversés (*Matth.*, XXVII, 51), il a conçu sous l'inspiration de la crainte, le repentir de son crime. Mais à la neuvième heure, les anciens et les princes des prêtres étaient tout entiers, ce me semble, à la préparation de la Pâque qu'ils devaient célébrer le soir de ce même jour. D'ailleurs la loi défendait de porter de l'argent le jour du sabbat. Je crois donc qu'on ne peut fixer d'une manière vraisemblable ni le jour ni le temps où Judas mit fin à sa vie en se pendant.

QUESTION XCV. — Quelle a été l'origine de la fête de la Pentecôte et la raison de son institution.

Il est certain que toutes les institutions de notre religion empruntent leur force à l'Ancien Testament, et portent comme le sceau du témoignage de l'ancienne loi. En effet, tous les événements qui ont eu lieu sous l'ancienne loi, étaient autant de signes figuratifs de notre foi, afin que nous ne puissions douter de la vérité des enseignements qu'on propose à notre croyance, lorsque nous les voyons annoncés tant de siècles auparavant, non-seulement par des paroles, mais par le langage bien plus puissant des faits. Or, si nous ne devons entendre les choses figurées de la même manière que les signes figuratifs, nous avons maintenant à examiner quelle est l'origine de la fête de la Pentecôte et la raison de son institution. Les divines Ecritures révèlent leurs significations mystérieuses aux âmes attentives et religieuses, et les tiennent fermées pour les âmes négligentes. Il n'était pas convenable, en effet, qu'une vérité dont l'intelligence est réservée à ceux que leurs mérites en rendent dignes fût manifestée indifféremment à tous. Voici donc la raison de l'institution de la Pentecôte. De même que le jour du Seigneur est le premier qui recommence la semaine et celui où s'est accompli le mystère de la Pâque pour la rédemption du genre humain (car après une période de sept jours écoulés, nous revenons nécessairement au premier jour de la semaine, ce qui nous apprend que la durée du monde sera consommée par le nombre sept, et qu'il parviendra ainsi au repos éternel); ainsi la Pentecôte est le premier jour qui vient après sept semaines écoulées. Jamais la Pentecôte ne tombe un autre jour que le jour du Seigneur, pour nous apprendre que tous les mystères qui ont pour objet le salut des hommes ont commencé et se sont accomplis le jour du Seigneur. C'est le jour du Seigneur que le monde a été créé, de même qu'après la chute, c'est le jour du dimanche qu'il a été réparé, et la figure de cette réparation nous a été donnée dans la circoncision qui était le signe de la foi future. En effet, après la semaine écoulée, le huitième jour est le premier pour une raison mystérieuse. C'est le jour que le Seigneur a fait. Il n'a fait que ce seul jour, et c'est de lui que tous les autres devaient prendre naissance. C'est donc pour cela qu'il est ressuscité le jour qu'il a fait, et selon le nombre dont nous avons donné la raison. C'est ce jour-là qu'il a donné la loi sur le Sinaï par

fratris sui Lazari, ante sex dies Paschæ in cœna unguento pedes Domini unxisse probetur, propter significationem ejus anticipatum est ab Evangelista, dicente inter cætera : « Maria autem erat, inquit, quæ unxit Dominum unguento. » (*Joan.*, XI, 2.) Hoc refert antequam Lazarus moreretur : quod nisi postea factum inveniremus, nesciremus quo tempore factum esset. Sed ne forte post nonam horam factum sit, ut videns impius et crudelissimus Judas occisum Salvatorem, et ob hoc velum templi scissum, terram tremuisse, saxa fissa, elementa conterrita (*Matth.*, XXVII, 51), ipso metu correptus doluerit, non nescius justum se tradidisse, in cujus passione sic indignatus sit judex Deus. Sed et post horam nonam occupati erant, sicut æstimo, seniores et principes sacerdotum. Vespere enim eadem die pascha acturi erant : sabbato autem nummos portare non licebat secundum Legem : ac per hoc improbabile est apud me, quo die imo quo tempore laqueo vitam finierit Judas Scariotes.

QUÆSTIO XCV. — Unde orta sit observatio Pentecostes, vel qua ratione?

Non ambiguum cuncta religionis nostræ veteri testimonio roborari, et Legis veteris prærogativa signari. Omnia enim præterita Legis veteris, in figura fidei nostræ futuræ gesta et designata noscuntur, ut verum nos tenere non ambigeremus, quando ea quæ nunc et audimus et credimus, ante sæcula prædestinata videmus, non solum vocibus, verum etiam signorum virtutibus commendata. Sed nunc illud est, si eodem modo ut designata sunt, a nobis intelligantur, ut dies Pentecostes, unde et qua ratione tractus sit congrue dignoscamur. Scripturæ enim Dominicæ sensus suos sollicitis et devotis aperiunt, negligentibus claudunt. Nec enim par erat, ut res, quæ meritis ac dignis reservatæ sunt, passim ab omnibus viderentur. Pentecostes ergo, qui quinquagesimus a Pascha computatur, hanc habet rationem, ut sicut post hebdomadam Dominicus dies primus est, in quo adimpletum est Paschæ mysterium in redemptionem salutis humanæ, quia semper post curricula dierum septem, ad primum reverti necesse est, ut ostendatur ætatem mundi septenario numero consummari, et ad requiem pervenire : ita et post hebdomadas septem, primus dies est Pentecostes. Denique nunquam alio die quam die Dominico Pentecostes est, ut totum quod ad salutem humanam proficit, Dominico die et inchoatum et adimpletum noscatur. Dominico enim die factus est mundus, et post lapsum rursus Dominico die reformatus, cujus reformationis figura data est primum in circumcisione, in qua futuræ fidei signum fuit. Post hebdomadam enim, qui octavus est, primus est in mysterio. Hæc est enim dies, quam fecit Dominus. Unum cum diem fecit, ex quo cæteri curricula sortirentur. Ac per hoc ipso die resurrexit quem fecit, et secundum numerum

son serviteur Moïse, afin que la loi fût la figure de la prédication évangélique, comme l'agneau pascal avait été la figure de la passion du Sauveur. En effet, la Pentecôte, c'est-à-dire la loi a été donnée aux Juifs le même jour que l'Esprit saint est descendu sur les Apôtres pour les revêtir d'une autorité toute divine, et leur donner la science de la prédication évangélique. Ce fait se trouve ainsi confirmé par une double preuve, parce qu'il a été prédit et figuré, et que l'Esprit saint par cette manifestation visible prouve la divinité et la surnaturalité de cet événement dont notre loi reçoit le plus glorieux témoignage. Des hommes sans instruction qui publient en diverses langues devant des inconnus les grandeurs de Dieu, montrent qu'ils sont divinement inspirés. La loi a donc été donnée par Moïse aux enfants d'Israël le troisième jour du troisième mois, comme nous le lisons dans le livre de l'Exode (*Exod.*, XIX, 16), et ce jour est le cinquantième ou le jour de la Pentecôte depuis le quatorzième jour du premier mois où la Pâque fut célébrée en Egypte. L'Esprit saint est donc descendu sur les Apôtres le jour de la Pentecôte (*Act.*, II, 1), pour inaugurer la prédication de la loi nouvelle, afin de montrer que les événements anciens étaient les figures des événements futurs, et donner ainsi un nouveau gage de certitude à notre foi ; car on ne peut regarder comme faux ce qui a été annoncé dès le commencement. C'est pour cela que le psaume cinquante nous décrit le temps de la rémission des péchés et de la réparation, pour nous apprendre qu'une même providence avait désigné le cinquantième jour et le premier. Voilà pourquoi encore la manne tomba du ciel pour nourrir le peuple juif le premier jour qui est le jour du Seigneur, ce que prouvent les six jours suivants, pendant lesquels les Israélites recueillirent la manne pour se reposer le septième, c'est-à-dire le jour du sabbat. (*Exod.*, XVI, 14.) Or, la manne est la figure de cette nourriture spirituelle, qui après la résurrection du Seigneur est devenue une vérité dans le mystère de l'Eucharistie. Toutes ces choses se sont donc accomplies pour revenir en harmonie avec le fait de la première résurrection, afin que Satan ne puisse se glorifier, mais qu'il soit comme attéré, lui qui par ses espérances trompeuses a fait déchoir l'homme des hauteurs où Jésus-Christ l'avait placé. Il nous reste maintenant à prouver que les choses doivent s'entendre de la manière que nous les avons exposées. Le quatorzième jour du premier mois où la Pâque a été célébrée en Egypte, a été le quatrième jour de la semaine. (*Exod.*, XII, 2.) Ce qui nous autorise à l'entendre ainsi, c'est que le quinzième jour du second mois qui fut celui du départ des enfants d'Israël, paraît avoir été le jour du sabbat, aussi ce ne fut pas ce jour-là, mais le soir seulement que cette nuée de cailles leur fut envoyée du ciel. La manne tomba du ciel le matin, c'est-à-dire le jour du Seigneur qui se trouve le premier de la semaine qui recommence. Ils recueillirent la manne six jours consécutifs, et se reposèrent le septième jour, qui était le jour du sabbat. Or, comptez depuis ce jour jusqu'au troisième jour du troisième mois où la loi a été donnée, et vous trouverez que c'est le quatrième jour de la semaine que la loi a été donnée. En effet, depuis le quinzième jour du second mois, jour du sabbat, jusqu'au troisième jour du troisième

supradictæ rationis, ipso die et in monte Sina Legem dedit per famulum suum Moysen : sicut agnus figura passionis Domini fuit in sacramento Paschæ, ita et legislatio Evangelicæ prædicationis : quia eodem die, id est Pentecoste, Lex data est, quo et Spiritus sanctus decidit in discipulos, ut auctoritatem caperent, ac scirent Evangelicum jus prædicare. Quod factum duplici testimonio confirmatur, quia et prædestinatum ostenditur, et manifesta Spiritus sancti infusione divinum et supercœleste probatur ad Legi nostræ testimonium perhibendum. Cum enim incognitis sibi imperiti diversis linguis magnalia Dei loquuntur, divinitus se inspiratos ostendunt. Filiis ergo Israel tertio die mensis tertii data est Lex per Moysen, sicut in libro Exodi continetur (*Exod.*, XIX, 16), qui dies a quarta decima mensis primi, quo die factum est Pascha in Ægypto, quinquagesimus est, hoc est Pentecoste. Unde factum est, ut ad Legem fidei prædicaudam in Pentecoste Spiritus sanctus descenderet in Apostolos (*Act.*, II, 1), ut gesta veterum, futurorum imagines haberentur, et securitatem fidei nostræ : quia falsum videri non potest quod ab initio prædicatum est. Ideo remissionis et reformationis tempus in quinquagesimo Psalmo describitur (*Psal.* L), quia eadem providentia quinquagesimi diei, quæ et primi est, sciretur. Hinc factum est ut et manna primo die, qui est Dominicus, e cœlo daretur populo Judæorum, quod ita esse sex dierum continuatio probat, quibus collegerunt, et septimo die, id est sabbato quieverunt. (*Exod.*, XVI, 14.) Manna autem typus est escæ spiritalis, quæ resurrectione Domini veritas facta est in Eucharistiæ mysterio. Omnia itaque gesta sunt, ut ad causam primæ resurrectionis incolumia revertantur, et non glorietur satanas, sed hebescat, qui hominem falsa spe dejecit, ne in hoc maneret quod factus est per Christum Dominum. (1) Nunc superest ut probemus, si ita intelligenda sunt quæ diximus, ut supra memoravimus. Mensis primus quo Pascha decima die celebratum est in Ægypto, hæc dies quarta feria fuit. Unde et Lex quarta feria data est. (*Exod.*, XII, 2.) Quod hinc datur intelligi, quia quinto decimo die mensis secundi profectionis filiorum Israel sabbatum videtur fuisse : idcirco non in die grex illis missus est coturnicum ; sed vespere. (*Exod.*, XVI, 14.) Mane autem manna pluit de cœlo, id est die Dominico, qui primus post hebdomadam in repetitione invenitur. Denique sex diebus continuis manna collegerunt, septimo autem die, qui est sabbatum, quieverunt. Ab hoc ergo die usque ad tertii mensis diem tertium quo Lex data est, quære et invenies quartam feriam fuisse quando Lex data est. Sunt enim a quinto decimo die mensis secundi, quando sabbatum fuit, usque ad tertii mensis tertium diem quo Lex data est, dies decem et novem. Tene ergo hos decem et novem, et redi super

(1) Reliquum deest in Mss. 2 generis.

mois, on compte dix-neuf jours. Retenez ces dix-neuf jours, et revenez sur le quinzième jour du second mois qui était le jour du sabbat, et avant lequel on compte quatorze jours à partir du premier, et allez jusqu'au premier jour du second mois, et vous aurez quatorze autres jours. Ajoutez-les aux dix-neuf jours dont nous avons parlé, et vous trouverez que le premier jour du second mois était le jour du sabbat. Ajoutez-y encore en tête du premier mois dix-sept jours, parce qu'il faut retrancher de ce premier mois les treize jours qui précèdent la Pâque; en effet, c'est le quatorzième jour du premier mois que la Pâque a été célébrée. En retirant ainsi treize jours et en ajoutant dix-sept autres jours, vous trouverez que le quatorzième jour du premier mois était le quatrième jour de la semaine. Et pour vous éviter l'ennui d'une plus longue énumération ou la peine d'examiner en détail chaque membre de cette question, j'en donne ici un abrégé, pour que vous sachiez d'une manière certaine combien de jours se sont écoulés depuis la Pâque jusqu'au jour où la loi fut donnée, et que vous puissiez plus facilement en conclure quel jour de la semaine la Pâque a été célébrée. La loi a été donnée le troisième jour après le second mois. Nous avons donc ici deux mois et trois jours. Retranchez de ces deux mois les treize jours qui ont précédé la fête de Pâque, et il restera cinquante jours. Il est facile de voir maintenant que la loi a été donnée le quatrième jour de la semaine. La manne est tombée du ciel le premier jour, puisque les Israélites l'ont recueillie pendant six jours consécutifs, le premier jour de la semaine était le seizième du second mois. En allant de ce premier jour jusqu'au dix-huitième du mois où la loi a été donnée, vous trouverez encore le quatrième jour de la semaine. Or, si vous comptez de ce quatrième jour, soit en montant, soit en descendant jusqu'au cinquantième, vous tomberez sur le quatrième jour, et la raison en est que les Juifs ont célébré la Pâque dans l'Egypte le quatrième jour de la semaine, qu'ils ont reçu aussi la loi le quatrième jour, et qu'ils sont partis d'Egypte le cinquième jour. La promulgation de la loi est donc la fête de la Pentecôte.

QUESTION XCVI. — Doit-on interpréter le mot Pâque dans le sens de passage, comme l'expliquent les Grecs?

L'Apôtre n'a pu se tromper lorsqu'il a dit : « Jésus-Christ, notre agneau pascal, a été immolé pour nous. » (I *Cor.*, v, 7.) Et ce n'est pas ici sa doctrine, mais celle de la loi, dans laquelle Moïse dit aux Israélites : « Lorsque vos enfants vous demanderont : Quelle est cette cérémonie? Vous répondrez : C'est l'immolation de la Pâque du Seigneur. Que faut-il davantage pour établir la vérité qui nous occupe? La loi parle, l'Apôtre donne des preuves, il ne reste plus qu'à repousser les contradicteurs s'ils persévèrent dans leur opiniâtreté. Il est évident, en effet, que le passage a eu lieu après la Pâque. Ils prirent du sang de l'agneau qui avait été immolé, et ils en mirent sur l'un et l'autre poteau, et sur le haut des portes de leurs maisons, afin que l'ange qui devait passer pendant la nuit épargnât les maisons qui seraient marquées du sang de l'agneau. C'est donc le sang qui les a sauvés, non pas le passage, car c'est le sang qui s'est opposé à ce que le passage devînt funeste et mortel.

QUESTION XCVII. — Quelle réponse simple peut-on faire d'après l'Ecriture à l'impiété d'Arius?

Si l'on doit ajouter foi à la raison, la raison même des noms de Père et de Fils est une preuve de leur

---

quintum decimum diem secundi mensis, quo sabbatum fuit, qui a primo computatur quartus decimus; et perveni usque ad diem primum secundi mensis, et habebis alios quatuordecim; quos super junge ad decem et novem supra memoratos, et invenies primum diem mensis secundi sabbatum fuisse. Superadde adhuc ad caput primi mensis dies septem et decem, quia primi mensis tredecim dies retrahendi sunt, qui ante Pascha fuerunt : quarta decima enim die primi mensis Pascha factum est. Retractis ergo tredecim, et additis septem et decem, invenies quarta decima mensis primi quartam feriam fuisse. Et ne legendi fastidium patiaris, aut quæstionis singula membra curiose inspicere, de compendio, ut et de numero dierum quot a Pascha usque ad datam Legem sunt, certus sis, et ab ipso facilius discas, quota feria factum est Pascha. Tertio die post secundum mensem Lex data est. Sunt ergo menses duo et dies tres. Retrahe ergo de his tredecim dies qui ante Pascha fuerunt, et reliqui erunt dies quinquaginta. Quoniam autem quarta feria data est Lex, hinc facile videtur. Manna prima feria datum est, quia continuis sex diebus collegerunt, quæ prima feria sexto decimo die fuit mensis secundi. Ab hac itaque prima feria usque ad octavum decimum diem, quo Lex data est, quartam feriam invenies. A feria vero quarta, sive ante, sive retro computes in quinquagesimum diem, quarta feria est : idcirco quia quarta feria Pascha egerunt in Ægypto Judæi, et quarta feria Legem acceperunt : quinta autem feria profecti sunt de Ægypto. Igitur dedicatio Legis est Pentecoste.

QUÆSTIO XCVI. — Quærendum si Pascha transitus interpretetur, sicut Græcis videtur.

Apostolus falli non potuit, qui ait : « Pascha nostrum immolatus est Christus. » (I *Cor.*, v, 7.) Quod non suum utique, sed Legis est verbum, dicente Moyse : « Et erit cum dixerint vobis filii vestri, quæ est deservitio hæc? Et dicetis : Immolatio hæc Pascha Domini est. » Quid amplius est necessarium ad testimonium? Lex loquitur; Apostolus probat : hoc superest, ut contradictor abjiciatur ut pervicax. Manifestum est enim transitum post Pascha fuisse. De sanguine enim immolati agni super postes ostii et super limen posuerunt, ut transiens nocte Angelus non percuteret domum, in qua signum sanguinis esset. Sanguis igitur salutem præstitit, non transitus : quia ut transitus non noceret, obstitit sanguis.

QUÆSTIO XCVII. — Qua ratione responderi possit Arii impietati simpliciter ex *Lege*?

Si rationi fides commodetur, ipsa nominum ratio Patris et Filii ostendet unitatem. Si quæris, quomodo? Non enim verus Dei Filius diceretur, nisi exstitisset de

unité. Si vous demandez comment, je vous répondrai qu'il n'y a point de véritable Fils de Dieu s'il n'est point sorti de la substance même du Père. En effet, il ne peut être véritable Fils de Dieu, s'il ne vient pas de Dieu. Or, l'Ecriture dit qu'il est le vrai Fils de Dieu, donc il vient de Dieu. Celui donc qui nie que le Christ est né Dieu, contredit l'Ecriture qui déclare qu'il est vrai Fils de Dieu, pour nous apprendre qu'il est né de Dieu. Car s'il n'est pas de Dieu, et qu'on l'appelle cependant vrai Fils de Dieu, l'Ecriture nous induit en erreur. Que si au contraire l'Ecriture ne peut nous tromper, celui qui ne reconnaît point que le Christ est de Dieu, anéantit le témoignage de l'Ecriture, et nie que Jésus-Christ soit le vrai Fils de Dieu. Ce n'est pas en effet la volonté, mais la naissance qui fait le vrai Fils de Dieu. Mais la puissance de Dieu, disent-ils, est assez grande pour donner au mensonge les caractères de la vérité. Je réponds que la puissance de Dieu, et c'est en cela qu'il est digne de toutes nos louanges, fait que la vérité est toujours pour lui la vérité, et le mensonge toujours le mensonge. Il n'appartient qu'au menteur de substituer le mensonge à la vérité, et Dieu en est incapable. Dieu peut tout, il est vrai, mais il ne fait que ce qui est conforme à sa vérité et à sa justice. Il est donc certain que Jésus-Christ est appelé vrai Fils de Dieu, dans le sens propre, c'est-à-dire comme étant né de la substance même de Dieu. Ce qui a fait dire à l'Apôtre : « Il n'a point épargné son propre Fils. » (Rom., VIII, 32.) Et dans une autre Epître : « Comme il avait la nature de Dieu, il n'a point cru que ce fût pour lui une usurpation de s'égaler à Dieu. » (Philipp., II, 6.) Si donc il n'a point regardé comme une usurpation de s'égaler à Dieu, il s'est affirmé par là même vrai Fils de Dieu, car il ne pouvait être égal à Dieu qu'autant qu'il était né de Dieu. L'égalité n'est possible qu'entre deux choses qui sont ou également vraies, ou également fausses. On ne peut établir ni égalité ni unité entre ce qui a un commencement et ce qui est éternel. Or, Jésus-Christ en déclarant qu'il ne fait qu'un avec son Père, se fait égal à Dieu. « Les Juifs, dit l'Evangéliste, lui reprochaient non-seulement de violer le sabbat, mais d'affirmer que son Père était Dieu, se faisant égal, c'est-à-dire pareil à Dieu. » (Jean, v, 18.) N'est-il pas évident que cette égalité ne peut venir que d'une naissance proprement dite? Car c'est en affirmant qu'il était le propre Fils, c'est-à-dire le vrai Fils de Dieu, qu'il se faisait égal à Dieu. Voilà pourquoi il disait à ses disciples : « Celui qui me voit, voit mon Père. » (Jean, XIV, 9.) Par là même qu'ils sont consubstantiels, celui qui en voit un voit les deux. De même que le Père a la vie en lui, il a donné à son Fils d'avoir la vie en lui, » (Jean, v, 26) c'est-à-dire le Père a engendré un Fils qui lui est égal, et tout ce qui est au Père est au Fils, comme tout ce qui est au Fils est au Père (Jean, XVII, 10), et personne ne peut rien ravir soit de la main du Père, soit de la main du Fils. » (Jean, X, 29.) Et il ajoute : « Moi et mon Père sommes-un. » (Ibid., 30.) « Ce que je vous dis, je vous ne le dis point de moi-même, mais mon Père qui demeure en moi, fais les œuvres que je fais. Ne croyez-vous pas que je suis dans mon Père, et que mon Père est en moi? Croyez-le au moins à cause des œuvres que je fais. » (Jean, XIV, 10.) Comme la génération ne vient pas de lui-même, mais de celui qui l'a engendré, il attribue tout ce qu'il fait au Père, pour bien établir par tous ces té-

substantia Dei Patris. Nec enim pateretur veritas et justitia Dei verum dicere Filium, si de ipso non esset. Non est enim verus Dei Filius, si de ipso non est. Sed Scriptura dicit, verus est : ergo de ipso est. Qui enim negat de Deo natum Christum, Scripturæ calumniam facit, quæ ideo illum dicit verum Dei Filium, ut significet de Deo hunc natum. Si enim non est de Deo, et verus Filius Dei dicitur, fallax est Scriptura. Quod si Scriptura non fallit, qui Christum non fatetur exstitisse de Deo, et Scripturam evacuat, et Christum negat verum Filium Dei. Non enim voluntas verum Filium facit, sed nativitas. Sed potentiæ, inquiunt, Dei hoc subest, ut falsa faciat vera. Imo potentia Dei hæc est, unde et omni laude dignus est, quia verum apud illum verum est, et falsum falsum est. Nam istud mendacis est, ut falsum dicat verum; quod Deo non competit. Nam omnia quidem potest Deus, sed non facit nisi quod conveniat veritati ejus ac justitiæ. Manifestum igitur est idcirco verum dici Filium Dei Christum, ut proprius, id est, de substantia ejus natus intelligatur. Unde inquit Apostolus : « Qui proprio Filio suo non pepercit. » (Rom., VIII, 32) (1) Et in alia Epistola : « Qui cum in forma Dei esset, non rapinam arbitratus est esse se parem Deo. » (Phil., II, 6.) Si ergo non rapinam arbitratus est, dicens se parem Deo, verum se Filium Dei demonstravit, Deo enim par esse non poterat, nisi esset de ipso. Pares enim hi sunt, qui aut ambo veri sunt, aut ambo falsi. Nec enim parilitatem recipit cœptum et æternum, aut unitatem. Unum enim se esse dicendo Christus cum Patre, parem se Deo facit. « Non solum enim, inquit, solvebat sabbatum, sed et patrem suum dicebat Deum, æqualem se faciens Deo, » (Joan., v, 18) hoc est, parem. Nonne manifestum est æqualitatem hanc de proprietate nativitatis descendere? Proprium enim se, id est verum dicens Dei Filium, æqualem se faciebat Deo. Hinc est unde dicit : « Qui videt me, videt et Patrem meum. » (Joan., XIV, 9.) Per illud enim quod consubstantivi sunt, qui unum videt, ambos videt. « Sicut enim habet Pater vitam in semetipso, sic dedit et Filio habere vitam in semetipso ; » (Joan., v, 26) hoc est, æqualem sibi genuit Filium Pater : et omnia quæ Patris sunt, Filii sunt ; et quæ sunt Filii, Patris sunt (Joan., XVII, 10) : et nemo potest quidquam rapere de manu Patris, neque de manu Filii. (Joan., x, 29.) Et subjecit : « Ego et Pater unum sumus. (Ibid., 30.) Et verba quæ, inquit, loquor vobis, a meipso non loquor : Pater autem manens in me ipse loquitur, et opera quæ facio, ipse facit. Credite mihi, quod ego in Patre, et Pater in me est, alioquin vel propter opera ipsa credite. » (Joan., XIV, 10.) Quia enim generatio a semetipso non est, sed ab eo qui genuit,

(1) In Mss. 2 generis interponuntur hoc loco ea quæ habes post istam quæstionem.

moignages que s'il est appelé le vrai Fils de Dieu, c'est parce qu'il est né de lui, et afin qu'on ne vînt pas à supposer que sa nature était tout à fait en dehors de la nature de Dieu. L'humilité qui paraît dans ses paroles, fait donc ici toute sa grandeur. Car alors qu'il paraît s'abaisser en disant à ses disciples : « Ce que je vous dis, je ne le dis pas de moi-même, mais c'est mon Père qui demeure en moi qui parle et fait les œuvres que je fais, » (*Jean*, xiv, 10) il prouve son origine divine et sa puissance, en affirmant que ce qu'il est, il ne l'est pas de lui-même, mais de son Père. Loin que le Christ en soit abaissé, c'est là son plus beau titre de gloire; car celui qui parle de lui-même n'est point le vrai Fils de Dieu. Vous le voyez donc, l'erreur des Ariens sur la personne de Jésus-Christ vient justement de ce qui devait leur en donner une juste idée. Ils prennent occasion pour le condamner et l'accuser de mensonge des paroles qui prouvent jusqu'à l'évidence qu'il est le vrai Fils de Dieu. Il demande à son Père de le glorifier, et il promet en même temps de glorifier son Père à qui il adresse sa prière, et sa grandeur vient ici de son humiliation apparente. Lorsque le Père rend témoignage à son Fils il proclame sa propre gloire, et lorsque le Fils publie les grandeurs du Père, il manifeste aussi sa propre gloire. La grandeur et la noblesse du Père font la grandeur et la noblesse du véritable Fils. Aussi tout ce que nous attribuons au Père appartient au Fils, et tout ce que nous attribuons au Fils appartient au Père. Ainsi l'Esprit que nous appelons l'Esprit du Père, est appelé aussi l'Esprit de Jésus-Christ; l'Eglise de Dieu est également l'Eglise de Jésus-Christ. Nous adorons Dieu, comme nous adorons Jésus-Christ; nous servons Dieu, nous servons aussi Jésus-Christ. Les saints sont appelés les prêtres de Dieu, ils sont appelés aussi les prêtres de Jésus-Christ. La cité sainte est éclairée de la lumière de Dieu, elle l'est aussi de la lumière de Jésus-Christ. Le trône de Dieu est le même que celui de Jésus-Christ. Dieu est le juge souverain, Jésus-Christ l'est également, car le prophète Isaïe a vu le Christ assis sur un trône de majesté comme le Dieu des armées (*Isaïe*, vi, 1); les Ariens ne peuvent le nier. Il est écrit de Dieu le Père qu'il est le Roi des rois, et le Seigneur des seigneurs. (1 *Tim.*, vi, 15.) L'Ecriture reconnaît les mêmes titres à Jésus-Christ vrai Fils de Dieu. (*Apoc.*, xvii, 14; xix, 16.) Partout donc nous voyons une égalité parfaite entre la divinité du Père et la divinité du Fils, et la distinction des personnes ne contredit en rien l'unité d'un seul Dieu. La seule différence qui existe entre le Père et le Fils, c'est que le Père n'a pas été engendré, et que le Fils l'a été, c'est-à-dire que le Père ne vient d'aucun autre et que le Fils vient du Père, ce qui fait la grandeur du Fils; car c'est ce qui nous fait connaître son éternelle noblesse, et qu'il est le vrai Fils du véritable Père, vérité qu'expriment ces paroles de Dieu dans la Genèse : « Faisons l'homme à notre image et à notre ressemblance. » (*Gen.*, i, 26.) S'ils n'ont qu'une même image, qu'une même ressemblance, comment pourraient-ils ne pas avoir une même nature? En effet, dans les choses spirituelles où il n'y a point de formes sensibles, une chose ne peut être semblable à une autre que par sa nature, et si deux choses n'ont qu'une même image, ils ne doivent avoir aussi qu'une même substance. L'Ecriture nous

---

idcirco quidquid facit, factum dicit Patris : ut per hæc omnia illud firmetur, quia ideo verus dicitur Filius Dei Christus, ut de ipso natus credatur, (1) ne et substantia ejus extra unius Dei naturam existimaretur. Humilitas ergo ejus maxima exaltatio est. Cum enim videtur se subjicere dicens : « Verba quæ loquor vobis, a meipso non loquor : Pater enim manens in me, ipse loquitur; et opera quæ ego facio, ipse facit : » (*Joan.*, xiv, 10) probat se originem a Deo habere, et virtutem ejus esse ostendit, dum non quod est a semetipso esse dicit, sed ab ipso. Per hoc enim commendatur Christus, non inclinatur. Qui enim a se loquitur, verus Filius non est. Vides ergo quia Ariani inde male intelligunt Christum, unde bene intelligendus est; et inde illum improbant et falsum dicunt, unde verus Dei esse Filius approbatur : nam clarificandum se a Patre postulat, et clarificare se Patrem quem petit promittit, et ubi se humiliare videtur exaltat. Pater enim cum testimonium dat Filio suo laudem suam testatur : Filius vero cum prædicat Patrem, gloriam suam manifestat. Magnificentia enim et nobilitas Patris, generositas est veri Filii. Ideo quidquid Patris dicitur esse, est et Filii sine dubio : et quod Filii dicitur esse, est et Patris. Nam qui Spiritus dicitur Dei, idem Spiritus dicitur et Christi. Ecclesia dicitur Dei, dicitur et Christi. Adoratur Deus, adoratur et Christus. Servitur Deo, servitur et Christo. Sancti dicuntur sacerdotes Dei, dicuntur et sacerdotes Christi. Templum civitatis sanctæ dicitur (*a*) Dei, similiter et Christi. Lumine Dei illustrari dicitur civitas sancta, eodem modo et Christi. Sedes Dei est, nec non et Christi. Judex Deus est, est et Christus : quia Isaias propheta in throno majestatis Christum videt sedentem Dominum Sabaoth (*Isa.*, vi, 1), quod Ariani non negant. De Deo Patre legitur, quod « Rex regum sit et Dominus dominorum, » (1 *Tim.*, vi, 15) eadem et de Christo Filio Dei vero. (*Apoc.*, xvii, 14; xix, 16.) Sic ubique divinitate exæquatur Pater et Filius, et unius Dei modum non egrediatur numerus personarum. Inter Patrem autem et Filium nihil interest, nisi hoc solum, quia Pater ingenitus est, Filius vero genitus : id est Pater a nullo est, Filius autem de Patre; quod quidem sublime est in Filio. Hinc enim adscitur nobilitatis ejus æternitas, et quia verus Filius est veri Patris. Unde est enim illud quod legitur in Genesi dicente Deo : « Faciamus hominem ad imaginem et similitudinem nostram. » (*Gen.*, i, 26.) Itaque si imago eorum et similitudo una est, quomodo non unum sunt et natura ? In spiritalibus enim ubi utique non sunt figuræ, simile non erit aliquid nisi per substantiam, ut ubi duorum imago una est, quomodo non eorum una erit substantia ? Idcirco enim imaginem eorum et similitudinem unam esse legi-

(1) Reliqua desunt in Mss. 2 generis.
(*a*) Ms. Colb. *Deus, similiter et Christus.*

dit qu'ils ont une même image, une même ressemblance pour nous apprendre que l'un n'est point différent de l'autre, c'est-à-dire que Jésus-Christ est le vrai Fils de Dieu, parce que sa naissance n'est point ici distincte de celui qui engendre. Aussi les Juifs qui comprenaient fort bien qu'il appelait Dieu son Père dans le sens propre, disent à Pilate : « Nous avons une loi, et selon cette loi il doit mourir, parce qu'il s'est fait Fils de Dieu. » (*Jean*, xix, 7.) Quoi ! les Juifs ont compris cette vérité, et les chrétiens disent qu'ils ne la comprennent pas; ceux qui ne croyaient pas avaient l'intelligence de ces paroles, et ceux qui prétendent avoir la foi font tout pour ne point comprendre ! Ils admettront en même temps que le prophète Isaïe, voulant nous enseigner que le Christ Dieu ne vient pas de lui-même mais de Dieu, s'exprime en ces termes : « Ils marcheront derrière toi les mains liées, on te verra t'adorer et te prier. Un Dieu est en toi, diront-ils, et il n'y a point d'autre Dieu que toi. Tu es vraiment Dieu, et nous ne le savions point, Dieu d'Israël, ô Sauveur ! » (*Isaïe*, xlv, 14.) Ces paroles sont claires pour un esprit de bonne foi. Elles démontrent clairement que le Père est dans le Fils, et que le Fils Dieu est de même nature que le Père. En effet, celui en qui est Dieu, en dehors duquel il n'y a point d'autre Dieu et qui est Dieu lui-même, que peut-il être que ce qu'est Dieu le Père, sans qu'il y ait la moindre différence ? C'est là vraiment de deux ne faire qu'un. Dieu est en lui, parce que bien qu'il soit Dieu, il ne l'est pas de lui-même. Il vient du Père, parce qu'il est Fils. En dehors de lui il n'y a point d'autre Dieu, parce qu'il est le Fils unique du Père. Enfin il est Dieu lui-même, parce que Dieu et le Christ n'ont qu'une seule et même nature. Il ne reste donc ici aucun doute sur cette vérité qui est l'objet de notre foi, que le Père et le Fils n'ont qu'une même nature. Le Christ est le vrai Fils du Père véritable. C'est ce que prédit le prophète Jérémie lui-même : « C'est lui qui est notre Dieu, disait-il, et nul autre ne sera devant lui. C'est lui qui a trouvé toutes les voies de la sagesse, qui les a découvertes à Jacob son serviteur, à Israël son bien-aimé. Après cela il a été vu sur la terre, et il a conversé avec les hommes. » (*Baruch*, iii, 36.) Peut-on dire de celui qui serait d'une nature inférieure que nul autre ne sera devant lui, ou qu'il est un Dieu différent du Père, de manière que ce titre de Dieu tourne au préjudice du Père ? Si nul autre Dieu ne peut être devant lui, et qu'il soit en dehors du Père, voyez si vous pourrez admettre la conséquence, car elle est pleine de dangers. Il s'ensuivrait, en effet, qu'il serait plus grand que le Père. Ils s'imaginent soutenir la gloire du Père en séparant son Fils de lui, et ils lui portent atteinte, c'est-à-dire que dans leur aveuglement impie ils placent le Fils dont ils voudraient diminuer la gloire au-dessus du Père, à l'autorité duquel ils veulent l'assujettir. Or, l'Ecriture pour nous enseigner que le Fils ne diffère en rien du Père (et il serait différent s'il n'était pas le vrai Fils), dit que nul autre ne sera devant lui, parce qu'on ne peut trouver aucune autre nature semblable à la nature de Dieu qui est la nature propre du Christ. En effet, elle ne pouvait nous enseigner plus clairement que le Christ vient de Dieu, qu'en déclarant que nul autre n'était devant lui. Elle savait que le Fils n'était en rien inférieur au Père, et pour montrer sa parfaite égalité elle dit : « Aucun autre Dieu ne sera devant lui, » parce qu'il est comme

---

mus, ut eorum unum nihil differre ab altero crederemus : hoc est, verum Dei Filium esse Christum, quia non est dispar a generante nativitas. Denique Judæi intelligentes, quia proprium sibi Patrem dicebat Deum, dicunt ad Pilatum : « Nos Legem habemus, et secundum Legem debet mori, quia Filium Dei se fecit. » (*Joan.*, xix, 7.) Judæi intellexerunt, et Christiani se dicunt non intelligere : qui non credebant, intelligebant; et qui se dicunt credere, faciunt ne intelligant. Vel hoc saltem admitterent, quod propheta Isaias, ut Christum non a semetipso quidem, sed de Deo Deum esse significaret, inter cætera ait : « Post te sequentur alligati vinculis, et adorabunt te, et in te deprecabuntur ; quoniam in te est Deus, et non est Deus præter te. Tu enim es Deus, et nesciebamus ; Deus Israel Salvator. » (*Isa.*, xlv, 14.) Quantum ad bonam mentem pertinet, hæc manifesta sunt ! His enim et Pater in Filio esse probatur ; et Filius Deus ejusdem substantiæ cujus Pater est, significatur. In quo enim Deus est, et præter ipsum Deus non est, et ipse Deus est, quid aliud poterit esse dici, quam hoc quod est Pater Deus, et nec differre in aliquo ? Hoc est enim duos esse unum. In ipso enim Deus est, quia quamvis Deus sit, non tamen ex se Deus est. Est enim a Patre, quia Filius est. Præter ipsum autem non est Deus, quia unicus Patris Filius est. Ipse autem est Deus, quia una atque eadem substantia Dei et Christi est. Nihil igitur ambiguitatis relinquitur, ut Patris et Filii una esse credatur substantia. Verus enim Filius et veri Patris est. Tale enim etiam illud Jeremiæ prophetæ est, dicit enim inter alia : « Hic Deus noster, et non æstimabitur alter ad eum. Hic adinvenit omnem viam scientiæ ; et dedit eam Jacob puero suo, et Israel dilecto sibi. Post hæc in terris visus est, et inter homines versatus est. » (*Baruch*, iii, 36.) Numquid de degenere potest dici, ad quem alius non poterit æstimari ; aut alius Deus quam Pater se poterit dici, ut Deo proficiat ad injuriam Patris ? Si enim æstimari ad eum alter Deus non potest, et absque Deo Patre est ; videte an debeat dici id quod sequitur : periculosum est enim. Major enim Patre dicetur. Putantes enim se Deo Patri deferre, si ab eo Filium segregent, derogant ei ; ut quem minorem volunt facere, impia obcæcati mente, præponant eum illi cujus auctoritati inclinandum hunc putant. Scriptura autem ut nihil Filium a Patre differre doceret (differret autem si non esset verus) alium nullum dicit æstimandum ad eum ; quia nulla alia substantia poterit similis reperiri substantiæ Dei, quæ est et Christi. Aliter siquidem Christum de Deo esse docere non poterat, quam ut nullum diceret alium æstimandum ad eum. Sciens enim Deo Patri nullo modo dici posse subjectum Filium ejus, ut hinc parem esse ostenderet : « Non æstimabitur, inquit, alter ad eum : » quia Patri Deo, quoniam Deus est, æqualis

Dieu, égal à Dieu son Père; car il est son vrai Fils. Le Prophète dit encore : « C'est lui qui est notre Dieu, » c'est-à-dire le Dieu d'Israël. Si c'est lui, il est le seul Dieu, car l'Ecriture dit de lui : « Ecoute, Israël, le Seigneur ton Dieu est le seul et unique Dieu; » (*Deut.*, VI, 4) et cependant il n'est pas le Père, mais le Fils du Père. Vous voyez donc que la personnalité du Fils ne préjudicie en rien à l'unité de Dieu, lorsqu'on dit du Fils qu'il est le seul Dieu, puisque l'Ecriture l'atteste en termes exprès. Or, d'où vient cela? c'est que le Père et le Fils ne sont qu'un, c'est que l'unité résulte de la nature et non de la distinction des personnes, c'est qu'ils ne sont pas deux, mais un seul comme nature, c'est qu'ils ne sont pas deux Dieux, mais un seul Dieu, que ce soit le Père qui parle, que ce soit le Fils, c'est toujours un seul Dieu qui parle. Car si le Seigneur lui-même a dit de l'homme et de la femme : « Ils ne seront plus deux, mais une seule chair, » (*Matth.*, XIX, 5) à combien plus forte raison le Père et le Fils ne sont pas deux Dieux, mais une seule et même nature? C'est la naissance du Fils qui fait que nous distinguons le Père et le Fils et l'unité de la divinité qui s'oppose à ce que nous admettions deux Dieux. Par quelle aberration cependant soutiennent-ils que le Christ a été créé, c'est-à-dire fait, alors que l'Ecriture nous enseigne que Dieu n'a rien fait sans le Christ? (*Jean*, I, 3.) Si rien n'a été fait sans lui, il ne peut pas avoir été fait lui-même; car s'il est lui-même une des choses qui ont été faites, quelque chose a été fait sans lui. Mais loin de nous cette pensée, car rien absolument n'existe sans lui. Par sa naissance de Dieu, il n'a point commencé à exister, son existence est éternelle. Sa naissance n'est autre chose qu'une sortie, et cette sortie est une manifestation. Il n'a donc point été fait, il est né. Pour exprimer clairement que le Christ était sorti ou procédait de la substance de Dieu, cette sortie a reçu le nom de naissance; car comme la naissance n'est pas distincte du Père, qui en est l'auteur, il était bien établi que le Christ était consubstantiel à Dieu, et l'erreur qui disait : Il était quand il n'était pas se trouvait condamnée; car comment admettre la non-existence pendant un seul instant de celui que l'Ecriture nous représente comme procédant de Dieu, pour nous enseigner qu'il a toujours été en Dieu? Nul ne peut procéder de Dieu s'il n'était pas en Dieu. Les Ariens, je le sais, expliquent ainsi cette filiation divine : Le Christ est appelé le vrai Fils de Dieu, parce que Dieu l'a fait pour qu'il fût véritable; comme si Dieu pouvait faire quelque chose de faux. Et que deviendront alors toutes les preuves si fortes, si incontestables que nous avons données précédemment de l'unité du Père et du Fils? Si nous devons adopter ici un autre sentiment, un grand nombre de vérités qui ont pour elles l'appui des oracles divins se trouveront ébranlées par un seul témoignage discordant. Otons-leur cependant cette dernière ressource afin que l'iniquité cesse de s'y complaire. Dieu l'a donc fait, disent-ils, pour qu'il soit Fils véritable, sa volonté fait ici l'office de naissance, et la création remplace la génération. Il faut accorder à la puissance de Dieu, ajoutent-ils, tout ce qui est nécessaire pour qu'il puisse faire les choses qui ne sont pas comme celles qui existent. Puisqu'ils ont recours à ces finesses astucieuses pour attaquer le Fils de Dieu, nous retournons contre eux ces mêmes raisons où ils mettent leur confiance afin que leur défaite soit générale sur tous les points. Cette proposition, à ne la prendre que dans sa signification, n'est d'aucune im-

---

est : verus enim ejus Filius est. Igitur Propheta ait : « Hic est Deus noster; » hoc est, Deus Israel. Si hic est, ipse est Deus unus. De isto enim dicit Scriptura : « Audi Israel, Dominus Deus tuus Deus unus est : » (*Deut.*, VI, 4) et certe non est hic Pater, sed est Filius ejus. Vides ergo non præjudicare uni Deo personam Filii, si et ipse unus Deus dicatur : quippe cum hoc Scriptura testetur. Unde hoc, nisi quia unum sunt Pater et Filius, quia non personis significatur unitas, sed natura : aut non substantia duo sunt, sed unum; nec duo divinitate, sed unus Deus : ut sive loquatur Pater, sive loquatur Filius, unus Deus locutus dicatur. Nam si ipse Dominus inter cætera de mare et femina : « Jam non sunt, inquit, duo sed una caro, » (*Matth.*, IX, 5) quanto magis Pater et Filius non duo dii sunt, sed una substantia? Ut autem duo dicantur Pater et Filius, causa est nativitatis : ne autem iterum duo dii sint, causa est unitas divinitatis. Qua tamen hebetudine Christum creatum, id est factum prædicant, cum legatur nihil Deum sine Christo fecisse? (*Joan.*, I, 3.) Si ergo sine illo nihil factum est, non erit ipse factura. Si enim factura est, factum est aliquid sine ipso. Sed absit, quia nihil sine illo. Natus enim de Deo non esse cœpit, sed semper exstitit. Nativitas enim nihil est aliud quam exitio : exitio autem manifestatio est. Itaque non factus, sed editus est. Ut enim Christus de essentia Dei exiisse vel processisse significaretur, exitio ejus nativitas appellata est : ut quia non dispar est a genitore nativitas, consubstantivus esse Deo Christus non ambigeretur; et mens illa quæ ait : Erat quando non erat, damnaretur. Quia non potest aliquando non fuisse, qui apud Deum semper fuisse significaretur, de Deo legitur processisse. Nemo enim de Deo processit ubi non fuit. Solent quippe Ariani sic interpretari de Filio Dei dicentes : Ideo verus Dei Filius Christus dicitur, quia sic illum fecit ut verus sit. Quasi sit aliquid falsum quod faciat Deus. Et illa omnia quæ supra diximus de unitate Patris et Filii, quid erunt, cum sic roborata sint et firmata? Si hic aliter sentiendum putatur, multa poterunt divinis solidata oraculis unius convelli degeneris testimonio. Amputandum est tamen, ne sibi vel de eo ipso blandiatur iniquitas. Igitur sic, inquit, illum fecit ut verus sit, ut voluntas cesserit pro nativitate, et factura pro generatione. Tantum enim dandum est, inquiunt, potentiæ Dei, ut possit facere quæ non sunt, tanquam quæ sunt. Quoniam ergo hac astutiæ callidate nituntur contra Filium Dei, ex his ipsis de quibus præsumunt, quia in reliquis sunt convicti, respondendum est eis, ut in tota summa convicti appareant. Propositio enim hæc quantum ad sensum pertinet, nullius momenti est : quantum autem ad verba,

portance, mais si on la considère dans ses termes, elle est couverte d'un certain nuage qui en dissimule le sens. Elle est comme un Egyptien placé dans l'obscurité, car une mauvaise cause ne peut être défendue par une bonne interprétation. Ils ont donc recours, pour défendre leur impiété, à des paroles sacrilèges. Si donc la puissance de Dieu a pu faire que le Christ fût le vrai Fils de Dieu sans qu'il fût né de lui, il l'a donc fait tel qu'il est lui-même, c'est-à-dire que la création a produit ici ce que devait donner la génération. Si vous dites qu'il n'y a aucune différence entre Dieu et le Christ, on pourra peut-être penser, vu la bonne foi de votre assertion, que l'affirmation est ici conforme à la réalité, que le Christ est vraiment le Fils de Dieu par cela qu'on affirme qu'il l'est, et qu'il est de même nature que son Père, non par génération, mais par création, parce que Dieu peut tout faire, dites-vous, et en particulier que le créé soit ici comme l'increé. Mais si, en suivant la voie qui vous est tracée par la raison, vous déclarez que ce qui a un commencement ne peut être égal et consubstantiel à ce qui est éternel, vous révélez toute la fourberie de votre mauvaise foi, car pour éluder la signification des termes, vous affirmez faussement que le Christ est le vrai Fils de Dieu, tout en niant qu'il soit égal à Dieu le Père; car il n'est pas son vrai Fils s'il ne lui est pas égal. Peut-on l'appeler vrai Fils de Dieu si Dieu le Père n'est pas véritablement son Père? S'il est le vrai Fils de Dieu, le Père est aussi vraiment Père, et l'égalité est la preuve de cette vérité. Si l'égalité n'existe pas entre eux, l'un n'est pas plus vrai Père que l'autre n'est vrai Fils. Mais comme le témoignage des Ecritures, qui déclare que Jésus-Christ est le vrai Fils de Dieu, ne peut être annulé, nous devons croire qu'il est né de Dieu le Père, parce que cette vérité est une conséquence de son égalité avec Dieu que l'Ecriture nous enseigne. Mais vous, qui reconnaissez en Dieu une puissance incompréhensible, vous dites : Dieu ne peut engendrer, parce que c'est une nature simple, langage qui est une injure pour Dieu le Père, car vous l'accusez de mensonge en niant que celui qu'il affirme être son vrai Fils le soit en effet, et vous démasquez votre hypocrisie, parce que vous proclamez sans y croire la puissance de Dieu; car si vous reconnaissez cette puissance en affirmant qu'elle a fait sortir la vérité du mensonge, ce qui est une dérision de la vérité, combien plus, si vous étiez de bonne foi, devriez-vous croire que ce qui est appelé véritable l'est en effet, et que le témoignage que Dieu le Père a rendu à son Fils est incontestable. En effet, le Seigneur a dit : « Tout est possible à Dieu, » (*Matth.*, XIX, 26) afin de nous persuader que ce qui est impossible aux hommes ne l'est pas à Dieu. Si vous ne considérez les choses qu'au point de vue de la chair, vous ne pourrez admettre ni qu'une vierge ait enfanté, ni que Jonas ait pu vivre dans le ventre de la baleine (*Jon.*, II, 2), ni que les morts puissent ressusciter, ni Dieu engendrer son Fils, parce qu'une nature simple ne peut engendrer, parce qu'il n'y a point dans ce monde de génération sans union. Il faut croire toutes ces choses ou les rejeter toutes. S'il faut s'en tenir à la raison naturelle du monde, son autorité ne doit pas avoir de bornes. Si au contraire les choses spirituelles ont des règles différentes, on doit regarder comme charnel celui qui, imbu des principes du monde, ose nier qu'une chose ait pu se faire autrement qu'il ne la conçoit. Ils ont encore

coliginem facit ne cito appareat. Sic est enim ac si Ægyptius positus in obscuro; quia causa mala bono sensu defendi non potest. Ad impietatem ergo defendendam sacrilegis verbis utuntur. Si itaque hæc est potentia Dei, ut verum faceret Christum esse Filium sibi, cum de ipso non esset natus; ergo talem illum fecit qualis ipse est, ut hoc præstiterit factura, quod natura erat generatio. Si ergo nihil interesse dicitis inter Deum et Christum, poterit forte (*a*) dubitari, quia non hoc malitiose a vobis asseritur, ut quod in voce dicitur, hoc sit et in sensu : ut quia dicitur Filius, verus sentiatur, per id quod unius substantiæ est cum Patre, licet non per generationem, sed per facturam : quia totum potest Deus, sicut dicitis, ut factum sic sit quasi infectum. Si autem rationis lineam sequentes, non posse dicitis, quod initio continetur, æquale esse et consubstantivum cum eo quod æternum est, revelatis dolum malitiæ vestræ : quia ut sensum verbi eludatis, falsa voce Christum verum esse Filium Dei dicitis, negantes ei quia æqualis est Deo Patri. Non enim verus est si inæqualis. Numquid poterit verus dici Filius, si non verus dicatur et Pater? Si enim verus est Filius, erit verus et Pater : quam veritatem æqualitas probat. Quod si dispares sunt, neuter eorum verus est. Sed quoniam Scripturarum testimonium irritum fieri non potest, quo Christus verus Dei Filius approbatur, de Deo Patre natus credendus est : quia ut veritas hæc firmaretur, et par Deo et æqualis legitur. At tu qui potentiam Dei inæstimabilem prædicas, ais, Deus generare non potest, quia simplex natura est : per quod etiam ipsi Deo Patri contumeliam facis. Mendacem enim istum dicis, ut Filium quem ille suum et verum asserit, deneges ; et tuam hypocrisim detegas, quia falso potentem Deum prædicas. Si enim potentiam Dei in id quod verum ex falso factum asseris, prædicas, ut quod vere verum est illudas, quanto magis hoc amplecti deberes, si bonæ mentis esses, per quod verum quod dicitur, verum probatur, et testimonium quod Deus Pater de Filio suo dedit, verum firmaretur? Nam Dominus ait : « Apud Deum autem, inquit, omnia possibilia : » (*Matth.*, XIX, 26) ut quidquid hominibus impossibile videtur, Deo possibile sit. Nam si ratio carnis respicitur, nec virgo peperit, nec Jonas in ventre cæti vixit (*Jon.*, II, 2), nec mortui resurgent, nec Deus Filium genuit, quia simplex natura non potest generare, quia nihil sine commixtione generatur in hoc mundo. Hæc omnia aut simul credenda sunt, aut simul refellenda. Si enim ratio mundi tenenda est, in his omnibus debet auctoritatem habere. Quod si aliqua ratio spiritalium est, carnalis dicendus est, qui mundi ratione infectus, negat aliter quid fieri quam novit. Aliud iterum

(*a*) Ms. Colb. *putari*.

recours à d'autres subterfuges et nous font cette question : Est-ce par ou contre sa volonté que le Père a engendré son Fils ? Si nous répondons c'est par sa volonté, ils s'empressent, comme les ennemis du Fils de Dieu, de tirer cette conclusion : Donc la volonté de Dieu a précédé l'existence du Fils, et il n'est pas éternel, alors cependant que le Fils de Dieu n'a pas commencé d'être, mais qu'il existe simplement par sa naissance. Si leur raisonnement était fondé, la volonté aurait précédé non-seulement le Fils, mais le Père, parce que la cause de la génération est à la fois dans le Père et dans le Fils. L'incrédulité suit en toutes choses les inspirations de la chair. Dieu, à l'entendre, n'a pas agi autrement qu'un homme, il a délibéré, il a réfléchi mûrement avant d'engendrer, comme s'il était soumis à la faiblesse de l'esprit humain, tandis qu'en Dieu la génération est inséparable de la volonté, comme la volonté est inséparable de la génération ; car la volonté n'est autre que la génération. Nous nous servons, il est vrai, des mêmes termes pour dire : Dieu a fait, l'homme a fait, mais l'action de Dieu est toute différente de l'action de l'homme ; il en est de même dans toutes les autres circonstances. Il nous faut toujours parler de Dieu d'une manière digne de lui. Ils nous font encore une autre question sur Dieu le Père : La génération, nous demandent-ils, a-t-elle été pour Dieu le Père un accident, ou est-il de sa nature de toujours engendrer ? Ils font cette question pour accuser de mensonge Dieu, qui atteste qu'il a engendré le Christ, et faire du Christ non pas un fils véritable, mais un fils d'adoption. S'il a engendré, disent-ils, il doit toujours engendrer ; or, comme il n'engendre pas toujours, on ne doit point croire qu'il ait engendré le Christ. Il y aurait autant de raison à nier que Dieu ait créé le monde, parce qu'il n'en crée pas d'autres. Quelle irrévérence, quel oubli de toutes les règles que de poser des lois à Dieu et de lui dire : Si vous avez vraiment engendré un Fils, vous devez en avoir engendré plusieurs, ou vous n'en avez pas engendré un seul, c'est-à-dire qu'ils ne croient pas au Seigneur qui a déclaré qu'il était le Fils unique de Dieu.

Après avoir apporté les preuves qui démontrent l'égalité du Père et du Fils, voyons si les témoignages que l'Ecriture rend au Saint-Esprit s'accordent avec ces preuves, afin de bien établir que la Trinité, dont nous professons la croyance pour être sauvés, n'admet point dans les divines personnes de distinction de nature, de même qu'elle n'admet point de différence dans la foi qu'elle exige ; car bien que nous ne puissions être sauvés sans l'une des trois personnes divines, c'est dans toutes les trois la même puissance qui sauve ceux qui croient en elles. Nous avons cité les paroles du Père qui rendaient témoignage au Fils, produisons maintenant les paroles du Fils qui rendent témoignage à l'Esprit saint et qui prouvent que l'Esprit saint n'est pas d'une nature différente de la sienne. Ce témoignage que le Père rend au Fils et que le Fils rend au Saint-Esprit est une preuve démonstrative de l'unité de nature dans la Trinité. Voici donc ce que dit le Seigneur : « Je prierai mon Père, et il vous donnera un autre consolateur, afin qu'il soit avec vous éternellement l'Esprit de vérité. » (*Jean*, XIV, 16.) En promettant un autre Paraclet, il prouve qu'il est lui-même un Paraclet ou avocat. Nous lisons en effet dans l'Epître de saint Jean : « Nous avons pour avocat auprès du Père Jésus-Christ, qui prie pour nos péchés. »

adsolent sua tergiversatione proponere. Aiunt enim, utrum voluntate Pater genuit Filium, an non ? ut cum audiunt utique quod voluntate, statim ut inimici Dei Filii respondeant. Ergo voluntas ante Filium est ; ut ex hoc non æternus appareat, cum non utique per nativitatem initium acceperit, sed exstiterit. Et tamen si hoc putant, non solum ante Filium erit voluntas, sed et ante Patrem ; quia causa generationis Pater et Filius est. Infidelitas carnales sensus sequitur in omnibus. Sic enim inducit causam Dei quasi hominis, ut ante deliberaverit et excogitaverit ut generaret, quasi infirmitati subjectus : cum in Deo neque generatio sine voluntate fuerit, neque voluntas sine generatione. Ipsa enim voluntas, generatio est. Nam utique commune dictum est : Fecit Deus, fecit homo : sed aliter facit Deus, aliter facit homo : ita et in cæteris causis. Sic enim de Deo dicendum est, ut dignum est ei. Solent etiam ipsi de Deo Patre aliam facere quæstionem, dicentes : Accessit illi ut generaret, aut ejus naturæ est, ut semper generet ? Quod ideo afferunt, (1) ut et Deum mendacem asserant, qui se Christum generasse testatur, et Christum non verum, sed adoptivum faciant. Si enim generavit, inquiunt, semper debet generare : ut quia non semper generat, nec Christum genuisse credatur : quasi mundum negetur fecisse, quia alios non facit. Quæ irreverentia, quæ indisciplinatio est, legem Deo ponere, ut si genuit, aut multos genuerit, aut unum generare non potuerit ? nec ipsi Domino credentes, qui se unicum Dei Filium protestatus est.

Post hæc quæ supra ostensa sunt æqualia Patri et Filio, videamus an in his concordant quæ de Spiritu sancto scripta sunt, ut Trinitas quam in salutari professione retinemus, non recipiat discrepantiam naturæ, quomodo non habet fidei diversitatem. Quanquam enim solus sine aliquo ex his non sit, una eorum tamen videtur potestas, quæ in se credentibus dat salutem. Quoniam ad testimonium Filii verba Patris protulimus, nunc ad testimonium Spiritus sancti, verbis utamur Filii, quibus non Patri, et Filius Spiritui sancto testis est, unius esse naturæ Trinitas intelligatur. Dicit ergo inter cætera Dominus : « Rogabo Patrem, et alium Paracletum dabit vobis, ut vobiscum sit in æternum, Spiritum veritatis. » (*Joan.*, XIV, 16.) Cum alium Paracletum mittendum dicit, se utique Paracletum probat. Nam et legitur in Epistola Joannis ; dicit enim : « Habemus advocatum apud Patrem Jesum Christum, qui exorat pro peccatis nostris. » (1 *Joan.*, II, 1.) Et iterum dicit Dominus : « Ego sum veritas. » (*Joan.*, XIV, 6.) Ecce aperta unitas Spiritus sancti et Filii Dei. Quæ enim de se loquitur Filius,

(1) Juxta Er. Lugd. Ven. Lov. *asserunt*.

(I *Jean*, II, 1.) Le Sauveur dit encore dans un autre endroit : « Je suis la vérité. » Voilà donc l'unité bien claire du Saint-Esprit et du Fils. Le Fils attribue à l'Esprit saint les propriétés qu'il s'attribue à lui-même. Voyons maintenant ce que les Ecritures nous fournissent à l'appui de cette vérité. Nous lisons dans le prophète Isaïe « qu'il a vu le Dieu des armées assis sur un trône de majesté ; » (*Isa.*, VI, 1) et saint Jean l'évangéliste a entendu ces paroles de Jésus-Christ en disant : « Voilà ce qu'a prophétisé Isaïe quand il a vu sa gloire et qu'il a parlé de lui. » (*Jean*, XII, 41.) L'Apôtre, de son côté, déclare que c'est l'Esprit saint. Voici en effet ce qu'il dit vers la fin des Actes des Apôtres : « L'Esprit saint parlant à nos pères a bien dit : Vous entendrez de vos oreilles et vous ne comprendrez point, etc. » (*Act.*, XXVIII, 26.) Ces paroles sont celles du Seigneur des armées. Il est le seul Dieu ; qu'on entende soit le Père, soit le Fils, soit le Saint-Esprit, il n'y a pas de contradiction, parce qu'ils n'ont qu'une seule divinité et une seule puissance. Car si l'édit d'un seul préfet du prétoire est considéré comme un ordre émanant des autres préfets à cause de l'autorité et de la puissance qui sont une, c'est à bien plus juste titre que sous l'empire d'un seul Dieu, si une des trois personnes vient à parler, nous disons en toute vérité que les trois ont parlé, car leur nature est une comme leur volonté. Ils cherchent encore à diminuer l'autorité de l'Esprit saint en présentant comme un signe d'infériorité la troisième place qu'il occupe, tandis que les divines Ecritures s'expriment avec tant de simplicité que souvent la troisième personne se trouve nommée la première. Elles sont placées suivant que les circonstances l'exigent, et en cela aucune d'elles ne souffre aucun préjudice, parce qu'elles n'ont qu'une seule et même divinité. C'est ainsi, en effet, que le Seigneur parle par la bouche d'Isaïe : « Je suis le premier et je suis éternellement, c'est ma main qui a fondé la terre, c'est ma main droite qui a affermi les cieux. » (*Isa.*, XLVIII, 12.) Et un peu plus bas : « C'est moi qui ai parlé, c'est moi qui l'ai appelé, qui l'ai amené, et j'ai aplani tous les chemins devant lui. Approchez-vous de moi et écoutez ceci : Dès le commencement je n'ai point parlé en secret, j'étais présent lorsque ces choses ont été résolues, et maintenant j'ai été envoyé par le Seigneur Dieu et par son Esprit. » (*Ibid.*, 15, 16.) Quel est celui par qui, à votre avis, la terre a été affermie? Il déclare qu'il a été envoyé. Est-ce le Père? Non. C'est donc le Fils qui se déclare envoyé par le Père et par le Saint-Esprit. De même que l'Esprit saint a été envoyé par le Père et par le Fils, ainsi le Christ a été envoyé par le Père et par l'Esprit saint. Le privilège exclusif du Père, c'est de n'être envoyé par personne. Ecoutez ce que dit l'Apôtre et comment il énumère dans un ordre différent les personnes de la sainte Trinité. Voici comme il s'exprime dans sa seconde Epître aux Thessaloniciens : « Que le Seigneur dirige vos cœurs dans l'amour de Dieu et la patience de Jésus-Christ. » (II *Thess.*, III, 5.) Qu'entend-il ici par le Seigneur, si ce n'est l'Esprit saint? Et qu'y a-t-il d'étonnant qu'il donne à l'Esprit saint le nom de Seigneur des armées qu'Isaïe donne à celui qu'il a vu assis sur un trône de majesté, comme nous l'avons dit plus haut? L'apôtre saint Jean lui-même entend parler de l'Esprit saint lorsqu'il dit de Dieu : « En cela nous connaissons que Dieu demeure en nous parce qu'il nous a fait participer à son Esprit. » (I *Jean*, IV, 13.) Si c'est

eadem loquitur et de Spiritu sancto. Nunc subjicienda sunt, quæ in hujusmodi sensum ordinat Scriptura. Legitur in Isaia quod Dominum Sabaoth viderit in throno majestatis sedentem (*Isa.*, VI, 1), quem Joannes Evangelista Christum esse intellexit, dicens inter alia : « Hæc dixit Isaias, quando vidit majestatem ejus, et locutus est de eo. » (*Joan.*, XII, 41.) Hunc Apostolus sanctum dicit esse Spiritum. Ait enim in novissima parte Actuum Apostolorum : « Bene locutus est Spiritus sanctus ad patres vestros dicens : Aure audietis, et non intelligetis, etc. » (*Act.*, XXVIII, 26.) Hæc verba a Domino Sabaoth dicta sunt. Hic est unus Deus, qui sive Pater intelligatur, sive Filius, sive Spiritus sanctus, non est contrarium : quia una eorum divinitas et una potestas est. Nam si in unius præfecti prætorio programmate etiam cæteri præfecti jubere dicuntur, propter auctoritatem unius potestatis : quanto magis in unius Dei imperio, si locutus unus e tribus fuerit, non incongrue dicuntur tres locuti? Est enim eorum natura et voluntas una. Solent iterum præjudicare Spiritui sancto, quod ideo degener intelligatur, quia in ordine tertius ponitur ; cum tanta simplicitas sit in Scripturis divinis, ut aliquando invenias tertium primum positum. Ut enim causa se tulerit, sic et ponuntur. Nullius enim injuria est, quia una eorum divinitas est. Denique legimus in Isaia dicente Domino : « Ego sum primus : et ego in æternum : et manus mea fundavit terram : et dextera mea solidavit cœlum. » (*Isa.*, XLVIII, 12.) Et in subjectis : « Ego locutus sum, ego vocavi, ego adduxi eum, et prosperum iter ejus feci : accedite ad me, et audite hæc : Non in occulto ab initio locutus sum : cum fierent, illic eram, et nunc Dominus misit me et Spiritus ejus. » (*v.* 15, 16.) Quem vis esse qui fundavit terram? Ipse enim dicit se missum esse. Numquid Patrem? absit. Filius ergo est qui se missum dicit a Deo et Spiritu sancto. Ecce paria sunt inter Filium et Spiritum sanctum. Sicut enim a Patre et Filio missus legitur Spiritus sanctus ; ita et a Deo et Spiritu sancto missus est Christus. Hoc enim solius Patris peculiare est, ne missus dicatur. Accipe dicta Apostoli, qui alio ordine complectitur Trinitatem : dicit enim inter cætera in Epistola ad Thessalonicenses secunda : « Dominus dirigat corda vestra in caritate Dei et in patientia Christi. » (II *Thess.*, III, 5.) Quem putas dicit Dominum, nisi Spiritum sanctum? Et quid mirum? cum quem in throno majestatis sedentem Isaias viderit, hic ipsum dicat Spiritum sanctum Dominum Sabaoth, sicut supra ostendimus. Et Joannes apostolus Deum intelligi in Spiritu sancto significat, inter cætera dicens : « In hoc cognovimus quia Deus in nobis manet, de Spiritu sancto quem dedit nobis. » (I *Joan.*, IV, 13.) Si ergo per Spiritum suum ipse in nobis manet, non ambigitur de Deo esse Spiritum sanctum. Et nec dubium est, quia quod de Deo est

par son Esprit qu'il demeure en nous, il n'est pas douteux que l'Esprit saint est de Dieu, et il n'est pas moins certain que ce qui est de Dieu est Dieu. Voilà ce qui a fait dire à l'Apôtre : « Nul ne sait ce qui est en Dieu si ce n'est l'Esprit de Dieu. » (I *Cor.*, II, 11.) Or, comment peut-il savoir ce qui est en Dieu s'il n'a point la même nature divine? Une nature inférieure ne peut savoir ce que renferme une nature supérieure, combien moins une simple créature peut-elle connaître ce qui est dans son créateur? L'Apôtre, dans sa première Epître aux Corinthiens, intervertit l'ordre que la tradition de la foi a consacré et commence par l'Esprit saint l'énumération des grâces et de la science des mystères; il place en second lieu Notre-Seigneur Jésus-Christ et place Dieu le troisième, Dieu le Père qui opère, dit-il, dans l'Esprit saint et dans le Seigneur (I *Cor.*, XII, 1) suivant cette parole du Sauveur : « Mon Père, qui demeure en moi, fait les œuvres que je fais. » (*Joan.*, XIV, 10.) Par là même que l'Esprit saint et Jésus-Christ procèdent de Dieu le Père, leur opération est l'œuvre de Dieu. D'ailleurs le même Apôtre donne à l'Esprit saint le nom de Seigneur et au Seigneur le nom de Dieu à cause de leur unité de nature. Or, après avoir dit dans tel endroit que ce Dieu, qui est le Seigneur, opère tout en tous, saint Paul conclut : « Or, c'est un seul et même esprit qui opère toutes ces choses, distribuant à chacun ses dons, selon ce qu'il lui plaît. » (I *Cor.*, XII, 11.) Peut-on établir plus clairement que les trois personnes n'ont qu'une seule opération, parce que dès que l'une agit, les trois agissent avec elle, comme n'ayant qu'une même divinité? C'est une vérité certaine que le don des grâces est l'œuvre propre de l'Esprit saint. Mais pour nous enseigner que Dieu, Notre-Seigneur et l'Esprit saint ne font qu'un à cause de l'identité de nature, l'Apôtre nous montre l'œuvre de l'Esprit saint comme étant commune aux trois personnes. De même, pour nous apprendre que c'est l'œuvre propre de l'Esprit saint comme personne divine, il ajoute : « Or, c'est un seul et même Esprit qui opère toutes ces choses, distribuant ses dons selon ce qu'il lui plaît. » Il dit selon ce qu'il lui plaît, parce que sa volonté est la volonté même de Dieu, car il ne dit pas comme Dieu le veut, mais comme le veut l'Esprit saint. En effet, la créature s'efforce de faire la volonté de Dieu, tandis que l'Esprit saint veut naturellement ce que Dieu veut. Or, pour mettre dans tout son jour cette vérité, que l'Esprit saint opère toutes ces choses, Notre-Seigneur dit aux Juifs : « Si je chasse les démons par le doigt de Dieu, etc. » (*Luc.*, XI, 20.) Il appelle ici l'Esprit saint le doigt de Dieu pour prouver qu'il vient de Dieu. Et il n'hésite pas à accuser de blasphème contre l'Esprit saint les Juifs qui disaient qu'il chassait les démons par Béelzébub, prince des démons. Lorsque Moïse opérait lui-même ses prodiges par l'Esprit saint, les magiciens sont obligés de s'écrier : « Le doigt de Dieu est ici. » (*Exod.*, VIII, 19.) Nous lisons encore dans les Actes des Apôtres : « Pendant qu'ils sacrifiaient au Seigneur et qu'ils jeûnaient, le Saint-Esprit leur dit : Séparez-moi Paul et Barnabé pour l'œuvre à laquelle je les ai appelés. » (*Act.*, XIII, 2.) C'est au Seigneur qu'on sacrifie, et l'Esprit saint s'attribue cet acte de religion; preuve évidente qu'il est le Seigneur Dieu comme Dieu le Père. C'est Jésus-Christ qui a, du haut des cieux, appelé Paul et l'a envoyé prêcher, et l'Esprit saint s'attribue encore cette mission en di-

---

Deus est. Hinc est unde Apostolus dicit : « Nemo scit quæ sunt in Deo, nisi Spiritus Dei. » (1 *Cor.*, II, 11.) Quomodo potest scire quæ in Deo sunt, nisi sit ejusdem divinitatis? Inferior enim natura non potest scire quid sit in potiore : quanto magis creatura quid in Conditore suo esset, scire non poterat? Et ad Corinthios in Epistola prima, prætérito ordine qui in traditione fidei est, a Spiritu sancto incipit gratiarum et mysteriorum memorare operationes : et subjungit Dominum Jesum; et tertium ponit Deum, quem et in Spiritu sancto et in Domino dicit operari (I *Cor.*, XII, 1) : sicut ait et Dominus : « Pater manens in me, ipse operatur. » (*Joan.*, XIV, 10.) Per id enim quod de Deo Patre est Spiritus sanctus et Christus, operatio eorum opus est Dei. Denique Spiritum sanctum idem dicit et Dominum, et Dominum idem dicit et Deum, propter unitatem naturæ. Cum ergo hoc loco idem Deum qui est et Dominus, dicat operari omnia in omnibus, inferius sic concludit dicens : « Omnia autem hæc operatur unus atque idem Spiritus, dividens unicuique prout vult. » (I *Cor.*, XII, 11.) Quid tam apertum, tres unius esse operationis? quia operante uno, operari dicuntur tres; quare, nisi quia unius sunt divinitatis? Nam non est ambiguum donum gratiarum propriæ Spiritum sanctum operari. Sed ut Deum et Dominum et Spiritum sanctum unum esse propter naturæ indifferentiam doceret, opus Spiritus sancti trium esse opus ostendit. Et ut manifestaret quia solius, quantum ad personam pertinet, Spiritus sancti opus est : « Hæc autem omnia, inquit, operatur unus atque idem Spiritus, dividens unicuique prout vult. » Ideo prout vult, quia voluntas ejus, voluntas est Dei. Non enim dicit, prout vult Deus, sed prout vult Spiritus. Creatura enim cogit se ut Dei faciat voluntatem : Spiritus autem sanctus naturaliter hoc vult. Ut autem aperte luceat quia omnia Spiritus sanctus operatur, dicit Dominus inter cætera : « Si enim ego in digito Dei ejicio dæmonia, etc. » (*Luc.*, XI, 20.) Digitum Dei appellat Spiritum sanctum, ut probet illum de Deo esse. Denique Judæos qui eum in Beelzebub principe dæmoniorum ejicere dæmonia dicebant, in Spiritum sanctum blasphemasse testatus est. Moyses quoque quia per Spiritum sanctum signa faciebat, confitentur magi dicentes : « Digitus Dei est hic. » (*Exod.*, VIII, 19.) Nam in Actibus Apostolorum legimus : « Deservientibus autem eis et jejunantibus Domino, dixit Spiritus sanctus : Segregate mihi Barnabam et Saulum ad opus, ad quod vocavi eos. » (*Act.*, XIII, 2.) Ecce servitur Domino, et hoc Spiritus sanctus sibi vindicat. Unde manifeste apparet hunc esse Dominum sicut et Deum Patrem. Et Saulum Christus de cœlo vocavit, et misit prædicare (*Act.*, IX, 4; *Act.*, IX, 15) : et hoc simili modo sibi vindicat Spiritus sanctus, dicendo : « Ad opus ad quod vocavi eos : » nam nemo ignorat Episcopos Sal-

sant : « Pour l'œuvre à laquelle je les ai appelés, » et cependant personne n'ignore que c'est le Sauveur qui a institué les évêques à la tête des Eglises. C'est lui qui, avant de remonter au ciel, a donné aux Apôtres la consécration épiscopale en leur imposant les mains. Cependant l'Apôtre ne laisse pas d'attribuer cette institution à l'Esprit saint lorsqu'il dit : « Soyez attentifs sur vous-mêmes et sur le troupeau dont le Saint-Esprit vous a établis évêques afin de gouverner l'Eglise du Seigneur Jésus. » (*Act.*, xx, 28.) Pierre dit également à Ananie : « Ananie, pourquoi Satan a-t-il rempli votre cœur jusqu'à vous faire mentir au Saint-Esprit? » (*Act.*, v, 3.) Et il ajoute plus bas : « Vous n'avez pas menti aux hommes, mais à Dieu. » Il est évident qu'il appelle Dieu l'Esprit saint à qui Ananie a menti. S'il n'avait pas voulu faire entendre que l'Esprit saint est Dieu, il eût dit : Vous n'avez pas menti aux hommes, mais à l'Esprit saint, de manière à ne faire regarder l'Esprit saint ni comme Dieu, ni comme un homme. Et qu'y a-t-il en cela d'étonnant? L'Apôtre appelle l'homme tantôt le temple de Dieu, tantôt le temple de l'Esprit saint, parce qu'ils sont un par leur nature (II *Cor.*, vi, 16 ; I *Cor.*, vi, 19); s'il ne voulait pas nous faire entendre que l'Esprit saint est Dieu, comment oserait-il dire plus bas : « Le temple de Dieu est saint, et c'est vous qui êtes ce temple? » (I *Cor.*, iii, 17.) Toutes les Ecritures nous enseignent l'existence d'un seul Dieu, mais nous adorons dans la Trinité le mystère d'un seul Dieu. L'Ecriture s'exprime ainsi afin que dans cette croyance à un seul Dieu nous comprenions que ce qui procède de lui, c'est-à-dire le Fils et l'Esprit saint, mérite les mêmes honneurs que nous rendons à Dieu ; car le mystère de Dieu nous a été révélé pour faire éclater sa gloire dans la Trinité. L'Ecriture ne donne pas toujours formellement le nom de Dieu à ce qui procède de Dieu pour ne pas laisser croire qu'il y a un autre Dieu en dehors de celui qui est le seul Dieu. Mais elle nous donne l'intelligence pour nous amener à croire que le salut des hommes dépend de la foi à la Trinité, parce que les trois personnes divines ont une même divinité ; car on ne pourrait joindre ensemble et placer sur le même rang le Créateur et les créatures, le Seigneur et les serviteurs, l'éternité et les êtres qui ont un commencement, alors surtout qu'il n'y a de salut pour aucun homme sans la foi à l'une de ces trois personnes. Il y aurait outrage à donner le nom de Dieu à tout ce que nous appelons Dieu, soit le Fils, soit l'Esprit saint, si nous leur rendons un honneur, une gloire autres que l'honneur et la gloire qui sont dus à un seul Dieu. Les saintes Ecritures montrent donc que le Christ est Dieu, que l'Esprit saint est Dieu, afin que ceux qui le voient sachent et comprennent la nature de ce qui leur est montré. Voici un homme qui montre une perle sans dire que c'est une perle ; laissera-t-elle d'être une perle parce que cet homme ne le dit pas expressément ? C'est ainsi que les Ecritures montrent par tous les témoignages que nous avons apportés ce que nous devons croire, en renfermant nos esprits dans la foi à un seul Dieu considéré dans le mystère de la Trinité.

(1) Si l'on doit ajouter foi à la raison, etc. Il est donc évident que le Christ est appelé le vrai Fils de Dieu, comme étant son Fils propre, c'est-à-dire né de sa substance. C'est ce qui fait dire à l'Apôtre : « Il n'a pas épargné son propre Fils. » La raison même des noms de Père et de Fils nous enseigne que le

---

(1) Même question telle qu'elle se trouve dans les manuscrits de la seconde catégorie, la XLIIIe sur le Nouveau Testament.

vatorem Ecclesiis instituisse. Ipse enim priusquam in cœlos ascenderet, imponens manum Apostolis ordinavit eos Episcopos. Hoc Apostolus Spiritui sancto deputat, cum dicit : « Attendite vobis et omni gregi, in quo vos Spiritus sanctus posuit Episcopos regere Ecclesiam Domini Jesu. » (*Act.*, xx, 28.) Et inter cætera dicit Petrus ad Ananiam : « Anania, cur replevit satanas cor tuum, ut mentireris Spiritui sancto? » (*Act.*, v, 3.) Et infra : « Non es enim, inquit, hominibus, sed Deo mentitus. » Apertum est Spiritum sanctum dictum Deum, cui mentitus Ananias, Deo mentitus dicitur. Quod si Spiritum sanctum minime voluisset Deum intelligere, dixisset, Non es mentitus hominibus, sed Spiritui sancto ; ut neque Deum hunc, neque hominem significaret. Et quid mirum ? Apostolus enim aliquando templum Dei hominem appellat, aliquando vero templum Spiritus sancti, propterea quia unum sunt natura. Si enim Deus minime intelligeretur Spiritus sanctus, qua audacia diceret infra : « Templum Dei sanctum est, quod estis vos. » (II *Cor.*, vi, 16 ; I *Cor.*, vi, 19 ; I *Cor.*, iii, 17.) Quoniam unus Deus in omnibus Scripturis prædicatur : mysterium autem ejus in Trinitate adoratur. Idcirco sic ait Scriptura, ut sub unius Dei professione, ea quæ de ipso sunt, id est, Filius et Spiritus sanctus ejus, in eodem honore intelligantur, in quo ipse Deus est. Quia ideo mysterium revelatum est Dei, ut gloria ejus in Trinitate significaretur. Quamobrem non plena auctoritate Deus vocatur quod de Deo est, ne alterum absque eo qui unus est, facere credatur. Sed intellectum dat, ut credamus ea ratione in Trinitate creaturæ salutem consistere, quia una est eorum divinitas. Neque enim possent simul jungi et illic ordine poni Creator et creaturæ, Dominus et servi, æternitas et quæ sub initio sunt : quippe cum sine uno eorum salus nulli sit. Ad injuriam enim vocatur omne quod Deus est, sive Filius, sive Spiritus sanctus, si extra unius Dei honorem deputetur et gloriam. Scripturæ igitur ostendunt Christum Deum, ostendunt Spiritum sanctum Deum, ut videntes sciant quid sit, quid ostenditur. Tale est si quis gemmam ostendat, non clamans quia gemma est, nunquid quia illa non clamat, non erit gemma quæ videtur ? Ita et Scripturæ ostendunt per ea quæ supra tractata sunt, quid credere debeamus, intra unius Dei fidem sensum nostrum concludentes, mysterio Trinitatis.

Si rationi fides accommodetur, etc. Manifestum igitur est idcirco verum dici Filium Dei Christum, ut proprius, id est de substantia ejus natus intelligatur. Unde et Apostolus : « Qui proprio, inquit, Filio suo non pepercit. » Nam Patrem et Filium unius esse substantiæ, ipsa nominum ratio docet. Ut enim mysterium, quod ratio hu-

Père et le Fils ont une même nature. La raison humaine est trop faible pour atteindre jusqu'à la connaissance de ce mystère. Voilà pourquoi ces vérités augustes ont reçu des noms qui aident à concevoir la vérité de l'existence du Père et du Fils. Rien, en effet, ne fait mieux voir que Notre-Seigneur Jésus-Christ procède de Dieu que le nom de Fils de Dieu qui lui est donné. Et comme la malignité a trouvé le moyen d'abuser perfidement de ces noms pour leur donner une signification différente de celle qu'ils ont naturellement, la sainte Ecriture ajoute : « Il est le vrai Fils, » pour imposer silence à ces bouches impies et à ces esprits pervers. Nous dirons même que personne ne tombe dans l'hérésie qu'en s'éloignant de la raison des noms ; les esprits simples et droits qui ne s'écartent point de la signification des noms, restent inviolablement attachés à la foi catholique. La simplicité considère avec calme ce qui lui a été enseigné par la tradition. Lorsque des doutes surviennent, que des questions s'élèvent sur des vérités clairement et simplement formulées, et que non contents de croire ce qu'expriment les paroles, des hommes regardent comme indigne d'eux de ne point y ajouter ou de ne point en retrancher quelque chose, ils tombent des hauteurs de la tradition divine. Pour les esprits droits, toute leur sollicitude est que leur foi en Dieu soit conforme à la tradition. Or, la signification seule des noms de Père et de Fils conduit à la vérité de l'unité parfaite qui existe entre eux. On ne peut en effet supposer de différence entre ceux que l'Ecriture représente sous une même image, et que le Fils lui-même confirme lorsqu'il dit : « Celui qui me voit, voit mon Père. » (*Jean*, XIV, 9.) Si donc celui qui voit l'un d'eux, les voit tous les deux, le Père et le Fils ont certainement une seule et même forme, ce qui ne peut être qu'autant que le Père et le Fils sont une même substance, et cela ne souffre aucun doute pour ce qui arrive parmi les hommes. Comment peut-on constater l'existence du Fils véritable? lorsque l'identité de nature est appuyée sur la propriété des noms de celui qui est engendré et de celui qui engendre; car qui peut engendrer autre chose que ce qu'il est lui-même? Si le Christ était simplement appelé le Fils de Dieu, et que l'Ecriture n'ait point ajouté pour plus de clarté qu'il est le vrai Fils de Dieu, au témoignage de l'apôtre saint Jean « nous sommes en son vrai Fils Jésus-Christ, qui est le vrai Dieu et la vie éternelle ; » (I *Jean*, v, 20) et de saint Paul : « Il n'a pas épargné son propre Fils, » on pourrait élever quelque doute sur la signification du seul nom de Fils. Mais l'Ecriture dit clairement qu'il est le vrai Fils de Dieu ; par conséquent ceux qui vont contre la signification naturelle de cette expression deviennent leurs propres ennemis. Ils s'imaginent, et sous l'influence d'une opinion fausse et perverse, ils affirment qu'on doit croire autre chose que ce qui est contenu dans la raison de la foi, comme s'ils voulaient donner à Dieu plus que lui-même ne veut de ceux qui croient en lui. Si l'Ecriture n'avait pas ajouté au mot Fils la qualification de *vrai*, on pourrait peut-être douter. On pourrait dire que ces paroles du Sauveur : « Celui qui me voit, voit mon Père, » signifient qu'il est semblable à son Père, comme le lait est semblable au plâtre, semblable quant à la couleur, mais bien différent de nature. Mais non, comme ces paroles sont les paroles du vrai Fils de Dieu, nous devons admettre qu'elles signifient dans sa pensée que le Père et le Fils ont une seule et même nature, et qu'ils ne diffèrent en rien l'un de l'autre. Si en effet

---

mana propter suam infirmitatem non capit, possit sciri, nomina sacris rebus aptata sunt congrue, ut per hæc veritas Patris et Filii possit aliquatenus intelligi. Nihil enim sic Christum Dominum de Deo esse Deum facit adverti, quam nomen hoc quod dicitur Filius Dei. Et quia malignitas etiam ipsis nominibus perfidiam suam infert, ut aliter quam ratio ipsa se habet nominis ipsius, causam interpretatur, addidit : « verus Filius : » ut obstrueret os pravum, et mente perversum. Denique nemo in hæresim ruit, nisi a nominum ratione discedens : simplices vero permanentes in ratione nominum, catholicæ fidei adhæserunt. Ipsa enim simplicitas non aliter hoc advertit imperturbata, quam traditum est. Accedente autem tergiversatione, dum re bene et simpliciter posita commovent quæstiones, non contenti credere quod sonant verba, indignum putantes si non sibi addant aut demant, de traditione præcipitantur. Sollicitos enim se faciunt, ne Deus aliter debeat credi, quam tradidit. Ratio autem nominum Patris et Filii inducit ad veritatem unitatis eorum. Nec enim potest discrepare alter ab altero, quorum imago una sacris Scripturis refertur, quod etiam ipse Filius firmat, cum dicit : « Qui me videt, videt et Patrem. » (*Joan.*, XIV, 9.) Si ergo unum ex iis qui videt, ambos videt, sine dubio Pater et Filius unam habent imaginem : quæ non esset una nisi consubstantivi essent Pater et Filius : quod quidem non est ambiguum circa notitiam humanam. De vero enim filio quod aliud poterit judicari, quam ut unitas eorum ipsa nominum proprietate nascentis et generantis firmetur? Quis enim aliud generet quam ipse est ? Si enim Filius tantum diceretur, et non adjiceretur ad intellectum quia verus est, testante illud apostolo Joanne, qui ait : « Sumus in vero filio Jesu Christo, qui est verus, et vita æterna : » (I *Joan.*, v, 20) et Apostolo Paulo similiter prædicante : « Qui proprio, inquit, filio suo non pepercit : » posset de nudo nomine Filii dubitari. Nam cum addat verum huic esse Filium Dei, qui ab hac voce et sensu recedunt, ipsi sibi propric inimici sunt. Confingunt enim sibi, et persuasione quadam opinionis perversæ aliud debere credi asserunt, quam ratio fidei continet, quasi plus dent Deo quam ipse de se voluit credi. Si enim adjectum non fuisset, vero, posset dubitari. Diceretur enim similis esse Patri, propter hoc quod ait : « Qui me videt, videt et Patrem : » ut sicut lac et gypsum, quantum ad colorem pertinet, simile est; quantum ad naturam, longe dissimile : sic et id quod dictum est : « Qui me videt, videt et Patrem : » possit videri. Sed quia veri Filii Dei verba sunt, non debet aliud ad intellectum admitti, quam ut ideo hoc videatur dixisse, quia unum sunt natura Pater et Filius, hoc est in nullo discrepare alterum ab altero. Nam si Salvator

le Sauveur a dit de l'homme et de la femme, parce qu'ils ont une même nature : « Ils ne sont plus deux mais une seule chair, » (*Matth.*, XIX, 6) à combien plus forte raison doit-on se garder de dire que le Père et le Fils sont deux, pour ne pas donner lieu à cette erreur que leur nature est séparée, divisée, ou du moins différente et dissemblable? Enfin l'apôtre saint Paul confirme cette unité de nature du Père et du Fils lorsqu'il dit : « Il n'a pas regardé comme une usurpation de s'égaler à Dieu. » (*Philip.*, II, 6.) Or, d'où vient cette égalité, sinon de l'unité de nature? Tous deux ont donc une seule et même image. De même donc que l'Apôtre a dit : « Il n'a point regardé comme une usurpation de s'égaler à Dieu, » le Sauveur s'est lui-même affirmé vrai Fils de Dieu, car il ne pouvait être égal à Dieu qu'autant qu'il procédait de Dieu. Il n'y a d'égalité possible qu'entre deux sujets qui sont tous deux vrais ou tous deux faux. Cette égalité, cette unité ne peuvent exister entre ce qui a eu un commencement et ce qui est éternel. Lors donc que Jésus-Christ déclare qu'il ne fait qu'un avec son Père, il se proclame égal à Dieu. « Non-seulement les Juifs lui reprochaient, dit l'Évangéliste, de violer le sabbat, mais de dire que Dieu était son Père et de se faire égal à Dieu, » c'est-à-dire au Père. N'est-il pas évident que cette égalité vient de la naissance? Car c'est en s'affirmant le Fils propre, le vrai Fils de Dieu, qu'il se faisait égal à Dieu, et voilà pourquoi il disait : « Celui qui me voit, voit mon Père, » c'est-à-dire que tous deux étant de même nature, celui qui en voit un les voit tous les deux. « Car comme le Père a la vie en lui-même, ainsi il a donné à son Fils d'avoir la vie en lui-même, » c'est-à-dire une vie égale, etc.

QUESTIONS A LA FOIS

SUR L'ANCIEN ET LE NOUVEAU TESTAMENT [1]

SUR L'ÉVANGILE DE SAINT JEAN.

QUESTION XCVIII. — Vous avez entendu le témoignage du saint Evangile dans ces paroles de Notre-Seigneur aux Juifs : « Le père dont vous êtes nés est le démon, et vous voulez accomplir les désirs de votre père? Il a été homicide dès le commencement, et il n'est point demeuré dans la vérité, car la vérité n'est point en lui. Quand il profère le mensonge, il dit ce qui lui est propre, parce qu'il est menteur comme son père. » (*Jean*, VIII, 44.) Nul fidèle ne doit douter que le diable n'ait été le seul auteur de son apostasie. Il est le principe et le chef de toute erreur, lui qui voyant que Dieu lui avait donné en le créant une puissance extraordinaire, osa porter ses desseins ambitieux jusque sur la Divinité, afin de se placer comme Dieu au-dessus de ceux qu'il voyait au-dessous de lui. Or, les noms de diable et de Satan qui lui

[1] Ce titre est assez peu judicieusement choisi, comme le prouvent les questions CI, CII, CXIV, CXV, etc., et nous ne l'avons pas trouvé dans les manuscrits qui n'ont ici aucune division. Mais comme dans toutes les éditions qui ont paru jusqu'à présent cette troisième partie des questions porte ce titre, nous n'avons pas cru devoir rien changer surtout dans un ouvrage qui n'est pas d'une très-grande importance.

---

de viro et muliere, propterea quod una amborum substantia est, ait : « Jam enim non sunt duo, sed una caro ; » (*Matth.*, XIX, 6) quanto magis Pater et Filius non sunt duo dicendi juxta substantiam : ne aut scissa vel divisa, aut certe dispar ac dissimilis eorum substantia dignoscatur? Denique Paulus apostolus unitatem substantiæ eorum firmans dicit : « Qui non rapinam arbitratus est esse se parem Deo. » (*Philip.*, II, 6.) Parilitas ergo hæc unde erit, nisi de unitate substantiæ? Hinc ambo unius sunt imaginis. Sic ergo ut Apostolus ait : « Non rapinam arbitratus est esse se parem Deo, » verum se Dei Filium demonstravit. Deo enim par esse non poterat, nisi esset de ipso. Pares enim ii sunt qui aut ambo veri sunt, aut certe dispar ac dissimilis eorum substantia dignoscatur? Denique Paulus apostolus unitatem substantiæ eorum firmans dicit : « Qui non rapinam arbitratus est esse se parem Deo. » (*Philip.*, II, 6.) Parilitas ergo hæc unde erit, nisi de unitate substantiæ? Hinc ambo unius sunt imaginis. Sic ergo ut Apostolus ait : « Non rapinam arbitratus est esse se parem Deo, » verum se Dei Filium demonstravit. Deo enim par esse non poterat, nisi esset de ipso. Pares enim ii sunt qui aut ambo veri sunt, aut ambo falsi. Nec enim parilitatem recipit, cœptum et æternum, aut unitatem. Unum enim se esse dicendo Christus cum Patre, parem se Deo fecit. « Non solum enim, inquit, solvebat sabbatum, sed et Patrem proprium Deum sibi dicebat, æqualem se faciens Deo, » hoc est Patri. Nonne manifestum est æqualitatem hanc de proprietate nativitatis descendere? Proprium enim se, id est verum dicens Dei Filium, æqualem se faciebat Deo : hoc est enim dicit : « Qui me videt, videt et Patrem : » per id quod consubstantivi sunt, qui unum videt, ambos videt. « Sicut enim habet Pater vitam in semetipso, ita et dedit Filio habere vitam : » hoc est, æqualem, etc. (*a*)

QUÆSTIONES EX UTROQUE MIXTIM.

(*b*) DE EVANGELIO JOANNIS.

QUÆSTIO XCVIII. — Audistis quæ contestatur sacrosanctum Evangelium, dicente Domino ad Judæos : « Vos de patre diabolo nati estis, et desideria patris vestri vultis facere. Ille homicida erat ab initio, et in veritate non stetit, quia veritas non est in illo. Cum loquitur mendacium, ex suis propriis loquitur, quia mendax est, sicut et pater ejus. » (*Joan.*, VIII, 44.) Nemo fidelium dubitet diabolum apostasiæ suæ auctorem non habere. Ipse enim totius erroris est princeps : qui videns a Deo factum se non mediocris potentiæ, ausus est præsumere divinitatem, ut quia cæteros vidit inferiores, seipsum præferret ut deum. Denique nomina quibus appellatur diabolus et satanas, ab actu ejus composita sunt, non ex

(*a*) Consequuntur per pauca uti in Mss. 1 gen. scilicet usque ad verba, *natus credatur*. Reliqua deinceps in Mss. 2 gen. desunt. — (*b*) Sic Mss. et editio Rat. Aliæ vero editiones. *Quomodo in Evangelio Joan. diabolus dicatur habere patrem.*

sont donnés viennent de ses œuvres et non de sa nature. Tout mal se reconnaît aux œuvres, et ce n'est point la nature qui en est coupable, mais la volonté qui se détermine au mal par certains motifs. Il vit qu'il était supérieur aux autres, et l'orgueil le fit aspirer à la domination. Mais pourquoi l'Ecriture semble-t-elle donner un père à celui qui a été l'auteur de son crime? ou comment prouver qu'il a été homicide dès le commencement (1)? L'Ecriture donne ici son nom à celui qui a été son imitateur; car comme ce sont ses œuvres qui lui ont mérité le nom de diable, tout homme coupable d'une action mauvaise mérite aussi qu'on lui donne ce nom. C'est donc Caïn que le Sauveur appelle ici le diable, parce qu'il s'est rendu son imitateur en devenant envieux de son frère, en le mettant à mort, et en laissant un si affreux exemple de cruauté fratricide. Le diable, envieux de l'homme que Dieu avait créé à son image, mit le comble à sa méchanceté en donnant l'exemple de l'erreur et du mensonge. Caïn suit cette voie de mensonge lorsque Dieu lui demande : « Où est ton frère Abel? » (Gen., IV, 9.) Plein de la malice de son père, il n'hésite pas à faire aussitôt cette réponse de mensonge : « Je ne sais pas. » Il feint d'ignorer où est celui à qui il vient d'arracher la vie; la cruauté l'aveugle jusqu'à lui faire répondre à Dieu comme à un homme à qui il espérait pouvoir cacher son crime. Or, les Juifs sont devenus ses imitateurs, et ont mis à mort le Seigneur lui-même; ils ont mieux aimé avoir pour père le fratricide Caïn que Dieu, se rendant ainsi coupables de tout le sang qui avait été versé. En mettant à mort la source de la vie, ils sont devenus les auteurs du crime dans toute son étendue, et en ont fait tomber la reponsabilité jusque sur leurs enfants, lorsqu'ils ont crié : « Que son sang soit sur nous et sur nos enfants. » (Matth., XXVII, 25.) Pour persuader à Pilate qu'ils ne lui demandaient rien de mal, ils consentent à ce que cette action, si elle était injuste, retombe sur leurs enfants; car dans ce désir ardent de satisfaire à leur fureur, ils ne songent même pas à épargner leurs enfants. Or, une preuve que le démon n'est pas mauvais de sa nature, c'est que Dieu ne menacerait pas de châtiment celui qui n'aurait pas fait ce qu'il ne savait pas, car il serait injuste de punir celui qui agit conformément aux exigences de sa nature. Et cette injustice est plus grande encore, si vous demandez à un homme ce que vous savez lui être impossible. Au contraire, la justice exige qu'on punisse celui qui connaissant et pouvant faire le bien, ne laisse pas de faire le mal. C'est ce qu'on peut conclure des paroles du Sauveur, car il dit aux Juifs, comme nous l'avons rappelé plus haut : « Votre père a été homicide dès le commencement, et il n'est pas demeuré dans la vérité. » Or, s'il était menteur par sa nature, pourquoi dire qu'il n'est pas demeuré dans la vérité? Ne point demeurer dans la vérité, c'est ne point persévérer dans la vérité. Il est donc certain que le diable a été dans la vérité, mais qu'il n'y a point persévéré. Enfin nous lisons dans le Prophète ces paroles du Seigneur : « S'ils étaient demeurés dans ma substance, » (Jérém., XXIII, 22) c'est-à-dire dans ma loi. L'Apôtre dit aussi aux Galates : « Demeurez fermes, et ne vous remettez pas sous le joug de la servitude. » (Gal., V, 1.) Quoi de plus clair? Saint Paul recommande aux fidèles de persévérer désormais dans les commandements de Dieu. Si le démon les avait observés, il serait demeuré

(1) On ne trouve pas dans les manuscrits de la seconde catégorie, cette répétition du même sujet qui a déjà été traité dans la question XC.

natura. Omne enim malum opere probatur, ut non substantia in crimine sit, sed voluntas concepta ex causis. Dum enim se vidit potiorem cæteris, inflatus est ad exercendam dominationem. Quomodo ergo patrem habere dicitur, qui auctor sceleris ejus habeatur? Aut unde probatur ab initio homicida fuisse? Sed Scriptura illum qui ejus fuerit imitator, nomine ejus appellat; ut quia ab opere nomen accepit, omnis qui malum opus fecerit, non immerito diabolus nominetur. Salvator ergo hoc loco Caïn diabolum appellavit, quia operum ejus æmulus, dum invidit fratri, homicidium perpetravit, exemplum relinquens crudelitatis parricidii. Sicut et diabolus dum invidit homini facto ad imaginem Dei, malignitatem operis sui cumulavit, typum præbens erroris. Hinc itaque extitit etiam mendax Caïn, dicente sibi Deo : « Ubi est Abel frater tuus? » (Gen., IV, 9.) Qui patris sui imbutus malitia, in mendacium prorumpens : « Nescio, » inquit, ut cui vitam extorserat, ubi esset nescire se simularet, sic furore cæcatus ut Deo sic responderet quasi homini, quem putaret se posse celare. Igitur hujusmodi imitatores facti Judæi, etiam ipsum Dominum occiderunt, Caïn potius fratricidam patrem volentes habere quam Deum, ut totius sanguinis effusi rei fierent. Auctorem enim vitæ perimentes, totius sceleris principes extiterunt, ita ut huic malo etiam filios suos obligarent dicentes : « Sanguis ejus super nos et super filios nostros. » (Matth., XXVII, 25.) Ut enim Pilato suaderent, nihil mali esse quod petebant, in filios suos retorqueri dixerunt, si esset injustum : quia ut furori suo satisfacerent, nec filiis quidem suis parcere voluerunt. Nam quia diabolus non natura malus est, hinc facilius discitur, quia pœna non promitteretur ei qui non fecerat quod nescierat. Iniquum est enim punire eum qui non facit aliud, quam quod suæ est naturæ. Et magis istud malum est, si hoc exigas ab aliquo, quod scias illum non posse. Quamobrem juste plectendus est, quem cum constet scire ac facere posse bonum, agit malum. Hoc etiam ex verbis Salvatoris poterit adverti : ait enim, sicut supra memoravimus est : « Pater vester homicida fuit ab initio, et in veritate non stetit. » Igitur si per naturam mendax est, quomodo dicitur in veritate non stetisse? Hic enim in veritate non stat, qui in veritate non permanet. Constat ergo diabolum in veritate fuisse, sed non perseverasse. Denique legimus in Propheta sic dicentem Dominum : « Si stetissent, inquit, in substantia mea, » (Jer., XXIII, 22) id est in lege mea. Et Apostolus ad Galatas : « State, inquit, et nolite iterum servitutis jugo cohiberi. » (Gal., V, 1.) Quid tam apertum? Hic enim mandat ut de cætero permaneant in mandatis ejus. Quod si diabolus servasset, stetarat in substantia et in lege Dei. Fundamentum est

dans la substance et dans la loi de Dieu, car la loi est un fondement inébranlable pour ceux qui l'observent. Comment donc quelques-uns ont-ils pu avancer que Dieu avait créé le diable mauvais, ou qu'il avait une origine qui lui était propre, c'est-à-dire qu'il ne la devait à nul autre, double supposition également injurieuse à Dieu? Celui qui soutient que Dieu a créé le démon pour qu'il fût mauvais, lui attribue une bonté bien imparfaite, car un être parfaitement bon ne peut faire le mal. Quant à celui qui ne croit pas que le démon tire de Dieu son origine, il nie le souverain domaine de Dieu, car il croit pouvoir soustraire à ce domaine qui s'étend à tout une chose qui en serait indépendante. Ceux qui adoptent de telles erreurs seront sévèrement punis lorsqu'ils verront que Dieu jugera toutes choses par Jésus-Christ.

QUESTION XCIX. — Que signifient ces paroles de l'Apôtre : « Qu'il ne vous survienne que des tentations humaines? » (I *Cor.*, x, 13.)

Ce n'est point sans un dessein providentiel que l'Apôtre docteur des nations exprime le vœu qu'il ne nous survienne que des tentations humaines ; parce que la tentation divine peut devenir mortelle. C'est par suite de cette tentation que les Juifs qui vivaient sous la loi de Dieu ont été victimes des morsures des serpents. Voilà pourquoi l'Apôtre nous dit : « Ne vous laissez point surprendre par une tentation divine, mais qu'elle soit simplement humaine. » On dit d'un homme qu'il est sujet à la tentation divine, lorsque tout en agissant au nom de Dieu, il espère son salut des idoles, parce qu'il ne tient pas Dieu pour éprouvé. Car tout ce qui n'est pas éprouvé est tenté, et ce qui est tenté devient douteux. Voilà pourquoi la tentation divine est mortelle, tandis que la tentation humaine est salutaire ; car s'il est dangereux de douter de Dieu, il est encore plus utile de ne pas mettre son espérance dans l'homme, pour rester fidèle à la loi de Dieu. C'est donc dans un esprit de haute sagesse que l'Apôtre nous dit : « Qu'il ne vous survienne que des tentations humaines. » Il veut que lorsque les hommes tentent notre fidélité à la loi de Dieu, ils nous trouvent forts et inébranlables, et que tandis que les hommes charnels doutent de notre fidélité, nous passions pour éprouvés aux yeux de Dieu, car ceux qui ne sont pas éprouvés devant lui, il les tente pour les rendre meilleurs. Il y a donc une double tentation, nous sommes tentés quelquefois comme fidèles, quelquefois comme atteints par la défiance. Or, la tentation des fidèles est une tentation humaine. Car nous sommes alors éprouvés par les hommes pour la cause de la foi ; ils nous tentent pour nous faire renoncer à la foi. Les tentations qui ont pour cause la défiance, ont pour objet de ramener les hommes dans la voie de Dieu par la souffrance et le repentir, comme il est arrivé pour les Juifs. Ils n'avaient plus de confiance dans la providence de Dieu, ils ont été tentés par les serpents, afin que la souffrance leur inspirât des sentiments plus justes. Il y a une autre tentation à laquelle ont été soumis Abraham, Job et Tobie, ces grands serviteurs de Dieu : Abraham, par le sacrifice qui dut lui être si pénible de son fils unique et bien-aimé, recueillit des fruits abondants de justice pour la gloire éternelle (*Gen.*, XXII, 1); Job vit succéder à la perte de tous ses biens des richesses beaucoup plus grandes pour la terre et pour le ciel (*Job*, 1 et 11) ; enfin la perte de la vue fut si avantageuse pour Tobie, qu'elle fut suivie d'une guérison glorieuse pour lui sur la terre, avec l'espérance des

---

enim lex servantibus eam. Quomodo ergo quibusdam videtur, diabolum aut malum a Deo factum, aut propriam habere originem, id est ex nullo ortum, quod utrumque Deo videtur contrarium? Qui enim ad hoc illum dicit factum ut esset malus, imperfectæ putat Deum esse bonitatis; quia perfecte bonus non facit malum. Qui vero originis ejus Deum auctorem esse non credit, ejus dominium Deo abnegat. Per hoc enim, cum omnia Dei sint, aliquid esse arbitratur quod minime ad Deum pertineat : quos oportet pœnas perpeti, cum viderint cuncta a Deo judicari per Christum.

QUESTIO XCIX. — Quid sit illud Apostoli : « Tentatio vos non apprehendat nisi humana? » (I *Cor.*, x, 13.)

Non sine providentia, ut arbitror, magister gentium Apostolus noster, tentatio ut nos apprehendat exoptavit, sed ut humana dumtaxat ; quia divina tentatio perniciem parit. Hac enim Judæi apprehensi a serpentibus perierunt. Agentes enim sub Dei lege, de providentia ejus dubitabant : ac per hoc ne divina nos, sed humana tentatio apprehendat, hortatur. Hic enim tentari a Deo dicitur, qui sub nomine ejus agens, ab idolis sperat salutem; quia non habet Deum probatum. Omne enim quod probatum non est, tentatur ; et quod tentatur, in dubium venit. Ac per hoc divina tentatio mortalis est, humana vero tentatio salutaris est : quia sicut de Deo dubitare perniciosum est, ita de homine desperare propter Dei legem saluberrimum est. Quamobrem providentier Apostolus : « Tentatio, inquit, vos non apprehendat nisi humana : » ut propter Dei legem ab hominibus tentati, (*a*) fortes inveniamur, dubitantibus de nobis hominibus carnalibus, Deo autem probati simus ; quia qui probati Deo non sunt, tentantur ut emendentur. Duplex ergo tentatio est : aliquando enim quasi fideles, aliquando quasi diffidentes tentamur ; ut fidelium tentatio humana sit. Propter fidem enim ab hominibus tribulamur : tentant enim nos si possint abducere a fide. Propter diffidentiam autem tentantur, ut angustiari pœnitentes redeant in viam ; sicut factum est etiam Judæis. Cum enim diffiderent de providentia Dei, tentati sunt a serpentibus, ut dolore correpti emendarentur. Deus enim sic tentat, ut corrigat hujusmodi homines. Est et alia tentatio, qua tentatus est Abraham, et Job, necnon et Tobias famuli Dei : ut Abraham per tribulationem oblati unici et dilectissimi filii uberiorem fructum justitiæ haberet ad æternam gloriam (*Gen.*, XXII, 2) : Job autem amissione totius substantiæ augmentaretur divitiis locupletatus in cœlis et in terra (*Job*, 1, et 11) : Tobias vero cæcitatem luminum passus sic proventior extitit, ut ad præsens

(*a*) Ms. Colb. *forte si.*

clartés éternelles pour la vie future. (*Tobie*, II, 11.) Les justes ne sont donc éprouvés que pour leur avancement. Voilà pourquoi nous devons faire preuve dans les tentations d'un grand courage, dans la conviction où nous sommes que loin de nous nuire elles ne peuvent que nous être utiles si nous les supportons patiemment avec la grâce de Jésus-Christ.

(1) Toute question demande pour être bien éclairée à être ramenée à son principe. L'Apôtre se plaignant de l'infidélité des Juifs, qui avaient tenté Dieu dans la solitude, dit aux fidèles de Corinthe : « Ne tentons point Jésus-Christ comme le tentèrent quelques-uns d'entre eux. » (I *Cor.*, x, 9.) Il leur rappelle l'infidélité des Juifs et les châtiments dont elle fut suivie, pour leur inspirer une crainte salutaire, et nous détourner par cet exemple de leur perversité, de la tentation divine qu'il nous exhorte à fuir par-dessus tout. Il y a tentation divine lorsqu'un homme vivant sous la loi de Dieu, ne laisse pas dans un sentiment de défiance de demander du secours aux idoles. Il nous engage donc à ne nous laisser surprendre que par des tentations humaines. Or, une tentation humaine est celle qui nous inspire la défiance de l'homme pour la cause de Dieu, et nous fait accueillir avec empressement les inspirations de la foi. Cette tentation est une défiance qui nous empêche de nous défier des promesses de Dieu. Cette tentation tient à l'humanité, parce que dans toute erreur qui nous séduit il y a une tentation humaine qui se déclare contre la loi de Dieu en lui opposant des raisons toute mondaines, et veut nous faire perdre la confiance dans les promesses divines. Vous voyez donc clairement ce que c'est que la tentation divine et la tentation humaine que nous devons nous garder de négliger si nous sommes en participation de la foi de Dieu.

DE L'ÉVANGILE DE SAINT MATTHIEU.

QUESTION C. — Vous avez entendu, mes très-chers frères, ce que Notre-Seigneur dit dans son Evangile : « Je vous rends gloire, mon Père, Seigneur du ciel et de la terre, parce que vous avez caché ces choses aux sages et aux prudents, et que vous les avez révélées aux petits. Oui, mon Père, parce qu'il vous a plu ainsi. » (*Matth.*, XI, 25, 26.) Si nous voulons bien peser le sens de ces paroles de Notre-Seigneur, nous verrons qu'elles ont pour but d'encourager les fidèles, ceux qui parce qu'ils méprisent la sagesse du monde, paraissent petits aux yeux des sages du monde, qui sans aucun mérite prétendent au titre de sage. Dieu a donc jugé indigne de lui de leur découvrir la vérité ; c'est aux humbles qui ne présument point d'eux-mêmes et se soumettent à la volonté divine, que la justice demande qu'il révèle ses secrets. Celui-là est prudent aux yeux de Dieu et vraiment soigneux de son salut qui préfère à sa science la loi de Dieu qu'il voit appuyée non point sur le bruit orgueilleux des paroles, mais sur des témoignages authentiques de la puissance divine. Et, en effet, c'est tout à la fois une folie et une vanité que de mettre sa confiance dans une chose qui n'a pour appui aucun signe de la puissance de Dieu. Ce n'est donc point aux esprits cultivés du siècle que Dieu promet son royaume, mais aux fidèles ; ce n'est point à ceux qui examinent les astres, mais à ceux qui font le bien

(1) Même question telle qu'elle se trouve dans les manuscrits de la seconde catégorie, le LIIe sur le Nouveau Testament.

gloriosus fieret receptis oculis, et in futurum servaretur ei claritas perpetua. (*Tob.*, II, 11.) Quia ad hoc probantur justi, ut proficiant. Ideoque in tentatione robusto animo esse debemus, scientes non ad diminutionem nostram hoc proficere, sed augmentum, si modo æquo animo toleremus per Christum.

Omnis quæstio ut dilucidari possit, ad originem revocanda est. Apostolus autem cum de Judæorum perfidia quereretur, et quoniam Deum in solitudine tentaverunt; unde dicit : « Neque tentemus Christum, sicut quidam tentaverunt : » (I *Cor.*, x, 9) dum ergo hæc memoraret, et quid propter ista mala passi sunt, ad terrorem incutiendum exponeret, ut ipso nos exemplo malitiæ vel tentationis quæ in Domino fit revocaret, (Divina namque tentatio est, si sub lege Dei agens, ex alia parte aut ab idolis auxilium petat, diffidens de Deo,) ideo hoc Apostolus cavendum monet. Ut autem humana tentatio nos teneat, exhortatur : quia humana tentatio est, in Dei causa desperare de homine, et promptum esse in fide Dei. Tentatio enim hæc diffidentia intelligitur, ut de promissis Dei non diffidant. De humanis, quia in omni errore seductionis humana (*a*) tentatio est, quæ infesta mundanis rationibus Dei legi obsistit, desperans de promissis ejus. Habes ergo manifestatum quæ sit in Deum tentatio, et quæ est humana tentatio, quam fastidire non debemus, si fidei Dei participes sumus.

DE EVANGELIO MATTHÆI (*b*).

QUÆSTIO C. — (1) Audistis fratres carissimi quæ contestetur Evangelium dicente Domino : « Confiteor tibi Domine cœli et terræ, quia abscondisti hæc a sapientibus et prudentibus, et revelasti ea parvulis. Ita Pater, quoniam sic fuit placitum ante te. » (*Matth.*, XI, 25.) Igitur si dictorum sensum inspiciamus, videbimus ea quæ ad exhortationem credentium a Domino dicta sunt, eorum qui propterea quod mundanam sapientiam spernunt, parvuli videntur sapientibus mundi, qui nullo testimonio commendati sapientes volunt dici. Idcirco indignum visum est Deo his ostendere veritatem : humilibus autem qui nihil de se præsumentes divinæ se voluntati inclinant, æquitate cogente salutaria revelanda sunt. Hic enim prudens Deo est et salutis suæ memor, qui scientiæ suæ anteponit Dei legem, quam utique videt non verborum strepitu fulciri, sed rerum virtutibus. Et sine dubio hic stultus et vanus est, qui huic rei se commendat, quæ nulla munitur prærogativa signorum. Unde non litteratis sæculi regnum Deus promisit, sed fidelibus ; neque

(*a*) Hæc quæstio deest in Mss. 2 generis.
(*a*) Ms. Germ. traditio. — (*b*) Ita Mss. Rat. At aliæ edd. *Quomodo in Evang. Matth. dictum sit : Confiteor tibi Pater cœli*, etc.

que l'éternité est promise ; ce n'est point aux dialecticiens qui s'efforcent d'obscurcir la vérité par leurs sophismes et la subtilité de leurs raisonnements qu'il accorde la gloire, mais à ceux qui sont plus soigneux de bien faire que de bien dire. Dieu réprouve ceux qui préfèrent les discours éclatants aux bonnes œuvres. C'est vouloir ramener à soi la gloire de Dieu que de prétendre revêtir les vérités de Dieu des ornements de la parole. Ces vérités doivent plaire par elles-mêmes, ce ne sont point les paroles qui les expriment, c'est le sens même de ces paroles qui est digne de louanges. Si c'est le sens qui donne naissance aux expressions, et si les paroles n'ont été inventées que pour exprimer la vérité, pourquoi ne pas l'exprimer purement et simplement, pour qu'elle nous inspire plus facilement le désir de sauver notre âme. Voilà pourquoi Notre-Seigneur a choisi pour apôtres des hommes simples, sans lettres et sans artifices, qui par leur persévérance dans la foi et par une vie sainte fissent éclater en eux la vérité de Dieu. C'est ce qui fait dire à l'apôtre saint Paul : « Et moi, mes frères, lorsque je suis venu, je ne suis point venu avec l'éclat d'une éloquence et d'une sagesse humaine. » (I *Cor.*, II, 1.) Et dans un autre endroit : « Le royaume de Dieu ne consiste pas dans les paroles, mais dans la vertu ; » (I *Cor.*, IV, 20) car les paroles sont sujettes à contradiction, mais la vertu rend un témoignage éclatant à la loi de Dieu, elle voit s'abaisser devant elle les discours les plus sublimes. Ces considérations, mes très-chers frères, sont faites dans l'intérêt des esprits simples qui pourraient se croire indignes de la grâce de Dieu, parce qu'ils ne connaissent point les secrets de l'art oratoire, tandisque leur simplicité est bien plutôt pour eux un privilége ; car ce que ne voient point les sages du monde aveuglés par l'orgueil de la science humaine, les âmes simples le croient, parce que leur prudence consiste non dans les paroles, mais dans la vraie sagesse. Ils savent que Dieu se repose avec complaisance dans les bonnes œuvres, et qu'il demande bien plutôt la foi que l'élégance des discours : « Sur qui, me reposerai-je, dit-il par son prophète, sinon sur celui qui est humble et doux, et qui écoute mes paroles avec tremblement ? » (*Isa.*, LXVI, 2.) Si donc nous voulons nous rendre dignes des récompenses qui nous sont promises, nous devons remplir les commandements du Seigneur dans l'assurance que Dieu aime ceux qui gardent ses paroles. C'est ce que le Sauveur dit à ses disciples : « Si vous m'aimez, gardez mes commandements, » (*Jean*, XIV, 15) c'est ainsi qu'après avoir été des serviteurs fidèles de Dieu, nous deviendrons les héritiers de son royaume, par Notre-Seigneur Jésus-Christ.

DE LA PRÉSOMPTION DES LÉVITES DE ROME.

QUESTION CI. — Nous ne voulons obéir qu'aux ordres de la charité, et cependant nous serons peut-être blâmés en écrivant sur une matière qui n'a jamais été un sujet de doute pour personne. Mais en voulant éviter de blesser les droits de l'amitié, nous entravons le zèle qui aurait dû faire utilement connaître un mal jusqu'ici caché. La charité, nous l'avons dit, nous fait donc un devoir de répondre à des assertions par trop extravagantes, de peur qu'un silence prolongé ne fît qu'empirer le mal et qu'après bien

---

scrutatoribus siderum æternitatem pollicetur, sed recte agentibus ; nec dialecticis, qui fraude et minutis quibusdam ratiunculis verum excludere nituntur, gloriam dat, sed bonæ voluntatis hominibus, qui accurati magis vita sunt quam sermone. Istos enim reprobat Deus, qui oratione clari sermonis magis ali volunt quam bonis actibus. Nam et gloriam Dei in se vult convertere, qui rem Dei verbis exornare se putat. Res enim ipsæ per se placere debent, ut non sermo, sed sensus laudetur. Si enim sensus auctor est litteræ, et verba propter res significandas inventa sunt, cur non magis res ipsæ puro sensu promendæ sunt, ut (*a*) feliciús mentem incitent ad salutem ? Ideoque piscatores elegit Dominus noster Apostolos, homines simplices et sine litteris, qui sine aliqua versutia fideliter servando et bene vivendo, Dei in se ostenderent veritatem. Unde et apostolus Paulus : « Et ego veniens, inquit, ad vos fratres, non veni in sublimitate sermonis aut sapientiæ. » (I *Cor.*, II, 1.) Et inter cœtera : « Quia non, ait, in sermone est regnum Dei, sed in virtute : » (I *Cor.*, IV, 20) ut quia verba contradictioni obnoxia sunt, Dei legi virtus testis existeret, cui omnis cedit sermonum sublimitas. Itaque hæc idcirco præmissa sunt, fratres carissimi, ut consuleretur simplicioribus, ne forte indignos se putarent gratia Dei, quia minime sunt litteris forensibus eruditi, cum magis ad laudem proficiat simplicitas eorum : quoniam quod prudentes mundi non vident superbia litterarum, hi credunt, non verbis sed consilio prudentes. Sciunt enim in bonis operibus requiescere Deum, et fidem quærere, non cultum sermonem. Legunt enim dicentem Dominum : « In quo requiescam, nisi in humili et mansueto et tremente verba mea ? » (*Isa.*, LXVI, 2.) Quamobrem ut digni efficiamur ad promissa præmia, ea quæ a Domino jubentur facere debemus, securi quia hos diligit Dominus, qui verba ejus custodiunt. Sic enim dicit discipulis suis : « Si diligitis me, præcepta mea servate : » (*Joan.*, XIV, 15) ut in his Domino servientes regni ejus hæredes esse possimus per Jesum Christum Dominum nostrum.

DE JACTANTIA ROMANORUM LEVITARUM (*b*).

QUÆSTIO CI. — (1) Dum jussis caritatis parere volumus, in vituperationem forte cademus, qui de re quæ nulli aliquando in dubium venit, scribimus ; quia cum amicitias offendere nolumus, studium quod ad aliquam rem occultam revelandam proficere debuit, intricamus : quamvis propter nimiam stultitiam cujusdam hoc asse-

---

(1) Quæst. hæc deest in Mss. 2 generis.
(*a*) Ms. Colb. *facilius*. — (*b*) Sic Mss. et Rat. Aliæ vero editiones : *Quomodo contra Levitas Romanos disceptandum sit, qui contendunt Levitas sacerdotibus, et diaconos presbyteris coæquare.*

des agitations inutiles, tout amendement devint impossible. Le caractère particulier de la charité est de ne point chercher ses intérêts. Un certain Falcidius, entraîné par la folie et l'orgueil de la ville de Rome, s'est efforcé d'égaler les simples lévites et les diacres aux prêtres. Je ne dirai pas qu'il a cherché à les placer au-dessus des prêtres, la prétention serait par trop absurde et paraîtrait peut-être incroyable, et nous passerions nous-mêmes pour des hommes qui veulent non réformer un abus, mais calomnier. Sur quelle loi, sur quelle coutume, sur quel exemple fondent-ils cette prétention d'égaler ceux qui n'ont aucune marque de distinction dans l'Église aux prêtres de Dieu qui, dans la maison de Dieu et dans le sacrifice du Christ, occupent le premier rang? Personne ne pourrait le dire. Quelle audace de vouloir égaler aux prêtres ceux qui ne sont que leurs ministres! Quelle présomption téméraire de comparer aux prêtres ceux qui portent le tabernacle avec tous ses vases, ceux qui sont chargés de couper le bois et de porter l'eau du sacrifice, car tel fut l'office des lévites. C'est comme si l'on voulait égaler les appariteurs aux préfets, les serviteurs à leurs maîtres. Voici en effet ce que le Seigneur dit à Moïse : « Prends les lévites parmi les enfants d'Israël, et présente-les au grand-prêtre Aaron afin qu'ils le servent. » (Nomb., VIII, 13.) Quoi de plus clair que cet exemple, que l'Église continue aujourd'hui d'observer? Malgré l'impudence assez grande des diacres de l'Église romaine, ils n'ont pas encore porté leurs prétentions jusqu'aux places d'honneur de l'Église. S'ils ne sont point chargés de tous les moindres offices de la hiérarchie, c'est grâce à la multitude des clercs inférieurs. Sans cela c'est à eux de porter l'autel et les vases sacrés, de verser l'eau sur les mains du prêtre, comme cela se fait dans toutes les Églises et suivant l'ordre que le Seigneur a donné à Moïse : « Seraient-ils donc meilleurs qu'Élisée, qui versait l'eau sur les mains d'Élie? » (IV Rois, III, 11.) Ce Falcidius plaide la cause des diacres contre les prêtres comme si l'on était élevé du sacerdoce au diaconat, et non du diaconat au sacerdoce. Mais ils sont, dira-t-il, les ministres de l'Église romaine et plus dignes d'honneur par conséquent que dans les autres Églises à cause de la splendeur de la ville de Rome, qui est comme la reine de toutes les autres villes. S'il en est ainsi, il doit réclamer le même privilège pour les prêtres de l'Église romaine, car si la splendeur de cette ville donne une importance plus grande aux ministres inférieurs, combien plus à ceux qui sont revêtus des premières dignités? Tout ce qui est accordé aux ministres d'un pouvoir tourne à l'accroissement du pouvoir lui-même, de même que les honneurs rendus au serviteur sont à la louange du maître qu'ils servent. Disons cependant que devant Dieu, le juste juge, chacun reste en possession du rang qui est assigné aux divers offices ecclésiastiques; c'est-à-dire que celui qui est diacre reçoit dans toutes les Églises l'honneur qui est dû au diacre. Et ce n'est pas un honneur médiocre que d'être le serviteur du prêtre de Dieu dans l'Église seulement; quant au prêtre, il résume en lui tous les honneurs ecclésiastiques. En effet, l'ordre supérieur renferme éminemment l'ordre inférieur, car celui que l'Apôtre appelle ancien (*presbyterum*) remplit les fonctions de diacre, d'exorciste et de lecteur. Or, saint Paul démontre que par

verantis, quod in subjectis pandemus, istud nobis injunxerit caritas memorata, ne cum nemo diu ad hoc responderet, in pejus proficeret, et diu in vano exercitatus emendari non possit. Hoc enim caritatis studium est, quæ non quærit quæ sua sunt. Quidam igitur qui nomen habet (a) Falcidii, duce stultitia et civitatis Romanæ jactantia, Levitas sacerdotibus, et diaconos presbyteris coæquare contendit : non dicam præferre, quia stultius est, et forte incredibile videatur, et nos non emendatores, sed calumniatores habeamur. Qua igitur lege quave consuetudine, quoniam exemplo hoc aggredi audeat, nullum scire arbitror, ut istos quibus consessus in Ecclesia datus est minime, iis coæquet qui propter quod antistites Dei sunt, in domo Dei et in honore Christi cum dignitate considunt : quæ audacia est presbyteris ministros ipsorum pares facere? Quæ temeritatis præsumptio, sacerdotibus bajulos tabernaculi et omnium vasorum ejus et lignorum concisores et portitores aquæ conferre? Hoc enim officium fuit Levitarum. Tale est, si præfectis officiales, dominis servi æquentur. Hoc enim scriptum est dicente Domino ad Moysen : « Accipe tribum Levi de medio filiorum Israel, et statue illos ante Aaron sacerdotem, et deserviant ei. » (*Num.*, VIII, 13.) Quid hoc exemplo apertius, quod etiam nunc in Ecclesia custoditur. Quamquam Romanæ Ecclesiæ diaconi modico inverecundiores videantur, sedendi tamen dignitatem in Ecclesia non præsumunt. Ut autem non omnia ministeria obsequiorum per ordinem agant, multitudo facit clericorum. Nam utique et altare portarent et vasa ejus, et aquam in manus funderent sacerdoti, sicut videmus per omnes Ecclesias, et sicut constitutum est a Domino per Moysen : aut numquid meliores Elisæo sunt, qui aquam fundebat in manus Eliæ? (IV *Reg.*, III, 11.) Sic autem diaconos adversus presbyteros defendit, quasi ex presbyteris diaconi, et non ex diaconis presbyteri ordinentur. Sed quia Romanæ Ecclesiæ ministri sunt, idcirco honorabiliores putantur quam apud cæteras Ecclesias, propter magnificentiam urbis Romæ, quæ caput esse videtur omnium civitatum. Si itaque sic est, hoc debent et sacerdotibus suis vindicare : quia si ii qui inferiores sunt crescunt propter magnificentiam civitatis, quanto magis qui potiores sublimandi sunt? Quidquid enim officialibus præstatur, augmentum fit potestati : sicut honor servi ad laudem proficit domini. Quamquam apud justum judicem Deum unicuique hic honor maneat, qui decretus est singulis Ecclesiarum officiis, ut qui diaconus est, diaconi honorem per omnes Ecclesias habeat. Non enim qualiscumque honor est, antistiti Dei servire in Ecclesia dumtaxat, ut sacerdos totius honoris Ecclesiastici dignus habeatur. Major enim ordo intra se et apud se habet et minorem : presbyter enim et diaconi agit officium et exorcistæ et lectoris. Presbyterum autem intelligi epis-

(a) Ms. Colb. *Falsi de re quærunt duce*, etc.

cet ancien il faut entendre l'évêque, lorsque après avoir élevé Timothée à cette dignité, il lui enseigne les qualités de ceux qu'il devra lui-même élever à l'épiscopat. (I *Tim.*, III, 1.) Car, qu'est-ce qu'un évêque, si ce n'est le premier prêtre, c'est-à-dire le grand-prêtre? D'ailleurs il ne les appelle pas autrement que ses collègues dans la prêtrise et dans le sacerdoce. Est-ce que l'évêque appelle les ministres, les diacres ses collègues dans le diaconat? Non sans doute, parce qu'ils sont bien inférieurs en dignité. Il n'est pas convenable de dire d'un juge qu'il est le premier des officiers inférieurs. Nous ferons encore remarquer que dans l'Eglise d'Alexandrie et dans toute l'Egypte, au défaut de l'évêque c'est le prêtre qui consacre. Or, l'exemple de Caïphe qui, malgré l'excès de sa méchanceté, ne laissa pas de prophétiser, nous montre toute la grandeur de la dignité sacerdotale. Pourquoi prophétisa-t-il? « Parce qu'il était prince des prêtres. » (*Jean*, XI, 49.) Nous voyons encore la grande distance qui sépare le diacre du prêtre dans le livre des Actes des Apôtres. Un grand nombre des habitants de Samarie ayant embrassé la foi à la prédication du diacre Philippe, que les Apôtres avaient ordonné, ils envoyèrent vers Pierre et Jean, dit l'auteur du livre des Actes, pour les prier de venir, et de donner aux fidèles l'Esprit saint par l'imposition des mains. » (*Act.*, VIII.) Mais ceux qui soutiennent ces prétentions ne connaissent point les Ecritures et ont oublié la loi. Celui donc qui formule de telles assertions devrait cependant se rappeler ce qui arriva aux lévites qui nourrirent des sentiments semblables. Ils avaient aussi la témérité d'affirmer que les lévites étaient égaux aux prêtres, et la justice de Dieu entr'ouvrit la terre pour engloutir Coré et ses partisans (*Nomb.*, XVI, 31), et un torrent de feu dévora en même temps deux cent cinquante hommes. Le roi Ozias, qui avait osé usurper une fonction sacerdotale, fut frappé d'une lèpre qui le couvrit tout entier afin que cet exemple inspirât à tous les autres la crainte salutaire d'usurper un pouvoir qui ne leur était pas accordé. (II *Paral.*, XXVI, 21.) Maintenant, au contraire, nous voyons des diacres assez téméraires pour remplir les fonctions sacerdotales dans les repas et vouloir qu'on leur réponde dans la prière, privilège réservé aux prêtres seuls. L'office du diacre est de recevoir de la main des prêtres ce qu'il doit donner au peuple. Vous voyez tout ce que peut produire une vaine présomption. L'orgueil dont ils sont pleins leur fait tout oublier, et parce qu'ils se voient ministres de l'Eglise romaine, ils ne considèrent pas les devoirs que Dieu leur a imposés et l'obligation où ils sont d'y être fidèles. Ce qui efface ces considérations de leur mémoire ce sont les assiduités, les prévenances dont les entourent leurs inférieurs et qui ont une grande influence soit par les bons, soit par les mauvais conseils qui en sont la suite : ou on craint leurs mauvaises suggestions, ou on les achète pour qu'ils soient favorables. Voilà ceux qui empêchent les diacres de bien considérer la nature de leur ordre. Ces égards inspirés par la flatterie, ces déférences illégitimes deviennent pour eux un écueil et leur donnent une idée exagérée de leur pouvoir ; car en voyant qu'on en témoigne beaucoup moins aux prêtres, ils s'imaginent qu'ils sont bien au-dessus d'eux. Mais, me dit-on, c'est le témoignage du diacre qui désigne celui qui doit être ordonné prêtre, comme si ce droit de suffrage indiquait une prérogative de puissance. Nous lisons dans les Actes des Apôtres ces paroles de saint Pierre au peuple : « Choisissez

---

copum, probat Paulus Apostolus, quando Timotheum quem ordinavit presbyterum, instruit qualem debeat creare episcopum. (I *Tim.*, III, 1.) Quid est enim episcopus, nisi primus presbyter, hoc est summus sacerdos? Denique non aliter quam compresbyteros hic vocat et consacerdotes suos. Numquid et ministros condiaconos suos dicit episcopus? Non utique, quia multo inferiores sunt. Et turpe est judicem dicere primicerium. Nam in Alexandria et per totam Ægyptum, si desit episcopus, (*a*) consecrat presbyter. Quanta autem sit dignitas ordinis sacerdotalis, causa ostendit Caiphæ, qui cum esset homo sacerdotalis, prophetavit. Quare? « Quia princeps, inquit, erat sacerdotum. » (*Joan.*, XI, 49.) Et iterum multum distare inter diaconum et sacerdotem, liber approbat Actus Apostolorum. Cum enim ex Samaria credidissent Philippo prædicanti diacono ab Apostolis ordinato : « Miserunt, inquit, ad Petrum et Joannem ut venirent, et iis qui crederent darent Spiritum sanctum per manus impositionem. » (*Act.*, 8.) Sed inscii credo Scripturarum aut immemores Legis hæc defendunt. Recordari ergo debet qui ista putat asserenda, quid Levitis acciderit cum taliter saperent. Cum enim nihil inter sacerdotes et Levitas interesse præsumerent, Deo judice hiatu terræ absopti sunt Chore et consentientes ei (*Num.*, XVI, 31), et ducentos quinquaginta viros torrens ignis simul consumpsit : et Ozias rex cum opus sacerdotale præsumeret, lepra perfusus est : ut hoc utique exemplo cæteri territi non audeant quod sibi concessum non est præsumere. (II *Paral.*, XXVI, 21.) Nunc enim videmus diaconos temere quod sacerdotum est agere per convivia, et in oratione id velle, ut respondeatur illis, cum istud solis liceat sacerdotibus. Diaconi enim ordo est, accipere a sacerdote, ut dare plebi. Vides quid pariat vana præsumptio? Immemores enim elatione mentis, eo quod videant Romanæ Ecclesiæ se esse ministros, non considerant quid illis a Deo decretum sit, et quid debeant custodire : sed tollunt hæc de memoria assiduæ stationes domesticæ et officialitas, quæ per suggestiones malas seu bonas nunc plurimum potest. Aut timetur enim ne male suggerant, aut emuntur ut præstent. Hi sunt qui faciunt eos ordinis sui non considerare rationem. Dum enim per adulationem obsequuntur illis illicite, præcipites illos faciunt, ut plus sibi putent licere : quippe cum videant non sic deferri sacerdotibus ; ac per hoc anteferri se putant. Sed testimonio, inquit, diaconi fit presbyter : quasi istud ad prærogativam pertineat magnitudinis. Legimus enim ad plebem dixisse Petrum apostolum : « Eligite, inquit, ex

(*a*) Ms. Colb. *consignat.*

parmi vous ceux que nous établirons pour le service des mystères de l'Église. » (*Act.*, vi, 3) je ne veux pas dire pour le service des tables. Voici donc des diacres créés par le suffrage des laïques. Et l'Apôtre veut que celui qui doit être élevé à l'épiscopat ait le suffrage des Gentils eux-mêmes : « Il faut, dit-il, que ceux du dehors lui rendent aussi un bon témoignage. » (I *Tim.*, iii, 7.) Tous ont donc le droit de donner leur suffrage, mais tous ne sont point pour cela dignes de cet honneur. Tous peuvent juger des qualités qu'il exige, mais tous ne peuvent prétendre à la dignité dont ils jugent les autres capables. Un bon peintre peut être apprécié et préféré à un autre par un homme qui ne sait point peindre lui-même, de même qu'un joueur de flûte peut être mis au-dessus d'un autre par un homme d'une autre profession ; ainsi un homme d'une condition inférieure peut rendre témoignage à celui qu'on veut élever au sacerdoce. Voici encore une circonstance qui les enfle et leur fait croire que tout leur est dû. C'est nous, disent-ils, qui conduisons ceux qui doivent être ordonnés, c'est-à-dire que parce qu'ils leur servent de cortége, ils se croient dignes du même honneur. Admettons le fait ; les évêques les envoient comme des serviteurs pour faire honneur à ceux qui doivent être ordonnés. C'est ainsi que l'empereur, pour apparaître dans toute sa dignité, se montre entouré d'un cortége militaire, sans que pour cela l'armée qui l'environne lui soit supérieure, ni même égale. Ainsi Aman, qui était un des premiers officiers d'Assuérus, fut chargé par ce roi de rendre honneur à Mardochée pour montrer à tous par cet acte de déférence combien Mardochée en était digne. C'est ainsi que les diacres sont choisis pour faire honneur à ceux qu'on doit élever au sacerdoce, afin que tous comprennent qu'ils en sont dignes ; car, à l'exception des prêtres, à qui les diacres doivent obéissance, les diacres ont la prééminence sur tous les autres.

CONTRE NOVATIEN.

QUESTION CII. — Les disciples disent à Jésus : « Seigneur, voulez-vous que nous commandions au feu du ciel de descendre et de les consumer ? Et Jésus leur répondit : Vous ne savez à quel esprit vous appartenez ; car le fils de l'homme n'est pas venu perdre les âmes, mais les sauver. » (*Luc*, ix, 54, 55.) Les Samaritains, qui n'avaient pas voulu le recevoir, méritaient certainement d'être punis, mais Notre-Seigneur, qui était venu pour exercer sa miséricorde, écarte la sentence qu'on lui suggère pour leur ménager l'occasion de se repentir et de se corriger. Lorsque le prophète Élisée, irrité contre des enfants qui l'outrageaient, les eut maudits, la justice de Dieu le vengea, et ils furent dévorés par des ours dans un endroit où nous ne voyons pas qu'il y ait eu de forêt. (IV *Rois*, ii, 23.) Mais le Sauveur pardonne à la femme de mauvaise vie qu'on lui présente et que les anciens des Juifs disent avoir surprise en adultère (*Jean*, viii, 10), parce que la loi de miséricorde qu'il commençait à prêcher enseignait à pardonner et non à condamner. La loi donnée par Moïse, qui avait pour sanction la justice vindicative, se montra sévère dans les commencements. Elle punit de mort celui qui avait ramassé du bois le jour du sabbat (*Nomb.*, xv, 32), elle commanda de lapider le fils de

---

vobis quos constituamus deservire mysteriis Ecclesiæ. » (*Act.*, vi, 3.) Nolo dicere, « mensis. » Ecce laicorum testimonio creati sunt diaconi. Et Apostolus eum qui ordinandus dicitur episcopus, etiam testimonium vult habere gentilium : sic enim ait : « Oportet enim hunc et testimonium habere bonum ab his qui foris sunt. » (I *Tim.*, iii, 7.) Omnium ergo est testimonium dare, et non tamen omnes hoc honore digni sunt. Judicare enim omnes possunt, et non tamen omnes possunt esse quod judicant. Potest enim pictor judicari bonus, et præferri alteri ab illo qui pingere nesciat ; et choraula melior alio choraula approbari ab eo, qui alterius est artis : ita et testis potest esse creandi presbyteri qui inferior ordine est. Et iterum, quo inflentur ut putent sibi multum deberi : A nobis enim, inquiunt, perducuntur qui ordinandi sunt : ut dum lateri illorum septi sunt, honore digni videantur. Fac verum esse. Quasi officialis enim ab Episcopo mittitur, ut obsequium præbeat ordinando. Nam et Imperator ut Imperator appareat, ordinatur obsequio militari : non tamen melior nec par est exercitus Imperatori. Nam et Aman cum esset clarus in honore militari, a rege missus est ut Mardochæo in obsequio iret, ut quantum dignus esset Mardochæus ex hujusmodi obsequiis nosceretur. Ita et diaconi creandis presbyteris in obsequium mittuntur ; ut dignos eos fieri sacerdotes omnes intelligant. Exceptis enim sacerdotibus, quibus obsequium debent, omnibus præponuntur diaconi.

CONTRA NOVATIANUM (*a*).

QUÆSTIO CII. — (1) Dicunt Discipuli sui ad Jesum : « Domine, vis ut dicamus, descendat ignis de cœlo, et consumat eos, sicut fecit Elias ? » Et respondit illis Dominus dicens : « Nescitis cujus spiritus estis. Filius enim hominis non venit animas perdere, sed salvare. » (*Luc.*, ix, 54, 55.) Cum dignum utique esset vindicare in Samaritanos non suscipientes eum ; Dominus tamen qui ad misericordiam daudam advenit, sententiam amovit, ut de cætero corrigentes emendarentur. Et propheta Eliseus indignatus pueris qui ei contumeliam faciebant, Deo judice vindicavit in eos, ut eo loco ab ursis comederentur, ubi silva esse negatur (IV *Reg.*, ii, 23) : Dominus autem oblatæ sibi meretrici pepercit, ei videlicet quam in adulterio se deprehendisse majores Judæorum dixerunt (*Joan.*, viii, 10) ; ut quia pia prædicatio inceperat, non condemnandum, sed ignoscendum doceret. Nam per Moysen data Lex, quia justitiam habuit ad vindictam, in primordiis suis severitatem exercuit. (*Num.*, xv, 32.) Quia et in illum qui sabbatis exiit ligna colli-

---

(1) Deest in Mss. 2 generis.
(*a*) Sic Mss. et Rat. Aliæ vero edd. *Quomodo contra Novatianos contendendum sit, qui pœnitentiam salutarem negant.*

l'Egyptienne qui avait blasphémé contre Dieu (*Lév.*, XXIV, 11), et fit mettre à mort un grand nombre des enfants d'Israël qui avaient adoré le veau d'or. (*Exod.*, XXXII, 27.) Chacune de ces deux lois a fait connaître pleinement tout d'abord le caractère qui lui était propre. Ainsi la loi ancienne, plus portée à punir le coupable, parut plus sévère dans les commencements afin que la crainte qu'elle inspirait rendît les hommes plus attentifs et plus vigilants. La loi nouvelle, au contraire, dont le caractère est la bonté et la miséricorde, s'est montrée dans les commencements pleine de douceur et de clémence pour disposer les esprits à l'indulgence par le charme et l'attrait de son amour. Dans la suite, la loi, dont la sévérité plus grande avait été motivée par la fragilité du genre humain, non-seulement adoucit cette rigueur, mais fit preuve de douceur et de bonté, et la loi de miséricorde se montra sévère dans le châtiment. C'est ainsi que la justice de Dieu frappa de mort Ananie et Sapphire. (*Act.*, V, 5 et 10.) Elimas, ce magicien incrédule qui résistait à la loi de Dieu, devint aveugle par un effet du jugement et de la puissance de Dieu. (*Act.*, XIII, 8.) Le roi Hérode, pour n'avoir pas rendu gloire à Dieu, fut frappé par l'ange de Dieu et mourut dévoré par les vers. (*Act.*, XII, 23.) La prédication de la miséricorde aurait pu faire croire aux hommes que l'impunité était assurée à leurs crimes; Dieu a donc tempéré cette assurance par la crainte, en montrant que le pardon des péchés qu'il accordait aux hommes avait pour fin de les faire passer de la mort à la vie, de les préserver avec soin des rechutes dans le péché et du malheur de sortir de cette vie et de paraître devant leur juge la conscience chargée de crimes; car chacun est jugé d'après l'état dans lequel il est mort. La loi nouvelle qui a en elle la plénitude de la miséricorde afin de ne pas devenir un objet de mépris pour les pécheurs a exercé sur eux une vengeance sévère. La loi ancienne, au contraire, bien qu'elle ait été donnée avec le châtiment pour sanction, a pardonné quelquefois pour ne point paraître par trop cruelle; mais elle a châtié le plus grand nombre des pécheurs, parce que sa nature était plus portée à la sévérité. La grâce de la loi nouvelle est donc beaucoup plus abondante que n'a été la grâce de la loi ancienne. Or, si cette grâce est plus abondante, comment nier qu'elle puisse donner ce qu'a donné la loi ancienne, dans laquelle la grâce était beaucoup moins grande, car elle était bien plus portée à la sévérité? Si donc il est démontré que la loi ancienne a pardonné aux pécheurs repentants, comment supposer que la loi de miséricorde soit inflexible pour eux? Les Juifs ont été appelés les enfants de Dieu, et l'apôtre saint Paul nous apprend qu'ils ont été baptisés sous la conduite de Moïse dans la nuée et dans la mer. (I *Cor.*, X, 2.) Avant de recevoir la loi ils ont été purifiés afin qu'ils pussent ensuite rendre compte de la loi qu'ils avaient reçue et que s'ils venaient à pécher, ils pussent revenir à Dieu par la pénitence, suivant l'invitation qu'il leur fait : « Faites pénitence, vous qui vous égarez, et convertissez-vous. » (*Isa.*, XLV, 22.) Mais, dira-t-on peut-être, Dieu invite à la pénitence mais ne promet point le pardon. Si Dieu invite les pécheurs à la pénitence, leur repentir ne peut être stérile, et Dieu n'aurait pas fait inutilement cet appel aux pécheurs. C'est donc parce qu'il savait que les pécheurs repentants obtiendraient le pardon de leurs péchés qu'il leur a fait ce commandement, car

gere, funebriter vindicavit (*Levit.*, XXIV, 11); et in filium Ægyptiæ qui blasphemaverat in Deum, similiter ultionem dedit; et in causa fusilis vituli percussit filios Israel. (*Exod.*, XXXII, 27.) Unaquæque ergo Lex inter ipsa primordia sensum suum plenum ostendit, ut vetus Lex, quia ad vindicandum promptior erat, inter initia sua asperior videretur, ut metu incusso diligentes et sollicitos faceret auditores suos. Nova vero propterea quod pia et ad misericordiam facilis est, primordia sua mitissima et clementissima demonstravit, ut ipsa oblectatione ac dilectione omnes ad indulgentiam provocaret. Postea autem et in quæ asperior visa est propter fragilitatem humani generis, non solum rigorem suum mollivit, sed et humanam et piam se præstitit, et hæc quæ clemens visa est vindicando vindicavit. Ananias enim cum Saphira uxore sua divinitus cæsi sunt. (*Act.*, V, 5, 10.) Et Elimas magus incredulus et Dei Legi repugnans, Domini judicio et virtute cæcatus est. (*Act.*, XIII, 8.) Et Herodes rex propterea quod honorem non dedit Deo cæli, ab Angelo Dei percussus scatens vermibus expiravit. (*Act.*, XII, 23.) Ne quia misericordia prædicatur, inultum omnino putarent homines et impune peccari, timorem posuit, ostendens ad hoc dari veniam delictorum, ut quasi ex mortuis vivificati postea abstinerent se a contrariis, ut id elaboretur, ne quis hinc cum crimine exeat, quia ad judicium venietur. Hæc enim unicuique sententia imputatur, in qua defungitur. Quoniam igitur nova Lex plenitudinem habet misericordiæ, ne contemptui duceretur ab amatoribus peccatorum, in supradictos vindicavit. Vetus vero Lex quanquam ad vindictam data sit, quibusdam tamen ignovit, ne omnino crudelis diceretur : sed in plures vindicavit quia sensus ejus ad ulciscendum promptus est. Sine dubio ergo major gratia novæ Legis est quam fuit veteris. Si ergo major gratia est, quomodo negatur hoc præstare posse, quod præstitit illa, quæ minorem gratiam habuit ? Erat enim propensior in severitatem. Itaque si ista pœnitentibus ignovisse probatur, qui fieri potest, ut ista quæ clemens est, non recipiat pœnitentes ? Nam et Judæi filii Dei appellati sunt, qui per Moysen in nube et in mari baptizati, apostoli Pauli auctoritate leguntur. (I *Cor.*, X, 2.) Legem enim accepturi procul dubio purificati noscuntur, ut de cætero acceptæ Legis redderent rationem, ut si quid peccarent per pœnitentiam se reformarent, dicente Domino per Isaiam prophetam : « Pœnitentiam agite qui erratis, et convertimini. » (*Isa.*, XLV, 22.) Sed forte e contrario dicitur : Pœnitentia quidem prædicata est, non tamen remissio. Si ergo pœnitentia a Deo prædicata est, fructus erit agentibus pœnitentiam. Nec enim supervacue hoc Dominus commoneret. Porro autem sciens Dominus conversis dari debere peccatorum remissionem, hoc præcepit : quippe cum dixerit : « Nolo mortem peccatoris, quantum ut

il a dit en termes exprès : « Je ne veux pas la mort du pécheur, mais bien plutôt qu'il se convertisse et qu'il vive. » (*Ezéch.*, XVIII, 32.) Les fruits de la pénitence sont donc assurés, nous en avons la preuve, à ceux qui se convertissent à Dieu. Il faut donc rejeter l'assertion impie de Novatien, qui dénature le sens des paroles du Seigneur en disant : Le Seigneur s'exprime ainsi : « Celui qui m'aura renié, je le renierai moi-même, » (*Matth.*, X, 33) c'est-à-dire que si un chrétien vient à renier le Seigneur pour un motif quelconque, tout retour lui est impossible, et que, pût-il revenir, il n'a aucune espérance d'être accueilli. Et que devient alors l'obligation de faire pénitence? N'oublions pas qu'après cette sentence le Sauveur n'a cependant pas renié son apôtre Pierre, qui l'avait renié. Pourquoi? Parce que, sous l'inspiration du repentir, il a pleuré sa faute avec des larmes amères (*Matth.*, XXVI, 75), car il savait que Dieu pardonnait aux pécheurs repentants et que la pénitence changeait les dispositions de leur cœur. Novatien lui-même suppose qu'on doit faire pénitence. Pressé qu'il est par la loi, il n'ose nier ouvertement qu'on doive refuser la pénitence : il s'efforce donc par des subtilités de la priver de ses fruits. Puisqu'il ose dire que celui qui aura renié Dieu n'a plus aucune espérance de pardon, mais qu'il sera renié lui-même en présence des anges de Dieu, n'y a-t-il pas hypocrisie de sa part à recommander de faire pénitence? Mais sa mauvaise foi paraît dans tout son jour lorsqu'il ajoute : « Celui qui aura péché contre le Saint-Esprit, il ne lui sera remis ni dans ce monde ni dans l'autre. » (*Matth.*, XII, 32.) Quoique le péché contre le Saint-Esprit soit tout différent de celui par lequel on renie le Seigneur Jésus, cependant Novatien, pour fermer la porte du pardon à ce dernier péché, confond le péché contre l'Esprit saint avec celui qui renie le Seigneur, pour retrancher par cette confusion le fruit de la pénitence avec l'espérance du pardon. Si nier le Seigneur c'est pécher contre l'Esprit saint, ceux qui se rendent coupables de cette négation ne peuvent espérer aucun pardon, aucun fruit de leur pénitence, puisque le Seigneur déclare que ce péché ne peut être remis ni en ce monde, ni en l'autre. Novatien commet donc un acte de duplicité en exhortant à faire pénitence, car pourquoi cette pénitence s'il nie que le péché puisse être effacé? Ce sont les gémissements, les larmes, les plaintes du repentir qui obtiennent au pécheur le pardon et le changement de vie. C'est parce que David s'est repenti et qu'il a confessé son péché qu'il a mérité son pardon et qu'il est rentré dans tous ses anciens droits, car il resta sur le trône et fut doué de l'esprit prophétique. (Il *Rois*, XII, 13.) L'Ecriture nous en donne des preuves certaines; nous voyons dans le psaume cinquantième son repentir et après la persécution dirigée contre lui par son fils ses oracles prophétiques, car historiquement le troisième psaume vient après le cinquantième. Dira-t-on qu'il était nécessaire d'accorder le pardon à un roi, mais qu'il ne faut point pardonner aux personnes d'une condition plus humble. Et n'est-ce pas bien plutôt à ceux qui ont la puissance en partage qu'il faut pardonner plus difficilement, car Dieu ne fait point acception des personnes. (*Rom.*, II, 11.) Plus on est élevé en dignité, plus la faute devient grave, quelque légère qu'elle paraisse en elle-même. De même que l'humilité dans les puissants de la terre, participe à l'élévation et à l'éclat de leur position, ainsi leurs fautes sont beaucoup plus répréhensibles. Sans parler des péchés qui sont défendus à tous les hommes quels qu'ils

convertatur et vivat. » (*Ezech.*, XVIII, 32.) Itaque et est fructus pœnitentiæ, sicut claruit, conversis ad Deum. Exclusa est ergo Novatiani impie composita assertio, qua verborum Domini sensum invertit dicens : « Ait Dominus : Qui me negaverit, et ego negabo ipsum : » (*Matth.*, X, 33) ut si aliquis Christianus quacumque ex causa negaverit, jam redire non possit, aut certe revertens, minime recipiatur. Et ubi erit demandata pœnitentia ? Cum Salvator post datam hanc sententiam negantem Apostolum Petrum non negaverit. Quare ? Quia pœnitentia subsequente erratum suum amarissime flevit (*Matth.*, XXVI, 75), sciens utique conversis ignosci, et reformari eos per pœnitentiam. Sed Novatianus fingit agendam pœnitentiam. Quia enim aperte non audet negare pœnitentiam daudam, astrictus Lege, subtiliter hanc frustrare contendit. Quando enim dicit, quia qui negaverit, nullo modo veniam habebit, sed negabitur et ipse in conspectu Angelorum Dei, quomodo non cum dolo agendam pœnitentiam profitetur ? Hinc autem manifeste fraus ejus apparet, cum subjungit dicens : Quicumque peccaverit in Spiritum sanctum, non remittetur ei, neque hic, neque in futurum. (*Matth.*, XII, 32.) Quamvis alia causa sit qua peccatum est in Spiritum sanctum, et alia negare Dominum Jesum ; Novatianus tamen ut huic peccato veniam deneget, unum sensum vult esse, et negantis Dominum, et peccantis Spiritum sanctum, ut hac tergiversatione fructum amputet pœnitentiæ. Si enim idem est negare Dominum quod peccasse in Spiritum sanctum, nulla venia speranda est negantibus, neque fructus aliquis pœnitentiæ, quia hoc peccatum, neque hic, neque in futuro remitti Dominica oracula promiserunt. Hinc ergo apparet Novatianum cum dolo dicere agendam pœnitentiam. Ut quid enim pœniteret, si delictum aboleri negatur ? Pœnitentiæ enim gemitus, fletus et lamentatio hoc acquirit, ut et veniam mereatur et reformationem. Denique David pœnitens et confitens peccatum suum et veniam meruit, et ad pristinum statum redditus est ; quia et rex permansit, et postea prophetavit. (II *Reg.*, XII, 13.) Quod liquido probatur : in quinquagesimo enim Psalmo pœnituit, et postea persecutionem a filio suo passus prophetavit. Tertius enim Psalmus juxta historiam post quinquagesimum est. Sed forte regi ignosci oportuit, humilibus autem ignosci non debet ? cum magis potentioribus difficilius ignoscendum videatur. Deus enim personam hominis non accipit. (*Rom.*, II, 11.) Quanto enim quis sublimior, tanto magis, licet leve peccatum ejus, grave est crimen. Sicut enim humilitas in potente sublimis et magnifica est, ita et culpa ejus pro crimine habenda est. Exceptis enim peccatis, quæ constat omni-

soient; il est des choses qui sont permises aux personnes d'une condition plus obscure et qui ne sont point à ceux qui sont élevés en dignité. Ainsi ils ne peuvent sans inconvenance ni faire le commerce, ni entrer dans un cabaret. Un sénateur ne peut également prêter à intérêt sans manquer à sa dignité. Or, si ceux qui commettent ces légères inconvenances sont dignes de blâme, combien plus sont-ils condamnables s'ils se rendent coupables de fautes réelles. Nous devons conclure de là que le crime de David a été on ne peut plus grave et à un double point de vue; cependant son repentir lui obtint le pardon de son homicide et de son adultère, et ce qui est plus important encore, ses larmes lui méritèrent une vie toute nouvelle. Lorsque le prophète Nathan vint pour l'accuser, David n'osa point cacher son crime, il le confessa publiquement en disant : « J'ai péché contre le Seigneur. » Et le Prophète lui répondit : « Le Seigneur vous a pardonné votre péché et vous ne mourrez point, parce que vous vous êtes repenti. » (II Rois, XII, 13.) Et comme nous le voyons ensuite prophétiser, nul doute qu'il n'ait changé complètement de vie. Voyez encore Achab; le Prophète lui a reproché la mort de Naboth; ce prince verse des larmes, il déchire ses vêtements il se revêt d'un cilice, et le Seigneur parle à Elie et lui dit : « N'avez-vous pas vu Achab humilié devant moi? Je n'amènerai pas sur lui en ses jours les maux dont je l'ai menacé. » (III Rois, XXI, 27.) Les Ninivites pleurent leurs crimes, et Dieu les sauve de la mort suspendue sur leur tête et leur rend la vie. (Jon., III, 5.) Voilà les fruits abondants de la pénitence! On fait toutefois cette objection : Oui, Dieu a pardonné, mais pas au péché d'idolâtrie; car quelque énormes que soient ces crimes, ils ne le sont pas autant que le crime d'idolâtrie. L'assertion de Novatien qui admet la pénitence pour deux crimes énormes se trouve ainsi détruite en grande partie, car si la fornication est indigne de pardon, comme l'affirme Novatien, combien plus l'homicide et l'adultère; mais ce qui fait ressortir toute la futilité de son opinion, c'est qu'il accorde le pardon à des crimes qui de l'aveu de tous ont une gravité bien plus grande. Examinons donc maintenant si Dieu a promis de pardonner aux idolâtres. Tout ce qui n'est point pardonné légitimement en cette vie ne le sera point dans l'autre. C'est ici-bas, comme le déclare Notre-Seigneur, que les péchés sont liés ou déliés (*Matth.*, XVI, 19); dans l'autre vie il n'y aura plus que la récompense ou la condamnation. Tout homme justement condamné ici-bas ne peut espérer d'être admis au nombre des élus dans l'autre vie. Ecoutons donc ce que le Seigneur dit des idolâtres au prophète Jérémie : « Va et fais entendre ces paroles. Reviens à moi, peuple d'Israël, dit le Seigneur, et je n'affermirai point mon visage contre toi, parce que je suis miséricordieux, dit le Seigneur, et je ne m'irriterai point contre toi pour toujours. Mais reconnais ton iniquité, tu as commis des impiétés, tu as dirigé tes sentiers vers des dieux étrangers sous tous les arbres chargés de feuillages. » (*Jérém.*, III, 12, 13.) Voilà les promesses que Dieu fait à ceux qui se convertissent après leur chute; s'ils reviennent à lui après leur apostasie, il leur pardonne leurs péchés. Voici encore ce qu'il dit par Jérémie : « Mes enfants les plus délicats ont marché dans des voies difficiles; ils ont été amenés comme un troupeau livré à ses ennemis. Ne craignez pas, mes enfants, et criez vers le Seigneur, car celui

---

bus esse illicita, non omnia licent potentibus, quæ sunt concessa humilibus. (a) Dignitatis enim homini negotiari deforme est, et popinam ingredi notabile est. Senatoribus quoque fenus infamia est. Si ergo in his levibus inventi notandi sunt, quanto magis rei constituendi sunt, si peccaverint? Per hoc ergo apparet David gravissime peccasse, et quidem duplici modo : conversus tamen et homicidii et adulterii veniam consecutus est, et quod est amplius, deflens reformatus est. Cum enim a propheta Nathan argueretur, peccatum celare non ausus est, sed confessus est dicens : « Peccavi Domino. » Tunc respondit Propheta et dixit : « Abstulit Dominus peccatum tuum, et non morieris, quoniam pœnituisti. » (II Reg., XII, 13.) Et quia invenitur postea prophetasse, dubium non est hunc reformatum. Nam et Achab correptus a Propheta propter mortem Naboth ibat plorans, et conscidit vestimenta sua, et præcinxit se cilicio, et factum est verbum Domini in manu servi ejus Eliæ de Achab, et dixit Dominus : « Audisti quoniam motus est Achab a facie mea? non inducam ei mala in diebus ejus. » (III Reg., XXI, 27.) Et Ninivitis peccata deflentibus, imminente morte reparata est vita. (Jon., III, 5.) Ecce quantus profectus est pœnitentiæ. Sed forte dicatur e contra : Concessa quidem est, sed non de crimine idolatriæ : quamvis enim hæc gravia sint, majus est tamen crimen idolatriæ. Recte tamen explosa est non ex modica parte.Novatiani assertio, qua duo crimina gravia concessa pœnitentiæ videntur. Quia si fornicationi ignosci non debet, sicut Novatiano videtur, quanto magis homicidio, aut adulterio? Sed hinc vanitas ejus apparet, quando hæc quæ graviora sunt concessa probantur : quamobrem nunc, an idolatris concedi posse promiserit Deus, requirendum est. Omne enim quod jure hic concessum non fuerit, nec in futurum poterit concedi. Hic enim, sicut dixit Dominus, aut ligantur, aut solvuntur peccata (*Matth.*, XVI, 19); in futuro autem nihil aliud erit, nisi remuneratio aut condemnatio. Omnis enim qui hic jure reprobatur, non poterit eligi, aut dignus in futurum judicari. Audiamus igitur quæ dicat Dominus de idolatris ad Jeremiam prophetam : « Vade, et dic, inquit : Revertere ad me commoratio Israel, dicit Dominus, et non firmabo faciem meam in vos; quia misericors ego sum, dicit Dominus, et non irascar vobis in ævum : verumtamen cognosce delictum tuum : impie egisti, et posuisti vias tuas in alienos subtus omne lignum nemorosum. » (*Jer.*, III, 12.) Ecce quid promittit eis Deus, qui post lapsum ad se convertuntur, ut post apostasiam regressis remittat peccata. Et iterum dicit Deus per Jeremiam : « Delicati mei ambulaverunt vias asperas, ducti sunt ut grex direptus

(a) Ms. Colb. *Dignitoso.*

qui vous a conduits se souviendra de vous. Comme votre esprit vous a fait errer loin de Dieu, en revenant à lui vous le rechercherez avec dix fois plus d'ardeur ; car celui qui a amené sur vous ces maux vous comblera lui-même d'une éternelle joie en vous sauvant. » (*Baruch*, IV, 26.) Oh ! qu'elle est grande la bonté de Dieu ! comme elle excite ceux qui sont tombés à se relever ! comme elle exhorte les adorateurs des idoles à revenir à lui ! Comme un tendre père, il promet à ses enfants la joie éternelle du salut s'ils consentent à changer de vie. Nous lisons encore dans le même Prophète : « Je les ramènerai dans cette terre, je les rétablirai et je ne les détruirai pas ; je les planterai et ne les arracherai plus. » (*Jérém.*, XXIV, 6.) Cette menace qu'il avait faite : « Celui qui sacrifiera aux dieux étrangers sera déraciné, » pouvait faire tomber dans le désespoir ceux qui s'étaient rendus coupables de cette impiété, si ceux qui avaient sacrifié aux idoles ne pouvaient être replantés, il les exhorte donc à se repentir s'ils veulent revenir à leur premier état. Si le péché n'est point expié, la sentence demeure. Dieu fait annoncer aux Ninivites que dans trois jours leur ville serait détruite. (*Jon.*, III, 4.) Pourquoi dans trois jours ? pour leur donner le temps de se repentir et révoquer cette sentence, ou afin que s'ils persévéraient dans leur impiété leur ruine fût plus juste encore. C'est ce que Dieu dit par son Prophète : « Je ne veux point la mort du pécheur, mais plutôt qu'il se convertisse et qu'il vive. » (*Ezech.*, XVIII, 32.) Voilà pourquoi la pénitence obtint aux Ninivites le pardon des péchés qui devaient être la cause de leur mort. Pourquoi Noé a-t-il mis cent ans à construire l'arche ? (*Gen.*, VI, 3.) C'est afin que ceux qui le voyaient et entendaient de sa bouche le danger qui les menaçait eussent le temps de se reconnaître. Dieu ne veut pas que personne périsse. « Le Seigneur, dit Salomon, a pitié de ceux qui se repentent. » (*Eccli.*, XII, 3.) Et dans un autre endroit : « Vous avez pitié de tous les hommes, parce que vous pouvez tout, et vous dissimulez leurs péchés à cause du repentir. » (*Sag.*, XI, 24.) C'est dans ce même sentiment que Notre-Seigneur, profondément attristé de la perfidie des Juifs, s'écrie : « Jérusalem, Jérusalem qui tues les prophètes et lapides ceux qui sont envoyés vers toi, combien de fois ai-je voulu rassembler tes enfants, comme une poule rassemble ses petits sous ses ailes, et tu ne l'as pas voulu. » (*Matth.*, XXIII, 37.) Le Seigneur dans tout le cours de la loi ne cesse donc d'exhorter les pécheurs à se convertir, parce qu'il ne veut pas que son œuvre périsse. L'unique but même qu'il s'est proposé, en donnant la loi, a été de ramener les hommes à la vérité, avec cette différence toutefois que sous le Nouveau Testament l'auteur de la loi se montre plus miséricordieux, parce qu'il a voulu que sa miséricorde se répandît plus pleine et plus abondante au temps où son Fils Notre-Seigneur a daigné se manifester aux hommes dans son incarnation, afin que la prédication du Fils fût plus féconde en grâces que celle des serviteurs. Il était juste et digne, en effet, que le Fils fût pour les hommes la source de grâces plus abondantes que ne l'avaient été les serviteurs. Aussi pardonne-t-il aussitôt tous les péchés à ceux qui se convertissent et qui croient en lui, sans exiger même les gémissements de la pénitence. Ce qui fait dire à l'Apôtre(1) : « Les dons et la

(1) Ce n'est nullement le sens de ces paroles de saint Paul qu'on traduit ainsi généralement d'après l'ensemble du contexte : « Les dons et la vocation de Dieu ne sont pas suivis du repentir. »

ab inimicis. Constantes estote filii, et proclamate ad Deum, erit vestra in abductione memoria. Nam sicut fuit mens vestra ut erraretis a Deo, duplicabitis decies tantum conversi, quærentes eum. Qui enim induxit in vos mala, inducet in vos æternam jucunditatem cum salute vestra. » (*Baruch*, IV, 26.) O clementia Dei ! quemadmodum lapsos provocat ut se erigant, quomodo hortatur ut post errorem idolorum revertantur ad eum ! quasi pater benevolus filiis suis jucunditatem perennem promittit salutis, si se corrigant. Item apud eumdem inter cætera : « Et restituam illos in terram istam, et ædificabo eos, et non destituam, et replantabo eos, et non evellam : » (*Jer.*, XXIV, 6) ut quia comminatus dixerat : « Sacrificans diis, eradicabitur, » ne peccantes in Deum desperarent de se, quasi jam qui sacrificaverant idolis eradicati, replantari non possent, hortatur eos, quia si pœnitent, poterunt ad statum suum pristinum reformari. Sententia enim tunc manet, si non emendetur delictum. Denique Ninivitis prædicatum est, quia post triduum everteretur civitas eorum. (*Jon.*, III, 4.) Quare post triduum, nisi ut aut pœniterent, et auferretur sententia ; aut in eo permanentes, justius deperirent ? Hoc est quod dixit per Prophetam : « Nolo mortem morientis, quantum ut revertatur et vivat. » (*Ezech.*, XVIII, 32.) Ita factum est ut morituris peccatorum causa Ninivitis, ignosceretur pœnitentia subsequente. Ut quid enim centum annis sub Noe arcam invenimus fabricatam (*Gen.*, VI, 3), nisi ut videntes et audientes quid immineret, emendarent se ? Neminem enim Deus vult perire. Hinc est unde in Salomone legimus : « Quoniam, inquit : Altissimus misertus est pœnitentibus. » (*Eccli.*, XII, 3.) Et iterum : « Misereris omnium, quia omnia potes, et dissimulas peccata hominum propter pœnitentiam. » (*Sap.*, XI, 24.) Hoc sensu et Dominus dolens super perfidiam Judæorum ait : « Jerusalem, Jerusalem quæ interficis prophetas, et lapidas missos ad te, quoties volui congregare filios tuos, quemadmodum gallina congregat pullos suos sub alis suis, et noluisti ? » (*Matth.*, XXIII, 37.) Igitur semper Dominus per totam Legem peccatores ad se converti hortatur, nolens opus suum perditioni esse obnoxium ; cum nec alia causa datæ Legis esset, quam ut ex errore homines convertantur ad veritatem : ita tamen, ut in Novo Testamento auctor Legis clementior videatur, quia tempore quo sacramentum Filii sui Domini nostri manifestare dignatus est, largior et uberior in misericordia esse voluit, ut plus gratiæ prædicante Filio esset quam fuerat prædicantibus servis. Nec immerito : sic enim fuit dignum ut majora dona per Filium, quam per famulos largiretur. Denique ad se conversis credentibus omnia

vocation de Dieu sont sans pénitence. » (*Rom.*, XI, 29.) S'ils viennent à pécher ensuite, ils pourront mériter leur pardon par la pénitence; car il est juste qu'ayant péché après avoir reçu gratuitement la miséricorde, elle ne leur soit plus donnée avec autant de libéralité, mais qu'ils ne puissent obtenir leur pardon que par les gémissements et par les larmes. Il est impossible que l'homme ne pèche pas. Écoutons l'apôtre saint Jean : « Si nous disons que nous sommes sans péché, nous nous séduisons nous-mêmes, et la vérité n'est point en nous. Mais si nous confessons nos péchés, il est fidèle et juste pour nous les remettre et pour nous purifier de toute iniquité. » (I *Jean*, I, 8.) C'est ainsi que David a mérité par l'aveu de son péché son pardon et la grâce d'une vie nouvelle. C'est certainement aux chrétiens que saint Jean s'adresse ici, car il ajoute un peu plus bas : « Mes petits enfants, je vous écris ceci, afin que vous ne péchiez point. Cependant s'il arrive que quelqu'un pèche, nous avons Jésus-Christ pour avocat auprès du Père. » (I *Jean*, II, 1.) L'Apôtre nous rappelle cette vérité, afin que si nous venons à pécher après notre baptême, nous supplions humblement notre avocat de prier pour nous son Père. Si la pénitence a existé sous l'ancienne loi, comment aurait-elle perdu de sa force sous la nouvelle loi qui est aussi bien que la première une loi de miséricorde? Comment Dieu qui a eu pitié de ses ennemis en les appelant au bienfait de la grâce, ne ferait-il pas miséricorde à ses amis pour les récompenser (car la tribulation du cœur est la récompense du repentir)? S'il en était autrement, les hommes auraient lieu de s'attrister d'avoir cessé d'être les ennemis de Dieu pour devenir ses amis. Quelle idée aurions-nous de Dieu, s'il faisait miséricorde à ses ennemis sans exiger d'eux la pénitence, et qu'il la refusât à ses amis repentants? D'ailleurs le Seigneur sait que le démon s'attaque aux amis et aux serviteurs de Dieu avec plus de violence et d'acharnement, comme l'apôtre saint Pierre le rappelle en ces termes : « Soyez sobre et veillez, car le démon votre ennemi tourne autour de vous comme un lion rugissant, cherchant quelqu'un à dévorer. » (I *Pier.*, v, 8.) Il sait que nous avons à combattre contre un ennemi dont la cruauté égale la force; si donc nous venons à être vaincus, il veut que nous cherchions un refuge dans sa protection puissante; il a compassion du triste état où nous sommes réduits, et nous revêt de sa force pour que nous puissions résister avec un nouveau courage. De même que si les jours dont parle le Seigneur n'étaient abrégés (*Matth.*, XXIV, 22), toute chair serait détruite; ainsi nul ne pourra être sauvé si l'on ferme aux hommes les voies de la pénitence. Si personne, dit l'Esprit saint, ne peut se glorifier d'avoir un cœur pur (*Prov.*, XX, 9); si personne, comme il le dit ailleurs, n'est sans souillure, pas même l'enfant dont la vie n'est que d'un seul jour (*Job*, XIV, 4), qui pourra échapper à la justice de Dieu, si l'on conteste l'efficacité de la pénitence? Et que deviennent ces paroles du Seigneur : « Qu'il y aura de la joie dans le ciel pour un pécheur qui fait pénitence? » (*Luc*, XV, 7.) Mais les grands crimes, dit Novatien, sont indignes de pardon, par exemple la fornication et l'idolâtrie, et que deviendra encore cette parole du Seigneur, où il promet que tous les péchés, tous les blasphèmes seront remis aux hommes?

---

simul peccata concedit, nulla interveniente lamentatione pœnitentiæ. Unde dicit Paulus Apostolus : « Sine pœnitentia enim sunt dona et vocatio Dei. » (*Rom.*, XI, 29.) Post autem si peccaverint, per pœnitentiam poterunt mereri veniam, ut quia post acceptam gratuitam misericordiam peccaverunt, non jam gratis, sed interveniente gemitu et fletu possint ad indulgentiam pervenire. Impossibile est enim homini ut non peccet. Unde Joannes Apostolus : « Si dixerimus, inquit, quia peccatum non habemus, nos ipsos seducimus, et veritas in nobis non est. Si confiteamur peccata nostra, fidelis et justus est, ut remittat nobis peccata, et mundet nos ab omni injustitia. » (I *Joan.*, I, 8.) Sicut David meruit veniam et reformationem, cum confiteretur peccatum. Certe Christianis loquitur Joannes apostolus. Ait enim in subjectis : « Filioli mei, hæc scribo vobis ut non peccetis : et si quis peccaverit, advocatum habemus apud Patrem Jesum Christum. » (I *Joan.*, II, 1.) Hoc dicit, ut si post baptismum peccaverimus, advocatum supplices deprecemur, ut exoret pro nobis Patrem. Si enim apud veteres nostros pœnitentia habuit locum, quomodo fieri potest ut hoc tempore locum non habeat, quando major clementia prædicationis est; et qui inimicis misertus est vocando illos ad gratiam, amicis factis non miserebitur cum mercede? (Tribulatio enim cordis, merces est pœnitentis.) (*a*) Quod si esset verum, dolerent homines ex inimicis factos se amicos. Aut qualis æstimandus erat ille, si inimicis non pœnitentibus misericordiam daret, amicis vero et pœnitentibus non daret? Præterea cum sciat Dominus diabolum adversus amicos et servos Dei plus se extollere et sævire : unde dicit Petrus Apostolus : « Vigilate et sobrii estote, quia adversarius vester diabolus fremens sicut leo circumit, quærens quem devoret : » (I *Petr.*, V, 8) quoniam ergo novit Dominus adversarium nos habere horrendum et validum, si victi ab eo fuerimus, vult nos ad auxilium suum confugere, dolens elisos nos, ut virtute ejus reparati fortiter repugnemus. Sicut nisi breviati fuerint dies illi, quos dicit Dominus, nulla fiet salva caro (*Matth.*, XXIV, 22) : ita et si negetur hominibus pœnitentia, nemo poterit salvus fieri. Si enim « nemo, inquit, gloriabitur mundum se habere cor : » (*Prov.*, XX, 9) et alibi : « Nemo, ait, sine sorde, nec infans unius diei : » (*Job*, XIV, 4) quis poterit evadere si pœnitentia denegetur? Et ubi est quod dicit Dominus, quia « gaudium erit in cœlo super uno peccatore pœnitentiam agente? » (*Luc.*, XV, 7.) Sed majora crimina, inquit, ignosci non debent, fornicatio et idolatria. Et ubi est dictum dominicum, quo omnia peccata et blasphemias promittit remitti hominibus, « Spiritus autem sancti blasphemia non remittetur homi-

---

(*a*) Ita Ms. Colb. At editi post *pœnitentis*, prosequuntur sic : *Si lapsis pœnitentibus, qui ante lapsum amici fuerant, non ignosceretur, quod dictum est Novatiani si esse verum, dolerent,* etc.

« Le blasphème seul contre l'Esprit saint ne leur sera point remis. » (*Matth.*, XII, 31.) D'après ce témoignage du Sauveur, tous les péchés seront donc remis, à l'exception d'un seul. Choisissez maintenant, Novatien, et dites à qui s'appliquent ces paroles ; est-ce à ceux qui ne croient pas encore, ou à ceux qui ont embrassé la foi? Si c'est à ceux qui ne croient point, comment leur accorde-t-on la rémission des péchés, quoiqu'il soit certain qu'avant de croire en Dieu, ils ont péché contre Dieu et l'Esprit saint? Quelques-uns d'entre eux, en effet, traitent les actions du Sauveur d'opérations magiques, et attribuent aux démons les œuvres de l'Esprit saint. Si vous appliquez ces paroles aux fidèles, votre assertion se trouve détruite, car « tous les péchés leur seront remis ; et quiconque parlera contre le fils de l'homme, il lui sera remis. » (*Ibid.*) Tout péché soit contre Dieu, soit contre Jésus-Christ sera donc remis aux hommes ; car le Sauveur les a tous compris, excepté le péché contre l'Esprit saint. Il ne veut donc point confondre ici le péché contre Dieu avec le péché contre l'Esprit saint, car si telle était son intention, il n'aurait pas excepté nominalement ce péché. Il a donc voulu signifier un autre péché par ce blasphème contre l'Esprit saint (et il faut entendre ici la personne et non la nature de l'Esprit saint) ; par conséquent tous les péchés seront remis soit par le moyen de la pénitence à ceux qui croient, soit par le baptême à ceux qui se disposent à embrasser la foi. Quant au péché que les Juifs ont commis contre l'Esprit saint, il est d'une autre espèce en rapport avec le temps où ils vivaient. Or, Notre-Seigneur déclare que ce péché ne leur sera remis ni dans cette vie ni dans l'autre ; car ce n'est point par erreur, mais bien par malveillance qu'ils ont péché contre l'Esprit saint. Ils savaient, grâce à leur intelligence, que les œuvres du Sauveur étaient les œuvres de Dieu, et pour détourner le peuple de croire en lui, ils les attribuaient au prince des démons. Voilà pourquoi Notre-Seigneur leur disait : « Vous vous êtes emparés de la clef de la science, et vous n'y êtes pas entrés, et vous en avez fermé l'entrée aux autres. » (*Luc*, XI, 52.) Cette sentence a donc été prononcée contre les esprits malveillants qui n'ont plus aucune espérance de salut. En effet, rien de plus énorme que ce crime, car il feint de présenter comme faux ce qu'il sait être la vérité. Ainsi les Juifs qui vivaient sous la loi de Dieu et à qui le Christ avait été promis, virent les prodiges qu'il opérait, et reconnurent en lui l'accomplissement des promesses que Dieu leur avait faites ; mais la jalousie les aveugla jusqu'à leur faire nier la vérité de ces prodiges ; bien plus, jusqu'à le persécuter lui-même et le faire mourir. Il n'est donc pas juste que ce péché leur soit jamais remis, puisqu'au jugement même de leur conscience ils ont osé résister à Dieu, dont ils se disaient les serviteurs fidèles. Or, les péchés contre Dieu ou contre Jésus-Christ ont des causes différentes. Ainsi vous portez envie au bonheur d'autrui, la douleur de votre obscurité vous fait exhaler des plaintes contre le Créateur ; ou bien une infortune soudaine qui vient fondre sur vous excite votre colère et vous rend injuste à l'égard de votre père. Il en est même que l'incarnation de Jésus-Christ provoque à outrager Dieu. Dans l'ignorance où ils sont du mystère du Christ incarné, ils en font l'objet de leurs blasphèmes, et regardent comme indigne que le Fils de Dieu qui est d'une na-

nibus ? » (*Matth.*, XII, 31.) Omnia penitus peccata dicit posse remitti, excepto uno. Nunc elige Novatiane, de quibus vis dictum ; de adhuc non credentibus, aut de jam credentibus ? Si de non credentibus, quomodo datur remissio peccatorum ; cum constet omnes antequam credant in Deum peccare et in Spiritum sanctum ? Nam nonnulli gesta dominica magicas artes appellant, opus sancti Spiritus dæmoniis assignantes. Si autem de credentibus vis dictum, exclusa est asseveratio tua, quia omnia peccata remittentur : « et qui dixerit, inquit, verbum contra Filium hominis, remittetur ei. » (*Ibid.*) Ergo sive in Deum, sive in Christum peccetur, remittetur peccatum. Omnia enim peccata complexus est, præter in Spiritum sanctum. Itaque non hoc peccatum vult intelligi, quod peccatur in Deum, hoc esse et in Spiritum sanctum : si enim hoc esset, non utique istud exciperet. Quoniam ergo aliud peccatum significat, cum blasphematur in Spiritum sanctum (ad personam enim pertinet hoc dictum, non ad naturam Spiritus sancti), sive de credentibus sive de futuris credentibus per baptismum omnia remittentur peccata. Quod autem in Spiritum sanctum peccaverunt Judæi, alia causa est, et quæ ad tempus illud pertinuit. Unde non illis hoc remitti, neque hic, neque in futurum ostendit. Non enim errore peccaverunt in Spiritum sanctum, sed malevolentia. Scientes enim prudentesque, opera quæ videbant in gestis Salvatoris Dei esse, ut populum a fide ejus averterent, hæc simulabant esse principis dæmoniorum. Hinc est unde dicit eis Dominus : « Vos habetis clavem scientiæ, et nec vos intratis, nec alios sinitis intrare. » (*Luc.*, XI, 52.) Hæc ergo sententia contra malevolos prolata est, quibus remedium inveniri non potest ut salventur. Nihil est enim hoc crimine gravius : fingit enim falsum esse, quod scit esse verum. Judæi enim qui sub Dei Lege esse videbantur, quibusque facta promissio Christi est, videntes magnalia, et intelligentes hoc esse quod promiserat Deus, invidia cæcati sunt hoc esse negarent, et non solum negarent, sed et persequerentur usque ad mortem. Non ergo dignum est, istis peccatum hoc unquam debere remitti, qui conscientia sua teste, Deo cui se devotos dicebant, ausi sunt repugnare. Ut autem in Deum vel in Christum peccetur, diversæ sunt causæ. Aut enim aliquis dum felicitati alterius invidet, dolore humilitatis suæ insurgit in Creatorem : aut aliquid repentinum passus quod sit adversum, in iracundiam excitatus, in parentem injuriosius exsistit. (*a*) Christi autem incarnatio etiam ad injuriam provocat. Dum enim ignorant homines sacramentum incarnati Christi, blasphemant, indignum ducentes si Filius Dei, qui incorporalis et simplicis naturæ est,

---

(*a*) Ms. Colb. *Christo autem incarnatio sua injuriam provocat.*

ture incorporelle et simple, ait consenti à naître comme un homme ordinaire. Ils blasphèment donc ce mystère parce qu'ils l'ignorent. Aussi faut-il leur tendre la main lorsqu'ils se convertissent, parce qu'ils sont contre la vérité, tout en croyant défendre ses intérêts. Après avoir été mis à l'épreuve et désarmés, ils proclament la vérité de ce qu'ils persécutaient. Mais pour les Juifs dont nous avons parlé, leurs sentiments comme leurs actions ont été bien différents; aussi sans autre juge et sans autre bourreau, ils sont tourmentés et punis par le témoignage de leur propre conscience. Celui que l'erreur rend ennemi de la vérité, vient-il à se convertir, il se réjouit d'avoir connu la vérité; mais pour l'esprit malveillant, il n'a rien qu'il puisse corriger; car s'il se convertit, il reconnaîtra comme vrai ce dont il ignorait précédemment la fausseté. Mais quant à l'Esprit saint, il n'y a aucun motif d'injustice à son égard; son action ne peut mécontenter personne, puisqu'elle ne se révèle que dans la puissance qui opère les miracles et les prodiges. Qui oserait l'attaquer en le voyant ressusciter les morts? Qui oserait s'irriter contre lui en voyant que sa puissance rend le mouvement aux paralytiques, la vue aux aveugles, l'ouïe aux sourds? Comment plutôt ne pas aimer celui qu'il voit chasser les esprits immondes, purifier les lépreux, et guérir toutes les infirmités? Cependant les Juifs ont mieux aimé l'outrager en attribuant ses œuvres aux démons, parce qu'ils trouvaient ainsi le moyen d'assouvir leur haine et leur envie contre le Sauveur. Aussi déclare-t-il que ce péché ne leur sera remis ni dans ce monde ni dans l'autre. Mais Novatien prétend que de plus grands crimes sont remis après le baptême, et il cite nommément l'idolâtrie et la fornication. Tous les péchés, dit-il, sont remis dans le baptême; mais si les fidèles viennent ensuite à commettre une faute grave, ils n'ont plus de pardon à espérer, parce qu'après avoir reçu l'Esprit saint, on ne doit plus pécher contre l'Esprit saint. Qui niera qu'on ne doive jamais pécher, s'il était possible? Mais Dieu qui connaissait la fragilité du genre humain a toujours préparé aux hommes des remèdes salutaires, où ils trouveraient le moyen de se relever de leurs chutes. Si au contraire l'Esprit saint défend d'accorder aux pécheurs le bénéfice de la pénitence, on en vient à douter de la Providence divine sous la nouvelle alliance, et ceux qui vivaient sous l'ancienne paraîtront bien plus favorisés, puisque ce remède ne leur était pas refusé. Et comment alors la grâce sera-t-elle plus abondante sous le Nouveau Testament que sous l'Ancien? Dieu aurait traité les hommes en ennemis, si tout en sachant que la pénitence était pour eux une condition indispensable de salut, il leur eût donné l'Esprit saint, mais sans aucune espérance de pardon ou de réparation, s'ils venaient à l'offenser par l'effet de la crainte ou de l'erreur. Il aurait alors cherché l'occasion de perdre les hommes plutôt que de les sauver. Mais loin de nous cette pensée, car Notre-Seigneur a dit : « Le Fils de l'homme n'est pas venu perdre les âmes, mais les sauver. » (*Luc*, ix, 56.) Si Dieu nous fait un devoir de nous pardonner jusqu'à soixante-dix fois sept fois les péchés que nous commettons les uns contre les autres, à la seule condition de nous en repentir (*Matth.*, xviii, 22), combien plus pardonnera-t-il lui-même à ceux qui l'ont offensé et qui reviennent à lui? Dieu veut la conver-

---

hominum more natus dicatur. Blasphemant ergo, quia ignorant mysterium. Quamobrem conversis bis porrigenda est manus, quia sic contra verum existant, dum pro vero se facere arbitrantur. Tortus hujusmodi et exungulatus hoc verum esse dicit quod (*a*) persequebatur. Supra memorati autem Judæi aliud senserunt, et aliud egerunt, qui sine judice et carnifice, conscientia sua teste semper torquentur. Qui enim per errorem inimicus exstitit vero, cum conversus fuerit, gaudet cognovisse se veritatem : malevolus autem non habet quod emendet; si enim converterit se, incipiet verum dicere quod prius falsum esse nesciebat. Spiritui autem sancto ut fiat injuria, causa nulla exstitit : officium enim ejus ostensionem non parit, quia in virtute signorum et prodigiorum apparet. Quis enim (*b*) insibilare contra cum audeat, videns mortuos excitatos ? Aut quis irascatur ei, cujus effectu videat currentes paralyticos, cæcos lumen accipere, surdos audire ? Aut quomodo non amabit eum, quem videat spiritus immundos ejicere, leprosos mundare, et simul omnes infirmitates curare ? Huic Judæi maluerunt injuriam facere, opus ejus dicentes opus esse dæmoniorum, dummodo invidiam atque odium (*c*) contra Salvatorem exercentes explerent : idcirco neque hic, neque in futurum, hoc peccatum remitti eis ostendit. Sed Novatianus, majora, inquit, crimina nominatim remitti probentur, id est, idololatria et fornicatio post lavacrum. Idcirco enim in baptismo ait, simul omnia remittuntur peccata, ut de cætero si quid grave commiserint, nullo modo veniam consequantur; quia post acceptum Spiritum sanctum, quod contra Spiritum sanctum est, admitti non debet. Quis neget peccari nunquam debere, si esset possibile? Porro autem sciens Deus fragile genus humanum, semper remediis salutaribus prosecutus est eos, ut post peccata haberent quomodo se repararent. Si autem Spiritus datus prohibet peccantibus dari pœnitentiam, nulla providentia est in Novo Testamento, et melius videbitur Veteribus provisum, quibus medicina ista minime est denegata. Et quomodo major gratia est in novo quam in veteri? Nam hoc inimici est, qui sciens hominibus aliter provideri non posse, ut pervenirent ad salutem, quam interventu pœnitentiæ, Spiritum sanctum det, cui si injuria facta fuerit metu aliquo, aut per aliquem errorem, jam satisfactio locum non habeat reformandi hominem : hoc est occasionem quæsiisse perdendi homines, non salvandi. Sed absit, quia Dominus ait : « Filius hominis non venit animas perdere, sed salvare. » (*Luc.*, ix, 56.) Nam si nobis peccata, quæ in nos peccamus invicem, si convertamur, septuagies septies remitti a nobis alterutrum præcepit Deus (*Matth.*, xviii, 22), quanto magis ipse, in illum peccetur, ignoscit conversis ? Omnem enim peccatorem converti vult. Unde Apostolus fornicariis et

---

(*a*) Ms. Colb. *sequitur*. — (*b*) Ms. Colb. *insilire*. — (*c*) Ms. Colb. *quod circa Salvatorem exercebant*.

sion de tout pécheur. L'Apôtre nous enseigne que le pardon a été accordé aux fornicateurs et aux immondes, lorsqu'il dit : « De peur que je ne sois réduit à en pleurer plusieurs, qui après avoir péché n'ont point fait pénitence des impuretés et des fornications qu'ils ont commises. » (I *Cor.*, XII, 21.) Il prouve donc que quelques-uns qui sont pour lui un sujet non de tristesse mais de joie, ont fait pénitence de ces crimes ; quelques autres, au contraire, n'ont point fait pénitence de leurs fornications, c'est pourquoi l'Apôtre les pleure, parce que leur impénitence leur a fermé les portes de la vie. Car, si la pénitence de ces crimes devait durer toute cette vie, il ne dirait pas qu'il les pleure parce qu'ils n'ont point fait, mais parce qu'ils ne font point pénitence. Mais parce qu'il sait que la pénitence se commence et s'achève ici-bas, il dit à dessein : « Ils n'ont point fait pénitence. » Il voulait qu'en venant les trouver il pût avoir la paix en entrant en communion avec eux. Voici donc une preuve qu'on peut être en communion avec les fornicateurs après qu'ils ont fait pénitence. On ne peut communiquer avec eux tant qu'ils font pénitence, cette communion n'est permise que lorsqu'ils cessent d'être soumis au jugement de l'Eglise. Il nous reste maintenant à voir si nous pouvons établir que le pardon doive être accordé spécialement aux idolâtres. Or, nous lisons dans l'Apocalypse de l'apôtre saint Jean, que la pénitence est prêchée aux idolâtres. Les évêques à qui il donne le nom d'anges, c'est-à-dire d'envoyés, dans le même sens que saint Paul dit aux Galates : « Vous m'avez reçu comme un ange de Dieu (*Gal.*, IV, 14), reçoivent l'ordre d'admettre à la pénitence les pécheurs, et de ne point laisser sans avertissements sévères les auteurs de scandale dans l'Eglise, puisqu'ils sont eux-mêmes de l'Eglise. Voici donc ce qui est dit à saint Jean : « Ecris à l'ange de l'Eglise de Pergame : Voici ce que dit celui qui porte l'épée à deux tranchants : Je sais que tu habites où est le trône de Satan : tu as conservé mon nom, et tu n'as point renoncé à ma foi, lorsque Antipas, mon témoin fidèle, a souffert la mort parmi vous, où Satan habite. Mais j'ai quelques reproches à te faire, c'est que tu souffres qu'on enseigne parmi vous la doctrine de Balaam qui apprenait à Balac à placer le scandale devant les enfants d'Israël, afin qu'ils mangeassent et tombassent dans la fornication. Tu souffres aussi qu'on enseigne la doctrine des Nicolaïtes. Fais pareillement pénitence. » (*Apocal.*, II, 12, etc.) Cette doctrine des Nicolaïtes était semblable à celle de Balaam, c'est-à-dire un composé d'idolâtrie et de fornication (*Nomb.*, XXIV, 14 et XXV, 2), et il commande d'en faire pénitence. Or, il s'adresse ici à ceux qui font partie de l'Eglise, comme le prouvent ces paroles : « Voici ce que l'Esprit dit aux Eglises, » et il indique quel sera le fruit de la pénitence : « Je donnerai, dit-il, au vainqueur la manne cachée, » afin que la pénitence le rende victorieux de ses péchés. En quoi consiste, en effet, le repentir véritable, dans la douleur des fautes qu'on a commises avec le ferme propos de ne plus les commettre à l'avenir ? « Ecris encore à l'ange de l'Eglise de Thyatire : Voici ce que dit le Fils de Dieu qui a les yeux comme une flamme de feu et les pieds semblables à l'airain le plus fin. Je sais tes œuvres, ta foi, ta charité, le soin que tu prends des pauvres, ta patience et tes dernières œuvres plus abondantes que les premières. Mais j'ai quelque chose à te reprocher : tu permets que Jézabel, cette femme qui se dit prophétesse, enseigne et séduise mes serviteurs, afin de les entraîner dans la fornication et de leur

---

immundis remissum probat dicens : « Ne forte veniens lugeam multos ex his, qui ante peccaverunt, et non egerunt pœnitentiam super immunditia et fornicatione, quam gesserunt. » (II *Cor.*, XII, 21.) Probat quosdam egisse pœnitentiam, de quibus non dolet, sed gaudet : aliquos autem significat non egisse fornicationis suæ pœnitentiam, propter quod et lugere se eos dicit, non pertinentes ad vitam, quia non egerunt pœnitentiam. Si enim hujusmodi criminis in hac vita semper agenda pœnitentia esset, non diceret lugere se eos, quia non egerunt, sed quia non agunt. Sciens autem hic et incipi, et peragi pœnitentiam, ait, quia « non egerunt. » Hoc enim volebat, ut veniens ad eos pacem haberet cum communione eorum. Ecce probatum est, fornicariis post actam pœnitentiam communicandum esse. Non enim potest illis communicari quamdiu agunt : tunc autem communicandum est, cum desinunt agere judicio Ecclesiæ. Nunc superest videre an specialiter idolatris posse remitti probemus. Legimus enim in Apocalypsi beati Joannis apostoli, pœnitentiam super idolatria prædicari. Commonentur enim Episcopi, quos Angelos vocat, id est, nuntios, sicut et beatus Paulus apostolus ait : « Sicut Angelum Dei excepistis me, » (*Gal.*, IV, 14) ut peccatibus dent pœnitentiam, nec eos patiantur minime commoneri, qui scandala faciunt in Ecclesia, cum sint et ipsi de Ecclesia. Dicit ergo : « Et Angelo Pergami Ecclesiæ scribe. Hæc dicit, qui habet gladium ex utraque parte acutum : Scio ubi habitas, ubi sedes est sataneæ ; et tenes nomen meum, et non negasti fidem meam, in diebus, quibus Antipas testis meus fidelissimus occisus est apud vos, ubi satanas habitat : sed habeo adversus te pauca, quia habes illic tenentes doctrinam Balaam, qui docebat Balac mittere scandalum sub oculis filiorum Israel, manducare delibata, et fornicari : ita et tu habes tenentes doctrinam Nicolaitarum. Similiter age pœnitentiam. (*Apoc.*, II, 12.) Hanc dicit esse doctrinam Nicolaitarum quæ fuit et Balaam, id est, idolatriam et fornicationem (*Num.*, XXIV, 14, XXV, 2), de qua jubet agi pœnitentiam. Et quia hominibus Ecclesiæ loquitur, ostendit dicens : « Hæc dicit spiritus Ecclesiis. » Quis autem fructus est pœnitentiæ, ita significat : « Vincenti, inquit, dabo manducare manna, quod est absconditum ; » ut per pœnitentiam quasi vincat peccata. Quid est enim pœnitere, nisi dolere præterita, et de cetero temperare ab his quæ admiserat ? « Et Angelo Thiatyræ Ecclesiæ scribe : Hæc dicit Filius Dei, qui habet oculos sicut flammam ignis, et pedes ejus similes æramento Tyrino : Scio opera tua et dilectionem et fidem et ministerium et patientiam et opera tua novissima meliora prioribus. Sed habeo adversum te, quod sinis mulierem

faire manger des viandes immolées aux idoles. Je lui ai donné un temps pour faire pénitence, et elle ne veut point se repentir de sa prostitution. Voilà que je la réduirai sur sa couche, et ceux qui commettent l'adultère avec elle seront dans la plus grande affliction, s'ils ne font pénitence de leurs œuvres. Je frapperai ses enfants de mort, et toutes les Eglises connaîtront que je suis celui qui sonde les reins et les cœurs, et je rendrai à chacun de vous selon ses œuvres. Mais je vous dis à vous et aux autres qui sont à Thyatire, à tous ceux qui ne suivent pas cette doctrine, et qui, selon leur langage ne connaissent point les profondeurs de Satan ; je ne mettrai point d'autre poids sur vous. Toutefois gardez fidèlement ce que vous avez jusqu'à ce que je vienne. Celui qui sera victorieux et gardera mes œuvres jusqu'à la fin, je lui donnerai puissance sur les nations. » (*Apoc.*, II, 18-26.) Dans cette seule lettre à l'Eglise de Thyatire, il confond et condamne la double erreur de l'hérésie de Novatien ; il promet les fruits de la pénitence à ceux qui se repentiront de leur idolâtrie, et il fait voir que dans une même Eglise le contact des méchants ne souille point les bons, puisqu'ils font partie d'une même communion ; car ce n'est point à ceux qui étaient en dehors de l'Eglise qu'il écrivait : « Que celui qui a des oreilles, écoute ce que l'Esprit dit aux Eglises. » C'est dans le même sens que saint Paul disait : « Nous savons que tout ce que dit la loi, c'est à ceux qui sont sous la loi qu'elle le dit. » (*Rom.*, III. 19.) Et dans un autre endroit : « Pourquoi voudrais-je juger ceux qui sont hors de l'Eglise ? » (I *Cor.*, VI, 12.) Le Fils de Dieu par la bouche de saint Jean, s'adresse donc aux membres d'une même Eglise pour exhorter les uns à la pénitence et donner aux autres les éloges qu'ils méritent : « Mais je vous dis à vous et aux autres qui sont à Thyatire, à tous ceux qui ne suivent point cette doctrine, » c'est-à-dire la doctrine de l'idolâtrie : « Gardez fidèlement ce que vous avez jusqu'à ce que je vienne, » (*Apoc.*, II, 24) c'est-à-dire, persévérez jusqu'à la fin, car celui qui aura persévéré jusqu'à la fin, sera sauvé. » (*Matth.*, X, 22.) Par la même raison, celui qui aura persévéré dans le mal, sera condamné. Ainsi de même que la justice du juste ne le délivrera point au jour où il s'écartera du droit chemin. De même l'iniquité du pécheur ne lui nuira point, dès qu'il se convertira. Voilà pourquoi Dieu dit par son prophète : « Celui qui sacrifie aux dieux sera déraciné, mais s'il se convertit, il vivra. » Notre-Seigneur exprime la vérité lorsqu'il dit : « Celui qui m'aura renié, je le renierai. » (*Matth.*, X, 33.) Mais s'il se convertit il ne pourra être renié par celui qu'il aura publiquement confessé. Voilà pourquoi le Psalmiste disait : « Nul homme vivant ne sera justifié en votre présence. » (*Ps.* CXLII, 2.) Car chaque homme est jugé d'après l'état dans lequel il est mort. Dieu lui-même nous apprend que dans l'Eglise les méchants sont mêlés avec les bons jusqu'au jour du jugement. « Le royaume des cieux, dit-il, est semblable à un filet jeté dans la mer, et qui renferme toutes sortes de poissons. Et lorsqu'ils se furent assis sur le rivage, ils réunirent les bons dans un vase, et jetèrent dehors les mauvais. Il en sera ainsi à la fin du monde : les anges sortiront et séparèrent du royaume de Dieu tous les scandales et tous ceux qui commettent l'iniquité. » (*Matth.*, XIII, 47.) La même vérité nous est signifiée dans cet homme qui est surpris parmi ceux qui étaient à

Jezabel, quæ se dicit prophetam, et docet, et seducit servos meos fornicari, et manducare immolata idolis : et dedi ei tempus ad pœnitendum, et noluit agere pœnitentiam de fornicatione sua. Ecce mittam illam in lectum, et adulteros ejus cum illa in tribulationem magnam, nisi egerint pœnitentiam factorum suorum, et natos ejus occidam morte : et scient omnes Ecclesiæ, quia ego sum qui scrutor renes et corda, et dabo unicuique vestrum secundum opera sua. Vobis autem dico, et cæteris qui Thiatyræ estis, qui hanc doctrinam non habetis, et ignoratis altitudines satanæ, sicut dicunt, non mitto in vos aliud pondus : verum tenete quod habetis donec veniam. Vincenti autem et servanti opera mea usque in finem, dabo ei potestatem super gentes. » Sub una Epistola data ad Ecclesiam Thiatyram duplicem Novatianæ hæresis confundit et explodit errorem : et pœnitentibus enim idolatriæ causa fructum promittit, et in una Ecclesia malos non contaminare bonos ostendit, cum unius utique essent communionis : nec enim extra Ecclesiam positis scribebat dicens : « Qui habet aures, inquit, audiat quid dicat Spiritus Ecclesiis. » Simili etenim modo Apostolus Paulus : « Scimus enim, inquit, quia quæcumque Lex loquitur, his qui sub Lege sunt loquitur. » (*Rom.*, III, 19.) Et alio loco : « Quid enim, inquit, mihi de his qui foris sunt judicare ? » (I *Cor.*, V, 12.) Unius ergo Ecclesiæ homines, partim ad pœnitentiam provocat, partim collaudat dicens : « Vobis autem dico, et cæteris qui Thiatyræ estis, quicumque non habetis doctrinam istam, » id est idololatriæ : « tenete quod habetis donec veniam, » (*Apoc.*, II, 24) hoc est, perseverate usque ad finem, quia « qui perseveraverit usque in finem, hic salvus erit. » (*Matth.*, X, 22.) Similiter et qui perseveraverit in malo, damnabitur. Ac per hoc sicut justitia justi non liberabit eum, in die qua erraverit : sic et iniquitas injusti non nocebit ei, cum converterit se. Ideo dixit : « Sacrificans diis eradicabitur : si autem converterit se vita vivet. » (*Matth.*, X, 33.) Sicut est et illud quod ait Dominus : « Qui me negaverit, negabo eum. » Si autem converterit se, non poterit negari ab eo, quem confitetur. Hinc est ut diceret in Psalmo : « Non justificabitur in conspectu tuo omnis homo vivens ? » (*Psal.* CXLII, 2.) Hæc enim sententia imputatur homini in qua moritur. Nam quia in Ecclesia mali cum bonis futuri essent usque ad judicium Dei, ipse Deus significavit, dicens : « Simile est regnum cœlorum reti misso in mare, quod ex omni genere piscium colligit. Cum autem venissent ad littus, bonos segregaverunt in vasa sua, malos autem foras miserunt. Sic erit in consummatione sæculi, exibunt Angeli, et segregabunt de regno Dei omnia scandala, et eos qui iniquitatem faciunt. » (*Matth.*, XIII, 47.) Hæc causa significatur etiam in illo, qui inter discumbentes inventus est non habens vestimentum nuptiale (*Matth.*, XXII, 12), quem solum projectum

table, n'ayant point le vêtement nuptial. » (*Matth.*, XXII, 12.) Il est le seul qui soit rejeté du sein de l'Eglise, parce que le crime de son indignité ne souille point les autres, il est connu d'eux tous parce que la cause de cette indignité se trouve exprimée, c'est-à-dire le défaut de la robe nuptiale. En effet, ils le voyaient tous porter un vêtement différent de celui des autres convives. Voilà encore ce qui fait dire à saint Paul : « Dans une grande maison il n'y a pas seulement des vases d'or et d'argent, mais aussi de bois et de verre. » (II *Tim.*, II, 20.) Il parlait ainsi à cause d'Hyménée et de Philète, qui tout en faisant partie de l'Eglise, professaient de graves erreurs sur la résurrection, et allaient même jusqu'à la nier, à l'exemple de quelques fidèles de l'Eglise de Corinthe. Novatien prétend que par cette maison, il faut entendre le monde et non l'Eglise, de peur d'être forcé d'admettre dans une même Eglise le mélange des bons et des mauvais, ceux qui sont purs avec ceux qui ne le sont pas. Mais il est facile de renverser cette interprétation. Car dans une même maison, tous sont sous un même nom, et bien qu'ils soient de mœurs différentes, ils sont tous connus sous le nom de leur maître. Le monde, au contraire, renferme des hommes de professions opposées, jusque-là qu'ils reconnaissent des dieux et des maîtres tout différents. Vous voyez donc que ces paroles doivent s'entendre, non du monde, mais de l'Eglise dans laquelle ceux qui vivent sous un même nom mènent une vie toute différente. Je suis persuadé que Novatien n'ignorait pas cette vérité; mais comme il ne pouvait motiver sa séparation sur de justes plaintes; pour échapper à une honte trop certaine, il a demandé à une fausse interprétation de la loi quelques mauvaises raisons à l'aide desquelles il s'efforce d'excuser et de couvrir sa haine et sa malignité. Voici donc ce qu'il répond à ce que nous venons de dire : Je ne nie pas qu'on ne doive admettre à la pénitence ceux qui sont coupables d'idolâtrie, mais je n'ose dire que ce péché leur sera pardonné, parce qu'il ne peut l'être que par celui contre lequel il a été commis. Cette réponse est pleine de mauvaise foi, ces interprétations découvrent et mettent à jour ses fourberies. Quand il vient nous dire : Il est écrit : « Celui qui m'aura renié, je le renierai moi-même, » (*Matth.*, X, 33) paroles sorties d'une bouche qui ne peut mentir, il déclare vaine et infructueuse la pénitence dont il maintient l'obligation. Si la sentence a été prononcée, et par une bouche qui ne peut tromper, pourquoi imposer forcément à l'homme le supplice des gémissements et des larmes, vous qui en niez l'efficacité, ou qui avouez ne pas la connaître. Tout homme qui donne un conseil à un autre, le donne avec l'intention bien avouée qu'il puisse en profiter. Mais chez vous, Novatien, cet aveu n'est pas sincère, et c'est pour vous jouer de l'esprit des hommes que vous dites qu'il faut faire pénitence. Vous savez parfaitement qu'on ne peut nier cette vérité ; vous avez recours alors à des subtilités pour annuler la pénitence non de bouche, mais en réalité. Vous déclarez que tout homme qui sacrifie aux idoles commet le péché contre l'Esprit saint, péché que d'après les paroles de l'Evangile, vous prétendez ne devoir être remis ni dans ce monde ni dans l'autre. Pourquoi donc dire cependant qu'il faut faire pénitence de ce péché ? N'est-ce point évidemment pour faire illusion, comme je l'ai démontré. Vous cherchez encore à voiler votre perfidie sous d'autres artifices ; vous dites que c'est dans le même sens que l'apôtre saint

de cœtu ostendit Ecclesiæ, quia crimen indignitatis ejus non pollait cæteros : et quia hæc indignitas ejus designata est, eo quod vestimentum non habuerit nuptiale, manifestus fuit cæteris. Videbant enim eum inter se aliud esse vestitum. Hinc est unde Paulus Apostolus : « In magna autem, inquit, domo, non solum sunt vasa aurea et argentea, sed et lignea et fictilia. » (II *Tim.*, II, 20.) Istud propter Hymeneum et Philetum posuit, qui cum essent ex Ecclesia, perverse de resurrectione sentiebant; sicut aliqui de Corinthiorum Ecclesia resurrectionem negabant. Sed hanc domum magnam Novatianus mundum significat intelligendum, non Ecclesiam, ne in una Ecclesia malos cum bonis, mundos cum immundis cogatur asserere. Quod facile puto convelli. In una enim domo omnes sub uno sunt nomine : quamvis enim moribus diversi sint, uno tamen domini sui nomine censentur in professione. Mundus autem hic diversa professionis continet homines, ita ut dispares profiteantur se habere et deos et dominos. Vides ergo non hoc potuisse dici de mundo, sed de Ecclesia, in qua sub uno degentes nomine, diversi sunt actu. Quod quidem Novatianum non ignorasse adverto, sed quia abscessionis suæ justas querimonias non habebat, ne aperte erubesceret, argumenta quædam sibi conflavit per malam Legis interpretationem, quibus excusare niteretur et tegere livoris sui invidam voluntatem. Denique respondet ad hæc quæ diximus dicens : Nec ergo renuo agendam pœnitentiam admissæ idolatriæ, sed ego remittere non audeo ; quia crimen hoc ab eo remittendum est, in quem admissum est. Hæc autem cum dolo respondet. Interpretationibus enim suis detegitur, quibus fraus ejus apparet. Quando enim dicit, scriptum est : « Qui me negaverit, et ego negabo eum, » (*Matth.*, X, 33) et mentiri non potest cujus verba sunt; pœnitentiam quam agendam dicit, inanem et infructuosam ostendit. Si enim sententia data est, et non fallit qui dedit, quid excruciari compellis hominem lamentationibus et gemitibus, qui hujus rei effectum, aut denegas, aut scire te minime profiteris ? Omnis enim qui consilium alicui dat, ad hoc utique dat, ut quid ex eo proficere possit, prædicet. Sed quia tu Novatiane dolose hoc profiteris, ad illudendas mentes hominum, agendam pœnitentiam dicis. Sciens enim aperte hoc negari non posse, subtiliter facis, quia non voce sed (*a*) affectu pœnitentiam amputas. Omnem certe qui idolis sacrificaverit, in Spiritum sanctum dicis peccare, cui neque hic, neque in futurum, peccatum hoc remitti per Legis verba contendis. Quomodo ergo hujus delicti agendam pœnitentiam dicis, nisi quia fallis, sicut supra ostendi ? Sed soles alio dolo fraudem hanc velle

(*a*) Ms. Colb. *effectu.*

Pierre a dit à Simon : « Faites pénitence d'un si grand péché, afin que Dieu vous pardonne, s'il est possible. » (*Act.*, VIII, 22.) Mais Pierre considérait la malice invétérée, pleine de venin et d'amertume de cet homme, et c'est pour cela qu'il ne lui donne pas une promesse certaine. Car quel homme a jamais été si loin que de vouloir acheter le don de Dieu à prix d'argent? Cette réponse a donc été faite à la malignité plutôt qu'à l'erreur. Cette malignité est sans remède parce qu'elle ne peut s'excuser ni sur l'erreur, ni sur la nécessité pour arriver au pardon par les larmes de la pénitence. Que ceux qui se trouvent coupables du même crime entendent les paroles que Pierre adresse à Simon. C'est pour cela qu'il lui fait une réponse douteuse, car, ajoute-t-il, je vois que vous êtes plein d'un fiel amer, et lié à l'iniquité. » Si donc après un crime aussi énorme, et qui paraissait sans remède, Pierre donne cependant une réponse douteuse, nul doute que Dieu ne pardonne à ceux qui ont été entraînés dans le péché par l'erreur ou par une espèce de nécessité, s'ils font une pénitence convenable. En effet, il a donné à son Eglise le droit d'admettre à la pénitence et après la pénitence à la réconciliation. Novatien nous fait encore un reproche. Pourquoi, dit-il, donne-t-on le corps du Seigneur à ceux que l'on sait être pécheurs? Est-ce que ceux qui sont juges peuvent être accusateurs? Qu'on les accuse et qu'on les fasse connaître, et alors on pourra les séparer de la communion des fidèles. Mais quel juge prend jamais le rôle d'accusateur? Le Seigneur lui-même a souffert dans sa compagnie Judas, qu'il savait être un voleur qui dérobait les aumônes qu'on lui donnait, et il ne le renvoya point parce que personne ne l'accusait ; ne devons-nous pas imiter cet exemple, et ne point rejeter de l'Eglise celui dont le crime n'a pas été publiquement dévoilé? Il ne convient même pas à un homme de se charger du rôle d'accusateur. Ecoutez ce que dit saint Matthieu : « Comme Joseph était un homme juste et qu'il ne voulait pas la perdre, il résolut de la renvoyer en secret. » (*Matth.*, I, 19.) Judas n'a donc point souillé par son contact les disciples au milieu desquels il se trouvait et qui étaient bien opposés à ses vols ; il reçut l'Eucharistie avec eux sans communiquer aux innocents les souillures de son âme coupable. Notre-Seigneur lui-même ne refusa point de donner son corps à celui qu'il savait être un voleur, parce que selon la sentence de l'Apôtre : « Celui qui reçut le corps du Seigneur indignement, reçut sa condamnation. » (I *Cor.*, XI, 27.) Il ne cherche donc point à se soustraire à ses regards; car les pécheurs ne peuvent souiller que ceux qui consentent à leurs mauvaises actions, suivant ce que dit le Psalmiste : « Vous voyiez un voleur et vous couriez vous joindre à lui. » (*Ps.* XCIX, 18.) Voilà pourquoi l'Apôtre fait des reproches sévères aux fidèles de Corinthe, parce qu'ils n'avaient pas repris celui qui vivait publiquement avec la femme de son propre père, ni évité tout commerce avec lui pour le faire sortir de ce malheureux état : « Vous ne savez pas, leur dit-il, qu'un peu de levain aigrit toute la pâte ? » (I *Cor.*, V, 1, 6.) Comme l'Eglise de Corinthe n'avait point de chef à sa tête, c'était au peuple de reprendre celui qu'ils voyaient se rendre coupable au milieu d'eux d'une action aussi honteuse. L'Apôtre les accuse donc de devenir comme les complices de ce crime affreux. Il n'était point besoin ici d'accusateurs, ou de témoins, puisque cet homme vivait publiquement avec sa belle-mère. Nous avons donc exposé les raisons qui démontrent la vé-

---

contegere, dicens eodem sensu etiam Petrum apostolum dixisse Simoni : « Age pœnitentiam ab hac malitia tua, si forte remittatur tibi. » (*Act.*, VIII, 22.) Sed contuens apostolus Petrus veterem et venenatam malitiam hominis et peramaram, idcirco dubium ei dedit responsum. Quis enim mortalium sic peccavit, ut donum Dei pecunia vellet mercari? Malevolentiæ ergo responsum istud datum est, non errori. Hæc est enim quæ remedium non habet, quia nec error est, nec per quam excusetur necessitas, ut possit per fletum ad veniam pervenire. Si in tali itaque causa aliqui fuerint inventi, hoc audiant quod audivit et Simon. Nam ideo dubie respondit ei apostolus Petrus dicens : « In felle enim amaritudinis es in obligatione iniquitatis video te esse. » Si ergo in tam gravi causa, et quæ sine remedio videatur, dubie responsum est ; ambiguum non est, eis qui errore aut necessitate aliqua in Deum peccant posse remitti, si congruam pœnitentiam agant. Hoc enim concessum est juri ecclesiastico ab auctore, ut possit per pœnitentiam det, et post pœnitentiam recipiat. Et adhuc est aliquid quod reprehendit Novatianus : Cur, inquit, corpus Domini tradunt eis, quos noverunt peccatores ? Quasi possint ipsi accusatores esse, qui sunt judices. Si autem accusati fuerint et manifestati, poterunt abjici. Nam quis judex accusantis sumat personam ? Nam si ipse Dominus Judam passus est, quem sciebat furem esse, et ea quæ mittebantur exportare, (*Joan.*, XII, 6) nec eum qui accusatus non est, abjecit : hoc exemplo uti oportet, ut eum abjicere non liceat, qui publice detectus non fuerit. Nam nec justo viro competit aliquem accusare. Unde Matthæus : « Joseph cum esset, inquit, homo justus, et nollet eam traducere, voluit eam occulte dimittere. » (*Matth.*, I, 19.) Judas ergo cum esset inter discipulos, contagione sua non eos maculavit, dissentientes utique a furtis ejus, et Eucharistiam inter eos accipiens non polluit innocentes. Nec Dominus qui quem latronem sciebat, corpus suum denegabat, quia secundum Apostolum : « Qui indigne sumit, gladium sibi sumit. » (I *Cor.*, XI, 27.) Unde nec ab oculis ejus se avertit. Peccatores etenim eos polluunt, qui consentiunt malis eorum. Unde dictum est : « Videbas furem, et concurrebas cum eo. » (*Psal.* XLIX, 18.) Hinc est unde Apostolus plebem Corinthiorum arguit, propterea quod illum qui publice uxorem patris habebat, non corriperent aut evitarent, ut se emendaret, dicens : « Nescitis quia modicum fermentum totam massam corrumpit ? » (I *Cor.*, V, 1, 6) Cum enim non esset dux aliquis aut præpositus Ecclesiæ, plebis erat corripere eum, quem videbant tam turpiter et obscene inter eos conversari. Ac per hoc quasi consentientes eos crimini ejus Apostolus arguit. Nec enim in hac re accusatore opus erat, aut testibus ; publice enim novercam

rité de notre cause, en cherchant non pas à accuser les autres, mais à nous défendre. Or, je m'adresse à la conscience de Novatien, qui ne cesse de nous accuser et je le conjure de me dire s'il est certain de la sainteté de tous ceux qui sont avec lui. Sa colère contre nous va si loin qu'il nous refuse même le titre de chrétiens, bien qu'il sache que nous avons reçu cette foi qu'il prétend avoir à l'exclusion des autres. Ce qui fait le chrétien, c'est tout ensemble la croyance et la vie. Si donc vous voyez un homme professer la même foi que vous, et vivre de la même manière, pourquoi lui refuser d'être ce que vous êtes vous-même ? Il est certain que celui qui dit : Jésus est le Seigneur, le dit par le Saint-Esprit (*I Cor.*, XII, 3), car il dit la vérité; or, toute vérité vient de Dieu. Pourquoi ne pas vous rendre à celui qui dit la vérité, et ne lui répondre que par vos négations ? Ce n'est point la raison, c'est la colère qui contredit ici celui qui fait profession de croire en Dieu. Ne vous déclarez-vous pas l'ennemi de Dieu, en vous déclarant contre celui dont la foi en Dieu est conforme à la vérité ? Est-ce qu'un païen qui entend un homme affirmer que les idoles sont des dieux, niera que c'est un païen ? Pourquoi contester le titre de chrétien à celui qui professe la foi véritable, alors que saint Paul vous dit : « Il faut croire de cœur pour obtenir la justice, et confesser de bouche pour obtenir le salut. » (*Rom.*, X, 10.) Mais vous, entraînés par une hostilité secrète sur laquelle votre colère vous aveugle, vous faites opposition à Dieu en niant que celui qui confesse de bouche puisse obtenir le salut contre cette déclaration formelle du Seigneur : « Quiconque me confessera devant les hommes, je le confesserai moi-même. » (*Luc*, XII, 8.) A-t-il dit : Si Novatien me confesse ? Et cependant, vous formulez vos assertions comme si vous n'aviez à défendre qu'une chose, c'est que pour être sauvé il ne suffit pas d'être chrétien, il faut encore être Novatien. Mais si, au contraire, la profession publique de la foi en Jésus-Christ suffit pour obtenir le salut, partout où cette profession se trouve entière, elle produit ce fruit du salut. Si la tradition de cette foi a été corrompue parmi nous, si le sens en a été altéré, vous avez raison de nous accuser. Si au contraire elle est tout entière en nous comme elle est en vous, en nous reniant vous vous reniez vous-même. Mais vous accusez les ministres de la foi; supposons que votre accusation soit fondée, bien que vous ne puissiez la prouver, cependant ceux qui ont reçu d'eux les enseignements de la foi ont-ils appris la vérité ou le mensonge ? La vérité dite par un homme vicieux n'en est pas moins la vérité, car la foi et les œuvres sont deux choses différentes. Qu'est-ce que le persécuteur du nom chrétien poursuit de sa haine ? C'est la profession de foi et non la vie. Il sait que rien n'est plus avantageux à la religion que la profession que nous faisons d'être chrétiens, et ce persécuteur sacrilège croit à cette profession, qu'il ne veut pas entendre parce qu'elle lui est en horreur. Mais vous, qui faites profession de la même religion et qui portez le même caractère, vous refusez de croire à la confession que nous faisons des vérités que vous confessez vous-même. Si vous êtes certain que nous sommes nés à une nouvelle vie, tout autrement que vous êtes né vous-même, vous auriez raison de croire que nous ne sommes pas ce que vous êtes. Pourquoi suis-je l'objet d'une persécution sacrilège si je ne suis pas ce que vous êtes ? Car si je professais ce que vous m'attribuez, je ne serais point en butte à la persécution. En résumé, c'est moi que l'on doit croire sur ce qui me concerne plutôt que vous. C'est ma déclaration

---

suam loco uxoris habebat. Itaque quantum ad causam nostram pertinet exposuimus rationem, non alios criminantes, sed nos defendentes. Novatiani autem obtestor conscientiam, qui nos semper accusat, si sanctos scit esse omnes quos secum habet. In tantum autem irascitur nobis, ut is Christianos nos neget; cum sciat nos ea fide initiatos, de qua ipse præsumit. Christianum certe professio facit et vita. Si ergo vides hominem ea profiteri quæ tu, et non dissimilem esse in vita, quare negas esse eum quod tu es? Certe qui dicit Dominum Jesum, in Spiritu sancto dicit (I *Cor.*, XII, 3) ; verum enim dicit. Omnis enim veritas de Deo est. Cur non assentis vera dicenti, sed negas? fatenti Deum contradicis non ratione, sed furore. Numquid non inimicus Dei videris, qui vera de eo profitentem resistis? Numquid paganus, audiens aliquem idola dicentem esse deos, negat paganum esse? Cur tu negas Christianum quem audis verba integræ fidei profitentem, cum legas : « Corde creditur ad justitiam, ore autem confessio fit ad salutem? » (*Rom.*, X, 10.) At tu ut inimicus, quod per iracundiam non vides, Deo repugnas negans hoc confitentem habere salutem, cum Dominus dicat : « Quicumque me confessus fuerit, et ego eum. » (*Luc.*, XII, 8.) Numquid ait, si Novatianus me fuerit confessus ? Sed tu hoc sic astruis, ut tibi hoc defendere videaris, ut is salvetur qui non Christianus tantum, sed qui fuerit et Novatianus. Sed si in Christum facta confessio dat salutem, ubicumque haec confessio integra fuerit, habet salutem. Itaque si confessionis hujus traditio corrupta est apud nos, aut sensus immutatus, recte accusas. Si enim hæc manet in nobis, sicut et in te, nos negando et te negare videris. Sed fidei ministros accusas : fac verum esse, quamvis probare non possis : Qui tamen ab his audierunt, verum est quod audierunt, an falsum? Nec enim si vitiosus verum dixerit, non erit verum, quia a vitioso dictum est ; cum alia causa sit conversationis, et alia professionis. Nonne persecutor odio Christiani nominis professionem persequitur, non conversationem? Primo in loco sciens hoc proficere religioni, cum confiteamur esse nos Christianos, sacrilegus confitentibus nobis credit quod non vult audire, quia odit. Tu autem cum ejusdem professionis sis et signaculi, non credis confitentibus nobis quæ ipse confiteris. Si aliter nos renatos scires quam tu renatus es, recte non crederes hoc nos esse quod tu es. Ut quid a sacrilego persecutionem patior, si non hoc sum quod tu es? Nam si hoc de me profiterer quod tu de me dicis, persecutionem non paterer. Ac postremum mihi credendum est de me, non tibi. Meam enim professionem

QUESTIONS A LA FOIS SUR L'ANCIEN ET LE NOUVEAU TESTAMENT. 349

que demande le juge et non pas la vôtre lorsqu'il s'agit de moi. Pourquoi donc contester cette déclaration alors que dans cette matière, de l'aveu de tous, ce n'est point un témoignage étranger, mais ma déclaration personnelle qu'on demande ou pour moi ou contre moi. Je ne voulais pas vous tourner contre moi pour un simple nom, afin de constater si vous vous inscririez en faux contre moi alors que ma profession de foi serait conforme à la vérité, ou comme si l'on ne savait à qui s'en rapporter. Vous agissez ici de mauvaise foi pour justifier votre schisme ; car vous n'ignorez pas qu'ici c'est mon témoignage qu'on demande, et non une attestation étrangère, et qu'on regardera comme vrai ce que j'aurai confessé, et non ce qu'un autre aura nié. Il est également certain qu'on doit reconnaître la liberté de ceux qui, conduits par l'amour de Jésus-Christ, sans examiner les actions des hommes, s'empressent d'embrasser la foi, se contentant d'approuver en eux ce qu'ils savent devoir leur être utile, c'est-à-dire le véritable enseignement de la foi en Jésus-Christ. Celui qui croit que l'homme a ici besoin d'autre chose indépendamment du mystère de la foi, fait injure à la tradition et n'a point sur la grâce de Dieu les sentiments qu'il doit avoir. En exigeant le mérite personnel de l'homme pour que le don de Dieu puisse être utile à celui qui le reçoit, il fait de l'homme un être supérieur ou égal à la tradition de la foi, alors cependant que l'homme est bien loin de mériter un semblable titre. Voici ce que dit saint Paul sur cette même matière : « Moi j'ai planté, Apollon a arrosé, mais Dieu a donné l'accroissement. Or, celui qui plante n'est rien, non plus que celui qui arrose, mais c'est Dieu qui donne l'accroissement. » (I *Cor.*, III, 6.) Que peut-on espérer ici de l'homme, puisqu'il a reçu lui-même les enseignements qu'il transmet ? Examinons donc quels avantages résulteront de sa vie sainte, ou quels fâcheux effets de sa conduite coupable. Celui qui se présente désire entendre les paroles de Dieu, et en y ajoutant foi il croit fermement être sauvé. Que fait ici la vie bonne ou mauvaise de celui qui transmet les enseignements de la foi ? Une seule chose est nécessaire, c'est la foi vive qui inspire à celui qui la reçoit de croire de tout son cœur ce qu'il a entendu. Que la vie de celui qui enseigne soit répréhensible, sera-t-il un obstacle pour celui qui l'écoute ? L'empêchera-t-il de croire aux vérités qu'il enseigne, et le péché du maître entrera-t-il dans le cœur du disciple pour le fermer à la foi ? Ou bien Dieu, qui est juste, dédaignera-t-il un homme qui lui est dévoué à cause du péché de celui qu'il supporte de voir en dignité ? Mais l'homme lui-même n'en juge pas de la sorte, bien qu'il soit souvent trompé ou qu'il tienne à faire plaisir. S'il en était ainsi et que l'homme fût obligé de défendre sa cause, n'aurait-il pas le droit de dire à Dieu : Je ne connais pas celui qui est cause du mépris que vous me témoignez. C'est pour vous trouver que je me suis approché de lui, parce qu'il était votre prêtre ; c'est vous que j'ai cherché, vous que j'ai désiré, vous à qui j'ai cru ; je n'ai rien espéré de l'homme, pourquoi donc serai-je responsable des mauvaises dispositions d'un homme que je n'aurais pas connu si je ne vous avais cherché ? Si ses vertus avaient pu m'être utiles, il pourrait peut-être paraître juste que ses vices me fussent préjudiciables. Mais non, ses vertus ne m'auraient servi de rien si ma foi avait été douteuse, et je n'ai rien à craindre de ses vices. Or, ma foi est ce qu'elle doit être ; j'ai ajouté foi à des enseignements qui viennent de vous, qui vous font

quærit judex, non tuam de me. Quid ergo me confitentem tu negas, cum verum sit, in hac causa non alienum testimonium, sed meam professionem requiri, aut pro me, aut contra me ? (*a*) Nolebam pro nomine torqueri te contra me, ut appareret si vera confitentem et tu negares contra me, aut cui crederetur. Dolo enim hoc proponis, ut justam causam videaris habere schismatis. Nam non ignoras in hac re meam de me testificationem requiri, non alienam ; et hoc verum haberi, quod ego fuero confessus, non quod alter negaverit. Manifestum est utique liberos esse eos, qui amore Christi non disquirentes hominum actus, ad fidem ejus consequendam concurrunt : hoc eorum probantes quod ipsis sibi noverunt, id est, ut traditioni fidei, quæ de Christo est, consequantur. Nam qui præter mysterium aliquid aliud in hac re putat homini necessarium, traditioni facit injuriam ; minus enim sentit de gratia Dei. Quando enim nisi meritum hominis affuerit, negat donum Dei proficere posse devolo sibi, aut potiorem, aut parem facit homini ipsi traditioni, cum longe sit meritum hominis ab hoc officio. Sicut de hac eadem re dicit Apostolus Paulus : « Ego plantavi, Apollo rigavit, sed Deus incrementum dedit. Itaque neque qui plantat est aliquid, neque qui rigat, sed qui incrementum dat Deus. » (I *Cor.*, III, 6.) Quomodo in hac re aliquid de homine sperandum est, cum verba data sint quæ tradantur ? Videamus itaque quid proderit, si boni meriti fuerit, aut quid oberit, si mali fuerit meriti. Accedens verba Dei audire desiderat, quibus fidem commodans, salutem se credit accipere. Quid facit in hac re, si bonæ aut malæ vitæ sit qui verba solemnia tradit, cum fides devota quæratur percipientis, ut ea quæ audit toto animo credat ? Numquid si malæ vitæ sit qui tradit, impedimentum faciet percipienti, ut non credat quæ audit credenda, ut peccatum ejus intret in cor ejus ne credat : aut Deus, qui justus est, despicere habet devotum sibi propter peccatum ejus, quem ipse patitur esse in ordine ? Nec homo sic judicat, quem constat falli frequenter, aut esse gratiosum. Si ita esset, et homo causam suam ageret, nonne diceret Deo : Quis sit iste cujus causa me despicis, nescio. Ego ad eum tui causa accessi, quia tuus dicebatur antistes : te quæsivi, te desideravi, tibi credidi, de homine nihil speravi : quare ergo mala ejus mihi obsint, quem nescirem nisi te quæsissem ? Si bona ejus mihi possent proficere, justum videretur forte, ut et mala ejus obessent mihi. Sed sicut bona ejus si dubie credidissem, mihi prodarant mihi, ita et mala ejus nihil obesse mihi debent bene credenti. Ego enim verbis ejus fidem dedi, quæ a te data dicuntur, quæque te ins-

(*a*) Ms. Colb. *volebam... torqueri.*

aimer, qui parlent de vous et de vos promesses; ni ses discours, ni ses actions n'ont été le motif ou l'objet de ma foi, mais c'est à la foi qui vient de vous que je me suis donné tout entier. D'après ces principes la conduite du vrai fidèle est irrépréhensible. Supposons que les prêtres sont des avocats, la mauvaise vie d'un avocat sera-t-elle une cause de condamnation pour son client? Le devoir de l'avocat, c'est de défendre la cause de son client suivant les règles du droit; mais que sa vie soit peu honorable, en quoi peut-elle nuire à la cause qu'il soutient? La personne de l'avocat ne peut faire ici ni bien ni mal, la cause bonne ou mauvaise qu'il défend déterminera le jugement qui en sera porté. Il en est de même de ceux qui veulent devenir chrétiens, ils viennent trouver le prêtre, lui expriment leurs désirs, et il leur donne les enseignements prescrits par les règles de l'Eglise; si ces désirs sont vrais, le juge les accueille; en quoi donc le prêtre peut-il être ici utile ou nuisible, alors qu'il ne connaît pas même la cause de son client? Dieu, qui est son juge, est le seul qui connaisse ce qu'il est, dans quelles dispositions il s'approche de lui. Le devoir du prêtre est de remplir ici l'office qui lui est confié, celui du juge, d'accueillir ou de rejeter la cause de son client. N'est-ce pas lui qui a dit dans l'Evangile : « Ma fille, votre foi vous a sauvée? » (*Matth.*, IX, 22.) Ce n'est donc point à un secours étranger quel qu'il soit, c'est à la foi que le salut de chacun se trouve attaché, car Dieu a établi que la foi, si elle est ferme, obtiendrait tout ce qu'elle voudrait. Vous, au contraire, vous venez non comme un ami, mais comme un ennemi du Christ pour rassembler le peuple sous votre nom; ils ne peuvent être chrétiens s'ils ne sont novatiens,

alors cependant que l'Apôtre condamne ceux qui disent qu'ils sont à Paul ou à un autre. Mais vous, qui vous croyez bien supérieur, vous placez votre nom au-dessus de celui de Jésus-Christ, comme s'il ne suffisait pas pour défendre lui-même son Eglise.

QUESTION CIII. — Comment le Seigneur commande-t-il, dans le Lévitique, d'offrir des sacrifices et des libations qu'il rejette dans un autre endroit? Nous lisons en effet dans le Lévitique que le Seigneur a commandé aux Israélites de lui offrir des libations, des sacrifices, des holocaustes. (*Lév.*, VII, 1.) Cependant voici ce qu'il leur dit par la bouche du prophète Jérémie : « Ajoutez tant que vous voudrez vos holocaustes à vos victimes, et mangez de la chair de vos sacrifices, car je n'ai point ordonné à vos pères, au jour où je les ai tirés de l'Egypte, de m'offrir des holocaustes et des victimes. » (*Jérém.*, VII, 1.)

Cette question des holocaustes et des sacrifices, examinée à fond, ne peut faire aucune difficulté, et le Seigneur n'a ni contredit, ni changé ses prescriptions en révoquant un commandement qu'il aurait donné. En effet, nous ne trouvons aucun commandement qui ait rapport aux sacrifices, aux libations, et aux holocaustes dont il parle dans cet endroit. Rappelez-vous donc qu'il y avait deux espèces de sacrifices, la première comprenait tous les sacrifices que Dieu avait prescrits pour les différentes circonstances; l'autre les sacrifices volontaires. Dieu avait donc prescrit les divers sacrifices qu'on devait offrir soit pour les péchés, soit pour les premiers-nés, et réglementé la matière et le mode de ces sacrifices. Mais le sacrifice volontaire n'avait été l'objet d'aucun commandement; il était laissé à la volonté de chacun qui offrait ce qu'il jugeait bon; ces sacrifices

pirant, te loquuntur, de te promittunt : huic de se nihil credidi, nec gestis ejus ; sed fidei, quæ ex te est, me copulavi. Secundum hæc integra est causa credenti. Advocatorum enim more accipe antistites : numquid si malæ vitæ sit advocatus, contra susceptum ejus pronuntiabitur ? Hoc est officium advocati, ut secundum juris ordinem, suscepti sui causam peroret : numquid poterit vita ejus, si turpis est, obesse causæ suscepti ? Persona enim advocati nec obesse, nec prodesse poterit : qualia enim fuerit causa, sic et respondebitur ei. Sic sunt et qui volunt Christiani fieri, accedunt ad antistitem, dicunt ei vota sua : ille facit verba juris ecclesiastici. Si vera vota sunt, suscipiuntur a judice ; in quo ille aut obesse poterit, aut prodesse ? quippe cum nec causam suscepti sui norit. Deo enim judici soli cognitum est, quis, qua mente accedat. Antistitis ergo est delegato sibi fungi officio ; judicis autem, aut suscipere, aut renuere causam suscepti. Ipse enim invenitur dixisse : « Filia, fides tua te salvam fecit. » (*Matth.*, IX, 22.) Vides itaque nullius adjutorio, sed unumquemque fide sua salvari. Hoc enim Deus decrevit fidei, ut si non dubitet, omne quod voluerit, consequatur. Tu tamen non ut amicus, sed quasi inimicus Christi, populum sub tuo nomine congregasti, ut non sint Christiani nisi fuerint et Novatiani, cum Apostolus condemnet, si quis dicat se Paulianum, aut alterius alicujus (I *Cor.*, III, 4) : sed tu potiorem te judicans, super Christi nomen tuum posuisti, quasi ille non sufficeret ad tuendam Ecclesiam suam.

QUÆSTIO CIII. — (1) Quomodo in Levitico Dominus sacrificia et libamina offerenda præcepit, quæ alibi respuit : cum constet in Levitico de sacrificiis offerendis Dominum mandasse Patribus, ut offerrent libamina vel sacrificia, sive holocausta. (*Levit.*, VII, 1.) Denique sic dicit per Jeremiam prophetam : « Hæc dicit Dominus : Holocausta vestra congregate, cum sacrificiis vestris, et manducate carnes, quia non sum locutus ad patres vestros, neque mandavi illis qua die eduxi illos de terra Ægypti. » (*Jer.*, VII, 21.)

De holocaustis et sacrificiis, si penitus advertas, non est de hac re facere quæstionem : nec mentitum Dominum aut immutatum putes, ut mandaret, et postea denegaret. De hujusmodi enim sacrificiis et libaminibus seu holocaustis nihil invenitur mandasse, de quibus nunc se locutum testatur. Duo etenim genera sacrificiorum adverte, unum quod per singula genera offerri mandatum est, et aliud quod voluntarium dictum est. Illud ergo quod per diversa genera, sive pro peccatis, sive pro primogenitis offerri præceptum est, quid et quale et quomodo offerendum esset, mandatum est. Sacrificium autem voluntarium non utique mandatum est, quia ar-

(1) Hæc desst in Mss. 2 generis.

étaient essentiellement volontaires. Mais comme la négligence et l'inconsidération s'introduisaient dans ces sacrifices et que les Juifs ne réfléchissaient pas qu'on devait choisir avec soin les dons qu'on offrait au Tout-Puissant, Dieu leur dit : « Je ne vous ai point commandé de m'offrir ces sacrifices, mais si vous voulez les offrir, vous devez choisir des victimes dignes de moi. » C'est ainsi que Caïn se rendit coupable en ne réfléchissant pas qu'il devait offrir à Dieu les meilleurs fruits de la terre. (*Gen.*, IV, 6.) Ils prétendaient offrir à Dieu ces sacrifices pour se le rendre favorable, et ils attiraient bien plutôt sur eux son indignation; et loin de faire une bonne œuvre comme ils s'en vantaient, ils se rendaient coupables en offrant à Dieu des holocaustes indignes de lui. C'est le reproche qu'il leur fait par le prophète Malachie : « Si vous présentez une génisse aveugle ou boiteuse pour un sacrifice, n'est-ce pas un mal? Offrez-les à votre maître ou à votre chef si elles lui plaisent, ou s'il accueille votre visage, dit le Seigneur tout-puissant. » (*Malach.*, I, 8.) Il leur adresse les mêmes plaintes par le prophète Isaïe : « Qu'ai-je à faire des brebis que vous m'offrez en holocauste? Vous ne m'honorez point par vos sacrifices. Je ne vous ai point faits pour que vous cherchiez ou que vous achetiez à grand prix de l'encens, je n'ai point désiré la graisse de vos victimes, et vous vous êtes présentés devant moi couverts de vos péchés et de vos iniquités. » (*Isa.*, I, 11.) Voici donc le véritable motif de ces reproches. Ils offraient à Dieu des sacrifices volontaires, mais ces sacrifices n'étaient point un hommage agréable à Dieu, parce qu'ils lui offraient des victimes indignes sans que ces sacrifices fussent obligatoires. Si Dieu les avait exigés, la nécessité aurait pu excuser le choix plus ou moins parfait des victimes ; mais comme ces sacrifices étaient volontaires, ils devaient offrir des victimes qui fussent un témoignage de leur religion envers Dieu. Leur esprit était tout entier au culte mensonger des idoles; de là cette négligence dans les sacrifices qu'ils offraient au vrai Dieu. Le Seigneur leur fait donc un double reproche, d'oser sacrifier à Dieu avec une âme souillée par l'iniquité, et de lui offrir des victimes indignes de lui ; car les actions coupables ne se rachètent point par des sacrifices, mais par les pleurs et la miséricorde de Dieu. Aussi écoutez ce que dit David après son péché : « Si vous aviez voulu des sacrifices, je vous en aurais offert, mais les holocaustes ne vous sont point agréables. Le sacrifice que Dieu demande est une âme brisée de douleur, Dieu ne dédaigne point un cœur contrit et humilié. » (*Ps.* L, 18.) Que dit en effet Samuel à Saül qui, après avoir méprisé les commandements du Seigneur, s'imaginait qu'il pourrait l'apaiser par un sacrifice? « Le Seigneur veut-il des sacrifices? Ne demande-t-il pas plutôt qu'on obéisse à sa voix ? » (I *Rois*, XV, 22.) Dieu dit encore dans l'Écriture : « J'aime mieux la miséricorde que le sacrifice. » (*Osée*, VI, 6.) Or, les Juifs qui étaient sans justice et sans miséricorde, croyaient ainsi pouvoir se rendre Dieu favorable par des sacrifices ; c'est ce que font encore aujourd'hui des chrétiens qui, sans tenir aucun cas de la justice, s'imaginent que leurs offrandes les rendent dignes de louange et de récompense. L'offrande faite à Dieu est une bonne chose, mais à la condition que la justice soit observée et la miséricorde pratiquée ; car nous devons exercer à l'égard des autres ce que nous demandons pour nous-mêmes.

---

bitrio remissum est, ut si aliquis voluisset offerre, quod illi visum fuisset, offerret : (*a*) voluntaria enim erant hæc sacrificia. Et quia negligenter et improvide hæc offerebant, non deliberantes, quia qui offerret potentiori, munera electa offerret : idcirco dicitur eis : « Non mandavi vobis de his : sed si vultis, debetis quæ digna sunt offerre.» Sic etenim invenitur et Cain peccasse, cum non consideraret Deo hæc debere offerri, quæ potiora sunt. (*Gen.*, IV, 6.) Cum enim ad propitiandum Deum hæc offerre se dicerent, in eo ipso provocabant Deum ad indignationem, ut in id quod dicerent se bene facere, peccarent offerentes Deo holocausta indigna. Unde dicit in Malachia propheta : « Si adducatis ad victimam cæcum aut claudum aut ægrum, nou est bonum. Offer autem ea duci aut præposito tuo, si suscipiet te, dicit Dominus omnipotens. » (*Malac.*, I, 8.) Hinc est ut per Isaiam de eadem re queratur Deus, dicens : « Quo mihi oves holocausti tui ? Neque in sacrificiis tuis honorasti me. Non enim ad hoc te feci, ut laborares in thure, aut ut mercareris mihi argento incensum, nec adipem sacrificiorum tuorum concupivi : in peccatis autem tuis et iniquitatibus adstitisti mihi. » (*Isa.*, I, 11.) Manifestum est itaque ortas esse querelas : quia cum voluntaria sacrificia offerrent, non in his Deum honorabant, offerentes indigna, cum hæc utique non essent necessitatis. Si enim mandata fuissent, necessitate videbantur qualiacumque offerre : quando autem arbitrio suo hæc offerebant, talia debebant offerre, ex quibus obsequium in se Dei ostenderent. Sed quia animus illorum cupiditate idolorum errabat, inconsiderate hæc agebant. Igitur duplici genere exprobrantur, quia et inique agentes, Deo audebant offerre ; et quæ indigna erant, offerebant : cum iniqui actus non sacrificiis redimantur, sed lamentatione et misericordia. Unde dicit David cum peccasset : « Si voluisses, sacrificia dedissem : utique holocaustis non delectaberis. Sacrificium Deo spiritus contribulatus : et cor contritum et humiliatum Deus non spernit. » (*Psal.* L, 18.) Denique dicit Samuel ad Saul, qui cum contempsisset præceptum Domini, sacrificio Deum putabat posse placari : « Non enim, inquit, vult Deus sacrificium magis, quam audiri vocem suam. » (I *Reg.*, XV, 22.) Et Scriptura dicit : « Misericordiam volo plus quam sacrificium. » (*Osea*, VI, 6.) Judæi cum injusti essent, et immisericordes, oblationibus propitium Deum fieri arbitrabantur: sicut et nunc quidam spernentes justitiam, oblationibus laudari se putant. Bona est ergo oblatio, si servetur justitia, et non negligatur misericordia ; quia quod nobis petimus et aliis præstare debemus.

(*a*) Ms. Colb. *votiva*.

DE L'ÉVANGILE DE SAINT LUC.

Question CIV. — Notre-Seigneur, prévoyant la guerre que les Juifs allaient lui déclarer, recommande à ses disciples de s'armer de glaives. Ils obéirent à cet ordre, et lorsque cette guerre impie commence sous la conduite de Judas Iscariote, Pierre, voyant les ennemis prêts à se jeter sur son maître, tire son glaive et coupe l'oreille du serviteur du grand-prêtre. (*Luc*, xxii, 50.) Le Seigneur commande alors à Pierre de remettre son épée dans le fourreau, « car tous ceux, dit-il, qui se servent de l'épée périront par l'épée. » (*Matth.*, xxvi, 52.) Pourquoi commande-t-il de préparer des glaives puisqu'il défend de s'en servir et qu'il menace même de mort celui qui aura frappé avec le glaive? Cependant l'Apôtre paraît avoir agi en toute justice, car il a frappé celui qu'il voyait armé contre lui. C'était un devoir pour lui de résister à des serviteurs ingrats et qui étaient armés pour mettre à mort le Sauveur. Si vous examinez chaque circonstance de ce fait, dont vous demandez l'explication, vous y trouverez matière à d'autres questions. Qu'était-il besoin, en effet, que celui qui avait pour appui une force toute spirituelle commandât à ses disciples de préparer des armes matérielles, et qu'après leur avoir défendu de porter dans leur voyage ni bourse, ni argent, ni bâton, il révoque maintenant la défense qu'il leur a faite? Commençons donc par expliquer pourquoi Notre-Seigneur commande à ses disciples de s'armer de glaives et leur défend de s'en servir. Ce n'est pas seulement contre ses ennemis, mais dans l'intérêt de ses disciples eux-mêmes qu'il leur commande de se procurer des armes en vue de la guerre qui allait bientôt éclater. Ce devait être en effet un spectacle nouveau et surprenant que l'auteur de tant de prodiges inouis et extraordinaires tombât tout à coup dans un excès d'humiliations qui le soumettaient aux mauvais traitements et à la mort. Or, pour montrer que ces souffrances ne l'avaient pas surpris à l'imprévu et comme un homme réduit à l'impuissance, il les a toutes prédites, montrant ainsi qu'il n'avait pas le moindre doute, mais qu'il se préparait à les supporter en connaissance de cause. Et comme ses humiliations étaient volontaires, il ne veut pas qu'on oppose à ses ennemis une résistance violente, et il fait voir clairement qu'il était encore ce qu'il avait toujours été, lorsque entre les mains de ses ennemis il guérit l'oreille que Pierre avait coupée et rattache ce que l'action du glaive avait détaché; et ce n'est point comme un médecin du corps, mais comme le Créateur des corps qu'il refait son œuvre que le glaive avait défigurée; car jamais les médecins ne peuvent rétablir des membres détachés du corps. C'est donc afin que la puissance de Dieu parût en lui sans aucune diminution et comme elle avait toujours été, et aussi pour montrer la vérité de ces paroles qu'il avait dites : « J'ai le pouvoir de donner ma vie, et j'ai le pouvoir de la reprendre, » (*Jean*, x, 18) qu'il commande à ses disciples de se procurer des glaives, mais sans leur commander de s'en servir pour mettre à mort ses ennemis. Il nous reste maintenant à examiner pourquoi le Sauveur, témoin de l'action de Pierre, déclare que celui qui se servira de l'épée périra par l'épée (*Matth.*, xxvi, 52), alors cependant que Pierre ne s'en était pas servi injustement; car, comme nous le lisons dans saint Luc, c'est avec la permission du Seigneur qu'il frappa Malchus et qu'il entendit ensuite la défense qui lui était faite.

DE EVANGELIO LUCÆ.

Quæstio CIV. — (1) Sciens Dominus bellum Judaicum adversus se futurum, dixit discipulis suis ut gladios sibi pararent : quo facto, cum cœptum esset bellum duce Juda Scariote, videns Petrus apostolus insurgentes hostes, protulit gladium, et amputavit auriculam servi sacerdotum. (*Luc.*, xxii, 50.) Tunc Dominus jussit Petro, ut reconderet gladium in thecam suam : « Omnis enim, inquit, qui accipit gladium, gladio peribit. » (*Matth.*, xxvi, 52.) Ut quid parari jussit, qui prohibuit percutere, reum etiam mortis designans eum, qui percusserit gladio, cum non utique injuste videatur Apostolus percussisse ? Quantum enim pertinet ad Petrum, percussit eum quem contra se armatum videbat. Resistere enim debuit ingratis servis, et ad Dominum necandum armatis. Si singula membra inspicias causæ, cujus vis patefieri rationem, invenies et alia quæ requiras his dictis. Quid enim opus erat, ut hic qui spiritali fretus erat virtute, gladios juberet parari carnales : et qui prius jussit in via nec peram ferri, nec pecuniam, nec virgam, nunc juberet haberi, quæ prius, prohibuit ? Incipiamus ergo cur gladios jusserit parari, et occidi prohibuerit, explanare. Non solum enim inimicorum, verum etiam ipsorum discipulorum suorum causa, ad superventurum bellum arma procurari præcepit. Nova enim et mirabilis res futura erat, ut is qui nova et inaudita signa faciebat, sic subito humiliaretur, ut et verberibus subjiceretur et morti. Ne ergo velut impræscius hæc pati videretur, et a quo forte virtus recessisset, hæc omnia sic prædixit, ut non dubitaret de his, sed præscius contra hæc se pararet : et quia voluntate humiliatus est, non resistere acrius inimicis juberet, in tantum seipsum esset qui fuerat ostendens, ut jam detentus, aurem quæ abscissa fuerat restitueret; ut quod gladio operante deciderat, redderet; non quasi carnalis utique medicus, sed quasi corporum conditor opus suum truncatum refinxit. Nec enim possunt medici abscissa corporis membra reparare. Ut autem Dei virtus in illo non diminuta, sed ita ut fuerat inesse videretur, et illud firmaret quod dixerat : « Potestatem habeo ponendi animam meam, et potestatem habeo iterum sumendi eam : ». (*Joan.*, x, 18) hac ergo causa gladios parari, non tamen occidi jussit. Nunc illud ostenditur superest, quare contuens factum apostoli Petri, cum qui gladio usus fuerit, gladio dixit perire (*Matth.*, xxvi, 52), cum non injuste percussisse videatur. Nam sicut significatur in Luca, ipso Domino permittente percussit, et sic prohibitus hæc audivit. (*Luc.*, xxii, 50.) Ideo etenim permissum est, ut et

(1) Hæc deest in Mss. 2 generis.

QUESTIONS A LA FOIS SUR L'ANCIEN ET LE NOUVEAU TESTAMENT.

(*Luc*, xxii, 50.) Le Sauveur lui donna cette permission pour qu'on vît bien qu'il aurait pu tirer vengeance de ses ennemis, pour montrer qu'il avait la même puissance dont il avait fait preuve et qu'il pouvait par conséquent se venger lui-même, et afin de bien convaincre ses ennemis qu'ils s'emparaient de lui en vertu d'un pouvoir qu'ils avaient reçu. Il ne paraissait pas comme un vaincu, mais comme un homme qui s'abandonne à leur volonté. Pourquoi donc déclare-t-il que celui qui se servira du glaive périra par le glaive? C'est que le juge seul a le droit de faire périr par le glaive; et Pierre n'eût la permission que de frapper, mais non d'ôter la vie par le glaive. Voilà pourquoi Notre-Seigneur lui défend de frapper de nouveau. Il lui apprend en outre qu'il n'est point permis aux chrétiens de mettre à mort leurs semblables. Ils sont sous une loi de miséricorde, et il leur est défendu d'user avec dureté du droit qui a été confié à la société. Quant à la recommandation qu'il leur a faite précédemment de ne rien porter avec eux dans la route (*Matth.*, x, 10), elle est comme l'indice de la paix, de la grâce des miracles, de la douceur de la doctrine qu'on verra briller dans les Apôtres. Qu'avaient-ils besoin de rien prendre avec eux dans la route, puisqu'on devait tout leur offrir à la vue des miracles qu'ils opéraient? Mais lorsque le temps fut arrivé où il devait se livrer volontairement aux souffrances, et qu'on était à la veille d'une lutte passagère plutôt que d'une guerre proprement dite, il recommanda à ses disciples de s'armer non pour résister à ses ennemis, puisque sa volonté était de souffrir, mais pour montrer, comme je l'ai dit, qu'il avait prévu sa passion, qu'elle était subordonnée à sa puissance, et que s'il consentait à cet excès d'humiliation, c'était pour le salut du genre humain, comme nous le dirons en son lieu.

QUESTION CV. — Comment concilier les prophéties avec l'Evangile sur l'obscurcissement du soleil et sur quelques autres points? (*Luc*, xxi, 25; xxiii, 45.)

Les prophètes ont prédit que lors du premier avénement du Seigneur, le soleil serait obscurci au temps de sa passion, à l'heure même où, d'après les Evangélistes, le fait s'est produit, c'est-à-dire en plein midi. Voilà ce que dit en effet le prophète Amos : « En ce jour-là, dit le Seigneur, le soleil disparaîtra en plein midi, et la terre sera couverte de ténèbres au milieu de la lumière. » (*Amos*, viii, 9.) Le soleil fut donc obscurci ce jour-là jusqu'à la neuvième heure, et la prédiction du prophète a eu son accomplissement. Dieu voulut donner dans la passion du Sauveur une image de ce qui doit avoir lieu lors de son second avénement, car lorsqu'il viendra pour juger le monde, les astres cesseront de donner leur lumière accoutumée, selon ces paroles du Seigneur lui-même : « En ces jours, le soleil s'obscurcira et la lune ne répandra plus sa lumière. » (*Matth.*, xxiv, 29.) Le prophète Joël a prédit également ce phénomène afin qu'on ne puisse douter de l'accomplissement d'un fait attesté par plusieurs témoins. « Le soleil, dit-il, sera changé en ténèbres et la lune en sang avant que vienne le grand et terrible jour du Seigneur. » (*Joël*, ii, 31.) Autant que l'indique le sens littéral de ces paroles, elles paraissent convenir plus justement au second avénement, car alors le Seigneur se manifestera publiquement à tous les hommes, au témoignage de l'Ecriture : « Alors tout œil le verra, et toutes les tribus de la terre et ceux qui l'ont crucifié se frapperont la poitrine. » (*Apoc.*,

---

vindicare se posse videretur, sed nolle; et ut virtus ostenderetur in eo manere, in quo fuerat, in utroque vindicare se posse non ambigeretur: inimici vero pro certo haberent datam sibi ab eo potestatem, ut hoc facerent. Non enim victus apparebat, sed tradens se voluntati eorum. Quare ergo sententia data est; ut qui gladium accipit, gladio pereat: nisi quod nulli licet, excepto judice, quemquam gladio occidere? Apostolo autem Petro usque ad hoc permissum est, ut dolorem faceret, non quod occideret. Ob hoc enim audivit, ne iterum percuteret. Didicit præterea, quia Christianis jam factis occidere non licet. In misericordia enim positis, lege juris mundo crediti uti non licet aspere. Illud autem quod ante euntibus in via discipulis mandasse voluerat, ut nihil tollerent in via (*Matth.*, x, 10), pacis est causa, et gratia virtutum, et affabilitas doctrinæ. Quid enim opus erat tollere aliquid in via, quibus signorum causa omnia offerenda erant? At ubi tempus, quo se pati permisit, advenit, propter quod rixa magis quam bellum imminebat, armatos jubet esse discipulos : non ut repugnaret qui pati volebat, sed, ut dixi, ut præscium se hujus rei, et in potestate habere passionem suam ostenderet; humiliaret autem se humanæ salutis causa, quod suo loco dicetur.

QUÆSTIO CV. — (1) Quomodo prophetia quadret cum Evangelio, de obscuratione Solis et quibusdam aliis. (*Luc.*, xxi, 25; xxiii, 45.)

Cum in primo adventu Domini prædictum sit, quia contenebraretur Sol in passione ejus, eadem hora qua factum probatur, id est, meridie. Sic enim scriptum est in Amos propheta : « Et erit in illa die, dicit Dominus, occidet Sol in meridie, et contenebrescet super terram dies lucis. » (*Amos*, viii, 9.) Illo ergo die a sexta hora contenebratus est Sol usque ad horam nonam, et ita completa est prophetia supradicti Prophetæ. Imago hujus rei, quæ futura est in adventu Domini secundo, in passione Domini est ostensa; quia in fine, cum cœperit Dominus advenire ut judicet mundum, solventur luminaria ab officio suo, dicente Domino : « In illis diebus Sol contenebrabitur, et Luna non dabit lumen suum. » (*Matth.*, xxiv, 29.) Quod quidem et Johel propheta non prætermisit, ut cum a multis significatur, sine dubio impleri credatur. Ita enim dixit : « Sol convertetur in tenebras, et luna in sanguinem; priusquam veniat dies Domini magnus et manifestus. » Hoc quantum apparet, secundo adventui magis congruit : tunc enim omnibus aperte manifestabitur, sic dicente Scriptura : « Tunc videbit illum omnis oculus, et plangent se super illum omnes tribus terræ, et qui illum crucifixerunt. » (*Apoc.*, i, 7.) Itaque si in utroque adventu hoc contineatur, quia Sol

(1) Hæc deest in Mss. 2 generis.

ɪ, 7.) Or, si selon les oracles des prophètes le soleil doit se couvrir de ténèbres dans les deux avénements du Seigneur, quel est donc ce jour où, suivant le prophète Isaïe, le soleil et la lune doivent briller d'un plus vif éclat? « Les montagnes les plus hautes, les collines les plus élevées seront arrosées de ruisseaux d'eau courante après les jours de carnage, après la chute des tours. La lumière de la lune brillera comme la lumière du soleil, et la lumière du soleil sera sept fois plus éclatante au jour où le Seigneur fermera la plaie de son peuple et guérira ses blessures, etc. » (*Isa.*, xxx, 25, 26.) Quel est ce jour où le Seigneur a promis de fermer la plaie de son peuple? Je pense que c'est ce jour que Zacharie, père de Jean-Baptiste, a chanté : « Béni soit le Seigneur Dieu d'Israël, parce qu'il nous a visités et qu'il a opéré la délivrance de son peuple. Et il a élevé le signe du salut dans la maison de David son serviteur. Ainsi qu'il avait promis par la bouche de ses saints prophètes, qui ont été dès le commencement, de nous sauver de nos ennemis et de la main de tous ceux qui nous haïssent pour accomplir ses miséricordes envers nos pères. » (*Luc*, ɪ, 68, etc.) Siméon a dit aussi : « Celui-ci est établi pour la ruine et pour la résurrection de plusieurs en Israël. » (*Luc*, ɪɪ, 34.) Il veut parler de la ruine des Scribes, des Pharisiens et des principaux des Juifs qui sont figurés par les tours dans la prédiction du prophète. Et tandis que leur incrédulité était cause de leur ruine, d'autres s'élevèrent par la foi que la négligence retenait dans l'impuissance et l'infirmité. Voilà pourquoi le Sauveur disait : « Je suis venu en ce monde pour le jugement afin que ceux qui ne voient point voient et que ceux qui voient deviennent aveugles; » (*Jean*, ɪx, 39) c'est-à-dire afin que ceux que leur science et leur habileté dans la loi faisaient briller comme des lumières devinssent aveugles et que les yeux des aveugles, c'est-à-dire des ignorants et des publicains, s'ouvrissent à la lumière par la foi. Aussi le prophète prédit que le Sauveur se chargerait de leurs infirmités, et cette prophétie s'accomplit de son temps, comme nous le voyons dans l'Evangile : « Il a vraiment lui-même porté nos langueurs, il s'est chargé de nos souffrances. » (*Isa.*, ʟɪɪɪ, 4.) Toutes ces prédictions ont reçu leur consommation et leur accomplissement dans la passion du Sauveur, et c'est ainsi que le salut du genre humain s'est effectué d'une manière véritable pour ceux qui étaient sur la terre ou dans les enfers, car la prophétie de Zacharie embrasse à la fois les uns et les autres. Sur la terre, les hommes ont été affranchis de l'oppression de leurs ennemis par l'intervention de la miséricorde de Dieu, et dans les enfers ils ont été délivrés des peines qu'ils enduraient. Tous ceux, en effet, qui espéraient dans le Christ qui leur avait été promis attendaient la venue de celui qui devait triompher de la mort et les délivrer de l'enfer. Voilà pourquoi Zacharie dit : Pour accomplir ses miséricordes envers nos pères. » (*Luc*, ɪ, 72.) Or, si l'on entend que ce salut doit également s'opérer dans le second avénement, mais que c'est surtout dans le second que le soleil se couvrira de ténèbres et que la lune ne donnera plus sa lumière, comment admettre que la lumière du soleil et de la lune brillera d'un plus vif éclat au jour où Dieu visitera son peuple, puisque, dans l'un comme dans l'autre temps où commence et s'achève la délivrance de ce peuple, nous lisons que non-seulement la lumière du soleil et de la lune sera affaiblie, mais que ces astres seront complètement obscurcis? Il nous faut donc comprendre que le soleil et la lune

contenebrabitur illis diebus, qui dies ille est, quo ampliari solem et lunam cecinit Scriptura? Ait enim inter cætera Isaias dicens : « Eritque super omnem montem excelsum, et in omni loco excelso aqua perambulans in die illa, cum perierint multi, et cum ceciderint turres : et erit lumen lunæ, ut lumen solis, et lux solis erit septies tantum in die, cum sanabit contritionem populi sui, » (*Isa.*, xxx, 25) et cætera. Qui dies potest intelligi, quo promisit se Dominus sanare contritionem populi sui ? Hunc opinor esse diem, quem pater Joannis Zacharias ostendit dicens : « Benedictus Dominus Israel, quia visitavit et fecit redemptionem plebis suæ. Et erexit cornu salutis nobis in domo David pueri sui. Sicut locutus est per os sanctorum Prophetarum suorum, qui a sæculo sunt. Et liberabit nos de inimicis nostris, et de manu omnium qui oderunt nos. Ad faciendam misericordiam cum patribus nostris. » (*Luc.*, ɪ, 68.) Et Simeon inter cætera : « Hic positus est, inquit, in ruinam, et in resurrectionem multorum in Israel. » (*Luc.*, ɪɪ, 34.) Hæc ruina est Scribarum et Pharisæorum et principum Judæorum, quos propheta significavit per turres. His ergo per incredulitatem ruentibus, alii surrexerunt credendo qui prius videbantur infirmi, et ægri per negligentiam. Unde Salvator, « in judicio, sit, ego veni in hunc mundum, ut qui non vident, videant ; et qui vident, cæci fiant : » (*Joan.*, ɪx, 39) ut qui per Legis culturam et peritiam lumina videntur, per incredulitatem cæcarentur : cæci vero, id est, imperiti vel publicani viderent, dum crederent. Quorum infirmitates propheta Salvatorem portaturam prædixit. Itaque hoc tempore Salvatoris factum est, sicut legitur in Evangelio : « Quia ipse infirmitates nostras accepit, et vulnera nostra curavit. » Quæ quidem omnia in passione Salvatoris consummata et adimpleta sunt : sic enim salus humani generis, tam apud superos quam apud inferos perfecta est et firmata, quia prophetia Zachariæ supradicti utrumque comprehendit. Et hic enim apud superos liberati sunt a contritione inimicorum, interventu misericordiæ ; et illic apud inferos, cum erepti sunt de tartaro. Cuncti enim qui speraverunt in promissum Christum, expectabant adventum ejus, ut devicta morte liberarentur de inferno. Unde dixit : « Ad faciendam misericordiam cum patribus nostris. » (*Luc.*, ɪ, 72.) Si quis autem salutem hanc et in secundo adventu contineri intelligat; in utroque tamen adventu, maxime in secundo : « Sol convertetur in tenebras, et luna non dabit fulgorem suum : » quomodo ergo augeri solem et lunam die, quo visitabit Dominus populum suum, advertemus, quando utroque in tempore, quo cœpta liberatio populi et adimpleta est, solem et lunam non minui, sed contenebrari

représentent ici les saints, de même que dans un autre endroit ils sont comparés aux astres du ciel, au témoignage de l'apôtre saint Paul, qui déclare que les saints brillent dans ce monde comme les astres du firmament. Nous lisons aussi dans l'Evangile que les justes brilleront comme le soleil (*Matth.*, XIII, 43), car le Seigneur compare les bonnes œuvres à la lumière. « Que votre lumière, dit-il, brille devant les hommes, afin qu'en voyant vos bonnes œuvres ils glorifient votre Père, qui est dans les cieux. » (*Matth.*, V, 16.) Ceux donc qui ont abandonné tous leurs biens pour suivre le Seigneur, doivent à leur justice et à leur sainteté d'être comparés au soleil et à la lune rendus sept fois plus brillants. « Il n'est personne, dit le Sauveur, qui ait quitté ou sa maison, ou son épouse, ou ses enfants, ou ses champs qui ne reçoive sept fois autant dans ce monde. » (*Luc*, XVIII, 29.) Or, ceux qui reçoivent ici-bas sept fois autant d'honneur seront aussi dans l'autre vie sept fois plus éclatants que les autres, c'est-à-dire que leur résurrection sera comme le soleil et la lune et la résurrection des autres comme les étoiles. La gloire des saints qui reçoit ici sept fois d'éclat, en recevra sept fois plus encore dans la résurrection, c'est-à-dire que celui qui a ici-bas l'éclat de la lune recevra dans l'autre vie l'éclat du soleil, et celui qui est ici-bas aussi éclatant que le soleil brillera d'un éclat sept fois plus vif dans l'autre vie. Le prophète Isaïe se sert donc à juste titre de la comparaison du soleil et de la lune pour prédire l'accroissement de la gloire des saints. Si en effet Notre-Seigneur est appelé le soleil de justice et que les saints doivent lui être semblables, au témoignage de l'apôtre saint Jean : « Lorsqu'il apparaîtra, nous lui serons semblables; » (I *Jean*, III, 2) le prophète a raison de comparer les saints au soleil, mais en faisant remarquer que l'éclat du soleil est sept fois plus grand que celui de la lune. Lorsqu'il prédit que la lumière de la lune aura le même éclat que celle du soleil, mais que la lumière du soleil sera sept fois plus éclatante, il veut nous faire comprendre que la lumière de la lune deviendra sept fois plus brillante pour égaler celle du soleil, c'est-à-dire que la lune sera aussi éclatante alors que l'est maintenant le soleil. Quoique l'application de cette comparaison des astres aux saints soit en sens inverse, cependant elle fait ressortir en partie l'accroissement de leur gloire, c'est-à-dire qu'après l'accroissement de la lumière du soleil et de la lune, elle sera encore aussi éclatante qu'était le soleil, et la distance qui existera entre un saint et un autre après qu'ils ont reçu leur récompense sera aussi grande que celle qui les sépare dans la vie présente.

DU LIVRE DE LA GENÈSE.

QUESTION CVI. — « Au commencement, Dieu créa le ciel et la terre. » (*Gen.*, I, 1.) Si Dieu a créé au commencement le ciel et la terre, et que le ciel soit le firmament, comme la suite le démontre, il n'est point vrai que la lumière ait été faite en premier lieu, et ensuite le firmament ; car l'auteur sacré ne pouvait désigner un autre ciel, parce qu'il décrit la création du monde telle que Dieu l'a faite dans sa perfection. Comme les hommes suivaient des systèmes erronés sur la création du monde, Moïse, ins-

---

legamus? nisi plane solem et lunam sanctis comparatos intelligamus ; sicut in alio loco legimus sanctos luminaribus exæquatos, Paulo apostolo prædicante, quia inter hos homines sancti in hoc mundo velut luminaria videantur. Et in Evangelio : « Tunc justi, inquit, fulgebunt sicut sol. » (*Matth.*, XIII, 43.) Dominus enim opera justa lumen appellat. Sic enim ait : « Luceat lumen vestrum coram hominibus, ut videntes opera vestra bona, magnificent Patrem vestrum, qui est in cœlis. » (*Matth.*, V, 16.) Hi ergo, qui omnibus suis relictis, Dominum sequuntur, justitiæ et sanctitatis causa soli et lunæ comparantur septies honorati, sicut dicit Dominus : « Nemo est qui relinquat domum, aut uxorem, aut filios, aut agros, qui non recipiet septies tantum in hoc sæculo. » (*Luc*, XVIII, 29.) Qui ergo ad præsens septies honorantur, potest intelligi, quia etiam in futuro septem partibus clariores cæteris futuri credantur, ut resurrectio eorum soli comparetur ac lunæ, cæterorum vero sicut stellæ sint. Claritas ergo sanctorum, quæ hic septies honoratur, in resurrectione aliud septies consequitur, ut qui hic claritatem lunæ habet, in futuro solis claritatem accipiat claritatem ; et qui hic soli comparatur, septies tantum futurus credatur accipere. Propheta ergo Isaias solis et lunæ comparatione sanctorum merita augeri prædixit, nec immerito. Si enim ipse Dominus sol justitiæ dictus est sancti autem similes ei erunt, Joanne apostolo dicente : « Cum enim apparuerit, inquit, similes ei erimus : » (I *Joan.*, III, 2) convenienter sanctos in sole esse significatos, septem tamen partibus majorem solem quam lunam Propheta supradictus ostendit. Quando enim lunam sicut lumen solis futuram ostendit, solem autem septies tantum ; ad modum utique solis septies lunam augeri significat, ut talis sit tunc luna, qualis nunc est sol : quamvis sanctorum ratio hic vertatur, sub hac tamen causa luminarium ex parte prodidit quantitatem, ut post crementum solis ac lunæ tantum iterum major sit, quantum erat sol ; et quantum in præsenti distat sanctus a sancto, tantum distet in futuro post remunerationem.

DE LIBRO GENESIS (*a*).

QUÆSTIO CVI. — (1) « In principio fecit Deus cœlum et terram ? » (*Gen.*, I, 1.) Si cœlum in principio fecit, et terram, cœlum autem firmamentum est, sicut in subjectis apparet; non est verum, quia prior lux facta est, et sic firmamentum : aliud enim cœlum significare non poterat, quia facturam mundi describit Deo operante perfectam. Propterea enim quod diversis opinionibus homines fallebantur in causa mundi, Moyses Deo se inspirante ostendit quæ esset ratio mundi. Quibusdam enim vide-

---

(1) Hæc quæst. deest in Mss. 2 generis.
(*a*) Sic Mss. et edit. Rat. Aliæ vero editiones : *Quomodo intelligenda sunt quæ habentur in Genesi, præcipue de opere sex dierum.*

piré de Dieu, leur apprend la véritable origine du monde. Quelques-uns, en effet, prétendaient qu'il n'avait pas eu de commencement, d'autres qu'il avait eu un commencement, mais qu'il avait été fait par des anges; d'autres soutenaient également qu'il avait été fait, mais par un certain Sacla, qui est le Dieu du pouvoir opposé. Un petit nombre, fidèle à la tradition de la vérité sur l'origine du monde, affirmaient qu'il avait Dieu pour auteur. C'est pour détromper ceux qui étaient victimes de ces fausses opinions que Moïse fut forcé de faire connaître la véritable cause du monde, de peur que les enfants d'Israël, délivrés de la tyrannie des Egyptiens, ne demeurassent encore esclaves de leurs fausses interprétations. En effet, les Egyptiens, entre tous les peuples, étaient zélés partisans de l'erreur, car, depuis des siècles, ils s'appliquaient plus que tous les autres à l'étude d'une vaine philosophie. Or, Moïse, par cela même qu'il avait été adopté par la fille de Pharaon, avait été instruit dans toute la science des Egyptiens. » (*Exod.*, II, 10; *Act.*, VII, 22.) Que signifient donc ces paroles : « Au commencement, Dieu créa le ciel et la terre? » Si par le firmament, il nous faut entendre ce que nous avons dit plus haut, voyons ce qu'il veut dire. Nous croyons que Moïse, pour détruire toute erreur sur les créatures inférieures et sur la matière qui a servi à faire le monde, a voulu parler tout d'abord des substances, des éléments qui ont servi à créer le monde, car s'il n'en avait rien dit, on aurait pu croire que ces substances étaient égales et coéternelles à Dieu. Celui donc qui ajoute foi au récit de l'auteur inspiré ne peut douter que le monde n'ait été créé, puisque Moïse atteste que les substances qui ont servi à la création du monde ont été créées elles-mêmes au commencement. Dieu a donc créé au commencement le ciel et la terre, c'est-à-dire la substance supérieure et la substance inférieure. La substance supérieure a été la matière constitutive du ciel, l'inférieure est une substance plus épaisse qui a servi à faire l'élément aride qu'on appelle terre et ténèbres. Voilà pourquoi il est dit dans le prophète Isaïe : « Je suis le Dieu qui ai fait la lumière et qui ai créé les ténèbres. » (*Isaïe*, XLV, 7.) Lorsque Dieu eut créé ces choses, il fit en même temps l'élément matériel, c'est-à-dire l'eau, les ténèbres et la terre avant les signes des temps, car les temps sont subordonnés au firmament. Le firmament, suivant quelques-uns, est un amas d'eaux congelées, on l'appelle firmament parce qu'il est formé par un amas d'eaux solidifiées et affermies par la puissance de Dieu, et on lui donne aussi le nom de ciel des verbes *occulendo*, *celando*, dérober, cacher. L'eau parait en premier lieu, parce qu'elle est le principal élément, et qu'elle a servi à former la voûte du monde. La terre en est comme le plancher, et David atteste qu'elle est l'œuvre de l'Esprit saint : « Que les eaux qui sont au-dessus des cieux louent le nom du Seigneur, car il dit, et tout a été fait; il a ordonné, et tout a été créé. » (*Ps.* CXLVIII, 4.) Après la création de ces éléments et avant l'organisation du monde, Dieu créa la lumière, pour répandre la clarté sur ses œuvres, et cette lumière par suite d'un règlement établi de Dieu, fournit l'espace d'un jour. La nuit succéda au jour, suivant la même règle, et après l'espace de temps qui lui était assigné, elle fut éclairée par le retour de la lumière du matin. Ainsi le premier jour se termina avec le commencement du second jour, car la nuit a été réunie

---

batur initium non habere : aliis initium quidem habere, sed ab Angelis quibusdam fabricatus esse : nonnullis vero factus similiter, sed a (*a*) Sacla quodam, qui est et Deus potestatis adversæ. Pauci autem de origine, veritatis traducem sequentes, Deum opificem ejus asserebant. Horum ergo causa qui diversitatis falsa opinione trahebantur, coactus est Moyses quæ esset causa hujus vera ostenderet; ne filii Israel erepti de potestate Ægyptiorum, a falsa tamen intelligentia eorum liberati non essent. Ipsi enim inter cæteros magis erroris studium sequebantur : hi enim antiquitus præ cæteris vanæ philosophiæ operam dabant. Denique Moyses per id, quod a filia Pharaonis adoptatus videbatur, eruditus est omni sapientia Ægyptiorum. (*Exod.*, II, 10; *Act.*, VII, 22.) Quid est ergo quod dicit : « In principio fecit Deus cœlum et terram ? » Si enim firmamentum significat secundum quod supra ostendimus, videamus quid dicat. Arbitramur, quia Moyses ut omnem errorem inferioris creaturæ auferret, et impensarum facti mundi, in principio substantias ipsas, ex quibus mundus constat, factas esse significavit : quia si hoc tacuisset, æternæ forte putarentur esse substantiæ Deo jugabiles æstimari : ut qui hujus rei testimonium recipit, ambigere non possit factum esse mundum, quando substantias, quæ ad impensas mundi profecerunt, initio subjectas fatetur. Igitur « in principio fecit Deus cœlum et terram, » id est supernam et infernam substantiam. Superna est, qua constat cœlum; inferna autem concretio est quædam fæculenta, quæ profecit in aridam quæ dicitur terra, et tenebras. Unde dicit in Isaia propheta : « Ego Deus, qui feci lucem, et creavi tenebras. » (*Isa.*, XLV, 7.) His ergo creatis, fecit simul substantiam; hoc est, aquam, tenebras, et terram ante tempora : tempora enim sub firmamento sunt. Firmamentum enim, sicut quibusdam videtur, glacies est aquarum. Et ideo firmamentum dicitur, quia concretis divinitus aquis firmatum est, quod ab occulendo vel celando appellatum est cœlum. Itaque propterea quod aqua majus sit elementum, prior est significata, quia pars ejus profecit in cameram mundi. Terra autem pavimentum : quæ quidem et David a Spiritu sancto creata fatetur. Ait enim : « Et aquæ quæ super cœlos sunt, laudent nomen Domini. Quia ipse dixit, et facta sunt, ipse mandavit, et creata sunt. » (*Psal.* CXLVIII, 4.) Post hæc ergo elementa, ante compaginationem mundi, fecit Deus lucem, ut opera ejus in lucem procederent, quæ lux modo disposito, cursum diei explevit. Facta est nox juxta diei modum, quæ similiter impleto modo spatii, illuminata est adventu luminis matutini : et sic impletus est primus dies, cum cœpit secundus; nox enim diei deputata est, ut simul dicantur

(*a*) Am. Er. et Lov. *a Spiritu*. Rat. *a Secla*, aliquot Mss. *a Sacla* uti etiam supra in q. III.

au jour pour ne faire avec lui qu'un seul jour, parce que les ténèbres étant soumises à la lumière n'ont point d'existence indépendante et ne peuvent se nombrer. Trente jours forment un mois lunaire et dans ces trente jours se trouvent comprises les nuits. L'espace de temps pendant lequel la lumière remplit l'office qui lui est assigné s'appelle donc jour. L'élément ténébreux avant d'être éclairé s'appelle nuit, et c'est l'espace de temps qui est entre la fin du jour et le lever de l'aurore qui porte le nom de nuit. Car, ce ne sont pas les ténèbres qui font la nuit, comme la lumière fait le jour, parce que les ténèbres restent ce qu'elles sont par leur nature. Au contraire, le retour de la lumière fait le jour, et sa disparition la nuit. Ce n'est donc point sans raison que la nuit est soumise au jour. Or, après la création de la lumière un espace égal de douze heures de jour et de douze heures de nuit forma ce qu'on appelle l'équinoxe du premier jour. A partir de là les jours commencent à croître sur la nuit pendant trois mois qui sont la saison du printemps. Puis ils diminuent pendant les trois mois suivants, qui forment la saison d'été. On arrive de nouveau à l'équinoxe, après lequel la nuit devient plus longue que le jour pendant trois mois qui sont les mois d'automne; puis elle perd à son tour de sa longueur plus grande que celle du jour jusqu'à la fin de la quatrième saison qui est l'hiver. On revient ainsi à l'équinoxe du premier jour où Dieu créa le monde, jour que l'on croit être le onzième des calendes d'avril, qui est le premier jour de la Pâque, c'est-à-dire le premier jour du premier mois. En effet, la loi ordonnait aux Juifs de se préparer le soir du dixième jour du premier mois à célébrer la Pâque le quatorzième jour du même mois, c'est-à-dire à commencer du onzième. (*Levit.*, XXIII, 5.) Or, le soir du dixième jour est suivi de l'aurore du onzième, et le onze des calendes d'avril se trouve être le commencement du premier mois. Au commencement la lune fut créée dans son quatorzième jour, parce que toutes choses ont été faites dans leur entier. Ajoutez trois jours depuis le dernier soir, et ce sont les trois jours qui ont précédé l'apparition des astres, et vous trouvez que c'est le onze des calendes d'avril que le monde a été créé, parce que le nombre des jours de la lune descend du onzième au quatorzième. Le premier mois tout entier a donc été assigné pour la célébration de la Pâque, de sorte que le jour de la célébration ne soit jamais en deçà du onze des calendes d'avril, ou au delà du quatorzième jour de la lune, parce que c'est le onzième jour que le monde a été fait, et le quatorzième jour de la lune qu'une lumière plus grande a été créée d'une manière plus éclatante. Or, entre le commencement et cette splendeur éclatante qui a éclairé le monde, Notre-Seigneur a souffert et il est ressuscité le premier jour qu'on appelle le jour du Seigneur, parce qu'il a été fait par le Seigneur, auteur des mois qui se succèdent, des temps et des années. Mais cette fête de Pâque n'est point célébrée partout de la même manière, parce qu'on calcule différemment le cours de la lune dans ses périodes de croissance et de décroissance. « Or, la terre était invisible et informe. » (*Gen.*, I, 2.) Il est évident que la terre au premier moment de sa création était invisible et informe ; elle était couverte par les eaux, elle était donc invisible, elle était informe, parce qu'étant à l'état liquide, elle n'était pas propre à la culture. « Et les ténèbres

unus dies : propterea enim, quod subjectæ sunt tenebræ lumini, auctoritate carent, nec possunt numerum facere. Triginta etenim dies una luna appellantur, cum secum habeant noctes. Itaque lucis ministerium, quo spatium consumit sibi decretum, dies nuncupatur. Tenebrarum autem substantia antequam illuminatur, nox appellatur. Spatium autem illud, quod inter occasum et ortum est, nox est. Non enim tenebræ faciunt noctem, sicut et lux diem ; quia tenebræ manent in sua natura. Lucis autem accessus facit diem, et discessus noctem. Non immerito ergo subjecta est nox diei. Luce ergo facta, et cursu duodecim horarum impleto, totidemque et noctis spatio peracto, æquinoctium fuit in primo die : et exinde cœpit dies increscere supra noctem tribus scilicet mensibus, qui sunt tempus Veris. Ex eo deinde augmento suo minuitur dies aliis mensibus tribus, qui sunt tempus æstatis. Et iterum fit æquinoctium, ila ut ex eo nox increscat supra diem aliis mensibus tribus, qui sunt tempus autumni. Et incipit iterum nox de magnitudine sua, qua supergreditur diem, minorari usque ad finem quarti temporis, quod est hyems. Et fit æquinoctium primi temporis, quando Deus mundum creavit, qui dies intelligitur esse undecimus Kalendas Aprilis, quando primus dies Paschæ est, id est primus dies primi mensis. In Lege enim mandatum est, ut decima die primi mensis vespere præpararent se ad Pascha faciendum quarta decima mensis die, id est, ab undecimo. (*Levit.*, XXIII, 5.) Jam enim vesper decimi diei in undecimum lucet, ut ab undecimo Kalendas Aprilis initium esset primi mensis. In principio etenim facta luna fuit quarta decima, quia omnia plena sunt facta : adde triduum a decimo vespere, et hi sunt tres dies ante luminaria qui fuerunt, ut undecimo Kalendas Aprilis factus sit mundus ; quia numerus lunæ ab undecimo venit ad quartum decimum, cui Paschæ primus mensis integer est attributus, ut in Pascha, die solemni neque extra undecimum Kalendas Aprilis sit, neque extra lunam quartam decimam, quia undecimo mundus factus est, quarta decima autem luna majori lumine clarior factus est. Inter principium ergo et claritatem, qua illuminatus est mundus, Salvator noster et passus est et resurrexit ; quia quarta decima luna passus est, et primo die resurrexit, qui ideo Dominicus dicitur, quia ipsum Dominus fecit, qui multiplicatos menses fecit, et tempora, et annos. Ut autem uno atque eodem modo minime celebretur, cursus facit lunæ in decrementis et crementis. « Terra autem erat invisibilis et incomposita. » (*Gen.*, I, 2.) Manifestum est, quia terra, postquam facta est, invisibilis erat et incomposita : tegebatur enim aquis, ideo erat invisibilis : incomposita autem ideo, quia cum esset fluxa, non erat apta ad culturam. « Et tenebræ erant super abyssum. » (*Ibid.*) Tenebras dicit fuisse super abyssum, id est, super

couvraient la face de l'abîme. » (*Ibid.*) L'auteur sacré dit que les ténèbres étaient répandues sur la face de l'abîme, c'est-à-dire sur la surface immense des eaux. « Et l'Esprit de Dieu était porté sur les eaux. » C'était comme sur la partie supérieure de ces eaux que l'Esprit de Dieu était porté, tandis que les ténèbres couvraient la profondeur infinie de ces mêmes eaux. L'Esprit de Dieu était sur les eaux parce qu'il n'y avait point d'obscurité là où se trouvait l'Esprit de Dieu, qui, autant qu'il le pouvait, répandait la lumière sur les eaux. Mais l'abîme, c'est-à-dire la profondeur immense des eaux, était inaccessible à cette lumière; il éclairait donc les eaux supérieures, et au-dessous régnaient les ténèbres répandues sur toute la face de l'abîme. Moïse appelle cet Esprit l'Esprit de Dieu, et il veut nous faire entendre par là, non point l'Esprit saint, mais une force spirituelle qui était au-dessus de la créature matérielle. Comme il veut nous enseigner que tout vient de Dieu, il appelle Esprit de Dieu l'Esprit qui était porté sur les eaux, pour détruire cette pernicieuse erreur qui fait dire à quelques-uns que Dieu n'est pas l'auteur de tout ce qui existe. Car ce qui vient de Dieu est au-dessus de toutes les puissances et de toutes les principautés, de même qu'au-dessus de toutes les puissances spirituelles. Que personne ne soit surpris que cet Esprit soit appelé l'Esprit de Dieu, alors que tout vient évidemment de Dieu. Car Dieu lui-même, avant de punir la terre par le déluge, dit : « Mon esprit ne demeurera point dans ces hommes, parce qu'ils sont chair. » (*Gen.*, VI, 3.) Nous lisons aussi dans le prophète Ezéchiel : « Voici ce que dit le Seigneur à moi : J'étendrai la peau sur vous, et j'enverrai en vous l'Esprit et vous vivrez. » (*Ezech.*, XXXVII, 5.) Est-ce que ce n'est pas plutôt là l'office de l'âme que celui de l'Esprit saint? C'est donc ici l'Esprit de Dieu, c'est-à-dire une vertu toute-puissante qui gouvernait les éléments de la matière, car son office était de les diriger. Lorsque Dieu donc eut créé la lumière, réglé la durée du jour, et que le second jour fut écoulé, il fit le firmament, c'est-à-dire le ciel, afin que la lumière servît de règle au jour dans le firmament et qu'elle y fût comme un flambeau dans une maison. Or, le firmament fut créé de la substance des eaux dont nous avons parlé. Le monde passe à l'état organisé; à la confusion des éléments succède la distinction des substances, et on voit apparaître les formations plus parfaites qui doivent être comme les membres de ce grand corps qu'on appelle le monde. En effet, les éléments qui furent créés en premier lieu, étaient comme les matériaux du monde. Cependant on les appelle le monde, parce que ces éléments ont été tirés de la confusion pour produire chaque espèce de créatures et ont ainsi déterminé cette dénomination de monde parce qu'ils avaient servi à sa création. Le firmament, c'est-à-dire le ciel, a donc été établi au milieu des eaux, pour séparer les eaux qui étaient au-dessus du firmament des eaux qui étaient sous le firmament. La puissance divine établit ce firmament au milieu des eaux qui étaient au-dessous de lui, en lui, au-dessus de lui et autour de lui. Il était de forme concave et suffisamment défendu par sa nature contre l'invasion des eaux intérieures ou extérieures, il était comme une maison bien fortifiée, qui donne toute sécurité à ses habitants. Le troisième jour, Dieu ordonna aux eaux qui étaient sous le ciel, c'est-à-dire dans l'espace formé

immensam ex omni parte aquam. « Et spiritus Dei superferebatur super aquam. » Hanc aquam quasi summitatem significat, super quam spiritus Dei quia superferebatur, ostendit, ut tenebras super infinitam profunditatem fuisse significet. Spiritum autem Dei super aquas, quia ubi spiritus Dei erat, obscuritas non erat; quantum enim poterat, illuminabat aquam. Abyssum autem, id est immensam profunditatem illuminare non poterat : hoc est, superiores aquas illuminabat, et subter erant tenebræ, et super abyssum. Idcirco autem hunc Dei spiritum dicit, non quia sanctum hunc intelligi vult Spiritum, sed eum super creaturam hylicam spiritaliter vult intelligi; totum autem Dei esse significans, Dei hunc, qui super aquas ferebatur, spiritum vocat, ut pravam asseverationem convellat, qua quidem utuntur, dicentes aliquid esse quod non sit Dei. Nam nec ordinis, nec rationis est, ut super aquas Spiritus sanctus fuisse dicatur, quia super omnem creaturam est. Quod enim de Deo est, super omnes potestates et principatus et similiter super omnes potentias spiritales est. Non moveat autem mentem alicujus, quia Dei spiritus dicitur, cum constat omnia Dei esse. Ait enim Deus inter cætera facturus diluvium : « Non permanebit spiritus meus in hominibus istis, quia sunt caro. » (*Gen.*, VI, 3.) Et in Ezechielis inter alia : « Hæc dicit Dominus ossibus istis : Extendam super vos cutem, et dabo spiritum meum in vos, et vivetis. » (*Ezech.*, XXXVII, 5.) Numquid hæc ad officium Spiritus sancti pertinent, non ad animam? Spiritus ergo hic Dei est quidem, sicut cætera, hylicarum tamen moderator est substantiarum : ipsius enim ordo est his præesse. Luce ergo facta, et cursu diei moderato, et peracto secundo die, fecit firmamentum, id est, cœlum, ut lux in terra firmamenti moderaretur diem, ut esset quasi lucerna in domo. Hoc inquam firmamentum factum est ex supradicta aquæ substantia. Nunc enim compaginatur in specie mundus, ut de confusione rerum discretis substantiis, singulæ partes apparent, quæ ad membra mundi proficerent. Substantiæ enim quas primum factas esse diximus, impensæ sunt mundi. Et ideo mundus dicitur, quia res ab invicem separatæ quæ erant confusæ, et in speciem productæ, mundum fecerunt vocari, cujus in fabricam profecerunt. Firmamentum ergo, id est, cœlum factum est in medio aquarum, ut divideret inter aquam quæ erat supra firmamentum, et inter aquam quæ erat sub firmamento; ut Dei virtute in medio aquarum consisteret firmamentum, sub se, et intra se, et supra et circa se habens aquam : ut esset concavum de foris, et intra munitum, ne aquæ sive interiores sive exteriores penetrarent concavum ejus, ut esset quasi domus munita atque firmata, ut securi essent habitantes in ea. Tertio die jussit congregari aquam quæ erat sub cœlo, hoc est, intra capacita-

par la concavité du firmament de se rassembler dans un seul lieu, afin de laisser paraître l'élément aride qui est la terre, et cela se fit ainsi. Toute l'étendue de la terre ayant été mise à sec, il se fit comme un vaste réservoir dans lequel se précipitèrent les eaux qui étaient sous le firmament, et l'élément aride parut. Les eaux s'étant retirées, la terre jusque-là invisible devait alors paraître visible. Dieu donna à l'élément aride le nom de terre, et il appela mer toutes ces eaux rassemblées. Il commanda ensuite à la terre de produire des plantes pour servir de nourriture et des arbres fruitiers, chacun selon son espèce sur la terre. Le quatrième jour il créa de grands corps de lumière dans le firmament du ciel pour éclairer la terre, l'un plus grand pour commencer le jour, l'autre moindre pour commencer la nuit, et il fit aussi les étoiles. Ces astres sont destinés à favoriser la germination, la naissance et l'alimentation de tout ce qui se produit dans le monde, à servir de signes pour marquer les temps divisés en espaces déterminés, et à être l'ornement du monde entier. Une maison brille par son ornementation lorsque les voûtes sont revêtues de lambris dorés; ainsi les étoiles sont l'ornement du monde par leur lumière et leur éclat variés. A la lumière qu'il avait créée en premier lieu, Dieu ajoute la splendeur du soleil, pour ne faire de ces deux êtres qu'un seul tout indivisible. Il donne ensuite à la nuit qui était ténébreuse un corps lumineux, et comme la lune fut créée dans son quatorzième jour, Moïse dit : « Un corps lumineux moindre pour luire au commencement de la nuit, car dès qu'elle fut créée elle répandit sa lumière toute la nuit. La partie est prise pour le tout dans ces paroles : « Pour luire au commencement de la nuit, » parce que la lune ne luit pas toujours le soir. Le corps lumineux plus considérable que nous appelons le soleil brille dès le commencement du jour, parce qu'il a été uni inséparablement à la lumière qui a été créée en premier lieu. Le monde fut donc trois jours sans ces corps lumineux, car il n'y avait encore rien sur la terre qui demandât leur présence. Mais lorsque la terre eut produit les plantes qui devaient servir de nourriture, et les arbres fruitiers, la nécessité des astres qui devaient les développer ou les conserver se fit sentir. Comme la germination et la production des plantes sont soumises à l'influence de ces astres, il ne fallait pas les créer avant les plantes, de peur qu'on ne fût tenté de leur attribuer la création de toutes les productions de la terre, mais les plantes devaient précéder, afin que leur création parût tout à fait indépendante de ces astres. Or, le cinquième jour, Dieu commanda aux eaux de produire des animaux vivants qui nagent dans l'eau et des oiseaux qui volent sur la terre sous le firmament du ciel. « Et Dieu vit que cela était bon, et il dit : Croissez et multipliez. » (Gen., I, 22 et 28.) Moïse ajoute : « Et Dieu vit que ces choses étaient bonnes » pour faire rougir ceux qui osent dire qu'elles sont mauvaises. Car dès qu'elles sont agréables à Dieu leur créateur, nul n'a le droit de les trouver mauvaises. Il en est qui poussent l'extravagance jusqu'à dire : Il les a vues ces choses et il les a trouvées bonnes, preuve qu'il l'ignorait auparavant. O insensés, comment a-t-il pu l'ignorer? Tout ce qu'il a voulu, s'est fait. Peut-on dire qu'on veut ce qu'on ne sait pas, et que celui qui a le pouvoir de faire ne sait pas ce qu'il fait ? Et ce qui est plus fort, dira-t-on qu'il n'a point créé ces choses lui-même, mais qu'il a commandé qu'elles fussent faites, et que celui qui a

tem firmamenti, in congregationem unam, ut appareret arida, quæ est terra, et factum est sic. Exhausta enim latitudine terræ factum est velut alveum, in quo demergeretur omnis aqua, quæ erat intra firmamentum, et apparuit arida. Recedente enim aqua, necesse erat appareret terra facta visibilis, quæ prius erat invisibilis. Tunc arida appellata est terra, et congregationes aquarum maria. Et jussit producere terram herbam pabuli, et ligna fructifera ad semen super terram. Quarto item die jussit Deus fieri luminaria in firmamento cœli, ut luceant super terram ; luminare majus, in inchoationem diei ; et luminare minus in inchoationem noctis, et stellas. Hæc ad conceptum et nativitatem et ad nutrimenta pertinent eorum, quæ gignuntur in mundo, et ad signa temporum certis curriculis necessaria, necnon et ad ornatum totius mundi. Sicut enim ad ornamentum domus pertinet, si camera ejus habeat auro distincta laquearia ; ita et mundo ornatum præstant stellæ diversa luce fulgentes. Luci itaque, quæ facta est prior, est additus splendor solis, ita ut connexa sint hæc et individua. Nocti autem, quæ erat tenebrosa, datum est luminare ; et quia quarta decima fuit luna quando facta est, sic ait : « Luminare minus, in inchoationem noctis : » facta etenim, tota nocte luxit. A parte ergo ad totum dictum est, « in inchoationem noctis ; » quia non semper vespere lucet. Luminare autem majus, quod solem dicimus, manet in initio diei, quia simul cum luce priore concretus est. Tribus ergo diebus sine luminaribus his fuit mundus ; non enim erant adhuc quibus proficerent officia eorum. At ubi autem produxit terra herbam pabuli, et ligna fructifera, necessaria fuerunt quæ enutrirent vel conservarent quæ erant producta. Quia ergo generatio omnis horum interventu perficitur, non oportuit prius hæc fieri, ne eorum effectu quæ producta de terra sunt, orta putarentur : sed illa ante facere, ut sic hæc sine his facta esse non ambigatur. Quinta deinde die, aquas jussit producere reptilia animarum vivarum, et volatilia volantia super terram secundum firmamentum cœli, et factum est sic. Et inter cætera : « Et vidit, inquit, Deus quia bona sunt, et dixit : Crescite et multiplicamini. » (Gen., I, 22, 28.) Ideo autem adjecit : « Et vidit Deus quia bona sunt, » quia a quibusdam dicuntur mala esse, ut vel sic erubescant. Quando enim Deo et conditori suo placent, nulli utique debent displicere. Nam solent dicere stulti : Ideo, inquiunt, vidit, et placuerunt ei, qui ante nesciebat. O hebetes, quomodo nescivit ? Quidquid voluit, productum est. An quis vult quod nescit ; et qui potest facere, potest dici, quia nescit quod faciat ? Et quod amplius est, non ipse fecit, sed jussit ut fierent ; et qui jussit, non est hujus virtutis ut

commandé n'avait pas le pouvoir de faire? Mais comme tout lui est possible, en commandant ce qu'il ne pouvait faire, il a commencé d'avoir cette puissance qui devait tourner à sa gloire. Il faut donc admettre ici une double puissance dans le commandement fait à la matière inanimée de produire des êtres animés. Le sixième jour, Dieu commanda à la terre de produire des animaux vivants, les quadrupèdes et les autres bêtes de la terre. Et cela se fit ainsi, et les animaux furent créés. Et Dieu vit que ces choses sont bonnes et très-bonnes, parce qu'elles sont toutes nécessaires. Ce même jour, Dieu dit : « Faisons l'homme à notre image et à notre ressemblance, et qu'il commande à toutes les créatures de la terre. » (*Gen.*, I, 26.) Dieu fit d'abord toutes les substances dont le monde devait être composé, et c'est après que le monde fût organisé, revêtu de tous ses ornements et pourvu de toutes les choses nécessaires qu'il créa l'homme pour jouir du monde et de tout ce que Dieu y avait préparé pour lui. Pour toutes les autres créatures, il a commandé aux eaux et à la terre de les produire; mais lorsqu'il s'est agi de faire l'homme, l'auteur sacré nous le représente prenant du limon de la terre, pour nous enseigner la différence qui séparait l'homme de tout ce qu'il avait créé jusque-là. C'est pour relever la dignité de l'homme qu'il nous le dépeint sortant des mains de Dieu, et fait à l'image et à la ressemblance de Dieu, c'est-à-dire du Père et du Fils. Nous avons dit ailleurs en quoi consiste cette image et cette ressemblance de Dieu; cependant l'occasion et la matière que nous traitons exigent que nous en parlions de nouveau. C'est le Père qui dit à son Fils : « Faisons l'homme à notre image et à notre ressemblance, » et l'acte même de la création est l'œuvre de

deux personnes, de celle qui parle et de celle qui écoute. Cette image de Dieu est donc dans l'homme en ce sens qu'il a été créé seul, comme un maître dont tous les autres devaient sortir, et qui était revêtu de l'autorité de Dieu comme son remplaçant, car tout roi porte l'image de Dieu. C'est pour cela que la femme n'a pas été faite à l'image de Dieu, car c'est ainsi que s'exprime Moïse : « Et Dieu créa l'homme, et il le fit à l'image de Dieu. » Ce qui fait dire à l'Apôtre : « Pour l'homme, il ne doit point se couvrir la tête, parce qu'il est l'image et la gloire de Dieu, mais la femme voile sa tête, parce qu'elle n'est ni la gloire ni l'image de Dieu. » (1 *Cor.*, XI, 7.) La ressemblance de Dieu dans l'homme consiste en ce que la femme vient de l'homme comme le fils vient du père, avec cette différence très-grande que la femme a été faite, et que le fils est né. Il en est cependant qui pensent que Dieu a tout créé simultanément. S'il a tout fait par sa parole, disent-ils, pourquoi n'aurait-il pas tout fait simultanément? Cependant on pense généralement que Dieu a créé le monde successivement. On croit qu'il est de la grandeur de la puissance divine qu'elle ait tout créé dans un seul jour. Or, considérons combien grande est la providence de Dieu dans ce mode de création successive. Il pouvait sans doute tout créer simultanément, mais des raisons multipliées l'en ont empêché, et pour n'entrer dans aucun détail, nous devons ajouter foi à la divine Écriture qui dit et répète souvent : « Le Seigneur votre Dieu a fait en six jours le ciel et la terre, la mer et tout ce qu'ils renferment. » Toutes ces choses ont dû se faire ainsi pour faire sentir et connaître aux hommes qu'elles ont été créées. En voyant que toutes les créatures n'avaient pas existé simultanément, mais que

faceret? Sed quia huic omnia possibilia sunt, jubente hoc quæ non poterat, cœpit posse, ut ad hujus laudem proficeret. Duplex ergo virtus est, ut insensibilia juberet sensibilia producere. Sexto vero die præcepit, ut produceret terra animam viventem, quadrupedia, et bestias terræ, et factum est sic, et producta sunt. Et vidit Deus, quia bona sunt, et valde bona, quia omnia necessaria sunt. Supradicta ergo die dixit Deus : « Faciamus hominem ad imaginem et similitudinem nostram, et habeat, inquit, potestatem super omnia quæ facta sunt super terram. » (*Gen.*, I, 26.) Primum quidem fecit Deus substantias ex quibus mundum compaginaret, quo compacto, et omnibus ornatibus decorato, et necessariis honestato, post hoc hominem fecit, qui frueretur eo, et omnibus quæ in illo sunt. Nam cum omnia super terram ex aquis et terra produci jussisset, hominem tamen ut faceret, limum terræ manibus apprehendisse describitur, ut multum differre hominem ab his quæ fecerat edoceret. Ad honorem enim hominis pertinere vult, quando eum Dei manibus factum describit, et factum ad imaginem et similitudinem Dei, id est Patris et Filii. Quid sit autem ad imaginem et similitudinem Dei, quamvis alibi dixerimus, hic tamen locus et causa postulat ut iterum dicamus. Patris enim ad Filium verba sunt dicentis : « Faciamus hominem ad imaginem et similitudinem

nostram : » quanquam in opere utriusque intelligatur persona, dicentis et obaudientis. Hæc ergo imago Dei est in homine, ut unus factus sit quasi dominus, ex quo cæteri orirentur, habens imperium Dei quasi vicarius ejus; quia omnis rex Dei habet imaginem. Ideoque mulier non est facta ad Dei imaginem. Sic etenim dicit : « Et fecit Deus hominem, ad imaginem Dei fecit eum. » Hinc est unde Apostolus : « Vir quidem, ait, non debet velare caput suum, quia imago et gloria Dei est : mulier autem ideo velat, quia non est gloria aut imago Dei. » (1 *Cor.*, XI, 7.) Similitudo autem Dei hæc est in homine, ut sicut ex Patre Filius, sic ex homine mulier. In hoc plane dispar, quia hæc facta, ille vero natus est. Quibusdam tamen videtur omnia simul Deum fecisse. Si enim verbo, inquiunt, fecit, quare non omnia simul fecisse dicatur? Nam hic hominum mos est, ut per partes fecisse credatur. Ad potentiam ergo Dei magis facere videtur, ut uno die omnia ab eo facta dicantur. Porro autem nunquam providentiam in hoc opere et ordine contuemur. Nam potuit utique simul facere cuncta, sed ratio multiformis prohibuit, et sepositis his omnibus, Scripturæ divinæ fides adhibenda est, quæ dicit, et sæpe dicit, quia « in sex, inquit, diebus fecit Dominus Deus tuus cœlum et terram, mare et omnia quæ in eis sunt. » Primo enim in loco sic debuerunt fieri, ut sentirent ac

les unes avaient été créées aujourd'hui, les autres un autre jour, ils reconnurent qu'ils avaient eu un commencement et qu'ils ne pouvaient en aucune façon revendiquer pour eux l'éternité, puisque leur création avait été partielle et successive. Si toutes les créatures avaient existé simultanément, elles n'auraient point le sentiment de leur infirmité, et s'imagineraient qu'elles n'ont pas eu de commencement, car les choses qui sont le produit simultané de la parole de Dieu ne s'aperçoivent point qu'elles ont été créées; il faut pour cela qu'elles aient été faites, les unes en premier, les autres en second lieu. Et afin que les êtres qui ont été créés en premier lieu ne se regardent point comme imparfaits, en voyant créer ensuite des êtres plus excellents, ils s'attribuent la même perfection qu'ils considèrent dans les autres. Ainsi la lumière qu'on appelle le jour a été précédée par le ciel et la terre, c'est-à-dire par l'eau et l'élément aride. Or, comme l'eau, l'élément aride et les ténèbres étaient plongés dans la confusion du chaos, ils ne pouvaient revendiquer pour eux l'éternité, puisque aucun de ces éléments n'avait d'état certain ni de propriété déterminée. Le soleil et la lune, astres des plus brillants, ont été précédés par bien des êtres créés. C'est ainsi que les êtres plus excellents qui se virent créés les derniers, et les premiers créés qui se virent moins parfaits, ne peuvent ni les uns ni les autres s'attribuer une existence éternelle. D'ailleurs l'œuvre de la création qui a été consommée en six jours, est le symbole de la durée du monde entier, c'est-à-dire que les œuvres des six jours représentent six mille ans, et ce qui devait s'accomplir successivement dans chaque siècle, se trouve figuré dans les œuvres des six jours. Ainsi dans les premiers siècles, la connaissance de Dieu ne devait être pas aussi répandue sur la terre; voilà pourquoi les premiers jours de la création sont sans clarté; les animaux sont créés avant l'homme, parce que les premiers hommes devaient vivre dans l'ignorance, et en suivant leurs instincts grossiers comme les animaux; et l'homme est créé le sixième jour, parce que c'est dans le sixième millénaire que l'avènement du Christ est venu donner à l'homme une nouvelle création qui l'affranchissait de la tyrannie de la mort. L'homme est créé à l'image de Dieu, parce qu'il doit à sa grâce de porter dans son âme l'image du Fils de Dieu, au témoignage de l'apôtre saint Jean : « Nous savons que lorsqu'il viendra dans sa gloire, nous lui serons semblables. » (1 *Jean*, III, 2.) Et le vase d'élection dit de son côté : « Nous sommes conformes à l'image du Fils de Dieu. » (*Rom.*, VIII, 29.) L'arbre de vie qui a été planté dans le paradis était l'image de la grâce future de Dieu, c'est-à-dire du corps du Seigneur qui donne à celui qui s'en nourrit la vie éternelle. L'arbre de la science du bien et du mal signifie la loi donnée par Moïse, qui en faisant connaître le péché qui était caché auparavant, a donné aux hommes la science du bien et du mal. Dieu se repose le septième jour de toutes ses œuvres, parce que le sixième millénaire accompli, il se reposera dans le septième avec le monde qui cessera toutes ses œuvres. Nous avons choisi ces considérations entre plusieurs autres pour faciliter l'intelligence de ces vérités d'après les principes que nous avons exposés.

DE LA SUCCESSION DU JOUR ET DE LA NUIT.

QUESTION CVII. — D'après l'ordre suivi dans la

---

scirent quia facta sunt : quando enim non se omnia simul viderunt, sed unum hodie, cras alterum; cognoverunt initio se contineri, et nullo modo posse æternitatem suspicari, ubi se partibus invicem recognoscunt. Nam si omnia simul exstitissent, non esset eis sensus infirmitatis, sed putarent se non cœpisse. Quæ enim verbo Dei subito simul existunt, non se fieri sentiunt, nisi aliud ante se, aliud post se videndo. Et ne forte illud quod primum factum est putet se infectum, majora post se facta cernendo, hoc credit de se quod vidit in altero potiora. Denique lumen quod dies appellatur, ante se habet cœlum et terram, id est aquam et aridam. Cum autem ipsa aqua et arida et tenebræ confusa fuissent facta, æternitatem sibi vindicare non poterant, quia nihil horum statum et proprietatem sibi ausum est vindicare. Sol iterum et luna cum sint clarissima, ante se habent multa. Ita ergo factum est, ut potiora posteriora, anteriora autem inferiora cum se vident, nihil horum sibi vindicet æternitatem. Præterea sex diebus opus consummatum, totius mundi ætatem in se continet, ut sex dierum opera, sex millium annorum haberent figuram : quia quod unoquoque sæculo futurum erat, sex dierum per ordinem operibus continetur ; ut puta, quia prioribus sæculis tanta cognitio Dei in terris non erat futura, sine splendore anteriores dies videantur : ut autem ante hominem pecora fierent, quia veteres nostri inculti et agrestes pecorum more victuri erant : sexto autem die homo fieret, hæc res fecit, quia in sexto millenario annorum adventus Christi homini fieret, ne morti esset obnoxius. Ut autem imago Dei esset homo, quia dono Dei coimaginari haberet Filio Dei, dicente Joanne apostolo : « Scimus autem, inquit, quia cum apparuerit, similes ei erimus. » (1 *Joan.*, III, 2.) Et vas electionis : « coimaginati, ait, Filio Dei. » (*Rom.*, VIII, 29.) Arbor autem vitæ quæ posita est in paradiso, imago fuit futuræ gratiæ Dei, quæ est corpus Domini, quod qui edit, vivit in æternum. Nam arbor scientiæ boni et mali significat quod Lex data est per Moysen, quæ cum cognitum fecisset peccatum quod prius latebat, dedit scientiam boni et mali. Ostendit enim quid esset bonum, quidve malum. Illud vero, quod septimo die requievit ab operibus suis, hoc significat, quia impleto sexto (*a*) millenario annorum, in semetipso millenario requiescet, cessante jam mundo ab omni opere sæculari. Hæc diximus pauca de multis, ut viam panderemus intelligendi secundum ea quæ supra ostendimus.

DE ORDINE DIEI ET NOCTIS.

QUÆSTIO CVII. — Quantum ad mundi rationem perti-

(*a*) Ms. Colb. hic et infra, *millesimo*.

création du monde, nous voyons que les ténèbres ont précédé la lumière. En effet, les éléments qui devaient servir à la création du monde, et qui ont été créés simultanément, nous apparaissent dépourvus de lumière (*Gen.*, I, 2), c'est-à-dire l'eau, la terre, les ténèbres dont le monde a été formé, c'est-à-dire d'une matière invisible ou ténébreuse, comme il est dit dans le livre de la Sagesse qui a pour auteur Salomon. (*Sag.*, XI, 18.) Les saintes Lettres attestent que les ténèbres et l'eau ont été créées lorsqu'elles rapportent ces paroles de Dieu dans le prophète Isaïe : « Moi, Dieu, j'ai fait la lumière et j'ai créé les ténèbres. » (*Isaïe*, XLV, 47.) L'Esprit saint nous enseigne également par la bouche de David que les eaux ont été créées et que la terre a été affermie sur les eaux (*Ps.* CXXXV, 9), ce qui est conforme à l'autorité de l'Évangile (*Jean*, I, 3) et à la tradition des apôtres qui nous attestent que toutes choses ont été faites; et pour que rien ne soit excepté, l'Apôtre prend soin de dire : « Soit les choses qui sont dans le ciel, soit celles qui sont sur la terre. » (*Colos.*, I, 16.) Pour ce qui concerne la terre, nous lisons que les ténèbres ont existé avant la lumière, quant à l'ordre suivi dans la création et non quant à l'excellence, car la lumière vaut mille fois mieux que les ténèbres. Or, dans l'organisation du monde la lumière reçoit le nom de jour, et les ténèbres le nom de nuit; c'est-à-dire que lorsque la lumière cesse d'éclairer les ténèbres, le temps qui s'écoule jusqu'au retour de la lumière s'appelle nuit, et le temps où elle pénètre les ténèbres de ses clartés s'appelle jour. On dit donc qu'il est nuit lorsqu'on est dans l'espérance du jour qui doit venir, et qu'il est jour lorsqu'on est dans l'attente de la nuit qui doit suivre. Lorsque la succession du jour et de la nuit aura cessé avec la fin du monde, il n'y aura plus que les ténèbres et la lumière. En effet, on ne pourra plus dire qu'il est nuit alors que les ténèbres seront continuelles, ni qu'il est jour lorsque la lumière n'aura plus de déclin. L'éternité fait cesser l'usage de ces noms qui ont commencé avec le monde. Ainsi avant la création de la lumière qui a reçu le nom de jour, on ne lit pas qu'il y ait eu nuit, mais des ténèbres; et après la disparition de la lumière qui les éclairait, elles ont reçu le nom de soir et de nuit. Autant donc que nous pouvons en juger, la nuit est subordonnée au jour. De ce que nous lisons que les ténèbres existaient avant la lumière, il ne s'ensuit pas qu'elles soient préférables à la lumière; car le ciel a existé avant le soleil, et cependant il lui est supérieur en éclat; la terre a été créée avant l'homme aussi bien que les bêtes des champs et les autres animaux, et cependant ils sont assujettis à l'homme. La nuit ne doit donc pas être mise au-dessus du jour, parce que nous lisons que les ténèbres ont précédé, puisque la lumière l'emporte de beaucoup sur les ténèbres, et que le jour est bien préférable à la nuit. Comme nous l'avons dit plus haut, la lumière a été créée lorsque les ténèbres existaient. « Et Dieu donna à la lumière le nom de jour, et aux ténèbres le nom de nuit, et du soir et du matin se fit le premier jour. » (*Gen.*, I, 5.) S'il n'y avait pas eu de jour, il n'y aurait pas eu de nuit, car c'est lorsque les ténèbres cessèrent d'être éclairées, quand le jour se fut écoulé que le soir se fit. Et lorsque la lumière vint à briller après le soir elle forma le premier jour après la nuit écoulée, de manière que la nuit vint après le jour. Il est digne, en effet, et conforme à la raison, que la nature inférieure soit en tout soumise à une nature plus excellente. Pourquoi donc mettre la nuit avant

net, tenebras ante legimus quam lucem. Ea enim quæ ad mundi fabricam profecerunt, quæque simul facta videntur, lumine privata fuisse considerantur (*Gen.*, I, 2), id, est aqua, terra, tenebræ, ex quibus compaginatus est mundus, sicut continetur in Sapientia, quæ dicitur Salomonis, « ex materia invisa, » (*Sap.*, XI, 18) hoc est tenebrosa. Et tenebras enim et aquam factam sacra volumina ipsius Domini voce testantur per Isaiam prophetam : « Ego, inquit, Deus feci lucem, et creavi tenebras. » (*Isa.*, XLV, 47.) Similiter et per David, et aquas factas, et terram firmatam super aquas Spiritus sanctus ostendit. (*Psal.* CXXXV, 9.) Quod convenit et Evangelicæ auctoritati (*Joan.*, I, 3) et Apostolicæ traditioni, in quibus omnia facta leguntur : et ut nihil exciperet, « sive quæ in cœlis sunt, ait, sive quæ in terris. » (*Colos.*, I, 16.) In hac ergo parte, quæ ad terras factam pertinet, ante tenebras legimus quam lucem : hoc autem est quantum ad ordinem lectionis pertinet, non quantum ad dignitatem; nam utique multo melior lux quam tenebræ : in mundi tamen ratione lux accipit nomen ut appelletur dies, et tenebræ nox ; sed hac scilicet ratione, quia dum illuminantur tenebræ, et præteriit lux, illud tempus quamdiu redeat lux, dicitur nox; et illud tempus quo illuminantur tenebræ, appellatur dies. Nox ergo cum dicitur, speratur futurus dies; et cum dies dicitur, speratur futura nox.

Cum vero officia hæc cessaverint, transeunte mundo, tenebræ tantum dicentur, et lumen. Non enim potest dici nox, cum perpetuo sint tenebræ; neque dies, cum occidere cessaverit lumen. Ubi æternitas est, cessant hæc nomina, quia cum mundo cœperunt. Denique antequam lux fieret, quæ appellata est dies, non legitur fuisse, sed tenebræ : unde postquam illuminatæ sunt, et præteriit lux, vesper appellatæ sunt et nox. Igitur quantum apparet, subjecta est nox diei. Non enim quia ante tenebræ leguntur quam lux, idcirco anteponendæ debent videri : quia et cœlum ante solem est, et tamen claritate major est sol ; et terra ante hominem, et pecora et cætera animantia, et tamen subjecta sunt homini : non ergo idcirco nox præferri debet diei ; quia ante leguntur et tenebræ, cum appareat et dignitate lumen tenebris, et tempore diem nocti anteponi. Sicut enim supra ostensum est, cum essent tenebræ, facta est lux. « Et appellavit Deus lucem diem, et tenebras appellavit noctem : et factum est vespere et mane dies unus. » (*Gen.*, I, 5.) Nam nisi dies fuisset, nec nox esset ; tenebræ enim erant, quæ cum illuminatæ sunt, et præteriit dies cursu suo peracto, factus est vesper. Et cum post vesperum illuxisset, factus est dies primus nocte transacta, ut diem sequeretur nox. Hoc et dignum est, et ratione commendatum, ut inferior natura per omnia subjecta sit potiori.

le jour, puisque son nom ne vient qu'après le nom de jour? Car elle n'eut pas reçu le nom de nuit ni de soir, si la lumière n'eût brillé l'espace d'un jour, après lequel se fit le soir qui est la nuit. Le jour devient le soir pour vous faire comprendre que la nuit est une partie du jour, car le jour n'est complet que lorsque la nuit est passée. Ainsi nous disons : « L'année est composée de trois cent soixante-cinq jours, et nous n'en séparons point les nuits. En comptant les jours, nous comptons également les nuits qui se trouvent comprises sous la dénomination de jours. Si au contraire la nuit précédait le jour, le jour serait compris sous la dénomination de la nuit. Qui jamais a songé à dire : Je vous verrai après cinq nuits, et non pas plutôt après cinq jours? Nulle part, si nous avons bonne mémoire, nous ne lisons que la nuit est mise avant le jour. « Moïse, dit l'Ecriture, a été sur la montagne quarante jours et quarante nuits. » (*Exod.*, XXIV, 18.) Le Psalmiste dit également : « Le soleil ne t'incommodera point pendant le jour, ni la lune pendant la nuit. » (*Ps.* CXX, 6.) Et pour emprunter un exemple aux commencements du monde, nous lisons dans la Genèse : « Que des corps de lumière soient faits dans le firmament du ciel, et qu'ils luisent sur la terre, l'un plus grand pour commencer le jour, l'autre moins grand pour commencer la nuit. » (*Gen.*, I, 4.) Or, la lune ne peut être mise au-dessus du soleil, de même que la nuit ne peut être mise au-dessus du jour; mais la nuit est subordonnée au jour comme la lune l'est au soleil. L'Evangile nous montre également les nuits comprises sous le nom et dans l'énumération de jours. « Il y en a quelques-uns, dit le Sauveur, qui sont ici présents qui ne mourront point jusqu'à ce qu'ils aient vu le règne de Dieu. » (*Luc*, IX, 27.) Et il ajoute: « Or, il arriva environ huit jours après, etc. » Est-ce que dans ces huit jours les nuits ne se trouvent pas comprises? Et dans un autre endroit : « Ceci, dit l'Evangéliste, se passa en Béthanie, au delà du Jourdain, où Jean baptisait. Le jour suivant, Jean vit Jésus venir à lui. » (*Jean*, I, 28.) A-t-il dit : La nuit suivante? Plus loin il dit encore : « Le jour suivant, Jésus voulut aller en Galilée, » et dans le chapitre qui suit : « Or, trois jours après on célébrait des noces à Cana en Galilée. » (*Jean*, II, 1.) Partout le jour a la prééminence sur la nuit qui lui est subordonnée. Si le jour était compris sous le nom de nuit, la nuit précéderait le jour. Les Romains règnent sur les Espagnols, les Gaulois, les Africains et sur les autres peuples qui leur sont soumis, et par cela même ces peuples prennent le nom de Romains; ainsi la nuit qui est subordonnée au jour se trouve comprise sous le nom de jour. Ce qui en induit quelques-uns en erreur, c'est que les Juifs commencent la célébration du sabbat le soir, et ils ne considèrent pas la raison de ce commandement. La veille, il leur faut acheter et préparer leurs aliments pour le jour du sabbat, et se purifier selon la loi. Or, peuvent-ils faire ces choses pendant la nuit et commencer le sabbat avec le lever du jour? Il est hors de doute que la résurrection de Notre-Seigneur a eu lieu la nuit; cependant c'est au jour qu'on en fait l'honneur. C'est dans le jour qu'on célèbre cette résurrection, et ce jour s'appelle le jour du Seigneur. Ne lisez-vous pas dans les psaumes : « Voici le jour que le Seigneur a fait? » (*Ps.* CXVII, 24.) On ne dit pas la nuit du Seigneur, parce que le jour a ici la primauté. Qu'il soit question du jour passé ou du jour

Quomodo ergo nox ante diem dicitur, cujus nomen post diem legis? Non enim appellata fuisset nox, neque vesper, nisi facta lux diem egisset : quo transacto, factus est vesper, qui est nox : dies utique factus est vesperæ, ut scias noctem partem esse diei. Tunc enim consummatur dies, cum transit et nox. Denique sic dicimus : Annus dies habet trecentos sexaginta quinque, non utique sine noctibus. Cum enim dicimus, ibidem computamus et noctes. Sub auctoritate enim diei significamus et noctem; nam et si nox præiret diem, sub vocabulo noctis computaretur et dies. Quis etenim hominum dicat, post quinque noctes videbo te, et non post quinque dies? Nec legisse nos meminimus alicubi noctem ante diem significatam. « Nam fuit, inquit, Moyses in monte quadraginta diebus et quadraginta noctibus. » (*Exod.*, XXIV, 18.) Et in Psalmo : « Sol, inquit, non uret to per diem, neque luna per noctem. » (*Psal.* CXX, 6.) Et ut de ipsis primordiis demus exemplum : « Fiant, inquit, luminaria in firmamento cœli, et luceant super terram : luminare majus, in inchoationem diei : et luminare minus, in inchoationem noctis : » (*Gen.*, I, 14) sed luna non potest præponi soli, sicut nec nox diei; sed sicut luna sub sole est, ita nox sub die. Et in Evangelio habemus sub auctoritate et numero dierum significatas et noctes : ait enim inter cætera Dominus : « Sunt hic quidam circumstantium, qui non gustabunt mortem, donec videant filium hominis in regno suo. » (*Luc.*, IX, 27.) Et subjecit : « Factum est post dies octo, » etc. Numquid non in hoc numero continentur et noctes? Et alio loco : « Hæc, inquit, in Bethania gesta sunt trans Jordanem, ubi erat Joannes baptizans. Postera die vidit Jesum venientem. » (*Joan.*, I, 28.) Numquid dixit : Postera nocte? Iterum sequitur : « Sequenti die voluit proficisci in Galilæam. » Et in subjecto : « Et die tertio nuptiæ factæ sunt in Cana Galilææ. » (*Joan.*, II, 1.) Ecce ubique dies in auctoritate probatur, noctem habens subjectam. Si enim noctis nomine continentur, præiret nox diem. Nam quia Romani regnum habent, Hispani et Galli et Afri et cæteri subjecti eis, sub eorum nomine Romani vocantur : ita et nox, quia subjecta est diei, sub ejus nomine continetur. Sed inde quidam falluntur, quia Judæi in sabbatum vespere jubentur intrare, non considerantes cur ita mandatum sit. Nam utique pridie necesse habent emere sibi escas et præparare in sabbatum, et lotum ire. Numquid possunt hæc nocte facere, ut orto die intrarent in sabbatum? Dominus certe vespere resurrexit, et diei deputatur. In die enim resurrectio celebratur, qui dies Dominicus appellatur. Sic enim legis : «Hæc dies quam fecit Dominus : » (*Ps.* CXVII, 24) non tamen nox Dominica : quia principatum dies habet. Sive enim præterito die, sive futuro, semper nox subjecta est ; quia et ordine inferior est et natura, dicente

à venir, la nuit lui est toujours subordonnée, parce qu'elle est d'une nature inférieure, au témoignage de l'Apôtre : « Vous êtes les enfants du jour et de la lumière, et non de la nuit et des ténèbres. » (1 *Thess.*, v, 5.) Si nous voulons prendre un exemple dans les consuls, nous verrons que le premier nommé est celui qui a été le premier choisi. N'a-t-on pas coutume de dire : Qui sera consul avec lui? Si donc la nuit était avant le jour, elle serait nommée la première. Il est tellement vrai que c'est par le jour que l'on commence à compter le temps, que si par exemple nous disons : C'est demain le sixième des calendes, nous entendons tout l'espace qui s'écoule d'un matin à un autre et qui est composé d'un jour entier et d'une nuit. Ainsi encore la lune au commencement du monde a été créée le quatorzième jour, car elle a dû luire toute la nuit, et le matin suivant a été son quinzième jour. Comment donc peut-il rester quelque doute sur la prééminence du jour? Les contestations d'un certain nombre nous ont forcé de nous étendre longuement sur une matière évidente, car le texte seul de l'Ecriture suffit pour terminer la question, puisqu'elle nous présente clairement le jour précédant la nuit. Toutes les raisons que nous avons exposées sont empruntées à l'histoire de l'origine du monde. Mais si nous voulons nous élever à des considérations plus hautes, en donnant à notre esprit une vigueur toute spirituelle, nous verrons qu'il est inconvenant d'affirmer que les ténèbres aient été créées avant la lumière. Si la nature de la lumière est céleste et la nature des ténèbres terrestre, il est absurde de penser que la lumière a été faite après les ténèbres. Moïse dit que la lumière a été faite, mais pour la partie du monde qu'elle éclaire, et il ne dit pas qu'elle ait commencé seulement alors d'exister. En effet, tous les êtres spirituels ont été créés avant les êtres matériels, et la lumière qui existait déjà dans les régions supérieures descendit dans les inférieures pour y briller comme un flambeau dans une maison. Mais pour quelle raison les ténèbres sont-elles nommées avant la lumière, puisqu'elles suivent toujours la lumière? Disons que les choses célestes et spirituelles sont lumières par leur nature, tandis que les choses terrestres et charnelles sont ténèbres, de sorte que la nature des ténèbres paraît ne subsister que par la puissance de la lumière, parce que tout ce qui est inférieur dépend de ce qui est au-dessus. Si nous examinons bien, nous trouverons des ténèbres jusque dans le soleil. Placez-vous près de lui, il vous paraîtra si éclatant que vous ne pourrez le regarder ; éloignez-vous un peu, son éclat sera le même, mais vous pouvez y arrêter un instant vos regards ; éloignez-vous davantage, il vous paraît moins brillant, et son éclat diminue toujours en raison de votre éloignement. Il y a donc en lui comme un affaiblissement successif qui annonce les ténèbres, à ce point que les ténèbres paraissent prendre naissance de la lumière. Celui qui a fait la lumière a donc créé aussi les ténèbres, de la même manière qu'en créant l'eau il a créé en même temps la terre; et les ténèbres sont le défaut de la lumière, comme la terre est la partie solide des eaux. Dieu est le seul qui n'a point de déclin, et bien qu'il soit partout, et qu'il contienne toutes choses en lui-même, sa splendeur est si éclatante qu'il ne peut être vu de personne, s'il ne consent à en tempérer l'éclat. Le Sauveur lui-même, lorsqu'il était revêtu d'un corps, n'était visible que lorsqu'il le voulait, même sans être renfermé. La gloire éclatante au milieu de laquelle il apparut sur la montagne dans sa transfiguration, demeurait cachée dans son corps, et ne se manifesta au dehors que lorsqu'il le voulut. (*Matth.*,

Apostolo : « Filii diei estis et luminis, non noctis, neque tenebrarum. » (1 *Thes.*, v, 5.) Et si de consulibus conjiciamus, videbimus illum primum nominari qui prior eligitur. Denique solet dici : Cum illo quis erit consul ? Si ergo et nox ante diem esset, prior nominaretur. Nam usque adeo a die incipit numerus, ut puta si dicamus, cras sextum Kalendas est : a mane utique est usque dum veniatur ad aliud mane, ut transacto die et nocte conputetur. Nam et luna utique in initio mane facta est quarta decima : facta enim lucere debuit tota nocte, et in aliud mane cœpit quinta decima. Quid ergo ambigitur, ut non a die principia teneantur? Propter quorumdam contentiones de re manifesta coacti sumus latius loqui, cum ipsa se lectio explanet, in qua dies ante noctem aperta ratione significatur. Hæc omnia supra memorata secundum mundi originem diximus. Verum si altius loqui velimus, intellectum nostrum spiritali erigentes vigore, incongruum deprehendimus tenebras ante lucem creatas asserere. Si enim lucis cœlestis natura est, et tenebrarum terrena, ineptum utique est post tenebras lucem factam putare : quia Moyses lucem quidem factam, sed in qua nunc mundus est parte, non quia tunc creata est dicit ; quia omnia spiritalia ante creata sunt quam carnalia, ut lux quæ in supernis erat fieret in subjectis, ut lampas in domo. Qua autem ratione ante lucem tenebræ dicuntur, cum semper post lucem videantur? Denique cœlestia et spiritalia lumen natura esse creduntur, terrena et carnalia tenebræ, ut tenebrarum natura potentia luminis subsistere videatur, quia omne imum summitatis est. Nam si requiramus, in ipso sole tenebras deprehendimus. Quando enim juxta illum fueris, tam clarissimus videtur, ut prospici non possit : si vero intervallo, clarissimus quidem, sed ut possit aspici : si autem longe, minus clarus : quanto longius, tanto minus clarus. Unde defectus quidam apparet, qui tenebras nuntiat, et ita pervenitur, ut tenebræ ex lumine ortum capere videantur. Itaque qui fecit lucem, hoc modo creavit et tenebras quomodo faciens aquam simul creavit et terram : ut sicut firmum aquæ terra est, ita tenebræ defectus luminis. Deus autem solus est qui defectum non patitur, qui cum ubique sit, imo omnia intra se habeat, tam præclarus est ut a nullo videatur, nisi se voluerit temperare. Denique Salvator cum esset in corpore et clausus non esset, tamen minime videbatur, nisi voluisset. Nam utique quod in monte transfiguratus est, et in claritate magna apparuit (*Matth.*, XVII, 1), hoc veluti latebat in corpore, quod cum voluit, manifestavit. Quomodo ergo latebat, qui clausus non erat? Nam si

xvii, 1.) Comment donc demeurait-il caché sans être renfermé? S'il a pu entrer avec son corps dans l'endroit où étaient ses disciples et lorsque les portes étaient fermées, comment sa divinité ne pénètret-elle pas toutes choses? c'est-à-dire que ses rayons ne peuvent être interceptés parce qu'elle ne souffre aucun déclin. Dieu donc remplit tout de sa présence, mais nous disons cependant qu'il est là où il apparaît et veut se manifester aux regards. Toutes choses sont en Dieu, parce qu'il est au-dessus de tout, au témoignage de l'Apôtre : « C'est en lui que nous avons la vie, le mouvement et l'être ; » (*Act.*, xvii, 28) cependant il n'est que dans celui où il veut être. Il est dans tout par le mystère de son immensité, et il ne se manifeste par un effet de sa providence que dans celui qu'il veut.

DE LA LANGUE HÉBRAÏQUE, D'OU LUI VIENT CE NOM.

Question CVIII. — Tout ce qui vient de Dieu est raisonnable, et chaque chose prend sa source dans une cause qui est le principe de son origine, qui justifie aux yeux de la raison son nom et son existence, et présente une désignation qui est l'origine du nom qu'elle porte. La raison d'être de l'homme est donc la cause par laquelle il existe. Or, il est composé de quatre éléments, la terre, l'air, l'eau et le feu, et il a Dieu seul pour auteur; le cinquième élément est l'âme, qui est comme le conducteur et comme le roi destiné à diriger le corps après sa formation et son organisation. Nous tirons notre origine de la terre, et nous en portons le nom. En effet, le nom d'hommes qui nous est donné vient de *humus*, terre, dont le corps de notre premier père a été formé. Il y a donc ici une cause, une raison pour que tous ceux qui tirent leur origine d'un même père, soient appelés du même nom, et semblent le reproduire en eux-mêmes. Voyons maintenant s'il est juste de dire comme quelques-uns, que les Hébreux sont ainsi appelés d'Héber d'où ils descendent. A ne considérer que le nom, cette opinion aurait quelque probabilité, car Héber est antérieur à Abraham. Si cependant elle était vraie, tous ceux qui sont de la tribu d'Héber auraient dû après lui porter ce même nom, car sept générations séparent Héber d'Abraham. (*Gen.*, xi, 16, 26.) Si donc ce nom est antérieur à Abraham, ou si Abraham lui-même a été appelé de ce nom, nul doute alors que les Hébreux ne tirent leur nom d'Héber. Si au contraire ce nom n'a été en usage qu'après Abraham, alors ce n'est plus d'Héber, mais d'Abraham que les Hébreux tirent leur nom, puisque les enfants d'Abraham sont les premiers que nous voyons appelés de ce nom. Ainsi dans la Genèse, Joseph et ses frères sont désignés sous le nom d'Hébreux. (*Gen.*, xliii, 32.) Comme on savait qu'Abraham était venu de la Syrie dans la terre de Chanaan (*Gen.*, xii, 4), que sa maison y avait pris de l'accroissement, qu'en récompense de sa foi il avait été comblé de toutes sortes de biens, qu'il avait été appelé roi, prophète et le père d'un grand nombre de nations (*Gen.*, xvii, 4), qu'avec trois cent dix-huit hommes de ses serviteurs il avait mis cinq rois en déroute (*Gen.*, xiv, 14), et que ces événements n'avaient pas eu lieu dans un coin ignoré de la terre pour demeurer à jamais inconnus, on donna le nom d'Hébreux à ceux qui descendaient de sa race. Pour toutes ces raisons, Abraham fut donc digne de devenir le chef de ceux qui tiraient de lui leur origine.

cum corpore clausis ostiis intravit ad discipulos (*Joan.*, xx, 19), quemadmodum divinitas ejus non omnia penetrat? hoc est, claudi non potest, quia defectum non patitur. Cum ergo nusquam desit Deus, illic tamen dicitur esse, ubi apparet, et vult videri. Cum ergo omnia in Deo sint, quia excedit cuncta, dicente Apostolo : « In ipso enim vivimus, movemur et sumus; » (*Act.*, xvii, 28) ipse tamen in nullo est nisi in quo voluerit. Mysterio enim quodam in omnibus est, et providentia quadam in quo vult, apparet.

DE LINGUA HEBRAICA, EX QUO NOMEN ACCEPERIT.

Quæstio CVIII. — (1) Omne quod a Deo est, rationabile est : et unicuique rei exordium causa dat, quæ sit origo ipsius, ut non absurde nominari aut subsistere videatur, sed ut nuncupationem ostenderet, quæ caput intelligitur esse ipsius nominis. Igitur ratio hominis est causa, q a constat. Constat autem ex quatuor elementis, scilicet terra, aere, aqua et igne, Deo auctore dumtaxat: quintus est animus quasi auriga, ut concretum et figuratum corpus agat, et quasi imperator ipsius. Et ab humo initium sumpsimus, et ejus nomine nuncupamur. Homines enim vocamur propter humum, unde pater noster forinsecus originem habet. Igitur causa et ratio facit, ut ex nomine alicujus cæteri subsistentes sub eodem nomine appellentur, ipsum significantes in sese. Quamobrem videamus si congruit, sicut quidam putant, ex Heber dictos Hebræos. Videtur enim quantum ad nomen pertinet, inde hujus nominis origo descendere ; anterior est etenim Heber quam Abraham. Quod si esset verum, deberent hi, qui de tribu Heber sunt, post ipsum eodem nomine nuncupari : ab Heber enim septima generatione natus est Abraham. (*Gen.*, xi, 16, 26.) Si ergo super Abraham, vel ipse Abraham Hebræus dictus est ; sine dubio Hebræi ab Heber nuncupantur : si autem non legitur super Abraham dictos Hebræos, sed post Abraham non jam utique ex Heber, sed ab Abraham dicuntur Hebræi: quippe cum filii Abraham primo hoc nomine appellati noscuntur. In Genesi enim Joseph et fratres ejus Hebræi sunt appellati. (*Gen.*, xxxxiii, 32.) Scientes enim Abraham fuisse, qui de Syria descendisset in Chanaan (*Gen.*, xii, 4), et multiplicatus fuisset, fidei causa omnibus copiis refertus, rex et Propheta appellatus et pater multarum gentium (*Gen.*, xvii, 4), qui cum trecentis decem et octo viris vernaculis suis quinque reges confoderit (*Gen.*, xiv, 14), quia non in angulo hæc gesta et dicta sunt, ut laterent ; eos qui sciebantur ex ipsius genere erant, Hebræos nuncupaverunt. Ordinis ergo et meriti ejus fuit Abraham, ut caput fieret his qui ex eo traducem

---

(1) Deest in Mss. 2 generis.

Ce fut par un jugement providentiel de Dieu qu'il fut établi dans la terre de Chanaan le chef et la souche du peuple de Dieu, afin que tous ceux qui naîtraient de lui, dans leur religion comme dans leur manière de vivre, fussent tout autres qu'il n'avait été lui-même avant de venir dans la terre de Chanaan. Dieu l'avait renouvelé tout entier, et il devait lui-même fonder un nouveau peuple dans la religion du vrai Dieu. Voilà pourquoi l'apôtre saint Paul se glorifie d'être né hébreu de pères hébreux (*Philipp.*, III, 5); c'était pour lui comme un titre de dignité, une recommandation et comme une marque de noblesse que de porter le nom de celui que tant de vertus avaient rendu agréable à Dieu et qui était le chef et la souche de son peuple. Qu'on rejette cette opinion si elle n'est pas conforme à la raison, qu'on la méprise si elle parait indigne, qu'on la détruise entièrement si Abraham n'est pas digne de cette prérogative, et qu'on nous combatte comme coupables de flatteries à son égard. Quelle est donc cette hostilité contre Abraham, quelle est cette rivalité qui lui fait disputer cette gloire par ses ennemis? Et qui sont-ils, sinon ses propres enfants? Qu'ont-ils donc à reprendre dans Abraham pour lui contester cet honneur? Et qu'ont-ils tant à louer dans Héber pour le juger digne de cette prérogative? S'il nous était possible d'examiner sa vie, nous trouverions peut-être qu'il a adoré les idoles, comme Tharé et Nachor et le père de Nachor, qui n'ont pas vécu dans un temps bien éloigné de lui et qui, suivant le témoignage de Josué, ont servi les dieux étrangers. (*Josué*, XXIV, 2.) Que ceux qui soutiennent l'opinion contraire nous disent les raisons qui militent ici en faveur d'Héber, et quels sont les mérites sur lesquels nous gardons le silence; mais ces mérites sont nuls, car les Ecritures nous sont communes, et nous y voyons clairement ce qui est dû à chacun. S'ils pensent pouvoir défendre leur opinion par le nom seul, elle est faible et invraisemblable. Le nom d'Héber pourrait ici décider la question si d'autres témoignages venaient appuyer cette présomption, car d'autres portant le même nom pourraient revendiquer ce privilège sans y avoir aucun droit. Le sentiment conforme à la vérité est celui qui a pour appui non pas le nom seul, mais de solides raisons. En effet, Dieu ayant daigné choisir Abraham pour vivifier le genre humain dans sa personne et le proposer aux hommes comme l'exemple à suivre pour arriver au salut, il a dû réparer en lui ce que la fragilité humaine avait pu leur faire perdre. Or, il a été proposé comme un modèle à la ressemblance duquel le genre humain devait revenir à Dieu, et qui devait remettre les hommes en possession du vrai culte de Dieu et de la langue qui leur avait été donnée en premier lieu. Adam fut au commencement l'image de Dieu, et c'est par lui que la connaissance de Dieu devait se répandre sur la terre; mais après la ruine du genre humain et l'oubli du vrai Dieu dans lequel les hommes étaient tombés, Dieu répara son image en Abraham pour que sa foi dans le vrai Dieu fût de nouveau féconde en fruits abondants. Il n'est donc point contraire à la raison que le peuple sorti d'Abraham lui doive à la fois son origine et son nom. Le nom d'Héber serait-il pour eux une difficulté, parce qu'il paraît avoir plus d'analogie avec le mot Hébreux, et qu'on dit les Hébreux et non les Abraheux? Qu'ils veuillent bien remarquer de leur côté qu'on dit les Hébreux et non

habent. Dei enim judicio princeps et origo positus est in terra Chanaan, ex eo geniti, alterius essent et professionis et conversationis, quam fuerat ipse priusquam descenderet in terram Chanaan : innovatus enim ipse, novum constitueret populum in Dei devotione. Hinc est unde apostolus Paulus Hebræum se ex Hebræis fatetur (*Philipp.*, III, 5): hoc enim dignitatis videbatur esse cognomen. Testimonium enim et nobilitas generis erat, ut ex nomine ejus cognominarentur, qui multis modis Deo placuerat, quique eis erat origo. Abnuatur, si non convenit rationi; spernatur, si dispar est; convellatur, si alienum est a meritis Abrahæ; et nos refellamur quasi adulatores ejus. Quæ est inimicitia adversus Abraham, quæ æmulatio, qua ei obtrectant inimici, et qui sunt hi, nisi qui filii ejus dicuntur? Quid est in quo displicet Abraham, ut gloria hæc aliena ab eo putetur? Et quid est quod placeat in Heber, ut primatum istum habere dicatur? Cujus si conversatio posset inquiri, inveniretur forte idola coluisse sicut Tharé et Nachor, et pater Nachor, quos constat non longe ab eo fuisse, sicut testatur Jesus Nave, qui idola coluerunt. (*Josue*, XXIV, 2.) Aut certe qui ex diverso sunt, ostendant qua ratione vindicandum est hoc Heber, ne forte a nobis supprimatur meritum ejus; sed nullum est, quia communes sunt nobis Scripturæ, et quid unicuique debeatur, in propatulo est.

(a) Ms. Colb. *visitaretur*.

Si enim ex solo nomine putant hoc debere defendi, infirmum et improbabile est. Tunc etenim rite nominis ejus vindicaretur, si causæ aliquæ testes existerent, quæ hoc confirmarent : possent enim aliqui ejusdem nominis rem sibi non suam vindicare. Ideoque hoc est verum, quod non solo nomine, sed et perspicua ratione firmatur. Nam quoniam dignatione Dei factum est, ut in Abraham (*a*) vivificaretur genus humanum, et forma fieret salutaris hominibus, nulli est ambiguum, idcirco in ipso reparatum esse, quod fuerat amissum vitio fragilitatis humanæ. Hic enim imago quædam positus est, ut ad ejus similitudinem genus hominum reverteretur ad Deum, ut et Dei culturam, et sermonem qui datus prius fuerat in usum hominum, recuperaret hominibus : quia sicut in principio in Adam Dei fuit imago, ut cognitio ejus esset in terris; ita post ruinas humani generis, et oblivionem veri Dei, in Abraham reformatum est, ut ab ipso fides in Deum cœpta, iterum germinaret in fructum. Unde non est absurdum, ut ex nomine ejus plebs ab eo cœpta vocabulum sortiretur. Sed ne forte propter nomen Heber scrupulum patiantur, quia magis cum Hebræis Heber sonat nomen, quia Hebræi dicuntur, non Abrahæi : recognoscant iterum quia Hebræi dicuntur, non Hebræi dicuntur. Heber enim dictus est, non Hebre. Si ergo hinc impugnandum putant, patiantur quod faciunt, et neuter nos-

QUESTIONS A LA FOIS SUR L'ANCIEN ET LE NOUVEAU TESTAMENT. 367

les Hébreux. S'ils veulent donc nous attaquer sur ce point, ils sont battus par leurs propres armes, et la victoire reste indécise entre les deux partis ; elle est réservée à celui qui prouvera la vérité de ses assertions par de bonnes raisons, car on a beau être en mesure sur un point, on perd sa cause si on est en défaut sur un autre. Nous disons donc qu'on a ici supprimé une lettre pour l'euphonie, et qu'on dit les Hébreux pour les Hébraeux (*hebræi pro hebraei*), parce que la prononciation est plus douce. Ainsi on n'appelle pas les Juifs qui descendent de Juda *judai*, mais *judæi*. Partout, en effet, où la raison l'exige, on supprime ou on modifie une ou plusieurs lettres pour que la prononciation soit plus agréable. C'est ainsi que pour le milieu du jour (*medio dic*) nous disons *midi* (*meridie*), et de même dans une multitude de cas semblables. Il est donc convenable, comme nous l'avons montré, que le peuple hébreu doive à Abraham son nom aussi bien que sa langue. C'est donc cette langue qui a été donnée au commencement à Adam et aux autres hommes, et qui pour punir la présomption qui inspira la construction de la tour de Babel fut confondue et divisée en plusieurs langues, de manière qu'elle cessât d'exister en donnant naissance par le changement de certaines locutions à une multitude d'autres idiomes, qui avaient cependant une même physionomie. Quant à cette langue primitive, elle n'était pas entièrement perdue, mais elle était comme confondue dans les autres langues. Dieu confondit alors le langage des hommes pour les empêcher de se comprendre et de se porter à de plus téméraires excès. Il y eut donc alors autant de langues qu'il y eut de divisions parmi les hommes ; chaque division établit une langue différente dans le pays qu'elle habitait. (*Gen.*, XI, 8.) Si l'on ne veut pas admettre que c'est cette langue qui, d'après l'Ecriture, était la seule qui fût parlée parmi les hommes, il ne nous reste plus qu'à dire qu'elle a été formée en détail des autres langues et réduite à un seul idiome dont se servait Abraham. Comme il devait être le père d'un grand nombre de nations, il parlait une langue formée d'un grand nombre de langues, et il était ainsi l'objet d'un renouvellement général. Lorsque ceux que le livre de la Genèse nous représente comme n'ayant qu'une seule langue et qu'une même manière de parler partirent de l'Orient pour se disperser sur toute la surface de la terre, il en resta sans doute quelques-uns qui conservèrent l'usage de la langue primitive. (*Gen.*, X, 31 ; XI, 1.) En effet, cette langue donnée au premier homme dans le paradis n'est parlée dans aucune contrée comme les autres langues par aucun peuple, excepté par les Juifs. Et après la confusion des langues, on ne retrouve plus la trace de la langue que nous appelons hébraïque. Si donc cette langue ne se retrouve dans aucune contrée, chez aucun peuple, et qu'Abraham ait été originaire de Syrie, d'où venait cette langue qu'il parlait, lui ou ses descendants, si elle n'était la première, si du moins elle n'était formée de plusieurs langues ? Quelques langues, en effet, ont des locutions analogues. Mais cette hypothèse ne satisfait pas la raison comme celle qui soutient que cette langue est la première, car la raison fait voir le dessein providentiel de ce fait. En effet, Abraham a dû parler la langue que parlait le premier homme afin que Moïse à son tour, dans son histoire de la création du monde et de l'homme, se servît de la même langue dont Dieu s'était servi lorsqu'il donna au premier homme le nom d'Adam et à la première femme le nom d'Eve. Il était convenable que le récit de Moïse fût écrit dans la langue de ceux dont il raconte l'origine pour enseigner ainsi que Dieu avait

trum habebit ex hac parte victoriam, nisi is, qui per ordinem reddita ratione ostendit verum esse quod asserit : qui enim in una re par est, perdidisse dicendus est, si in altera inæqualis fuerit inventus : nam propter sonum immutata est littera, ut Hebræi pro Hebraei dicerentur, quia melius sonat. Quoniam et ex Juda non Judai dicuntur, sed Judæi. Ubicumque enim absurdum visum est, immutata est littera, ut vox sonum compositum haberet. Nam pro medio die meridio dicimus, et multa sunt talia. Igitur convenit, ut est ostensum, ut nomine Abrahæ, tam lingua quam populus nuncuparetur. Hæc ergo lingua est, quam dicimus primitus datam Adæ et cæteris, quam propter præsumptionem turris ædificatæ credimus in multas dispersam et confusam, ut non jam hæc, sed multæ ex hac, immutatione habita quorumdam dictorum, exsisterent : ut unam haberent speciem, nec tamen deperiret, sed tota confusa esset cæteris linguis. Ita enim tunc actum est, ne se homines intelligerent, et majora auderent. Tantæ ergo tunc linguæ intelliguntur exstitisse, quanti et homines fuerunt ; qui dispersi, locis in quibus habitarunt, unusquisque linguam suam instituit. (*Gen.*, XI, 8.) Si autem ipsa esse minime putabitur, quæ scripta est tunc una fuisse, hoc supererit, ut de cæteris linguis collecta sit particulatim, et compaginata in speciem linguæ unius, qua uteretur Abraham ; ut quia pater multarum gentium erat, ex multis linguis sermonem haberet compositum, et esset per omnia innovatus. Sed quia ii, quos memorat liber Geneseos unius vocis et sermonis, ab Oriente migrasse leguntur, et inde iterum dispersi a Deo super faciem totius terræ (*Gen.*, X, 31), non utique illic remansit, quin primitus lingua data remaneret. Denique neque terram aliquam habet inter homines, ut cæteræ linguæ, neque gentem, exceptis Judæis ; quia primo homini data est in paradiso. Et postquam confusæ sunt linguæ, nusquam reperta hæc, quæ nunc dicitur Hebræa. Si ergo nusquam habet locum vel gentem ; Abraham autem natione Syrus erat ; unde hanc linguam Abrahæ vel cæteris seminis ejus, nisi quia aut illa prima est, aut certe de multis aptata ? Videmus enim aliquantas linguas nonnulla verba similia ejus habere. Sed hoc non sic convenit rationi quomodo illud, si prima ipsa esse dicatur : non enim otiose hoc factum ratio probat. Ipsam enim linguam debuit Abraham habere, quam habuit primus homo, ut Moyses veniens, et creaturam et hominem a Deo factum describens, hac voce uteretur, qua Deus locutus est et hominem appellavit Adam, et Adæ mulier vocata est Eva : ut hæc vox esset in libro Moysi, quæ fuerat et in iis quos descripsit, ut vere in omnibus

repris ses premiers desseins et renouvelé les effets de sa miséricorde dans la personne d'Abraham.

DE MELCHISÉDECH.

QUESTION CIX. — (1) Voici ce que nous lisons de Melchisédech dans le livre de la Genèse et aussi dans l'épître de saint Paul aux Hébreux : Melchisédech, prêtre du Dieu Très-Haut, parut à la rencontre d'Abraham lorsqu'il revenait de la défaite des rois, lui offrit du pain et du vin et le bénit en disant : « Qu'Abraham soit béni du Dieu Très-Haut qui a créé le ciel et la terre, et qui a mis vos ennemis entre vos mains. » (*Gen.*, XIV, 18 ; *Heb.*, VII, 3.) Et pour mieux nous faire comprendre celui qui était représenté par Melchisédech, l'Apôtre ajoute : « Sans aucun doute celui qui reçoit la bénédiction est inférieur à celui qui la donne ; » paroles que l'Apôtre n'applique point à la tradition du ministère ecclésiastique. Qui oserait dire, en effet, que la règle instituée par le Seigneur pour bénir les fidèles ne soit supérieure à ceux qu'elle bénit ? C'est donc la présence mystérieuse du Seigneur qui se fait sentir dans ces paroles dont il est l'objet et qui le rappellent à notre souvenir. L'auteur sacré a voulu nous montrer ici sa dignité personnelle et sa puissance. Quelle est donc la grandeur de cet homme en comparaison duquel Abraham n'a que le second rang, malgré la supériorité que lui donnent parmi les fidèles sa générosité et sa foi ? Comprenons ici que ce Melchisédech ne bénit pas Abraham, comme les prêtres, en prononçant par délégation une formule solennelle de bénédiction, mais par une bénédiction qui lui est propre, et qu'il a reçue non par une tradition orale, mais par nature et substantiellement. Les prêtres auxquels nous donnons le nom de pontifes, ont des formules solennelles de bénédiction qui leur ont été transmises, et qu'ils récitent sur les hommes qu'ils bénissent, non pas toujours sur ceux qu'ils veulent, mais sur ceux mêmes qu'ils ne veulent pas bénir, parce que l'auteur de cette règle sait dans quelle âme il doit répandre sa sainte bénédiction. Celui, au contraire, qui possède cette bénédiction substantiellement en vertu de sa nature, et que Moïse appelle le prêtre du Dieu Très-Haut, donne cette bénédiction comme il le veut. Les paroles de la bénédiction comme sa nature sont toujours d'accord avec sa volonté. Il ne se trompe jamais en voulant la donner là où il ne faut pas, ou en la refusant quand il devrait la donner, les paroles de la bénédiction qu'il prononce ont toujours leur efficacité. Nos prêtres, au contraire, invoquent tous les jours sur un grand nombre de fidèles le nom du Seigneur et prononcent des formules de bénédiction, mais très-peu en recueillent l'effet. Il arrive aussi que les prêtres bénissent ceux qui leur sont supérieurs. Quelque saint qu'on soit en effet, on s'incline pour recevoir la bénédiction, parce que ce n'est point une invention du prêtre, mais une institution divine. Le grand prêtre Héli a béni Anne, et cette bénédiction a eu

(1) Bernard Vindingus dans ses critiques sur saint Augustin, s'exprime ainsi sur cette question : « Il en est qui soupçonnent que l'auteur de ce traité est celui que combat saint Jérôme dans sa lettre à Evagrius, qui affirment que Melchisédech était l'Esprit saint. J'accorde que cet ouvrage sur Melchisédech que saint Jérôme attaque a été inséré dans ce traité, de même que d'autres extraits de divers auteurs ; si cependant saint Jérôme avait reçu ce traité tout entier comme l'ouvrage d'Evagrius, comme il est rempli d'erreurs nombreuses et des plus graves il ne se serait pas borné à combattre l'erreur sur Melchisédech, il eut au moins relevé en quelques mots les autres qu'il contient également. »

reformatam doceret primam causam, et beneficium divinum in Abraham.

DE MELCHISEDECH (a).

QUÆSTIO CIX. — (1) De Melchisedech legimus in libro Geneseos, de Melchisedech etiam simili modo est et in epistola data ad Hebræos, quia « obviavit, inquit, Melchisedech sacerdos Dei summi Abrahæ revertenti a cæde regum, et protulit panes et vinum, et obtulit ei, et benedixit eum, dicens : Benedictus es Abraham a Deo excelso, qui fecit cœlum et terram, qui tradidit inimicos tuos sub manus tuas. » (*Gen.*, XIV, 18 ; *Hebr.*, VII, 3.) Et ut Apostolus significaret, quis intelligendus esset per Melchisedech, adjecit : « Sine dubio enim, ait, quod minimum est, a meliore benedicitur. » Quod quidem non utique ad traditionem retulit officii ecclesiastici. Quis enim ambigeret regulam traditionis Dominicæ, qua benedicuntur subjecti a Domino, meliorem esse iis qui benedicuntur ab ea ? Domini enim mysterium in iis verbis, quæ ipsum complectuntur ac memorant, operatur. Personæ autem ejus proprium meritum et potentiam voluit demonstrare. Quis ego hic et quantus is, ad cujus comparationem minimus dicitur Abraham, quem constat in omnibus fidelibus signum habere testimonii nobilitatis ac fidei ? Igitur hic Melchisedech non utique sic benedixisse intelligitur Abraham, sicut faciunt homines sacerdotes, ut ex delegatione daret benedictionem verbis solemnibus ; sed quasi propriam, quam non per una traditione orali, sed per naturam acceperit substantialiter, ut sit ei propria. Sacerdotes autem, quos antistites dicimus, regulam habent verbis solemnibus ordinatam et traditam sibi, quam superponentes hominibus benedicunt : non tamen quos volunt, sed etiam aliquando quos nolunt ; quia dator regulæ ipse scit cui dari debeat vel infundi sacratissima benedictio. Ille vero qui natura habet benedictionem substantialiter, quem dicit summi Dei sacerdotem, per voluntatem dat benedictionem. Verba enim benedictionis et natura ejus cum voluntate concordant. Nec errat, ut ibi velit ubi non debet, neque nolit ubi debet ; sed cui dederit verba, dat et effectum. Nostri autem sacerdotes super multos quotidie nomen Domini et verba benedictionis imponunt, sed in paucis effectus est. Est iterum quando meliores sic benedicunt. Quamvis enim quis sanctus sit, curvat tamen caput ad benedictionem sumendam, quia non proprium sacerdotis est, sed Dei in-

(1) Deest in Mss. 2 generis.
(a) Sic in Mss. et Rat. Aliæ vero edit. addunt : *Quomodo Abraham benedixerit, et quid de eo senserit Apostolus.*

son effet, non point grâce au mérite du grand-prêtre, mais à la foi de cette pieuse femme dont Dieu connaissait le cœur pur. (I *Rois*, I, 17.) Si Melchisédech est déclaré supérieur à Abraham, ce n'est point seulement à cause de la dignité sacerdotale, mais c'est par sa nature, et l'auteur sacré veut nous apprendre qu'il est plus qu'un homme. Il est impossible, en effet, de ne voir qu'un homme dans celui qui est placé au-dessus d'un si grand ami de Dieu, d'un homme si plein de foi que par amour et par crainte de Dieu, il n'hésita pas à immoler son fils qui lui était si cher. Par quelle justice, par quelles œuvres aurait-il pu acquérir plus de mérites qu'Abraham? Que pouvait-il faire de plus pour cela que ne fit Abraham? D'abord, dans le temps qu'il ne connaissait point Dieu, et sans qu'il eût vu encore aucun signe déterminant, Dieu lui dit : « Sortez de votre terre, et de votre parenté, et de la maison de votre père, » (*Gen.*, XII, 1) et il obéit aussitôt sans le moindre délai, accomplissant ainsi la volonté, non-seulement de Dieu qui lui parlait alors, mais du Seigneur qui devait un jour se manifester aux hommes. Le Sauveur ne dit-il pas, en effet : « Celui qui aime plus que moi sa maison, son père ou sa mère, ses frères ou ses parents n'est pas digne de moi? » (*Matth.*, x, 37.) Quelle est donc la vertu et la perfection d'Abraham qui accomplit les commandements du Sauveur avant qu'ils soient annoncés au monde? L'Apôtre recommande par-dessus tout la pratique de l'hospitalité, Abraham l'exerça si fidèlement que c'est son exemple qui semble avoir déterminé saint Paul à faire cette recommandation. (*Hebr.*, XIII, 2 ; *Gen.*, XVIII, 3.) Puis lorsqu'il était déjà dans un âge avancé, il crut que sa postérité se multiplierait comme les étoiles du ciel, ce qui paraît une folie aux yeux des sages du siècle qui se trouvent ainsi condamnés par son exemple avant même que Dieu eût menacé de perdre leur sagesse, car c'est dans la suite qu'il dit par ses prophètes : « Je perdrai la sagesse des sages. » (*Abd.*, I, 8 ; *Isa.*, XXIX, 14 ; 1 *Cor.*, I, 19.) Abraham obéit encore à l'ordre de Dieu qui lui commande de se circoncire, ce qu'il ne pouvait faire sans douleur, et il s'y soumet pour donner à ses descendants l'exemple de la patience. (*Gen.*, XVII, 24.) Dieu lui promet qu'il aura un fils de Sara, son épouse, malgré son âge avancé, et il ne doute pas un seul instant. Il apprenait ainsi aux siècles futurs que la foi à l'autorité de Dieu doit être si entière, qu'elle ne permette pas le moindre doute sur les commandements ou les promesses qu'il peut faire quand même ils paraîtraient contraires à la raison. Il faut considérer ici la personne plutôt que les paroles, car c'est la personne qui confirme et rend possible ce que les paroles paraissent présenter de faible. C'est Dieu qui promet, et nous devons croire qu'il peut ce qui paraît impossible aux hommes. En quoi l'homme serait-il répréhensible en attribuant à Dieu une puissance qu'il ne se reconnaît pas à lui-même? Aussi Abraham sur l'ordre de Dieu n'hésite pas un seul instant à mettre à mort ce fils que Dieu lui a donné (*Gen.*, XXII, 3), il ne s'étonne pas de la volonté de Dieu qui demande la mort d'un enfant qu'il lui avait donné comme un témoignage de sa bonté et de sa puissance ; il est trop convaincu que ce n'est pas à l'homme de discuter la volonté de Dieu, et que ses ordres comme ses actions sont inspirés par une souveraine raison. Or, pour exécuter cet ordre avec le plus religieux empressement, il le laisse ignorer à son

ventum. Heli enim sacerdos Annam benedixit, et prosecutus effectus est : non utique merito sacerdotis, sed ipsius Annæ, cujus mundum cor inspexit Deus. (I *Reg.*, 1,17.) Igitur Melchisedech non ideo melior Abrahæ dicitur propter solum officium sacerdotii ; sed et natura anteponitur illi, et ultra homines intelligatur. Nullo enim modo fieri potest, ut qui tanto amico Dei præponitur, et fideli usque adeo ut amore et timore ejus nec filium suum carissimum dubitaret occidere, homo putetur. Qua enim justitia, quibus operibus plus posset mereri, quam meruit Abraham ? Nec enim erat plus quod faceret ad commendationem meritorum, quam fecit Abraham. Primum enim cum nesciret Deum, nec signum vidisset, quo ei suaderetur ; dicenti sibi Deo : « Exi de terra tua, et de cognatione tua, et de domo patris tui, » (*Gen.*, XII, 1) nec distulit, sed statim obedivit, non solum præsentis Dei, sed et futuri Domini implens voluntatem. Dicit enim Dominus : « Quicumque plus fecerit domum, aut parentes, aut fratres, aut cognatos quam me, non est me dignus. » (*Matth.*, x, 37.) Qualis ergo Abraham, et cujus meriti est, qui ante mandata Salvatoris implevit quam prædicarentur ? Apostolus hospitalitatem sectandam magnopere docet : hanc Abraham sic et tam devote excoluit, ut videatur ab hoc didicisse Apostolus hanc prædicandam. (*Hebr.*, XIII, 2 ; *Gen.*, XVIII, 3.) Deinde provectus annis, sic multiplicari credidit semen suum, quod prudentibus mundi stultum videtur, quemadmodum sunt stellæ cœli, ut antequam sententia decerneretur prudentibus sæculi, ab hoc damnati videantur. Postea enim dictum est : « Perdam prudentiam prudentium. » (*Abdiæ*, I, 8 ; *Isa.*, XXIX, 14 ; 1 *Cor.*, I, 19.) Jussu Dei circumciditur, quod non utique sine dolore fit : et non ægre fert, ut posteris formam daret patientiæ. (*Gen.*, XVII, 17.) Ex Sara illi uxore sua jam anicula filius promittitur, et non dubitat : ut futuris ostenderet in tantum Dei auctoritati credendum, ut etiamsi quæ irrationabilia viderentur, præcipiat aut promittat, non ambigatur : quia magis persona ejus respicienda est quam verba, quia magis in verbis infirmum aut impossibile videtur, persona ejus confirmet, et faciat videri possibile. Deus est enim qui promittit, de quo credendum est, quia potest quod hominibus impossibile videtur. Quæ enim offensio potest judicari, cum plus de Deo opinatur, quam de se sentit humanitas ? Propter quod datum sibi a Deo Abraham filium eodem jubente occidere illum non ambigit, nec tempus differt (*Gen.*, XXII, 3) ; nec admiratur Dei voluntatem, ut filium, quem magnopere beneficii et admirationis dederat gratia, hunc juberet occidi : certus Dei voluntatem non debere ab homine retractari, neque jussionem aut factum Dei sine providentia esse. Quod ut omni devotione festinanter impleret, matri ejus conjugi suæ non indicat, non ignarus fragiliores esse circa

épouse, il savait la faiblesse des mères pour leurs fils, et que les larmes de la tendresse auraient pu mettre obstacle à l'acte de religion qu'il aurait pu accomplir; il n'en instruit son fils lui-même qu'à l'heure du sacrifice, pour que son obéissance soit pleine et entière à l'ordre de Dieu, dans l'exécution duquel il ne voit pas un parricide, mais un holocauste demandé par le juste juge. Quelles actions plus héroïques pouvait faire Melchisédech pour surpasser Abraham dont l'obéissance, nous l'avons vu, ne fut jamais surprise en défaut? Moïse qui s'entretint avec Dieu face à face, fut envoyé vers son peuple et ses frères, et refusait d'y aller. (*Exod.*, IV, 1; XXXIII, 11.) Le prophète Jonas désobéit à l'ordre qui lui est donné d'aller prêcher aux Ninivites, et se dirige vers une autre contrée où il n'était pas envoyé. (*Jon.*, I, 11.) Job, cet homme admirable en tout, fut cependant ébranlé par la mort de ses enfants, il déchira ses vêtements, et se coupa les cheveux (*Job*, I, 20); mais nous ne lisons pas qu'Abraham se soit affligé de la mort d'un fils qui lui était si cher et nous ne voyons pas que ce fils que Dieu lui commandait d'immoler ait tremblé devant cet ordre qui était donné. Nous concluons de là que Melchisédech était plus qu'un homme, car il ne pouvait l'emporter sur Abraham qu'autant qu'il était d'une nature supérieure. La nature impassible possède la béatitude en vertu de sa substance, la nature humaine l'obtient par ses actions. Elle n'a pas la perfection de la divinité, c'est donc par l'exercice et par la lutte qu'elle devient de jour en jour meilleure, lorsque ses victoires sont plus nombreuses que ses défaites. Si elle était toujours impeccable dans ses actions, ce qui est impossible, elle serait meilleure que Dieu (loin de nous cette pensée), parce que si une nature qui peut commettre comme éviter le péché était toujours victorieuse du péché, elle devrait être mise au-dessus de la nature qui ne pèche point parce qu'elle est impassible. Il ne paraîtrait pas y avoir grand mérite à ne point pécher, parce qu'on ne le peut point; l'héroïsme serait d'avoir la faculté de pécher et de ne point pécher. Il y a donc cette différence entre la nature de Dieu et la nature de l'homme, que la nature de Dieu est toujours heureuse dans la sécurité de son invincible éternité, tandis que la nature de l'homme n'arrive à la félicité que par le travail. Or, il est nécessaire que la béatitude impassible soit différente de celle qui est le fruit des tribulations qui enfantent ainsi la joie. La béatitude impassible a en elle une source intarissable de bonheur; pour la nature passible au contraire, ce n'est qu'après de grandes épreuves qu'elle se réjouit d'avoir échappé à la mort. La tristesse est pour elle le moyen d'arriver au bonheur, et sa passibilité est inconciliable avec un bonheur sans interruption. Celui, au contraire, qui est impassible par nature est toujours heureux, parce qu'il ne connaît point la tristesse, et qu'il ne peut même soupçonner qu'elle puisse l'atteindre. Quant à la nature humaine, bien qu'elle parvienne à la félicité par le travail, elle ne sera pas exempte d'épreuves, et les cicatrices ne lui manqueront point. Et comment au milieu de tant de combats où elle est quelquefois vaincue, pourrait-elle ne point recevoir de blessures? La nature impassible, au contraire, demeure inaccessible à toute atteinte, à toute blessure, à toute défaite. L'Ecriture ne dirait donc pas d'Abraham qu'il est inférieur à Melchisédech, si Melchisédech

---

filios feminas, et posse huic devotioni lacrymarum miseratione impedimentum afferre; nec non et ipsum puerum latet usque ad horam necis, ut jussioni Dei toto mentis obsequio obediret; non parricidium hoc deputans, sed holocaustum, quod justo judice actore fiebat. Quæ ergo his majora posset gerere Melchisedech, quibus præcederet Abraham, quem sicut videmus, in nullo constat inobedientem fuisse? Moyses etenim, cui legitur facie ad faciem Dominus esse locutus, missus ad gentem et ad fratres suos, ire nolebat. (*Exod.*, IV, 1; *Exod.*, XXXII, 11.) Jonas propheta præceptum sibi ut Ninivitis prædicaret irruit, ut ad alium locum pergeret, quo missus non fuerat. (*Jonæ*, I, 1.) Job plane egregius in omnibus, tamen motus amissione filiorum, vestimenta scidit sua, et totondit comam capitis sui: Abraham autem nec contristatus legitur de morte carissimi filii, et quem jussus fuerat ipse occidere, nec alicubi Deo sibi jubente legitur trepidasse. (*Job*, I, 20.) Igitur per hæc apparet Melchisedech ultra hominem esse, quia non erat unde melior esset quam Abraham, nisi sola præcedat illum natura. Natura enim impassibilis, beatitudinem per substantiam habet: humana autem (*a*) nativitas beatitudinem acquirit per gesta. Quia enim perfectionem divinitatis non habet, per exercitium et colluctationem proficit ut melior fiat, cum plus vincit quam vincitur. Si enim sic ageret, quod impossibile est, ut nunquam peccaret, melior Deo fieret: quod absit, (1) quia natura quæ potest peccare, sicut et non peccare, si semper vinceret, illi naturæ præponenda erat, quæ ideo non peccat, quia impassibilis est. Non enim magnum videretur non peccare, quia non potest: magnificum autem, si cum posset peccare, non peccaret. Hoc ergo interest inter substantiam Dei et hominis, quia Dei substantia beata semper est securitate invincibilis æternitatis suæ: hominis autem substantialiter beata fit per laborem. Et alia necesse est beatitudo sit impassibilis, alia illius qui tribulationibus conficitur, ut possit aliquando gaudere. Beatitudo enim impassibilis in eo est semper ut beata sit: passibilis autem post magna exitia gaudet evasisse mortem. Contristatur ergo ut possit gaudere, nec perpetuo securus passibilitate naturæ. Impassibilis autem, semper beatus est; quia neque novit tristitiam, neque suspicatur posse se contristari. Nam et natura hominum, quamvis per laborem beatitudinem consequitur, non erit tamen intacta, neque deerunt ei cicatrices. Quomodo enim fieri potest, ut sæpe congressa et aliquoties victa, non sit vulnerata? Impassibilis autem semper intacta, illæsa, inviolabilis manet. Igitur non minimus diceretur Abraham ad Mel-

---

(1) Reliqua in editione Rat. et in Ms. Colbertino desunt.
(*a*) Sic Mss. et Rat. Aliæ vero edit. *necessitas*.

n'était pas d'une nature supérieure à celle d'Abraham ?

Ce que nous venons de dire paraîtra peut-être plus ingénieux que solide. Mais si nous examinons les divines Écritures, nous pourrons relever encore et en plus grand nombre des titres de gloire plus excellents. « Ce Melchisédech, dit saint Paul, roi de Salem, prêtre du Dieu Très-Haut, qui, lorsqu'Abraham revenait de la défaite des rois, parut à sa rencontre et le bénit, et qui premièrement signifie roi de justice, et qui ensuite était roi de Salem, c'est-à-dire roi de paix ; sans père, sans mère, sans généalogie, n'ayant ni commencement de jours, ni fin de vie, est ainsi l'image du Fils de Dieu, et demeure prêtre pour toujours. » (Gen., XIV, 18 ; Hebr., VII, 1.) Et pour faire ressortir en son lieu ces prérogatives, il ajoute : « Considérez donc combien était grand celui à qui Abraham donna la dîme de ses plus riches dépouilles. » Pour montrer toute l'étendue du mérite et de la puissance de Melchisédech, il fait l'éloge d'Abraham en disant qu'il est le chef et le prince des patriarches, c'est-à-dire qu'il est supérieur à tous les autres, mais inférieur à Melchisédech. N'est-il donc pas évident que Melchisédech n'est pas un homme, mais qu'il est d'une nature supérieure ? Mais que signifient ces deux titres qu'il lui donne de roi de paix et de roi de justice ? Examinez de plus près et voyez. Le soleil vu de trop loin vous parait comme un flambeau, et à distance vous prenez l'argent pour de l'étain. Un homme peut-il être appelé roi de paix et de justice ? On prêche la paix aux hommes, aussi bien que la justice ; mais celui-ci est appelé roi de paix et de justice pour vous faire comprendre que c'est de lui que la justice et la paix tirent leur origine, car on ne peut mettre au-dessus de lui ce qui est soumis à sa direction, c'est à l'école de la justice et de la paix que les hommes apprennent à faire ce qui plaît à Dieu. Or, ces deux vertus qui sont les maîtresses de l'homme ont Melchisédech pour roi. Quelle est donc la supériorité de Melchisédech sur l'homme puisque les vertus qui gouvernent les hommes lui sont soumises, n'est-ce pas là être le roi des rois ? Lorsque saint Paul nous dit qu'il est roi de justice et de paix, il veut nous apprendre qu'il est le principe de l'une et de l'autre, et que de même que Notre-Seigneur Jésus-Christ est l'auteur de la vie, Melchisédech est l'auteur de la justice et de la paix, parce que ceux qui reçoivent la vie par Jésus-Christ sont dirigés par la justice et par la paix. Car il répand dans le cœur des serviteurs de Dieu la justice et la paix pour servir d'ornement à la doctrine du Seigneur. Nous lisons dans le psaume quatre-vingt-quatrième : « Que la justice et la paix se sont embrassées, et que la vérité s'est levée de la terre. » (Ps. LXXXV, 11.) Et pour qu'on sût bien de quelle justice il voulait parler, le Psalmiste ajoute : « Et la justice a regardé du haut du ciel. » L'Écriture prédit ici ce qui devait arriver du temps du Sauveur, où la justice de Dieu a été donnée au monde par Jésus-Christ, dans la connaissance du mystère d'un seul Dieu qu'il avait promis précédemment par les prophètes. Il était juste, en effet, que la créature connût la vérité de son Créateur, et cette justice s'étant manifestée à la terre, fit cesser les divisions qu'avait engendrées l'injustice de l'ignorance de Dieu, et régner la paix et l'harmonie entre les esprits les plus divisés, en les établissant dans l'unité d'une même foi. C'est ainsi qu'on vit s'embrasser la justice, la paix et la vérité sorties d'une même source. C'est de la terre que s'éleva la justice qui devait enseigner

---

chisedech, nisi potior esset natura Melchisedech quam Abraham.

Nam hæc quæ diximus, ingenii esse forte videntur. Si autem Legem respiciamus, plurima adhuc et potiora dicentur. « Ille enim Melchisedech rex Salem, sacerdos Dei summi, qui obviavit Abrahæ regresso a cæde regum, qui et benedixit eum, primum quidem interpretatur rex justitiæ, deinde rex Salem, quod est rex pacis, sine patre, sine matre, et sine genealogia, neque initium dierum, nec finem vitæ habens : similatus autem Filio Dei manet sacerdos in perpetuum. » (Gen., XIV, 18 ; Hebr., VII, 1.) Et ut hæc locis quibus significaverat, commendaret, de eo adjecit : « Videtis, ait, quantus sit hic, cui decimas dedit Abraham de primitivis princeps patrum. » Ut enim qua potentia et quanta Melchisedech sit ostendat, laudat Abraham dicens, quia « princeps patrum est, » hoc est cæteris omnibus melior Abraham, sed minimus ad Melchisedech. Nonne manifestum est hunc hominem non esse, sed meliorem ? Quid est enim quod dicit de eo, quia rex pacis est, et rex justitiæ ? Propius accedite, et videte. De longe enim solem videntes lucernam putatis, et argentum aspicientes, æstimatis stannum. Potest aliquis hominum dici rex pacis atque justitiæ ? Pax enim hominibus prædicatur, similiter et justitia : hic autem ideo rex pacis et justitiæ dicitur, ut ab eo justitia et pax originem habere noscatur. Non enim super ipsum esse dici potest, quod ab ipso regitur. Nam hominis justitia magistra et pace erudiuntur ad Deum promerendum. Hæc ergo quæ hominum magistra est, Melchisedech habet regem. Quantum ergo melior est homine Melchisedech, quando gubernatrix hominum sub ipso est, hoc est, regem esse regum. Itaque cum rex justitiæ et pacis dicitur, auctor eorum esse significatur ; ut quomodo Dominus Jesus auctor vitæ est, ita et Melchisedech auctor justitiæ sit et pacis : quia qui per Christum vivunt, hi dispensante justitia et pace reguntur. Cordibus enim servorum Dei justitiam infundit et pacem, ad exornandam disciplinam Dominicam. Scriptum legimus in Psalmo octogesimo quarto, quia « justitia et pax complexæ sunt se, et veritas de terra orta est. » (Psal. LXXXIV, 11.) Et ut de qua justitia diceret, ostenderet, ait, quia « justitia de cœlo prospexit. » Hoc de tempore Salvatoris Scriptura ostendit, quo justitia Dei data est mundo per Christum, in cognitione mysterii Dei unius quod ante promiserat. Justum est enim scire creaturam veritatem Creatoris sui : quæ justitia manifesta in terris, sublata discordia quæ de injustitia fuerat generata incogniti Dei, pacificos fecit discordes, dum diversos dudum in una fide constituit. Sic se complexæ sunt justitia et pax et veritas unius. De terra orta est magistra justitia. Incar-

les hommes, car l'incarnation de Jésus-Christ leur apprit quelle était la vérité qu'ils devaient connaître sur la nature de Dieu. Voilà donc bien la justice de Dieu. La paix vient également de lui, au témoignage de l'Apôtre : « Que le Dieu de paix écrase Satan sous vos pieds. » (*Rom.*, XVI, 20.) Je ne vois pas comment on peut distinguer ici ces deux choses, puisque le Dieu de paix est le Père de Notre-Seigneur Jésus-Christ, et Jésus-Christ lui-même, car il dit : « Je vous donne ma paix. » (*Jean*, XIV, 27.) Pourquoi dit-on de Melchisédech qu'il est le roi de la justice et de la paix? Je ne comprends pas comment on peut faire cette distinction. Je pense donc que quant au fond même de la chose, il n'y a ici aucune différence entre le roi de la paix et le Dieu de la paix. Comme personne sur la terre ne devait être appelé Dieu, et que ce nom devait être réservé exclusivement au principe de toutes choses, Dieu établit des rois qui seraient comme son image, et qui, à l'exception du nom de Dieu, auraient toute sa puissance; mais comme ils sont d'origine terrestre, ils sont les rois des hommes, mais non les rois de la paix et de la justice : car ils ont eux-mêmes au-dessus d'eux la justice qu'il ne leur est pas permis de mépriser. La justice pour eux, c'est Dieu lui-même, la justice est le bien propre de Dieu, et celui qui la transgresse devient coupable au jugement de Dieu. Mais pour Melchisédech, l'Écriture ne nous le représente pas comme un roi ordinaire parmi les hommes, parce qu'il a sous son autorité la justice qui est au-dessus des rois. Nul en effet, ne peut avoir la justice sous son empire à moins d'être impeccable par nature. Or, elle est sous son empire, parce que c'est lui qui l'a établie comme une loi destinée à diriger ceux qui sont sujets au péché. Le roi de la justice est donc celui qui règle les lois dont il est l'auteur et qui enseignent aux hommes ce qu'il faut croire et pratiquer pour arriver au bonheur.

Nous nous sommes déjà longuement étendus sur la personne de Melchisédech, et cependant nous ne disons rien qui soit digne de lui, à moins de revenir à l'Écriture qui nous presse depuis longtemps et qui nous crie pour nous tirer du profond sommeil qui nous accable et nous appeler à l'intelligence non de la nuit, mais du jour. Elle nous dit donc que Melchisédech est « sans père, sans mère, sans généalogie, » et pour prévenir toute interprétation qui serait moins digne de ce personnage, elle ajoute « qu'il n'a ni commencement de jours, ni fin de vie, » paroles qui démontrent que Melchisédech n'a été soumis ni à la naissance ni à la mort. Que peuvent contre un témoignage aussi clair toutes les subtilités des raisonnements humains? Quel esprit si fin et si habile qu'il soit oserait résister à des preuves aussi évidentes, et prétendre imposer son interprétation au texte sacré, au lieu d'accepter le sens qu'il présente naturellement. On fait violence aux divines Écritures, et elles rencontrent ici pour ennemis ceux-mêmes qui paraissent se soumettre à son autorité. Il en est qui soutiennent en effet qu'on ne doit point croire de la personne de Melchisédech ce que l'Écriture nous en rapporte, et qui veulent tourner l'Écriture à leurs pensées. Il vaudrait beaucoup mieux rejeter franchement l'autorité des Écritures que d'user d'artifices contre elles, en leur déclarant la guerre sous les dehors de la paix et en cachant des intentions hostiles sous l'apparence de l'amitié. Ils prétendent donc que ce n'est point pour relever la grandeur de Melchisédech, mais bien plutôt pour faire voir l'obscurité de sa condition que l'Écriture

---

natio enim Christi ostendit, quæ esset de ipso Deo veritas cognoscenda. Igitur hæc certe justitia Dei est. Similiter et pax, dicente Apostolo : « Ipse autem Deus pacis conteral satan. » (*Rom*, XVI, 20.) Quomodo hoc possit discernere, non adverto, ut cum Deus pacis, pater sit Domini nostri Jesus Christi, necnon et ipse Christus ; dicit enim : « Pacem meam do vobis : » (*Joan*., XIV, 27) de Melchisedech dicatur, quia rex justitiæ et pacis est; qua ratione secernatur, non intelligo. Puto enim nihil differre, quantum ad rem pertinet, regem pacis a Deo pacis. Quia enim in mundo quisquam Deus dici non debuit, ut uni soli ex quo sunt omnia, reservaretur hoc tantum nomen, regem qui imaginem ejus haberet instituit, qui excepto Dei nomine omnem potestatem ejus haberet : sed quia terrenus est, hominum rex est, non tamen pacis et justitiæ. Quia etiam ipse ducem habet justitiam, quam non illi licet contemnere. Justitia enim Deus illi est. Res enim Dei est justitia, et qui prævaricatur eam, reus sit Dei judicio. Melchisedech autem sicut datur intelligi, non more hominum rex appellatur : quia sub se habet justitiam, quæ regibus dominatur. Nemo etenim potest habere sub se justitiam, nisi ejus naturæ sit ut peccare non possit. Sub ipso autem esse ideo dicitur, quia ab eo inventa est modo legis, per quam gubernentur qui possunt peccare. Igitur rex justitiæ moderator est verborum a se inventorum, quibus bene beateque et vivi possit et credi.

Diu multumque laboramus, et adhuc minus de Melchisedech dicimus, nisi revertamur ad Scripturam, quæ et ipsa diu pulsat et clamitat, ut pressos gravi somno excitet ad intellectum, non noctis, sed diei. Dicit ergo, quia « sine patre, sine matre, sine genealogia » est Melchisedech. » Et ne aliter intelligeretur quam dignum est, adjecit : « Nec initium dierum, nec finem vitæ habens. » Per quod ostendit neque natum, neque moriturum esse Melchisedech. Quid ad hæc tam manifesta humanum argumentatur subtilitas? Quæ est tam versuta ingenii calliditas, quæ audet resistere manifestis, ut non sensum capiat ex lectione, sed sensum tribuat lectioni? Vis inferatur Scripturis Dominicis, ita ut etiam hos inimicos sentiat, qui auctoritati ejus se inclinare videntur. Dicunt enim quidam non ita de Melchisedech debere credi, ut relatum est Scripturis, ac per hoc ad sensum suum Scripturas convertunt. Quibus melius esset aperte non recipere Scripturas, quam dolose agere contra illas, ut sub nomine pacis pareant bellum, et sub tegmine amicitiæ lateat hostis. Dicunt ergo non ad generositatem pertinere Melchisedech, sed ad humilitatem generis ejusdem, quia sine patre et matre legitur fuisse. Hoc enim ideo aiunt sic scriptum esse, ut ostenderetur ex

nous dit qu'il était sans père et sans mère. Elle a voulu nous montrer par là, disent-ils, que Melchisédech était d'une race étrangère et n'était point de la tribu d'où était sorti Abraham, puisqu'on ne trouvait dans la loi aucune trace de sa famille. Voilà pourquoi elle dit encore, ajoutent-ils, « et sans généalogie, » pour nous faire comprendre qu'il n'est point fait mention de son origine dans la loi, qu'il est né de parents quelconques, et que c'est à lui seul qu'il doit les grandes qualités qui le distinguent. Or, l'Ecriture a ici une si grande autorité qu'elle expose dans un ordre parfait tous les éléments nécessaires à la cause. D'abord elle dit que Melchisédech était « sans père, sans mère. » S'il est question dans le livre de la loi des mères des autres, voyons quelle a été la mère de Nachor, aïeule d'Abraham, et la mère de Tharé ; on ne voit pas non plus quelle a été la mère d'Abraham, pour ne point parler des autres. Dira-t-on qu'ils n'ont pas eu de mères ? Si l'Ecriture disait seulement « sans père, » il y aurait une raison spécieuse, car elle nous a conservé les noms des pères de tous ceux dont elle parle. Elle ajoute : « Et sans généalogie. » Si elle s'exprime de la sorte pour montrer qu'il n'est point question de sa naissance dans la loi, il suffisait de dire : « sans père, » parce que personne ne connaît son père. Mais elle nous met plus clairement encore sur la voie de la vérité en ajoutant : « N'ayant ni commencement de jours, ni fin de vie. » Dites-moi, vous, qui que vous soyez, qui voulez faire violence au texte, comment expliquez-vous ces paroles : Qu'est-ce que n'avoir ni commencement de jours, ni fin de vie ? Il suffisait assurément de dire que la généalogie de Melchisédech n'était pas inscrite dans la loi, et que par là même on devait croire qu'il était d'origine étrangère. Mais on peut dire qu'il a été enlevé de ce monde comme Enoch, et que c'est pour cela qu'il n'a pas eu fin de vie. Soit ; qu'est-ce alors que n'avoir pas de commencement de jours ? Direz-vous : C'est parce qu'il n'est pas fait mention du jour de sa naissance. Mais fait-on mention de la naissance des autres ? et pour vous cependant celui dont le jour de la naissance n'est pas mentionné doit être regardé comme n'ayant pas de commencement de jours ? Mais alors on peut appliquer aux autres cette même conclusion. Supposons maintenant qu'il ait été enlevé de ce monde, il n'était pas pour cela sans fin de vie, car tout ce qui vit dans l'attente de la mort a une fin. Cessez donc ces vaines contestations qui semblent vous plaire. Il vaut mieux être vaincu par la vérité que de triompher de la vérité par le mensonge. C'est une perte plutôt qu'une victoire, car bien que la vérité paraisse avoir le dessous aux yeux de l'homme, elle reste victorieuse aux yeux de Dieu parce que sa raison est invincible. Notre esprit doit donc se laisser vaincre par la loi, pour recevoir le sens qu'elle lui offre, et ne pas lui imposer une interprétation à son gré, en substituant violemment son autorité à celle de la loi. Ecoutez ce que dit Zorobabel : « La vérité triomphe de tout. » (III *Esdr.*, III, 12.) Or, Melchisédech nous révèle le futur mystère de l'Incarnation et de la Passion du Sauveur, en remettant d'abord à Abraham, comme au père des fidèles, l'Eucharistie du corps et du sang du Seigneur, pour figurer dans le père la vérité qui devait s'accomplir dans les enfants. Si l'on veut qu'il ait été prêtre comme l'a été Aaron, ou les prêtres actuels, qu'on nous dise, qu'on nous montre le lieu qu'il habitait, le temple ou la synagogue dans lesquels il réunissait le peuple et offrait pour lui des sacrifices, ou le peuple qui se rassemblait autour de lui. Car s'il exerçait son sacerdoce sur la terre, sans nul

---

alienigenis fuisse, non ex tribu qua ortus est Abraham, quia genus ejus non invenitur in Lege. Unde et adjecit, inquiunt : « et sine genealogia, » ut intelligeretur penitus origo ejus in Lege descripta non esse, ut ex parentibus qualibuscumque per seipsum vir bonus factus crederetur. Porro autem jam tanta est Scriptura, ut omnia per ordinem digesta causae necessaria ponat. Primum enim dicit « sine patre, sine matre. » Videamus si caeterorum matres significantur in Lege, quae fuerit uxor Nachor avia Abrahae, mater Thare, non legitur quae mater Abrahae, ut de caeteris taceam. Numquid hi sine matribus fuisse dicendi sunt ? Si dixisset sine patre, sine fuerat color, quia omnium qui fuerunt, patres habentur in Lege. Addit : « et sine genealogia. » Si ideo haec dixit, ut ostenderet generationem ejus in Lege non esse, sufficerat dixisse, « sine patre : » quia illius patrem nemo novit. Multo magis iterum ad manifestationem dicit : « Neque initium dierum, neque finem vitae habens. » Dic quisquis es violentus, quomodo istud interpretaris ? Quid est initium dierum non habere, neque finem vitae ? Sufficerat certe dixisse, generationem ejus in Lege scriptam non esse, ac per hoc origo ejus ex alliophylis est credenda. Potest dici translatum hunc sicut Enoch, ideo non mortuum esse. Esto. Quid est initium dierum vitae non habere ? Forte dicas, quia dies natalis ejus scriptus non est. Cujus enim scriptus est in Lege ? Et haec ratio est, ut cujus natalis dies scriptus non est, initium dierum vitae negetur habere. Potuit ergo et de caeteris idem dici. Et si ut homo translatus fuisset, non tamen sine vitae erat fine ; quia quidque sub spe mortis est, finem habet. Desine quisquis contentioni studes. Expedit enim veris vinci, quam vincere vera per falsa. Perdere est enim, non vincere : quia si in homine perdere videretur veritas, apud Deum tamen vincit, quia ratio ejus invincibilis est. Itaque animus a Lege vinci debet, ut hoc sentiat quod a Lege significatur, non ut ipse Legi sensum det suo arbitrio, ut Legem se violenter Legi exibeat. Et audi Zorobabel, quia « super omnia, ait, vincit veritas. » (III *Esdr.*, III, 12.) Jam Melchisedech futurum mysterium incarnationis et passionis Domini ostendit, dum Abrahae primum, quasi patri fidelium tradidit Eucharistiam et corporis et sanguinis Domini, ut praefiguraretur in patre, quae in filiis futura erat veritas. Qui si homo putaretur et sacerdos, eo more quo fuit Aaron, aut nunc sunt, ostendatur aut legatur locus habitationis ejus, aut si fuit templum aliquod ipsius et synagoga in qua congregabat populum, et offerebat eorum sacrificia, vel qui populus conveniebat ad illum. Si enim

doute il existait, et avant'Abraham, un peuple dont il était le prêtre, et ce peuple adorait dès-lors le vrai Dieu. Comment expliquer alors qu'Abraham soit devenu le chef des croyants, et que ce soit par lui que Dieu ait été connu de son peuple? De même encore si Melchisédech enseignait aux hommes sur la terre la crainte d'un seul Dieu, pourquoi choisir Abraham pour qu'il donnât son nom au peuple de Dieu, puisqu'on pouvait trouver les serviteurs du vrai Dieu parmi ceux qui se rassemblaient autour de Melchisédech? Que lisons-nous encore dans le cantique qui se trouve dans le Deutéronome? « Quand le Très-Haut a divisé les peuples, quand il a séparé les enfants d'Adam, il a marqué les limites des peuples, selon le nombre des anges de Dieu. Et il a choisi le peuple de Jacob pour être particulièrement à lui. » (*Deut.*, xxxii, 8.) Si donc il n'y avait point dans le monde d'autre peuple de Dieu que les enfants d'Israël, sur quelle raison fonder l'existence d'un autre peuple qui suivait la doctrine de Melchisédech contre le témoignage contraire du prophète? Puisqu'il nomme tous les peuples du monde, et qu'il ne donne qu'aux enfants d'Abraham le nom de peuple de Dieu, la conséquence logique c'est qu'il nie qu'à l'exception des enfants d'Abraham, les autres aient eu la connaissance de Dieu, parce que « Dieu est connu dans la Judée. » (*Ps.* lxxv, 1.) Or, Melchisédech, prêtre du Dieu Très-Haut, apparut comme un symbole des saints mystères que l'avenir devait révéler. La bénédiction devait être donnée plus tard au peuple de Dieu par un ministre de Dieu auquel nous donnons le nom de prêtre. Melchisédech apparaît donc comme le précurseur de la personne sacrée du Fils de Dieu, il le précède pour lui faire honneur, quoiqu'il lui soit inférieur en dignité. Qu'on laisse donc ce que nous avons dit de Melchisédech, l'Ecriture en dit mille fois plus pour la confusion des opposants. En effet, après ces témoignages admirables qu'elle rend à Melchisédech, elle confond les esprits malveillants en ajoutant : « Il est ainsi l'image de Dieu et il demeure pour toujours. » Considérez donc quel est celui qui est l'objet de vos discussions inconvenantes, et s'il ne vous inspire aucune réserve, craignez au moins Jésus-Christ auquel il est semblable, d'après l'autorité de l'Ecriture. L'Apôtre en vient insensiblement et par ordre à l'excellence de sa nature, et si les prérogatives qui précèdent ont fait impression sur les esprits, c'est-à-dire que Melchisédech était roi de justice et de paix, qu'il est apparu dans un corps visible sans avoir ni père ni mère, c'est-à-dire sans être né, sans avoir ni commencement ni fin, le dernier trait ajoute à tout ce qui vient de dire un nouveau degré de crédibilité. Qui oserait dire, en effet, à moins de renoncer à la raison, que ces prérogatives glorieuses ne conviennent pas à celui que l'Ecriture déclare semblable au Fils de Dieu et qui demeure prêtre pour toujours? Or, il ne peut être semblable au Fils de Dieu à moins d'avoir une même nature. Et qu'y a-t-il d'incroyable que Melchisédech ait apparu sous une forme humaine, dès que l'on comprend qu'il était la troisième personne de la Trinité? Car si le Christ qui est la seconde personne a fréquemment apparu sous la forme d'un homme, quel doute peut-on élever sur ce que nous avons dit? Ne lisons-nous pas dans un psaume : « Vous êtes prêtre pour l'éternité selon l'ordre de Melchisédech? » (*Ps.* cix, 4.) Ces paroles de l'aveu de tous se rapportent à la personne de Jésus-Christ, parce que le Christ est prêtre pour l'éternité selon l'ordre de Melchisédech. Mais le

---

sacerdos in terris erat, sine dubio habuit populum, et ante Abraham utique, vel tempore ejus erat populus qui serviret Deo. Et quomodo Abraham quasi caput factus est fidei, ut ex eo populum haberet notitiam Dei? Similiter enim si Melchisedech erat, qui doceret unius Dei timorem in terris, frustra electus est Abraham, ut ex eo plebs Dei nuncuparetur. Potuerant enim inter eos esse, qui conveniebant ad Melchisedech. Et ubi est illud quod legitur in cantico Deuteronomii, quia « cum divideret, inquit, Altissimus gentes, quemadmodum separavit filios Adæ, statuit fines gentium, secundum numerum Angelorum Dei. Et facta est pars Domini populus ejus Jacob. » (*Deut.*, xxxii, 8.) Igitur si in mundo plebs non erat Dei, exceptis filiis Abrahæ, qua ratione alia plebs putatur fuisse, quæ ex doctrina descenderat Melchisedech, negante Propheta? Quando enim nominat omnes gentes, quæ in mundo sunt, et non dicit populum Dei esse, nisi filios Abrahæ; quid superest nisi ut exceptis his negetur cæteros Dei habuisse notitiam, quia « notus in Judæa Deus? » (*Psal.* lxxv, 1.) Melchisedech autem sacerdos Dei summi, ad benedicendum Abraham apparuit ad præsagium futurorum sanctorum. Quia benedictio danda erat in futurum plebi Dei per antistitem fere Dei, quem dicimus sacerdotem. Hic ergo Melchisedech præcursor apparuit sacrati futuri Filii Dei, quia præcedit ad obsequium qui ordine sequens. Non ergo admiranda sunt quæ diximus de Melchisedech, quando Scriptura ad confusionem obstrepentium plus addat et dicat. Post omnia enim laude digna, ut confundat malevolos ait : « Similatus autem Filio Dei manet sacerdos in perpetuum. » Jam vide, de quo male sentire contendis, et si hunc non vereris, vel Christum metue, cui similis Scripturæ auctoritate refertur. Per ordinem enim paulatim ad naturale ejus meritum venit, ut si quos dicta superiora moverent, quibus rex justitiæ et pacis significatus est, et quia in carne visus neque patrem neque matrem habuit, hoc est ingenitus apparuit, neque ortum, neque occasum habens; ex iis quæ ultima subjecit, superiora credibilia demonstraret. Quis enim audeat dicere nisi vesanus, hæc omnia quæ sublimia dicta sunt, incongrua esse illi, qui Dei Filio similis designatus est, manens sacerdos in perpetuum? Similis autem Dei Filio non potest esse, nisi sit ejusdem naturæ. Et quid incredibile videtur, si Melchisedech ut homo apparuit, cum intelligatur tertia esse persona? Si enim Christus qui secunda persona est, frequenter visus est in habitu hominis, quid ambigitur de iis quæ dicta sunt? Legimus etenim in Psalmo, quia : « Tu es, inquit, sacerdos in æternum, secundum ordinem Melchisedech. » (*Ps.* cix, 4.) Hoc nemo nostrum dubitat ad Christi pertinere personam,

Christ est le souverain prêtre, et Melchisédech occupe le second rang. Or, si Melchisédech n'est qu'un homme, serait-il convenable que Jésus-Christ fût prêtre pour l'éternité selon son ordre? Nous les voyons tous deux semblables, tous deux revêtus d'un même ministère, parce qu'ils ont une seule et même nature. Mais comme il faut de toute manière sauvegarder l'autorité d'un seul Dieu, la troisième personne paraît ici subordonnée au nom du Père. Quant au Christ, il tient la place du Père, il est comme son ministre, et c'est pour cela qu'on lui donne le nom de prêtre. De même l'Esprit saint, à titre de ministre, est aussi appelé le prêtre du Dieu Très-Haut, mais non pas le souverain prêtre, comme nos frères le présument dans l'oblation. Car bien que le Christ et l'Esprit saint soient consubstantiels, il faut cependant conserver à chacun le rang qui lui est donné. Or, on donne aux prêtres le nom d'envoyés parce qu'ils sont les représentants de celui qui les envoie, et qu'ils sont comme son image. Et c'est la raison pour laquelle le Christ et l'Esprit saint qui sont l'image naturelle du Père, sont appelés ses prêtres. Dieu se manifeste dans leur personne comme l'a dit Notre-Seigneur : « Celui qui me voit, voit mon Père. » (*Jean*, XIV, 9.) Or, si le Seigneur s'est révélé dans les actions divines qu'il a opérées et si ces actions sont les œuvres de l'Esprit saint comme il le déclare : « C'est dans l'Esprit de Dieu que je chasse les démons, Dieu s'est donc manifesté dans l'Esprit saint.

SUR LE PSAUME I.

QUESTION CX. — « Heureux l'homme qui ne s'est pas arrêté dans la voie des pécheurs. » (*Ps.* I, 1.) S'il s'y est arrêté, il cesse d'être heureux pour devenir coupable et digne de châtiments. Cependant il conserve encore quelque espérance d'amendement, parce qu'il n'est point impie, mais simplement pécheur. S'il se rencontre un homme qui ne soit point entré dans le conseil des impies et ne se soit point arrêté dans la voie des pécheurs, il est doublement heureux. Car, il ne peut être heureux, si sans entrer dans le conseil des impies, il s'arrête dans la voie des pécheurs, parce que s'il n'encourt pas alors une ruine complète, il est cependant digne de châtiment. Le Psalmiste ajoute : « Et qui ne s'est point assis dans la chaire de contagion. » Le bonheur, d'après lui, se compose donc de ces trois degrés réunis, et se trouve appuyé sur une triple raison, ne point entrer dans le conseil des impies, ne point s'arrêter dans la voie des pécheurs, et ne point s'asseoir dans la chaire de contagion ; mais, comme nous ne voyons dans les deux premiers degrés que deux sortes de personnes, les impies et les pécheurs, à qui s'applique ce troisième degré : « Et qui ne s'est point assis dans la chaire de contagion ? » Est-ce aux impies ou aux pécheurs ? Voyons d'abord ce que c'est que de s'asseoir dans la chaire de contagion, et alors nous comprendrons mieux à qui s'applique ce dernier trait. Nous appelons chaire de pestilence celle qui s'élève en dehors de l'ordre de Dieu, qui n'a été établie que pour publier des jugements iniques, et qu'on appelle chaire de contagion, parce que d'elle sort la corruption qui engendre la mort, comme l'iniquité produit la damnation. Cette chaire de mort ne peut donc venir de Dieu. Moïse a été établi dans une

quia eodem genere sacerdos est Christus in æternum, quo et Melchisedech. Sed summus sacerdos Christus est, Melchisedech secundus. Nam si homo est Melchisedech, quomodo convenit ut secundum ordinem ejus Christus sacerdos sit in æternum? Jam ambo similes esse leguntur, et unius esse dispensationis, quia unius sunt et naturæ. Quoniam autem omni modo unius Dei auctoritas conservanda est, idcirco et tertia persona subjicitur paterno nomini. Christus autem vicarius Patris est et antistes, ac per hoc dicitur et sacerdos. Similiter et Spiritus sanctus quasi antistes, sacerdos appellatus est excelsi Dei, non summus, sicut nostri in oblatione præsumunt. Quia quamvis unius sit substantiæ Christus et Spiritus sanctus, uniuscujusque tamen ordo observandus est. Sacerdotes igitur vel legati ideo dicuntur, quia illum in se ostendunt cujus legati sunt: sunt etenim ejus imago. Ac per hoc Christus et Spiritus sanctus naturaliter habentes Dei imaginem, sacerdotes ejus dicuntur. In ipsis videtur Deus, sicut dicit Dominus : « Qui me videt, videt et Patrem. » (*Joan.*, XIV, 9.) Et si in gestis Dei visus est Dominus, gesta autem Spiritus sancti sunt opera, significante Domino : « Quia ego in Spiritu Dei ejicio dæmonia; » (*Matth.*, XII, 28) et in Spiritu sancto visus est Deus.

DE PSALMO PRIMO.

QUÆSTIO CX. — (1) « Beatus vir qui in via peccatorum

(1) Deest in Mss. 2 generis.

non stetit. » Si autem steterit, non jam beatus, sed reus dignus plagis. Ad emendationem enim aliquam videtur habere spem, quia non impius, sed peccator est. Si autem unus fuerit qui « non abiit in consilio impiorum, et in via peccatorum non stetit, » (*Psal.* I, 1) duplici genere beatus est. Nec enim potest esse beatus, si in consilium peccatorum non eat, et in via peccatorum stet : quia si non perditioni, pœnæ tamen obnoxius est. Dehinc adjecit, « et in cathedra pestilentiæ non sedit. » Hanc dicit beatitudinem esse, quæ his tribus gradibus constat et triplici ratione munitur, id est, ut neque in consilium impiorum eatur, neque in via peccatorum stetur, neque in cathedra pestilentiæ sedeatur. Sed cum duo genera tantum habeantur impiorum et peccatorum, in comprehensione eorum quæ supra memorata sunt, hoc tertium cui generi adscribi voluit, quod adjecit, dicens, « et in cathedra pestilentiæ non sedit ; » impiorumne, an peccatorum ? Sed videamus quid sit in cathedra pestilentiæ sedere, et tunc cui generi hoc adscribat intelligemus. Hanc diximus cathedram pestilentiæ, quæ extra Dei ordinationem est, ad hoc utique inventa, ut iniqua inde exeant judicia : propterea pestilentiæ cathedra dicta est, quia est corruptio quæ parit mortem, sicut et iniquitas damnationem. Non est ergo a Deo quæ est cathedra mortis. Nam Moyses accepit cathedram vitæ. Ad hoc enim data est, ut auctoritas in ea sit

chaire de vie, Dieu a élevé cette chaire pour qu'elle conservât l'autorité du juste Juge et du Dieu Créateur. C'est ce qui fait dire à Notre-Seigneur : « Les scribes et les pharisiens sont assis sur la chaire de Moïse. » (*Matth.*, XXIII, 2) et à l'Apôtre : « Il n'y a point de puissance qui ne soit de Dieu, et celles qui sont, ont été ordonnées de Dieu. » (*Rom.*, XIII, 1.) Aussi voyez ce que le même Apôtre dit au grand prêtre : « Tu es assis pour me juger selon la loi, et contre la loi tu commandes qu'on me frappe. » (*Act.*, XXIII, 3.) Ces paroles : « Selon la loi, » font voir la juste et sainte autorité de la loi ; et celles qui suivent : « Et contre la loi, tu commandes qu'on me frappe, » l'injustice du juge, qui jusque dans la chaire de Dieu rendait ses jugements d'iniquité. Nous lisons dans le prophète Daniel : « Les royaumes appartiennent à Dieu, et il les donne à qui il lui plaît. » (*Dan.*, IV, 14.) De même que l'autorité d'un roi de la terre s'impose à tous ses sujets et leur inspire le respect qui lui est dû, ainsi d'après l'institution divine, l'autorité de Dieu se personnifie dans le roi et s'exerce par lui sur tous les hommes. Souvent, il est vrai, le monde ne comprend point cette vérité, et se soumet à des pouvoirs autres que ceux que Dieu a établis ; cependant l'institution divine est qu'un seul ait droit au respect et aux hommages des hommes. L'autorité d'un seul Dieu n'est jamais rejetée que par ceux qui enseignent aux hommes à craindre et à respecter plusieurs dieux. Voilà ceux qui sont assis dans la chaire de contagion, car la doctrine que prêchent leurs pontifes est une doctrine de mort. Tous leurs efforts tendent à ce que les adorateurs d'un seul Dieu soient dévoués à l'opprobre ou à la mort comme des insensés et des ennemis.

C'est là l'objet de leur impiété, et elle s'étend encore à d'autres crimes qui en font ressortir toute l'énormité. Ainsi, c'est par l'ordre de Jézabel que des prêtres d'iniquité se sont assis dans la chaire de contagion, pour tramer la perte de l'innocent Naboth, et au moyen de faux témoins subornés, ont prononcé contre lui, sans être ses juges, une sentence de mort. (III *Rois*, XXI, 11.) C'est pour cela qu'il est écrit dans un autre psaume : « Je ne m'assiérai point avec les impies. » (*Ps.* XXV, 5.) Le jugement est ici de même nature que celui qui est assis dans la chaire de la contagion. Si ceux qui sont assis dans la chaire de Dieu, viennent à opprimer les innocents, leur jugement est injuste, mais non point la chaire. Mais de la chaire de contagion, il ne peut sortir que des jugements iniques, bien qu'ils les couvrent de certaines apparences qui déguisent leur impiété et trompent les regards. Que l'on propose l'impiété toute seule, elle ne trouvera point d'amateur, et si les prédicateurs de la doctrine du démon viennent à prononcer son nom, ils font horreur. Mais de même que pour déguiser le poison on y ajoute du miel, ils mêlent à la doctrine du démon quelques maximes de justice, qu'ils couvrent du nom de vérité. Il faut donc examiner ici les intentions et la pensée de chacun, car souvent il énonce une vérité pour faire mieux illusion, et autoriser ainsi ses pernicieuses erreurs. Nous avons affirmé que la chaire de contagion était en dehors de l'institution de Dieu, et nous appelons par conséquent chaires de contagion celles qui sont élevées en dehors de l'Eglise ou contre l'Eglise. Une présomption téméraire dans l'usage des choses permises est un crime. Combien plus le renversement de la tradition de celui dont on

justi judicis vel creatoris Dei. Unde dicit Dominus : Super cathedram Moysi sederunt Scribæ et Pharisæi. (*Matth.*, XXIII, 2.) Et Apostolus : Non est, inquit, potestas nisi a Deo — quæ enim sunt a Deo ordinatæ sunt. (*Rom.*, XIII, 1.) Unde dicit ad principem plebis : Tu quidem sedes judicans secundum Legem, et contra Legem jubes me percuti. (*Act.*, XXIII, 3.) Quod dixit, secundum Legem, justam et salutarem cathedræ auctoritatem significavit. Illud autem quod ait, contra Legem jubes me percuti, illum ipsum injustum judicem ostendit, ut in Dei cathedra sedens judicaret injuste. Hinc est unde et Daniel, Dei est, ait, regnum, et cui vult dabit illud. (*Dan.*, IV, 14.) Sicut enim terreni Imperatoris auctoritas sic currit per omnes, ut in omnibus ejus sit reverentia ; ita Deus instituit, ut ab ipso rege Dei auctoritas incipiat, et currat per cunctos ; quamvis frequenter mundus hoc non intelligat, et aliis se subjiciat in potestate positis quam debet, tamen institutio est, ut unus sit, qui timeatur. Ubi ergo hæc institutio (*a*) non est, ibi cathedra pestilentiæ sedent, Nusquam unius Dei auctoritas abnuitur, nisi apud eos, qui multorum deorum prædicant metum, et reverentiam. Hi ergo sunt qui in cathedra pestilentiæ sedent, quia quod pontifices eorum prædicant, mors est. Hoc enim debent, ut cultores unius Dei quasi stulti et inimici, aut opprobrio sint, aut de

hac vita tollantur. Hæc ipsa materia impietatis est, quæ etiam in cæteras partes extenditur, per quas impietatis suæ leges ostendat. Nam jussu Jezabel antistites iniquitatis in cathedra pestilentiæ sederunt, qui adversus innocentem Naboth, cum judices non essent, prava meditantes, subordinatis falsis testibus, mortis tulerunt sententiam. (II *Reg.*, XXI, 11.) Unde et in alio Psalmo dicit : Et cum impiis non sedebo. (*Psal.* XXV, 5.) Hoc enim judicium ejus est, cujus et cathedra pestilentiæ. Itaque si in Dei cathedra sedentes, innocentes opprimant, injustum erit judicium, non cathedra. Ubi enim cathedra pestilentiæ est, non potest judicium non esse iniquum : quamvis quædam sibi applicent veluti velamina, quibus impietatem contegant, ut videntes fallantur. Non potest enim sola impietas proponi, quia non invenit emptorem : et ubi lex diaboli est, si ipse nominetur, horretur. Sed sicut mel veneno admiscetur per quod lateat, ita filii diaboli quædam justa admiscent, et nomen applicant veritatis : sed uniuscujusque sensus est judicandus, quia ideo aliquando aliquid verum ostendit, ut fallat, ut cum maligna prædicat, bona putentur. Quoniam cathedram pestilentiæ non esse De Dei ordinatione asseveravimus, etiam eorum qui extra Ecclesiam vel contra Ecclesiam sedes sibi instituerunt, cathedram pestilentiæ dicimus. Qui enim in concessa præsumit, reus est ; quanto magis

(*a*) Ms. Colb. *institutio est, non ibi.*

usurpe le siège. En effet, ils détruisent l'ordre que nous voyons commencer à l'apôtre saint Pierre, et qui s'est continué jusqu'à nous par une succession non interrompue de pontifes; ils usurpent une dignité sans origine, c'est-à-dire qu'ils présentent un corps sans tête, leur siège est donc appelé à juste titre une chaire de contagion. Et qu'ils ne comptent point sur l'impunité, parce qu'ils se couvrent ici du nom de Dieu. On sait en effet qu'ils mettent leur opposition sous la protection du nom de Dieu. Assurément ce n'est pas le zèle de Dieu qui les presse, ils veulent simplement défendre leurs places. Or, nous savons que Coré et les deux cent cinquante Israélites qui osèrent offrir à Dieu un téméraire encens furent engloutis par la terre qui s'entr'ouvrit sous leurs pas (*Nomb.*, xvi, 31, 35), et que le roi Ozias ayant voulu usurper contre la loi les fonctions sacerdotales, fut frappé au front de la lèpre. (IV *Rois*, xv, 5; II *Paral.*, xxvi, 21.) Il est donc bien établi que la chaire de contagion est cette impiété dont nous venons de parler. Voyons maintenant la suite. Le Psalmiste ajoute : « Mais qui met sa volonté dans la loi du Seigneur. » (*Ps.* i, 2.) Sa volonté est dans la loi du Seigneur, parce qu'il méprise les impies, se sépare des pécheurs et de la chaire de contagion, et met toute son affection dans la loi de Dieu. Aussi le Psalmiste le proclame-t-il bienheureux. Il ajoute : « Et il médite cette loi le jour et la nuit. » Il est évident que libre de toutes les séductions, affranchi de tout ce qui est opposé à la loi de Dieu, il s'exerce continuellement dans la pratique de cette loi, et fortifié par les sacrements du Fils de Dieu, il consacre le jour aux bonnes œuvres et la nuit à la prière. C'est de lui dont il est dit dans le Cantique des Cantiques : « Qu'il dort, mais que son cœur veille. » (*Cant.*, v, 2.) Aussi le Psalmiste ajoute : « Et il sera comme un arbre planté près d'un cours d'eaux vives. » Qui peut douter que celui qui fait de la loi de Dieu le sujet de ses méditations, n'ait l'espérance certaine de la récompense ? De même qu'un arbre planté le long des eaux ne peut demeurer stérile, ainsi celui qui médite continuellement la loi de Dieu, est certain de voir les heureux effets de ses œuvres. « Et il portera du fruit en son temps, » dit encore le Psalmiste. Toute plantation bien dirigée donne des fruits dans son temps ; ainsi celui qui obéit à la loi de Dieu produira également des fruits au temps marqué. Il recevra le fruit de son zèle et de son dévouement lorsque Notre-Seigneur Jésus-Christ commencera à juger les vivants et les morts. Le Psalmiste ajoute : « Et ses feuilles ne tomberont point. » Cet arbre dont les feuilles ne tombent point signifie clairement la sève de vie dont il est plein. C'est à l'eau courante qui l'arrose et le nourrit qu'il doit de conserver ses feuilles. Notre-Seigneur Jésus-Christ a dit : « Si l'on traite ainsi le bois vert, que fera-t-on du bois sec ? » (*Luc*, xxiii, 31.) Le bois vert est ici le symbole de la vie et des fruits qu'elle produit. De même donc qu'un arbre, grâce à l'eau courante qui arrose ses racines, ne ressent point la sécheresse, ainsi celui qui s'applique à la méditation de la loi de Dieu, lors même que la tentation vient l'éprouver, fort du secours de Dieu, loin de perdre, il obtient le salut éternel, d'après ces paroles de l'Apôtre : « C'est par beaucoup de tribulations qu'il faut entrer dans le royaume de Dieu. » (*Act.*, xiv, 21.) « Et tout ce qu'il fera prospérera. » (*Ps.* i, 3.) Ces paroles sont claires, c'est-à-dire que

si et corrumpat traditionem ejus, cujus sedem usurpat. Nam et ordinem ab Apostolo Petro cœptum, et usque ad hoc tempus per traducem succedentium episcoporum servatum perturbant, ordinem sibi sine origine vindicantes, hoc est, corpus sine capite profitentes, unde congruit etiam eorum sedem cathedram pestilentiæ appellare. Nec enim ideo impune erit, quia sub Dei nomine hoc agunt. Constat enim suas illos causas sub Dei nomine agere. Non enim zelo Dei hoc agunt, sed sibi locum volentes defendere : cum sciamus Chore et ducentos quinquaginta viros per præsumptionem Deo offerentes, hiatu terræ absorptos esse (*Num.*, xvi, 31, 35), et Oziam regem cum Deo illicite obtulisset lepra in fronte percussum. (IV *Reg.*, xv, 5; II *Par.*, xxvi, 21.) Quoniam claruit cathedram pestilentiæ ad impietatem supradictam pertinere, reliqua prosequamur. Adjecit enim : « Sed in Lege Domini fuit voluntas ejus. » (*Psal.* i, 2.) Ejus voluntatem in Lege Domini dicit esse, qui spretis impiis, et desertis peccatoribus abnuens pestilentiæ cathedram, voluntatem suam in Dei Lege statuit. Quamobrem beatum hunc dixit. Et sequitur : « Et in Lege ejus meditabitur die et nocte. » Manifestum est, quia liber ab omnibus illecebris, et immunis ab iis quæ Dei Legi adversa sunt, nihil aliud quam in Dei Lege exercitium facit, sacramentis Filii Dei confirmatus, in die bonis operibus insistit, et nocte orationibus. Hic est enim, de quo dicit in Canticis Canticorum, quia dormit, et cor ejus vigilat. (*Cant.*, v, 2.) Unde ait : « Et erit tanquam lignum, quod plantatum est juxta decursus aquarum. » (*Psal.* i, 3.) Quis ambigit eum qui in Lege Dei meditatur, spem habere ad præmium capiendum ? Quia sicut lignum juxta aquam plantatum sterile esse non potest, ita et qui frequenti usu Lege Dei studet, non potest ejus operis minime habere effectum. Et adjecit : « Quod fructum suum dabit in tempore suo. » Omnis plantatio bene gubernata fructum dat tempore competenti ; sic et hic, qui legi Dei obtemperat, fructum habebit tempore præfinito. Tunc enim hujus devotionis mercedem accipiet, cum cœperit Dominus Jesus Christus sedere ad judicandum vivos et mortuos. De hinc subjecit : « Et folium ejus non defluet. » Manifestum est in arbore cujus folia non decidunt, vitam significasse. Humore enim decurrentis aquæ vegetatum lignum, folia continet sua. De hinc et Dominus Jesus : Si in humido, ait, ligno hæc faciunt, in arido quid fiet ? (*Luc.*, xxiii, 31.) In ligno humido vitam significavit et fructum. Sicut lignum ergo auxilio decurrentis aquæ siccitatem non sentit, ita et hic qui Legi Dei studet, accedente tentatione, præsidio Dei tutus non amittit, sed acquirit salutem, dicente Apostolo : Quia per multas tribulationes oportet nos intrare in regnum Dei. (*Act.*, xiv, 21.) Et sequitur : « Et omnia quæcumque fecerit, prosperabuntur. » (*Psal.* i, 3.) Apertum est quod

celui qui demeure fidèle à la loi de Dieu, et qui met ses délices à accomplir ses commandements, verra le succès couronner toutes ses actions ; c'est ainsi que tout ce que faisait Joseph prospérait, en récompense de ce qu'il avait préféré la crainte de Dieu à la vie même. « Il n'en est pas ainsi, non, il n'en est pas ainsi des impies. » (*Ps.* i, 4.) Cette répétition signifie que le sort qu'il prédit aux impies sera invariable, ils n'ont aucun bonheur à attendre pour l'avenir, et ne recueilleront que des infortunes jusqu'à la mort. C'est pour cela que le Psalmiste ajoute : « Ils seront comme la poussière que le vent disperse de dessus la face de la terre. » (*Ibid.*, 4.) Ainsi les impies périront comme la poussière que le vent emporte de dessus la face de la terre, pour l'anéantir. En effet, la poussière emportée de dessus la terre, qui était son soutien, se disperse à travers les airs et s'anéantit insensiblement, ainsi les impies rejetés par les anges de devant la face de Dieu, leur Créateur, seul principe de la vie, périront à jamais. « Et les impies ne ressusciteront point au jour du jugement. » (*Ibid.*, 5.) Ces paroles sont dignes d'attention. Pourquoi ressusciteraient-ils dans le jugement, eux qui n'ont voulu qu'on leur confiât aucune œuvre de Dieu dont ils pussent rendre compte? La loi de Dieu a été pour eux un objet de mépris et de négation, ils ne peuvent donc devant le tribunal de Dieu rendre aucun compte d'après la loi qui leur était donnée. Ainsi donc convaincus d'arrogance et de révolte contre Dieu, ils ne ressusciteront que pour voir la vérité de ce qu'ils n'ont pas voulu croire, et pour périr éternellement, parce qu'ils ont osé accuser Dieu de mensonge. « Ni les pécheurs dans l'assemblée des justes. » Le Psalmiste nous représente ici trois sortes d'hommes, les impies, les pécheurs et les justes, dans l'ordre suivi par l'erreur. Quant aux impies, ils sont tout à fait étrangers aux justes, parce que comme nous l'avons dit, ils n'ont pas voulu vivre sous la loi de Dieu. Les pécheurs qui vivent sous la loi de Dieu seront cités devant le tribunal de Jésus-Christ, et séparés des justes pour rendre compte des commandements de la loi qu'ils ont reçue, et qu'ils n'ont point mise en pratique pour obtenir l'approbation de Dieu et éviter ses reproches. Pour les justes qui se sont appliqués avec une sainte activité à l'accomplissement de la loi, ils obtiendront la récompense. « Car Dieu connaît les sentiers des justes. » (*Ibid.*, 6.) Dans le langage de l'Ecriture, Dieu connaît ceux qui se souviennent de ses préceptes, et se livrent à la pratique des bonnes œuvres pour obtenir la couronne qu'il réserve aux justes. Quant à ceux qui se sont fait un jeu d'oublier Dieu et de négliger le salut de leur âme, il leur dira : « Retirez-vous, je ne vous connais pas, ouvriers d'iniquité. » (*Luc*, xiii, 27.) « Et la voie des méchants périra. » Ce psaume se termine comme il a commencé, et il nous enseigne que les impies dont il a fait connaître les actions, n'ont à attendre qu'une perte éternelle. Comme je l'ai fait remarquer, on dit de Dieu qu'il connaît les sentiers des justes, parce qu'ils marchent dans sa loi, et que la voie des impies périra parce qu'elle est en dehors de la loi de Dieu; car, dit Salomon, toutes les voies des impies sont couvertes de ténèbres (*Prov.*, iv, 19), tandis que la voie des justes brille d'une lumière éclatante, sous la conduite de Notre-Seigneur Jésus-Christ.

dicit, quia qui Legi Dei fidem servat cupidus mandatorum ejus, felix sit in omnibus suis factis : sicut et Joseph, qui propterea quod timorem Dei præsenti vitæ præposuit, omnia quæ agebat prospera faciebat Deus in manibus ejus. Et subjecit : « Non sic impii, non sic. » (*v.* 4.) Iteratio sermonis, non aliter omnino futurum significat quæ promittit, quia impiis nihil prosperum erit in futuro, sed omnia adversa usque ad interitum eorum, unde ait : « Sed tanquam pulvis, quem projicit ventus a facie terræ. » Eodem modo dicit impios interire, sicut pulverem, quem spiritus projicit a facie terræ ut pereat. Sublatus enim a substantia sua, per aerem dispersus paulatim deperit : ita et impii, ministris Angelis projecti a facie auctoris Dei, sine quo non potest vivi, interibunt. Et sequitur : « Ideo non resurgent impii in judicio. » (*v.* 5.) Dignum est quod dicit. Ut quid enim in judicio resurgant, qui nullum negotium Dei credi sibi maluerunt cujus redderent rationem ? Spernentes enim Dei Legem et negantes, non est unde præstent rationem, ut in judicio interrogati juxta Legem sibi creditam præstent causas. Arrogantes ergo et rebelles in Deum inventi, ad hoc resurgunt, ut videant verum esse quod credere noluerunt, ut pereant, quia Deum mendacem judicaverunt. Et adjecit : « Neque peccatores in consilio justorum. » In hoc Psalmo, Psalmista trium hominum genera significat, impiorum, peccatorum, et justorum, quo ordine cœptus est error. Sed impii ab his alieni sunt, quia sub Dei decreto, sicut dixi, vivere noluerunt. Peccatores autem sub Dei Lege agentes ante tribunal Christi sistendi sunt, segregati a justis, ut acceptæ Legis præstent rationem (*a*) mandatorum, in quibus operam non dederunt, ut plus haberent laudis, quam vituperationis. Justi vero valde propensiores in exercitio implendæ Legis inventi, remunerandi sunt. Et subjecit : « Quoniam scit Dominus viam justorum. » (*v.* 6.) Hos scire dicitur Deus, qui memores præceptorum ejus bonis operibus insistunt, ut justi habiti coronentur. His autem qui immemores ejus circa curam animæ negligentes sunt, sic dicet : Recedite a me, nescio vos operarii iniquitatis. (*Luc.*, xiii, 27.) Et sequitur : « Et iter impiorum peribit. » (*Psal.* i, 6.) Unde Psalmus cœptus est, et terminatur, ut causa impiorum tractata, nulli alii quam perditioni docerentur obnoxii. Sicut enim dixi, idcirco dicitur Deus scire viam justorum, quia in Lege ejus ambulant : iter autem impiorum, quia extra Legem Dei est, peribit : quia omnes viæ impiorum tenebrosæ (*Prov.*, iv, 19), sicut dicit Salomon, piorum autem clarissimæ duce Christo Domino nostro.

(*a*) Ms. Colb. *rationem emendandi.*

SUR LE PSAUME XXIII.

Question CXI. — Le titre de ce psaume en indique le sujet. Avant de parler des mystères de Notre-Seigneur Jésus-Christ, il désigne le jour du Seigneur : « A ce David pour le premier jour de la semaine. » En disant : « A ce David, » il a en vue celui dont ce David était la figure et dont le prophète a dit : « Et mon fils David les conduira. » (*Ezéch.*, xxxvii, 24.) Le premier jour du sabbat, c'est le premier jour de la semaine. En effet, le premier jour qui suit le sabbat est le jour du Seigneur, au témoignage de l'Évangéliste : « Le premier jour de la semaine, Marie-Madeleine et l'autre Marie vinrent au sépulcre, etc. » (*Matth.*, xxviii, 1.) Or, ce jour du Seigneur est le symbole du mystère du Sauveur. Mais pour exposer ce psaume suivant l'ordre logique, le Psalmiste commence par la personne de Dieu le Père afin que le mystère de la divinité soit manifesté aux hommes d'une manière suivie. Celui qui veut traiter un sujet quelconque doit le prendre dans son principe, dans son origine, sous peine de ne pouvoir ni faire connaître sa nature, ni persuader de sa vérité. Le Prophète commence donc en ces termes : « La terre et tout ce qu'elle renferme est au Seigneur. » (*Ps.* xxiii, 1.) Ces paroles : « La terre et tout ce qu'elle renferme est au Seigneur, » sont une profession de foi. Il suit ici l'autorité des saints des anciens temps qui ont enseigné que la terre et tout ce qu'elle contient était au Seigneur. Il ajoute : « Le globe de la terre et tous ceux qui l'habitent sont à lui. » Il craint de n'avoir pas suffisamment expliqué sa parole en disant : « La terre et tout ce qu'elle renferme est au Seigneur, » il la rend donc plus claire en disant : « Le globe de la terre et tous ceux qui l'habitent sont à lui. » Il nous enseigne par là que toute la terre sans exception est au Seigneur, avec tout ce qu'elle renferme, et qu'il n'y a rien absolument qui ne lui appartienne. Il est des hérétiques qui soutiennent le contraire et qui, selon l'apôtre saint Pierre, nient le souverain domaine de Dieu (II *Pier.*, ii, 10); mais ils sont condamnés par les témoignages des prophètes qui attestent que tout appartient à Dieu. « C'est lui qui l'a fondée au-dessus des mers. » (*Ps.* xxiii, 2.) C'est ce qu'il explique dans un autre psaume où il dit : « C'est vous qui avez affermi la terre sur les eaux. » (*Ps.* cxxxv, 6.) Pour donner un appui à la foi, il montre comment cela s'est fait. Au milieu de la confusion de toutes choses, alors que ni la terre ni les cieux n'avaient une forme déterminée, la terre, par l'ordre de Dieu, devint compacte et fut affermie sur les eaux, de sorte que la terre et l'eau eurent une propriété particulière et conforme à leur origine. Voilà pourquoi Dieu dit dans le livre des Rois : « N'est-ce pas moi qui ai fait les eaux ? » « Et il l'a établi au-dessus des fleuves. » (*Ps.* xxiii, 2.) Elle est établie au-dessus des fleuves en ce sens qu'elle contient les eaux qui sont renfermées dans son sein et qui, circulant par mille canaux secrets, lui donnent la densité nécessaire afin qu'une sécheresse excessive ne lui ôte toute consistance et ne la rende impropre à la culture. Ces eaux procurent une sève vivifiante aux racines des arbres et des plantes et en même temps la fraîcheur aux lieux arides. Le Psalmiste fait voir ensuite le peu d'utilité de la foi sans une vie sainte : « Qui est-ce qui montera sur la montagne du Sei-

DE PSALMO VIGESIMO-TERTIO.

Quæstio CXI. — (1) Titulus Psalmi rationem ejus insinuat. De Christi enim Domini nostri sacramento locuturus, Dominicum diem signavit, dicens : « Huic David prima sabbati. » Cum enim dicitur : « Huic David, » ad cum pertinet, cujus hic David habet imaginem, de quo dicit Propheta : Et puer meus David pascet illos. (*Ezech.*, xxxvii, 24.) Prima autem sabbati, prima feria est. Post sabbatum enim primus dies Dominicus est, affirmante Evangelio et dicente : Prima autem sabbati venit Maria Magdalene et altera Maria ad sepulcrum, etc. (*Matth.*, xxviii, 1.) In Dominico autem die, Salvatoris sacramentum significavit. Sed ut per rationem ordinis Psalmus exponeretur, a persona Dei Patris initium fecit, ut divinitatis sacramentum non sine ordine manifestaretur hominibus. Qui enim causam aliquam insinuare vult, nisi ejus caput et originem teneat, non poterit proprietatem ejus ostendere, neque quæ sit ejus veritas edocere. Itaque sic orsus est Propheta, et ait : « Domini est terra et plenitudo ejus. » (*Psal.* xxiii, 1.) Fidem rerum tenuit dicens : « Domini est terra et plenitudo ejus. » Auctoritatem enim veterum sanctorum secutus est, qui terram et ea quæ sunt in ea ad Dominum Deum pertinere dixerunt. Et adjecit, « orbis terrarum et universi qui habitant in eo. » Ne forte minus aliquid significasse putaretur, quia dixerat : « Domini est terra et plenitudo ejus, » sensum suum aperuit dicens : « Orbis terrarum et universi qui habitant in eo : » ut doceret omnino omnem terram Domini esse, et quæ sunt in ea, ut nihil esset exceptum quod non sit Dei. Sicut putant quidam hæretici, qui secundum dictum apostoli Petri dominium Deo abnegant (II *Pet.*, ii, 10), quorum ad condemnationem cuncta Dei esse, prophetica oracula docuerunt. Et sequitur : « Ipse super maria fundavit eam, » (*Psal.* xxiii, 2) hoc est, quod in alio Psalmo significavit dicens : Terram super aquas tu formasti (*Psal.* cxxxvi 6) : ut fidem testimonium sequeretur, ostendit quomodo fecerit. Dum enim confusio esset rerum, et neque terra, neque aqua propriam haberet speciem, jussu Dei adunata est terra, et firmata super aquas, ut et terra et aqua haberent originis suæ proprietatem. Unde in regnorum libro vox est Dei dicentis : Nonne aquas ego feci ? Et subjecit, « et super flumina præparavit illam. » (*Psal.* xxiii, 2.) Sic super flumina præparata est, dum intra se aquas conditas habet, quæ quasi per venarum fistulas fluitantes præstant ei densitatem, ne penitus sicca fragilis esset, et inutilis ad culturam. Radicibus enim nascentium vitalem præstant effectum, simulque locis aridis siti auxilio sunt. Et ut professionem sine bona vita non valde proficere

---

(1) Deest in Mss. 2 generis.

gneur, ou qui est-ce qui s'arrêtera dans son lieu saint? » (*Ibid.*, 3.) Il expose maintenant ce que doit être celui qui reconnaît un Dieu créateur; il a fait pressentir le châtiment de ceux qui nient l'empire de Dieu sur tout ce qui existe, il veut apprendre maintenant à ceux qui confessent cette autorité qu'ils ne peuvent éviter eux-mêmes d'être punis si leur vie n'est pas conforme à leur foi. Cette montagne du Seigneur, c'est le ciel, dont il dit dans un autre psaume : « J'ai levé mes yeux vers les montagnes d'où me doit venir le secours. » (*Ps.* cxx, 1.) Le séjour du Seigneur est le lieu où il se manifeste. Il fut dit à Josué lorsque le Seigneur lui eut apparu : « Le lieu où vous êtes est un lieu saint. » (*Jos.*, v, 16.) Et Jacob dit de l'endroit où il vit Dieu : « C'est ici la maison de Dieu. » (*Gen.*, xxviii, 17.) « Celui dont les mains sont innocentes et le cœur pur. » (*Ps.* xxiii, 4.) Voilà celui qu'il déclare digne de monter sur la montagne du Seigneur, c'est-à-dire dans le ciel, ou de s'arrêter dans son lieu saint, celui dont les œuvres sont innocentes et le cœur pur dans la cause de Dieu, c'est-à-dire dans la foi. Celui-là peut monter dans le ciel et s'arrêter dans son lieu saint. En effet, dès qu'il aura quitté cette vie, il montera dans les cieux. Et lorsque la ville de Jérusalem descendra des cieux pour l'avènement du Seigneur, il sera digne de s'arrêter à cause de son innocence dans le lieu où le Seigneur doit juger les vivants et les morts; tandis que les impies et les pécheurs seront indignes de s'arrêter dans le lieu saint où Dieu prononce ses jugements, parce que les impies ressusciteront pour leur perte et les pécheurs pour un châtiment éternel. Si les enfants d'Israël, à cause de leurs péchés, ne pouvaient soutenir l'éclat du visage de Moïse lorsqu'il descendit de la montagne (*Exod.*, xxxiv, 29), combien plus une conscience chargée de crimes redoutera-t-elle de lever les yeux sur le Seigneur de gloire assis sur le trône de sa majesté, surtout lorsqu'ils l'entendront leur dire : « Je ne vous connais pas, artisan d'iniquité. Qui n'a pas reçu son âme en vain. » (*Ps.* xxiii, 4.) Il indique maintenant les différentes espèces de péchés dont il faut être exempt. Premièrement, celui-là est innocent et a le cœur pur qui n'a point prostitué son âme à l'idolâtrie ; car c'est la vanité par excellence, et celui qui s'y soumet rend son âme esclave de la corruption. « Et qui n'a point fait un serment trompeur à son prochain. » Il s'est contenté d'indiquer deux devoirs essentiels, l'un à l'égard de Dieu, l'autre à l'égard du prochain, parce que celui qui est fidèle à ces deux commandements accomplira également tous les autres, au témoignage du Seigneur lui-même : « Vous aimerez, nous dit-il, le Seigneur votre Dieu de tout votre cœur et de toute votre force. C'est le premier commandement; et le second lui est semblable : Vous aimerez votre prochain comme vous-même. Ces deux commandements renferment toute la loi et les prophètes. » (*Matth.*, xxii, 37.) Or, qui peut aimer Dieu de tout son cœur et ne pas observer sa loi? Qui peut avoir de la charité pour son prochain et se livrer au péché, puisque la crainte de Dieu est pour lui le principe de l'amour du prochain ? « C'est celui-là qui recevra du ciel la bénédiction et qui obtiendra miséricorde de Dieu son Sauveur. » (*Ps.* xxiii, 5.) Voici donc la récompense de celui qui, fidèle à ses devoirs envers Dieu et l'homme, envers son Créateur et son prochain, aura pratiqué la foi et la charité ; il recevra

---

ostenderet, ait : « Quis ascendet in montem Domini, aut quis stabit in loco sancto ejus ? » (v. 3.) Proponit qualis debeat esse, qui Deum creatorem profitetur : ne quia puniendos ostenderit, qui, sicut dixi, dominium Deo abnegant, ii qui confitentur immunes to a pœna scirent non esse, si recte minime versarentur. Montem ergo Domini dicens, cœlum significavit. Unde in alio Psalmo dicit : Levavi oculos meos ad montes, unde veniet auxilium mihi. (*Psal.* cxx, 1.) Locus Domini est ubi apparet. Dicitur autem ad Jesum Nave, cum Dominus ei apparuisset : Locus in quo stas, terra sancta est. (*Jos.*, v, 16.) Et Jacob ubi Deum vidit : Hæc est, ait, domus Dei. (*Gen.*, xxviii, 17.) Et sequitur : « Innocens manibus et mundo corde. » (*Psal.* xxiii, 4.) Hunc, dicit dignum ascendere in montem Domini, id est, in cœlum, aut stare in loco sancto ejus, si quis fuerit innocens operibus, et mundum cor habeat in causa Dei, id est, fidei. Hujusmodi enim potest in cœlum ascendere, et stare in loco sancto ejus. Defunctus enim hac vita ascendit in cœlum. Deinde dum civitas Jerusalem in adventu Domini descendit de cœlo, dignus erit stare ubi judicaturus est Dominus de vivis et mortuis quasi innocens : impii autem et peccatores indigni erunt stare in loco sancto judicii Dei, quia resurgent impii ad perditionem, peccatores ad pœnam. Nam si vultum Moysi glorificatum descendentis de monte filii Israel peccati causa videre non poterant (*Exod.*, xxxiv, 29), quanto magis ipsum gloriæ Dominum in throno majestatis suæ sedentem, conscientia delictis obnoxia formidabit aspicere ? Audient enim : Non novi vos operarii iniquitatis. (*Matth.*, vii, 27.) Et adjecit : « Qui non accipit in vano animam suam. » (*Psal.* xxiii, 4.) Nunc ipsa genera peccatorum tangit. Primo enim in loco, hic est innocens et mundum cor habet, qui a fornicatione idololatriæ immunis est. Ipsa est enim vanitas, cui qui se inclinat, animam suam subjugat corruptioni. Et sequitur : « Nec juravit proximo suo in dolum. » Duas causas memoravit, quæ sunt principales, Dei et proximi, quia qui in his idoneus fuerit, sine dubio et in cæteris probatus habebitur, dicente Domino : Diliges Dominum Deum tuum ex toto corde tuo, et ex omni virtute tua. Hoc est primum mandatum. Et secundum est simile illi : Diliges proximum tuum sicut teipsum. In his duobus mandatis tota Lex pendet et Prophetæ. (*Matth.*, xxii, 37.) Quis ergo ex tota corde Deum diligens Legem ejus non servet ? Aut quis habens proximi caritatem, peccatis studeat ? quippe cum causa timoris Dei diligat proximum. Et subjecit : « Hic accipiet benedictionem a Domino, et misericordiam a Deo salutari suo. » (*Psal.* xxiii, 5.) Nunc quod meritum est ejus, qui in causa Dei et hominis, creatoris et proximi, fidem habuerit et dilectionem, ostendit : quia et benedicetur a Domino, ut commendatus appareat, et in his

du Seigneur une bénédiction qui le couvrira de gloire, et il obtiendra miséricorde pour les obligations qu'il n'a pu accomplir. Nul ne peut pousser si loin la vigilance qu'il évite absolument tout péché, mais s'il a été attentif et fidèle pour accomplir les devoirs essentiels, il obtiendra de Dieu miséricorde pour les choses moins importantes. Le Psalmiste donne à Dieu le nom de Sauveur parce qu'il ne veut point la mort de celui qui va mourir, mais bien plutôt qu'il se convertisse et qu'il vive. (*Ezéch.*, XVIII, 32.) « Telle est la génération de ceux qui le cherchent, de ceux qui cherchent la face du Dieu de Jacob. » (*Ps.* XXIII, 6.) C'est une seule et même génération qui cherche, suivant le Psalmiste, le Seigneur, et qui cherche la face du Dieu de Jacob. Ce qui n'est pas sans dessein, car bien que ces deux choses soient bonnes, il y a cependant ici deux degrés bien distincts. Il est bon de chercher Dieu, mais il est parfait de chercher la face du Dieu de Jacob. En effet, les plus dignes sont ceux qui se tiennent devant la face du juge. Telle est donc la génération de ces mérites et de cette récompense, c'est l'innocence et la pureté du cœur qui font parvenir à cette félicité, comme c'est l'injustice et l'iniquité qui conduisent à la perdition. Il y a en effet deux générations, la génération de l'iniquité, qui est la mère de Caïn, et la génération de la justice, qui est la mère d'Abel; l'une a pour fruit la foi et la vie pure, l'autre l'infidélité et le vice. Ce sont là les deux lois du bien et du mal, de Dieu et du démon, et on devient le fils de celui dont on suit la loi. Ainsi donc, la génération de ceux qui cherchent le Seigneur c'est la foi en Dieu et l'amour du prochain, comme nous l'avons dit. Celui qui croit en Dieu cherche toujours sa protection, et on ne se montre point injuste envers les hommes quand on veut se rendre Dieu favorable. C'est ce que le Psalmiste semble indiquer lorsqu'il dit : « Le Dieu de Jacob, parce que Dieu est connu dans la Judée. » (*Ps.* LXXV, 2.) Mais pourquoi dit-il qu'ils cherchent sa face lorsque Dieu lui-même dit à Moïse : « Tu ne pourras voir ma face? » (*Exod.*, XXXIII, 20.) Si Moïse a cherché, mais en vain, à voir la face du Seigneur, leurs recherches sont bien inutiles, puisqu'ils ne sont pas meilleurs que Moïse. Nous répondons que personne ne cherche inutilement à voir Dieu, car le Psalmiste dit ici qu'ils cherchent la face de Dieu pour nous faire comprendre qu'ils sont dignes de voir celui qu'ils cherchent. On connaît bien celui qu'on cherche lorsqu'on voit sa face; mais comme la face de Dieu ne peut être vue par des yeux mortels, le Psalmiste désigne cette face divine sous ces expressions : Le Dieu de Jacob. « *Diapsalma*. » (*Ps.* XXIII, 7, sel. les Sept.) Ce mot *diapsalma*, pause, indique en ce lieu un changement de personne. Après ce qui a rapport à la personne de Dieu le Père, le Psalmiste place ce qui concerne le mystère du Fils de Dieu pour que l'ordre qui existe entre le Père et le Fils soit parfaitement observé. La loi a été donnée par Moïse pour être comme un maître qui devait instruire les hommes et les préparer à l'école de la justice à se rendre dignes d'attendre l'année du Seigneur et le jour de la récompense, c'est-à-dire que ceux qui avaient conservé fidèlement l'espérance de l'avènement du Christ le recevraient et échapperaient ainsi en toute sécurité aux suites du péché d'Adam, parce que l'avènement de celui qu'ils ont espéré doit leur donner la miséricorde qui efface les péchés où ils se sont laissé entraîner. C'est ce que le Psalmiste

misericordiam consequetur quæ implere non potuit. Nec enim tam circumspectus potest aliquis esse, ut nusquam erret, sed quia in magnis sollicitus et fidelis inventus est, et in minimis misericordiam accipiat a Deo suo. Qui ideo salutaris dicitur, quia non vult morientis mortem, sed ut convertatur et vivat. (*Ezech.*, XVIII, 32.) Et sequitur : « Hæc est generatio quærentium Dominum, quærentium faciem Dei Jacob. » (*Psal.* XXIII, 6.) Unam dixit esse generationem requirentium Deum, et quærentium faciem Dei Jacob, quod non est otiosum. Quamvis enim utrumque bonum sit, duos tamen gradus his dictis significavit. Bonum est requirere Deum, plenum est autem quærere faciem Dei Jacob. Digniores enim sunt, qui ante faciem judicis sunt. Horum ergo meritorum hæc est generatio : quia ut ad hoc veniatur, innocentia facit et puritas cordis : sicut iterum ut ad malum possit veniri, præcurrit injustitia atque iniquitas. Quia duæ generationes sunt : una est ex parte iniquitatis, quæ est mater Cain ; altera ex parte justitiæ, quæ est mater Abel : hæc in fide consistit et bona conversatione ; illa in perfidia et obliquis operibus. Istæ sunt duæ leges, boni et mali, Dei et diaboli ; et quam secutus quisque fuerit, ejus appellabitur filius. Ac per hoc requirentium Deum generatio hæc est, fides in Deum, et dilectio in proximum, sicut supra diximus. Qui enim fidem habet in Deum, semper ejus quærit auxilium, nec hominibus injustum se præbet, qui Deum vult habere propitium. Cujus signum hoc est cum dicitur, Deus Jacob, quia notus in Judæa Deus. (*Psal.* LXXV, 2.) Sed quare ejus faciem quærere dicuntur, cum audierit Moyses, quia : Non, inquit, videbitur tibi facies mea? (*Exod.*, XXXIII, 20.) Si ergo et Moyses faciem Dei quæsivit, et videre non potuit ; frustra hi quærere dicuntur, quia meliores Moyse non sunt. Sed nemo frustra faciem Dei quærere dicendus est ; quia ideo faciem Dei dicuntur quærere, ut sciatur, quem quærunt quia digni sunt et videre. Omnis enim qui quæritur, tunc cognoscitur si facies ejus videatur. Sed quoniam a mortalibus facies Dei videri non potest, significatio hæc pro facie est, cum dicitur, Deus Jacob. « Diapsalma. » (*Psal.* XXIII, 7, sec. LXX.) Diapsalma hoc in loco personæ significat mutationem. Post enim illa quæ ad Patris Dei personam pertinent, subjungit ea quæ ad Filii Dei pertinent sacramentum, ut ordo integer conservetur Patris et Filii. Nam data est Lex per Moysen, ut quasi pædagogus esset hominibus, erudiens et præparans eos magistra justitiæ, ut digni fierent ad (*f.* expectandum) expiandum annum Domini et diem retributionis ; ut qui sub spe futuri Christi fideles fuissent, susciperent eum, et possent Adæ peccatum effugere, de suis securi, quia adventus ejus quem speraverunt, daturus esset illis misericordiam de iis in quibus subreptum est illis ut delinquerent. Hoc

a rappelé plus haut : « Il recevra, dit-il, la miséricorde de Dieu son Sauveur. » « Levez vos portes, ô princes, » s'écrie-t-il. (*Ibid.*, 7.) C'est la voix des saints anges dont il est dit dans l'Evangile qu'ils s'approchèrent du Sauveur et le servirent. (*Matth.*, IV, 11.) Ils s'adressent donc aux princes et aux puissances contre lesquels l'Apôtre nous apprend que nous avons à lutter (*Ephés.*, VI, 12), et leur disent de lever les portes de leur prince, c'est-à-dire du diable, qui est le chef des princes établis dans l'erreur, et par lesquelles on descend dans l'enfer. Ces portes, c'est l'infidélité et les séductions trompeuses de l'idolâtrie. « Et vous, portes éternelles, levez-vous. » (*Ps.* XXIII, 7.) Ces portes éternelles sont la foi, l'espérance et la charité, parce qu'on ne peut détruire la prédication qui est fondée sur la vérité. Ces portes, au contraire, qui sont, comme je l'ai dit, l'incrédulité et les artifices de l'idolâtrie ne sont que pour un temps, parce que tout mensonge est essentiellement passager. Dès que la vérité se manifestera, elle lui donnera le coup de la mort. Le Psalmiste leur demande donc de lever les portes de leur prince des ténèbres, c'est-à-dire de faire disparaître l'erreur de la pluralité des dieux et de lui substituer la foi en un seul Dieu par Jésus-Christ. L'Apôtre déclare que tel est l'objet de sa mission, d'annoncer non-seulement aux hommes, mais aux princes et aux puissances célestes le mystère d'un seul Dieu en Jésus-Christ. (*Ephés.*, III, 9.) « Et le roi de gloire entrera. » (*Ps.* XXIII, 7.) Il demande que ces portes trompeuses du démon, produit du mensonge et de la présomption qui lui ont inspiré de s'égaler à Dieu, soient levées afin de laisser entrer le roi de gloire, qui est Notre-Seigneur Jésus-Christ. En effet, la foi en Dieu ne peut entrer dans une âme avant qu'elle n'ait rejeté loin d'elle l'erreur produite par la prévarication du démon. Ces princes dont nous avons parlé ne peuvent recevoir pour roi le Christ, qui leur prêche la foi en un seul Dieu, avant d'avoir rejeté loin d'eux les traditions d'erreur et de mensonges opposées à l'unité de Dieu, non-seulement celles qui ont pris naissance sur la terre, mais celle qui a pour auteur Satan, le chef de ces princes ; car ils ont cherché à répandre sur la terre l'erreur qu'ils avaient concentrée dans les cieux sous l'inspiration du diable, c'est-à-dire de se proclamer dieux eux-mêmes par un mensonge qui est l'image du démon. « Qui est ce roi de gloire ? » (*Ibid.*, 8.) On aurait pu regarder comme un vain titre ce nom de roi de gloire donné à Jésus-Christ ; le Psalmiste suppose donc une personne qui lui fait cette question : « Quel est ce roi de gloire ? » Il semble qu'elle soit dans l'étonnement et qu'elle veuille apprendre s'il est vrai, s'il est digne d'appeler Jésus-Christ le roi de gloire. On lui répond donc : « C'est le Seigneur fort et puissant, c'est le Seigneur puissant dans les combats, » pour lui apprendre que ce n'est point en paroles seulement, mais par le témoignage des œuvres que Jésus-Christ est le roi de gloire. C'est en effet la force et la puissance qui lui ont fait remporter une victoire entière sur le démon et ses satellites, et qui ont montré en lui le véritable roi de gloire. Le Psalmiste répète de nouveau : « Princes, levez vos portes, et vous, portes éternelles, levez-vous ; » (*Ibid.*, 9) c'est-à-dire puisque les preuves de la puissance du Christ, que vous ne pouvez contredire sans crime, vous enseignent qu'il est digne d'être appelé le roi de gloire, rejetez l'erreur de vos esprits. Il ajoute : « Et le roi de gloire entrera, » pour leur apprendre qu'ils ne peuvent participer à la foi de Jé-

est quod superius memoravit, dicens : « Accipiet misericordiam a Deo salutari suo. » (*v.* 5.) Dicit ergo : « Tollite portas principes vestras. » (*v.* 7.) Hæc vox sanctorum est Angelorum, de quibus dicit in Evangelio, quia accesserunt, inquit, Angeli et ministrabant ei. (*Matth.*, IV, 11.) Hi ergo dicunt ad principes et potestates, adversus quos nobis colluctationem dicit esse Apostolus (*Ephes.*, VI, 12), ut tollant portas principis sui, id est diaboli qui est princeps principum in errore constitutorum, per quas itur in gehennam. Hæ portæ perfidia est et fallacia idolatriæ. Et sequitur : « Et elevamini portæ æternales. » (*Psal.* XXIII, 7.) Fides et spes cum caritate portæ sunt æternales, quia non potest aboleri quod per veritatem prædicatur. Illæ autem portæ, quas dixi perfidiam esse et fallaciam idolatriæ, temporales sunt, quia omne mendacium non permanet. Manifesta enim veritate interibit. Docentur ergo ut tollant portas principis sui tenebrarum, id est, ut amoto multorum deorum errore, unius Dei fides introducatur in Christo. Hoc est quod se Apostolus educere missum testatur, ut non solum ostendat hominibus, sed principibus et potestatibus in cœlestibus mysterium Dei unius in Christo. (*Ephes.*, III, 9.) Et subjecit : « Et introibit rex gloriæ. » (*Psal.* XXIII, 7.) Tollendas dicit fallaces portas diaboli subtilitate compositas, quæ sunt præsumptio, per quam Deum se existimavit, ut introeat rex gloriæ, qui est Christus Jesus Dominus noster. Nullius enim mentem Dei fides ingreditur, nisi tulerit a se errorem diaboli prævaricatione inventum. Et principes supra memorati non possunt in unius Dei fidem Christum regem recipere, nisi projecerint a se traditionem, per quam uni Deo importatur calumnia : non solum terrena, sed et ea quæ in cœlestibus usurpata est a principe principum satana : quia illic errorem quem inter se conspiraverunt, ut auctore diabolo deos se dicerent, etiam hic in terra disposuerunt, ut hic error illius imago sit. Et sequitur : « Quis est iste rex gloriæ ? » (*v.* 8.) Ne supervacue forte Christum regem gloriæ dicere putaretur, interrogantis ponit personam et dicentis : « Quis est iste rex gloriæ ? » Quasi admiretur aut doceri se velit, an verum est et condignum dicere Christum regem gloriæ. Et ideo responderunt ei : « Dominus fortis et potens, Dominus potens in prælio, » ut hoc subjecto non nudis verbis, sed cum testimonio regem gloriæ Christum addisceret. Virtus enim et potentia qua subegit et pressit diabolum cum satellitibus ejus, hæc ostendit illum regem esse gloriæ. Et adjecit : « Tollite portas principes vestras, et elevamini portæ æternales ; » (*v.* 9) hoc est, quoniam virtutis testimonio, cui contradici nefarium est, didicistis dignum esse Christum dici regem gloriæ, auferre errorem de mentibus vestris. Et quod

sus-Christ avant d'avoir purifié leur cœur de toutes les souillures de l'idolâtrie. L'Esprit saint ne peut entrer dans un homme à moins qu'il ne soit complétement renouvelé. « Quel est ce roi de gloire ? » (*Ibid.*, 10.) Cette répétition a pour but de confirmer la vérité. Tout enseignement nouveau ne peut être bien compris à moins d'être répété, et ce qu'on entend pour la première fois excite l'étonnement et la surprise. « Le Seigneur des puissances est lui-même ce roi de gloire. » Par cette répétition le Psalmiste nous apprend que c'est avec raison qu'on appelle le roi de gloire le Seigneur des puissances, car quoi de plus juste que de donner le titre de roi de gloire à celui qui domine sur les puissances ? C'est qui a fait dire à l'Apôtre : « S'ils l'avaient connu, ils n'auraient jamais crucifié le Seigneur de la gloire. » (1 *Cor.*, II, 8.)

SUR LE PSAUME L.

QUESTION CXII. — Ce psaume est ici placé non suivant l'ordre chronologique, mais pour une raison particulière. Le titre, en effet, est déterminé par cette raison et non par le rang qu'occupe ce psaume. A ne consulter que l'histoire, il est antérieur au troisième, car David a été repris de son crime par le prophète Nathan avant la rébellion de son fils Absalon, qui voulait lui ôter à la fois son royaume et la vie. La raison donc pour laquelle ce psaume est placé le cinquantième, vient de ce qui a prescrit que le nombre cinquante fut un nombre de rémission. Ce nombre est celui qui vient le premier après sept semaines et qui est la figure du jour du Seigneur. De même en effet qu'après sept jours le premier jour est celui qui a été fait au commencement, est toujours le premier qui succède à la semaine écoulée, ainsi le cinquantième jour qui vient après sept semaines est le premier dans un sens mystérieux, et il est appelé à double titre le jour du Seigneur, d'abord parce qu'il a été fait au commencement par le Seigneur, et qu'en revenant sur lui-même il est toujours le premier après la révolution périodique de chaque semaine ; et en second lieu, parce que c'est en ce jour que le Seigneur a ressuscité après avoir triomphé de la mort ; et pour cette raison également il s'appelle le jour du Seigneur. C'est donc à juste titre que la rémission est attachée au nombre cinquante que nous remarquons être le premier dans un sens mystérieux. La loi a été également donnée le cinquantième jour. Le quarante-huitième jour après la sortie d'Egypte, les enfants d'Israël reçoivent l'ordre de se purifier pendant deux jours pour se préparer à recevoir la loi le troisième jour. (*Exod.*, XIX, 10.) Que signifie cette purification, sinon la rémission qui est faite le cinquantième jour où ils reçoivent la loi après avoir été purifiés ? Tous leurs péchés passés étaient effacés, et ils avaient maintenant à rendre compte de leurs actions d'après la loi qui leur était donnée. C'est pour la même raison que la loi avait établi que les possessions achetées retournaient à leurs premiers propriétaires la cinquantième année. (*Lévit.*, XXV, 10.) Voilà donc pourquoi ce psaume est placé le cinquantième, car David y implore la rémission de ses fautes dans le sens que nous avons indiqué : « Ayez pitié de moi, ô Dieu ! selon votre grande miséricorde. » (*Ps.* L, 1.) David

---

ait : « Introibit rex gloriæ, » ostenditur quia non possunt participare cum fide Christi, nisi ab omni immunditia idololatriæ emundaverint corda eorum. Nisi enim innovatus fuerit homo, non intrabit Spiritus sanctus in eum. Et sequitur : « Quis est iste rex gloriæ ? » (*v.* 10.) Iteratio ista confirmationem facit. Omne enim quod novum auditur, non concipitur corde nisi iteretur. Admirationem autem et stuporem facit, cum dicitur quod auditum est nunquam. Et adjecit : « Dominus virtutum ipse est rex gloriæ. » Eadem repetendo docet rite dici hunc regem gloriæ, qui sit Dominus virtutum. Non immerito vero rex gloriæ appellatur qui virtutibus dominatur. Unde Apostolus : Si enim intellexissent, ait, nunquam Dominum majestatis crucifixissent. (1 *Cor.*, II, 8.)

DE PSALMO QUINQUAGESIMO.

QUÆSTIO CXII. — (1) Quinquagesimus Psalmus hic positus est, non pro temporis ordine, sed ratione. Titulus enim ejus non numero, sed rationi subjectus est. Quantum enim ad historiam pertinet, anterior est quam tertius. Prius enim a propheta Nathan delicti causa correptus est, quam insurgeret contra illum filius ejus Absalon, ut cum vellet et vita et regno privare. Hæc ergo causa est ut quinquagesimus poneretur, quam constat ex Lege descendere. Illic enim cautum est quinquagesimum numerum remissionem habere. Est enim post septem septimanas primus, typum habens Dominici diei : quia sicut post septem dies, primus dies ipse est qui initio factus est, qui semper finita septimana dies primus est ; ita et post septem septimanas quinquagesimus numeratus, in mysterio primus est, qui duplici genere Dominicus dies appellatur : primum quia initio factus a Domino est, qui semper in se conversus per curricula impleta septimana primus est : deinde quia in eo resurrexit Dominus, triumphata morte, Dominicus etiam dies nuncupatur. non immerito ergo in quinquagesimo numero, quem in mysterio primum significatum advertimus, remissio continetur. Denique Lex quinquagesimo die data est. A profectione enim filiorum Israel ex Ægypto, quadragesimo et octavo die ablui jubentur, ut biduo purificati, tertia die parati essent ad Legem accipiendam. (*Exod.*, XIX, 10.) Quæ ablutio quid aliud indicat, quam remissionem factam in quinquagesimo die, ut purificati Legem acciperent ? Ex quo de cætero præteritis oblitteratis, actus sui redderent rationem secundum creditam sibi Legem. Hac etiam ratione possessionem emptam quinquagesimo anno remitti debere præcepit Lex. (*Lévit.*, XXV, 10.) Hinc est ergo quod et Psalmus quinquagesimus intitulatus est. In hoc enim rex David remissionem postulat secundum prædictum sensum, unde ait : « Miserere mei Deus secundum magnam misericordiam

---

(1) Deest in Mss. 2 generis.

connaît toute la gravité de son crime et il en demande le pardon en ces termes : « Ayez pitié de moi, ô Dieu ! selon votre grande miséricorde, » car la grandeur de la miséricorde éclate surtout dans la rémission des grandes fautes. « Et effacez mon iniquité selon la multitude de vos bontés. » Pour faire comprendre l'énormité de son péché, il l'appelle une iniquité, car l'iniquité n'est pas un péché léger, et celui qui efface l'iniquité, c'est-à-dire qui ne l'impute point (1) a possédé en soi une source abondante de miséricorde. Il n'a donc recours à aucune excuse, et par là non-seulement il adoucit l'âme de son juge, mais il lui inspire des sentiments de compassion. La pitié entre naturellement dans l'âme lorsqu'on voit un coupable faire l'aveu sincère de ses péchés, et en manifester une vive douleur. Celui qui n'a aucun regret de ses fautes paraît se moquer de son juge, et il n'implore son pardon que pour échapper au châtiment et retomber dans les mêmes fautes. « Lavez-moi de plus en plus de mon iniquité, et purifiez-moi de mon péché. » (*Ibid.*, 4.) Il vient de proclamer la grande miséricorde de Dieu, il lui demande donc de le purifier entièrement et de ne pas laisser en lui la moindre tache, la moindre souillure d'injustice qui puisse offenser ses regards. Et comme motif à l'appui de sa prière, il ajoute : « Parce que je connais mon iniquité, et que j'ai toujours mon péché devant les yeux. » (*Ibid.*, 5.) Comme il connaît l'étendue de sa faute, il craint qu'elle ne lui soit point remise tout entière. La considération de la grandeur de ses péchés le jette dans l'anxiété, parce qu'il sait que les péchés énormes ne sont point facilement pardonnés. Il confesse donc son péché avec larmes ; il l'a toujours devant les yeux pour fléchir entièrement son juge et se le rendre propice. Il sait qu'il est écrit : « Avouez le premier vos iniquités pour obtenir d'en être justifié. » (*Isaïe*, XLIII, 26.) « J'ai péché devant vous seul et j'ai fait le mal en votre présence. » (*Ps.* L, 6.) Il considère ici à un autre point de vue le remède de sa faute et apporte un nouveau motif à l'appui de sa prière. Ce raisonnement tend à le justifier au premier chef, car celui qui pèche devant un autre que Dieu, est l'ennemi du Dieu créateur, puisqu'à sa place il en établit un autre à qui il attribue son autorité. David déclare donc qu'il n'est point coupable de cette iniquité en disant : « J'ai péché devant vous seul, et j'ai fait le mal en votre présence, » c'est-à-dire comme c'est en votre présence que j'ai péché, et non pas devant un autre que j'aurais reconnu comme Dieu par erreur, ma faute est moins grande que le péché de ceux qui se sont dévoués à une ruine certaine. Je ne suis pas impie, mais pécheur, parce que j'ai péché non contre vous, mais contre votre loi ; je ne vous ai point nié, mais c'est en reconnaissant que vous êtes mon Dieu et mon Seigneur que j'ai péché contre un homme. Puisque donc je ne suis point coupable du crime qui vous offense personnellement, pardonnez-moi le péché que j'ai commis contre un de mes semblables, car en péchant je n'ai point nié l'honneur qui est dû à votre nom pour le transporter à un autre. C'était donc là un motif propre à toucher le cœur de son juge. Puisque Dieu exhorte à se convertir le grand nombre de ceux qui pèchent contre lui, il doit

(1) Si l'auteur entend ici que la justification du pécheur est une justice qui lui est simplement imputée sans qu'elle soit inhérente en lui et que ses péchés soient réellement effacés, il devance l'erreur du protestantisme condamnée par le Concile de Trente.

tuam. » (*Psal.* L, 1.) Sciens rex David graviter se peccasse, sic postulat dicens : « Miserere mei Deus secundum magnam misericordiam tuam. » Magna enim misericordia tunc est, cum grandia ignoscit peccata. Et adjecit : « Et secundum multitudinem miserationum tuarum dele iniquitatem meam. » Ut manifestaret acerbe se deliquisse, peccatum suum iniquitatem appellat, quia iniquitas non leve peccatum est ; et qui delet iniquitatem, hoc est non imputat, miseratione abundat. Nihil ergo in causa sua excusare nititur, ut non solum animum sibi judicis mitiget, sed et faciat condolere. Commovetur enim animus ad misericordiam, quando videt reum sic sua confiteri peccata, et ostendat dolere sibi quia peccavit. Qui enim non dolet, irridere videtur judicem ; quia ideo precatur, ut evadat iterum postea eadem facturus. Et sequitur postea : « Usquequaque, inquit, lava me ab injustitia mea, et a peccato meo munda me. » (v. 4.) Quoniam multam miserationem Dei prædicat, penitus se mundari precatur, ut nihil maneat delicti aut injustitiæ in eo, unde suspectus sit. Et ut hoc ipsum obtinere possit vel impetrare, adjecit : « Quoniam iniquitatem meam ego cognosco, et delictum meum (a) coram me est semper. » Quoniam graviter scit se peccasse, sollicitus est ne non totum ei remittatur. Considerans enim magnitudinem peccatorum suorum, timet, sciens gravia peccata non facile ignosci : ac per hoc cum fletibus confitetur, peccatum suum ante oculos habens, ut ex omni parte propitium sibi faciat judicem. Scit enim scriptum esse : Dic prior iniquitates tuas, ut justificeris. (*Isa.*, XLIII, 6.) Et sequitur : « Tibi soli peccavi, et malum coram te feci. » (*Psal.* L, 6.) Nunc ex alia parte culpæ suæ medelam prospicit, ut ad effectum postulationem deducat. Hæc enim prosecutione in prima causa (b) innocentem se dicit : nam qui alteri Deo peccat, inimicus est auctoris Dei. In locum enim ejus alterum eligit, cui auctoritatem ejus ascribat. Unde hic ab hac se iniquitate alienum ostendens : « Tibi, ait, soli peccavi, et malum coram te feci, » hoc est, quia tibi, et nulli alii quem Deum per errorem dicerem, peccavi, minor mea culpa est quam cæterorum, qui sunt perditioni obnoxii. Non sum impius sum ; sed peccator, quia non in te, sed in Legem tuam peccavi ; nec te negavi, sed te Deum et Dominum confitens, in hominem peccavi. Ergo quia in illa quæ tua propria causa est, reus non sum, ignosce quod in conservum peccavi. Sic enim peccavi, ut honorificentiam nominis tui nec negarem, nec alteri darem. Fuit itaque unde commoveretur ad misericordiam judex. Cum enim multi in illum peccent, quos etiam hortatur ad se converti, dum ii qui non in illum peccant, ex aliis tamen causis veniam postulant, libenter admittit. Semper

(a) Ms. Colb. *contra me.* — (b) Editi *nocentem* : et infra *alteri a Deo.* Sequimur Mss.

accueillir avec bonté ceux qui n'ont point péché directement contre lui et qui implorent leur pardon sur d'autres raisons. En effet, la volonté du Seigneur est que ses serviteurs aient toujours recours à sa protection. « De sorte que vous serez reconnu comme juste dans vos paroles, et que vous demeurerez victorieux lorsqu'on jugera votre conduite. » En implorant la miséricorde de Dieu, il le prie de ne point changer les décrets de sa justice qui ne se montre pas égale aux innocents et aux pécheurs, c'est-à-dire qui rend à chacun selon ses œuvres; mais le saint Prophète n'ignore pas la nature de la prière mystérieuse qu'il adresse à Dieu. Il sait que Dieu répète souvent dans la loi : « Je suis miséricordieux, moi le Seigneur votre Dieu; » (*Exod.*, XXII, 27) il prie donc que cette foi à la miséricorde divine demeure, et que Dieu soit reconnu juste dans ses paroles, en restant fidèle à ce qu'il a promis et en ne laissant point enchaîner sa miséricorde par les péchés des hommes. Les pécheurs savent aussi les promesses que Dieu a faites aux fidèles observateurs de la loi, et comme ils persévèrent dans leurs péchés, ils accusent Dieu de mensonge. Leur vie coupable les empêche de croire à la vérité des promesses de Dieu. Le roi David demande donc à Dieu de vaincre ce préjugé et d'accomplir ses promesses, pour couvrir de confusion ceux qui sans observer ses commandements l'accusent de ne pas donner ce qu'il a promis. « Car voici que j'ai été formé dans l'iniquité. » (*Ps.* L, 7.) Il rappelle ici la cause de l'infirmité du genre humain, l'inclination de l'homme au péché pour adoucir la sévérité du juge à son égard. Il veut parler ici de la faute originelle dont Adam s'est rendu coupable, et dont la responsabilité s'est étendue à tout le genre humain. En concevant l'iniquité à la persuasion artificieuse de l'ennemi, il a soumis toute sa postérité à l'esclavage du péché, et aucun de ses descendants ne peut se soustraire à cet esclavage. C'est pour cela que David ajoute : « Et ma mère m'a conçu dans le péché, » c'est-à-dire que le péché dont Adam est comme la source, s'étend à tous ceux qui sont conçus et naissent à la vie, et devient pour eux un obstacle à la pratique du bien. David espère donc que Dieu lui fera miséricorde, parce qu'il a contre lui un ennemi acharné qui le porte au mal. Par son péché le premier homme fut asservi au démon, qui reçut le pouvoir d'agir sur son corps et de le séduire avec une finesse malicieuse les attraits trompeurs du péché qui le font tomber dans le piège et le dépouillent de la vie. C'est au souvenir de cet esclavage que le docteur des nations s'écrie : « Je sens dans mes membres une autre loi qui combat contre la loi de mon esprit, » (*Rom.*, VII, 23) afin qu'à cette vue, Dieu sensible à ses plaintes, lui tende la main au milieu des difficultés qui l'assiègent. « Car vous avez aimé la vérité. » (*Ps.* L, 8.) Puisque vous avez aimé la vérité, dit-il à Dieu, venez à mon secours, je vous en prie, car vous savez que je vous ai exposé les véritables empêchements de mon âme, et vous avez résolu dans votre miséricorde de sauver le pécheur en guérissant par une providence toute céleste les blessures que le péché lui a faites sur la terre. C'est pour cela qu'il ajoute : « Vous m'avez révélé les secrets et les mystères de votre cœur. » Ces secrets et ces mystères sont les secours que Dieu a préparés au genre humain et dont l'Apôtre a dit : « L'œil n'a point vu, l'oreille n'a point entendu, le cœur de l'homme n'a point compris ce que Dieu a préparé à

---

enim Dominus ad auxilium suum vult confugere servos suos. Unde adjecit : « Ut justificeris in sermonibus tuis, et vincas cum judicaris. » Misericordiam postulans, Deum justitiam suam non immutare precatur, cum soleat misericorde justitia, ut non peccantibus et peccantibus æqua sit, id est, ut unicuique reddat secundum opera sua : sed non ignorat quid postulet vir innocens in Dei sacramento. Sciens enim Deum frequenter in Lege dixisse, quia misericors, inquit, sum ego Dominus Deus vester (*Exod.*, XXII, 27) : inde rogat ut hæc fides maneat, et in sermonibus suis Deus justificetur, dum in eo permanet quod locutus est, nec peccatis hominum vincitur, ut non misereatur. Scientes enim, qui peccant, quæ promisit Deus bene viventibus, et quia in eo perdurant, judicantur illum mendacem. Non enim credunt male vivendo vera esse quæ promisit. Idcirco petit rex David, ut vincat hoc Deus quod putant homines, et det quæ promisit ; ut erubescant qui dum non servant mandata, judicant illum non daturum. Et sequitur : « Ecce enim in iniquitatibus conceptus sum. » (*Psal.* L, 7.) Nunc hoc adjecto causam infirmitatis humani generis memorat, quia facile est homini peccare, et examen circa se judicis mitigat. Primæ enim (*a*) culpæ facit mentionem, ex qua prævaricando Adam genus humanum obnoxium fecit peccato. Suasu enim et fallacia inimici iniquitatem concipiendo, omne semen suum iniquitati subjecit, ut ex eo omnes per traducem geniti peccato essent obnoxii. Propterea adjecit : « Et in delictis concepit me mater mea : » ut ab Adam derivatio facta peccati, conceptis et natis impedimento esset ab bonam vitam agendam ; ac per hoc supplici non negaudam misericordiam, quia (*b*) infestum habet hostem, qui eis suadet ut peccet. Per peccatum enim diabolus subjecto sibi primo homine potestatem accepit carni ejus se immiscere, et delictorum quædam subtilitate oblectamenta suggerere, per quod captum hominem spoliat vita. Quam rem magister gentium memorans, Video autem, inquit, aliam legem in membris meis, repugnantem legi mentis meæ (*Rom.*, VII, 23) : ut hoc conteus judex, dolenti circumvento porrigat manum. Et sequitur : « Ecce enim veritatem dilexisti. » (*Psal.* L, 8.) Quia ergo veritatem diligis, inquit, subveni roganti, et quem scis vera pectoris sui impedimenta exponere, cuique reo olim motus misericordia subvenire decrevisti, ut errorem admissum in terra, cœlestis providentia emendaret. Propter quod subjecit : « Incerta et occulta cordis manifestasti mihi. » Incerta et occulta cordis hæc significat, quæ Deus ad præsidium humani generis procuravit, sicut et Apostolus : Quod oculus, inquit, non

(*a*) Ms. Colb. *causæ*. — (*b*) Ms. Colb. *insertum*. Et mox idem vetus codex : *Peccatum enim qui est diabolus... potestatem accepit carni ejus se inserere et dilectorum*, etc.

ceux qui l'aiment. » (I *Cor.*, II, 9.) Quels sont ceux qui aiment Dieu? ceux qui acceptent sa loi sans chercher à déguiser ou à excuser leurs fautes. Ces secrets du cœur sont donc révélés à ceux qui aiment Dieu. La multitude des péchés dont ils déplorent la triste influence aurait pu leur faire contester la justice du châtiment, rejeter leurs fautes sur leur origine, et rendre Dieu leur créateur responsable de leurs péchés. Leurs cœurs ont donc été éclairés d'une lumière spirituelle et elle leur a découvert la providence de Dieu dans l'avènement du Christ qui devait venir pour détruire le péché qui exerçait sa tyrannie sur le genre humain depuis la prévarication d'Adam. Le roi David demande donc à Dieu que puisqu'il a résolu de sauver un jour le genre humain du triste état où il le voit réduit, il devance pour lui, victime du même malheur, le salut qu'il doit donner à tous un jour, et qu'il accorde à ses prières et à ses larmes le don gratuit qu'il tenait en réserve et qu'il ne pouvait accorder avant le temps marqué. Comment cela se fera-t-il ? Il l'indique par les paroles suivantes : « Vous m'arroserez avec l'hyssope et je serai purifié; » (*Ps.* L, 9) c'est avec raison qu'il demande d'être purifié par l'aspersion avec l'hyssope. Les enfants d'Israël arrosèrent avec cette aspersion les poteaux de leur maison pour échapper à l'ange exterminateur (*Exod.*, XX, 22), et David demande aussi d'être purifié de ses péchés par l'aspersion de l'hyssope, pour échapper aussi à la mort. « Vous me laverez et je deviendrai plus blanc que la neige. » Or, il est évident que l'action de Dieu est à une immense distance de l'action de l'homme. Voilà pourquoi David dit : « Et je serai plus blanc que la neige, » parce que l'œuvre de Dieu a un caractère de perfection que ne peut avoir l'œuvre de l'homme. Il demande donc d'être purifié par l'aspersion avec l'hyssope, c'est-à-dire que de même que le corps est purifié par l'eau de ses souillures matérielles, ainsi ce dont l'hyssope est la figure purifie par une opération toute spirituelle les âmes des souillures du péché. L'aspersion avec l'hyssope est une espèce de purification dont l'action visible indique la purification intérieure et invisible. « Vous me ferez entendre des paroles de consolation et de joie. » (*Ps.* L, 10.) Nul doute, en effet, que la voix de celui qui annonce la rémission des péchés ne répande la joie dans l'âme des pécheurs. Qui ne se réjouirait, en effet, à la nouvelle du pardon qui lui est accordé? Car le pardon de Dieu donne toute sécurité pour le présent et pour l'avenir. Aussi David ajoute : « Et les os humiliés tressailleront d'allégresse. » L'humiliation de David a été de deux sortes, il a été humilié dans son péché, car le péché n'est pour personne une cause d'élévation, et il s'est humilié lui-même pour implorer son pardon. Il suppliait Dieu sous la cendre et le cilice de lui faire miséricorde et le pardon qui lui fut accordé rendit la joie à son âme et la force à son corps abattu. « Détournez vos regards de mes crimes, et effacez toutes mes iniquités. » (*Ibid.*, 11.) David demande à Dieu qu'il lui accorde son pardon comme il devait l'accorder plus tard par la foi en Jésus-Christ, et que le Sauveur qui lui a été promis spirituellement commence par lui à pardonner les péchés aux cœurs vraiment repentants. Celui en effet dont on ne regarde plus les péchés et dont toutes les iniquités sont effacées n'a plus à craindre d'être traité comme coupable, et ses ennemis se trouvent réduits au silence. Celui qui ne regarde pas les péchés ne les

---

vidit, nec auris audivit, nec in cor hominis ascendit, quæ præparavit Deus diligentibus se. (I *Cor.*, II, 9.) Qui sunt qui diligunt Deum, nisi qui Legi ejus consentiunt, non celando vel excusando peccata ? Hæc ergo occulta cordis manifesta sunt diligentibus Deum, ut quia dolebant se delictis circumveniri, (*a*) ne correpti negarent, sibi et origini suæ imputantes, in auctorem Deum transferentes quæ peccabant : corda eorum illuminata sunt spirituali corusco, ut viderent Dei providentiam in Christo, quia venturus erat ad damnandum peccatum, quod ex prævaricatione Adæ humano generi imperabat. Hoc ergo orat rex David, ut quod decreverat Deus in futurum, videns genus humanum laborare, sibi prius subveniret in eadem necessitate constricto, in qua omnibus se decreverat subventurum : ut donum quod gratuitum futurum erat, et ante tempus dari non poterat, huic pro prece et lacrymis concederetur. Quod quomodo fiat, non tacet dicens : « Asperges me hyssopo, et mundabor. » (*Psal.* L, 9.) Recte aspersione hyssopi petit se mundari. De hoc enim filii Israel postes suos sanguine linieverunt, ut tuti præstarentur a morte (*Exod.*, XII, 22) : ita et hic aspersione hyssopi orat mundari se a peccatis, ne tangatur a morte. Et sequitur : « Lavabis me, et super nivem dealbabor. » Manifestum est, quia factum Dei distat a facto hominis : ideo « super nivem, inquit, dealbabor, » quia quod Deus fecit, multo melius est quam quod fecit homo. Propterea aspersione hyssopi petit se mundari, ut sicut carnale corpus aqua abluitur, ita et per hyssopi significationem, spirituali ratione animarum maculæ abluantur. Aspersio enim hyssopi, lustratio quædam est : ut per id quod visibile est, invisibiliter emundetur. Et sequitur : « Auditui meo dabis gaudium, et lætitiam. » (*Psal.* L, 10). Dubium non est, quia vox prædicantis remissionem, gaudium præstat peccatoribus. Quis enim non lætetur, cum audit dari indulgentiam ? Cum enim Deus remittit, et in præsenti et in futuro securus est. Propterea « exsultabunt ossa humiliata. » Duplici genere sunt ossa humiliata, quia et ut peccaret humiliatus est, nemo enim peccans exaltatur ; et ut postea supplex veniam imploraret. Nam utique in cilicio et cinere voluntatis misericordiam precabatur, quam obtinens elevatus est mentis exsultatione et corporis refectione. Et subjecit : « Averte faciem tuam a peccatis meis, et omnes iniquitates meas dele. » (*v.* 11.) Hac forma remissionem postulat, sicut constitutum erat in futurum per fidem Christi, ut Salvator qui ei spiritaliter est promissus, ab ipso inciperet cuncta conversis donare peccata. Cujus enim non respiciuntur peccata, et omnes delentur iniquitates, non habet unde reus constituatur, et inimicorum ejus ora clauduntur. Qui enim non respicit peccata,

---

(*a*) Ms. Colb. *nec correpti negabant.*

impute point non plus; détourner ses regards des fautes d'un pécheur c'est refuser de recevoir une accusation contre lui. Mais comment David, qui n'était accusé que de deux crimes, s'accuse-t-il ici de beaucoup d'autres iniquités? Puisque Nathan l'avait assuré que Dieu lui avait pardonné, pourquoi implore-t-il son pardon avec tant de sollicitude? C'est qu'il ne plaidait pas seulement sa cause, mais que dans cette confession de son péché il comprenait toutes les misères spirituelles de son peuple. Il demande donc pour lui un renouvellement complet, car celui qui obtient son pardon n'est pas sans confusion s'il n'est rétabli dans son premier état et dans un rang qui exclue toute honte, et il annonce pour tous les autres la grâce de Dieu qui devait purifier tous leurs péchés. « Créez en moi, ô Dieu, un cœur pur, et rétablissez un esprit juste dans le fond de mes entrailles. » (*Ibid.*, 12.) C'est là implorer la miséricorde de Dieu dans d'excellentes dispositions. David ne se borne pas à demander le pardon du passé, sa sollicitude s'étend à l'avenir, il est résolu de haïr le péché pour n'y plus retomber, et il prie Dieu de le fortifier par l'esprit de justice qu'il rétablira dans son âme, c'est-à-dire de lui donner un esprit nouveau qui le garde de tout péché et de tout ce qui est contraire à sa volonté bien connue. Or, on a un cœur pur lorsqu'on se tient éloigné de tout péché intérieur et extérieur, d'action et de pensée. Il est presque impossible d'observer cette pureté de cœur dans toute son étendue, mais au moins faut-il l'avoir dans les rapports essentiels de l'âme avec Dieu et garder son cœur pur dans le mystère de Dieu et de Jésus-Christ en conservant inviolablement la foi que nous avons en eux. En effet, nous lisons dans un autre endroit de l'Ecriture : « Qui peut se glorifier d'avoir un cœur pur ou d'être exempt de péché ? » (*Prov.*, xx, 9.) Or, David conserva son cœur pur dans ses rapports avec Dieu, parce qu'il ne réclama jamais le secours de la vanité, c'est-à-dire de l'idolâtrie, et qu'il ne fit jamais que ce que le Seigneur lui avait commandé. Il ajoute pour l'avenir : « Ne me rejetez pas de devant votre face, et ne retirez pas de moi votre Esprit saint. » (*Ps.* L, 13.) Il exprime de nouveau la pensée que nous avons indiquée plus haut, il est sûr de son pardon, mais il se préoccupe de la réforme entière de son âme. Le serviteur à qui on se contente de pardonner reste éloigné de la présence de son maître. On ne sévit point contre lui, cependant son crime n'est pas effacé dans l'esprit de son maître ou de son juge. David prie donc que son péché soit entièrement effacé et qu'il soit rendu digne de s'approcher de la face du Seigneur et de prophétiser comme par le passé, ce qui lui fut accordé. C'est ce qu'il demande par ces paroles : « Et ne retirez pas de moi votre Saint-Esprit, » c'est-à-dire l'esprit de prophétie. « Rendez-moi la joie que donne votre salut, et soutenez-moi par l'Esprit souverain. » (*Ibid.*, 14.) Il demande à Dieu la joie qui était promise dans l'avénement du Christ, afin que lavé et purifié de toutes ses taches, il fût rempli de la joie qui naîtrait du salut qu'il avait désiré et que, loin de perdre sa couronne, il fût confirmé sur le trône par l'Esprit saint. Il l'appelle l'Esprit souverain parce qu'il est au-dessus de toute créature et que c'est par lui que règnent les rois. « J'enseignerai vos voies aux méchants, et les impies se conver-

---

non illa imputat. Hoc est enim avertere faciem a peccatis alicujus, accusationem contra eum non accipere. Et quid est hoc, ut cum de duobus peccatis correptus sit, hic addat de multis se accusando ? Et cum audierit a Propheta Nathan, quia ignotum erat ei, quare sic postulat sedula prece, ut possit ad veniam pervenire, nisi quia non suam solius causam agit, sed sub (*a*) accusatione peccati sui, totius populi miserias narrat ? Sibi enim reformationem precatur, quia cui ignoscitur, non est sine rubore, nisi loco suo fuerit redditus, ut dignitas loci ruborem excuset : cæteris autem beneficium Dei, quod ad cuncta peccata abluenda futurum erat in Christo significavit. Et sequitur : « Cor mundum crea in me Deus, et spiritum justum (*b*) dedica in visceribus meis. » (*v.* 12.) Hoc est bona mente misericordiam deprecari. Non solum autem de præteritis rogat, sed etiam de futuris sollicitus est, (*c*) ut peccator intendens odisse peccare ne peccet, adjuvetur a Deo per spiritum justitiæ quem orat dedicari in visceribus suis, id est, ut novus ad hoc ponatur in eo, ut custodiat eum a peccatis, ne cogatur facere quod scitur nolle. Cor autem mundum sic potest habere, si neque intus, neque foris delinquat ; hoc est, neque in opere, neque in cogitatione. Quod quia prope impossibile est ut in omnibus servetur, vel in Dei causa servandum est, quæ principalis est ut mundum cor in sacramento Dei et Christi custodiatur, dum fides eorum inviolata servatur ; quia et in alio loco dicitur : « Quis gloriabitur mundum se habere cor, aut immunem esse a peccatis ? » (*Prov.*, XX, 9.) Denique rex David mundum cor habuit in causa Dei, quia neque auxilium aliquando a vanitate quæsivit, quæ est idolatria, neque aliud a Deo sibi præceptum non implevit. (*d*) Ideo de cæteris adjecit : « Ne projicias me a facie tua, et spiritum sanctum tuum ne auferas a me. » (*Psal.* L, 13.) Hic sensus est, quem supra memoravi, quia securus de venia, sollicitus est de reformatione. Cui enim ignoscitur solum, solet a facie Domini secerni. Quamvis enim non in illum vindicetur, in animo tamen Domini vel judicis facinus ejus deletum non est. Ideo orat, ut penitus peccatum ejus deleatur, et dignus sit accedere ad faciem Domini, et iterum prophetare ; quod et factum est. Hoc est enim quod dicit : « Et Spiritum sanctum tuum ne auferas a me. » Hic est spiritus Prophetarum. Et sequitur : « Redde mihi lætitiam salutaris tui, et Spiritu principali confirma me. (*v.* 14.) Lætitiam dari sibi postulat, quæ promissa erat in Christo, ut omnibus maculis ablutus et reparatus, lætus esset in salute quæsita ; nec amotus, sed confirmatus in regno a Spiritu sancto. Quem ideo principalem dixit, quia super omnem creaturam est, per quem reges regnant. Et subdit : » Doceam

---

(*a*) Ms. Colb. *occasione*. — (*b*) Sic Mss. At. edit. *innova*. — (*c*) Ms. Colb. *ne peccator tendens odisse peccare se adjuvetur*. — (*d*) Ms. Colb. *videris de cæteris. Et adjecit.*

tiront à vous. » (*Ibid.*, 15.) Il s'exprime ainsi pour que les méchants apprennent par son exemple quelle est la bonté de Dieu qui accueille les pécheurs dès qu'ils font l'aveu de leurs fautes et qui ne délaisse point les impies qui se sont convertis à lui, mais ne cesse de les exhorter en faisant miséricorde aux autres. « Délivrez-moi, Dieu de mon salut, de tout le sang que j'ai versé. » (*Ibid.*, 16.) David fait voir ici que son péché était digne de mort pour proclamer la grandeur de la miséricorde de Dieu à son égard et exciter les pécheurs à se réfugier, à son exemple, dans le sein de la clémence de Dieu. « Et ma langue célébrera votre justice par des cantiques de joie. » Il déclare mettre sa joie dans la justice du Seigneur parce qu'il voit persévérer en lui l'effet de cette promesse de Dieu : « Je ne retirerai point de dessus d'eux ma miséricorde. » (*Ps.* LXXXVIII, 34.) David, plein de joie et de sécurité sur ce point, célèbre la justice de son Dieu. « Vous ouvrirez mes lèvres, et ma bouche publiera vos louanges. » (*Ps.* L, 17.) Dieu ouvre ses lèvres en le délivrant de l'esclavage du péché. La bouche de celui qui est délivré est ouverte, mais la bouche du pécheur demeure fermée ; la honte et la crainte le condamnent au silence, tandis que celui qui a recouvré sa pleine liberté fait éclater ses transports et publie les louanges de son juge. C'est ainsi que l'Apôtre, libre de toute servitude, comme il l'atteste, s'écrie : « Ma bouche s'ouvre vers vous, ô Corinthiens. » (II *Cor.*, VI, 11.) « Si vous aviez souhaité un sacrifice, je vous l'aurais offert. » (*Ps.* L, 18.) David parle ici de science certaine ; il se rappelait ce que le saint prophète Samuel avait dit au roi Saül, qui croyait pouvoir effacer son péché non par la douleur de son âme ni par l'effusion de ses larmes, mais en offrant un sacrifice. « Le Seigneur veut-il des sacrifices, et ne demande-t-il pas plutôt qu'on obéisse à sa voix ? » (1 *Rois*, XV, 22) car ces sacrifices peuvent être nuisibles et n'apaisent point la justice de Dieu. La seule chose qui l'apaise, c'est une âme qui, au souvenir de son péché, pleure dans l'amertume et la tribulation du cœur le malheur qu'elle a eu d'offenser Dieu. « Mais vous n'auriez pas les holocaustes pour agréables. » (*Ps.* L, 19.) Non, Dieu n'a point pour agréables les holocaustes, mais les sentiments dont nous venons de parler. C'est à l'âme à satisfaire pour elle, sans chercher au dehors de quoi payer sa rançon. Voilà ce qui peut réellement lui être d'un grand secours. De même que l'âme a cédé aux charmes séducteurs du péché, elle doit se soumettre à la douleur de la pénitence, et alors Dieu prendra plaisir à effacer ses péchés. « Car le sacrifice digne de Dieu est un esprit brisé de douleur. Dieu ne méprise point un cœur contrit et humilié. » (*Ibid.*, 19.) David nous apprend ici quel sacrifice Dieu reçoit pour les péchés ; il est impossible de l'apaiser à moins que celui qui s'est réjoui de la perte de son âme n'ouvre son cœur à la douleur et au repentir et retrouve ainsi la vie. Tout homme turbulent et sans retenue s'expose fréquemment à recevoir des blessures qui ne peuvent être guéries sans douleur ; de même les pécheurs ne peuvent racheter leurs péchés sans que l'âme coupable soit pénétrée d'un profond sentiment de douleur. Il est de toute justice, en effet, que celui qui a goûté la joie que la raison désapprouve soit soumis à la douleur que la raison commande. « Seigneur, traitez favorablement Sion et faites-lui sentir les effets de votre bonté. » (*Ibid.*, 20.) Sion est ici la figure de l'Eglise, et suivant notre sen-

iniquos vias tuas, et impii ad te convertentur. » (v. 15.) Hoc dicit, ut in eo discant iniqui pietatem Dei, qui confitentes sibi suscipit peccatores et promovet ; nec impios conversos negligit, sed hortatur dum aliis misereatur. Et sequitur : « Libera me de sanguinibus Deus, Deus salutis meæ. » (v. 16.) Hoc dicto ostendit peccatum suum morte dignum, ut Dei misericordia quanta sit, prædicet. Per hoc enim etiam alios provocat confugere ad Dei clementiam. Unde subjicit : « Exsultabit lingua mea justitiam tuam Domine. » Gaudere se dicit in justitia Domini, quia in eo permanet quod promisit dicens : Misericordiam autem meam non movebo ab eis. (*Psal.* LXXXVIII, 34.) Lætus ergo David rex et securus in hac parte, Dei sui justitiam prædicat. Et sequitur : « Labia mea aperies, et os meum annuntiabit laudem tuam. » (*Psal.* L, 17.) Sic labia aperit, dum subjectum illum esse non sinit causa peccati. Liberati enim os patet ; peccatoris autem clausum est os : pudore enim et metu correptus loqui non audet ; absolutus autem et liberatus tripudians prædicat laudem judicis. Nam et Apostolus sicut ipse testatur, propter quod ab hominibus liber esset : Os nostrum, ait, patet ad vos o Corinthii. (II *Cor.*, VI, 11.) Et adjecit : « Quoniam si voluisses sacrificium, dedissem utique. » (*Psal.* L, 18.) Hoc de comperto loquitur, sciens sanctum Samuel dixisse ad Saul regem, qui cum peccatum suum non dolore mentis, neque la- crymarum miseratione, sed sacrificii oblatione obliterari putaret : Non vult, inquit, Deus sacrificium magis quam audiri vocem suam (1 *Reg.*, XV, 22), quia hujusmodi sacrificia damnum possunt facere, non tamen Deum placare. Deus enim sic placatur, si anima peccati sui memor in tribulatione et mœrore cordis, defleat quod peccavit. Et sequitur : « Holocaustis non delectaberis. » (*Psal.* L, 18.) Nec delectatur holocaustis Deus, sed in hujusmodi causis. Ipse enim animus pro se satisfacere debet, non se de foris redimere. Nam ista adjutorium præstare possunt. Animus enim sicut oblectatus est in peccatis, sic tribulari debet in pœnitentia, et tunc delectabit Deum delere ejus peccata. Unde subjicit : « Sacrificium Deo spiritus contribulatus : cor contritum et humiliatum Deus non spernit. » (v. 19.) Ostendit quale sacrificium pro peccatis Deus suscipit : quia non poterit Deum placare, nisi qui lætatus est contra salutem, contribulatus fuerit corde, et sic reparetur ad vitam. Denique omnis inquietus, vel indisciplinatus frequenter incurrit, ut membra corporis lædat, quæ utique non sine dolore possunt sanitatis recipere medicinam : sic et peccatores non possunt peccata sua redimere, nisi dolorem senserit animus qui peccaverit. Hoc enim justum est, ut quia contra rationem gavisus est, secundum rationem patiatur mœrorem. Et sequitur : « Benigne fac, Domine, in bona voluntate tua Sion. » (v. 20.) Sion dicens Ecclesiam si-

liment, qui ne paraîtra pas invraisemblable, David lui suggère de demander à Dieu d'accomplir sa promesse, parce qu'il sait qu'elle recevra l'entière rémission de ses péchés lorsque Dieu aura pleinement accompli ses décrets par Jésus-Christ, c'est-à-dire que ceux qui espèrent dans le salut qui leur est promis seront délivrés de tout péché ; et en effet ils seront délivrés par Jésus-Christ non-seulement de leurs propres péchés, mais du péché d'Adam, dont tous ses descendants naissent coupables. « Et les murs de Jérusalem seront élevés. » Est-ce qu'ils avaient été détruits ? Les murs de Jérusalem sont donc ici la figure de l'Eglise qui devait s'élever par la foi en Jésus-Christ. Ses murs sont les saints, comme nous l'apprend l'Apocalypse de saint Jean, où nous voyons qu'il faut entendre par la ville de Jérusalem et par ses murs les serviteurs de Dieu. (Apoc., XXI, 12.) Le roi David savait que c'était le Christ qui devait accomplir la promesse de la délivrance des serviteurs de Dieu ; il demande donc à Dieu de l'accomplir, c'est-à-dire que l'Eglise s'élève sur le fondement de la foi et que ceux qui espèrent leur salut par cette foi soient délivrés de l'esclavage du péché. « C'est alors que vous agréerez un sacrifice de justice, les oblations et les holocaustes. » (Ps. L, 21.) David déclare ici que Dieu aurait pour agréables les oblations et les holocaustes lorsque l'Eglise serait construite, et non des sacrifices offerts sans règle ou selon le bon plaisir de chacun ; mais : « Vous agréerez le sacrifice de justice. » Le sacrifice est juste lorsqu'on offre à Dieu une victime digne de lui ; or, il n'est point de sacrifice ni plus juste, ni plus digne que l'offrande que nous faisons à Dieu de nous-mêmes. Dieu est esprit (*Jean*, IV, 24), nous devons donc lui offrir des sacrifices spirituels, c'est-à-dire offrir au Dieu vivant une victime vivante. David avait déclaré que Dieu n'agréait point pour l'expiation des péchés les sacrifices charnels ; il enseigne donc qu'il fallait lui offrir des sacrifices spirituels et qu'il les aurait pour agréables, parce que ces sacrifices sont dignes de Dieu ; c'est-à-dire que les sacrifices avaient peu de prix dans le passé, parce qu'ils étaient tout extérieurs, et qu'ils ont maintenant une grande valeur, parce qu'ils sont spirituels. « C'est alors qu'on mettra des veaux sur votre autel pour vous les offrir. » Il vient d'annoncer qu'aux anciens sacrifices succéderaient des sacrifices spirituels ; que signifient ces paroles : « Alors on mettra des veaux sur votre autel pour vous les offrir ? » C'est-à-dire que ces victimes matérielles sont la figure des victimes spirituelles, puisqu'il a déclaré que Dieu n'avait point pour agréables les sacrifices charnels. Ces veaux sont donc ici la figure du peuple nouveau à qui la foi en Jésus-Christ a donné une nouvelle naissance et dont la piété est immolée tous les jours sur l'autel du Seigneur. Car puisque David a parlé ici clairement de l'Eglise, les sacrifices qu'on y offre sont nécessairement des sacrifices spirituels.

QUESTION CXIII. — Pourquoi le Fils de Dieu a été envoyé, et non pas un autre ?

Toutes les actions de Dieu s'imposent à la foi avec un caractère de raison et de sagesse incontestables ; cependant il vaut mieux, je pense, ajouter à la foi la connaissance du fait, pour lui éviter le reproche d'ignorance. Notre-Seigneur lui-même confirme cette vérité lorsqu'il dit : « La vie éternelle est de vous

---

gnificat, ut (*a*) perseveratio nostra non improbabilis videatur, cui ut impleat Deus promissum suum, suggerit, sciens se tunc plenam remissionem accepturum, cum quod decrevit Deus in Christo impleverit ; id est, ut ab omni peccato liberentur sperantes in salute promissa ; quia non solum a propriis, sed ab Adæ peccato quod per traducem in omnes pervenit, liberabuntur per Christum. Et adjecit : « Et ædificabuntur muri Jerusalem. » Numquid destructi fuerant ? Sed muros Jerusalem dicens, Ecclesiam significat, quæ per fidem in Christo disposita erat construenda. Cujus muri esse sancti homines intelliguntur, docente nos Apocalysi Joannis apostoli ; quia et Jerusalem civitas et muri ejus servi Dei sunt intelligendi. (*Apoc.*, XXI, 12.) Sciens etiam per Christum rex David promissum, quod futurum erat implendum ad liberationem servorum Dei, orat ut impleatur, id est, ut per fidem ædificetur Ecclesia, et liberentur sperantes de hac fide salutem. Et sequitur : « Tunc acceptabis sacrificium justitiæ, oblationes et holocausta. » (*Psal.* L, 21.) Hoc dicit, quia oblationes et holocausta tunc accepta sibi haberet, cum esset Ecclesia ædificata ; et non passim aut secundum omnem consuetudinem, sed « sacrificium, inquit, justitiæ acceptabis. » Justum est sacrificium, cum condignum munus offertur ; porro autem nihil est tam justum sacrificium et condignum nisi ut nos ipsos offeramus Deo. Quia enim Deus spiritus est (*Joan.*, IV, 24), spiritualia illi offerenda sunt sacrificia, ut vivo viva hostia offertur. Quia enim dixerat, in causi peccati sacrificiis carnalibus Deum minime delectari, ostendit futurum, quia spiritaliter Deo offerendum erat, et acceptaret ; quia hæc Deo digna sunt sacrificia : hoc est, in præteritis minora fuerunt, quia carnalia ; nunc majora, quia spiritualia. Et adjecit : « Tunc imponent super altare tuum vitulos. » (*Psal.* L, 21.) Si cessantibus pristinis sacrificiis, spiritalia successura sacrificia significavit, quid est ut diceret : « Tunc imponent super altare tuum vitulos ? » nisi quia per hæc corporalia spiritalia significat ; quippe cum dixerit causa carnalibus non delectatur. Vitulos ergo dicens, populum novellum significavit, Christi fide renatum, cujus devotio quotidie super altare Domini delibatur. Qui enim de Ecclesia intelligitur locutus, sacrificia quoque ejus spiritalia significasse debet intelligi.

QUÆSTIO CXIII. — (1) Cur Filius Dei missus sit, et non alius ?

Quanquam omne quod facit Deus, rationabiliter et providenter factum credendum sit ; melius tamen puto, si post fidem etiam causa facti possit adverti, ut quod creditur, non ignoretur. Unde Dominus ait : « Hæc est autem vita æterna, ut cognoscant te solum verum Deum,

---

(*a*) Ms. Colb. *adseveratio.*
(1) Deest in Mss. 2 generis.

connaître, vous le seul vrai Dieu, et celui que vous avez envoyé, Jésus-Christ. » (*Jean*, XVII, 3.) Il faut commencer par croire selon la recommandation du Prophète (*Isaïe*, VII, 9, *selon les Septante*), puis chercher à connaître ce qui fait l'objet de la foi, et l'Esprit saint vient ici en aide à l'âme fidèle et attentive pour lui découvrir la raison de sa foi. En effet, la joie que lui donne la foi est pleine, lorsqu'elle peut comprendre ce qu'elle croit. Cette connaissance fait la force de sa foi, et le fondement inébranlable de sa créance. Lorsque la foi est seule, la piété n'est pas aussi pleine, et le soupçon peut trouver accès dans l'âme. Aussi le vase d'élection s'efforce-t-il de persuader aux fidèles de bien se pénétrer des motifs de leur foi. Car lorsqu'ils auront connu la grandeur et la puissance de celui à qui ils ont ajouté foi, aucune force, aucune raison ne pourront les détacher de l'espérance qu'ils ont mise en lui. Voilà pourquoi le Psalmiste nous dit : « Goûtez et voyez que le Seigneur est plein de douceur. » (*Ps.* XXXIII, 9.) Il veut que les fidèles s'appliquent à connaître la saveur de sa divinité, en comprenant qu'il n'est rien de plus sage que de croire en Jésus-Christ. C'est pour la même raison que le docteur des nations dit aux Colossiens : « En lui sont cachés tous les trésors de la sagesse et de la science. » (*Coloss.*, II, 3.) Et ailleurs : « Je sais quel est celui à qui j'ai confié mon dépôt, et je suis sûr qu'il est puissant pour le garder jusqu'à ce jour. » (II *Tim.*, I, 12.) Voilà un chrétien qui connaît la raison de sa foi, qui ne doute point de la puissance de Dieu, qui comprend que tous les trésors de la sagesse et de la science sont renfermés dans le mystère de la naissance, de la passion et de la résurrection de Jésus-Christ. Or, sans aucun préjudice pour la foi, j'ai longtemps médité afin de savoir pourquoi Notre-Seigneur était descendu du céleste séjour pour s'incarner sur la terre, et non pas un autre de ceux, par exemple, que le Sauveur lui-même appelle les saints anges. Cet abaissement paraît inconvenant pour sa personne divine, à moins qu'on n'en découvre la raison. Voici, en effet, ce qui fait impression sur un grand nombre d'esprits. La Providence de Dieu le Père pouvait, ce semble, choisir une autre personne pour accomplir cette œuvre, pour détruire l'empire du démon superbe, envieux de notre salut, et de ses satellites, et lui enlever toutes ses dépouilles comme fruit de sa victoire. Il semble que Dieu devait comprimer l'opiniâtreté et l'insolence de ces serviteurs rebelles, par les ministres de sa volonté, et ne pas entreprendre, lui le Seigneur de toutes choses, une œuvre qui paraît indigne de lui. En effet, Satan n'a point une force, un pouvoir tellement grand qu'une puissance de même nature ne puisse en triompher, puisqu'avec le secours de Dieu les hommes eux-mêmes remportent sur lui la victoire. Quoiqu'il n'y ait point parité entière dans les exemples empruntés aux choses humaines, cependant ils ont quelque rapport avec la matière que nous traitons. Un sujet se révolte contre le roi David, il envoie Joab également son sujet pour le poursuivre et le mettre à mort. (II *Rois*, XX, 6.) Ce sont encore ses sujets qui sont chargés de combattre la rebellion d'Absalon contre son père (*Ibid.*, XV, 14); à plus forte raison la puissance d'un seul choisi entre mille eût suffi pour triompher de la domination tyrannique du démon. Ne lisons-nous pas que dans le combat qu'il livra à l'archange Michel, il ne put prévaloir, mais qu'il fut précipité sur la terre? (*Apoc.*,

---

et quem misisti Jesum Christum. » (*Joan.*, XVII, 3.) Primum enim credi debet, sicut a Propheta dictum est, (*Isa.*, VII, 9, sec. LXX) deinde sciri quod creditur : quia jam fidelem in hac re diligentem adjuvat Spiritus sanctus, ut cognoscens intelligat fidei rationem. Tunc enim plenum est fidei gaudium credulitatis suæ, si quod credit intelligat. Hoc est enim fidei robur, hoc immobile fundamentum credulitatis, addiscere sacramentum. Ubi enim sola fides est, non est tam mera devotio, et potest auditum habere subreptio. Unde vas electionis ideo laborat, ut credentes fidei suæ rationem ediscant. Cum enim cognoverint quantus sit, cui se crediderint, et quæ sit ejus potentia, nullo pacto, nullaque ratione ab ejus spe traduci se patientur. Unde dictum legimus : « Gustate, et videte, quoniam suavis est Dominus : » (*Psal.* XXXIII, 9) ut data opera cognoscant divinitatis ejus saporem, intelligentes nihil sapientius esse quam in Christum credere. Quamobrem ipse magister gentium inter cætera ait : « In quo sunt omnes thesauri sapientiæ et scientiæ Dei absconditi. » (*Coloss.*, II, 3.) Et iterum : « Scio, inquit, cui credidi, quia potens est depositum meum custodire. » (II *Tim.*, I, 12.) Igitur hic scit fidei suæ rationem, et non dubitat de potentia ejus, qui intelligit omnes thesauros sapientiæ et scientiæ in sacramento nativitatis et passionis et resurrectionis Christi esse absconditos. Manente ergo fide, diu mecum contuli, ut scirem, cur Dominus noster de sacris et de cœlestibus sedibus ad terram (*a*) incarnatus venisset, et non alius, ex iis quos ipse Dominus sanctos Angelos vocat. Incongruum enim videtur personæ ejus hoc opus sublime, nisi causa facti noscatur. Denique hoc est quod movet multos. Nam potuit Dei Patris provisio per alteram personam hoc negotium gerere, ut et hominibus in errore constitutis ostenderet veritatem, et diabolum præsumptorem et salutis invidum cum satellitibus ejus comprimeret, et expoliaret devictum. Quia pervicacia et irreverentia nequissimorum servorum, ministris ex aliis fuerat compescenda, ut non Dominus omnium rem sibi indignam experiretur. Neque enim tanta vis et potentia est satanæ, ut per alteram potestatem ejusdem conditionis superari minime potuisset, cum constet Dei auxilio ipsum etiam ab hominibus vinci. Nam quamvis impar sit, si ex terrenis sumamus exempla, tamen ex aliqua parte conveniunt rationi. Servum enim contra David regem rebellantem, Joab conservus ejus missus est persequi et trucidare (II *Reg.*, XX, 6); et contra Absalon in patrem impium servis injuncta res est (*Ibid.*, XV, 14) : quanto magis ad tyrannidem diaboli vincendam unius de multis suffecerat efficacia? quippe cum legamus quia repugnans contra Michael Archangelum perdurare non

(*a*) Ms. Colb. *incarnandus.*

xii, 7.) Or, en méditant sérieusement sur ce sujet, je parvenais seulement à découvrir que le Fils de Dieu avait été envoyé par son Père, parce qu'il aurait pu paraitre injurieux à sa dignité de confier à un autre la réparation de l'œuvre de ses mains ; cependant cette raison n'était pas suffisante. Elle ne m'expliquait pas assez clairement la cause de ce grand et admirable mystère, il me fallait d'autres raisons pour m'en donner l'intelligence. C'est ainsi que j'arrivai à me convaincre que l'œuvre de réparation elle-même exigeait la venue de celui qui est descendu sur la terre. Il y avait pour lui une raison spéciale de venir combattre celui qui avait usurpé sa dignité et ses titres. En effet, le diable a voulu se faire reconnaître comme Dieu après Dieu le Père, ce qu'il s'efforce encore de faire aujourd'hui, bien que ce titre ne lui appartienne en aucune façon, mais au Fils de Dieu qui est le second après Dieu le Père, non par nature, mais par le rang que nous lui donnons. Or, pour soutenir ici la grande cause de la vérité, nul autre n'a dû s'incarner que Notre-Seigneur Jésus-Christ, qui est venu non-seulement pour réprimer les efforts du démon, mais pour se révéler à tous les hommes, afin que rejetant toute société avec le démon, ils le reconnaissent pour celui dont Satan avait usurpé le pouvoir et la majesté. Il voulait aussi que la connaissance de la vérité leur fît abandonner l'erreur, certains qu'ils étaient que Jésus-Christ est le Fils de Dieu qui seul est Dieu de Dieu, le chef ou le principe de tout ce qui existe soit dans le ciel, soit sur la terre, car la force et la puissance qu'il a déployées dans le triomphe qu'il a remporté sur la tyrannie de Satan, l'ont fait reconnaître pour celui dont le démon plein d'impiété, c'est-à-dire Satan avait usurpé l'empire. Dans l'injuste dessein qu'il avait conçu de se faire appeler Dieu pour donner sur les puissances spirituelles (ce qui lui a mérité ce reproche du Prophète : « Tu as dit dans ton cœur : Je placerai mon trône dans les nuées, et je serai semblable au Très-Haut) » (*Isaïe*, xiv, 14), il en a entraîné un grand nombre dans sa rebellion, et c'est par leurs efforts réunis qu'il est devenu le prince de l'erreur. C'est à ces esprits que le Psalmiste s'adresse pour les engager à rejeter le mensonge et à recevoir la vérité, lorsqu'il leur dit : « Princes, levez vos portes, et vous, portes éternelles, élevez-vous, et le Roi de gloire entrera. » En effet, il faut d'abord ôter l'erreur de l'esprit des incrédules pour qu'ils puissent recevoir la foi d'un seul Dieu en Jésus-Christ. Il leur recommande donc de lever les portes par lesquelles on va à la mort, en suivant l'incrédulité dont le démon est le principe, et de recevoir les mystères de la foi qui conduisent à la vie. Car voilà ce que figurent les portes éternelles : la vérité de la foi c'est l'éternité, l'incrédulité, au contraire, est une chose temporelle et passagère, parce que le mensonge est une invention du démon. C'est lui, en effet, qui sema sur la terre les germes de la prévarication qu'il avait commise dans le ciel en conseillant aux hommes le culte de plusieurs dieux, sur lesquels il conservait la primauté. Il voulut être le chef et le prince de tous les autres, ce qui ne lui appartenait point, mais n'était dû qu'au Sauveur. Le Fils de Dieu le poursuit donc jusque sur la terre, pour dévoiler par la victoire qu'il remporte sur lui son erreur criminelle, à la lumière de la vérité qui brille dans toute sa personne. Voilà ce qui a fait dire au Psalmiste : « La vérité est sortie du sein de la terre. » (*Ps.* lxxxiv, 12.)

---

potuit, sed projectus in terram est? (*Apoc.*, xii, 7.) Hoc ergo mecum sæpe reputans, hoc solum sciebam, quia ideo ipse a Patre missus est, ne ad injuriam ejus pertineret, si opus per eum factum, per alterum (*a*) reformaretur : sed hoc scire minimum erat. Non enim satisfaciebat ad tam magnam et admirabilem causam, nisi et aliud comprehenderetur quod proficeret ad arcanum intellectum. Sic factum est, ut animadverterem causam hoc poposcisse, ut sic veniret qui venit. Ipsum enim ratio tangebat, ut ad eum comprimendum veniret, qui dignitatem ejus et meritum usurpasset. Post Deum enim Patrem diabolus deus dici voluit, quod et nunc usque contendit, cum utique non illum res contingeret, sed esset hoc Filii Dei, qui post Patrem Deum secundus est, non natura, sed ordine. Ad hanc ergo causam agendam non alium oportuit venire, nisi Christum Dominum nostrum : qui non tantum ad comprimendum diabolum venit, sed et manifestare seipsum omni creaturæ : ut reprobata persona diaboli, hunc esse cognoscerent, cujus principatum et majestatem præsumpserat satanas ; et de cætero cognita veritate relinquerent errorem, pro certo habentes Christum esse Dei Filium, qui solus Deus de Deo sit, et caput sive principium eorum omnium, sive quæ in cœlo sunt, sive quæ in terra : quia virtute et potentia, qua superavit tyrannum satanam, manifestatus est ipse esse, cujus imperium præsumpserat impius diabolus, qui est satanas. Dum enim voluit inique Deus dici, ut dominaretur potentiis spiritualibus (unde increpatur a Propheta dicente : « Tu enim, inquit, dixisti in corde tuo : Ponam sedem meam in nubibus, et ero similis Altissimo ;) » (*Isa.*, xiv, 14) multos decepit, quorum conspirationis princeps erroris est factus. Qui in Psalmo commonentur, ut rejicientes mendacium, suscipiant veritatem. Dicitur enim eis : « Tollite portas principes vestras, et elevamini portæ æternales, et introibit rex gloriæ. » Nisi enim tollatur error de mentibus incredulorum, non poterunt suscipere fidem unius Dei in Christo. Hoc enim edocentur, ut sublatis portis per quas itur ad mortem, (*b*) secundum perfidiam a diabolo cœptam, suscipiant fidei sacramenta per quæ itur ad vitam. Ista sunt enim quæ significat in æternalibus portis ; quia veritas fidei æternitas est : perfidia autem temporalis est, quia mendacia adinventio diaboli est. Diabolus enim cœptam prævaricationem in cœlis, seminavit in terris, multorum deorum suadens culturam, inter quos principatum habebat. Caput enim et principium voluit esse cæterorum, quod non ei debebatur, sed Salvatori. Unde persequitur eum usque ad terram, ut comprimens eum ostendat erroris ejus prævaricationem manifestam in se veritate. Unde dictum est : « Veritas de terra orta est. » (*Psal.*

(*a*) Ms. Colb. *reformaret*. — (*b*) Ms. Colb. *ad mortem secundam, quæ sunt perfidia a diabolo cœpta.*

Le diable chassé des cieux a cherché un refuge sur la terre, pour exercer parmi les hommes la puissance divine qu'il avait conçu le dessein d'usurper dans les cieux. Ce qui a fait dire à l'Apôtre : « Il ira jusqu'à s'asseoir dans le temple de Dieu, s'y montrant comme s'il était Dieu. » (II *Thess.*, 11, 4.) Tous les moyens lui sont bons pour accomplir ses désirs et encourir la damnation, car dans la fureur dont il est plein, il regarde comme un moindre mal d'être damné que de ne point assouvir l'ardente passion qu'il a d'établir son erreur.

CONTRE LES PAÏENS.

QUESTION CXIV. — Je ne vois point par quelle raison les païens osent nous déclarer la guerre, ou attaquer notre foi, tandis qu'ils se croient à l'abri de tout reproche, de toute attaque. Car ils ne produisent aucune preuve à l'appui des assertions, je dirai plutôt de leur superstition que de leur religion. Ils affirment des choses qui ne sont rien moins que certaines, afin de passer, ce semble, pour les auteurs et les défenseurs de nouvelles doctrines. En premier lieu, ils prétendent adorer plusieurs dieux, et ils ne donnent aucune preuve, aucun témoignage de leur existence. Ils appellent dieux ceux-là mêmes qui n'ont pas osé en usurper le nom, c'est-à-dire que ce sont les hommes qui font les dieux, alors que c'est Dieu qui est le Créateur des hommes, et par conséquent leur assertion est vaine et de nul poids. Toute chose qui se fait en dehors de Dieu n'a aucune stabilité. La preuve de ce que j'avance se trouve dans leurs livres, où nous voyons Dieu complétement étranger à leurs institutions religieuses. Nous y voyons des hommes conduits par des motifs différents, établir des sacrifices en l'honneur des fausses divinités, et c'est ainsi que des hommes sans aucun mérite étaient regardés comme de dignes auteurs de semblables institutions. Or, puisque ceux qu'ils appellent dieu ne leur ont fait sur ce point aucun commandement, de quelle autorité établissent-ils, présentent-ils comme digne et louable un culte qu'ils ne peuvent prouver leur avoir été commandé? Et en supposant qu'ils pussent produire un ordre qu'ils auraient reçu, il faudrait examiner avant toutes choses s'il y a obligation, s'il y a convenance d'obéir à ceux dont on ne peut établir la divinité par aucun signe, par aucun prodige. Battus sur ce point, ils se réfugient dans les éléments et prétendent qu'ils sont l'objet de leur culte, parce que leur influence est toute puissante dans la direction de la vie humaine. Ici encore je leur demanderai comme précédemment s'ils ont reçu un ordre, un commandement de Dieu dont ils avouent eux-mêmes la grandeur, la puissance, bien qu'ils n'en tiennent aucun compte. S'ils doivent un culte aux éléments, il faut que ce culte ait été commandé par celui qu'on reconnaît pour le créateur des éléments. S'ils ne peuvent produire cet ordre, c'est une présomption téméraire, et une présomption digne de châtiment plutôt que de récompense ; car c'est un outrage pour le Créateur que les serviteurs reçoivent les hommages qu'on refuse à leur maître, et que les gens de la suite de l'empereur se fassent adorer au mépris de l'empereur lui-même. Comment peuvent-ils espérer ici l'impunité, alors que dans cette vie même nous voyons cette témérité sévèrement punie? Diront-ils qu'ils en ont reçu l'ordre des éléments eux-mêmes? Qu'ils montrent cet ordre, qu'ils nous citent les paroles que ces éléments leur auraient adressées. Or, s'ils ne peuvent produire cet ordre, de quels

---

LXXXIV, 12.) Projectus enim de cœlis, confugit ad terras, ut meditatam divinitatem in supernis, expleret in inferioribus Unde dicit Apostolus : « Ita ut in templo Dei sedeat, ostendens sese quasi sit Deus. » (II *Thess.*, 11, 4). Quoquo enim modo desiderium suum implere vult et damnari : furore enim plenus minus putat esse damnari, quam non explere aviditatem erroris.

ADVERSUS PAGANOS.

QUÆSTIO CXIV. — (1) Qua ratione Pagani adversus nos audeant congredi, aut fidem nostram impugnare, se autem putent absolutos esse non video. Quippe cum nulla habeant assertionum suarum documenta, superstitionis suæ magis dicam quam religionis. Nam quæ cauta non habent, proferunt, ut ipsi potius novarum rerum auctores et defensores habeantur. Primo enim in loco deos se asserunt colere : quorum nulla insignia, nulla dant testimonia. Illos enim deos appellant, qui se ausi non sunt hoc nomine nuncupare, ut homines auctores deorum habeantur, cum Deus auctor debeat esse hominibus : ac per hoc vana et inanis assertio est. Quidquid enim sine Deo est, stabile esse non potest. Manifesta enim esse quæ dico, probant libri eorum, in quibus nihil divinum, nihil Deo jubente legitur constitutum ; sed singulos viros propter quasdam causas diversa asserunt instituisse numinum sacrificia, ut ii qui nullius meriti videntur, ea ipsa quæ statuerant digne statuisse probarentur. Quando ergo quos deos appellant, nihil horum mandasse leguntur ; qua auctoritate hi faciunt, aut accepto ferri putant, quod non probant mandatum ; cum si etiam mandatum probaretur, examinandum prius fuerat, si dignum esset aut debitum his obedire, quorum nulla signa, aut prodigia, ad commendationem divinitatis in rebus gestis exsisterent ? Sed solent ab his exclusi ad elementa confugere, dicentes hæc se colere, quorum gubernaculis regitur vita humana. A quibus, ut supra, requirimus si mandatum est aut jussum a Deo, quem etiam ipsi magnum et summum fatentur, et negligunt eum. Si enim fieri debet, ab illo mandari oportuit, qui auctor eorum dicitur. Si autem ab illo non est mandatum, præsumptio est, et ad pœnam proficiet, non ad præmium ; quia ad contumeliam pertinet Conditoris, ut contempto Domino colantur servi, et spreto imperatore adorentur comites. Quomodo istud impunitum erit, quod etiam in hac vita vindicari, et quidem acerbius, videamus ? Sed si forte ab ipsis elementis dicant mandatum, ostendant alicubi præceptum, legant aliquando ali-

(1) Deest in Mss. 2 generis.

châtiments ne sont pas dignes les auteurs avérés de cette religion de présomption et de mensonge ? On ne peut donc imputer cette impiété aux éléments. Les astres du firmament les accuseront au tribunal de Dieu, en déclarant qu'ils n'ont été nullement les auteurs de cette inspiration aussi impie que vaine. De même lorsque ceux qui ne sont que des hommes et qu'ils appellent des dieux seront livrés aux justes châtiments que méritent leurs péchés, ils soutiendront qu'ils ne sont ici nullement coupables, et feront retomber toute la responsabilité de ce crime d'idolâtrie sur ceux qui sans en avoir reçu l'ordre ont commencé à leur rendre les honneurs divins. Comment osent-ils attaquer notre foi, la traiter comme un objet de dérision, alors qu'ils voient notre loi appuyée sur des témoignages irrécusables, et qu'ils peuvent lire cette déclaration de Notre-Seigneur lui-même et de notre Dieu : « C'est moi qui suis le Seigneur, et il n'y en a point d'autres. » (Isa., XLV, 6.) S'il s'était contenté de cette déclaration, nous aurions pu refuser d'y croire pour ne pas ressembler aux païens qui, sans avoir vu aucune preuve de la puissance de leurs dieux, les ont adorés et, ce qui est pire encore, leur ont rendu un culte immonde. Nous rougissons de révéler les choses honteuses qui s'y accomplissent, et ils décernent le nom de sages, parce que leur loi se joue d'eux comme un imposteur. Quant à notre Dieu il a commandé aux hommes de l'adorer, mais après avoir donné des preuves de sa puissance, et pour ne leur laisser aucun doute ; il leur a donné une loi pure, sainte et digne de Dieu. Pour nous que les païens accusent de folie, nous n'aurions pas ajouté foi à notre Dieu, s'il ne nous avait donné des témoignages de sa puissance, et nous n'aurions pas reçu sa loi si nous n'avions pas reconnu qu'elle était pure et digne de notre obéissance. Aussi rien chez nous ne se fait dans les ténèbres ou en secret. Car tout ce qui est honnête ne craint pas la publicité ; ce qui choque la décence et la vertu a honte de se produire au grand jour. Voilà pourquoi les païens célèbrent leurs mystères dans les ténèbres, et en cela ils font acte de prudence. Ils rougissent d'affronter les railleries du public, et ils ne veulent pas divulguer les abominations qu'ils accomplissent comme une des prescriptions de leur loi, de peur que ces hommes qui se disent sages ne passent pour des extravagants aux yeux de ceux qu'ils accusent de folie. Peut-être, en effet, nous regardent-ils comme des insensés, parce que notre loi prêche la chasteté, la miséricorde, la piété, la continence, toutes choses qui sont pour eux autant d'extravagances, car tout homme vertueux passe pour mauvais aux yeux des méchants, et l'homme prudent se voit accusé de folie par l'insensé. La chasteté leur est tellement en horreur que les débauchés font leurs délices, ils les prennent pour maîtres, et ils ne sont dignes de leur religion, si je puis lui donner ce nom, qu'autant qu'ils leur deviennent semblables. C'est pour cela qu'ils se soumettent à l'opération de la castration et changent d'habit comme pour changer de sexe, ils se prêtent à des actions contre nature, comme des femmes, et c'est alors seulement qu'ils sont dignes et parfaits ministres de leur superstition. Peut-on accuser celui qui ne devient tel qu'en vertu de sa loi ? Il renonce aux prérogatives et au vêtement propres à l'homme et se transforme en femme pour se prêter en toute liberté à des actions efféminées. Que devons-nous

quid illa locuta. Quod si non ostendunt, qua pœna digni sunt, qui auctores præsumptæ et conflictæ religionis detegunter ? Libera sunt ex hac impietate elementa. Ipsa enim luminaria mundi accusabunt illos apud judicem Deum, quia in hac consilii vanitate minime se auctores ostendunt. Similiter et illi quos cum constet homines fuisse, deos nuncupant, cum cœperint pro peccatis suis cruciari, in hac parte minime se reos esse defendent, in hos crimen hoc retorquentes, quibus cum hoc non mandassent, ut deos illos colere cœperunt. Igitur quo pudore fidem nostram reprehendant aut irridendam putent, quorum legem virtutum testimoniis fultam, necnon et ipsius Domini ac Dei nostri relegunt vocem dicentis : « Ego sum Deus, et non est alius præter me ? » (Isa., XLV, 6.) Quod si nudis verbis diceret, non erat ei credendum, ne similes paganis videremur, qui nulla deorum suorum signa majestatis videntes, colere eos cœperunt; et quod pejus est, inhonesta. Turpia enim illic aguntur, quæ pudoris est revelare, et prudentes se appellant, quia de lege sua sicut a Samardaco illuduntur. Porro autem Deus noster teste virtute coli se mandavit : et ut nihil suspicionis relinqueret, legem ipsam honestam et sanctam, ut et Deo dignum est, tradidit. Nos vero qui stulti a paganis dicimur, Deo nostro non credidissemus, nisi nobis satisfecisset etiam testimoniis virtutum ; nec legem ejus suscepissemus, si non illam puram et ipsa professione dignam cognovissemus. Hinc est unde nihil apud nos in tenebris vel occulte geritur. Omne enim quod honestum scitur, publicari non timetur : illud autem quod turpe est et inhonestum, prohibente pudore non potest publicari. Quamobrem pagani mysteria sua in tenebris celebrant, vel in eo prudentes. Erubescunt enim palam illudi : (a) piacula enim quæ illic vice legis aguntur, nolunt manifestare, ne qui prudentes se dicunt, hebetes his videantur quos stultos appellant. Sed ne forte hinc illis stulti videamur, quia lex nostra castitatem, misericordiam, pietatem, continentiam prædicat : apud illos enim hæc stulta sunt, quia omnis bonus malo malus est, et prudens stulto insensatus est. Nam in tantum castitatem exsecrantur, ut etiam cinædis delectentur, magisterio eorum subjecti, qui nisi tales fuerint, idonei non erunt ipsi, si dicendum est, religioni. Propterea enim abscinduntur, et habitum immutant, ut de viris quasi feminæ fiant, et contra naturam subjecti muliebria patiantur, et tunc demum apti et digni sunt ministri superstitionis illorum. Numquid accusari potest hujusmodi, quem lex facit talem ? Ideo enim amisso viri et actu et habitu in mulierem transformatur, ut licenter muliebria patiatur. Quæ ergo putantur esse mysteria, ubi de honesto inhonestum fit, et de incorrupto corru-

(a) Ms. Colb. turpia.

donc penser de ces mystères, qui changent l'honnêteté en inverse et l'innocence en corruption, alors que la religion véritable remplace dans les hommes l'indécence par la pudeur et la licence par la modestie? Comment les partisans de cette religion peuvent-ils être vertueux quand les mystères de leur loi ne peuvent être célébrés qu'en compagnie des efféminés? Si leur loi autorise ces désordres, et les a pour agréables, c'est crime, c'est folie que de refuser d'y prendre part. Aussi nous traitent-ils d'insensés, car les sages à leurs yeux sont ceux qui pratiquent ce culte immonde et les insensés ceux qui le fuient avec horreur. Et c'est ici qu'ils font preuve de finesse et d'artifices. Ils décorent leur loi du nom de sagesse pour couvrir tout ce qu'elle a de répréhensible, parce que le blâme ne peut tomber sur la sagesse. Ils traitent, au contraire, notre loi de folie pour en éloigner les hommes.

Mais laissons de côté ces noms de sagesse et de folie; réprimons cet esprit de rivalité qu'engendre toujours la défense entre deux partis contraires, et mettons en présence les deux lois pour qu'on voie clairement où est la sagesse, où est la folie. Eh quoi! le signe de la croix seul impose silence au paganisme. En présence de ce qu'ils appellent une folie, leur sagesse se tait, leurs victimes n'osent répondre. Leurs entrailles demeurent silencieuses et muettes par respect pour la majesté de la religion chrétienne. N'est-ce pas un prodige étonnant que ce qu'ils décorent du nom de sagesse tremble devant ce qu'ils traitent de folie? Comparons maintenant la teneur même de ces deux lois. Les païens avouent dans leurs écrits qu'ils adorent des dieux et des déesses, et ils disent vrai, parce qu'ils rendent les honneurs divins à des divinités des deux sexes. Janus et Saturne, Jupiter et Mercure, Apollon, etc.; d'un autre côté, Minerve, Isis, Fruxilla, Venus, Flore la courtisane, etc., sont autant de dieux et de déesses comme l'attestent les histoires des Grecs et des Romains. Les chrétiens qu'ils traitent d'insensés sont moins riches; ils adorent dans le mystère de la divinité un seul Dieu, principe de toutes choses, et ils n'accordent les honneurs divins à aucune des choses qu'il a créées. Ils sont convaincus qu'il suffit seul et amplement pour le salut, et ils savent qu'ils l'outragent en attribuant à d'autres sa gloire et son nom; et en effet, aucun souverain ne permet que l'on confonde avec lui ses tribuns et ses officiers. Comparons maintenant ces deux lois; où est ici la sagesse? dans la loi qui adore le Créateur ou dans celle qui adore la créature? dans la loi qui ne se prosterne que devant le Seigneur, ou dans celle qui prostitue les honneurs divins à ses serviteurs? Peut-il se faire que dans une maison il y ait deux maîtres? et comment les païens, versés dans la science judiciaire, et qui prétendent au titre de sages, peuvent-ils dans un même monde créé par un seul et même Dieu adorer un nombre infini de dieux et de déesses? Ils donnent le nom de dieux à ceux qui dirigent et gouvernent le monde, alors qu'ils ne croient pas à la Providence. Or, l'affirmation d'une doctrine pernicieuse est un acte d'imprévoyance et de folie. Dieu doit nécessairement venger sa gloire outragée contre ceux qui osent attribuer à leurs semblables le nom et les prérogatives de la Divinité.

Passons maintenant à ce qu'ordonne chacune de ces lois. Notre loi à nous, qu'ils traitent d'insensés, fait un devoir de ne choisir pour pontifes et ministres

---

ptum, cum hic sit vere cultus religionis, qui de turpibus honestos facit, de indisciplinatis modestos? Quomodo cultores ejus æmuli possunt esse bonæ vitæ, quando mysteria legis eorum sine cinædis celebrari non possunt? Si ergo lex eorum his delectatur, peccator erit et stultus quisquis non fuerit talis. Ideoque stultos nos appellant. Colentes enim hæc turpia, prudentes ab his judicantur; evitantes autem et fugientes, stulti. Quod quidem callide et astute ab ipsis videtur aptatum. Idcirco enim legi suæ prudentiæ nomen prudentiæ, ut contegant reprehensibilia ejus; quia ubi prudentia, reprehensio nulla est. Nostram autem legem stultam dicunt, ut prohibeant ab ea.

Sed sublatis nominibus prudentiæ et stultitiæ, et submota omni invidia, quam parit defensio ambarum partium, ipsæ leges inter se confligant, ut appareat ubi sit prudentia, et ubi stultitia. Sed præsente signo crucis obmutescit paganitas. Et si adest, quam vocant stultitiam, prudentia illa, sacra illorum respondere non audent. Reprimuntur enim exta illorum, et occultantur ob reverentiam Christianæ majestatis. Magna res est, ut illa quam vocant prudentiam, metuat illam quam appellant stultitiam. Conferamus nunc tenorem legum. Pagani deos deasque colere se etiam litteris profitentur: et verum est quod dicunt, quia et masculos colunt et feminas. Janus enim et Saturnus, Jovis et Mercurius, et Apollo et cæteri, item Minerva, et Isis, et Fruxilla, et Venus, et Flora meretrix cum cæteris, dii deæque sunt, sicut historiæ tam Græcorum quam Romanorum testantur. Christiani autem utpote pauperes, quos stultos vocant, unum Deum colunt in mysterio, ex quo sunt omnia: nec aliquid quod ab eo conditum est venerantur. Ipsum enim solum sufficere sibi et abundare sciunt ad salutem, non ignorantes, quia si gloriam et nomen ejus aliis deputaverint, offendant cum; quia nullus imperator permittit ut cum nomine ejus tribuni et comites adorentur. Conferantur nunc leges, ut videatur ubi sit prudentia, qui Creatorem colit, an qui creaturam; qui Dominum, an qui servos? Potest fieri in aliqua domo ut præter unum alius dominus appelletur, ut pagani litteris forensibus instructi, qui sibi prudentes videntur, in uno mundo ab uno Deo condito multos deos deasque venerantur? Procuratores enim et (a) auctores mundi deos et Dei nomine nuncupant, cum improvidi delegantur. Illud autem asserere quod perniciem pariat, improvidi est et stulti. Quoniam necesse est Deum injuriam suam vindicare in eos, qui conservis suis Domini Dei nomen et gloriam impertierunt.

Dehinc considerentur præcepta. Lex nostra, quos stultos vocant, antistites et ministros idoneos, sine cri-

---

(a) Ms. Colb. et actores.

des autels que des hommes de mœurs pures, d'une vie sainte et irrépréhensible; la tradition des païens, au contraire, veut qu'on ne soit propre à devenir prêtres et ministres de leurs divinités qu'à la condition pour des hommes de se transformer en femmes, afin de pouvoir se prêter plus librement à des actes efféminés. C'est ainsi qu'on les voit secouer indécemment leur chevelure dans le bain, et faire entendre une voix énervée, grêle et dissolue. S'ils osaient se livrer en public à ces excès, ils seraient lapidés par tout le peuple. Et que dire de ce Cynocéphale (Anubis) toujours errant et qui cherche en tout lieu les membres dispersés de l'adultère Osiris, époux d'Isis? C'est avec de tels ministres, c'est à l'école de tels maîtres que ces païens osent se parer du nom de sages, alors que loin de trouver en eux l'ombre de sagesse, nous ne rencontrons que le crime. Rien de plus funeste, en effet, que d'aimer les obscénités et les turpitudes du vice. Que dirai-je des scènes honteuses qui se passent dans les cavernes où ils se voilent les yeux? Pour échapper à la honte des obscénités dont on imprime sur eux les flétrissures, on leur bande les yeux; les uns battent des ailes comme les oiseaux, en imitant la voix du corbeau, les autres font entendre le rugissement des lions; d'autres, les mains liées avec des intestins de jeunes chevaux, sont jetés sur des fosses pleines d'eau; un des leurs s'approche avec un glaive, coupe les nœuds formés par ces intestins, et se proclame leur libérateur. D'autres actions sont plus obscènes encore. Voyez de combien de turpitudes dégradantes sont le jouet ces hommes qui se décernent le nom de sages. Parce que ces scènes honteuses s'accomplissent dans les ténèbres, ils s'imaginent qu'on ne peut les connaître. Mais la sainte foi chrétienne a révélé et mis au grand jour tous ces mystères d'iniquité que des hommes vicieux et dégradés ont inventés et accomplissent dans le secret. Lorsque cette foi fut prêchée, ceux qui l'entendirent, ravis de cette doctrine de vertu et de sainteté, se hâtèrent de l'embrasser et d'abandonner ces mystères secrets de honte et d'ignominie, dont ils avouaient qu'ils avaient été le jouet par ignorance. Presque tous alors étaient victimes de cette coupable erreur, et ils se regardaient néanmoins comme sages, parce qu'il n'y avait personne qui les en reprît. Car bien que tous fussent égarés dans les voies trompeuses d'une même idolâtrie, chacun cependant s'était fait un culte adapté à ses goûts et à ses habitudes, de sorte qu'une seule et même erreur prenait différentes formes, suivant les mœurs et la vie licencieuse de ceux qui l'établissaient. Ainsi les mystères appelés de Bacchus sont le triomphe du cynisme et de l'infamie joints aux excès de la fureur. L'impudicité, en effet, va rarement sans la colère; partout d'ailleurs avec Bacchus nous voyons représenté Priape, avec lequel il avait un commerce infâme. Tous les autres mystères sont du même genre, mais Satan mit en œuvre ses finesses et ses ruses ordinaires pour prendre les hommes dans ces honteux filets. C'était déjà sous son inspiration que les hommes avaient établi ces mystères immondes; mais lorsqu'ils furent établis, il les couvrit de certains prestiges propres à séduire les hommes et à les entraîner dans l'erreur. C'est ainsi que la tradition de l'antiquité servit de passeport au mensonge, et d'excuse à ces honteuses inventions. A force d'habitude, on finit par ne plus regarder comme honteux ce qui était le comble de la honte. En effet, un premier outrage fait rougir, mais l'habitude adoucit insensiblement les traits repoussants

---

mine, sanctos et irreprehensibiles præcipit ordinari : e contra autem paganorum traditio antistites et ministros idoneos sibi esse non possse, nisi ex viris transfigurentur in feminas, ut liceter et publice muliebria patiantur, et discussis in aqua inhoneste crinibus mollem quassatamque vocem et turpem emittant. Quod si publice facerent, ab omni populo lapidarentur. Et Cynocephalus ille, qui (a) mutabundus per omnia se circumfert loca, quærens membra adulteri Osiris viri Isidis. Ecce quibus ministris sive magistris pagani prudentiæ sibi nomen adsciscunt, cum non solum non prudentiæ sit, sed et criminis. Obscœna enim et probrosa diligere funestum est. Illud autem quale est quod in (id est, spelunca) spelæo velatis oculis illuduntur? Ne enim horreant turpiter dehonestari se, oculi illis velantur : alii autem sicut ales alas percutiunt, vocem coracis imitantes; alteri vero leonum more fremunt; alii autem ligatis manibus intestinis pullinis, projiciuntur super foveas aqua plenas, accedente quodam cum gladio, et irrumpente intestina supra dicta, qui se liberatorem appellet. Sunt et cætera inhonestiora. Ecce quantis modis turpiter illuduntur, qui se sapientes appellant. Sed quia hæc in tenebris patiuntur, putant posse nesciri. Ista enim omnia, quæ a malis et turpibus inventa et ordinata sunt in occulto, sancta

(a) Ms. Colb. natabundus.

fides Christiana prodidit et detexit. Prædicata enim fide, considerantes qui audiebant, quid boni et sanctitatis publice promitteretur, contulerunt se ad fidem, occulta illa inhonesta et turpia relinquentes, et quomodo per ignorantiam illusi sint confitentes. Tunc enim jam pridem omnes prope in hoc vertebantur errore, et idcirco sibi prudentes videbantur, quia qui reprehenderet non erat. Nam quanquam omnes errarent sub uno fallacis nomine idololatriæ, unusquisque tamen juxta mores suos et conversationem ordinavit culturam, ut unus error diversitatem haberet ex turpitudine et conversatione auctorum. Denique sacra, quæ Liberi vocant, inhonesta et vanissima sunt, et plena furoris. Difficile enim impurus non iracundus est : denique ubique cum Priapo depictus invenitur, cum quo inhoneste vivebat. Hoc modo sunt et cætera sacra eorum; sed ut posteri his inventionibus caperentur, subtilitate et astutia factum est satanæ : quanquam non sine illius consilio ista inventa sunt; inventis tamen singulis, adspersit quædam præstigia, per quæ illiceret homines ad errorem. Et sic factum est, ut per traducem antiquitatis commendaretur fallacia, et excusaretur turpis inventio. Per consuetudinem enim cœpit non turpe videri, quod turpe erat. Nam cum dehonestantur aliqui, primo erubescunt, postea

du vice, et le front s'endurcit à la honte, surtout si l'on se voit entouré d'un grand nombre de complices. En effet, c'est une conquête pour l'infamie lorsqu'elle parvient à imprimer ses flétrissures sur des personnages de distinction qui trouvent facilement des imitateurs. Si donc pendant tant de siècles ils ont pu se couvrir du nom de sages, parce qu'il n'y avait aucune voix pour condamner ces honteuses inventions; aujourd'hui, que grâce à la miséricorde de Dieu, la lumière s'est faite pour le genre humain, qu'elle condamne comme crime ce que l'on regardait alors comme une loi, et présente aux hommes comme la véritable sagesse ce qui passait alors pour une folie, ils devraient cesser de porter ce nom, renoncer à persévérer dans des infamies qui sont mises au grand jour, et reconnaître qu'ils sont indignes du nom de sages. Mais au contraire, pour mettre le comble à leur folie dont ils sont convaincus, ils continuent à traiter d'insensés ceux qui démasquent leur extravagance. Ils accusent notre foi et son apparition tardive sur la terre; quant aux préceptes qui nous sont imposés, ils avouent qu'ils sont irrépréhensibles. Or, l'accusation qu'ils portent contre notre foi est moins contre nous que contre son divin auteur. Ils nous traitent d'insensés pour avoir cru des choses déraisonnables, et ils accusent de mensonge, de fourberie et d'imposture Dieu qui nous a donné la foi, afin, disent-ils, de nous jeter dans l'erreur. Prouvons-leur donc, nous chrétiens, que ce n'est pas sans raison que nous avons cru, et nous défendrons ensuite la cause de l'auteur de notre foi. Lorsque nous vivions dans l'erreur dans laquelle sont encore aujourd'hui les païens, nous avons appris ce qu'ils appellent leurs dogmes sacrés par de simples paroles qu'aucun signe miraculeux n'était venu confirmer; nous regardions comme utile dans cette doctrine, non pas ce que la Divinité avait révélé, mais la tradition d'une coutume antique, et après avoir été le jouet de mille vaines illusions, nous avons reconnu, ce qui n'est un mystère pour personne, qu'elle ne contient aucune espérance de salut. De quelle utilité pouvait être en effet une doctrine qui était une pure invention des hommes? Pour nous, au contraire, nous avons été amenés à croire en Dieu et en son Fils incarné et crucifié, non point par des discours, mais par des faits. Nous avons vu des morts ressuscités, des lépreux purifiés, les yeux d'un aveugle-né ouverts à la lumière, les démons chassés et toutes les maladies guéries. Qu'on nous dise maintenant quand nous avons fait acte de folie, est-ce lorsque nous avons ajouté foi à de simples paroles, ou lorsque nous n'avons voulu croire que sur des faits? Il est hors de doute que les faits ont précédé les paroles, puisque ces dernières n'ont été mises en usage que pour exprimer les faits. Si donc, sans le témoignage d'aucun prodige nous avons ajouté foi à une tradition toute humaine qui n'a été inventée que pour séduire les esprits des hommes, combien plus devons-nous croire une doctrine dont des miracles qui ne peuvent avoir que Dieu pour auteur, démontrent la divinité? Ne passerions-nous pas à juste titre pour des insensés, si nous refusions de croire aux témoignages de la puissance divine, après avoir cru à de simples discours? Notre conduite ne serait-elle pas tout à la fois imprévoyante et inconsidérée, si nous repoussions l'appel que nous fait l'espérance après avoir suivi volontairement une doctrine sans espoir? Ils nous objectent que l'objet de notre foi est absurde. Il est contraire à la raison, disent-ils, que Dieu ait un Fils, et que des corps victimes de la mort

blandiente consuetudine, recedit pudor mutata fronte, præcipue si multos videant tales. Nam quæstus turpitudinis tunc est, quando ii qui nobiles dicuntur, dehonestari videntur : facile enim imitatores invenit honestata nobilitas. Si ergo jam porro pridem propter hoc prudentes sibi videbantur, quia cui fœda inventio hæc displiceret, non erat; nunc quia Dei misericordia illustratum est genus humanum, et declaratum crimen esse quod pro lege credebatur, stultum autem quod putabatur prudentia inventum; vel ab hac appellatione cessare deberent, permanere nolentes in detecto crimine, cognoscentes nomen sapientiæ a se alienum esse. Sed ut addant ad cumulum confessionis suæ stultitiam, in stultitia deprehensi vocant fatuos, a quibus convincuntur. Sed fidem nostram et posteritatem accusant; in præceptis autem non negant nihil posse reprehendi. Qui fidem nostram accusant, non magis contra nos, quam contra auctorem nostrum suscipiunt. Nos enim stultos, qui quasi rei fatuæ fidem dederimus : illum autem mendacem et circumventorem, necnon et malitiosum pronuntiant, qui fidem traderet per quam deciperemur. Credentes ergo prius non nos stulte credidisse probemus; deinde causam acturi auctoris. Cum in errore degeremus, in quo nunc manent pagani nullis virtutum signis attracti, sed nudis verbis quæ sacra vocant percepimus, prodesse putantes, non quod divinitas commendaverat, sed quod vetus consuetudo tradiderat : in qua (quod nunc latet) diversis illusi vanitatibus, nullam spem salutis cognovimus. Quid enim poterat prodesse res ab hominibus inventa? Ut autem ad fidem Dei accederemus, et Filium ejus incarnatum et crucifixum crederemus, non verbis suasum est nobis, sed rebus. Vidimus enim mortuos suscitatos, leprosos mundatos, cæco nato oculos restitutos, dæmonia ejecta, et simul omnes infirmitates curatas. Nunc quando stulti fuimus judicetur, cum nudis verbis credidimus, aut cum rebus? Sine dubio enim res ante verba sunt ; quippe cum ad res significandas inventa sint. Si ergo traditioni humanæ, nullo suadente virtute, quæ ad illudendas mentes hominum inventa est, fidem dedimus, quanto magis huic, quam divinam et deificam omnia signa quæ Deum invocant, contestantur? Nonne digne stulti judicaremur, si virtutibus non crederemus, qui hominibus credideramus? Nonne rationabiliter improvidi et inconsulti notaremur, si advocantem spem non sequeremur, qui desperationi fueramus obnoxii. Sed aiunt e contra, stultum est quod creditur. Non enim rationi subsistit, Deum habere Filium ; neque emortua et dissoluta corpora rursus reparari posse ad vitam. Omnes philosophi et sectarum inventores diversis disputationibus invicem se confode-

et de la dissolution puissent de nouveau revenir à la vie. Tous les philosophes et les auteurs de sectes diverses se sont combattus par des discussions contradictoires, sans qu'aucun d'eux ait jamais embrassé une autre secte, parce que chacun tenait à rester dans celle qui l'avait endoctriné. Ces discussions contradictoires rendaient la victoire impossible. Nul ne pouvait prouver qu'il était vainqueur; ils se fatiguaient dans ce conflit de doctrines opposées, mais sans jamais arriver à la persuasion. Voilà pourquoi la providence de Dieu, dont les desseins sont impénétrables, a résolu de joindre les miracles à la prédication, afin que la vérité de la prédication fût confirmée par les témoignages irrécusables de la puissance divine, et pour imposer silence à la contradiction qui n'aurait pas manqué de s'attaquer à la doctrine. Quelle preuve plus convaincante de la vérité que l'opération des miracles? Or, si on s'inscrit en faux contre ces miracles en niant la véracité des Ecritures, comment pourra-t-on accuser notre foi de folie, puisqu'on n'admet point le témoignage des Ecritures? Car dans les mêmes livres où il est écrit de Jésus-Christ que nous devons croire qu'il est le Fils de Dieu, nous trouvons ces témoignages de la puissance divine. Quelqu'un dira-t-il que c'est une absurdité que Jésus-Christ le Fils de Dieu ait été crucifié, qu'il poursuive la lecture de ces livres sacrés; et il y trouvera qu'il est ressuscité des morts, et il comprendra que ce n'est ni sans raison ni contre sa volonté que le Christ est mort, puisqu'il a pu ressusciter, mais qu'il y a ici un mystère. Quel que soit donc ce contradicteur, ou il cessera de parler de la croix, parce que s'il la traite de folie, il ne pourra traiter de même la résurrection, car la résurrection sert de défense à la croix; ou s'il essaie de parler de la croix, il ne pourra nier la Providence divine qui s'y manifeste, et qu'il voit confirmée par le témoignage de la résurrection, car il faut accepter ces deux faits ou les rejeter tous deux de manière que l'accusation soit rendue impossible comme la défense. Mais pourquoi le Fils de Dieu a-t-il permis qu'on l'attachât à une croix, c'est un mystère dont l'explication est réservée aux membres de sa famille. Il parle de cette mort en termes si relevés, qu'il déclare qu'elle est le principe de sa gloire. « J'ai le pouvoir, dit-il, de donner ma vie, et j'ai le pouvoir de la reprendre. » (*Jean*, x, 18.) Il n'a donc pas été contraint de mourir, parce qu'il avait le pouvoir de mourir et de ressusciter. Celui qui lui conteste ce pouvoir, ne pourra dire qu'il a été victime d'une mort violente, car s'il nie ce pouvoir, il ne peut plus affirmer qu'il est mort, puisqu'il n'est fait mention de ce pouvoir que dans le livre où nous lisons qu'il a été livré à la mort. Nul ne peut condamner les derniers événements par ceux qui précèdent, ni les premiers par ceux qui suivent, car il ne peut y avoir de contradiction dans des faits qui appartiennent à un seul et même corps de doctrine.

Quant à la résurrection des morts, ils ne parlent point sincèrement en disant que c'est une folie d'y croire, car ils ont sous les yeux des exemples qui la leur rendent croyable. Est-ce que toutes les semences nécessaires à la vie de l'homme ne commencent point par se dissoudre et par mourir avant de renaître à la vie? Si tel est l'ordre que Dieu a établi pour des choses qui sont à l'usage des hommes, pourquoi traiter d'insensés ceux qui croient que Dieu suit la même marche pour leurs corps? Mais ils sont eux-mêmes les insensés en refusant à Dieu la puissance qu'ils sont obligés de reconnaître dans le monde; car le temps de ces grands actes de puissance n'est pas encore venu, et nous n'en voyons

runt, nullus ad alterum transiens; quia unusquisque in quo imbutus fuerat, permanebat. Per id enim quod verba contradictioni obnoxia sunt, nullus alterum superabat. Non enim erat unde se quis victorem ostenderet, sed invicem contradictionibus se fatigantes, minime alter alteri persuaderet. Hinc factum est, ut Dei providentia, cujus sensus investigari non potest, prædicationi suæ virtutem adjungeret, ut veritas prædicationis virtutis testimonio probaretur; ut qui verbis contradicere parati erant, videntes virtutum contradicere non auderent, Quæ enim major poterit esse testificatio veritatis, quam est operatio virtutis? Si quis autem opera virtutum deneget accusans Scripturas, quomodo poterit stultam fidem nostram dicere denegans Scripturas? Ubi enim scriptum est de Christo, quod Filius Dei credendus est; eodem loco virtus testis invenitur. Et si cui absurdum videtur legenti Christum Dei Filium crucifixum, revolvat, et inveniet resurrexisse eum a mortuis, et intelligat non otiose eum mortuum esse, neque invitum, qui potuit resurgere, sed esse mysterium. Quicumque ergo est ille, aut tacebit de cruce, quia si dixerit stultam crucem, non poterit stultam dicere resurrectionem, excusat enim resurrectio crucem; aut si locutus fuerit de cruce, non poterit negare providentiam esse in ea, quam videt testimonio resurrectionis firmari, aut utrumque enim accipitur, aut utrumque refellitur, ut qui non defendat, nec audeat accusare. Quare autem crucifigi se permiserit, cognatis mysterium reservandum est. Mortem autem hanc in tantum commendavit, ut clarificari se per eam testatus sit. Nam ait : « Potestatem habeo ponendi animam, et potestatem habeo iterum sumendi eam. » (*Joan.*, x, 18.) Non ergo coactus est mori; quia potestatem habuit et mori et resurgere. Hanc qui abnuit, non poterit dicere violenter illi mortem illatam. Si enim istam negat, nec mortuum illum poterit asseverare, quia hæc illic continetur, ubi morti traditus legitur. Nemo enim ex superioribus postrema, aut ex postremis superiora condemnat; quia contrarium non est quod unius corporis est.

De mortuis autem quod resurgant, dolo dicunt stultum credere. Vident enim exempla quibus credibile judicetur. Omnia enim semina usibus necessaria, nisi resoluta fuerint, renasci rursus non poterunt. Si hoc in mundo hominum causa Deus decrevit, cur illorum ipsorum corporibus si hos præstaturus credatur, stultum putatur? Nisi quia ipsi stulti sunt, qui Deo non dant, quam potest mundus virtutum; cum gestarum nunc usque appareat umbra, quia jam tempus non est faciendarum

ici-bas que l'ombre. C'est par là que Dieu a voulu que la semence de la foi se développât dans les cœurs. Cependant nous voyons que la seule invocation de la croix frappe les démons d'épouvante, et si elle est répétée elle les met en fuite; et les dieux des païens, tremblants et craintifs au seul nom de la croix, n'osent plus rendre leurs oracles. Si la mort de Jésus-Christ est un opprobre, pourquoi imprime-t-elle la terreur? Une mort qui est la punition d'un crime doit être un objet de mépris bien plutôt que de crainte. Qui s'avise de craindre un homme mis à mort pour ses crimes? Fût-il même innocent, on s'apitoye sur son sort, mais on ne le craint pas. Si donc les démons et les dieux des païens ne sentaient pas que la croix de Jésus-Christ renferme un mystère, son nom seul ne les frapperait point de terreur, et pour dire toute la vérité ils ne trembleraient point devant elle s'ils n'étaient coupables; car tous ceux qui se rangent du parti du démon ont été les complices de la mort de Jésus-Christ. Voilà pourquoi le seul nom de la croix inspire la terreur et l'effroi à tous les démons ou aux fausses divinités des nations. En effet, tout homme qui a pris part à la mort d'un innocent ne peut entendre prononcer son nom sans que son cœur ne soit rempli d'épouvante. Au souvenir de son crime, il voit combien il est coupable. Combien plus les démons ou les dieux des nations, qui sont les auteurs de la mort du Seigneur et du Sauveur du monde? Mais les païens prétendent posséder la vérité à titre d'ancienneté; ce qui a la priorité, disent-ils, ne peut être faux; comme si l'ancienneté ou une coutume qui date de loin suffisait pour former un privilège favorable à la vérité. Alors les homicides, les efféminés, les adultères, tous ceux qui sont coupables d'autres vices pourraient à ce titre défendre leurs forfaits, parce qu'ils ont pour eux l'ancienneté et remontent à l'origine du monde. C'est au contraire ce qui devait les convaincre de leur erreur, car on trouve un commencement mauvais à ce qui est coupable et honteux, tandis que ce qui est honnête et saint a toujours été honoré comme il le méritait, et il est impossible que le vice ait précédé la vertu. En fin de cause, on ne peut nier que la religion des païens ne soit d'invention humaine, tandis qu'il est évident que la nôtre a Dieu pour auteur. La majesté de Dieu s'est manifestée sur la montagne pour donner la loi aux hommes; et pour la rendre plus digne de foi, il l'a fait précéder par une multitude de miracles et de prodiges opérés en Égypte, et qui sont encore attestés aujourd'hui par les livres que Ptolémée a fait conserver dans la bibliothèque d'Alexandrie. Dieu a daigné donner sa loi avec un appareil si imposant que personne ne put douter qu'il en fût l'auteur. La majesté de Dieu se révéla publiquement à tous les regards avec tant d'éclat et avec des circonstances si propres à inspirer la terreur qu'il fut impossible de ne pas croire qu'il fût le seul Dieu et que les hommes devaient observer fidèlement ce qu'il leur commandait. Et pour vous convaincre que tout ici est digne de la sagesse divine, examinez cette loi et voyez si elle prescrit quelque chose de contraire à la justice, à la décence, ou qui soit simplement ridicule. C'est ainsi que Dieu devait se faire connaître. Celui qui ne peut être circonscrit par aucun espace ne devait point apparaître dans un endroit ignoré comme un imposteur, ni comme dans un miroir ou par un mirage trompeur, où l'on voit autre chose que ce qui existe, et les préceptes qu'il imposait ne devaient pas être accomplis dans les ténèbres pour couvrir ce qu'ils avaient de contraire à

virtutum. Initio enim fieri oportuit, ut semen fidei per hanc crementum faceret. Tamen et modo dæmonia nominata cruce Christi terrentur; et si impensius fiat, fugantur; et dii paganorum formidine et metu nominatæ crucis responsa dare non possunt. Si opprobrium est mors Christi, quare terrori est? Res enim quæ ex crimine venit, non timeri debet, sed contemni. Quis enim timeat hominem pro crimine suo occisum? At si innocens fuerit, timeri tamen non potest, sed doleri. Itaque nisi sentirent dæmonia, vel dii Paganorum, sacramentum esse crucem Christi, nominata ea non terrerentur; et ut expressius dicam, nisi rei essent, non timerent. Hi etenim omnes, qui ex parte diaboli sunt, consenserunt in mortem Christi. Unde cuncta dæmonia sive dii gentium, nominata cruce Christi, terrore concutiuntur. Omnis enim qui in alicujus innocentis morte reus est, cum nomen ejus fuerit memoratum, timor apprehendit cor ejus. Recordatione enim habita delicti reum se videt. Quanto magis dæmonia, vel dii gentium, qui rei sunt necis Domini et Salvatoris mundi? Sed pagani antiquitatis causa verum se tenere contendunt; quia quod anterius est, inquiunt, falsum esse non potest. Quasi antiquitas aut vetus consuetudo præjudicet veritati. Possent enim homicidæ, aut molles, aut adulteri, vel cæteri criminosi per hoc illicita sua defendere, quia antiqua sunt, et ab ipso mundi initio cœpta; cum hinc magis intelligere deberent errorem suum; quia quod reprehensibile et turpe est, male cœptum probatur; quod autem honestum et sanctum est, digne colitur; nec posse turpe ac reprehensibile ante factum esse honestum et irreprehensibile. Et ad extremum, paganorum traditio ab homine inventa negari non potest: quia autem nostra Lex a Deo data est, evidens res est. In monte enim apparuit majestas Dei ad dandam Legem hominibus. Et huic fides possit haberi, præmisit signa multa et prodigia facta in Ægypto, quod hodie quoque libri testantur a Ptolomæo reconditi in bibliotheca Alexandrina. Sic ergo Legem dignatus est dare, ut nemo ambigeret Deum esse qui tradidit. Palam enim et manifeste visu est omnibus majestas Dei, tanto fulgore et terrore, ut etiam præter eum nemo alius Deus crederetur, et quod jubebat omni observatione dignum haberetur. Et ut omnia deificæ rationi conveniant, inspiciatur tradita Lex, si quid in ipsa injustum, si quid inhonestum, si quid ridiculosum. Sic oportuit Deum innotescere; non ut in angulo per imposturam appareret, qui claudi non potest; neque in speculo, ubi aliud est quam cernitur operante illecebrosa fallacia: neque ea servanda (a) tra-

(a) Sic Ms. Colb. At oditi *celaret*.

QUESTIONS A LA FOIS SUR L'ANCIEN ET LE NOUVEAU TESTAMENT.

la décence et à la vertu. La connaissance d'un seul Dieu était effacée dans le monde sous la multiplicité des crimes des hommes; le mensonge avait couvert comme d'un voile la vérité; c'est alors que Dieu, dans sa clémence et sa miséricorde, ne voulant pas laisser périr son œuvre, a daigné visiter le genre humain. Il n'a point apparu comme ceux qui ont usurpé le titre de dieux, mais il s'est manifesté comme la vérité de Dieu pour détruire l'erreur qui avait corrompu l'esprit des hommes par la prédication de la pluralité des dieux. Les six cent mille hommes et plus qui étaient sortis de l'Egypte virent et reconnurent que c'était là le Dieu qui est au-dessus de tout à l'éclat extraordinaire de sa gloire ineffable (*Exod.*, xx, 18); ils craignirent de s'approcher de lui et l'adorèrent de loin prosternés en terre. De nouveaux prodiges, différents de ceux qu'il avait opérés dans l'Egypte, firent connaître à tous par leur caractère divin qu'il était le seul et unique Dieu. La connaissance de ces prodiges se répandit chez tous les peuples, ils furent un objet d'effroi pour les nations voisines. Qu'ont fait de semblable les dieux des nations? Dans quelle contrée, à quel peuple ont-ils manifesté leur gloire? Quels miracles, quels prodiges ont-ils opérés comme preuves de leur divinité? Dans quel lieu, dans quel temps se sont-ils fait entendre? Un peuple insensé a commencé à rendre les honneurs divins à des ombres fantastiques, aux démons, aux images des morts, et ce culte, étant passé en habitude par un usage de plusieurs siècles, prétend s'en faire un titre pour soutenir qu'il est la vérité. Or, la vérité ne vient pas de la coutume, qui est elle-même le résultat d'un usage ancien, mais de Dieu, qui se fait reconnaître comme Dieu non par son ancienneté, mais par son éternité. Aussi la foi n'est pas une chose qui commence, elle est à proprement parler sans commencement. Lorsque nous croyons en Dieu, c'est nous qui commençons à croire; quant à l'objet de notre foi, il est éternel. Comment donc les païens peuvent-ils se vanter d'être avant nous, puisque ce qui fait l'objet de leur culte n'est venu qu'après Dieu? Est-ce que l'œuvre n'est pas après l'artisan? Les païens adorent les œuvres, nous adorons l'auteur de ces œuvres; ils adorent la créature, nous adorons le Créateur. Est-ce que Dieu, qui certainement a créé le monde, ne s'est point fait connaître aux hommes par cette création? Dira-t-on qu'il a fait l'homme et qu'il ne veut point des hommages de celui qu'il a créé? C'est une absurdité. A peine sorti des mains de Dieu, l'homme adora son créateur, parce qu'ainsi l'exigeaient la raison et la justice. Le culte du vrai Dieu s'étant affaibli sur la terre par la négligence des hommes, Dieu le renouvela dans la personne d'Abraham afin que la connaissance de Dieu qui avait été donnée à Adam commençât de nouveau dans Abraham, que ses enfants fussent élevés dans cette connaissance, qu'elle se perpétuât sans interruption et qu'il y eût toujours sur la terre des hommes qui adorassent le vrai Dieu. Les peuples étrangers eux-mêmes furent appelés à cette connaissance de Dieu. Ainsi donc le sujet qui connaît commence, l'objet qui est connu est au-dessus de tout commencement. Sur quelle raison se fondent donc les païens pour prétendre que leur religion est plus ancienne que la nôtre? Si le monde est antérieur à Dieu (ce qu'on ne peut admettre), le paganisme est antérieur au christianisme. Qu'on ne s'étonne point de ce nom de christianisme, c'est le nom donné à la

---

deret, quæ propterea quod inhonesta essent, in tenebris gererentur. Cum enim unius Dei notitia oblitterata esset in mundo consuetudine delinquendi, quia mendacium velamen præstiterat veritati, clemens et misericors Deus, nolens opus suum perditioni obnoxium fieri, visitare dignatus est genus humanum. Non sic apparens sicut hi qui falso dii appellari voluerunt, sed sicut est veritas Dei, ita se manifestavit, ut errorem adimeret, qui falsorum deorum prædicatione mundi sensum corruperat. Denique supra sexcenta millia hominum egressa de Ægypto, videntes et cognoscentes Dominum hunc esse supra omnes ex apparentia ineffabilis gloriæ (*Exod.*, xx, 18), proximare ad eum timuerunt, sed longe curvato genu eum adoraverunt. Postea prosequentibus aliis signis (*a*) quam quæ fecerat in Ægypto, in omnibus mirabilibus manifestatus est unus esse Deus. Hæc omnibus prope innotuerunt linguis, hæc vicinis gentibus terrori fuerunt. Quid tale in diis gentium? Cui genti, cui populo gloriam suam ostenderunt? Quæ signa aut virtutes ad divinitatis suæ testimonium fecerunt? Ubi vel quando locuti probantur? Sed irrationale vulgus aut apparentes umbras, aut dæmonia, aut simulacra mortuorum, ut deos colere cœperunt: quæ res in consuetudinem vetustatis deducta, arbitratur rationis sibi veritatem posse defendi; cum veritatis ratio non ex consuetudine, quæ est ex vetustate, sed ex Deo sit, qui non vetustate Deus probatur, sed æternitate. Quamobrem fides non cœpta est, sed sine initio est. In Deum enim credere, nostrum incipere est. Nam quod creditur, æternum est. Quomodo ergo anteriores se putant pagani, quando quod colunt, post Deum est? Numquid non opus post opificem est? pagani colunt opera, nos opificem: illi creaturam, nos Creatorem. Certe Deus fecit mundum, facto notitiam suam non ostendit? Aut fecit hominem, et noluit se ab eo coli quem fecit? Sed absurdum est. Factus ergo homo cœpit venerari suum conditorem; quia dignum est, et causa hoc exegit. Quod cum per desidiam hominum obsolevisset, reparavit istud Deus in Abraham, ut cognitio Dei quæ fuerat in Adam, inciperet rursum in Abraham: ut ab eo geniti, sub ejus cognitione educarentur, et per traducem non deficeret, neque deesset qui coleret Deum; advocatis etiam exteræ gentis hominibus ad istam Dei cognitionem. Qui ergo cognovit, sub initio est: qui autem cognoscitur, supra initium est. Qua igitur ratione pagani legem suam ante dicunt fuisse quam nostram? Si mundus ante Deum est, quod absit, sic poterit et paganitas anteponi Christianitati. Nemo miretur de nomine Christianitatis. Est enim colere unum Deum in mysterio Trinitatis. Quod si nomen Christi putatur ex chrismate, nominis tamen ratio ante

---

(*a*) Editi hic interponunt, *tam illis quæ fecit in deserto*. Redundat et abest a Mss. Colb.

religion qui adore un seul Dieu dans le mystère de la Trinité. Que le nom de Christ vienne de *chrisma* (onction), il faut toujours reconnaître que la raison du nom est avant l'onction. Chez nos pères, ceux qui recevaient l'onction royale étaient appelés christs et portaient l'image du Christ à venir, qui est né de Dieu le Père pour être roi et porter à juste titre le nom de Christ; car la naissance lui a donné ce que l'onction donne aux rois de la terre. Tant que les païens ignorent cette vérité, ils la rejettent; mais dès qu'ils la connaissent, ils l'embrassent avec ardeur et se réjouissent d'avoir passé du mensonge à la vérité et du mal au bien. S'ils ont soutenu avec opiniâtreté des frivolités, des inepties, on les voit déployer une force, une ardeur bien plus grande pour soutenir la vérité. Quel est donc notre Christ qu'on ne hait que quand on ne le connaît pas, et qu'on ne peut s'empêcher d'aimer quand on le connaît? Pour les méchants, au contraire, on les aime quand on ne les connaît pas, et on les hait aussitôt qu'on les connaît. Combien qui, par le passé, avaient de la haine pour le Christ et qui l'aiment aujourd'hui, et qui regrettent d'avoir pu haïr ce qu'ils ignoraient? Haïr une chose qu'on ne connaît pas est toujours une imprudence, car on doit avant tout voir si elle mérite la haine qu'on lui porte. Ceux qui combattent aujourd'hui notre religion seront demain ses défenseurs et regretteront amèrement d'avoir connu trop tard la vérité. Si elle était vraiment digne de haine, ou si elle renfermait quelque tromperie, tous les jours les chrétiens retourneraient au paganisme. Mais bien au contraire, parce qu'elle est la vérité, tous les jours et à toute heure les païens, et parmi eux les sages et les nobles de ce monde, abandonnent le culte de Jupiter, qu'ils reconnaissaient comme dieu, pour accourir à Jésus-Christ, à qui appartiennent l'honneur et la gloire dans les siècles des siècles.

DU DESTIN.

QUESTION CXV. — Rien n'est plus contraire à la foi chrétienne que de s'occuper d'astrologie judiciaire, qui est ennemie au premier chef de la loi de Dieu. Si les hommes naissent bons ou mauvais, la loi devient inutile; je dirai plus, le législateur est coupable d'injustice. Celui qui, par sa loi, force les hommes de faire ce qui est contraire à la nature qu'ils ont reçue en naissant, tout en sachant qu'ils ne peuvent changer cette nature, semble ne leur avoir donné la loi que pour avoir l'occasion de rassasier sa cruauté de la perte de l'homme; car pourquoi défendre ce qu'il sait ne pouvoir être évité? Ou comment peut-il damner un homme qui n'a pas fait ce qu'il lui était impossible de faire? S'il y a ici, comme on ne peut le nier, injustice manifeste, comme ce serait un crime que de l'attribuer à Dieu, il faut reconnaître que c'est avec raison et avec sagesse qu'il a donné la loi à l'homme, parce qu'il savait qu'il pouvait éviter ce que la loi lui défendait. S'il est juste lorsqu'il donne la loi, il l'est également lorsqu'il en venge la transgression. Si donc nous devons croire que la loi de Dieu a été donnée en toute justice, nous devons éviter et fuir avec soin l'astrologie judiciaire, car c'est une des inventions de la ruse et de la fourberie du démon. Il n'ose entrer en lutte ouverte avec son Créateur, il a recours à mille subterfuges pour outrager Dieu, faire de l'homme l'ennemi de la loi, et le précipiter ainsi dans la seconde mort. Celui donc qui se soumet à l'autorité de Dieu et regarde comme un crime de discuter ses actions

---

chrisma est. Apud majores enim nostros, qui in reges unguebantur, Christi vocabantur, habentes imaginem Christi venturi, qui natus de Deo Patre in regem non immerito Christus appellatur : quia quod istis chrisma, illi dedit nativitas : quem quamdiu ignorant Pagani, reprobant; cum autem cognoverint, diligentius excolunt, gaudentes quia de malo transierunt ad bonum. Qui enim in re tam frivola et inepta pertinaces fuerunt, quanto fortiores et vehementiores erunt cognita veritate? Qualis ergo Christus noster est, qui cum nescitur, oditur; cum cognoscitur, amatur? Nam omnis malus cum nescitur, amatur, cognitus oditur. Quanti retro oderunt Christum, qui nunc amant, quique dolent odisse se, quod nescierunt? Imprudentis enim est odisse quem nescias, quia probandum est, an odio digna sit res. Denique qui hodie adversantur, crastino defendent, pœnitentiam agentes, tarde se cognovisse quod verum est. Quod si odio digna res esset, aut aliquid haberet fallaciæ, quotidie ex Christianis fierent Pagani. Porro autem, quoniam hæc veritas est, quotidie omni hora sine intermissione deserentes Jovem, inter quos sophistæ et nobiles mundi, qui eum Deum confessi erant, confugiunt ad Christum, cui est honor et gloria in sæculorum sæcula.

(1) Deest in Mss. 2 generis.

DE FATO.

QUÆSTIO CXV. — (1) Nihil tam contrarium Christiano, quam si arti Matheseos adhibeat curam. Hæc enim inimica dignoscitur Dei Legi. Si enim nascuntur qui mali sint, et e contra qui boni sint frustra Lex data dicitur : et non solum hoc, sed et injustus habebitur Legislator. Qui enim Lege data cogit homines contra id quod nati sunt facere, sciens non posse mutari naturam, ad hoc utique Legem videtur dedisse, ut haberet occasionem qua crudelitatem suam de nece hominis satiaret. Ut quid enim prohibet, quod scit averti non posse? Aut quemadmodum damnat hominem, qui non fecit quod facere non potuit? Si autem injustum videtur, ut est, quia istud de Deo sentire nefarium est; recte et salutari ratione Legem dedit, sciens posse hominem continere se ab eo quod prohibet Lex. Ergo quia juste Legem dedit, non est utique iniquus cum vindicat. Itaque si Legi Dei fides commodanda est, quia juste probatur data; ars Matheseos evitanda et fugienda est. Hanc enim astutia et subtilitas invenit diaboli. Quia enim aperte repugnare non audet auctori, tergiversatione id agit, ut et Deo injuriam faciat, et hominem Legi inimicum constituens, morte mulctet secunda. Qui ergo Dei auctoritati cedit, et

obéit à la loi qu'il a donnée, s'applique jour et nuit à méditer ses prescriptions et ne tient compte d'aucune difficulté dans la conviction où il est que l'homme peut observer ce que la loi commande. Ceux au contraire qui désirent s'abandonner au vice, cherchent les moyens d'échapper à la responsabilité de leur conduite, et à rejeter leurs péchés sur la faiblesse de leur nature pour éviter le châtiment qui est réservé au pécheur. Voilà ce que font ceux qui, ayant perdu l'espérance de la vie future qui leur était promise, ne cherchent qu'à jouir des plaisirs de la vie présente. Mais pour ceux qui s'appuient sur la confiance que donne la foi et qui espèrent les biens de la vie éternelle, ils s'efforcent d'accomplir ce qu'ils ont promis au jour de leur régénération, en renonçant aux pompes et aux plaisirs de Satan. Ce malin esprit a donc déployé tous ses artifices pour rendre l'homme plus enclin au péché et assouvir ainsi sa noire envie. En effet, l'homme entendant répéter qu'il est né pour pécher, et sachant d'ailleurs que Dieu est toute justice, croit pouvoir pécher impunément, parce qu'un juge qui fait profession de justice ne peut condamner celui qui n'a péché qu'entraîné forcément par sa nature. On ne peut même dire que c'est lui qui pèche, c'est un autre qui se sert de lui pour pécher. C'est ainsi que l'homme a été trompé ; il est accablé sous le poids d'une multitude de péchés, et la mort devient son châtiment. Ainsi donc, ôter à l'homme la responsabilité du mal c'est lui ôter le mérite du bien. Si le pécheur ne mérite point d'être puni, le juste n'a aucun droit à la couronne. Pourquoi donc alors louer les bons et blâmer les méchants ? Si c'est en vertu de sa nature que l'homme ne peut pécher, pourquoi louer en lui ce qui ne vient pas de lui ? Pourquoi, d'un autre côté, condamner dans celui qui pèche une faute dont il n'est pas l'auteur ? Peut-on sans injustice louer l'homme vertueux et accuser le méchant ? On me dira peut-être : ce que je loue dans l'homme c'est la bonne nature : ce que je condamne c'est la mauvaise ; ainsi on parle avec éloge du bon vin, bien qu'il soit nécessairement bon par nature, et on rejette le mauvais, qui tient également de sa nature cette mauvaise qualité. S'il en était ainsi, il n'y a plus rien à reprendre, le juste n'a droit à aucune louange, à aucune récompense, et le pécheur échappe à toute accusation, à tout châtiment. Or, cependant nous savons et nous lisons que les justes sont récompensés dans la vie présente et dans la vie future, et que les pécheurs subissent le supplice rigoureux du feu. Or, ne serait-ce pas une injustice que celui qui n'a fait que suivre les inspirations nécessaires de sa nature soit condamné aux tourments d'un feu vengeur, et qu'un autre qui n'a fait qu'obéir à sa nature ait en partage les récompenses éternelles ? Si le bon doit être loué pour avoir fait ce qui était dans sa nature, le méchant a également droit aux louanges, puisqu'il n'a fait aussi que ce que lui commandait sa nature ; tous deux méritent donc d'être loués pour être demeurés dans l'état où Dieu les a créés. Si l'homme est digne de blâme pour être resté dans l'état qui est une suite nécessaire de sa nature, le blâme remonte jusqu'à son Créateur, qui l'a fait naître dans un état où l'homme ne pouvait que lui déplaire. Si au contraire c'est avec justice que le juste est récompensé et le pécheur condamné, ce n'est plus à la nature, mais à la volonté que s'adressent la récompense ou le châtiment. La nature est hors de cause, et nous n'avons à faire qu'à la volonté, qui est en butte aux diverses suggestions des sens. Ainsi, lorsque le pécheur voit que le juste

factum ejus retractari nefarium ducit, Legi ab illo datæ obtemperat, die noctuque studiis ejus insistens, nec aliquid adversum respicit, non dubitans, quia potens est homo præceptis sua servare. Sunt hi qui peccare gestiunt, occasionem quærunt quomodo peccata sua a se faciant aliena, ut dum naturæ quasi imputanda peccata sint, immunis esse a pœna videatur peccator. Hoc propositum horum est, qui desperatione promissæ futuræ vitæ, præsenti desiderant frui voluptate. At hi qui freti fiducia fidei, spem futurorum expectant, implere contendunt, quod in primordio renascibilitatis polliciti sunt, ut abrenuntiarent pompis et voluptatibus satanæ. Quanta ergo subtilitate usus est satanas, ut promptiorem hominem ad peccandum faceret, per quod invidiæ suæ expleret nequitiam ? Dum enim audit sic se natum esse ut peccet, et Deum non ignorat esse justissimum, credit se impune peccare ; quia qui justus est judex, non damnat eum qui imperante natura peccavit. Nec quidem ejus peccatum dicendum est, quod alius agit per illum. Sic deceptus est homo : peccatis enim pressus, factus est morti obnoxius. Igitur tollit omne hominis bonum, qui tollit et malum. Si enim peccator non habet pœnam, nec justus coronam. Ut quid laudantur boni, et reprehenduntur mali ? Si enim hujus naturæ est ut peccare non possit, quid laudas in illo quod non est ejus ? Et ut quid condemnas in peccatore delictum, cum scias non ejus esse quod peccat ? Quid nisi injustus erit qui bonum laudat, et malum accusat ? Sed forte dicatur e contra, Bonam naturam in homine laudo, et malam condemno : quia et vinum bonum laudatur, cum per naturam bonum sit ; et malum recusatur, cum illud æque natura hoc præstet. Si ita esset, nihil erat reprehensionis causa, ut sic laudaretur justus, nec corona dignus judicaretur : neque ita accusaretur injustus, ut pœna dignus diceretur. Porro autem et in præsenti et in futuro justos remunerari scimus et legimus, et injustos pœnis subditos concremari : quod injustum utique videretur, si iste qui naturæ suæ rem gessisset, igne ultore pœnas pateretur ; aut alius qui æquæ naturæ suæ rem exsequitur, præmiis afficeretur. Si autem laudandus est bonus, quia quod naturæ suæ erat fecit ; laudari debet et malus, quia et ipse similiter quod naturæ suæ erat, gessit, ut unusquisque permanens in eo quod factus est, laudetur. Quia si in quo factus est manens vituperabilis habetur, auctorem tangit vituperatio, qui talem nasci fecit qui displiceret. Quod si jure remunerandus est justus, et condemnandus injustus, jam non naturæ respondere, sed voluntati : quia natura libera est, voluntas autem in causa est, quæ sensibus accessus patitur et recessus ; ut injustus videns coronari justum, se autem damnari, sibi

est couronné tandis qu'il est puni, il ne doit en accuser que lui-même qui, en cédant aux inspirations des sens contre la loi, a fait le mal lorsqu'il pouvait faire le bien. S'avise-t-on d'accuser le soleil parce qu'il brûle, ou l'eau parce qu'elle rafraîchit? Juge-t-on digne de récompense l'eau, parce qu'elle étanche la soif dévorante des hommes, ou le soleil parce qu'il réchauffe leurs membres glacés par les rigueurs du froid? Non, car ils n'ont fait que ce qui est dans leur nature; on ne songe donc ni à les blâmer ni à les louer, car ils ne pouvaient faire autre chose que ce qu'ils ont fait. Or, la nature même des actions des hommes détruit le système des observateurs des astres. Il est impossible de rencontrer un homme qui ne fasse toujours ou que de bonnes ou que de mauvaises actions. Si sa conduite était toujours irréprochable, il donnerait lieu de croire que c'est à sa naissance qu'il doit de toujours faire le bien, et on en conclurait qu'il est également obligé d'être mauvais, si ses actions étaient toujours mauvaises. Mais en voyant que cet homme que vous croyez né exclusivement pour faire le bien fait quelquefois le mal, et que cet autre que vous dites né pour le mal ne laisse pas de faire quelquefois le bien, comment prouver avec vérité que l'homme méchant est mauvais, et que l'homme vertueux est bon, si ce n'est en admettant comme certain que l'homme suit la voie que choisit sa volonté? Il y a des causes qui donnent naissance aux péchés; ainsi l'envie est la mère des contestations et des inimitiés. Or, les choses que la loi défend, les hommes ne les font pas ouvertement et en public, mais en secret. Pourquoi? par un certain respect pour la loi. Si comme ils l'affirment, ils étaient nés pour faire le mal, ils ne chercheraient pas à se cacher, ils ne seraient point retenus par cette crainte de la loi, mais ils feraient sans aucun scrupule ce que la nature les contraint de faire. Mais vous les voyez étudier soigneusement les moyens de pécher en secret; ils choisissent les lieux, les personnes, les temps pour exécuter les desseins de leur volonté coupable. Les bons eux-mêmes ne font leurs bonnes œuvres qu'avec discernement suivant que le temps ou l'intérêt de leurs semblables l'exigent. Ce n'est donc plus la nature qui est ici responsable de leurs actions, mais la volonté qui est dans la nature. Si c'était une chose exclusivement naturelle, pourquoi ce discernement? Si nous voulions discuter à fond cette question, il nous serait facile de montrer que ceux qui maintenant sont justes, ont commencé par être pécheurs, et qu'ils ont formé le dessein de changer de vie. Nous lisons qu'Abraham a été justifié par la foi. (*Jacq.*, II, 3 ; *Rom.*, IV, 3.) Il ne l'était donc pas auparavant, car on peut supposer qu'il était alors comme son père adorateur des idoles. Il en est de même de Zachée à qui le Seigneur rend témoignage, après qu'il avait mené la vie des gens de sa profession. (*Luc*, XIX, 9.) Le vase d'élection confesse cette même vérité lorsqu'il dit : « Nous étions autrefois par nature enfants de colère comme le reste des hommes, » (*Éphés.*, II, 3) parce que la volonté était passée comme en nature. C'est sur leur volonté qu'on juge les hommes, et non sur leur nature. Il est hors de doute que tous les martyrs et les justes sont devenus bons, parce que ce n'est pas à leur première naissance, mais à leur régénération spirituelle qu'ils doivent d'être fidèles. Et combien en connaissons-nous dont la vie a été une longue suite de désordres et d'infamies, et qui font maintenant profession de continence et de sainteté? Leur âme s'est ouverte à la crainte de Dieu, et ils ont triomphé des vices qui les tyrannisaient. Or, voici une preuve frappante de ce que

imputet, qui contra Legem sensibus credens malum fecit, cum potuit facere bonum. Numquid poterit accusari sol, quia urit, aut aqua, quia infrigidat? Aut numquid remuneranda est aqua, quia siti affectos homines recreat, vel præmiis afficietur sol, quia reficit homines calore suo post frigus? Quod enim naturæ suæ est, faciunt : unde nec damnantur, nec laudantur; aliud enim facere nesciunt. Sed quoniam qui non ita ut œstimant stellarum speculatores, ratio actuum probat. Non enim inveniri potest, qui bene faciat semper, aut male. Tunc enim videretur sic natus ut bene ageret, si irreprehensibilis permaneret; et ita digne æstimaretur ut esset malus, si in eo duraret ut male faceret semper : at cum et illum, quem bonum putas natum, aliquoties videas male agere; et hunc, quem malum natum dicis, nonnunquam cernas facere bonum, quomodo hoc verum probas, ut malus malus sit, et bonus bonus, nisi quia hoc magis certissimum est, quia ubi animum quis dederit, in eo proficit? Nam et causæ sunt, quæ generant peccata, ut aut invidia quis litiget, aut inimicus exsistat. Illa autem quæ a Lege prohibentur, non palam neque manifeste, sed occulte admittunt. Quare, nisi quia reverentur Legem? Sin vero ita ut asserunt, ad hoc nati essent ut male facerent, non quærerent latibula, neque aliquam Legi reverentiam exhiberent; sed passim ea facerent, quæ cogeret natura. Sed cum videas procurari peccatis, et excogitari et possint latenter admitti; et loca enim et personas et tempora eligunt, ut mali propositi implent voluntatem; simili modo etiam boni judicio quodam et bona opera sua discernunt, ut pro tempore et causa alicujus bonum suum distribuant : quod utique non jam naturæ imputandum est, sed quæ in natura est voluntati. Si autem naturale esset, cessaret judicium. Nam si rem plenius discutiamus, qui nunc justi sunt, injustos illos prius ostendemus : data autem opera inmutati sunt. Ipse etenim Abraham per fidem justificatus legitur. (*Jac.*, II, 23 ; *Rom.*, IV, 3.) Ante ergo non fuit, quippe cum patre suo duce idola coluisse intelligatur. Et Zachæus utique, cui post vulgarem vitam testimonium perhibet Dominus. (*Luc.*, XIX, 9.) Et vas electionis, qui istud etiam fatetur, dicens : « Eramus et nos natura filii iræ, sicut et cæteri : » (*Ephes.*, II, 3) quia cedit voluntas pro natura. Ex voluntate enim quis judicatur, non ex natura. Sine dubio et omnes martyres et justi facti sunt boni ; quia non fideles nati, sed renati sunt. Et quantos scimus turpis vitæ fuisse, et prodigos cultores luxuriæ, qui nunc continentes et sancti sunt? Accedente enim timore Dei, vincuntur vitia, quæ prius dominabantur.

peut ici la crainte de la loi. Avant l'édit de Julien, les femmes ne pouvaient se séparer de leurs maris. Dès que cette permission leur fut donnée, elles firent ce qu'elles ne pouvaient faire précédemment ; on les vit tous les jours se séparer librement de leurs maris. Où donc se tenait cachée la fatalité pendant tout le temps qui a précédé ? Elle se dissimulait sans doute par crainte de la loi. Comment est survenue la loi que Moïse a donnée ? Probablement pendant que les destins dormaient. Cette loi a imposé aux Juifs une multitude de préceptes importants, et nul autre peuple n'en a reçu de semblables. Et qu'on ne croie point que l'observation de ces préceptes était bornée à la contrée où ils furent donnés, car les Juifs dispersés aujourd'hui par tout l'univers continuent de les observer. Or, ces préceptes détruisent la doctrine de la fatalité. Pendant trois mille ans et plus depuis la création du monde, ils n'ont pas existé, et après avoir été promulgués, ils demeurent jusqu'à la fin. Or, ce qui a été tant de mille ans sans exister, comment a-t-il commencé ? Pour le cours des astres il remonte à l'origine du monde. Et comment se fait-il que dans cette grande multitude de Juifs répandus par tout l'univers, on n'en voie aucun qui embrasse le paganisme, tandis que nous voyons, rarement il est vrai, des païens se faire juifs ? Ainsi donc pour les Juifs, la fatalité ne peut être admise ; ils ont été affranchis de ses lois, et ils persévèrent dans leur affranchissement. Que dirons-nous de Sodome et de Gomorrhe dont le châtiment reste inscrit en caractères visibles à tous les yeux ? (*Gen.*, XIX, 24.) Tous leurs habitants couverts des marques de leur infamie furent dévorés par un feu descendu du ciel. Dans le déluge tous les hommes eurent le même sort, et périrent tous d'une même mort et dans le même temps, à l'exception de la maison de Noé. (*Gen.*, VII, 12.) Dira-t-on aussi que l'armée tout entière de Pharaon est née sous l'empire d'un même décret, pour donner droit à l'erreur insensée des astrologues, puisqu'en effet ils ont été engloutis dans la mer Rouge avec leur roi ? Combien d'autres exemples ne passons-nous pas sous silence parce que ces deux suffisent pour le but que nous nous proposons ? Et quel parti bien plus fort pourrions-nous tirer de tant de lois et d'institutions religieuses ? Chaque nation en a de différentes. Ce qui est permis chez l'une est défendu chez une autre, et réciproquement. Ainsi dans cette ville de Rome (1) à laquelle on donne le nom d'auguste et de sacrée, il est permis aux femmes de quitter leurs maris, bien que la loi divine ôte cette faculté même aux hommes, si ce n'est dans le cas d'adultère. Les barbares sont en cela supérieurs aux Romains. Et il ne leur était pas impossible d'observer la même règle, puisque par le fait elle était observée auparavant. Le destin a donc été changé, puisqu'on a permis ce qui était défendu auparavant. Il est défendu dans l'empire romain de se faire eunuque ; d'autres peuples le permettent. La chose pourrait également se faire ici, car elle se fait quoique secrètement ; et sans la crainte qui retient, elle se ferait publiquement. C'est donc la crainte qui retient le destin, et il est comme enchaîné, s'il ne fait pas ce qu'il veut faire. Les Perses portent des pendants d'oreille à l'exemple des femmes, ce qui est ici défendu comme une inconvenance. Or, qu'on puisse cependant se conformer ici à cet usage, c'est ce que prouvent les prêtres de la

---

(1) L'auteur de cette question l'a écrite étant à Rome, tandis que la question LXXXIV a été écrite dans un autre endroit.

Quantum autem possit timor Legis, hinc advertamus. Ante Juliani edictum, mulieres viros suos dimittere nequibant. Accepta autem potestate, cœperunt facere quod prius facere non poterant : cœperunt enim quotidie viros suos licenter dimittere. Ubi latuit fatum tantis temporibus ? Timore credo Legis occultabat se. Illud autem quomodo subintravit, quod tradidit Moyses ? Dormientibus credo fatis. Tanta enim tradita sunt illis servanda, et talia qualia nulla gens habet præcepta. Et ne hoc aliquis ad plagam cœli referendum putet, in omnem prope orbem dispersi mandata Legis suæ custodiunt. Hæc præcepta contra fata sunt. Non enim forte fuerunt tribus millibus annis et supra a constitutione mundi : postea autem data, permanent usque in finem. Quod ergo tot millibus annis non fuit, quomodo cœpit ? Stellarum enim cursus a constitutione mundi est. Et quid illud est, cum tanta multitudo Judæorum sit per totum mundum, nemo immutetur ex his ut fiat gentilis, cum videamus ex Paganis, licet raro, fieri Judæos ? Ecce quantum pertinet ad ritum Judæorum, exclusum est fatum ; quia et extra fatum esse cœperunt, et in eo permanent. Quid videtur de Sodoma et Gomorrha, quorum qualis fuerit exitus, vindicta obtutibus adjacet ? (*Gen.*, XIX, 24.) Sic fuit ut omnes spurcitiæ infamia aspersi, divino igne consumerentur. (*Gen.*, VII, 12.) In cataclysmo omnes unius fati fuerunt, ut omnes una morte et eodem tempore cuncti perirent, excepta domo Noe. Et omnis exercitus Pharaonis uno decreto (*a*) natus dicetur, ut ineptus error Matheseos vindicetur, quia demersi sunt in rubro mari cum suo rege. (*Exod.*, XIV, 24.) Et alia quanta exempla sunt quæ prætermittimus, quia ad satisfactionem sufficiunt duo exempla ; quanto magis tot mysteria ? Nam et cunctæ gentes diversa habent instituta. Et quod alibi licet, hic non licet : et iterum, quod hic licet, alibi non licet. Hic enim in urbe Roma et finibus ejus, quæ sacratissima appellatur, licet mulieribus viros suos dimittere, cum cautum sit in Lege divina, ut ne viri quidem hac potestate uterentur, excepta fornicationis causa. Ecce in hac re meliores sunt Barbari. Quod et hic servari posse non impossibile est, quia prius servatum docetur. Mutatum est ergo fatum, quia cœpit licere quod ante prohibitum erat. Et eunuchos in regno Romano fieri non licet, apud alios licet : quia autem et hic possent fieri, in absoluto est ; nam factum licet occulte probatur ; si autem cessaret timor, publice fieret. Metus ergo prohibet fatum, vincitur enim, si quod vult facere non facit. Et Persæ mulierum more inaures habent, quod hic inhonestum et illicitum est : quia autem et hic fieri possit, attestantur antistites matris, quæ appellatur magna : et revera magna fuit, sed meretrix : sed in eo distat, quia isti

---

(*a*) Sic Ms. Colb. At editi *damnatus dicitur*.

mère qu'on appelle grande; et en effet elle a été grande, mais une grande courtisane; mais il y a ici la différence qui sépare les efféminés des hommes. Que dirons-nous donc? Ils sont les seuls dans tout l'univers qui naissent soumis à ce décret du destin qui les force de se transformer en femmes par une opération honteuse, et dans le monde tout entier on ne peut en trouver qu'un si petit nombre. Mais on sait que c'est par la pression des menaces et des promesses qu'on les force de se soumettre à cette opération à la fois douloureuse et infâmante. Or, s'ils y étaient condamnés par leur naissance, on ne les y contraindrait pas. Chez les Perses il est encore permis aux pères de s'unir à leurs filles, et la preuve que cela pourrait se faire absolument ici, c'est que quelques-uns donnent l'exemple de semblables unions. Mais comme la sévérité des lois s'y oppose, la crainte retient les hommes et les empêche de faire ce qui est absolument possible, mais ce qui n'est pas permis. Quelle est la fin des lois prohibitives? C'est d'empêcher qu'une chose qui pourrait se faire se fasse. Or, si elle était soumise à la fatalité, elle ne pourrait se faire, et ne serait point l'objet d'une défense. Si au contraire elle n'est point soumise à la fatalité, et qu'elle soit défendue par une loi, c'est une preuve que ce qui ne dépend point de la fatalité peut se faire. Serait-il sage en effet de défendre ce qui ne peut se faire, par exemple de voler de la ville de Rome en Espagne, ou de porter une montagne sur ses épaules? On ne peut donc défendre que les actions qui peuvent, mais qui ne doivent point se faire. C'est la coutume chez les Maures que les femmes portent des anneaux d'or aux narines; est-ce le destin qui leur en fait une loi? S'il en était ainsi ils conserveraient cette coutume lorsqu'ils arrivent parmi nous, car si c'est une loi du destin, chacun est soumis au destin qui lui est propre. Mais la preuve que le destin n'est ici pour rien, c'est qu'à peine arrivés parmi nous, tous renoncent à cet usage qu'ils regardaient comme une marque de distinction, et qu'ils trouvent maintenant ridicule. Il faut admettre pour certain que chez tous les peuples, le nombre est le nombre, la terre est la terre, l'eau est l'eau, l'air est l'air, et le feu est le feu. Peut-on trouver quelque part une terre qui ne soit point solide, un air qui soit palpable, une eau qui ne soit pas liquide et froide ou un feu qui n'ait point de chaleur? C'est ainsi que partout Jupiter est Jupiter, Saturne est Saturne, Vénus est Vénus. Il en est de même des autres choses. Cette science de l'astrologie judiciaire est soumise partout aux mêmes règles, tandis que les institutions des divers peuples ne sont point soumises à cette règle uniforme du destin qui est partout la même, mais dépendent des recherches et des méditations de l'esprit humain. Celui que son mérite élevait au premier rang parmi ses concitoyens leur imposait comme loi ce qu'il croyait le plus conforme à la raison et à l'honneur de son peuple. C'est ainsi que chaque contrée, chaque nation a ses lois et ses institutions particulières. Solon et Lycurgue ont établi un grand nombre de lois qui ont été observées par les Grecs, et qui peu à peu, à mesure que leur royaume s'affaiblissait, sont tombées en désuétude. Les rois de Judée ont choisi les mules comme montures; les rois et les empereurs romains ont préféré les chevaux; les rois des Garamantes, peuplade africaine au-dessus de Tripoli, ont fait usage de taureaux; les rois de Perse sont conduits sur des chars, car les anciens rois des Perses ne permettaient pas même à leurs peuples de les voir; les rois de Madian font des chameaux leur monture de prédilection, et en-

---

cinædi sunt, illi viri. Et quid dicemus? In omni orbe terrarum hi soli hoc fato nascuntur, ut abscisi in mulieres transformentur, ut toto mundo isti pauculi inveniantur; quos constat minis circumveniri, et promissis præmiis ad hunc dolorem et dedecus cogi : si autem ad hoc nati essent, non cogerentur. Persæ licitum habent cum filiabus suis convenire, quod et hic fieri posse ostenditur per id, quod a quibusdam factum probatur. Sed quia vindicta intervenit, metu correpti sunt, ne facerent quod potest fieri, sed non licet. Omne enim quod prohibetur, ideo prohibetur, ne, quia potest fieri, fiat : si autem fati esset, non posset fieri, neque prohiberetur. Nam si non esset fati et prohiberetur, posse fieri quod fati non est significaretur. Et quæ prudentia est prohibere quod non potest fieri, ut si aliquis prohibeat, ne quis de urbe Romana transvolet in Hispaniam, aut ne quis humeris montem transferat? Illa autem quæ possunt fieri cum non debeant, prohibentur. Mos Maurorum est, ut inaures etiam in naribus habeant feminæ : numquid fati est? Si fati esset, huc translati sic manerent; quia si fatum est, unusquisque secum habet fatum suum : sed quia non est fati, omnes inde venientes, hic immutantur, videntes turpe istic videri quod illic decorum putatur. Certe apud omnes gentes numerus, numerus est; terra, terra est; et aqua, aqua est; et aer, aer est; et ignis, ignis est. Numquid potest alicubi reperiri terra quæ non arida sit, aut aer qui palpabilis sit, aut aqua quæ non fluxa et frigida sit, vel ignis qui frigidus sit? Sic ubique Jupiter, Jupiter est; et Saturnus, Saturnus est; et Venus, Venus est. Eodem modo et cætera signa. Ars enim ista una ratione tractatur ubique : sed quia apud omnes gentes instituta manent, non fatorum ratione, quæ ubique una est, sicut tractant, sed hominum excogitatione. Quidquid enim alicui qui primus putatus est apud suos, quod ratione dignum visum est et aptum decori, statuit quibus præerat. Inde unaquæque regio vel gens propria habet quæ servet. Sicut Solon et Lycurgus multa statuerunt, quæ a Græcis legis more servarentur, quæ paulatim deficiente regno eorum obliterata sunt. Nam regibus Judæorum mulæ placuerunt ad sessum; Romanorum autem non mulæ, sed equi; Garamantum autem, qui supra Tripolim Afrorum sunt, regibus tauri placuerunt ad sessum : Persarum vero reges vehiculis feruntur; nam veteres reges Persarum, nec videbantur a populis : et reges Madian camelis delectantur ad sessum, ita ut et colla eorum aureis exornentur torquibus : et per Africam asinis magis volunt insidere quam equis. Cum omnia ubique sint, non tamen omnia omnibus gratiosa sunt; quia

tourent leur col de chaînes d'or; dans l'Afrique on préfère les ânes aux chevaux. Tous ces différents usages existent; cependant ils ne sont pas également tous en faveur chez tous les peuples; chaque peuple choisit ce qui lui plaît davantage. Ne manifestons-nous pas nous-mêmes ces goûts différents dans nos vêtements, dans nos aliments, dans les autres usages de la vie, et dans nos opinions elles-mêmes? Or, ce qui s'oppose à ce qu'on attribue au destin ces goûts divers, comme le veulent ceux qui enseignent que les destinées sont différentes suivant les hommes, c'est la mutabilité fréquente de notre volonté. Ce que nous avons longtemps aimé finit par nous déplaire, et nous commençons à aimer ce que nous ne pouvions d'abord souffrir, et la force de l'habitude nous donne une espèce d'immutabilité. Attribueront-ils aux destins cette alternative d'inclinations qui reviennent avec les révolutions périodiques des temps, et qui reproduisent après un certain nombre d'années ce qui se fait aujourd'hui, car les hommes ne restent point dans le même état? Mais l'éducation et l'habitude leur donnent un démenti. L'usage du vin fut longtemps inconnu aux femmes romaines. L'habitude, résultat de l'éducation, les confirma dans cette abstention, qu'elles observaient, parce qu'elles en appréciaient l'utilité. Était-ce là un résultat du destin, qui en cessant d'exister, a mis fin à un usage utile? Mais cet usage était l'effet de l'éducation et non du destin. Dès qu'on voulut rompre avec cette habitude, les fruits de l'éducation furent perdus. Les anciens Romains ont porté si loin la tempérance, qu'ils refusaient même les présents qui leur étaient offerts, estimant comme une richesse la bonne réputation et préférant la vertu aux plaisirs; ces destins ont donc changé ou ils ont cessé d'exister. Mais non, ce n'était point là un effet du destin, mais de l'éducation qui était le maître du destin lui-même. Comment attribuer au destin ce qui ne lui était pas soumis par le passé, et ce qui ne l'est pas davantage dans le présent? En vérité je ne sais pourquoi ils veulent rendre le destin si odieux en le présentant comme l'auteur de tout ce qui se fait, alors que tout à la fois il est et il n'est pas. Est-ce l'éducation qui dirige, il n'est pas; est-ce l'habitude, il n'est pas; est-ce le hasard, il n'est pas davantage; et il ne semble exister que pour être enchaîné par la crainte de la loi, car la crainte sert à réprimer la passion, et le désir de plaire à Dieu fait rejeter l'amour de l'argent. On ne peut nier ici jusqu'à un certain point l'existence de ce qui est enchaîné, et cependant on peut dire avec toute raison que ce qui est enchaîné n'existe pas, parce qu'il est sans autorité.

Celui donc qui suit la loi de Dieu, et qui contracte l'habitude d'une vie sainte, voit tout ce qu'on appelle destin s'effacer devant lui. La force de l'habitude est si grande qu'elle adoucit les animaux eux-mêmes. C'est en voulant vivre au gré de leurs mauvais désirs que les hommes se font à eux-mêmes leurs destins. La débauche et la volupté produisent l'intempérance et le trouble qui enfantent à leur tour les excès de la licence et de la colère. Ils savent que leur conduite est digne de châtiment, mais pour y échapper, ils attribuent au destin les crimes qui les déshonorent, et en cela ils sont secondés par les démons qui font tout pour que les desseins criminels sortent leur effet; voilà ce que ces hommes appellent destins, sans comprendre que ce sont les ennemis de l'homme. Si les péchés n'entraient pas dans l'âme par les sens, mais prenaient naissance dans son intérieur, c'est avec quelque raison qu'on attribuerait aux destins tout le mal qu'elle peut faire; mais comment l'imputer aux destins quand on voit que

unusquisque eligit quod magis apud illum habeat gratiam. Nam et nobis ipsis diversa voluntas est, et in vestibus, et in cibis, et in cætero usu, et in ipsa sententia. Quod ne fati dicant, qui multorum diversa asserunt fata, hæc res probat, quia frequenter mutatur nobis voluntas. Quod enim diu amavimus, postea displicet; et diligere incipimus quod prius libenter non habebamus, et facta consuetudine immutati manemus. Ordinem autem si dicunt esse fatorum, ut sit quid quibus efficiant temporibus per intervalla recurrentia pristina, ut puta quod hodie faciunt, iterum faciant post tempus: non enim in uno dicuntur manere. Nam per disciplinam et consuetudinem vincuntur. Mulieribus etenim Romanorum multis temporibus vini usus incognitus fuit. Disciplina enim facta consuetudine confirmavit sensum suum, et retineret quod prodesse didicerat. Numquid illis temporibus hæc fata fuerunt, et postea mortua sunt, ut cessaret res bene inventa? Sed non fata hæc, sed disciplina invenerat. At ubi recessum est a consuetudine, periit disciplina. Et veteres Romanorum tantæ continentiæ fuerunt, ut etiam oblata munera refutarent, bonam famam divitias arbitrarentur, et virtutem voluptatibus præponerent: et his fatis successum est, aut obierunt: sed non fati fuit, sed disciplinæ, quæ etiam ipsius fati pædagogus est. Quomodo enim potest fati esse, quod neque ante tempus habuit, neque nunc habet? Et quidem nescio, ut quid tantam invidiam fato faciant, ut in omnibus ejus ipsum dicant auctorem, cum sit et non sit. Ubi enim disciplina est, non est; et ubi consuetudo est, non est; et ubi casus est, non est: ubi autem videtur esse, timore legis vincitur; et libido enim metu compescitur, et quæstus pecuniæ propter Deum promerendum repudiatur. In hac ergo parte esse fatorum, quibus non potest negari, quod vincitur: et tamen recte potest dici et in eo ipso non esse, quia caret auctoritate quod vincitur.

Itaque Dei Legem qui sequitur, et consuetudinem tenet bonæ vitæ, huic cedunt omnia, quæ dicuntur fata. Tantum enim potest consuetudo, ut etiam bestias mitiget. Nam male vivere volentes, ipsi sibi fata constituunt. Per luxuriam enim et voluptatem fit intemperantia et inquietudo, quæ parit incontinentiam et iracundiam. Et scientes istud pœna dignum, ut immunes se faciant, pudorem passi fatis adscribunt, cum de hac re cogitantibus adjutorium faciant dæmones; quia et hoc statuunt, ut male cogitantibus tribuunt effectum: istos fata appellant, non intelligentes quia sunt hominis inimici. Nam si per sensus non subintrarent peccata ad animam, sed de intus nascerentur, recte omne quod delinquitur, fatorum esse

c'est la vue, l'ouïe et les autres sens qui donnent naissance à la concupiscence du mal, avec l'aide des ennemis qui suggèrent aux hommes de faire ce qui leur est funeste, mais on n'y pense pas tant que dure l'action coupable; elle paraît pleine de douceur avant ou pendant qu'on s'y livre; à peine est-elle consommée qu'elle fait sentir son amertume. Cependant nous pouvons triompher de ces aspirations coupables, et en voici la preuve. Notre esprit est-il fortement appliqué à quelque pensée, ou à quelque dessein, nos ennemis sont réduits au silence, et la passion reste muette, car ils ne peuvent rien sur une âme occupée. Vous voyez un homme livré tout entier à une occupation qui l'absorbe, irez-vous lui suggérer des pensées étrangères? Non, vous ne le faites pas, vous savez que vous ne seriez point écouté ou qu'on vous congédierait comme un importun. C'est ce qui arrive pour ces ennemis qui ne sont autres que les démons, et les dieux des païens; s'ils nous voient occupés de la méditation des choses divines, ils ne nous suggèrent point de pensées contraires, mais ils se tiennent comme en embuscade pour épier le moment favorable où ils pourront trouver accès dans notre âme. La méditation de la loi de Dieu et la vie active sont donc les remparts inexpugnables de l'âme; si, au contraire, les démons nous voient affecter une triste oisiveté vis-à-vis des choses divines, ils en prennent occasion de nous exciter au péché. Ce sont eux qui par la chair et le sang sèment dans notre âme les désirs coupables. Sans doute la chair a ici une action qui tient à son origine, et les inclinations de la naissance charnelle sont loin de rester en repos, toutefois les démons viennent leur prêter main forte pour donner plus sûrement la mort aux hommes. Il y a plusieurs espèces de démons et leurs volontés sont différentes. Il en est qui jettent le trouble dans l'esprit pour énerver le corps; d'autres qui se mêlent au sang pour y engendrer des désirs coupables; d'autres s'unissent étroitement au cœur de l'homme pour lui suggérer, en le flattant, des pensées funestes; quelques-uns exercent leur pouvoir sur les corps qu'ils enchaînent par les infirmités, comme cette fille d'Abraham que le Seigneur guérit. (*Luc*, XIII, 11.) Les païens dans leur ignorance attribuent au destin tous ces effets qui sont dus à des causes diverses que les esprits mauvais exploitent en se servant de toutes les occasions pour exciter l'homme au péché et le rendre esclave de ses passions. Ils l'appellent le bon destin, lorsque les corps sont bien tempérés ou qu'ils se distinguent par une certaine affabilité, par une grâce particulière; ils l'appellent le mauvais destin, lorsque la chaleur ou l'humeur y dominent, ou si au lieu de cette grâce, de cette bienveillance, ils sont plutôt disposés à nuire, ce sont ceux, disent-ils, qui sont nés sous une mauvaise étoile. Admettons que ces suppositions soient vraies. Nous voyons ces mêmes différences dans les animaux, chez qui les uns ont plus de chaleur que les autres; mais les animaux ne sont pas doués de la raison comme l'homme pour imprimer à l'aide de la réflexion, une sage direction aux mouvements de leur corps. L'esprit ne commande au corps que pour le gouverner en le retenant dans les liens de la loi divine. C'est cette divine loi qui nous apprend qu'il n'est point avantageux de suivre les impulsions de la chair ni les suggestions de l'ennemi. Dieu nous l'a donnée comme un puissant secours pour l'opposer aux inspirations mauvaises de l'ennemi, car un regard jeté sur la loi qui commande le bien suffit pour nous faire comprendre que c'est

---

videretur : cum autem videant, per visum et auditum et per reliquos sensus nasci concupiscentiam peccatorum, (adjuvantibus inimicis qui suggesserunt faciendum quod contrarium est; et non putatur quamdiu fiat : dulce enim videtur cum fit, aut antequam fiat; perfectum autem apparet esse amarum,) quid fatis imputant? Quia autem potest vinci, hinc advertimus. Cogitantibus etenim nobis et de aliqua re sollicitis, silent inimici, et conquiescit libido : non enim possunt suggerere occupatis nobis. Numquid aliquis ad aliquam rem alicui dedito aliud suggerit? Non facit, sciens aut se non audiri, aut apporiari quasi importune suggerentem. Ita et inimici quos constat esse dæmones; ii sunt enim dii Paganorum, qui si viderint divinis rebus nos occupatos, non se ingerunt ad contraria suggerenda, sed in insidiis sunt quærentes occasionem qua se ingerant. Munimenta ergo sunt animorum meditatio assidua Legis Dei et operatio : quia si otiosos nos viderint a rebus divinis, excitantur ad sollicitandos nos. Ipsi enim sunt, qui per carnem et sanguinem seminant concupiscentias. Quamvis enim habeat caro proprium motum originis suæ, quia non est (*a*) otiosa carnalis nativitas; tamen in hac re accedit ad necem hominum adjutorium dæmonum. Diversa enim sunt dæmonia, et disparem habentia voluntatem. Quædam enim sunt, quæ cum perturbant animos, elidunt corpora : quædam vero admiscentia se sanguini, generant animis desideria : alia autem cordi hominis se copulantia, suggerunt cum blanditiis contraria : nonnulla animis sunt, quæ sola corpora obligant infirmitatibus; sicut et illam filiam Abrabæ, quam Dominus curavit. (*Luc.*, XIII, 11.) Hæc omnia ignorantes Pagani, fatum appellant; cum diversæ sint causæ, et ista ab inimicis procurentur, ut quacumque ex causa irritetur homo, et subjiciatur passionibus. Sed fatum bonum appellant, cum bene temperata sunt corpora, aut affabilitate commendantur, habentia gratiam quamdam : malum autem fatum esse, si plus caloris habeant, aut humoris; aut si quis non sit aspersus gratia, sed magis ad detrimenta paratus, quos infortunatos vocant. Fac vera esse. Videmus enim hæc etiam in animalibus, ut plus habeant caloris : sed animalia non sunt rationalia sicut homo, ut possint adhibita cura corpus suum temperare. Ideo enim imperator est corporis animus, ut gubernet illud retinaculis Legis divinæ. Ea enim quæ sive impulsu carnis, sive ab inimico suggeruntur, non esse utilia, Lex ostendit divina. Quam ideo adjutorio dedit Deus, ut dictantem inimicum mala, quasi

---

(*a*) Sic Ms. Colb. At editi *occisa*.

un séducteur dont les conseils sont en flagrante opposition avec les enseignements de la loi. Nous mettons donc un frein à notre corps et nous tempérons ce qu'il a de trop bouillant en lui donnant moins de liberté et en le sevrant des délices de la vie. De même qu'un corps travaillé par la fièvre voit s'augmenter le feu qui le dévore, sous l'influence de la nourriture ou de la boisson, ainsi les corps qui sont brûlés par l'ardeur du sang s'enflamment plus violemment encore s'ils ne sont sagement dirigés. Le feu s'éteint faute d'aliment. C'est à l'esprit de conduire le corps. Mais s'il le laisse aller au gré de ses désirs, le corps le renversera comme un cheval emporté renverse le cavalier qui n'est pas sur ses gardes. Or, comme cette ardeur bouillante du corps devient plus grande sous l'action des ennemis qui exercent sur l'âme leur pouvoir de séduction, et que ce n'est pas le corps qui désire, mais qu'il se contente par la chaleur qui lui est propre de suggérer à l'âme les désirs qui la perdent, il faut implorer l'assistance de notre Dieu pour qu'il nous protège et réprime ces désirs, car nous n'avons pas à combattre contre la chair et le sang, mais contre les princes et les puissances; » (*Ephes.*, VI, 12) et une fois ces ennemis écartés, il nous sera facile de comprimer les révoltes de la chair et du sang. Un incendie s'éteint lorsque le feu ne trouve plus d'aliment. Or, les partisans de l'erreur que nous combattons voient ici l'accomplissement de ce que leur disent les astrologues qui croient à la réalité de leurs prédictions. C'est encore ici un trait de la fourberie des démons, qui s'efforcent de réaliser les prédictions de leurs prêtres pour que leurs artifices mensongers ne soient point découverts. Mais tous leurs efforts restent stériles à l'égard de ceux qui n'ajoutent aucune foi à leurs réponses, car d'un côté ils déploient moins d'activité pour gagner ceux qui ne croient point en eux, et d'un autre côté Dieu ne permet pas qu'ils puissent séduire ceux qui mettent leur confiance en lui et ne se rendent point aux artifices du démon. Par une sage disposition de la Providence divine, les événements sont en raison de la foi de chacun, et de manière à ne léser en rien le libre arbitre de la volonté. Ainsi donc rien ne pourra prévaloir contre celui qui croit en Dieu et implore son secours ; car il est assuré que toutes les choses qu'il a faites restent soumises à sa puissance, et ne peuvent rien entreprendre contre celui qui a su se rendre Dieu propice. C'est une vérité certaine que Dieu a fait le monde, qu'il a créé le soleil et les étoiles, en leur traçant la voie qu'ils devaient suivre pour régler les actions du genre humain ; cependant dira-t-on qu'il ne s'est pas réservé le pouvoir de leur commander de faire autre chose que ce qu'il leur a prescrit dès l'origine? Non, il les a tirés du néant pour qu'ils fussent soumis à sa volonté, et ils suivent la route qui leur a été tracée, tant qu'ils ne reçoivent point d'ordres contraires. Mais il arrive aussi que Dieu, fléchi par les prières des hommes, pour lesquels il a créé les éléments et les astres commande au temps, fait cesser des pluies importunes, ou rend la fécondité à des fruits qu'une trop grande sécheresse frappait de stérilité ; ou encore, lorsque la vie criminelle des hommes, leurs désordres, leurs plaisirs coupables qui les entraînent loin de ce qui plaît à Dieu, sont punis par une sécheresse prolongée qui produit la famine sur la terre, comme il arriva sous les prophètes Elie et Elisée. (III *Rois*, XVIII, 4.) Dieu apaisé par le repentir répand des pluies abondantes sur la terre. Le gouvernement du monde a quelque analo-

---

bona respicientes Legis præcepta, illum intelligamus esse seductorem, quia aliud suadet quam docet Lex. Sic ergo frenatur corpus, ut quia fervet, minus illi detur, et a deliciis retineatur. Sicut enim corpus febricitans si accipit escam aut potum, increscit illi calor : ita et hujusmodi corpora quæ sanguinis fervore uruntur, vehementius exardescent, nisi fuerint gubernata. Igni enim si deest esca, sopitur. Animi est ducere corpus. Si autem dimiserit illud ut eat quo vult, præcipitabit ipsum, sicut equus furiosus negligentem sessorem. Et quia corporis fervor plus exardescit, agentibus inimicis ad deceptionem animæ; quia non corpus desiderat, sed calore suo generat animæ desideria; (*a*) Dei nostri assistentia imploranda est ad tutelam, ut prohibeat eos : quia « non est nobis colluctatio adversus carnem et sanguinem, sed adversus principes et potestates : » (*Ephes.*, VI, 12) quibus amotis, facile erit carnis et sanguinis motum comprimere. Exstinguitur enim incendium, si desit materia per quam urat. Illis autem eveniunt quæ a Mathematicis dicuntur, qui credunt futurum quod dicunt. Illud enim agitur subtilitate dæmoniorum, ut ea efficiant, quæ antistites illorum dixerint futura, ne falsi detecti credantur. Circa eos vero qui responsis illorum non commodant fidem, non prævalet effectus eorum : quia neque ipsi tam intenti sunt, ut satisfaciant eis qui illis non credunt; neque patitur Deus facere illos per quod seducantur fideuntes de Deo, et non credentes diabolo. Omnia enim sic Deus instituit, ut secundum uniuscujusque fidem eveniat, ut arbitrium liberum maneat voluntatis : ac per hoc qui Deo credit ad auxilium ejus confugiens, nihil ei poterit prævalere : certus est enim in potestate ejus esse quæ fecit, et non audere contra eum quem videt Deum communem habere propitium. Certe fecit Deus mundum, et solem et stellas creavit, constituens eis cursus quibus gubernatur genus humanum : numquid non habet potestatem imperare illis, ut aliquando aliud faciant, quam decretum habent? Sic enim ea condidit, ut voluntati subjaceant, tunc demum cursus decretos exsequantur, si aliud minime fuerit præceptum : ut si roga'us ab iis fuerit quibus ministrant, per id quod aut importunæ sint pluviæ, aut nimia siccitate steriles fructus appareant, jubeat temperari tempus : aut si forte, ut asolet, irato Deo vivant homines, dum per luxuriam et vanitatem oberrantes non faciunt quod placet Deo, diutissime suspensa pluvia, ut factum legimus sub Elia et Eliseo, famem excitet super terram, satisfactione placatus annuat ut imbres irrigent aridam. (III *Reg.*, XVIII, 43.) Eodem enim modo ratio mundi est, ut imperium sæculare.

(*a*) Ms. Colb. *Dei nostri ducio.*

gie avec le gouvernement des royaumes de la terre. Lorsque les sujets d'un empire gémissent sous la tyrannie des gouverneurs de province, ils ont recours aux empereurs pour en être délivrés, ainsi lorsque les hommes voient les saisons et les éléments se déclarer contre eux, ils adressent leurs humbles supplications à Dieu qui tient tout l'univers en sa puissance. C'est ce que ne voient point les astrologues. Les astres, disent-ils, doivent nécessairement accomplir les lois qui leur ont été imposées, ces lois ne peuvent être ni révoquées ni changées, ils suivent immuablement la route que Dieu leur a tracée. Ils prétendent donc que les destins sont immuables, et que Dieu ne peut rien ici accorder aux prières des hommes, parce qu'il a établi une fois pour toutes l'ordre du monde et tracé aux astres une marche qui ne souffre ni anticipation, ni retard. Telle est l'erreur des astrologues, erreur qui est injurieuse pour Dieu. En effet, comme conséquence de cette assertion, ils nient que rien puisse se faire contre cet ordre une fois établi, et ils refusent de croire à tous les événements dont les livres saints nous apprennent que Dieu est l'auteur dès qu'ils s'écartent des lois ordinaires du monde. Ainsi on ne peut dire ni qu'une vierge soit devenue mère, ni que la verge d'Aaron ait porté des fleurs et des fruits (*Nomb.*, xvii, 8), ni que Sara ait enfanté un fils dans sa vieillesse. (*Gen.*, xxi, 2.) Ces phénomènes ne sont point compris dans la marche ordinaire des événements, Dieu les opère en dehors de l'ordre qu'il a établi. Et qu'y a-t-il donc d'étonnant que le Créateur du monde ait fait ce que ne peut faire le monde? Mais, dit-on, il parait alors détruire l'ordre dont il est l'auteur, en allant directement contre les lois qu'il a données au monde. Voyons, Dieu a tracé au monde la loi qui règle les actions et la reproduction du genre humain. Se l'est-il imposée à lui-même? Ce serait pour lui une humiliation, un abaissement que de suivre les lois qu'il a imposées au monde qu'il a créé. Et comment comprendrions-nous qu'il est le Créateur du monde, s'il avait suivi dans ses actions les lois qu'il a données au monde? C'est donc pour nous faire comprendre que c'est Dieu et non le monde qui est l'auteur de ces actions extraordinaires qu'il les fait en dehors de l'ordre qu'il a établi. Dieu a commandé au soleil de parcourir incessamment la route qu'il lui a tracée sans jamais s'arrêter; est-ce que l'auteur de cette loi n'aura pas le droit de l'arrêter lui-même? Il est défendu aux juges de révoquer une sentence prononcée contre un coupable; le souverain est-il lui-même soumis à cette loi? A combien plus forte raison devons-nous reconnaître en Dieu le droit de faire ce que ne peut faire le monde, parce qu'il est le serviteur de celui qui l'a créé. Le monde en vertu de la loi qu'il a reçue peut donner la mort, il ne peut rendre la vie, il peut par une action répréhensible faire un aveugle, il ne peut lui rendre l'usage de la vue; il peut rendre un homme faible, malade même, mais il ne peut le guérir, c'est un acte de puissance que Dieu s'est réservé pour montrer qu'il est le souverain maître de tout ce qui existe. Quel plus fort argument contre le destin que les morts ressuscités, l'aveugle né recouvrant la vue, les malades et les paralytiques guéris, et d'autres miracles semblables qui prouvent que le destin, si tant est qu'il existe ne peut former obstacle pour ceux qui ont recours à Dieu? En effet, l'apôtre saint Jean a dit : « Celui qui est en nous est plus grand que celui qui est dans le monde. » (I *Jean*, iv, 4.) Dieu se rend à nos prières, modifie

Quomodo enim quidam pressi a rectoribus provinciarum, ad auxilium Imperatorum recurrunt ut erigantur : ita et homines si adversa sibi viderint tempora, supplices se præbent Deo, in cujus potestate sunt omnia. Sed hoc Mathematicis non videtur. Aliud enim inquiunt fieri non posse, quam ut sidera decretas sibi impleant causas : et neque revocari, neque ad aliud impelli possunt, sed semel statuta servant officia. Hæc Mathematicorum asseveratio est, ut dicant fata immutari non posse, neque precibus aliquid impetrari : quia semel Deum dicunt statuisse totius mundi rationem, et ministris sideribus tradidisse, quæ neque retro neque ante fieri possunt. Hic est error Mathematicorum, quo et Deum pulsant. Per hanc enim asseverationem negant aliquid posse fieri extra ordinem mundi, ut omnia quæ in mundo a Deo facta leguntur, si a mundi lege discordant, negent credenda : illa autem asseverant quæ juxta mundi statuta facta dicuntur, ut neque virgo peperisse dicatur, neque virga Aaron floruisse et fructum attulisse (*Num.*, xvii, 8), neque Sara anus peperisse. (*Gen.*, xxi, 2.) Hæc enim mundi ratio non habet, quia extra mundi ordinem a Deo facta leguntur. Et quid mirum, si auctor mundi fecit quod non potest mundus? Sed transgressus videretur, aiunt, rationem quam statuit, si aliter ipse fecisse dicatur, quam mundo decrevit. Age vero, mundo legem statuit faciendi, aut generandi : numquid sibi? Et humilitas ejus erat, si sic faceret, sicut ab eo conditus est mundus? Et unde ab eo factum intelligeretur, si mundi lege fecisset quod fecit? Ut autem intelligeretur a Deo factum, non a mundo, alio ordine factum est. Certe soli decrevit, ut incessabiliter implent statuta spatia, nec habeat licentiam standi : numquid qui hanc legem ei statuit, non ipsi licebit statuere illum? Certe judicibus statutum est, ne liceat in reum datam sententiam revocare : numquid et ipse Imperator sub hac erit lege? Nam ipsi soli licet revocare sententiam, et reum mortis absolvere, et ipsi ignoscere : quanto magis Deo licere debet, quod mundo concedi non debuit, quia Creatoris sui est famulus? Denique mundus per legem sibi traditam, occidere potest, vivificare non potest; per intemperantiam cæcum creare potest, oculos illi reformare non potest; imbecillem et ægrum facere potest, curare illum non potest; hoc enim sibi Deus reservavit, unde appareat eum Dominum omnium esse. Ad subruendum enim fatum pertinet, quia mortui surrexerunt; cæco nato oculi reformati sunt, ægri et paralytici confirmati sunt, et cætera quæ facta sunt alia, ut confugientibus ad Deum, si quid fati esse potest, impedimentum afferre non possit. Dicit enim Joannes apostolus : « Major est, inquit, qui in nobis est, quam qui in hoc mundo. » (I *Joan.*, iv, 4.) Rogatus enim

en notre faveur ses premiers desseins. N'a-t-il pas établi comme une loi que les pécheurs seraient punis? Et cependant il leur pardonne, s'il en est prié, parce que lui seul a le pouvoir de lier et de délier. Il a prescrit au soleil de ne jamais suspendre sa course, et cependant Josué, fils de Navé, lui commanda de s'arrêter et le soleil obéit à un ordre contraire à celui qu'il avait reçu dans l'organisation du système du monde. Un phénomène plus extraordinaire encore se produisit sous Ezéchias, car afin que ce prince ne doutât point de la promesse qui lui était faite, le prophète lui donna un signe nouveau et inouï pour des oreilles humaines. Il ne commanda pas seulement au soleil de s'arrêter comme dans le premier cas, mais de rétrograder pour convaincre Ezéchias que celui qui pouvait faire de la neuvième heure la sixième, pouvait aussi lui ajouter quinze ans de vie. Ainsi la faveur accordée à Ezéchias détruit le système des astrologues, car ils nient que la vie de l'homme puisse être prolongée; Dieu donne à Ezéchias un signe qui n'est pas moins contraire à leur doctrine; il est impossible, disent-ils, que les astres suivent une autre marche que celle qui leur est tracée.

Suivant cette doctrine, avoir un esclave ou n'en pas avoir est une chose qui dépend du destin. Soit; où étaient ces destins dès le commencement du monde, car jusqu'au déluge et longtemps encore après, nous ne voyons point de trace d'esclavage et de servitude? L'existence de ces destins date-t-elle du temps du roi Ninus qui fit le premier la guerre aux nations voisines, et réduisit en servitude ceux qu'il avait faits captifs? C'est donc là une institution plus récente et qui n'est point le fait du destin, mais l'œuvre des démons, car si elle était l'œuvre du destin, elle remonterait au commencement du monde.

Ainsi l'existence des astres date de l'origine du monde, et ils ne cessent d'accomplir leur révolution. Dans les premiers temps les hommes aimaient la vie des champs, et ils ne cherchaient point à devenir riches; comment les astrologues peuvent-ils soutenir que ce sont les astres qui décident pour les hommes de la richesse et de la pauvreté? Est-ce que les astres sont changés? Non, ce sont les artifices et les prestiges de Satan qui veulent nous faire attribuer à l'influence des étoiles ce qui est le fait des esprits qui lui sont soumis. A mesure qu'il approche du temps qui doit consommer sa ruine, il s'étudie à augmenter le nombre de ses crimes. Nous savons que la famine a désolé l'Italie, l'Afrique, la Sicile, la Sardaigne; que les astrologues nous disent si tous les habitants de ces contrées étaient soumis à un même destin, alors que de leur aveu, sur cent personnes on ne peut trouver deux destinées semblables. Qu'ils rougissent donc, qu'ils gardent le silence, et qu'ils tendent des mains suppliantes vers le Dieu dont la puissance s'étend sur tout ce qui existe. Mais peut-être est-ce là un fait dérobé à l'action du destin? Que dirons-nous de la Pannonie qui a été tellement dévastée, qu'elle ne peut sortir de ses ruines? Oh! que leur faiblesse est grande! et cela, parce que ce sont des chrétiens d'une foi douteuse. Ils doutent des promesses divines, et ne pensent pas aux faits qui se sont accomplis. S'ils considéraient tout ce qu'ont opéré les prophètes et les apôtres, ils n'ajouteraient aucune foi aux fables des astrologues. Ils sauraient que tout est soumis à la puissance de Dieu, et ils ne s'effraieraient point des malheurs qui arrivent aux justes, en se rappelant qu'ils recevront leur récompense au jugement dernier, au témoignage de l'Apôtre : « C'est par beaucoup de tribu-

---

Deus, etiam quæ statuit amovet. Nam utique statuit in peccatores vindicandum, et tamen deprecantibus ignoscit; quia ipsi soli licet ligare et solvere. Unde cum soli statio concessa non sit, sub Jesu Nave jussus est stare, et obedivit ejus imperio, contra id quod sibi in ratione mundi fuerat præceptum. (Jos., x, 13.) Sub Ezechia autem amplius factum legitur : quia ut Ezechias, quod sibi promissum erat, verum esse non dubitaret, signum tale accepit, quod novum esset, et humanis auribus inauditum. Non enim sicut prius soli jussum est, ut staret, sed ut reverteretur retro (IV Reg., xx, 11) : quod videns Ezechias certum haberet, eum posse sibi quindecim annos addere ad vitam, qui de hora nona fecerat sextam. Et quia contra Mathematicos est quod Ezechiæ concessum est, negant enim posse addi ad vitam ; signum iterum in hac re quod contra Mathematicos esset, accipit. Impossibile enim asserunt aliud astra facere quam habet constitutum.

Certe fati esse dicunt, servum habere, aut non habere. Esto. Ab initio mundi hæc fata ubi fuerunt? Usque ad diluvium enim et infra multa serie annorum transacta, non fuit hæc conditio servitutis. Aut numquid ex Nini regis temporibus hæc fata cœperunt, qui primus dicitur finitimis bella inferre cœpisse, et captos facere servituti obnoxios? Vides ergo postea hoc esse inventum, et non

esse fati, sed actus dæmonum : quia si fati esset, ab initio mundi fuisset. Ipsa enim sunt sidera, quæ facta sunt in initio, et nunc manet cursus eorum. Et antea vita hominum agrestis erat, nec divitiis studebatur : quomodo nunc astrologi per astra dicunt divites et pauperes fieri? Numquid mutata sunt astra? At versutia et præstigium est Satanæ, ut ea per stellas dicat fieri, quæ angelis suis ministris operatur. Accedente enim tempore quo interitus ei appropinquat, majora adinvenit per quæ peccetur. Ecce scimus laborasse fame Italiam, et Africam, et Siciliam, et Sardiniam : dicant Mathematici, si omnes hi unum fatum habuerunt, cum inter centum ne quidem duorum fata sibi convenire posse dicantur. Erubescant, et taceant; et Deo supplices manus tendant, in cujus potestate sunt omnia. Sed in hoc forte subreptum est fatis? Quid dicamus esse de Pannonia, quæ sic erasa est, ut remedium habere non possit? O infirmitas eorum! quia fide pendula Christianos sese profitentur. Dum enim de promissis dubitant, nec de iis quæ facta sunt, cogitant. Si enim ea quæ a Prophetis et Apostolis gesta sunt, considerarent, numquam fabulas Mathematicorum amitterent. Scirent enim omnia in Dei esse potestate, nec terrerentur quando bonis mala accidunt; quia in futuro judicio remunerabuntur, memores Apostoli dicentis : « Quia per tribulationes, inquit, oportet nos intrare in

lations, nous dit-il, qu'il nous faut entrer dans le royaume des cieux. » (*Act.*, XIV, 21.) Cette pensée répand la satisfaction dans l'âme du chrétien; il attend le jugement de son Dieu, et la récompense qu'il espère le vengera de ses ennemis. S'il désire cette vengeance dès cette vie, ou s'il veut jouir avec trop d'ardeur et d'empressement des biens de la terre, il doute de la vie future et il méritera d'être rangé un jour parmi les infidèles qui n'ont à attendre que le châtiment. C'est pour exercer les hommes que Dieu a fait le monde, et l'a comblé de tous les biens en leur proposant pour les éprouver deux vies, la vie présente et la vie future, la vie du ciel et la vie de la terre. Celui qui méprise la vie future pour s'attacher à la vie présente, sera traité comme un homme charnel; celui qui préfère la vie future à la vie présente, sera jugé digne des récompenses spirituelles; et celui qui opprimé injustement par la puissance des méchants, remet ses plaintes et sa cause entre les mains de Dieu seul, sera couvert de gloire et d'honneur au dernier jour. Voilà pourquoi aucun saint n'a paru dans le monde entouré de splendeur et de gloire, et n'a aimé les richesses de la vie présente. C'est ce qui fait dire à l'Apôtre : « Ayant de quoi nous nourrir et de quoi nous couvrir, nous devons être contents. » (I *Tim.*, VI, 8.) Mais le chrétien va plus loin; il s'afflige même d'être heureux dans cette vie, parce que ce n'est point sur la terre, mais dans les cieux que les chrétiens doivent jouir de la gloire et de la félicité qui leur sont promises. Comment peut-on se dire chrétien lorsqu'on ne veut pas être glorifié, là où la gloire nous est promise, et qu'on veut l'être là où Dieu le défend? Si la jouissance des biens de la terre nous était avantageuse, Dieu ne promettrait pas les récompenses des cieux à ceux qui les méprisent.

Qu'espèrent donc les chrétiens en prêtant l'oreille aux astrologues, lorsqu'ils entendent l'apôtre saint Jean leur dire et leur crier : « N'aimez ni ce monde, ni ce qui est dans ce monde? » (I *Jean*, II, 15.) Si donc notre foi et la loi chrétienne nous font une obligation de n'aimer ni le monde ni ce qui est dans le monde, pourquoi voyons-nous quelques-uns d'entre nous s'attrister et se plaindre de la prospérité temporelle des autres, prospérité qui aux yeux de Dieu est peut-être une grande infortune? Ne devraient-ils pas plutôt se réjouir de ce que le monde ne les a pas enchaînés dans des liens qui les auraient tenus asservis aux choses de la terre? Cette félicité qui produit dans l'âme je ne sais quelle sécurité, la rend complètement indifférente aux choses divines. Oui, la négligence pour les divins oracles est la conséquence nécessaire de l'abondance des biens de la terre, parce qu'on semble alors n'avoir plus aucun motif de sollicitude. Ou plutôt les riches du siècle sont travaillés par d'autres soucis, c'est d'accroître leur fortune dans ce monde et de s'élever encore plus haut, ce qui ne peut se faire sans péché. Si nous examinons les choses de plus près, nous verrons que le monde est bien plutôt l'ennemi de ceux qu'il semble rendre heureux. En effet, à peine en est-il un seul parmi eux qui pense aux biens du ciel. Les chrétiens doivent donc se réjouir lorsque malgré une vie irréprochable ils sont malheureux en ce monde. Celui-là triomphe véritablement du monde, qui content de tout ce qui lui arrive ici-bas, ne cesse d'en rendre grâces à Dieu; s'il n'a pas tout ce qu'il peut désirer des biens de la terre, il espère que Dieu lui réserve les biens du ciel. Pourquoi en effet Dieu a-t-il établi le jugement dernier? C'est pour récompenser éternellement ceux qui ont été

---

regnum Dei. » (*Act.*, XIV, 21.) Contentus enim, et Dei sui expectans judicium, remuneratus etiam vindicabitur. Si enim in præsenti vindicari desiderat, aut omni aviditate præsentibus frui copiis, dubitat de promissa vita; ac per hoc in futuro inter perfidos deputatus pœna dignus habebitur. Mundum enim Deus propter exercitium fecit, et omnibus copiis honestavit, duas causas proponens, præsentem et futuram, cœlestem et terrenam, ut ad probationem esset homini : ut qui spreta futura vita præsentem eligeret, carni deputaretur; qui vero præsenti futuram anteponeret, spiritualibus dignus haberetur; et qui injuste pressus potentia injustorum, querelas Deo deponeret vel (*a*) resignaret, in futuro judicio relevatus spirituali gloria honoraretur. Unde nullus sanctorum in mundo gloriosus apparuit, neque præsentes dilexit delicias. Hinc Apostolus : « Habentes, inquit, victum et vestitum, his contenti simus. » (I *Tim.*, VI, 8.) Sed qui est Christianus, etiam dolet, si felix videatur in sæculo, cum Christianorum dignitas et felicitas non in terris promissa sit, sed in cœlis. Quomodo Christianus se dicit, qui non illic gloriari vult ubi promissum est, sed hic ubi prohibitum est? Si enim expediret præsentibus frui, non utique hæc contemnentibus cœlestia promitterentur.

(*a*) Ms. Colb. *reservaret*.

Qua ergo spe Christiani Mathematicis aures commodant, cum audiant Joannem apostolum clamantem et dicentem : « Nolite diligere hunc mundum, neque ea quæ in hoc mundo sunt? » (I *Joan.*, II, 15.) Itaque si hæc sunt fidei vel Legis nostræ præcepta, ne mundus diligatur, neque ea quæ in mundo sunt; quid est ut quidam nostrum querantur contristati de aliorum felicitate quæ est in mundo, quæ apud Deum forte infelicitas est; cum magis gaudere deberent, quia non illis mundus præstat per quæ obligati teneantur humanis rebus obnoxii? Felicitas enim ista, securitatis facultate accepta, divinorum caret sollicitudine. Indiligens enim sit necesse est circa divina oracula, qui omnibus necessariis refertus, sollicitus, non habet. Alia enim sollicitudine incipere solent laborare hujusmodi, ut amplificentur in sæculo, quod sine peccato non potest fieri. Si propius autem aspiciatur, videbitur inimicus magis illorum esse mundus, quos beatos dicitur facere. Vix enim aliquis illorum cœlestia cogitat. Gaudendum ergo Christianis est, dum recte conversantes premuntur in hoc sæculo. Hic enim vincit sæculum, qui contentus quomodo illi evenerit in hoc sæculo, Deo gratias agit, a quo si qua hic denegata videntur temporalia, reddi speret æterna. Ut

injustement opprimés pour un temps, et pour abaisser et punir ceux qui par l'abus de leur puissance n'ont professé que du mépris, de l'incrédulité peut-être pour le jugement de Dieu, et ont espéré que leurs crimes resteraient impunis.

Mais les partisans de la fatalité nient le jugement futur. Si les bons comme les mauvais sont nés ce qu'ils sont, quelle matière à vos éloges ou à vos reproches, puisque le bon n'a eu aucun combat à soutenir pour remporter la victoire et que le méchant n'est coupable d'aucune négligence qui soit la cause de sa perte? Pourquoi cherchent-ils à répandre individuellement leurs fables? Les coupables cités devant les juges n'ont jamais osé rejeter sur leur destinée la responsabilité de leurs crimes; ils les avouent bien au contraire et ne songent pas à accuser d'injustice la sentence qui les condamne. L'autorité de la loi détruit donc radicalement cette doctrine de la fatalité, et le nom seul ne peut en être prononcé devant l'action de la loi. Or, comment ceux dont la vie est un tissus de crimes peuvent-ils espérer jouir éternellement de l'impunité, parce qu'ils s'efforcent d'échapper pour un temps à la sévérité de la loi divine, sans penser que l'auteur de la loi ne peut toujours dissimuler? Ici-bas, en effet, nous avons l'image de la loi; là se trouve la vérité, et celui qui se moque de l'image ne peut se moquer de la vérité. Est-il dans tout l'univers un lieu où Dieu ne soit pas, et quelqu'un peut-il espérer échapper à ses mains? Ils se flattent au point de s'imaginer qu'on est en sûreté dès qu'on est parvenu à leur échapper ici-bas. Comment peuvent-ils penser qu'ils échapperont au châtiment alors que les autres sont punis pour des crimes semblables? On ne peut nier que Dieu en créant le monde ne lui ait donné la loi qu'il devait suivre. L'affection qu'il portait à son œuvre lui a inspiré d'apprendre aux hommes la voie qui mène à la vie et les guides, sous la conduite desquels ils devaient marcher, car il est aussi une voie qui conduit à la mort. Or, ne doit-il pas rechercher si ceux qu'il a établis les ministres de son royaume ont gouverné son peuple suivant les règles qu'il avait tracées, ou si ce peuple a reçu ses ordonnances avec soumission, ou si les ministres dont la fidélité a été reconnue sont dignes de louange, ou si les infidèles ont été punis comme ils le méritent? Le peuple reçoit également des louanges s'il observe la loi, ou une sentence de condamnation s'il l'a méprisée. La justice, la raison l'exigent ainsi. Comment donc en est-il qui ne peuvent souffrir l'idée du jugement futur? C'est encore là un des fruits de l'extravagance des astrologues. Comment pourraient-ils croire au jugement futur eux qui s'inscrivent en faux contre le jugement actuel, parce que pour eux la cause du jugement est tout entière dans la naissance? Mais si la naissance seule mérite d'être récompensée ou punie, comment ceux qui prétendent que ce n'est point par l'effet d'un jugement naturel, mais par leur naissance seule que les hommes deviennent bons ou mauvais, sont-ils assez dénués de raison pour châtier ceux qui font mal et ne laisser aucune faute impunie? Nous les voyons en effet frapper de verges et enchaîner même dans l'intérieur de leurs habitations ceux qu'au dehors ils affirment être nés incapables de se corriger. Or, jamais un homme sage cherche-t-il à corriger ou à reprendre ceux qu'il sait incapables de correction? ce serait un acte ou de folie ou d'injustice. Et qu'ils n'aillent pas dire qu'ils agissent ainsi poussés par la fatalité; celui qui est soumis à la fatalité ne fait pas ce qu'il

---

quid enim Deus futurum judicium statuit, nisi ut qui injuste deprimuntur ad tempus, vita æterna donentur, depressis iis qui per potentiam contemnentes, aut non credentes futurum Dei judicium, impunitatem esse scelerum arbitrati sunt? Sed fatorum assertores negant futurum judicium. Si enim nascuntur qui boni sint, et e contra qui mali sint; quid laudas aut accusas, quando neque bonus congressus laboravit ut vinceret, neque malus negligens fuit ut perderet? Quid enim inter privatos fabulas venditant? Nam judicibus oblati peccatores, nunquam ausi sunt crimina sua fatis excusare : sed semetipsos reos confitentes, jure se sententiam excipere non negant. Itaque legis auctoritas rationem calcat fatorum, ita ut ne nominari quidem possint, cum se commoverit lex. Quomodo autem evasuros se in perpetuum credunt, qui nequiter versati legis divinæ severitatem studio quodam ad tempus fugiunt, non cogitantes auctorem legis hinc dissimulare non posse? Nam hic imago legis est, illic veritas : et qui illudit imaginem, veritatem illudere non potest. Numquid est aliquis locus sine Deo, aut aliquis manus ejus effugiat? Putant autem blandientes sibi, quia qui hic evadit, jam securus sit. Et quomodo hoc justum æstimant, ut aliis punitis in talibus causis isti evadant? Certe Deus mundum constituit, et qua lege uteretur, ostendit. Diligens enim opus suum ostendit ei viam, qua itur ad vitam, ordinans quibus ducibus uteretur : quia est et via quæ ducit ad mortem. Numquid non ergo requirere debet, si ii quos ministros regni sui posuit, eo jure quo constituit populum ejus gubernarunt; aut si populus edictum ejus suscepit, aut administri fideles inventi laude digni sint, aut infideles pœnis subditi? Similiter et populus lege servata laudatur, aut contempta damnatur. Hoc jus suum, hoc causa exposcit. Quomodo ergo quibusdam displicet futurum judicium credere? Sed hoc Mathematicorum invenit amentia. Quomodo enim possunt futurum accipere judicium, qui præsenti repugnant; quia judicium in nativitate esse contendunt? Et quia (a) nativitati imputatur præmium, desipiunt ipsi qui cum quodam judicio naturali bonos et malos non fieri, sed asserunt nasci, peccantibus retribuunt, nec patiuntur inulta esse peccata. Virgis enim malos et vinculis intus corripiunt, quos foris inemendabiles asserunt natos. An quis prudentum corripit, quos scit emendari non posse? quod quidem aut stulti esset, aut iniqui. Sed ne hoc ipsum fato dicant fieri; qui sub fato est, non facit quod vult, ut et ipsi naturale habeant

---

(a) Ms. Colb. *Et quia veritas computatur præmii resurgit, ipsi qui quædam judicio*, etc.

veut; et ils punissent naturellement ceux qui sont naturellement incapables de conversion, car il est vrai de dire que tout ce qu'on attribue à la fatalité peut être regardé comme un acte de folie. Mais quelle extravagance d'affirmer d'un côté qu'un homme naît mauvais et de ne point estimer la bonté de celui qu'ils affirment être né bon? Comment peut-on regarder comme bon celui que l'on surprend en flagrant délit d'injustice? Et quoi de plus injuste que d'accuser d'iniquité celui que l'on reconnaît n'avoir pu faire autre chose que ce qu'il a fait?

D'ailleurs si tout est soumis à la fatalité, pourquoi la loi est-elle survenue pour s'opposer à ces actions qui dépendent, dit-on, de la fatalité? Que la loi vienne à disparaître, tous les crimes se produiront au grand jour; on ne pourra plus supporter les puissants, il n'y aura plus de liberté; car celui qui maintenant ne songe pas au mal, n'ayant plus de crainte qui le retienne, s'abandonnera au vice. D'ailleurs nous lisons que c'est pour réprimer le mal que la loi a été donnée, mais peut-être que c'est aussi par un effet de la fatalité qu'elle a été donnée. Et comment cette fatalité peut-elle exister si elle engendre ce qui doit la détruire? Tout ce qu'on présente comme dépendant du destin, la loi défend de le faire. Ces destins sont donc dénués de raison s'ils produisent des choses qui leur sont contraires. Ils sont injustes parce qu'ils ne font naître les hommes que pour la damnation, et s'ils sont injustes, ils ne doivent avoir aucune autorité, car tout ce qui est injuste est digne de châtiment. Diront-ils que la loi ne sert absolument de rien, parce que celui qui est né pour être forcément mauvais ne peut être amélioré par la loi? S'il en est ainsi, c'est en pure perte que la loi a été donnée, et comment les destins ont-ils pu donner naissance à une chose tout à fait inutile, puisque rien ne se fait que par le destin? Les destins agissent donc tout à la fois pour eux et contre eux, et s'il en est ainsi, on ne peut admettre comme raisonnable ce qui a si peu de constance et de fermeté. Dira-t-on que les destins ont voulu donner la loi pour faire condamner par la loi ceux qu'ils font naître nécessairement mauvais, parce qu'il leur a paru convenable d'attribuer le châtiment à la loi? A cela je n'ai qu'une réponse à faire, c'est que lois et destins méritent d'être condamnés par leur propre jugement si tous deux, par une même injustice, conspirent à faire périr ceux qui naissent mauvais non par leur volonté, mais par l'action de la fatalité. La loi, du reste, se déclare ici contre les destins qui prononcent eux-mêmes contre eux la sentence de condamnation; car ils ne disconviennent pas que ceux qui sont mauvais le sont en vertu de l'action du destin. Or, la loi est tellement opposée à cette doctrine du fatalisme qu'elle nie que les méchants soient mauvais autrement que par leur volonté, aussi est-ce avec justice qu'elle les condamne à des châtiments rigoureux. Il n'y a donc rien de commun entre la loi et le destin, puisque la loi nie ce que le destin affirme.

Mais sous quelle influence sont donc nés ceux qui ont défendu aux astrologues le séjour de la ville de Rome? On sait que cette défense fut longtemps en vigueur, et c'étaient des païens qui l'avaient portée. Comment attribuer au destin ce qui se fait contre le destin? Mais si le destin existe véritablement, il ne peut agir contre lui-même. Ceux donc qui agissent contre le destin ne sont point soumis au destin, et s'ils en sont affranchis, il n'y a point de destin, point de fatalité. Mais, me dira-t-on, il y a au moins pour

---

ut vindicent in eos, quos sciunt inconvertibiles manere naturaliter; et vere quia sic dicendum est, ut quidquid fati esse dicitur, stultitiæ deputetur. Quam enim stultum est, ut cum dicant aliquem malum natum, nec illum bonum probent quem asserunt bonum natum? Quomodo enim potest bonus judicari, qui rem iniquam facere deprehenditur? Quid enim tam iniquum, quam ut iniquus credatur, qui negatur aliud potuisse facere quam fecit?

Et si omnia sub fato sunt, quomodo lex subintravit quæ non sinat fieri quod fati est? Si enim tollatur lex, passim publice illicita fient, nec potentes poterunt ferri, nec erit libertas; quia et qui nunc non cogitat malum, sublato timore incipiet malus esse. Denique legimus legem malorum causa datam. Sed et hoc ipsum fati forte fuit, ut lex daretur? Et qua ratione fata subsistunt, si generant a quo destruantur? Quidquid fati est, contradicit lex fieri debere. Carent ergo ratione, si contraria sibi generant. Et iniqua sunt quia nasci faciunt homines ad damnationem : et si iniqua sunt, auctoritatem habere non debent; quia omne iniquum punitioni obnoxium est. Aut ne forte legem nihil prodesse dicant, quia qui sic natus est ut malus sit, per legem non potest immutari; quod si est, lex superflue data est : et quomodo fata rem superfluam fecerunt nasci? quia nihil (a) sine fato. Itaque fata et pro se et contra se faciunt : quod si ita est, stare non potest quod per inconstantiam rationis non tenet firmitatem. Sed ne propter hoc legem fata esse voluerunt, ut quos malos fata faciunt nasci, a lege damnentur, ut conveniat fatis ex lege adhibere punitionem? Ad hoc quid erit quod dicatur, nisi quia et leges et fata proprio judicio condemnari mereantur, si pari injustitia hoc elaborant, ut occidantur qui non sponte, sed fatis agentibus mala fecerunt? Ad hoc lex contradicit, quia fata propria professione damnanda sunt. Non enim negant eos qui mali sunt, fati esse quod mali sunt. Lex autem usque adeo adversa est ipsis fatis, ut neget malos fati esse quod mali sunt, sed voluntatis illorum : quamobrem (b) illos puniendos rite constituit. Nihil ergo legi et fatis commune est, quando a lege negatur quod a fatis asseritur.

Qua autem ratione nati dicentur, qui Mathematicos urbe Roma prohibuerunt? quod diu servatum non ignoratur, et certe pagani fuerunt. Quomodo fato fiunt, quæ contra fatum sunt? Sed si est fatum, non facit contra se. Isti non habent fatum, qui faciunt contra fatum; et si hi non habent fatum, non est fatum. Sed est, inquiunt, fatum unicuique præstans qua morte moriatur. Quod si

---

(a) Sic Ms. Colb. At editi *nihil prodesset fato*. — (b) Ms. Colb. *reos illos rite constituit*.

chacun un destin qui détermine le genre de mort dont il doit mourir. S'il en est ainsi, il ne faut plus accuser les homicides, car ils auront ce double moyen de défense qu'ils ont agi sous l'impulsion de leurs destinées, comme ceux qu'ils ont tués ont été mis à mort en vertu de cette même destinée. Mais encore ici la loi est en faute, puisqu'elle punit l'homicide lorsqu'il est connu. L'homme et la femme adultères naissent également soumis à cette fatalité, ainsi que celui dont les droits sont lésés par l'adultère. Or, s'il faut admettre cette conséquence, la loi est encore ici répréhensible, puisqu'elle punit les adultères. Si l'adultère était une suite nécessaire du destin, il faudrait comprendre dans le châtiment celui dont le destin est de souffrir l'adultère; car il participe réellement à ce crime, parce que son destin est cause qu'il consent à l'adultère. Il était donc de toute justice de les condamner tous deux ou de les déclarer tous deux innocents. Ainsi la loi paraît ici opposée à la justice. Si donc les destins ont Dieu pour auteur, la loi ne vient pas de Dieu, car il est indigne non-seulement de Dieu, mais d'un homme sage de condamner ce qu'il a fait. Mais personne n'a jamais osé accuser la loi ou nier son origine divine; on ne peut donc soutenir que les destins aient Dieu pour auteur, puisque Dieu les punit par la loi. En effet, condamner les actions qui se font sous l'impulsion des destins c'est sans nul doute condamner les destins eux-mêmes. Mais les âmes mauvaises, disent-ils, naissent pour faire le mal; soit, mais ces âmes mauvaises ne devraient pas naître sous un destin qui les contraint de faire périr les innocents. Si ces âmes sont essentiellement mauvaises, elles ne devaient pas venir dans le monde, mais être punies plutôt que d'être une cause de mort pour les innocents. Mais en réalité ce ne sont point les âmes qu'ils supposent mauvaises qui sont une cause de ruine pour les innocents, mais les destins qui condamnent les hommes à cette ruine par le seul fait de leur naissance. Ce ne sont donc point les âmes, mais les destins qu'il faut accuser ici d'injustice; or, s'ils sont injustes, ils ne viennent point de Dieu; c'est donc du démon qu'ils tirent leur origine, et par une conséquence nécessaire ils méritent d'être condamnés avec lui. Ces destins assignent à chacun le genre de mort qui doit finir ses jours, soit par le fer ou par le supplice de la corde, ou en tombant d'un lieu élevé, ou en faisant naufrage; dans le même genre de mort les circonstances sont on ne peut plus variées. Nul ne peut avoir seul un destin différent de celui de tous les autres hommes. Si cette différence existe, ce n'est plus au destin, mais au hasard qu'il faut l'attribuer. Et si le hasard trouve place dans la mort d'un seul homme, il peut avoir une part égale dans la mort d'un plus grand nombre, et alors on ne peut plus l'attribuer au destin. Anaxagore (1) fut broyé vif dans un mortier par les ordres d'un tyran; nul autre n'eût un sort semblable. Une femme enfonça un clou dans la tempe de Sisara, roi des Chananéens (2), qui fut tué de la sorte pendant son sommeil; personne n'est mort de cette manière. (*Jug.*, IV, 21.) Autrefois les hommes étaient crucifiés, supplice qui est maintenant défendu par les lois. Si ce supplice avait été établi par le destin, comment a-t-il pu cesser? Quand une chose qui est l'œuvre du destin se trouve prohibée et ne se fait point, le destin est comme enchaîné. Or, si le destin n'avait aucune part à ce supplice, c'est donc exclusivement en vertu du jugement de la loi que les hommes subissaient le supplice de la croix. Et par le fait il en est

---

(1) Ce n'est point Anaxagore, mais Anaxarque, philosophe grec de l'école de Démocrite, que Nicocréon, tyran de Cypre, fit broyer vif dans un mortier pour se venger d'une injure qu'il en avait reçue.

(2) Sisara n'était pas roi, mais général de l'armée de Jabin, roi des Chananéens. (*Jug.*, IV.)

---

ita est, non est accusandus homicida. Nam et duplici genere se defendet, quia et ipse fatis agentibus hoc fecit, et ille agentibus fatis occisus est. Sed inter hæc lex pulsatur, quia punit oblatum homicidam. Simili quoque modo nascitur qui adulter sit, et quæ adultera, et cui fiat adulterium. Quod si et hoc sic se habet; etiam nunc lex tangitur, quæ punit adulteros: quod si vere fati esset, etiam ille puniendus erat, qui tale habet fatum, ut adulterium patiatur. Et ipse enim particeps invenitur, quia fatum ejus admisit ut fieret adulterium. Æquum ergo erat, ut aut simul condemnarentur, aut simul absolverentur. Inter hæc injusta lex videtur. Ideo si a Deo sunt fata, lex non erit Dei; quia hoc non solum Deo, sed nec prudenti convenit, id damnare quod fecit. Sed quoniam nemo unquam contra legem ausus est dicere, vel a Deo hanc esse negare, fata a Deo dici esse non poterunt, quia ista Deus punit per legem. Quando enim damnatur quod fit impellentibus fatis, sine dubio fata damnantur. Sed animæ, aiunt, malæ ad hoc nascuntur ut male faciant. Esto. Sed non deberent malæ fato nasci, ut innocentes ab his possent occidi. Si enim illæ malæ animæ essent, nasci non deberent, sed puniri, ne occiderent innocentes. Sed non animæ, quas malas fingunt, innocentes occidunt; sed fata, quæ sic faciunt nasci homines, ut occidantur. Ac per hoc non animæ, sed iniqua sunt fata: et si iniqua sunt, a Deo non sunt: ergo a diabolo sunt: et si a diabolo sunt, simul damnanda sunt cum illo. Et quoniam discernere dicuntur singulis, quomodo moriantur, aut ferro, aut laqueo, aut præcipitio, aut naufragio, vel aliter, multis modis eadem præstant. Nemo enim potest solus ab omnium fatis discrepare. Quod si quis inventus fuerit discrepare, jam non est fati, sed eventus. Et si in unius morte eventus est, erit et in multorum; et jam non erit fati. Anaxagoras in pilam conjectus jussu regis contusus expiravit, quod non contigit ulli hominum. Et Sisaræ regi Allophylorum mulier palum in tempora fixit, et ita reddidit spiritum. (*Judic.*, IV, 21.) Hoc modo nemo est mortuus. Et antea cruci homines figebantur, quod postea edicto prohibitum manet. Si fati erat, quomodo desiit? Quando enim quod fati est prohibetur et non fit, vincitur fatum. Aut si non erat fati, non fato homines crucifigebantur, sed judicio legis. Et ita est ut non fato

ainsi, ce n'est point le destin qui fait condamner les hommes, mais les crimes dont ils sont convaincus.

Il naquit autrefois, dit-on, chez les Etrusques un homme d'une beauté ravissante et incomparable; cet homme était vertueux, et comme il attirait les regards des femmes même les plus honnêtes, pour éloigner tout soupçon il se fit sept blessures au visage pour détruire cette beauté qui le rendait l'objet de l'attention générale. C'est ainsi qu'il triompha des destins, si tant est qu'il faille admettre les destins. On me dira peut-être : C'est la nature qui lui donna cette beauté en naissant, et c'est le destin qui lui inspira la résolution de se défigurer. Mais alors le destin n'est pour rien dans la naissance, c'est le résultat d'un simple accident. Or, si c'est un accident, ce n'est point au destin qu'il faut l'attribuer, mais à une détermination, ou peut-être à une éventualité quant aux autres circonstances du fait principal. Qu'est-ce que vaincre le destin? N'est-ce pas changer la nature? Mais si le destin existait véritablement, il ne pourrait éprouver ni défaut ni changement. On rapporte comme un fait avéré dans un livre de droit qu'une femme mit au jour cinq enfants; comment la nature a-t-elle pu lui accorder à elle seule cette fécondité contre le destin, qui ne peut en être cause? Si le destin y avait quelque part, d'autres femmes auraient partagé cette fécondité. Nous lisons encore qu'un homme, partant pour un lointain voyage, confia sa femme à un ami dont il connaissait la fidélité, et qui n'était plus jeune, mais dans la maturité de l'âge. Pour être un gardien à toute épreuve, il se soumit à une opération qui lui permettait de dormir sous le même toit que cette femme sans éveiller le moindre soupçon. Cette conduite était-elle l'effet du destin ou d'une résolution déterminée? Mais comment attribuer au destin une action qui lui est contraire? Car celui qui triomphe d'une inclination qui est née avec nous annule l'action du destin.

Ils sont forcés d'admettre sans doute qu'il est dans les attributions des destins qu'un homme soit savant ou ignorant. Tous les sénateurs sont donc soumis à un même destin, car tous sans exception sont lettrés, et les peuples sans instruction, comme tous les esclaves sont nés sous un même destin, car aucun esclave n'est sénateur. Mais si l'on appelle destin ce qui naît avec l'homme, ce qui vient s'ajouter ensuite est donc en dehors du destin. Ou si on attribue cette qualité au destin, pourquoi ne l'acquiert-on que par le travail? Je comprendrais que le destin en fût cause si elle arrivait à l'homme contre sa volonté; car ce qui arrive sans avoir été prévu est mis au compte du destin; mais comment lui attribuer ce qui est le fruit de mûres réflexions, de longues méditations, de grands efforts? Voici un homme qui est né eunuque, d'autres le deviennent; où sera ici le destin? Sans doute dans celui qui est eunuque de naissance; mais que dire de ceux qui le deviennent? Car il y a une grande différence entre naître et devenir. Si c'est en vertu du destin que les uns sont devenus eunuques, c'est contre les décrets des destins que les autres le sont de naissance. Et pourquoi en voit-on si peu qui soient eunuques de naissance, tellement que le fait paraît incroyable? On rapporte d'une femme qui habitait la ville de Rome qu'elle eut onze maris, et d'un homme qu'il eut jusqu'à douze femmes; quels sont les destins qui ont réglé pour eux ces conditions exceptionnelles? Voici un fait certain qui eut lieu sous le règne de l'empereur Constantin. Une jeune fille de la Campanie fut changée en homme et conduite à Rome; quels destins ont été la cause de ce

---

homines damnentur, sed convicti a malis suis operibus.

Apud (a) Thuscos natus dicitur quidam tam formosus facie, quam nemo unquam fuit : et quia vir bonus erat, ne cui in suspicionem veniret, quia etiam honestarum mulierum oculos illiciebat, faciem sibi septem plagis vulneravit, ut pulchritudinem quæ ab omnibus desiderabatur, damnaret. Ecce quomodo si fata sunt, superata sunt. Sed forte dicatur : Naturæ fuit ut formosus nasceretur, fati vero, ut facies ejus vulneraretur. Quod si ita est, jam non nascitur fatum, sed accidens causa est. Et si accidens est, non erit fati, sed consilii, aut forte eventus, quantum ad reliquas pertinet partes. Nam quid aliud est vincere fatum, nisi immutare naturam? Quod si adeo utique esset, nec immutari posset, nec vinci. Legitur namque cautum in quodam juris libello, aliquando mulierem quinque peperisse : quomodo surreptum est fatis, ut huic soli hoc natura decreverit, quod non erat fati? Quod si fati fuisset, aliquantæ hac forte oneratæ fuissent. Et cum quidam ad peregrina loca proficisceretur, uxorem suam amico quem fidelem sciret, commendavit, non utique puero, sed maturæ ætatis. Qui ut diligentior custos ejus esset, abscidit se ille, ut cum ea sine cujusquam suspicione caute dormiret. Quid putamus, fati fuisse, an consilii? Sed quomodo fati fuerit quod contrarium est?

Qui vincit enim quod natum in eo est, hic exinanit fatum.

Et in studiis certe fatorum vertitur causa, ut sciat quis aliquid, aut non possit comprehendere. Omnes ergo senatores unum habent fatum ; nullus enim senatorum sine litteris est : et gentes quæ sine litteris sunt, unum habent, et omnes servi unius sunt fati ; nemo enim servorum est senator. Sed si quod nascitur dicitur fatum, quidquid accesserit, extra fatum erit. Aut si quod accidit, ex fato venit, quare per laborem venit? Tunc enim diceretur fati, si invito homini eveniret. Quod enim (b) evenit per providentia, fatorum dicitur : quod vero excogitatur, et diu pensatur, et exercitiis medis acquiritur, cur fati esse dicitur? Eunuchus aliquis natus est, alii fiunt, quid dicendum de his est? Diversum est enim nasci et fieri. Aut si hi fato facti eunuchi sunt, ille contra fatum natus est eunuchus. Et quare tam raro eunuchus nascitur, ut incredibile videatur? Quædam mulier fuit in urbe Roma, quam constat undecim maritos habuisse ; et alius vir qui (c) duodecim habuit uxores ; quæ fata sunt quæ his hæc decreverunt? Nam tempore Imperatoris Constantini manifestum est, puellam in parte Campaniæ immutatam in masculum, et Romam perductam : quæ hoc

---

(a) Ms. Colb. *Etruscos.* Vide Valer. Max., lib. IV, c. v. — (b) Ms. Colb. *imminet.* — (c) Ms. Colb. *undecim.*

QUESTIONS A LA FOIS SUR L'ANCIEN ET LE NOUVEAU TESTAMENT.

phénomène? D'autres sans doute que vous ignorez. Oh! si vous cessiez de prononcer ce nom et que vous laissiez plus aux éventualités et aux circonstances, vous accorderiez davantage à la prévoyance. La force et l'industrie de l'esprit humain sont si grandes que non-seulement il résiste à la nature, mais qu'il est susceptible de devenir meilleur ou de rester ce qu'il est, parce qu'il a reçu de Dieu cette faculté. On raconte que les femmes des Scythes, que l'on appelle Amazones, voyant se prolonger l'absence de leurs maris, occupés dans des guerres lointaines, s'unirent à leurs esclaves pour en avoir des enfants, et qu'elles mirent à mort tous les enfants mâles pour ne conserver que les filles, à qui elles interdirent le travail de la laine pour les former dès leur jeunesse aux exercices de la lutte et au maniement des armes. Elles déployèrent une si grande énergie dans la conduite des affaires que pendant un règne de plusieurs années elles soumirent des peuples entiers et rendirent tributaire l'Asie tout entière. Que dire à cela? Que ces faits extraordinaires qui se prolongèrent pendant une longue suite d'années sont l'œuvre du destin, pour anéantir ainsi ce qu'on lui attribue ordinairement? Ainsi d'abord il est contraire à la nature que les femmes prennent les rênes du royaume au mépris de leurs maris; secondement qu'elles se soient unies à leurs esclaves; troisièmement qu'elles aient mis à mort tous les enfants mâles pour ne conserver que les filles. Leur prospérité fut si grande que ce royaume, qu'elles avaient fondé sans le concours de leurs maris, prit des accroissements extraordinaires pendant une longue et glorieuse suite d'années. Or, jamais cela ne s'était vu depuis le commencement du monde, si ce n'est dans la Scythie. Ils diront peut-être que le monde, étant renouvelé après une période de quatorze cents années, ces choses se reproduisent dans leur temps; mais voilà six mille ans que le monde dure ; à quelle époque cet exemple a-t-il trouvé des imitateurs? Crassus a été surnommé Agelastus parce qu'on ne le vit rire, dit-on, qu'une fois en sa vie. Pourquoi Junius fut-il surnommé Brutus? Parce qu'il eut l'heureuse idée de contrefaire l'insensé pour n'être pas mis à mort par Tarquin le Superbe, qui convoitait son immense fortune. Du temps de Constantin, un homme qui s'appelait Samatius contrefit le fou pendant trente ans pour désennuyer l'empereur, comme il le certifia lui-même par la suite. Où est ici l'action du destin? Elle est évidemment détruite puisque chacun fait ce qu'il veut.

Mais comment expliquer la conduite des partisans de la fatalité qui adressent à Dieu de ferventes supplications qui sont directement contraires aux destins? Ils prient pour recommander les années de leur vie, leurs unions, leurs voyages; ils consultent et prient lorsqu'ils veulent faire une acquisition ou obtenir une dignité. Si tout cela dépend du destin, pourquoi ces prières, ces supplications pour obtenir une chose qui se fera même malgré vous? Mais je cherche à savoir, me dites-vous, si je dois acheter. Ce n'est donc point le destin qui décide de la conduite que vous devez tenir, si vous apprenez qu'il y a pour vous utilité. Si le destin est ici le maître, vos recherches sont superflues, que vous le vouliez ou que vous ne le vouliez pas, que vous cherchiez ou non à savoir, vous ferez nécessairement cette action. Mais comme ils ne sont pas certains de ce qu'ils affirment, ils essaient de recourir à des choses douteuses pour ne point trouver une vérité différente de leurs opinions. Voici toutefois comment les plus

---

fata fecerunt? Alia ut opinor quæ vos nescitis. O si de hoc nomine taceretis, et aliqua eventui et casibus remitteretis, quædam providentiæ concederetis. Nam tantum potest virtus et industria animorum, ut non solum naturæ resistat, verum et seipsum emendet aut emendet, quia habet judicium sui. Traduntur enim mulieres Scytharum, quæ Amazones dictæ sunt, cum viri earum occupati bello longinquo diu abessent, propter sobolem se miscuisse servis, et omnem marem natum necavisse relictis feminis, ita ut nulla lanificio operam daret, sed ab ineunti ætate palæstra et armis inhuerentur. Harum tanta virtus in rebus gerendis fuit, ut per multam seriem annorum regnantes, nonnullas gentes subigerent, Asiamque omnem sub tributo pouerent. Quid ad hoc poterit dici? numquid hæc fati fuerunt, quæ per tot annos sic gesta sunt, ut omnia quæ fati putantur esse, exinanirent? Primum, ut contra naturam mulieres spretis viris regnarent: deinde, quod servis mixtæ sunt propriis: tertio, ut omnes nati masculi necarentur, feminæ vivificarentur. Tanta eas prosperitas est secuta, ut sine viris regnum cæptum magnis copiis, magnis temporibus propagarent. Certe hoc factum a constitutione mundi nunquam factum est, nisi in Scythia tantum : ne forte dicerent, quia cum mundus innovatur post annos mille quadringentos sexaginta, sic hæc veniunt : quippe cum mundus jam sexto millesimo anno agitur, quamdiu quod imitata quis fuerit, facit. Nam Crassus Agelastus dictus est, quia semel traditur in vita risisse. Cur Junius, Brutus est cognominatus? quia sagaci consilio stultum se simulavit, ne a superbo rege propter pecuniæ suæ magnitudinem occideretur? Tempore Constantini morionem ex xxx, annis fluxit quidam, qui (a) Samatius vocabatur, ut Imperatorem, sicut ipse postea dixit, a tædiis suis avocaret. Ubi est ratio fatorum, quando unusquisque quod vult facit? exclusa est.

Illud autem quale est, quod fatorum assertores supplicationibus sunt devoti, cum sint his adversæ? Nam et annos suos his commendant, et de nuptiis, et de profectione quærunt, et de emptionibus, et de dignitatibus. Quod si fati est, quid oras, quid supplicas, quod etiam te invito futurum est? Sed quæro, inquit, an debeam emere. Ergo non in fato consistit, quod tunc facere debere te dicis, si didiceris expedire. Nam si fati est, frustra quæris, quod velis nolis, quæras non quæras, facturus es. Quod autem nec apud eos ipsos fixa est ista asseveratio, idcirco incerta tentant, ne aliud verum inveniant quam tractant. Sed prudentiores qui inter eos videntur,

(a) Ms. Colb. Samsucius.

sages d'entre eux expliquent leur conduite : Lorsque nous prions, disent-ils, nous n'avons pas en vue les destins qui sont absolument immuables, nous le savons, mais les événements qui sont voisins du destin et qui pourraient nous être contraires. Mais, leur demanderai-je à mon tour, je ne sais si cet homme est né sous un destin favorable, et il a près de lui des événements qui paraissent devoir le rendre malheureux; qu'arrivera-t-il, en réalité, puisque vous soutenez l'immutabilité du bon comme du mauvais destin? Vous priez pour éloigner de vous l'influence fâcheuse de ce qui est voisin du destin, influence inévitable sans la prière; comment donc pouvez-vous soutenir l'immutabilité du destin, alors que vous craignez ce qui est voisin du destin, car enfin vous n'auriez aucun motif de craindre, si vous ne pensiez que le destin peut changer ses décrets? Mais comme le point principal de votre doctrine consiste à soutenir l'immutabilité du destin, vos prières sont donc sans motif. Examinez cependant si l'objet de vos supplications ne dépend pas du destin, puisque tout ce que vous attribuez au destin est exempt de mal. La prière n'est certainement pas une mauvaise chose; pourquoi donc ne pas l'attribuer au destin? Si donc la prière entre dans les décrets du destin, qui donc est cause que cette prière n'obtient point son effet? Si elle fait réellement partie du destin, elle doit obtenir ce qu'elle demande. Si au contraire le destin tout à la fois commande et rend la prière sans effet, c'est un insensé, puisqu'il force l'homme de demander ce qu'il sait ne pouvoir lui être accordé. S'il ignore que la prière de l'homme puisse obtenir ce qu'il lui fait demander, c'est une imprévoyance qui dénote l'absence de raison, car toute ignorance indique un manque de sens, et le manque de sens est de la folie. Le système des païens s'écroule ici tout entier. Laissons-les enveloppés dans ces ténèbres qui leur dérobent la vue de la lumière, victimes de leur antique erreur, ils refusent de prêter l'oreille à la vérité qui leur était cachée.

Mais que dirons-nous de certains chrétiens qui veulent appliquer au Sauveur en changeant seulement le nom, la vanité de cette vieille erreur, et qui poussent l'extravagance jusqu'à prétendre que Dieu lui-même a été soumis au destin en s'appuyant sur ces paroles du Sauveur : « Mon heure n'est pas encore venue, » (*Jean*, II, 4) comme si cette heure n'était point volontairement choisie, mais une nécessité qui lui fût imposée par la fatalité, bien qu'il ait déclaré qu'il avait fixé lui-même l'heure où il voulait être livré à ses ennemis. N'a-t-il pas dit en effet : « J'ai le pouvoir de donner ma vie, et j'ai le pouvoir de la reprendre? » (*Jean*, X, 18.) La nécessité fatale s'efface donc devant la puissance de la volonté. Et comment pourrions-nous encore l'appeler notre Sauveur, si toutes nos actions, tous les événements de notre vie sont soumis à la fatalité? Nous l'appelons notre Sauveur, parce qu'il nous a montré la voie du salut. Or, si cette voie nous a été révélée depuis son avénement, ce n'est point le destin qui est cause qu'elle soit restée ignorée jusque-là. Ce qui dépend du destin, de leur aveu, arrive sans être prévu. Ici au contraire il faut reconnaître l'action de la foi qu'on ne peut attribuer au destin, car ce qu'elle croit aujourd'hui n'a pas été connu dans les siècles précédents. Les destins, disent-ils, disposent des événements dont se compose la vie ordinaire des hommes. Or, comment pourrait-on leur attribuer une chose qu'ils ont certainement ignorée? Voilà pourquoi l'Apôtre dit : « Sagesse qu'aucun des

---

non propter fata, inquiunt, supplicamus, cum ea minime immutari sciamus ; sed horum causa quæ juxta fata sunt, ne faciant nobis aliquid adversum. Age vero, si nescio quis bonum fatum habeat, et juxta se sit aliquid quod videatur contrarium, quid poterit esse, cum fatum bonum immutari negetur, sicut et malum? Certe hoc quod juxta fatum est, ne noceat supplicatur; nocebit enim nisi fuerit supplicatum : quomodo ergo illud fatum immutari negatur, quando hoc quod vicinum est, timetur? nec enim timeretur, nisi illud immutari posse crederetur? Sed quia in eo magis causa consistit, ne fatum mutari dicatis, sine dubio, sine causa supplicatis. Videte autem ne hoc fati sit quod supplicatis, quia sine malo solet esse quidquid fato assignatis. Certe non mala res est supplicare : cur ergo non fati esse dicatur ? Si ergo fati erit quod supplicat, cujus erit supplicare, et non impetrare? quia si fati erat, impetrare deberet quod supplicat. Si autem fati est supplicare et non impetrare, stultum est fatum ; quia supplicare facit hominem, quem scit non impetrare. Quod si nescit an possit impetrare, quod illum facit supplicare; improvidum erit fatum, et carens ratione : quia omnis ignorantia insipientia vero stultitia est. In hanc partem cadit omnis tractatus paganorum. Viderint pagani, qui circumfusa caligine non vident lumen. Antiquo enim errore circumventi, veritati quæ prius latebat, aures accommodare detrectant.

Quid de quibusdam Christianis dicemus, qui in Salvatore, ceu solo nomine mutati, pristini erroris vindicant vanitatem, in tantum hebetati, ut ipsum Deum sub fato egisse contendant, dicentes: Ipse dixit : « Nondum venit hora mea, » (*Joan.*, II, 4) ut ora hæc non voluntatis, sed fatalis conditionis fuisset necessitas, cum ille voluntatis suæ horam significaverit, qua se (*a*) tradi permiserit. Denique ait : « Potestatem habeo ponendi animam meam, et potestatem habeo iterum sumendi eam. » (*Joan.*, X, 18.) Cessat ergo fatalis necessitas, ubi potestas est voluntatis. Et quomodo Salvator appellatur a nobis, si fati sunt quæ agimus, vel accidunt nobis ? Quia ideo Salvator dicitur, quoniam ostendit nobis viam salutis : itaque si ab hoc ostensa est, non fati fuit quia prius latuit. Et quod fati esse dicitur, ex improviso evenire contendunt. Hoc enim fidei meritum est, quæ non potest dici ex fato, quia quod creditur, aliis sæculis auditum non fuit. Fata enim hoc dicunt præstare, quod in conversatione hominum vertitur. Hoc autem qua ratione præstare posse dicuntur, quod ignorare deprehenduntur? Hinc est unde Apostolus ait : « Quem nemo principum hujus sæculi cognovit. » (I *Cor.*, II, 8.) Hi sunt principes et potestates,

(*a*) Ms. Colb. *pati*.

princes de ce siècle n'a connue. » (I *Cor.*, II, 8.) Ce sont ces princes et ces puissances qui ont sous eux les mauvais anges, et qui toutes les fois qu'ils le peuvent assouvissent leurs passions sous le nom du destin, comme les méchants en font eux-mêmes l'aveu. Parmi les hommes il en est qu'ils aiment, d'autres qu'ils n'aiment pas, d'autres qu'ils détestent. Chacun d'eux suggère aux hommes ce qu'il aime, suivant leurs inclinations différentes; ils inspirent aux uns la passion des divers plaisirs coupables, aux autres l'amour des présents, à ceux-ci la volupté, à ceux-là l'effronterie et la colère, à quelques-uns l'avarice ; pour les uns ils sont une cause de gains, pour les autres de dommage; les uns ont en partage la bienveillance, les autres la haine et les difficultés qu'elle suscite. A certains temps ils sont comme rassasiés et prennent quelques moments de repos ; quelquefois ce repos est calculé, quelquefois aussi ils s'abstiennent de s'insinuer dans une âme fortement occupée, car ils n'ont point une autorité absolue, mais ils épient l'occasion favorable pour nous faire tomber dans leurs pièges. Nous avons le libre usage de notre volonté ; mais dès que certains désirs viennent diminuer notre vigilance sur nous-mêmes, ces esprits de malice se hâtent de nous solliciter au mal; mais surtout s'ils nous trouvent occupés de pensées contraires à la loi divine, ils viennent nous prêter main forte pour nous faire commettre ce que la loi défend. La crainte de Dieu est enracinée dans l'âme, ni la chair, ni le sang, ni les princes, ni les puissances ne peuvent prévaloir, car le secours de Dieu la rendra si puissante contre eux, qu'elle en triomphera sans peine. Si nous n'avons pas le libre usage de notre volonté, pourquoi cette recommandation de Notre-Seigneur : « Demandez, et il vous sera donné, car quiconque demande reçoit? » (*Matth.*, VII, 7.) Si donc celui qui consent à demander doit recevoir, on ne peut plus dire que nous n'avons pas ce que nous voulons, mais seulement ce qui nous est donné, puisque le Sauveur excite notre volonté à demander en lui promettant qu'elle recevra ce qu'elle demande. Si au contraire le destin est le seul maître de nos actions, que nous demandions ou non, le bien ou le mal qui arrivent doivent être attribués au destin. Or, Notre-Seigneur détruit cette conséquence lorsqu'il dit : « Ma fille, votre foi vous a sauvée. » (*Matth.*, IX, 22.) Le destin n'a que faire ici, puisque c'est la foi qui reçoit le bienfait de la guérison. Il dit encore ailleurs : « Si vous croyez, tout est possible à celui qui croit. » (*Marc*, IX, 22.) C'est dans la volonté qu'il place le mérite, parce qu'en effet c'est un bien de la foi et non point de la nature. La foi est une vertu qui vient se joindre à la volonté pour l'exciter à la pratique du bien ; elle n'est pas dans la nature, mais la volonté qui fait partie de notre nature rend efficace et méritoire aux yeux de Dieu la foi qu'elle a reçue. La nature de l'homme est comme la pierre qui ne renferme pas le feu comme une de ses propriétés naturelles, mais qui l'a cependant en puissance, qui produit en réalité le feu qu'elle paraît ne point avoir, tant qu'il n'existe point. Elle ne l'a qu'en germe, c'est-à-dire en puissance, c'est l'action qui doit lui donner naissance ; sans cette action il ne peut exister ; de même que si la semence n'est point cultivée, elle ne produit rien, elle demeure seule. C'est donc l'action qui s'y ajoute qui la rend féconde. C'est ainsi que l'homme n'a point la foi comme propriété de sa nature, mais il a en lui le germe de la foi; si ce germe n'est excité, stimulé, il ne produira aucun fruit, c'est-à-dire qu'il ne produira point la foi. Les chré-

---

malos angelos sub se habentes, qui sub nomine fatorum voluptates suas efficiunt, prout eis libitum fuerit, sicut et adsolent malefici confiteri. Sunt enim quos diligunt, alios non amant, quosdam oderunt. Et unicuique hoc suggerit unusquisque quod diligit ; quia et ipsi diversas habent voluptates, aliis libidinem diversi stupri, aliis munera, aliis voluptatem, aliis petulantiam, aliis iram, quibusdam avaritiam, aliis lucra, aliis damna procurant, aliis charisma, aliis odia, nexum et impedimenta. Et aliquando certis temporibus satiati quiescunt in otio : aliquando vero ratione, aliquando occupatæ menti non se ingerunt : quia non dominantur, sed subrepunt opportunitatem quærentes qua capiant. Igitur voluntatis arbitrium liberum est, sed dum quodam desiderio negligentes circa nos ipsos efficimur, sollicitantes suadent nobis adversa : maxime si cogitare nos aliquid quod Legis divinæ non est invenerint, veniunt in eo ipso adjuvantes ut impleamus quod prohibet Lex. Nam si timor Dei in animo sit, nec caro, nec sanguis, nec principes, nec potestates prævalent, quia Dei adminiculis sic eos persequuntur, ut non cum labore vincantur. Si autem potestatis nostræ non essemus, quomodo diceret Dominus : « Petite, et dabitur vobis : Omnis enim qui petit, accipiet? » (*Matth.*, VII, 7.) Si ergo qui vult petere, accipiet, jam non est illud quod solet dici : Non quæ volumus, sed quæ data sunt habemus : quia voluntas a Salvatore incitatur ut petat, et accipiat quod petierit. Fati autem hoc esse dicunt, ut sive petat, sive non petat, fato tamen quod aut malum aut bonum est, consequatur. Dominus autem hoc excludens, ait : « Filia, fides tua salvam te fecit. » (*Matth.*, IX, 22.) Non jam fati sit, quando fides percipit beneficium. Et iterum : « Si credis, ait, omnia possibilia sunt credenti : » (*Marc.*, IX, 22) in voluntate utique posuit meritum : quia fidei bonum est, non naturæ. Fides autem res accedens est, quæ excitat ad exercitium voluntatem : ut quia in natura non est, voluntas quæ in natura est, suscepta fide, meritum ei collocet apud Deum. Ita enim est natura hominum sicut lapis, qui cum igneni non habet in substantia, habet tamen in potentia, ut opere creet, quod non videtur habere, quia non exsistit ; sed quasi in semine, ita est in potentia, ut per exercitium generetur, et si defuerit exercitium non fit ; quia et semen nisi exerceatur, non generat, sed ipsum solum manet. Accessio ergo facit ut generet. Ita et homo fidem non habet in natura, sed semen fidei habet, quod nisi fuerit provocatum et excitatum, fructum non dabit, id est, fidem non habebit. Mathematicorum enim (*a*) fatis credentes, fidei semen exterminant, quod et Creatori et

(*a*) Ms. Colb. *fabulis.*

TOM. XI. 27

tiens, en croyant à la fatalité des astrologues, détruisent le germe de la foi qui rend témoignage au Créateur et à sa justice. L'œuvre connaît son auteur, et atteste à juste titre son existence par son amour comme par ses actions. Nous vous exhortons donc à fuir par tous les moyens cette doctrine pernicieuse. Ses partisans sont les ennemis de Dieu et n'ont jamais un moment de tranquillité, car ils attendent toujours avec inquiétude des événements dont ils ne sont nullement certains. Pour nous, au contraire, qui croyons que Dieu ne peut être pour nous qu'une source de bonheur, et qu'il peut éloigner de nous par sa seule volonté tous les événements contraires, soyons fidèles à la prière, dans l'assurance que nous avons de sa protection, et en nous rappelant que si tout en faisant le bien nous passons par quelques épreuves, notre patience à les supporter nous méritera une couronne plus glorieuse.

DE LA RAISON DE LA PAQUE.

QUESTION CXVI. — Le mot Pâque, mes très-chers frères, vient du mot *passion*, comme nous l'apprend la figure de ce mystère qui fut célébré dans l'Egypte par Moïse, le fidèle serviteur de Dieu, au témoignage de l'Ecriture : « C'est ici la Pâque de l'immolation du Seigneur. » (*Exod.*, XII, 11.) Mais pour quelle raison ce mystère a-t-il été célébré par le sang, pourquoi la vie a-t-elle été réparée par la mort, en sorte que lorsqu'elle croyait faire un plus grand nombre de victimes, elle vit restreindre son pouvoir par le sang du Sauveur, et qu'elle reçut le coup qui ruina son empire de cette mort même où elle croyait avoir déployé toute sa puissance ? Par une disposition merveilleuse de la divine Providence, la mort trouve la mort dans son œuvre. Comme elle veut toujours le mal, Dieu parut lui céder pour un temps afin qu'étant détruite dans son injuste entreprise, elle ne pût se plaindre de se voir enlever l'empire qu'elle exerçait sur les hommes. Dieu peut tout, il est vrai, cependant il ne fait rien qui soit contraire à la raison. Il suit lui-même les règles de la justice qu'il exige des hommes, sans jamais faire abus de sa puissance. Dieu a donc fait preuve d'une Providence admirable envers le genre humain ; les droits et les décrets de la justice divine ont été sauvegardés et accomplis, et l'homme a été délivré de la mort qui le retenait dans ses chaînes à juste titre. Mais comme il avait été trompé par l'envie du démon, il parut juste à Dieu de venir à son secours. Il était condamné par le jugement de Dieu, mais Satan en était cause. De même donc qu'il paraissait juste à Dieu de délivrer l'homme, il eut été injuste d'opérer cette délivrance par un acte de sa puissance, sans le concours de la justice. L'homme ayant été vaincu par les persuasions de Satan, le démon se dressait comme un accusateur, pour s'opposer à ce qu'on lui fît miséricorde. Dieu fit donc en sorte que celui qui se glorifiait dans le péché de l'homme, fût convaincu en lui même de péché, afin que la conscience de son crime lui rendit toute contradiction impossible. Le Fils de Dieu s'était fait homme, et prêchant la justice aux hommes, excita contre lui la haine du démon, parce qu'il les détournait des vices dont le démon est le père ; et cette haine alla jusqu'à lui faire mettre à mort celui qui ne connaissait point le péché. C'est alors que le démon lui-même fut convaincu de péché, et d'un péché beaucoup plus énorme que celui de l'homme

---

justitiæ ejus testimonium perhibet. Opus enim opificem cognoscit, et æquo jure amoreque et facto testatur. Fugiendum omnibus modis ab hac arte monemus. Curiosi etenim ejus, inimici Dei sunt, et sine sollicitudine nunquam sunt : semper enim suspensi expectant, quod minime certum sciunt : Nos autem qui de Deo omnia prospera credimus, et si qua adversa extiterint, ejus nutu comprimi, suppliciter vivamus securi de ejus protectione ; nec tamen nescii, quia et si quid adversum bene nobis agentibus evenerit, toleratum proficiet ad coronam.

DE RATIONE PASCHÆ (*a*).

QUÆSTIO CXVI. — (1) Pascha, dilectissimi fratres, a passione appellatum est, sicut docet nos traditionis hujus præfiguratio, quæ perfecta est in Ægypto per famulum Dei Moysen, dicente Scriptura : « (*b*) Immolationis Pascha hoc Domini est. » (*Exod.*, XII, 11.) Quæ ergo ratio est ut (*c*) mysticum sacramentum per sanguinem sit celebratum, et reparatio vitæ per mortem ; ut cum mors augmentum facere se putaret, accepto sanguine Salvatoris minorata deflueret ; et cum virtute operatam se hoc existimaret, infirmata rueret ? Morti enim mors per opus ejus divina procuratione inventa est : ut quia semper mala vult, cederetur illi ad tempus, ut (*d*) injustitiæ suæ opere destructa, regnum sibi ablatum queri non posset. Quamvis enim omnia possit Deus, nihil tamen facit quod sit rationi absurdum. Justitiam enim quam exigit, hanc et facit, non præsumens de potestate. Magna est ergo providentia erga genus humanum, ut justitiam servans, sic ea quæ juste decreta erant, solveret, et hominem a morte crueret : quamquam non immerito teneretur. Sed quia invidia deceptus fuerat diaboli, justum fuit huic subveniri. Dei enim sententia tenebatur, sed hæc operatus fuerat Satanas Unde sicut justum visum est hunc eruere, ita et injustum erat per potentiam hoc facere, neglecta justitia. Victus enim homo suadente diabolo, ut misericordiam acciperet, quasi accusator diabolus contradicebat. Unde id actum est, ut iste qui in peccato hominis gloriabatur, peccans deprehenderetur, ut tunc demum reus factus, contradicere non auderet. Sic factum est, ut Dei Filius homo nasceretur, et justitiam prædicans diabolum incitaret, propter quod homines a vitiis ejus prohiberet : ita ut occideret eum qui peccatum nesciebat. Tunc peccasse, et gravius quidem quam homo quem accusabat, inventus est. Cum enim ex Dei decreto

---

(1) Deest in Mss. 2 generis.

(*a*) Ita Mss. et Rat. Aliæ edd. addunt, *unde Pascha dictum sit, et quomodo per sanguinem mystice celebretur*. — (*b*) Ms. Colb. *Immolatio*. — (*c*) Ms. Colb. *mysterium sacrum* — (*d*) Ms. Colb. *ut in justitia opere suo destructa*.

qu'il accusait. En vertu d'un décret de Dieu, il prétendait que l'homme lui appartenait par suite de son péché, car celui qui pèche se range du parti du démon, mais il fut convaincu d'un crime beaucoup plus grand, lorsqu'il osa mettre à mort celui qui n'avait point péché pour étendre son empire sur lui. C'est donc la mort qui porta un coup mortel à la mort elle-même, l'effusion du sang a sauvé le sang ; c'est-à-dire, comme je l'ai rappelé, que l'auteur de la mort qui est le démon, ayant été convaincu de crime dans la mort du Sauveur, perdit tout droit sur son sang et sur notre sang à nous tous; car de même que par le péché du seul Adam, il tenait tous les hommes sous la servitude de la mort, il se vit enlever tous les hommes par l'innocence d'un seul. Le sang du Sauveur répandu injustement eut pour récompense de sauver victorieusement le sang auquel il devait son origine, et de le rétablir dans son premier état en l'élevant à une perfection plus grande. La mort vaincue n'osa plus contredire son vainqueur. Heureux mystère donc que celui de la Pâque qui nous rachète par le sang en triomphant de la mort par la mort, de même qu'on a coutume de triompher par le poison de l'action même du poison.

SUR ABRAHAM.

QUESTION CXVII. — La foi de ce patriarche fut si parfaite et si admirable que tous les autres justes par un sage jugement de Dieu le proclament le père de leur foi, et que nul n'est digne de Dieu et de son affection s'il ne porte le nom de fils d'Abraham. Ce qui fait surtout sa plus grande gloire aux yeux de Dieu, c'est qu'il n'hésita pas à croire à des choses qui paraissaient incroyables, ce qui lui mérita entre autre récompense de voir le Sauveur, dans l'espérance de l'incarnation future, comme Notre-Seigneur lui-même le déclare aux Juifs : « Abraham, votre père, a tressailli de joie dans l'espérance de voir mon jour, il l'a vu et s'en est réjoui. » (*Jean*, VIII, 56.) Il était juste que celui qui devint père par le mérite de sa foi, vît dans le lointain des âges l'espérance de ses enfants, espérance que Dieu dans sa bonté providentielle, devait transmettre comme l'héritage d'un père profondément religieux à ses fils imitateurs de son obéissance. Voyons maintenant quel fut l'objet de cette foi, pour que Dieu l'ait jugé digne d'un si grand honneur, et d'une récompense si glorieuse. Nous avons loué la foi d'Abraham, mais nous nous n'avons pas encore dit l'objet de sa foi : Dieu le fit sortir de sa tente, et lui montrant les étoiles du ciel lui dit : « Peux-tu compter ces étoiles ? Il en sera ainsi de ta postérité. Abraham crut à Dieu, et cela lui fut imputé à justice. » (*Gen.*, XV, 5 ; *Rom.*, IV, 3.) Il n'aurait pas eu grand mérite de croire à Dieu, s'il n'avait cru une chose incroyable et insensée au jugement du monde, parce qu'on ne pouvait espérer naturellement ce que Dieu lui promettait. Aussi Abraham pour avoir cru seul du monde à cette promesse, fut séparé du monde et justifié. L'incrédulité de la sagesse humaine sert à relever la grandeur de cette foi, et cette espérance héroïque qui crut contre l'espérance. Le défaut d'espérance des mondains fait le mérite de l'espérance des chrétiens. La défiance des méchants fait ici le prix de la foi des bons, car la foi est plus forte et plus entière lorsqu'elle a pour objet

propter peccatum hominem sibi vindicaret, quia qui peccat, ex parte diaboli est ; inventus est plus peccasse, cum eum qui non peccaverat interfecit, ut sibi usurparet. Per mortem ergo morti interitus subintravit ; et sanguis recuperaretur, sanguis effusus est : quia, ut dixi, mortis auctor, qui est diabolus, quoniam peccasse in morte Salvatoris inventus est, sanguinem ejus cum omnium nostrum amisit : quia sicut per unum Adam peccantem, omnes in morte tenebat ; ita per unum non peccantem omnes amisit. Ergo sanguis Salvatoris fusus injuste, hoc (*a*) præmium consecutus est, ut originis suæ sanguinem cum triumpho recuperans ad pristinum statum revocaret meliorata substantia. Victa enim mors, ei qui illam vicerat, non potuit contradicere. Beatum itaque Paschæ mysterium, quod per sanguinem nos redemit, morte per mortem devicta, sicut solet venenum veneno superari.

DE ABRAHAM (*b*).

QUESTIO CXVII. — (1) Hujus patriarchæ fides tam præcipua et admirabilis fuit, ut cæteri omnes justi patreum hunc credulitatis Dei judicio fateantur ; nec sit aliquis Deo dignus et carus, nisi ejus filius fuerit appellatus. Prærogativa enim honoris ejus ac meriti fides est, quam cum rebus incredibilibus dare non ambigit, inter cætera etiam Salvatorem videre dignus extitit in (*c*) spe tunc futuræ Incarnationis, dicente et probante Domino ad Judæos : « Abraham pater vester cupivit ut videret diem meum, et vidit, et gavisus est. » (*Joan.*, VIII, 56.) Qui enim merito fidei pater factus est, dignum fuit et futurorum filiorum suorum spem prævideret, quæ propitio et provido Deo hæreditatis gratia ab humano et pio patre in filios obsequentes redundaret. Videamus nunc quid credidit fides hæc, ut ad tantum honorem et gloriam divino judicio perveniret. Fidem laudavimus, sed quid credidit, nondum diximus. Educens etenim hunc Dominus ostendit ei stellas cœli, et dixit : « Si potes numerare eas ? Sic erit semen tuum. Et credidit Abraham Deo, et reputatum est ei ad justitiam. » (*Gen.*, XV, 5 ; *Rom.*, IV, 3.) Non magnum esset credidisse Deo, nisi quia quod credidit, mundus non credendum et stultum judicat ; quia istud in spe rerum naturæ non est. Unde Abraham unus e mundo quia hoc credidit, segregatus a mundanis, justificatus est. Hoc ergo credidisse perfidia mundanæ sapientiæ magnum facit, contra cujus spem hoc credidisse, maximi meriti est. Desperatio enim mundanorum, meritum est et spes Christianorum. Bonorum enim præmium, causa facit malorum : fortior namque et plenior fides est, cum se incredibilibus magis committit. Homo enim jam aridus et de uxore anicula semen se credidit

---

(1) Deest in Mss. 2 generis. — (*a*) Ms. Colb. *præmii nomine*. — (*b*) Addunt quædam editiones, *et ejus fide, qua meruit fidelium pater appellari*. — (*c*) Ms. Colb. *in specie*.

des choses naturellement incroyables. Cet homme presque desséché crut que sa femme d'un âge très-avancé lui donnerait une postérité si nombreuse qu'on ne pourrait la compter, parce qu'il considéra moins le fait lui-même qui lui était promis que celui qui le lui promettait, et qu'il savait ne pouvoir mentir. Aussi sa foi lui fut imputée à justice. Il y aurait de la stupidité à croire une chose absurde et dont on connaît l'impossibilité, si l'on n'avait pour garant l'autorité de la personne qui propose cette chose à notre croyance. Abraham fait donc preuve et d'une foi admirable et d'une grande prudence, en croyant ce qui est naturellement incroyable, et en se confiant pleinement à celui à qui on ne peut refuser de croire sans folie et sans danger. Ce qui prouve que notre foi est raisonnable, c'est qu'elle ne reconnaît qu'à Dieu seul le pouvoir de faire tout ce qu'il promet. Voilà ce qui fait la force et le triomphe de la foi. Certains sages du monde ne considérant que l'impossibilité naturelle de ces choses, déclarent que c'est une folie de les croire. Ils oublient cette maxime de l'Apôtre : « Ce qui paraît en Dieu une folie est plus sage que les hommes. » (I *Cor.*, 1, 25.) Ils auraient droit de nous traiter d'insensés, si nous reconnaissions ici à la nature ce qu'évidemment elle n'a pas. Or, ce qui est impossible à la nature, nous croyons que Dieu peut le faire s'il le promet. Que peut-on trouver de déraisonnable dans cette conduite? Si le fait à l'accomplissement duquel nous croyons est indigne de Dieu, on aurait raison d'accuser notre foi de stupidité, mais s'il est digne de Dieu, par cela même qu'il est impossible à la créature, comment ne pas combler d'éloges la foi qui donne autant au Créateur qu'elle refuse à l'impuissance de la créature? Abraham est donc véritablement grand et digne d'admiration, pour n'avoir point hésité à croire à la promesse de Dieu contre le jugement du monde, parce que Dieu peut faire ce qu'il promet. Bien qu'originaire de la Chaldée, il se montra le maître et le docteur de la foi, et quoiqu'il fût versé dans l'astrologie, il préféra les pensées de Dieu aux pensées de l'homme, estimant qu'il était digne de croire que Dieu pouvait faire une chose dont l'accomplissement échappait aux investigations de l'esprit humain. Il donna pour appui à sa faiblesse la puissance de Dieu, qui pour faire éclater la grandeur unique et incomparable de sa majesté, avait résolu de faire des choses inouïes et impossibles au monde. Il voulait ainsi montrer qu'il était le maître de la création, et que toute créature devait se soumettre à son empire. La promesse qu'il avait faite paraissait impossible à tous les autres hommes, mais leur incrédulité relevé d'autant plus la foi vive d'Abraham. Sa foi est le châtiment des incrédules, de même que l'infidélité des incrédules fait sa gloire. Il est à la fois le Père des fidèles et le juge des infidèles. A son exemple, les bons recevront comme récompense la vie éternelle, tandis que les méchants seront condamnés à d'éternels supplices. En effet, le monde était encore dans l'enfance de la science de Dieu, il n'avait pas encore vu l'éclat des miracles et des prodiges qui déterminent la foi lorsqu'il ajouta foi à la parole de Dieu contre les données de sa raison. Ce saint patriarche a donc été donné au genre humain comme le modèle de la foi la plus parfaite. C'est en lui que Dieu voulut figurer que toutes les nations devaient être sauvées par la foi, et pour faire éclater toute l'étendue et la grandeur de sa foi, Dieu le soumet à une dure épreuve en lui commandant d'immoler son fils, fait inouï jusqu'alors :

habiturum, quod præ copia numerari non posset : non hoc magis respiciens quod ostensum est, sed illum qui ostendit, mentiri posse non æstimans. Ideoque deputatum ei est ad justitiam. Nam rem absurdam, et quæ impossibilis scitur, hebetis est credere, nisi persona sit quæ credi istud suadet. Unde Abraham et admirabilis fidei est, et cordis periti, dum et illud credit quod incredibile est, et huic se committit cui non credere et stultum est et periculosum. Fidem enim nostram hoc probat rationabilem, quia non de alio quam de Deo credit, posse ipsum quod promittit. Hoc ergo fidei propugnaculum est, hic triumphus. Quod perspicientes quidam mundi sapientes, quia rerum natura hoc non potest, stultum aiunt credere. Ignorantes quia secundum Apostolum, « quod stultum est Dei, sapientius est hominibus. » (I *Cor.*, 1, 25.) Juste enim stultos nos judicarent si hoc de rerum natura crederemus, quod probatur non posse. Porro autem ea quæ rerum natura non potest, nos Deum credimus posse facturum si promiserit. Quæ in hac re potest stultitia deprehendi? Si autem indignum Deo est opus, quod posse creditur; recte fides hebetudini comparatur: quod si dignum est, per id quod creaturæ impossibile est, cur non laudanda fides est, quæ tantum dat Creatori, quantum creatura posse negatur? Magnus ergo et admirabilis Abraham, qui contra mundi sententiam Deo credere non dubitavit, quia facere potest quod promittit. Natura Chaldæus, magister credulitatis apparuit : quamvis astrologiæ peritus, Deum tamen præposuit humano consilio, dignum æstimans si hoc credatur de Deo, quod quomodo fiat, investigari non possit. Infirmitatem enim suam Dei potentia confirmavit, quia ad majestatis suæ unicam magnitudinem protestandam, facere disponeret quæ impossibilia et inaudita sunt mundo, quo facto ostenderet se Dominum creaturæ, et creatura subjiceret se ei ; cujus opus cæteris omnibus impossibile videretur ; quorum incredulitate plus sublimatur fidelissimus Abraham. Fides enim ejus, incredulorum pœna est : incredulorum perfidia, gloria ejus est. Nam fidelium est pater, et infidelium est judex. Hujus enim exemplo et boni æterna vita donantur, et (*a*) malis æterna dabuntur supplicia. Illo enim tempore quo mundus adhuc scientia parvulus erat, nec signis ac prodigiis quæ ad fidem attraherent illustratus, Deo contra scientiam suam fidem non denegavit. Sanctus igitur Abraham exemplum generi humano datus est fidelissimus. In ipso enim præfiguratæ sunt omnes gentes ad salutem venire per fidem ; cujus ut superabundans incrementum fidei nosceretur, tentatur, ac jubetur filium suum Deo immolare ; quod factum non erat unquam :

(*a*) Ms. Colb. *et mali æterna dabunt supplicia.*

Abraham n'est point troublé de cet ordre si étrange, et il ne discute pas pour savoir s'il doit obéir à Dieu qui lui commande de tuer son fils, alors qu'il défend l'homicide sous les peines les plus sévères. La volonté de Dieu lui inspire une fermeté à toute épreuve, et il n'hésite pas à croire à la sagesse providentielle de ce que Dieu lui commande. Et cependant c'était ce fils qui était l'enfant de leur vieillesse et d'une promesse toute divine, la récompense de leur foi, le témoignage de leur vertu, et sur lequel reposait toute l'espérance de la postérité que Dieu leur avait promise. Pour accomplir plus religieusement ce commandement, il ne le fit point connaître à la mère de l'enfant dans la crainte qu'elle ne mît des obstacles à ce sacrifice. Il connaissait toute la tendresse de l'amour des mères pour leurs enfants, et c'est pour cela qu'il lui cache le sacrifice qui lui est demandé, parce qu'il ne veut mettre aucun retard à faire ce que Dieu lui commande, pour nous apprendre par son exemple avec quel soin et quel empressement nous devons accomplir les commandements de Dieu. Car si Abraham ce serviteur fidèle, a su obéir à un ordre si dur et si sévère, quelle ne doit pas être notre obéissance à des commandements beaucoup plus faciles ? Ô foi pleine de dévouement pour Dieu ! Ô espérance inébranlable dans le Seigneur, qui est si chère et si douce qu'elle l'emporte sur la tendresse des pères pour leurs enfants selon ces paroles de l'Écriture : « Glorifiez et voyez que le Seigneur est plein de suavité! » (*Ps.* xxxiii, 8.) Or, le saint et fidèle patriarche était prophète, et savait ce que l'avenir lui réservait. Il n'hésita donc point à pratiquer dès lors ce que Notre-Seigneur nous recommande dans son Évangile, et à préférer l'amour de Dieu à l'affection qu'il avait pour ce fils chéri, obéissant dès lors à ces paroles du Sauveur : « Quiconque aime son père, ou sa mère, ou ses enfants plus que moi, n'est pas digne de moi. » (*Matth.*, x, 37.) C'est ainsi que ce patriarche pour être digne de Dieu au-dessus de tous les autres, n'hésita point à lui sacrifier son fils.

SUR JOB.

QUESTION CXVIII. — Qu'il est grand, mes très-chers frères, l'amour du Dieu tout-puissant pour le genre humain; lorsqu'il est bien compris il suffit pour conduire les hommes dans le royaume des cieux ; faute de le comprendre, au contraire, on descend dans les enfers. Dieu veut que ses grâces nous soient agréables et fécondes; il veut que nous y trouvions notre avantage et qu'il puisse satisfaire le désir qu'il a de faire miséricorde. C'est donc par suite de sa bonté et de cette volonté qu'il a que tous les hommes soient sauvés qu'il nous a donné un exemple de justice parfaite dans la personne de son serviteur Job, comme vous l'enseigne la lecture que nous venons de faire. En imitant cet exemple nous serons affranchis du mal, et nous pourrons parvenir au souverain bien, et non-seulement être délivrés des châtiments, mais obtenir les récompenses éternelles. Qu'il est donc admirable ce saint patriarche Job, qui avant même la loi écrite fait éclater dans ses œuvres un exemple accompli de l'observation de la loi, et qui sans avoir été à l'école d'aucun maître, sous l'inspiration de la nature dans laquelle Dieu a gravé les premiers principes de la justice, a su conserver pour son Créateur une religion pleine de dévouement

---

(Et nec rei novitate turbatur, nec disputat an fieri deberet, Deo jubente parricidium, qui homicidium ne fieret comminatus est. Sic de Dei voluntate intrepidus et securus, non cunctatur providum esse quod jubet Deus.) Et hunc filium quem duo senes ex promissione susceperant, præmium fidei, meritorum indicem, et quo omnis spes ex promissione futuri seminis habebatur. Quod ut omni devotione impleret, matri ejus non indicavit, ne quod dicationi ejus impedimentum afferret, sciens circa affectum filiorum procliviores in amore esse matres ; ideoque celavit eam, non ambigens impleri debere quod jubet Deus, ut hoc exemplo doceremur, omni cura Dei facere mandata. Si enim fidelissimus Abraham in re tam gravi et aspera obediens invenitur ; quanto magis nos, quibus illa præcipiuntur quæ possunt portari? O fides Deo dicata, et spes in Domino firma, quæ tam cara et suavis est, ut parentum ac filiorum affectibus præponatur, dicente Scriptura : « Gustate et videte, quoniam suavis est Dominus. » (*Psal.* xxxiii, 8.) Patriarcha autem noster fidelissimus Abraham quia Propheta erat, scivit quid sequi deberet. Ideo enim quod Dominus nunc dixit, tunc ille fecit, ut filio quamvis carissimo Deum in dilectione præferret dicente Domino : « Si quis diligit patrem et matrem, aut filios supra me, non est me dignus. » (*Matth.*, x, 37.) Unde Patriarcha ut Domino præ cæteris dignus existeret, etiam occidere filium non recusavit.

DE JOB.

QUÆSTIO CXVIII. — (1) Magna dilectio est, fratres dilectissimi, omnipotentis Dei erga genus humanum ; quæ intellecta quidem perducit ad regna cælestia ; non intellecta autem deducit ad inferos. Deus enim beneficium suum gratum vult esse et fructiferum, ut et nobis proficiat, et illum misereri delectet. Igitur quoniam bonus est, et omnes homines salvos vult fieri, exemplum nobis justitiæ in Job famulo suo demonstravit, sicut præsens lectio testatur, quod secuti et malo carere et ad bonum venire poterimus, et non solum a pœna liberari, sed et remunerari. Quam ergo admirabilis est sanctissimus Job, qui ante Legem litteris editam, in operibus suis exemplar Legis ostendit, nulla in hac causa alicujus documenta addiscens, sed natura ipsa duce, cui Deus justitiæ (a) semina naturaliter inesse decrevit Creatori reverentiam pia devotione servavit ? Quanta ergo laude dignus est, et quibus verbis facta ejus debeant extolli, cui non ante Legem neque post Legem parem possumus invenire ?

---

(1) Deest in Mss. 2 generis.
(a) Editi *semen* Mss. *semina.*

et d'obéissance. De quelles louanges n'est-il pas digne, et par quelles paroles pourrons-nous célébrer les œuvres de cet homme dont on ne peut trouver le semblable, ni avant ni après la loi? Un homme peut marcher sur ses traces, mais il ne peut entrer en comparaison avec lui, ni on ne peut dire qu'il lui est semblable, car il n'a pas ouvert le premier cette voie, il ne fait que suivre celui qui l'y a précédé. Le saint homme Job au contraire s'est montré tel sans avoir jamais vu, sans avoir jamais lu rien de semblable; il n'a rien imité de la conduite des autres; c'est lui au contraire qui devient leur modèle et leur donne l'exemple de ces actions admirables dans lesquelles Dieu lui-même trouve sa complaisance. Aussi le Seigneur lui-même lui rendit-il ce glorieux témoignage : « Avez-vous remarqué mon serviteur Job, dit-il à Satan? Il n'est pas sur la terre de vrai serviteur de Dieu semblable à lui. » (*Job*, I, 8.) Qui a pu mériter le privilège extraordinaire que le Seigneur lui rendît témoignage, si ce n'est celui qui n'a pas imité l'exemple d'un autre, mais qui a marché le premier dans la voie où il est entré? De là nous concluons qu'il adorait Dieu en vérité. On ne trouve aucun semblant de vérité telle quelle dans celui qui n'a été précédé par personne dans la voie où il marche. Tout homme qui veut feindre le fait dans des choses où il n'est qu'imitateur. Et cependant ce qui nous reste à dire est bien supérieur à ces premiers mérites. Dans ces vertus si dignes d'éloges, nous ne voyons point les épreuves des tribulations, mais une âme inviolablement attachée au service de Dieu, et une fidélité à toute épreuve dans l'observation de sa loi. Le tentateur ne trouva point que la mesure fût assez pleine pour obtenir la couronne qui récompense les mérites; il demanda donc à Dieu de soumettre la vertu de Job à diverses tentations, pour l'enchaîner et l'embarrasser dans les liens de l'infortune et l'entraîner au delà des bornes. Comme nul homme ne peut supporter le poids de tous les tourments réunis, on fait subir aux coupables des supplices distincts pour leur arracher l'aveu de leurs crimes. Dieu permit donc au tentateur de détruire tout ce qui appartenait à son serviteur, et de tout faire périr jusqu'à ses enfants. Le démon espérait que si Job supportait sans se plaindre la perte de ses bœufs, il ne supporterait pas également la perte de ses troupeaux de brebis, ou du moins la perte de ses chameaux, de ses serviteurs, de toutes ses richesses; ou enfin que s'il avait l'âme assez grande et une religion assez pure pour ne ne pas succomber à toutes ces calamités réunies, son âme serait vaincue par la tendresse paternelle et son cœur brisé en apprenant que tous ses enfants étaient morts victimes d'une même catastrophe. Mais comme avant même la promulgation de la loi écrite, il portait la loi gravée dans son cœur, aucun de ces fléaux, aucune de ces pertes n'affaiblirent le sentiment profond de religion qu'il professait pour Dieu, et il donna ainsi à tous les hommes l'exemple d'aimer Dieu de tout leur cœur par-dessus toutes choses. De quelle gloire n'est donc pas digne celui qui avant la loi a observé fidèlement la loi, et qui avant que cette loi fût donnée aux hommes leur a enseigné non par ses paroles, mais par ses actions comment ils devaient l'observer? Or, le tentateur poussa l'impudence jusqu'à ne pas trouver suffisants pour la gloire de cet homme juste tant de malheurs réunis; il voulut donc le soumettre à une épreuve plus terrible et qu'il savait être au-dessus des forces de l'homme; il demanda de nouveau à Dieu qu'il lui permît de frapper Job d'un ulcère affreux de la tête jusqu'aux pieds. (*Job*, II, 5.) Dieu le lui permit; mais comme on ne doit point se

---

Quamvis enim quis posset gesta ejus imitari, non tamen cum eo conferendus est, neque ei similis jure dicetur. Non enim suum esset quod talis exstitisset, quia exemplum secutus est alienum. Sanctus autem Job cum nihil tale vidisset, neque in voluminibus lectitasset, talem se præstitit, ut nullius aliquid in se collatum haberet, sed ipse cæteris conferret, formam præbens mirabilium gestorum ad Deum promerendum. Quare et Domini testimonio commendatur dicentis : « Animadvertisti ad puerum meum Job? Non est enim similis ei quisquam in terris verus Dei cultor. » (*Job*, I, 8.) Quis tantum potuit promereri, cui tale testimonium Dominus perhiberet, nisi hic qui non imitator invenitur, sed auctor eorum quæ gessit? Unde et verus Dei cultor asseritur. Nulla enim potest simulatio commentitiæ veritatis in eo videri, qui ante se non habet talem. Omnis enim qui fingit, hoc fingit, quod cernitur imitari. Et his tamen omnibus potiora sunt quæ dicuntur. In his enim laudibus nulla probamenta tribulationum fuerunt, sed propositum Deo dicatum in exercitio et observationibus constitutum : quod quia ad coronam meritorum tentatori non visum est plenum, petiit ut permitteretur ei diversis tentationibus probare ejus justitiam ; ut in multis constrictus alicubi hæreret, et posset modum excedere. Quia ad hoc solent peccantibus diversæ pœnæ inferri, ut quia nemo omnia potest ferre tormenta, aliquid illorum eliciat ex veritatis confessionem. Itaque permissum est tentatori omnia ejus exterminare, et perdere, usque ad mortem filiorum : ut si damnum ferret boum, ovium non ferret : aut si et ovium ferret, camelorum amissionem non ferret, neque servorum aut totius substantiæ : aut si quia grandis animi erat et satis meræ devotionis, his omnibus non vinceretur, certe vel affectu caritatis, cogente frangeretur morte simul omnium filiorum. Sed quia ante Legem editam, Legem in corde suo scriptam habebat, nulla damna, neque orbitates minorem illum in Dei devotione fecerunt, ut formam daret ad Deum ex toto corde super omnia diligendum. Quanta ergo dignus est gloria, qui ante Legem Legem servavit, ut Lex quæ futura erat, quomodo custodienda erat, demonstraret, non in verbis, sed auctor in factis ? Et quia tentator irreverens est, nec hæc gloria satis ei visa est ad probationem viri justi, nisi aliud adversus eum machinaretur, quod sciret ab homine ferri non posse : petiit iterum, ut illum ipsum sævo vulnere percuteret a capite usque ad pedum ungues. (*Job*, II, 5.) Et cum hoc permissum esset, quia fides ei haberi non debet, præceptum est ei, ut animam ejus servaret propter arbitrium, et ne quid violenter auderet in eum, quem

fier à cet esprit de malice, il lui commanda de respecter l'âme de Job, et de ne point employer la violence contre celui dont il ne pouvait triompher par la raison. A peine eut-il reçu ce pouvoir, que par un excès plus violent de cruauté il frappa cet homme juste d'une maladie horrible, de sorte que tout son corps n'était qu'une plaie, ce que n'aurait jamais pu supporter un autre que Job, qui remporta sur Satan une victoire entière. Comme cette cruauté du démon ne pouvait arracher à ce saint homme le moindre murmure contre Dieu, Satan se souvint de la ruse qu'il avait employée autrefois pour tromper Adam ; il essaya d'ébranler la fidélité de Job par sa femme, car on est généralement plus accessible aux séductions qui viennent de l'intérieur. Mais aucun de ces moyens ne réussit à cet esprit d'impudence ; il n'y trouva qu'une nouvelle et honteuse défaite ; non-seulement le serviteur de Dieu demeura inébranlable, mais il tint école de vertu. Dans cette extrémité de tous les maux, il ne se contenta pas de persévérer dans la crainte de Dieu, mais il reprit sévèrement son épouse qui voulait lui inspirer des sentiments contraires, et lui témoigna qu'on doit supporter avec courage tous les événements qui n'arrivent que par la permission de Dieu. Ce fut là une double peine pour Satan qui fut ainsi trompé dans ses prévisions ; il ne put ébranler comme il le voulait la fidélité de Job, et l'envie qu'il lui portait n'aboutit qu'à lui faire enseigner aux autres ce que le démon ne voulait pas qu'il sût lui-même. En effet, cette histoire nous enseigne pleinement combien la tentation est utile aux serviteurs de Dieu, et funeste au démon. Alors qu'il espère pouvoir leur nuire, il rend leur fidélité plus éclatante, et l'exemple d'un seul qu'il persécute devient pour plusieurs une exhortation éloquente à la vertu. La protection de Dieu qui environne le juste au milieu de ses épreuves, lui suscite un grand nombre d'imitateurs. Le démon perd donc en voulant gagner. Toujours sa fureur lui est nuisible. Il persécute les justes pour leur faire perdre leur couronne, et il ne fait que les en rendre plus dignes. L'envie l'excita contre le saint homme Job, et il ne fit que doubler sa récompense dans le ciel et sur la terre. Dieu combla plus que jamais Job de tous les biens, et lui donna place dans le ciel près du Sauveur. C'est ainsi que toutes ces épreuves tournent à la gloire des saints et au châtiment du démon.

SUR TOBIE.

QUESTION CXIX. — La providence divine est si grande à notre égard que pour nous préserver de toute erreur, elle nous donne la loi et les exemples des bonnes œuvres pour nous aider à passer notre vie dans l'humilité, dans la paix et la crainte de Dieu. L'auteur de la vie ne veut pas que son œuvre soit victime de la mort. Or, bien que la nature ne soit point sans loi, cependant le Seigneur voulant, dans sa bonté et sa miséricorde, donner aux hommes une connaissance plus explicite de ce qu'ils devaient faire ou éviter, le leur a enseigné tant par la loi écrite que par des exemples, comme nous le voyons dans la lecture de ce jour. Le fidèle serviteur de Dieu, Tobie, nous a donc été donné après la loi comme un commentaire vivant de la loi pour nous apprendre la manière dont nous devons la mettre en pratique, et si les tentations surviennent, à ne point laisser affaiblir en nous la crainte de Dieu et à ne point attendre de secours d'un autre que lui, en nous rappelant ce qui est écrit : « J'ai été jeune et

rationis jure superare non poterat. Accepta igitur potestate, recrudescente in se crudelitatis sævitia, percussit virum justum plaga magna nimis, ut nihil esset in corpore quod immune esset a vulnere, quod nemo hominum tolerare posset, nisi solus (a) Job, qui vincere potuit satanam. Et cum nec sic nequitia diaboli aliquod murmur contra Deum viro justo eliceret, memor pristinæ calliditatis suæ, qua decepit Adam, sategit si posset et istum per mulierem decipere ; quia facilius quis decipitur per domesticum. Et in his omnibus nihil proficiens, imo detrimentum faciens impudentissimus satanas, non solum immobilem invenit Dei servum, sed etiam magistrum. In ipsa enim necessitate positus, non tantum in Dei timore duravit, verum etiam uxorem contraria suggerentem increpans, docuit, omnia quæ Deo permittente accidunt, fortiter toleranda : quod ad duplicem pœnam pertinet improvidi satanæ, quia nec suasit quod voluit, et cum huic invidit, alios facit discere quod nec hunc scire volebat. Quantum enim prosit tentatio Dei servis, et obsit diabolo, hac lectione plenius edocemur. Cum enim putat se nocere eis, promovet eos ; et cum unum persequitur multos ad virtutem provocat. Videntes enim auxiliis Dei hunc protegi, multi imitatores ejus exsistunt. Lucrum ergo volens facere, perdidit. Semper enim furor ejus damnosus est ei. Nam cum persequitur justos ne munerentur, digniores eos facit : et cum zelatur sanctum Job, duplicavit ei meritum in cœlo et in terra ; quia et hic auctus est, et in cœlis cum Salvatore receptus ; ut ista omnia ad sanctorum proficiant gloriam, ad diaboli vero pœnam.

DE TOBIA.

QUÆSTIO CXIX. — (1) Tanta providentia est Domini Dei circa nos, ut errare nos nolens, et Legem et exempla bonorum operum daret, quibus modesta et tranquilla agi possit vita cum Dei timore. Qui enim auctor vitæ est, non vult utique opus suum morti esse obnoxium. Quamvis natura ipsa legis non expers sit : tamen quia Dominus bonus et misericors est, ut major notitia eorum esset quæ sequenda, et illorum quæ vitanda sunt, litteris et exemplis ostendit, sicut præsens lectio testatur. Dei ergo famulus sanctus Tobias post Legem exemplum nobis datus est, ut quæ legimus, quomodo fiant, sciamus : et si tentationes advenerint, a Dei timore non recedamus, neque auxilium aliunde quàm ab eo speremus, memores scriptum esse : « Pusillus fui, etenim senui, et nunquam

(1) Deest in Mss. 2 generis.
(a) In editis deest, Job ; quod restituitur ex Ms. Colb.

j'ai vieilli; or, jamais je n'ai vu le juste abandonné, ni sa postérité manquant de pain. » (*Ps.* xxxvi, 25.) Celui donc qui met toute son espérance en Dieu ne peut être trompé. Les tribulations pourront bien s'élever pour un temps par les artifices du démon, mais les exemples des saints nous enseignent que Dieu ne les permet que pour augmenter nos mérites; car si nous les supportons patiemment, Dieu nous donnera ici-bas des consolations effectives, et dans l'autre monde une vie éternelle et glorieuse. Comme Dieu est juste et ne fait point acception de personne (*Rom.*, II, 11), il permet que nous soyons tentés, parce qu'il nous aime et qu'il veut après le combat nous donner les plus magnifiques récompenses. L'Apôtre demande à Dieu d'éloigner de lui les tentations, et le Seigneur lui répond : « Ma grâce te suffira, car c'est dans la faiblesse que la vertu se perfectionne. » (II *Cor.*, xii, 9.) C'est alors que Paul s'écrie : « C'est lorsque je suis faible que je deviens fort; » et encore : « Je me réjouis dans mes tribulations afin que la vertu de Jésus-Christ habite en moi. » Combien donc le saint homme Tobie est digne d'éloges, au témoignage de l'Ecriture? (*Tob.*, 1, 2, etc.) Il est emmené en captivité, sa religion n'en est pas affaiblie; il perd la vue, il ne laisse pas de bénir Dieu; il se voit dans un état voisin de la pauvreté, il ne s'écarte point des sentiers de la justice et de la vérité. En effet, la véritable épreuve du juste, ce sont les tribulations, et la justice parfaite consiste à pratiquer l'équité jusque dans l'indigence et la pauvreté. La vertu de Tobie s'accroît donc sous l'influence des mêmes causes qui affaiblissent la foi et la vertu des autres. « L'indigence, est-il écrit, humilie l'homme, et celui qui est humilié ne peut observer la justice. » Le saint homme Tobie, au contraire, l'esprit toujours élevé vers Dieu, ne fut jamais ni abattu par la captivité, ni humilié par l'indigence. Malgré la défense du roi, il ensevelissait les corps de ceux qui avaient été tués, et comptant sur la libéralité de Dieu, il était miséricordieux du peu qu'il possédait. Il savait que la charité la plus agréable à Dieu est celle qu'on exerce avec le peu qu'on possède, comme a fait cette pauvre veuve qui a mérité d'être louée par Notre-Seigneur dans l'Évangile. (*Luc*, xxi, 2.) En effet, c'est être vraiment fidèle, c'est ne point douter des promesses de Dieu que de donner généreusement le peu qu'on possède. C'est donc en consolant son âme par l'espérance des biens futurs que Tobie, fidèle à son Dieu, déploya ce courage, cette force dans la tentation et montra que c'est surtout au milieu de la tribulation qu'il faut persévérer soigneusement dans la crainte de Dieu, car si la tribulation ne nous porte point à implorer le secours de Dieu, combien moins la sécurité qu'inspire le bonheur? Les saints donc, assurés que Dieu dispose dans sa sagesse tous les événements qui arrivent dans ce monde, non-seulement ne supportent pas impatiemment, mais reçoivent avec reconnaissance les tribulations, les pertes, les infortunes, les outrages, à l'exemple des apôtres, qui se réjouirent d'avoir été battus de verges parce qu'ils avaient été jugés dignes de souffrir pour le nom de Jésus-Christ. (*Act.*, v, 41.) Toutes ces épreuves dont les fidèles sont les injustes victimes soit dans les tribulations, soit dans les opprobres, sont la marque certaine des mérites futurs. Aussi le juste Tobie fut si agréable à Dieu qu'il reçut de lui la double récompense de ses vertus; il recouvra dès maintenant par le ministère d'un ange la lumière qu'il avait perdue, et Dieu le combla des biens et des richesses de la vie présente, puis dans l'autre vie il

vidi justum derelictum, nec semen ejus quærens panem. » (*Psal.* xxxvi, 25.) Nunquam ergo decipi potest, qui tota mente sperat in Deum. Licet ad tempus tribulationes ortæ fuerint per insidias satanæ, exempla nos docent sanctorum virorum, non hæc a Deo permitti, nisi ad incrementum meritorum nostrorum : quia si æquo animo fuerint bajulate, hic nobis debitur consolatio cum effectu, et in futuro vita æterna cum gloria. Deus enim noster quia justus est, et personarum acceptio apud illum non est (*Rom.*, II, 11), tentari nos permittit, quia nos diligit, ut post laborem possit nobis præmia dare amplissima. Denique Apostolo, ut tentationes ab eo cessarent, deprecanti, Dominus ait : « Sufficit tibi gratia mea, nam virtus in infirmitate perficitur. » (II *Cor.*, xii, 9, etc.) Hinc subsecutus ait : « Cum infirmor, tunc fortior sum : » et : «Gaudeo, inquit, in tribulationibus meis, ut inhabitet in me virtus Christi. » (*Tob.*, i, 2, etc.) Quam ego laudabilis sit sanctus Tobias, scriptura docemur; cujus devotionem nec captivitas minuit, nec oculorum amissio quo minus Deum benediceret, persuasit, neque exhausta substantia a via justitiæ et veritatis avertit. Necessitas enim probat justum; et in egestate æquitatem servare, vera ac perfecta justitia est. Unde enim quorumdam devotio minuitur, inde augmentum fecit laude dignus Tobias. « Inopia enim, inquit, humiliat virum; et qui humiliatur, non potest servare justitiam. » Sancti autem Tobiæ erectus ad Deum animus, nec captivitate fractus est, nec inopia humiliatus : quia et contra interdictum, occisorum corpora sepulturæ mandabat, et de Dei largitione securus, de ipso exiguo misericors erat, sciens hanc magis placere Deo misericordiam quæ de exiguo fit; sicut et vidua illa fecit, quam Dominus in Evangelio collaudavit. (*Luc.*, xxi, 2.) Hic enim vere fidelis est, hic non dubitat de promissis Dei, qui de parvo largitur. Spe ergo futurorum animum suum consolans, Deo dicatus Tobias in tentatione robustus et fortis inventus est, ostendens in necessitate plus in Dei timore vigilandum; quia si necessitas ad Dei auxilium non impellit, quanto magis securitas? Certi ergo sancti viri, quod Deus judicium sibi eorum omnium, quæ in hoc mundo fiunt, exceperit, tribulationes et damna et reliqua exitia vel contumelias, non tantum non ægre tulerunt, sed et gratanter acceperunt : sicut et nostri Apostoli, qui enixe gavisi sunt, quia digni habiti sunt pro nomine Christi contumeliam pati. (*Act.*, v, 41.) Indicia enim meritorum futurorum exitia sunt, quæ injuste fiunt fidelibus, sive in tribulationibus sive in contumeliis. Itaque in tantum Deo placuit justus Tobias, ut duplici genere meritorum suorum consequeretur mercedem : et in præsenti enim quod amiserat ministro Angelo recuperavit lumen, ac

devint héritier du royaume des cieux. C'est ainsi qu'il nous enseigne que celui qui obéit de tout son cœur à la loi de Dieu et ne doute point de ses promesses voit dès cette vie s'accroître ses richesses et reçoit dans l'autre la récompense de la vie éternelle. Un autre motif nous invite encore à cette fidélité inviolable à Dieu. Le juste Tobie n'a point seulement reçu la juste récompense de ses vertus ; ce qui met le comble à sa gloire, ce sont les bonnes œuvres de ceux qui sont ses imitateurs, et qui nous font louer ses propres vertus jusque dans la vie de ceux qui les imitent. Nous pouvons nous-mêmes avoir part à ce bonheur si notre vie mérite d'avoir des imitateurs.

DU JEUNE.

QUESTION CXX. — C'est un devoir, mes très-chers frères, pour le prêtre de Dieu placé à la tête du peuple de Jésus-Christ d'instruire dans la saine doctrine le peuple qui lui est confié, suivant la recommandation de l'Apôtre (*Tit.*, I, 9), afin que nous accomplissions avec une vigilance scrupuleuse et avec autant de religion que de zèle l'œuvre de la foi qu'exigent les circonstances du temps où nous sommes. Vous n'ignorez pas sans doute l'utilité des jeûnes que nous allons célébrer à l'approche de la fête de Pâques, cependant c'est un devoir pour nous de vous en instruire. La dévotion ne peut que gagner à méditer de nouveau ce qu'elle sait déjà. Telle est, en effet, la disposition de la nature qu'elle se laisse aller à la tiédeur, si elle néglige l'usage de la lecture. Le fer dont on se sert rarement produit la rouille, ainsi naissent les péchés dans une âme qui n'est pas exercée par de saintes lectures. Voilà pourquoi le Psalmiste proclame bienheureux celui qui médite nuit et jour la loi du Seigneur. Bien que nous connaissions les divins oracles, cependant lorsqu'ils nous sont rappelés par les saints livres, l'âme vraiment religieuse les reçoit comme si elle les entendait pour la première fois. Cette lecture réveille en elle le désir des œuvres du salut. C'est ce que l'Apôtre recommandait à son disciple Timothée : « Ressuscitez la grâce qui est en vous. » (II *Tim.*, I, 6.) Le jeûne nous est donc aussi nécessaire que les remèdes le sont pour les blessures. Il devient pour nous le remède de la vie éternelle, à la condition cependant d'être accompagné de ces deux témoignages de recommandation, la prière et la miséricorde. Le jeûne modère donc l'intempérance du corps, il réprime les mouvements contraires, il décharge l'âme du poids qui l'accable, comme le dit Notre-Seigneur : « Ne vous livrez point aux excès de la table et à la débauche, de peur que vos cœurs ne soient appesantis. » (*Luc*, XXI, 34.) C'est lorsque l'âme sait se garder de l'usage immodéré de la nourriture et de la boisson « qu'elle se connaît mieux. » De même que dans un miroir terni par la malpropreté l'homme ne peut se voir tel qu'il est; de même s'il est appesanti par l'excès du boire et du manger, il se sent tout différent de ce qu'il est. C'est alors que la passion se réveille, que la colère s'allume, que l'orgueil s'enflamme, que la passion produit ses malheureux fruits. Voilà pourquoi l'Apôtre fait aux Éphésiens cette recommandation : « Ne vous laissez point enivrer par le vin d'où naît la dissolution. » (*Ephes.*, V, 18.) Si au contraire l'ardeur du corps se trouve

ditatus est etiam copiis quæ ad præsentem pertinent vitam ; et in futuro hæres regni cœlorum est factus : ut in hoc doceremur, quia qui toto corde Dei Legi obtemperat, nec de promissis dubitat, et in hoc sæculo (*a*) copias ejus sæpe auget Deus, et in futuro donat illum vita æterna. Est etiam aliud quod nos invitat ad divina obsequia. Sanctus enim Tobias non solum justitiæ suæ merita consecutus est : quia accedit ad cumulum gloriæ ejus, etiam ex eorum bonis qui imitatores ejus exsistunt. In imitatoribus enim exempla laudantur. Quod nobis quoque poterit provenire, si sic vixerimus, ut dignum sit et nos imitatores habere.

DE JEJUNIO.

QUÆSTIO CXX. — (1) Congruum est, fratres carissimi, devotissime Dei sacerdotem et præpositum plebis Christi, exhortari populum sub cura sua positum in doctrina sana, sicut mandat Apostolus (*Tit.*, I, 9), ut opus fidei, pro temporis observatione, omni cura diligentiaque, alacri et devoto animo faciamus. Jejunia etenim, quæ nunc imminente die festo Paschæ celebranda sunt, quid proficiant, quamvis non lateat, taceri tamen non debet. Incitatur enim devotio, quando ea quæ licet non ignorentur, recenseantur tamen. Tale enim est ingenium naturæ nostræ, ut torpescat, si usus destiterit lectionis. Quia sicut ferrum, nisi usum (*b*) fuerit, æruginem generat : ita et anima nisi frequentius divinis exerceatur lectionibus nascentur illi peccata. Hinc est unde in Psalmo hunc dicit beatum, qui die noctuque Legem Domini meditatur. (*Psal.* I, 2.) Denique quamvis nota sint divina eloquia, tamen cum fuerint sacris voluminibus memorata, sic illa devotum pectus suscipit quasi nova. Excitatur enim desiderium animæ erga opera salutaria. Unde Apostolus ad Timotheum inter cætera : « Ut resuscites, inquit, gratiam Dei quæ est in te. » (II *Tim.*, I, 6.) Igitur necessaria sunt nobis jejunia, sicut in vulneribus medicina. Medelam enim conferunt vitæ perpetuæ ; ita tamen ut duarum rerum testimonio commendentur, id est, oratione et misericordia. Jejunia ergo intemperantiam corporis mitigant, motus adversos reprimunt, pressuram animæ auferunt, sicut ait Dominus : « Nolite dediti esse in esca et crapula, ne graventur corda vestra. » (*Luc.*, XXI, 34.) Cum enim anima ab esu et potu nimio fuerit liberata, tunc se melius recognoscit. Sicut enim in speculo sordido non se talem homo aspicit qualis est; ita et si esca et crapula fuerit gravatus, alterum se sentit quam est. Tunc exsuscitatur libido, accenditur ira, inflammatur superbia, generatur luxuria. Unde Apostolus : « Nolite, ait, inebriari vino, in quo est

(1) Deest in Mss. 2 generis.
(*a*) Ms. Colb. *curam ejus agit Deus.* — (*b*) Ms. Colb. *fecerit.*

modéré par le jeûne, l'âme qui recouvre la pleine connaissance d'elle-même sait avec quel pieux empressement elle doit obéir à son Rédempteur. Le jeûne est donc grandement nécessaire. Esther était sur le trône lorsque le peuple juif fut menacé du plus grand danger; il en fut délivré par le jeûne. (*Esther*, IV, 7.) Les Ninivites avaient entendu la prédiction du prophète qui fixait le jour de leur destruction; ils commandèrent un jeûne général qui les sauva de cette ruine inévitable. (*Jon.*, III, 7.) Toutes les fois que les justes et les prophètes voulaient obtenir de Dieu quelque faveur, ils s'humiliaient par le jeûne, au témoignage de David : « J'humiliais mon âme dans le jeûne. » (*Ps.* XXXIV, 13.) Le Sauveur lui-même, à qui le jeûne n'était pas nécessaire, a jeûné pour nous donner l'exemple. » (*Matth.*, IV, 2.) Nul donc ne doute de l'utilité du jeûne, et c'est en s'affligeant par le jeûne que l'homme montre qu'il veut obtenir ce qu'il demande. Voilà pourquoi nous lisons dans l'Ecriture : « La prière est bonne avec le jeûne. » (*Tob.*, XII, 8.) La prière, pour être agréable, veut donc être accompagnée du jeûne. Mais ces deux conditions ne reçoivent toute leur force que de la justice; aussi l'Esprit saint ajoute : « Et l'aumône avec la justice, » c'est-à-dire que l'aumône jointe à la justice rend toute-puissante la prière avec le jeûne. C'est la pratique de la miséricorde qui a rendu si efficaces la prière et le jeûne de Corneille. Cet homme, au milieu même de l'abondance, pratiquait le jeûne, et il nourrissait les indigents pour que leur faim apaisée rendît son jeûne agréable à Dieu. Il faut donc à la fois donner et ôter au jeûne pour qu'il puisse obtenir ce qu'il demande.

LOUANGE ET GLOIRE DE LA PAQUE.

QUESTION CXXI. — O jour vraiment saint et salutaire de la fête de Pâques, jour digne de toute louange, où la mort a été vaincue, le règne du démon détruit, les mystères de Dieu révélés, le décret prononcé contre nous annulé, les portes de l'enfer brisées, les chaînes rompues, jour qui a donné la liberté aux prisonniers, la vue aux aveugles, la science aux ignorants, la rémission des péchés aux injustes et aux pécheurs, jour qui a réconcilié les ennemis, dissipé les erreurs, manifesté la vérité, rendu à Dieu les enfants qu'il avait perdus, abaissé l'orgueil, relevé l'humilité, enrichi les pauvres, dépouillé les riches, aplani les montagnes et les collines, comblé les vallées, écrasé l'arrogance, orné la pudeur, ouvert aux âmes le chemin du ciel, rendu la liberté, brisé les chaînes de la captivité, chassé les ténèbres, confondu la malice, purifié toutes les souillures, anéanti la puissance de Satan et de l'enfer, fait paraître Notre-Seigneur Jésus-Christ pour le vrai Fils de Dieu, élevé la chair jusqu'aux cieux en confondant la puissance du monde et montré que le ciel, la terre et les enfers étaient sous la puissance d'un seul et même Dieu. Nous devons donc, mes très-chers frères, célébrer et honorer ce jour dans les sentiments d'une profonde religion jointe à la pureté de la vie et à la joie de l'âme, évitant tout ce qui est contraire à la pudeur et à la décence, afin de

---

luxuria. » (*Ephes.*, V, 18.) Quod si temperatum fuerit corpus interposito jejunio, cognitione sui recepta anima intelligit qua devotione obsequi debeat Redemptori. Magna ergo ex parte jejunia sunt necessaria. Sub Esther etenim regina cum Judaicus populus in periculo positus esset, jejuniis suffragantibus liberatus est. (*Esther*, IV, 16.) Et Ninivitæ cum eversionis suæ præscriptum diem a Propheta audissent, jejunio indicto evadere meruerunt. (*Jon.*, III, 7.) Et justi ac Prophetæ nostri, quando a Deo aliquid impetrare volebant, jejunio se humiliabant, dicente David : « In jejunio humiliabam animam meam. » (*Psal.* XXXIV, 13.) Nam et Salvator, cui opus non erat, ut nobis exemplum daret, jejunavit. (*Matth.*, IV, 2.) Itaque nulli dubium est, prodesse jejunia : sic etenim ostendit se homo velle impetrare quod postulat, cum se affligit jejunio. Unde dictum est : « Bona est oratio cum jejunio. » (*Tob.*, XII, 8.) Ut accepta ergo possit esse oratio, (*a*) consortium vult secum habere jejunii. Et quia nihil horum sine pietate firmum est, adjecit, « et eleemosyna cum justitia : » ut eleemosyna servata justitia, commendet orationem cum jejunio. Denique orationem et jejunium Cornelii misericordia commendavit. Ipse enim abundans copiis, jejunabat; sed et non habentes pascebat, ut illorum saturitas, jejunium ejus faceret acceptabile. Nonnullis ergo indiget, et nonnullis carere debet jejunium, ut possit mereri quod postulat.

LAUS ET GLORIA PASCHÆ (*b*).

QUÆSTIO CXXI. — (1) O sanctum et salutarem diem Paschæ, et omni laude prædicandum, quo mors devicta est, diabolo regnum ablatum, sacramentum Dei manifestatum, decretum quod adversum nos erat, evacuatum; tartari januæ confractæ, vincti soluti, clausi remissi, cæci illuminati, imperiti scientia donati, impii facti misericordes, iniquis et injustis peccatorum data remissio, inimicorum reconciliatio, erroris emendatio, veritatis declaratio; Deo filii ex perditis acquisiti, superbia depressa, humilitas exaltata; pauperes ditati, divites exhausti; montes deplanati, valles repletæ, colles prostrati; impudentia calcata, verecundia (*c*) comptæ, animabus ad cœlum data facultas, libertas reddita, disrupta ac resoluta captivitas : torpuerunt tenebræ, confusa est malitia, purificatus squalor, satanas dejectus; inanitus infernus : Dominus noster Jesus Christus verus Dei Filius approbatus, caro ad confusionem prudentium mundi in cœlos sublata, cœlestia, terrestria et inferna unius Dei et Domini demonstratio. Itaque, fratres carissimi, hunc diem festum colere et venerari debemus, devoti Deo cum modestia vitæ et animæ lætitia, turpia

---

(1) Deest in Mss. 2 generis.

(*a*) Ms. Colb. *solatium vult eam habere jejunii.* — (*b*) Sic Mss. et editio Rat. Aliæ autem edd. *De Paschate, quam laudabilis et gloriosa sit solemnitas.* — (*c*) Ms. Colb. *comptu.*

pouvoir recueillir le fruit véritable de la fête de Pâque par Notre-Seigneur Jésus-Christ, à qui appartient l'honneur et la gloire dans les siècles des siècles.

DU PRINCIPE OU DU COMMENCEMENT.

Question CXXII. — « Au commencement était le Verbe. » (*Jean*, 1, 1.) Qu'est-ce qui est au commencement? Nous lisons dans l'Ancien Testament : « Au commencement Dieu a créé le ciel et la terre. » (*Gen.*, 1, 1.) Et dans l'Épître du même Apôtre, auteur de cet Evangile, dont nous essayons d'expliquer l'exorde, cette expression est prise dans le même sens. Voici en effet comme il s'exprime dans cette Epître : « Ce qui était dans le commencement. » (1 *Jean*, 1, 1.) L'Epître et l'Evangile présentent donc une même pensée, une même signification. Il y a au contraire une différence entre ces paroles de l'Ancien Testament : « Au commencement Dieu créa le ciel et la terre, » et ces autres du Nouveau Testament : « Au commencement était le Verbe; » et encore : « Ce qui était dès le commencement. » Être au commencement, être dès le commencement signifie une seule et même chose, car ce qui était dès le commencement n'a pas commencé d'être. Ce qui commence à exister n'était pas dès le commencement, et par conséquent est soumis à un commencement pour être le premier dans l'ordre des créatures, parce qu'en effet celui qui a été fait au commencement a été suivi par tous ceux qui ont été faits après lui. Voilà pourquoi nous lisons : « Au commencement Dieu a créé le ciel et la terre. » L'auteur sacré ne dit pas : Au commencement étaient le ciel et la terre, car alors qu'ils n'existaient pas encore et que Dieu avait résolu de créer le monde ; dans le principe, c'est-à-dire parmi les éléments qui devaient servir à la création du monde, Dieu a créé d'abord le ciel et la terre, parce que le principe est le commencement d'une chose qui débute pour être la première de celles qui doivent suivre. Mais lorsque l'Evangéliste dit : « Au commencement était le Verbe, » il veut nous apprendre qu'il existait avant toutes les créatures du ciel et de la terre, et qu'il n'est pas seulement le premier des êtres créés, car il était au commencement alors que Dieu avait résolu de créer le monde. Or, s'il était dans le principe, c'est-à-dire avant toutes choses, il existait donc de toute éternité. C'est pour cela qu'il était le Verbe. Et où était-il? « En Dieu, » dit l'Evangéliste, afin qu'on ne fût point tenté de lui donner un commencement peu digne de celui qui était en Dieu de toute éternité. Il convient, en effet, que celui qui était en Dieu avant toutes choses, ne soit soumis à aucun commencement. Aussi l'Evangéliste ajoute : « Et le Verbe était Dieu. » Il montre clairement que tout ce qu'il a dit précédemment s'applique parfaitement au Verbe, car le Verbe est Dieu, dit-il, et on ne peut avoir d'autre pensée digne de Dieu que celle de son existence éternelle. S'il a commencé d'être, c'est une créature, et s'il est créé il n'est pas Dieu. Tout ce qui existe est ou Dieu ou créature, et par là même le nom de Dieu ne convient pas à la créature. Mais comme son être n'a pas eu de commencement (car il était), c'est à juste titre que nous l'appelons Dieu. Or, nous disons que le Verbe a toujours été en Dieu, parce que son être ne vient pas de lui-même, mais de Dieu. Voilà pourquoi il est appelé le Verbe de Dieu, comme l'enseigne le témoignage du même Evangéliste dans sa révélation : « Et son nom est le

---

et inhonesta vitantes, ut ad fructum Paschae venire mereamur per Christum Dominum nostrum, cui est honor et gloria in saecula saeculorum.

D: PRINCIPIO.

Quaestio CXXII. — (1) « In principio erat Verbum. » (*Joan*., 1, 1.) Quid est in principio ? Quoniam legimus et in veteribus libris : « In principio fecit Deus coelum et terram. » (*Gen.*, 1, 1.) Et in epistola ejus, cujus Evangelium est, de cujus principio aliquid conamur edicere, eodem sensu significatum est : ait enim : « Quod erat ab initio. » (1 *Joan.*, 1, 1.) Epistola ergo et Evangelium unum habent sensum. Aliud enim est quod in veteri ait : « In principio fecit Deus coelum et terram, » et aliud cum dicit : « In principio erat Verbum ; » et : « Quod erat ab initio. » In principio enim esse, et ab initio esse, unum significat, quia ab initio quod erat, non coepit esse. Quod enim incipit esse, ab initio non erat : et ideo subjicitur initio, id est, ut inter caetera in ordine primus sit, quia ipse initio factus, alios coepit post se habere, qui post illum sunt facti. Sicut legimus, quia « in principio fecit Deus coelum et terram : » non dixit, in principio erat coelum et terra ; quia cum non essent, et disponeret Deus facere mundum, in principio, hoc est inter caetera quae ad mundi fabricam proficerent, primum fecit Deus coelum et terram ; quia principium initium est inchoantis aliquid, quod sit primum in ordine. Illud autem quod dicitur, quia « in principio erat, » id est, Verbum, ante inchoationem creaturae supernae et infernae significare fuisse, ut non utique inter haec, quae creata sunt, prius factum intelligeretur ; quia in principio erat cum Deus disponeret facere creaturam. Ergo si in principio erat, id est, ante omnia erat, semper erat. Ideoque et Verbum erat. Ubi ? « Apud Deum, » inquit, ut non indigne initio subjectum minime aestimaretur, quod semper erat apud Deum. Convenit enim, ut quod ante omnia apud Deum fuisse, nulli subjiciatur initio. Unde adjecit : « Et Deus erat Verbum. » Nunc ostendit aperte, quia quae supra dicta sunt, congruunt Verbo ; quia « Deus est, inquit, Verbum » et de Deo aliter non oportet sentiri, quam ut semper dicatur fuisse. Si enim coepit esse, creatura est ; si creatura est, Deus non est. Quidquid enim est, aut Deus est, aut creatura est : ac per hoc Dei nomen non competit creaturae. Sed quia non coepit esse (erat enim), digne dicitur Deus. Apud Deum autem ideo dicitur semper fuisse, quia non ex se, sed ex Deo Deus est. Quamobrem et nomen ejus dicitur Verbum Dei, sicut fides ejusdem Evangelistae in revelatione sua demonstrat. Ait enim inter caetera : « Et nomen ejus est

(1) Deest in Mss. 2 generis.

Verbe de Dieu. » (*Apoc.*, XIX, 13.) Il est appelé le Verbe de Dieu, pour nous apprendre qu'il n'est pas celui de qui, mais par qui sont toutes choses ; c'est-à-dire qu'il n'est pas le Père, mais le Fils. Par là même que Dieu ne peut être sans son Verbe, nous devons croire que celui qui est appelé son Verbe a toujours été en Dieu, et comme le Verbe ne peut être en dehors de celui dont il est le Verbe, nous devons comprendre que ce Verbe qui était en Dieu n'avait point d'autre principe de son être que Dieu même, et qu'étant de Dieu il n'est point contraire à la raison de dire qu'il est Dieu. Ainsi, de ce que Dieu était en Dieu, il ne s'ensuit nullement qu'il y ait deux dieux. S'ils étaient deux, ils auraient une nature et une volonté différentes. Si nous, qui avons une seule et même nature, nous ne laissons pas d'avoir des volontés différentes, à combien plus forte raison si Dieu et le Verbe n'avaient pas une même nature, et si le Verbe n'était pas Dieu en Dieu ? Le Dieu qui était et qui est en Dieu, n'a pas de lui-même l'être divin, autrement on ne dirait pas qu'il est Dieu en Dieu, et le Verbe de Dieu ne serait pas appelé le Verbe Dieu ; mais comme ce qui est de Dieu ne peut être que Dieu, le Verbe de Dieu est appelé Dieu, afin que cette dénomination de Verbe de Dieu nous empêche de penser à un autre Dieu. Or, on donne au Verbe le nom de Dieu, parce qu'il serait injurieux à Dieu que ce qui est de Dieu ne fût pas appelé Dieu. L'unité de Dieu a donc été sauvegardée, et en même temps l'honneur rendu à qui de droit, car ce n'est point dans sa propre gloire que réside celui qui est Dieu venant de Dieu, mais dans la gloire de celui qui est le principe de son être divin. Voilà pourquoi l'Évangile commence à parler du Verbe avant de parler de Dieu le Père, car ce qui soulève des difficultés ce n'est pas Dieu le Père, mais le Verbe de Dieu. Nul n'élève de doutes sur Dieu, mais sur celui qui est Dieu venant de Dieu. Toute langue sur terre comme dans les enfers confesse l'existence d'un seul Dieu, mais elle se trouble devant le mystère d'un seul Dieu. Elle s'étonne en entendant dire que le Verbe de Dieu est Dieu, car elle est comme assiégée par les images corporelles qui lui disent qu'on ne peut donner le nom d'homme au Verbe de l'homme. Mais Dieu est une nature simple, ce n'est point un composé de différents membres ; il n'y a point en lui le dedans et le dehors, le devant et le derrière, le haut et le bas, nulle variété, nulle dissemblance, c'est une splendeur qui est une et immense. Si le feu lui-même n'a ni devant, ni derrière ni dedans, ni dehors, combien moins son Créateur. Puisque donc tout ce qui est Dieu est un tout unique, il n'y a point de contradiction à appeler Dieu tout ce qui est Dieu. Ainsi une raison empruntée en partie à ce qui se passe parmi les hommes, et en partie à un ordre supérieur de choses, nous fait comprendre que le Fils de Dieu qui est le Verbe de Dieu, est Dieu ; de même que les enfants des hommes sont hommes, le Fils de Dieu est Dieu. Mais les enfants des hommes sont hommes par suite de l'union des deux sexes, et ce n'est pas ainsi que le Fils de Dieu est Dieu, parce qu'il est né simplement d'un Dieu qui est une nature simple. Notre verbe, qui est de nous, nous aide à comprendre que le Verbe de Dieu est de lui, mais notre verbe n'est pas ce que nous sommes, et ce n'est pas de cette manière que le Verbe de Dieu est de Dieu, parce que le Verbe de Dieu est une chose réelle et non pas un son qui s'éteint. De ce que nous

---

Verbum Dei. » (*Apoc.*, XIX, 13.) Ut enim non ipse ex quo sunt omnia significaretur, sed (*a*) per quem sunt omnia, id est non Pater, sed Filius, Verbum Dei appellatus est : ut quia Deus sine Verbo esse non potest, hic qui Verbum Dei dicitur, semper apud Deum fuisse credatur : et quia Verbum non est extra eum cujus Verbum est, hoc Verbum quod apud Deum erat, non aliunde, sed de Deo esse significatum intelligatur ; et quia de Deo est, non absurde Deus dicatur. Itaque non duos deos facit, Deum fuisse apud Deum. Si enim essent duo, diversi essent natura, nec unius voluntatis. Si enim nos homines cum unius sumus naturæ, diversæ tamen sumus voluntatis ; quanta magis (*b*) ubi diversæ et naturæ : et nec Deus apud Deum esse diceretur. Deus enim qui apud Deum erat et est, non ex se habet quod Deus est : si quo minus, nec apud Deum Deus esse diceretur, neque Dei Verbum Deus Verbum appellaretur : sed quia quod de Deo est, non aliud significat esse quam Deus est, Verbum Dei Deus est nuncupatus, ut quia Verbum Dei dicitur, ad alterum Deum non referatur. Quod autem Deus vocatur, ideo fit, ne ad injuriam Dei proficeret, si quod de Deo erat, Deus minime diceretur. Igitur et unitas Dei servata est, et debita honorificentia reddita ; quando non in propria gloria receptus est hic qui de Deo Deus est, sed in ejus de quo Deus est. Propterea de Verbo incipit loqui Evangelium prius quam loquatur de Deo Patre ; quia quæstiones non de Deo fiunt, sed de Verbo Dei. Nemo enim dubitat de Deo, sed de eo qui est de Deo Deus. Omnis enim lingua cœlestium et terrestrium fatetur unum Deum, sed in sacramento unius Dei turbatur. Trepidat enim audiens Deum dici Verbum Dei : corporalibus enim modis pulsatur, quia verbum hominis homo dici non potest : cum utique Deus natura sit simplex, non membris compositus, neque qui intus habeat et foris, neque ante et post, aut summum et imum ; sed si potest dici, totus per omnia idem, nusquam varius vel absimilis : una autem claritas ejus est immensa. Nam si ignis non habet anteriora et posteriora, aut intus et foris, quanto magis Creator ejus ? Itaque quia omne quod Deus est, totum unum est, non discrepat cum quid de Deo est, dicitur Deus. Ex parte ergo humano exemplo, et ex parte non humano, Dei Filius qui est Verbum Dei, Deus est. Ea enim ratione qua filii hominum homines sunt, Dei Filius Deus est : sed quia ex commixtione filii hominum homines sunt, non hoc exemplo Filius Dei Deus est ; quia ex simplici Deo simpliciter natus est. Et quemadmodum verbum nostrum ex nobis est, hoc exemplo intelligitur Verbum Dei esse de eo : sed quia verbum nostrum non est hoc quod nos sumus, non hac ratione Verbum Dei de Deo est ; quia

---

(*a*) Ms. Colb. *post quem*. — (*b*) Sic Mss. At editi ubi *diversitas non est naturæ, neque voluntatis, Deus apud Deum dicatur.*

employons les mêmes expressions pour Dieu et pour nous, il ne s'ensuit pas que la raison d'être soit la même pour nous et pour lui en réalité. Ainsi nous lisons : « Au commencement Dieu a fait le ciel et la terre. » (*Gen.*, 1, 1.) Comment les a-t-il faits? Est-ce avec la main, comme lorsque nous faisons quelque action? Plus bas nous lisons encore : « Et Dieu dit : Que la lumière soit, et la lumière fut. » A qui pensons-nous que Dieu ait ici parlé? Ce n'est certainement pas à un homme, mais à celui qui avait le pouvoir de créer, et qui devait créer l'homme lui-même comme il le créa en effet. Mais comment a-t-il parlé? est-ce comme nous à l'aide d'un organe matériel? Loin de nous cette pensée. Vous voyez donc que si nous employons les mêmes expressions pour Dieu et pour nous, ces expressions indiquent une manière d'agir toute différente, car Dieu agit tout différemment de nous, et son langage n'a rien de comparable avec le nôtre. Ainsi donc le Verbe de Dieu n'est pas un Verbe comme le nôtre, qui à peine formé cesse d'exister; c'est un Verbe qui demeure, parce que c'est un Verbe qui entend, qui parle, qui agit. Il n'est pas seulement le Verbe de Dieu, il est la puissance, la sagesse de Dieu, il est le Fils de Dieu. Quant à l'effet produit, il est le Fils de Dieu ; si nous considérons la manière dont Dieu nous parle par son intermédiaire, on l'appelle le Verbe de Dieu ; si nous regardons la sagesse par laquelle Dieu nous enseigne par lui ses mystères, il est la sagesse de Dieu ; si enfin nous contemplons cette opération toute-puissante en vertu de laquelle Dieu a fait et continue de faire toutes choses, on l'appelle la puissance de Dieu. Aucun de ces titres ne peut convenir qu'au Fils de Dieu. Par là même qu'il est Dieu venant de Dieu, nous lui attribuons toutes les perfections de la nature divine. Ces attributs divins sont une suite nécessaire de sa naissance. Il n'eût pas été convenable que le Verbe de Dieu, la sagesse, la puissance de Dieu, fût en rien inférieur à Dieu, car voilà ce qu'est le Dieu Verbe, la puissance et la sagesse de Dieu. C'est parce que le Christ est Dieu tout entier venant de Dieu lui-même tout entier, qu'on l'appelle la sagesse, la puissance, le Verbe de Dieu, car c'est ainsi qu'il est Dieu venant de Dieu et Dieu demeurant en Dieu. C'est pour cela que l'Evangéliste dit : « Il était en Dieu dès le commencement. » (*Jean*, 1, 2.) L'Ecriture est comme forcée de faire cette déclaration pour convaincre les esprits des incrédules; elle veut montrer que le Christ est Dieu; de même que partout pour consacrer l'unité de Dieu, elle veut nous faire comprendre que le Christ est Dieu. Ici elle proclame ouvertement qu'il est Dieu et qu'il a toujours été en Dieu, c'est-à-dire qu'elle nous découvre le mystère qui est en Dieu, pour nous apprendre qu'il n'est pas seul. Elle déclare donc que si Dieu est un, il n'est pas cependant seul, mais que quand même il y aurait en lui deux ou trois personnes, elles sortent d'une même nature et ne préjudicient en rien à l'unité, car ce qui vient d'un seul principe s'y rapporte, parce que ce principe est un bien que toutes choses viennent de Dieu. Mais il y a une grande différence entre ce qui tire son être de Dieu dans un sens propre, et ce qu'il a créé au dehors par sa volonté, c'est-à-dire il y a une immense distance entre ce qui est sorti de sa substance, et ce qui n'existant pas a été tiré du néant par sa volonté. Ce qui est sorti de la substance de Dieu n'a pas eu d'existence postérieure à cette substance; au contraire, ce qui a

---

Verbum Dei res est, non sonus qui deperit. Nec enim quia communia vocabula nobis et Deo sunt, una ratio erit nobis et Deo in rerum effectu. Nam legimus : « In principio fecit Deus cœlum et terram. » (*Gen.*, 1, 1.) Quomodo fecit? Numquid sicut nos manu (*a*) facimus opera? Et in subjectis : « Et dixit, inquit, Deus : Fiat lux, et facta est lux. » Cui putamus locutum esse Deum? Quia non utique homini locutus est, sed ei qui posset facere, qui etiam hominem facturus erat, sicut et fecit. Sed quomodo locutus est? numquid sicut nos loquimur organo corporali ? absit. Vides ergo quod vocabula quidem nobis et Deo communia sunt, sed discrepant in effectu : aliter enim Deus facit quam facimus nos, et loqui dicitur, sed non more nostro. Sic et Verbum Dei non tale verbum est, sicut nostrum, quod postquam sit, non est; illud autem manet, quia tale Verbum est, quod et audit, et loquitur, et operatur. Non solum autem Verbum Dei est, sed et virtus et sapientia Dei, hinc est Filius Dei : qui quantum ad effectum pertinet, Filius dicitur Dei; quantum autem ad locutionem, qua nos alloquitur Deus per ipsum, Verbum dicitur Dei ; quantum vero ad sapientiam, qua nos Deus per ipsum docet sacramentum suum, sapientia dicitur Dei ; quantum autem ad operationem, qua per ipsum omnia fecit et facit Deus, virtus dicitur Dei. Hæc nulli alii possent competere nisi Filio Dei. Propterea enim quod ex Deo Deus est, omnia Dei habere dicitur. Nascendo enim omnia consecutus est Dei. Nec enim conveniens erat degener dici Verbum Dei, et virtutem et sapientiam Dei : hoc est enim Deus Verbum, virtus et sapientia. Christus autem quia totus de toto ex Deo Deus est; et sapientia dicitur Dei, et virtus, et Verbum : hoc est, Deum esse de Deo, et apud Deum. Propter quod ait : « Hoc erat in principio apud Deum. » (*Joan*, 1, 2.) Ad evincendas enim incredulorum mentes coacta Scriptura erupit, ut ostenderet Christum esse Deum, cum omni loco propter unitatem Dei, intelligi vult Christum esse Deum. Nunc autem aperta voce dixit eum esse Deum, et semper fuisse apud Deum, sacramentum patefaciens Dei, ne Deus omnino solitarius putaretur, declaravit non propterea unum dici Deum, ut solitarius æstimetur, sed licet (*b*) duo vel tres, ex uno tamen, non præjudicare unitati ; quia quod de uno est, ad illud ipsum refertur, quia unus est, quamvis omnia dicantur ex Deo. Sed aliud est quod proprie exstitit de Deo, et aliud quod nutu de foris creatum est Dei : hoc est, aliud est quod de substantia ejus processit, et aliud quod cum nullo modo esset, voluntate ejus creatum est. Quia quod de substantia Dei processit,

---

(*a*) Ms. Colb. *facimus manu, opere*. — (*b*) Sic Ms. Colb. At editi *duæ vel tres personæ essent, tamen non præjudicaretur unitati, quia quod Deus est*.

été créé n'a commencé d'être une substance qu'au moment de sa création. Il n'y a donc que la Trinité seule qui n'ait pas de commencement. La manifestation de ce mystère a diminué le mérite de la foi, car plus l'objet de la foi est caché, plus aussi est grande la récompense de celui qui croit, et par la même raison moins grand est le châtiment de l'incrédule. De même que la manifestation du mystère diminue le mérite des croyants, il augmente le châtiment réservé à ceux qui refusent de croire. Plus une loi est claire, plus on est coupable de la transgresser. Il suffisait sans doute du témoignage du Sauveur qui déclarait qu'il avait Dieu pour Père. Qui en effet parmi les fidèles pouvait avoir le moindre doute que la nature du Fils fût en rien différente de celle du Père? Mais la perversité des hérétiques ayant cherché à ébranler les droits de la foi par leurs fictions aussi impies que mensongères, en entendant le Fils de Dieu dans un sens différent de ce qu'enseignait la foi chrétienne, l'Evangéliste a cru devoir ajouter pour plus grande clarté qu'il avait été avant toutes choses en Dieu et Dieu lui-même. C'est ainsi qu'il expliquait ce que renferme la notion de Fils véritable. La bonté divine semble avoir eu égard à la faiblesse humaine en manifestant ce qui était demeuré caché jusqu'ici, et qu'elle réservait comme récompense d'une foi plus parfaite. Saint Jean ajoute donc : « Toutes choses ont été faites par lui. » (Jean, 1, 3.) Si ce qui précède pouvait laisser quelque doute dans l'esprit humain trop étroit pour comprendre les choses divines, il s'agrandit, ce semble, en entendant ces paroles : « Toutes choses ont été faites par lui. » Il ne peut le regarder comme une créature, puisqu'on lui dit que Dieu a fait toutes choses par lui. Or, s'il faisait partie lui-même des créatures, l'Evangéliste ne dirait point que Dieu a fait toutes choses par lui, car ce n'était point par lui-même qu'il était fait. Pour mettre cette vérité dans un plus grand jour, il ajoute : « Et rien n'a été fait sans lui, » paroles qui mettent fin à toute discussion et excluent tous les raisonnements humains. Il en est qui peuvent conserver des doutes; cependant l'Evangéliste, en déclarant que rien n'a été fait sans lui, ne permet pas même de soupçonner qu'il soit lui-même une créature. Comment dire qu'il est une créature faite et tirée du néant, alors qu'on vous enseigne que Dieu n'a rien fait sans lui? Dira-t-on que l'Ecriture ment en disant que Dieu n'a rien fait sans lui? Loin de nous cette pensée. L'Ecriture est la vérité même, et pour couper l'erreur jusque dans sa racine, elle répand la plus vive lumière pour racheter les hommes et les sauver. Saint Jean ajoute encore : « Ce qui a été fait est vie en lui, » c'est-à-dire que ce qui a été fait est vie dans le Verbe. C'est ce que le Seigneur lui-même nous enseigne : « De même que le Père a la vie en lui, ainsi il a donné au Fils d'avoir la vie en lui. » (Jean, v, 26.) Ce n'est pas que le Verbe ait jamais été sans vie, et qu'elle lui ait été donnée ou qu'elle ait été faite en lui, l'Evangéliste veut nous faire comprendre que le Verbe était lui-même la vie. Si l'on peut dire du Père qu'il est autre chose ou qu'il a autre chose en lui, on peut le dire également du Fils, car de même que le Père a la vie en lui, il a donné au Fils d'avoir la vie en lui. Le langage humain est impuissant pour exprimer convenablement les choses divines. Ainsi il paraît impropre de dire que le Fils de Dieu n'ayant pas été fait, on dise que ce qui est a été fait en lui. Si l'Evangéliste avait dit : Ce qui a été en-

nunquam fuit (a) post ejus substantiam : quod vero creatum est, tunc cœpit esse substantia cum creatum est : ac per hoc initium non habet Trinitas sola. Declaratio igitur mysterii merita fidei minoravit : quia quanto occultius est quod creditur, tanto magis propensior credentis est merces, et minor pœna diffidentis. Declaratio autem mysterii sicut minora fecit (b) merita credentibus, ita majores exsuscitavit diffidentibus pœnas. Manifestior enim lex plus facit reum. Nam suffecerat testimonium Salvatoris, quo sibi proprium Patrem dixerat Deum. Quis enim credentium dubitaret nihil a Patre differre in substantia Filium ? Sed quia hæreticorum perversitas infidelitatis commentis fidei jura pulsare cœperat, aliter accipiendo Filium Dei quam prædicatur, additum est, ad faciendam manifestationem, hunc ante omnia apud Deum fuisse et Deum esse ; ut declararet quod filii veri ratio mystice continebat : per quod divina clementia humanæ infirmitati providisse videtur, ut aperiret quod clausum potioris fidei meritis reservaverat : unde adjecit, dicens : « Omnia per ipsum facta sunt, » (Joan., 1, 3) ut si quis ex superioribus in aliquo ambigeret, quia angusta est intelligentia hominum ad divinas res capiendas, ex his capax fieret, cum audit : « Omnia per ipsum facta sunt : » ut non utique facturam ipsum putaret, quia omnia per ipsum audit facta a Deo ; si autem et ipse esset factura, non omnia per ipsum facta a Deo dixisset: nec enim ipse per se fiebat. Quod ut adhuc absolutius traderet, adjecit : « Et sine ipso, inquit, factum est nihil : » hoc dicens, exclusit omnem controversiam et argumenta terrena. Quamvis non desint qui diffidant ; tamen quando sine ipso nihil factum ostendit, nullo modo illum facturam esse suspicari debere edocuit. Quomodo enim dici potest ipse esse factura, cum nihil dicatur Deus sine ipso fecisse ? Si enim fecit, mentitur Scriptura. Sed absit. Fidelis enim est Scriptura, quæ ut errorem amputet, quanta potest utitur manifestatione ad salutem hominum redimendam. Denique subjecit : « Quod factum est in ipso vita est : » « in ipso, » id est in Verbo, quod factum est, vitam esse significat. Sicut et ipse Dominus ait : «Sicut habet Pater vitam in semetipso, ita dedit et Filio vitam habere in semetipso. » (Joan., v, 26.) Non quia Verbum sine vita erat, et postea aut data aut facta est in illo vita ; sed ipsum Verbum vitam vult intelligi esse. Si de Patre Deo potest dici, quod aliud ipse est, et aliud in se habet ; ita etiam de Filio ejus : quia sicut habet Pater vitam in semetipso, ita dedit Filio vitam habere in semetipso. Humana enim eloquia non sunt idonea ad res explicandas divinas. Ideo vitiosum videtur quod dicitur, ut cum factura non fit Dei Filius, in ipso dicatur factum (c) quod est. Et si dixisset, quod genitum

(a) Editi præter; Mss. post. — (b) Ms. Colb. mereri credentes. — (c) Ms. Colb. omittit, quod est.

gendré en lui, la propriété des termes laisserait encore à désirer. Mais pour exprimer sa génération substantielle, il s'est servi des termes qu'il a pu trouver pour nous faire connaître l'œuvre de cette génération qui lui a donné l'être, car cette génération a en elle la vie. Pour nous, nous avons la vie, il est vrai, mais nous ne pouvons pas la communiquer aux autres, car cette vie même n'est pas en notre pouvoir. Mais pour le Verbe, l'Évangéliste dit qu'il a la vie en lui, parce qu'il a la puissance de donner la vie, et de tirer du néant les créatures qu'il veut pour leur donner l'être et la vie. La fin de sa divine naissance est qu'il puisse faire toutes les choses que fait le Père, parce qu'il a en lui la vie comme le Père. En effet, avoir fait toutes choses par lui et en lui, c'est avoir engendré pour qu'il eût en lui la vie par laquelle il pouvait faire toutes choses. Ce n'est pas qu'il soit lui-même autre chose que la vie, mais comme l'essence de sa vie est de vivre, et de pouvoir communiquer cette vie aux êtres qu'elle tire du néant, on dit qu'il a la vie en lui-même. Nous vivons, je le répète, mais nous n'avons pas en nous la vie elle-même pour pouvoir la communiquer aux autres. C'est cette vérité que l'apôtre saint Paul rappelle en ces termes : « Qui est l'image du Dieu invisible, premier-né de toute créature. C'est par lui que tout a été créé dans le ciel et sur la terre, les choses visibles comme les invisibles, les trônes, les dominations, les principautés, les puissances, tout a été créé par lui et en lui. (Coloss., I, 15.) Les deux témoignages des apôtres saint Jean et saint Paul sont ici parfaitement d'accord, ils enseignent la même vérité, c'est-à-dire que le Fils de Dieu a été engendré avant toute créature, pour créer les puissances spirituelles, le monde et tous les êtres visibles qu'il renferme. Saint Jean dit : « Ce qui a été fait est la vie en lui, » (Jean, I, 3) et saint Paul exprime la même vérité en ces termes : « C'est par lui que tout a été créé dans le ciel et sur la terre. » (Colos., I, 16.) Et plus loin : « Tout a été créé par lui et en lui. » Dieu a créé par lui, parce qu'il est le même Dieu par nature, c'est-à-dire que le Père est dans le Fils. « Tout a été créé en lui, » parce qu'il a engendré le Fils pour qu'il eût le pouvoir de créer toutes les choses visibles et invisibles. C'est ainsi qu'il a fait en lui la vie, pour qu'il existât et qu'il donnât à tous les autres êtres animés la vie, l'intelligence, l'action, suivant sa volonté comme l'image de Dieu. Il est appelé l'image de Dieu pour ces deux raisons, premièrement, parce qu'en vertu de sa naissance, il reproduit en lui la ressemblance parfaite du Père, et ensuite parce que sa puissance est égale à celle du Père, de sorte qu'il est vrai de dire qu'on voit le Père dans le Fils qui est l'image du Dieu invisible. De ce qu'il déclare le Père invisible, s'ensuit-il que le Fils soit visible? Non, puisque le Fils est par nature ce qu'est le Père. Puisque la créature céleste est invisible, à plus forte raison celui qui l'a créée. L'Évangéliste veut donc parler ici de ce qui s'accomplit non sur la terre, mais dans les cieux, car bien que le Fils soit invisible, cependant il se manifeste dans le ciel et aux saints dont il a dit lui-même : « Mon Père, je veux que là où je suis, ils soient avec moi, et qu'ils contemplent ma gloire. » (Jean, XVII, 24.) Et ailleurs : « Bienheureux ceux qui ont le cœur pur, parce qu'ils verront Dieu, » (Matth., v, 8) c'est-à-

---

est in ipso, etiam sic vitiosum videbatur. Sed ut (α) substantivam generationem ejus ostenderet, opus in ea factum quali uti potuit sermone, per quod existeret, demonstravit, quia generatio ejus vitam in se habet. Nos enim vivimus quidem, sed non possumus aliis dare vitam : quippe cum nec in potestate nostra sit eadem vita. Ille autem ideo dicitur vitam in se habere, quia potens est vivificare, et creare quæ vult ut sint et vivant. Ad hoc enim natus dicitur, ut omnia possit facere quæ facit Pater ; quia sic habet vitam in se, sicut habet et Pater. Hoc enim est, omnia per ipsum et in ipso fecisse, sic eum genuisse, ut haberet in se vitam, per quam omnia possit facere : non quia ipse aliud est quam vita, sed dum hoc potest vita ejus, ut et vivat, et alia possit creare quæ vivant, vitam dicitur habere in semetipso. Nos enim vivimus, sed non habemus in nobis vitam ipsam, ut etiam aliis demus vitam. Quem sensum et apostolus Paulus memorat inter cætera dicens : « Qui est imago invisibilis Dei primogenitus ante omnem creaturam : quoniam in ipso condita sunt omnia in cœlis et in terra; visibilia et invisibilia, sive sedes, sive dominationes, sive principatus, sive potestates, omnia per ipsum et in ipso creata sunt. » (Col., I, 15.) Conveniunt autem Evangelia in hoc duorum Apostolorum Joannis et Pauli : eadem enim dicunt, quia Filius Dei ante omnem creaturam genitus est, ut crearet potentias spiritales, et mundum, et quæ in eo sunt visibilia. Quod enim dixit Joannes, quia « quod factum est, in ipso vita est, » (Joan., I, 3) hoc idem significavit et Paulus dicens : quia « in ipso condita sunt omnia in cœlis et in terra. » (Col., I, 16.) Et in subjectis : « Omnia per ipsum et in ipso creata sunt. » « Per ipsum » creavit, quia in substantia idem Deus est, hoc est Pater in Filio. « In ipso » vero, quoniam sic generavit Filium, ut haberet potentiam faciendi omnia visibilia et invisibilia. Hoc fuit fecisse in illo vitam, ut et viveret, et vitam aliis præstaret vivendi, intelligendi, agendi, et cæteris animantibus secundum quod voluit, quasi imago Dei. Dum enim imago dicitur Dei, ad utrumque refertur ; quia et per expressam nativitatem, plenam habet in se similitudinem Patris, et potest quidquid potest et Pater, ut verum sit Patrem videri in Filio, qui est imago invisibilis Dei. Numquid quia Patrem invisibilem dixit, Filium visibilem fecit, cum hoc utique sit Filius per naturam quod et Pater ? Et cum creatura cœlestis sit invisibilis, quanto magis Creator ejus ? Sed hoc significavit quod in cœlis est, non quod in terra ; quia quamvis Filius invisibilis sit, illic tamen, id est, in cœlestibus videtur ab Apostolis vel cæteris talibus, de quibus dixit : « Pater volo ut ubi ego sum, et isti sint mecum, et videant claritatem meam. » (Joan., XVII, 24.) Et alibi : « Beati, inquit, mundo corde,

---

(α) Sic Ms. Colb. At edd. *substantiam generationis*.

dire le Père dans le Fils, Dieu dans son image, c'est-à-dire Dieu en Dieu. L'image d'un objet corporel est elle-même corporelle; ainsi Dieu est l'image de Dieu, parce que le Père est l'exemplaire, et le Fils la reproduction de l'exemplaire, qu'il communique à l'Esprit saint, « parce qu'il recevra de moi, » (*Jean*, xvi, 14) dit-il à ses Apôtres. Nous voyons donc Dieu dans le Fils comme dans son image. De même que personne n'a été trouvé digne d'ouvrir le livre et d'en lever les sceaux, si ce n'est le Verbe de Dieu (*Apoc.*, v, 4); ainsi nul n'est digne de voir Dieu le Père ni par sa nature, ni par ses mérites, si ce n'est le Fils véritable de Dieu. Car il n'y a point d'intermédiaire qui fasse obstacle entre le Père et le Fils, c'est lui-même qui nous le déclare : « Nul n'a jamais vu le Père, sinon celui qui est de Dieu, celui-là a vu le Père. » (*Jean*, vi, 46.) Mais si on voit le Père dans le Fils, pourquoi personne n'est-il digne de voir Dieu, puisqu'on le voit dans le Fils qui ne diffère en rien du Père? Il n'y a aucune différence de nature, nous l'accordons, parce qu'il est le vrai Fils de Dieu, mais il diffère sous le rapport de la causalité, parce que toute la puissance vient au Fils par le Père. Le Fils n'a pas une nature inférieure au Père, mais le Père a une autorité plus grande au témoignage du Seigneur lui-même : « Si vous m'aimez, dit-il à ses disciples, vous vous réjouirez de ce que je vais à mon Père, parce que mon Père est plus grand que moi. » (*Jean*, xiv, 28.) Saint Paul observe la même gradation dans son langage lorsqu'il dit : « Il n'y a pour nous qu'un seul Dieu, le Père d'où procèdent toutes choses et qui nous a faits pour lui, et un seul Seigneur, Jésus-Christ, par qui toutes choses ont été faites, et nous sommes par lui. » (I *Cor.*, viii, 5.) Au premier degré est celui de qui sont toutes choses; au second, celui par qui toutes choses existent. Et comme il n'y a aucune infériorité dans les personnes divines, l'Apôtre les ramène toutes à l'unité de Dieu lorsqu'il dit : « C'est de lui, et par lui, et en lui que sont toutes choses, à lui la gloire dans tous les siècles. » (*Rom.*, xi, 36.)

QUESTION CXXIII. — Adam a-t-il eu l'Esprit saint ?

J'ai découvert que quelques-uns de nos frères qui n'ont point fait une étude approfondie des Écritures, affirment avec une certaine simplicité qu'Adam aussitôt sa création, reçut le Saint-Esprit comme il est maintenant donné aux fidèles, et qu'il le perdit par son péché. Ils s'appuient sur un sentiment soutenu par un grand nombre, que la réparation de l'homme a eu lieu par la foi qui l'a rétabli dans son premier état et lui a rendu tout ce qu'Adam avait reçu dès sa création. D'ailleurs, disent-ils, l'homme a été créé parfait, ce qu'on ne peut admettre qu'autant qu'il a reçu l'Esprit saint. Pour moi, j'affirme que non-seulement l'homme, mais les choses que Dieu a faites, il les a créées dans un état de perfection, bien qu'on ne puisse dire qu'elles ont reçu le Saint-Esprit. Toutes les espèces d'animaux sont parfaites dans leur genre pour accomplir la fin de leur création, ainsi l'homme est parfait dans son genre, en ce sens qu'il peut discerner le mal du bien, l'erreur de la vérité. C'est un animal intelligent, parfait pour la fin que Dieu s'est proposée en le créant. Il est doué tout à la fois de la parole, de la pensée et de l'action, et il accomplit par l'intelligence ce qu'il ne peut faire par sa puissance. Comment donc a-t-on

quoniam ipsi Deum videbunt : » (*Matth.*, v, 8) hoc est, Patrem in Filio, Deum imagine; quod est Deum in Deo. Sicut corporalis rei corpus imago est, ita et Dei Deus imago est : quia exemplum Pater, Filius vero exemplum de exemplo, quod communicat Spiritui sancto : « quia de meo, inquit, accipiet. » (*Joan.*, xvi, 14.) Ideoque in Filio videtur Deus quasi in imagine. Sicut enim nemo dignus inventus est aperire librum, et signacula ejus, nisi Verbum Dei (*Apoc.*, v, 4); ita et Deum Patrem nemo videre dignus est, neque natura, neque meritis, nisi verus Filius ejus. Nihil etenim medium est, quod obstet inter Patrem et Filium, ipso nobis teste qui ait : « Neque enim Patrem vidit unquam, nisi qui est a Deo, hic vidit Deum. » (*Joan.*, vi, 46.) Sed si in Filio videtur Pater, quare nemo dignus dicitur videre Deum ; cum videatur in Filio, quia nihil differt a Patre Filius ? Nihil plane differt in substantia, quia verus Filius est; differt autem in (*a*) causalitatis gradu, quia omnis potentia a Patre in Filio est : et in substantia minor non est filius, auctoritate tamen major est Pater, ipso Domino testante et dicente : « Si diligeretis me, gauderetis utique, quia vado ad Patrem, quia Pater major me est. » (*Joan.*, xiv, 28.) Quem etiam modum custodiens apostolus Paulus : « Unus, inquit, Deus Pater, ex quo omnia et nos in ipso ; et unus Dominus Jesus, per quem omnia, et nos per ipsum ; » (I *Cor.*, viii, 6) ut primus gradus sit, ex quo sunt omnia ; secundus, per quem omnia ; tertius, in quo omnia. Et quia nullus ex his degener est, in unitate Dei significati sunt, dicente Apostolo : « Quoniam ex ipso, et per ipsum, et in ipso sunt omnia, ipsi gloria in sæcula sæculorum. » (*Rom.*, xi, 36.)

QUÆSTIO CXXIII. — (1) Utrum Adam Spiritum sanctum habuerit ?

Comperi quosdam ex fratribus nostris, non plene discussisse Scripturas ; sed simplicitate animi asseverare, quod Adam factus, sanctum accepit Spiritum, quem peccans amisit, sicut nunc datur credentibus. Hac ducti ratione, qua solet adseverari a plurimis, quia per fidem instauratus est homo, ita ut ad pristinum redditus statum, hoc omne accipere, quod inter initia Adam fuerat consecutus ; et quia perfectus homo factus dicebatur, qui si non habuit, inquiunt Spiritum sanctum, imperfectus fuit. Ego autem non solum hominem, sed et cuncta quæ fecit Deus, quæ non possunt dici accepisse Spiritum sanctum, dico perfecta. Omnia enim genera animalium in suo perfecta sunt, ut impleant id ad quod sunt facta : ita et homo in suo genere perfectus est, ut poterit sit discernere mala a bonis, prava a rectis. Est enim animal intelligibile, perfectum ad id ad quod factum est. Capax est enim dicendi, excogitandi et faciendi, ut quæ virtute non potest, impleat sensu.

(1) Deest in Mss. 2 generis.
(*a*) Ms. Colb. *in causa vel gradu.*

osé dire que l'homme devait naître parfait avec la science absolue de toutes choses, alors qu'il est évident qu'il ne sait rien que ce qu'il apprend. Ce qu'il n'apprend pas, il ne le sait pas. Ainsi, il ne sait pas ce qu'il est, parce que ce n'est pas l'objet de son étude ici-bas; or, celui qui ne sait pas ce qu'il est, comment peut-il tout connaître, bien qu'il soit moins difficile de se connaître que de connaître toutes les autres choses? Mais comme son esprit se tourne vers ces choses, au lieu de s'étudier lui-même, il acquiert la connaissance de ce qui est en dehors de lui, sans se connaître lui-même, sans savoir s'il a existé avant ou après son corps. Si l'homme avait été créé dans un état de perfection qui eût exclu tout besoin, ce n'eût pas été un homme, mais un Dieu, et il n'eût point cédé à la séduction qui fut cause de son péché. Or, avoir en soi l'Esprit saint est un privilége au-dessus de la perfection naturelle de l'homme et qui lui donne le pouvoir de faire les choses de Dieu. Est-ce que l'ânesse qui parla à Balaam n'a pas fait une action supérieure à sa nature? (*Nomb.*, XXII, 28.) Elle a reçu la faculté de faire ce qui n'était pas dans sa nature, mais dans la nôtre. Mais de ce que l'homme est d'une nature supérieure à celle des animaux, s'ensuit-il que les animaux soient imparfaits? Les saints anges ne sont pas ce qu'est Dieu; dira-t-on qu'ils soient imparfaits? Les astres et les étoiles sont inférieurs aux anges des cieux, des nuages viennent souvent couvrir comme d'un voile le soleil et la lune; ces astres en sont-ils moins parfaits? Les membres du corps ont un besoin réciproque les uns des autres (car les pieds ne peuvent faire ce que font les mains); est-ce une raison de dire qu'ils soient imparfaits? Non, sans doute. Tous les êtres créés ont une perfection en rapport avec la place et le rang qu'ils occupent et avec la fin pour laquelle ils sont créés. Ils sont donc tous parfaits parce que leur Créateur est parfait, cependant comparés au Créateur, ils sont évidemment imparfaits. La perfection de Dieu s'étend à tout, parce qu'il est la source et l'origine de toutes choses. Les êtres créés sont parfaits, sans doute, mais pour la fin que Dieu leur a donnée en les créant. Envisagée sous un autre rapport, ils n'ont plus cette perfection, parce qu'ils ont besoin les uns des autres. Ils sont parfaits en tant qu'ils se suffisent à eux-mêmes, et non pas en tant qu'ils ont besoin d'un concours étranger; ils sont donc un mélange de perfection et d'imperfection. Les mains réclament le concours des pieds, car si les pieds refusent de marcher, les mains sont sans action. Les pieds à leur tour ont besoin des mains, car ils ne peuvent ni se chausser, ni prendre d'eux les soins qu'ils réclament. Le corps est donc parfait dans ses membres, cependant il ne peut ni voler, ni porter d'aussi lourds fardeaux que le mulet. Ces animaux sont eux-mêmes parfaits, cependant ils ne peuvent ni se gouverner, ni s'administrer les remèdes dont ils ont besoin. Ce qui a fait dire au Psalmiste : « Ne soyez pas semblables au cheval et au mulet, animaux sans intelligence. » (*Ps.* XXXI, 9.) L'eau et le feu sont deux éléments incompatibles, cependant ils sont parfaits dans leur genre, car ils accomplissent la fin pour laquelle ils sont créés. Le feu cuit et consume les objets sur lesquels il exerce son activité, il purifie et réchauffe; l'eau lave, rafraîchit, arrose et étanche la soif. Tous les objets créés sont donc parfaits dans leur genre, cependant ils ne peuvent rien sans l'homme, de même que l'homme quoique plus parfait ne peut se passer de leur concours. Voilà pourquoi l'Apôtre déclare que nous sommes à la fois imparfaits et parfaits. En comparaison des infidèles, nous sommes

---

Et quomodo ausi sunt dicere, hominem perfectum nasci debere et totum scire, quem vident nihil ultra nosse quam hic discat? Quod enim hic non discit, nescit. Denique quoniam hic non discit, qualis sit, nescit: qui se ergo nescit qualis sit, quomodo omnia novit, cum minus sit se nosse, quam cætera? Sed quia de cæteris discit, de se autem non discit, de aliis novit, de se nescit, neque qualis sit, neque an ante corpus an post corpus sit. Nam si sic perfectus factus esset ut nullius egeret, non fuerat homo, sed Deus; neque circumventus prævaricasset. Spiritum autem sanctum habere, ultra naturam et perfectionem hominis est, ut possit quæ Dei sunt. Numquid non, quia asina locuta est ad Balaam, ultra perfectionem ejus est? (*Num.*, XXII, 28.) Accepit enim ut posset quod naturæ suæ non erat, sed nostræ. Itaque quia præstantior est homo cæteris animalibus, idcirco illa imperfecta dicenda sunt? aut quia sancti Angeli non sunt quod est Deus, imperfecti sunt? vel quia luminaria et stellæ imperfectiores sunt supernis Angelis, vel quia nubila velamine suo obscurant solem et lunam, minus perfecta sunt? Et quia membra invicem egent (non enim possunt pedes quod possunt manus), imperfecta dicentur? absit. Omnia enim pro locis et gradibus suis firma et perfecta sunt, ut impleant id ad quod facta sunt. Igitur omnia perfecta sunt, quia et Creator eorum perfectus est : sed ad comparationem ejus imperfecta sunt. Deus enim per omnia perfectus est, quasi fons et origo omnium. Nam quæ facta sunt, perfecta quidem sunt, sed ad id quod facta sunt, ut in alia parte non sint perfecta; quia aliter alterius eget : ut in eo quo non eget, perfectum sit, non in quo eget : ideoque perfecta et imperfecta sunt omnia. Manus indigent pedibus; quia nisi ambulaverint pedes, otiosæ erunt manus. Iterum pedes indigent manibus, calceare enim se non possunt, neque curare. Cum ergo corpus perfectum sit membris, volare tamen non potest, neque ferre tantum quantum potest burdo. Cumque hi perfecti sint, gubernare tamen se nesciunt, nec adhibere sibi possunt medicinam. Unde dictum est : « Nolite fieri sicut equus et mulus, in quibus non est intellectus. » (*Psal.* XXXI, 9.) Et aqua et ignis cum repugnent invicem, in suo genere perfecta sunt; implent enim id ad quod facta sunt. Coquit enim ignis, et consumit; purgat et calefacit : aqua vero abluit, refrigerat, irrigat, sitientes recreat. Itaque cum omnia in suo genere perfecta sint, sine homine tamen nihil possunt, neque homo quamvis perfectior sit, sine his. Hinc Apostolus imperfectos et perfectos nos dicit. Ad comparationem enim infidelium nos perfecti sumus, quia Deum cognoscimus : sed quia

parfaits, parce que nous connaissons Dieu, mais nous sommes imparfaits parce que nous n'avons pas la connaissance suffisante des promesses qui nous sont faites, car tant que nous sommes dans cette vie, nous ne pouvons comprendre dans toute leur étendue les vérités qui font l'objet de notre foi.

Or, puisqu'il en est qui pensent que les fidèles rentrent en possession de la perfection d'Adam, voyons si la réparation de l'homme ne lui ouvre pas une source de grâces plus abondantes que celles qui furent données à Adam. Adam a été placé dans un jardin pour le cultiver et pour en être le gardien fidèle, c'est-à-dire pour cultiver la terre et garder les commandements de Dieu qui lui apprenaient qu'en recevant l'empire sur tous les objets créés, il vivait cependant sous la dépendance de son Créateur, et que cet empire ne devait point l'enfler d'orgueil et lui faire oublier celui qui l'avait créé. Il a donc été placé dans ce jardin pour soutenir son existence par les aliments qui lui sont nécessaires. Mais en vertu de la grâce que Jésus-Christ a faite aux hommes, après leur résurrection, ils n'auront plus besoin ni de manger ni de boire, car ce qui est mortel dans l'homme sera comme absorbé par la vie. Adam a été créé pour habiter sur la terre, mais la foi nous donne l'espérance singulière d'habiter un jour dans les cieux. Voici à ce sujet le témoignage de l'Écriture elle-même : « Adam le premier homme a été créé avec une âme vivante; et le second a été rempli d'un esprit vivifiant. Le premier homme est le terrestre formé de la terre, le second est le céleste qui vient du ciel. Comme le premier homme a été terrestre, ses enfants sont aussi terrestres; et comme le second est céleste, ses enfants sont aussi célestes. » (I *Cor.*, xv, 45.) N'est-il pas évident d'après ces paroles qu'Adam n'a pas reçu l'Esprit saint? Il a reçu une âme vivante, mais par Jésus-Christ nous recevons un esprit vivifiant, qui rend en quelque sorte l'homme semblable au Créateur en qui il croit. En effet, le mystère de la foi que l'homme doit croire pour être sauvé est le mystère d'un Dieu en trois personnes, et dans l'homme nous voyons aussi ces trois choses, le corps, l'âme et l'Esprit saint, par lequel nous méritons d'être appelés les enfants de Dieu, titre qui ne fut point donné à Adam, car il était terrestre et formé de la terre. Or, ce sont les enfants de Dieu dont la naissance est toute spirituelle et non charnelle, qui méritent d'être appelés célestes. Il est donc bien établi que Dieu a donné aux hommes à l'avènement du Sauveur des grâces beaucoup plus abondantes que n'en avait reçu Adam. L'homme ne fut pas seulement rétabli dans son premier état, il fut élevé à une condition plus excellente ; il fut rétabli dans son premier état, parce qu'il fut purifié de ses péchés; mais pour tout le reste il fut élevé à une perfection bien supérieure. En effet, la justice et la raison exigeaient que la bonté de Dieu fût plus libérale dans ses bienfaits alors qu'il daignait révéler à sa créature le mystère de sa divinité. Les hommes ayant connu ce qui était demeuré caché aux siècles et aux générations qui avaient précédé, le mystère d'un Dieu en trois personnes, il était convenable, pour consacrer cette révélation nouvelle, qu'avec la rémission de leurs péchés et la justification, ils reçussent encore l'adoption des enfants de Dieu et l'Esprit saint qui imprime en eux le signe de cette adoption. L'adoption qui vient de Dieu doit porter le signe de Dieu le Père pour que nous puissions être appelés à juste titre les enfants de Dieu. Les prophètes eux-mêmes avaient prédit que cette fa-

---

quæ promissa sunt, minus scimus quam debemus, quia in hac vita non tantum possumus comprehendere, quantum est quod creditur, imperfecti sumus. Igitur quoniam putant perfectionem Adæ instaurari credentibus, videamus si hæc instauratio nihil ultra doni habeat divini quam fuerat consecutus Adam. Factus enim Adam positus est in paradiso, ut operaretur ibi, et custodiret : hoc est, ut coleret terram, et custodiret præcepta Dei, per quæ sciret sic se dominium cunctorum accepisse, ut ipse tamen sub lege viveret Creatoris, ne dominatio extolleret eum, et inflatus superbia immemor fieret sui Conditoris. Positus ergo est, ut cibis sustentaretur vita ejus : per Christum autem hoc concessum est, ut resurgentes non egeant cibo vel potu ; quia quod mortale est hominis, convertitur in vitam. Factus est Adam ut habitaret in terra ; fides autem largiri dignata est, ut in cœlis sit habitatio nostra. Scriptura ipsa testatur, quia « factus est, inquit, primus homo Adam in animam viventem, secundus autem homo in spiritum vivificantem. Primus autem homo de terra terrenus, secundus autem homo de cœlo cœlestis. Qualis terrenus, tales et terreni ; et qualis cœlestis, tales et cœlestes. » (I *Cor.*, xv, 45.) Quid tam apertum quam quod Adam non habuit Spiritum sanctum? Factus est enim in animam viventem ; per Christum autem in spiritum vivificantem, ut homo in aliquo similis sit Creatori, (a) quem credit. Quia enim mysterium fidei, quod ad salutem datum est, trinum est, tribus fit, corpore, anima, et Spiritu sancto, per quem dicimur filii Dei ; quod minime Adam probatur vocatus, terrenus enim factus est. Filii autem Dei non carnaliter, sed spiritaliter nati, cœlestes dicuntur esse. Ecce absolutum est, donum Dei multo plus gratiæ concessisse homini tempore Salvatoris, quam acceperat Adam : quia non solum est instauratus, sed et melioratus : in eo instauratus, quia peccatis ablutus est ; in cæteris melioratus. Hoc enim et justitia et ratio exigebat, ut tunc uberior esset clementia Dei in dandis beneficiis, quando mysterium divinitatis suæ innotescere voluit creaturæ : ut cognoscentes, quod incognitum fuit a sæculis et generationibus, Dei unius sacramentum in Trinitate consistere, pro ipsa novitatis quasi dedicatione peccatis abluti insuper justificentur, et adoptati a Deo Spiritum sanctum accipiant, per quem signum adoptionis habere videantur. Adoptio enim a Deo signum habere debet Dei Patris, ut non immerito filii Dei appellentur. Hoc donum etiam per Prophetas promissum est, ut tunc daretur, quando mysterium Dei

---

(a) Ms. Colb. *et sit quod credit.*

veur serait accordée aux hommes lorsque le mystère de Dieu se manifesterait dans son triomphe sur la mort, afin que toute créature reconnût que le Père, le Fils et le Saint-Esprit ne faisaient qu'un seul Dieu. Voilà pourquoi l'Évangéliste dit : « L'Esprit n'était pas encore donné, parce que Jésus n'était pas encore glorifié. » (*Jean*, VII, 39.) Cette glorification eut lieu lorsque la manifestation de sa puissance le fit reconnaître pour ce qu'il était, d'après le témoignage qu'il avait rendu de lui-même, car cette glorification fut la source de la grâce promise par le prophète Joël : « Dans les derniers jours, dit Dieu, je répandrai mon Esprit sur toute chair, etc. » (*Joël*, II, 28, etc.) Et l'Apôtre de son côté : « Lorsque la bénignité et la tendresse de Dieu notre Sauveur a paru, il nous a sauvés, non à cause des œuvres de justice que nous avons faites, mais par sa miséricorde, en nous faisant renaître par le baptême et nous renouvelant par l'Esprit saint qu'il a répandu abondamment sur nous par Jésus-Christ notre Sauveur, afin qu'étant justifiés par sa grâce, nous soyons héritiers, selon l'espérance de la vie éternelle. » (*Tit.*, III, 4.) L'Apôtre confirme la prédiction du prophète Joël, prédiction que Dieu accomplit après que Jésus fût glorifié, en répandant l'Esprit saint sur ceux qui croient en Jésus-Christ. Or, recevoir le Saint-Esprit, c'est devenir héritiers de la vie éternelle, car l'Esprit saint est éternel, et celui qui le reçoit, reçoit la vie éternelle et l'immortalité dont l'Esprit saint est le gage. Celui qui le reçoit et qui persévère dans son amour après cette vie entre dans les cieux pour s'unir éternellement à celui dont il a l'Esprit, car il ne serait ni convenable ni juste que celui qui sort de cette vie ayant en lui l'Esprit saint, fût retenu dans les enfers. En effet, le signe dans l'homme de la victoire que Jésus-Christ a remportée sur la mort est son Esprit, et celui en qui se trouve cet Esprit ne peut être retenu captif dans les enfers. Aussi l'Esprit saint n'était pas dans les saints de l'ancienne loi comme il est aujourd'hui dans les fidèles. Ces justes, au sortir de cette vie, demeuraient dans les enfers, et on ne peut dire que par suite du péché d'Adam qui se transmettait par la génération à tous ses descendants, les condamnait à cette captivité, l'Esprit saint lui-même était soumis à la sentence de condamnation prononcée contre Adam. Sans aucun doute, l'Esprit saint était avec les prophètes et les justes de l'ancienne loi; avec les prophètes pour l'accomplissement de leur ministère; avec les justes à cause de leur sainteté, comme nous le lisons du vieillard Siméon dont il est dit : « L'Esprit saint était en lui, » (*Luc*, II, 25) non comme signe de l'adoption divine, mais comme principe et comme récompense de ses mérites. Les fils de Dieu par la foi n'ont commencé que lorsque le Fils de Dieu s'est fait connaître à toute créature par son triomphe sur la mort. Si l'on veut soutenir que l'Esprit saint était dans Adam ou dans les autres justes de l'ancienne loi, comme il est maintenant dans les fidèles, quels sont les nouveaux dons que Dieu nous a faits lorsqu'il a inauguré parmi nous le royaume de son Fils ? Et comment peut-on appeler heureux et prospère par-dessus tous les autres le temps où le Sauveur a paru sur la terre, s'il n'a répandu sur les hommes d'autres grâces que celles qu'ils avaient déjà reçues ? Et que signifient alors ces paroles du Sauveur lui-même à ses disciples ? « Beaucoup de prophètes et de justes ont désiré voir ce que vous voyez et ne l'ont pas vu, entendre

declarari deberet in triumpho devicta morte, ut sciret creatura Patrem et Filium et Spiritum sanctum unum esse Deum. Unde Evangelista : « Spiritus, inquit, nondum erat datus, quia Jesus non erat clarificatus. » (*Joan.*, VII, 39.) Clarificatio enim hæc est, cum per virtutem suam cognoscitur esse quod testificatus est de se, quia clarificatio hoc donum dedit, quod per Johelem prophetam fuerat promissum. Ait enim Deus : « In novissimis diebus effundam de Spiritu meo super omnem carnem, etc. » (*Joelis*, II, 28.) Et Apostolus inter alia : « Cum autem benignitas, inquit, et humanitas apparuit Salvatoris Dei nostri, non ex operibus justitiæ, quæ fecimus nos, sed secundum suam misericordiam salvos nos fecit per lavacrum regenerationis et renovationis, per Spiritum sanctum, quem effudit in nos abunde per Jesum Christum Salvatorem nostrum ; ut justificati gratia ipsius hæredes efficeremur secundum spem vitæ æternæ. » (*Tit.*, III, 4.) Confirmavit Apostolus quod per Johelem prophetam fuerat promissum, quia hoc postquam clarificatus est Jesus, implevit Deus, ut Spiritum sanctum effunderet in illos, qui credunt in Christum : et hoc est hæredem fieri vitæ æternæ, Spiritum sanctum accipere ; ut quia Spiritus æternus est, æternam habeat vitam qui accipit eum : pignus est enim immortalitatis. Qui enim accipit eum, et manet in ejus dilectione, transacta hac vita pergit in cœlos ad eum cujus Spiritum habet. Incongruum est enim, ut qui hinc exit habens Spiritum sanctum, apud inferos teneatur. Signum est enim in homine victoriæ Christi, qua vicit mortem, Spiritus ejus, ut in quo fuerit Spiritus ejus ab inferis teneri non possit. Ac per hoc in veteribus sanctis non ita fuit Spiritus sanctus, sicut nunc est in fidelibus ; quia exeuntes de sæculo, apud inferos erant ; et non potest dici, quia Spiritus sanctus causa peccati Adæ, quod per traducem generis omne semen ejus subjectum fecit inferis, simili tenebatur sententia data Adæ. Cum Prophetis ergo et justis viris sanctum fuisse Spiritum non est ambiguum ; cum Prophetis, propter dispensationem ; cum justis vero causa sanctitatis, sicut legitur de sancto Simeone, quia « Spiritus sanctus, inquit, erat cum eo ; » (*Luc.*, II, 25) non ut signum esset adoptionis in eo, sed meritorum ejus gratia. Nam filii Dei credentes tunc esse cœperunt, quando manifestatus est Filius Dei victa morte cunctæ creaturæ. Si autem in Adam vel in cæteris sic dicatur fuisse Spiritus sanctus, sicut nunc est in fidelibus ; quæ nova dona dedit Deus, cum regnum filii sui dedicavit in nobis ? Et quomodo felix et beatum tempus præ cæteris dicitur Salvatoris adventus, si ea præstitit, quæ jam fuerant præstita ? Et ubi est illud, quod dicit Salvator ad discipulos : « Multi, inquit, Prophetæ et justi cupierunt videre quæ videtis, et audire quæ audilis, et non audierunt ? » (*Matth.*, XIII, 17.) Qua ratione ergo poterit dici, quod

ce que vous entendez et ne l'ont point entendu? » (*Matth.*, xiii, 17.) Par quelle raison donc pourrait-on dire que ce temps si heureux n'a donné de plus aux hommes que ce qui a été accordé aux anciens? Un tel sentiment est injurieux pour le Sauveur qui n'aurait donné aux hommes aucune nouvelle grâce à ceux qui le recevaient pour consacrer ainsi la naissance de son empire. Est-ce que les riches de la terre ne cherchent pas et à grands frais à donner à leurs invités, le jour anniversaire de leur naissance, des présents choisis et distingués? C'est donc faire injure à Dieu de penser qu'il n'a fait aucune grâce nouvelle et extraordinaire à ceux qu'il a invités à cette grande et nouvelle solennité digne de toutes les louanges des hommes. Où serait alors la vérité de ces paroles de l'Evangile « : Il est venu dans son domaine, et les siens ne l'ont pas reçu? Quant à ceux qui l'ont reçu, il leur a donné le pouvoir de devenir enfants de Dieu, à ceux qui croient en son nom, qui ne sont nés ni du sang ni de la volonté de la chair, ni de la volonté de l'homme, mais qui sont nés de Dieu? » (*Jean*, i, 11, etc.). Comment donc Dieu n'aurait-il pas comblé de grâces extraordinaires ceux qui ont cru en Jésus-Christ, puisqu'il leur a donné le pouvoir de devenir enfants de Dieu, c'est-à-dire les frères de son propre Fils, en naissant non point de la volonté de la chair ni de l'homme, mais de Dieu lui-même? Si l'on prétend que les hommes avaient déjà reçu ce don précieux, alors l'avènement de Jésus-Christ sur la terre n'a été pour les hommes le principe d'aucune grâce nouvelle. La création d'Adam a été charnelle et terrestre, et non pas spirituelle. Il n'est pas né de Dieu sans le concours de la chair et du sang, puisque Dieu l'a formé de terre; aussi n'a-t-il pu recevoir l'Esprit saint, parce qu'il n'était point spirituel, et qu'il ne lui avait pas été donné d'appeler Dieu son père dans la prière. Ceux au contraire qui ont reçu l'Esprit saint reçoivent en même temps le pouvoir inséparable de l'Esprit saint qui est en eux, d'appeler Dieu dans leurs prières le père des chrétiens. Or, comme les justes de l'ancienne loi n'avaient pas ce privilège, ils n'avaient pas non plus reçu l'Esprit saint. Ceux donc qui prétendent qu'Adam ou les anciens justes ont eu l'Esprit saint, ne connaissent point le prix de la grâce que Dieu leur a faite, et ils sont incapables de lui en rendre de dignes actions de grâces, puisque comblés de ses dons les plus précieux ils disent n'avoir rien reçu plus que ceux qui vivaient sous l'ancienne loi.

LA MÊME ŒUVRE SUIVANT LES PERSONNES PEUT-ÊTRE DIFFÉRENTE ET ÊTRE DIGNE DE LOUANGE OU DE CONDAMNATION.

QUESTION CXXIV. — La vertu de miséricorde est la même dans le riche comme dans le pauvre, mais elle est appréciée diversement dans le riche que dans le pauvre, c'est-à-dire qu'elle est plus digne de louange dans le pauvre que dans le riche. Le pauvre n'a pas craint de donner largement du peu qu'il possédait, dans l'espérance que Dieu le lui rendrait avec usure et dans cette vie et dans l'autre. Il a eu foi en cette parole de l'Ecriture : « Celui qui donne aux pauvres ne sera jamais dans l'indigence. » (*Prov.*, xxviii, 27.) Voilà pourquoi cette pauvre femme mérita seule d'être louée par le Seigneur, alors que beaucoup de riches jetaient de grandes sommes dans le tronc du temple, parce qu'elle n'a pas craint de donner de son indi-

beatitudo temporis hujus nihil amplius contulit doni, quam veteribus est collatum? Quod quidem ad injuriam proficit Salvatoris, ut nihil habuerit novum, quod in ortu imperii sui suscipientibus se donaret : cum tamen laborare soleant divites, ut in die festo natalis sui exquisita invitatis dent apophoreta. Quanta ergo injuria est, ut Deus iis, quos ad novum et inauditum diem festum et omni laude dignum invitavit, non dicatur habuisse inexperta quæ donaret? Et ubi est illud Evangelistæ Joannis, quod dicit : « In sua venit, et sui eum non receperunt : quotquot autem receperunt eum, dedit eis potestatem filios Dei fieri, iis qui credunt in nomine ejus, qui non ex sanguine, neque ex voluntate carnis, neque ex voluntate viri, sed ex Deo nati sunt? » (*Joan.*, i, 11, etc.) Igitur quomodo non inusitatum est, quod donavit credentibus Deus in Christo, quando dedit eis potestatem filios Dei fieri, id est, fratres filii sui proprii, non ex voluntate carnis aut viri, sed ex Deo, ut spiritaliter nascerentur? Aut si prius gratia ista concessa probatur, tunc nihil novum adventus Christi contulisse dicatur. Adæ certe carnalis et terrena fuit fractura, non spiritalis. Non enim ex Deo sine carne et sanguine natus est sed de terra a Deo factus est : ideoque non potuit Spiritum sanctum accipere, qui non erat spiritalis, et cui concessum non erat Patrem Deum vocare in oratione. Qui enim Spiritum sanctum accipiunt, his datur potestas, ut per id quod Spiritum sanctum habent, patrem illum Christianorum in oratione appellent. Quod quia ante concessum non fuit, non possunt dici priores Spiritum sanctum habuisse. Ii ergo qui putant Adam vel cæteros habuisse Spiritum sanctum, nesciunt quale donum habeant Dei : nec gratias congruas possunt ei agere, qui plus cæteris accipientes nihil se dicunt amplius consecutos.

UNUM OPUS DIFFERRE SECUNDUM PERSONAS IN LAUDEM SIVE CONDAMNATIONEM.

QUÆSTIO CXXIV. — (1) Una est misericordia in divite et paupere, sed aliter imputatur diviti, aliter pauperi : quia plus laudanda est in paupere quam in divite. Pauper enim de exiguitate sua largiri non timuit, sperans a Deo sibi retribui et in præsenti et in futuro. Credit enim Scripturæ dicenti, quia « qui tribuit pauperibus, non egebit. » (*Prov.*, xxviii, 27; *Luc.*, xxi, 2.) Unde et (*a*) paupercula illa divitibus multa mittentibus sola meruit a Deo collaudari, quia de penuria sua largiri non timuit. Divites vero securi de divitiis suis largiuntur, pauper autem securus de

(1) Deest in Mss. 2 generis.
(*a*) Ms. Colb. *paupera*.

gence. Les riches donnent, assurés qu'ils sont de leurs grandes richesses ; le pauvre donne en mettant toute sa confiance en Dieu. Les riches font donc bien en donnant libéralement aux indigents, mais les pauvres font en cela une œuvre beaucoup plus méritoire, et par là même la récompense du pauvre est différente de celle du riche. Si le riche n'exerce point la miséricorde, il sera puni, tandis qu'elle n'est point exigée du pauvre. Aussi un pauvre qui est miséricordieux est-il digne de toute louange. Le vol est un péché dans le pauvre comme dans le riche, mais il rend le riche plus coupable, car le pauvre y a été conduit par son indigence, tandis que le riche dans l'abondance, non content de ce qu'il a s'empare du bien des autres, et ce qui est pire encore, dépouille les pauvres du peu qu'ils possèdent ; aussi la peine qui les attend est-elle différente. La vertu de justice est la même dans le pauvre que dans le riche, mais elle est bien plus méritoire dans le pauvre. Observer les règles de la justice au sein de la pauvreté est une œuvre héroïque. Quant au riche, il paraît fidèle aux lois de la justice, parce qu'il est éloigné de l'indigence. L'un et l'autre sont donc justes, mais il y a beaucoup plus de mérite à pratiquer la justice dans la pauvreté. L'orgueil est toujours un vice, mais il est bien plus condamnable dans le pauvre que dans le riche, parce que l'abondance enfle le cœur du riche, tandis que le pauvre est superbe jusque dans la pauvreté, ce qui est presque un acte de folie ; aussi le pauvre est-il plus coupable. L'humilité est une vertu dans l'un comme dans l'autre, mais elle est bien plus digne de louange dans le riche qui la pratique. Quel mérite si grand pour le pauvre de paraître humble, alors que l'indigence elle-même lui inspire l'humilité ? Mais ce qui est vraiment admirable, c'est de voir celui que ses dignités et ses richesses élèvent au-dessus des autres hommes s'abaisser et s'humilier sans rapporter à lui-même les honneurs qu'il sait qu'il mérite. L'humilité est donc bonne dans tous, mais elle est plus méritoire dans la personne du riche. La science et l'étude sont toujours estimables, mais bien plus dans le riche que dans le pauvre. Le pauvre qui n'avait aucun titre à la considération de ses semblables, s'est appliqué fortement pour acquérir ce qui pouvait lui concilier leur estime. Le riche, au contraire, qui jouissait déjà de cette considération, a cherché à l'augmenter par son travail, pour se rendre utile à double titre, et ses richesses ne l'ont point détourné du travail qui devait lui procurer cette distinction personnelle. Il est donc plus digne de louange que le pauvre qui sans cette application à l'étude n'aurait eu rien qui l'aurait tiré de son obscurité. D'un côté donc c'est la volonté, de l'autre la nécessité qui a développé cet amour de la science. La volupté est condamnable dans le pauvre comme dans le riche, mais cependant elle l'est bien plus dans le pauvre. L'indigence devrait suffire pour détourner le pauvre des plaisirs coupables ; il devrait réfléchir qu'il n'a point de quoi les satisfaire, et que l'empressement qu'il met à en chercher les moyens l'entraîne nécessairement dans une multitude de maux dont il ne pourra éviter, même ici-bas, les conséquences fâcheuses ; ou qu'en prodiguant sans raison ce qu'il possède, il tombera dans une indigence honteuse et sans retour. L'abondance des richesses est au contraire un attrait séducteur qui excite le riche à se livrer au plaisir ; d'ailleurs les riches sont assurés de l'impunité, car ils savent que la justice est vénale et que personne n'osera les condamner. Qui oserait condamner un homme qui

Domino. Bene igitur faciunt divites dum largiuntur egenis, sed multo melius pauperes. Ac per hoc alia remuneratio pauperis et alia divitis. Dives enim si hoc non fecerit, vapulabit : a paupere enim non exigitur tantum. Ideoque laudabilis est pauper misericors. Furtum in paupere et divite unum peccatum est, sed divitem plus facit reum : quia pauper per inopiam facit furtum, dives autem cum abundet non contentus suo, tollit aliena ; et quod pejus est, solet pauperes expoliare : ac per hoc differt pœna utriusque. Et justitia pauperis, et divitis una est ; sed laudabilis est in paupere magis. In egestate enim servare justitiam, magnifica res est. Dives autem ideo servare videtur justitiam, quia alienus est ab inopia. Ergo uterque justus est, sed majus est in necessitate servare justitiam. Superbia una est, sed plus damnanda in paupere est quam in divite : quia dives copia elatus est, pauper autem in egestate superbus, quod ad insaniam pertinet, ac per hoc plus reus est pauper. Humilitas una est, sed magis laudanda in divite est. Quid enim magnum est si pauper humilis videatur, quem ipsa inopia humilem facit ? Magnificum autem si hic qui dignitate et copiis commendatur, inclinet se, non sibi vindicans quæ mereri se novit. Ergo in omnibus humilitas bona est, sed multo magis in divite. Doctrinæ et studii una est causa ; sed laudabilior in divite est. Pauper enim cum nulla præro-gativa commendaretur, operam dedit ut haberet unde posset requiri : Dives autem cum esset unde commendaretur, adhibito labore auxit se, ut duplici genere necessarius esset ; non cum avocatus copiis retraxit animum, quo minus per se floreret. Et ideo hic magis laude dignus est quam pauper, qui si studiis operam minime dedisset, per omnia remanseret vilis. Illum ergo voluntas, hunc necessitas fecit studii cupidum. Libido in paupere et divite eadem est, sed damnabilior in paupere quam in divite est. Pauperem enim ipsa egestas revocare debet a cupiditate luxuriæ : cogitare enim debet, quia unde hoc impleat non habet, et dum hoc festinat adimplere, alia multa mala admittat necesse est, quibus forte nec ad præsens evadat : aut certe hoc ipsum quod habet infumens, mendicus remanebit cum nota. Divitem autem deliciarum copiæ lacessunt ad voluptatem libidinis : præterea quia divites securi sunt de impunitate, scientes venalia esse judicia, et nec redargui se ab aliquo. Quis enim dignitate fultum virum et divitem arguere audeat ? Unde magis accenduntur, ut et violenter hoc agant. Non solum enim minime reprehenduntur, sed in magno honore sunt, et gloriari possunt, quia tales sunt. Quod si uterque, id est, pauper et dives pudicus sit, multum differt pudicitia divitis a pudicitia pauperis. Pauperem enim potest humilitas revocare, ne quod vult possit im-

se présente avec le double patronage de la dignité et de la richesse? Leurs désirs sont donc plus ardents et leurs passions plus violentes. Loin d'être repris, ils sont en grand honneur et peuvent même se glorifier de leurs vices. Si le riche et le pauvre sont tous deux chastes, la chasteté de l'un diffère beaucoup de la chasteté de l'autre. Pour le pauvre, la bassesse de sa condition ou la crainte des lois suffisent pour l'empêcher de se livrer aux désirs de son cœur; le riche, au contraire, que tant d'attraits sollicitent au vice, est beaucoup plus digne d'éloges s'il en détourne son esprit. La chasteté du riche mérite donc une plus grande récompense que celle du pauvre. Qu'un roi sur le trône modère ses passions, rien de plus glorieux; il peut tout et ne fait rien de ce qu'il sait pouvoir faire avec impunité. Celui-là craint véritablement Dieu, et garde ses préceptes, qui est le maître des lois et fixe ses regards sur le jugement futur. C'est donc une œuvre vraiment héroïque pour celui qui n'a personne à craindre ici-bas, de vaincre les attraits séducteurs de la volupté, attraits d'autant plus puissants, qu'il paraît au-dessus de la crainte des maux présents et à venir. Ainsi c'est une action grandement méritoire que de surmonter la volupté, mais surtout pour ceux qui sont ici-bas au-dessus des lois et des hommes. Pour les autres, la crainte des lois et de leurs semblables les retient dans le devoir. Pour ne point s'exposer à la confusion devant les hommes, ils persévèrent dans le sentier du bien et s'abstiennent de transgresser les lois pour éviter une condamnation. Celui au contraire que son élévation met au-dessus des lois et des hommes, se couvre de gloire en s'abstenant du mal.

plere, aut timor legum : dives autem cum multis suffragantibus causis ad voluptatem possit allici, laudabilis est, si avertat hinc animum. Alia ergo remuneratione dignus est dives pudicus, et alia pauper pudicus. Quod si rex sit pudicus, multum est gloriosum, ut omnia in potestate habens non contingat, quod scit impune a se posse fieri. Hic vere Deum timet, hic vere præcepta ejus custodit, qui in potestate habens leges, futurum Dei judicium contemplatur. Itaque grandis res est, ut qui in præsenti non habet quem timeat, vincat quod delectat ; cum delectatio tantum possit, ut non solum futura, sed et præsentia minime vereatur. Unde multum meretur quicumque hanc superant, sed plus il qui in præsenti legibus et hominibus dominantur. Cæteri enim et homines et leges verentur : quare et propositum custodiunt. Ne enim apud homines erubescant, servant quod diu tenuerunt ; et ne condemnantur, a prohibitis se abstinent : hic autem qui dominatione nec leges timet, nec homines erubescit, magnæ gloriæ est si se abstinet.

ADVERSUS EUSEBIUM.

QUÆSTIO CXXV. — (1) Memini me in quodam libello Eusebii quondam egregii in reliquis viri legisse, quia nec

(1) Deest in Mss. 2 generis.
(a) Ms. Colb. *concedis, et quod minus est retines*.

CONTRE EUSÈBE.

QUESTION CXXV. — Je me souviens d'avoir lu autrefois dans un opuscule composé par Eusèbe, personnage d'une doctrine d'ailleurs remarquable, que l'Esprit saint n'avait pas connu le mystère de la naissance de Notre-Seigneur Jésus-Christ, et je suis surpris qu'un si grand homme ait osé avancer une opinion aussi deshonorante pour l'Esprit saint ; car c'est par là même déclarer qu'il est inférieur à Dieu. On ne peut dire, en effet, qu'il vient de Dieu s'il ne sait pas les choses de Dieu (*Jean*, X, 30), parce qu'une nature inférieure ne connaît pas les propriétés d'une nature supérieure. Si au contraire il a une même nature, une même divinité, comment peut-il ignorer les choses qui sont de sa nature? Le Fils de Dieu après avoir dit : « Mon Père et moi nous sommes un, » (*Jean*, X, 30) pour établir l'unité de nature entre son Père et lui, ajoute avec raison : « Tout ce qui est à mon Père est à moi, et tout ce qui est à moi est à mon Père. » (*Jean*, XVI, 15.) Si donc l'Esprit saint a la même divinité, pourquoi lui refuser la même science tout en lui accordant une même nature? Vous lui accordez la prérogative essentielle, et vous lui contestez celle qui est secondaire. La créature apprend et par ses efforts commence à connaître quelques vérités sur son auteur, et ces vérités lui sont communes avec lui, mais la nature et la divinité ne peuvent jamais être communes entre Dieu et la créature. La nature divine n'a rien à apprendre, parce qu'il n'y a rien qu'elle ignore ; la nature humaine, au contraire, n'a pas la science comme propriété essentielle, il faut qu'elle apprenne. La science vient donc s'ajouter à la nature humaine sans toutefois

Spiritus sanctus sciat mysterium nativitatis Domini nostri Jesus Christi ; et admiror tantæ doctrinæ virum hanc maculam Spiritui sancto inflixisse. Hoc enim dicens degenerem illum significavit. Neque enim potest dici de Deo esse, si nescit quæ Dei sunt : quia inferior natura quid in potiore sit, nescit. Sin vero substantiæ est ejusdem et divinitatis, quomodo potest nescire quæ sua sunt ? Denique Filius Dei, quia : « Ego, inquit, et Pater unum sumus, » (*Joan.*, X, 30) propter unitatem substantiæ, non immerito adjecit, dicens : « Omnia quæ Patris sunt, mea sunt et quæ mea sunt, Patris sunt. » (*Joan.*, XVI, 15.) Quamobrem si Spiritus sanctus ejusdem divinitatis est, qua ratione segregatur, ne sit ejusdem scientiæ, cum ejusdem non negetur esse substantiæ ? Quod plus est (a) concessit, quod minus est renuens. Creatura enim discit, et incipit aliquanta scire de auctore suo, et erunt ei quæ didicerit cum auctore suo communia : substantia autem vel divinitas non potest Deo esse et creaturæ communis. Nam Dei substantia non habet quod discat, quia nihil est quod ignoret : substantia vero hominum non habet in natura ut sciat, sed ut discat. Itaque naturæ hominum accidit scientia : non tamen immutatur substantia ; quia hominis natura debebat scientiam : sic enim condita est, ut per exercitium acquirat scientiam. Igitur major est substantia

la changer, car l'homme ne possède point la science en vertu de sa nature, il a été créé pour acquérir la science par son travail. La substance est donc supérieure à la science, car ce n'est point la science qui acquiert la substance, mais la substance qui acquiert la science; on peut d'ailleurs supposer la substance sans la science, mais non la science sans la substance. En Dieu au contraire la science est égale à la substance, car la substance qui n'a rien à apprendre est à elle-même sa science. Voilà pourquoi tout en Dieu est substantiel. La substance à laquelle rien ne manque possède tout substantiellement, parce que l'étude ne peut rien lui ajouter. Comment donc peut-on dire de l'Esprit saint qu'il ignore la naissance du Fils de Dieu s'il lui est consubstantiel? Est-ce que la science et l'ignorance sont compatibles à la fois dans une seule et même substance? Il est certain que le Fils de Dieu n'a pas appris le mystère de sa naissance, il le sait en vertu de sa nature et non par l'étude; sur quelle raison donc se fonde-t-on pour dire que l'Esprit saint l'ignore, puisqu'il n'a besoin lui-même d'apprendre rien, parce qu'il sait tout par sa nature? De même que le Fils de Dieu, l'Esprit saint est la substance de Dieu, selon ces paroles du Sauveur : « Tout ce qui est à mon Père est à moi, » paroles qui signifient que sa substance est la même que la substance de Dieu le Père. Il nous enseigne également que l'Esprit saint procède du Père et reçoit de ce qui est à lui. « C'est pour cela, dit-il, qu'il recevra de ce qui est à moi, parce que tout ce qui est à mon Père est à moi. » S'il procède du Père et reçoit du Fils, comment peut-il ignorer la naissance du Fils, puisque sa substance est la substance même du Fils? Car tout ce qui est au Père est au Fils ; donc, sans aucun doute, la substance du Père est dans l'Esprit saint. En effet, le Fils a ajouté : « Et tout ce qui est à moi est à mon Père. » Pourquoi donc douter que l'Esprit saint ait une même divinité, puisqu'il a une même nature? Notre-Seigneur ne déclare-t-il pas que l'Esprit saint procède du Père, comme il en procède lui-même? Et pour prévenir toute autre interprétation : « Il procède du Père, dit-il, et recevra de ce qui est à moi; » (*Jean*, xv, 26 ; xvi, 14) c'est-à-dire que pour l'Esprit saint procéder du Père, c'est recevoir de ce qui est à Jésus-Christ. Nous disons qu'il reçoit de ce qui est au Fils de Dieu, et par là même nous affirmons qu'il est de Dieu, et que l'Esprit possède certainement la substance et la divinité du Père. Celui donc qui prétend qu'il ne connaît point la naissance du Fils de Dieu fait injure à celui de qui l'Esprit saint a reçu. Car il ne reçoit autre chose que la nature même de celui de qui reçoit, puisque recevoir de ce qui est à Jésus-Christ, c'est procéder de Dieu; il ne peut donc ignorer ce que sait celui dont il a reçu ce qu'il est, il ne peut ignorer le Seigneur, puisqu'il procède de Dieu. Le Fils de Dieu, par là même qu'il vient de Dieu le Père, sait toutes les choses de Dieu ; pourquoi donc nier que l'Esprit sache tout ce qui a rapport à Jésus-Christ, puisqu'il a reçu de lui ce qu'il est? Si donc le Fils de Dieu sait ce qui est en Dieu, nul doute que l'Esprit saint ne sache aussi ce qui est dans le Fils de Dieu, et s'il sait ce qui est dans le Fils, pourquoi dire qu'il ignore ce qui est en Dieu? Celui dont il reçoit lui donne la connaissance de Dieu. Mais pourquoi tant de raisonnements? Est-ce que l'Apôtre ne vient pas en témoignage à cette vérité lorsqu'il dit : « Personne ne connaît ce qui est en Dieu, si ce n'est l'Esprit de Dieu? »

quam scientia ; quia non scientia acquirit substantiam, sed substantia scientiam : et substantia est sine scientia, non tamen scientia potest esse sine substantia. In Deo autem sicut est substantia; ita et scientia : substantia enim quæ nihil habet quod discat, ipsa substantia est sibi scientia. Quamobrem omnia in Deo substantiva dicuntur. Substantia enim cui nihil deest, omnia substantialiter habet ; quia nihil ei accessit per studium. Quomodo ergo dici potest de Spiritu sancto, quia nescit nativitatem Filii Dei, si consubstantivus est ei ? Numquid potest una eademque substantia, et scire, et nescire? Certe Filius Dei mysterium nativitatis suæ non didicit, scit enim substantialiter, non per doctrinam ; qua ergo ratione Spiritus sanctus dicitur nescire, cum similiter ipse nihil habeat quod discat, quia omnia novit per substantiam ? Sicut enim Filius, ita et Spiritus sanctus Dei substantia est, dicente Domino : « Omnia quæ Patris sunt, mea sunt, » per quod significavit substantiam Dei Patris suam esse substantiam. Et Spiritum sanctum a Patre dicit procedere, et de suo accipit. « Et ideo, inquit, dixi, de meo accipiet, quia omnia quæ Patris sunt, mea sunt. » Si a Patre procedit, et de Filio accipit, quomodo Filii nesciat nativitatem ; quando substantia ejus substantia Filii est? Omnia enim quæ Patris sunt, Filii sunt. Sine dubio ergo Patris substantia et in Spiritu sancto est. Adjecit enim Filius, dicens : « Et omnia quæ mea sunt, Patris sunt. » Quid ergo ambigitur de Spiritu sancto, an ejusdem divinitatis sit, an sit ejusdem substantiæ? Nam sicut de se dixit Dominus, quia a Deo processit, ita et de Spiritu sancto testatur. Et ne hoc aliter possit interpretari : « A Patre, inquit, procedit, et de meo accipiet : » (*Joan.*, xv, 26 et xvi, 14) ut a Patre procedere, hoc sit de Christo accipere. Cum enim dicitur de Filio Dei accipere, non ambigitur etiam ipse esse de Deo, ut in sancto Spiritu Patris esse substantia et divinitas non ambigatur. Itaque qui hunc dicit nescire Filii Dei nativitatem, ipsi derogat cujus dicitur accepisse. Nec enim aliud accipit, quam ipse est de quo accipit : quia accepisse de Christo, de Deo processisse significavit : ideoque non potest nescire, quod hic scit de cujus accepit ; neque ignorare dicendus est Dominum, quia a Deo processit. Certe Filius Dei, quia de Patre est Deo, scit omnia Dei : quare ergo Spiritus sanctus negetur scire quæcunque Christi sunt, cum de eo acceperit? Itaque si scit Filius Dei quæ in Deo sunt, dubium non est etiam Spiritum sanctum nescire quæ in Filio Dei sunt : et per id quod novit quæ sunt in Filio, non nescire dicendus est quæ in Deo sunt. De eo enim de quo accipit, Dei habet notitiam. Et quid laboramus, cum testis sit in hac re Apostolus, dicens : « Nemo scit quæ sunt in Deo, nisi Spiritus Dei? » (I *Cor.*, II, 11.) Ecce in quo diu sudavimus, Apostolo adjuvante implevimus. Et numquid præjudicavit

(I *Cor.*, II, 11.) Voilà le but de nos efforts atteint à l'aide de ce témoignage de l'Apôtre. Or, cette déclaration que nul ne sait ce qui est en Dieu si ce n'est l'Esprit de Dieu, porte-t-elle préjudice au Fils de Dieu? Non, sans doute. De même que le Fils ne préjudicie en rien aux droits de l'Esprit saint lorsqu'il dit : « Nul ne connaît le Père, si ce n'est le Fils. » (*Matth.*, XI, 27.) Il déclare que nul ne sait ce qui est en Dieu, si ce n'est celui qui est de Dieu, car tout ce qui est de Dieu connaît Dieu, et ce qui est en Dieu. La nature de Dieu se connaît elle-même, et comme vous êtes obligé de reconnaître cette nature dans l'Esprit saint, par cela seul qu'il procède du Père et qu'il a reçu de ce qui est au Fils, il serait téméraire de dire qu'il ne connaît pas Dieu le Père dont vous reconnaissez la nature en lui. Et cependant le Sauveur déclare que nul ne connaît Dieu le Père, si ce n'est le Fils, mais il réserve à une autre personne le secret de cette connaissance, en ajoutant immédiatement : « Et celui à qui le Fils aura voulu le révéler. » Or, à qui le Fils veut-il révéler cette vérité? Nul ne peut lui être ni plus intime ni plus cher que son Esprit, car, nous dit l'Apôtre : « Celui qui n'a point l'Esprit de Jésus-Christ n'est point à lui. » (*Rom.*, VIII, 9.) Comment donc pensez-vous que Dieu le Père ait été révélé à l'Esprit saint par le Fils, sinon de la manière que le Seigneur nous indique lui-même par ces paroles : « Il recevra de ce qui est à moi? » Dieu le Père, en effet, ne peut être révélé à une simple créature, car pour pouvoir porter la connaissance de la nature divine, il faut avoir cette même nature, puisque Dieu habite une lumière inaccessible à toute créature. (I *Tim.*, VI, 16.)

Mais il en est qui soutiennent comme raisonnable le sentiment de ceux qui prétendent que l'Esprit saint n'a point connu le mystère de la naissance du Fils de Dieu, parce qu'il est écrit de lui qu'il scrute toutes choses (I *Cor.*, II, 10), et que scruter est un indice qu'on ne sait pas. Or, il faut entendre cette expression par d'autres endroits semblables. Ainsi nous voyons dans l'Ecriture que Dieu dit : « Moi, Dieu, je scrute les reins et les cœurs; » (*Jérém.*, XVII, 10) et dans un psaume : « Dieu scrute les cœurs et les reins; » (*Ps.* VII, 10) et l'Apôtre lui-même dit : « Celui qui scrute les cœurs sait quels sont les désirs de l'Esprit, parce qu'il demande pour les saints ce qui est selon Dieu. » (*Rom.*, VIII, 27.) On voit par ces exemples que pour l'Esprit saint scruter n'est point synonyme d'ignorer. Il est dit aussi qu'il scrute les profondeurs de Dieu; et quelles sont ces profondeurs de Dieu qu'il sonde? Scruter les choses cachées, veut dire ici pénétrer, de sorte que rien ne lui demeure inconnu. Les profonds mystères de Dieu sont les mystères intérieurs de la divinité qui ne peuvent être scrutés par la créature. Nous lisons encore que l'Esprit saint demande selon la volonté de Dieu pour les saints ce que les saints ignorent au témoignage de l'Apôtre : « Car nous ne savons ce que nous devons demander à Dieu dans la prière. » (*Rom.*, VIII, 26.) Savoir les profonds secrets de Dieu et connaître sa volonté sont donc deux choses synonymes. En effet, quel mystère plus profond que la volonté de Dieu, mystère connu de l'Esprit saint et inconnu de tous les autres? Il faut examiner, en effet, quel est le sens de ces paroles : « Qui d'entre les hommes connaît ce qui est dans l'homme, sinon l'esprit de l'homme qui est en lui? » (I *Cor.*, II, 11.) L'esprit est ici pris pour l'âme, parce qu'en effet nul ne sait ce qui est dans l'âme de l'homme, sinon son âme qui est son esprit. De même nul ne connaît les choses de Dieu, si ce n'est l'Esprit de Dieu, c'est-à-dire Dieu lui-même, car celui qui est de Dieu ne peut être

---

Filio Dei, quia neminem dixit scire quæ in Deo sunt, nisi Spiritum Dei? absit. Sic nec præjudicavit Spiritui sancto Filius, cum dixit : « Nemo novit Patrem, nisi Filius. » (*Matth.*, XI, 27.) Neminem enim dixit scire quæ in Deo sunt, præter eum qui de Deo est : quia omne quod de Deo est, novit Deum, et quæ in Deo sunt. Natura enim Dei, ipsa se novit : quam cum intelligis esse etiam in Spiritu sancto, per id quod a Patre processit, et de Filio accepit, tutum non est istum dicere nescire Patrem Deum, cujus naturam agnoscis in eo : et tamen Salvator sic dixit, neminem scire Deum Patrem nisi Filium, ut reservaret alii personæ hujus cognitionem : statim enim subjecit, dicens : « Et cui voluerit Filius revelare. » Cui putas vult revelare Filius? Nulli enim carior esse potest quam Spiritui suo : quia « si quis, inquit, Spiritum Christi non habet, hic non est ejus. » (*Rom.*, VIII, 9.) Quomodo ergo putas revelatum Deum Patrem a Filio Spiritui sancto, nisi quomodo ipse Dominus ait : « de meo accipiet? » Creaturæ enim revelari non potest Pater Deus; quia Dei naturam ferre non potest, nisi fuerit ejusdem substantiæ : lucem etenim habitat inaccessibilem creaturæ dumtaxat. (I *Tim.*, VI, 16.)

Sed quibusdam videtur ideo recte dici nescire mysterium nativitatis Filii Dei Spiritus sanctus, quia omnia dicitur scrutari, et qui scrutatur, inquiunt, nescit utique. (I *Cor.*, II, 10.) Quod ex alio loco debet intelligi, Dei enim verba sunt inter cætera dicentis : « Ego Deus qui scrutor renes et corda. » (*Jer.*, XVII, 10.) Et in Psalmo : « Scrutans, ait, corda et renes Deus. » (*Psal.* VII, 10.) Et Apostolus : « Qui scrutatur, inquit, corda, scit quid desideret Spiritus : quia secundum Dei voluntatem postulat pro sanctis. » (*Rom.*, VIII, 27.) His exemplis cum scrutari dicitur Dei Spiritus, non ignorare significatur. Etiam alta Dei dicitur scrutari : et quæ sunt alta Dei, quæ dicitur pervidere? Scrutari enim occulta significat penetrare, ut per id nihil esse occultum ei credatur. Alta enim Dei mysteria interiora sunt Dei, quæ scrutari a creatura non possunt. Nam et secundum Dei voluntatem pro sanctis legitur postulare, quod sancti utique nesciunt, dicente Apostolo : « Nam quid oremus sicut oportet, nescimus. » (*Rom.*, VIII, 26.) Ergo alta Dei scire, et voluntatem Dei non ignorare, unum significat. Quid enim tam altum mysterium, quam voluntas est Dei, quod cognitum est Spiritui sancto, cæteris vero incognitum est omnibus? Contuendum etenim est, quomodo dictum sit, quia « nemo scit quid sit in homine, nisi spiritus hominis, qui in eo est : » (I *Cor.*, II, 11) spiritum animam significavit; quia nemo scit quid sit in animo hominis, nisi animus ejus qui est spiritus. Sic et in Deo nemo scit quæ sunt Dei,

compris que comme Dieu lui-même. L'Esprit de Dieu sait donc ce qui est en Dieu, parce qu'il est de Dieu. Si en effet nul que Dieu ne connaît les pensées des hommes, à combien plus forte raison nul ne peut connaître les secrets et la volonté de Dieu, s'il n'est de Dieu, c'est-à-dire s'il n'est Dieu lui-même, car Dieu n'est connu que de lui seul. A parler même exactement il n'y a point en Dieu de pensées. Dieu ne discute point en lui-même ce qu'il doit faire ou ne pas faire, en délibérant s'il est utile d'agir, car tout ce qui est en Dieu existe d'une manière certaine non point par accident, mais substantiellement, non point comme résultat de l'étude, mais en vertu de sa nature, parce qu'il est immuable. L'Esprit saint ne connaît donc les mystères de Dieu qu'en vertu de sa nature, car une même nature doit avoir une même pensée, une même volonté. Il parle de Dieu qui est toujours un et immuable, soit dans le Fils, soit dans l'Esprit saint. Ce que veut le Père, le Fils le veut aussi, et ce que veut le Fils, l'Esprit saint le veut également. Voilà pourquoi il est appelé tantôt l'Esprit de Dieu, tantôt l'Esprit de Jésus-Christ. « Il procède de Dieu, dit le Sauveur, et il recevra de ce qui est à moi. » Voilà pourquoi l'apôtre saint Jean dit : « C'est par l'Esprit qu'il nous a donné que nous connaissons que Dieu demeure en nous. » (1 *Jean*, III, 24.) Si donc lorsque l'Esprit de Dieu est en nous, on dit que Dieu demeure en nous; l'Esprit de Dieu est donc ici Dieu lui-même. D'ailleurs c'est-là le signe pour les fidèles qu'ils sont les enfants de Dieu, et c'est après avoir reçu l'Esprit saint qu'ils osent se proclamer les enfants de Dieu. S'ils n'ont point ce signe divin, ils ne peuvent avoir droit au nom d'enfants de Dieu. Disons toutefois que nul ne peut être le vrai Fils de Dieu dans ce sens qu'il viendrait tout entier de Dieu considéré dans toute l'étendue de sa nature, comme le Christ. C'est par l'adoption que les chrétiens deviennent les enfants de Dieu. L'Esprit de Jésus-Christ qu'ils reçoivent leur donne le droit d'être appelés les enfants de Dieu, parce que cet Esprit qu'ils ont en eux vient de Dieu. Dans les enfants même adoptifs on doit retrouver en partie du moins la nature du père. Dans le monde où les choses se passent d'une manière imparfaite, ceux que les hommes adoptent ne reçoivent aucun gage de leur adoption, à l'exception du nom qu'ils portent. Mais Dieu, la perfection même, fait davantage; il fait part à ses fils adoptifs de son Esprit, qui donne à l'adoption une vérité réelle, car les noms sans les choses sont vides de sens. L'Apôtre vient à l'appui de notre sentiment lorsqu'il s'écrie : « O profondeur des trésors de la sagesse et de la science de Dieu! Que ses jugements sont incompréhensible, et ses voies impénétrables! » (*Rom.*, XI, 33.) Mais comment se fait-il qu'il dit ailleurs que les profondeurs de Dieu c'est dire les secrets peuvent être sondés, tandis qu'il déclare ici qu'ils sont impénétrables? L'Apôtre dans cet endroit veut parler de la créature pour laquelle les secrets ou les jugements de Dieu sont vraiment impénétrables. Mais pour l'Esprit saint qui connaît toutes les choses de Dieu, il déclare qu'il peut sonder tout ce qui est en Dieu, et affirme que l'Esprit de Dieu ne peut ignorer ce qui reste inconnu pour la créature. On ne peut nier la nature de Dieu; elle connaît nécessairement ce qui est inaccessible à la créature. Ceux qui donnent à l'Esprit saint, à l'Esprit de Dieu un rang inférieur, ébranlent le décret divin qui fait dépendre le salut

---

nisi Spiritus Dei, hoc est, ipse Deus. Qui enim (*a*) de Deo est, non aliud intelligitur esse quam Deus est. Ideo Spiritus Dei scit quid in Deo est, quia de Deo est. Nam si cogitationes hominum nemo novit nisi Deus ; quanto magis Dei secreta et voluntatem nullus potest cognoscere nisi sit de Deo, hoc est idem ipse Deus? Ipse est enim sibi soli cognitus. Nam utique in Deo non sunt cogitationes. Nec enim tractat apud se quid faciat, aut quid non faciat, deliberans an expediat ; quia omnia quæ in Deo sunt sine dubitatione sunt non per accidentiam, sed per substantiam ; nec per studium, sed per naturam ; quia non (*b*) immutatur. Ac per hoc non aliter novit Spiritus sanctus mysteria Dei, nisi per substantiam : una enim substantia unum habet sensum et voluntatem. De Deo loquitur, qui semper unus et immutabilis est, sive in Filio, sive in Spiritu sancto. Quod enim vult Pater, hoc vult et Filius ; et quod vult Filius, eadem vult et Spiritus sanctus. Quamobrem aliquando dicitur Spiritus Dei, aliquando Spiritus Christi : « Qui a Deo, inquit, procedit, et de meo accipiet. » Hinc est unde Joannes Apostolus ait : « Ex hoc scimus, quia Deus in nobis manet, de Spiritu suo, quem dedit in nobis. » (1 *Joan.*, III, 24.) Ergo si Spiritu Dei in nobis manente, manere dicitur in nobis Deus, Deus significatur esse Spiritus Dei. Denique, hoc est signum credentium quod sint Filii Dei, ut cum hunc accipiunt Dei se filios audeant appellare. Nisi enim signum deitatis habuerint, Dei filii dici non poterunt. Quamquam aliquis verus Dei filius non est, ut sit totus de toto, sicut et Christus. Per adoptionem autem fiunt filii Dei, ut accipientes Spiritum Christi per ipsum filii Dei dicantur, per id quod de Deo est quem in se habent Spiritum. In filiis enim, quamvis adoptativi sint, patris tamen ex aliqua parte debet videri substantia. In mundo enim quia res imperfectæ sunt, adoptati ab hominibus filii nullum pignus, sed solum nomen accipiunt. Deus autem quia perfectus est, plus facit, ut adoptatis Spiritum suum det, per quem aliquam veritatem adoptati ab eo videantur habere ; quia vocabula sine rebus inania sunt. Apostolus noster hanc assertionem nostram adjuvat, dicens : « O altitudo divitiarum sapientiæ et scientiæ Dei, quam inscrutabilia sunt judicia ejus, et investigabiles viæ ejus? » (*Rom.*, XI, 33.) Quid tamen sibi vult, quod cum alibi dicat, scrutabilia esse alta Dei, id est secreta, hoc in loco deneget, dicens inscrutabilia esse? Sed in hoc loco de creatura dixit, quia inscrutabilia sunt ei secreta vel judicia Dei : Spiritui autem sancto, eo quod omnia Dei noverit, scrutabilia dixit esse cuncta quæ in Deo sunt : ut quod creaturæ incognitum est, Dei Spiritum asserat non ignorare. Dei ergo natura negari non potest, quæ cognitum habet quod a creatura non potest comprehendi. Qui dege-

---

(*a*) Editi *in Deo* : at Ms. Colb. *de Deo*. — (*b*) Ms. Colb. *non immutantur.*

de tous les hommes du mystère de la Trinité divine, car si l'Esprit saint n'est point consubstantiel au Dieu et au Christ, il est ridicule de le placer sur le même rang que le Père et le Fils, et de dire que sans lui nul ne peut prétendre soit au salut, soit à la dignité d'enfant de Dieu. S'il n'a point la même divinité, c'est une folie que de l'affirmer ou une concession toute gratuite qui lui est faite, ce qu'à Dieu ne plaise! Quel esprit tant soit peu sage osera soutenir que la créature puisse être mise sur le même rang que le Créateur, l'Eternel être comparé à celui qui a un commencement, le Seigneur égalé au serviteur, le puissant confondu avec celui qui n'a aucun pouvoir, celui qui sait tout avec celui qui manque de science? Il est temps de mettre fin à cette accusation calomnieuse. L'Esprit saint est le troisième par ordre d'énumération et non par nature; par le rang que nous lui donnons, et non par sa divinité comme troisième personne divine, et non parce qu'il n'a point toute science. De même que le Fils vient le second après le Père, sans lui être inférieur en divinité, ainsi l'Esprit saint vient après le Fils, sans lui être inférieur; il a au contraire avec lui une même nature, une même divinité. Tout ce que nous lisons du Fils de Dieu, nous le lisons également de l'Esprit saint au témoignage du Fils de Dieu lui-même. C'est lui qui dit en effet : « Je prierai mon Père, et il vous donnera un autre consolateur, l'Esprit de vérité. » (*Jean*, XIV, 16.) En disant : Un autre consolateur, il nous apprend qu'il est lui-même un consolateur. Saint Jean nous enseigne la même vérité lorsqu'il dit « que le Fils de Dieu intercède pour nos péchés. » (I *Jean*, II, 2.) Et l'apôtre saint Paul dit de l'Esprit saint : « L'Esprit de Dieu demande pour nous. » (*Rom.*, VIII, 26.) Vous le voyez, l'Ecriture nous les présente tous deux comme nos avocats près de Dieu. Notre-Seigneur l'appelle encore l'Esprit de vérité, et montre par là qu'il lui est en tout semblable, à lui qui a dit : « Je suis la vérité. » (*Jean*, XIV, 6.) Il déclare qu'il a été envoyé par son Père, et il promet d'envoyer lui-même l'Esprit saint. S'il n'est pas inférieur au Père qui l'envoie, l'Esprit saint n'est pas inférieur au Fils par qui il est envoyé. Ces trois personnes distinctes ne sont pas comme les membres les uns des autres ayant chacun des attributions différentes. Elles ont toutes trois la même puissance, sans qu'aucune d'elles soit en rien inférieure à une autre. Il est temps de terminer cette question, car nous l'avons déjà discutée plus à fond dans l'opuscule que nous avons composé contre l'impiété des Ariens, où nous avons embrassé tout ce qui a rapport à l'indivisible unité de la Trinité.

DE CELUI QUI A REÇU LA FOI DE JÉSUS-CHRIST.

QUESTION CXXVI. — Il est écrit : « La justice du juste ne lui servira de rien au jour où il se détournera de la voie droite, et l'iniquité du pécheur ne lui nuira point, lorsqu'il fera pénitence de ses péchés. » (*Ezech.*, XVIII.) Le Seigneur dit également dans son Evangile : « Celui qui ne croit point est déjà jugé. » (*Jean*, III, 18.) Par une conséquence nécessaire, il nous apprend que celui qui croit ne sera point soumis au jugement pour être condamné, mais que le mérite de sa foi le rendra digne de louange et de gloire. La connaissance de Dieu a donc cette prérogative d'obtenir la rémission des péchés. En effet, celui qui croit que Jésus est le Fils de

nerem dicunt Spiritum sanctum Dei, pulsant propositum, qui totius creaturæ salutem in Trinitatis divinitate consistere declaravit: quia si consubstantivus non est Deo et Christo, ineptum est ponere istum in numero Patris et Filii, ut sine hoc neque salus alicui sit, neque dignitas. Si enim non est ejusdem divinitatis, aut stulte, aut (*a*) gratis effectum est, quod absit. Quis enim prudentium deneget Creatorem cum creatura connumerari non posse, neque æternum cum eo qui sub initio sit comparari, neque Dominum cum servo æquari, neque potentem cum impotente conferri, neque scium cum inscio deputari? Sed jam cesset calumnia. Tertius enim ordine est, non natura; gradu, non divinitate; persona, non ignorantia. Sicut enim Filius Dei secundus a Patre est, et divinitate minor non est : ita et Spiritus sanctus sequens a Filio est, non impar, sed æqualis divinitate substantiæ. Denique quæ legimus de Filio Dei, eadem legimus et de Spiritu sancto, ipso nobis teslante. Ait enim : « Rogabo Patrem, et alium paracletum dabit vobis, Spiritum veritatis. » (*Joan.*, XIV, 16.) Alium cum dixit, se paracletum significavit. Quod Joannes declarat, dicens, quia Filius Dei « postulat pro peccatis nostris. » (I *Joan.*, II, 2) Et Paulus Apostolus : « Ipse, inquit, Spiritus Dei postulat pro nobis. » (*Rom.*, VIII, 26.) Ecce Scriptura ambos advocatos esse ostendit. Et cum veritatis illum dixit Spiritum, nihil illum a se differre ostendit, quia dixit : « Ego sum veritas. » (*Joan.*, XIV, 6.) Missum se a Patre dixit, et ipse mittere se Spiritum sanctum promisit. Si ipse a mittente impar non est, neque a mittente impar ab illo Spiritus sanctus est. Neque enim quia tres sunt singuli, alter alterius membra sunt, ut diversa possint. Una est enim trium potentia, ut nihil desit singulis. Hic finis sit. Jam enim in libello adversus Arianam impietatem digesto, reliqua plenius tractata sunt, quæ Trinitatis complexa sunt indiscretam unitatem.

DE EO QUI FIDEM CHRISTI PERCEPIT (*b*).

QUÆSTIO CXXVI. — Scriptum est : « Quia justo nihil proderit justitia ejus, in qua die erraverit: » et « quia injusto nihil oberit injustitia sua, cum se converterit. » (*Ezech.*, XVIII.) Et Dominus in Evangelio : « Qui non crediderit, inquit, jam judicatus est : » (*Joan.*, III, 18) ut per hoc eum qui crediderit, non judicio subjectum ad sententiam excipiendam significaret, sed fidei merito laude dignum futurum. Ergo cognitio Dei hanc habet prærogativam, ut peccatorum consequatur remissam. Credens enim Dei esse Filium Jesum, dignus exsistit ab

(*a*) Ms. Colb. *gratiose factum*. — (*b*) Quidam editi addunt, *quid præeminentiæ seu prærogativæ habeat ad gratiam consequendam plus quam infideles*.

Dieu devient digne d'être délivré de tous ses péchés. Longtemps égaré dans les sentiers de l'erreur et ballotté par les flots de l'ignorance, il voit enfin briller à ses yeux la splendeur de la vérité dans laquelle après tant d'agitations et d'orages, il trouve un repos assuré. Or, après avoir ainsi été éclairé de cette lumière, c'est pour lui un devoir de s'abstenir des fautes qu'il commettait, lorsqu'il était encore dans les ténèbres de l'ignorance. A quoi lui servirait cette connaissance, s'il conserve les habitudes de sa vie ancienne? Une marque certaine de la connaissance de Dieu dans une âme, c'est le changement de vie et le retour au bien. En effet, la connaissance de Dieu doit inspirer la crainte du juste juge, au tribunal duquel elle nous apprend que les fidèles recevront la récompense de leur justice, et les impies, c'est-à-dire les incrédules, le juste châtiment de leur infidélité. Il est de toute justice, en effet, que les bons soient comblés de joie dans la vie future où Jésus-Christ doit régner avec ses élus. Ils ont été en butte aux opprobres, aux outrages dans ce monde où règne le démon, ils apparaîtront environnés de gloire dans le royaume de Jésus-Christ pour lequel ils ont supporté les mépris des mondains. Les pécheurs, au contraire, qui paraissaient briller ici-bas par un faux éclat, en opposant le mensonge à la vérité, n'ont à attendre que la tribulation et à une gloire imaginaire succéderont pour eux un mépris, une humiliation trop réels. Les justes se réjouiront d'avoir cru, lorsqu'ils seront témoins des châtiments des incrédules, et les infidèles ne se repentiront de leur incrédulité que lorsqu'ils verront à la fois leur propre châtiment et la gloire de ceux dont ils avaient regardé la foi comme un acte de folie, qui n'était digne que de leurs mépris. Dès lors donc qu'on fait profession d'être chrétien, on doit s'appliquer à éviter le péché et à s'armer contre les vices. Et comme il est impossible de remporter toujours la victoire, celui qui s'est laissé vaincre doit s'en attrister s'il ne veut éprouver une nouvelle défaite, car s'affliger d'être vaincu, c'est échapper aux suites de la défaite. Celui qui résiste, trouve dans cette résistance une excuse, s'il vient à être vaincu. Car il fait voir qu'il a eu le désir de remporter la victoire, mais que ce désir n'a pas eu son effet. On peut donc espérer qu'il se relèvera, et qu'une méditation persévérante le rendra plus habile et plus fort dans les combats. Ne se relever que pour pécher de nouveau, c'est commettre une faute très-grave et qui reste sans excuse. Celui qui s'est enrôlé au service de Dieu, et qui a conservé la volonté de pécher est bien plus coupable que celui qui dans l'ignorance où il est de Dieu mène une vie honteuse et souillée de toute sorte de crimes. L'un ne connaît point celui qu'il doit craindre, l'autre le connaît et ne laisse pas d'en faire mépris. Ceux qui embrassent la foi reçoivent la rémission de leurs péchés, ils n'obtiendront toutefois la gloire qui leur est promise qu'à la condition de joindre à la foi qu'ils ont reçue la crainte de Dieu, de combattre contre les ennemis du nom chrétien et de remporter sur eux la victoire afin d'obtenir la récompense que Dieu tient en réserve pour ceux qui ont été plus souvent victorieux que vaincus. Quant à celui qui connaît Dieu et qui ne veut pas embrasser la foi pour n'être pas obligé à vivre chrétiennement, mais qui ne veut recevoir la foi qu'à la fin de sa vie pour mourir en chrétien, où il rougit de mener une vie chrétienne, où il veut se livrer en liberté aux péchés dont il espère obtenir la rémission lorsqu'il croira, je déclare que la conduite de cet homme n'est pas bonne, car c'est pour pécher plus librement

omnibus liberari peccatis. Diu enim errore devius, cum per diversa ignorantiæ fluctibus jactaretur, illuminatus veritatis coruscatione nunctus est, in qua post nimias tempestates requiescat securus : cui congruit, ut post cognitionem temperet se ab iis, quæ jam pridem in ignorantia positus agebat. Quid enim prodest cognitio, si manet pristina conversatio ? Hinc etenim quis videtur cognovisse Deum, si vitam mutet, et conversationem suam corrigat. Cognitus enim Deus timeri debet, quia judicaturus prædicatur, ut et fideles justitiæ suæ percipiant fructum, et impii, id est increduli perfidiæ suæ congruas pœnas exsolvant. Convenit eam justos in futuro gaudere, ubi regnabit Christus cum suis : ut sicut in sæculo sunt opprobrio, et injuriis subjacent, in quo princeps est diabolus; ita et in regno Christi gloriosi appareant, propter quem contemptibiles judicati sunt a mundanis : injustos autem quia falso florere videntur, per mendacium repugnantes veritati, in pœna tribulari ; ut qui per fucum gloriosi visi sunt, per verum despecti et humiliati nimis appareant. Tunc enim justi se credidisse gaudebunt, cum perfidos viderint cruciari : et nec pœnitebit perfidos non credidisse nisi viderint gloriam eorum et suam pœnam, quos quia crediderunt stultos, et contemptibiles arbitrati sunt. Ergo ex eo quod profitetur se quis Christianum esse, id studere debet ne peccet, et armare se contra vitia. Et quia impossibile est semper vincere, si victus fuerit, dolere ne iterum vincatur : quia qui se dolet victum, reparat se. Qui ergo repugnat, habet unde se excuset, si victus fuerit. Ostendit enim se votum habuisse vincendi, sed minime prævaluisse. De hoc spes est, quia potest se reparare, ut assidua meditatione in congressione peritior et fortior inveniatur. Nam qui ad hoc surgit, ut peccet, inexcusabilis effectus pergravem habet causam. Pejus est enim sub Dei vivere professione, et voluntatem habere peccandi, quam si ignoret quis Deum et turpiter et contaminate versetur. Hinc enim nescit quem timere debeat, ille sciens contemnit. Credentes ergo accipiunt remissionem peccatorum, non tamen gloriosi erunt, nisi post acceptam fidem vixerint sub Dei timore, et colluctati contra hostes Christiani nominis victoriam faciant, ut possint præmium mereri dum plus vincunt quam vincuntur. Nam qui intelligit Deum, et non accedit ad fidem ejus ne vivat Christianus, sed in fine vult fidem accipere, ut moriatur Christianus, aut erubescit Christianus vivere, aut peccatis operam dat, quæ arbitratur posse sibi remitti cum crediderit ; istum puto non bonam causam habere : quia ut quamdiu in sæculo est,

pendant toute sa vie qu'il ne veut ni se faire chrétien ni vivre en chrétien, ou bien il rougit de devenir chrétien. Que peut-il espérer de Dieu, sous les drapeaux duquel il rougit de combattre, tout en prétendant recevoir de lui le salaire de ses efforts? Cet homme se moque littéralement de Dieu. La mort qui approche lui fait comprendre qu'il ne lui reste plus de temps pour pécher; alors il veut se faire chrétien, et c'est lorsqu'il est réduit à l'impuissance de pécher qu'il déclare vouloir embrasser la foi en Jésus-Christ qui a le péché en horreur, c'est-à-dire que ce n'est point la volonté mais le pouvoir de pécher que lui ôte la mort qui le menace; c'est à ces hommes qu'il faut rappeler cette vérité : « On ne se moque pas de Dieu. » (*Gal.*, VI, 7.) Quelles sont, en effet, les recommandations que font ces sortes de personnes? c'est qu'on ne leur donne le sacrement de la foi que lorsqu'ils seront à l'extrémité, presque sans connaissance et sur le point de rendre le dernier soupir, tant ils craignent d'en revenir et de rougir d'être devenus chrétiens. Il faut donc leur rappeler ces paroles de l'Evangile : « Celui, dit le Seigneur, qui rougira de me confesser au milieu de cette génération, le Fils de l'homme rougira aussi de lui, lorsqu'il viendra dans la gloire de son Père. » (*Matth.*, X, 33 ; *Marc*, VIII, 38 ; *Luc*, IX, 26 et XII, 8.)

Ils diront peut-être : Nous connaissons la fragilité du genre humain, voilà pourquoi nous voulons recevoir la foi à la fin de la vie, pour ne point l'exposer aux souillures du péché. Je réponds que lorsqu'on embrasse la foi, on doit savoir ce que l'on reçoit. Elle ne peut produire son effet dans l'âme qu'autant qu'on la connaît et qu'on la professe ouvertement. « Il faut croire de cœur pour obtenir la justice, dit saint Paul, et confesser de bouche pour obtenir le salut. » (*Rom.*, X, 10.) Or, comment peut-on dire de celui qui ne sait plus déjà où il est, qu'il a reçu la foi? Recevoir la foi, c'est professer qu'on l'a reçue, parce qu'on sait ce qu'on a reçu. S'ils croient que la rémission des péchés est donnée à ceux qui embrassent la foi, ils doivent savoir aussi qu'on ne croit véritablement qu'autant que le cœur rend témoignage de la foi. Dieu qui promet cette rémission des péchés, examine le cœur, et n'accueille que celui qu'il voit croire du fond du cœur. Mais comment recueillir les fruits de la foi, lorsque le cœur ne comprend même pas les paroles de la foi? Celui-là donc devient chrétien et embrasse la foi avec réflexion et prudence, qui ne le fait que pour éviter plus facilement le péché. Celui, au contraire, qui veut conserver la liberté de pécher, ne veut pas embrasser la foi pour n'être pas contraint de mener une vie chrétienne, ce qu'il ne veut pas. Il veut recevoir à la mort le bienfait de la foi, il espère ainsi l'impunité et la rémission de ses péchés passés, et il est dans une pleine sécurité pour le passé comme pour l'avenir, puisque la mort qui approche lui ôte la possibilité de pécher. Mais cette résolution n'a pour principe ni un bon motif, ni une conscience pure, puisqu'on ne veut embrasser la foi non point lorsqu'on ne voudra plus, mais lorsqu'on ne pourra plus pécher. C'est à ces sortes de personnes que s'appliquent ces paroles : « Faisons le mal, afin qu'il en arrive du bien, » (*Rom.*, III, 8) c'est-à-dire péchons maintenant, nous embrasserons la foi à la dernière heure et nos péchés nous seront pardonnés. Aussi l'Apôtre ajoute-t-il : « Ces personnes seront justement condamnées. » Car il n'est pas juste que les péchés soient pardonnés à ceux qui connaissant Dieu qui défend le péché, et a en horreur les pécheurs,

---

peccet, non vult fieri, nec vivere Christianus, aut confunditur fieri Christianus. Qualem sperat Deum, cui cum militare erubescit, vult ab eo stipendium accipere? hujusmodi irrisor est. Sciens enim se jam non tempus habere ut peccet, morte imminente, tunc vult fieri Christianus; ut quia jam non potest peccare, credere se dicat in Christum, qui exsecratur peccari, ut non jam nolit peccare, sed non possit præveniente morte. Istis debet legi, quia « Deus non irridetur. » (*Gal.*, VI, 7.) Nam et solent hujusmodi talia dare mandata, ut jam defectis et alienis, tantum anhelantibus detur fides, timentes ne evadant, et confundantur quia facti sunt Christiani. Quibus recitanda sunt Evangelii verba. « (*a*) Qui, inquit Dominus, eruberit me confiteri in hac generatione, et filius hominis confundet eum, cum venerit in regno Patris sui. » (*Matth.*, X, 33 ; *Marc.*, VIII, 38 ; *Luc.*, IX, 26 ; XII, 8.)

Sed forte dicant : Scientes fragile esse genus humanum, idcirco in fine vitæ volumus fidem accipere, ne jam peccemus. Sed fides sic accipi debet, ut sciatur quid accipitur. Tunc enim beneficium ejus habebit, si cognoscat, et profiteatur eam. « Corde enim creditur ad justitiam, ore autem confessio fit ad salutem. » (*Rom.*, X, 10.) Ac per hoc, qui jam nescit ubi sit, quomodo potest dici accipere? Ille enim accipit, qui profitetur se accepisse, sciens quia accepit. Si enim credunt, quia datur credentibus remissio peccatorum, scire debent quia hic credit, qui corde suo teste credit. Quia Deus, qui promisit, cordis inspector est : ipsum enim suscipit, quem corde videt credere. Itaque cujus cor verba fidei non advertit, quomodo beneficium ejus habebit? Ergo hic potest videri non temere fieri Christianus accepta fide qui id agere cernitur, ne facile peccet. Nam qui peccare festinat, idcirco non vult accipere fidem, ne cogatur bene vivere, quod videtur nolle ; sed in morte vult consequi, impunitatem sperans, et remissionem præteritorum malorum, ut et de præteritis securus sit, et de futuro; quia jam utique non poterit peccare moriturus. Sed hoc non bono fit consilio, neque munda conscientia, ut tunc velit accipere fidem, quando jam non possit, non nolit peccare. His convenit dictum illud : « Faciamus mala, ut veniant bona, » (*Rom.*, III, 8) hoc est modo peccemus, et in novissimo credamus, et remittetur nobis. Ideoque subjecit, « quorum damnatio justa est. » Non est enim dignum, ut bis detur remissio peccatorum, qui jam scientes Deum qui nolit quemquam

---

(*a*) Ms. Colb. *Qui enim me erubescit, inquit, et mea verba in hac*, etc

conservent néanmoins un vif désir de pécher; sans réfléchir que le don de Dieu ne peut être utile qu'à ceux qui pèchent par ignorance de Dieu et qui ne savent pas que Dieu doit juger les actions des hommes. Mais pour celui qui a reçu les enseignements de la foi et les a médités, et qui est néanmoins résolu à pécher, non sous la contrainte d'une cause sous laquelle il succombe, mais par une volonté déterminée à pécher, il est difficile de lui pardonner. Il y a comme deux causes auxquelles sont attachés la rémission des péchés, le don gratuit de Dieu et la pénitence, de manière que celui qui pèche de nouveau après avoir reçu la grâce puisse être renouvelé par la pénitence. Il n'a pas su persévérer dans la grâce qu'il avait reçue et qui lui garantissait la liberté, mais il s'est jeté de nouveau dans la servitude du péché, il a donc recours aux gémissements et aux larmes pour obtenir que son péché soit effacé, car il a péché en pleine connaissance de cause, non pas sans doute qu'on puisse jamais être dans l'ignorance absolue du péché; mais celui qui ne sait pas que Dieu doit juger un jour les actions des hommes, croit que l'impunité est assurée à son péché. Si donc un païen tombe malade, et que voyant son état désespéré, il réfléchisse en lui-même aux promesses que donne la foi et l'espérance, il se trouve dans d'excellentes conditions, pour que ses péchés lui soient pardonnés dès qu'il croit sincèrement et qu'il n'ait plus à craindre d'être retenu dans les enfers parce qu'il porte le signe de la victoire sur la mort, bien qu'il n'ait pas droit à la dignité ou à la récompense des chrétiens. Il faut, en effet, qu'il y ait une différence entre celui qui sous l'impulsion de l'amour de Dieu n'a pas craint de combattre ses ennemis en s'armant de la continence et de la vigilance contre les vices, afin de pouvoir résister au mal, et de défendre avec sollicitude les droits et l'autorité de son Dieu, et celui qui après avoir fait cause commune avec les ennemis de son Seigneur, revient à lui à la fin de sa vie, non pour soutenir les intérêts de Dieu, mais pour obtenir le privilège personnel d'être citoyen de son royaume avant d'avoir été soldat. Celui qui veut mener une vie chrétienne pour en obtenir la récompense après sa mort, sait que les souffrances de cette vie n'ont aucune proportion avec la gloire qui doit un jour éclater en nous. (*Rom.*, VIII, 18.) Aussi n'hésite-t-il pas à se revêtir de l'armure de la foi et à combattre contre les princes et les puissances pour remporter la victoire dans ce monde et la couronne du triomphe dans l'autre. Il est juste que celui qui a défendu ici-bas les droits du royaume de son Seigneur au milieu des perfides et des rebelles, reçoive dans l'autre vie la récompense de son courage. En effet, les ennemis de Dieu en voyant ce fidèle témoin de Jésus-Christ couvert de gloire dans le royaume de Dieu pour avoir confessé la vérité, seront affligés et confus d'avoir regardé comme une chose fausse, ce qui avait tous les caractères de la vérité; de même que ceux qui ont tardé d'embrasser la foi, et qui ont confessé Dieu non dans leur vie, mais à leur mort, en voyant la gloire éclatante de ceux qui sous l'armure de Jésus-Christ ont combattu pour lui avec dévouement et fidélité se repentiront de n'avoir pas vécu, mais d'être seulement morts en chrétien. Ne peut-on pas dire même que celui qui n'a pas eu le désir de vivre en chrétien, n'était guère disposé à mourir en chrétien? Peut-être, en effet, il a voulu recevoir le nom de chrétien sur le point de mourir, parce qu'il n'avait plus le temps pour pécher. Ce que croient les

peccare, et odio habeat peccatores, peccare gestiunt; nolentes advertere, donum Dei his proficere, qui ignorantes Deum sic peccant, ut nesciant judicaturum Deum. Qui autem audivit et tractavit apud se, et votum habet peccandi, non ut vincatur aliqua cogente causa, sed velit peccare, durum est ignosci ei. Nam duæ causæ sunt, quæ habent peccatorum remissionem. Una doni, quæ pœnitentiæ, ut qui post donum peccaverit, per pœnitentiam reformetur. Quia enim in accepta gratia non permansit, ut in libertate duraret, sed iterum se subjecit peccato, lamentatione et gemitu impetrat obliterari peccatum : sciens enim prudensque peccavit : non quod aliquis ignoret peccatum, sed qui nescit Deum judicaturum, impune putat futurum quod peccat. Ac per hoc gentilis si cœperit infirmari, et in ipsa vitæ desperatione tractet apud se de fide et spe promissa, integrum habet causam, ut huic credenti remittantur peccata, nec teneatur in inferis, signum ferens secum evictæ mortis ac spoliatæ, licet non habeat dignitatem vel remunerationem. Quia debet aliquid interesse inter eum, qui provocatus amore sui Domini contra hostes ejus dimicare non timuit, armans se continentia et observatione omnium vitiorum, ut possit resistere malo, semper sollicitus quomodo imperium Domini sui defendat : et inter eum qui cum inimicis Domini sui conveniens, et eis assistens, in fine vitæ ad Dominum suum regressus est, non ut regnum Domini sui vindicaret, sed ut sibi soli prodesset esse civis antequam miles. Ille enim qui vivere vult Christianus, ut post mortem remuneretur, scit quia non sunt condignæ passiones hujus temporis ad futuram gloriam quæ revelabitur in nobis. (*Rom.*, VIII, 18.) Ac per hoc suscepta armatura fidei non dubitat congredi contra principes et potestates, ut in sæculo existens victor, post sæculum coronetur. Dignum est enim, ut qui inter perfidos et rebelles Domini sui regnum ad præsens (*f.* tutatur) testatur, hujus rei in futuro consequatur mercedem : ut videntes inimici Dei testem Christi propter confessionis suæ veritatem sublimem apparere in regno Dei, doleant confusi falsum se æstimasse quod verum esse declaratum est : necnon et hi qui tarde crediderunt, non in vita, sed in morte confitentes Deum, videntes quanta eorum gloria est, qui sub armatura Christi militantes bella imperatoris sui devote et fideliter gesserunt, pœniteat non se vixisse, sed mortuos esse Christianos. Potest enim videri minime idoneus mori Christianus, qui votum non habuit vivere Christianus, forte enim jam moriturus, idcirco voluit dicit Christianus, quia jam tempus peccandi non erat : Ne forte, inquit, verum sit quod creditur, volo fieri Christianus, nihil amittens, si falsum est quod creditur : et quia jam

chrétiens, s'est-il dit, peut-être vrai, je veux donc me faire chrétien, sans rien perdre, si je suis trompé dans ma foi. Comme au moment de la mort, ce n'est point la volonté de pécher qui cesse, mais le péché lui-même, il veut essayer si la foi pourra lui servir après la mort, tandis que ce qui lui aurait été véritablement utile, c'était de travailler à la correction de ses péchés et de ses vices là même où il les avait commis. La meilleure preuve en effet, que l'on condamne ses fautes passées, c'est de suivre la ligne que trace la foi, et de changer sa vie et ses habitudes. Celui qui a péché parce qu'il ne connaissait pas Dieu, ne doit plus pécher lorsqu'il le connaît, ou bien cette connaissance lui est tout à fait inutile. La connaissance de Dieu doit élever une âme à la perfection. Un chrétien avant de faire profession doit comprendre que la meilleure preuve qu'il est chrétien, ce n'est pas le nom qu'il porte, ce sont ses œuvres. Voilà pourquoi Dieu donne aux chrétiens des commandements supérieurs aux autres lois, commandements qui tendent à l'élever à la sainteté et qui forment le véritable culte de Dieu. S'ils négligent ces commandements, ils mériteront d'entendre ce reproche : « Pourquoi m'appelez-vous Seigneur, Seigneur, et ne faites vous point ce que je dis? » (*Luc*, vi, 46.) Il déclare par là qu'il est utile de l'appeler Seigneur, si on observe ses commandements, car c'est se moquer de lui que de lui donner le nom de Seigneur, tout en méprisant ses préceptes. C'est à celui qui agit de la sorte qu'il faut rappeler ces paroles de l'Apôtre : « On ne se moque point de Dieu. » Il sera donc condamné par ses propres paroles, parce qu'il appelle Seigneur celui pour lequel il n'a aucune crainte au témoignage de ses œuvres.

DU PÉCHÉ D'ADAM ET D'ÈVE.

QUESTION CXXVII. — Il n'est douteux pour personne, je pense, que ce monde a été créé pour l'homme; bien qu'il soit composé de substances variées, il ne forme cependant qu'un seul corps ayant plusieurs membres dont l'action combinée a pour but de produire toutes les choses nécessaires à l'homme. Ce fut comme une maison construite pour l'homme avec les provisions dont il avait besoin, provisions que la terre devait produire chacune suivant son espèce, c'est-à-dire que par le fait de leur création elles avaient reçu la faculté de se reproduire chacune suivant son espèce. Dieu créa les genres primitifs dont la semence devait servir à son tour à la multiplication des espèces sur la terre. C'est ce qui résulte de ces paroles de l'Ecriture : « Et Dieu les bénit, en disant : Croissez et multipliez-vous sur la terre. » (*Gen.*, 1, 22, 28.) Il bénit de même le genre humain et nous voyons ce même sens se reproduit dans le livre de la loi. Nous y lisons en effet : « Le peuple s'accrut et se multiplia dans l'Égypte. » (*Act.*, vii, 17.) La bénédiction que Dieu avait donnée aux choses qu'il avait créées pour l'utilité de l'homme fut également donnée à l'homme afin que le genre humain s'accrût et se multipliât par l'union de l'homme et de la femme. Et de même que la culture devait améliorer les semences, ainsi le genre humain devait apporter tous ses soins pour que la connaissance de Dieu l'aidât à diriger sa vie, à la

in morte (*a*) non voluntas peccandi, sed peccatum fieri desinit, tentat si prodesse poterit fides post mortem, cum hoc utique fuerat utile, ut hic vitia et peccata emendarentur, ubi fuerunt admissa. Tunc enim aliquis condemnasse se præterita probat, quando fidei lineam sequens, conversationem et vitam videtur mutare. Si enim prius ideo peccabat, quia nesciebat Deum, cum cognoscit eum, ultra non debet peccare, ne frustra sit cognovisse illum. Debet enim aliquis perfectus esse ex cognitione Dei. Christianus enim ante professionem debet intelligere operibus magis se probandum quam nomine. Nam propterea mandata data sunt cæteris legibus (*b*) potiora, et ad sanctitatem pertinentia, ut ex his Dei cultura appareat : si quo minus, audient : « Quid me vocatis, Domine, Domine, et non facitis quæ dico ? » (*Luc.*, vi, 46.) Per quod tunc significavit prodesse, Dominum vocari Dominum, si mandata ejus serventur: irrisor enim videtur, qui Dominum vocat eum, cujus præcepta contemnit. Huic verba Legis recitanda sunt, quæ dicunt, quia « Deus non irridetur : » (*Gal.*, vi, 7.) Itaque verbis suis condemnabitur, quia Dominum vocat, quem minime se timere operibus suis ostendit.

DE PECCATO ADÆ ET EVÆ (*c*).

QUÆSTIO CXXVII. — (1) Nulli dubium arbitror, mundum istum hominis causa esse fabricatum : qui cum diversis constet substantiis, unus est tamen multis membris aptatus, ut ex his invicem mutuis operibus, quæ necessaria homini futura erant, gignerentur. Domus enim facta est homini cum annona, ita ut singula eorum secundum genus fierent super terram, id est, ut facta (*d*) hanc haberent insitam potentiam in propagine uniuscujusque genetis eorum, quæ crearentur in terris. Origines enim institutæ sunt, quarum semen proficeret ad procreationem multiplicandorum generum super terram. Unde Scriptura testatur : « Et benedixit ille Deus, dicens : Crescite, et multiplicamini super terram. » (*Gen.*, 1, 22, 28.) Simili modo etiam hominum genus benedictum est : quem sensum contuemur in Lege. Cernimus enim scriptum esse : « Crevit populus, et multiplicatus est in Ægypto. » (*Act.*, vii, 17.) Qua benedictione enim benedicta sunt, quæ ad utilitatem creata sunt hominis, ea benedictione et homo est benedictus, ut similiter ex mare et femina propago generis humani cresceret et multiplicaretur super terram : et ut sicut per culturam melioranda erant semina, ita et hominum genus adhibita cura id studeret, ut Creatoris cognitione percepta vitam suam frenaret ad promerendum eum, ut simul omnia proficerent ad laudem et gloriam Creatoris. Et quoniam non aliud hæc dicta significant, res ipsæ testantur. Omnia enim quæ facta sunt, Dei nutu

(1) Deest in Mss. 2 generis.
(*a*) Sic Ms. Colb. At editi *non est voluptas*. — (*b*) Ms. Colb. *puriora*. — (*c*) Quidam editi addunt : *de eorum conditione et donis gratuitis*. — (*d*) Sic Colb. Ms. editi vero, *hinc haberent infinitam*.

rendre agréable à Dieu et à rapporter toutes choses à la louange et à la gloire de son Créateur. Que ce soit là le sens de ces paroles, les faits eux-mêmes l'attestent, car toutes les choses qui ont été créées se multiplient et s'améliorent sur la terre par la volonté de Dieu. En effet, on ne peut supposer un autre mode de développement que celui que Dieu a établi pour ses semences. Comment donc peut-on attribuer une origine mauvaise, ou caractère illicite à ce qui ne se développe que sous l'influence des bénédictions de Dieu et de sa volonté? La tradition de cette bénédiction est toujours restée dans la synagogue et elle est encore en usage aujourd'hui dans l'Église qui consacre par la bénédiction de Dieu l'union de ses créatures. Et il n'y a point ici présomption de sa part puisque la forme de cette bénédiction vient du Créateur lui-même. Si l'on pense que cette bénédiction doive cesser un jour, ce ne peut être que lorsque les choses qui se multiplient en vertu de cette bénédiction cesseront elles-mêmes d'exister, car si la génération des hommes s'arrête, quelle serait l'utilité des créatures qui ont reçu la bénédiction de Dieu pour se multiplier sur la terre? Le monde ne peut être en partie dans l'action, en partie dans le repos; ou il agit tout entier ou il reste tout entier dans le repos. De quelle utilité serait un corps, dont quelques membres auraient de la vie, tandis que les autres seraient frappés d'inertie? Comment donc quelques-uns vont-ils jusqu'à représenter comme profane et souillée l'œuvre qui a été consacrée par la bénédiction de Dieu, sinon qu'ils veulent s'attaquer à Dieu même? Ils ne trouveraient rien à reprendre dans l'œuvre s'ils ne se formaient des idées fausses et mauvaises de l'artisan. Ils n'osent s'en prendre ouvertement à Dieu, ils trouvent le moyen de l'accuser dans ses œuvres. Quand l'œuvre déplaît, le blâme retombe sur son auteur. Si ces esprits critiques lisaient ou plutôt recevaient les Ecritures, ils se rappelleraient cette parole de Balaam : « Puis-je maudire celui que Dieu a béni? » (*Nomb.*, XXIII, 8.) Aucune accusation ne peut tenir contre l'approbation du juge, et on se condamne soi-même lorsqu'on veut accuser comme coupable celui que les lois elles-mêmes protègent. Qui êtes-vous donc vous qui croyez pouvoir condamner ce que Dieu a béni comme l'Ecriture vous l'enseigne? Il vous faut ou nier qu'il soit Dieu, ou vous inscrire en faux contre l'Ecriture. Il en est en effet qui sous le prétexte qu'ils reçoivent le Nouveau Testament croient devoir rejeter les anciennes Ecritures. Or, les préceptes nouveaux que Jésus-Christ impose aux fidèles ne sont pas en contradiction avec les anciens. Le Sauveur lui-même n'a pas dédaigné de répondre à l'invitation qui lui était faite d'assister à des noces; et non-seulement il les a honorées de sa présence, mais il a même fourni aux époux ce qui manquait à la joie du festin (*Jean*, II, 1), car il est écrit que le vin réjouit le cœur de l'homme. (*Ps.* CIII, 15; *Eccli.*, XL, 20.) Et pour montrer qu'il ne faisait en cela que la volonté de son Père, les Juifs lui ayant demandé s'il était permis à l'homme de renvoyer son épouse, il leur répondit : « Dès le commencement du monde, Dieu forma l'homme et la femme et leur dit : A cause de cela l'homme laissera son père et sa mère, et s'attachera à sa femme, et ils seront deux dans une seule chair. C'est pourquoi ils ne sont plus deux, mais une seule chair. Que l'homme ne sépare donc pas ce que Dieu a joint. » (*Matth.*, XIX, 3-6; *Marc*, X, 4.) Voilà pourquoi il se rendit volontiers à l'invitation qui lui était faite d'assister à des noces, il ne voulut point paraître condamner ce que Dieu son Père avait institué. Voulant montrer au contraire l'harmonie de la loi an-

multiplicata et meliorata super terram. Nec enim aliter posset accidere, quam Dei voluntas et benedictio decrevit seminibus. Quomodo ergo dici potest male fieri, aut non licere quod ex Dei benedictione et ipso favente augmentum facit? Cujus rei traditio et in synagoga mansit, et nunc in Ecclesia celebratur, ut Dei creatura sub Dei benedictione jungatur. Non utique per præsumptionem, quia ab ipso auctore data est forma. Sed si cessare debebit putatur, tunc cessare debebit, quando cessatura et illa sunt, quæ similiter benedicta sunt ut multiplicarentur : quia si generatio hominum cessat, ad quam utilitatem nascuntur, quæ benedicta sunt super terram? Non potest enim mundus ex parte agere, et ex parte cessare. Aut totus enim operatur, aut totus pausat in otio. Nunquid utile corpus est, cujus quædam membra vigent, quædam torpescunt? Quod ergo a Domino benedictum est, cur sordidum et contaminatum opus a quibusdam asseritur, nisi quia ipsi Deo manus quodammodo infertur? Non enim hoc reprehenderent, nisi de Deo hujus operis auctore male sentirent. Quia enim aperte Deo detrahere verentur, per opus tamen ab eo inventum accusant eum. Quando enim displicet opus, reprehenditur auctor. Si hujusmodi homines legerent, aut potius acciperent Scripturas, memores essent Balaam, dicentis : « Quid maledicam quem benedicit Deus ? » (*Num.*, XXIII, 8.) Frustra enim accusator, qui a judice laudatur : imo ipse sui accusator est, qui reum dicit, quem leges defendunt. Quis ergo tu es qui damnari censes quod a Deo benedictum legis, nisi aut Deum hunc negas esse, aut Scripturam falsam accusas? Sunt enim qui quasi nova accipientes, vetera repudianda putant. Sed non discrepant ab his nova, per Christum præcepta populis intimata. Ipse enim rogatus ad nuptias ire non dedignatus est : et non solum præsentia sui illustravit eas, verum etiam contulit quod deerat ad lætitiam. (*Joan.*, II, 1.) Scriptum est enim : « quia vinum lætificat cor hominis. » (*Psal.* CIII, 15; *Eccli.*, XL, 20.) Et ut hoc secundum Dei Patris sui voluntatem fecisse se demonstraret, Judæis interrogantibus, an liceat homini dimittere uxorem suam, respondit inter cætera, dicens : « Quoniam ab initio fecit Deus masculum et feminam, et dixit : Propter hoc relinquet homo patrem et matrem, et adhærebit uxori suæ, et erunt duo in carne una. Itaque jam non sunt duo, sed una caro. Quod ergo Deus conjunxit, homo non separet. » (*Matth.*, XIX, 4; *Marc.*, X, 7.) Hinc est unde rogatus ad nuptias iit libenter, ne factum Dei et Patris sui infirmare videretur. Magis autem Legis veteris et novæ doctrinam concordare ostendens, nuptias non solum non prohibuit, sed et interesse

cienne et de la loi nouvelle, non-seulement il ne proscrivit point le mariage, mais il daigna l'honorer de sa présence pour lui rendre le témoignage qu'il était d'institution divine, et il déclara par un commandement des plus salutaires qu'on ne devait ni défendre ni séparer ce que Dieu avait uni. C'est encore pour relever l'utilité de la naissance de l'homme, que sur le point de quitter ce monde, il confia sa mère à son disciple Jean. (*Jean*, XIX, 26.) C'est pour la même raison que les préceptes de la loi ancienne et de la loi nouvelle s'accordent à nous recommander d'honorer nos parents sous peine de malédictions si nous contrevenons à ce commandement. (*Deut.*, V, 6; *Matth.*, XV, 4.) Quelle est donc cette présomption et sur quelle loi s'appuie-t-elle pour proscrire le mariage autorisé si clairement par l'ancienne comme par la nouvelle loi? On peut lui appliquer ces paroles du Sauveur : « Ce qui est en dehors, vient du mal. » (*Matth.*, V, 37.) Aussi l'Apôtre reproche-t-il d'avoir une conscience cautérisée à ces hommes qui interdisent le mariage, et l'usage des aliments que Dieu a créés pour être mangés avec actions de grâces. (1 *Tim.*, IV, 2.) C'est de leur part un acte à la fois d'hypocrisie et d'hostilité qui a pour but d'accuser la loi dont Dieu est l'auteur. D'autres semblent ne recevoir avec empressement les préceptes du salut que pour appuyer les prescriptions de leur doctrine de mensonge, et c'est pour cela que l'Apôtre leur reproche d'avoir une conscience cautérisée. En effet, la corruption de leur cœur leur fait manifester au dehors des sentiments différents de ce qu'ils pensent intérieurement : Ils ressemblent aux Juifs qui savaient que les miracles du Sauveur étaient des œuvres de l'Esprit saint et qui ne laissaient pas de dire par un sentiment de jalousie que c'était au nom de Béelzébub qu'il chassait les démons (*Matth.*, XII, 24 ; *Luc*, XI, 15), pour détourner le peuple de croire en lui. Telle est aussi la fourberie de ceux dont nous avons parlé; au nom de la sainteté et de la chasteté dont ils se vantent d'être les partisans, ils soutiennent que le mariage doit être condamné, cherchant ainsi à se faire valoir et à détourner le peuple de la vérité ; c'est ainsi encore qu'ils recommandent l'abstinence de certains aliments pour se donner faussement comme des modèles de tempérance qui, étrangers au monde, se hâtent d'arriver au royaume des cieux. Après qu'ils ont ainsi séduits les esprits des hommes, ils prêchent la légitimité des actes les plus répréhensibles et condamnent l'usage des choses permises. Telles sont les ruses de Satan, il intervertit les rôles et sous la forme d'une nouveauté il exclut la vérité qui n'a rien de nouveau parce qu'elle est tout entière éternelle. Qui ne remarque que telle est la conduite adoptée par nos ennemis? Qui oserait d'ailleurs condamner une institution divine qui n'a jamais été nuisible pour personne, sinon pour l'ennemi de la vérité ? Pour couvrir ses désordres, il prêche la sainteté qu'il n'aime pas, et lorsqu'il s'est fait passer ainsi pour un zélé partisan du bien, il enseigne que les actes les plus coupables sont permis. Il se fait valoir pour tromper plus facilement et pour suggérer aux imprudents qui tombent dans ses pièges des péchés plus énormes. C'est un remède ce semble à ses propres maux de pousser les hommes à des excès de crimes ; il regarde comme une grande consolation d'avoir beaucoup de complices et regarde son châtiment comme plus léger et plus supportable s'il parvient à entraîner un grand nombre avec lui dans les

dignatus est, testimonium eis tribuens, quoniam Deus auctor earum est : et quod a Deo junctum est, neque prohiberi, neque separari debere salutari præcepto monstravit. Et quia nativitas prodest, cum jam relinqueret mundum, matrem suam Joanni discipulo suo commendavit. (*Joan.*, XIX, 26.) Quamobrem et nos per omnia Legis veteris et novæ mandata servantes, parentes honorare docemur : quod nisi fecerimus, maledictum nos incursuros cautum est Lege. (*Deut.*, V, 16 ; *Matth.*, XV, 4.) Itaque quænam est hæc præsumptio, aut ex qua lege descendit, nuptiarum aditus intercludere, quando tam nova quam vetus Lex per omnia istis favere videatur? Sed illud est quod legimus, quia « quod extra est, a malo est. » (*Matth.*, V, 37.) Unde Apostolus hujusmodi homines cauteriatam dicit habere conscientiam, qui prohibentes nubere, et a cibis quos Deus ad percipiendum creavit, abstinendum docent. (I *Tim.*, IV, 2.) Hoc enim in hypocrisi, inimicitiarum causa facere denotantur, ut Legem a Deo traditam criminentur. Alii ideo studentes præceptis salutaribus obvias manus tenderunt, ut pravæ doctrinæ mandata commendent : ac per hoc cauteriatam habere dicuntur conscientiam. Corrupta enim mente aliud scientes, aliud profitentur. (*Matth.*, XII, 24.) Sicut et Judæi, qui non ignorantes gesta Salvatoris opera esse Spiritus sancti, invidentes dicebant, quia « in Beelzebub ejicit dæmonia : » (*Luc.*, XI, 15) ut populum a fide ejus averterent. Talis est etiam supra memoratorum versutia, quia ut sanctitatis et castimoniæ amatores esse se simulent, nuptias esse dicunt damnandas, ut per hoc commendentur, et populum a veritate avertant : et ut abstinentiæ se studere fingant, temperandum a cibis tradunt, ut per hoc se alienos a mundo ad cœlestia regna festinare ostendant, per quod mentes hominum illicientes, deinceps illicita docent licere, et licita quasi inconcessa damnare. Hæc sunt præstigia satanæ, ut causas invertat, quasi novum insinuans aliquid, excludat veritatem, in qua nihil novum est, quia totum æternum. Quis non advertat sensum istum ab adversariis esse aptatum? Quis enim audent Dei inventum reprobare, et quod numquam alicui obfuit, nisi adversario veritatis? Qui ut impuritatem suam tegat, sanctimoniam prædicat, quam non amat, et dum ex eo se quasi bonæ voluntatis ostendat, illicita suadent quasi licita. Commendat enim se ut promptius fallat, ac per hoc captis imprudentibus suggerat, per quæ plus eos faciat peccatores : quia ut causæ suæ aliquam conferat medicinam, granditer suadet homines peccare, magnum ex eo quærens solatium, dum criminis sui socios multos ostendit, levem pœnam æstimans, ac si minus gravis sit, si secum multos videat in gehenna. (*a*) Cæci homines, dum vincuntur vitiis, aut per infirmitatem, aut per igno-

(*a*) Ms. Colb. *viderint in peccatis nec cæteris homines* : et paulo post, *defendent non vindicanda hic.*

enfers. Les hommes aveugles qui sont vaincus par leurs vices s'excusent sur leur faiblesse ou sur leur ignorance, et ne songent pas à punir les fautes sur lesquelles la concupiscence leur fait illusion. Ou bien quel est donc ce nuage qui leur dérobe la connaissance de la vérité? Car les lettres paraissent avoir une signification différente, lorsqu'elles sont mal prononcées ou qu'on n'en fait pas une juste distinction; mais lorsqu'on lit: Dieu a fait, et encore: Dieu a béni ce qu'il a fait, peut-il rester matière soit à la discussion, soit au moindre doute? Qui osera voir la malédiction à la place de la bénédiction, à moins d'être animé d'un esprit hostile? Si ces paroles étaient les paroles de l'homme, peut-être pourrait-on craindre quelque subterfuge, mais c'est Dieu qui parle, et vous doutez? C'est Dieu qui bénit, et vous condamnez?

Mais Moïse sous le nom même de Dieu n'a-t-il pas été l'auteur de cette erreur? Les miracles et les prodiges que Moïse a faits dans l'Egypte sont une réponse à cette question, et les merveilles qu'il a opérées dans la mer Rouge pour la délivrance des enfants d'Israël, doivent suffire pour vous persuader. Ecoutez l'aveu que font les magiciens : « Le doigt de Dieu est ici. » (*Exod.*, VIII, 19.) Croyez au témoignage de l'Apôtre qui vous dit : « Je ne veux pas que vous ignoriez, mes frères, que nos pères ont tous été sous la nuée, qu'ils ont tous passé la mer Rouge, et qu'ils ont tous été baptisés sous la conduite de Moïse dans la nuée et dans la mer, qu'ils ont tous mangé la même viande mystérieuse, et qu'ils ont bu le même breuvage mystérieux, car ils buvaient de l'eau de la pierre spirirituelle, car qui les suivait, et cette pierre était Jésus-Christ. » (I *Cor.*, X, 1, 4.) Et comment l'Apôtre a-t-il pu parler de la sorte? La réponse est dans l'Ecriture où nous lisons que Notre-Seigneur Jésus-Christ dit aux Juifs : « Si vous croyiez à Moïse, vous croiriez sans doute à moi aussi, car c'est de moi qu'il a écrit. » (*Jean*, V, 46.) Qui pourrait ne pas croire à une si belle harmonie? Qui oserait voir de la contradiction dans une si parfaite unité? Qui serait assez mal inspiré pour accuser d'hostilité une union aussi étroite? Vous avez ici tout à la fois le témoignage des paroles, et les exemples des miracles qui doivent soumettre votre esprit à la vérité et vous empêcher de regarder comme vraie toute doctrine qui n'est pas renfermée dans les livres de l'Eglise catholique. Puisque donc il demeure prouvé que le Dieu de l'Ancien Testament est le même que le nôtre, et que mille signes éclatants proclament qu'il est le seul véritable, son autorité doit être pour nous si grande que quand même une chose nous paraîtrait trop dure ou même absurde, nous devons l'accepter, réformer sur ce point nos idées personnelles devant le jugement de Dieu qui l'approuve, car nous devons en croire plutôt Dieu que nous-mêmes. En effet, notre faiblesse et notre inexpérience regardent souvent comme utile ce qui nous est le plus nuisible, et prend le faux pour le vrai, ce qu'on ne peut même pas soupçonner de Dieu; sa nature est inaccessible à l'erreur; il ne nous est donc point permis de douter de la légitimité du mariage devant ces paroles de Dieu : « Que l'homme ne sépare point ce que Dieu a uni. » (*Matth.*, XIX, 6; *Marc*, X, 9.) C'est là une chose aussi claire que simple. Il est certain que tout homme a lieu de se réjouir d'avoir été l'objet de la bonté de Dieu, et qu'il doit être meilleur lorsqu'il apprend à connaître le sacrement de son Créateur, ce à quoi il ne pourrait parvenir s'il n'était pas né. Pourquoi

---

rantiam sese defendunt, non vindicando hæc quæ contraria decipit concupiscentia. Aut quæ obstat caligo ut non quod verum est, videatur? Nam solent litteræ aliud videri significare, dum aut non bene pronuntiantur, aut improprie distinguantur. Cum autem legitur : Fecit Deus : et : Benedixit quod fecit : quis hinc disputet? quis dubitet? quis quod benedictum est, maledictum putet, nisi alio spiritu animetur? Quod quidem si hominis vox esse diceretur, forte aliqua fallacia crederetur : Deus dicitur loqui, et dubitas? Deus benedixit, et reprobas?

Sed forte sub Dei nomine Moyses errorem induxit. Satis tibi faciant signa et prodigia per Moysen facta in Ægypto; suadeant tibi mirabilia quæ in rubro mari gesta sunt ad liberationem filiorum Israel. Audi magos confitentes, quia « digitus Dei est hic. » (*Exod.*, VIII, 19.) Consenti Apostolo dicenti : « Nolo vos ignorare fratres, quoniam patres nostri omnes sub nube fuerunt, et omnes per mare transierunt, et omnes per Moysen baptizati sunt in nube et in mari, et omnes eamdem escam spiritalem manducaverunt, et omnes eumdem potum spiritalem biberunt. Bibebant autem de potu spiritali consequente eos petra : petra autem erat Christus. (I *Cor.*, X, 1.) Et unde hoc Apostolus locutus est? Præsto est Scriptura, in qua legimus Christum Dominum nostrum dicentem Judæis : « Si crederetis Moysi, crederetis forsitan et mihi; quia de me scripsit Moyses. » (*Joan.*, V, 46.) Quis huic concordiæ fidem deneget? Quis audeat dicere, quod unum est discrepare? Quis tam malæ mentis est, ut individuam caritatem contendat videri inimicitiam? Ecce habes et verborum testimonia, et exempla virtutum, ut animum tuum subjugent veritati, ut non aliud putes verum quam quod Ecclesiæ Catholicæ continent libri. Quoniam igitur probatum est eumdem Deum fuisse in veteri Testamento, qui nunc noster est, et hunc multis virtutum indiciis verum esse, in tantum ejus auctoritas debet præferri, ut etiam id quod asperum, et forte absurdum a nobis æstimatur, accepto ferri debeat, et aliter sentiri quam a nobis putatur, si Dei judicio commendetur; quia magis Deo credere debemus quam nobis. Infirmitas enim nostra et imperitia, utilia solet judicare quæ nociva sunt, et æstimare falsa pro veris : quod Deo vel suspicari nefas est. Non est enim natura, quæ possit falli : quanto magis de conjugiis dubitari non debet, Deo dicente : « Quod Deus conjunxit, homo non separet? » (*Matth.*, XIX, 6; *Marc.*, X, 9.) Est enim res aperta et simplex. Certe omnis homo gaudet, cum fuerit Dei dignationem adeptus, et meliorari se credit, dum sacramentum Creatoris addiscit, quod utique non assequeretur, nisi natus. Cur ergo plangit quod gaudet, et quod gloriatur se didicisse, condemnat? Si enim gaudet quia didicit, non

donc déplorer ce qui fait le sujet de sa joie, et condamner ce qu'il se glorifie d'avoir appris? S'il se réjouit d'avoir appris, et si d'ailleurs il ne pouvait apprendre à moins d'être né; nul doute qu'il ne soit bon de naître, puisque le fruit de la naissance est la connaissance de la vérité. Si au contraire c'est un mal que de naître, la connaissance ne peut être bonne. A quoi pourra servir cette connaissance, si la naissance est condamnée? S'il n'est ni utile, ni nécessaire de naître, pourquoi celui qui est condamné chercherait-il à apprendre? Mais comme il n'y a point d'esprit assez stupide pour nier que la connaissance de Dieu soit utile aux hommes, il faut reconnaître sa bonté, son utilité. C'est elle qui ajoute une nouvelle perfection à la naissance, afin qu'elle mérite ainsi plus qu'Adam n'avait reçu, car c'est dans le ciel et non sur la terre que les fidèles sont appelés à régner, dans le paradis de Dieu le Père, et non pas dans celui où Adam avait reçu l'ordre de se livrer à des travaux corporels. On célébrait à Jérusalem la fête appelée *encænia*, c'est-à-dire la dédicace du temple de Dieu, à combien plus forte raison doit-on célébrer la naissance de l'homme qui est à bien plus juste titre le temple de Dieu, et qui a lui-même construit de ses mains à Dieu des temples pour lui offrir ses actions de grâces? Notre corps est un temple bien plus excellent, parce qu'il est l'œuvre de Dieu et que les temples matériels sont l'œuvre de l'homme, que l'un a l'espérance de l'éternité, tandis que les autres sont destinés à une ruine certaine. Celui donc qui reconnaît que c'est Dieu qui l'a fait naître pour lui rendre grâces, et qui est parvenu à la connaissance de ses mystères, doit se réjouir au jour anniversaire de sa naissance en voyant les fruits précieux qu'elle a produits. Quant à ceux qui abandonnent leur Créateur et offrent à d'autres la gloire qui lui est due, il eût mieux valu pour eux ne naître jamais, car leur naissance ne peut tourner qu'à leur malheur, et cependant la faute en est non pas à la naissance, mais à leur volonté. Mais qui êtes-vous donc, vous qui prétendez interdire le mariage? Vous peut-être, Marcion, qui soutenez que le corps n'est pas l'œuvre de Dieu mais du démon, et que c'est par suite de je ne sais quelle faute que l'âme déchue de son premier état est descendue dans cette région de ténèbres où se trouve le monde. Or, comment pourrait-elle parvenir à sa délivrance, si la génération lui est interdite? C'est après votre naissance que vous avez connu votre chute et que vous avez pris les moyens de retourner dans la patrie et de reprendre votre destinée première. Vous rendez grâces à Jésus-Christ, dites-vous, par qui vous êtes heureux d'avoir obtenu cette connaissance. Or, si vous n'étiez pas né, toute connaissance eût été impossible, et par conséquent toute délivrance. Si donc vous vous réjouissez de la délivrance de votre âme, soyez favorable à votre naissance, car si vous la condamnez, vous êtes l'ennemi des âmes. Ou bien êtes-vous un manichéen, qui rejetez les noces comme mauvaises? Je vous demanderai alors s'il n'y avait point de génération des corps, comment l'âme, que vous dites être répandue dans une région ténébreuse et étroitement unie aux éléments matériels, pourrait-elle être délivrée? Car il est écrit dans vos livres que c'est par sa naissance que l'âme est délivrée, c'est-à-dire que les âmes reçues par la lune sont au sortir de leur corps transmises au soleil que vous prétendez être le Dieu de vos âmes. Et n'est-ce pas un bonheur pour vous que de porter le nom de manichéens? En effet, c'est à ce titre que vous sollicitez votre délivrance, ce que vous ne pourriez savoir, si vous n'étiez pas né. Il est donc de toute évidence

autem didicisset, nisi natus fuisset; sine dubio bonum est nasci, quia fructus nativitatis, cognitio est veritatis. Si autem malum est nasci, non erit bona cognitio. Cui enim rei proderit cognitio, si damnatur nativitas? Quia si non expedit nasci, nec debet, inane est ut discat damnandus. Sed quia nemo tam hebes est, ut neget cognitionem Dei prodesse hominibus, et bona et utilis est. Per ipsam enim melioratur nativitas, ut meliorata nativitas plus mereatur quam fuerat collatum Adæ: quia in cœlo, non in terra regnabunt credentes, in paradiso Dei Patris, non in quo Adam corporaliter jussus fuerat operari. Nam si encænia celebrabantur Jerosolymis, id est, dedicationis templi Dei agebatur festivitas; quanto magis ipsius hominis celebrandus natalis est, qui magis templum Dei est; cujus etiam, ad agendum Deo gratias, manibus templum est fabricatum. Melius est enim templum, corpus nostrum: quia hoc Dei opere, illud vero humano labore constructum est; et hoc sub spe æternitatis est, illud perditionis. Itaque qui Deo instituente natum se novit, ut ei gratias agat, cognitum habens mysterium ejus, debet in natali suo gaudere, videns profectum esse nativitatis suæ. Vere autem illi nasci non debuerunt, qui Creatorem suum relinquentes, gloriam ejus aliis deputant: horum enim nativitas proficit ad pœnam: sed non nativitas crimen incurrit, sed voluntas. Sed quis es tu, qui nuptias prohibes? Forte Marcion, quia corpus non a Deo fabricatum putas, sed a diabolo: animam vero errore quodam lapsum passam, ut ad tenebrarum partes, in quibus nunc mundus est, veniret, contendis. Quomodo ergo posset hinc liberari, si prohiberetur generari? Natus enim cognovisti casum tuum, et data opera id egisti ut remeares ad (a) patriam sedem, redditus sorti tuæ. Denique gratias agere te dicis Christo, per quem hanc cognitionem assecutum te gratularis. Age vero, si natus non esses, cessaret cognitio, nec prosequeretur liberatio. Itaque si gaudes animam liberari, fave nativitati; nam si nativitati resistis, inimicus es animarum. Aut si Manichæus es, qui nuptias quasi contrarias renuis, quæro a te, si corpora minime gignerentur, quomodo anima hinc, quam fusam in tenebrarum partem et hærentem hylicis rebus asseris, eriperetur? Nascendo enim liberari eam in libris vestris scriptum habetis, ut a luna susceptæ animæ et exeuntes de corporibus soli tradantur, quem Deum vestrarum asseritis animarum. Nam gaudetis, cum Manichæi voca-

(a) Ms. Colb. *patricam.*

que c'est par hypocrisie que vous condamnez le mariage. Vous faites profession extérieure de chasteté et vous vous livrez en secret à toute sorte d'impuretés, qui ne sont pas demeurées cachées, mais qui ont été dévoilées par les édits mêmes des empereurs. Ecoutez maintenant, vous qui êtes catholique, et apprenez de l'Evangile combien il est utile à l'homme de naître. Lorsque le juste Siméon voulait sortir de cette vie, persuadé que c'était assez pour lui de connaître son Créateur sans connaître le mystère de son incarnation, Dieu n'accéda point à son désir avant qu'il ne fût arrivé à cette parfaite connaissance pour obtenir la récompense pleine et entière de sa foi. C'est alors qu'il prit dans ses bras le Sauveur qui venait de naître et qu'il bénit Dieu en ces termes : « Seigneur, vous laisserez aller maintenant votre serviteur en paix selon votre parole, car mes yeux ont vu votre salut. » (*Luc*, II, 29.) Dieu fit voir clairement qu'il était bon pour l'homme de naître, puisqu'il fut répondu à ce juste qui désirait la mort qu'il ne mourrait pas avant d'avoir vu le Christ du Seigneur; car il avait fait de si grands progrès ici-bas, qu'il était digne de voir dès cette vie celui qu'il espérait comme son libérateur après sa mort. Or, comment dire que la naissance n'a pas été une chose utile pour cet homme à qui Dieu prolongea la vie et ne permit de mourir que lorsqu'il aurait vu le fruit de son espérance, et qu'il serait assuré de voir pour lui la vie succéder à la vie? Si c'était un mal pour nous de naître, ce n'est ni le paradis, ni la vie éternelle, ni le royaume des cieux qui nous seraient promis, mais les châtiments et les supplices de l'enfer que nous devrions attendre. L'homme qui saurait qu'il est né pour sa perte craindrait de transmettre la vie à un autre, et celui qui saurait que sa naissance est un acte coupable, ne chercherait point à revivre dans ses enfants.

On me dira peut-être : Oui, le royaume des cieux est promis, mais aux hommes fidèles et qui ont fait le bien. Parfaitement, vous voyez donc que les hommes ne sont point coupables par le seul fait de leur naissance, mais parce qu'ils ont fait le mal; car ce n'est pas à ceux qui ne sont point nés que le royaume des cieux est promis, ce qui ferait de la naissance une cause d'exclusion, mais à ceux qui après leur naissance font le bien; c'est-à-dire que la naissance ne peut ni être utile à celui qui fait le mal, ni nuire à celui qui fait le bien. Les fidèles et les hommes de bien ajoutent à la perfection de leur naissance, les infidèles et les pécheurs lui font perdre celle qu'elle a. La naissance est comme un arbre qui est greffé; si la greffe est bonne, l'arbre deviendra meilleur et sera appelé un bon arbre; si la greffe est mauvaise, il deviendra plus mauvais qu'il n'était et méritera d'être appelé un mauvais arbre. Ainsi, qu'à la naissance vienne se joindre une doctrine saine, elle produira de bons fruits, mais si la doctrine est mauvaise, les fruits seront également mauvais. De même donc que l'arbre doit préalablement exister pour qu'on puisse le greffer, la naissance est également nécessaire pour qu'il y ait lieu de faire des progrès dans le bien. Mais on nous fait cette instance : S'il est bon et utile de naître, pourquoi avons-nous besoin de renaître? Cette renaissance n'aurait point lieu, si la naissance n'était utile. Renaître, c'est être renouvelé, et ceux qui sont renouvelés sont entièrement réparés. Cette renaissance n'est donc point opposée à la naissance, elle la réforme, et ce qui est réformé

---

mini. Per hoc enim nomen liberationem vestram flagitatis : quod utique nesciretis, nisi nati essetis. Longe itaque apparet hypocrisi esse, quod illicitas vos nuptias condemnare. Sanctimoniam enim profitentes, latenter immunditiæ studetis, quod non solum privatum, sed etiam edictis proditum est Imperatorum. Audi nunc catholice, (*a*) et ex Evangelio disce, prodesse hominis nativitatem. Cum Simeon enim vir justus vellet exire de sæculo, sufficere sibi putans Creatoris sive mysterii ejus cognitione notitiam, non permissum est ei nisi incrementum faceret in Dei perceptione, ut plenam haberet fidei suæ mercedem. Denique natum Salvatorem accipiens in manibus benedixit Deum, et dixit : « Domine, nunc dimittis servum tuum secundum verbum tuum in pace : quia viderunt oculi mei salutare tuum. » (*Luc.*, II, 29.) Manifeste ostensum est Dei beneficium esse in hominis nativitate, quando viro justo de morte cogitanti responsum est, quod non ante moreretur, quam Christum Domini vidisset : intantum enim proficiebat in vita, ut dignus fieret etiam in præsenti videre, quem liberatorem sperabat post mortem. Qui ergo reservatus in vita per permissus est mori, nisi spei suæ fructum vidisset, ut securus esset, quia de vita ad vitam transiret; quomodo potest dici non huic profuisse nativitas? Si enim malum est quod nascimur, non paradisus promitteretur, non vita æterna, non regnum cœlorum, sed pœna et gehennæ perditio : ut timeret alterum generare, qui se sciret natum ad perditionem; ut ille qui se illicite natum sciret, non affectaret generare.

Sed forte dicatur : Regnum quidem cœlorum promissum est, sed fidelibus et bene agentibus. Recte. Vides itaque non ideo reos fieri homines, quia nati sunt, sed quia male conversati sunt. Neque enim non natis promissum est regnum cœlorum, ut nativitati imputent, quibus non dabitur : promissum est autem natis bene agentibus, ut neque nativitas prosit male agenti, neque obesse possit bene agenti. A fidelibus enim et bene agentibus melioratur nativitas : ab infidelibus autem et male agentibus deterioratur. Sic enim est nativitas, quasi arbor quæ inseritur : quia si bono surculo inseritur, melior fiet et bona dicetur ; si vero malo surculo inseratur, deterior erit, et non bona, sed mala vocabitur. Ita et nativitati si bona accedat doctrina, bonos faciet fructus ; si autem mala, malos faciet fructus. Itaque sicut necessaria est arbor, ut sit ubi inseratur; ita etiam necessaria est nativitas, ut sit ubi proficiatur. Sed respondetur e contra. Si utilis est nativitas, cur renascimur ? Non renasceremur nisi utilis esset nativitas. Renasci enim renovari est, et qui renovantur, instaurantur. Non ergo accusat renascibilitas nativitatem, sed reformat : et quod reformatur, bene ab initio institutum probatur. Igitur quod renasci-

(*a*) Ms. Colb. *Evangelio teste prodesse.*

prouve par là même la perfection de son premier état. Cette renaissance est une transformation qui est l'effet d'une résolution volontaire, et qui purifie les souillures du corps pour nous rétablir dans l'état primitif où Adam fut créé. L'âme a communiqué au corps les souillures de son péché, mais la foi le répare, le rend plus parfait et le lave dans les eaux du baptême ; le mépris de Dieu l'avait souillé, l'obéissance le purifie, il évite ainsi la sentence prononcée contre Adam et acquiert le droit à la résurrection glorieuse. Si donc c'est par l'âme que le péché a commencé, pourquoi accuser la nature du corps, puisque dans le péché d'Adam, ce n'est point le corps qui a désiré, mais l'âme séduite par l'espérance de la divinité, qui a transgressé le précepte, jeté le corps dans la servitude du péché, et condamné tous les hommes à naître esclaves du péché ? Or, ce péché ne nuit en rien à l'homme qui obéit à la loi de Dieu, si ce n'est qu'il est soumis à la mort ; mais ici encore la bonté de Dieu lui a promis une récompense proportionnée à cette peine, c'est-à-dire que ceux qui seront trouvés fidèles à leur Créateur, et que les péchés d'Adam condamnaient à la corruption et à la mort, recevront en retour du juste juge plus que Dieu n'avait accordé à Adam ; ils seront couverts de gloire dans le ciel et posséderont une vie éternelle, et seront appelés les fils adoptifs de Dieu, de sorte que c'est vraiment un gain pour eux d'être nés.

Je poursuis maintenant la suite du passage dont on a fait lecture : « Dieu dit à l'homme : Tu peux manger de tous les fruits du jardin, mais tu ne mangeras point de l'arbre de la science du bien et du mal. » (Gen., II, 16, 17.) Tous les arbres dont Dieu parle ici sont les fruits destinés à la nourriture des créatures. On leur donne ici le nom générique d'arbres, mais il y a une grande variété dans les fruits. Ils sont tous cependant des arbres et des plantes, et il n'y a qu'une seule nature d'aliments malgré la diversité des fruits qui servent à la nourriture de l'homme. Lorsque Dieu eut créé pour la nourriture de l'homme cette multitude d'arbres fruitiers, il lui défendit, comme je l'ai dit, de manger des fruits d'un seul arbre. Comme nos premiers parents avaient reçu l'empire sur toutes choses, il était convenable qu'ils donnassent à Dieu sur un point un témoignage de soumission et de respect. Il avait donc réservé un seul arbre auquel il leur avait défendu de toucher, pour leur rappeler leur condition. Or, comment la sentence prononcée contre eux peut-elle nous faire comprendre quelle fut la nature de leur faute ? Cette sentence, en effet, peut être prononcée aussi bien contre un homicide, contre un malfaiteur, un adultère, un infâme. Achar, fils de Charmi, fut condamné après son péché à être consumé par le feu lui et toute sa famille. (Josué, VII, 1, etc.) Comment donc juger d'après cette sentence de la nature du péché. Elle peut faire présumer que le péché a été grand, mais non quelle a été sa nature. Nous savons en effet que d'autres ont été condamnés à la même peine, bien que leur faute fût différente. L'histoire nous apprend que les Amorrhéens et les habitants de Sodome périrent eux et leurs enfants. Nous voyons donc des hommes coupables d'un même crime punis de châtiments divers, une seule et même sentence prononcée contre ceux dont les crimes sont tout différents. La nature du péché d'Adam et d'Ève ne peut donc être connue par la sentence prononcée contre eux. Le péché de l'homme et de la femme est le même, il est vrai, cependant

mur, consilio mutamur, corporis expiatione percepta, ut reddamur ad pristinum statum Adæ. Animæ autem peccato maculatum est corpus, quo reparato et meliorato per fidem, consilio abluitur : ut sicut per contemptum Dei fuerat pollutum, ita per obedientiam abluatur, ut effugiat sententiam datam Adæ, et possit resurgere. Itaque si ab anima cœpit peccatum, (a) cur natura corporis accusatur, cum in causa peccati Adæ non fuerit desiderium corporale, sed spe deitatis illecta anima transgressa sit Dei præceptum, ut corpus suum subjugaret peccato, et nascerentur homines sub peccato ? Quod quidem nihil obest homini, si tamen legi Dei obediat, nisi quod moritur : cui rei benevolentia Dei promisit mercedem, (b) ut quoniam in Creatoris devotione fideles inveniuntur, per prævaricationem autem Adæ corruptioni subjecti sunt et morti, pro hac re accipiant a judice Deo ultra quam fuerat concessum Adæ, ut in futuro et gloriosi sint, et æternam habeant vitam, et adoptati filii Dei vocentur ; ut lucrum sit, quia nati sunt.

Ex hoc jam revertar ad reliquam partem lectionis. Cum positus esset homo in paradiso, hæc accepit mandata : « Ex omni, inquit, ligno quod est in paradiso ad escam, edes. De ligno autem unde dignoscitur bonum et malum, non edetis ex eo. » Omnia ligna quæ commemorat, fructus sunt ad esum creaturarum. Denique uno nomine ligna dicuntur, sed varia intelliguntur in fructibus. Omnia tamen ligna sunt, et edendi unum est genus, quamvis diversa sunt quæ edantur. Cum enim multa fructuum ligna creasset homini ad edendum, sicut dixi, de uno ligno edi prohibuit : ut reverentiam Creatoris ex aliqua parte haberent, qui omnia in potestate acceperant, dum una reservata est arbor, cujus licentiam non haberent, ut memores essent conditionis legis. Quomodo autem ex sententia peccati genus intelligebatur ? Et homicidæ enim et malefico et adultero et infami congruit hæc sententia. Achar quoque filius Charmi cum peccasset, consumi cum omnibus suis adjudicatus est. (Josue, VII, 1.) Quomodo ergo potest hæc sententia peccati genus intelligi ? Grande delictum fuisse potest cognosci, non tamen genus delicti intelligi. Scimus enim alios hac damnatos sententia, cum sciantur aliter deliquisse. Et (c) Amorrhæi et Sodomitæ cum omnibus suis periisse noscuntur. Ita enim fit, ut et unius peccati rei diversa feriantur sententia, et diversi criminis peccatores uno atque eodem genere puniantur. Quamobrem Adæ et Evæ non ex data sententia peccati genus potest intelligi. Quamvis enim unum eorum pec-

(a) Sic Ms. Colb. At editi *cur non a corpore accusatur*. — (b) Sic Ms. Colb. At editi *ut qui in Creat. dev. fid. inveniantur salventur. Per prævaricationem autem quia Adæ,* etc. *suscipient a judice,* etc. — (c) Ms. Colb. *Et Aman.*

ils furent condamnés tous deux à une peine particulière et individuelle, ainsi que le serpent. Non-seulement ils ne conservèrent point les prérogatives de leur premier état, mais Dieu leur imposa le travail comme châtiment de leur crime. Dieu, comme nous l'apprend le livre de la Genèse, avait soumis à l'homme tous les animaux et tous les êtres vivants (*Gen.*, I, 26), le serpent s'éleva contre cet ordre et fit tant par ses ruses et ses artifices qu'il asservit l'homme à son empire. Sans nul doute, en effet, celui qui fait tomber quelqu'un dans ses piéges, le soumet à sa domination. Or, Dieu ne voulut point qu'il recueillît les fruits de sa fourberie, il le rabaisse et l'humilie au-dessous de sa première condition, pour qu'il ne pût s'élever au-dessus de l'homme, et ne lui laisse que la douleur, non-seulement de n'avoir point réussi dans ses desseins, mais d'avoir perdu la perfection de sa création. C'était, dit l'auteur sacré, le plus fin de tous les animaux que Dieu avait placés sur la terre; mais après qu'il eut trompé l'homme, il fut maudit entre tous les animaux et toutes les bêtes de la terre. Or, après la sentence prononcée contre l'homme, contre la femme, contre le serpent, la femme, qui avait été la complice de l'homme dans le mépris du commandement divin devait être soumise à un châtiment particulier. Dieu lui dit donc : « Je multiplierai tes calamités, tes enfantements, tu enfanteras dans la douleur, tes désirs se tourneront vers ton mari, et il te dominera. » (*Gen.*, III, 16.) Nul ne confirme lui-même ce qu'il condamne. Si des enfants ont été accordés à la femme parce qu'elle s'était unie à l'homme contre l'ordre de Dieu, il faut donc reconnaître à un acte coupable des effets merveilleux. Mais si vous croyez que le principe de la génération des hommes est dans ces paroles : « Vous enfanterez dans la douleur, » que signifiaient ces paroles : « Croissez et multipliez-vous ? » Cette sentence : « Vous enfanterez dans la douleur, » n'a donc trait qu'au châtiment, c'est-à-dire que ce qui lui avait été accordé précédemment comme une cause de joie, deviendra par suite de son péché une source de chagrins ; et pour que ce châtiment ne cessât de peser sur la femme, Dieu ajoute que ses désirs se tourneront vers son mari, et seront pour elle un principe de douleurs toujours nouvelles. Si Dieu condamnait l'union de l'homme et de la femme, pourquoi lui dit-il : « Tes désirs se tourneront vers ton mari ? » Nul n'établit comme châtiment ce qu'il condamne comme répréhensible, puisque le châtiment doit toujours être opposé au crime qu'il punit, et qu'il doit venir d'un principe tout différent. Si la faute et le châtiment venaient d'un même principe, personne ne craindrait d'être condamné. On pourrait même dire que la transgression de la loi devient un acte louable. Loin de punir le péché, Dieu l'aurait confirmé, si les désirs de la femme ne s'étaient tournés vers son mari que par suite de son péché. Mais non, la vérité est que cette union de la femme avec l'homme, qui lui avait été simplement permise avant le péché lui fut ensuite imposée avec la servitude de l'enfantement comme un châtiment, parce que l'homme s'était laissé dominer par la femme que Dieu lui avait donnée comme compagne. Il est évident qu'il avait été dominé par la femme dont les conseils lui avaient fait croire aux espérances qu'elle lui avait données, et qui n'avaient pour but que de détruire l'œuvre de Dieu par les artifices du démon. Dieu par sa sentence fait donc rentrer la femme dans la condition d'assujettissement qui la soumet à son mari,

catum sit, sed secundum personam suam vir et mulier sententiam acceperunt : necnon et serpens, ut non solum in eo quod facti sunt, non manerent, verum etiam adderetur is labor ad pœnam. Cum enim omnia pecora et animantia homini fuissent, sicut legimus, subjecta (*Gen.*, I, 26), serpens contra hanc constitutionem crevit se, et dolo et fallacia circumventum hominem sibi subjecit. Sine dubio enim qui aliquem capit, infra se eum facit. Propter quod serpens ne astutiæ suæ effectum haberet, sententia Dei revocatur, et reprimitur ultra quam fuerat factus, ne supra hominem esset, ut callidate sua non solum ad nihil se profecisse doleat, sed et deteriorasse. Cum enim prudentior legatur fuisse cæteris bestiis, postquam decepit hominem, maledictus factus est ab omnibus bestiis terræ. Post sententiam datam in hominem, datam in feminam, datam in serpentem, sequitur ut et mulier quam sibi sociaverat ad contemnendam Dei legem, excipiat sententiam. Ait ei : « Replens replebo ærumnas tuas et gemitum tuum : in tristitia paries filios, et ad virum tuum conversio tua, et ipse tui dominabitur. » (*Gen.*, III, 16). Nemo quod reprehendit, ipse confirmat, Si ideo concessi sunt filii, quia usurpaverat coitum, ergo plus usurpatio præstitit. Sed quia dixit : « In tristitia paries filios : » si inde putas generationem sumpsisse principium, ubi erat quod dictum est : « Crescite et multiplicamini ? » Intelligite ergo hoc ad pœnam tantum additum, ut cum per lætitiam sibi fuerat ante concessum, tristitia subderetur ad pœnam : et ut deterior et multiplicata pœna mulierem semper urgeret, additur conversio ad virum, ut esset unde ei dolor iterum innovaretur. Si coitum Dominus damnabat, cur in subjectis adebat : « Et ad virum conversio tua ? » Nemo quod damnat, hoc pro pœna constituit ; cum utique pœna sit damnationi contraria, nec unquam ex uno, sed contra proveniat. Quod si in uno essent, damnationem nemo metueret. Deinde aliquis in hoc (*a*) addiceret, ex quo in legem commissum videret. Hoc est confirmasse, non punisse peccatum, si ideo conversio feminæ ad virum, et ex eo quod colit, et non quod verum est, conversio simpliciter ante concessa, cum ultima servitute propter pœnam eidem credatur imposita, quoniam per mulierem concessam subjectus factus fuerat vir. Et sine dubio superior videbatur, cujus consilii usus putavit prodesse quod suasit, ut factum Dei subtilitate serpentis destrui videretur : instauratur per sententiam Dei institutum, ut revertatur mulier ad conditionis subjectionem humiliata viro, sicut fuerat constitutum : et additum ei quod additur ad pœnam, cum audit : «Replens replebo mœrores tuos, et gemitum tuum : in tristitia

(*a*) Editi *addisceret*. Ms. Colb. *addiceret*.

suivant la première institution, et il ajoute comme châtiment : « Je multiplierai tes calamités et tes gémissements, tu enfanteras dans la douleur, tes désirs se tourneront vers ton mari, et il te dominera. » Dieu avait-il établi la femme dans un état qui ne fût pas un état de soumission à son mari ? La femme est donc rappelée ici à ce premier état avec l'addition que nous avons signalée. Voilà pourquoi Dieu lui dit : « Je mettrai le comble à tes douleurs et à tes gémissements. » Mettre le comble, c'est ajouter à ce qui est incomplet, et non pas établir ou faire ce qui n'existe pas. Les paroles de Dieu qui précèdent : « Croissez et multipliez, » (*Gen*., I, 22, 28) n'ont donc point pour but la création, mais la perte des créatures à qui Dieu concédait l'existence. Après le péché, Dieu ajoute à la douleur, aux difficultés de l'enfantement de la femme, mais n'établit pas une nouvelle forme de procréation. Si ces paroles ont vraiment été le principe de la génération, il faut l'attribuer plutôt à la volonté du démon qu'à celle du Seigneur, car il y a vraiment comme le déclare le Sauveur « une race de vipères. » (*Matth*., III, 7.) Or, si quelqu'un pense qu'il est né de la sorte, qu'il considère ce qu'il a mérité. C'est par suite de son péché que sa mère a vu s'augmenter les douleurs de l'enfantement, et que cette douleur qui devait être d'abord légère s'est accrue en punition des péchés de ses enfants ; car c'est dans les gémissements et les larmes qu'elle enfante les enfants, et à peine sont-ils nés qu'ils deviennent pour elle une cause permanente de tristesse. Voyons en troisième lieu la sentence prononcée contre l'homme : « Parce que vous avez écouté la voix de votre femme, et que vous avez mangé du fruit de l'arbre dont je vous avais défendu de manger, la terre sera maudite à cause de ce que vous avez fait, et vous ne mangerez de ses fruits, durant tous les jours de votre vie qu'avec un grand travail, elle ne produira pour vous que des épines et des chardons. » (*Gen*., III, 17, 18.) Adam est aussi rappelé à l'état dans lequel il avait été créé, mais avec une diminution de ses priviléges. Dieu l'avait d'abord placé dans le paradis terrestre pour cultiver simplement la terre et voir aussitôt le fruit de son travail. Mais à peine a-t-il méprisé le commandement divin, dans l'espérance de trouver dans le conseil du serpent un sort plus heureux que celui que Dieu lui avait donné, Dieu le rappelle à sa condition première, mais en y ajoutant les sueurs et les fatigues ; la terre ne répondra plus à ses travaux, elle sera maudite non pour lui, mais à cause de ses œuvres. Dieu fait ainsi voir que ses desseins ne peuvent être détruits et que nul ne peut faire preuve d'une Providence plus grande. Personne, en effet, ne peut aimer l'œuvre d'un autre plus fortement que celui qui en est l'auteur, au témoignage de l'Apôtre : « Jamais personne n'a haï sa propre chair, au contraire il la nourrit et la soigne, comme Jésus-Christ l'Eglise. » (*Ephés*., V, 29.)

Voyons maintenant si la suite des faits historiques de la loi s'accorde avec ses commencements. Abraham ayant été agréable à Dieu, entre autre récompense de sa foi, fut jugé digne d'engendrer un fils dans sa vieillesse. (*Gen*., XVIII, 10.) Comment donc peut-on attaquer et condamner ce que Dieu accorde comme récompense ? c'est-à-dire qu'Abraham ayant obéi à la volonté divine, voit Dieu accomplir sa propre volonté, ce qui n'eût pu se faire si cette volonté n'était pas innocente, car Dieu n'aurait pas exaucé une demande ou mauvaise ou inintelligente, surtout à l'égard de celui qui lui était agréable ; un homme même n'a-

---

paries filios, et ad virum tuum conversio tua, et ipse tui dominabitur. » Numquid fuerat aliter decretum, quam ut mulier dominio viri esset subjecta? Hinc ergo apparet mulierem revocatam esse ad id quod fuerat cum additamento. Unde ait : « Replens replebo mœrores tuos et gemitum tuum. » Quod replet, in eo quod minus est, addit, non in eo quod non est, videtur operari. Hæc ergo sententia quæ ante processerat : « Crescite et multiplicamini, » (*Gen*., I, 22, 28) non incipit ad creandum, sed ad creaturæ, quæ fuerat concessa, perniciem. Mulieri ad pariendum filios dolor additur, difficultas imponitur, non procreationis nova forma compoitur : nam si ex hoc recte generatio speratur, magis intelligi potest arbitrio serpentis generationem extitisse, quam Domini : et est vere, ut ait ille : « Progenies viperarum. » (*Matth*., III, 7.) Si quis autem se existimat ita natum, quid mereatur, advertat, ut propter peccatum amplificaretur ei dolor partu, ut quæ modicum doloris habitura erat, filiorum crescerent ei causa delicti : quia et cum gemitu et mœrore pariuntur, nati autem sine tristitia non habentur. Nunc tertio promitur in virum sententia talis : « Quoniam audisti, inquit, vocem mulieris tuæ, et edisti de ligno, de quo præceperam tibi ne ederes ex eo, maledicta terra in operibus tuis, et in mœroribus tuis edes ex ea omnibus diebus vitæ tuæ : spinas et tribulos germinabit tibi. » (*Gen*., III, 17.) Et hinc idem Adam ad hoc revocatur, ad quod fuerat factus, sed cum decremento. Ante enim positus erat, ut operaretur terram simpliciter, ut sequeretur eum laboris effectus : at ubi autem sprevit præceptum Dei, melius sibi procurari credens consilio serpentis quam fecerat Deus, ad institutum pristinum revocatur cum laboris dispendio : ut terra ei secundum laborem minime responderet, maledicta non sibi, sed operibus ejus : ut ostenderetur propositum Dei subverti non posse, neque melius posse quemquam providere quam Deum. Nemo enim potest alterius opus plus diligere, quam ipse qui fecit, dicente Apostolo, quia « nemo, inquit, carnem suam odio habet, sed nutrit, et fovet eam, sicut et Christus Ecclesiam. » (*Ephés*., V, 29.) Videamus nunc sequentia Legis, an concordent cum initiis ejus. Abraham cum placuisset Deo, inter cætera quæ ad remunerationem fidei ejus pertinent, cum senior esset, unum filium generare dignus est judicatus. (*Gen*., XVIII, 10.) Quomodo ergo accusari potest, quod pro merito concessum videtur, ut qui ipsius Dei voluntatem fecerat, Deus voluntatem ejus impleret : quæ minime fuisset impleta, nisi innoxia esset : nec Deus impleret quod male vel imperite posci videbat, maxime ab eo qui sibi placeret : hoc enim nec homini convenit. Et Anna cum sterilis esset, et Deum diligeret, petiit ut haberet filium, et accepit : quod si con-

girait pas de la sorte. Anne qui était stérile et aimait Dieu de tout son cœur, lui demanda un fils et l'obtint; or, si cette demande était coupable, le Dieu qu'elle aimait aurait dû l'avertir de ne point lui adresser une demande contraire au bien. (I *Rois*, I, 2.) Samuel, son fils, d'une si éminente sainteté, eut à son tour des enfants sans que le mérite de sa justice en ait été amoindri. Sa vertu ne cessa au contraire de s'accroître depuis ses premières années, et il en reçut de Dieu dans sa vieillesse les témoignages les plus éclatants. Le prêtre Zacharie, homme juste, eut aussi dans sa vieillesse, par la volonté de Dieu, un fils qui eut le don de prophétie même avant sa naissance. (*Luc*, I, 5.) Sur quelle raison donc s'appuie-t-on pour accuser ce que tous s'accordent à présenter comme avantageux? Comment peut-on nier qu'on ne doive appeler bonne et utile une chose qui ne nuit à personne? Et pour parler ici un peu des apôtres et les faire servir à la défense directe de cette cause, saint Jean fut certainement un observateur fidèle de la chasteté; mais nous savons que son collègue dans l'apostolat, c'est-à-dire saint Pierre, eut une épouse, et que les enfants qu'elle lui donna ne furent point un obstacle à la primauté qu'il reçut sur les autres apôtres. Comment donc peut-on condamner ce qui peut se concilier avec les plus grands mérites? Aussi l'apôtre saint Paul enseigne-t-il que celui qui a une femme, s'il observe d'ailleurs les commandements, peut et doit être élevé au sacerdoce. Si le mariage était chose illicite, il n'eût point déclaré qu'un pécheur devait recevoir le sacerdoce. Et qu'y a-t-il de plus évident? N'est-ce point le même Apôtre qui dit : « Quant aux vierges, je n'ai point reçu de commandement du Seigneur? » (I *Cor.*, VII, 25.) Les hérétiques remarquent le trouble et l'agitation parmi les Corinthiens, en enseignant hypocritement que le mariage devait être condamné; ils consultèrent donc l'Apôtre par lettres pour savoir s'il était permis de se marier, ou s'il fallait renvoyer sa femme. C'est alors que saint Paul recommanda à la femme de ne point se séparer de son mari, bien que ce fût l'occasion, s'il eût été convaincu que c'était la vraie doctrine, de dire qu'il était défendu de se marier, de même qu'il déclare ne pouvoir imposer comme un précepte ce sur quoi il n'a reçu aucun commandement du Seigneur. Qui ne l'entend au contraire prêcher hautement : « Je veux que les jeunes veuves se marient et qu'elles aient des enfants? » (I *Tim.*, v, 14.) Mais, me dira-t-on, s'il est permis, s'il est avantageux de se marier, pourquoi n'est-il pas permis aux prêtres d'avoir leur femme, c'est-à-dire pourquoi leur est-il défendu d'avoir des rapports avec elle après leur ordination? Qui ne sait que chaque état a ses lois particulières? Il est des choses qui sont généralement défendues à tous; il en est qui sont permises aux uns et défendues aux autres; il en est enfin qui sont tantôt défendues et tantôt permises. La fornication est défendue à tous sans exception; mais le commerce est tantôt permis et tantôt défendu. Avant d'entrer dans l'état ecclésiastique, il est permis à un homme de faire le commerce, mais il ne le peut plus aussitôt qu'il en fait partie. De même il est tantôt permis, tantôt défendu à un chrétien d'avoir des relations avec son épouse. Ainsi dans les jours de supplications publiques, c'est un devoir pour lui de se séparer de son épouse, parce qu'il doit s'abstenir même des choses permises pour obtenir plus facilement ce qu'il demande à Dieu. Aussi l'Apôtre recommande-t-il de s'abstenir pour un temps de l'usage du mariage du consentement de l'un et de l'autre, afin de vaquer à la prière. (I *Cor.*, VII, 5.) D'après la loi, les guerres et les procès sont défendus les jours de jeûne, et sont permis

---

trurium esset, moneri potuit ab eo, quem diligebat, ne rem postularet adversam. (I *Reg.*, 1, 2.) Et natus ex ea sanctissimus Samuel, filios genuit, non tamen justitiæ suæ merita minuit. Prima enim ætate sua semper auctus est, ut in senectute propensiori Dei testimonio commendaretur. Et Zacharias sacerdos, vir justus, in senectute sua Dei nutu genuit filium : quo nondum nato, meruit prophetare. (*Luc.*, I, 5.) Qua ergo ratione accusatur, quod minime obesse probatur? Et quis neget bonum debere dici, quod neminem lædit? Et ut hoc loco aliquid de Apostolis dicatur, quod ad robur pertinet causæ, certe sanctus Joannes castimoniæ fuit custos : condiscipulus autem ejus, id est, sanctus Petrus, uxorem habuisse cognoscitur : et primatum ut acciperet inter Apostolos, non ei obstitit generatio filiorum. Quomodo ergo condemnandum putatur, quod non impedit meritum? Hinc Apostolus cum, qui uxorem habeat, si in cæteris servet mandata, sacerdotem fieri posse ac debere ostendit. Quod si illicitum esset, non poterat utique peccatorem dicere debere fieri sacerdotem. Et quid tam apertum? Ejusdem enim Apostoli vox est dicentis : « De virginibus autem imperium Domini non habeo. » (I *Cor.*, VII, 25.) Cum enim Corinthii exagitarentur ab hæreticis, qui in hypocrisi nuptias damnandas docebant, consuluerunt Apostolum litteris, an liceret nubere, an uxorem remittere. Tunc præcepit Apostolus, non debere uxorem a viro recedere : cum habuerit occasionem dicendi, si scisset vel docendum, non licere nubere ; quomodo quod sibi non sit traditum, docere se non posse ostendit. Quis autem discipulorum exciperet, quod a magistro traditum non est ? Vel quis non audiat prædicantem : « Volo adolescentulas nubere, filios procreare ? » Sed forte dicatur : Si licet, et bonum est nubere, cur sacerdotibus non licet uxores habere ? id est, ut ordinati jam non liceat convenire ? Quis nesciat unumquodque suam legem habere? Est enim quod omnino generaliter omnibus non licet : est item quod aliis licet, et aliis non licet : et est quod aliquando licet, et aliquando non licet. Fornicari omnibus semper non licet : negotiari vero aliquando licet, aliquando non licet. Antequam enim ecclesiasticus quis sit, licet ei negotiari : facto jam non licet. Et Christiano cum uxore sua convenire aliquando licet, aliquando vero non licet. Propter dies enim processionis aliquando non licet convenire : quia etiam a licitis abstinendum est, ut facilius impetrari possit quod postulatur. Unde Apostolus, ex consensu ait abstinendum ad tempus, ut vacetur orationi. (I *Cor.*, VII, 5.) Nam secundum Legem in jejunio cædi et jurgari non licet, postea licet : quia major reve-

les autres jours, pour témoigner un plus grand respect aux choses de Dieu. Est-ce que tout ce qui est permis devant les autres hommes l'est également devant la personne du souverain? Combien plus doit-on observer cette règle dans les choses de Dieu? Le prêtre qui lui est consacré doit donc être plus pur que les autres hommes; il le représente, il est son vicaire, et ce qui est permis aux autres lui est interdit, parce qu'il doit tous les jours remplir les fonctions de Jésus-Christ lui-même, c'est-à-dire prier pour le peuple, offrir le sacrifice, ou administrer le baptême. Ce n'est pas seulement au prêtre que l'usage du mariage est interdit, mais encore à son ministre, car il doit être d'autant plus pur que les mystères dont il est le ministre sont plus saints. De même qu'en présence d'un flambeau les ténèbres paraissent non-seulement obscures, mais hideuses, de même que comparé aux étoiles le flambeau lui-même perd son éclat, que les étoiles comparées au soleil deviennent ténébreuses, que le soleil comparé à Dieu n'est plus qu'une nuit obscure; ainsi les choses qui pour nous sont licites et pures, deviennent illicites et impures en présence de la dignité de Dieu, car toutes bonnes qu'elles sont, elles ne conviennent pas à la majesté divine. Est-ce que la tunique d'un homme obscur, si propre qu'elle soit, ne serait pas un haillon inconvenant pour la personne de l'empereur? N'en est-il pas de même de la tunique des Saxons pour un sénateur? Pour la même raison les prêtres de Dieu doivent être plus chastes que les autres hommes, parce qu'ils représentent la personne de Jésus-Christ, et la pureté des ministres de Dieu doit être aussi plus grande. Personne ne se présente pour remplir son office près de l'empereur que dans un extérieur parfaitement soigné, avec des vêtements d'une propreté éclatante. Or, Dieu qui par sa nature est la lumière même, exige que ses ministres soient purs bien plus dans leur conscience que dans leurs vêtements; à lui la louange et la gloire dans les siècles des siècles. Ainsi soit-il.

rentia debetur Dei causis. Numquid omne, quod ante cæteros licet, ante Imperatorem licet? Quanto magis in Dei causis? Ac per hoc antistitem ejus puriorem cæteris esse oportet : ipsius enim personam habere videtur, est enim vicarius ejus : ut quod cæteris licet, illi non liceat : quia necesse habeat quotidie Christi vicem agere, aut orare pro populo, aut offerre, aut tinguere. Et non solum huic concubitus non licet, verum etiam ministro ejus : quia ipse mundior debet esse, quia sancta sunt quæ ministrat. Nam sicut ad comparationem lucernæ tenebræ non tantum obscuræ, sed etiam sordidæ sunt : ad comparationem autem stellarum lucerna caligo est, ad solis vero comparationem stellæ nebulosæ sunt; ad Dei autem claritatem sol nox est : ita et quæ ad nos licita et munda sunt, ad Dei autem dignitatem quasi illicita et immunda sunt : quanquam enim bona sunt, Dei tamen personæ non competunt. Numquid non tunica mediocris hominis, quamvis munda, Imperatori tamen sordida et illicita est? similiter et Saxonicia senatori? Ac per hoc antistites Dei puriores esse debent quam cæteri, quia et Christi habent personam, et ministros Dei mundiores esse oportet. Nemo enim Imperatori ministrat non accuratus : igitur vestimentis claris et mundis induti ministrant : Deus autem quia natura clarissimus est, ministros ejus natura magis quam vestibus mundos esse oportet : cui laus et gloria in sæcula sæculorum, Amen.

AVERTISSEMENT

SUR LES QUESTIONS DE L'ANCIEN ET DU NOUVEAU TESTAMENT

QUI N'ONT ÉTÉ PUBLIÉES QU'EN SECOND LIEU.

En tête du livre qui précède, vous avez une double table, l'une qui contient les cent vingt-sept questions précédentes qui ont été publiées en premier lieu par Auguste de Ratisbonne, par Jean Amerbach et par Didier Erasme; l'autre, qui présente une série de questions non-seulement différentes quant à l'ordre, mais beaucoup plus nombreuses que les précédentes. Or, Jacques Hæmer ayant trouvé un exemplaire de cette seconde série dans la bibliothèque de Saint-Victor, s'occupa de faire paraître les questions que nous donnons à la suite de cet avertissement et qui n'avaient pas encore été publiées, ou qui du moins l'avaient été en termes tout différents. Il les divisa en trois classes; la première a pour titre dans les éditions : *Seconde partie des questions tirées du Nouveau Testament*; d'autres questions, soit du Nouveau Testament, soit de l'Ancien et du Nouveau Testament, sont aussi intitulées : *Seconde partie*, bien que le manuscrit de Saint-Victor et les autres que nous avons examinés ne disposent pas les questions de l'une et de l'autre classe dans un autre ordre que celui que présente la table que nous avons donnée précédemment. Nous avons cru devoir ne rien changer à la division adoptée par Hæmer et par les éditions suivantes, nous avons seulement jugé utile de transporter quelques questions dans la série qui a été publiée en premier lieu, afin que les questions qui traitent un même sujet étant rapprochées l'une de l'autre, il vous fût plus facile de saisir à première vue la différence qui existe entre elles, et aussi afin que vous puissiez juger avec plus de sûreté laquelle des deux séries est la plus ancienne et la plus authentique, ou plutôt si l'une et l'autre ne sont pas l'œuvre d'un interpolateur ignorant. Du reste, les théologiens de Louvain portent sur l'ouvrage qui suit le même jugement que sur celui qui précède, c'est-à-dire qu'il contient une foule de choses indignes de saint Augustin et contraires à la vérité.

IN QUÆSTIONES VETERIS ET NOVI TESTAMENTI POST VULGATAS

ADMONITIO

Habes præfixum superiori libro Elenchum duplicem; unum quo illa præcedentium centum viginti septem Quæstionum exhibetur collectio, quæ ab Augustino Ratisponensi, ab Joanne Amerbachio et a Desiderio Erasmo fuit primum vulgata : alterum, qui collectionem non tantum disparem Quæstionum ordine, sed etiam earum numero auctiorem longe repræsentat. Hujus porro alterius collectionis exemplar cum e Victorina Bibliotheca adeptus fuisset Jacobus Haemer, curavit ut subsequentes hic Quæstiones, quas videlicet aut nondum vulgatas, aut certe aliis verbis tractatas esse animadvertebat, prodirent in lucem. Fecit vero ipse tres earum classes, quarum prima in editis inscribitur : *Quæstionum ex Veteri Testamento pars secunda*; aliæ similiter *Quæstionum sive ex Novo Testamento, sive ex utroque mixtim*, *Pars secunda* dici solent : cum tamen Victorinus codex aliique inspecti a nobis Mss. in una et altera classe Quæstiones omnes, nec alia quam in excuso superius Elencho cernitur, ratione et ordine digestas complectantur. Nihil nos in constituta per Haemercum, perque posteriores editiones jam confirmata distributione mutandum duximus : nisi quod aliquot inde Quæstiones transferre visum est in superiorem librum collectionis primo vulgatæ; ut quæ de eodem argumento agunt, juxta se collocatis, quid inter illas intercedat varietatis primo conspectu deprehendas; tum etiam utra collectio in Mss. antiquior et sincerior sit, vel potius an utraque interpolatoris inepti manum referat, dijudicare possis. Cæterum de subsequenti opere idem quod de priore sentiri volunt Lovanienses Theologi : quod varia, inquiunt, contineat et Augustino indigna, et a veritate aliena.

QUESTIONS
TIRÉES
DE L'ANCIEN TESTAMENT

SECONDE PARTIE.

Question I. — Contre ceux qui nient que Dieu s'intéresse aux actions des hommes.

Il en est beaucoup que les ténèbres de ce monde ont aveuglés et qui ne peuvent souffrir de nous voir observer avec une vigilance scrupuleuse les commandements de Dieu, fuir les occasions de péché, nous appliquer avec un saint zèle à la pratique de toutes les bonnes œuvres, rester insensibles aux attraits séducteurs et aux charmes des vices, être supérieurs à toutes les fausses douceurs du monde, supporter volontiers et avec courage toutes les peines, tous les tourments pour le nom de Dieu, mépriser la mort elle-même par la puissance de l'Esprit. Ce sont ceux à qui des pensées tout humaines ont persuadé qu'aucune des actions de la vie n'est digne de louange ou de blâme. Ils ne veulent pas que Dieu s'y intéresse en aucune façon. Il en est même qui pour défendre leurs fautes et leurs crimes vont jusqu'à dire : Il ne sert de rien de vivre bien ou mal, car Dieu n'a nul souci de considérer attentivement les diverses actions que vous faites sous l'inspiration de vos désirs particuliers bons ou mauvais, et de reposer ses regards sur certains de vos actes quelquefois bien ignominieux. Toutes les actions que les hommes font au gré de leurs désirs sont vaines.

Celui qui est uni à Dieu reste isolé et séparé de toutes les choses humaines; il ne s'irrite, il ne s'émeut de rien; il ne s'arrête à considérer aucun des événements, aucune des actions de la vie des hommes; le cours rapide de ce monde et le tourbillon inconcevable des vicissitudes humaines l'emportent et l'entraînent tellement, qu'on doit être regardé comme un insensé en prétendant qu'on peut être l'objet de la providence particulière de Dieu. Les martyrs eux-mêmes qui célèbrent la miséricorde de Dieu et croient lui être agréables en répandant leur sang pour lui, sont dans l'erreur. Rien de ce qui est en nous ne lui est agréable ou odieux; il est indifférent aux misères de notre condition mortelle aussi bien qu'à ce qui peut contribuer à son bonheur; il ne désire connaître aucune des actions des hommes, non qu'il soit impossible à sa majesté divine d'avoir la connaissance de toutes ces actions passées ou présentes, mais parce qu'il veut rester étranger aux misères des hommes et aux vanités de ce monde. N'est-il pas écrit : « Vanité de ceux qui se livrent à la vanité et tout est vanité. » (*Eccli.*, 1, 21.) Cette doctrine qui a pour appui le désespoir se trouve combattue et détruite non-seulement par l'autorité des oracles divins, mais par le langage religieux que nous retrou-

QUÆSTIONUM
EX VETERI TESTAMENTO

PARS SECUNDA.

Quæstio I. — Adversum eos qui negant ad Deum aliquid pertinere.

(1) Multis, quos sæcularis ista caligo cæcavit, plurimum displicemus, si solliciti Dei præcepta servemus, si occasiones delinquendi fugiamus, si bona omnia salutari studio implere conemur, si illecebrarum, vitiorumque blandimenta seductoria negligamus, si nulla nos sæculari dulcedine capi patiamur, si sponte pro Dei nomine cruciatus pœnasque subeamus, si mortem ipsam virtute spiritus contemnamus. Illis nimirum quibus omne quod geritur, sensus iste mortalis nec laude nec vituperatione dignum esse persuasit. Nolunt enim ad Deum horum aliquid pertinere. Nonnulli adeo scelera sua criminaque defendere cupientes : Nihil, inquiunt, prodest,

bene an male vivas. Neque enim ista nunc Deo curæ est, ut te diversa pro instituto proprio morboque gerentem sollicite festinet aspicere, et fœdis aliquando tuis actibus oculos permiscere. Vana suut omnia, quæ ut libitum fuerit celebrantur : is qui ad Deum pertinet, secretus est et remotus ab istis rebus humanis, et ideo nec irascitur, nec movetur, nulla illi humanarum rerum, nulla nostri actus est contemplatio, totus rotati sæculi cursus, et quædam mundani orbis inexplicabilis volutatio, ita correptum rapit et projicit, ut stultus credatur, quisquis se ad curam Dei revocare posse putaret. Nec Martyrum quidem probandus est animus, qui Deum suum, quem misericordem esse pronuntiant, effusione sui sanguinis æstimant delectari. Nihil illi carum in nobis, nihil est odiosum ; nulla mortis nostræ conditione, nulla sanitatis integritate lætatur ; nec quid ubi geratur scire desiderat, non quod impossibile sit majestati divinæ omnium fere quæ gesta sunt vel geruntur habere notitiam, sed quod scire nolit miserias hominum vanitatesque mundanas. Sic denique scriptum est : « Vanitas (*a*) vanitantium universa vanitas. » Quorum sententia desperatione firmata, ut divini sensus auctoritate dissolvitur, sic ipso-

---

(1) Deest in Mss. 1 generis.
(*a*) Editi *vanitatum* et paulo : *Dei jussus auctoritate*. At Mss. *vanitantium : et divini sensus auctoritate*.

vons ordinairement sur les lèvres des hommes. Lorsque la bonne et la mauvaise foi sont aux prises au milieu des affaires des diverses transactions commerciales, ils invoquent le témoignage de la divinité qu'ils affirment ne rien savoir de ce que nous faisons. Je prends Dieu à témoin, disent-ils; que Dieu nous voie, que Dieu nous juge; que Dieu intervienne et se charge de rendre justice. Et lorsque le serment est reconnu nécessaire, celui qui doit le prêter craint les suites du parjure, et on exige de lui le serment dans la persuasion qu'un faux serment ne resterait pas impuni. Ont-ils recouvré la santé, objet de tant de prières et de tant de vœux, ils rendent à Dieu des actions de grâces! Ont-ils échappé à un accident qui menaçait sérieusement leur vie, c'est à la bonté de Dieu, disent-ils, qu'ils en sont redevables. Et lorsque les vents déchaînés bouleversent la mer, soulèvent les flots et viennent battre contre les flancs ébranlés du navire, tous les passagers lèvent les mains vers le ciel, adressent à Dieu les supplications les plus instantes, et ont la ferme espérance qu'il peut les exaucer et les délivrer. Or, d'où vient cette persuasion, si Dieu est complètement indifférent à ce qui nous touche, et s'il ignore complètement ce que nous faisons? Cette doctrine est donc sans aucun fondement; Dieu connaît toutes choses. Que personne donc ne se flatte que les crimes qu'il a commis resteront impunis. La récompense d'une vie sainte est grande; ses tourments éternels sont le châtiment d'une vie coupable. A nous donc qui croyons que Dieu connaît toutes choses, qui courons au martyre avec un saint empressement, Dieu réserve une récompense inappréciable, une vie éternellement heureuse; mais pour les impies qui ont enseigné que Dieu ne connaissait ni leurs crimes ni leurs turpitudes secrètes et cachées, ils n'ont à attendre qu'un feu dévorant, et un incendie qui ne cessera de les consumer.

QUESTION II. — L'Esprit qui était porté sur les eaux, doit-il être pris pour l'Esprit saint, parce qu'il est écrit : « L'Esprit de Dieu était porté sur les eaux? »

Si quelques-uns croient pouvoir affirmer que c'est l'Esprit saint, parce qu'il est dit : « L'Esprit de Dieu, etc. (1) »

QUESTION III. — Peut-on dire qu'Adam a reçu l'Esprit saint après que Dieu lui eut donné l'être et la vie, parce qu'il est écrit : « Dieu répandit sur son visage un souffle de vie? »

Il n'était pas dans l'ordre qu'Adam reçût l'Esprit saint; c'était une grâce réservée pour la suite des temps, et que Dieu devait donner aux croyants dans les jours où le mystère d'un seul Dieu en trois personnes devait être annoncé aux hommes. La Trinité avait été prêchée dès le commencement, mais l'intelligence en restait comme voilée. La personne du Père a été d'abord annoncée et manifestée avec une clarté entière et sans figure, parce qu'il est le principe de toutes choses. Quant aux personnes de son Fils Notre-Seigneur Jésus-Christ et de l'Esprit saint, elles n'étaient l'objet ni d'un silence absolu ni d'une manifestation complète. Les incrédules soulèvent des questions téméraires sur Notre-Seigneur et sur l'Esprit saint. Il en est même qui poussent l'absurdité jusqu'à soutenir que l'Esprit saint est le même que le Père, de même que Sabellius confond dans une seule personne le Père et le Fils. Or, nul

---

(1) Cette question se trouve parmi celles de la première catégorie, question XLI.

---

rum sacro sermone vulgari, qui maximus habetur in usu, convincitur expugnata. Nam cum inter negotia diversorumque contractus fides perfidiaque contendunt, ut testis divinitas adhibetur, quæ aliquando quid agamus scire negatur. Testis est, inquiunt, Deus. Deus videat, Deus judicet, Deus faciat, Deus reddat. Et cum ad necessitatem jurisjurandi venitur, et jurantis animus metuit ne sibi aliquid obveniat pejeranti ; et jusjurandum exigit, et reddi ei posse confidit, qui sibi male juravit. Et cum sanitas exoptata et bona valetudo fuerit consecuta, divinitati gratiæ referuntur. Et cum aliqua decidente materia casus proximus illæsus evaserit, Deus bonus dicitur præstitisse. Et cum adverso ventorum flatu commoti æquoris fluctus insurgunt, et navis undique cæsa quassatur, navigantium turbæ ad cœlum manus extendunt, Deum voce supplici deprecantur, et exaudiri se et liberari posse confidunt. Unde hæc si Deo nulla nostri sit cura, si quid agamus ignorat? Inanis est igitur ista persuasio. Omnia Deo sunt cognita. Nullus sibi de impunitate commissorum scelerum blandiatur. Bonæ vitæ maximus fructus est, malæ perpetua pœna et æterni cruciatus. Igitur nobis qui Deum omnia nosse credimus, qui devote ad martyrium festinamus, inæstimabilis fructus, perpetua vita præstabitur : impiis vero, qui Deum scelera sua, criminumque nescire docuerunt arcana, ignis flamma consumes, incendiumque semper indeficiens ministrabitur.

QUÆSTIO II. — An Spiritus qui super aquas ferebatur, Spiritus sanctus intelligatur : quia dictum est : Spiritus Domini ferebatur super aquas.

Si ideo a quibusdam Spiritus sanctus putatur, quia Dei esse spiritus legitur, etc.

QUÆSTIO III. — Si Adam factus a Deo et animatus, Spiritum sanctum accepit, quia scriptum est : Inspiravit Deus in faciem ejus spiritum vitæ (a). (Gen., II, 7.)

Non erat ordinis ut acciperet Spiritum sanctum ; quia hoc in posterum reservatum est a Deo, ut in novissimis diebus cum mysterium unius Dei manifestatum est, daretur credentibus. A principio quidem prædicata est Trinitas, sed quasi sub velamine erat intelligentia ejus. Dei enim Patris primum persona sine cunctatione et figura prædicata et manifestata est, quia ab ipso sunt omnia ; Filii autem ejus, Domini nostri Jesu Christi et Spiritus sancti personæ non tacebantur, sed neque manifestabantur. Denique de Domino fit a perfidis quæstio, et de Spiritu sancto. Quidam enim dementes Spiritum sanctum ipsum Patrem dicunt, sicut et Sabellius ipsum dicit Patrem quem et Filium. De Dei autem Patris per-

---

(a) Idem argumentum tractatur in Mss. 1 geneseos, q. CXXIII, sed alia prorsus ratione.

doute n'est formulé contre la personne du Père. Lors donc que la Trinité se manifeste, l'Esprit saint est donné aux fidèles, afin que l'existence de cette personne divine demeure bien établie, et que ceux qui le reçoivent portent en eux-mêmes le signe qu'ils sont les enfants de Dieu, par celà même qu'ils ont en eux l'Esprit de Dieu. C'est une marque de perfection que de connaître le Père, le Fils et le Saint-Esprit. C'est cette perfection qui nous obtient ce don. En effet, le Fils de Dieu venant sur la terre pour révéler et découvrir ces vérités, a dû répandre sur les hommes des grâces plus abondantes, et il était juste qu'il donnât cette perfection aux âmes qui croyaient en lui, car ce n'est pas dans le Fils ou dans le Père considérés isolément qu'est le salut, mais dans le nom du Père, du Fils et du Saint-Esprit. C'est ce qui fait dire à saint Jean l'évangéliste : « Et nous avons tous reçu de sa plénitude, et grâce pour grâce ; car la loi a été donnée par Moïse, la grâce et la vérité sont venues de Jésus-Christ. » (*Jean*, I, 16.) Il est certain qu'à l'avénement du Sauveur, la vérité est parvenue à sa plénitude. Cette plénitude de vérité a été produite par la révélation de tous les mystères cachés que Dieu avait promis de manifester aux hommes. C'est alors aussi que les fidèles sont devenus les enfants de Dieu par la réception de l'Esprit saint. Quant à l'inspiration de Dieu sur Adam, il faut l'entendre de l'âme qu'il lui donna, car dans l'Ecriture l'esprit est employé fréquemment pour l'âme, en particulier dans ce passage de l'Evangile : « Et son esprit revint en elle ; » (*Luc*, VIII, 55) et dans cet autre du psaume : « Dieu ne méprise pas un esprit brisé par la douleur et un cœur contrit et humilié. » (*Ps.* L, 19.) On rencontre fréquemment dans certains manuscrits, au lieu de : Dieu inspira, cette autre variante : « Dieu répandit sur son visage un souffle de vie, et l'homme eut une âme vivante. » L'esprit de vie dans la pensée de l'auteur sacré n'est donc point synonyme de l'Esprit saint, car il dit également en parlant des animaux : « Qui avaient l'esprit de vie. » (*Gen.*, VII, 22.) Or, on l'appelle esprit de vie, parce qu'il est pour les corps un principe de vie.

QUESTION IV. — Pourquoi Dieu a-t-il imposé à Adam qu'il avait placé dans le monde, un commandement, une loi, après lui avoir donné l'empire sur toutes les créatures?

Dieu avait sans doute établi Adam le maître du monde ; cependant comme cet empire ne venait pas de lui-même, mais de Dieu, il dut recevoir une loi qui fût une marque de sa dépendance, afin que l'homme qui paraissait être le maître du monde fût soumis à celui qui lui avait donné cet empire par son obéissance à cette loi qui lui imprimait un profond respect pour l'autorité du Créateur, et prévenait l'orgueil que pouvaient lui inspirer cette domination et l'oubli de son divin Créateur.

QUESTION V. — Pourquoi Dieu s'exprime-t-il de la sorte : « Mon Esprit ne demeurera plus dans les hommes, parce qu'ils sont chair, et leurs jours ne seront plus que de cent vingt ans ? »

Les géants qui étaient alors sur la terre, hommes superbes et pernicieux, fiers de la grandeur de leur taille, obéissant aux désirs de leur chair, et apostats dès leur naissance, déplaisaient souverainement à Dieu. C'est alors qu'il déclara que le genre humain périrait par le déluge, et il en fixa l'époque pour laisser le temps de se corriger à ceux que les justes

---

sona nemo dubitat. Cum ergo Trinitatis fit manifestatio, tunc demum Spiritus sanctus datur credentibus, ut et persona ejus manifesta sit, et accipientes illum, signum habeant, quia filii sunt Dei, per id quod Spiritum Dei, qui de Deo utique est, habent in se. Perfectionis enim significatio hæc est, cum scitur et Pater esse et Filius et Spiritus sanctus. Hæc perfectio hoc tribuit donum. Adveniens enim Filius Dei, et hæc adaperiens ac manifestans, plus aliquid debuit dare, et dignum fuit tribuere perfectionem hanc credentibus ; quia nec in Filio, nec in Patre solo perfectio est vel salus, sed in nomine Patris et Filii et Spiritus sancti. Unde dicit Joannes Evangelista, quia « de plenitudine ejus nos omnes accepimus, gratiam pro gratia : quia Lex per Moysen data est, gratia autem et veritas per Jesum Christum facta est. » (*Joan.*, I, 16.) Apertum est, adveniente Salvatore plenitudinem factam veritatis. Quæ enim latebant, et quod promissum est dum revelatur, et manifestatur, plenitudo fit veritatis : tunc credentes accepto Spiritu sancto fiunt Filii Dei. Nam inspiratio quæ dicitur facta a Deo in Adam, animæ traditio est : Spiritus enim frequenter pro anima ponitur, dicente Evangelio inter cætera : « Et reversus est, inquit, spiritus ejus ad illam. » (*Luc.*, VIII, 55.) Et in Psalmo : « Spiritum, ait, contribulatum, et cor contritum Deus non spernit. » (*Psal.* L, 19.)⁽¹⁾ Frequenter tamen aliqui codices non sic habent, quia « inspiravit » Deus, sed, « insufflavit Deus in faciem ejus spiritum vitæ, et factus est homo in animam viventem. » Non quia dixit, « spiritum vitæ, » ideo Spiritum sanctum significavit. Nam et de animalibus ita ait : « In quibus erat spiritus vitæ. » (*Gen.*, VII, 22.) Spiritus vitæ dicitur, quia animat corpora ad vitam.

QUÆSTIO IV. — (1) Cur Adam in mundo positus mandatum vel legem accepit, cum ipse dominium cæterorum haberet.

Quamvis in mundo dominus positus sit Adam, tamen quia non utique ex se, sed a Deo id accepit, debuit hujus rei significationem ex lege accipere ; ut ipse qui dominus videtur, per legem subjectus ei esset, qui illi hanc dederat potestatem ; ut auctoritas creatoris reverentiam illi faceret per legem, ne dominatio tanta extolleret illum, et immemor fieret Dei conditoris sui.

QUÆSTIO V. — (2) Cur Deus dicat : Non permanebit Spiritus meus in hominibus istis, quia sunt caro : anni illorum centum viginti, etc. (*Gen.*, VI, 3.)

Cum gigantes essent illis diebus super terram, pestiferi et superbi, a magnitudinis statura elati, post desideria carnis euntes, nati apostatæ ; tunc cum displiceret Deo, promisit genus humanum diluvio deleturum, et tempus statuit ; ut si quis forte ira Dei audita et indignatione,

---

(1) Deest in Mss. 1 generis. — (2) Deest in Mss. 1 generis.

menaces de son indignation toucheraient de repentir. C'est pour cette raison que la construction de cette arche dura cent ans. Vingt ans s'écoulèrent avant que Noé commençât à la construire. Mais la narration paraît jeter de l'obscurité sur ce qu'elle ajoute après avoir parlé des années de Noé. La sentence de Dieu fut portée avant que Noé eût atteint l'âge de cinq cents ans. Que dit-il, en effet : « Mon Esprit ne demeurera point dans ces hommes, » et il ajoute : « Parce que l'iniquité s'est accrue sur la terre, j'exterminerai de dessus la terre, depuis l'homme jusqu'aux animaux, » (*Gen.*, VI, 3) prédiction que le déluge se chargea d'accomplir. Or, nous savons qu'après le déluge la vie des hommes s'est prolongée pendant un grand nombre d'années; Aaron, frère de Moïse, a vécu cent vingt-trois ans. Si Moïse n'a pas vécu au delà de cent vingt ans, c'est qu'il n'a point glorifié Dieu à l'eau de contradiction (*Nomb.*, XXXIII, 38), car sans ce péché de défiance il fût entré dans la terre promise. (*Nomb.*, XXVII, 14.) Quelques-uns croient que le fait du grand-prêtre Joïada, qui a vécu cent trente ans, a rapport au temps de Moïse. (II *Paral.*, XXIV, 15.)

QUESTION VI. — Que renferme la bénédiction que Jacob a donnée à ses enfants?

Jacob a prédit ce qui devait arriver à chaque tribu au milieu du peuple juif non-seulement d'après les causes présentes et actuelles, mais d'après les causes non existantes et dont le germe même n'apparaissait pas encore. Il prédit ce que chaque tribu devait être ; ses mœurs, sa fidélité, son obéissance, ses désordres,

ses excès, son mépris de la foi, et comment ceux qui étaient sortis d'un même père, seraient loin cependant de suivre la même voie. En effet, les uns ont fait des progrès dans le bien, les autres dans le mal, d'autres sont restés ce qu'ils étaient : Il n'y avait donc point lieu pour eux de se glorifier du privilège de leur naissance puisque Jacob leur prédisait que quelques-uns d'entre eux qui avaient la même origine, seraient réprouvés, qu'un grand nombre périraient et seraient remplacés par d'autres qui pour leur honte et leur condamnation seraient greffés sur l'arbre dont ils s'étaient détachés. Les prédictions de ce saint patriarche embrassent donc tout le peuple composé de toutes les tribus, le petit nombre des bons aussi bien que la multitude des méchants. Bien qu'il donne l'autorité à Joseph pour un temps, c'est cependant Juda qu'il met à la tête de toutes les tribus; non pas sans doute que tous ceux qui sont de la tribu de Juda dussent être dignes de cette prééminence, mais parce que le Sauveur qui est le roi véritable devait sortir de la tribu de Juda selon la chair.

QUESTION VII. — Pourquoi l'ange qui fut envoyé pour parler à Moïse lui apparaît-il au milieu d'un buisson de feu?

La nature des anges est simple par elle-même et se porte vers les choses supérieures, etc. (1).

QUESTION VIII. — Moïse n'a-t-il fait d'autre miracle devant Pharaon que celui de la verge changée en serpent? (*Exod.*, VII, 10.)

Que celui qui serait tenté d'en faire un reproche à

(1) Cette question se trouve parmi celles de la première catégorie, question XLII.

super hoc vellet se corrigere, haberet spatium emendandi se. Denique centum annis arca hac ratione videtur fabricata. Ante arcæ autem inchoationem viginti anni fuisse perhibentur. Sed narratio istud quod post quam de numero annorum Noe dixit, subjecit, obscurare videtur. Nam hæc sententia antequam quingentorum annorum esset Noe, dignoscitur lata. Quid enim dicit ? « Non permanebit spiritus meus in hominibus istis : » propterea et subjecit : « Quia malitia increvit super terram, (a) delebo hominem a facie terræ usque ad pecus : » (*Gen.*, VI, 3) quod utique diluvio facto impletum est. Nam et post diluvium multis annis homines vixisse meminimus : et Aaron frater Moysi centum viginti tres annos vixisse memoratur. (*Num.*, XXXIII, 38.) Ipse autem Moyses ut centum et viginti annos transire non posset, fecit quod Deum in contradictione aquæ non clarificavit. Nam intraturus erat in terram promissionis, si non obstetisset peccatum. (*Num.*, XXVII, 14.) Videtur enim hoc quibusdam dictum ad tempus Moysi pertinere, cum inveniatur Joiada sacerdos centum triginta annos vixisse. (II *Paral.*, XXIV, 15.)

QUÆSTIO VI. — (1) Quid continet benedictio Jacob, quam dedit filiis suis ? (*Gen.*, XLVIII.)

Non solum ex præsentibus causis futura uniuscujusque tribus prædixit, sed et de futuris futura, quorum adhuc umbra non erat, in populo Judaico significavit. Quales

enim futuræ essent singulæ tribus moribus, fide, disciplina, luxuria, petulantia, contemptu fidei, et cum de uno erant, et tamen unum non servarent, ostendit. Aliqui enim profecerunt in melius, alii deterioraverunt, alii permanserunt : ut per hoc non sibi prærogativam generis vindicarent, cum ab eo ipso prædictum esset, quosdam ex his, qui utique ex ejus essent origine, reprobos futuros, imo multos perituros, ita ut alii significarentur subintrare, qui ad eorum dedecus et damnationem insererentur in naturam, ex qua illi exciderunt. Promiscuum ergo populum in omnibus tribubus futurum declaravit : qua varietate tam boni sed pauci, quam mali sed multi intelligerentur. Et quamvis sceptrum dederit filio suo Joseph ad tempus, Judam tamen præfecit omnibus. Non quod omnes ex Juda idonei essent futuri, sed quia Salvator, qui vere rex est, ex ea tribu oriundus erat secundum carnem.

QUÆSTIO VII. — Cur Angelus missus loqui ad Moysen in igne et rubo apparuit.

Natura Angelica secundum se simplex est, cujus substantia superiora appetit, etc.

QUÆSTIO VIII. — (2) Non fuit aliud signum quod fieret a Moyse palam Pharaoni, nisi serpens? (*Exod.*, VII, 10.)

Qui hoc reprehensibile putat, dicat quid aliud fieri debuit. Nam utique serpentem fecit, qui et terrorem incuteret, non tamen obesset, per id quod stupore quo-

(1) Deest in Mss. 1 generis. — (2) Deest in Mss. 1 generis.
(a) Ms. *deleam.*

Moïse, nous dise quel autre prodige il aurait dû opérer. Il changea sa verge en serpent pour imprimer la terreur mais sans faire aucun mal, parce que l'engourdissement naturel au serpent rend sa fureur plus lente. Si Moïse avait fait paraître un lion, un ours, ou un autre animal de ce genre, comment ceux qui étaient présents auraient-ils pu échapper? Dieu ne voulut point que ce serpent causât la mort de personne ; son intention était seulement d'inspirer une crainte salutaire et de manifester sa puissance. C'était par le serpent qu'avait commencé le péché de nos premiers parents, c'était aussi la vue d'un serpent qui devait rappeler le souvenir de la connaissance de Dieu, et la nécessité de changer de vie afin que le péché fût détruit par les mêmes moyens qui avaient concouru à le faire commettre. Ainsi encore, c'est par une femme que le péché a pris naissance, c'est par une femme qu'il a été effacé, par Marie, mère de Notre-Seigneur Jésus-Christ qui a détruit le règne du péché : Eve était encore vierge lorsqu'elle a succombé au péché, de même que Marie était vierge aussi lorsqu'elle fut choisie pour être la mère du Sauveur. C'est ainsi que tout ce qui avait péri a été rétabli dans son premier état ; c'est en goûtant du fruit de l'arbre que le royaume des cieux avait été perdu, c'est par un arbre aussi que nous recouvrons nos droits à ce royaume. « Le Seigneur, dit le Psalmiste, a régné par le bois. » (*Ps.* xcv.) C'est par suite du même dessein que le monde a dû être réparé à la même époque qu'il avait été créé, c'est-à-dire au commencement du premier mois qui est l'époque de la Pâque. Il n'y a donc d'autre nature mauvaise que la transgression de la loi puisque le péché est effacé par les mêmes moyens qui ont servi à le faire commettre.

QUESTION IX. — S'il y a un seul Dieu, pourquoi

(1) Voyez plus haut, question LXXXVII.

faire dépendre l'espérance du salut de trois, et non point de deux ou de quatre personnes, ou plutôt d'un seul : et pourquoi n'a-t-on pas prêché plutôt le mystère de la Trinité ?

Il n'y a qu'un Dieu unique, mais il n'est pas seul, etc. (1).

QUESTION X. — Pourquoi Dieu a-t-il imposé au peuple juif, la circoncision et d'autres préceptes qui n'existaient pas auparavant et qui ont perdu maintenant toute autorité ? (*Gen.*, xvii, 10, 11.)

La circoncision est le signe de la foi d'Abraham, et elle fut établie pour être le signe distinctif des enfants de ce patriarche qui reçut ce signe après avoir cru à la promesse de Dieu. Les préceptes qui ont rapport à la sanctification du sabbat ont été donnés comme un témoignage du passé et une figure de l'avenir. Ce sabbat qui est comme le couronnement de chaque semaine accomplie est la figure du sabbat qui doit un jour nous mettre en possession d'un repos éternel. (*Exod.*, xx.) La loi qui concerne les aliments n'a pas été donnée au commencement, mais lorsque sous l'inspiration de l'incrédulité les Juifs refusèrent de croire aux paroles et aux promesses de Dieu ; c'est alors qu'ils reçurent des préceptes imparfaits comme le dit le prophète (*Ezéch.*, xx, 25), et qui avaient pour but d'abaisser leur tête altière et de les ramener à des sentiments meilleurs. Il n'était pas juste, en effet, que toutes les créatures fussent subordonnées à des hommes orgueilleux et opiniâtres. Mais lorsque la miséricorde de Dieu se répandit sur les hommes, elle leur rendit la liberté dans le choix des aliments. Aussi l'apôtre saint Pierre disait-il : « Pourquoi imposez-vous sur la tête de vos frères, un joug que nos pères ni nous n'avons pu porter. » (*Act.*, xv, 10.)

---

dam ad nocendum tardior est. Si enim leonem fecisset, aut ursum, aut aliud tale, quomodo evaderent qui aderant? Nec enim occidere voluit quemquam, sed solum timorem ponere, et ostendere virtutem ; ut quia prima prævaricatio per serpentem cœpit, similiter et recordatio cognitionis Dei et morum emendatio serpentis signo proveniret, ut quomodo peccatum est, sic et emendaretur : sicut et per mulierem peccatum factum, per mulierem sublatum est : Mariam matrem scilicet Domini, ex qua Christus natus damnavit peccatum. Eva virgo adhuc prævaricavit, sicut et Maria virgo erat. Hoc ergo modo ad statum pristinum revocata sunt, quæ perierant : quia et regnum per ligni gustum amissum erat, et iterum per lignum quæsitum est. « Dominus » enim, ait, « regnavit a ligno. » (*Psal.* xcv.) Simili modo et mundus in quo factus est, in eo et reformandus est id est in principio mensis primi, quod est Pascha. Nulla ergo mala erit natura nisi sola prævaricatio ; quando peccatum per id emendatum est, per quod et admissum est.

QUÆSTIO IX. — Si unus Deus est, cur in tribus spes salutis est, et non in duobus, aut quatuor, aut certe in uno ; et quare prius non est Trinitas prædicata ?

(1) Deest in Mss. 1 generis.

Unus quidem est Deus, sed non singularis est, etc.

QUÆSTIO X. — (1) Ut quid circumcisio et præcepta data sunt populo, quæ prius non erant, neque nunc in auctoritate habentur ? (*Gen.*, xvii, 10, 11.)

Circumcisio signum est fidei Abrahæ, ut cum in filiis ejus hoc signum videretur, scirentur ejus filii esse, qui Deo credens hoc signum acceperit. Præcepta autem sabbatorum, et præteritorum testimonio data sunt, et futurorum quæ haberent figuram. Futuri enim sabbati, quod in æternis dabit requiem, figura est hoc sabbatum quod in hebdomadam impletam factum est. (*Exod.*, xx.) Escarum autem lex non in primordio Legis data est, sed cum duce perfidia, Dei verbis et promissis fidem nollent dare, ad duritiam cordis sui acceperunt præcepta non bona, sicut dicit propheta Jeremias : Id enim actum est, ut cervix eorum premeretur, ad profectum illorum. (*Ezech.*, xx, 25.) Superbis enim hominibus et contumacibus, non debuit tota creatura subjici. Postea autem misericordia Dei veniente, reddita est libertas edendi. Unde dicit Petrus apostolus : « Quid imponitis jugum super cervicem fratrum, quod neque nos neque patres nostri portare potuimus ? » (*Act.*, xv, 10.)

QUESTION XI. — Si c'est en punition de leur incrédulité et de leurs murmures que les Juifs ont reçu des commandements plus durs, qu'avaient donc fait de mal leurs enfants pour être astreints eux-mêmes à l'observation de ces préceptes?

La loi fut donnée aux pères pour être un fardeau à leurs fils qui devaient leur être semblables; car, non contents d'égaler, ils ont surpassé les offenses dont leurs pères s'étaient rendus coupables contre Dieu. Or, Dieu dans sa prescience eut surtout en vue leurs enfants en leur donnant cette loi, parce que tous les autres moururent dans le désert.

QUESTION XII. — Pourquoi dans la loi est-il commandé à Aaron lui-même d'offrir des holocaustes pour ses péchés, tandis que David dit : « Vous n'avez point demandé d'holocauste pour le péché, » (*Ps.* XXXIX) et dans un autre Psaume : « Les holocaustes ne vous sont point agréables. » (*Ps.* L.) Pourquoi commande-t-il de les lui offrir, s'ils ne lui sont point agréables?

Il est évident que Dieu ne peut se complaire dans les holocaustes qui lui sont offerts ; mais que les gémissements et la douleur du cœur peuvent satisfaire pour le péché et en obtenir le pardon. Or, Dieu a voulu que le sacrifice fût comme le témoignage du péché, et que par l'oblation du sacrifice le pécheur confessât publiquement son péché. Il nous enseigne dans un autre endroit comment s'obtient la rémission des péchés : « Partagez, nous dit-il par son prophète, votre pain avec celui qui a faim ; lorsque vous voyez un homme nu, couvrez-le, et ne méprisez point ceux qui ont avec vous une même origine ; » (*Isaïe*, LVIII) ou bien encore : « Dieu ne méprise point un cœur brisé par la douleur et humilié. » (*Ps.* L.) Dieu nous commande donc d'abord de confesser notre péché, puis il nous enseigne les moyens d'obtenir notre pardon. Nulle part il ne commande d'offrir un sacrifice pour un péché connu ; c'est toujours pour les péchés d'ignorance, car l'homme pèche même sans le savoir et son intention est fautive lors même qu'il croit agir suivant les règles de la justice. Ce sont ces péchés que Dieu déclare être effacés par l'oblation du sacrifice.

QUESTION XIII. — Pourquoi la mort envoyée contre Jacob, est-elle tombée sur Israël, puisque Jacob n'est autre qu'Israël.

L'auteur sacré met ici les deux noms qui conviennent à un seul peuple : En effet, celui qui s'appelait d'abord Jacob, etc. (1).

QUESTION XIV. — Si celui qui pèche doit seul mourir en punition de son péché, pourquoi trente-six hommes sont-ils mis à mort pour le péché personnel de Charmi.

Charmi s'est rendu coupable de péché et a été lapidé. Quant aux trente-six hommes, etc. (2).

QUESTION XV. — Quel est le sens de ces paroles du Prophète : Réjouis-toi, stérile qui n'enfantes pas, chante des cantiques de louange, pousse des cris de joie, toi qui n'avais pas d'enfants ; l'épouse abandonnée est devenue plus féconde que celle qui a un époux?

Le Prophète nous fait entendre ici que nous avons deux mères, l'une céleste l'autre terrestre, c'est-à-dire la Jérusalem libre, etc. (3).

QUESTION XVI. — Il est écrit : Que la terre bénisse le Seigneur, c'est-à-dire, qu'elle loue et célèbre sa puissance ; comment donc expliquer ces paroles du

(1) Voyez plus haut, question XXXVII. — (2) Voyez plus haut, question XXXVI. — (3) Voyez plus haut, question XXXVIII.

QUÆSTIO XI. — (1) Si propter diffidentiam et detractiones, dura acceperant Judæi mandata : quid peccaverant filii eorum, ut etiam ipsi his mandatis astringerentur?

Patribus data lex est, quæ filiis similibus oneri esset. Nam postea non minus, sed forte amplius in Deum peccaverunt quam patres illorum. Præscius enim Deus, filiis magis hanc legem dedit ; quia illi omnes in eremo obierunt.

QUÆSTIO XII. — (2) Cur in Lege etiam ipsi Aaron dictum est, ut pro peccatis suis holocausta offerret, cum dicat David : Pro delictis holocaustum non postulasti. (*Psal.* XXXIX.) Et in subjectis : Holocaustis non delectaberis. (*Psal.* L.) Quomodo offerri præcepit, quo non delectatur?

Manifestum est holocaustis Deum non delectari, sed pro satisfactione peccati gemitu et dolore cordis veniam posse mereri. Sacrificium autem testimonium peccati voluit esse, ut se peccator per oblationem sacrificii confiteretur peccasse. Remissio autem quomodo obtineatur, ipse alio loco ostendit, dicens : « Frange esurienti panem tuum. Si videris nudum, vesti, et domesticos seminis tui ne despicies : » (*Isa.* LVIII) aut certe : « Cor contritum et humiliatum Deus non spernit. » (*Psal.* L.) Primum ergo confitendum delictum monuit ; deinde quomodo ignosci possit, ostendit. Nam nunquam pro manifesto delicto sacrificium mandavit, sed pro ignoratis ; quia etiam cum nescit homo peccat, et cum se putat recte agere, intentione quadam delinquit. Tale peccatum dixit per sacrificium posse purgari.

QUÆSTIO XIII. — Quid est ut missa mors in Jacob, venerit in Israel ; cum Jacob ipse sit Israel?

Unius populi duo nomina posuit. Nam utique qui prius Jacob dicebatur, etc.

QUÆSTIO XIV. — Si anima quæ peccat ipsa morietur quid est ut Charmi peccante triginta sex viri occisi videantur causa ejus?

Charmi quidem peccavit, et mortuus est lapidibus. Illi autem triginta sex viri, etc.

QUÆSTIO XV. — Quid est quod dicit Propheta : Lætare sterilis quæ non paris, erumpe et clama quæ non parturis : quia multi filii desertæ magis quam ejus quæ habet virum.

Duas matres hoc in loco intelligimus, cœlestem et terrestrem, id est, Jerusalem liberam, etc.

QUÆSTIO XVI. — Benedicat terra Dominum, ait, hoc

(1) Deest in Mss. 1 generis. — (2) Deest in Mss. 1 generis.

Psalmiste : La poussière vous louera-t-elle, annoncera-t-elle votre vérité ?

Ces paroles ne doivent pas être entendues dans leur sens obvie et littéral, etc. (1).

Question XVII. — Il a placé dit le Psalmiste, sa tente dans le soleil, c'est-à-dire son corps dans lequel Jésus-Christ habitait et qui a été livré par Pilate au supplice de la flagellation ; comment donc est-il dit dans un autre Psaume qui a pour objet le Christ : La flagellation ne s'approchera point de votre tabernacle (*Ps.* xl), puisqu'en effet il a déclaré que son corps était un temple (2).

Le corps du fils de l'homme et du Fils de Dieu est en effet un temple. Cependant Dieu, c'est-à-dire le Fils de Dieu, bien qu'il soit venu dans une chair visible, a fixé son séjour dans l'âme. L'âme aussi bien que le corps sont donc le tabernacle du Fils de Dieu, quoiqu'il n'y ait qu'un seul Dieu et homme, le Fils de Dieu et le fils de l'homme. La flagellation ne s'est donc point approchée de sa tente en ce sens que son âme où habite sa divinité a été affranchie des tourments de l'enfer ou des princes de l'enfer. Le supplice de la croix et les souffrances de la chair auxquelles il avait été condamné comme coupable, bien qu'il fût innocent, pouvaient faire craindre que son âme ne ressentît quelque peine dans les enfers ; l'Écriture montre donc que le trouble n'a pu approcher de son âme dans les enfers, parce qu'il y est descendu, c'est-à-dire qu'il n'a permis ses souffrances que pour confondre les ténèbres, et 'convaincre de folie les princes des ténèbres. Voilà pourquoi le Seigneur dit : « Mon âme est triste jusqu'à la mort. » (*Matth.*, xxvi ; *Marc*, xiv.) Le Sauveur abandonne son âme à la tristesse qui était dans sa nature, mais elle remporte aussitôt la victoire et dépouille ceux qui l'avaient contristée jusqu'à la mort, à laquelle succède une joie éternelle. On peut encore entendre ce texte de l'homme tout entier, parce que celui qui n'a point connu le péché n'était point sujet au supplice de la flagellation prescrit par la loi.

Question XVIII. — Pourquoi Salomon a-t-il eu l'esprit de sagesse, bien que ses mœurs fussent loin d'être pures, puisqu'il était dominé par l'amour déréglé des femmes ? (III *Rois*, iii ; xi.)

Salomon reçut d'abord l'esprit de sagesse pour sa conduite personnelle ; et après qu'il se fut abandonné à l'amour déréglé et criminel des femmes, s'il eut encore cet esprit de sagesse, ce fut dans l'intérêt de son royaume ; et ce fut pour la même raison que Nabuchodonosor vit Jésus-Christ dans la fournaise.

Question XIX. — Il est écrit dans un des livres de Salomon : L'espérance est dans les ténèbres, et mieux vaut un chien vivant qu'un lion mort.

Les ténèbres signifient l'ignorance et la gentilité, parce qu'il y a plus d'espérance dans un païen que dans un apostat, etc. (3).

Question XX. — Nous lisons dans le livre de la Sagesse : « Dieu a créé le monde d'une matière invisible, et ces paroles toutes contraires que nous avons été créés de rien. » (*Sag.*, ii.)

L'Écriture sainte nous enseigne clairement que Dieu a créé simultanément tous les éléments du

---

(1) Voyez plus haut, question xl.
(2) Nous traduisons *flagellum* par flagellation pour conserver le rapport que l'auteur de cette question veut établir entre ce passage du Psaume et la flagellation du Sauveur, bien que ce ne soit ni le sens littéral, ni le sens spirituel de ce verset du Psaume xc.
(3) Voyez plus haut, question xxxix.

---

est laudet et confiteatur virtutem tuam : quomodo ergo in Psalmis : Nunquid confitebitur tibi, inquit, pulvis, aut annuntiabit virtutem tuam ?

Non est sic intelligendum, ut legitur, et sonant verba, etc.

Quæstio XVII. — (1) In sole, inquit, posuit tabernaculum suum (*Psal.* xviii), id est corpus suum in quo habitavit Christus, qui a Pilato flagellis cæsus est : quomodo ergo dicitur in Psalmo de Christo : Flagellum non appropinquabit tabernaculo tuo ? (*Psal.* xc) quippe cum templum corpus suum dixerit.

Et fili hominis, et Dei Filii corpus templum esse intelligitur. Deus tamen, id est, Dei Filius, quamvis in carne venerit, in anima tamen habitavit. Ergo tam anima quam corpus tabernaculum est Filii Dei, licet unus sit Deus et homo, Filius Dei, et filius hominis. Ergo ex hac parte flagellum non appropinquasse dicitur tabernaculo ejus, id est, anima ejus, in qua habitat divinitas ejus, immunis fuit a pœna inferni vel principum ejus. Ne quia hic quasi peccator, cum sit innocens, crucifixus est, et passa est caro, aliquid mœstitiæ apud inferos anima ejus passa putaretur, ostendit Scriptura non potuisse animam ejus turbari apud inferos, quia ad hoc descendit, hoc est pati se permisit, ut confunderet tenebras, et principes earum remitteret hebetes. Unde et ipse Dominus ait : « Tristis est anima mea usque ad mortem. » (*Matth.*, xxvi ; *Marc.*, xiv.) Permissa est enim, quod naturæ suæ erat, ut tristaretur, trophæum protinus referens, et spolia eorum a quibus contristata fuerat usque ad mortem, post mortem jam in æterno gaudio constituta. Potest et de toto homine intelligi : quia qui peccatum nesciit, a lege flagellari non potuit.

Quæstio XVIII. — (2) Cur Salomon spiritum sapientiæ habuit, cum vitam mundam non habuit . valde enim mulieribus delectabatur, ac per hoc peccabat. (III *Reg.*, iii, *et* xi.)

Primum merito suo accepit spiritum prudentiæ : postea vero quam mulieribus nimium cœpit uti, et per hoc peccare, si habuit spiritum sapientiæ, regni merito habuit : sicut et Nabuchodonosor regni merito in camino Christum vidit.

Quæstio XIX. — In Salomone, : Spes est, inquit, in tenebris, et melior est canis vivus leone mortuo.

Tenebræ ignorantiam significant et gentilitatem : quia spes est in gentili potius quam in apostata, etc.

Quæstio XX. — (3) In Sapientia, qui creavit, inquit, orbem ex materia invisa : et contra, quia ex nihilo facti sumus. (*Sap.*, ii.)

Deum simul confusas substantias creasse, Scriptura

---

(1) Deest in Mss. 1 generis. — (2) Deest in Mss. 1 generis. — (3) Deest in Mss. 1 generis.

monde à l'état chaotique et confus, et auxquels se trouvaient mêlées les ténèbres. Ces éléments confus, l'air, le feu, l'eau, la terre, les ténèbres, c'est ce que l'Ecriture appelle une matière invisible, de même que nous lisons dans la Genèse : « La terre était invisible et informe. » (*Gen.*, I.) C'est donc de ces éléments confus que Dieu a créé le monde en établissant le firmament, afin que les eaux s'y rassemblant, la terre pût offrir au genre humain un lieu d'habitation. Cette distinction et cette séparation des éléments firent sous l'espace sphérique qui couvre la terre un séjour habitable pour l'homme.

rum sensus declarat, permixtis utique tenebris. Hanc confusionem rerum, id est, aera, ignem, aquam, terram, tenebras, materiam dixit, invisam, sicut in Genesi legitur : « Terra, autem erat, inquit, invisibilis et incomposita. » (*Gen.*, I.) Ex hac ergo confusione creavit orbem instituto firmamento, ut intra ipsum aquis congregatis in unum habitatio fieret generi humano. Distinctis enim et discretis substantiis, in concavo domum habitabilem fecit.

QUESTIONS
TIRÉES
DU NOUVEAU TESTAMENT

SECONDE PARTIE.

QUESTION I. — Pourquoi les actions et les paroles du Seigneur ont-elles été écrites par quatre auteurs différents ?

Il était convenable que l'année favorable du Seigneur, selon l'expression du Prophète, fût comprise dans quatre volumes, comme dans quatre saisons. De même que le cours de l'année se compose de quatre saisons qui se succèdent et se réclament l'une l'autre, ainsi les paroles et les actions du Seigneur sont contenues dans quatre livres qui se complètent l'un l'autre, et dont l'ensemble forme une plénitude parfaite. Or, la raison pour laquelle ces livres ont été écrits par quatre auteurs différents, c'est afin que chaque Evangile portât comme chaque saison un nom distinct et différent des autres. S'ils paraissent présenter quelque contradiction dans les paroles, cette contradiction disparaît toujours devant une explication en rapport avec le sujet; de même que les saisons diffèrent par le nom, la température de l'air et le cours des astres, mais s'accordent dans le résultat qui est de faire naître toutes les productions de la terre.

QUESTION II. — Puisqu'il est certain que nous avons quatre livres authentiques des faits et des paroles de Notre-Seigneur, dans quel ordre doit-on les placer ?

La classification des quatre Evangiles est plutôt déterminée par l'ordre des matières que par le temps où ils ont été écrits. Saint Matthieu est placé le premier parce qu'il commence son Evangile par la promesse, c'est-à-dire par Abraham à qui a été faite la promesse de l'incarnation de Notre-Seigneur Jésus-Christ. Après lui vient saint Luc, parce qu'il raconte les différentes circonstances de l'incarna-

QUÆSTIONUM
EX NOVO TESTAMENTO

PARS SECUNDA.

QUÆSTIO I. — (1) Cur facta et dicta dominica quatuor voluminibus a quatuor scriptoribus sunt in scripturam digesta ? (*Is.* LXI.)

Congruum fuit annum Domini acceptabilem, sicut dicit Propheta a quatuor voluminibus veluti quatuor vicibus contineri. Sicut enim annus quatuor temporibus evolvitur, ita ut invicem sui egeant ; ita et gesta et dicta domini quatuor libris definita sunt, ita ut alter alterius indigeat : simul autem plenitudine perfecta sunt. Ut autem a quatuor scriptoribus ordinarentur, hæc fuit causa, ut quia temporum diversa sunt nomina, Evangeliorum quoque essent diversa vocabula. Et si qua videntur in verbis contraria, sensu tamen non discrepant per interpretationem aptam causæ : sicut tempora cum videantur utique diversa nomine, aere, et cursu siderum, in effectu tamen eorum quæ gignuntur non discrepant.

QUÆSTIO II. — (2) Quoniam constat quatuor libros rite conscriptos gestorum et dictorum Domini, sciendum quis ordo eorum sit.

Evangelium ordinatione colligitur magis quam tempore. Matthæus ergo primus ponendus est, quia ab ipsa promissione sumpsit initium, id est ab Abraham, cui facta promissio est incarnationis Domini nostri Jesu Christi. Post hunc Lucas, quia incarnationem hanc quomodo

(1) Deest in Mss. 1 generis. — (2) Deest in Mss. 2 generis.

tion. Le troisième est saint Marc, qui atteste que l'Evangile prêché par Jésus-Christ a été promis dans la loi. Le quatrième est saint Jean, qui par cet exorde : « Au commencement était le Verbe, et le Verbe était en Dieu, et le Verbe était Dieu, » proclame ouvertement la divinité de celui dont l'incarnation a été promise à Abraham, racontée par saint Luc, et dont saint Marc montre que l'Évangile a été prêché conformément à la prédiction du prophète Isaïe.

QUESTION III. — Pourquoi saint Matthieu, écrivant l'Evangile de Jésus-Christ, commence-t-il ainsi : « Le livre de la génération de Jésus-Christ, fils de David, puisqu'Abraham est avant David ? » (*Matth.*, I.)

Saint Matthieu commence ainsi, parce qu'il voulait placer en tête de la généalogie du Sauveur la promesse de son incarnation, selon ces paroles de l'Apôtre : « Qui ont pour pères les patriarches, et de qui est sorti selon la chair Jésus-Christ même. » (*Rom.*, IX.) Il dit : « Le livre de la génération, » parce que l'incarnation du Christ résulte d'un grand nombre de personnes différentes sorties d'une même souche; les ancêtres du Christ ont suivi des voies diverses, et le Sauveur a voulu que tous concourussent à former le corps dont il s'est revêtu. Il y a parmi eux des Juifs et des Gentils, des justes et des pécheurs; Ruth était moabite, et Bersabée d'adultère devint épouse légitime. Le Sauveur emprunte la chair de tous pour les ramener tous à l'unité. Saint Matthieu dit : « De Jésus-Christ, fils de David, » bien qu'Abraham soit avant David, parce que Jésus-Christ est appelé plus particulièrement fils de David à cause de sa royauté, c'est-à-dire que comme Dieu il vient de Dieu, et que comme roi il descend d'un roi selon la chair, car c'est à David qu'il fut dit : « Je placerai sur votre trône un fils qui naîtra de vous. » (*Ps.* CXXXI.)

QUESTION IV. — Pourquoi l'apôtre saint Matthieu divise-t-il toutes les générations en trois séries ? (*Matth.*, I.)

Cette division est fondée sur la différence des choses et des temps. Ainsi la première série va d'Abraham jusqu'à David, parce qu'elle comprend un premier ordre de choses, Abraham étant le père de la foi comme David est le père de la royauté ; car pour Saül il se rendit indigne du trône qu'il perdit par sa faute. Un autre ordre de choses commence de David jusqu'à la transmigration, où les Juifs réprouvés de Dieu se virent enlever l'autorité royale. Après la transmigration de Babylone jusqu'à Jésus-Christ, s'ouvre une troisième période de calamités et de misères, de captivité et de dispersion du peuple juif ; car bien qu'après la transmigration de Babylone et les soixante-dix ans écoulés, les Juifs aient été renvoyés dans leur patrie par Cyrus, ils n'eurent plus jamais depuis d'état fixe et de repos. La Judée n'eut plus dès lors de rois, et les Juifs ne cessèrent de mener une vie inquiète et errante. A l'époque même de la venue du Christ, ils reconnaissent qu'ils sont en captivité. « Nous n'avons pas, disent-ils, d'autre roi que César. » (*Jean*, XIX.) Voilà donc la raison pour laquelle saint Matthieu a établi trois séries de générations, pour montrer les divers états et les vicissitudes méritées du peuple juif depuis la promesse jusqu'à l'avénement de Jésus-Christ, mais que les temps ne laissaient pas de converger jusqu'à la fin vers une même grâce.

QUESTION V. — Pourquoi l'Évangéliste alors qu'il

---

facta est, narrat. Tertius Marcus, qui Evangelium quod prædicatum est a Christo, testatur in Lege promissum. Quartus autem Joannes, quia hunc qui promissus est Abrahæ incarnandus, et a Luca quemadmodum incarnatus est dictum est, et a Marco Evangelium ejus juxta Isaiam prophetam prædicatum ostensum est, aperta voce ostendit Deum dicens : « In principio erat Verbum, et Verbum erat apud Deum, et Deus erat Verbum. » (*Joan.*, I.)

QUÆSTIO III. — (1) Quare Matthæus Evangelium Christi describens dicit : Liber generationis Jesu Christi filii David : cum prior sit Abraham. (*Matth.*, I.)

Propterea sic cœpit, ut prius de ipso diceret a promissione incarnationis ejus genealogiam describens, sicut dicit Apostolus : « Quorum patres et ex quibus Christus secundum carnem. » (*Rom.*, IX.) Ideo dixit : « Liber generationis : » quia ex multis et diversis incarnatio Christi consistit, ut quia ex uno diversi esse cœperunt, de omnibus corpulentiam traheret. De Judæis et Gentibus et de digniis et indigniis : quia Ruth Moabitida fuit, et Bersabee ex mœcha facta uxor est ; ut omnium carnem ad se trahens, ad unitatem illos genuinam revocaret. Idcirco, « Jesu Christi Filii, ait, David, » cum prior sit Abraham; quia specialiter Christus dicitur filius David, propter regnum : ut sicut Deus de Deo, ita et rex de rege ortum caperet juxta carnem. Sic enim dictum est ad David : « De fructu ventris tui ponam super sedem tuam. » (*Ps.* CXXXI.)

QUÆSTIO IV. — (2) Quid est, ut generationes omnes in tres partes divideret supradictus Matthæus apostolus. (*Matth.*, I.)

Causæ faciunt divisiones et tempora. Idcirco ab Abraham usque ad David distinxit. Prima enim pars causæ ab Abraham usque ad David est ; quia Abraham pater fidei est, et David pater regni. Saul enim indignus effectus, seipsum regno privavit. A David vero usque ad transmigrationem alia pars causæ, in qua regnum amiserunt facti reprobi Judæi. Post transmigrationem autem Babylonis usque ad Christum tertia pars lamentationis et miseriæ, captivitatis et dispersionis illorum : qui quamvis post transmigrationem Babylonis et septuaginta annorum tempus, quando a Cyro dimissi reversi sunt ad sua, nunquam tamen causam vel requiem habuerunt. Neque enim postea Judæa regnare potuit, sed solliciti semper et pervagantes fuerunt. Nam utique tempore nativitatis Christi captivi fuerunt, dicentes : « Nos non habemus regem nisi Cæsarem. » (*Joan.*, XIX.) Hac ergo causa Matthæus tres gradus fecit generationis, ut etiam meritorum et causarum mutationes ostenderet a promissione facta usque ad Christum, anni autem tempora usque ad finem in unam gratiam permanere.

QUÆSTIO V. — (3) Quare cum XLI sint generationes,

---

(1) Deest in Mss. 1 generis. — (2) Deest in Mss. 1 generis. — (3) Deest in Mss. 2 generis.

n'y a que quarante et une générations, en compte quarante-deux, car trois fois quatorze font quarante-deux? (*Matth.*, I.)

Numériquement on ne compte que quarante et une générations ; logiquement on en trouve quarante-deux. Jéchonias, qui est né dans la transmigration et à qui on donne le titre de roi, comme nous le lisons dans le livre des Paralipomènes, termine la seconde partie ; et comme après la transmigration le roi Nabuchodonosor lui permit de rester dans son royaume, il commence aussi la troisième série qui se poursuit jusqu'à Jésus-Christ. Jéchonias est donc compté deux fois, c'est-à-dire qu'il termine la seconde partie et commence la troisième. En effet l'Évangéliste continue ainsi : « Et après la transmigration de Babylone, Jéchonias engendra Salathiel. » Jusqu'à ce Salathiel on vit assis sur le trône des rois de Juda de la famille desquels est né Joseph. Jéchonias eut un premier fils nommé Assur ; mais comme Joseph tire son origine de Salathiel, l'Évangéliste passe sous silence Assur, et met Salathiel aussitôt après Jéchonias son père, pour descendre jusqu'à Joseph, époux de la vierge Marie. En effet, après Josias vient Jéchonias. Mais quoique ce soit par Joachim, père de Jéchonias, qu'on arrive jusqu'à Joseph, l'Évangéliste passe sous silence Joachim, et met aussitôt Jéchonias pour ne point excéder le nombre de quatorze générations, et après Jéchonias, Salathiel et son fils, d'où descend Joseph.

QUESTION VI. — Pourquoi saint Matthieu donne-t-il pour père à Joseph Jacob, tandis que d'après saint Luc ce serait Héli, tellement que Joseph nous est représenté avec assez peu d'habileté comme ayant deux pères ou comme un homme dont on ne connaît point le père véritable ?

On ne peut douter que Jacob n'ait été le père de Joseph. L'ordre suivi depuis David par Salomon se poursuit et descend en ligne directe jusqu'à Jacob, etc. (1).

QUESTION VII. — Il est certain que le Sauveur fut appelé dès sa naissance Fils de Dieu et Christ ; pourquoi donc le tentateur s'approche-t-il de lui après son baptême en lui disant : Si vous êtes le Fils de Dieu, etc.? (*Matth.*, IV ; *Marc*, I, *Luc*, IV.)

Le Sauveur en naissant d'une vierge était à la fois le Christ et le Fils de Dieu non par création, mais en vertu de sa naissance. Toutefois dans les premières années de sa vie il annula pour ainsi dire et dissimula sa puissance pour ne point provoquer l'impudence du démon. Mais lorsqu'après son baptême l'Esprit saint descendit sur lui, et qu'il apparut aux hommes revêtu du témoignage de Dieu le Père, la jalousie excita contre lui cet ennemi dont cet événement dérangeait les plans, car il comprit que l'institution du baptême avait pour but le salut des hommes. Il s'approche donc du Sauveur, auteur de cette institution, non pour l'approuver, mais pour trouver le moyen de le faire tomber dans ses pièges. En effet, la tentation a pour but tantôt d'éprouver, tantôt de renverser par la ruse celui qu'elle attaque. Le démon se flatta d'arracher au Sauveur une réponse conforme à sa volonté artificieuse, qui le laisserait en pleine et tranquille possession de tous les droits de son empire, parce que sous la conduite du Sauveur qui se soumettrait à sa doctrine, nul ne pourrait échapper à la mort qu'il fait peser sur tous les hommes.

(1) Voyez plus haut, question LVI.

Evangelista XLII numerasse videtur. Ter enim XIV quid faciunt, nisi XLII. (*Matth.*, I.)

Secundum numerum, XLI generationes numerantur ; juxta rationem autem, XLII probantur. Jechonias autem in transmigratione genitus, id est rex factus, sicut continetur in Paralipomenon, finem fecit secundæ parti : et quia post transmigrationem remansit in regno permittente rege Nabuchodonosor, ab ipso incipit tertia pars, quæ venit usque ad Christum. Ideoque bis computatur, ut et concludat secundam partem, et initiet tertiam Jechonias. Sic enim habet : « Et post transmigrationem Babylonis Jechonias genuit Salathiel. » Usque ad istum autem Salathiel regnaverunt qui sunt ex Juda, scilicet quorum ex radice nascitur Joseph. Nam Jechonias primum filium habuit Assur nomine. Sed quoniam Joseph per radicem Salathiel originem trahit, prætermisso Assur Salathiel Jechoniæ patri suo subjunctus est, ut veniretur ad Joseph, cui erat desponsata virgo Maria. Nam et post Josiam Jechonias sequitur. Sed quia per Joachim patrem Jechoniæ venitur ad Joseph, prætermisso eo, ut et Joachim, Jechonias posuit, ut numerum XIV generationum non egrederetur, et quia post Jechoniam Salathiel et filius ejus per quem oritur Joseph.

QUÆSTIO VI. — Quare in Matthæo pater Joseph Jacob scribitur, et in Luca Heli, ut aut duos patres habere imperite descriptus sit, aut certe qui vere pater sit nesciatur ?

Non est ambiguum patrem Joseph Jacob fuisse. Ordo enim a David per Salomonem tramitem suum tenens, recto cursu pervenit ad Jacob, etc.

QUÆSTIO VII. — (1) Manifestum quia natus Salvator Dei Filius et Christus appellatus est, cur ergo post baptismum accessit ad eum tentator, dicens : Si Filius Dei es, etc. (*Matth.*, IV ; *Marc.*, I ; *Luc.*, IV.)

Sic natus Salvator ex Virgine est, ut et Christus esset et Filius Dei, non factura, sed ortu. Adhuc autem in minori ætate potentiam suam evacuans, hoc est potestate sua dissimulans, impudentiam diaboli non provocavit. Baptizatus autem descendente in se Spiritu sancto, cum apparuisset hominibus testimonio Dei Patris, æmulatione zeli ductus est inimicus ad injuriam, videns hoc factum sibi obesse : intellexit enim ordinationem baptismatis ad salutem hominum procuratam : Ideoque accedit ad Salvatorem hujus rei principem, non ut approbet, sed ut locum inveniat evertendi. Tentatio enim aliquando ad probationem fit, aliquando sub dolo ad subversionem. Arbitratus est enim quasi Salvatori elicuisset secundum dolum voluntatis suæ responsum, ut regnum suum totum haberet securus, quod duce Salvatoris doctrinæ subjecto, nemo mortem ejus evaderet.

(1) Deest in Mss. 1 generis.

QUESTION VIII. — Pourquoi le Sauveur ne résiste-t-il aux tentations du démon qu'en lui opposant des paroles de la loi? (*Matth.*, IV; *Marc.*, 1; *Luc*, IV.)

Le Sauveur ne répond pas seulement au démon qui le tente, mais aux Juifs instruments de sa cruauté contre le Sauveur. Il prévoyait que les Juifs le traduiraient comme un ennemi de la loi, il combat donc par des témoignages tirés de la loi l'impudence du démon leur père, pour condamner ainsi le père dans la personne des enfants et les enfants dans la personne du père.

QUESTION IX. — Pourquoi le Sauveur, après son baptême, a-t-il jeûné quarante jours et ressenti ensuite le besoin de la faim? Celui qui avait pu jeûner quarante jours ne pouvait-il pas s'affranchir de la nécessité de la faim? (*Matth.*, IV; *Marc.*, 1; *Luc*, IV.)

Il est écrit : « Mon fils, en t'approchant du service de Dieu, demeure dans la justice et dans la crainte, et prépare ton âme à la tentation. » (*Eccli.*, II, 1.) Le Sauveur a voulu jeûner afin de nous donner l'exemple de nous appliquer nous-mêmes à la pratique du jeûne, si nous voulons triompher par le secours de Dieu des attaques du démon, et de nous apprendre par son exemple que nous devons surtout redouter ses embûches, lorsque nous embrassons le service de Dieu. Mécontent de voir que nous nous éloignons de lui, le démon redouble de fureur contre nous. C'est donc dans notre intérêt et non pour lui que le Sauveur agit ici. De même s'il consent à ressentir le besoin de la faim, ce n'est point pour lui, c'est pour nous. En effet, lorsqu'il eut triomphé par le jeûne des tentations du démon qui ne sont pas toutes écrites, parce qu'elles ne se rapportaient point directement à notre instruction, après quarante jours de jeûne, il consentit à éprouver le besoin de la faim. Ce qui était dans la nature de l'homme, afin que le démon qu'il venait de vaincre, apercevant en lui cette infirmité de la faim, fût excité à le tenter de nouveau dans la persuasion qu'il avait été vaincu par un homme. Telle fut en effet la conduite mystérieuse du Sauveur, le démon insultait et faisait sentir son empire tyrannique à l'homme qu'il avait vaincu, Dieu permit qu'il fût à son tour vaincu par l'homme qui dut à la puissance divine cette victoire, et Satan se trouve ainsi profondément humilié, parce qu'il ne voit qu'un homme et ne comprend pas la puissance qui est dans l'homme. Il reste comme frappé d'étonnement et de stupeur devant ce mystère dont la connaissance lui échappe, il a le pouvoir d'approcher, il n'a point celui de vaincre celui qui l'attaque. Deux choses ici faisaient son tourment, il approchait de lui enhardi par la faiblesse qu'il voyait et il rencontrait une vertu qu'il ne soupçonnait pas, de sorte que dans cet homme qu'il avait sous les yeux, il soupçonnait la puissance de Dieu. Notre-Seigneur se soumet donc à la nécessité de la faim pour déjouer les ruses de Satan. Il ne prolongea point plus longtemps son jeûne, pour établir ainsi l'accord entre lui, Moïse et Elie.

QUESTION X. — Comment se fait-il que Jean-Baptiste qui avait d'abord rendu témoignage au Sauveur paraît ensuite concevoir des doutes en lui faisant demander par ses disciples : Etes-vous celui qui doit venir ou devons-nous en attendre un autre? (*Matth.*, III; *Marc.*, 1; *Matth.*, XI; *Luc*, VII.)

Ceux qui pensent que le doute a pu entrer dans l'âme de Jean-Baptiste calomnient le Sauveur. Car ou ils affirment que Jean a eu raison de douter, ou

QUÆSTIO VIII. — (1) Cur Salvator tentanti se diabolo non aliter quam exemplis Legis resistit ? (*Matth.*, IV ; *Marc.*, I ; *Luc.*, IV.)

Salvator non solum diabolo tentanti respondit, sed et Judæis per quos crudelitatis suæ impietatem egit in Salvatorem. Præscius enim Judæos se inimicum Legis dicturos, patris eorum impudentiam diaboli, testimoniis Legis compressit, ut patrem in filios, et filios in patrem condemnaret.

QUÆSTIO IX. — (2) Ut quid Salvator post baptismum quadraginta diebus jejunavit, postea esuriit ? Qui enim quadraginta diebus jejunavit, potuit jam non esurire. (*Matth.*, IV ; *Marc.*, I ; *Luc.*, IV.)

Scriptum est : « Fili accedens ad servitutem Dei, sta in justitia et timore, et præpara animam tuam ad tentationem. » (*Eccli.*, II.) Ideoque Salvator ut formam nobis daret, jejunavit, ut simili modo nos quoque jejuniis insistentes, omnem motum diaboli contra nos opposituum, Dei auxilio superemus, scientes exemplo Salvatoris tunc magis insidias adversarii cavendas, cum ad Dei timorem accedimus. Dolet enim quod recesserimus ab illo : ideo plus sævit adversum nos. Hoc nobis gessit Salvator, non sibi. Similiter et quod esuriit, non sua causa, sed nostra est : Jejuniis enim cum superatæ fuissent tentationes diaboli, quæ ideo scriptæ non sunt, quia ad profectum doctrinæ non pertinent; postea, id est post quadraginta dies permisit, ut (quod hominis erat) pateretur famem; ut videns diabolus, qui jam fuerat superatus, infirmitatem in eo famis, incitaretur rursum ad tentandum, videns hominem esse a quo vincebatur. Hoc enim fuit mysterium Salvatoris, ut quia homini victo insultabat et dominabatur, ab homine vinceretur, ut Dei virtus homini victoriam acquireret : et sic magis vilis effectus est satanas, cum et hominem cernit, et virtutem non hominis intelligit. Mirabatur enim stupore hebetatus, quod mysterium inesset quod se lateret : ut potestas esset accedendi, circumveniendi non esset. Duabus enim ex causis torquebatur. Videns enim infirmitatem, accedebat, et iuveniebat virtutem ; ut cernens hominem suspectus esset de Dei virtute. Ad hoc ergo esuriit, ut illuderet astutiam satanæ. Idcirco autem non amplius jejunavit, ut concordaret Moysi et Eliæ.

QUÆSTIO X. — (3) Quid est ut cum prius Joannes Baptista testimonium perhibuerit Salvatori, postea dubitaverit dicens per discipulos : Tu es qui venturus es, an alium expectamus ? (*Matth.*, III ; *Marc.*, I ; *Matth.*, XI ; *Luc.*, VII.)

Qui Joannem putant dubitasse, detrahunt Salvatori. Aut enim illum recte asserunt dubitasse, aut certe imperitiæ arguunt Salvatorem ; quia sicut putant, male de

(1) Deest in Mss. 1 generis. — (2) Deest in Mss. 1 generis. — (3) Deest in Mss. 1 generis.

QUESTIONS TIRÉES DU NOUVEAU TESTAMENT. — SECONDE PARTIE.

ils accusent Jésus-Christ d'ignorance, puisque dans leur sentiment il aurait fait l'éloge d'un homme qui pensait mal de lui. Mais comme il est impossible que le Sauveur se soit trompé, les éloges qu'il donne à Jean-Baptiste sont donc fondés. S'ils sont fondés, Jean n'a pas eu de doute à l'égard de Jésus-Christ. En effet, dans le temps même où Jean de sa prison envoie ses disciples vers Jésus pour lui demander : « Etes-vous celui qui doit venir, ou devons-nous en attendre un autre ? » Jésus répond aux disciples de son précurseur : « Allez raconter à Jean ce que vous avez entendu et vu : Les aveugles voient, les sourds entendent, les lépreux sont guéris, les boiteux marchent, les morts ressuscitent, et heureux celui qui ne sera pas scandalisé à cause de moi. Or, comme les envoyés de Jean s'en allaient, Jésus commença à dire de Jean-Baptiste à la multitude : Qu'êtes-vous allé voir dans le désert ? Un roseau agité par le vent, ou un homme vêtu mollement ? Ceux qui sont vêtus mollement habitent le palais des rois. Qu'êtes-vous allé voir ? Un prophète ? Oui, je vous le dis, et plus qu'un prophète : car c'est de lui qu'il a été écrit : Voilà que j'envoie devant vous mon ange, pour préparer la voie où vous devez marcher. » Alors les publicains qui étaient baptisés du baptême de Jean, glorifièrent la justice de Dieu. Quel plus grand éloge le Sauveur peut-il faire de Jean que de dire qu'il est plus qu'un prophète ? Le Sauveur continue en proclamant heureux celui qui n'a point été scandalisé à cause de lui ; comment aurait-il pu louer Jean qui se serait scandalisé en doutant de la personne du Sauveur ? Mais non, Jean-Baptiste ne douta point un seul instant. Les louanges que Jésus lui donne prouvent qu'il est vraiment heureux parce qu'il n'a point été scandalisé à cause de lui. Pourquoi, en effet, le Sauveur choisit-il ce moment même pour faire un si magnifique éloge de Jean précurseur ? C'est pour montrer que l'esprit de Jean n'était point travaillé par le doute. Jean sachant que sa mort était proche, et voulant fortifier ses disciples dans la foi du Sauveur, voulut qu'il confirmât de sa propre bouche ce que lui-même leur avait enseigné de sa divine personne. C'est donc pour confirmer la vérité de son témoignage qu'il a recours à une autorité plus excellente, afin que devant cet accord de deux témoignages, aucun doute ne soit possible. Jean-Baptiste croit donc devoir employer ce moyen d'envoyer ses disciples qui semblent douter de ses paroles, afin qu'en entendant sortir de la bouche du Sauveur les mêmes enseignements qu'il leur adressait, leur foi fût affermie par cette persuasion que le témoignage du Seigneur descendu des cieux et celui de son digne représentant ne pouvaient être révoqués en doute. Le Sauveur semble répondre à Jean lui-même, afin que ses disciples pussent apprendre la vérité en rapprochant la question de Jean de la réponse du Sauveur.

QUESTION XI. — Comment se fait-il que nous lisons plus haut qu'Hérode était mort, et plus bas que plusieurs années après il mit Jean-Baptiste à mort ; alors qu'il est dit plus haut que Jean a survécu à la mort d'Hérode ? (*Matth.*, II, 14 ; *Marc*, VI.)

Hérode fut roi de Judée, il eut quatre fils : Archelaüs, Hérode, Philippe et Lysanias. Hérode étant mort eut pour successeur son fils Archelaüs, après lequel, le royaume d'Hérode fut divisé en quatre parties. Une de ces quatre parties fut donnée à Pilate qui l'administra à titre non de roi, mais de gouverneur, tandis que les fils d'Hérode conservèrent le titre de roi. Philippe étant mort également,

---

se sentientem laudavit. Sed quia falli Salvatorem impossibile est, recte laudatus ab eo Joannes est. Si recte laudatus est, non dubitavit. Ipso enim tempore, quo misit ad Jesum Joannes de carcere discipulos suos, dicens : « Tu es qui venturus es, an alium expectamus ? » tunc Jesus respondit discipulis ejus dicens : « Ite dicite Joanni quæ videtis et auditis : Cæci vident, surdi audiunt, leprosi mundantur, claudi ambulant, mortui resurgunt, et beatus ille qui non fuerit scandalizatus in me. » Abeuntibus autem nuntiis Joannis, cœpit Jesus dicere ad turbas de Joanne Baptista : « Quid existis in desertum videre ? Arundinem vento moveri, aut hominem mollibus vestibus indutum ? Ecce qui mollibus vestiuntur, in domibus regum sunt. Sed quid existis videre ? Prophetam ? Dico vobis quoniam plus quam Prophetam. Hic est de quo scriptum est : Ecce ego mitto Angelum meum ante faciem tuam, qui præparet viam tuam. » Tunc publicani laudaverunt Deum, baptizati baptismo Joannis. Quanta autem laus data Joanni est, in plus diceretur esse quam Propheta, et beatum vocat Salvator eum qui non scandalizatur in se : quomodo laudatur Joannes qui dubitando scandalizatus est ? Sed non utique dubitavit. Laus enim beatum illum probat, quia non est scandalizatus. Nam et Salvator idcirco ipso tempore in laudem Joannis prorupit, ut ostenderet sensum Joannis esse liberum a discipulorum ejus dubitatione. Joannes enim volens mirantes discipulos suos corroborare in fide Salvatoris, sciens exitum sibi imminere, ea quæ de ipso dicebat, ore ejus voluit confirmari : ideo ut testis veritatis sit, testimonium potioris implorat, ut eorum concordia omnis ambiguitas auferretur. Hoc commentum Joannis est, ut dubios suis quasi verbis mitteret, ut eadem audientes a Salvatore quæ audierant a Joanne, firmarentur, scientes idonei procuratoris et Domini cœlestis testimonium dubium vocari non posse. Idcirco et Salvator quasi Joanni respondit, ut inter Joannem interrogantem et Salvatorem respondentem discerent veritatem.

QUÆSTIO XI. — (1) Quid est quod superius Herodem mortuum legimus, infra autem et post multos annos Herodem Joannem occidisse ; cum superius mortuo Herode Joannes supervixerit ? (*Matth.*, II, XIV ; *Marc.*, VI.)

Herodes rex fuit Judææ : hic habuit filios quatuor, Archelaum, Herodem, Philippum, et Lysaniam : sed mortuo Herode patre eorum, successit Archelaus, quo mortuo, in quatuor partes divisum est regnum supra dicti Herodis, ita ut Pilatus in partem regni quartam admitteretur ; quasi præses, non quasi rex : filii autem Herodis reges dicerentur. Denique mortuo iterum Phi-

(1) Deest in Mss. 1 generis.

son frère Hérode épousa la femme de Philippe, crime que lui reproche Jean-Baptiste, ce qui détermina cet Hérode, fils d'Hérode, dont nous avons parlé plus haut à faire mourir le saint précurseur. Que dit en effet l'Evangéliste ? « Hérode le Tétrarque, » c'est-à-dire qui gouvernait la quatrième partie du royaume de son père Hérode. Quel doute est encore possible devant cette addition de Tétrarque qui prouve clairement qu'il s'agit d'un autre Hérode que le premier ? C'est ce même Hérode qui fit mourir par le glaive, Jacques, frère de Jean, et qui frappé bientôt par l'ange de Dieu, mourut dévoré par les vers. (*Act.*, XIII.)

QUESTION XII. — Le Seigneur nous a enseigné à prier pour nos ennemis, pourquoi donc les âmes de ceux qui ont été tués demandent-elles à être vengées et implorent-elles cette vengeance du Seigneur ?

L'Apocalypse prédisant les calamités futures, les châtiments de l'incrédulité et de la vie criminelle des pécheurs comme l'effet de la juste vengeance de Dieu, etc., etc. (1).

QUESTION XIII. — Si la loi a dû cesser à la prédication du Sauveur ou de Jean-Baptiste, comment expliquer ces paroles du Sauveur : Je ne suis pas venu détruire la loi ou les prophètes, mais les accomplir ? Si la loi a cessé d'exister, comment n'a-t-elle pas été détruite, puisqu'elle a perdu sa force et son autorité ?

Les oracles des prophètes qui annonçaient l'avènement du Sauveur, ont été accomplis lorsqu'il est venu, etc. (2).

QUESTION XIV. — Jean fait demander au Seigneur : Etes-vous celui qui doit venir, ou devons-nous en attendre un autre ? (*Matth.*, II ; *Luc*, VII.)

Jean-Baptiste plaide ici sous son nom la cause de ses disciples. On ne peut admettre le moindre doute dans l'esprit de Jean qui avait dit : « Voici l'agneau de Dieu, voici celui qui efface les péchés du monde. » C'est donc dans l'intérêt de ses disciples qu'il les envoie faire cette demande en son nom, pour donner lieu au Sauveur de confirmer ce que lui-même leur avait enseigné sur sa personne divine, et afin qu'après sa mort ses disciples se missent à la suite du Christ sans la moindre hésitation.

QUESTION XV. — Pourquoi la loi et les prophètes ont-ils duré jusqu'à Jean, et ont-ils alors cessé d'exister ? Parce que celui qu'ils annonçaient était arrivé. Mais pourquoi la loi n'a-t-elle duré que jusqu'à Jean, puisque l'Apôtre nous enseigne que nous devons être soumis à la loi ; car tout ce qui est, nous dit-il, est établi de Dieu ?

Sous un seul et même nom, la loi renferme trois significations différentes. La première partie de la loi a Dieu pour objet. Le nom de loi, *lex*, lui vient de *lectio*, choix, parce qu'elle vous apprend ce que vous devez choisir entre plusieurs choses. Les hommes plongés dans l'erreur ont donc reçu la loi pour les aider à choisir la vérité, c'est-à-dire pour leur faire choisir Dieu en renonçant au démon. La seconde partie de la loi est celle qui comprend les préceptes dont le premier commence ainsi : « Honorez votre père et votre mère. » La troisième partie a pour objet les néoménies, l'observation du sabbat, le discernement et le choix des aliments, la circoncision et les sacrifices des animaux. C'est de cette dernière partie de la loi que Notre-Seigneur dit qu'elle a duré jusqu'à Jean, et que désormais elle ne doit plus être observée. Car elle a été donnée pour cesser lorsque

(1) Voyez plus haut, question LXVIII. — (2) Voyez plus haut, question LXIX.

---

lippo, accepit uxorem illius Herodes frater ejus, de qua arguebatur a Joanne Baptista, qua causa occidit cum Herodes filius supra memorati Herodis. Quid enim dicit ? « Herodes, inquit, tetrarcha, » id est in parte quarta regni positus sui patris Herodis. Quid ergo ambigitur quando significatio adjecti cognominis ostendit alium hunc esse Herodem ? Ipse est enim qui et Jacobum occidit gladio, fratrem Joannis, qui postea percussus ab Angelo Dei scatens vermibus expiravit.

QUÆSTIO XII. — Orandum utique pro inimicis docuit Dominus. Quid est ergo ut contra animæ occisorum ulcisci petant, a Domino postulantes vindictam ?

Apocalypsis cum futura mala et tribulationes diffidentiæ et malæ vitæ causas Deo vindice testaretur, etc.

QUÆSTIO XIII. — Si jam prædicante Salvatore vel Joanne Lex cessavit, quomodo Salvator ait : Non veni solvere Legem aut Prophetas, sed adimplere ? Si enim cessavit, quomodo non soluta est, aut destructa, quæ agendi amisit auctoritatem ?

Prophetarum dicta de Salvatoris adventu, impleta sunt cum venit, etc.

QUÆSTIO XIV. — (1) Joannes ad Dominum : Tu es qui venturus es, an alium expectamus ? (*Matth.*, XI ; *Luc.*, VII.)

Sub sua persona discipulorum suorum agit causam. Non enim Joannes dubitabat, qui dixerat : « Ecce agnus Dei, ecce qui tollit peccata mundi : » sed ut discipulis suis satisfaceret, mittit illos suis verbis, ut Salvatoris ore firmaret, quod ipse de illo docebat : ut post excessum suum sine dubitatione aliqua discipuli sui Christum sequerentur.

QUÆSTIO XV. — (2) Quare Lex et Prophetæ usque ad Joannem, et post recte cessasse dicuntur ? quia jam de quo prophetabant, advenit. Quare Lex usque ad Joannem, cum Apostolus dicat, Legi nos subditos debere esse : Quæ autem, inquit, sunt, a Deo ordinata sunt ? (*Matth.*, XI ; *Rom.*, XIII.)

Legis quidem unum nomen est, sed tripartitam habet intelligentiam. Prima enim pars Legis de Deo est. Sic enim Lex a lectione dicta est, ut de multis quid eligas scias. Inter errores ergo positi acceperunt ut eligant verum, id est reprobato diabolo eligant Deum. Secunda autem Legis pars hæc est, quæ scilicet præceptis continetur, quæ sic incipit : « Honora patrem et matrem. » Tertia vero in neomeniis et in sabbato est, et in escis discernendis ac eligendis, et in circumcisione et in hostiis pecudum offerendis. Hanc itaque Legem dicit usque

(1) Deest in Mss. 1 generis. — (2) Deest in Mss. 1 generis.

son temps serait accompli ; en effet, elle n'a pas été promulguée dès le commencement, mais pour des motifs particuliers, et pour un temps déterminé, qui ne devait pas s'étendre au delà de l'avénement du Sauveur. Ce qui reste donc de la loi est ce qui a Dieu pour objet, les préceptes, et ce qui a rapport à la nature de Dieu, que le Fils de Dieu, sans aucun doute, ne peut détruire. C'est par lui, en effet, que nous tendons vers les récompenses qui nous sont promises ; car la crainte produit la vigilance attentive.

Question XVI. — Le Sauveur dit que le baptême de Jean venait du ciel, pourquoi donc en parlant du baptême à Nicodème lui dit-il : Si je vous ai dit des choses terrestres et que vous ne les croyiez point, etc.

Ces paroles du Sauveur : « Si je vous ai dit des choses terrestres et que vous ne les croyiez point, n'ont point rapport au baptême, » etc. (1).

Question XVII. — Pourquoi le Sauveur commence-t-il par refuser d'avoir compassion d'une femme étrangère, c'est-à-dire de la Chananéenne (*Matth.*, xv), tandis qu'il accorde le bienfait du salut au Centurion qui était étranger et au lépreux qu'il déclare lui-même n'être pas du peuple de Dieu ? (*Luc.*, vii ; xvii).

L'action du Sauveur trouve sa justification dans la nature du fait lui-même. Il était déraisonnable en effet et injurieux pour les promesses faites aux patriarches, qu'une femme qui ne reconnaissait pas le Dieu des Juifs, reçût une grâce promise à la nation qui l'adorait. Jésus commença donc par lui refuser cette grâce. Mais dès qu'elle se fut humiliée en croyant aux paroles du Sauveur, et qu'elle eut confessé que les Juifs qui croyaient étaient les enfants, et que les Gentils étaient les chiens ou les serviteurs, elle s'unit à la foi du Seigneur ; car les serviteurs supposent le maître, et il n'y a point de maître sans serviteurs ; dès lors, l'union se fit entre cette femme qui se soumettait à Dieu et le peuple qui lui était soumis. Voilà pourquoi elle mérita d'obtenir ce qu'elle demandait. Quant au Centurion qui reçut aussitôt du Sauveur le bienfait qu'il sollicitait, depuis longtemps il s'occupait des choses de Dieu. En effet, les principaux des Juifs lui rendent ce témoignage devant le Seigneur : « Il est digne que vous lui accordiez cette grâce, et il nous a construit une synagogue. » Quant au lépreux, Notre-Seigneur l'appelle étranger non par sa foi, mais par la nation à laquelle il appartenait. En effet, c'était un Samaritain de ceux qui étaient Babyloniens d'origine. Et cependant c'est à la confession de sa foi qu'il dut le bienfait de sa guérison ; car Notre-Seigneur avait dit à ses disciples : « N'allez point vers les nations, et n'entrez point dans les villes des Samaritains, mais allez plutôt vers les brebis perdues de la maison d'Israël, » (*Matth.*, x) c'est-à-dire qu'il leur recommande de prêcher l'Évangile aux Juifs qui en avaient reçu la promesse, plutôt qu'aux Samaritains et aux Gentils. Mais dès que les Juifs commencèrent à rejeter la foi de Jésus-Christ qui leur était offerte, le Sauveur se présenta de lui-même à la Samaritaine, et après son crucifiement à Corneille le Centurion, tandis qu'il se contenta d'accueillir la Chananéenne qui le cherchait, parce que le temps n'était pas encore venu d'offrir aux Gentils la grâce du salut.

Question XVIII. — Comment peut-on prouver la vérité de ces paroles du Sauveur, qu'il ressusciterait d'entre les morts après trois jours et trois nuits, puisqu'après avoir souffert les tourments de sa pas-

(1) Voyez plus haut, question LIX.

---

ad Joannem, non ultra servandam. Sic enim data est, ut completo tempore cessaret, nec enim fuit ab initio, sed ex causa data ad tempus est, ut adveniente Salvatore cessaret Lex. Ergo de Deo manet tam Lex præceptorum quam natura ejus quæ sine dubio est, ab ipso aboleri non potest. Per ipsum enim proficitur ad promissum præmium; timor enim sollicitudinem parit.

Quæstio XVI. — Cum Salvator baptismum Joannis de cœlo dicat, cur Nicodemo, cum de baptismo loquitur, dubitanti ait : Si terrestria dixi vobis et non creditis, etc.

Quod dixit : « Si terrestria dixi vobis, et non creditis, » non pertinet ad baptismum, etc.

Quæstio XVII. — (1) Quid est ut Salvator mulieri alienigenæ, id est Chananææ inter initia misericordiam denegaret (*Matth.*, xv), cum et Centurioni alienigenæ, et leproso quem ipse Jesus alienigenam dixit, beneficium impertiendæ salutis non negaverit? (*Luc.*, vii ; xvii).

Dignum factum Salvatoris ipsa causa designat. Absurdum enim erat, et ad injuriam promissionis Patrum proficiebat, si mulier quæ Judæorum Deum non confessa fuerat, acciperet beneficium promissum genti confitenti Deum. Inter initium ideo negatum est illi. At ubi autem cervice flexa Salvatoris verbis fidem non negavit, sed confessa est Judæos credentes esse filios, gentes autem canes vel servos, per quod juxit se fidei dominicæ; quia servi dominum indicant, et dominus non est sine servis ; unitas facta est subjecti et subjicientis. Hinc est unde meruit consequi quod precata est. Centurio autem qui beneficium a Salvatore incunctanter accepit, olim se Dei rebus infecerat. Denique dicunt majores Judæorum ad Dominum : « In viam gentium ne abieritis, et in civitates Samaritanorum ne introieritis, sed ite potius ad oves quæ perierunt domus Israel. » (*Matth.*, x.) Hoc est, ut non prius prædicaretur Samaritanis et Gentibus quam Judæis, quorum fuerat promissio hæc. At ubi Judæi cœperunt repudiare fidem Christi, tunc et Samaritanæ se obtulit Salvator, et post crucem Centurioni Cornelio : a Chananæa autem requisitus suscepit eam ; quia non erat adhuc tempus, ut offerretur illis salus.

Quæstio XVIII. — Quomodo probatur quod dixit Sal-

(1) Deest in Mss. I generis.

sion, le jour de la Cène, il a ressuscité aux premières lueurs du dimanche lorsque les ténèbres couvraient encore la terre? Le nombre des jours et des nuits paraît donc ne pas s'accorder.

Le Sauveur qui prévoyait dans sa prescience tout ce qui devait arriver, déclara, etc. (1).

QUESTION XIX. — Pourquoi le Sauveur dit-il : « Priez pour que votre fuite n'arrive ni dans l'hiver, ni le jour du sabbat; » (*Matth.*, xxiv) puisque le temps de cette persécution ne peut se différer, au témoignage de l'Apôtre : « L'homme de péché, le fils de perdition, dit-il, sera révélé en son temps; » et il dit encore dans les Actes des Apôtres : « Déterminant les temps de la durée des peuples et les limites de leur demeure? » (*Act.*, xvii.) Pourquoi donc le Sauveur nous fait-il entendre qu'il n'est pas bon de fuir dans l'hiver ou le jour du sabbat?

La fuite pendant l'hiver n'est pas exempte de dangers, le froid, les pluies continuelles, la neige, la gelée, le débordement des fleuves sont autant d'obstacles qui rendent la fuite très-difficile. On ne peut chercher un refuge ni dans les forêts, ni dans les montagnes, ni dans les cavernes. Le jour du sabbat, les Juifs ne pouvaient s'éloigner beaucoup de la ville ni gravir les montagnes, et par là même la fuite était impossible ce jour-là. Or, de même que ces deux circonstances ôtent toute sûreté à la fuite à cause des obstacles que nous avons signalés; ainsi notre fuite ne sera pas à l'abri de tout danger si cette persécution nous trouve enchaînés dans la servitude des empêchements de la chair. En effet, les désirs du siècle ou si l'on veut les biens de ce monde sont autant de chaînes qui retiennent les hommes captifs et les empêchent d'échapper aux prescriptions tyranniques du démon. Il nous faut donc prier pour que les difficultés de l'hiver et du sabbat ne viennent pas se présenter dans le temps où nous devrons fuir, mais que Dieu nous affranchisse de ces obstacles et nous accorde son secours, pour détruire en nous tout désir qui nous rendrait les esclaves du monde. Comme le Sauveur parlait de la dernière persécution dont l'Antechrist sera l'auteur, il prend pour terme de comparaison l'hiver qui est la dernière saison de l'année, et le sabbat qui est le dernier jour de la semaine, pour nous faire comprendre que si la fuite est pénible et difficile dans ces deux circonstances, les persécutions et les épreuves de ce dernier temps seront si lourdes et si accablantes qu'il n'y aura presque personne qui puisse y échapper.

QUESTION XX. — Lorsque le Sauveur prédisait sa passion et sa résurrection trois jours après sa mort, il ajouta : Et après que je serai ressuscité, je vous précéderai en Galilée, c'est là que vous me verrez. L'ange tient le même langage aux saintes femmes, et cependant il a été vu à Jérusalem par les disciples et par les saintes femmes elles-mêmes. (*Matth.*, xxvi et xxviii; *Marc*, xiv et xvi.)

On ne peut révoquer en doute les paroles du Sauveur sans se rendre coupable d'incrédulité : mais, comme je le vois, vous ne doutez point des paroles du Sauveur; vous voulez seulement savoir pourquoi il dit que ses disciples le verront dans la Galilée, alors qu'il leur est apparu dans Jérusalem après sa passion. Or, il est apparu dans la ville de Jérusalem, mais à quelques-uns seulement de ses disciples pour les consoler, tandis qu'il s'est manifesté à tous dans

(1) Voyez plus haut, question LXIV.

vator, quia post tres dies, et post tres noctes a mortuis resurgeret : cum utique cœna pura passus, illucescente die Dominico, cum adhuc tenebræ essent, resurrexit. Unde numerus dierum et noctium non convenisse videtur.

Præscius Salvator omnium quæ in se futura erant, hæc protestatus est, etc.

QUÆSTIO XIX. — (1) Quare Salvator : Orate, ait, ne fiat fuga vestra hyeme vel sabbato (*Matth.*, xxiv) : cum tempus persecutionis hujus differri non possit, dicente Apostolo : Qui revelabitur in suo tempore. (II *Thes.*, ii.) Et in Actibus Apostolus inquit : Definiens tempora et terminos habitationis eorum. (*Act.*, xvii.) Et cur hyeme fugam vel sabbato fugiendum non expedire significat?

Hyeme tuta fuga non est : frigora enim sunt, imbres assidui, ningit, gelat, flumina exeunt; ideoque fugientibus pergrave est. Latere enim in silvis non possunt, neque in montibus, neque in speluncis. Sabbato autem juxta Judæos longius a civitate exire non licet, nec altum ascendere, ac per hoc (a) fugi sabbato non potest. Quomodo hæc tempora fugam tutam non faciunt, propter impedimenta supra dicta; ita et fuga nostra tuta non erit, si nos obligatos impedimentis carnalibus invenerit prædicta persecutio. Detinent enim homines quasi compedes desideria sæcularia, id est facultates mundanæ, ne edicta diaboli possint effugere. Ideo ergo orandum est, ne tempore quo fugiendum est, hyemis et sabbati in nobis ratio inveniatur, sed ut liberos nos ab his impedimentis Dei præstet auxilium, ut non sit quod nos desiderio sui captos mancipet mundo. Quoniam ergo de novissima persecutione loquebatur Salvator, quæ futura est ab Antichristo, ideo hyemem posuit, quia novissimum tempus est : et sabbatum similiter, quia postremus dies est : ut sicut his temporibus aspera et difficilis fuga est, ita significaret illo tempore tam graves futuras persecutiones et pressuras, ut vix aliquis eas possit effugere.

QUÆSTIO XX. — (2) Salvator cum se passurum diceret, et post tertium diem resurrecturum, adjecit : Et postquam resurrexero, præcedam vos in Galilæam, ibi me videbitis. Et Angelus mulieribus similiter : cum tamen inveniatur a mulieribus et a discipulis suis in Jerusalem. (*Matth.*, xxvi et xxviii; *Marc.*, xiv et xvi.)

Verba Salvatoris retractare infidelis est : sed te video non de verbis Salvatoris dubitare, sed sensum requirere, quare cum in Jerosolymis post passionem suam visus sit, dixit se in Galilæa ab his videri. In Jerosolyma visus est, sed particulatim ad recreandos animos discipulorum : in Galilæa vero ab omnibus simul. Ergo qui in Jerusalem

(1) Deest in Mss. i generis. — (2) Deest in Mss. i generis.
(a) Ms. Germ. *fugere sab. non potes.*

la Galilée. Il recommande donc à ceux qui ne l'avaient vu à Jérusalem qu'en petit nombre d'aller en Galilée, où il devait se manifester à tous et formuler les préceptes qui devaient servir de fondement et de règle à la discipline chrétienne.

QUESTION XXI. — Trois évangélistes disent que le Sauveur a été crucifié à la sixième heure, tandis que saint Marc dit que ce fut à la troisième heure ; mais quelques-uns plus expéditifs et plus habiles disent que c'est à la troisième heure que la sentence de mort fut prononcée, et que par là même il fut crucifié à la troisième heure. Car un homme est comme mort du moment où sa sentence est prononcée. Mais il paraît certain que ce fut entre la cinquième et la sixième heure que Pilate s'assit sur son tribunal, et prononça la sentence, comme saint Jean le raconte.

Il n'est pas bon d'envelopper la vérité dans les ténèbres. Les trois Évangélistes ont dit vrai, comme le prouve l'harmonie qui existe entre eux, etc. (1).

QUESTION XXII. — Si le Sauveur a été baptisé pour nous donner l'exemple, pourquoi défend-il aux autres de se faire circoncire comme il l'a été lui-même ?

L'usage de la circoncision a été autorisé jusqu'à Jésus-Christ ; Abraham avait reçu le précepte de la circoncision comme signe de la promesse du Christ, etc. (2).

QUESTION XXIII. — Les Juifs ayant accusé les disciples d'avoir transgressé la loi en arrachant des épis le jour du sabbat, le Sauveur apporta l'exemple de David en leur disant : Ne savez-vous pas ce que fit David lorsqu'il eut faim, comment il prit les pains de proposition, les mangea et en donna à ceux qui étaient avec lui, ce qui n'était permis qu'aux prêtres seuls? Or, cet exemple ne paraît pas excuser les disciples, qui peuvent être prévaricateurs de la loi aussi bien que David l'a été.

Le Sauveur ne voulut pas répondre aux Juifs en leur disant que la loi qui prescrivait l'observation du sabbat avait cessé d'obliger, etc. (3).

QUESTION XXIV. — Pourquoi le Sauveur appelle-t-il ses disciples les enfants du tonnerre, eux qui étaient bien plutôt les enfants de Dieu, car le tonnerre est produit par le choc des nuées entre elles ?

Comme le tonnerre imprime l'épouvante, Notre-Seigneur a voulu donner à ses disciples le nom d'enfants du tonnerre, c'est-à-dire d'enfants de celui qu'on doit redouter ; car bien que le tonnerre soit produit par le choc des nuées entre elles, cependant la cause première est la volonté de Dieu, et c'est pour cela qu'il inspire la terreur.

QUESTION XXV. — Comment expliquer le récit de l'évangéliste saint Marc, d'après lequel la volonté du Christ n'aurait pu s'accomplir : « En entrant dans la maison, il désirait que personne ne le sût, mais il ne put rester caché ? » S'il voulut rester caché sans y parvenir, sa volonté a donc été combattue et annulée ?

Ce fait raconté sommairement pour que la signification fût moins facile à saisir, etc. (4).

QUESTION XXVI. — Nous lisons dans l'Évangile que l'ange prédit à Marie, mère du Seigneur, que le règne du Christ n'aurait point de fin. (*Luc*, I.) Daniel fait la même prédiction : « Alors s'élèvera un royaume éternel qui ne sera jamais détruit. » (*Dan.*, VII.) Au

(1) Voyez plus haut, question LXV. — (2) Voyez plus haut, question L. — (3) Voyez plus haut, question LXI. — (4) Voyez plus haut, question LXXVII.

visuri illum erant per partes, in Galilæam illis constituit, ut simul omnibus appareret, et ad ordinandam disciplinam daret præcepta.

QUÆSTIO XXI. — Tres Evangelistæ sexta hora crucifixum dicunt Salvatorem, Marcus vero evangelista tertia hora dicit crucifixum. Sed quidam strenui (industria sua) tertia hora sententiam datam dicunt, ac per hoc tertia hora crucifixum. Data enim quis sententia jam mortuus habetur. Sed constat post quintam horam in sextam Pilatum sedisse pro tribunali, et sic sententiam dedisse, sicut Joannes ostendit.

Obscuris vera involvere non est bonum. Nam tres Evangelistas verum dixisse ipsa concordia obtestatur, etc,

QUÆSTIO XXII. — Si ideo Salvator baptizatus est ut exemplo esset, quare circumcisus cæteros prohibuit circumcidi ?

Circumcisio usque ad Christum indulta est, Abraham autem circumcisionem in Christo promisso accepit, etc.

QUÆSTIO XXIII. — Judæis accusantibus discipulos eo quod facerent contra Legem, sabbati spicas vellendo, Salvator exemplum protulit David, dicens : Nescitis quid fecerit David cum esuriret, quomodo accepit panes propositionis et manducavit, et dedit his qui secum erant, quod non licebat nisi solis sacerdotibus? Quod exemplum non excusare videtur discipulos, sed possunt tam hi quam David prævaricatores videri.

Noluit Salvator de tempore impleti sabbati præjudicare Judæos, etc.

QUÆSTIO XXIV. — (1) Cur Salvator discipulos suos filios tonitrui appellavit, qui plus magis videantur filii Dei dici : tonitrua enim dicuntur collisione nubium fieri? (*Marc.*, III.)

Quoniam tonitrua terrorem incutiunt, hac causa filios tonitrui discipulos appellavit, quasi ejus filii, qui timendus sit. Quamvis enim tonitrua collisione nubium fiant, voluntate tamen Dei fiunt, et sunt terribilia.

QUÆSTIO XXV. — Quid est ut secundum Marci evangelistæ relationem, Christi non sit impleta voluntas : Intrans enim, inquit, in domum, voluit neminem scire, et non potuit latere ? Si ergo voluit latere et non potuit, infirmata voluntas ejus est.

Hoc quod per compendium propositum est, ut plus sensum posset occulere, etc.

QUÆSTIO XXVI. (2) In Evangelio legimus, Angelum dicere ad Mariam matrem Domini, quod regni ejus, id est Christi, non erit finis. (*Luc.*, I.) Et Daniel eadem dicit ; ait enim : Tunc exurget regnum in æternum, quod numquam corrumpetur. (*Dan.*, VII.) Contra Apostolus de Domino : Cum tradiderit, inquit, regnum Deo et Patri.

(1) Deest in Mss. 1. generis. — (2) Deest in Mss. 1 generis.

contraire, l'Apôtre parlant du Seigneur dit : « Lorsqu'il aura remis son royaume à Dieu son Père (I *Cor.*, xv) ; comment son royaume sera-t-il éternel, puisqu'il doit le remettre à Dieu son Père?

Lorsqu'il est question du Père et du Fils, c'est-à-dire de Dieu et du Christ, la remise du royaume n'en est pas la destruction. Considérez en effet comment le Père a mis le Fils en possession de ce royaume d'après le témoignage du Seigneur lui-même : « Toutes choses m'ont été données par mon Père. » (*Matth.*, xi.) Si le Père a cessé d'avoir ce royaume lorsqu'il l'a donné à son Fils, on pourra dire aussi du Sauveur qu'il l'a perdu lorsqu'il l'a remis à son Père. Or, le Fils après qu'il a déclaré que le Père lui a donné l'empire sur toutes choses, ne laisse pas de mettre toujours son Père en premier lieu : « C'est la vie éternelle, dit-il, de vous connaître, vous le seul vrai Dieu véritable, et Jésus-Christ que vous avez envoyé. » (*Jean*, xvii.) En l'entendant de la sorte, le Fils ne perd donc point le royaume en le remettant à son Père, et ainsi ces paroles de l'Apôtre sont vraies, sans que l'ange et Daniel soient en contradiction avec elles. Celui qui croirait devoir révoquer en doute leur témoignage porterait l'incrédulité jusqu'à l'excès. Mais nous, dont la foi ne peut être ébranlée, voyons comment il faut entendre que le Fils remet le royaume à son Père, ce que l'Apôtre dans un autre endroit explique en ces termes : « Alors le Fils lui-même sera assujetti à celui qui lui a assujetti toutes choses, afin que Dieu soit tout en tous. » (I *Cor.*, xv.) Cette soumission, c'est l'action elle-même de remettre le royaume. Voici donc l'interprétation qu'il est nécessaire d'admettre : ne point nier que le Fils soit soumis à son Père; et cependant reconnaître que son royaume est éternel, c'est-à-dire le royaume du Fils, car au nom de Jésus tout genou fléchit dans le ciel, sur la terre, et dans les enfers. (*Philipp.*, ii.) L'apôtre saint Pierre confirme cette vérité lorsqu'il dit : « Nul autre nom sous le ciel n'a été donné aux hommes par lequel nous devions être sauvés. » (*Act.*, iv.) Et le Seigneur lui-même n'a-t-il pas dit à ses disciples : « Jusqu'à présent vous n'avez rien demandé en mon nom ; demandez et je vous exaucerai ? » (*Jean*, xvi.) Le règne du Fils consiste donc en ce que c'est en son nom que tous les hommes sont sauvés, et que sont exaucées toutes les prières qui lui sont adressées jusqu'à la fin du monde. Mais lorsque toutes les créatures auront confessé Jésus-Christ volontairement ou de force, et qu'elles auront été soumises à la puissance contre laquelle elles avaient résisté, alors le mystère d'un seul Dieu sera révélé à tous les hommes, et toutes les actions de grâces remonteront à Dieu le Père principe de toutes choses, afin que toute prédication cessant, un seul Dieu soit reconnu dans le mystère de la Trinité. En effet, lorsque toutes les puissances, toutes les principautés et les dominations auront fléchi le genou devant Jésus-Christ, alors le Fils révélera qu'il n'est pas le premier principe d'où viennent toutes choses, mais son Fils dans lequel on voit le Père. Voilà comme il se soumet et remet le royaume à son Père. En révélant que son Père est le premier principe de toutes choses, il s'assujettit à lui en déclarant qu'il vient de lui. En effet, l'avénement du Fils de Dieu est entouré de tant de majesté et de splendeur, que toutes les puissances et les chœurs des anges pourraient croire qu'il est le seul Dieu par excellence. Or, le Sauveur en déclarant qu'il n'est pas celui qui s'appelle le Père, mais son Fils, tout en continuant de régner, remet le royaume à son Père. Nous voyons ici à la fois la soumission et la remise du royaume, car lorsqu'il déclare qu'il vient du Père, il déclare

---

(I *Cor.*, xv.) Quomodo regnum æternum habebit, quod traditurus dicitur Deo et Patri ?

In causa Patris et Filii, id est, Dei et Christi, traditio non abolitio intelligitur. Considera enim quomodo Pater tradiderit Filio regnum, ipso hæc Domino protestante : « Omnia enim, inquit, mihi tradita sunt a Patre meo. » (*Matth.*, xi.) Si Pater ergo desiit habere cum tradidit, potest et de Salvatore dici quia cum tradidit amisit. Nam Filius postquam traditum sibi a Patre regnum dixit, Patrem adhuc præferens ait : « Hæc est autem vita æterna, ut cognoscant te solum et verum Deum, et quem misisti Jesum Christum. » (*Joan.*, xvii.) Secundum hunc igitur sensum et Filius non amittit regnum cum tradit, ut hæc vera sint : et Angelus et Daniel non discrepare ab hoc sensu dicantur. Qui horum enim testimonium retractandum putat, perfidia plenus est. Sed nunc videamus manentes in hac fide, quid sit tradere Filium Patri regnum : hoc enim est quod inter cætera alio loco dicit Apostolus : « Tunc et ipse subjectus erit ei qui subjecit ei omnia, ut sit Deus omnia in omnibus. (I *Cor.*, xv.) Subjectio igitur hæc, ipsa est traditio regni. Itaque hoc loco interpretatio videtur necessaria, ut et subjectus Patri Filius non negetur, et nihilominus æternum regnum habere dicatur. Hoc est regnum Filii, quia in nomine Jesu omnia genua flectuntur, cœlestia, terrestria, et inferna. (*Philip.*, ii.) Quod etiam firmat Petrus apostolus, dicens : « Non est aliud nomen datum sub cœlo, in quo oporteat nos salvos fieri. » (*Act.*, iv.) Et ipse Dominus discipulis ait : « Usque modo nihil petistis in nomine meo, petite, et ego faciam. » (*Joan.*, xvi.) Sic regnat Filius, cum omnia in nomine ejus salvantur, et dantur quæ postulantur usque ad finem mundi. Postquam vero omnia Christum fuerint confessa, sive vi, sive voluntate, et substrata potentiæ ejus cui restiterant, mysterium unius Dei cunctis manifestabitur, et omnis gratiarum actio referetur ad Patrem, ex quo sunt omnia; ut cessante prædicatione unus Deus sciatur in mysterio Trinitatis. Cum enim omnes potestates, omnes principatus et dominationes Christo genu flexerint, tunc Filius manifestabit non se esse a quo sunt omnia, sed Filium ejus, et illum in se videri. Hæc est subjectio et regni traditio. Ostendens enim Patrem esse a quo sunt omnia, subjecit se illi cum de se dicit esse. Tanta enim majestas et claritas in adventu Filii videtur, ut omnes potentiæ et chori Angelorum hunc singularem putent Deum. Salvator autem cum se non illum esse dixerit, qui dicitur Pater, sed Filium ejus, regnans tradit regnum Patri. In hac re manifestata est et subjectio, et regni traditio : quia et cum a Patre se profitetur esse,

par là même que tout ce qu'il a vient également du Père, en rapportant tout à lui.

QUESTION XXVII. — Le Sauveur dit : « Si quelqu'un ne quitte pas tout ce qu'il possède, c'est-à-dire sa maison, ses champs et le reste, il ne peut être mon disciple. » (*Luc*, XIV.) Or, l'Évangéliste dit dans un autre endroit : « Voilà qu'un sénateur appelé Joseph, homme riche, qui était disciple de Jésus et attendait le royaume de Dieu, s'approcha de Pilate, etc. » (*Marc*, XV; *Luc*, XXIII.) Comment l'Évangéliste présente-t-il comme disciple celui que le Sauveur rejette? D'ailleurs Zachée aussi était riche, ainsi que Corneille le centurion, et les femmes qui l'assistaient de leurs biens.

L'Apôtre résout cette difficulté dans ce peu de paroles : « Que ceux qui ont les biens de ce monde soient comme s'ils ne les avaient point, ceux qui usent des choses de ce monde comme s'ils n'en usaient point, et ceux qui achètent comme s'ils ne possédaient point. » (I *Cor.*, VII, 30.) Celui donc qui a les biens de la terre comme s'il ne les avait pas, paraît en réalité les avoir abandonnés. Il ne cherche ni à s'en prévaloir, ni à s'en glorifier; tout son extérieur est humble et modeste comme son âme, il comprend qu'il n'est que l'économe et le dispensateur de ses biens; n'est-ce pas là quitter tout ce que l'on possède? car on quitte ce qu'on ne désire plus, et qui cesse d'être agréable.

QUESTION XXVIII. — Si la loi et les prophètes ont duré jusqu'à Jean, pourquoi le Sauveur envoie-t-il faire une offrande aux prêtres pour la guérison?

L'Apôtre saint Paul a suivi la même conduite.

(1) Voyez plus haut, question LXX.

Après avoir enseigné qu'il ne fallait plus circoncire personne, etc. (1).

QUESTION XXIX. — Si la loi et les prophètes ont duré jusqu'à Jean-Baptiste, depuis lequel le royaume des cieux a été prêché, car c'est lui qui a inauguré cette prédication nouvelle, pourquoi son baptême a-t-il cessé? (*Luc*, XVI.)

Le baptême de Jean une fois institué, n'a point cessé d'être donné; on a seulement ajouté ce qui lui manquait. En effet Jean se bornait à baptiser, mais ne donnait point l'Esprit saint à ceux qui croyaient, comme il le dit du Sauveur : « Pour moi, je vous baptise dans l'eau pour la pénitence, mais lui vous baptisera dans l'Esprit saint. » (*Matth.*, III; *Marc*, I; *Luc*, III.) C'est-à-dire c'est par mon baptême qu'est accordée la rémission des péchés, mais non l'Esprit saint qui donne à ceux qui ont été purifiés le nom et les droits d'enfants de Dieu; car c'était une prérogative réservée au Sauveur comme au Seigneur Dieu que les hommes ne deviendraient enfants de Dieu qu'après que le Fils de Dieu leur aurait donné l'Esprit saint. L'effet que produisait tacitement le baptême de Jean sans qu'on fît aucune question relative au Sauveur, bien que son nom fût prononcé, recevait toute sa force de la Trinité. C'est ce que nous apprend la bonté du Sauveur en établissant la formule consacrée des trois noms qui depuis le commencement concouraient aux mêmes œuvres sous le nom et la personne d'un seul Dieu. Le nom des trois personnes divines vint donc se joindre au baptême de Jean avec l'expression du mystère depuis si longtemps caché. Dieu communiqua encore à ce baptême une grâce beaucoup plus précieuse, c'est que

---

quidquid habet, Patris confitetur esse, omnem summam referens ad eum.

QUÆSTIO XXVII. — (1) Salvator ait : Si quis non reliquerit omnia sua, id est, domum, et agrum, et cætera, non potest meus discipulus esse. (*Luc.*, XIV.) Et contra Evangelista : Venit, inquit, Joseph ab Arimathia homo dives, qui et ipse discipulus erat Jesu, expectans regnum Dei. (*Marc.*, XV; *Luc.*, XXIII.) Quid est ut Evangelista profiteatur eum discipulum, quem Salvator negavit? Nam et Zachæus dives erat, et Cornelius Centurio dives, et mulieres quæ illis ministrabant de facultatibus suis.

Hunc sensum paucis absolvit Apostolus, dicens : « Qui habent, quasi non habentes sint : et qui utuntur hoc sæculo, quasi non utantur : et qui emunt, tanquam non possidentes. » Qui ergo hæc sic habet, quasi non habet, reliquisse videtur. Quando enim non præsumit de his, neque se jactat, sed humiliter incedit, non tantum habitu, sed et mente, dispensatorem se harum et ministrum intelligens, omnia sua reliquisse videtur. Hoc enim relinqui dicitur, quod a desiderio recedit, et gratiam non habet.

QUÆSTIO XXVIII. — Si Lex et Prophetæ usque ad Joannem, quomodo Salvator ad sacerdotes mittit offerri munera pro emundatione?

(1) Deest in Mss. 1 generis. — (2) Deest in Mss. 1 generis.

Hoc secutus est apostolus Paulus. Cum enim prædicaret jam non oportere circumcidi quemquam, etc.

QUÆSTIO XXIX. — (2) Si Lex et Prophetæ usque ad Joannem, ex quo regnum cœlorum prædicatum est, ipse est enim inchoator novæ prædicationis, cur baptisma ejus cessavit? (*Luc.*, XVI.)

Baptisma Joannis cœptum non cessavit, sed additum est ei quod deerat. Joannes enim tantum baptizavit, non Spiritum sanctum credentibus dedit : sicut et ipse de Salvatore dicit : « Ego baptizo vos in aqua in pœnitentiam, ipse autem vos baptizabit in Spiritu sancto. » (*Matth.*, III; *Marc.*, I; *Luc.*, III.) Hoc est, quod dicit : Per me remissio peccatorum, non tamen datur Spiritus sanctus, ut purificati filii dicantur; hoc enim Salvatori reservatum est, utpote Domino, ut Filii Dei non fierent, nisi accepto a Filio Dei Spiritu sancto. Effectus ergo baptismi Joannis, quod tacite operabatur sine interrogatione, non tamen sine Salvatoris mentione, ut firmum esset quod agebat, Trinitatis est donum : quod dignatio Salvatoris ostendit, dans formam trium nominum, quæ a primordio sub unius Dei nomine vel persona unum opus et indifferens operata sunt. Interpretatio ergo accessit ad baptismum Joannis cum significatione latentis dudum mysterii : accessit et amplius donum, ut baptizati accepto

ceux qui étaient baptisés devenaient enfants de Dieu en recevant l'Esprit saint. Ce baptême a donc été enrichi de grâces nouvelles, mais n'a pas été supprimé.

Question XXX. — On lit dans l'Evangile selon saint Jean : « La loi a été donnée par Moïse, la grâce et la vérité par Jésus-Christ. » Si donc la grâce et la vérité sont venues par Jésus-Christ, elles n'existaient donc pas auparavant, et s'il en est ainsi, comment peut-on dire que Dieu a donné une loi qui ne contenait pas la vérité ?

Il faut examiner le sens de ces paroles : La loi a été donnée par Moïse, etc. Or, la loi donnée par Moïse contient des préceptes évidents, (1) etc.

Question XXXI. — Le sabbat est certainement la loi ou une partie de la loi ; comment donc la loi n'est-elle pas détruite d'après ces paroles de l'Evangéliste : « Non-seulement parce qu'il avait violé le sabbat, mais aussi parce qu'il disait que Dieu était son propre Père ? » (Jean, v.)

Le Sauveur a violé le sabbat, mais sans porter atteinte à la loi du sabbat. Cette loi du sabbat cessait d'obliger, mais les Juifs prétendaient qu'elle était encore dans toute sa force ; dans leur pensée donc le Sauveur en agissant le jour du sabbat, et en commandant à ce paralytique d'emporter son lit le jour du sabbat, violait la loi du sabbat. En réalité, comme cette loi avait cessé d'être obligatoire, c'est comme si l'on disait d'un ex-gouverneur qui aurait reçu quelque outrage, que c'est à la dignité même de gouverneur que s'adresse cet outrage. La loi du sabbat n'a donc pas été violée ; mais les hommes qui voulaient soutenir effrontément l'autorité du sabbat ont été déjoués, puisqu'une nouvelle loi avait succédé à la loi du sabbat.

(1) Voyez plus haut, question LXXXVI. — (2) Voyez plus haut, question LXXIX.

Question XXXII. — Si nous vivons avec la disposition de notre libre arbitre, pourquoi le Sauveur a-t-il dit : « Nul ne vient à moi, si mon Père ne l'attire ? » Pourquoi l'Apôtre parlant dans le même sens s'exprime-t-il en ces termes : « Cela ne dépend ni de celui qui veut, ni de celui qui court, mais de Dieu qui fait miséricorde ? » Ces paroles paraissent infirmer considérablement le libre arbitre de la volonté. Si nul ne vient sans être attiré, il n'y a plus de faute pour celui qui ne vient point, puisqu'il n'est point tiré. Et si ce n'est pas celui qui demande et qui court qui reçoit, mais que Dieu donne sa grâce à celui qu'il veut, il faut décharger de tout péché celui qui veut et n'obtient pas pour faire retomber la faute tout entière sur celui qui méprise les prières qui lui sont adressées.

La cause du libre arbitre ne peut être ébranlée par aucun de ces raisonnements. En effet, si vous rapprochez ces paroles de l'occasion où elles ont été prononcées, etc. (2).

Question XXIII. — Pourquoi le Seigneur qui avait guéri presque tous les autres malades d'une seule parole, rend-il la vue à l'aveugle-né en lui appliquant de la boue sur les yeux ? (Jean, IX.)

Le Seigneur agit de la sorte pour confondre ceux qui accusent le Créateur. En guérissant un vice accidentel du corps, de la même manière dont Dieu s'est servi pour le créer, il relève l'autorité du Créateur. En effet, il guérit cette infirmité du corps par le moyen dont Dieu s'est servi pour le former. Or, on doit nécessairement approuver une action qui pour ramener une chose à la perfection dont elle était déchue, emploie les moyens qui ont servi à l'y établir. Si, en effet, le Sauveur prouve qu'il est Dieu en ré-

---

Spiritu sancto sint Filii Dei. Amplificatum ergo est, non evacuatum.

Quæstio XXX. — In Evangelio Joannis : Lex, ait, per Moysen data est, gratia autem et veritas per Jesum Christum facta est. Si ergo per Christum veritas facta est, ante non fuit. Si ante non fuit, quomodo a Deo data Lex dicitur, in qua veritas non erat?

Videndum est quid sit : « Lex per Moysen data est. » Per Moysen autem Lex data, manifesta habet præcepta, etc.

Quæstio XXXI. — (1) Sabbatum certe Lex est vel pars Legis ; quomodo ergo non evacuata Lex est, dicente Evangelista : Non solum solvebat sabbatum sed et patrem suum dicebat Deum ? (Joan., v.)

Solvit sane sabbatum Salvator, sed sine præjudicio dati sabbati. Cum enim sabbati jam tempus cessaret, Judæi autem sabbatum adhuc manere assererent, Salvator sabbatis operans, et infirmo lectum suum sabbatis portare præcipiens, secundum sensum Judæorum sabbatum solvebat. Nam juxta veri fidem tale est si dicatur, quod jam cessaverat, quale est si dicatur de aliquo qui præfectus dicendus est, et injuriam passus fuerit, quia præfectura injuriam passa est. Non ergo sabbatum solutum est, sed homines qui impudenter sabbati auctoritatem vindicabant, delusi sunt, cum jam sabbato successisset nova Lex.

Quæstio XXXII. — Si arbitrio proprio vivimus, cur Salvator : Nemo, inquit, venit ad me, nisi Pater qui misit me, traxerit eum ? Et non discordans ab his Apostolus, Neque volentis, inquit, neque currentis, sed miserentis est Dei. His utique perturbari videtur arbitrium liberæ voluntatis. Si enim nemo venit, nisi tractus, non erit illius delictum, qui non vadit quia non est tractus. Et si non qui petit et currit, accipit, sed cui vult dat Deus, sine culpa erit et crimine qui vult et non obtinet ; et ad illum redundat crimen qui petentem sprevit.

Nullo genere ex his arbitrii causa poterit turbari. Etenim dicta ad causam referas qua dicta sunt, etc.

Quæstio XXXIII. — (2) Quid est ut cum Salvator omnes prope verbo curasset, cæco tamen per lutum de sputo factum oculos reformavit ? (Joan., IX.)

Hoc Salvator ad confusionem illorum fecit, qui Creatorem accusant. Quando enim non aliter vitium accidens corpori emendavit quam Conditor fecit, auctorem operis hujus commendavit. Per id enim emendavit, quo erat conditum. Omne enim quod fit, si lapsum per id quod fuerat factum reformetur, rectum factum probabitur. Si

(1) Deest in Mss. 1 generis. — (2) Deest in Mss. 1 generis.

formant les imperfections et les vices du corps, combien plus doit-on reconnaître la divinité de celui à qui le corps doit son existence?

QUESTION XXXIV. — Pourquoi le Sauveur dit-il : Je suis la porte, ceux qui sont venus avant moi sont des voleurs et des larrons, paroles qui semblent attaquer l'autorité des prophètes?

Comme personne ne peut aller à Dieu le Père que par la foi en Jésus-Christ, le Sauveur déclare qu'il est la porte du royaume des cieux. Mais en se comparant à la porte, quel besoin était-il de dire de ceux qui l'avaient précédé : « Tous ceux qui sont venus avant moi, etc., » puisqu'il n'était nullement question du passé, mais qu'il s'agissait d'établir qu'il était maintenant la porte? Le Sauveur a donc ici en vue les Juifs qui prétendaient entrer dans le royaume des cieux non par la foi, mais par la justice de la loi. Ils venaient avant le Sauveur, c'est-à-dire ils se tenaient devant lui pour dénaturer et contredire ses paroles, et détourner ainsi les autres de croire en lui. Voilà pourquoi il les appelle des voleurs et des larrons. En effet, il leur tint ce langage, alors que les Pharisiens disputaient avec l'aveugle qu'il venait de guérir en lui donnant l'usage des yeux, que la nature lui avait refusé, et qu'ils le détournaient de la foi du Sauveur en lui disant qu'on ne pouvait entrer dans le royaume des cieux par celui qui violait le sabbat, mais par la justice de la loi. C'est alors que Jésus leur dit : « Je suis la porte, si quelqu'un entre par moi, il trouvera des pâturages, mais si quelqu'un veut entrer par ailleurs, c'est un voleur et un larron. » Or, comment peut-on appliquer ces paroles aux prophètes? Est-ce que les prophètes enseignaient contre la doctrine de Jésus-Christ, qu'on pouvait se rendre agréable à Dieu sans la foi et par la seule justice de la loi, eux qui étaient chargés d'annoncer l'Incarnation du Fils de Dieu? Le Sauveur a donc voulu parler de ceux qui vivaient de son temps, et nous faire entendre que tous ceux qui étaient devant lui, assis ou debout, étaient des larrons et des voleurs. En appelant en particulier celui qui avait été aveugle, ils voulaient à toute force l'empêcher de croire au Sauveur. « Rends gloire à Dieu, lui disaient-ils, nous savons que cet homme est un pécheur, » accusation qu'il détruit en leur répondant : « Jamais on n'a entendu que nul ouvrit les yeux d'un aveugle-né. Si celui-ci n'était de Dieu, il ne pourrait rien. C'est donc de cet homme qui a persévéré dans la foi, et de ceux qui dirent : Ces paroles ne sont point les paroles d'un homme qui est possédé du démon que le Sauveur veut parler lorsqu'il dit : « Mais les brebis ne les ont point écoutés, » c'est-à-dire ceux qu'il appelle des voleurs et des larrons. Car, comment pourrait-on admettre que les brebis n'ont point écouté les prophètes, alors que nous savons à n'en pouvoir douter que les bons ont toujours été dociles aux enseignements des prophètes, comme les mauvais à ceux des faux prophètes?

QUESTION XXXV. — Pourquoi Notre-Seigneur sur le point de faire éclater une puissance admirable et inconnue jusque-là, dans la résurrection de Lazare, verse-t-il des larmes et demande-t-il l'endroit où il est comme s'il l'ignorait? (*Jean*, XI.)

Le Sauveur est tout à la fois Dieu et homme, il se présente donc toujours à nous sous ces deux caractères, parce qu'il a les affections de l'homme, il verse des larmes, et parce qu'il est Dieu, il ressus-

---

enim Salvator per hoc se Deum testatur, quia damna et vitia corporis emendavit, quanto magis Deus est qui ipsius corporis inventor est.

QUÆSTIO XXXIV. — (1) Quid est quod Salvator ait : Ego sum janua, qui ante me fuerunt, fures sunt et latrones, quod dictum videtur Prophetas pulsare. (*Joan.*, X.)

Quia nemo vadit ad Deum Patrem, nisi per fidem Christi, idcirco se januam dicit Salvator regni cœlorum. Si ergo januæ verbis utitur, quid opus erat de anterioribus diceret : « Quotquot ante me fuerunt : » cum nulla quæstio de præteritis verteretur, sed utique quasi præsens janua de præsentibus quæreretur? De Judæis enim dicit Salvator, qui non per fidem sed per justitiam Legis in regnum Dei se intrare putabant. Ante ipsum enim venientes, id est ante illum stantes, obtrectabant ei contradicentes, ut etiam alios a fide ejus averterent. Unde fures et latrones appellati sunt. Nam eo tempore hæc dicta sunt, quo Pharisæi disceptabant cum illo, qui erat ex cæco illuminatus, cui Salvator oculos reddidit, quos natura negaverat, quem volebant a fide Salvatoris avertere, dicentes, non per hunc posse, quia sabbatum violat, sed per justitiam Legis intrari in regnum Dei. Tunc Salvator : « Ego sum, inquit, janua, per me si quis introibit, pascua inveniet : si quis autem aliunde intrare voluerit, ille fur est et latro. » Quomodo hoc ad personam pertinet Prophetarum? Numquid Prophetæ contra Christi doctrinam per justitiam Legis sine fide Deum promereri posse dicebant, qui Christum in carne venturum scierunt? Hoc ergo de præsentibus dixit, ut quicumque ante ipsum fuerunt, astantes vel sedentes, fures intelligantur et latrones. Sevocantes enim illum, qui fuerat cæcus, volebant eum a fide Salvatoris avertere, dicentes : « Da honorem Deo, nos scimus quia hic homo peccator est. » Quos ille arguit, dicens : « A sæculo nunquam fuit auditum, quod aperuerit quis oculos cæci nati : nisi hic esset a Deo, non poterat facere quidquam. » De hoc ergo, quia perseveravit in fide, et de illis qui dixerunt : « Hæc verba non sunt dæmonium habentis, numquid potest dæmonium cæcorum oculos aperire; » dixit Salvator : « Sed non audierunt eos oves : » illos utique quos fures et latrones appellavit. Nam quomodo non audierunt Prophetas oves, cum constet Scripturis omnes bonos obedisse Prophetis, et malos pseudoprophetis?

QUÆSTIO XXXV. — (2) Quid est ut admirabilem et incognitam virtutem facturus, Lazarum scilicet a mortuus resuscitaturus, fleret, aut locum ubi positus erat quasi ignarus quæreret? (*Joan.*, XI.)

Salvator Deus et homo est ; ac per hoc duas vices egit semper, ut quia hominis affectus habet ploret ; sed quia et Deus erat, hunc quem flevit resuscitavit. A minimis

---

(1) Deest in Mss. 1 generis. — (2) Deest in Mss. 1 generis.

cite celui qu'il pleure. Il s'élève donc toujours des actions inférieures aux plus élevées et il combat ce préjugé qui ne voyait en lui que l'homme, en prouvant par ses œuvres qu'il était Dieu.

Question XXXVI. — Le Sauveur dit d'un côté : Je prie pour ceux que vous m'avez donnés, je ne prie point pour le monde (*Jean*, xvii); l'Évangéliste dit au contraire : Nous avons près du Père un avocat qui intercède pour nos péchés, et non-seulement pour les nôtres, mais pour les péchés du monde entier. (I *Jean*, 2.) Ces deux textes paraissent contradictoires.

Bien qu'il n'y ait pas une grande différence entre ces deux textes, cependant ce que dit le Sauveur n'est pas ce qu'affirme l'Apôtre saint Jean. Le Sauveur prie pour que ses disciples soient préservés des atteintes du mal. « Je demande, dit-il à son Père, non pas que vous les ôtiez du monde, mais que vous les préserviez du mal. » (*Jean*, xvii.) L'Apôtre saint Jean nous offre un autre genre de prière : « Nous avons, dit-il, un avocat qui prie pour nous, pécheurs, et pour les péchés du monde entier. » (I *Jean*, ii.) Deux sortes de prières sont donc formulées pour les chrétiens : on demande que leurs péchés soient pardonnés, et qu'ils soient à l'abri des poursuites du démon. Quant à ceux qui n'ont point la foi, la seule chose qu'on puisse demander pour eux, c'est qu'au lieu de leur infliger le juste châtiment de leurs péchés, de leur incrédulité, la bonté et la patience de Dieu attendent leur repentir et leur conversion. On ne peut pas prier Dieu, en effet, de pardonner les péchés à ceux qui ne croient point; ce qu'on peut demander, c'est de leur accorder un long délai, afin que leur repentir puisse leur obtenir la rémission de leurs péchés. L'objet de la prière du Sauveur est donc celui que nous avons indiqué.

Question XXXVII. — Pourquoi le Sauveur dit-il à Marie qui voulait le toucher dans l'excès de sa joie : Ne me touchez pas, car je ne suis pas encore monté vers mon Père, tandis que nous lisons que les autres saintes femmes l'ont touché et adoré? (*Jean*, xx.)

Ces paroles : « Ne me touchez pas » sont une expression de mécontentement. Bien que Marie-Madeleine désirât voir le Sauveur, cependant tandis que les autres croyaient à sa résurrection, elle continuait de se tenir près du sépulcre en versant des larmes, alors qu'elle aurait dû se réjouir à la nouvelle que lui avaient apprise les apôtres Jean et Pierre que le Seigneur était ressuscité. Nous lisons, en effet, dans l'Évangile : « Elle vit les linges et le suaire placés dans un même endroit, et elle crut, car elle ne connaissait pas encore les oracles de l'Écriture qui prédisaient que le Sauveur devait ressusciter. » Mais Marie ne croyait point, parce qu'elle n'avait pas vu de ses yeux la résurrection de son divin Maître. L'excès de son amour était la cause de son doute. Ceux que nous aimons sont-ils dans les épreuves, nous ne pouvons croire qu'ils puissent en sortir; pour ceux, au contraire, que nous haïssons, seraient-ils à deux pas de la mort, nous ne pouvons y ajouter foi. Notre-Seigneur se présente donc à Marie, que son amour jetait dans la désolation et la douleur, alors qu'elle aurait dû imiter la foi des disciples, pour la consoler, mais ce n'est pas sans une certaine expression de mécontentement; voilà pourquoi il lui dit : « Ne me touchez pas, » c'est-à-dire vous cherchez une satisfaction trop sensible, abstenez-vous et élevez-vous aux choses spirituelles qui ne se voient

---

ergo semper ad majora venitur, ut quia homo cernebatur, hoc reprobaret esse quod videbatur; Deum autem se operibus asserebat.

Quæstio XXXVI. — (1) Cum Salvator dicit : Ego pro eis rogo, quos mihi dedisti, non pro mundo rogo (*Joan.*, xvii) : Joannes apostolus contra. Habemus, inquit, advocatum apud Patrem, deprecatorem pro peccatis nostris, et non solum pro nostris, sed pro universo mundo. (I *Joan.*, ii.) Hoc contrarium videtur.

Quamvis non longe discrepet sensus, tamen aliud est quod dicit Salvator, et aliud quod affirmat apostolus Joannes. Nam Salvator rogat pro discipulis, ut a mali infestatione tuti præstentur : denique sic dicit : « Non rogo ut tollas eos de mundo, sed ut serves eos a malo. » (*Joan.*, xvii.) Apostolus autem Joannes aliud genus precationis inducit; ait namque : « Habemus advocatum, qui postulat pro peccatis nostris, et totius mundi. » (I *Joan.*, ii.) Pro Christianis ergo duplici genere postulatur; quia et pro peccatis illorum oratur, et ut tuti a diaboli infestatione præstentur. Pro his autem qui non credunt, hæc sola deprecatio est, ut cum pro peccatis suis et perfidia plecti mererentur, bonitas et patientia expectet illos, si forte velut corrigi. Non enim postulatur ut ignoscantur illis peccata diffidentibus, sed ut dilationem accipiant longam, ut si se emendaverint, dimittantur illis delicta. Hoc ergo postulat pro illis Salvator, quod diximus.

Quæstio XXXVII. — (2) Quid est ut Salvator dicat Mariæ volenti se tangere causa gaudii : Noli me tangere, nondum enim ascendi ad Patrem : cum legatur a cæteris mulieribus et tactus et adoratus? (*Joan.*, xx.)

Indignantis verba sunt dicentis : « Noli me tangere. » Quamvis enim desideraret Salvatorem, aliis tamen resurrectionem ejus credentibus, hæc ad monumentum stabat plorans, quam jam gaudere oportuerat. Audierat enim a Joanne et Petro apostolis resurrexisse Dominum. Sic enim habes : « Et vidit linteamina et sudarium in unum locum, et credidit : nondum enim sciebat Scripturam, quia oportebat eum a mortuis resurgere. » Sed Maria quia non illum videbat resurrexisse, non credebat. Nimius enim amor dubitare illam faciebat. Denique quos diligimus, si incommodum patiantur, non eos evadere credimus : quos autem odimus, si jam prope mortem sint, incredulum nobis est. Mariæ ergo, quoniam obstupuerat et mœrorem patiebatur per amorem, quam oportuerat sequi discipulorum fidem, primum se ostendit Dominus, ut desineret a mœrore, non tamen sine indignatione. Hinc audit : « Noli me tangere, » hoc est, carnalem sensum quæris, abstine te, et spiritalia sequere quæ non videntur. « Nondum enim, inquit, ascendi ad Patrem. »

(1) Deest in Mss. 1 generis. — (2) Deest in Mss. 1 generis.

point, car ajoute-t-il, je ne suis pas encore remonté vers mon Père. » Ces paroles ont une certaine analogie avec celles de saint Jean-Baptiste envoyant ses disciples à Jésus et leur disant : Allez et dites : Jean-Baptiste nous a envoyés vers vous pour vous demander : « Etes-vous celui qui doit venir ou devons-nous en attendre un autre? » (*Matth.*, XI; *Luc*, VII.) Il plaide la cause de ses disciples tout en paraissant ne parler qu'en son nom. En effet, Jean ne pouvait avoir le moindre doute sur la personne du Sauveur, lui qui avait dit de lui : « Voici l'Agneau de Dieu, voici celui qui efface les péchés du monde. » (*Jean*, I.) C'est donc dans l'intérêt de ses disciples qu'il les envoie faire cette demande en son nom, afin que le Sauveur confirmât de sa propre bouche ce qu'il leur avait enseigné de sa divine personne, et qu'après sa mort ses disciples se missent à la suite de Jésus-Christ sans aucune hésitation. C'est ainsi que le Sauveur fait dans sa personne reproche à Marie en lui disant : « Je ne suis pas encore remonté vers mon Père, c'est-à-dire votre cœur est encore trop attaché à la terre, et si vous ne voyez point, vous ne pouvez vous résoudre à croire. En effet, si elle avait élevé son cœur jusqu'à Dieu, elle aurait cru avec les disciples à la résurrection du Sauveur.

QUESTION XXXVIII. — Comment expliquer qu'à la question de Marie à l'ange : Et comment pourrai-je savoir cela puisque je ne connais point l'homme, l'ange Gabriel réponde : L'Esprit saint surviendra en vous et la vertu du Tout-Puissant vous couvrira de son ombre?

Comme Marie doutait de la Conception qui lui était annoncée, l'ange lui en explique la possibilité, etc. (1).

QUESTION XXXIX. — Comment les Mages qui étaient Chaldéens ont pu comprendre que l'apparition d'une étoile leur annonçait la naissance du Christ roi des Juifs, puisqu'une étoile est bien plutôt le signe d'un roi de la terre?

Ce n'était point dans une intention mauvaise, mais par le simple désir de savoir, que ces Mages de la Chaldée considéraient le cours des astres, etc. (2).

QUESTION XL. — Comment concilier ce que le prophète Isaïe dit de Jésus-Christ : Qui n'a point commis le péché, avec ces paroles de l'Apôtre : Celui qui ne connaissait point le péché, il l'a rendu pour nous péché.

Quant au sujet dont il est question, ce ne sont pas seulement les paroles qui sont opposées, mais les personnes qui sont différentes, etc. (3).

QUESTION XLI. — Celui qui n'est pas fils de Dieu, l'est certainement du démon; il est donc toujours fils tantôt de Dieu, tantôt du démon. Il faut donc examiner sérieusement si nous naissons fils de Dieu, ou du démon, ou si une troisième supposition peut être admise.

Les enfants d'Israël que Dieu avait tirés de l'Egypte, s'étant rendus fréquemment coupables à son égard, le Seigneur irrité contre eux déclara qu'aucun d'eux n'entrerait dans la terre promise, etc. (4).

QUESTION XLII. — Les Apôtres ont-ils eu l'Esprit saint dans le temps qu'ils étaient avec le Seigneur, etc.

Toutes les questions qui sont proposées ont un objet différent qui se trouve caractérisé d'une manière sommaire mais précise, etc. (5).

QUESTION XLIII. — Comment peut-on réfuter d'après la loi seulement l'hérésie arienne?

(1) Voyez plus haut, question LI. — (2) Voyez plus haut, question LXIII. — (3) Voyez plus haut, question LXXIV. — (4) Voyez plus haut, question LXXX. — (5) Voyez plus haut, question XLIII.

Tale est hoc, quale illud beati Joannis Baptistæ mittentis discipulos suos ad Jesum, et dicentis : « Ite ditte, Joannes Baptista misit nos ad te, dicens : Tu es qui venturus es, an alium expectamus? » (*Matth.*, XI; *Luc.*, VII.) Sub sua persona, discipulorum suorum agit causam. Nec enim Joannes dubitabat, qui dixerat : « Ecce agnus Dei, ecce qui tollit peccata mundi : » (*Joan.*, I) sed ut discipulis suis satisfaceret, mittit illos suis verbis, ut Salvatoris ore firmaret, quod ipse de illo docebat, ut post excessum suum sine dubitatione aliqua discipuli sui Christum sequerentur. Ita et Salvator in se Mariam arguit, dicens : « Nondum ascendi ad Patrem : » id est, adhuc cor tuum humi pressum est, quæ si non vides, non credis. Si enim ad Deum cor elevasset, resurrexisse Dominum cum discipulis credidisset.

QUÆSTIO XXXVIII. — Quomodo intelligitur, quod dicente Maria ad Angelum : Et unde hoc sciam, quia virum non cognovi, respondit Gabriel Angelus, Spiritus sanctus superveniet in te, et virtus Altissimi obumbrabit tibi.

Ambigenti Mariæ de conceptu, possibilitatem Angelus prædicat dicens, etc.

QUÆSTIO XXXIX. — Qua ratione Magi Chaldæi per stellam apparentem Christum regem Judæorum natum intellexerunt; cum stella indice temporalis rex designetur.

Hi Magi Chaldæi non malevolentia astrorum cursum, sed rerum curiositate speculabantur, etc.

QUÆSTIO XL. — Quid sibi vult ut Isaias propheta de Christo dicat : Qui peccatum non fecit : contra autem Apostolus : Qui peccatum, inquit, nesciebat, peccatum pro nobis fecit.

Quantum ad propositum pertinet, non solum verba discrepant, sed et personæ diversæ sunt, etc.

QUÆSTIO XLI. — Certe qui Filius Dei non est, diaboli est : semper ergo filius est, sed aliquando Dei, aliquando diaboli. Quid ergo nascimur requirendum est, utrum Filii Dei, an diaboli, an aliud tertium, si possit admitti.

Dominus cum filii Israel sæpe delinquerent educti de Ægypto, iratus, nullum illorum terram promissionis intrare permisit, etc.

QUÆSTIO XLII. — Quærendum an Spiritum sanctum habuerint Apostoli tempore illo, quo fuerunt cum Domino, etc.

In his omnibus quæ proposita sunt, non una est causa. Breviter enim singularum causarum significatæ sunt formæ, etc.

QUÆSTIO XLIII. — Qua ratione responderi possit Arianæ impietati simpliciter ex Lege.

Si l'on ajoute foi à la raison, la raison même des noms du Père et du Fils, démontre l'unité, etc. (1).

QUESTION XLIV. — Nous confessons que le Sauveur est né, comment donc l'Apôtre a-t-il pu dire qu'il a été fait de la race de David (*Rom.*, I), puisqu'il y a une grande différence entre naître et être fait ?

L'expression être fait, peut être entendue ici dans le sens de naître. Il y a sans doute une différence entre ce qui est fait et ce qui est engendré, mais dans les autres matières où il n'est pas question de la chair et du corps. Cependant ce n'est pas sans raison que l'Apôtre s'est servi de cette expression qu'il emploie encore dans un autre endroit : « Il a été fait ou formé d'une femme, nous dit-il. » (*Gal.*, IV.) Elle a donc ici une signification particulière. L'Apôtre l'a employée à dessein parce que la chair du Seigneur n'a pas été produite, ni son corps formé d'un principe venant de l'homme, mais par l'opération et la vertu du Saint-Esprit. Il y a en effet une grande différence entre la formation du sang, la génération due à l'union des deux sexes et la conception qui est l'effet d'une puissance surnaturelle. Voilà pourquoi l'Apôtre dit qu'il a été fait plutôt qu'engendré.

QUESTION XLV. — Si Jésus-Christ a été fait Fils de Dieu de la race de David selon la chair, c'est-à-dire s'il est Fils de Dieu dans ses deux natures, aussitôt sa naissance, parce qu'il a été sanctifié dans sa naissance, comment Dieu lui a-t-il dit après son baptême : « Vous êtes mon Fils, je vous ai engendré aujourd'hui. »

Jésus-Christ est le Fils de Dieu selon l'esprit de toute éternité ; mais selon la chair et comme descendant de la race de David il est Fils de Dieu par sa naissance, etc. (2).

QUESTION XLVI. — L'Apôtre appelle la loi donnée par Moïse, une loi sainte et juste, une loi bonne et spirituelle. (*Rom.*, VII.) Ailleurs il dit : La loi produit la colère, et où il n'y a pas de loi, il n'y a point de transgression. En effet, l'absence de la loi et de la transgression est une cause de sécurité.

En comparant attentivement ces deux passages, vous auriez pu résoudre vous-même cette question, car c'est le propre des esprits critiques de soulever des difficultés en se plaignant de rencontrer des antilogies, des contradictions dans les paroles d'un auteur qui n'en offrent point la moindre trace. L'Apôtre appelle la loi une loi sainte et juste, bonne et spirituelle ; pour établir la foi il suffirait du témoignage de cet homme si digne de tout éloge, et s'appuyant partout sur la vérité ; et il ne resterait plus qu'à examiner sans opiniâtreté et sans prévention ce qui paraît contradictoire dans ses paroles. Mais non, la question qu'on soulève voudrait arriver à l'impunité du péché. Il faut donc se rappeler que l'Apôtre se propose d'établir la supériorité de la loi de la foi sous le règne de la grâce dans son Epître aux Romains qui sous le couvert de la foi de Jésus-Christ s'étaient laissé assujettir à la loi. Cette loi n'est point la loi naturelle, car les Romains étaient soumis à cette loi que dix hommes envoyés d'Athènes, et deux autres après leur avaient apportée ; cette loi fut écrite sur deux tables qui furent ensevelies sous les ruines du Capitole. Saint Paul veut donc parler ici de la loi qu'on appelle la loi des faits, qui commande la circoncision, l'observation du sabbat et des néoménies,

---

(1) Voyez plus haut, question XCVI. — (2) Voyez plus haut, question LIV.

Si rationi fides accommodetur, ipsa nominum ratio Patris et Filii ostendet unitatem, etc.

QUÆSTIO XLIV. — (1) Cum Salvatorem natum profiteamur, quid est ut Apostolus factum eum dicat ex semine David (*Rom.*, I) : cum aliud sit fieri, aliud nasci ?

Quanquam hoc loco possit factura nativitatis intelligi. Factura enim a generatione distat quidem : sed in aliis causis non ubi carnis et corporis vertitur ratio. Apostolus tamen non sine causa taliter verbis locutus est; quia et in alio loco : « Factum, inquit, ex muliere. » (*Gal.*, IV.) Aliquid ergo significavit hoc dicto. Quoniam enim non humano semine concreta caro Domini est in utero Virginis, et corpus effecta, sed effectu et virtute sancti Spiritus, ideo sic locutus est Apostolus. Aliud est enim semine admixto sanguinem coagulare, et generare, et aliud non permixtione, sed virtute procreare. Ideo factum (*a*) potius dixit quam genitum.

QUÆSTIO XLV. — Si ex semine David Christus Dei factus est filius secundum carnem, hoc est natus jam Filius Dei est in utroque, quia sanctificatus natus est : quomodo ergo postquam baptizatus est, dictum ei a Deo est : Tu es filius meus, ego hodie genui te ?

Christus Filius Dei secundum spiritum ex æterno est, juxta carnem autem Dei Filius ex semine David est ex nativitate, etc.

QUÆSTIO XLVI. — (2) Apostolus Legem datam a Moyse, et sanctam et justam, et bonam, et spiritalem appellat. (*Rom.*, VII.) Alibi dicit : Lex enim iram operatur : et ubi non est Lex, nec prævaricatio. (*Rom.*, IV.) Sine enim his esse, securitas est.

Ipse dicta conferens, satis tibi debueras facere. Nam sic solent dubii facere quæstiones, ut unius dicta, quæ fas non est reprehendere, pugnantia et inimica quærantur. Si enim Apostolus Legem sanctam et justam et bonam et spiritalem vocat, vir omni laude præcipuus, et undique veritate munitus ; sufficeret hoc ad fidem, et de hoc quod videtur in verbis contrarium, sine obstinatione et invidentia quærendum erat. Propositio enim hæc impunitatem peccandi vult. Nam Apostolus utique cum legem fidei pro temporis merito et gratia præferret apud Romanos, qui sub fide Christi in Legem fuerant inducti. In legem dico, non eam quæ naturalis est : nam utique in legem erant Romani, quam de Athenis decemviri missi, et post alii duo attulerunt, quæ in duabus tabulis scripta est, quæ in Capitolio obrutæ sunt ; sed eam quæ factorum appellatur, ut circumciderentur, sabbatum observarent et neomenias, discernerent escas, circa mundana

---

(1) Deest in Mss. † generis. — (2) Deest in Mss. † generis.

(*a*) Ms. Germ. *factum dixit, quia ingenitum*.

la distinction des aliments, la purification scrupuleuse des vases, et les autres observances prescrites par la loi : c'est de cette loi qu'il dit qu'elle produit la colère, car Dieu irrité contre son peuple ajouta ces prescriptions pour être comme un pesant fardeau à l'infidélité des Juifs ; en effet il était presque impossible de ne pas transgresser quelqu'une de ces lois si multipliées, c'est ce qui faisait dire à l'apôtre saint Pierre : « Pourquoi vouloir imposer à nos frères, un joug que ni nos pères, ni nous n'avons pu porter ? » (*Act.*, xv.) Dieu dit aussi par son prophète Jérémie : « Je leur ai donné des préceptes imparfaits. » (*Ezech.*, xx.) Après leurs offenses multipliées, leurs murmures multipliés contre Dieu qu'ils ne cessaient de tenter et leurs outrages envers Moïse, il leur imposa ces préceptes dont l'observation devait peser sur leur tête si dure ; car de quelque côté qu'ils pussent se tourner, ils rencontraient la loi qui ne leur laissait pas le moindre repos. Or, pour les délivrer de cette loi, l'Apôtre leur dit : « Là, où il n'y a point de loi, il n'y a pas de prévarication, » afin qu'ils puissent en toute sécurité servir Dieu spirituellement par une voie plus courte. En voulant observer la loi des Juifs, leur dit-il, il est nécessaire que vous en deveniez les prévaricateurs, car les préceptes en sont si nombreux et si difficiles, qu'il est impossible de les accomplir. L'Apôtre ne s'exprimerait pas de la sorte en parlant de la loi naturelle, car Moïse n'a écrit que pour confirmer l'autorité de cette loi, non qu'elle n'existât point auparavant, puisque nous voyons qu'avant Moïse la transgression en fut punie, l'Apôtre voulait donc enseigner aux Romains qu'ils ne devaient plus vivre sous la loi, parce que leur intérêt leur faisait un devoir de pratiquer la loi. En effet, il n'y avait point pour eux d'autre moyen d'observer la justice ; c'est ce que l'Apôtre leur dit dans un autre endroit : « Voulez-vous n'avoir point à craindre la puissance ? Faites le bien ; » et encore : « Ceux qui résistent, attirent sur eux la damnation. » (*Rom.*, xiii.) Il appelle donc spirituelle cette loi dont il a montré la sainteté, la justice et la bonté. C'est cette loi que nous appelons naturelle qui défend le péché, et qui nous est donnée pour guide dans la voie du bien. La loi de la foi qui vient s'ajouter à cette loi rend l'homme parfait. Comme le nom de loi est un nom générique, l'Apôtre paraît ici parler contre la loi. Mais pour bien établir qu'il ne veut pas détruire cette loi qui imprime à notre vie la direction qui lui est nécessaire il dit : « Nous savons que la loi est spirituelle. » Il fait voir ainsi que la loi qu'il combat c'est la loi du sabbat, de la circoncision, des aliments et des néoménies. La première est appelée spirituelle, parce qu'elle punit tous les péchés.

Question XLVII. — Pourquoi la sagesse de la chair est-elle ennemie de Dieu, ou quelle est cette sagesse qui n'est point soumise à la loi de Dieu ? (*Rom.*, viii.)

Cette question, quant à la signification, ne diffère point de la précédente où nous avons expliqué ce que saint Paul entend par la chair ; nous pouvons donc connaître plus facilement quelle est la sagesse de la chair. Nous avons dit qu'on donnait le nom de chair à tous les éléments, c'est à tous les êtres visibles qui ont pour principe que rien ne peut se faire sans un mélange des substances simples et qui ont en horreur et traitent de folie la raison et l'ac-

(1) L'auteur veut parler de la question qui est maintenant plus bas la LXIᵉ.

vasa essent solliciti, et cætera quæ continentur in Lege hujusmodi. Hanc ergo Legem dicit iram operari : propterea enim irato Deo addita sunt hæc, ut oneri essent perfidiæ Judæorum. De tantis enim necesse est ut aliquid prætereat. Unde Apostolus Petrus : « Quid inquit, imponitis jugum super cervicem fratrum, quod neque patres nostri, neque nos potuimus portare ? » (*Act.*, xv.) Denique dicit Deus per Jeremiam prophetam : « Dedi illis præcepta non bona. » (*Ezech.*, xx.) Post enim offensiones multas et tentationes in Deum et contumelias factas Moysi et detractiones de Deo, hæc data sunt, quæ observarent, ut premeretur dura cervix eorum ; et quocumque se converterent, Legem haberent, ut nullum eis esset refrigerium. Ut ergo ab hac illos Lege tolleret Apostolus : « Ubi, ait, non est Lex, nec prævaricatio : » ut securi per compendium possint Deo servire spiritaliter. Quia, inquit, Legem Judæorum servantes, necesse est ut prævaricetis. Tanta enim sunt præcepta, quæ impleri impossibile est. Nam quomodo de ista Lege diceret, quæ naturalis est ? Nam Moyses ideo scripsit, ut auctoritatem illius firmaret, non quia ante non erat, cum legamus vindicatam esse ante Moysen ; sed ut exponeret Romanis non debere vivere jam sub Lege, quos sub Lege agere expediebat. Nec aliter enim possent servare justitiam. Denique dicit ad eos : « Vis non timere potestatem ? bonum fac, » et : Qui contemnunt, ipsi sibi damnationem acquirunt. » (*Rom.*, xiii.) Spiritalem ergo hanc Legem dicit, quam et sanctam, et justam, et bonam ostendit. Hæc est quam naturalem diximus, quæ prohibet peccare ; dux est enim bonæ vitæ. Huic addita Lex fidei perfectum hominem facit. Nam quia communi nomine nuncupatur Lex dicitur, contra Legem loqui videtur Apostolus. Sed ne hanc ex inanire videretur, sine qua vita hæc gubernari non potest, dicit : « Scimus quia Lex spiritalis est : » ut illam quam exinaniit, Lex sabbati et circumcisionis et escarum et neomeniarum scieretur. Illa enim idcirco spiritalis dicitur, quia omnia (*a*) punit peccata.

Quæstio XLVII. — (1) Qua ratione sapientia carnis inimica est Deo ; vel quæ est ipsa sapientia, quæ Legi Dei non est subjecta ? (*Rom.*, viii.)

Non discrepat sensu quæstio hæc a superiore. Nam carnem dicendo, quid significet declaratum est, unde quæ sit ejus sapientia, facile possit dignosci. Diximus ergo elementa omnia carnem appellari, id est visibilium substantias : quorum ratio talis est, ut nihil æstiment posse fieri sine commixtione spiritali et simplici, potentiæ rationem horrentes ac fatuam judicantes. Hi enim qui de spiritalibus diffidentes, carnalia sequuntur, nihil

(1) Deest in Mss. 1 generis.
(*a*) Mss. Germ. *deponit*.

tion de la puissance. En effet, ceux qui ne croient point aux choses spirituelles et suivent les inspirations de la chair, n'estiment et n'admettent comme vrai que ce que renferme la nature des éléments. Ainsi ils refusent de croire à l'enfantement virginal, à la résurrection de la chair, parce que la nature de la chair, c'est-à-dire des éléments n'admet point de tels phénomènes. En effet, tous les êtres qui sont engendrés dans le temps ne le sont que par l'effet du mélange de substances différentes, et les corps une fois morts et tombés en dissolution ne peuvent être rendus à la vie, parce que chaque élément en vertu de la dissolution, reprend sa nature propre. Enflés de ces vains préjugés, ils nient donc ouvertement ce que nous croyons s'être déjà fait, ou devoir se faire, et par là même leurs affirmations sont ennemies de Dieu, parce qu'ils traitent de folie et de mensonge ce que Dieu a fait et promis de faire.

QUESTION XLVIII. — L'Apôtre dit des princes et des puissances de ce siècle que s'ils eussent connu le Seigneur de la gloire, ils ne l'auraient jamais crucifié. (I *Cor.*, II, 8.) L'évangéliste saint Marc dit au contraire en parlant des démons : « Ils savaient que c'était lui. Si les démons le connaissaient, comment les puissances pouvaient-elles l'ignorer? »

Il en est qui pensent que l'Apôtre par ces princes et ces puissances du siècle, a voulu désigner les chefs et les princes des Juifs; etc. (1).

QUESTION XLIX. — Quel est cet esprit dont l'Apôtre affirme et désire le salut lorsqu'il dit : « Je l'ai livré à Satan pour la mort de la chair, afin que son esprit soit sauvé, etc. » (I *Cor.*, V, 5.)

La mort de la chair a lieu, lorsqu'on se livre aux voluptés et aux désirs de la chair, et qu'on se rend ainsi digne de l'enfer, car on achète ainsi la mort au prix des œuvres de la chair. Par ces œuvres l'homme devient tout charnel; car de même qu'en vivant selon la loi il devient tout spirituel jusque-là que sa chair participe à la spiritualité et prend le nom de l'âme; ainsi en vivant selon les désirs du monde et les voluptés coupables, il devient tout entier charnel dans tout son être et tend tout entier vers la mort de la chair. Et pour expliquer plus clairement encore cette vérité, de même que la chair qui est fragile, corruptible et mortelle, en perdant l'âme perd toute sa beauté, toute sa forme et meurt, car mourir pour elle c'est perdre ce qui donnait la vie à tous ses membres; ainsi l'âme perd toute sa beauté et toute sa forme au contact de ce corps dont la vigueur a fait mépriser l'âme unie à la chair et l'a plongée dans toutes les souillures du vice. Loin donc que l'âme puisse être d'aucune utilité à la chair, la chair devient pour l'âme une cause de mort, parce que l'âme que Dieu avait donnée pour reine à la chair n'a point gouverné le corps spirituellement, mais lui a enseigné à faire les œuvres de la chair. Lors donc que l'Église rejette un tel homme de son sein, elle conserve l'esprit, c'est-à-dire l'Esprit saint qui est le protecteur de l'Église, car s'ils avaient souffert au milieu d'eux cet homme qui avait osé souiller l'épouse de son père, parce qu'ils auraient eu le dessein de s'armer contre lui de la loi pour préserver les autres de son contact, et que ce crime force l'Esprit saint de se retirer de l'Église, on ne peut plus dire que l'Église ait conservé l'Esprit. En effet, on ne conserve point ce qu'on perd, et lorsqu'au jour du Seigneur,

(1) Voyez plus haut, question LXVI.

aliud sapiunt ac putant verum, quam ratio continet elementorum : ut neque virginem peperisse, neque carnis credant resurrectionem ; quia hoc ratio carnis, id est elementorum, non recipit. Omnia enim quæ gignuntur in tempore, permixtione operante generantur : et emortua et resoluta corpora non posse rursus reddi ad vitam, quia unumquodque elementum permixtione discreta revertitur in propriam naturam. His modis inflati, negant futurum vel factum quod credimus : ac per hoc asseveratio illorum inimica est Deo, dum stultum et inane putat quod fecit et facturum se promisit Deus.

QUÆSTIO XLVIII. — Apostolus dicit de principibus et potestatibus hujus sæculi, quod si cognovissent, nunquam Dominum majestatis crucifixissent. (I *Cor.*, II, 8.) E contra Marcus Evangelista de dæmonibus ait : Sciebant enim ipsum esse. Si dæmones sciebant, quomodo potestates ignorabant?

Quibusdam videtur principes et potestates hujus sæculi Judæorum majores et principes dixisse, etc.

QUÆSTIO XLIX. — (1) Quem spiritum Apostolus salvandum asserit, cum dicit : Tradidi hujusmodi hominem satanæ in interitum carnis, etc. (I *Cor.*, V, 5.)

Interitus carnis est, cum quis voluptatibus et desideriis carnalibus deditus, gehennam sibi procurat : interitum enim ex opere carnis acquirit. Ex his enim totus fit carnalis, quia sicut secundum Legem vivens totus homo spiritalis efficitur, ut etiam caro hoc dicatur quod anima : ita si secundum desiderium mundi et voluptates libidini vivat, totus homo fit caro, proficiens in interitum carnis; id est, ut sicut caro, propterea quod fluxa et corruptibilis et mortalis est, amissa anima deformatur carens figura, defluit in interitum; interit enim cum vigorem omnium membrorum amittit : sic et anima de tali corpore deformata est, cujus vigore despecta erat in pœna cum carne, in qua se vitiis maculavit. Ut nullus profectus sit carni per animam; sed interitum habeat anima per carnem; quia non corpus gubernavit spiritaliter, cum regina data sit carni, sed ipsa (a) docet opera carnalia. Talem igitur hominem cum Ecclesia abjecit, spiritum habet salvum, sanctum scilicet, qui Ecclesiæ curator est : quia si passi fuerint talem inter se habere qui uxorem patris polluit libidine, ut Lege eum possint compellere, ne contaminet omnes, et Spiritus sanctus recedat ab Ecclesia propter pollutum; non habebit salvum spiritum Ecclesia. Quod enim amittitur, non est salvum, et in die Domini nudi ab spiritu inventi, inter filios Dei computari non poterunt. « Spiritus etenim testimonium perhibet quod sumus filii Dei. » Hæc Apostolus ad plebem

(1) Deest in Mss. 1 generis.
(a) Editi *ducit*. At Ms. German. *docet*.

ils paraîtront dépouillés de l'Esprit, ils ne pourront être admis au nombre des enfants de Dieu, car c'est l'Esprit qui nous rend témoignage que nous sommes les enfants de Dieu. L'Apôtre s'adresse ici au peuple, parce toutes les Eglises n'avaient pas encore d'évêques. Il commande donc aux fidèles de faire ce que ferait l'évêque s'il était à leur tête, c'est-à-dire de s'unir tous pour le rejeter du sein de l'Eglise et ne point paraître complices de son crime. Celui en effet qui ne reprend pas un coupable, quand il le peut, mais qui l'accueille comme s'il était innocent, augmente pour lui la facilité de pécher, et par là même souille son âme et met en fuite l'Esprit saint. Saint Paul écrivant aux Thessaloniciens leur dit dans le même sens : « Que votre esprit, que votre âme et votre corps soient conservés intacts et sans tache pour l'avènement de Notre-Seigneur. » (1 *Thess.*, v, 23.) C'est le même sens, car être conservé sauf et être intact signifient une seule et même chose. Ainsi le roi dit à Daniel : « Les sceaux sont-ils saufs, » (*Dan.*, XIV, 16) Daniel lui répond : Oui, roi, ils sont saufs, c'est-à-dire intacts. Ainsi donc l'Esprit est intact pour nous, lorsqu'il ne nous abandonne point. Ceux que l'Esprit saint abandonne, ne sont plus intacts pour l'œuvre de la régénération, parce qu'ils n'ont plus en eux celui qui leur donnait d'être appelés les enfants de Dieu. Or, il n'y a point de contradiction à dire que l'Esprit saint nous abandonne lorsque nous péchons, et qu'il n'est plus intact ou entier. Il n'est plus intact parce que nous sommes abandonnés par celui qui était notre guide et notre maître, car s'il est notre chef nous sommes ses membres. Or, lorsque nous faisons une action qui lui déplaît, ce n'est pas lui qui nous abandonne, c'est nous qui l'abandonnons, et alors il paraît n'être plus intact et entier en nous perdant. C'est une vérité évidente que ce n'est pas lui qui s'éloigne de nous, mais nous qui nous éloignons de lui lorsque nous péchons. L'Apôtre dans son Epître aux Colossiens leur dit : « Dont tout le corps soutenu par ses liens et par ses jointures, s'entretient et s'accroît pour l'augmentation du Seigneur Dieu(1). » (*Coloss.*, II, 19.) Ces paroles, si nous les entendons dans leur sens littéral, ne paraissent pas admissibles ; car il n'y a en Dieu aucun vide que nous soyons appelés à combler. Mais lorsque nous revenons à l'auteur de notre vie, et que nous confessons qu'il est notre Dieu il semble nous acquérir pour le salut, et sa divinité prendre en nous de l'accroissement dans notre âme, tandis qu'elle subit une véritable diminution dans ceux qui s'éloignent de lui. Ainsi n'être plus entier et subir une diminution sont donc deux expressions synonymes.

QUESTION L. — Il est un grand nombre de péchés dont le corps est l'objet, car tout homme qui commet un acte de violence sur une partie quelconque de son corps, pèche contre son corps. Ainsi celui-ci se mutile, celui-là se pend, cet autre se plonge un poignard dans le sein. Pourquoi donc l'Apôtre dit-il : « Tout péché que commet l'homme est en dehors de son corps, mais celui qui se livre à la fornication pèche contre son corps ? » (1 *Cor.*, VI, 8.)

Voulez-vous accuser l'Apôtre d'ignorance, ou désirez-vous simplement l'explication de ces paroles ? Saint Paul sous le nom de corps, comprend non-seulement l'homme mais la femme, parce que la femme est une partie de l'homme. Or, tous ces

---

(1) Nous sommes obligé de traduire ce texte comme le précédent en lui donnant un sens différent du sens le plus naturel et véritable, à cause même du raisonnement auquel il sert de base.

---

loquitur, quia adhuc episcopi Ecclesiis non erant locis omnibus ordinati. Ideo plebem jubet hoc facere quod facturus esset si illic creatus fuisset episcopus, ut conspirantes in unum, ejicerent illum de cœtu suo, ne consentire viderentur operibus ejus. Quia qui non arguit eum quem potest, sed recipit quasi non errantem, delinquendi illi fomitem præstat, qua causa contaminatur et ipse fugans a se Spiritum sanctum. Ad Thessalonicenses namque simili modo inter cætera dicit : « Integer spiritus vester, et anima, et corpus sine querela in adventu Domini nostri servetur. » (1 *Thess.*, v, 23.) Ipse idem sensus est : hoc est enim salvum esse, quod integrum. Nam dicit rex ad Danielem : « Salva ne sunt signa Daniel. » Et ille respondit : « Salva, rex » ; (*Dan.*, XIV, 16) id est, integra : ut nobis sit integer spiritus, cum non nos deserit. Quos enim spiritus deserit, jam non erant integri in causa regenerationis ; qui non habent eum, per quem filii Dei vocabantur. Nec hoc est contrarium, si Spiritum sanctum dicamus, nobis peccantibus nos deserere, et integrum non esse. Ideo enim integer non est, quia nos deserit qui dux ei rector noster erat, quia si caput nostrum est, et nos membra ejus. Cum autem adversum aliquid facimus, non ille nos, sed nos illum videmur deserere : et tunc ille videtur integer non esse, cum nos amittit. Hoc enim verum ac manifestum est, quia non ille se a nobis avertit, sed nos ab illo cum peccamus. Et ad Colossenses inter cætera ait : « Ex quo omne corpus subministratum et productum crescit in incrementum Domini. » (*Coloss.*, II, 19.) Quod juxta sonum verborum si accipiamus, non convenit. Nec enim Deus aliquid debebat, ut crementum faciat per nos : Sed nos dum revertimur ad auctorem vitæ nostræ, et confitemur illum, acquirimus nos ad salutem, crementum facit in nobis divinitas : ideo in eis qui ab eo recedunt, detrimentum est. Hoc est ergo integrum non esse, quod est et detrimentum facere.

QUÆSTIO L. — (1) Cum multa peccata in corpus admitti videantur : omnis enim qui sibi ex quacumque parte corporis vim intulerit, in corpus utique suum peccat : est enim qui se abscidit, est qui laqueo vitam finivit, est qui ferrum in se injecit : quare Apostolus : Omne, inquit, peccatum quodcumque fecerit homo, extra corpus est ; qui autem fornicatur, in corpus suum peccat ? (1 *Cor.*, VI, 18.)

Imperitum putas fuisse Apostolum, aut vim dicti explanari desideras ? Nam Apostolus corpus dicens, non singularem hominem significavit, sed simul comprehendit et feminam ; quia portio viri est mulier. Nam omnia supra dicta facinora, quæ violenter in se unusquisque admittit,

---

(1) Deest in Mss. 1 generis.

crimes dont il est parlé plus haut, c'est-à-dire ces actes de violence auxquels on se porte contre soi-même, ne souillent pas le corps tout entier, car l'homme y pèche seul, et par là même devient seul coupable. Dans la fornication, au contraire, la souillure s'étend au corps tout entier, parce que le consentement au crime est à la fois le fait de l'homme et de la femme, voilà pourquoi la fornication est un crime si grave, car c'est pousser le péché jusqu'à l'excès, que de chercher un complice de son crime. Si l'homme vertueux reçoit la récompense due à celui qu'il a gagné au bien, et si l'homme vicieux n'est pas seulement puni pour lui-même, mais pour celui qu'il associe à sa condamnation, combien plus celui qui commet la fornication, et qui par un seul péché imprime sur lui-même, pour ainsi dire, une double souillure? En effet, dès qu'il pèche contre la chair qui vient de lui, il se déshonore par un double adultère. Veut-on donner une autre explication de cette question, en appliquant ces paroles soit à l'Eglise, soit au corps de Jésus-Christ, cette interprétation ne peut être admise. C'est détourner violemment le sens de ces paroles et ressembler à Novatien qui, pour défendre ses extravagances, prétend que celui qui commet la fornication, ne pèche pas contre son corps, mais contre le corps de Jésus-Christ, parce que les chrétiens sont les membres et le corps de Jésus-Christ, c'est-à-dire que la fornication est la même chose que le sacrilége, et que celui qui s'en rend coupable pèche contre Jésus-Christ comme celui qui nie Jésus-Christ. Or, rien de plus faible et de plus fragile que cette interprétation, de quelque côté qu'elle se tourne, elle tombe dans des difficultés qu'il lui est impossible d'éviter. En effet, si le fornicateur pèche contre le corps de Jésus-Christ, les autres péchés ne seront plus des offenses contre Jésus-Christ, par exemple, le crime d'un chrétien qui tue son frère, sacrifie aux idoles, ou se rend coupable de quelqu'autre péché, parce que tout péché est en dehors du corps, excepté la fornication. Si, au contraire, tout péché n'est pas en dehors du corps, mais que tous sans exception, soient autant d'offenses directes contre Jésus-Christ, il faudra dire que le voleur, le parjure, le menteur, celui qui frappe son frère, ou commet quelqu'autre crime semblable, pèche contre Jésus-Christ ou contre l'Esprit saint, ce qui est souverainement absurde, et cependant l'Apôtre appelle les membres de l'Eglise le corps de Jésus-Christ, et nous sommes les membres les uns des autres. Comment donc le fornicateur pèche-t-il contre son corps, et non point plutôt contre le corps de Jésus-Christ? Parce que c'est d'après le mystère de la formation de l'Eglise, que nous sommes appelés non point notre corps, mais le corps de Jésus-Christ. Cette explication est d'ailleurs éloignée de la question que nous traitons, car le fornicateur pèche contre son corps, parce qu'Adam tout entier se trouve souillé par ce péché.

QUESTION LI. — Pourquoi l'Apôtre dit-il qu'il s'est fait tout à tous, ce qui paraît être le fait d'un flatteur et d'un hypocrite? (I Cor., IX.)

Le flatteur donne son approbation pour ne point contrarier celui qu'il désire se rendre favorable. Celui qui pour éviter le scandale fait une chose qui n'a aucun danger, il est vrai, mais qui est aussi sans utilité, désire le salut de celui à qui il veut épargner le scandale. Lorsque l'apôtre saint Paul circoncit son disciple Timothée à cause des Juifs, et

---

non totum maculant corpus, singularis enim peccat, ac per hoc solus fit reus. In fornicatione autem totum polluitur corpus; quia consensus contaminationis et virum tenet et feminam : ideo grave delictum esse fornicationem. Pessime enim peccatur, cum quis facinori suo socium quærit ad perditionem. Si enim ut bene vivens etiam pro eo præmium accipiet, quem lucrum fecit; et malus non tantum in se, sed et in illo fit reus, quem participem voluit habere damnationis; quanto magis qui fornicatur, quem constat uno delicto seipsum bis quodammodo contaminare? Si enim in carnem, quæ ex se est peccat, bis utique seipsum adulterat. Si quis autem quæstionem hanc transfigurare se putat, ut aut ad Ecclesiam, aut ad corpus Christi dictum hoc aptet, non stabit. Improprie enim dicetur, et Novatiano erit similis, qui ut causam furoris sui astruat, pronuntiat eum qui fornicatur, non in corpus suum peccare, sed in Christi, quia Christiani membra et corpus Christi sunt; ut fornicatio hoc sit quod sacrilegium; ut talis in Christum dicatur peccare, sicut qui negat Christum. Quod quidem infirmum est et fragile : quia ex quavis parte hæret in laqueum, et non evadit. Si enim qui fornicatur, in corpus Christi peccat, cætera peccata non erunt in Christum admissa : ut si Christianus fratrem occidat, aut sacrificet idolis, vel aliud genus peccati admittat; quia omne peccatum extra corpus est, excepta fornicatione. Si autem omne peccatum non est extra corpus, sed quodcumque fuerit, in Christum admittitur, qui furatur, aut qui perjurat, et qui mentitur, aut qui percutit fratrem, aut aliud tale admittit, in Christum vel in Spiritum sanctum dicitur peccare, quod valde absurdum est : et tamen Apostolus Ecclesiæ (a) membra corpus Christi appellat, ita ut nos invicem simus membra. Quomodo ergo qui fornicatur, in suum corpus peccat, et non magis in Christi? quia secundum Ecclesiæ mysterium non nostrum corpus dicimur, sed Christi; et hoc longe a causa est, quia qui fornicatur, ideo in corpus suum peccat, quoniam totus Adam contaminatur.

QUÆSTIO LI. — (1) Cur Apostolus omnibus omnia se factum dixit: quod factum adulatoris videtur et hypocritæ? (I Cor., IX.)

Adulator ille est, qui ideo dat consensum, ne offendat eum, quem optat habere propitium. Qui enim propter scandalum aliquid facit, quod non quidem periculosum, sed superfluum sit, saluti studet illius, quem scandalum pati non vult. Cum Paulus Apostolus circumcidit Timotheum propter Judæos, et purificatus intravit in templum, talem se utique præstitit, ne illi qui æmuli erant traditionis paternæ scandalum passi aut occiderent illum, aut

(1) Deest in Mss. 4 generis.
(a) Ms. Germ. Ecclesiam membra et corpus Christi.

se purifia avant d'entrer dans le temple, il agit de la sorte pour ne point scandaliser ceux qui défendaient avec un zèle outré les traditions de leurs pères, et qui auraient pu le mettre à mort ou regarder notre religion comme leur étant directement opposée. Il consentit donc à se soumettre à une observance de moindre importance pour gagner davantage. Il eût pu s'exposer à une faute grave en n'allant pas comme juif dans le temple pour prier; il se soumit donc dans leur intérêt à cette prescription. Il se prêta également à la manière de voir de ceux qui étaient sous la loi, c'est-à-dire des Samaritains, en ce sens qu'ils admettaient que les livres de Moïse venaient de Dieu, et que la circoncision et le sabbat étaient également d'institution divine. C'est au moyen de ces livres qu'il leur prouvait que le Christ qu'ils espéraient était celui qu'il leur prêchait. C'est ce que la Samaritaine fait entendre lorsqu'elle dit au Seigneur : « Je sais que le Messie doit venir, lorsqu'il sera venu, il nous annoncera toutes choses. » (Jean, IV, 25.) C'est d'après ce principe et dans ce sens que l'Apôtre parcourait tous les livres de Moïse qui a dit : « Le Seigneur, votre Dieu, suscitera un prophète du milieu de vos frères. » (Deut., XVIII, 15.) Saint Paul s'est encore fait à ceux qui étaient sous la loi, sous ce rapport qu'ils reconnaissent que le monde et le genre humain ont Dieu pour auteur. C'est pour cela qu'il leur dit : Comme quelques-uns de vos poètes ont dit : Nous sommes les enfants de Dieu même. » (Act., XVII, 28.) C'est ainsi qu'il s'est fait tout à tous dans l'intérêt de leur salut.

QUESTION LII. — Que signifient ces paroles de l'Apôtre : Qu'il ne vous arrive que des tentations qui tiennent à l'humanité? Ne semble-t-il pas désirer pour eux cette tentation? Et quelles sont ces tentations humaines? Il y a donc aussi des tentations divines. Par conséquent, il faut les discerner, et il en fait voir ici la différence.

Pour bien éclaircir une question, il faut remonter au principe. Or, l'Apôtre venait de se plaindre de l'infidélité des Juifs, etc. (1).

QUESTION LIII. — Quel est le sens de ces paroles de l'Apôtre : « Personne ne peut dire Jésus est le Seigneur, sinon par le Saint-Esprit? » (I Cor., XII, 3.) Donc Photin, qui nie la divinité du Christ, peut confesser dans l'Esprit saint que Jésus est le Seigneur; Marcion et Manichée, qui nient l'Incarnation du Christ, pourront dire également que Jésus-Christ est le Seigneur, et ainsi que les femmes de mauvaise vie et les immondes, alors cependant que l'Esprit saint n'habite point dans un corps soumis au péché, et que la sagesse n'entre pas dans une âme qui veut le mal. (Sag., I, 4.)

Ce n'est point d'après les personnes qu'on doit juger de la vérité ou de la fausseté d'une assertion. Tout ce qui est conforme au bien et à la vérité, est dit sans aucun doute par l'Esprit saint. Qu'un homme soit répréhensible sur d'autres points, ce n'est pas une raison pour refuser de le croire lorsqu'il dit la vérité. Ce n'est pas lui alors qu'on refuse de croire, c'est Notre-Seigneur Jésus-Christ que l'on contredit. En soutenant qu'il ne dit pas la vérité, c'est à Jésus-Christ qu'on fait injure. Si, en effet cet homme dit la vérité, et qu'on nie qu'il ait dit par l'Esprit saint cette vérité que Jésus-Christ approuve (car nul homme de bien ne peut condamner celui qui dit de lui ce qui est vrai, et ce n'est point par la

(1) Voyez plus haut, question XCIX.

---

religionem nostram sibi inimicam putarent. Minus ergo admittere voluit, ut plus possit lucrari. Graviter enim potuerat peccare, si non ut Judæum se fecisset in templum ire ad orandum : subjecit ergo se, ut illis prodesset. His autem qui sub Lege erant, id est, Samaritanis, hac ratione consensit, qua constat illos, libros Moysi recte confiteri esse a Deo, et circumcisionem et sabbata a Deo data. Ex his autem ostendebat illis Christum, quem sperabant hunc esse, quem prædicabat. Sic enim habes dicente Samaritide ad Dominum : « Scio quia Messias venit : cum ergo venerit, ille annuntiabit nobis omnia. » (Joan., IV, 25.) Juxta ergo hunc sensum persequebatur verba librorum Moysi, qui dixit : « Quia Prophetam vobis suscitabit Dominus Deus vester de fratribus vestris. » (Deut., XVIII, 15.) His autem qui sine Lege erant, ex hac parte assensit, quia mundum dicunt factum a Deo, et hominum genus. Ait enim : « Sicut quidam ex vobis dixerunt : Hujus etenim genus sumus. » (Act., XVII, 28.) Sic ergo factus est omnibus omnia, ut saluti eorum proficeret.

QUÆSTIO LII. — Quid est quod dicit Apostolus : Tentatio vos non apprehendat nisi humana (I Cor., X) : quasi optet hanc fieri? Et quæ est hæc humana tentatio? Nam per hanc ostendit esse et divinam tentationem. Discernendæ ergo sunt, et quæ sint ostendit.

Omnis quæstio ut dilucidari possit, ad originem revocanda est. Apostolus autem cum de Judæorum perfidia quereretur, etc.

QUÆSTIO LIII. — (1) Quid est quod dicit Apostolus : Nemo potest dicere : Dominus Jesus, nisi in Spiritu sancto? (I Cor., XII, 3.) Ergo Photinus, qui negat Christum Deum, potest Dominum nostrum Jesum Christum in Spiritu sancto fateri? et Marcion et Manichæus, qui negant Christum in carne venisse, hi in Spiritu sancto possunt dicere Dominum Jesum Christum; vel meretrices et spurci : cum Spiritus sanctus non habitet in corpore subdito peccatis, et in malevolam animam non intret sapientia? (Sap., I, 4.)

Veritas non ex persona probatur, vel improbatur. Quidquid enim bene et verum dicitur, sine dubio in Spiritu sancto dicitur. Non ergo si quis in aliis reus est, et in hoc illi præscribi debet, quod verum loquitur. Nec illi tamen præscribitur, sed Christo Domino contradicitur. Qui enim negat istum verum dicere, Christo injuriam facit. Si autem verum dicitur, negeturque quod verum est in Spiritu sancto dici, quod et Christus admittit : (Nemo enim bonorum vera de se dicentem arguit; nec

(1) Deest in Mss. 1 generis.

révélation qu'on apprend ce que la tradition nous enseigne), nul ne peut être condamné en disant la vérité.

QUESTION LIV. — L'Apôtre enseigne que Jésus-Christ est mort pour tous les hommes. « Tous sont donc morts, dit-il, et il est mort pour tous. » (II *Cor.*, v, 14, 15.) Le Sauveur dit au contraire : Le Fils de l'homme est venu donner sa vie pour la Rédemption d'un grand nombre. (*Matth.*, xx, 28.) Il y a donc ici contradiction.

Les paroles sont différentes, il est vrai, mais le sens est le même ; d'autres fois, au contraire, des paroles qui semblent les mêmes ont un sens tout différent, comme celles-ci : « Tout ce qui ne se fait point de bonne foi (*ex fide*) est un péché. » (*Rom.*, xiv, 23) et ces autres : « La loi ne vient pas de la foi, » (*Gal.*, iii, 12) bien que la loi ne soit pas un péché. Ce grand nombre dont parle le Sauveur, ce sont tous les hommes dont parle saint Paul : Ils sont en grand nombre, parce que la plus grande partie de tous les peuples et de toutes les nations devaient croire au Sauveur. C'est ce grand nombre de ceux qui devaient croire que l'Apôtre appelle tous les hommes. « Il est mort pour tous, dit-il, » c'est-à-dire pour ceux qui ont cru et qui doivent croire. Il est mort aussi pour ceux qui ont refusé de croire, mais en refusant la grâce qu'il leur offre, ils ne veulent pas que Jésus-Christ soit mort pour eux, et par là même il semble n'être pas mort pour ceux à qui sa mort a été bien plus nuisible qu'utile. Au contraire, il est mort véritablement pour ceux qui ont remporté la victoire, et qui comprenant le mystère de la Rédemption rendent grâces à Dieu par Notre-Seigneur Jésus-Christ.

QUESTION LV. — Pourquoi l'Apôtre saint Paul reprend-il Pierre son collègue dans l'apostolat de ce que, par crainte des Juifs circoncis, il se séparait des Gentils (*Gal.*, ii, 11, 14), tandis que lui-même, par crainte aussi de ceux qui étaient circoncis, crut devoir circoncire Timothée, contre la défense qu'il faisait lui-même de recevoir la circoncision ? Il est donc ici répréhensible. (*Act.*, xvi, 3.)

Il est tout à fait incroyable qu'un si grand apôtre ait repris dans un autre une faute à laquelle il aurait succombé lui-même. Il n'est pas permis de croire qu'un si grand homme soit tombé dans une contradiction qui n'est propre qu'à ceux qui vivent selon la chair. L'action de l'apôtre saint Paul n'a donc rien de répréhensible. Il enseignait, il est vrai, qu'on ne devait pas se faire circoncire, mais comme il voulait prendre avec lui Timothée qui était né d'une mère juive et d'un père gentil, et que les Juifs étaient scandalisés qu'il s'adjoignit un homme né d'une mère juive sans qu'il fût circoncis, il se soumit pour le moment à cette observance et circoncit Timothée. Il fit donc une chose inutile du consentement de celui qui en fut l'objet. Comme sa mère était juive, et que dès son enfance il s'était appliqué dans la synagogue à l'étude des saintes lettres, c'est-à-dire des livres des Hébreux, il consentit à être circoncis pour ôter toute occasion de scandale aux Juifs qui étaient zélés pour tout ce qui tenait aux priviléges de leur race. « Quant à Tite, qui était gentil, on ne l'obligea point, dit-il, à se faire circoncire. » Mais pour Timothée qui était né d'une mère juive, comme je l'ai dit, les Juifs ne voulurent point souffrir qu'il prît rang parmi les docteurs sans être circoncis. L'Apôtre l'avait pris avec lui pour lui donner la consécration

---

enim ex revelatione ediscitur, quod per traditionem discitur :) nemo verum dicens poterit improbari.

QUÆSTIO LIV. — (1) Apostolus dicit Christum pro omnibus mortuum esse : sic enim ait : Ergo omnes mortui sunt, et pro omnibus mortuus est. (II *Cor.*, v, 14, 15.) Ipse vero Dominus ait : Venit filius hominis dare animam suam redemptionem pro multis. (*Matth.*, xx, 28.) Hoc modo contrarium.

Verba quidem diversa sunt, sed unus est sensus ; quomodo iterum verba eadem diversum habent sensum, ut puta : « Omne quod non est ex fide, peccatum est. » (*Rom.*, xiv, 23.) Et : « Lex, ait, non est ex fide, » (*Gal.*, iii, 12) nec tamen peccatum est. Hos ergo quos multos dixit Salvator, ipsos Apostolus omnes significavit. Multi enim sunt, quia maxima pars ex omni populo et gente creditura est Salvatori. Istos Apostolus credentes omnes nuncupavit. Sic enim inter cætera ait : « Pro omnibus mortuus est, » (II *Cor.*, xv) his utique qui crediderunt et credituri sunt. Est etiam et pro ipsis mortuus, qui credere nolunt : sed dum illi beneficium non recipiunt, nolunt pro se mortuum esse Christum ; ac per hoc non videtur mortuus pro his, quibus nihil profuit, sed magis obfuit. Pro his autem rite mortuus dicitur, quibus acquisita victoria est, qui intelligentes mysterium, Deo gratias referunt, per Christum Dominum nostrum.

QUÆSTIO LV. — (2) Cur apostolus Paulus Petrum coapostolum suum reprehendit, quod timens eos qui erant ex circumcisione, subtrahebat se a gentilibus (*Gal.*, ii, 11 et 14) ; cum et ipse timens eos qui erant ex circumcisione, accipiens circumcidit Timotheum, quod fieri prohibebat ; et ipse ergo reprehendendus est. (*Act.*, xvi, 3.)

Incredibile est tantum Apostolum in eo alterum reprehendisse, in quo se sciret succubuisse. Hoc a tam magno viro factum, non est fas credere ; quia iis competit qui carnaliter vivunt. Caret itaque apostoli Pauli factum reprehensione. Cum enim prædicaret non circumcidi, volens autem Timotheum secum assumere, qui cum esset natus matre Judæa, patre autem Græco, et hoc Judæis esset scandalum, ut ex Judæa natum incircumcisum assumeret, tunc subjectioni se submisit ad horam, et accipiens circumcidit eum. Rem ergo superfluam fecit, permittente eo qui passus est. Quia enim erat ex matre Judæa, eruditus ab infantia in synagoga litteris sacris, id est voluminibus Hebræorum, permisit circumcidi se, ut Judæis scandalum tolleret, qua zelum habebant generis sui. Denique « cum Titus, inquit, esset Græcus, non est compulsus circumcidi. » Timotheum autem, quia de matre Judæa erat, sicut dixi, non sunt passi Judæi assumi inter doctores incircumcisum. Ad hoc illum assumpsit Apostolus, ut eum Episcopum ordinaret, sicut fecit. Eru-

---

(1) Deest in Mss. 1 generis. — (2) Deest in Mss. 1 generis.

épiscopale, ce qu'il fit en effet. Sa science profonde des prophéties lui donnait les moyens de prêcher avec fruit Jésus-Christ. Or, l'apôtre saint Pierre n'eût pas été repris, si suivant la coutume des Juifs, il s'était simplement séparé des Gentils pour ne point scandaliser les Juifs. Or, ce que l'apôtre saint Paul reprend en lui, c'est qu'en présence des Gentils convertis à la foi il mangeait avec eux et comme eux, tandis qu'après l'arrivée des Juifs que saint Jacques avait envoyés il craignit les circoncis, et enseigna que les Gentils convertis à la foi devaient judaïser. C'est le reproche que lui fait saint Paul : « Si vous qui êtes juif, vivez comme les Gentils ; pourquoi contraignez-vous les Gentils de judaïser? » Cette conduite faisait mettre en doute la doctrine évangélique, ce qui était un mal, puisque par là il édifiait d'une main et détruisait de l'autre. C'est ce que saint Paul appelle une dissimulation. Quant à lui, s'il a cru devoir circoncire Timothée, il a fait connaître qu'il se soumettait à une observance inutile pour ne point scandaliser les Juifs, et qu'il leur cédait en cela, parce que Timothée avait une mère juive. En effet, c'était le seul motif des instances que faisaient les Juifs, car il ne pouvaient nullement condamner que des Gentils ne se fissent point circoncire, ni se scandaliser de cette abstention de la part de ceux qui n'étaient point de la race d'Israël. Ce n'est donc point par dissimulation, mais en cédant à la force que saint Paul agit dans cette circonstance. Au contraire, la conduite de Pierre était un acte de dissimulation au premier chef, car un grand nombre se rendirent coupables de cette dissimulation, et plusieurs Juifs, et Barnabé lui-même s'y laissèrent entraîner.

Question LVI. — L'Apôtre dit : « Nous sommes juifs par nature. » D'après lui les Juifs naissent donc des Juifs? Or, ceux qui sont nés dans le désert n'étaient pas des Juifs circoncis. Ce n'est donc pas la circoncision qui fait le juif, mais la naissance qui a lieu sous la religion d'un Dieu créateur. Si donc les Juifs naissent des Juifs, et les païens des païens, les chrétiens doivent naître aussi des chrétiens.

Toute chose qui naît n'a point la même nature que la matière qui lui donne naissance. Ainsi l'or naît de la terre, etc. (1).

Question LVII. — Qu'était-il nécessaire que l'Apôtre, dans les reproches qu'il adresse aux Galates, insérât la réflexion qui suit. Les Galates, après avoir embrassé l'Evangile, étant retournés de nouveau aux observances de la loi, l'Apôtre leur dit : « Un médiateur ne l'est pas d'un seul, et Dieu est seul, » (*Gal.*, III, 20) comme si les Galates niaient l'existence d'un seul Dieu. Ils avaient en effet été ramenés à la loi au nom de cette doctrine qui leur faisaient croire à l'existence d'un et unique Dieu, et regarder le Christ comme un ministre prédestiné de Dieu pour distribuer aux hommes le don de la grâce de Dieu.

Il est certain que les Galates en se laissant entraîner de nouveau dans les observances de la loi, faisaient profession de croire en Jésus-Christ, mais leur foi n'était pas digne de lui, c'était la foi de Photin; puisque la loi, disait-il, enseigne l'existence d'un seul Dieu, il est contraire à la loi de dire que Jésus-Christ est Dieu. C'était là une invention des Juifs, qui vaincus par l'éclat des miracles dont ils

(1) Voyez plus haut, question LXXXI.

---

ditus enim propheticis litteris, ad asserendum Christum idoneus magister inventus est. Apostolus enim Petrus non esset reprehensus, si se (*a*) more Judæorum a gentilibus segregasset, ne illis scandalo esset. Sed hoc reprehensum est in apostolo Petro, quod cum ante Græcis credentibus gentiliter viveret, advenientibus ab Jacobo Judæis, timore subjectus ex gentilibus credentibus judaizare debere docebat. Hinc audit : « Si tu cum sis Judæus gentiliter vivis, quomodo cogis gentes judaizare ? » Dubitari enim fecerat de Evangelica disciplina : quod crimen est, dum quæ ædificaverat, destruebat. Ideo simulationem hanc vocet apostolus Paulus, quem constat si circumcidisset Timotheum, ut non taceret rem se superfluam propter illorum scandalum facere, et ideo se cedere, propter quod matrem haberet Judæam : nec enim Judæi insisterent, nisi inventa occasione matris Judææ, quia hoc minime possent improbare gentilibus, nec habere facile de his scandalum, qui non essent de genere Israel. Non ergo simulatione hoc fecit, sed violentia. Supradicta enim causa simulationem habuit non minimam. Nam multi reprehensi sunt in hac causa, ita ut aliqui Judæorum et Barnabas consentirent huic simulationi.

Quæstio LVI. — Apostolus ait : Nos natura Judæi. De

(1) Deest in Mss. *generis*.
(*a*) Ms. Garm. *timore*.

Judæis ergo Judæos nasci ostendit. Denique in eremo qui nati sunt, non circumcisi Judæi erant. Non ergo circumcisio Judæum facit, sed nativitas sub Dei creatoris devotione progenita. Si ergo de Judæis Judæi nascuntur, et de paganis pagani nascuntur ; etiam de Christianis Christiani nascuntur.

Non omne quod nascitur, hoc est quod unde nascitur. Nam et aurum de terra nascitur, etc.

Quæstio LVII. — (1) Quid opus erat ut Galatas arguens Apostolus hoc interponeret. Galatis enim post Evangelium ad Legem confugientibus inter cætera ait : Mediator autem unius non est, Deus autem unus est (*Gal.*, III, 20) : quasi Galatæ unum Deum negarent. Quippe cum hac ratione inducti in Lege, ut unum Deum et singularem crederent : Christum autem ministrum tantum ex prædestinatione venisse ad dispensandum donum gratiæ Dei.

Manifestum est sic inductos Galatas in Legem fuisse ut et Christum profiterentur, sed non sicut dignum est, sed more Photini ; ut quia unum Deum Lex prædicat, contra Legem sit si Christus Deus dicatur. Hoc commentum Judæorum est, qui magnalibus virtutum victi crediderunt post crucem Christi, ita ut profitentes Christum, Legem tamen servarent, quasi non esset omnis spes in Christo

furent témoins, crurent en Jésus-Christ après sa mort, c'est-à-dire que tout en faisant profession de croire en Jésus-Christ, ils voulaient encore observer la loi, comme si l'on ne devait point placer toute son espérance en Jésus-Christ. Ce sont ces chrétiens que l'Apôtre appelle des faux frères. (*Gal.*, II, 4 ; II *Cor.*, XI, 26.) Ainsi donc après l'enseignement donné par les apôtres, ils avaient corrompu l'esprit des Galates et voulaient en faire des juifs sous le nom du Sauveur. Voilà pourquoi l'Apôtre dit que le Christ est venu pour être l'arbitre de la circoncision et de l'incirconcision : « Pour former en lui-même un seul homme nouveau et mettre la paix entre les deux peuples, » écrit-il aux Éphésiens. (*Ephés.*, II, 15.) Si donc Jésus est venu comme arbitre, et que l'office de l'arbitre consiste à mettre la paix entre les deux parties, et de leur tracer une nouvelle règle en les dépouillant tous deux de leur manière de voir, Notre-Seigneur les réconcilie pour qu'ils s'attachent exclusivement à son sentiment et renoncent ainsi à toutes les causes de leurs anciennes dissensions. D'un côté le juif soutient la circoncision, de l'autre le gentil prétend qu'on ne doit point se faire circoncire, et la dissension règne entre eux. Otez-leur ce principe de discorde, et la paix renaît aussitôt. Or, s'il en est ainsi, dit saint Paul, pourquoi vous, Galates qui vous faites juifs, voulez-vous détruire l'office d'arbitre de Jésus-Christ? Voilà pourquoi il leur dit : « Vous êtes étrangers à Jésus-Christ. » Ils méprisent le principe de réconciliation qu'il avait établi entre les deux peuples, et ils retournent aux anciennes idées des Juifs, se condamnant par là même aussi bien que celui qui les a réconciliés, car tout ce qui déplaît est par là même accusé et condamné. Et comme la raison qui avait ramené les Galates à l'observance de la loi, était qu'ils croyaient en un seul Dieu, mais sans aucun mystère, et qu'ils regardaient comme contraire à la loi de reconnaître la divinité du Christ, l'Apôtre leur dit : « Un médiateur ne l'est pas d'un seul, mais de deux personnes. Pour vous, au contraire, qui retournez à la loi, vous refusez le médiateur ; cependant Dieu est un. » L'Apôtre, en établissant ainsi la divinité de Jésus-Christ, ne veut pas en faire un Dieu autre que celui qui existe, ni enseigner qu'il y a deux Dieux ; Dieu est seul, leur dit-il, comme il est écrit dans la loi. Lorsque nous enseignons, en effet, que Jésus-Christ est Dieu venant de Dieu, nous ne prétendons pas autoriser la croyance à un autre Dieu, car ce qui est de Dieu ne souffre point qu'on l'appelle un autre Dieu. Que nous considérions Dieu ou ce qui est de Dieu, c'est toujours un seul Dieu. Il n'y a aucune différence entre Dieu et ce qui est de Dieu. C'est un autre lui-même ; c'est un autre à cause de la personne distincte qui s'appelle le Fils ; c'est le même, à cause de l'unité de substance. Qu'on ne trouve point mauvais que j'emploie ici le nom de personne que quelques-uns croient devoir rejeter ; mais suivons l'exemple de l'Apôtre qui dit aux Corinthiens : « Si j'ai donné quelque chose, je l'ai donné à cause de vous, dans la personne de Jésus-Christ. » (II *Cor.*, II, 10.)

QUESTION LVIII. — Si Jésus est pour nous l'auteur du salut et de la véritable et parfaite connaissance de Dieu, pourquoi n'est-il pas venu auparavant, afin que ceux qui ont vécu avant nous dans l'ignorance puissent connaître la vérité? Depuis l'avénement de Jésus-Christ, les hommes ont été sauvés en bien plus grand nombre qu'auparavant ; si donc il était venu plus tôt, il aurait ajouté encore au nombre des élus. Il y a donc ici quelque choses qui laisse à désirer.

Si l'on vient trop vite au secours de celui qui est menacé de quelque danger, il sera sans doute recon-

---

ponenda. Hi sunt quos Apostolus falsos fratres appellat. (*Gal.*, II, 4 ; II *Cor.*, XI, 26.) Isti ergo post Apostolorum traditionem, Galatarum sensum corruperant, ita ut Judæos eos facerent sub nomine Salvatoris. Hinc Apostolus Christum dicit venisse arbitrum circumcisionis et præputii, sicut dicit ad Ephesios : « In uno novo homine faciens pacem. » (*Ephes.*, II, 15.) Si ergo arbiter venit Christus, arbiter autem sic facit pacem inter duos, ut novam regulam ponat, auferens ambobus professiones, reconciliat eos, ut ejus sententiam secuti, amittant discordiam pristinam. Judæo enim circumcisionem vindicante, et gentili præputium, discordia fit. Cum vero hoc ambobus aufertur, fit pax. Si igitur sic se hæc habent, quomodo vos, inquit, Galatæ Judæi facti, Christi arbitrium corrumpitis ? Ideo dixit illis : « Evacuati estis a Christo. » Jus enim reconciliationis quod inter eos constituerat spernentes, ad pristinum Judæorum sensum conversi sunt, accusantes tam se quam reconciliatorem. Omne enim quod displicet, accusatur. Et quoniam hæc res Galatas ad Legem converti coegerat, ut unum Deum sine mysterio faterentur, quasi Legi esset inimicum, si Christus Deus diceretur ; dicit : « Arbiter, hoc est, mediator, unius non est, » sed duorum utique : Vos autem conversi ad Legem, arbitrum recusastis, Deus tamen unus est. Quo dicto non sic se Christum Deum prædicare testatur, ut alterum Deum faceret, aut duos profiteretur, sed unum esse Deum, sicut et in Lege dictum est. Quia Christus cum de Deo Deus prædicatur, non ad alterum proficit Deum : quia quod de Deo est, non se permittit alterum Deum dici. Sive enim Deus, sive quod de Deo est, unus est Deus. Nihil enim utique distat inter Deum, et quod de Deo est. Est enim alter. Ipse enim alter, propter personam, qua Filius nuncupatur : ipse vero idem, propter unitatem substantiæ. Ne reprehensibile videatur quia personam dixi, solent enim hoc quidam abnuere ; sed Apostolum sequamur qui ait : « Nam quod donavi, si quid donavi, propter vos in persona Christi. » (II *Cor.*, II, 10.)

QUÆSTIO LVIII. — Si per Christum salus, et vera et perfecta cognitio, cur non ante venit, ut anteriores nostri qui in ignorantia fuerunt addiscerent veritatem ? Denique post adventum Christi multi salvi facti sunt magis quam prius : unde si ante venisset, multo plures salvati fuissent. Si ergo ita est, reprehensibile videtur.

Si ei cui necessitas imminet, ante subveniatur, erit

naissant, mais il ne pourra point apprécier l'étendue de la grâce qui lui est faite, etc. (1).

QUESTION LIX. — Nul doute que les païens ne fussent asservis aux éléments de ce monde. Que signifient donc ces paroles de l'Apôtre : « Nous étions nous-mêmes sous les éléments de ce monde. » Si les Juifs étaient eux-mêmes sous les éléments, en quoi différaient-ils des païens ?

Les païens ne sont point esclaves sous les éléments, mais ils sont assujettis aux éléments eux-mêmes, car ils adorent les astres, etc. (2).

QUESTION LX. — L'Apôtre dit aux Galates qu'il reprend et condamne dans toute cette Epître : « Soyez comme moi, puisque je suis moi-même comme vous. » (Gal., IV, 12.) S'il s'est montré tel qu'ils étaient, il était inutile de leur dire : « Soyez comme moi. » Est-ce peut-être qu'il les avait imités en quelque chose, et qu'il voulait qu'ils lui fussent semblables sur d'autres points ?

Que pouvait imiter en eux l'Apôtre, ou que pouvait-il manquer au docteur des nations ? Il exhorte donc les Galates à être ses imitateurs, et il réfute l'impossibilité qu'ils pouvaient objecter en leur disant : Je suis ce que vous êtes, car vous êtes des hommes comme je le suis moi-même ; faites donc ce que je fais. On peut encore rapporter ces paroles à ce qu'il disait qu'il se faisait tout à tous en partageant leurs idées lorsqu'elles étaient conformes à la vérité, surtout celles des Gentils. (I Cor., IX, 22.) Il y avait parmi les Juifs des institutions qu'il ne fallait plus observer, mais dont l'observance était autrefois légitime, comme la circoncision, l'observation du sabbat, les néoménies, la distinction des aliments.

Mais il montre que les vérités qu'il a cru devoir approuver parmi les Gentils ne cessent point d'être obligatoires. Ainsi ils pensent que le monde est l'ouvrage de Dieu et des hommes, c'est là une chose qui demeure toujours. Si donc il s'est associé ici à leurs sentiments, il les exhorte à devenir également semblables à lui, c'est-à-dire à croire ce qu'il croit lui-même.

QUESTION LXI. — Comment avons-nous l'usage de notre libre arbitre et de notre volonté, puisque l'Apôtre dit : « La chair a des désirs contraires à ceux de l'esprit, et l'esprit en a de contraires à ceux de la chair, et ils sont opposés l'un à l'autre, de sorte que vous ne faites pas toutes les choses que vous voudriez ? » (Gal., V, 17.) Si la chair a des désirs contraires à ceux de l'esprit, elle est donc mauvaise, car l'esprit ne suggère que de bonnes choses.

Il faut entendre ici par la chair non pas la substance même de la chair, mais les actes mauvais et la perfidie qui sont signifiés par la chair. Comme toute erreur prend sa source dans les choses extérieures et visibles, et que la chair est en contact avec elles, puisqu'elle est un composé des éléments de ce monde, l'Apôtre donne le nom de chair à toute erreur. Ce ne sont pas seulement les adultères, les fornications, l'impureté qu'il range parmi les œuvres de la chair, mais l'idolâtrie, les maléfices, les blasphèmes et d'autres crimes semblables. Est-ce que la chair sollicite au blasphème ou à l'idolâtrie ? ne sont-ce pas les vices de l'âme qui consent à l'erreur ? Cependant c'est avec raison qu'il dit à ceux qui font le bien : Vous n'êtes plus dans la chair, mais dans l'esprit. Et toutefois ils sont encore dans le corps.

---

(1) Voyez plus haut, question LXXXIII. — (2) Voyez plus haut, question LXXXII.

---

quidem gratus, non valde tamen poterit scire quid sibi præstitum est, etc.

QUÆSTIO LIX. — Paganos sub elementis esse nulli dubium est. Quid ergo Apostolus dixit : Eramus et nos sub elementis hujus mundi servientes. Si itaque et Judæi sub elementis erant, quid differunt a Paganis ?

Pagani non sub elementis serviunt, sed ipsis elementis. Colunt enim astra, etc.

QUÆSTIO LX. — (1) Quando Apostolus Galatis dicit, quos sic reprehendit et arguit per totam epistolam : Estote sicut et ego, quia ego sicut vos. (Gal., IV, 12.) Si ergo talem se præstitit quales illi erant, superfluum fuit dicere, Estote sicut et ego. An forte in quibusdam imitator illorum ecce cœperat, et in aliquibus vult illos sui similes existere ?

(a) Quid illorum poterat imitari Apostolus, aut quid illi deerat magistro gentium ? Sed hortatur illos ut imitatores ejus sint : et quoniam non est impossibile, sic reprobat, cum dicit, quia hoc sum quod vos : homines enim estis, sicut et ego ; ideo facite quod ego facio. (I Cor., IX, 22.) Potest et ad illud referri, ut quoniam omnibus se omnia factum dicit per assensum in quibus a vero non discrepabant, maxime gentiles. Nec enim fuit aliquid eorum, quid jam fieri minime oportebat,

prius autem recte factum erat, ut circumcisio, sabbatorum observatio, neomeniarum, escarum. Sed si quod gentium probavit, non cessare jam debere ostendit. Mundum enim dicunt a Deo et hominibus fabricatum : hoc semper stat. Si ergo in his consentiens illis factus est sicut et illi, hortatur illos ut simili modo et hi fiant sicut et ille est, consentientes doctrinæ ejus.

QUÆSTIO LXI. — (2) Quomodo liberi sumus arbitrii ac voluntatis, cum dicat Apostolus : Caro concupiscit adversus spiritum, spiritus vero adversus carnem, ut non quæ vultis ea faciatis ? Et si caro adversus spiritum concupiscit, mala est. Spiritus enim bona suggerit ? (Gal., V, 17.)

Carnem non substantiam carnis hoc loco intelligas, sed actus malos et perfidiam significata in carne. Per id enim quod omnis error ex visibilibus et mundanis, caro autem cognata eorum est, ex elementis enim constat ; omnem errorem carnem appellat : non solum adulteria, fornicationes et luxuriam, opera dicit carnis, sed et idolatriam et maleficia, et blasphemias, et talia. Numquid caro ad blasphemiam cogit aut idolatriam ? Nonne hæc animæ vitia sunt, dum consentit errori ? Recte autem agentibus dicit, quod non sint in carne, sed in spiritu. Et utique ad hoc in corpore sunt. Qui ergo bene ambulat, nec diffidit

---

(1) Deest in Mss. 1 generis. — (2) Deest in Mss. 1 generis.
(a) Ms. Germ. Quis illorum poterat imitari Apostolum.

Celui donc qui marche dans le sentier de la vertu et qui ne rejette point l'espérance des fidèles, bien qu'il vive encore dans la chair, n'est plus dans la chair. Celui au contraire qui fait le mal et ouvre ses lèvres au blasphème, l'Apôtre dit qu'il est dans la chair et qu'il est chair; car de même que les hommes de bien sont spirituels tout en étant unis à la chair, ceux qui se livrent au mal sont charnels malgré leur union avec l'âme. Voilà donc l'explication des paroles de l'Apôtre. Cette erreur, qu'il appelle la chair, convoite contre l'esprit, c'est-à-dire lui suggère des désirs coupables contre ce même esprit qui est la loi de Dieu. En effet, il veut nous désigner ici clairement deux lois : la loi de Dieu et la loi du démon. Il emploie le nom d'esprit, parce que la loi de Dieu est spirituelle pour lutter contre la chair, c'est-à-dire contre les vices pour conserver l'homme à Dieu. Au contraire, la loi du démon qui est l'erreur est en lutte contre l'esprit par les séductions de la volupté et les fausses douceurs du monde. Au milieu de ces deux lois si opposées se trouve l'homme; veut-il consentir aux inspirations de l'esprit, la chair ne le veut pas; prête-t-il main forte à la chair, il méprise l'esprit, c'est-à-dire la loi de Dieu. Est-il sur le point de se rendre aux sollicitations de la chair, l'esprit le retient pour qu'il ne fasse point ce qu'il veut; veut-il suivre les inspirations de l'esprit, la chair le sollicite de ne pas faire ce qu'il croit utile; mais l'esprit oppose à la chair une résistance juste et sage, et cherche à arracher l'homme aux conseils de Satan. Mais la chair, c'est-à-dire la loi opposée, n'emploie ses sollicitations, ne résiste à l'esprit de la loi que pour tromper par ses artifices. L'Apôtre en établissant le règne de ces deux lois, a pour dessein de montrer au libre arbitre de quel côté il doit incliner sa volonté. Il ne veut point détruire le libre arbitre, mais lui enseigner le choix qu'il doit faire. Si l'homme n'avait point le libre usage de sa volonté, ni la loi du démon qui est la chair, ni la loi de Dieu qui est l'esprit, ne seraient en lutte entre elles, en sollicitant l'homme de suivre leurs inspirations, car solliciter c'est persuader. Or, celui qui persuade ne fait pas violence, il cherche à circonvenir, et celui qui cède à ses insinuations voit changer sa volonté sous l'influence de ces conseils artificieux. Or, si le libre arbitre n'existait pas, l'homme serait entraîné malgré lui à faire ce qu'il ne veut pas.

QUESTION LXII. — Si « tous les trésors de la science et de la sagesse sont cachés en Jésus-Christ, » (*Coloss.*, II, 3) comment le même Sauveur peut-il dire qu'il ne sait ni le jour ni l'heure du jugement futur? (*Marc*, XIII, 32.) S'il le sait et qu'il dise ne point le savoir, n'est-ce point un véritable mensonge?

Ces paroles renferment une double signification. L'Apôtre veut d'abord dire que tous les trésors de la sagesse et de la science sont cachés en Jésus-Christ, en ce sens que celui qui a Jésus-Christ, Jésus-Christ lui tient lieu de toute sagesse et de toute science ; c'est-à-dire que savoir Jésus-Christ c'est tout savoir, et comprendre toute sagesse, comme saint Paul le dit aux Colossiens : « Prenez garde que quelqu'un ne vous séduise par la philosophie et par de vaines subtilités selon les principes d'une science mondaine et non selon Jésus-Christ, car toute la plénitude de la divinité habite en lui corporellement. » (*Coloss.*, II, 8.) C'est-à-dire que celui qui croit en Jésus-Christ loin de manquer de rien pour le salut, a tout en

---

de spe fidelium, in carne positus, non esse dicitur in carne : male autem vivens et blasphemus, in carne dicitur esse, et caro ; quia quomodo bene agentes spiritales sunt cum ipsa carne, sic male viventes carnales sunt cum ipsa anima. Hoc ipso nuncupatur quod dicit. Hic itaque error, quem carnem appellat, concupiscit adversus spiritum, id est suggerit mala contra eumdem spiritum, qui est Lex Dei. Ad duas enim leges inducit, Dei et diaboli. Unde spiritum dicit, propterea quod Lex Dei spiritalis est, contra carnem, hoc est contra vitia repugnare, ut hominem conservet Deo : lex autem diaboli, qui est error, contradicit per oblectamenta luxuriæ, et mundana dulcedine. His ergo repugnantibus medius homo est, qui cum consentit spiritui, non vult caro : cum autem manum dat carni, spernit spiritum, id est Legem Dei contemnit. Consentientem ergo carni, spiritus revocat, ne faciat quod vult : assentientem autem spiritui, caro sollicitat, ne faciat quod putat utile. Sed spiritus recte et providenter contradicit et revocat, ut eripiat hominem a consiliis Satanæ. Caro autem quæ est lex adversa, idcirco sollicitat, et spiritui legis resistit, ut per fallaciam decipiat. Ideo ergo hæc Apostolus publicat, ut ostendat arbitrio humano cui rei voluntatem suam committat, non ut arbitrium libertatis exinaniat, sed docet arbitrium cui rei se conjugat. Si autem non est voluntatis arbitrium, neque lex diaboli quæ est caro, neque lex Dei quæ est spiritus, invicem sibi adversando hominem consiliis sollicitarent. Qui enim sollicitat, suadet : qui autem suadet, non vim infert, sed circumvenit : qui circumvenitur, fallaciis quibusdam voluntas illi mutatur. Si autem non esset liberum arbitrium, nolens homo traheretur ad ea quæ non vult.

QUÆSTIO LXII. — (1) Si in Christo omnes thesauri sapientiæ et scientiæ sunt absconditi, quomodo idem Salvator de die et hora futuri judicii dicit se nescire? Si autem sciat, et dicit se nescire, videtur mentiri. (*Coloss.*, II, 3; *Matth.*, XXIV, 36 ; *Marc.*, XIII, 32.)

Dictum hoc duplicem continet sensum. In Christo enim omnes thesauros sapientiæ et scientiæ sic dicit absconditos, ut qui habet Christum, pro omni sapientia et scientia (*a*) illi cedat : ut scire Christum totum scire, et omnem sapientiam comprehendisse, sicut dicitur ad Colossenses : « Nemo vos circumveniat per philosophiam et inanem seductionem, secundum elementa hujus mundi, et non secundum Christum : quia in Christo inhabitat omnis plenitudo divinitatis corporaliter : » (*Coloss.*, II, 8) Hoc est, nihil indigere ad salutem, eum qui credit in Christum, sed illi hoc abundare ; quia plenitudo divini-

(1) Deest in Mss. 1 genere.
(*a*) Ms. Germ. *illum credat.*

abondance, parce que sa foi a pour objet la plénitude de la divinité. Il ajoute encore dans la même Epître : « Que personne ne vous séduise en affectant de paraître humble, par un culte superstitieux des anges, en s'enorgueillissant de ce qu'il voit, vainement enflé de sa prudence charnelle, et ne tenant point au chef dont tout le corps soutenu par ses liens et par ses jointures, s'entretient et s'accroît de l'accroissement de Dieu. (*Ibid.*, 18, 19.) Si donc en croyant en Jésus-Christ, les chrétiens l'adorent comme le chef de toute principauté et de toute puissance, ils n'ont point besoin d'autre chose, ils ont tout ce qui est nécessaire pour être sauvés, et l'ignorance des choses inutiles au salut ne leur sera d'aucun danger, parce qu'ils savent ce qui est nécessaire. On peut donc dire de ces chrétiens qui savent ce qui est utile au salut, qu'ils savent toutes choses. Ces paroles signifient encore que tous les trésors de la science et de la sagesse sont cachés dans le Sauveur. Tous les secrets du Père lui sont connus, il mesure l'étendue de toutes les créatures ; le Père ne juge personne, mais il a donné tout jugement au Fils (*Jean*, v, 22) ; et personne ne sait ce qui est en Dieu, si ce n'est l'Esprit de Dieu qui est aussi l'Esprit de Jésus-Christ. (1 *Cor.*, II, 11.) Comment donc peut-on dire qu'il ne connaît ni le jour ni l'heure, lui dont l'esprit connaît ce qui est en Dieu, et dont il a dit qu'il a reçu de ce qui est à lui ? (*Jean*, XVI, 14, 15.) Or, si celui qui a reçu de ce qui est à lui connaît les choses futures, comment refuser cette connaissance au Christ qui a envoyé l'Esprit saint ? Peut-on supposer que le Juge qui nous a prédits tous les signes avant-coureurs de ce jugement, en ignore le jour ? On dira aussi peut-être qu'il ne connaît pas ceux à qui il a dit : « Je vous le dis en vérité, je ne vous connais point. » (*Matth.*, XXV, 12.) Il ne connaîtra point non plus sans doute les vierges folles et imprévoyantes, parce qu'à cette demande : « Seigneur, Seigneur, ouvrez-nous, » il leur répond : « Je vous le dis, en vérité, je ne vous connais point. » Il y a donc ici une raison qui fait dire à Notre-Seigneur qu'il ne sait pas ce qu'il sait. Dans un autre endroit il nous fait cette recommandation : « Veillez, parce que vous ne savez point à quelle heure votre maître doit venir. » (*Ibid.*, XXIV, 42.) C'est donc pour exciter notre sollicitude et notre vigilance qu'à la question qui lui est faite, il répond qu'il ne sait ni le jour ni l'heure du jugement à venir, mais c'est dans notre intérêt qu'il affirme ne pas savoir ce qu'il sait. Nous ignorons ce qui nous est utile, et nous voulons savoir des choses dont la connaissance ne peut que nous être nuisible. Or, Jésus-Christ qui veut avant tout notre salut, déclare ne pas savoir ce jour pour ne pas nous faire connaître ce qu'il nous serait dangereux de savoir. Voici un malade qui dans l'excès de la douleur demande un glaive pour s'ôter la vie, accuserez-vous de mensonge celui qui lui répondra qu'il n'en a point, alors qu'il sait qu'en accédant à sa demande, il ne peut que lui être nuisible ?

QUESTION LXIII. — Comment se fait-il que les Apôtres après avoir guéri tous les malades qu'on leur présentait, n'ont point guéri les maladies de leurs propres disciples ? Car enfin, Epaphrodite, n'eût pas été malade jusqu'à la mort (*Philip.*, II, 27) si les prières de l'Apôtre avaient été exaucées. Qui peut douter, en effet, que l'Apôtre ait souvent demandé à Dieu sa guérison sans pouvoir l'obtenir ? Car si Dieu l'avait exaucé, cette infirmité eût disparu aussitôt.

---

tatis in fide ejus est. Et iterum in eadem Epistola inter cætera ait : « Nemo vos seducat in humiliationem cordis, et in superstitione Angelorum, quæ videt extollens se, frustra inflatus mente carnis suæ, et non tenens caput ex quo omne corpus subministratum et productum crescit in incrementum Dei. » (*Ibid.*, 18.) Si itaque credentes in Christum, caput totius principatus et potestatis venerantur, nullius indigent, sed totum quod ad salutem opus est habent; nihil illis oberit inferiora quæ ad salutem nihil conferunt nescire, quando id quod necessarium est norunt. Hujusmodi ergo totum scire, dicendi sunt, qui hoc sciunt, quod illis proficiat ad salutem. Est etiam illud, quia in Salvatore omnes thesauri sapientiæ et scientiæ sunt absconditi. Omnia enim sacramenta paterna ipsi sunt cognita ; et omnem creaturam ipse metitur ; et nec Pater judicat quemquam, sed omne judicium dedit Filio ; et nemo scit quæ sunt in Deo nisi Spiritus Dei, qui est et Christi. Quomodo ergo et diem et horam futuri judicii nescire dicendus est, cujus Spiritus quæ in Deo sunt, novit, de quo dixit quia de ejus accepit ? Si ergo qui de ejus accepit novit quæ futura sunt, quomodo non sciet Christus qui misit Spiritum sanctum? Et potest fieri ut judex nesciat diem futuri judicii ? Quippe cum omnia signa dederit quando speretur. Forte etiam hos dicatur vere nescire, quibus dicit : « Amen dico vobis quod nescio vos. » (*Matth.*, XXV, 12.) Nec virgines stultas et improvidas dicetur scire, quia dixit etiam, ipsis dicentibus : « Domine, Domine aperi nobis : Amen dico vobis, quod nescio vos. » Causa ergo est, ut dicat se nescire quod scit. Denique sic ait : « Vigilate, quia nescitis qua hora Dominus vester venturus sit. » (*Matth.*, XXIV, 42.) Ut ergo sollicitos nos et vigilantes faceret, interrogatus nescire se dixit diem et horam futuri judicii ; sed ut nobis prodesset, negavit se scire quod scit. Ignorantibus ergo nobis quid prosit nobis, scire omnino volumus quod si scierimus, oberit nobis. Christus autem provisor salutis nostræ, ne audiremus quod contra nos esset, dixit se nescire. Numquid si alicui in dolore posito gladium posceret se ut periniat, qui habet respondeat se non habere, mendacii arguendus erit negans, quod si non neget, sciat contrarium ?

QUÆSTIO LXIII. — (1) Quid est ut cum Apostoli omnes curas sibi oblatas sanassent, propriis tamen infirmis medelam non dederint. Nam utique Epaphroditus usque ad mortem non ægrotasset (*Philip.*, II, 27), si intercessio Apostoli fuisset audita. Quis enim dubitet orasse hoc sæpe Apostolum, et non impetrasse ? Si enim auditus fuisset, statim infirmitas fuisset adempta ?

(1) Deest in Mss. 1 generis.

Les Apôtres ont opéré des prodiges et des miracles pour amener les infidèles à la foi. A la vue de ces faits éclatants qu'il était impossible aux hommes de faire, ils reconnaissaient la voix de Dieu dans la prédication des Apôtres, et ces miracles étaient pour eux une démonstration de la haute sagesse de la foi. Les paroles sont toujours sujettes à contradiction, les actes de puissance viennent donc leur servir de témoins, et à leur défaut prouver la haute raison de la foi que les paroles sont impuissantes à exprimer. Pour les fidèles, au contraire, ce ne sont point les miracles et les prodiges qui sont nécessaires, mais une espérance ferme. Dès qu'il est convaincu de la vérité des promesses, l'esprit se fait une arme de cette conviction pour arriver par le mépris des jouissances présentes à se rendre digne des biens éternels, et à augmenter ses mérites par son travail, suivant cette recommandation de Salomon : « Mon fils, en vous approchant du service de Dieu, demeurez dans la justice et dans la crainte, et préparez votre âme à la tentation. » (*Eccli.*, II, 1.) Cette recommandation est fondée sur l'utilité des épreuves pour l'homme. C'est ce qui fait dire aussi à l'Apôtre : « C'est par beaucoup de tribulations qu'il nous faut entrer dans le royaume de Dieu. » (*Act.*, XIV, 21.) Ces tentations qui naissent des épreuves nous arrivent de différentes manières, afin que l'âme qui au milieu de ces tribulations persévère dans la foi qu'elle a reçue, puisse obtenir la couronne. Or, ce n'est pas seulement sur la foi que l'homme est tenté, mais par la maladie, par les pertes, par les persécutions, par la mort de ceux qui lui sont chers ; et si au milieu de ces diverses épreuves, il ne se laisse pas entraîner à implorer le secours des démons, il obtient dans l'effusion de son sang la gloire du martyre. Si donc l'Apôtre n'a point obtenu ce qu'il demandait, ce n'a pas été un mal mais un bien pour Epaphrodite ; c'est ainsi que l'Apôtre ayant prié Dieu de le délivrer d'une infirmité personnelle, en reçut cette réponse : « Ma grâce te suffit, car la vertu se perfectionne dans l'infirmité. » (II *Cor.*, XII, 9.)

QUESTION LXIV. — L'Apôtre saint Pierre dit : « Le Christ est mort pour vous. » (I *Pierre*, II, 21.) Saint Paul affirme au contraire qu'il est mort pour lui. « Il s'est, dit-il, rendu obéissant jusqu'à la mort ; c'est pourquoi Dieu lui a donné un nom qui est au-dessus de tout nom. » (*Philip.*, II, 8, 9.) Or, s'il en est ainsi, ne doit-on pas en conclure qu'il était imparfait, puisqu'il doit à ses œuvres une augmentation de gloire ?

Nul ne doute parmi les fidèles que le Fils de Dieu ait reçu toute perfection de sa nature divine. Il a reçu en naissant de Dieu le Père tous les attributs de la divinité du Père. C'est donc alors qu'il a reçu un nom qui est au-dessus de tout nom, c'est-à-dire le nom même de Dieu qui lui est commun avec le Père. Car en lui aucune perfection n'est à venir, il les a toutes éternellement. Il est donc né pour créer et réparer toutes choses. L'ordre et la raison exigent que tout genou fléchisse au nom du Père. Le Père communique cette prérogative au Fils, en vue des œuvres qu'il devait opérer, mais il la lui communique par la génération. En l'engendrant, il lui donne le même honneur, la même gloire qu'il a lui-même en propre.

QUESTION LXV. — Que signifient ces paroles dites à saint Jean dans l'Apocalypse : « Va, prends le livre et le dévore, et il sera amer dans tes entrailles, mais

---

Signa et virtutes idcirco ab Apostolis factæ sunt, ut infidelitas cogeretur ad fidem, ut videntes facta quæ hominibus impossibilia sunt, Dei ex hoc esse prædicationem agnoscerent, et rationem esse in fide, virtute probarent : ut quoniam verbis semper contradicitur, testis virtus posita est, cui cum verba cedunt, rationem esse in fide significat, quæ verbis exprimi non potest. Inter fideles igitur non jam signa et prodigia sunt necessaria, sed spes firma. Postquam enim discitur vera esse quæ promissa sunt, ad hoc se armat animus, ut spretis præsentibus futuris dignus exsistat, meritum sibi collocans per laborem ; hoc Salomone testante, qui ait : « Fili accedens ad servitutem Dei, sta in justitia et timore, et præpara animam tuam ad tentationem. » (*Eccli.*, II, 1.) Quoniam tentationibus proficit homo, hæc data sunt monita. Unde Apostolus : « Per tribulationes, inquit, oportet nos intrare in regnum Dei. » (*Act.*, XIV, 21.) Hæ tribulationum tentationes diversis modis accidunt, ut perseverans animus in accepta fide possit coronari. Non solum enim in fide tentatur homo, sed et in ægritudine, et in damno, et in persecutione, et in morte carorum ; ut si in his passionibus ad auxilium dæmoniorum non fuerit abductus, sine sanguinis pretio mereatur martyrium. Non ergo ad dispendium Epaphroditi non impetravit Apostolus quod petiit, sed ad profectum : quia et in sua causa, cum postulasset, audivit : « Sufficit tibi gratia mea, nam virtus in infirmitate perficitur. » (II *Cor.*, XII, 9.)

QUÆSTIO LXIV. — (1) Petrus apostolus dicit : Christus mortuus est pro vobis. (I *Pet.*, II, 21.) Paulus vero apostolus asserit, quia et pro se mortuus est : Factus, inquit, obediens usque ad mortem, propter quod donavit illi Deus nomen, quod est super omne nomen. (*Philip.*, II, 8, 9.) Quod si ita est, imperfectus videbitur fuisse, qui per opera sua fecit augmentum.

Filium Dei perfectum natum esse de Deo, nemo fidelium ambigit. Omnia enim divinitatis Paternæ accepit nascendo de Deo Patre. Tunc ergo accepit nomen, quod est super omne nomen, id est ut hoc dicatur quod Pater, Deus. Nam nihil apud eum futurum dicitur : Factus enim ante se habet. Ideo ad hæc omnia creanda et restauranda natus est. Nam utique ordo et ratio hoc habet, ut Paterno nomini omne genuflectatur. Hoc Pater donavit Filio propter ea quæ erat acturus ; donavit autem quando genuit. Sic enim illum genuit, ut in eodem honore esset, quo ipse Pater est.

QUÆSTIO LXV. — Quid est quod dictum est Joanni, sicut in Apocalypsi scriptum legitur : Vade, et accipe librum, et devora illum, et amaricabit ventrem tuum, sed

---

(1) Deest in Mss. 1 generis.

dans ta bouche il sera doux comme du miel. Quel est ce livre, ou s'il est doux, comment peut-il être amer dans les entrailles ?

(1) Voyez plus haut, question LXXII.

in ore tuo erit dulce tanquam mel. Quis est hic liber : vel quomodo amarum facit ventrem, cum sit dulcis.

Il arrive fréquemment que celui qui cherche à abréger tombe dans l'erreur. Pourquoi ne pas citer tout l'ensemble du texte, etc. (1).

Frequenter, qui compendium quærit, solet errare. Quid est ut non omnia ad causam dicta proponas, etc.

QUESTIONS A LA FOIS
SUR
L'ANCIEN ET LE NOUVEAU TESTAMENT

SECONDE PARTIE.

QUESTION I. — Comment entendre que Dieu a créé l'homme à son image et à sa ressemblance, et peut-on dire que la femme est l'image de Dieu ?

L'homme a été créé à l'image de Dieu, parce qu'un seul Dieu a fait un seul homme, etc. (1).

QUESTION II. — L'Evangile déclare que personne n'a vu Dieu (*Jean*, v, 46; I *Tim.*, vi, 16; *Jean*, i, 18); tandis que Jacob, Moïse, Isaïe affirment l'avoir vu. On dira peut-être : Nul n'a vu le Père ; Qu'est-ce que cela peut faire ? Si on a vu le Fils on a vu le Père, puisque le Père et le Fils sont un seul Dieu, dans leur nature, dans leur image, car tous deux n'ont qu'une seule image, et comme le dit le Sauveur : Celui qui me voit voit aussi mon Père. (*Jean*, xiv, 9.) Comment donc se fait-il que personne n'a vu Dieu le Père, puisque le Fils atteste qu'on voit le Père lorsqu'on le voit, parce qu'il n'y a point d'autre Dieu. Si donc il n'en est point d'autre, c'est lui-même qu'on a vu comme Dieu puisqu'il n'y en a qu'un seul.

(1) Voyez plus haut, question XXI.

C'est de Dieu le Père que veut parler l'Evangéliste lorsqu'il dit que personne n'a vu Dieu, si ce n'est le Fils unique qui est dans le sein du Père et qui nous l'a fait connaître. (*Jean*, I, 18.) Croyons donc au Fils, c'est lui qui nous a enseigné que nul si ce n'est lui n'a vu Dieu. Or, il parle de la sorte pour nous apprendre que c'est lui qui a constamment apparu aux patriarches et aux prophètes. Ces paroles ne s'appliquent donc point au Dieu unique, mais à la personne du Père qu'on ne peut appeler autrement que Dieu le Père. Quant au Fils, il déclare qu'on l'a vu, mais d'une manière invisible pour ceux qui croyaient le voir. La vision ici est l'intelligence, car ce n'est point aux yeux du corps mais aux yeux de l'intelligence qu'il s'est manifesté, et l'avoir vu, c'est avoir compris que Dieu se révélait dans cette apparition. Or, lorsque le Sauveur dit : « Celui qui me voit, voit aussi mon Père, » (*Jean*, XIV, 9) il veut parler non point de la vision des yeux, mais de l'esprit et nous faire comprendre qu'il n'y a point de

QUÆSTIONUM
EX UTROQUE MIXTIM
PARS SECUNDA.

QUÆSTIO I. — Quid sit ad imaginem et similitudinem Dei fecisse hominem : et an mulier imago Dei sit ?

Hoc est ad imaginem Dei factum esse hominem, quia unus unum fecit, etc.

QUÆSTIO II. — (1) Evangelium testatur, quia nemo vidit Deum (*Joan.*, VI, 46; I *Tim.*, VI, 16; *Joan.*, I, 18), contra Jacob et Moyses et Isaias adserunt Deum se vidisse. (*Gen.*, XXXII, 30; *Is.*, VI, 1.) Sed dicit quis, Patrem nemo vidit. Quid ad rem ? Si Filius visus est, visus et Pater est : quippe cum Pater et Filius uterque sit unus Deus,

(1) Deest in Mss. 1 generis.

et in substantia, et in imagine, quia duorum una imago est, et sicut ipse dicit : Qui me videt, videt et Patrem. (*Joan.*, XIV, 9.) Quomodo ergo nemo vidit Patrem Deum, cum Filius dicat videri Patrem cum ipse videtur : quia neque alter Deus. Si ergo alter non est, ipse idem quia unus est, visus est Deus.

Quantum ad Evangelistam pertinet, de Patre Deo hoc dixit, quia nemo vidit Deum nisi Filius unigenitus qui est in sinu Patris, ipse enarravit. Credamus Filio, ipse enarravit enim quia nemo nisi ipse vidit Deum. Hoc autem ideo dixit, ut doceret se semper apparuisse Patriarchis et Prophetis. Non ergo hoc ad unum Deum pertinet, sed ad personam Patris, de quo non potest dici aliter quam Deus Pater. Filius autem sic se visum dicit, ut invisibilis sit tamen in eo ipso cum videri putatur. Visus enim hic intellectus est ; quia non utique oculis visus est, sed mente intellectus : et hoc fuit vidisse, intellexisse, in eo quod apparuit ibi inesse Deum. Cum autem dicit

différence entre le Père et le Fils. Ni l'un et l'autre n'ont donc été été vu dans leur nature. Dans les apparitions, le Fils a été vu seulement par l'intelligence et non par les yeux du corps, parce qu'il est invisible comme le Père.

Question III. — La loi ancienne nous montre Dieu faisant des serments (*Gen.*, XXII, 16; *Exod.*, XXXIII, 1), car il s'exprime de la sorte : « J'ai juré par moi-même, dit le Seigneur. » Le Sauveur, au contraire défend de faire des serments, n'a-t-il point par là détruit la loi ancienne?

Avant que la connaissance de Dieu fût répandue sur la terre, on ne pouvait faire croire aux hommes une chose nouvelle et inouïe jusque-là qu'en confirmant la promesse par un serment fait au nom de celui dont ils n'avaient point encore une connaissance suffisante. Mais lorsque cette connaissance se fût répandue, il fut défendu de jurer au nom de celui en qui il n'était pas permis de soupçonner même le mensonge. Voilà pourquoi le Sauveur ne voulut plus que ses serviteurs recourussent au serment, il leur commanda seulement de se conduire toujours de manière à ce qu'on ajoutât foi à leurs paroles. Le serment n'est exigé que par la perfidie ou par l'inconstance d'un cœur trompeur, comme les hommes ont l'habitude de tromper, on s'imagine que la crainte de Dieu leur inspirera plus de respect pour la vérité, ou que c'en sera assez pour celui qui sera trompé et qui par là même acquiert le droit de se plaindre.

Question IV. — Pourquoi le Sauveur attaché à la croix a-t-il dit : « Mon Père, pardonnez-leur, car ils ne savent ce qu'ils font. S'ils ne savent pas ce qu'ils

(1) Voyez plus haut, question LXVII.

font, quel besoin de leur pardonner, surtout lorsqu'Abimélech dit à Dieu : « Est-ce que vous perdrez ceux qui ont péché par ignorance? »

Tout homme qui pêche par ignorance n'est point par là même exempt de châtiment. Celui qui a pu apprendre et n'a point cherché les moyens, etc. (1).

Question V. — Si personne n'est justifié par la loi devant Dieu, pourquoi est-il écrit : Maudit celui qui ne demeurera point fidèle à toutes les prescriptions de la loi, pour les mettre en pratique? (*Deut.*, XXVII, 26; *Gal.*, II, 16.) Si les hommes sont justifiés par la foi et non par la loi, pourquoi cette malédiction sur celui qui n'a pas accompli la loi, puisqu'elle est inutile pour la justice?

La loi donnée par Moïse produisait la justice, il est vrai, mais une justice terrestre, une justice temporaire pour ceux qui l'observaient, et qui les déchargeait simplement de culpabilité, car le juste d'après la loi est celui qui ne fait tort à personne. Ce qui fait dire à l'Apôtre : « La loi n'est point d'après la foi, mais celui qui observera ces préceptes y trouvera la vie, » (*Gal.*, III, 12) c'est-à-dire celui qui accomplira la loi ne mourra point, il vivra de la vie présente. La justice, au contraire, qui vient de la foi, justifie les hommes devant Dieu et les rend dignes des récompenses du siècle futur. Car il est juste, en effet, de connaître de qui et par qui nous sommes, afin que la vraie confession du Père, du Fils et du Saint-Esprit puisse nous conduire au royaume des cieux. Les anciens eux-mêmes qui à l'observation des préceptes de la loi ont joint l'amour de Dieu et l'espérance des promesses ont été justifiés devant Dieu. C'est la loi seule qui d'après la doc-

---

Salvator : « Qui me videt, videt et Patrem : » (*Joan.*, XIV, 9) non utique ad oculorum visum hoc retulit, sed mentis, et ut nihil inter Patrem et Filium diversum esse putaretur. Neuter ergo eorum visus est juxta substantiam. Circum apparentia autem solus Filius visus est mente, non carnalibus oculis ; quia invisibilis est sicut Pater.

QUÆSTIO III. — (1)Vetus Lex Deum jurasse allegat : sic enim dicit : Per memetipsum juravi, dicit Dominus. (*Gen.*, XXII, 16; *Exod.*, XXXIII, 1.) Salvator autem jurare prohibuit : quomodo non destruxit vetera? (*Matth.*, v, 34.)

Antequam notitia Dei esset in terris, non aliter oportuit provocare homines ad spem inauditam, quam jurejurando promissio illis fieret, ab eo utique, quem non, ut dignum erat, sciebant. Ubi autem cœpit sciri, non utique jurare oportuit, quem mentiri fas non esset arbitrari. Ideo ergo Dominus nec servos jam jurare præcepit, sed tales se instituere, ut sermonibus illorum fides habeatur. Sacramentum enim jurisjurandi aut perfidia exegit, aut fallacia inconstantis; ut quia fallere homines solent, timore forte Dei revereantur : aut certe satis erit ei qui fallitur, quia ex hoc offensam acquirit.

QUÆSTIO IV. — (1) Quid est quod in cruce positus Salvator ait, Pater, ignosce illis, non enim sciunt quid faciunt. Si nesciunt, quid est quodignoscitur, maxime cum dicat Abimelech ad Deum. Numquid ignorans perdes?

(1) Deest in Mss. 1 generis. — (2) Deest in Mss. 1 generis.

Non omnis ignorans immunis a pœna est. Hic enim qui potuit discere, et non dedit operam, etc.

QUÆSTIO V. — (2) Si in Lege nemo justificatur apud Deum, quare scriptum est : Maledictus omnis qui non permanserit in omnibus quæ scripta sunt in libro Legis, ut faciat ea : (*Deut.*, XXVII, 26; *Gal.*, II, 16) si ex fide justificantur homines, et non per Legem, ut quid maledictus est qui non implevit Legem, cum non proficiat ad justitiam?

Lex data per Moysen justitiam habebat quidem, sed terrenam, ut servantes Legem justi essent ad præsens, ut non rei fierent. Justus est enim ex Lege, qui nulli nocet. Unde Apostolus : « Lex, inquit, non ex fide, sed qui fecerit ea, vivet in eis. » (*Gal.*, III, 12.) Hoc est, faciens Legem non morietur, sed vivit ad præsens : Justitia autem quæ ex fide est, justificat homines apud Deum, ut remunerentur in futuro sæculo. Addiderunt enim temporali justitiæ justitiam fidei. Justum est enim nosse ex quo et per quem sumus, ut Patris et Filii et Spiritus sancti vera confessio ad cœlestia regna nos perducat. Nam et veteres qui non solum Legis præcepta servaverunt, sed et Deum dilexerunt, spem habentes in promissione, justificati sunt apud Deum. Solam enim Legem dicit non justificare homines apud Deum, sicut nec sola fides exceptis bonis operibus commendat apud

trine de l'Apôtre ne peut justifier les hommes devant Dieu, de même que la foi seule à l'exclusion des œuvres ne suffit pas pour les rendre agréables à Dieu; pour rendre les hommes parfaits, il faut joindre la justice de la terre à la justice divine. C'est ce que le Sauveur nous enseigne lorsqu'il dit : « Si votre justice n'est plus abondante que celle des Scribes et des Pharisiens, vous n'entrerez point dans le royaume des cieux. » (*Matth.*, v, 20.)

QUESTION VI. — Pourquoi David dit-il dans un de ses psaumes : « Que ceux-là soient confondus et couverts de honte qui me disent : « Fort bien, fort bien, » (*Ps.* XXXIX, 16) tandis que le Sauveur dit : « Fort bien, bon et fidèle serviteur, etc. » Ce que David regarde comme une insulte, Notre-Seigneur l'applique à celui que ses mérites ont rendu digne de récompense.

Cette question a beaucoup d'analogie avec la précédente. Une seule expression peut avoir des significations différentes, comme je l'ai rappelé plus haut (1). Les ennemis de David qui cherchaient sa perte, se réjouissaient de ses maux. C'est ainsi qu'ils approuvaient les souffrances et les persécutions que David avait à endurer de Saül et de son fils Absalon, et disaient hautement qu'il n'y avait rien de mieux. C'est absolument comme si l'on disait de celui qui reçoit un outrage, c'est bien fait, car c'est se réjouir du mal qui lui est fait, et dire, rien de plus juste, il le méritait bien. Le Sauveur emploie la même expression dans la joie que lui causent les bonnes œuvres de celui dont il proclame le mérite en lui disant : « Fort bien, bon et fidèle serviteur. » Il témoigne sa joie de ce que le serviteur s'est rendu de plus en plus digne, en lui disant : C'est très-bien.

vous avez parfaitement agi d'augmenter ainsi la somme de vos mérites. Une seule et même expression se trouve donc employée dans deux circonstances toute différentes. C'est ainsi que nous disons ordinairement d'un homme. Il est jugé, c'est ce qui précède ou ce qui suit qui détermine le sens qu'il faut donner à ces paroles. Elles sont prises tantôt en bonne, tantôt en mauvaise part, de même que la concupiscence est entendue tantôt dans un bon, tantôt dans un mauvais sens.

QUESTION VII. — Pourquoi est-il dit dans les psaumes : « Vous sauverez les hommes et les animaux, » (*Ps.* XXXV, 7) et dans le prophète Jonas : « Je n'épargnerai pas une ville où habitent cent trente mille hommes et une multitude d'animaux? » (*Jonas*, IV, 11) tandis que l'Apôtre dit : « Est-ce que Dieu a souci des bœufs? » (I *Cor.*, IX, 9.)

A ne considérer que les paroles, il y a, ce semble contradiction, mais si l'on examine la condition de l'homme et des animaux, cette contradiction disparaît. Dieu prend soin de toutes les créatures, parce que c'est de lui que toutes tiennent leur existence; mais il ne conserve pas les animaux pour eux-mêmes. Il conserve les animaux pour les hommes et non les hommes pour les animaux. Ainsi donc celui qui prend soin des hommes, conserve les animaux, mais sans qu'ils soient l'objet de cette sollicitude particulière qu'il réserve aux hommes. Car quelle espérance peut-il y avoir dans les animaux ?

QUESTION VIII. — Il est écrit dans le livre de Tobie : Il est honorable de révéler et de confesser les œuvres de Dieu; » (*Tob.*, XII, 7) tandis que le Sauveur après avoir fait l'œuvre de Dieu, recommande de ne le dire à personne. (*Marc*, VIII, 26.)

(1) Dans la seconde partie des questions du Nouveau Testament, question LIV.

Deum, sed servata justitia terrena et divina, perfectos facit. Hinc dicit Dominus : « Nisi abundaverit justitia vestra plus quam Scribarum et Pharisæorum, non introibitis in regnum cœlorum. » (*Matth.*, v, 20.)

QUÆSTIO VI. — (1) Quid est ut David dicat: Confundantur et erubescant qui dicunt mihi, euge euge, (*Psal.*, XXXIX) Dominus autem, Euge, inquit, serve bone et fidelis, etc. (*Matth.*, XXV.) Quod David pro malo accepit, hoc Salvator bonis meritis dignum ostendit.

Non valde istud discrepat a superiore quæstione. Unum enim verbum diversas habet significationes, sicut supra memoravi. Obtrectatores enim David, cum exitiis ejus faverent, gratulabantur malis ejus. Dum enim ille pressuras et angustias pateretur a Saul et filio suo Absalon, illi recte et bene fieri dicebant. Tale est si aliquis dicat, de eo qui injurias patitur : Bene illi hoc est, gaudere in malis : hoc est dicere, recte illi fit, sic enim meretur. Simili modo et Salvator lætus in bonis operibus, meritum hominis pronuntiat, dicens : « Euge serve bone et fidelis. » Exsultat enim, quia servus dignioem se fecit, dicens : Bene, hoc est : Recte egisti, (*a*) uti majus meritum collocares. Unum igitur verbum duabus contrariis

causis aptatur. Nam solemus de aliquo dicere, adjudicatus est. Sed quomodo dicatur, causa aut subsequens aut præcedens declarat. Aliquando enim ad bonum dicitur, aliquando ad malum : sicut et concupiscentia aliquando ad bonum, aliquando ad malum aptatur.

QUÆSTIO VII. — (2) Quid est quod in Psalmo : Homines, inquit, et jumenta salvos facies? (*Psal.* XXXV, 7.) Et ad Jonam prophetam : Non parcam, ait, civitati in qua habitant centum triginta millia hominum, et pecora multa. (*Jonæ*, IV, 11.) Contra autem Apostolus : Numquid, ait, de bobus cura est Deo? (I *Cor.*, IX, 9.)

Quantum ad verba pertinet, videtur contrarium : si causa autem hominis et pecorum inspiciatur, manifestabitur esse non dispar. Omnium rerum gerit Deus, quasi omnium opifex : sed non servat pecora propter ipsa, sed propter homines servat pecora, non homines propter pecora. Itaque qui hominum curam gerit, custodit pecora, ut non illi cura sit de bobus, sed de hominibus. Quæ enim spes in pecoribus?

QUÆSTIO VIII. — (3) In Tobia : Opera, inquit, Dei revelare et confiteri, honorificum est. (*Tob.*, XII, 7.) Salvator autem opus Dei faciens : Nulli, ait, dixeris.(*Marc.*, VIII, 26.)

(1) Deest in Mss. 1 generis. — (2) Deest in Mss. 1 generis. — (3) Deest in Mss. 1 generis.
(*a*) Sic Ms. Germ. At editi *utinam*.

Le Sauveur n'a point recommandé de cacher l'œuvre de Dieu, car il dit dans un autre endroit : « Allez, et racontez les grandes choses que Dieu a faites pour vous; » (*Marc*, v, 19) mais il a quelquefois refusé le témoignage que les hommes voulaient lui rendre et réprimé leur vanité, pour ne point paraître se rendre témoignage à lui-même, comme un séducteur, conduite déraisonnable aux yeux de tout homme prudent.

QUESTION IX. — De l'éternité du Fils.

Il en est quelques-uns qui n'ayant pas encore dissipé les ténèbres de l'erreur, ni purifié entièrement les souillures de leur vie passée, ont des idées toutes terrestres, et doutent de la divinité du Fils de Dieu, ou croient qu'il n'y a point de distinction entre le Père et le Fils. Je ne parle pas ici des Juifs perfides et opiniâtres, à qui Dieu a ouvert la source de la loi et les trésors des mystères, car pour eux, ils sont coupables non-seulement de doute, mais de dénégations sacriléges. Je vais donc expliquer cette vérité autant que les limites d'un court traité pourront me le permettre. L'espérance est laissée tout entière aux ignorants qui consentent à s'instruire, mais ceux qui refusent la lumière n'ont qu'à attendre un châtiment éternel. Le Dieu Tout-Puissant dont la grandeur et la bonté n'ont point d'égales, a dû engendrer et produire de lui-même un être d'une grandeur et d'une bonté souveraines. S'il avait engendré un être qui fût opposé à sa souveraine perfection, il aurait donné lieu de penser qu'il n'avait pu faire davantage et de trouver en défaut sa toute-puissance, ou qu'il ne l'avait pas voulu et d'accuser sa bonté. Pour le Dieu tout-puissant ce n'était pas une œuvre bien grande de créer un être qui lui était inférieur, ne posséderait point une perfection souveraine. Au-dessus de lui donc il n'y avait rien, car il n'y a rien qui soit supérieur à Dieu ; ce qui pouvait exister au-dessous de lui était peu de chose, car il ne peut y avoir de rapport de convenance entre l'imparfait et le très-souverainement parfait. En produisant donc un Fils absolument semblable à lui il a engendré de lui-même, comme un autre lui-même, et c'est ainsi que ce bien suprême et souverain qui nous vient de Dieu, a rejailli jusqu'à nous par celui qu'il a engendré. Il est encore une autre raison qu'il faut considérer, c'est que Dieu qui a créé ce monde, et qui parmi tant d'autres prodiges d'ordre et de beauté qu'il fait éclater dans la création, a donné à toutes les créatures la faculté de reproduire des êtres de même nature et de même espèce, a dû posséder le premier la puissance qu'il a communiquée ; car nul ne peut donner ce qu'il n'a pas. Dieu donc qui a engendré un Fils qui lui est absolument et parfaitement semblable, c'est-à-dire unique comme il est unique, saint comme il est saint, bon comme il est bon, heureux comme il est heureux, souverain comme il est souverain, éternel comme il est éternel, a voulu posséder le premier la fécondité et donner ainsi aux créatures qu'il devait tirer du néant l'exemple de se reproduire suivant sa nature et son espèce. Et en effet, l'ordre exigeait que celui qui devait être le Père de toutes choses, fût d'abord Père dans le sens propre du mot, c'est-à-dire Père d'un Fils qui le fût par nature. Cependant lorsque nous disons que Dieu engendre un Fils, ce n'est pas dans ce sens que son origine ressemble à la nôtre, et qu'il soit né comme naissent les hommes mortels qui sortent du sein qui les a conçus pour com-

---

Non Salvator opus Dei celari debere dixit : nam alio loco : « Vade, inquit, et narra quanta tibi fecerit Deus. » (*Marc.*, v, 19.) Sed illorum testimonium refutavit aliquando, et jactantiam pressit ; ne videretur, quod prudentibus absurdum est, ipse sibi, ut seductor, testimonium perhibere.

QUÆSTIO IX. — (1) De æternitate Filii.

Quoniam sunt quidam, qui nondum adhuc discussa erroris caligine, nec purgata vel detersa veternosæ vitæ carie, terreno sensu existimantes, dubitant vel de Dei Filio, vel duos unum esse, (perfida enim et contumax natio Judæorum, quibus fons Legis et sacramentorum thesauri (*a*) patuerunt, non ambigit, sed nefariis pernegat vocibus,) breviter quantum tractus contractior patitur edisseram. Spes enim ignorantibus si velint discere, integra dimittitur ; pœna dissimulantibus perpetua destinatur. Deus omnipotens, cum magnitudine ac bonitate præstantior sit, magnum aliquod et maxime bonum edere ex se atque exhibere debuerat : sed si quid edidisset, quod contra modum excellentiæ suæ foret, aut non potuisse amplius, quod in omnipotentem non cadit ; aut noluisse, quod in benignissimum, videretur. Certe in summo Deo grande non fuerat fecisse quod infra se positum vim plenæ summitatis non esset habiturum. Su-per se ergo nihil erat ; nihil est enim quod Deum vincat : infra se parum fuerat ; quia minus maximo non congruebat. Simillimum itaque suum Filium creans, edidit ex se quasi alterum se : ac sic illud summum et maximum bonum, quod nobis ex Deo suppetit, per ejus ad nos propaginem redundavit. Quin et hæc simul intelligenda ratio est, Deum qui hunc mundum condidit, et qui inter cætera pulchritudinis ordinationisque miracula, creandi quoque naturam sufficiendis sui cujuslibet generis fetibus tribuit, ipsum prius utique habuisse quod dederit. Nullus enim dat quod ipse non habeat. Qui habuit ergo Filium totis sibi similitudinis partibus congruentem, hoc est, unus unicum, probus probum, bonus benignum, beatus beatum, maximus maximum, sempiternus æternum, habuit utique ante mundum creatæ sobolis principatum ; de quo rebus oriundis impertiebatur exemplum, ut gignentium germina suis respondere seminibus cogerentur. Nec sane aliter sinebat ordo legitimus, quam ut pater rerum futurus, ante esse debuerit pater proprius, hoc est proprii sui fetus. Sed quod editum Filium diximus, non sic est accipiendum tanquam nostri similem habeat ortum, natusque ita sit, ut mortales nasci videmus, cum prorumpente fetu exsistant quæ ante non fuerant. Illa enim alunde insitis concepta

(1) Deest in Mss. 1 generis.
(*a*) Sic Mss. Germ. At editi thesa uri hoc monstra repotuerunt.

mencer une existence qu'ils n'avaient pas auparavant. Toutes les autres créatures doivent à des causes extérieures et aux éléments qui les environnent de se reproduire chacune suivant l'espèce qui lui est propre. La nature de Dieu, au contraire, sans l'union d'aucune cause étrangère, a engendré et produit de sa nature ce qui était en elle et avec elle de toute éternité. Ainsi, lorsque nous disons que la lumière naît du soleil, parce qu'elle est produite par le soleil qui semble l'engendrer, nous entendons, non pas que le soleil puisse être ou ait jamais existé sans sa lumière et qu'il l'ait engendré dans un temps postérieur à sa propre existence, mais que cette lumière qui a toujours été en lui, qui est comme sa production et comme son fils, se répand sans attendre le progrès du temps, et sans aucune distinction du principe fécond de son éclat et de sa splendeur. C'est ainsi que le Fils de Dieu, uni intimement à Dieu de toute éternité, possède ce caractère de ressemblance avec Dieu, de n'avoir ni commencement ni fin. Dieu est éternel et n'a point d'origine, le Fils est également éternel. Dieu est un, il est simple, il est immuable; ainsi le Fils est tellement uni à son Père, que sauf la distinction des noms et des personnes, les deux ne font qu'une même nature, et que leur grandeur et leur majesté sont inséparables. Dieu n'a point engendré son Fils à l'aide d'éléments contraires ; il l'a engendré de la source simple et unique de sa nature divine, il l'a toujours eu dans son sein, il n'en a jamais été séparé, et il lui est si étroitement uni que l'unité qui existe entre eux ne peut souffrir la moindre altération.

QUESTION X. — Pourquoi saint Paul dit-il aux Galates : Je m'étonne que vous quittiez sitôt celui qui vous a appelés à la grâce de Jésus-Christ pour passer à un autre Evangile, quoiqu'il ne soit pas un autre Evangile? (*Gal.*, 1, 6.) Si c'est un autre, ce n'est pas le même; s'il n'est pas le même, comment n'est-ce pas un autre ?

L'Apôtre appelle un autre Evangile celui qui avait été prêché aux Galates, parce qu'il était différent de celui qu'ils avaient plus tard commencé à suivre. Ils s'étaient laissé détourner de l'Evangile de Jésus-Christ et entraîner dans le judaïsme sous le nom même de Jésus-Christ comme s'il fallait absolument l'embrasser, et ils enseignaient des principes tout différents de la doctrine de l'Apôtre. Voilà pourquoi il ajoute : « Comme ils cherchent à vous le persuader. » En effet, les faux apôtres, pour séduire plus facilement les Gentils qui embrassaient la foi, leur présentaient comme la doctrine du Sauveur leurs propres inventions, ainsi que nous le voyons dans les Actes des Apôtres : « Si vous n'êtes circoncis selon la loi de Moïse, vous ne pouvez être sauvés. » (*Act.*, xv, 1.) Aussi une vive douleur s'empare de l'âme de l'Apôtre à la vue de la perversion des Galates et il leur dit : « Je m'étonne que vous quittiez sitôt celui qui vous a appelés à la grâce de Jésus-Christ pour passer à un autre Evangile, bien qu'il n'y en ait point d'autre. » Il s'étonne donc qu'après avoir porté un fardeau léger et beaucoup moins pesant, ils voulussent se charger d'obligations dures et pénibles; c'est-à-dire qu'au lieu de la simple doctrine de la foi ils consentissent à se faire circoncire, à observer les néoménies, le sabbat, en s'assujettissant de nouveau aux éléments. Et pour ne point paraître fournir aux faux apôtres le prétexte de dire que la doctrine qu'a-

---

seminibus, elementorum (*a*) subjectorum coetu in generis sui speciem coalescunt : hæc autem divinitus nullo auxilio admixtionis externæ ex se id quod in se secum semper habuit, eduxit et protulit. Ut enim si lucem nasci ex sole dicamus, quod ab eo procedat et profluat, non utique sic dicimus, quasi aliquando sine luce sol aut esse possit, aut fuerit, ut eam tempore aliquo a se (*b*) posteriorem generaverit, sed ut quod secum semper obtinuit, eam de se scilicet genitam sine coepti aliqua distinctione a principio, qua semper fulgeat, semper ex se velut munere reparante collustret : sic Dei Filius ab æterno omnino Patri cohærens, hanc quoque ejus similitudinem tenuit, ut nec ortum habeat, nec occasum. Et ut Deus sine origine sempiternus, ita et Filius sempiternus : ut et Deus unus est, simplex, idemque, sic cum Patre permixtus, ut nominibus et affectibus distincti quidem, sed idem sint, in ambobus unus, et uterque in uno inseparabili majestate continuus. Deus itaque Filium non ex materiis discordantibus tractum, sed ex simplici ac singulari naturæ suæ stirpe ac seminatio editum, semper in se habitum, nec a se ulla unquam separatione dimissum, ita secum continet et amplectitur, ut nihil in ambobus de illa unitate mutetur.

QUÆSTIO X.— (1) Quid est quod Apostolus dicit Galatis :

Miror quod sic tam cito transferimini ab eo qui vocavit vos in gratiam, in aliud Evangelium, quod non est aliud. Si aliud certe est, ipsum non est : si ipsum non est, quomodo non aliud est?

Ideo aliud dicit Evangelium, ad quod vocati fuerant, quia non hoc est quod postea sequi coeperant Galatæ. Ab Evangelio enim Christi abducti, in Judaismum fuerant attracti sub nomine Christi, quasi hoc esset sequendum ; et aliud quam quod Apostolus prædicabat, affirmabant. Unde sublegitur : « Sicut vobis suadent. » Pseudo enim Apostoli, cum circumvenirent gentiles credentes, hoc dicebant a Salvatore traditum, quod ipsi docebant, sicut continetur in Actibus Apostolorum : « Quia nisi circumcidamini more Moysi, non poteritis salvi esse. » (*Act.*, xv, 1.) Hinc Apostolus dolore eversionis illorum commotus, scribit ad eos, dicens : « Miror quod sic tam cito transferimini ab eo qui vocavit vos in gratiam, in aliud Evangelium, quod non est aliud. » Miratur ergo, quia post rem levem et minus gravem, asperitati studerent et oneri : hoc est, ut post fidei simplicitatem circumcidi se, pro elementis permitterent, neomenias colerent et sabbatum, clementis subjecti (*c*). Et ne pseudo apostolis occasionem dedisse videretur, dicentibus aliud esse quod acceperant Galatæ quam veritatis habet traditio, statim sub-

---

(1) Deest in Mss. 1 generis.

(*a*) Mss. Germ. *elementorum distantia in coetum sui generis specie coalescunt.* — (*b*) Mss. Germ. *a se superiore generaverit.* — (*c*) Adduntur in aliquibus Mss. hæc verba quæ absunt a Germanensi codice : *Ac revocati erant, id est gratiæ non legis factorum.*

vaient reçue les apôtres n'était pas conforme à la tradition de la vérité, il ajoute aussitôt : « Non qu'il y en ait d'autres, mais il y a des hommes qui mettent le trouble parmi vous, et qui veulent changer l'Evangile de Jésus-Christ. » (*Ibid.*, 7.) L'Evangile auquel l'Apôtre les avait appelés était donc différent de celui qu'ils avaient commencé à suivre sous l'influence des faux apôtres. Cependant il n'y avait pas d'autre Evangile que celui que Jésus-Christ avait enseigné, et cela seul suffisait pour les convaincre qu'ils avaient été induits en erreur et les ramener à la seule doctrine de la foi, en confessant que Jésus-Christ Dieu est l'unique principe du salut, et que c'est par lui et non par la loi qu'ils avaient reçu la rémission de leurs péchés que la grâce de Dieu pardonne sous la loi.

QUESTION XI. — L'apôtre saint Paul nous recommande de ne point nous attrister au sujet des morts, ce qui est le propre de ceux qui n'ont point d'espérance ; et lui-même nous dit ailleurs en parlant d'Epaphrodite : « Il a été malade jusqu'à la mort, mais Dieu a eu pitié de lui ; et non-seulement de lui, mais aussi de moi, afin que je n'eusse pas affliction sur affliction. » (*Philip.*, II, 27.) Pourquoi défend-t-il aux chrétiens de s'attrister, puisqu'il déclare que la mort d'Epaphrodite l'eût jeté lui-même dans une grande tristesse ?

La douleur que l'Apôtre défend aux chrétiens, n'est pas celle qu'il aurait éprouvée de la mort d'Epaphrodite si elle fût arrivée. La raison pour laquelle cette mort lui aurait causé de la tristesse, c'est qu'il perdait en lui un auxiliaire, un appui dans la prédication de l'Evangile. Quant à nous, saint Paul nous défend de nous attrister, comme si nous pleurions des morts perdus sans retour et sans espérance de résurrection. Il y a donc une grande différence entre les larmes que fait verser l'absence d'un auxiliaire, d'un ami, et la douleur produite par la mort d'une personne que l'on ne croit plus devoir exister. D'un côté il n'y a plus de consolation possible, de l'autre le désespoir seul est exclu.

QUESTION XII. — Pourquoi dit-on que Rachel pleure ses enfants lorsque ce sont les enfants de Lia et de la tribu de Juda qui sont mis à mort ?

Les enfants de Rachel, comme l'histoire nous l'apprend, ont été autrefois détruits et anéantis par les autres tribus, en punition de leurs crimes contre nature, et de l'attentat infâme qu'ils commirent sur la femme d'un lévite, etc. (1).

(1) Cette question est la même qui se trouve plus haut, question LXII.

jecit : « Quod non est aliud, nisi sunt aliqui qui vos conturbant, et volunt convertere Evangelium Christi. » Aliud ergo erat, ad quod ab Apostolo vocati erant Evangelium, quam quod sequi cœperant impulsu Pseudo apostolorum : non tamen aliud erat quam Christus tradiderat, ut vel per id in errorem se inductos cognoscerent, et solam fidem sequerentur, profitentes Christum Deum, et hunc sufficere ad salutem tribuendam, per quem fuerant remissionem peccatorum adepti, non per Legem : quia sine Lege gratia Dei donat delicta.

QUÆSTIO XI. — (1) Non esse contristandum de mortuis Paulus Apostolus signat. Nam desperantium est contristari ; et ipse : Infirmus, inquit de Epaphrodito, fuit prope mortem, sed Deus misertus est illi : non solum autem illi, sed et mihi, ne tristitiam super tristitiam haberem. (*Philip.*, II, 27.) Quomodo contristandum vetat,

(1) Deest in Mss. 1 generis.

cum ipse contristandum se, si mortuus fuisset, declarat. Aliter se de morte Epaphroditi, si provenisset, contristandum significavit, et aliter prohibet contristandum. Nam hic propter solatium adjutorii ejus, quo utebatur in Evangelio, si mortuus fuisset, contristandum se dixit. Nos autem sic contristari prohibet, ne obitos quasi extinctos et perditos lugeamus, desperantes de resurrectione. Aliud est igitur solatium requirere quasi absentis, et aliud dolere interitum jam non futuri. Hic cessat consolatio, illic excluditur desperatio.

QUÆSTIO XII. — Quid est quia occisis filiis Liæ, qui sunt ex tribu Juda, Rachel filios suos plangere dicatur ?

Rachel filii, quantum ad historiam pertinet, olim pro malefico suo opere Sodomitarum, et spurcitia quam in concubinam hominis levitæ operati sunt, extincti fuerunt et erasi sunt a reliquis tribubus, etc.

AVERTISSEMENT

SUR L'EXPOSITION SUIVANTE DE L'APOCALYPSE

En parcourant les commentaires des anciens sur l'Apocalypse, vous trouverez une grande partie de l'exposition suivante qui est un composé des explications surtout du martyr Victorin (si toutefois il est l'auteur du commentaire publié sous son nom), de Primasius et de Bède. Quelques-uns voulaient y voir l'œuvre de Tichonius ; ce qu'il y a de certain, c'est qu'on n'y rencontre pas les erreurs que ce Donatiste avait semées dans son ouvrage, c'est-à-dire une multitude d'assertions contraires à la saine doctrine, comme l'écrit Primasius, et où, à l'occasion de la discussion qui s'agitait entre les catholiques et les Donatistes, il cherchait dans la méchanceté de son cœur les textes qui pouvaient satisfaire ses intentions perverses et voulait insulter à l'Eglise catholique par une interprétation satirique et mordante. Au contraire on y trouve un grand nombre de maximes qui semblent mises à dessein contre l'hérésie des Donatistes ; la répétition du baptême en usage chez ces schismatiques y est condamnée en plusieurs endroits, comme dans l'homélie VI sur le verset 11 du chapitre VIII de l'Apocalypse : « On peut entendre évidemment ce texte, dit l'auteur, de ceux qui se font rebaptiser. » On ne trouve pas non plus dans cette exposition certaines explications de Bède qui sont données sous le nom de Tichonius. D'ailleurs Tichonius, cherchant dans son explication de l'Apocalypse comment il faut entendre les sept anges des Eglises à qui saint Jean reçut l'ordre d'écrire, apporte une multitude de raisonnements, dit saint Augustin dans son troisième livre *De la doctrine chrétienne*, chapitre XXX, et à la suite d'une très-longue discussion arrive à cette conclusion que les anges représentent les Eglises. Or, l'auteur de l'ouvrage qui suit est beaucoup plus court et plus concis dans l'explication de ce texte, et il s'est contenté d'extraire les interprétations sans aucun développement des livres des autres, et peut-être de Tichonius lui-même, à qui Primasius et Bède ont emprunté de magnifiques explications. Aussi les théologiens de Louvain ont cru avec raison que cet ouvrage n'était qu'un recueil d'annotations recueillies avec soin et auxquelles on avait ensuite donné la forme d'homélies. Dans un manuscrit très-ancien de Saint-Pierre de Chartres, l'homélie XVI est divisée en deux avec quelques additions ; de plus, la

ADMONITIO

DE SUBSEQUENTI EXPOSITIONE IN APOCALYPSIM.

Veterum in Apocalypsim commentarios evolventi tibi occurret magna pars subsequentis expositionis, quæ ex Victorini martyris præsertim (si ad ipsum tamen vulgatus ejus nomine commentarius pertinet) atque ex Primasii et Bedæ verbis consarcinata est. Hanc pro Tichonii opere omnino recipi volabant nonnulli : at certe non habentur hic quæ Donatista ille suo operi insperserat, « multa » videlicet, uti Primasius scribit « sanæ doctrinæ contraria, ita ut de causa quæ Catholicos inter et Donatistas vertebatur, secundum pravitatem cordis sui loca nocendi captaret, Catholicæque Ecclesiæ noxia expositione putaret mordaciter illudendum. » Quin imo adversus Donatistarum hæresim exponuntur de industria sententiæ quamplures ; et baptismi repetitio, quæ Schismaticis illis in usu erat, passim improbatur, velut in Homilia VI ad Apocal. VIII, vers. 11. « Hoc, ait auctor, in his qui rebaptizantur, manifeste intelligi potest. » Hinc etiam absunt quædam interpretationes a Beda Tichonii nomine relatæ. Ad hæc, Tichonius in Apocalypsi quærens quemadmodum intelligendi sint Angeli Ecclesiarum septem, quibus scribere Joannes jubetur, « ratiocinatur multipliciter, » inquit Augustinus in lib. III *De doctrina christiana*, c. xxx, « et ad hoc pervenit ut ipsos Angelos intelligamus Ecclesias ; copiosissima utique disputatione usus. » Sed hac profecto in re multo brevior pressiorque est subsequentis operis conscriptor, qui nimirum ex aliorum libris, atque ex ipso forsitan Tichonio, a quo præclara quædam mutuati sunt etiam Primasius et Beda, nudas interpretationes decerpere contentus fuerit. Quapropter Lovaniensibus Theologis merito visum est hoc opus nihil esse præter annotationes alicujus studio collectas, posteaque in Homiliarum formam redactas. Porro in vetustissimo Abbatiæ S. Petri Carnu-

première homélie n'a pas le même exorde que dans les éditions récentes et commence en ces termes tant soit peu différents :

Quelques-uns des anciens Pères, mes très-chers frères, ont cru que les révélations contenues dans l'Apocalypse de saint Jean étaient en totalité, ou du moins en très-grande partie, une prédiction des circonstances qui devaient accompagner le jour du jugement ou l'avénement de l'Antechrist. Ceux au contraire qui en ont fait une étude plus approfondie, ont enseigné que les prédictions contenues dans cette révélation ont commencé à s'accomplir aussitôt après la passion de Notre-Seigneur et Sauveur, et qu'elles doivent continuer à recevoir leur accomplissement jusqu'au jour du jugement, tellement qu'il n'en restera plus qu'une très-faible partie pour le temps de l'Antechrist. Ainsi tout ce qui vous est présenté dans cette lecture, soit le fils de l'homme, soit les étoiles, soit les anges, soit les chandeliers, soit les quatre animaux, soit l'aigle qui vole au milieu du ciel, soit tout autre figure, entendez-le de Jésus-Christ et voyez-y autant de prédictions de ce qui s'accomplit dans l'Eglise ou dans sa figure. Les sept Eglises à qui saint Jean écrit dans l'Asie sont la figure de l'Eglise catholique à cause des sept dons de l'Esprit saint. (*Apoc.*, i, 5.) Le témoin fidèle dont il parle (*ibid.*), c'est Jésus-Christ qui a rendu un bon témoignage sous Ponce-Pilate. « Il nous a faits le royaume et les prêtres de Dieu, dit saint Jean. » Ces prêtres de Dieu, c'est l'Eglise tout entière, d'après ces paroles de saint Pierre : « Vous êtes une race choisie et un sacerdoce royal. » (I *Pier.*, ii, 9) « Et j'ai vu, poursuit saint Jean, sept chandeliers d'or. » (*Apoc.*, i, 12.) Ces sept chandeliers d'or représentent l'Eglise. « Et au milieu des chandeliers j'ai vu quelqu'un qui ressemblait au fils de l'homme, » c'est-à-dire Jésus-Christ. Or, dans le fils de l'homme comme dans les sept chandeliers, etc.

tensis codice Homilia xvi verbis quibusdam additis dividitur in duas : præterquam quod i Homilia non idem quod in editis habet exordium, sed aliquanto diversum sub hisce verbis :

Ea quæ in Apocalypsi sancti Joannis continentur, fratres carissimi, aliquibus ex antiquis Patribus hoc visum est, quod aut tota, aut certe maxima pars ex ipsa lectione, diem judicii, vel adventum Antichristi significare videatur. Illi autem qui diligentius tractaverunt, quod ea quæ in ipsa revelatione continentur, statim post Passionem Domini Salvatoris nostri fuerunt inchoata, et ita sunt usque ad diem judicii consummanda, ut parva portio temporibus Antichristi remanere videatur : et ideo quidquid in ipsa lectione recitari audieritis sive filium hominis, sive stellas, sive Angelos, sive candelabra, sive quatuor animalia, sive aquilam in medio cœlo volantem, et reliqua omnia in Christo intelligite, et in Ecclesia fieri, vel in typo ejus prædicta esse cognoscite. In septem Ecclesiis quibus sanctus Joannes Evangelista scripsit in Asia intelligitur una Ecclesia catholica propter septiformem Spiritum gratiæ. (*Apoc.*, i, 5.) Quod autem dicit testis fidelis (*v.* 6) : Christus est, qui testimonium reddidit sub Pontio-Pilato. « Fecit, inquit, nos regnum et sacerdotes Deo. » Sacerdotes Deo totam Ecclesiam dicit; sicut ait S. Petrus : Vos, inquit, genus electum, regale sacerdotium. (I *Pet.*, ii, 9.) « Et vidi, inquit, septem candelabra aurea. » (*Apoc.*, i, 12.) In septem candelabris Ecclesia est. « Et in medio candelabrorum similem filio hominis » id est Christum. Sive autem filius hominis, sive septem candelabra, etc.

EXPOSITION
DE
L'APOCALYPSE DE SAINT JEAN

Homélie I. — Nous remarquons dans la lecture de la révélation de l'apôtre saint Jean, mes très-chers frères, et nous prendrons soin d'expliquer dans le sens anagogique avec la grâce de Dieu, que la révélation de Jésus-Christ se fait entendre à nos oreilles, pour que les secrets du ciel soient découverts à nos cœurs. « Révélation de Jésus-Christ que Dieu lui a donné de faire connaître, c'est-à-dire de découvrir à ses serviteurs, » (*Apoc.*, I, 1) en leur apprenant et en leur montrant que ces prédictions doivent s'accomplir bientôt. » (*Ibid.*, 4.) « A son serviteur Jean, » Jean signifie grâce de Dieu. « En écrivant aux sept Eglises qui sont dans l'Asie. » Asie veut dire *élévation* et figure le genre humain. Dans ces sept Eglises, comme dans ces sept chandeliers, il nous faut remarquer avec soin que la grâce, que Dieu a donnée à nous le genre humain qui avons cru, a sept formes différentes. En effet, Jésus-Christ nous a promis de nous envoyer du ciel l'Esprit Paraclet, et il l'a envoyé aux Apôtres qui paraissaient être dans l'Asie; c'est-à-dire dans le monde élevé où il a donné aux sept Eglises, à nous par Jean son serviteur, la grâce aux sept formes différentes. « Que la grâce et la paix vous soient données avec abondance par Dieu le Père et par le Fils de l'homme, » c'est-à-dire par Jésus-Christ. Or, dans le Fils de l'homme, comme dans les sept chandeliers ou dans les sept étoiles, il faut entendre l'Eglise avec Jésus-Christ son chef. « Il était ceint, au-dessous des mamelles, d'une ceinture d'or. » Celui qui était ceint représentait la personne du Christ. Les deux mamelles sont les deux Testaments, qui puisent dans la poitrine de notre divin Sauveur comme dans une source intarissable ce qui doit nourrir le peuple chrétien pour la vie éternelle. La ceinture d'or, c'est le chœur ou la multitude des saints. De même que la ceinture est destinée à serrer la poitrine, ainsi la multitude des saints s'attache étroitement à Jésus-Christ et embrasse les deux Testaments comme deux mamelles pour y puiser comme au sein de Dieu une sainte et divine nourriture. Sa tête et ses cheveux étaient blancs comme de la laine blanche et comme de la neige. » (*Ibid.*, 14.) Les cheveux blancs signifient la multitude de ceux qui sont blanchis, c'est-à-dire des néophytes qui sortent de la piscine du baptême. Il les compare à la laine blanche parce qu'ils sont les brebis de Jésus-Christ; à la neige, parce que de même que la neige tombe d'elle-même des cieux, ainsi la grâce du baptême vient sans être attirée par aucun mérite précédent. Ceux qui sont baptisés

EXPOSITIO
IN
APOCALYPSIM B. JOANNIS

Homilia I. — In Lectione revelationis beati Joannis Apostoli, fratres carissimi, animadvertimus, et secundum anagogen hoc Domino largiente explanare curabimus, quia revelatio Jesu Christi nostris auribus panditur, ut arcana cœlestia nostris cordibus manifestentur. « Apocalypsis Jesu Christi, quam dedit illi Deus palam facere servis suis, » (*Apoc.*, I, 1) id est manifestare. « Quæ oportet fieri cito significans (*v.* 4), hoc est ostendens. « Servo suo Joanni : » Joannes, Dei gratia interpretatur. « Scribens septem Ecclesiis, quæ sunt in Asia. » Asia elatio interpretatur, per quam genus humanum figuratur. Istæ septem Ecclesiæ et septem candelabra, hoc sollerter intuendum est, quia septiformis gratia est, quæ data est a Deo per Jesum Christum Dominum nostrum, nobis generi humano, qui credidimus : quia et ipse pollicitus est nobis mittere Spiritum paracletum de cœlis, quem et Apostolis misit, qui in Asia esse videbantur, hoc est in elato mundo, ubi et septiformem gratiam septem Ecclesiis nobis per servum suum Joannem donavit : « Gratia vobis et pax multiplicetur a Deo Patre et a Filio hominis : » id est, Christo. Sive autem filius hominis, sive septem candelabra, sive septem stellas, Ecclesia intelligitur cum capite suo Christo. Quod autem ait : « Cinctum inter mamillas zona aurea : » ille qui erat cinctus Christum Dominum figurabat. Duas mamillas, duo Testamenta intellige, quæ de pectore Domini Salvatoris tanquam de perenni fonte accipiunt, unde Christianum populum nutriant ad vitam æternam. Zona vero aurea, chorus est, sive multitudo Sanctorum. Sicut enim de cingulo pectus stringitur, ita sanctorum multitudo Christo adhæret, et velut duas mamillas duo Testamenta complectitur, ut ex ipsis velut de sanctis uberibus nutriantur. « Caput, inquit, ejus et capilli sicut lana alba et nix : » (*v.* 14) Capillos albos multitudinem albatorum, id est neophytorum ex baptismo (*b*) prodeuntium dicit. Lanam dixit, quia oves Christi sunt. Nivem dixit, quia sicut nix de cœlo ultro descendit, ita et gratia baptismi nullis præcedentibus meritis venit. Ipsi enim qui bapti-

---

(*a*) Titulus *Homilia* 1, non est in veteri codice Petrensi. — (*b*) Ms Pet. *procedentium*.

forment la cité de Jérusalem, qui tous les jours descend des cieux comme la neige. Jérusalem, c'est-à-dire l'Eglise, nous est représentée comme descendant des cieux, parce que c'est du ciel que vient la grâce qui la délivre de ses péchés, et qu'elle est unie à Jésus-Christ, c'est-à-dire à son chef éternel, à son céleste époux. Au contraire, la bête nous est représentée comme sortant de l'abîme, figure du peuple mauvais qui naît aussi d'une source empoisonnée. Et de même que Jérusalem trouve dans son humble abaissement le principe de son élévation; ainsi la bête, c'est-à-dire le peuple superbe en voulant s'élever avec arrogance est précipité dans l'abîme. « Ses yeux paraissaient comme une flamme de feu. » Les yeux signifient les préceptes de Dieu comme il est écrit : « Votre parole, Seigneur, est la lumière qui éclaire mes pas. » (*Ps.* CXVIII, 105.) Et encore : « Votre parole est toute de feu. » (*Ibid.*, 14.) « Ses pieds étaient semblables à l'airain fin du Liban, quand il est dans une fournaise ardente. » (*Apoc.*, V, 15.) Ces pieds enflammés figurent l'Eglise, qui aux approches du jour du jugement doit être éprouvée par des tribulations multipliées, et purifiée par le feu. Les pieds sont l'extrémité et comme la dernière partie du corps, et les pieds paraissent très-enflammés; ils figurent donc l'Eglise des derniers temps qui doit être éprouvée par beaucoup de tribulations comme l'or dans la fournaise. Celui qui considère avec attention les événements, voit déjà la multitude des iniquités concourir à l'accomplissement de cette prédiction. Il compare les pieds à de l'airain fin, parce que c'est sous l'ardeur d'un feu très-vif auquel on l'expose avec soin que l'airain prend la couleur de l'or, et c'est ainsi que l'Eglise brille d'un éclat plus pur au milieu des tribulations et des souffrances. Dans la ceinture d'or qui entoure la poitrine on peut encore voir la science spirituelle et l'intelligence claire des vérités divines qui est donnée à l'Eglise. « De sa bouche sortait une épée à deux tranchants. » (*Ibid.*, 16.) Ce glaive est la figure de Jésus-Christ qui nous annonce maintenant les biens de l'Evangile et qui auparavant a donné à tout l'univers par Moïse la connaissance de la loi, et dont David a dit : « Dieu a parlé une fois, j'ai entendu ces deux choses. » (*Ps.* CXI, 12.) Ces deux choses sont donc les deux Testaments, l'Ancien ou le Nouveau, suivant l'intelligence des temps, représentés ici sous l'image d'un glaive à deux tranchants. « Sa voix était comme la voix des grandes eaux. » (*Apoc.*, I, 15.) Ces grandes eaux ce sont les peuples, la voix, c'est la prédication des Apôtres. Dans les paroles qui précèdent : « Ses pieds étaient semblables à de l'airain fin quand il est dans la fournaise, » on peut aussi entendre les Apôtres qui, après la passion du Sauveur, ont prêché sa parole. Ceux par qui la prédication semble marcher, sont justement comparés aux pieds, suivant ces paroles du Prophète : « Qu'ils sont beaux sur les montagnes les pieds de ceux qui annoncent la paix et le bonheur; » (*Isaïe*, LII, 7) et ces autres du Psalmiste : « Nous adorerons dans le lieu où reposent ses pieds. » (*Ps.* CXXXI, 7). « Il avait en sa main droite sept étoiles. » (*Apoc.*, I, 16.) Par ces sept étoiles saint Jean veut nous faire entendre l'Eglise. En effet, l'Eglise spirituelle est à la droite de Jésus-Christ, et c'est à cette Eglise placée à sa droite qu'il dit : « Venez les bénis de mon Père. » (*Matth.*, XXV, 34.) Les sept étoiles sont donc l'Eglise. Nous avons dit que l'Esprit des sept dons lui a été donné par le Père, comme Pierre le

zantur, Jerusalem sunt, quæ quotidie ad instar nivis de cœlo descendit. Jerusalem, id est Ecclesia ideo de cœlo descendere dicitur, quia de cœlo est gratia, per quam et a peccatis liberatur, et Christo, id est æterno capiti sponso cœlesti conjungitur. Sicut e contrario bestia de abysso ascendere dicitur, id est, populus malus qui ex populo malo nascitur. Nam sicut Jerusalem humiliter descendendo exaltatur, ita bestia, id est populus superbus arroganter ascendendo præcipitatur. « Oculi ejus velut flamma ignis : » In oculis præcepta Dei dicit, sicut scriptum est : Lucerna pedibus meis verbum tuum Domine (*Psal.* CVIII, 105) : et : Ignitum eloquium tuum. (*Ibid.*, 140.) « Et pedes ejus similes auricalco (*a*) Libani, igniti velut in fornace ignis. » (*Apoc.*, I, 15.) In pedibus igniti Ecclesia intelligitur; quæ imminente die judicii, nimietate pressurarum probanda, et igne examinanda est. Et quia pes novissima pars est corporis, et pedes igniti dixit esse, ideo in pedibus Ecclesia novissimi temporis intelligitur multis tribulationibus velut aurum in fornace probanda. Quam rem qui bene considerat, jam nunc ex multitudine iniquitatum fieri videt. Ideo auricalco signavit, quod ex ære et igne multo ac medicamine perducitur ad auri colorem : sicut Ecclesia per tribulationes et passiones purior redditur. In zona aurea accincta pectori, potest etiam scientia spiritalis ac purus sensus datus Ecclesiæ intelligi. « Gladium vero bis acutum de ore ipsius procedentem, »(*v.* 16) ipsum Christum esse significat, qui et nunc Evangelii bona, et prius per Moysen Legis notitiam universo orbi protulit : et de quo David similiter ait : Semel locutus est Deus, duo hæc audivi. (*Psal.* LXI, 12.) Hæc ergo sunt duo Testamenta, quæ pro captu temporis aut nova, aut vetera, gladius bis acutus dicuntur. « Vox ejus tanquam vox aquarum multarum. » (*Apoc.*, I, 15.) Aquæ multæ, populi intelliguntur esse : in voce, prædicatio Apostolorum. Quod autem supra dixit : « Pedes ejus similes auricalco, tanquam in fornace conflati, » possunt etiam Apostoli intelligi, qui (*b*) post passionem prædicaverunt verbum ejus. Per quos enim ambulat prædicatio, merito pedes nominantur : sicut et Propheta dixit : Quam pulchri pedes evangelizantium pacem, evangelizantium bona (*Isa.*, LII, 7) : et illud : Adorabimus in loco ubi steterunt pedes ejus. (*Psal.* CXXXI, 7.) Quod autem dixit : « Habebat in dextera sua stellas septem : » (*Apoc.*, I, 16.) Ecclesiam intelligi voluit. In dextera enim Christi est spiritalis Ecclesia, cui ad dexteram positæ dicit : Venite benedicti Patris mei. (*Matth.*, XXV, 34.) Septem ergo stellæ Ecclesia est. Diximus enim quia Spiritus septiformis virtutis ei datus a Patre, sicut Petrus ad Judæos de Christo ait : Dextera igitur Dei exaltatus, acceptum a

(*a*) In editis *clibani*: Sed legendum esse *Libani*, patet ex Primasio et ex Autperto. — (*b*) Ms. Belg. *per*.

dit aux Juifs en parlant de Jésus-Christ : « Après qu'il a été élevé par la main de Dieu, il a répandu cet Esprit qu'il a reçu de son Père. (*Act.*, II, 33.) Or, en appelant chacune de ces sept Eglises par le nom qui lui est propre, il ne veut pas dire que ce soient les seules Eglises, mais ce qu'il dit à l'une d'entre elles il le dit à toutes. Ces sept Eglises représentent donc toutes les Eglises, soit de l'Asie, soit de tout l'univers, et ces Eglises ne forment qu'une seule Eglise catholique, comme saint Paul le dit à Timothée : « Afin que vous sachiez comment vous devez vous conduire dans la maison de Dieu, qui est l'Eglise du Dieu vivant. » (I *Tim.*, III, 15.) De même, dans le prophète Isaïe, les sept femmes qui prennent un seul homme représentent les sept Eglises qui n'en forment qu'une seule. L'homme, c'est Jésus-Christ ; le pain de ces femmes, c'est l'Esprit qui donne la nourriture pour la vie éternelle. Pour imprimer plus fortement ces explications dans votre esprit, je veux vous en donner une récapitulation abrégée. Par les sept Eglises à qui saint Jean écrit, il faut entendre la seule et unique Eglise catholique, à cause des sept grâces qui lui ont été données. « Le témoin fidèle, » c'est Jésus-Christ ; les sept chandeliers, l'Eglise catholique. Celui qui au milieu des sept chandeliers est semblable au Fils de l'homme, est Jésus-Christ au milieu de l'Eglise. Il est ceint au-dessous des mamelles d'une ceinture d'or ; ces mamelles sont les deux Testaments qui reçoivent de la poitrine de Jésus-Christ le lait spirituel qui nourrit le peuple chrétien pour la vie éternelle. La ceinture d'or, c'est le chœur ou la multitude des saints dont l'application constante à la lecture et à la méditation prouvent l'attachement étroit à Jésus-Christ. C'en est assez, mes très-chers frères. Repassez entre vous dans de saints entretiens ce que vous avez entendu, jusqu'à ce que nous puissions vous donner, avec le secours du Seigneur, l'explication de ce qui suit. Que Dieu vous en fasse la grâce, etc.

HOMÉLIE II. — Mes très-chers frères, le chandelier dont il vous a été parlé dans la lecture de l'Apocalypse, représente le peuple. Dieu dit : « J'ôterai votre chandelier de sa place, » (*Apoc.*, II, 5) c'est-à-dire je disperserai le peuple en punition de ses péchés. « Et je combattrai contre eux avec l'épée de ma bouche, » (*Ibid.*, 16) c'est-à-dire je leur ferai connaître mes préceptes pour la condamnation de leurs péchés ou de leurs crimes. « Son visage, dit saint Jean, était aussi brillant que le soleil dans sa force ; » (*Apoc.*, I, 16) c'est le symbole de l'avénement ou de la présence de Jésus-Christ, car c'est le visage qui sert à découvrir et à faire connaître un homme. On peut aussi entendre ces paroles de l'Eglise, à qui Jésus-Christ a promis cet éclat lorsqu'il a dit : « Alors les justes brilleront comme le soleil dans le royaume de leur Père. » (*Matth.*, XIII, 43.) « L'étoile du matin, » (*Apoc.*, II, 28) c'est la première résurrection qui a lieu par la grâce du baptême. L'étoile du matin dissipe les ténèbres de la nuit, et annonce le retour de la lumière ; c'est-à-dire qu'elle efface le péché et donne la grâce, à la condition toutefois que cette grâce sera suivie des bonnes œuvres. Car de même qu'il ne sert de rien qu'un grand arbre soit couvert de feuilles, s'il ne donne point de fruits ; ainsi il ne sert de rien de se dire chrétien, et de ne point pratiquer les œuvres qui font le chrétien. Voilà pourquoi le témoin fidèle dit : « Je vous conseille d'acheter de moi de l'or éprouvé au feu, » (*Apoc.*,

---

Patre Spiritum effudit. (*Act.*, II, 33.) Septem autem Ecclesias, quas vocat vocabulis suis, non ideo dicit, quia illæ solæ sint Ecclesiæ : sed quod dicit uni, omnibus hoc dicit. Denique sive in Asia, sive in toto orbe, septem Ecclesias omnes esse, et unam esse Catholicam : sicut ad Timotheum ait : Quomodo oportet te in domo Dei conversari, quæ est Ecclesia Dei vivi (I *Tim.*, III, 15) : et in Isaia, septem mulieres quæ apprehenderunt virum unum, septem Ecclesias significari intelligit, quæ et una est : virum, Christum intelligimus : panem mulierum, Spiritum sanctum qui nutrit in vitam æternam. (*Isa.*, IV, 1.) Et ut vobis ea quæ dicta sunt tenacius inculcetur, brevem ex ipsis recapitulationem fieri volumus. Septem ergo Ecclesiæ, quibus sanctus Joannes scribit, intelligitur una Ecclesia Catholica, propter septiformem gratiam. Quod autem dicit, « testis fidelis, » Christus est. Septem candelabra, Ecclesia catholica est. In medio candelabrorum similis filio hominis, Christus est in medio Ecclesiæ. Quod autem ait cinctum super mamillas : mamillæ duo Testamenta intelliguntur, quæ de pectore Christi lac spiritale accipiunt, ut populum Christianum in vitam æternam nutriant. Zona vero aurea, chorus est sive multitudo sanctorum, qui jugiter dum lectioni et orationi insistunt, Christo adhærere probantur. Jam ista caritati vestræ sufficiant. Quod audistis, sancta inter vos collocutione meditamini, donec quod reliquum est, donante Domino audire possitis. Quod ipse præstare dignetur, etc.

HOMILIA II. — (*a*) Fratres carissimi, in candelabro, de quo cum Apocalypsis legeretur audistis, populus intelligitur. Quod autem ait : « Movebo candelabrum tuum : » (*Apoc.*, II, 5, 16) hoc est, dispergam populum pro peccatis. « Et pugnabo cum eis in gladio oris mei : » id est, proferam præcepta mea, per quæ arguantur peccata vel crimina sua. Quod vero dixit : « Facies ejus sicut sol lucet in virtute sua : » (*Apoc.*, I, 16) et de adventu vel præsentia Christi, quia per faciem quisque manifestatur atque cognoscitur ; et de Ecclesia potest hoc accipi, cui istam claritatem Christus promisit, de qua dicit : Tunc fulgebunt justi sicut sol in regno patris eorum. (*Matth.*, XIII, 43.) « Stellam matutinam : » (*Apoc.*, II, 28) primam resurrectionem dicit, quæ per gratiam baptismi fit. Stella matutina noctem fugat, et lucem annuntiat, id est, peccatum tollit et gratiam tribuit : si tamen accepta gratia bona opera sequantur. (*b*) Sicut enim magnum arborem virere et fructum non reddere nihil prodest : sic nihil prodest Christianum dici, et Christiana opera non habere. Et ideo dicit : « (*c*) Consulo tibi a me emere

---

(*a*) Petrensis Ms. *Incipit Sequentia de expositione Apocalypsis*, nec aliter fere in cæteris. — (*b*) Mss. *Non enim magnum est arborem vivere et fructus non reddere. Sic nihil.* — (*c*) Mss. *Consule tibi, eme a me*.

III, 18) c'est-à-dire efforcez-vous de souffrir quelque chose pour le nom de Jésus-Christ. « Et d'appliquer sur vos yeux un collyre qui vous fasse voir, » c'est-à-dire d'accomplir par vos œuvres la connaissance que vous êtes heureux d'avoir reçue des Ecritures. « Jean, prédicateur du Nouveau Testament, vit une porte ouverte dans le ciel. » (*Apoc.*, IV, 1.) De quels yeux la vit-il? Quant à la vision figurative, ce ne fut pas des yeux du corps, mais de l'esprit; mais quant à la vérité elle-même qui s'est manifestée dans la chair visible du Seigneur, il ne l'a pas vue seulement des yeux de la chair, il l'a touchée de ses mains. Or, que figure cette porte, si ce n'est le médiateur de Dieu et des hommes, Jésus-Christ, qui a dit de lui-même : « Je suis la porte? etc. » (*Jean*, X, 9.) C'est avec raison qu'il voit cette porte non fermée, mais ouverte, parce que ce même médiateur par sa naissance et sa mort s'est fait connaître pour le rédempteur du monde. Le ciel, c'est l'Eglise, suivant ces paroles de Dieu lui-même : « Le ciel est mon trône; » (*Isaïe*, LXVI, 1) ou bien l'âme du juste qui, au témoignage de Salomon, est le trône de la sagesse. Saint Paul lui-même nous déclare que le Christ est la puissance et la sagesse de Dieu. (I *Cor.*, I, 24.) Il est certain que le ciel est l'Eglise des élus, dont on voit la porte ouverte, parce que l'Eglise enseigne, et que c'est pour les fidèles un article de foi que notre Rédempteur est né, a souffert, est ressuscité, et monté aux cieux. « Et la voix que j'entendis la première me dit avec un son éclatant comme celui d'une trompette : Monte ici. » (*Ibid.*, 2.) Cette porte que saint Jean voit ouverte était donc évidemment fermée aux hommes auparavant. Le trône placé dans le ciel, c'est le siège du juge autour duquel il vit quelque chose de semblable à la pierre de jaspe et de sardoine. Le jaspe est de la couleur de l'eau, et la sardoine d'un rouge de feu; ces deux pierres représentent les deux jugements : l'un qui déjà s'est accompli par l'eau, l'autre qui doit avoir lieu par le feu à la consommation des siècles. On peut encore voir ici une image de la vie des serviteurs de Dieu, qui tour à tour semblable à l'eau et au feu est un mélange d'événements heureux et malheureux. « Et il y avait autour du trône un arc-en-ciel, semblable à une vision d'émeraude. » (*Ibid.*, 3.) Dans la langue grecque comme dans la langue latine, on appelle iris l'arc-en-ciel que l'on voit briller dans les jours de pluie. Et que signifie cet arc-en-ciel, si ce n'est la réconciliation du monde qui a été le fruit de l'incarnation du Verbe? En examinant de plus près cette figure, nous y trouvons dans l'arc-en-ciel les caractères de cette réconciliation. L'arc-en-ciel paraît dans les airs lorsque les nuées chargées d'eau sont éclairées par les rayons du soleil. Lors donc que le soleil pénétra de sa lumière la nuée, on vit paraître l'iris, ou l'arc-en-ciel, parce que le Verbe du Père qui est la splendeur de la lumière éternelle et le soleil de justice, a répandu ses clartés sur la nature humaine dont il s'est revêtu, et que son humanité que le Prophète compare à une nuée (*Isaïe*, XIX, 1), est devenue la réconciliation du monde. Cette nuée est chargée de pluie, parce qu'elle est pleine des enseignements de la prédication. L'arc-en-ciel nous apparaît dans le Nouveau Testament comme un des emblèmes les

---

aurum conflatum : » (*Apoc.*, III, 18) id est, contende ut pro nomine Christi aliquid patiaris. « Et collyrio inunge oculos tuos : » ut quod libenter per Scripturas cognoscis, opere impleas. « Ostium apertum esse in cœlo, » novi Testamenti prædicator vidit Joannes. [(*a*) Quibus oculis vidit? quantum ad figuratam ostensionem, non carnis, sed mentis. Quantum vero ad ipsius rei veritatem quæ jam in carne Domino apparente manifestata fuerat, non solum oculis carnis vidit, verum etiam manibus contrectavit. » (*Apoc.*, IV, 1.) Quid vero per ostium designatur in hoc loco, nisi mediator Dei et hominum Christus Jesus? ipso Domino dicente : Ego sum ostium, et reliqua. (*Joan.*, X, 9.) Jure igitur non clausum, sed apertum intuetur, quia nimirum idem mediator noster nascendo, moriendo cunctis fidelibus innotuit, quia ipse erat redemptor mundi. Quid per cœlum, nisi Ecclesia designatur? sicut ipse dicit : Cœlum mihi sedes est (*Isa.*, LXVI, 1) vel : Anima justi, sicut Salomon testatur, sedes est sapientiæ. Paulus quoque occurrit dicens Christum Dei virtutem, et Dei sapientiam. (I *Cor.*, I, 24.) Constat procul dubio, quod cœlum est electorum Ecclesia, in qua ostium apertum cernitur; quia redemptor noster natus et passus ac resuscitatus ad cœlos ascendisse in ea prædicatur et creditur. Quid autem in hac visione positus audierit Joannes, manifestat dicens : « Et vox prima quam audivi, tanquam tubæ loquentis mecum, dicens :] Ascende huc. » (*Apoc.*, IV, 1.) Quando apertum ostenditur, clausum antea fuisse hominibus manifestatum est. « Solium positum, » (*v.* 2) est sedes judicantis, super quem vidit similitudinem jaspidis et sardii. Jaspis aquæ colorem habet, et sardius ignis : in his duobus lapidibus duo judicia intelliguntur ; unum quod jam per aquam factum est in diluvio, aliud quod erit per ignem in consummatione sæculi. Potest hoc loco et vita servorum Dei intelligi : qui ad similitudinem aquæ et ignis interdum in hac vita omnes sancti habent prospera, interdum patiuntur adversa. « [Et iris erat in circuitu sedis similis visioni smaragdini. » (*v.* 3.) (*b*) Iris itaque Græca Latinaque lingua arcus vocatur, qui in die pluviæ apparere videtur. Et quid per hanc nisi reconciliatio mundi designatur, quæ per incarnati Verbi dispensationem facta cognoscitur ? Hoc certe si sollerter inspicitur, effectus ipsius iris indicare videtur. Arcus itaque tunc apparet, cum radiis solis imbrifera fuerit nubes illustrata. Sole igitur nubem illustrante, iris, id est arcus apparuit : quia videlicet Patris Verbum, quod candor est lucis æternæ ac sol justitiæ humanam suscipiendo illustravit naturam, ipsa humanitas ejus susceptio, quæ profecto nubes a Propheta vocatur (*Isa.*, XIX, 1), reconciliatio facta est mundi. Bene autem imbrifera, quia nimirum prædicationum eloquiis plena. Congruenter siquidem ad reconciliationem humani generis in Novo Testamento arcus figurativ

---

(*a*) Hæc Mss. non habent : sunt Ambros. Autperti, lib. XIII, *in Apoc*. — (*b*) Tota hæc v. 3 expositio abest a Mss..Petrensi et Belgico : adjecta est ex Ambrosii Autperti libro III, *in Apocalypsim*.

plus convenables de la réconciliation du genre humain, puisque sous l'Ancien Testament Dieu le choisit et le fait paraître dans les nuées comme le signe qui devait annoncer à la terre le retour de la paix après l'inondation du déluge; c'est-à-dire qu'à la vue de ce signe, le Dieu tout-puissant se souviendrait de son alliance, et ne permettrait plus que la terre fût détruite par l'immensité des eaux. Si au nom de l'arc-en-ciel (*irin*) on ajoute à la fin une seule lettre, et qu'on dise *irini*, on a le mot significatif de paix, puisqu'en grec εἰρήνη veut dire paix. Dans l'Ancien Testament Dieu dit à Noé : « Voici que j'établirai mon alliance avec vous. » (*Gen.*, IX, 9.) Et remarquez le rapport parfait des signes figuratifs. Nous voyons dans ce qui suit la foudre, les voix, le tonnerre partir du trône comme de la nuée; il y a donc ici accord et harmonie, puisque sous les feux du soleil, le trône reproduit la ressemblance de l'arc-en-ciel. En effet, l'arc-en-ciel nuancé de diverses couleurs, doit surtout son éclat à deux causes, à l'eau et au feu, et il est le signe du premier jugement par le déluge, et du second par le feu; ici cependant il apparaît avec raison semblable une vision d'émeraude, pour être comme la manifestation de la divinité au monde réconcilié. L'émeraude est d'une couleur verte très-foncée, et cette couleur, comme je l'ai dit dans le verset précédent, est un des emblèmes les plus convenables de la nature divine. « La mer transparente comme le verre, » (*Apoc.*, IV, 6) est le don du baptême; elle est devant le trône, parce que le baptême précède le jugement. Les paroles du Fils de l'homme : « J'ai les clefs de la mort et de l'enfer, » signifient que celui qui croit et est baptisé est délivré de la mort et de l'enfer, et que l'Eglise, elle aussi, a les clefs de l'enfer comme elle a les clefs de la vie, car c'est à elle que le Sauveur a dit : « Ceux à qui vous remettrez les péchés, ils leur seront remis, et ceux à qui vous les retiendrez, ils seront retenus. » (*Jean*, XX, 23.) Partout où nous voyons dans l'Apocalypse l'ange de l'homme, c'est l'homme lui-même qu'il faut entendre, de même que les Eglises et leurs anges signifient les évêques et ceux qui sont à la tête des Eglises. Une preuve incontestable que sous le nom d'anges ce sont les Eglises catholiques qui se trouvent désignées, c'est que l'on recommande à ces anges de faire pénitence. Ce ne sont point les anges qui sont dans le ciel qui ont besoin de pénitence, mais les hommes qui ne peuvent être sans péché. Comme le nom d'ange veut dire aussi *envoyé*, quiconque, évêque, prêtre ou laïque, parle fréquemment de Dieu et enseigne le chemin qui conduit à la vie éternelle, reçoit à juste titre le nom d'ange. Et cependant, parce que personne ne peut être sans péché, on recommande à cet ange, c'est-à-dire à l'homme de faire pénitence. Et en effet, à bien considérer les choses, on reconnaît que non-seulement les simples fidèles, mais les prêtres eux-mêmes ne peuvent rester un jour sans faire pénitence. Nul jour pour l'homme ne s'écoule sans péché, nul jour donc où il n'ait besoin du remède de la satisfaction. Par les sept chandeliers, comme par le chandelier unique, nous pouvons entendre l'Eglise avec les sept dons; ainsi tout ce qui est dit aux sept Eglises s'adresse à l'Eglise unique répandue par tout l'univers, car le nombre

---

apparuisse describitur : qui in Veteri quoque ideo in nubibus a Domino positus intelligitur, ut post inundationem diluvii per eum terris pax reddita cognosceretur ; ut scilicet ejus visione pacti sui memor omnipotens Deus, nequaquam ultra aquarum immensitate deleri terram pateretur. Cui videlicet nomini si una in fine additur littera et « irini » dicatur, utique hoc ipsum interpretatio sonare videtur : nam Græco vocabulo εἰρήνη pax appellatur. Et in Veteri quidem Testamento Dominus ad Noe ait : Ecce ego statuam pactum meum vobiscum. (*Gen.*, IX, 9.) Et notandum quam apta sit figurarum contextio. Quia enim fulgura, voces et tonitrua de throno tanquam de nube procedere in subsequentibus narratur, convenienter hic irradiante sole arcus similitudinem, idem thronus reddidisse narratur : qui videlicet arcus, cum sit diversi coloris, resplendeatque principaliter duobus, id est, aquæ et ignis, ac (*a*) designetur per diluvium, ac subsequens per ignem : hic tamen non immerito visioni smaragdinæ comparatur, ut per eum, sicut diximus, repropitiato mundo divinitas ostendatur. Lapis enim smaragdus viridissimi coloris est : qui videlicet color, sicut præcedenti versiculo jam fatus sum, non inconvenienter naturæ divinitatis aptatur.] « Mare vitreum, » (*Apoc.*, IV, 6) donum baptismi est : quod ideo ante solium esse dicitur, quia ante adventum judicii datur. Quod vero post hæc ait : « Habeo claves mortis et inferni : » hoc ideo dicit, quia qui credit et baptizatur, a morte et ab inferis liberatur : et quia ipsa Ecclesia, sicut habet claves vitæ, ita et inferorum : ipsi enim dictum est : Cui dimiseritis peccata, dimittuntur ei, et cujus retinueritis, retenta sunt. (*Joan.*, XX, 23.) Ubicumque in Apocalypsi Angelum hominis, ipsum hominem significat : sicut et Ecclesiæ et Angeli eorum ibidem non debent intelligi, nisi aut Episcopi aut præpositi Ecclesiarum. In tantum Angelorum nomine Ecclesias catholicas voluit intelligi, ut jubeat Angelos pœnitentiam agere. Non enim Angeli, quæ in cœlo sunt, indigent pœnitentia ; sed homines qui sine peccato esse non possunt. Nam quia etiam Angelus nuntius interpretatur, quicumque aut Episcopus aut presbyter aut etiam laicus frequenter de Deo loquitur, et quomodo ad vitam æternam perveniatur annuntiat, merito Angelus Dei dicitur. Et tamen quia sine peccato nemo esse potest, dicitur ei, id est homini, ut pœnitentiam agat : quia et revera qui bene considerat, agnoscit quod non tantum laici, sed etiam sacerdotes una die esse non debent sine pœnitentia. Quia quomodo nullus dies est in quo homo possit esse sine peccato, sic nullus dies debet esse sine satisfactionis remedio. Septem autem candelabra, (*b*) et unum candelabrum, septiformem Ecclesiam possumus intelligere : et ideo quæcumque ad septem Ecclesias loqui videtur, ad unam Ecclesiam loquitur toto orbe diffusam ;

(*a*) Sanius apud Autpertum, *designetur per eum vel baptismus aquæ et Spiritus sancti, vel judicium præcedens per diluvium*, etc. —
(*b*) Ms. Belgicus, *unum ad candelabrum*.

sept est le symbole de la plénitude. Les anges sont donc l'Eglise, qu'il nous montre composée de deux parties, les bons et les mauvais. Voilà pourquoi il ne se contente pas de louer, il fait aussi des reproches, il donne des éloges aux bons, des reproches aux mauvais. C'est ainsi que le Sauveur dans l'Evangile nous représente le corps des chefs de l'Eglise comme un seul serviteur fidèle ou infidèle que le Seigneur doit diviser lorsqu'il reviendra (*Matth.*, xxiv, 45, etc.) Comment expliquer cette division dans un seul serviteur, puisqu'il ne peut plus vivre étant ainsi divisé ? Ce serviteur représente le peuple chrétien tout entier, qui ne serait point divisé s'il était bon dans sa totalité. Mais comme il est composé tout à la fois de bons et de mauvais, il doit être divisé en deux parties, et c'est alors que les bons entendront ces paroles : « Venez les bénis de mon Père, entrez en possession du royaume, » tandis qu'aux ravisseurs et aux adultères qui n'ont point pratiqué la miséricorde, il dira : « Retirez-vous de moi, maudits, et allez au feu éternel. » (*Matth.*, xxiv, 25, 34, etc.) Or, ce qui est dit dans l'Apocalypse à chaque Eglise en particulier, mes très-chers frères, s'adresse à chacun des hommes qui sont les membres d'une seule et même Eglise : « Voici ce que dit celui qui tient les sept étoiles dans sa main, » (*Apoc.*, ii, 1) c'est-à-dire celui qui vous tient dans sa main, en sa puissance et vous gouverne. « Celui qui marche au milieu des chandeliers d'or, » c'est-à-dire au milieu de vous, puisque ces chandeliers sont la figure du peuple chrétien. « Si vous ne faites pénitence, j'ôterai votre chandelier de sa place. » (*Ibid.*, 5.) Remarquez qu'il ne dit pas qu'il le fera disparaître, mais qu'il le fera changer de place, parce que le chandelier représente le peuple chrétien tout entier. Il dit donc non pas qu'il enlèvera le chandelier, mais qu'il le changera de place, pour nous faire comprendre que dans une seule et même Eglise les méchants sont agités, tandis que les bons sont affermis, et que par un secret mais juste jugement de Dieu, ce qui est ôté aux méchants est donné comme par surcroît aux bons, pour accomplir ces paroles du Sauveur : « Celui qui a on lui donnera, et celui qui n'a pas, on lui ôtera même ce qu'il parait avoir. » (*Matth.*, xiii, 12 ; xxv, 29.) Je donnerai au victorieux à manger du fruit de l'arbre de vie ; » (*Apoc.*, ii, 7) c'est-à-dire du fruit de la croix. « Qui est dans le paradis de mon Dieu. » Ce paradis c'est l'Eglise, car tout ce qui s'est fait était la figure de l'Eglise. Lorsque le Sauveur dit : « Je sais vos œuvres, votre affliction, votre pauvreté ; mais vous êtes riches, » (*Ibid.*, 9) il parle à toute l'Eglise qui est pauvre d'esprit et possède tout. « Vous aurez à souffrir pendant dix jours. » (*Ibid.*, 10.) Ces dix jours représentent l'universalité du temps, parce que le nombre dix est un nombre parfait. C'est pendant la durée de ce temps que le peuple chrétien, comme dit l'Apôtre entre par beaucoup de tribulations dans le royaume des cieux. (*Act.*, xiv, 21.) Lorsqu'il dit à l'ange de l'Eglise de Pergame : « Je sais que vous habitez où est le trône de Satan, » (*Apoc.*, ii, 13) sous le nom de cette seule Eglise, il s'adresse à l'Eglise tout entière, parce que Satan habite partout par son corps. Or, le corps de Satan sont les hommes superbes et corrompus, de même que les humbles et les bons forment le corps de Jésus-Christ. « Je donnerai à manger au victorieux de la manne cachée, » (*Apoc.*, ii, 17) c'est-à-dire du pain qui est descendu du ciel. Ce pain fut

---

quia in septenario numero omnis plenitudo consistit. Angelos ergo Ecclesiam dicit : in quibus duas partes, id est bonorum et malorum ostendit. Et propterea non solum laudat, sed etiam increpat, ut laus ad bonos, increpatio ad malos dirigatur : sicut Dominus in Evangelio, omne præpositorum corpus unum servum dixit beatum et nequam, quem veniens Dominus ipse dividet. (*Matth.*, xxiv, 45.) Quomodo fieri potest ut unus servus dividatur, cum divisus vivere non possit ? Sed unum servum dicit totum populum Christianum : qui populus si totus bonus esset, non divideretur. Sed quia non solum habet bonos, sed etiam habet malos, dividendus est ; et boni audituri sunt : Venite benedicti Patris mei percipite regnum : raptores vero et adulteri, qui misericordiam non fecerunt, audituri sunt : Discedite a me maledicti, in ignem æternum. (*Matth.*, xxiv, 25, 34, etc.) Quod autem in Apocalypsi singulis dicitur Ecclesiis, fratres carissimi, singulis hominibus convenit in una Ecclesia constitutis. » « Hæc dicit, qui tenet septem stellas in manu sua : » (*Apoc.*, ii, 1) hoc est, qui vos in manu, id est in potestate habet, et gubernat. « Qui ambulat in medio candelabrorum aureorum : » id est, in medio vestri ; quia candelabra illa populum significat Christianum. Quod autem dicit : « Movebo candelabrum tuum de loco suo, si non egeris pœnitentiam : » (*v.* 5.) Videte quia non dixit, aufert, sed movet : quia candelabrum significat unum populum Christianum : Et ipsum candelabrum moveri dicit, non auferri : et per hoc intelligitur quod in una eademque Ecclesia moventur mali, confirmantur boni ; et quod occulto, sed tamen justo Dei judicio, id quod tollitur malis, bonis augetur ; ut adimpleatur illud quod scriptum est : Qui habet, dabitur ei, ei autem qui non habet, et quod videtur habere, auferetur ab eo.(*Matth.*, xiii, 12 ; xxv, 29.) Quod autem dicit : « Vincenti dabo manducare de ligno vitæ : » (*Apoc.*, ii, 7, 9) id est, de fructu crucis. « Quod est, inquit, in paradiso Dei mei. » Paradisum Ecclesiam dicit : omnia enim in ejus figuram facta sunt. Nam quod dicit : « Scio opera tua, et tribulationem, et paupertatem ; sed dives es : » (*v.* 9) omni Ecclesiæ dicit, quæ spiritu pauper est, et omnia possidet. Quod autem dicit : « Habebitis pressuram dies decem : » (*v.* 10) Dies decem, totum tempus posuit, quia denarius numerus perfectus est : in quo populus Christianus, sicut dicit Apostolus, per multas tribulationes intrat in regnum cœlorum. (*Act.*, xiv, 21.) Nam quod dicit Angelo Pergami Ecclesiæ : « Scio ubi habitas, ubi est introitus satanæ : » (*Apoc.*, ii, 13) omni Ecclesiæ dicit in unius vocabulo, quia ubique habitat satanas per corpus suum. Corpus autem satanæ homines sunt superbi et mali : sicut et corpus Christi humiles et boni. « Vincenti dabo manducare de manna abscondito : » id est, de pane qui

figuré par la manne qui tomba dans le désert, et qui n'empêcha point de mourir le grand nombre de ceux qui en mangèrent. (*Jean*, vi, 41.) Mais maintenant celui qui mange ce pain indignement, mange son jugement. (I *Cor.*, xi, 29.) Ce même pain est également figuré par l'arbre de vie. « Et je lui donnerai encore une pierre blanche, » (*Apoc.*, ii, 17) c'est-à-dire un corps blanchi et purifié dans les eaux du baptême. « Et sur cette pierre sera écrit un nom nouveau, » c'est-à-dire la connaissance du Fils de l'homme. « Que personne ne connaît que celui qui le reçoit; » c'est-à-dire par révélation; et c'est pour cela qu'il est dit des Juifs : « S'ils avaient connu le Seigneur de la gloire, ils ne l'auraient jamais crucifié. » (I *Cor.*, ii, 8.) Le reproche qui est fait à l'ange de l'Eglise de Thyatire : « J'ai contre vous que vous permettrez à Jézabel, etc. » (*Apoc.*, ii, 20), s'adresse aux premiers pasteurs des Eglises qui n'opposent point la sévérité de la discipline ecclésiastique aux déréglements des impudiques, des fornicateurs et de tous ceux qui commettent le mal. On peut encore entendre ces paroles des hérétiques. « Qui se dit prophétesse, » c'est-à-dire chrétienne. Il est en effet, beaucoup d'hérésies qui se flattent de pouvoir conserver ce nom. « Et vous n'avez point connu les profondeurs de Satan (*ibid.*, 24), c'est-à-dire vous n'avez pas rejeté sa doctrine, comme les hérésies. « Je ne mettrai point de nouvelle charge sur vous, » c'est-à-dire un fardeau qui soit au-dessus de vos forces. « Cependant gardez bien ce que vous avez, jusqu'à ce que je vienne. Quiconque aura vaincu et persévéré jusqu'à la fin dans la pratique de mes œuvres, je lui donnerai les nations. Il les gouvernera avec un sceptre de fer, et elles seront brisées comme un vase d'argile, selon que j'en ai moi-même reçu le pouvoir de mon Père. » (*Ibid.*, 25-28.) L'Eglise a cette puissance* en Jésus-Christ, comme le dit l'Apôtre, et il nous a tout donné avec lui. (*Rom.*, viii, 32.) La verge de fer indique la sévérité de la justice, et cette verge sert tout ensemble à corriger les bons et à briser les méchants.

HOMÉLIE III. — Nous venons d'entendre, mes très-chers frères, l'apôtre saint Jean adresser de terribles reproches à l'homme pécheur, considérons donc avec un profond sentiment de crainte et d'effroi ce qu'il lui dit : « Je sais quelles sont vos œuvres, vous portez le nom de vivant et vous êtes mort. » (*Apoc.*, iii, 1.) Or, la mort n'atteint que celui qui a commis un péché mortel, selon ces paroles du prophète : « L'âme qui aura péché, mourra. » (*Ezech.*, xviii, 20.) Ce qu'il y a de plus affreux, c'est qu'un grand nombre portent des âmes mortes dans des corps vivants. Soyez vigilant, et confirmez le reste qui est près de mourir; voici ce que dit le saint et le véritable qui a les clefs de David, c'est-à-dire la puissance royale : « Qui ouvre et personne ne ferme; qui ferme et personne n'ouvre. » (*Apoc.*, iii, 2, 7.) Il est évident que Jésus-Christ ouvre à ceux qui frappent, et qu'il ferme la porte de la vie aux hypocrites, c'est-à-dire à ceux qui usent de feinte et de dissimulation. « Je vous ai ouvert une porte. » (*Ibid.*, 8.) Notre-Seigneur s'exprime ainsi, afin qu'on ne puisse dire que quelqu'un peut fermer même en partie la porte que Dieu ouvre à son Eglise dans le monde tout entier. « Parce que vous avez peu de forces, » c'est pour Dieu un titre de gloire d'ouvrir la

---

de cœlo descendit. Cujus figura fuit manna in eremo quod, sicut ipse Dominus dixit, multi manducantes mortui sunt. (*Joan.*, vi, 41.) Sed et nunc quicumque manducat indigne, judicium sibi manducat. (I *Cor.*, xi, 29.) Idem panis est etiam lignum vitæ. Possumus et per manna immortalitatem accipere. « Et dabo ei calculum candidum; » (*Apoc.*, ii, 17) id est, corpus baptismate candidum. « Et super calculum nomen novum scriptum: » id est, notitiam filii hominis. « Quod nemo scit, nisi qui accipit: » scilicet per revelationem : et ideo de Judæis dicitur : Si enim cognovissent, nunquam Dominum gloriæ crucifixissent. (I *Cor.*, ii, 8.) Quod autem dicit angelo Thyatiræ Ecclesiæ : « Habeo adversum te, quia permisisti mulieri Jezabel : » (*Apoc.*, ii, 20) dicit præpositis Ecclesiarum, qui luxuriosis et fornicantibus, et aliud quodlibet malum agentibus, severitatem disciplinæ ecclesiasticæ non imponunt. Potest hoc et de hæreticis intelligi : « Quæ dicit se propheten : » id est, Christianam. Modo enim multæ hæreses sibi hoc nomine blandiuntur. « Nec cognovistis altitudinem satanæ : » (*v.* 24) id est, non (*a*) respuistis doctrinam ejus, sicut hæreses. « Non mitto super vos aliud pondus : » id est, super id quod potestis sustinere. « Verum quod habetis tenete donec veniam. Qui vincit, et qui servat opera mea usque in finem, dabo ei gentes, et pascet eas in virga ferrea, et ut vas figuli comminuentur, sicut et ego accepi a Patre meo. » (*v.* 25, 28.) In Christo habet Ecclesia hanc potestatem, sicut dicit Apostolus, cum illo omnia nobis donavit. (*Rom.*, viii, 32.) Virgam ferream dicit propter justitiæ rigorem : et de ipsa virga corriguntur boni, confringuntur mali.

HOMILIA III. — Modo, fratres carissimi, audivimus beatum Joannem, peccatorem hominem terribiliter increpantem; et ideo cum ingenti timore consideremus, et cum tremore timeamus quod dictum est : « Novi opera tua, quia nomen habes quod vivas, et mortuus es. » (*Apoc.*, iii, 1.) Non moritur, nisi qui mortale crimen commiserit, secundum illud quod dictum est : Anima quæ peccaverit, ipsa morietur. (*Ezech.*, xviii, 20.) Quod pejus est, multi in corporibus vivis animas mortuas portare noscuntur. « Esto vigilans, et confirma cætera quæ moritura erant. Hæc dicit sanctus et verus qui habet claves David : » id est, regiam potestatem. « Qui aperit, et nemo claudit; claudit, et nemo aperit : » (*Apoc.*, iii, 2, 7.) Manifestum est quod Christus pulsantibus aperiat, et hypocritis, id est fictis vitæ januam claudat. « Ecce dedi ante te ostium apertum : » (*v.* 8.) Hoc ideo dictum est, ut nullus dicat, quia ostium quod Deus aperit Ecclesiæ (*b*) in toto mundo, aliquis possit vel in parte claudere. « Quia modicam habes virtutem : » Laus est Dei, quod modicæ fidei Ecclesiæ aperiat ostium. « Et scribam super illud nomen Dei mei : » utique quo Chri-

(*a*) Mss. *respicitis.* — (*b*) Mss. Petrens. *in totum mundum.*

porte à l'Eglise qui a encore une foi faible. « Et j'écrirai sur lui le nom de mon Dieu, » celui qu'on imprime sur nous qui sommes chrétiens. « Et le nom de la ville de mon Dieu, de la nouvelle Jérusalem qui descend du ciel. » (*Ibid.*, 12.) Cette nouvelle Jérusalem qui descend du ciel, c'est l'Eglise à qui le Seigneur donne naissance. Il l'appelle nouvelle à cause du nom chrétien qui est nouveau, et parce que nous devenons nouveaux d'anciens que nous étions : « Vous n'êtes ni froid ni chaud, » (*Ibid.*, 16) c'est-à-dire vous êtes inutile. On peut appliquer ces paroles aux riches stériles, qui possèdent les biens de ce monde et ne font aucune œuvre de miséricorde. Ils ne sont point pauvres, puisqu'ils ont les richesses en partage ; ils ne sont point riches, puisqu'ils ne font point le bien avec leurs richesses. « Je vous donne le conseil d'acheter de moi de l'or, » (*Ibid.*, 18) c'est-à-dire de faire des aumônes, de vous appliquer aux bonnes œuvres, et de devenir vous-même comme l'or ; c'est-à-dire de recevoir de Dieu l'intelligence et de mériter par une vie sainte la grâce du martyre. « Après cela, dit saint Jean, je vis une porte ouverte dans le ciel. » (*Apoc.*, IV, 1.) Cette porte ouverte, c'est Jésus-Christ, qui a dit lui-même qu'il était la porte. Le ciel, c'est l'Eglise où se traitent toutes les affaires qui concernent le ciel, comme le dit l'Apôtre : « Il est venu renouveler toutes choses dans le ciel et sur la terre. » (*Ephes.*, I, 10.) On peut entendre par le ciel l'Eglise primitive composée des Juifs, et par la terre, l'Eglise formée des Gentils. « Montez ici et je vous montrerai. » Cette invitation s'adresse non-seulement à saint Jean, mais à l'Eglise ou à tous les fidèles. Celui, en effet, qui a vu dans le ciel la porte ouverte, c'est-à-dire qui a cru que Jésus-Christ est né, a souffert, est ressuscité, monte sur les hauteurs et voit les événements futurs. Comment s'élève-t-on sur ces hauteurs ? Sur les pas de la foi et de l'humble croyance. Le Sauveur semble dire ouvertement ici à chacun des élus : « Voulez-vous connaître les mystères de Jésus-Christ et de son Eglise, montez par la foi et atteignez ces vérités par l'humble croyance de l'esprit. C'est avec raison que la première voix que saint Jean a entendue, l'invite à monter jusqu'à la porte du ciel, jusqu'au ciel lui-même ; c'est qu'en effet, chacun des élus qui veut arriver sans danger en marchant à l'aide de la foi, jusqu'à l'Evangile et jusqu'aux mystères de la vraie foi, doit se fortifier par la doctrine de l'Ancien Testament qui précède le Nouveau. « Et voici qu'un trône était dressé dans le ciel, » (*Ibid.*, 2) c'est-à-dire dans l'Eglise. « Et celui qui était assis paraissait semblable à une pierre de jaspe et de sardoine. » (*Ibid.*, 3.) Ces comparaisons conviennent parfaitement à l'Eglise. Le jaspe a la couleur de l'eau, et la sardoine celle du feu. Ce sont comme nous l'avons dit la figure des deux jugements, l'un qui a déjà été accompli par l'eau, l'autre qui à la fin des siècles s'accomplira par le feu. Dans le jaspe on peut voir encore une figure de la divinité de notre médiateur. « Et autour du trône, il y en avait vingt-quatre autres, et sur ces trônes étaient assis vingt-quatre vieillards. » (*Ibid.*, 4.) Ces vieillards représentent l'Eglise tout entière, selon ces paroles d'Isaïe : « Lorsque j'aurai été glorifié au milieu de ses vieillards. » (*Isaïe*, XXIV, 2.) Ces vingt-quatre vieillards sont les chefs des peuples et les peuples eux-mêmes. Les douze premiers sont les Apôtres et les premiers pasteurs de l'Eglise, et les douze autres le reste de l'E-

---

stiani signamur. « Et nomen civitatis Dei mei novæ Jerusalem, quæ descendit de cœlo : » (v. 12.) Novam Jerusalem cœlestem, Ecclesiam dicit, quæ a Domino nascitur. Novam autem dixit, propter novitatem nominis Christiani, et quia ex veteribus novi efficimur. « Neque frigidus es neque fervens : » (v. 16) id est, inutilis es. Potest enim et super divitum sterilium persona accipi, qui habent facultates, et non inde faciunt misericordias. Pauperes non sunt, qui habent facultates : divites non sunt, qui ex divitiis non operantur. « Consilium tibi do, ut emas tibi aurum : » (v. 18) id est, ut eleemosynas faciendo, et actibus bonis insistendo, ipse efficiaris aurum : id est, a Deo accipias intellectum, et per bonam conversationem merearis martyrium pati. « Et ecce, inquit, ostium apertum est in cœlo. » (*Apoc.*, IV, 1.) Ostium apertum Christum dicit, quia janua est. Cœlum Ecclesiam dicit ubi cœlestia geruntur : sicut dicit Apostolus : Instaurare omnia quæ in cœlis et quæ in terra sunt. (*Ephes.*, I, 10.) Cœlum intelligitur primitiva Ecclesia de Judæis, terra vero ex gentibus. « Ascende huc, et ostendam tibi : » (*Apoc.*, IV, 1.) Hoc non in solum Joannem convenit, sed in Ecclesiam vel in omnes credentes. Qui enim viderit ostium apertum in cœlo, id est natum, et passum, et resurrexisse Christum crediderit ; ascendit in altitudinem, et videt futura. [(*a*) Quibus gressibus nisi fidei et credulitatis ? Ac si aperte cuilibet electorum diceretur ; ad cognoscenda Christi et Ecclesiæ sacramenta, fide conscende, credulitate pertinge. Recte enim a voce prima Joannes invitatur, ut ad ostium cœli cœlumque conscendat : quia videlicet unusquisque electorum, ut inoffenso credulitatis pede per Evangelium ad veræ fidei Sacramenta pertingat, veteris instrumenti doctrina, quæ novam præcedit, roboratur.] « Et ecce thronus positus erat in cœlo, » (v. 2) id est, in Ecclesia. « Et qui sedebat, similis erat aspectui lapidis jaspidis vel sardii. » (v. 3.) Istæ comparationes in Ecclesiam conveniunt. Jaspis aquæ colorem habet, et sardius ignis : per hæc, sicut jam dictum est, duo judicia vult intelligi ; unum per aquam, quod jam factum est per diluvium ; aliud quod futurum est per ignem. [(*b*) Quid per jaspidem nisi divinitas mediatoris nostri figuratur ?] « In circuitu throni vidi sedes viginti quatuor, et supra sedes viginti quatuor seniores sedentes. » (v. 4.) Seniores totam Ecclesiam dicit, sicut Isaïas dicit ; cum in medio seniorum suorum fuerit glorificatus. Viginti quatuor autem seniores præpositi et populi sunt. (*Isa.*, XXIV, 2.) In duodecim, Apostolos et præpositos ; et in aliis duodecim, reliquam Ecclesiam intellige. « Et de sede procedebant ful-

---

(*a*) Mss. Petr. et Belg. carent, istis septem versibus qui ex Ambrosii Autperti libro III, *in Apoc.* exscripti sunt. — (*b*) Abest a Mss. estque itidem ex Autperto decerptum.

glise. « Et du trône sortaient des éclairs et des voix. » (*Apoc.*, IV, 5.) C'est de l'Eglise en effet, que sortent les hérétiques, parce qu'ils sortent du milieu de nous. Dans un autre sens, ces éclairs et ces voix sont la prédication de l'Evangile. Les voix représentent les paroles, les éclairs, les miracles. « Et vis-à-vis du trône, il y avait comme une mer de verre. » (*Ibid.*, 6.) Cette mer de verre c'est la source du baptême, elle est devant le trône, c'est-à-dire devant le jugement. On peut encore par ce trône entendre soit l'âme sainte, ainsi qu'il est écrit : « L'âme juste est le trône de la sagesse, » (*Sag.*, VII) soit l'Eglise où Dieu a son trône. « Et au milieu du trône il y avait quatre animaux, » (*Apoc.*, IV, 6) c'est-à-dire qu'au milieu de l'Eglise sont les quatre évangélistes. « Pleins d'yeux devant et derrière, » c'est-à-dire en dedans et au dehors. Les yeux sont les commandements de Dieu, « devant et derrière, » c'est-à-dire qu'ils regardent à la fois le passé et l'avenir. Le premier animal semblable au lion représente la force de l'Eglise. (*Ibid.*, 7.) Le bœuf est le symbole de la passion du Christ. Le troisième animal qui a le visage comme celui d'un homme figure l'humilité de l'Eglise qui ne se laisse entraîner à aucune des insinuations flatteuses de l'orgueil, bien qu'elle soit en possession de l'adoption des enfants. Le quatrième animal représente l'Eglise. « Il est semblable à un aigle, » c'est-à-dire qu'il prend librement son vol suspendu sur deux ailes qui sont les deux Testaments, ou élevé sur les deux commandements qui dirigent sa course dans les airs. Lorsque l'évangéliste saint Jean eut vu s'accomplir en Jésus-Christ les mystères figurés par ces quatre animaux, c'est-à-dire qu'il l'eut vu naître comme un homme, souffrir comme le bœuf, régner comme le lion, il le vit aussi retourner dans les cieux comme l'aigle. « Et ces quatre animaux avaient chacun six ailes. » (*Ibid*, 8.) Ces animaux sont la figure des vingt-quatre vieillards, car six ailes dans chacun de ces quatre animaux, font en tout vingt-quatre ailes. En effet, c'est autour du trône où saint Jean dit qu'il avait vu les vieillards, qu'il voit ces quatre animaux. Comment d'ailleurs un animal qui a six ailes pourrait-il ressembler à l'aigle qui n'en a que deux? Dans ces quatre animaux qui ont en tout vingt-quatre ailes, nous devons voir les vingt-quatre vieillards qui sont dans l'Eglise qu'il a comparée à un aigle. Dans un autre sens, ces six ailes sont les témoignages de l'Ancien Testament. Car de même qu'un animal ne peut voler s'il n'a des ailes, ainsi la prédication du Nouveau Testament ne peut se concilier la foi, si les témoignages de l'Ancien Testament qui l'ont annoncée ne viennent pas l'élever au-dessus de la terre et l'aider à prendre son vol. N'est-il pas vrai qu'un événement clairement prédit à l'avance et dont l'accomplissement est certain, rend la foi ferme et inébranlable? Et en effet, si les prédictions des prophètes n'avaient reçu leur accomplissement en Jésus-Christ, la prédication des Apôtres serait sans aucun fruit. L'Eglise catholique est donc en possession tout à la fois des prédictions faites longtemps auparavant et des faits qui les ont accomplies. C'est donc avec raison qu'un de ces animaux prend son vol au-dessus de la terre et s'élève vers les cieux. « Et ces animaux n'avaient pas de repos. » (*Ibid.*, 8.) C'est l'Eglise qui n'a plus de repos, c'est-à-dire qui ne cesse de louer Dieu. Par les vingt-quatre vieillards nous pouvons encore entendre les

gura et voces : » (*Apoc.*, IV, 5.) De Ecclesia enim procedunt hæretici, quia ex nobis exierunt. Est et alius sensus, ut fulgura et voces prædicatio Ecclesiæ intelligatur. In vocibus verba, in fulgure miracula cognoscuntur. « In conspectu throni mare vitreum : » (*v.* 6) Mare vitreum, fontem baptismi, ante thronum dixit, id est, ante judicium. Sed et aliquando animam sanctam intellige thronum, sicut scriptum est : Anima justi sedes est sapientiæ (*Sap.*, VII); aliquando Ecclesiam in qua sedem habet Deus : « Et in medio throni quatuor animalia : » (*Apoc.*, IV, 6) id est, in medio Ecclesiæ (*a*) Evangelistæ. « Plena oculis in priora et retro : » id est, intus et foris. Oculi, præcepta sunt Dei. « In priora et retro : » id est, in præterita et futura conspicientia. In animali primo simili leoni, fortitudo Ecclesiæ ostenditur. (*v.* 7.) In vitulo, passio Christi. In tertio animali, quod est velut homo, humilitas Ecclesiæ significatur : quia nihil sibi blanditur ut superbum sapiat, quamvis adoptionem filiorum teneat. Quartum animal, Ecclesiam dixit : « Similem aquilæ, » id est, volantem et liberam, atque a terra suspensam duabus alis, quasi duorum Testamentorum, sive duorum præceptorum gubernaculis elevatam. Nam et Joannes Evangelista cum de istis animalibus introspexisset in Christo completum esse quadriforme mysterium, et vidisset hominem nascentem, vitulum patientem, et leonem regnantem, tunc vidit et aquilam ad cœlestia remeantem. « Et singula eorum habebant alas senas per circuitum : » (*v.* 8.) In animalibus ostenduntur viginti quatuor seniores : nam senæ alæ in quatuor animalibus, viginti et quatuor alæ sunt. Etenim per circuitum throni vidit animalia, ubi se dixerat seniores vidisse. Nam quomodo animal cum sex alis potest simile esse aquilæ, quæ habet duas alas, nisi quia quatuor animalia unum sunt, quæ habent viginti et quatuor alas, in quibus viginti et quatuor seniores intelligimus, qui sunt in Ecclesia quam assimilavit aquilæ? Et aliter senæ alæ testimonia sunt Veteris Testamenti. Sicut enim animal volare non potest, nisi habeat pennas; sic nec prædicatio Novi Testamenti fidem habet, nisi habeat Veteris Testamenti prænuntiata testimonia, per quæ tollitur a terra, et volat. Semper enim quod ante dictum est futurum, et postea factum invenitur, fidem facit indubitabilem. Nisi enim quæ prædixerant Prophetæ, in Christo essent consummata, inanis esset prædicatio illorum. Hoc tenet Ecclesia Catholica, et ante prædicta, et postea consummata. Merito volat, et tollitur a terra unum (*b*) animal in cœlum. « Et requiem non habebat animalia illa : » Ecclesia est, quæ non habet requiem, sed semper laudat Deum. Viginti et quatuor seniores possumus etiam intelligere libros Veteris Testamenti, et Patriarchas et Apos-

(*a*) Mss. *Evangelia*. — (*b*) Apud Victorinum *vivum animal.*

livres de l'Ancien Testament, les patriarches et les Apôtres ; les éclairs et les tonnerres qui sortent du trône seraient les prédications et les promesses du Nouveau Testament. « Ils jetaient leurs couronnes devant le trône, » (*ibid.*, 10) c'est-à-dire que les saints renvoient à Dieu tout le mérite, toute la gloire de leurs actions, de même que nous voyons dans l'Évangile les habitants de Jérusalem jeter des palmes et des fleurs sous les pieds du Sauveur (*Matth.*, XXI, 8) le reconnaissant ainsi pour l'unique auteur des victoires qu'ils ont remportées. « Parce que vous avez créé toutes choses et que c'est par votre volonté qu'elles étaient ou qu'elles ont été créées. » (*Apoc.*, IV, 11.) Elles existaient en Dieu qui les avait dans sa pensée avant même qu'elles fussent créées. Or, il les a créées pour que nous puissions les voir, comme Moïse le dit à l'Église : « N'est-ce pas lui qui est votre Père, qui vous a fait, qui vous a possédé et qui vous a créé ? » (*Deut.*, XXXII, 6.) Il vous a possédé dans sa prescience, il vous a fait dans la personne d'Adam, il vous a créé en vous faisant descendre d'Adam.

HOMÉLIE IV. — « Et je vis dans la main droite de celui qui était assis sur le trône un livre écrit dedans et dehors. » (*Apoc.*, V, 1.) Il nous faut entendre ici les deux Testaments : au dehors l'Ancien, en dedans le Nouveau qui était caché dans l'Ancien. « Il était, dit saint Jean, scellé de sept sceaux, » c'est-à-dire qu'il était comme obscurci par la multitude des mystères, et qu'il demeura scellé jusqu'à la passion et la résurrection du Christ. On ne donne le nom de testament qu'à l'acte que font ceux qui vont mourir, et ce testament reste scellé jusqu'à la mort du testateur, pour n'être ouvert qu'après sa mort ; c'est ainsi que tous les mystères sont découverts après la mort de Jésus-Christ. « Et je vis un ange fort qui disait à haute voix : Qui est digne d'ouvrir le livre et d'en lever les sceaux ? » Les sceaux sont levés, et le livre est ensuite ouvert, et la raison véritable en est que Jésus-Christ a ouvert le livre lorsqu'il a entrepris l'œuvre que lui imposait la volonté de son père, qu'il a été conçu, et qu'il est né, et qu'il en a levé les sceaux lorsqu'il est mort pour le genre humain. « Et nul ne pouvait, ni dans le ciel, ni sur la terre, ni sous la terre, » (*ibid.*, 3) c'est-à-dire ni aucun ange, ni aucun des hommes soit vivant, soit mort. « Ouvrir le livre ou le regarder, » c'est-à-dire contempler la splendeur de la grâce du Nouveau Testament. « Et je fondais en larmes de ce que personne ne s'était trouvé digne d'ouvrir le livre, ni de le regarder. » (*Ibid.*, 4.) L'Église dont Jean était la figure pleurait sous le poids des péchés qui l'accablaient, et implorait sa rédemption. « Et l'un des vieillards me dit. » (*Ibid.*, 5.) Par ce vieillard, il faut entendre tout le corps des prophètes. Ce sont les prophètes, en effet, qui consolaient l'Église en annonçant le Christ qui devait naître de la tribu de Juda et de la race de David. Car c'est lui qui détruit en nous tout péché et tout ce que nous pouvons avoir de bien vient de lui. « Et je vis, et voici au milieu du trône et des quatre animaux et au milieu des vieillards, un agneau comme égorgé qui était debout. » (*Ibid.*, 6.) Les trônes, les animaux, les vieillards et l'agneau qui est comme égorgé, c'est l'Église unie au chef, et qui meurt pour Jésus-Christ pour vivre avec Jésus-Christ. L'agneau qui est comme égorgé peut encore être considéré comme la figure de ceux qui souffrent le martyre dans l'Église. « Il avait, dit saint Jean, sept cornes et sept yeux,

---

tolos : fulgura et tonitrua, quæ de solio exire dicuntur, prædicationes et promissiones Novi Testamenti. « Mittentes coronas suas ante thronum : » (*v.* 10.) Hoc ideo, quia quidquid dignitatis habent sancti, totum Deo tribuunt : sicut et illi in Evangelio palmas et flores sternebant sub pedibus ejus (*Matth.*, XXI, 8), id est, ipsi tribuentes (*a*) omne quod vicerant. « Quia tu creasti omnia, et ex voluntate tua erant, et creata sunt. » (*Apoc.*, IV, 11.) Erant secundum Deum, a quo cuncta antequam fierent possessa sunt. Creata sunt autem, ut et a nobis viderentur, sicut dicit Moyses ad Ecclesiam : Nonne hic ipse est pater tuus, qui fecit te, et possedit te, et creavit te ? (*Deut.*, XXXII, 6.) Possedit in præscientia, fecit in Adam, creavit ex Adam.

HOMILIA IV. — « Et vidi supra dexteram sedentis in throno librum scriptum intus et foris : » (*Apoc.*, V, 1.) Utrumque Testamentum intellige : a foris Vetus, ab intus Novum quod intra Vetus latebat. « Signatum, inquit, sigillis septem : » id est, omnium mysteriorum plenitudine obscuratum, quod usque ad passionem et resurrectionem Christi mansit signatum. Nam quomodo testamentum non dicitur, nisi quod faciunt morituri, et signatur usque ad mortem testatoris, et post mortem ipsius aperitur : ita et post Christi mortem omnia mysteria revelantur. « Et vidi angelum fortem clamantem voce magna : Quis est dignus aperire librum, et solvere signacula ejus ? » (*v.* 2.) Cur primo signa solvantur, deinde liber aperiatur, certa ratio est, quia Christus tunc aperuit librum, cum opus paternæ voluntatis aggressus, conceptus et natus est ; tunc ejus signacula solvit, quando pro genere humano occisus est. « Et nemo poterat neque in cœlo, neque in terra, neque sub terra, » (*v.* 3) id est, neque angelus, neque in terris vivens, neque mortuus. « Aperire librum, neque videre illum, » id est, contemplari splendorem gratiæ Novi Testamenti. « Et ego flebam multum, quia nemo inventus est dignus aperire librum et videre eum : » (*v.* 4.) Ecclesia flebat, cujus figuram habuit Joannes, onerata et gravata peccatis, imploraus sui redemptionem. « Et ecce unus ex senioribus : » (*v.* 5.) Unum ex senioribus totum corpus Prophetarum intellige. Prophetæ enim consolabantur Ecclesiam, annuntiantes Christum de tribu Juda radicem David. Quia ipse in nobis vincit omne peccatum, et si quid boni aliquis habet, ab ipso habet. « Et vidi, et ecce in medio throni et quatuor animalium et in medio seniorum agnum stantem quasi occisum : » (*v.* 6.) Throni, animalia, seniores, et agnus quasi occisus, Ecclesia est cum capite suo, quæ pro Christo moritur, ut cum Christo vivat. Possunt et Martyres in Ecclesia agnus quasi occisus accipi. « Habentem, inquit, cornua septem

---

(*a*) Ms. Belg. *omnes.*

qui sont les sept esprits de Dieu envoyés par toute la terre. » Nous voyons clairement ici que nul ne peut avoir l'Esprit saint en dehors de l'Eglise : « Et il vint prendre le livre de la main droite de celui qui était assis sur le trône. » (*Ibid.*, 7.) Celui qui est assis sur le trône, c'est le Père, le Fils et le Saint-Esprit. L'agneau reçoit donc de la droite de Dieu, c'est-à-dire du Fils de Dieu l'œuvre dont le livre prescrit l'accomplissement ; suivant ces paroles du Sauveur lui-même : « Comme mon Père m'a envoyé, je vous envoie, » (*Jean*, xx, 21) parce que c'est lui qui accomplit en eux ce qu'il leur commande de faire. « Ils avaient chacun des harpes, » c'est-à-dire des instruments de louanges, « et des coupes d'or. » (*Apoc.*, v, 8.) Ce sont les vases de la maison du Seigneur, dans lesquels on avait coutume de lui offrir l'encens, et qui sont par là même une figure assez juste des prières des saints. « Et ils chantaient un cantique nouveau, » (*Ibid.*, 9) c'est-à-dire le Nouveau Testament ; ils chantaient un cantique nouveau, parce qu'ils faisaient profession publique de la foi. C'est en effet une chose nouvelle, que Fils de Dieu se soit fait homme, qu'il soit mort, et qu'il soit ressuscité, qu'il soit monté aux cieux et qu'il ait accordé aux hommes la rémission de leurs péchés. La harpe, c'est-à-dire la corde étendue sur le bois, signifie la chair jointe à la passion de Jésus-Christ. La coupe représente la confession et la propagation du sacerdoce nouveau. La levée des sceaux, c'est la révélation de l'Ancien Testament. « Et je vis et j'entendis la voix d'un grand nombre d'anges. » (*Ibid.*, 11.) Ces anges sont les hommes qui sont aussi appelés les enfants de Dieu. » « Et ils disaient : l'Agneau qui a été égorgé est digne de recevoir puissance, divinité, sagesse, etc. » (*Ibid.*, 12.) Ce n'est point du Dieu dans lequel sont cachés tous les trésors de la sagesse (*Coloss.*, ii, 3), que saint Jean dit qu'il est digne de recevoir, mais de l'homme qu'il s'est uni et de son corps qui est l'Eglise ou de ses martyrs qui ont été mis à mort pour son nom, car l'Eglise reçoit tout dans la personne de son chef, comme il est écrit : « Il nous a donné tout avec lui. » (*Rom.*, viii, 32.) Celui qui reçoit, c'est l'agneau qui dit dans l'Evangile : « Toute puissance m'a été donnée dans le ciel et sur la terre. » (*Matth.*, xxviii, 18.) Or, il reçut non pas en tant que Dieu, mais en tant qu'homme. « Et j'entendis toutes les créatures, dit saint Jean, qui disaient : A celui qui est assis sur le trône, » c'est-à-dire au Père, au Fils, « et à l'agneau, » c'est-à-dire à l'Eglise unie à son chef, « bénédiction, honneur et puissance dans les siècles des siècles. » (*Apoc.*, v, 13.) A lui l'honneur, la gloire et l'empire dans tous les siècles des siècles. Ainsi soit-il.

HOMÉLIE V. — Saint Jean dit donc, comme vous venez de l'entendre dans la lecture des divines Ecritures : « Et je vis paraître tout d'un coup un cheval blanc, et celui qui était monté dessus avait un arc, et on lui donna une couronne et il partit en vainqueur. » (*Apoc.*, vi, 2.) Le cheval blanc c'est l'Eglise, celui qui est monté dessus, c'est le Christ. Le prophète Zacharie a prédit longtemps à l'avance ce cheval du Seigneur avec son armure guerrière : « Le Seigneur Dieu a visité la maison d'Israël qui est son troupeau, et il en fera son cheval de bataille et l'instrument de sa gloire, et c'est de lui que sortira celui qui examine, celui qui dispose ; c'est de lui que viendra l'arc pour combattre et le guerrier qui poursuit les ennemis. » (*Zachar.*, x, 3.) Ce cheval blanc figure donc les prophètes et les apôtres. Dans ce ca-

et oculos septem, qui sunt spiritus Dei, missi in omnem terram : » Quod nemo possit habere Spiritum Dei præter Ecclesiam, hinc manifeste cognoscitur. « Et venit, et accepit de dextra sedentis in throno librum : » (*v.* 7.) Sedentem in throno, et Patrem accipimus et Filium et Spiritum sanctum. Accepit ergo agnus de dextra Dei, id est a Filio accepit opus libri perficiendum, ipso dicente : Sicut misit me Pater, et ego mitto vos (*Joan.*, xx, 21) : eo quod ipse in illis perficiat quod donat. « Habentes singuli citharas, » id est, chordas laudum : « Et phialas aureas : » (*Apoc.*, v, 8.) Hæc sunt vasa in domo Domini, in quibus quia thymiama offerri consueverat, ideo orationes sanctorum bene in eis intelliguntur. « Et cantabant canticum novum : » (*v.* 9) id est Testamentum Novum ; cantantes canticum novum, quia professionem suam publice proferentes. Et vere novum est, Filium Dei hominem fieri, et mori, et resurgere, et in cœlum ascendere, remissionem peccatorum hominibus dare. Cithara enim, id est, chorda in ligno extensa, significat carnem Christi passioni conjunctam. Phiala autem confessionem, et novi sacerdotii propaginem. Resignatio sigillorum adapertio est Veteris Testamenti. « Et vidi et audivi vocem multorum angelorum : » (*v.* 11.) Angelos homines dicit, qui et filii Dei dicuntur. « Dignus est agnus qui occisus est, accipere potestatem et divitias et sapientiam, » etc. (*v.* 12.) Non de Deo dicit, in quo sunt omnes thesauri sapientiæ (*Col.*, ii, 3), ut ipse accipiat : sed de homine assumpto, et ejus corpore, quod est Ecclesia, vel de Martyribus ejus, qui pro nomine ejus occisi sunt ; quia in capite suo totum accipit Ecclesia, sicut scriptum est : Cum illo nobis omnia donavit. (*Rom.*, viii, 32.) Ipse enim agnus accipit, qui in Evangelio dicit : Data est mihi omnis potestas in cœlo et in terra. (*Matth.*, xxviii, 18.) Secundum humanitatem autem, non secundum divinitatem accepit. « Omnes, inquit, audivi dicentes sedenti in throno, » id est, Patri Filio : « et agno, » id est, Ecclesiæ cum capite suo. « Benedictio et honor et claritas in sæcula : » (*Apoc.*, v, 13.) Cui est honor et gloria et imperium in sæcula sæculorum. Amen.

HOMILIA V. — Sicut modo, dum lectio divina legeretur, audistis, ita ait beatus Joannes : « Et ecce equus albus, et qui sedebat super eum, habebat arcum : et data est ei corona, et exiit vincens. » (*Apoc.*, vi, 2.) Equus albus Ecclesia est, sessor Christus. Iste equus Domini cum arcu bellico per Zachariam hoc modo ante promissus est. Visitabit Dominus Deus gregem suum domum Israel, et disponet eum sicut equum speciosum in bello : et ex eo inspiciet, et ex eo disponet, et ex eo arcus in ira, et ex eo exiet omnis insequens. (*Zachar.*, x, 3.) Equum ergo album intelligimus Prophetas et Apostolos. Equitem coronatum habentem arcum, agnoscimus non

valier couronné qui porte un arc, nous reconnaissons non-seulement Jésus-Christ, mais l'Esprit saint. En effet, après que le Seigneur fut remonté dans les cieux et qu'il eut révélé tous les mystères, il envoya l'Esprit saint, dont les paroles, comme autant de flèches dans la bouche des prédicateurs, devaient aller jusqu'au cœur des hommes et triompher de leur incrédulité. La couronne qu'il porte sur sa tête sont les promesses qu'il a faites par l'Esprit saint. « Et lorsqu'il eut ouvert le second sceau, j'entendis le second animal qui dit : Venez et voyez. Et il sortit un autre cheval qui était roux, et le pouvoir fut donné à celui qui était dessus d'enlever la paix de dessus la terre, et de faire que les hommes s'entre-tuassent, et on lui donna une grande épée. » (Apoc., VI, 3, 4.) Contre l'Eglise victorieuse et triomphante sort un cheval roux, c'est-à-dire un peuple méchant et perfide, empruntant à celui qui le monte, au démon, cette couleur de sang, bien que nous lisions aussi dans Zacharie que le cheval du Seigneur était de la même couleur, mais ce dernier la devait à son propre sang, tandis que le premier était couvert du sang des autres. « On lui donna une grande épée pour enlever la paix de dessus la terre, » c'est-à-dire la paix qui lui est propre, la paix du monde, car pour l'Eglise, elle a la paix éternelle que Jésus-Christ lui a laissée. Ainsi donc comme nous l'avons dit, le cheval blanc représente l'Eglise, et son cavalier Jésus-Christ ou l'Esprit saint. « L'arc qu'il tenait dans sa main, » ce sont les préceptes qui ont été dirigés par tout l'univers comme les flèches aiguisées d'un puissant guerrier pour détruire les péchés et stimuler les cœurs des fidèles. La couronne qui est sur sa tête, c'est la promesse de la vie éternelle. Le cheval roux,

c'est le peuple mauvais, celui qui le monte, c'est le démon, et ce cheval est roux parce qu'il est couvert du sang d'un grand nombre. On lui donne un glaive aiguisé pour enlever la paix de dessus la terre, c'est-à-dire qu'à l'instigation du démon les méchants ne cesseront de soulever entre eux des contestations et des querelles. Le cheval noir, c'est le peuple ennemi qui adhère aux desseins du démon. Celui qui est monté dessus a une balance dans la main, parce que c'est en paraissant tenir la balance de la justice que les méchants trompent les hommes. Une voix se fait entendre qui dit : « Ne gâtez ni le vin ni l'huile. » (Ibid., 6.) Le vin est la figure du sang de Jésus-Christ, et l'huile le symbole de l'onction sainte. Le blé ou l'orge est le symbole de l'Eglise tout entière considérée dans les grands et les petits, ou si l'on veut, dans ses pasteurs et dans les peuples, et le cheval pâle (ibid., 7), représente les méchants qui ne cessent d'exciter des persécutions. Ces trois chevaux qui paraissent après le cheval blanc et contre lui ne font qu'un, et ils ont pour cavalier le démon qui est la mort. Ces trois chevaux figurent donc la famine, les guerres et la peste, fléaux que Notre-Seigneur a déjà prédits dans son Evangile, qui se produisent déjà, mais qui prendront des proportions beaucoup plus grandes aux approches du jour du jugement. Les âmes de ceux qui ont souffert la mort et qu'il voit sous l'autel de Dieu, sont les martyrs. (Ibid., 9.) « Et il se fit un grand tremblement de terre, » (ibid., 12) c'est la dernière persécution. « Le soleil devint noir, la lune tout entière devint comme du sang, et les étoiles du ciel tombèrent du ciel. » (Ibid., 13.) Le soleil, la lune et les étoiles, c'est l'Eglise répandue par tout l'univers. Elle tombe mais non pas tout entière,

solum Christum, sed etiam spiritum sanctum. Postea quam enim Dominus ascendit in cœlum, et aperuit universa mysteria; misit Spiritum sanctum : cujus verba per prædicatores tanquam sagittæ ad cor hominum pertingerent, et vincerent incredulitatem. Corona autem super caput, promissa per Spiritum sanctum intelligenda sunt. « Et cum aperuisset sigillum secundum audivi secundum animal, dicens : Veni et vide. Et exiit equus rufus : et sedenti super eum datum est tollere pacem de terra, et ut invicem occiderent, et datus est ei gladius magnus. » (Apoc., VI, 3, 4.) Contra victricem vincentemque Ecclesiam exiit equus rufus, id est populus sinister et malus, ex sessore suo diabolo sanguinolentus, quamvis legamus secundum Zachariam equum Domini rufum, sed ille suo sanguine erat, hic alieno : « Cui datus est gladius magnus, ut tolleret pacem de terra, » scilicet suam pacem, hoc est mundanam : nam Ecclesia æternam pacem, quam sibi Christus reliquit, habet. Sicut ergo supra a dictum est, equum album Ecclesiam dicit : sessorem ejus, Christum vel Spiritum sanctum. « Arcus quem tenebat in manu, » præcepta ejus sunt : quæ per totum mundum velut sagittæ acutæ potentis ad interficienda peccata, et (a) excitanda fidelium corda directæ sunt. Corona in capite ejus, promissio vitæ æternæ est : « Equum rufum, » malum populum; sessorem ejus,

diabolum : quem ideo dixit rufum, eo quod multorum esset sanguine rubicundus. Quod autem datus est ei gladius acutus, et tollere pacem de terra, hoc est, quod diabolo suadente, homines mali jugiter inter se lites et discordias usque ad mortem excitare non cessant. Et in equo nigro, intelligitur populus sinister, diabolo consentiens. (v. 5.) Quod autem : Stateram habebat in manu, hoc ideo, quia dum se fingunt mali justitiæ libram tenere, sic plerumque decipiunt. Quod dixit : « Vinum et oleum ne læseris. » (v. 6.) In vino sanguis Christi, in oleo unctio chrismatis intelligitur. In tritico vel hordeo, tota Ecclesia sive in magnis sive in minimis, aut certe in præpositis et in populis : et in equo pallido (v. 8), homines intelliguntur mali, qui persecutiones excitare non desinunt. Isti tres equi unum sunt, qui exierunt post album et contra album : et sessorem habent diabolum, qui est mors. Tres ergo equi, fames et bella et pestis intelliguntur : quod etiam Dominus in Evangelio suo prædixit, quæ et jam fiunt, et imminente die judicii amplius futura sunt. Quod autem dixit se vidisse sub ara Dei animas interfectorum, Martyres intelliguntur. (v. 9.) Quod autem dicit : « Terræ motus magnus, » (v. 12) persecutio novissima est. Quod dixit : Solem factum nigrum, et lunam sanguineam, et stellas cecidisse de cœlo (v. 13) : Sol et luna et stellæ, Ecclesia

(a) Mss. exercitanda.

le tout doit s'entendre ici de la partie. Dans toute persécution les bons persévèrent et les méchants tombent du ciel, c'est-à-dire de l'Eglise. « Comme le figuier étant agité par un grand vent laisse tomber ses figues vertes; » ainsi les méchants tombent de l'Eglise lorsqu'ils sont agités par quelque tribulation. Le ciel qui se retire comme un livre qu'on roule (*Ibid.*, 14), c'est l'Eglise qui est séparée des méchants et comme un livre roulé sur lui-même, renferme en soi les mystères divins dont elle a la connaissance. « Et les rois de la terre s'enfuirent et se cachèrent dans les cavernes de la terre; » c'est-à-dire que le monde tout entier cherchera un refuge dans l'Eglise près des hommes de bien et des saints, afin que sous l'égide de cette protection il puisse parvenir à la vie éternelle, avec la grâce de Notre-Seigneur Jésus-Christ qui vit et règne dans les siècles des siècles. Ainsi soit-il.

Homélie VI. — « Et je vis un autre ange qui montait du côté de l'orient. » (*Apoc.*, vii, 2.) Cet ange c'est encore l'Eglise catholique; il s'élève du côté de l'orient, c'est-à-dire de la passion et de la résurrection du Seigneur pour crier aux quatre anges de la terre. « Et il cria d'une voix forte aux quatre anges qui avaient reçu le pouvoir de frapper de plaies la terre et la mer : Ne frappez point la terre, ni la mer. » (*Ibid.*, 3.) Celui qui monte le cheval roux prend le glaive en général ou contre ceux à qui il ôte la vie ou contre ceux à qui il persuade de disputer jusqu'à la mort pour des intérêts temporels. Lorsque le troisième sceau est ouvert, saint Jean voit paraître un cheval noir, et celui qui était monté dessus avait une balance en main. » (*Apoc.*, vi, 5.) « Il avait dans sa main une balance, » c'est-à-dire la règle de l'équité, parce que c'est sous le masque trompeur de la justice qu'il fait de plus profondes blessures. C'est au milieu des animaux, c'est-à-dire au milieu de l'Eglise que la voix dit : « Ne faites aucun mal, » pour montrer que les esprits de malice ne peuvent avoir de pouvoir sur les serviteurs de Dieu que si Dieu même le leur donne : « Ne gâtez ni le vin, ni l'huile (1). L'huile et le vin sont la figure de l'onction sainte et du sang du Seigneur. Dans le blé et l'orge on peut voir l'Eglise considérée dans les grands et les petits, ou dans les pasteurs et les peuples. Lorsque le quatrième sceau fut ouvert, on vit paraître un cheval pâle, et celui qui était monté dessus s'appelait la mort, et l'enfer le suivait; et le pouvoir lui fut donné sur les quatre parties de la terre pour y faire mourir les hommes par l'épée, par la famine, par la mortalité et par les bêtes sauvages. » (*Apoc.*, vi, 8.) Ces trois chevaux qui sont sortis après le cheval blanc et contre lui, n'en font qu'un pour ainsi dire et ont un seul et même cavalier, le démon qui est la mort. Saint Jean nous apprend en effet au sixième sceau que ce cavalier est le démon et ses compagnons lorsqu'il nous montre des chevaux entrant en lutte dans le dernier combat. Ces trois chevaux représentent donc les famines, les guerres et les pestes, prédites par Notre-Seigneur dans l'Evangile. Le cheval blanc, c'est la parole de la prédication qui se fait entendre dans tout l'univers. Le cheval roux et celui qui le monte sont le symbole des guerres qui doivent avoir lieu, et qui éclatent déjà lorsqu'une nation combat contre une autre nation. Le cheval pâle et son cavalier figurent une grande

---

(1) L'auteur fait une répétition inutile et fastidieuse de ce qu'il vient de dire précédemment.

---

est in toto orbe diffusa. Quod autem dicit cecidisse : non tota cecidit, sed a parte totum intelligitur. In omni enim persecutione boni perseverant et mali quasi de cœlo, id est de Ecclesia cadunt. Denique sequitur : « Sicut ficus mittit grossos suos' cum a vento agitatur; » sic de Ecclesia cadunt mali, quando per aliquam tribulationem fuerint conturbati. Quod autem cœlum recessit ut liber (v. 14) : Ecclesia est quæ separatur a malis, et velut liber involutus, continet in se sibi nota divina mysteria. Quod autem dicit : « Reges terræ fugerunt, et absconderunt se in speluncis terræ : » (v. 15) hoc significat quod totus mundus in bonis et sanctis refugium habiturus est ad Ecclesiam, ut sub ejus protectione constitutus, pervenire possit ad vitam æternam, auxiliante Domino nostro Jesu Christo, qui vivit et regnat in sæcula sæculorum, Amen.

Homilia VI. — « Et vidi alterum angelum ascendentem ab ortu solis. » (*Apoc.*, vii, 2.) Alterum angelum eamdem Ecclesiam Catholicam intelligit : ab ortu solis, a passione et resurrectione Domini clamantem quatuor angelis terræ. « Et clamavit voce magna dicens quatuor angelis, quibus data est potestas lædere terram et mare : Ne læseritis terram, neque mare. » (v. 3.) Accipit autem gladium generaliter, sive contra quos in vita interficit, sive quos inter se pro rebus temporalibus usque ad mortem litigare persuadet. De tertio sigillo dicit, equum nigrum exisse, et qui sedebat super eum habebat in manu sua stateram : « Libram, inquit, habebat in manu sua, » (*Apoc.*, vi, 5) id est, examen æquitatis, quia dum fingit se justitiam tenere, per simulationem lædit. Dum autem in medio animalium, id est in medio Ecclesiæ dicitur : « Ne læseris : » ostenditur quod spiritales nequitiæ potentiam in servos Dei non habent, nisi a Deo acceperint. « Vinum et oleum ne læseris : » In vino et oleo, unctionem chrismatis et sanguinem Domini, in tritico autem et hordeo Ecclesiam dixit, sive in magnis sive in parvis Christianis, sive in præpositis et populis. De quarto sigillo : « Equus pallidus. Et qui sedebat super eum nomen erat ei mors, et infernus sequebatur eum : et data est ei potestas super quartam partem terræ, interficere gladio, fame et morte et bestiis terræ. » (*Apoc.*, vi, 8.) Isti tres equi, unum sunt, qui exierunt post album et contra album : et unum sessorem habent diabolum, qui est mors. Nam equitem diabolum esse et socios ejus, sexto signo manifestat; cum prælio ultimo equos dicit congredi. Tres ergo equi, fames et bella et pestes intelliguntur, sicut a Domino in Evangelio prænuntiatur. Equus albus, verbum est prædicationis in orbe terrarum. In equo rufo et sessore ejus bella sunt significata, quæ futura sunt, imo fiunt, cum jam gens surgat contra gentem. Per equum pallidum et sessorem ejus, pestis magna et mortalitas signatur. « Et infernus sequitur

peste et la mortalité qui la suit. « Et l'enfer le suivait, » pour engloutir la multitude des victimes. « Et lorsqu'il eut ouvert le cinquième sceau, je vis sous l'autel de Dieu les âmes de ceux qui avaient souffert la mort. » (*Ibid.*, 9.) L'autel de Dieu c'est l'Eglise sous les yeux de laquelle les martyrs ont versé leur sang. Bien que les âmes des saints soient dans le paradis, cependant comme le sang des saints est répandu sur la terre, saint Jean les entend crier sous l'autel, comme dans cette autre circonstance : « Le sang de ton frère crie vers moi de la terre. » (*Gen.*, IV, 10.) « Et lorsqu'il eut ouvert le sixième sceau, il se fit tout d'un coup un grand tremblement de terre, » (*Apoc.*, VI, 12) c'est-à-dire la dernière persécution. « Et le soleil devint noir comme un sac de crin, et la lune tout entière devint comme du sang, et les étoiles du ciel tombèrent sur la terre. » (*Apoc.*, VI, 12.) Les étoiles comme le soleil et la lune sont la figure de l'Eglise, mais le tout est mis ici pour la partie. Car ce n'est pas toute l'Eglise, mais les méchants seulement qui sont dans l'Eglise, qui tombent du ciel. Saint Jean se sert de l'expression « tout entière, » parce que la dernière persécution s'étendra à toute la terre. Alors ceux qui sont justes demeureront dans l'Eglise comme dans le ciel, tandis que les avares, les injustes et les adultères, iront de concert sacrifier au démon; et ceux qui se disaient seulement chrétiens en paroles, tomberont du ciel qui est l'Eglise, comme les étoiles. « Comme lorsque le figuier étant agité par un grand vent laisse tomber ses figues vertes. » (*Ibid.*, 13.) Cet arbre agité figure l'Eglise, le grand vent, la persécution, les figues vertes, les méchants qui doivent être secoués, et sortir de l'Eglise. « Et le ciel se retira comme un livre que l'on roule. » (*Ibid.*, 14.) Le ciel dans cet endroit est la figure de l'Eglise, qui se retire des méchants et renferme en elle-même les mystères dont elle a seule la connaissance, comme un livre roulé que les pécheurs ni ne veulent ni ne peuvent comprendre. « Et toutes les montagnes et les îles furent ébranlées de leur place. » Les montagnes et les îles signifient la même chose que le ciel, c'est-à-dire que l'Eglise dans la dernière persécution fut tout entière ébranlée de sa place soit dans les bons qui fuient la persécution, soit dans les méchants qui abandonnent la foi. On peut du reste entendre ces paroles dans le même sens, parce que les bons sont ébranlés de leur place en fuyant, c'est-à-dire en perdant ce qu'ils avaient, comme Dieu les en menace par ces paroles : « J'ôterai votre chandelier de sa place. » (*Apoc.*, II, 5.) « Et les rois de la terre et les magistrats. » (*Apoc.*, VI, 15.) Les rois sont les hommes qui ont la puissance en partage; car on en verra de toute dignité et de toute condition se convertir à Jésus-Christ. Du reste, tous les rois qui existeront alors à l'exception du seul roi persécuteur, « se cacheront dans les cavernes et dans les rochers des montagnes. » Pendant la vie présente, tous cherchent un refuge dans la foi de l'Eglise, et une retraite cachée dans le mystère secret des Ecritures. « Et ils dirent aux montagnes : Tombez sur nous, » c'est-à-dire couvrez-nous et « cachez-nous, » (*ibid.*, 16) afin que le vieil homme ne paraisse point aux yeux de Dieu. Dans un autre sens : Celui qui pense au jugement futur, se tourne du côté des montagnes, c'est-à-dire de l'Eglise, afin que ses péchés soient couverts par la pénitence pendant cette vie, et qu'il ne soit point victime des supplices de l'éternité « jusqu'à ce que nous ayons marqué au front les serviteurs de notre Dieu. » (*Apoc.*, VII, 3.) L'ange désigne ici l'Eglise, et il dit aux méchants,

---

illum, » id est, expectat devorationem multorum. « Et cum aperuisset sigillum quintum, vidi sub ara Dei animas interfectorum. » Aram Dei Ecclesiam dicit, sub cujus oculis Martyres effecti sunt. Et licet animæ sanctorum in paradiso sint, tamen quia sanguis sanctorum super terram funditur, sub ara clamare dicuntur : sicut illud est : Sanguis fratris tui clamat ad me de terra. (*Gen.*, IV, 10.) « Et cum aperuisset sigillum sextum, terræ motus factus est magnus, » (*Apoc.*, VI, 12) id est persecutio novissima. « Et sol factus est niger sicut saccus cilicinus, et luna facta est tota sicut sanguis, et stellæ ceciderunt in terram. » Quod est sol et luna, hoc et stellæ, id est Ecclesia : sed a toto pars intelligitur. Non enim tota Ecclesia, sed qui mali sunt in Ecclesia, ipsi cadunt de cœlo. Totam autem dixit, quia in toto orbe terrarum erit novissima persecutio. Et tunc qui justi fuerint, permanebunt in Ecclesia tanquam in cœlo : cupidi vero, injusti et adulteri acquiescere habent sacrificare diabolo. Et tunc qui se Christianos esse verbis tantummodo dicebant, tanquam stellæ cadent de cœlo, quod est Ecclesia. « Sicut ficus magno vento agitata mittit grossos suos : » (v. 13.) Agitatam arborem, Ecclesiæ comparavit : ventum magnum, persecutioni : grossos, hominibus malis, qui excutiendi sunt et recessuri ab Ecclesia. « Et cœlum recessit ut involutus liber : » (v. 14.) Et hoc loco cœlum Ecclesiam dicit, quæ a malis recedit, et intra se sibi soli nota mysteria continet, sicut liber involutus, quem iniqui intelligere nec volunt omnino, nec possunt. « Et omnis mons et insulæ de locis suis motæ sunt. » Quod cœlum, hoc montes, hoc insulæ significant, id est Ecclesiam facta novissima persecutione omnem de loco suo recessisse, sive in bonis fugiendo persecutionem, sive in malis fidei cedendo. Sed potest in utramque partem convenire; quia et bona pars movetur de loco suo, fugiens, id est, amittens illud quod habet : sicut illud : Movebo candelabrum tuum de loco suo. (*Apoc.*, II, 5.) « Et reges terræ et magistratus. » (*Apoc.*, VI, 15.) Reges, potentes homines accipimus. Ex omni enim gradu et conditione convertentur ad Christum. Cæterum qui tunc reges erunt, præter unum persecutorem : « Absconderant se in speluncis et petris montium. » Confugiunt omnes in præsenti sæculo ad fidem Ecclesiæ, et in abscondito mysterio Scripturarum conteguntur. « Et dicunt : Cadite, » id est tegite nos. « Et abscondite nos, » (v. 16) id est, ut homo vetus a Dei oculis abscondatur. Et aliter : Qui cogitat futurum judicium, convertitur ad montes, id est ad Ecclesiam, ut abscondantur peccata sua per pœnitentiam in præsenti tempore, ne in futuro puniantur : « Donec signemus servos Dei nostri in frontibus eorum : » (*Apoc.*, VII, 3.) Ecclesiam denuntiat : et

c'est-à-dire à ceux dont l'office était de nuire : « Ne gâtez point, » (*Apoc.*, vi, 7) c'est la voix qui se fait entendre au milieu des quatre animaux et qui dit à celui qui allait décharger les fléaux sur la terre : « Ne gâtez ni le vin ni l'huile. » Le vin et l'huile représentent tous ceux qui sont justes, et que ni le démon ni les méchants ne peuvent atteindre, à moins que Dieu ne le permette pour les éprouver. « Ne gâtez ni le vin ni l'huile. » Le Seigneur défend de frapper de fléau aucune partie de sa terre spirituelle, jusqu'à ce que tous ses élus soient marqués. « Et j'entendis le nombre de ceux qui avaient été marqués était de cent quarante-quatre mille de toutes les tribus des enfants d'Israël. » (*Apoc.*, vii, 4.) Ces cent quarante-quatre mille c'est l'Eglise tout entière. « Je vis ensuite une grande multitude que personne ne pouvait compter de toute nation, de toute tribu, de tout peuple et de toute langue. » (*Ibid.*, 9.) Il ne dit pas : Je vis ensuite un autre peuple, mais : J'ai vu le peuple, c'est-à-dire le même qu'il avait vu dans le nombre mystérieux de cent quarante-quatre mille; il le voit composé d'une multitude innombrable de toute tribu, de tout peuple et de toute langue, parce que toutes les nations se sont greffées sur la racine en embrassant la foi. Notre-Seigneur dans l'Evangile, sous la figure des douze tribus d'Israël nous représente l'Eglise tout entière composée tant des Juifs que des Gentils ; en disant à ses apôtres : « Vous serez assis sur douze trônes, pour juger les douze tribus d'Israël. » (*Matth.*, xix, 28.) « Ils étaient vêtus de robes blanches. » (*Apoc.*, vii, 11.) Ces robes blanches sont le don de l'Esprit saint. « Et tous les anges se tenaient debout autour du trône. » Ces anges, c'est l'Eglise, puisqu'elle est l'unique objet de cette description. « Et l'un des vieillards prenant la parole, me dit : Qui sont ceux-ci qui sont vêtus de robes blanches? » (*Ibid.*, 13.) Celui des vieillards qui prend la parole indique l'office des prêtres qui est d'enseigner à l'Eglise, c'est-à-dire au peuple qui est dans l'Eglise quelle est la récompense réservée aux travaux des saints. « Ce sont ceux dit-il, qui sont venus ici après avoir passé par la grande tribulation, et qui ont lavé et blanchi leurs robes dans le sang de l'Agneau. » (*Ibid.*, 14.) Ce ne sont donc point les martyrs seuls, comme le pensent quelques-uns, mais tout le peuple dont se compose l'Eglise ; car il ne dit pas qu'ils ont lavé leurs robes dans leur sang, mais dans le sang de l'agneau, c'est-à-dire dans la grâce de Dieu par Jésus-Christ Notre-Seigneur, comme il est écrit : « Et le sang de Jésus-Christ nous purifie. » (I *Jean*, i, 71.) « Et celui qui est assis sur le trône habite sur eux. » (*Apoc.*, vii, 15.) Car ils sont eux-mêmes le trône et Dieu habite sur eux dans les siècles, c'est-à-dire dans l'Eglise. « Et le soleil ni aucune autre chaleur ne les incommodera plus. » (*Ibid.*, 16.) Comme Isaïe le dit de l'Eglise : « Il sera son abri contre l'ardeur du soleil. » (*Isaïe*, xxv, 4.) « Et il les conduira aux fontaines des eaux vivantes. » (*Apoc.*, vii, 17.) Dans la vie présente, l'Eglise voit s'accomplir toutes ces choses, lorsque par la rémission des péchés nous ressuscitons à une vie nouvelle, et que dépouillés de la triste vie passée et des œuvres du vieil homme, nous revêtons Jésus-Christ dans le baptême, et nous sommes remplis de la joie de l'Esprit saint : « Et lorsque l'agneau eut ouvert le septième sceau, il se fit un silence dans le ciel, » c'est-à-dire dans l'Eglise (*Apoc.*, viii, 1), « d'environ une demi-heure. » Cette demi-heure figure le commencement

---

dicit malis hominibus, id est sinistræ parti lædenti : « Ne læseris : » Hæc est vox, quæ in medio quatuor animalium dicit lædenti : « Vinum et oleum ne læseris. » (*Apoc.*, vi, 7.) In vino et oleo, omnes qui sunt justi intelliguntur, quos nec diabolus nec mali homines lædere poterunt, nisi quotiens ad eorum probationem permiserit Deus. « Vinum, inquit, et oleum ne læseris. » Præcipit Dominus omnem terram suam spiritualem non lædi, quousque omnes signentur. « Et audivi numerum signatorum, centum quadraginta quatuor millia signati ex omni tribu filiorum Israel. » (*Apoc.*, vii, 4.) Centum quadraginta quatuor millia, omnis omnino Ecclesia est. « Postea vidi, et ecce populus multus, quem dinumerare nemo poterat, ex omnibus gentibus et populis et linguis. » (*v.* 9.) Non dixit : Post hæc vidi alium populum : sed, vidi populum, id est eumdem quem viderat in mysterio centum quadraginta quatuor millium, hunc vidit innumerabilem ex omni tribu et lingua et gente, quia omnes gentes insertæ sunt radici credendo. Dominus in Evangelio totam Ecclesiam tam de Judæis quam de gentibus, in tribubus Israel duodecim demonstrat, dicens : Sedebitis super duodecim thronos, judicantes duodecim tribus Israel. (*Matth.*, xix, 28.) « Amicti stolis albis. » (*Apoc.*, vii, 11.) Stolas albas, donum Spiritus sancti intelligit. « Et omnes angeli stabant a circuitu throni. » Angelos, Ecclesiam dicit ; quia præter ipsam nihil aliud describebat. « Et respondit mihi unus de senioribus dicens : » Isti qui amicti sunt stolis albis, qui sunt ? » (*v.* 13.) Unus de senioribus qui respondit, officium indicat sacerdotum ; quia Ecclesiam, id est populum in Ecclesia docent quæ sit remuneratio laboris sanctorum. Dicens : « Hi sunt qui venerunt ex magna tribulatione, et laverunt stolas suas in sanguine agni. » (*v.* 14.) Non enim, ut aliqui putant : Martyres soli sunt, sed omnis populus in Ecclesia : quia non in sanguine suo dixit lavisse stolas suas, sed in sanguine agni, id est in gratia Dei per Jesum Christum Dominum nostrum, sicut scriptum est : Et sanguis Filii ejus mundavit nos. (I *Joan.*, i, 71.) « Et qui sedet in throno, habitat super eos. » (*Apoc.*, vii, 15.) Ipsi enim thronus sunt, super quos habitat Deus in sæcula, id est in Ecclesia. « Neque cadet super eos sol, neque æstus. » (*v.* 16.) Sicut dicit Isaias de Ecclesia : Erit in umbra ab æstu. (*Isa.*, xxv, 4.) « Et deducet ad vitæ fontes aquarum. » (*Apoc.*, vii, 17.) Omnia hæc etiam in præsenti vita spiritualiter Ecclesiæ eveniunt, cum dimissis peccatis resurgimus, et vitæ prioris lugubris ac veteris hominis exspoliati, in baptismo Christum induimur, et gaudio sancti Spiritus implemur. « Et cum aperuisset sigillum septimum, factum est silentium in cœlo, » (*Apoc.*, viii, 1) id est in Ecclesia. « Quasi media hora : » In semihora, ostendit initium quietis æternæ. « Et vidi septem

de la vie éternelle. « Et je vis les sept anges qui se tiennent devant la face de Dieu. » (*Ibid.*, 2.) Ces sept anges représentent l'Eglise. » Et on leur donna sept trompettes, » c'est-à-dire la prédication dans toute sa perfection, comme il est écrit : « Faites retentir votre voix comme les éclats de la trompette. » (*Isaïe*, LVIII, 1). « Et un autre ange vint et il se tint devant l'autel. » (*Apoc.*, VIII, 3.) Cet autre ange dont il parle n'est pas venu après les autres, car c'est Notre-Seigneur Jésus-Christ lui-même. « Ayant un encensoir d'or, » c'est le corps saint du Sauveur. Notre-Seigneur devint lui-même l'encensoir d'où sortit pour monter jusqu'à Dieu l'odeur de suavité, et c'est ainsi qu'il devint la propitiation du monde en s'offrant lui-même comme une victime d'agréable odeur. (*Ephés.*, V, 2.) « Et l'ange prit l'encensoir, et l'emplit du feu de l'autel. » (*Apoc.*, VIII, 5.) Jésus-Christ a pris son corps, c'est-à-dire l'Eglise, et pour accomplir la volonté de son Père, il l'a remplie du feu de l'Esprit saint. « Et il se fit des tonnerres, et des voix et des éclairs et un grand tremblement de terre. » Ce sont les prédications spirituelles de l'Eglise et des miracles qu'elle opère. « Et les sept anges qui avaient les sept trompettes se préparèrent pour en sonner, » (*ibid.*, 6) c'est-à-dire l'Eglise se prépara à la prédication. « Et le premier ange sonna de la trompette, et il se forma une grêle et un feu mêlé de sang, » (*Apoc.*, VIII, 7) c'est-à-dire la colère de Dieu éclata et entraîna la mort d'un grand nombre. « Et ce fléau tomba sur la terre, et la troisième partie de la terre et des arbres fut brûlée, et le feu consuma toute l'herbe verte. » Les arbres et l'herbe ont ici la même signification que les hommes. Par l'herbe verte il faut entendre la chair qui cède aux inspirations matérielles du sang et de la volupté, selon ces paroles : « Toute chair est comme l'herbe des champs. » (*Isaïe*, XL, 6.) « Et le second ange sonna de la trompette, et il parut comme une grande montagne tout en feu qui fut jetée dans la mer, et la troisième partie de la mer fut changée en sang. » (*Apoc.*, VIII, 8.) Cette montagne de feu, c'est le démon, et la troisième partie de la mer signifie la même chose que la troisième partie de la terre ou des arbres. Ces créatures qui avaient vie (*ibid.*, 9) ce sont les impies, ils sont vivants de la vie de la chair, mais ils sont morts à la vie spirituelle. « Et la troisième partie des navires périt. » Les hérétiques corrompent et font périr par leur doctrine ceux qui les écoutent. « Et le troisième ange sonna de la trompette, et une grande étoile ardente comme un flambeau, tomba du ciel sur la terre, » (*ibid.*, 10) ce sont les superbes et les impies qui tombent des hauteurs de l'Eglise. Saint Jean dit que c'est une grande étoile, parce qu'elle figure les hommes éminents par leur puissance ou leurs richesses. « Et cette étoile s'appelait Absinthe, et la troisième partie des eaux fut changée en absinthe. » (*Ibid.*, 11.) La troisième partie des hommes est devenue semblable à l'étoile qui est tombée sur elle. « Et un grand nombre d'hommes mourut pour avoir bu de ces eaux, parce qu'elles étaient devenues amères. » (*Ibid.*, 12.) Les hommes trouveront la mort dans ces eaux, c'est ce qui se vérifie clairement dans ceux qui se font rebaptiser. « Et le quatrième ange sonna de la trompette, et le soleil, la lune et les étoiles furent frappés de ténèbres dans leur troisième partie. » (*Ibid.*, 11.) Le soleil, la lune et les étoiles, c'est l'Eglise dont la troisième partie a été frappée, et cette troisième partie représente tous les

---

angelos, qui stant in conspectu Dei. » (*v.* 2.) Septem angelos, Ecclesiam dixit : « Qui acceperunt septem tubas, » id est perfectam prædicationem : sicut scriptum est : Exalta sicut tuba vocem tuam. (*Isa.*, LVIII, 1.) « Et alius angelus venit, et stetit ante altare. » (*Apoc.*, VIII, 3.) Alium angelum quem dicit, non post illos septem venit, quia ipse est Dominus Jesus Christus, « Habens thuribulum aureum ; » quod est corpus sanctum. Ipse enim Dominus factus est thuribulum, ex quo Deus odorem suavitatis accepit; quia obtulit seipsum in odorem suavitatis mundo, quia obtulit seipsum in odorem suavitatis. (*Ephes.*, V, 2.) « Et accepit angelus thuribulum, et implevit illud ex igne altaris. » (*Apoc.*, VIII, 5.) Accepit Jesus corpus, id est Ecclesiam, et ad perficiendam Patris voluntatem, implevit illam igne Spiritus sancti. « Et factæ sunt voces et tonitrua et fulgura et terræ motus. » Omnia hæc spiritales sunt Ecclesiæ prædicationes et virtutes. « Et septem angeli qui habebant septem tubas, præparaverunt se ut tuba canerent, » (*v.* 6) id est, Ecclesia præparavit se ad prædicandum. « Et primus Angelus tuba cecinit, et facta est grando et ignis mixtus sanguine. » (*Apoc.*, VIII, 7.) Facta est ira Dei, quæ habereat in se multorum necem. « Et missa est in terram, et tertia pars terræ combusta est, et tertia pars arborum, et omne fœnum viride combustum est. » Quod est terra, hoc et arbores, hoc fœnum, id est homines. Fœnum autem viride, carnem intellige sanguineam et luxuriosam, secundum illud : Omnis caro fœnum. (*Isa.*, XL, 6.) « Et secundus Angelus tuba cecinit, et velut mons magnus ardens igni missus est in mare, et facta est tertia pars maris sanguis. » (*Apoc.*, VIII, 8.) Ardens mons, diabolus est. Et tertia partes terræ vel arborum, hæc tertia pars maris. (*a*) Et homines habentes animas, impios dixit : ut ostenderet in carne vivos, sed spiritaliter mortuos. « Et tertiam partem navium corruperunt. » Doctrina sua hæretici corruperunt eos, qui illis acquieverunt. « Et tertius angelus tuba cecinit, et cecidit de cœlo stella magna ardens velut facula. » (*v.* 10.) De Ecclesia dicit cecidisse homines superbos et impios. Magnam vero stellam dixit ; quia personæ majorum, et potestatem vel divitias habentium. « Et nomen hujus stellæ dicitur absinthium, et facta est tertia pars aquarum in absinthium. » (*v.* 11.) Tertia pars hominum facta est similis stellæ, quæ super illam cecidit. « Et multi hominum mortui sunt ab aquis, quoniam amaricaverunt aquæ. » Homines mortui sunt ab aquis. Hoc in his qui rebaptizantur, manifeste intelligi potest. « Et quartus angelus tuba cecinit, et percussa est tertia pars solis, et tertia pars lunæ et tertia pars stellarum. » (*v.* 12.) Sol, luna et stellæ, Ecclesia est, cujus tertia pars percussa

(*a*) Mss. *arbores habentium animas dixit : ut.*

méchants. Cette troisième partie a été frappée, c'est-à-dire livrée à ses iniquités et à ses plaisirs criminels, afin que la multitude toujours croissante de ses péchés la fît connaître en son temps. « Et je vis et j'entendis la voix d'un aigle qui volait par le milieu du ciel et qui disait : Malheur, malheur, malheur, aux habitants de la terre. » (*Apoc.*, VIII, 13.) Cet aigle c'est l'Eglise qui vole par le milieu du ciel, c'est-à-dire dans l'immensité de l'espace qu'elle occupe, et qui annonce à haute voix les fléaux des derniers temps. En effet, lorsque le prêtre annonce le jour du jugement, c'est l'aigle qui vole par le milieu du ciel. Comme nous l'avons dit plus haut, cet autre ange que saint Jean vit monter du côté de l'orient, c'est l'Eglise qui monte du côté où le soleil se lève, c'est-à-dire de la passion ou de la résurrection du Sauveur, l'ange crie : « Ne gâtez ni le vin ni l'huile, » (1) c'est ce que l'Eglise ne cesse de crier tous les jours aux méchants par les prédications. « Ne gâtez ni le vin ni l'huile. » Le vin et l'huile représentent tous les justes qui sont dans l'Eglise, et à qui personne ne peut porter atteinte si Dieu ne le permet pour les éprouver. Quant à ces cent quarante-quatre mille qui sont marqués, ils représentent toute l'Eglise. Cette multitude de peuples, qu'il voit ensuite et que personne ne peut compter, est également la figure de l'Eglise. Ils sont revêtus de robes blanches, symbole des dons de l'Esprit saint ; les anges qui se tiennent devant le trône c'est encore l'Eglise, puisque c'est la seule chose qu'il ait entrepris de décrire. Le vieillard qui lui parle, lui dit : « Qui sont ceux-ci et d'où viennent-ils ? » et figure l'office particulier aux prêtres qui enseignent le peuple dans l'Eglise. Il dit

« qu'ils ont lavé leurs robes, » et il l'entend de toute l'Eglise et non pas seulement des martyrs. En effet, il ne dit pas qu'ils les ont lavées dans leur sang; mais : « Dans le sang de l'agneau, » ce qui s'accomplit par le sacrement de Baptême. « Et celui qui est assis sur le trône habite sur eux, » c'est-à-dire qu'ils sont le trône sur lesquels Dieu habite. « Et le soleil ni aucune autre chaleur ne les incommodera plus, et il les conduira aux fontaines des eaux vivantes. » Dans le cours de la vie présente, ces promesses s'accomplissent spirituellement pour l'Eglise, lorsque la grâce de Dieu la couvre d'une protection si éclatante que les persécutions du monde l'exercent bien plutôt qu'ils ne l'abattent. Ce silence d'une demi-heure qui se fait dans le ciel, c'est-à-dire dans l'Eglise, signifie le commencement du repos éternel. Les sept anges qui sonnent de la trompette, représentent l'Eglise, et les trompettes la prédication de l'Eglise. L'autre ange qui se tient devant l'autel est Jésus-Christ Notre-Seigneur lui-même. « Il a un encensoir d'or, » (*Apoc.*, VIII, 3) c'est-à-dire son corps saint par lequel Dieu le Père a reçu l'encens de la passion comme un parfum d'agréable odeur. « Et il se fit des voix, des éclairs et des tonnerres. » Ce sont les prédications spirituelles de l'Eglise. Les sept anges qui se préparèrent pour sonner de la trompette, c'est l'Eglise dans laquelle retentit par tout l'univers la prédication spirituelle contre tous les péchés et les crimes de la terre. Cette troisième partie de la terre qui est brûlée lorsque le premier ange sonne de la trompette, représente les hommes superbes et esclaves des plaisirs de la chair et que Dieu par un juste jugement laisse consumer par les feux de la

(1) L'auteur répète ce qu'il a déjà dit plus haut.

est : in tertia parte, intelliguntur omnes mali. Percussa est autem, id est suis malis tradita et voluptatibus ; ut redundantibus et inolescentibus peccatis, suo tempore revelaretur. « Et vidi et audivi vocem unius aquilæ volantis in medio cœli, et dicentem : Væ, væ, væ habitantibus terram. » (*Apoc.*, VIII, 13.) Aquilam Ecclesiam intelligit volantem in medio cœli, id est in medio sui discurrentem, et plagas novissimi temporis magna voce prædicantem. Quando enim sacerdos diem judicii annuntiat, aquila in medio cœli volat. Sicut ergo supra dictum est, alius angelus quem dixit ascendisse ab ortu solis, Ecclesia est, ascendens ab ortu solis, id est a passione vel resurrectione Domini. Quod autem dicit : « Ne læseris terram, neque mare ; » Ecclesia hoc quotidie prædicando malis hominibus clamat. Quod dicit : « Vinum et oleum ne læseris ; » in vino et oleo, omnes qui sunt justi in Ecclesia intelliguntur, quos nemo lædere poterit, nisi ad probationem illorum permiserit Deus. Quod autem ait, centum quadraginta quatuor millia fuisse signatos : tota Ecclesia intelligitur. Unde et in illis, de quibus dixit se vidisse populum multum, quem dinumerare nemo poterat, Ecclesia eadem significata est. Quod autem dixit, amictos esse stolis albis : in stolis donum Spiritus sancti intelligitur : Angelos stantes circa thronum, Ecclesiam dixit, quia præter illam nihil aliud describebat. Senior qui respondens dixit : « Qui sunt isti, et unde venerunt, » officium indicat sacerdotum, qui populum in Ecclesia docent. Quod autem dixit : « Laverunt stolas, » de tota Ecclesia dixit, non de Martyribus tantum. Denique non dicit in sanguine suo, sed in sanguine agni, » quod utique per baptismi sacramentum impletur. « Et qui sedet super thronum, habitat super illos. » Ipsi enim thronus sunt, super quos habitat Deus : « Neque cadet super eos sol, neque ullus æstus : et deducet eos ad vitæ fontes aquarum. » Omnia hæc etiam in præsenti sæculo, et his diebus spiritaliter Ecclesiæ eveniunt : dum ita per gratiam Dei defenditur, ut persecutionibus mundi hujus exerceatur potius quam vincatur. Quod dicit in semi hora silentium factum in cœlo : in Ecclesia dicit, et significat initium quietis æternæ. Et septem angelis tubis canentibus : in angelis Ecclesia, in tubis prædicatio Ecclesiæ intelligitur. Alius angelus, quem dixit stetisse ante altare, Christus Dominus est. « Habens thuribulum aureum : » (*Apoc.*, VIII, 3) corpus scilicet sanctum, per quod Deus Pater passionis incensum, odorem suavitatis accepit. Quod autem dicit : « Factæ sunt voces, fulgura et tonitrua : » prædicationes sunt Ecclesiæ spiritales. Septem angeli qui se præparaverunt ut canerent, Ecclesia est : in qua per totum mundum contra omnia peccata vel crimina fit prædicatio spiritalis. Quod autem canente primo angelo tertia pars terræ combusta est, significat homines superbos et voluptatibus

luxure et de la convoitise. Le second ange sonne de la trompette et une grande montagne tout en feu fut jetée dans la mer, » cette montagne, c'est le démon, la mer, c'est le monde. La troisième partie de la mer, comme je l'ai déjà dit, figure les pécheurs et les impies. Lorsque le troisième ange sonna de la trompette, une grande étoile tomba du ciel ; ce sont les grands de la terre qui par leurs mauvaises mœurs et leurs œuvres d'iniquité tombent de l'Eglise comme du ciel. « Un grand nombre d'hommes dit saint Jean, moururent pour avoir bu de ces eaux, parce qu'elles étaient devenues amères, » (*Apoc.*, VIII, 10, 11) ce qui peut s'entendre de ceux qui se font rebaptiser. « Le quatrième ange sonne de la trompette, et le soleil, la lune et les étoiles furent frappées de ténèbres dans leur troisième partie, » c'est une figure de l'Eglise dans laquelle tous les jours les méchants et les hypocrites cédant aux instigations du démon sont frappées dans leur âme par les blessures de leurs péchés. Cet aigle qui vole par le milieu du ciel et qui crie : Malheur, malheur, malheur, c'est l'Eglise qui vole par le milieu d'elle-même, et qui par ses prédications constantes annonce les fléaux des derniers temps. En effet, quand le prêtre dans l'Eglise de Dieu annonce le jour du jugement, c'est l'aigle qui vole par le milieu du ciel. Que la divine miséricorde nous accorde à tous, aux prêtres qui s'appliquent continuellement aux mystères de la prédication, et aux fidèles qui s'empressent d'accomplir fidèlement ce qui leur est annoncé, de parvenir ensemble aux récompenses éternelles, par la grâce de Notre-Seigneur Jésus-Christ, qui vit, etc.

HOMÉLIE VII. — Vous venez d'entendre, mes très-chers frères, dans la lecture de l'Apocalypse, que lorsque le cinquième ange sonna de la trompette, une étoile tomba du ciel. (*Apoc.*, IX.) Cette étoile figure la multitude de ceux que leurs péchés entraînent dans de grandes chutes. « Et la clef du puits de l'abîme lui fut donnée. » L'étoile, l'abîme, les puits représentent les hommes. L'étoile qui tombe du ciel, c'est donc le peuple pécheur qui tombe de l'Eglise. « Et elle reçut la clef du puits de l'abîme, » c'est-à-dire la puissance de son cœur, d'ouvrir son cœur et de laisser tout pouvoir au démon d'y faire sa volonté. « Et elle ouvrit le puits de l'abîme, » (*ibid.*, 2) c'est-à-dire le peuple découvrit son cœur sans aucune crainte ou sans aucune honte du péché. « Et il s'éleva du puits, » c'est-à-dire du milieu du peuple, une fumée qui couvrit et obscurcit l'Eglise, comme l'ajoute saint Jean : « Et le soleil et l'air furent obscurcis de la fumée de ce puits. » Le soleil est obscurci, mais ne tombe point. En effet, les péchés des méchants et des orgueilleux qui se multiplient sur toute la face de la terre, obscurcissent le soleil, c'est-à-dire l'Eglise, et répandent quelquefois l'obscurité jusque sur les saints et les justes, car le nombre des méchants est si grand que parfois on peut à peine distinguer les bons parmi eux. « Cette fumée, dit-il, était semblable à la fumée d'une grande fournaise. » (*Ibid.*, 3.) Et de la fumée du puits il sortit des sauterelles qui se répandirent sur la terre, et la même puissance qu'ont les scorpions de la terre leur fut donnée, c'est-à-dire le pouvoir de blesser par un venin mortel. Et il leur fut commandé de ne point faire tort à l'herbe de la terre ni aux arbres, mais seulement aux hommes. « Et on leur donna le pouvoir non de les tuer. » (*Ibid.*, 4, 5.) L'Eglise est divisée en deux parties, les bons et

deditos, quos Deus justo judicio permittit incendio luxuriæ vel cupiditatis exuri. Quod autem, « canente secundo angelo, mons ardens cecidit in mare, » mons ille diabolus, mare mundus iste intelligitur. Tertia pars maris, sicuti jam supra dixi sunt, homines iniqui et impii. Quod autem, tertio angelo canente, stella magna cecidit de cœlo, homines magni intelliguntur, qui malis moribus et iniquis actibus de Ecclesia tanquam de cœlo cadunt. Quod dicit : « Multi hominum mortui sunt ab aquis, quoniam amaricaverunt aquæ, » (*Apoc.*, VIII, 10.) hoc in his qui rebaptizantur intelligi potest. Quod autem, canente quarto angelo, solis, et lunæ et stellarum tertia pars percussa est, in his Ecclesia intelligitur, in qua quotidie qui mali vel ficti sunt, persuadente diabolo peccatorum vulneribus percutiuntur in anima. Quod autem dicit Aquilam volantem in medio cœli, et clamantem : Væ, væ, væ, Ecclesiam intelligi voluit volantem in medio cœli, id est, in medio sui, et per assiduitatem prædicationis plagas novissimi temporis annuntiantem. Quando enim sacerdos in Ecclesia Dei diem judicii annuntiat, aquila in medio cœli volat. Concedat divina pietas, ut dum et sacerdotes student jugiter prædicare, et populi ea quæ prædicantur fideliter adimplere, simul mereantur ad æterna (a) pervenire, præstante Domino Jesu Christo : Qui vivit, etc.

HOMILIA VII. — Modo, fratres carissimi, cum Apocalypsis legeretur, audivimus, quia quinto angelo tuba canente, stella de cœlo ceciderit super terram. (*Apoc.*, IX, 1.) Una stella corpus est multorum cadentium per peccata. « Et data est ei clavis putei abyssi. » Stella, abyssus, puteus homines sunt. Ergo stella cecidit de cœlo, id est populus peccator de Ecclesia. « Et accepit putei abyssi clavem, » id est potestatem cordis sui, ut aperiat cor suum, in quo diabolus deligatis non compescatur ut faciat voluntatem suam : « Et aperuit puteum abyssi, » (v. 2) id est manifestavit cor suum sine ullo timore vel pudore peccandi. « Et ascendit fumus de puteo, » id est de populo ascendit quod cooperit et obscurat Ecclesiam, ita ut dicatur : « Et obscuratus est sol et aer de fumo putei. » Obscuratum dixit solem, non (b) cecidisse. Peccata enim malorum et superborum hominum, quæ passim committuntur per orbem, obscurant solem, id est Ecclesiam, et sanctis ac justis interdum faciunt obscuritatem : quia tantus est malorum numerus, ut aliquotiens vix inter eos appareant boni. « Sicut, inquit, fumus fornacis magnæ : Et ex fumo putei exierunt locustæ in terram, et data est eis potestas, sicut habent potestatem scorpii terræ, » id est, veneno lædere. « Et præceptum est illis, ne læderent fœnum terræ, neque omnem arborem, nisi homines. Et datum

(a) Mss. *ad æternam beatitudinem.* — (b) Mss. *occidisse.*

EXPLICATION DE L'APOCALYPSE DE SAINT JEAN.

les méchants; les uns sont frappés pour être ramenés au bien, les autres sont abandonnés à leurs honteuses voluptés. Les bons sont livrés à l'humiliation pour apprendre à connaître la justice de Dieu, et se rappeler le devoir de la pénitence, comme il est écrit : « Il m'est avantageux que vous m'ayez humilié, afin que j'apprenne vos ordonnances pleines de justice. » « Et on leur donna le pouvoir, non de les tuer, mais de les tourmenter durant cinq mois; et la douleur qu'elles causent est semblable à celle que fait le scorpion quand il a piqué l'homme. » C'est ce qui arrive lorsque le démon répand ses poisons par les vices et les péchés des hommes. « Et les hommes chercheront la mort. » (*Apoc.*, IX, 6.) La mort ici c'est le repos. Ils chercheront donc la mort, mais la mort de leurs maux, c'est-à-dire des tribulations, afin de trouver le repos dans la cessation des maux qui les tourmentent. « Ces sauterelles avaient sur la tête comme des couronnes qui paraissaient d'or. » (*Ibid.*, 7.) Dans la description que saint Jean a faite précédemment de l'Eglise, nous avons vu les vingt-quatre vieillards qui portent des couronnes d'or; mais ces sauterelles portant des couronnes qui paraissent d'or sont les hérésies qui cherchent à imiter l'Eglise. « Et elles avaient des cheveux comme des cheveux de femme. » (*Ibid.*, 8.) Ces cheveux de femme ne sont pas seulement l'emblème d'un sexe efféminé, mais ils figurent encore les deux sexes. « Et leurs queues étaient semblables à celles des scorpions, et elles y avaient des aiguillons. » (*Ibid.*, 10.) Les queues des hérétiques sont leurs chefs suivant cette parole d'Isaïe : « Le prophète qui enseigne le mensonge c'est la queue. » (*Isaïe*, IX, 15.) Ce sont donc les faux prophètes qui mettent à exécution les desseins cruels des rois. « Et elles avaient pour roi l'ange de l'abîme, » (*Apoc.*, IX, 11) c'est-à-dire le démon ou le roi de ce monde. L'abîme c'est le peuple. Il est appelé en hébreu Abaddon, et en grec Apollyon, c'est-à-dire en latin l'exterminateur. Ce premier malheur étant passé, en voici encore deux autres qui suivent. (*Ibid.*, 12.) « Et le sixième ange sonna de la trompette. » Ici commence la dernière prédication. « Et j'entendis un des anges qui étaient aux quatre coins de l'autel d'or qui est devant Dieu, dire au sixième ange qui avait la trompette : Déliez les quatre anges qui sont liés sur le grand fleuve de l'Euphrate. » (*Ibid.*, 13, 14.) L'autel qui est devant Dieu est le symbole de l'Eglise qui au temps de la dernière persécution osera mépriser les paroles ou les injonctions du roi très-cruel, et se séparer de ceux qui obéiront à ses ordres. « Déliez les quatre anges qui sont liés sur le grand fleuve de l'Euphrate. » Le fleuve de l'Euphrate, c'est le peuple des pécheurs, au milieu duquel Satan et la volonté propre sont liés. L'Euphrate est un fleuve de Babylone; c'est ainsi que nous voyons Jérémie jeter un livre dans l'Euphrate au milieu de Babylone. (*Jérém.*, LI, 63.) « Et l'on délia ces quatre anges, » c'est-à-dire que la persécution commença. « Qui étaient prêts pour l'heure, le jour, le mois et l'année où ils devaient tuer la troisième partie des hommes. » (*Apoc.*, IX, 15.) Ce sont là les quatre époques de l'espace de trois ans et la partie du temps. « Et le nombre de cette armée était de deux myriades de myriades, car j'en entendis dire le nombre. » (*Ibid.*, 16.) Mais il ne dit pas combien il y avait de myriades. « Où ils devaient tuer la troisième partie des hommes. » C'est la troisième partie des orgueilleux de laquelle descend l'Eglise. « Et je vis

---

est eis ne occiderent eos. » (*v.* 3-5.) Et quia duæ partes sunt in Ecclesia, bonorum scilicet et malorum ; una pars sic percutitur ut corrigatur, alia voluptatibus suis relinquitur. Pars bonorum (*a*) humiliationi traditur ad cognitionem justitiæ Dei, et commemorationi pœnitentiæ, sicut scriptum est : Bonum mihi quod humiliasti me, ut discerem justificationes tuas. « Datum est eis ne occiderent, sed ut cruciarent : et cruciatus eorum sicut cruciatus scorpii, cum percutit hominem. » (*Psal.* CXVIII, 71.) Hoc tunc fit, quando diabolus per vitia vel peccata venena propinat. « Et quærent homines mortem. » (*Apoc.*, IX, 6.) Mortem vero requiem dixit. Quærent itaque mortem, sed malis, id est tribulationibus, ut ipsi requiescant, dum mala moriuntur. « Super capita, inquit, earum tanquam coronæ similes auro. » (*v.* 7.) Ecclesia superius descripta est in viginti quatuor senioribus, qui habent coronas aureas : isti autem similes auro, hæreses sunt, quæ imitantur Ecclesiam. « Et habebant capillos, sicut capillos mulierum. » (*v.* 8.) In capillis mulierum non solum sexum effeminatum, sed etiam utrumque sexum voluit ostendere. « Et habebant caudas similes scorpiis, et aculei in caudis earum. » (*v.* 10.) Caudas hæreticorum præpositos dicit, sicut scriptum est : Propheta docens mendacium, hic est cauda (*Isa.*, IX, 15) : qui sunt pseudoprophetæ, et hi crudelia regum jussa implent. « Habentes super se regem angelum abyssi, » (*Apoc.*, 11) id est, diabolum vel regem sæculi. Abyssus populus est. « Cui nomen Hebraice Abaddon (*v.* 12), Graece Ἀπολλύων, Latine perdens. Væ unum abiit, et ecce duo væ veniunt, post hæc. Et sextus angelus tuba cecinit. » Hinc incipit novissima prædicatio. « Et audivi unum ex quatuor cornibus angelum altaris aurei, quod est in conspectu Dei, dicentem sexto angelo, qui habebat tubam : Solve quatuor angelos, qui alligati sunt in flumine magno Euphrate. » (*v.* 13, 14.) Altare quod est in conspectu Dei, Ecclesiam vult intelligi, quæ in tempore novissimæ persecutionis audeat crudelissimi regis verba aut jussa contemnere, et ab obtemperantibus discedere. « Solve quatuor angelos in flumine Euphrate. » Flumen Euphratem peccatorem populum dixit, in quo satanas et propria voluntas ligata est. Euphrates autem fluvius est Babylonis, sicut Jeremias in medio Babylonis submittit librum in Euphratem. (*Jer.*, LI, 63.) « Et soluti sunt quatuor angeli, » id est inchoata persecutio est. « Parati in horam et diem et mensem et annum, ut occiderent tertiam partem hominum. » (*Apoc.*, IX, 15.) Hæc sunt quatuor tempora triennii, et pars temporis. « Et numerus, inquit, exercituum bis myriades myriadum, audivi numerum eorum. » (*v.* 16.) Sed non dixit, quot myriadum. « Ut occiderent tertiam partem hominum, »

(*a*) Mss. *humiliatione trahitur*.

aussi les chevaux dans la vision, et ceux qui étaient montés dessus avaient des cuirasses de feu, d'hyacinthe et de soufre. » (*Ibid.*, 17.) Les chevaux sont les hommes, et ceux qui les montent sont les esprits de malice, armés de feu, de fumée et de soufre. « Et les têtes des chevaux étaient comme des têtes de lions, » pour exercer leur fureur dans la persécution. « Et il sortait de leur bouche du feu, de la fumée et du soufre, » c'est-à-dire des blasphèmes contre Dieu. « Leurs queues sont semblables à celles des serpents. » (*Ibid.*, 19.) Nous avons dit que les queues représentaient ici les chefs, et les têtes, les princes de ce monde. Ce sont les instruments de la haine du démon, et il ne peut l'exercer sans ces instruments, car il fait le mal ou par les rois sacrilèges qui donnent des ordres injustes, ou par des prêtres sacrilèges qui enseignent une fausse doctrine. « Et je vis, poursuit saint Jean, un autre ange fort et puissant qui descendait du ciel, revêtu d'une nuée, et ayant un iris, c'est-à-dire un arc-en-ciel sur la tête, et son visage était comme le soleil. » (*Apoc.*, x, 1.) Cet ange revêtu d'une nuée, c'est le Seigneur revêtu de l'Eglise. Les saints sont en effet comparés aux nuées dans le prophète Isaïe : « Quels sont ceux-ci qui volent comme des nuées? » (*Isaïe*, LX, 8.) Dans cet ange revêtu d'une nuée spirituelle, reconnaissez donc Jésus-Christ revêtu de son corps sacré. « Et il avait un arc-en-ciel sur la tête, » c'est-à-dire ou le jugement qui se fait et doit se faire, ou la promesse persévérante. C'est l'Eglise qu'il décrit dans la personne du Sauveur lorsqu'il dit : « Et son visage était comme le soleil, » par suite de sa résurrection. En effet, il apparut comme le soleil, lorsqu'il ressuscita d'entre les morts. « Et ses pieds étaient comme des colonnes de feu. » Ces pieds ce sont les apôtres qui servent à répandre sa doctrine par tout l'univers. Ou plutôt, comme le pied est la dernière partie du corps, il entend par là l'Eglise après le feu de la dernière persécution, c'est-à-dire la splendeur des saints, telle qu'elle doit éclater un jour. « Et il mit son pied droit sur la mer et son pied gauche sur la terre, » (*Apoc.*, x, 2) c'est-à-dire que sa prédication devait s'étendre au delà de la mer et dans le monde tout entier. « Et il cria d'une voix forte comme un lion qui rugit, » (*ibid.*, 3) c'est-à-dire que sa prédication fut pleine d'une force extraordinaire. « Et après qu'il eut crié, sept tonnerres firent éclater leurs voix, » (*ibid.*, 3) qui sont les sept trompettes. « Et j'entendis une voix du ciel qui me disait : Scellez les paroles des sept tonnerres, et ne les écrivez point, » (*ibid.*, 4) à cause de ceux qui ne doivent pas en avoir connaissance, et afin que les paroles de Dieu ne soient pas découvertes aux yeux de tous les impies. Une voix dit à Jean : « Ne scellez point les paroles de la prophétie de ce livre, » (*Apoc.*, XXII, 10) et il fait voir ensuite quels sont ceux qu'il avait ordonné ou de marquer ou de ne point marquer. « Que celui, dit-il, qui veut persévérer dans l'injustice, continue à commettre le mal, et que celui qui est souillé se souille encore davantage ; » (*ibid.*, 11) c'est-à-dire de leur parle un langage figuré, afin que celui qui est juste fasse des œuvres plus parfaites de justice, et que celui qui est saint s'élève aussi à une plus grande sainteté. Voilà ce que Notre-Seigneur voulait nous apprendre lorsqu'il disait : « Heureux vos yeux, parce qu'ils voient, et vos oreilles parce qu'elles entendent. » Pour eux les paroles du livre ne sont pas scellées, mais elles le sont pour les méchants. « Et l'ange jura qu'il n'y aurait plus de temps, mais qu'au jour où le septième ange ferait entendre sa voix et sonnerait de la trom-

---

Hæc est superborum pars tertia, de qua descendit Ecclesia. « Et vidi equos in visione, et qui sedebant super eos, habebant loricas igneas, et hyacinthinas ac sulfureas. » (*v.* 17.) Equos homines dicit, sessores vero spiritus nequam, armatos igne, fumo et sulfure. « Et capita equorum erant sicut leonum : » ad sæviendum in persecutione : « Ex ore eorum exit fumus, ignis et sulfur, » id est, blasphemiæ de ore eorum contra Deum egrediuntur. « Caudæ eorum similes serpentibus. » (*v.* 19.) Caudas præpositos diximus, capita principes mundi. Et in his nocet diabolus, et sine his nocere non potest : aut enim sacrilegi reges male jubendo, aut sacrilegi sacerdotes male docendo nocent. « Et vidi, inquit, alium angelum fortem descendentem de cœlo, amictum nube, et iris, » id est arcus, « in capite ejus, et facies ejus erat ut sol : » (*Apoc.*, x, 1) Amictus nube, Dominus intelligitur amictus Ecclesia. Legimus enim sanctos nubes, sicut Isaias dicit : Qui sunt hi, qui ut nubes volant? (*Isa.*, LX, 8.) Indutum itaque nube spiritali, id est sancto corpore Christum intellige. « Et iris super caput ejus, » id est vel judicium quod sit et quod futurum est, vel promissio perseverans. Ecclesiam enim describit in Domino, dicens : « Et facies ejus sicut sol, » id est de resurrectione. Sicut sol enim apparuit, quando a mortuis resurrexit. « Et pedes ejus sicut columnæ ignis : » Pedes Apostolos dicit, per quos in universo mundo doctrina ejus discurrit : Aut certe, quia pes novissima pars corporis est, Ecclesiam dicit post igneam novissimæ persecutionis futuram sanctorum claritatem. « Et posuit pedem suum dexterum super mare, sinistrum autem super terram, » (*Apoc.*, x, 2), id est ad prædicandum trans mare, et in universo orbe terrarum. « Et clamavit voce magna, quemadmodum leo rugit, » (*v.* 3) id est fortiter prædicavit. « Et cum clamasset, locuta sunt septem tonitrua voces suas, » quæ sunt et septem tubæ. « Et audivi vocem dicentem de cœlo : Signa quæ locuta sunt septem tonitrua, noli ea scribere : » (*v.* 4) propter obtundendos, ut non passim omnibus impiis pateant verba Dei. Alio denique loco propter servos suos : « Ne signaveris, inquit, verba prophetiæ hujus. » (*Apoc.*, XXII, 10.) Et ostendit quibus signari jusserat, et quibus non : « Qui perseveraverit, inquit, nocere, noceat ; et qui in sordibus est, sordescat adhuc. » (*Ibid.*, XI.) Hoc est : Propterea in similitudinibus loquor illis, ut qui justus est, justiora faciat, similiter et sanctus sanctiora. Hoc est : Vestri felices oculi, quoniam vident, et aures, quoniam audiunt. Istis enim non sunt signata verba libri, malis autem signata sunt. « Et juravit angelus ille, quoniam tempus jam non erit : sed in diebus septimi angeli, cum cœperit tuba canere : » (*Apoc.*, x, 6 et 7 ; 1 *Cor.*,

pette. » (*Apoc.*, x, 6, 7.) La septième trompette c'est la fin de la persécution et l'avénement du Seigneur. C'est pour cela que l'Apôtre dit que la résurrection aura lieu lorsque le son de la dernière trompette se sera fait entendre. Comme il a été dit plus haut, le cinquième ange ayant sonné de la trompette, une étoile tombe de nouveau du ciel. Cette étoile est également une réunion de plusieurs étoiles qui tombent du ciel, c'est-à-dire de l'Eglise, et elle signifie le peuple des orgueilleux et des impies. « On lui donne la clef de l'abîme, » c'est-à-dire que le peuple reçoit la libre disposition de son cœur, afin qu'il l'ouvre au démon, qu'il fasse le mal sans aucune honte. La fumée monte du puits, c'est-à-dire du peuple livré au mal, et elle obscurcit le soleil et la lune ; le soleil est obscurci, mais il ne tombe pas du ciel. C'est ce qui arrive lorsque les péchés des méchants et des orgueilleux paraissent obscurcir le soleil ; lorsque par les nombreuses tribulations qu'ils suscitent, ils répandent l'obscurité jusque dans l'âme des saints et des justes. Mais ils ne peuvent éteindre leurs lumières, parce que les justes refusent de consentir à leurs desseins d'iniquité. « Du puits sortent des sauterelles qui ont reçu le pouvoir de nuire aux hommes, mais on ne leur donne point le pouvoir de les tuer, » c'est-à-dire que l'Eglise se divise en deux parties, les bons et les mauvais. Dieu frappe les uns pour les ramener au bien, il abandonne les autres à leurs honteuses voluptés. « La douleur qu'elles causaient était semblable à celle que fait le scorpion, quand il a piqué l'homme, » C'est ce qui se produit lorsque le démon se sert des vices et des péchés pour infecter de son poison comme un scorpion les hommes esclaves des voluptés sensuelles. « Et elles avaient sur la tête comme des couronnes qui paraissaient d'or. » Les vingt-quatre vieillards qui représentent l'Eglise avaient des couronnes d'or ; ceux-ci ont des couronnes qui paraissent d'or, ce sont les hérésies qui sont une contrefaçon de l'Eglise. « Ces sauterelles avaient des cheveux de femme. » Ces cheveux ne sont pas seulement l'emblème d'un sexe efféminé, mais ils figurent encore les deux sexes. Leurs queues, semblables à celles des scorpions, figurent les chefs ou les princes des hérétiques, comme il est écrit : « Le prophète qui enseigne le mensonge est la queue. » (*Isaïe*, ix, 15.) « Et elles avaient pour roi l'ange de l'abîme, » c'est-à-dire le démon. L'abîme représente le peuple des méchants sur lesquels le démon exerce sa domination. L'autel qui est devant Dieu est le symbole de l'Eglise, qui comme un or purifié osera au temps de la dernière persécution mépriser les ordres du roi très-cruel et se séparer de ceux qui se soumettront à ses ordres. Le fleuve de l'Euphrate sur lequel sont liés les quatre anges représente le peuple des pécheurs dans lequel Satan et la volonté propre sont liés. L'Euphrate est un fleuve de Babylone qui veut dire confusion. Aussi tous ceux qui font des œuvres dignes de confusion appartiennent à ce fleuve. Saint Jean dit qu'il vit ensuite des chevaux, et que ceux qui étaient montés dessus avaient des cuirasses comme de feu, d'hyacinthe et de soufre ; les chevaux sont les hommes orgueilleux, et ceux qui les montent le démon et ses anges. « Les têtes des chevaux étaient comme des têtes de lion, » symbole de la violente persécution des méchants. « Et il sortait de leur bouche du feu, de la fumée et du soufre, » c'est-à-dire des blasphèmes contre Dieu. Leurs queues, semblables comme il a été dit, aux queues des serpents, sont les

xv, 52) Septima tuba finis est persecutionis et adventus Domini. Propterea dixit Apostolus in novissima tuba fieri resurrectionem. Quod autem sicut supra dictum est, quinto angelo tuba canente iterum stellam dixit cecidisse de cœlo : etiam et hæc stella corpus est multarum stellarum de cœlo, id est de Ecclesia cadentium : et significat populum superbum et impium. Quod autem, « data est ei clavis abyssi : » dimissus est in potestate cordis sui, ut aperiat cor suum diabolo, et absque ulla reverentia exerceat omne malum. Quod autem, ascendit fumus de puteo, id est, de populo malo : et obscuravit solem et luuam : obscuratum solem dixit, non occidisse. Hoc ideo, quia peccata malorum et superborum hominum obscurare videntur solem, dum sanctis et justis interdum per multas tribulationes faciunt obscuritatem. Sed lumen eorum extinguere non possunt, quia illis ad malum consentire non acquiescunt. Quod autem dicit : « Ex fumo putei exisse locustas, et accepisse potestatem lædendi : et datum est eis ne occiderent eos : » hoc ideo, quia duæ partes sunt in Ecclesia, bonorum scilicet et malorum. Una pars sic percutitur ut corrigatur, alia voluptatibus suis relinquitur. Quod autem dixit : « Cruciatus earum, sicut cruciatus scorpii, cum percutit hominem : » hoc tunc fit, quando diabolus luxuriosis hominibus per vitia et peccata, in modum scorpii venena propinat. « Et super capita earum tanquam coronæ similes auro. » Viginti et quatuor seniores, in quibus Ecclesia descripta est, coronas aureas habebant : isti autem similes auro, hæreses scilicet quæ imitantur Ecclesiam. Quod autem, capillos habebant mulierum : in capillis non solum sexum effeminatum, sed etiam utrumque sexum voluit ostendere. In caudis earum, quæ erant tanquam scorpii, duces vel principes hæreticorum intelliguntur : sicut scriptum est : Propheta docens mendacium hic est cauda. (*Isa.*, ix, 15.) « Habebant super se regem abyssi, » id est diabolum. In abysso populus malus intelligitur, cui diabolus dominatur. Altare, quod dixit esse in conspectu Dei, Ecclesiam vult intelligi, quæ velut aurum purgatum, tempore novissimæ persecutionis audeat crudelissimi regis jussa contemnere, et ab obtemperantibus discedere. Quod autem dicit, quatuor angelos ligatos in flumine Euphrate : flumen Euphrates populum peccatorem significat, in quo satanas et propria voluntas ligata sunt. Euphrates autem est fluvius Babylonis, quæ interpretatur confusio, unde ad ipsum fluvium pertinent, quicumque res confusione dignas exercent. Quod autem dicit, se vidisse equos, et qui sedebant super ipsos, habebant loricas igneas et hyacinthinas et sulfureas : equos, superbos homines dicit, et sessorem eorum diabolum et angelos ejus. Quod autem dicit, capita equorum sicut leonum, propter violentam persecutionem malorum hominum dictum est. « Et ex ore eorum exiit ignis, fumus et sulfur, id est, blasphemiæ de ore eorum contra

princes et les chefs des hérétiques dont le démon se sert pour assouvir sa haine contre les hommes; car il fait le mal ou par les rois sacriléges qui donnent des ordres injustes, ou par des prêtres sacriléges qui enseignent une fausse doctrine. L'ange que saint Jean voit revêtu d'une nuée, est Notre-Seigneur et Sauveur revêtu d'une nuée, c'est-à-dire de l'Eglise. Les saints sont en effet comparés à des nuées dans ce passage d'Isaïe : « Quels sont ceux-ci qui volent comme des nuées? » (*Isaïe*, LX, 8.) « Son visage était comme le soleil à cause de la résurrection du Seigneur. » En effet, il apparut comme le soleil, lorsqu'il ressuscita d'entre les morts. Ses pieds, qui sont comme des colonnes de feu, figurent les apôtres, par lesquels sa prédication s'est répandue par tout l'univers. Cet ange met son pied droit sur la mer, c'est-à-dire que la prédication devait s'étendre au delà de la mer et dans le monde tout entier. « Il crie d'une voix forte comme un lion qui rugit, » c'est-à-dire que sa prédication fut pleine d'une force extraordinaire. Une voix dit à Jean : « Scellez les paroles des sept tonnerres, » pour les empêcher de parvenir à la connaissance de ceux dont il est dit dans l'Evangile : « Ne donnez point les choses saintes aux chiens, » (*Matth.*, VII, 6) c'est-à-dire que la parole de Dieu ne soit pas découverte indifféremment à tous les impies. Dans un autre endroit, au contraire, il dit à cause de ses serviteurs : « Ne scellez point les paroles de la prophétie de ce livre. » (*Apoc.*, XXII, 10.) Et il fait voir ensuite quels sont ceux qu'il a ordonné de marquer ou de ne point marquer. « Que celui, dit-il, qui veut persévérer dans l'injustice, continue à commettre le mal, et que celui qui est souillé se souille encore davantage. » (*Apoc.*, XXII, 10.) Voilà ceux pour lesquels la parole de Dieu est scellée, c'est-à-dire je leur parle un langage figuré, afin que celui qui est juste fasse des œuvres plus parfaites de justice, et que celui qui est saint s'élève aussi à une sainteté plus éminente. Tels sont ceux pour lesquels ce livre n'est pas scellé. Prions pour que le Seigneur daigne accomplir en nous cette grâce dans sa bonté, lui qui vit et règne avec le Père et le Saint-Esprit. Ainsi soit-il.

HOMÉLIE VIII. — La voix qui se fait entendre du ciel, c'est le commandement de Dieu qui touche le cœur de l'Eglise, et lui commande d'écouter cette voix, parce que l'Eglise à l'ouverture du livre a prêché la paix future. « Et j'allai trouver l'ange pour qu'il me donnât le livre. » (*Apoc.*, x, 8.) Dans la personne de Jean, c'est l'Eglise qui fait cette demande, dans le désir qu'elle a d'être instruite dans la perfection. (*Ibid.*, 9.) « Et il me dit : Prenez ce livre et dévorez-le, » c'est-à-dire ouvrez-le dans vos entrailles, et écrivez-le sur la largeur de votre cœur. « Et il vous causera de l'amertume dans le ventre, mais dans votre bouche il sera doux comme du miel, » c'est-à-dire lorsque vous l'aurez comprise, la douceur de la parole divine sera pour vous pleine de charme, mais vous en sentirez l'amertume lorsque vous commencerez à prêcher et à faire ce que vous aurez compris, comme il est écrit : « Pour être fidèle aux paroles de votre bouche, j'ai suivi des sentiers difficiles. » (*Ps.* XVI, 4.) Dans un autre sens : « Il sera doux comme du miel, et il vous causera de l'amertume dans le ventre. » La bouche est ici le symbole des bons et des chrétiens spirituels, et le ventre signifie les hommes charnels et livrés aux plaisirs des sens. Voilà pourquoi la prédication de la parole de Dieu est douce pour les hommes spirituels, mais pour les hommes charnels, qui selon l'expres-

---

Deum egrediuntur. In caudis, quæ erant similes serpentibus, sicut jam supra dictum est, principes et præpositi sunt hæreticorum, per quos lædere consuevit diabolus. Aut enim sacrilegi reges male jubendo, aut sacrilegi sacerdotes male (*a*) docendo nocent. Angelum quem dixit amictum nube, Dominus et Salvator noster est, amictus nube, id est Ecclesia : quia de sanctis scriptum est : Qui sunt isti, qui ut nubes volant (*Isa.*, LX, 8) : Quod autem dixit : « Facies ejus ut sol, » propter resurrectionem Domini dixit. Sicut sol enim apparuit, quando a mortuis resurrexit. In pedibus ejus, qui erant sicut columna ignis, Apostoli figurati sunt, per quos in universo mundo doctrina ejus discurrit. Quod autem, « posuit pedem suum dexterum super mare, » hoc significavit, quod prædicatio ejus usque trans mare, et in universum mundum itura esset. Quod autem, « velut leo rugiens clamavit, » hoc ideo quia ex potestate fortiter prædicavit. Quod autem dixit : « Signa quæ locuta sunt septem tonitrua, » (*Apoc.*, X, 4) propter obtundendos dictum est, de quibus in Evangelio : Nolite sanctum dare canibus (*Matth.*, VII, 6) : id est, ut non possim omnibus impiis pateat verbum Dei : Alio denique loco propter servos suos dixit : « Ne signaveris, inquit, verba prophetiæ hujus. » Et ostendit quibus signari jusserit, et quibus non : « Qui perseveraverit, inquit, nocere, noceat : et qui in sordibus est, sordescat adhuc. » (*Apoc.*, XXII, 10.) Ecce quibus signatum est verbum Dei. Propterea in similitudinibus loquor illis, ut qui justus est, justiora faciat, similiter et sanctus sanctiora. Ecce quibus signatum non est. Quam rem oremus ut etiam in nobis implere Dominus pro sua pietate dignetur, qui cum Patre et Spiritu sancto vivit et regnat. Amen.

HOMILIA VIII. — Vox « de cœlo, » imperium est Dei, qui Ecclesiæ cor tangit, et jubet percipere eam, quia (*b*) Ecclesia aperto libro futuram pacem prædicavit. « Et abii ad angelum, ut daret mihi librum : » (*Apoc.*, X, 8) Hoc ex persona Joannis Ecclesia dicit, desiderans perdoceri. « Et tunc dixit mihi : Accipe et comede illum : » (*v.* 9) id est, tuis visceribus pande, et describe in latitudine cordis. « Et faciet amaricari ventrem tuum, sed in ore tuo erit dulce ut mel : » id est, cum perceperis, oblectaberis eloquii divini dulcedine, sed amaritudinem senties cum prædicare et operari cœperis quod intellexeris : sicut scriptum est : Propter verba labiorum tuorum ego custodivi vias duras. (*Psal.* XVI, 4.) Et aliter : « Erit, inquit, in ore tuo dulce ut mel, et in ventre tuo amaritudo : » In ore intelliguntur boni et spiritales Christiani, in ventre carnales et luxuriosi. Inde est quod cum verbum Dei prædicatur, spiritalibus dulce est : carnalibus

---

(*a*) Ms. *prædicando*. — (*b*) Ms. *Ecclesiæ*.

EXPLICATION DE L'APOCALYPSE DE SAINT JEAN.

sion de l'Apôtre font leur Dieu de leur ventre (*Philip.*, III, 19), elle paraît amère et dure. « Et l'on me donna un jonc semblable à une toise, et il me fut dit : Levez-vous, et mesurez le temple de Dieu, et l'autel, et ceux qui y adorent. » (*Ibid.*, 9.) Ces paroles : « Levez-vous, » sont une invitation faite à l'Eglise, car Jean n'était pas assis lorsqu'il entendait ces paroles. On lui commande de faire le dénombrement de l'Eglise et de la préparer aux derniers événements ainsi que les fidèles qui sont dans son sein. Mais comme tous ceux que l'on voit ne remplissent pas ce devoir de l'adoration, il ajoute : « Pour le parvis qui est hors du temple, laissez-le et ne le mesurez point. » Ceux qui forment le parvis de l'Eglise sont ceux qui paraissent être dans l'Eglise et qui sont dehors, comme les hérétiques, ou les catholiques dont la vie est mauvaise. « Parce qu'il a été abandonné aux Gentils, et ils fouleront aux pieds la ville sainte durant quarante-deux mois. » (*Ibid.*, 2.) Elle sera foulée aux pieds, tout à la fois par ceux qui en seront exclus et par ceux qui y sont admis. « Et j'ordonnerai à mes deux témoins, » (*ibid.*, 3) c'est-à-dire aux deux Testaments. « Et ils prophétiseront durant mille deux cent-soixante jours. » il fixe le temps de la dernière persécution, et de la paix qui doit la suivre, et de tout le temps qui doit s'écouler depuis la passion du Seigneur ; parce que ces deux temps ont le même nombre de jours, comme nous le dirons en son lieu : « Ils seront couverts de sacs, » c'est-à-dire de cilices ; ils sont établis pour la confession des péchés, et c'est pour exprimer le sentiment d'humilité qui les anime, qu'il les représente revêtus de sacs. Il explique ensuite quels sont ces deux témoins, en disant : « Ce sont là les deux oliviers et les deux chandeliers posés devant le Seigneur de la terre. » (*Apoc.*, XI, 4.) Ce sont ceux qui sont et non pas qui seront posés. Ces deux chandeliers, c'est l'Eglise, mais ces chandeliers sont au nombre de deux, à cause des deux Testaments. De même qu'il a donné les quatre anges comme figure de l'Eglise, bien qu'ils soient sept suivant le nombre des anges de la terre ; ainsi l'Eglise tout entière est figurée par les sept chandeliers, que l'auteur sacré n'en désigne qu'un ou plusieurs. Ainsi Zacharie a vu un seul chandelier à sept branches, et les deux olives exprimer l'huile dans le chandelier, c'est-à-dire dans l'Eglise. (*Zach.*, IV, 2.) De même encore les sept yeux représentent les sept dons du Saint-Esprit qui sont dans l'Eglise et qui considèrent la terre tout entière. « Et si quelqu'un veut leur nuire, il sortira de leur bouche un feu qui dévorera leurs ennemis ; » (*Apoc.*, XI, 5) c'est-à-dire si quelqu'un nuit ou veut nuire à l'Eglise, à la prière qui sortira de sa bouche, il sera dévoré par un feu divin ou dans la vie présente pour le ramener au bien, ou dans la vie future pour son éternelle damnation. « Ils ont le pouvoir de fermer le ciel, afin qu'il ne tombe point de pluie durant le temps qu'ils prophétiseront. » (*Ibid.*, 6.) « Ils ont, » dit-il, et non ils auront, paroles qui expriment qu'il s'agit du temps présent. Or, le ciel est fermé spirituellement afin qu'il ne tombe point de pluie, c'est-à-dire de peur que par un secret, mais juste jugement de Dieu, la bénédiction ne descende de l'Eglise sur une terre stérile. « Et après qu'il auront achevé de rendre témoignage, la bête qui monta de l'abîme leur fera la guerre. » (*Ibid.*, 7.) Il démontre ouvertement que toutes ces choses s'accompliront avant la dernière persécution lorsqu'il dit : « Après qu'ils

---

vero, quorum secundum Apostolum Deus venter est (*Philipp.*, III, 19), amarum videtur et asperum. « Et data est mihi arundo virgæ similis, dicens : Surge et metire templum Dei et altare, et adorantes in eo. » (*Apoc.*, XI, 1.) Surge, excitatio est Ecclesiæ. Non enim hic Joannes (*a*) sedibundus audiebat. « Metire templum, et altare, et adorantes in eo. » Ecclesiam jubet recenseri, et præparari ad ultimum, et adorantes in ea. Sed quia non omnes qui videntur, adorant, ideo dixit : « Atrium quod est foris templum, ejice foras, et ne metiaris illud : » (*v.* 2) Ipsi atrium sunt qui videntur in Ecclesia esse, et foris sunt, sive hæretici, sive male viventes catholici. « Quoniam datum est gentibus, et civitatem sanctam calcabunt mensibus quadraginta duobus : » Qui excludentur, et quibus dabitur, utrique calcabunt eam. « Et dabo duobus testibus meis, » (*v.* 3) id est, duobus Testamentis. « Et prophetabunt diebus mille ducentis sexaginta : » Numerum novissimæ persecutionis dixit, et futuræ pacis, et totius temporis a Domini passione : quoniam utrumque tempus totidem dies habet, quod suo in loco dicetur. « Saccis, » id est ciliciis, « amicti. » Quod in ἐξομολογήσει, id est in confessione sint constituti, quis ex sensu humilitatis dixit saccis amictos. Dehinc ostendit qui sunt hi duo testes, dicens : « Hi sunt duæ olivæ et duo candelabra, in conspectu Domini terræ stantes : » (*Apoc.*, XI, 4) Hi sunt qui stant, non qui stabunt. Duo candelabra Ecclesia est, sed pro numero Testamentorum dixit duo. Sicut quatuor angelos dixit Ecclesiam, cum sint septem pro numero angelorum terræ : ita ex septem candelabris, si unum vel amplius pro locis nominet, tota Ecclesia est. Nam Zacharias unum candelabrum vidit septiforme, et has duas olivas, id est, Testamenta infundere oleum candelabro, id est Ecclesiæ. (*Zach.*, IV, 2.) Sicut sunt ibidem septem oculi, septiformis gratia Spiritus sancti, qui sunt in Ecclesia, inspicientes totam terram. « Et si quis vult eos lædere vel occidere, ignis exiet ex ore eorum, et devorabit inimicos eorum : » (*Apoc.*, XI, 5) id est, si quis Ecclesiam vel lædit vel lædere voluerit, precibus oris ejus divino igne aut in præsenti ad correctionem, aut in futuro sæculo ad damnationem consumetur. « Hi habent potestatem claudere cœlum nubibus, ne pluat in diebus prophetiæ ipsorum : » (*v.* 6) Habent, ait ; non, Habebunt. Hoc ideo dicit, quia tempus quod nunc agitur significavit. Sed et spiritaliter cœlum clauditur, ne imbrem pluat, id est ne occulto, sed justo judicio Dei super sterilem terram de Ecclesia benedictio descendat. « Et cum finierint testimonium suum, bestia quæ ascendit de abysso, faciet cum eis prælium. » (*v.* 7.) Aperte hæc omnia ostendit, ante novissimam persecutionem fieri, cum dicit : « Cum finierint testimonium suum : »

(*a*) In editis deest *sedibundus*. Habetur in Ms. Pot. et apud Bedam.

auront achevé de rendre témoignage, » c'est-à-dire celui qu'ils ne cessent de rendre jusqu'à la manifestation de Jésus-Christ. « Et elle les vaincra, et elle les tuera. » Elle vaincra ceux qui succomberont, elle tuera ceux qui mourront en rendant témoignage à Dieu. « Et leur corps demeurera étendu dans les rues de la grande ville. » Il ne parle que d'un corps bien qu'il y en ait deux ; quelquefois il fait mention expresse des deux corps, pour consacrer le nombre des deux Testaments, et en même temps exprimer l'unité de l'Eglise. « Dans les rues de la grande ville, » c'est-à-dire au milieu de l'Eglise. « Et les hommes de diverses tribus, de peuples, de langues, et de nations différentes, verront leur corps durant trois jours et demi, » (*ibid.*, 9) c'est-à-dire pendant trois ans et six mois. Il mêle ensemble le présent et le futur, comme le Seigneur lui-même dans ces paroles : « Il viendra un temps où tout homme qui vous mettra à mort croira rendre service à Dieu. » (*Jean*, XVI, 2.) Ce temps est arrivé dès maintenant, et il viendra. « Et ils ne permettront pas qu'on les mette dans le tombeau. » Leur désir est l'expression de leurs dispositions hostiles, mais cependant ils ne pourront faire que l'Eglise soit effacée du souvenir des hommes. C'est ainsi que Notre-Seigneur dit : « Vous n'entrez pas, et vous ne laissez pas entrer les autres, » (*Matth.*, XXIII, 13) bien que cependant un grand nombre soit entré malgré tous leurs efforts. C'est donc de cette manière qu'ils ne permettront pas qu'on les mette dans le tombeau. « Et les habitants de la terre se réjouiront de les voir en cet état, et ils feront des festins, et ils s'enverront des présents les uns aux autres. » (*Apoc.*, XI, 10.) C'est ce qui s'est toujours fait, dès maintenant ils s'envoient mutuellement des présents, et dans les derniers temps, ils se livreront à la joie des festins. « Parce que ces deux prophètes ont fort tourmenté ceux qui habitaient sur la terre, » par les fléaux que le mépris des alliances de Dieu a fait tomber sur le genre humain. D'ailleurs, la vue seule des justes est insupportable aux pécheurs, comme ils le disent eux-mêmes dans le livre de la Sagesse : « Il nous est odieux même à voir. » (*Sag.*, II, 15.) Ils se réjouiront donc par toute la terre, comme n'ayant plus rien à supporter impatiemment, après qu'ils ont détruits et mis à mort les justes et qu'ils se sont emparé de leur héritage. « Et trois jours et demi après, Dieu répandit en eux un esprit de vie. » (*Apoc.*, XI, 11.) Nous avons déjà expliqué ce que signifient ces jours. Jusqu'ici l'ange a prédit les événements futurs, il les présente maintenant comme accomplis. « Et ils se relevèrent sur leurs pieds, et ceux qui les virent furent saisis d'une grande crainte. Et j'entendis une puissante voix qui venait du ciel et qui leur dit : Montez ici. Et ils montèrent au ciel dans une nuée. » (*Ibid.*, 12.) C'est ce que l'Apôtre lui-même prédit en ces termes : « Nous serons enlevés sur les nuées pour aller au-devant de Jésus-Christ. » (I *Thess.*, IV, 16.) Avant l'avènement de Jésus-Christ, personne n'avait obtenu ce privilège, comme l'atteste saint Paul : « Jésus-Christ d'abord, puis ceux qui sont à Jésus-Christ, et qui ont cru à son avènement. » (I *Cor.*, XV, 27.) On ne peut donc admettre l'opinion de certains interprètes qui pensent que ces deux témoins sont vivants et qu'ils sont montés au ciel sur les nuées avant l'avènement de Jésus-Christ. Mais comment les habitants de la terre ont-ils pu se réjouir de la mort de ces deux témoins, qui ont été mis à mort dans une seule ville, et s'envoyer mutuellement des présents pendant le court espace de

---

utique illud quod præbent usque ad revelationem Christi : « Et vincet eos, et occidet. » Vincet, in eis qui succubuerint : occidet, in eis qui confessi Deum fuerint. « Et corpus eorum projicietur in plateis civitatis magnæ : » Duorum dicit unum corpus, aliquando corpora, ut et numerum Testamentorum servaret, et Ecclesiæ unum corpus ostenderet. (*a*) « In plateis civitatis magnæ, » id est in medio Ecclesiæ. « Et vident de populis et tribubus et linguis corpus eorum, per dies tres et dimidium, » (*v.* 9) id est annos tres et menses sex. Miscet enim tempus, nunc præsens, nunc futurum : sicut et Dominus dicit : Veniet hora, in qua omnis qui occiderit vos, arbitretur obsequium se præstare Deo. (*Joan.*, XVI, 2.) Et nunc est, et veniet. « Et corpora eorum non sinunt poni in monumento » Votum eorum ad impugnationem dixit : non quo valeant facere ne sit Ecclesia in memoria, sicut et illud : Nec vos intratis, nec alios sinitis intrare (*Matth.*, XXIII, 13) : cum multi introierint etiam illis impugnantibus. Sic ergo non sinunt poni in monumento. « Inhabitantes terram gaudent super eos, et epulantur, et munera invicem mittunt : » (*Apoc.*, XI, 10.) Hoc semper factum est, et nunc invicem mittunt, et novissime gaudebunt, et epulabuntur. Quotiens enim justi affliguntur, exultant injusti, et epulantur. « Quoniam hi duo Prophetæ cruciaverunt eos : » per plagas, quæ pro contemptu Testamentorum Dei humanum genus affligunt. Denique etiam ipse visus justorum gravat injustos, sicut ipsi dicunt : Gravis est nobis etiam ad videndum. (*Sap.*, II, 15.) Gaudebunt autem ubicumque, velut jam nihil habuerint quod impatienter ferant, disturbatis et occisis justis, et eorum hæreditate possessa. « Et post dies tres et dimidium spiritus vitæ a Deo intravit in illos : » (*Apoc.*, XI, 11) Jam dictum est de diebus. Huc usque angelus futurum narravit, et inducit factum quod futurum audit. « Et steterunt super pedes suos, et timor magnus cecidit super videntes eos. Et audivi vocem magnam de cœlo dicentem : Ascendite huc. Et ascenderunt in cœlum in nube. » (*v.* 12.) Hoc est quod Apostolus dixit : Rapiemur in nubibus obviam Christo. (I *Thess.*, IV, 16.) Ante adventum Domini nulli hoc posse contingere scriptum est : Initium Christus, deinde hi qui sunt Christi in adventu ejus. (I *Cor.*, XV, 23.) Unde excluditur omnis suspicio quorumdam, qui putant hos duos testes duos viros esse, et ante adventum Christi cœlum in nubibus ascendisse. Quomodo autem potuerunt habitantes terram de duorum nece gaudere, cum in una civitate morerentur, et munera invicem mittere, si tres dies sint, qui antequam gaudeant de nece, contristabuntur de resurrectione ?

(*a*) Hic Mss. addunt quod est illud : *Projecisti sermones meos retro.*

trois jours? Car avant d'avoir pu se réjouir de leur mort, leur résurrection les plongera dans la tristesse. Ou encore quelle joie pourra régner dans leurs festins publics, alors que les cadavres viendront empoisonner ces festins par l'odeur infecte que répandent des morts de trois jours? Que le Seigneur daigne donc nous délivrer de ce danger. Ainsi soit-il.

Homélie IX. — Nous venons d'entendre, mes frères, dans la lecture qui vous a été faite, ces paroles : « Et à cette même heure il se fit un grand tremblement de terre. » (*Apoc.*, xi, 13.) Ce tremblement signifie la persécution que le démon a coutume d'exercer par le moyen des méchants. « Et la dixième partie de la ville tomba, et sept mille hommes périrent dans ce tremblement de terre. » Les nombres dix et sept sont des nombres parfaits, si l'on pense autrement il faut entendre qu'ici la partie est mise pour le tout. En effet, il y a dans l'Eglise deux sortes d'édifices : l'un est bâti sur la pierre, l'autre sur le sable ; c'est celui qui est bâti sur le sable que nous voyons s'écrouler ici. « Et les autres étant saisis de frayeur rendirent gloire au Dieu du ciel. » Ceux qui rendirent gloire sont ceux qui étaient bâtis sur la pierre, et qui n'ont pu s'écrouler comme ceux qui étaient bâtis sur le trône. Saint Jean dit : « Ils furent saisis de frayeur, » parce que le juste témoin de la mort du pécheur apporte une nouvelle ardeur dans l'observation des commandements comme le dit le Psalmiste : « Et il lavera ses mains dans le sang du pécheur. » (*Ps.* lvii, 11.) « Et le temple de Dieu fut ouvert dans le ciel, » (*Apoc.*, xi, 19) c'est-à-dire que les mystères de l'incarnation du Christ ont été découverts dans l'Eglise. « Et on vit l'arche de son alliance dans son temple, » c'est-à-dire on comprit que l'Eglise était l'arche véritable du Testament. « Et il se fit des éclairs, des tonnerres et un tremblement de terre. » Ce sont là les miracles de la prédication, de la splendeur éclatante et des combats de l'Eglise. « Et il parut un grand prodige dans le ciel, c'était une femme revêtue de soleil, qui avait la lune sous ses pieds. » (*Apoc.*, xii, 1.) C'est l'Eglise qu'il voit ici, ayant sous ses pieds une partie d'elle-même, c'est-à-dire les hypocrites et les mauvais chrétiens. « Et une couronne de douze étoiles sur sa tête. » On peut voir dans ces douze étoiles, les douze Apôtres. Cette femme revêtue du soleil est le symbole de la résurrection, selon ces paroles de l'Evangile : « Alors les justes brilleront comme le soleil dans le royaume de leur Père. » (*Matth.*, xiii, 43.) On vit paraître aussi « un grand dragon roux, » (*Apoc.*, xii, 3) c'est le démon qui cherche à dévorer l'enfant de l'Eglise. « Il avait sept têtes et dix cornes. » Les têtes sont les rois et les cornes les royaumes. Ces sept têtes représentent tous les rois, et les dix cornes tous les royaumes du monde. « Et il entraînait avec sa queue la troisième partie des étoiles du ciel, et il les fit tomber sur la terre. » (*Ibid.*, 4.) La queue figure les prophètes d'iniquité, c'est-à-dire les hérétiques, qui en donnant une seconde fois le baptême (1) précipitent du ciel sur la terre les étoiles qui s'attachent à eux ; car ils sont sous les pieds de la femme. Un grand nombre d'interprètes pensent qu'il s'agit ici des hommes dont le démon a fait ses compagnons, par le consentement qu'ils ont donné à ses desseins pervers ; tandis que beaucoup d'autres veulent voir ici les anges qui ont été autrefois précipités du ciel avec le démon. « Elle était en travail et ressentait les douleurs de l'enfantement. » (*Ibid.*, 2.)

(1) L'auteur veut parler des Donatistes qui donnaient une seconde fois le baptême. Tichonius dans le vénérable Bède donne une toute autre interprétation de ce passage.

Aut quales epulæ aut voluptas esse potest in plateis epulantium, cadaveribus humanis epulis morbum triduano fœtore reddentibus? Unde nos Dominus liberare dignetur. Amen.

Homilia IX. — Quod audivimus, fratres, in lectione quæ recitata est, quia, « in illa hora factus est terræ motus magnus. » (*Apoc.*, xi, 13.) In illo terræ motu persecutio intelligitur, quam diabolus per malos homines exercere consuevit. « Et decima, inquit, pars civitatis cecidit, et occisa sunt in terræ motu nomina virorum septem millia : » Et denarius et septenarius perfectus est numerus : quod si non esset, a parte totum puta intelligendum erat. Duo sunt enim ædificia in Ecclesia, unum supra petram, aliud supra arenam : quod supra arenam est, dicitur corruisse. « Et cæteri timuerunt, et dederunt claritatem Deo. » Illi dederunt claritatem, qui supra petram ædificati sunt, et cum illis qui supra arenam erant, cadere non potuerunt. Ideo autem dixit, « timuerunt, » quia videns justus peccatoris interitum, plus accenditur in observatione præceptorum, sicut dicitur : Et lavabit manus in sanguine peccatoris. (*Psal.* lvii, 11.) « Et apertum est, inquit, templum Dei in cœlo : » (*Apoc.*, xi, 19) id est, in Ecclesia incarnationis Christi mysteria palefacta sunt : unde ostenditur Ecclesia cœlum esse. « Et visa est arca testamenti ejus in templo ejus : » id est, intellectum est Ecclesiam esse arcam testamenti. « Et facta sunt fulgura et tonitrua et terræ motus : » Hæc omnia sunt virtutes prædicationis et coruscationis et bellorum Ecclesiæ. « Et signum magnum est in cœlo visum, mulier amicta sole, et luna sub pedibus ejus : » (*Apoc.*, xii, 1) Ecclesiam dicit, partem suam, id est, homines fictos et malos Christianos sub pedibus habere. « Et in capite ejus corona stellarum duodecim : » Istæ duodecim stellæ, duodecim Apostoli intelligi possunt. Sole autem amicta spem resurrectionis significat, propter illud quod scriptum est : Tunc justi fulgebunt sicut sol in regno Patris eorum. (*Matth.*, xiii, 43.) « Draco magnus rufus : » (*Apoc.*, xii, 3) diabolus est quærens Ecclesiæ natum devorare. « Habens, inquit, cornua decem et capita septem. » Capita reges sunt, cornua vero regna. In septem enim capitibus omnes reges, in decem cornibus omnia regna mundi dicit. « Et cauda ejus trahebat tertiam partem stellarum cœli, et misit eas in terram : » (v. 4) Cauda prophetæ iniqui sunt, id est hæretici, qui stellas cœli per iteratum baptisma adhærentes sibi dejiciunt in terram : ipsi sunt sub pedibus mulieris. Multi, homines illos esse æstimant, quos sibi consentientes diabolus fecit sodales : multi, angelos, qui cum illo quando cecidit

L'Eglise ne cesse d'enfanter tous les jours, dans la prospérité comme au milieu des épreuves. « Et le dragon s'arrêta devant la femme qui devait enfanter, afin de dévorer son fils aussitôt qu'elle en serait délivrée. (*Ibid.*, 4.) L'Eglise enfante toujours au milieu des tourments Jésus-Christ dans ses membres, et toujours aussi le dragon cherche à dévorer celui qui vient de naître. « Et la femme enfanta un enfant mâle, » (*Ibid.*, 5) c'est-à-dire Jésus-Christ. Ensuite son corps, qui est l'Eglise, ne cesse d'enfanter les membres de Jésus-Christ. C'est un enfant mâle, parce qu'il doit être vainqueur du démon. « Et la femme s'enfuit dans le désert. » (*Ibid.*, 6.) C'est avec raison que par ce désert nous entendons ce monde, où Jésus-Christ gouverne et mène paître l'Eglise, jusqu'à la fin des siècles, désert où l'Eglise elle-même, avec le secours de Jésus-Christ foule aux pieds, et écrase comme des scorpions et des vipères les orgueilleux, les impies et toute la puissance de Satan. « Et il se donna une grande bataille dans le ciel, » c'est-à-dire dans l'Eglise. « Michel et ses anges combattaient contre le démon. » (*Ibid.*, 7.) Michel représente ici le Christ, et ses anges les saints. « Et le dragon avec ses anges combattait contre lui, » c'est-à-dire le démon et les hommes qui obéissent à ses volontés. Gardons-nous de croire, en effet, que le démon ait poussé l'audace jusqu'à combattre avec les anges dans le ciel, lui qui sur la terre n'a pas osé tenter un seul homme, Job, avant d'avoir demandé à Dieu la permission de l'éprouver. « Mais ceux-ci ne prévalurent point, et leur place ne se trouva plus dans le ciel, » (*Ibid.*, 8) c'est-à-dire dans les saints, qui dès qu'ils ont embrassé la foi, ne reçoivent plus en eux-mêmes le démon qu'ils ont chassé, et ses satellites, de même que les idoles détruites, dit Zacharie, ne pourront plus être rétablies. « Et ce grand dragon, cet ancien serpent qui est appelé diable et Satan, fut précipité sur la terre et ses anges furent jetés avec lui. » (*Ibid.*, 9.) Le démon et tous les esprits immondes ont été chassés avec leur chef des cœurs des saints, et sont entrés dans les hommes qui ont des goûts terrestres et placent toute leur espérance dans la terre. « Et j'entendis une grande voix dans le ciel qui dit : Maintenant le salut de notre Dieu, » c'est-à-dire de l'Eglise, est affermi, « et sa force et son règne. » (*Ibid.*, 10.) Il nous apprend dans quel ciel s'accompliront ces événements, Dieu n'a jamais cessé d'avoir la force, le règne et la puissance de son Fils ; mais cette voix veut nous faire entendre que la victoire de Jésus-Christ a donné le salut à l'Eglise, et à cette vue ceux dont le Seigneur a dit : « Beaucoup de justes et de prophètes ont désiré voir ce que vous voyez, » (*Matth.*, XIII, 17) se sont écriés : « C'est maintenant que le salut de notre Dieu s'est affermi, etc. » Si, comme le pensent quelques-uns, c'était ici la voix des anges dans le ciel supérieur, et non des saints dans l'Eglise, ils ne diraient pas : « L'accusateur de nos frères, » mais, notre accusateur, ni « il accuse, » mais, il accusait (1). Supposons que les anges appellent leurs frères les justes de la terre, ce ne serait pas une joie pour eux que le démon fût envoyé sur la terre, parce qu'il serait bien plus insupportable aux saints qui l'auraient avec eux sur la terre que s'il était encore dans le ciel. Car voici en quels termes ils maudissent la terre : « Malheur à vous, terre et mer, » c'est-à-dire vous

(1) Par le fait la Vulgate porte *accusabat*, il accusait.

præcipitati sunt. « Parturiens cruciatur ut pariat : » (v. 2) Per omne tempus quotidie parit Ecclesia, in prosperis et in adversis. « Et draco stetit ante mulierem quæ erat paritura, ut cum peperisset filium ejus devoraret : » (v. 4) Semper enim in cruciatibus parit Ecclesia Christum per membra, semper et draco quærit devorare nascentem. « Et genuit mulier filium masculum, » (v. 5) id est, Christum. Deinde corpus ejus, id est, Ecclesia, semper generat Christi membra. Masculum autem dixit, victorem adversus diabolum. « Et mulier fugit in eremum : » (v. 6) Mundum istum non incongrue eremum accipimus, ubi usque in finem Christus Ecclesiam gubernat et pascit : in quo ipsa Ecclesia superbos et impios homines tanquam scorpiones et viperas, et omnem virtutem satanæ per Christi adjutorium calcat, et conterit. « Et factum est bellum in cœlo, » id est in Ecclesia. « Et Michael et Angeli ejus pugnabant cum dracone : » (v. 7) Michaelem, Christum intellige : et Angelos ejus, sanctos homines. « Et draco pugnavit et angeli ejus : » id est, diabolus et homines voluntati ejus obtemperantes. Nam absit ut credamus diabolum cum angelis suis in cœlo ausum esse pugnare, qui in terra unum Job ausus non est tentare, nisi eum a Domino postularet ut læderet. « Et non valuerunt, neque locus eorum inventus est amplius in cœlo, » (v. 8) id est, in hominibus sanctis, qui credentes, semel expulsum diabolum ejusque satellites amplius non recipiunt : sicut Zacharias dixit, ut semel exterminata idola amplius non recipiant locum. « Et expulsus est draco magnus, anguis antiquus qui dicitur diabolus et satanas, et angeli ejus cum eo : » (v. 9) Diabolus et spiritus immundi omnes cum suo principe de sanctorum cordibus expulsi sunt in terram, id est, in homines qui terrena sapiunt, et totam spem suam in terra constituunt. « Et audivi vocem magnam de cœlo dicentem : Modo facta est salus et virtus et regnum Dei nostri, » (v. 10) id est, Ecclesiæ. Ostendit in quo cœlo ista fiant. Apud Deum enim semper fuit et virtus et regnum et potestas Filii ejus : sed in Ecclesia dixit per victoriam factam Christi salutem, quam videntes illi, de quibus Dominus dixit : Multi justi et Prophetæ cupierunt videre quæ videtis (*Matth.*, XIII, 17), dixerunt : Modo facta est salus Domini nostri. « Quoniam exclusus est accusator fratrum nostrorum, » etc. Si autem, ut quidam putant, angelorum vox est in cœlo superiore, et non sanctorum in Ecclesia, non dicerent, « accusator fratrum nostrorum, » sed accusator noster ; nec « accusat, » (*Apoc.*, XII, 10) sed accusabat. Quod si justos in terra positos appellaverunt angeli fratres suos, non erat gaudium missum esse diabolum in terram, quem molestiorem possint experiri sancti secum in terris positum, quam si, ut dicitur, adhuc esset in cœlo. Sic enim terræ maledicunt dicentes : « Væ tibi terra et mare, » id est, qui cœlum non estis. « Quia descendit ad vos dia-

qui n'êtes pas le ciel. « Parce que le démon est descendu vers vous, plein d'une grande colère, sachant qu'il lui reste peu de temps. » (*Ibid.*, 12.) Il dit que le démon est descendu pour conserver l'allégorie. En effet, tous sont dans le ciel, c'est-à-dire dans l'Eglise qui est appelée justement le ciel, et c'est de là que le démon étant chassé du cœur des saints, descend dans les siens que leur amour des choses terrestres rend semblables à la terre. Il dit qu'il est précipité du ciel, non pas que les hommes de l'âme desquels il est chassé fussent déjà devenus le ciel, car les saints ne peuvent devenir le ciel que lorsqu'ils ont chassé le démon de leurs cœurs. Ce n'est donc pas de leur premier nom, mais de leur second, qu'ils sont appelés ici le ciel dans lequel le démon ne trouva plus sa place : Que le Seigneur daigne nous délivrer de ce danger par sa grâce, lui qui vit, etc.

HOMÉLIE X. — Vous venez d'entendre, mes très-chers frères, que lorsque le dragon eût vu qu'il était chassé du milieu des saints et précipité sur la terre, c'est-à-dire du ciel dans les pécheurs, il poursuivit la femme qui avait enfanté un enfant mâle; car la fureur du démon contre les saints est d'autant plus grande qu'ils ont fait plus d'effort pour le chasser. « Et deux ailes d'un grand aigle furent données à la femme, afin qu'elle s'envolât au désert au lieu de sa retraite, où elle est nourrie un temps et des temps et la moitié d'un temps, hors de la présence du serpent. » (*Apoc.*, XII, 14.) Par ce temps on peut entendre ou une année ou cent ans. Les deux grandes ailes sont les deux Testaments que l'Eglise a reçus pour échapper aux poursuites du démon dans le désert. « Ce désert est appelé le lieu de sa retraite, » c'est-à-dire ce monde où habitent les serpents et les scorpions, car Notre-Seigneur lui dit comme dans l'Evangile : « Voici que je vous envoie ainsi que des brebis au milieu des loups, » (*Matth.*, x, 9) et le prophète Ezéchiel dit aussi : « Fils de l'homme, vous habitez au milieu des scorpions. » (*Ezech.*, II, 6.) « Alors le serpent lança de sa gueule derrière la femme de l'eau comme un fleuve, » (*Apoc.*, XII, 15) c'est-à-dire la violence des persécuteurs. « Mais la terre aida la femme, et la terre ouvrit son sein, et elle engloutit le fleuve que le démon avait lancé de sa gueule. » (*Ibid.*, 16.) Cette terre, c'est la terre sainte, c'est-à-dire les saints. Toutes les fois, en effet, que les persécutions viennent fondre sur l'Eglise, c'est aux prières des saints qu'elle doit de les voir cesser ou modérer leur fureur. Notre-Seigneur Jésus-Christ qui intercède pour nous éloigne ces persécutions, lorsque la terre elle-même est assise à la droite de la puissance de Dieu. Dans un autre sens, cette femme qui s'enfuit dans le désert, c'est l'Eglise catholique elle-même au sein de laquelle, dans les derniers temps, la synagogue doit embrasser la foi sous Elie. Les deux ailes de ce grand aigle sont les deux prophètes, c'est-à-dire Elie et celui qui doit venir avec lui. L'eau qui sort de la gueule du dragon représente l'armée des persécuteurs, et cette eau absorbée par la terre, la vengeance exercée contre les persécuteurs. « Et le dragon s'irrita contre la femme, et il alla combattre ses autres enfants; » (*ibid.*, 17) c'est-à-dire lorsqu'il vit qu'il ne pouvait continuer les persécutions qu'il suscitait contre l'Eglise par le moyen des idolâtres, parce qu'ils étaient éloignés par la bouche de la terre sainte, c'est-à-dire par les prières des saints, il suscita contre elle les hérésies. « Et il s'arrêta sur le sable de la mer, »

bolus, habens iram magnam, sciens quia breve tempus habet. » (*v.* 12.) Descendit, inquit, ut allegoriam servaret. Cæterum omnes in cœlo sunt, id est in Ecclesia, quæ juste cœlum dicitur : unde dejectus a sanctis diabolus descendit in suos, qui pro amore terreno terra sunt. Dejici autem de cœlo non sic dixit, quod in hominibus fieret jam cœlum factis, sed (*a*) quod sint, non quod fierent. Non enim possunt sancti cœlum fieri, nisi diabolo excluso. Non ergo primo nomine, sed secundo appellavit eos cœlum, in quibus ultra diaboli locus inventus non est. De quo periculo nos Dominus sub sua protectione liberare dignetur. Qui vivit, etc.

HOMILIA X. — Modo, fratres carissimi, audivimus, quia cum vidisset draco quod de sanctis exclusus esset in terram, id est de cœlo in peccatores, persecutus est mulierem quæ peperit masculum. Quanto enim diabolus de sanctis dejicitur, tanto magis eos persequitur. « Et datæ sunt mulieri, » id est Ecclesiæ, « duæ alæ aquilæ magnæ, ut volaret in desertum locum suum, ubi alitur per tempus et tempora et dimidium temporis a facie serpentis : » (*Apoc.*, XII, 14) Tempus, et annus intelligitur et centum anni. Duæ alæ magnæ, duo sunt Testamenta Ecclesiæ quæ accepit, quo serpentem evaderet in eremum. « In locum suum » dixit, id est, in hoc mundo, ubi serpentes et scorpiones habitant : quia illi dictum est, sicut Dominus dicit : Ecce ego mitto vos sicut oves in medio luporum (*Matth.*, x, 19) : et Ezechiel dicit : Fili hominis inter scorpiones tu habitas. (*Ezech.*, II, 6.) « Et misit serpens ex ore suo post mulierem aquam velut flumen, » (*Apoc.*, XII, 15) id est, violentiam persecutorum. « Et adjuvit terra mulierem, et aperuit os suum, et absorbuit flumen quod misit draco de ore suo. » (*v.* 16.) Terram sanctam dicit, id est sanctos. Quoties enim persecutiones Ecclesiæ irrogantur, sanctæ terræ precibus, id est omnium sanctorum orationibus aut amoventur, aut temperantur. Nam et Dominus noster Jesus Christus qui interpellat pro nobis, et has persecutiones removet, cum ipsa terra sedet a dextris virtutis. Item aliter, mulierem volasse in desertum, ipsam Ecclesiam Catholicam intelligit, in qua novissimo tempore sub Elia creditura est synagoga. Alas duas aquilæ magnæ, duos vult intelligi prophetas, scilicet Eliam, et qui cum eo venturus est. Aqua emissa de ore draconis, exercitum persequentium eam significat : absorpta aqua, de persecutoribus factam vindictam. « Et iratus est draco in mulierem, et abiit bellum facere cum reliquis de semine ejus : » (*v.* 17.) Id est, cum vidisset non posse continuari persecutiones, quas per paganos solebat immittere, eo quod ore sanctæ terræ, id est orationibus sanctis removerentur, hæreses concitavit. « Et stetit super arenam maris : » (*v.* 18) id est, super multitudinem hære-

(*a*) In Pet. codice *sed sint non quod fuerint.*

(*ibid.*, 18) c'est-à-dire sur la multitude des hérétiques. « Et je vis une bête s'élevant de la mer, » (*Apoc.*, XIII, 1) c'est-à-dire du milieu du peuple mauvais. Il la voit s'élever, c'est-à-dire naître. C'est ainsi que dans un sens tout différent la fleur s'élève de la tige de Jessé. Cette bête qui s'élève de la mer, ce sont les impies qui sont le corps du démon. « Et la bête que je vis était semblable à un léopard, et ses pieds ressemblaient aux pieds d'un ours, et sa gueule à la gueule d'un lion. » (*Ibid.*, 2.) Il la compare au léopard à cause de la diversité des nations, à l'ours, à cause de sa malice et de sa folie; au lion, à cause de la force de son corps et l'orgueil de ses paroles. Et comme au temps de l'Antechrist son royaume offrira un mélange de divers peuples et de diverses nations, ses pieds, semblables aux pieds d'un ours, sont ses principaux chefs, et sa bouche, les ordres qu'elle donne. « Et le dragon lui donna sa force. » C'est ainsi que nous voyons aujourd'hui les hérétiques puissants dans ce monde, parce qu'ils ont la force du démon. Ils ravagent maintenant l'Eglise comme faisaient autrefois les païens. « Et je vis une de ses têtes comme blessée à mort, mais cette plaie mortelle fut guérie. » (*Ibid.*, 3.) Cette tête qui est comme blessée à mort, ce sont les hérétiques qui feignent de confesser Jésus-Christ; mais comme leur foi est toute différente de celle de l'Eglise catholique, ils ne font que blasphémer, tout en prêchant qu'il est mort et qu'il est ressuscité, parce que Satan lui-même se transfigure en ange de lumière. (II *Cor.*, XI, 14.) Dans un autre sens, les catholiques blessent à mort les hérésies en les accablant sous le poids des témoignages de l'Ecriture; mais les hérétiques, semblables au fléau de Satan qui renaît sans cesse, font les œuvres de Satan, ne cessent de blasphémer et d'attirer à leurs opinions tout ce qu'ils peuvent. « Et toute la terre dans l'admiration suivit la bête, et ils adorèrent le dragon qui avait donné puissance à la bête. » (*Apoc.*, XIII, 3, 4.) Tous les hérétiques ont cette puissance, mais surtout les Ariens. « Et ils adorèrent la bête, disant : Qui est semblable à la bête, et qui pourra combattre contre elle ? » C'est, qu'en effet, les hérétiques se flattent d'avoir une foi plus véritable que tous les autres, et que nul ne peut triompher de leur peuple qui porte le nom de la bête, et à qui le démon a donné et Dieu permis de proférer des paroles superbes et des blasphèmes, comme le dit l'Apôtre : « Il faut qu'il y ait des hérésies parmi vous, afin qu'on reconnaisse ceux d'entre vous qui sont d'une vertu éprouvée. » (I *Cor.*, XI, 19.) « Et elle reçut le pouvoir de faire la guerre quarante-deux mois. » (*Apoc.*, XIII, 5.) Ces quarante-deux mois sont le temps que doit durer la dernière persécution. « Ensuite elle ouvrit la bouche pour blasphémer contre Dieu. » (*Ibid.*, 6.) Nous avons ici une image frappante de ceux qui sont sortis de l'Eglise catholique; tant qu'ils étaient cachés dans son sein, leur foi paraissait sincère et véritable; mais lorsque la persécution se déclare, ils cessent de se déguiser, et proférent ouvertement des blasphèmes. « Et contre son tabernacle et ceux qui habitent dans le ciel, » c'est-à-dire contre les saints qui font partie de l'Eglise appelée le ciel, parce qu'eux-mêmes le tabernacle de Dieu. « Et elle reçut le pouvoir de faire la guerre aux saints et de les vaincre. » (*Ibid.*, 7.) Le tout est pris ici pour la partie qui peut être vaincue, car ce ne sont pas les bons chrétiens, mais les mauvais qui se laissent vaincre. « Et la

ticorum. « Et vidi ascendentem bestiam de mari : » (*Apoc.*, XIII, 1) id est, de populo malo. « Ascendentem » dixit, hoc est nascentem. Sicut flos in bonam partem de radice Jesse ascendit. Bestiam ascendentem de mari, impios dicit, qui sunt corpus diaboli. « Et bestia quam vidi, similis erat pardo, et pedes ejus sicut ursi, et os ejus sicut os leonis : » (*v.* 2) Pardo propter varietatem gentium similavit, urso propter malitiam et vesaniam, leoni propter virtutem corporis et linguæ superbiam. Et quia temporibus Antichristi cum varietate gentium et populorum regnum illius erit commixtum, pedes tanquam ursi, duces ejus; os ejus, jussio ejus. « Et dedit ei draco virtutem suam : » sicut videmus modo hæreticos esse in hoc sæculo potentes, qui habent virtutem diaboli. Sicut quondam pagani, ita nunc illi vastant Ecclesiam. « Et vidi unum ex capitibus ejus quasi occisum in mortem : et plaga mortis ejus curata est : » (*v.* 3) Quod dicit quasi occisum, hæretici sunt, qui simulant se confiteri Christum : et dum non sic credunt ut fides Catholica habet, blasphemant; cum enim et occisum prædicent, et resurrexisse : quia et ipse satanas transfigurat se in angelum lucis. (II *Cor.*, XI, 14.) Et aliter : Occiduntur hæreses per Catholicos, cum Scripturarum testimoniis opprimuntur; sed illi nihilominus quasi satanæ plaga redivivi peragunt opera satanæ, et non cessant blasphemare, et ad dogma suum quos possunt attrahere. « Et mirata est omnis terra secuta bestiam, et adoraverunt draconem qui dedit potestatem bestiæ : » (*Apoc.*, XIII, 3 et 4) Utique habent potestatem hæretici, sed præcipue Ariani. « Et adoraverunt bestiam dicentes : Quis similis bestiæ, aut quis poterit pugnare cum ea ? » Hoc ideo quia sibi blandiuntur hæretici, quod nullus melius credat illis, et quod nullus vincat populum ipsorum qui bestiæ nomine censetur : cui datum est ab ipso diabolo, et a Deo permissum est, ut loquatur magna et blasphemica : sicut dicit Apostolus : Oportet hæreses esse, ut qui probati sunt, manifesti sint in vobis. (I *Cor.*, XI, 19.) « Et data est ei potestas bellum facere menses quadraginta duos. » (*Apoc.*, XIII, 5.) Tempus novissimæ persecutionis in istis quadraginta duobus mensibus intelligimus. « Deinde aperuit os suum in blasphemiam ad Deum : » (*v.* 6) Hic manifestum est illos significari, qui de Ecclesia recesserunt Catholica : ut qui ante occulte intra Ecclesiam quasi fidem rectam tenere videbantur, in persecutione aperto ore in Deum proferant blasphemiam. « Et in tabernaculum ejus, et in eos qui in cœlo habitant : » id est, in sanctos qui intra Ecclesiam continentur, quæ cœlum est nuncupata, quia et ipsi tabernaculum Dei sunt. « Et datum est ei bellum facere cum sanctis, et vincere eos : » (*v.* 7) A toto partem intelligimus, quæ vinci potest : non enim boni Christiani, sed illi qui mali sunt vincuntur. « Et data est ei potestas super omnem tribum et linguam, et adorabunt eam omnes

puissance lui fut donnée sur toute tribu, sur tout peuple, et sur toute langue, et tous les habitants de la terre l'adoreront. » (*Ibid.*, 8.) Il dit : « Tous les habitants, » c'est-à-dire ceux qui habitent la terre, mais non pas ceux qui habitent le ciel. « Dont les noms ne sont pas écrits dans le livre de vie et de l'Agneau. » C'est du démon ou de son peuple qu'il veut parler ici, car son nom n'est pas écrit dans le livre de vie. « Qui a été marqué (1) dès l'origine du monde, » parce qu'en effet l'Eglise a été marquée et prédestinée longtemps à l'avance en présence de Dieu. Que lui-même daigne nous accorder, etc.

HOMÉLIE XI. — Dans la lecture qui vient de vous être faite, mes très-chers frères, vous avez entendu saint Jean vous dire : « Et je vis une autre bête s'élever de terre. » (*Apoc.*, XIII, 11.) La terre a ici la même signification que la mer. « Et elle avait deux cornes comme celle de l'*A*gneau, » c'est-à-dire les deux Testaments à l'instar de l'Agneau, ou si l'on veut, de l'Eglise. « Et elle parlait comme le dragon. » C'est elle qui sous le nom chrétien se couvre des apparences de l'Agneau, afin de répandre secrètement le poison du dragon; c'est l'Eglise des hérétiques. Elle ne chercherait pas à imiter la ressemblance de l'Agneau, si elle parlait ouvertement et sans réserve, mais elle ne se couvre des dehors du christianisme que pour tromper plus sûrement ceux qui ne sont point sur leurs gardes. C'est pour cela que le Seigneur nous fait cette recommandation : « Gardez-vous des faux prophètes, etc. » (*Matth.*, VII, 15.) « Et elle fit adorer par la terre et par ceux qui l'habitent la première bête dont la plaie mortelle avait été guérie; et elle opéra de grands prodiges,

jusqu'à faire descendre le feu du ciel sur la terre devant les hommes. » (*Apoc.*, XIII, 12, 13.) Puisque le ciel c'est l'Eglise, le feu qui descend du ciel ce sont les hérésies qui tombent de l'Eglise, comme il est écrit : « Ils sont sortis de nous, mais ils n'étaient point de nous. » (I *Jean*, II, 20.) Cette bête donc, avec ses deux cornes, détermine le peuple à adorer l'image de la bête, c'est-à-dire l'invention du démon. « Et elle fera que tous aient le caractère de la bête sur la main droite ou sur le front. » Il veut parler ici du signe mystérieux du crime. Les saints qui sont dans l'Eglise reçoivent Jésus-Christ sur leur main et leur front; les hypocrites reçoivent la bête sous le nom de Jésus-Christ. « Ceux qui n'ont pas adoré la bête ni son image et qui n'ont pas reçu son inscription sur le front ou sur la main, seront mis à mort. » Il n'est pas contraire à la foi de voir dans cette bête la figure de cette ville impie, ou si l'on veut de cette réunion, de cette conspiration de tous les impies ou de tous les orgueilleux qui porte le nom de Babylone, c'est-à-dire confusion, et qui renferme dans son sein tous ceux qui ont voulu faire des choses dignes de confusion. C'est le peuple des infidèles opposé au peuple fidèle et à la cité de Dieu. Son image c'est l'hypocrisie, dont il fait profession, et qui est empreinte sur les hommes qui semblent professer la foi catholique et qui vivent néanmoins dans l'incrédulité; ils feignent d'être ce qu'ils ne sont pas, et on les appelle chrétiens, bien qu'ils n'en aient point le caractère véritable, mais seulement une fausse image. C'est d'eux que l'Apôtre a dit : « Ils ont l'apparence de la piété, mais ils en rejettent la réalité, » (II *Tim.*, III, 5), et l'Eglise catholique en

(1) L'auteur de cette homélie à lu pour ἐσφραγμένον, tué, ἐσφραγισμένον, masqué.

---

habitantes terram : » (*v.* 2) Omnes dixit, sed in terra habitantes, non in cœlo. « Quorum non est scriptum nomen in libro vitæ Agni : » De diabolo dixit vel ejus populo, non est scriptum nomen ejus in libro vitæ. « Signati ab origine mundi : » quia in præsentia Dei Ecclesia ante præordinata est atque signata. Quod ipse præstare, etc.

HOMILIA XI. — In lectione quæ modo recitata est, fratres carissimi, audivimus beatum Joannem dicentem : « Et vidi aliam bestiam ascendentem de terra : » Quod est mare, hoc terra. « Et habebat cornua duo similia Agni : » (*Apoc.*, XIII, 11) id est duo Testamenta ad similitudinem Agni, quod est Ecclesia. « Et loquebatur ut draco : » Hæc est illa quæ sub nomine Christiano agnum præfert, ut draconis venena latenter infundat; hæc est hæretica Ecclesia. Agni enim similitudinem non imitaretur, si aperte loqueretur : nunc Christianitatem fingit, quo securius incautos decipiat. Propterea Dominus dicit : Cavete a pseudo prophetis, etc. « Et facit terram et eos qui in ea sunt ut adorent bestiam priorem, cujus curata est plaga mortis ejus : et faciet signa magna, ita ut ignem faciat descendere de cœlo in terram : » (*Matth.*, VII, 15; *Apoc.*, XIII, 12, 13) Et quia cœlum Ecclesia est, quid est ignem de cœlo descendere, nisi hæreses de Ecclesia cadere ? sicut scriptum est : Ex nobis exierunt,

sed non erant ex nobis. (I *Joan.*, II, 10.) Ignis enim de cœlo descendit, quando hæretici qui de Ecclesia velut ignis recedunt, ipsam Ecclesiam persequuntur. Bestia ergo cum duobus cornibus, facit ut populus simulacrum bestiæ, id est diaboli adinventionem adoret. « Ut det eis notam super manuum eorum dextram, aut super frontem eorum : » (*Apoc.*, XIII, 16) Mysterium enim disputat facinoris. Sancti enim qui sunt in Ecclesia, Christum accipiunt in manu et in fronte : hypocritæ autem bestiam sub Christi nomine. « Si qui non adoraverunt bestiam, nec imaginem ejus, nec acceperunt (*a*) inscriptionem in fronte, aut in manu sua, occidentur. » Non abhorret a fide, ut bestia ipsa impia civitas intelligatur, id est congregatio vel conspiratio omnium impiorum vel superborum, quæ Babylonia dicitur, et interpretatur confusio : et ad ipsam pertinent quicumque res confusione dignas exercere voluerint. Ipse est populus infidelium, contrarius populo fideli et civitati Dei. Imago vero ejus simulatio est, in eis videlicet hominibus, qui velut fidem Catholicam profitentur, et infideliter vivunt : fingunt enim se esse quod non sunt, vocanturque non veraci effigie, sed fallaci imagine Christiani : de quibus Apostolus dicit : Habentes quidem speciem pietatis, virtutem autem ejus abnegantes (II *Tim.*, III, 5) : quorum non parva portio in Ecclesia Catholica continetur. Justi autem non adorant

(*a*) Mss. Petr. *imaginem ejus neque inscriptionem.*

contient un grand nombre de ce genre. Les justes, au contraire, n'adorent point la bête, c'est-à-dire ne consentent point, ne se soumettent point à ses desseins pervers ; ils ne reçoivent pas non plus l'inscription, c'est-à-dire la marque du crime, sur le front pour en faire profession, sur la main pour le mettre à exécution. Or, ils feront « que nul ne puisse acheter que celui qui aura le caractère ou le nom de la bête, ou le nombre de son nom. C'est ici la sagesse. Que celui qui a de l'intelligence compte le nombre de la bête, car c'est le nombre d'un homme, » (*Apoc.*, XIII, 17, 18) c'est-à-dire du Fils de l'homme Jésus-Christ, dont la bête a pris le nom parmi les hérétiques. Comptons le nombre qu'il indique ; une fois connu, nous trouverons plus facilement le nom et le caractère. « Son nombre est six cent-seize. » Etablissons ce nombre d'après les Grecs, car c'est aux Eglises d'Asie que saint Jean écrit : « Et je suis, dit le Fils de Dieu, l'alpha et l'oméga. » Le nombre six cent-seize s'écrit en grec χς'. Ces lettres prises séparément forment un nombre ; étant réunies elles forment un monogramme et un caractère, un nombre et un nom. C'est le signe de Jésus-Christ, et nous en voyons ici la ressemblance que l'Eglise adore en vérité. Les hérétiques, qui tout ennemis qu'ils sont de l'Eglise, cherchent à l'imiter, persécutent spirituellement Jésus-Christ, et cependant veulent se glorifier du signe de la croix de Jésus-Christ. Et cela, parce qu'il est dit : Le nombre de la bête est le nombre d'un homme. « Et je vis, et voilà l'Agneau debout sur la montagne de Sion, et avec lui cent quarante-quatre mille qui avaient son nom et le nom de son Père écrits sur le front. » (*Apoc.*, XIV, 1.) Il nous fait connaître quelle est l'imitation du caractère imprimé sur le front lorsqu'il dit que le nom de Dieu le Père et celui de Jésus-Christ étaient écrits sur le front de l'Eglise. « Et j'entendis une voix du ciel comme le bruit des grandes eaux, » (*ibid.*, 2) c'est-à-dire la voix des cent quarante-quatre mille. « Et comme le bruit d'un grand tonnerre ; et la voix que j'entendis était comme le son de plusieurs joueurs de harpes qui touchent leurs harpes. » Il dit plus loin : « Ce sont ceux qui ne se sont pas souillés avec les femmes, etc. » (*Ibid.*, 4.) Nous ne devons pas entendre seulement par vierges celles qui sont chastes de corps, mais plutôt l'Eglise qui professe une foi pure, ainsi que le dit l'Apôtre : « Je vous ai fiancés à un époux unique Jésus-Christ, pour vous présenter à lui comme une vierge pure, » (II *Cor.*, XI, 2) qui n'a point été souillée par le contact adultère des hérétiques, et qui n'a point persévéré malheureusement jusqu'à la fin de sa vie dans les liens séducteurs, perfides et mortels des voluptés de ce monde, sans recourir au remède de la pénitence. Il ajoute ensuite : « Et il ne s'est point trouvé de mensonge en leur bouche. » (*Apoc.*, XIV, 5.) Il ne dit pas : Il n'y a pas eu, mais : Il ne s'est pas trouvé. En effet, le Seigneur nous juge tels qu'il nous trouve lorsqu'il nous appelle de cette vie, car nous pouvons soit par le baptême, soit par la pénitence devenir intérieurement vierges et libres de tout mensonge. Voici maintenant une nouvelle récapitulation. « Et je vis un autre ange qui volait dans le milieu du ciel, « (*Apoc.*, XIV, 6) c'est-à-dire la prédication qui se répandait dans le milieu de l'Eglise. « Portant l'Evangile éternel, pour l'annoncer à ceux qui habitent la terre et leur disant : Craignez le Seigneur, etc. » (*Ibid.*, 7.) Il en est qui veulent que

---

bestiam, id est, non consentiunt, non subjiciuntur : neque accipiunt inscriptionem, notam scilicet criminis, in fronte propter professionem, in manu propter operationem. Sic ergo facient : « Ut nemo possit mercari, nisi qui habet nomen aut notam bestiæ, aut numerum nominis ejus. Hic sapientia est. Qui habet intellectum, computet numerum bestiæ : numerus enim hominis est : » (*Apoc.*, XIII, 17, 18) id est, filii hominis Christi, cujus nomen in hæreticis sibi fecit bestia. Faciamus ergo numerum quem dixit, ut accepto numero inveniamus nomen et notam. « Numerus, inquit, ejus est (*a*) sexcenti sedecim. » Quem faciamus secundum Græcos maxime quia ad Asiam scribit : Et ego, inquit α et ω. Sexcenti et sedecim Græcis litteris sic fiunt χς'. Quæ notæ solutæ, numerus est : redactæ autem in monogrammum et notam faciunt, et numerum et nomen. Hoc signum Christi intelligitur, et ipsius ostenditur similitudo, quam in veritate colit Ecclesia. Cui se similem facit hæreticorum adversitas, qui cum Christum spiritualiter persequantur, tamen de signo crucis Christi gloriari videntur. Hoc ideo, quia dictum est : « Numerus bestiæ numerus hominis est. Et vidi, et ecce Agnus stans in monte Sion, et cum eo centum quadraginta quatuor millia, habentia nomen ejus et nomen Patris ejus scriptum in frontibus eorum : » (*Apoc.*, XIV, 1) Aperuit quæ sit imitatio notæ in frontibus, dum et Deum et Christum dicit scriptos in frontibus Ecclesiæ. « Et audivi vocem de cœlo sicut aquarum multarum : » (v. *ibid* est, centum quadraginta quatuor millium. « Et sicut tonitrui magni : et vocem quam audivi sicut citharœdorum citharizantium in citharis suis. » Quod autem dixit : « Hi sunt qui se cum mulieribus non coinquinaverunt, » etc. (v. 4.) Virgines hoc loco non solum corpore castos intelligamus, sed maxime omnem Ecclesiam, quæ fidem puram tenet, sicut dicit Apostolus : Sponsavi enim vos uni viro, virginem castam exhibere Christo (II *Cor.*, XI, 2) : nulla adulterina hæreticorum commixtione pollutam, nec in male blandis et mortiferis hujus mundi voluptatibus usque ad exitum vitæ suæ absque remedio pœnitentiæ infelici perseverantia colligatam. Addit post hoc dicens : « Et in ore ipsorum non est inventum mendacium : » (*Apoc.*, XIV, 5) Non dixit, non fuit ; sed, « non est inventum. » Qualem enim invenit Dominus cum hinc evocat, talem et judicat : nam aut per baptismum, aut per pœnitentiam possumus in interiori homine et virgines effici et sine mendacio. Nunc iterum recapitulatio : « Et vidi, inquit, alium angelum volantem in medio cœli, » (*Apoc.*, XIV, 6) id est, prædicationem in medio Ecclesiæ discurrentem. « Habentem Evangelium æternum : ut evangelizaret habitantibus in terra, dicens : Timete Dominum, » etc. (*v.* 7.) Volunt aliqui intelligi

(*a*) Sic Mss. At editis *Sexcenti sexaginta sex*.

cet ange qui vole dans le milieu du ciel soit Élie, et l'autre ange qui le suit, le compagnon d'Élie, qui dans ce temps prêchera lui-même l'Evangile. « Et un autre ange le suivit, » c'est-à-dire la prédication de la paix future, en disant : « Elle est tombée, elle est tombée, cette grande Babylone. » (*Ibid.*, 8.) Babylone, cette ville impie, est, comme je l'ai déjà dit, l'assemblée du démon, le peuple qui consent à tous ses desseins, et toute convoitise, tout principe de corruption qu'il a inventé pour sa ruine et pour celle du genre humain. De même que l'Eglise est la cité de Dieu où la vie est toute céleste. Babylone, au contraire, est la cité du démon dans tout l'univers, au témoignage du Seigneur lui-même : « Voici, dit-il, que je ferai de Jérusalem une pierre qui sera foulée aux pieds par toutes les nations. » (*Zach.*, XI, 3.) L'Eglise dit donc : « Elle est tombée, elle est tombée, cette grande Babylone. » Saint Jean représente comme accomplie cette ruine qui doit un jour avoir lieu, de même que le Psalmiste disait en parlant au nom du Sauveur : « Ils ont partagé mes vêtements. » (*Ps.* XXII, 19.) « Qui a fait boire à toutes les nations le vin de la colère de sa fornication. » (*Apoc.*, XIV, 8.) Toutes les nations, c'est la cité du monde, c'est-à-dire tous les superbes et tous les impies qui sont soit en dehors de l'Eglise, soit dans l'Eglise. « Et je vis, et voilà une nuée blanche, et sur la nuée quelqu'un assis semblable au Fils de l'homme, » (*ibid.*, 14) c'est-à-dire Jésus-Christ. Il fait la description de l'Eglise dans l'éclat de sa splendeur et dans cette blancheur qu'elle doit aux flammes de la persécution. « Ayant sur sa tête une couronne d'or. » Ce sont les vieillards avec leurs couronnes d'or. « Et en sa main une faulx tranchante. » Cette faulx sépare les catholiques des hérétiques, les saints des pécheurs, comme le Seigneur le dit des moissonneurs. Or, si nous devons admettre que Jésus-Christ qui nous apparaît sur une nuée blanche est le moissonneur, quel est le vendangeur si ce n'est le même Jésus-Christ, mais dans son corps qui est l'Eglise? C'est peut-être une interprétation vraisemblable que celle qui voit dans ces trois anges qui sortent le triple sens des Ecritures : l'historique, le moral, et le spirituel; la faulx serait : « Et il jeta ce qu'il avait de grand dans la cuve de la colère de Dieu (1). » (*Ibid.*, 19.) Il ne jette pas dans la grande cuve, mais il jette dans la cuve tout ce qu'il y a de grand, c'est-à-dire tous les orgueilleux. « Et la cuve fut foulée hors de la ville, » (*ibid.*, 20) c'est-à-dire hors de l'Eglise, car lorsque les débats sont ouverts, tout homme de péché sort dehors. Cette cuve foulée aux pieds, c'est le juste châtiment des pécheurs. « Et le sang sorti de la cuve monta jusqu'aux freins des chevaux. » La vengeance montera jusqu'aux conducteurs des peuples. Dans ce dernier combat la vengeance que Dieu tirera du sang répandu s'étendra jusqu'au démon et à ses anges. « Dans l'espace de mille six cents stades, » c'est-à-dire dans toutes les quatre parties du monde. Le nombre quatre est ici multiplié quatre fois comme dans les quatre visages ayant quatre formes différentes. En effet, quatre fois quatre cents font mille six cents.

HOMÉLIE XII. — Dans la lecture qui vient de vous être faite, saint Jean dit « qu'il a vu un autre signe grand et merveilleux, sept anges, » c'est-à-dire l'Eglise, « portant les sept dernières plaies par les-

(1) Cette interprétation est contraire à l'interprétation généralement reçue et d'après laquelle le mot *magnum* se rapporte à *torcular*.

angelum volantem in medio cœli Eliam, et alium angelum qui eum sequitur, comitem Eliæ, qui eo tempore prædicabit. « Et alius angelus secutus est : » id est, pacis futuræ prædicatio. « Dicens : Cecidit, cecidit Babylon illa magna : » (*v.* 8) Babylonem civitatem impiam, sicut jam supra dictum est, diaboli congregationem dicit, id est, populum ipsi consentientem : et omnem concupiscentiam et corruptelam, quam in perniciem sui et humani generis exquirit. Nam sicut Ecclesia civitas Dei est et omnis conversatio cœlestis : ita e contrario civitas est diaboli Babylon in omni mundo, sicut dicit Dominus : Ecce ponam Jerusalem lapidem conculcabilem in omnibus gentibus. (*Zach.*, XI, 3.) Ecclesia ergo dicit: «Cecidit, cecidit Babylon illa magna : » Jam quasi perfectum dicit, quod adhuc futurum erat : sicut illud : Diviserunt sibi vestimenta mea. (*Psal.* XXII, 19.) « Quæ a vino iræ fornicationis suæ potavit omnes gentes : » (*Apoc.*, XIV, 8) Omnes gentes, civitas est mundi, id est omnes superbi et impii, sive extra Ecclesiam, sive in Ecclesia constituti. « Et vidi, et ecce nubem candidam, et super nubem sedentem filium hominis, » (*v.* 14) id est Christum. Ecclesiam enim describit in claritate sua præcipue post persecutionum flammas albentem. « Habentem in capite suo coronam auream : » Ipsi sunt seniores cum coronis aureis. « Et in manu sua falcem acutam : » Ista falx separat catholicos ab hæreticis, sanctos a peccatoribus, sicut dicit Dominus de messoribus. Si autem putandum est quod ipse specialiter Christus visus est in nube alba messor, quis est vindemiator, nisi idem, sed in suo corpore quod est Ecclesia? Forte non male sentitur, si istos tres angelos qui exierunt, triformem intellectum Scripturarum intelligamus, juxta historialem, moralem, et spiritalem : falcem vero discrepationem. « Et misit in torcular iræ Dei magnum : » (*v.* 19) Non in torcular magnum; sed ipsum misit in torcular, id est superbum quemque. « Et calcatum est torcular extra civitatem, » (*v.* 20) id est, extra Ecclesiam. Facta enim dissensione, foris exit omnis homo peccati. Calcatio autem torcularis, retributio est peccatorum. « Et exiit sanguis de torculari usque ad frenos equorum : » Exiet ultio usque ad rectores populorum. Usque enim diabolum et angelos ejus novissimo certamine exiet ultio sanguinis effusi. « Per stadia mille sexcenta, » id est, per omnes quatuor partes mundi. Quaternitas enim est conquaternata, sicut est in quatuor faciebus quadriformibus et totis. Quater enim quadringenti sunt mille sexcenti (*a*).

HOMILIA XII. — In lectione quæ recitata est, fratres carissimi, dixit se sanctus Joannes vidisse « aliud signum in cœlo magnum et mirabile : angelos septem : » (*Apoc.*, XV, 1) id est, Ecclesiam. « Habentes plagas septem

(*a*) In Pet. Mss. additur *sub cujus protectione nos Dominus liberare dignetur*.

quelles la colère de Dieu a été consommée. » (*Apoc.*, xv, 1.) Il les appelle les dernières plaies, parce que la colère de Dieu frappe toujours le peuple rebelle de sept plaies, c'est-à-dire d'un châtiment parfait, comme Dieu lui-même le répète souvent dans le Lévitique : « Et je vous frapperai sept fois à cause de vos péchés. » (*Levit.*, xxvi, 14.) « Et je vis comme une mer de verre, » (*Apoc.*, xv, 2) c'est-à-dire la fontaine du baptême, transparente de clarté « mêlée de feu, » c'est-à-dire de l'esprit ou de la tentation. « Et ceux qui avaient triomphé de la bête étaient sur cette mer de verre, » c'est-à-dire dans les eaux du baptême. « Portant des harpes de Dieu, » c'est-à-dire des cœurs consacrés au Dieu dont ils chantent les louanges. « Et ils chantaient le cantique de Moïse le serviteur de Dieu, et le cantique de l'Agneau, » (*ibid.*, 3) c'est-à-dire les deux Testaments. « Vos ouvrages sont grands et admirables. » Ces paroles, en effet, se trouvent dans les deux Testaments, objets de leurs chants. Il répète ensuite ce qu'il avait déjà dit : « Et après cela je vis, et voilà que le temple du tabernacle du témoignage s'ouvrit dans le ciel. » (*Ibid.*, 5.) Nous avons déjà dit que ce temple c'est l'Eglise, et l'ange qui sort du temple et commande à celui qui est assis sur la nuée, c'est le commandement du Seigneur. La sortie est un effet du commandement, comme dans ces paroles de l'Evangéliste : « Il sortit un édit de César Auguste. » (*Luc*, ii, 1.) Ils étaient vêtus d'un lin pur et blanc, et ceints sur la poitrine de ceintures d'or. » (*Apoc.*, xv, 6.) Ces sept anges sont évidemment la figure de l'Eglise. En effet, lorsqu'il décrit la personne de Jésus-Christ, « il avait, dit-il, une ceinture d'or sur la poitrine. » Et l'un des quatre animaux donna aux sept anges sept coupes d'or, pleines de la colère de Dieu. » (*Ibid.*, 7.) Ce sont les coupes pleines de parfums que portent les vieillards et les animaux, qui représentent l'Eglise aussi bien que les sept anges. Et les parfums représentent à la fois la colère de Dieu, la parole de Dieu; mais toutes ces choses donnent la vie aux bons, la mort aux méchants comme l'atteste saint Paul : » Aux uns nous sommes une odeur de vie qui donne la vie, aux autres une odeur de mort qui donne la mort. » (II *Cor.*, ii, 16.) En effet, les prières des saints, figurées par le feu qui sort de la bouche des témoins sont la colère de Dieu qui se répand sur le monde et sur les impies. Et cela parce que ce n'est pas assez pour les impies de ne point aimer, de ne point imiter ceux qui sont saints, mais qu'ils les persécutent partout où ils peuvent le faire. Toutes ces plaies sont spirituelles et tombent sur l'âme. Car dans ce même temps tout ce peuple impie sera à l'abri de tout châtiment corporel, parce qu'il ne mérite pas d'être puni dans le temps présent, ou Dieu lui laisse le pouvoir d'exercer toute sa fureur, mais il est frappé spirituellement, c'est-à-dire que les péchés volontaires et mortels qui sont comme autant d'ulcères pour leurs âmes, sont les châtiments réservés à tous les impies et à tous les superbes. « Et le second ange répandit sa coupe sur l'âme, etc. » (*Apoc.*, xvi, 3.) La mer, les fleuves, les sources des eaux, le soleil, le trône, les bêtes, le fleuve de l'Euphrate, l'air, sur lesquels les anges ont répandu leurs coupes, représentent la terre et les hommes, parce que tous les anges reçoivent l'ordre de répandre leurs coupes sur la terre. Toutes ces plaies doivent être entendues par leur contraire ; ainsi c'est une plaie incurable et l'effet d'une grande colère de recevoir le pouvoir de faire le mal surtout contre les saints, sans en être repris ;

novissimas, quoniam in his finita est ira Dei. » Novissimas dixit, quia semper ira Dei percutit populum contumacem septem plagis, id est, perfecte : sicut ipse Deus in Levitico frequenter repetit : Et percutiam vos septies, propter peccata vestra. (*Levit.*, XXVI, 24.) « Et vidi sicut mare vitreum : » (*Apoc.*, XV, 2) id est fontem baptismi pellucidum. « Mixtum igne : » id est, spiritu vel tentatione. « Et victores bestiæ super mare vitreum : » id est, in baptismo. « Habentes citharas Dei : » id est, corda laudantium Deo dedicata. « Et cantantes canticum Moysi servi Dei, et canticum Agni, » (*v.* 3) id est, utrumque Testamentum. « Magna et mirabilia opera tua sunt. » Hæc enim in utroque Testamento repetit, quod cantant supradicti. Repetit quod proposuerat dicens : « Post hæc vidi, et ecce apertum est templum tabernaculi testimonii in cœlo. » (*v.* 5.) Templum Ecclesiam jam diximus sentiendam ; angelum qui exiit de templo et jussit sedenti super nubem, imperium Domini esse, dictum est. Jussionis enim exitus est, sicut Evangelista dicit : Exiit edictum a Cæsare Augusto. (*Luc.*, II, 1.) « Induti lino mundo et splendido, et cincti super pectora suæ zonas aureas : » (*Apoc.*, XV, 6) Manifeste ostendit in septem angelis Ecclesiam. Sic enim initium descripsit de Christo : Habentem, inquit, zonam auream super ubera. « Et unum ex quatuor animalibus dedit septem angelis septem phialas aureas, plenas de ira Dei. » (*v.* 7.) Istæ sunt phialæ, quas cum odore ferunt seniores et animalia, quæ sunt Ecclesia ; qui et septem angeli. Et quod sunt odoramenta, hoc ira Dei, hoc et verbum Dei. Sed et hæc omnia dant bonis vitam, malis inferunt mortem : ut est illud : Aliis odor vitæ in vitam, aliis odor mortis in mortem. (II *Cor.*, II, 16.) Orationes enim sanctorum, qui est ignis exiens de ore testium ira sunt mundo et impiis. Hoc ideo, quia superbis et impiis non sufficit, quod eos qui sancti sunt, nec diligunt, nec imitantur, verum etiam ubicumque potuerint persequuntur. Omnes istæ plagæ spiritales sunt, et in anima fiunt. Nam ipso tempore illæsus erit omnis populus impius ab omni plaga corporis ; quia non meretur in præsenti sæculo flagellari, quasi qui acceperit totam sæviendi potestatem : sed spiritaliter, id est, voluntaria et mortalia peccata, quæ sunt sicut ulcera in animabus suis, patiuntur omnes impii et superbi : « Secundus fudit phialam suam in mare, » (*Apoc.*, XVI, 3) et reliqua. Mare, flumina, fontes aquarum, sol, thronus, bestiæ, fluvius Euphrates, aer, super quæ angeli fuderunt phialas, terra est et homines : quia omnibus angelis in terram fundere mandatum est. Omnes autem plagæ istæ a contrario intelligendæ sunt : plaga est enim insanabilis, et ira magna, accipere potestatem peccandi, maxime in sanctos, nec corripi : adhuc major ira Dei, et errorum fo-

mais la colère de Dieu est encore plus grande lorsqu'elle permet à l'erreur de prêter main forte à l'injustice. La plaie de la colère de Dieu, c'est d'être transpercé par ces blessures et de se réjouir et de se complaire dans ses iniquités. Ainsi, la prospérité des méchants est comme l'ulcère de leurs âmes, et les infortunes des justes sont pour eux le prix des joies éternelles. Dans le troisième ange, et dans le changement des eaux en sang (*ibid.*, 4), il faut entendre tous les anges des peuples, c'est-à-dire les hommes plus faibles, dont l'âme est souvent cruelle. Le quatrième ange répandit sa coupe sur le soleil, et les hommes furent brûlés d'une chaleur dévorante. (*Ibid.*, 8.) C'est ce qui doit s'accomplir encore dans le feu de l'enfer. En effet, lorsque dans la vie présente le démon donne la mort à ses partisans, non-seulement il ne soumet point leur corps à l'action du feu, mais autant qu'il le peut, il les couvre de gloire, et c'est cette gloire, cette joie que l'Esprit saint appelle des fléaux, des douleurs. « Et ils blasphémèrent le nom de Dieu qui a ces plaies en son pouvoir, et ils ne firent point pénitence. » (*Ibid.*, 9.) Ce n'est point leur corps, mais leur âme que Dieu frappe de ces fléaux ; voilà pourquoi ils ne se souviennent point du Seigneur, mais s'enfoncent de plus en plus dans le mal ; et c'est pour cela qu'ils blasphèment en persécutant les saints. « Le cinquième ange répandit sa coupe sur le trône de la bête, et son royaume devint ténébreux. » (*Ibid.*, 10.) Le trône de la bête, c'est son Eglise, c'est-à-dire l'assemblée des superbes que ces plaies aveuglent. « Et les hommes dévorèrent leur langue dans l'excès de leur douleur ; » (*ibid.*, 11) c'est-à-dire ils tournaient leur fureur contre eux-mêmes en blasphémant contre la colère de Dieu, parce que transpercés qu'ils étaient des flèches de sa colère, ils se croyaient dans la joie. « Et ils n'ont point fait pénitence, » endurcis qu'ils étaient par cette joie funeste. « Et le sixième ange répandit sa coupe sur le grand fleuve de l'Euphrate, » (*ibid.*, 12) c'est-à-dire sur le peuple. « Et ses eaux furent séchées, » comme il l'a dit plus haut, la moisson de la terre s'est desséchée pour devenir la pâture des flammes. « Afin de préparer un chemin à ceux qui sont du côté de l'Orient, » c'est-à-dire de Jésus-Christ, car c'est après la consommation de tous ces fléaux que les justes partiront au-devant de Jésus-Christ.

HOMÉLIE XIII. — Saint Jean, mes très-chers frères, en parlant des coupes ou des plaies des sept anges, avant de parler du septième ange, résume en peu de mots ce qu'il a dit selon sa coutume : « Et je vis sortir de la bouche du dragon, et de la bouche de la bête, et de la bouche des faux prophètes trois esprits impurs semblables à des grenouilles. » (*Apoc.*, XVI, 13.) Il n'a vu qu'un esprit, parce qu'il n'y a en effet qu'un seul corps. Le dragon, c'est-à-dire le diable, la bête, c'est-à-dire le corps du diable, et les faux prophètes, c'est-à-dire les chefs du corps du diable, ne font qu'un seul esprit semblable à des grenouilles. « Ce sont les esprits des démons qui font des prodiges. » (*Ibid.*, 14.) Les grenouilles, outre l'horreur naturelle qu'elles inspirent ont leur séjour dans des lieux immondes. Les eaux sont leur habitation, et cependant non-seulement elles fuient les grandes eaux et les lieux désséchés, mais jusque dans les eaux elles se roulent de préférence dans le limon et la fange. Ainsi les hypocrites n'habitent pas les eaux comme ils le pensent, mais les souillures que les

---

menta subministrari injustitiæ. Hæc plaga iræ Dei, hæc vulnera, transpungi et gaudere et placere sibi unumquemque in peccatis. Sic prosperitas malorum, ulcera sunt animarum : et adversitas justorum, æternorum sunt pretia (*a*) gaudiorum. In tertio vero angelo et aquarum conversione in sanguinem (*v.* 4), omnes angelos populorum intellige, id est, (*b*) infirmiores homines in animo cruentos. « Quartus angelus effudit phialam suam super solem, et usti sunt homines ustione magna : » (*v.* 8) Hoc futurum est adhuc in igne gehennæ. Nam diabolus in præsenti cum in anima occidat amatores suos, non solum non urit in corpore, sed quantum permittitur clarificat : quam claritatem et lætitiam Spiritus sanctus, plagas definivit et dolores. « Et blasphemaverunt nomen Dei habentis potestatem in his plagis, nec egerunt pœnitentiam : » *v.* 9) Quia non in corpore, sed in animo percutiuntur plagis istis a Deo : ideo nec Domini recordantur, sed in pejus proficiunt ; et propterea blasphemant, persequentes sanctos ejus. « Quintus effudit phialam suam super sedem bestiæ, et factum est regnum ejus tenebrosum. » (*v.* 10.) Thronus bestiæ, Ecclesia ipsius est, id est, congregatio superborum, quæ hujusmodi plagis obcæcatur. « Comedebant linguas suas a doloribus suis ; » id est, sibi nocebant blasphemantes ex ira Dei, quia transpuncti gaudia existimabant. « Et pœnitentiam non egerunt : » (*v.* 11) utique obdurati lætitia. « Et sextus angelus effudit phialam suam super flumen magnum illud Euphratem : » (*v.* 12) id est super populum. « Et siccata est aqua ejus, » sicut supra dixit, aruit messis terræ, id est, ad combustionem parata est. « Ut præparetur via eorum qui sunt ab ortu solis : » id est, Christo : his enim perfectis justi proficiscuntur obviam Christo.

HOMILIA XIII. — Sanctus Joannes, fratres carissimi, dum de septem angelorum phialis vel plagis loqueretur, solito more prætermisso septimo angelo recapitulat ab origine breviter dicens : « Et vidi ex ore draconis, et ex ore bestiæ, et ex ore pseudo prophetæ spiritus tres immundos in modum ranarum. » (*Apoc.*, XVI, 13.) Unum spiritum vidit, sed pro numero et (*c*) portione unius corporis. Draco, id est diabolus : nam et bestia, id est corpus diaboli, et pseudo propheta, id est præpositi corporis diaboli, unus spiritus est, quasi ranæ. « Sunt enim spiritus dæmoniorum facientes signa : » Ranæ namque præter horrorem (*d*) proprium, etiam in loco immundo sunt. Quæ cum aquarum incolæ et indigenæ videantur, non solum aquarum refugæ et siccitatis impatientes sunt, sed etiam in ipsis aquis, in aquis sordibus et cœno volutantur. Sic hypocritæ non in aqua, ut putantur, degunt ; sed in sordibus, quas credentes in aqua deponunt. Ranis sunt similes etiam homines, qui in peccatis vel crimini-

(*a*) Mss. *præmia*. — (*b*) Mss. *interiores*. — (*c*) Ms. *unus participatione*. Al. *partitione*. — (*d*) Mss. *proprio etiam loco immundæ sunt*.

vrais croyants laissent au fond des eaux. On peut encore assimiler aux grenouilles les hommes qui ne rougissent pas de se vautrer dans les péchés et dans les crimes dont les autres se sont purifiés par le baptême ou par la pénitence. Voici un homme qui se convertit à Dieu et se repent d'avoir été orgueilleux, adultère, ivrogne ou avare; en voici un autre qui imite la conduite déréglée à laquelle le premier renonce par un aveu sincère, il se dit en lui-même : Je fais ce que je veux, plus tard je ferai pénitence comme celui-ci. Mais le dernier jour survient pour lui tout à coup, plus de temps pour l'aveu de ses fautes, il ne lui reste que la damnation. Or, un tel homme qui n'imite dans les autres que le mal au lieu du bien, se roule et se vautre comme une grenouille dans la fange dont l'autre s'est purifié. Les grenouilles signifient donc les esprits des démons qui opèrent les prodiges. « Ils vont vers les rois de toute la terre, pour les assembler au combat du grand jour du Dieu tout-puissant. » Ce grand jour, c'est tout le temps qui s'écoule depuis la passion du Sauveur. Mais c'est d'après les circonstances qu'il faut déterminer le sens du mot jour. Il signifie tantôt le jour du jugement, tantôt la dernière persécution qui doit avoir lieu sous l'Antechrist, tantôt tout le temps pris dans sa généralité, comme dans ces paroles du prophète Amos : « Malheur à ceux qui désirent le jour du Seigneur, et de quoi vous servira ce jour du Seigneur, etc. » (*Amos*, v, 18.) En effet, comme l'ajoute le prophète, tous les événements de cette vie sont un jour de ténèbres et non de lumière pour ceux qui désirent le jour du Seigneur, c'est-à-dire qui mettent toute leur joie, toutes leurs délices dans ce monde, qui cherchent à tirer profit des plaisirs et des voluptés dont ils sont les esclaves et qui veulent trafiquer de la piété. C'est à eux qu'il est dit : « Malheur à vous qui êtes rassasiés. » (*Luc*, vi, 25.) Ils ne sont pas du nombre de ceux dont Notre-Seigneur a dit : « Heureux ceux qui pleurent. » (*Matth.*, v, 5.) Saint Jean récapitule ensuite tout ce qui a rapport à cette même persécution. « Et voilà des éclairs et des tonnerres, et un grand tremblement de terre, et ce tremblement fut si grand que jamais les hommes n'en ont ressenti de pareil depuis qu'ils sont sur la terre. Et la grande cité fut divisée en trois parties. » (*Apoc.*, xvi, 18, 19.) Cette grande cité c'est la réunion de tout le peuple qui est sous le ciel et qui se partagera en trois parties lorsque l'Eglise sera divisée, les gentils d'un côté, de l'autre les hérétiques et les faux catholiques, de l'autre enfin l'Eglise catholique. Il nous montre, en effet, dans ce qui suit quelles sont ces trois parties : « Et les villes des nations tombèrent, et Dieu se souvint de la grande Babylone pour lui donner à boire le vin de l'indignation de sa colère. Et toutes les îles s'enfuirent, et on ne trouva plus les montagnes. » (*Ibid.*, 20.) Les villes des nations sont les nations elles-mêmes; Babylone est l'abomination de la désolation, les montagnes et les îles sont l'Eglise, et saint Jean veut nous apprendre que dans les villes des nations, toute la force, toute l'espérance des peuples idolâtres sont anéanties. En effet, les nations païennes n'habitent pas des villes différentes de celles des chrétiens; ce sont ici les hommes qui sont ici divisés, ou en cité du bien ou en cité du mal. Babylone est donc tombée où elle a bu le vin de la colère de Dieu, lorsqu'elle a reçu la puissance contre Jérusalem, qui est l'Eglise. « Et on ne trouva plus les îles, » c'est-à-dire on ne put triompher d'elles. « Et une grande grêle comme le poids d'un talent des-

---

bus, quæ alii per pœnitentiam vel baptismum deponunt, volutari non erubescunt. Quando enim aliquis se convertit ad Deum, et pœnitet fuisse superbum, adulterum, ebriosum vel cupidum, qui ista peccata quæ alius confitendo relinquit, imitatur, cogitans apud se et dicens : Facio quod volo, et postea quomodo iste agit pœnitentiam, et ego ago; et subito dum ei supervenit ultimus dies, perit confessio, et restat damnatio : iste qui talis est, dum alios non ad bonum, sed ad malum vult imitari, in luto, unde alius liberatus est, velut rana involvitur, et volutatur. Ranæ ergo significant spiritus dæmoniorum facientes signa. « Qui exeunt ad reges totius orbis congregare eos ad bellum diei magni Domini : » Diem magnum totum tempus dicit a passione Domini. Sed pro locis accipiendus est dies : aliquando diem judicii dicit, aliquando novissimam persecutionem, quæ sub Antichristo futura est, aliquando totum tempus, sicut per Amos prophetam. Væ, inquit, eis qui concupiscunt diem Domini. Et ut quid vobis (*a*) dies Domini ? (*Amos*, v, 18) et reliqua quæ ibi sequuntur. Omnia hæc in hac sunt vita his diebus Domini tenebræ sunt : qui concupiscunt diem Domini, id est qui in hoc sæculo delectantur, quibus suave est, qui in eo voluptati et luxuriæ servientes lucra percipiunt, qui existimant quæstum esse religionis, quibus dicitur : Væ vobis qui saturati estis. (*Luc.*, vi, 25.) Non illi quibus dicitur : Beati qui lugent. (*Matth.*, v, 5.) Recapitulat iterum ab eadem persecutione dicens? « Et facta sunt fulgura et tonitrua, et terræ motus factus est magnus, qualis non est factus ex quo homines facti sunt : Et facta est illa civitas magna in tres partes. » (*Apoc.*, xvi, 18, 19.) Hæc civitas magna, omnis omnino populus intelligitur qui est sub cœlo, qui fiet in tres partes cum Ecclesia divisa fuerit, ut sint gentiles una pars, hæretici et ficti catholici altera, Ecclesia Catholica tertia. Sequitur enim, et ostendit quæ sint tres partes, dicens : « Civitates gentium ceciderunt, et Babylon illa magna in mentem venit Deo dare ei poculum vini iræ suæ, et omnis insula fugit, et montes inventi non sunt. » (*v.* 20.) Civitates gentium gentes sunt, Babylon abominatio vastationis, montes et insulæ Ecclesia est, in civitatibus gentium omne munimen et spem dicit gentium cecidisse. Non enim (*b*) diversas habent a Christianis, sed civitates bonæ atque malæ in hominibus describuntur. Tunc ergo Babylon cecidit aut iram Dei bibit cum potestatem accepit adversus Jerusalem, quæ est Ecclesia. « Insulæ inventæ non sunt, » id est, non sunt superatæ. « Et grando

---

(*a*) Sic vetus cod. Petrensis. At editi *et ut quid vobis diem persecutionis: Et facta sunt fulgura et tonitrua*, etc., omiss is sex versibus.
— (*b*) Mss. *divisas*.

cendit du ciel sur les hommes. » (*Ibid.*, 21.) La grêle c'est la colère de Dieu. Tous ces fléaux sont la figure des plaies spirituelles. « Et les hommes blasphémèrent Dieu à cause de la plaie de la grêle, parce que cette plaie était très-grande. » Il fait ensuite une nouvelle récapitulation : « Et un des sept anges vint et me dit : Viens, je te montrerai la condamnation de la grande prostituée qui est assise sur les grandes eaux, avec laquelle les rois de la terre, » c'est-à-dire tous les habitants de la terre, « se sont enivrés du vin de sa prostitution. » « Et il me transporta en esprit dans le désert, et je vis une femme assise sur une bête. » (*Apoc.*, xvii, 1, 3.) Cette bête représente le peuple mauvais, la femme est le symbole de sa corruption. C'est dans le désert qu'il voit cette femme assise, parce qu'elle s'assied dans les impies, dans les âmes mortes, désertes et abandonnées de Dieu. Il la voit en esprit parce que cette sorte d'abandon n'est visible qu'aux yeux de l'esprit. Cette femme est couverte d'ornements précieux, c'est-à-dire de toutes les parures de la volupté. La bête sur laquelle elle est assise, c'est, comme nous l'avons dit, le peuple, ou les grandes eaux, suivant l'explication donnée par l'ange : « Les eaux que tu as vues, où la prostituée est assise, sont les peuples, et les nations et les langues. » (*Ibid.*, 15.) Il nous représente la corruption assise sur les peuples dans le désert. La prostituée, la bête et le désert sont une seule et même chose. La bête, comme nous l'avons dit, est le corps opposé à l'Agneau, et ce corps c'est tantôt le démon, tantôt la tête qui est comme mise à mort, figure des hérétiques qui semblent se glorifier de la mort de Jésus-Christ ; ce n'est donc point seulement le peuple des orgueilleux, c'est Babylone tout entière. Les trois esprits qui sortaient de la gueule du dragon comme des grenouilles, figurent l'un le démon, l'autre les faux prophètes ou les chefs des hérétiques. Le troisième, le corps du démon, c'est-à-dire tous les chrétiens hypocrites, orgueilleux, impies, qui sont en très-grand nombre dans l'Eglise (1). Les chrétiens de ce genre, à l'exemple des grenouilles, se vautrent dans la fange et les immondices de la volupté. On peut encore comparer aux grenouilles ces hommes qui ne rougissent pas de se plonger dans ces excès criminels auxquels les autres renoncent par le baptême ou par la pénitence et qui tiennent ce langage: Pour le moment, j'accomplis ma volonté, plus tard, je me convertirai à Dieu comme ceux-là se sont convertis. Mais la mort survient tout à coup, plus de temps pour l'aveu de ses fautes, il ne leur reste que la damnation. Le grand jour au combat duquel tous les hommes doivent être rassemblés est tout le temps qui s'écoule depuis la passion du Seigneur jusqu'à la fin du monde. Ceux pour lesquels ce jour a de la douceur et ceux qui cherchent à tirer profit des plaisirs et des voluptés dont ils sont esclaves, verront tous ces plaisirs se changer en une misère affreuse, et s'accomplir en eux cette prédiction du prophète : « Malheur à vous qui désirez le jour du Seigneur ; » (*Amos*, v, 18) car cette douceur aussi fausse que passagère, ils se préparent une amertume éternelle. On peut encore entendre par ce grand jour cette désolation qui eut lieu lorsque Tite et Vespasien vinrent assiéger Jérusalem, et ou sans compter ceux qui furent emmenés en captivité, on rapporte qu'il en

(1) L'auteur répète ce qu'il a dit plus haut.

magna quasi talentum descendit de cœlo super homines. » (*v.* 21.) Grandinem iram Dei dicit. Omnes plagas istas figuras esse dicit plagarum spiritualium. « Et blasphemaverunt homines Deum ex plaga grandinis, quoniam magna est plaga ejus nimis. » Recapitulat iterum dicens : « Et venit unus ex septem angelis, et dixit mihi : Veni, ostendam tibi damnationem meretricis magnæ, sedentis super aquas multas, cum qua fornicati sunt reges terræ, » id est, omnes terrigenæ. « Et tulit me in eremo in spiritu, et vidi mulierem sedentem super bestiam. » (*Apoc.*, xvii, 1-3.) In bestia omnis populus malus intelligitur : in muliere corruptela monstratur : in eremo mulierem sedere dicit, eo quod in impiis et anima mortuis et a Deo desertis sedeat : in spiritu dixit, quia nonnisi in spiritu videri potest hujusmodi desertio. Pretiose ornatam dixit, propter ornamenta luxuriæ. Nam bestiam super quam sedit, sicut jam dictum est, populum esse dicit, quæ sunt aquæ multæ, sicut ipse exponit : « Aquam quam vides, ubi mulier sedet, populi et turbæ sunt, et gentes et linguæ. » (*v.* 13.) Corruptelam dicit sedere super populos in eremo. Meretrix, bestia, eremus unum sunt. Bestia ut jam dictum est, corpus est adversus Agnum, in quo corpore nunc diabolus, nunc caput velut occisum, quod significat hæreticos, qui velut de morte Christi gloriari videntur, non solus superborum populus accipiendus est : quod totum Babylon est. In tribus spiritibus, qui ex ore draconis velut ranæ procedebant (*Apoc.*, xvi, 13), in uno intelligitur diabolus, in alio pseudoprophetæ vel præpositi hæreticorum, in tertio corpus diaboli, id est omnes ficti, superbi, vel impii Christiani, quorum maximus numerus in Ecclesia continetur. Denique qui tales sunt, ad similitudinem ranarum, in omni immunditia et luxuriæ sordibus volutantur. Ranis etiam similes sunt homines, qui in peccatis vel criminibus, quæ alii per pœnitentiam vel baptismum deponunt, volutari non erubescunt, dicentes sibi : Ad præsens impleo voluntates meas ; postea, quomodo isti conversi sunt, et ego convertar ad Deum. Et subito superveniente morte perit confessio, restat damnatio. Quod dicit, congregandos homines ad diem magnum : diem magnum dicit totum tempus a Domini passione usque ad finem mundi. Iste enim dies quibus suavis est, et qui in eo voluptati et luxuriæ servientes lucra requirunt, in magnam miseriam convertuntur, quia implendum est in eis illud Propheticum : Væ desiderantibus diem Domini. (*Amos*, v, 18.) Per falsam enim et transitoriam dulcedinem præparant sibi æternam amaritudinem. Potest hoc loco dies magnus intelligi illa desolatio, quando a Tito et Vespasiano obsessa est Jerosolyma, ubi exceptis his qui in captivitatem ducti sunt, (*a*) quindecies centena millia

(*a*) Mss. *undecies*.

mourut quinze cent mille. « Il les rassemblera, continue-t-il, dans un lieu qui s'appelle Armagedon, » il veut désigner ici tous les ennemis de l'Eglise. (*Apoc.*, XVI, 16.) Il dit plus loin qu'ils environnèrent le camp des saints et la ville sainte bien aimée, c'est-à-dire l'Eglise. (*Apoc.*, XX, 8.) Et voilà des tonnerres, et un grand tremblement de terre, et la grande cité fut divisée en trois parties. (*Apoc.*, XVI, 18, 19.) Cette grande cité, c'est le peuple tout entier dont une partie est composée de païens, l'autre d'hérétiques, la troisième de chrétiens, et qui renferme aussi les hypocrites. Lorsque les bons auront été séparés de cette troisième partie, alors les hypocrites qui sont dans l'Eglise seront réunis aux deux autres parties pour être condamnés par le jugement de Dieu, ce qui s'accomplit déjà en partie dans le temps présent. En effet, Babylone s'écroule et tombe lorsque les méchants reçoivent le pouvoir de persécuter les bons qui appartiennent à l'Eglise. Cette grande grêle comme du poids d'un talent qui descend du ciel (*ibid.*, 21), représente la colère de Dieu, qui avant même le jour du jugement se décharge spirituellement sur l'âme des impies et des orgueilleux. Il voit en esprit une femme prostituée assise sur la bête dans le désert. (*Apoc.*, XVII, 3.) C'est dans le désert qu'il la voit, parce qu'elle est assise dans les impies, c'est-à-dire dans ceux dont l'âme est morte et qui sont comme déserts et abandonnés de Dieu. Il la voit en esprit, parce que cet abandon qui se fait dans l'intérieur de l'âme, n'est visible qu'aux yeux de l'esprit. La prostituée, la bête, le désert ne font qu'un seul tout qui est Babylone. La bête, comme nous l'avons dit, est le corps des impies déjà ouvertement déclaré

contre l'Agneau, et ce corps, c'est tantôt le démon, tantôt cette tête qui est comme blessée à mort, symbole de la perfidie des hérétiques, qui semblent se glorifier de la mort de Jésus-Christ, alors qu'ils ne cessent de persécuter l'Eglise de Jésus-Christ. Et comme au nombre de ces persécuteurs on compte non-seulement les hérétiques et les païens, mais aussi les mauvais catholiques, c'est-à-dire les superbes et les impies qui persécutent ceux qui pratiquent l'humilité et la douceur, conjurons la miséricorde de Dieu de ramener au bien ceux que leurs œuvres mauvaises en ont si prodigieusement écartés, et de nous accorder dans sa bonté une heureuse persévérance dans la pratique des bonnes œuvres, lui qui vit et qui règne avec le Père et le Saint-Esprit, etc.

HOMÉLIE XIV. — Dans la lecture de la sainte Ecriture que vous venez d'entendre, mes très-chers frères, vous avez entendu saint Jean vous dire : « Qu'il a vu une femme assise sur une bête d'écarlate, » (*Apoc.*, XVII, 3) c'est-à-dire couverte de crimes et de sang. Elle était pleine de noms de blasphèmes. » Il fait voir que cette bête, c'est-à-dire le peuple des impies, comme nous l'avons déjà dit, avait plusieurs noms. « Laquelle avait sept têtes et dix cornes; » ce sont les rois du monde et leurs royaumes avec lesquels saint Jean vit le démon dans le ciel. « Et la femme, » c'est-à-dire la multitude des superbes, « était vêtue de pourpre et d'écarlate, parée d'or et de pierres précieuses, » c'est-à-dire de tous les charmes d'une vérité trompeuse. Il fait voir ensuite ce que recouvre cette beauté extérieure : « Et elle tenait en sa main une coupe d'or, pleine d'abomination et des impu-

---

mortua referuntur. Quod autem dicit : Congregavit illos in loco (*a*) Hermagedon (*Apoc.*, XVI, 16), omnes inimicos Ecclesiæ intelligi voluit. Denique sequitur, et dicit : Circumdederunt castra sanctorum et civitatem sanctam dilectam (*Apoc.*, XX, 8) : id est, Ecclesiam. Quod autem facta sunt tonitrua, et terræ motus factus est magnus, et facta est civitas magna in tres partes, civitas magna (*Apoc.*, XVI, 18, 19), omnis omnino populus intelligitur, ubi una pars paganorum, alia hæreticorum, tertia Christianorum, in qua sunt etiam hypocritæ. Cum ex ista tertia parte separati fuerint boni, tunc illi qui sunt in Ecclesia ficti, illis duabus partibus juncti accipiunt judicium Dei : quod etiam in hoc tempore jam ex aliqua parte completur. Tunc enim Babylon cadit, quando potestatem accipiunt mali, ut persequantur bonos qui sunt Ecclesiæ. Quod autem grando magna sicut talentum descendit de cœlo (*v.* 21), in grandine ira Dei intelligitur : quæ etiam antequam dies judicii veniat, super impios et superbos spiritualiter intus in anima mittitur. Mulierem meretricem, quam vidit in spiritu super bestiam sedentem in eremo (*Apoc.*, XVII, 3), ideo dicit in eremo, quia in impiis, id est in anima mortui sedeat et a Deo desertis. « In spiritu » dicit, quia non nisi spiritualiter videri potest hujusmodi desertio, quæ intus in anima fit. Meretrix, bestia, eremus unum sunt, quod totum Babylonia intelligitur. Bestia, ut jam dictum est, corpus est

impiorum adversus Agnum : in quo corpore nunc diabolus, nunc caput velut occisum, quod significat perfidiam hæreticorum, qui velut de morte Christi gloriari viderentur, cum tamen Christi Ecclesiam jugiter persequantur. Et quia non solum hæretici vel pagani, sed etiam Catholici mali, id est superbi et impii eos, quos in Ecclesia mansuetos et humiles viderint, persequuntur, quantum possumus, Dei misericordiam deprecemur, ut et illos de tam malis actibus ad bonum corrigat, et nobis in bonis operibus felicem perseverantiam pro sua pietate concedat : Qui cum Patre et Spiritu sancto vivit, et regnat, etc.

HOMILIA XIV. — Modo cum divina lectio legeretur, fratres carissimi, audivimus beatum Joannem dixisse : « quia viderit mulierem sedentem super bestiam coccineam, » (*Apoc.*, XVII, 3) id est peccatricem, cruentam. « Plenam nominibus blasphemiæ : » Ostendit multa nomina esse in bestia, id est in populo impio, uti jam diximus. « Habentem capita septem, et cornua decem : » id est mundi reges et regnum, cum quibus diabolus visus est in cœlo. « Et mulier, » id est omnis multitudo superborum, « erat circumdata purpura, et cocco, et ornata auro et lapide pretioso; » id est, omnibus illecebris simulatæ veritatis. Quid sit denique intra hanc pulchritudinem, sic exponit, dicens : « Et habens poculum aureum in manu sua, plenum abominationum et immunditiarum fornicationis ejus. » (*Apoc.*, XVII, 4.) Aurum immundi-

---

(*a*) Mss. *Mayedon.*

retés de sa fornication. » (*Apoc.*, XVII, 4.) Cet or, c'est l'hypocrisie des impudiques qui extérieurement paraissent justes aux yeux des hommes, mais qui a l'intérieur sont pleins de toute espèce de souillures. (*Matth.*, XXIII, 28.) « Et ce nom était écrit sur son front, mystère, la grande Babylone, la mer des fornications et des abominations de la terre. » (*Apoc.*, XVII, 5.) L'hypocrisie seule à l'exclusion de toute autre superstition, imprime un signe sur le front. Or, l'Esprit nous rapporte ce qu'elle portait écrit sur son front, car qui écrirait un semblable nom en caractères évidents? Ce nom est un mystère qu'ils ont interprété en disant : « Et je vis la femme enivrée du sang des saints et du sang des martyrs de Jésus. » (*Ibid.*, 6.) Un seul corps est ennemi déclaré de l'Eglise, au dedans comme au dehors; dans l'Eglise ce sont les faux chrétiens; et hors de l'Eglise, les hérétiques et les païens. « Ce corps paraît séparé quant au lieu qu'il occupe, mais dans la persécution de l'Eglise, il agit avec une parfaite unité de vues. Il est impossible qu'un prophète périsse en dehors de Jérusalem qui tue les prophètes (*Luc*, XIII, 33), c'est-à-dire il est impossible que les bons chrétiens aient à souffrir quelque persécution sans compter des mauvais chrétiens au nombre de leurs persécuteurs; c'est ainsi que les arrière-neveux par leur consentement aux œuvres de leurs aïeux sont accusés d'avoir lapidé Zacharie, bien que par le fait ils n'aient pas commis ce crime. « Et la bête a été, et elle n'est plus, elle reviendra de nouveau, elle s'élèvera de l'abîme et sera précipitée dans la perdition de la colère de Dieu, » (*Apoc.*, XVII, 8) c'est-à-dire elle naîtra du peuple afin qu'on puisse dire : La bête est sortie de la bête et l'abîme

(1) Répétition de ce qui précède.

de l'abîme : Qu'est-ce à dire que la bête sort de la bête, et l'abîme de l'abîme? c'est qu'un peuple livré au mal donne naissance à un peuple aussi mauvais que lui. C'est ce qui arrive lorsque des fils coupables imitent les déréglements et les crimes de leurs pères. Un survivant s'élève et marche à la perdition, comme les parents dont il est sorti. Ils existent maintenant, parce que d'autres succèdent continuellement à ceux qui meurent. Ainsi jamais l'Eglise dès son origine n'a manqué de persécuteurs qui, plus ou moins nombreux, secrètement ou publiquement lui ont constamment tendu des embûches. Par cette femme assise sur cette bête de couleur d'écarlate, il veut nous faire entendre le peuple couvert de crimes et de sang (1). Elle est revêtue de pourpre et d'écarlate, parée d'or et de pierres précieuses (*ibid.*, 4), c'est la figure de ces hommes superbes et impies remplis de tous les charmes d'une vérité trompeuse. Elle tenait en sa main une coupe pleine des abominations et des impuretés de la fornication; ce sont les hypocrites et les faux chrétiens qui paraissent justes au dehors et qui intérieurement sont pleins de toute sorte d'impuretés. (*Matth.*, XXIII, 28.) Elle porte écrit sur le front : Babylone mère des fornications (*Apoc.*, XVII, 5); l'hypocrisie est la seule à l'exclusion de toute autre superstition qui imprime un signe sur le front, c'est-à-dire que les hypocrites veulent passer pour bons tout mauvais qu'ils sont. Cette femme est enivrée du sang des saints et du sang des martyrs de Jésus; c'est-à-dire qu'elle forme un seul corps de tous les méchants qui est toujours en hostilité contre l'Eglise au dedans et au dehors; au dedans ce sont les faux chrétiens, hors de l'Eglise

---

tiarum hypocrisis est; qui a foris quidem parent hominibus quasi justi, intus autem sunt pleni omni immunditia. (*Matth.*, XXIII, 28.) « Et in fronte ejus nomen scriptum, Mysterium, Babylon magna, mater fornicationum et abominationum terræ. » (*Apoc.*, XVII, 5.) Nulla est superstitio, quæ fronti det signum, nisi hypocrisis. Spiritus autem (*a*) retulit quid sit scriptum in fronte. Nam quis talem titulum aperte imponat? Mysterium enim dixit esse, quod interpretatus est dicens : « Et vidi mulierem ebriam de sanguine Sanctorum et Martyrum Jesu. » (*v.* 6.) Unum est enim corpus, quod adversatur Ecclesiæ intus ac foris, id est, in Ecclesia ficti Christiani, et extra Ecclesiam hæretici vel pagani. Quod licet corpus videatur loco separatum, in persecutione tamen Ecclesiæ unitatem spiritus operatur. Impossibile est enim Prophetam perire præter Jerusalem interficientem Prophetas (*Luc.*, XIII, 33), id est, non potest fieri ut Christiani boni sine Christianis malis persecutionem aliquam patiantur. Sic (*b*) nepotes proavorum consensu, Zachariam lapidasse accusantur, cum ipsi non fecerint. « Et bestia fuit et non est, et futura est, et ascensura de abysso, et in perditionem iræ Dei ibit : » (*Apoc.*, XVII, 8) id est, ex populo nascetur, ut possit dicere : Bestia ex bestia, abyssus ex abysso. Quid est bestia ex bestia, et abyssus ex abysso, nisi populus malus nascens ex populo malo? Hoc fit dum filii mali parentes pessimos

(*a*) Editi *non retulit* absit *non* a Mss. — (*b*) Ms. Petr. *pronepotes*.

imitantur. Et ascendit superstes, et in perditionem vadit, sicut et patres sui, ex quibus ascendit. Et jam nunc sunt, quia aliis morientibus alii succedunt eis. Et sic nunquam desunt, seu in paucis seu in multis, seu occulte sive quasi aperte, qui non ab initio semper insidientur Ecclesiæ. Quod autem dicit, mulierem sedentem super bestiam coccineam, peccatricem et cruentam plebem intelligi voluit. (*v.* 3.) Quod autem dicit, circumdatam purpura et cocco, et ornatam auro et lapide pretioso, ostendit superborum et impiorum hominum plebem omnibus illecebris simulatæ veritatis repletam. Quod autem poculum aureum habebat in manu sua plenum abominationum et immunditiarum fornicationis ejus (*v.* 4), hypocritæ et ficti Christiani intelliguntur, qui a foris quidem parent quasi justi, intus autem pleni sunt omni immunditia. (*Matth.*, XXIII, 28.) Quod autem, in fronte habebat scriptum, Babylon mater fornicationum (*Apoc.*, XVII, 5) : nulla est superstitio quæ fronti det signum, nisi hypocrisis, id est, fingunt se bonos cum sint mali. Quod autem dixit, ebriam esse mulierem sanguine Sanctorum et Martyrum Jesu (*v.* 6), unum corpus malorum intelligi voluit, quod semper adversatur Ecclesiæ intus et foris : quia et in Ecclesia sunt ficti Christiani, et extra Ecclesiam hæretici vel pagani. Et licet interdum corpore separentur, uno tamen animo in Ecclesiæ persecutione junguntur.

les hérétiques ou les païens. Et bien qu'ils soient quelquefois séparés extérieurement, ils n'ont qu'un seul et même esprit lorsqu'il s'agit de persécuter l'Eglise. L'ange ajoute : « La bête était, et elle n'est plus ; elle reviendra de nouveau, et s'élèvera de l'abîme, » (ibid., 8) c'est-à-dire que d'un peuple mauvais naîtra un peuple mauvais, de manière qu'on pourra dire : La bête sort de la bête, et l'abîme de l'abîme. Qu'est-ce à dire que la bête sort de la bête ? C'est qu'un peuple livré au mal donne naissance à un peuple aussi mauvais que lui. C'est ce qui arrive lorsque des fils coupables imitent les dérèglements et les crimes de leurs pères ; et ainsi d'autres succédant continuellement à ceux qui meurent, l'Eglise ne manque jamais de persécuteurs qui en plus ou moins grand nombre, secrètement ou publiquement lui tendent constamment des embûches. Nous ne pouvons pendant cette vie nous séparer du commerce extérieur de ces ennemis de l'Eglise, conjurons donc la miséricorde de Dieu de nous en séparer par la pureté des mœurs de peur que nous ne soyons condamnés avec eux à des supplices éternels ; mais que plutôt lorsque le Sauveur leur dira : « Retirez-vous de moi maudits, au feu éternel, » nous méritions d'entendre ces paroles : « Venez les bénis de mon Père, entrez en possession du royaume. » (Matth., xxv, 41.) Que Notre-Seigneur Jésus-Christ nous accorde cette grâce. Ainsi soit-il.

HOMÉLIE XV. — Dans la lecture que vous venez d'entendre, mes très-chers frères, ces rois qui persécutent Jérusalem (Apoc., xvii, 12) sont des peuples vendus au mal qui persécutent l'Eglise de Dieu ; et à qui l'ange donne le titre de rois, parce que leur règne est comme un songe. Tout méchant qui persécute les bons semble agir comme en songe, parce que la persécution des méchants ne durera pas toujours, mais s'évanouira comme un songe suivant ces paroles d'Isaïe : « Les richesses de toutes les nations seront comme un songe et une vision de nuit. » (Isa., xxix, 7.) « Ils ont un seul conseil, » (Apoc., xvii, 13) c'est-à-dire un seul esprit pour persécuter les bons. L'ange dit : « Ils ont, » et non : Ils auront, parce que la persécution des méchants n'attend pas les approches du jour du jugement pour éclater, mais qu'elle ne cesse de s'exercer dans le cours de la vie présente. « Et ils donneront leur force et leur puissance au démon. » (Ibid., 14.) C'est qu'en effet les impies semblent donner la puissance à celui sous l'inspiration duquel ils font le mal. « Ils combattent contre l'Agneau, » c'est-à-dire qu'ils combattront contre l'Eglise, et jusqu'à la fin, jusqu'à ce que les saints soient en possession du royaume qui leur est destiné : « Et l'Agneau les vaincra, » c'est qu'en effet Dieu ne permet pas que ses serviteurs soient tentés au-dessus de leurs forces. Voilà pourquoi il ajoute : « Et l'Agneau les vaincra, parce qu'il est le Seigneur des Seigneurs, et le Roi des Rois, et ceux qui sont avec lui sont les appelés les élus et les fidèles ; » c'est-à-dire l'Eglise. Ce sont, dit-il, « les appelés et les élus, » parce que tous ne sont pas appelés ; tous ne sont pas élus. Beaucoup sont appelés, dit le Seigneur, mais peu sont élus. » (Matth., xx, 16.) « Et l'ange me dit : Les eaux que tu as vues où la prostituée est assise sont les peuples, les nations et les langues ; et les dix cornes que tu as vues dans la bête sont ceux qui haïront la prostituée ; » (Apoc., xvii, 15, 16) c'est-à-dire cette femme. La prostituée c'est la vie de désordres qui s'écoule au milieu des rapines et des plaisirs des sens. L'ange dit qu'ils auront de la haine pour cette prostituée, parce qu'en effet les impudiques, les orgueilleux, les avares, les présomptueux, ne persécutent pas seulement les

Quod autem dicit : « Bestia fuit et non est, et futura est, et ascensura de abysso, » (v. 8) hoc intelligitur, quod ex populo malo nascatur populus malus, ut possit dici : Bestia ex bestia, abyssus ex abysso. Quid est bestia ex bestia, nisi populus malus nascens ex populo malo ? Hoc fit dum filii mali parentes pessimos imitantur : ac sic dum aliis morientibus alii succedunt, nunquam desunt sive in paucis, sive in multis, seu occulte, seu aperte, q i non ab initio semper insidientur Ecclesiæ. De quorum consortio quia corpore non possumus separari in hoc sæculo, oremus Dei misericordiam, ut sic moribus separemur, ne cum illis æterno supplicio pereamus, sed magis cum illi audierint : Discedite a me maledicti in ignem æternum (Matth., xxv, 41) : nos audire mereamur venite benedicti Patris mei, percipite regnum : præstante Domino nostro Jesu Christo : Amen.

HOMILIA XV. — In lectione quæ recitata est, fratres carissimi, reges illos quos dixit quod persequuntur Jerusalem (Apoc., xvii, 12), populi mali sunt, qui persequuntur Ecclesiam Dei : qui quasi reges appellantur, quia velut in somniis regnant. Omnis enim malus qui persequitur bonum, velut in somniis hoc facit : quia malorum omnium persecutio non permanebit, sed velut somnium evanescet, sicut Isaias ait : Erunt velut somnians in somno divitiæ omnium gentium. (Isa., xxix, 7.) « Hi unam sententiam habent : » (Apoc., xvii, 13) id est uno animo persequuntur bonos. Ideo dicit, « habent ; » et non, habebunt : quia persecutio malorum non solum adveniente die judicii erit, sed etiam in præsenti non desinit. « Et virtutem et majestatem suam diabolo dabunt : » (v. 14) Hoc ideo dicit, quia homines impii, ipsi videntur dare virtutem, quo insigante faciunt mala. « Hi cum Agno pugnant ; » id est usque in finem, donec sancti regnum omne percipiant, Ecclesiæ adversantur. « Et Agnus vincet eos : » id est utique, quia non permittit illos Deus tentari supra id quod possunt. Ideo dicit : « Et Agnus vincet eos, quoniam Dominus dominorum est, et rex regum : et qui cum eo, vocati et electi et fideles, » id est, Ecclesia. Propterea autem dixit, « vocati et electi, » quia non omnes vocati sunt et electi : sicut Dominus ait : Multi vocati, pauci autem electi : (Matth., xx, 16.) « Et dixit mihi angelus : Vides aquas ubi mulier sedet, hæc et populus et turbæ sunt, et gentes et linguæ : et decem cornua quæ vidisti, hi odio habent meretricem, » (Apoc., xvii, 15, 16) id est, mulierem illam. Meretrix est enim vita luxuriosa, quæ rapinis et voluptatibus agitur. Ideo dixit quod odio habeant meretricem, quia homines luxuriosi, superbi, cupidi et elati, non

saints, mais se détestent mutuellement. Ils ont encore de la haine les uns pour les autres d'une autre manière en accomplissant cet oracle du Psalmiste : « Celui qui aime l'iniquité, hait son âme. » (*Ps.* x, 6.) « Et ils la réduiront à la dernière désolation ; » (*Apoc.*, xvii, 16) c'est-à-dire que par un effet de la colère, et du juste jugement de Dieu qui les abandonne, ils réduiront eux-mêmes le monde à la désolation par l'usage immodéré et injuste qu'ils en feront. « Et ils dévoreront sa chair, » parce que selon les paroles de l'Apôtre, ils se déchireront et se dévoreront les uns les autres. » (*Gal.*, v, 15.) L'ange en donne la raison : « Car Dieu leur a mis dans le cœur d'exécuter ce qu'il lui plaît, » (*Apoc.*, xvii, 17) c'est-à-dire que c'est lui qui a suscité ces fléaux qu'il a résolu d'infliger justement au monde qui les a mérités. « Et ils donneront leur royaume à la bête jusqu'à ce que les paroles de Dieu soient accomplies, » c'est-à-dire que les méchants obéissent au démon, jusqu'à ce que les Ecritures soient accomplies, et que le jour du jugement soit arrivé. « La femme que tu as vue, continue l'ange est la grande ville qui règne sur les rois de la terre, » (*ibid.*, 18) c'est-à-dire tous les méchants et les impies. C'est ainsi qu'il dit plus loin en parlant de l'Eglise : Venez et je vous montrerai celle qui est l'épouse de l'Agneau, et il me montra la sainte cité qui descendait du ciel. » (*Apoc.*, xxi, 9.) « Et après cela je vis un autre ange qui descendait du ciel, ayant une grande puissance, et la terre fut illuminée de sa gloire. Et il cria avec force : Elle est tombée, elle est tombée la grande Babylone, elle est devenue la demeure des démons, et la retraite de tout esprit impur et de tout oiseau impur et sinistre. » (*Apoc.*, xviii, 1, 2.) Est-ce que les ruines d'une seule ville peuvent offrir un refuge suffisant pour contenir tous les esprits ou tous les oiseaux immondes? Ou bien peut-on supposer qu'au temps où la ville elle-même tombera, les esprits et les oiseaux immondes abandonneront toutes les parties du monde pour venir habiter dans les ruines d'une seule ville? Il n'est point de ville qui puisse contenir tous les êtres vivants immondes, si ce n'est la ville du démon, dans laquelle toutes les souillures dont est remplie l'âme des méchants sont répandues par tout l'univers. Les rois que l'ange représente comme les persécuteurs de Jérusalem, sont les méchants qui persécutent l'Eglise de Dieu, qui vit et règne, etc.

HOMÉLIE XVI. — Toutes les fois qu'on prononce devant vous le nom de Babylone, ne vous représentez pas une ville construite avec des pierres. Babylone signifie *confusion*, et ce nom figure tous les hommes orgueilleux, ravisseurs, impudiques, impies, et persévérant dans leurs crimes. Au contraire, lorsque vous entendez le nom de Jérusalem, qui veut dire *vision de paix*, comprenez qu'il est question des saints qui sont unis à Dieu. Parce que toutes les nations ont bu du vin de colère de sa prostitution, et les rois de la terre se sont corrompus avec elle, » (*Apoc.*, xviii, 3) c'est-à-dire qu'ils se sont corrompus les uns les autres. En effet, tous les rois n'ont pu commettre le crime de la fornication avec une seule prostituée; mais les impudiques qui sont les membres de cette prostituée, se corrompant mutuellement les uns les autres, l'ange les représente ici comme se livrant à la fornication avec cette prostituée, c'est-à-dire ayant des mœurs dissolues. Il continue en ces termes : « Et les marchands de la

solum sanctos persequuntur : sed etiam seipsos odio habent. Et alio modo seipsos odio habent, in quibus impletur quod scriptum est : Qui diligit iniquitatem, odit animam suam. (*Psal.* x, 6.) « Et desertam eam facient et nudam : » (*Apoc.*, xvii, 16.) Ipsi enim per iram Dei et justum judicium quo deseruntur ab eo, desertum faciunt mundum : dum ei dediti sunt et injuste utuntur. « Et carnes ejus edent. » Hoc ideo, quia se invicem secundum Apostolum mordent et comedunt. (*Gal.*, v, 1.) Et propterea adjecit causam dicens : « Deus enim dedit in corda eorum facere sententiam ejus : » (*Apoc.*, xvii, 17) id est, excitavit plagas, quas mundo jure meritoque irrogare decrevit. « Et dabunt regnum suum bestiæ, usque dum finiantur dicta Dei : » id est, homines mali diabolo obtemperant, donec impleantur Scripturæ, et veniat dies judicii. Post hæc sequitur : « Mulier quam vidisti, est civitas magna, quæ habet regnum super reges terræ : » (*v.* 18) id est, omnes mali et impii. Sic et de Ecclesia dictum est : Veni, ostendam tibi mulierem Agni ; et ostendit mihi civitatem descendentem de cœlo. (*Apoc.*, xxi, 9.) « Postea vidi alium angelum descendentem de cœlo, habentem potestatem magnam : et terra illuminata est ad claritatem ejus. Et clamavit in fortitudine, dicens : Cecidit, cecidit Babylon illa magna, et facta est habitaculum dæmoniorum, et custodia omnis avis immundæ et inquinatæ. » (*Apoc.*, xviii, 1, 2.) Numquid unius civitatis ruina potest omnes spiritus immundos capere, aut omnem avem immundam; aut eo tempore quo civitas ipsa ceciderit, totus mundus desereretur spiritibus et avibus immundis, et in unius civitatis ruina habitabunt? Nulla est civitas quæ omnem animam capiat immundam, nisi civitas diaboli, in qua omnis immunditia in hominibus malis, per totum orbem commoratur. Reges quos dixit, quod persequantur Jerusalem, homines mali sunt, qui persequuntur Ecclesiam Dei : Qui vivit et regnat, etc.

HOMILIA XVI. — Quotiens Babyloniam nominari auditis, nolite civitatem de lapidibus factam intelligere ; quia Babylonia confusio interpretatur : sed homines superbos, raptores, luxuriosos et impios in malis suis perseverantes ipsius nomen significare cognoscite : sicut e contrario quotiens nomen Jerusalem audieritis, quæ visio pacis dicitur, homines sanctos ad Deum pertinentes intelligite. Nam quia Babylonia malorum hominum imaginem gerit, ideo de eis in sequentibus dicit : « Quoniam ex vino iræ fornicationis ejus biberunt omnes gentes, et reges terræ qui cum ea fornicati sunt : » (*Apoc.*, xviii, 3) id est, cum invicem. Non enim cum una meretrice omnes reges fornicari possunt, sed dum se luxuriosi, qui sunt meretricis membra, invicem corrumpunt, cum meretrice, id est luxuriosa conversatione fornicari dicuntur. Post hæc sequitur, dicens : « Et omnes mercatores terræ ex virtute luxuriæ ejus divites facti sunt : » Hoc loco divites

terre se sont enrichis de l'excès de son luxe. » Il veut parler ici de ceux qui sont riches de crimes, car l'excès de la vie dissolue engendre plutôt la pauvreté que la richesse. « Et j'entendis une autre voix du ciel, disant : Sortez de Babylone, mon peuple, de peur que vous n'ayez part à ses péchés et que vous ne soyez enveloppé dans ses plaies. » Nous voyons ici Babylone divisée en deux parties, car lorsque sous l'inspiration de Dieu les méchants se convertissent au bien, Babylone se divise en deux parties, et ceux qui se séparent d'elle se rattachent à la ville de Jérusalem. Tous les jours il en est qui passent de Babylone à Jérusalem, et qui cédant à la séduction, quittent Jérusalem pour retourner à Babylone, lorsque les méchants se convertissent au bien, et que ceux qui se couvrent hypocritement du masque de la vertu découvrent publiquement la malice de leurs sentiments. L'Ecriture fait du reste cette même recommandation aux bons par la bouche d'Isaïe : « Retirez-vous du milieu d'eux, ne touchez rien d'impur; sortez du milieu d'eux, purifiez-vous, vous qui portez les vases du Seigneur. » (*Isaïe*, LII, 11.) L'Apôtre lui-même nous rappelle la nécessité de cette séparation, lorsqu'il dit : « Le solide fondement de Dieu subsiste; le Seigneur connaît ceux qui sont à lui, et quiconque invoque le nom du Seigneur doit renoncer à l'iniquité. » (II *Tim.*, II, 19.) « N'ayez point part, dit-il, à ses péchés, et ne soyez pas enveloppés dans ses plaies. » (*Apoc.*, XVIII, 4.) Puisqu'il est écrit : « Tout juste mourant d'une mort soudaine sera dans le repos, » (*Sag.*, IV, 7) comment le juste que la chute d'une ville entraîne dans une ruine commune avec l'impie peut-il avoir part à ses péchés? Ne peut-on pas entendre que lorsque les bons sortent de la cité du démon, c'est-à-dire renoncent à une vie de dissolution et d'impiété, celui d'entre eux qui veut rester et persévérer dans les plaisirs coupables de Babylone, doit sans aucun doute avoir part à ses péchés? Toutes les fois que vous entendez cette voix vous dire : « Sortez, » comprenez-la d'une sortie non du corps, mais de l'esprit. On sort du milieu de Babylone, lorsqu'on renonce à une vie mauvaise et coupable. Les habitants de Babylone et de Jérusalem sont souvent dans une même maison, dans une même Eglise, dans une même ville, et cependant tant que les bons s'éloignent des sentiments des méchants, tant que les méchants refusent de se réunir aux bons, on reconnaît le caractère distinctif de ces deux villes, Jérusalem dans les bons, Babylone dans les méchants. Ils habitent ensemble extérieurement, mais combien leurs cœurs sont séparés! La vie des méchants se passe tout entière dans la sphère des intérêts de la terre, parce qu'ils aiment la terre, et qu'ils placent sur la terre toutes leurs espérances, tous leurs désirs; l'âme des bons, au contraire, dit l'Apôtre, est toujours dans les cieux, parce qu'ils ont le goût des choses du ciel. (*Coloss.*, III, 2.) « Sortez de Babylone, mon peuple, de peur que vous n'ayez part à ses péchés, et que vous ne soyez enveloppé dans ses plaies. Parce que ses péchés sont montés jusqu'au ciel, et Dieu s'est souvenu de ses iniquités. Rendez-lui comme elle vous a rendu, rendez-lui au double suivant ses œuvres, faites-la boire deux fois autant dans le même calice où elle vous a donné à boire. Autant elle s'est glorifiée et a vécu dans les délices, autant multipliez ses tourments et ses douleurs, et versez l'amertume dans sa coupe. » (*Apoc.*, XVIII, 4, 5, etc.) C'est à tous les bons

---

peccatis dicit; nam nimietas luxuriæ pauperes potius quam divites facit. « Et audivi, inquit, aliam vocem de cœlo dicentem : Exite de ea populus meus, ne communicetis peccatis ejus : et plagis ejus ne lædamini. » (*v.* 4.) Hoc loco demonstrat Babyloniam in duas partes esse divisam : quia dum aspirante Deo convertuntur mali ad bonum, Babylonia dividitur; et pars illa quæ ab illa discesserit efficitur Jerusalem. Quotidie enim de Babylonia transferuntur ad Jerusalem, et de Jerusalem seducuntur ad Babyloniam, dum et mali convertuntur ad bonum, et qui videbantur in hypocrisi boni, manifestantur publice mali. Denique bonis ita etiam per Isaiam Scriptura dicit : Exite de medio eorum, et immundum nolite tangere : exite de medio eorum, et separamini qui fertis vasa Domini. (*Isa.*, LII, 11.) Hujus separationis Apostolus meminit, dicens : Firmum enim fundamentum Dei manet, et cognovit Dominus qui sunt ejus, et discedat ab iniquitate omnis qui nominat nomen Domini (II *Tim.*, II, 19): « Ne communicetis, inquit, peccatis ejus, et plagis ejus ne lædamini : » (*Apoc.*, XVIII, 4) Cum scriptum sit : Quicumque morte occupatus fuerit justus, in refrigerio erit (*Sap.*, IV, 7) : quomodo particeps delicti esse potest justus, quem cum impio civitatis casus abstulerit? Nisi forte quando de civitate diaboli, id est de conversatione luxuriosa et impia exeunt boni, si aliquis ex illis remanere et delectari voluptatibus Babyloniæ voluerit: hoc si fecerit, sine dubio plagæ ejus particeps erit. Quod autem totiens dixit : « Exite, » nolite hoc corporaliter, sed spiritaliter intelligere. De medio Babyloniæ exitur, quando conversatio mala deseritur. Nam et in una domo et in una Ecclesia et in una civitate simul sunt Babylonii cum Jerosolymitanis : et tamen quamdiu nec boni consentiunt malis, nec mali convertuntur ad bonos, et in bonis Jerusalem, et in malis Babylonia esse cognoscitur. Simul habitant corpore, sed longe divisi sunt corde; quia malorum conversatio semper in terris est, quis terram diligunt, et omnem spem suam et totam intentionem animi sui in terra constituunt; bonorum vero mens secundum Apostolum semper in cœlis est, quia quæ sursum sunt sapiunt. (*Coloss.*, III, 2) « Exite, inquit, de ea populus meus, » id est, de Babylonia, « ne communicetis peccatis ejus, et plagis ejus ne lædamini. Quoniam ascenderunt peccata ejus usque ad cœlum, et recordatus est Deus iniquitatum ejus. Reddite ei sicut et ipsa reddidit vobis, et duplicate dupla secundum opera ejus : in quo poculo miscuit, miscete illi duplum : quantum se clarificavit et indeliciavit, tantum date ei cruciatum, et luctum poculum (*a*) suum. » (*Apoc.*, XVIII, 4, 5, etc.) Hæc omnia Christianis bonis, id est Ecclesiæ dicit Deus : de Ecclesia enim exeunt in mundum plagæ visibiles. et invisibiles.

(*a*) Sic Petr. codex : At editi : *populo suo.*

chrétiens, c'est-à-dire à l'Eglise, que Dieu adresse ce langage, car c'est de l'Eglise que sortent toutes les plaies visibles et invisibles qui désolent le monde. « Car Babylone, » c'est-à-dire le peuple composé de tous les méchants ou des superbes, dit en son cœur : « Je suis assise reine, et je ne suis point veuve, et je ne serai point dans le deuil. C'est pourquoi en un jour, ses plaies, la mort, le deuil, la famine viendront, et elle sera brûlée par le feu. » (*Ibid.*, 8.) Si elle meurt, si elle est brûlée par le feu dans un seul jour, qui restera pour pleurer les victimes de la mort, ou quels grands ravages la famine peut-elle exercer en un seul jour? Par ce jour, il faut donc entendre le temps de la vie présente durant laquelle les châtiments du corps et de l'âme viennent fondre tour à tour sur les pécheurs, et on peut dire même que les orgueilleux et ceux qui sont livrés aux plaisirs des sens souffrent bien plus dans l'âme que dans le corps. Oui, pour eux le plus grand châtiment de cette orgueilleuse fierté qu'ils affectent jusqu'au milieu de leurs iniquités, c'est que Dieu par un juste jugement leur permet de faire le mal, c'est qu'ils ne méritent plus d'être éprouvés avec les enfants de Dieu, et qu'on voit s'accomplir en eux ces paroles du Psalmiste : « Ils n'ont point de part aux travaux, aux fatigues des hommes, et ils n'éprouvent point les fléaux auxquels les autres hommes sont exposés, c'est ce qui les rend superbes et orgueilleux. » (*Ps.* LXXII, 5.) « Parce que le Dieu qui la jugera est le Dieu fort, et les rois de la terre qui se sont corrompus avec elle pleureront sur elle et se frapperont la poitrine. » (*Apoc.*, XVIII, 9.) Quels sont les rois qui pleureront sa ruine, si les rois eux-mêmes en sont les auteurs? C'est qu'ici la ville et les rois ont un sort commun. Ce ne sont point les plaisirs coupables dont ils se sont rendus les complices qu'ils pleurent sous l'impression du repentir; ils pleurent, parce qu'ils voient disparaître cette félicité du monde qui les retenait dans les chaînes de la volupté; ou bien en voyant s'évanouir les charmes qu'ils trouvaient dans les plaisirs des sens, ils seront consumés par les regrets comme la fumée de l'enfer (1). « Et ils se tiendront debout loin d'elle dans l'effroi de ses tourments. » (*Ibid.*, 10.) Ils se tiendront loin d'elle non de corps, mais par l'esprit, parce que chacun craindra de souffrir ce que les calomnies et l'oppression des superbes font souffrir aux autres. Et ils diront : « Malheur, malheur, Babylone, grande ville, ville puissante, ta condamnation est venue en une heure. » (*Apoc.*, XVIII, 10.) L'Esprit dit le nom de la ville, mais ce qui fait l'objet des pleurs et des regrets des pécheurs, c'est de voir le monde détruit et tout son commerce, toute son industrie anéantis en un si court espace de temps. « Et les marchands de chevaux, de chariots, de pourceaux qui se sont enrichis de la vente de ces marchandises, seront debout au loin et s'écrieront en gémissant : Malheur, malheur à cette grande ville. » (*Ibid.*, 13, 16.) Partout où l'Esprit saint nous représente les marchands enrichis par leur commerce avec cette ville, il veut parler des richesses des pécheurs. « Cette ville, vêtue de fin lin, de pourpre et d'écarlate, parée d'or, de pierreries et de perles. » Ce n'est pas la ville, mais les hommes qui l'habitent qui sont vêtus de fin lin et de pourpre. C'est donc sur eux-mêmes qu'ils pleurent en se voyant dépouillés de leurs ornements. « Et tous les pilotes, et tous ceux qui naviguent, et les matelots, et ceux qui trafiquent sur la mer, se

(1) Ce n'est point le sens que présente le texte de la Vulgate. « Cum viderint fumum incendii ejus, » lorsqu'ils verront la fumée de son embrasement.

« Quoniam in corde suo dicit Babylonia, » id est, plebs omnium malorum vel superborum. « Sedeo regina, et vidua non sum, et luctum non videbo. Propterea in una die venient plagæ ejus mors et luctus et fames; et igne concremabitur : » (*v.* 8) Si una die morietur, et concremabitur, quis super istis lugebit mortuum, aut fames quanta esse potest unius diei? Sed diem dixit breve tempus vitæ præsentis, quo et spiritualiter et carnaliter affliguntur : nam super omnes superbos et voluptatibus deditos, majores plagæ in anima veniunt, quam in corpore. Tunc enim majori plaga percutiuntur, quando de suis se iniquitatibus extollentes, ita justo Dei judicio malum agere permittuntur, ut inter filios Dei flagellari non mereantur, sed impleatur in eis illud quod scriptum est : In laboribus hominum non sunt, et cum hominibus non flagellabuntur, ideo tenuit eos superbia eorum. (*Psal.* LXXII, 5.) « Quoniam fortis Dominus Deus, qui (*a*) judicabit eam. Et flebunt et plangent se super eam reges terræ, qui cum ea fornicati sunt : » (*Apoc.*, XVIII, 9) Qui reges plangent eversam, si eam reges evertent? Sed quod est civitas, hoc et reges, qui eam plangent. Non luxuriæ malum quia cum ea peccant, agendo pœnitentiam plangunt; sed quia prosperitatem sæculi, per quam suis vo- luptatibus serviebant, perire cognoscunt: vel quia cessare incipiunt in eis ea, quæ per luxuriam ante placebant, luxuriosi invicem consumuntur, « tanquam fumus instantis gehennæ, a longe stantes propter metum pœnæ ejus : » (*v.* 10) longe stantes non corpore, sed animo; dum unusquisque sibi timet, quod alterum per calumnias et per superborum potentiam pati videt. « Dicentes : Væ, væ civitas magna Babylon, civitas fortis, quoniam una hora venit damnatio tua : » (*Apoc.*, XVIII, 10) Spiritus dicit nomen civitatis : verum illi mundum plangunt, exiguo admodum tempore pœnæ interceptum, omnemque industriam labefactam cessisse. « Et equorum et rhedarum et (*b*) porcorum mercatores qui ditati sunt ab ea, longe stabunt flentes et dicentes : Væ, væ civitas magna : » (*v.* 13, et 16) Ubicumque spiritus ditatos dicit ab ea, peccatorum divitias significat. « Induta byssino, et purpura, et cocco, et ornata auro et lapide pretioso ac margaritis : » Numquid civitas induitur bysso aut purpura, et non homines? Ipsi itaque se plangunt, dum supradictis spoliantur. « Et omnis gubernator, et omnis qui navibus navigat, et nautæ, et quotquot mare operantur, a longe steterunt, et clamaverunt videntes fumum ignis : » (*v.* 17, et 18) Numquid omnis gubernator et nautæ quotquot operantur

(*a*) Ms. Petr. *judicavit*. — (*b*) Ms. Petr. *pardorum*.

sont tenus au loin et ont crié en voyant la fumée de son embrasement. » (*Ibid.*, 17, 18.) Est-ce que tous les pilotes et les matelots qui naviguent sur la mer ont pu être présents pour voir l'incendie d'une seule ville? Il faut donc entendre ici que tous les amateurs du siècle et les ouvriers d'iniquité craindront pour eux-mêmes en voyant la ruine de leurs espérances. Saint Jean passe à une autre vision. « Et je vis la bête et les rois de la terre, et leurs armées assemblées. » (*Apoc.*, xix, 19.) La bête est ici la figure du démon, les rois de la terre et leurs armées représentent son peuple. « Pour faire la guerre à celui qui était monté sur le cheval et à son armée, » c'est-à-dire à Jésus-Christ et à son Eglise. « Et je vis un autre ange descendant du ciel. » (*Apoc.*, xx, 1.) C'est Notre-Seigneur Jésus-Christ dans son premier avénement. « Ayant la clef de l'abîme, » c'est-à-dire la puissance sur le peuple, car l'abime représente ici le peuple vendu à l'iniquité. « Et une grande chaîne en sa main, » c'est-à-dire que Dieu a remis tout pouvoir entre ses mains. « Et il prit le dragon, l'ancien serpent qui est le diable et Satan, et il le lia pour mille ans, » (*ibid.*, 2) lors de son premier avénement ainsi qu'il le dit lui-même : « Comment quelqu'un peut-il entrer dans la maison du fort, et enlever ce qui lui appartient, s'il n'a auparavant lié le fort? » (*Matth.*, xii, 19.) En effet, lorsqu'il a chassé le démon du peuple des croyants, il l'envoie dans l'abîme, c'est-à-dire dans le peuple des méchants, et c'est ce qu'il a voulu signifier d'une manière invisible, lorsqu'après avoir délivré un homme d'une légion de démons, il leur permit d'entrer dans des pourceaux qu'ils devaient précipiter dans l'abîme, ce qui s'accomplit surtout parmi les hérétiques.

HOMÉLIE XVII. — Veuillez recevoir, avec votre attention accoutumée, mes très-chers frères, l'explication des paroles de l'Apocalypse que vous venez d'entendre. Saint Jean l'évangéliste dit « qu'il a vu le ciel ouvert, et voilà un cheval blanc, et celui qui était dessus s'appelait le fidèle et le véritable; ses yeux étaient comme une flamme de feu, et il avait plusieurs diadèmes sur sa tête, » (*Apoc.*, xix, 11, etc.) parce qu'il représente la multitude de tous ceux qui obtiennent la couronne. « Il y avait un nom écrit que nul ne connaît que lui, » (*ibid.*, 12) lui et toute l'Eglise qui est en lui. « Et il était vêtu d'une robe teinte de sang. » (*Ibid.*, 13.) La robe de Jésus-Christ c'est l'Eglise dont il se revêt comme d'un vêtement, et qui est teinte du sang de ses martyrs. « Et son nom est le Verbe de Dieu. Et les armées qui sont dans le ciel le suivaient sur des chevaux blancs, » (*ibid.*, 14) c'est-à-dire que l'Eglise, comme il a été dit, s'efforce d'imiter Jésus-Christ en donnant au corps de ses enfants une blancheur éclatante. Ce sont eux qui suivent l'Agneau partout où il ira. « Et elles étaient vêtues d'un lin blanc pur. » Symbole des œuvres justes des saints. « Et il sortait de sa bouche un glaive à deux tranchants. » (*Ibid.*, 15.) Ce glaive sert à la fois à défendre les justes et à punir les pécheurs. « Pour en frapper les nations, et il les gouvernera avec un sceptre de fer, et lui-même foule le pressoir du vin de la fureur et de la colère du Tout-Puissant. » (*Ibid.*, 15.) Il foule encore maintenant ce pressoir, lorsqu'il permet aux méchants de faire le mal, et qu'il les laisse se livrer tout entiers à leurs criminelles voluptés; et il les foulera ensuite hors de la ville, c'est-à-dire hors de l'Eglise, lorsqu'il livrera aux feux de l'enfer ceux qui n'ont pas fait pénitence.

mare, adesse potuerunt ut viderent incendium unius civitatis? Sed omnes sæculi amatores et operarios iniquitatis dicit timere sibi, videntes spei suæ ruinam. Post hæc ait : « Et vidi bestiam et reges terræ et exercitus eorum : » (*Apoc.*, xix, 19) In bestia diabolum significat : in regibus terræ et in exercitu, omnem populum ejus. « Congregatum facere bellum cum sedente super equum (*a*), et cum exercitu ejus, » id est cum Christo et Ecclesia. « Et vidi alium angelum descendentem de cœlo : » (*Apoc.*, xx, 1) Dominum Christum dicit in primo adventu. « Habentem clavem abyssi, » id est potestatem populi. Abyssum enim populum malum vult intelligi. « Et catenam magnam in manu sua : » hoc est, potestatem dedit Deus in manu ejus. « Et tenuit draconem, anguem antiquum, qui est diabolus et satanas, (*b*) et ligavit eum annos mille (*v.* 2) : primo utique adventu, sicut ipse dicit : Quis potest introire in domum fortis et vasa ejus diripere, nisi prius alligaverit fortem? Cum enim excludit diabolum de populo credentium, mittit eum in abyssum, id est in populum malum : quod et invisibiliter ostendit, cum eos de hominibus ejiciens in porces, qui in abyssum mergendi erant, ire permittit : quæ res maxime in hæreticis adimpletur.

HOMILIA XVII. — Ea quæ de lectione Apocalypsis nunc audivit caritas vestra secundum vestram consuetudinem animo attento suscipite. Dixit enim beatus Joannes Evangelista se vidisse cœlum apertum : « Et ecce equus albus et sessor ejus vocatur fidelis et verus, et oculi ejus ut flamma ignis, et super caput ejus erant diademata multa : » (*Apoc.*, xix, 11.) In illo enim est multitudo coronatorum. « Habens nomen scriptum, quod nemo scit nisi ipse. » *v.* 12.) Ipse utique et quæ in illo est omnis Ecclesia. « Et circumdatus est veste sparsa sanguine : » (*v.* 13) vestimentum Christi Ecclesia, est quam induit : hæc est passionum sanguine variata. « Et dicitur nomen ejus sermo Dei. Exercitus qui sunt in cœlo sequebantur eum in equis albis, » (*v.* 14), id est, Ecclesia in corporibus candidis imitatur eum, sicut supra dictum est : Hi sunt qui sequuntur Agnum, quocumque ierit. « Induti albo byssino mundo, » quo definivit justa sanctorum facta : « Et ex ore ejus procedit gladius bis acutus : » Ipse est de quo defenduntur justi, puniuntur injusti. « Et in eo percutiat gentes : et ipse reget eas in virga ferrea. Ipse calcat torcular vini indignationis iræ Dei omnipotentis. » (*v.* 15.) Calcat etiam nunc, quando malos permittit facere malum, et dimittit eos in voluptatibus suis : et postea extra civitatem, id est extra Ecclesiam calcabit, cum eos qui non egerint pœnitentiam, gehennæ ignibus tradet. « Hic habet in vestimento, et super femur suum scriptum nomen :

(*a*) Ms. Petr. addit *album*. — (*b*) Ita vetus cod. Petrensis : At editi detractis sedecim versibus subsequentem Homiliam cum ista confundunt.

« Et il porte écrit sur son vêtement et sur sa cuisse : Le Roi des rois et le Seigneur des seigneurs. » (*Ibid.*, 16.) C'est un nom qu'aucun des orgueilleux ne connaît ; c'est qu'en effet l'Eglise, en se soumettant à Jésus-Christ, règne en Jésus-Christ, et domine sur tous ceux qui exercent l'autorité, c'est-à-dire triomphe des péchés et des vices. La cuisse est ici le symbole de la postérité, comme dans ces paroles : « Le prince ne cessera pas de sortir de la cuisse de Juda. » (*Gen.*, XLIX, 10.) C'est pour cela qu'Abraham ne voulant pas que sa postérité contractât d'alliance avec les peuples étrangers, commande à son serviteur de lui en faire le serment en plaçant la main sous sa cuisse. « Et je vis, continue saint Jean, un ange dans le soleil, » (*Apoc.*, XIX, 17) c'est-à-dire un prédicateur dans l'Eglise. « Et il cria à haute voix, en disant à tous les oiseaux qui volaient au milieu de l'air. » Les oiseaux ou les animaux sont bons et mauvais, suivant les circonstances, comme dans ces paroles : « Les animaux des champs me loueront. » (*Isaïe*, XLIII, 20.) « Et voici que le lion de la tribu de Juda a remporté la victoire. » (*Apoc.*, V, 5.) Les oiseaux que saint Jean voit voler au milieu de l'air, sont donc les Eglises qu'il avait réunies sous un seul corps, celui de l'aigle qui volait au milieu du ciel. « Venez, assemblez-vous au grand souper de Dieu, pour manger la chair des rois, et la chair des tribuns, et la chair des forts, et la chair des chevaux et des cavaliers, et la chair de tous les hommes libres et esclaves, petits et grands. » (*Apoc.*, XIX, 18.) En effet, toutes les nations, quand elles sont incorporées à l'Eglise par la foi en Jésus-Christ, deviennent comme l'aliment spirituel de l'Eglise. Parlant ensuite du démon : « Il l'enferma, dit-il, et mit un sceau sur lui, afin qu'il ne séduise plus les nations, jusqu'à ce que les mille ans soient accomplis. » (*Apoc.*, XX, 3.) Ces mille ans se comptent depuis l'avénement de Notre-Seigneur. Pendant ces mille ans, le Seigneur défend au démon de séduire les nations, c'est-à-dire celles qui sont prédestinées à la vie, et qu'il séduisait auparavant pour les empêcher de se réconcilier avec Dieu. « Après ces mille ans il faut qu'il soit délié pour un peu de temps, » c'est-à-dire au temps de l'Antechrist, lorsque l'homme de péché se révélera, lorsqu'il aura reçu tout pouvoir de persécuter, et une puissance telle qu'elle ne lui a pas été donnée dès le commencement. Ces mille ans sont une partie du temps prise pour le tout, et comme les restes du sixième jour dans lequel Notre-Seigneur est né et a souffert. Il entendit ensuite une voix qui disait : « Malheur, malheur à cette grande ville qui a enrichi de son opulence tous ceux qui avaient des vaisseaux sur la mer, elle a été désolée en un moment. Ciel, réjouissez-vous sur elle, et vous saints apôtres et prophètes. » (*Apoc.*, XVIII, 19.) Est-ce que Babylone est la seule ville dans le monde qui persécute ou qui ait persécuté les serviteurs de Dieu, en sorte que sa ruine soit une vengeance suffisante pour tous ? Non ; mais dans tout l'univers, Babylone est représentée par les méchants, et elle persécute les bons par toute la terre. « Et un ange leva en haut une pierre comme une grande meule, et la jeta dans la mer en disant : Babylone, cette grande ville, sera ainsi violemment précipitée. » (*Ibid.*, 21.) Il représente Babylone précipitée comme une grande meule, parce que la révolution des temps brise comme une meule tous les amateurs du monde, et fait tourner sur eux-mêmes ceux dont il est écrit : « Les impies marchent en tournant sans cesse. » (*Ps.* XI, 9.) Malheureuse occupation qui semble toujours recommencer pour eux. « Et 'on ne la trouvera plus

---

Rex regum et Dominus dominorum. » (v. 16.) Hoc est nomen quod nemo superborum cognoscit : quia Ecclesia serviendo, in Christo regnat, et dominatur dominantium, id est, vincit vitia et peccata. (*Gen.*, XLIX, 10.) Femur autem posteritas est, sicut illud : Non deficiet princeps de femoribus Juda. Et Abraham, ne posteritas ejus alienigenis misceretur, inter se servumque suum, certum testimonium femur adhibet. « Et vidi, inquit, angelum stantem in sole, » id est, (*a*) prædicatorem in Ecclesia. « Et clamavit voce magna dicens omnibus avibus, quæ volant in medio cœli : » (*Apoc.*, XIX, 17) Aves vel bestiæ pro loco accipimus bonas et malas, sicut est illud : Bene-dicent me bestiæ agri (*Isa.*, XLIII, 20) : et : Leo de tribu Juda (*Apoc.*, V, 5) : hoc ergo in loco aves volantes in medio cœli, Ecclesias dicit, quas in unum corpus redigens dixerat aquilam volantem in medio cœli. « Venite, congregamini ad cœnam magnam Dei, ut manducetis carnes regum, et carnes tribunorum et fortium, et carnes equorum et sedentium super eos, et carnes omnium liberorum et servorum et pusillorum et magnorum. » (*Apoc.*, XIX, 18.) Omnes enim gentes, quando in Christo credentes Ecclesiæ incorporantur, spiritualiter ab Ecclesia comeduntur. Et post hæc de diabolo ait : « Et clausit et signavit super eum, ne seducat nationes : usque dum finiantur mille anni : » (*Apoc.*, XX, 3) Isti intelliguntur mille anni, qui ab adventu Domini nostri aguntur. In istis ergo Dominus diabolo interdixit ne seducat nationes, sed quæ in vitam destinatæ sunt, quas antea seducebat, ne Deo reconciliarentur. « Post hæc oportet eum solvi modico tempore, » id est tempore Antichristi, cum revelatus fuerit homo peccati, cum acceperit totam persequendi potestatem, qualem non accepit ab initio. Mille annos dixit, partem pro toto. Hic reliquias mille annorum sexti diei, in quo natus est Dominus et passus, intelligi voluit. Post hæc ait : « Væ, væ civitas illa magna, in qua dilati sunt omnes illi qui habebant naves in mari ; quoniam una hora deserta est. Exsulta cœlum super eam, et sancti et Apostoli et Prophetæ ; » (*Apoc.*, XVIII, 19, 20) Numquid sola Babylonia civitas in omni mundo persequitur aut persecuta est Dei servos, ut ipsa extincta universi vindicentur ? In toto enim mundo est Babylonia in malis hominibus, et in toto mundo persequitur bonos. « Et tulit unus angelus lapidem, ut molam magnam, et misit in mare, dicens : Sic impetu dejicietur illa Babylon civitas magna : » (*v.* 21) Ideo Babyloniam velut molam magnam dicit projectam, quia omnes amatores mundi revolutio temporum sicut mola conterit, et in gyro mittit, de quibus scriptum est : In circuitu impii ambulant. (*Psal.* XI, 9.) Quorum infelix

(a) Mss. *prædicationem*.

désormais. Et la voix des joueurs de harpes et des musiciens, et la flûte des chanteurs et les trompettes ne retentiront plus au milieu d'elle. » (*Apoc.*, XVIII, 22.) Il veut nous faire entendre que la félicité des impies passe et ne laisse aucune trace après elle. Et il en donne la raison : « Car tes marchands étaient les princes de la terre, » c'est-à-dire tu as reçu tes biens en cette vie. « Et toutes les nations se sont égarées par tes enchantements, et dans cette ville a été trouvé le sang des prophètes et des saints, et de tous ceux qui ont été tués sur la terre. » (*Ibid.*, 23, 24.) Est-ce que la même ville qui a mis à mort les prophètes a aussi versé le sang des prophètes et de tous les autres martyrs ? La ville dont il est ici question, est la ville de tous les superbes que Caïn a fondée avec le sang de son frère, et qu'il a appelée du nom de son fils, c'est-à-dire de sa postérité (*Gen.*, IV, 17); car tous les méchants qui représentent Babylone se succèdent sans interruption et persécutent l'Eglise de Dieu jusqu'à la fin du monde. C'est donc dans cette cité de Caïn qu'est répandu tout le sang des justes, depuis le sang du juste Abel jusqu'au sang de Zacharie, c'est-à-dire du peuple et du prêtre, versé entre le temple et l'autel, c'est-à-dire entre le peuple et les prêtres. (*Matth.*, XXIII, 35.) Notre-Seigneur s'exprime ainsi parce que non-seulement le peuple, mais les prêtres s'étaient rendus complices de la mort de Zacharie. « Entre le temple et l'autel, dit-il, l'autel représente les prêtres, et le temple est la figure du peuple, car il n'y avait aucune autre raison pour les désigner ici par leur nom. C'est cette ville qui tue les prophètes et qui lapide ceux qu'on lui envoie. C'est cette ville qui est bâtie avec le sang, comme il est écrit : « Malheur à celui qui bâtit une ville dans le sang, et qui la fonde sur l'iniquité. » (*Habacuc*, II, 12.) Le cheval blanc dont il a été parlé plus haut, représente l'Eglise. Dans celui qui le monte, nous devons reconnaître Notre-Seigneur Jésus-Christ. « Il avait, dit saint Jean, un nom écrit que nul ne connaît que lui, » (*Apoc.*, XIX, 11) et avec lui, toute l'Eglise qui est en lui. La robe teinte de sang dont il est vêtu, représente tous les martyrs de l'Eglise (1). « Et les armées qui sont dans le ciel le suivaient sur des chevaux blancs. » C'est l'Eglise qui donne au corps de ses enfants une blancheur éclatante. Le glaive à deux tranchants est le symbole de la puissance de Jésus-Christ, qui tout à la fois protège les justes et punit les pécheurs. Le sceptre de fer avec lequel il gouverne représente sa justice, qui en même temps qu'elle instruit les humbles brise les orgueilleux comme des vases d'argile. « Lui-même foule le pressoir du vin de la fureur et de la colère du Dieu tout-puissant. » Il foule ce pressoir dès maintenant quand il permet aux méchants de persécuter les bons et qu'il les livre à leurs voluptés coupables; mais il leur rendra plus tard ce qu'ils méritent lorsqu'il précipitera dans l'enfer ceux qui n'ont pas fait pénitence. L'ange qui se tient dans le soleil, est la figure de la prédication dans l'Eglise. L'Eglise est comparée au soleil, parce que c'est d'elle qu'il est écrit : « Alors les justes brilleront comme le soleil dans le royaume de leur Père. » (*Matth.*, XIII, 43.) L'ange crie à tous les oiseaux qui volent au milieu de l'air (*Apoc.*, XIX, 17); ces oiseaux sont la figure de l'Eglise. Cette invitation qui leur est faite : « Venez, et assemblez-vous au

(1) L'auteur répète en partie ce qu'il a dit plus haut.

occupatio semper quasi incipit. « Et non invenietur amplius : et vox citharœdorum et musicorum et tibicinum et fistulatorum non audietur in ea amplius : » (*Apoc.*, XVIII, 22) Jucunditatem dicit transire impiorum, et jam non inveniri. Et adjecit causam, dicens : « Quoniam mercatores tui erant maximi terræ : » (*v.* 23, 24) id est, quoniam in vita tua percepisti bona. « Quoniam in veneficiis tuis erraverunt omnes gentes, et sanguis Prophetarum et Sanctorum inventus est omnium a te occisorum super terram : » Numquid eadem civitas occidit Apostolos, quæ et Prophetas et omnes reliquos Martyres ? Sed hæc est civitas omnium superborum, quam Cain fratris sui sanguine fundavit, et vocavit nomen ejus nomine filii sui Enoch, id est posteritatis (*Gen.*, IV, 17) : quia omnes mali, in quibus est Babylonia, succedentes sibi, usque ad finem mundi persecuuntur Ecclesiam Dei. In civitate ergo Cain funditur omnis sanguis justus a sanguine Abel justi, usque ad sanguinem Zachariæ, id est, populi et sacerdotis, inter templum et altare, id est, inter populum et sacerdotes. (*Matth.*, XXIII, 35.) Hoc ideo dictum est, quia non solum populi, sed etiam sacerdotes conspiraverunt in mortem Zachariæ. Inter templum, inquit, et altare : In altari intelliguntur sacerdotes, in templo populi significati sunt: alia enim causa loci nominandi non fuit. Hæc est civitas quæ interficit Prophetas, et lapidat missos ad se. Hæc est civitas quæ sanguine struitur, sicut scriptum est : Væ qui ædificat civitatem in sanguinibus, et parat civitatem in injustitiis. (*Habacuc*, II, 12.) In equo albo, de quo supra dictum est, Ecclesiam intellige. In sessore ejus, Christum Dominum recognosce. Quod autem dixit : « Habens nomen scriptum, quod nemo novit nisi ipse, » (*Apoc.*, XIX, 11, etc.) ipse utique, et quæ in illo est, omnis Ecclesia. « In veste sanguine sparsa, » Martyres qui sunt in Ecclesia, intelligendi sunt. Quod autem, « exercitus qui est in cœlo, sequebatur eum in equis albis, » Ecclesia est in corporibus candidis. In gladio bis acuto, potestas Christi intelligitur, qua defenduntur justi, puniuntur injusti. « In virga ferrea » justitia ejus cognoscitur, de qua erudiuntur humiles, superbi tanquam vasa figuli confringuntur. « Ipse calcat torcular vini iræ Dei omnipotentis : » Calcat enim etiam nunc, quando malos permittit ut persequantur bonos, et dimittit eos in voluptatibus suis, sed postea retribuet, quando eos qui non egerint pœnitentiam, mittit in gehennam. Angelum stantem in sole, prædicationem in Ecclesia intellige. Ideo enim Ecclesia soli comparatur, quia de ea scriptum est : Tunc justi fulgebunt sicut sol, in regno patris eorum. (*Matth.*, XIII, 43.) Quod autem, clamavit omnibus avibus, quæ volant in medio cœli, aves illæ Ecclesia intelligitur. Quod autem dictum est : Congregamini ad cœnam magnam, ut manducetis carnes regum et carnes tribunorum, » (*Apoc.*, XIX, 17, 18) hoc

grand souper de Dieu, pour manger la chair des rois et la chair des tribuns, » se réalise en toute vérité dans l'Eglise. Lorsque toutes les nations s'incorporent à l'Eglise, elles deviennent sa nourriture spirituelle, et ceux qui étaient dévorés par le démon lorsqu'ils faisaient partie de son corps, deviennent les membres de Jésus-Christ lorsqu'ils sont reçus par l'Eglise. Il est dit ensuite du démon « que l'ange l'enferma dans l'abîme et y mit un sceau sur lui, afin qu'il ne séduise plus les nations, jusqu'à ce que les mille ans soient accomplis. » (*Apoc.*, xx, 3.) Nous avons déjà dit que ces mille ans sont le temps qui s'écoule depuis la passion du Sauveur, et pendant lequel il n'est point permis au démon de faire ce qu'il veut, car Dieu ne permet pas que ses serviteurs soient tentés au-dessus de leurs forces. (I *Cor.*, x, 3.) Ce peu de temps pendant lequel il doit être délié, désigne le temps de l'Antechrist où le démon doit recevoir une puissance plus grande de persécuter les fidèles. Cette malédiction : « Malheur, malheur à cette grande ville, s'adresse à la ville de Babylone. (*Apoc.*, xviii, 16.) Mais il faut se rappeler que la ville de Babylone n'est pas la seule qui persécute les saints, en sorte que sa ruine soit une vengeance suffisante pour tous ceux qui ont été persécutés. Dans tout l'univers, Babylone est représentée par les méchants, et elle persécute les bons par toute la terre. L'ange précipite dans la mer une pierre grande comme une meule, en disant : « C'est ainsi que Babylone sera violemment précipitée. » Il compare Babylone à une meule, parce que la révolution des temps écrase les amateurs du monde comme une meule, et les fait tourner sans cesse sur eux-mêmes. L'ange ajoute : « Et toutes les nations se sont égarées par tes enchantements, et dans cette ville a été trouvé le sang des prophètes et de tous ceux qui ont été tués sur la terre. » (*Ibid.*, 23.) Ce n'est pas dans une seule ville sans doute que les apôtres, les prophètes ou les autres martyrs ont été mis à mort, mais l'ange veut parler ici de la ville des orgueilleux qui persécute les saints par tout l'univers. C'est cette ville que Caïn a bâtie sur le sang de son frère, et qu'il a appelée du nom de son fils Enoch, c'est-à-dire postérité (*Gen.*, iv, 17), parce que tous les méchants dont est composée la ville de Babylone se succèdent sans interruption jusqu'à la fin du monde, pour persécuter l'Eglise de Dieu. Que Dieu daigne nous délivrer de cette persécution par sa miséricorde, lui qui vit et règne avec le Père et le Saint-Esprit, etc.

HOMÉLIE XVIII. — Dans la leçon qui vient de vous être lue, mes très-chers frères, saint Jean l'Evangéliste s'exprime ainsi : « Après cela j'entendis dans le ciel comme la voix d'une grande multitude, qui disait : Alleluia, salut, gloire et puissance à notre Dieu ; parce que ses jugements sont véritables et justes, d'avoir condamné la grande prostituée qui a corrompu la terre par sa prostitution, et d'avoir vengé le sang de ses serviteurs qu'elle a répandu. Et ils dirent une seconde fois : Alleluia. » (*Apoc.*, xix, 1-3.) Cette voix est la voix de l'Eglise après la séparation, et lorsque tous les méchants seront sortis de son sein pour devenir la proie des flammes éternelles. « Et sa fumée monte dans les siècles des siècles. » Ecoutez, mes frères, soyez saisis d'effroi et tenez pour certain que cette Babylone, que cette prostituée dont la fumée monte dans les siècles des siècles ne sont autres que tous les avares, les adultères et les orgueilleux. Si donc vous voulez

---

in Ecclesia fieri in veritate cognoscimus. Nam quando omnes gentes Ecclesiæ incorporantur, spiritaliter comeduntur : et qui devorati a diabolo erant corpus diaboli, suscepti ab Ecclesia membra efficiuntur Christi. Quod autem de diabolo dixit : « Et clausit et signavit super eum, ne seducat nationes, usque dum finiantur mille anni : » (*Apoc.*, xx, 3) sicut dictum est, isti mille anni a passione Domini aguntur, in quibus non permittitur diabolo facere quantum vult ; quia non permittit Deus tentari servos suos supra id quod possunt sustinere. (I *Cor.*, x, 3 ; *Apoc.*, xx, 23.) Quod autem postea modico tempore solvendus est, tempus Antichristi designatur, in quo majorem potestatem sæviendi diabolus accepturus est. Quod autem dicitur : « Væ, væ civitas magna, » (*Apoc.*, xviii, 16) Babylonia intelligitur. Sciendum tamen est, quod non sola civitas Babylonia persequitur sanctos, ut ipsa extincta universi vindicentur. In toto enim mundo est Babylonia in malis hominibus, et in toto mundo persequitur bonos. Quod autem lapidem grandem velut molam misit angelus in mare, dicens : « Sic (*a*) mittetur Babylonia : » (v. 21) ideo velut molam dicit Babylonem, quia amatores mundi revolutio temporum sicut mola conterit et in gyro mittit. Quod autem dixit : « In veneficiis tuis erraverunt omnes gentes, et sanguis Prophetarum inventus est omnium a te occisorum super terram : » (v. 23) Non enim in una civitate occisi sunt Apostoli et Prophetæ aut reliqui Martyres : sed hæc est civitas superborum, quæ in toto mundo persequitur sanctos. Ipsa est civitas, quam Cain fratris sui sanguine fundavit, et vocavit nomine filii sui Enoch (*Gen.*, iv, 17), id est, posteritatem : quia omnes mali in quibus Babylonia est, succedentes sibi usque ad finem mundi persequuntur Ecclesiam Dei. De quorum persecutione nos Dominus per suam misericordiam liberare dignetur. Qui cum Patre et Spiritu sancto, etc.

HOMILIA XVIII. — In lectione quæ recitata est, fratres carissimi, beatus evangelista Joannes sic ait : « Audivi vocem magnam populi multi in cœlo dicentium, alleluia : Salus et claritas et virtus Deo nostro ; quoniam vera et justa judicia ejus, quoniam judicavit meretricem illam magnam, quæ corrupit terram fornicatione sua, et vindicavit sanguinem servorum suorum de manu ejus. Et iterum dixerunt Alleluia : » (*Apoc.*, xix, 1 et 2, etc.) Hæc vox est Ecclesiæ, cum discessio facta fuerit, et cum ab ea exierint omnes mali æterno incendio concremandi. « Et fumus eorum ascendit in sæcula sæculorum. » Audite fratres, et expavescite, et pro certo cognoscite, quia Babylonia et meretrix, quorum fumus ascendit in sæcula sæculorum, non intelliguntur nisi homines cupidi, adulteri et superbi. Et ideo si vultis hæc mala evadere, nolite tam gravia peccata committere. « Et fumus, inquit, eorum

(*a*) Mss. *mergetur*.

échapper à ces châtiments, ne vous rendez pas coupables de ces crimes énormes. « Et la fumée du feu qui les consume, monte. » Est-ce donc la fumée d'une ville visible et livrée aux flammes qui monte dans les siècles des siècles, ou plutôt n'est-ce pas la fumée des supplices de ces hommes qui persévèrent dans leur orgueil? Il dit que « cette fumée monte, » et non qu'elle montera, parce que toujours, même dans la vie présente, ils ne cessent de marcher vers leur ruine. Babylone est donc consumée en partie par le feu, de même que Jérusalem personnifiée dans les saints qui sortent de cette vie, passe dans le paradis, comme le Seigneur nous l'apprend par l'exemple du pauvre et du riche. (Luc, XVI, 19.) « Et j'entendis la voix comme d'une grande multitude, comme la voix des grandes eaux, et comme la voix de grands tonnerres qui disaient : Alleluia, parce que le Seigneur, notre Dieu, le Tout-Puissant a régné. Réjouissons-nous et tressaillons de joie, et rendons gloire à son nom, parce que le moment des noces de l'Agneau est venu, et que son épouse s'est préparée. » (Apoc., XIX, 6-7, etc.) L'épouse de l'Agneau, c'est l'Église. « Et il lui a été donné de se vêtir d'un lin pur et blanc; et ce lin ce sont les œuvres de justice des saints, » c'est-à-dire il lui a été donné d'être revêtue de ses œuvres, selon ce qui est écrit : « Que vos prêtres se revêtent de la justice. » (Ps. CXXXI, 9.) « Et ils ont tous vécu et régné mille ans avec le Christ, » (Apoc., XX, 4) c'est-à-dire dans la vie présente. Il dit avec raison : « Tous ceux qui survivent et toutes les âmes des justes, » c'est-à-dire ceux qui vivent encore dans ce monde, comme ceux qui ont déjà quitté cette vie, règnent avec Jésus-Christ. Il dit qu'ils ont régné, comme le Seigneur dit ailleurs par la bouche du Roi-prophète : « Ils se sont partagé mes vêtements. » Car il devait dire pour parler plus justement : « Ils règneront. » Or, pour nous apprendre que ces mille ans sont tout le temps que dure la vie présente, saint Jean dit : « C'est ici la première résurrection. » (Ibid., 5.) C'est cette résurrection que nous recevons dans les eaux du baptême, selon ces paroles de l'Apôtre : « Si vous êtes ressuscités avec Jésus-Christ, cherchez les choses d'en haut. » (Coloss., III, 2.) Et dans un autre endroit : « De morts que vous étiez vous êtes devenus vivants, » car le péché est une véritable mort comme le dit encore le même Apôtre : « Lorsque vous étiez morts par vos péchés et par vos crimes. » (Éphés., II, 1.) De même donc que la première mort est dans cette vie la mort par le péché, ainsi la première résurrection est dans cette vie celle qui vient de la rémission des péchés. « Heureux et saint est celui qui a part à la première résurrection, » c'est-à-dire qui conserve la grâce de la vie nouvelle qu'il a reçue par le baptême. « La seconde mort n'aura point de pouvoir sur lui, » c'est-à-dire il n'aura point à souffrir les tourments éternels. « Mais ils seront prêtres de Dieu et de Jésus-Christ, et ils règneront avec lui pendant mille ans. » Pendant que saint Jean écrivait ces choses, l'Esprit de Dieu lui révéla que l'Église régnerait mille ans sur la terre jusqu'à la fin du monde. Il est évident qu'on ne doit nullement douter du règne éternel des saints, puisque dès cette vie ils ont part à ce règne de Jésus-Christ. Ce royaume est la juste récompense de ceux qui, au milieu des épreuves de ce monde, savent avec le secours de Dieu se diriger et diriger les autres dans les voies du bien : « Et après que mille ans seront accomplis, Satan sera délié, il sortira de sa prison. » (Ibid., 7.) Il dit : « Après qu'ils seront accomplis » en prenant la partie

ascendit : » Numquid enim visibilis civitatis exustæ fumus in sæcula sæculorum ascendit, et non hominum in superbia perdurantium? « Ascendit » autem; et non, « ascendet : » semper enim etiam in præsenti sæculo in perditionem vadit. Babylon autem crematur ex parte, sicut Jerusalem in illis sanctis qui de sæculo migrant, transit in paradisum, Domino manifestante in paupere et divite (Luc., XVI, 19) : « Et audivi ut vocem populi multi et ut vocem aquarum multarum, et ut vocem tonitruorum fortium, dicentes : Alleluia, quoniam regnavit Dominus Deus noster omnipotens : gaudeamus, et exsultemus, et glorificemus nomen ejus, quoniam venerunt nuptiæ Agni, et mulier ejus paravit se : » Mulier Agni Ecclesia est. « Et datum est ei ut operiatur byssino splendido mundo : » Byssinum enim justa facta sanctorum sunt : » (Apoc., XIX, 6 et 7, etc.) id est, datum est ei factis suis indui, sicut scriptum est : Sacerdotes tui induantur justitia. « Ii, inquit, omnes vixerunt et regnaverunt cum Christo mille annis : » (Psal. CXXXI, 9) id est, in præsenti sæculo. Et recte dixit, « omnes et superstites et animæ (a) justorum : » (Apoc., XX, 4) id est, et qui adhuc in hoc mundo vivunt, et qui jam de hac vita migraverunt, regnant cum Christo. « Regnaverunt » profecto dixit, sicut : Diviserunt vestimenta mea sibi. Nam dicturus erat : Regnabunt. Ut ostenderet autem quod in hac vita isti mille anni sunt, ait : « Hæc est resurrectio prima. » (v. 5.) Ipsa est enim qua resurgimus per baptismum, sicut Apostolus dicit : Si consurrexistis cum Christo, quæ sursum sunt quærite. (Coloss., III, 2.) Et iterum : Tanquam ex mortuis viventes. Peccatum enim mors est, sicut idem Apostolus : Cum essetis mortui delictis et peccatis vestris. (Ephes., II, 1.) Et sicut prima mors in hac est vita per peccatum, ita et prima resurrectio in hac est vita per remissionem peccatorum. « Beatus et sanctus qui habet partem in resurrectione prima : » (Apoc., XX, 6) id est, qui servaverit quod in baptismo renatus accepit. « In hoc secunda mors potestatem non habet : » id est, æterna tormenta non sentiet. « Sed erunt sacerdotes Dei et Christi, et regnabunt cum eo mille annos. » Retulit spiritus cum hæc scriberet, regnaturam Ecclesiam mille annos in hoc sæculo usque ad finem mundi. Manifestum est quod dubitari non debeat de perpetuo regno, cum etiam in præsenti sæculo sancti regnent. Bene enim regnare dicuntur, qui cum Dei adjutorio etiam inter ipsas pressuras mundi et se et alios bene regunt. « Et cum finiti fuerint mille anni, solvetur satanas de custodia sua. » (v. 7.) Finitos dixit, a toto partem. Nam sic solvetur, ut supersint anni tres et menses sex novissimi certaminis temporibus Anti-

(a) Ms. Petr. sanctorum.

pour le tout, car il restera encore trois années et six mois pour le dernier combat aux temps de l'Antechrist. « Et il séduira les nations qui sont aux quatre coins du monde. » Le tout est ici pris pour la partie, car tous ne peuvent être séduits. Les orgueilleux et les impies sont les seuls accessibles à la séduction dont les chrétiens véritables et humbles savent se préserver, car il y en a beaucoup d'appelés, mais peu d'élus. (*Matth.*, xx, 16.) « Et le démon et son peuple se répandirent sur les hauteurs de la terre, » c'est-à-dire sur les hauteurs de l'orgueil. « Et ils environnèrent le camp des saints et la ville bienaimée, » (*Apoc.*, xx, 8) c'est-à-dire l'Eglise. Ce sont ceux dont il a dit plus haut qu'ils étaient réunis dans les plaines d'Armagédon. Car ils n'ont pu se réunir des quatre coins de la terre dans une seule ville, mais dans chaque partie de la terre, chaque nation se réunira pour faire le siège de la cité sainte, c'est-à-dire pour persécuter l'Eglise. « Mais le feu de Dieu descendit du ciel, » c'est-à-dire de l'Eglise, « et il les dévora. » (*Ibid.*, 9.) On peut entendre l'action de ce feu de deux manières différentes; ou bien les hommes croient en Jésus-Christ par le feu de l'Esprit saint et ils sont dévorés spirituellement par l'Eglise, c'est-à-dire ils sont incorporés à l'Eglise; ou bien ils sont dévorés pour leur perte par le feu de leurs péchés. « Et le diable qui les séduisait fut précipité dans l'étang de feu et de soufre où est la bête et les faux prophètes. » (*Ibid.*, 10.) Les faux prophètes sont les hérétiques ou les faux chrétiens. Car depuis la passion de Notre-Seigneur, la bête et les faux prophètes ne cessent de mourir et d'être précipités dans le feu jusqu'à ce que les mille ans qui doivent s'écouler depuis l'avénement du Seigneur soient accomplis. « Et ils seront tourmentés jour et nuit dans les siècles des siècles. Et je vis les morts grands et petits debout devant le trône, et les livres furent ouverts et un autre livre, le livre où est écrite la vie de chacun. » (*Ibid.*, 12.) Ces livres ouverts sont les Testaments de Dieu, car c'est d'après ces deux Testaments que l'Eglise sera jugée. Le livre de la vie de chacun est le souvenir que Dieu conserve de nos actions, car celui qui connaît le secret des cœurs n'a pas besoin d'un livre pour se rappeler nos œuvres. « Et les morts furent jugés sur ce qui était écrit dans ces livres suivant leurs œuvres, » c'est-à-dire ils ont été jugés d'après les Testaments, selon qu'ils ont accompli ou transgressé les commandements de Dieu. « Et la mer rendit les morts qu'elle contenait. » (*Ibid.*, 13.) Ces morts de la mer sont ceux que le jour du jugement trouvera vivants, car ce monde est justement comparé à une mer. « La mort et l'enfer rendirent aussi leurs morts, » c'est-à-dire tous ceux qui seront dans les tombeaux au jour du jugement. « La mort et l'enfer furent précipités dans l'étang de feu. » (*Ibid.*, 14.) La mort et l'enfer, c'est le démon et son peuple. « Et quiconque ne se trouve pas écrit dans le livre de vie, » (*ibid*, 15) tous ceux que Dieu laisse vivre au gré de leurs passions et qui n'ont pas mérité d'être jugés et repris par lui pendant cette vie, « fut jeté dans l'étang de feu. Et je vis un ciel nouveau et une terre nouvelle; car le premier ciel et la première terre avaient disparu, et la mer n'était plus. Et je vis descendre du ciel la sainte cité, la nouvelle Jérusalem qui venait de Dieu, parée comme une épouse pour son époux. Et j'entendis une grande voix sortie du trône disant : Voici le tabernacle de Dieu avec les hommes, et il demeu-

christi. « Et exiet seducere nationes quæ sunt in quatuor angulis terræ. » A parte totum dicit : nam non omnes seduci possunt. Superbi tantummodo seducuntur et impii : quia veri et humiles Christiani non seducuntur. Multi namque vocati, pauci electi. (*Matth.*, xx, 16.) « Et ascenderunt diabolus et populus ejus in altitudinem terræ : » (*Apoc.*, xx, 8) id est, in elationem superbiæ. « Et circumdederunt castra sanctorum et dilectorum civitatem : » id est, Ecclesiam. Hoc est, quod supra dixit collectos in Armagedon. Non enim ex quatuor angulis terræ potuerunt in unam civitatem congregari : sed in ipsis quatuor angulis unaquæque gens congregabitur in obsidionem sanctæ civitatis, id est, in persecutionem Ecclesiæ. « Et descendit ignis de cœlo a Deo : » id est de Ecclesia. « Et comedit eos : » (*v.* 9) Dupliciter hoc loco intelligitur ignis : aut enim per ignem sancti Spiritus credunt in Christum, et spiritualiter comeduntur ab Ecclesia, id est, incorporantur Ecclesiæ ; aut peccatorum suorum igne comeduntur, et pereunt. « Et diabolus seducens ipsos, missus est in stagnum ignis et sulphuris, ubi et bestia et pseudoprophetæ : » (*v.* 10) Pseudoprophetæ intelliguntur aut hæretici aut ficti Christiani. Ex quo enim passus est Dominus, moritur bestia et pseudoprophetæ, et in ignem mittuntur, usque dum finiantur mille anni ab adventu Domini. « Et punientur die ac nocte in sæcula sæculorum. Et vidi mortuos magnos et pusillos stantes in conspectu throni : libri aperti sunt, et alius liber apertus est, qui est vitæ uniuscujusque : » (*v.* 12) Libros autem Testamenta Dei dicit, secundum enim utrumque Testamentum judicabitur Ecclesia. Librum uniuscujusque vitæ, memoriam dicit gestorum nostrorum, non quod librum habeat commemoratorium occultorum cognitor. « Et judicati sunt mortui ex his ad quæ scripta sunt in libris secundum opera sua : » id est, ex Testamentis judicati sunt, secundum quod Dei præcepta aut fecerunt, aut non fecerunt. « Et dedit mare mortuos suos : » (*v.* 13) eos quos hic judicii dies inveniet vivos, quia hoc sæculum maris : quia hoc sæculum mare est. « Mors et infernus dederunt mortuos suos : » id est, eos qui in sepulcris inveniendi sunt in die judicii. « Mors et infernus missi sunt in stagnum : » (*v.* 14) Mortem et infernum diabolum dicit et populum ejus. « Et si quis non est inventus scriptus in libro vitæ : » (*v.* 15) et qui voluptatibus suis dimissus, per temporaneam examinationem in hoc sæculo non meruit judicari a Deo dum viveret, « missus est in stagnum ignis : » Et vidi cœlum novum et terram novam. Primum enim cœlum et prima terra abierunt, et mare jam non est. Et civitatem sanctam Jerusalem novam vidi, descendentem de cœlo a Deo, compositam sicut sponsam, et ornatam viro suo. Et audivi vocem magnam de cœlo dicentem : Ecce tabernaculum Dei cum hominibus, et habitabit cum ipsis, et ipsi erunt populus ejus, et ipse

rera avec eux. Et ils seront son peuple, et Dieu au milieu d'eux sera leur Dieu. Et Dieu essuiera toutes les larmes de leurs yeux ; et la mort ni le deuil ne seront plus. » (*Apoc.*, XXI, 1, 2, etc.) Toute cette prédiction a pour objet la gloire dont l'Eglise sera environnée après la résurrection. « Et il me dit : Car ces paroles sont très-certaines et très-véritables. Et il me dit encore : Je suis l'alpha et l'oméga, le commencement et la fin. Je donnerai gratuitement à boire de la fontaine d'eau vive à celui qui a soif, » (*ibid.*, 5, 6) c'est-à-dire à celui qui désire puiser la rémission de ses péchés dans la fontaine du baptême. « Celui qui vaincra possédera ces choses, et je serai son Dieu et il sera mon fils. Mais les timides, les incrédules, les abominables, les homicides, les fornicateurs, les empoisonneurs, les idolâtres et tous les menteurs auront leur part dans l'étang brûlant de feu et de soufre qui est la seconde mort. » (*Ibid.*, 7, etc.) Cette voix qui plus haut fait entendre ces paroles : « Dieu a condamné la grande prostituée qui a corrompu la terre par sa prostitution, et a vengé le sang de ses serviteurs qu'elle a répandu, » (*Apoc.*, XIX, 2) est la voix de l'Eglise, lorsqu'au jour du jugement, tous les méchants sortiront de son sein pour devenir la proie des flammes éternelles (1). Et la fumée de leur supplice monte dans les siècles des siècles. » (*Ibid.*, 3.) C'est la fumée non point d'une cité visible, qui monte dans les siècles des siècles, mais des supplices des hommes qui persévèrent dans leur orgueil. « Parce que le moment des noces de l'Agneau est venu. » (*Ibid.*, 7.) Ce qu'il faut entendre de Jésus-Christ et de son Eglise. Elle est vêtue d'un lin pur et blanc ; ce lin, ce sont les œuvres des saints dont les justes sont revêtus selon ces paroles du Psalmiste : « Que vos prêtres se revêtent de la justice. » (*Ps.* CXXXI, 9.) Le règne de mille ans désigne la vie présente pendant laquelle les saints règnent dans un sens véritable parce qu'à l'aide de la grâce de Dieu ils se conduisent de manière à n'être jamais vaincus par leurs péchés. Et pour établir plus clairement cette vérité, saint Jean dit plus bas : « C'est ici la première résurrection. » (*Apoc.*, XX, 5.) En effet, cette première résurrection qui fait passer les âmes de la mort du péché à la vie de la justice, s'accomplit pendant toute la vie présente ; la seconde qui doit faire sortir les corps de la poussière pour les rendre à la vie n'aura lieu qu'à la fin des siècles. « Heureux et saint est celui qui a part à la première résurrection, » (*ibid.*, 6) c'est-à-dire qui conserve cette vie nouvelle qu'il a reçue dans le baptême. L'Eglise doit régner pendant mille ans, c'est-à-dire pendant toute la durée du temps présent jusqu'à la fin du monde. Il est donc évident qu'on ne doit nullement douter du règne éternel des saints, puisque dès cette vie ils ont part au règne de Jésus-Christ. Ce royaume est la juste récompense de ceux qui, au milieu des épreuves de ce monde, savent avec la grâce de Dieu se diriger et diriger les autres dans les voies du bien. « Et le démon séduira les nations qui sont aux quatre coins du monde. » (*Ibid.*, 7.) Le tout est ici pris pour la partie. Car les méchants seuls seront séduits, selon ces paroles du Sauveur : « Il y en a beaucoup d'appelés mais peu d'élus. » (*Matth.*, XX, 16.) Il est dit ensuite que le démon et ses anges ont environné le

(1) L'auteur revient en partie sur ce qu'il a déjà dit plus haut.

Deus cum ejs erit eorum Deus . et absterget Deus omnem lacrymam ab oculis eorum : et mors non erit amplius, et luctus non erit. » (*Apoc.*, XXI, 1 et 2, etc.) Hoc totum de gloria Ecclesiæ dixit, qualem habebit post resurrectionem. « Et dicit : Scribe, quoniam sermones isti fideles et veri sunt. Et dixit mihi : Ego sum α, et ω, initium et finis : Ego sitienti dabo ex fonte aquæ vitæ gratis, » (*v.* 5, etc) id est cupienti remissionem peccatorum per fontem baptismi. « Qui vincit, possidebit hæc, et ero ejus Deus, et ipse erit meus filius. (*v.* 7, etc.) Timidis autem et incredulis, et exsecrabilibus, et homicidis, et veneficis, et idolorum cultoribus, et omnibus mendacibus pars erit in stagno ardente igne et sulphure, quod est mors secunda. « Quod supra dictum est : « Judicavit meretricem illam magnam, quæ corrupit terram in fornicatione sua, et vindicavit sanguinem servorum suorum de manu ejus : » (*Apoc.*, XIX, 2) Hæc vox est Ecclesiæ, cum ab ea in die judicii exierint omnes mali, æterno incendio concremandi. « Et fumus eorum ascendit in sæcula sæculorum. » (*v.* 3.) Non enim visibilis civitatis fumus ascendit in sæcula sæculorum, sed hominum in superbia perdurantium. Quod autem dicit : « Quia venerunt nuptiæ agni, » (*v.* 7) de Christo intelligitur, et de Ecclesia. Quod vero eam dicit, opertam bysso (*Ibid.*, VIII), in bysso opera justa sanctorum intelliguntur, quibus justi vestiuntur, secundum quod dictum est : Sacerdotes tui induantur justitia. (*Psal.* CXXXI, 9.) Quod autem dicit, eos regnassa mille annos (*Apoc.*, XX, 4), præsens tempus intelligitur, in quo sancti juste regnare dicuntur, quia se ita cum Dei adjutorio regunt, ut a peccatis vinci non possint. Et ut hoc evidenter ostenderet, secutus ait : « Hæc est prima resurrectio. » (*Apoc.*, XX, 5.) [(a) Prima enim resurrectio, qua a morte peccati ad vitam justitiæ animæ resurgunt, toto nunc tempore agitur : secunda vero qua de terræ pulvere, ad vitam corpoream redeunt, in futurum expectatur.] Ipsa est enim qua resurgimus per baptismum. Quia sicut prima mors in hac vita est per peccatum, ita et prima resurrectio per remissionem peccatorum. « Beatus et sanctus qui habet in resurrectione prima partem, » (*v.* 6) id est, qui servaverit, quod in baptismo renatus accepit. Quod autem dicit, regnaturam Ecclesiam mille annos, in hoc sæculo intelligitur usque in finem mundi. Unde manifestum est quod dubitari non debeat de perpetuo regno, cum etiam in præsenti sæculo sancti regnent. Recte enim regnare dicuntur, qui cum Dei adjutorio, etiam inter ipsas pressuras mundi, et se et alios bene regunt. Quod autem de diabolo dicit, « quia seducit nationes quæ sunt in quatuor angulis terræ, » (*Ibid.*, 7) a parte totum intelligitur. Nam soli mali seducuntur, secundum illud : Multi vocati, pauci electi. (*Matth.*, XX, 16.) Quod autem dicit, quia « diabolus et angeli circumdederunt castra sanctorum, et civitatem

(a) Hæc absunt a Ms. Belgico.

camp des saints et la ville bien-aimée. (*Apoc.*, xx, 8.) Ils n'ont pu se réunir des quatre coins de la terre dans une seule ville, mais dans chaque partie de la terre chaque nation s'assemble et se réunit pour persécuter l'Eglise. « Le feu de Dieu tomba du ciel et les dévora. » On peut entendre l'action de ce feu de deux manières différentes, ou bien les hommes sont dévorés spirituellement par le feu de l'Esprit saint lorsqu'ils sont incorporés à l'Eglise, ou s'ils refusent de se convertir à Dieu, ils sont dévorés pour leur perte par le feu de leurs péchés. Les deux livres qui sont ouverts sont les deux Testaments de Dieu, car c'est d'après ces deux Testaments que l'Eglise sera jugée. (*Ibid.*, 12.) Le livre de la vie de chacun, c'est le souvenir que Dieu conserve de nos actions, parce qu'au jour du jugement rien ne restera caché, et nul ne pourra dérober la connaissance de ses péchés ou de ses crimes. « Et la mer rendit ses morts. » Ce sont ceux que l'avénement de Jésus-Christ trouvera vivants dans ce monde. Ils sont appelés les morts de la mer, parce que ce monde est comparé à une mer. « La mort et l'enfer rendirent aussi leurs morts, » c'est-à-dire tous ceux qui seront dans les tombeaux au jour du jugement. « Et la mort et l'enfer furent précipités dans l'étang de feu. » La mort et l'enfer signifient en cet endroit le démon et son peuple que Dieu laisse vivre au gré de leurs passions et qui n'ont pas mérité d'être jugés et repris par lui pendant cette vie. Puis après avoir fait le tableau de la gloire de l'Eglise, saint Jean ajoute ces paroles de celui qui est assis sur le trône : « Je donnerai gratuitement à boire de la fontaine d'eau vive à celui qui a soif, » (*Apoc.*, xxi, 6) c'est-à-dire à ce lui qui désire puiser la rémission de ses péchés dans la fontaine du baptême. « Celui qui vaincra possédera ces choses, et je serai son Dieu, et il sera mon fils. » Que le Seigneur daigne vous accorder cette grâce, lui qui vit avec Dieu le Père, etc.

Homélie XIX. — Comme nous venons de l'entendre, mes très-chers frères, l'ange du Seigneur dit à saint Jean : « Venez, et je vous montrerai celle qui est l'Epouse de l'Agneau. Et il me transporta en esprit sur une montagne grande et haute. » (*Apoc.*, xxi, 9, 10.) Cette montagne, c'est Jésus-Christ. « Et il me montra Jérusalem, la sainte cité qui descendait du ciel venant de Dieu. » C'est l'Eglise, cité bâtie sur une montagne, et l'épouse de l'Agneau. Cette ville a été placée sur une montagne lorsqu'elle a été ramenée sur les épaules du bon pasteur comme une brebis qui revient à son bercail. (*Luc.*, xv, 5.) S'il y a une autre Eglise, une autre cité descendant des cieux, il y a donc deux épouses, ce qu'il est impossible d'admettre. C'est cette ville que saint Jean appelle l'Epouse de l'Agneau. Il est de toute évidence que c'est l'Eglise dont il fait la description en ces termes : « Elle était illuminée de la clarté de Dieu, et sa lumière était semblable à une pierre d'un très-grand prix. » (*Apoc.*, xxi, 11.) Cette pierre d'un très-grand prix, c'est Jésus-Christ. « Elle avait une haute et grande muraille et douze portes, et douze anges aux portes. » (*Ibid.*, 12.) Ces douzes portes et ces douze anges sont les Apôtres et les prophètes, parce que selon ce que dit saint Paul, nous sommes comme un édifice bâti sur le fondement des Apôtres et des prophètes. (*Ephes.*, ii, 20.) C'est aussi ce que Notre-Seigneur dit à saint Pierre : « Sur cette pierre, je

---

dilectorum. » (*Apoc.*, xx, 8.) Non enim potuerunt ex quatuor angulis terræ in unam civitatem congregari, sed in ipsis quatuor angulis unaquæque gens congregatur in persecutionem Ecclesiæ. Quod autem dicit : « Cecidit ignis de cœlo et comedit eos, » (*Apoc.*, xx, 9) dupliciter intelligitur : aut enim per ignem sancti Spiritus spiritualiter comeduntur, dum Ecclesiæ incorporantur; aut si ad Deum converti noluerint, peccatorum suorum igne comeduntur, et pereunt. Quod autem dicit, libros apertos esse, Testamenta Dei intelligi voluit. Secundum enim utrumque Testamentum judicabitur Ecclesia. (*Ibid.*, 12.) Librum vero vitæ uniuscujusque, memoriam dicit gestorum nostrorum, quia in die judicii nihil latebit, nec ullus poterit abscondere peccata vel crimina sua. Quod dicit, quia « mare dedit mortuos suos, » eos dicit, quos in hoc mundo vivos invenerit adventus Christi. Ipsi sunt mortui maris, quia hoc sæculum mare est. Quod dicit : « Mors et infernus dederunt mortuos suos, » illi intelliguntur, qui in sepulcris inveniendi sunt in die judicii. « Et mors et infernus missi sunt in stagnum ignis. » Hoc loco mortem et infernum, diabolum et populum ejus intelligi voluit, qui voluptatibus suis dimissus, per temporaneam examinationem non meruit judicari. Post hæc exposita Ecclesiæ gloria adjungit et dicit : « Ego sitienti dabo ex fonte vitæ aquæ gratis, » (*Apoc.*, xxi, 6) id est, cupienti remissionem peccatorum per fontem baptismi. « Qui vin cit, possidebit hæc, et ero ejus Deus, et erit meus filius : » Quod ipse præstare dignetur, qui cum Deo Patre, etc.

Homilia XIX. — Sicut modo audivimus, fratres carissimi, locutus est Angelus Domini ad beatum Joannem dicens : « Veni, ostendam tibi sponsam uxorem Agni. Et abstulit me in spiritu supra montem magnum et altum : » (*Apoc.*, xxi, 9, 10.) Montem Christum dicit. « Et ostendit mihi civitatem sanctam Jerusalem, descendentem de cœlo a Deo : » Hæc est Ecclesia, civitas in monte constituta, sponsa Agni. Ipsa enim civitas tunc in monte est constituta, quando in humeris pastoris, tanquam ovis ad ovile proprium revocata est. (*Luc.*, xv, 5.) Si enim alia est Ecclesia, alia civitas descendens de cœlo, erunt duæ sponsæ, quod omnino fieri non potest. Et hanc enim civitatem sponsam dixit Agni. Unde manifestum est ipsam esse Ecclesiam, quam sic describit, dicens : « Habentem claritatem Dei. Luminare ejus simile lapidi pretiosissimo. » (*Apoc.*, xxi, 11.) Lapis pretiosissimus Christus est. « Habentem murum magnum et altum, habentem portas duodecim, et super portas Angelos duodecim. » (v. 12.) Ostendit duodecim portas et duodecim Angelos, Apostolos esse et (*a*) Prophetas : quoniam, sicut scriptum est, coædificati sumus super fundamentum Apostolorum et Prophetarum (*Ephes.*, ii, 20) : sicut et Dominus dixit Petro : Super hanc petram ædificabo Ecclesiam meam. (*Matth.*, xvi, 18.) « Ab Oriente portæ tres, ab Aquilone

---

(*a*) Mss. *Patriarchas.*

bâtirai mon Eglise. » (*Matth.*, xvi, 18.) « Trois de ces portes étaient à l'Orient, trois au septentrion, trois au midi, et trois à l'Occident. » (*Apoc.*, xxi, 13.) Comme cette ville dont saint Jean fait la description est répandue par tout l'univers, elle a trois portes à chacune de ses quatre parties, parce qu'en effet dans les quatre parties du monde le mystère de la Trinité est annoncé dans l'Eglise. « La muraille de la ville avait douze fondements, et sur eux les douze noms des Apôtres de l'Agneau. » (*Ibid.*, 14.) Le fondement est ce que sont les portes, et le mur aussi bien que les ornements sont en parfait rapport avec la ville. « Et celui qui me parlait avait une verge d'or pour mesurer la ville. » (*Ibid.*, 15.) Cette verge d'or signifie les hommes qui font partie de l'Eglise; ils ont une chair fragile, mais ils ont pour fondement une foi d'or, comme l'a dit l'Apôtre : « Vous portez ce trésor dans des vases fragiles. » (II *Cor.*, iv, 7.) Et ce qui revêtait la muraille et la ville était d'un or très-fin semblable à du verre d'une grande pureté. » (*Apoc.*, xxi, 18.) L'Eglise est d'or, parce que sa foi a l'éclat et la splendeur de l'or, c'est ainsi qu'elle est figurée par les sept chandeliers, par l'autel d'or, et par les coupes d'or. La transparence du verre exprime la pureté de la foi, parce que l'Eglise est au dedans ce qu'elle paraît au dehors, il n'y a rien de faux, de simulé, mais tout est d'une clarté transparente dans les saints de l'Eglise. « Et les fondements de la muraille de la ville étaient ornés de toutes sortes de pierres précieuses. Le premier fondement était de jaspe, le second de saphir, le troisième de calcédoine, le quatrième d'émeraude, le cinquième de sardonyx, le sixième de sardoine, le septième de chrysolithe, le huitième de béryl, le neuvième de topaze; le dixième de chrysoprase, le onzième d'hyacinthe, le douzième d'améthiste. » (*Ibid.*, 19, etc.) Il assigne à chaque fondement le nom d'une pierre précieuse différente pour signifier les grâces diverses et variées qui ont été données aux Apôtres, selon ce que l'Apôtre dit de l'Esprit saint : « Il distribue à chacun ses dons, selon qu'il lui plait. » (I *Cor.*, xii, 10.) « Et les douze portes étaient douze perles, et chaque porte était faite de chaque perle. » (*Apoc.*, xxi, 21.) Ces perles, comme il a été dit désignent les Apôtres à qui on donne le nom de portes, parce que c'est leur doctrine qui nous ouvre la porte de la vie éternelle. « Et la place de la ville était d'un or pur comme un verre transparent, et je ne vis point de temple dans la ville, parce que le Seigneur Dieu tout-puissant et l'Agneau en sont le temple. » (*Ibid.*, 22.) C'est-à-dire que l'Eglise est en Dieu, et Dieu dans l'Eglise. « Et la ville n'a pas besoin du soleil ni de la lune pour l'éclairer, » (*Isaïe*, lx, 19; *Apoc.*, xxi, 23) parce que l'Eglise ne prend point pour guide la lumière périssable ou les éléments de ce monde, mais qu'elle a le Christ, le soleil éternel pour la conduire à travers les ténèbres de ce monde. « Parce que la gloire de Dieu l'éclaire, et que l'Agneau en est le flambeau, » lui qui a dit : « Je suis la lumière du monde, » (*Jean*, viii, 12) et encore : « Je suis la vraie lumière qui éclaire tout homme venant en ce monde. » (*Jean*, i, 9.) « Les nations marcheront à sa lumière, » jusqu'à la fin. « Et les rois de la terre y apporteront leur gloire et leur honneur. » (*Apoc.*, xxi, 24, etc.) Les rois de la terre sont ici les enfants de Dieu. « Et ses portes ne se fermeront point le jour, car il n'y aura point de nuit en ce lieu » pendant toute l'éter-

portæ tres, ab Austro portæ tres, ab Occidente portæ tres : » (*Apoc.*, xxi, 13) et quia civitas ista quæ describitur, Ecclesia est toto orbe diffusa, ideo per quatuor partes civitatis ternæ portæ esse dicuntur, quia per totas quatuor partes mundi Trinitatis mysterium in Ecclesia prædicatur. « Et murus civitatis habens fundamenta duodecim, et super ea duodecim nomina Apostolorum Agni. » (*v.* 14.) Quod sunt portæ, hoc fundamenta : quod civitas, hoc murus, hoc supellex. « Et qui loquebatur mecum, habebat mensuram arundineam auream : » (*v.* 15.) In arundine aurea, homines Ecclesiæ ostendit, fragili quidem carne, sed aurea fide fundatos : sicut dicit Apostolus : Habentes thesaurum in vasis fictilibus. (II *Cor.*, iv, 7.) « Et supellex muri et civitas aurum mundum, simile vitro mundo : » (*Apoc.*, xxi, 18.) Ecclesia enim aurea est, quia fides ejus velut aurum splendet; sicut septem candelabra, et ara aurea, et phialæ aureæ; hoc totum Ecclesiam figuravit. Vitrum autem ad puritatem fidei retulit, quia quod foris videtur, hoc est et intus, et nihil est simulatum, sed totum perspicuum in sanctis Ecclesiæ. « Fundamenta muri civitatis omni lapide pretiosi. Fundamentum primum jaspis, secundum sapphirus, tertium Chalcedonius, quartum smaragdus, quintum sardonyx, sextum sardius, septimum Chrysolithus, octavum berillus, nonum topazius, decimum Chrysoprasus, undecimum hyacinthus, duodecimum amethystus. » (*v.* 19, etc.) Ideo diversitatem gemmarum in fundamentis nominare voluit, ut dona diversarum gratiarum, quæ Apostolis data sunt, demonstraret : sicut de Spiritu sancto dictum est : Dividens singulis prout vult. (I *Cor.*, xii, 11.) « Et duodecim margaritæ singillatim : et unaquæque porta erat ex una margarita : » (*Apoc.*, xxi, 21.) Et in istis margaritis, sicut dictum est, Apostolos designavit; qui ideo portæ dicuntur, quia per doctrinam suam æternæ vitæ januam panduut. « Et platea civitatis aurum mundum, ut vitrum perspicuum : et templum non vidi in ea; Dominus enim Deus omnipotens templum ejus est et Agnus. » (*v.* 22.) Hoc ideo, quia in Deo est Ecclesia, et in Ecclesia Deus. « Civitas non indiget, Sole neque Luna, ut luceant in ea : » (*Isa.*, lx, 19; *Apoc.*, xxi, 23) quia non lumine aut elementis mundi regitur Ecclesia, sed Christo æterno Sole deducitur per mundi tenebras. « Claritas enim Dei illuminavit eam : et lucerna ejus Agnus est : » ipso dicente : Ego sum lumen mundi (*Joan.*, viii, 12) et iterum : Ego sum lumen verum, quod illuminat omnem hominem venientem in hunc mundum. (*Joan.*, i, 9.) « Ambulabunt gentes in lumine ejus, » usque in finem. « Et reges terræ afferent gloriam : » (*Apoc.*, xxi, 24, etc.) Reges terræ, filios Dei dicit. « Et portæ ejus non claudentur die. Nox enim ibi non est : » usque in æternum. « Et inferent gloriam et honorem gentium : » in Christo utique credentium. « Et non in-

nité. « Et l'on y apportera la gloire et l'honneur des nations, » qui croient en Jésus-Christ. « Il n'y entrera rien de souillé, ni aucun de ceux qui commettent l'abomination et le mensonge ; mais ceux-là seulement qui sont écrits dans le livre de vie de l'Agneau. Et il me montra un fleuve d'eau vive, claire comme le cristal qui sortait du trône de Dieu et de l'Agneau, au milieu de la place de la ville. » (*Apoc.*, XXII, 1.) Il nous montre la fontaine du baptême au milieu de l'Eglise, venant de Dieu et de Jésus-Christ. Car de quel ornement pourrait être pour la ville ce fleuve qui coule au milieu de la place, et serait un obstacle aux communications des habitants ? « Et sur les deux rivages du fleuve était l'arbre de vie qui porte douze fruits, et donne son fruit chaque mois. » Cet arbre de vie, c'est la croix de Jésus-Christ. Nul autre ne donne du fruit en tout temps, si ce n'est la croix que portent les fidèles qui sont arrosés des eaux du fleuve de l'Eglise, et donnent sans interruption du fruit en tout temps. « Et le trône de Dieu et de l'Agneau sera dans elle, » dès maintenant et toujours. « Et ses serviteurs le serviront, et ils verront sa face, » comme il le dit lui-même : « Celui qui m'a vu a vu mon Père, » (*Jean*, XIV, 9) et encore : « Heureux ceux qui ont le cœur pur, parce qu'ils verront Dieu. » (*Matth.*, v, 8.) « Et ils auront son nom écrit sur le front. Et là il n'y aura plus de nuit, ils n'auront pas besoin de lampes, ni de la lumière du soleil, ni de la lumière de la lune, parce que le Seigneur Dieu les éclairera, et ils règneront dans les siècles des siècles. » (*Apoc.*, XXII, 5, etc.) Toutes ces choses ont commencé à s'accomplir depuis la passion du Seigneur. « Et l'ange me dit : Ne scellez point les paroles de la prophétie de ce livre ; car ce temps est proche. Que celui qui commet l'injustice la commette encore ; que celui qui est souillé se souille encore. » (*Ibid.*, 11.) C'est pour eux que l'ange avait dit plus haut : « Scellez les paroles des sept tonnerres. Et que celui qui est juste devienne plus juste encore, que celui qui est saint se sanctifie encore. » C'est pour ces derniers qu'il dit ici : « Ne scellez point les paroles de la prophétie de ce livre. » Ainsi les divines Ecritures demeurent scellées pour tous les orgueilleux et pour ceux qui aiment le monde plus que Dieu, tandis qu'elles sont ouvertes pour les humbles et les âmes qui craignent Dieu. « Voilà que je viens promptement, et j'ai ma récompense avec moi, pour rendre à chacun suivant ses œuvres. Je suis l'alpha et l'oméga, le premier et le dernier, le commencement et la fin. Heureux ceux qui observent ces commandements, afin qu'ils aient droit à l'arbre de vie et qu'ils entrent dans la ville par les portes. » (*Ibid.*, 12, etc.) Ceux qui n'observent point les commandements n'entrent point par les portes, mais par un autre endroit. Pour eux le livre demeure scellé, et c'est d'eux qu'il est dit ici : « Dehors les chiens, les empoisonneurs, les impudiques, les homicides, les idolâtres, et quiconque aime et fait le mensonge. Moi Jésus, j'ai envoyé mon ange pour vous rendre témoignage de ces choses dans les Eglises. Je suis le rejeton et le Fils de David, l'étoile qui brille au matin. L'Esprit et l'Epouse disent : Venez. » L'Epoux et l'Epouse, c'est Jésus-Christ et l'Eglise. « Que celui qui a soif vienne, et que celui qui le désire, reçoive gratuitement l'eau de la vie, » c'est-à-dire le baptême. « Je le déclare à tous ceux qui entendent les paroles de la prophétie de ce livre : Si quelqu'un y ajoute, Dieu le frappera des plaies décrites dans ce livre : et si quelqu'un retranche des paroles du livre de cette

---

troibit in eam omne immundum, aut faciens abominationem et mendacium, nisi scripti in libro vitæ Agni. Et ostendit mihi flumen aquæ, sicut crystallum, exiens a throno Dei et Agni, in medio plateæ ejus : » (*Apoc.*, XXII, 1, 2.) Fontem baptismi ostendit in medio Ecclesiæ, venientem a Deo et Christo. Nam quale decus civitatis esse potest, si flumen per medium plateæ ejus ad impedimentum habitantium descendat ? « Et ex utraque parte fluminis lignum vitæ faciens fructus duodecim per singulos menses, et reddens fructum suum : » Hoc de cruce Domini dixit. Nullum est lignum quod omni tempore fructificet, nisi crux quam gestant fideles, qui rigantur aqua Ecclesiastici fluminis, et reddunt fructum perpetuum omni tempore. « Et thronus Dei et Agni in ea erit : » utique a nunc in sæcula. « Et servi ejus servient ei, et videbunt faciem ejus : » sicut dicit : Qui me vidit, vidit et Patrem (*Joan.*, XIV, 9) et : Beati mundo corde, quia ipsi Deum videbunt. (*Matth.*, v, 8.) « Et nomen ejus in frontibus eorum. Et nox non erit amplius, et non egebunt lumine lucernæ, et lumine solis, quoniam Dominus Deus illuminabit super eos, et regnabunt in sæcula sæculorum : » (*Apoc.*, XXII, 5, etc.) Omnia ista a Domini passione cœperunt. « Et dixit mihi Angelus : Ne signaveris verba prophetiæ libri hujus ; tempus enim prope est. Qui injustus est, injusta faciat adhuc, et sordidus sordescat adhuc : » Isti sunt propter quos dixerat : Signa quæ locuta sunt septem tonitrua. « Et justus justificetur fac et adhuc, et sanctus sanctificetur adhuc : » Isti sunt propter quos dixit : Ne signaveris verba prophetiæ libri hujus. Ac sic Scripturæ divinæ omnibus superbis, et plus mundum quam Deum amantibus signatæ sunt : humilibus autem et timentibus Deum apertæ sunt. « Ecce venio cito, et merces mea mecum, reddere unicuique secundum opera ejus. Ego sum α et ω, primus et novissimus, initium et finis. Beati qui servant mandata hæc, ut sit potestas eorum super lignum vitæ, et per portas intrent in civitatem : » (v. 12, etc.) Qui enim non servant mandata, non per portas intrant, sed alia parte. In istis signatus est liber, de quibus sequitur et dicit : « Foris canes et venefici et fornicarii et homicidæ et idolorum cultores, et omnis amans et faciens mendacium. Ego Jesus misi Angelum meum testari vobis hæc in Ecclesiis : Ego sum radix et genus David, stella splendida matutina. Spiritus et sponsa dicunt : Veni : » utique sponsus et sponsa, Christus et Ecclesia. « Qui sitit, veniat, qui vult, accipiat aquam vitæ gratis : » id est, baptisma. « Testor ergo omnem audientem sermones prophetiæ libri hujus : Si quis apposuerit ad ea, apponat super eum Deus plagas scriptas in hoc libro : et si quis dempserit de sermonibus prophetiæ hujus, demet Deus partem ejus a ligno vitæ et

prophétie, Dieu lui retranchera de sa part du livre de vie et de la sainte cité, et de ce qui est écrit dans ce livre. » (*Apoc.*, XXII, 15, etc.) Celui qui rend témoignage fait cette déclaration contre les falsificateurs des saintes Ecritures, mais non contre ceux qui mettent leur sentiment en toute simplicité : « Oui, je viendrai promptement. » Cette montagne élevée sur laquelle saint Jean dit qu'il est monté est la figure de l'esprit qui l'inspire. La ville de Jérusalem dont le tableau se déroule à ses yeux, c'est l'Eglise, comme Notre-Seigneur nous l'apprend lorsqu'il dit dans son Evangile : « Une ville placée sur une montagne ne peut être cachée (1). » La lumière qui brille dans l'Eglise est semblable à l'éclat d'une pierre d'un très-grand prix ; cette pierre est la figure de la splendeur de Jésus-Christ. Les douze portes et les douze anges sont les Apôtres et les patriarches, d'après ces paroles de saint Paul : « Nous sommes comme un édifice bâti sur le fondement des Apôtres et des prophètes. Et comme cette ville dont saint Jean fait la description est répandue par tout l'univers, elle a trois portes à chacune de ses quatre parties, comme figure du mystère de la sainte Trinité. La verge d'or signifie les hommes qui font partie de l'Eglise ; ils ont une chair fragile, mais ils ont pour fondement une foi d'or, comme le dit l'Apôtre : « Vous portez ce trésor dans des vases fragiles. » En effet, cette cité d'or, cet autel d'or, ces coupes d'or, sont la figure de l'Eglise et de sa foi sincère. La transparence du verre exprime la pureté de sa foi. Saint Jean assigne à chaque fondement le nom d'une pierre précieuse différente, pour signifier les grâces diverses et variées qui ont été données aux Apôtres.

(1) L'auteur répète en partie ce qu'il a dit plus haut.

Les perles dont chaque porte est composée représentent les Apôtres à qui on donne le nom de portes, parce que leur doctrine ouvre aux hommes les portes de la vie éternelle. Il ajoute « qu'il n'a point vu de temple dans la ville, parce que le Seigneur Dieu tout-puissant et l'Agneau en sont le temple, » (*Apoc.*, XXI, 22) c'est-à-dire que Dieu est dans l'Eglise, et l'Eglise est en Dieu. « La ville n'aura besoin ni de la lumière du soleil, ni de la lumière de la lune, » parce que l'Eglise au milieu des ténèbres de ce monde n'est pas éclairée par le soleil matériel et visible, mais que Jésus-Christ, le soleil éternel, répand en elle sa lumière spirituelle, comme il dit lui-même : « Je suis la lumière du monde. » Par les rois de la terre, il faut entendre ici les enfants de Dieu, c'est-à-dire les chrétiens. Ce fleuve d'eau vive, claire comme le cristal, figure la fontaine du baptême placée au milieu de l'Eglise et qui vient de Dieu et de Jésus-Christ : « Cet arbre de vie planté sur le rivage du fleuve et qui donne son fruit chaque mois, » (*Apoc.*, XXII, 2) c'est la croix qui par tout l'univers porte des fruits pour Dieu, non-seulement tous les mois, mais tous les jours dans la personne de ceux qui sont baptisés : « Le Seigneur Dieu les éclairera, et ils régneront dans les siècles des siècles. » (*Ibid.*, 5.) Toutes ces choses se sont accomplies à partir de la Passion du Seigneur. Quant à ce que l'ange dit dans la première partie du livre : « Scellez les paroles des sept tonnerres, » c'est pour ceux dont il dit ici : « Que celui qui commet l'injustice la commette encore, que celui qui est souillé se souille encore. » (*Ibid.*, 11.) Mais quant à cette recommandation : « Ne scellez point les paroles de la prophétie de ce livre, »

ex civitate sancta; scripta in libro. » (*Apoc.*, XXII, 15, etc.) Hoc dicit qui testificatur hæc propter falsatores sanctarum Scripturarum : non propter eos qui simpliciter quod sentiunt, dicunt. « Etiam venio cito. » (*v.* 20.) Mons altus, in quo sanctus Joannes ascendisse se dixit, (*a*) spiritus intelligitur. In civitate Jerusalem, quam se ibi vidisse dixit, Ecclesia significata est. Quod in Evangelio ipse Dominus ostendit, quando dixit : Non potest civitas abscondi supra montem posita. Quod autem dicit, habere eam lumen simile lapidi pretiosissimo, in illo lapide Christi claritas demonstratur. In duodecim portis et in duodecim Angelis, Apostoli intelliguntur et Patriarchæ, secundum illud : Superædificati super fundamentum Apostolorum et Prophetarum : Et quia civitas quæ describitur, Ecclesia est toto orbe diffusa, ideo per quatuor partes ejus propter Trinitatis mysterium ternæ portæ esse dicuntur. In arundine aurea, homines Ecclesiæ ostendit, fragili quidem carne, sed aurea fide fundatos, propter illud Apostoli : Habentes thesaurum istum in vasis fictilibus. Quod dicit civitatem auream, aram auream, et phialas aureas, Ecclesia est propter fidem rectam. In vitro autem puritas fidei ipsius significata est. Quod autem nomina diversarum gemmarum in fundamentis nominare voluit, dona diversarum gratiarum, quæ Apostolis data sunt, demonstravit. In illis autem margaritis Apostolos designavit, qui ideo portæ dicuntur, quia per doctrinam suam æternæ vitæ januam pandunt. Quod autem dicit, « quia templum non vidi in ea, quia Dominus omnipotens templum ejus est, et Agnus, » (*Apoc.*, XXI, 22) hoc ideo, quia Deus est in Ecclesia, et Ecclesia in Deo. Quod vero dicit, « quia civitas non indiget Sole neque Luna : » hoc ideo, quia non visibili sole Ecclesia, sed Christi æterno lumine inter tenebras mundi istius spiritualiter illuminatur, sicut ipse dicit : Ego sum lumen mundi. Reges terræ, filios Dei, id est, Christianos intelligi voluit. In flumine aquæ, sicut crystallum, fontem baptismi in medio Ecclesiæ venientem a Deo et Christo. Quod autem dixit : « Lignum juxta fluvium duodecies per singulos menses dare fructum, » (*Apoc.*, XXII, 2) crux intelligitur, quæ per totum mundum non solum omnibus mensibus, sed etiam omnibus diebus, in his qui baptizantur, exhibet fructum Deo. Quod autem dicit : « Dominus Deus illuminabit illos, et regnabunt in sæcula sæculorum : » (*v.* 5.) Omnia ista a Domini passione cœperunt. Quod vero in superiori parte libri dixit : « Signa quæ locuta sunt septem tonitrua : » propter eos dixit, de quibus ait : « Ut sordidus sordescat adhuc, et qui injustus est, injusta faciat adhuc. » Illud autem quod ait : « Ne signaveris verba prophetiæ, » (*v.* 11) propter sanctos et justos intelligi voluit. Ac sic Scripturæ divinæ

(*a*) Ms. Petr. *Christus.*

elle est faite pour les saints et pour les justes. Ainsi les divines Écritures demeurent scellées pour tous les superbes et pour tous ceux qui aiment plus le monde que Dieu, mais elles sont ouvertes pour les humbles et ceux qui craignent Dieu. Et puisque l'Apocalypse de l'évangéliste saint Jean se termine par cette conclusion, prions Notre-Seigneur Jésus-Christ de venir à nous selon sa promesse, et de nous délivrer par sa miséricorde de la prison de ce monde, et de daigner nous conduire dans sa bonté jusqu'à son éternelle félicité, lui qui vit et règne avec le Père et le Saint-Esprit dans les siècles des siècles. Ainsi soit-il.

omnibus superbis, et plus mundum quam Deum amantibus signatæ sunt, humilibus autem et Deum timentibus apertæ. Et quia sic concludit Apocalypsis Joannis Evangelistæ, ut dicat : « Ecce venio cito : » oremus ut secundum suam promissionem Dominus Jesus Christus ad nos venire, et per suam misericordiam de carcere nos mundi istius liberare, et ad suam beatitudinem pro sua pietate perducere dignetur : Qui cum Patre et Spiritu sancto vivit et regnat in sæcula sæculorum : Amen.

PRÉFACE

DU

TOME QUATRIÈME DE L'ÉDITION DES BÉNÉDICTINS

Si saint Augustin nous eût laissé les derniers livres de *Rétractations*, par lesquels, ainsi que l'atteste sa lettre à Quodvultdeus, il voulait corriger ses discours au peuple (*Lettre* ccxxiv, n° 2), il aurait sans doute enrichi cet immense travail sur les Psaumes de David, d'observations qui auraient comme fourni une préface beaucoup plus utile que la nôtre. Mais la mort n'ayant pas permis à ce Bienheureux d'achever son dessein, nous pensons qu'il est de notre devoir d'exposer ici, en peu de mots, d'abord les motifs qui l'ont poussé à entreprendre ses discours sur les Psaumes, ensuite l'ordre qu'il a observé dans cette œuvre, la marche qu'il a suivie dans cette explication et les règles qu'il s'est imposées, enfin la version dont il a adopté le texte.

Saint Augustin était merveilleusement épris des Psaumes de David. Ces chants, à l'époque où il commença à les entendre dans l'église de Milan, affectèrent si délicieusement son âme, que ces pieuses émotions furent un stimulant énergique qui hâta sa conversion. (*Confessions*, liv. IX, ch. vi et vii.) Notre saint auteur rapporte encore que, dans sa retraite à Cassisiacum, où il se préparait au baptême, il fut enflammé par la lecture de ces cantiques sacrés, d'un si violent amour de Dieu, qu'il était dévoré du plus ardent désir de les réciter, si cela eût été possible, dans l'univers entier; et en même temps, il était percé du sentiment de la plus amère douleur, joint à celui de l'indignation et de la pitié, en voyant que les Manichéens, dans leur déplorable aveuglement, ne comprenaient pas les mystères et les salutaires remèdes

IN QUARTUM TOMUM PRÆFATIO

Si postremos illos *Retractationum* libros nobis Augustinus reliquisset, quibus habitis ad populum Tractatus recensere se velle epistola sua ad Quodvultdeum testabatur (*Epist.* ccxxiv, n. 2); immensum hoc in Psalmos Davidicos opus ibi haud dubie illustrasset iis observationibus, quæ præfationis loco, nostra multo utilioris, esse potuissent. At cum propositum exsequi Beato Viro per mortem non licuerit, arbitramur officii nostri hoc loco paucis exponere, primo quibus momentis ad suscipiendam Psalmorum enarrationem impulsus sit, postea quem in ea ordinem servaverit, deinde quam secutus fuerit in exponendo rationem, tum quas leges sibi præstituerit, denique cuinam institerit Versionum.

Psalmis Davidicis mirum in modum capiebatur Augustinus. Eorum cantus, quo tempore illum in Ecclesia Mediolanensi audire cœpit, adeo suaviter ipsius afficiebat animum, ut piis hisce motibus ad maturandam conversionem suam vehementius stimularetur. (*Confessionum* lib. IX, c. vi, vii.) Tradit etiam Vir sanctus in suo secessu apud Cassisiacum (*Ibid.*, c. iv), ubi se ad Baptismum comparabat, tantopere divinum in se amorem exarsisse legendis iisdem sacris Canticis, ut ardentissimo flagraret desiderio illos per orbem universum, si qua fieri potuisset, recitandi; simulque amarissimo doloris cum indignatione ac commiseratione conjuncti sensu pungeretur, quod quæ

que les psaumes contiennent, et qu'en conséquence ils repoussaient l'antidote qui pouvait leur rendre la santé. (*Ibid.*, ch. IV.)

Mais, bien qu'il comprît, par sa propre expérience, que l'on peut tirer des Psaumes une si vive lumière, et en exprimer avec tant d'abondance le suc de la piété; cependant, content de les méditer pour lui-même, jamais peut-être il n'aurait conçu l'idée de les expliquer publiquement, si des motifs venus d'ailleurs ne l'avaient poussé à le faire. En effet, la magnificence des Psaumes avait pénétré son esprit d'une si profonde admiration, que ceux-là même qui paraissent les plus clairs devaient, dans son opinion, être regardés comme remplis de la plus mystérieuse obscurité. Il est évident, par exemple, qu'il n'a pas été porté par d'autre motif à donner enfin, après tant de refus et de délais, l'explication du CXVIII^e psaume, explication sollicitée de lui par des instances qui allaient jusqu'aux reproches; il l'a suffisamment prouvé par ces paroles : « Plus en effet, il semble être clair, plus il me semble profond. » (*Préface des discours sur le psaume* CXVIII^e.) Mais comme les devoirs de la dignité dont il était revêtu exigeaient qu'il dirigeât par ses enseignements le peuple commis à ses soins, qu'il le corrigeât par ses réprimandes, qu'il le formât à la piété et qu'il l'affermît dans le goût et dans la pratique des bonnes œuvres et des vertus chrétiennes, bien que toute l'Ecriture, au témoignage de l'Apôtre, conduise à ce résultat (II *Tim.*, III, 16), il voulut de préférence se servir à cet effet des Psaumes, qu'il voyait répandus dans les mains et sur les lèvres de tout le peuple; et il les jugea d'autant plus efficaces pour le but qu'il voulait atteindre, qu'ils réunissent en eux les mystères et les enseignements dispersés dans tous les livres saints, dont ils sont en quelque sorte l'abrégé. Il consacra donc ses sueurs à ce travail, y apportant le plus grand soin et l'assiduité la plus grande; et s'il accéda enfin, non sans difficulté, aux prières importunes et opiniâtres de ceux qui lui demandaient des commentaires sur les Psaumes qu'il jugeait d'une explication trop difficile, nous le voyons, d'un autre côté, refuser de laisser là les Psaumes qu'il avait entrepris, pour consacrer sa plume à d'autres sujets, parce qu'il croyait toujours devoir préférer

---

mysteria remediaque illic continentur, Manichæi lugenda cæcitate non viderent, atque adeo antidotum, quo sanitas eis restitui potuisset, respuerent.

Atqui licet e Psalmis tantum luminis duci, tam uberem pietatis succum exprimi posse intelligeret, proprio nimirum experimento; attamen privata sua meditatione contentus, nunquam fortassis ad eos publice exponendos animum appulisset, nisi ipsum petitæ aliunde caussæ permovissent. Enimvero tam magnificam imbiberat de Psalmorum præstantia opinionem, ut quotquot ex illis apertissimi videbantur, iidem habendi essent ipsius judicio reconditissimi. Nec sane aliud caussæ fuisse, cur ad Psalmum centesimum-decimum-octavum, cujus expositionem ab eo tantum non conviciis flagitabant, explanandum post tantas moras et procrastinationes accesserit, ipse satis declarat istis verbis : « Quanto enim videtur apertior, tanto mihi profundior videri solet. » (*Prolog.* in *Psal.* CXVIII.) Verumtamen cum dignitatis, quam gerebat, ratio exigeret, ut plebem curæ suæ creditam præceptis institueret, objurgationibus corrigeret, informaret ad pietatem, in bonorum operum virtutumque Christianarum studio et usu confirmaret; quanquam Scriptura omnis, Apostolo teste (II *Tim.*, III, 16), ad id conducit; eum tamen oportuit in primis Psalmos adhibere, utpote quos passim populi manibus teri ac in ore versari cerneret, eoque ad illud assequendum judicaret efficaciores, quod mysteria atque præcepta in sacris omnibus paginis, quarum illi quoddam veluti compendium exhibent, dispersa, in se complectantur. Desudavit igitur in hoc labore summa cura et sedulitate, et si quando molestis improbisque precibus eorum, qui commentationes in Psalmos, quos ipse nimis difficiles existimabat, postulabant, non nisi ægre morem gessit : contra videmus aliquando nolle ipsum Psalmis, quos in manibus habebat, relictis, ad alia

ce qui était avantageux au plus grand nombre. « Nous regardons, dit-il, comme plus pressantes les choses que nous espérons devoir être utiles à plus de personnes. » (*Lett.* CLXIX, *à Ev.*, n° 1.)

Quand saint Augustin entreprit cet ouvrage, n'ayant pas l'intention de commenter tout le Psautier de David, il ne crut pas devoir s'attacher à en suivre l'ordre. En effet, il nous apprend lui-même dans une lettre écrite à Paulin vers l'an 414, qu'à une époque précédente il avait donné un commentaire plus court sur le psaume XVI° : « J'ai revu, dit-il, une très-courte explication de ce psaume que j'avais autrefois dictée. » (*Lettre* CXLIX, n° 5) Ces paroles nous font penser que non-seulement ce même commentaire, mais encore tous les autres qui sont écrits dans le même style et avec la même brièveté, sont les premiers de tout l'ouvrage qui aient d'abord paru. Car il avait d'abord résolu de traiter par ordre les Psaumes qu'on appelle Graduels ou des degrés ; ce qu'il nous fait connaître dans son discours sur le CXXII° psaume, en disant : « J'ai entrepris d'examiner successivement avec Votre Sainteté les Cantiques de Celui qui monte. » De même, dans les discours sur le CXXV° et sur le CXXXI° psaume, il dit avoir abordé ces psaumes, selon l'ordre dans lequel ils sont placés, et cependant il avait expliqué le CXX°, le jour de la fête de sainte Crispine dont les Martyrologes placent la mort aux Nones de Décembre, et le CXXVII° le jour de la fête de saint Félix, dont le martyre est indiqué aux Nones de Novembre (1). Mais pour tous les autres, plusieurs passages prouvent évidemment qu'il ne s'est point astreint à suivre l'ordre établi. Par exemple, dans ses discours sur le psaume LXVI°, il cite ses commentaires sur le CII° et sur le CIII°, et dans son discours sur le CII° ses commentaires sur le CIII° qu'il me paraît aussi indiquer, en quelque sorte, dans son explication du LXXX° psaume. Dans une lettre à Evodius écrite à la fin de l'an 415, il dit qu'il a dicté depuis peu ses discours sur les psaumes LXVII°, LXXI° et LXXVII°, et qu'il ne veut pas se laisser détourner de son travail sur les autres psaumes qu'il n'avait pas encore expliqués ; d'où

(1) Les numéros de ces deux psaumes, inexacts dans le texte latin, sont rétablis dans la traduction.

calamum transferre ; eo quod quæ multis essent conducibilia, eadem putaret semper anteponenda. « Magis urgent, inquit, quæ pluribus utilia fore speramus. » (*Epist.* CLXIX, *ad Evodium*, n. 1.)

Cum primum ad illud opus aggressus est Augustinus, quemadmodum ipsius consilium non erat Davidicum omne Psalterium commentari, ita rationis ordinis haud magnopere habendam existimavit. Et quidem epistolæ ad Paulinum anno circiter 414 scriptæ locus ille, quo strictiorem Psalmi decimi-sexti enarrationem dudum abs se factam testatur : « Recensui, inquiens, brevissimam quamdam ejusdem Psalmi expositionem, quam jam olim dictaveram, » (*Epist.* CXLIX, n. 5) eo cogitationem nostram impellit, ut, cum eamdem illam expositionem, tum omnes alias eadem brevitate ac stilo concinnatas, totius operis primas exiisse arbitremur. Statuerat etiam Graduales, quos vocant, Psalmos ex ordine enucleare, quod in centesimum-vigesimum-secundum disserens significat his verbis : « Ascendentis Cantica ex ordine cum Sanctitate Vestra consideranda suscepi. » Similiter in centesimum-vigesimum-quintum ac centesimum-trigesimum-primum dicit ita se ad Psalmos illos venisse, ut cujusque ordo postulabat : cum tamen vigesimum-sextum in festo B. Crispinæ, cujus agonem nonis Decembris referunt Martyrologia, Psalmum vero trigesimum-septimum in die natali S. Felicis, cujus martyrium nonis Novembris renuntiatur, exposuerit. Sed in reliquis omnibus eum ordini non fuisse addictum, varii loci planum faciunt. Exempli causa, in Psalmum sexagesimum-sextum explanationes centesimi-secundi et centesimi-tertii citat ; in centesimum-secundum enarrationem centesimi-tertii, quam etiam in exponendo octogesimum quodam modo videtur indicare. In epistola ad Evodium data exeunte anno 415 (*Epist.* CLXIX, n. 1), tradit proxime dictatas a se Psalmorum sexagesimi-septimi, septuagesimi-primi et septuagesimi-septimi enarrationes fuisse ; nolle vero se, suum in reliquos Psalmos, quos necdum explicaverat, laborem interpelli : unde colligas tunc non bene multos superfuisse quos tractaret. Loca,

l'on peut inférer qu'il ne lui en restait plus un grand nombre à traiter. Les lieux où il se trouvait, les circonstances, les événements, les personnes lui ont souvent suggéré le choix de tel ou tel psaume. Nous devons les commentaires sur les psaumes xxxiv° et cxxxix° aux ordres ou aux prières d'évêques réunis sans doute alors en quelque assemblée, comme il y a lieu de le conjecturer. Il en est de même probablement du commentaire sur le psaume xxxvi°, comme lui-même le rapporte dans l'exorde de son deuxième discours sur ce psaume. Il dit également qu'il a été engagé à expliquer le psaume lii° par un *frère*, c'est-à-dire peut-être par un évêque. Quant au xciv°, il l'a expliqué au peuple, pour obéir, comme il le dit, aux ordres d'un *Père*, c'est-à-dire ou d'Aurélius évêque de Carthage, ou du vieillard Valérius auquel Augustin succéda comme évêque. Même déclaration relativement au psaume ciii°, dans le second des quatre discours assez étendus, dans lesquels notre Saint a expliqué ce psaume à Carthage. Il a traité sur-le-champ le psaume lxxxvi°, à la demande d'un personnage d'une grande autorité, auquel il donne aussi plusieurs fois le nom de Père. Bien plus, il paraît avoir parlé sur le psaume li°, sans avoir auparavant médité son discours; car il y témoigne la crainte de ne pas s'exprimer avec le soin que réclame une parole qui doit être recueillie, non-seulement par les oreilles des auditeurs, mais encore par la plume d'écrivains qui vont la livrer au public : « Puisque, dit-il, il plaît à nos frères de recueillir ce que nous disons, non-seulement des oreilles et du cœur, mais encore de la plume; de sorte, que nous devons nous préoccuper non-seulement de nos auditeurs, mais encore de nos lecteurs. » (*Disc. sur le Ps.* li, n° 1.) Le lecteur ayant récité le psaume cxxxviii°, au lieu d'un autre plus court, qu'Augustin avait préparé et qu'il avait ordonné de lire, selon la coutume, avant de l'expliquer, l'orateur attribuant ce fait accidentel à la volonté divine, expliqua d'emblée ce même psaume. Aux jours consacrés à la passion du Seigneur, il prononça un discours étendu sur le psaume xxi°, parce qu'il convenait à ce mystère, de même qu'aux fêtes de Pâques, il expliqua le psaume c°, en raison de la convenance de

tempora, casus, personæ, sæpe sæpius enarrandum Psalmum ei suggerebant. Debemus trigesimi-quarti et centesimi-trigesimi-noni commentationes imperio vel precibus Episcoporum, quos tunc temporis conventum aliquem habuisse conjicere est. Idem puta de commentatione in trigesimum-sextum, quemadmodum in exordio sermonis secundi super eodem Psalmo ipsemet narrat. Quinquagesimum-secundum *fratris*, alicujus forsitan episcopi impulsu, se tractandum suscepisse testatur. Nonagesimum-quartum populo exposuit *Patris*, ut ait, jussis obsecuturus, nimirum vel Aurelii Carthaginensis, vel senis Valerii, quem in episcopatu Augustinus excepit. De Psalmo centesimo-tertio idem similiter declaratur in secundo prolixiorum horumce quatuor sermonum, quibus Carthagine Vir sanctus memoratum Psalmum edisseruit. Propositum sibi a viro quodam magnæ auctoritatis, quem suum quoque Patrem vocitat, Psalmum octogesimum-sextum excussit ex tempore. Quin etiam videtur in quinquagesimum-primum verba fecisse, non ante meditatus quæ diceret : cum ibi vereri se testetur, ut id tanta accuratione præstet, quantam exigit oratio, non attente solum auditorum auribus, sed scriptorum quoque calamo, ut publici juris fiat, excipienda. « Quandoquidem, inquit, placuit fratribus, non tantum aure et corde, sed et stilo excipienda quæ dicimus, ut non auditorem tantum, sed et lectorem etiam cogitare debeamus. » (*In Psal.* li, n. 1.) Psalmo centesimo-trigesimo-octavo alterius brevioris vice, quem Augustinus paraverat, ac de more ante expositionem legi jusserat, recitato; casum hunc ille in argumentum divinæ voluntatis traxit, atque ex tempore eumdem illum Psalmum explanavit. Diebus Dominicæ passioni sacris Psalmi vigesimi-primi, quod is eidem mysterio conveniret, pronuntiavit fusiorem explanationem; sicut et Psalmi centesimi festis Paschalibus, queis ob inscriptionem *Halleluia* congruit. Operæ non est, alios Psalmos, quos nata occasione tot variis solemnitatibus ac locis, Hippone-regio, Carthagine, Uticæ atque alibi fuit interpretatus, hic adnotare : satis enim est, quod ea suo

son titre qui est : *Alleluia*. Il est inutile de faire remarquer ici les autres psaumes qu'il a commentés, selon les occasions, dans un si grand nombre de solennités et d'endroits différents, à Hippone le royal, à Carthage, à Utique et ailleurs; il suffit que nous indiquions ces particularités, chacune en son lieu, au commencement de ces discours. Nous n'ajouterons qu'une chose, c'est que le saint Évêque a couronné son travail par l'explication du psaume cxviii[e], ainsi qu'il résulte du prologue de ces discours, que nous croyons devoir citer ici en entier.

« J'ai expliqué, dit-il, aussi bien que je l'ai pu, avec l'aide du Seigneur, en partie dans des discours prononcés devant le peuple, en partie dans des commentaires que j'ai dictés, tous les autres psaumes dont nous savons que se compose le livre des Psaumes que l'Église a coutume de nommer Psautier; mais, quant au cxviii[e], j'ai différé de l'entreprendre, moins à cause de sa longueur que l'on connaît, qu'en raison de sa sublimité que peu d'esprits sont capables d'atteindre. Et bien que mes frères eussent grand'peine à supporter que l'explication de ce psaume, si l'on considère l'ensemble du psautier, manquât seule à notre travail, et qu'ils me pressassent vivement d'acquitter cette dette, cependant je me suis longtemps défendu d'obéir à leurs sollicitations et à leurs ordres, parce que toutes les fois que j'ai tenté de m'y appliquer, ce travail a dépassé les forces de mon esprit. En effet, plus ce psaume semble d'un accès facile, plus il me paraît profond, à tel point que je ne saurais même le démontrer. Dans les autres psaumes où se rencontrent des difficultés, si parfois le sens est caché sous quelque obscurité, du moins cette obscurité même est manifeste; mais ici on ne s'aperçoit même pas de l'obscurité : car tel est ce psaume à la superficie, qu'il semble n'avoir besoin que d'être entendu ou lu et non d'être expliqué. Et maintenant qu'enfin j'entreprends de le traiter, j'ignore entièrement ce que je pourrai faire : j'espère cependant que Dieu m'assistera et daignera m'aider, afin que je puisse quelque chose. C'est ce que j'ai fait au sujet de tous les passages qu'il me paraissait d'abord difficile et presque impossible d'expliquer, et qu'ensuite j'ai pu exposer d'une manière suffisante. J'ai résolu aussi de donner ces explications dans des discours prononcés devant le peuple, que les Grecs nomment ὁμιλίας (homélies). En effet, je regarde

quæque loco in limine earumdem enarrationum indicamus. Addimus hoc unum, coronidem operi suo sanctum Antistitem posuisse exposito centesimo-decimo-octavo Psalmo, prout in ejusdem prologo significat, quem quidem placuit hoc loci integrum repræsentare.

« Psalmos omnes cæteros, ait, quos codicem Psalmorum novimus continere, quod Ecclesiæ consuetudine Psalterium nuncupatur, partim sermocinando in populis, partim dictando exposui, donante Domino, sicut potui : Psalmum vero centesimum-octavum-decimum, non tam propter ejus notissimam longitudinem, quam propter altitudinem paucis cognoscibilem differebam. Et cum molestissime ferrent fratres mei, ejus solius expositionem, quantum ad ejusdem corporis Psalmos pertinet, deesse opusculis nostris, meque ad hoc solvendum debitum vehementer urgerent; diu petentibus jubentibusque non cessi : quia quotiescumque inde cogitare tentavi, semper vires nostræ intentionis excessit. Quanto enim videtur apertior, tanto mihi profundior videri solet; ita ut etiam quam sit profundus, demonstrare non possim. Aliorum quippe, qui difficile intelliguntur, etiamsi in obscuritate sensus latet, ipsa tamen apparet obscuritas; hujus autem nec ipsa : quoniam talem præbet superficiem, ut lectorem atque auditorem, non expositorem necessarium habere credatur. Et nunc quod tandem ad pertractationem ejus accedo, quid in eo possim, prorsus ignoro : spero tamen ut aliquid possim, adfuturum atque adjuturum Deum. Sic enim feci de omnibus, quæcumque sufficienter, cum prius mihi ad intelligendum vel explicandum difficilia ac pœne impossibilia viderentur, exposui. Statui autem per sermones id agere, qui proferantur in populis, quos Græci ὁμιλίας vocant. Hoc enim justius esse arbitror, ut con-

comme juste que ceux qui prennent part aux réunions de l'Eglise ne soient pas privés de comprendre ce psaume dont le chant aussi bien que celui des autres fait leurs délices. »

Les trente-deux discours d'Augustin sur le cxviii° psaume ont donc été composés pour l'instruction du peuple, mais ils n'ont point été prononcés en chaire. Et c'est peut-être là ce qu'a voulu dire Possidius, lorsqu'après avoir énuméré les commentaires que notre Saint a seulement dictés, il ajoute : « Tous les autres psaumes, excepté le cxviii°, ont été traités devant le peuple. » (Possidius, *Catalogue*, c. vi.)

Mais le nombre des psaumes traités du haut de la chaire est de beaucoup supérieur à celui des autres. C'est la conséquence, il est facile de le concevoir, des soins si nombreux et si divers pour les intérêts de l'Eglise qui absorbaient le grand prélat, et qui lui laissaient à peine un autre temps à consacrer à cet ouvrage ; mais d'après le passage que nous avons rapporté du premier discours sur le psaume cxviii°, il est évident qu'il a surtout adopté cette méthode d'expliquer l'Ecriture, en vue du peuple, qui ne pouvait être instruit du sens des livres saints que dans les assemblées de l'église et par ce moyen. Or, dans ces traités adressés au peuple, il a inséré certaines observations et lancé, comme un trait assuré contre les schismes, contre les erreurs et contre les vices du temps, certaines sentences des psaumes, qui rendent cette lecture beaucoup plus agréable. On y trouve également de très-remarquables citations de l'Evangile, des Actes et des Epîtres des Apôtres, que le saint docteur a jointes à chaque psaume, parce qu'on les lisait le même jour dans l'église. Enfin, on y rencontre de véhémentes exhortations qui persuadent, des paroles enflammées qui entraînent, des figures chargées, si l'on peut ainsi parler, de tant de flammes et de tant de feux qu'on peut à peine y jeter les yeux sans être embrasé de l'ardeur que les disciples d'Emmaüs déclaraient avoir ressentie, quand ils disaient : « Notre cœur n'était-il pas brûlant au-dedans de nous, lorsqu'il nous parlait dans le chemin et qu'il nous découvrait le sens des Ecritures ? » (*Luc*, xxiv, 32.)

ventus ecclesiastici non fradentur etiam Psalmi hujus intelligentia, cujus, ut aliorum, delectari assolent cantilena. »

Fuere igitur hi sermones triginta-duo in Psalmum centesimum-decimum-octavum populi quidem causa lucubrati, sed nequaquam ab Augustino pronuntiati. Et hoc ipsum forte significatum voluit Possidius, cum post enumeratas expositiones, quas solummodo Vir sanctus dictavit, ita subdit : « Reliqui omnes Psalmi, excepto centesimo-decimo-octavo, in populo disputati sunt. » (Possid., *in indic.*, cap. vi.)

Psalmorum autem e sacro suggestu habitorum numerus alios longe superat. Quæ res facile videri posset inde contigisse, quod magnus Præsul tot ac tam variis Ecclesiæ curis districtus, vix aliud tempus nancisceretur, quod isti labori impenderet : sed ex iis quæ supra retulimus ex Psalmi centesimi-decimi-octavi enarratione manifestum est, hancce methodum explicandæ Scripturæ magis illi probatam fuisse propter populum, qui sola hac via divinarum litterarum sensum in concionibus ecclesiasticis doceri poterat. In illis porro ad plebem Tractatibus, observationes quædam inseruntur, ac certæ Psalmorum sententiæ in schismata, in errores ac in vitia temporum istorum torquentur, quibus eorum lectio multo jucundior evadit. Illic etiam locos ex Evangelio, Actibus atque Epistolis Apostolorum maxime insignes reperias, quos idcirco sanctus Doctor una cum Psalmo enucleavit, quia eodem die recitati fuerant in ecclesia. Denique occurrunt adhortationes vehementes, quæ persuadeant; elocutiones inflammatæ, quæ abripiant; figuræ tot flammis atque ignibus, si fas ita loqui, gravidæ, ut in eas oculos conjicere vix quisquam possit, quin incendatur eodem ardore, quem experiri se testabantur ii, qui dicebant : « Nonne cor nostrum ardens erat in nobis, dum loqueretur in via, et aperiret nobis Scripturas. » (*Luc.*, xxiv, 32.)

C'est là ce qu'éprouva le bienheureux Fulgence en lisant le discours sur le psaume xxxvi°, dont l'exorde est tiré de la considération du jugement dernier, parce que le même jour on avait lu dans l'église le xxiv° chapitre de saint Matthieu : car Fulgence, qui déjà, comme le rapporte Ferrandus dans l'histoire de sa vie, avait formé le projet de renoncer au monde, « touché des paroles du bienheureux Augustin dans son explication du psaume xxxvi°, se résolut de suite à rendre public le désir qu'il avait de changer son genre de vie. » (Ch. III.)

Quant à la foule, dont les oreilles se rassasiaient des discours si brûlants et si vivants, pour ainsi dire, de son pasteur, nous croyons volontiers qu'elle a été souvent transportée par de pareils mouvements, au point de le témoigner quelquefois par des applaudissements. C'est à la pieuse avidité du peuple qu'il faut rapporter tant d'admirables digressions destinées à le former aux mœurs chrétiennes, auxquelles le saint prélat se laissait entraîner lorsqu'il en trouvait l'occasion, comme l'a d'ailleurs remarqué Cassiodore dans son *Prologue sur les Psaumes* : « Désireux, nous dit-il, de rassasier à la table de l'Eglise un peuple très-avide de ces festins, il a été nécessairement entraîné à épancher les flots d'une aussi abondante prédication. »

Le même auteur nous fait entendre au même endroit que le commentaire d'Augustin sur les Psaumes était divisé en décades : « Il a, dit-il, admirablement expliqué les Psaumes en quinze décades. » Nous ne trouvons aucune trace de cette divison dans les manuscrits, excepté dans trois; l'un, celui de Joly, de l'Eglise de Paris, qui porte sur le titre : « Commencement du livre, divisé en décades, du bienheureux Augustin, depuis le premier psaume : *Beatus vir*, jusqu'au cinquante et unième ; » et les deux autres de la bibliothèque de Colbert, dont le premier, après le discours sur le psaume xl°, ajoute : « Fin de la décade formant le livre premier de saint Aurèle Augustin, évêque. » Quant au second, qui donne un abrégé de tout l'ouvrage, il porte en tête du livre quelques vers qui nous ont paru mériter de prendre place au milieu des préfaces et des éloges qui suivent. Parmi ces vers, il en est un que voici : « Ter quinis deca-

---

Id expertus est Beatus Fulgentius, cum Tractatum in Psalmum trigesimum-sextum legeret, cujus exordium e consideratione diei extremi judicii ideo sumitur, quod eo die caput xxiv Matthæi fuerat recitatum. Hic siquidem, ut in ejus vita Ferrandus auctor est, cum apud animum suum jam decrevisset mundo nuntium remittere : « Beati Augustini exponentis trigesimum-sextum Psalmum disputatione commonitus, publicare suum statuit votum, mutare gestiens habitum. » (Cap. III.)

Quod vero ad plebem, cujus aures implebant sermones illi Pastoris sui fervore incitati et quasi animati, haud ægre adducimur, ut credamus eam frequenter illis motibus raptam fuisse, quos nonnunquam suis plausibus significat : cujus quidem plebis aviditati referendæ sunt acceptæ tot egregiæ ad mores informandos digressiones, in quas sanctus Præsul opportunitatem nanctus divertitur, quemadmodum in suo *prologo ad Psalmos* notat Cassiodorus : « Cum nimis avidos populos, inquit, ecclesiasticis dapibus explere cupit, necessario fluenta tam magnæ prædicationis emanavit. »

Idem auctor eodem loco totum hoc Augustini commentarium in decadas fuisse distributum innuit hisce verbis : « Quæ ille, inquit, in decadas quindecim mirabiliter explicavit. » Cujus partitionis vestigium nullum in manuscriptis reperimus, exceptis tribus, uno Jolyano Ecclesiæ Parisiensis, qui in fronte præfert : « Incipit liber decada Domini Augustini a Psalmo I. Beatus vir, usque LI. » et duobus Colbertinis, quorum alter enarrationi Psalmi quadragesimi hæc subdit : « Beati Aurelii Augustini episcopi finit decada de libro primo. » Alter vero compendium totius operis complectens, versus quosdam in capite voluminis exhibet, qui cum præfationibus ac elogiis infra edendis locum habeant, non indignos. In his autem isthuc pertinet is versus : « Ter quinis

dis grande peregit opus. » Il a, dans quinze décades, achevé ce grand ouvrage. Cependant, Possidius n'ayant fait aucune mention d'une semblable division, il n'y a pas lieu de croire qu'elle ait été opérée du temps ou par l'ordre de saint Augustin. Peut-être en a-t-il été de ces discours comme de l'ouvrage de Tite-Live, dont, selon l'observation de Pétrarque, dans sa lettre *à Jean Boccace*, « la division, connue sous le nom de décades, n'est point l'œuvre de l'écrivain, mais bien d'un lecteur paresseux et fatigué. » (*Lett. div.*, XXII ou XXIV.)

Venons maintenant au point le plus important de cette préface, c'est-à-dire aux règles qu'a suivies saint Augustin dans l'interprétation des Psaumes. Un certain nombre d'observations seraient ici nécessaires, si le saint docteur, dans ses livres *de la Doctrine chrétienne*, n'avait lui-même traité à fond ce sujet. En effet, pour ce qui concerne la lettre du texte, il garde de son mieux dans ces commentaires le précepte qu'il donne de la suivre dans son intégrité et dans sa pureté. Il compare entre elles les éditions latines, il consulte les exemplaires grecs, il passe en revue les diverses leçons; il recherche comment se sont glissées les variantes, si elles proviennent de la faute des traducteurs ou de l'ambiguïté du texte grec; enfin le zèle consciencieux avec lequel il a discuté scrupuleusement tant de passages, l'a poussé à revoir et à corriger très-souvent le psautier d'après le texte grec. Il est facile de constater cette méthode d'après sa lettre *à Audax*, dans laquelle, après avoir dit qu'il ne possédait pas la traduction du psautier faite de l'hébreu par saint Jérôme, il ajoute : « Nous n'avons pas fait une traduction, mais nous avons corrigé, avec le secours des exemplaires grecs, plusieurs fautes que contenaient les manuscrits latins. Peut-être avons-nous, par ce moyen, rendu le texte plus convenable, sans toutefois l'avoir reproduit tel qu'il devrait être. Car, même maintenant, s'il arrive que la lecture nous fasse reconnaître des fautes que nous avons laissé passer, nous les corrigeons en collationnant les divers manuscrits. » (*Lett.* CCLXI, n° 5.)

Quelquefois le premier sens littéral des Psaumes n'a rien que de simple et de spirituel; mais souvent il est relatif et figuré, et alors nous pouvons véritablement affirmer que le sens littéral

---

decadis grande peregit opus. » Verumtamen cum Possidius distributionis ejusmodi non meminerit, eam Augustini tempore vel jussu factam credibile non est. Atque idem forte hic acciderit, quod T. Livii libro, « quem » ut Petrarcha epistola *ad Joannem Boccacium* observat, « in partes quas decades vocant, non ipse qui scripsit, sed fastidiosa legentium scidit ignavia. » (*Epist. variar.*, XXII, vel. XXIV.)

Veniamus jam ad præcipuum caput, regulas videlicet, quas in interpretando servavit Augustinus. Multa hic essent observatu necessaria, nisi hoc argumentum ipsemet Beatus doctor in libris *de Doctrina Christiana* pertractasset. Primo siquidem quod ad litteram spectat, ut eam integram atque illibatam habeat, quæ præcepta illic tradit, ea pro sua virili hoc in commentario sequitur. Latinas editiones inter se componit, exemplaria Græca consulit, colligit varias lectiones, undenam irrepserit diversitas, ex interpretum vitio, an e textus Græci ambiguitate investigat; ejus denique illa sedulitas, qua tot locos tam anxie discussit, huc eum impulit, ut Psalterium multoties ad idioma Hellenicum recenseret castigaretque. Hoc intelligas licet ex ejusdem *ad Audacem* epistola, ubi cum dixisset Psalterium a Beato Hieronymo ex Hebræo sermone conversum non habere se, prosequitur in hunc modum : « Nos autem non interpretati sumus, sed codicum Latinorum nonnullas mendositates ex Græcis exemplaribus emendavimus. Unde fortassis fecerimus aliquid commodius quam erat, non tamen tale quale esse debebat. Nam etiam nunc, quæ forte nos tunc præterierunt, si legentes moverint, collatis codicibus emendamus. » (*Epist.* CCLXI, n. 5.)

Primus litteræ sensus interdum nihil continet, nisi simplicis ac spiritalis : at idem sæpius relatus et figuratus est. Tuncque vere affirmare possumus, quod est dictio significationi suæ comparata,

est par rapport au sens spirituel, ce que sont les mots en eux-mêmes par rapport à leur signification figurée ; et comme il nous est impossible de parvenir à comprendre le sens spirituel, si nous ne commençons par examiner parfaitement le sens littéral, de même il nous serait inutile de connaître le sens littéral, si nous négligions de parvenir au sens spirituel. C'est pourquoi, laissant de côté le sens littéral, toutes les fois qu'il a pensé que ce sens était par lui-même assez clair et assez connu, le saint prélat s'est appliqué directement au sens spirituel. Et il n'en a pas usé ainsi seulement dans les discours adressés au peuple, alors qu'il était obligé de rechercher surtout le profit de son auditoire, mais encore dans les explications qu'il a dictées sur quelques psaumes, alors qu'il lui était permis de diriger sa parole à son gré.

Mais comme les mots employés par la sainte Ecriture cachent plusieurs sens spirituels, qui tous peuvent paraître également pieux, également vrais, il ne s'est pas toujours contenté d'en faire ressortir un seul. Il en a tiré jusqu'à trois du psaume IIIe : il applique le premier à Notre-Seigneur considéré dans sa propre personne, le second à Notre-Seigneur uni à l'Eglise, avec laquelle il ne fait qu'un seul corps, enfin le troisième à chacun des fidèles. Sur le troisième verset du psaume XIVe, après en avoir expliqué le premier sens avec beaucoup de justesse, de science et d'éclat, il ajoute : « Que ce sens suffise, dans sa simplicité, à quiconque voudra s'en contenter ; mais plusieurs passages des Ecritures ont servi, par leur obscurité même, à produire de nombreuses interprétations. C'est pourquoi, si le texte était évident, vous n'auriez à entendre qu'une seule explication ; mais parce qu'il est obscur, vous en recevrez plusieurs. »

Pour fixer son choix entre les sens divers qui se présentent à l'esprit, saint Augustin suit les règles les moins sujettes à l'erreur. En effet, non-seulement, comme nous l'avons dit, il tient le plus grand compte de la lettre, à laquelle il veut avant tout que le sens s'adapte parfaitement ; mais de plus il se fait une loi d'avoir toujours devant les yeux la charité qu'il appelle, dans son discours sur le psaume CXL^e, la fin de toute l'Ecriture : « Toute doctrine salutaire, dit-il, que l'esprit conçoit, que la bouche profère, ou que l'on tire de quelque page

id litteralem sensum esse cum spiritali comparatum : et quemadmodum fieri non potest, ut ad sensum illum spiritalem perveniamus, nisi prius litteralem probe perspectum habuerimus ; ita litteralis supervacaneam fore cognitionem, si spiritalem assequi negligamus. Hoc fuit in caussa, cur sanctus Præsul sensu litterali, quoties eum satis per se apertum cognitumque existimavit, omisso, recta in spiritalem tenderet. Quod quidem ei non solum usu venit in sermonibus ad populum habitis, in quibus ejus potissimum profectui servire cogebatur ; verum etiam in expositionibus, quas in quosdam Psalmorum dictavit, ubi ex animi voluntate stilo indulgere ipsi fas erat.

Cum vero in sanctæ Scripturæ vocibus spiritales sensus lateant plurimi, qui omnes peræque pii, peræque veri videri possint, haud semper contentus fuit unicum expromere. Ad tertium usque eruit e Psalmo tertio, quem primo quidem Christo Domino in propria sua persona considerato, mox eidem cum Ecclesia, qua cum ille unum quasi corpus efficit, conjuncto ; denique fidelium singulis accommodat. In tertium vero quarti decimi Psalmi versum exposito primo sensu pulchre sciteque subdit : « Iste simplex intellectus cui sufficit, sufficiat ; sed nonnulla verba Scripturarum obscuritate sua hoc profuerunt, quod multas intelligentias pepererunt. Itaque hoc si planum esset, unum aliquid audiretis, quia vero obscure dictum est, multa audituri estis. »

Regulas in habendo variorum sensuum, qui animo occurrunt, delectu, sequitur errori minime obnoxias. Enimvero præterquam quod rationem, ut dicebamus, longe maximam habet litteræ, cui quidem ante omnia sensus ad amussim quadret, necesse est ; semper ob oculos sibi caritatem constituendam ponit, quam Scripturæ totius finem esse docet in Psalmum centesimum-quadragesimum : « Quidquid salubriter, inquit, mente concipitur, quidquid ore profertur, vel de qualibet

que ce soit des livres saints, n'a d'autre fin que la charité. » Il avait puisé ce principe tant dans l'Evangile, où le Christ a dit d'une manière générale : « Toute la loi et les prophètes sont renfermés dans ces deux commandements, » (*Matth.*, XXII, 40) que dans les Epîtres de l'Apôtre qui, au premier chapitre de la première Epître à Timothée, a dit : « La charité est la fin de la loi. » (I *Tim.*, I, 5.) Au moyen de cette règle salutaire, il rejette bien loin certains sens peu en harmonie avec les mœurs chrétiennes, que certains passages des Psaumes pourraient présenter à l'esprit. Il enseigne ainsi que des paroles qui semblaient partir d'un désir passionné de vengeance et exprimer une imprécation de mort contre les méchants, ne sont que les prophéties et les prédictions des maux qui les accableront, s'ils ne se corrigent. Il enseigne à prendre en bonne part les vœux de David contre ses ennemis et à y voir des prières par lesquelles les saints recommandent à Dieu les pécheurs. Il enseigne que les paroles de David pour demander la confusion, la chute et la ruine de ses adversaires, se rapportent, sous ce voile allégorique, à la conversion et à la pénitence des pécheurs. Il enseigne que quand David désire vaincre ses ennemis ou en être délivrés, il prie en réalité pour ne pas succomber aux tentations; enfin que ces mots : les ennemis de David, ne désignent pas seulement les démons et les pécheurs, mais aussi les vices et les passions de l'âme qui nous assaillent constamment dans la voie du salut.

Cette même règle amène saint Augustin à appliquer aux biens éternels, et les demandes et les promesses contenues dans les Psaumes, qui, interprétées à la lettre, ne désignent que les biens temporels; il rapporte à la piété intérieure les préceptes donnés pour l'exercice extérieur des vertus; enfin partout où il est fait mention du temple, de l'élévation des yeux vers le ciel, des cris du corps, du cantique nouveau, de la louange à Dieu, il nous élève de là, aux affections et aux mouvements de l'esprit et du cœur, à la vie nouvelle et à la sainteté des œuvres que Dieu nous ordonne de faire pour sa gloire.

Pour nous ouvrir un accès facile à ces interprétations si propres à faire naître la piété, l'au-

---

pagina exsculpitur, non habet finem nisi caritatem. » Quam doctrinam sumpserat cum ex Evangelio, ubi generaliter a Christo pronuntiatur illud effatum : « In his duobus mandatis universa Lex pendet et Prophetæ : » (*Matth.*, XXII, 40) tum ex Apostolo, quo judice primæ ad Timotheum capite primo, « finis præcepti est caritas. » (I *Tim.*, I, 5.) Hujus Regulæ beneficio sensus Christianis moribus parum congruos, quos nonnulli Psalmorum loci objicere animo possent, procul amandat : verba quæ ab ulciscendi libidine proficisci atque improbis exitium imprecari videantur, docet nihil aliud esse, quam malorum quibus illi, nisi corrigantur, obruendi sunt, prophetias ac prædictiones : Davidis vota adversus inimicos suos meliorem in partem accipienda, ibique preces quibus viri sancti peccatores Deo commendant, intelligendas : locutiones illas, queis adversarios suos confundi, cadere, prosterni petit, obscura quadam ratione peccatorum conversionem ac pœnitentiam indicare : si quando hostes vincere aut ab eisdem liberari cupiat, re vera orationes esse, ne in tentationibus succumbat : denique per inimicos Davidis, non dæmones tantum aut peccatores, sed et vitia atque animi affectus, quibus continuo in via salutis impugnamur, designari.

Hac eadem regula adducitur, ut petitiones promissionesque Psalmorum, quæ ad apices expositæ nonnisi temporalia bona significant, æternis accommodet : quæ de exteriori virtutum exercitio præcipiuntur, ad interiorem pietatem transferat : demum ubicumque templi, elevationis oculorum, clamoris, cantici novi, laudis mentio fit, nos inde ad mentis et cordis affectiones ac motus, ad vitam novam, necnon ad operum, quæ Deus in suam gloriam edere jubet, sanctitatem traducat.

Ut expeditiorem nobis aditum ad sensus illos insinuandæ pietati adeo conducibiles pararet, viam

teur ne pouvait prendre une voie plus courte que de nous montrer le Seigneur Jésus parlant par la bouche de David, comme le lui prescrivaient et l'usage des anciens et surtout l'interprétation donnée dans le Nouveau Testament à des textes tirés des Psaumes. Dans son livre *contre Praxéas,* Tertullien a écrit : « Presque tous les Psaumes portent pour ainsi dire la personne du Christ; ils représentent le Fils parlant au Père, c'est-à-dire le Christ parlant à Dieu. » (Ch. xi.) On lit dans la lettre de saint Jérôme *à Paulin* : « David, notre Simonide, notre Pindare et notre Alcée, notre Flaccus aussi, notre Catulle et notre Serenus, fait résonner sur sa lyre les chants du Christ. » (*Lett.* cii.) Saint Hilaire, dans son *Prologue sur les Psaumes,* démontre la même doctrine par un grand nombre de preuves, et affirme que tous les Psaumes sont un exposé de vertus allégoriques et typiques qui appartiennent au Christ; que son avénement, son incarnation, sa passion, sa résurrection et les jugements qu'il exercera au dernier jour forment la matière de ces cantiques sacrés; enfin que la foi est comme la clef de ces mystères, clef sans le secours de laquelle tout accès est fermé à l'intelligence des Psaumes. Saint Augustin ne manque jamais non plus d'inculquer cette vérité dans l'explication des Psaumes, à ce point qu'il croit nécessaire d'excuser de temps en temps ses répétitions, alors qu'il expose l'utilité de ce principe et sa nécessité pour la saine intelligence du livre. Il en produit des preuves tirées des livres saints, comme par exemple cette parole du Christ : « Il faut que tout ce qui est écrit de moi dans la loi de Moïse, dans les prophètes et dans les Psaumes, s'accomplisse. » (*Luc,* xxiv, 44.) Il répète fréquemment que David est la figure du Christ qui doit naître de sa race; que le nom de David, par le sens qu'il renferme, désigne le Christ, et qu'il est constant que plusieurs prophètes ont annoncé le Sauveur sous ce nom; qu'il y a, dans les Psaumes, beaucoup de choses qui ne peuvent être appliquées à David, ce que déjà plusieurs auteurs très-savants avaient remarqué avant lui, principalement pour le psaume lxxe et pour le lxxxviiie, à l'exemple du prince des apôtres lui-même, quand au 25e verset du IIe chapitre des Actes, il rapporte un passage du psaume xve. Enfin, il fait observer que le Christ, suspendu

non potuit inire majoris compendii, quam si loquentem Davidis ore Dominum Jesum induceret, prout illi cum Veterum usus, tum vel maxime quorumdam locorum e Psalmis in novo Testamento facta interpretatio præscribebant. Tertullianus in libro *adversus Praxeam* scribit : « Sed et omnes pœne Psalmi Christi personam sustinent, Filium ad Patrem, id est Christum ad Deum verba facientem repræsentant. » (Cap. xi.) Hieronymus epistola *ad Paulinum* : « David Simonides noster, Pindarus et Alcæus, Flaccus quoque, Catullus, atque Serenus Christum lyra personat. » (*Epist.* ciii.) Hilarius vero in *prologo* suo *ad Psalmos* id ipsum multis prosequitur, ibique contendit Psalmos universos « allegoricis et typicis contextos esse virtutibus, » quæ ad Christum pertineant; ejus Adventum, Incarnationem, Passionem, Resurrectionem denique ac Judicium, materiam omnem sacris hisce Canticis suppeditare ; eorumdem mysteriorum fidem *clavis* cujusdam veluti vice fungi, sine cujus opera accessus ad Psalmorum intelligentiam sit interclusus. Id similiter Augustinus in illis explicandis nunquam non inculcat, ut etiam ipse necessum habeat repetitiones suas interdum excusare, hujus regulæ utilitatem necnon illius probe intelligendæ necessitatem in medium proferens. Ejus rei argumenta producit e sacris codicibus petita : quale est, verbi gratia, illud Christi pronuntiatum : « Necesse est impleri omnia, quæ scripta sunt in lege Moysi, et Prophetis, et Psalmis de me. » (*Luc.,* xxiv, 44.) Repetit frequentius Davidem Christi ex ipsius semine nascituri figuram gerere, ipsius nomen significatione sua Christum designare, sub quo etiam nomine hunc a multis Prophetarum annuntiatum constat; non pauca esse quæ Davidi aptari nequeant : quod ipsum jam ante plurimi scriptores doctissimi animadverterant, maxime in Psalmos septuagesimum et octogesimum-octavum ; atque adeo ipsemet Apostolorum Princeps in Actuum, Cap. ii, v. 25. ubi

sur la croix, s'est servi des paroles mêmes des Psaumes, comme s'il eût voulu nous enseigner qu'ils ont été composés en vue de lui. Mais, comme ils contiennent beaucoup de passages qui ne s'accordent pas avec la sainteté du Christ, le saint docteur nous avertit de ne pas considérer le Christ comme séparé de ses membres, c'est-à-dire des chrétiens, mais au contraire comme uni, par un lien indissoluble, au corps entier de l'Eglise dont il est la tête; d'où il suit qu'il assume nos infirmités, nos maux et nos péchés, ainsi que nous le remarquons dans le xxie psaume, dont il a récité les paroles dans sa passion.

C'était l'amour du Christ qui suggérait à Augustin des moyens merveilleusement ingénieux de découvrir et de mettre en lumière le Christ caché dans les Psaumes sous des voiles différents. Nous n'irons point toutefois à l'encontre de ce fait que les anciens Pères, qui avaient déjà creusé la même mine, en avaient extrait et produit au grand jour un certain nombre d'interprétations remarquables, cachées sous l'enveloppe des figures. Mais, en comparant leurs commentaires et les siens, on reconnaît que très-souvent saint Augustin porte une lumière plus vive sur les mêmes mystères, ou qu'il découvre d'autres secrets qui leur sont restés inconnus, bien qu'ils aient employé la même méthode que lui. Nous ne croyons pas que saint Jérôme ait voulu dire autre chose, dans sa lettre xcii[e], qui se trouve reproduite comme la LXXII parmi les lettres de saint Augustin. Car après y avoir dit qu'il ne manquera pas de critiques pour censurer ses écrits, puisqu'il se trouve des misérables qui d'une dent sacrilége s'en prennent à l'Evangile même, il ajoute : « Si je parle ainsi, ce n'est pas que je pense qu'il y ait à reprendre dans vos ouvrages. » Il fait alors mention des commentaires sur les Psaumes, dont il dit avoir quelques-uns entre les mains (c'étaient sans doute les traités assez courts sur les trente-deux premiers psaumes, composés, comme nous l'avons déjà remarqué, longtemps avant l'an 414, peut-être avant l'an 404, époque vers laquelle Jérôme a écrit cette lettre ;) et il dit : « Si je voulais discuter ces explications, je déclarerais qu'elles s'écartent, non de mon

locum unum e Psalmo quinto-decimo refert. Observat tandem Christum e cruce pendentem ipsis Psalmorum vocibus usum, quasi illud nos docere voluisset, eosdem causa sua fuisse scriptos. Verum cum non pauca, quæ ab ipsius sanctitate abhorreant, ibi legantur, monet subinde beatus Doctor ne Christum tanquam separatum a membris suis, hoc est Christianis, consideremus ; sed tanquam universo Ecclesiæ corpori, cujus caput est, vinculo nunquam dissolvendo conjunctum : unde fit, ut infirmitates nostras, mala atque peccata sibi adscribat ; quemadmodum in Psalmo vigesimo-primo, cujus verbis in passione sua loquitur, advertimus.

Vias Augustino mire ingeniosas, quibus Christum sub variis rationibus in Psalmis adumbratum deprehenderet detegeretque, ejusdem Christi caritas suggerebat. Non tamen iverimus inficias, quin Veteres, a quibus excussum jam fuerat idem argumentum, plurimos ac præclaros sensus, qui sub figurarum involucris latebant, in lucem extulissent. At si hujus illorumque commentationes inter se conferantur, tum intelligetur eum sæpissime vel majorem lucem afferre iisdem mysteriis, vel etiam nova, quæ illi quamquam non diversam methodum secuti prætermiserant, evolvere. Neque vero Hieronymum in epistola sua 92. quæ inter Augustinianas 72. numeratur, aliud sibi voluisse crediderimus, ubi postquam testatus est, si dixerit non defuturos forte qui libris ejus notam illinant censoriam, cum ipsum quoque Evangelium impio perditorum dente mordeatur, illud « non » eo se dixisse, « quod in operibus tuis, inquit, quædam reprehendenda jam censeam : » subjungit de commentariis ejus in Psalmos, esse nonnullos apud se, (erant ii forsitan breviores Tractatus super primis triginta-duobus Psalmis diu ante annum 414. uti jam observatum nobis est, compositi, imo etiam fortassis ante 404. quo circiter anno scripta fuit eadem illa epistola,) « quos, pergit Hieronymus, si vellem discutere, non dicam, a me, qui nihil sum, sed a veterum Græcorum interpretationibus docerem discrepare. » Quidam recentior asserit hoc loco Hieronymum

interprétation, car je ne suis rien, mais de celle des anciens Pères grecs. » Un critique moderne prétend que, dans ce passage, Jérôme reproche à Augustin d'avoir abandonné la méthode des autres Pères, dans l'interprétation des Psaumes. Mais Jérôme, dans sa lettre qui est classée la soixante-quinzième parmi celles d'Augustin, et qui a été écrite peu après la précédente, s'explique plus largement. Il indique assez que dans ces paroles que nous avons rapportées, il n'a eu d'autre intention que de détruire un argument d'Augustin, qui accusait d'inutilité, après la version des Septante, la nouvelle traduction qu'il avait publiée. Il rétorque en effet de la sorte un dilemme qui lui avait été opposé : « Que votre sagesse, dit-il, daigne m'expliquer pourquoi, en commentant les Psaumes, vous leur avez donné, après tant et après de tels interprètes, des sens si différents des leurs. En effet, si les Psaumes sont obscurs, il faut croire que vous pouvez vous être trompé aussi, que s'ils sont clairs, on n'admettra pas qu'ils aient pu se tromper; et d'une manière comme de l'autre, votre interprétation sera superflue. Si l'on adopte cette règle, nul n'osera parler après ceux qui l'auront précédé ; et dès que quelqu'un se sera emparé d'un sujet ; nul autre n'aura le droit d'en rien écrire après lui. » Mais, dans ces deux lettres, d'observations sur la méthode habituelle de saint Augustin dans l'explication des Psaumes, pas même un seul mot. S'il avait plu à saint Jérôme de faire la critique du travail de saint Augustin, il y aurait, sans nul doute, trouvé différentes interprétations qui ne se rencontrent pas dans les anciens docteurs, mais il n'y aurait pas trouvé une autre méthode, puisque notre saint évêque s'est attaché à celle qu'avaient suivie saint Hilaire, saint Ambroise, et les autres Pères que loue saint Jérôme. Et s'il s'agit du sens allégorique et du sens moral de la parole divine, qu'il a trouvé et exposé, qui pourrait le blâmer d'une manière générale, puisque les autres Pères et saint Jérôme lui-même en ont usé aussi bien que saint Augustin, en suivant l'exemple et la doctrine des Apôtres? Saint Paul n'atteste-t-il pas que tous les faits racontés dans l'Ancien Testament sont des figures, et qu'ils ont été rapportés pour notre enseignement? (I *Cor.*, x, 11.) Or, ces faits, pour la plupart, forment la matière des Psaumes, et les Psaumes eux-mêmes ne sont remplis que de méta-

---

improbare eam rationem, qua Augustinus relicta aliorum Patrum methodo Psalmos est interpretatus. At Hieronymus epistola sua 75. inter Augustianas, non multo post superiorem data, se ipse commodius explicat : satis quippe innuit non alio spectasse memorata verba, quam ut Augustinianum argumentum, quo post Septuaginta interpretum Versionem, ea quam ediderat, inutilis esse arguebatur, dilueret. Igitur propositum dilemma retorquet in hunc modum : « Respondeat mihi prudentia tua, quare tu post tantos et tales interpretes in explanatione Psalmorum diversa senseris? Si enim obscuri sunt Psalmi, te quoque in eis falli potuisse credendum est : si manifesti, illos in eis falli potuisse non creditur : ac per hoc utroque modo superflua erit interpretatio tua : et hac lege post priores nemo loqui audebit; et quodcumque alius occupaverit, alius de eo scribendi non habebit licentiam. » Et certe in neutra epistolarum de consueta ratione exponendi Psalmos, ne verbum quidem. Quod si laborem Augustini ad examen revocare Hieronymo libuisset, huic sine dubio occurrissent ii sensus, quos apud antiquiores non reperisset : nequaquam vero alia methodus ; quando eidem adhæsit sanctus Antistes, quam Hilarius, Ambrosius et cæteri, quos laudat Hieronymus, erant secuti. Sin agitur de modo sermonis divini allegorice ac moraliter edisserendi, quis potest cum universim vituperare; cum eodem et cæteri Patres cum Augustino, et ipsemet Hieronymus non raro usus fuerit, secundum Apostolorum exemplum atque doctrinam? Testis est Beatus Paulus, quæcumque in veteri Testamento gesta memorantur, ea figuras esse, fuisseque ad nostram institutionem scripta (I *Cor.*, x, 14) : atqui facta illa pleraque Psalmis materiam suppeditant, ipsique adeo Psalmi metaphorarum, ænigmatum, necnon propheticarum des-

phores, d'énigmes et de figures prophétiques : par conséquent celui qui voudrait nous renfermer strictement dans les limites du sens purement littéral, nous réduirait à la condition des Juifs que Dieu a laissés à leur aveuglement, de telle sorte qu'ils voient sans voir. (*Luc*, VIII, 10.)

Bien que nous ayons pour but, en parlant ainsi, de défendre, en général, la méthode adoptée par saint Augustin, notre dessein n'est pas cependant de forcer tous les lecteurs à accepter, avec un respect aussi scrupuleux que nous le faisons, certaines explications de moindre importance qui paraissent être des jeux de mots; nous serons satisfaits, si de judicieux lecteurs ne les trouvent pas indignes de la matière qu'a traitée l'auteur. Nous dirons plus. Si le saint évêque n'avait pas su se prêter à l'esprit de son temps et s'accommoder à l'intelligence de son peuple, il se serait écarté de la manière d'agir de Dieu même dans les livres sacrés, où l'Esprit-Saint emprunte aux hommes leur langage habituel sans en répudier les formes les plus humbles; où même, pour faire pénétrer en eux les vérités nécessaires au salut, il unit à ces vérités la variété de l'histoire, les charmes de la poésie, la suavité des instruments de musique et le chant des Psaumes. Laissons donc saint Augustin se servir des allégories et des autres finesses de langage qu'il croit son peuple capable de comprendre, et tâchons de nous attacher aux admirables préceptes qu'il trouve là l'occasion de nous offrir. Il nous sera utile de suivre le même conseil, quand il nous arrivera de voir que l'auteur s'écarte un peu du véritable sens, mais que cependant il nous donne des préceptes excellents et très-propres à nourrir la piété.

Au reste il n'y a pas lieu de décider du mérite de ces commentaires relativement au texte hébreu dont nous nous servons aujourd'hui, ni même relativement à la version de saint Jérôme; car saint Augustin s'est proposé de suivre la version des Septante qui peut-être ont eu entre les mains un texte hébreu aussi pur, si ce n'est même plus pur que le nôtre. Personne certainement n'ignore quelle autorité Dieu a voulu que leur traduction obtînt dans

---

criptionum pleni sunt : ac proinde qui nos intra simplicis litteræ angustias coercere vellet, is quidem nos deprimeret ad conditionem Judæorum, quos suæ ipsorum cæcitati Deus permisit, « ut videntes non videant. » (*Luc.*, VIII, 10.)

Atque hæc a nobis dicta sint, ut generatim Augustini methodum defendamus : tametsi nostri consilii non sit extorquere ab omnibus, ut vel levissimas ejusdem allusiones eadem, qua nos ipsi, veneratione prosequantur : satis erit, si non indignas materia, quæ tractatur, æqui rerum æstimatores judicent. Immo vero si temporis ingenio servire ac sese plebis captui accommodare non novisset beatus Præsul, ab ea ratione agendi descivisset, quam ipsemet Deus adhibet in sacris litteris; ubi Spiritus-sanctus humani sermonis morem usurpat, humillimas quasque dicendi formas non repudians; ubi etiam, quo veritates ad salutem necessarias hominibus instillet, historicam varietatem ac poeticam amœnitatem cum instrumentorum musicorum suavitate Psalmorumque cantu conjungit. Patiamur itaque Augustinum allegoriis atque aliis observationibus uti, quibus non imparem arbitratur populum suum; et hæc nostra cura sit, admirabilibus præceptis, quæ inde capta occasione eidem tradit, adhærescere : quod ipsum similiter observare nos conveniet, si quando nonnihil a vera significatione deflectentem, optima tamen præcipere atque ad pietatem maxime accommoda reperiemus.

Cæterum de commentariorum horumce merito non est pronuntiandum comparate ad Hebræum textum hodiernum, neque etiam ad Hieronymianum; quando Augustinus LXX. Interpretes, qui forte Hebræum exemplar æque vel etiam magis emendatum habuere, sequendos sibi proposuit. Nescius est nemo quantum auctoritatis eorum Traductioni jam inde a primis temporibus Deus

l'Eglise dès les premiers temps ; combien les Apôtres l'ont mise en relief, en la citant dans les pages du Nouveau Testament, enfin combien de passages de Psaumes ils ont employés dans les termes mêmes que nous trouvons dans le Psautier de ces interprètes, Psautier sur lequel ont été faites toutes les traductions reçues jusqu'à présent dans l'Eglise.

Mais puisque nous sommes amenés à ce sujet par nos précédentes remarques, il ne sera pas hors de propos d'ajouter quelques mots sur ces différentes traductions. Saint Jérôme, dans sa lettre n° 135, *à Sunnia et à Fretela*, qui le consultaient sur certains passages des Psaumes, dit qu'il y a deux leçons différentes de la version des Septante, dont l'une, la moins pure à son avis, est celle qui est appelée version commune, Vulgate ou version de Lucien; et dont l'autre, pour emprunter ses propres paroles, « se trouve dans les Hexaples et se conserve pure et intacte dans les écrits des hommes érudits. » Il avait dit, quelques lignes plus haut, de cette seconde leçon : « Nous l'avons fidèlement traduite en latin, et on la chante à Jérusalem et dans les Eglises de l'Orient. » Hincmar, dans sa lettre *à Louis, roi de Germanie,* paraît avoir compris la dernière partie de cette phrase de la traduction même faite par saint Jérôme, bien qu'il soit plus juste de l'entendre du texte grec des Hexaples. Pierre Pithou est d'avis que la traduction de saint Jérôme est la même qu'on appelle psautier romain, et que notre Vulgate est tout simplement une ancienne traduction de la version connue sous le nom de version de Lucien. (*De latin. Biblior. interpretibus*, pag. 6.) Mais il n'est guère vraisemblable que l'Eglise romaine ait changé si facilement son psautier, d'autant plus que, dans ce même psautier, on regrette quelques leçons meilleures et plus pures que saint Jérôme atteste avoir trouvées dans le texte grec des Hexaples. Quant à la Vulgate, nous proposerons avec simplicité nos conjectures. Le même saint Jérôme, dans sa lettre *à Paula et à Eustochium*, affirme avoir par deux fois travaillé à corriger le psautier latin d'après l'édition des Septante : d'abord, « rapidement et en grande partie seulement, » lorsqu'il demeurait encore à Rome ;

voluerit esse in Ecclesia; quantum existimationis ei pepererint Apostoli, illam in novi Testamenti paginis consignantes; quantum denique testimoniorum ipsi protulerint eisdem verbis, quibus in eorumdem Interpretum leguntur Psalterio : ex quo quidem Psalterio Versiones omnes, quæ hactenus in Ecclesia valuere, traductæ sunt.

Sed quando nos huc adduxit oratio, extra propositum non fuerit de variis illis Versionibus pauca subjicere. Hieronymus in epistola 135. *ad Sunniam et Fretelam*, occasione quorumdam locorum Psalterii, de quo eum consulebant, Græcam LXX. Interpretum Versionem monet in duabus circumferri editionibus; quarum altera, et ea quidem ipsius judicio minus castigata, dicebatur Communis, Vulgata, et Luciani editio : altera autem erat, quæ, ut ejus verba usurpemus, « habetur in Hexaplis et quæ in eruditorum libris incorrupta et immaculata reservatur. » De qua etiam paulo ante dixerat : « Et a nobis in Latinum sermonem fideliter versa est, et Hierosolymæ atque in Orientis Ecclesiis decantatur. » Hanc postremam orationis partem videtur Hincmarus epistola sua *ad Ludovicum Germaniæ regem,* intellexisse de ipsa Hieronymi Traductione, cum rectius de Græca editione Hexaplorum intelligatur. Petri Pithœi vero fuit opinio (*De Latin. Biblior. interpretibus, pag.* 6), eamdem esse Versionem illam Hieronymi, atque Psalterium quod Romanum vocant; Vulgatam porro nostram non aliam habendam, quam veterem Versionem ex ea editione, quæ Luciani dicebatur. Verum non fit admodum verisimile tam levi negotio Psalterium suum mutasse Ecclesiam Romanam : præter quam quod in eodem illo Psalterio lectiones quædam desiderantur meliores ac emendatiores, quas in Græco Hexaplorum se reperisse testatur Hieronymus. Ad Vulgatam editionem quod attinet, bona fide nostras de illa conjecturas hic proponemus. Idem ipse Hieronymus epistola sua *ad Paulam et Eustochium* significat se semel atque iterum Psalterio Latino ad LXX. Interpretum editionem castigando operam navasse; primo *cursim et magna ex*

ensuite « avec beaucoup de soin, » lorsqu'il était déjà retiré à Bethléem. Il désire que les copies de cette dernière traduction soient faites avec soin et intelligence, et qu'on y ajoute les signes qu'il a joints au texte, c'est-à-dire les obèles qui renferment jusqu'au lemnisque suivant les passages des Septante qui n'existent pas dans l'hébreu ; et les astériques qui renferment aussi jusqu'au lemnisque suivant les passages omis par les Septante, et ajoutés à leur travail d'après l'hébreu par Théodotion. Or, on peut trouver encore ces signes dans quelques vieux manuscrits de la Vulgate, mais on ne les rencontre dans aucun autre des psautiers latins. Jacques Lefebvre d'Étaples affirme les avoir observés dans un grand nombre de manuscrits (*Préface sur le quintuple psautier*) ; et nous-mêmes avons entre les mains un triple psautier très-ancien, provenant de l'abbaye de Saint-Pierre de Chartres, qui, dans la première colonne, contient le psautier traduit de l'hébreu par saint Jérôme, et dans la troisième, l'ancien psautier, qui diffère peu du romain et de celui dont s'est servi saint Augustin ; mais dans la seconde colonne il présente l'édition dite Vulgate avec les obèles et les astériques de saint Jérôme, dont nous venons de parler. D'après ces preuves, nous croyons sans difficulté que la Vulgate est bien la traduction revue par saint Jérôme dans son second travail. Notre opinion est confirmée par l'autorité d'un manuscrit de la bibliothèque de Colbert, écrit il y a plus de sept cents ans, qui renferme la Vulgate avec ces mêmes signes de saint Jérôme et dont voici le titre : « Livre des Psaumes, d'après la version des Septante, corrigé à nouveau par saint Jérôme. » Notre opinion est enfin corroborée par le témoignage de Walafride Strabon, dont nous rapportons plus loin les paroles.

Ce n'est point un fait démontré, mais il n'est pas non plus sans vraisemblance à notre avis, que la Vulgate que nous avons entre les mains soit la même traduction que saint Jérôme, dans sa lettre cxxxv°, a pu affirmer avoir tirée des Hexaples, parce qu'il l'avait fait concorder de tous points avec ce texte, tandis que dans sa lettre *à Paula et à Eustochium* il dit seule-

parte, cum adhuc in urbe versaretur : secundo *diligenter*, jamque in secessu abditus Bethlehemetico. Ultimæ hujus correctionis exemplaria optat ut cum cura et diligentia transcribantur ; necnon eidem additæ abs se notæ appingantur, obeli videlicet, a quibus usque ad sequentia duo puncta, quæ legebantur apud LXX. cum in Hebræo deessent, includebantur ; et asterisci, quibus similiter quæ ad proxima duo puncta sequebantur, ex Hebræo juxta Theodotionis editionem LXX. Interpretibus accessisse notum fieret. Atqui hujusmodi signa etiamnum in veteribus quibusdam Vulgatæ manuscriptis, non autem in alio ullo Psalteriorum Latinorum invenire est. Hæc ipsa in compluribus codicibus sibi observata Jacobus Faber Stapulensis affirmat (*Prolog. in Psalterium quincuplex*) : ipsique habemus præ manibus antiquissimum tripartitum Psalterium Abbatiæ sancti Petri Carnutensis, quod in prima columna Psalterium Hieronymi ex Hebræo continet ; in tertia vetus Psalterium a Romano atque ab eo quo usus est Augustinus, parum discrepans ; in secunda vero editionem Vulgatam exhibet cum supra memoratis Hieronymi obelis et asteriscis. Hinc facile persuademur Vulgatam esse ipsam illam Versionem ab Hieronymo secundis curis emendatam : quæ nostra sententia insuper auctoritate manuscripti bibliothecæ Colbertinæ ante septingentos annos exarati confirmatur, qui Vulgatam cum iisdem Hieronymianis notis, et sub hac inscriptione comprehendit : « Liber Psalmorum de translatione Septuaginta Interpretum emendatum a sancto Hieronymo in novo (*forte*, de novo.) » Comprobatur denique testimonio Valafridi Strabonis, cujus nos infra locum sumus exhibituri.

Verum illud forsan minus exploratum est, sed nostro judicio sua non caret verisimilitudine, nimirum eamdem hanc nostram Vulgatam potuisse ab Hieronymo epistola 135. dici Traductionem ex Hexaplis a se editam, quod illam eisdem exemplaribus consentientem effecisset ; epistola vero Paulæ et Eustochio scripta Versionem tantummodo correctam, quod antiquæ verba, quantum in

ment l'avoir corrigée, parce qu'il y avait conservé, autant qu'il était en lui, les anciennes expressions. Entre autres motifs qui nous portent à penser ainsi, disons que l'on trouve dans les manuscrits de la Vulgate les passages que saint Jérôme entreprend de défendre, après avoir mentionné sa version d'après les Hexaples. En effet, bien que la Vulgate, dans les Bibles imprimées, porte, par exemple, au verset 9ᵉ du vᵉ psaume, cette leçon : « Dirigez ma voie en votre présence, » leçon que n'approuve pas saint Jérôme; cependant il montre qu'elle était dans les manuscrits que ce saint docteur veut rétablir ainsi d'après le texte des Septante : « Dirigez votre voie en ma présence. » Il est de même du mot « de la terre » qui se trouve dans notre Vulgate au 5ᵉ verset du psaume XLVIIᵉ, et au 2ᵉ verset du psaume LXXI, que saint Jérôme déclare avoir effacé, parce qu'il ne se trouve ni dans l'hébreu ni dans les Septante. Or, ce mot n'existe pas non plus dans les manuscrits de la Vulgate. Et, au contraire, on lit dans les manuscrits, au 6ᵉ verset du psaume XVIIIᵉ, le pronom *sa*, bien qu'il manque dans nos imprimés, parce que saint Jérôme l'ayant trouvé dans les Hexaples, où il est ajouté et marqué d'un signe de doute, a cru devoir le conserver.

Peut-être est-il arrivé que cette version, dont faisaient grand cas Sunnia et Fretela qui habitaient en Germanie, aura dès lors été apportée dans les Gaules, quoique, si l'on en croit quelques auteurs, elle y soit seulement venue de Rome plus de cent cinquante ans après. C'est ce que témoigne Walafride Strabon au chapitre xxvᵉ de son livre *De l'Origine et du progrès des choses ecclésiastiques*. « Tandis que les Romains, dit-il, se servent encore du psautier traduit d'après les Septante, dans la Gaule et dans quelques parties de la Germanie, on chante les Psaumes d'après les corrections qu'a faites sur l'édition des Septante, notre Père saint Jérôme. Grégoire, évêque de Tours, a emprunté à des Romains eux-mêmes le psautier ainsi révisé et l'a introduit dans les Eglises des Gaules. » Ce psautier, que l'on appelle gallican, parce que les Gaulois furent les premiers à s'en servir, a été peu à peu reçu dans toutes les Eglises de l'Occident. Le cardinal Bona, homme d'admirable érudition et de pieuse mémoire, dans son

---

ipso fuerat, retinuisset. Inter alias rationes, quæ nos eo impellunt, hæc est, quod videlicet ii loci, quos Hieronymus post factam mentionem Versionis suæ ex Hexaplis defendere aggreditur, in manuscriptis Vulgatæ codicibus reperiuntur. Nam etsi eadem Vulgata in Bibliis excusis habeat, verbi gratia, hanc in Psalmo quinto v. 9, lectionem : « Dirige in conspectu tuo viam meam ; » quæ Hieronymo non probatur : attamen in Mss. illam ostendit, quam secundum LXX. Interpretes legendam adstruit idem Doctor, nempe : « Dirige in conspectu meo viam tuam. » Haud secus existima de voce « terræ, » quam idcirco e v. 5. Psalmi 47. et e v. 11. Psal. 71. abs se deletam scribit, quia neque in Hebræo legitur, neque in LXX. quæ vox pariter in Vulgatæ manu exaratis codicibus non reperitur. Et contra exstat in iis vox « suam, » quam in Hexaplis sub veru additam cum Hieronymus reperisset in v. 6. Psalmi 18. servandam existimavit.

Forte etiam contigerit, ut ea Versio, cujus certi loci Sunniæ et Fretelæ, qui degebant in Germania, negotium facessebant, jam inde ab his temporibus in Gallias pervenerit : quamvis, si quibusdam habeatur fides, eo non nisi post annos amplius 150. ex Urbe perlata sit. Illud testatur Valafridus Strabo de rebus ecclesiasticis cap. 25. in hæc verba : « Psalmos autem cum secundum LXX. Interpretes Romani adhuc habeant, Galli ut Germanorum aliqui secundum emendationem, quam Hieronymus pater de LXX. editiōne composuit, Psalterium cantant : quam Gregorius Turonensis episcopus a partibus Romanis mutuatam, in Galliarum dicitur Ecclesias transtulisse. » Hocce Psalterium, quod, quia illo primi omnium Galli usi sunt, Gallicanum vocatur, sensim in omnes occidentales Ecclesias fuit receptum. Vir eximiæ eruditionis ac piæ memoriæ Cardinalis Bona de rebus Liturgicis lib. II, cap. III. censet ejus usum ante annos abhinc sexcentos admissum in Italia

traité des choses liturgiques (liv. II, ch. III), pense que l'usage de ce psautier s'est établi, il y a maintenant six cents ans, en Italie, sauf dans l'Eglise de Milan, qui conserve encore aujourd'hui son antique psautier; sauf également dans les Eglises de Rome, qui ont gardé leurs livres jusqu'au temps de Pie V, par l'ordre duquel elles ont adopté la Vulgate, à l'exception toutefois de l'Eglise du Vatican, où même à présent on chante encore le psautier romain.

Après cet exposé, peut-être quelqu'un désirera-t-il savoir quel rang tient parmi les autres le psautier de saint Augustin; savoir si les variantes par lesquelles il s'éloigne de notre Vulgate s'appuient sur l'autorité d'autres versions; savoir enfin s'il s'accorde plus ou moins avec le texte grec des Septante tel qu'il existe de nos jours. C'est ce qui nous a portés à comparer divers exemplaires, imprimés ou manuscrits, et à présenter au lecteur les variantes les plus remarquables que nous y avons constatées. Vous les trouverez donc plus loin, après que nous aurons d'abord cité un passage du XVIIe livre *De la Cité de Dieu*, où saint Augustin exprime son jugement sur le psautier de David.

fuisse, præter quam in Mediolanensi Ecclesia, quæ antiquum suum Psalterium hodieque retinet : præter quam etiam in Urbis Ecclesiis, in quibus proprium suum obtinuit ad ætatem usque Pii V cujus jussu illæ vulgatam editionem amplexæ sunt, excepta una Vaticana, ubi etiam nunc Romanum canitur Psalterium.

His ad eum modum expositis erit forsitan qui nosse cupiat, quem locum inter alia Psalteria Augustinianum sibi vindicet; an variæ illæ lectiones, in quibus a Vulgata nostra dissidet, aliorum suffragio innitantur; utrum tandem cum Græco LXX. Interpretum, quod nostra hac memoria exstat, plus minusve consentiat. Ea sunt quæ nobis induxere in animum, ut exemplaria diversa, tum prelo, tum calamo edita conferremus, ac varietates maxime insignes, quas deprehendimus, lectori proponeremus. Eas igitur infra habituri estis, cum locum unum præmiserimus e libro XVII. *de civitate Dei*, ubi Augustinus, quæ sua sit de Psalterio Davidico sententia, expromit.

EXTRAIT

DU CHAPITRE XIV° DU XVII° LIVRE DE LA CITÉ DE DIEU

SUR L'AUTEUR DES PSAUMES.

David était un homme habile dans les chants sacrés, qui aimait l'harmonie musicale, non par une volupté vulgaire, mais par une volonté fidèle ; et qui l'employait à servir son Dieu, le vrai Dieu, en prophétisant une grande chose sous de mystiques figures. En effet, l'accord méthodique et mesuré de sons différents nous fait pressentir l'unité, formée par une variété harmonieuse, de la cité où règne un ordre parfait. En vérité, toute parole est pour ainsi dire une prophétie de cette cité dans les Psaumes, qui sont renfermés au nombre de cent cinquante, dans le livre appelé le livre des Psaumes. Sur ce nombre, quelques auteurs prétendent que ceux-là seulement ont été composés par David, qui portent son nom dans leur titre ; il y en a même pour penser qu'il n'a fait d'autres psaumes que ceux qui sont intitulés : « De David, » et que ceux qui portent : « Pour David, » sont l'œuvre d'autres auteurs et ont été adaptés à sa personne. Cette opinion est réfutée par la parole du Sauveur lui-même dans l'Evangile, où il dit que David appelle en esprit le Christ son Seigneur (*Matth*., xxii, 43), parce que le psaume cix commence ainsi : « Le Seigneur a dit mon Seigneur : Asseyez-vous à ma droite, jusqu'à ce que je réduise vos ennemis à vous servir de marche-pied. » Or, ce psaume, comme beaucoup d'autres, ne porte pas dans son titre : De David, mais « pour David. » Quant à moi, je crois que ceux-là professent l'opinion la plus croyable, qui attribuent à David tous les cent cinquante psaumes, et qui pensent que, s'il en a mis quelques-uns sous d'autres noms, c'était parce que ces noms renfermaient quelque figure en rapport avec le sujet du Psaume, et que, s'il n'a voulu mettre à d'autres le nom d'aucun homme, c'est que le Seigneur lui a inspiré cette variété dans un but, caché sans doute, mais utile cependant. Et l'on ne doit pas être détourné de cette opinion par ce fait que certains psaumes sont inscrits sous le nom de quelques Prophètes, qui ont vécu longtemps après l'époque du roi David, et qu'il semble que ce qu'ils contiennent ait été dit par eux. En effet, l'esprit de prophétie a pu révéler au roi David, prophète lui-même, ces noms de prophètes futurs, afin qu'il prédit dans ses chants, des choses qui convinssent à leur personne ; de même que le roi Josias a été révélé par son nom à un prophète, qui a prédit également ses actions, bien qu'il ne dût naître et régner que plus de trois siècles après.

EX LIBRO XVII, DE CIVITATE DEI CAP. XIV

DE PSALMORUM AUCTORE.

Erat David vir in Canticis eruditus, qui harmoniam musicam non vulgari voluptate, sed fideli voluntate dilexerit ; eaque Deo suo, qui verus est Deus, mystica rei magnæ figuratione servierit. Diversorum enim sonorum rationabilis moderatusque concentus, concordi varietate compactam bene ordinatæ civitatis insinuat unitatem. Denique omnis fere prophetia ejus in Psalmis est : quos centum-quinquaginta liber continet, quem Psalmorum vocamus : in quibus nonnulli volunt, eos solos factos esse a David, qui ejus nomine inscripti sunt : sunt etiam qui putant non ab eo factos, nisi qui prænotantur « Ipsius David ; » qui vero habent in titulis : « Ipsi David, » ab aliis factos, personæ ipsius fuisse coaptatos. Quæ opinio voce evangelica Salvatoris ipsius refutatur, ubi ait, quod ipse David in Spiritu Christum dixerit esse suum Dominum : quoniam Psalmus centesimus-nonus sic incipit : « Dixit Dominus Domino meo, sede a dextris meis, donec ponam inimicos tuos scabellum pedum tuorum. » (*Matth*., xxii, 43.) Et certe idem Psalmus non habet in titulo : « Ipsius David : » sed : « Ipsi David, » sicut plurimi. Mihi autem credibilius videntur existimare, qui omnes illos centum-quinquaginta Psalmos ejus operi tribuunt, eumque aliquos prænotasse etiam nominibus aliorum, aliquid quod ad rem pertineat figurantibus : cæteros autem nullius hominis nomen in titulis habere voluisse ; sicut ei varietatis hujus dispositionem, quamvis latebrosam, non tamen inanem, Dominus inspiravit. Nec movere debet ad hoc non credendum, quod nonnullorum nomina Prophetarum, qui longe post David regis tempora fuerunt, quibusdam Psalmis in eo libro leguntur inscripta, et quæ ibi dicuntur, velut ab eis dici videntur. Neque enim non potuit propheticus Spiritus prophetanti regi David hæc etiam futurorum Prophetarum nomina revelare, ut aliquid, quod eorum personæ conveniret, prophetice cantaretur : sicut Rex Josias exorturus et regnaturus post annos amplius quam trecentos, cuidam Prophetæ, qui etiam facta ejus futura prædixit, cum suo nomine revelatus est.

PASSAGES DES PSAUMES

Dans lesquels s'écartent de la Vulgate et la leçon adoptée par saint Augustin dans l'ouvrage qui va suivre et d'anciens psautiers latins, qui, comme le texte de saint Augustin, serrent de plus près en divers endroits la version grecque des Septante. Ces psautiers sont particulièrement ceux qui furent chantés, depuis les premiers temps, dans les Eglises les plus célèbres ; à savoir : le Psautier romain imprimé à Rome en 1663, à l'usage du clergé de la basilique du Vatican ; le même Psautier romain, l'une des parties du quintuple Psautier, entièrement préparé dès l'année 1508, à l'abbaye de Saint-Germain, par les soins de Jacques Lefèvre d'Etaples, et imprimé à Paris en 1509 ; le Psautier de Milan selon le rit Ambroisien de l'Eglise de Milan, imprimé à Milan, en 1555 ; le Psautier manuscrit de Saint-Germain, dont se servait de son vivant, selon la tradition, saint Germain évêque de Paris, le Psautier de saint Hilaire et de saint Ambroise, c'est-à-dire celui que saint Hilaire et saint Ambroise ont suivi dans leurs commentaires ; enfin l'ancienne version qui, sous ce titre : « D'après le texte grec, » occupe la troisième colonne dans le triple Psautier de saint Pierre de Chartres, tandis que la première colonne contient la traduction selon l'hébreu, et celle du milieu, la Vulgate. Nous avons pris soin de rapporter les plus remarquables de ces variantes, et toutes celles en particulier qui nous ont paru devoir donner quelque appui au texte de saint Augustin ou du moins présenter quelque utilité.

Nous y avons ajouté quelques variantes de la Vulgate elle-même, tirées du manuscrit de Chartres dont nous venons de parler, qui remonte à plus de sept cents ans, et d'un manuscrit de Colbert, de la même époque, lequel contient la Vulgate sous ce titre : « Livre des Psaumes d'après la version des Septante, corrigé à nouveau par saint Jérôme, prêtre. » Nous avons fait la même chose, à l'égard d'un second manuscrit de Saint-Germain d'environ sept cents ans d'antiquité, et enfin du quintuple Psautier français imprimé en 1508, dans lequel, sous le titre de Psautier français, est reproduite l'édition de la Vulgate.

LOCA EX PSALMIS

In quibus ab editione Vulgata distant Augustinus in subsequenti opere, et Latina quædam, quæ cum Augustino passim Græcæ interpretationi LXX. pressius insistunt, Psalteria vetera, ea præsertim quæ in celeberrimis Ecclesiis decantantur a primis temporibus, scilicet Romanum, pro usu Cleri basilicæ Vaticanæ excusum Romæ an. 1663. Romanum item in Quincuplici Psalterio cura Jac. Fabri Stapulensis, qui id operis in S. Germani Cœnobio an. 1508. absolverat, impressum Parisiis, an. 1509. Mediolanense, juxta morem Ambrosianæ Mediolanensis Ecclesiæ typis editum Mediolani an. 1555. Germanense manu descriptum, quo codice B. ipse Germanus Parisiorum episcopus, dum viveret, usus fuisse traditur. Hilarianum et Ambrosianum, id est Psalterium quod in suis Commentariis sequitur Hilarius et Ambrosius. Vetus denique versio quæ sub hacce inscriptione : « Secundum Græcum, » tertiam columnam occupat in S. Petri Carnutensis Psalterio tripartito, ubi columnam primam tenet interpretatio secundum Hebræum ; mediam Vulgata. Quibus ex libris varietates insigniores, immo eas omnes, e quarum notatione aut Augustiniano Psalterio robur accessurum, aut nonnihil demum emolumenti emersurum esse videbatur, edendas curavimus.

Ad hæc adnotantur quædam in ipsamet Vulgata editione lectiones variantes, excerptæ ex prædicto Carnutensi libro ante annos 700. descripto, et ex ejusdem ætatis Ms. Colbertino Vulgatam continente sub hoc titulo : « Liber Psalmorum de translatione Septuaginta Interpretum, emendatum a sancto Hieronymo presbytero in novo. » Item ex Germanensi altero annos prope septingentos præferente, necnon ex Gallicano Quincuplicis Psalterii impressi an. 1508. ubi sub istius Gallicani Psalterii nomine repræsentatur editio Vulgata.

INDICATIONS ABRÉGÉES DES DIVERS PSAUTIERS

Gr. désigne le psautier grec, d'après les Septante, selon l'exemplaire de l'édition romaine imprimé à Paris en 1628.
A. marque le psautier de saint Augustin.
R. Psautier romain ordinaire, c'est-à-dire celui qui a été imprimé en 1663.
Rom. Psautier romain quintuple édité en 1508.
M. Psautier de Milan.
Amb. Le psautier expliqué par saint Ambroise.
G. Le premier psautier de Saint-Germain, celui dont on rapporte que saint Germain a fait usage.
H. Le psautier expliqué par saint Hilaire.

C. Psautier de Chartres intitulé : *D'après le texte grec.*
Hebr. Psautier de saint Jérôme, d'après l'hébreu, dont nous citerons au moins les passages qui s'accordent avec l'ancienne version.
Vulg. La Vulgate qui se trouve maintenant dans les Bibles corrigées par l'ordre de Sixte-Quint et de Clément VIII. Le texte de la Vulgate est toujours placé ici au premier rang.
Car. signifie le psautier de Chartres, selon la Vulgate.
Colb. Manuscrit de la bibliothèque de Colbert.
Ger. Second psautier de Saint-Germain.
Gal. Quintuple psautier gallican, imprimé en 1508.

CHARACTERES LIBRORUM.

Gr. designat Psalterium Græcum secundum Lxx. ad Romanæ editionis exemplar excusum Parisiis an. 1628.
A. notat Augustini Psalterium.
R. Romanum usitatum, seu excusum an. 1663.
Rom. Romanum in Quincuplici Psalterio editum an. 1508.
M. Mediolanense Psalterium.
Amb. Psalterium a B. Ambrosio expositum.
G. Germanense primum, id est, S. Germano, ut fertur, usitatum.
H. Psalterium illustratum ab Hilario.
C. Carnutense, cui inscriptio *Secundum Græcum.*

Hebr. Hieronymi Psalterium ex Hebræo, proferendum hic in iis ad minus locis, in quibus favet antiquæ Versioni.
Vulg. Editionem Vulgatam indicat, quæ nunc in Bibliis Sixti V. sive Clementis VIII. auctoritate castigatis legitur; hujus Editionis textus primo hic loco semper exhibetur.
Car. signat Carnutense Psalterium juxta Vulgatam.
Colb. Colbertinum.
Ger. Germanense alterum.
Gal. Gallicanum in Quincuplici Psalterio editum an. 1508.

Ex psalmo I.

⅄. 2. Vulgata in editis Bibliis, *voluntas ejus.* Psalteria A. R. Rom. M. H. C. *fuit voluntas ejus.*
⅄. 5. *non resurgent.* A. Rom. Amb. H. C. *non resurgunt.* Et sic habebat Vulgata in MSS. Car. Colb. Ger. Gal.

Ex psalmo II.

Psalmus in Vulg. titulo caret. At. in Rom. C. Car. Colb. inscribitur *Psalmus David.* In G. et Gal. *In finem Psalmus ipsi David.*
⅄. 10. *Qui judicatis terram.* A. R. Rom. M. juxta Gr. *Omnes qui judicatis terram.*

Ex psalmo III.

In Gr. Rom. G. C. et Car. proxime ad ⅄. 4. et rursum ad ⅄. 6. præfigitur, *Diapsalma :* in Gal. utroque loco, *Semper :* neutrum habetur in Vulg. Porro idem verbum in aliis itidem Psalmis toties MSS. codices exhibent, quoties Græca editio Romana impressa Parisiis an. 1628.
⅄. 6. *Et soporatus sum.* A. R. Rom. C. *Et somnum cepi.* Gr. καὶ ὕπνωσα. Psalterium M. *Et quievi.*
Item. ⅄. 6. *suscepit me.* A. C. *suscipiet me :* juxta Gr. ἀντιλήψεταί μου. G. *suscipit me.*

Ex psalmo IV.

⅄. 2. *Cum invocarem, exaudivit me.* R. Rom. M. G. C. *Cum invocarem te, exaudisti me.*
⅄. 4. *mirificavit.* A. *admirabilem fecit.* R. G. C. *magnificavit.*

⅄. 5. *Quæ dicitis in cordibus vestris.* G. C. *Dicite in cordibus vestris :* omisso, *quæ.*
Item ⅄. 5. *in cubilibus vestris.* R. Rom. G. C. Colb. Gal. *et in cubilibus vestris.*
Item ⅄. 5. *compungimini.* Notat Aug. nonnullis videri legendum *aperimini,* quia in Gr. legebant κατανοίγητε, pro κατανύγητε.
⅄. 8. *A fructu frumenti.* A. R. Rom. M. G. C. *A tempore frumenti.* Hebr. *In tempore frumenti et vinum eorum multiplicata sunt.*
⅄. 9. *Et requiescam.* A. *Et somnum capiam.* Gr. καὶ ὑπνώσω.
⅄. 10. *Constituisti me.* A. *Habitare fecisti me.*

Ex psalmo V.

⅄. 1. *Pro ea quæ hæreditatem consequitur.* G. *Pro his qui hæreditabunt.* Gr. ὑπὲρ τῆς κληρονομούσης. C. *pro hæreditate.*
⅄. 2. *auribus percipe Domine.* A. *exaudi Domine.*
⅄. 9. *Dirige in conspectu tuo viam meam.* At in MSS. Car. Colb. Ger. habebat Vulgata, *Dirige in conspectu meo viam tuam.* Hanc lectionem veriorem esse, alteram autem nec in Septuaginta nec in Hebræo haberi docet Hieronymus in ep. 135. ad Sunniam.
⅄. 11. *a cogitationibus suis.* M. *a consiliis suis.* Et sic Hebr. In Gr. vox est, διαβουλιῶν.
Item ⅄. 11. *irritaverunt te.* A. *inamaricaverunt te.* R. Rom. M. C. *exacerbaverunt te.* Gr. παρεπίκραναν σε.
⅄. 13. *benedices justo.* R. Rom. M. G. C. *benedicis justum.*

Ex psalmo VI.

⅄. 2. *Ne in furore tuo arguas me, neque in ira tua.* A.

R. Rom. M. G. C. *Ne in ira tua arguas me, neque in furore tuo*. Gr. priori loco habet τῷ θυμῷ, posteriori τῇ ὀργῇ. Eadem est varietas in Psal. XXXVII, ℣. 2.

℣. 4. *Sed tu Domine*. A. R. Rom. M. G. C. Car. Colb. Ger. Gal. juxta Gr. *Et tu Domine*. Sic etiam Hebr.

℣. 8. *a furore*. A. *ab ira*. R. Rom. M. G. C. *præ ira*. Gr. ἀπὸ θυμοῦ.

Item ℣. 11. *convertantur*. R. Rom. M. C. *avertantur retrorsum*.

EX PSALMO VII.

℣. 5. *decidam merito*. A. *decidam ergo* : juxta Gr. ἄρα.

℣. 6. *Persequatur inimicus*. A. juxta Gr. *Persequatur ergo inimicus*.

℣. 8. *in altum regredere*. G. *in altum convertere*, Gr. ἐπίστρεψον.

℣. 9. *Dominus judicat populos*. R. Rom. C. *Domine judica populos*. Gr. κρινεῖ.

Item ℣. 9. *Judica me*. G. *Salvum fac me*.

Item ℣. 9. *et secundum innocentiam meam*. R. Rom. M. *et secundum innocentiam manuum mearum*.

℣. 10. *Consumetur nequitia*. A. *Consummetur autem nequitia*. M. G. *Consummetur vero nequitia*. R. C. *Consummetur nequitia*. Gr. συντελεσθήτω δὴ πονηρία.

Item ℣. 10. *et diriges justum*. R. Rom. *et dirige justum*.

℣. 12. *numquid irascitur*. G. C. Car. Ger. *numquid irascetur*. A. M. *non iram adducens*. Gr. μὴ ὀργὴν ἐπάγων.

℣. 13. *gladium suum vibrabit*. Observat Augustinus esse in aliis exemplaribus, *frameam suam splendificabit*.

℣. 14. *ardentibus effecit*. A. *ardentibus operatus est*. C. *ardentes operatus est* : et hoc Latina pleraque habere dicit Augustinus. Hebr. *ad comburendum operatus est*.

℣. 15. *concepit dolorem*. A. *concepit laborem*. Gr. πόνον.

℣. 16. *et incidit*. A. *incidet ergo*. R. *et incidet*. Gr. καὶ ἐμπεσεῖται.

℣. 17. *dolor ejus*. A. *labor ejus*, Gr. πόνος.

EX PSALMO VIII.

℣. 2. *nomen tuum*. G. *regnum tuum*.

℣. 3. *et ultorem* A. R. Rom. M. G. C. *et defensorem*. Augustinus in Psal. CII, n. 14. dicit verius esse quod legitur in aliis codicibus, *vindicatorem*, id est eum qui se voluit vindicare.

℣. 4. *cœlos tuos*. Vox *tuos* abest a R. Rom. M. G. C. Gr. et ab A. in MSS.

EX PSALMO IX.

℣. 4. *In convertendo inimicum meum*. M. *Dum avertatur inimicus meus*.

℣. 5. *Sedisti*. C. *Sedens*. R. Rom. G. *Sedes*.

℣. 7. *et civitates eorum destruxisti*. Abest *eorum* ab A. G. Gr. et a Vulgata in MSS. Car. Colb. Ger.

℣. 9. *judicabit populos in justitia*. A. R. Rom. G. C. *judicabit populos cum justitia*. Gr. ἐν εὐθύτητι, *in rectitudine*.

℣. 11. *non dereliquisti*. R. Rom. Ger. *non dereliquis*. C. *non derelinques*.

℣. 12. *studia ejus*. A. R. Rom. C. *mirabilia ejus*. G. *voluntates ejus*. Hebr. *cogitationes ejus*.

℣. 13. *clamorem pauperum*. R. *orationis pauperum*. Rom. *orationes*, etc. G. C. *orationem*, etc. Gr. τῆς δεήσεως.

℣. 16. *In interitu quem*, etc. A. *in corruptione quam*, etc.

℣. 17. *Cognoscetur Dominus*. A. M. G. C. *Cognoscitur Dominus*. Gr. γινώσκεται.

Ad ℣. 18. præfigitur apud A. G. C. juxta Gr. *Canticum diapsalmatis* : quod Vulgata non habet in editis, sed habet in MS. Car.

℣. 20. *non confortetur*. A. R. Rom. C. *non prævaleat*. Gr. μὴ κραταιούσθω.

℣. 21. *Ut sciant gentes*. Particula *ut* abest ab A. G. C. Gal. et a Gr.

EX PSALMO ALTERO IX.

℣. 4. *Exacerbavit Dominum*. A. R. Rom. M. G. C. *Irritavit Dominum*. Gr. παρώξυνε : quod verbum habetur rursus infra in ℣. 13. ubi Latina omnia, *Irritavit*.

℣. 5. *inquinatæ sunt* A. M. *contaminantur*. R. Rom. C. *polluuntur*. Gr. βεβηλοῦνται.

℣. 10. *humiliabit eum*. G. *adflictabit eum*.

Item ℣. 10. *Inclinabit se*. A. *Inclinabitur*.

Item ℣. 10. *cum dominatus fuerit*. A. R. Rom. M. G. C. *dum dominabitur*.

℣. 12. *ne obliviscaris pauperum*. A. R. Rom. M. G. C. *ne obliviscaris pauperum in finem*.

℣. 14. *laborem et dolorem consideras*. A. *laborem et iram consideras*. Gr. καὶ θυμόν.

℣. 15. *Contere brachium*. R. Rom. *Conteres brachium*.

℣. 17. *exaudivit Dominus*. M. *exaudisti Domine*.

Item ℣. 17. *præparationem cordis*. R. Rom. *desideria cordis*. G. C. *desiderium cordis*. M. *præparationes cordis*.

EX PSALMO X.

℣. 2. *Quomodo dicitis* G. *quomodo dicetis*. Gr. ἐρεῖτε.

Item ℣. 2. *Transmigra in montem*. A. *transmigra in montes*. Gr. ἐπὶ τὰ ὄρη.

℣. 3. *ut sagittent in obscuro*. A. *ut sagittent in obscura luna*. Gr. ἐν σκοτομήνῃ.

EX PSALMO XI.

℣. 3. *locuti sunt*. A. R. Rom. M. G. C. *locuti sunt mala*.

℣. 6. *in salutari*. M. *in salutari tuo*. G. C. *super salutare*. R. *super salutare meum*. Rom. *in salutare meum*.

℣. 7. *probatum terræ*. Vox *probatum* deest in A. R. Rom. C. At ejus loco in Gr. est, δοκίμιον. In Hebr. *separatum a terra*.

℣. 8. *In æternum*. M. G. juxta Gr. *et in æternum*.

EX PSALMO XII.

℣. 4. *Respice*. G. *Convertere*. In Gr. est ἐπίβλεψον : forte pro ἐπίστρεψον. Nam Hebr. habet, *Convertere*.

Item ℣. 4. *in morte*. G. C. *in mortem*. Gr. εἰς θάνατον.

℣. 6. *speravi*. R. Rom. M. C. *sperabo*. G. *spero*. Hebr. *confido*.

Item ℣. 6. *in salutari tuo*. G. *in salute tua*.

Item ℣. 6. *nomini Domini altissimi*. Rom. G. C. *nomini tuo, Altissime*.

EX PSALMO XIII.

℣. 1. *corrupti sunt*. Gr. διέφθειραν, *corruperunt*.

Item ℣. 1. *in studiis suis*. R. Rom. M. G. C. *in voluntatibus suis*. A. *in affectionibus suis*. Vox *suis* a Gr. abest.

℣. 4. *sicut escam panis*. in plerisque MSS. A. *in cibo panis*. Gr. βρώσει ἄρτου, absque præpositione *in*.

℣. 7. *cum averterit*. M. *in convertendo*.

Item ℣. 7. *Exsultabit Jacob, et lætabitur Israel*. R. Rom. M. G. C. *Lætetur Jacob, et exsultet Israel*. Favet Gr.

EX PSALMO XIV.

℣. 1. *quis habitabit*. A. *quis peregrinabitur*. Et sic Hebr.

℣. 3. *adversus proximos suos*. A. R. Rom. M. G. *adversus proximum suum*. Hebr. *super vicino suo*.

LOCA EX PSALMIS VARIANTIA IN PSALTERIIS.

Ex psalmo XV.

ỹ. 5. *qui restitues.* R. Rom. M. G. C. *qui restituisti* Gr. ὁ ἀποκαθιστῶν.
ỹ. 7. *increpuerunt me.* A. *emendaverunt me.* Gr. ἐπαίδευσάν με. Hebr. *erudierunt me.*
ỹ. 10. *in inferno.* A. G. C. *in infernum.* Gr. εἰς ᾅδην.

Ex psalmo XVI.

ỹ. 2. *Oculi tui videant æquitates.* A. R. Rom. M. G. juxta Gr. *Oculi mei videant.* A. R. Rom. M. *æquitatem.*
ỹ. 5. *Perfice gressus meos.* A. *ad perficiendos gressus meos.* Varietas orta ex ambiguo Græco καταρτίσαι, vel mutato accentu καταρτίσαι. Hebr. *Sustenta gressus meos.*
ỹ. 7. *sperantes in te.* G. *rectos corde.*
ỹ. 8. *Sub umbra.* A. *In tegmine.* Gr. ἐν σκέπῃ.
ỹ. 13. *præveni eum et supplanta eum.* A. R. Rom. M. G. *præveni eos et subverte eos.*
Item ỹ. 13. *ab impio.* A. *ab impiis.*
Item ỹ. 13 et 14. *Frameam tuam ab inimicis manus tuæ.* R. Rom. *Frameam inimicorum de manu tua.* G. *Frameam tuam de manu inimicorum.*
Item. ỹ. 14. *Domine a paucis de terra divide eos.* A. *Domine perdens* (juxta Gr. ἀπολύων) *de terra dispertire eos.* R. Rom. G. C. *Domine a paucis a terra disparture eos, et supplanta eos.*
Item ỹ. 14. *Saturati sunt filiis.* A. R. Rom. C. *Saturati sunt porcina.* G. *Saturati sunt suilla.* M. *Saturati sunt filii eorum.* Diversam interpretationem ex Græco evenisse notat Augustinus, cum in aliis libris esset υἱῶν *filiis* : in aliis ὑείων *porcina,* uti hodie in Gr. legitur. Hebr. habet, *filiis.*
ỹ. 15. *in justitia apparebo conspectui tuo.* R. Rom. G. C. *cum justitia apparebo in conspectu tuo.*
Item ỹ. 15. *cum apparuerit.* A. R. Rom. G. C. *dum manifestabitur.* M. *dum manifestabitur mihi.*

Ex psalmo XVII.

ỹ. 1. *Qui locutus est.* A. Rom. G. C. juxta Gr. *quæ locutus est.* Sic vulgata in Car. Ger.
ỹ. 3. *et susceptor meus.* R. Rom. G. C. *adjutor meus :* omisso, *et.* A. *et redemptor meus.*
ỹ. 5. *dolores mortis.* R. Rom. M. G. C. *gemitus mortis.*
ỹ. 6. *præoccupaverunt me.* A. R. Rom. M. G. C. *prævenerunt me.* Gr. προέφθασάν με, ut rursus postea in ỹ. 19.
ỹ. 9. *exarsit.* A. R. Rom. M. G. *exardescit.* C. *exardescet.*
ỹ. 13. *in conspectu ejus nubes transierunt.* A. *in conspectu ejus nubes ipsius transierunt.*
ỹ. 14. *grando et carbones ignis.* Isthæc verba absunt hoc loco ab A. R. Rom. M. G. C. et a Gr.
ỹ. 18. *confortati sunt.* G. *confirmati sunt.* Gr. ἐστερεώθησαν.
ỹ. 19. *protector meus.* A. *firmamentum meum.* Et sic Hebr. Gr. ἀντιστήριγμά μου
ỹ. 20. *salvum me fecit.* G. C. *salvum me faciet.* Gr. ῥύσεταί με.
Item ỹ. 20. *post quoniam voluit me*, additur in codice quidem G. *Liberavit me de inimicis meis potentissimis et ab his qui oderunt me gratis.* In libro autem C. *Et eripuit me de inimicis meis fortissimis, et ab his qui oderunt me.* Simile additamentum habuisse credas Psalterium A. Vide infra Enarr. in Ps. XVII, n. 20.
ỹ. 23. *in conspectu meo.* R. Rom. M. *in conspectu meo sunt semper.*
Item ỹ. 23. *et justitias ejus non repuli a me.* Gr. *et justitiæ ejus* (οὐκ ἀπέστησαν) *non recesserunt a me.*
ỹ. 27. *perverteris.* A. *perversus eris.* R. Rom. M. G. *subverteris.*

ỹ. 29. *tu illuminas.* A. *tu illuminabis.*
Item ỹ. 29. *illumina.* A. *illuminabis.* Gr. hoc et præcedenti loco, φωτιεῖς.
ỹ. 30. *Quoniam in te eripiar.* A. *Quoniam a te eruar.*
ỹ. 34. *tamquam cervorum* A. R. Rom. M. G. C. juxta Gr. *tamquam cervi.*
Item ỹ. 34. *statuit me.* A. *statuet me.*
ỹ. 36. *protectionem salutis tuæ.* A. juxta Gr. *protectionem salutis meæ.*
Item ỹ. 36. *Et disciplina tua correxit me in finem.* Ista pars ỹ. 36. omittitur in R. Rom. G. C. At apud A. legitur : *Et disciplina tua me direxit in finem.* Gr. ἀνώρθωσέ με. M. *stabilivit me.*
ỹ. 39. *Confringam illos.* R. Rom. et C. Antiqua manu correctum. *Affligam illos.* G. *Confligam.* Gr. ἐκθλίψω.
ỹ. 40. *et supplantasti.* R. Rom. M. C. juxta Gr. *supplantasti omnes :* omissa particula *et,* quæ abest quoque ab A. G. Car. Ger. et Hebr.
ỹ. 41. *et inimicos meos.* R. Rom. G. *Et inimicorum meorum.*
ỹ. 43. *Ante faciem venti.* A. *juxta faciem venti.* Gr. κατά.
ỹ. 48, *qui das vindictas mihi, et subdis.* R. Rom. M. G. C. *qui das vindictam mihi, et subdidisti,* Gr. ὑποτάξας.
Item ỹ. 48. *liberator meus de inimicis meis iracundis.* R. Rom. G. C. *liberator meus Dominus de gentibus iracundis.* Sic etiam M. omisso tantum *Dominus.*
ỹ. 51. *Magnificans salutes.* R. Rom. *Magnificans salutare.* G. *salutarem.* M. *salutaria.* C. *salutem.*

Ex psalmo XVIII.

ỹ. 6. *Ad currendam viam.* Vulgata in Car. Colb. Ger. addit *suam.* Vide Hieron. epist CXXXV.
ỹ. 8. *Lex Domini immaculata.* R. Rom. M. G. C. *Lex Domini irreprehensibilis.*
ỹ. 10. *Timor Domini sanctus.* A. *timor Domini castus.* Gr. ἁγνός Hebr. *mundus.*
Item ỹ. 10. *permanens.* R. Rom. M. *permanet.*
Item ỹ. 10. *in semetipsa.* A. *in idipsum.* Gr. ἐπὶ τὸ αὐτό.
ỹ. 14. *Si mei non fuerint dominati.* A. *Si mei non fuerint dominata.*

Ex psalmo XIX.

ỹ. 3. *tueatur te.* M. C. *suscipiat te.* Gr. ἀντιλάβοιτό σου. Hebr. *roboret te.*
ỹ. 5. *Tribuat tibi.* A. R. Rom. M. G. *tribuat tibi Dominus.*
Item ỹ. 5. *consilium tuum confirmet.* A. *consilium tuum compleat.* Gr. πληρώσαι, ut postea in ỹ. 7. Hebr. *voluntatem tuam impleat.*
ỹ. 6. *et in nomine Dei nostri.* A. R. *et in nomine Domini Dei nostri.*
ỹ. 7. *salvum fecit.* R. Rom. G. C. *salvum faciet.* Et sic A. in melioribus MSS.
ỹ. 8. *Dei nostri invocabimus.* A. *Dei nostri exsultabimus.* R. Rom. G. C. *magnificabimur,* juxta Gr. μεγαλυνθησόμεθα, ut supra in ỹ. 6.
ỹ. 10. *in die qua.* M. G. *in quacumque die.*

Ex psalmo XX.

ỹ. 3. *Desiderium cordis ejus.* A. R. Rom. C. *Desiderium animæ ejus.*
Item ỹ. 3. *et voluntate.* Gr. δέησιν, *petitione* ; pro θέλησιν, *voluntate.*
Item ỹ. 3. *non fraudasti eum.* A. *non privasti eum.*
ỹ. 6. *in salutari tuo.* A. G. C. *in salute tua.*
ỹ. 7. *Dabis eum in benedictionem.* A. juxta Gr. *Dabis ei benedictionem.*

TOM. XI.   36*

Item ℣. 7. *in gaudio cum vultu tuo.* G. *cum gaudio vultus tui.*
℣. 10. *In tempore vultus tui.* G. *In tempore vultus tui consummabis eos.*
℣. 13. *præparabis.* R. *præparare.*

Ex psalmo XXI.

℣. 1. *verba delictorum meorum.* G. *verba labiorum meorum.* Hebr. *verba rugitus mei.*
℣. 11. *In te projectus sum.* A. primo habet : *In te confirmatus sum :* et post cum R. Rom. C. *jactatus sum.*
℣. 15. *Sicut aqua effusus sum.* R. Rom. M. Amb. G. *Sicut aqua effusa sunt.*
℣. 16. *et in pulverem.* C. *et in limum.*
Item ℣. 16. *deduxisti me.* Rom. G. C. *deduxerunt me.*
℣. 20. *auxilium tuum a me.* G. Colb. Ger. non habent, *a me :* pro quo Hieron. in ep. cxxxv legi vult, *mecum.* Gr. habet, *auxilium meum.*
℣. 21. *Erue a framea Deus.* vox *Deus* abest ab A. R. Rom. M. G. C. Car. Colb. Ger. Gal. et a Gr.
℣. 26. *Apud te laus mea.* R. Rom. M. *Apud te laus mihi.* Amb. *a te.* Gr. παρὰ σοῦ
Item ℣. 26. *in Ecclesia magna, vota,* etc. A. Amb. *in Ecclesia magna confitebor tibi, vota,* etc.
℣. 28. *universæ familiæ gentium.* A. R. Rom. M. G. C. *omnes patriæ gentium.*
℣. 30. *pingues terræ.* A. R. Rom. M. G. C. *divites terræ.*
Item ℣. 30. *cadent.* A. R. Rom. M. G. C. *procident.*
℣. 32. *Et annuntiabunt cæli.* Vox *cæli* abest a Gr. G. Car. Ger. Gal. necnon ab Amb. in quo legitur, *annuntiabit.*

Ex psalmo XXII.

℣. 1. *Dominus regit me.* A. *Dominus pascit me :* juxta Gr. ποιμαίνει με. Sic etiam Hebr.
℣. 3. *super semitas.* A. *in semitis.* Hebr. *per semitas.*
℣. 5. *et calix meus.* A. R. Rom. M. G. C. juxta Gr. *et poculum tuum.* Hanc lectionem improbat, et ex Communi seu Luciani Græca editione manasse docet Hieron. in epist. cxxxv.
℣. 6. *subsequetur me.* R. M. *subsequatur me.* Rom. *subsequitur me.*

Ex psalmo XXIII.

℣. 1. *prima sabbati.* Gr. τῆς μιᾶς, *una sabbati.*
Item ℣. 1. *qui habitant in eo.* A. R. Rom. G. *qui habitant in ea.* Interpres Græcum sequutus est, ἐν αὐτῇ, quod genere concordat cum nomine præcedente οἰκουμένῃ.
℣. 2. *Quia ipse.* Vox *Quia* abest ab A. R. Rom. M. G. C. et a Gr.
℣. 7 et 9. *principes vestras.* A. G. *principes vestri.* Gr. ὑμῶν.

Ex psalmo XXIV.

℣. 1. *In finem.* Id abest a C. Car. Gal. Gr. et ab Hebr.
℣. 3. *qui sustinent te.* A. R. Rom. M. G. C. *qui te expectant.* Hebr. *qui sperant in te.*
℣. 4. *omnes iniqua agentes supervacue.* A. *inique facientes vana.* R. *iniqua facientes vane.* Rom. C. *iniqua facientes vana.* M. *iniqua gerentes supervacue.* Et abest vox *omnes* ab A. R. Rom. M. G. C. Gr. Hebr.
℣. 5. *Dirige me in veritate tua.* Gr. sonat : *Deduc me in veritatem tuam.*
℣. 6. *et misericordiarum tuarum quæ a sæculo sunt.* A. G. juxta Gr. *et quia misericordiæ tuæ a sæculo sunt.*
℣. 7. *et ignorantias meas.* A. R. Rom. G. G, *et ignorantiæ meæ.*
Item ℣. 7. *secundum misericordiam tuam.* R. Rom, *secundum magnam misericordiam tuam.*

℣. 8. *legem dabit.* A. M. *legem statuet.* R. Rom. G. C. *statuit.*
℣. 12. *qui timet Dominum.* A. R. Rom. M. C. *qui timeat Dominum.*
Item ℣. 12. *legem statuit.* A. M. juxta Gr. *legem statuet.*
℣. 17. *multiplicatæ sunt.* R. Rom. G. *dilatatæ sunt.*
℣. 20. *speravi in te.* R. Rom. *invocavi te.*
℣. 21. *sustinui te.* A. R. Rom. M. C. juxta Gr. *sustinui te, Domine.* G. *custodivi te.*
℣. 22. *Libera Deus Israel.* A. M. et Hebr. *Redime Deus Israel.* Gr. λύτρωσαι. At R. Rom. G. C. *Redime me Deus Israel.*
Item ℣. 22. *tribulationibus suis.* R. Rom. G. C. *angustiis meis.* M. *angustiis ejus.*

Ex psalmo XXV.

℣. 1 et 11. *ingressus sum.* A. *ambulavi.* Gr. ἐπορεύθην.
Item ℣. 1. *sperans non infirmabor.* A. *sperans non movebor.* G. *confidens non erubescam.* Gr. οὐ μὴ σαλευθῶ. Hebr. *non deficiam.*
℣. 5. *ecclesiam malignantium* A. R. Rom. C. *congregationem malignorum.*
℣. 7. *vocem laudis* A. R. Rom. M. C. *vocem laudis tuæ.*
℣. 8. *et locum habitationis.* R. Rom. *et locum tabernaculi.* Et sic Hebr. In Gr. est σκηνώματος.
℣. 12. *stetit in directo.* A juxta Gr. *stetit in rectitudine.* R. Rom. M. G. C. *in via recta.*

Ex psalmo XXVI.

℣. 1. *et salus mea.* A. *et salutaris meus.*
℣. 3. *in hoc ego sperabo.* A. C. juxta Gr. *in hac ego sperabo.*
℣. 4. *Ut videam voluptatem Domini.* A. *Ut contempler delectationem Domini.* R. Rom. G. C. *voluntatem.* Hebr. *pulchritudinem.* Gr. τὰ τερπνότητα.
Item ℣. 4. *et visitem templum ejus.* A. *et protegar templum ejus.* R. Rom. *et protegar a templo sancto ejus.* G. C. *et protegi templum ejus.* Gr. καὶ ἐπισκέπτεσθαι τὸν ναὸν αὐτοῦ. Hieron. ex Hebr. *et attendam templum ejus.*
℣. 5. *in die malorum.* A. M. juxta Gr. addunt *meorum.*
℣. 6. *et nunc exaltavit.* A. M. juxta Gr. *et nunc ecce exaltavit.* R. Rom. G. *nunc autem exaltavit.*
Item ℣. 6. *Circuivi, et immolavi.* R. Rom. *Circuibo, et immolabo.*
Item ℣. 6. *hostiam vociferationis.* A. R. Rom. M. G. C. *hostiam jubilationis.* Hebr. *hostias jubili.* Gr. ἀλαλαγμοῦ.
℣. 8. *Exquisivit te facies mea.* A. R. Rom. C. juxta Gr. *Quæsivi vultum tuum.* G. *Quæsivi faciem tuam.* M. *Dominum requiram, exquisivit te vultus meus.*
℣. 11. *in semitam rectam.* A. G. C. juxta Gr. *in semita recta.* Sic habebat Vulgata in Car. Colb. Ger. Gal.
℣. 12. *in animas.* G. *in manus.* C. *in manibus.*

Ex psalmo XXVII.

℣. 1. *Psalmus ipsi David.* A. juxta Gr. *Ipsius David.* Car. Gal. *Huic David.*
Item ℣. 1 *clamabo.* A. G. C. juxta Gr. *clamavi.*
Item ℣. 1. *ne sileas a me.* Gr. sonat, *super me.*
Item ℣. 1. *nequando taceas a me.* Id omittitur in R. Rom. G. C.
℣. 2. *Exaudi Domine.* Abest *Domine* a R. Rom. Gr. Hebr. et ab A. in MSS.
℣. 3. *Ne simul trahas me cum peccatoribus.* A. juxta Gr. *Ne simul trahas cum peccatoribus animam meam.* R. Rom. M. C. *trodas me.* Et sic Vulgata in Car. Colb. Ger. Gal. mendose.

LOCA EX PSALMIS VARIANTIA IN PSALTERIIS.

℣. 4. *et secundum nequitiam adinventionum ipsorum.* A. iu melioribus MSS. *et secundum malignitatem affectationum ipsorum.* M. G. C. *studiorum ipsorum.* Sic etiam R. Rom. sed hi duo libri proxime subjungunt *retribue illis,* omisso *secundum opera manuum eorum.*

℣. 5. *opera Domini.* A. Rom. C. juxta Gr. *in opera Domini.* G. *in operam.*

Item ℣. 5. *manuum ejus.* R. Rom. G. C. addunt, *non consideraverunt.*

Item ℣. 5. *destrues illos.* R. Rom. G. *destrue illos.*

Item ℣. 5. *et non ædificabis.* G. *et ne ædifices.*

℣. 7. *et adjutus sum.* M. *et adjutum est.*

℣. 8. *salvationum* A. R. Rom. M. G. C. et Hebr. *salutarium.*

℣. 9. *et rege* Gr. καὶ ποίμανον, *et pasce.* Et sic Hebr.

Ex psalmo XXVIII.

℣. 2. *in atrio sancto ejus.* A. R. Rom. G. C. *in aula sancta ejus.* Gr. ἐν αὐλῇ.

℣. 9. *præparantis cervos.* A. M. *perficientis cervos.* Gr. καταρτιζομένου. Hebr. *obstetricans cervis.*

Item ℣. 9. *condensa.* A. *silvas.* Gr. δρυμούς. Hebr. *saltus.*

Item ℣. 9. *omnes dicent.* A. *unusquisque dicit.*

℣. 10. *inhabitare facit.* A. R. Rom. M. G. C. *inhabitat* Gr. κατοικιεῖ, futuri temporis.

Ex psalmo XXIX.

℣. 1. *Psalmus cantici.* A. G. C. juxta Gr. *In finem Psalmus cantici.*

Item ℣. 1. *Domus David.* A. *Domus ipsi David.* Gr. τῷ Δαυΐδ.

℣. 4. *eduxisti ab inferno.* A. *reduxisti ab inferis,* Gr. ἀνήγαγες. R. Rom. C. *abstraxisti ab inferis.* M. *abstraxisti ab inferno.*

℣. 6. *Ad vesperum demorabitur.* A. *Vespere.* Gr. τὸ ἑσπέρας αὐλισθήσεται, *Vespere dominabitur.*

℣. 8. *in voluntate tua.* R. Rom. *in bona voluntate tua.*

℣. 12. *et circumdedisti me lætitia.* A. Hebr. *et accinxisti me lætitia.* R. Rom. M. G. *præcinxisti.* Gr. περιέζωσάς με. C. *induisti.*

Ex psalmo XXX.

℣. 1. *Pro ecstasi.* Id obest a plerisque libris. At iu A. et Gr. habetur tantum, *Ecstasis.*

℣. 2. *Libera me.* A. juxta Gr. *erue me et exime me.* R. Rom. M. *Libera me et eripe me.*

℣. 4. *deduces me.* A. R. Rom. G. C. *dux mihi eris.* M. *educabis me.*

℣. 6. *commendo* G. παραθήσομαι, *commendabo.*

℣. 12. *Super omnes inimicos meos.* M. *Præ omnibus inimicis meis.*

℣. 13. *oblivioni datus sum.* R. Rom. G. C. *excidi.* M. *exivi.*

℣. 16. *sortes meæ.* R. Rom. G. C. *tempora mea.* Et sic Hebr. At Gr. nunc habet κλῆροι, *sortes :* forte pro καιροί, *tempora.*

Item ℣. 16. *Eripe me.* R. Rom. *Libera me et eripe me.*

℣. 19. *et in abusione.* A. R. Rom. M. G. C. *et contemptu.* Gr. καὶ ἐξουδενώσει. Hebr. *et despectione.*

℣. 22. *mihi in civitate munita.* A. R. Rom. M. G. C. *in civitate circumstantiæ.* Gr. περιοχῆς. nec habent *mihi.*

℣. 23. *in excessu mentis meæ.* Aug. juxta Gr. *in ecstasi mea.* R. Rom. M. G. C. *in pavore meo.*

℣. 24. *veritatem requiret* G. *veritatem requirit.* Gr. *veritates requirit.*

Item ℣. 24. *et retribuet abundanter facientibus.* A. R. Rom. M. G. C. *et retribuet his qui abundanter faciunt.*

Ex psalmo XXXI.

℣. 2. *non imputavit.* C. Colb. Ger. *non imputabit.* Gr. hic et in epist. ad. Rom. 4. 8. λογίσηται, *imputaverit.*

Item ℣. 2. *nec est in spiritu ejus.* A. R. Rom. M. G. C. juxta Gr. *nec est in ore ejus.*

℣. 4. *in ærumna mea.* Rom. juxta Gr. *in ærumnam.* Et sic plerumque A. in MSS. At M. G. C. *in ærumna,* omisso *mea.*

Item ℣. 4. *dum configitur spina.* A. *dum configeretur.* Rom. G. *dum confringitur.* M. *mihi spina :* juxta Gr.

℣. 5. *cognitum tibi feci.* A. *cognovi.* C. *ego cognosco.* Gr. ἐγνώρισα. Hebr. *notum facio tibi.*

Item ℣. 5. *peccati mei.* A. R. Rom. M. G. C. juxta Gr. *cordis mei.*

Ex psalmo XXXII.

Tit. *Psalmus David.* Rom. G. Gal. *In finem Psalmus David.*

℣. 1. *collaudatio* A. G. C. Car. Colb. Gal. juxta Gr. *laudatio.*

℣. 3. *bene psallite ei in vociferatione.* G. *benedicite ei.* A. R. Rom. M. G. C. *in jubilatione :* juxta Hebr. At. Gr. ἐν ἀλαλαγμῷ.

℣. 7. *sicut in utre.* A. G. C. *sicut in utrem.* Gr. *sicut utrem.*

℣. 11. *in generatione et generationem.* A. *in sæcula sæculorum.* R. Rom. G. C. *in sæculum sæculi.* M. *a generatione et progenie.* Gr. *a generationibus in generationes.*

℣. 20. *sustinet Dominum.* A. *patiens erit Domino.* G. C. *patiens est in Domino.* Gr. ὑπομένει τῷ κυρίῳ. Hebr. *expectabit Dominum.*

Ex psalmo XXXIII.

℣. 1. *coram Achimelech.* A. Rom. C. Car. Gal. Gr. *coram Abimelech.* Et sic Hebr.

℣. 4. *in idipsum.* R. Rom. M. G. *in invicem.* Multi, codices teste Augustino, habebant *in unum.* In Hebr. est *pariter.*

℣. 19. *qui tribulato sunt corde.* A. *qui obtriverunt cor.* Gr. συντετριμμένοις τὴν καρδίαν. Hebr. *contritis corde.*

Ex psalmo XXXIV.

℣. 5. *coartans eos.* A. juxta Gr. *tribulans eos.* R. Rom. M. G. *affligens eos.* C. *configens eos.*

℣. 7. *Interitum laquei sui.* A. *muscipulæ suæ corruptionem.* Gr. διαφθοράν. Hebr. *insidias retis sui.*

℣. 8. *Veniat illi laqueus, quem ignorat,* etc. A. *Veniat illis muscipula, quam ignorant, et captio quam occultaverunt, comprehendat illos, et in muscipulam incidant in ipsa.* Sic R. Rom. M. G. C. juxta Gr. habent plurali numero : *Veniat illis laqueus, quem ignorant,* etc. Item R. Rom. *et in laqueum incidant in idipsum.*

℣. 9. *super salutari suo.* A. R. Rom. M. G. *super salutare ejus.* Favet Gr. in quo est αὐτοῦ, non αὐτῆς.

℣. 13. *in sinu meo convertetur.* A. Rom. M. juxta Gr. in sinum meum. R. *convertebatur.*

℣. 15. *congregata sunt super me flagella, et ignoravi.* R. Rom. *congregaverunt in me flagella.* C. *congregati sunt in me.* A. R. Rom. G. C. *et ignoraverunt.*

℣. 16. *Dissipati sunt.* A. *Disscissi sunt.* R. Rom. M. G. C. *Dissoluti sunt.*

℣. 17. *a malignitate eorum.* A. *ab astutiis eorum.* R. Rom. M. G. C. *et malefactis eorum.* Gr. ἀπὸ τῆς κακουργίας αὐτῶν.

℣. 18. *in Ecclesia magna.* A. *in Ecclesia multa.* Gr. πολλῇ.

℣. 19 et 24. *Non super gaudeant mihi.* A. *Non insultent mihi.* R. Rom. M. G. C. *Non insultent in me.* Et sic fere variant in Psal. xxxvii, ℣. 17.

Item ℣. 19. *et annuunt.* A. *et annuentes* R. Rom. M. *et annuebant.* G. C. *et annuerunt.*

℣. 20. *et in iracundia terræ loquentes dolos cogitabant* A. R. Rom. M. C. *et super iram dolose cogitabant.* G. *et super iram dolose agebant.*

℣. 24. *secundum justitiam tuam.* A. *secundum justitiam meam.* Et sic Hebr. At R. Rom. *secundum magnam misericordiam tuam.* G. C. *secundum misericordiam tuam.*

℣. 26. *qui magna loquuntur.* A. C. *qui maligna loquuntur.* Et sic habuit Vulgata in Car. Colb. Ger. Gal. Attamen in Gr. est μεγαλορρημονοῦντες : in Hebr. *qui magnificantur.*

EX PSALMO XXXV.

℣. 2. *delinquat in semetipso.* M. G. C. *delinquat sibi.*

℣. 3. *ut inveniatur iniquitas ejus ad odium.* A. R. Rom. Amb. G. *ut inveniret iniquitatem suam.* A. *et odisset.* R. Rom. Amb. M. G. C. *et odium.*

℣. 7. *abyssus multa.* A. Amb. G. juxta Gr. *sicut abyssus multa.* C. *tamquam.*

EX PSALMO XXXVI.

℣. 2. *olera herbarum.* A. *olera prati.*

℣. 8. *ut maligneris.* A. *ut maligne facias.* R. Rom. M. Amb. G. C. *ut nequiter facias.*

℣. 9. *qui malignantur.* A. *qui maligne agunt.* R. Rom. M. Amb. C. *qui nequiter agunt.* G. *qui iniqui agunt.*

℣. 17. *confirmat* G. *suffulcit.* Hebr. *sublevat.*

℣. 18. *dies immaculatorum.* A. R. Rom. M. Amb. G. C. *vias immaculatorum.* Gr. τὰς ὁδούς. Hebr. in manuscriptis, *viam.*

℣. 20. *deficient.* In Gr. est *defecerunt.*

℣. 21. *Mutuabitur peccator, et non solvet.* A. *Fœneratur peccator.* R. Rom. Amb. G. *Mutuatur,* etc. R. Rom. Amb. *et non solvit.*

Item. ℣. 21. *et tribuet* A. R. Rom. G. C. *et commodat.* Amb. *et tribuit.*

℣. 23. *dirigentur* R. Rom. juxta Gr. *diriguntur.*

Item ℣. 23. *volet.* M. *cupiet valde.*

℣. 24. *non collidetur.* A. R. Rom. M. Amb. G. C. *non conturbabitur.* scilicet mutato καταραχθήσεται, in καταραχθήσεται.

Item ℣. 24. *supponit manum suam.* A. Amb. C. juxta Gr. *confirmat manum ejus.* R. Rom. M. G. *firmat manum ejus.* Hebr. *sustentat manum ejus.*

℣. 26. *et commodat.* A. Amb. G. *et fœnerat.*

℣. 28. *Injusti punientur.* Gr. sonat, *Immaculati vindicabuntur.*

℣. 29. *et inhabitabunt in sæculum,* etc. Amb. *et honorificabunt Deum in sæcula sæculorum.*

℣. 32. *mortificare eum.* R. Rom. Amb. G. C. *perdere eum.* M. *occidere eum.*

℣. 33. *Nec damnabit eum, cum judicabitur illi.* Exemplaria quædam teste Augustino habebant : *Et cum judicabit eum, judicabitur illi.*

℣. 35. *sicut cedros.* A. R. Rom. Amb. M. *super cedros.*

℣. 37. *Custodi innocentiam.* R. Rom. G. C. *Custodi veritatem* Gr. ἀκακίαν. Hebr. habet, *simplicitatem.*

Item ℣. 37. *et vide æquitatem.* A. *et vide directionem.* Hebr. *rectum.*

℣. 38. *disperibunt simul.* A. *disperient in idipsum.* Gr. ἐπὶ τὸ αὐτό. C. *punientur simul.*

EX PSALMO XXXVII.

℣. 5. *supergressæ sunt.* A. *sustulerunt.* R. Rom. Amb. G. C. *superposuerunt.*

℣. 6. *et corruptæ sunt cicatrices meæ.* A. *et putuerunt,* etc. R. Rom. M. G. C. *et deterioraverunt.* Hebr. *et tabuerunt.* A. M. *livores mei.*

℣. 7. *Miser factus sum.* A. R. Rom. M. Amb. G. C. *Miseriis afflictus sum.*

℣. 8. *lumbi mei impleti sunt.* A. R. Rom. M. Amb. G. C. juxta Gr. *anima mea completa est.*

℣. 9. *Afflictus sum.* A. *Infirmatus sum.* R. Rom. M. Amb. G. C. *Incurvatus sum.*

℣. 12. *et qui juxta me erant.* A. R. Rom. M. G. C. *et proximi mei.* Hebr. *et vicini mei.*

℣. 15. *redargutiones.* R. Rom. M. G. C. *increpationes.*

℣. 19. *annuntiabo.* A. R. Rom. C. *ego pronuntio.*

Item. ℣. 19. *et cogitabo.* A. *et curam geram.* Gr. καὶ μεριμνήσω. Hebr. *sollicitus ero.*

℣. 21. *sequebar bonitatem.* A. juxta Gr. *persecutus sum justitiam.* R. Rom. Amb. G. C. *subsecutus sum justitiam.* M. *subsequebar justitiam.*

EX PSALMO XXXVIII.

℣. 1. *ipsi Idithun.* A. Amb. C. Car. Gal. *pro Idithun.*

℣. 3 et 10. *Obmutui.* A. *Obsurdui.*

℣. 4. *exardescet ignis.* R. Rom. G. *exardescit ignis.*

℣. 5. *quis est.* A. Amb. *qui est.*

℣. 6. *Ecce mensurabiles.* A. R. Rom. M. Amb. G. C. *Ecce veteres.* Gr. ἰδοὺ παλαιάς. Hebr. *Ecce breves.*

Item ℣. 6. *et substantia mea.* G. *et habitatio mea.* C. *et habitudo mea.* Hebr. *et vita mea.*

℣. 7. *in imagine pertransit homo.* R. Rom. Amb. C. *in imagine Dei ambulat homo.*

Item ℣. 7. *conturbatur.* R. Rom. *conturbabitur.*

℣. 8. *apud te est.* A. *ante te est semper.* Amb. G. C. *ante te est* : omisso *semper.* At R. Rom. *tanquam nihil ante te est.*

℣. 10. *quoniam tu fecisti.* A. juxta Gr. *quoniam tu es qui fecisti me.* R. Rom. Amb. G. C. *quoniam tu fecisti me.*

℣. 11. *amove a me plagas tuas.* A. *amove a me flagella tua.*

℣. 12. *corripuisti hominem.* A. M. Amb. G. C. *erudisti hominem.* Gr. ἐπαίδευσας.

Item ℣. 12. *animam ejus.* A. *animam meam.*

Item ℣. 12. *veruntamen vane conturbatur omnis homo.* A. G. C. addunt, *vivens.* At R. Rom. habent sic, *veruntamen universa vanitas omnis homo vivens.* Hebr. *veruntamen vanitas omnis homo.*

℣. 13. *et deprecationem meam, auribus percipe lacrymas meas* : ne sileas M. *et deprecationem meam auribus percipe* : *lacrymis meis ne sileas.* Favet Hebr. *ad lacrymam meam ne obsurdescas.* At A. R. Rom. Amb. G. *Ne sileas a me.*

Item ℣. 13. *ego sum apud te.* Gr. *ego sum in terra.* R. Rom. Amb. G. C. *ego sum apud te in terra.*

EX PSALMO XXXIX.

℣. 2. *Expectans expectavi Dominum.* A. *Sustinens sustinui Dominum.*

℣. 4. *Videbunt multi.* A. *Videbunt justi.*

℣. 7. *aures autem perfecisti mihi.* A. R. Rom. M. Amb. *corpus autem perfecisti mihi* : juxta Gr. hic et in Epist. ad Hebr. cap. x, 5.

℣. 9. *in medio cordis mei.* M. *in medio ventris mei.* Et sic Hebr.

℣. 10. *Annuntiavi.* A. R. Rom. M. G. C. *Bene nuntiavi.* Favet Gr.

℣. 11. *justitiam tuam.* A. Amb. G. juxta Gr. *justitiam meam.*

℣. 12. *semper susceperunt me.* M. *semper suscipiant me.* Hebr. *jugiter servabunt me.*

LOCA EX PSALMIS VARIANTIA IN PSALTERIIS.

℣. 18. *sollicitus est mei*. A. juxta Gr. *curam habebit mei*. Hebr. *sollicitus erit pro me*.

Ex psalmo XL.

℣. 3. *et beatum faciat eum in terra*. R. Rom. *et beatum faciat eum, et emundet in terra animam ejus*. Sic etiam G. et C. nisi quod G. habet, *emundet de terra*. C. autem post *faciat eum*, addit *in terra*.
Item ℣. 3. *in animam inimicorum ejus*. A. R. Rom. G. C. juxta Gr. *in manus inimici ejus*. M. *in manibus inimicorum ejus*.
℣. 7. *Et si ingrediebatur ut videret, vana loquebatur, cor ejus congregavit*, etc. *Egrediebatur foras, et loquebatur*, etc. A. R. Rom. G. C. *Et ingrediebantur ut viderent, vana locutum est cor eorum, congregaverunt*, etc. *Egrediebantur foras, et loquebantur*, etc.
℣. 8. *in idipsum*. R. Rom. G. C. *simul*.
Item ℣. 8. *Adversum me susurrabant*. R. Rom. G. C. *In unum susurrabant*.
℣. 9. *constituerunt*. A. *disposuerunt*. R. Rom. *mandaverunt*.
℣. 10. *magnificavit super me supplantationem* A. R. Rom. Amb. G. C. *ampliavit*. M. *adampliavit*. A. *super me calcaneum*. R. Rom. M. G. *adversus me supplantationem*.
℣. 14. *Fiat, fiat*. A. *Et dicet omnis populus : Fiat, fiat*.

Ex psalmo XLI.

℣. 1. *intellectus filiis Core*. A. juxta Gr. *in intellectum filiis Core*.
℣. 3. *ad Deum fortem vivum*. Vox *fortem* abest ab A. R. Rom. M. G. C. et a Gr. At Amb. habet *fontem*.
℣. 4. *panes*. A. M. Amb. C. *panis*. Sic etiam Gr. et Hebr.
℣. 5. *sonus epulantis*. A. Amb. *soni festivitatem celebrantis*. Gr. ἤχου ἑορταζόντων, *soni festa celebrantium*. Hebr. *multitudinis festa celebrantis*.
℣. 6. *quoniam adhuc confitebor illi*. A. R. Rom. G. C. et Gr. carent voce *adhuc :* quæ etiam deest in plerisque libris ℣. 12. et in subsequenti Psal. ℣. 5.
℣. 7. *et Deus meus*. Particula *et* abest ab. A. C. et Gr.
Item ℣. 7. *Ad me ipsum*. R. Rom. *A me ipso*.
Item ℣. 7. *memor ero tui..... a monte modico*. A. *memoratus sum tui, Domine..... a monte parvo*. Gr. μικροῦ.
℣. 8. *Omnia excelsa tua*. A. *Omnes suspensiones tuæ*. Gr. μετεωρισμοῦ σοῦ. Hebr. *gurgites tui*.
Item ℣. 8. *transierunt*. A. G. *ingressi sunt*. Gr. διῆλθον.
℣. 9. *et nocte canticum ejus*. A. R. Rom. G. C. *et nocte declaravit*. Gr. δηλώσει, *declarabit*.
℣. 10. *Post oblitus es mei*, additur in A. R. Rom. Amb. G. C. *quare me repulisti?*
℣. 11. *dum confringuntur*. A. C. favente Gr. *dum confringit*.
Item ℣. 11. *inimici mei*. Hæ voces absunt ab A. R. Rom. G. C. et a Gr. Habet illa M. sed istis caret, *qui tribulant me*.
℣. 12. *salutare*. A. et Gr. *salus*.

Ex psalmo XLII.

℣. 1. *et discerne causam meam*. G. *et discerne justitiam meam*.
℣. 2. *Deus fortitudo mea*. A. R. Rom. Amb. G. C. *Deus meus fortitudo mea*.

Ex psalmo XLIII.

℣. 3. *afflixisti populos*. A. *infirmasti populos*.
℣. 10. *et non egredieris Deus*. G. C. *et non progredieris*. Vox autem *Deus* a Gr. et Hebr. abest, et a G. Colb. Ger.

℣. 11. *post inimicos nostros*. A. R. Rom. M. Amb. G. juxta Gr. *præ inimicis nostris*.
℣. 13. *in commutationibus eorum*. A. *in jubilationibus eorum*. Favet Gr. ἐν τοῖς ἀλαλάγμασιν αὐτῶν. Sed quidam veteres libri, ἀλλάγμασιν.
℣. 22. *mortificamur* R. Rom. Amb. G. *morte afficimur*. M. *morte affligimur*.

Ex psalmo XLIV.

℣. 1. *qui commutabuntur*. A. G. C. *quæ commutabuntur*.
℣. 6. *Sagittæ tuæ acutæ*. A. *sagittæ tuæ acutæ potentissimæ*. R. Rom. M. G. C. juxta Gr. *potentissime*.
Item ℣. 6. *in corda*. A. R. Rom. G. Colb. juxta Gr. *in corde* et sic Hebr.
℣. 7. *virga directionis*. R. Rom. M. G. C. *virga recta est*.
℣. 9. *a domibus eburneis*. G. C. *a gravibus eburneis*. R. M. *a gradibus*, etc. Erratum ex errato. Nam Græce est ἀπὸ βάρεων : quod Latinus interpres verbi ambiguitate deceptus verterat, *a gravibus* : cum βάρεις apud Palæstinos dicerentur domus magnæ, in modum turrium ædificatæ, teste Hieron. in epist. CXL, et in Jeremiæ XVII, et Oseæ VIII. Eadem vox habetur in Ps. XLVII, ℣. 4 et 14.
℣. 10. *circumdata*. A. R. Rom. M. G. C. *circumamicta*.
℣. 12. *Et concupiscet*. A. R. Rom. M. G. C. juxta Gr. *Quoniam concupivit*.
℣. 13. *omnes divites plebis*. Vox *omnes* abest ab A. M. G. C. Car. Colb. Gal. a Gr. et ab Hebr.
℣. 14. *filix regis*. R. Rom. *filiæ regum*.
℣. 18. *Memores erunt*. Car. Ger. Gal. juxta Hebr. *Memor ero*. Et sic Hieron. in epist. CXL.

Ex psalmo XLV.

℣. 1. *filiis Core*. A. G. C. juxta Gr. *pro filiis Core*.
℣. 4. *aquæ eorum*. A. R. Rom. Amb. G. C. *aquæ ejus*.
℣. 5. *Fluminis impetus lætificat*. A. juxta Gr. *Fluminis impetus lætificant*. Hebr. *Fluminis divisiones lætificant*.
℣. 6. *Deus mane diluculo*. A. R. Rom. C. *Deus vultu suo*. G. *Deus de vultu*. Gr. τῷ προσώπῳ, nec addit *suo*. M. *Deus a matutino in matutinum*.
℣. 7. *dedit vocem suam, mota est*, etc. A. R. Rom. M. Amb. C. *dedit vocem suam Altissimus, et mota est*, etc. G. *excelsus, et mota est*, etc.
℣. 10. *usque ad finem terræ*. A. R. Rom. M. Amb. G. C. juxta Gr. *usque ad fines terræ*.

Ex psalmo XLVI.

℣. 1. *pro Core*. A. G. C. Car. juxta Gr. *pro filiis Core*.
℣. 3. *Dominus excelsus*. R. Rom. *Deus summus*.
Item ℣. 3. *Super omnem terram*. R. Rom. *super omnes deos*.
℣. 6. *in jubilatione*. G. C. *in strepitu*.
℣. 8. *psallite sapienter*. A. *psallite intelligenter*. Gr. συνετῶς. Hebr. *erudite*.
℣. 9. *Regnabit Deus super gentes*. R. Rom. M. G. C. Colb. *Regnavit*. A. R. Rom. M. C. *Dominus super omnes gentes*.

Ex psalmo XLVII.

℣. 3. *Fundatur exsultatione* A. R. Rom. M. C. *Dilatans exsultationes*. Amb. *dilatans exsultationem*. Gr. *Bene radicans exsultatione*.
Item ℣. 3. *mons Sion*. A. G. C. juxta Gr. *montes Sion*.
℣. 4. *in domibus ejus*. R. M. *in gradibus ejus*. Rom. G. C. *in gravibus ejus*. Sic Amb. ut ex interpretandi ratione patet. Gr. ἐν ταῖς βάρεσιν. Vide supra in Psal. XLIV, ℣. 9.

LOCA EX PSALMIS VARIANTIA IN PSALTERIIS.

Item ꝟ. 4. *cognoscetur*. G. C. et A. in aliquot MSS. *cognoscitur*, sive *dignoscitur*, tempore præsenti, juxta Gr.

ꝟ. 5. *reges terræ*. Vox *terræ* abest a Vulgata in MSS. Colb. et Ger. Confer. Hieron. epist. cxxxv.

ꝟ. 10. *in medio templi tui*. A. juxta Gr. *in medio populi tui*. M. G. *in medio plebis tuæ*. C. *in templo sancto tuo*. Varietas ex affinitate vocum ναοῦ et λαοῦ.

ꝟ. 12. *filiæ Judæ*. A. in MSS. et Amb. C. juxta Gr. *filiæ Judææ*.

ꝟ. 14. *domos ejus*. R. Rom. M. Amb. C. *gradus ejus*. G. *turrem ejus*. Gr. τὰς βάρεις: id est excelsas et turritas domos, ait Ambrosius. Vide Psal. XLIV ꝟ. 9.

ꝟ. 15. *Deus, Deus noster*. Vox *Deus* non repetitur in A. R. Rom. M. G. C. neque in Gr.

Ex psalmo XLVIII.

ꝟ. 4. *prudentiam*. A. *intelligentiam*. Gr. σύνεσιν.

ꝟ. 9. *et laborabit*. A. R. Rom. G. C. juxta Gr. *et laboravit*.

ꝟ. 10. *et vivet adhuc in finem*. Vox *adhuc* abest ab A. R. Rom. M. G. C. et a Gr.

ꝟ. 12. *Vocaverunt nomina sua in terris suis*. A. R. Rom. M. *Invocabunt*. M. Amb. *Invocaverunt*. G. C. *Invocavit*. R. Rom. M. Amb. G. C. *nomina eorum in terris ipsorum*. Hebr. *Vocaverunt nominibus suis terras suas*.

ꝟ. 14. *complacebunt*. A. R. Rom. G. C. *benedicent*. M. *bene prosperabuntur*. Gr. εὐλογήσουσιν.

ꝟ. 15. *mors depascet eos*. A. *mors pastor est eis*. Gr. ποιμανεῖ αὐτούς, *pascet eos*.

Item ꝟ. 15. *Et dominabuntur eorum*. R. Rom. G. C. *Et obtinebunt eos*.

Item ꝟ. 15. *in inferno a gloria eorum*. R. Rom. M. *in inferno, et a gloria sua expulsi sunt*. G. *in inferno a gloria eorum, et a gloria sua expulsi sunt*.

ꝟ. 18. *cum interierit, non sumet omnia*. A. R. Rom. Amb. G. C. juxta Gr. *non cum morietur, accipiet omnia*. M. *non dum morietur, recipiet omnia*.

Item ꝟ. 18. *gloria ejus*. R. Rom. M. Amb. G. C. *gloria domus ejus*.

Ex psalmo XLIX.

ꝟ. 5. *sanctos ejus*. G. *filios ejus*.

Item ꝟ. 5. *qui ordinant*. R. Rom. *qui ordinaverunt*. A. *qui disponunt*.

ꝟ. 7. *et loquar*. A. juxta Gr. *et loquar tibi*.

ꝟ. 17. *odisti disciplinam*. A. *odisti eruditionem*. Gr. παιδείαν.

ꝟ. 19. *concinnabat dolos*. A. *amplexa est dolositatem*. R. Rom. M. C. Hebr. *concinnavit dolum*.

ꝟ. 21. *Existimasti inique*. A. juxta Gr. *Suspicatus es iniquitatem*. R. Rom. M. G. *Existimasti iniquitatem*.

Item ꝟ. 21. *et statuam contra faciem tuam*. A. *constituam te*, etc. R. Rom. *et statuam illam*, etc. G. C. *et statuam illa*, etc. M. *et statuam contra faciem tuam peccata tua*.

ꝟ. 22. *nequando rapiat*. A. G. *nequando rapiat sicut leo*.

Ex psalmo L.

ꝟ. 5. *contra me est semper*. A. R. Rom. *coram me est semper*. ἐνώπιόν μου: eadem vox quæ in subsequenti ꝟ.

ꝟ. 7. *concepit me mater mea*. A. *mater mea me in utero aluit*. R. Rom. M. Amb. *peperit me mater mea*. Et sic Hebr. In Gr. est ἐκίσσησέ με.

ꝟ. 10. *Auditui meo dabis gaudium*. Gr. sonat: *Audire me facies exsultationem*.

ꝟ. 15. *Docebo*. A. Rom. G. C. *Doceam*.

ꝟ. 19. *Deus non despicies*. A. R. Rom. M. Amb. C. *non spernit* G. *non spernet*. Gr. ἐξουδενώσει.

Ex psalmo LI.

ꝟ. 3. *Quid gloriaris in malitia, qui potens es in iniquitate? Tota die*, etc. A. *Quid gloriatur in malitia, qui potens est? In iniquitate tota die*, etc. H. *Quid gloriatur in malitia, potens iniquitate tota die?*

ꝟ. 6. *verba præcipitationis*. A. *verba submersionis*.

Item. ꝟ. 6. *lingua dolosa*. A. G. H. juxta Gr. et Hebr. *linguam dolosam*. R. Rom. *in lingua dolosa*. C. *in linguam dolosam*.

ꝟ. 7. *destruet te*. Gr. sonat, *destruat te*.

Item ꝟ. 7. *evellet te et emigrabit te*. G. H. *evellat te et emigret te*: juxta Gr.

ꝟ. 11. *bonum est*. A. *jucundum est*. Gr. Χρηστόν.

Ex psalmo LII.

ꝟ. 2. *Corrupti sunt*. Gr. sonat, *Corruperunt*.

Item ꝟ. 2. *in iniquitatibus*. R. Rom. G. C. *in voluntatibus suis*.

ꝟ. 5. *ut cibum panis*. A. *in cibo panis*. Gr. cibo panis.

ꝟ. 6. *ossa eorum qui hominibus placent*. R. Rom. M. G. *ossa hominum sibi placentium*. G. *consilia hominum sibi placentium*.

ꝟ. 7. *cum converterit*. A. C. juxta Gr. *in avertendo*. M. *in convertendo*. R. Rom. G. *dum avertet*. H. *dum avertit*.

Item ꝟ. 7. *Exsultabit Jacob, et lætabitur*, etc. M. G. C. *Exsultet Jacob, et lætetur*, etc.

Ex psalmo LIII.

ꝟ. 3. *judica me*. R. Rom. M. G. C. *libera me*. Hebr. *ulciscere me*.

ꝟ. 7. *Averte mala*. G. *Avertit mala*. Gr. ἀποστρέψει. H. *Converte mala*. Hebr. *Redde mala*.

ꝟ. 9. *despexit*. A. R. Rom. M. G. C. *respexit*.

Ex psalmo LIV.

ꝟ. 2. *Exaudi*. H. *Inauri*. Sic etiam in Psal. cxxxix, ꝟ. 7.

ꝟ. 4. *declinaverunt in me iniquitates*. A. G. C. juxta Gr. *declinaverunt in me iniquitatem*. Hebr. *projecerunt super me iniquitatem*.

Item ꝟ. 4. *molesti erant mihi*. A. *adumbrabant me*: mutato videlicet ἐνεχότουν in ἐπεσχότουν.

ꝟ. 9. *qui salvum me fecit*. A. R. Rom. juxta Gr. *qui me salvum faceret*. C. *faciat*.

ꝟ. 10. *præcipita*. A. *submerge*.

ꝟ. 13. *maledixisset mihi*. A. *exprobrasset mihi*. H. *improperasset mihi*. Gr. ὠνείδισέ με.

Item ꝟ. 13. *abscondissem me forsitan*. A. R. Rom. M. G. C. *absconderem me utique*: juxta Gr.

ꝟ. 16. *Veniat mors super illos*. G. *Posuit mortem super illos*.

Item ꝟ. 16. *nequitiæ in habitaculis eorum*. A. R. Rom. M. G. H. C. juxta Gr. *nequitia in hospitiis eorum*.

ꝟ. 17. *salvabit me*. A. R. Rom. M. G. C. juxta Gr. *exaudivit me*.

ꝟ. 19. *inter multos erant mecum* A. M. juxta Gr. *in multis erant mecum*.

ꝟ. 20. *Exaudiet Deus*. A. H. *Exaudiet me Deus*.

Item ꝟ. 20. *qui est ante sæcula*. R. Rom. *qui est ante sæcula, et manet in æternum*.

ꝟ. 22. *ab ira*. A. *præ ira*.

Item ꝟ. 22. *Molliti sunt sermones ejus*. R. Rom. M. *Mollierunt sermones suos*. G. H. C. *Mollierunt sermones ejus*.

ꝟ. 23. *curam tuam*. R. Rom. M. G. C. *cogitatum tuam*. H. *cogitationem tuam*.

ꝟ. 24. *in puteum interitus*. A. *in puteum corruptionis*. Gr. διαφθορᾶς.

Ex psalmo LV.

℣. 3. et 4. *tota die : quoniam multi bellantes adversum me. Ab altitudine diei timebo, ego vero*, etc. A. R. Rom G. juxta Gr. *tota die, ab altitudine diei : quoniam multi qui debellant me timebunt : ego vero*, etc. Sic etiam C. nisi quod omittit *ab altitudine diei*. At M. habet sic, *tota die : ab altitudine diei non timebo, quoniam multi qui debellant me, ab altitudine Dei non timebo, quia ego in te sperabo*. H. *tota die. Ab altitudine dierum non timebo, quia multi qui debellant me, timebunt*.
℣. 5. *sermones meos*. R. Rom. G. H. *sermones meos tota die*.
℣. 7. *Inhabitabunt*. A. *Incolent*. Gr. παροικήσουσιν.
Item ℣. 7. *Sicut sustinuerunt animam meam*. A. *Sicut sustinuit anima mea*. R. Rom. G. C. *Sicut expectavit anima mea*. M. *Sicut expectaverunt animam meam*. Gr. sonat : *Sicut sustinui anima mea*.
℣. 8. *populos confringes*. A. H. *populos deduces*. Gr. κατάξεις.
℣. 9. *posuisti*. R. Rom. G. *posui*.
℣. 10. *Tunc convertentur*. A. R. Rom. *Convertantur :* omissa particula *Tunc*, quae abest etiam a G. C. Gr.
℣. 12. *laudationes tibi*. A. *laudis tibi*. R. Rom. M. G. C. *laudationis tibi :* juxta Gr.
℣. 13. *et pedes meos a lapsu*. A. R. Rom. C. *oculos meos a lacrymis, et pedes meos a lapsu*.

Ex psalmo LVI.

℣. 2. *sperabo*. Rom. G. *spero*.

Ex psalmo LVII.

℣. 3. *concinnant*. A. *connectunt*. Gr. συμπλέκουσιν. H. *complectuntur*.
℣. 6. *et venefici incantantis sapienter*. A. juxta Gr. *et medicamenti medicati a sapiente :* et sic fere H. At R. *et veneficia quæ incantantur a sapiente*. G. C. *et venefici qui incantantur a sapiente*. Sic etiam M. omisso *et*.
℣. 7. *conteret*. A. G. H. C. juxta Gr. *contrivit*.
Item ℣. 7. *confringet*. A. G. H. juxta Gr. *confregit*.
℣. 8. *ad nihilum devenient*. A. H. *Spernentur*. Gr. ἐξουδενωθήσονται.
℣. 9. *cera quæ fluit*. A. R. Rom. G. H. C. juxta Gr. *cera liquefacta*.
℣. 10. *Prius quam intelligerent spinæ vestræ rhamnum*. A. R. Rom. H. C. *Prius quam producat*. A. H. *spinas vestras rhamnus*. R. *spinas vestra rhamnus*. Rom. *spinas vester rhamnus*. C. *spinæ vestræ rhamnum*. M. G. *Prius quam producant*. M. *spinæ vestræ rhamnum*. G. *spinas vestras rinus*. Gr. πρὸ τοῦ συνιέναι τὰς ἀκάνθας ὑμῶν τὸν ῥάμνον. Hebr. *Antequam crescant spinæ vestræ in rhamnum*.
Item ℣. 10. *Sic in ira absorbet eos*. A. *tanquam in ira combibet eos*. Gr. καταπίεται ὑμᾶς. H. *absorbebit vos*.
℣. 11. *cum viderit vindictam*. R. Rom. G. C. juxta Gr. *cum viderit vindictam impiorum*, etc.
℣. 12. *utique est Deus*. G. *et vere est Deus*.

Ex psalmo LVIII.

℣. 4. *ceperunt animam meam*. A. *venati sunt animam meam*. Gr. ἐθήρευσαν. R. *aucupaverunt*. Rom. G. C. *occupaverunt*. M. *captaverunt*. Hebr. *insidiati sunt animæ meæ*.
℣. 5. *et diraxi*. A. in editis, et R. Rom. *et dirigebar*. A. in MSS. et G. C. *et dirigebam*.
℣. 7. *Convertentur..... patientur*. A. *Convertantur..... patiantur*. Favet Hebr.
℣. 9. *ad nihilum deduces*. A. R. Rom. M. G. H. *pro nihilo habebis*. Gr. ἐξουδενώσεις. Hebr. *subsannabis*.
℣. 10. *quia Deus*. R. Rom. M. juxta Gr. *quia tu Deus*.
℣. 12. *Deus ostendet mihi super inimicos meos*. A. *Deus meus demonstravit mihi in inimicis meis*. R. Rom. *Deus meus ostende mihi bona inter inimicos meos*. M. *Deus meus ostende me inter inimicos meos*. G. *Deus meus ostendit mihi inter inimicos meos*.
Item. ℣. 12. *ne quando obliviscantur populi mei*. A. R. Rom. M. G. H. C. juxta Gr. *ne quando obliviscantur legis tuæ*.
Item ℣. 12. *et depone*. A. *et deduc*. R. Rom. M. G. H. *et destrue*. Et sic Hebr. At. Gr. καὶ κατάγαγε.
℣. 13. *sermonem labiorum*, etc. R. Rom. *sermo labiorum*, etc.
Item ℣. 13. *Et de exsecratione*. A. *Et de maledicto*.
Item ℣. 13 et 14. *annuntiabuntur in consummatione, in ira consummationis*. A. juxta Gr. *annuntiabuntur consummationes, in ira consummationis*. R. Rom. *compellantur in ira consummationis*. M. *compellentur in consummatione, in ira consummationis*. G. *convellentur : consummantur in ira consummationis*. H. *convellentur in consummatione : consummatio in ira consummationis*.
Item ℣. 14. *quia Deus dominabitur Jacob, et finium terræ*. H. juxta Gr. *quia Deus Jacob dominatur finium terræ*.

Ex psalmo LIX.

℣. 2. *et Sobal*. A. R. M. G. H. C. juxta Gr. *et Syriam Sobal*.
Item ℣. 2. *et percussit Idumæam in valle*. A. Rom. et Hebr. *et percussit Edom in valle*. G. C. juxta Gr. *et percussit vallem*. Car. *et percussit in valle*.
℣. 5. *vino compunctionis*. A. *vino stimulationis*. Hebr. *vino consopiente*.
℣. 7. *dilecti tui*. R. Rom. *electi tui*.
℣. 11. *in civitatem munitam*. A. M. G. H. C. juxta Gr. *in civitatem circumstantiæ*.
℣. 13. *quia vana*. A. R. Rom. M. G. H. C. Car. Colb. Ger. juxta Gr. *et vana*.

Ex psalmo LX.

℣. 5. *Inhabitabo*. A. *Inquilinus ero*. Gr. παροικήσω.
℣. 7. *usque in diem generationis et generationis*. R. Rom. G. C. *usque in diem sæculi et sæculo*.
℣. 8. *Permanet*. A. R. Rom. G. *Permanebit :* juxta Gr.
Item ℣. 8. *quis requiret*. A. *quis requiret ei*. R. Rom. H. juxta Gr. *quis requiret eorum*. G. *quis requiret eum*.

Ex psalmo LXI.

℣. 2. *salutare meum*. C. *patientia mea*.
℣. 4. *irruitis in hominem*. A. juxta Gr. *apponitis super hominem*.
Item ℣. 4. *interficitis universi vos*. A. *interficite omnes*. R. Rom. G. C. *interficitis universos*. M. *interficitis omnes vos*. Amb. *interficientes universos*. Gr. φονεύετε πάντες.
℣. 5. *pretium meum*. A. R. Rom. M. G. H. C. *honorem meum*. Gr. τιμήν μου.
℣. 10. *in idipsum*. A. *in unum*.
℣. 11. *si affluant*. A. Amb. G. *si fluant*. Gr. ἐὰν ῥέῃ.

Ex psalmo LXII.

℣. 2. *Sitivit in te*. A. H. juxta Gr. *Sitivit tibi*.
Item ℣. 2. *quam multipliciter*. H. *quam simpliciter*.
℣. 6. *et labiis exsultationis laudabit os meum*. A. R. Rom. M. G. H. C. juxta Gr. *et labia exsultationis laudabunt nomen tuum*.
℣. 7. *meditabor*. A. *meditabar*.
℣. 12. *obstructum est*. A. *oppilatum est*. G. *obtusum est*.

Ex psalmo LXIII.

℣. 2. *cum deprecor.* A. Rom. G. H. C. *dum tribulor.*
℣. 3. *a conventu.* M. *a conversatione.*
℣. 6. *Narraverunt.* R. Rom. G. H. C. *Disputaverunt.* M. *Disposuerunt.*
℣. 7. *defecerunt scrutantes scrutinio.* A. *defecerunt scrutantes scrutationes.* R. Rom. M. *defecerunt scrutantes scrutinium.*
Item ℣. 7. *ad cor altum.* A. G. C. juxta Gr. *et cor altum.* Et sic habebat Vulgata in Car. Colb. Gal. Ger. Favet Hebr. in quo legitur, *et corde profundo.* Glossa in Psalteriis Colb. et Ger. id interpretatur de divinitate occulta in Christo. Denique Hilarii expositio est, *accedente homine cordis alti.*
℣. 9. *et infirmatæ sunt contra eos linguæ eorum.* R. Rom. C. *et pro nihilo habuerunt contra eos linguæ ipsorum.* G. *et pro nihilo habuerunt eum, et infirmatæ sunt super ipsos linguæ eorum.* Gr. sonat: *Pro nihilo habuerunt eum linguæ eorum.*

Ex psalmo LXIV.

℣. 1. *Jeremiæ et Ezechielis populo transmigrationis, cum inciperent exire.* Id totum a Gr. abest. At ejus loco A. præfert, *Jeremiæ et Ezechielis ex populo,* etc. C. *Jeremiæ et Ezechiel de verbo peregrinationis, quando incipiebant proficisci.* G. *Jeremiæ et Ezechiel profectionis.*
℣. 2. *in Jerusalem.* Id abest a Gr. et Hebr.
℣. 7. *in virtute tua.* A. *in fortitudine sua.*
Item ℣. 7. *accinctus potentia.* A. *circumcinctus in potentatu.*
℣. 8. *profundum maris.* A. R. Rom. M. G. H. C. *fundum maris.* Gr. κύτος.
Item. ℣. 8. *sonum fluctuum ejus.* Ad hæc verba addit A. *quis sufferet.* R. Rom. M. G. C. *quis sustinebit.*
℣. 9. *terminos.* A. R. Rom. M. G. H. C. *fines terræ.*
℣. 10. *præparatio ejus.* A. R. Rom. M. G. H. *præparatio tua.*
℣. 11. *Rivos ejus.* A. juxta Hebr. *Sulcos ejus.* In Gr. est τοὺς ἄυλακας.
Item ℣. 11. *in stillicidiis ejus.* A. R. Rom. M. C. *in stillicidiis suis.*
Item ℣. 11. *lætabitur germinans.* A. R. Rom. M. G. H. C. *lætabitur cum exorietur.*
℣. 13. *speciosa deserti.* A. R. Rom. M. G. H. C. *fines deserti.* Gr. ὄρη, *montes.*

Ex psalmo LXV.

℣. 4. *nomini tuo.* A. R. Rom. M. H. G. C. addunt: *Altissime.*
℣. 6. *in flumine pertransibunt pede.* R. Rom. M. G. C. *et flumina.* G. *pertransiet pede.* C. *pertransit pede.*
℣. 7. *Qui dominatur..... in æternum.* Gr. sonat: *Qui dominatur..... sæculo.* Et sic Hebr.
Item ℣. 7. *qui exasperant.* A. *amaricant.* R. Rom. M. H. C. *qui in iram provocant.* G. *qui exacerbant.* Sic variant ad idem verbum in Psal LXVII, ℣. 7, et aliis locis.
℣. 10. *igne nos examinasti, sicut examinatur argentum.* A. juxta Gr. *ignisti nos, sicut ignitur argentum.*
℣. 11. *in dorso nostro.* C. *in conspectu nostro.*
℣. 15. *cum incenso arietum.* A. R. Rom. M. G. H. C. juxta Gr. *cum incenso et arietibus.*
℣. 18. *non exaudiet.* A. G. C. *non exaudiat,* juxta Gr.

Ex psalmo LXVI.

℣. 2. *et misereatur nostri.* Hoc abest ab A. Gr. et Hebr.
℣. 5. *judicas..... dirigis.* M. juxta Gr. *judicabis..... diriges.* G. H. *judicabit..... diriget.*

Ex psalmo LXVII.

℣. 3. *sicut fluit cera.* Gr. sonat, *sicut liquefit cera.*
℣. 4. *Et justi epulentur.* A. juxta Gr. *Et justi jocundentur.* Hebr. *lætentur.*
℣. 7. *Deus qui inhabitare facit.* Hic notat Aug. in Gr. haberi tantum, *Deus habitare facit.*
Item ℣. 7. *unius moris in domo.* A. *unius modi in domo.* R. Rom. G. C. *unanimes in domo.*
℣. 9. *a facie Dei Sinai, a facie,* etc. A. R. Rom. G. H. G. *a facie Dei, Mons Sina a facie,* etc. M. *a facie Dei qui est in Sina, a facie,* etc.
℣. 10. *segregabis.* A. R. Rom. M. *segregans.* G. *segrega.*
℣. 11. *pauperi.* R. Rom. *pauperes.*
℣. 13. *dilecti, dilecti.* R. Rom. M. G. H. C. *dilecti,* semel tantum.
℣. 14. *inter medios cleros.* G. *in medio sortium.*
Item ℣. 14. *et posteriora dorsi ejus in pallore auri.* A. *et inter scapulas ejus in viriditate auri.*
℣. 15. *cælestis.* A. juxta Gr. *supercælestis.*
℣. 16. *mons Dei, mons pinguis.* A. R. Rom. M. G. C. *montem Dei, montem uberem.*
Item ℣. 16. *mons coagulatus, mons pinguis.* A. G. *montem incaseatum, montem uberem.* H. *mons consecratus,* etc.
℣. 17. *ut quid suspicamini.* R. Rom. M. C. *ut quid suspicitis.* C. *ut quid æstimatis.*
Item ℣. 17. *mons in quo* A. G. *montem in quo.*
℣. 19. *Adscendisti.* R. Rom. juxta Gr. *Adscendens.* G. H. *Adscendit.*
Item ℣. 19. *cepisti captivitatem, accepisti dona in hominibus.* R. Rom. C. *captivam duxit captivitatem.* G. H. *cepit captivitatem.* R. Rom. H. C. *dedit dona hominibus.* G. *accepit dona in hominem.* M. *in homines.* Gr. ἐν ἀνθρώπῳ.
Item ℣. 19 et 20. *inhabitare Dominum Deum. Benedictus Dominus,* etc. A. R. Rom. M. C. *inhabitare. Dominus Deus benedictus, benedictus Dominus,* etc.
Item ℣. 20. *salutarium nostrorum.* A. *sanitatum nostrarum.* R. Rom. M. *salutaris noster.*
℣. 21. *Et Domini Domini exitus mortis.* A. R. Rom. C. H. et Gr. nonnisi semel habent *Domini.* At G. *Et Domini exitus Domini mortis.*
℣. 23. *convertam, convertam in,* etc. A. R. Rom. G. H. C. *convertar, convertar in,* etc.
℣. 24. *ut intinguatur.* R. Rom. *donec intinguatur.*
℣. 25. *Viderunt ingressus tuos.* A. R. Rom. M. *Visi sunt gressus tui.* G. H. *Visa sunt itinera tua.* Vulgata in Car. Colb. Ger. *viderunt ingressus tui.*
Item ℣. 25. *ingressus Dei mei.* A. M. *gressus Dei mei.* G. H. *itinera Dei mei.*
Item ℣. 25. *regis mei.* Vox *mei* abest ab A. R. Rom. M. G. H. C. et a Gr.
Item ℣. 25. *qui est in sancto.* R. Rom. addunt *ipsius.* G. addit *eis.*
Item ℣ 25. *juvencularum.* G. *virginum.*
℣. 28. *adolescentulus in mentis excessu.* A. *adolescentior in ecstasi.* R. Rom. M. C. *adolescentior in pavore.* G. *de adolescentia in pavore.* H. *junior in pavore.*
℣. 29. *virtuti tuæ.* A. R. Rom. M. G. C. Car. Colb. Ger. *virtutem tuam.*
℣. 31. *feras arundinis.* A. juxta Gr. *feras calami.* Hebr. *bestiam calami.* R. Rom. C. *feras silvarum.* M. H. *feras silvæ.* G. *bestias silvæ.*
Item ℣. 31. *in vaccis.* A. R. Rom. M. G. H. C. *inter vaccas.*
Item ℣. 31. *ut excludant eos.* A. R. Rom. M. *ut excludantur ii.* G. H. C. *ut non excludantur.* Gr. *non excludantur,* omisso *ut.*

LOCA EX PSALMIS VARIANTIA IN PSALTERIIS.

℣. 32. *manus ejus.* M. *manus suas.* Gr. *manum suam.*
℣. 34. *voci suæ...* A. R. Rom. G. H. C. *vocem suam.*
Item ℣. 34. post *vocem virtutis,* in G. additur : *Audiam vocem ejus, vocem virtutis.*

Ex psalmo LXVIII.

℣. 5. *tunc exsolvebam.* H. *tunc exsolvere repetebar.*
℣. 8. *operuit confusio.* A. *operuit irreverentia.* A. R. Rom. M. G. H. C. *operuit reverentia.*
℣. 9. *Extraneus.* A. juxta Gr. *Alienatus.* H. Hebr. *Alienus.* R. Rom. M. G. C. *Exter.*
Item ℣. 9. *et peregrinus.* A. R. Rom. M. G. H. C. *et hospes.*
℣. 13. *loquebantur.* A. *insultabant.* R. Rom. M. *exercebantur.* G. H. *detrahebant.*
℣. 14. *orationem meam.* A. juxta Gr. *oratione mea.*
℣. 15. *ut non infigar.* A. R. Rom. M. H. *ut non inhæream.*
℣. 16. *neque urgeat.* A. juxta Gr. *neque coartet.* G. H. *neque contineat.* C. *neque aperiat.* Hebr. *et non coronet.*
℣. 17. *respice in me.* C. *convertere in me.*
℣. 21. *improperium expectavit.* C. *improperium sustinuit.*
℣. 28. *in justitiam tuam.* A. G. C. Colb. Ger. Gal. juxta Gr. *in justitia tua.*
℣. 30. *salus tua Deus suscepit me.* A. R. Rom. G. H. C. *et salus vultus tui, Deus, suscepit me.*
℣. 31. *nomen Dei.* R. Rom. juxta G. addunt, *mei.*
℣. 34. *non despexit.* M. *non annullavit.* Gr. ἐξουδένωσεν.
℣. 35. *et omnia reptilia in eis.* R. Rom. M. G. C. *et omnia quæ in eis sunt.* H. *et omnia repentia in eo.* Hebr. *et omnia quæ moventur in eis.*
℣. 36. *civitates Juda.* R. Rom. M. C. Car. Colb. Ger. Gal. *civitates Judæ.* G. juxta Gr. *civitates Judææ.* Et sic A. in MSS.

Ex psalmo LXIX.

℣. 1. *quod salvum fecerit eum Dominus.* Rom. C. Car. Gal. juxta Gr. *eo quod salvum me fecit Dominus.*
℣. 2. *Deus.* Rom. G. *Domine Deus.* C. *Domine Deus meus.*
Item, ℣. 2. *Domine ad adjuvandum me festina.* Hanc partem omittunt. A. G. C. et Gr.

Ex psalmo LXX.

℣. 1. *In te, Domine, speravi.* A. R. Rom. M. C. *Deus, in te speravi, Domine* G. *Domine Deus, in te speravi.*
℣. 8. *os meum laude.* R. Rom. M. G. C. addunt *tua.* Et sic Hebr.
Item ℣. 8. *ut cantem.* A. *ut hymnodicam.* R. Rom. M. C. *ut possim cantare.* G. *ut benedicam.*
Item ℣. 8. *magnitudinem tuam.* A. G. juxta Gr. *magnificentiam tuam.*
℣. 10. *inimici mei mihi.* R. Rom. *inimici mei mala mihi.*
℣. 13. *detrahentes animæ meæ* A. *committentes animam meam.*
℣. 14. *sperabo.* A. R. Rom. M. C. *in te sperabo.*
℣. 15. *litteraturam.* A. R. Rom. G. M. C. *negotiationem, sive negotiationes.* Gr. πραγματείας.
Item ℣. 15. *in potentias Domini.* G. *in potentia tua, Domine.* Gr. ἐν δυναστείᾳ. Hebr. *in fortitudine.* Car. Colb. Ger. Gal. *in potentiam Domini.*
℣. 21. *magnificentiam tuam.* A. R. Rom. M. G. C. juxta Gr. *justitiam tuam.* M. addit, *super me.*
Item ℣. 21. *consolatus es me.* R. Rom. M. C. *exhortatus es me.* In Gr. est παρεκάλεσας, verbum ambiguum, quod aliis itidem locis varietatem parit. Hic porro M.

addit, *et de abyssis terræ iterum reduxisti me.* Simile additamentum exstat apud G. C.
℣. 24. *mala mihi.* G. C. *animam meam.*

Ex psalmo LXXI.

℣. 2. *in justitia.* R. Rom. G. *in tua justitia.*
℣. 3. *pacem populo.* R. Rom. M. G. C. et Gr. addunt, *tuo.*
Item ℣. 3. et 4. *et colles justitiam.* Indicabit, etc. R. Rom. C. *et colles justitiam. In sua justitia judicabit,* etc. G. juxta Gr. *et colles. In justitia judicabit,* etc. Hujus lectionis meminit Augustinus, En. I. in Ps. LXXI, n. 6.
℣. 5. *in generatione et generationem.* A. juxta Gr. *generationes generationum :* omissa præpositione *in.* Et sic habebat Vulgata in Car. Colb. Ger. At R. Rom. G. *in sæculum sæculi.*
℣. 7. *auferatur luna.* A. R. Rom. M. G. C. *extollatur luna.*
℣. 11. *reges terræ.* Gr. nunc, et Vulgata in libris. Car. Colb. Ger. Gal. caret voce *terræ,* quam ut superfluam deleverat Hieronymus, juxta epist. CXXXV.
℣. 14. *et honorabile nomen eorum coram illo.* M. *et præclarum nomen ejus coram ipsis.*
℣. 15. *et adorabunt de ipso.* A. R. Rom. M. C. Car. Ger. juxta Gr. et Hebr. *et orabunt* M. pro *ipso.* G. *pro eo.*
℣. 16. *et florebunt.* G. *et floriet.* C. *et florent.*
℣. 17. *nomen ejus.* R. Rom. G. addunt, *et ante lunam sedes ejus.* M. *et ante lunam in sæcula sæculorum sedes ejus.*
Item ℣. 17. *Magnificabunt eum.* M. *beatificabunt eum.*
℣. 19. *majestatis.* A. G. juxta Gr. *gloriæ :* et sic infra loco *majestate,* habent *gloria.*
Item ℣. 19. *in æternum.* A. R. Rom. M. G. C. Gr. addunt, *et in sæculum sæculi.*

Ex psalmo LXXII.

℣. 4. *non est respectus morti corum.* A. in MSS. et R. Rom. M. C. *non est declinatio morti eorum.* G. *non est requies morti eorum.* Hebr. *non cogitaverunt de morte sua.* Amb. *non est reclinatio,* etc.
Item ℣. 4. *in plaga.* A. *in flagello.* G. *in pœna.*
℣. 6. *superbia.* M. *superbia eorum in finem.*
℣. 7. *Prodiit.* A. juxta Gr. *Prodict.* G. *Exiet.*
Item ℣. 7. *in affectum.* A. R. Rom. M. Amb. *in dispositionem.* G. *in dispositione.* Gr. εἰς διάθεσιν.
℣. 8. *nequitiam* Gr. sonat, *in nequitia.*
Item ℣. 8. *in excelso.* A. juxta Gr. *in altum.* Rom. G. *in excelsum.*
℣. 9. *in terra.* A. R. Rom. M. G. C. *super terram.*
℣. 10. *Ideo convertetur populus meus hic.* A. R. Rom. M. Amb. G. C. juxta Gr. *Ideo revertetur huc populus meus.*
℣. 11. *scit Deus.* A. R. Rom. G. C. juxta Gr. *scivit Deus.*
℣. 14. *et castigatio mea.* A. *et argutio mea.* Rom. M. *et judex meus.* R. *et index meus.* Amb. *et vindex meus.* Hebr. *et increpatio mea.*
℣. 15. *Ecce nationem reprobavi.* R. Rom. *Ecce natio.* G. *Ecce progenies.* R. Rom. *quibus disposui.* M. G. C. *cui disposui.* Amb. *Ecce generationi filiorum tuorum sic disposui.* Augustinus testatur exemplaria quædam habere : *Ecce generationi..... cui concinui.*
℣. 16. *Existimabam ut cognoscerem hoc, labor est,* etc. A. juxta Gr. *Et suscepi cognoscere, hoc labor est,* etc. Porro particula *Et* initio ℣. reperitur in omnibus MSS. Vulgatæ et in Hebr.
℣. 17. *in novissimis eorum.* A. G. juxta Gr. *in novissima:* omisso, *corum.* At R. Rom. C. *in novissima eorum.*
℣. 18. *posuisti eis.* R. Rom. *disposuisti eis mala.* M. C. *posuisti illis mala.* Amb. *posuisti eis bona.*

Item ꝟ. 18. *dum allevarentur.* A. M. *dum extollerentur.*

ꝟ. 20. *Velut somnium surgentium.* A. R. Rom. M. Amb. C. *Velut somnium exsurgentis.* G. *velut a somnio exsurgentes.*

ꝟ. 21. *inflammatum est.* A. R. Rom. Amb. C. juxta Gr. *delectatum est.* G. *lætatum est.* M. *exarsit.* Hebr. *contractum est.*

Item ꝟ. 21. *commutati sunt.* R. Rom. C. *resoluti sunt.* G. *alienati sunt.* Amb. *requieverunt.*

ꝟ. 22. *ad nihilum redactus sum.* G. *spretus sum.* Hebr. *insipiens.*

ꝟ. 23. *apud te.* A. *ad te.*

ꝟ. 24. *dexteram meam.* A. M. *dexteræ meæ.* G. *dextera mea.*

ꝟ. 25. *est in cœlo.* R. Rom. M. Amb. *restat in cœlo.* G. *superest in cœlo.*

ꝟ. 28. *in Domino Deo.* A. M. C. *in Deo.* G. *in Domino Deo salutis meæ.*

Item ꝟ. 28. *prædicationes tuas.* A. R. Rom. M. G. C. *laudes*, sive *laudationes tuas.*

Item ꝟ. 28. *in portis.* A. *in atriis.*

Ex psalmo LXXIII.

ꝟ. 1. *furor tuus.* A. M. C. *animus tuus.*

Item ꝟ. 1. *pascuæ tuæ.* A. R. Rom. M. C. *gregis tui.*

ꝟ. 2. *quam possedisti.* G. *quam acquisisti.* R. Rom. M. C. *quam creasti :* quia interpres pro ἐκτήσω, accepit ἔκτισω.

Item ꝟ. 2. *mons Sion, in quo habitasti in eo.* A. *montem Sion, istum quem inhabitasti in ipso :* favet Gr. At R. *mons Sion, in quo habitas in idipsum.*

ꝟ. 3. *Leva manus tuas.* A. R. Rom. *Eleva manum tuam.*

Item ꝟ. 3. *malignatus est.* A. *maligne operatus est.*

Item ꝟ. 3. *in sancto.* A. R. Rom. M. G. C. juxta Gr. *in sanctis tuis.*

ꝟ. 4. *in medio solemnitatis tuæ.* R. Rom. G. C. *in medio atrio tuo.* Hebr. *in medio pacti tui.*

ꝟ. 5. *sicut in exitu super summum.* A. *sicut in egressum de super.* R. Rom. *sicut in via supra summum.* M. *sicut in exitu de insuper.* Gr. *sicut in ingressu desuper.* G. *sicut in introitum eorum desuper.*

ꝟ. 6. *in securi et ascia.* A. *in dolabro et fractorio.*

ꝟ. 8. *Quiescere faciamus.* A. R. Rom. M. G. C. *Venite, comprimamus.*

ꝟ. 9. *non cognoscet amplius.* A. *non cognoscet adhuc.* G. *nesciet adhuc.*

ꝟ. 11. *manum tuam.* R. Rom. *faciem tuam.* G. *faciem tuam a nobis.*

Item ꝟ. 11. *et dexteram tuam.* G. *et dextera tua.*

ꝟ. 13. *in aquis.* A. juxta Gr. *in aqua.* R. Rom. M. *super aquas.* G. *super aquam.*

ꝟ. 14. *capita draconis.* A. M. G. *caput draconis.* R. Rom. C. *caput draconis magni.*

ꝟ. 16. *tu fabricatus es auroram et solem.* A. G. juxta Gr. *tu perfecisti solem et lunam.* R. Rom. C. *tu fecisti solem et lunam.* M. *tu præparasti lumen et solem.* Hebr. *tu ordinasti luminaria et solem.*

ꝟ. 18. *Memor esto hujus.* A. R. Rom. M. G. C. *et Gr. adduntt, creaturæ tuæ.*

Item ꝟ. 18. *incitavit.* A. R. Rom. M. G. C. *exacerbavit.* Gr. παρώξυνε. Hebr. *blasphemavit.*

ꝟ. 20. *quia repleti sunt, qui obscurati sunt terræ domibus iniquitatum.* A. *quia repleti sunt, qui*, etc. *domorum iniquarum.* R. Rom. M. *domorum iniquitatum.* G. *quia repleti* (forte *repletæ*) *sunt obscuritate terræ domus iniquitatum.* Favet Hebr. *quia repletæ sunt tenebris terræ habitationes iniquæ.*

ꝟ. 23. *voces inimicorum tuorum.* A. G. juxta Gr. *vocem deprecantium te.* M. *vocem supplicum tuorum.* R. Rom. *voces quærentium te.* C. *vocem quærentium te.*

Item ꝟ. 23. *adscendit semper.* A. R. M. juxta Gr. *adscendat semper ad te.* Rom. *adscendit semper ad te.* G. *adscendit in æternum.* C. *adscendit in sempiternum.*

Ex psalmo LXXIV.

ꝟ. 2. *Narrabimus.* A. juxta Gr. *Enarrabo.* R. Rom. M. G. C. *Narrabo.*

ꝟ. 4. *Liquefacta est.* A. G. *Defluxit.*

ꝟ. 6. *Nolite extollere in altum cornu vestrum.* A. *Nolite ergo efferri.* Nisi forte id versiculum exponendo dixit Augustinus.

ꝟ. 9. *ex hoc in hoc.* A. *ex hoc in hunc.*

ꝟ. 10. *annuntiabo in sæculum.* A. juxta Gr. *in sæculum gaudebo.* R. Rom. M. *in sæcula gaudebo.* G. *in Domino gaudebo.*

Ex psalmo LXXV.

ꝟ. 1. *ad Assyrios.* Id a Rom. abest. At. Gal. juxta Gr. *ad Assyrium.* G. *pro Assyrio.*

ꝟ. 4. *potentias arcuum.* R. Rom. G. C. *cornua arcuum.* M. *potestates : arcum.*

ꝟ. 5. *Illuminans tu.* Gr. sonat : *Illuminas tu.* Hebr. *Lumen tu es.*

ꝟ. 6. *in manibus suis.* Particula *in* abest a Gr. eamque expungi vult Hieron. in epist. CXXXV.

ꝟ. 8. *resistet tibi.* M. addit, *contra faciem tuam.*

Item ꝟ. 8. *ex tunc ira tua.* A. G. C. *tunc ab ira tva.* R. *ex tunc ab ira tua.* Gr. *ab ira tua :* omisso *ex tunc.*

ꝟ. 9. *auditum fecisti.* A. C. *jaculatus es.* G. *jactasti.* R. Rom. *jaculatum est.* Gr. ἠκούτισας : pro quo nonnulli codices, ἠκόντισας.

ꝟ. 10. *mansuetos terræ.* R. Rom. M. C. *quietos terræ.*

ꝟ. 11. *diem festum agent tibi.* A. *sollemnia celebrabunt tibi.*

ꝟ. 12. *qui in circuitu ejus.* In A. M. et Hebr. additur, *sunt.*

Item ꝟ. 12. *offertis.* A. M. cum Hebr. *offerent.* C. *offerunt.* G. juxta Gr. *afferent.* Et sic Vulgata in Car. Colb. Ger. Gal.

Ex psalmo LXXVI.

ꝟ. 2. *voce mea ad Deum.* A. Rom. G. C. juxta Gr. *et vox mea ad Deum.* R. M. *vox mea,* etc. omisso *et.*

ꝟ. 3. *contra eum.* A. R. Rom. M. G. *coram eo.* C. *contra eum semper.*

ꝟ. 4. *Renuit,* etc. A. M. *Negavit.* G. *Recusavit.* R. Rom. C. *Negavi consolari animam meam.*

Item ꝟ. 4. *et exercitatus sum.* A. juxta Gr. *garrivi,* omisso *et.* Hebr. *loquebar in memetipso.* G. *alienatus sum.*

Item ꝟ. 4. *et defecit.* R. Rom. M. C. *et defecit paulisper.*

ꝟ. 5. *Anticipaverunt vigilias oculi mei.* A. C. *anticipaverunt vigilias omnes inimici mei.* G. *Præoccupaverunt custodias omnes inimici mei.* Favet Gr.

ꝟ. 6. *Cogitavi.* G. *Recordatus sum.*

Item ꝟ. 6. *et annos æternos in mente habui.* A. *et annorum æternorum memor fui.* G. *et annos æternos memoratus sum.*

ꝟ. 7. *et exercitabar.* A. juxta Gr. *garriebam.* G. *cogitabam.* M. *exercitabam :* omisso *et,* quod etiam ab aliis libris abest.

Item ꝟ. 7. *et scopebam.* A. *et perscrutabar.* M. G. C. *et ventilabam.* R. Rom. *et ventilabam in me.* Gr. καὶ ἔσκαλλον.

ꝟ. 8. *Numquid.* A. *Non.* R. Rom. G. *Et dixi : Numquid.* C. *Et dixi : Non.*

LOCA EX PSALMIS VARIANTIA IN PSALTERIIS.

Item ℣. 8. *projiciet*. A. *repellet*.
Item ℣. 8. *ut complacitior sit adhuc*. A. *ultra*, *ut beneplaceat ei adhuc*. M. *ut beneplacitum sit adhuc*. G. *benefacere adhuc*.
℣. 9. *abscindet a generatione in generationem*. R. Rom. C. *abscidet a sæculo et generatione*. G. *amputabit a sæculo et generatione usque in sæculum*. M. *abscindet, et complebit verbum a generatione in generationem*.
℣. 13. *et in adinventionibus tuis exercebor*. A. *et in affectionibus tuis garriam*. R. Rom. M. C. *et in observationibus tuis exercebor*. G. *et in obsecrationibus*, etc.
℣. 14. *sicut Deus noster*. G. *præter Deum nostrum*.
℣. 15. *qui facis mirabilia*. A. R. Rom. M. G. addunt, *solus*.
℣. 18. *multitudo*. M. *a multitudine*.
℣. 19. *transeunt*. A. R. Rom. G. C. *pertransierunt*. M. *transierunt*. Hebr. *discurrebant*.
Item ℣. 19. *Illuxerunt coruscationes tuæ*. A. *Apparuerunt fulgura tua*.
Item ℣. 19. *commota est*. R. Rom. *vidit*.
℣. 21. *et Aaron*. G. addit, *sacerdotum tuorum*.

Ex psalmo LXXVII.

℣. 2. *propositiones*. G. *propositionem meam*.
Item ℣. 2. *ab initio*. R. Rom. G. C. *ab initio sæculi*.
℣. 4. *in generatione altera*. G. C. juxta Gr. *in generationem alteram*.
℣. 5. *Quanta mandavit... nota facere ea*. R. Rom. G. C. juxta Gr. *Quam mandavit*. R. Rom. *ut notam facerent eam*. G. C. *notam facere eam*.
℣. 6. *et narrabunt*. A. *et narrent*. R. Rom. *et narrabunt eam*.
℣. 8. *generatio prava et exasperans*. A. *generatio prava et amaricans*. G. *natio prava et exacerbans*. R. Rom. M. *genus pravum et peramarum*. Et sic fere C.
℣. 9. *intendentes et mittentes arcum*. R. Rom. *intendentes arcum, et mittentes sagittas suas*. Sic etiam G. omisso tantum *suas*. At C. *intendentes et mittentes sagittas*.
℣. 12. *fecit mirabilia*. A. juxta Gr. *quæ fecit mirabilia*.
℣. 13. *et perduxit eos*. A. G. *et trajecit eos*. Hebr. *et transduxit eos*.
Item ℣. 13. *quasi in utre*. A. *quasi in utres*. R. Rom. G. C. Car. Colb. *quasi in utrem*. Gr. *quasi utrem*. Hebr. *quasi acervum*.
℣. 14. *in nube diei*. G. cum Hebr. *in nube per diem*. In Gr. est ἡμέρας, quod ibi sonat *die*.
℣. 17. *in iram excitaverunt... in inaquoso*. A. M. G. *et exacerbaverunt*. A. R. Rom. M. G. C. *in siccitate*.
℣. 21. *et distulit*. R. Rom. G. C. *et distulit, et supposuit*.
℣. 25. *cibaria misit* etc. R. Rom. M. C. *frumentationem misit* etc. Gr. ἐπισιτισμόν. G. *escas misit eis in satietate*.
℣. 26. *Transtulit Austrum de cœlo*. R. Rom. M. *Et excitavit Austrum de cœlo*. Sic etiam G. omisso tantum *et*.
Item ℣. 26. *et induxit*. G. *et superduxit*.
℣. 30. *fraudati*. A. *privati*.
℣. 31. *pingues eorum*. A. *in plurimis eorum*, R. Rom. M. G. *plurimos eorum*. Gr. sonat, *in pinguibus*.
Item ℣. 31. *impedivit*. Gr. sonat, *compedivit*. Hebr. *incurvavit*.
℣. 34. *et revertebantur, et diluculo veniebant ad eum*. R. *et revertebantur, et ante lucem* etc. Rom. M. C. *et convertebantur ante lucem* etc. G. *et convertebantur, et vigilabant diluculo ad eum*. A. R. Car. Ger.

juxta Gr. *veniebant ad Deum*. Hebr. *consurgebant ad Deum*.
℣. 37. *nec fideles habiti sunt*, etc. R. Rom. M. *nec fides habita est illis*, etc. G. *neque crediderunt in testamentum ejus*.
℣. 38. *et abundavit ut averteret... et non accendit*. A. juxta Gr. *et abundabit ut avertat... et non accendet*.
℣. 42. *die qua*. R. Rom. M. G. C. *qua die*.
℣. 44. *et imbres eorum*. R. Rom. M. G. *et pluviales aquas eorum*. C. *fluviales aquas*, etc.
℣. 45. *cœnomyam*. R. Rom. M. C. *muscam caninam*: juxta Gr. κυνόμυιαν : quod enarrando sequitur Augustinus. At Hieron. in epist. CXXXV, scribi vult, non *cynomyam*, sed *cœnomyam*, Græce κοινόμυιαν : ipseque interpretatur ex Hebr. *omne genus muscarum*.
Item ℣. 45. *et disperdidit eos*. R. Rom. M. G. *et exterminavit eos*. G. *et corrupit eos*.
℣. 46. *ærugini*. A. *rubigini*. G. *caniculæ*. Hebr. *brucho*.
℣. 47. *in pruina*. G. *in gelicidia*.
℣. 50. *animabus eorum*. A. Car. Colb. Ger. juxta Gr. *animarum eorum*.
℣. 52. *et abstulit*. G. *et promovit*.
℣. 54. *montem, quem* R. Rom. M. C. juxta Gr. *montem hunc, quem*. G. et Hebr. *montem istum, quem*.
Item ℣. 54. *distributionis*. G. *hæreditatis*.
℣. 55. *Et habitare fecit*. R. G. C. *Et habitavit*.
℣. 57. *et non servaverunt pactum*. Rom. *et non observaverunt*. G. *et repulerunt*. Nec habetur *pactum* in Rom. C. G. At Hebr. *et prævaricati sunt*.
℣. 69. *in terra, quam fundavit in sæcula*. R. Rom. C. juxta Gr. *in terra fundavit eam in sæculo*. G. *et in terra fundavit eam in æternum*.
℣. 72. *et in intellectibus*. A. *et in intellectu*. R. Rom. M. G. C. *et in sensu*. Hebr. *et in prudentia*.

Ex psalmo LXXVIII.

℣. 1. *in pomorum custodiam*. R. *velut pomorum custodiarium*. G. *velut casam pomarii*. Hebr. *in acervos lapidum*.
℣. 2. *morticina*. R. Rom. M. G. C. *mortalia*. Hebr. *cadavera*.
℣. 10. *et innotescat*. R. Rom. G. *et innotescant*.
Item ℣. 10. *Ultio sanguinis*. R. Rom. M. G. C. *Vindica sanguinem*.
℣. 11. *posside filios mortificatorum*. A. *recipe in adoptionem filios mortificatorum*. R. Rom. M. C. *posside filios morte punitorum*. G. *posside filios in adoptione morte punitorum*.
℣. 13. *pascuæ tuæ*. G. R. Rom. M. C. *gregis tui*.

Ex psalmo LXXIX.

℣. 1. *testimonium Asaph*. A. addit, *pro Assyriis*. G. C. *pro Assyrio* : juxta Gr.
℣. 2. *velut ovem*. A. G. C. Car. Colb. Ger. Gal. juxta Gr. *velut oves*. Hebr. *quasi gregem*.
Item ℣. 2. *manifestare*. A. R. Rom. M. G. C. *appare*.
℣. 4. *et ostende*. A. *et illumina*.
℣. 10. *Dux itineris fuisti*. A. R. Rom. M. G. C. *Viam fecisti*. Hebr. *Præparasti* : nec addit *viam*.
Item ℣. 10. *et implevit terram*. R. Rom. G. juxta Gr. *et repleta est terra*. G. *et replesti terminos terræ*.
℣. 13. *destruxisti*. R. Rom. M. *deposuisti*.
℣. 15 *convertere*. A. juxta Gr. *convertere vero*. R. Rom. M. *converte nunc*.
℣. 16. *Et perfice eam*. R. Rom. M. G. C. *Et dirige eam* : accepto nimirum κατόρθωσαι, pro κατάρτισαι.
Item ℣. 16. *filium hominis*. Vox *hominis* abest a Car. Colb. Gal. et Hebr.
℣. 17. *et suffossa* R. Rom. M. G. C. *et effossa manu*.

LOCA EX PSALMIS VARIANTIA IN PSALTERIIS.

Ex psalmo LXXX.

℣. 1. *pro torcularibus.* A. Rom. Gal. addunt, *quinta sabbati.* G. autem addit, *Domini.*
℣. 4. *Buccinate in Neomenia tuba.* A. *Tuba canite in initio mensis tubæ.* R. Rom. M. *Canite in initio mensis tuba.*
℣. 6. *posuit illud.* R. M. G. C. *posuit eum.* Gr. αὐτόν. Et sic Hebr.
℣. 9. *et contestabor te.* A. *et loquar, et testificabor tibi.* Sic fere R. Rom. C.
℣. 13. *secundum desideria.* A. *secundum affectiones.*
Item ℣. 13. *in adinventionibus suis.* A. juxta Gr. *in affectionibus suis.* R. Rom. M. G. C. *in voluntatibus suis.* Hebr. *in consiliis suis.*
℣. 15. *Pro nihilo.* A. *In nihilum.* R. Rom. M. G. C. *Ad nihilum.* Gr. *In nihilo.* Hebr. *Quasi nihilum.*

Ex psalmo LXXXI.

℣. 1. *dijudicat.* A. *discernere.* R. Rom. M. G. C. *discernit.*
℣. 2. *et facies.* M. *et personas.*
℣. 8. *hæreditabis.* A. G. C. *disperdes.* Cyprianus in 2. Testim. *exterminabis.*

Ex psalmo LXXXII.

℣. 4. *malignaverunt consilium.* R. Rom. *astute cogitaverunt consilium.* M. *dolose cogitaverunt.* etc.
℣. 6. *cogitaverunt unanimiter.* R. Rom. M. C. *cogitaverunt consensum in unum :* forte pro *consensu,* juxta Gr.
℣. 9. *in adjutorium.* R. Rom. M. G. C. Gr. *in susceptionem.*
℣. 13. *sanctuarium Dei.* Gr. *altare Dei.*

Ex psalmo LXXXIII.

℣. 2. *dilecta.* A. *dilectissima* R. Rom. M. G. C. *amabilia.*
℣. 6. *auxilium abs te.* A. juxta Gr. *susceptio ejus abs te.*
Item ℣. 6. *in corde suo disposuit.* A. R. Rom. M. G. C. *in corde ejus*, etc. Verbum *disposuit* omittitur in C.
℣. 7. *in loco, quem posuit.* A. R. Rom. M. G. C. *in locum.* A. *quem disposuit* R. *quem disposuisti ei.* Rom. *quem disposuisti eis.* G. C. *quem disposuit eis.*
℣. 8. *de virtute in virtutem.* A. *a virtutibus in virtutem.*

Ex psalmo LXXXIV.

℣. 4. *iram tuam.* G. C. addunt, *in finem.*
℣. 5. *Deus salutaris noster.* A. *Domine sanitatum nostrarum.* G. *Deus salutarium nostrorum.*
℣. 6. *Numquid in æternum,* etc. A. M. G. *Non in æternum irascaris nobis, vel extendas.* Concordant R. Rom. nisi quod præmittunt particulam *ut.* Hebr. *Noli in æternum irasci,* etc.
℣. 7. *Deus tu conversus.* A. R. Rom. M. G. C. *Deus tu convertens.* Hebr. *Nonne tu revertens.*
℣. 9. *qui convertuntur ad cor.* A. juxta Gr. *qui convertunt cor ad ipsum.* R. *qui convertentur ad ipsum.* Rom. *qui convertuntur ad ipsum.* Sic etiam G. sed addit, *ex corde suo.* M. *qui convertuntur coram ipso.*
℣. 11. *osculatæ sunt.* R. Rom. M. G. C. *complexæ sunt se.*
℣. 13. *dabit benignitatem.* A. *dabit suavitatem.* Gr. χρηστότητα. C. *benedictionem.*

Ex psalmo LXXXV.

℣. 2. *sanctus sum.* M. *sanctus es.*
℣. 3. *clamavi.* G. C. Gr. et Hebr. *clamabo.*
℣. 6. *Auribus percipe.* A. *Auribus infige.*

℣. 10. *tu es Deus solus.* G. et Gr. addunt, *magnus.*
℣. 11. *et ingrediar.* A. R. Rom. C. *et ambulabo.* Hebr. *ut ambulem.*
℣. 16. *da imperium tuum.* R. Rom. M. G. C. *da potestatem.* Solus codex C. cum Gr. addit, *tuam.* Hebr. habet, *da fortitudinem tuam.*
℣. 17. *in bonum.* A. Rom. G. C. *in bono.*
Item ℣. 17. *consolatus es.* C. *exhortatus es.*

Ex psalmo LXXXVI.

℣. 5. *Numquid Sion.* A. R. Rom. M. G. C. *Mater Sion.* Gr. μήτηρ Σιών : pro quo a Lxx. μήτι Σιών scriptum fuisse contendit auctor commentarii in Psalmos Hieronymo tributi. At Hebr. habet, *Ad Sion autem dicetur.*
Item ℣. 5. *natus est.* A. R. Rom. M. G. C. *factus est.*
℣. 6. *narrabit.* R. Rom. G. C. *narravit.*
Item ℣. 6. *in scripturis.* A. juxta Gr. *in scriptura.*
℣. 7. *lætantium omnium.* R. Rom. addunt, *nostrum.* M. G. habent, *lætantibus omnibus nobis.*

Ex psalmo LXXXVII.

℣. 1. *pro Maheleth.* A. *pro Melech.* G. *pro Maleleth.*
Item ℣. 1. *Ezrahitæ.* A. Rom. G. Gal. Gr. *Israelitæ.* Sic etiam in titulo Psal. 88. Vide En. 1, n. 1. Not.
℣. 6. *vulnerati dormientes.* R. Rom. G. *vulnerati dormientes projecti.* Gr. *vulnerati projecti dormientes.*
℣. 8. *fluctus tuos.* A. *suspensiones tuas.* R. Rom. M. G. *elationes tuas.* hujus lectionis meminit Aug. At C. *elevationes tuas.* Gr. μετεωρισμούς σου.
℣. 10. *languerunt.* A. R. Rom. M. G. C. *infirmati sunt.*
℣. 13. *in terra oblivionis.* A. C. *in terra oblita.* M. *in terra obliterata.*
℣. 15. *repellis orationem meam.* M. G. *repulisti animam meam.* Hebr. *abjicis animam meam.*

Ex psalmo LXXXVIII.

℣. 2. *Misericordias Domini.* A. R. Rom. M. G. C. juxta Gr. *Misericordias tuas, Domine.*
℣. 3. *in eis.* Hoc abest ab A. R. Rom. M. G. C. et a Gr.
℣. 11. *et in brachio virtutis tuæ.* R. Rom. M. G. C. *et in virtute brachii tui.*
℣. 18. *et in beneplacito tuo.* M. *et in tua justitia.* G. *et in bona voluntate tua.* C. *et in nomine tuo.* Hebr. *et in misericordia tua.*
℣. 20. *in visione sanctis tuis.* A. R. Rom. M. G. C. *in adspectu filiis tuis.* Favet Gr.
℣. 21. *in oleo sancto meo.* Gr. sonat, *in misericordia sancta.* Et sic Hieron. in Isai. 55.
℣. 28. *præ regibus terræ.* A. G. C. *apud reges terræ.*
℣. 34. *ab eo.* M. C. *ab eis.*
Item ℣. 34. *neque nocebo.* M. addit *eis.* C. habet, *neque decipiam.*
℣. 35. *non faciam irrita.* A. *non reprobabo.*
℣. 39. *et despexisti.* A. *et ad nihilum deduxisti.* G. *et pro nihilo duxisti, et neglexisti nos.* Gr. καὶ ἐξουδένωσας.
℣. 40. *Evertisti.* R. Rom. M. C. Car. Colb. Gal. *Avertisti.*
Item ℣. 40. *sanctuarium ejus.* A. R. Rom. M. G. C. juxta Gr. *sanctitatem ejus.* Hebr. *diadema ejus.*
℣. 41. *firmamentum ejus.* A. R. Rom. M. G. C. Gr. *munitiones ejus.* Et sic Hebr.
℣. 43. *deprimentium eum.* A. R. Rom. M. G. C. Gr. *inimicorum ejus.* Hebr. *hostium ejus.*
℣. 45. *Destruxisti eum ab emundatione.* A. R. Rom. M. G. C. Gr. *Dissolvisti eum,* etc. G. *a destructione.*
℣. 46. *dies temporis ejus.* A. G. C. juxta Gr. *dies sedis ejus.*
℣. 47. *avertis.* A. M. *averteris.* R. Rom. *irasceris.* G. C. *avertis te.*

LOCA EX PSALMIS VARIANTIA IN PSALTERIIS.

Ex psalmo LXXXIX.

℣. 2. *tu es Deus*. Vox *Deus* abest ab A. Rom. M. G. C. et Gr.
℣. 4. *et custodia*. A. *et sicut vigilia*. R. Rom. M. G. C. *et sicut custodia*.
℣. 9. *meditabuntur*. A. *meditabantur*. Favet Gr.
℣. 12. *sic notam fac*. A. *notam fac mihi :* omisso *sic*. R. Rom. G. *notam fac nobis*.
Item ℣. 12. *et eruditos*. Nonnulli codices teste Augustino, *et compeditos :* quod in Gr. pro πεπαιδευμένους, quidam legerent πεπεδημένους.
℣. 13. *usque quo*. R. Rom. M. G. *aliquantulum*.
℣. 17. *et opus manuum nostrarum dirige*. Id abest a R. Rom. G. C. et a Gr. Vide En. *in Ps*. LXXXIX, n. 17.

Ex psalmo XC.

℣. 3. *liberavit*. A. *eruet*. M. *liberabit :* juxta Gr.
℣. 4. *Scapulis suis*. A. juxta Gr. *Inter scapulas suas*. G. C. Car. Ger. Gal. *In scapulis suis*.
℣. 6. *ab incursu*, A. R. Rom. M. G. C. juxta Gr. *a ruina*.
℣. 10. *Non accedet ad te malum*. A. R. Rom. M. G. C. Gr. *Non accedent ad te mala*.
℣. 12. *portabunt te*. A. juxta Gr. *tollent te*.
Item ℣. 12. *ne forte*. A. M. G. C. Gr. *ne quando*. R. Rom. *ne unquam*.

Ex psalmo XCI.

℣. 8. *et apparuerint omnes*. A. M. *prospexerint omnes*. G. *et proscultati sunt eum*. C. *et proscultata sunt omnes*.
℣. 10. *Quoniam ecce inimici tui*. Id secundo loco abest ab A. R. Rom. G. C. et a Gr.
℣. 11. *in misericordia uberi*. A. G. *in misericordia pingui*.
℣. 12. *Et despexit oculus meus inimicos meos*. A. R. Rom. M. G. C. Gr. *Et respexit*, etc. Hebr. *Et respiciet*, etc. A. juxta Gr. *in inimicis meis*. G. *oculus tuus :* et infra, *audient aures tuæ*.
℣. 15. *Adhuc multiplicabuntur*. G. *Supermultiplicabuntur*. Gr. *Tunc multiplicabuntur*.
Item ℣. 15. *et bene patientes*. A. juxta Gr. *et tranquilli*.

Ex psalmo XCII.

Tit. *in die ante sabbatum*. G. *in die sabbati*.
Ibid. *quando fundata est*. Rom. G. C. Car. Gal. *quando inhabitata est*.
℣. 1. *et præcinxit se*. A. *et præcinctus est*. R. Rom. M. G. C. *et præcinxit se virtutem*.
℣. 3. *elevaverunt flumina fluctus suos*. Id abest ab. A. R. Rom. M. G. C. et a Gr.
℣. 4. *elationes maris*. A. *suspensuræ maris*.
℣. 5. *credibilia*. A. *credita*. Favet Gr.

Ex psalmo XCIII.

℣. 1. *libere egit*. A. juxta Gr. *fidenter egit*.
℣. 4. *Effabuntur*. A. *Respondent*. R. Rom. M. G. C. *Pronuntiabunt*.
℣. 9. *non audiet*. G. juxta Gr. *non audit*.
℣. 15. *et qui juxta illam*. A. *et qui habent eam*. R. Rom. G. C. *et qui tenent eam*. M. *et contineant eam*. Hebr. *et sequentur illud :* subaud. *judicium*.
Item ℣. 15. *omnes qui*. Pronomen *qui* abest ab A. G.
℣. 19. *consolationes tuæ*. A. M. G. *exhortationes tuæ*.
Item ℣. 19. *lætificaverunt*. Gr. sonat, *dilexerunt*.
℣. 20. *laborem*. A. R. Rom. M. G. C. *dolorem*.
℣. 23. *iniquitatem ipsorum, et in malitia eorum*. A. *secundum opera eorum, et secundum malitiam eorum*. Favet M.
Item ℣. 23. *disperdet illos*. Id non repetitur in A. R. Rom. M. G. C. nec in Gr.

Ex psalmo XCIV.

℣. 2. *præoccupemus*. A. M. G. C. *præveniamus*.
℣. 3. *super omnes Deos*. Ad isthæc verba apud A. R. Rom. G. C. Gr. subsequitur, *Quoniam non repellet Dominus plebem suam :* quod a Vulgata in excusis Bibliis et in MSS. abest.
℣. 4. *et altitudines montium ipsius sunt*. R. Rom. *et altitudines montium ipse conspicit*.
℣. 5. *et siccam... formaverunt*. A. R. Rom. M. G. *et aridam*. A. *finxerunt*. R. Rom. M. G. *fundaverunt*. Hebr. *plasmaverunt*.
℣. 7. *populus pascuæ ejus, et oves manus ejus*. R. Rom. *populus ejus, et oves pascuæ ejus :* qui versiculus est Psal. 99. ℣. 3.
℣. 9. *in irritatione*. A. *in amaricatione*. R. Rom. M. G. C. *in exacerbatione*.
Item ℣. 9. *probaverunt me*. Particula *me* deest in R. Rom. M. G. et Gr.
℣. 10. *offensus fui*, etc. A. R. Rom. M. *proximus fui*, etc. C. *adhæsi*. G. *odio fui in gentibus, et conversatus sum generationi isti*. Hebr. *displicuit mihi generatio illa*.
Item ℣. 10. *Hi errant corde*. His verbis apud C. subjicitur : *Propter quod odio habui hanc generationem*. Hinc sequitur : *Et ipsi non cognoverunt*, etc.
℣. 11. *ut juravi*. A. R. Rom. M. C. *quibus juravi*.

Ex psalmo XCV.

℣. 2. *annuntiate de die in diem*. A. R. Rom. M. G. C. *bene nuntiate*, etc. G. *diem ex die :* ad verbum ex Gr.
℣. 10. *quia Dominus regnavit*. A. R. Rom. G. C. *Dominus regnavit a ligno*.
Item ℣. 10. *populos in æquitate*. R. Rom. G. C. addunt, *et gentes in ira sua*.

Ex psalmo XCVI.

℣. 1. *restituta est*. Rom. C. Car. *restaurata est*.
℣. 2. *correctio*. A. *directio*. C. *correptio*. Hebr. *firmamentum*.
℣. 5. *a facie Domini omnis terra*. A. juxta Gr. *a facie Domini omnis terræ*. Hebr. *a facie Dominatoris omnis terræ*. R. Rom. C. *a facie Domini tremuit omnis terra*.
℣. 8. *filiæ Judæ*. A. C. juxta Gr. *filiæ Judææ*.
℣. 10. *sanctorum suorum*. A. R. Rom. M. G. *servorum suorum*.

Ex psalmo XCVII.

℣. 1. *Salvavit sibi*. A. *Sanavit ei*. R. Rom. M. *Salvavit eum*. G. C. *Liberavit eum*.
℣. 3. *misericordiæ suæ*. A. R. Rom. M. G. juxta Gr. addunt, *Jacob*.
℣. 6. *in tubis ductilibus*. M. G. *in tubis abietum*. Gr. ἐλαταῖς : quo ex verbo varietas profecta est ; quia adjectivo ἐλατός ductilis, et substantivo ἐλάτη abies significatur.
℣. 8. *plaudent manu, simul montes*, etc. A. R. Rom. M. C. *plaudent manibus in idipsum : montes*, etc.
℣. 9. *quoniam venit*. Isthæc verba iterato ponuntur in A. R. Rom. M.

Ex psalmo XCVIII.

℣. 1. *qui sedet*. R. Rom. M. C. Car. Colb. Ger. Gal. *qui sedes*.
℣. 3. *quoniam terribile et sanctum est*. R. Rom. C. *et terribili, quoniam sanctum est*.
℣. 4. *directiones*. A. R. Rom. M. *æquitatem*. G. C. *æquitates*. Et sic Hebr. In Gr. est εὐθύτητας.
℣. 5. *quoniam sanctum est*. A. C. juxta Gr. *quoniam sanctus est*. Et sic Hebr.

℣. 8. *et ulciscens in omnes adinventiones eorum.* A. *et vindicans in omnes affectiones eorum.* R. Rom. M. G. C. *et vindicans in omnia studia eorum.*

Ex psalmo XCIX.

℣. 1. *in confessione.* G. juxta Gr. *in confessionem.*
℣. 4. *in hymnis : confitemini illi.* R. Rom. *in hymnis confessionum.* G. *in hymnis confessionis;* nec addunt, *confitemini illi.*

Ex psalmo C.

℣. 2. et 6. *in via immaculata.* G. C. *in via irreprehensibili.*
Item ℣. 2. *domus meæ.* R. Rom. G. C. *domus tuæ.*
℣. 7. *Non habitabit.* A. juxta Gr. *Non habitavit.* G. *Non inhabitabat.*

Ex psalmo CI.

℣. 1. *cum anxius fuerit et..... effuderit.* A. *cum angeretur, et..... effudit.* G. *cum acediaretur, et,..... effunderet.*
℣. 4. *sicut cremium aruerunt.* A. R. Rom. *sicut in frixorio confrixa sunt.* Sic fere G. At M. *sicut frixorio confrixa sunt.* C. *sicut frixorium confrixa sunt.* Favet Gr.
℣. 5. *Percussus sum.* A. G. C. *Percussum est.* Et sic Hebr.
℣. 6. *adhæsit os meum.* A. R. Rom. G. C. *adhæserunt ossa mea.*
℣. 7. *in domicilio.* A. *in parietinis.*
℣. 8. *solitarius in tecto.* A. M. G. *singularis*, etc. R. Rom. C. *unicus.* R. Rom. M. G. C. *in ædificio.*
℣. 10. *cum fletu.* G. *cum felle.*
℣. 15. *Quoniam placuerunt servis tuis lapides ejus.* A. juxta Gr. *Quoniam beneplacitum habuerunt servi tui in lapides ejus.* Sic etiam R. Rom. M. C. omissa tantum particula *in.* At G. *Quoniam bene senserunt servi tui lapides ejus.*
Item ℣. 15. *et terræ ejus.* A. M. G. *et pulveris ejus.* Favet Gr. et Hebr.
℣. 17. *ædificavit.* A. R. Car. *ædificabit.* Et sic Gr. et Hebr.
℣. 21. *filios interemptorum.* A. *filios mortificatorum.* M. *filios morte afflictorum.* Hebr. *filios mortis.*
℣. 23. *et reges.* A. R. Rom. G. *et regna.* Et sic Hebr.
℣. 25. *in generationem et generationem.* A. juxta Gr. *in generatione generationum.*

Ex psalmo CII.

℣. 2. *retributiones ejus.* Gr. sonat, *laudationes ejus.*
℣. 4. *de interitu.* A. *de corruptione.* Et sic Hebr.
℣. 9. *Non in perpetuum irascetur , neque in æternum comminabitur.* A. R. Rom. M. G. C. Gr. *Non in finem irascetur, neque in æternum indignabitur.*
℣. 14. *Recordatus est quoniam pulvis sumus.* A. juxta Gr. *Memento quia pulvis sumus.* R. Rom. G. C. *Memento Domine quia pulvis sumus.*
℣. 19. *omnibus dominabitur.* G. juxta Gr. *omnium dominatur.*

Ex psalmo CIII.

℣. 3. et seq. *tegis aquis..... ponis*, etc. A. *protegit in aquis.* R. Rom. M. G. C. *tegit in aquis.* A. R. Rom. M. G. C. *ponit..... ambulat..... facit angelos suos..... fundavit terram*, etc.
℣. 11. *expectabunt onagri in siti sua.* A. juxta Gr. *suscipient onagri in sitim suam.*
℣. 14. *ut educas.* A. R. Rom. M. G. C. juxta Gr. et Hebr. *ut educat.*
℣. 15. *lætificet* A. M. G. C. juxta Gr. et Hebr. *lætificat.*

Item ℣. 15. *confirmet.* A. M. G. C. Gr. *confirmat.* Hebr. *roborat.*
℣. 18. *Herodii domus*, etc. A. R. Rom. M. G. C. *Fulicæ domus.* M. *Sturni domus ducatum eis præbet.* Hebr. *Milvo abies domus ejus.*
Item ℣. 18. *hericiis.* A. *hericiis et leporibus.*
℣. 24. *possessione tua.* A. R. Rom. M. G. C. *creatura tua.* Et sic Gr. nunc habens κτίσεως, *creatura*, pro κτήσεως, *possessione.*
℣. 25. *et spatiosum manibus.* Vox *manibus* abest ab A. R. Rom. M. G. C. et a Gr.
℣. 27. *in tempore.* A. M. addunt. *opportuno.*
℣. 34. *Jucundum sit ei eloquium meum.* A. R. Rom. M. G. C. *suavis sit ei.* A. M. *disputatio mea.* R. Rom. G. C. *laudatio mea.*

Ex psalmo CIV.

℣. 14. *Non reliquit.* A. Hebr. *dimisit.* R. Rom. M. G. C. *Non permisit.*
℣. 18. *pertransiit animam ejus.* G. C. Car. juxta Gr. *pertransiit anima ejus.* Hebr. *in ferrum venit anima ejus.*
℣. 22. *et senes ejus prudentiam doceret.* Gr. interprete Augustino sonat, *et seniores ejus sapientiam doceret.*
℣. 28. *et non exacerbavit sermones suos.* Lectiones duas adducit Augustinus, unam in plurimis codicibus a se inventam, scilicet, *et exacerbaverunt sermones ejus.* Alteram in duobus tantum libris, *et non exacerbaverunt sermones ejus.* Priorem lectionem habent G. et Gr. At R. Rom. M. ferunt, *quia exacerbaverunt sermones ejus.* C. *et non præteriit sermones suos.* Hebr. *et non fuerunt increduli verbis ejus.*
℣. 30. *Edidit terra eorum ranas.* A. *Dedit terram eorum ranas.* R. M. *Misit terra*, etc. Rom. *Misit in terra*, etc. C. *Et misit*, etc. Hebr. *Ebullivit terra*, etc.
℣. 31. *et venit cynomyia.* M. *et venit musca canina.*
Item ℣. 31. *et scyniphes.* G. *et vermes.*
℣. 38. *quia incubuit.* R. Rom. M. C. *quia cecidit.* Hebr. *quia irruerat.*
℣. 40. *Petierunt.* R. Rom. *Petierunt carnes.* C. *Petierunt carnem.*
℣. 41. *in sicco.* M. *in siccis.* Suffragantur C. Gr. et Hebr.
℣. 44. *et labores* C. *et civitates.*

Ex psalmo CV.

℣. 1. *quoniam bonus.* Gr. χρηστὸς, quod verbum hic, et in subsequente Psalmo, nonnulli, teste Augustino, interpretati sunt, *suavis.* Hinc ipse in ℣. 5. pro χρηστότητι, habet *suavitate*, ubi Vulgata *bonitate.* Sic in Psal. CXVIII, ℣. 65. et aliis locis varietas contingit.
℣. 5. *Ad videndum..... ad lætandum..... ut lauderis.* Observat Augustinus Græcam locutionem primum, hic unam esse, ut dici deberet, *ad laudandum :* deinde aliis duobus modis verti potuisse, nimirum, *Ut videas, ut læteris, ut lauderis* : vel : *Ut videamus, ut lætemur, ut laudemur.* Hebr. habet : *Ut videam , et læter, et exsultem.*
℣. 7. *Et irritaverunt.* C. *Et exacerbaverunt.* Quidam codices teste Augustino : *Et amaricaverunt.*
Item ℣. 7. *in mare, mare rubrum.* Vox *mare* non repetitur apud R. Rom. M. G. C. Gr. Vide En. *in Ps.* CV, n. 7.
℣. 9. *et deduxit eos in abyssis.* A. R. Rom. M. *et eduxit eos*, etc. R. Rom. M. G. *in aquis multis.*
℣. 12. *et laudaverunt laudem ejus.* R. Rom. M. *et cantaverunt laudes ejus.*
℣. 13. *Cito fecerunt , obliti sunt.* G. *Festinaverunt , et obliti sunt.* C. *Cito obliti sunt.* Et sic Hebr.
℣. 17. *super congregationem Abiron.* C. *tabernaculum Abiron :* omisso, *et operuit super.*

LOCA EX PSALMIS VARIANTIA IN PSALTERIIS.

ỳ. 20. *in similitudinem.* A. *in similitudine.*
ỳ. 28. *Et initiati sunt Beelphegor.* R. Rom. M. C. *Et consecrati sunt,* etc. G. *et consummati sunt vehementer.*
ỳ. 29. *in adinventionibus suis.* R. Rom. G. C. Hebr. *in studiis suis.* M. *in observationibus suis.* Et sic postea R. Rom. in ỳ. 39. quo loco M. habet *studiis.*
ỳ. 30. *et placavit.* R. Rom. M. G. C. *et exoravit.*
ỳ. 38. *Et infecta est.* A. M. G. C. *Et interfecta est :* juxta Gr. ἐφονοκτονήθη. Et sic habet Vulgata in Car. Ger.
ỳ. 40. *furore.* R. Rom. G. *animo.*
ỳ. 44. *et audivit.* A. et Hebr. *cum audiret.* R. Rom. M. G. C. *cum exaudiret.*

Ex psalmo CVI.

ỳ. 8. *misericordiæ ejus.* G. *misericordias ejus,* constanter quoties repetitur iste versiculus : et plerumque suffragatur C.
ỳ. 11. *exacerbaverunt..... irritaverunt.* A. *inamaricaverunt..... exacerbaverunt.*
ỳ. 20. *de interitionibus.* A. G. *de corruptela.* R. Rom. Hebr. *de interitu.* M. *de corruptionibus.* Gr. ἐκ τῶν διαφθορῶν.
ỳ. 29. *Et statuit procellam ejus in auram.* A. G. juxta Gr. *et imperavit procellæ, et stetit in auram.* M. *et percussit procellam, et stetit in auram.*
ỳ. 36. *civitatem* G. C. juxta Gr. *civitates.*
ỳ. 37. *fructum nativitatis.* A. *fructum frumenti.* Gr. *fructum geniminis.* Hebr. *fruges geniminum.*
ỳ. 39. *et dolore.* R. Rom. *et dolorum.* M. *et dolore improperiorum.*
ỳ. 40. *et errare fecit eos.* A. M. G. *et seduxit eos.* R. Rom. *et seduxerunt eos.*
ỳ. 43. *et custodiet hæc.* M. G. C. *et intelliget hæc.*

Ex psalmo CVII.

ỳ. 3. *Exsurge gloria mea.* Id abest a Vulgata in Car. Colb. Gal. et ab A. G. C. et recte, uti docet Hieronymus in epist. CXXXV, quia nec in Hebr. nec in Gr. habetur.
ỳ. 8. *Exsultabo.* A. G. C. juxta Gr. *Exaltabor.*
ỳ. 9. *susceptio capitis mei.* R. Rom. G. C. *fortitudo capitis mei.* Hebr. *hæreditas capitis mei.*
ỳ. 10. *extendam.* G. *immittam.* Gr. ἐπιβαλῶ. Hebr. *projiciam.*
Item ỳ. 10. *amici facti sunt.* R. Rom. M. G. C. Gr. *subditi sunt.*
ỳ. 11. *in civitatem munitam.* G. C. *in civitatem circumstantiæ.*
ỳ. 13. *quia vana.* R. Rom. M. G. C. *et vana.*

Ex psalmo CVIII.

ỳ. 17. *mortificare.* R. Rom. M. *morti tradidit.*
ỳ. 21. *fac mecum propter,* etc. A. R. Rom. M. G. C. *fac mecum misericordiam propter,* etc.
ỳ. 24. *propter oleum.* G. C. *propter misericordiam :* et G. addit, *tuam.* Hebr. habet, *absque oleo.* Theodoretus ex Symmacho ἀπὸ ἀνηλειψίας, *ab omissione unctionis.*
ỳ. 28. *confundantur.* G. C. Ger. *confundentur.*

Ex psalmo CIX.

ỳ. 2. *dominare.* R. Rom. M. G. C. *et dominaberis.*
ỳ. 6. *conquassabit capita in terra multorum.* A. G. C. *conquassavit.* A. *capita super terram multa.* R. Rom. G. C. *capita multa in terra copiosa.*
ỳ. 7. *bibet.* A. G. *bibit.*
Item ỳ. 7. *exaltabit.* A. *exaltavit.*

Ex psalmo CX.

ỳ. 10. *facientibus eum.* R. G. C. *facientibus ea.* Et sic Hebr. in MSS.

Ex psalmo CXI.

ỳ. 1. *volet nimis.* R. Rom. *cupit nimis.*
ỳ. 4. *lumen rectis.* A. R. Rom. M. G. C. addunt, *corde.*
ỳ. 5. *Jucundus.* A. *Suavis.* Gr. χρηστός.
ỳ. 8. *donec despiciat,* etc. A. R. Rom. M. G. C. *donec videat,* etc. A. R. Rom. M. G. C. *donec videat,* etc. A. juxta Gr. *super inimicos suos.* Hebr. *donec aspiciat in hostibus suis.*
ỳ. 10. *fremet.* A. *frendet.*

Ex psalmo CXII.

ỳ. 3. *laudabile nomen Domini.* A. R. Rom. M. G. C. *laudate nomen Domini.*

Ex psalmo CXIII.

ỳ. 2. *Israel potestas ejus.* R. Rom. G. addunt : *Israel regnavit in ea.*
ỳ. 4. *exsultaverunt.* A. *gestierunt.* Et in ỳ. 6. loco *exsultastis,* habet *gestiistis.*
ỳ. 8. *petram in stagna,* etc. R. Rom. G. C. *solidam petram.* R. Rom. *in stagnum aquæ.*

Ex psalmo altero CXIII.

ỳ. 3. *in cœlo : omnia quæcumque,* etc. A. R. Rom. M. G. C. *in cœlo sursum, in cœlo* (sive *in cœlis*) *et in terra omnia quæcumque voluit fecit.*
ỳ. 7. *in gutture suo.* R. Rom. M. addunt, *neque enim est spiritus in ore ipsorum :* quod adscitum est ex Psal. CXXXIV, ỳ. 17.
ỳ. 14. *super vos.* Id hic nonnisi semel exstat in R. Rom. C.
ỳ. 15. *a Domino.* Particulam *a* non habent A. G. C. Car. Gr. Hebr.
ỳ. 18. *benedicimus.* G. *benedicamus.* Gr. sonat, *benedicemus.* Et sic Hebr.

Ex psalmo CXIV.

ỳ. 1. *exaudiet.* R. Rom. *exaudivit.*
ỳ. 4. *invocavi.* M. *invocabo.*
ỳ. 9. *Placebo Domino.* A. juxta Gr. *Placebo in conspectu Domini.* Hebr. *Deambulabo coram Domino.*

Ex psalmo CXV.

ỳ. 11. *in excessu meo.* A. juxta Gr. *in ecstasi mea.* R. Rom. M. G. C. *in excessu mentis meæ.* Hebr. *in stupore meo.*
ỳ. 14. *Vota mea Domino reddam coram omni populo ejus.* Iste versiculus abest ab A. R. Rom. M. G. C.
ỳ. 17. *et nomen Domini invocabo.* Id apud A. R. Rom. M. G. C. non habetur.

Ex psalmo CXVI.

ỳ. 1. *laudate eum.* R. Rom M. G. *et collaudate eum.*

Ex psalmo CXVII.

ỳ. 2. *Dicat nunc Israel.* A. *Dicat autem.* A. M. C. juxta Gr. *domus Israel.*
ỳ. 3. *domus Aaron.* A. R. Rom. M. G. addunt, *quoniam bonus :* quod itidem, uno excepto A. repetunt in medio ỳ. 4.
ỳ. 7. *despiciam inimicos meos.* R. Rom. G. C. *videbo inimicos meos.* M. *videbo super inimicos meos.*
ỳ. 10. et proxime subsequentibus, *quia ultus sum in eos.* A. R. Rom. M. G. juxta Gr. *ultus sum eos,* omissis *quia* et *in* : nisi quod R. Rom. in ỳ. 12. variant habentque, *vindicabor in eis.*

LOCA EX PSALMIS VARIANTIA IN PSALTERIIS.

ỹ. 12. *sicut apes*. A. juxta Gr. *sicut apes favum*.
ỹ. 13. *Impulsus eversus sum*. A. *Tanquam cumulus arenæ impulsus sum*. R. Rom. M. G. C. *Impulsus versatus sum*. Hebr. *Impulsus pellebar*.
ỹ. 16. *dextera Domini fecit virtutem*. Id secundo loco non repetitur apud R. Rom.
ỹ. 19. *in eas*. A. juxta Gr. *in eis*. Neutrum est in G.
Item ỹ. 19. *confitebor*. G. *confitear*. Et sic Hebr.
ỹ. 20. *Hæc porta.... in eam*. A. *Hæ portæ.... in eas*.
ỹ. 23. *factum est istud, et est mirabile*. A. *factus est ei, et est mirabilis*. G. C. *factus est, hic est mirabilis*. Gr. *facta est hæc, et est mirabilis*.
ỹ. 25. *bene prosperare*. A. *bene prospera iter vero*. Gr. εὐόδωσον δή. M. *bene prospera nunc*.
ỹ. 26. *qui venit*. At in Car. Colb. Ger. Gal. Vulgata habet, *qui venturus*. Et solus codex Ger. addit *est*.
ỹ. 27. *diem solemnem in condensis*. A. *diem festum*. M. *solemnitatem*. A. R. Rom. M. C. *in confrequentationibus*. G. *in confrequentantibus*.
Item ỹ. 27. *ad cornu*. A. G. juxta Gr. *ad cornua*.

EX PSALMO CXVIII.

ỹ. 8. *usquequaque*. A. juxta Gr. *usque valde*. H. *usque nimis*. Sic ad eamdem vocem variant codices in ỹ. 13, 43, 51 et 107.
ỹ. 9. *corrigit adolescentior*. G. Gr. *corriget*. R. Rom. Amb. G. C. *juvenior*.
ỹ. 15. *exercebor*. A. *garriam*. R. Rom. M. *meditabor*. G. *exercitabor*. Gr. ἀδολεσχήσω : quod frequens in hoc Psalmo redditur per verbum *exerceri*.
ỹ. 17. *vivifica me*. A. R. Rom. Amb. G. H. C. juxta Gr. et Hebr. *vivam*. M. *ut vivam*.
ỹ. 20. *justificationes tuas*. M. Amb. H. juxta Gr. et Hebr. *judicia tua*.
ỹ. 24. *et consilium meum*. R. Rom. G. C. *et consolatio mea*.
ỹ. 27. *instrue me*. A. R. Rom. Amb. C. *insinua mihi*. G. *erudi me*. M. H. *fac ut intelligam*. Notat Aug. de Græco expressius dici, *fac me intelligere*. Et sic habet Hebr.
ỹ. 28. *Dormitavit... præ tædio*. Amb. *Stillavit*, etc. G. *Ingemuit... a vexatione*.
ỹ. 35. *in semitam*. A. H. Car. juxta Gr. *in semita*. C. *in lege*. G. *in legem*.
ỹ. 36. *et non in avaritiam*. H. G. C. *et non in utilitatem*.
ỹ. 38. *in timore tuo*. A. juxta Gr. et Hebr. *in timorem tuum*.
ỹ. 39. *Amputa*. H. *Circumcide*.
Item ỹ. 39. *jocunda*. A. *suovia*. Amb. *dulcia*.
ỹ. 40. *vivifica me*. G. *sanctifica me*.
ỹ. 43. *usquequaque*. G. *usque in finem*.
ỹ. 46. *in testimoniis tuis*. R. Rom. M. H. *de testimoniis tuis*.
ỹ. 47. *quæ dilexi*. R. Rom. Amb. et Gr. addunt, *nimis*. M. H. *vehementer*. G. *valde*. At in subsequenti ỹ. R. Rom. addunt, *vehementer*. Amb. G. C. *nimis*.
ỹ. 52. *et consolatus sum*. H. *et exhortatus sum*.
ỹ. 53. *Defectio tenuit me*. A. M. *Tædium tenuit me*. R. Rom. G. *Defectio animi tenuit me*. Amb. *Pusillanimitas detinuit me*. Gr. ἀθυμία.
ỹ. 57. *Portio mea, Domine*. A. Amb. H. C. *Pars* (vel *portio*) *mea Dominus*.
ỹ. 59. *vias meas*. Rom. M. G. C. juxta Gr. *vias tuas*.
ỹ. 65. *Bonitatem*. A. *Suavitatem*. Amb. *Jocunditatem*. Gr. χρηστότητα. Eadem vox habetur in ỹ. 66 et 68.
ỹ. 66. *et disciplinam*. A. *et eruditionem*.
ỹ. 68. *Bonus es tu*, etc. A. *Suavis es Domine, et in suavitate tua doce me*, etc.
ỹ. 69. *corde meo*. Abest *meo* a G. H. C. Car. Ger. Gal. et superfluum esse dicit Hieron. in epist. cxxxv.

ỹ. 73. *et plasmaverunt me*. A. *et finxerunt me*. G. H. *et præparaverunt me*. Favet Amb.
ỹ. 75. *et in veritate tua*. A. juxta Gr. *et veritate*, omisso *tua*. H. et Hebr. *et vere*.
ỹ. 76. *Fiat*. R. Rom. Amb. C. addunt, *nunc*. M. addit, *vero*. Quia scilicet in Gr. est particula δή.
Item ỹ. 76. *ut consoletur me*. M. Amb. G. H. C. *ut exhortetur me*.
ỹ. 78. *exercebor*. M. *meditabor*. G. *permanebo*.
ỹ. 82. *consolaberis me*. G. H. C. *exhortaberis me*.
ỹ. 83. *in pruina*. Amb. *in gelicidio*.
ỹ. 85. *fabulationes*. A. *delectationes*. Amb. G. H. C. *exercitationes*. Gr. ἀδολεσχίας.
ỹ. 86. *inique*. R. Rom. M. G. C. *iniqui*.
ỹ. 92. *in humilitate mea*. G. *in humiliatione mea*. Hebr. *in pressura mea*.
ỹ. 95. *intellexi*. G. *non intellexerunt*.
ỹ. 96. *Omnis consummationis*. R. Rom. G. C. Car. Colb. et Hebr. *Omni consummationi*.
ỹ. 98. *prudentem me fecisti mandato tuo*, etc. A. M. *sapere me fecisti mandatum tuum*. G. ἐσόφισάς με τὴν ἐντολήν σου. Amb. *intelligere me fecisti mandata, quia tu es*.
ỹ. 100. *Super senes... quæsivi*. A. R. Rom. M. Amb. G. H. C. juxta Gr. *Super seniores... exquisivi*. Hebr. *servavi*.
ỹ. 101. *prohibui*. M. *prohibe*. G. *prohibuisti*.
ỹ. 103. *super mel*. A. R. Rom. M. Amb. G. C. addunt, *et favum*.
ỹ. 108. *beneplacita fac*. M. *bene prospera nunc*. G. *proba*. Amb. *comproba*. C. *comproba nunc*. Gr. εὐδόκησον δή. Hebr. *complaceant tibi*.
ỹ. 109. *in manibus meis*. A. R. Rom. M. Amb. G. H. C. juxta Gr. *in manibus tuis*.
ỹ. 118. *Sprevisti*. Gr. ἐξουδένωσας : quod Augustinus dicit diligentius expressum hoc modo : *Ad nihilum deduxisti*. Hebr. habet, *Abjecisti*.
ỹ. 119. *testimonia tua*. A. M. Amb. G. C. addunt, *semper*.
ỹ. 120. *Confige timore tuo*, etc. A. Amb. *Confige clavis a timore tuo*. Gr. καθήλωσον, quod verbum sine clavis, inquit Augustinus, intelligi non potest.
ỹ. 121. *calumniantibus me*. A. M. Amb. H. C. *nocentibus me*. R. Rom. G. *persequentibus me*.
ỹ. 122. *Suscipe*, etc. A. *Excipe*. R. Rom. M. G. C. *Elige*. Hebr. *Sponde pro servo tuo in bonum*.
Item ỹ. 122. *non calumnientur*. R. Rom. M. G. *ut non calumnientur*.
ỹ. 126. *faciendi Domine*. A. G. H. juxta Gr. *faciendi Domino*. Favet Amb. in ratione interpretandi.
ỹ. 128. *dirigebar*. A. Amb. *corrigebar*.
ỹ. 136. *Exitus aquarum deduxerunt*, etc. C. *Per exitus aquarum*, etc. R. Rom. M. G. H. C. *transierunt*. A. *descenderunt*. Amb. *In decursus aquarum descenderunt*. Hebr. *Rivi aquarum fluebant de oculis meis*.
Item ỹ. 136. *non custodierunt*. Amb. et Gr. *non custodivi*.
ỹ. 139. *Tabescere me fecit zelus meus*. A. M. *Tabefecit me*, etc. Amb. G. *Exquisivit me*, etc. M. H. *zelus tuus*. R. Rom. Amb. G. C. *zelus domus tuæ*. Vide En. XXVIII, in Ps. cxviii, n. 2.
ỹ. 143. *et angustia*. A. M. Amb. *et necessitas*. Gr. ἀνάγκαι.
ỹ. 144. *et vivam*. M. G. *et vivifica me*. H. *eorum, et vivificer*.
ỹ. 147. *in maturitate*. A. *in intempesta nocte*. Gr. ἐν ἀωρίᾳ, *in immaturitate :* quæ lectio probatur Augustino. Hebr. habet, *Surgebam adhuc in tenebris*.
ỹ. 148. *ad te diluculo*. A. juxta Gr. *ad matutinum*.
ỹ. 150. *iniquitati*. A. *iniquitate*. Amb. G. C. *iniquæ*. R. Rom. *iniqui*.

LOCA EX PSALMIS VARIANTIA IN PSALTERIIS.

☞. 156. *multæ*. R. Rom. Amb. addunt, *nimis*. H. *valde*.
☞. 158. *Vidi prævaricantes*. A. *Vidi insensatos*. Gr. ἀσυνετοῦντας. R. Rom. M. Amb. G. H. C. *non servantes pactum*.
☞. 166. *dilexi*. Amb. G. *feci*.
☞. 167. *et dilexit*. A. R. Rom. G. C. Car. Hebr. *et dilexi*.
☞. 172. *mandata tua æquitas*. A. *mandata tua judicia :* forte, *justitia*, ut Amb. At C. *mandata tua veritas*.
☞. 176. *quære*. Amb. G. H. *vivifica*. Hanc discrepantiam notat Augustinus, ortam ab exemplaribus Græcis, quorum aliqui ζῆσον habebant, pro ξήτησον.

Ex psalmo CXIX.

☞. 1. *Canticum graduum*. G. *Canticum ascensuum*.
Item. ☞. 1. *Ad Dominum... et exaudivit me*. A. G. H. *Ad te, Domine... et exaudisti me*.
☞. 5. *prolongatus est*. A. *longinquus factus est*.
Item. ☞. 5. *cum habitantibus Cedar*. A. juxta Gr. et Hebr. *cum tabernaculis Cedar*. Sic etiam Hilarium legisse ex interpretandi ratione cognoscitur.
☞. 6. *multum incola fuit*. A. *multum peregrinata est*. Et sic Hebr.

Ex psalmo CXX.

☞. 3. *Non det*. A. juxta Gr. *Non des*.
☞. 5. *custodit te*. A. H. juxta Gr. *custodiet te*.
Item. ☞. 5. *protectio tua*. A. *tegumentum tuum*.
Item ☞. 5. *dexteram tuam*. A. R. Rom. M. G. H. C. *dexteræ tuæ*.

Ex psalmo CXXI.

☞. 1. *quæ dicta sunt mihi*. A. juxta Gr. *qui dixerunt mihi*.
☞. 2. *in atriis tuis*. Vox *tuis* abest ab A. G. H. C.
☞. 4. *nomini Domini*. A. R. Rom. G. C. *nomini tuo, Domine*.
☞. 5. *in judicio*. A. juxta Gr. *in judicium*.
☞. 6. *Rogate*. A. M. juxta Gr. *Interrogate*.
☞. 7. *in turribus tuis*. H. *in turribus tuis gravibus*. Gr. ἐν τοῖς πυργοβάρεσί σου.
☞. 8. *loquebar*. A. G. juxta Gr. *loquebar autem*.

Ex psalmo CXXII.

☞. 2. *in manibus*. Gr. utroque loco sonat, *in manus*.
☞. 4. *Quia multum repleta est*. A. G. juxta Gr. *In plurimum*, etc.

Ex psalmo CXXIII.

☞. 3. *furor eorum*. R. Rom. M. H. C. *animus eorum*.
☞. 4. *aqua absorbuisset nos*. A. *aqua demersisset nos*. R. Rom. *velut aqua absorbuissent nos*. M. *ut aquam absorbuissent nos*.
☞. 5. *Forsitan pertransisset*. A. juxta Gr. *Forsitan pertransiit*.
Item ☞. 5. *aquam intolerabilem*. A. *aquam sine substantia*. Gr. τὸ ὕδωρ τὸ ἀνυπόστατον. M. G. H. *aquam immensam*.
☞. 6. *in captionem*. A. G. juxta Gr. *in venationem*. M. *in capturam*.

Ex psalmo CXXIV.

☞. 1. *non commovebitur... qui habitat*. A. *non commovebuntur... qui inhabitant*.
☞. 5. *in obligationes, adducet*. A. *in strangulationem, abducet*. Favet Gr. εἰς τὰς στραγγαλιὰς, ἀπάξει. G. *ad suffocationes*. C. *in pravitatibus*. Hebr. *ad pravitates suas*. Sunt qui in Vulgata pro *obligationes*, scribendum putent *obliquationes*, id est *tortuositates*.

Ex psalmo CXXV.

☞. 1. *In convertendo*. A. cum Hebr. *Cum converteret*. G. *Cum averteret*. Gr. ἐν τῷ ἐπιστρέψαι κύριον.

Ex psalmo CXXVI.

☞. 1. *frustra vigilat*. A. G. *in vanum laboravit*.
☞. 5. *qui implevit*. M. juxta Gr. et Hebr. *qui implebit*. Et sic habebat Vulgata in Colb. Ger. Gal.
Item ☞. 5. *non confundetur, cum loquetur*. A. Rom. G. H. C. juxta Gr. *non confundentur, cum loquentur*.

Ex psalmo CXXVII.

☞. 2. *Labores manuum tuarum quia manducabis*. A. R. Rom. M. G. H. C. *Labores fructuum tuorum manducabis*. Erratum ex ambigua voce Græca, τῶν καρπῶν : καρποὶ enim dicuntur et fructus, et palmæ seu manus, ex Hieron. in ep. 141.
☞. 3. *sicut novellæ*. A. *velut novellatio*. H. *sicut novella*. Et sic Vulgata in Car. Colb. Ger.
☞. 5. *bona Jerusalem*. A. M. G. C. *quæ bona sunt Jerusalem*. R. Rom. *quæ bona sunt in Jerusalem*.
☞. 6. *pacem*. A. R. Rom. M. G. C. juxta Gr. *pax*.

Ex psalmo CXXVIII.

☞. 1. *dicat nunc*. A. *dicat vero*. Gr. δή.
☞. 3. *prolongaverunt*. A. *longe fecerunt*.
☞. 4. *concidit*. A. R. Rom. M. G. H. C. juxta Gr. et Hebr. *concidet*. Et sic Vulgata in Car. Colb. Ger. Gal.
☞. 5. *et convertantur retrorsum*. R. Rom. *et revereantur*.
☞. 6. *fœnum tectorum*. R. Rom. M. G. H. C. *fœnum ædificiorum*.
☞. 7. *implevit... metit... colligit*. R. Rom. C. *implebit... metet... colliget*. Sic etiam Vulgata in Car. Colb. Ger. Gal. et favet Hebr.

Ex psalmo CXXIX.

☞. 2. *in vocem deprecationis meæ*. R. Rom. C. *in orationem servi tui*.
☞. 3. *Si iniquitates observaveris Domine, Domine, quis*, etc. G. *Si iniquitas assistit, quis*, etc.
☞. 4. *propter legem tuam*. M. juxta Gr. *propter nomen tuum*.
Item ☞. 4. *in verbo ejus*. A. R. H. C. juxta Gr. *in verbum tuum*.
☞. 6. *A custodia*. A. Rom. M. *A vigilia*.

Ex psalmo CXXX.

☞. 2. *Sicut ablactatus est super*, etc. H. *Sicut ablactato*. G. C. Car. Colb. Ger. juxta Gr. *Sicut ablactatum*. R. Rom. G. H. C. *super matrem suam, ita retribues*. Et sic Gr.

Ex psalmo CXXXI.

☞. 1. *mansuetudinis ejus*. G. *modestiæ ejus*. Hebr. *afflictionis ejus*.
☞. 6. *in campis silvæ*. A. *in campis saltuum*.
☞. 7. *Introibimus in tabernaculum ejus, adorabimus*, etc. Gr. sonat : *Intremus in tabernacula ejus, adoremus*, etc. Et sic Hebr.
☞. 9. *induantur... exsultent*. Gr. *induentur... exsultabunt*.
☞. 11. *et non frustrabitur eam*. A. *et non pœnitebit eum*. R. Rom. M. G. H. C. *et non frustrabitur eum*. Hebr. *et non avertetur ab ea*.
☞. 13. *elegit eam*. A. R. Rom. M. G. H. C. juxta Gr. *præelegit eam*. Hebr. *desideravit eam*.
☞. 14. *elegi eam*. A. R. Rom. M. G. H. C. Gr. *præelegi eam*. Hebr. *desideravi eam*.
☞. 15. *Viduam ejus*. Quidam interpres, *Captionem ejus*,

teste Hilario, qui alteram lectionem antiquiorem esse et omnino sequendam dicit. Gr. habet θήραν, *venationem :* sed in multis codicibus habuit χήραν, *viduam,* uti observat Hieron. quæst. in Gen. c. XLV, quo loco docet verbum Hebræum significare *cibaria :* licet in Psalterio transtulerit ipse *venationem.*

℣. 17. *Illuc producam.* A. *Ibi suscitabo.* Gr. ἐκεῖ ἐξανατελῶ. Hebr. *Ibi oriri faciam.* R. Rom. G. H. C. *Illic producam.*

℣. 18. *efflorebit.* G. *floriet.* In quod Aug. de doctrina Christiana, l. II, c. XIII. *Illud,* ait, *quod jam auferre non possumus de ore cantantium populorum : Super ipsum autem floriet sanctificatio mea, nihil profecto sententiæ detrahit : auditor tamen peritior mallet hoc corrigi, ut non floriet, sed florebit diceretur.*

Ex psalmo CXXXIII.

℣. 3. *in montem Sion.* A. juxta Gr. *super montes Sion.*

Ex psalmo CXXXIV.

℣. 3. *quia bonus Dominus.* R. Rom. G. H. *quoniam benignus est Dominus.* C. *quoniam suavis Dominus.*

Item ℣. 3. *quoniam suave.* A. R. Rom. G. *quoniam suavis est.* M. *quoniam bonus.* Gr. ὅτι καλόν, *quoniam decens.* Et sic Hebr.

℣. 5. *præ omnibus diis.* A. *super omnes deos.*

℣. 7. *Educens.* A. *Suscitans.* Hebr. *Levans.*

℣. 10. *reges fortes.* G. *reges mirabiles.*

℣. 12. *populo suo.* A. M. C. *servo suo.*

℣. 14. *judicabit.* A. *judicavit.*

Item ℣. 14. *deprecabitur.* A. *advocabitur.* Gr. παρακληθήσεται. R. Rom. M. H. C. *consolabitur.* Hebr. *erit placabilis.*

℣. 17. *et non audient.* His verbis subjicitur apud A. *nares habent, et non odorabunt : os habent, et non loquentur ; manus habent, et non operabuntur ; pedes habent, et non ambulabunt.* Apud R. Rom. M. G. H. C. *nares habent, et non odorabunt ; manus habent, et non palpabunt, pedes habent, et non ambulabunt ; non clamabunt in gutture suo.*

Item ℣. 17. *neque enim est spiritus in ore ipsorum.* Hæc verba præterit A.

℣. 21. *ex Sion.* Gr. sonat, *in Sion.*

Ex psalmo CXXXV.

℣. 1. *in æternum.* R. Rom. M. G. C. *in sæculum.*

℣. 2 *quoniam in æternum misericordia ejus.* Apud M. loco istius clausulæ, per omnes versus repetitur tantum, *quoniam bonus.*

℣. 7. *luminaria magna.* Additur *solus* in A. R. Rom. M. G. H. C. et Gr.

℣. 15. *et virtutem ejus.* R. Rom. G. C. *et exercitum ejus.* Et sic Hebr. At. M. *et omnem potentiam ejus.*

℣. 17. *Qui percussit,* etc. Huic versiculo in R. Rom. G. C. alius iste præmittitur : *Qui eduxit aquam de petra rupis, quoniam in sæculum,* etc.

℣. 18. *reges fortes.* R. Rom. G. C. *reges mirabiles.* Hebr. *reges magnificos.*

Ex psalmo CXXXVI.

℣. 5. *oblivioni detur dextera mea.* A. R. Rom. M. G. H. C. *obliviscatur me dextera mea.*

℣. 6. *proposuero.* A. G. C. Car. Gr. *præposuero.*

℣. 7. *usque ad fundamentum.* A. *usque dum fundamentum.* G. H. C. *quoadusque fundamentum.*

Ex psalmo CXXXVII.

℣. 1. *Ipsi David.* Gr. addit, *Aggæi et Zachariæ.*

Item ℣. 1. *quoniam audisti verba oris mei.* Id abest a G. et Hebr.

℣. 2. *et veritate tua.* G. *et pietate tua.*

Item ℣. 2. *super omne.* R. Rom. *super nos.* M. G. H. C. *super omnia.*

℣. 3. *exaudi me.* A. M. Gr. *cito exaudi me.* C. *velociter,* etc.

Item ℣. 3. *multiplicabis in anima mea virtutem.* R. Rom. addunt, *tuam.* At A. habet, *multiplicabis me in anima mea virtute.* G. C. *multiplicasti me in anima mea in virtute tua.* H. et Gr. concordant cum A. cui tantum addunt, *tua.*

℣. 5. *in viis Domini.* R. Rom. G. C. *in canticis,* etc. quia pro ὁδοῖς, legebatur ᾠδαῖς. R. Rom. C. *Domino.*

℣. 8. *Dominus retribuet.* A. G. juxta Gr. *Domine retribues.* R. Rom. *Domine retribue.*

Item ℣. 8. *in sæculum.* A. *in æternum.*

Item ℣. 8. *ne despicias.* G. H. *non omittas.* Hebr. *ne dimittas.* Gr. μὴ παρίδῃς.

Ex psalmo CXXXVIII.

℣. 2. *sessionem meam.* G. *passionem meam.*

℣. 3. *et funiculum meum,* etc. A. *et limitem meum.* R. Rom. G. H. C. *et directionem meam.* M. *et funem meum.* Hebr. *et accubitionem meam.*

℣. 4. *non est sermo.* A. R. Rom. M. G. H. C. *non est dolus.* In Gr. λόγος ἄδικος.

℣. 9. *diluculo.* A. *in directum.* R. Rom. G. H. C. *ante lucem.* G. *ante lucem in directum.* M. *a matutino.* Gr. κατ' ὀρθόν : pro quo in aliis libris, κατ' ὄρθρον.

℣. 11. *illuminatio mea.* Vox mea abest ab A. Car. Ger. Gr.

℣. 14. *magnificatus es.* A. R. Rom. M. juxta Gr. *mirificatus es.* G. H. *mirificatus sum.* Hebr. *magnificasti me.*

℣. 15. *Non est occultatum os meum a te, quod fecisti in abscondito.* G. *Non occultum ossum meum ad ea quæ fecisti in occulto.*

℣. 16. *Imperfectum meum,* etc. M. juxta Gr. *Inoperatum meum.* G. *Imperfectum tuum viderunt oculi mei.* Hebr. *Informem adhuc me,* etc.

Item ℣. 16. *dies formabuntur.* A. M. C. *per diem,* etc. A. *errabunt :* quasi in Gr. legerit πλαγχθήσονται, pro πλασθήσονται. H. *die replebuntur.*

℣. 17. *honorificati sunt.* M. *honorandi sunt.*

Item ℣. 17. *confortatus est.* A. juxta Gr. *confortati sunt.* G. C. *confirmati sunt.*

℣. 20. *dicitis in cogitatione.* A. H. C. Gr. *dices in cogitatione.* G. *dicis,* etc. M. *contentiosi estis in cogitationibus.* Hebr. *contradicent tibi scelerate.*

Item ℣. 20. *civitates tuas.* A. R. Rom. M. G. Car. Colb. Ger. Gal. *civitates suas.*

℣. 23. *interroga me, et cognosce semitas meas.* A. *Scrutare me,* etc. M. *Affilige me, et scito vias meas.*

℣. 24. *in via æterna.* R. Rom. H. *in viam æternam.*

Ex psalmo CXXXIX.

℣. 4. *sicut serpentis.* A. R. Rom. M. G. H. C. *sicut serpentes.* Et sic Vulgata in Car. Colb. Ger. Gal.

℣. 6. *extenderunt in laqueum.* A. R. Rom. M. G. H. C. juxta Gr. addunt, *pedibus meis.*

℣. 8. *obumbrasti super caput,* etc. R. *obumbra caput,* etc.

℣. 9. *Ne tradas me Domine a desiderio meo.* G. *Non tradas Domine desiderium meum peccatori.* Car. Colb. C. Gal. *Non tradas Domine desiderio meo peccatori.* Hebr. *Ne des Domine desideria impii.*

℣. 11. *carbones, in ignem dejicies eos.* A. juxta Gr. *carbones ignis in terra, et dejicies* (vel *dejicient*) *eos.* G. *carbones ignis, et dejiciet eos.* H. *carbones ignis, super terram dejicies eos.*

℣. 12. *capient in interitu.* A. juxta Gr. *venabuntur in interitum.*

℣. 13. *et vindictam.* A. juxta Gr. *et causam.*

LOCA EX PSALMIS VARIANTIA IN PSALTERIIS.

EX PSALMO CXL.

❟. 3. *et ostium circumstantiæ labiis meis.* A. *et ostium continentiæ circum labia mea.*
❟. 4. *et non communicabo.* A. G. *et non combinabo.* R. H. *et non combinabor.*
❟. 5. *oleum autem peccatoris.* G. *misericordia peccatoris.*
❟. 6. *juncti petræ.* A. cum Hebr. *juxta petram.* R. Rom. M. G. H. C. *continuati petræ.*
Item ❟. 6. *potuerunt.* A. *prævaluerunt.* Gr. ἠδυνήθησαν, *dulcuerunt.* Hebr. *decora sunt.*
❟. 7. *erupta est.* A. *disrupta est.* G. C. *eruptum est.* R. Rom. M. *eructuat*, sive *eructat.*
❟. 10. *singulariter.* A. *singularis.*

EX PSALMO CXLI.

❟. 3. *Effundo... pronuntio.* A. R. M. juxta Gr. et Hebr. *Effundam.* A. C. *annuntiabo.* R. *pronuntiem.*
❟. 4. *In deficiendo ex me.* R. Rom. M. C. *In deficiendo in me.* A. *Dum defecit a me spiritus meus.*
Item ❟. 4. *absconderunt laqueum.* R. M. *absconderunt superbi laqueos.*
❟. 8. *me expectant justi.* A. juxta Gr. *me sustinebunt justi.* Hebr. *in me coronabuntur justi.*

EX PSALMO CXLII.

❟. 4. *et anxiatus est super me.* A. *Tædium passus est in me.*
❟. 10. *in terram rectam.* Gr. sonat, *in recta :* nec addit *terra.* R. Rom. habent, *in viam rectam.*

EX PSALMO CXLIII.

❟. 3. *reputas.* A. *æstimas.* M. *visitas.*
❟. 8. *dextera iniquitatis.* C. *dextera mendacii.* Et sic Hebr.
❟. 10. *Qui das.... redemisti.* A. juxta Gr. et Hebr. *Qui dat..... redimit.* R. M. G. H. C. *Qui das..... liberas.*
❟. 12. *novellæ plantationes in juventute sua.* A. *novellæ constabilitæ in juventute sua.* R. M. *novellæ plantationes stabilitæ a juventute sua.* G. C. *novella plantationis stabilita a juventute sua.* H. *novella plantatio stabilita in*, etc.
❟. 13. *in egressibus suis.* R. M. G. C. *in itineribus suis.* Hebr. *in compitis nostris.*

EX PSALMO CXLIV.

❟. 1. *Deus meus rex.* A. H. juxta Gr. addunt, *meus.*
❟. 5. *gloria sanctitatis tuæ loquentur.* R. Rom. H. C. *majestatis tuæ et sanctitatem tuam loquentur.* G. *majestatis tuæ et honorem tuum loquentur, et sanctitatem tuam dicent.*
❟. 9. *universis.* Gr. sonat, *sustinentibus.*

❟. 12. *magnificentiæ regni tui.* A. *magnitudinis decoris regni tui.*
❟. 16. *omne animal.* H. *omnem animam.*
❟. 18. *omnibus invocantibus eum.* Id apud R. Rom. G. C. nonnisi semel habetur.

EX PSALMO CXLV.

❟. 4. *cogitationes eorum.* A. *cogitationes ejus.* Et sic Hebr.
❟. 8. *illuminat cæcos.* A. juxta Gr. *sapientes facit cæcos.* H. *sapientificat cæcos.*

EX PSALMO CXLVI.

❟. 1. *Halleluia.* G. C. Car. et Gr. addunt, *Aggæi et Zachariæ.* Sic etiam Gr. cum aliquot libris initio Ps. CXLVII et CXLVIII.
Item ❟. 1. *decoraque.* Abest ab A. R. Rom. M. G. H. C. Gr.
❟. 2. *congregabit.* A. *colligens.* R. Rom. G. H. C. *congregans.*
❟. 5. *et sapientiæ ejus.* A. juxta Gr. *et intelligentiæ ejus.* Hebr. *prudentiæ ejus.*
❟. 7. *Præcinite.* A. R. M. G. C. Gr. *Incipite.* H. *Inchoate.*
❟. 10. *nec in tibiis.* M. *neque in tibialibus.* A. R. Rom. G. H. C. *nec in tabernaculis :* quia forte in Gr. pro ταῖς κνήμαις, legebatur ταῖς σκηναῖς.
Item ❟. 10. *beneplacitum erit ei.* A. *bene sentiet.* Gr. *bene sentit.*

EX PSALMO CXLVII.

Tit. *Halleluia.* H. C. Car. Gr. addunt, *Aggæi et Zachariæ.*
❟. 13. *seras.* A. juxta Gr. et Hebr. *vectes.*
❟. 15. *velociter.* A. juxta Gr. *usque in velocitatem.*
❟. 17. *sicut buccellas.* A. R. Rom. M. G. C. *sicut frusta panis.*
Item. ❟. 17. *quis sustinebit.* A. M. G. C. *quis subsistet.*
❟. 18. *et liquefaciet.* A. *et tabefaciet.*

EX PSALMO CXLVIII.

❟. 4. *et aquæ omnes.* Abest *omnes* ab R. Rom. C. Car. Gal. Gr. et Hebr.
❟. 14. *et exaltavit.* A. juxta Gr. *exaltabit.*

EX PSALMO CXLIX.

❟. 4. *beneplacitum est Domino.* A. *bene facit Dominus.*
Item ❟. 4. *in salutem.* G. C. Gr. *in salute.* Hebr. *in Jesu.*

EX PSALMO CL.

❟. 2. *virtutibus.* R. Rom. M. G. C. Gr. *potentatibus.*
❟. 5. *jubilationis.* R. Rom. C. *bene tinnientibus.*

Il reste peu d'observations à faire sur l'ensemble des textes qui précèdent. Et d'abord il a fallu nécessairement laisser ici de côté les variantes qui résultent des différences de ponctuation, différences qui font quelquefois varier le sens de la phrase; parce que ces variantes sont excessivement nombreuses et qu'on ne pourrait les apprécier facilement qu'en reproduisant le texte entier des psautiers. En outre, de peur que l'on ne croie que nous avons négligé le psautier qu'on appelle l'ancien psautier, nous aimons à faire observer qu'il ne diffère en rien de celui de saint Augustin. Et nous ne doutons nullement dès à présent que l'éditeur Jacques Lefèbvre, dans son quintuple psautier, ne l'ait tiré tout entier des commentaires de saint Augustin;

Pauca restant in superiorem collectionem observanda. Ac primum quidem discrepantiarum genus illud, in vocum interpunctione situm, unde variatur interdum sensus, prætermissum hic necessario fuit, quod nimis late pateat, neque alia facile ratione, quam relatis integris Psalteriis ostendi valeat. Præterea, ne quis Psalterium quod appellant *Vetus*, hic a nobis neglectum putet, admonere juvat nihil ipsum ab Augustiniano dissidere. Et jam nulli dubitamus, quin illud totum ex Augustini Commentariis exscripserit ejusdem in Quincuplici Psalterio editor Jac. Faber, qui

car il n'a pas rapporté les paroles des psaumes que l'orateur a parfois adaptées à son sujet, autrement qu'elles ne s'y trouvent, comme on peut le voir dans le psaume cxx : *Levent oculos suos*, etc. C'est ce que n'ont pas assez remarqué ceux qui, dans leurs notes et scholies sur la version des Septante, n'ont pas regardé l'ancien psautier et celui de saint Augustin comme un seul et même texte, mais ont cru y voir deux psautiers différents. Enfin il importe d'observer que la Vulgate, bien qu'en de très-rares endroits, s'accorde moins avec le texte hébreu que l'ancienne traduction : ce qui provient, nous le croyons, des variantes qu'offre le texte grec des Hexaples, sur lequel saint Jérôme a corrigé le psautier latin. Par exemple, dans le psaume IV, verset 8, la Vulgate porte : *A fructu*, (par le fruit), parce que l'exemplaire grec portait : ἀπὸ καρποῦ, au lieu de : ἀπὸ καιροῦ, *a tempore*, (par le temps), leçon de l'ancienne traduction qui se rapportait davantage au texte hébreu.

Psalmorum verba, rei subjectæ quandoque a concionante aptata, non alio quam expressa ibi erant modo retulit, ut videre est in Psal. cxx, *Levent*, etc. Quod non satis adverterunt ii, qui *Vetus* istud et Augustinianum in suis ad Lxx. Interpretes scholiis et notis, non pro uno eodemque, sed pro duobus habent Psalteriis. Postremo observatione dignum est, Vulgatam in quibusdam, tametsi rarissimis locis, minus cum Hebræo, quam veterem versionem convenire, ob varietatem, credimus, contextus Græci Hexaplorum, ad quem Hieronymus Psalterium Latinum emendavit. Exempli gratia in Psal. IV, ℣. 8 habet Vulgata, *A fructu* ; quia Græcum exemplar ferebat, ἀπὸ καρποῦ : pro ἀπὸ καιροῦ, *A tempore*, quæ erat lectio veteris versionis magis Hebræo consentanea.

PAROLES DE CASSIODORE

SENATEUR

SUR LE PRÉSENT OUVRAGE DE SAINT AUGUSTIN

TIRÉ DU PROLOGUE DE SON COMMENTAIRE SUR LES PSAUMES

Ayant goûté la douceur de miel que répand dans les âmes le divin psautier, j'ai été, selon la coutume de ceux qu'enflamme un vif désir, avide de me plonger dans cette lecture par l'examen le plus attentif ; afin de me pénétrer avec délices de ces paroles salutaires, après tant d'actions qui n'ont eu pour moi que de l'amertume. Mais, dans le commencement, ces paroles présentent habituellement une obscurité qui tient à leur sens figuré et aux paraboles qui les voilent. Cette obscurité donne, à notre détriment, des apparences trompeuses à des paroles pleines de vie, parce qu'on se borne à trouver ambigu ce qui renferme le sens caché d'un grand mystère. Alors j'ai eu recours à l'ouvrage très-estimé du très-éloquent Père saint Augustin, dans lequel se trouve réunie une telle multitude de pensées, qu'à peine, après plusieurs lectures, peut-on retenir ce qu'on y trouve exposé avec tant d'abondance. Je crois que dans le désir de rassasier l'immense avidité des peuples, par une pieuse nourriture, il a été amené nécessairement à répandre les flots d'une prédication aussi étendue. C'est pourquoi, en raison de ma faiblesse, et avec l'aide de la divine miséricorde, j'ai réduit, à force de la resserrer en petits ruisseaux qu'on peut passer à gué, cette vaste nappe d'eau qu'Augustin fait découler des sources de certains psaumes, et j'ai condensé en un seul livre les explications qu'il a si admirablement développées dans quinze décades. Mais, comme un auteur l'a dit d'Homère, c'est une aussi grande entreprise de retirer quelques paroles de l'ensemble de son discours que d'enlever la massue de la main d'Hercule. (MACROBE,

DE
SUBSEQUENTE AUGUSTINI OPERE

CASSIODORUS SENATOR

IN PROLOGO AD SUUM COMMENTARIUM IN PSALMOS

Cum Psalterii cœlestis animarum mella gustassem, id quod solent desiderantes efficere, avidus me perscrutator immersi, ut dicta salutaria suaviter imbiberem post amarissimas actiones : sed familiaris inchoantibus occurrit obscuritas, quæ variis est intexta personis et velata parabolis. Hæc in dictis vitalibus noxia dissimulatione præteritur, dum sæpe illud reperiri solet ambiguum, quod magni sacramenti gestat arcanum. Tunc ad Augustini facundissimi patris confugi (*a*) opinatissimam lectionem, in qua tanta erat copia congesta dictorum, ut retineri vix possit relectum, quod abunde videtur expositum. Credo, cum nimis avidos populos ecclesiasticis dapibus explere cupit, necessario fluenta tam magnæ prædicationis emanavit. Quocirca memor infirmitatis meæ, mare ipsius quorumdam Psalmorum fontibus profusum, divina misericordia largiente, in rivulos vadosos compendiosa brevitate deduxi, uno codice tam diffusa complectens, quæ ille in decadas quindecim mirabiliter explicavit. Sed

(*a*) Ms. Germ. *disertissimam.*

liv. III, *Des Saturnales*, chap. III.) Il est en effet un maître admirable en tout genre de lettres et, chose rare avec un style aussi abondant, un dialecticien des plus serrés. Car son éloquence coule comme une source très-pure, que ne souille aucune vase; et en même temps, ferme dans l'intégrité de la foi, il ne donne jamais lieu aux hérétiques de pouvoir lutter et se défendre. Entièrement catholique, entièrement orthodoxe, il brille dans l'Eglise du Seigneur de l'éclat le plus doux, environné qu'il est des rayons brillants de la lumière d'en haut.

ut quidam de Homero ait (*Macrobius*, lib. III. *Saturnal.* c. III), tale est de ejus sensu aliquid subripere, quale Herculi clavam de manu tollere. Est enim litterarum omnium magister egregius, et quod in ubertate rarum est, cautissimus disputator. Decurrit quippe tanquam fons purissimus nulla fæce pollutus ; sed in integritate fidei perseverans, nescit hæreticis dare unde se possint aliqua collectatione defendere. Totus Catholicus, totus orthodoxus invenitur, et in Ecclesia Domini suavissimo nitore resplendens, superni luminis claritate radiatur.

VERS

MIS EN TÊTE D'UN ABRÉGÉ DES COMMENTAIRES DE S. AUGUSTIN SUR LES PSAUMES

ABRÉGÉ QUI SE TROUVE DANS UN ANCIEN MANUSCRIT DE LA BIBLIOTHÈQUE DE COLBERT

Ce manuscrit est orné d'un frontispice représentant un portique en forme de voûte, qui encadre l'image de David, et près de la voûte on lit cette inscription : « Landulfe a fait faire ce livre en action de grâces; vous qui lisez ces vers, répandez pour lui vos prières devant Dieu, etc. » Et aux pieds du portrait, on lit : « Priez, je vous le demande, pour Annon. »

Ce livre émaillé de fleurs contient l'explication des cantiques que David chanta sur sa lyre en l'honneur du Christ. En peu de paroles il découvre les plus grands mystères et, dans sa brièveté, il renferme les sens les plus abondants. Cet ouvrage, Augustin que vénère l'univers entier, évêque éminent, docteur apostolique, dont l'éloquence se répand sur le monde comme un fleuve immense, l'a complété dans son vaste ensemble en quinze décades, désireux qu'il était de saisir les plus minutieuses parties de son sujet et d'émouvoir par ses pieux accents l'esprit de son peuple. Mais comme tous les hommes ne recherchent pas avec l'avidité d'un cœur rempli d'amour ce travail merveilleux et salutaire sous tous rapports; bien plus, pauvres que nous sommes, pour beaucoup d'entre nous, et de cens et de sens, comme nous ne sommes point capables de posséder un si grand trésor, nous avons voulu le résumer dans ce seul livre et nous contenter d'un peu d'eau de cet océan, afin que l'on pût souvent repasser en peu de temps dans son esprit une œuvre aussi considérable, sans se charger ni de trop de dépenses ni de trop de fatigue. Parcourez donc ce livre, cher lecteur, avec un esprit pénétrant, et recevez ce nectar divin que vous présente une bouche sacrée. Il donne à l'âme une vie nouvelle; il forme et ennoblit les mœurs; la foi, l'espérance et l'amour y puisent des forces. Car ici, le Dieu clément réside sur l'arche vénérable qui renferme la divine loi des deux tables; il tempère la sévérité de sa verge par la douceur de sa manne, et il étend sur toutes choses sa propitiation; sa voix redoutable tonne entre les deux chérubins, et il fait briller la flamme rapide de sa foudre.

VERSUS

AD EPITOMEN COMMENTARIORUM AUGUSTINI IN PSALMOS

CONTENTAM IN VETERE CODICE COLBERTINO

Cui codici propylæum, cameræ forma, ad Davidis complectendam imaginem appictum conspicitur, et inscriptum his ad fornicem verbis : « Landulfus ovans hunc libellum fieri jussit, pro quo funde preces carmina qui legis, etc. » At vero ad imaginis pedes : « Orate pro Annone, hoc supplico. »

Cantica Davidico Christum modulantia plectro,
   Explanata tenet floridus iste liber;
Maxima succinctis reserans mysteria verbis,
   Et profluos sensus sub brevitate loquens.
Hunc Augustinus, toto venerabilis orbe,
   Egregius præsul, doctor apostolicus
In populis largo diffundens flumine linguæ,
   Ter quinis decadis grande peregit opus ;
Dum cupit et tenues rerum comprendere formas,
   Et mentem plebis voce movere pia.
Sed quia rem miram atque omni ratione salubrem,
   Non omnes avido cordis amore petunt ;
Imo etiam plures censu sensuque minores,
   Haud quaquam tantas quimus habere gazas :
Uno cuncta simul libuit perstringere libro.
   Et modicas undas sumere de pelago,
Sæpius ut breviter possit res tanta revolvi,
   Nec nimio sumptu sive labore gravet.
Hunc igitur Lector sensu percurre sagaci,
   Et cape sidereum nectar ab ore sacro :
Quod recreat mentes, quod mores format et ornat;
   Unde trahunt vires spes, amor atque fides.
Nam Deus hic clemens reverendæ præsidet arcæ,
   Quæ duplici tabula jura superna tenet :
Austeram virgam mannæ dulcedine sedans,
   Propitioque super numine cuncta tegens :
Atque duos inter Cherubinos voce tremenda
   Intonat, et rapidi fulguris igne micat.

LETTRE

DE FRANÇOIS PÉTRARQUE A JEAN BOCCACE

QUI LUI AVAIT ENVOYÉ L'OUVRAGE DE S. AUGUSTIN SUR LES PSAUMES

Vous m'avez comblé de joie par votre insigne et magnifique présent. Je naviguerai maintenant avec plus d'assurance sur l'océan Davidique; j'en éviterai les écueils, et je n'y craindrai plus ni les flots des paroles, ni le choc des sentences qui se brisent l'une contre l'autre. J'avais coutume de tendre en haute mer par mes propres ressources, et tantôt nageant à force de bras, tantôt m'aidant d'une planche saisie par hasard, de lutter avec grande fatigue d'esprit contre la résistance des flots. Et bien souvent, commençant à enfoncer dans l'eau, je me suis écrié avec saint Pierre : « Seigneur, sauvez-moi. » (*Matth.*, xiv, 30.) Souvent aussi je me suis relevé avec le secours du Christ, qui tend la main aux suppliants. Au milieu de ces tourmentes, vous m'avez donné une poupe solide et un habile pilote, le génie divin d'Augustin. Son immense travail, divisé d'après l'opinion commune en trois parties, et selon d'autres en un plus grand nombre encore, et contenu dans de nombreux et épais volumes, m'a été envoyé par vous renfermé tout entier en un seul tome (1); je l'ai reçu avec joie et étonnement. Je me suis dit alors : Ce n'est plus le moment de rester dans l'indolence; si j'ai encore quelque paresse, voilà qui saura bien la secouer. Je reçois là un hôte illustre, que je dois soigner à grands frais. Il ne me permettra pas de dormir les nuits entières. C'est en vain que tu voudrais rester au lit les yeux fermés; il faut veiller, il faut étudier.

C'est en vain que tu penserais au repos, il faut travailler. Disons la vérité, aucun de mes amis n'a considéré ce volume sans étonnement; et d'une seule voix ils ont déclaré n'avoir jamais vu de livre aussi considérable. Quant à moi, qui ne suis pas le dernier à rechercher ces sortes de richesses, je déclare que cet ouvrage est aussi vaste par l'abondance des pensées que par la masse des lettres qu'il renferme. C'est un prodige pour nous que le génie de ce grand homme et son travail infatigable. On se demande avec stupeur d'où vinrent à un saint une telle ardeur, une telle impétuosité pour écrire, à un homme si longtemps séduit par les délices terrestres une connaissance aussi profonde des choses divines, à un vieillard une telle patience au travail, à un évêque assez de loisir, à un Africain tant de facilité à parler la langue des Romains. On dirait que c'est proprement de lui-même qu'il parlait, quand après avoir rapporté le témoignage de Terentianus Maurus, il disait de Marcus Varro : « Il était le plus savant des hommes sur toutes les matières; il a tant lu que nous sommes étonné qu'il ait trouvé le temps d'écrire; et il a tant écrit, qu'à peine croirions-nous que quelqu'un pût lire tout ce qu'il a écrit. » (*De la Cité de Dieu*, liv. VI, ch. II.) Car, sans parler des autres monuments du génie d'Augustin, soit de ceux que je possède en grand nombre, ou de ceux qui me manquent encore, soit de ceux qu'il rappelle dans le

(1) Ce même manuscrit, actuellement divisé en deux parties, est conservé à la bibliothèque du Roi.

FRANCISCUS PETRARCHA

JOH. BOCCACIO

DE AUGUSTINI IN PSALMOS OPERE SIBI TRANSMISSO

Beasti me munere magnifico et insigni. Jam Davidicum pelagus securior navigabo : vitabo scopulos; neque verborum fluctibus, neque fractarum sententiarum collisione terrebor. Solebam ipsis meis viribus in altum niti, et nunc altius brachia jactando, nunc assere fortuito subnixus, per obstantes fluctus fesso ingenio laborare : ita quidem ut sæpe cum Petro mergi incipiens exclamarem : « Domine salvum me fac : » (*Matth.*, xiv, 30) (*Epist. Variar.* xxii, vel xxiv) et sæpe cum Christo manum supplicibus porrigente consurgerem. Hos inter æstus, puppim tu mihi prævalidam et naucleram industrium destinasti, divini ingenii Augustinum : cujus opus immensum, quod vulgo tres in partes, apud quosdam plurifariam divisum, multis et magnis voluminibus continetur, totum uno volumine comprehensum, et a te mihi transmissum lætus stupensque suscepi. Et dixi mecum : Non est inertiæ locus : si quid otii supererit, iste discutiet. Magnus adest hospes et magno curandus impendio. Dormire totis noctibus non sinet. Frustra jacetis adhuc conjunctis oculis : vigilandum est, lucubrandum est. Frustra quietem meditamini : laborandum est. Verum dicam : Nemo ex amicis illum sine admiratione respexit, cunctis una voce testantibus, nunquam se librum tanti corporis vidisse. Quod de me ipse profiteor, rerum talium haud ultimus inquisitor : nec mole litterarum, quam sensuum ubertate, majus opus. Monstrum est cogitare, quantus ille Vir ingenio, quantus studio fuit; unde ille fervor impetusque scribendi sancto Viro, illa rerum divinarum notitia terrenis diu primum illecebris capto, illa demum laborum patientia seni, illud otium episcopo, illa Romani eloquii facultas Afro homini; de quo proprie dictum putes, quod ipse de Marco Varrone dixit : Terentianum secutus : « Vir, inquit, doctissimus undecumque Varro, qui tam multa legit, ut aliquid ei scribere vacavisse miremur; et tam multa scripsit, quam multa vix quemquam legere posse credamus. » (Lib. VI, *de civit. Dei*, cap. II.) Sed ut alia omittam ejusdem ingenii monumenta, seu quæ multa sunt mihi, seu quibus adhuc careo; et rursum, seu quæ Retractationum suarum libris ipse idem commemorat,

livre de ses *Rétractations* ou qu'il y oublie et néglige ou dont il ne parle point, parce qu'ils n'étaient pas encore faits, travaux que la vie d'un homme suffit à peine à relire, qui pourrait, lors même qu'Augustin ne se fût point occupé d'autre chose, n'être pas stupéfait de la composition de ce seul ouvrage? Je ne connais pas, dans toute la littérature latine, un seul livre, composé par un seul homme, qui soit comparable en étendue à une telle œuvre, si ce n'est peut-être le commentaire du même auteur sur les Épîtres de saint Paul, lequel, si mon appréciation et ma mémoire ne me trompent, paraît à peu près s'approcher de cette immense quantité de pages; ou encore la vaste histoire romaine de Tite-Live, divisée en parties appelées décades, non par l'auteur lui-même, mais par des lecteurs paresseux et fatigués. Le prix de ce don que m'a fait votre amitié s'accroît encore, sans plus parler de l'ampleur du volume, par la beauté du livre, par le mérite des caractères antiques et par la sobre richesse des ornements; si bien qu'ayant commencé à y porter les yeux, semblable à une sangsue altérée, je n'ai su les en arracher que repus et remplis. C'est ainsi que souvent je passe, sur ce livre, tout le jour sans manger, toute la nuit sans dormir. Le vulgaire, qui ne connaît guère d'autre plaisir que celui des sens corporels, comprendra difficilement combien, par votre libéralité, vous avez ajouté aux délices (les seules pour ainsi dire que je connaisse) qui me viennent de la lecture des ouvrages de mérite. Quant à vous, vous le concevrez très-aisément, et vous ne serez pas surpris que j'aie attendu avec une soif ardente et avec anxiété l'arrivée de ce livre. Vous savez combien le temps le plus court semble long à celui qui désire, et combien la rapidité même lui semble tardive. Si Naso fait dire à un amant insensé : « Voilà sept nuits passées, plus longues pour moi qu'une année entière, » (OVID., *Héroïd.*, lett. II) combien pensez-vous que l'attente ait duré pour moi, qui puis dire ce que le même poète met dans la bouche d'un autre personnage : « La lune a quatre fois disparu, quatre fois elle a reparu au ciel dans son plein? » (*Ibid.*) La flamme du désir est moins agitée, lorsque l'on désire des choses honnêtes, mais elle n'est pas moins vive. Cependant, je suis tenté de croire que ce retard a eu lieu à dessein, non pas à la vérité de votre part, puisque vous avez mis tous vos soins à me faire cet envoi, mais plutôt pour quelque bonne raison, afin que le délai même fût un aiguillon pour mon désir, et me rendît votre présent plus précieux encore. Ne croyez donc pas que le texte de la présente lettre ni qu'un seul jour puisse suffire aux actions de grâces que je vous dois; je n'y vois d'autre terme que celle de mes lectures et de ma vie. Portez-vous bien et souvenez-vous de nous.

---

seu quæ ibi vel oblita forte, vel neglecta, vel nondum scripta præteriit, atque omnia relegendum vita humana vix sufficit : quis eum, si nihil aliud egisset, unum hoc scribere potuisse non stupeat? Nullum unum et unius opus hominis Latinis editum litteris, huic magnitudini conferendum scio, nisi forte sit alter ejusdem liber in Epistolas Pauli, quod, nisi fallit existimatio frustraturque memoria, prope ad eamdem litterarum congeriem videtur accedere : vel Titi Livii Romanarum rerum liber ingens, quem in partes, quas Decades vocant, non ipse qui scripsit, sed fastidiosa legentium scidit ignavia. Huic tali amicitiæ tuæ dono, præter eam quam loquor magnitudinem, et libri decor, et vetustioris litteræ majestas, et omnis sobrius accedit ornatus; ut cum oculos ibi figere cœperim, siticulosæ hirudinis in morem nequeam nisi plenos avellere. Ita mihi sæpe dies impransus præterlabitur, nox insomnis : in quo quidem delectationi meæ, quam jam fere unicam, nec nisi ex litterarum lectione percipio, quantum hac tua liberalitate sit additum, non facile vulgus existimet, cui extra corporeos sensus nulla voluptas est : tu vero perfacile; neque mirabere libri hujus adventum me sitienter atque anxie expectasse. Scis ut cupiditati longa brevitas, festinatio tarda est. Quod si apud Nasonem amantis insani verbum est : « Septima nox agitur, spatium mihi longius anno : » quod mihi visum putas, cui inter expectandum, (ut ex persona alterius ait idem.) « Luna quater latuit, toto quater orbe recrevit? » (OVID., *Héroïd.*, epist. II.) Solet honesta cupientium flamma serenior esse, non segnior. Consulto tamen actum rear, non quidem abs te, qui in mittendo multam sollicitudinem habuisti; sed (*a*) ad formam potius, ut ipsa dilatio desiderio meo calcar, munerique tuo gratiam cumularet. Pro quo tibi grates meritas agendi ne forte putes quod hujus epistolæ contextus, aut dies unus modum statuat; non alium scio quam legendi vivendique finem fore. Vale nostri memor.

(*a*) *F*. Ab alio *vel quid simile.*

PRÉFACE D'UN AUTEUR MODERNE

AU SUJET

DES COMMENTAIRES DE SAINT AUGUSTIN SUR LES PSAUMES

La véritable philosophie, non-seulement divine mais humaine, nous enseignant que rien, dans les ouvrages de Dieu ou dans ceux de la nature, n'a été fait en vain ni sans cause, les esprits de ceux qui se sont efforcés de se rendre compte de chaque fait ont été vivement agités par cette question : pour quelle cause et à quelle fin l'homme a-t-il été créé? Bien que beaucoup de philosophes aient appliqué avec le plus grand soin tout leur génie à la solution de cette question, nul d'entre eux cependant n'a pu en rendre un compte véritable et complet. Il en est résulté que, déviant du droit sentier de la vérité, ils sont tombés dans des erreurs diverses et inexcusables. Et cela n'a rien d'étonnant; comment ces hommes qui ne se connaissaient pas eux-mêmes, auraient-ils pu connaître quelque autre chose? Mais la sainte Ecriture, inspirée par le Créateur de l'homme, a seule mis en lumière la cause suprême et parfaite de cette création, ne se bornant pas à révéler la cause générale par laquelle Dieu a fait toutes choses pour lui-même (*Prov.*, XVI, 4), mais démontrant encore la raison particulière des devoirs de l'homme, sa dignité et sa fin. En effet, il est écrit : « Dieu a formé l'homme de terre et l'a fait à son image. » (*Eccli.*, XVII, 1.) Et peu après : « il a fait luire son œil sur leurs cœurs pour leur montrer la grandeur de ses ouvrages, afin qu'ils célébrassent par leurs louanges la sainteté de son nom, qu'ils le glorifiassent dans ses merveilles, et qu'ils publiassent la grandeur de ses œuvres. » (*Ibid.*, 7, 8.) De toutes ces œuvres, la plus excellente est d'avoir fait l'homme avec une telle supériorité qu'il pût comprendre, sentir, admirer, raconter et louer le travail de Dieu, sa providence dans la disposition des choses, sa sagesse d'action, sa force d'exécution, sa puissance de conservation, sa sagesse de gouvernement, sa clémence et sa bienfaisance; en un mot qu'il fût capable d'adorer Dieu comme son créateur. C'est pourquoi, de même que le monde a été fait pour l'homme afin de le servir, de même l'homme a été fait pour Dieu afin de le servir. Le monde a donc été créé pour que l'homme fût, et l'homme a été créé pour qu'il connût Dieu son créateur; qu'il le connût, afin de l'aimer et de l'adorer; qu'il l'aimât et l'adorât, afin de recevoir la bienheureuse immortalité en récompense de ses efforts; et qu'il reçût cette récompense de la bienheureuse immortalité, afin que devenu semblable aux anges, il servît éternellement le Dieu souverain et immortel, et fût le royaume éternel de Dieu même. Voilà le résumé de toutes choses, voilà le secret de Dieu, voilà le mystère de la constitution du monde, voilà la raison de la création de l'homme, voilà le point central sur lequel roulent toutes choses. Si quelqu'un ne sait point cela, on ne sait s'il est un homme. Si les philosophes avaient eu cette connaissance, ils ne seraient pas tombés dans des erreurs

PRÆFATIO CUJUSDAM RECENTIORIS

IN COMMENTARIOS AUGUSTINI QUOS SCRIPSIT IN PSALMOS

Cum non solum divinæ, verum etiam humanæ philosophiæ veritas doceat, nihil frustra et sine causa, sive in Dei, sive in naturæ operibus esse factum; non parum eorum animos, qui singulorum rationem factorum conati sunt reddere, quæstio pulsavit, cujus rei causa et ad quid homo conditus sit. Ad quam dissolvendam etsi multorum philosophorum ingenia sollicite ac plurimum laboraverint, nullus eorum tamen veram integramque rationem reddere potuit. Quo factum est, ut a recto veritatis tramite deviantes, in varios inexcusabilesque errores inciderint. Nec mirum : qui enim rationem sui ignorabant, quo pacto cujusvis alterius rationem scire poterant? Divina autem Scriptura ab hominis Conditore inspirata, sola summam perfectamque factionis ipsius causam in lucem produxit; non modo generalem, qua Dominus omnium universa propter se operatus est (*Prov.*, XVI, 4), sed et in specie officii sui rationem, dignitatem, finemque demonstrans. Ita enim scriptum est : « Deus de terra creavit hominem, et secundum imaginem suam fecit illum. » (*Eccli.*, XVII, 1.) Et paulo post : « Posuit oculum suum super corda illorum, ostendere illis magnalia operum suorum, ut nomen sanctificationis collaudent, et gloriari in mirabilibus illius, ut magnalia enarrent operum ejus. » (*Ibid.*, 7 et 8.) Quorum omnium hæc summa est, Deum idcirco hominem, talemque condidisse, ut esset qui opera ejus intelligeret, qui providentiam disponendi, rationem faciendi, virtutem consummandi, potentiam conservandi, sapientiam gubernandi, clementiam beneficiendi, et sensu admirari, et voce enarrare atque collaudare posset, hoc est, ut Deum factorem coleret. Quemadmodum itaque factus est mundus propter hominem, ut ei serviret : ita homo factus est propter Deum, ut ei serviret. Sic ergo mundus idcirco factus est, ut fieret homo : homo vero ideo factus est, ut Deum factorem suum agnosceret; ideo agnosceret, ut amaret et coleret; ideo amaret et coleret, ut beatam immortalitatem pro mercede laboris caperet; ideo autem præmio beatæ immortalitatis afficeretur, ut similis effectus Angelis, summo et immortali Deo in perpetuum serviret, et esset regnum æternum ipsi Deo. Hæc est summa rerum, hoc arcanum Dei, hoc constitutionis mundi mysterium, hæc conditi hominis ratio, hic universorum cardo. Hoc qui nescit, si ipse homo sit nescitur. Hoc si philosophi tenuissent, in

si diverses et si pernicieuses. Enfin ç'a été pour que l'homme possédât éternellement la science de sa raison d'être, qu'elle lui a été proposée comme la règle de sa conduite, ainsi que le prouvent les enseignements donnés par le saint législateur Moïse au peuple juif : « Et maintenant, dit-il, qu'est-ce que le Seigneur votre Dieu demande de vous, sinon que vous craigniez le Seigneur votre Dieu, que vous marchiez dans ses voies, que vous l'aimiez et que vous serviez le Seigneur votre Dieu de tout votre cœur et de toute votre âme, que vous gardiez les commandements du Seigneur et les cérémonies de son culte, selon ce que je vous prescris aujourd'hui, afin que vous soyez heureux? » (*Deut.*, x, 12, etc.) Et peu après : « Vous craindrez le Seigneur votre Dieu et ne servirez que lui seul. » (*Ibid.*, 20.) Il ne faut pas omettre non plus que, pour la même raison, non-seulement l'homme a été créé, mais encore le Créateur de l'homme s'est fait homme, selon les paroles prophétiques de Zacharie, père du précurseur du Seigneur, alors qu'il était rempli de l'Esprit saint : « Selon le serment qu'il a fait à notre père Abraham de se donner à nous, afin qu'étant délivrés de nos ennemis, nous le servissions sans crainte dans la justice, marchant devant lui tous les jours de notre vie. » (*Luc*, I, 73.) Il résulte du témoignage de ce grand prophète que Dieu s'est fait homme en faveur de l'homme; bien plus, qu'il a servi l'homme, afin que l'homme lui rendît en échange un digne service. Or, le service exigé de l'homme, bien qu'on le puisse interpréter de plusieurs façons, et que l'homme puisse s'en acquitter envers Dieu créateur de plusieurs manières différentes, n'est cependant autre chose que le culte dû à Dieu, et ce culte n'est qu'une pieuse louange de Dieu. « En effet, selon le témoignage de Firmien Lactance, le rit suprême du culte divin est la louange qui s'élève vers Dieu de la bouche de l'homme juste. Cependant, pour que cette louange soit agréable à Dieu, il faut qu'elle soit accompagnée d'humilité, de crainte et de fervente piété, de peur que, par suite d'une confiance exagérée en sa pureté et en son innocence, l'homme ne puisse être accusé d'orgueil et d'arrogance, et ne perde, par ce fait, la grâce de la vertu. » (LACTANCE, *Institutions divines*, liv. VI; *Du vrai culte*, ch. xxv.) C'est pourquoi le saint prophète Moïse, après avoir exprimé le commandement que nous avons rapporté plus haut, ajoute : « Vous lui serez attaché; c'est lui qui est votre louange, » (*Deut.*, x, 20, 21) c'est-à-dire, c'est lui seul que vous devez louer. Telle est la vraie religion, telle est la droite piété, tel est le service dû à Dieu. Tel est le sacrifice acceptable, par lequel Dieu veut être adoré, apaisé, honoré et glorifié, ainsi qu'il l'exprime par la voix du Prophète qui nous dit : « Immolez à Dieu un sacrifice de louange et rendez vos vœux au Très-Haut; » (*Ps.* XLIX, 14) et, à la fin du même psaume, il ajoute : « Le sacrifice de louange me glorifiera, et ce sera le chemin par lequel je lui montrerai le salut qui vient de Dieu. » (*Ibid.*, 23.)

Mais, bien que tous les hommes soient tenus à ce service envers Dieu, cependant le Seigneur en a choisi quelques-uns, par lesquels il a voulu être principalement et spécialement adoré et loué, ainsi qu'on le voit dans l'Ancien Testament du peuple d'Israël, auquel Moïse dit : « Le Seigneur votre Dieu vous a choisi pour être son peuple particulier entre tous les peuples qui sont sur la terre. » (*Deut.*, VII,

---

tot tam varios tamque perniciosos errores prolapsi non fuissent. Hanc denique conditionis suæ rationem ut homo jugiter teneret, in præceptum sibi posita est, sancto legislatore Moyse attestante, et Judaicum populum ita commonente : « Et nunc, inquit, quid Dominus Deus tuus petit a te, nisi ut timeas Dominum Deum tuum, et ambules in viis ejus, et diligas eum, ac servias Domino Deo tuo in toto corde tuo, et in tota anima tua, custodiasque mandata Domini, et ceremonias ejus, quas ego hodie præcipio tibi, ut bene sit tibi? » (*Deut.*, x, 12, etc.) Et post pauca : « Dominum Deum tuum, inquit, timebis, et ei soli servies. » (*Ibid.*, 20.) Neque istud prætereundum est, quod eadem quoque de causa, non solum conditus est homo, sed et hominis Conditor factus est homo, Zacharia parente præcursoris Domini Spiritu sancto repleto, ita inter cætera vaticinante et dicente : « Jusjurandum quod juravit ad Abraham patrem nostrum, daturum se nobis; ut sine timore de manu inimicorum nostrorum liberati, serviamus illi, in sanctitate et justitia coram ipso, omnibus diebus nostris. » (*Luc.*, I, 73, etc.) Ecce testimonio tanti Prophetæ idcirco etiam Deum propter hominem, hominem factum, imo et homini servivisse, ut et homo dignam sibi servitutem rependeret. Judicta autem homini servitus, licet multifarie interpretari, multis variisque modis Deo creatori exhiberi possit; nihil tamen aliud est quam debitus Deo cultus, et hic non aliud quam devota ipsius laudatio. « Summus enim, Lactantio Firmiano teste, colendi Dei ritus est, ex ore justi hominis ad Deum directa laudatio. Quæ tamen ipsa, inquit, ut Deo sit accepta, et humilitate, et timore, et devotione maxima opus est; ne quis forte integritatis et innocentiæ fiduciam gerens, tumoris et arrogantiæ crimen incurrat, eoque facto gratiam virtutis amittat. » (LACTANT., in lib. VI *De vero cultu*, cap. XXV.) Unde et sanctus Moyses postquam præmemoratum expressit præceptum, subjecit : « Ipsi adhærebis, ipse est laus tua ; » (*Deut.*, x, 20 et 21) hoc est, quem solum laudare debes. Hæc est vera religio, hæc recta pietas, hæc debita Deo servitus. Hoc est acceptabile jugeque sacrificium, quo coli, placari, honorificari et glorificari vult Deus, ipso per Prophetam contestante, et dicente : « Immola Deo sacrificium laudis, et redde Altissimo vota tua. » (*Psal.* XLIX, 14.) Et in calce ejusdem vaticinii : « Sacrificium, inquit, laudis honorificabit me, et illic iter quo ostendam illi salutare Dei. » (*Ibid.*, 23.)

Verum quamvis ad hanc servitutem omnes homines teneantur ; quosdam tamen Dominus elegit, a quibus præcipue et specialius coli atque laudari voluit, ut in veteri Testamento populum Israeliticum, ad quem Moyses ita locutus est : « Te elegit Dominus Deus tuus, ut sis ei populus peculiaris de cunctis populis qui sunt super terram. » (*Deut.*, VII, 6.) Et iterum post multa : « En Domi-

6.) Et de nouveau, après beaucoup d'autres choses, il dit : « Voici que le Seigneur vous a choisi aujourd'hui, afin que vous soyez son peuple particulier, selon qu'il vous l'a déclaré, et que vous gardiez ses préceptes; et il vous élèvera au-dessus de toutes les nations qu'il a créées pour sa louange et pour sa gloire, afin que vous soyez le peuple saint du Seigneur votre Dieu. » (*Deut.*, xxvi, 18, 19.) C'est ainsi que, dans le Nouveau Testament, il a choisi particulièrement le peuple chrétien pour sa louange et pour sa gloire, comme l'écrit aux Éphésiens l'Apôtre qui bénit Dieu et le glorifie en raison de cette disposition providentielle : « Béni soit, dit-il, le Dieu et Père de Notre-Seigneur Jésus-Christ, qui nous a bénis de toute bénédiction spirituelle des dons célestes dans le Christ; comme il nous a élus en lui avant la fondation du monde, afin que nous fussions saints et sans tache en sa présence dans la charité; qui nous a prédestinés à l'adoption de ses enfants par Jésus-Christ, selon le dessein de sa volonté, pour la louange de la gloire de sa grâce. » (*Eph.*, I, 3.) De même encore dans l'Ancien Testament, le Seigneur, au sein même du peuple qu'il avait choisi, fit une seconde élection des enfants de Lévi, pour qu'ils le servissent spécialement dans le ministère de son tabernacle, selon ce qu'il dit à Aaron : « Je vous ai donné les lévites vos frères, en les séparant du milieu des enfants d'Israël, et j'en ai fait don au Seigneur, afin qu'ils le servent dans le ministère de son tabernacle. » (*Numb.*, xviii, 6.) Ces mêmes lévites, le roi David les chargea plus tard de se rendre au temple le matin et encore le soir, pour glorifier le Seigneur et lui chanter des cantiques. (1 *Par.*, xvi, 4.) Ainsi, dans le Nouveau Testament, du sein du peuple chrétien, furent choisis, par une seconde élection, les clercs et les prêtres, afin de servir spécialement le Seigneur, de publier ses merveilles, de le louer et de célébrer son culte. Ce choix est confirmé par l'autorité de saint Pierre, prince des apôtres, qui leur écrit : « Mais vous êtes, vous, une race choisie, un sacerdoce royal, une nation sainte, un peuple conquis, afin que vous annonciez les grandeurs de celui qui des ténèbres vous a appelés à son admirable lumière. » (I *Pier.*, ii, 9.) Et les clercs doivent imiter les enfants de Lévi, qui, en des temps fixés et à certaines heures, s'appliquaient particulièrement à chanter les louanges de Dieu. En effet, ils ont reçu le nom de clercs d'un mot qui signifie partage au sort; parce qu'ils sont échus en partage au Seigneur, et qu'ils sont appelés, avec les enfants de Lévi, à le posséder à jamais comme leur partage et leur portion d'héritage, pourvu qu'ils l'aient servi fidèlement ici-bas en lui rendant le culte qui lui est dû et une louange digne de lui.

Il est une autre chose qui mérite d'être remarquée et qui n'est pas sans mystère, c'est que, tandis que l'Ecriture divinement inspirée est tout entière composée et écrite pour l'honneur et la gloire de Dieu, tout entière donnée à l'homme pour l'instruire et le consoler, tout entière enfin remplie des louanges divines, nous enseignant tout ce qui peut nous servir à louer Dieu comme nous le devons et nous révélant sous quelle forme et de quelle manière nous avons à le faire, cependant la sainte Église a voulu employer spécialement et plus fréquemment certaines parties de l'Ecriture dans le culte divin. De même donc que, parmi les hommes qui ont vécu tant sous l'Ancien Testament que sous le Nouveau, le Seigneur en a choisi particulièrement quelques-uns, ainsi que nous l'avons expliqué; de même il a voulu que,

nus, inquit, elegit te hodie, ut sis ei populus peculiaris, sicut locutus est tibi, et custodias omnia præcepta illius, et faciet te excelsiorem cunctis gentibus, quas creavit in laudem et gloriam suam, ut sis populus sanctus Domini Dei tui. » (*Deut.*, xxvi, 18 et 19.) Sic et in novo Testamento populum Christianum ad sui laudem et gloriam singulariter elegit, Apostolo Ephesiis hoc scribente, et ob id Deum benedicente et laudante : « Benedictus, inquit, Deus et Pater Domini nostri Jesu Christi, qui benedixit nos in omni benedictione spirituali in cœlestibus in Christo, sicut elegit nos in ipso ante mundi constitutionem, ut essemus sancti et immaculati in conspectu ejus in caritate. Qui prædestinavit nos in adoptionem filiorum per Jesum Christum in ipsum, secundum propositum voluntatis suæ, in laudem gloriæ gratiæ suæ. » (*Ephes.*, I, 3.) Item quemadmodum in veteri Testamento ex electo populo subelegit sibi Dominus filios Levi, qui specialiter sibi in ministeriis tabernaculi servirent, secundum quod ad Aaron locutus est : « Ego, inquit, dedi vobis fratres vestros Levitas de medio filiorum Israel, et tradidi donum Domino, ut serviant in ministeriis tabernaculi ejus. » (*Num.*, XVIII, 6.) Quos postea rex David instituit ut starent mane ad confitendum et canendum Domino, similiterque ad vesperam, etc. (I *Par.*, xvi, 4.) Sic similimodo in novo Testamento ex populo Christiano subelecti sunt clerici et sacerdotes, ut illi specialiter Domino serviant, et virtutes ejus enarrando, eum laudent et colant. Quod Petri Apostolorum principis auctoritate comprobatur, ad eos sic scribentis : « Vos autem genus electum, regale sacerdotium, gens sancta, populus acquisitionis, ut virtutes annuntietis ejus, qui de tenebris vos vocavit in admirabile lumen suum. » (I *Pet.*, II, 9.) Et sicut filii Levi certis temporibus et horis, laudibus divinis devotius insistebant, ita et clerici debent. Nam et clerici a sorte dicti sunt, eo quod sint de sorte Domini; ipsum pro sorte et hæreditate sua cum filiis Levi in perpetuum possessuri, dummodo hic debito cultu et digna laudatione ei servierint.

Illud præterea consideratione dignum est, nec mysterio caret, quod cum tota Scriptura divinitus inspirata, ad Dei laudem et gloriam ordinata et conscripta sit, tota etiam homini et ejus doctrinam et consolationem tradita, tota denique divinis laudibus plena, universa a quibus debita Dei laudatio sumi potest inducens, omnemque laudandi formam atque rationem exponens; sancta tamen Ecclesia quibusdam scripturis specialius atque frequentius in divino cultu uti voluit. Nam sicut ex utriusque Testamenti populis Dominus quosdam specialiter elegit, ut superius expositum est : ita et ex utriusque Testamenti scripturis quasdam specialiter in cultu suo voluit frequen-

parmi les Ecritures de ces deux Testaments, quelques-unes fussent spécialement appliquées à son culte. Tel est, dans l'Ancien Testament, le livre des psaumes, choisi surtout pour ce motif allégué par le savant saint Denis, que les psaumes renferment, sous forme de louange, tout ce qui est contenu dans l'Ecriture sainte. (S. Denis, *De la Hiérarchie ecclésiastique*, ch. III.) D'où il suit que ce livre des psaumes est l'abrégé de toute la sainte Ecriture et le résumé parfait de toute doctrine théologique. Le prologue suivant, qui est de notre saint Augustin, recommande et exalte le psautier par des éloges sans nombre, pour ainsi dire. Le canon des saintes Ecritures nous enseigne à mettre la science de ce livre en tête de toutes les sciences que le prêtre doit acquérir. En effet, puisqu'il faut chanter à Dieu les psaumes avec intelligence, comment celui-là pourrait-il le faire comme Dieu l'exige, qui ne saurait pas ce qu'il chante? Car notre saint Psalmiste ordonne à ceux qui chantent des psaumes à Dieu, de les chanter avec intelligence. « Dieu, dit-il, est le roi de toute la terre, chantez avec sagesse, » (*Ps.* XLVI, 8) c'est-à-dire avec intelligence, comme le porte un autre texte. Mais, comme ce livre est rempli de mystères si nombreux et si profonds, que nul ne peut le comprendre sans une révélation ou sans le secours d'un savant interprète, notre grand docteur saint Augustin, très-pieux serviteur de Dieu et zélateur le plus ardent du salut des âmes, a multiplié ses travaux, ses veilles et ses sueurs, pour en donner l'explication, ouvrant ce qui était fermé, révélant ce qui était caché, dévoilant les mystères, éclaircissant les obscurités, définissant les sens douteux, flétrissant les vices, exaltant les vertus, menaçant du châtiment, promettant la récompense, fortifiant les pusillanimes, effrayant les présomptueux, et montrant la couronne aux persévérants; de sorte que nul ne quittera une lecture attentive de ce livre, sans en avoir tiré profit. Que ceux-là donc s'appliquent à l'étudier, le lisent sans cesse et en retiennent le sens, qui ont été choisis, comme étant le partage du Seigneur, pour le louer et le glorifier par le service qui lui est dû, de peur que leur paresse et leur ignorance ne les exposent au châtiment dont Dieu les menace : « Parce que vous avez repoussé la science, dit-il, je vous repousserai, afin que vous ne remplissiez pas les fonctions du sacerdoce; » (*Osée*, IV, 6) de peur encore qu'ils n'encourent cette terrible punition : « J'ai dit : Leur cœur est toujours dans l'égarement; ils n'ont pas connu mes voies et je leur ai juré, dans ma colère, qu'ils n'entreraient pas dans mon repos. » (*Psal.* XCIV, 10.) Alors leur partage serait avec les hypocrites. Puissent-ils plutôt avoir l'intelligence et le souvenir de la fin pour laquelle ils sont créés, posséder leur Créateur comme leur part d'héritage, et le louer et le glorifier dans les siècles des siècles. Ainsi soit-il.

tari, utpote ex veteri Testamento librum Psalmorum, hac præsertim ratione, ut docto Dionysio placet, quia Psalmi per modum laudis comprehendunt quidquid in sacra Scriptura continetur. (Dionys., *de eccles. Hierarch.*, c. III.) Unde et hic Psalmorum liber registrum est totius sacræ Scripturæ, et consummatio totius Theologicæ paginæ. Quem et subsequens divi Augustini nostri prologus innumeris pœne præconiis commendat et extollit. Hunc librum sacer canon, inter cætera quæ sacerdotibus ad sciendum necessaria sunt, discendum commonet. Cum enim intelligenter Deo psallendum sit, quomodo debite Deo psallere potest, qui quid psallat ignorat? Jubet namque sanctus Psalmista noster, ut psallentes Deo intelligenter psallant. « Quoniam rex, inquit, omnis terræ Deus, psallite sapienter, » (*Psal.* XLVI, 8) hoc est « intelligenter, » ut alia littera habet. Quia vero hic liber tot et tam profundis mysteriis plenus est, ut a nemine sine revelatione vel docto interprete possit intelligi ; ea de re magnus ille doctor Augustinus noster, devotissimus Dei cultor, animarumque salutis zelator ardentissimus, illius explanationi vigilanti studio insudavit, clausa quæque reserans, abscondita revelans, mysteria pandens, obscura dilucidans, dubia definiens, vitia detestans, virtutes extollens, supplicia comminans, præmia promittens, pusillanimes confortans, præsumentes deterrens, perseverantes coronans ; ita ut nemo qui diligenter legerit, absque fructu discedat. Huic igitur operi studium impendant, illud frequenter legant, illius sensum teneant omnes qui in sortem Domini, ut illum debita servitute laudent et glorificent, electi sunt : ne negligentes et ignari illam divinæ comminationis ultionem experiantur : « Quia tu scientiam repulisti, repellam te, ne sacerdotio fungaris mihi. » (*Oseæ*, IV, 6.) Et istam adhuc terribilem : « Dixi, semper hi errant corde; ipsi vero non cognoverunt vias meas, quibus juravi in ira mea, si intrabunt in requiem meam : » (*Psal.* XCIV, 10) et ita partem suam habituri sint cum hypocritis. Quin potius intelligentes et tenentes rationem qua conditi sunt, Conditorem pro sorte hæreditatis suæ possidentes, laudent et glorificent in sæcula sæculorum, Amen.

PROLOGUE SUR LE LIVRE DES PSAUMES

ATTRIBUÉ AUTREFOIS A SAINT AUGUSTIN DANS LES ANCIENNES ÉDITIONS MAIS QUE L'ON NE TROUVE DANS AUCUN MANUSCRIT

C'est le début, traduit par Rufin, du Commentaire de saint Basile sur les Psaumes.

Toute Ecriture divinement inspirée est utile pour notre enseignement. (II *Tim.*, III, 16.) Elle a été écrite par l'Esprit saint pour cela même, c'est-à-dire pour que nous puissions tous y puiser, comme dans une source commune de santé, des remèdes propres à nos passions, parce que la santé spirituelle, dit l'Ecriture, prévient les plus grandes fautes. (*Eccle.*, x, 4.) Or, autres sont les choses que rapportent les prophètes, autres celles que rapportent les historiens; les livres de la loi parlent d'une manière, et les livres sapientiaux d'une autre; mais le livre des psaumes réunit les divers genres d'utilité de tous les livres saints. Il prophétise les événements futurs, il rappelle la mémoire des choses passées, il donne des lois aux vivants, il trace les règles de nos actions, et, pour tout dire en peu de mots, il est pour tous un trésor de bonne doctrine, fournissant admirablement à chacun ce qui lui est nécessaire. Il sait, en effet, guérir les anciennes blessures des âmes, mais il sait également apporter aux plaies récentes le remède le plus prompt, donner aux âmes encore bien portantes la persévérance dans la santé, et combattre avec un même succès toutes les passions qui oppriment les âmes sous différentes servitudes. Pour obtenir ces résultats, il emploie d'agréables mélodies et des chants harmonieux qui élèvent le cœur vers tout ce qui est pur. En effet, l'Esprit saint voyant les luttes et les résistances de l'esprit humain, toujours porté à se jeter hors de la voie du bien, et à rechercher les délices de la vie plutôt que de se laisser conduire dans le droit chemin de la vertu, a mêlé la force de sa doctrine à de délicieuses mélodies, afin que l'oreille étant captivée par la suavité du chant, l'utile parole de Dieu pénétrât plus avant dans le cœur. C'est ainsi que les sages médecins, lorsqu'ils doivent donner à un malade une potion amère, de peur que celui-ci n'écoute sa répugnance plutôt que l'intérêt de sa guérison, enduisent de miel les bords et le haut de la coupe dans laquelle ils lui présentent le remède. Les psaumes sont donc des chants qui nous offrent d'agréables modulations, afin que ceux d'entre nous qui sont encore des enfants ou des adolescents dans l'ordre spirituel puissent, en psalmodiant, se dilater par les charmes de cette musique. Et pendant ce temps, le psaume verse dans l'esprit et dans l'âme sa vive lumière. Un grand nombre, en effet, de ceux qui fréquentent l'Eglise ne peuvent facilement arriver à la claire connaissance des enseignements apostoliques et des prophéties, ni les retenir lors même qu'ils les auraient appris. Mais pour les versets des psaumes, tous les chantent tantôt chez eux, tantôt en public ; et qu'alors un homme vienne à être tout à coup transporté d'une fureur sauvage ou d'une sorte de

IN LIBRUM PSALMORUM
PROLOGUS

AUGUSTINO IN EDITIS OLIM TRIBUTUS SED NON IN OMNIBUS MANUSCRIPTIS REPERTUS

Ipsa est Basilii ad ejus Commentarium in Psalmos præfatio ex interpretatione Rufini.

Omnis Scriptura divinitus inspirata, utilis est ad docendum. (II *Tim.*, III, 16.) Hac ipsa de causa a Spiritu sancto conscripta est, id est, ut veluti ex communi quodam sanitatis fonte, omnes nobis ex hac remedia propriis passionibus assumamus. « Sanitas enim, inquit, compescit peccata magna. » Alia namque sunt quæ Prophetæ tradunt, alia quæ (*al.* historia) historici ; lex quoque alia, proverbiorum etiam admonitio alia ; Psalmorum vero liber quæcumque utilia sunt ex omnibus continet. Futura prædicit, veterum gesta commemorat, legem viventibus tribuit, gerendorum statuit modum : et ut breviter dicam, communis quidam bonæ doctrinæ thesaurus est, apte singulis necessaria subministrans. Veteribus namque animarum vulneribus novit mederi, sed et recentibus velocissimum scit adhibere remedium atque intactis perseverantiam salutis adhibere ; sed et universis pariter passionibus subvenire, quæ dominationibus variis humanas animas angunt. Et hoc sub modulatione quadam et delectabili canore, humanum (*al.* sensum) animum ad pudicitiam provocante. Quoniam quidem Spiritus sanctus videns obluctantem ac resistentem a virtutis via humani generis animum, et ad delectationes vitæ magis inclinari, quam ad virtutis rectum iter (*a*) erigi, delectabilibus modulis cantilenæ vim suæ doctrinæ permiscuit ; ut dum suavitate carminis mulcetur auditus, divini sermonis pariter utilitas inseratur : secundum sapientes medicos, qui si quando usus poposcerit, ut austeriora medicamenta ægris offerenda mortalibus ; ne æger utilitatem præ austeritate refugiat, ora ac summitates poculi quo remedium porrigunt, melle circumlinunt. Propterea ergo Psalmorum nobis per modulos apta sunt carmina, ut qui vel ætate puerili, vel adolescentes sunt moribus, quasi cantilena quadam psallentes delectari videantur. Revera enim animas illuminant ac mentem. Plurimi enim ex his qui in ecclesiam commeant, neque apostolica præcepta facile possunt, neque prophetica vel liquido discere, vel cum didicerint retinere ; Psalmorum vero responsa et intra

(*a*) Al. *dirigi, delectabiles modulos cantilenæ cum seria doctrina permiscuit.*

rage, il suffit, pour ainsi dire, qu'il entende le chant d'un psaume, pour que cette pieuse incantation fasse tomber à l'instant son transport furieux.

Le psaume est le calme de l'âme et le porte-étendard de la paix; il contient les troubles ou les agitations de la pensée, réprime la colère, combat les excès, suggère la sobriété, resserre l'amitié, ramène à la concorde ceux qui se querellent, et réconcilie les ennemis. Qui pourrait continuer, en effet, à regarder comme son ennemi celui avec lequel il aurait élevé vers Dieu le même chant d'un psaume? Par là on comprend que le psaume établit la charité, le plus grand des biens, en produisant une certaine unité par l'accord des voix et en formant entre le peuple qui le chante un seul chœur, un lien de concorde et de paix par l'harmonie d'un même chant. Le psaume met les démons en fuite, et appelle les anges à notre secours. Il est un bouclier au milieu des terreurs de la nuit, et un repos dans les travaux du jour; une protection pour les enfants, une gloire pour les jeunes gens, une consolation pour les vieillards, une grâce, et la plus convenable de toutes, pour les femmes. Il attire des habitants dans les villes désertes, il enseigne la sobriété; pour ceux qui commencent il est le premier élément de la piété; pour ceux qui s'avancent un progrès; pour les parfaits, un fondement inébranlable de perfection; il est la voix unique de l'Eglise entière. Le psaume jette de l'éclat sur les solennités. Le psaume adoucit la tristesse que le désir de posséder Dieu produit dans l'homme; le psaume tire des larmes même d'un cœur de pierre. Le psaume est l'occupation des anges, le thymiama spirituel des célestes milices. O sage institution d'un maître véritablement admirable, qu'au même moment nous paraissions former un chœur de chant, et que nous recevions l'enseignement de tout ce qui est utile à notre âme! Par ce moyen, se grave dans nos cœurs la science la plus nécessaire; car quand une chose ne pénètre en nous que difficilement et par force, elle nous échappe bientôt; au contraire, les enseignements qui nous paraissent gracieux et aimables, ont je ne sais quelle puissance pour descendre plus intimement en nous et se graver plus fortement dans notre mémoire. Or, est-il quelque chose que l'on n'apprenne dans les psaumes? N'y trouve-t-on pas toute grandeur de vertu, tout principe de justice, tout éclat de pureté, toute perfection de prudence, toute règle de patience, enfin tout ce qui peut être appelé bien? Ils nous enseignent la science parfaite de Dieu et prophétisent l'incarnation du Christ; ils disent la résurrection de toute chair que nous espérons, les supplices qui nous menacent, la gloire qui nous est promise; ils révèlent les mystères que nous croyons; en un mot, tous les biens, sans réserve aucune, y sont accumulés et renfermés comme dans un même et immense trésor.

Bien qu'il y ait beaucoup d'instruments de musique, le Prophète n'a voulu adapter ses chants qu'au seul instrument appelé psaltérion, nous enseignant ainsi, selon moi, que la grâce de Dieu nous est donnée d'en haut par l'Esprit saint. En effet, on dit que le psaltérion est le seul instrument dans lequel les sons musicaux proviennent de la partie supérieure. Car dans la cithare ou dans la lyre, l'airain ou la boîte d'harmonie occupe le bas de l'instrument, et retentit ou résonne sous l'action de l'archet; dans le psaltérion, au contraire, les sons viennent de la partie supérieure, et c'est dans le

domos, interdum etiam in publico canunt : et sicubi quis quamvis fero ac rabidissimo furore raptetur, si forte fuerit Psalmi, ut ita dixerim, carminibus incantatus, continuo omnis rabies ferocitatis ejus abscedit.

Psalmus tranquillitas animorum est, signifer pacis, perturbationes vel fluctus cogitationum cohibens, iracundiam reprimens, luxum repellens, sobrietatem suggerens, amicitiam congregans, adducens in concordiam discrepantes, reconcilians inimicos. Quis enim ultra inimicum dicat eum, cum quo unam ad Deum Psalmi emiserit vocem? Ex quo intelligitur, quia, quod omnium bonorum maximum est, caritatem Psalmus instaurat, conjunctionem quamdam per consonantiam vocis efficiens, et diversum populum unius chori per concordiam consona modulatione consocians. Psalmus dæmones fugat, Angelos ad adjutorium invitat. Scutum enim in nocturnis terroribus, diurnorumque requies est laborum, tutela pueris, juvenibus ornamentum, solamen senibus, mulieribus aptissimus decor. Desertas habitare facit urbes, sobrietatem docet : incipientibus primum efficitur elementum, proficientibus incrementum, perfectis stabile firmamentum, totius Ecclesiæ vox una. Psalmus solemnitates decorat : Psalmus tristitiam quæ propter Deum est, mollit ; Psalmus etiam ex corde lapideo lacrymas movet. Psalmus Angelorum opus est, exercituum cœlestium, spiritale thymiama. O vere admirandi magistri sapiens institutum, ut simul et cantare videamur, et quod ad utilitatem animæ pertinet, doceamur! Per quod magis necessaria doctrina nostris mentibus informatur : pro eo quod si qua per vim et difficultatem aliquam animis nostris fuerit inserta, continuo dilabuntur ; ea vero quæ cum gratia et dilectione suscepimus, nescio quo pacto magis residere in mentibus, ac memoriæ videntur inhærere. Quid autem est, quod non discatur in Psalmis? Non omnis magnitudo virtutis, non norma justitiæ, non pudicitiæ decor, non prudentiæ consummatio, non patientiæ regula, non omne quidquid potest dici bonum ? Procedit ex ipsis Dei scientia perfecta, prænuntiatio Christi in carne venturi, et communis resurrectionis spes, suppliciorum metus, gloriæ pollicitatio, mysteriorum revelatio : omnia prorsus in his velut magno quodam et communi thesauro, recondita atque conferta sunt bona.

Quem librum Propheta, cum multa sint organa musicorum, huic tamen organo quod Psalterium appellatur, aptavit ; de superioribus, ut mihi videtur, inspiratam (al. vi) Dei gratiam per Spiritum sanctum docens. Quoniam quidem hoc solum organum musicorum sonos de superioribus habere fertur. Cithara namque, vel lyra, ex inferiori parte æs vel tympanum habens, resultat ac resonat ad plectrum : psalterium vero harmonias

haut de l'instrument qu'ils se forment. Ce symbole nous enseigne à rechercher les choses élevées, les choses du ciel, et à éviter les choses basses, c'est-à-dire les vices de la chair. Mais je crois en outre que cette leçon nous est donnée avec encore plus de profondeur d'une manière prophétique, c'est-à-dire que la forme de cet instrument nous enseigne que ceux qui apportent tous leurs soins, toute leur application à vivre d'une vie réglée trouvent facilement un chemin tout tracé vers les choses du ciel. Mais voyons enfin ce que nous apprendra le début même du livre des psaumes.

de superioribus habere refertur aptatas, et sonorum causas de super dare. Quo scilicet etiam per hoc nos doceamur, quæ sursum sunt et quæ superiora attendere; et quæ infima, id est, vitia carnalia declinare. Sed illud arbitror profundius nobis prophetica hac indicari ratione, ac per formam nos organi istius edoceri, quod hi qui diligentes et apti, moderatique sunt moribus, facile pervium ad superiora iter habeant. Sed videamus tandem, quid etiam ipsa Psalmorum indicent initia.

ANNOTATION SUR LE PREMIER PSAUME

Attribuée dans les plus anciennes éditions à saint Augustin, mais qui ne se trouve dans aucun manuscrit, et qui est en désaccord sur l'auteur des Psaumes avec l'opinion exprimée par saint Augustin, dans le XVIIe livre de la *Cité de Dieu*, chapitre XIV.

Il y a divers genres de prophéties ; recherchons donc quel est celui qui parle ici, ou bien au nom de qui il parle, et pourquoi ce psaume ne porte pas de titre. Il n'est pas douteux que le psautier ne soit composé de cent cinquante psaumes, et le titre mis en tête de chacun d'eux indique son numéro d'ordre ou désigne l'auteur du psaume. En effet, tous les psaumes ne viennent pas de David, car David lui-même a choisi, dans tout le peuple, quatre personnages éminents, purifiés par l'Esprit saint, et qui se nomment : Asaph, Eman, Ethan et Idithun, afin que celui d'entre eux en qui serait entré l'Esprit divin chantât un hymne au Seigneur. Pour David, il a chanté seul, de sa propre bouche, neuf psaumes, et les autres ont été composés par ces quatre principaux du peuple, ainsi que l'indiquent les titres qu'ils portent. Mais le psaume dont nous nous occupons n'ayant aucun titre, comme je l'ai dit, nous devons rechercher pour quel motif, seul entre tous, il ne porte aucune inscription, ou par quel auteur il a été composé ; car si l'écrivain qui a transcrit les psaumes a pu numéroter le second, le troisième, le quatrième et tous les autres, et en faire connaître le sujet, pourquoi n'a-t-il pas donné de titre à celui-ci et indiqué s'il était le premier? Répondons que ce psaume nous fait entendre la voix de Dieu même, et qu'il n'a pas reçu de titre, de peur que quelque mot ne fût placé avant la parole divine, ou qu'on n'indiquât comme le premier un psaume qu'il faut nommer non point « psaume premier, » mais « psaume un. » Voilà pourquoi on n'a ni pu ni dû lui donner aucun titre, de peur que s'il eût été appelé « psaume premier, » on pût croire qu'il était en tête des autres uniquement par son chiffre et non par sa valeur; ou bien, comme il a déjà été dit, l'écrivain qui a réuni les psaumes n'a pas voulu que quoi que ce fût précédât la parole divine, ce qui aurait eu lieu avec un titre. On aurait pu croire, en effet, qu'il était seulement avant les autres, si on l'avait intitulé : « Psaume premier; » et s'il est seul sans

IN PRIMUM PSALMUM

ADNOTATIO

In editis quidem antiquioribus Augustino tributa, sed non in omnibus Mss. reperta, neque de Psalmorum auctore consentiens cum Augustini opinione in lib. XVII *De Civitate Dei*, cap. XIV.

Diversa sunt genera prophetiæ : et proinde cujus hæc vox, vel in qua persona proprie dictum sit, aut cur titulum non habeat, requiramus. Centum itaque et quinquaginta Psalmos esse, nulla dubitatio est : et qui Psalmus quotus sit, vel a quo recitatus sit, titulorum inscriptione ostenditur. Non enim omnes Psalmi a David editi sunt. Ipse enim David ex omni populo quatuor principes Spiritu sancto mundatos elegit, quorum nomina sunt Asaph, Eman, Ethan, et Idithun : ut in quemcumque divinus Spiritus intrasset, hymnum Deo caneret. David ergo solus novem Psalmos ore proprio cecinit : reliqui autem ab illis quatuor principibus, juxta titulorum inscriptionem, sunt dicti. Hic autem quia titulum, sicut jam dixi, non habet ; requirendum nobis est, qua ratione inter cæteros solus non habeat tituli inscriptionem, vel a quo fuerit recitatus. Nam si Psalmographus secundum et tertium et quartum et omnes vel in numero redigere, vel causas singulorum ostendere potuit; cur non et huic titulum imposuit, et utrum primus esset, ostendit? Sed quia hic Psalmus propriam vocem Dei loquentis inducit, ideo titulum non habet, ne quid divino eloquio præponeretur, aut primus diceretur, qui non primus, sed unus est appellatus : et ideo prætitulationem habere non potuit, nec debuit, ne si habuisset ut primus esset, melior tantum in ordine numeri, non auctoritate judicaretur : aut ne, ut jam relatum est, aliquid præponeret divino eloquio Psalmographus, prætitulatione præposita. Nam et præ cæteris potuisset intelligi, si primus dictus fuisset.

titre, c'est pour faire voir clairement de combien il l'emporte sur les autres. D'après cette seule observation, votre sagesse doit déjà remarquer quelle est la force, quelle est l'autorité, quelle est la supériorité de ce psaume, que l'écrivain n'a osé ni faire précéder d'un titre, ni marquer d'un chiffre, afin de montrer qu'il était par lui-même seul et unique, plutôt qu'il n'était le premier des autres. Et maintenant que, par la grâce de Dieu, nous avons montré quelle est l'autorité de la voix qui parle dans ce psaume, et donné la raison pour laquelle il n'a point de titre, il nous reste à parler du psaume lui-même.

Et ideo solus titulum non habet, ut perspicuum esset quantum inter cæteros emineret. Unde jam animadvertere debet prudentia vestra, quanta vis, quanta auctoritas, quanta ratio in hoc Psalmo versetur, cui nec titulum ausus est scriba præponere, nec numerum indicare; ut solum eum et unum, potius quam primum ostenderet. Igitur quia favente Deo, et vocis auctoritas jam ostensa est, et tituli ratio demonstrata; superest, ut de ipso Psalmo tractemus.

NOTE DU TRADUCTEUR

Aux remarques que renferme la préface des Bénédictins, sur le texte des Psaumes adopté par saint Augustin, et sur le sens spirituel auquel il s'est exclusivement attaché dans son commentaire, le traducteur de ces discours doit ajouter, au sujet de son propre travail, les observations suivantes.

De même qu'en traduisant le texte des psaumes il avait à suivre la leçon adoptée par saint Augustin, sans se préoccuper du sens que présenterait toute autre version, la Vulgate par exemple ; ainsi il s'est vu obligé de donner à chaque verset et à chaque mot du verset le sens choisi par saint Augustin comme base de son commentaire et de ses développements oratoires, sans examiner si ce même verset ou ce même mot avait souvent reçu une interprétation différente.

Le lecteur s'apercevra de suite que saint Augustin fait constamment reposer le sens spirituel, auquel il s'est uniformément arrêté dans tout l'ouvrage, sur le texte du psaume rigoureusement interprété, mot par mot et presque lettre par lettre. De là résultait pour le traducteur l'obligation, moins peut-être de bien rendre le texte du psaume selon les règles ordinaires, que de calquer minutieusement sa phrase française sur la tournure et sur les expressions de la sainte Ecriture, selon la pensée même de saint Augustin, sous peine de ne pouvoir suivre plus tard l'orateur dans ses explications ; ce qui n'a pu se faire toujours qu'en sacrifiant parfois quelque chose de la clarté de la pensée ou de la parfaite correction du style.

Quand il s'est agi de reproduire les passages des différents livres de la sainte Ecriture cités par saint Augustin, le traducteur a cru bien faire de s'appuyer, quand il le pouvait, sur l'autorité de quelqu'une des meilleures versions françaises, plutôt que de s'en tenir uniquement à son travail personnel.

Enfin, dans le désir de profiter de toutes les ressources qui lui étaient offertes, le traducteur a voulu unir à ses propres efforts le concours d'un ami dont il apprécie depuis longtemps les connaissances littéraires, de M. Elie Petit, ancien avocat à la cour impériale ; et il le remercie de la part qu'il a prise à son travail.

APPROBATION DE L'ORDINAIRE

IMPRIMATUR :

Suessione, die xii, mensis Januarii, anni M DCCC LXX.
LEGRAND, *Vic. gen.*

DISCOURS
SUR
LES PAUMES

DISCOURS SUR LE PSAUME Ier.

1. « Heureux l'homme qui ne s'est point détourné dans l'assemblée des impies. » (*Ps.* i, 1.) Cette parole doit s'entendre de Notre-Seigneur Jésus-Christ, c'est-à-dire de l'homme de Dieu (1). « Heureux l'homme qui ne s'est point détourné dans l'assemblée des impies; » ainsi que le fit l'homme terrestre, qui, à la persuasion de sa femme trompée par le serpent, consentit à transgresser les ordres de Dieu. « Et qui ne s'est point arrêté dans la voie des pécheurs. » (*Ibid.*) Il est bien venu dans la voie des pécheurs, en naissant comme les pécheurs; mais il ne s'y est point arrêté, parce que les charmes du siècle ne l'ont point retenu. « Et qui ne s'est point assis dans la chaire de pestilence. » (*Ibid.*) Il n'a point voulu du royaume terrestre, objet des convoitises de l'orgueil; c'est l'orgueil, en effet, qu'il faut entendre par la chaire de pestilence, parce qu'il n'est presque personne qui soit exempt de l'amour de la domination et qui ne recherche la gloire humaine : or, la pestilence est une maladie qui s'étend au loin et qui enveloppe de son poison tous ou presque tous les hommes. Cependant la chaire de pestilence se comprend plus facilement des doctrines pernicieuses, dont la contagion gagne de proche en proche comme la gangrène. (I *Tim.*, ii, 17.) Ensuite, il faut remarquer la progression des mots : « se détourner, s'arrêter, s'asseoir. » L'homme s'est détourné, lorsqu'il s'est éloigné de Dieu. Il s'est arrêté, lorsqu'il s'est complu dans le péché. Il s'est assis, lorsque, endurci dans son orgueil, il n'a pu revenir que délivré par celui qui ne s'est point détourné dans l'assemblée des impies, qui ne s'est pas arrêté dans la voie des pécheurs, et qui ne s'est point assis dans la chaire de pestilence.

2. « Mais dont la volonté s'est attachée à la loi du Seigneur, et qui, jour et nuit, médite cette loi. » (*Ps.* i, 2.) « La loi n'est point faite

---

(1) Dans le n° 1 de sa XIXe Rétractation, Augustin se blâme d'avoir appelé le Christ *l'homme de Dieu*, bien qu'à l'exemple de certains écrivains catholiques.

ENARRATIONES IN PSALMOS

PSALMI PRIMI ENARRATIO.

1. « Beatus vir qui non abiit in consilio impiorum. » (*Ps.* i, 1.) De Domino nostro Jesu Christo, hoc est, homine Dominico accipiendum est. « Beatus vir qui non abiit in consilio impiorum, » sicut homo terrenus, qui uxori consensit deceptæ a serpente (*Gen.*, iii, 6), ut Dei præcepta præteriret. « Et in via peccatorum non stetit. » Quia venit quidem in via peccatorum, nascendo sicut peccatores; sed non stetit, quia eum non tenuit illecebra sæcularis. « Et in cathedra pestilentiæ non sedit. » Noluit regnum terrenum cum superbia : quæ ideo cathedra pestilentiæ recte intelligitur, quia non fere quisquam est, qui careat amore dominandi, et humanam non appetat gloriam. Pestilentia est enim morbus late pervagatus, et omnes aut pene omnes involvens. Quanquam accommodatius accipiatur cathedra pestilentiæ, perniciosa doctrina, « cujus sermo ut cancer serpit. » (II *Tim.*, ii, 17.) Deinde considerandus est ordo verborum, « abiit, stetit, sedit. » Abiit enim ille, cum recessit a Deo. Stetit, cum delectatus est peccato. Sedit, cum in sua superbia confirmatus, redire non potuit, nisi per eum liberatus, qui neque abiit in consilio impiorum, nec in via peccatorum stetit, nec in cathedra pestilentiæ sedit.

2. « Sed in lege Domini fuit voluntas ejus, et in lege ejus meditabitur die ac nocte. » (*Psal.* i, 2.) Justo non est lex posita, ut dicit Apostolus. (I *Tim.*,

pour le juste, » dit l'Apôtre. (1 *Tim.*, I, 9.) Mais autre chose est d'être dans la loi, autre chose d'être sous la loi. Celui qui est dans la loi se conduit selon la loi : celui qui est sous la loi est conduit selon la loi. Le premier est donc libre, et le second esclave. D'autre part, autre chose est la loi écrite, imposée à celui qui la subit; autre chose est la loi vue des yeux de l'âme par l'homme qui n'a pas besoin de la lettre du précepte. « Qui médite jour et nuit, » c'est-à-dire sans relâche; ou encore, « le jour » dans la joie, « la nuit » dans les tribulations. En effet, il est dit : « Abraham a vu mon jour et il s'est réjoui. » (*Jean*, VIII, 56.) Et il est dit de la tribulation : « Jusque dans la nuit même, mes reins m'ont instruit. » (*Ps.* XV, 7.)

3. « Il sera comme un arbre planté près du courant des eaux ; » (*Ps.* I, 3) c'est-à-dire près de la sagesse même, qui a daigné prendre la nature humaine pour notre salut. De la sorte, l'homme est véritablement un arbre planté près du courant des eaux, en rapportant à ce sens cette parole d'un autre psaume : « Le fleuve de Dieu est rempli d'eau. » (*Ps.* LXIV, 10.) Ou encore, près de l'Esprit saint dont il est dit : « Il vous baptisera dans l'Esprit saint ; » (*Matth.*, III, 10) et aussi : « Que celui qui a soif vienne et boive ; » (*Jean*, VII, 37) et encore : « Si vous connaissiez le don de Dieu, si vous saviez qui vous demande de l'eau, vous lui auriez demandé vous-même à boire, et il vous donnerait une eau vive, dont la vertu est telle que celui qui en aura bu n'aura jamais soif, mais qu'il se fera en lui une source d'eau qui jaillira jusqu'à la vie éternelle. » (*Jean*, IV, 10.) On peut interpréter encore : « Près du courant des eaux, » par près des péchés des peuples; car dans l'Apocalypse les eaux figurent les peuples, et il n'est pas déraisonnable de comprendre par le mot de courant une chute d'eau ; or, une chute a rapport au péché. Donc cet arbre, c'est-à-dire Notre-Seigneur, placé près du courant des eaux, ou près des peuples pécheurs, les attirera de leur voie dans les racines de sa loi, et « donnera du fruit, » par l'établissement de ses Eglises, « dans son temps, » c'est-à-dire après avoir été glorifié par sa résurrection et par son ascension au haut des cieux. Alors, en effet, il envoya l'Esprit saint aux Apôtres, les affermit dans la foi qu'ils avaient en lui, les dirigea vers les peuples et pour fruit produisit ses églises. « Et son feuillage ne tombera pas, » ce qui veut dire que sa parole ne sera pas vaine. « Car toute chair est comme du foin, et la gloire de l'homme comme la fleur du foin ; le foin s'est desséché et sa fleur est tombée, mais la parole de Dieu demeure éternellement. »

I, 9.) Sed aliud est esse in lege, aliud sub lege. Qui est in lege, secundum legem agit : qui est sub lege, secundum legem agitur. Ille ergo liber est, iste servus. Deinde aliud est lex quæ scribitur, et imponitur servienti : aliud lex quæ mente conspicitur, ab eo qui non indiget litteris. « Meditabitur die ac nocte : » aut sine intermissione intelligendum est ; aut « die » in lætitia, « nocte » in tribulationibus. Dicitur enim : « Abraham diem meum vidit, et gavisus est. » (*Joan.*, VIII, 56.) Et de tribulatione dicitur : « Insuper et usque ad noctem (*a*) emendaverunt me renes mei. » (*Psal.* XV, 7.)

3. « Et erit tanquam lignum quod plantatum est secundum decursus aquarum : » (*Psal.* I, 3) id est, aut secundum ipsam sapientiam, quæ dignata est hominem suscipere ad salutem nostram : ut ipse homo sit lignum plantatum secundum decursus aquarum : potest enim et hoc intellectu accipi, quod in alio psalmo dicitur : « Fluvius Dei repletus est aqua. » (*Psal.* LXIV, 10.) Aut secundum Spiritum sanctum, secundum quem dicitur : « Ipse vos baptizabit in Spiritu sancto ; » (*Matth.*, III, 10) et illud : « Qui sitit, veniat, et bibat ; » (*Joan.*, VII, 37) et illud : « Si scires donum Dei, et quis est qui a te aquam petit ; petisses ab eo, et daret tibi aquam vivam, unde qui biberit, non sitiet in æternum ; sed efficietur in eo fons aquæ salientis in vitam æternam. » (*Joan.*, IV, 10.) Aut « secundum decursus aquarum, » secundum populorum peccata; quia et aquæ populi interpretantur in Apocalypsi (*Apoc.*, XVII, 15); et decursus non absurde intelligitur lapsus, quod pertinet ad delictum. Lignum ergo illud, id est Dominus noster, de aquis decurrentibus, id est populis peccatoribus, trahens eos in via in radices disciplinæ suæ, « fructum dabit, » hoc est, constituet Ecclesias : « In tempore suo, » id est postquam clarificatus est resurrectione et ascensione in cœlum. Tunc enim Spiritu sancto misso Apostolis, et eis fiducia sui confirmatis et directis in populos, fructificavit (*b*) Ecclesias. « Et folium ejus non decidet, » id est, Verbum ejus non erit irritum. « Quia omnis caro fœnum, » (*Is.*, XL, 6) et claritas hominis ut flos fœni : fœnum aruit, et flos decidit, verbum autem Domini manet in æternum. « Et omnia quæcumque fecerit prospe-

---

(*a*) Novem Mss. *increpuerunt*. Alii quatuor, *increpaverunt*. Attamen infra in XV. Psalmo omnes, præter unum, habent *emendaverunt*. —
(*b*) Decem Mss. *fructificavit Ecclesia.*

(*Isa.*, XL, 6.) « Et tout ce qu'il aura fait prospérera, » (*Ps.* 1, 3) c'est-à-dire tout ce que cet arbre aura porté ; il porte des fruits et des feuilles, figures des actions et des paroles.

4. « Il n'en est pas ainsi des impies, il n'en est pas ainsi : mais ils sont comme la poussière que le vent balaye de dessus la face de la terre. » (*Ibid.*, 4.) Ici la terre doit se prendre pour la stabilité en Dieu même, de laquelle il est dit : « Le Seigneur est ma part d'héritage, et cet héritage est magnifique ; » (*Ps.* XV, 5) et aussi : « Attendez le Seigneur et observez ses voies, il vous élèvera afin que vous possédiez la terre ; » (*Ps.* XXXVI, 34) et encore : « Heureux ceux qui sont doux, parce qu'ils possèderont la terre en héritage. » (*Matth.*, V, 4.) Ce rapprochement vient de ce que la terre visible nourrit et soutient l'homme extérieur, et que de même cette terre invisible nourrit et soutient l'homme intérieur. » Le vent, ou l'orgueil qui enfle (I *Cor.*, VIII, 1), balaye l'impie de la face de cette terre. Il savait s'en garder, celui qui, enivré de l'abondance de la maison de Dieu et buvant au torrent de ses délices, disait : « Que le pied de l'orgueil ne vienne pas jusqu'à moi. » (*Ps.* XXXV, 12.) Au contraire, l'orgueil a rejeté loin de cette terre celui qui a dit : « Je placerai mon trône du côté de l'aquilon, et je serai semblable au Très-Haut. » (*Is.* XIV, 14.) L'orgueil a également chassé de dessus cette terre celui qui, après avoir consenti à goûter du fruit défendu, afin d'être semblable à Dieu, s'est caché de devant la face de Dieu. (*Gen.*, III, 6.) Que cette terre ait rapport à l'homme intérieur et que l'orgueil l'en rejette, c'est ce qui ressort surtout de cette parole : « Pourquoi celui qui n'est que cendre et poussière s'enorgueillit-il ? Car, par l'orgueil, il rejette tout vivant ses propres entrailles. » (*Eccli.*, X, 9.) Il est certainement juste de dire qu'il s'est rejeté lui-même de l'endroit d'où il a été rejeté.

5. « C'est pourquoi les impies ne ressuscitent point pour le jugement. » (*Ps.* I, 5.) En effet, ils sont balayés comme la poussière de dessus la face de la terre. Il est dit avec raison qu'ils sont privés de ce que recherchent les orgueilleux, c'est-à-dire du pouvoir de juger ; et cette parole est encore expliquée avec plus d'évidence par celle qui suit : « Ni les pécheurs dans l'assemblée des justes. » (*Ibid.*) L'Ecriture redit souvent de la sorte avec plus de clarté ce qu'elle avait énoncé d'abord ; par impies, il faut donc entendre les pécheurs, et ces mots : « pour le jugement, » signifient : « Dans l'assemblée des justes. » Cependant si autre chose sont les impies et autre chose sont les pécheurs, de sorte que tout impie étant pécheur, tout pécheur cependant ne soit point impie ; ces mots : « Les

impies ne ressuscitent point pour le jugement, » signifient que les impies ressusciteront, mais non pour être jugés, parce que déjà ils sont voués au châtiment le plus certain; et ces autres paroles : « Ni les pécheurs dans l'assemblée des justes, » expriment que les pécheurs ressusciteront, non pour juger, mais pour être jugés, et ainsi c'est d'eux qu'il est dit : « Le feu éprouvera les œuvres de chacun. Si l'œuvre d'un homme subsiste, il recevra sa récompense ; si au contraire le feu a consumé son œuvre, il subira sa peine ; il sera sauvé cependant, mais comme en passant par le feu. » (I *Cor.*, III, 1 3.)

6. « Car le Seigneur connaît la voix des justes. » (*Ps.* I, 6.) De même que la médecine, dit-on, connaît la santé, et ne connaît pas les maladies, et que cependant même les maladies sont reconnues par l'art de la médecine ; ainsi on peut dire que Dieu connaît la voie des justes, et qu'il ne connaît pas la voie des impies. Ce n'est pas que Dieu ignore quelque chose, et cependant il dit aux pécheurs : « Je ne vous connais pas. » (*Matth.*, VII, 23.) « Mais la voie des impies périra. » (*Ps.* I, 6.) C'est comme si l'on disait : Mais le Seigneur ne connaît pas la voie des impies ; toutefois la première parole énonce plus formellement qu'être ignoré de Dieu, c'est périr, et qu'être connu de Dieu c'est vivre ; que ce qui est appartient à la science de Dieu, et que ce qui n'est pas est ignoré de lui. Car le Seigneur a dit : « Je suis celui qui suis ; » et : « Celui qui est, m'a envoyé. » (*Exod.*, III, 14.)

DISCOURS SUR LE PSAUME II°.

1. « Pourquoi les nations se sont-elles soulevées avec des frémissements, et les peuples ont-ils formé de vains complots ? Pourquoi les rois de la terre se sont-ils levés et les princes se sont-ils réunis contre le Seigneur et contre son Christ ? » (*Ps.* II, 1 et 2.) Le mot « pourquoi » veut dire en vain. En effet, ils n'ont point accompli ce qu'ils voulaient, qui était de détruire le Christ. Cela est dit de ceux des persécuteurs du Seigneur, dont il est parlé dans les Actes des Apôtres. (*Act.*, IV, 26.)

2. « Brisons leurs liens et rejetons leur joug loin de nous. » (*Ps.* II, 3.) Bien que ces paroles puissent être comprises autrement, néanmoins il vaut mieux les appliquer à ceux dont le prophète a dit qu'ils ont formé de vains complots. « Brisons leurs liens, et rejetons leur joug loin de nous » signifie donc : Prenons garde que la religion chrétienne ne nous enchaîne ; ne nous la laissons point imposer.

3. « Celui qui habite dans les cieux se rira d'eux ; le Seigneur se moquera d'eux. » (*Ibid.*, 4.) Il y a ici répétition de la même pensée. En

---

destinati sunt : « Peccatores, » autem non resurgunt « in consilio justorum, » id est ut judicent, sed forte ut judicentur, ut de his dictum sit : « Uniuscujusque opus quale sit, ignis probabit : si cujus opus manserit, mercedem accipiet : si cujus autem opus exustum fuerit, detrimentum patietur; ipse autem salvus erit, sic tamen quasi per ignem. » (I *Cor.*, III, 13.)

6. (*a*) « Quoniam novit Dominus viam justorum. » (*Psal.* I, 6.) Quemadmodum dicitur : Novit salutem medicina, morbos autem non novit ; et tamen etiam morbi arte medicinæ agnoscuntur : sic dici potest nosse Dominum viam justorum, viam vero impiorum non nosse ; non quia aliquid Dominus nescit, et tamen dicit peccatoribus : « Non novi vos. » (*Matth.* VII, 23.) « Iter autem impiorum peribit, » pro eo positum est, ac si diceretur : Iter autem impiorum non novit Dominus. Sed planius dictum est, ut hoc sit nesciri a Domino, quod est perire; et hoc sit sciri a Domino, quod est manere : ut ad scientiam Dei esse pertineat, ad ignorantiam vero non esse. Quia Dominus dicit : « Ego sum qui sum : » et : « Qui est, misit me. » (*Exod.*, III, 14.)

IN PSALMUM II ENARRATIO.

1. « Ut quid fremuerunt gentes, et populi meditati sunt inania ? » (*Ps.* II, 1.) « Astiterunt reges terræ, et principes convenerunt in unum, adversus Dominum, et adversus Christum ejus ? » (*Ibid.*, 2.) Pro eo dictum est : « Ut quid, » ac si diceretur, frustra. Non enim impleverunt quod voluerunt, ut Christus extingueretur. Dicitur hoc enim de persecutoribus Domini, qui et in Actibus Apostolorum commemorantur. (*Act.*, IV, 26.)

2. « Disrumpamus vincula eorum, et abjiciamus a nobis jugum ipsorum. » (*Psal.* II, 3.) Quanquam et possit aliter intelligi, tamen aptius ex eorum persona accipitur, quos dixit inania meditatos : ut hoc sit : « Disrumpamus vincula eorum, et abjiciamus a nobis jugum ipsorum, » demus operam, ut non nos alliget, neque imponatur nobis Christiana religio.

3. « Qui habitat in cœlis irridebit eos, et Dominus

(*a*) Idem vers. 6. tractatur infra in I. Enarratione Psalmi XXXVI, et Enarrat. Psal. CXLI.

effet, au lieu des premiers mots : « Celui qui habite dans les cieux, » le Psalmiste écrit ensuite : « Le Seigneur, » et, au lieu de : « Se rira d'eux, » il met : « Se moquera d'eux. » Il ne faut pas cependant donner à ces expressions un sens charnel, comme si Dieu riait avec la bouche ou se moquait avec le nez ; mais il faut y voir la puissance qu'il donne à ses saints de prévoir l'avenir et de comprendre que les peuples ont formé de vains complots, lorsqu'ils voient que le nom et la domination du Christ s'étendront sur la postérité et subjugueront toutes les nations. C'est dans cette puissance de prescience prophétique que consistent la risée et la moquerie de Dieu. « Celui qui habite dans les cieux se rira d'eux. » Si par les cieux nous entendons les âmes saintes, c'est par elles que Dieu, qui a toujours la prescience de l'avenir, se rira et se moquera des peuples.

4. « Alors il leur parlera dans sa colère, et dans sa fureur il les remplira de trouble. » (*Ibid.*, 5.) Pour montrer plus clairement comment il leur parlera, il dit : « Qu'il les remplira de trouble. » De même il explique que « dans sa colère » signifie « dans sa fureur. » Par la colère et par la fureur du Seigneur Dieu, il ne faut pas comprendre un trouble d'esprit, mais la force qui punit avec une souveraine équité, toute créature étant soumise à son action. Car nous devons nous attacher soigneusement ici à ce qui est écrit dans Salomon : « Pour vous, Dieu des armées, vous jugez avec calme, et vous nous gouvernez avec une grande réserve. » (*Sag.*, XII, 18.) La colère de Dieu est donc le mouvement qui se produit dans l'âme instruite de la loi divine, lorsqu'elle voit cette loi transgressée par le pécheur ; car cette émotion des âmes justes est la punition d'un grand nombre de fautes. Cependant, on peut encore voir avec raison dans la colère de Dieu l'obscurcissement d'esprit qui frappe les transgresseurs de la loi divine.

5. « Pour moi, il m'a établi roi sur sa sainte montagne de Sion, pour annoncer ses préceptes. » (*Ps.* II, 6.) Il est clairement question ici de la personne de Notre-Seigneur Jésus-Christ. Si, comme l'interprètent quelques-uns, Sion signifie la contemplation, nous devons avant tout y reconnaître l'Eglise, qui chaque jour tend de toutes ses forces à s'élever à la contemplation de la clarté divine, ainsi que le dit l'Apôtre : « Mais nous contemplons à visage découvert la gloire du Seigneur. » (II *Cor.*, III, 18.) Le sens de ces paroles est donc : Pour moi, il m'a établi roi sur la sainte Eglise, laquelle est appelée du nom de montagne en raison de son

---

subsannabit eos. » (*Ibid.*, 4.) Repetita sententia est : nam pro eo quod est : « Qui habitat in cœlis, » subsequenter positum est : « Dominus : » et pro eo quod est, « irridebit, » subsequenter positum est, « subsannabit. » Nihil horum tamen sapere oportet carnaliter, quasi aut buccis Deus irrideat, aut naso subsannet ; sed ea vis accipienda est, quam dat sanctis suis, ut futura cernentes, id est, nomen Christi et dominationem pervagaturam in posteros, et universas gentes obtenturam, illos inania meditatos esse intelligant. Hæc enim vis qua ista præscita sunt, irrisio Dei est et subsannatio. « Qui habitat in cœlis, irridebit eos. » Cœlos si animas sanctas accipiamus ; per has eos, utique præsciens quid futurum sit, deridebit Deus et subsannabit.

4. « Tunc loquetur ad eos in ira sua, et in furore suo conturbabit eos. » (*Ibid.*, 5.) Planius enim ostendens quomodo ad eos loqueretur, dixit : « Conturbabit eos : » « ut in ira sua, » hoc sit, « in furore suo. » Iram autem et furorem Domini Dei non perturbationem mentis oportet intelligi, sed vim qua justissime vindicat, (*a*) subjecta sibi ad ministerium universa creatura. Præcipue namque pervidendum est et tenendum illud, quod scriptum est in Salomone : Tu autem Domine virtutis cum tranquillitate judicas, et cum magna reverentia disponis nos. (*Sap.*, XII, 13.) Ira ergo Dei est motus qui fit in anima, quæ legem Dei novit, cum eamdem legem videt a peccatore præteriri. Per hunc enim motum justarum animarum multa vindicantur. Quanquam possit ira Dei recte intelligi etiam ipsa mentis obscuratio, quæ consequitur eos qui legem Dei transgrediuntur.

5. (*b*) « Ego autem constitutus sum rex ab eo super Sion montem sanctum ejus, prædicans præceptum ipsius. » (*Ibid.*, 6.) Ex persona ipsius Domini nostri Jesu Christi ista manifesta sunt. Sion autem, si speculationem, ut quidam interpretantur, significat, nihil magis quam Ecclesiam debemus accipere, ubi quotidie intentio erigitur speculandæ claritatis Dei, sicut Apostolus dicit : « Nos autem revelata facie gloriam Domini speculantes. » (II *Cor.*, III, 18.) Ergo iste sensus est : Ego autem constitutus sum rex ab eo super Ecclesiam sanctam ejus : quam montem appellat propter eminentiam et firmitatem. « Ego

---

(*a*) Sic Mss. At editi *subjectam sibi ad minist. universam creaturam.* — (*b*) De eodem vers. 6 et seq. vide Enarrat. in Psal. XLVII.

élévation et de sa stabilité. « Il m'a établi roi, » moi dont ils méditaient de briser les liens et de rompre le joug : « Pour annoncer ses préceptes. » Qui ne comprendrait ce qu'il voit s'accomplir chaque jour ?

6. « Le Seigneur m'a dit : Vous êtes mon Fils, je vous ai engendré aujourd'hui. » (*Ps.* II, 7.) Bien que l'on puisse croire que le jour indiqué dans la prophétie soit celui où Jésus-Christ est né comme homme, vu cependant que le mot « aujourd'hui » désigne un temps présent, et que dans l'éternité rien n'est passé comme ayant cessé d'exister, ni futur comme n'existant point encore, mais que tout est présent, parce que tout ce qui est éternel existe toujours, ces mots : « Je vous ai engendré aujourd'hui, » doivent être compris selon le sens divin dans lequel la foi véritable et universelle proclame l'éternelle génération de la vertu et de la sagesse de Dieu, qui est son Fils unique.

7. « Demandez-moi et je vous donnerai les nations en héritage. » (*Ibid.*, 8.) Ces paroles sont dites au sens temporel de l'homme pris par le Fils de Dieu, qui s'est offert en sacrifice pour remplacer tous les sacrifices, et qui intercède pour nous. (*Rom.*, VIII, 34.) Il faut donc rapporter ces mots « demandez-moi, » à l'ensemble de cette économie temporelle dont le genre humain est l'objet, et qui a pour but de réunir toutes les nations sous le nom chrétien, de les racheter de la mort et de faire que Dieu les possède. « Je vous donnerai les nations en héritage, » afin que vous les possédiez pour leur salut, et qu'elles vous rapportent des fruits spirituels. « Et vos possessions s'étendront jusqu'aux limites de la terre. » (*Ps.* II, 8.) Ces mots : « Les limites de la terre, » ne sont que la répétition du terme précédent « les nations ; » mais ils sont plus précis, et ils nous indiquent qu'il est question de toutes les nations. « De même, l'expression : « Vos possessions, » remplace celle-ci : « Votre héritage. »

8. « Vous les gouvernerez avec une verge de fer ; » (*Ibid.*, 9) en d'autres termes : avec une justice inflexible. « Et vous les briserez comme des vases d'argile ; » (*Ibid.*) c'est-à-dire vous briserez en eux les convoitises terrestres, les désirs fangeux du vieil homme, et tout ce qui est empreint et souillé de la boue du péché. « Et maintenant, ô rois, comprenez. » (*Ibid.*, 10.) « Et maintenant, » c'est-à-dire, étant dès maintenant renouvelés, ayant dès maintenant brisé les enveloppes de limon ou les vases charnels de l'erreur qui appartiennent à la vie de l'homme ancien ; « Maintenant, comprenez ; » vous qui êtes désormais des rois, vous qui pouvez désor-

---

autem constitutus sum rex ab eo. » Ego scilicet, cujus vincula illi disrumpere, et jugum meditabantur abjicere. « Prædicans præceptum ipsius. » Quis hoc non sentiat, cum quotidie factitetur ?

6. (*a*) « Dominus dixit ad me : Filius meus es tu, ego hodie genui te. » (*Psal.* II, 7.) Quanquam etiam possit ille dies in prophetia dictus videri, quo Jesus Christus secundum hominem natus est : tamen « hodie » quia præsentiam significat, atque in æternitate nec præteritum quidquam est, quasi esse desierit; nec futurum, quasi nondum sit; sed præsens tantum, quia quidquid æternum est, semper est : divinitus accipitur secundum id dictum : « Ego hodie genui te, » quo sempiternam generationem virtutis et sapientiæ Dei, qui est unigenitus Filius, fides sincerissima et catholica prædicat.

7. (*b*) « Postula a me, et dabo tibi gentes hæreditatem tuam. » (*Psal.* II, 8.) Hoc jam temporaliter secundum susceptum hominem, qui sacrificium sese obtulit pro omnibus sacrificiis, qui etiam interpellat pro nobis (*Rom.*, VIII, 34) : ut ad totam ipsam dispensationem temporalem, quæ pro genere humano facta est, referatur quod dictum est : « Postula a me : » ut scilicet gentes nomini Christiano copulentur, atque ita a morte redimantur, et possideantur a Deo. « Dabo tibi gentes hæreditatem tuam : » quas possideas ad earum salutem, et quæ tibi fructificent spiritalia. « Et possessionem tuam terminos terræ. » Idem repetitum est. « Terminos terræ, » pro eo positum, quod dictum est, « gentes ; » sed hoc planius, ut omnes gentes intelligamus. « Possessionem autem tuam, » pro eo quod dictum est, « hæreditatem. »

8. (*c*) « Reges eos in virga ferrea : » (*Psal.* II, 9) in inflexibili justitia. « Et tanquam vas figuli conteres eos : » id est, conteres in eis terrenas cupiditates, et veteris hominis lutulenta negotia, et quidquid de (*d*) peccatore limo contractum atque inolitum est. « Et nunc reges intelligite. » (*Ibid.*, 10.) « Et nunc, » id est jam innovati, jam contritis luteis tegumentis, id est carnalibus vasis erroris, quæ ad præteritam vitam pertinent : « nunc intelligite » jam reges, id est, jam valentes regere quidquid in vobis servile atque bestiale est; et jam valentes pugnare, non

---

(*a*) Idem vers. 7. tractatur in Enarratione Psalmi LX. — (*b*) Vers. 8 tractatur item in Enarrat. Psal. XXI. — (*c*) Idem vers. 9, explicatur in Enarrat. Psal. XLIV, et Psal. LVIII. — (*d*) Tres Mss. *de peccati limo*.

mais dominer ce qu'il y a en vous de servile et de bestial ; vous qui pouvez désormais combattre, non en portant comme des coups en l'air, mais en châtiant votre corps et en le réduisant en servitude. (I *Cor.*, IX, 26.) « Instruisez-vous, vous tous qui jugez la terre. » (*Ps.* II, 10.) C'est encore une répétition : «Instruisez-vous, » après : «Comprenez ; » «Vous qui jugez la terre, » après : « Vous qui êtes des rois. » Ceux qui jugent la terre désignent les hommes spirituels. En effet, tout ce que nous jugeons est au-dessous de nous ; et tout ce qui est au-dessous de l'homme spirituel est appelé avec raison du nom de terre, infectées que sont ces choses d'un venin produit par la terre.

9. « Servez le Seigneur dans la crainte ; » (*Ibid.*, 11.) de peur que ces mots : « Rois, qui jugez la terre, » ne vous inspirent de l'orgueil. « Et réjouissez-vous en lui avec tremblement. » (*Ibid.*) Cette invitation à la joie vient admirablement après ce qui précède, afin que l'ordre de servir le Seigneur dans la crainte ne paraisse pas signifier un abaissement excessif. Mais de peur que la joie n'aille jusqu'à une effusion téméraire, il est ajouté : « Avec tremblement. » Par là nous sommes avertis de rester sur nos gardes et de veiller avec soin à notre sanctification. On peut aussi donner à ces paroles : « Et maintenant, ô rois, comprenez, » l'explication suivante : Que ma présente élévation à la royauté ne vous contriste pas, ô rois de la terre, comme si votre bien vous était enlevé, mais plutôt comprenez et instruisez-vous. Car il vous est avantageux d'être soumis à celui qui vous donne l'intelligence et la science. Il vous est avantageux de ne point dominer imprudemment, mais au contraire de servir avec crainte le maître de toutes choses et de vous réjouir dans une véritable et solide félicité, veillant soigneusement pour n'en point déchoir par orgueil.

10. « Embrassez la discipline du Seigneur, de peur qu'il ne s'irrite , et que vous ne vous perdiez hors des voies de la justice. » (*Ibid.*, 2.) C'est en ce sens qu'il a été dit : « Comprenez, et instruisez-vous. » Car comprendre et s'instruire c'est embrasser la discipline. Mais ce mot : « Embrassez, » montre suffisamment que cette discipline est un secours et une défense contre des obstacles, qui seraient funestes, si on ne l'embrassait avec autant de zèle. « De peur que le Seigneur ne s'irrite. » Ces paroles expriment un doute, non aux yeux du Prophète qui voit avec certitude, mais de la part de ceux qui reçoivent l'avertissement. Ceux-là, en effet, pensent ordinairement avec doute à la colère de Dieu, auxquels la révélation n'en est point faite ouvertement. Ils doivent donc se dire : Embrassons la discipline, de peur que le Seigneur ne

---

quasi aerem cædentes, sed castigantes vestra corpora, et servituti subjicientes. (I *Cor.*, IX, 26.) « Erudimini omnes qui judicatis terram. » Hoc idem repetitum est. « Erudimini, » pro eo quod dictum est, « intelligite. Qui judicatis autem terram, » pro eo quod dictum est, « reges. » Spirituales enim significat qui judicant terram. Inferius enim nobis est, quidquid judicamus : quidquid autem infra spiritalem hominem est, merito terra nominatur, quia terrena labe sauciatum est.

9. (a) « Servite Domino in timore : » (*Psal.* II, 11) ne in superbiam (b) vertat quod dictum est : « Reges qui judicatis terram. Et exsultate ei cum tremore. » Optime subjectum est « exsultate, » ne ad miseriam valere videretur quod dictum est : « Servite Domino in timore. » Sed rursus ne idipsum pergeret in effusionem temeritatis , additum est, « cum tremore : » ut ad cautionem valeret circumspectamque sanctificationis custodiam. Etiam sic potest accipi : « Et nunc reges intelligite, » id est : Et jam nunc me rege constituto, nolite tristes esse reges terræ, quasi bonum vestrum vobis ablatum sit; sed intelligite potius, et erudimini. Id enim vobis expedit ut sub illo sitis, a quo intellectus et eruditio vobis datur. Et hoc vobis expedit, ut non temere dominemini, sed Domino omnium cum timore serviatis, et exsultetis in beatitudine certissima et sincerissima , cauti et circumspicientes ne ab ea per superbiam decidatis.

10. « Apprehendite disciplinam, nequando irascatur Dominus, et pereatis de via justa. » (*Psal.* II, 12.) Hoc est quod ait : « Intelligite, et erudimini. » Nam intelligere, et erudiri, hoc est apprehendere disciplinam. Verumtamen in eo quod dicitur : « Apprehendite, » satis significare præsidium quoddam atque munimentum esse adversus omnia quæ obesse possent, nisi tanta cura apprehenderetur. « Nequando autem irascatur Dominus, » cum dubitatione positum est; non secundum visionem Prophetæ, cui certum est; sed secundum eos ipsos qui monentur, quia cum dubitatione solent cogitare iram Dei, quibus non aperte revelatur. Hoc ergo sibi ipsi debent dicere : Apprehendamus disciplinam, nequando

---

(a) De eodem vers. 11, vide Enarrat. in Psal. LXV. — (b) Editi *vertant*. Tredecim Mss. *vertat*. Unus *vertatur*.

s'irrite et que nous ne nous perdions hors des voies de la justice. Nous avons déjà dit plus haut comment il faut entendre « l'irritation du Seigneur. » « Et que vous ne vous perdiez hors des voies de la justice. » (*Ibid.*) C'est là un grand châtiment que redoutent ceux qui ont goûté quelque chose des douceurs de la justice. Car, celui qui se perd hors des voies de la justice sera errant, au milieu de la plus grande misère, dans les voies de l'iniquité.

11. « Lorsque, dans peu de temps, sa colère sera allumée, heureux ceux qui auront mis en lui leur confiance. » (*Ibid.*, 13.) C'est-à-dire : Quand sera venue l'heure du châtiment préparé pour les impies et les pécheurs, non-seulement la punition n'atteindra point ceux qui mettent leur confiance dans le Seigneur, mais en outre ce moment servira à établir pour jamais leur règne et leur gloire. Car il n'est point dit : « Lorsque, dans peu de temps, sa colère sera allumée, » il y aura sécurité « pour tous ceux qui auront mis en lui leur confiance, » comme si leur seul avantage était de n'être point punis ; mais il est dit : « Heureux ! » parce qu'ils auront alors la plénitude et le comble de tous les biens. Quant à ces mots : « Dans peu de temps, » je pense qu'ils signifient que cette colère éclatera tout à coup, alors que les pécheurs en croiront le moment rejeté dans un long avenir.

DISCOURS SUR LE PSAUME IIIe.

Psaume de David, quand il fuyait devant son fils Abessalon. (Ps. III, 1.)

1. Ce psaume doit être compris de la personne de Jésus-Christ, comme le prouvent ces paroles : « Je me suis endormi, et j'ai cherché le sommeil ; et je me suis relevé parce que le Seigneur sera mon aide. » (*Ibid.*, 6.) Elles s'appliquent, en effet, plus convenablement à la passion et à la résurrection du Seigneur qu'à l'histoire de la fuite de David devant son fils révolté contre lui. (II *Rois*, XV, 17.) Et comme il est écrit des disciples du Christ : « Tant que l'Epoux est avec eux, les Fils de l'Epoux ne jeûnent pas, » (*Matth.*, IX, 15) il ne faut pas s'étonner si le fils impie de David, signifie le disciple impie qui trahit Jésus. Bien qu'on puisse admettre historiquement que Jésus a fui devant Judas, quand, après le départ de ce disciple, il s'est retiré avec les autres sur la montagne : cependant, au sens spirituel, lorsque le Fils de Dieu, c'est-à-dire la vertu et la sagesse de Dieu, abandonna l'âme de Judas et que le démon s'en empara entièrement, selon cette parole : « Et le diable entra dans son cœur, » (*Jean*, XIII, 2) on peut dire légitimement que le Christ a fui devant Judas ; non que le Christ ait cédé au démon, mais parce que Jésus s'étant retiré, le démon fut pleinement

---

irascatur Dominus, et pereamus de via justa. Jam vero, « irascatur Dominus, » quomodo accipiendum sit, supra (*supra*, n. 4) dictum est : « Et pereatis de via justa. » Hæc magna pœna est, quæ ab iis formidatur, qui aliquid dulcedinis justitiæ perceperunt. Qui enim perit de via justitiæ, cum magna miseria per vias iniquitatis errabit.

11. « Cum exarserit in brevi ira ejus, beati omnes qui confidunt in eo : » (*ibid.*, 13) id est, cum vindicta venerit, quæ impiis et peccatoribus præparatur ; non solum eos non attinget qui confidunt in Domino, sed etiam ad regnum illis instruendum et sublimandum proficiet. Non enim dixit : « Cum exarserit in brevi ira ejus, » securi « omnes qui confidunt in eo, » tanquam hoc solum inde habeant, quod non puniantur : sed « beati » dixit, ubi est bonorum omnium summa et cumulus. Quod autem positum est, « in brevi, » hoc significare arbitror, quia repentinum aliquid erit, dum hoc remotum et longe futurum peccatores existimabunt.

IN PSALMUM III ENARRATIO.

Psalmus David, cum fugeret a facie (a) *Abessalon filii sui.* (Ps. III, 1.)

1. Hunc psalmum ex persona Christi accipiendum persuadet quod dictum est : « Ego dormivi, et somnum cepi : et exsurrexi, quoniam Dominus suscipiet me. » (*Ibid.*, 6.) Magis enim hoc ad passionem et resurrectionem Domini congruenter sonat, quam ad illam historiam in qua David scribitur fugisse a facie bellantis adversum se filii sui. (II *Reg.*, XV, 17.) Et quoniam scriptum est de discipulis Christi : « Quamdiu cum eis est sponsus, non jejunant filii sponsi : » (*Matth.*, IX, 15) non mirum si filius ejus impius, significatur discipulus impius, qui eum tradidit. A cujus facie fugisse quanquam historice possit accipi, quando illo discedente, secessit cum cæteris in montem : tamen spiritaliter, quando mentem Judæ Filius Dei, id est virtus et sapientia Dei deseruit, cum cum

---

(a) In ante excusis *Absalon*. At in melioris notæ Mss. ubique est *Abessalon*. In Græco LXX. Ἀβεσσαλώμ.

possesseur de Judas. Je pense que dans le psaume cette retraite est nommée une fuite pour en exprimer la rapidité ; ce qu'indique également la parole du Seigneur : « Ce que vous faites, faites-le vite. » (*Jean*, XIII, 27.) Dans le langage ordinaire nous disons : Cela me fuit, d'une chose qui ne nous vient point à l'esprit ; et nous disons d'un homme très-savant : Rien ne le fuit. D'après cette manière de parler, la vérité a fui l'esprit de Judas, quand elle a cessé de l'éclairer. D'autre part, Abessalon, selon l'interprétation de quelques-uns, veut dire en langue latine : *Patris pax*, la paix du Père. Il peut sembler étonnant, soit dans l'histoire des Rois, où l'on voit Abessalon faire la guerre à son Père, soit dans l'histoire du Nouveau Testament, où l'on voit Judas trahir le Seigneur, que ce nom puisse signifier la paix du Père. Mais pour peu qu'on lise avec soin le livre des Rois, on trouve que dans cette guerre David resta pacifique à l'égard de son fils, et qu'il le pleura même amèrement après sa mort, s'écriant dans sa douleur : « Abessalon, mon fils, qui me donnera d'être mort au lieu de toi ? » (II *Rois*, XVIII, 33.) Et dans l'histoire du Nouveau Testament on voit aussi l'immense et admirable patience du Seigneur, qui a si longtemps supporté Judas comme un bon disciple, bien qu'il n'ignorât pas ses pensées (*Jean*, XIII, 2) ; qui l'a admis au festin où il confiait et livrait à ses disciples le sacrement de son corps et de son sang ; enfin, qui au moment même de la trahison, acceptant le baiser du traître (*Matth.*, XXVI, 43), prouva qu'il lui présentait la paix, bien que le malheureux fût en proie à la guerre intérieure de son horrible forfait. C'est ainsi qu'Abessalon est nommé la paix du Père, parce que son père eut envers lui des sentiments de paix, que lui-même n'eut point envers son père.

2. « Seigneur, pourquoi ceux qui me donnent des tribulations se sont-ils multipliés ? » (*Ps.* III, 2.) Ils se sont, en effet, tellement multipliés que, même au nombre de ses disciples, il s'en est trouvé un pour se joindre au nombre de ses persécuteurs. « Beaucoup s'élèvent contre moi ; beaucoup disent à mon âme qu'il n'y a point de salut pour elle dans son Dieu. » (*Ibid.*, 3.) Il est manifeste que, s'ils n'eussent point cru qu'il ne ressusciterait pas, ils ne l'eussent point mis à mort. C'est là ce que signifient ces paroles : « Qu'il descende de la Croix, s'il est le Fils de Dieu ; » (*Matth.*, XXVII, 42) et celles-ci : « Il a sauvé les autres, il ne peut se sauver lui-même. » (*Ibid.*) Judas ne l'eût donc pas trahi, s'il n'eût été du nombre de ceux qui méprisaient le Christ et qui disaient : « Il n'y a point de salut pour lui dans son Dieu. »

3. « Mais, Seigneur, vous êtes mon soutien. »

(*Ps.* III, 4.) C'est en sa qualité d'homme qu'il adresse à Dieu ces paroles, parce que le soutien de l'homme est le Verbe fait chair. « Vous êtes ma gloire; » (*Ibid.*) et celui qui dit ainsi que Dieu est sa gloire, est celui-là même que le Verbe de Dieu a pris de telle sorte qu'il est Dieu avec lui. Quelle leçon pour les orgueilleux qui supportent avec peine qu'on leur dise : « Qu'avez-vous que vous n'ayez reçu ? Et si vous l'avez reçu, pourquoi vous en glorifier comme si vous ne l'aviez point reçu ? » (I *Cor.*, IV, 7.) « Et par vous, je puis lever la tête. » (*Ps.* III, 4.) Je crois qu'il faut entendre ici l'esprit humain, qui est appelé non sans raison la tête de l'âme. Cet esprit s'est attaché et en quelque sorte soudé si étroitement à l'incomparable grandeur du Verbe incarné, qu'il n'a point fléchi au milieu même de tous les abaissements de la passion.

4. « Ma voix s'est élevée comme un cri vers le Seigneur : » (*Ibid.*, 5) non la voix du corps qui se fait entendre à l'aide des vibrations de l'air qu'elle frappe, mais la voix du cœur qui reste muette pour les hommes et qui pour Dieu résonne comme un cri puissant. C'est la voix par laquelle Suzanne s'est fait entendre (*Dan.*, XIII, 44), et c'est par cette voix que Dieu nous ordonne de le prier à portes fermées (*Matth.*, VI, 6), c'est-à-dire dans le secret du cœur et sans bruit de mots. Personne ne peut dire que la prière soit moindre pour être faite avec cette voix, sans que le corps rende aucun son de parole; car dans cette prière silencieuse du cœur, si des pensées étrangères à l'esprit de prière viennent à s'interposer, on ne peut plus dire : « Ma voix s'est élevée vers le Seigneur. » En outre, on ne peut s'exprimer ainsi à bon droit qu'autant que l'âme parle seule au Seigneur, là où il peut seul entendre, sans qu'à sa prière elle mêle rien ni de la chair ni des préoccupations charnelles. Cette prière est appelée un cri, en raison de son élan vers Dieu. « Et il m'a exaucé du haut de sa montagne sainte. » (*Ps.* III, 5.) Le prophète appelle du nom de montagne Notre-Seigneur lui-même, quand il dit que la pierre taillée sans le secours des mains s'est accrue jusqu'aux dimensions d'une montagne. Mais la parole du psaume ne peut être prise de la personne même du Christ; à moins que par hasard il n'ait voulu dire : Il m'a exaucé de moi-même, comme de sa montagne sainte, en habitant en moi comme sur une montagne. Mais une interprétation plus claire et plus convenable est d'admettre que Dieu l'a exaucé des hauteurs de sa justice. En effet, il était juste que Dieu ressuscitât d'entre les morts l'innocent immolé, à qui le mal avait été rendu pour le bien, et qu'il punît ses persécuteurs comme ils le méritaient; et

III, 4) secundum hominem dicitur Deo : Quia hominis susceptio est Verbum caro factum. « Gloria mea. » Gloriam suam Deum dicit etiam ille, quem sic suscepit Dei Verbum, ut simul cum eo Deus fieret. Discant superbi, qui non libenter audiunt, cum eis dicitur : Quid autem habes quod non accepisti ? « Si autem accepisti, quid gloriaris quasi non acceperis ? » (I *Cor.*, IV, 7.) « Et exaltans caput meum. » Mentem ipsam humanam hic accipiendam puto, quod caput animæ non absurde appellatur : quæ ita inhæsit et quodammodo coaluit excellenti supereminentiæ Verbi hominem suscipientis, ut tanta passionis humilitate non deponeretur.

4. « Voce mea ad Dominum clamavi : » (*Psal.* III, 5) id est, non corporis voce, quæ cum strepitu verberati aeris promitur; sed voce cordis, quæ hominibus silet, Deo autem, sicut clamor sonat. Qua voce Susanna exaudita est (*Dan.*, XIII, 44) : et de qua voce ipse Dominus præcipit, ut in cubiculis clausis, id est, in secretis cordis sine strepitu oretur. (*Matth.*, VI, 6.) Nec facile quisquam dixerit hac voce minus orari, si nullus verborum sonus reddatur ex corpore : quoniam et silentes cum in cordibus oramus, si alienæ ab affectu orantis cogitationes intercurrant, nondum dici potest : « Voce mea ad Dominum clamavi. » Neque hoc recte dicitur, nisi cum sola anima nihil carnis, nihilque carnalium intentionum in (a) oratione attrahens, loquitur Domino, ubi solus audit. Clamor autem etiam iste dicitur, propter vim ipsius intentionis. « Et exaudivit me de (b) monte sancto suo. » Montem quidem ipsum Dominum per Prophetam dictum habemus, ut scriptum est : « Lapidem præcisum sine manibus crevisse in magnitudinem montis. » (*Dan.*, II, 35.) Sed hoc (c) ab ipsius persona non potest accipi : nisi forte ita dicere voluit : De memetipso, tanquam de monte sancto suo, me exaudivit, cum habitaret in me, id est, in ipso monte. Planius autem est et expeditius, si accipiamus exaudisse Deum de justitia sua. Justum enim erat, ut innocentem occisum, et cui retributa sunt mala pro bonis, resuscitaret a mortuis, et digna per-

---

(a) Aliquot Mss. *in orationem.* — (b) De codem vers. 5, vide Enarrat. Psal. XLIV, et Psal. XLVII. — (c) Quinque Mss. *Sed hoc ad ipsius personam.*

nous lisons aussi : « Votre justice est comme les montagnes de Dieu. »

5. « Moi, je me suis endormi et j'ai cherché le sommeil. » (*Ibid.*, 6.) On peut, avec raison, remarquer que le mot *Moi* est mis là pour signifier qu'il a souffert la mort par sa propre volonté, selon ces paroles : « Mon Père m'aime, parce que je quitte ma vie pour la reprendre ensuite. Personne ne me la ravit ; j'ai le pouvoir de la quitter, et j'ai aussi le pouvoir de la reprendre. » (*Jean*, x, 18.) Vous ne m'avez donc pas, dit-il, saisi et mis à mort malgré moi, mais « moi, je me suis endormi et j'ai cherché le sommeil, et je me suis relevé, parce que le Seigneur sera mon aide. » (*Ps.* III, 6.) Les Ecritures renferment d'innombrables exemples du sommeil pris dans le sens de la mort, comme cette parole de l'Apôtre : « Je ne veux pas, mes frères, que vous ignoriez la destinée à venir de ceux qui dorment du dernier sommeil. » (I *Thess.*, IV, 12.) Il est inutile de rechercher pourquoi à ces paroles : « Je me suis endormi, » il a été ajouté : « Et je me suis livré au sommeil. » En effet, ces sortes de répétitions sont usitées dans les saintes Ecritures, et nous en avons montré de nombreux exemples dans le psaume deuxième. Quelques manuscrits portent : *Dormivi et soporatus sum*, d'autres présentent des variantes, selon la manière dont chacun a cru devoir interpréter le texte grec ἐγὼ δὲ ἐκοιμήθην καὶ ὕπνωσα. Peut-être le premier terme exprime-t-il l'assoupissement ou l'action de mourir, et le second, le sommeil ou l'état de mort : l'assoupissement est ainsi le passage au sommeil, comme le réveil est le passage à l'état de veille. Mais gardons-nous de croire que ces répétitions, dans les livres sacrés, ne soient que de vains ornements du discours. On peut donc interpréter ces paroles : « Je me suis endormi et j'ai cherché le sommeil, » en ce sens : Je me suis livré à la souffrance, et la mort s'en est suivie. « Et je me suis relevé, parce que le Seigneur sera mon aide. » Il importe de remarquer comment, dans la même phrase, les verbes sont employés au passé et au futur. « Je me suis relevé » est au passé, « sera mon aide » est au futur ; et cependant il ne pouvait ressusciter qu'avec cette aide. Mais dans les prophéties, les choses futures se mêlent très-bien aux choses passées, afin de signifier tout à la fois et le passé et le futur. Les choses futures annoncées prophétiquement sont à venir quant au temps ; mais, quant à la prescience de ceux qui les prophétisent, elles sont déjà comme des faits accomplis. On trouve également le présent mêlé à d'autres temps dans les verbes : nous examinerons ces manières de parler, chacune en son lieu, lorsqu'elles se présenteront.

---

sequentibus retribueret. Legimus enim : « Justitia tua sicut montes Dei. » (*Psal.* xxxv, 7.)

5. (*a*) « Ego dormivi, et somnum cepi. » (*Psal.* III, 6.) Non inconvenienter animadverti potest, quod positum est : « Ego, » ad significandum quod sua voluntate mortem sustinuit, secundum illud : « Propterea me Pater diligit, quoniam ego pono animam meam, ut iterum sumam eam. Nemo eam tollit a meipso : potestatem habeo ponendi eam, et potestatem habeo iterum sumendi eam. » (*Joan.*, x, 18.) Non ergo, inquit, vos me tanquam invitum cepistis, et occidistis : sed « ego dormivi, et somnum cepi ; et exsurrexi, quoniam Dominus suscipiet me. » Somnum autem pro morte positum innumerabiliter Scripturæ continent, sicut Apostolus dicit : « Nolo vos ignorare fratres, de iis qui dormitionem acceperunt. » (I *Thess.*, IV, 12.) Nec quærendum est cur additum sit, « somnum cepi ; » cum jam dictum esset, « dormivi. » Usitatas enim habent Scripturæ hujuscemodi repetitiones, sicut in secundo Psalmo multas ostendimus. Nonnulli autem codices habent, « dormivi, et soporatus sum. » Et alii aliter, quomodo interpretari potuerunt, quod Græce positum est, ἐγὼ δὲ ἐκοιμήθην καὶ ὕπνωσα. Nisi forte dormitio morientis, somnus autem mortui accipi potest : ut dormitio sit qua transitur ad somnum, veluti est expergefactio qua transitur ad vigilationem. Ne pro inanibus sermonis ornamentis, repetitiones istas in divinis libris esse arbitremur. Bene ergo accipitur : « Ego dormivi, et somnum cepi : » Ego me passioni permisi, et mors consecuta est. « Et exsurrexi, quoniam Dominus suscipiet me. » Hoc magis animadvertendum est, quemadmodum in una sententia et præteriti temporis verbum posuit, et futuri. Et « exsurrexi » enim dixit, quod est de præterito ; et « suscipiet, » quod est de futuro : cum resurgere utique nisi illa susceptione non posset. Sed in prophetia bene miscentur futura præteritis, quo utrumque significetur. Quia ea quæ ventura prophetantur, secundum tempus futura sunt : secundum scientiam vero prophetantium, jam pro factis habenda. Miscentur quoque præsentis temporis verba, quæ suo loco cum occurrerint, tractabuntur.

(*a*) Idem vers. 6, tractatur in Enarrat. Psal. XL, LVI, CI, et CXXXVIII.

6. « Je ne craindrai pas la foule de peuple qui m'entoure. » (*Ps.* III, 7.) L'Evangile rapporte quelle foule de peuple entourait le Christ souffrant sa passion et attaché à la croix. (*Matth.*, XXVII, 39.) « Levez-vous, Seigneur; sauvez-moi, ô mon Dieu. » (*Ps.* III, 7.) Ce n'est pas qu'il y ait lieu de dire à Dieu endormi ou couché : « Levez-vous ; » mais, dans la divine Ecriture, il est d'usage d'attribuer à la personne de Dieu ce qu'il nous donne de faire nous-mêmes ; non point cependant en toute rencontre, mais quand il y a quelque convenance ; par exemple, lorsqu'on dit que Dieu parle lui-même, tandis que sa grâce accorde le don de la parole aux prophètes, aux Apôtres, ou à d'autres messagers de vérité. En voici un exemple : « Est-ce que vous voulez éprouver celui qui parle en moi ? » (II *Cor.*, XIII, 3.) Saint Paul ne dit pas : celui par l'inspiration ou par l'ordre duquel je parle, mais il attribue directement ses paroles à celui qui lui en accordait le don.

7. « Parce que vous avez frappé tous ceux qui m'ont attaqué sans cause. » (*Ps.* III, 8.) Il ne faut pas accepter ici une interprétation qui supposerait une seule pensée dans ces paroles : « Levez-vous, Seigneur, sauvez-moi, ô mon Dieu, parce que vous avez frappé tous ceux qui m'ont attaqué sans cause. » Car Dieu ne le sauve pas en frappant ses ennemis, mais plutôt il frappe ses ennemis après l'avoir sauvé. Le second membre de cette phrase appartient plutôt à ce qui suit, et en voici le sens : « Parce que vous avez frappé tous ceux qui m'ont attaqué sans cause, vous avez brisé les dents des pécheurs ; » (*Ibid.*) c'est-à-dire vous avez brisé les dents des pécheurs, parce que vous avez frappé tous mes ennemis. Le châtiment de ses ennemis est d'avoir eu les dents brisées, c'est-à-dire que les discours des pécheurs, qui outragent et déchirent le Fils de Dieu, ont été mis à néant et comme réduits en poussière. Par ce mot de dents nous devons entendre les paroles injurieuses, au sujet desquelles l'Apôtre a dit : « Si vous vous mordez les uns les autres, prenez garde de vous consumer les uns les autres. » (*Gal.*, V, 15.) Les dents des pécheurs sont aussi peut-être les princes des pécheurs qui, par leur autorité, retranchent qui ils peuvent de la société des bons, pour les incorporer en quelque sorte à la société des méchants. Aux dents des pécheurs sont opposées les dents de l'Eglise, dont la force sépare les croyants des erreurs de la gentilité et des fausses doctrines, et les transporte dans son propre sein qui est le corps du Christ. C'est avec ces dents qu'il a été dit à Pierre de manger les animaux qu'il aurait immolés (*Act.*, X, 13); c'est-à-dire de détruire dans les nations païennes ce qu'elles avaient d'erreurs et de vices, et de les transformer en ce qu'il était lui-même. Il est dit de ces dents de l'Eglise : « Vos dents sont comme un

troupeau de brebis dépouillées de leurs toisons, qui remontent du lavoir : toutes portent un double fruit et nulle d'elles n'est stérile. » (*Cant.*, IV, 2, et VI, 5.) Ce sont ceux qui donnent de bons préceptes, et qui y conforment leur propre vie. Ils font ce qui est prescrit : « Que vos œuvres brillent aux yeux des hommes, afin qu'ils bénissent votre Père qui est dans les cieux. » (*Matth.*, V, 16.) Sous l'influence de leur autorité, Dieu parlant et agissant par eux, les hommes croient, se séparent du siècle dont ils portaient la ressemblance, et deviennent les membres de l'Église. Ceux par qui se font ces choses sont appelés avec raison des dents, que l'Ecriture compare à des brebis dépouillées de leurs toisons, parce qu'ils ont déposé le fardeau des soins terrestres; ils remontent du lavoir, purifiés qu'ils sont des souillures du siècle par le sacrement de Baptême; et tous portent un double fruit, car ils accomplissent les deux commandements dont il est dit : « Toute la loi et les prophètes sont renfermés dans ces deux commandements; » (*Matth.*, XXII, 40) ils aiment Dieu de tout leur cœur, de toute leur âme et de tout leur esprit, et ils aiment le prochain comme eux-mêmes. Parmi eux, nul n'est stérile, puisqu'ils rendent à Dieu de pareils fruits. C'est donc d'après cette explication qu'il faut comprendre ces mots :

(1) Interprétation allégorique.

« Vous avez brisé les dents des pécheurs, » et dire : vous avez réduit au néant les princes des pécheurs, en frappant ceux qui m'ont attaqué sans cause. On voit en effet, dans l'histoire évangélique, que les princes ont persécuté le Christ, tandis que la multitude des petits l'honorait.

8. « Le salut vient du Seigneur : que votre bénédiction soit sur votre peuple. » (*Ps.* III, 9.) Dans une même phrase, il a enseigné aux hommes ce qu'ils devaient croire et il a prié pour ceux qui croiraient. Car, lorsqu'il dit : « Le salut vient du Seigneur, » il parle aux hommes; au contraire, le reste de la phrase « que votre bénédiction soit sur votre peuple, » n'est plus pour les hommes, mais le discours s'adresse à Dieu, en faveur de ce même peuple auquel il a été dit : « Le salut vient du Seigneur. » Quelle est donc sa pensée, si ce n'est celle-ci ? Que nul ne présume de lui-même, car il n'appartient qu'à Dieu de nous sauver de la mort du péché. Car, « malheureux homme que je suis, qui me délivrera de ce corps de mort? La grâce de Dieu, par Jésus-Christ Notre-Seigneur ; » (*Rom.*, VII, 24) mais vous, Seigneur, bénissez votre peuple qui attend de vous son salut.

9. (1) On peut encore appliquer ce psaume à la personne du Christ d'une autre manière, à sa-

---

quod erant, et transmutando in id quod ipse esset. Et de his dentibus Ecclesiæ dicitur : « Dentes tui sicut grex detonsarum ascendens de lavacro, quæ omnes geminos pariunt, et sterilis non est in illis. » (*Cant.*, IV, 2, et VI, 5.) Hi sunt qui recte præcipiunt, et quemadmodum præcipiunt ita vivunt : qui faciunt quod dictum est : « Luceant opera vestra coram hominibus, ut benedicant Patrem vestrum qui in cœlis est. » (*Matth.*, V, 16.) Horum enim auctoritate commoti, Deo per illos loquenti et operanti homines credunt; et separati a sæculo cui conformati erant in Ecclesiæ membra transeunt. Et ideo recte isti, per quos hæc fiunt, dentes dicuntur detonsis ovibus similes, quia terrenarum curarum onera deposuerunt : et ascendentes de lavacro, de (*a*) sordium sæculi ablutione per sacramentum baptismatis, omnes geminos pariunt. Operantur enim duo præcepta, de quibus dictum est : « In his duobus præceptis tota Lex pendet et Prophetæ : » (*Matth.*, XXII, 40) diligentes Deum ex toto corde, et ex tota anima, et ex tota mente, et proximum tanquam seipsos. In quibus sterilis non est, quoniam tales fructus reddunt Deo. Secundum ergo istum intellectum sic accipiendum est : « Dentes peccatorum contrivisti, » id est, in irritum adduxisti principes peccatorum, percutiendo omnes adversantes mihi sine causa. Principes enim eum secundum evangelicam historiam persecuti sunt, cum multitudo inferior honoraret.

8. (*b*) « Domini est salus, et super populum tuum benedictio tua. » (*Psal.* III, 9.) In una sententia et præcepit hominibus quid crederent, et pro credentibus oravit. Nam : « Domini est salus, » cum dicitur, ad populum suum benedictio ejus, ut totum hominibus dictum sit : sed ad ipsum Deum oratio convertitur, pro ipso populo cui dictum est : « Domini est salus. » Quid ergo ait, nisi hoc ? Nemo de se præsumat, quoniam Domini est salvos facere de morte peccati : nam « infelix ego homo, quis me liberabit de corpore mortis hujus? gratia Dei, per Jesum Christum Dominum nostrum : » (*Rom.*, VII, 24) tu autem Domine benedic populum tuum de te salutem sperantem.

9. Potest et iste Psalmus accipi ad personam Chri-

(*a*) Quinque Mss. *de sordibus sæculi abluti.* — (*b*) De hoc eodem vers. 9, vide Enarrat Psal. LXX, et Psal. CXLV.

voir, en supposant qu'il parle tout entier. Je dis tout entier, avec son corps dont il est la tête, selon ce que dit l'Apôtre : « Vous êtes le corps et les membres du Christ. » (I *Cor.*, XII, 27.) Il est donc la tête de ce corps. C'est pourquoi l'Apôtre dit ailleurs : « Pratiquant la vérité dans la charité, croissons pour toutes choses en Jésus-Christ qui est la tête, à laquelle tout le corps est uni et soudé. » (*Ephés.*, IV, 15.) Le prophète fait donc parler ici, en même temps que la tête de l'Eglise, l'Eglise elle-même, établie dans le monde entier au milieu des tempêtes des persécutions. Déjà le fait est certain à nos yeux : « Seigneur, pourquoi ceux qui me donnent des tribulations se sont-ils multipliés? Beaucoup s'élèvent contre moi, » (*Ps.* III, 2) aspirant à exterminer le nom chrétien. « Beaucoup disent à mon âme qu'il n'y a point de salut pour elle dans son Dieu : » (*Ibid.*, 3) car ils n'espéreraient point pouvoir détruire cette Eglise qui s'étend jusqu'aux extrémités du monde, s'ils ne croyaient que Dieu n'en a point souci. « Mais, Seigneur, vous êtes mon soutien : » (*Ibid.*) toujours dans le Christ; car c'est en son humanité que l'Eglise a été formée par le Verbe, « lequel s'est fait chair et a habité parmi nous, » (*Jean*, I, 14) nous donnant par là même d'être un jour assis avec lui dans les cieux. (*Ephés.*, II, 6.) Car, précédés par la tête, les autres membres suivront. Qui pourrait en effet nous séparer de l'amour de Jésus-Christ? (*Rom.*, VIII, 35.) L'Eglise a donc raison de dire : « Vous êtes mon soutien. » Elle dit aussi : « Vous êtes ma gloire. » Car elle ne s'attribue point la cause de sa grandeur, parce qu'elle sait à la grâce et à la miséricorde de qui elle la doit. « Et vous élevez ma tête, » c'est-à-dire le premier-né d'entre les morts, qui est monté au ciel. « Ma voix s'est élevée comme un cri vers le Seigneur, et il m'a exaucée du haut de sa montagne sainte. » (*Ps.* III, 5.) Telle est la prière de tous les saints, parfum de suavité qui monte vers le Seigneur. Et l'Eglise est exaucée du haut de la montagne qui est sa tête elle-même, ou des hauteurs de la justice divine, qui délivre ses élus et punit leurs persécuteurs. Que le peuple de Dieu dise donc aussi : « Je me suis endormi et je me suis livré au sommeil, et je me suis relevé parce que le Seigneur sera mon aide; » (*Ibid.*, 6) afin d'être adjoint et uni à sa tête. Car c'est à ce peuple qu'il est dit : « Levez-vous, vous qui dormez; ressuscitez d'entre les morts, et le Christ s'approchera de vous. » (*Ephés.*, V, 14.) Comme ce peuple est pris du milieu des pécheurs, dont il est écrit en général : « Ceux qui dorment, dorment pendant la nuit, » (I *Thess.*, V, 7) qu'il dise également : « Je ne

sti alio modo, id est, ut totus loquatur. Totus dico cum corpore suo, cui caput est, secundum Apostolum qui dicit : « Vos autem estis corpus Christi et membra. » (I *Cor.*, XII, 27.) Ergo ille caput est hujus corporis. Propter quod alio loco dicit : « Veritatem autem facientes in caritate, augeamur in illo per omnia, qui est caput Christus, ex quo totum corpus connexum et compactum est. » (*Ephes.*, IV, 15.) Loquitur ergo apud Prophetam simul Ecclesia, et caput ejus, inter procellas persecutionum constituta per universum orbem terrarum, quod jam contigisse scimus : « Domine, quid multiplicati sunt qui tribulant me, multi insurgunt adversum me : » (*Ps.* III, 2) Christianum nomen exterminare cupientes. « Multi dicunt animæ meæ : Non est salus illi in Deo ejus. » (*Ibid.*, 3.) Non aliter sperarent posse se perdere Ecclesiam latissime pullulantem, nisi ad Dei curam pertinere non crederent. « Tu autem Domine susceptor meus es : » (*Ibid.*, 4) in Christo utique. Nam in illo homine et Ecclesia suscepta est a Verbo, quod « caro factum est, et habitavit in nobis : » (*Joan.*, I, 14) quia et in cœlestibus nos sedere fecit una cum illo. (*Ephes.*, II, 6.) Præcedente enim capite, membra cætera consequentur. « Quis enim nos separabit a caritate Christi? » (*Rom.*, VIII, 35.) Recte ergo dicit etiam Ecclesia : « Susceptor meus es. Gloria mea. » Non enim sibi tribuit quod excellit, quam intelligit cujus gratia et misericordia talis est. « Et exaltans caput meum. » Ipsum scilicet qui primogenitus a mortuis ascendit in cœlum. « Voce mea ad Dominum clamavi, et exaudivit me de monte sancto suo. » (*Ps.* III, 5.) Hæc est oratio omnium sanctorum, odor suavitatis qui ascendit in conspectu Domini. Jam enim exauditur Ecclesia de ipso monte, quod etiam caput ejus est : vel de illa justitia Dei, qua et liberantur electi ejus, et persecutores eorum puniuntur. Dicat populus Dei etiam illud : « Ego dormivi, et somnum cepi; et exsurrexi, quoniam Dominus suscipiet me : » (*Ibid.*, 6) ut adjungatur et cohæreat capiti suo. Huic enim populo dictum est : « Surge qui dormis, et exsurge a mortuis, et (a) continget te Christus. » (*Ephes.*, V, 14.) Quoniam de peccatoribus assumptus est : de quibus generaliter dictum est : « Qui autem dormiunt, nocte dormiunt. » (I *Thess.*, V, 7.) Dicat etiam : « Non timebo millia populi circumdantis me : » (*Ps.* III, 7) circumvallantium scilicet gentium, ad

(a) Pro ἐπιφαύσει *illuminabit*, legebat ἐφάψεται *continget*.

craindrai pas la foule de peuple qui m'entoure; » (*Ps.* III, 7) c'est-à-dire la foule des nations qui tracent autour de lui des circonvallations, pour détruire partout, si elles le pouvaient, le nom chrétien. Mais comment craindre ces nations, quand, en Jésus-Christ, l'ardeur de la charité s'enflamme dans le sang des martyrs comme le feu dans l'huile? « Levez-vous, Seigneur, sauvez-moi, ô mon Dieu. » (*Ibid.*) C'est là ce que le corps peut dire à la tête; en effet, il a été sauvé, lorsqu'elle est ressuscitée et montée au ciel, enchaînant à son triomphe les captifs du péché, et comblant les hommes de ses dons. (*Ps.* LXVII, 19.) Toutes ces choses dites par le prophète sont restées des événements à venir, jusqu'au jour où Notre-Seigneur a été attiré sur terre par la moisson venue à maturité, dont parle l'Evangile (*Matth.*, IX, 37), et dont le salut est dans la résurrection de celui qui a daigné mourir pour nous. « Parce que vous avez frappé tous ceux qui m'ont attaqué sans cause, vous avez brisé les dents des pécheurs. » (*Ibid.* III, 8.) Par le règne de l'Eglise, les ennemis du nom chrétien ont été frappés de confusion, leurs outrages et leur domination ont été réduits à néant. O homme, croyez donc que « le salut vient du Seigneur; » et vous, ô Seigneur, « faites descendre votre bénédiction sur votre peuple. » (*Ibid.*, 9.)

10. (1) Chacun de nous peut dire aussi, lors-

(1) Interprétation tropologique ou morale.

que la foule des vices et des convoitises veut entraîner l'âme, malgré sa résistance, sous le joug du péché : « Seigneur, pourquoi ceux qui me donnent des tribulations se sont-ils multipliés? Beaucoup s'élèvent contre moi. » (*Ibid.*, 2.) Et le plus souvent, devant un tel amas de vices, le désespoir de rester sains se glisse dans nos âmes, dont ces mêmes vices semblent triompher orgueilleusement; ou encore ce désespoir est produit en nous par les funestes suggestions du démon et de ses anges; alors nous pouvons nous écrier en toute vérité : « Beaucoup disent à mon âme qu'il n'y a point de salut pour elle dans son Dieu. » (*Ibid.*, 3.) Mais, Seigneur, « vous êtes mon soutien. » (*Ibid.*, 4.) La source de notre espérance est en effet que Dieu a daigné se faire le soutien de la nature humaine en la personne du Christ. « Vous êtes ma gloire, » d'après ce principe que nul ne doit rien s'attribuer. « Et vous élevez ma tête, » soit le Christ qui est notre tête à tous, soit l'esprit de chacun de nous, qui est la tête de l'âme et du corps. En effet, d'une part l'homme est la tête de la femme, et le Christ est la tête de l'homme; » (I *Cor.*, XV, 54) et d'autre part l'esprit est élevé, quand on peut dire : « Je suis soumis par l'esprit à la loi de Dieu, » (*Rom.*, VII, 25) de telle sorte que les autres puissances de l'homme soient purifiées et soumises, au point que, la

---

exstinguendum nomen, si possent, ubicumque Christianum. Sed quomodo timerentur, cum tanquam oleo sanguine martyrum in Christo ardor caritatis inflammaretur? « Exsurge Domine, salvum me fac Deus meus. » Potest hoc ipsi capiti suo corpus dicere. Illo enim exsurgente salvum factum est, « qui ascendit in altum, captivam egit captivitatem, dedit dona hominibus. » (*Ps.* LXVII, 19.) Hoc enim in prædestinatione a Propheta dicitur, quo usque ad terras Dominum nostrum, illa de qua in Evangelio dicitur, messis matura deposuit (*Matth.*, IX, 37), cujus salus est in ejus resurrectione, qui pro nobis dignatus est mori. « Quoniam tu percussisti omnes adversarios mihi sine causa, dentes peccatorum contrivisti. » (*Ps.* III, 8.) Jam regnante Ecclesia, inimici nominis Christiani confusione percussi sunt, et sive maledica verba eorum, sive principatus in irritum deducti. Credite ergo homines, quod « Domini est salus : et, tu Domine, sit super populum tuum benedictio tua. » (*Ibid.*, 9.)

10. Potest etiam unusquisque nostrum dicere cum

(*a*) Ita Colbertinus codex. Alii vero Mss. et editi ferunt *peccata*.

vitiorum et cupiditatum multitudo resistentem mentem ducit in lege peccati : « Domine, quid multiplicati sunt qui tribulant me, multi insurgunt adversum me. » (*Ibid.*, 2.) Et quoniam plerumque coacervatione vitiorum subrepit desperatio sanitatis, tanquam ipsis vitiis insultantibus animæ, vel etiam diabolo et angelis ejus per noxias suggestiones, ut desperemus, operantibus; verissime dicitur : « Multi dicunt animæ meæ : Non est salus illi in Deo ejus. » (*Ibid.*, 3.) « Tu autem Domine susceptor meus es. » (*Ibid.*, 4.) Hæc enim spes est, quod naturam humanam in Christo suscipere dignatus est. « Gloria mea : » ex illa regula, ne quis sibi aliquid tribuat. « Et exaltans caput meum : » sive ipsum qui omnium nostrum caput est, sive uniuscujusque nostrum spiritum, quod caput est animæ et carnis. « Caput enim mulieris vir, et caput viri Christus. » (I *Cor.*, II, 3.) Exaltatur autem mens, cum jam dici potest, « Mente servio legi Dei : » (*Rom.*, VII, 25) ut cætera hominis (*a*) pacata subdantur, cum jam carnis resurrectione

chair étant déjà comme ressuscitée, la mort se trouve absorbée dans ce triomphe. « Ma voix s'est élevée comme un cri vers le Seigneur, » (I *Cor.*, xv, 44) voix intérieure, cri le plus puissant. « Et il m'a exaucé du haut de sa montagne sainte ; » (*Ps.* III, 5) c'est-à-dire de celui par qui il nous a porté secours, et grâce à la médiation duquel il nous exauce. « Je me suis endormi et je me suis livré au sommeil ; et je me suis relevé, parce que le Seigneur sera mon aide. » (*Ibid.*, 6.) Quel fidèle n'a le droit de tenir ce langage, lorsqu'il se rappelle la mort de ses péchés et le don de sa régénération ? « Je ne craindrai pas la foule de peuple qui m'entoure. » (*Ibid.*, 7.) Outre les épreuves que l'Eglise entière a souffertes et souffre encore, chacun de nous a ses tentations qui l'assiégent ; qu'il dise alors : « Levez-vous, Seigneur, sauvez-moi, ô mon Dieu ; » (*Ibid.*) c'est-à-dire : Faites que je me lève. « Parce que vous avez frappé tous ceux qui m'ont attaqué sans cause. » (*Ibid.*, 9.) C'est une prédiction pleine de vérité sur le démon et ses anges, qui ne s'attaquent pas seulement à tout le corps de Jésus-Christ, mais séparément encore à chacun de ses membres. « Vous avez brisé les dents des pécheurs. » (*Ibid.*) Chacun a des ennemis qui l'outragent par leurs paroles ; chacun a près de lui des conseillers de vices qui s'efforcent de le détacher du corps de Jésus-Christ. Mais « le salut vient du Seigneur. » (*Ibid.*) Il faut craindre l'orgueil et dire : « Mon âme s'est attachée à votre suite. » (xvi, 9.) « Et que votre bénédiction descende sur votre peuple, » c'est-à-dire sur chacun de nous.

DISCOURS SUR LE PSAUME IVe.

Pour la fin : Psaume cantique de David. (Ps. IV, 1.)

1. « Le Christ est la fin de la loi, pour la justification de quiconque croit en lui. » (*Rom.*, x, 4.) Ici la fin signifie la perfection et non la destruction. On peut se demander si tout cantique est un psaume, ou plutôt si tout psaume est un cantique ; ou encore s'il y a des cantiques qu'on ne puisse nommer des psaumes, et des psaumes qu'on ne puisse nommer des cantiques. Mais, d'après les Ecritures, le cantique n'est-il point un chant de joie ? On donne, au contraire, le nom de psaume à tout ce qui se chante avec le psaltérion, instrument dont l'histoire, nous révélant ici un grand mystère, enseigne que David se servait. (I *Par.*, XIII, 8, et XVI, 5.) Ce n'est pas le lieu de disserter sur ce sujet, qui demanderait de longues recherches et une discussion étendue : pour le moment, nous trouverons dans ce psaume des paroles qui conviennent ou à l'Homme-Dieu après sa résurrection, 'ou à l'homme qui appartient à l'Eglise et qui croit et espère en lui.

---

absorbetur mors in victoriam. (I *Cor.*, xv, 54.) « Voce mea ad Dominum clamavi : » (*Ps.* III, 5) voce illa intima et intentissima. « Et exaudivit me de monte sancto suo : » de ipso per quem nobis subvenit, et quo mediatore nos exaudit : « Ego dormivi, et somnum cepi ; et exsurrexi, quoniam Dominus suscipiet me. » (*Ibid.*, 6.) Quis hoc non potest fidelium dicere, recolens mortem peccatorum suorum, et donum regenerationis ? « Non timebo millia populi circumdantis me. » (*Ibid.*, 7.) Exceptis his quæ universaliter Ecclesia sustinuit et sustinet, habet etiam unusquisque tentationes, quibus circumvallatus hæc dicat. « Exsurge Domine, salvum me fac Deus meus : » hoc est : Fac me exsurgere. « Quoniam tu percussisti omnes adversantes mihi sine causa : » (*Ibid.*, 8) recte in prædestinatione dicitur de diabolo et angelis ejus : qui non solum in totum Christi corpus, sed etiam in singulos quosque privatim sæviunt. « Dentes peccatorum contrivisti. » Habet unusquisque maledicentes sibi : habet etiam vitiorum auctores conantes eum a Christi corpore præcidere. Sed « Domini est salus. » (*Ibid.*, 9.) Cavenda superbia est, et dicendum : « Adhæsit anima mea post te. » (*Ps.* LXII, 9.) « Et super populum tuum benedictio tua : » hoc est super unumquemque nostrum.

IN PSALMUM IV ENARRATIO.

In finem : Psalmus canticum David. (Ps. IV, 1.)

1. « Finis legis Christus ad justitiam omni credenti. » (*Rom.*, x, 4.) Hic enim finis perfectionem significat, non consumptionem. Utrum autem omne Canticum Psalmus sit, an potius omnis Psalmus Canticum : an sint quædam Cantica quæ non possint dici Psalmi, et quidam Psalmi qui non possint dici Cantica, quæri potest. Sed animadvertendæ Scripturæ sunt, ne forte Canticum lætitiam indicet. Psalmi autem dicuntur, qui cantantur ad Psalterium : quo usum esse David prophetam, in magno mysterio prodit historia. (I *Par.*, XIII, 8, et XVI, 5.) De qua re non est hic disserendi locus : quia diuturnam inquisitionem et longam disputationem desiderat. Nunc interim aut verba Dominici hominis post resurrectionem expectare debemus, aut hominis in Ecclesia credentis et sperantis in eum.

2. « Le Dieu de ma justice m'a exaucé dans le temps que je l'invoquais. » (*Ps.* IV, 2.) Le Dieu de qui je tiens ma justice m'a exaucé, dit-il, lorsque je l'ai invoqué. « Quand j'étais dans la tribulation, vous m'avez dilaté. » (*Ibid.*) Vous m'avez conduit des angoisses de la tristesse à la dilatation de la joie ; car les tribulations et l'angoisse s'emparent de l'âme de tout homme qui fait le mal. (*Rom.*, II, 9.) Mais celui qui dit : « Nous nous réjouissons dans la tribulation, sachant qu'elle produit la patience,... » et le reste jusqu'à ces mots : « Parce que l'amour de Dieu a été répandu dans nos cœurs par l'Esprit saint qui nous a été donné ; » (*Rom.*, V, 3) celui-là ne ressent point les angoisses de l'âme, malgré toutes les tentations extérieures de ses persécuteurs. Si le changement de personne qui, de la troisième « il m'a exaucé, » passe subitement à la seconde « vous m'avez dilaté, » n'a point été fait pour la variété et l'agrément du style, il serait étonnant que le prophète eût voulu d'abord apprendre aux hommes qu'il avait été exaucé, et interpeller ensuite celui qui l'avait ainsi écouté. A moins qu'en exprimant comment il avait été exaucé par la dilatation de son cœur, il n'ait préféré de s'adresser directement à Dieu. C'était montrer, de cette manière, ce que c'est d'avoir le cœur dilaté, c'est-à-dire de posséder Dieu déjà dans le fond de son cœur et de s'y entretenir avec lui. Cela s'entend avec raison de celui qui croyant en Jésus-Christ est éclairé de sa lumière ; mais je ne vois pas comment ces paroles pourraient convenir à la personne de l'Homme-Dieu, en qui est incarnée la Sagesse de Dieu, car elle ne l'a jamais abandonnée. Mais de même que la prière du Christ serait surtout alors un indice de notre faiblesse, ainsi le Seigneur peut parler de la sorte de la dilatation soudaine du cœur, à l'égard de ses fidèles dont il a pris le rôle lorsqu'il a dit : « J'ai eu faim, et vous ne m'avez pas donné à manger ; j'ai eu soif et vous ne m'avez pas donné à boire, » (*Matth.*, XXV, 23) et le reste. Il peut donc dire : « Vous m'avez dilaté, » au nom de l'un de ses serviteurs parlant à Dieu et portant dans le cœur la charité divine, versée en lui par l'Esprit saint qui nous a été donné. » (*Rom.*, V, 5.) « Ayez pitié de moi et exaucez ma prière. » (*Ps.* IV, 2.) Pourquoi prie-t-il de nouveau, après avoir indiqué déjà qu'il avait été exaucé et dilaté ? Est-ce à cause de nous dont il est dit : « Si nous espérons ce que nous ne voyons pas, nous l'attendons par la patience ? » (*Rom.*, VIII, 25.) Ou bien, est-ce pour voir achever dans celui qui a cru ce qui est commencé ?

3. « Enfants des hommes, jusques à quand aurez-vous le cœur appesanti ? » (*Ps.* IV, 3.) Quand votre erreur, dit-il, aurait duré jusqu'à

---

2. « Cum invocarem, exaudivit me Deus justitiæ meæ. » (*Ps.* IV, 2.) Cum invocarem, exaudivit me Deus, inquit, a quo est justitia mea. « In tribulatione dilatasti mihi. » Ab angustiis tristitiæ, in latitudinem gaudiorum me duxisti. « Tribulatio enim et angustia in omnem animam hominis operantis malum. » (*Rom.*, II, 9.) Qui autem dicit, « Gaudemus in tribulationibus, scientes quoniam tribulatio patientiam operatur ; » usque ad illud ubi ait, « Quoniam caritas Dei diffusa est in cordibus nostris per Spiritum sanctum, qui datus est nobis : » (*Rom.*, V, 3) non habet cordis angustias, quamvis extrinsecus a persequentibus ingerantur. Mutatio autem personæ, quod a tertia, ubi ait : « exaudivit, » statim transiit ad secundam, ubi ait, « dilatasti mihi, » si non varietatis ac suavitatis causa facta est : mirum cur primum tanquam indicare voluit hominibus exauditum se esse, et postea compellare exauditorem suum. Nisi forte cum indicasset quemadmodum exauditus sit in ipsa dilatatione cordis, maluit cum Deo loqui : ut etiam hoc modo ostenderet quid sit corde dilatari, id est, jam cordi habere infusum Deum, cum quo intrinsecus colloquatur. Quod in persona ejus qui credens in Christum illuminatus est, recte accipitur : in ipsius autem Dominici hominis, quem suscepit Dei Sapientia, non video quemadmodum hoc possit congruere. Non enim ab ea aliquando desertus est. Sed quemadmodum ipsa ejus deprecatio, nostræ potius infirmitatis indicium est : sic etiam de ista repentina dilatatione cordis potest idem Dominus pro fidelibus suis loqui : quorum personam sibi imposuit etiam cum ait : « Esurivi, et non cibastis me ; sitivi, et potum non dedistis mihi, » (*Matth.*, XXV, 35) et cætera. Quare hic quoque potest dicere : « Dilatasti mihi, » pro uno ex minimis suis colloquente cum Deo, cujus caritatem diffusam habet in corde per Spiritum sanctum, qui datus est nobis. (*Rom.*, V, 5.) « Miserere mei, et exaudi orationem meam. » (*Psal.* IV, 2.) Cur iterum rogat, cum jam se exauditum et dilatatum indicaverit ? An propter nos, de quibus dicitur : « Si autem quod non videmus speramus, per patientiam expectamus : » (*Rom.*, VIII, 25) aut ut in illo qui credidit perficiatur quod inchoatum est ?

3. « Filii hominum usque quo graves corde. » (*Psal.* IV, 3.) Saltem usque in adventum, inquit, Filii Dei vester error duraverit : quid ergo ultra graves

l'arrivée du Fils de Dieu, d'où vient ensuite cet appesantissement de vos cœurs? Quand cesserez-vous d'être trompés, si vous l'êtes encore en présence même de la vérité? « Pourquoi aimez-vous la vanité et cherchez-vous le mensonge? » (*Ibid.*) Pourquoi chercher le bonheur dans des choses si misérables? Le bonheur n'est donné que par la seule vérité, de qui tout ce qui vient est vrai. « Car la vanité est le partage de ceux qui sont vains, et tout est vanité. Quels biens l'homme retire-t-il de tout le travail auquel il se livre sous le soleil? » (*Ecclés.*, I, 2.) Pourquoi donc êtes-vous esclave de l'amour des choses temporelles? Pourquoi poursuivez-vous les dernières choses, comme si elles étaient les premiers biens? Ce n'est là que vanité et mensonge; car vous désirez posséder d'une manière durable des choses qui passent comme l'ombre. « Et sachez que le Seigneur a rendu son saint admirable. » (*Ps.* IV, 4.) Quel est-il, sinon celui qu'il a ressuscité d'entre les morts et placé à sa droite dans le ciel? Les hommes sont donc adjurés de se convertir à lui, en répudiant l'amour de ce monde. Si quelqu'un s'étonne de l'addition de la conjonction : « Et sachez, » il lui sera facile de remarquer combien cette manière de parler est familière à la langue dont les prophètes se sont servis. Souvent, en effet, la phrase commence ainsi : Et le Seigneur lui dit... « Et le Seigneur lui adressa sa parole... » (*Ezéch.*, I, 1.) Ce lien d'une conjonction, alors que nulle phrase ne précède, à laquelle la pensée suivante puisse se rattacher, est peut-être un admirable moyen de nous insinuer le rapport intime de la vérité manifestée par la parole, avec la vision qui en est produite dans le cœur. Ici cependant on peut dire que la première phrase : « Pourquoi aimez-vous la vanité et cherchez-vous le mensonge, » signifie : Gardez-vous d'aimer la vanité et de chercher le mensonge. Dans cette hypothèse, la seconde phrase : « Et sachez que le Seigneur a rendu son saint admirable, » s'enchaîne à la précédente avec une parfaite correction. Mais le « Diapsalma » interposé entre ces deux phrases défend de les unir de la sorte. Que ce mot soit, selon la pensée de quelques-uns, une expression hébraïque signifiant qu'il en soit ainsi, ou qu'il soit un mot grec désignant une pause dans la psalmodie ; de telle sorte que l'on entende par Psalma les paroles à psalmodier, et par Diapsalma le silence qui partage le chant ; de sorte encore que, comme on appelle Sympsalma les mots que le chant doit unir, de même le Diapsalma serve à les séparer et à indiquer un certain repos pendant cette interruption ; quoi qu'il en soit de l'une ou de l'autre de ces opinions, ou même de toute autre, une chose est du moins probable, c'est

---

corde estis? Quando habituri finem fallaciarum, si (*a*) veritate præsente non habetis? « Ut quid diligitis vanitatem, et quæritis mendacium? » Ut quid vultis beati esse de infimis? Sola veritas facit beatos, ex qua vera sunt omnia. « Nam vanitas est vanitantium, et omnia vanitas. » (*Eccle.*, X, 2.) Quæ abundantia homini in omni labore suo, quo ipse laborat sub sole? Ut quid ergo temporalium rerum amore detinemini? Ut quid tanquam prima, extrema sectamini, quod est vanitas et mendacium? Cupitis enim permanere vobiscum, quæ omnia transeunt tanquam umbra.

4. « Et scitote quoniam admirabilem fecit Dominus sanctum suum. » (*Psal.* IV, 4.) Quem, nisi cum quem suscitavit ab inferis, et in cœlo ad dexteram collocavit? Increpatur ergo genus humanum, ut ad cum se tandem ab hujus mundi amore convertat. Sed si quem movet conjunctio superaddita, quod ait : « Et scitote : » facile est ut in Scripturis animadvertat hujus locutionis genus familiare esse illi linguæ, qua Prophetæ locuti sunt. Nam sæpe invenis ita cœptum : « Et dixit Dominus ad illum : Et factum est verbum Domini ad illum. » (*Ezech.*, I, 1.) Quæ junctura conjunctionis, cum sententia non præcesserit, cui sequens annectatur, mirabiliter fortassis insinuat, prolationem veritatis in voce cum ea visione quæ fit in corde esse conjunctam. Quanquam hic dici possit, quod superior sententia : « Ut quid diligitis vanitatem, et quæritis mendacium, » ita posita est, ac si diceretur : Nolite diligere vanitatem, et quærere mendacium. Quo ita posito, rectissima locutione sequitur : « Et scitote quoniam admirabilem fecit Dominus sanctum suum. » Sed interpositum « Diapsalma, » vetat istam cum superiore conjungi. Sive enim Hebræum verbum sit, sicut quidam volunt, quo significatur Fiat : sive Græcum, quo significatur intervallum psallendi ; ut Psalma sit quod psallitur, Diapsalma vero interpositum in psallendo silentium : ut quemadmodum Sympsalma dicitur vocum copulatio in cantando, ita Diapsalma disjunctio earum, ubi quædam requies disjunctæ continuationis ostenditur : sive ergo illud, sive hoc, sive aliud aliquid sit,

---

(*a*) Duodecim Mss. *si veritatis præsentia.*

qu'il n'est pas exact de poursuivre et d'unir le sens, entre deux phrases séparées par le Diapsalma.

5. « Le Seigneur m'exaucera, quand je crierai vers lui. » (*Ibid.*, 4.) Je crois qu'ici nous sommes avertis d'implorer le secours de Dieu de toutes les forces de notre cœur, c'est-à-dire par un cri de l'âme auquel le corps n'a point de part. Mais de même qu'en cette vie nous devons nous féliciter d'avoir reçu la lumière de Jésus-Christ, de même nous devons prier pour obtenir le repos après cette vie. Recevons donc cet avis ou de la bouche du fidèle prophète de Dieu, ou de la bouche du Seigneur lui-même, et comprenons-le dans ces termes : Le Seigneur vous exaucera, quand vous crierez vers lui.

6. « Mettez-vous en colère, et gardez-vous de pécher. » (*Ibid.*, 5.) La pensée qui se présentait d'elle-même était celle-ci : Qui est digne d'être exaucé, ou comment le pécheur ne crie-t-il point inutilement vers le Seigneur? C'est pourquoi le prophète dit : « Mettez-vous en colère et gardez-vous de pécher. » Ces paroles peuvent être comprises de deux manières : la première, si vous vous mettez en colère, gardez-vous de pécher, c'est-à-dire, s'il s'élève en notre cœur un mouvement qui ne soit point en notre pouvoir par suite du péché dont nous portons la peine, du moins que notre raison et notre esprit, régénérés intérieurement selon Dieu, n'acquiescent point à ce mouvement, afin que par l'esprit nous soyons soumis à la loi de Dieu, si par la chair nous sommes encore esclaves de la loi du péché (*Rom.*, VII, 25); la seconde, faites pénitence, c'est-à-dire, mettez-vous en colère contre vous à cause de vos péchés passés, et cessez ensuite de pécher. « Ce que vous dites dans votre cœur; » l'impératif, dites, est ici sous-entendu, et la phrase complète est celle-ci : Ce que vous dites, dites-le dans votre cœur, et par conséquent gardez-vous d'être le peuple dont il est écrit : « Ils me glorifient des lèvres, mais leur cœur est loin de moi. » (*Is.*, XXIX, 13.) « Soyez touchés de componction dans le repos de vos lits; » ce qui revient à l'expression précédente « dans votre cœur. » En effet, c'est de ce lit que Dieu a parlé en nous avertissant de prier à portes fermées. Les mots « soyez touchés de componction » se rapportent à la douleur de la pénitence, l'âme se punissant elle-même par la componction, afin d'éviter au jugement de Dieu sa condamnation et son châtiment; ou bien ils sont comme des aiguillons destinés à nous tirer du sommeil, afin que nous voyions la lumière du Christ. Quelques-uns disent qu'ils ne faut point lire « soyez touchés de componction, » mais plutôt « ouvrez vos cœurs, » parce que dans le Psautier grec se trouve l'expression κατανύγητε, laquelle s'applique à la dilatation du cœur, nécessaire pour recevoir l'effusion

---

carte illud probabile est, non recte continuari et conjungi sensum, ubi Diapsalma interponitur.

5. « Dominus exaudiet me, dum clamavero ad eum. » (*Psal.* IV, 4.) Hic nos admoneri credo, ut magna intentione cordis, id est, interno et incorporeo clamore auxilium imploremus Dei. Quoniam sicut gratulandum est de illuminatione in hac vita, ita orandum pro requie post hanc vitam. Quapropter aut ex persona fidelis evangelizantis, aut ex ipsius Domini, sic accipiendum est, ac si dictum sit : Dominus exaudiet vos, dum clamaveritis ad eum.

6. (a) « Irascimini, et nolite peccare. » (*Ibid.*, 5.) Occurrebat enim, Quis est dignus exaudiri, aut quomodo non frustra clamat peccator ad Dominum? Ergo « Irascimini, inquit, et nolite peccare. » Quod duobus modis intelligi potest : aut, Etiam si irascimini, nolite peccare, id est : Etiam si surgit motus animi, qui jam propter pœnam peccati non est in potestate, saltem ei non consentiat ratio et mens, quæ intus regenerata est secundum Deum, « ut mente serviamus legi Dei, si adhuc carne servimus legi peccati : » (*Rom.*, VII, 25) aut : Agite pœnitentiam, id est, irascimini vobis ipsis de præteritis peccatis, et ulterius peccare desinite. « Quæ dicitis in cordibus vestris : » subauditur, dicite ; ut sit plena sententia : Quæ dicitis in cordibus vestris dicite, id est nolite esse populus de quo dictum est : « Labiis me honorant, cor autem eorum longe est a me. » (*Is.*, XXIX, 13.) « In cubilibus vestris compungimini. » Hoc est quod jam dictum est, « in cordibus. » Hæc enim sunt cubilia, de quibus et Dominus monet, ut intus oremus clausis ostiis. (*Matth.*, VI, 6.) « Compungimini » autem, aut ad pœnitentiæ dolorem refertur, ut seipsam anima puniens compungat, ne in Dei judicio damnata torqueatur : aut ad excitationem, ut evigilemus ad videndam lucem Christi, tamquam stimulis adhibitis. Nonnulli autem non « compungimini, » sed « aperimini, » dicunt melius legi : quoniam in Græco psalterio est κατανύγητε, quod refertur ad illam dilatationem cordis, ut

(a) De eodem vers. 5, vide præfat. ad II. Enarrat. Psal. XXV.

de la charité dont l'Esprit saint est l'auteur.

7. « Offrez un sacrifice de justice, et espérez dans le Seigneur. » (*Ps.* IV, 7.) Le prophète dit dans un autre psaume : « Un esprit contrit est un sacrifice digne de Dieu. » (*Ps.* L, 19.) Aussi n'est-ce pas sans raison que l'on peut entendre ici, par sacrifice de justice, celui qui se fait par la pénitence. Quoi de plus juste en effet, sinon que chacun s'irrite contre ses propres péchés plutôt que contre ceux d'autrui, et s'immole devant Dieu en se punissant soi-même? Ou encore, le sacrifice de justice ne peut-il consister dans les œuvres de justice accomplies après la pénitence? Peut-être, en effet, le Diapsalma placé avant ces paroles nous insinue-t-il le passage de la vie ancienne à la vie nouvelle ; afin que le vieil homme étant mort ou réduit à l'impuissance par la pénitence, un sacrifice de justice, tel qu'il convient à la régénération du nouvel homme, soit présenté à Dieu ; ce qui se fait, quand l'âme déjà purifiée s'offre et se place sur l'autel de la foi, pour y être consumée par le feu divin, c'est-à-dire par l'Esprit saint. Le sens de ces paroles « offrez un sacrifice de justice et espérez dans le Seigneur, » serait donc : Vivez dans la justice et espérez de recevoir l'Esprit saint ; afin que la vérité, à laquelle vous avez cru, vous éclaire.

8. Mais nous employons ces paroles : « espérez dans le Seigneur, » sans les avoir encore expliquées. Or, qu'espère-t-on, si ce n'est ce qui est un bien? Mais, comme chacun veut obtenir de Dieu à titre de bien ce qu'il aime, et comme il est rare de trouver des hommes qui aiment les biens intérieurs, c'est-à-dire, ceux qui appartiennent à l'homme intérieur, les seuls que l'on doive aimer, tandis qu'il faut user des autres pour la nécessité et non pour le plaisir ; le prophète, après avoir dit : « Espérez dans le Seigneur, » ajoute admirablement : « Beaucoup disent : Qui nous montrera les biens? » (*Ps.* IV, 6.) Ce discours, cette question se trouve chaque jour dans la bouche de tous les insensés et de tous les méchants. D'une part, ils désirent la paix et la tranquillité dans cette vie du siècle, et à cause de la perversité du genre humain ils ne l'y trouvent pas ; alors, aveugles qu'ils sont, ils osent accuser l'ordre des choses, et, s'enveloppant dans leurs mérites, ils croient que leur temps est pire que les temps anciens. D'un autre côté, ils doutent et désespèrent de la vie future qui nous est promise, et ils répètent : Qui sait si cela est vrai? Qui est revenu du tombeau pour nous dire ce qui en est? C'est pourquoi le prophète montre magnifiquement et en peu de mots, mais à ceux-là seulement qui voient des yeux intérieurs, quels sont les biens qu'il faut rechercher, en répondant à la question « qui nous montrera les biens, » par ces paroles : « La lumière de votre visage est empreinte sur nous,

---

excipiatur diffusio caritatis per Spiritum sanctum.

7. « Sacrificate sacrificium justitiæ, et sperate in Domino. » (*Psal.* IV, 6.) Idem dicit in alio psalmo : « Sacrificium Deo, spiritus contribulatus. » (*Psal.* L, 19.) Quare non absurde hic accipitur ipsum esse sacrificium justitiæ, quod fit per pœnitentiam. Quid enim justius, quam ut suis unusquisque peccatis, quam alienis potius irascatur, seque ipsum puniens mactet Deo? An sacrificium justitiæ opera justa sunt post pœnitentiam? Nam et interpositum « Diapsalma, » non absurde fortassis insinuat etiam transitum de vita veteri, ad vitam novam : ut exstincto vel infirmato per pœnitentiam vetere homine, sacrificium justitiæ secundum regenerationem novi hominis offeratur Deo, cum se offert ipsa anima jam abluta, et imponit in altare fidei, divino igne, id est, Spiritu sancto comprehendenda : ut iste sit sensus : « Sacrificate sacrificium justitiæ, et sperate in Domino, » id est : Recte vivite, et sperate donum Spiritus sancti, ut vos veritas, cui credidistis, illustret.

8. Sed tamen : « Sperate in Domino, » clause adhuc dictum est. Sperantur autem quæ, nisi bona? Sed quia unusquisque id bonum vult a Deo impetrare quod diligit, nec facile inveniuntur qui diligant bona interiora, id est, ad interiorem hominem pertinentia, quæ sola diligenda sunt, cæteris autem ad necessitatem utendum, non ad gaudium perfruendum : admirabiliter, cum dixisset : « Sperate in Domino, » subjecit : « Multi dicunt : Quis ostendit nobis bona? » Qui sermo, et quæ interrogatio quotidiana est omnium stultorum et iniquorum, sive pacem et tranquillitatem vitæ sæcularis desiderantium, et propter perversitatem generis humani non invenientium ; qui etiam cæci accusare audent ordinem rerum, cum involuti meritis suis putant tempora esse pejora quam præterita fuerunt : sive de ipsa futura vita, quæ nobis promittitur, dubitantium vel desperantium, qui sæpe dicunt : Quis novit si vera sunt, aut quis venit ab inferis, ut ista nuntiaret? Magnifice igitur et breviter, sed intrinsecus videntibus, ostendit quæ bona quærenda sint, respondens illorum interrogationi, qui dicunt : « Quis

Seigneur. » (*Ibid.*, 7.) Cette lumière est tout le bien et le vrai bien de l'homme, visible non pour les yeux mais pour l'esprit. Cette lumière « est empreinte sur nous, » veut-il dire, comme l'effigie du roi sur un denier. Car l'homme a été fait à l'image et à la ressemblance de Dieu (*Gen.*, 1, 26), ressemblance qu'il a détruite par le péché : son vrai bien, son bien éternel, est donc de recevoir de nouveau cette empreinte par une seconde naissance. Je crois, ainsi que le font avec raison d'autres interprètes, que c'est à cela que se rapportent les paroles du Seigneur, quand, après avoir regardé un denier de César, il dit : « Rendez à César ce qui est à César, et à Dieu ce qui est à Dieu. » (*Matth.*, xxii, 21.) C'est comme s'il avait dit : César réclame de vous l'empreinte de son image, et Dieu également; de même que cette monnaie doit être rendue à César, ainsi l'âme éclairée et marquée de la lumière du visage de Dieu doit être rendue à Dieu. « Vous avez répandu la joie dans mon cœur. » (*Ps.* iv, 7.) Ce n'est donc point au dehors que ceux-là doivent chercher la joie, qui ont encore le cœur appesanti, qui aiment la vanité et qui poursuivent le mensonge, mais au dedans, où est empreinte la lumière du visage de Dieu. Car, dit l'Apôtre, « le Christ habite dans l'homme intérieur, » (*Ephés.*, iii, 17) et puisque le Christ a dit : « Je suis la vérité, » (*Jean*, xiv, 6) il n'appartient qu'à l'homme intérieur de le contempler. D'ailleurs, quand le Christ faisait entendre sa parole à l'Apôtre, selon le témoignage de celui-ci : « Est-ce que vous voulez éprouver la puissance du Christ qui parle en moi? » (II *Cor.*, xiii, 3) il est évident qu'il ne lui parlait pas au dehors, mais au fond du cœur, dans cette place fermée où il faut prier. (*Matth.*, vi, 6.)

9. Mais les hommes avides des choses temporelles, et certes ils sont nombreux, ne savent que dire : « Qui nous montrera les biens? » parce qu'ils ne peuvent voir au dedans d'eux-mêmes les biens vrais et certains. Aussi est-ce avec grande raison que le Prophète ajoute à leur égard : « Ils se sont accrus au temps de la récolte de leur blé, de leur vin et de leur huile. » (*Ps.* iv, 8.) Ce n'est pas inutilement que le mot « leur » a été ajouté. Il y a en effet le froment de Dieu, car il y a un pain vivant, descendu des cieux. (*Jean*, vii, 51.) Il y a aussi le vin de Dieu, car le Prophète a dit : « Ils seront enivrés par l'abondance de votre maison. » (*Ps.* xxxv, 9.) Il y a encore l'huile de Dieu dont il est dit : « Vous avez oint ma tête d'une huile sacrée. » (*Ps.* xxii, 5.) Mais ceux qui disent : « Qui nous montrera les biens? » et qui ne voient pas au dedans d'eux le royaume des cieux (*Luc*, xvii, 22),

---

ostendit nobis bona. Signatum est, inquit, in nobis lumen vultus tui, Domine. » (*Ibid.*, 7.) Hoc lumen est totum hominis et verum bonum, quod non oculis, sed mente conspicitur. « Signatum » autem dixit « in nobis, » tanquam denarius signatur regis imagine. Homo enim factus est ad imaginem et similitudinem Dei (*Gen.*, 1, 26) : bonum ergo ejus est verum atque æternum, si renascendo signetur. Et ad hoc credo pertinere, quod quidam prudenter intelligunt, illud quod Dominus viso Cæsaris nummo ait : « Reddite Cæsari quod Cæsaris est, et Deo quod Dei est. » (*Matth.*, xxii, 21.) Tanquam si diceret : Quemadmodum Cæsar a vobis exigit impressionem imaginis suæ, sic et Deus : ut quemadmodum illi redditur nummus, sic Deo anima lumine vultus ejus illustrata atque signata. « Dedisti lætitiam in cor meum. » Non ergo foris quærenda est lætitia, ab his qui adhuc graves corde diligunt vanitatem, et quærunt mendacium; sed intus ubi signatum est lumen vultus Dei. In interiore enim homine habitat Christus, ut ait Apostolus (*Ephes.*, iii, 17) : ad ipsum enim pertinet videre veritatem, cum ille dixerit : « Ego sum veritas. » (*Joan.*, xiv, 6.) Et cum loquebatur in Apostolo dicente : « An vultis experimentum ejus accipere qui in me loquitur Christus? » (II *Cor.*, xiii, 3) non ei foris utique, sed in ipso corde, id est, in illo cubili ubi orandum est, loquebatur.

9. Sed homines temporalia sectantes (*Matth.*, vi, 6), qui certe multi sunt, nihil aliud noverunt dicere, nisi : « Quis ostendit nobis bona? » cum vera et certa bona intra semetipsos videre non possint. Itaque consequenter de his rectissime dicitur, quod adjungit : « A (*a*) tempore frumenti, vini et olei sui multiplicati sunt. » (*Psal.* iv, 8.) Non enim vacat, quod additum est, « sui. » Est enim et frumentum Dei : siquidem est « panis vivus, qui de cœlo descendit. » (*Joan.*, vi, 51.) Est et vinum Dei : nam « inebriabuntur, inquit, ab ubertate domus tuæ. » (*Psal.* xxxv, 9.) Est et oleum Dei : de quo dictum est : « Impinguasti in oleo caput meum. » (*Psal.* xxii, 5.) Isti autem multi qui dicunt : « Quis ostendit nobis bona? » et regnum cœlorum intra se esse non vident (*Luc.*, xvii, 22) : « A tempore frumenti, vini et

---

(*a*) Pro ἀπὸ καρποῦ *a fructu*, legebat ἀπὸ καιροῦ, *a tempore* : sic etiam Cassiodorus.

ceux-là « se sont accrus au temps de la récolte de leur blé, de leur vin et de leur huile. » Car, l'accroissement ne produit pas toujours l'abondance, il peut produire la disette. C'est ainsi qu'une âme livrée aux voluptés temporelles se consume au feu de ses désirs incessants, sans pouvoir se rassasier; absorbée dans la multiplicité et le travail douloureux de ses pensées, elle ne peut voir le bien dans sa simplicité; c'est d'elle qu'il est dit : « Le corps qui se corrompt appesantit l'âme, et cette demeure terrestre abat l'esprit par une multitude de soins. » (*Sag.*, IX, 15.) Une telle âme, agitée par les vicissitudes et les changements des biens temporels, c'est-à-dire remplie des embarras innombrables qui lui viennent de la récolte de son blé, de son vin et de son huile, éprouve une sorte de plénitude qui l'empêche d'accomplir le précepte : « Ayez sur Dieu des sentiments dignes de lui, et cherchez-le avec un cœur simple. » (*Sag.*, I, 1.) Or, la multiplicité des soins est entièrement contraire à la simplicité. C'est pourquoi, se séparant de ce grand nombre d'hommes qui ne sont remplis que du désir des biens temporels, et qui disent : « Qui nous montrera les biens ? » biens qu'on doit rechercher, non point au dehors par les yeux corporels, mais au dedans par la simplicité du cœur, l'homme fidèle se réjouit et dit : « Je m'endormirai et je goûterai le sommeil en paix. » (*Ps.* IV, 9.) Les hommes fidèles sont, en effet, fondés à espérer une entière séparation des choses périssables et un oubli complet des misères du siècle, avantages heureusement désignés par les expressions prophétiques d'assoupissement et de sommeil, qui nous révèlent une paix dont nulle tempête ne pourra troubler la profondeur. Mais c'est là un bien qu'on ne peut posséder en cette vie, et que nous espérons obtenir en l'autre. Nous trouvons cette indication dans les mots eux-mêmes qui sont au futur. Car il n'est pas dit, je me suis endormi et j'ai goûté le sommeil, ni je m'endors et je goûte le sommeil, mais : « Je m'endormirai et je goûterai le sommeil. » Alors, cette nature corruptible sera revêtue d'incorruptibilité, et cette nature mortelle sera revêtue d'immortalité; alors la mort sera absorbée dans ce triomphe. (I *Cor.*, XV, 54.) C'est à ce sujet qu'il a été dit : « Si nous espérons ce que nous ne voyons pas, nous l'attendons avec patience. » (*Rom.*, VIII, 25.)

10. C'est pourquoi le Prophète ajoute avec raison cette dernière pensée : « Parce que, Seigneur, vous m'avez fait vivre tout particulièrement dans l'espérance. » (*Ps.* IV, 10.) Il n'a point dit ici vous ferez, mais « vous avez fait ? » Celui donc qui possède déjà cette espérance, possédera certainement ce qu'il espère. Il ajoute à bon droit : « Tout particulièrement. » Car il peut être mis en face de la multitude d'hommes, qui s'étant accrue au temps de la récolte de leur

---

olei sui multiplicati sunt. » Non enim multiplicatio semper ubertatem significat, et non plerumque exiguitatem : cum dedita temporalibus voluptatibus anima semper exardescit cupiditate, nec satiari potest, et multiplici atque ærumnosa cogitatione distenta, simplex bonum videre non sinitur : qualis est illa de qua dicitur : « Corpus enim quod corrumpitur, aggravat animam, et deprimit terrena inhabitatio sensum multa cogitantem. » (*Sap.*, IX.) Talis anima temporalium bonorum decessione et successione, id est, a tempore frumenti, vini et olei sui innumerabilibus completa phantasmatibus sic multiplicata est, ut non possit agere quod præceptum est : « Sentite de Domino in bonitate, et in simplicitate cordis quærite illum. » (*Sap.*, I, 1.) Ista enim multiplicitas illi simplicitati vehementer adversa est. Et ideo istis relictis qui multi sunt, multiplicati scilicet temporalium cupiditate, et dicunt : « Quis ostendit nobis bona, » quæ non oculis foris, sed intus cordis simplicitate quærenda sunt : vir fidelis exsultat, et dicit : « In pace, in idipsum, obdormiam, et somnum capiam. » (*Psal.* IV, 9.) Recte enim speratur a talibus omnimoda mentis abalienatio a mortalibus rebus, et miseriarum sæculi hujus oblivio, quæ nomine obdormitionis et somni decenter et prophetice significatur, ubi summa pax nullo tumultu interpellari potest. Sed hoc jam non tenetur in hac vita, sed post hanc vitam sperandum est. Hoc etiam ipsa verba ostendunt, quæ futuri sunt temporis. Non enim dictum est, aut : Obdormivi, et somnum cepi; aut : Obdormio, et somnum capio; sed : « Obdormiam, et somnum capiam. » Tunc corruptibile hoc induetur incorruptione, et mortale hoc induetur immortalitate: (I *Cor.*, XV, 54) tunc absorbebitur mors in victoriam. Hoc est unde dicitur : « Si autem quod non videmus speramus, per patientiam expectamus. » (*Rom.*, VIII, 25.)

10. Quapropter congruenter ultimum annectit, et dicit : « Quoniam tu Domine singulariter in spe habitare fecisti me. » (*Psal.* IV, 10.) Hic non dixit, facies; sed, « fecisti. » In quo ergo jam ista spes est, erit profecto etiam quod speratur. Et bene ait, « sin-

blé, de leur vin et de leur huile, s'écrie : « Qui nous montrera les biens ? » (*Ibid.*) Cette multiplicité périt, et l'unité se conserve dans les saints, dont il est dit aux Actes des Apôtres : « Or, la foule des croyants n'avait qu'une seule âme et un seul cœur. » (*Act.*, IV, 32.) Nous devons donc vivre seuls et simples, c'est-à-dire séparés de la multiplicité et du tumulte des choses qui naissent et qui meurent, n'aimant que l'éternité et l'unité, si nous voulons être unis à celui qui seul est notre Dieu et notre Seigneur.

DISCOURS SUR LE PSAUME V°.

1. Le titre de ce psaume est : « Pour celle qui reçoit l'héritage. » (*Ps.* V, 1.) Cette parole s'entend de l'Eglise qui, par Notre-Seigneur Jésus-Christ reçoit en héritage la vie éternelle, laquelle consiste à posséder Dieu lui-même et à trouver le bonheur dans cette union. La preuve de cette proposition est dans ces paroles : « Heureux ceux qui sont doux, parce qu'ils obtiendront la terre en héritage. » (*Matth.*, V, 4.) Quelle terre ? sinon celle dont il est dit : « Vous êtes mon espérance et mon partage dans la terre des vivants. » (*Ps.* CXLI, 6.) Et cette parole-ci est plus claire encore : « Le Seigneur est la part qui m'est échue en héritage, et la portion déposée dans ma coupe. » (*Ps.* XV, 5.) L'Eglise à son tour est appelée l'héritage de Dieu, selon cette parole : « Demandez-moi, et je vous donnerai les nations pour votre héritage. » (*Ps.* II, 28.) Dieu est donc dit notre héritage, parce qu'il nous nourrit et nous conserve ; nous sommes dits l'héritage de Dieu, parce qu'il nous gouverne et nous régit. L'Eglise parle donc dans ce psaume, comme étant appelée à l'héritage céleste, afin de devenir elle-même l'héritage de Dieu.

2. « Seigneur, écoutez mes paroles. » (*Ps.* V, 2.) Celle qui est appelée appelle le Seigneur, afin de franchir par son secours la malice de ce siècle, et d'arriver jusqu'à lui. « Comprenez mon cri. » (*Ibid.*) Le prophète montre bien quel est ce cri, et comment, proféré intérieurement dans la retraite du cœur sans aucun bruit corporel, il parvient jusqu'à Dieu. En effet, la voix du corps se fait entendre, la voix de l'esprit se fait comprendre. Cependant, entendre n'est pas pour Dieu l'action d'une oreille charnelle, mais la présence de sa divine majesté.

3. « Soyez attentif à la voix de ma prière, » (*Ibid.*, 3) c'est-à-dire à cette voix que l'Eglise demande à Dieu de vouloir bien comprendre, et qu'elle a déjà indiquée par ces paroles : « Comprenez mon cri. » « Soyez attentif à la voix de ma prière, ô mon Roi et mon Dieu. » (*Ibid.*) Faisons cette remarque : Le Fils est Dieu et le

---

gulariter. » Potest enim referri adversus illos multos, qui multiplicati a tempore frumenti, vini et olei sui dicunt : « Quis ostendit nobis bona ? » Perit enim hæc multiplicitas, et singularitas tenetur in sanctis : de quibus dicitur in Actibus Apostolorum : « Multitudinis autem credentium erat anima una, et cor unum. » (*Act.*, IV, 32.) Singulares ergo et simplices, id est, secreti a multitudine ac turba nascentium rerum ac morientium, amatores æternitatis et unitatis esse debemus, si uni Deo et Domino nostro cupimus inhærere.

IN PSALMUM V ENARRATIO.

1. Titulus Psalmi est : « Pro ea quæ hæreditatem accipit. » Intelligitur ergo Ecclesia, quæ accipit hæreditatem vitam æternam per Dominum nostrum Jesum Christum, ut possideat ipsum Deum, cui adhærens beata sit, secundum illud : « Beati mites, quia ipsi hæreditate possidebunt terram. » (*Matth.*, V, 4.) Quam terram, nisi de qua dicitur : « Spes mea es tu, portio mea in terra viventium ? » (*Psal.* CXLI, 6.) Et illud manifestius : « Dominus pars hæreditatis meæ et calicis mei. » (*Psal.* XV, 5.) Dicitur et hæreditas Dei vicissim Ecclesia secundum illud : « Postula a me, et dabo tibi gentes hæreditatem tuam. » (*Psal.* II, 8.) Ergo hæreditas nostra Deus dicitur, quia ipse nos pascit et continet : et hæreditas Dei dicimur, quia ipse nos administrat et regit. Quapropter vox Ecclesiæ est in hoc Psalmo vocatæ ad hæreditatem, ut et ipsa fiat hæreditas Domini.

2. « Verba mea exaudi Domine. » (*Psal.* V, 2.) Vocata invocat Dominum : ut eodem opitulante pertranseat nequitiam sæculi hujus, et ad eum perveniat. « Intellige clamorem meum. » Bene ostendit quis iste sit clamor, quam interior de cordis cubili sine strepitu corporis perveniat ad Deum : quandoquidem vox corporalis auditur, spiritalis autem intelligitur. Quanquam hoc sit etiam exaudire Dei, non aure carnali, sed majestatis præsentia.

3. « Intende voci obsecrationis meæ : » (*Ibid.*, 3) id est, illi voci, quam ut Deus intelligat, petit : quæ qualis sit, jam insinuavit, cum dixit : « Intellige clamorem meum. Intende voci obsecrationis meæ, Rex meus et Deus meus. » Quamvis et Filius Deus, et Pater Deus, et simul Pater et Filius unus Deus ; et si

Père est Dieu, et le Père et le Fils sont un seul Dieu, et si l'on nous interroge sur l'Esprit saint, nous n'avons point autre chose à répondre sinon qu'il est Dieu, et quand on nomme à la fois le Père, le Fils et le Saint-Esprit, on n'entend parler que d'un seul Dieu; cependant, dans les Ecritures, le Fils est ordinairement appelé Roi. C'est pourquoi, conformément à cette parole : « Par moi, l'on va à mon Père, » (*Jean*, XIV, 6) l'Eglise dit avec raison, d'abord « mon Roi, » et ensuite « mon Dieu. » Elle n'a pas dit cependant au pluriel, mais au singulier : « soyez attentif. » En effet, la foi catholique n'enseigne pas qu'il y ait deux ou trois Dieux ; elle enseigne au contraire que la Trinité n'est qu'un seul Dieu. Toutefois, elle ne croit pas avec Sabellius que cette Trinité puisse être appelée tout à la fois tantôt le Père, tantôt le Fils, et tantôt l'Esprit saint ; elle soutient au contraire que le Père n'est que le Père, le Fils n'est que le Fils, le Saint-Esprit n'est que le Saint-Esprit, et que tous trois ensemble ne sont qu'un seul Dieu. Aussi, l'Apôtre qui a voulu, pense-t-on, désigner la Trinité dans ces paroles : « Toutes choses viennent de lui, toutes choses existent par lui, toutes choses sont en lui, » (*Rom.*, XI, 36) n'a point ajouté cependant : Gloire à eux, mais « Gloire à lui. »

4. « Parce que je prierai vers vous, Seigneur, le matin, vous écouterez ma voix. » (*Ps.* V, 4.)

Que signifie cette différence de langage ? L'Eglise a dit plus haut : « Ecoutez, » comme si elle désirait être présentement exaucée, et maintenant elle dit : « Le matin vous écouterez, » et non pas écoutez. Elle dit encore : « Je prierai vers vous, » et non je prie vers vous ; et plus loin : « Le matin je me tiendrai devant vous, et je verrai, » (*Ibid.*) et non je me présente et me tiens. C'est peut-être que dans sa première prière elle se montre invoquant son Dieu ; mais que, plongée dans les ténèbres des tempêtes de ce monde, elle sent qu'elle ne voit pas ce qu'elle désire et que pourtant elle ne laisse pas d'espérer. En effet, « quand on voit ce qu'on a espéré, ce n'est plus de l'espérance. » (*Rom.*, VIII, 24.) Elle comprend toutefois pourquoi elle ne voit pas, c'est que la nuit, (ou les ténèbres méritées par les péchés), n'est point encore achevée. Elle dit donc : « Parce que je prierai vers vous, Seigneur, » c'est-à-dire parce que vous êtes le Dieu de grandeur vers qui je prierai ; « le matin vous écouterez ma voix. » Vous ne pouvez être vu de ceux dont les yeux ne sont point encore délivrés de la nuit des péchés ; quand donc la nuit de mes égarements aura cessé, quand les ténèbres que j'ai produites autour de moi par mes péchés se seront dissipées, vous écouterez ma voix. Pourquoi donc plus haut ne dit-elle pas vous écouterez, mais : « Ecoutez ? » Est-ce qu'après avoir crié « Ecoutez, » elle a senti,

interrogemur de Spiritu sancto, nihil aliud respondendum est, nisi quod Deus sit; et cum simul dicuntur Pater et Filius et Spiritus sanctus, nihil aliud intelligendum est quam unus Deus : tamen regem Filium solent appellare Scripturæ. Secundum ergo illud quod dictum est : Per me itur ad Patrem (*Joan.*, XIV, 6), recte primo : « Rex meus ; » et deinde : « Deus meus. » Nec tamen dixit, intendite : sed, « intende. » Non enim duos aut tres deos fides catholica prædicat, sed ipsam Trinitatem unum Deum. Non ut eadem Trinitas simul possit aliquando Pater, aliquando Filius, aliquando Spiritus sanctus dici, sicut Sabellius credidit : sed ut Pater nonnisi Pater, et Filius nonnisi Filius, et Spiritus sanctus nonnisi Spiritus sanctus, et hæc Trinitas nonnisi unus Deus. Quia et cum dixisset Apostolus : « Ex quo omnia, per quem omnia, in quo omnia : » (*Rom.*, XI, 36) Trinitatem ipsam insinuasse creditur : nec tamen subjecit, ipsis gloria ; sed, ipsi gloria.

4. « Quoniam ad te orabo, Domine, mane exaudies vocem meam. » (*Ps.* V, 4.) Quid sibi vult quod superius dixit : « Exaudi, » quasi in præsenti se exaudiri cuperet : nunc vero dicit : « Mane exaudies ; » non, exaudi : et, « ad te orabo ; » non, ad te oro et deinceps : « Mane adstabo tibi, et videbo ; » non, adsto et video ? Nisi forte superior ejus oratio ipsam (a) invocationem ostendit : caligans autem inter procellas hujus sæculi, sentit se non videre quod cupit, et tamen sperare non desinit. « Spes enim quæ videtur, non est spes. » (*Rom.*, VIII, 24.) Intelligit tamen quare non videat, quia nondum nox peracta est, id est, tenebræ quas peccata meruerunt. Dicit ergo : « Quoniam ad te orabo, Domine, » id est, quoniam tantus es ad quem orabo : « Mane exaudies vocem meam. » Non ille es, inquit, qui possis videri ab eis, quorum ab oculis nox peccatorum nondum recessit : peracta ergo erroris mei nocte, et discedentibus tenebris, quas mihi peccatis meis feci, exaudies vocem meam. Cur ergo superius non ait, exaudies ; sed, « exaudi ? » An postquam clamavit, « exaudi, »

(a) Editi *vocationem*. At Colbertinus codex aliique melioris notæ Mss. *invocationem*.

n'étant point exaucée, par quelle voie elle devait passer pour l'être dans la suite. Ou bien, quoique exaucée immédiatement, croit-elle ne l'être pas encore, parce qu'elle ne voit point encore celui qui l'a exaucée; et, en disant maintenant : « Le matin vous écouterez ma voix, » a-t-elle voulu faire comprendre ceci : « Je saurai le matin que vous aurez écouté ma voix ? » Il en serait de même que dans ces mots : « Levez-vous, Seigneur, » (*Ps.* III, 7) qui signifient : faites que je me lève. Mais ces mots s'appliquent à la résurrection du Christ, et les paroles de l'Eglise se rapportent à ce texte : « Le Seigneur votre Dieu vous éprouve, afin de savoir si vous l'aimez, » (*Deut.*, XIII, 3) lequel ne peut être bien compris qu'en ce sens : afin que vous sachiez par lui, et que lui-même vous manifeste quels progrès vous aurez faits dans son amour.

5. « Le matin je me tiendrai devant vous, et je verrai. » (*Ps.* V, 5.) Que signifie : « Je me tiendrai, » sinon : Je ne resterai point étendu? Or, qu'est-ce qu'être étendu, si ce n'est se reposer à terre, ou chercher le bonheur dans les voluptés terrestres? « Je me tiendrai, » dit-elle, « et je verrai. » Il ne faut donc pas nous attacher aux choses de la terre, si nous voulons voir Dieu, que peut seul contempler un cœur pur. « Car vous n'êtes pas un Dieu qui aime l'iniquité. Le méchant n'habitera point auprès de vous, et les injustes ne subsisteront point devant vos yeux. Vous haïssez tous ceux qui commettent l'iniquité; vous perdez tous ceux qui profèrent le mensonge. Le Seigneur aura en abomination l'homme sanguinaire et le fourbe. » (*Ibid.*, 6 et 7.) L'iniquité, la méchanceté, le mensonge, l'homicide, la fourberie et les autres crimes du même genre, sont précisément la nuit à laquelle succède le matin qui permet de voir Dieu. Elle a donc exposé le motif pour lequel elle se tiendra devant Dieu, le matin, et le verra; c'est, dit-elle, « parce que vous n'êtes point un Dieu qui aime l'iniquité. » Si, en effet, Dieu était tel qu'il approuvât l'iniquité, les méchants eux-mêmes pourraient le voir, et ce ne serait point au matin seulement qu'on le verrait, c'est-à-dire après la nuit de l'iniquité.

6. « Le méchant n'habitera point auprès de vous, » (*Ibid.*, 6) c'est-à-dire, ne vous verra pas de manière à vous rester uni. C'est pourquoi il est dit ensuite : « Et les injustes ne subsisteront point devant vos yeux; » (*Ibid.*) parce que leurs yeux, c'est-à-dire leur esprit, seraient éblouis par la lumière de la vérité : habitués qu'ils sont aux ténèbres du péché, ils ne pourraient supporter l'éclat de la souveraine rectitude. Ceux donc qui ne voient qu'un peu, c'est-à-dire qui comprennent la vérité et qui pourtant sont en-

---

et non exaudita est, sensit (*a*) quid oporteat transire, ut possit exaudiri? An et superius exaudita est, sed nondum se intelligit exauditam, quia nondum videt a quo exaudita est : et quod nunc ait : « Mane exaudies, » hoc intelligi voluit : Mane intelligam me esse exauditam? qualis est ista locutio : « Exsurge Domine, » (*Ps.* III, 7) id est, fac me exsurgere. Sed hoc de resurrectione Christi accipitur : illud certe non potest recte aliter accipi : « Tentat vos Dominus Deus vester, ut sciat si diligitis eum, » (*Deut.*, XIII, 3) nisi, ut vos per illum sciatis, et vobismetipsis manifestetur, quantum in ejus amore profeceritis.

5. (*b*) « Mane adstabo tibi, et videbo. » (*Ps.* V, 5.) « Adstabo » quid est, nisi non jacebo? Quid est autem aliud jacere, nisi in terra quiescere, quod est in terrenis voluptatibus beatitudinem quærere? « Adstabo, inquit, et videbo. » Non est ergo inhærendum terrenis, si volumus Deum videre, qui mundo corde conspicitur. « Quoniam non Deus volens iniquitatem tu es. » (*Ibid.*) « Non habitabit juxta te malignus, neque permanebunt injusti ante oculos tuos. » (*Ibid.*, 6.) « Odisti omnes qui operantur iniquitatem, perdes omnes qui loquuntur mendacium. Virum sanguinum et dolosum abominabitur Dominus. » (*Ibid.*, 7.) Iniquitas, malignitas, mendacium, homicidium, dolus, et quidquid hujusmodi est, ipsa nox est : qua transeunte fit mane, ut videatur Deus. Causam ergo exposuit, quare mane adstabit, et videbit : « Quoniam non Deus volens iniquitatem, inquit, tu es? » Si enim Deus esset qui vellet iniquitatem, posset etiam ab iniquis videri, ut non mane videretur, id est, cum iniquitatis nox pertransierit.

6. « Non habitabit juxta te malignus : » (*Ibid.*, 6) id est, non sic videbit, ut hæreat. Ideo sequitur : « Neque permanebunt injusti ante oculos tuos. » Quia oculi eorum, id est, mens eorum reverberatur luce veritatis propter tenebras peccatorum : quorum consuetudine fulgorem rectæ intelligentiæ sustinere non possunt. Ergo et qui vident aliquando, id est, qui verum intelligunt, tamen adhuc injusti sunt, non ibi permanent amando ea quæ avertunt a vero.

(*a*) Plures Mss. *quod.* — (*b*) Idem vers. 5 tractatur in II. Enarrat. Psal. XXVI.

core injustes, ne restent point sous le regard divin, parce qu'ils aiment des choses qui les détournent de la vérité. Ils portent avec eux leur nuit, c'est-à-dire, non-seulement l'habitude, mais encore l'amour du péché. Si cette nuit se dissipe, c'est-à-dire s'ils cessent de pécher, s'ils chassent et l'amour et l'habitude du péché, le matin arrive, et non-seulement ils comprennent la vérité, mais encore ils s'y attachent.

7. « Vous haïssez tous ceux qui commettent l'iniquité. » (*Ibid.*) Il faut comprendre d'après ces paroles, que la haine de Dieu n'est autre que celle du pécheur pour la vérité. Ces paroles nous montrent que le pécheur hait la vérité, et que Dieu ne laisse aucun d'eux demeurer en lui. Ceux qui ne peuvent souffrir la vérité ne demeurent point en lui. « Vous perdrez tous ceux qui profèrent le mensonge. » Il est, en effet, contraire à la vérité. Mais de peur qu'on ne pense qu'il y a quelque substance ou quelque nature de chose opposée à la vérité, il ne faut point perdre de vue que le mensonge appartient, non à ce qui est, mais à ce qui n'est pas. En effet, si on dit ce qui est, on dit vrai; au contraire, il y a mensonge à dire ce qui n'est pas. C'est pourquoi le psaume ajoute : « Vous perdrez tous ceux qui profèrent le mensonge; » parce qu'ils s'éloignent de ce qui est, et se laissent aller vers ce qui n'est pas. Souvent, il est vrai, le mensonge paraît être fait, non par malice, mais par bonté de cœur, en vue du salut ou du bien d'autrui; tel est, dans l'Exode, le mensonge des sages-femmes qui rapportèrent au roi d'Egypte un fait inexact, afin de préserver de la mort les enfants des Hébreux. (*Exod.*, I, 9.) Ceux qui mentent seulement de la sorte peuvent être loués pour leur bon cœur, mais non pour leurs paroles, et ils parviendront un jour à s'affranchir de tout mensonge. Car même ce genre de mensonge ne se trouve pas dans la bouche des parfaits. Il leur a été dit : Contentez-vous de ces paroles : Cela est, cela est, ou cela n'est pas, cela n'est pas; car ce qui est de plus, vient du mal. » (*Matth.*, v, 37.) C'est avec sagesse qu'il est écrit ailleurs : « La bouche qui ment donne la mort à l'âme; » (*Sag.*, I, 11) et cela, afin que personne ne croie que l'homme parfait et spirituel doive mentir pour sauver cette vie temporelle, soit la sienne, soit celle d'autrui, d'une mort qui ne peut atteindre l'âme. Mais, comme autre chose est de mentir, autre chose de cacher la vérité, puisqu'il est tout différent d'affirmer une chose fausse ou de taire une chose vraie; s'il arrive qu'on ne veuille point livrer un homme à cette mort visible, on peut être décidé à taire la vérité, mais non à proférer un mensonge, afin de ne livrer personne et de ne point mentir, de peur de tuer son

Gerunt enim secum suam noctem, id est, non solum consuetudinem, sed etiam amorem peccandi. Quæ nox si transierit, id est, si peccare destiterint, et ipse amor atque consuetudo fugata fuerit, fit mane, ita ut non solum intelligant, sed etiam inhæreant veritati.

7. « Odisti (*a*) omnes qui operantur iniquitatem. » (*Ibid.*, 7.) Odium Dei ex illa locutione intelligendum est, qua odit peccator quisque veritatem. Videtur enim quod et illa odit, quos in se manere non sinit. Non autem manent, qui eam sustinere non valent. « Perdes omnes qui loquuntur mendacium. » Hoc enim est veritati contrarium. Sed ne quis putet aliquam substantiam vel naturam veritati esse contrariam, intelligat ad id quod non est pertinere mendacium, non ad id quod est. Si enim hoc dicitur quod est, verum dicitur : si autem hoc dicitur quod non est, mendacium est. Ideo, inquit : « Perdes omnes qui loquuntur mendacium : » quia recedentes ab eo quod est, ad id quod non est (*b*) declinantur. Multa quidem videntur pro salute aut commodo alicujus, non malitia, sed benignitate mendacia : quale illarum in Exodo obstetricum, quæ Pharaoni falsum renuntiaverunt, ut infantes filiorum Israel non necarentur. (*Exod.*, I, 19.) Sed etiam ista non re, sed (*c*) indole laudantur : quoniam qui tantum hoc modo mentiuntur, merebuntur aliquando ab omni mendacio liberari. Nam in iis qui perfecti sunt, nec ista mendacia inveniuntur. Quibus dictum est : « Sit in ore vestro : Est est, non non : quidquid amplius est, a malo est. » (*Matth.*, v, 37.) Nec immerito alio loco scriptum est : « Os quod mentitur, occidit animam : » (*Sap.*, I, 11) ne quis arbitretur perfectum et spiritalem hominem pro ista temporali vita, in cujus morte non occiditur anima, sive sua, sive alterius, debere mentiri. Sed quoniam aliud est mentiri, aliud verum occultare; siquidem aliud est falsum dicere, aliud verum tacere : si quis forte vel ad istam visibilem mortem non vult hominem prodere, paratus esse debet verum occultare, non falsum dicere; ut neque prodat, neque mentiatur, ne occidat animam suam pro corpore alterius. Si autem

(*a*) In editis *Odisti Domine*. At a Mss abest vox *Domine*. — (*b*) Editi *declinant*. At Mss. *declinantur*. — (*c*) Editi *in dolo*. Verius aliquot Mss. *indole*. Confer. lib. *de mendacio*, c. v, et xvii.

âme pour sauver le corps d'un autre. Mais si quelqu'un n'a point encore ce courage, si d'ailleurs il n'a plus à se reprocher que ces mensonges arrachés par des circonstances impérieuses, qu'il mérite d'en être également délivré et de recevoir la force de l'Esprit saint, à l'aide de laquelle il méprisera toute souffrance pour la vérité. Il y a deux sortes de mensonges dans lesquels la faute n'est point grave, bien que cependant il y ait faute : ce sont les mensonges joyeux et les mensonges officieux. Celui qui se fait par plaisanterie n'est pas très-nuisible, parce qu'il ne trompe personne. Celui qui l'entend sait très-bien qu'il n'y a là qu'un badinage. Le second genre de mensonge est l'objet de quelque indulgence, parce qu'il garde un caractère de bienveillance. Il n'y a d'ailleurs point de mensonge, là où il n'y a pas duplicité de cœur. Par exemple, si un glaive est confié à qui fait promesse de le rendre lorsqu'il lui sera redemandé ; si celui qui a confié ce glaive le réclame dans un moment de folie furieuse, il est manifeste qu'on ne doit point le lui rendre, de crainte qu'il ne se tue ou ne tue quelque autre personne, tant qu'il ne sera point rentré dans son bon sens. Il n'y a point ici duplicité de cœur ; car celui à qui le glaive a été confié, sur promesse de le rendre à la première demande, n'avait point pensé qu'on pourrait le réclamer dans un moment de fureur. Le Seigneur lui-même a caché la vérité, lorsque, jugeant ses disciples encore mal préparés, il leur disait : « J'ai beaucoup de choses à vous dire, mais vous ne pouvez les porter présentement. » (*Rom.*, XVI, 14.) L'apôtre saint Paul a fait de même, en disant : « Je n'ai pu vous parler comme à des hommes spirituels ; je vous ai parlé comme à des hommes charnels. » (I *Cor.*, III, 5.) D'où il suit manifestement qu'on ne peut être incriminé pour taire quelquefois la vérité. Mais on ne trouve nulle part qu'il soit permis à ceux qui veulent être parfaits de dire quoi que ce soit de faux.

8. « Le Seigneur aura en abomination l'homme sanguinaire et le fourbe. » (*Ps.* V, 7.) On peut voir légitimement ici une répétition de ce qui a été dit plus haut : « Vous haïssez tous ceux qui commettent l'iniquité ; vous perdrez tous ceux qui profèrent le mensonge. » (*Ibid.*, 6.) « Homme sanguinaire » se rapporte à celui qui commet l'iniquité, et « fourbe » à celui qui profère le mensonge. La fourberie consiste à agir autrement qu'on ne feint d'agir. L'expression « aura en abomination » est ici justement appliquée. On a coutume, en effet, de regarder comme pris en abomination ceux qui sont déshérités. Or, ce psaume est écrit « pour celle qui reçoit l'héritage, » (*Ibid.*, 1) et qui manifeste en ces termes sa joie et ses espérances : « Pour moi, me confiant dans l'abondance de votre miséricorde, j'entrerai dans votre maison. » (*Ibid.*, 6.) Peut-

---

hoc nondum potest, vel sola hujus necessitatis habeat mendacia, ut etiam ab istis, si sola remauserint, liberari mereatur, et Spiritus sancti robur accipere, quo quidquid perpetiendum est pro veritate, contemnat. Duo sunt omnino genera mendaciorum, in quibus non magna culpa est, sed tamen non sunt sine culpa, cum aut jocamur, aut prosimus mentimur. Illud primum in jocando, ideo non est perniciosissimum, quia non fallit. Novit enim ille cui dicitur, joci causa esse dictum. Secundum autem ideo mitius est, quia retinet nonnullam benevolentiam. Illud vero quod non habet duplex cor, nec mendacium quidem dicendum est. Tanquam, verbi gratia, si cui gladius commendetur, et promittat se redditurum, cum ille qui commendavit poposcerit ; si forte gladium suum repetat furens, manifestum est tunc non esse reddendum, ne vel se occidat vel alios, donec ei sanitas restituatur. Hic ideo non habet duplex cor, quia ille cui commendatus est gladius, cum promittebat se redditurum poscenti, non cogitabat furentem posse repetere. Verum autem occultavit et Dominus, cum discipulis nondum idoneis dixit : « Multa habeo vobis dicere, sed nunc non potestis portare illa : » (*Joan.*, XVI, 12) et Apostolus Paulus cum ait : « Non potui loqui vobis quasi spiritalibus, sed quasi carnalibus. » (I *Cor.*, III, 1.) Unde manifestum est non esse culpandum, aliquando verum tacere. Falsum autem dicere, non invenitur concessum esse perfectis.

8. « Virum sanguinum, et dolosum abominabitur Dominus. »(*Ps.* V, 7.) Potest hic recte videri repetitum quod ait superius : « Odisti omnes qui operantur iniquitatem, perdes omnes qui loquuntur mendacium : » ut « virum sanguinum » ad operantem iniquitatem referas, « dolosum » autem ad mendacium. Dolus enim est, cum aliud agitur, aliud simulatur. Et apto verbo usus est quod ait, « abominabitur. » Solent enim abominati dici, exhæredati. Hic autem Psalmus « pro ea » est « quæ hæreditatem accipit : » quæ subjicit exsultationem spei suæ, dicens : « Ego autem in multitudine miserationis tuæ, introibo in domum tuam. » (*Ibid.*, 8) « In multitudine miseratio-

être David veut-il entendre par ces mots : « Dans l'abondance de votre miséricorde, » la multitude des hommes parfaits et bienheureux dont sera formée cette cité que l'Eglise enfante maintenant et qu'elle produit peu à peu. Qui niera, en effet, qu'on puisse voir avec raison dans ce grand nombre d'hommes régénérés et parfaits, la multitude des miséricordes de Dieu? Puisqu'il a été dit en toute vérité : « Qu'est-ce que l'homme, pour que vous vous souveniez de lui? Qu'est-ce que le Fils de l'homme pour que vous le visitiez? » (*Ps.* VIII, 5.) « J'entrerai dans votre maison, » (*Ps.* V, 8) comme une pierre dans un édifice, veut-il dire, ce me semble. Car, qu'est-ce que la maison de Dieu, si ce n'est son temple, duquel il est dit : « Le temple de Dieu est saint, et ce temple c'est vous? » (I *Cor.*, III, 17.) Et la pierre angulaire de cet édifice (*Ephés.*, II, 20) est celui qu'a pris en sa personne la Vertu et la Sagesse de Dieu, coéternelle au Père.

9. « Rempli de votre crainte, je vous adorerai en m'approchant de votre saint temple. » (*Ps.* V, 8.) *Ad templum*, « vers le temple, » signifie près du temple. Le Prophète ne dit pas : Je vous adorerai dans votre saint temple, mais : « Je vous adorerai en m'approchant de votre saint temple. » Il faut comprendre qu'il ne parle point ici de la perfection, mais du progrès vers la perfection. La perfection est exprimée par ces mots : « J'entrerai dans votre maison. » Mais pour y parvenir, il dit d'abord : « Je vous adorerai en m'approchant de votre saint temple. » Peut-être a-t-il ajouté « rempli de votre crainte, » parce que la crainte est un secours puissant pour ceux qui marchent dans la voie du salut. Mais quand chacun sera arrivé au but, cette parole s'accomplira en lui : « La charité parfaite bannit la crainte. » (I *Jean*, IV, 18.) En effet, ceux qui possèdent le bien promis ne craignent plus l'ami qui leur a dit : « Désormais, je ne vous appellerai plus mes serviteurs, mais mes amis. » (*Jean*, XV, 15.)

10. « Seigneur, conduisez-moi dans la voie de votre justice à cause de mes ennemis. » (*Ps.* V, 9.) L'Eglise montre bien ici qu'elle est dans le progrès, c'est-à-dire dans le chemin de la perfection, et non encore dans la perfection même, puisqu'elle demande à être conduite. « De votre justice, » mais non de ce qui est justice aux yeux des hommes. Il leur paraît juste, en effet, de rendre le mal pour le mal ; mais ce n'est point là la justice « de celui qui fait lever son soleil sur les bons et sur les méchants. » (*Matth.*, V, 45.) Car, même lorsque Dieu punit les pécheurs, il ne leur inflige point un mal qui vienne de lui, mais il les livre à leurs propres maux, selon ces paroles : « Le pé-

---

nis, » fortasse in multitudine hominum perfectorum et beatorum dicit, quibus civitas illa constabit, quam nunc parturit et paulatim parit Ecclesia. Homines autem multos regeneratos atque perfectos, recte dici multitudinem miserationis Dei quis negat; cum verissime dictum sit : « Quid est homo, quod memor es ejus; aut filius hominis, quia visitas eum? » (*Ps.* VIII, 5.) « Introibo in domum tuam : » tanquam lapis, credo, in ædificium, dictum est. Quid enim aliud domus Dei quam templum Dei est, de quo dictum est : « Templum enim Dei sanctum est, quod estis vos? » (I *Cor.*, III, 17.) « Cujus ædificii lapis angularis est ille, quem suscepit coæterna Patri Virtus et Sapientia Dei. » (*Ephes.*, II, 20.)

9. « Adorabo ad templum sanctum tuum, in timore tuo. » (*Ps.* V, 8.) « Ad templum, » sicut prope templum intelligimus. Non enim ait : Adorabo in templo sancto tuo ; sed : « Adorabo ad templum sanctum tuum. » Intelligendum etiam est non de perfectione, sed de progressu ad perfectionem dictum esse : ut illud perfectionem significet : « Introibo in domum tuam. » Sed ut hoc proveniat, prius « adorabo, inquit, ad templum sanctum tuum. » Et fortasse ob hoc additum, « in timore tuo, » quod magnum est præsidium procedentibus ad salutem. Cum autem quisque pervenerit, fiet in eo quod dictum est : « Consummata dilectio foras mittit timorem. » (I *Joan.*, IV, 18.) Non enim timent jam (*a*) amicum, quibus dictum est : « Jam non dicam vos servos, sed amicos, » (*Joan.*, XV, 15) cum ad id quod promissum est, producti fuerint.

10. « Domine deduc me in tua justitia propter inimicos meos. » (*Ps.* V, 9.) Satis hic declaravit in profectione se esse, id est, in provectu ad perfectionem, nondum in ipsa perfectione, quando ut deducatur exoptat. « In tua justitia » autem, non in ea quæ videtur hominibus. Nam et malum pro malo reddere, justitia videtur : sed non est ejus de quo dictum est : « Qui facit oriri solem suum super bonos et malos : » (*Matth.*, V, 45) quia et cum punit Deus peccatores, non malum suum eis infert, sed malis eorum eos dimittit. « Ecce, inquit, parturiit injustitiam, concepit

(*a*) Gatianensis codex, *jam amici.*

cheur a porté l'injustice dans son sein, il a conçu la douleur et enfanté l'iniquité. Il a ouvert une fosse et il l'a creusée, et il est tombé dans cette même fosse qu'il avait faite. La douleur qu'il a conçue retombera sur sa tête et son iniquité descendra sur lui. » (*Ps.* VII, 15.) Donc, quand Dieu punit, il punit en juge les transgresseurs de sa loi ; et, pour porter au comble l'excès de leur misère, il ne fait point tomber sur eux un mal qui vienne de lui, mais il les précipite dans le mal qu'ils ont choisi. Au contraire, quand l'homme rend le mal pour le mal, il le fait par un principe mauvais, et se rend d'abord coupable, tandis qu'il veut punir une faute.

11. « Rendez ma voie droite devant vos yeux. » (*Ps.* V, 9.) Il est de toute évidence que l'Eglise parle ici du temps de ses progrès. Cette marche ne s'accomplit pas en raison des endroits que l'on parcourt, elle se fait par les dispositions des cœurs. « Rendez ma voie droite devant vos yeux, » c'est-à-dire, là où ne peuvent voir les hommes, à la louange ou au blâme desquels il ne faut point croire. Les hommes ne peuvent, en effet, juger de la conscience d'autrui, et c'est dans la conscience qu'est le chemin qui conduit à Dieu. Aussi est-il ajouté : « Car la vérité n'est point dans leur bouche. » (*Ibid.*, 10.) Il n'y a donc point à donner créance à leurs jugements ; c'est pourquoi il faut se réfugier dans sa propre conscience et sous le regard de Dieu. « Leur cœur est rempli de vanité. » Comment la vérité pourrait-elle être dans la bouche de ceux dont le cœur reste aveugle sur le péché et sur les châtiments du péché ? La parole qui convient à ces hommes, pour les rappeler à eux-mêmes, est celle-ci : « Pourquoi aimez-vous la vanité et cherchez-vous le mensonge ? » (*Ps.* IV, 3.)

12. « Leur gosier est un sépulcre ouvert. » (*Ps.* VI, 11.) Cette parole peut s'entendre de l'avidité pour les louanges, qui porte les autres à mille mensonges de flatterie. « Sépulcre ouvert, » expression admirable, parce que cette vorace avidité est toujours béante, à la différence des tombeaux qui, après avoir reçu les cadavres, sont murés. On peut encore expliquer cette parole en ce sens, que ces hommes attirent à eux par le mensonge et par le charme de l'adulation, ceux qu'ils portent au péché, et qu'alors ils les dévorent, pour ainsi dire, en les amenant à une vie semblable à la leur. Et comme ceux à qui ce malheur arrive meurent de leurs péchés, c'est avec raison que leurs séducteurs sont appelés des sépulcres ouverts. En effet, ces corrupteurs sont morts eux-mêmes en un certain sens, puisqu'ils n'ont pas la vie de la vérité, et ils reçoivent en eux d'autres morts, c'est-à-dire ceux qu'ils se rendent semblables après les avoir tués par le mensonge et par la vanité du cœur.

---

laborem, et peperit iniquitatem : lacum aperuit et effodit eum, et incidit in foveam quam operatus est : convertetur dolor ejus in caput ejus, et in verticem ejus iniquitas ejus descendet. » (*Ps.* VII, 15.) Cum ergo punit Deus, ut judex punit eos qui legem prætereunt, non eis inferens de seipso malum, sed in id quod elegerunt eos expellens, ad complendam summam miseriarum. Homo autem cum malum pro malo reddit, malo voto id facit : et ob hoc prior ipse malus est, dum punire vult malum.

11. « Dirige in conspectu tuo iter meum. » (*Ps.* V, 9.) Nihil manifestius est, quam id tempus eum commendare, quo proficit. Hoc est enim iter quod non terrarum locis peragitur, sed affectibus animorum. « In conspectu, inquit, tuo dirige iter meum : » id est, ubi nullus hominum videt : quibus credendum non est laudantibus, aut vituperantibus. Non enim ullo modo possunt de aliena conscientia judicare, in qua iter dirigitur ad Deum. Ideo subjecit : « Quoniam non est in ore eorum veritas. » (*Ibid.*, 10.) Quibus utique judicantibus non est credendum, et ideo intro ad conscientiam et ad Dei conspectum confugiendum est. « Cor eorum vanum est. » Quomodo ergo potest esse in ore eorum veritas, quorum cor fallitur de peccato et pœna peccati ? Unde revocantur homines illa voce : « Ut quid diligitis vanitatem, et quæritis mendacium ? » (*Ps.* IV, 3.)

12. « Sepulcrum patens est guttur eorum. » (*Ps.* V, 11.) Ad voracitatis significationem referri potest, propter quam plerumque homines adulatione mentiuntur. Et mirabiliter dixit : « patens sepulcrum : » quoniam semper inhiat illa voracitas, non ut sepulcra quæ receptis cadaveribus muniuntur. Potest et illud intelligi, quod mendacio et blanda patientia trahunt in se quos ad peccata illectant ; et eos tanquam devorant, cum in suam vitam convertunt. Quod quibus contingit, quoniam peccato (*a*) moriuntur, recte illi a quibus inducuntur, sepulcra patentia dicti sunt : quia et ipsi quodammodo exanimes sunt, vitam non habendo veritatis ; et mortuos in se recipiunt, quos verbis mendacibus et vano corde interemptos in se convertunt. « Linguis suis dolose age-

(*a*) Quatuor Mss. *peccato suo consummato moriuntur.*

« Ils se sont servis de leurs langues avec fourberie, » (*Ibid.*) c'est-à-dire de langues méchantes ; c'est là ce que semble signifier « leurs langues. » Les méchants ont en effet des langues méchantes, c'est-à-dire qu'ils disent des choses méchantes, lorsqu'ils parlent avec fourberie. C'est à eux que le Seigneur s'adresse, quand il dit : « Comment pourriez-vous bien parler, vous qui êtes mauvais ? » (*Matth.*, XII, 34.)

13. « Jugez-les, ô mon Dieu, que leurs desseins soient renversés. » (*Ps.* v, 11.) C'est une prophétie et non une malédiction. Ce n'est point le désir de leur malheur, mais la prévision d'un événement. Tel sera leur sort, non parce que le Prophète l'aura souhaité, mais parce qu'ils l'auront mérité par leur méchanceté. C'est encore prophétiquement qu'il dit plus bas : « Que tous ceux qui espèrent en vous se réjouissent, » (*Ibid.*) parce qu'il prévoit leur joie. Il a dit aussi de la même manière : « Excitez votre puissance et venez, » (*Ps.* LXXIX, 3) parce qu'il voyait la venue du Sauveur. Cependant, ces mots : « Que leurs desseins soient renversés, » pourraient, à eux seuls, s'entendre d'un désir formé par le prophète de les voir déchus de leurs mauvais desseins, c'est-à-dire de les voir y renoncer ; mais ce qui suit : « Repoussez-les, » ne nous permet pas cette interprétation. Car on ne peut en aucune manière prendre leurs actions en bonne part, puisqu'ils sont repoussés de Dieu. Il n'y a donc là qu'une prophétie et non une parole de malveillance, puisqu'il dit seulement que l'événement annoncé arrivera infailliblement à ceux qui auront voulu persévérer dans les fautes qu'il rapporte : « Que leurs desseins soient donc renversés, » est-il dit, qu'ils tombent sous les accusations de leur propre pensée, par le témoignage de leur conscience, selon cette parole de l'Apôtre : « Leurs pensées les accuseront ou les défendront, au jour où le juste jugement de Dieu manifestera ce qui est caché. » (*Rom.* II, 15.)

14. « Repoussez-les selon la multitude de leurs iniquités ; » (*Ps.* v, 2) c'est-à-dire repoussez-les au loin. Car être repoussé en proportion du grand nombre de ses iniquités, c'est être repoussé à grande distance. Les impies sont donc privés de cet héritage que l'on possède par l'intelligence et la vision de Dieu ; comme des yeux malades sont privés de l'éclat de la lumière, parce que cet éclat qui fait la joie des autres, est pour eux une souffrance. Ceux-là donc ne se présenteront point le matin devant Dieu et ne le verront pas. Et cette expulsion est pour eux un châtiment aussi grand, que grande est la récompense annoncée par ces paroles : « Mon bonheur est d'être uni au Seigneur. » (*Ps.* LXXII, 28.) Le contraire de ce châtiment est exprimé en ces termes : « Entrez dans la joie de votre Seigneur ; » (*Matth.*, XXV, 21) tandis que la con-

---

bant, » id est, linguis malis. Nam hoc videtur significare, cum dicit « suis. » Mali enim malas habent linguas, id est, mala loquuntur, cum loquuntur dolum. Quibus Dominus dicit : « Quomodo potestis bona loqui, cum sitis mali ? » (*Matth.*, XII, 34.)

13. « Judica illos Deus : decidant a cogitationibus suis. » (*Ps.* v, 11.) Prophetia est, non maledictio. Non enim optat ut eveniat ; sed cernit quid eventurum sit. Contingit namque illis, non quia videtur optasse ; sed quia tales sunt ut merito contingat. Sic enim et quod postea dicit : « Lætentur omnes qui sperant in te, » per prophetiam dicit ; quoniam cernit esse lætaturos. Sic per prophetiam dictum est : « Excita potentiam tuam et veni : » (*Ps.* LXXIX, 3.) quoniam videbat esse venturum. Quanquam possit etiam hoc modo accipi quod dictum est : « Decidant a cogitationibus suis, » ut magis bene ab eo optatum credatur, dum cadunt a cogitationibus suis malis, id est, ut jam non cogitent mala. Sed vetat sic intelligi quod sequitur, « expelle eos. » Nullo enim modo potest in bonam partem accipi, cum quisque expellitur a Deo. Quapropter per prophetiam dictum, non per malevolentiam, intelligitur : cum hoc dictum sit, quod necessario talibus eventurum est, qui in peccatis quæ memorata sunt, perseverare voluerint. « Decidant ergo a cogitationibus suis, » dictum est, decidant accusantibus se cogitationibus suis, testimonium perhibente conscientia sua, sicut Apostolus dicit : « Et cogitationum accusantium seu defendentium, in revelatione justi judicii Dei. » (*Rom.*, II, 15.)

14. « Secundum multitudinem impietatum eorum expelle eos : » (*Psal.* v, 11) id est, longe eos expelle. Hoc est enim « secundum multitudinem impietatum eorum, » ut multum expellantur. Expelluntur ergo impii ab illa hæreditate, quæ intelligendo et videndo Deum possidetur : sicut expelluntur morbidi oculi fulgore lucis, cum illis ea pœna est quæ aliis lætitia. Non ergo ipsi mane adstabunt, et videbunt. Et tam magna pœna est ista expulsio, quam magnum præmium est illud quod dicitur : « Mihi autem adhærere Deo bonum est. » (*Psal.* LXXII, 28.) Huic pœnæ contrarium est : « Intra in gaudium Domini tui. »

damnation : « Jetez-le dans les ténèbres extérieures, » (*Ibid.*, 30) correspond à la peine de l'expulsion.

15. « Parce qu'ils vous ont rendu amer à leur goût, ô Seigneur. » (*Ps.* IV, 11.) « Je suis le pain descendu du ciel, » (*Jean*, VI, 51) dit le Seigneur : « Travaillez à obtenir la nourriture incorruptible. » (*Ibid.*, 27.) Goûtez et voyez combien le Seigneur est doux. » (*Ps.* XXIII, 8.) Or, le pain de vérité est amer aux pécheurs; aussi haïssent-ils la bouche qui dit la vérité. Ils ont donc rendu le Seigneur amer à leur goût, eux qui, par le péché, en sont arrivés à ce point de maladie de ne pouvoir supporter, comme s'il avait l'amertume du fiel, le pain de vérité qui fait les délices des âmes saines.

16. « Et que tous ceux qui espèrent en vous, se réjouissent; » (*Ps.* V, 12) c'est-à-dire ceux au goût desquels le Seigneur est doux. « Eternellement ils seront dans l'allégresse, et vous habiterez en eux. » (*Ibid.*) L'allégresse éternelle des justes sera donc de devenir le temple de Dieu, et le Dieu devenu leur hôte sera lui-même leur joie. « Et tous ceux qui aiment votre nom, se glorifieront en vous; » (*Ibid.*) parce qu'ils auront en eux-mêmes, pour en jouir, l'objet de leur amour. Il est dit avec raison « en vous, » parce qu'ils possèderont l'héritage dont parle le titre du psaume, tandis qu'ils seront eux-mêmes l'héritage du Seigneur; ce qu'indiquent ces mots : « Vous habiterez en eux. » Et de ce bien souverain seront exclus tous ceux que Dieu repoussera de lui selon la multitude de leurs iniquités.

17. « Parce que vous bénirez le juste. » (*Ibid.*, 13.) Cette bénédiction est d'être glorifié en Dieu et habité intérieurement par Dieu. Telle est la sanctification accordée aux justes. Mais pour devenir justes, il faut qu'ils soient d'abord appelés, et ils doivent cette vocation, non à leurs mérites, mais à la grâce de Dieu. « Car tous ont péché et tous ont besoin de la gloire de Dieu. » (*Rom.*, III, 23.) Ceux qu'il a appelés, il les a justifiés; et ceux qu'il a justifiés, il les a glorifiés. » (*Rom.*, VIII, 30.) La vocation n'étant pas l'œuvre de nos mérites, mais de la bonté et de la miséricorde de Dieu, il ajoute en conséquence : « Vous nous avez couverts de votre amour comme d'un bouclier. » (*Ps.* V, 13.) En effet, l'amour de Dieu précède le nôtre, car il appelle les pécheurs à la pénitence. Ce sont là les armes avec lesquelles est combattu l'ennemi, contre lequel il est dit : « Qui accusera les élus de Dieu? » (*Rom.*, VIII, 33) et : « Si Dieu est pour nous, qui sera contre nous? Il n'a point épargné son Fils unique, et au contraire il l'a livré pour nous tous. » (*Ibid.*, 31 et 32.) Et si le Christ est mort pour nous, tandis que nous étions les en-

---

(*Matth.*, XXV, 21, 30.) Quia huic expulsioni simile est : « Projicite illum in tenebras exteriores. »

15. « Quoniam inamaricaverunt te Domine. » (*Psal.* V, 11.) « Ego sum, inquit, panis qui de cœlo descendi : » (*Joan.*, VI, 51) et : « Operamini escam quæ non corrumpitur : » (*ibid.*, 27) et : « Gustate, et videte quoniam suavis est Dominus. » (*Psal.* XXXIII, 8.) Peccatoribus autem panis veritatis amarus est. Unde os vera dicentis oderunt. Ipsi ergo inamaricaverunt Deum, qui peccando in eam ægritudinem devenerunt, ut cibum veritatis, quo sanæ animæ gaudent, tanquam felleum sustinere non possint.

16. « Et lætentur omnes qui sperant in te : » (*Psal.* V, 12) utique illi quibus gustantibus suavis est Dominus. « In æternum exsultabunt, et inhabitabis in eis. » Ipsa ergo erit æterna exsultatio, cum templum Dei fiunt justi : et erit gaudium ipsorum, ipse (*a*) incola eorum. « Et gloriabuntur in te omnes qui diligunt nomen tuum : » tanquam cum adest eis ad fruendum quod diligunt. Et bene « in te, » tanquam possidentes hæreditatem, de qua titulus Psalmi est : cum et ipsi sint ejus hæreditas, quod significat, « inhabitabis in eis. » A quo bono prohibentur quos secundum multitudinem impictatum eorum expellit Deus.

17. « Quoniam tu benedices justum. » (*Ibid.*, 13.) Hæc est benedictio, gloriari in Deo, et inhabitari a Deo. Ista sanctificatio conceditur justis. Sed ut justificentur, præcedit vocatio : quæ non est meritorum, sed gratiæ Dei. « Omnes enim peccaverunt, et egent gloria Dei. » (*Rom.*, III, 23.) Quos enim vocavit, hos et justificavit : quos autem justificavit, hos et glorificavit. » (*Rom.*, VIII, 30.) Quia ergo vocatio non meritorum nostrorum, sed benevolentiæ et misericordiæ Dei est, subjecit dicens : « Domine, ut scuto bonæ voluntatis tuæ coronasti nos. » Bona enim voluntas Dei præcedit bonam voluntatem nostram, ut peccatores vocet in pœnitentiam. Et ipsa sunt arma quibus expugnatur inimicus : contra quem dicitur : « Quis accusabit adversus electos Dei? » (*Rom.*, VIII, 33) et : « Si Deus pro nobis, quis contra nos? Qui unico Filio suo non pepercit, sed pro

(*a*) Sic præstantiores Mss. At editi *incolatus*.

nemis de Dieu, à plus forte raison, étant réconciliés avec lui, nous serons sauvés de sa colère par le même Jésus-Christ. » (*Rom.*, v, 9 et 10.) Tel est l'invincible bouclier qui repousse l'ennemi, lorsque, par le grand nombre des tribulations et des tentations, il cherche à nous faire désespérer de notre salut.

18. Donc, tout le texte de ce psaume est une prière de l'Eglise qui demande à être exaucée, depuis ces mots : « Seigneur écoutez mes paroles, » jusqu'à ceux-ci : « O mon Roi et mon Dieu. » Vient ensuite l'explication des choses qui empêchent l'Eglise de voir Dieu, c'est-à-dire de savoir qu'elle est exaucée ; depuis ces mots : « Parce que je prierai vers vous, Seigneur, le matin vous écouterez ma voix, » jusqu'à : « Le Seigneur aura en abomination l'homme sanguinaire et le fourbe. » En troisième lieu, elle espère devenir la maison de Dieu, et dès maintenant s'approcher de lui par la crainte, avant cette consommation de la charité qui bannit toute crainte ; depuis ces mots : « Pour moi, me confiant dans l'abondance de votre miséricorde, » jusqu'à ceux-ci : « Rempli de votre crainte, je vous adorerai en m'approchant de votre saint temple. » Quatrièmement, s'avançant et progressant au milieu de tous les obstacles qu'elle rencontre, elle demande à Dieu d'être secourue intérieurement, là où ne pénètre point le regard des hommes, de peur d'être détournée du bien par les langues perfides ; depuis ces mots : « Seigneur, conduisez-moi dans la voie de votre justice à cause de mes ennemis, » jusqu'à : « Ils se sont servis de leurs langues avec fourberie. » En cinquième lieu vient la prophétie du châtiment qui attend les impies, tandis que le juste aura peine à être sauvé ; et de la récompense que recevront les justes, qui auront répondu à l'appel de Dieu et vaillamment supporté toute peine jusqu'à leur arrivée à la gloire ; depuis, « jugez-les, ô mon Dieu, » jusqu'à la fin du psaume.

DISCOURS SUR LE PSAUME VIe.

Pour la fin, dans les hymnes touchant l'octave, psaume de David. (Ps. vi, 1.)

1. « Touchant l'octave » paraît obscur ici. (Car le reste du titre est plus clair.) Quelques-uns ont cru que ces mots signifiaient le jour du jugement, c'est-à-dire le temps de l'avénement de Notre-Seigneur, alors qu'il viendra juger les vivants et les morts. Cet avénement aurait lieu après sept mille années, à partir d'Adam : de sorte que sept mille années s'étant écoulées comme sept jours, viendrait ensuite le temps du jugement qui serait comme le huitième jour. Mais comme le Seigneur a dit : « Il ne vous appartient pas de connaître les temps que le Père

---

nobis omnibus tradidit illum. (*Ibid.*, 31.) « Si enim adhuc cum inimici essemus, Christus pro nobis mortuus est ; multo magis reconciliati, salvi erimus ab ira per ipsum. » (*Ibid.*, v, 10.) Hoc est invictissimum scutum, quo repellitur inimicus, desperationem salutis suggerens multitudine tribulationum et tentationum.

18. Totus ergo textus Psalmi est oratio ut exaudiatur, ab eo quod scriptum est : « Verba mea exaudi Domine, » usque ad « Rex meus et Deus meus. » Deinde intellectus eorum quæ impediunt ad videndum Deum, id est, ut se exauditam esse cognoscat, ab eo quod scriptum est : « Quoniam ad te orabo, Domine, mane exaudies vocem meam, » usque ad : « Virum sanguinum et dolosum abominabatur Dominus. » Tertio sperat se domum Dei futuram, et nunc ei appropinquare in timore ante consummationem quæ expellit timorem, ab eo quod scriptum est : « Ego autem in multitudine miserationis tuæ, » usque ad : « Adorabo ad templum sanctum tuum in timore tuo. » Quarto proficientem se atque promoventem inter illa ipsa quibus impediri se sentit, orat ut adjuvetur intrinsecus, ubi nemo hominum videt, ne avertatur malis linguis, ab eo quod scriptum est : « Domine deduc me in tua justitia propter inimicos meos, » usque ad : « Linguis suis dolose agebant. » Quinto prophetia est, quæ pœna maneat impios, quando justus vix salvus erit ; et quod præmium justi adepturi sint, qui vocati venerunt, et donec perducerentur viriliter omnia sustinuerunt, ab eo quod scriptum est : « Judica illos Deus, » usque in finem Psalmi.

IN PSALMUM VI ENARRATIO.

In finem, in hymnis de octavo, psalmus David. (Ps. vi, 1.)

1. « De octavo, » hic videtur obscurum. (Nam cætera in hoc titulo manifestiora sunt.) Visum est autem nonnullis diem judicii significare, id est, tempus adventus Domini nostri, quo venturus est judicare vivos et mortuos. Qui adventus, computatis annis ab Adam, post septem annorum millia futurus creditur : ut septem annorum millia tanquam septem dies transeant, deinde illud tempus tanquam dies octavus, adveniat. Sed quoniam dictum est a Domino : « Non est vestrum scire tempora, quæ Pater

a réservés à son pouvoir souverain; » (*Act.*, I, 7) et aussi : « Nul ne sait ce jour et cette heure, ni les anges, ni les vertus, ni le Fils, mais le Père seul; » (*Matth.*, XXIV, 36) comme en outre il est écrit que le jour du Seigneur viendra comme un voleur (I *Thess.*, V, 2); il en résulte évidemment que personne ne peut prétendre arriver à la connaissance de ce temps par quelque calcul d'années que ce soit. Si, en effet, ce jour doit venir au bout de sept mille ans, tout homme peut en connaître l'avénement en comptant les années. Que deviendra donc cette parole, que ce jour est ignoré du Fils? Toutefois le sens de cette parole est que les hommes n'apprendront point ce jour par le Fils, et non pas que le Fils l'ignore pour lui-même. C'est ainsi qu'il est dit : « Le Seigneur votre Dieu vous éprouve pour savoir, » (*Deut.*, XIII, 3) c'est-à-dire pour vous faire savoir; et encore : « Levez-vous Seigneur; » (*Ps.* III, 7) c'est-à-dire, faites que nous nous levions. Par conséquent, puisqu'il est dit que le Fils ignore ce jour, non qu'il l'ignore, mais parce qu'il le fait ignorer, en ne le leur révélant pas, à ceux qui ne doivent pas le connaître; que veut dire je ne sais quelle témérité présomptueuse qui, d'après un calcul d'années, regarde comme certain l'avénement du jour du Seigneur après une durée de sept mille ans?

2. Quant à nous, ignorons volontiers ce que Dieu veut que nous ignorions, et cherchons la signification de ce titre : « Touchant l'octave. » On peut d'abord, sans faire aucune supputation téméraire d'années, comprendre par ce mot le jour du jugement : car, la vie éternelle ayant succédé à la fin de ce siècle, les âmes des justes ne seront plus assujetties au cours du temps; et comme le temps se compose de la révolution constamment réitérée de sept jours, le nom d'octave est peut-être donné au jour qui ne sera plus soumis à cette succession. Il est encore un autre motif raisonnable d'appeler ainsi le jugement, qui ne viendra qu'après deux générations, dont l'une appartient au corps et l'autre à l'esprit. Car sous Adam et sous Moïse, le genre humain a vécu de la vie du corps, c'est-à-dire selon la chair : il est appelé l'homme extérieur, le vieil homme (*Ephés.*, IV, 22), et c'est à lui qu'a été donné l'Ancien Testament, afin qu'il fût par ses actes, religieux déjà mais encore charnels, la figure prophétique des choses spirituelles à venir. Pendant tout ce temps où l'on vivait selon le corps, « la mort a régné, comme parle l'Apôtre, même sur ceux qui n'ont point péché. Elle a régné, comme il dit encore, par la ressemblance de la prévarication d'Adam. » (*Rom.*, V, 14.) En effet, ces mots : et sous Moïse expriment tout le temps où les œuvres de la loi, c'est-à-dire ses prescriptions observées selon la

---

posuit in sua potestate : » (*Act.*, I, 7) et : « De die vero et illa hora nemo scit, neque angelus, neque virtus, neque Filius, nisi solus Pater » (*Matth.*, XXIV, 36) et illud quod scriptum est, tanquam furem venire diem Domini (I *Thess.*, V, 2), satis aperte ostendit neminem sibi oportere arrogare scientiam illius temporis, computatione aliqua annorum. Si enim post septem millia annorum ille dies venturus est, omnis homo potest annis computatis adventum ejus addiscere. Ubi erit ergo, quod nec Filius hoc novit? Quod utique ideo dictum est, quia per Filium homines hoc non discunt, non quod apud se ipse non noverit : secundum illam locutionem : « Tentat vos Dominus Deus vester, ut sciat, id est, scire faciat vos : » (*Deut.*, XIII, 3) et : « Exsurge Domine, » (*Psal.* III, 7) id est, fac nos exsurgere. Cum ergo ita dicatur, nescire Filius hunc diem, non quod nesciat, sed quod nescire faciat eos, quibus hoc non expedit scire, id est, non eis hoc ostendat : quid sibi vult nescio quæ præsumptio, quæ annis computatis, certissimum sperat post septem annorum millia diem Domini.

2. Nos igitur, quod nescire nos Dominus voluit, libenter nesciamus : et quæramus quid velit sibi iste titulus, qui scribitur « de octavo. » Potest quidem etiam nulla annorum temeraria supputatione dies judicii octavus intelligi, quod jam post finem hujus sæculi accepta æterna vita, tunc non erunt animæ justorum obnoxiæ temporibus : et quoniam omnia tempora septem dierum istorum repetitione volvuntur, octavus forte ille dictus est, qui varietatem istam non habebit. Est aliud quod hic non absurde accipi potest, cur octavum dicatur judicium, quod post duas generationes futurum est, unam quæ ad corpus, alteram quæ ad animam pertinet. Ab Adam enim usque ad Moysen genus humanum vixit ex corpore, id est, secundum carnem : qui etiam exterior et vetus homo dicitur, et cui Vetus Testamentum datum est, ut quamvis religiosis, tamen carnalibus adhuc operationibus futura spiritalia præsignaret. (*Ephes.*, IV, 22.) Hoc toto tempore quo secundum corpus vivebatur, regnavit mors, sicut Apostolus ait, etiam in eos qui non peccaverunt. (*Rom.*, V, 14.) Regnavit autem ex similitudine prævaricationis Adæ, sicut idem dicit : quoniam usque ad Moysen accipiendum est, quousque legis opera, id est carnaliter observata illa

chair, ont tenu liés, par un effet mystérieux, ceux mêmes qui n'obéissaient qu'à Dieu. Mais depuis l'avénement du Seigneur, à partir duquel s'est fait le passage de la circoncision de la chair à la circoncision du cœur, le genre humain a été appelé à vivre selon l'esprit, c'est à-dire selon l'homme intérieur, qui est nommé également l'homme nouveau (*Coloss.*, III, 10), en raison de sa régénération et de son entrée dans une vie toute spirituelle. Or, il est manifeste que le nombre quatre se rapporte au corps, à cause des quatre éléments si connus dont il est composé et de ses quatre qualités : la sécheresse et l'humidité, le froid et le chaud. C'est pourquoi il passe par quatre saisons : le printemps, l'été, l'automne et l'hiver ; toutes choses trèsconnues. Nous avons traité ailleurs de ce nombre quatre relativement au corps, et nous l'avons fait avec plus de profondeur, mais aussi avec moins de clarté ; mais dans ce discours nous devons éviter toute obscurité, parce que nous voulons qu'il soit à la portée même des moins érudits. D'autre part le nombre trois se rapporte à l'esprit, ainsi que le prouve le commandement qui nous est fait d'aimer Dieu de trois manières : de tout notre cœur, de toute notre âme et de tout notre esprit. (*Deut.*, VI, 5 ; *Matth.*, XXII, 37.) Ce n'est point à propos des psaumes, mais à propos de l'Evangile, qu'il convient de discuter chacun de ces termes. Présentement, je pense en avoir dit assez pour prouver que le nombre trois se rapporte à l'esprit. Quand donc se seront écoulés les temps de ces nombres du corps relatifs au vieil homme et à l'Ancien Testament, et ceux des nombres de l'esprit relatifs à l'homme nouveau et au Nouveau Testament ; c'est-à-dire quand le septième nombre sera écoulé, puisque chaque nombre représente une certaine durée et qu'il y en a quatre pour le corps et trois pour l'esprit ; alors viendra l'octave ou, en huitième lieu le jour du jugement, lequel, attribuant à chacun ce qu'il aura mérité, fera passer les saints des œuvres temporelles à la vie éternelle, et condamnera les impies pour l'éternité.

3. Par crainte de cette condamnation, l'Eglise prie dans ce psaume et dit : « Seigneur ne m'accusez pas dans votre colère. » (*Ps.* VI, 2.) L'Apôtre emploie aussi ce terme, la colère du jugement. « Vous amassez, dit-il, un trésor de colère, pour le jour de la colère du juste jugement de Dieu : » (*Rom.*, II, 5) jour terrible où nul ne veut être accusé, de tous ceux qui en cette vie désirent d'être guéris. « Et ne me reprenez pas dans votre fureur. » (*Ps.* VI, 2.) L'expression « Ne me reprenez pas » paraît plus douce, car on reprend pour corriger ; tandis qu'un accusé doit craindre que l'accusation n'aboutisse à sa condamnation. D'un autre côté, comme la fureur paraît être quelque chose de plus grave que la colère, on peut se demander

sacramenta, etiam eos obstrictos tenuerunt certi mysterii gratia, qui uni Deo subditi erant. Ab adventu autem Domini, ex quo ad circumcisionem cordis a carnis circumcisione transitum est, facta vocatio est, ut secundum animam viveretur, id est, secundum interiorem hominem, qui etiam novus homo propter regenerationem dicitur morumque spiritalium innovationem. (*Coloss.*, III, 10.) Manifestum est autem ad corpus quaternarium numerum pertinere, propter notissima elementa quatuor quibus constat, et quatuor qualitates, siccam, humidam, calidam, frigidam. Unde quatuor etiam temporibus administratur, verno, æstate, autumno, hyeme, hæc sunt notissima. Nam de quaternario numero corporis tractatur etiam alibi subtilius, sed obscurius : quod in hoc sermone vitandum est, quem etiam minus eruditis accommodatum esse volumus. Ad animam vero ternarium numerum pertinere potest intelligi, ex eo quod tripliciter Deum diligere jubemur, ex toto corde, ex tota anima, ex tota mente (*Deut.*, VI, 5 ; *Matth.*, XXII, 37) : de quibus singulis non in psalterio, sed in Evangelio disputandum est : nunc ad testimonium ternarii numeri ad animum pertinentis, satis puto esse quod dictum est. Peractis igitur numeris corporis ad veterem hominem et ad Vetus Testamentum pertinentibus, peractis etiam numeris animi ad novum hominem et ad Novum Testamentum relatis, sicut septenario numero transacto ; quia unumquodque temporaliter agitur, quaternario in corpus, ternario in animum distributo, veniet octavus judicii dies : qui meritis distribuens quod debetur, jam non ad opera temporalia, sed ad vitam æternam sanctos transferet, impios vero damnabit in æternum.

3. Quam damnationem metuens, orat Ecclesia in hoc Psalmo, dicens : « Domine ne in ira tua arguas me. » (*Psal.* VI, 2.) Dicit etiam Apostolus iram judicii : « Thesaurizas tibi, inquit, iram in die iræ justi judicii Dei. » (*Rom.*, II, 5.) In qua se non vult argui, quisquis in hac vita sanari desiderat. « Nec in furore tuo corripias me. » « Corripias, » mitius videtur : ad emendationem enim valet. Nam qui arguitur, id est, accusatur, metuendum est ne finem habeat damna-

pourquoi l'expression plus douce de réprimande est jointe à celle qui est plus dure, c'est-à-dire à la fureur. Pour moi je pense que la même pensée est exprimée en deux termes différents. Car, dans le texte grec, le mot θυμός, qui est dans le premier membre de phrase, a le même sens que le mot ὀργή, qui se trouve dans le second. Les traducteurs latins, voulant employer également deux expressions, ont cherché le terme le plus rapproché du mot « ira, » et ils ont adopté celui de « furor. » Les manuscrits présentent même différentes variantes : les uns emploient d'abord le mot « ira » et ensuite le mot « furor; » les autres mettent « furor » en premier lieu et « ira » en second lieu; d'autres enfin portent « indignatio » (indignation) ou « bilis » (emportement) au lieu de « furor. » Mais quelle que soit l'expression, elle signifie toujours un mouvement de l'âme qui pousse à infliger un châtiment. Mais ce mouvement ne peut être attribué à Dieu, comme produit dans son esprit, puisqu'il est écrit de lui : « Pour vous, Dieu des armées, vous jugez avec calme. » (*Sag.*, XII, 18.) Or, ce qui est calme n'est point troublé. Le trouble n'est donc point en Dieu lorsqu'il juge ; mais, parce qu'il est dans les ministres de ses décrets, comme ceux-ci n'agissent que par ses lois, on l'appelle la colère de Dieu. Telle est la colère, avec laquelle l'âme qui prie dans ce psaume ne veut être ni accusée ni même reprise, c'est-à-dire corrigée ou instruite ; car c'est là le sens du mot παιδεύσῃς employé dans le texte grec. Or, au jour du jugement, ceux-là sont accusés qui ne reposent pas sur l'unique fondement qui est le Christ (I *Cor.*, III, 11). Et ceux-là sont corrigés ou purifiés, qui sur ce fondement ont élevé du bois, du foin, de la paille. Ils subiront une peine, mais ils seront sauvés comme par le feu. Que demande donc celui qui ne veut être ni accusé ni repris dans la colère du Seigneur? Que demande-t-il, si ce n'est d'être sain? En effet, celui qui est en santé n'a à craindre ni la mort ni la main du médecin armée du fer et du feu.

4. C'est pourquoi le Prophète dit ensuite : « Ayez pitié de moi, Seigneur, parce que je suis malade ; guérissez-moi, Seigneur, parce que mes os sont ébranlés ; » (*Ps.* VI, 3) mes os, c'est-à-dire le soutien ou la force de mon âme : c'est là ce que les os signifient. L'âme déclare donc, sous ce terme figuré, que sa force est ébranlée. Il ne faut pas croire, en effet, que l'âme ait des os semblables à ceux du corps. Et c'est pour l'expliquer que le Prophète dit ensuite : « Et mon âme est toute troublée, » (*Ibid.*, 4) de peur que nous ne comprenions les os du corps dans ceux dont il a parlé. « Mais vous, Seigneur, jusques à quand me délaisserez-vous ? » (*Ibid.*) Qui ne comprend qu'il s'agit ici de l'âme qui lutte contre ses maladies ; de l'âme que le médecin a

---

tionem. Sed quoniam furor plus videtur esse quam ira, potest movere cur illud quod est mitius, id est correptio, cum eo positum est quod est durius, id est cum furore. Sed ego puto unam rem duobus verbis significatam. Nam in Græco θυμός, quod est in primo versu, hoc significat quod ὀργή, quod est in secundo versu. Sed cum Latini vellent etiam ipsi duo verba ponere, quæsitum est quid esset vicinum iræ, et positum est furor. Ideo varie codices habent. Nam in aliis prius invenitur ira, deinde furor : in aliis prius furor, deinde ira : in aliis pro furore indignatio ponitur, aut bilis. Sed quidquid illud est, motus est animi provocans ad poenam inferendam. Qui tamen motus, non tanquam animæ Deo tribuendus est, de quo dictum est : « Tu autem Domine virtutum cum tranquillitate judicas. » (*Sap.*, XII, 18.) Quod autem tranquillum est, non est perturbatum. Non ergo cadit in Deum judicem perturbatio ; sed quod in ejus ministris fit, quia per leges ejus fit, ira ejus dicitur. In qua ira, non solum argui se non vult anima quæ nunc orat ; sed nec corripi, id est, emendari vel erudiri. Nam in Græco παιδεύσῃς positum est, id est erudias. Arguuntur autem in die judicii omnes qui non habent fundamentum quod est Christus. (I *Cor.*, III, 11.) Emendantur autem, id est purgantur, qui huic fundamento superædificant lignum, fœnum, stipulam. Detrimentum enim patientur, sed salvi erunt tanquam per ignem. Quid ergo iste orat, qui non vult in ira Domini vel argui vel emendari ? quid, nisi ut sanetur ? Ubi enim sanitas est, nec mors metuenda est, nec urentis aut secantis medici manus.

4. Sequitur itaque, et dicit : « Miserere mei Domine, quoniam infirmus sum : sana me Domine, quoniam conturbata sunt ossa mea, » (*Psal.* VI, 3) id est, firmamentum animæ meæ, vel fortitudo, hoc enim ossa significant. Dicit ergo anima, fortitudinem suam esse turbatam, cum ossa nominat. Neque enim credendum est, quod habeat ossa quæ videmus in corpore. Quapropter, ad expositionem pertinet quod subjicitur : « Et anima mea turbata est valde : » (*Ibid.*, 4) ne quod ossa appellavit, corporis intelligerentur. « Et tu Domine usque quo ? » Quis non intel-

délaissée depuis longtemps déjà, afin de lui faire sentir dans quels maux elle s'est précipitée d'elle-même par le péché? On se garde peu d'un mal qui se guérit aisément : au contraire, plus la guérison aura été difficile, plus on aura de soin pour conserver la santé recouvrée. Il ne faut donc point accuser Dieu de cruauté parce que le Prophète lui dit : « Mais vous, Seigneur, jusques à quand me délaisserez-vous? » Il faut le regarder au contraire comme le bon conseiller de l'âme, à laquelle il fait comprendre quels maux elle s'est elle-même créés. Cette âme, en effet, ne prie point encore assez parfaitement pour que Dieu puisse lui dire : « Avant même que vous ayez fini de parler, je vous répondrai : Me voici. » (*Isa.*, LXV, 24.) Il veut aussi lui apprendre quel immense châtiment est préparé pour les impies qui refusent de se convertir à Dieu, puisque ceux mêmes qui se convertissent éprouvent tant de difficultés pour arriver au salut. C'est ce qui est écrit ailleurs : « Si le juste se sauve avec tant de peine, que deviendront le pécheur et l'impie? » (I *Pier.*, IV, 18.)

5. « Tournez-vous vers moi, Seigneur, et tirez mon âme de l'abîme. » (*Ps.* VI, 5.) Retournée vers Dieu, elle le prie de se tourner aussi vers elle, selon cette parole : « Tournez-vous vers moi, et je me tournerai vers vous, dit le Seigneur. » (*Zach.*, I, 3.) Ou bien faut-il entendre cette parole : *Convertere, Domine*, dans ce sens : faites que je me convertisse; tant le Prophète sentait que cette conversion était pour lui laborieuse et difficile? Car notre conversion, lorsqu'elle est parfaite, trouve Dieu tout prêt, comme l'a dit le Prophète : « Nous le trouverons préparé comme le lever de l'aurore. » (*Osée*, VI, 3, *selon les Sept.*) Si en effet nous l'avons perdu, ce n'est pas qu'il se soit éloigné de nous, lui qui est partout, mais c'est que nous nous sommes détournés de lui. « Il était en ce monde, dit l'Evangéliste, et ce monde a été fait par lui, et le monde ne l'a pas connu. » (*Jean*, I, 10.) Si donc il était dans le monde et que le monde ne l'ait pas connu, c'est que notre souillure ne peut soutenir son aspect. Au contraire, quand nous nous convertissons, c'est-à-dire quand nous renouvelons notre esprit par le changement de notre vie ancienne, nous sentons qu'il est dur et pénible de revenir des ténèbres des convoitises terrestres à la calme sérénité de la lumière divine. Au milieu d'une semblable difficulté, nous nous écrions : « Tournez-vous vers nous, Seigneur, » c'est-à-dire : aidez-nous, afin que s'accomplisse en nous ce changement qui doit vous trouver prêt et donner la jouissance de votre présence à ceux qui vous aiment. Aussi, après avoir dit : « Tournez-vous vers moi, Seigneur, » il ajoute : « Et tirez mon âme de l'abîme; » comme si elle était en-

ligat significari animam luctantem cum morbis suis : diu autem dilatam a medico, ut ei persuaderetur in quæ mala se peccando præcipitaverit? Quod enim facile sanatur, non multum cavetur : ex difficultate autem sanationis, erit diligentior custodia receptæ sanitatis. Non ergo tanquam crudelis Deus æstimandus est, cui dicitur : « Et tu Domine usque quo? » Sed tanquam bonus persuasor animæ, quid mali sibi ipsa pepererit. Nondum enim tam perfecte orat hæc anima, ut ei dici possit : « Adhuc loquente te dicam : Ecce adsum. » (*Is.*, LXV, 24.) Simul ut etiam illud agnoscat, quanta pœna impiis præparatur, qui se nolunt convertere ad Deum, si tantam difficultatem convertentes patiuntur : sicut alio loco scriptum est : « Si justus vix salvus erit, peccator et impius ubi parebunt? » (I *Pet.*, IV, 18.)

5. « Convertere Domine, et erue animam meam. » (*Psal.* VI, 5.) Convertens se, orat ut ad eam convertatur et Deus : sicut dictum est : « Convertimini ad me, et convertar ad vos, dicit Dominus. » (*Zach.*, I, 3.) An ex illa locutione intelligendum est : « Convertere Domine, » id est, fac me converti, cum in ipsa sua conversione difficultatem laboremque sentiret? Nam perfecta nostra conversio paratum invenit Deum, sicut Propheta dicit : « Tanquam diluculum paratum inveniemus eum. » (*Osee*, VI, 3, sec. LXX.) Quoniam ut eum amitteremus, non ejus absentia qui ubique adest, sed nostra fecit aversio. « In hoc mundo erat, inquit, et mundus per eum factus est, et mundus eum non cognovit. » (*Joan.*, I, 10.) Si ergo in hoc mundo erat, et mundus eum non cognovit ; nostra immunditia non fert ejus aspectum. Dum autem nos convertimus, id est, mutatione veteris vitæ resculpimus spiritum nostrum : durum sentimus et laboriosum ad serenitatem et tranquillitatem divinæ lucis a terrenarum cupiditatum caligine retorqueri. Et in tali difficultate dicimus : « Convertere Domine, » id est, adjuva nos, ut perficiatur in nobis conversio, quæ te paratum invenit, et fruendum te præbentem dilectoribus tuis. Et ideo postquam dixit : « Convertere Domine, » addidit, « et erue animam meam : » tanquam inhærentem per-

lacée dans les perplexités de ce siècle, et que, dans son retour vers Dieu, elle eût à souffrir les épines déchirantes des désirs mondains. « Sauvez-moi, dit-il, en considération de votre miséricorde. » Il comprend qu'il ne doit point sa guérison à ses propres mérites, puisque ses péchés et ses transgressions à la loi qu'il avait reçue, lui ont mérité une juste condamnation. Guérissez-moi donc, s'écrie-t-il, non point en considération de mes mérites, mais de votre miséricorde.

6. « Car il n'y a personne qui se souvienne de vous dans la mort. » (*Ps.* VI, 6.) Il comprend aussi que le temps actuel est celui de la conversion; parce qu'au sortir de cette vie, il ne reste plus qu'à recueillir ce que l'on a mérité. « Et qui, dans l'enfer, confessera votre nom? » (*Ibid.*) Ce nom a été confessé dans l'enfer par le riche dont parle le Seigneur (*Luc*, XVI, 23), qui vit Lazare jouissant du repos, tandis que lui-même gémissait dans les tourments; et cette confession a été jusqu'au point qu'il voulait avertir les siens de renoncer au péché, en raison des peines de l'enfer, auxquelles on refuse de croire. Bien qu'inutilement, il confessait donc cependant que ces tourments lui étaient infligés avec justice, puisqu'il désirait prévenir les siens, de peur qu'ils n'y tombassent eux-mêmes. Que veulent donc dire ces mots : « Et qui, dans l'enfer, confessera votre nom? » Veut-il parler de l'enfer où les impies seront précipités après le jugement, et dans lequel, à cause de la profondeur des ténèbres, ils ne verront aucune lumière de Dieu, pour lui adresser leurs aveux? Mais ce riche, ayant levé les yeux, malgré l'immensité des profondeurs qui le séparaient de Lazare, a pu cependant le voir en possession de son repos; et, par la comparaison de ce double sort, il a été contraint d'avouer la justice de sa condamnation. On peut encore admettre que David appelle du nom de mort le péché commis au mépris de la loi divine; ce serait ainsi donner le nom de mort à l'aiguillon de la mort, parce que cet aiguillon la produit. Or, cet aiguillon c'est le péché. (I *Cor.*, XV, 56.) Etre dans cette mort, c'est oublier Dieu, mépriser sa loi et ses préceptes; si bien que David appelle enfer les ténèbres de l'esprit qui saisissent et enveloppent le pécheur, c'est-à-dire le mourant. Car, selon l'Apôtre, « comme ils n'ont pas voulu reconnaître Dieu, Dieu les a livrés à un sens dépravé. » (*Rom.*, I, 28.) C'est de cette mort et de cet enfer que l'âme demande à être délivrée, dans le temps qu'elle s'applique à se convertir et qu'elle sent la difficulté de sa conversion.

7. C'est pourquoi, il poursuit en disant : « Je me suis épuisé à force de gémir. » (*Ps.* VI, 7.) Et comme si cette douleur était peu de chose en-

---

plexitatibus hujus sæculi, et spinas quasdam dilacerantium desideriorum in ipsa conversione patientem. « Salvum me fac, inquit, propter misericordiam tuam. » Intelligit non suorum meritorum esse quod sanatur : quandoquidem peccanti et datum præceptum prætereunti, justa damnatio debebatur. Sana me ergo, inquit, non propter meritum meum, sed propter misericordiam tuam.

6. « Quoniam non est in morte qui memor sit tui. » (*Psal.* VI, 6.) Intelligit quoque nunc esse tempus conversionis : quia cum ista vita transierit, non restat nisi retributio meritorum. « In inferno autem quis confitebitur tibi? » (*Ibid.*) Confessus est in inferno ille dives, de quo Dominus dicit, qui Lazarum vidit in requie, se autem in tormentis dolebat (*Luc.*, XVI, 23) : usque adeo confessus, ut etiam moneri suos vellet, ut se a peccatis cohiberent, propter pœnas quas apud inferos esse non creditur. Quamvis ergo frustra, confessus est tamen sibi merito illa accidisse tormenta; quando etiam suos ne in hæc inciderent, doceri cupiebat. Quid ergo est : « In inferno autem quis confitebitur tibi? » An infernum vult intelligi, quo post judicium præcipitabuntur impii, ubi jam propter profundiores tenebras nullam Dei lucem videbunt, cui aliquid confiteantur? Nam iste adhuc elevatis oculis, quamvis immani profundo interposito, potuit tamen videre Lazarum in requie constitutum : ex cujus comparatione, ad confessionem coactus est meritorum suorum. Potest etiam illud intelligi, ut mortem vocet peccatum, quod contempta divina lege committitur : ut aculeum mortis mortem appellemus, quod mortem comparet. Aculeus enim mortis, peccatum. (I *Cor*, XV, 56.) In qua morte hoc est esse immemorem Dei, legem ejus et præcepta contemnere : ut infernum dixerit, cæcitatem animi, quæ peccantem, id est, morientem excipit et involvit. Sicut non probaverunt, inquit, habere Deum in notitia, dedit illos Deus in reprobum sensum. (*Rom.*, I, 28.) Ab ista morte et ab isto inferno tutam se præberi anima deprecatur, dum molitur conversionem ad Deum, et sentit difficultates.

7. Quapropter contexit, dicens : « Laboravi in gemitu meo. » (*Psal.* VI, 7.) Et tanquam parum profuerit, addit, et dicit : « Lavabo per singulas noctes lectum meum. » Lectus est hoc loco appellatus ubi

core, il ajoute : « Toutes les nuits, je laverai mon lit de mes pleurs. » (*Ibid.*) Il nomme son lit le lieu où repose son esprit malade et affaibli, c'est-à-dire encore plongé dans les voluptés du corps et dans toutes les délices du siècle. Ces délices, celui-là les lave dans ses larmes, qui s'efforce de s'en arracher. Car déjà il condamne certainement les concupiscences de la chair, et cependant sa faiblesse est captivée par ces délices, et il consent à rester plongé dans ces plaisirs d'où peut seul sortir un esprit rendu à la santé. Par ces mots : « Toutes les nuits, » il a peut-être voulu exprimer que celui qui, dégagé en esprit, perçoit quelques lueurs de la vérité, et qui cependant, dominé quelquefois par la faiblesse de la chair, s'arrête au milieu des jouissances du siècle, que celui-là, en raison de cette succession de sentiments contraires, subit en quelque sorte une alternative de jours et de nuits. Quand par exemple il dit : « Par l'esprit je suis soumis à la loi de Dieu, » (*Rom.*, VII, 25) il sent comme venir le jour ; quand il dit au contraire : « Par la chair je suis soumis à la loi du péché, » (*Ibid.*) il semble retomber dans la nuit ; jusqu'à ce que toute nuit soit dissipée et que vienne le jour unique dont il est dit : « Je me présenterai le matin devant vous, et je verrai. » (*Ps.* v, 5.) Alors, en effet, il se présentera devant Dieu ; mais maintenant il ne peut se tenir debout, puisqu'il est dans ce lit qu'il lavera toutes les nuits de ses pleurs, afin que leur abondance lui obtienne de la miséricorde divine une entière guérison. « J'arroserai ma couche de mes larmes ; » (*Ps.* VI, 7) c'est une répétition. En disant « de mes larmes, » il montre en quel sens il a dit plus haut : « Je laverai. » Nous comprenons le mot de « couche » comme précédemment celui de « lit. » Mais « j'arroserai » dit quelque chose de plus que « je laverai ; » car une chose peut n'être lavée qu'à la superficie, tandis qu'une chose arrosée est entièrement pénétrée : ce qui signifie que ses larmes coulent jusqu'au fond de son cœur. L'emploi de temps différents, du passé d'abord, « Je me suis épuisé à force de gémir, » puis du futur, « toutes les nuits je laverai mon lit de mes pleurs, » et « j'arroserai ma couche de mes larmes, » montre ce que doit se dire quiconque s'est d'abord épuisé en gémissements inutiles. C'est comme si le Prophète eût dit : Ce que j'ai fait ne m'a servi de rien, je ferai donc telle autre chose.

8. « La colère a troublé mon regard. » (*Ibid.*, 8.) Quelle colère ? la sienne ou celle de Dieu, par laquelle il demande de n'être ni accusé ni repris ? Mais si cette colère signifie le jour du jugement, comment peut-on la comprendre pour le présent ? Est-ce le commen-

---

requiescit animus æger et infirmus, id est, in voluptate corporis et in omni delectatione sæculari. Quam delectationem lacrymis lavat qui sese ab illa conatur extrahere. Videt enim jam se damnare carnales concupiscentias : et tamen delectatione tenetur (*a*) infirmitas, et in ea libenter jacet, unde surgere nisi sanatus animus non potest. Quod autem ait : « Per singulas noctes, » hoc fortasse accipi voluit, quod ille qui spiritu promptus sentit aliquam lucem veritatis, et tamen in delectatione hujus sæculi per carnis infirmitatem aliquando requiescit, tanquam dies et noctes alterno affectu cogitur pati : ut cum dicit : Mente servio legi Dei (*Rom.*, VII, 25), tanquam diem sentiat ; rursus cum dicit : Carne autem legi peccati, inclinetur in noctem : donec omnis nox transeat, et veniat unus dies, de quo dicitur : « Mane adstabo tibi, et videbo. » (*Psal.* v, 5.) Tunc enim adstabit ; nunc autem jacet, quando in lecto est ; quem lavabit per singulas noctes, ut tantis lacrymis impetret efficacissimam de Dei misericordia medicinam. « In lacrymis stratum meum rigabo. » Repetitio est. Cum enim dicit « in lacrymis : » ostendit quemadmodum superius, « lavabo, » dixerit. Hoc autem accipimus « stratum, » quod superius « lectum. » Quanquam « rigabo, » amplius sit aliquid, quam « lavabo » : quoniam potest aliquid in superficie lavari ; rigatio vero ad interiora (*b*) permeat, quod significat fletum usque ad cordis intima. Temporum vero varietas, quod præteritum posuit, cum diceret : « Laboravi in gemitu meo ; » et futurum, cum diceret : « Lavabo per singulas noctes lectum meum ; » rursus futurum : « In lacrymis stratum meum rigabo : » illud ostendit, quid sibi dicere debeat, cum quisque in gemitu frustra laboraverit. Tanquam diceret : Non profuit cum hoc feci, ergo illud faciam.

8. « (*c*) Turbatus est ab ira oculus meus : » (*Psal.* VI, 8) utrum sua an Dei, in qua petit ne argueretur, aut corriperetur ? Sed si illa diem judicii significat, quomodo nunc potest intelligi ? An inchoatio ejus est, quod hic homines dolores et tormenta patiuntur,

---

(*a*) Lov. *infirmitatis*. At Er. et plerique Mss. *infirmitas*. — (*b*) Editi *permanat*. At Mss. aliqui *permeat* ; alii *pertinet*. — (*c*) De hac parte vers. 8, consule 1. Enarrat. Psal. 36. De altera parte ejusdem vers. vide Enarrat. Psal. CII.

cement de cette colère, parce que déjà les hommes souffrent ici-bas des douleurs et des tourments, principalement la perte de l'intelligence de la vérité, suivant cette parole que j'ai rapportée précédemment : « Dieu les a livrés à un sens dépravé ? » (*Rom.*, I, 28.) Car tel est l'aveuglement de l'esprit, que quiconque y est livré se trouve privé de la lumière intérieure de Dieu, mais non encore tout à fait, tant qu'il est en cette vie. Car il y a en outre des ténèbres extérieures (*Matth.*, XXV, 30) qui appartiennent spécialement au jour du jugement ; de sorte que celui qui n'aura pas voulu s'amender, pendant qu'il en était encore temps, se trouvera entièrement rejeté hors de Dieu (*Sent.*, dist. 50, cap. *Hic quæri potest*) : or, qu'est-ce qu'être entièrement rejeté hors de Dieu, si ce n'est être frappé d'une cécité complète ? Car Dieu habite une lumière inaccessible (1 *Tim.*, VI, 16), dans laquelle pénètrent ceux à qui il est dit : « Entrez dans la joie de votre Seigneur. » (*Matth.*, XXV, 21 et 23.) Il s'agit donc ici du commencement de cette colère, dont tout pécheur ressent les effets dans cette vie. C'est pourquoi, craignant le jour du jugement, il pleure et il gémit, afin de n'être point entraîné à ce malheur dont il sent que les premières atteintes sont déjà si redoutables. Aussi n'a-t-il point dit que « la colère » a éteint, mais « a troublé son regard. » Si toutefois il a voulu parler de sa propre colère, il n'est point étonnant qu'il lui attribue d'avoir troublé son regard. Car c'est peut-être par suite de cette parole qu'il a été dit : « Que le soleil ne se couche pas sur votre colère ; » (*Ephés.*, IV, 26) parce que le soleil intérieur, qui est la sagesse de Dieu, disparaît, comme en se couchant, aux yeux de l'esprit qui, à cause de son trouble, ne peut plus l'apercevoir.

9. « J'ai vieilli au milieu de tous mes ennemis. » (*Ps.* VI, 8.) Il n'avait parlé que de la colère (si tant est qu'il ait parlé de la sienne) ; mais après avoir considéré les autres vices, il se trouve environné de tous, et comme ils appartiennent à la vie ancienne et au vieil homme, dont nous devons nous dépouiller pour nous revêtir du nouveau (*Coloss.*, III, 9), il dit avec raison : « J'ai vieilli. » Quand il ajoute « au milieu de tous mes ennemis, » il parle ou des vices eux-mêmes ou des hommes qui ne veulent pas se convertir à Dieu. Car ces hommes, quoiqu'ils épargnent les bons, quoiqu'ils usent avec eux, sans discussion et dans une concorde apparente, des mêmes repas, des mêmes demeures, des mêmes cités, cependant, en raison de l'opposition de leurs intentions, ces hommes, même à leur insu, sont les ennemis de ceux qui se convertissent à Dieu. En effet, les uns aimant et recherchant ce monde, les autres désirant être délivrés de ce monde, qui ne voit que les premiers sont les ennemis des derniers ? Car, s'ils

---

et maxime damnum intelligentiæ veritatis; sicut jam commemoravi quod dictum est : Dedit illos Deus in reprobum sensum? (*Rom.*, I, 28.) Nam ea est cæcitas mentis. In eam quisquis datus fuerit, ab interiore Dei luce secluditur; sed nondum penitus cum in hac vita est. Sunt enim tenebræ exteriores (*Matth.*, XXV, 30), quæ magis ad diem judicii pertinere intelliguntur, ut penitus extra Deum sit, quisquis, dum tempus est, corrigi noluerit. Penitus autem esse extra Deum quid est, nisi esse in summa cæcitate? Si quidem Deus habitat lucem inaccessibilem (1 *Tim.*, VI, 16), quo ingrediuntur quibus dicitur : « Intra in gaudium Domini tui. » (*Matth.*, XXV, 21, 23.) Hujus igitur iræ inchoatio est, quam in hac vita patitur quisque peccator. Timens itaque judicii diem, laborat, et plangit; ne ad illud perducatur, cujus initium tam perniciosum nunc experitur. Et ideo non dixit : Exstinctus est; sed : « Turbatus est ab ira oculus meus. » Si autem sua ira dicit oculum suum esse turbatum, neque hoc mirum est. Nam hinc forsitan dictum est : « Non occidat sol super iracundiam vestram : » (*Ephes.*, IV, 26) quod interiorem solem, id est, sapientiam Dei tanquam occasum in se pati arbitratur mens, quæ sua perturbatione illum videre non sinitur.

9. « Inveteravi in omnibus inimicis meis. » (*Ps.* VI, 8.) De ira tantum dixerat, (si tamen de sua ira dixerat :) consideratis autem reliquis vitiis, invenit se omnibus esse vallatum. Quæ vitia quoniam veteris vitæ sunt et veteris hominis, quo exuendi sumus, ut induamur novo (*Coloss.*, III, 9); recte dictum est : « Inveteravi. » « In omnibus autem inimicis meis, » vel inter ipsa vitia dicit, vel inter homines qui nolunt ad Deum converti. Nam et hi etiam si (*a*) nesciunt, etiam si parcunt, etiam si iisdem conviviis et domibus et civitatibus nulla lite interposita, et crebris colloquiis quasi concorditer utuntur : nihilominus tamen intentione contraria, inimici sunt eis qui se ad Deum convertunt. Nam cum alii amant et appetunt istum mundum, alii se optant ab isto mundo

---

(*a*) Sic Mss. Editi vero *nesciuntur*.

le pouvaient, ils les entraîneraient dans les mêmes peines. Et c'est un grand bienfait de la grâce, d'être mêlé chaque jour à leurs entretiens et de ne point franchir la route des commandements de Dieu. Car souvent l'âme qui tend vers Dieu se sent ébranlée et tremble dans cette voie, et si elle n'accomplit pas ses bons propos, c'est, le plus souvent, pour ne point choquer ceux avec qui elle vit, et qui aiment et recherchent des biens périssables et passagers. Tout homme de bien est séparé d'eux, non de lieu, mais d'esprit : car les corps habitent le lieu qui les contient, mais l'esprit a pour lieu l'objet de son affection.

10. C'est pourquoi, après ces douleurs, ces gémissements, ces déluges de larmes, comme il est impossible qu'une prière aussi fervente soit vaine auprès de celui qui est la source de toutes les miséricordes, et comme la vérité même a dit : « Le Seigneur est proche de ceux dont le cœur est contrit, » (*Ps.* XXXIII, 19) l'âme pieuse, par laquelle on peut entendre l'Eglise, nous indique qu'après tant de difficultés elle est exaucée ; et voyez comment elle le fait : « Retirez-vous de moi, vous tous qui commettez l'iniquité ; car le Seigneur a exaucé la voix de mes larmes. » (*Ps.* VI, 9.) Ou elle parle prophétiquement de l'avenir, parce que les impies se retireront, c'est-à-dire seront séparés d'avec les justes, quand viendra le jour du jugement ; ou elle parle du présent. On les voit en effet participer également aux mêmes réunions, mais, dans l'aire d'une grange, les grains de blé déjà battus sont séparés des pailles, quoique cachés encore au milieu d'elles. Ils peuvent encore se trouver ensemble, mais ils ne peuvent être enlevés ensemble par le vent.

11. « Car le Seigneur a exaucé la voix de mes larmes ; le Seigneur a écouté mes supplications, le Seigneur a accueilli ma prière. » (*Ibid.* 10.) Cette abondante répétition de la même pensée n'est point une des nécessités de son récit, mais elle montre les transports de sa joie. Ainsi parlent d'ordinaire ceux qui sont dans l'allégresse : il ne leur suffit pas d'exprimer une fois leur bonheur. Voilà le fruit de ces douloureux gémissements, de ces pleurs dont elle lavait son lit et dont elle arrosait sa couche ; car « celui-là moissonnera dans la joie, qui sème dans les larmes, » (*Ps.* CXXV, 5) et : « Bienheureux ceux qui pleurent, parce qu'ils seront consolés. » (*Matth.*, V, 5.)

12. « Que tous mes ennemis rougissent et soient remplis de trouble. » (*Ps.* VI, 11.) Retirez-vous de moi, a-t-elle dit plus haut, ce qui peut se faire dès cette vie, ainsi que nous l'avons exposé ; mais pour ce qu'elle dit ensuite : « Qu'ils rougissent et soient remplis de trouble, » je ne vois pas comment ces paroles se réaliseraient si

liberari, quis non videat illos inimicos esse istis? Nam si possint, eos secum ad pœnas trahunt. Et magnum donum est, inter eorum verba versari quotidie, et non excedere de itinere præceptorum Dei. Sæpe enim mens nitens pergere in Deum, concussa in ipso itinere trepidat, et plerumque propterea non implet bonum propositum, ne offendat eos cum quibus vivit, alia bona peritura et transeuntia diligentes atque sectantes. Ab his separatus est omnis sanus, non locis, sed animo. Nam locis corpora continentur, animo autem locus est affectio sua.

10. Quapropter post laborem et gemitum et imbres creberrimos lacrymarum, quia inane non potest esse quod tam vehementer rogatur ab eo qui fons est omnium misericordiarum, verissimeque dictum est : « Prope est Dominus attritis corde : » (*Psal.* XXXIII, 19) post tantas difficultates exauditam se anima pia significans, quam licet etiam Ecclesiam intelligere, vide quid adjungit : « Discedite a me omnes qui operamini iniquitatem ; quoniam exaudivit Dominus vocem fletus mei. » (*Ps.* VI, 9.) Vel in prophetia dictum est, quoniam discessuri sunt, id est, separabuntur a justis impii, cum judicii dies venerit ; vel nunc. Quia etiamsi pariter atque iisdem conventiculis continentur, tamen in area nuda jam grana separata sunt a paleis, quamvis inter paleas lateant. Simul itaque versari possunt, sed simul vento auferri non possunt.

11. « Quoniam exaudivit Dominus vocem fletus mei ; exaudivit Dominus deprecationem meam ; Dominus orationem meam assumpsit. » (*Ibid.*, 10.) Crebra ejusdem sententiæ repetitio, non quasi narrantis necessitatem, sed affectum exsultantis ostendit. Sic enim loqui gaudentes solent, ut non eis sufficiat semel enuntiare quod gaudent. Iste fructus est illius gemitus in quo laboratur, et illarum lacrymarum quibus lavatur lectus, et stratus rigatur : quoniam « Qui seminat in lacrymis, in gaudio metet ; » (*Psal.* CXXV, 5) et : « Beati lugentes, quoniam ipsi consolabuntur. » (*Matth.*, V, 5.)

12. « Erubescant, et conturbentur, omnes inimici mei. » (*Ps.* VI, 11.) Discedite a me omnes, dixit superius : quod etiam in hac vita, sicut expositum est, fieri potest : quod autem dicit : « Erubescant, et conturbentur, » non video quemadmodum evenire possit, nisi illo die cum manifesta fuerint justorum

ce n'est au jour où seront manifestées les récompenses des justes et les peines des méchants. Car présentement les impies, loin de rougir, ne cessent de nous insulter. Souvent même ils réussissent par leurs railleries à faire rougir les faibles du nom de Jésus-Christ; faute contre laquelle il est dit : « Je rougirai devant mon Père de celui qui aura rougi de moi devant les hommes. » (*Luc*, IX, 26.) Et, d'autre part, si un homme veut accomplir ces admirables préceptes de distribuer, de donner son bien aux pauvres, afin que sa justice demeure éternellement (*Ps.* III, 9), de vendre toutes ses possessions terrestres, de les partager aux indigents et de suivre le Christ, en disant : « Nous n'avons rien apporté en ce monde, et nous n'en pouvons emporter quoi que ce soit, sachons donc nous contenter d'avoir notre nourriture et notre vêtement; » (I *Tim.*, VI, 7) pour celui-là, il est en butte à la moquerie sacrilége de ces impies, et il est appelé insensé par ceux qui ne veulent point être sains d'esprit. Aussi arrive-t-il que, pour ne point recevoir un tel nom de la part de ces malades désespérés, cet homme craint et diffère d'exécuter ce que lui a inspiré le plus fidèle et le plus puissant de tous les médecins. Ceux-là donc ne peuvent rougir dans le temps présent, et il est plutôt à souhaiter qu'ils n'aient point la puissance de nous faire rougir nous-mêmes, de nous détourner de notre route, de nous faire obstacle, ou de retarder notre marche. Mais un temps viendra où ils rougiront et diront avec la Sainte Ecriture : « Voilà donc ceux qui ont été autrefois l'objet de nos railleries et que nous jugions dignes d'opprobre. Insensés que nous étions ! leur vie nous paraissait une folie et leur mort nous semblait sans honneur. Comment sont-ils maintenant comptés au nombre des fils de Dieu? Comment leur partage est-il avec les saints? Nous nous sommes donc égarés hors de la voie de la vérité; la lumière de la justice n'a pas lui pour nous, et le soleil ne s'est pas levé sur nous. Nous nous sommes remplis des voies de l'iniquité et de la perdition, et nous avons marché dans d'affreux déserts; mais nous avons ignoré la route du Seigneur. A quoi nous a servi notre orgueil? Quel profit nous reste-t-il de ces richesses dont nous faisions vanité? Toutes ces choses ont passé comme une ombre. » (*Sag.*, V, 3.)

13. Quant aux paroles suivantes : « Qu'ils se convertissent et qu'ils soient couverts de confusion, » (*Ps.* VI, 11) qui n'y verrait un très-juste châtiment? Leur conversion ne doit-elle pas tourner à leur confusion, puisqu'ils n'ont pas voulu la faire servir à leur salut? Le prophète ajoute : « d'une manière soudaine. » En effet, au moment où ils n'attendront plus le jour du jugement, quand ils s'écrieront : « Voici la paix! alors une mort imprévue les saisira. » (I *Thess.*, V, 3.) Un événement est toujours soudain, à

quelque moment qu'il vienne, quand on ne pense plus qu'il puisse arriver. Nous ne sentons la longueur de cette vie, que par l'espoir de vivre encore ; car rien ne nous semble plus rapide que le temps déjà passé depuis que nous vivons. Quand donc viendra le jour du jugement, les pécheurs sentiront que toute vie qui passe ne peut être de longue durée. Ce jour ne leur semblera point être venu tardivement, qui surviendra sans qu'ils le désirent, ou plutôt sans qu'ils y croient. Cependant ces paroles présentent encore une autre signification. L'âme exaucée de Dieu à cause de tant de gémissements et de larmes, peut être regardée comme délivrée de ses péchés et comme victorieuse de tous les mauvais mouvements des affections charnelles. Elle dit en ce sens : « Retirez-vous de moi, vous tous qui commettez l'iniquité ; parce que le Seigneur a exaucé la voix de mes larmes. » (*Ps.* VI, 9.) Arrivée à ce point, il n'est point étonnant qu'elle soit déjà assez parfaite pour prier en faveur de ses ennemis. Ces paroles : « Que tous mes ennemis rougissent et soient remplis de trouble, » peuvent donc se rapporter au désir qu'elle aurait de les voir faire pénitence de leurs péchés ; ce qui exige de la confusion et du trouble. Rien ne s'oppose à ce que l'on prenne dans le même sens les mots qui suivent : « Qu'ils se convertissent et qu'ils soient couverts de confusion, » c'est-à-dire qu'ils se convertissent à Dieu et qu'ils soient confus de s'être autrefois glorifiés des ténèbres du péché où ils étaient plongés. C'est ainsi que l'Apôtre a dit : « Quelle gloire avez-vous autrefois trouvée dans les choses dont vous rougissez aujourd'hui. » (*Rom.*, VI, 21.) Le dernier mot, « d'une manière soudaine » peut s'appliquer soit à la vivacité de son désir, soit à la puissance du Christ, qui a converti en si peu de temps à la foi de l'Evangile des nations qui, pour la défense de leurs idoles, persécutaient l'Eglise.

DISCOURS SUR LE PSAUME VIIe.

Psaume de David pour lui-même, qu'il chanta au Seigneur à cause des paroles de Chusi, fils de Gémini. (Ps. VII, 1.)

1. Il est facile de connaître par le second livre des Rois (II *Rois*, 16) le fait historique qui a été l'occasion de cette prophétie. On y voit que Chusi, l'un des amis du roi David, passa dans le parti d'Abessalon, fils de David, dans le temps de sa révolte contre son père ; afin de connaître et de dévoiler au roi les desseins formés contre lui par son fils à l'instigation d'Achitophel. Celui-ci s'était en effet retiré de l'amitié de David et il aidait de ses conseils, selon son pouvoir, le fils

---

desperatur esse venturum : et longitudinem vitæ hujus non facit sentiri, nisi spes vivendi. Nam nihil videtur esse celerius, quam quidquid in ea jam præteritum est. Cum ergo judicii dies venerit, tunc sentient peccatores quam non sit longa omnis vita quæ transit. Nec omnino eis videri poterit tarde venisse, quod non desiderantibus, sed potius non credentibus venerit. Quanquam et illud hic accipi potest, ut quia tanquam gementem et tam sæpe diuque flentem Deus exaudivit, intelligatur liberata a peccatis, et omnes perversos motus carnalis affectionis domuisse : sicut dicit : « Discedite a me omnes qui operamini iniquitatem, quoniam exaudivit Dominus vocem fletus mei : » (*Psal.* VI, 9) quod cum ei provenerit, non mirum est si jam ita perfecta est, ut oret pro inimicis suis. Potest ergo ad hoc pertinere quod dixit : « Erubescant, et conturbentur omnes inimici mei : » ut de peccatis suis agant pœnitentiam, quod sine (*a*) confusione et conturbatione fieri non potest. Nihil itaque impedit sic accipere et illud quod sequitur. « Convertantur et erubescant, » id est, convertantur ad Deum, et erubescant se in prioribus tenebris peccatorum aliquando gloriatos : sicut Apostolus dicit : « Quam enim gloriam habuistis aliquando in his, in quibus nunc erubescitis ? » (*Rom.*, VI, 21.) Quod autem addidit, « valde velociter, » aut ad optantis affectum, aut ad Christi potentiam referendum est, qui gentes quæ pro idolis suis persequebantur Ecclesiam, ad Evangelii fidem tanta temporum celeritate convertit.

IN PSALMUM VII ENARRATIO.

Psalmus ipsi David, quem cantavit Domino, pro verbis Chusi, filii Gemini. (Ps. VII, 1.)

1. Historia quidem, unde occasionem ista prophetia sumpsit, in Regnorum secundo libro (II *Reg.*, XVI) cognoscere facile est. Ibi enim Chusi amicus regis David transitum fecit in partes Abessalon filii ejus, qui adversus patrem bellum gerebat, ad exploranda consilia et renuntianda quæ adversus patrem ille moliebatur, auctore Achitophel, qui defecerat ab amicitia David, et filium ejus adversus patrem consiliis quibus posset, instruebat. Sed quoniam non ipsa

---

(*a*) Lov. *confessione*. At Er. et nostri prope omnes Mss. *confusione*.

soulevé contre le père. Mais, comme nous n'avons point à considérer dans ce psaume l'histoire sous le voile de laquelle le prophète nous enseigne de mystérieuses vérités, tirons ce voile (II *Cor.*, III, 16) en passant de suite à Jésus-Christ. Interrogeons d'abord la signification des noms eux-mêmes, afin d'en découvrir la portée. Car il s'est trouvé des interprètes qui, examinant ces noms d'une manière spirituelle, et non à la lettre selon le sens charnel, nous ont enseigné que Chusi signifiait silence, Gémini, celui qui est à droite, Achitophel, la ruine du frère. Suivant ces mêmes interprètes, le traître Judas est représenté par Abessalon, ce nom signifiant la paix du père. Son père fut en effet pacifique envers lui, quoique lui-même, par sa perfidie, n'eût dans son cœur que la guerre contre son père, ainsi que nous l'avons dit au psaume troisième (n° 1). D'un autre côté, de même que dans l'Evangile on voit que les disciples de Jésus-Christ sont appelés ses fils (*Matth.*, IX, 15), de même aussi l'Evangile les nomme ses frères. Le Seigneur dit après sa résurrection : « Allez et dites à mes frères. » (*Jean*, XX, 17.) L'Apôtre déclare qu'il est le premier-né d'un grand nombre de frères. (*Rom.*, VIII, 29.) La ruine attirée sur lui par la trahison d'un disciple est donc sagement appelée la ruine du frère, et telle est, avons-nous dit, l'interprétation du nom d'Achitophel. Quant à Chusi qui signifie silence, il s'entend très-bien du silence par lequel Notre-Seigneur a combattu ces ruses perfides; c'est-à-dire de ce profond mystère de l'aveuglement d'une partie d'Israël qui persécuta le Seigneur, et qui ainsi fut cause que la multitude des Gentils entra dans l'Eglise et que tout Israël fut sauvé. L'Apôtre contemplant les profondeurs de ce secret et de ce silence, s'écria, comme frappé d'effroi à la vue de cet abîme : « O profondeur des trésors de la sagesse et de la science de Dieu! Que ses jugements sont incompréhensibles et ses voies impénétrables! Qui donc, en effet, a connu les desseins de Dieu? Qui est entré dans ses conseils? » (*Rom.*, XI, 33.) C'est ainsi qu'il glorifie ce grand silence par son admiration, sans toutefois en dévoiler le secret par ses explications. Le Seigneur, cachant sous ce voile le mystère de sa sainte passion, a fait profiter aux desseins de sa miséricorde et de sa providence la ruine volontaire du frère, c'est-à-dire l'abominable crime de celui qui l'a trahi; de sorte que ce que l'un accomplissait par perversité d'esprit pour la ruine d'un seul, l'autre par une action providentielle le faisait tourner au salut de tous. L'âme parfaite, déjà digne de connaître le secret de Dieu, adresse donc, dans ce psaume, ses chants au

---

historia in hoc Psalmo consideranda est, de qua Propheta mysteriorum velamen assumpsit, si transitum ad Christum fecimus, auferatur velamen. (II *Cor.*, III, 16.) Et primo ipsorum nominum significationem interrogemus, quid sibi velit. Non enim defuerunt interpretes, qui hæc ipsa non carnaliter ad litteram, sed spiritaliter investigantes, edicerent nobis quod Chusi interpretetur Silentium; Gemini autem, Dexter; Achitophel, fratris ruina. Quibus interpretationibus rursum nobis traditor ille Judas occurrit, ut Abessalon ejus imaginem gestet, secundum quod Patris pax interpretatur; quia pacatus erga illum exstitit pater : quamvis ipse dolis suis bellum haberet in corde, sicut in Psalmo tertio tractatum est. (*Enarrat. in Psal.* III, n. 1.) Quemadmodum autem invenitur in Evangelio filios Domini nostri Jesu Christi dictos esse discipulos (*Matth.*, IX, 15), sic in eodem Evangelio invenitur etiam fratres esse appellatos. (*Joan.*, XX, 17.) Resurgens enim Dominus ait : Vade, et dic fratribus meis. Et Apostolus eum dicit primogenitum in multis fratribus. (*Rom.*, VIII, 29.) Discipuli ergo ejus ruina qui eum tradidit, recte intelligitur fratris ruina, quod Achitophel interpretari diximus. Chusi autem, quod interpretatur Silentium, recte accipitur adversus illos dolos Dominum nostrum silentio dimicasse, id est altissimo secreto, quo cœcitas (a) ex parte Israel facta est, cum Dominum persequebantur, ut plenitudo gentium subintraret, et sic omnis Israel salvus fieret. Ad hoc profundum secretum altumque silentium cum venisset Apostolus, exclamavit quasi quodam ipsius altitudinis horrore perculsus : « O altitudo divitiarum sapientiæ et scientiæ Dei, quam inscrutabilia sunt judicia ejus, et investigabiles viæ ipsius ! Quis enim cognovit mentem Domini, aut quis consiliarius illius fuit? » (*Rom.*, XI, 33.) Ita magnum illud silentium non expositione magis aperit, quam admiratione commendat. Hoc silentio Dominus sacramentum venerabilis passionis occultans, voluntariam ruinam fratris, id est, nefarium scelus traditoris sui, in suæ misericordiæ atque providentiæ ordinem vertit : ut quod ille ad perniciem unius hominis perversa mente faciebat, iste ad salutem omnium hominum provida gubernatione conferret. Cantat ergo Psalmum Domino anima per-

(a) In editis *cæcitas in Israel*. Abest, *in* a Mss.

Seigneur. Elle chante « à cause des paroles de Chusi, » parce qu'elle a mérité de connaître les paroles cachées sous ce silence. En effet, pour les infidèles et les persécuteurs, c'est un silence et un secret. Mais pour les fidèles auxquels il a été dit : « Je ne vous appelle plus mes serviteurs, parce que le serviteur ignore ce que fait son maître ; je vous ai au contraire appelés mes amis, parce que toutes les choses que j'ai apprises de mon Père, je vous les ai fait connaître ; » (*Jean*, xv, 15) pour les amis du Seigneur, par conséquent, ce n'est plus un silence, ce sont les paroles du silence, c'est-à-dire la raison de ce silence expliquée et manifestée. Ce silence, c'est-à-dire Chusi, est appelé le fils de Gémini, ou de celui qui est à droite. Car ce qui était fait pour les saints, ne devait pas leur être caché. Et cependant, a dit Notre-Seigneur, « que la main gauche ignore ce que fait la droite. » (*Matth.*, vi, 3.) C'est pourquoi l'âme parfaite, à qui ce secret est connu, chante prophétiquement « à cause des paroles de Chusi, » c'est-à-dire à cause de la connaissance qu'elle a de ce mystère. Ce mystère, c'est Dieu qui est à droite, c'est-à-dire, qui est favorable et propice pour elle, qui l'a accompli. Voilà pourquoi ce silence est appelé le fils de celui qui est à droite, ou en d'autres termes : « Chusi, fils de Gémini. »

2. « Seigneur mon Dieu, j'ai espéré en vous, sauvez-moi de tous ceux qui me persécutent et délivrez-moi. » (*Ps.* vii, 2.) Parce qu'il est déjà parfait et vainqueur de toutes les attaques et de toutes les hostilités des vices, et qu'ainsi il ne lui reste d'autre ennemi que le démon envieux, il s'écrie : « Sauvez-moi de tous ceux qui me persécutent et délivrez-moi ; de peur que, comme un lion, il ne ravisse mon âme. » (*Ibid.*, 3.) L'apôtre saint Pierre a dit : « Le démon votre ennemi tourne autour de vous comme un lion rugissant, cherchant qui il dévorera. » (I *Pierre*, v, 8.) C'est pourquoi, après avoir dit au pluriel : « Sauvez-moi de tous ceux qui me persécutent, » il emploie ensuite le singulier, et dit : « De peur que, comme un lion, il ne ravisse mon âme. » Il ne dit pas : De peur qu'ils ne ravissent, car il sait quel est l'ennemi qui lui reste et qui attaque violemment l'âme parfaite. « Tandis qu'il n'y a personne qui me rachète et qui me sauve, » (*Ps.* vii, 3) c'est-à-dire de peur qu'il ne me ravisse, tandis que vous ne me rachetez pas ni ne me sauvez. Si en effet Dieu ne rachète l'âme et ne la sauve, le démon la ravit.

3. Et pour qu'il soit de toute évidence que c'est l'âme parfaite qui parle ainsi, alors qu'elle n'a à se garder que des trompeuses embûches du démon, voyez ce qui suit : « Seigneur, mon Dieu, si j'ai fait cela. » (*Ibid.*, 4.) Que veut-il dire par « cela ? » De ce qu'il ne nomme pas un péché en

---

fecta, quæ jam digna est nosse secretum Dei. Cantat « pro verbis Chusi, » quia meruit nosse verba illius silentii. Apud infideles enim et persecutores, silentium est illud atque secretum. Apud suos autem, quibus dictum est : « Jam non dico vos servos, quia servus nescit quid faciat Dominus ejus, vos autem dixi amicos, quia omnia quæ audivi a Patre meo, nota feci vobis : » (*Joan.*, xv, 15) apud amicos ergo ejus non est silentium, sed verba silentii, id est, ratio exposita et manifesta illius silentii. Quod silentium, id est Chusi, dicitur filius Gemini, id est dextri. Non enim abscondendum erat sanctis quod pro illis gestum est. Et tamen : Nesciat, inquit, sinistra, quid faciat dextra. (*Matth.*, vi, 3.) Canit ergo anima perfecta in prophetia, cui secretum illud innotuit, « pro verbis Chusi, » id est, pro cognitione ejusdem secreti. Quod secretum, dexter Deus, id est, favens atque propitius ei, operatus est. Quare hoc silentium Filius dextri appellatur, quod est « Chusi, filii Gemini. »

2. « Domine Deus meus in te speravi, salvum me fac ex omnibus persequentibus me, et eripe me. » (*Ps.* vii, 2.) Tanquam cui non restat jam (*a*) perfecto nisi invidus diabolus, superato omni bello atque adversitate vitiorum, dicit : « Salvum me fac ex omnibus persequentibus me, et eripe me : nequando rapiat ut leo animam meam. » (*Ibid.* 3.) Dicit apostolus : « Adversarius vester diabolus tanquam leo rugiens circuit, quærens quem devoret. » (I *Pet.*, v, 8.) Itaque cum diceret per pluralem numerum : « Salvum me fac ex omnibus persequentibus me : » singularem postea intulit, dicens : « nequando rapiat ut leo animam meam. » Non enim ait, nequando rapiant : sciens quis restiterit inimicus, et perfectæ animæ vehementer adversus. « Dum non est qui redimat, neque qui salvum faciat » id est, ne ille rapiat, dum tu non redimis, neque salvum facis. Si enim Deus non redimat, neque salvum faciat, ille rapit.

3. Et ut manifestum sit jam perfectam animam hoc dicere, cui solius diaboli fraudulentissimæ insidiæ cavendæ sunt, vide quid sequatur : « Domine Deus meus si feci istud. » (*Ps.* vii, 4.) Quid est quod

(*a*) Tres Mss. *non restat jam persecutor.*

particulier, faut-il en inférer qu'il parle du péché en général? Si cette interprétation ne nous plaît pas, nous pouvons supposer qu'il dit ce qui va suivre, comme si nous lui eussions demandé : Qu'entendez-vous par « cela? » et qu'il nous répond : « S'il y a quelque iniquité sur mes mains. » Mais ensuite, de tout péché, il ne désigne que celui-ci : « Si j'ai rendu le mal à ceux qui me l'ont rendu pour le bien. » (*Ibid.*, 5.) Or, il n'y a qu'un parfait qui puisse parler ainsi avec vérité. En effet, le Seigneur a dit : « Soyez parfaits comme votre Père qui est dans les cieux, lequel fait luire son soleil sur les bons et sur les méchants et tomber sa pluie sur les justes et sur les injustes. » (*Matth.*, v, 48.) Celui-là est donc parfait qui ne rend pas le mal pour le mal. Aussi lorsque l'âme parfaite prie pour connaître « les paroles de Chusi, fils de Gémini, » (*Ps.* VIII, 1), c'est-à-dire pour connaître ce mystère de silence accompli pour notre salut par la bonté et la miséricorde du Seigneur, alors qu'il supportait et souffrait avec une extrême patience les fourberies de celui qui l'a trahi, il semble que Dieu expose à cette âme les motifs de ce mystère et lui dit : Pour toi impie et pécheur, afin de laver tes iniquités dans mon sang, j'ai supporté silencieusement et patiemment celui qui me trahissait. Ne sauras-tu m'imiter et ne point rendre le mal pour le mal? Alors l'âme réfléchit, elle comprend ce que le Seigneur a fait pour elle, et, marchant à son exemple dans la voie de la perfection, elle dit : « Si j'ai rendu le mal à ceux qui me l'ont rendu pour le bien, » c'est-à-dire, si je n'ai pas accompli ce que vous m'avez enseigné par votre exemple, « que je tombe vide de tout sous les coups de mes ennemis. » (*Ibid.*, 5.) Elle ne dit pas, et c'est avec raison, si j'ai rendu le mal à ceux qui m'en ont fait, mais « à ceux qui m'ont rendu le mal pour le bien. » Celui qui rend a déjà reçu quelque chose. Or, il y a plus de patience à ne point faire mal à qui a rendu le mal pour le bien après un bienfait, qu'à ne point faire mal à qui a voulu nuire sans avoir reçu jusqu'alors aucun bienfait. Si donc, dit-elle, « j'ai rendu le mal à ceux qui me l'ont rendu pour le bien, » c'est-à-dire, si je ne vous ai pas imité dans votre silence, ou dans la patience que vous avez montrée pour moi, « que je tombe vide de tout, sous les coups de mes ennemis. » Celui-là s'agite vainement qui, étant homme lui-même, veut se venger d'un homme. Dans le temps qu'il cherche ouvertement à le surmonter, il est surmonté lui-même en secret par le démon, qui le rend vide de tout bien par la vaine et orgueilleuse joie qu'il lui inspire, en lui faisant croire qu'il n'a pu être vaincu. L'âme comprend donc où se remporte la plus grande victoire, et où récompense le Père qui voit dans le secret. (*Matth.*, VI, 6.) Afin de ne point rendre

---

vocat « istud? » An quia non dicit, nomen peccati, universale peccatum intelligendum est? Qui intellectus si displicet, illud accipiamus dici quod sequitur : tanquam si interrogassemus, quid est hoc quod dicis, « istud? » respondet : « Si est iniquitas in manibus meis. » Jam ergo manifestum est, de omni peccato dici : « Si reddidi retribuentibus mihi mala. » (*Ibid.* 5.) Quod non potest vere dicere, nisi perfectus. Ait quippe Dominus : « Estote perfecti, sicut Pater vester qui est in cœlis, qui solem suum oriri facit super bonos et malos, et pluit super justos et injustos. » (*Matth.*, v, 48.) Qui ergo non reddit retribuentibus mala, perfectus est. Cum itaque oret anima perfecta : « pro verbis Chusi, filii Gemini, » id est, pro cognitione illius secreti atque silentii, quod pro salute nostra operatus est propitius nobis et misericors Dominus, ut toleraret et patientissime sustineret dolos traditoris sui : tanquam huic perfectæ animæ dicat, exponens rationem ipsius secreti : Ego pro te impio et peccatore, ut tuæ iniquitates mei sanguinis effusione lavarentur, magno silentio et magna patientia traditorem meum pertuli, nonne imitaberis me, ut et tu non reddas mala pro malis? Animadvertens igitur et intelligens quid pro illo fecerit Dominus, et ejus exemplo ad perfectionem proficiens, dicit : « Si reddidi retribuentibus mihi mala : » id est, si non feci quod tu faciendo docuisti : « decidam ergo ab inimicis meis inanis. » Et bene non ait : Si reddidi tribuentibus mihi mala; sed, « retribuentibus. » Qui enim retribuit, jam aliquid acceperat. Majoris autem patientiæ est, nec ei mala rependere, qui acceptis beneficiis reddit mala pro bonis, quam si nullo ante accepto beneficio nocere voluisset. « Si reddidi » ergo, inquit, « retribuentibus mihi mala : » id est, si te non imitatus sum in illo silentio, hoc est, patientia tua, quam pro me operatus es : « decidam ab inimicis meis inanis. » Inaniter enim se jactat, qui cum et ipse homo sit, cupit se de homine vindicare : et cum superare hominem palam quærit, occulte a diabolo superatur, inanis effectus vana et superba lætitia, quod quasi vinci non potuit. Intelligit ergo iste ubi major fiat victoria, et ubi Pater

le mal à ceux qui déjà le lui ont rendu pour le bien, elle triomphe de sa colère plutôt que d'un homme, elle suit l'enseignement renfermé dans ces paroles : « Celui qui est maître de sa colère, vaut mieux que celui qui prend une ville. » (*Prov.*, XVI, 32, *selon les Sept.*) « Si j'ai rendu le mal à ceux qui me l'ont rendu pour le bien, que je tombe, vide de tout, sous les coups de mes ennemis. » Le prophète semble ici prononcer un serment avec imprécation, et nul serment n'est plus grave que quand un homme dit : Si j'ai fait ceci, puissé-je souffrir cela! Mais autre chose est le serment dans la bouche d'un homme qui jure, autre chose dans l'esprit de celui qui prophétise. David déclare uniquement ici ce qui arrive à ceux qui rendent le mal pour le mal, mais il ne prononce ni contre lui ni contre qui que ce soit aucune imprécation par forme de serment.

4. « Que l'ennemi poursuive mon âme et s'en rende maître. » (*Ps.* VII, 6.) En parlant de nouveau d'un seul ennemi, il manifeste de plus en plus quel est celui que précédemment il désignait comme un lion. Car cet ennemi poursuit l'âme; et, s'il parvient à la tromper, il s'en rend maître. Les hommes peuvent sévir jusqu'à la mort du corps, mais après cette mort visible ils ne peuvent avoir l'âme en leur puissance : le démon, au contraire, sera maître des âmes qu'il aura poursuivies et saisies. « Qu'il foule aux pieds ma vie et la réduise en terre; » (*Ibid.*) c'est-à-dire qu'en foulant ma vie aux pieds il en fasse comme de la terre, ou, en d'autres termes, qu'il en fasse son aliment. Car il ne porte pas seulement le nom de lion, mais aussi celui de serpent, et il a été dit au serpent : « Tu mangeras la terre. » (*Gen.*, III, 14.) Il a été dit aussi à l'homme coupable : « Tu es terre et tu iras en terre. » (*Ibid.*, 19.) « Et qu'il réduise ma gloire en poussière. » C'est ici cette poussière que le vent balaie de dessus la face de la terre (*Ps.* I, 4), c'est-à-dire la vaine et inepte jactance des orgueilleux, enflée et creuse, semblable à un tourbillon de poussière soulevé par le vent. C'est avec raison qu'il parle ici de sa gloire, qu'il ne veut point voir réduire en poussière. Il veut la posséder solide et entière dans sa conscience, en présence de Dieu, devant qui toute jactance disparaît. « Que celui qui se glorifie, dit l'Apôtre, se glorifie en Dieu. » (1 *Cor.*, I, 31.) Cette solidité de la gloire est réduite en poussière dans l'homme qui, par orgueil, méprise le secret de la conscience où Dieu est le seul approbateur de l'homme, et veut se glorifier devant les autres. De là cette autre parole du Prophète : « Dieu brisera les os de ceux qui s'attachent à plaire aux hommes. » (*Ps.* LII, 6.) Or celui qui a appris ou expérimenté quelle est

---

reddat qui videt in occulto. (*Matth.*, VI, 6.) Ne reddat itaque retribuentibus mala, iram potius quam hominem vincit : illis etiam litteris eruditus, in quibus scriptum est : « Melior est qui vincit iram, quam qui capit civitatem. » (*Prov.*, XVI, 32, *sec.* LXX.) « Si reddidi retribuentibus mihi mala, decidam ergo ab inimicis meis inanis. » Jurare videtur per exsecrationem, quod est gravissimum jurisjurandi genus, cum homo dicit : Si illud feci, illud patiar. Sed aliud est juratio in ore jurantis, aliud in significatione prophetantis. Hic enim dicit quid vere contingat hominibus, qui reddunt retribuentibus mala; non quod sibi, aut alicui, quasi jurejurando imprecetur.

4. « Persequatur ergo inimicus animam meam, et comprehendat. » (*Ps.* VII, 6.) Iterum inimicum singulari numero nominans, illum magis magisque manifestat, quem superius velut leonem appellavit. Ipse enim animam persequitur; et si deceperit, comprehendet. Nam homines usque ad interfectionem corporis sæviunt; animam vero post istam visibilem mortem in potestate habere non possunt : diabolus autem quas animas persecutus comprehenderit, possidebit. « Et conculcet in (*a*) terram vitam meam : » id est, conculcando terram faciat vitam meam, cibum scilicet suum. Non enim tantum leo, sed etiam serpens appellatus est, cui dictum est : Terram manducabis. (*Gen.*, III, 14 et 19.) Et peccatori homini dictum est : Terra es, et in terram ibis. « Et gloriam meam in pulverem deducat. » Hic est ille pulvis, quem projicit ventus a facie terræ (*Ps.* I, 4), superborum scilicet vana et inepta jactantia, et inflata non (*b*) solidata, tanquam vento elatus pulveris globus. Recte itaque hic posuit gloriam, quam non vult in pulverem deduci. Vult enim eam solidam habere in conscientia coram Deo, ubi nulla jactantia est. « Qui gloriatur, inquit, in Domino glorietur. » (1 *Cor.*, I, 31.) Ista soliditas in pulverem deducitur, si per superbiam quisque contemnens secreta conscientiæ, ubi solus Deus hominem probat, velit apud homines gloriari. Hinc est quod alibi dicit : « Deus conteret ossa placentium hominibus. » (*Ps.* LII, 6.) Qui autem bene didicit vel expertus est vitiorum superandorum

---

(*a*) Vaticanus codex *in terra*. Cæteri Mss. et editi *in terram* : juxta LXX, εἰς γῆν. — (*b*) Editi *solida*. Novem Mss. *solidata*.

la marche progressive de l'homme dans la correction des vices, sait que le vice de la vaine gloire est le seul ou du moins le principal dont les parfaits doivent se garder. Car l'âme ne triomphe qu'en dernier lieu du vice qui a causé sa première chute. Or, « l'orgueil est le commencement de tout péché, » (*Eccli.*, x, 15) et « le premier péché de l'orgueilleux est une apostasie qui le sépare de Dieu. » (*Ibid.*, 14.)

5. « Levez-vous, Seigneur, dans votre colère. » (*Ps.* vii, 7.) Pourquoi celui que nous disons parfait provoque-t-il encore le Seigneur à la colère ? Le vrai parfait n'était-il pas plutôt celui qui s'écriait, tandis qu'on le lapidait : « Seigneur, ne leur imputez pas ce péché ? » (*Act.*, vii, 59.) Ou bien le Prophète ne prononce-t-il pas cette imprécation, non contre les hommes, mais contre le démon et ses anges, dont les pécheurs et les impies sont la proie ? Ce n'est donc point sévir, mais faire acte de miséricorde, que de prier contre le démon et de demander que sa proie lui soit arrachée par le Seigneur qui justifie l'impie. (*Rom.*, iv, 5) Car, par la justification, l'impie devient juste d'impie qu'il était, et de la prison du démon il passe dans le temple de Dieu. Et comme c'est une peine de perdre une possession sur laquelle on veut exercer sa domination, le Prophète appelle colère de Dieu contre le démon cette peine qui lui est infligée de perdre ceux qu'il tenait en son pouvoir. « Levez-vous, Seigneur, dans votre colère. » « Levez-vous, » c'est-à-dire montrez-vous, dit le Prophète dans un langage figuré et proportionné aux idées humaines, comme si Dieu dormait lorsqu'il reste caché sous le voile de ses secrets. « Faites éclater votre puissance sur les limites de mes ennemis. » (*Ps.* vii, 7.) Par ces limites, il entend ici le domaine où il veut que Dieu, de préférence au démon, soit exalté, c'est-à-dire honoré et glorifié, par la conversion des impies et par les louanges qu'ils donneront à Dieu. « Levez-vous, Seigneur mon Dieu, selon le commandement que vous avez fait ; » (*Ibid.*) c'est-à-dire : puisque vous avez ordonné l'humilité, apparaissez humilié, accomplissez le premier ce que vous avez prescrit ; afin que les hommes, vainqueurs de l'orgueil à votre exemple, ne soient point la proie du démon, qui a persuadé à l'orgueil de transgresser vos commandements, en disant : Mangez, et vos yeux seront ouverts, et vous serez comme des dieux. (*Gen.*, iii, 5.)

6. « Et l'assemblée des peuples vous environnera. » (*Ps.* vii, 8.) Cette phrase présente deux sens. L'assemblée des peuples peut être interprétée de la réunion des croyants ou de la réunion des persécuteurs ; car toutes deux furent provoquées par la même humilité de Notre-Seigneur. La multitude des persécuteurs, méprisant son humilité, l'a environné, et c'est

---

gradus, intelligit hoc vitium inanis gloriæ, vel solum, vel maxime cavendum esse perfectis. Quo primo enim vitio lapsa est anima, hoc ultimum vincit. « Initium autem omnis peccati superbia : » (*Eccli.*, x, 15) et : « Initium superbiæ hominis, apostatare a Deo. » (*Ibid.*, 14.)

5. « Exsurge Domine in ira tua. » (*Ps.* vii, 5.) Quid adhuc iste quem perfectum dicimus, ad iram provocat Deum? Nonne videndum est ne potius ille perfectus sit, qui cum lapidaretur, dixit : « Domine ne statuas illis hoc peccatum? » (*Act.*, vii, 59.) An et iste, non adversus homines hæc præcatur, sed adversus diabolum et angelos ejus, quorum possessio peccatores atque impii homines sunt ? Non ergo sæviens, sed misericors adversus eum orat, quisquis orat ut ei auferatur ista possessio, ab illo Domino qui justificat impium. (*Rom.*, iv, 5.) Cum enim justificatur impius, ex impio fit justus ; et ex possessione diaboli, migrat in templum Dei. Et quoniam pœna est, ut cuique auferatur possessio, in qua dominari desiderat ; hanc pœnam dicit iram Dei adversus diabolum, ut desinat possidere quos possidet. « Exsurge Domine in ira tua. » « Exsurge, » hic appare dixit, humanis videlicet et latentibus verbis, quasi Deus dormiat, cum in secretis suis incognitus latet. « Exaltare in finibus inimicorum meorum. » Fines dixit ipsam possessionem, ubi vult Deum exaltari potius, quam honorari et glorificari, quam diabolum, dum impii justificantur et laudant Deum. « Et exsurge Domine Deus meus in præcepto quod mandasti : » id est, quia humilitatem præcepisti, humilis appare ; et tu prior imple quod præcepisti, ut exemplo tuo vincentes superbiam, non possideantur a diabolo, qui adversus tua præcepta superbiam persuasit, dicens : Manducate, et aperientur vobis oculi, et eritis tanquam dii. (*Gen.*, iii, 5.)

6. « Et congregatio populorum circumdabit te. » (*Ps.* vii, 8.) Duplex intellectus est. Congregatio enim populorum, sive credentium, sive persequentium potest accipi, quorum utrumque eadem Domini nostri humilitate factum est : quam contemnens persequentium multitudo, circumdedit eum ; de qua dic-

d'eux qu'il est dit : « Pourquoi les nations se sont-elles soulevées avec des frémissements ? Pourquoi les peuples ont-ils formé de vains complots ? » (*Ps.* II, 1.) D'un autre côté, la foule des croyants, gagnée par son humilité, l'a entouré de telle sorte que cette parole s'est vérifiée : « Une partie d'Israël est tombée dans l'aveuglement, afin que la multitude des nations entrât dans l'Eglise. » (*Rom.*, XI, 25.) Et encore : « Demandez-moi, et je vous donnerai les nations pour héritage, et vos possessions s'étendront jusqu'aux limites de la terre. » (*Ps.* II, 28.) « Et à cause d'elle, retournez en haut; » (*Ps.* VII, 8) c'est-à-dire en considération de cette cette assemblée : c'est là ce qu'a fait le Seigneur en ressuscitant et en montant au ciel. Car, étant ainsi glorifié, il a donné l'Esprit saint; ce qui ne pouvait avoir lieu avant sa glorification, comme nous le lisons dans l'Evangile : « Or, l'Esprit saint n'avait point encore été donné, parce que Jésus n'avait point encore été glorifié. » (*Jean*, VII, 39.) Etant donc remonté dans le ciel en considération de l'assemblée des peuples, il envoya le Saint-Esprit, et les prédicateurs de l'Evangile étant remplis de lui ont rempli d'églises tout l'univers.

7. « On peut encore comprendre ce texte : « Levez-vous, Seigneur, dans votre colère, et faites éclater votre puissance sur les limites de mes ennemis, » de cette façon : Levez-vous dans votre colère, de sorte que mes ennemis ne vous comprennent pas. En ce sens, « Levez-vous » signifierait : Elevez-vous à une telle hauteur que vous ne soyez pas compris; ce qui se rapporte au silence dont nous avons parlé. Il est dit dans un autre psaume, de cette manière de s'élever : « Il est monté sur les Chérubins et il a pris son vol; » et encore : « Il a choisi les ténèbres pour retraite. » (*Ps.* XVII, 11 et 12.) Par cette manière de vous élever, ou plutôt de vous cacher, ceux qui vous crucifieront ne vous comprendront pas en raison de leurs péchés, et l'assemblée des croyants vous environnera. Or, c'est par son humilité qu'il s'est élevé, c'est-à-dire, c'est à cause d'elle qu'il n'a point été compris. On peut encore rapporter à ce sens les paroles qui suivent : « Levez-vous, Seigneur mon Dieu, selon le commandement que vous avez fait; » c'est-à-dire, soyez élevé en proportion de votre bassesse apparente, afin que mes ennemis ne vous comprennent pas. Or, les pécheurs sont les ennemis du juste, et les impies ceux de l'homme pieux. « Et l'assemblée du peuple vous environnera; » c'est-à-dire par cela même que ceux qui vous crucifient ne vous comprennent pas, les nations croiront en vous, et ainsi l'assemblée des peuples vous environnera. Mais, si telle est la signification de ce qui va suivre, il éprouve plus de douleur de ce que l'on commence à le comprendre que de

---

tum est : « Quare fremuerunt gentes, et populi meditati sunt inania ? » (*Ps.* II, 1.) Credentium autem per ejus humilitatem multitudo ita eum circumdedit, ut verissime diceretur : « Cœcitas ex parte Israel facta est, ut plenitudo Gentium intraret : » (*Rom.*, XI, 25) et illud : « Postula a me, et dabo tibi gentes hæreditatem tuam, et possessionem tuam terminos terræ. » (*Ps.* II, 8.) « Et propter hanc in altum regredere : » id est, propter hanc congregationem regredere in altum : quod resurgendo et in cœlum ascendendo fecisse intelligitur. Ita enim glorificatus dedit Spiritum sanctum, qui ante glorificationem ejus dari non posset, sicut in Evangelio positum est : « Spiritus autem nondum erat datus, quia Jesus nondum erat clarificatus. » (*Joan.*, VII, 39.) Regressus ergo in altum propter congregationem populorum, misit Spiritum sanctum : quo impleti prædicatores Evangelii orbem terrarum Ecclesiis impleverunt.

7. Potest et sic iste sensus intelligi : « Exsurge Domine in ira tua, et exaltare in finibus inimicorum meorum : » (*Ps.* VII, 8) id est, exsurge in ira tua, et non te intelligant inimici mei : ut hoc sit « exaltare, » id est, altus efficere, ne intelligaris; quod refertur ad illud silentium. Sic enim de hac exaltatione in alio Psalmo dicitur : Et ascendit super Cherubim, et volavit : et : Posuit tenebras latibulum suum. (*Ps.* XVII, 11, 12.) Qua exaltatione, id est occultatione, cum te merito peccatorum suorum non intellexerint qui te crucifigent, congregatio credentium circumdabit te. Ipsa enim humilitate exaltatus est, id est, non est intellectus. Ut ad hoc referatur : « Et exsurge Domine Deus meus in præcepto quod mandasti : » id est, cum appares humilis, altus esto, ut non te intelligant inimici mei. Justo autem sunt peccatores inimici, et pio impii. « Et congregatio populorum circumdabit te : » id est, per hoc ipsum quod non te intelligunt qui te crucifigunt, credent in te gentes, atque ita congregatio populorum circumdabit te. Sed quod sequitur si vere hoc significat, plus doloris habet quia jam incipit sentiri, quam lætitiæ quia intelligitur. Sequitur enim : « Et propter hanc in altum regredere, » id est, et propter

joie d'être compris. En effet, voici ce qui suit : « Et à cause d'elle, retournez en haut; » c'est-à-dire, à cause de cette assemblée du genre humain, composée de la réunion des Eglises, retournez en haut, ou cessez de nouveau d'être compris. Que signifie donc « à cause d'elle, » si ce n'est, parce qu'elle doit vous offenser au point que vous prophétiserez en toute vérité, lorsque vous prononcerez ces paroles : « Croyez-vous que le Fils de l'homme, quand il viendra, trouvera de la foi sur la terre ? » (*Luc*, XVIII, 8.) La même chose est dite des faux prophètes, sous le nom desquels sont désignés les hérétiques : « A cause de leurs iniquités, la charité d'un grand nombre se refroidira. » (*Matth.*, XXIV, 12.) Donc, puisqu'il y aura dans les Eglises, c'est-à-dire dans cette assemblée des peuples et des nations, jusqu'aux extrémités desquels le nom chrétien est répandu, une telle multitude de pécheurs (prédiction déjà réalisée en grande partie); ces mots ne désignent-ils pas la faim de la parole de Dieu, indiquée également par un autre prophète? (*Amos*, VIII, 11.) N'est-ce point, parce que cette assemblée éloigne d'elle par ses péchés la lumière de la vérité, que Dieu retourne en haut; de telle sorte que la foi pure et dégagée de toute souillure d'erreur ne soit connue et conservée de personne, ou du moins ne le soit que du petit nombre de ceux dont il est dit : « Bienheureux celui qui aura persévéré jusqu'à la fin; celui-là sera sauvé? » (*Matth.*, VI, 16.) C'est donc avec raison qu'il est dit : « A cause de cette assemblée, retournez en haut, » c'est-à-dire, retirez-vous de nouveau dans la sublimité de vos mystères, à cause même de cette assemblée des peuples, qui porte votre nom et n'accomplit pas vos lois.

8. Mais que notre première ou notre seconde explication de ce passage paraisse plus convenable, et cela sans préjudice de toute autre, meilleure ou aussi bonne, ce qui suit : « Le Seigneur juge les peuples, » (*Ps.* VII, 9) s'y rapporte admirablement. En effet, que le Seigneur soit retourné en haut, lorsqu'après sa résurrection il est monté au ciel, comme il doit en descendre pour juger les vivants et les morts, le prophète a dit avec raison : « Le Seigneur juge les peuples. » Il en est de même, si le Seigneur retourne en haut, lorsque les pécheurs chrétiens cessent d'avoir l'intelligence de la vérité; parce qu'il a dit lui-même de son avénement : « Pensez-vous que le Fils de l'homme, lorsqu'il viendra, trouvera de la foi sur la terre ? » (*Luc*, XVIII, 8.) « Le Seigneur juge donc les peuples. » Mais quel Seigneur, sinon Jésus-Christ? Car « le Père ne juge personne, mais il a remis tout jugement au Fils. » (*Jean*, V, 22.) Aussi,

---

hanc congregationem generis humani, qua Ecclesiæ refertæ sunt, in altum regredere, id est, rursus desine intelligi. Quid est ergo : « Et propter hanc, » nisi quia et ista te offensura est, ita ut verissime prænunties, dicens : « Putas cum venerit filius hominis, inveniet fidem super terram ? » (*Luc.*, XVIII, 8.) Item dicit de pseudoprophetis, qui intelliguntur hæretici : Propter eorum iniquitatem refrigescet caritas multorum. (*Matth.*, XXIV, 22.) Cum ergo et in Ecclesiis, hoc est, in illa congregatione populorum atque gentium, ubi nomen Christianum latissime pervagatum est, tanta erit abundantia peccatorum, quæ jam ex magna parte sentitur; nonne illa hic prædicitur, quæ per alium quoque Prophetam denuntiata est fames verbi ? (*Amos*, VIII, 11.) Nonne et propter hanc congregationem peccatis suis a se lumen veritatis abalienantem Deus in altum regreditur, id est, ut aut non, aut a perpaucis, de quibus dictum est : « Beatus qui perseveraverit usque in finem, hic salvus erit, » (*Matth.*, X, 22) teneatur et percipiatur sincera (*a*) fides, et ab omnium pravarum opinionum labe purgata ? Non ergo immerito dicitur : « Et propter hanc » congregationem « in altum regredere : » id est, secede rursus in altitudinem secretorum tuorum, etiam propter hanc congregationem populorum quæ habet nomen tuum, et facta tua non facit.

8. Sed sive superior, sive ista sit congruentior hujus loci expositio, sine præjudicio alterius alicujus melioris aut paris, convenientissime sequitur : « Dominus judicat populos. » (*Psal.* VII, 9.) Sive enim in altum regressus est, cum post resurrectionem ascendit in cœlum, bene sequitur : « Dominus judicat populos : » quia inde venturus est, judicare vivos et mortuos. Sive in altum regrediatur, cum peccatores Christianos deserit intelligentia veritatis : quia de ipso adventu dictum est : « Putas veniens filius hominis inveniet fidem super terram? » (*Luc.*, XVIII, 8.) « Dominus ergo judicat populos. » Quis Dominus, nisi Jesus Christus? « Pater enim non judicat quemquam, sed omne judicium dedit Filio. » (*Joan.*, V, 22.) Quapropter hæc anima quæ perfecte orat, vide

---

(*a*) Aliquot Mss. *sincera fide.*

voyez jusqu'à quel point cette âme qui prie parfaitement est sans crainte à l'égard du jour du jugement, et avec quelle sécurité de désirs elle dit dans sa prière : « Que votre règne arrive! » (*Matth.*, vi, 6.) « O Seigneur, jugez-moi selon ma justice. » Dans le psaume précédent, le Prophète était faible et suppliant, il implorait la miséricorde de Dieu plutôt qu'il ne lui rappelait quelque mérite de sa part, parce que le Fils de Dieu est venu appeler les pécheurs à la pénitence. (*Luc*, v, 32.) C'est pourquoi il disait : « Sauvez-moi, Seigneur, à cause de votre miséricorde; » (*Ps.* vi, 5) ce qui veut dire : et non point à cause de mon mérite. Mais maintenant qu'après avoir été appelé, il a observé et gardé les commandements qu'il a reçus, il ose dire : « Seigneur, jugez-moi selon ma justice et selon l'innocence qui est sur moi. » C'est bien la véritable innocence que celle qui ne fait point de mal même à un ennemi. Aussi demande-il à bon droit d'être jugé selon son innocence, lui qui a pu dire avec vérité : « Si j'ai rendu le mal à ceux qui me l'ont rendu pour le bien. » (*Ps.* vii, 5.) Ces mots : « Qui est sur moi, » peuvent s'appliquer non-seulement à son innocence, mais encore à sa justice; de sorte que le sens de ce verset serait : Seigneur, jugez-moi selon ma justice et selon mon innocence, lesquelles vertus sont sur moi. En complétant ainsi sa pensée, il démontre que l'âme juste et innocente ne se doit pas ces vertus à elle-même, mais qu'elle les tient du Dieu qui l'éclaire et l'illumine. Il dit à ce sujet dans un autre psaume : « Seigneur, vous allumerez ma lampe. » (*Ps.* xvii, 29.) Et il est dit de Jean-Baptiste, qu'il n'était point la lumière, mais qu'il rendait témoignage à la lumière. (*Jean*, i, 8) Pour lui, il était une lampe ardente et luisante (*Jean*, v, 35.) Donc cette lumière, par laquelle les âmes sont allumées comme des lampes, ne brille pas d'un éclat étranger mais de ses propres feux; et cette lumière est la vérité même. Quand donc il est dit : « Selon ma justice et selon l'innocence qui est sur moi, » c'est pour ainsi dire l'une de ces lampes ardentes et luisantes qui s'écrie : Jugez-moi selon la flamme qui est sur moi, qui ne fait pas que je sois moi-même cette flamme, mais par laquelle je brille ayant été allumée par vous.

9. « Mais que la méchanceté des pécheurs soit consommée. » (*Ps.* vii, 10.) « Soit consommée, » c'est-à-dire portée au comble, selon cette parole de l'Apocalypse : « Que le juste devienne plus juste, et que l'homme souillé se souille encore davantage. » (*Apoc.*, xxii, 11.) En effet, la méchanceté des hommes qui ont crucifié le Fils de

quemadmodum non timeat judicii diem, et vere securo desiderio dicat in oratione : Veniat regnum tuum (*Matth.*, vi, 10) : « Judica, inquit, me Domine secundum justitiam meam. » In superiori Psalmo infirmus deprecabatur, misericordiam potius implorans Dei, quam commemorans ullum meritum suum : quoniam Filius Dei peccatores venit vocare in pœnitentiam. (*Luc.*, v, 32.) Itaque ibi dixerat : « Salvum me fac Domine propter misericordiam tuam ; » (*Psal.* vi, 3) id est, non propter meritum meum. Nunc autem quoniam vocatus tenuit et servavit præcepta quæ accepit, audet dicere : « Judica me Domine secundum justitiam meam, et secundum innocentiam meam super me. » Ista est vera innocentia, quæ nec inimico nocet. Itaque bene se judicari postulat secundum innocentiam suam, qui vere dicere potuit : « Si reddidi retribuentibus mihi mala. » (*Psal.* vii, 5.) Quod autem addidit : « Super me, » non ad innocentiam tantum, sed ad justitiam quoque subaudiri potest : ut iste sit sensus : Judica me Domine secundum justitiam meam, et secundum innocentiam meam, quæ justitia et innocentia super me est. Quo additamento demonstrat id ipsum quod anima justa est et innocens, non per se habere, sed per illustrantem et illuminantem Deum. De hac enim dicit in alio Psalmo : « Tu illuminabis lucernam meam Domine. » (*Psal.* xvii, 29.) Et de Joanne dicitur, quia non erat ille lumen, sed testimonium perhibebat de lumine. (*Joan.*, i, 8.) « Ille erat lucerna ardens et lucens. » (*Joan.*, v, 35.) Lumen ergo illud unde animæ tanquam lucernæ accenduntur, non alieno, sed proprio splendore præfulget, quod est ipsa veritas. Ita ergo dicitur : « Secundum justitiam meam, et secundum innocentiam meam super me, » tanquam si lucerna ardens et lucens diceret : Judica me secundum flammam quæ super me est, id est, non (*a*) qua sum ego, sed qua fulgeo accensa de te.

9. « Consummetur autem nequitia peccatorum. » (*Psal.* vii, 10.) « Consummetur, » inquit, perficiatur, secundum illud quod est in Apocalypsi : « Justus justior fiat, et sordidus sordescat adhuc. » (*Apoc.*, xxii, 11.) Videtur enim consummata nequitia hominum qui crucifixerunt Filium Dei : sed eorum major est,

---

(*a*) Quinque Mss. *non quæ sum ego.*

Dieu, paraît être au comble ; mais plus grande encore est celle de ceux qui ne veulent pas mener une vie droite, et qui haïssent les préceptes de la vérité, pour lesquels le Fils de Dieu a été crucifié. « Que la méchanceté des pécheurs soit donc consommée, » dit-il, c'est-à-dire, qu'elle soit portée à son comble, afin que puisse arriver un juste jugement. Toutefois, comme il n'est pas dit seulement que l'homme souillé se souille davantage encore ; mais comme il est dit aussi : Que le juste devienne plus juste ; le prophète ajoute : « Et vous dirigerez le juste, ô Dieu, qui sondez les cœurs et les reins. » Comment le juste peut-il être dirigé, si ce n'est dans le secret ? Car ces mêmes choses qui, dans les premiers temps du christianisme, alors que les saints étaient encore opprimés par la persécution des partisans de ce monde, semblaient si admirables aux hommes ; aujourd'hui que le nom chrétien s'est élevé si haut, ces mêmes choses, que font-elles, si ce n'est d'accroître l'hypocrisie de ceux qui sous le nom de chrétiens aiment mieux plaire aux hommes qu'à Dieu ? Comment donc le juste sera-t-il dirigé au milieu d'une semblable confusion de dissimulations, si ce n'est par celui qui sonde les cœurs et les reins, c'est-à-dire qui voit les pensées de tous, signifiées par les cœurs, et les jouissances qu'ils recherchent, signifiées par les reins ? C'est avec raison, en effet, que les jouissances tirées des choses temporelles et terrestres sont attribuées aux reins. Car les reins sont la partie inférieure du corps et le lieu même où résident les voluptés de la génération charnelle, par lesquels la nature humaine, perpétuée de race en race, est introduite dans cette vie d'afflictions et de joies trompeuses. Si donc Dieu, en sondant notre cœur, voit qu'il est là où se trouve notre trésor (*Matth.*, VI, 22), c'est-à-dire dans les cieux ; si, en sondant nos reins, il voit que nous ne suivons point la chair et le sang (*Gal.*, I, 16), mais que nos délices sont dans le Seigneur ; alors il dirige le juste en sa présence dans la conscience de celui-ci, là où nul homme ne voit, et où pénètre seul celui qui connaît ce que chacun pense et ce qui plaît à chacun. La jouissance est la fin de tout désir ; puisque chacun s'efforce par ses soins et ses préoccupations d'arriver à la jouissance qu'il poursuit. Celui qui sonde notre cœur voit donc nos désirs, et celui qui sonde les reins voit la fin de nos désirs, c'est-à-dire les jouissances que nous cherchons : quand donc il reconnaît que nos désirs n'inclinent pas vers les convoitises de la chair, ni vers la concupiscence des yeux, ni vers l'ambition du siècle (I *Jean.*, II, 17), toutes choses qui passent comme l'ombre, mais qu'au contraire nos désirs nous élèvent vers les joies éternelles que nul changement ne saurait atteindre, alors le Dieu qui sonde les cœurs et les reins, dirige le juste. Nos œuvres, qui s'opèrent par

qui nolunt recte vivere, et oderunt præcepta veritatis, pro quibus crucifixus est Filius Dei. « Consummetur, » ergo inquit, « nequitia peccatorum, » id est, perveniatur ad summam nequitiam, ut possit justum jam venire judicium. Sed quoniam non solum dictum est : Sordidus sordescat adhuc ; sed etiam dictum est : Justus justior fiat ; annectit et dicit : « Et diriges justum, scrutans corda et renes Deus. » Quomodo ergo justus dirigi potest, nisi in occulto ; quando etiam per illa quæ initio temporum Christianorum, cum adhuc persecutione sæcularium hominum sancti premerentur, miranda videbantur hominibus, nunc postquam in tanto culmine nomen cœpit esse Christianum, crevit hypocrisis, id est simulatio, eorum scilicet qui nomine Christiano malunt hominibus placere quam Deo ? Quomodo ergo dirigitur justus in tanta confusione simulationis, nisi dum scrutatur corda et renes Deus, videns omnium cogitationes, quæ nomine cordis significatæ sunt, et delectationes, quæ nomine renum intelliguntur ? Recte quippe temporalium et terrenarum rerum delectatio renibus tribuitur : quia et ipsa pars est inferior hominis, et ea regio est ubi carnalis generationis voluptas habitat, per quam in hanc ærumnosam et fallacis lætitiæ vitam, per successionem prolis natura humana transfunditur. Scrutans ergo cor nostrum Deus, et perspiciens ibi esse ubi est thesaurus noster (*Matth.*, VI, 21), id est in cœlis ; scrutans etiam renes, et perspiciens non nos acquiescere carni et sanguini (*Gal.*, I, 16), sed delectari in Domino ; dirigit justum in ipsa conscientia coram se, ubi nullus hominum videt, sed solus ille qui perspicit quid quisque cogitet, et quid quemque delectet. Finis enim curæ delectatio est : quia eo quisque curis et cogitationibus nititur, ut ad suam delectationem perveniat. Videt igitur curas nostras, qui scrutatur cor. Videt autem fines curarum, id est delectationes, qui perscrutatur renes : ut cum invenerit, non ad concupiscentiam carnis, neque ad concupiscentiam oculorum, neque ad ambitionem sæculi (I *Joan.*, II, 17), quæ omnia transeunt tanquam umbra, inclinari curas nostras, sed ad gaudia rerum

des paroles et par des actes, peuvent être connues des hommes; mais l'intention dans laquelle nous les accomplissons et le but que nous voulons atteindre par elles, ne sont connues que de Dieu seul qui sonde les cœurs et les reins.

10. « Il est juste que je trouve secours dans le Seigneur qui sauve ceux dont le cœur est droit. » (*Ps.* VII, 11.) La médecine a deux offices à remplir : l'un de guérir la maladie, l'autre de conserver la santé. C'est par allusion à ce premier devoir que le prophète a dit dans le psaume précédant : « Ayez pitié de moi, Seigneur, parce que je suis faible; » (*Ps.* VI, 3) c'est par allusion au second qu'il dit dans ce psaume : « S'il y a quelque iniquité dans mes mains, si j'ai rendu le mal à ceux qui me l'ont rendu pour le bien, que je tombe, vide de tout, sous les coups de mes ennemis. » (*Ps.* VII, 4 et 5.) Malade d'abord, il demande sa guérison; rendu à la santé, il demande ensuite qu'elle lui soit conservée. En vue de sa guérison, il disait : « Seigneur, sauvez-moi dans votre miséricorde; » (*Ps.* VI, 5) pour conserver sa santé, il dit : « Seigneur, jugez-moi selon ma justice. » (*Ps.* VII, 11.) Là, afin d'échapper à la maladie, il implore un remède; ici, afin de ne pas retomber dans la maladie, il implore un secours. Dans sa première pensée, il disait : « Seigneur, sauvez-moi dans votre miséricorde; » (*Ps.* VI, 5) dans sa seconde pensée, il dit : « Il est juste que je trouve secours dans le Seigneur, qui sauve ceux dont le cœur est droit. » (*Ps.* VII, 11.) Ces deux grâces donnent le salut; mais la première fait passer de la maladie à la santé, et la seconde conserve la santé. Là, le secours est tout miséricordieux, parce qu'il n'y a aucun mérite dans le pécheur qui désire encore d'être justifié, et qui croit en celui qui justifie l'impie (*Rom.*, IV, 5); ici, c'est un juste secours, parce qu'il est accordé à celui qui déjà est juste. Là donc, que le pécheur, après avoir dit, Je suis faible, ajoute : « Seigneur, sauvez-moi dans votre miséricorde; » ici, que le juste, après avoir dit, « Si j'ai rendu le mal à ceux qui me l'ont rendu pour le bien, » ajoute : « Il est juste que je trouve secours dans le Seigneur, qui sauve ceux dont le cœur est droit. » En effet, si Dieu nous accorde le remède qui doit guérir nos maladies, combien plutôt nous accordera-t-il celui qui nous conservera en santé ? Car, si le Christ est mort pour nous, alors que nous étions encore pécheurs ; à plus forte raison, maintenant que nous sommes justifiés, nous sauvera-t-il de la colère de Dieu. (*Rom.*, V, 9.)

11. « Il est juste que je trouve mon secours dans le Seigneur, qui sauve ceux dont le cœur est droit. » (*Ps.* VII, 11.) Dieu dirige le juste, dont il sonde le cœur et les reins : et par un juste secours il sauve les hommes dont le cœur est

æternarum sustolli, quæ nulla commutatione violantur, dirigat justum, scrutans corda et renes Deus. Opera enim nostra, quæ factis et dictis operamur, possunt esse nota hominibus : sed quo animo fiant, et quo per illa pervenire cupiamus, solus ille novit, qui scrutatur corda et renes Deus.

10. « Justum auxilium meum a Domino, qui salvos facit rectos corde. » (*Psal.* VII, 11.) Duo sunt officia medicinæ, unum quo sanatur infirmitas, alterum quo sanitas custoditur. Juxta illud primum, dictum est in superiore Psalmo : « Miserere mei Domine, quoniam infirmus sum : » (*Psal.* VII, 3) juxta hoc alterum, in hoc Psalmo dicitur : « Si est iniquitas in manibus meis, si reddidi retribuentibus mihi mala, decidam ergo ab inimicis meis inanis. » (*Psal.* VII, 4, 5.) Ibi enim infirmus ut liberetur, hic jam sanus ne corrumpatur, orat. Juxta illud ibi dicitur : « Salvum me fac propter misericordiam tuam : » (*Psal.* VI, 5) juxta illud hic dicitur : « Judica me Domine secundum justitiam meam. » Ibi enim ut a morbo evadat, remedium; hic autem ne in morbum recidat, tuitionem petit. Juxta illud dicitur : Salvum me fac Domine secundum misericordiam tuam : juxta hoc dicitur : « Justum auxilium meum a Domino, qui salvos facit rectos corde. » Et illa enim et ista salvos facit : sed illa ex ægritudine ad salutem transfert, hæc in ipsa salute conservat. Itaque ibi misericors auxilium est, quia nullum habet meritum peccator, qui adhuc justificari desiderat, credens in eum qui justificat impium (*Rom.*, IV, 5) : hic autem justum auxilium est, quia jam justo tribuitur. Dicat ergo ibi peccator, qui dixit : Infirmus sum : Salvum me fac Domine propter misericordiam tuam : et dicat hic justus, qui dixit : Si reddidi retribuentibus mihi mala : « Justum auxilium meum a Domino, qui salvos facit rectos corde. » Si enim medicinam exhibet, qua sanemur infirmi, quanto magis eam qua custodiamur sani ? « Quoniam si cum adhuc peccatores essemus, Christus pro nobis mortuus est, quanto magis nunc justificati, salvi erimus ab ira per ipsum ? » (*Rom.*, V, 9.)

11. « Justum auxilium meum a Domino, qui salvos facit rectos corde. » (*Psal.* VII, 11.) Dirigit justum, scrutans corda et renes Deus : justo autem auxilio salvos facit rectos corde. Non sicut scrutatur corda et renes, ita salvos facit rectos corde et renibus : quia

droit. Il n'opère pas de même, en sondant les cœurs et les reins, et en sauvant ceux dont les cœurs et les reins sont droits ; parce que les pensées sont mauvaises dans un cœur dépravé, tandis qu'elles sont bonnes dans un cœur droit : et d'autre part les jouissances mauvaises appartiennent aux reins, parce qu'elles sont basses et terrestres, tandis que les jouissances pures appartiennent, non aux reins, mais au cœur. C'est pourquoi l'on ne peut dire, les hommes dont les reins sont droits, dans le même sens que l'on dit, les hommes dont le cœur est droit, parce que la jouissance se trouve nécessairement où est la pensée ; ce qui ne peut avoir lieu que quand toutes les pensées sont tournées vers les choses éternelles et divines. « Vous avez répandu la joie dans mon cœur, » a dit le prophète, après avoir dit d'abord : « La lumière de votre visage est empreinte sur nous, Seigneur. » (*Ps.* IV, 7.) Car quoique les fantômes des biens temporels, tels que l'esprit se les crée dans les moments où il est agité par de vaines et périssables espérances, lui apportent souvent par leurs images vides de réalité le délire d'une joie insensée ; cependant, cette jouissance ne peut être attribuée au cœur, mais aux reins, parce que toutes ces images sont tirées d'ici-bas, c'est-à-dire des choses terrestres et charnelles. En conséquence, quand Dieu, sondant les cœurs et les reins, voit que dans le cœur toutes les pensées sont bonnes, et que les reins sont privés de toute jouissance, il accorde un juste secours à ceux dont le cœur est droit et qui à la pureté des pensées unissent déjà les jouissances célestes. C'est pourquoi, dans un autre psaume, après avoir dit : « De plus, jusque dans la nuit même, mes reins m'ont repris, » (*Ps.* XV, 7) il ajoute en parlant du secours qu'il a reçu : « Je regardais le Seigneur, et je l'avais toujours devant mes yeux, parce qu'il est à ma droite, de peur que je ne sois ébranlé. » (*Ps.* XV, 8.) Il montre par là qu'il n'a ressenti de ses reins que des suggestions et non des jouissances ; car s'il eût ressenti des jouissances, il en eût été ébranlé. Or, il est dit : « Le Seigneur est à ma droite de peur que je ne sois ébranlé ; » (*Ibid.*) puis il ajoute : « C'est pour cela que mon cœur s'est réjoui, » (*Ibid.*, 9) parce que ses reins, s'ils ont pu le reprendre, n'ont pu lui imposer leurs jouissances. Ce n'est donc pas dans les reins que la jouissance s'est produite, mais là où le Seigneur s'est placé à sa droite pour le défendre contre les sollicitations de ses reins, c'est-à-dire, dans son cœur.

12. « Dieu est un juste juge, fort et patient. » (*Ps.* VII, 12.) Quel est ce Dieu juge, si ce n'est le Seigneur qui juge les peuples ? Il est juste, lui qui rendra à chacun selon ses œuvres. (*Matth.*, XVI, 27.) Il est fort, lui qui a supporté pour notre salut, la persécution des impies, malgré sa puissance sur eux. Il est patient, lui

---

cogitationes et malæ sunt in pravo corde, et bonæ in recto corde : delectationes autem non bonæ ad renes pertinent, quia inferiores atque terrenæ sunt ; bonæ vero non ad renes, sed ad ipsum cor. Propterea non ita dici possunt recti renibus, sicut dicuntur recti corde, cum jam ubi cogitatio, ibi et delectatio est : quod fieri non potest, nisi cum divina atque æterna cogitantur. « Dedisti, inquit, lætitiam in corde meo, » cum dixisset : « Signatum est super nos lumen vultus tui Domine. » (*Psal.* IV, 7.) Nam phantasmata rerum temporalium, quæ sibi animus fingit, cum spe vana mortalitate jactatur, quamvis inanibus imaginationibus afferant sæpe deliram insanamque lætitiam, non tamen cordi hæc delectatio, sed renibus tribuenda est : quia illæ omnes imaginationes de inferioribus, hoc est, terrenis carnalibusque rebus attractæ sunt. Ita fit, ut scrutans corda et renes Deus, et perspiciens in corde rectas cogitationes, in renibus nullas delectationes, justum auxilium præbeat rectis corde, ubi mundis cogitationibus supernæ delectationes sociantur. Et ideo in alio Psalmo cum dixisset : « Insuper et usque ad noctem increpaverunt me renes mei ; » subjecit de auxilio, dicens : « Providebam Dominum in conspectu meo semper, quoniam a dextris est mihi ne commovear. » (*Psal.* XV, 7, 8.) Ubi ostendit suggestiones tantum se a renibus passum, non etiam delectationes : quas si pateretur, utique commoveretur. Dixit autem : A dextris est mihi Dominus, ne commovear : deinde subjungit : Propter hoc delectatum est cor meum : ut renes eum increpare potuerint, non delectare. Non itaque in renibus, sed ibi facta est delectatio, ubi adversus renum increpationem provisus est Deus a dextris esse, id est, in corde.

12. « Deus judex justus, fortis et longanimis. » (*Psal.* VII, 12.) Quis Deus judex nisi Dominus, qui judicat populos ? Ipse justus, qui reddet unicuique juxta opera sua. (*Matth.*, XVI, 27.) Ipse fortis, qui etiam persecutores impios, cum sit potentissimus, pro nostra salute toleravit. Ipse longanimis, qui etiam ipsos qui persecuti sunt, non statim post resurrectionem ad supplicium rapuit, sed sustinuit,

qui n'a point traîné les impies au supplice, aussitôt après sa résurrection, mais qui au contraire les a supportés, afin qu'ils revinssent de cette impiété au salut, et qui supporte encore les pécheurs, réservant le dernier châtiment pour le jugement dernier, et d'ici-là les invitant à la pénitence. « Il n'appelle point à lui sa colère tous les jours. » (*Ibid.*). Peut-être ces mots : « Il n'appelle point à lui sa colère, » ont-ils un sens plus énergique que ceux-ci : Il ne se met point en colère ; et c'est d'ailleurs ce que nous trouvons dans le texte grec (1). Ce n'est point en lui qu'est la colère par laquelle il punit, mais dans l'esprit de ses ministres, qui sont soumis aux ordres de la vérité. Ce sont eux qui transmettent à des ministres du dernier rang, appelés anges de colère, le soin de punir les péchés. Or, ceux-ci se complaisent dans le châtiment des hommes, non en vue de la justice qu'ils n'aiment pas, mais en raison de leur propre méchanceté. « Dieu n'appelle donc point à lui sa colère tous les jours, » c'est-à-dire qu'il ne charge point tous les jours ses ministres de venger sa justice. Car maintenant la patience de Dieu invite les pécheurs à la pénitence ; mais au dernier moment, quand les hommes, à cause de la dureté et de l'impénitence de leur cœur, auront amassé contre eux-mêmes « un trésor de colère pour le jour de la colère et de la manifestation du juste jugement de Dieu, » (*Rom.*, II, 5) alors il tirera son glaive.

13 « Si vous ne vous convertissez, dit-il, il tirera son glaive. » (*Ps.* VII, 13.) L'homme de Dieu peut être pris lui-même pour le glaive à deux tranchants de Dieu : glaive qu'il n'a point tiré à son premier avénement, mais qu'il a comme caché dans le fourreau de l'humilité ; glaive qu'il tirera au contraire lors de son second avénement, quand il viendra juger les vivants et les morts, et que, manifestant la splendeur de sa gloire, il fera rejaillir sur les justes sa lumière, et sur les impies les feux de ses terreurs. En effet, dans certains exemplaires, au lieu de ces mots : « Il tirera son glaive, » on lit : « Il fera jeter des éclairs à son glaive ; » et je crois que ces mots expriment parfaitement le dernier avénement de la gloire du Seigneur, puisque c'est également de la personne du Christ que sont entendues ces paroles d'un autre psaume : « Seigneur, délivrez mon âme des impies, arrachez votre épée aux ennemis de votre main. » (*Ps.* XVI, 13.) « Il a tendu son arc et le tient tout prêt. » N'omettons pas de remarquer les différents temps des verbes ; après avoir dit au futur : « Il tirera son glaive, » il dit au passé : « Il a tendu son arc. » A partir de là, tous les verbes sont employés au passé.

14. « Sur cet arc il a placé des instruments de

(1) En grec : μὴ ὀργὴν ἐπάγων.

---

ut se aliquando ad salutem ab illa impietate converterent : et adhuc sustinet, servans ultimo judicio ultimam pœnam, et nunc usque invitans peccatores ad pœnitentiam. « Non iram adducens per singulos dies. » Significantius fortasse dicitur, « iram adducens, » quam irascens : et ita in exemplaribus Græcis invenimus : ut non sit in ipso ira qua punit, sed in animis eorum ministrorum qui præceptis veritatis obtemperant ; per quos jubetur etiam inferioribus (*a*) ministeriis, qui vocantur angeli iracundiæ, ad punienda peccata : quos jam non propter justitiam, qua non gaudent, sed propter malitiam pœna humana delectat. « Non ergo Deus iram adducit per singulos dies, » id est non per singulos dies ad vindictam congregat ministros suos. Nunc enim patientia Dei ad pœnitentiam invitat : ultimo vero tempore, cum sibi homines propter duritiam suam et cor impœnitens, thesaurizaverint iram in die iræ et revelationis justi judicii Dei (*Rom.*, II, 5), gladium suum vibrabit.

13. « Nisi convertimini, inquit, gladium suum vibrabit. » (*Psal.* VII, 13.) Potest ipse homo Dominicus (I *Retract.*, c. XIX) gladius Dei intelligi bis acutus, id est framea, quam non vibravit primo adventu, sed tanquam in vagina humilitatis abscondit : vibrabit autem, cum in secundo adventu veniens judicare vivos et mortuos, in manifesto splendore claritatis suæ, justis suis lumen, et terrores impiis coruscabit. Nam in aliis exemplaribus, pro eo quod est « gladium suum vibrabit, » frameam suam splendificabit positum est : quo verbo convenientissime significari arbitror ultimum Dominicæ claritatis adventum : quandoquidem ex ipsius persona intelligitur, quod alius Psalmus habet : « Libera Domine ab impiis animam meam, frameam tuam ab inimicis manus tuæ. (*Psal.* XVI, 13.) « Arcum suum tetendit, et paravit illum. » Non passim verborum tempora prætereunda sunt, quod gladium de futuro dixit, « vibrabit : » arcum de præterito, « tetendit : » deinde præteriti temporis consequuntur verba.

14. « Et in ipso paravit vasa mortis : sagittas suas

(*a*) Lov. *ministris*. At Er. et Mss. *ministeriis*. Sic etiam in lib. *de vera Religione*, c. XL, angeli mali infima ministeria vocantur.

mort; ses flèches renferment un feu brûlant. » (*Ps.* VII, 14.) Dans cet arc je verrais volontiers les saintes Écritures, dans lesquelles la force du Nouveau Testament, comme la corde d'un arc, a fait fléchir et a courbé la rigueur de l'Ancien Testament. De là, comme des flèches, sont envoyés les apôtres et sont lancés les divins enseignements. Ces flèches « renferment un feu brûlant, » parce qu'elles enflamment de l'amour divin ceux qu'elles frappent. En effet, de quelle autre flèche a été frappée l'âme qui s'écrie : « Introduisez-moi dans les celliers où est le vin, placez-moi au milieu des parfums, rangez-moi parmi les rayons de miel, parce que la charité m'a blessée? »(*Cant.*, II, 4, *selon les Sept.*) Par quelle autre flèche est enflammé celui qui, désirant se rapprocher de Dieu et revenir sur ses pas dans le chemin de la vie, demande du secours contre les langues perfides, et pour réponse entend cette parole : « Que recevrez-vous? Que vous sera-t-il donné contre les langues perfides ? Voici les flèches de celui qui est puissant, elles sont aiguisées et armées de charbons dévorants. » (*Ps.* CXIX, 3 et 4.) C'est-à-dire, frappé et enflammé par ces flèches, vous brûlerez d'un amour si violent pour le royaume des cieux, que vous mépriserez les paroles de tous ceux qui vous feront obstacle et voudront vous détourner de votre résolution, et que vous vous rirez de leurs persécutions, en disant : « Qui me séparera de l'amour de Jésus-Christ? La tribulation, les angoisses, la persécution, la faim, la nudité, le péril, le glaive? Je suis certain, dit l'Apôtre, que ni la mort, ni la vie, ni les anges, ni les puissances, ni les choses présentes, ni les choses à venir, ni la force, ni ce qu'il y a de plus haut, ni ce qu'il y a de plus profond, ni quelque créature que ce soit, ne pourra nous séparer de l'amour de Dieu en Jésus-Christ, Notre-Seigneur. » (*Rom.*, VIII, 35, et suiv.) C'est ainsi que ses flèches renferment un feu brûlant. Car tel est le sens des textes grecs, qui indiquent que « ses flèches sont faites de matières brûlantes ; » quant aux textes latins, ils portent, pour la plupart, que ses flèches « sont enflammées. » Mais que les flèches soient elles-mêmes enflammées, ou qu'elles puissent seulement enflammer, ce qui suppose évidemment qu'elles sont elles-mêmes brûlantes, le sens reste dans son intégrité.

15. Mais comme le prophète dit que le Seigneur a préparé sur son arc, non-seulement des flèches, mais encore « des instruments de mort, » on peut se demander quels sont ces instruments. S'agit-il, par hasard, des hérétiques? Car eux aussi, de ce même arc, c'est-à-dire des mêmes Ecritures, s'élancent sur les âmes, non pour les enflammer par la charité, mais pour les tuer par le poison : ce qui d'ailleurs n'arrive qu'autant qu'on l'a mérité. C'est pourquoi on peut rappor-

---

ardentibus operatus est. »(*Ibid.*, 14.) Arcum ergo istum, Scripturas sanctas libenter acceperim, ubi fortitudine novi Testamenti, quasi nervo quodam, duritia veteris flexa et edomita est. Hinc tanquam sagittæ emittuntur Apostoli, vel divina præconia jaculantur. Quas sagittas « ardentibus operatus est, » id est, quibus percussi divino amore flagrarent. Qua enim alia sagitta percussa est, quæ dicit : Inducite me in domum vini, constituite me inter unguenta, constipate me inter (*forte* mala) mella ; quoniam vulnerata caritate ego sum? (*Cant.*, II, 4, *sec.* LXX.) Quibus aliis sagittis accenditur, qui redire ad Deum cupiens, et ab ista peregrinatione remeare, adversus dolosas linguas petit auxilium, et ei dicitur : « Quid detur, tibi, aut quid adjiciatur tibi adversus linguam dolosam? » (*Psal.* CXIX, 3, 4.) Sagittæ potentis acutæ, cum carbonibus vastatoribus : id est, quibus percussus atque inflammatus tanto amore ardeas regni cœlorum, ut omnium resistentium et a proposito revocare volentium linguas contemnas, et persecutiones eorum derideas, dicens : « Quis me separabit a caritate Christi? Tribulatio, an angustia, an persecutio, an fames, an nuditas, an periculum, an gladius? Certus sum enim, inquit, quia neque mors, neque vita, neque angelus, neque principatus, neque præsentia, neque futura, neque virtus, neque altitudo, neque profundum, neque creatura alia poterit nos separare a caritate Dei, quæ est in Christo Jesu Domino nostro. » (*Rom.*, VIII, 35, etc.) Sic ardentibus sagittas suas operatus est. Nam in Græcis exemplaribus ita invenitur : « Sagittas suas ardentibus operatus est. » Latina autem, « ardentes, » pleraque habent. Sed sive ipsæ sagittæ ardeant, sive ardere faciant, quod utique non possunt, nisi et ipsæ ardeant, integer sensus est.

15. Sed quia non sagittas tantum, sed etiam « vasa mortis, » dixit in arcu Dominum parasse, quæri potest quæ sint vasa mortis. An forte hæretici? Nam et ipsi ex eodem arcu, id est, ex eisdem Scripturis in animas non caritate inflammandas, sed venenis perimendas insiliunt, quod non contingit nisi pro meritis : propterea divinæ providentiæ etiam ista dispo-

ter cette disposition à la divine Providence, non qu'elle rende les hommes pécheurs, mais parce qu'après leur péché elle suit cette marche à leur égard. Lisant la sainte Ecriture avec un désir mauvais et par péché, nécessairement ils la comprennent mal, ce qui est la peine de leur péché. Pendant ce temps, les enfants de l'Eglise catholique, aiguillonnés par la mort de ces pécheurs comme par des épines, sont mis en garde contre le sommeil et s'avancent dans l'intelligence des saintes Ecritures. Car « il faut, dit l'Apôtre, qu'il y ait des hérésies, afin que ceux d'entre vous qui sont d'une vertu éprouvée, soient connus ouvertement, » (I *Cor.*, xi, 19) c'est-à-dire : soient connus des hommes, car Dieu les voit à découvert. Ou bien faut-il dire que Dieu a disposé ces flèches comme des instruments de mort pour la perte des infidèles, tandis que pour le profit spirituel des fidèles elles sont enflammées ou formées de matières brûlantes? En effet, c'est avec vérité que l'Apôtre a dit : « Nous sommes pour les uns une odeur de vie qui les fait vivre, et pour les autres une odeur de mort qui les fait mourir. Et qui est capable d'un tel ministère? » (II *Cor.*, ii, 16.) Il n'y a donc pas lieu de s'étonner si les apôtres ont été à la fois des instruments de mort pour ceux dont ils ont souffert la persécution, et des flèches de feu pour enflammer le cœur des croyants.

16. A ces dispositions providentielles succédera le juste jugement de Dieu. Ce qu'en dit ici le prophète doit nous faire comprendre que le supplice de tout homme provient de son péché et que son iniquité se change en châtiment. Il ne faut pas croire en effet que de la sérénité de Dieu et de son ineffable lumière sortent les tourments qui punissent le péché; mais telle est la loi qu'il a portée sur toute faute, que les mêmes objets qui ont fait les plaisirs de l'homme dans son péché, deviennent les instruments de Dieu dans ses châtiments. « Voici, dit-il, qu'il a enfanté l'injustice. » (*Ps.* vii, 15.) Qu'a-t-il donc conçu, pour enfanter l'injustice? » Il a conçu la douleur, » répond-il. D'où cette parole : « Vous mangerez votre pain dans la douleur, » (*Gen.*, iii, 7) et encore : « Venez tous à moi, vous qui êtes dans la douleur et qui êtes chargés, car mon joug est doux et mon fardeau léger. » (*Matth.*, xi, 28 et 30.) En effet, la douleur ne pourra finir, si chacun n'en vient à aimer uniquement des biens qu'on ne puisse lui enlever malgré lui. Car, tant que nous aimons des choses que nous sommes exposés à perdre contre notre volonté, nous avons inévitablement à souffrir à cause d'elles les plus pénibles douleurs; et nous tramons des injustices pour les acquérir, au milieu des angoisses, des misères terrestres, parce que chacun veut s'en emparer avant tout autre, ou les arracher à celui qui les possède. Il était donc naturel et conforme à l'ordre que celui-là

---

sitio tribuenda est, non quia ipsa peccatores facit, sed quia ipsa ordinat cum peccaverint. Malo enim voto per peccatum legentes, male coguntur intelligere, ut ipsa sit pœna peccati: quorum tamen morte filii catholicæ Ecclesiæ, tanquam quibusdam spinis, a somno excitantur, et ad intelligentiam divinarum Scripturarum proficiunt. « Oportet enim et hæreses esse, ut probati, inquit, manifesti fiant inter vos : » (I *Cor.*, xi, 19) hoc est, inter homines, cum manifesti sint Deo. An forte easdem sagittas et vasa mortis disposuit ad perniciem infidelium, et ardentes vel ardentibus operatus est ad exercitationem fidelium? Non enim falsum est quod Apostolus dicit : « Aliis sumus odor vitæ in vitam, aliis odor mortis in mortem, et ad hæc quis idoneus? » (II *Cor.*, ii, 16.) Non ergo mirum si iidem Apostoli et vasa mortis sunt in eis a quibus persecutionem passi sunt, et igneæ sagittæ ad inflammanda corda credentium.

16. Post hanc autem dispensationem justum veniet judicium : de quo ita dicit, ut intelligamus unicuique homini supplicium fieri de peccato suo, et ejus iniquitatem in pœnam converti : ne putemus illam tranquillitatem, et ineffabile lumen Dei de se proferre unde peccata puniantur; sed ipsa peccata sic ordinare, ut quæ fuerunt delectamenta homini peccanti, sint instrumenta Domino punienti. « Ecce, inquit, parturivit injustitiam. » (*Psal.* vii, 15.) Quid enim conceperat, ut injustitiam parturiret? « Concepit, inquit, laborem. » Hinc est ergo illud : « In labore manducabis panem tuum. » (*Gen.*, iii, 17.) Hinc etiam illud : « Venite ad me omnes qui laboratis et onerati estis. Jugum enim meum lene est, et onus meum leve. » (*Matth.*, xi, 28, 30.) Non enim poterit labor finiri, nisi hoc quisque diligat quod invito non possit auferri. Nam cum ea diliguntur quæ possumus contra voluntatem amittere, necesse est ut pro his miserrime laboremus; et ut hæc adipiscamur, in angustiis terrenarum ærumnarum, cum sibi quisque illa rapere et prævenire alterum, aut extorquere alteri cupit, injustitias machinemur. Recte ergo et prorsus ex ordine parturivit injustitiam, qui concepit laborem. Parit autem, quid nisi quod parturivit, quamvis

enfantât l'injustice, qui avait conçu la douleur. Mais que met-il au monde, si ce n'est ce qu'il a enfanté, quoiqu'il n'ait point enfanté ce qu'il a conçu? En effet, ce qui naît n'est pas ce qui a été conçu; car c'est le germe qui est conçu, et ce qui naît est formé de ce germe. La douleur est donc le germe de l'iniquité, et la douleur est conçue par l'acte du péché, c'est-à-dire de ce premier péché qui est l'apostasie à l'égard de Dieu. (*Eccli.*, x, 14.) Celui qui a conçu la douleur a donc enfanté l'injustice, « et il a mis au monde l'iniquité. » L'iniquité est la même chose que l'injustice : il a donc mis au monde ce qu'il a enfanté. Mais qu'est-il dit ensuite?

17. « Il a ouvert une fosse et l'a creusée. » (*Ps.* vii, 16.) Dans les choses humaines, ouvrir une fosse c'est, pour ainsi dire, préparer un piége dans la terre, afin d'y faire tomber celui que l'homme injuste veut tromper. Or, cette fosse est ouverte, dès qu'on a consenti aux mauvaises suggestions des convoitises terrestres; elle est creusée, lorsqu'après ce premier consentement on se livre à des machinations perfides. Mais à quel titre pourrait-il se faire que l'injustice blessât le juste contre lequel elle procède, avant de blesser le cœur injuste duquel elle procède? C'est pourquoi, par exemple, le voleur d'argent, dès qu'il aspire à blesser autrui par un dommage, est lui-même blessé par l'avarice. Et qui donc serait assez insensé pour ne pas voir quelle différence il y a entre ces deux blessures, l'un ne perdant que son argent, et l'autre perdant son innocence? « Il tombera donc dans la fosse qu'il a préparée. » (*Ibid.*) Ce qui est encore exprimé dans un autre psaume : « Le Seigneur est reconnu à ses jugements, le pécheur s'est trouvé pris dans les œuvres de ses mains. » (*Ps.* ix, 17.)

18. « La douleur qu'il a voulu causer retournera sur lui, et son injustice retombera sur sa tête. » (*Ps.* vii, 17.) Sa volonté n'a point été de fuir le péché, et il est tombé sous sa domination comme un esclave, ainsi que l'a dit le Seigneur : Quiconque pèche, est esclave. (*Jean*, viii, 34.) Son iniquité pèsera donc sur lui, parce qu'il est soumis à son iniquité, et qu'il ne peut dire à Dieu avec les hommes droits et innocents : « Vous êtes ma gloire, et vous élevez ma tête. » (*Ps.* iii, 4.) Il sera donc ainsi abaissé, et son iniquité s'élèvera au-dessus de lui et retombera sur lui, parce qu'elle s'appesantit sur sa tête, l'accable, et ne lui permet pas de reprendre son vol vers le repos des saints. C'est là ce qui arrive, lorsque, dans l'homme pervers, la raison est assujettie et que la passion domine.

19. « Je confesserai la justice du Seigneur. » (*Ps.* vii, 18.) Cette confession n'est pas celle des péchés. Car celui qui parle ainsi est le même qui disait plus haut en toute vérité : « S'il y a quelque iniquité sur mes mains. » (*Ibid.*, 4.) Cette confession est celle de la justice de Dieu,

---

non hoc parturierit quod concepit? Non enim hoc nascitur quod concipitur; sed concipitur semen, nascitur quod formatur ex semine. Labor est igitur semen iniquitatis; peccatum autem conceptio laboris, id est illud primum peccatum, apostatare a Deo. (*Eccli.*, x, 14.) Parturivit ergo injustitiam qui concepit laborem. « Et peperit iniquitatem. » Iniquitas, hoc est quod injustitia : hoc ergo peperit quod parturivit. Quid deinde sequitur?

17. « Lacum aperuit et effodit illum. » (*Psal.* vii, 16.) Lacum aperire, est in terrenis rebus, id est, tanquam in terra fraudem parare, quo alius cadat, quem vult decipere injustus. Aperitur autem hic lacus, cum consentitur malæ suggestioni terrenarum cupiditatum : effoditur vero, cum post consensionem operationi fraudis instatur. Sed unde fieri potest, ut iniquitas prius lædat hominem justum in quem procedit, quam cor injustum unde procedit? Itaque fraudator pecuniæ, verbi gratia, dum cupit alium damno lacerare, ipse avaritiæ vulnere sauciatur. Quis autem vel demens non videat quantum inter hos distet, cum ille patiatur damnum pecuniæ, ille innocentiæ? « Incidet ergo in foveam quam fecit. » Quod in alio Psalmo dicitur : « Cognoscitur Dominus judicia faciens, in operibus manuum suarum comprehensus est peccator. » (*Psal.* ix, 17.)

18. « Convertetur labor ejus in caput ejus, et iniquitas ejus in verticem ejus descendet. » (*Psal.* vii, 9.) Non enim voluit ipse peccatum evadere; sed factus est sub peccato tanquam servus, dicente Domino : Omnis qui peccat, servus est. (*Joan.*, viii, 34.) Erit ergo iniquitas ejus super ipsum, cum ipse iniquitati suæ subditur; quia non potuit dicere Domino, quod innocentes et recti dicunt : « Gloria mea et exaltans caput meum. » (*Psal.* iii, 4.) Ita ergo ipse inferior erit, ut ejus iniquitas sit superior, et in illum descendat : quia gravat illum, et onerat, et ad requiem sanctorum revolare non sinit. Hoc fit, cum in homine perverso servit ratio, et libido dominatur.

19. « Confitebor Domino secundum justitiam ejus. » (*Psal.* vii, 18.) Non ista confessio peccatorum est : ille enim hoc dicit, qui superius verissime dicebat :

dont voici le langage : Seigneur, vous êtes véritablement juste; parce que vous protégez les justes de telle sorte que vous êtes vous-même leur lumière, et parce que vous réglez la destinée des pécheurs de telle sorte qu'ils sont punis par l'effet, non de votre colère, mais de leur propre méchanceté. Cette confession glorifie Dieu au point de rendre impuissants les blasphèmes des impies, qui, pour excuser leurs crimes, ne veulent pas s'imputer à faute leur péché, c'est-à-dire ne veulent pas regarder leurs fautes comme leurs fautes. C'est pourquoi ils trouvent moyen d'accuser la fortune ou le destin; ou le démon, bien que d'après la volonté de notre Créateur, il soit en notre pouvoir de ne point consentir à ses suggestions; ou ils inculpent je ne sais quelle autre nature qui ne serait point l'œuvre de Dieu (1), malheureux qui préfèrent flotter ainsi à tout vent et errer au hasard plutôt que de confesser leurs fautes à Dieu, afin d'en obtenir le pardon; car il ne peut y avoir de pardon que pour celui qui dit, j'ai péché. Celui donc qui voit que Dieu a si bien réglé tout ce qui revient aux mérites de chacun, que la beauté de l'ensemble ne soit détruite d'aucun côté, celui-là loue Dieu en toutes choses, et c'est là la confession, non des pécheurs, mais des justes. En effet, ce n'est point là la confession qui convient aux pécheurs, lorsque le Seigneur dit : « Je vous rends gloire, Dieu du ciel et de la terre, de ce que vous avez caché ces choses aux sages et les avez révélées aux petits. » (*Matth.*, XI, 25.) De même on lit dans l'Ecclésiastique : « Confessez le Seigneur dans toutes ses œuvres, et dites dans cette confession que toutes les œuvres du Seigneur sont excellentes. » (*Eccli.*, XXXIX, 19 et 20.) Dans ce psaume, quiconque, en esprit de piété et avec le secours du Seigneur, observe la différence qui existe entre les récompenses des justes et les supplices des pécheurs, peut comprendre comment, à l'aide de ces deux moyens, toute la création, que Dieu gouverne après l'avoir formée, est revêtue d'une beauté merveilleuse que peu d'hommes savent reconnaître. Le prophète dit donc : « Je confesserai la justice du Seigneur; » car il voit que le Seigneur n'a pas fait les ténèbres, mais qu'il les soumet à ses lois. Dieu a dit en effet : « Que la lumière soit faite, et la lumière fut faite. » (*Gen.*, I, 3.) Il n'a pas dit : Que les ténèbres soient faites, et les ténèbres furent faites; cependant il les a soumises à ses lois. Voilà pourquoi il est dit : « Dieu divisa la lumière d'avec les ténèbres, et il donna le nom de jour à la lumière et le nom de nuit aux ténèbres. » (*Ibid.*, 4 et 5.) La distinction importante est donc celle-ci : « Il est des choses que Dieu a faites et qu'il a soumises à ses lois; il en est d'autres qu'il n'a point faites, mais que cepen-

(1) Erreur des Manichéens.

« Si est iniquitas in manibus meis : » (*Ibid.*, 4) sed confessio justitiæ Dei, qua ita loquimur : Vere Domine justus es, quando et justos sic protegis, ut per te ipsum eos illumines, et peccatores sic ordinas, ut non tua, sed sua malitia puniantur. Ista confessio ita Dominum laudat, ut nihil possint impiorum valere blasphemiæ, qui volentes excusare facinora sua, nolunt suæ culpæ tribuere quod peccant, hoc est, nolunt suæ culpæ tribuere culpam suam. Itaque aut fortunam, aut fatum inveniunt quod accusent; aut diabolum, cui non consentire in potestate nostra esse voluit qui nos fecit : aut aliam naturam inducunt, quæ non sit ex Deo, fluctuantes miseri, et errantes potius quam confitentes Deo, ut eis ignoscat. Non enim oportet ignosci, nisi dicenti : Peccavi. Qui ergo videt merita animarum sic ordinari a Deo, ut dum sua cuique tribuuntur, pulchritudo universitatis nulla ex parte violetur, in omnibus laudat Deum : et ista est non peccatorum, sed justorum confessio. Non enim peccatorum confessio est, dum dicit Dominus : « Confiteor tibi Domine cœli et terræ, quia abscondisti hæc a sapientibus, et revelasti ea parvulis. » (*Matth.*, XI, 25.) Item in Ecclesiastico dicitur : « Confitemini Domino in omnibus operibus ejus. » (*Eccli.*, XXXIX, 19, 20.) Et hæc dicetis in confessione, opera Domini universa (*a*) quoniam bona valde. Quod in isto Psalmo intelligi potest, si quisque pia mente, Domino adjuvante, distinguat inter justorum præmia et supplicia peccatorum, quemadmodum his duobus universa creatura, quam Deus a se conditam regit, mirifica et paucis cognita pulchritudine decoratur. Ita ergo ait : « Confitebor Domino secundum justitiam ejus, » tanquam ille qui viderit non factas tenebras a Deo, sed ordinatas tamen. Deus enim dixit : « Fiat lux, et facta est lux. » (*Gen.*, I, 3.) Non dixit : Fiant tenebræ, et factæ sunt tenebræ : et tamen ipsas ordinavit. Et ideo dicitur : « Divisit Deus inter lucem et tenebras : et vocavit Deus lucem diem, et tenebras vocavit noctem. » (*Ibid.*, IV, 5.) Ista distinctio, aliud fecit, et ordinavit : aliud autem non fecit, sed tamen

(*a*) Particula, *quoniam*, ab editis aberat et a Vulgata : sed reperitur hic in Mss. estque ὅτι apud LXX.

dant il a soumises à ses lois. Or, les ténèbres signifient les péchés, ainsi que nous le voyons d'abord par les paroles du prophète : « Vos ténèbres seront éclairées comme le midi; » (*Isa.*, LVIII, 10) ensuite par celles de l'Apôtre : « Celui qui hait son frère est dans les ténèbres; » (I *Jean*, II, 11) et surtout par celles-ci : « Rejetons les œuvres des ténèbres et revêtons les armes de la lumière. » (*Rom.*, XIII, 12.) Ce n'est pas que les ténèbres aient leur nature; car l'idée de nature emporte nécessairement l'idée d'existence. Or, l'être appartient à la lumière et le non-être aux ténèbres. Celui-là donc qui s'éloigne de son Créateur et qui se rapproche de ce dont il a été tiré, c'est-à-dire du néant, se plonge dans les ténèbres par son péché : il ne périt pas entièrement, mais il est rejeté au dernier rang des êtres. C'est pourquoi, après avoir dit : « Je confesserai le Seigneur, » de peur que nous ne comprissions qu'il parlait de la confession des péchés, il a ajouté ces dernières paroles : « Et je chanterai des psaumes au nom du Seigneur très-haut. » Or, le chant des psaumes est une manifestation de joie, et la pénitence des péchés une œuvre de tristesse.

20. Ce psaume peut aussi s'entendre de la personne de l'homme de Dieu pourvu que l'on rapporte les paroles d'humilité qu'il renferme, à l'infirmité humaine dont le Christ était revêtu.

DISCOURS SUR LE PSAUME VIIIe.

Pour la fin, pour les pressoirs, psaume de David pour lui-même. (Ps. VIII, 1.)

1. Bien que le titre de ce psaume soit « pour les pressoirs, » cependant le prophète paraît n'en rien dire dans le cours du psaume. C'est une preuve que souvent dans les Ecritures une seule et même chose nous est présentée sous plusieurs figures différentes. Nous pouvons donc entendre les Eglises sous ce terme de pressoir, de même que nous appliquons à l'Eglise celui d'aire. Car, soit dans l'aire, soit dans les pressoirs, on ne fait autre chose que de purifier les fruits des enveloppes qui leur étaient nécessaires pour naître, pour croître, et pour arriver à la maturité qui permet ou la moisson ou la vendange. Dans l'aire et au pressoir, les fruits sont donc séparés de ces enveloppes ou supports, le blé de la paille, le vin du marc des raisins. De même, dans les Eglises, les bons, en vertu de la charité qui les anime, sont séparés par le soin des ministres de Dieu de la multitude des hommes du siècle, multitude au milieu de laquelle ils se trouvent encore, et qui d'abord leur était nécessaire pour naître spirituellement et se former selon la divine parole. Il n'est point

---

etiam hoc ordinavit. Jam vero tenebris significari peccata, et in Propheta invenitur, qui dicit : « Et tenebræ tuæ tanquam meridies erunt : » (*Is.*, LVIII, 10) et in Apostolo dicente : « Qui odit fratrem suum, in tenebris est : » (I *Joan.*, II, 11) et illud præcipue : « Abjiciamus opera tenebrarum, et induamur arma lucis. » (*Rom.*, XIII, 12.) Non quod aliqua sit natura tenebrarum. Omnis enim natura inquantum natura est, esse cogitur. Esse autem, ad lucem pertinet : non esse, ad tenebras. Qui ergo deserit eum a quo factus est, et inclinatur in id unde factus est, id est, in nihilum, in hoc peccato tenebratur; et tamen non penitus perit, sed in infimis ordinatur. Itaque postquam dixit : « Confitebor Domino : » ne peccatorum confessionem intelligeremus, subjicit ultimum : « Et psallam nomini Domini altissimi. » Psallere autem ad gaudium pertinet, pœnitentia vero peccatorum ad tristitiam.

20. Potest iste Psalmus etiam in persona Dominici (I *Retract.*, c. XIX) hominis intelligi : si modo ea quæ ibi humiliter dicta sunt, ad nostram infirmitatem referantur, quam ille gestabat.

IN PSALMUM VIII ENARRATIO.

(a) *In finem, pro torcularibus, psalmus ipsi David.* (Ps. VIII, 1.)

1. Nihil de torcularibus in textu ejus Psalmi, cujus iste titulus est, dicere videtur. In quo apparet multis et variis similitudinibus unam eamdemque rem in Scripturis sæpe insinuari. Torcularia ergo possumus accipere Ecclesias, eadem ratione qua et aream intelligimus Ecclesiam. Quia sive in area, sive in torculari, nihil aliud agitur, nisi ut fructus ab integumentis purgentur, quæ necessaria erant, et ut nascerentur, et ut crescerent, atque ad maturitatem vel missis vel vindemiæ pervenirent. His ergo vel integumentis vel sustentaculis, id est paleis in area frumenta, et vinaciis in torcularibus vina exuuntur : sicut in Ecclesiis a multitudine sæcularium hominum, quæ simul cum bonis congregatur, quibus ut nascerentur et apti fierent verbo divino, necessaria erat illa multitudo, id agitur, ut spiritali amore operationem ministrorum Dei separentur. Agitur

(a) De hoc 1 vers. consule Enarrationem in Psal. LXXXIII.

en effet question maintenant de séparer les bons des méchants par un changement de lieu, mais seulement par la diversité des sentiments, bien que, dans les Eglises, ils soient réunis quant à la présence corporelle. Mais il viendra un temps, où les grains seront mis à part dans les greniers et les vins dans les celliers, selon cette parole : « Il amassera les blés dans ses greniers, et brûlera les pailles dans un feu qui ne s'éteindra point. » (*Luc*, III, 17.) La même chose peut être entendue sous une autre figure : Il renfermera les vins dans sa cave, et jettera le marc aux pourceaux, de sorte que l'on peut par comparaison regarder le ventre de ces animaux comme représentant les supplices de l'enfer.

2. On peut encore comprendre autrement les pressoirs, sans pourtant cesser de les comparer aux Eglises. En effet, on peut comparer la Parole divine au raisin; car le Seigneur a été figuré par la grappe de raisin, que les explorateurs envoyés par le peuple d'Israël ont rapportée de la terre promise, suspendue à un levier de bois, comme à une croix. (*Nomb.*, XIII, 24.) C'est pourquoi la parole divine, quand elle est exprimée par le son de la voix, afin d'arriver aux oreilles de ceux qui l'entendent, est en quelque sorte renfermée, comme son de voix dans le marc du raisin, et comme lumière de l'intelligence dans le vin ; et c'est ainsi que ce raisin parvient aux oreilles comme au pressoir des vendangeurs. Là, en effet, la parole est d'abord discernée, c'est le son de la voix qui arrive jusqu'aux oreilles ; elle est comprise, c'est-à-dire qu'elle est reçue dans la mémoire des auditeurs comme dans une cuve de pressoir ; afin que de là elle passe dans le fond du cœur pour y devenir la règle des mœurs, comme le vin passe de la cuve dans les celliers, où il se fortifie en vieillissant, si, faute de soin, on ne le laisse s'aigrir : car elle s'est aigrie dans le cœur des Juifs, et c'est de ce vinaigre qu'ils ont abreuvé le Seigneur. (*Rom.*, XIX, 29.) Mais pour le vin sorti de la vigne de la nouvelle alliance, que doit boire le Seigneur avec ses saints dans le royaume de son Père (*Luc*, XXII, 18), il ne peut être que très-agréable et très-généreux.

3. Souvent aussi on interprète le mot de pressoir par celui de martyre, en ce sens que, quand les confesseurs du nom de Jésus-Christ ont été foulés par les souffrances de la persécution, leurs dépouilles mortelles restent sur la terre comme le marc des raisins, et leurs âmes s'élèvent jusqu'au séjour du céleste repos. Mais ce sens encore ne s'éloigne pas de notre comparaison de la fructification des Eglises. Ce psaume « pour les pressoirs » est donc un chant destiné à célébrer l'établissement de l'Eglise, lors de l'ascension de Notre-Seigneur, après sa ré-

---

enim nunc, ut non loco, sed affectu interim separentur boni a malis : quamvis simul in Ecclesiis, quantum attinet ad corporalem præsentiam, conversentur. Aliud autem erit tempus, quo vel frumenta in horrea, vel vina in cellas segregentur. « Frumenta, inquit, recondet in horreis, paleas autem comburet igni inexstinguibili. » (*Luc.*, III, 17.) Eadem res in alia similitudine sic intelligi potest : Vina recondet in apothecis, vinacia vero pecoribus projiciet : ut ventres pecorum, pro pœnis gehennarum per similitudinem intelligere liceat.

2. Est alius intellectus de torcularibus, dum tamen ab Ecclesiarum significatione non recedatur. Nam et Verbum divinum potest uva intelligi. Dictus est enim et Dominus Botrus uvæ, quem ligno suspensum, de terra promissionis, qui præmissi erant a populo Israel, tanquam crucifixum, attulerunt. (*Num.*, XIII, 24.) Verbum itaque divinum, cum enuntiationis necessitate usurpat vocis sonum, quo in aures pervehatur audientium, eodem sono vocis tanquam vinaciis, intellectus tanquam vinum includitur : et sic uva ista in aures venit, quasi in calcatoria (*a*) torculariorum. Ibi enim discernitur, ut sonus usque ad aures valeat; intellectus autem memoria eorum qui audiunt, velut quodam lacu excipiatur; inde transeat in morum disciplinam et habitum mentis, tanquam de lacu in cellas; in quibus si negligentia non acuerit, vetustate firmabitur. Acuit namque in Judæis, et hoc aceto Dominum potaverunt. (*Joan.*, XIX, 29.) Nam illud vinum quod de generatione vitis Novi Testamenti bibiturus est cum sanctis suis Dominus in regno Patris sui (*Luc.*, XXII 18), suavissimum atque firmissimum sit necesse est.

3. Solent accipi torcularia etiam martyria, tanquam afflictione persecutionum calcatis eis, qui Christi nomen confessi sunt, mortalia eorum tanquam vinacia in terra remanserint, animæ autem in requiem cœlestis habitationis emanaverint. Sed neque isto intellectu ab Ecclesiarum fructificatione disceditur. Psallitur ergo « pro torcularibus, » pro Ecclesiæ constitutione, cum Dominus noster postquam resurrexit, ascendit in cœlos. Tunc enim misit Spiritum

---

(*a*) In Mss. aliquot, sed paucioribus nec antiquioribus *torcularium*.

surrection. Alors, en effet, il envoya l'Esprit saint, qui remplit les Apôtres et fit qu'ils prêchèrent avec confiance la parole de Dieu, afin de former les Eglises.

4. Le psaume commence donc ainsi : « Seigneur, notre souverain maître, que votre nom est admirable dans toute la terre ! » (*Ps.* VIII, 2.) Je demande pourquoi ce nom est admirable dans toute la terre, je reçois cette réponse : « Parce que votre magnificence est élevée au-dessus des cieux. » (*Ibid.*) Le sens est donc : Seigneur, qui êtes notre maître, combien vous admirent tous ceux qui habitent la terre ! parce que votre magnificence, après l'humilité de votre condition sur terre, s'est élevée au-dessus des cieux. Car on a su manifestement ce que vous étiez en descendant sur terre, quand plusieurs ont vu où vous étiez monté, et que les autres l'ont cru sur leur témoignage.

5. « Vous avez tiré de la bouche des enfants, même encore à la mamelle, une louange parfaite, afin de confondre vos ennemis. » (*Ibid.*, 3.) Je ne puis comprendre par ces enfants et par ces nourrissons encore à la mamelle que ceux à qui l'Apôtre a dit : « Comme à de petits enfants en Jésus-Christ, je vous ai donné du lait à boire, et non une nourriture solide. » (I *Cor.*, III, 1.) Ce sont eux que représentaient ceux qui précédaient le Seigneur et le louaient ; et le Seigneur, tandis que les Juifs le priaient de les reprendre, se servit en leur faveur du témoignage de ce psaume, et répondit aux Juifs : « N'avez-vous pas lu ces paroles : Vous avez tiré de la bouche des enfants, même encore à la mamelle, une louange parfaite ? » (*Matth.*, XXI, 16.) C'est avec raison qu'il n'a point dit : Vous avez tiré une louange ; mais : « Vous avez tiré une louange parfaite. » Car il y a aussi dans les Eglises des fidèles qui déjà ne se nourrissent plus de lait, mais d'aliments solides, et qui sont désignés par ces paroles du même Apôtre : « Nous prêchons la sagesse aux parfaits. » (I *Cor.*, II, 16.) Mais les Eglises ne sont point composées que d'eux seuls ; car, s'ils étaient seuls, Dieu n'aurait pas pourvu aux besoins du genre humain. Or, il y a pourvu, en faisant que ceux qui ne sont point encore capables de connaître les choses spirituelles et éternelles, soient nourris par la foi à l'histoire réalisée dans le temps des choses qu'après les patriarches et les prophètes, la très-excellente vertu et sagesse de Dieu a opérées pour notre salut par le mystère de l'incarnation ; car cette foi est le salut de tous les croyants. Dieu veut ainsi que chaque fidèle, frappé de respect pour sa puissance, observe les commandements ; et que purifié par ce moyen, enraciné et affermi dans la charité, il puisse, n'étant plus un enfant à la mamelle, mais un jeune homme nourri d'aliments solides, courir avec les saints, comprendre la largeur, la longueur, la hauteur et la profondeur de la charité de Jésus et entrer dans l'abîme de

---

sanctum : quo impleti discipuli, cum fiducia prædicaverunt verbum Dei, ut Ecclesiæ congregarentur.

4. Itaque dicitur : « Domine Dominus noster, quam admirabile est nomen tuum in universa terra. » (*Psal.* VIII, 2.) Quæro unde sit admirabile nomen ejus in universa terra? Respondetur : « Quoniam elevata est magnificentia tua super cœlos. » (*Ibid.*) Ut iste sit sensus, Domine, qui es Dominus noster, quam te admirantur omnes qui incolunt terram : quoniam tua magnificentia de terrena humilitate super cœlos elevata est. Hinc enim apparuit quis descenderis, cum a quibusdam visum est, et a cæteris creditum quo ascenderis?

5. « Ex ore infantium et lactentium perfecisti laudem, propter inimicos tuos. » (*Ibid.*, 3.) Non possum accipere alios infantes atque lactentes, quam eos quibus dicit Apostolus : « Tanquam parvulis in Christo lac vobis potum dedi, non cibum. » (I *Cor.*, III, 1.) Quos significabant illi qui Dominum præcedebant laudantes : in quos ipse Dominus hoc testimonio usus est, cum dicentibus Judæis ut eos corriperet, respondit : « Non legistis : Ex ore infantium et lactentium perfecisti laudem? » (*Matth.*, XXI, 16.) Bene autem non ait, fecisti ; sed, « perfecisti laudem. » Sunt enim in Ecclesiis etiam hi qui non jam lacte potantur, sed vescuntur cibo ; quos idem Apostolus significat, dicens : Sapientiam loquimur inter perfectos (I *Cor.*, II, 6) : sed non ex his solis perficiuntur Ecclesiæ ; quia si soli essent, non consuleretur generi humano. Consulitur autem cum illi quoque nondum capaces cognitionis rerum spiritualium atque æternarum, nutriuntur fide temporalis historiæ, quæ pro salute nostra post patriarchas et prophetas, ab excellentissima Dei virtute atque sapientia etiam suscepti hominis sacramenta administrata est, in qua salus est omni credenti : ut auctoritate commotus, præceptis inserviat, quibus purgatus unusquisque et in caritate radicatus atque fundatus possit currere cum sanctis, non jam parvulus in lacte, sed juvenis in cibo, comprehendere latitudinem, longitudinem,

cette science qui surpasse toute connaissance. (*Ephés.*, III, 18.)

6. « Vous avez tiré de la bouche des enfants, même encore à la mamelle, une louange parfaite, afin de confondre vos ennemis. » (*Ps.* VIII, 3.) Nous devons regarder comme ennemis de l'ordre de choses établi par Jésus, et par Jésus crucifié, tous ceux en général qui défendent de croire aux choses inconnues et qui promettent une science certaine, comme font tous les hérétiques et ceux qui, appartenant à la superstition des Gentils, portent le nom de philosophes. Ce n'est pas que la promesse de la science soit blâmable; mais c'est qu'ils négligent à dessein le degré si salutaire et si nécessaire de la foi, par lequel on parvient à une certitude qui ne peut exister que dans ce qui est éternel. Par là, il est évident qu'ils ne possèdent pas cette science qu'ils promettent au mépris de la foi, puisqu'ils ne connaissent pas ce degré si utile et si nécessaire. « Vous avez donc tiré de la bouche des enfants, même encore à la mamelle, une louange parfaite. » Vous, c'est-à-dire Notre-Seigneur, qui nous donne cet avis par son prophète : « Si vous n'avez la foi, vous n'aurez pas l'intelligence, » (*Isa.*, VII, 9, *selon les Septante*) et qui nous dit lui-même : « Heureux ceux qui croiront sans avoir vu. » (*Jean*, XX, 29.) « Afin de confondre vos ennemis ; » c'est contre eux qu'il est dit aussi : « Je vous rends gloire, Seigneur du ciel et de la terre, de ce que vous avez caché ces choses aux sages et les avez révélées aux petits. » (*Matth.*, XI, 25.) Il parle des sages, non qu'ils le soient, mais parce qu'ils croient l'être. « Pour détruire l'ennemi et le défenseur. » (*Ps.* VIII, 3.) De qui parle-t-il, si ce n'est de l'hérétique? Car il est à la fois l'ennemi et le défenseur, lui qui en attaquant la foi chrétienne, semble la défendre. Cependant on peut aussi regarder les philosophes de ce monde comme des ennemis et des défenseurs ; parce que le Fils de Dieu est la vertu et la sagesse de Dieu qui éclaire tout homme véritablement sage. Or ils font profession d'aimer cette sagesse, d'où leur vient le nom de philosophes ; c'est pourquoi ils semblent la défendre, tandis qu'ils en sont les ennemis, parce qu'ils ne cessent d'enseigner de funestes superstitions, en préconisant le respect et le culte des éléments de ce monde.

7. « Parce que je contemplerai vos cieux, ouvrage de vos doigts. » (*Ibid.*, 4.) Nous lisons que la loi a été écrite par le doigt de Dieu, et donnée par Moïse, son fidèle serviteur (*Exod.*, XXXI, 18 ; *Deut.*, IX, 10) ; par ce doigt de Dieu plusieurs entendent l'Esprit saint. C'est pourquoi, si les ministres de Dieu, remplis de l'Es-

altitudinem et profundum, scire etiam supereminentem scientiam caritatis Christi. (*Ephes.*, III, 18.)

6. « Ex ore infantium et lactentium perfecisti laudem, propter inimicos tuos. » (*Ps.* VIII, 3.) Inimicos huic dispensationi quæ facta est per Jesum Christum et hunc crucifixum, generaliter accipere debemus omnes qui vetant credere incognita, et certam scientiam pollicentur : sicut faciunt hæretici universi et illi qui in superstitione gentilium Philosophi nominantur. Non quod scientiæ pollicitatio reprehendenda sit : sed quod gradum saluberrimum et necessarium fidei negligendum putant, per quem in aliquid certum, quod esse nisi æternum non potest, oportet ascendi. Hinc eos apparet nec ipsam scientiam habere, quam contempta fide pollicentur ; quia tam utilem ac necessarium gradum ejus ignorant. « Ex ore ergo infantium et lactentium perfecisti laudem, » Dominus noster, mandans primo per Prophetam : Nisi credideritis, non intelligetis (*Isai.*, VII, 9, *sec.* LXX) : et ipse per se dicens : « Beati qui non viderunt, et credituri sunt. » (*Joan.*, XX, 29.)

« Propter inimicos : » contra quos etiam illud dicitur : Confitor tibi Domine cœli et terræ, quia abscondisti hæc a sapientibus, et revelasti ea parvulis. (*Matth.*, XI, 25.) A sapientibus enim dixit, non qui sapientes sunt, sed qui esse se putant. « Ut destruas inimicum et (*a*) defensorem. » Quem, nisi hæreticum ? Nam et ipse est inimicus et defensor, qui fidem Christianam cum oppugnet, videtur defendere. Quanquam etiam Philosophi hujus mundi bene intelligantur inimici et defensores : quandoquidem Filius Dei Virtus et Sapientia Dei est, qua illustratur omnis quisquis veritate sapiens efficitur. Hujus illi se amatores esse profitentur, unde etiam Philosophi nominantur : et propterea illam videntur defendere ; cum inimici sint ejus, quoniam superstitiones noxias, ut colantur et venerentur hujus mundi elementa, suadere non cessant.

7. « Quoniam videbo cœlos (*b*) tuos, opera digitorum tuorum. » (*Ps.* VIII, 7.) Legimus digito Dei scriptam Legem, et datam per Moysen sanctum servum ejus (*Exod.*, XXXI, 18 ; *Deut.*, IX, 10) : quem di-

---

(*a*) Hanc partem vers. 3, tractat item Augustinus in Enarratione Psal. CII, ubique pro *et defensorem*, dicit nonnullis in codicibus verius haberi *et ultorem*. — (*b*) Undecim Mss. omittunt *tuos* : quæ quidem particula a LXX interpretatione aberrat, sed post ex Theodotionis editione fuit addita sub asterisco, sicuti docet Hieronymus *in Epist.* CXXXV, ad Suniam.

prit saint, sont regardés à bon droit comme les doigts de Dieu, en raison de ce même Esprit qui opère en eux ; comme toute divine Ecriture a été faite pour nous par leur ministère, nous pouvons dans ce passage entendre avec convenance par les cieux les livres des deux Testaments. En effet, les mages du roi Pharaon, vaincus par Moïse, ont dit de lui : « Celui-ci est le doigt de Dieu ; » (*Gen*., VIII, 19) et d'autre part, il est écrit : « Le ciel sera plié comme un livre. » (*Is*., XXXIV, 4 .) Sans doute, ces paroles s'appliquent à ce ciel éthéré, mais il résulte aussi de cette comparaison qu'on peut donner allégoriquement aux cieux le nom de livres. Le prophète dit donc : « Parce que je contemplerai les cieux, ouvrage de vos mains, » c'est-à-dire : je verrai et je comprendrai les Ecritures, que vous avez écrites par vos ministres sous l'action de l'Esprit saint.

8. Les cieux dont il est parlé plus haut en ces termes : « Parce que votre grandeur est élevée au-dessus des cieux, » (*Ps*. VIII, 2) peuvent être pris aussi pour ces mêmes livres. Toute cette partie du psaume présenterait donc ce sens : Parce que votre grandeur est élevée au-dessus des cieux, c'est-à-dire parce que votre grandeur l'emporte sur toute parole des Ecritures, vous avez tiré de la bouche des enfants, même encore à la mamelle, une louange parfaite, pour que ceux-là commencent par la foi des Ecritures, qui désirent arriver à connaître votre grandeur. Quant à elle, elle est au-dessus des Ecritures, parce qu'elle surpasse en excellence tout éloge emprunté aux mots et aux divers langages. Dieu a donc fait descendre les Ecritures au niveau de l'intelligence des enfants, même à la mamelle, comme le prophète le chante dans un autre psaume : « Il a abaissé les cieux, et il est descendu. » (*Ps*. XVII, 10.) Et il l'a fait à cause de ses ennemis, lesquels, étant ennemis de la croix du Christ, ne peuvent, même quand leur parole orgueilleuse exprime quelque vérité, être utiles aux petits et aux enfants à la mamelle. Ainsi est abattu celui qui est ennemi et défenseur, lequel, bien qu'il paraisse défendre la sagesse ou même le nom du Christ, essaye cependant de renverser du degré de la foi la vérité même, qu'il promet de communiquer très-promptement. Mais il prouve ainsi qu'il ne possède point la vérité ; car en attaquant son premier échelon, qui est la foi, il montre qu'il ignore comment on s'élève jusqu'à elle. Ce téméraire, cet aveugle, qui promet la vérité, et qui est à la fois ennemi et défenseur, est donc renversé à la seule vue des cieux, ouvrage de Dieu, c'est-à-dire par l'intelligence des Ecritures, qui sont mises à la portée de la faiblesse des enfants, et qui, par l'humilité de la croyance aux événements historiques accomplis

---

gitum Dei, multi intelligunt Spiritum sanctum. Quapropter si digitos Dei, eosdem ipsos ministros Spiritu sancto repletos, propter ipsum Spiritum qui in eis operatur, recte accipimus ; quoniam ex eorum nobis omnis divina Scriptura confecta est : convenienter intelligimus hoc loco cœlos dictos libros utriusque Testamenti. Dictum est autem etiam de ipso Moyse a Magis regis Pharaonis, cum ab eo superati essent : Digitus Dei est hic. (*Exod*., VIII, 19.) Et quod scriptum est : Cœlum plicabitur sicut liber (*Isai*., XXXIV, 4) : etiam si de isto æthereo cœlo dictum est, congrue tamen ex hac eadem similitudine in allegoria librorum cœli nominantur. « Quoniam videbo, inquit, cœlos, opera digitorum tuorum : » id est, cernam et intelligam Scripturas, quas operante Spiritu sancto per ministros tuos conscripsisti.

8. Possunt itaque etiam superius cœli nominati, iidem libri accipi, ubi ait : « Quoniam elevata est magnificentia tua super cœlos : » (*Psal*. VIII, 2) ut totus iste sit sensus : Quoniam magnificentia tua elevata est super cœlos ; excedit enim magnificentia tua omnium Scripturarum eloquia : ex ore infantium et lactentium perfecisti laudem, ut a fide Scripturarum inciperent, qui cupiunt ad tuæ magnificentiæ notitiam pervenire : quæ super Scripturas elevata est, quia transit et superat omnium verborum linguarumque præconia. Inclinavit ergo Scripturas Deus usque ad infantium et lactentium capacitatem, sicut in alio Psalmo canitur : Et inclinavit cœlum, et descendit (*Psal*. XVII, 10) : et hoc fecit propter inimicos, qui per superbiam loquacitatis inimici crucis Christi, etiam cum aliqua vera dicunt, parvulis tamen et lactentibus prodesse non possunt. Ita destruitur inimicus et defensor, qui sive sapientiam, sive etiam Christi nomen defendere videatur ; ab hujus tamen gradu fidei oppugnat eam veritatem, quam promptissime pollicetur. Propterea etiam illam non habere convincitur : quia oppugnando gradum ejus, quod est fides, quemadmodum in eam conscendatur, ignorat. Hinc ergo destruitur temerarius et cæcus pollicitator veritatis, qui est inimicus et defensor, cum videntur cœli opera digitorum Dei, id est, intelliguntur Scripturæ perductæ usque ad infantium tarditatem ; et eos per humilitatem historicæ fidei, quæ temporaliter gesta est, ad sublimitatem intelligentiæ

dans le temps, les élèvent jusqu'à la sublime intelligence des choses éternelles, après les avoir nourris et fortifiés par un aliment solide. Voilà quels sont les cieux, c'est-à-dire ces livres, ouvrages des doigts de Dieu. Ils sont l'œuvre de l'Esprit saint, agissant dans ses saints. Pour ceux qui se sont préoccupés de leur propre gloire plus que du salut des hommes, ils ont parlé sans l'inspiration de l'Esprit saint, en qui sont les entrailles de la miséricorde divine.

9. « Parce que je contemplerai les cieux, ouvrages de vos doigts, la lune et les étoiles que vous y avez placées. » (*Ps.* VIII, 4.) La lune et les étoiles sont placées dans les cieux, parce que l'Eglise universelle dont la lune est souvent l'image, et les Eglises particulières disséminées en tous lieux que je pense avoir été indiquées sous le nom d'étoiles, sont placées dans ces mêmes Ecritures, que nous croyons désignées par le nom de cieux. Pourquoi la lune est-elle le symbole convenable de l'Eglise, nous l'expliquerons de préférence en parlant d'un autre psaume, où il est dit : « Les pécheurs ont tendu leur arc, pour percer de leurs flèches pendant les nuits privées de la lumière de la lune, les hommes au cœur droit. » (*Ps.* x, 3.)

10. « Qu'est-ce que l'homme, pour que vous vous souveniez de lui ; ou le fils de l'homme pour que vous le visitiez ? » (*Ps.* VIII, 5.) On peut se demander quelle différence il y a entre l'homme et le fils de l'homme. Si en effet il n'y avait aucune différence, ces mots « l'homme ou le fils de l'homme » ne seraient point ainsi séparés. S'il était écrit : Qu'est-ce que l'homme, pour que vous vous souveniez de lui, et le fils de l'homme, pour que vous le visitiez, on y verrait une répétition du mot « homme ; » mais comme il est dit « l'homme » ou « le fils de l'homme, » il est évident qu'on a voulu indiquer quelque différence. Et d'abord il n'est pas douteux que tout fils de l'homme ne soit un homme, mais tout homme ne peut être dit fils de l'homme. Adam était un homme, mais il n'était point fils de l'homme. C'est de cette pensée que nous pouvons inférer et déduire quelle différence il y a dans ce passage entre l'homme et le fils de l'homme. Ceux qui portent en eux l'image de l'homme terrestre, lequel n'est pas fils de l'homme, doivent être appelés du nom d'hommes ; et ceux au contraire qui portent en eux l'image de l'homme céleste (I *Cor.*, XV, 49) doivent être plutôt appelés du nom de fils de l'homme. L'homme terrestre est en effet nommé le vieil homme, et l'autre l'homme nouveau (*Ephés.*, IV, 22 et 24) : mais le nouveau naît de l'ancien, puisque la régénération spirituelle commence par le changement d'une vie terrestre et mondaine. Dans ce passage du psaume, « l'homme » est donc l'homme terrestre, et « le fils de l'homme » l'homme céleste ; le premier est loin

---

rerum æternarum bene nutritos et roboratos erigunt in ea quæ confirmant. Isti quippe cœli, id est isti libri, opera sunt digitorum Dei. Sancto etenim Spiritu in sanctis operante, confecti sunt. Nam qui gloriam suam potius quam salutem hominum attenderunt, sine Spiritu sancto locuti sunt, in quo sunt viscera misericordiæ Dei.

9. « Quoniam videbo cœlos, opera digitorum tuorum, lunam et stellas quas tu fundasti. » (*Psal.* VIII, 4.) Luna et stellæ in cœlis sunt fundatæ : quia et universalis Ecclesia, in cujus sæpe significatione luna ponitur, et particulatim per loca singula Ecclesiæ, quas nomine stellarum insinuatas arbitror, in eisdem Scripturis collocatæ sunt, quas cœlorum vocabulo positas credimus. Cur autem luna recte significet Ecclesiam, opportunius in alio Psalmo considerabitur, ubi dictum est : « Peccatores intenderunt arcum, ut sagittent in obscura luna rectos corde. » (*Psal.* x, 3.)

10. « Quid est homo, quia memor es ejus ; aut filius hominis, quoniam tu visitas eum ? » (*Psal.* VIII, 5.) Quid inter hominem et filium hominis distet, quæri potest. Si enim nihil distaret, non ita poneretur, « homo, aut filius hominis, » per disjunctionem. Nam si ita scriptum esset : Quid est homo quia memor es ejus, et filius hominis quoniam visitas eum : repetitum videretur quod dictum est « homo. » Nunc vero cum sonat, « homo, » aut « filius hominis, » manifestior insinuatur distantia. Hoc sane retinendum est, quia omnis filius hominis homo : quamvis non omnis homo filius hominis possit intelligi. Adam quippe homo, sed non filius hominis. Quapropter hinc jam licet attendere atque discernere, quid hoc in loco inter hominem et filium hominis distet : ut qui portant imaginem terreni hominis (I *Cor.*, XV, 49), qui non est filius hominis, hominum nomine significentur ; qui autem portant imaginem cœlestis hominis, filii hominum potius appellentur : Ille enim et vetus homo dicitur, iste autem novus (*Ephes.*, IV, 22, 24) : sed novus ex vetere nascitur, quoniam spiritalis regeneratio mutatione vitæ terrenæ atque sæcularis inchoatur ; et ideo iste filius hominis nun-

de Dieu et le second se tient en sa présence ; c'est pourquoi Dieu se souvient de celui-là, parce qu'il est dans l'éloignement, tandis qu'il visite celui qui est en sa présence en l'éclairant de la lumière de son visage. Car « le salut est loin des pécheurs, » (*Ps.* CXVIII, 155) et « la lumière de votre visage est empreinte sur nous, Seigneur. » (*Ps.* IV, 7.) Cette pensée est encore exprimée dans un autre psaume où le prophète met sur le même rang les hommes et les bêtes ; non qu'il leur attribue indistinctement d'être éclairés de la même lumière intérieure, mais pour montrer l'abondance de la miséricorde de Dieu qui lui fait étendre sa bonté jusque sur les êtres les moins nobles ; et le prophète dit alors que les hommes seront sauvés avec les bêtes elles-mêmes. En effet le salut des hommes charnels est charnel, comme s'ils étaient des animaux. Séparant au contraire les fils des hommes de ceux qu'il a nommés des hommes et qu'il a mis au même rang que les animaux, il prédit qu'ils arriveront au bonheur d'une manière beaucoup plus excellente, en recevant la lumière de la vérité même et en étant comme inondés aux sources de la vie spirituelle. Car voici ses paroles : « Seigneur Dieu, vous sauverez les hommes et les bêtes selon l'abondance de votre miséricorde. Mais les fils des hommes seront dans l'espérance à l'ombre de vos ailes. Ils seront enivrés de l'abondance des biens de votre maison, et vous les désaltérerez au torrent de vos délices ; parce qu'en vous est la source de la vie, et qu'en votre lumière nous verrons la lumière. Etendez votre miséricorde sur ceux qui vous connaissent. » (*Ps.* XXXV, 7 et suiv.) Dieu se souvient donc de l'homme comme des animaux, par l'abondance de sa miséricorde ; parce que cette miséricorde infinie parvient même jusqu'à ceux qui sont les plus éloignés : mais il visite le fils de l'homme, qui s'est abrité sous la protection de ses ailes et sur lequel il étend de lui-même sa miséricorde ; auquel il donne une lumière tirée de sa propre lumière, qu'il abreuve de ses délices, et qu'il enivre de l'abondance des biens de sa maison, pour lui faire oublier les misères et les égarements de sa vie passée. Ce fils de l'homme, c'est-à-dire l'homme nouveau, est enfanté dans la douleur et dans les gémissements par la pénitence de l'homme ancien. Quoique nouveau, il est cependant encore appelé charnel, tant qu'il est nourri de lait : « Je n'ai pu encore, dit l'Apôtre, vous parler comme à des hommes spirituels, mais comme à des hommes charnels. » (I *Cor.*, III, 1.) Et pour montrer que pourtant ils étaient déjà régénérés, il ajoute : « Comme à des enfants en Jésus-Christ, je vous ai donné du lait et non une nourriture solide. » (*Ibid.*) Et quand l'un d'eux retombe dans son ancienne vie, ainsi qu'il arrive souvent, il s'entend reprocher de n'être qu'un homme : « N'êtes-vous point des hommes, dit

cupatur. Homo igitur hoc loco est terrenus, filius autem hominis cœlestis : et ille longe sejunctus a Deo, hic autem præsens Deo : et propterea illius memor est, tanquam in longinquo positi ; hunc vero visitat, quem præsens illustrat vultu suo. Longe est enim a peccatoribus salus (*Psal.* CXVIII, 155) ; et : Signatum est in nobis lumen vultus tui Domine. (*Psal.* IV, 7.) Sic in alio Psalmo homines jumentis associatos, non per præsentem interiorem illuminationem, sed per multiplicationem misericordiæ Dei, qua ejus bonitas usque ad infima intenditur, salvos fieri dicit cum ipsis jumentis ; quoniam carnalium hominum salus carnalis est, tanquam pecorum : filios autem hominum sejungens ab eis quos homines pecudibus junxit, longe sublimiori modo, ipsius veritatis illustratione, et quadam vitalis fontis inundatione, beatos fieri prædicat. Sic enim dicit : « Homines et jumenta salvos facies Domine, sicut multiplicata est misericordia tua Deus. Filii autem hominum in protectione alarum tuarum sperabunt. Inebriabuntur ab ubertate domus tuæ, et torrente deliciarum tuarum potabis eos. Quoniam apud te est fons vitæ, et in lumine tuo videbimus lumen. Prætende misericordiam tuam scientibus te. » (*Psal.* XXXV, 7, etc.) Memor est igitur hominis per multiplicationem misericordiæ, sicut jumentorum ; quia multiplicata misericordia etiam ad longe positos pervenit : visitat vero filium hominis, cui sub protectione alarum suarum posito prætendit misericordiam, et in lumine suo lumen præbet, et eum deliciis suis potat, et inebriat ubertate domus suæ, ad obliviscendas ærumnas et errores præteritæ conversationis. Hunc filium hominis, id est, hominem novum, pœnitentia veteris parturit cum dolore et gemitu. Iste quamvis novus, tamen adhuc carnalis dicitur, cum lacte nutritur : « Non potui vobis loqui quasi spiritalibus, sed quasi carnalibus, inquit Apostolus. » (I *Cor.*, III, 1.) Et ut ostenderet jam regeneratos : « Tanquam parvulis, ait, in Christo, lac vobis potum dedi, non cibum. » (*Ibid.*) Iste cum relabitur, quod sæpe accidit, ad veterem vitam, cum exprobratione audit quod homo sit : « Nonne homines estis, in-

l'Apôtre, et ne marchez-vous point selon l'homme? » (*Ibid.* 3.)

11. Donc, le fils de l'homme a été visité d'abord en la personne de l'homme de Dieu, né de la Vierge Marie. Et à cause de l'infirmité de notre chair dont la Sagesse de Dieu a daigné se revêtir, et à cause de l'humiliation de sa passion, le prophète a dit avec raison de cet homme de Dieu : « Vous l'avez abaissé un peu au-dessous des anges. » (*Ps.* VIII, 6.) Mais le prophète célèbre aussi la gloire qu'il s'est acquise après sa résurrection par son ascension dans le ciel : « Vous l'avez couronné, dit-il, de gloire et d'honneur, et vous l'avez élevé au-dessus des ouvrages de vos mains. » (*Ibid.* 7.) Comme les anges sont les ouvrages des mains de Dieu, nous voyons ainsi élevé au-dessus des anges mêmes le Fils unique de Dieu, que nous savons et croyons avoir été abaissé au-dessous d'eux par l'humiliation de sa naissance selon la chair et de sa passion.

12. « Vous avez mis toutes choses sous ses pieds. » (*Ibid.* 8.) Le prophète n'excepte rien, car il dit : « toutes choses. » Et l'on ne pourrait comprendre autrement ces paroles, car l'Apôtre les confirme en disant : « Excepté celui qui lui a soumis toutes choses. » (I *Cor.*, XV, 27.) Il invoque devant les Hébreux (*Hebr.*, XII, 8) le témoignage de ce psaume, lorsqu'il veut prouver que toutes choses ont été soumises à Notre-Seigneur Jésus-Christ de telle sorte que rien n'ait été excepté. Aussi le prophète semble ne pas ajouter beaucoup à sa pensée, quand il dit ensuite : « Toutes les brebis et tous les bœufs, et en outre tous les animaux des champs ; les oiseaux du ciel et les poissons de la mer qui en parcourent les routes en tous sens. » (*Ps.* VIII, 9.) Il paraît en effet laisser de côté les Vertus, les Puissances et tous les rangs de la milice céleste, et les hommes eux-mêmes, et ne soumettre au Christ que les animaux ; à moins toutefois que par les brebis et par les bœufs, nous n'entendions les âmes saintes, qui donnent des fruits d'innocence, et même qui font fructifier la terre, c'est-à-dire qui font que les hommes terrestres se régénèrent et participent à l'abondance des biens spirituels. Par ces âmes saintes il faut toutefois comprendre non-seulement les hommes, mais encore les anges, si nous voulons en inférer que toutes choses sont soumises à Notre-Seigneur Jésus-Christ. Nulle créature ne saurait en effet manquer de lui être soumise, si les premières de toutes, pour parler ainsi, les esprits angéliques, lui sont assujetties. Mais comment prouver qu'on peut comprendre par le nom de brebis ces créatures admises à un bonheur aussi excellent, et non-seulement les hommes, mais encore les esprits angéliques ?

---

quit, et secundum hominem ambulatis? » (*Ibid.*, 3.)

11. Filius igitur hominis (a) primo visitatus est in ipso homine (I *Retract.*, XIX) Dominico, nato ex Maria virgine. De quo propter ipsam infirmitatem carnis, quam Sapientia Dei gestare dignata est, et passionis humilitatem recte dicitur : « Minuisti eum paulo minus ab angelis. » (*Psal.* VIII, 6.) Sed additur illa clarificatio, qua resurgens ascendit in cœlum : « Gloria, inquit, et honore coronasti eum ; et constituisti eum super opera manuum tuarum. » (*Ibid.*, 7.) Quandoquidem et angeli sunt opera manuum Dei, etiam super angelos constitutum accipimus unigenitum Filium : quem minutum paulo minus ab angelis per humilitatem carnalis generationis atque passionis audimus, et credimus.

12. « Omnia, inquit, subjecisti sub pedibus ejus. » (*Ibid.*, 8.) Nihil excipit, cum dicit : « Omnia. » Et ne aliter liceret intelligi, sic Apostolus credi jubet, cum dicit : « Excepto eo qui ei subjecit omnia. » (I *Cor.*, XV, 27.) Et hoc ipso hujus Psalmi testimonio utitur ad Hebræos, cum ita vult omnia intelligi esse subjecta Domino nostro Jesu Christo, ut nihil exceptum sit. (*Hebr.*, II, 8.) Nec tamen quasi aliquid magnum videtur adjungere, cum dicit : « Oves et boves universas, insuper et pecora campi ; volucres cœli, et pisces maris, qui perambulant semitas maris. » (*Psal.* VIII, 9.) Videtur enim relictis cœlestibus virtutibus et potestatibus et omnibus exercitibus angelorum, relictis etiam ipsis hominibus, tantum ei pecora subjecisse : nisi oves et boves intelligamus animas sanctas, vel innocentiæ fructum dantes, vel etiam operantes ut terra fructificet, id est, ut terreni homines ad spiritalem ubertatem regenerentur. Has ergo animas sanctas, non hominum tantum, sed etiam omnium angelorum oportet accipere, si volumus hinc intelligere omnia esse subjecta Domino nostro Jesu Christo. Nulla enim creatura subjecta non erit, cui primates, ut ita dicam, spiritus subjiciuntur. Sed unde probabimus oves posse accipi etiam sublimiter beatos, non homines, sed angelicæ creaturæ spiritus? An ex eo quod Dominus dicit reliquisse se nonaginta novem oves in montibus, id est

---

(a) Ita in Mss. At in editis *primus*.

Ne sera-ce point par cette parole du Seigneur, qui dit avoir laissé quatre-vingt-dix-neuf brebis sur les montagnes, c'est-à-dire sur les lieux les plus élevés, et être descendu pour une seule? (*Luc*, xv, 4.) En effet, si nous voyons cette brebis déchue dans l'âme humaine, c'est-à-dire en Adam, puisque Eve elle-même (*Gen.*, ii, 22) a été formée de son côté (et ce n'est point ici le temps de traiter et d'expliquer spirituellement toutes ces choses), il en résulte que les quatre-vingt-dix-neuf autres laissées sur les montagnes ne sont point des âmes humaines mais des esprits angéliques. Quant au terme de bœufs il est facile d'en donner l'interprétation conformément à notre dessein. Car les hommes ne reçoivent ce nom que parce qu'à l'imitation des anges, ils annoncent la parole de Dieu, selon ce texte : « Vous ne lierez pas la bouche du bœuf qui foule le grain dans l'aire. » (*Deut.*, xxv, 4.) A plus forte raison donnerons-nous ce nom aux anges, qui sont les messagers de la vérité, puisque les Evangélistes ne l'ont reçu que par participation à celui des anges. (I *Cor.*, ix, 9 et I *Tim.*, v, 18.) Ces paroles : « Vous lui avez soumis toutes les brebis et tous les bœufs » distinguent donc toute sainte créature spirituelle ; et dans ce nombre nous comprenons les saints qui vivent dans l'Eglise ou dans les pressoirs, et que nous avons vus également figurés par la lune et par les étoiles.

13. « Et en outre tous les animaux des champs. » (*Ps.* viii, 8.) Ce mot « en outre » n'est point inutile. D'abord par animaux des champs, on pourrait entendre les brebis et les bœufs ; car si les chèvres habitent les rochers et les lieux escarpés, les brebis habitent les champs. Si donc le prophète avait dit : les brebis, les bœufs et les animaux des champs, on se serait demandé avec raison ce que signifiaient les animaux des champs, puisque les brebis et les bœufs pouvaient être de ce nombre. Mais comme le prophète a ajouté : « Et en outre, » il nous force à reconnaître entre eux je ne sais quelle différence. D'ailleurs ce mot « et en outre » s'applique non-seulement aux animaux des champs, mais aussi aux oiseaux du ciel, et aux poissons de la mer qui en parcourent les routes en tous sens. Quelle est donc cette différence ? Rappelons-nous les pressoirs qui contiennent le marc de raisin et le vin, l'aire qui renferme la paille et le grain (*Marc*, iii, 12) ; les filets dans lesquels sont enfermés des poissons bons ou mauvais (*Matth.*, xiii, 47) ; l'arche de Noé, où étaient des animaux purs et des animaux impurs (*Gen.*, vii, 8) ; et nous verrons que les Eglises, jusqu'au jour du jugement, renfermeront non-seulement des brebis et des bœufs, c'est-à-dire de saints laïques et de saints prêtres, mais « en outre des animaux des champs, des oiseaux du ciel, et des

---

in sublimioribus locis, et descendisse propter unam? (*Luc.*, xv, 4.) Si enim unam ovem lapsam humanam animam accipiamus in Adam, quia etiam Eva de illius latere facta est (*Gen.*, ii, 22), quorum omnium spiritaliter tractandorum et considerandorum nunc tempus non est, restat ut nonaginta novem relictæ in montibus, non humani, sed angelici spiritus intelligantur. Nam de bobus facilis expeditio est hujus sententiæ : quoniam ipsi homines non ob aliud boves dicti sunt, nisi quod evangelizando verbum Dei angelos imitantur, ubi dictum est : « Bovi trituranti os non infrenabis. » (*Deut.*, xxv, 4 ; I *Cor.*, ix, 9.) Quanto igitur facilius ipsos angelos nuntios veritatis, boves accipimus ; quando Evangelistæ participatione nominis eorum, boves vocati sunt? (I *Tim.*, v, 18.) « Subjecisti ergo, inquit, oves et boves universas, » id est, omnem sanctam spiritalem creaturam : in qua etiam (*a*) sanctorum hominum accipimus, qui sunt in Ecclesia, in illis videlicet torcularibus, quæ sub alia similitudine lunæ ac stellarum insinuata sunt.

13. « Insuper, ait, et pecora campi. » (*Psal.* viii, 8.) Nullo modo vacat, quod additum est, « insuper. » Primo, quia pecora campi possunt intelligi et oves et boves : ut si rupium et arduorum locorum pecora capræ sunt, bene intelligantur oves pecora campi. Itaque etiamsi ita positum esset : Oves et boves universas et pecora campi : recte quæreretur quid sibi vellent pecora campi, cum etiam oves et boves hoc possint intelligi. Quod vero additum est etiam, « insuper, » cogit omnino et nescio quam differentiam cognoscendam. Sed sub hoc quod positum est, « insuper, » non solum pecora campi, sed etiam volucres cœli, et pisces maris, qui perambulant semitas maris, accipiendi sunt. Quæ est igitur ista distantia? Veniant in mentem torcularia, habentia vinacia et vinum (*Marc.*, iii, 12) ; et area, continens paleas et frumentum ; et retia, quibus inclusi sunt pisces boni et mali (*Matth.*, xiii, 47) ; et arca Noe, in qua et immunda et munda erant animalia (*Gen.*, vii, 8) : et videbis Ecclesias interim hoc tempore usque ad ultimum judicii tempus, non solum oves et boves conti-

(*a*) Editi *sanctos homines*. Mss. *sanctorum hominum*.

poissons de la mer, qui en parcourent les routes en tous sens. » En effet, on peut convenablement interpréter les animaux des champs par les hommes qui cherchent leurs délices dans les voluptés de la chair, dans lesquelles ils ne trouvent à gravir aucun endroit escarpé, aucun chemin pénible. Les champs sont la voie large qui conduit à la mort (*Matth.*, vii, 13); et c'est dans les champs qu'Abel est tué. (*Gen.*, iv, 8.) Aussi est-il à craindre pour l'homme qui descend des montagnes de la justice de Dieu, « car votre justice, dit le prophète, est semblable aux montagnes de Dieu, » (*Ps.* xxxv, 7) qu'il ne choisisse les voies larges et faciles de la volupté charnelle et que là il ne tombe sous les coups du démon. Voyez maintenant dans les oiseaux du ciel les orgueilleux dont il est dit : « Ils ont élevé leur bouche jusqu'au ciel. » (*Ps.* lxxii, 9.) Voyez comme ils sont portés haut par le vent de l'orgueil, lorsqu'ils disent : « Nous acquerrons de la gloire par nos discours; nos lèvres nous appartiennent. Qui est notre maître? » (*Ps.* xi, 5.) Regardez aussi les poissons de la mer, c'est-à-dire ceux que dévore la curiosité : ils parcourent en tous sens les routes de la mer, c'est-à-dire qu'ils cherchent des biens temporels dans les abîmes de ce monde; mais ces biens s'évanouissent et disparaissent avec la même rapidité qu'une route tracée sur la mer, que l'eau efface à l'instant même où elle a livré passage aux navires ou à ceux qui la parcourent à la nage. Le prophète n'a pas dit seulement : Qui suivent les routes de la mer, mais : « Qui parcourent en tous sens, » pour montrer les soins opiniâtres qu'exigent ces choses vaines et passagères. Or, ces trois sortes de vices, l'amour des voluptés charnelles, l'orgueil et la curiosité, renferment en eux tous les péchés. Et il me semble que l'Apôtre saint Jean les énumère, quand il dit : « Gardez-vous d'aimer le monde, parce qu'il n'y a dans le monde que concupiscence de la chair, concupiscence des yeux et ambition terrestre. » (I *Jean*, ii, 15.) En effet, c'est par les yeux surtout que la curiosité se satisfait; quant au reste, on sait à quoi il se rapporte. Les tentations qu'a souffertes l'homme de Dieu sont aussi au nombre de trois. Il a été tenté par la nourriture, c'est-à-dire par la concupiscence de la chair, selon cette suggestion : « Dites à ces pierres de devenir des pains. » (*Matth.*, iv, 3.) Il a été tenté par la vaine gloire, lorsque le démon l'ayant transporté sur une montagne, lui fit voir tous les royaumes de cette terre et les lui promit, s'il l'adorait. Il a été tenté par la curiosité, lorsque le démon l'a engagé à se précipiter du faîte du temple, afin de voir si les anges le soutiendraient. Aussi, l'ennemi n'ayant pu prévaloir sur lui par aucun de ces moyens, il est dit

---

nere, id est sanctos laicos et sanctos ministros, sed « insuper et pecora campi, volucres cœli et pisces maris, qui perambulant semitas maris. » Pecora enim campi, congruentissime accipiuntur homines in carnis voluptate gaudentes; ubi nihil arduum, nihil laboriosum ascendunt. Campus est enim etiam lata via, quæ ducit ad interitum (*Matth.*, vii, 13) : et in campo Abel occiditur. (*Gen.*, iv, 8.) Quare metuendum est, ne quisque descendens a montibus justitiæ Dei : « Justitia enim, inquit, tua velut montes Dei : » (*Psal.* xxxv, 7) latitudines et facilitates voluptatis carnalis eligens, a diabolo trucidetur. Vide nunc etiam volucres cœli, superbos, de quibus dicitur : « Posuerunt in cœlum os suum. » (*Psal.* lxxii, 9.) Vide quam in altum vento portentur, qui dicunt : « Linguam nostram magnificabimus, labia nostra (a) apud nos sunt, quis noster Dominus est? » (*Psal.* xi, 5.) Intuere etiam pisces maris, hoc est, curiosos; qui perambulant semitas maris, id est, inquirunt in profundo hujus sæculi temporalia : quæ tanquam semitæ in mari tam cito evanescunt et intereunt, quam rursus aqua confunditur, postquam transeuntibus locum dederit vel navibus vel quibuscumque ambulantibus aut natantibus. Non enim ait tantum, ambulant semitas maris; sed, « perambulant » dixit : ostendens pertinacissimum studium inania et præterfluentia requirentium. Hæc autem tria genera vitiorum, id est voluptas carnis, et superbia, et curiositas, omnia peccata concludunt. Quæ mihi videntur a Joanne apostolo enumerata, cum dicit : « Nolite diligere mundum, quoniam omnia quæ in mundo sunt, concupiscentia carnis est, et concupiscentia oculorum, et ambitio sæculi. » (I *Joan.*, ii, 15, etc.) Per oculos enim maxime curiositas prævalet. Reliqua vero quo pertineant, manifestum est. Et illa Dominici (I *Retract.*, xix) hominis tentatio tripertita est : per cibum, id est, per concupiscentiam carnis; ubi suggeritur : « Dic lapidibus istis ut panes fiant : » (*Matth.*, iv, 3) per inanem jactantiam, ubi in monte constituto, ostenduntur omnia regna hujus terræ, et promittuntur si adoraverit : per curiositatem, ubi de pinna templi admonetur ut se deorsum mittat,

(a) Editi *nobis cum*. At Mss. *apud nos.*

de ce combat : « Après que le démon eut épuisé toute tentation. » (*Luc*, IV, 13.) C'est pourquoi, en raison de la signification des pressoirs, le Christ a sous les pieds non-seulement le vin, mais encore le marc du raisin ; non-seulement les brebis et les bœufs, c'est-à-dire les âmes saintes des fidèles, soit du peuple soit des ministres de Dieu, mais en outre les animaux de la volupté, les oiseaux de l'orgueil, et les poissons de la curiosité : tous genres de pécheurs que nous voyons maintenant mêlés dans les Eglises aux hommes vertueux et aux saints. Qu'il agisse donc dans ses Eglises et qu'il sépare le vin du marc ; pour nous, appliquons-nous à être le vin, les brebis, les bœufs, et non le marc du raisin, les animaux des champs, les oiseaux du ciel, ou les poissons de la mer qui en parcourent les routes en tous sens. Ce n'est pas que ces mots ne puissent être interprétés que de cette seule manière, mais il faut les expliquer selon l'endroit où ils se trouvent employés ; car ailleurs ils signifient autre chose. Dans l'explication de toute allégorie, il faut suivre cette règle, d'examiner chaque terme employé allégoriquement selon le sens du passage dont on s'occupe. Telle a été la pratique de Notre-Seigneur et des Apôtres. Répétons donc le dernier verset du psaume qui en est aussi le premier, et louons Dieu en disant : « Seigneur, notre souverain maître, que votre nom est admirable dans toute la terre ! » Il convient, en effet, à la fin du discours de revenir aux premières paroles, auxquelles se rapporte le discours entier.

DISCOURS SUR LE PSAUME IXe.

1. Ce psaume est intitulé : « Pour la fin, pour les secrets du fils, psaume de David pour lui-même. » (*Ps.* IX, 1.) On peut se demander le sens de ces mots, « pour les secrets du fils ; » mais, parce que le prophète n'indique pas de qui est ce fils, il faut entendre le fils unique de Dieu même. Car le psaume dans lequel David parlait de son fils a eu pour titre : « Tandis qu'il fuyait devant Abessalon, son fils ; » (*Ps.* III, 1) et, quoique celui-ci fût nommé et qu'il n'y eût aucun doute possible, il ne s'est pas contenté de mettre « devant Abessalon, » mais il a ajouté « son fils. » Mais ici le mot « son » n'existe pas, et d'ailleurs il est beaucoup parlé des nations dans le cours du psaume ; il ne peut donc être question d'Abessalon. Car la guerre que ce fils malheureux soutint contre son père n'eut point rapport aux nations, puisqu'elle divisa seulement le peuple juif contre lui-même. (II *Rois*, 15.) Ce psaume est donc chanté pour les secrets du Fils unique de Dieu. Car le Seigneur lui-même, lorsqu'il dit le Fils sans y rien ajouter, entend

tentandi gratia utrum ab angelis suscipiatur. Itaque postea quam nullo istorum tentamento valere apud eum potuit inimicus, hoc de illo dicitur : Postquam complevit omnem tentationem diabolus. (*Luc.*, IV, 13.) Propter torculariorum itaque significationem, subjecta sunt pedibus ejus non solum vina, sed etiam vinacia : non solum scilicet oves et boves, id est, sanctæ animæ fidelium, vel in plebe, vel in ministris ; sed insuper et pecora voluptatis, et volucres superbiæ, et pisces curiositatis. Quæ omnia genera peccatorum nunc bonis et sanctis mixta esse in Ecclesiis videmus. Operetur igitur in Ecclesiis suis, et a vinaciis vinum separet : nos demus operam, ut vinum simus et oves aut boves ; non vinacia, aut pecora campi, aut volucres cœli, aut pisces maris qui perambulant semitas maris. Non quia ista nomina isto solo modo intelligi, et explicari possunt, sed pro locis. Namque alibi aliud significant. Et hæc regula in omni allegoria retinenda est, ut pro sententia præsentis loci consideretur quod per similitudinem dicitur : hæc est enim Dominica et Apostolica disciplina. Repetamus ergo ultimum versum, qui etiam in principio Psalmi ponitur, et laudemus Deum dicentes : « Domine Dominus noster, quam admirabile est nomen tuum in universa terra. » Decenter quippe post textum sermonis ad caput reditur, quo totus idem sermo referendus est.

IN PSALMUM IX ENARRATIO.

1. Psalmi hujus inscriptio est : « In finem pro occultis Filii, Psalmus ipsi David. » (*Psal.* IX, 1.) De occultis Filii quæri potest : sed quia non addidit cujus, ipsum unigenitum Dei Filium oportet intelligi. Ubi enim de filio David Psalmus inscriptus est : Cum fugeret, inquit, a facie Abessalon filii sui (*Psal.* III, 1) ; cum et nomen ejus dictum esset, et ob hoc latere non posset de quo diceretur : non tamen dictum est tantum, a facie Abessalon filii ; sed additum est, sui. Hic vero, et quod non additum est, sui, et quod de Gentibus multa dicit ; non potest recte accipi Abessalon. Neque enim bellum quod cum patre ille perditus gessit, ullo modo ad Gentes pertinet, cum populus tantum Israel adversus se ibi divisus sit. (II *Reg.*, XV.) Canitur itaque iste Psalmus pro occultis

parler de lui, Fils unique du Père ; par exemple dans ce passage : « Si le Fils vous délivre, vous serez vraiment libres. » (*Jean*, VIII, 36.) Il ne dit pas le Fils de Dieu, mais par ces seules paroles « le Fils, » il donne à entendre de qui il est le Fils. Cette manière de parler ne convient qu'à la souveraine grandeur de celui que nous désignons ainsi ; de sorte que, sans le nommer, on comprend de qui nous parlons. C'est ainsi que nous disons : il pleut, il fait beau, il tonne, et autant de choses semblables ; nous n'ajoutons point par qui cela se fait, parce que la souveraine grandeur de celui qui en est l'auteur se présente d'elle-même à l'esprit de tous et n'a pas besoin d'être exprimée par des mots. Quels sont donc les secrets du Fils ? Cette parole nous donne d'abord à entendre que certaines choses du Fils nous sont connues, desquelles il faut distinguer celles que nous nommons ses secrets. C'est pourquoi, puisque nous croyons à deux avénements du Seigneur, l'un déjà accompli, que les Juifs n'ont point compris, l'autre encore à venir et que tous nous espérons; et comme cet avénement que les Juifs n'ont point compris a été profitable aux nations; on peut, sans inconvénient, rapporter « aux secrets du Fils » l'avénement au sujet duquel une partie d'Israël a été frappée d'aveuglement, afin que la multitude des nations entrât dans l'Eglise. (*Rom.*, II, 25.) Les Ecritures mentionnent aussi deux jugements, si l'on y réfléchit, l'un secret, et l'autre manifeste. Le jugement secret s'exerce actuellement, et l'apôtre saint Pierre en parle de la sorte : « Voici le temps où le Seigneur commencera son jugement par sa propre maison. » (I *Pier.*, IV, 17.) Le jugement secret est donc une peine qui éprouve un homme pour le purifier; ou qui l'avertit, afin qu'il se convertisse ; ou, s'il a méprisé l'appel et la loi de Dieu, qui le frappe d'aveuglement, pour sa condamnation. Le jugement manifeste, est celui que rendra le Seigneur, lorsqu'il viendra juger les vivants et les morts, tous confessant alors que lui seul est le juge souverain qui distribuera aux bons leur récompense et aux méchants leur punition. Mais cet aveu ne servira point de remède aux peines des méchants ; au contraire, elle mettra le comble à leur damnation. Selon moi, le Seigneur a parlé de ces deux jugements, l'un secret, l'autre manifeste, quand il a dit : « Celui qui croit en moi, est passé de la mort à la vie, et il ne viendra point en jugement; » (*Jean*, V, 24) c'est-à-dire en jugement manifeste. Car la souffrance par laquelle il passe de la mort à la vie, Dieu châtiant ainsi tout fils qu'il reçoit, est un jugement caché. « Mais celui qui ne croit point en moi, dit-il encore, est déjà jugé ; » (*Jean*, III, 18) c'est-à-dire que par ce jugement secret il est déjà tout prêt pour le jugement manifeste. Ces deux jugements sont indi-

---

unigeniti Filii Dei. Nam et ipse Dominus cum sine additamento ponit Filium, seipsum unigenitum vult intelligi, ubi ait : « Si vos Filius liberaverit, tunc vere liberi eritis. » (*Joan.*, VIII, 36.) Non enim dixit : Filius Dei; sed tantum dicendo, Filius, dat intelligi cujus sit filius. Quam locutionem non recipit nisi excellentia ejus de quo ita loquimur, ut etiamsi non eum nominemus, possit intelligi. Ita enim dicimus : Pluit, serenat, tonat, et si qua sunt talia; nec addimus quis id faciat : quia omnium mentibus sponte sese offert excellentia facientis, nec verba desiderat. Quæ sunt igitur occulta Filii? In quo verbo primum intelligendum est esse aliqua Filii manifesta, a quibus distinguuntur hæc quæ appellantur occulta. Quamobrem quoniam duos adventus Domini credimus, unum præteritum, quem Judæi non intellexerunt; alterum futurum, quem utrique speramus; et quoniam iste quem Judæi non intellexerunt, Gentibus profuit : non inconvenienter accipitur de hoc adventu dici, « pro occultis Filii, » ubi cæcitas ex parte Israel facta est, ut plenitudo Gentium intraret. (*Rom.*, XI, 25.) Duo etiam judicia insinuantur per Scripturas, si quis advertat, unum occultum, alterum manifestum. Occultum nunc agitur, de quo apostolus Petrus dicit : « Tempus est ut judicium incipiat a domo Domini. » (I *Pet.*, IV, 17.) Occultum itaque judicium est pœna, qua nunc unusquisque hominum aut exercetur ad purgationem, aut admonetur ad conversionem, aut si contempserit vocationem et disciplinam Dei, excæcatur ad damnationem. Judicium autem manifestum est, quo venturus Dominus judicabit vivos et mortuos, omnibus fatentibus eum esse a quo et bonis præmia, et malis supplicia tribuentur. Sed tunc illa confessio, non ad remedium malorum, sed ad cumulum damnationis valebit. De his duobus judiciis uno occulto, alio manifesto, videtur mihi Dominus dixisse, ubi ait : Qui in me credit, transiit de morte ad vitam, nec in judicium veniet; in judicium scilicet manifestum. (*Joan.*, V, 24.) Nam hoc quod transit de morte ad vitam per nonnullam afflictionem, qua flagellat omnem filium quem recipit ; judicium occultum est. « Qui autem non credit, inquit, jam

qués aussi au livre de la Sagesse, où il est écrit : « C'est pourquoi vous les avez jugés comme des enfants insensés par forme de menaces ; mais ceux que ce jugement n'a point corrigés ont éprouvé un jugement digne de Dieu. » (*Sag.*, XII, 25 et 26.) Ceux-là donc que n'aura pas corrigés le secret jugement de Dieu, seront punis, comme ils le méritent, par le jugement manifeste. En conséquence, nous avons à examiner dans ce psaume les secrets du Fils, c'est-à-dire son humble avénement que l'aveuglement des Juifs a rendu profitable aux Gentils, et le châtiment qui dans le temps présent frappe en secret, non encore pour condamner les pécheurs, mais pour éprouver ceux qui sont convertis, ou pour avertir ceux qui ne le sont pas, ou pour préparer à leur condamnation par un aveuglement spirituel ceux qui refusent de se convertir.

2. « Seigneur, je vous confesserai de tout mon cœur. » (*Ps.* IX, 2.) Celui-là ne confesse pas Dieu de tout son cœur, qui doute en quelque chose de sa Providence : mais celui-là le confesse qui saisit déjà les secrets de la sagesse de Dieu et le prix de ses récompenses invisibles ; qui s'écrie : « Nous nous réjouissons dans les tribulations ; » (*Rom.*, V, 3) qui voit comment les châtiments corporels servent à exercer les hommes convertis à Dieu, ou à avertir ceux qui ont besoin de conversion, ou à préparer les pécheurs endurcis à leur dernière condamnation ; et qui de la sorte comprend comment toutes choses sont soumises au gouvernement de la divine Providence, tandis que les insensés croient qu'elles arrivent par hasard, à l'aventure, et sans aucune direction de la part de Dieu. « Je raconterai toutes vos merveilles. » (*Ps.* IX, 2.) Raconter toutes les merveilles de Dieu, c'est les voir s'accomplir non-seulement d'une manière ostensible dans les corps, mais aussi dans les âmes, d'une manière cachée sans doute, mais de beaucoup plus élevée et plus excellente. Car les hommes terrestres et captifs de leurs sens admirent beaucoup plus la résurrection du corps dans Lazare (*Jean,* XI, 44), que la résurrection de l'âme dans Paul le persécuteur. » (*Act.*, IX.) Mais, comme un miracle visible appelle l'âme à la lumière céleste, tandis qu'un miracle invisible éclaire l'âme qui a déjà répondu à l'appel de la grâce, celui-là raconte toutes les merveilles de Dieu qui de la foi aux choses visibles passe à l'intelligence des choses invisibles.

3. « Je me réjouirai en vous, et je ferai éclater mon allégresse. » (*Ps.* IX, 3.) Ce ne sera plus dans les joies de ce monde que je me réjouirai, ni dans la volupté que donnent les corps, ni dans le goût du palais et de la langue, ni dans la suavité des odeurs, ni dans le plaisir des sons fugitifs, ni dans les formes et les couleurs des corps, ni dans

---

judicatus est : » (*Joan.*, III, 18) id est, isto occulto judicio jam præparatus est ad illud manifestum. Hæc duo judicia etiam in Sapientia legimus, ubi scriptum est : « Propter hoc tanquam pueris insensatis judicium in derisum dedisti, hi autem hoc judicio non correcti dignum Dei judicium experti sunt. » (*Sap.*, XII, 25, 26.) Qui ergo non corriguntur isto occulto Dei judicio, dignissime illo manifesto punientur. Quocirca in hoc Psalmo observanda sunt occulta Filii, id est, et humilis ejus adventus, quo profuit Gentibus, cum cæcitate Judæorum ; et pœna quæ nunc occulte agitur, nondum damnatione peccantium, sed aut exercitatione conversorum, aut admonitione ut convertantur, aut cæcitate ut damnationi præparentur qui converti noluerint.

2. « Confitebor tibi Domine in toto corde meo. » (*Psal.* IX, 2.) Non in toto corde confitetur Deo, qui de providentia ejus in aliquo dubitat ; sed qui jam cernit occulta sapientiæ Dei, quantum sit invisibile præmium ejus, qui dicit : Gaudemus in tribulationibus (*Rom.*, V, 3) ; et quemadmodum omnes cruciatus, qui corporaliter inferuntur, aut exercent conversos ad Deum, aut ut convertantur admoneant, aut juste damnationi ultimæ præparent obduratos ; et sic omnia ad divinæ providentiæ regimen referantur, quæ stulti quasi casu et temere et nulla divina administratione fieri putant : « Narrabo omnia mirabilia tua. » Narrat omnia mirabilia Dei, qui ea non solum in corporibus palam, sed in animis invisibiliter quidem, sed longe sublimius et excellentius fieri videt. Nam terreni homines et oculis dediti, magis mirantur resurrexisse in corpore mortuum Lazarum (*Joan.*, XI, 44), quam resurrexisse in anima persecutorem Paulum.(*Act.*, IX.) Sed quoniam visibile miraculum ad illuminationem animam vocat, invisibile autem eam quæ vocata venit illuminat ; omnia narrat mirabilia Dei, qui credens visibilibus ad intelligenda invisibilia transitum facit.

3. « Lætabor, et exsultabo in te. » (*Psal.* IX, 3.) Non jam in hoc sæculo, non in voluptate contrectationis corporum, nec in palati et linguæ saporibus, nec in suavite odorum, nec in jucunditate sonorum transeuntium, nec in formis corporum varie coloratis, nec in vanitatibus laudis humanæ, nec in conjugio et prole moritura, nec in superfluis temporalium divitiarum, nec in conquisitione hujus sæculi, sive

les vanités de la louange humaine, ni dans les douceurs du mariage et dans des enfants voués à la mort, ni dans les superfluités des richesses temporelles, ni dans les recherches de la science mondaine, soit de celle qui parcourt les espaces, soit de celle qui interroge la succession des temps; mais « je me réjouirai et ferai éclater mon allégresse en vous, Seigneur, » c'est-à-dire dans les secrets du Fils, par lequel « la lumière de votre visage est empreinte sur nous : » (*Ps.* IV, 7) car le prophète a dit : « Vous les cacherez dans le secret de votre face. » (*Ps.* XXX, 21.) Celui-là donc se réjouira en vous et fera éclater son allégresse qui racontera toutes vos merveilles. Et celui-là racontera toutes vos merveilles (car ces paroles ont un sens prophétique), qui est venu, non pour faire sa volonté, mais la volonté de celui qui l'a envoyé. (*Jean*, VI, 38.)

4. Déjà, en effet, la personne du Seigneur commence à paraître et à parler dans ce psaume. Car en voici la suite : « Je chanterai à la gloire de votre nom, ô Dieu Très-Haut, car vous avez fait retourner mon ennemi en arrière. » (*Ps.* IX, 4.) Et quand son ennemi a-t-il été repoussé en arrière? Est-ce quand il lui a dit : « Retire-toi, Satan? » (*Matth.*, IV, 10.) Alors en effet, celui qui voulait se porter en avant au moyen de la tentation, a été rejeté en arrière, n'ayant pu ni tromper celui qu'il tentait ni prévaloir en rien contre lui. C'est ainsi que les hommes terrestres sont rejetés en arrière : car l'homme céleste a été fait le premier, bien qu'il ne soit venu qu'après eux. « Le premier homme, sorti de la terre, est terrestre; le second, descendu du ciel, est céleste. » (I *Cor.*, XV, 47.) Mais celui-là appartenait aussi à cette souche primitive, qui a dit : « Celui qui vient après moi existait avant moi. » (*Jean*, I, 15.) Et l'Apôtre, oubliant tout ce qui est derrière lui, s'étend vers les choses qui sont devant lui. (*Philip.*, III, 13.) L'ennemi s'est donc rejeté en arrière, après avoir inutilement essayé de tromper l'homme céleste par ses tentations, et il s'est retourné vers les hommes terrestres, sur lesquels il lui est facile d'exercer sa domination. Nul ne peut donc le dépasser et le rejeter en arrière, qu'à la condition de dépouiller l'image de l'homme terrestre et de porter l'image de l'homme céleste. (I *Cor.*, XV, 19.) Mais, d'autre part, si par « mon ennemi, » nous préférons entendre en général le pécheur ou le gentil, rien ne s'y oppose. Et alors ces mots : « Vous avez fait retourner mon ennemi en arrière, » ne seront point pris dans le sens d'un châtiment, mais d'un bienfait, et d'un bienfait tel que rien ne puisse lui être comparé. Quoi de plus heureux, en effet, que de laisser là tout orgueil; de ne point prétendre marcher avant le Christ, comme si on était un homme sain à qui le médecin n'est point nécessaire; et de vouloir au contraire marcher à la suite du Christ qui, ap-

quæ locorum spatiis tenditur, sive quæ successione temporis volvitur : sed « lætabor et exsultabo in te, » videlicet in occultis Filii, ubi signatum est in nobis lumen vultus tui Domine. (*Psal.* IV, 7.) « Etenim : Abscondes eos, inquit, in abscondito vultus tui. » (*Psal.* XXX, 21.) Lætabitur ergo et exsultabit in te, qui narrat omnia mirabilia tua. Narrabit autem omnia mirabilia tua (siquidem nunc per prophetiam (*a*) dictum est), ille qui non venit voluntatem suam facere, sed voluntatem ejus qui eum misit. (*Joan.*, VI, 38.)

4. Jam enim incipit apparere persona Domini in hoc Psalmo loquens. Nam sequitur : « Psallam nomini tuo Altissime, in convertendo inimicum meum retrorsum. » (*Psal.* IX, 4.) Hujus ergo inimicus quando retro conversus est? An quando ei dictum est : Redi retro satanas? (*Matth.*, IV, 10.) Tunc enim qui tentando se præponere cupiebat, retro factus est, non decipiendo tentatum, et in eum nihil valendo. Retro enim sunt terreni homines : cœlestis autem homo prior factus est; quamvis post venerit. Primus enim homo de terra terrenus : secundus homo de cœlo cœlestis. (I *Cor.*, XV, 47.) Sed de ipsa stirpe veniebat, a quo dictum est : « Qui post me venit, ante me factus est. » (*Joan.*, I, 15.) Et Apostolus ea quæ retro sunt obliviscitur, et in ea quæ ante sunt, se extendit. (*Phil.*, III, 13.) Conversus est igitur inimicus retro, postquam non valuit hominem cœlestem decipere tentatum; et se ad terrenos convertit, ubi dominari potest. Quapropter nullus hominum cum præcedit, et retro eum esse facit, nisi qui deponens imaginem terreni hominis, portaverit imaginem cœlestis. (I *Cor.*, XV, 49.) Jam vero si quod dictum est, « inimicum meum, » generaliter vel peccatorem vel gentilem hominem magis velimus accipere, non erit absurdum. Nec pœna erit quod dictum est : « In convertendo inimicum meum retrorsum : » sed beneficium, et tale beneficium, ut huic comparari nihil possit. Quid enim beatius quam deponere superbiam, et non velle Christum præcedere, veluti sanus sit, cui medicus non sit necessarius; sed malle retro

(*a*) Editi *dictus est ille qui*, etc. Mss. *dictum est*.

pelant son disciple à la perfection, lui dit : « Suivez-moi? » (*Matth.*, XIX, 21.) Toutefois il vaut mieux appliquer au démon cette parole : « Vous avez fait retourner mon ennemi en arrière. » Car le démon a été également repoussé en arrière dans sa persécution contre les justes; et il leur est plus utile comme persécuteur que s'il les précédait comme guide et comme chef. Chantons donc à la gloire du nom du Très-Haut qui a repoussé l'ennemi en arrière; car mieux vaut fuir ses poursuites que de suivre sa conduite. Nous savons en effet où fuir et où nous cacher dans les secrets du Fils, « parce que le Seigneur est devenu notre refuge. » (*Ps.* LXXXIX, 1.)

5. « Ils seront affaiblis et périront de devant votre face. » (*Ps.* IX, 4.) Quels sont ceux qui seront affaiblis et qui périront, sinon les méchants et les impies? « Ils seront affaiblis, » c'est-à-dire réduits à l'impuissance; « et ils périront, » parce qu'ils cesseront d'être impies; « de devant la face de Dieu, » c'est-à-dire de la connaissance de Dieu, comme a péri celui qui a dit : « Ce n'est plus moi qui vis, c'est le Christ qui vit en moi. » (*Gal.*, II, 20.) Mais pourquoi les impies « seront-ils affaiblis et périront-ils de devant votre face? » « Parce que vous avez fait tourner à mon avantage mon jugement et ma cause; » (*Ps.* IX, 5) c'est-à-dire, parce que vous avez rendu mien le jugement qui paraissait porté contre moi, et que vous avez fait mienne la cause dans laquelle les hommes m'avaient condamné malgré ma justice et mon innocence. En effet, ce jugement et cette condamnation ont servi à notre délivrance, et le Fils les déclare siens, comme les matelots appellent leur vent celui qui est favorable à leur navigation.

6. « Vous vous êtes assis sur votre trône, vous qui jugez selon la justice. » (*Ibid.*) Peut-être est-ce le Fils qui adresse ces paroles au Père, lui qui a dit aussi : « Vous n'auriez sur moi aucun pouvoir, s'il ne vous avait été donné d'en haut; » (*Jean*, XIX, 11) et en ce sens il rapporterait à l'équité du Père et à ses propres secrets que le juge des hommes ait été jugé lui-même pour le bien de l'humanité. Peut-être est-ce l'homme qui dit à Dieu : « Vous vous êtes assis sur votre trône, vous qui jugez selon la justice; » en nommant son âme le trône de Dieu, et en regardant son corps comme la terre qui a été appelée le marchepied de Dieu (*Is.*, LXVI, 1); car Dieu était en Jésus-Christ, réconciliant le monde avec lui. (II *Cor.*, V, 19.) Peut-être enfin est-ce l'âme de l'Église, déjà parfaite, sans tache ni ride (*Éphés.*, V, 27), et digne des secrets du Fils parce que le Roi l'a introduite dans sa chambre (*Cant.*, I, 3), qui dit à son époux : « Vous vous êtes assis sur votre trône, vous qui jugez selon la justice; » parce que vous êtes res-

---

ire post Christum, qui discipulum vocans ut perficiatur, dicit : Sequere me? (*Matth.*, XIX, 21.) Sed tamen accommodatius de diabolo dictum intelligitur : « In convertendo inimicum meum retrorsum. » Diabolus quippe retrorsum conversus est etiam in persecutione justorum, et multo utilius persecutor est, quam si dux et princeps præiret. Psallendum est igitur nomini Altissimi in convertendo inimicum retrorsum : quoniam malle debemus cum persequentem fugere, quam ducentem sequi. Habemus enim quo fugiamus, et abscondamur in occultis Filii : quia Dominus factus est refugium nobis. (*Psal.* LXXXIX, 1.)

5. « Infirmabuntur, et peribunt a facie tua. » (*Psal.* IX, 4.) Qui infirmabuntur et peribunt, nisi iniqui et impii? « Infirmabuntur, » dum nihil valebunt : « et peribunt, » quia non erunt impii : « a facie » Dei, id est, a cognitione Dei, sicut periit ille qui dixit : Vivo autem jam non ego, vivit autem in me Christus. (*Gal.*, II, 20.) Sed quare « infirmabuntur, et peribunt impii a facie tua? » « Quoniam fecisti judicium meum, id est, et causam meam : » (*Psal.* IX, 5) id est judicium illud in quo judicari visus sum, meum fecisti; et causam illam in qua me justum et innocentem homines damnaverunt, meam fecisti. Hæc enim ei militaverunt ad nostram liberationem : sicut et nautæ dicunt ventum suum, quo utuntur ad bene navigandum.

6. « Sedisti super thronum qui judicas æquitatem. » (*Ibid.*, 5.) Sive Filius Patri dicat, qui etiam illud dixit : Non haberes in me potestatem, nisi tibi datum fuisset desuper (*Joan.*, XIX, 11), idipsum ad æquitatem Patris et ad occulta sua referens, quod judex hominum ad utilitatem hominum judicatus est : sive homo dicat Deo : « Sedisti super thronum qui judicas æquitatem, » animam suam thronum ejus appellans, ut corpus sit fortasse terra, quæ scabellum pedum ejus dicta est (*Is.*, LXVI, 1) : Deus enim erat in Christo mundum reconcilians sibi (II *Cor.*, V, 19) : sive (*a*) anima Ecclesiæ jam perfecta et sine macula et ruga (*Ephes.*, V, 27), digna scilicet occultis Filii, quia introduxit eam rex in cubiculum suum (*Cant.*, I, 3), dicat sponso suo : « Sedisti super

---

(*a*) Sic in Mss. At apud Lov. *sive enim Ecclesia.*

suscité des morts, que vous êtes monté au ciel et que vous êtes assis à la droite du Père. Quelle que soit celle de ces trois interprétations du verset que l'on veuille adopter, aucune d'elles ne sort des limites de la foi.

7. « Vous avez repris les nations avec rigueur, et l'impie a péri. » (*Ps.* IX, 6.) Ces paroles nous paraissent plus convenablement adressées à Notre-Seigneur que mises en sa bouche. Quel autre, en effet, a repris les nations et détruit l'impie, si ce n'est celui qui, après être monté au ciel, a envoyé l'Esprit saint, afin que les apôtres, animés de son souffle, prêchassent avec confiance la parole de Dieu et reprissent librement les péchés des hommes ? C'est par l'effet de ces réprimandes que l'impie a péri, parce que l'impie a été justifié et est devenu pieux. « Vous avez effacé leur nom pour le siècle et pour le siècle du siècle. » (*Ibid.*) Le nom des impies est effacé ; car ceux qui croient au vrai Dieu ne sont plus appelés impies. Or, leur nom est effacé « pour le siècle, » c'est-à-dire pour la durée de ce siècle passager, « et pour le siècle du siècle. » Que signifie le siècle du siècle, si ce n'est l'éternité, dont le siècle présent nous offre l'image et l'ombre, pour ainsi dire ? En effet, la révolution des temps qui se succèdent, marquée par la lune qui décroît et s'emplit tour à tour, par le soleil qui revient chaque année à la même place, par le printemps, l'été, l'automne et l'hiver qui passent pour revenir, est une sorte d'imitation de l'éternité. Mais le siècle de ce siècle passager consiste dans l'immuable éternité. Ainsi en est-il d'un vers que nous avons dans l'esprit et d'un vers que nous prononçons. Celui-là se comprend, celui-ci est entendu par l'oreille, et le premier imprime la mesure au second ; aussi le premier vit-il dans l'art qui l'a produit, tandis que le second résonne dans l'air et passe. De même le mode de ce siècle changeant est déterminé par le siècle immuable, appelé ici siècle du siècle. C'est pourquoi celui-ci subsiste dans l'art divin, c'est-à-dire dans la Sagesse et la Puissance de Dieu, tandis que le siècle passager se consume en servant aux besoins des créatures. Pourvu toutefois que ces deux termes ne soient point une simple répétition, et que le prophète, après avoir dit : « pour le siècle, » n'ait point ajouté : « et pour le siècle du siècle, » de peur qu'on ne comprît le premier mot dans le sens de ce qui passe. En effet, dans les textes grecs on lit εἰς τὸν αἰῶνα, καὶ εἰς τὸν αἰῶνα τοῦ αἰῶνος ; ce que la plupart des latins interprètent non par ces mots : pour le siècle et pour le siècle du siècle, mais : pour l'éternité et pour le siècle du siècle ; de sorte que pour le siècle du siècle aurait le même sens que pour l'éternité. Vous avez donc effacé pour l'éternité le nom des impies, puisque désormais ils ne seront plus impies. Et si dans le siècle présent ce

thronum qui judicas æquitatem, » quia resurrexisti a mortuis, et ascendisti in cœlum, et sedes ad dexteram Patris : quælibet ergo harum sententia placeat, quo iste versus referatur, regulam fidei non excedit.

7. « Increpasti gentes, et periit impius. » (*Psal.* IX, 6.) Convenientius hoc Domino Jesu Christo dici, quam ipsum dicere, accipimus. Quis enim alius increpavit gentes, et periit impius, nisi qui postea quam ascendit in cœlum, misit Spiritum sanctum, quo completi Apostoli, cum fiducia prædicarent verbum Dei, et peccata hominum libere arguerent ? Qua increpatione periit impius ; quia justificatus est impius, et factus est pius. « Nomen eorum delesti in sæculum, et in sæculum sæculi. » (*Ibid.*) Deletum est nomen impiorum. Non enim appellantur impii, qui Deo vero credunt. Deletur autem nomen eorum « in sæculum, » id est, quamdiu temporale sæculum volvitur. « Et in sæculum sæculi. » Quid est sæculum sæculi, nisi cujus effigiem et tanquam umbram habet hoc sæculum ? Vicissitudo enim temporum sibi succedentium, dum luna minuitur et rursus impletur, dum sol omni anno locum suum repetit, dum ver, vel æstas, vel autumnus, vel hyems sic transit ut redeat, æternitatis quædam imitatio est. Sed hujus sæculi sæculum est quod incommutabili æternitate consistit. Sicut versus in animo, et versus in voce : ille intelligitur, iste auditur ; et ille istum modificat : et ideo ille in arte operatur et manet, iste in aere sonat et transit. Sic hujus mutabilis sæculi modus ab illo incommutabili sæculo definitur, quod dicitur sæculum sæculi. Et ideo illud in arte Dei, hoc est, in Sapientia et Virtute permanet : hoc autem in creaturæ administratione peragitur. Si tamen non repetitio est, ut postea quam dictum est « in sæculum, » ne hoc acciperetur quod transit, subjiceretur « in sæculum sæculi. » Nam in Græcis exemplaribus sic est, εἰς τὸν αἰῶνα, καὶ εἰς τὸν αἰῶνα τοῦ αἰῶνος. Quod latini plerique interpretati sunt, non « in sæculum et in sæculum sæculi ; » sed, « in æternum, et in sæculum sæculi : » ut in eo quod dictum est « in sæculum sæculi, » illud exponeretur quod dictum est « in æternum. » Nomen ergo impiorum de-

nom ne leur est plus donné, il le sera bien moins encore dans le siècle du siècle.

8 « Les épées de l'ennemi se sont émoussées sur la fin. » (*Ibid.*, 7.) Il ne faut pas prendre le mot latin *inimici* au pluriel, mais au singulier, et il signifie de l'ennemi. Et quel est l'ennemi dont les épées se sont émoussées, si ce n'est le démon? Ces épées sont les diverses erreurs par lesquelles, comme avec des glaives, il fait périr les âmes. Pour vaincre et émousser ces épées, le Christ leur oppose le glaive dont il est dit au psaume septième : « Si vous ne vous convertissez, il brandira son glaive. » (*Ps.* VII, 13.) Et peut-être est-il lui-même la fin sur laquelle s'émoussent les épées de l'ennemi, car jusqu'à lui elles ont conservé leur force. Il agit maintenant d'une manière occulte, mais au dernier jugement, il frappera ouvertement. Ce glaive détruira les cités; car telle est la suite du texte : « Les épées de l'ennemi se sont émoussées sur la fin, et vous avez détruit les cités. » Ce sont les cités sur lesquelles règne le démon ; où des conseils de ruse et de fraude tiennent en quelque sorte lieu de gouvernement; où cette puissance a pour satellites et pour ministres chacun des membres du corps, les yeux pour la curiosité, les oreilles pour les propos lascifs et pour toute parole mauvaise, les mains pour la rapine ou pour tout autre crime honteux, et les autres membres qui secondent de cette façon le pouvoir tyrannique d'une volonté perverse. Tous les sentiments voluptueux, tous les mouvements désordonnés de l'esprit, qui provoquent dans l'homme des séditions quotidiennes, sont comme le peuple de cette cité. Il y donc une cité partout où se trouvent roi, conseil, ministres et peuple. En effet, tous ces maux n'existeraient pas dans les cités corrompues, s'ils n'existaient d'abord dans les hommes, qui sont les éléments et le principe des cités. Le Christ détruit ces cités, quand il en chasse le prince dont il est dit : « Le Prince de ce monde a été mis dehors ; » (*Jean*, XII, 31) quand ces royaumes sont ravagés par la parole de la vérité; quand les conseils perfides sont assoupis, les affections honteuses domptées, le ministère des membres et des sens réduit en captivité et leur force mise au service de la justice et des bonnes œuvres; quand enfin, selon cette parole de l'Apôtre : « Le péché ne règne point dans notre corps de mort, » (*Rom.*, VI, 12) et le reste. Alors l'âme est purifiée, et l'homme est préparé pour goûter le repos et le bonheur. « Leur mémoire, » c'est-à-dire celle des impies, « a péri, » *cum strepitu*, « avec bruit, » ou « avec le bruit. » Dans le premier sens, le prophète aurait dit : « avec bruit, » parce qu'il se fait du bruit quand l'impiété est renversée. On n'arrive point en effet à une grande paix, où règne un profond silence, sans

---

lesti in æternum, quia deinceps nunquam erunt impii. Et si in hoc sæculum non tenditur nomen eorum, multo minus in sæculum sæculi.

8. « Inimici defecerunt frameæ in finem. » (*Psal.* IX, 7.) Non pluraliter inimici, sed singulariter hujus inimici. Cujus autem inimici nisi diaboli frameæ defecerunt? Hæ autem intelliguntur diversæ opiniones erroris, quibus ille animas tanquam gladius perimit. His gladiis vincendis et ad defectum perducendis instat ille gladius, de quo in septimo Psalmo dicitur : « Nisi convertamini, gladium suum vibrabit. » (*Psal.* VII, 13.) Et forte iste est finis, in quem frameæ deficiunt inimici; quia usque ad ipsum aliquid valent. Ipse nunc operatur occulte, ultimo autem judicio palam vibrabitur. Hoc destruuntur civitates. Nam ita sequitur : « Inimici defecerunt frameæ in finem : et civitates destruxisti. » Civitates autem in quibus diabolus regnat, ubi dolosa et fraudulenta consilia tanquam curiæ locum obtinent, cui principatui quasi satellites et ministri adsunt officia quorumque membrorum, oculi ad curiositatem, aures ad lasciviam, vel si quid est aliud quod in malam partem libenter auditur, manus ad rapinam vel quodlibet aliud facinus aut flagitium, et membra cætera in hunc modum tyrannico principatui, id est, perversis consiliis militantia. Hujus civitatis quasi plebs est omnes delicatæ affectiones et turbulenti motus animi, quotidianas seditiones in homine agitantes. Ergo ubi rex, ubi curia, ubi ministri, ubi plebs invenitur, civitas est. Neque enim talia essent in malis civitatibus, nisi prius essent in singulis hominibus, qui sunt tanquam elementa et semina civitatum. Has civitates destruit, cum excluso inde principe, de quo dictum est : Princeps hujus sæculi missus est foras (*Joan.*, XII, 31), vastantur hæc regna verbo veritatis, sopiuntur maligna consilia, turpes affectiones edomantur, membrorum et sensuum ministeria captivantur, et ad justitiæ et bonorum operum militiam transferuntur : ut jam, sicut Apostolus dicit, non regnet peccatum in nostro mortali corpore (*Rom.*, VI, 12), et cætera hujus loci. Tunc pacatur anima, et ordinatur homo ad quietem et ad beatitudinem capessendam. « Periit memoria eorum cum strepitu : » impiorum scilicet. Sed « cum strepitu, » sive quia fit strepitus dictum est, cum impietas evertitur. Non enim transit ad summam pacem,

avoir d'abord combattu ses vices avec grand bruit. Dans le second sens, « avec le bruit » signifierait que la mémoire de l'impie s'éteint avec le bruit même dans lequel l'impiété s'agite tumultueusement.

9. « Et le Seigneur demeure éternellement. » (*Ps.* IX, 8.) « Pourquoi donc les nations se sont-elles soulevées avec frémissement ? Pourquoi les peuples ont-ils formé de vains complots contre le Seigneur et contre son Christ, » (*Ps.* II, 1) puisque le Seigneur demeure éternellement ? « Il a préparé son trône pour le jugement et il jugera tout l'univers avec équité. » (*Ps.* IX, 9.) Il a préparé ce trône au moment où lui-même était jugé. Par sa patience en effet il nous a donné droit au ciel, et le Dieu fait homme a été utile aux croyants. C'est là le jugement secret du Fils. Mais, comme il doit venir en outre pour juger ouvertement et manifestement les vivants et les morts, il a préparé son trône par ce jugement secret, et le jour viendra où il jugera ouvertement tout l'univers avec équité, rendant à chacun selon ses mérites, et plaçant les agneaux à sa droite et les boucs à sa gauche. (*Matth.*, XXV, 33.) « Il jugera les peuples avec justice. » C'est la même pensée que la précédente : « Il jugera tout l'univers avec équité. » Le jugement du Seigneur ne sera pas semblable à celui des hommes, qui ne voient pas le fond des cœurs, et qui laissent aller plus de coupables qu'ils n'en condamnent : il sera juste et équitable ; il reposera sur le témoignage de la conscience et sur les pensées mêmes des hommes qui les accuseront ou les défendront. (*Rom.*, II, 15.)

10. « Et le Seigneur est devenu le refuge du pauvre. » (*Ps.* IX, 10.) Que cet ennemi qui a été rejeté en arrière fasse toutes les poursuites qu'il lui plaira, en quoi pourra-t-il nuire à ceux dont le Seigneur est devenu le refuge ? Ce refuge leur sera assuré, s'ils choisissent d'être pauvres dans ce monde dont le démon est le maître, n'aimant rien des biens qui échappent à celui qui vit et qui s'y attache, ou qu'on laisse échapper à l'heure de la mort. Tel est le pauvre dont le Seigneur se fait le refuge. « Il vient à son secours au moment convenable, dans les tribulations. » Dieu appelle à la pauvreté, parce qu'il châtie tous ceux qu'il reçoit au nombre de ses fils (*Hébr.*, XII, 6) ; et le sens de ces mots : « au moment convenable, » est déterminé par le mot suivant : « dans les tribulations. » En effet, l'âme ne se convertit à Dieu, qu'autant qu'elle se sépare du monde, et, par conséquent, qu'autant que les peines et les douleurs sont mêlées à ses futilités et à ses nuisibles et pernicieuses voluptés.

11. « Que ceux-là mettent en vous leur espé-

---

ubi summum silentium est, nisi qui magno strepitu prius cum suis vitiis belligeraverit : sive « cum strepitu » dictum est, ut pereat memoria impiorum etiam ipso strepitu pereunte, in quo tumultuatur impietas.

9. « Et Dominus in æternum permanet. » (*Psal.* IX, 8.) Ut quid ergo fremuerunt gentes, et populi meditati sunt inania, adversus Dominum et adversus Christum ejus? (*Psal.* II, 1.) Nam Dominus in æternum permanet. « Paravit in judicio sedem suam, et ipse judicabit orbem terrarum in æquitate. » (*Psal.* IX, 9.) Paravit, cum judicatus est, sedem suam. Per illam enim patientiam homo cœlum acquisivit, et Deus (*a*) in homine credentibus profuit. Et hoc est occultum Filii judicium. Sed quia etiam palam manifesteque venturus est ad vivos et mortuos judicandos, paravit in occulto judicio sedem suam : « Et ipse item palam judicabit orbem terrarum in æquitate : » id est, meritis digna distribuet, agnos ad dexteram ponens, hædos ad sinistram. (*Matth.*, XXV, 33.) « Judicabit populos cum justitia. » Hoc est quod superius dictum est : Judicabit orbem terrarum in æquitate. Non quemadmodum judicant homines qui corda non vident, a quibus plerumque deteriores absolvuntur, quam condemnantur ; sed in æquitate et cum justitia Dominus judicabit, testimonium perhibente conscientia, et cogitationibus accusantibus seu defendentibus. (*Rom.*, II, 15.)

10. (*b*) « Et factus est Dominus refugium pauperi. » (*Psal.* IX, 10.) Quantumlibet persequatur inimicus ille, qui conversus est retro, quid nocebit eis quorum refugium factus est Dominus? Sed hoc fiet, si in sæculo hoc, cujus ille magistratus est, pauperes esse delegerint, nihil amando quod vel hic viventem aut amantem deserit, vel a moriente descritur. Tali enim pauperi refugium factus est Dominus : « Adjutor in opportunitatibus, in tribulatione. » Sic pauperes facit, quoniam flagellat omnem filium quem recipit. (*Hebr.*, XII, 6.) Nam quid sit « adjutor in opportunitatibus, » exposuit cum addidit « in tribulatione. » Non enim convertitur anima ad Deum, nisi dum ab hoc sæculo avertitur : nec opportunius ab hoc sæculo avertitur, nisi nugatoriis ejus et noxiis et perniciosis voluptatibus labores doloresque misceantur.

11. « Et sperent in te (*c*) qui cognoscunt nomen

(*a*) Sic Mss. Editi vero *et Deus hominibus.* — (*b*) Idem vers. 10, exponitur in Enarratione Psal. LXXXII. — (*c*) Editi : *Et sperent in te omnes.* Deest *omnes* a Mss.

rance, qui connaissent votre nom; » (*Ps.* IX, 11) quand ils auront cessé d'espérer dans les richesses et dans les autres douceurs de ce monde. Car l'âme qui cherche où fixer son espérance, au moment où elle s'arrache au monde, trouve à propos devant elle la connaissance du nom de Dieu. Le nom même de Dieu est répandu de toute part; mais connaître un nom, c'est connaître celui qui le porte. Un nom n'est pas un nom par lui-même, mais par ce qu'il signifie. Or, il a été dit : « Le Seigneur est son nom. » (*Jer.*, XXXIII, 2.) Voilà pourquoi celui qui se réjouit d'être le serviteur de Dieu connaît ce nom divin. « Que ceux-là mettent en vous leur espérance, qui connaissent votre nom. » Ce nom, Dieu l'a révélé à Moïse : « Je suis celui qui suis ; » et vous direz aux enfants d'Israël : « Celui qui est m'a envoyé vers vous. » (*Exod.*, III, 14.) « Que ceux-là mettent donc en vous leur espérance, qui connaissent votre nom. » Qu'ils ne la mettent point en ces choses que le temps emporte dans sa fuite rapide, et qui ne connaissent qu'un futur et un passé. L'avenir qui semble leur appartenir n'est pas plus tôt arrivé que déjà c'est le passé : on l'attend avec avidité, on le perd avec douleur. En Dieu, au contraire, il n'y a point de futur qui ne soit point encore ; il n'y a point de passé qui déjà ne soit plus ; il n'y a que ce qui est et c'est là l'éternité. Que ceux-là donc cessent de mettre leur espérance et leur affection dans les choses temporelles, et se tournent vers l'espérance éternelle, qui connaissent le nom de Celui qui a dit : « Je suis celui qui suis, » et de qui il est dit : « Celui qui est m'a envoyé vers vous. » « Parce que vous n'abandonnez pas ceux qui vous cherchent. » Mais ceux qui cherchent le Seigneur ne cherchent plus les choses passagères et périssables ; car « personne ne peut servir deux maîtres. » (*Matth.*, VI, 24.)

12. « Chantez au Seigneur, qui habite dans Sion. » (*Ps.* IX, 12.) Le prophète s'adresse à ceux que le Seigneur n'abandonne point, parce qu'ils le recherchent. Il habite dans Sion, qui veut dire chercher du regard, et qui est le symbole de l'Eglise présente, comme Jérusalem est le symbole de l'Eglise future, c'est-à-dire de la cité des saints admis à jouir de la vie des anges, parce que Jérusalem signifie vision de paix. En effet, la recherche par le regard précède la vision, comme l'Eglise actuelle précède la cité immortelle et éternelle qui nous est promise. Mais elle la précède par le temps et non par la dignité ; parce que le but auquel nous nous efforçons de parvenir est plus excellent que ce que nous faisons pour mériter d'y parvenir : or, nous agissons par le regard, afin d'arriver à la vision. Mais si le Seigneur n'habitait aussi dans l'Eglise présente, les recherches les plus

---

tuum : » (*Psal.* IX, 11) cum destiterint sperare in divitiis et in aliis hujus sæculi blandimentis (*a*). Quærentem quippe animam ubi figat spem, cum ab hoc mundo avellitur, opportune excipit cognitio nominis Dei. Nam nomen ipsum Dei nunc usquequaque vulgatum est : sed cognitio nominis est, cum ille cognoscitur cujus est nomen. Non enim nomen propter se nomen est, sed propter id quod significat. Dictum est autem : Dominus nomen est illi. (*Jerem.*, XXXIII, 2.) Qua propter qui se libenter Deo famulum subdit, cognovit hoc nomen. « Et sperent in te qui cognoscunt nomen tuum. » Item Dominus dicit ad Moysen : Ego sum qui sum et dices filiis Israel : Misit me qui est (*Exod.*, III, 14) : « Sperent ergo in te qui cognoscunt nomen tuum : » ne sperent in his rebus quæ temporis volubilitate præterfluunt, nihil habentes nisi erit, et fuit. Quoniam quod in illis futurum est, cum venerit, fit statim præteritum : expectatur cum cupiditate, amittitur cum dolore. In Dei autem natura non erit aliquid, quasi nondum sit ; aut fuit, quasi jam non sit : sed est tantum id quod est, et ipsa est æternitas. Desinant igitur sperare et diligere temporalia, et ad æternam spem conferant, qui cognoscunt nomen ejus qui dixit : Ego sum qui sum : et de quo dictum est : Misit me qui est. « Quoniam non dereliquisti quærentes te Domine. » Qui cum quærunt, jam transeuntia et moritura non quærunt. Nemo enim potest duobus dominis servire. (*Matth.*, VI, 24.)

12. « Psallite Domino, qui habitat in Sion : » (*Psal.* IX, 12) his dicitur, quos non derelinquit quærentes se Dominus. Ipse habitat in Sion, quod interpretatur speculatio, et gestat imaginem Ecclesiæ quæ nunc est : sicut Jerusalem gestat imaginem Ecclesiæ quæ futura est, id est, civitatis sanctorum jam angelica vita fruentium ; quia Jerusalem interpretatur visio pacis. Præcedit autem speculatio visionem, sicut ista Ecclesia præcedit eam, quæ promittitur, civitatem immortalem et æternam. Sed præcedit tempore, non dignitate : quia honorabilius est quo pervenire nitimur, quam id quod agimus, ut pervenire mereamur : agimus autem speculationem, ut

(*a*) Ita in plerisque Mss. At in editis : *Quærente quippe anima* : *pauloque post* excipit cognitionem nominis Dei.

ardentes n'aboutiraient qu'à l'erreur. Aussi est-il dit à cette Eglise : « Le temple de Dieu est saint, et ce temple c'est vous ; » (I *Cor.*, III, 17) et encore : « Le Christ habite par la foi dans vos cœurs, dans l'homme intérieur. » (*Ephés.*, III, 16.) Il nous est donc ordonné de chanter au Seigneur qui habite dans Sion, c'est-à-dire de louer, d'un commun accord, le Seigneur qui habite dans l'Eglise. « Annoncez ses merveilles parmi les nations : » ce qui a été fait, et ce qui ne cessera de se faire.

13. « Parce qu'il s'est souvenu du sang de ses serviteurs et l'a recherché. » (*Ps.* IX, 13.) C'est comme si à ce commandement : « Annoncez ses merveilles parmi les nations, » ceux qui sont envoyés pour prêcher l'Evangile répondaient : « Seigneur, qui a cru à notre parole ? » (*Is.*, LIII, 1.) « Nous sommes immolés chaque jour à cause de vous. » (*Ps.* XLIII, 22.) Et le prophète ajoute avec raison que les chrétiens qui mourront dans la persécution, en retireront un grand fruit pour leur éternité, « parce qu'il s'est souvenu du sang de ses serviteurs et qu'il l'a recherché. » Mais pourquoi le prophète a-t-il parlé de préférence « de leur sang ? » Serait-ce qu'un homme, moins clairvoyant et d'une moindre foi, faisait cette demande : comment annonceront-ils l'Evangile, lorsque les nations infidèles séviront contre eux ? Lui serait-il répondu, « qu'il s'est souvenu du sang de ses serviteurs et qu'il l'a recherché, » c'est-à-dire que viendra le jugement dernier, où la gloire des victimes et le châtiment des meurtriers éclateront à la fois ? « Il s'est souvenu : » que personne ne voie dans cette expression une supposition que Dieu puisse oublier ; mais, comme ce jugement ne doit venir que dans un temps éloigné, ces mots sont placés ici comme par accommodement avec la faible intelligence des hommes, qui s'imaginent presque que Dieu oublie, parce qu'il n'agit point aussi vite qu'ils le voudraient. C'est à eux que s'adressent les paroles suivantes : « Il n'a point oublié le cri des pauvres ; » comme si, après avoir entendu ces mots : « il s'est souvenu, » ils disaient : Il a donc oublié ; « Il n'a point oublié le cri des pauvres, » leur répond le prophète.

14. Mais je me demande quel est le cri du pauvre que Dieu n'a point oublié. Est-ce celui qu'expriment ces paroles : « Ayez pitié de moi, Seigneur ; voyez l'humiliation où m'ont réduit mes ennemis ? » (*Ps.* IX, 14.) Pourquoi ne dit-il pas : Ayez pitié de nous, Seigneur, voyez l'humiliation où nous ont réduits nos ennemis, comme si les pauvres criaient en grand nombre ? Pourquoi dit-il au contraire : « Ayez pitié de moi, Seigneur ? » N'est-ce point parce qu'un

---

perveniamus ad visionem. Sed etiam ipsam, quæ nunc est, Ecclesiam nisi Dominus inhabitaret, iret in errorem quamlibet studiosissima speculatio. Et huic Ecclesiæ dictum est : Templum enim Dei sanctum est, quod estis vos (I *Cor.*, III, 17); et : In interiore homine habitare Christum per fidem in cordibus vestris. (*Ephes.*, III, 16.) Præcipitur ergo nobis, ut psallamus Domino, qui habitat in Sion, ut concorditer Dominum Ecclesiæ inhabitatorem laudemus. « Annuntiate inter gentes mirabilia ejus. » Et factum est, et non desinet fieri.

13. « Quoniam requirens sanguinem eorum memoratus est. » (*Psal.* IX, 13.) Quasi responderetur ab his qui missi sunt evangelizare (*a*), illi præcepto quod dictum est : « Annuntiate inter gentes mirabilia ejus : » et diceretur : Domine quis credidit auditui nostro? (*Is.*, LIII, 1) et : Propter te occidimur tota die (*Psal.* XLIII, 22) : convenienter sequitur, dicens, non sine magno fructu æternitatis morituros in persecutione Christianos : « Quoniam requirens sanguinem eorum memoratus est. » Sed cur « sanguinem eorum » maluit dicere? An quasi alius imperitior et minoris fidei quæreret dicens : Quomodo annuntiabunt, cum in eos infidelitas gentium sævitura sit : huic respondetur : « Quoniam requirens sanguinem eorum memoratus est, » id est, veniet ultimum judicium, ubi et interfectorum gloria, et interficientium pœna manifesta sit? « Memoratus est » autem, nemo ita positum putet, quasi oblivio cadat in Deum : sed quia post longum tempus futurum est judicium, secundum affectum infirmorum hominum positum est, qui quasi oblitum Deum putant, quia non tam cito facit quam ipsi volunt. His dicitur etiam quod sequitur : « Non est oblitus clamorem pauperum : » id est, non ut putatis, oblitus est : quasi dicerent, postea quam audierunt : « Memoratus est : » Ergo oblitus erat : « Non est oblitus, inquit, clamorem pauperum. »

14. Sed quæro quis clamor pauperum sit, quem Deus non obliviscitur? An iste clamor est, cujus hæc verba sunt : « Miserere mei Domine, vide humilitatem meam ab inimicis meis ? » (*Psal.* IX, 14.) Quare ergo non dixit : Miserere nostri Domine, vide humilitatem nostram ab inimicis nostris, tanquam multi pauperes clament ; sed tanquam unus : « Miserere mei Domine ? » An quia unus interpellat

---

(*a*) Editi *illud præceptum.* Mss. *illi præcepto.*

seul intercède pour les saints, lequel, de riche qu'il était, s'est fait pauvre le premier en notre faveur? (II *Cor.*, VIII, 9.) Il dit en effet lui-même : « O vous qui me relevez des portes de la mort, afin que j'annonce vos louanges aux portes de la fille de Sion. » (*Ps.* IX, 15.) Car en lui est relevé non-seulement l'homme qu'il a pris et qui est la tête de l'Eglise, mais encore chacun de nous qui sommes ses autres membres; et il est relevé de toutes les convoitises mauvaises, qui sont les portes de la mort parce qu'elles conduisent à la mort. Or, si la mort consiste dans la joie de posséder une jouissance qu'on ne peut désirer sans crime, comme « la convoitise est la racine de tous les maux, » (I *Tim.*, VI, 10) elle est par là même la porte de la mort; car, dit l'Apôtre « la veuve qui vit dans les délices est déjà morte. » (I *Tim.*, V, 6.) On arrive à ces délices par la convoitise, comme par les portes de la mort. Au contraire les portes de la fille de Sion sont les efforts zélés pour le bien par lesquels on parvient à la vision de paix dans la sainte Eglise. C'est à ces portes que l'on annonce convenablement les louanges de Dieu, afin que les choses saintes ne soient pas données aux chiens, ni les perles jetées devant les pourceaux (*Matth.*, VII, 6); car les premiers aiment mieux aboyer obstinément que de chercher avec zèle, et les autres, sans aboyer ni chercher, ne se plaisent que dans la fange de leurs voluptés.

Mais quand les louanges de Dieu sont annoncées avec un saint zèle, ceux qui demandent reçoivent, ceux qui cherchent aperçoivent, et la porte est ouverte à ceux qui frappent. Ou bien peut-être les portes de la mort sont les sens du corps et les yeux, qui furent ouverts dans l'homme après qu'il eut goûté le fruit défendu (*Gen.*, III, 7), et au-dessus desquels sont élevés ceux à qui il est dit de chercher non les choses visibles mais les choses invisibles; « parce que les choses visibles sont temporelles, et les choses invisibles éternelles. » (II *Cor.*, IV, 18.) Relativement à cette interprétation, les portes de la fille de Sion sont les sacrements et les commencements de la foi, portes qui sont ouvertes à ceux qui frappent, afin qu'ils pénètrent dans les secrets du Fils; et « l'œil de l'homme n'a point vu, son oreille n'a point entendu, son cœur n'a point goûté ce que Dieu a préparé à ceux qui l'aiment. » (I *Cor.*, II, 9.) Là s'arrête le cri des pauvres, que Dieu n'a point oublié.

15. Vient ensuite cette parole : « Je me livrerai à l'allégresse dans le Sauveur que vous me donnez, » (*P.* IX, 16) c'est-à-dire : je serai comblée de joie en recevant le salut qui me viendra de Jésus-Christ Notre-Seigneur, Vertu et Sagesse de Dieu. (I *Cor.*, II, 24.) Ce sont là les paroles de l'Eglise qui est affligée ici-bas et qui déjà jouit du salut par l'espérance. Tant que le jugement du Fils reste secret, elle dit en espé-

---

pro sanctis, qui primus pauper pro nobis factus est, cum esset dives (II *Cor.*, VIII, 9); et ipse dicit : « Qui exaltas me de portis mortis, ut annuntiem universas laudes tuas in portis filiæ Sion? » (*Psal.* IX, 15.) Exaltatur enim homo in illo, non solum quem gestat, quod caput Ecclesiæ est; sed etiam quisquis nostrum est in cæteris membris; et exaltatur ab omnibus pravis cupiditatibus, quæ sunt portæ mortis, quia per illas itur in mortem. Mors autem est jam ipsa lætitia in perfruendo, cum quisque adipiscitur quod perdite concupivit. Radix est enim omnium malorum cupiditas. (I *Tim.*, VI, 10.) Et propterea porta mortis est, quia mortua est vidua quæ in deliciis vivit. (I *Tim.*, V, 6.) Ad quas delicias per cupiditates tanquam per portas mortis pervenitur. Sunt autem portæ filiæ Sion, omnia optima studia, per quæ venitur ad visionem pacis in sancta Ecclesia. In his igitur portis bene annuntiantur universæ laudes Dei, ut non detur sanctum canibus, neque projiciantur margaritæ ante porcos (*Matth.*, VII, 6) : qui malunt pertinaciter latrare, quam studiose quærere,
aut qui nec latrare nec quærere, sed in suarum voluptatum cœno volutari. Cum autem in bonis studiis laudes Dei annuntiantur; petentibus datur, et quærentibus manifestatur, et pulsantibus aperitur. An forte portæ mortis sunt corporales sensus et oculi, qui aperti sunt homini cum de ligno vetito gustasset (*Gen.*, III, 7), a quibus exaltantur, quibus dicitur ut quærant non quæ videntur, sed quæ non videntur; quia quæ videntur, temporalia sunt; quæ autem non videntur, æterna sunt (II *Cor.*, IV, 18) : et portæ sunt filiæ Sion, sacramenta et initia fidei, quæ pulsantibus aperiuntur, ut perveniatur ad occulta Filii? « Non enim oculus vidit, aut auris audivit, aut in cor hominis ascendit, quæ præparavit Deus diligentibus se. » (I *Cor.*, II, 9.) Huc usque est clamor pauperum, quem non oblitus est Dominus.

15. Deinde sequitur : » (*Psal.* IX, 16) id est, cum beatitudine continebor a salutari tuo, quod est Dominus noster Jesus Christus, Virtus et Sapientia Dei. (I *Cor.*, I, 24.) Ergo Ecclesia dicit, quæ hic affligitur, et spe salva est ;

rance : « Je me livrerai à l'allégresse dans le Sauveur que vous me donnez; » car, pour le présent, elle est sous la pression douloureuse de la violence et de l'erreur, de la part des nations infidèles. « Les nations sont plongées dans l'abîme de mort qu'elles ont creusé. » (*Ps.* IX, 16.) Remarquez de quelle manière le châtiment réservé au pécheur est tiré de ses propres œuvres, et comment ceux qui voulaient persécuter l'Église sont tombés dans l'abîme où ils voulaient la précipiter. Ils voulaient tuer les corps, et leur âme recevait la mort. « Leur pied a été pris dans le piége même qu'ils avaient tendu en secret. » (*Ibid.*) Le piége tendu en secret est une pensée perfide. Par le pied de l'âme on entend avec raison l'amour, qui, lorsqu'il est dépravé, s'appelle convoitise ou passion, et lorsqu'il est honnête, dilection ou charité. En effet, l'amour met l'âme en mouvement et la porte où il tend comme en quelque lieu. Or, le lieu pour l'âme n'est pas dans l'espace occupé par la forme du corps, mais dans la délectation où elle se réjouit d'être amenée par l'amour. La concupiscence est suivie d'un plaisir funeste, et la charité d'un plaisir fructueux. La concupiscence a donc reçu le nom de racine (I *Tim.*, VI, 10), et la racine est regardée comme le pied de l'arbre. La charité aussi est nommée de ce nom, dans le passage où Notre-Seigneur parle des semences (*Matth.*, XIII, 5) qui, déposées dans des endroits pierreux, se dessèchent sous les ardeurs du soleil, parce qu'elles ne jettent point de profondes racines. Ces semences sont l'emblème de ceux qui reçoivent avec joie la parole de vérité, mais qui cèdent aux persécutions auxquelles on ne résiste que par la charité. Et l'Apôtre dit : « Afin qu'enracinés et affermis dans la charité, vous puissiez comprendre, etc. » (*Ephés.*, III, 17.) Donc, le pied des pécheurs, c'est-à-dire l'amour, est pris dans le piége qu'ils tendent en secret. En effet, après que leurs actions perfides ont été suivies de plaisir, après que Dieu les a livrés aux désirs déréglés de leurs cœurs (*Rom.*, I, 24), ce plaisir même les enlace au point qu'ils n'ont pas la force d'en détacher leur amour et de le reporter sur des choses utiles. Car, quand ils l'essaient et qu'ils tentent, pour ainsi dire, d'arracher leur pied au piége qui le retient, ils souffrent en eux-mêmes, et vaincus par cette douleur ils n'ont pas le courage de se retirer de leurs pernicieux plaisirs. « Leur pied, » c'est-à-dire l'amour qui arrive frauduleusement à une vaine joie d'où naît la douleur, « leur pied a donc été pris dans le piége qu'eux-mêmes avaient tendu en secret, » c'est-à-dire dans leurs desseins perfides.

16. « Le Seigneur est reconnu dans ses jugements. » (*Ps.* IX, 17.) Tels sont les jugements de

---

quamdiu occultum est Filii judicium, ipsa spe dicit : « Exsultabo super salutare tuum : » quia nunc circumstrepente seu vi, seu errore gentilium atteritur. « Infixæ sunt gentes in corruptione, quam fecerunt : » Animadverte quemadmodum servetur pœna peccatori de operibus suis; et quemadmodum qui voluerunt persequi Ecclesiam, in ea corruptione sint fixi, quam se inferre arbitrabantur. Nam interficere corpora cupiebant, cum ipsi in anima morerentur. « In muscipula ista, quam occultaverunt, comprehensus est pes eorum. » Muscipula occulta, est dolosa cogitatio. Pes animæ recte intelligitur amor : qui cum pravus est, vocatur cupiditas aut libido; cum autem rectus, dilectio vel caritas. Amore enim movetur tanquam ad locum, quo tendit. Locus autem animæ non in spatio aliquo est, quod forma occupat corporis; sed in delectatione, quo se pervenisse per amorem lætatur. Delectatio autem perniciosa sequitur cupiditatem, fructuosa caritatem. Unde et radix dicta est cupiditas. (I *Tim.*, VI, 10.) Radix porro tanquam pes arboris intelligitur. Radix dicta est et caritas, ubi de seminibus Dominus loquitur (*Matth.*, III, 5), quæ in petrosis locis (*a*) exurente sole arescunt, quia non habent altam radicem. Unde significat eos, qui gaudent excipiendo verbum veritatis, sed cedunt persecutionibus, quibus sola caritate resistitur. Et Apostolus dicit : « Ut in caritate radicati et fundati possitis comprehendere. » (*Ephes.*, III, 17.) Pes ergo peccatorum, id est amor, comprehenditur in muscipula quam occultant : quia cum fraudulentam actionem consecuta fuerit delectatio, cum eos tradiderit Deus in concupiscentiam cordis eorum (*Rom.*, I, 24); jam illa delectatio alligat eos, ut inde abrumpere amorem et ad utilia conferre non audeant; quia cum conati fuerint, dolebunt animo, tanquam pedem de compede exuere cupientes : cui dolori succumbentes, a perniciosis delectationibus nolunt abscedere. « In muscipula ergo quam occultaverunt, » id est, in fraudulento consilio, « comprehensus est pes eorum, » amor scilicet qui per fraudem pervenit ad vanam lætitiam, qua comparatur dolor.

16. (*b*) « Cognoscitur Dominus judicia faciens. »

(*a*) Editi *exeunt et sole veniente arescunt*. Mss. omittunt *veniente*; sed ex iis aliqui habent *exeunt et a sole*; alii *exeunte sole*; alii *exurente sole*. — (*b*) Editi *cognoscetur*. At Mss. *cognoscitur*; juxta LXX, γινώσκεται.

Dieu. Il ne tire ni fer, ni feu, ni bête féroce, ni tout autre instrument de supplice, de la paix de sa béatitude et des secrets de sa sagesse où sont reçues les âmes bienheureuses : mais comment alors les pécheurs sont-ils punis et comment Dieu rend-il ses jugements ? « Le pécheur, » dit le prophète, « est pris dans les œuvres de ses mains. » (*Ibid.*)

17. Ici se trouve une interruption indiquée par ces mots : « Cantique de pause. » Autant que nous pouvons le supposer, le prophète exprime ainsi la joie secrète qu'il ressent de la séparation qui se fait, non quant aux lieux, mais quant aux sentiments de l'âme, entre les justes et les pécheurs, comme entre les grains et la paille dans l'aire. Il ajoute : « Que les pécheurs soient précipités dans l'enfer, » (*Ibid.*, 18) c'est-à-dire qu'ils soient livrés à eux-mêmes, tandis que Dieu les épargne, et qu'ils s'enchaînent de leurs propres mains dans les liens de leurs plaisirs mortels. « Et tous les peuples qui oublient Dieu ; » (*Ibid.*) car n'ayant pas donné preuve qu'ils avaient la connaissance de Dieu, ils ont été livrés par Dieu à leur sens réprouvé. (*Rom.*, I, 28.)

18. « Car le pauvre ne sera point oublié pour jamais. » (*Ps.* IX, 19.) Il paraît oublié maintenant, tandis que l'on regarde les pécheurs comme heureux de toutes les prospérités du siècle, et les justes comme livrés à la douleur. « Mais la patience du pauvre ne sera point déçue dans l'éternité. » (*Ibid.*) C'est pourquoi, la patience est nécessaire aux justes, dans la vie présente, pour supporter les méchants, qui déjà sont séparés d'eux par la volonté, en attendant qu'ils le soient aussi par le dernier jugement.

19. « Levez-vous, Seigneur, que l'homme ne l'emporte pas sur vous. » (*Ibid.*, 20.) Ici, le prophète implore le jugement dernier; mais avant qu'il n'arrive. « Que les nations comparaissent devant vous pour être jugées, » (*Ibid.*) c'est-à-dire, jugées par ce jugement secret, qui est prononcé devant Dieu et qui n'est compris que d'un petit nombre de saints et de justes. « Seigneur, établissez sur eux un législateur. » (*Ibid.*, 21.) Je pense qu'il est ici question de l'Antechrist dont l'Apôtre a dit : « Lorsque l'homme de péché sera manifesté. » (II *Thess.*, II, 3.) « Que les peuples sachent qu'ils sont des hommes. » Que ceux donc qui refusent d'être délivrés par le Fils de Dieu, d'appartenir au Fils de l'homme, et d'être eux-mêmes fils des hommes, c'est-à-dire des hommes nouveaux ; que ceux-là soient les esclaves de l'homme, c'est-à-dire de l'homme ancien et pécheur, « parce qu'ils sont des hommes. »

20. Et parce qu'on croit que l'Antechrist doit parvenir à un si haut degré de vaine gloire que

---

(*Psal.* IX, 17.) Hæc sunt judicia Dei. Non ab illa tranquillitate beatitudinis suæ, nec a secretis sapientiæ, quibus recipiuntur beatæ animæ, profertur ferrum, aut ignis, aut bestia, aut aliquid tale quo crucientur peccatores : sed quomodo cruciantur, et quomodo facit Dominus judicium ? « In operibus, inquit, manuum suarum comprehensus est peccator. »

17. Hic interponitur : « Canticum diapsalmatis : » (*Grec.* LXX, ᾠδὴ διαψάλματος) quasi occulta lætitia, quantum existimare possumus, separationis quæ nunc fit, non locis, sed affectionibus animorum, inter peccatores et justos, sicut granorum a paleis adhuc in area. Et sequitur : « Convertantur peccatores in infernum : » (*Psal.* IX, 18) id est, dentur in manus suas, cum eis pascitur, et illaqueentur delectatione mortifera. « Omnes gentes quæ obliviscuntur Deum. » Quia cum non probaverunt Deum habere in notitia (*Rom.*, I, 28), dedit illos Deus in reprobum sensum.

18. « Quia non in finem oblivio erit pauperis : » (*Psal.* IX, 19) qui videtur nunc in oblivione esse, cum peccatores felicitate hujus sæculi florere existimantur, et justi laborare : sed « patientia, inquit, pauperum non (*a*) periet in æternum. » Quapropter nunc patientia opus est ad perferendos malos, qui jam voluntatibus separati sunt, donec etiam ultimo judicio separentur.

19. « Exsurge Domine, non prævaleat homo. » (*Ibid.*, 20.) Imploratur futurum judicium ; sed antequam veniat : « Judicentur, inquit, gentes in conspectu tuo : » hoc est in occulto, quod dicitur coram Deo, paucis sanctis et justis intelligentibus. « Constitue Domine legislatorem super eos. » (*Ibid.*, 21.) Videtur mihi Antichristum significare, de quo Apostolus dicit : Cum revelabitur homo peccati. (II *Thess.*, II, 3.) (*b*) « Sciant gentes quoniam homines sunt. » Ut qui nolunt liberari a Filio Dei, et pertinere ad filium hominis, et esse filium hominum, id est, novi homines, serviant homini, id est, veteri homini peccatori, « quoniam homines sunt. »

20. Et quia ille ad tantum culmen inanis gloriæ venturus creditur, tanta ei licebit facere, et in omnes

---

(*a*) Quinque Mss. *peribit*. Alii cum editis *periet*, vitiose, sed corrigi forte prohibebat consuetudo cantantium populorum, uti de verbo *floriet* dicit Augustinus in lib. II *de Doctrina Christiana*, c. XIII. — (*b*) In editis : *Ut sciant*. Abest particula *ut*, a Mss. et a Græco LXX.

d'accomplir tout ce qu'il voudra contre les hommes et contre les saints de Dieu, au point que quelques hommes faibles s'imagineront pour cela que Dieu néglige le soin des choses humaines; le prophète, après avoir fait une pause, semble rapporter les paroles de ceux qui gémissent, et qui se plaignent que le jugement soit différé : « Seigneur, dit-il, pourquoi vous êtes-vous retiré au loin? » (2º *Psaume*, IX, 1) Mais aussitôt après cette question, comme si tout à coup il avait compris, ou comme s'il ne l'avait faite que pour donner la réponse qu'il savait par avance, il ajoute : « Vous dédaignez quand il le faut, au temps des tribulations; » (*Ibid.*) c'est-à-dire, vous dédaignez quand cet oubli est utile, et vous faites naître les tribulations pour enflammer les cœurs du désir de votre avénement. En effet, la source de vie est surtout agréable à ceux qui ont ressenti les ardeurs de la soif. C'est pourquoi le prophète nous conseille de savoir attendre, par ces paroles : « Tandis que l'impie s'enorgueillit, le pauvre brûle d'un feu nouveau. » (*Ibid.*, 2.) Il est étonnant autant que vrai, de quel zèle la vue du pécheur enflamme l'espérance des humbles fidèles et les porte à la vertu. C'est pour cette raison cachée que Dieu tolère l'existence des hérésies. Telle n'est point la volonté des hérétiques, mais telle est l'œuvre de grâce que tire de leurs péchés la divine Providence. Elle crée et coordonne la lumière, mais elle coordonne seulement les ténèbres, afin que par contraste avec l'obscurité la lumière paraisse plus agréable; de même, par comparaison avec les hérétiques, la connaissance de la vérité devient plus précieuse. Car, par cette comparaison, les justes connus de Dieu le sont aussi des hommes.

21. « Ils sont pris dans les desseins qui les occupent; » (*Ibid.*) c'est-à-dire, que leurs desseins coupables deviennent des chaînes pour eux. Mais pourquoi deviennent-elles des chaînes? « Parce que, dit le prophète, le pécheur est loué des désirs criminels que forme son âme. » (*Ibid.*, 3.) Les langues des flatteurs enlacent les âmes dans les liens de leurs péchés. On se plaît, en effet, dans des actes, que non-seulement l'on n'a point à craindre de voir censurer, mais même que l'on entend louer. « Et celui qui commet le crime reçoit des éloges. » C'est ainsi que les pécheurs sont pris dans les pensées qui les occupent.

22. « Le pécheur a irrité le Seigneur. » (*Ibid.*, 4.) Que nul ne félicite le coupable qui prospère dans la voie, qui ne trouve point de vengeur pour punir ses fautes, mais des flatteurs pour les louer. C'est la plus terrible colère du Seigneur. C'est une preuve que le pécheur a irrité le Seigneur, au point d'avoir à supporter toute son indifférence; et de n'être même plus jugé digne des châtiments par lesquelles il corrige les coupables. « Le pécheur a irrité le Seigneur; dans l'excès de son ressentiment, le Seigneur ne s'en mettra point en peine. » (*Ibid.*) Dieu est en effet gran-

---

homines, et in sanctos Dei, ut tunc vere nonnulli infirmi arbitrentur Deum res humanas negligere; interposito Diapsalmate, subjicit tanquam vocem gementium, et quærentium cur judicium differatur : Ut quid «Domine, inquit, recessisti longe?» (2 *Psal.* IX, 1.) Deinde qui sic quæsivit, tanquam repente intellexerit, aut quasi sciens interrogaverit ut doceret, subjicit dicens : « Despicis in opportunitatibus, in tribulationibus : » id est, opportune despicis, et facis tribulationes ad inflammandos animos desiderio adventus tui. His enim jucundior est fons ille vitæ, qui multum sitierint. Itaque insinuat consilium dilationis, dicens : « Dum superbit impius, incenditur pauper. » (2 *Psal.* IX, 2.) Mirum est et verum, quanto studio bonæ spei parvuli accendantur ad recte vivendum, comparatione peccantium. Quo mysterio agitur, ut etiam hæreses esse permittantur : non quia ipsi hæretici hoc volunt; sed quia hoc de peccatis eorum divina operatur providentia, quæ lucem et facit, et ordinat (*Gen.*, I, 3, 4); tenebras autem tantum ordinat, ut sit earum comparatione lux gratior, sicut hæreticorum comparatione jucundior est inventio veritatis. Ea quippe comparatione probati manifesti fiunt inter homines, qui Deo noti sunt.

21. « Comprehenduntur in cogitationibus suis, quibus cogitant : » (2 *Psal.* IX, 2) id est, malæ cogitationes eorum vincula illis fiunt. Sed quare fiunt vincula? « Quoniam laudatur peccator, inquit, in desideriis animæ suæ. » (*Ibid.*, 3.) Adulantium linguæ alligant animas in peccatis. Delectat enim ea facere, in quibus non solum non metuitur reprehensor, sed etiam laudator auditor. « Et qui iniqua gerit, benedicitur. » Hinc comprehenduntur in cogitationibus suis, quibus cogitant.

22. « Irritavit Dominum peccator. » (*Ibid.*, 4.) Nemo gratuletur homini qui prosperatur in via sua, cujus peccatis deest ultor, et adest laudator. Major hæc ira Domini est. Irritavit enim Dominum peccator, ut ista patiatur, id est, ut correptionis flagella non patiatur. « Irritavit Dominum peccator : secun-

dement irrité, quand il ne se met plus en peine du pécheur ; quand il semble oublier ses fautes et n'y faire aucune attention ; quand il le laisse parvenir par des fraudes et des crimes aux richesses et aux honneurs. Tel sera surtout le sort de l'Antechrist, qui paraîtra si heureux, que les hommes le prendront même pour un dieu. Mais ce qui suit nous apprend jusqu'où va cette colère de Dieu.

23. « Dieu n'est point devant ses yeux ; ses voies sont souillées en tout temps. » (*Ibid.*, 5.) Celui qui sait en quoi consistent la joie et l'allégresse de l'âme, sait combien il est malheureux d'être privé de la lumière de la vérité ; puisque les hommes regardent déjà comme un malheur affreux la cécité corporelle qui nous prive de la lumière du jour. Combien grand est donc le châtiment de celui qui, par sa prospérité dans le crime, en vient à ce point, que Dieu ne soit plus devant ses yeux, et que ses voies soient souillées en tout temps, c'est-à-dire, que ses pensées et ses desseins soient impurs. « Vos jugements sont enlevés de sa vue. » Car l'âme qui a conscience de ses fautes, et qui ne se sent frappée d'aucune punition, croit que Dieu ne la juge pas ; et c'est ainsi que les jugements de Dieu sont enlevés de sa vue, aveuglement qui est déjà la plus grave condamnation. « Et il l'emportera sur tous ses ennemis. » (*Ibid.*) En effet, il est annoncé que l'Antechrist dominera tous les rois, et régnera seul. L'Apôtre a dit également de lui : « Il siégera dans le temple de Dieu, et s'élèvera au-dessus de tout ce qui est adoré et qui est appelé Dieu. » (II *Thess.*, II, 4.)

24. Livré aux convoitises de son cœur, et destiné à être enfin frappé de condamnation, il arrivera cependant par ses artifices criminels à cette vaine et vide grandeur et à cette domination ; voilà pourquoi le prophète ajoute : « Il a dit en son cœur : ce n'est que par le crime que je passerai de génération en génération ; » (II° *Ps.* IX, 6) c'est-à-dire : ma renommée et mon nom ne parviendront du siècle présent aux siècles à venir qu'autant que par mes artifices criminels j'aurai acquis une puissance si élevée que la postérité ne puisse la passer sous silence. Car un esprit perdu de vices, privé de toute vertu, et étranger à la lumière de la justice, ne craint pas de se frayer par de criminels artifices un chemin qui le conduise à une renommée assez durable pour être célébrée par la postérité. Ceux qui ne peuvent être connus sous un jour favorable aspirent à ce que les autres parlent d'eux, même en mal, afin que leur nom se répande au loin. C'est ainsi que j'interprète ce passage : *Non movebor de generatione in generationem sine malo.* (*Ibid.*) On peut encore le prendre dans ce sens, qu'un esprit orgueilleux et plein d'erreur

dum multitudinem iræ suæ non exquiret. » « Multum irascitur, » dum non exquirit, dum quasi obliviscitur et non attendit peccata, et per fraudes et scelera ad divitias honoresque pervenitur : quod maxime in illo Antichristo eventurum est, qui usque adeo beatus videbitur hominibus, ut etiam Deus putetur. Sed quanta ista ira sit Dei, docent sequentia.

23. « Non est Deus in conspectu ejus, contaminantur viæ ejus in omni tempore. » (*Ibid.*, 5.) Qui novit vel quid gaudeat, vel quid lætetur in anima, novit quantum malum sit luce deseri veritatis ; cum magnum malum homines putent oculorum corporalium cæcitatem, qua lux ista retrahitur. Quantam ergo pœnam patitur, qui secundis rebus peccatorum suorum eo perducitur, ut non sit Deus in conspectu ejus, et contaminentur viæ ejus in omni tempore, id est, cogitationes et consilia ejus immunda sint ? « Auferuntur judicia tua a facie ejus. » Animus enim male sibi conscius, dum sibi videtur nullam pœnam pati, credit quod non judicet Deus ; et sic auferuntur judicia Dei a facie ejus ; cum hæc ipsa sit magna damnatio. « Et omnium inimicorum suorum dominabitur. » Ita enim traditur, quod reges omnes superaturus sit, et solus regnum obtenturus : quando etiam secundum Apostolum, qui de illo prædicat : In templo Dei sedebit, extollens se super omne quod colitur et quod dicitur Deus. (II *Thess.*, II, 4.)

24. Et quoniam traditus in concupiscentiam cordis sui, et damnationi ultimæ destinatus, per nefarias artes ad illud vanum et inane culmen dominationemque venturus est ; propterea sequitur : « Dixit enim in corde suo : Non movebor de generatione in generationem sine malo : » (2 *Psal.* IX, 6) id est, fama mea et nomen meum de hac generatione in generationem posterorum non transiet, nisi artibus malis adipiscar tam excelsum principatum, de quo posteri tacere non possint. Animus enim perditus et expers bonarum artium atque a justitiæ lumine alienus, malis artibus sibi aditum molitur ad famam tam diuturnam, ut apud posteros etiam celebretur. Et qui non possunt bene innotescere, cupiunt vel male de se homines loqui, dummodo nomen latissime pervagetur. Quod hic arbitror dictum esse : « Non movebor de generatione in generationem sine malo. » Est et alius intellectus, si de generatione mortali ad

s'imaginerait ne pouvoir passer de cette génération mortelle à la génération éternelle que par des moyens criminels. C'est le témoignage rendu contre Simon (*Act.*, VIII, 9), qui crut pouvoir acquérir le ciel par de coupables artifices et passer à l'aide de la magie de la génération humaine à la génération divine. Qu'y aurait-il donc d'étonnant à ce que l'Antechrist, cet homme de péché qui doit mettre le comble à toute l'impiété et à toute la scélératesse de tous les faux prophètes, et accomplir des prodiges à tromper même les élus, s'il était possible, se dit en son cœur : « Ce n'est que par le crime que je passerai de génération en génération ? » (2ᵉ *Ps.* IX, 6.)

25. « Sa bouche est pleine de blasphèmes, d'amertumes et de fourberies. » (*Ibid.* 7.) C'est en effet blasphémer horriblement que de prétendre acquérir le ciel par des moyens aussi criminels et d'amasser de pareils mérites pour prendre place dans les demeures éternelles. Mais sa bouche est véritablement remplie de ce blasphème ; car ce désir n'aura point d'effet, et il sera seulement, pour sa perte, dans la bouche qui a osé se promettre ainsi ces biens par l'amertume et la fourberie, c'est-à-dire par la violence et par les artifices à l'aide desquels il entraînera la multitude dans son parti. « Sous sa langue sont le travail et la douleur. » (*Ibid.*) Rien de plus péniblement laborieux que l'iniquité et l'impiété.

La douleur suit ce travail, parce qu'il est non-seulement infructueux mais funeste. Ce travail et cette douleur se rapportent à ce que l'Antechrist dira dans son cœur : « Ce n'est que par le crime que je passerai de génération en génération. » (*Ibid.* 6.) Aussi est-il écrit ensuite « sous sa langue, » et non, sur sa langue ; car il se livrera en silence à ces pensées coupables, et il tiendra aux hommes un autre langage, afin de paraître à leurs yeux juste et bon, et fils de Dieu.

26. « Il se tient assis en embuscade avec les riches. » (*Ibid.* 8.) Avec quels riches, si ce n'est avec ceux qu'il aura comblés des biens de ce monde ? Et, s'il est dit qu'il se tient en embuscade avec eux, c'est parce que, pour tromper les hommes, il étalera à leurs yeux avec ostentation la fausse félicité de ces riches. Ceux qui dans leurs désirs dépravés aspireront à leur ressembler et négligeront les biens éternels, tomberont dans ses filets. « Afin d'égorger l'innocent dans des lieux cachés. » « Dans des lieux cachés, » c'est-à-dire là où il n'est pas facile de distinguer ce qu'il faut désirer et ce qu'il faut fuir. Egorger un innocent signifie faire d'un innocent un coupable.

27. « Ses yeux sont fixés sur le pauvre. » (*Ibid.* 9.) En effet, il persécutera principalement les justes dont il est dit : « Bienheureux ceux qui sont pauvres en esprit, parce que le royaume

æternitatis generationem se venire non posse vanus et erroris plenus animus arbitratur, nisi artibus malis : quod quidem etiam de Simone diffamatum est, cum sceleratis artibus cœlum se putasset adepturum, et de humana generatione in divinam generationem rebus magicis transiturum. (*Act.*, VIII, 9.) Quid ergo mirum, si etiam ille homo peccati, qui totam nequitiam et impietatem, quam omnes pseudoprophetæ inchoaverunt, impleturus est, et tanta signa facturus, ut decipiat, si fieri potest, etiam electos, dicturus est in corde suo : « Non movebor de generatione in generationem sine malo ? »

25. « Cujus maledictione os plenum est, et amaritudine et dolo. » (2 *Psal.* X, 7.) Magnum enim maledictum est, tam nefandis artibus cœlum appetere, et ad capiendam æternam sedem talia merita comparare. Sed hac ejus maledictione os plenum est. Non enim habebit effectum ista cupiditas, sed intra os ejus tantum valebit ad eum perdendum, qui hæc sibi ausus est polliceri cum amaritudine et dolo, id est, ira et insidiis, quibus in suas partes conversurus est multitudinem. « Sub lingua ejus labor et dolor. » Nihil est laboriosius iniquitate et impietate : quem laborem sequitur dolor ; quia non solum sine fructu, sed etiam ad perniciem laboratur. Qui labor et dolor ad illud refertur quod dixit in corde suo : « Non movebor de generatione in generationem sine malo. » (*Ibid.*, 6.) Et propterea, « sub lingua ejus ; » non, in lingua, quoniam tacite ista cogitaturus est, hominibus autem alia locuturus, ut bonus et justus et Dei filius videatur.

26. « Sedet in insidiis cum divitibus. » (*Ibid.*, 8.) Quibus divitibus, nisi eis quos hujus sæculi muneribus cumulabit ? Et ideo in insidiis cum his sedere dictus est, quoniam falsam felicitatem ipsorum ad decipiendos homines ostentabit : Qui prava voluntate dum tales esse cupiunt, et bona æterna non quærunt, in laqueos ejus incident. « In occultis ut interficiat innocentem. « In occultis » puto dictum esse, ubi non facile intelligitur quid appetendum, quidve fugiendum sit. Innocentem autem interficere, est ex innocente facere nocentem.

27. « Oculi ejus in pauperem respiciunt. » (*Ibid.*, 9.) Justos enim maxime persecuturus est, de quibus dictum est : « Beati pauperes spiritu, quia ipsorum est regnum cœlorum. » (*Matth.*, V, 3.) « Insidiatur

des cieux est à eux. » (*Matth.*, v, 3.) « Il lui dresse des embûches secrètes, comme le lion dans son repaire. » (2e *Ps.* IX, 9.) Le prophète appelle un lion dans son repaire celui qui agit par violence et par ruse. La première persécution engagée contre l'Eglise a été violente, tandis qu'on s'efforçait, par des proscriptions, des tortures et des massacres, de contraindre les chrétiens à sacrifier aux idoles. La seconde persécution emploie la fraude, c'est celle que trament actuellement les hérétiques, quels qu'ils soient, et les faux frères. Reste la troisième qui sera suscitée par l'Antechrist et qui sera la plus dangereuse de toutes, parce qu'il mettra en œuvre tout à la fois la violence et la fraude. Il emploiera la violence en opprimant, et la fraude en faisant des miracles. C'est à la violence que se rapportent ces mots « le lion, » et à la fraude que se rapportent ceux-ci « dans son repaire. » Et ces mêmes prédictions sont répétées, mais dans un ordre différent : « Il tend ses embûches, dit le prophète, pour enlever le pauvre ; » paroles qui prophétisent la fraude ; « pour enlever le pauvre en l'attirant à lui, » paroles qui annoncent la violence. Car ces mots « en l'attirant à lui » expriment les souffrances qu'il fera subir à ceux qu'il aura saisis en les amenant à lui.

28. Les deux phrases qui suivent ont encore le même sens : « Il l'humiliera dans son piége ; » voilà la ruse : « Il chancellera et tombera, tandis qu'il dominera sur les pauvres ; » (*Ibid.*, 10) voilà la violence. Le piége signifie les embûches : la domination indique clairement la terreur. Le prophète dit avec raison : « Il l'humiliera dans son piége. » En effet, lorsque l'Antechrist aura commencé à faire ses prodiges, plus ils paraîtront merveilleux aux hommes, et plus les saints qui vivront en ce temps seront méprisés et regardés comme néant ; car il paraîtra surpasser par ses prodiges ceux qui lui résisteront pour l'amour de la justice et de l'innocence. Mais « il chancellera et tombera, tandis qu'il dominera le pauvre, » c'est-à-dire, tandis qu'il fera souffrir mille supplices aux serviteurs de Dieu qui lui résisteront.

29. Mais pourquoi le verra-t-on chanceler et tomber ? C'est « parce qu'il a dit dans son cœur : Dieu a oublié, il a détourné les yeux pour ne rien voir jusqu'à la fin. » (*Ibid.*, 11.) Voilà la ruine la plus triste et la chute la plus déplorable : c'est ainsi que l'esprit humain croit prospérer dans l'iniquité et échapper à tout châtiment ; tandis qu'il est frappé d'aveuglement et réservé à la suprême vengeance qui l'atteindra à son heure. C'est là ce que le prophète exprime maintenant : « Levez-vous, Seigneur Dieu, s'écrie-t-il, et levez votre main ; » (*Ibid.*, 12) c'est-à-dire : manifestez votre puissance. Précé-

---

in occulto, velut leo in cubili suo. » Leonem in cubili dicit eum, in quo et vis et dolus operabitur. Prima enim persecutio Ecclesiæ violenta fuit, cum proscriptionibus, tormentis, cædibus, Christiani ad sacrificandum cogerentur : altera persecutio fraudulenta est, quæ nunc per (*a*) cujuscemodi hæreticos et falsos fratres agitur : tertia superest per Antichristum ventura, qua nihil est periculosius ; quoniam et violenta et fraudulenta erit. Vim habebit in imperio, dolum in miraculis. Ad vim relatum est, quod dictum est : « Leo : » ad dolos, quod dictum est, « in cubili suo. » Et rursum ipsa repetita sunt converso ordine. « Insidiatur, inquit, ut rapiat pauperem : » hoc ad dolum pertinet. Quod autem sequitur : « Rapere pauperem dum attrahit eum, » violentiæ deputatur. « Attrahit » enim significat, quibus potest cruciatibus affligendo ad se adducit.

28. Item duo quæ sequuntur, ipsa sunt. « In muscipula sua humiliabit eum, » dolus est. « Inclinabitur, et cadet, dum dominabitur pauperum, » (2 *Psal.* IX, 10) vis est. Muscipula enim bene significat insidias : dominatio vero terrorem apertissime insinuat. Et bene ait : « Humiliabit eum in muscipula sua. » Cum enim signa illa facere cœperit, quanto mirabiliora videbuntur hominibus, tanto illi sancti, qui tunc erunt, contemnentur, et quasi pro nihilo habebuntur. Quos ille, cui per justitiam et innocentiam resistent, mirificis factis superare videbitur. Sed « inclinabitur, et cadet, dum dominabitur pauperum, » id est, dum quælibet supplicia irrogabit resistentibus sibi servis Dei.

29. Unde autem inclinabitur, et cadet ? « Dixit enim in corde suo : Oblitus est Deus, avertit faciem suam, ne videat usque in finem. » (*Ibid.*, 11.) Hæc est inclinatio et casus miserrimus, dum animus humanus in suis iniquitatibus quasi prosperatur, et parci sibi putat ; cum excæcetur, et servetur ad ultimam opportunamque vindictam, de qua nunc jam loquitur : « Exsurge Domine Deus, exaltetur manus tua : » (*Ibid.*, 12) id est, manifesta sit potentia tua. Superius autem dixerat : « Exsurge Domine non prævaleat homo, judicentur gentes in conspectu

---

(*a*) Editi *hujuscemodi*. Sed melius aliquot Mss. *cujuscemodi* : qua voce utitur passim Augustinus, pro *qualibuscumque*.

demment il avait dit : « Levez-vous, Seigneur, afin que l'homme ne l'emporte pas sur vous ; que toutes les nations soient jugées en votre présence ; » (1er *Ps.* IX, 20) c'est-à-dire dans le secret, où Dieu seul peut voir. C'est ce qui s'est fait au moment où les impies parvinrent, selon le jugement des hommes, au comble de la félicité. Un législateur leur fut donné, tel qu'ils l'avaient mérité, duquel il est dit : « Seigneur, établissez sur eux un législateur, afin que les peuples sachent qu'ils ne sont que des hommes. » (*Ibid.*, 21.) Mais maintenant, après ce châtiment secret et cette vengeance cachée, le prophète s'écrie : « Levez-vous, Seigneur Dieu, et levez votre main ; » non plus dans le secret, mais dans tout l'éclat de votre gloire : « N'oubliez pas le pauvre jusqu'à la fin, » ainsi que le pensent les impies qui disent : « Dieu a oublié, il a détourné les yeux pour ne rien voir jusqu'à la fin. » (2° *Ps.* IX, 11.) Ceux-là prétendent que Dieu ne voit rien jusqu'à la fin, qui soutiennent qu'il ne s'occupe pas des choses humaines et terrestres. La terre est en effet comme la fin des choses, parce qu'elle est le dernier élément sur lequel les hommes souffrent des peines admirablement réglées par Dieu ; mais ils ne peuvent en discerner l'ordre qui appartient principalement aux secrets du Fils. L'Eglise qui souffre en ce temps, comme le navire au milieu des flots et des tempêtes, excite donc le Seigneur, comme s'il était endormi, afin qu'il commande aux vents et que le calme se rétablisse. Elle lui dit donc : « Levez-vous, Seigneur Dieu, et levez votre main ; n'oubliez pas le pauvre jusqu'à la fin. »

30. C'est pourquoi, à la pensée de ce jugement public de Dieu, les justes s'écrient pleins de joie : « En quoi l'impie a-t-il irrité le Seigneur ? » (*Ibid.* 13.) Est-ce parce qu'il a trouvé son bonheur dans le mal qu'il a fait ? C'est parce qu'il a dit en son cœur : « Dieu ne recherchera pas mes fautes. » Viennent ensuite ces paroles : « Vous voyez que vous considérez la fatigue et la colère, pour les faire tomber dans vos mains. » (*Ibid.*, 14.) Ce passage demande à être prononcé ironiquement, car autrement il devient obscur. Voici donc ce que disent les impies dans leur cœur : « Dieu ne recherchera pas mes fautes ; » comme si Dieu considérait la fatigue et la colère, auxquelles il aurait à se livrer pour les faire tomber dans ses mains, c'est-à-dire, comme si Dieu, craignant de prendre de la peine et de s'irriter, les épargnait, de peur que leur châtiment ne lui coûtât trop, ou que les orages de la colère ne troublassent son repos. C'est ainsi qu'il arrive souvent aux hommes de renoncer à la vengeance pour éviter l'embarras ou le ressentiment.

31. « Le pauvre s'abandonne à vous. » (*Ibid.*)

---

tuo : » (1 *Psal.* IX, 20) id est, in occulto, ubi solus Deus videt. Hoc factum est, cum impii ad magnam quæ videtur hominibus felicitatem pervenerunt : super quos constituitur legislator, qualem habere meruerunt, de quo dicitur : « Constitue Domine legislatorem super eos, sciant gentes, quoniam homines sunt. » (*Ibid.*, 21.) Nunc autem post illam occultam pœnam atque vindictam dicitur : « Exsurge Domine Deus, exaltetur manus tua : » non utique in occulto, sed jam in manifestissima gloria. « Ne obliviscaris pauperum in finem : » id est, sicut impii putant, qui dicunt : « Oblitus est Deus, avertit faciem suam ne videat usque in finem. » (2 *Psal.* IX, 11.) Usque in finem autem negant Deum videre, qui dicunt eum res humanas et terrenas non curare. Quoniam terra quasi finis est rerum, quia ultimum elementum est, in quo homines ordinatissime laborant ; sed laborum suorum ordinem videre non possunt, qui maxime pertinet ad occulta Filii. Laborans ergo Ecclesia illis temporibus, tanquam navis in magnis fluctibus et procellis, quasi dormientem excitat Dominum, ut imperet ventis, et tranquillitas redeat. Dicit ergo : « Exsurge Domine Deus, exaltetur manus tua, ne obliviscaris pauperum in finem. »

30. Jam itaque manifestum judicium intelligentes et exsultantes dicunt : « Propter quid irritavit impius Deum ? » (*Ibid.*, 13) id est, quid profuit tanta mala facere ? « Dixit enim in corde suo : Non requiret. » Deinde sequitur : « Vides quoniam tu laborem et iram (*a*) consideras, ut tradas eos in manus tuas. » (*Ibid.*, 14.) Sensus iste pronuntiationem quærit, in qua si erratum fuerit, obscuratur. Sic enim dixit in corde suo impius : Non requiret Deus, quasi Deus laborem et iram consideret, ut tradat eos in manus suas, id est, quasi laborare et irasci timeat, et propterea illis parcat, ne onerosa illi sit pœna eorum, aut ne iracundiæ tempestate turbetur : quomodo plerumque homines faciunt, (*b*) dissimulantes vindictam, ne laborent, aut irascantur.

31. « Tibi derelictus est pauper. » (*Ibid.*, 14.) Ideo

(*a*) Lov. addit *et dolorem* ; quod a libris aliis et a Græco abest. — (*b*) Sic probæ notæ Mss. Editi vero *qui dissimulata vindicta elaborant ne irascantur.*

En effet, il s'est fait pauvre, c'est-à-dire il a méprisé tous les biens temporels de ce monde, afin que vous seul soyez son espérance. « Vous viendrez en aide à l'orphelin, » c'est-à-dire à celui pour lequel n'existe plus le monde qui était son père et qui l'avait engendré selon la chair, de sorte qu'il puisse se dire : « Le monde est crucifié pour moi, comme je suis crucifié au monde. » (*Gal.*, vi, 14.) En effet, Dieu devient un père pour de tels orphelins; et le Seigneur enseigne à ses disciples à le devenir quand il leur dit : « Ne donnez à personne sur terre le nom de Père. » (*Matth.*, xxv, 9.) Lui-même leur en a le premier donné l'exemple, en demandant : « Qui est ma mère? et qui sont mes frères? » (*Matth.*, xii, 48.) De là quelques hérétiques très-dangereux (1) veulent inférer qu'il n'a point eu de mère; et ils ne voient pas que la conséquence de ces paroles, s'ils y faisaient attention, serait que ses disciples n'auraient point eu de pères. Car celui qui a dit : « Quelle est ma mère? » a dit également à ses disciples en les instruisant : « Ne donnez à personne sur terre le nom de père. »

32. « Brisez le bras du pécheur et du méchant. » (2ᵉ *Ps.* ix, 15.) Il s'agit de celui dont le prophète disait plus haut : « Il dominera tous ses ennemis. » (*Ibid.*, 5.) Par son bras il entend sa puissance à laquelle est opposée la puissance du Christ, dont il est dit : « Levez-vous, Seigneur Dieu, et levez votre main. » (*Ibid.*, 12.) « Le Seigneur recherchera son péché et le coupable ne se trouvera plus. » (*Ibid.*, 15.) Et cela, à cause de son péché, c'est-à-dire qu'il sera jugé sur ses fautes et qu'en raison de ses fautes il périra. Aussi, qu'y a-t-il d'étonnant que le prophète ajoute ensuite : « Le Seigneur règnera dans l'éternité et dans les siècles des siècles : nations, vous disparaîtrez de sa terre? » (*Ibid.*, 16.) Par nations, il entend les pécheurs et les impies.

33. « Dieu a exaucé le désir des pauvres : » (*Ibid.*, 17) ce désir qui les consumait, tandis qu'au milieu des angoisses et des tribulations de ce monde, ils aspiraient au jour du Seigneur. « Votre oreille a entendu la préparation de leur cœur. » (*Ibid.*) C'est la préparation du cœur que chante le prophète dans un autre psaume : « Mon cœur est prêt, Seigneur, mon cœur est prêt; » (*Ps.* lvi, 8) et dont l'Apôtre a dit : « Si nous espérons ce que nous ne voyons point encore, nous l'attendons par la patience. » (*Rom.*, viii, 25.) Par l'oreille de Dieu, il est juste d'entendre, non un membre corporel, mais la puissance par laquelle il nous exauce. Il en est de même de tous les membres de Dieu nommés

(1) Erreur des Manichéens.

---

enim pauper est, id est, omnia hujus mundi temporalia bona contempsit, ut tu sis tantum spes ejus. « Pupillo tu eris adjutor : » id est, ei cui moritur pater hic mundus, per quem carnaliter genitus est, et jam potest dicere : « Mundus mihi crucifixus est, et ego mundo. » (*Gal.*, vi, 14.) Talibus enim pupillis pater fit Deus. Docet quippe Dominus pupillos fieri discipulos suos, quibus dicit : « Ne vobis dicatis patrem in terris. » (*Matth.*, xxiii, 9.) Cujus rei exemplum præbuit prior ipse dicendo : « Quæ mihi mater, aut qui fratres? » (*Matth.*, xii, 48.) Unde quidam perniciosissimi hæretici asserere, non eum habuisse matrem : nec vident esse consequens si hæc verba attendant, ut nec discipuli ejus patres habuerint. Quia sicut ipse dixit : Quæ mihi mater est : sic illos docuit, eum ait : Nolite vobis dicere patrem in terris.

32. « Conteres brachium peccatoris et maligni : » (2 *Psal.* ix, 15) illius scilicet de quo supra dicebatur : « Omnium inimicorum suorum dominabitur. » (*Ibid.*, 5.) Brachium ergo ejus, dixit potentiam ejus: cui contraria est Christi potentia, de qua dicitur : « Exsurge Domine Deus, exaltetur manus tua. » (*Ibid.*, 12.) « Requiretur delictum ejus, nec invenietur. » Propter illud (*a*), id est, judicabitur de peccato suo, et ipse periet propter peccatum suum. Deinde quid mirum si sequitur : « Dominus regnabit in æternum et in sæculum sæculi, peribitis gentes de terra illius? » (*Ibid.*, 16.) Gentes posuit, peccatores et impios.

33. « Desiderium pauperum exaudivit Dominus. » (*Ibid.*, 17.) Desiderium illud quo æstuabant, cum in angustiis et tribulationibus hujus sæculi Domini diem concupiscerent. « Præparationem cordis eorum exaudivit auris tua. » Hæc est cordis præparatio, de qua in alio Psalmo canitur : « Paratum cor meum Deus, paratum cor meum. » (*Psal.* lvi, 8.) De qua dicit Apostolus : « Si autem quod non videmus speramus, per patientiam expectamus. » (*Rom.*, viii, 25.) Jam vero aurem Dei, non membrum corporeum, sed potentiam esse qua exaudit, regulariter debemus accipere : atque ita quibusque nominatis membris ejus,

(*a*) Editi : *Propter illud idem.* Mss. aliquot : *Propter illud, id est.*

dans les psaumes : en nous ce sont des membres visibles et corporels ; en Dieu ce sont les puissances par lesquelles il opère. Comprenons cette pensée, afin de n'avoir point à la répéter souvent. Car nous ne pouvons penser que Dieu entende au moyen d'un organe corporel, non le son d'une voix, mais la préparation d'un cœur.

34. « Il rendra justice à l'orphelin et au petit ; » (2ᵉ *Ps.* IX, 18) c'est-à-dire à celui qui n'est ni conforme à ce siècle, ni orgueilleux. Autre chose, en effet, est de juger l'orphelin, autre chose de lui rendre justice. Juger l'orphelin, c'est le condamner : rendre justice à l'orphelin c'est prononcer un jugement en sa faveur. « Afin que l'homme ne tente point à l'avenir de s'élever sur la terre. » (*Ibid.*) Il est ici question de ceux qui sont appelés des hommes, et dont le prophète a dit : « Seigneur, établissez sur eux un législateur, afin que les peuples sachent qu'ils sont hommes. » (1ᵉʳ *Ps.* IX, 21.) Mais ce législateur qui sera établi sur eux ne sera lui-même qu'un homme, et c'est de lui qu'il est dit : « Afin que l'homme ne tente point à l'avenir de s'élever sur la terre. » (2ᵉ *Ps.* IX, 18.) « A l'avenir, » c'est-à-dire quand le Fils de l'homme sera venu rendre justice à l'orphelin, qui s'est dépouillé du vieil homme, et se montrer ainsi comme son Père.

35. Après les secrets du Fils, dont il a été beaucoup parlé dans ce psaume, viendront les actes publics du Fils, dont il a été dit aussi quelques mots à la fin de ce même psaume. Mais le psaume entier a pris pour titre ce qui fait son principal objet. Le jour même de l'avénement du Seigneur peut être compté avec raison parmi les secrets du Fils, quoique la présence du Seigneur doive y être manifeste. Car il a été dit de ce jour que nul ne le connaîtrait, ni les Anges, ni les Vertus, ni le Fils de l'homme. (*Matth.*, XXIV, 36.) Or, qu'y a-t-il de plus secret, que ce que l'on dit être caché au juge lui-même, non quant à la connaissance du fait, mais quant au pouvoir de le révéler ? Mais par secrets du Fils, si quelqu'un voulait entendre, non les secrets du Fils de Dieu, mais ceux du fils de David auquel tout le psautier est attribué (car tous les psaumes sont appelés Psaumes de David), qu'il entende ces paroles adressées au Seigneur : « Ayez pitié de nous, fils de David. » (*Matth.*, XX, 30.) De la sorte il comprendra qu'il est encore question du même Seigneur Jésus-Christ, dont les secrets sont annoncés au titre du psaume. L'ange a dit également de lui : « Dieu lui donnera le trône de David son père. » (*Luc.*, I, 31.) Et cette interprétation n'est pas contredite par le passage dans lequel Notre-Seigneur adresse aux Juifs cette question : « Si le Christ est le fils de David, comment David l'appelle-t-il en esprit son

---

quæ in nobis visibilia et corporea sunt, potentias operationum oportet intelligi, ne sæpe ista repetantur. Non enim corporeum fas est putare, quod Dominus Deus non sonantem vocem, sed præparationem cordis exaudit.

34. « Judicare pupillo et humili : » (2 *Psal.* IX, 18) id est, non ei qui conformatur huic sæculo, neque superbo. Aliud est enim judicare pupillum, aliud judicare pupillo. Judicat pupillum etiam qui condemnat : judicat autem pupillo qui pro illo profert sententiam. « Ut non apponat ultra magnificare se homo super terram. » Homines enim sunt, de quibus dictum est : « Pone Domine legislatorem super eos, sciant gentes quoniam homines sunt. » (1 *Psal.* IX, 21.) Sed etiam ille qui eodem loco intelligitur poni super eos, homo erit, de quo nunc dicitur : « Ut non apponat ultra magnificare se homo super terram : » cum venerit scilicet filius hominis judicare pupillo, qui se exuit veterem hominem, atque hoc modo tanquam extulit Patrem.

35. Post occulta ergo Filii, de quibus in hoc Psalmo multa dicta sunt, erunt manifesta Filii, de quibus pauca in fine ejusdem Psalmi nunc dicta sunt. Ex his autem titulus factus est, quæ majorem hic partem tenent. Potest et ipse dies adventus Domini recte numerari inter occulta Filii, quamvis ipsa Domini præsentia manifesta futura sit. De illo enim die dictum est, quod nemo cum sciret, neque Angeli, nec Virtutes, neque Filius hominis. (*Matth.*, XXIV, 36.) Quid ergo tam occultum, quam id quod etiam ipsi judici occultum esse dictum est, non ad cognoscendum, sed ad prodendum? De occultis autem Filii, etiam si quisquam non Dei Filium subaudire voluerit, sed ipsius David, cujus nomini totum Psalterium tribuitur, nam Davidici utique Psalmi appellantur ; voces illas audiat, quibus Domino dicitur : « Miserere nostri fili David : » (*Matth.*, XX, 30) atque ita etiam hoc modo eumdem Dominum Christum intelligat, de cujus occultis ipse Psalmus inscriptus est. Sic etiam ab angelo dicitur : « Dabit illi Deus sedem David patris sui. » (*Luc.*, I, 32.) Nec illa sententia huic intellectui contraria est, qua idem Dominus quærit a Judæis (*Matth.*, XXII, 44) : « Si filius David Christus est, quomodo in spiritu vocat eum Dominum, dicens : Dixit Dominus Domino meo, sede ad dexteram meam, donec ponam inimicos

Seigneur, par ces paroles : « Le Seigneur a dit à mon Seigneur : Asseyez-vous à ma droite, jusqu'à ce que je réduise vos ennemis à vous servir de marchepied ? » (*Ps.* CIX, 1 ; *Matth.*, XXII, 44.) Car cette question est adressée à des hommes peu instruits, qui, bien qu'ils espérassent la venue du Christ, ne l'attendaient cependant que comme un homme, et non comme étant la Vertu et la Sagesse de Dieu. Il enseigne donc par là la foi la plus vraie et la plus pure : d'une part qu'il est le Seigneur du roi David, en ce sens qu'il est le Verbe éternel (*Jean*, I, 1), Dieu avec Dieu, par qui toutes choses ont été faites ; et d'autre part qu'il est le fils de David, en ce sens qu'il est né, selon la chair, de la race de David. (*Rom.*, I, 3.) En effet, il ne dit pas : Le Christ n'est point fils de David, mais il dit : si déjà vous le regardez comme son fils, apprenez aussi comment il est son Seigneur ; ne vous contentez pas de regarder le Christ comme Fils de l'homme, parce qu'il est fils de David, en ignorant qu'il soit le Fils de Dieu, car il est ainsi le Seigneur de David.

DISCOURS SUR LE PSAUME X^e.

Pour la fin, psaume de David pour lui-même.
(Ps. X, 1.)

1. Ce titre n'a pas besoin d'être expliqué de nouveau : déjà nous avons dit suffisamment ce que signifient ces mots : « Pour la fin. » Voyons donc le texte même du psaume. Il me semble qu'on peut l'opposer aux hérétiques (1) qui, en rappelant et en exagérant les fautes de plusieurs qui sont dans l'Eglise (comme si dans leurs rangs tous ou du moins la plupart étaient justes), s'efforcent de nous détourner et de nous arracher du sein de l'Eglise, notre seule vraie mère. Pour cela, ils affirment que le Christ est avec eux, et ils nous invitent, par une sorte de zèle pieux, à passer avec eux et à nous rapprocher ainsi du Christ qu'ils disent mensongèrement posséder. Or, il est connu que dans les prophéties, parmi les nombreux noms allégoriques donnés au Christ, figure celui de montagne. C'est pourquoi, il faut répondre à ces hérétiques par ces paroles : « Je mets ma confiance dans le Seigneur ; comment donc dites-vous à mon âme : Passez sur les montagnes comme un passereau ? » (*Ibid.*, 2.) Je ne connais qu'une montagne en laquelle j'ai mis ma confiance ; comment me dites-vous de passer à vous, comme s'il y avait plusieurs Christs ? Ou, si vous prenez par orgueil le nom de montagnes, sans doute je dois être le passereau aux ailes armées des vertus et des commandements de Dieu, mais ces vertus et ces préceptes m'interdisent de voler vers vos montagnes et de mettre mon espérance dans des hommes orgueilleux. J'ai une demeure où re-

---

(1) Contre les Donatistes.

---

tuos sub pedibus tuis ? » (*Psal.* CIX, 1.) Dictum est enim imperitis, qui quamvis venturum Christum sperarent, secundum hominem tamen eum exspectarent, non secundum quod Virtus et Sapientia Dei est. Docet ergo ibi fidem verissimam et sincerissimam, ut et Dominus sit regis David, « secundum quod est Verbum in principio, Deus apud Deum, per quod facta sunt omnia : » (*Joan.*, I, 1) et filius, secundum quod factus est ei ex semine David secundum carnem. » (*Rom.*, 1, 3.) Non enim dicit : Non est filius David Christus ; sed, si jam tenetis quod filius sit ejus, discite quomodo sit Dominus ejus : nec teneatis in Christo quod filius hominis est, ita enim filius David est ; et relinquatis quod Filius Dei est, ita enim Dominus ejus est.

IN PSALMUM X ENARRATIO.

In finem : Psalmus ipsi David. (Psal. X, 1.)

1. Nova tractatione titulus iste non indiget : jam enim satis tractatum est, quid sit, « in finem. » Ipsum ergo Psalmi textum videamus, qui mihi videtur adversus hæreticos canendus, qui commemorando et exaggerando multorum in Ecclesia peccata, quasi apud ipsos justi aut omnes aut plures sint, ab unius Ecclesiæ veræ matris uberibus nos avertere atque abripere moliuntur : affirmantes quod apud ipsos sit Christus, et quasi pie studioseque admonentes, ut ad eos transeundo transmigremus ad Christum, quem se habere mentiuntur. Notum est autem Christum in prophetia, cum multis nominibus allegorice insinuaretur, etiam montem appellatum. Respondendum est itaque istis, et dicendum : « In Domino confido ; quomodo dicitis animæ meæ : Transmigra in montes, sicut passer ? » (*Ibid.*, 2.) Unum montem teneo in quo confido, quomodo dicitis ut ad vos transeam, tanquam multi sint Christi ? Aut si vos montes esse dicitis per superbiam, oportet quidem esse passerem pennatum virtutibus et præceptis Dei : sed ea ipsa prohibent volare in istos montes, et in superbis hominibus spem collocare. Habeo domum

poser, parce que ma confiance est dans le Seigneur. Le passereau, en effet, se trouve une demeure (*Ps.* LXXXIII, 4), et Dieu s'est fait le refuge du pauvre. (*Ps.* IX, 10.) Disons donc en toute confiance, de peur de perdre le Christ en le cherchant auprès des hérétiques : « Je mets ma confiance dans le Seigneur; comment donc dites-vous à mon âme : passez sur les montagnes comme un passereau ? » (*Ps.* x, 2.)

2. « Car voici que les pécheurs ont tendu leur arc et préparé leurs flèches dans le carquois, afin de les lancer, pendant les nuits privées de la lumière de la lune, sur les hommes au cœur droit. » (*Ibid.*, 5.) Telles sont les menaces terribles que nous font ces hommes en parlant des pécheurs, afin que nous passions dans leurs rangs, comme s'ils étaient les vrais justes. « Voici, disent-ils, que les pécheurs ont tendu leur arc, » les Ecritures, sans doute, qu'ils interprètent d'une manière charnelle, et d'où ils tirent des sentences empoisonnées pour les lancer sur nous. « Ils ont préparé leurs flèches dans le carquois ; » ce sont les paroles qu'ils ont préparées dans le secret de leur cœur et qu'ils veulent lancer à l'aide de l'autorité des Ecritures. « Afin de les lancer pendant les nuits privées de la lumière de la lune sur les hommes au cœur droit ; » c'est-à-dire qu'ils espèrent que la lumière de l'Eglise venant à s'obscurcir en raison de la multitude des hommes ignorants et charnels, ils ne pourront être convaincus d'erreur, et qu'alors ils corrompront les bonnes mœurs par leurs paroles pernicieuses. (II *Cor.*, XV, 33.) Mais à toutes ces menaces il suffit de répondre : « Je mets ma confiance dans le Seigneur. »

3. Mais je me souviens que j'ai promis (1) de montrer, en parlant de ce psaume, que la lune était regardée à bon droit comme la figure de l'Eglise. Il y a sur la lune deux opinions probables : mais quelle est la bonne, c'est ce que je crois très-difficile, sinon tout à fait impossible de savoir. En effet, quand on recherche l'origine de la lumière de la lune, les uns répondent qu'elle a sa lumière propre, mais que son globe est à moitié lumineux et à moitié obscur ; or, tandis qu'elle se meut dans son cercle, elle tourne peu à peu vers la terre sa partie lumineuse, de manière à être vue de nous, et par conséquent elle nous apparaît d'abord sous forme de croissant. Si, en effet, vous prenez une balle à moitié blanche et à moitié noire, quand vous avez devant les yeux la partie noire, vous n'apercevez rien de la partie blanche. Mais si vous commencez à tourner cette partie blanche du côté de vos yeux, et que vous le fassiez lentement, vous la verrez d'abord en forme de cornes, puis elle augmentera peu à peu, jusqu'à ce que toute la moitié blanche soit en face de vos yeux et que la

(1) Précédemment, discours sur le psaume VIII, n° 9.

ubi requiescam, quia in Domino confido. « Nam et passer invenit sibi domum. » (*Psal.* LXXXIII, 4.) « Et factus est Dominus refugium pauperi. » (*Psal.* IX, 10.) Dicamus ergo tota fiducia, ne dum Christum apud hæreticos quærimus, amittamus : « In Domino confido ; quomodo dicitis animæ meæ : Transmigra in montes sicut passer? »

2. « Quoniam ecce peccatores intenderunt arcum, paraverunt sagittas suas in pharetra, ut sagittent in obscura luna rectos corde. » (*Psal.* x, 3.) Terrores isti sunt comminantium nobis de peccatoribus, ut ad se tanquam ad justos transeamus. « Ecce, inquiunt, peccatores intenderunt arcum : » credo, Scripturas, quas illi carnaliter interpretando, venenatas inde sententias emittunt. « Paraverunt sagittas suas in pharetra : » eadem verba scilicet, quæ Scripturarum auctoritate jaculaturi sunt, in cordis occulto paraverunt. « Ut sagittent in obscura luna rectos corde : » ut cum senserint, Ecclesiæ lumine propter multitudinem imperitorum et carnalium obscurato, non se posse convinci, « corrumpant bonos mores colloquiis malis. » (I *Cor.*, xv, 33.) Sed contra omnes istos terrores dicendum est : « In Domino confido. »

3. Luna vero quam congruenter significet Ecclesiam, memini me promisisse in hoc Psalmo consideraturum. Duæ sunt de luna opiniones probabiles : harum autem quæ vera sit, aut non omnino, aut difficillime arbitror posse hominem scire. Cum enim quæritur unde lumen habeat ; alii dicunt suum habere, sed globum ejus dimidium lucere, dimidium autem obscurum esse ; dum autem movetur in circulo suo, eamdem partem qua lucet, paulatim ad terras converti, ut videri a nobis possit ; et ideo prius quasi corniculatam apparere. Nam et si facias pilam ex dimidia parte candidam, et ex dimidia obscuram ; si eam partem quæ obscura est, ante oculos habeas, nihil candoris vides : et cum cœperis illam candidam partem ad oculos convertere, si paulatim facias, primo cornua candoris videbis ; deinde paulatim crescit, donec tota pars candens opponatur oculis, et nihil obscuræ alterius partis videatur : quod si perseveres adhuc paulatim convertere, incipit ob-

moitié noire ait disparu en entier. Continuez le même mouvement, et bientôt la partie noire reparaît et la blanche diminue ; de nouveau il n'en reste plus qu'un croissant, et enfin elle disparaît entièrement et l'œil n'aperçoit plus que la moitié obscure. Ainsi, dit-on, en est-il de la lune, dont la lumière va s'augmentant jusqu'au quinzième jour, et diminue jusqu'au trentième, réduite d'abord à un croissant et enfin disparaissant tout à fait. Selon cette opinion, la lune représente allégoriquement l'Eglise, parce que l'Eglise est toute lumineuse au point de vue spirituel, et obscure en ce qui est charnel. Quelquefois la partie spirituelle éclate aux yeux des hommes par les bonnes œuvres, et quelquefois elle est cachée au fond de la conscience et n'est connue que de Dieu, parce que le corps seul apparaît aux hommes. C'est ce qui arrive, lorsque nous prions de cœur et paraissons ne rien faire, parce que la grâce nous excite à élever nos cœurs vers Dieu, en négligeant la terre. Une seconde opinion est que la lune n'a point de lumière propre, et qu'elle reçoit sa lumière du soleil. Quand elle s'approche de lui, elle nous présente une partie d'elle-même qui n'est point éclairée, de sorte qu'on ne voit en elle aucune lumière. Quand elle commence au contraire à s'éloigner du soleil, elle présente à la terre sa partie éclairée, et d'abord elle a nécessairement la forme d'un croissant, jusqu'à ce que, au quinzième jour, elle soit tout à fait à l'opposé du soleil. (Car alors elle se lève au coucher du soleil, de telle sorte qu'après avoir observé le soleil couchant, si on se retourne vers l'orient au moment où le soleil a disparu, on aperçoit la lune à son lever.) Mais ensuite, quand la lune, poursuivant son circuit, commence à se rapprocher du soleil, elle tourne peu à peu vers nous sa partie obscure, jusqu'à ce qu'elle reprenne la forme de croissant et qu'elle cesse entièrement d'apparaître : ce qui a lieu quand sa partie éclairée est dirigée en haut vers le ciel, et que la partie, sur laquelle les rayons du soleil ne peuvent tomber, est tournée vers la terre. Suivant cette seconde opinion, la lune est encore la figure de l'Eglise, parce que celle-ci n'a point de lumière propre et qu'elle est éclairée par le Fils unique de Dieu, qui en beaucoup d'endroits des Saintes Ecritures, a reçu allégoriquement le nom de soleil. Et certains hérétiques, ne sachant ou ne pouvant comprendre ce sens mystique (1), s'efforcent d'attirer la pensée des simples uniquement sur ce soleil matériel et visible, qui est la lumière commune du corps humain et des mouches. Ils réussissent en effet à en séduire quelques-uns, qui ne peuvent voir en esprit la lumière de la vérité et ne veulent point se contenter de la simple foi catholique : et

(1) Il s'agit des Manichéens, que saint Augustin dans le 1er livre sur la *Genèse contre les Manichéens*, ch. III, et dans le livre II, ch. xxv, représente comme adorant le soleil, et dans le livre *des Mœurs des Manichéens*, ch. VIII, 4, 13, comme fléchissant le genou devant lui. Et dans le livre *des Hérésies*, il raconte comment ils lui adressent des prières se tournant vers lui et le suivant dans son cours.

scuritas apparere, et candor minui, donec iterum ad cornua redeat, et postremo totus ab oculis avertatur, ac rursus obscura illa pars sola possit videri : quod fieri dicunt, cum lumen lunæ videtur crescere usque ad quintam-decimam lunam, et rursus usque ad tricesimam minui, et redire ad cornua, donec penitus nihil in ea lucis appareat. Secundum hanc opinionem luna in allegoria significat Ecclesiam, quod ex parte spirituali lucet Ecclesia, ex parte autem carnali obscura est : et aliquando spiritalis pars in bonis operibus apparet hominibus ; aliquando autem in conscientia latet, ac Deo tantummodo nota est, cum solo corpore apparet hominibus ; sicut contingit, cum oramus in corde, et quasi nihil agere videmur, dum non ad terram, sed sursum corda habere jubemur ad Dominum. Alii autem dicunt non habere lunam lumen proprium, sed a sole illustrari : sed quando cum illo est, eam partem ad nos habere qua non illustratur, et ideo nihil in ea lucis videri : cum autem incipit ab illo recedere, illustrari ab ea etiam parte, quam habet ad terram ; et necessario incipere a cornibus, donec fiat quinta-decima contra solem (tunc enim sole occidente oritur, ut quisquis occidentem solem observaverit, cum eum cœperit non videre, conversus ad Orientem, lunam surgere videat) : atque inde ex alia parte cum ei cœperit propinquare, illam partem ad nos convertere, qua non illustratur, donec ad cornua redeat, atque inde omnino non appareat : quia tunc pars illa quæ illustratur, sursum est ad cœlum ; ad terram autem illa quam radiare sol non potest. Ergo et secundum hanc opinionem, luna intelligitur Ecclesia, quod suum lumen non habeat, sed ab unigenito Dei Filio, qui multis locis in sanctis Scripturis allegorice sol appellatus est, illustratur. Quem nescientes et cernere non valentes hæretici quidam, ut istum solem corporeum et visibilem, quod commune lumen est carnis hominum atque muscarum, sensus simplicium conantur avertere et nonnullorum avertunt, qui quamdiu non possunt interiorem lucem veritatis mente contueri, simplici

pourtant, cette foi est le seul salut des petits; elle est le seul lait qui fortifie, et qui permette de recevoir ensuite une nourriture plus solide. Quelle que soit celle de ces deux opinions où se trouve la vérité, la lune est évidemment le symbole convenable de l'Eglise. Si maintenant l'on n'a pas ou la volonté, ou le loisir, ou la capacité d'exercer son esprit sur ces questions obscures, plus embarrassantes qu'utiles, il suffit de regarder la lune du même œil que le commun du peuple, sans chercher à pénétrer les causes mystérieuses de ses différentes phases, et de reconnaître, comme tout le monde, qu'elle a sa croissance, son plein et sa décroissance. Et il suffit qu'elle ne perde sa lumière qu'afin de la reprendre, pour que même la multitude ignorante y reconnaisse l'image de l'Eglise, dans laquelle on croit à la résurrection des morts.

4. Il nous faut maintenant rechercher ce que signifient dans ce psaume ces mots : « Les nuits privées de la lumière de la lune, » temps pendant lequel les pécheurs s'apprêtent à lancer leurs flèches sur les hommes au cœur droit. La lumière de la lune peut, en effet, manquer de plusieurs manières : quand cet astre est à la fin de son cours mensuel, quand sa lumière est interceptée par un nuage, ou quand il y a éclipse au moment de la pleine lune. Or, on peut dire d'abord des persécuteurs des martyrs, qu'ils ont voulu lancer leurs flèches sur les hommes au cœur droit pendant que la lune ne donnait point sa lumière. Et en effet, l'Eglise étant alors à ses premiers jours ne répandait point encore une grande lumière sur la terre et n'avait point dissipé les ténèbres des superstitions païennes. Ensuite la lune, c'est-à-dire l'Eglise, ne pouvait alors être vue dans son éclat, en raison des nuages qui couvraient la terre et qui étaient pour ainsi dire formés par les blasphèmes et les calomnies de ceux qui diffamaient le nom chrétien. Enfin le meurtre des martyrs et les torrents de sang répandus faisaient que la lune, obscurcie comme au moment d'une éclipse, ne présentait plus qu'une face sanglante : ce qui détournait les faibles de confesser le nom chrétien; et au milieu de cette terreur les pécheurs lançaient leurs paroles perfides et sacriléges, afin de pervertir même les hommes au cœur droit. On peut dire la même chose des pécheurs que l'Eglise renferme et qui, ayant saisi l'occasion d'un temps privé de la lumière de la lune, ont commis un grand nombre de fautes (1) que les hérétiques nous reprochent maintenant pour nous couvrir d'opprobre, bien que l'on accuse leurs partisans d'en avoir été les auteurs. Mais de quelque manière que les choses se soient passées en ces temps d'obscurité, maintenant que le nom de catholique est répandu et célébré

(1) Allusion aux trahisons commises pendant les orages de la persécution, et reprochées calomnieusement aux catholiques par les Donatistes; tandis qu'il est prouvé par les archives des villes que les anciens Donatistes ont livré aux persécuteurs les saintes Ecritures et les vases sacrés, comme l'écrit saint Augustin, lettre LXXVIe no 2 (ordre nouveau), et lettre CVe no 2 : « Nous vous prouverons, dit-il, que ceux-là plutôt ont été des traîtres qui ont condamné pour le crime supposé de trahison Cécilius (*évêque de Carthage*) et ses compagnons. »

fide catholica contenti esse nolunt : quæ una parvulis salus est, et quo uno lacte ad firmitatem solidioris sibi certo robore pervenitur. Quælibet ergo duarum istarum opinionum vera sit, congruenter accipitur allegorice luna, Ecclesia. Aut si in istis obscuritatibus magis negotiosis quam fructuosis, exercere animum aut non libet, aut non vacat, aut animus ipse non valet; satis est lunam popularibus oculis intueri, et non quærere obscuras causas, sed cum omnibus et incrementa ejus et complementa et detrimenta sentire. Quæ si propterea deficit ut renovetur, etiam ipsi imperitæ multitudini demonstrat Ecclesiæ figuram, in qua creditur resurrectio mortuorum.

4. Deinde quærendum est, quid in hoc Psalmo accipiatur « obscura luna, » in qua peccatores sagittare paraverunt rectos corde. Non enim uno modo dici obscura luna potest : nam et cum finitur menstruis cursibus, et cum ejus fulgor nubilo interpolatur, et cum plena deficit, dici potest obscura luna. Potest ergo et de persecutoribus martyrum intelligi, quod sagittari voluerint in obscura luna rectos corde : sive adhuc in Ecclesiæ novitate, quia nondum terris major effulserat, et gentilium superstitionum tenebras vicerat : sive linguis blasphemorum, et Christianum nomen male diffamantium, quasi nebulis cum terra obtegeretur, videri perspicua luna non poterat, id est Ecclesia : sive ipsorum martyrum cædibus et tanta effusione sanguinis, tanquam illo defectu et obscuratione qua cruentam faciem luna videtur ostendere, a nomine Christiano deterrebantur infirmi : in quo terrore verba dolosa et sacrilega jaculabantur peccatores, ut etiam rectos corde perverterent. Potest et de his peccatoribus intelligi, quos Ecclesia continet, quod tunc inventa occasione hujus lunæ obscuræ, multa commiserint, quæ nobis opprobria nunc objiciuntur ab hæreticis, cum eorum auctores ea fecisse dicantur. Sed quoquo modo se habeat quod in obscura luna factum est, nunc catho-

dans tout l'univers, pourquoi me troublerais-je au sujet de choses qui me sont inconnues? « Je me confie donc au Seigneur, » et je n'écoute pas ceux qui disent à mon âme : « Passez sur les montagnes comme un passereau. Car voilà que les pécheurs ont tendu leur arc, afin de percer de flèches pendant les nuits privées de la lumière de la lune les hommes au cœur droit. » Ou si les pécheurs prétendent que la lune s'obscurcit, parce qu'ils voudraient jeter du doute sur la véritable Eglise catholique et l'accuser des péchés de tant d'hommes charnels qu'elle renferme, qu'importe à celui qui dit en toute vérité : « Je mets ma confiance dans le Seigneur? » Par cette parole, il montre qu'il est le froment du Seigneur, et, jusqu'au temps où le vent le séparera des pailles, il les supporte avec patience.

5. « Je mets donc ma confiance dans le Seigneur. » Que ceux-là craignent qui mettent leur confiance dans un homme, et qui ne peuvent nier qu'ils appartiennent au parti de celui par les cheveux blancs duquel ils jurent (1). Quand d'ailleurs on leur demande dans la conversation à quelle communion ils appartiennent, ils ne peuvent être reconnus pour ce qu'ils sont, s'ils ne disent qu'ils sont du parti de cet homme. Dites, que font-ils, lorsqu'on leur rappelle les innombrables péchés et crimes quotidiens de ceux dont est pleine cette société? Est-ce qu'ils peuvent répondre : « Je mets ma confiance dans le Seigneur; comment dites-vous à mon âme : Passez sur la montagne, comme le passereau? » Car ils ne mettent pas leur confiance dans le Seigneur, ceux qui soutiennent que les sacrements ne sont saints qu'autant qu'ils sont administrés par des hommes saints. Aussi, quand on leur demande quels sont les saints, ils rougissent de répondre : c'est nous; ou, s'ils ne rougissent pas de le dire, ceux qui les entendent rougissent pour eux. Ils obligent ceux qui reçoivent les sacrements à mettre leur espérance dans un homme dont ils ne peuvent voir le cœur. Et pourtant : « Maudit celui qui met son espérance dans un homme! » (*Jérém.*, XVII, 1.) Car qu'est-ce que dire : ce que moi je donne est saint, si ce n'est : mettez en moi votre espérance? Mais, qu'en est-il, si vous n'êtes point saint? Montrez-moi donc votre cœur. Si vous ne le pouvez, comment verrai-je que vous êtes saint? Direz-vous avec l'Ecriture : « Vous les connaîtrez par leurs œuvres? » (*Matth.*, VII, 16.) Je vois, en effet, des œuvres merveilleuses. Je vois tous les jours les violences des Circoncellions; je les vois sous la conduite de leurs évêques et de leurs prêtres, courir çà et là, et donner le nom d'Israëls (2) à de terribles bâtons dont ils sont armés : toutes ces choses, les hommes de notre temps les voient et en souffrent

(1) Les Donatistes juraient par les cheveux blancs de Donat.
(2) Les bâtons des circoncellions portaient le nom d'*Israëls*.

lico nomine toto orbe diffuso atque celebrato, quid mihi est incognitis perturbari? « In Domino enim confido; » nec audio dicentes animæ meæ : « Transmigra in montes sicut passer. Quoniam ecce peccatores intenderunt arcum, ut sagittent in obscura luna rectos corde. » Aut si et illis nunc luna videtur obscura, quia incertum volunt efficere quæ sit catholica, et eam peccatis carnalium hominum, quos multos continet, conantur arguere : quid ad eum pertinet, qui vere dicit : « In Domino confido? » Qua voce se quisque et frumentum esse ostendit, et usque ad ventilationis tempus paleas tolerabiliter sustinet.

5. « In Domino ergo confido. » Illi timeant qui confidunt in homine, et de parte hominis se esse negare non possunt, per cujus canos jurant : et cum in sermone ab eis quæritur, cujus communionis sint, nisi de parte illius se esse dicant, non possunt agnosci. Dic quid isti faciunt, cum illis commemorantur tam innumerabilia et quotidiana peccata et scelera eorum, quibus plena est illa societas? Numquid possunt dicere : « In Domino confido; quomodo dicitis animæ meæ : Transmigra in montes sicut passer? » Non enim confidunt in Domino, qui tunc esse dicunt sancta sacramenta, si per sanctos homines dentur. Itaque cum ab eis quæritur, qui sint sancti, erubescunt dicere : Nos sumus. Quin etiam si illi non erubescant hoc dicere, hi qui audiunt pro ipsis erubescunt. Itaque isti cogunt eos qui accipiunt sacramenta, spem suam in homine ponere, cujus cor videre non possunt. « Et maledictus omnis qui spem suam ponit in homine. » (*Jerem.*, XVII, 5.) Quid est enim dicere : Ego quod do sanctum est, nisi, spem tuam in me pone? Quid si non es sanctus? Aut ostende cor tuum. Quod si non potes; ubi videbo quod sanctus es? An forte dices quod scriptum est : « Ex operibus eorum cognoscetis eos? » (*Matth.*, VII, 16.) Video plane mira opera, quotidianas violentias Circumcellionum sub Episcopis et Presbyteris ducibus circumquaque volitare, et terribiles fustes (*a*) Israeles vocare, quæ homines qui nunc vivunt, quotidie

(*a*) Sic aliquot probæ notæ Mss. At editi *fustes Israelis vocari*.

chaque jour. Quant au temps de Macaire (1) que nous reprochent les hérétiques, le plus grand nombre ne les a pas vus, et personne actuellement ne les voit ; et tout catholique qui en aurait été témoin a pu dire, s'il voulait être le serviteur de Dieu : « Je mets ma confiance dans le Seigneur. » Celui-là le dit aussi aujourd'hui, à la vue des choses qu'il déplore dans l'Eglise, qui se sent encore porté au milieu des eaux dans ces filets remplis de bons et de mauvais poissons (*Matth.*, XIII, 47), jusqu'à ce qu'on arrive aux extrémités de la mer, lieu de séparation entre les bons et les mauvais. Quelle serait au contraire leur réponse, si l'un de ceux qu'ils baptisent leur adressait ces paroles : Pourquoi m'imposer l'incertitude et la présomption ? Car si le mérite appartient à celui qui donne et à celui qui reçoit, à Dieu qui donne et à ma conscience qui reçoit, au moins je connais et la bonté de Dieu et la sincérité de ma conscience. Pourquoi vous interposer ici, vous sur qui je ne puis rien avoir de certain ? Laissez-moi dire : « Je mets en Dieu ma confiance. » Car, si je la mets en vous, comment être sûr que vous n'avez point péché cette nuit même ? Mais enfin, si vous voulez que je croie à votre parole, m'est-il possible d'aller au delà ? Comment donc me confier à ceux avec qui vous avez communiqué hier, avec qui vous communiquez aujourd'hui, ou le ferez demain, et me tenir pour assuré qu'ils n'ont point commis de mal pendant ces trois jours ? Et si ce que nous ignorons ne souille ni vous ni moi, pourquoi rebaptisez-vous ceux qui n'ont connu ni les temps de la trahison ni les temps de Macaire que vous nous reprochez ? Pourquoi avez-vous l'audace de rebaptiser des chrétiens venus de Mésopotamie, qui jamais n'ont ouï parler de Cécilianus ni de Donat, et comment osez-vous nier qu'ils soient chrétiens ? Mais, s'ils sont souillés par des péchés auxquels ils sont étrangers et qu'ils ne connaissent même pas, vous êtes certainement chargés de toutes les fautes qui se commettent chaque jour dans votre parti, même à votre insu ; et vous objecterez en vain aux catholiques les constitutions des Empereurs, puisque de votre côté, vous, simples particuliers, vous sévissez avec tant de violence à l'aide des bâtons et des flammes. Voilà jusqu'où sont tombés ceux qui, voyant des pécheurs dans l'Eglise catholique, n'ont pu dire : « Je mets en Dieu ma confiance, » et ont placé leur espérance dans un homme. Et cette parole ils la diraient certainement, s'ils n'étaient ce qu'ils sont, et s'ils n'étaient eux-mêmes tels qu'ils supposent ceux dont ils ont feint de se séparer dans leur sacrilége orgueil.

(1) Le temps de Macaire, pendant lequel les Donatistes se plaignaient d'avoir été cruellement persécutés par les catholiques, se rapporte environ à l'année 348, époque à laquelle Macaire et Paul vinrent en Afrique, envoyés par Constant, pour soulager par des largesses la misère des pauvres et ramener les schismatiques à la foi catholique. Voir à ce sujet Optat, liv. III, et saint Augustin, lettre XLIV, etc.

vident et sentiunt. Macariana vero tempora, de quibus invidiam faciunt, et plurimi non viderunt, et nemo nunc videt : et quisquis ea vidit catholicus, potuit dicere, si Dei servus esse vellet : « In Domino confido. » Quod et nunc dicit, cum multa quæ non vult, in Ecclesia videt, qui se intra illa retia plena piscibus bonis et malis natare adhuc sentit, donec ad finem maris veniatur, ubi mali segregentur a bonis. (*Matth.*, XIII, 47.) Isti autem quid respondent, si alicui illorum dicat ille quem baptizant : Quomodo me jubes præsumere ? Nam si et dantis et accipientis est meritum, sit dantis Dei, et accipientis conscientiæ meæ : hæc enim duo non mihi incerta sunt, bonitas illius, et fides mea. Quid te interponis, de quo certum scire nihil possum ? Sine me dicere : « In Domino confido. » Nam si in te confido, unde confido si nihil mali ista nocte fecisti ? Postremo si vis ut credam tibi, numquid possum amplius quam de te credere ? Unde ergo confido in eis quibus heri communicasti, et hodie communicas, et cras communicabis, utrum vel isto triduo nihil mali commiserint ? Quod si nec te nec me polluit quod nescimus, quæ causa est ut rebaptizes eos qui tempora traditionis et Macarianæ invidiæ non noverunt ? Quæ causa est ut Christianos de Mesopotamia venientes, qui Cæciliani et Donati nec nomen audierunt, rebaptizare audeas, et neges esse Christianos ? Si autem illos polluunt aliena peccata quæ nesciunt, (a) tenet te reum quidquid per singulos dies in parte vestra te nesciente committitur, Imperatorum constitutiones frustra objicientem catholicis, cum in vestris castris privati fustes ignesque sic sæviant. Ecce quo lapsi sunt, qui cum viderent in catholica peccatores, non potuerunt dicere : « In Domino confido : » et spem suam in homine posuerunt. Quod omnino dicerent, si non aut ipsi, aut et ipsi tales essent, quales illos putabant, a quibus sacrilega superbia separari se velle finxerunt.

(a) Sic Mss. At editi ferebant, *te ne reum facit, quidquid per singulos dies in parte vestra te nesciente committitur ? Imperatorum constitutiones frustra objicitis*, etc. Constitutiones hic tangit editas, an. 405.

6. Que l'âme catholique dise donc : « Je mets en Dieu ma confiance; comment dites-vous à mon âme : Passez sur les montagnes comme un passereau? Car voilà que les pécheurs ont tendu leur arc, et préparé leurs flèches dans le carquois pour les lancer, pendant les nuits privées de la lumière de la lune, contre les hommes au cœur droit. » Cessant ensuite de répondre à ceux qui lui tenaient ce langage, qu'elle adresse la parole au Seigneur et lui dise : « Car ils ont détruit vos œuvres les plus parfaites. » (*Ps.* x, 4.) Et qu'elle le dise non contre les seuls Donatistes, mais contre tous les hérétiques. Car ils ont tous, autant qu'il est en eux, détruit la louange parfaite que Dieu a mise dans la bouche des enfants et des nourrissons à la mamelle (*Ps.* VIII, 3); et cela, en agitant les petits par de vaines et minutieuses questions, et en les empêchant de se nourrir du lait de la foi. C'est donc comme si l'on demandait à cette âme : Pourquoi ces hommes vous disent-ils : « Passez sur les montagnes comme un passereau? » Pourquoi ceux qui ont tendu leur arc pour lancer des flèches, en l'absence de la lumière de la lune, contre les hommes au cœur droit, vous effraient-ils en vous menaçant des pécheurs? Et l'âme répond : S'ils m'effraient, « c'est qu'ils ont détruit vos œuvres les plus parfaites, » ô mon Dieu! Mais en quel endroit, sinon dans leurs assemblées, où ils font périr par leurs poisons, au lieu de les nourrir de lait, les petits qui ne connaissent point encore la lumière intérieure? « Mais le juste, qu'a-t-il fait? » Si Macaire, si Cécilianus vous ont offensés, que vous a fait le Christ qui a dit : « Je vous donne ma paix, je vous laisse ma paix, » (*Jean*, XIV, 27) cette paix que vous avez violée par vos criminelles discussions? Que vous a fait le Christ, qui a supporté avec tant de patience celui qui le trahissait, qu'il lui a donné, comme aux autres apôtres, l'Eucharistie confectionnée pour la première fois de ses propres mains et recommandée de sa propre bouche? (*Luc*, XXII, 19, 21.) Que vous a fait le Christ, qui a envoyé avec les autres disciples, pour prêcher le royaume des cieux (*Matth.*, x, 5), ce même traître qu'il a nommé un démon (*Jean*, VI, 71) et qui, avant de livrer son maître, n'avait même point été fidèle dispensateur de sa bourse (*Jean*, XII, 6); afin de montrer que les dons de Dieu sont acquis à ceux qui les reçoivent avec foi, quand même celui qui les communique serait un autre Judas?

7. « Le Seigneur habite dans son saint temple. » (*Ps.* x, 5.) Il faut comprendre ces paroles au sens de l'Apôtre : « Le temple de Dieu est saint et vous êtes ce temple. Et quiconque aura violé le temple de Dieu, Dieu le perdra. » (1 *Cor.*, III, 17.) Or, celui-là viole le temple de Dieu qui viole l'unité. Car il ne demeure pas attaché à la tête (*Coloss.*, II, 19),

---

6. Dicat ergo anima catholica : « In Domino confido; quomodo dicitis animæ meæ : Transmigra in montes sicut passer? Quoniam ecce peccatores intenderunt arcum, paraverunt sagittas suas in pharetra, ut sagittent in obscura luna rectos corde : » et sermonem ab ipsis convertat ad Dominum, et dicat : « Quoniam quæ perfecisti destruxerunt. » (*Psal.* x, 4.) Et hoc dicat, non contra istos solos, sed contra omnes hæreticos. Omnes enim quantum in ipsis est, destruxerunt laudem, « quam ex ore infantium et lactentium perfecti Deus, » (*Psal.* VIII, 3) dum quæstionibus vanis et scrupulosis exagitant parvulos, et eos nutriri fidei lacte non sinunt. Quasi ergo dictum sit huic animæ : Quare isti tibi dicunt : « Transmigra in montes sicut passer : » quare te de peccatoribus terrent, qui intenderunt arcum ad sagittandos in obscura luna rectos corde? Respondet : Ideo utique me terrent : « Quoniam quæ perfecisti destruxerunt. » Ubi, nisi in conventiculis suis, ubi parvulos et interioris lucis ignaros, non lacte nutriunt, sed venenis necant? « Justus autem quid fecit? » Si vos Macarius, si vos Cæcilianus offendit : Christus quid fecit vobis, qui dixit : « Pacem meam do vobis, pacem meam relinquo vobis : » (*Joan.*, XIV, 27) quam vos nefanda dissentione violastis? Christus quid vobis fecit, qui traditorem suum tanta patientia pertulit, ut ei primam Eucharistiam confectam manibus suis et ore suo commendatam, sicut cæteris Apostolis traderet? (*Luc.*, XXII, 19, 21.) Quid vobis fecit Christus, qui eumdem traditorem suum, quem diabolum nominavit (*Joan.*, VI, 71), qui ante traditionem Domini nec loculis Dominicis fidem potuit exhibere (*Joan.*, XII, 6), cum cæteris discipulis ad prædicandum regnum cœlorum misit (*Matth.*, x, 5) : ut demonstraret dona Dei pervenire ad eos qui cum fide accipiunt, etiamsi talis sit per quem accipiunt, qualis Judas fuit?

7. « Dominus in templo sancto suo. » (*Psal.* x, 5.) Ita vero, sicut Apostolus dicit : « Templum enim Dei sanctum est, quod estis vos. » (I *Cor.*, III, 17.) « Quisquis autem templum Dei violaverit, disperdet illum Deus. » (*Coloss.*, II, 19.) Templum Dei violat,

d'où le corps entier, uni et lié par le rapport (1) des membres entre eux, chacun selon la fonction qui lui est propre, reçoit et tire son accroissement, afin de grandir par la charité. (*Ephés.*, IV, 16.) Le Seigneur habite dans ce saint temple qui est le sien, et qui est formé de ses nombreux membres, dont chacun a son office propre, et que la charité réunit en un même édifice. Ce temple est violé par quiconque se sépare de la société catholique, dans le but de s'élever soi-même. « Le Seigneur habite dans son saint temple; le Seigneur a son trône dans le ciel. » Si par le ciel on entend le juste, comme par la terre on entend le pécheur auquel il est dit : « Tu es terre et tu iras dans la terre, » (*Gen.*, III, 19) les paroles du Prophète : « Le Seigneur est dans son saint temple, » sont répétées dans les suivantes : « Le Seigneur a son trône dans le ciel. »

8. « Ses yeux sont attentifs à regarder le pauvre; » (*Ps.* x, 9) car c'est à lui que le pauvre s'est abandonné, c'est lui qui est devenu le refuge du pauvre. Aussi les séditions et les désordres qui ont lieu dans les filets que Dieu conduit au rivage (*Matth.*, XIII, 47), et qui provoquent contre nous les insultes des hérétiques pour leur perte et pour notre amendement, viennent de la part de ces hommes qui refusent d'être les pauvres de Jésus-Christ. Mais réus-

(1) Texte grec, ἀφῆς, (contact, jointure, emboîtement).

sissent-ils à détourner les yeux de Dieu de dessus ceux qui veulent être ces pauvres? Non, car « ses yeux sont attentifs à regarder le pauvre. » Est-il à craindre qu'au milieu de la foule des riches il n'aperçoive pas le petit nombre de pauvres qu'il garde et nourrit dans le sein de l'Eglise catholique? Non. « Ses paupières interrogent les fils des hommes. » (*Ps.* x, 5.) Ici, je crois volontiers que par « les fils des hommes, » on peut comprendre ceux qui de l'homme ancien sont régénérés par la foi. En effet, ils sont exercés par certains endroits obscurs des Ecritures, comparables aux yeux fermés de Dieu, afin qu'ils se livrent à des recherches; et plus loin ils sont éclairés par d'autres endroits d'un sens évident, comparables aux yeux ouverts de Dieu, afin qu'ils soient remplis de joie. Ces alternatives de sens fermé et de sens ouvert, si fréquentes dans les saints livres, sont comme les paupières de Dieu qui interrogent, c'est-à-dire qui éprouvent les fils des hommes; de sorte qu'ils ne sont point fatigués, mais exercés par l'obscurité de certaines choses, et qu'ils ne sont point enflés mais fortifiés par la connaissance qu'ils ont d'autres vérités.

9. « Le Seigneur interroge le juste et l'impie. » (*Ibid.*, 6.) Pourquoi donc craindre que les impies ne nous nuisent en quelque chose, si par hasard ils participent avec nous aux sacrements

---

qui violat unitatem. Non enim tenet caput, ex quo totum corpus connexum et compactum per omnem tactum subministrationis, « secundum operationem in mensuram uniuscujusque partis incrementum corporis facit, in ædificationem sui in caritate. » (*Ephes.*, IV, 16.) In hoc templo sancto suo Dominus est : quod constat multis membris suis, sua quæque officia gerentibus, in unam ædificationem caritate constructis. Quod violat, quisquis causa principatus sui a catholica societate disjungitur. « Dominus in templo sancto suo, Dominus in cœlo sedes ejus. » Si cœlum acceperis justum, sicut terram accipis peccatorem, cui dictum est : « Terra es, et in terram ibis : » (*Gen.*, III, 19) quod dictum est : « Dominus in templo sancto suo, » repetitum intelliges, dum dictum est : « Dominus in cœlo sedes ejus. » (*Psal.* x, 5.)

8. « Oculi ejus in pauperem respiciunt. » (*Ibid.*) Quippe cui derelictus est pauper, et qui factus est refugium pauperi. Et ideo seditiones omnes et tumultus intra ista retia, donec perducantur ad littus (*Matth.*, XIII, 47), de quibus nobis in perniciem suam

et ad nostram correctionem insultant hæretici, per eos homines fiunt, qui pauperes Christi esse nolunt. Sed numquid ab eis qui hoc esse volunt, avertunt oculos Dei? « Oculi enim ejus in pauperem respiciunt. » Numquid metuendum est ne in turba divitum paucos pauperes videre non possit, quos in Ecclesiæ catholicæ gremio custoditos enutriat? « Palpebræ ejus interrogant filios hominum. » Hic « filios hominum, » illa regula libenter acceperim, de veteribus regeneratos per fidem. Hi quippe quibusdam Scripturarum locis obscuris, tanquam clausis oculis Dei, exercentur, ut quærant : et rursus quibusdam locis manifestis, tanquam apertis oculis Dei, illuminantur, ut gaudeant. Et ista in sanctis libris crebra opertio atque adapertio tanquam palpebræ sunt Dei, quæ interrogant, id est, quæ probant filios hominum, qui neque fatigantur rerum obscuritate, sed exercentur; neque inflantur cognitione, sed confirmantur.

9. « Dominus interrogat justum et impium. » (*Ibid.*, 6.) Quid ergo metuimus ne aliquid nobis

sans sincérité de cœur, puisque Dieu interroge également le juste et l'impie? « Mais celui qui aime l'iniquité hait son âme, » (*Ibid.*) c'est-à-dire que le partisan de l'iniquité ne nuit pas à celui qui croit à Dieu et qui ne met point son espérance en l'homme; il ne nuit qu'à son âme.

10. « Il fera pleuvoir des piéges sur les pécheurs. » (*Ibid.*, 7.) Si par les nuées il faut entendre les prophètes en général, soit bons, soit mauvais (et ces derniers sont aussi appelés faux prophètes) (*Matth.*, XXIV, 24), telle est l'économie de Dieu sur les faux prophètes, que par eux il fait pleuvoir des piéges sur les pécheurs. Car il n'y a que le pécheur qui se laisse aller à les suivre, soit pour préparer ainsi lui-même son dernier châtiment, s'il s'obstine à persévérer dans le péché, soit pour être amené à corriger son orgueil, s'il vient à chercher Dieu avec plus de soin et de sincérité. Si, au contraire, par les nuées on ne doit comprendre que les bons et vrais prophètes, il est clair que par eux Dieu fait aussi pleuvoir des piéges sur les pécheurs, quoique en même temps, par eux aussi, il arrose les hommes vertueux pour leur faire porter du fruit. « Pour les uns, dit l'Apôtre, nous sommes une odeur de vie qui les fait vivre; pour les autres, une odeur de mort qui les fait mourir. » (II *Cor.*, II, 16.) Car ce n'est pas seulement aux prophètes, mais à tous ceux qui arrosent les âmes de la parole de Dieu, qu'on peut appliquer le nom de nuées. Quand leurs enseignements sont mal compris, ce sont des piéges que Dieu fait pleuvoir sur les pécheurs; quand au contraire ces enseignements sont bien compris, c'est une pluie par laquelle Dieu féconde les cœurs des hommes pieux et fidèles. Ainsi par exemple, si l'on interprète dans le sens des mauvaises passions ces paroles : « Ils seront deux dans une seule chair, » (*Gen.*, II, 24) elles tombent comme un piège sur le pécheur. Si au contraire on les comprend comme celui qui les a expliquées ainsi : « Je veux dire en Jésus-Christ et en l'Eglise, » (*Ephés.*, V, 32) elles descendent comme la pluie sur une terre fertile. Et ce double effet est produit par la même nuée, c'est-à-dire par la sainte Ecriture. De même le Seigneur a dit : « Ce n'est pas ce qui entre dans votre bouche qui vous souille, mais ce qui en sort. » (*Matth.*, XV, 11.) Le pécheur entend ces paroles et livre sa bouche à la gourmandise; le juste les entend, et elles lui apprennent à ne point établir de distinction superstitieuse entre les aliments. Donc, ici encore, de la même nuée des Ecritures, tombent, en raison de ce que chacun a mérité, sur le pécheur une pluie de piéges, et sur le juste une pluie fertilisante.

11. « Le feu, le soufre et l'orage sont la part

---

obsint impii, si forte nobiscum sacramenta non sincero corde communicant, quando ille interrogat justum et impium? (*a*) « Qui autem diligit iniquitatem, odit animam suam : » id est, non ei qui credit Deo, et spem suam non ponit in homine, sed tantum animæ suæ nocet dilector iniquitatis.

10. « Pluet super peccatores laqueos. » (*Ibid.*, 7.) Si nubes generaliter prophetæ intelligantur, sive boni, sive mali, qui etiam pseudoprophetæ appellantur (*Matth.*, XXIV, 2) : sic ordinantur pseudoprophetæ a Domino Deo ut de his laqueos super peccatores pluat. Non enim quisquam in eos sectandos incidit nisi peccator, sive ad præparationem extremi supplicii, si perseverare in peccando maluerit; sive ad (*b*) desuadendam superbiam, si aliquando Deum cura sinceriore quæsiverit. Si autem nubes nonnisi boni et veri prophetæ intelligantur; et de his manifestum est super peccatores pluere Deum, quamvis de his etiam pios ad fructificandum iriget. « Quibusdam, inquit Apostolus, sumus odor vitæ in vitam, quibusdam odor mortis in mortem. » (II *Cor.*,
II, 16.) Non enim prophetæ tantum, sed omnes verbo Dei animas irrigantes, nubes dici possunt. Qui cum male intelliguntur, pluit Deus super peccatores laqueos : cum autem bene intelliguntur, fecundat pectora piorum atque fidelium. Sicut exempli gratia, quod scriptum est : « Et erunt duo in carne una, » (*Gen.*, II, 24) si ad libidinem quisque interpretetur, laqueum pluit super peccatorem. Sin autem intelligas, sicut ille qui ait : « Ego autem dico in Christo et in Ecclesia : » (*Ephes.*, V, 32) imbrem pluit super fertilem terram. Eadem autem nube, id est, divina Scriptura, utrumque factum est. Item Dominus dicit : « Non quod intrat in os vestrum, vos coinquinat, sed quod exit. » (*Matth.*, XV, 11.) Audit hoc peccator, et gulam parat voracitati : audit hoc justus, et a ciborum discernendorum superstitione munitur. Et hic igitur eamdem Scripturarum nube, pro suo cujusque merito, et peccatori pluvia laqueorum, et justo pluvia ubertatis infusa est.

11. « Ignis et sulphur et spiritus procellæ pars calicis eorum. » (*Psal.* X, 7.) Hæc pœna eorum est

---

(*a*) Hæc pars vers. 6. tractatur etiam in Enarrat. l'sal. XCIII, et c. — (*b*) Plures Mss. *desudandam* : aliqui *dissuadendam*.

déposée dans leur coupe. » (*Ps.* x, 7.) Tel est le châtiment, telle est la fin de ceux qui blasphèment le nom de Dieu. D'abord ils sont dévastés par le feu de leurs convoitises; ensuite ils sont repoussés de l'assemblée des bienheureux, en raison de la puanteur de leurs œuvres criminelles; enfin, emportés et submergés dans l'abîme, ils y souffrent des peines inexprimables. Telle est la part déposée dans leur coupe; et au contraire, combien est admirable la coupe que vous donnez aux justes, et qui les enivre de joie! (*Ps.* xxII, 5.) Car, est-il écrit : « Ils seront enivrés par l'abondance des biens de votre maison. » (*Ps.* xxxv, 9.) Je pense que le mot coupe est employé ici de peur que nous n'oubliions que jamais la divine Providence n'agit au delà de la juste mesure, même dans le châtiment des pécheurs. C'est pourquoi le Prophète, rendant compte, pour ainsi dire, de cette action divine, ajoute : « Parce que le Seigneur est juste et aime les justices. » (*Ps.* x, 8.) Ce dernier mot n'est pas mis inutilement au pluriel; n'est-ce point en effet que, parlant des hommes, le Prophète emploie le mot de justices au lieu de celui de justes. Il semble, en effet, qu'il y ait autant de justices que de justes, tandis qu'unique est la justice de Dieu, à laquelle toutes les autres participent. De même, lorsqu'une seule figure est en face de plusieurs miroirs, ses traits, bien qu'ils soient uniques en elle, sont reproduits un nombre de fois égal au nombre des miroirs. C'est pourquoi il revient ensuite au nombre singulier par ces paroles : « Son visage a vu l'équité. » (*Ibid.*) Peut-être faut-il prendre ces mots : « Son visage a vu l'équité, » comme s'il y avait : L'équité a été vue sur son visage, c'est-à-dire dans les choses par lesquelles nous le connaissons. En effet, le visage de Dieu est la puissance par laquelle il se fait connaître à ceux qui le méritent. Ou du moins : « Son visage a vu l'équité, » parce qu'il ne permet pas aux méchants de le connaître, mais seulement aux bons; et c'est en cela que consiste cette équité.

12. Si maintenant on veut admettre (1) que la lune représente la Synagogue, il n'y a qu'à rapporter le psaume à la passion du Seigneur, à dire des Juifs : « Ils ont détruit vos œuvres les plus parfaites, » et à demander du Seigneur même : « Et le juste, qu'a-t-il fait? » Ils accusaient ce juste de détruire la loi, et eux-mêmes ont détruit ses commandements par leur vie perverse, par leur mépris pour ses préceptes, et par la substitution de leur propre volonté à la sienne; au point que le Seigneur lui-même s'écrie en sa qualité d'homme, selon son langage ordinaire : « Je mets en Dieu ma confiance; pourquoi dites-vous à mon âme : Passez sur les montagnes comme un passereau? » Et cela à cause des menaces de ceux qui voulaient le saisir et le crucifi-

(1) Autre explication allégorique.

atque exitus, per quos blasphematur nomen Dei, ut primo cupiditatum suarum igne vastentur, deinde malorum operum putore a cœtu beatorum abjiciantur, postremo abrepti atque submersi, ineffabiles pœnas luant. Hæc enim pars est calicis eorum : sicut justorum calix tuus inebrians quam præclarus ! (*Psal.* xxII, 5.) « Inebriabuntur enim ab ubertate domus tuæ. » (*Psal.* xxxv, 9.) Calicem autem propterea puto appellatum, ne quid præter modum atque mensuram, vel in ipsis peccatorum suppliciis, per divinam providentiam fieri arbitremur. Et ideo tanquam rationem reddens quare id fiat, subjicit : « Quoniam justus Dominus, et justitias dilexit. » (*Psal.* cvIII.) Non frustra pluraliter, nisi quia homines dicit, ut pro justis, justitiæ intelligantur positæ. In multis enim justis quasi multæ justitiæ videntur esse, cum sit una Dei, cujus omnes participant. Tanquam si una facies intueatur plura specula, quod in illa singulare est, de illis pluribus pluraliter redditur. Propterea rursus ad singularitatem se refert, dicendo : « Æquitatem vidit facies ejus. » Fortasse pro eo sit positum : « Æquitatem vidit facies ejus, » ac si diceretur : Æquitas visa est in facie ejus, id est, in ejus notitia. Facies enim Dei est potentia qua dignis innotescit. Aut certe : « Æquitatem vidit facies ejus, » quia non se præbet cognoscendum malis, sed bonis : et ipsa est æquitas.

12. Si quis autem lunam Synagogam vult intelligere, ad passionem Domini referat Psalmum, et de Judæis dicat : « Quoniam quæ perfecisti destruxerunt : » ac de ipso Domino « Justus autem quid fecit? » Quem tanquam destructorem legis arguebant : cujus præcepta, perverse vivendo, et ea contemnendo, ac sua statuendo, destruxerant, ut ipse Dominus secundum hominem loquatur, ut solet, dicens : « In Domino confido; quomodo dicitis animæ meæ : Transmigra in montes sicut passer? » propter terrores scilicet eorum, qui illum apprehendere et crucifigere cupiebant. Cum peccatores sagittare volentes « rectos corde, » id est qui Christo credide-

fier. On peut admettre légitimement que « les hommes au cœur droit, » que les pécheurs veulent percer de leurs flèches, sont ceux qui ont cru en Jésus-Christ; et « que les nuits privées de la lumière de la lune » signifient la Synagogue toute remplie de pécheurs. Ce qui suit : « Le Seigneur habite dans son saint temple, le Seigneur a son trône dans le ciel, » se rapporte-t-il à cette explication? Oui, ces paroles signifient le Verbe fait homme, et le Fils de l'homme qui lui-même est dans les cieux. « Ses yeux sont attentifs à regarder le pauvre : » ou le pauvre que, comme Dieu, le Verbe a uni à sa personne, ou le pauvre pour lequel il a souffert comme homme. « Ses paupières interrogent les fils des hommes. » Cette alternative des yeux ouverts et fermés, probablement représentée par le mot de paupières, peut être interprétée comme la figure de sa mort et de sa résurrection, par lesquelles il a éprouvé les fils des hommes, ses disciples effrayés par sa passion et comblés de joie par sa résurrection. « Le Seigneur interroge le juste et l'impie : » car du haut du ciel il gouverne l'Eglise. « Or, celui qui aime l'iniquité hait son âme. » Pourquoi? la suite le fait assez comprendre. Car « il fera pleuvoir des pièges sur les pécheurs. » Ces paroles, et le reste jusqu'à la fin du psaume, doivent se comprendre dans le sens que nous avons exposé ci-dessus.

DISCOURS SUR LE PSAUME XIe.

Pour la fin, pour l'octave, psaume de David.
(Ps. xi, 1.)

1. Dans le discours sur le sixième psaume, nous avons dit que l'octave pouvait s'entendre du jour du jugement. « Pour l'octave, » peut encore se prendre dans le sens du siècle éternel, qui, après ce temps partagé en sept jours, sera accordé aux saints.

2. « Sauvez-moi, Seigneur, parce qu'il n'y a plus de saints, » (*Ibid.*, 2) c'est-à-dire que nous n'en trouvons pas. C'est ainsi que nous disons : Il n'y a plus de blé, ou il n'y a plus d'argent. « Parce que les vérités ont presque disparu parmi les enfants des hommes. » (*Ibid.*) Il n'y a qu'une vérité qui éclaire les âmes saintes; mais parce que les âmes sont nombreuses, on peut dire que considérées dans ces âmes, les vérités sont également nombreuses, de même que dans plusieurs miroirs on voit plusieurs images d'une seule figure.

3. « Tous les hommes usent envers leur prochain de paroles menteuses. » (*Ibid.*, 3.) Par le prochain on doit entendre tous les hommes, parce qu'on ne doit faire de mal à personne, et que l'amour pour le prochain n'opère point le mal. (*Rom.*, iii, 10.) « Leurs lèvres sont trompeuses, ils disent » des choses méchantes

rant, « in obscura luna, » id est, repleta peccatoribus Synagoga, non absurde intelligitur. Cui congruit et quod dicitur : « Dominus in templo sancto suo, Dominus in cœlo sedes ejus; » id est, Verbum in homine, vel ipse filius hominis qui in cœlis est. « Oculi ejus in pauperem respiciunt : » aut quem suscepit secundum Deum, aut propter quem passus est secundum hominum. « Palpebræ ejus interrogant filios hominum. » Opertionem atque adapertionem oculorum, quod nomine palpebrarum probabile est positum, mortem resurrectionemque ejus accipere possumus, ubi probavit filios hominum discipulos suos, et territos sua passione et resurrectione lætificatos. « Dominus interrogat justum et impium, » jam de cœlo gubernans Ecclesiam. « Qui autem diligit iniquitatem, odit animam suam : » Quare hoc ita sit, consequentia docent. « Pluet enim super peccatores laqueos, » secundum superiorem expositionem accipiendum, et omnia cætera usque ad finem Psalmi.

IN PSALMUM XI ENARRATIO.

In finem, pro octavo, psalmus David. (Ps. xi, 1.)

1. Octavum diem judicii posse intelligi, in sexto Psalmo dictum est. Potest et « pro octavo, » intelligi pro æterno sæculo : quia post hoc tempus quod septem diebus volvitur, dabitur sanctis.

2. « Salvum me fac Domine, quoniam defecit sanctus : » (*Ibid.*, 2) id est, non invenitur : sicut loquimur cum dicimus : Defecit frumentum, aut : Defecit pecunia. « Quoniam diminutæ sunt veritates a filiis hominum. » Veritas una est, qua illustrantur animæ sanctæ : sed quoniam multæ sunt animæ, in ipsis multæ veritates dici possunt; sicut ab una facie multæ in speculis imagines apparent.

3. « Vana locutus est unusquisque ad proximum suum. » (*Ibid.*, 3.) Proximum omnem hominem oportet intelligi : quia nemo est cum quo sit operandum malum; et dilectio proximi malum non operatur. » (*Rom.*, xiii, 10.) « Labia dolosa in corde

« avec un cœur et un cœur. » (*Ps.* XI, 3.) Cette répétition « avec un cœur et un cœur, » exprime la duplicité du cœur.

4. « Que le Seigneur anéantisse toutes ces lèvres trompeuses. » (*Ibid.*, 4.) Il dit : « Toutes, » afin que nul ne se croie excepté. L'Apôtre a dit de même : « ... Dans l'âme de tout homme qui fait le mal, du Juif premièrement, puis du Gentil. » (*Rom.*, II, 9.) « Et la langue qui parle avec arrogance, » (*Ps.* XI, 4) c'est-à-dire la langue orgueilleuse.

5. « Ils ont dit : Nous serons glorifiés par nos discours, nos lèvres nous appartiennent; qui est notre maître? » (*Ibid.*, 5.) Le Prophète désigne ici les hypocrites superbes, qui comptent sur leurs discours pour tromper les hommes, et qui refusent de se soumettre à Dieu.

6. « A cause de la misère des indigents et des gémissements des pauvres, je me lèverai maintenant, dit le Seigneur. » (*Ibid.*, 6.) En effet, le Seigneur a pris ainsi pitié de son peuple dans l'Evangile, parce qu'il n'avait personne pour le guider, alors qu'il était prêt à obéir. C'est aussi pour cette raison qu'il est dit dans l'Evangile : « La moisson est abondante, mais il y a peu d'ouvriers. » (*Matth.*, IX, 38.) Les paroles du Prophète s'appliquent à la personne de Dieu le Père, qui, à cause des indigents et des pauvres, c'est-à-dire à cause de ceux qui souffrent disette et pauvreté des biens spirituels, a daigné envoyer son Fils sur la terre. Aussi, le discours de Jésus sur la montagne, rapporté par saint Matthieu, commence-t-il par ces paroles : « Bienheureux ceux qui sont pauvres d'esprit, parce que le royaume des cieux est à eux. » (*Matth.*, VII, 29.) « Je mettrai dans celui qui est le salut. » Le Père ne dit pas ce qu'il mettra; mais ces mots : « Dans celui qui est le salut, » doivent se prendre du Christ, d'après cette parole : « Parce que mes yeux ont vu celui qui est le salut que vous donnez. » (*Luc*, II, 30.) C'est pourquoi l'on comprend que le Père a mis en lui ce qui est nécessaire pour faire disparaître la misère des indigents et faire cesser les gémissements des pauvres. « Il sera le dépositaire de toute ma confiance, » selon ces paroles de l'Evangile : « Or, il les instruisait comme ayant autorité, et non comme le faisaient leurs scribes. » (*Matth.*, VII, 29.)

7. « Les paroles du Seigneur sont des paroles pures. » (*Ps.* XI, 7.) C'est en cet endroit le Prophète qui dit : « Les paroles du Seigneur sont des paroles pures. » « Pures, » c'est-à-dire non corrompues par la dissimulation. En effet, beaucoup prêchent la vérité, mais non d'une manière pure, parce qu'ils la vendent au prix des avantages de ce siècle. L'Apôtre dit d'eux qu'ils annoncent le Christ avec une intention qui n'est

---

et corde locuti sunt, » (*a*) mala. Quod bis ait, « in corde et corde, » duplex cor significat.

4. « Disperdat Dominus universa labia dolosa. » (*Psal.* XI, 4.) « Universa » dixit, ne quis se exceptum putet : sicut Apostolus dicit : « In omnem animam hominis operantis malum, Judæi primum et Græci. » (*Rom.*, II, 9.) « Linguam magniloquam : » linguam superbam.

5. « Qui dixerunt : Linguam nostram magnificabimus, labia nostra apud nos sunt, quis noster Dominus est? » (*Psal.* X, 5.) Superbi hypocritæ significantur, in sermone suo spem ponentes ad homines decipiendos, et Deo non subditi.

6. (*b*) « Propter miseriam inopum et gemitum pauperum, nunc exsurgam, dicit Dominus. » (*Ibid.*, 6.) Ita enim populum suum ipse Dominus in Evangelio miseratus est, quod rectorem non haberet cum bene posset obtemperare. Unde etiam dictum est in Evangelio : « Messis multa, operarii autem pauci. » (*Matth.*, IX, 38.) Hoc autem ex persona Dei Patris accipiendum est, qui (*c*) propter inopes et pauperes, id est, inopia et paupertate bonorum spiritalium egentes, Filium suum dignatus est mittere. Inde autem incipit sermo ejus apud Matthæum in monte, cum dicit : « Beati pauperes spiritu, quoniam ipsorum est regnum cœlorum. » (*Matth.*, V, 3.) « Ponam in salutari. » Non dixit quid ponat : sed « in salutari, » in Christo accipiendum est, secundum illud : « Quoniam viderunt oculi mei salutare tuum. » (*Luc.*, II, 30.) Et ideo intelligitur in illo posuisse quod ad miseriam inopum auferendam et consolandum gemitum pauperum pertinet. « Fiducialiter agam in eo : » secundum illud in Evangelio : « Erat enim docens eos tanquam potestatem habens, non tanquam Scribæ eorum. » (*Matth.*, VII, 29.)

7. « Eloquia Domini, eloquia casta. » (*Psal.* XI, 7.) Hæc persona ipsius Prophetæ est : « Eloquia Domini, eloquia casta. » « Casta » dicit, sine corruptione simulationis. Multi enim prædicant veritatem non caste; quia vendunt illam pretio commoditatum hujus sæculi. De talibus dicit Apostolus, quod Christum annuntiarent non caste. (*Philip.*, I, 17.) « Argentum

---

(*a*) Editi *locuti sunt vana*. At Mss. *mala*. — (*b*) Idem vers. 6, explicatur in Enarrat. Psal. XCIII. — (*c*) Octo Mss. *propterea ad inopes*.

point pure. (*Philip.*, I, 17.) « Comme l'argent que le feu a purifié de toute terre. » (*Ps.* XI, 7.) Les paroles du Seigneur sont démontrées aux pécheur par leurs propres tribulations. « Sept fois raffiné » par la crainte de Dieu, par la piété, par la science, par la force, par le conseil, par l'intelligence, par la sagesse. (*Is.* XI, 2.) Ce sont là les sept degrés de béatitude que, selon saint Matthieu, le Seigneur a exposés dans son discours sur la montagne : « Bienheureux les pauvres qui le sont en esprit; bienheureux les doux; bienheureux ceux qui pleurent; bienheureux ceux qui ont faim et soif de la justice; bienheureux les miséricordieux; bienheureux ceux qui ont le cœur pur; bienheureux les pacifiques. » (*Matth.*, V, 3 et suiv.) Il est à remarquer que le discours entier n'est que le développement de ces sept maximes. Quant à la huitième, où il est dit : « Bienheureux ceux qui souffrent persécution pour la justice, » (*Ibid.*) elle signifie le feu même par lequel l'argent est sept fois purifié. C'est à la fin de ce discours que l'Evangéliste fait cette remarque : « Or, il les instruisait comme ayant autorité, et non comme le faisaient leurs scribes, » (*Matth.*, VII, 29) parole qui a rapport à ce passage du psaume : « Il sera le dépositaire de toute ma confiance. »

8. « Vous, Seigneur, vous nous conserverez et nous garderez dès cette génération jusqu'à l'éternité, » (*Ps.* XI, 8) ici-bas comme indigents et pauvres, dans l'éternité comme opulents et riches.

9. « Les impies marchent dans un cercle, » (*Ibid.*, 9) c'est-à-dire dans la convoitise des choses temporelles, qui, reproduisant sans cesse le cycle des sept jours, tourne sur elle-même comme une roue; aussi les impies n'arrivent-ils point à l'octave, ou à l'éternité, dont ce psaume porte l'intitulé. Salomon a dit dans le même sens : « Un roi sage dissipe les impies comme un vent puissant, et les fait passer sous la roue des afflictions. » (*Prov.*, XX, 26, *selon les Sept.*) « Vous avez multiplié selon votre grandeur les enfants des hommes. » (*Ps.* XI, 9.) Il y a dans les choses temporelles une multiplicité qui éloigne de l'unité de Dieu; d'où vient que « le corps qui est corrompu appesantit l'âme, et que cette demeure terrestre abat l'esprit par la multiplicité des soins qu'elle lui impose? » (*Sag.*, IX, 15.) Mais les justes sont multipliés selon la grandeur de Dieu, quand « ils s'avancent de vertu en vertu. » (*Ps.* LXXXIII, 8.)

---

igne examinatum terræ. » Ipsa eloquia Domini per tribulationes probata peccatoribus. « Purgatum septuplum : » per timorem Dei, per pietatem, per scientiam, per fortitudinem, per consilium, per intellectum, per sapientiam. (*Is.*, XI, 2.) Nam septem sunt etiam beatitudinis gradus, quos in eodem sermone quem habuit in monte Dominus exsequitur κατὰ Matthæum : Beati pauperes spiritu, beati mites, beati lugentes, beati qui esuriunt et sitiunt justitiam, beati misericordes, beati mundo corde, beati pacifici. (*Matth.*, V, 3, etc.) De quibus sententiis septem, totum illum sermonem prolixum dictum esse animadverti potest. Nam octava, ubi dictum est : Beati qui persecutionem patiuntur propter justitiam, ipsum ignem significat, quo septempliciter probatur argentum. Qui sermo cum terminatus esset, dictum est : « Erat enim docens eos tanquam potestatem habens, non tanquam Scribæ eorum. » (*Matth.*, VII, 29.) Quod pertinet ad id quod in hoc Psalmo dictum est : « Fiducialiter agam in eo. »

8. « Tu Domine servabis nos, et custodies nos a generatione hac in æternum : » (*Psal.* XI, 8) hic tanquam inopes et pauperes, ibi tanquam opulentos et divites.

9. (*a*) « In circuitu impii ambulant : » (*Ibid.*, 9) id est, in temporalium rerum cupiditate, quæ septem dierum repetito circuitu, tanquam rota volvitur : et ideo non perveniunt in octavum, id est, in æternum, pro quo iste Psalmus titulatus est. Ita et per Salomonem dicitur : « Ventilator enim est impiorum rex sapiens, et imittit illis rotam malorum. » (*Prov.*, XX, 26, *sec.* LXX.) « Secundum altitudinem tuam multiplicasti filios hominum. » Quia est in temporalibus multiplicatio, quæ avertit ab unitate Dei. « Unde corpus quod corrumpitur, aggravat animam, et deprimit terrena inhabitatio sensum multa cogitantem. » (*Sap.*, IX, 15). Multiplicantur autem justi secundum altitudinem Dei, quando ibunt de virtute in virtutem. (*Psal.* LXXXIII, 8.)

(*a*) Idem vers. 9, tractatur in Enarratione Psal. CXXXIX.

DISCOURS SUR LE PSAUME XII°.

Pour la fin, psaume de David. (Ps. xii, 1.)

1. « Le Christ est la fin de la Loi pour la justification de tous ceux qui croient en lui. » (*Rom.*, x, 4.) Les premières paroles du psaume : « Jusques à quand, Seigneur, m'oublierez-vous en ce qui concerne la fin ? » (*Ps.* xii, 1) signifient donc : Jusques à quand différerez-vous de me faire comprendre spirituellement le Christ, qui est la Sagesse de Dieu et la droite fin à laquelle doivent tendre tous les efforts de l'âme ? « Jusques à quand détournerez-vous de moi votre face ? » (*Ibid.*) De même que Dieu n'oublie pas, de même il ne détourne pas non plus sa face, mais l'Ecriture se conforme à notre langage. Or, Dieu est dit détourner sa face, quand il ne donne point connaissance de lui-même à l'âme qui n'a point encore l'œil spirituel assez pur.

2. « Jusques à quand serai-je réduit à prendre des conseils dans mon âme ? » (*Ibid.*, 2.) On n'a besoin de conseils que dans l'adversité. Ces mots : « Jusques à quand serai-je réduit à prendre des conseils dans mon âme ? » signifient donc : Jusques à quand serai-je dans l'adversité ? Ou au contraire ces mêmes paroles sont une réponse aux questions qui précèdent et en voici le sens : Vous m'oublierez, Seigneur, en ce qui concerne la fin, et vous détournerez de moi votre face, jusqu'à ce que je prenne un conseil en mon âme. Si en effet l'homme ne prend en son âme la résolution d'exercer parfaitement la miséricorde, Dieu ne le dirigera pas vers la fin et ne lui donnera point cette pleine connaissance de lui-même, qui consiste à le voir face à face. « Et à sentir la douleur dans mon cœur pendant tout le jour ? » (*Ibid.*) Mais ces mots « à sentir » sont sous-entendus. L'expression « pendant tout le jour » marque la continuité, et le mot de jour est pris dans le sens d'un long espace de temps. Quiconque porte ainsi dans son cœur une douleur dont il aspire à être délivré, demande à s'élever vers les choses éternelles et à ne plus être soumis au jour des choses humaines.

3. « Jusques à quand mon ennemi sera-t-il élevé au-dessus de moi ? » (*Ibid.*, 3.) L'ennemi, c'est le démon, ou la vie charnelle.

4. « Regardez-moi, et exaucez-moi, Seigneur mon Dieu. » (*Ibid.*, 4.) « Regardez-moi, » se rapporte à ces paroles : Jusques à quand détournerez-vous de moi votre face ; et « écoutez-moi, » aux paroles précédentes : Jusques à quand m'oublierez-vous en ce qui concerne la fin ? « Eclairez mes yeux, afin que jamais je ne m'endorme dans la mort. » (*Ibid.*) Le Prophète parle des yeux de son cœur, et demande que jamais ils ne soient fermés par suite des funestes délectations du péché.

5. « De peur que mon ennemi ne puisse dire :

IN PSALMUM XII ENARRATIO.

In finem, psalmus David. (Psal. xii, 1.)

1. Finis enim Legis Christus ad justitiam omni credenti. « Usquequo Domine oblivisceris me in finem ? » (*Ps.* xii, 1) id est, differs me ad intelligendum Christum spiritaliter, qui est Dei Sapientia, et rectus finis omnis intentionis animæ. « Quo usque avertis faciem tuam a me ? » Sicut non obliviscitur Deus, sic nec faciem avertit : sed more nostro Scriptura loquitur. Avertere autem Deus faciem dicitur, dum non dat animæ notitiam sui, quæ adhuc purum mentis oculum non habet.

2. « Quamdiu ponam consilium in anima mea ? » (*Ibid.*, 2.) Consilio non opus est, nisi in adversis. Ergo : « Quamdiu ponam consilium in anima mea, » ita dictum est : Quamdiu ero in adversis. Aut certe responsio est : ut iste sit sensus : Tamdiu Domine oblivisceris me in finem, et tamdiu avertis faciem tuam a me, quamdiu ponam consilium in anima mea : ut nisi quisque posuerit consilium in anima sua, ut perfecte operetur misericordiam, non cum dirigat Deus in finem, neque notitiam sui plenam, quod est facie ad faciem, præbeat illi. « Dolorem in corde meo per diem ? » Subauditur, quamdiu ponam. « Per diem » autem, continuationem significat, ut dies pro tempore intelligatur : a quo se quisque desiderans exui, dolorem ponit in corde, deprecans ad æterna conscendere, et humanum diem non pati.

3. « Usque quo exaltabitur inimicus meus super me ? » (*Ibid.*, 3) vel diabolus, vel consuetudo carnalis.

4. « Respice et exaudi me Domine Deus meus. » (*Ibid.*, 4.) « Respice, » refertur ad id quod dictum est : Usque quo avertis faciem tuam a me. « Exaudi, » refertur ad id quod dictum est : Usque quo oblivisceris me in finem. « Illumina oculos meos, ne umquam obdormiam in morte. » Oculos cordis oportet intelligi, ne delectabili defectu peccati claudantur.

5. « Nequando dicat inimicus meus : Prævalui ad-

J'ai prévalu contre lui. » (*Ibid.*, 5.) Nous devons redouter cette insulte du démon. « Ceux qui me suscitent des tribulations triompheront si je suis ébranlé. » (*Ibid.*) Il s'agit ici du démon et de ses anges, qui n'ont point eu de triomphe à célébrer sur le saint homme Job, lorsqu'ils l'accablaient de tribulations parce qu'il n'a point été ébranlé (*Job*, I, 22), c'est-à-dire parce qu'il n'est pas sorti de la stabilité de la foi.

6. « Mais j'ai mis mon espoir dans votre miséricorde. » (*Ps.* XII, 6.) L'homme qui n'est point ébranlé et qui reste ferme dans le Seigneur ne doit point s'en attribuer le mérite; de peur qu'en se glorifiant de n'avoir point été ébranlé, il ne soit en effet ébranlé par l'orgueil. « Mon cœur tressaillira de joie dans votre Sauveur, » (*Ibid.*, 5) c'est-à-dire dans le Christ qui est la Sagesse de Dieu. « Je chanterai au Seigneur qui m'a comblé de biens, » (*Ibid.*) de biens spirituels qui n'appartiennent pas au jour humain. « Et je glorifierai par des psaumes le nom du Seigneur Très-Haut, » (*Ibid.*) c'est-à-dire je lui rends avec joie des actions de grâces, et je me sers avec l'ordre le plus parfait des facultés de mon corps. Tels sont les chants spirituels de l'âme. Mais s'il convient d'observer ici quelque différence entre les deux expressions du Prophète, il faut entendre la première « je chanterai, » des sentiments du cœur, et la seconde « je glorifierai par des psaumes, » des bonnes œuvres que Dieu voit seul. « Le nom du Seigneur; » c'est par son nom que Dieu se fait connaître aux hommes, connaissance utile, non à Dieu, mais à nous.

DISCOURS SUR LE PSAUME XIIIe.

Pour la fin, psaume de David pour lui-même.
(Ps. XIII, 1.)

1. Il est inutile de répéter ce que veut dire : « Pour la fin. » En effet, selon la doctrine de l'Apôtre, « le Christ est la fin de la Loi, pour la justification de tous ceux qui croient en lui. » (*Rom.*, X, 4.) Nous croyons en lui, lorsque nous commençons à entrer dans la bonne voie ; nous le verrons, lorsque nous serons parvenus au terme de ce chemin. Voilà pourquoi il est lui-même la fin.

2. « L'insensé a dit dans son cœur : Il n'y a point de Dieu. » (*Ps.* XIII, 1; LII, 1.) Et pourtant ces détestables et sacriléges philosophes, qui n'ont sur Dieu que des pensées fausses et perverses, n'ont pas eux-mêmes osé dire : Il n'y a point de Dieu. Aussi le Prophète a-t-il écrit : « L'insensé a dit dans son cœur; » nul homme, en effet, n'ose dire ces choses, alors même qu'il oserait les penser. « Ils se sont corrompus et sont devenus abominables dans leurs affections, » c'est-à-dire en aimant le monde et en n'aimant point Dieu. Ce sont là les affections qui cor-

---

versus eum. » (*Ibid.*, 5.) Diaboli insultatio metuenda est. « Qui tribulant me exsultabunt, si motus fuero : » diabolus et angeli ejus. Qui non exsultaverunt de justo viro Job, cum eum tribularent; quia non est motus, id est, de stabilitate fidei non recessit. (*Job*, 1, 22.)
6. « Ego autem in tua misericordia speravi. » (*Psal.* XII, 6.) Quia idipsum quod non movetur homo et fixus in Domino permanet, non sibi debet tribuere : ne se glorietur non esse motum, ipsa superbia moveatur. « Exsultabit cor meum in salutari tuo : » in Christo, in Sapientia Dei. « Cantabo Domino qui bona tribuit mihi : » bona spiritalia, non ad humanum diem pertinentia. « Et psallam nomini Domini altissimi : » id est, cum gaudio gratias ago, et ordinatissime utor corpore, qui est cantus animæ spiritalis. Si autem aliqua hic differentia consideranda est : « Cantabo » corde : « Psallam » operibus Domino (*a*), quod solus videt : « Nomini autem Domini, » quod apud homines innotescit : quod non illi, sed nobis utile est.

(*a*) Lov. *qui solus videt*. At Er. et Mss. *quod solus videt*.

IN PSALMUM XIII ENARRATIO.

In finem, psalmus ipsi David. (Psal. XIII, 1.)

1. Quid sit « in finem, » non est sæpius repetendum. « Finis enim Legis Christus, ad justitiam omni credenti, » (*Rom.*, X, 4) sicut Apostolus dicit. Illi credimus, quando incipimus viam bonam ingredi. Ipsum videbimus, cum pervenerimus. Et ideo ipse finis.

2. « Dixit imprudens in corde suo : Non est Deus. » (*Psal.* XIII, 1.) Nec ipsi enim sacrilegi et detestandi quidam philosophi, qui perversa et falsa de Deo sentiunt, ausi sunt dicere : « Non est Deus. » (*Psal.* LII, 1.) Ideo ergo : « Dixit in corde suo : » quia hoc nemo audet dicere, etiam si ausus fuerit cogitare. « Corrupti sunt et abominabiles facti sunt in affectionibus suis : » id est, dum amant hoc sæculum, et non amant Deum : ipsæ sunt affectiones quæ corrumpunt animam, et sic excæcant, ut possit etiam dicere im-

rompent l'âme et l'aveuglent au point que l'insensé puisse dire en son cœur : « Il n'y a point de Dieu. » Et parce qu'ils n'ont point fait voir qu'ils avaient la connaissance de Dieu, Dieu les a livrés à leurs sens dépravés. (*Rom.*, I, 28.) « Il n'y en a pas un qui fasse le bien, il n'y en a pas jusqu'à un. » (*Ibid.*, 2.) « Jusqu'à un, » peut signifier pas même un seul, et exprimer que pas un seul homme n'a fait le bien ; il peut signifier encore excepté un et désigner Notre-Seigneur Jésus-Christ. Nous disons de même : ce champ s'étend jusqu'à la mer, sans que nous comprenions la mer dans cette étendue. Ce sens est le meilleur, parce qu'il témoigne que nul n'a fait le bien jusqu'à Jésus-Christ, personne ne le pouvant faire qu'après l'exemple du Sauveur. Et cela est vrai, car, tant qu'un homme ne connaît pas le Dieu unique, il ne peut faire le bien.

3. « Du haut du ciel, le Seigneur a jeté les yeux sur les fils des hommes, pour voir s'il en est un qui connaisse ou qui cherche Dieu. » (*Ibid.*) Ce passage peut s'entendre des Juifs, que le Prophète, en raison de leur culte pour le seul vrai Dieu, appelle plus honorablement fils des hommes, par comparaison avec les Gentils dont il a dit plus haut : L'insensé a dit en son cœur : il n'y a point de Dieu, et le reste. Or, Dieu se penche pour regarder, quand il veut voir par les âmes saintes qui sont à lui ; tel est le sens de ces mots : « Du haut du ciel ; » car pour voir par lui-même, rien ne lui est caché.

4. « Mais tous se sont écartés de la voie droite, et sont devenus inutiles, » (*Ibid.*) c'est-à-dire les Juifs sont devenus semblables aux Gentils, dont il a été parlé plus haut. « Il n'y en a pas un qui fasse le bien ; il n'y en a pas jusqu'à un. » Il faut expliquer ces paroles comme ci-dessus : « Leur gosier est un sépulcre ouvert. » (*Ibid.*) Ces mots expriment la voracité d'une bouche intempérante, ou ils désignent allégoriquement les meurtriers spirituels qui dévorent leurs victimes en leur faisant partager leurs mœurs dépravées. Cette parole est comparable par contraste à l'ordre donné à saint Pierre : « Tuez et mangez, » (*Act.*, X, 13) afin qu'il convertît les Gentils à sa foi et à la sainteté de sa vie. « Ils se servent de leur langue pour tromper. » (*Ps.* XIII, 3.) La flatterie est familière aux gloutons et aux méchants de toute espèce. « Le venin des aspics est sous leurs lèvres. » Par « venin » le Prophète entend la fourberie ; il ajoute « des aspics, » parce que les méchants refusent d'écouter les préceptes de la loi, comme les aspics refusent d'écouter la voix du charmeur ; ce qui est exprimé plus clairement encore dans un autre psaume. (*Ps.* LVII, 5.) « Leur bouche est pleine de malédiction et d'amertume : » voilà le venin des aspics.

---

prudens in corde suo : « Non est Deus. » Sicut enim non probaverunt Deum habere in (*a*) notitia, dedit illos Deus in reprobum sensum. (*Rom.*, I, 28.) « Non est qui faciat bonitatem, non est usque ad unum. » « Usque ad unum, » vel cum ipso uno potest intelligi, ut nullus hominum intelligatur : vel præter unum, ut accipiatur Dominus Christus. Sicut dicimus : Iste ager usque ad mare est, non utique simul computamus et mare. Et iste est melior intellectus, ut nemo intelligatur fecisse bonitatem usque ad Christum : quia non potest quisquam hominum facere bonitatem, nisi ipse monstraverit. Et illud verum est : quia usque quo quisque cognoscat unum Deum, non potest facere bonitatem.

3. « Dominus de cœlo prospexit super filios hominum, ut videat si est intelligens aut requirens Deum. » (*Psal.* XIII, 2.) Super Judæos potest intelligi, ut honoratius eos appellaverit filios hominum, propter unius Dei cultum, in comparatione Gentilium, de quibus arbitror superius dictum : Dixit imprudens in corde suo : Non est Deus, et cætera. Prospicit autem Dominus, ut videat per animas sanctas suas : quod significat id quod dictum est, « de cœlo. » Nam per seipsum nihil eum latet.

4. « Omnes declinaverunt, simul inutiles facti sunt : » (*Ibid.*, 3) id est, Judæi tales facti sunt, quales et gentes, de quibus supra dictum est : « Non est qui faciat bonum, non est usque ad unum : » similiter ut supra intelligendum est. « Sepulcrum patens est guttur eorum. » Aut voracitas significatur inhiantis gulæ : aut in allegoria, qui occidunt et quasi devorant interfectos eos, quibus suorum morum perversitatem persuadent. Cui simile est e contrario quod Petro dictum est : « Macta et manduca : » (*Act.*, X, 13) ut in suam fidem et bonos mores gentes converteret. « Linguis suis dolose agebant. » Comes est voracibus adulatio et omnibus malis. « Venenum aspidum sub labiis eorum. » « Venenum, » dolum dicit : « aspidum » autem, quia nolunt audire præcepta legis, sicut aspides nolunt audire verba incantantis (*Psal.* LVII, 5), quod in alio Psalmo evidentius dicitur. « Quorum os maledic-

---

(*a*) Plerique Mss. hic et alibi constanter habent *in notitiam*.

« Leurs pieds sont rapides, quand il s'agit de répandre le sang; » ici le Prophète montre leur habitude de mal faire. « L'affliction et le malheur sont dans leurs voies. » En effet, les voies des méchants sont toujours pleines de souffrances et de douleurs. Aussi le Seigneur s'est-il écrié : « Venez tous à moi, vous qui souffrez et qui êtes chargés, et je vous soulagerai. Prenez mon joug, et apprenez de moi que je suis doux et humble de cœur; car mon joug est doux et mon fardeau léger. » (*Matth.*, XI, 28.) « Ils ne connaissent pas la voix de la paix, » celle évidemment que le Seigneur rappelle, comme je l'ai dit, en parlant de la douceur de son joug et de la légèreté de son fardeau. « La crainte de Dieu n'est pas devant leurs yeux; » ils ne disent point : Il n'y a pas de Dieu, mais cependant ils n'ont point la crainte de Dieu.

5. « Ne verront-ils point enfin ce qu'ils font, tous ces hommes qui commettent l'iniquité ? » (*Ps.* XIII, 4.) Il les menace du jugement. « Et qui dévorent mon peuple comme un morceau de pain, » (*Ibid.*) c'est-à-dire chaque jour, car le pain est une nourriture de chaque jour. Or, ceux-là dévorent le peuple qui tirent leur profit de sa substance, et qui ne font pas servir leur ministère à la gloire de Dieu et au salut de ceux au-dessus desquels ils sont placés.

6. « Ils n'ont point invoqué le Seigneur, » (*Ibid.*, 6) car ceux-là ne l'invoquent pas véritablement qui désirent des choses qui lui déplaisent. « Ils ont tremblé de frayeur là où ils n'avaient rien à craindre, » (*Ibid.*) c'est-à-dire pour la perte des biens temporels. Ils se sont dit en effet : « Si nous le laissons faire ainsi, tous croiront en lui, et les Romains viendront et nous raviront notre pays et notre nation. » (*Jean*, XI, 48.) Ils ont craint de perdre un royaume terrestre, chose qu'ils n'avaient pas à redouter; et ils ont perdu le royaume des cieux, chose qu'ils devaient redouter. Cette parole doit s'entendre de tous les biens temporels, en raison desquels les hommes qui craignent de les perdre n'arrivent point aux biens éternels.

7. « Car le Seigneur est avec la race des justes, » (*Ps.* XIII, 6) c'est-à-dire qu'il n'est point avec ceux qui aiment le siècle. Il est injuste, en effet, de délaisser le Créateur des siècles et d'aimer le siècle, et de servir la créature de préférence au Créateur. « Vous vous êtes raillés du parti que le pauvre a embrassé, parce que le Seigneur est son espérance, » (*Ibid.*) c'est-à-dire vous avez méprisé l'humble avénement du Fils de Dieu, parce que vous n'y avez pas vu la pompe du siècle. Mais ceux que Dieu a appelés ont mis leur espérance en lui seul, et non dans les choses qui passent.

---

tione et amaritudine plenum est. » Hoc est, venenum aspidum. « Veloces pedes eorum ad effundendum sanguinem. » Hic ostendit consuetudinem male faciendi. « Contritio et infelicitas in viis eorum. » Omnes enim malorum hominum viæ plenæ sunt laboribus et miseria. Ideo Dominus clamat : « Venite ad me omnes qui laboratis et onerati estis, et ego reficiam vos. Tollite jugum meum, et discite a me, quoniam mitis sum et humilis corde. Jugum enim meum lene est, et sarcina mea levis est. » (*Matth.*, XI, 28, etc.) « Et viam pacis non cognoverunt : » hanc utique quam Dominus, ut dixi, commemorat, in jugo leni et sarcina levi. « Non est timor Dei ante oculos eorum. » Isti non dicunt : Non est Deus; sed tamen non timent Deum.

5. « Nonne cognoscent omnes qui operantur iniquitatem? » (*Psal.* XIII, 4.) Judicium minatur. « Qui devorant populum meum (*a*) sicut cibum panis : » id est, quotidie. Cibus enim panis, quotidianus est. Devorant autem populum, qui sua commoda ex illo capiunt, non referentes ministerium suum ad gloriam Dei, et ad eorum quibus præsunt, salutem.

6. « Dominum non invocaverunt. » (*Ibid.*, 5.) Non enim vere hunc invocat, qui ea desiderat, quæ illi displicent. « Illic trepidaverunt timore, ubi non erat timor : » id est, in damno rerum temporalium. Dixerunt enim : « Si relinquamus eum sic, credent in eum omnes, et venient Romani, et tollent nobis et locum et gentem. » (*Joan.*, XI, 48.) Timuerunt regnum terrenum amittere, ubi non erat timor : et amiserunt regnum cœlorum, quod timere debuerant. Et hoc de omnibus temporalibus commodis intelligendum est, quorum amissionem cum timent homines, ad æterna non veniunt.

7. « Quoniam Deus in generatione justa est : » (*Psal.* XIII, 6) id est, non est in eis qui diligunt sæculum. Injustum est enim relinquere sæculorum conditorem, et diligere sæculum, et servire creaturæ potius quam Creatori. (*Rom.*, I, 25.) « Consilium inopis confudistis, quoniam Dominus spes ejus est : » id est contempsistis humilem adventum Filii Dei, quia in eo non vidistis pompam sæculi : ut hi quos vocabat, in Deo solo spem ponerent, non in rebus transcuntibus.

(*a*) Vaticanus codex et Gallicani septem Mss. *populum meum in cibo panis :* favet Græc. LXX.

8. « Qui fera sortir de Sion le salut d'Israël? » (*Ibid.*, 7) sous-entendu : si ce n'est celui dont vous avez méprisé l'humilité. Car il viendra dans sa gloire juger les vivants et les morts, et établir le royaume des justes, afin que, comme une partie d'Israël a été frappée d'aveuglement, lors de cet humble avénement, pour permettre aux Gentils d'entrer dans l'Eglise (*Rom.*, XI, 25), de même dans ce second avénement s'accomplisse la prophétie qui va suivre, et que par là tout Israël soit sauvé. En effet, l'Apôtre applique également aux Juifs un passage d'Isaïe conçu en ces termes : « Il viendra de Sion quelqu'un qui chassera l'impiété de Jacob; » (*Is.*, LIX, 20) et ce passage est conforme à cette parole : « Qui fera sortir de Sion le salut d'Israël? Lorsque le Seigneur aura détourné la captivité de son peuple, Jacob sera comblé de joie et Israël sera transporté d'allégresse. » (*Ps.* XIII, 7.) C'est là une répétition habituelle au Prophète, car je crois que ces mots : « Israël sera transporté d'allégresse, » ont le même sens que ceux-ci : « Jacob sera comblé de joie. »

DISCOURS SUR LE PSAUME XIVe [(1)].

Psaume de David pour lui-même. (Ps. XIV, 1.)

1. Ce titre ne soulève aucune question. « Seigneur, qui sera reçu dans votre tente pendant son voyage? » (*Ps.* XIV, 1.) Bien que le mot tente s'emploie quelquefois pour désigner les demeures éternelles, cependant la tente dans son acception propre est une habitation de guerre. C'est pourquoi les soldats sont appelés camarades de tente, comme habitant ensemble ce même genre de demeure. Ces mots : « Qui sera reçu pendant son voyage? » aident à déterminer ce dernier sens; car nous combattons dans le temps contre le démon, et nous avons par là même besoin d'une tente où nous réparions nos forces. Ce lieu de relâche désigne surtout la foi à ce que Dieu a fait dans le temps par l'incarnation du Verbe, accomplie pour nous dans ce même temps. « Et qui se reposera sur votre montagne sainte? » (*Ibid.*) Peut-être ici le Prophète indique-t-il déjà les demeures éternelles, afin de nous faire entendre par ce terme de montagne la grandeur suprême de la charité du Christ dans la vie éternelle.

2. « Celui qui marche dans une voie pure et qui pratique la justice. » (*Ibid.*, 2.) Il énonce ici le principe général et le développe ensuite.

3. « Celui qui parle selon la vérité qu'il a dans le cœur. » (*Ibid.*, 3.) Quelques-uns ont la vérité sur les lèvres et ne l'ont pas dans le cœur. Ils sont semblables à celui qui, sachant une route pleine de voleurs, l'indiquerait frauduleusement en disant : Allez par là, et vous serez en sû-

[(1)] Un autre discours sur le même Psaume se trouve à la fin de l'ouvrage.

---

8. « Quis dabit ex Sion salutare Israel? » (*Psal.* XIII, 7.) Subauditur, nisi ipse cujus humilitatem contempsistis? Ipse enim in claritate venturus est ad judicium vivorum et mortuorum, regnumque justorum : ut quoniam isto humili adventu facta est cæcitas ex parte Israel, ut plenitudo gentium intraret (*Rom.*, XI, 25), in illo alio fiat quod sequitur, et sic omnis Israel salvus fieret. Pro Judæis enim Apostolus etiam illud Isaiæ testimonium accipit, quod dictum est : « Veniet ex Sion qui avertat impietatem ab Jacob : » (*Is.*, LIX, 20) sicut hic positum est : « Quis dabit ex Sion salutare Israel? Cum averterit Dominus captivitatem plebis suæ, exsultabit Jacob, et lætabitur Israel. » Repetitio est, sicut solet. Nam idem puto esse « lætabitur Israel, » quod est « exsultabit Jacob. »

IN PSALMUM XIV ENARRATIO.

Psalmus ipsi David. (Psal. XIV, 1.)

1. De hoc titulo nulla quæstio est. « Domine quis peregrinabitur in tabernaculo tuo? » Quanquam aliquando ponatur tabernaculum etiam pro habitatione sempiterna : tamen cum proprie accipitur tabernaculum, belli res est. Unde et contubernales milites dicuntur, tanquam simul habentes tabernacula. Hic sensus adjuvatur ex eo quod dictum est, « quis peregrinabitur. » Ad tempus enim cum diabolo dimicamus; et tunc opus est tabernaculo, quo nos reficiamus. Quod significat maxime fidem temporalis dispensationis, quæ pro nobis acta est temporaliter per incarnationem Domini. « Et quis requiescet in monte sancto tuo? » Hic fortasse jam ipsam æternam habitationem significat, ut montem intelligamus supereminentiam caritatis Christi in vita æterna.

2. « Qui ingreditur sine macula, et operatur justitiam. » (*Ibid.*, 2.) Hic proposuit, deinceps id exsequitur.

3. « Qui loquitur veritatem in corde suo. » (*Ibid.*, 3.) Nonnulli enim in labiis habent veritatem, et in corde non habent. Tanquam si aliquis dolose osten-

reté des voleurs. S'il arrive, en effet, qu'il ne s'y trouve point de voleurs, il aura dit vrai, mais non dans son cœur, car il pensait le contraire, et il aura dit vrai sans le savoir. C'est donc peu de dire une chose vraie, si la vérité n'est point dans le cœur. « Celui dont la langue n'a point usé de tromperie ; » (*Ibid.*) la langue commet une tromperie, quand la bouche profère une chose et que le cœur en recèle une autre. « Qui n'a point fait de mal à son prochain : » on sait que par le prochain il faut entendre tous les hommes. « Et qui n'a point écouté les calomnies dirigées contre son prochain, » c'est-à-dire qui n'a pas cru volontiers ou témérairement un accusateur.

4. « Le méchant a été réduit au néant à ses yeux. » (*Ibid.*, 4.) C'est la perfection pour un homme que le méchant n'ait aucune influence sur lui, et que ce fait soit clairement établi « à ses yeux, » c'est-à-dire qu'il sache de la manière la plus certaine que le méchant est réduit au néant ; à moins que l'âme ne se détourne de l'éternelle et immuable beauté de son Créateur vers la beauté de la créature qui a été faite de rien. « Au contraire, il honore ceux qui craignent le Seigneur, » (*Ibid.*) et le Seigneur lui-même les honore. Mais « la crainte du Seigneur est le commencement de la sagesse : » (*Ps.* cx, 10 ; *Eccli.*, i, 16) donc, comme ce que vient de dire le Prophète s'applique aux parfaits, de même ce qu'il va dire maintenant s'applique à ceux qui commencent.

5. « Celui qui fait un serment au prochain et ne le trompe pas, qui n'a pas prêté son argent à usure, et n'a pas reçu de présents pour opprimer les innocents. » (*Ps.* xiv, 5.) Ce ne sont pas là de grandes vertus ; mais celui qui ne peut les accomplir peut moins encore dire la vérité dans son cœur, ne point tromper par la parole, avoir sur les lèvres la vérité telle qu'elle est dans son cœur en disant simplement : « Cela est, cela n'est pas, » (*Matth.*, v, 37) ne point faire de mal à son prochain, c'est-à-dire à qui que ce soit, et ne point écouter les calomnies dirigées contre le prochain. Toutes ces choses sont le propre des parfaits, aux yeux de qui le méchant a été réduit au néant. Cependant le Prophète conclut l'énumération de ces vertus d'un moindre mérite par ces paroles : « Celui qui agit ainsi ne sera jamais ébranlé, » c'est-à-dire qu'il parviendra aux vertus plus excellentes, où il trouvera une puissante et inébranlable stabilité. Ce n'est peut-être pas sans cause non plus que le temps des verbes a été changé, de sorte que le passé se trouve dans la première conclusion et le futur dans la seconde. Car, en premier lieu, le Prophète a dit : « Le méchant a été réduit au néant à ses yeux ; » et il a dit ensuite : « Il ne sera jamais ébranlé. »

---

dat viam, sciens in ea esse latrones, et dicat : Si hac ieris, a latronibus tutus eris : et contingat ut vere non ibi latrones inveniantur ; verum ille locutus est, sed non in corde suo. Aliud enim putabat, et nesciens verum dixit. Ergo parum est verum loqui, nisi etiam in corde ita sit. « Qui non egit dolum in lingua sua. » Lingua agitur dolus, cum aliud ore profertur, aliud pectore tegitur. « Nec fecit proximo suo malum. » Proximum omnem hominem accipi oportere notum est. « Et opprobrium non accepit adversus proximum suum : » id est, non libenter aut temere credidit criminatori.

4. « Ad nihilum deductus est in conspectu ejus malignus. » (*Ibid.*, 4.) Ista perfectio est, ut nihil in hominem valeat malignus ; et ut hoc sit « in conspectu ejus, » id est, certissime noverit malignum non esse, nisi cum animus a specie sui Creatoris, æterna et incommutabili ad creaturæ speciem avertitur, quæ de nihilo facta est. « Timentes autem Dominum glorificat : » utique ipse Dominus. « Initium autem sapientiæ timor Domini. » (*Psal.* cx, 10 ; *Eccli.*, i, 16.) Sicut ergo illa superiora pertinent ad perfectos, ita ea quæ nunc dicturus est, pertinent ad incipientes.

5. « Qui jurat proximo suo, et non decipit : qui (*a*) pecuniam suam non dedit ad usuram, et munera super (*b*) innocentes non accepit. » (*Psal.* xiv, 5.) Ista non sunt magna ; sed qui nec ista potest, multo minus potest loqui veritatem in corde suo, et non dolum agere in lingua sua, sed ut sit in corde verum, ita proferre et habere in ore : Est est, Non non ; et non facere proximo suo malum, id est, nulli homini ; et opprobrium non accipere adversus proximum suum : quæ sunt perfectorum, in quorum conspectu ad nihilum deductus est malignus. Tamen etiam ista minora ita concludit. « Qui facit hæc, non commovebitur in æternum : » id est, perveniet ad illa majora, in quibus est magna et inconcussa stabilitas. Nam et ipsa tempora non sine causa fortasse sic variata sunt, ut in superiore conclusione præteritum tempus poneretur, in hac autem futurum. Nam ibi dictum est : « Ad nihilum deductus est in conspectu ejus malignus : » hic autem : « Non commovebitur in æternum. »

(*a*) Idem vers. 5, tractatur in 3 Enarratione Psal. xxxvi. — (*b*) Quinque Mss. cum Vulgata, *super innocentem*. At Mss. cæteri et editi *super innocentes* juxta Græc. lxx.

DISCOURS SUR LE PSAUME XVe.

Inscription du titre, de David pour lui-même.
(Ps. xv, 1.)

1. C'est notre roi qui, dans ce psaume, parle comme ayant revêtu la nature humaine, lui dont le titre royal inscrit sur la croix répandit tout son éclat au jour de la passion.

2. Or, il dit : « Gardez-moi, Seigneur, parce que j'ai mis en vous mon espérance. J'ai dit au Seigneur : Vous êtes mon Dieu, car vous n'avez aucun besoin de mes biens, » (*Ibid.*, 2) car vous n'attendez pas après mes biens pour être heureux.

3. « A l'égard de ses saints qui habitent sa terre; » (*Ibid.*, 3) des saints qui ont établi leur espérance dans la terre des vivants; des citoyens de la Jérusalem céleste, dont la vie spirituelle, quoiqu'ils soient encore présents par le corps sur cette terre, est fixée par l'ancre de l'espérance dans cette patrie si justement appelée la terre de Dieu. « Dieu a fait paraître admirablement en eux toutes mes volontés. » (*Ibid.*) Pour ces âmes saintes, Dieu a rendu admirables toutes mes volontés dans leurs progrès spirituels, où elles ont senti combien il leur était utile que l'humanité fût unie à ma divinité, afin que je pusse mourir, et la divinité à mon humanité, afin que je pusse ressusciter.

4. « Leurs infirmités ont été multipliées, » (*Ibid.*, 4) non pour les perdre, mais pour leur faire désirer le médecin. « Alors ils se sont hâtés. » C'est donc à la vue de leurs infirmités devenues plus nombreuses, qu'ils se sont hâtés de chercher leur guérison. « Je ne les réunirai point dans des assemblées pour répandre le sang des victimes. » (*Ibid.*) En effet, leurs assemblées ne seront point charnelles, et ce n'est point quand j'aurai été apaisé par le sang des animaux que je les réunirai. « Et je ne me souviendrai plus de leurs noms pour les prononcer sur mes lèvres; » (*Ibid.*) mais, changés qu'ils seront par l'esprit, ils oublieront ce qu'ils ont été, et en raison de ce don de ma paix, je ne les appellerai plus du nom de pécheurs, ni d'ennemis, ni d'hommes, mais de justes, de frères de leur Sauveur et d'enfants de Dieu.

5. « Le Seigneur est la part de mon héritage et de ma coupe. » (*Ibid.*, 5.) Les saints posséderont en effet avec moi pour héritage le Seigneur lui-même. Que d'autres se choisissent des parts terrestres et temporelles pour en jouir; la part des saints, c'est le Seigneur éternel. Que d'autres boivent des voluptés qui tuent, la portion versée dans ma coupe c'est le Seigneur. Quand je dis « ma coupe, » je joins l'Eglise avec moi, parce que là où est la tête, là est le corps. Je les réunirai dans ces assemblées, afin de partager

IN PSALMUM XV ENARRATIO.

Tituli inscriptio : ipsi David. (Psal. xv, 1.)

1. Rex noster in hoc Psalmo loquitur ex persona susceptionis humanæ, de quo titulus regalis tempore passionis inscriptus eminuit.

2. Dicit autem hæc : « Conserva me Domine, quoniam in te speravi : dixi Domino, (*a*) Deus meus es tu, quoniam bonorum meorum non eges : » (*Ibid.*, 2) quoniam bonis meis non exspectas tu fieri beatus.

3. « Sanctis qui sunt in terra ejus : » (*Ibid.*, 3) sanctis qui in terra viventium spem suam posuerunt, civibus Jerusalem cœlestis, quorum conversatio spiritalis per ancoram spei in illa patria figitur, quæ recte Dei terra nominatur; quamvis adhuc et in his terris carne versentur. « (*b*) Mirificavit omnes voluntates meas in illis. » His ergo sanctis miras fecit omnes voluntates meas in provectu eorum, quo senserunt quid eis profuerit et humanitas meæ divinitati ut morerer, et divinitas humanitati ut resurgerem.

4. « Multiplicatæ (*c*) sunt infirmitates eorum : » (*Ibid.*, 4) non ad perniciem, sed ut medicum desiderarent. « Postea acceleraverunt. » Itaque post multiplicatas infirmitates acceleraverunt, ut sanarentur. « Non congregabo conventicula eorum de sanguinibus. » Erunt enim conventicula eorum non carnalia, nec de sanguinibus pecorum propitiatus congregabo eos. « Nec memor ero nominum illorum per labia mea. » Sed spiritali mutatione obliviscentur quid fuerint : nec a me jam vel peccatores, vel inimici, vel homines; sed justi et fratres mei et filii Dei vocabuntur per pacem meam.

5. « Dominus (*d*) pars hæreditatis meæ, et calicis mei. » (*Ibid.*, 5.) Possidebunt enim mecum hæreditatem, ipsum Dominum. Eligant sibi alii partes quibus fruantur, terrenas et temporales : portio sanctorum Dominus æternus est. Bibant alii mortiferas voluptates, portio calicis mei Dominus est. Quod dico, mei, adjungo Ecclesiam : quia ubi caput, ibi

---

(*a*) De eodem vers. 2, vide Enarrationem Psal. LXIX. — (*b*) Editi *mirificavit*; et consequenter *miras feci*. Sed alteram quam hic Mss. auctoritate restituimus lectionem sequitur Augustinus, in epist. CXLIX, ad Paulinum, ubi Psalmi hujus vers. 3 of 4. exponit. — (*c*) De eodem vers. 4, vide 2 Enarrat. Psal. LVII, et Enarrat. Psal. LXVII. — (*d*) Idem vers. 5, tractatur in 1 Enarrat. Psal. XXXIV.

l'héritage et, enivré du breuvage de ma coupe, j'oublierai leurs noms anciens. « C'est vous qui me rendrez mon héritage ; » (*Ibid.*) c'est-à-dire que ceux que je délivre connaîtront aussi la gloire dans laquelle j'étais auprès de vous, avant que le monde ne fût. (*Jean*, XVII, 5.) Car vous ne me rendrez pas ce que je n'ai point perdu ; mais vous rendrez à ceux qui l'ont perdue la connaissance de ma gloire, et parce que je suis comme l'un d'eux, je dis : « Vous me rendrez. »

6. « Le sort m'est échu d'une manière excellente. » (*Ps.* XV, 6.) L'héritage qui m'est échu par le sort est situé tout entier au milieu de votre gloire, de même que la part des prêtres et des lévites est Dieu même. « Et mon héritage est magnifique pour moi : » (*Ibid.*) magnifique non aux yeux de tous, mais aux yeux de ceux qui l'apprécient, et parce que je suis comme l'un d'eux, je dis : « Pour moi. »

7. « Je bénirai le Seigneur qui m'a donné l'intelligence ; » (*Ibid.*, 7) c'est elle qui me rend capable d'apprécier et de posséder cet héritage. « Et en outre, mes reins m'ont repris jusqu'à la nuit ? » (*Ibid.*) Quoique déjà éclairé par cette intelligence, j'ai encore été instruit jusqu'à la mort par la partie inférieure de moi-même, par ce corps que j'ai pris, de sorte que j'ai connu les ténèbres de la mort qui ne pouvaient atteindre cette intelligence.

8. « Mes regards se sont portés constamment sur le Seigneur. » (*Ibid.*, 8.) Descendu au milieu de ce monde qui passe, je n'ai point détourné les yeux de celui qui demeure éternellement, n'ayant en vue que de retourner près de lui après avoir accompli ce que j'avais à faire dans le temps. « Parce qu'il se tient à ma droite, de peur que je ne sois ébranlé, » (*Ibid.*) parce qu'il me protége, afin qu'appuyé sur lui je demeure inébranlable.

9. « C'est pour cela que mon cœur est rempli de joie et que ma langue chante mon allégresse ; » (*Ibid.*, 9) c'est pour cela que la joie remplit mes pensées, et que l'allégresse éclate dans mes paroles. « Et de plus, ma chair elle-même reposera dans l'espérance. » (*Ibid.*) Et de plus, ma chair elle-même ne mourra pas pour sa destruction, mais elle s'endormira dans l'espérance de sa résurrection.

10. « Car vous ne laisserez pas mon âme dans l'enfer : » (*Ibid.*, 10) car vous ne laisserez point l'enfer posséder mon âme. « Et vous ne souffrirez pas que votre saint éprouve la corruption : » (*Ibid.*) et vous ne souffrirez pas que le corps sanctifié, par lequel les autres seront aussi sanctifiés, éprouve la corruption du tombeau. « Vous m'avez fait connaître les voies de la vie : » (*Ibid.*) vous avez fait connaître par moi les voies de l'humilité, afin que les hommes pussent de

---

et corpus. Nam in hæreditatem congregabo conventicula eorum, et per calicis ebrietatem obliviscar nomina vetera eorum. « Tu es qui restitues mihi hæreditatem meam : » ut nota sit et his quos libero, claritas qua eram apud te, prius quam mundus fieret. (*Joan.*, XVII, 5.) Non enim restitues mihi quod non amisi, sed restitues his qui amiserunt ejus claritatis notitiam : in quibus quia ego sum, « mihi restitues. »

6. « Funes ceciderunt mihi in præclaris. » (*Psal.* XIV, 6.) Limites possessionis meæ in tua claritate, tanquam sorte ceciderunt, velut possessio sacerdotum et levitarum Deus est. « Etenim hæreditas mea præclara est mihi. » Etenim hæreditas mea præclara est, non omnibus, sed videntibus : in quibus quia ego sum, « mihi est. »

7. « Benedicam Dominum, qui mihi tribuit intellectum : » (*Ibid.*, 7) quo ista hæreditas videri et possideri potest. « Insuper autem et usque ad noctem emendaverunt me renes mei. » Super intellectum autem usque ad mortem me erudivit inferior pars mea, carnis assumptio : ut experirer tenebras mortalitatis, quas ille intellectus non habet.

8. (*a*) « Providebam Dominum in conspectu meo semper. » (*Ibid.*, 8.) Sed veniens in ea quæ transeunt, non abstuli oculum ab eo qui semper manet, hoc providens, ut in eum post temporalia peracta recurrerem. « Quoniam a dextris est mihi, ne commovear. » Quoniam favet mihi, ut stabiliter in eo permaneam.

9. « Propter hoc jocundatum est cor meum, et exsultavit lingua mea. » (*Ibid.*, 9.) Propter hoc et in cogitationibus meis jocunditas, et in verbis exsultatio. « Insuper et caro mea requiescet in spe. » Insuper et caro mea non deficiet in interitum, sed in spe resurrectionis obdormiet.

10. « Quoniam non derelinques animam meam (*b*) in inferno. » (*Ibid.*, 10.) Quoniam neque animam meam inferis possidendam dabis. « Neque dabis sanctum tuum videre corruptionem. » Neque sanctificatum corpus, per quod et alii sanctificandi sunt, corrumpi patieris. « Notas mihi fecisti vias vitæ. »

(*a*) De eodem vers. 8, supra, *pag.* 661. — (*b*) Tres Mss. *in infernum.* Græc. LXX, εἰς ᾅδην.

nouveau faire route vers la vie d'où ils sont tombés par l'orgueil, et parce que je suis comme l'un d'eux, je dis : « Vous m'avez fait connaître. » « Vous me comblerez de joie par la vue de votre visage : » (*Ibid.*) vous les comblerez de joie, afin qu'ils ne cherchent plus rien au delà, quand ils vous auront vu face à face ; et parce que je suis comme l'un d'eux, je dis : « Vous me comblerez. » « Le bonheur est à votre droite pour l'éternité. » Ce bonheur consiste dans votre faveur et dans votre indulgence pendant le cours de cette vie, et il se consomme éternellement dans la gloire de votre présence.

DISCOURS SUR LE PSAUME XVIe.

Prière de David pour lui-même. (Ps. xvi, 1.)

1. Cette prière doit être attribuée au Seigneur, en union avec l'Eglise qui est son corps.

2. « Exaucez-moi, Seigneur, selon la justice qui est en moi ; soyez attentif à mes supplications. Ouvrez l'oreille à ma prière, qui n'est point sur des lèvres trompeuses, » (*Ibid.*, 2) qui ne sort pas de lèvres trompeuses pour aller jusqu'à vous. « Que mes jugements sortent de la lumière de votre visage : » (*Ibid.*) que la lumière de votre science éclaire mes jugements et les rende vrais. Ou encore : que mes jugements sortent, non de lèvres trompeuses, mais de la lumière de votre visage, afin que dans mes jugements je ne prononce point autre chose que ce que je vois en vous. « Que mes yeux discernent l'équité, » mes yeux, ceux du cœur.

3. « Vous avez éprouvé mon cœur et l'avez visité pendant la nuit, » (*Ibid.*, 3) parce que mon cœur même a été éprouvé par la tribulation qui l'a visité. « Vous m'avez éprouvé par le feu, et il ne s'est pas trouvé d'iniquité en moi. » (*Ibid.*) Ce n'est pas seulement du nom de nuit qu'il faut appeler la tribulation, en raison du trouble qu'elle apporte d'ordinaire, mais encore du nom de feu, parce qu'elle brûle ; soumis à cette épreuve, j'ai été trouvé juste.

4. « Afin que ma bouche ne parle pas des œuvres des hommes : » (*Ibid.*, 4) afin que rien ne sorte de ma bouche que pour votre gloire et votre louange, et non au sujet des œuvres des hommes qui transgressent votre volonté. « A cause des paroles sorties de vos lèvres : » à cause des paroles de votre paix ou de vos prophètes. « J'ai marché dans des voies pénibles : » j'ai marché dans les voies pénibles de l'humanité, qui est soumise à la souffrance et à la mort.

5. « Pour perfectionner mes pas dans vos sentiers : » (*Ibid.*, 5) pour rendre parfaite la charité de l'Eglise dans les chemins étroits par lesquels on arrive à votre repos. « Pour que les vestiges de mes pas ne soient point effacés : »

Notas fecisti per me humilitatis vias, ut ad vitam redirent homines, unde per superbiam ceciderant : in quibus quia ego sum, « mihi fecisti. Adimplebis me lætitia cum vultu tuo. » Adimplebis eos lætitia, ut non ultra quærant aliquid, cum facie ad faciem te viderint : in quibus quia ego sum, « me adimplebis. Delectatio in dextera tua usque in finem. » Delectatio est in favore et in propitiatione tua in hujus vitæ itinere, perducens usque ad finem gloriæ conspectus tui.

IN PSALMUM XVI ENARRATIO.

Oratio ipsi David. (Ps. xvi, 1.)

1. Hæc est personæ Domini tribuenda, adjuncta Ecclesia, quæ corpus ejus est.

2. « Exaudi Deus justitiam meam, intende deprecationi meæ. Auribus percipe orationem meam, non in labiis dolosis : » non ad te in labiis dolosis procedentem. « A vultu tuo judicium meum prodeat. » (*Ibid.*, 2.) Ex illuminatione notitiæ tuæ verum judicem. Aut certe, non in labiis dolosis, a vultu tuo judicium meum prodeat, ut scilicet non proferam judicans aliud quam in te intelligo. « Oculi mei videant æquitatem : » cordis utique oculi.

3. « Probasti cor meum et visitasti nocte. » (*Ibid.*, 3.) Quia ipsum cor meum visitatione tribulationis probatum est. « Igne me examinasti, et non est inventa in me iniquitas. » Non autem nox tantum, quia perturbare adsolet, sed etiam ignis quia urit, vocanda est ipsa tribulatio, qua examinatus, justus inventus sum.

4. « Ut non loquatur os meum opera hominum. » (*Ibid.*, 4.) Ut aliud non procedat ex ore meo, quam id quod pertinet ad gloriam et laudem tuam : non ad opera hominum, quæ faciunt præter voluntatem tuam. « Propter verba labiorum tuorum. » Propter verba pacis tuæ, vel prophetarum tuorum. « Ego custodivi vias duras. » Ego custodivi vias laboriosas mortalitatis humanæ atque passionis.

5. « Ad perficiendos gressus meos in semitis tuis. » (*Ibid.*, 5.) Ut perficeretur caritas Ecclesiæ in itineribus angustis, quibus venitur ad requiem tuam. « Ut non moveantur vestigia mea. » Ut non moveantur signa itineris mei, quæ tanquam vestigia Sacramen-

(*Ibid.*) pour que les signes indicateurs de ma route ne soient point effacés, ceux que j'ai laissés imprimés comme autant de vestiges dans mes sacrements et dans les écrits de mes apôtres, afin que ceux qui veulent me suivre les aperçoivent et les observent. Ou encore : afin que je demeure ferme dans l'éternité, après avoir parcouru des voies pénibles et avoir marché parfaitement dans les défilés étroits de vos sentiers.

6. « J'ai crié vers vous, Seigneur, parce que déjà vous m'aviez exaucé. » (*Ibid.*, 6.) Je vous ai librement adressé une prière pleine de confiance et d'énergie, parce que vous aviez exaucé déjà une prière plus faible, afin de me donner d'arriver à ce nouveau degré. « Abaissez votre oreille jusqu'à moi, et daignez écouter mes paroles : » ne dédaignez pas d'écouter mon humble faiblesse.

7. « Faites éclater vos miséricordes : » (*Ibid.*, 7) ne laissez point avilir vos miséricordes, de peur qu'elles ne soient moins aimées.

8. « Vous qui sauvez ceux qui espèrent en vous des atteintes de ceux qui résistent à votre droite : » (*Ibid.*, 8) de ceux qui résistent aux faveurs que vous m'accordez. « Gardez-moi, Seigneur, comme la pupille de l'œil. » La pupille paraît très-petite et très-exiguë, c'est à travers elle cependant que se dirige la force visuelle, par laquelle nous discernons la lumière des ténèbres, de même qu'à travers l'humanité du Christ passe la divinité dont le jugement discerne entre les justes et les pécheurs. « Protégez-moi sous l'abri de vos ailes : » protégez-moi sous l'abri de votre amour et de votre miséricorde, « contre les impies qui m'affligent. » (*Ibid.*, 9.)

9. « Mes ennemis ont assiégé mon âme, ils m'ont fermé leurs entrailles sous la graisse qui les enveloppe. » (*Ibid.*, 10.) Après avoir assouvi leurs convoitises par des crimes, ils font ostentation de leur joie, dont ils se couvrent comme le corps se couvre de graisse. « Leur bouche a proféré des paroles orgueilleuses. » En raison de leur joie charnelle, leur bouche a proféré des paroles orgueilleuses, comme celle-ci : « Salut, roi des Juifs, » (*Matth.*, XXVII, 29) et d'autres pareilles.

10. « Et après m'avoir chassé, maintenant ils m'entourent : » (*Ps.* XVI, 11) après m'avoir chassé de la ville, maintenant ils m'entourent suspendu à la croix. « Ils ont résolu de tenir leurs yeux baissés vers la terre : » (*Ibid.*) ils ont résolu d'abaisser vers les choses terrestres les désirs de leur cœur, s'imaginant que celui qu'ils immolaient était grandement malheureux, et qu'eux-mêmes qui l'immolaient ne l'étaient en aucune sorte.

11. « Ils m'ont saisi comme le lion en chasse saisit sa proie : » (*Ibid.*, 12) ils m'ont saisi, sem-

---

tis et Scripturis apostolicis impressa sunt, quæ intueantur et observent qui me sequi volunt. Aut certe, ut etiam stabiliter in æternitate permaneam, postea quam peregi vias duras, et in angustiis semitarum tuarum gressus perfeci.

6. « Ego clamavi, quoniam exaudisti me Deus. » (*Ibid.*, 6.) Ego libera et valida intentione preces ad te direxi : quoniam ut hanc habere possem, exaudisti me infirmius orantem. « Inclina aurem tuam mihi, et exaudi verba mea. » Non deserat exauditio tua humilitatem meam.

7. « Mirifica misericordias tuas. » (*Ibid.*, 7.) Non vilescant misericordiæ tuæ, ne minus amentur.

8. « Qui salvos facis sperantes in te, a resistentibus dextræ tuæ : » (*Ibid.*, 8) a resistentibus favori, quo mihi faves. « Custodi me Domine ut pupillam oculi : » quæ apparet perparva et exigua : per eam tamen dirigitur acies luminis, quo lux et tenebræ dijudicantur, sicut per Christi humanitatem divinitas judicii, discernens inter justos et peccatores. « In tegmine alarum tuarum protege (*a*) me. » In munimento caritatis et misericordiæ tuæ protege me. « A facie impiorum qui me afflixerunt. » (*Ibid.*, 9.)

9. « Inimici mei animam meam circumdederunt, adipem suum concluserunt. » (*Ibid.*, 10.) Lætitia sua pingui cooperti sunt, postea quam cupiditas eorum de scelere satiata est. « Os eorum locutum est superbiam. » Et propterea os eorum locutum est superbiam, dicendo : « Ave rex Judæorum » et cætera talia. (*Matth.*, XXVII, 29.)

10. « Projicientes me nunc circumdederunt me. » (*Ps.*, XVI, 11.) Projicientes me extra civitatem, nunc circumdederunt me in cruce. « Oculos suos statuerunt declinare in terram. » Intentionem cordis sui statuerunt declinare in ista terrena : putantes magnum malum perpeti eum qui occidebatur, et se nullum qui occidebant.

11. « Susceperunt me sicut leo paratus ad prædam. » (*Ibid.*, 12.) Susceperunt me sicut ille adversarius circumiens, quærens quem devoret. (1 *Petr.*, V,

---

(*a*) Editi *pro teges*. At Mss. *protege*.

blable à cet ennemi qui rôde sans cesse, cherchant qui dévorer. (I *Pier.*, v, 8.) « Et comme le lionceau qui habite dans des lieux cachés : » ils sont comme les petits de cet ennemi, eux de qui il est dit : « Vous êtes les fils du démon. » (*Jean*, VIII, 44.) Ils ne cherchent que des piéges pour saisir le juste et le perdre.

12. « Levez-vous, Seigneur, prévenez-les et renversez-les. » (*Ps.* XVI, 13.) Levez-vous, Seigneur, vous qu'ils croient endormi et indifférent aux iniquités des hommes ; mais qu'auparavant ils soient aveuglés par leur propre méchanceté, afin que votre vengeance prévienne leurs méfaits, et les renverse de la sorte.

13. « Arrachez mon âme des mains des impies. » (*Ibid.*) Arrachez-mon âme en me ressuscitant de la mort que les impies m'ont fait subir. « Arrachez votre épée aux ennemis de votre main. » (*Ibid.*, 14.) En effet, mon âme est l'épée dont votre main, c'est-à-dire votre force éternelle, s'est saisie, afin de renverser par elle le royaume de l'iniquité et de séparer les justes d'avec les impies. Arrachez-la donc « aux ennemis de votre main » ou de votre force, c'est-à-dire à mes ennemis. « Seigneur, retirez-leur cette terre, et dispersez-les pendant leur vie. » (*Ibid.*) Seigneur, retirez-leur cette terre qu'ils habitent, dispersez-les dans l'univers entier pendant cette vie qu'ils croient être leur seule vie,

puisqu'ils n'espèrent point la vie éternelle. « Leur ventre est rempli de choses que vous cachez à leurs yeux. » (*Ibid.*) Le châtiment visible dont nous venons de parler n'est pas le seul qui les atteindra ; mais en outre, leur mémoire sera remplie de leurs péchés, dont les ténèbres leur déroberont la lumière de votre vérité, de sorte qu'ils ne se souviendront pas de Dieu. « Ils se sont rassasiés de chair de porc : » ils se sont rassasiés d'immondices, foulant aux pieds les perles de la parole divine. « Et ils en ont laissé les restes à leurs enfants, » (*Ibid.*) lorsqu'ils se sont écriés : « Que ce péché retombe sur nous et sur nos enfants. » (*Matth.*, XXVII, 25.)

14. « Pour moi, j'apparaîtrai devant vos yeux dans votre justice. » (*Ps.* XVI, 15.) Pour moi, qui n'ai point apparu à ceux qui, en raison des souillures et des ténèbres de leur cœur, ne pouvaient voir la lumière de la sagesse, j'apparaîtrai devant vos yeux dans votre justice. « Je serai rassasié, lorsque vous manifesterez votre gloire. » (*Ibid.*) Et tandis que les uns seront rassasiés d'immondices, au point de ne pouvoir me comprendre, moi, je serai rassasié lorsque votre gloire éclatera dans ceux qui me comprennent. Remarquons que dans le verset où il est dit : « Ils se sont rassasiés de chair de porc, » quelques exemplaires portent : « Ils se sont rassasiés d'enfants. » Cette double interprétation tient à

8.) « Et sicut catulus leonis habitans in ocultis. » Et sicut catulus ejus, populus cui dictum est : « Vos ex patre diabolo estis : » (*Joan.*, VIII, 44) cogitans de insidiis quibus justum circumveniret et perderet.

12. « Exsurge Domine, præveni eos, et subverte eos. » (*Psal.* XVI, 13.) Exsurge Domine, quem dormire arbitrantur, et iniquitates hominum non curare : ante excæcentur malitia sua, ut factum eorum vindicta præveniat, et ita subverte eos.

13. « Erue animam meam ab impiis. » (*Ibid.*, 13.) Erue animam meam resuscitando me a morte, quæ mihi ab impiis irrogata est. (*a*) « Frameam tuam ab inimicis manus tuæ. » (*Ibid.*, 14.) Anima enim mea framea tua est, quam assumpsit manus tua, id est, æterna virtus tua, ut per ipsam regna debellet iniquitatis, et dividat justos ab impiis. Hanc ergo « erue ab inimicis manus tuæ, » hoc est, virtutis tuæ, hoc est, ab inimicis meis. « Domine perdens de terra, dispertire eos in vita eorum. » Domine perdens eos de terra, quam inhabitant, dispertire eos per orbem terrarum in ista vita, quam solam suam

vitam putant, qui æternam desperant. « Et de absconditis tuis adimpletus est venter eorum. » Non solum autem ista pœna eos consequetur visibilis, sed etiam de peccatis, quæ tanquam tenebræ absconduntur a lumine veritatis tuæ, adimpleta est memoria eorum, ut obliviscantur Deum. « Saturati sunt porcina. » Saturati sunt immunditia, conculcantes margaritas sermonum Dei. « Et reliquerunt reliquias parvulis suis : » clamantes : « Peccatum hoc super nos et super filios nostros. » (*Matth.*, XXVII, 25.)

14. « Ego autem in tua justitia apparebo in conspectu tuo. » (*Psal.* XVI, 15.) Ego autem qui non apparui eis, qui corde sordido et tenebroso lucem sapientiæ videre non possunt, in tua justitia apparebo in conspectu tuo. « Satiabor dum manifestabitur gloria tua. » Et cum illi saturati sunt immunditia sua, ut me intelligere non possint, ego satiabor dum manifestabitur gloria tua, in his qui (*b*) me intelligunt. Sane in illo versu ubi dictum est : « Saturati sunt porcina, » (*Ibid.*, 14) nonnulla exemplaria : « Saturati sunt filiis » habent. Ex ambiguo enim Græco interpreta-

---

(*a*) Hæc pars vers. 13, tractatur etiam in 1. Enarrat. Psal. XXXIV. — (*b*) Apud Lov. *te intelligunt*. Apud Er. et Mss. *me*.

l'ambiguïté du texte grec (1). Par ce mot d'enfants nous comprenons les œuvres; par les bonnes œuvres les enfants vertueux, et par les mauvaises œuvres les enfants coupables.

DISCOURS SUR LE PSAUME XVII°.

1. « Pour la fin, au serviteur de Dieu, à David lui-même, » (*Ps.* XVII, 1) c'est-à-dire au Christ qui, considéré dans son humanité, est nommé celui dont le bras est fort. « David adressa au Seigneur les paroles de ce cantique, le jour où le Seigneur le délivra des mains de tous ses ennemis et des mains de Saül, et il dit : ..... (II *Rois*, XXII.) « Le jour où le Seigneur le délivra des mains de tous ses ennemis et des mains de Saül, » c'est-à-dire du roi que les Juifs avaient eux-mêmes demandé. Car de même que le nom de David signifie celui qui a le bras fort, ainsi le nom de Saül veut dire la demande. En effet, on sait comme le peuple a demandé Saül pour roi (I *Rois*, VIII, 5), et l'a reçu non d'après la volonté de Dieu, mais d'après la sienne propre.

2. C'est donc ici le Christ et l'Eglise, c'est-à-dire le Christ tout entier, la tête et le corps, qui dit : « Je vous aimerai, Seigneur, vous qui êtes ma force; » (*Ps.* XVII, 2) je vous aimerai, Seigneur, par qui je suis fort.

3. « Seigneur, mon ferme appui, mon refuge et mon libérateur; » (*Ibid.*, 3.) Seigneur, qui m'avez soutenu, parce que je me suis réfugié en vous, et en qui je me suis réfugié, parce que vous m'avez délivré. « Mon Dieu est mon secours, et je mettrai en lui mon espérance; » mon Dieu qui m'avez prévenu par le secours de votre vocation, afin que je pusse espérer en vous. « Mon protecteur et la corne de mon salut, et mon rédempteur : » (*Ibid.*) mon protecteur, parce que je n'ai pas présumé de moi-même, en levant en quelque sorte contre vous la corne de l'orgueil, et parce que je vous ai trouvé vous-même comme la corne, c'est-à-dire comme la défense la plus élevée et la plus forte, de mon salut; et pour que je pusse trouver cette défense, vous m'avez racheté.

4. « Je louerai le Seigneur et l'invoquerai, et je serai sauvé des mains de mes ennemis. » (*Ibid.*, 4.) Cherchant la gloire du Seigneur et non la mienne, je l'invoquerai, et les erreurs de l'impiété ne pourront me nuire.

5. « Les douleurs de la mort m'ont environné, » (*Ibid.*, 5) c'est-à-dire les douleurs de la chair. « Et les torrents de l'iniquité m'ont troublé. » (*Ibid.*) Des foules impies, soulevées pour un temps, semblables aux torrents passagers que forme la pluie, se sont efforcées de me troubler.

(1) En effet dans quelques Mss. on lit ὑιῶν fils, dans d'autres ὑῶν (porcs) ou ὑείων (de la chair de porc). Saint Augustin parle de ce même ŷ. 14, dans la lettre CXLIX, écrite à Paulin vers l'an 414, et il dit là (n° 5) : « J'ai revu une très-courte explication de ce psaume, que j'avais dictée, il y a longtemps. » Cette explication est donc antérieure de beaucoup à l'année 414.

tio duplex evenit. Filios autem, opera intelligimus; et sicut bona opera bonos filios, ita malos mala.

IN PSALMUM XVII ENARRATIO.

1. « In finem, puero Domini, ipsi David, » (*Ibid.*, 1) hoc est, manu forti Christo secundum hominem. « Quæ locutus est Domino verba cantici hujus, in die qua eripuit eum Dominus de manu omnium inimicorum ejus, et de manu Saul, et dixit. » (II *Reg.*, XXII.) In die qua eripuit eum Dominus de manu omnium inimicorum ejus, et de manu Saul, hoc est, regis Judæorum, quem sibi ipsi petiverant. Nam sicut David, manu fortis; ita Saul, petitio interpretari dicitur. Notum est autem, quomodo ille populus regem sibi petiverit, et acceperit, non secundum Dei, sed secundum suam voluntatem. (I *Reg.*, VIII, 5.)

2. Dicit ergo hic Christus et Ecclesia, id est, totus Christus, caput et corpus. « Diligam te, Domine virtus mea. » (*Psal.* XVII, 2.) Diligam te, Domine, per quem fortis sum.

3. « Domine firmamentum meum et refugium meum et liberator meus. » (*Ibid.*, 3.) Domine qui me firmasti, quia refugi ad te : refugi autem, quia liberasti me. « Deus meus adjutor meus, et sperabo in eum. » Deus meus qui mihi adjutorium prius vocationis tuæ præstitisti, ut sperare in te possim. « Protector meus et cornu salutis meæ, et redemptor meus. » Protector meus, quia non de me præsumpsi, quasi erigens adversum te cornu superbiæ; sed te ipsum cornu, hoc est, firmam celsitudinem salutis inveni : quod ut invenirem, redemisti me.

4. « Laudans invocabo Dominum, et ab inimicis meis salvus ero. » (*Ibid.*, 4.) Non meam gloriam, sed Domini quærens, invocabo eum, et non erit unde mihi noceant impietatis errores.

5. « Circumdederunt me dolores mortis : » (*Ibid.*, 5) id est, carnis. « Et torrentes iniquitatis conturbaverunt me. » Turbæ iniquæ ad tempus commotæ, veluti flumina pluvialia cito desitura, egerunt ut conturbarent me.

6. « Les douleurs de l'enfer m'ont assiégé. » (*Ibid.*, 6.) Ceux qui m'ont assiégé pour me perdre étaient en proie aux douleurs de l'envie, qui donnent la mort et conduisent à l'enfer du péché. « Les piéges de la mort m'ont prévenu. » Mes ennemis m'ont prévenu, parce qu'ils ont voulu m'affliger les premiers par les douleurs qui devaient ensuite leur être rendues. Or, ces méchants s'emparent, pour les perdre, de ceux auxquels ils viennent à bout de persuader le mal en se vantant de leur feinte justice ; des apparences et non de la réalité de laquelle ils se glorifient contre les Gentils.

7. « Et dans ma détresse j'ai invoqué le Seigneur et j'ai crié vers mon Dieu. Et de son saint temple il a écouté ma voix. » (*Ibid.*, 7.) Il a écouté ma voix, de mon cœur où il réside. « Et le cri que j'ai poussé en sa présence, » cri qui ne retentit pas aux oreilles des hommes, mais que je profère en sa présence au dedans de moi-même, « a pénétré jusqu'à ses oreilles. »

8. « La terre a été émue et elle a tremblé. » (*Ibid.*, 8.) C'est ainsi qu'à la vue du Fils de l'homme glorifié, les pécheurs ont été émus et ont tremblé. « Et les fondements des montagnes ont été ébranlés, » (*Ibid.*) et les espérances des superbes, fondées sur ce siècle, ont été ébranlées. « Et ils ont été secoués, parce que Dieu s'est irrité contre eux : » et cela, afin que l'espérance des biens temporels ne pût s'affermir dans le cœur des hommes.

9. « Sa colère a fait monter la fumée. » (*Ibid.*, 9.) La prière mêlée de larmes de ceux qui se sont repentis à la vue des châtiments réservés aux impies est montée vers Dieu. « Une flamme ardente est sortie de sa face. » Le feu de la charité s'enflamme, après la pénitence, par la connaissance de Dieu. « Des charbons ont été allumés par lui. » Des hommes déjà morts, qui, privés du feu des bons désirs et de la lumière de la justice, étaient restés froids et plongés dans les ténèbres, retrouvant de nouveau la chaleur et la lumière, ont été rendus à la vie.

10. « Il a abaissé les cieux et il est descendu. » (*Ibid.*, 10.) Il a abaissé le Juste, afin qu'il descendît jusqu'à la faiblesse des hommes. « Et un sombre nuage est sous ses pieds. » (*Ibid.*) Les impies, épris uniquement des choses de la terre, aveuglés par le nuage de leur méchanceté, ne l'ont point connu. Car la terre est sous lui comme l'escabeau de ses pieds.

11. « Il est monté au-dessus des Chérubins et il a pris son vol. » (*Ibid.*, 11.) Il s'est élevé au-dessus de toute science, de manière que nul ne pût parvenir jusqu'à lui que par la charité. Car la charité est la plénitude de la loi. (*Rom.*, XIII, 10.) Et de suite il a prouvé à ceux qui l'aiment qu'il ne peut être saisi par les sens, de

---

6. « Dolores inferni circumdederunt me. » (*Ibid.*, 6.) In his qui me circumdederunt ut perderent me, erant dolores invidientiæ, qui mortem operantur, perducuntque ad infernum peccati. « Prævenerunt me laquei mortis. » Prævenerunt me, ut priores nocere vellent, quod eis postea redderetur. Tales autem homines capiunt in perditionem, quibus male persuaserunt jactatione justitiæ : cujus non re, sed nomine, adversus gentes gloriantur.

7. « Et in pressura mea invocavi Dominum, et ad Deum meum clamavi. Et exaudivit de templo sancto suo vocem meam. » (*Ibid.*, 7.) Exaudivit de corde meo, in quo habitat, vocem meam. « Et clamor meus in conspectu ejus. » Et clamor meus, quem non in auribus hominum, sed coram ipso intus habeo. « Introivit in aures ejus. »

8. « Et commota est et contremuit terra. » (*Ibid.*, 8.) Ita clarificato filio hominis, commoti sunt et contremuerunt peccatores. « Et fundamenta montium conturbata sunt. » Et spes superborum, (a) quæ in hoc sæculo fuerunt, conturbatæ sunt. « Et commota

sunt, quoniam iratus est eis Deus. » Ut scilicet jam firmamentum non haberet in cordibus hominum spes temporalium bonorum.

9. « Ascendit fumus in ira ejus. » (*Ibid.*, 9.) Ascendit lacrymosa deprecatio pœnitentium, cum cognovissent quid minetur Deus impiis. « Et ignis a facie ejus exardescit. » Et flagrantia caritatis post pœnitentiam de notitia ejus inardescit. « Carbones succensi sunt ab eo. » Qui jam mortui erant deserti ab igne boni desiderii ac luce justitiæ, et frigidi tenebrosique remanserant, rursus accensi et illuminati revixerunt.

10. « Et inclinavit cœlum, et descendit : » (*Ibid.*, 10.) Et humiliavit justum, ut descenderet ad hominum infirmitatem. « Et caligo sub pedibus ejus. » Et impii qui terrena sapiunt, caligine malitiæ suæ non eum cognoverunt. Terra enim sub pedibus ejus, tanquam scabellum pedum ejus.

11. « Et ascendit super cherubim, et volavit. » (*Ibid.*, 11.) Et exaltatus est super plenitudinem scientiæ, ut nemo ad eum perveniret nisi per caritatem. « Plenitudo enim legis caritas. » (*Rom.*, XIII, 10.) Et

(a) Ita in septem Mss. At in editis *qui*.

crainte qu'ils ne crussent pouvoir le comprendre à l'aide d'images corporelles. « Il a pris son vol dans une région où l'aile des vents ne peut s'élever. » (*Ps.* XVII, 11.) Cette rapidité de vol, par laquelle il a prouvé qu'il ne pouvait être saisi par les sens, est supérieure à toutes les forces des âmes, forces à l'aide desquelles, comme à l'aide d'ailes, elles s'élèvent au-dessus des craintes terrestres dans les espaces célestes de la liberté.

12. « Et il a établi les ténèbres comme le lieu de sa demeure. » (*Ibid.*, 12.) Il a établi les mystères des sacrements, et il a mis au cœur des croyants une espérance cachée, afin de s'y dérober à la vue des siens, qu'il n'abandonne pas cependant. Il s'est retiré dans ces ténèbres, au milieu desquelles nous marchons encore par la foi et non par la vision (II. *Cor.*, V, 7), « tant que nous espérons et que nous attendons par la patience ce que nous ne voyons pas. » (*Rom.*, VIII, 25.) « Il est entouré tout entier de sa tente. » (*Ps.* XVII, 13.) Cependant ceux qui sont convertis et qui croient en lui sont près de lui ; il est au milieu d'eux, il leur accorde à tous ses faveurs, et il habite en eux, pendant cette vie, comme dans une tente. « Cette tente est comme une eau ténébreuse dans les nuées de l'air. » (*Ibid.*) C'est pourquoi, nul même de ceux qui comprennent les Ecritures ne doit se croire déjà parvenu à cette lumière qui ne brillera pour nous qu'au jour où nous passerons de la foi à la vision. En effet, il reste de l'obscurité dans la doctrine des prophètes et de tous ceux qui nous annoncent la parole de Dieu.

13. « En comparaison de l'éclat que répand sa présence : » (*Ibid.*, 13) (il faut juger surtout de cette obscurité) par comparaison avec l'éclat que répand la manifestation de sa présence. « Ses nuées ont passé. » Les prédicateurs de sa parole ne sont plus renfermés dans les limites de la Judée, ils ont passé aux Gentils. « Il en est tombé de la grêle et une pluie de feu. » (*Ibid.*) C'est une figure des réprimandes qui frappent comme la grêle les cœurs endurcis. Mais la dureté de la grêle se fond en eau, si elle tombe sur une terre cultivée et amollie, c'est-à-dire dans une âme pieuse : alors les menaces de réprimandes remplies d'éclairs et durcies en forme de grêle se transforment en une doctrine qui rassasie l'âme. Et aussi, les cœurs reprennent vie, enflammés par le feu de la charité. Toutes ces choses ont passé aux Gentils avec les nuées de Dieu.

14. « Et du haut du ciel, le Seigneur a fait entendre son tonnerre. » (*Ibid.*, 14.) Du cœur du juste, par la foi de celui-ci en l'Evangile, le Seigneur a fait entendre sa voix. « Et le Très-Haut a envoyé sa parole ; » (*Ibid.*) afin qu'elle

---

cito se incomprehensibilem esse demonstravit dilectoribus suis, ne illum corporeis (*a*) imaginationibus comprehendi arbitrarentur. « Volavit super pennas ventorum. » Illa autem celeritas, qua se incomprehensibilem esse monstravit, super virtutes animarum est, quibus se velut pennis a terrenis timoribus in auras libertatis attollunt.

12. « Et posuit tenebras latibulum suum. » (*Psal.* XVII, 12.) Et posuit obscuritatem sacramentorum, et occultam spem in corde credentium, ubi lateret ipse, non eos deserens. In his etiam tenebris, « ubi per fidem adhuc ambulamus, non per speciem, » (II *Cor.*, V, 7) quamdiu quod non videmus speramus, et per patientiam expectamus. (*Rom.*, VIII, 25.) « In circuitu ejus tabernaculum ejus. » Conversi tamen ad ipsum ambiunt, qui credunt ei ; quia in medio eorum est, cum omnibus æqualiter favet, in quibus tanquam in tabernaculo habitat hoc tempore. « Tenebrosa aqua in nubibus aeris. » Nec propterea quisquam in illa luce, quæ futura est cum ex fide ad speciem venerimus, jam se esse arbitretur, si Scripturas recte intelligit. In prophetis enim atque in omnibus divini verbi prædicatoribus obscura doctrina est.

13. « Præ fulgore in conspectu ejus : » (*Psal.* XVII, 13) in comparatione fulgoris, qui est in conspectu manifestationis ejus. « Nubes ipsius transierunt. » Prædicatores verbi ejus non jam in Judææ finibus continentur, sed transierunt ad gentes. « Grando et carbones ignis. » Objurgationes (*b*) figuratæ, quibus velut grandine corda dura tunduntur : si autem terra culta et mitis, id est, pius animus exceperit, duritia grandinis in aquam (*c*), id est terror fulguratæ et quasi congelatæ objurgationis in doctrinam satiantem resolvitur : igne autem caritatis accensa corda reviviscunt. Hæc omnia in nubibus ipsius ad gentes transierunt.

14. « Et intonuit de cœlo Dominus. » (*Ibid.*, 14.) Et Evangelica fiducia de corde justi sonuit Dominus. « Et Altissimus dedit vocem suam : » ut haberemus

---

(*a*) Lov. *imaginibus*. Cæteri codices *imaginationibus*. — (*b*) Aliquot Mss. *figurat*. — (*c*) Editi *exceperit duritiam grandinis, in aquam eadem terra fulgurata et quasi congelata objurgationis, id est in doctrinam,* etc. Locum emendamus ad Mss. e quibus tamen aliqui pro *fulguratæ* habent *figuratæ* : et quidam *conligatæ* pro *congelatæ*.

nous restât, et que dans l'abîme des choses humaines nous entendissions les choses célestes.

15. « Il a lancé ses flèches, et il les a dispersés. » (*Ibid.*, 15.) Il a envoyé ses apôtres qui, dans leur vol, portés sur les ailes des vertus ont suivi leur droit chemin, non par leurs propres forces, mais à l'aide de celui qui les a envoyés. Il a dispersés ceux vers lesquels ses apôtres furent envoyés, afin qu'ils fussent à l'égard des uns une odeur de vie qui fait vivre, et pour les autres une odeur de mort qui fait mourir. (II *Cor.*, II, 16.) « Il a multiplié ses foudres et il les a troublés : » il a multiplié les miracles et il les a troublés.

16. « Et des sources d'eau ont paru. » (*Ps.* XVII, 16.) Ces sources qui ont paru en la personne des apôtres, ont jailli jusqu'à la vie éternelle. (*Deut.*, IV, 14.) « Les fondements de l'univers ont été mis au jour. » Les prophètes ont été dévoilés et expliqués, eux qui n'avaient point été compris, et sur qui devait reposer l'édifice de la foi de l'univers. « Par vos menaces, Seigneur, » par les menaces de celui qui criait : « Le royaume de Dieu est proche de vous. » (*Luc*, X, 9.) « Et par le souffle impétueux de votre colère, » par le souffle de celui qui a dit : « Si vous ne faites pénitence, vous périrez tous de la même manière. » (*Luc*, XIII, 5.)

17. « Il a envoyé du haut du ciel et m'a pris; » (*Ps.* XVII, 17) en appelant à son héritage, du milieu des Gentils, sa glorieuse Eglise, qui n'a ni tache ni ride. (*Ephés.*, V, 27.) « Il m'a retiré de la profondeur des eaux. » Il m'a retiré de la multitude des peuples.

18. « Il m'a arraché des mains de mes redoutables ennemis : » (*Ps.* XVII, 18) il m'a arraché des mains de mes ennemis, qui avaient réussi à troubler et à détruire ma vie temporelle. « Et de ceux qui me haïssent, parce qu'ils étaient devenus plus forts que moi, » dans le temps que sous leur domination j'ignorais Dieu.

19. « Ils m'ont prévenu dans le temps de mon affliction. » (*Ibid.*, 19.) Ils m'ont nui les premiers, dans le temps où je portais un corps sujet à la mort et à la souffrance. « Et le Seigneur s'est fait mon appui. » Et parce que, sous le poids de mes amères douleurs, l'appui des joies terrestres a chancelé et s'est renversé, le Seigneur est devenu mon appui.

20. « Il m'a délivré et mis au large; » (*Ibid.*, 20) et parce que je souffrais les angoisses de la chair, il m'en a affranchi et m'a donné la liberté spirituelle. « Il m'a tiré de leurs mains, parce qu'il a voulu me posséder. » Avant que je voulusse le posséder, il m'a arraché des mains de mes plus puissants ennemis, qui m'ont porté

---

eam, et in profundo rerum humanarum audiremus coelestia.

15. « Et emisit sagittas suas, et dispersit eos. » (*Ibid.*, 15.) Et emisit Evangelistas pennis virtutum (*a*) recta itinera transvolantes, non suis, sed ejus a quo missi sunt viribus. Et dispersit eos, ad quos missi sunt, ut aliis eorum essent odor vitæ in vitam, aliis odor mortis in mortem. (II *Cor.*, II, 16.) « Et coruscationes multiplicavit, et conturbavit eos. » Et miracula multiplicavit, et conturbavit eos.

16. « Et apparuerunt fontes aquarum. » (*Psal.* XVII, 16.) Et apparuerunt qui facti erant in prædicantibus fontes aquarum salientium in vitam æternam. (*Joan.*, IV, 14.) « Et revelata sunt fundamenta orbis terrarum. » Et revelati sunt prophetæ, qui non intelligebantur, super quos ædificaretur orbis terrarum credens Domino. « Ab increpatione tua Domine : » clamantis : « Appropinquavit super vos regnum Dei. » (*Luc.*, X, 9.) « Ab inspiratione spiritus iræ tuæ : » dicentis : « Nisi pœnitentiam egeritis, omnes similiter moriemini. » (*Luc.*, XIII, 5.)

17. « Misit de summo, et accepit me : » (*Psal.* XVII, 17) vocando ex gentibus in hæreditatem, « gloriosam Ecclesiam non habentem maculam neque rugam. » (*Ephes.*, V, 27.) « Assumpsit me de multitudine aquarum. » Assumpsit me de multitudine populorum.

18. « Eruit me de inimicis meis fortissimis. » (*Psal.* XVII, 18.) Eruit me de inimicis meis, qui prævaluerunt ad affligendam et (*b*) pervertendam temporalem istam vitam meam. « Et ab his qui oderunt me, quoniam confortati sunt super me : » quamdiu sub ipsis sum (*c*) ignorans Deum.

19. « Prævenerunt me in die afflictionis meæ. » (*Ibid.*, 19.) Priores mihi nocuerunt, in tempore quo mortale et laboriosum corpus gero. « Et factus est Dominus firmamentum meum. » Et quoniam amaritudine miseriarum firmamentum terrenæ voluptatis conturbatum atque convulsum est, factus est Dominus firmamentum meum.

20. « Et eduxit me in latitudinem. » (*Ibid.*, 20.) Et quia carnales patiebar angustias, eduxit me in spiritalem latitudinem fidei. « Eruit me, quoniam voluit me. » Antequam illum ego vellem, eruit me ab inimicis meis potentissimis, qui mihi invidebant

---

(*a*) Quatuor Mss. *recto itinere.* — (*b*) Sic Mss. At editi *ad perdendam.* — (*c*) Septem Mss. *qui ignorant.*

envie dès que j'ai voulu le posséder, et qui me haïssent maintenant parce que je le veux.

21. « Et le Seigneur me récompensera selon ma justice : » (Ibid., 21) et le Seigneur me récompensera selon le mérite de ma bonne volonté, lui qui m'a fait miséricorde avant que j'eusse de la bonne volonté. « Et il me récompensera selon la pureté de mes mains : » et il me récompensera selon la pureté de mes actions, lui qui m'a donné de faire le bien, en m'introduisant dans les libres espaces de la foi.

22. « Parce que j'ai gardé les voies du Seigneur : » (Ibid., 22) afin de donner à mes actions toute la largeur des bonnes œuvres qui se font par la foi, et la longueur qui vient de la persévérance.

23. « Et je ne me suis pas éloigné de Dieu par mes impiétés. Car tous ses jugements sont devant mes yeux. » (Ibid., 23.) « Tous ses jugements, » c'est-à-dire les récompenses des justes, les châtiments des impies, les souffrances de ceux qu'il faut corriger et les tentations de ceux qu'il faut éprouver, jugements que je considère avec une attentive persévérance. « Et je n'ai pas rejeté loin de moi ses lois si équitables : » ce que font ceux qui succombent sous leur poids et qui retournent à leur vomissement.

24. « Je me conserverai pur à ses yeux, et je me garderai du fond d'iniquité qui est en moi. » (Ibid., 24.)

25. « Et le Seigneur me récompensera selon ma justice. » (Ibid., 25.) C'est pourquoi le Seigneur me récompensera selon ma justice, non seulement parce que j'ai suivi le large chemin de la foi, qui agit par la charité (Gal., v, 6), mais aussi à cause de la longueur de cette voie où j'ai persévéré. « Et selon la pureté de mes mains qui éclate devant ses yeux, » non aux yeux des hommes mais aux yeux de Dieu. « Car les choses visibles sont temporelles, et les invisibles sont éternelles; » (II Cor., iv, 18) et c'est vers l'éternité que s'élève l'espérance.

26. « Vous serez saint avec celui qui est saint. » (Ps. xvii, 26.) Il y a aussi dans la profondeur de vos secrets une preuve que vous êtes saint avec celui qui est saint, c'est que toute sainteté vient de vous. « Et vous serez innocent avec l'homme innocent. » En effet, vous ne nuisez à personne, et le pécheur lui-même n'est lié que par les chaînes de ses péchés. (Prov., v, 22.)

27. « Et vous serez élu avec l'élu. » (Ps. xvii, 27.) Et vous serez choisi par celui que vous avez choisi. « Et vous serez pervers avec celui qui est pervers. » Vous paraîtrez être pervers avec ceux qui le sont, parce qu'il est des hommes qui disent : « La voie du Seigneur n'est pas

---

jam volenti eum; et ab his qui oderunt me, quia volo eum.

21. « Et retribuet mihi Dominus secundum justitiam meam. » (Ibid., 21.) Et retribuet mihi Dominus secundum justitiam bonæ voluntatis, qui prior præbuit misericordiam, antequam haberem bonam voluntatem. « Et secundum puritatem manuum mearum retribuet mihi. » Et secundum puritatem factorum meorum retribuet mihi, qui tribuit mihi ut bene facerem, educendo me in latitudinem fidei.

22. « Quia custodivi vias Domini. » (Ibid., 22.) Ut (a) latitudo bonorum operum, quæ per fidem sunt, et longanimitas perseverandi consequatur.

23. « Nec impie gessi a Deo meo. Quoniam omnia judicia ejus in conspectu meo sunt (b). » (Ibid., xxiii.) « Quoniam omnia judicia ejus, » id est, et præmia justorum, et pœnas impiorum, et flagella corrigendorum, et tentationes probandorum, perseveranti contemplatione considero. « Et justitias ejus non repuli a me. » Quod faciunt deficientes sub sarcina earum, et revertuntur ad vomitum suum.

24. « Et ero immaculatus cum eo, et observabo me ab iniquitate mea. » (Ibid., 24.)

25. « Et retribuet mihi Dominus secundum justitiam meam. » (Ibid., 25.) Itaque non solum propter latitudinem fidei, quæ per dilectionem operatur (Gal., v, 6) : sed etiam propter longitudinem perseverantiæ, retribuet mihi Dominus secundum justitiam meam. « Et secundum puritatem manuum mearum in conspectu oculorum ejus. » Non quod homines vident, sed in conspectu oculorum ejus. « Quoniam quæ videntur, temporalia sunt : quæ autem non videntur, æterna : » (II Cor., iv, 18) quo pertinet altitudo spei.

26. « Cum sancto sanctus eris. » (Psal. xvii, 26.) Est etiam occulta profunditas, qua intelligeris cum sancto sanctus, quia tu sanctificas. « Et cum viro innocente innocens eris. » Quia tu nulli noces, sed criniculis peccatorum suorum unusquisque constringitur. (Prov., v, 22.)

27. « Et cum electo electus eris. » (Psal. vii, 27.) Et ab eo quem eligis, eligeris (c). « Et cum perverso perversus eris. » Et cum perverso videris perversus :

(a) Tredecim Mss. *Ut latitudinem*. — (b) In editis additum erat *semper*: quod a melioris notæ Mss. et a Græco abest. — (c) Idem vers. 27, explicatur in Enarratione Psal. xliv et lxxii.

droite, » (*Ezéch.*, XVIII, 25) et c'est leur propre voie qui n'est point droite.

28. « Parce que vous sauverez le peuple qui est humble. » (*Ps.* XVIII, 28.) Or, il paraît pervers aux pervers que vous sauviez ceux qui confessent leurs péchés. « Et que vous humilierez les yeux des orgueilleux : » vous humilierez ceux qui ne connaissent pas la justice de Dieu, et qui veulent faire prévaloir la leur. (*Rom.*, X, 3.)

29. Parce que, Seigneur, vous allumerez ma lampe. » (*Ps.* XVIII, 29.) Parce que notre lumière ne vient pas de nous ; mais c'est vous, Seigneur, qui allumerez une lampe. « Mon Dieu, vous éclairerez mes ténèbres : » nous ne sommes que ténèbres à cause de nos péchés ; mais vous, mon Dieu, vous éclairerez mes ténèbres.

30. « Parce que je serai tiré par vous de la tentation. » (*Ibid.*, 30.) Ce ne sera point par moi, mais par vous que je serai tiré de la tentation. « Et par le secours de mon Dieu, je dépasserai le mur : » et par le secours de mon Dieu, non par mes propres forces, je dépasserai le mur que le péché a élevé entre les hommes et la Jérusalem céleste.

31. « La voie de mon Dieu est de toute pureté : » (*Ibid.*, 31) mon Dieu ne vient point habiter dans l'homme, à moins qu'il ne lui ait préparé une route de foi d'une entière pureté, parce que sa voie est sans tache. « Les paroles du Seigneur ont été éprouvées par le feu. » Les paroles du Seigneur ont été éprouvées par le feu des tribulations. « Il est le protecteur de tous ceux qui espèrent en lui. » Et tous ceux qui ont mis leur espérance, non en eux, mais en lui, ne sont pas consumés par ces tribulations ; car l'espérance suit la foi.

32. « Car qui est Dieu, si ce n'est le Seigneur, » (*Ibid.*, 32) dont nous sommes les serviteurs ? « Et qui est Dieu, excepté notre Dieu ? » Et qui est Dieu, excepté le Seigneur que nous posséderons, en qualité d'enfants, comme un héritage désiré, après que nous l'aurons bien servi ?

33. « Il est le Dieu qui m'a ceint de vigueur. » (*Ibid.*, 33.) Il a ceint mes reins, pour me rendre fort ; de peur que la convoitise, comme un vêtement lâche et flottant, n'embarrassât mes œuvres et mes pas. « Et il m'a tracé une voie toute pure. » Il m'a tracé la route sans tache de la charité pour aller à lui, comme il a tracé la route sans tache de la foi par laquelle il vient à moi.

34. « Il a rendu mes pieds parfaits comme ceux du cerf. » (*Ibid.*, 34.) Il a rendu parfait mon amour, afin que je pusse franchir les broussailles ténébreuses de ce monde. « Et il me placera sur les lieux les plus élevés. » Il dirigera mes pensées vers les célestes demeures, afin que

---

quoniam dicunt : « Non est recta via Domini : » (*Ezech.*, XVIII, 25) et ipsorum via non est recta.

28. « Quoniam tu populum humilem salvum facies. » (*Psal.* XVII, 28.) Hoc autem perversum videtur perversis, quod confitentes peccata sua salvos facies. « Et oculos superborum humiliabis. » Ignorantes autem Dei justitiam, et suam volentes constituere, humiliabis. (*Rom.*, X, 3.)

29. « Quoniam tu illuminabis lucernam meam Domine. » (*Psal.* XVII, 29.) Quoniam non est lumen nostrum ex nobis : sed tu illuminabis lucernam meam Domine. « Deus meus illuminabis tenebras meas. » Nos enim peccatis nostris tenebræ sumus : sed Deus meus illuminabis tenebras meas.

30. « Quoniam a te eruar a tentatione. » (*Ibid.*, 30.) Quoniam non a me, sed a te eruar a tentatione. « Et in Deo meo transgrediar murum. » Et non in me, sed in Deo meo transgrediar murum, quem inter homines et cœlestem Jerusalem peccata erexerunt.

31. « Deus meus, immaculata est via ejus. » (*Ibid.*, 31.) Deus meus non venit in homines, nisi mundaverint viam fidei, qua veniat ad eos ; quia immaculata est via ejus. « Eloquia Domini igne examinata. » Eloquia Domini igne tribulationis probantur. « Protector est omnium sperantium in se. » Et omnes qui non in seipsis, sed in illo sperant, eadem tribulatione non consumuntur. Spes enim sequitur fidem.

32. « Quoniam quis Deus, præter Dominum ? » (*Ibid.*, 32) cui servimus. « Et quis Deus præter Deum nostrum ? » Et quis Deus præter Dominum, quem post bonam servitutem, tanquam hæreditatem speratam filii possidebimus ?

33. « Deus qui præcinxit me virtute. » (*Ibid.*, 33.) Deus qui me præcinxit ut fortis sim, ne diffluentes sinus cupiditatis impediant opera et gressus meos. « Et posuit immaculatam viam meam. » Et posuit immaculatam viam caritatis, qua ad illum veniam ; sicut immaculata est fidei, qua venit ad me.

34. « Qui perfecit pedes meos tanquam cervi. » (*Ibid.*, 34.) Qui perfecit amorem meum, ad transcendenda spinosa et umbrosa implicamenta hujus sæculi. « Et super excelsa statuet me. » Et super cœlestem habitationem figet intentionem meam, ut

je sois rempli de la plénitude de Dieu. (*Ephés.*, III, 19.)

35. « Il instruit mes mains pour le combat. » (*Ps.* XVIII, 35.) Il m'apprend ce qu'il faut faire pour triompher des ennemis qui s'efforcent de nous fermer les royaumes célestes. « Et vous avez fait de mes bras comme un arc d'airain. » Vous m'avez rendu infatigable dans l'accomplissement de mes bonnes œuvres.

36. « Vous m'avez protégé pour mon salut, et votre droite m'a soutenu : » (*Ibid.*, 36) la faveur de votre grâce m'a soutenu. « Et votre discipline m'a dirigé vers la fin. » Vos réprimandes m'empêchant de quitter votre voie m'ont dirigé et contraint de rapporter toutes mes actions à cette fin par laquelle on est uni à vous. « Et votre discipline elle-même m'enseignera. » Ces mêmes réprimandes m'ont appris à parvenir là où elles me conduisaient.

37. « Vous avez élargi sous mes pas la voie où je marchais. » (*Ibid.*, 37.) Les entraves de la chair ne seront point un obstacle pour moi, parce que vous avez dilaté mon amour qui désormais agira dans la joie, élevé qu'il est au-dessus des choses mortelles et de la servitude des membres. « Et la place de mes pas ne s'est point effacée. » C'est-à-dire la place où je dois poser mes pas, ou bien la trace que mes pas ont laissée pour frayer la voie à ceux qui me suivent.

38. « Je poursuivrai mes ennemis et je les saisirai. » (*Ibid.*, 38.) Je poursuivrai mes affections charnelles, et elles ne me captiveront pas; au contraire, je les saisirai et les détruirai. « Et je ne me détournerai pas de leur poursuite, jusqu'à ce qu'ils soient entièrement défaits. » Je ne me détournerai pas de mon application à les poursuivre, dans le but de me reposer, avant que toutes les passions qui s'opposent à moi ne soient détruites.

39. « Je les briserai et ils ne pourront se tenir debout. » (*Ibid.*, 39.) Elles ne tiendront pas contre moi. « Ils tomberont sous mes pieds. » Après les avoir brisées, je placerai au-dessus d'elles la charité qui conduit à l'éternité.

40. « Et vous m'avez ceint de force pour combattre. » (*Ibid.*, 40.) Votre force a serré autour de mes reins les plis flottants des désirs charnels, de peur que dans ce combat ils ne nuisissent à mon action. « Vous avez fait tomber sous moi ceux qui se dressaient contre moi. » Vous avez trompé les espérances de ceux qui s'acharnaient à ma poursuite, de sorte que ceux qui voulaient me dominer sont soumis à ma domination.

41. « Et vous avez mis mes ennemis derrière moi. » (*Ibid.*, 41.) Vous avez fait tourner le dos à mes ennemis et vous les avez mis derrière moi, les obligeant à me suivre. « Et vous avez dispersé ceux qui me haïssent : » mais pour ceux

---

implear in omnem plenitudinem Dei. (*Ephes.*, III, 19.)

35. « Qui docet manus meas (*a*) ad prælium. » (*Psal.* XVII, 35.) Qui docet me operari ad superandos inimicos, qui nobis intercludere cœlestia regna conantur. « Et posuisti ut arcum æreum brachia mea. » Et posuisti infatigabilem intentionem bonorum operum meorum.

36. « Et dedisti mihi protectionem salutis (*b*) meæ, et dextera tua suscepit me. » (*Ibid.*, 36.) Et favor gratiæ tuæ suscepit me. « Et disciplina tua me direxit in finem. » Et correptio tua me deviare non sinens direxit, ut quidquid ago, in eum finem referam, quo cohæretur tibi. « Et disciplina tua ipsa me docebit. » Et eadem correptio tua me docebit pervenire quo direxit.

37. « Dilatasti gressus meos subter me. » (*Ibid.*, 37.) Nec impedient carnales angustiæ; quoniam latam fecisti caritatem meam operantem hilariter, etiam de ipsis quæ subter me sunt mortalibus rebus et membris. « Et non sunt infirmata vestigia mea. »

Et non sunt infirmata, sive itinera mea, sive signa quæ impressi ad imitandum sequentibus.

38. « Persequar inimicos meos, et comprehendam illos. » (*Ibid.*, 38.) Persequar affectus carnales meos, nec ab eis comprehendar; sed comprehendam illos, ut absumantur. « Et non convertar donec deficiant. » Et ab ista intentione non convertar ad quietem, donec deficiant qui obstrepunt mihi.

39. « Confringam illos, nec poterunt stare : » (*Ibid.*, 39) nec durabunt adversum me. « Cadent subtus pedes meos. » Dejectis illis, præponam amores quibus ambulo in æternum.

40. « Et præcinxisti me virtute ad bellum. » (*Ibid.*, 40.) Et constrinxisti fluentia desideria carnis meæ virtute, ne in tali pugna præpedirer. « Supplantasti insurgentes in me subter me. » Decipi fecisti eos qui me insequebantur, ut subter me fierent, qui super me esse cupiebant.

41. « Et inimicos meos dedisti mihi dorsum. » (*Ibid.*, 41.) Et inimicos meos convertisti, et dorsum mihi eos esse fecisti, id est, ut sequerentur me. « Et

---

(*a*) Mss. duo *in prælium* alii plerique *in prælio*. Apud LXX, est εἰς πόλεμον. — (*b*) Sic editio Lov. et melioris notæ Mss. At Er. et octo Mss. *salutis tuæ* : quam lectionem Hebræo respondere testatur Hieronymus in epist. CXXXV, *ad Suniam*.

qui ont continué à me haïr, vous les avez dispersés.

42. « Ils ont crié, et il n'y avait personne pour les sauver. » (*Ibid.*, 42.) Qui pourrait en effet sauver ceux que vous ne sauvez point ? « Ils ont crié vers le Seigneur, et il ne les a point écoutés. » Ils ont crié vers le Seigneur et non vers quelque autre, et il ne les a pas jugés dignes d'être exaucés, parce qu'ils n'ont point renoncé à leur méchanceté.

43. « Je les réduirai en poussière, pour les livrer au gré du vent. » (*Ibid.*, 43.) Je les réduirai en poussière, car ils sont desséchés, ne recevant pas la pluie de la miséricorde céleste ; afin que s'élevant et se gonflant d'orgueil ils sóient arrachés aux espérances solides et inébranlables comme de dessus d'une terre ferme et stable. « Je les détruirai comme la boue des rues. » Tandis qu'ils s'abandonnent à la luxure et à la débauche, je les détruirai dans les voies larges où marchent tant d'hommes.

44. « Vous me retirerez des contradictions du peuple. » (*Ibid.*, 44.) Vous me retirerez des contradictions de ceux qui ont dit : « Si nous le laissons aller, tout le monde le suivra. » (*Jean*, XI, 48.)

45. « Vous m'établirez chef des nations. Un peuple que je ne connaissais pas m'a été soumis. » (*Ps.* XVIII, 45.) Le peuple des Gentils, que je n'ai pas visité par ma présence corporelle, m'a été soumis. « Il m'a obéi, aussitôt qu'il a entendu ma voix. » Ses yeux ne m'ont point vu, mais en recevant mes apôtres, il m'a obéi, dès que ma parole a frappé ses oreilles.

46. « Les enfants étrangers m'ont menti. » (*Ibid.*, 46.) Des enfants que je ne puis dire miens, mais plutôt enfants étrangers, auxquels s'adressent justement ces paroles. « Vous êtes les fils du diable, » (*Jean*, VIII, 44) ces enfants m'ont menti. « Les enfants étrangers sont tombés dans la vieillesse. » Les enfants étrangers, à qui j'ai apporté, pour les renouveler, la nouvelle alliance, sont restés dans l'état du vieil homme. « Ils sont devenus boîteux dans leurs voies, » comme infirmes d'un pied, parce que possédant l'Ancien Testament, ils ont repoussé le Nouveau : ils sont devenus boîteux, suivant même leurs traditions dans l'ancienne loi plutôt que les commandements de Dieu. En effet, ils faisaient un crime de se mettre à table sans s'être lavé les mains (*Matth.*, XV, 2), parce que tels étaient les sentiers qu'ils avaient eux-mêmes tracés et frayés par leurs coutumes, en s'écartant du chemin des commandements de Dieu.

47. « Le Seigneur est le Dieu vivant ; que mon Dieu soit béni. » (*Ps.* XVII, 47.) L'amour des choses de la chair est une mort (*Rom.*, VIII, 6); car le Seigneur est vivant, et qu'il soit béni !

---

odio habentes me disperdidisti. » Alios autem eorum, qui in odio perduraverunt, disperdidisti.

42. « Clamaverunt, nec erat qui salvos faceret. » (*Ibid.*, 42.) Quis enim salvos faceret, quos tu non faceres ? « Ad Dominum, nec exaudivit eos. » Nec ad quemlibet, sed ad Dominum clamaverunt : nec exauditione dignos judicavit non recedentes a malitia sua.

43. « Et comminuam illos ut pulverem (*a*) ante faciem venti. » (*Ibid.*, 43.) Et comminuam illos; aridi enim sunt, non recipientes imbrem misericordiæ Dei : ut elati atque inflati superbia, a spe firma et inconcussa, et tanquam a terræ soliditate et stabilitate rapiantur. « Ut lutum platearum delebo eos. » Per latas quas multi ambulant perditionis vias; luxuriantes et lubricos delebo eos.

44. « Erues me de contradictionibus populi. » (*Ibid.*, 44.) Erues me de contradictionibus eorum, qui dixerunt : « Si dimiserimus eum (*b*), omne sæculum post illum ibit. » (*Joan.*, XI, 48.)

45. « Constitues me in caput gentium. » « Populus quem non cognovi servivit mihi. » (*Psal.* XVII, 45.) Populus gentium quem corporali præsentia non visitavi, servivit mihi. « In obauditu auris obedivit mihi. » Neque oculis me vidit : sed recipiens prædicatores meos, in obauditu auris obedivit mihi.

46. « Filii alieni mentiti sunt mihi. » (*Ibid.*, 46.) Filii non mei dicendi, sed potius alieni, quibus recte dicitur : « Vos ex patre diabolo estis, » (*Joan.*, VIII, 44) mentiti sunt mihi. « Filii alieni inveteraverunt. » Filii alieni, quibus ut renovarentur, Novum Testamentum attuli, in vetere homine remanserunt. « Et claudicaverunt a semitis suis. » Et tanquam uno pede debiles, quia Vetus tenentes, Novum Testamentum respuerunt, claudi effecti sunt, etiam in ipsa vetere lege potius traditiones suas sequentes, quam Dei. (*Matth.*, XV, 2.) Calumniabantur enim de manibus non lotis, quia tales erant semitæ, quas ipsi fecerant et consuetudine triverant, aberrando ab itineribus præceptorum Dei.

47. « Vivit Dominus, et benedictus Deus meus. » (*Psal.* XVII, 47.) Secundum carnem autem sapere,

---

(*a*) Undecim Mss. *juxta faciem venti.* — (*b*) In plerisque Mss. *Si dimiserimus eum vivum, sæculum post illum ibit.*

« Que le Dieu de mon salut, soit élevé par dessus tout. » Que mes sentiments pour le Dieu qui me sauve n'aient rien des habitudes terrestres; et que je n'espère point un salut qui vienne de la terre, mais un salut qui vienne de lui et du haut des cieux.

48. « O Dieu, qui me donnez la vengeance et me soumettez les peuples. » (*Ps.* XVII, 48.) Dieu qui me vengez en me soumettant les peuples. « Vous qui me délivrez de mes ennemis furieux, » des Juifs qui criaient : « Crucifiez-le, crucifiez-le. » (*Jean*, XIX, 6.)

49. « Vous m'élèverez au-dessus de ceux qui se soulèvent contre moi. » (*Ps.* XVII, 49.) Vous m'élèverez par ma résurrection au-dessus des Juifs soulevés contre moi dans ma passion. « Vous me retirerez des mains de l'injustice, » vous me retirerez de leur royaume d'iniquité.

50. « C'est pourquoi, Seigneur, je vous confesserai parmi les nations. » (*Ibid.*, 50.) C'est pourquoi, Seigneur, les nations vous confesseront par mes soins. « Et je chanterai à la gloire de votre nom, » et vous serez connu au loin par mes bonnes œuvres.

51. « A la gloire du Dieu qui opère avec tant de magnificence le salut dont son Roi est l'instrument. » (*Ibid.*, 51.) A la gloire du Dieu qui opère avec tant de magnificence, qui rend si admirable, le salut que son Fils accorde à ceux qui croient en lui. « Et qui fait miséricorde à son Christ. » C'est Dieu qui fait miséricorde à son Christ. « A David et à sa postérité dans tous les siècles. » Au libérateur lui-même dont la main puissante a vaincu le monde, et à ceux qui croient en l'Evangile et qu'il a engendrés pour l'éternité. Toutes les paroles de ce psaume qu'on ne peut rapporter en propre au Seigneur lui-même, doivent être rapportées à l'Eglise, car celui qui parle ici est le Christ tout entier, en qui sont tous ses membres.

Ier DISCOURS SUR LE PSAUME XVIIIe.

Pour la fin, psaume de David pour lui-même.
(Ps. XVIII, 1.)

1. Ce titre est connu. Ce n'est pas Notre-Seigneur Jésus-Christ qui y parle, mais ces paroles sont dites de lui.

2. « Les cieux racontent la gloire de Dieu. » (*Ibid.*, 2.) Les saints Evangélistes, en qui Dieu habite comme dans les cieux, racontent la gloire de Notre-Seigneur Jésus-Christ, ou la gloire que le Fils a donnée au Père, pendant qu'il était sur la terre. « Et le firmament annonce l'œuvre de ses mains. » (*Ibid.*) Le firmament, c'est-à-dire le cœur transformé en ciel par la confiance au Saint-Esprit, de terre qu'il était précédemment par la crainte, le firmament annonce les œuvres de la puissance divine.

---

mors est (*Rom.*, VIII, 6) : vivit enim Dominus, et benedictus Deus meus. « Et exaltetur Deus salutis meæ. » Et non terrena consuetudine de Deo salutis meæ sentiam : nec terrenam ipsam salutem, sed in excelso de illo sperem.

48. « Deus qui das vindictas mihi, et subdis populos sub me. » (*Psal.* XVII, 48.) Deus qui vindicas me, subdendo populos sub me. « Liberator meus de inimicis meis iracundis : » clamantibus : « Crucifige, crucifige, » Judæis. (*Joan.*, XIX, 6.)

49. « Ab insurgentibus in me exaltabis me. » (*Psal.* XVII, 49.) A Judæis insurgentibus in me patientem, exaltabis me resurgentem. « A viro iniquo erues me. » A regno eorum iniquo erues me.

50. « Propterea confitebor tibi in gentibus, Domine. » (*Ibid.*, 50.) Propterea tibi per me confitebuntur gentes, Domine. « Et nomini tuo psallam. » Et latius innotesces bonis operibus meis.

51. « Magnificans salutes regis ipsius. » (*Ibid.*, 51.) Deus qui magnificat, ut admirabiles faciat salutes, quas ejus Filius dat credentibus. « Et faciens misericordiam Christo suo. » Deus qui facit misericordiam Christo suo. « David et semini ejus usque in sæculum. » Ipsi liberatori manu potenti qui vicit hunc mundum, et eis quos credentes Evangelio genuit in æternum. Quæcumque in hoc Psalmo dicta sunt, quæ ipsi Domino proprie, id est, capiti Ecclesiæ congruere non possunt, ad Ecclesiam referenda sunt. Totus enim Christus hic loquitur, in quo sunt omnia membra ejus.

IN PSALMUM XVIII ENARRATIO I.

In finem : Psalmus ipsi David. (Ps. XVIII, 1.)

1. Titulus notus est : nec Dominus Jesus Christus hæc dicit, sed de illo hæc dicuntur.

2. « Cœli enarrant gloriam Dei. » (*Ibid.*, 2.) Justi Evangelistæ, in quibus Deus tanquam in cœlis habitat, exponunt gloriam Domini nostri Jesu Christi, sive gloriam qua glorificavit Patrem Filius super terram. « Et opera manuum ejus annuntiat firmamentum. » Et facta virtutum Domini annuntiat firmamentum fiducia Spiritus sancti et cœlum factum, quod antea timore terra erat.

3. « Le jour profère la parole au jour. » (*Ibid.*, 3.) L'Esprit manifeste aux hommes spirituels la plénitude de l'immuable Sagesse de Dieu, qui est le Verbe, Dieu dès le commencement avec Dieu. (*Jean*, I, 1.) « Et la nuit indique la science à la nuit : » et la mortalité de la chair, parlant en quelque sorte aux hommes charnels qui se tiennent dans l'éloignement, leur annonce, en leur insinuant la foi, la science qui doit venir ensuite pour eux.

4. « Il n'est point de langue, il n'est point d'idiome dans lequel leur voix ne soit entendue : » (*Ps.* XVIII, 4) dans lequel n'ait été entendue la voix des Evangélistes ; l'Evangile ayant été prêché en toute langue.

5. « Le son de leur voix s'est répandu sur la terre entière, et leur parole a pénétré jusqu'aux confins de l'univers. » (*Ibid.*, 5.)

6. « Il a placé sa tente dans le soleil. » (*Ibid.*, 6.) Le Seigneur, pour combattre le règne des erreurs temporelles, devant porter sur terre non la paix mais le glaive (*Matth.*, X, 34), a établi dans le temps de sa manifestation comme une tente militaire où il habite, qui est le mystère de son incarnation. « Et lui-même est semblable à un époux qui sort de la chambre nuptiale. » Et lui-même sort du sein virginal où Dieu s'est uni à la nature humaine comme l'époux s'unit à l'épouse. « Il s'est élancé comme un géant pour courir sa carrière. » Il s'est élancé comme le fort par excellence, qui surpasse tous les hommes par une incomparable puissance, et cela pour courir dans sa voie et non pour y demeurer ; car il ne s'est point arrêté dans la voie des pécheurs. (*Ps.* I, 1.)

7. « Il est parti du haut du ciel. » (*Ps.* XVIII, 7.) Il est parti du sein de son Père, dont il est engendré non dans le temps mais dans l'éternité. « Et sa course s'élève jusqu'au plus haut des cieux. » (*Ibid.*) Il s'élève par la plénitude de la divinité jusqu'à l'égalité parfaite avec le Père. « Et nul ne peut se soustraire à sa chaleur. » (*Ibid.*) Quand le Verbe s'est fait chair et a habité parmi nous (*Jean*, I, 14), en revêtant notre mortalité, il n'a point permis qu'aucun mortel pût s'excuser sur les ombres de la mort, car ces ombres même furent pénétrées par la chaleur du Verbe.

8. « La loi du Seigneur est sans tache, elle convertit les âmes. » (*Ps.* XVIII, 8.) Il est lui-même la loi du Seigneur, lui qui vient pour accomplir la loi et non pour la détruire. (*Matth.*, V, 17.) Il est la loi sans tache, parce qu'il n'a point commis le péché, et que le mensonge ne s'est point trouvé dans sa bouche. (II *Pierre*, II, 22.) Il n'opprime point les âmes sous le joug

---

3. « Dies diei eructuat verbum. » (*Ibid.*, 3.) Spiritus spiritalibus profert plenitudinem incommutabilis Sapientiæ Dei, quod Verbum in principio Deus apud Deum est. (*Joan.*, I, 1.) « Et nox nocti annuntiat scientiam. » Et mortalitas carnis tanquam longe positis carnalibus, fidem insinuando, annuntiat futuram scientiam.

4. « Non sunt loquelæ, neque sermones, quorum non audiantur voces eorum : » (*Psal.* XVIII, 4) per quos non auditæ sint voces evangelistarum, cum omnibus linguis Evangelium prædicaretur.

5. « In omnem terram exiit sonus eorum, et in fines orbis terræ verba eorum. » (*Ibid.*, 5.)

6. « In (*a*) sole posuit tabernaculum suum. » (*Ibid.*, 6.) Dominus autem ut adversus regna temporalium errorum belligeraret, non pacem, sed gladium missurus in terram (*Matth.*, X, 34), in tempore vel in manifestatione posuit tanquam militare habitaculum suum, hoc est, dispensationem incarnationis suæ. « Et ipse tanquam sponsus procedens de thalamo suo. » Et ipse procedens de utero virginali, ubi Deus naturæ humanæ tanquam sponsus sponsæ copulatus est. « Exsultavit sicut gigas ad currendam viam. » Exsultavit sicut fortissimus, et cæteros homines incomparabili virtute præcedens, non ad habitandam, sed ad currendam viam. « Non enim in via peccatorum stetit. » (*Psal.* I, 1.)

7. « A (*b*) summo cœlo egressio ejus. » (*Psal.* XVIII, 7.) A Patre egressio ejus, non temporalis, sed æterna, qua de Patre natus est. « Et occursus ejus usque ad summum (*c*) cœli. » Et occurrit plenitudine divinitatis usque ad æqualitatem Patris. « Et non est qui se abscondat a calore ejus. » Cum autem Verbum etiam caro factum est et habitavit in nobis mortalitatem nostram suscipiens (*Joan.*, I, 14), non permisit ullum mortalium excusare se de umbra mortis, et ipsam enim penetravit Verbi calor.

8. « Lex Domini immaculata convertens animas. » (*Psal.* XVIII, 8.) Lex ergo Domini ipse est, qui venit legem implere, non solvere (*Matth.*, V, 17) : et immaculata lex, « qui peccatum non fecit, nec inventus est dolus in ore ejus : » (II *Petr.*, II, 22) non premens animas servitutis jugo, sed ad imitandam libertatem convertens. « Testimonium Domini fidele, sa-

---

(*a*) De eodem vers. 6. vide Enarrationem Psal. XLIV. — (*b*) Idem vers. 7. exponitur in 1. Enarratione Psal. LVIII. — (*c*) Sic Mss. juxta LXX. At editi, *ad summum ejus*.

de la servitude, mais il les convertit à la liberté afin qu'elles puissent l'imiter. « Le témoignage du Seigneur est fidèle, il donne la sagesse aux petits. » « Le témoignage du Seigneur est fidèle, » parce que personne ne connaît le Père, sinon le Fils et celui à qui le Fils veut bien le révéler. (*Matth.*, XI, 27.) Ces choses ont été cachées aux sages et manifestées aux petits, parce que « Dieu résiste aux superbes et donne au contraire sa grâce aux humbles. » (*Jac.*, IV, 6.)

9. « Les justices du Seigneur sont droites, et elles réjouissent le cœur. » (*Ps.* XVIII, 9.) Toutes les justices du Seigneur sont droites dans celui qui n'a rien enseigné qu'il n'ait fait lui-même; afin que ceux qui l'imitent se réjouissent dans leur cœur des choses qu'ils font librement par amour et non servilement par crainte. « Les préceptes du Seigneur sont lumineux, ils éclairent les yeux. » (*Ibid.*) Les préceptes du Seigneur sont lumineux; ils ne sont voilés par aucune observance charnelle; ils éclairent la vue de l'homme intérieur.

10. « La crainte de Dieu est chaste, elle subsiste dans les siècles des siècles. » (*Ibid.*, 10.) Ce n'est point la crainte toute pénale de l'ancienne loi qui a horreur de la perte des biens temporels dont l'amour entraîne l'âme à une sorte de fornication; mais une crainte chaste, qui fait que plus l'Eglise éprouve un ardent amour pour son Epoux, plus elle apporte de soin à se garder de l'offenser : c'est pourquoi l'amour parfait ne chasse pas cette crainte (I *Jean*, IV, 18), qui demeure au contraire dans les siècles des siècles.

11. « Les jugements du Seigneur sont véritables, et justifiés par leur propre accomplissement. » (*Ps.* XVIII, 10.) Les jugements de celui qui ne juge personne, mais qui a remis tout jugement au Fils (*Jean*, V, 22), sont véritablement justifiés par leur immuable certitude. Dieu, en effet, ne trompe personne, ni dans ses menaces, ni dans ses promesses; et personne ne peut soustraire l'impie à son châtiment, ni priver le juste de la récompense que Dieu lui donne. *Desiderabilia super aurum et lapidem pretiosum multum.* « Ils sont plus désirables que l'or et les pierres précieuses beaucoup. » (*Ps.* XVIII, 11.) Quant au mot *multum* « beaucoup, » il peut se rapporter à l'or et aux pierres précieuses, ou modifier soit le mot désirables, soit le mot précieuses; mais quel qu'en soit le sens, les jugements de Dieu sont plus désirables que toutes les pompes de ce monde, dont le désir criminel fait que l'on ne désire pas mais que l'on craint les jugements de Dieu, ou qu'on les méprise, ou qu'on n'y croit pas. Mais si un homme devient lui-même or et pierre précieuse, afin de n'être pas consumé par le feu mais placé dans le trésor de Dieu, pour lui, les jugements divins sont plus désirables que lui-même, puisqu'il préfère

---

pientiam præstans parvulis. » Testimonium Domini fidele; « quia nemo novit Patrem nisi Filius, et cui voluerit Filius revelare : » (*Matth.*, XI, 27) quæ abscondita sunt a sapientibus, et revelata parvulis; « quoniam Deus superbis resistit, humilibus autem dat gratiam. » (*Jac.*, IV, 6.)

9. « Justitiæ Domini rectæ, lætificantes (*a*) cor. » (*Psal.* XVIII, 9.) Omnes justitiæ Domini in illo rectæ, qui non docuit quod ipse non fecit; ut qui imitantur, corde gauderent, in eis quæ libere cum caritate facerent, non serviliter cum timore. « Præceptum Domini lucidum, illuminans oculos. » Præceptum Domini lucidum, sine velamento carnalium observationum, illuminans hominis interioris adspectum.

10. « Timor Domini castus permanens in sæculum sæculi. » (*Ibid.*, 10.) Timor Domini, non ille sub lege pœnalis, temporalia bona sibi subtrahi perhorrescens, quorum dilectione anima fornicatur; sed castus, quo Ecclesia sponsum suum quanto ardentius diligit, tanto diligentius cavet offendere : et ideo non foras mittit consummata dilectio timorem hunc, sed permanet in sæculum sæculi. (I *Joan.*, IV, 18.)

11. « Judicia Domini vera, justificata in idipsum. » (*Psal.* XVIII, 10.) Judicia ejus, qui non judicat quemquam, sed omne judicium dedit Filio, vere justificata incommutabiliter. (*Joan.*, V, 22.) Neque enim vel minatus vel pollicitus Deus quemquam fallit, aut quisquam vel impiis supplicium, vel piis præmium ejus potest eripere. « Desiderabilia super aurum et lapidem pretiosum multum. » (*Psal.* XVIII, 11.) Sive multum ipsum aurum et lapidem, sive multum pretiosum, sive multum desiderabilia; tamen desiderabilia judicia Dei super pompas hujus sæculi : quarum desiderio fit ut non desiderentur, sed timeantur, aut contemnantur, aut non credantur judicia Dei. Quod si quisque ipse sit aurum lapisque pretiosus, ut igne non consumatur, sed adsumatur in thesaurum Dei; plus quam seipsum desiderat judicia Dei, cujus voluntatem præponit suæ. « Et dulciora super mel et favum. » Et sive quisque jam sit mel, qui

---

(*a*) Editi *corda*. At Mss. *cor* singulari numero juxta Græc. LXX.

la volonté de Dieu à la sienne. « Et plus doux que le miel et le rayon de miel. » (*Ibid*.) Et si un homme devient lui-même un miel, dégagé qu'il serait des liens de cette vie et attendant le jour de son entrée au festin de Dieu; ou un rayon de miel, enveloppé qu'il serait par cette vie comme par de la cire, sans y être mêlé toutefois, mais la remplissant, et ayant besoin, pour passer de cette vie temporelle à la vie éternelle, non d'être opprimé mais d'être exprimé de son enveloppe par une pression de la main de Dieu; les jugements divins lui sont plus doux que lui-même, parce qu'ils sont plus doux que le miel et le rayon de miel.

12. « Aussi votre serviteur les garde-t-il : » (*Ibid*., 12) car le jour du Seigneur sera amer à qui ne les aura pas gardés. « En les gardant, il y trouve une grande récompense. » Cette grande récompense ne consiste pas en quelque bien venant du dehors, mais dans l'observation même des jugements de Dieu; et elle est grande en raison de la joie qu'on y prend.

13. « Où est l'intelligence de celui qui commet le péché? » (*Ibid*., 13.) Quelle jouissance peut-il y avoir dans le péché qui prive l'homme de son intelligence? Où est l'intelligence de celui qui commet le péché, puisque le péché ferme cet œil de l'âme à qui la vérité est agréable, pour qui les jugements de Dieu sont désirables et doux? Or, de même que les ténèbres ferment les yeux, ainsi les péchés ferment l'esprit, et l'empêchent de voir la lumière et de se voir lui-même.

14. « Purifiez-moi, Seigneur, de mes fautes cachées. » (*Ibid*.) Purifiez-moi, Seigneur, des convoitises cachées dans mon cœur. « Et préservez votre serviteur des fautes d'autrui, » (*Ibid*., 14) afin que je ne sois pas séduit par autrui; car celui qui est purifié de ses propres péchés n'est point tenu par ceux d'autrui. Préservez donc des convoitises étrangères, non l'orgueilleux et celui qui veut être son propre maître, mais votre serviteur. « Si elles ne me dominent pas, je serai sans tache. » (*Ibid*.) Si je ne suis dominé, ni par mes fautes cachées, ni par les fautes étrangères, alors je serai sans tache. Car il n'y a point une troisième origine au péché : il n'y a que le péché caché et personnel dans lequel le démon est tombé, et le péché étranger qui a séduit l'homme et que l'homme s'est approprié en y donnant consentement. « Et je serai purifié du grand péché : » de quel péché, si ce n'est de l'orgueil? Car il n'y a point de péché plus grand que l'apostasie qui fait abandonner Dieu : ce qui est le commencement de l'orgueil de l'homme. (*Eccli*., x, 14.) Celui-là est vraiment sans tache qui n'est point souillé de cette faute : car elle est la dernière de ceux qui reviennent à Dieu, comme elle est la première de ceux qui s'éloignent de lui.

15. « Et les paroles de ma bouche vous seront

---

jam solutus vitæ hujus vinculis exspectat diem, quo veniat in epulas Dei; sive adhuc sit favus, ut quasi cera, circumplicetur hac vita, non huic concretus, sed implens eam, cui opus sit aliqua pressura non opprimentis, sed exprimentis manus Dei, qua de temporali vita in æternam eliquetur; dulciora illi sunt judicia Dei, quam sibi ipse est : quia super mel et favum illi dulciora sunt.

12. « Etenim servus tuus custodit ea. » (*Ps*. xviii, 12.) Nam non custodienti amara dies Domini. « In custodiendo illa retributio multa. » Non in aliquo extra posito commodo, sed in eo ipso quo judicia Dei custodiuntur, multa retributio : multa est, quia gaudetur in eis.

13. « Delicta quis intelligit? » (*Psal*. xviii, 13.) In delictis autem qualis suavitas potest esse, ubi non est intellectus? Quoniam delicta quis intelligit, quæ ipsum oculum claudunt, cui suavis est veritas, cui desiderabilia et dulcia sunt judicia Dei; et sicut tenebræ oculos, ita delicta mentem claudunt, nec lucem sinunt videre, nec se?

14. « Ab occultis meis munda me Domine. » (*Ibid*., 13.) A cupiditatibus in me latentibus, munda me Domine. « Et ab (*a*) alienis parce servo tuo. » (*Ibid*., 14.) Ne seducar ab aliis. Neque enim alienis capitur qui est mundus a suis. Parce itaque ab alienis cupiditatibus, non superbo et in sua potestate esse cupienti, sed servo tuo. « Si mei non fuerint dominata, tunc immaculatus ero. » Si mei non fuerint dominata occulta mea, et aliena peccata, tunc immaculatus ero. Non enim est (*b*) tertia origo peccati, præter occultum suum quo cecidit diabolus, et alienum quo seductus est homo, ut consentiendo suum faceret. « Et mundabor a delicto magno. » Quo alio, nisi superbiæ? Non enim est majus delictum, quam apostatare a Deo, quod est initium superbiæ hominis. (*Eccli*., x, 14.) Et vere ille immaculatus est, qui etiam hoc delicto caret : quia hoc est ultimum redeuntibus ad Deum, quod recedentibus primum fuit.

15. « Et erunt ut complaceant eloquia oris mei,

(*a*) Idem vers. 14, explicatur in Enarratione Psal. xxxix. — (*b*) Editi, *certior origo*. Sed verius Mss. *tertia origo*.

agréables; et vous accepterez les méditations de mon cœur, qui me tiendront toujours en votre présence. » (*Ps.* XVIII, 15.) Les méditations de mon cœur ne tendront pas à la vaine ostentation de plaire aux hommes, puisque l'orgueil sera détruit en moi; mais elles me tiendront toujours en présence de vous, dont le regard descend dans les consciences pures. « O Seigneur, mon protecteur et mon rédempteur. » (*Ibid.*) O Seigneur, mon protecteur, je tends vers vous; parce que vous êtes mon rédempteur, afin que je puisse tendre vers vous : de peur que nul ne l'attribue à sa propre sagesse, s'il se convertit à vous, ou à ses propres forces, s'il parvient jusqu'à vous; et qu'il ne soit alors repoussé de vous qui résistez aux superbes. (*Jac.*, IV, 6.) C'est qu'il n'aurait point été purifié du grand crime de l'orgueil et qu'il n'aurait point été agréable devant vous, qui nous rachetez pour que nous nous convertissions à vous, et qui nous aidez pour que nous arrivions jusqu'à vous.

IIe DISCOURS SUR LE PSAUME XVIIIe (1).

1. Après avoir prié le Seigneur de nous purifier de nos péchés cachés et de préserver ses serviteurs des péchés d'autrui, cherchons à pénétrer le sens de ces paroles; afin de les chanter en hommes intelligents et non comme des oiseaux. Car les merles, les perroquets, les corbeaux, les pies et d'autres oiseaux de ce genre sont souvent instruits par les hommes à faire entendre des sons dont ils ne comprennent pas le sens. Au contraire, Dieu a bien voulu accorder à l'homme de pouvoir comprendre ce qu'il chante. Et combien y a-t-il de méchants et d'impudiques que nous voyons, avec une vive douleur, chanter des choses dignes de leurs oreilles et de leurs cœurs! Ils sont d'autant plus coupables, qu'ils ne peuvent ignorer la nature de leurs chants. Ils savent, en effet, qu'ils chantent des choses infâmes, et cependant ils les chantent d'autant plus volontiers qu'elles sont plus immondes; parce qu'ils se croient d'autant plus gais que leurs chants sont plus honteux. Mais nous, qui avons appris dans l'Eglise à chanter les paroles divines, nous devons tous ensemble nous appliquer à être de ceux dont il a été écrit : « Heureux le peuple qui sait comprendre ses chants de joie. » (*Ps.* LXXXVIII, 16.) C'est pourquoi, mes bien-aimés, nous devons connaître et voir dans la pureté de notre cœur ce que nos voix unies viennent de chanter. Chacun de nous a prié le Seigneur dans ce cantique, et lui a dit : « Purifiez-moi, Seigneur, de mes péchés cachés, et préservez votre serviteur des péchés d'autrui. Si je n'en suis point dominé, alors je serai sans tache, et je serai purifié du grand péché. » (*Ps.* XVIII, 14.) Pour bien savoir quel est ce péché et de quelle grièveté il est, nous allons parcourir brièvement,

---

(1) Discours au peuple, dans lequel saint Augustin célèbre d'abord la grâce de Dieu, et réfute ensuite les Donatistes.

---

et meditatio cordis mei in conspectu tuo semper. » (*Psal.* XVIII, 15.) Meditatio cordis mei, non ad jactantiam placendi hominibus, quia jam nulla superbia est : sed in conspectu tuo semper, qui conscientiam puram inspicis. « Domine adjutor meus, et redemptor meus. » Domine adjutor meus, tendentis ad te; quoniam redemptor meus es tu, ut tenderem ad te : ne quisquam vel sapientiæ suæ tribuens quod ad te convertitur, vel viribus quod ad te pervenit, magis repellatur abs te, qui superbis resistis (*Jac.*, IV, 6) : quia mundatus non est a delicto magno, nec complacuit in conspectu tuo, qui redemis ut convertamur, et adjuvas ut perveniamus ad te.

IN EUMDEM PSALMUM XVIII ENARRATIO II.

1. Deprecati Dominum, ut ab occultis nostris mundet nos, et ab alienis parcat servis suis, quid hoc sit intelligere debemus, ut humana ratione, non quasi avium voce cantemus. Nam et meruli et psittaci et corvi et picæ et hujusmodi volucres, sæpe ab hominibus docentur sonare quod nesciunt. Scienter autem cantare, naturæ hominis divina voluntate concessum est. Et quam multi mali et luxuriosi sic cantant digna auribus suis et cordibus, novimus et dolemus. Eo enim pejores sunt, quo non possunt ignorare quod cantant. Sciunt enim se cantare flagitia, et tamen cantant tanto libentius, quanto immundius : quoniam tanto se putant lætiores, quanto fuerint turpiores. Nos autem qui in Ecclesia divina eloquia cantare didicimus, simul etiam instare debemus esse quod scriptum est : « Beatus populus qui intelligit jubilationem. » (*Psal.* LXXXVIII, 16.) Proinde carissimi, quod consona voce cantavimus, sereno etiam corde nosse ac videre debemus. Rogavit enim Dominum unusquisque nostrum in hoc cantico, et dixit Deo : « Ab occultis meis munda me Domine, » (*Psal.* XVIII, 13) « et ab alienis parce servo tuo. Si mei non fuerint dominata, tunc immaculatus ero, et mundabor a delicto magno. » (*Ibid.*, 14.) Quod ut

autant que Dieu nous donnera de le faire, le texte même du psaume.

2. Ce chant a rapport au Christ, ce qui paraît évidemment d'après ces paroles : « Il est comme l'époux sortant du lit nuptial. » (*Ibid.*, 6.) Quel est cet époux, si ce n'est celui à qui est unie la vierge dont parle l'Apôtre, cette vierge objet des chastes craintes du chaste ami de l'époux? (I *Cor.*, XI, 3.) Celui-ci craint, en effet, que comme le serpent par ses ruses a trompé Eve, de même les sens de cette vierge épouse du Christ ne soient détournés, par la corruption, de la chasteté qui est dans le Christ. Ce Seigneur et Sauveur Jésus-Christ possède en lui-même la plénitude de toute grâce, selon ces paroles de saint Jean : « Nous avons vu sa gloire, gloire telle que le Fils unique devait la recevoir du Père; et il était plein de grâce et de vérité. » (*Jean*, I, 14.) « Les cieux racontent cette gloire. » Les cieux, ce sont les saints; ils sont élevés au-dessus de la terre, et ils portent le Seigneur. Cependant le ciel aussi a raconté en quelque manière la gloire du Christ. Quand l'a-t-il racontée? Lorsqu'à la naissance du Seigneur, une étoile, inconnue jusqu'alors, apparut tout à coup. (*Matth.*, II, 2.) Mais il y a d'autres cieux, plus vrais et plus élevés, dont le Psalmiste dit ensuite : « Il n'est point de langage, il n'est point d'idiome dans lequel leur voix ne soit entendue. Le son de leur voix s'est répandu sur la terre entière, et leur parole a pénétré jusqu'aux confins de l'univers. » (*Ps.* XVIII, 3.) La voix de qui, si ce n'est des cieux? De quels cieux donc, si ce n'est des apôtres? Ils nous racontent la gloire de Dieu, déposée en Jésus-Christ, par la grâce qui lui est donnée pour la rémission des péchés. « Car tous ont péché, et tous ont besoin de la gloire de Dieu et de leur justification gratuite par le sang de Jésus. » (*Rom.*, III, 23.) Comme elle est gratuite, elle est une grâce; car la grâce n'est pas, si elle n'est gratuite. Comme nous n'avions rien fait de bon les premiers pour mériter un tel don, comme surtout ce n'était pas pour rien que nous avions encouru un châtiment, il est manifeste que le bienfait que nous avons reçu est purement gratuit. Dans ce que nous avions antérieurement mérité, il n'y avait que des causes de condamnation. Ce n'est donc point à cause de notre justice, mais à cause de sa miséricorde que Jésus nous a sauvés par l'eau de la régénération. (*Tit.*, III, 5.) Voilà, dis-je, la gloire de Dieu, celle que les cieux ont racontée. Voilà, je le répète, la gloire de Dieu, mais non la vôtre. Car vous n'aviez rien fait de bon, et cependant vous avez reçu un bien aussi excellent. Si donc vous appartenez à cette gloire que les cieux ont racontée, dites au Seigneur votre Dieu : « Mon Dieu, votre miséricorde me pré-

bene sciamus quid sit, et quale hoc sit, ipsius Psalmi textum, quantum donat Dominus, breviter percurramus.

2. Cantatur enim de Christo : quod evidenter ibi apparet, quia illic scriptum est : « Ipse tanquam sponsus procedens de thalamo suo. » (*Ibid.*, 6.) Quis est enim sponsus, nisi cui desponsata est illa virgo ab Apostolo, cui timet caste castus sponsi amicus, ne sicut serpens Evam fefellit astutia sua, sic et hujus virginis sponsæ Christi sensus corrumpantur a castitate quæ est in Christo? (II *Cor.*, XI, 3.) In hoc ergo Domino et Salvatore nostro Jesu Christo posita est magna et plena gratia, de qua dicit Apostolus Joannes : « Et vidimus gloriam ejus, gloriam tanquam Unigeniti a Patre, plenum gratia et veritate. » (*Joan.*, I, 14.) Hanc « gloriam cœli enarrant. » (*Psal.* XVIII, 2.) Cœli sancti sunt, elevati a terra, portantes Dominum. Quanquam gloriam Christi cœlum etiam quodammodo narravit. Quando narravit? Quando nato eodem Domino stella nova quæ nunquam videbatur apparuit. (*Matth.*, II, 2.) Sed tamen (*a*) sunt veriores et sublimiores cœli, de quibus consequenter ibi dicitur : « Non sunt loquelæ neque sermones, quorum non audiantur voces eorum. In omnem terram exiit sonus eorum, et in fines orbis terræ verba eorum. » (*Psal.* XVIII, 4.) Quorum, nisi cœlorum? Quorum ergo, nisi Apostolorum? Ipsi enarrant nobis gloriam Dei, positam in Christo Jesu, per gratiam (*b*) in remissionem peccatorum. « Omnes enim peccaverunt, et egent gloria Dei, » (*Rom.*, III, 23) justificati gratis per sanguinem ipsius. Quia gratis, ideo gratia. Non est enim gratia, si non gratuita. Quia nihil boni ante feceramus, unde talia dona mereremur : magis quia (*c*) non gratis inferretur supplicium, ideo gratis præstitum est beneficium. Nihil præcesserat in meritis nostris, nisi unde damnari deberemus. Ille autem non propter nostram justitiam, sed propter suam misericordiam salvos nos fecit per lavacrum regenerationis. (*Tit.*, III, 5.) Hæc est, inquam, gloria Dei : hanc cœli enarraverunt. Hæc est, inquam, gloria Dei, non tua. Nihil enim boni fecisti, et tamen tantum bonum accepisti. Si

---

(*a*) Mss. carent his verbis *sunt veriores et sublimiores.* — (*b*) Gatianensis cod. *gratiam remissionis peccatorum.* Alii quidam Mss. *gratiam et remissionem peccatorum.* — (*c*) Lov. *quia ne non gratis.* Abest, ne ab Er. et 4 Mss.

viendra. » (*Ps.* LVIII, 11.) Elle vous a prévenu en effet : elle vous a certes prévenu, puisqu'elle n'a rien trouvé de bon en vous. Vous avez mérité ses châtiments en vous enorgueillissant; il a prévenu votre châtiment en effaçant vos péchés. Puisque de pécheur vous avez été fait juste, d'impie religieux, de damné élu pour les cieux, dites au Seigneur votre Dieu : « Ne nous donnez point, Seigneur, ne nous donnez point la gloire; mais donnez-la à votre nom. » (2ᵉ *Ps.* CXIII, 1.) Disons : pas à nous; car à qui donnerait-il sa gloire, s'il la donnait comme pour nous? Disons, je le répète : pas à nous; car s'il nous traitait comme pour nous, il ne ferait que nous infliger des châtiments. Qu'il ne nous donne point la gloire, mais qu'il la donne à son nom, parce qu'il ne nous a point traités selon nos iniquités. (*Ps.* CII, 10.) Ne nous donnez donc point, Seigneur, ne nous donnez point la gloire. Cette répétition de la même parole en est la confirmation. Seigneur, ne nous donnez point la gloire, mais donnez-la à votre nom. C'est ce que savaient les cieux qui nous ont raconté la gloire de Dieu.

3. « Et le firmament annonce les œuvres de ses mains. » (*Ps.* XVIII, 2.) Ces mots : « les œuvres de ses mains, » sont une redite de ceux-ci : « la gloire de Dieu. » Quelles sont les œuvres de ses mains? Il ne faut point penser, comme quelques-uns, que Dieu ayant créé toutes choses par sa parole, ait formé l'homme de ses mains, comme supérieur à ses autres ouvrages. Il ne faut point admettre cette interprétation, elle est faible et trop peu approfondie ; car Dieu a tout créé par sa parole. Car bien que dans le récit des divers ouvrages de Dieu, il soit rapporté qu'il a fait l'homme à sa ressemblance (*Gen.*, 1); cependant « toutes choses ont été faites par son Verbe, et rien n'a été fait sans lui. » (*Jean*, 1, 3.) Quant à ce qui concerne les mains de Dieu, il est dit également des cieux : « Et les cieux sont l'œuvre de vos mains; » (*Ps.* CI, 26) et pour qu'on ne pense pas qu'en cet endroit le Prophète, en parlant des cieux, veuille désigner les saints, il ajoute : « Ils périront; vous, au contraire, vous demeurez. » (*Ibid.*, 27.) Par conséquent, non-seulement les hommes, mais encore les cieux qui doivent périr ont été faits des mains de Dieu, à qui le Prophète adresse ces paroles : « Et les cieux sont l'œuvre de vos mains. » D'ailleurs il en est dit autant de la terre, en ces termes : « Car la mer est à lui, et c'est lui qui l'a faite, et ses mains ont posé les fondements de la terre. » (*Ps.* XCIV, 5.) Si donc Dieu a fait de ses mains les cieux et de ses mains la terre, l'homme n'est pas le seul ouvrage de ses mains ; au contraire, s'il a créé les cieux par sa parole et la terre par sa parole, il a également créé

---

ergo pertines ad gloriam quam cœli enarraverunt, dic Domino Deo tuo : « Deus meus misericordia ejus præveniet me. » (*Psal.* LVIII, 11.) Prævenit enim te : utique prævenit, quia nihil in te boni invenit. Prævenisti (*a*) supplicium ejus superbiendo : ille prævenit supplicium tuum peccata delendo. Tanquam enim ex peccatore justificatus, ex impio pius factus, ex damnato (*b*) in regnum assumptus, dic Domino Deo tuo : « Non nobis Domine non nobis, sed nomini tuo da gloriam. » (2 *Psal.* CXIII, 1.) Dicamus : Non nobis. Quibus enim si quasi nobis? Dicamus, inquam : Non nobis; quia si ita faceret sicut nobis, nonnisi pœnas infligeret nobis. Non nobis, sed nomini suo det gloriam : « quia non secundum iniquitates nostras fecit nobis. » (*Psal.* CII, 10.) Non ergo nobis, Domine, non nobis. Repetitio confirmatio est. Non nobis Domine, sed nomini tuo da gloriam. Hoc illi noverant cœli, qui enarraverunt gloriam Dei.

3. « Et opera manuum ejus annuntiat firmamentum. » (*Psal.* XVIII, 2.) Quod dictum est, « gloriam Dei : » hoc repetitum est, « opera manuum ejus. » Quæ opera manuum ejus? Non sicut quidam sentiunt, Deus verbo fecit omnia, et tanquam præstantiorem cæteris hominem suis manibus fecit. Non ita sentiendum est : infirma est ista, et non satis elimata sententia : omnia enim verbo fecit. Nam licet opera Dei diversa narrentur, in quibus hominem ad imaginem suam fecit (*Gen.*, 1) : tamen « omnia per ipsum facta sunt, et sine ipso factum est nihil. » (*Joan.*, 1, 3.) Quod autem ad manus Dei attinet, et de cœlis dictum est : « Et opera manuum tuarum sunt cœli. » (*Psal.* CI, 26.) Et ne putes etiam ibi cœlos sanctos dictos, subjecit : « Ipsi peribunt, tu autem permanes. » (*Ibid.*, 27.) Ergo non solum homines, sed etiam cœlos qui peribunt, Deus manibus suis fecit, cui dictum est : « Opera manuum tuarum sunt cœli. » Et de terra hoc idem dictum est : « Quoniam ipsius est mare, et ipse fecit illud, et aridam manus ejus fundaverunt. » (*Psal.* XCIV, 5.) Ergo si et cœlos manibus et terram manibus, non solum hominem fecit manibus : et si cœlos verbo, et terram verbo, ergo et hominem verbo. Quod verbo, hoc manu;

(*a*) Gatianensis cod. *Prævenisti beneficium ejus.* — (*b*) Er. et plerique Mss. *ex damnato regno assumptus.*

l'homme par sa parole. Ce qu'il a créé par sa parole, il l'a fait de ses mains ; et ce qu'il a fait de ses mains, il l'a créé par sa parole. Car Dieu n'a point une stature et des membres distincts à la façon de l'homme, lui qui est tout entier partout, et qui n'est contenu en aucun lieu. C'est pourquoi, ce qu'il a fait par sa parole, il l'a fait par sa sagesse ; et ce qu'il a fait de ses mains, il l'a fait par sa force. Or : « Le Christ est la Force et la Sagesse de Dieu. » (I *Cor.*, I, 24.) « Toutes choses ont été faites par lui, et rien n'a été fait sans lui. » (*Jean*, I, 3.) Les cieux ont raconté, les cieux racontent, les cieux raconteront la gloire de Dieu. Oui, dis-je, la gloire de Dieu sera racontée par les cieux, c'est-à-dire par les saints, qui sont élevés au-dessus de la terre, qui portent Dieu, qui font entendre le tonnerre de ses commandements, qui lancent les éclairs de sa sagesse : et quelle gloire ? celle qui nous a sauvés malgré notre indignité. Cette indignité qui est la nôtre est reconnue par le jeune prodigue saisi par la misère ; cette indignité, dis-je, est reconnue par le plus jeune fils, alors qu'il est égaré loin de son père, qu'il adore les démons, et qu'il mène paître des pourceaux ; il reconnaît la gloire de Dieu, mais quand il est saisi par la misère. Et comme cette gloire nous a faits ce que nous n'étions pas par notre mérite, il dit à son père : « Je ne suis point digne d'être appelé votre fils. » (*Luc*, XV, 21.) Le malheureux obtient le bonheur par son humilité, et s'en montre digne par cela même qu'il s'en confesse indigne. « Les cieux racontent cette gloire de Dieu, et le firmament annonce les œuvres de ses mains. » (*Ps.* XVIII, 2.) Le ciel firmament, c'est le cœur ferme et non le cœur timide. Les œuvres de Dieu ont été annoncées, en effet, au milieu des impies, des ennemis de Dieu, des amis de ce monde, et des persécuteurs des justes : oui, ces œuvres ont été annoncées au milieu du monde en fureur. Mais que pouvait le courroux du monde, quand le firmament annonçait ces œuvres ? « Le firmament annonce. » Qu'annonce-t-il ? « Les œuvres de ses mains. » Quelles sont les œuvres de ses mains ? Cette gloire de Dieu, par laquelle nous avons été sauvés et créés dans les bonnes œuvres. (*Ephés.*, II, 10.) En effet, nous sommes l'ouvrage des mains de Dieu, créés en Jésus-Christ dans les bonnes œuvres. Car il nous a faits non-seulement hommes, mais justes (si nous le sommes toutefois), et ce n'est point nous qui nous sommes faits ni hommes ni justes. (*Ps.* XCIX, 3.)

4. « Le jour profère la parole au jour, et la nuit annonce la science à la nuit. » (*Ps.* XVIII, 3.) Quelle est la signification de ce verset ? Peut-être est-elle claire et évidente. Ces mots : « Le jour profère la parole au jour » indiquent une révélation évidente et manifeste, comme ce qui se fait en plein jour ; au contraire, ces mots : « La

et quod manu, hoc verbo. Non enim humanis membris statura Dei distincta est, qui ubique totus est, et nullo continetur loco. Quod ergo verbo fecit, sapientia fecit ; et quod manu fecit, virtute fecit, Christus est autem Dei Virtus et Dei Sapientia. (I *Cor.*, I, 24.) « Omnia autem per ipsum facta sunt, et sine ipso factum est nihil. » (*Joan.*, I, 3.) Enarrarunt, enarrant, enarrabunt cœli gloriam Dei. Enarrabunt, inquam, cœli, hoc est sancti, gloriam Dei, a terra suspensi, Deum portantes, præceptis tonantes, sapientia coruscantes : illam, ut dixi, gloriam Dei, qua salvi facti sumus indigni. Hanc indignitatem, id est, qua digni non fuimus, agnoscit filius minor egestate constrictus : agnoscit, inquam, hanc indignitatem filius minor a patre longe peregrinus, dæmonum cultor, tanquam porcorum pastor, agnoscit gloriam Dei, sed egestate constrictus. Et quia illa gloria Dei facti sumus quod digni non fuimus, dicit ad patrem suum : « Non sum dignus vocari filius tuus. » (*Luc.*, XV, 21.) Infelix per humilitatem impetrat felicitatem ; et eo se ostendit dignum, quo confitetur indignum. Hanc « gloriam Dei cœli enarrant, et opera manuum ejus annuntiat firmamentum. » Cœlum firmamentum, firmum cor, non timidum cor. Annuntiata enim sunt ista inter impios, inter adversos Deo, inter amatores mundi persecutoresque justorum : inter sævientem mundum annuntiata sunt ista. Sed sæviens mundus quid poterat facere, quando firmamentum ista annuntiabat ? « Annuntiat firmamentum. » Quid ? « Opera manuum ejus. » Quæ sunt opera manuum ejus ? Gloria Dei illa, qua salvi facti sumus, qua creati in bonis operibus sumus. « Ipsius enim sumus figmentum, creati in Christo Jesu, in operibus bonis. » (*Ephes.*, II, 10.) Non solum quippe homines, sed etiam justos (si tamen sumus), « ipse fecit nos, et non ipsi nos. » (*Psal.* XCIX, 3.)

4. « Dies diei eructuat verbum, et nox nocti annuntiat scientiam. » (*Psal.* XVIII, 3.) Quid est ? Forte planum et apertum est : « Dies diei eructuat verbum, » apertum et planum, tanquam per diem. Quod autem « nox nocti annuntiat scientiam, » obscurum est, tanquam per noctem. « Dies diei, » sancti sanctis,

nuit annonce la science à la nuit » indiquent quelque chose d'obscur, comme ce qui se fait la nuit. Le jour parle au jour, c'est-à-dire : les saints aux saints, le Christ lui-même à ses apôtres auxquels il a dit : « Vous êtes la lumière du monde. » (*Matth.*, v, 14.) Cela paraît évident et facile à comprendre. Mais, comment « la nuit annonce-t-elle la science à la nuit ? » Quelques-uns ont compris ces paroles tout simplement, et peut-être ont-ils raison : ils ont pensé qu'elles signifiaient que les apôtres, au temps de Notre-Seigneur Jésus-Christ, ont reçu de lui la doctrine, alors qu'il vivait sur la terre, et que cette doctrine s'est transmise à la postérité comme d'âge en âge. Or, cette doctrine étant prêchée jour et nuit, « le jour l'annonce au jour et la nuit à la nuit, » c'est-à-dire : le jour précédent au jour qui le suit, et la nuit précédente à la nuit qui la suit. Que cette interprétation fort simple suffise à qui la trouve suffisante. Mais souvent l'obscurité même des paroles de la sainte Ecriture a servi à faire naître diverses interprétations. En effet, si le sens de ce texte était évident, vous n'en entendriez qu'une seule explication ; mais comme il est véritablement obscur, vous en recevrez plusieurs. Voici donc une autre interprétation : « Le jour l'annonce au jour, et la nuit à la nuit, » c'est-à-dire l'esprit à l'esprit, la chair à la chair. Il est encore un autre sens : « Le jour au jour, » c'est-à-dire, les hommes spirituels aux hommes spirituels, « et la nuit à la nuit, » c'est-à-dire les hommes charnels aux hommes charnels. Les uns et les autres entendent la vérité, mais ils ne la goûtent pas de même. Car les uns l'entendent comme une parole proférée devant eux ; les autres comme une science qui leur est annoncée. Ce qui est proféré ne l'est que devant des auditeurs ; ce qui est annoncé peut l'être à des distances éloignées. On peut trouver au mot cieux plusieurs autres sens, mais il faut nous régler sur le temps qui nous presse. Faisons cependant connaître encore une opinion, que quelques-uns ont avancée seulement comme par conjecture. Lorsque, disent-ils, le Christ parlait à ses apôtres, le jour proférait la parole au jour ; lorsque Judas livrait Jésus-Christ aux Juifs, la nuit annonçait la science à la nuit.

5. « Il n'est point de langue, il n'est point d'idiome, dans lequel leur voix ne soit entendue. » (*Ibid.*, 4.) La voix de qui, si ce n'est des cieux qui racontent la gloire de Dieu ? « Il n'est point de langue, il n'est point d'idiome, dans lequel leur voix ne soit entendue. » Lisez les Actes des Apôtres (*Act.*, II, 24); voyez comment ils furent tous remplis de l'Esprit saint, lorsqu'il descendit sur eux, et comment ils parlaient les langues de toutes les nations, selon que l'Esprit saint leur mettait les paroles dans la bouche. Voilà qu'en effet « il n'est point de langue, il

---

Apostoli fidelibus, ipse Christus Apostolis, quibus dixit : « Vos estis lumen mundi. » (*Matth.*, v, 14.) Apertum hoc videtur et cognitu facile. Quomodo autem « nox nocti annuntiat scientiam? » Nonnulli hæc verba simpliciter intellexerunt, et forte hoc sit verum, æstimantes hac sententia significatum esse, quod tempore Domini nostri Jesu Christi, cum in terra versaretur, Apostoli audierunt, hoc in posteros esse trajectum, tanquam de tempore in tempus : « Dies diei, nox nocti, » prior dies posterioris diei, et prior nox posteriori nocti; quia hæc doctrina diebus et noctibus prædicatur. Iste simplex intellectus cui sufficit sufficiat. Sed nonnulla verba Scripturarum obscuritate sua hoc profuerunt, quod multas intelligentias pepererunt. Itaque hoc si planum esset, unum aliquid audiretis : quia vero obscure dictum est, multa audituri estis. Est et alius intellectus : « Dies diei, nox nocti, » hoc est, spiritus spiritui, caro carni. Est alius : « Dies diei, » spiritales spiritalibus : « Et nox nocti, » carnales carnalibus. Utrique enim audiunt, etsi non utrique similiter sapiunt. Illi enim audiunt tanquam verbum eructuatum : illi tanquam scientiam annuntiatam. Quod enim ructuatur, præsentibus ructuatur : quod autem annuntiatur, longe positis annuntiatur. Possunt cœli sensus plures inveniri, sed adhibendus est modus propter angustias præsentis temporis. Dicamus autem et unum aliquid, quod quidam velut (*a*) conjicientes aperuerunt. Quando Dominus, inquiunt, Christus loquebatur Apostolis, dies diei eructuabat verbum : quando Judas Dominum Christum prodidit Judæis, nox nocti annuntiabat scientiam.

5. « Non sunt loquelæ neque sermones, quorum non audiantur voces eorum. » (*Psal.* XVIII, 4.) Quorum, nisi cœlorum illorum, qui enarrant gloriam Dei? « Non sunt loquelæ neque sermones, quorum non audiantur voces eorum. » Legite Actus Apostolorum, quomodo veniente super eos Spiritu sancto, omnes impleti sunt illo ; et loquebantur linguis omnium gentium, sicut Spiritus dabat eis pronuntiare.

(*a*) Aliquot Mss. *concinens.*

n'est point d'idiome, dans lequel leur voix ne soit entendue; » mais le son de leur voix n'a point retenti seulement là où ils furent remplis de l'Esprit saint. « Le son de leur voix s'est répandu sur la terre entière, et leur parole a pénétré jusqu'aux confins de l'univers. » (*Ps.* XVIII, 4.) C'est pourquoi, nous aussi, nous parlons en ce lieu. Car leur voix est venue jusqu'à nous, leur voix qui s'est répandue par toute la terre, tandis que la voix des hérétiques n'entre pas dans l'Eglise (1). Cette voix s'est répandue par toute la terre, afin que vous, vous entriez au ciel. O toi qui répands la contagion, contradicteur acharné, homme méchant, obstiné dans l'erreur, ô fils orgueilleux, écoute le testament de ton père : « Le son de leur voix s'est répandu sur la terre entière, et leur parole a pénétré jusqu'aux confins de l'univers. » Est-il besoin de t'expliquer ces paroles? Pourquoi lutter contre toi-même? Pourquoi par contestation ne garder qu'une partie de ce que tu peux conserver entier par la concorde.

6. « Il a placé sa tente dans le soleil : » (*Ibid.*, 6) il a établi son Eglise en pleine lumière et non dans l'obscurité; elle ne doit être ni cachée ni voilée pour ainsi dire; de peur qu'elle n'apparaisse comme voilée au milieu des troupeaux d'hérétiques. (*Cant.*, I, 6, *selon les Septante.*) Il a été dit à quelqu'un dans la Sainte Ecriture : « Ce que vous avez fait en secret, vous l'expierez à la face du soleil; » (II *Rois*, XII, 12) c'est-à-dire, vous avez fait le mal en secret, vous en subirez la peine aux yeux de tous. « Il a donc placé sa tente dans le soleil. » Et toi, hérétique, pourquoi fuis-tu dans les ténèbres? Es-tu chrétien? écoute le Christ. Es-tu esclave? écoute ton maître. Es-tu fils? écoute ton père, corrige-toi, reviens à la vie. Puissions-nous dire de toi : « Il était mort et il est ressuscité; il avait péri et le voici retrouvé. » (*Luc*, XV, 32.) Ne me dis pas : pourquoi me cherchez-vous, si j'ai péri? Je te cherche justement parce que tu as péri. Non, dit-il, ne me cherchez pas. C'est ce que conseillerait la vue de son iniquité qui le sépare de nous; c'est ce que ne veut pas la charité qui nous rend frères. Je serais sans reproche de chercher mon esclave, et je mériterais des reproches de chercher mon frère! Laissons de pareils sentiments à qui n'a point la charité fraternelle; pour moi, je cherche mon frère. Que lui-même s'irrite, pourvu qu'il soit cherché; car il s'apaisera quand je l'aurai trouvé. Je cherche mon frère, dis-je, et je m'adresse à Dieu, non contre lui, mais pour lui. Et m'adressant à Dieu, je ne lui dirai pas : « Seigneur, dites à mon frère de partager avec moi l'héritage; » (*Luc*, XII, 13) mais je lui dirai : Dites à mon frère de posséder avec moi l'héritage.

(1) Contre les Donatistes.

(*Act.*, II, 24.) Ecce « non sunt loquelæ neque sermones, quorum non audiantur voces eorum. » Sed non ibi tantum ubi impleti sunt, sonuerunt. « In omnem terram exiit sonus eorum, et in fines orbis terræ verba eorum. » (*Psal.* XVIII, 5.) Ideo et nos hic loquimur. Sonus enim ille ad nos usque pervenit, sonus qui in omnem terram exiit, et hæreticus Ecclesiam non intrat. Ideo sonus in omnem terram exiit, ut tu in cœlum intres. O pestilentiose, litigiose, pessime, et adhuc errare volens; o superbe fili, audi testamentum patris tui. Ecce, quid planius, quid apertius? « In omnem terram exiit sonus eorum, et in fines orbis terræ verba eorum. » Numquid expositore opus est? Quid contra te conaris? Partem vis in lite retinere, qui potes totum in concordia retinere?

6. « In sole posuit tabernaculum suum : » (*Ibid.*, 6) in manifestatione Ecclesiam suam, non in occulto, non quæ lateat, non velut (*a*) opertam : ne forte fiat sicut operta super greges hæreticorum. (*Cant.*, I, 6, *sec.* LXX.) Dictum est et cuidam in Scriptura sancta : Quoniam tu in occulto fecisti, patieris in sole (II *Reg.*, XII, 12) : hoc est, occulte malum fecisti, pœnas patieris in omnium manifestatione. « In sole ergo posuit tabernaculum suum. » Quid tu hæretice fugis in tenebras? Christianus es? audi Christum. Servus es? audi Dominum. Filius es? audi patrem : emendare, revivisce. Dicamus et de te : « Mortuus erat, et revixit; perierat, et inventus est. » (*Luc.*, XV, 32.) Non mihi dicas : Ut quid me quæris, si perii? Ideo enim te quæro, quia periisti? Noli, inquit, me quærere. Hoc sane vult iniquitas, qua divisi sumus : sed non vult caritas, qua fratres sumus. Improbus non essem, si quærerem servum meum? et improbus dicor, quia quæro fratrem meum? Sic sapiat in quo fraterna caritas non est, ego tamen quæro fratrem meum. Irascatur, dum tamen quæratur, qui inventus placatur. Quæro, inquam, fratrem meum, et interpello non contra illum, sed pro illo Dominum meum. Nec dicam interpellans : « Domine dic fratri meo ut dividat mecum hæreditatem; » (*Luc.*, XII, 13) sed, dic

(*a*) Sic Mss. At Lov. omissa negatione : *velut operta*.

Pourquoi donc, ô mon frère, t'égarer du droit chemin? Pourquoi fuir dans les coins obscurs? Pourquoi essayer de te cacher? « Il a placé sa tente dans le soleil, et lui-même est semblable à un époux qui sort de la chambre nuptiale. » Je pense que vous le reconnaissez. Or, celui qui est semblable à un époux sortant de la chambre nuptiale, et « qui s'est élancé comme un géant pour courir sa carrière, » est le même « qui a placé sa tente dans le soleil. » C'est-à-dire que le Verbe, quand il s'est fait chair, semblable à un époux, a trouvé son lit nuptial dans le sein d'une Vierge; uni par ce mystère à la nature humaine et sortant de cette pure et chaste couche, humble par miséricorde au-dessous de tous, puissant en dignité au-dessus de tous, « il s'est élancé comme un géant pour courir sa carrière : » il est né, il a grandi, il a enseigné, il a souffert, il est ressuscité, il est monté aux cieux; il a couru sa carrière, il ne s'y est point arrêté. Or, ce même époux, qui a fait toutes ces choses, « a placé sa tente, » la sainte Eglise, « dans le soleil, » c'est-à-dire en pleine lumière.

7. Voulez-vous savoir quelle est la carrière qu'il a courue avec tant de rapidité? « Il est parti du haut du ciel, et sa course l'a ramené au haut du ciel. » (*Ps.* XVIII, 7.) Mais après être sorti du ciel et y être rentré, il a envoyé son Esprit. Ceux sur qui cet Esprit est venu, ont aperçu comme des langues de feu distinctes les unes des autres. (*Act.*, II, 3.) L'Esprit saint est venu comme un feu, pour consumer la chair qui n'est que foin, et pour cuire et purifier l'or. Il est venu comme un feu; voilà pourquoi « il n'y a personne qui se dérobe à sa chaleur. »

8. « La loi du Seigneur est sans tache, elle convertit les âmes. » (*Ps.* XVIII, 8.) Cette loi, c'est l'Esprit saint. « Le témoignage du Seigneur est fidèle, il donne la sagesse aux petits, » (*Ibid.*) et non aux superbes. C'est encore l'Esprit saint.

« 9. Les justices du Seigneur sont droites; » (*Ibid.*, 9) elles n'effraient pas, mais « elles réjouissent le cœur. » C'est l'Esprit saint. « Les préceptes du Seigneur sont lumineux; » ils n'émoussent pas, mais « ils éclairent les yeux, » non les yeux du corps mais ceux de l'âme, non les yeux de l'homme extérieur mais ceux de l'homme intérieur. C'est l'Esprit saint.

10. « La crainte du Seigneur » n'est point servile mais « chaste; » (*Ibid.*, 10) elle aime Dieu pour lui-même; elle ne redoute pas d'être punie par celui devant qui elle tremblerait, mais d'être séparée de celui qu'elle aime. Telle est la crainte chaste, que ne bannit point la charité parfaite (I *Jean*, IV, 18), mais « qui subsiste dans les siècles des siècles. » C'est encore l'Esprit saint; ou, en d'autres termes, c'est l'Esprit saint qui

---

fratri meo ut teneat mecum hæreditatem. Quid ergo erras frater? quid per angulos fugis? quid latitare conaris? « In sole posuit tabernaculum suum. Et ipse tanquam sponsus procedens de thalamo suo. » Puto quod agnoscas eum. Ille tanquam sponsus procedens de thalamo suo, « exsultavit ut gigas ad currendam viam : ipse in sole posuit tabernaculum suum : » hoc est, ille tanquam sponsus, cum « Verbum caro factum est, » (*Joan.*, I, 14) in utero virginali thalamum invenit; atque inde naturæ conjunctus humanæ, tanquam de castissimo procedens cubili, humilis misericordia infra omnes, fortis majestate super omnes : hoc est enim, « gigas exsultavit ad currendam viam, » natus est, crevit, docuit, passus est, resurrexit, ascendit : cucurrit viam, non hæsit in via. Idem ipse ergo sponsus qui hæc fecit, ipse posuit « in sole, » hoc est, in manifestatione, « tabernaculum suum, » hoc est, sanctam Ecclesiam suam.

7. Quam autem viam cito cucurrit vis audire? « A summo cœlo egressio ejus, et occursus ejus usque ad summum ejus. » (*Psal.* XVIII, 7.) Postea vero quam excurrit inde, et recurrendo remeavit, misit Spiritum suum. Visæ sunt illis super quos venit, linguæ divisæ velut ignis. (*Act.*, II, 3.) Sicut ignis venit Spiritus sanctus, fœnum carnis consumpturus, aurum cocturus et purgaturus; sicut ignis venit, et ideo sequitur : « Et non est qui se abscondat a calore ejus. »

8. « Lex Domini immaculata convertens animas. » (*Psal.* XVIII, 8.) Hoc est Spiritus sanctus. « Testimonium Domini fidele, sapientiam præstans parvulis : » non superbis. Hoc est Spiritus sanctus.

9. « Justitiæ Domini rectæ : » (*Ibid.*, 9) non terrentes, sed « lætificantes corda. » Hoc est Spiritus sanctus. « Præceptum Domini lucidum, illuminans oculos : » non hebetans; non carnis oculos, sed cordis; non exterioris hominis, sed interioris. Hoc est Spiritus sanctus.

10. « Timor Domini : » (*Ibid.*, 10) non servilis, sed « castus : » gratis amans, non puniri timens ab eo quem tremit, sed separari ab eo quem diligit. Iste est timor castus, non quem consummata caritas foras mittit (I *Joan.*, IV, 18); sed « permanens in sæculum sæculi. » Hic est Spiritus sanctus, id est, hunc donat, hunc confert, hunc inserit Spiritus sanctus.

donne cette crainte, qui la met en nous, qui la grave dans nos cœurs. « Les jugements du Seigneur sont vrais, et leur justice tend à l'union : » (*Ps.* XVIII, 10) non aux querelles qui divisent, mais à l'unité qui rapproche; car telle est la force de ce mot : *In idipsum*, « en un même point. » C'est l'Esprit saint. Aussi a-t-il fait que ceux en qui il est d'abord descendu parlassent toutes les langues, afin d'annoncer qu'il réunirait en une seule les diverses langues de toutes les nations. Ce que faisait alors un seul homme qui, après avoir reçu l'Esprit saint, parlait la langue de tous les peuples (*Act.*, II, 4), l'unité de l'Eglise le fait aujourd'hui, parlant elle-même la langue de tous. Aujourd'hui, un seul homme parle au milieu de tous les peuples la langue de tous ; un seul homme, c'est-à-dire la tête et le corps; un seul homme, le Christ et l'Eglise, homme parfait; l'un étant l'époux, l'autre étant l'épouse : mais, dit l'Ecriture, « ils seront deux dans une même chair. » (*Gen.*, II, 24.) « Les jugements du Seigneur sont vrais et leur justice tend à l'union ; » leur but est l'unité.

11. *Desiderabilia super aurum, et lapidem pretiosum multum.* « Ils sont plus désirables que l'or et les pierres précieuses beaucoup. » (*Ps.* XVIII, 11.) Joignez à votre gré le mot *multum* « beaucoup, » soit au mot or, soit au mot désirables, soit au mot précieuses ; quoi qu'il en soit, « beaucoup » n'est que peu pour l'hérétique. Ils n'aiment pas comme nous l'unité, quoiqu'ils confessent le Christ avec nous. Mais ce Christ que vous confessez avec moi, aimez-le donc avec moi. Car celui qui ne veut pas l'unité, qui la repousse, qui y résiste, qui la rejette avec mépris, celui-là ne la regarde que comme plus désirable que l'or et les pierres précieuses. Ecoutez encore ces autres paroles : « et plus doux que le miel et le rayon de miel. » Mais celui qui est dans l'erreur combat l'unité : car le miel est amer à celui qui a la fièvre, mais il devient doux et agréable au convalescent, parce qu'il plaît à celui qui se porte bien. « Ils sont plus désirables que l'or et les pierres précieuses beaucoup, et plus doux que le miel et le rayon de miel. »

12. « Aussi votre serviteur les garde-t-il. » (*Ibid.*, 12.) Votre serviteur prouve combien ils sont doux, non-seulement en les louant par ses paroles, mais surtout en les observant. Votre serviteur les garde, et parce qu'ils sont doux pour le présent, et parce qu'ils sont salutaires pour l'avenir. Car, « en les gardant, il en espère une grande récompense. » Mais l'hérétique, se complaisant dans sa haine, ne voit pas la beauté de ces commandements et n'en sent pas la douceur.

13. En effet, « qui connaît ses péchés ? » (*Ibid.*, 13.) « O Père, pardonnez-leur, car ils ne savent ce qu'ils font. » (*Luc.*, XXIII, 34.) Celui-

---

« Judicia Domini vera justificata in idipsum : » non ad rixas divisionis, sed ad congregationem unitatis. Hoc est enim, « in idipsum. » Hoc est Spiritus sanctus. Ideo linguis omnium loqui fecit, in quos primo venit, quia linguas omnium gentium in unitatem se congregaturum esse nuntiavit. Quod tunc faciebat unus homo accepto Spiritu sancto (*Act.*, II, 4), ut unus homo linguis omnium loqueretur, hoc modo ipsa unitas facit, linguis omnibus loquitur. Et modo unus homo in omnibus gentibus linguis omnibus loquitur, unus homo caput et corpus, unus homo Christus et Ecclesia, vir perfectus, ille sponsus, illa sponsa. « Sed erunt, inquit, duo in carne una. » (*Gen.*, II, 24.) « Judicia Dei vera justificata in idipsum : » propter unitatem.

11. « *Desiderabilia super aurum et lapidem pretiosum multum.* » (*Psal.* XVIII, 11.) Aut multum aurum, aut multum pretiosum, aut multum desiderabilia : tamen multum, hæretico parum. Non nobiscum amant idipsum, et nobiscum confitentur Christum. Ipsum quem mecum confiteris Christum, ipsum ama mecum. Et qui idipsum non vult, recusat, recalcitrat, respuit : non illi est desiderabile hoc super aurum et lapidem pretiosum multum. Audi aliud : « Et dulciora, inquit, super mel et favum. » Sed hoc adversum est erranti : mel amarum est febrienti; dulce tamen et acceptabile sanato, quia carum est sanitati. « Desiderabilia super aurum et lapidem pretiosum multum, et dulciora super mel et favum. »

12. « Nam et servus tuus custodit ea. » (*Ibid.*, 12.) Quam dulcia ista sint, custodiendo probat servus tuus, non loquendo. Custodit ea servus tuus : quia et nunc dulcia sunt, et in posterum salubria sunt. Nam « in custodiendo ea retributio multa. » Sed amans animositatem suam, nec videt hunc splendorem hæreticus, nec sentit dulcedinem.

13. « Delicta enim quis intelligit ? » (*Ibid.*, 13.) « Pater ignosce illis, quia nesciunt quid faciunt. » (*Luc.*, XXIII, 34.) Ideo, inquit, iste est servus qui custodit hanc dulcedinem, suavitatem caritatis, (*a*) amo-

---

(*a*) In Plerisque Mss. *amore unitatis.*

là, dit le Prophète, est votre serviteur, qui conserve cette douceur, cette suavité de charité, cet amour de l'unité. Moi, par conséquent, dit-il, moi qui conserve ces sentiments, je vous adresse ma prière, (car « qui connaît ses péchés? ») de crainte que quelque faute ne se glisse en moi parce que je suis homme, et que, parce que je suis homme, je ne me laisse envahir par quelque faute. « Purifiez-moi, Seigneur, de mes fautes cachées. » Nous avons donc chanté ces paroles, et nous y voici arrivés dans notre discours. Disons-les, chantons-les avec intelligence, prions en chantant, et obtenons en priant; disons : « Purifiez-moi, Seigneur, de mes fautes cachées. » Qui connaît en effet ses péchés? Qui peut voir les ténèbres pourra connaître ses péchés. Mais quand nous nous repentons de nos fautes, nous sommes dans la lumière. Car, tant qu'un homme est enveloppé par ses péchés, il ne les voit pas, parce que ses yeux, pour ainsi dire, sont couverts et environnés de ténèbres : si, en effet, on couvre les yeux de votre corps, à l'instant vous ne voyez plus ni quoi que ce soit ni même l'objet qui couvre vos yeux. Disons donc à Dieu qui sait voir ce qu'il a à purifier, et qui sait regarder ce qu'il a à guérir, disons à Dieu : « Seigneur, purifiez-moi de mes fautes cachées, et préservez votre serviteur des fautes d'autrui. » (*Ps.* XVIII, 14.) Mes péchés me souillent, ceux des autres me font souffrir; purifiez-moi des premiers, préservez-moi des autres. Otez de mon cœur toute pensée mauvaise, repoussez de moi tout conseiller mauvais; en d'autres termes : « purifiez-moi de mes fautes cachées, et préservez votre serviteur des fautes d'autrui. » Car ces deux sortes de péchés, propres et étrangers, ont eu leur premier éclat dès l'origine du monde. Le démon est tombé par son propre crime (*Is.*, XIV, 12); Adam est tombé par le crime d'autrui. (*Gen.*, III.) Ce même serviteur de Dieu, qui garde les jugements de Dieu dans lesquels il trouve une récompense magnifique, prie encore ainsi dans un autre psaume : « Que le pied de l'orgueil ne vienne pas jusqu'à moi, et que les mains des pécheurs ne m'ébranlent pas. » (*Ps.* XXXV, 12.) Que le pied de l'orgueil ne vienne pas jusqu'à moi, c'est-à-dire : « Purifiez-moi, Seigneur, de mes fautes cachées; » et que les mains des pécheurs ne m'ébranlent pas, c'est-à-dire : « Préservez votre serviteur des fautes d'autrui. »

14. « Si » mes péchés cachés et les péchés d'autrui « ne me dominent pas, je serai sans tache. » (*Ps.* XVIII, 14.) Il n'ose pas l'espérer de ses propres forces, mais il prie Dieu de lui donner d'y parvenir; Dieu à qui il dit dans un autre psaume : « Dirigez ma voie selon votre parole et nulle iniquité ne me dominera. » (*Ps.* CXVIII, 133.) Gardez-vous, si vous êtes chrétien, de craindre la domination extérieure de l'homme : craignez constamment le Seigneur votre Dieu.

---

rem unitatis. Ego, inquit, ipse qui custodio, rogo te (quoniam « delicta quis intelligit? ») ne mihi ut homini quædam subrepant, et quibusdam ut homo præoccuper : « Ab occultis meis munda me Domine. » Hoc ergo cantavimus, ecce ad hoc loquendo pervenimus. Dicamus, et cum intellectu cantemus, et cantando oremus, et orando impetremus : dicamus : « Ab occultis meis munda me Domine. » Quis enim delicta intelligit? Si videntur tenebræ, intelliguntur delicta. Denique quando nos delicti pœnitet, in luce sumus. Nam quando quisque ipso delicto involutus est, quasi obtenebratis opertisque oculis non videt delictum : quia si tibi tegatur et carnis oculus, nec aliud vides, nec hoc unde tegitur vides. Ergo Deo dicamus, qui novit videre quod purget, novit inspicere quod sanet; illi dicamus : « Ab occultis meis munda me Domine ; et ab alienis parce servo tuo. » (*Psal.* XVIII, 14.) Delicta, inquit, mea inquinant me, delicta aliena affligunt me : ab his munda me, ab illis parce. Tolle mihi ex corde malam cogitationem, repelle a me malum suasorem : hoc est : « Ab occultis meis munda me, et ab alienis parce servo tuo. » Nam ista duo genera delictorum propria simul et aliena, etiam primitus in exordio claruerunt. Diabolus suo delicto cecidit (*Is.*, XIV, 12), Adam alieno dejecit (*Gen.*, III.) Hic ipse Dei servus custodiens judicia Dei, in quibus retributio multa, et in alio Psalmo sic orat : « Non veniat mihi pes superbiæ, et manus peccatorum non moveant me. » (*Psal.* XXXV, 12.) Non veniat, inquit, mihi pes superbiæ, hoc est : « Ab occultis meis munda me Domine : » et manus peccatorum non moveant me, hoc est : « Ab alienis parce servo tuo. »

14. « Si mei non fuerint dominata : » (*Psal.* XVIII, 14) occulta mea et delicta aliena. « Tunc immaculatus ero. » Hoc non suis viribus audet, sed Dominum deprecatur ut impleat : cui dicitur in Psalmo : « Itinera mea dirige secundum verbum tuum, et non dominetur mihi omnis iniquitas. » (*Psal.* CXVIII, 133.) Noli timere, si Christianus es, dominum foris hominem : Dominum Deum tuum semper time. Malum in te time, hoc est, cupiditatem tuam : non quod in

Craignez le mal qui est en vous, c'est-à-dire, votre convoitise; non un mal que Dieu ait fait en vous, mais un mal que vous vous êtes fait à vous-même. Le Seigneur vous a créé bon serviteur, et vous vous êtes créé dans votre cœur un maître mauvais. Vous avez mérité d'être soumis à l'iniquité : vous avez mérité d'être soumis au maître que vous vous êtes créé, parce que vous n'avez point voulu rester soumis à celui qui vous a créé.

15. Mais, dit le Prophète, « si ces fautes ne me dominent pas, je serai sans tache, et je serai purifié du grand péché. » (*Ps.* xviii, 14.) De quel péché, pensons-nous? Quel est ce grand péché? Peut-être est-il autre que ce que je vais dire; cependant je ne cacherai pas mon sentiment. Ce grand péché, selon moi, est l'orgueil. C'est peut-être là ce que le Prophète a exprimé différemment en ces termes : « Et je serai purifié du grand péché. » Demandez-vous quelle est la grandeur de ce péché qui a fait déchoir l'ange, au point de faire de l'ange un démon et de lui fermer pour jamais le royaume des cieux? C'est un crime énorme, qui est l'origine et la cause de tous les crimes; car il est écrit : « Le commencement de tout péché est l'orgueil. » (*Eccli.*, x, 15.) Et de peur qu'on ne traite ce péché avec quelque indifférence, comme quelque chose de léger, l'Ecriture ajoute : « Le commencement de l'orgueil de l'homme est une apostasie qui nous fait abandonner Dieu. » (*Ibid.*, 14.) Ce n'est donc pas, mes frères, un léger mal que ce vice. Ce vice, ainsi que vous le voyez dans plusieurs personnes considérables, est l'ennemi de l'humilité chrétienne. A cause de ce vice elles dédaignent de courber la tête sous le joug du Christ, et par là même elles s'enchaînent plus étroitement sous le joug du péché. Car elles ne pourront jamais se soustraire à toute servitude : elles refusent la servitude, et la servitude leur est avantageuse. En refusant la servitude, elles ne font autre chose que de se soustraire au service du bon Maître, mais elles n'échappent point à un autre service : car celui qui refuse d'être soumis à la charité est inévitablement soumis à l'iniquité. C'est de ce vice, source de tous les autres vices qui naissent de lui, que vient l'apostasie ou abandon de Dieu, alors que l'âme s'éloigne dans les ténèbres par le mauvais usage de son libre arbitre, et que bientôt tous les autres péchés marchent à la suite du premier. C'est ainsi que l'enfant prodigue en est venu à dissiper tous ses biens en vivant avec des femmes débauchées, et à se faire dans sa détresse gardeur de pourceaux, lui qui était le compagnon des anges. (*Luc*, xv, 13.) C'est en raison de ce vice, c'est en raison de ce grand péché d'orgueil, que Dieu s'est fait humble sur terre. Ce motif, ce grand péché, cette cruelle maladie des âmes a attiré du ciel le médecin tout-puissant, l'a contraint à s'abaisser jusqu'à la forme d'esclave, l'a couvert d'opprobres, et l'a suspendu à la croix;

te Deus fecit, sed quod tibi ipse fecisti. Te Dominus bonum servum fecit, tu tibi in corde tuo malum dominum creasti. Merito subderis iniquitati, merito subderis domino quem tu tibi ipsi fecisti; quia ei qui te fecit subditus esse noluisti.

15. Sed « si mei, inquit, non fuerint dominata, tunc immaculatus ero; et mundabor a delicto magno. » (*Psal.* xviii, 14.) Quo putamus delicto? Quod illud est delictum magnum? Forte aliud sit quam dicturus sum, non tamen celabo quod sentio. Delictum magnum arbitror esse superbiam. Hoc fortasse et aliter significatum est in eo quod ait : « Et mundabor a delicto magno. » Quæritis quam magnum sit hoc delictum, quod dejecit angelum, quod ex angelo fecit diabolum, eique in æternum interclusit regnum cœlorum? Magnum hoc delictum est, et caput atque causa omnium delictorum. Scriptum est enim : «Initium peccati omnis superbia. » (*Eccli.*, x, 15.) Et ne quasi leve aliquid contemnas : Initium, inquit, superbiæ hominis apostatare a Deo. Non leve malum est hoc vitium, Fratres mei : huic vitio in his personis, quas videtis amplas, displicet humilitas Christiana. Propter hoc vitium dedignantur colla subdere jugo Christi, obligati artius jugo peccati. Non enim servire non eis contingat : nam nolunt servire, sed eis expedit servire. Nolendo servire nihil aliud agunt, quam ut bono Domino non serviant, non ut omnino non serviant : quia qui noluerit servire caritati, necesse est ut serviat iniquitati. Ab hoc vitio, quod est caput omnium vitiorum, quia inde cætera vitia nata sunt, facta est apostasia a Deo, eunte anima in tenebras, et male utente libero arbitrio, peccatis etiam cæteris consecutis : ut et substantiam suam dissiparet cum meretricibus vivens prodige, et per egestatem fieret pastor porcorum, qui erat socius angelorum. (*Luc.*, xv, 13.) Propter hoc vitium, propter hoc magnum superbiæ peccatum, Deus humilis venit. Hæc causa, hoc peccatum magnum, iste ingens morbus animarum, omnipotentem medicum de cœlo deduxit, usque ad formam servi humiliavit,

afin que par la salutaire vertu d'un tel remède cette tumeur fût guérie. Que l'homme rougisse donc enfin d'être un orgueilleux, lui pour qui Dieu s'est fait humble. C'est ainsi, dit le Prophète, que « je serai purifié du grand péché, » car « Dieu résiste aux superbes et il donne sa grâce aux humbles. » (*Jacq.*, IV, 6 et I *Pier.*, V, 5.)

16. « Afin que par là, les paroles de ma bouche vous plaisent, et que les méditations de mon cœur soient toujours agréables en votre présence. » (*Ps.* XVIII, 15.) Car si je ne suis pas purifié de ce grand péché, mes paroles seront agréables en présence des hommes et non en votre présence. L'âme orgueilleuse veut plaire extérieurement aux hommes, l'âme humble veut plaire dans le secret aux regards de Dieu : c'est pourquoi, si elle vient à plaire aux hommes pour quelque bonne œuvre, qu'elle se réjouisse de voir que les bonnes œuvres leur plaisent, mais qu'elle ne s'en réjouisse pas pour elle-même, parce qu'il doit lui suffire d'avoir fait le bien. « Notre gloire, dit l'Apôtre, est dans le témoignage de notre conscience. » (II *Cor.*, I, 12.) Disons donc aussi les dernières paroles du psaume : « Seigneur, soyez mon aide et mon rédempteur : » (*Ps.* XVIII, 15) mon aide dans le bien, mon rédempteur dans le mal ; mon aide afin que je vive dans votre amour, mon rédempteur afin que par vous je sois délivré de mes iniquités.

DISCOURS SUR LE PSAUME XIXᵉ.

Pour la fin : Psaume de David. (Ps. XIX, 1.)

1. Ce titre est connu. Ce n'est pas le Christ qui parle, mais le Prophète qui parle au Christ, et qui chante, sous la forme du souhait, les choses à venir.

2. « Que le Seigneur vous exauce au jour de l'affliction ; » (*Ibid.*, 2) que le Seigneur vous exauce au jour où vous dites : « Mon Père, glorifiez votre Fils. » (*Jean*, XVII, 1.) « Que le nom du Dieu de Jacob vous protège. » (*Ps.* XIX, 2.) C'est à vous qu'appartient le peuple né en second lieu, parce que l'aîné doit servir le plus jeune. (*Gen.*, XXV, 23.)

3. « Qu'il vous envoie son secours de son sanctuaire et qu'il vous protège du haut de Sion ; » (*Ps.* XIX, 3) en sanctifiant votre corps qui est l'Eglise, et en la mettant en sureté sur les hauteurs d'où elle contemple toutes choses, tandis qu'elle attend votre retour des noces.

4. « Qu'il se souvienne de tous vos sacrifices. » (*Ibid.*, 4.) Qu'il fasse que nous nous souvenions de toutes les injures et de tous les outrages que vous avez soufferts pour nous. « Et que votre holocauste soit précieux à ses yeux : » (*Ibid.*) qu'il fasse succéder à la croix, sur laquelle vous

---

contumeliis egit, ligno suspendit : ut per salutem tantæ medicinæ curetur hic tumor. Jam tandem erubescat homo esse superbus, propter quem factus est humilis Deus. Ita, inquit, « mundabor a delicto magno, » « quia Deus superbis resistit, humilibus autem dat gratiam. » (*Jac.*, IV, 6 ; 1 *Pet.*, V, 5.)

16. « Et erunt ut complaceant eloquia oris mei, et meditatio cordis mei in conspectu tuo semper. » (*Psal.* XVIII, 15.) Nam si ab hoc magno delicto non mundabor, in conspectu hominum placebunt eloquia mea, non in conspectu tuo. Superba anima in conspectu hominum vult placere : humilis anima in occulto, ubi Deus videt, vult placere ; ut si placuerit hominibus de bono opere, illis gratuletur quibus placet bonum opus, non sibi cui sufficere debet quia fecit bonum opus. « Gloria nostra, inquit, hæc est, testimonium conscientiæ nostræ. » (II *Cor.*, I, 12.) Ideoque dicamus etiam quod sequitur : « Domine adjutor meus et redemptor meus. » Adjutor in bonis, redemptor a malis. Adjutor ut habitem in caritate tua, redemptor ut liberes me ab iniquitate mea.

IN PSALMUM XIX ENARRATIO.

In finem : Psalmus David. (Ps. XIX, 1.)

1. Notus est iste titulus, nec Christus dicit, sed Christo dicit Propheta, figura optandi quæ ventura sunt canens.

2. « Exaudiat te Dominus in die tribulationis. » (*Ibid.*, 2.) Exaudiat te Dominus in die qua dixisti : « Pater clarifica Filium tuum. » (*Joan.*, XVII, 1.) « Protegat te nomen Dei Jacob. » Ad te enim pertinet populus posterior natu, quia major serviet minori. (*Gen.*, XXV, 23.)

3. « Mittat tibi auxilium de sancto, et de Sion tueatur te. » (*Psal.* XIX, 3.) Facies tibi sanctificatum corpus, ecclesiam, de speculatione tutam, quæ exspectat quando venias (*a*) a nuptiis.

4. « Memor sit omnis sacrificii tui. » (*Ibid.*, 4.) Memores nos faciat omnium injuriarum tuarum et contumeliarum, quas pro nobis pertulisti. « Et holocaustum tuum pingue fiat. » Et crucem, qua totus

---

(*a*) Editi *ad nuptias*. Mss. vero *a nuptiis*.

vous êtes offert tout entier à Dieu, la joie de la résurrection.

5. « *Signe de pause*. Que le Seigneur agisse envers vous selon votre cœur. » (*Ibid.*, 5.) Que le Seigneur agisse envers vous, non selon le cœur de ceux qui ont cru pouvoir vous détruire en vous persécutant, mais selon votre cœur qui vous a fait connaître toute l'utilité de votre passion. « Et qu'il accomplisse votre dessein tout entier. » (*Ibid.*) Et qu'il accomplisse, non-seulement le dessein qui vous a fait donner votre vie pour vos amis (*Jean*, xv, 13), afin que le grain trouvât dans la mort la source d'une nouvelle vie plus abondante (*Jean*, xii, 25), mais encore le dessein par suite duquel « une partie d'Israël a été frappée d'aveuglement, pour que la plénitude des nations entrât dans l'Eglise et qu'ainsi tout Israël fût sauvé. » (*Rom.*, xi, 25.)

6. « Nous nous réjouirons du salut qui vous sera donné. » (*Ps.* xix, 6.) Nous nous réjouirons de ce que la mort ne pourra vous nuire en rien; car vous nous prouverez ainsi qu'elle ne nous nuira pas davantage. « Et nous serons glorifiés dans le nom de notre Dieu. » (*Ibid.*) En confessant votre nom, non-seulement nous éviterons notre perte, mais encore nous serons glorifiés en lui.

7. « Que le Seigneur accomplisse tout ce que vous lui demandez. » (*Ibid.*, 7.) Que le Seigneur accomplisse, non-seulement les demandes que vous lui avez adressées sur la terre, mais aussi toutes celles que vous lui adressez dans le ciel en notre faveur. « Dès maintenant, je sais que le Seigneur a sauvé son Christ. » (*Ibid.*) Dès maintenant, il m'est montré en prophétie que le Seigneur ressuscitera son Christ. « Il l'exaucera dans le ciel, son sanctuaire. » Il l'exaucera, non-seulement sur terre où il a demandé à être glorifié (*Jean*, xvii, 1), mais encore dans le ciel, où étant déjà à la droite du Père il intercède pour nous (*Rom.*, viii, 34), et d'où il a répandu l'Esprit saint sur ceux qui croient en lui. (*Act.*, ii.) « Le salut qu'opère sa droite est d'une force invincible. » (*Ps.* xix, 7.) Notre force est dans le salut qui nous vient de sa miséricorde, alors qu'il nous secourt au milieu de nos tribulations : de la sorte notre faiblesse même devient la cause de notre force. (I *Cor.*, xii, 10.) Mais le salut que l'homme reçoit, non de la droite de Dieu, mais de sa gauche, est vain. (*Ps.* lix, 13.) Il ne sert qu'à enfler d'un fol orgueil les pécheurs qui le reçoivent d'une manière passagère.

8. « Les uns sont fiers de leurs chars, les autres de leurs chevaux. » (*Ps.* xix, 8.) Les uns sont entraînés par la rapide mobilité des biens temporels; les autres sont gonflés d'orgueil par les honneurs et ils y mettent leur joie. « Nous, au contraire, nous mettrons notre joie dans le nom

---

oblatus es Deo, in lætitiam resurrectionis convertat.

5. *Diapsalma*. « Tribuat tibi Dominus secundum cor tuum. » (*Ibid.* 5.) Tribuat tibi Dominus, non secundum cor eorum, qui putaverunt persequendo delere te posse; sed secundum cor tuum, quo scisti quid utilitatis haberet passio tua. « Et omne consilium tuum compleat. » Et compleat omne consilium tuum, non solum quo animam tuam posuisti pro amicis tuis (*Joan.*, xv, 13), ut mortificatum granum copiosius resurgeret (*Joan.*, xii, 25); sed etiam quo cæcitas ex parte Israel facta est, ut plenitudo gentium intraret (*Rom.*, xi, 25), et sic omnis Israel salvus fieret.

6. « Exsultabimus in salutari tuo. » (*Psal.* xix, 6.) Exsultabimus quod tibi mors nihil nocebit : ita enim nec nobis eam nocere posse monstrabis. « Et in nomine Domini Dei nostri magnificabimur. » Et confessio tui nominis non solum non perdet, sed etiam magnificabit nos.

7. « Impleat Dominus omnes petitiones tuas. » (*Ibid.*, 7.) Impleat Dominus non solum petitiones quas habuisti in terra, sed etiam quibus in cœlo interpellas pro nobis. « Nunc cognovi quoniam salvum fecit Dominus Christum suum. » Nunc mihi per prophetiam demonstratum est, quoniam resuscitabit Dominus Christum suum. « Exaudiet illum de cœlo sancto suo. » Exaudiet illum non de terra tantum, ubi se petiit clarificari (*Joan.*, xvii, 1); verum etiam de cœlo, ubi jam ad dexteram Patris interpellans pro nobis (*Rom.*, viii, 34), diffudit inde Spiritum sanctum super credentes in se. (*Act.*, ii.) « In potentatibus salus dexteræ ejus. » Potentatus nostri sunt salus favoris ejus, cum etiam de tribulatione dat auxilium, ut « quando infirmamur, tunc potentes simus. » (I *Cor.*, xii, 10.) Nam vana salus hominum (*Psal.* lix, 13), quæ non dexteræ, sed sinistræ ejus est. Hac enim extolluntur in magnam superbiam, quicumque peccantes temporaliter salvi facti sunt.

8. « Hi (*a*) in curribus et hi in equis. » (*Psal.* xix, 8.) Hi volubili successione temporalium bonorum trahuntur, et hi superbis præferuntur honoribus, atque in his exsultant. « Nos autem in nomine Domini Dei

(*c*) Idem vers. 8. tractatur in Enarratione Psal. cxlvi.

du Seigneur notre Dieu : » (*Ibid.*) Nous, au contraire, fixant notre espérance dans les biens éternels, et oublieux de toute gloire, nous mettrons notre joie dans le nom du Seigneur.

9. « Ils se sont enlacés et ils sont tombés. » (*Ibid.*, 9.) C'est pourquoi ils se sont enlacés eux-mêmes dans leur cupidité des biens temporels, craignant s'ils épargnaient le Seigneur que les Romains ne s'emparassent de leur pays (*Jean*, XI, 48) : ils ont heurté la pierre d'achoppement et de scandale (*Rom.*, IX, 32), et ils sont déchus de l'espérance céleste. C'est sur eux qu'est tombé l'aveuglement qui a frappé une partie d'Israël (*Rom.*, XI, 25), parce qu'ils ignoraient la justice de Dieu et qu'ils voulaient établir leur propre justice. (*Rom.*, X, 3.) « Mais nous nous sommes levés et nous sommes restés fermes. » (*Ps.* XIX, 9.) Mais afin que le peuple des nations entrât dans l'Eglise, nous, de pierres que nous étions, devenus enfants d'Abraham (*Matth.*, III, 9), nous qui n'avions pas cherché la justice, nous l'avons embrassée (*Rom.*, XIX, 30) et nous nous sommes levés, et nous nous sommes tenus fermes non point par nos forces, mais par la foi qui nous a justifiés.

10. « Seigneur, sauvez le roi, » (*Ps.* XIX, 10) afin qu'après nous avoir donné par sa passion l'exemple du combat, il offre aussi nos sacrifices, comme prêtre ressuscité d'entre les morts et déjà établi dans les cieux. « Et exaucez-nous au jour où nous vous invoquerons. » (*Ibid.*) Et tandis que déjà il offre pour nous le sacrifice ; exaucez-nous au jour où nous vous invoquerons.

DISCOURS SUR LE PSAUME XX°.

Pour la fin : psaume de David pour lui-même.
(Ps. XX, 1.)

1. Le titre est connu. Le psaume s'applique au Christ.

2. « Seigneur, le Roi se réjouira dans votre force. » (*Ibid.*, 2.) Seigneur, Jésus-Christ Dieu-Homme se réjouira dans votre force, par laquelle le Verbe s'est fait chair. « Et il fera éclater ses transports de joie à cause du salut que vous lui donnez ; » (*Ibid.*) il fera éclater ses transports de joie à cause du salut par lequel vous vivifiez toutes choses.

3. « Vous lui avez donné ce que son âme désirait. » (*Ibid.*, 3.) Il a désiré manger la Pâque (*Luc*, XXII, 15) ; il a désiré déposer et reprendre sa vie aux moments qu'il voudrait (*Jean*, X, 18), et vous le lui avez accordé. « Et vous ne l'avez pas privé de ce que ses lèvres ont demandé. » Je vous laisse ma paix a-t-il dit (*Jean*, XIV, 27), et il en a été ainsi.

4. « Parce que vous l'avez prévenu de la douceur de vos bénédictions. » (*Ps.* XX, 4.) Parce

---

nostri exsultabimus. » Nos autem spem figentes in æternis, neque gloriam nostram quærentes, in nomine Domini Dei nostri exsultabimus.

9. « Ipsi obligati sunt, et ceciderunt. » (*Ibid.*, 9.) Et ideo ipsi temporalium rerum cupiditate obligati sunt, timentes parcere Domino, ne a Romanis perderent locum (*Joan.*, XI, 48) : et irruentes in lapidem offensionis et petram scandali, de spe cœlesti ceciderunt (*Rom.*, IX, 32) : quibus cæcitas ex parte Israel facta est (*Rom.*, XI, 25), ignorantibus Dei justitiam, et suam volentibus constituere. (*Rom.*, X, 3.) « Nos vero surreximus, et erecti sumus. » Nos vero ut populus gentium intraret, de lapidibus excitati filii Abraham (*Matth.*, III, 9), qui non sectabamur justitiam, apprehendimus eam, et surreximus (*Rom.*, IX, 30) : nec viribus nostris, sed per fidem justificati erecti sumus.

10. « Domine salvum fac regem : » (*Psal.* XIX, 10) ut ipse qui nobis præliandi exemplum passione monstravit, offerat etiam sacrificia nostra, sacerdos excitatus a mortuis, et in cœlo constitutus. « Et exaudi nos in die qua invocaverimus te. » (*a*) Quo jam pro nobis offerente, exaudi nos in die qua invocaverimus te.

IN PSALMUM XX ENARRATIO.

In finem : Psalmus ipsi David. (Psal. XX, 1.)

1. Titulus notus est, de Christo canitur :

2. « Domine in virtute tua lætabitur rex. » (*Ibid.*, 2.) Domine in virtute tua, (*b*) qua Verbum caro factum est, lætabitur homo Christus Jesus. « Et super salutari tuo exsultabit vehementer. » Et super hoc, quo vivificas omnia, exsultabit vehementer.

3. « Desiderium animæ ejus dedisti ei. » (*Ibid.*, 3.) Desideravit manducare Pascha (*Luc.*, XXII, 15), et ponere cum vellet, atque iterum cum vellet sumere animam suam ; et dedisti ei. (*Joan.*, X, 18.) « Et voluntate labiorum ejus non (*c*) privasti eum. » « Pacem meam, inquit, relinquo vobis : » (*Joan.*, XIV, 27) et factum est.

4. « Quoniam prævenisti eum in benedictionibus

(*a*) Sic Mss. At editi : *Quoniam pro nobis offers te.* — (*b*) Editi *quod :* et paulo post *quod vivificas.* At aliquot Mss. hic habent *qua :* et infra *quo vivificas.* — (*c*) Editi *fraudasti.* Mss. vero *privasti.* In Græco est ἐστέρησας.

TOM. XI. 47

qu'il avait d'abord goûté la douceur de vos bénédictions, le fiel de nos péchés n'a pu lui nuire. « *Signe de pause*. Vous avez placé sur sa tête une couronne de pierres précieuses. » (*Ibid.*) Dès le début de sa prédication, il a été entouré d'une couronne de pierres précieuses, c'est-à-dire de ses disciples, qui ont commencé à le faire connaître.

5. « Il a demandé la vie et vous la lui avez donnée. » (*Ibid.*, 5.) Il a demandé sa résurrection, en disant : « Mon Père, glorifiez votre Fils, » (*Jean*, XVII, 1) et vous la lui avez accordée. « Et une vie prolongée dans les siècles des siècles : » les longues années de cette vie pour son Eglise, et ensuite l'éternité dans les siècles des siècles.

6. « Sa gloire est grande en raison du salut que vous lui avez donné. » (*Ps.* XX, 6.) En effet, sa gloire est grande en raison du salut que vous lui avez donné en le ressuscitant. « Vous le comblerez de gloire et l'environnerez d'éclat ; » (*Ibid.*) mais cette gloire sera plus grande encore et cet éclat plus brillant, quand vous le placerez dans le ciel à votre droite.

7. « Parce que vous le bénirez dans les siècles des siècles. » (*Ibid.*, 7.) Voici la bénédiction que vous lui donnerez dans les siècles des siècles : « Vous le comblerez de joie par la vue de votre visage. » (*Ibid.*) Par la vue de votre visage, vous le comblerez de joie dans son humanité, lui qui a élevé l'homme vers vous.

8. « Parce que le Roi met son espérance dans le Seigneur ; » (*Ibid.*, 8) parce que le Roi ne s'enorgueillit pas, mais de, dans l'humilité de son cœur, il met son espérance en Dieu. « Fortifié par la miséricorde du Très-Haut, il ne sera point ébranlé. » (*Ibid.*) Fortifié par la miséricorde du Très-Haut, il ne sera point ébranlé dans son humilité par une obéissance portée jusqu'à la mort de la croix.

9. « Que votre main s'appesantisse sur tous vos ennemis. » (*Ibid.*, 9.) O Roi, quand vous viendrez pour juger les hommes, que votre puissance s'appesantisse sur tous vos ennemis, qui ne l'ont pas reconnue au milieu de vos abaissements. « Que votre droite trouve tous ceux qui vous haïssent. » (*Ibid.*) Que l'éclat dont vous brillez, assis à la droite du Père, vous fasse apercevoir au jour du jugement pour leur punition tous ceux qui vous haïssent, parce qu'eux-mêmes n'ont point su maintenir l'apercevoir.

10. « Vous les ferez brûler comme un feu ardent. » (*Ibid.*, 10.) Vous les ferez brûler d'un feu intérieur, par la conscience de leur impiété. « Au jour où votre visage sera dévoilé, » au jour de votre manifestation. « Le Seigneur les troublera dans sa colère et le feu les dévorera. » (*Ibid.*) Ensuite, troublés par la vengeance du

---

dulcedinis. » (*Psal.* xx, 4.) Quoniam prius hauserat benedictionem dulcedinis tuæ, fel peccatorum nostrorum non nocuit ei. « *Diapsalma*. Posuisti in capite ejus coronam de lapide pretioso. » In principio sermonis ejus accedentes ambierunt eum lapides pretiosi, discipuli sui, a quibus exordium annuntiationis ejus fieret.

5. « Vitam petiit, et dedisti ei. » (*Ibid.*, 5.) Resurrectionem petiit, dicens : « Pater clarifica Filium tuum : » (*Joan.*, XVII, 1) et dedisti ei. « Longitudinem dierum in sæculum sæculi. » Longa tempora sæculi hujus, quæ haberet Ecclesia, et deinceps æternitatem in sæculum sæculi.

6. « Magna est gloria ejus in salute tua. » (*Psal.* xx, 6.) Magna est quidem gloria ejus in salute, qua eum resuscitasti. « Gloriam et magnum decorem impones super eum. » Sed adhuc gloriam et magnum decorem addes ei, cum in cœlo collocabis ad dexteram tuam.

7. « Quoniam dabis ei benedictionem in sæculum sæculi. » (*Ibid.*, 7.) Hæc est benedictio, quam ei dabis in sæculum sæculi. « Lætificabis eum in gaudio cum vultu tuo. » Secundum hominem lætificabis eum cum vultu tuo, quem levavit ad te.

8. « Quoniam rex sperat in Domino. » (*Ibid.*, 8.) Quoniam rex non superbit, sed humilis corde sperat in Domino. « Et in Altissimi misericordia non commovebitur. » Et in Altissimi misericordia non conturbabit humilitatem ejus (a) obedientia usque ad mortem crucis.

9. « Inveniatur manus tua omnibus inimicis tuis. » (*Ibid.*, 9.) Inveniatur, o rex, potestas tua, cum ad judicandum veneris, omnibus inimicis tuis, qui eam in humilitate tua non intellexerunt. « Dextera tua inveniat omnes qui te oderunt. » Claritas qua regnas ad dexteram Patris, inveniat in die judicii puniendos omnes qui te oderunt ; quia nunc ipsi non invenerunt eam.

10. « Pones eos ut clibanum ignis. » (*Psal.* xx, 10.) Constitues eos ardentes intrinsecus, conscientia impietatis suæ. « In tempore vultus tui. » In tempore manifestationis tuæ. « Dominus in ira sua contur-

---

(a) Sic optimæ notæ Mss. At editi *atque obedientiam*.

Seigneur, après l'accusation de leur propre conscience, ils seront livrés au feu éternel pour en être dévorés.

11. « Vous détruirez leur fruit sur la terre. » (*Ibid.*, 11.) Vous détruirez leur fruit sur la terre, parce qu'il est terrestre. « Vous exterminerez leur race d'entre les fils des hommes. » Vous ne placerez parmi les fils des hommes que vous avez appelés à l'héritage éternel, ni leurs œuvres, ni aucun de ceux qu'ils auront séduits.

12. « Parce qu'ils ont fait tomber des maux sur vous. » (*Ibid.*, 12.) Cette peine leur sera infligée, parce qu'ils ont fait tomber sur vous, en vous mettant à mort, les maux dont ils se croyaient menacés par votre règne. « Ils ont formé un dessein qu'ils n'ont pu accomplir. » Ils ont formé un dessein criminel en disant : « Il vaut mieux qu'un seul meure pour tous; » (*Jean*, XI, 50) et ils n'ont pu réussir, parce qu'ils ne savaient ce qu'ils disaient.

13. « Parce que vous les mettrez derrière vous. » (*Ps.* XX, 13.) Parce que vous les mettrez au nombre de ceux dont vous détournez votre face avec dédain et mépris. « Et vous préparerez leur visage par les choses que vous leur laissez. » Par les choses que vous leur laissez, c'est-à-dire, par les convoitises du royaume terrestre que vous méprisez, vous préparerez leur impudence et la ferez servir à votre Passion.

14. « Seigneur, élevez-vous dans votre force. » (*Ibid.*, 14.) Vous, qu'ils n'ont pas connu dans votre humilité, ô Seigneur, élevez-vous dans votre force qu'ils ont prise pour de la faiblesse. « Nous chanterons et célébrerons par des cantiques votre puissance souveraine. » Par notre cœur et par nos œuvres nous célébrerons et publierons vos merveilles.

Ier DISCOURS SUR LE PSAUME XXIe (1).

Pour la fin, pour le secours du matin : Psaume de David. (Ps. XXI, 1.)

1. Notre-Seigneur parle ici lui-même en vue de la fin, pour sa résurrection. Ce fut, en effet, le matin du sabbat qu'eut lieu sa résurrection, par laquelle il entra dans la vie éternelle, « où la mort n'aura plus de pouvoir sur lui. » (*Rom.*, VI, 9.) Le psaume entier se rapporte à Jésus crucifié ; car il en prononça lui-même les premières paroles, alors qu'il était suspendu à la croix, conservant encore la forme de l'homme ancien dont il avait pris la condition mortelle. En effet, notre vieil homme a été attaché à la croix avec lui. (*Ibid.*, 6.)

2. « O Dieu, mon Dieu, jetez les yeux sur moi, pourquoi m'avez-vous abandonné si loin de mon

---

(1) Saint Augustin explique ce même Psaume XXI, dans une lettre à Honoratus. Cette lettre est maintenant la CXLIX^e du recueil.

---

babit eos, et devorabit eos ignis. » Deinde conturbati vindicta Domini, post accusationem conscientiæ, dabuntur igni æterno devorandi.

11. « Fructum illorum de terra perdes. » (*Ibid.*, 11.) Fructum illorum, quia terrenus est, perdes de terra. « Et semen eorum a filiis hominum. » Et opera illorum, vel quoscumque seduxerunt, non deputabis inter filios hominum, quos in hæreditatem sempiternam vocasti.

12. « Quoniam declinaverunt in te mala. » (*Ibid.*, 12.) Hæc autem pœna retribuetur eis, quoniam mala quæ sibi imminere te regnante arbitrabantur, in te occidendum detorserunt. « Cogitaverunt consilium, quod non potuerunt stabilire. » Cogitaverunt consilium, dicentes : « Expedit unum pro omnibus mori ; » (*Joan.*, XI, 50) quod non potuerunt stabilire, nescientes quid dixerint.

13. « Quoniam pones eos dorsum. » (*Psal.* XX, 13.) Quoniam ordinabis eos in his, a quibus postpositis et contemptis averteris. « In reliquiis tuis præparabis vultum eorum. » Et in his quæ relinquis, id est, in cupiditatibus regni terreni, præ- parabis tibi ad passionem impudentiam eorum.

14. « Exaltare Domine in virtute tua. » (*Ibid.*, 14.) Quem humilem non cognoverunt, exaltare Domine in virtute tua, quam infirmitatem putaverunt. « Cantabimus et psallemus virtutes tuas. » Corde et opere celebrabimus et nota faciemus mirabilia tua.

IN PSALMUM XXI ENARRATIO I.

In finem, pro susceptione matutina : Psalmus David. (Psal. XXI, 1.)

1. In finem, pro resurrectione sua ipse Dominus Jesus Christus loquitur. Matutina enim fuit prima sabbati resurrectio ejus, qua susceptus est in æternam vitam « cui mors ultra non dominabitur. » (*Rom.*, VI, 9.) Dicuntur autem ista ex persona crucifixi. Nam de capite Psalmi hujus sunt verba, quæ ipse clamavit, cum in cruce penderet, personam etiam servans veteris hominis, cujus mortalitatem portavit. Nam vetus homo noster confixus est cruci cum illo. (*Ibid.*, 6.)

2. « Deus Deus (a) meus respice me, quare me dere-

(a) De eodem vers. 2. agitur in Enarratione Psal. XXXVII et XLIII, et in præfat. 1. Enarrat. Psal. LVIII, et in Enarratione Psal. LXXXVII.

salut ? » (*Ps.* XXI, 2.) Vous vous éloignez de mon salut, parce que le salut s'éloigne des pécheurs. (*Ps.* CXVIII, 155.) « C'est là le cri de mes péchés. » Ces paroles ne sont pas celles de ma justice, mais de mes péchés. C'est le vieil homme crucifié qui parle, ignorant même pourquoi Dieu l'a abandonné. Ou du moins il dit : La voix de mes péchés éloigne mon salut.

3. « Mon Dieu, je crierai vers vous pendant le jour, et vous ne m'exaucerez pas. » (*Ps.* XXI, 3.) Mon Dieu, je crierai vers vous pendant que je posséderai les prospérités de cette vie, afin qu'elles ne me soient point ôtées, et vous ne m'exaucerez pas, parce que ce sera la voix de mes péchés qui criera vers vous. « Et pendant la nuit, et ce sera afin que j'acquière la sagesse. » Je prierai également dans les adversités de cette vie, afin qu'elles me soient ôtées, et vous ne m'exaucerez pas davantage. Ce que vous en faites n'est point pour que je devienne insensé, mais au contraire pour que j'aie la sagesse de demander ce que vous voulez ; et que vous entendiez de moi, non des paroles de péché produites par le désir des biens temporels, mais des paroles de retour vers vous produites par le désir de la vie éternelle.

4. « Mais vous, qui êtes la gloire d'Israël, vous habitez dans un lieu saint. » (*Ps.* XXI, 4.) Vous habitez dans un lieu saint et pour cela vous n'exaucez pas les paroles immondes des péchés. Vous êtes la gloire de celui qui vous contemple, et non de celui qui a cherché la gloire en goûtant le fruit défendu, et qui, dès que les yeux de son corps ont été ouverts, s'est efforcé de se cacher loin de vos yeux. (*Gen.*, III.)

5. « Nos pères ont espéré en vous. » (*Ps.* XXI, 5.) A savoir, tous les justes qui ont cherché non leur gloire mais la vôtre. « Ils ont espéré et vous les avez tirés de l'abîme. »

6. « Ils ont crié vers vous et ont été sauvés. » (*Ibid.*, 6.) Ils ont crié vers vous, mais ce n'était point avec la voix des péchés qui éloigne le salut ; aussi ont-ils été sauvés. « Ils ont espéré en vous et n'ont pas été confondus. » Ils ont espéré en vous, et leur espérance ne les a pas trompés : car ils ne l'avaient point mise en eux-mêmes.

7. « Pour moi, je suis un ver de terre, et non un homme. » (*Ibid.*, 7.) Pour moi, je ne parle plus maintenant comme un fils d'Adam, je suis Jésus-Christ même, né dans la chair sans l'œuvre de l'homme, afin que dans ma nature humaine, je fusse plus qu'un homme ; et cela pour que l'orgueil humain daignât imiter mon humilité. « L'opprobre des hommes et le rebut du peuple. » Cette humilité m'a rendu l'opprobre des hommes, à tel point que pour comble d'injure on disait à un homme : « Pour vous soyez son disciple, » (*Jean*, IX, 28) et que j'étais en butte au mépris de la populace.

---

liquisti longe a salute mea. «(*Psal.* XXI, 2.) Longe factus a salute mea : « quoniam longe est a peccatoribus salus. » (*Psal.* CXVIII, 155.) « Verba delictorum meorum. » Nam hæc verba sunt non justitiæ, sed delictorum meorum. Vetus enim homo confixus cruci loquitur; etiam causam ignorans, quare eum dereliquerit Deus : aut certe : Longe a salute mea sunt verba delictorum meorum.

3. « Deus meus, clamabo ad te per diem, (a) nec exaudies. » (*Psal.* XXI, 3.) Deus meus clamabo ad te in rebus prosperis hujus vitæ, ut non mutentur ; nec exaudies, quia verbis delictorum meorum ad te clamabo. « Et nocte, et non ad insipientiam mihi. » Et in adversis utique hujus vitæ clamabo ut prosperentur, et similiter non exaudies. Neque hoc facis ad insipientiam mihi, sed potius ut sapiam quid clamare me velis : non verbis delictorum ex desiderio temporalis vitæ, sed verbis conversionis ad te in vitam æternam.

4. « Tu autem in sancto habitas, laus Israel. » (*Psal.* XXI, 4.) Tu autem in sancto habitas, et ideo immunda delictorum verba non exaudies. Laus videntis te, non ejus qui laudem suam quæsivit in gustando vetito cibo (*Gen.*, III), ut apertis corporeis oculis abscondere se conaretur a conspectu tuo.

5. « In te speraverunt patres nostri. » (*Psal.* XXI, 5.) Omnes justi scilicet, non quærentes suam laudem, sed tuam. « Speraverunt, et cruisti eos. »

6. « Ad te clamaverunt, et salvi facti sunt. » (*Ibid.*, 6.) Ad te clamaverunt, non verbis delictorum a quibus longe est salus, et ideo salvi facti sunt. « In te speraverunt, et non sunt confusi. » In te speraverunt, nec eos fefellit spes. Non enim in se illam posuerunt.

7. « Ego autem sum vermis, et non homo. » (*Ibid.*, 7.) Ego autem jam non ex persona Adam loquens, sed ego proprie Jesus Christus, sine semine in carne natus sum, ut essem in homine ultra homines : ut vel sic dignaretur imitari humana superbia humilitatem meam. « Opprobrium hominum et abjectio plebis. » In qua factus sum opprobrium hominum, ita ut pro convicioso maledicto diceretur : « Tu sis discipulus ejus : » (*Joan.*, IX, 28) et plebs me contemneret.

(a) Idem vers. 3, tractatur in Enarratione Psal. LIII.

8. « Tous ceux qui me voyaient, me tournaient en risée. » (*Ps.* XXI, 8.) Tous ceux qui me voyaient, se riaient de moi. « Ils ont parlé des lèvres et ils ont branlé la tête. » Ils n'ont point parlé du cœur, mais des lèvres.

9. En effet, ils ont branlé la tête en signe de dérision et ils ont dit : « Il a espéré en Dieu, que Dieu le tire du danger; qu'il le sauve maintenant, s'il l'aime. » (*Ibid.*, 9.) Telles étaient leurs paroles, mais ils ne parlaient que des lèvres.

10. « C'est vous qui m'avez tiré du sein de ma mère. » (*Ibid.*, 10.) C'est vous qui m'avez tiré non-seulement du sein d'une vierge, (car telle est la loi commune de la naissance des hommes, de sortir du sein de la femme,) mais encore des entrailles de la nation juive, dans l'obscurité desquelles est encore enfermé et n'est point né à la lumière du Christ quiconque met son salut dans l'observation charnelle du sabbat, de la circoncision, et d'autres points semblables. « Vous êtes mon espérance depuis le temps où j'étais à la mamelle. » O Dieu, vous êtes mon espérance, non depuis qu'une vierge a commencé à m'allaiter, car vous l'étiez bien auparavant ; mais vous m'avez arraché des mamelles de la Synagogue, comme je l'ai dit de ses entrailles, de peur qu'elle ne m'y fît sucer des habitudes charnelles.

11. « J'ai été soutenu par vous dès le sein de ma mère. » (*Ibid.*, 11.) Ce sein est celui de la Synagogue, qui ne m'a point porté, mais qui m'a rejeté. Si je ne suis point tombé, c'est que vous m'avez soutenu. « Vous êtes mon Dieu depuis le sein de ma mère. » « Depuis le sein de ma mère. » Le sein de ma mère n'a point été cause que, semblable à un enfant, je vous aie oublié.

12. « Vous êtes mon Dieu, ne vous éloignez pas de moi, parce que l'affliction est proche. » (*Ibid.*, 12.) Vous êtes donc mon Dieu, ne vous éloignez pas de moi, car l'affliction est proche de moi, elle est dans mon propre corps. « Et je n'ai personne pour m'aider. » Et qui m'aidera, si vous ne le faites?

13. « Un grand nombre de veaux en furie m'ont environné. » (*Ibid.*, 13.) J'ai été environné d'une foule de peuple qui se livrait aux derniers excès. « Des taureaux puissants m'ont assiégé. » Les princes du peuple, joyeux de me voir opprimé, m'ont assiégé.

14. « Ils ont ouvert la bouche contre moi. » (*Ibid.*, 14.) Ils ont ouvert la bouche, pour m'opposer, non vos saintes Ecritures, mais les clameurs de leurs passions. « Comme un lion qui ravit sa proie et qui rugit. » Comme un lion dont la rapine a été que j'ai été saisi et amené ; et dont le rugissement a été : crucifiez-le, crucifiez-le. (*Jean*, XIX, 6.)

---

8. « Omnes qui conspiciebant me, subsannabant me. » (*Psal.* XXI, 8.) Omnes qui conspiciebant me, irridebant me. « Et locuti sunt labiis, et moverunt caput. » Et locuti sunt non in corde, sed in labiis.

9. Nam irridenter moverunt caput, dicentes : « Speravit in Dominum, eruat eum : salvum faciat eum, quoniam vult eum. » (*Ibid.*, 9.) Hæc verba erant, sed in labiis dicebantur.

10. « Quoniam tu es qui extraxisti me de ventre. » (*Ibid.*, 10.) Quoniam tu es qui extraxisti me, non solum de illo ventre virginali, (nam omnibus hominibus lex ista nascendi est, ut de ventre extrahantur), sed etiam de ventre Judaicæ gentis, cujus tenebris obtegitur, et nondum in lucem Christi natus est, quisquis in carnali observatione sabbati et circumcisionis cæterorumque talium salutem ponit. « Spes mea ab uberibus matris meæ. » Spes mea Deus, non ex quo uberibus virginis lactari cœpi; nam et ante utique : sed ab uberibus synagogæ, sicut de ventre dixi, extraxisti me, ne carnalem consuetudinem sugerem.

11. « In te confirmatus sum ex utero. » (*Ibid.*, 11.) Ipse est uterus synagogæ, qui me non pertulit, sed jactavit me : non autem cecidi, quia continuisti me. « De ventre matris meæ Deus meus es tu. » De ventre matris meæ : Non effecit venter matris meæ ut tanquam parvulus oblitus essem tui.

12. « Deus meus es tu, ne discedas a me : quoniam tribulatio proxima est. » (*Ibid.*, 12.) Deus meus ergo es tu, ne discedas a me : quoniam tribulatio juxta me est ; nam est in corpore meo. « Quoniam non est qui adjuvet. » Quis enim adjuvat, si tu non adjuvas?

13. « Circumdederunt me vituli multi. » (*Ibid.*, 13.) Circumdedit me multitudo luxuriantis plebis. « Tauri pingues obsederunt me. » Et principes ejus de oppressione mea læti, obsederunt me.

14. « Aperuerunt in me os suum. » (*Psal.* XXI, 14.) Aperuerunt in me os, non de Scripturis tuis, sed de cupiditatibus suis. « Sicut leo rapiens et rugiens. » Sicut leo cujus rapina est, quod apprehensus (*a*) adductus sum ; et rugitus : « Crucifige, crucifige. » (*Joan.*, XIX, 6.)

(*a*) Sic Mss. At editi *abductus sum*.

15. « Je me suis répandu comme de l'eau, tous mes os ont été dispersés. » (*Ps.* XXI, 15.) Je me suis répandu comme une eau où sont tombés mes persécuteurs. La crainte a dispersé loin de moi les soutiens de mon corps, c'est-à-dire de mon Eglise, mes disciples. « Mon cœur est devenu, au milieu de mes entrailles, semblable à la cire qui se fond. » Ma sagesse décrite dans les livres saints était dure, pour ainsi dire, elle était lettre close et les hommes ne la comprenaient pas ; mais exposée au feu de ma Passion, elle s'est comme fondue, elle a été dévoilée et recueillie dans la mémoire de mon Eglise.

16. « Ma force s'est desséchée comme l'argile. » (*Ibid.*, 16.) Ma force s'est desséchée au feu de ma Passion, non comme l'herbe, mais comme l'argile que la flamme durcit. « Et ma langue s'est attachée à mon palais ; » et ceux par qui je devais parler, ont conservé mes commandements dans leur cœur. « Et vous m'avez conduit jusque dans la poussière de la mort ; » et vous m'avez fait tomber aux mains des impies destinés à la mort, que le vent balaie comme la poussière de dessus la face de la terre.

17. « Parce que j'ai été entouré d'un grand nombre de chiens. » (*Ibid.*, 17.) Parce que j'ai été entouré d'un grand nombre de gens qui aboyaient après moi, pour défendre non la vérité mais leurs traditions. « L'assemblée des méchants m'a environné, ils ont percé mes mains et mes pieds. » Ils ont percé de clous mes mains et mes pieds.

18. « Ils ont compté tous mes os. » (*Ibid.*, 18.) Ils ont compté tous mes os étendus sur l'arbre de la croix. « Et eux-mêmes m'ont considéré et examiné. » Et eux-mêmes, c'est-à-dire : et n'étant point changés par ce spectacle, ils m'ont considéré et examiné.

19. « Ils se sont partagé mes vêtements et ils ont tiré ma robe au sort. » (*Ibid.*, 19.)

20. « Mais vous, Seigneur, ne différez pas de me secourir. » (*Ibid.*, 20.) Mais vous, Seigneur, ressuscitez-moi dès maintenant, et non comme les autres à la fin du monde. « Veillez à ma défense, » veillez, pour qu'ils ne puissent me nuire.

21. « Délivrez mon âme de l'épée à deux tranchants ; » (*Ibid.*, 21) délivrez mon âme de la langue qui répand la dissension. « Et délivrez de la puissance du chien celle qui est mon unique. » Délivrez mon Eglise de la puissance de ce peuple qui aboie pour ses traditions.

22. « Sauvez-moi de la gueule du lion. » (*Ibid.*, 22.) Sauvez-moi de la gueule du royaume de ce monde. « Sauvez mon humilité de la corne des licornes. » Sauvez mon humilité de la gran-

---

15. « Sicut aqua effusus sum, et dispersa sunt omnia ossa mea. » (*Psal.* XXI, 15.) Sicut aqua effusus sum, ubi lapsi sunt persecutores mei : et timore dispersa sunt a me firmamenta corporis, hoc est Ecclesiæ, discipuli mei. « Factum est cor meum sicut cera liquescens, in medio ventris mei. » Sapientia mea, quæ in sanctis libris de me conscripta est, tanquam dura et clausa non intelligebatur : sed postquam ignis meæ passionis accessit, tanquam liquefacta, manifestata est, et excepta est in memoria Ecclesiæ meæ.

16. « Exaruit velut testa virtus mea. » (*Ibid.*, 16.) Exaruit passione virtus mea : non velut fœnum, sed velut testa, quæ fit igne firmior. « Et lingua mea adhæsit faucibus meis. » Et servaverunt apud se præcepta mea illi, per quos locuturus eram. « Et in pulverem mortis deduxisti me. » Et in impios morti destinatos, quos tanquam pulverem projicit ventus a facie terræ, deduxisti me.

17. « Quoniam circumdederunt me canes multi. » (*Ibid.*, 17.) Quoniam circumdederunt me, non pro veritate, sed pro consuetudine, latrantes multi. « Concilium malignantium circumdedit me. (*a*) Foderunt manus meas et pedes. » Foderunt clavis manus meas, et pedes.

18. « Dinumeraverunt omnia ossa mea. » (*Ibid.*, 18.) Dinumeraverunt in ligno crucis extenta omnia ossa mea. « Ipsi vero consideraverunt et conspexerunt me. » Ipsi vero, id est non mutati, consideraverunt et conspexerunt me.

19. « Diviserunt sibi vestimenta mea, et super vestem meam miserunt sortem. » (*Ibid.*, 19.)

20. « Tu autem Domine ne longe feceris auxilium tuum a me. » (*Ibid.*, 20.) Tu autem Domine non in fine sæculi, sicut cæteros, sed statim resuscita me. « In defensionem meam aspice. » Aspice, ne quid mihi noceant.

21. « Erue a framea animam meam. » (*Ibid.*, 21.) Erue animam meam a lingua dissensionis. « Et de manu canis unicam meam. » Et de potestate populi ex consuetudine latrantis Ecclesiam meam.

22. « Salvum me fac de ore leonis. » (*Ibid.*, 22.) Salvum me fac de ore regni sæcularis. « Et a cornibus unicornuorum humilitatem meam. » Et a sublimitatibus superborum, se singulariter erigentium,

---

(*a*) De vers. 17, 18, etc. vide Enarrat. Psal. LXXXIV.

deur des superbes qui veulent s'élever seuls et qui ne souffrent point d'égaux.

23. « Je publierai votre nom parmi mes frères. » (Ibid., 23.) Je publierai votre nom parmi mes frères qui sont humbles et qui s'aiment mutuellement, comme ils sont aimés de moi. « Je chanterai vos louanges au milieu de l'Eglise. » Je prêcherai vos louanges avec joie au milieu de l'Eglise.

24. « Vous qui craignez le Seigneur, louez-le. » (Ibid., 24.) Vous qui craignez le Seigneur, gardez-vous de chercher votre louange, et ne louez que lui. « Vous tous qui êtes la race de Jacob, glorifiez-le. » Vous tous qui êtes la race de celui auquel son frère aîné sera soumis, glorifiez le Seigneur.

25. « Que toute la race d'Israël craigne le Seigneur. » (Ibid., 25.) Qu'il soit craint de tous ceux qui sont nés à une vie nouvelle et régénérés pour parvenir à la vision de Dieu. « Car il n'a ni dédaigné ni méprisé la prière du pauvre. » La prière qu'il n'a point dédaignée n'est pas celle du superbe qui faisant entendre à Dieu les clameurs de ses péchés refusait de quitter sa vie d'orgueil, mais la prière du pauvre qui ne se gonflait pas de vanité dans des pompes passagères. « Il n'a pas détourné sa face de moi ; » comme il l'a fait de celui qui disait : Je crierai vers vous et vous ne m'exaucerez pas.

« Et quand j'ai crié vers lui, il m'a exaucé. »

26. « Ma louange est en vous. » (Ibid., 26.) Car je ne cherche pas ma propre louange, parce que vous êtes ma louange, vous qui habitez le sanctuaire : vous êtes la louange d'Israël et vous exaucez déjà le saint qui vous adresse sa prière. « Je vous confesserai au milieu d'une grande assemblée. » Je vous confesserai dans l'Eglise universelle. « Je m'acquitterai de mes vœux devant ceux qui craignent le Seigneur. » Je donnerai le sacrement de mon corps et de mon sang à ceux qui craignent le Seigneur.

27. « Les pauvres mangeront et seront rassasiés. » (Ibid., 27.) Les humbles et les contempteurs du siècle mangeront et m'imiteront. De la sorte, ils ne désireront pas l'abondance de ce monde, et ils ne craindront pas la disette : « Et ceux qui cherchent le Seigneur le loueront. » Louer Dieu, c'est attester qu'il nous a rassasiés. « Leurs cœurs vivront dans les siècles des siècles : » car il est la nourriture du cœur.

28. « Les peuples de toutes les extrémités de l'univers se souviendront du Seigneur et se convertiront à lui. » (Ibid., 28.) Ils se souviendront ; en effet Dieu était sorti de la mémoire des Gentils, nés dans la mort et enclins à l'amour des choses extérieures ; mais maintenant tous les peuples, jusqu'aux extrémités de l'univers, se convertiront à Dieu. « Et toutes les na-

---

consortesque non ferentium, salvam fac humilitatem meam.
23. « Narrabo nomen tuum fratribus meis. » (Ibid., 23.) Narrabo nomen tuum humilibus, et se invicem diligentibus sicut a me dilecti sunt fratribus meis. « In medio Ecclesiæ cantabo te. » In medio Ecclesiæ gaudens prædicabo te.
24. « Qui timetis Dominum, laudate eum. » (Ibid., 24.) Qui timetis Dominum, nolite quærere laudem vestram, sed ipsum laudate. « Universum semen Jacob magnificate eum. » Universum semen ejus cui major serviet, magnificate eum.
25. « Timeat eum omne semen Israel. » (Ibid., 25.) Timeant eum omnes ad novam vitam nati, et ad visionem Dei reparati. « Quoniam non sprevit neque despexit precem pauperis. » Quoniam non sprevit precem, non illius qui verbis delictorum clamans ad Deum vitam vanam transire nolebat, sed precem pauperis non tumentis in pompis transeuntibus. « Neque avertit faciem suam a me. » Sicut ab illo qui dicebat : Clamabo ad te, nec ex-

audies. « Et cum clamarem ad eum, exaudivit me. »
26. « Apud te laus mea. » (Ibid., 26.) Non enim laudem meam quæro, quia tu mihi es laus, qui in sancto habitas : et jam sanctum te deprecantem exaudis laus Israel. « In Ecclesia magna confitebor tibi. » In Ecclesia orbis terrarum confitebor tibi. « Vota mea reddam coram timentibus eum. » Sacramenta corporis et sanguinis mei reddam coram timentibus eum.
27. « Edent (a) pauperes, et saturabuntur. » (Ibid., 27.) Edent humiles et contemtores sæculi, et imitabuntur. Ita enim nec copiam hujus sæculi concupiscent, nec timebunt inopiam. « Et laudabunt Dominum qui requirunt eum. » Nam laus Domini est eructuatio saturitatis illius. « Vivent corda eorum in sæculum sæculi. » Nam cibus ille cordis est.
28. « Commemorabuntur, et convertentur ad Dominum universi fines terræ. » (Ibid., 28.) Commemorabuntur ; exciderat enim Deus Gentibus mortaliter natis et in exteriora tendentibus ; et tunc convertentur ad Dominum universi fines terræ. « Et

---

(a) Explicatur idem vers. 27, in 1, Enarratione Psal. XLVIII.

tions de la terre seront dans l'adoration en sa présence. » Toutes les nations de la terre l'adoreront du fond de leur cœur.

29. « Parce que la souveraineté est à Dieu, c'est lui qui régnera sur les nations. » (*Ibid.*, 29.) La souveraineté est au Seigneur et non aux superbes : Dieu régnera sur les nations.

30. « Les riches de la terre ont participé à sa table et l'ont adoré. » (*Ibid.*, 30.) Les riches de la terre ont mangé le corps d'humilité de leur Seigneur, et bien qu'ils n'aient point été rassasiés comme les pauvres au point de l'imiter, cependant ils l'ont adoré. « Tous ceux qui descendent vers la terre, tomberont en sa présence. » Seul, en effet, il voit comment tombent tous ceux qui, abandonnant la vie céleste, veulent sur la terre paraître heureux aux hommes qui ne voient pas leur chute.

31. « Et mon âme vivra pour lui. » (*Ibid.*, 31.) Et mon âme qui, par le mépris qu'elle fait de ce siècle, paraît en quelque sorte mourir aux yeux des hommes, vivra, non pour elle-même, mais pour lui. « Et ma descendance le servira : » et mes œuvres, ou ceux qui par moi croiront en lui, le serviront.

32. « Une génération à venir sera annoncée comme appartenant au Seigneur. » (*Ibid.*, 32.) La génération de la nouvelle alliance sera annoncée comme consacrée à la gloire de Dieu.

(1) Discours prononcé dans la solennité de la Passion du Seigneur.

« Et les cieux annonceront sa justice; » et les Évangélistes annonceront sa justice. « Au peuple futur, œuvre des mains de Dieu : » au peuple qui naîtra de la foi au Seigneur.

II° DISCOURS SUR LE PSAUME XXI° [1].

1. Ce que Dieu n'a pas voulu taire dans les Écritures, nous ne devons pas le taire non plus et vous devez l'entendre. Le Seigneur, nous le savons, a souffert une fois la Passion; une fois en effet le Christ, c'est-à-dire le Juste, est mort pour les pécheurs. (I *Pier.*, III, 18.) Nous savons aussi, nous tenons pour certain et nous retenons avec une foi inébranlable, que « le Christ, ressuscité d'entre les morts, ne mourra plus désormais, et que la mort n'aura plus de pouvoir sur lui. » (*Rom.*, VI, 9.) Telles sont les paroles de l'Apôtre. Cependant, de peur que nous n'oubliions ce qui s'est accompli une fois, chaque année nous le renouvelons dans notre mémoire. Est-ce que le Christ meurt autant de fois que la Pâque est célébrée ? Cependant cette commémoration qui revient chaque année nous représente en quelque sorte ce qui a eu lieu autrefois, et nous émeut autant que si nous voyions le Seigneur Jésus suspendu à la croix : pourvu toutefois que ce souvenir excite notre foi et non point nos moqueries. Tandis qu'il était attaché

---

adorabunt in conspectu ejus universæ patriæ gentium. » Et adorabunt in conscientiis suis universæ patriæ gentium.

29. « Quoniam Domini est regnum, et ipse dominabitur gentium. » (*Ibid.*, 29.) Quoniam Domini est regnum, non superborum hominum : et ipse dominabitur gentium.

30. « Manducaverunt et adoraverunt omnes divites terræ. » (*Ibid.*, 30.) Manducaverunt corpus humilitatis Domini sui etiam divites terræ, nec sicut pauperes saturati sunt usque ad imitationem, sed tamen adoraverunt. « In conspectu ejus procident universi qui descendunt in terram. » Solus enim videt quomodo procidant universi, qui cœlestem conversationem deserentes, in terra eligunt beati apparere hominibus, non videntibus ruinam eorum.

31. « Et anima mea ipsi vivet. » (*Ibid.*, 31.) Et anima mea quæ in contemptu sæculi hujus quasi mori videtur hominibus, non sibi, sed ipsi vivet. « Et semen meum serviet illi. » Et opera mea, vel per me credentes in eum, servient illi.

32. « Annuntiabitur Domino generatio ventura. »

(*Ibid.*, 32.) Annuntiabitur in honorem Domini generatio Novi Testamenti. « Et annuntiabunt cœli justitiam ejus. « Et annuntiabunt Evangelistæ justitiam ejus. » Populo qui nascetur quem fecit Dominus. » Populo qui nascetur ex fide Domino.

IN EUMDEM PSALMUM XXI ENARRATIO II.

1. Quod tacere Deus noluit per Scripturas suas, nec a nobis tacendum est, et a vobis audiendum. Passio Domini, sicut scimus, semel facta est : « semel enim Christus mortuus est, justus pro injustis. » (I *Petr.*, III, 18.) Et scimus, et certum habemus, et fide immobili retinemus, « quia Christus resurgens a mortuis, jam non moritur, et mors ei ultra non dominabitur. » (*Rom.*, VI, 9.) Verba ista Apostoli sunt : tamen ne obliviscamur quod factum est semel, in memoria nostra omni anno fit. Quotiens Pascha celebratur, numquid totiens Christus moritur ? Sed tamen anniversaria recordatio quasi repræsentat quod olim factum est, et sic nos facit moveri tanquam videamus in cruce pendentem Dominum; non tamen

à la croix, il a été un sujet de moquerie; maintenant, assis dans le ciel, il y est l'objet des adorations. Mais n'arrive-t-il point encore que l'on se raille de lui? Et devons-nous encore être si fortement irrités contre les Juifs, qui se sont moqués de lui au moment de sa mort mais non pendant le triomphe de son règne? Et qui donc se raille encore du Christ? Plût à Dieu qu'il n'y en eût qu'un ou deux! Plût à Dieu qu'on pût encore les compter! Toute la paille de l'aire se moque de lui, et le bon grain gémit de voir le Seigneur tourné en dérision. Je veux en gémir avec vous; car c'est le temps de pleurer. Nous célébrons la Passion du Seigneur; c'est le temps de pousser des gémissements, c'est le temps de verser des larmes, c'est le temps de confesser nos fautes, c'est le temps de multiplier nos supplications. Et qui de nous est capable de pleurer dignement une semblable douleur? Que dit à ce sujet le Prophète? « Qui donnera à ma tête une source d'eau, et à mes yeux un ruisseau de larmes? » (*Jérém.*, IX, 1.) Lors même qu'il y aurait dans nos yeux une source de larmes, elle ne serait pas suffisante. Quoi! le Christ est raillé dans une chose manifeste, dans une chose où personne ne peut dire : je ne comprenais pas (1); car, à lui qui possède l'univers tout entier, on vient offrir une partie de cet univers. A lui qui est assis à la droite du Père, on vient dire : Eh bien! que possèdes-tu ici-bas? Et en place de l'univers entier on lui montre la seule Afrique.

2. Où placerons-nous, mes frères, les paroles que nous venons d'entendre? Si du moins elles pouvaient être écrites avec des larmes! Qu'était la femme qui entra chez Simon avec des parfums? (*Matth.*, XXVI, 7.) De qui était-elle la figure? N'était-ce pas de l'Eglise? Et ce parfum, de quoi était-il le symbole? N'était-ce pas de la bonne odeur dont l'Apôtre a dit : « Nous sommes en tout lieu la bonne odeur du Christ. » (II *Cor.*, II, 15.) L'Apôtre entendait parler ici au nom même de l'Eglise. Quand il disait : nous sommes, il parlait des fidèles. Et que disait-il? Nous sommes en tout lieu la bonne odeur du Christ. Paul affirme qu'en tout lieu tous les fidèles sont la bonne odeur du Christ; et voici qu'on le contredit et qu'on lui réplique : l'Afrique seule répand cette bonne odeur, l'univers entier n'en exhale qu'une mauvaise. Qui est-ce qui dit : nous sommes en tout lieu la bonne odeur du Christ? c'est l'Eglise. Cette bonne odeur a été figurée par le vase de parfum répandu sur le Seigneur. Voyons si Notre-Seigneur lui-même ne rend pas le même témoignage. Lorsque des hommes avides de leurs intérêts, avares, voleurs, lorsque Judas en un mot disait à l'occasion de ce parfum : « Pourquoi cette perte? On pouvait vendre cette denrée de prix, et les pauvres en

---

(1) Contre les Donatistes.

auraient profité. » (*Matth.*, XXVI, 8.) C'était la bonne odeur de Jésus-Christ que Judas voulait vendre. Aussi que répondit le Seigneur ? « Pourquoi tourmentez-vous cette femme ? Ce qu'elle vient de faire envers moi est une bonne œuvre. » (*Ibid.*, 10.) Qu'ajouterai-je ? puisque Notre-Seigneur a dit encore lui-même : « Partout où cet évangile sera prêché dans l'univers entier, on racontera ce que cette femme a fait. » (*Ibid.*, 13.) Y a-t-il quelque chose de plus à dire ? Y a-t-il quelque chose à retrancher de ces paroles ? Est-il encore possible de prêter l'oreille aux calomniateurs ? Le Seigneur a-t-il dit un mensonge ou s'est-il trompé ? Que les partisans de l'erreur choisissent et disent que la vérité a proféré le mensonge ou que la vérité est tombée dans l'erreur. « Partout où cet Evangile sera prêché, » dit Notre-Seigneur. Où sera-t-il prêché ? sembleriez-vous lui demander. « Dans l'univers entier, » répond-il. Ecoutons le psaume, voyons s'il dit la même chose. Ecoutons ces paroles que l'on chante sur un ton de lamentation ; et véritablement c'est chose lamentable de les chanter à des sourds. Je m'étonne bien, mes frères, si ce psaume est lu également aujourd'hui dans le parti de Donat. Pardonnez-moi, mes frères, mais je confesse devant vous, la miséricorde du Seigneur le sait, que je m'étonne qu'ils soient ainsi semblables à des pierres, et qu'ils n'entendent pas. Que dire de plus clair à des sourds ?

La Passion du Christ est racontée dans le psaume aussi manifestement que dans l'Evangile ; et ce récit en a été fait, je ne sais combien d'années avant que le Seigneur ne prît naissance de la Vierge Marie : le Prophète est ainsi le héraut qui annonce le juge à venir. Lisons ce psaume, autant que nous le permet la brièveté du temps ; je ne dis pas : comme le demanderait notre douleur, je dis seulement : comme nous le permet la brièveté du temps.

3. « O Dieu, mon Dieu, jetez les yeux sur moi : pourquoi m'avez-vous abandonné ? » (*Ps.* XXI, 2.) Nous savons que ce premier verset a été prononcé sur la croix par le Seigneur, quand il a dit : « Eli, Eli ; mon Dieu, mon Dieu ! Lama sabachthani ? Pourquoi m'avez-vous abandonné ? » (*Matth.*, XXVII, 46.) L'Evangéliste, après nous avoir dit que Notre-Seigneur avait proféré ces paroles en hébreu, les traduit lui-même en ces termes : « Mon Dieu, mon Dieu, pourquoi m'avez-vous abandonné ? » Que voulait dire le Seigneur ? Dieu ne l'avait point abandonné, puisque lui-même est Dieu, Fils de Dieu et Dieu, Verbe de Dieu et Dieu. Ecoutez les premières paroles de cet Evangéliste qui répandait au dehors ce qu'il avait puisé dans le cœur du divin Maître (*Jean*, XIII, 23), et voyons si le Christ est Dieu. « Au commencement était le Verbe, et le Verbe était en Dieu, et le Verbe était Dieu. » (*Jean*, I, 1.) Et ce Verbe qui était Dieu s'est fait

---

vendere volebat. Quid respondit Dominus ? « Ut quid molesti estis mulieri ? Bonum opus operata est in me. » (*Ibid.*, 10.) Et quid amplius dicam, quando ipse dixit : « Ubicumque autem prædicabitur hoc Evangelium in toto mundo, dicetur et quod fecit mulier ista ? » (*Ibid.*, 13.) Est quod addere ? est quod detrahere ? est quare aurem calumniatoribus accommodare ? Aut mentitus est Dominus, aut fefellit illum ? Eligant quid dicant, aut mentitam dicant veritatem, aut deceptam dicant veritatem. Ubicumque prædicabitur hoc Evangelium. Et quasi quæreres ab eo. Ubi enim prædicabitur ? In toto mundo, inquit. Psalmum audiamus, videamus si hoc dicit. Audiamus quod plangendo cantatur, et vere digna res planctu quando cantatur surdis. Miror, fratres, si hodie Psalmus iste legitur et in parte Donati. Rogo vos Fratres mei, confiteor vobis, novit Christi misericordia, quia sic miror quasi lapidei ibi sint, et non audiant. Quid apertius (*a*) surdis dicitur ? Passio Christi tam evidenter quasi Evangelium recitatur, et dictum est ante nescio quot annos quam Dominus de Maria virgine nasceretur, præco erat nuntians judicem futurum. Legamus illum quantum angustia temporis patitur, non pro affectu doloris nostri, sed, ut dixi, quantum angustia temporis patitur.

3. « Deus, Deus meus respice me : quare me dereliquisti ? » (*Psal.* XXI, 2.) Istum versum primum in cruce audivimus, ubi Dominus dixit : « Eli, Eli ; quod est, Deus meus, Deus meus : Lama sabachthani ? » (*Matth.*, XXVII, 46) quod est, quare me dereliquisti ? Interpretatus est illud Evangelista, et dixit eum Hebraice dixisse : Deus meus, Deus meus, quare me dereliquisti ? Quid voluit dicere Dominus ? Non enim dereliquerat illum Deus, cum ipse esset Deus ; utique Filius Dei Deus, utique Verbum Dei Deus. Audi a capite illum Evangelistam, qui ructuabat quod biberat de pectore Domini (*Joan.*, XIII, 23) : videamus si Deus est Christus. « In principio erat Verbum, et Verbum erat apud Deum, et Deus erat Verbum. » (*Joan.*, I, 1.) Ipsum ergo Verbum quod Deus erat,

---

(*a*) Plures Mss. loco *surdis* habent *Fratres*.

chair, et il a habité parmi nous. Et ce Verbe Dieu s'étant fait chair fut attaché à la croix, et là il disait : « Mon Dieu, mon Dieu, jetez les yeux sur moi : pourquoi m'avez-vous abandonné? » Et pourquoi ces paroles, si ce n'est parce que nous étions là; si ce n'est parce que le corps du Christ, c'est l'Eglise? (*Ephés.*, I, 23.) Quel est d'ailleurs le motif de ce cri : « Mon Dieu, mon Dieu, jetez les yeux sur moi : pourquoi m'avez-vous abandonné? » Le Seigneur semble provoquer notre attention et nous dire : c'est de moi que ce psaume est écrit : « La voix de mes péchés éloigne mon salut. » De quels péchés : car il est écrit de lui : « Il n'a commis aucun péché et le mensonge n'a jamais souillé sa bouche. » (I *Pier.*, II, 22.) Comment donc dit-il : « de mes péchés, » si ce n'est parce qu'il prie pour nos péchés; et qu'il a fait de nos péchés ses péchés, afin de faire de sa justice notre justice ?

4. « Mon Dieu, je crierai vers vous pendant le jour, et vous ne m'exaucerez pas; je crierai pendant la nuit, et ce sera pour que j'acquière la sagesse. » (*Ps.* XXI, 3.) Il dit ces paroles de moi, de vous, de tout autre. En effet il portait avec lui son corps, qui est l'Eglise. A moins que vous ne pensiez, mes frères, qu'en disant : « Mon Père, s'il est possible, que ce calice s'éloigne de moi, » (*Matth.*, XXVI, 39) le Seigneur exprimait une crainte de la mort. Le soldat n'est pas plus courageux que son chef. « Il suffit au serviteur d'être semblable à son maître. » (*Matth.*, X, 25.) Or, saint Paul, soldat du Christ notre Roi, s'est écrié : « Je me trouve pressé des deux parts; je désire la dissolution de ce corps, afin d'être avec Jésus. » (*Philipp.*, I, 23.) Paul désire la mort, afin d'être avec le Christ, et le Christ aurait craint la mort? Non : mais il portait en lui notre faiblesse, et il parlait de la sorte au nom de ceux qui appartiennent à son corps et qui redoutent encore la mort. Cette voix était donc la voix des membres et non celle de la tête. Il en est de même ici : « J'ai crié le jour et la nuit et vous ne m'exaucerez pas. » Il y en a en effet beaucoup qui crient dans l'affliction et qui ne sont point exaucés; mais Dieu n'agit ainsi que pour les sauver, et non pour les frapper d'aveuglement. Saint Paul a crié pour obtenir que l'aiguillon de la chair lui fût enlevé; et il n'a point été exaucé, en ce sens que cet aiguillon lui fût enlevé, mais il lui a été répondu : « Ma grâce te suffit, car sa puissance éclate en proportion de la faiblesse humaine. » (II *Cor.*, XII, 9.) L'Apôtre n'a donc point été exaucé, non à son détriment, mais afin qu'il acquît une plus grande sagesse. Que l'homme comprenne donc que la tribulation est un remède qui sauve, et non un châtiment qui cause notre perte. Soumis au

---

caro factum est, et habitavit in nobis. Et cum Verbum Deus factum esset caro, pendebat in cruce, et dicebat? « Deus meus, Deus meus, respice me : quare me dereliquisti ? » Quare dicitur, nisi quia nos ibi eramus, « nisi quia corpus Christi Ecclesia ? » (*Ephes.*, I, 23.) Ut quid dixit : « Deus meus, Deus meus, respice me : quare me dereliquisti? » nisi quodammodo intentos nos faciens et dicens : Psalmus iste de me scriptus est? « Longe a salute mea, verba delictorum meorum. » Quorum delictorum, de quo dictum est : « Qui peccatum non fecit, nec inventus est dolus in ore ejus ? » (I *Petr.*, II, 22.) Quomodo ergo dicit « delictorum meorum : » nisi quia pro delictis nostris ipse precatur, et delicta nostra sua delicta fecit, ut justitiam suam nostram justitiam faceret ?

4. « Deus meus, clamabo ad te per diem, et non exaudies; et nocte, et non ad insipientiam mihi. » (*Psal.* XXI, 3.) Dixit utique de me, de te, de illo. Corpus enim suum gerebat, id est Ecclesiam. Nisi forte putatis Fratres, quia quando dixit Dominus : « Pater si fieri potest, transeat a me calix iste, » (*Matth.*, XXVI, 39) mori timebat. Non est fortior miles, quam imperator. « Sufficit servo ut sit sicut dominus ejus. » (*Matth.*, X, 25.) Paulus dicit, miles regis Christi : « Compellor e duobus concupiscentiam habens dissolvi, et esse cum Christo. » (*Philip.*, I, 23.) Ille optat mortem, ut sit cum Christo, et ipse Christus timet mortem? Sed quid nisi infirmitatem nostram portabat, et pro his qui adhuc timent mortem in corpore suo (*a*) constitutis, ista dicebat? Inde erat illa vox, membrorum ipsius vox erat, non capitis, sic et hic : « Per diem et noctem clamavi, et non exaudies. » Multi enim clamant in tribulatione, et non exaudiuntur : sed ad salutem, non ad insipientiam. Clamavit Paulus ut auferretur ab eo stimulus carnis; et non est exauditus, ut auferretur; et dictum est ei : Sufficit tibi gratia mea, nam virtus in infirmitate perficitur. (II *Cor.*, XII, 9.) Ergo non est exauditus, sed non ad insipientiam, sed ad sapientiam : ut intelligat homo medicum esse Deum, et tribulationem medicamentum esse ad salutem, non pœnam ad damnationem. Sub medicamento positus ureris, secaris,

(*a*) Sic Er. et Mss. At Lov. *constitutus.*

remède, au feu, au fer, vous poussez des cris : le médecin ne vous écoute pas pour faire vos désirs, mais il vous écoute pour vous rendre la santé.

5. « Mais vous qui êtes la gloire d'Israël, vous habitez dans un lieu saint. » (*Ps.* XXI, 4.) Vous habitez dans ceux que vous avez sanctifiés, et auxquels vous faites comprendre que vous n'exaucez pas les uns pour leur bien et que vous exaucez les autres pour leur perte. Paul n'a point été exaucé pour son bien, le démon a été exaucé pour sa condamnation. Il a demandé à tenter Job et l'a obtenu. (*Job*, I, 11.) Des démons ont demandé à être envoyés dans des pourceaux et ils l'ont obtenu. (*Matth.*, VIII, 31.) Des démons sont exaucés et l'Apôtre ne l'est pas : mais ils sont exaucés pour leur condamnation, et l'Apôtre ne l'est point pour son salut. « Et cela afin que j'acquière la sagesse. Mais vous qui êtes la gloire d'Israël, vous habitez dans un lieu saint. » Pourquoi n'exaucez-vous pas ceux qui sont à vous? Mais pourquoi parler ainsi? Souvenez-vous de dire en toute rencontre : grâces à vous, Seigneur. Il y a ici un grand nombre de personnes, et parmi elles beaucoup sont venues qui n'en ont point l'habitude. Eh bien! je dis à toutes que le chrétien soumis à la tribulation prouve qu'il est véritablement chrétien, s'il n'abandonne pas son Dieu. En effet, quand l'homme est heureux, le chrétien est abandonné à lui-même. Le feu entre dans le fourneau, et le fourneau est pour l'orfèvre l'agent d'une action mystérieuse. Le feu est le même et il produit des effets différents : il réduit la paille en cendres, il dégage l'or de tout mélange impur. Ainsi, ceux en qui Dieu habite deviennent-ils meilleurs dans la tribulation, qui les éprouve comme l'or. S'il arrive donc que le démon notre ennemi demande à tenter quelqu'un et l'obtienne; s'il le tente par quelque douleur corporelle, par quelque dommage, ou par la perte des siens, que cet homme affermisse son cœur en celui qui ne se retire pas de lui, et qui est toujours miséricordieux pour sa prière, lors même qu'il paraît ne point prêter l'oreille à ses gémissements. Celui qui nous a créés sait ce qu'il doit faire, il sait aussi comment réparer son œuvre. Celui qui a bâti la maison est un habile constructeur; si quelque partie de l'édifice s'écroule, il sait comment le relever.

6. Et voyez les paroles qui suivent : « Nos pères ont espéré en vous, ils ont espéré et vous les avez tirés de l'abîme. » (*Ps.* XXI, 5.) Nous savons et nous avons lu combien de nos pères Dieu a tirés de l'abîme, parce qu'ils croyaient en lui. Il a tiré le peuple d'Israël de la terre d'Egypte (*Exod.*, XII, 51); il a tiré les trois jeunes gens de la fournaise (*Dan.*, 3); il a tiré Daniel de la fosse aux lions (*Dan.*, 14); il a tiré Susanne du danger d'une accusation calomnieuse (*Dan.*, 13) : tous ont invoqué le Sei-

---

clamas : non audit medicus ad voluntatem, sed audit ad sanitatem.

5. « Tu autem in sancto habitas, laus Israel. » (*Psal.* XXI, 4.) In illis habitas, quos sanctificasti, et quos facis intelligere quia ad utilitatem quosdam non exaudis, et ad damnationem quosdam exaudis. Ad utilitatem non est exauditus Paulus, ad damnationem exauditus est diabolus. Petiit Job ad tentandum, et concessum est. (*Job*, I, 11.) Dæmones petierunt se ire in porcos, et exauditi sunt. (*Matth.*, VIII, 31.) Dæmones exaudiuntur : Apostolus non exauditur : sed illi exaudiuntur ad damnationem : Apostolus non exauditur ad salutem : « quia non ad insipientiam mihi. Tu autem in sancto habitas laus Israel. » Quare non exaudis et tuos? Quare dico ista? Mementote semper dici : Deo gratias : et magna est hic multitudo, et qui non solent venire, venerunt. Omnibus dico, quia in tribulatione positus Christianus probatur, si non dereliquit Deum suum. Nam quando bene est homini, desertus est sibi Christianus. Ignis intrat in fornacem, et fornax aurificis magni sacramenti res est. Ibi est aurum, ibi est palea, ibi ignis in angusto operatur. Ignis ille non est diversus, et diversa agit; paleam in cinerem vertit, auro sordes tollit. In quibus autem habitat Deus, utique in tribulatione meliores fiunt, tanquam aurum probati. Et si forte (*subaud.* quempiam probandum) petierit inimicus diabolus, et concessum illi fuerit : sive aliquo dolore corporis, sive aliquo damno, sive amissione suorum, fixum cor habeat in illo qui se non subtrahit; et si quasi subtrahit aurem ploranti, sed apponit misericordiam deprecanti. Novit quid agat qui nos fecit, novit et reficere nos. Bonus est structor qui ædificavit domum; et si aliquid ibi ceciderit, novit resarcire.

6. Et vide quid dicat : « In te speraverunt patres nostri, speraverunt, et eruisti eos. » (*Psal.* XXI, 5.) Et novimus, et legimus quam multos patres nostros sperantes in se eruit Deus. Eruit ipsum populum Israel de terra Ægypti (*Exod.*, XII, 51); eruit tres pueros de camino ignis (*Dan.*, 3); eruit Danielem de lacu leonum (*Dan.*, 14); eruit Susannam de falso

gneur, et ils ont été tirés de l'abîme. A-t-il donc manqué à son Fils, qu'il ne l'ait point exaucé sur la croix? Pourquoi la délivrance est-elle refusée à celui qui vient de dire : « Nos pères ont espéré en vous, et vous les avez tirés de l'abîme? »

7. « Pour moi je suis un ver de terre et non un homme. » (*Ps.* XXI, 7.) « Un ver et non un homme! » L'homme aussi est un ver; mais lui, il n'est qu'un ver, et il n'est point un homme. D'où vient qu'il n'est pas un homme? parce qu'il est Dieu. Pourquoi donc s'abaisse-t-il au point de se dire « un ver de terre? » Est-ce parce que le ver naît de la chair sans génération, comme le Christ est né de la Vierge Marie? Il est un ver et n'est point un homme. Pourquoi un ver? parce qu'il est né mortel; parce qu'il est né de la chair; parce qu'il est né sans génération. Pourquoi n'est-il pas un homme? parce qu'au commencement était le Verbe, que le Verbe était en Dieu, et que le Verbe était Dieu. (*Jean*, I, 1.)

8. « L'opprobre des hommes et le rebut du peuple. » (*Ibid.*, 7.) Voyez quelles ont été ses souffrances. Et pour commencer à rapporter sa Passion et y arriver avec de plus douloureux gémissements, voyez d'abord combien il souffre, et ensuite pourquoi il souffre. Car quel est le fruit de ses souffrances? Voici que nos pères ont espéré en Dieu et qu'ils ont été tirés de la terre d'Egypte. Et, comme je l'ai dit, combien d'autres ont invoqué le Seigneur, et ont été aussitôt délivrés de leurs peines présentes, non dans la vie future, mais immédiatement. Job lui-même, après avoir été abandonné au démon sur la demande de cet esprit malfaisant, et livré à la pourriture et aux vers (*Job*, I, 11), Job a cependant recouvré le salut dès cette vie et reçu le double de tout ce qu'il avait perdu. (*Ibid.*, XLII, 10.) Le Seigneur au contraire était flagellé, et nul ne venait à son secours (*Matth.*, XXVII); il était couronné d'épines, et nul ne venait à son secours; il était élevé sur la croix, et nul ne l'en a délivré; il crie : « Mon Dieu, mon Dieu, pourquoi m'avez-vous abandonné, » et nul ne vient à son secours. Pourquoi, mes frères, pourquoi? Pour quel prix a-t-il tant souffert? Tout ce qu'il a souffert était le prix d'une dette. Mais que payait-il donc au prix de tant de souffrances? Lisons le psaume, méditons-en les paroles. Cherchons ce que le Christ a souffert, et ensuite cherchons pourquoi il a souffert. Voyons par là même combien sont ennemis du Christ ceux qui reconnaissent l'étendue de ses souffrances, et qui en dissimulent la cause. Dans le psaume, nous verrons en entier et ce qu'il a souffert et pourquoi il a souffert. Retenez ces deux mots : combien et pourquoi.

---

crimine (*Dan.*, 13) : omnes invocaverunt, et eruti sunt. Numquid defecit ad Filium suum, ut in cruce pendentem non exaudiret? Quare autem ipse non eruitur modo, qui dixit : « In te speraverunt patres nostri, et eruisti eos? »

7. « Ego autem sum vermis, et non homo. » (*Psal.* XXI, 7.) « Vermis, et non homo; » nam est et homo vermis : sed ille : « Vermis, et non homo. » Unde non homo? Quia Deus. Quare ergo sic se abjicit ut diceret : « Vermis? » An quia vermis de carne sine concubitu nascitur, sicut Christus de Maria virgine? Et vermis, et tamen non homo. Quare vermis? Quia mortalis, quia de carne natus, quia sine concubitu natus. Quare non homo? « Quia in principio erat Verbum, et Verbum erat apud Deum, et Deus erat Verbum. » (*Joan.*, I, 1.)

8. « Opprobrium hominum et abjectio plebis. » (*Psal.* XXI, 7.) Videte quanta passus est. Jam ut dicamus passionem, et ad (a) illam majori gemitu veniamus, videte quanta modo patitur, et deinde videte quare. Quis enim fructus? Ecce speraverunt patres nostri, et eruti sunt de terra Ægypti. Et sicut dixi, tam multi invocaverunt, et statim ad tempus, non in futura vita, sed continuo liberati sunt. Ipse Job diabolo petenti concessus est, putrescens vermibus (*Job*, I, 11) : tamen in hac vita recuperavit salutem, duplo accepit quæ perdiderat (*Job*, XLII, 10) : Dominus autem flagellabatur, et nemo subveniebat (*Matth.*, XXVII); sputis deturpabatur, et nemo subveniebat; colaphis cædebatur, et nemo subveniebat; spinis coronabatur, nemo subveniebat; levabatur in ligno, nemo eruit; clamat : « Deus meus, Deus meus, ut quid me dereliquisti, » non subvenitur. Quare Fratres mei? quare? qua mercede tanta passus est? Omnia ista quæ passus est, pretium est. Cujus rei pretio tanta passus est, recitemus, videamus quæ dicat. Primum quæramus quæ passus sit, deinde quare : et videamus quam sint hostes Christi, qui confitentur, quia tanta passus est, et tollunt quare. Hinc audiamus totum in isto Psalmo, et quæ passus sit, et quare. Tenete ista duo, quid et quare. Modo ipsum quid explicem. Non ibi immoremur, et melius

(a) Mss. Regius et Vaticanus *ut ad illum majorem gemitum*.

Expliquons d'abord ce combien. Ne nous arrêtons point davantage à d'autres considérations; les paroles du psaume vous instruiront mieux que toutes choses. Chrétiens, soyez attentifs, voyez ce que souffre le Seigneur : « Il a été l'opprobre des hommes et le rebut du peuple. »

9. « Tous ceux qui me voyaient me tournaient en risée. Ils ont parlé des lèvres et ils ont branlé la tête. Il a espéré en Dieu, que Dieu le tire du danger et qu'il le sauve maintenant, s'il l'aime. » (*Ps.* XXI, 8 et 9.) Mais pourquoi les Juifs disaient-ils ces paroles? Parce qu'il s'était fait homme, et qu'ils parlaient de lui comme d'un homme.

10. « C'est vous qui m'avez tiré du sein de ma mère. » (*Ibid.*, 10.) Disaient-ils de telles choses du Verbe qui était dès le commencement, du Verbe qui était en Dieu? Car ce Verbe, par qui toutes choses ont été faites, n'est point sorti du sein d'une mère; à moins que ce ne soit en ce que le Verbe s'est fait chair et a habité parmi nous. « C'est vous qui m'avez tiré du sein de ma mère : Vous êtes mon Dieu depuis le temps où j'étais à la mamelle. » (*Ibid.*, 10.) Ce qui veut dire : avant tous les siècles, vous étiez mon Père; depuis que j'ai été allaité par ma mère, vous êtes mon Dieu.

11. « J'ai été jeté entre vos bras au sortir du sein maternel; » (*Ibid.*, 11) et cela, afin que vous seul fussiez désormais mon espérance, à me considérer comme homme, comme faible créature, comme Verbe fait chair. « Vous êtes mon Dieu depuis que je suis sorti du sein de ma mère. » De vous-même vous n'êtes point mon Dieu, vous êtes mon Père; mais, en raison de ma naissance humaine, vous êtes mon Dieu.

12. « Ne vous éloignez pas de moi : parce que l'affliction est proche, parce que je n'ai personne pour venir à mon aide. » (*Ibid.*, 12.) Voyez comme il est abandonné; et malheur à nous s'il nous abandonne à son tour, « car il n'y aura personne pour venir à notre aide. »

13. « Un grand nombre de veaux en furie m'ont environné, des taureaux puissants m'ont assiégé. » (*Ibid.*, 13.) Le peuple et les princes du peuple : le peuple c'est le grand nombre de veaux; les princes, ce sont les taureaux puissants.

14. « Ils ont ouvert la bouche contre moi, comme un lion qui ravit sa proie et qui rugit. » (*Ibid.*, 14.) Ecoutons leurs rugissements dans l'Evangile : « Crucifiez-le, crucifiez-le. » (*Jean*, XIX, 6.)

15. « Je me suis répandu comme de l'eau et tous mes os ont été dispersés. » (*Ps.* XXI, 15.) Par ses os, il entend ceux qui étaient fermes à son service. En effet, les os sont la partie ferme de notre corps. Quand a-t-il dispersé ses os? Quand il a dit à ses apôtres : « Voici que je vous envoie comme des agneaux au milieu des loups. »

---

ad vos perveniunt ipsa verba Psalmi. Videte quæ patitur Dominus, attendite Christiani : « Opprobrium hominum et abjectio plebis. »

9. « Omnes qui videbant me, subsannabant me, locuti sunt labiis et moverunt caput. » (*Psal.* XXI, 8.) « Speravit in Dominum, eruat eum; salvum faciat eum, quoniam vult eum. » (*Ibid.*, 9.) Sed quare dicebant ista? Quia homo factus erat, dicebant tanquam in hominem.

10. « Quoniam tu es qui extraxisti me de ventre. » (*Ibid.*, 10.) Numquid dicerent talia in illud quod in principio erat Verbum, et Verbum erat apud Deum? Verbum enim illud per quod facta sunt omnia, non extractum est de ventre, nisi quia Verbum caro factum est, et habitavit in nobis. « Quoniam tu extraxisti me de ventre : (*a*) Deus meus ab uberibus matris meæ. » Nam ante sæcula Pater meus, ab uberibus matris meæ Deus meus.

11. In te jactatus sum ex utero. » (*Ibid.*, 11.) Id est, ut mihi tu solus esses spes, jam tanquam homo, jam tanquam infirmus, jam Verbum caro factum. « De ventre matris meæ Deus meus es tu. » Non de te Deus meus; nam de te Pater meus : sed de ventre matris meæ, Deus meus.

12. « Ne discedas a me : quoniam tribulatio proxima est, quoniam non est qui adjuvet. » (*Ibid.*, 12.) Videte desertum : et væ nobis, si ipse nos deserat; « quoniam non est qui adjuvet. »

13. « Circumdederunt me vituli multi, tauri pingues obsederunt me. » (*Ibid.*, 13.) Populus et principes : populus, vituli multi; principes, tauri pingues.

14. « Aperuerunt super me os suum, sicut leo rapiens et rugiens. » (*Ibid.*, 14.) Audiamus rugitum ipsorum in Evangelio : « Crucifige, crucifige. » (*Joan.*, XIX, 6.)

15. « Sicut aqua effusus sum, et dispersa sunt omnia ossa mea. » (*Psal.* XXI, 15.) Ossa sua, firmos suos dicit. Ossa enim firma sunt in corpore. Quando dispersit ossa sua? Quando dixit illis : « Ecce ego mitto

---

(*a*) Non sic in superiore Enarratione sed juxta Vulgatam interpretationem legebat : *Spes mea ab uberibus*, etc.

(*Matth.*, x, 16; *Luc*, x, 3.) Il a dispersé ceux sur lesquels il s'appuyait, et lui-même s'est répandu comme de l'eau. L'eau qui se répand lave ou arrose. Le Christ s'est répandu comme de l'eau ; ceux qui étaient souillés ont été lavés, et les âmes ont été arrosées. « Mon cœur est devenu, au milieu de mes entrailles, semblable à de la cire qui se fond. » Il appelle ses entrailles ceux qui dans son Église sont encore faibles. Mais comment son cœur s'est-il fondu comme de la cire ? Son cœur est la sainte Écriture, c'est-à-dire : sa propre sagesse déposée dans les Écritures. Or, l'Écriture était comme fermée, personne ne la comprenait ; mais le Seigneur est crucifié, et à l'instant l'Écriture s'ouvre et se fond comme de la cire, de sorte que les faibles la comprennent. C'est ainsi, en effet, que le voile du temple s'est déchiré (*Matth.*, xxvii, 51), afin que ce qui était voilé fût dévoilé.

16. « Ma force s'est desséchée comme l'argile dans le feu. » (*Ps.* xxi, 16.) Image magnifique de cette pensée : Mon nom est sorti de la tribulation plus puissant que jamais. Car de même que l'argile est molle avant d'avoir passé par le feu, et solide quand elle en sort ; ainsi le nom du Seigneur, méprisé avant sa Passion, est glorifié après sa Passion. « Et ma langue s'est attachée à mon palais : » De même que ce membre ne nous sert qu'à parler, ainsi il dit que ses prédicateurs, ou sa langue, se sont attachés à son palais, afin de puiser la sagesse au dedans de lui. « Et vous m'avez conduit jusque dans la poussière de la mort. »

17. « J'ai été entouré d'un grand nombre de chiens et l'assemblée des méchants m'a environné. » (*Ibid.*, 17.) Reconnaissez ici l'évangile : « Ils ont percé mes mains et mes pieds, » dit le psaume. Alors ont été faites ces blessures, dont le disciple qui doutait a touché les cicatrices, lui qui avait dit : « A moins que je n'aie mis le doigt dans les cicatrices de ses blessures, je ne croirai pas. » Mais quand le Seigneur lui eut dit : Viens, ô incrédule, et mets ta main dans mes plaies ; et quand en effet il les eut touchées, il s'écria : « Mon Maître et mon Dieu ! » Et le Seigneur répondit : « Parce que tu m'as vu, tu as cru. Heureux ceux qui n'ont point vu et qui ont cru. » (*Jean*, xx, 25.) « Ils ont percé mes mains et mes pieds. »

18. « Ils ont compté tous mes os ; » (*Ps.* xxi, 18) alors que ses membres étaient distendus sur la croix où il était attaché. Il n'était pas possible de mieux dépeindre cette distension du corps sur la croix que par cette image : « Ils ont compté tous mes os. »

19. « Mais ils se sont contentés de me considérer et de m'examiner. » (*Ibid.*, 19.) Ils ont considéré et n'ont pas compris : ils ont examiné

---

vos velut agnos in medio luporum. » (*Matth.*, x, 16 ; *Luc.*, x, 3.) Firmos suos dispersit, et sicut aqua effusus est. Aqua enim quando effunditur, aut abluit, aut irrigat. Effusus est Christus sicut aqua, abluti sunt sordentes, (*a*) rigatæ sunt mentes. « Factum est cor meum tanquam cera liquescens, in medio ventris mei. » Ventrem suum dicit, infirmos in Ecclesia sua. Quomodo cor ipsius factum est sicut cera ? Cor ipsius Scriptura ipsius, id est, sapientia ipsius quæ erat in Scripturis. Clausa enim erat Scriptura, nemo illam intelligebat : crucifixus est Dominus, et liquefacta est Scriptura, ut omnes infirmi intelligerent Scripturam. Nam inde et velum templi scissum est (*Matth.*, xxvii, 51) : quia quod velabatur, revelatum est.

16. « Exaruit velut testa virtus mea. » (*Psal.* xxi, 16.) Magnifice quod dixit, firmius factum est nomen meum de tribulatione. Quomodo enim testa ante ignem mollis est, post ignem fortis : sic Domini nomen ante passionem contemnebatur, post passionem honorificatur. « Et lingua mea adhæsit faucibus meis. » Quomodo membrum illud in nobis non valet nisi ad loquendum : sic prædicatores suos linguam suam dixit adhæsisse faucibus suis, ut de interioribus ejus caperent sapientiam. « Et in pulverem mortis deduxisti me. »

17. « Quoniam circumdederunt me canes multi, concilium malignantium circumdedit me. » (*Psal.* xxi, 17.) Etiam videte Evangelium. « Foderunt manus meas et pedes meos. » Tunc facta sunt vulnera, quorum vulnerum cicatrices dubitans discipulus contrectavit, ille qui dixit : « Nisi misero digitos meos in cicatrices vulnerum ejus, non credam : » (*Joan.*, xx, 25) quando ei dixi : Veni mitte manum tuam incredule : et misit manum suam, et clamavit : Dominus meus et Deus meus. Et ille : Quia vidisti me, credidisti, beati qui non vident et credunt. « Foderunt manus meas et pedes meos. »

18. Dinumeraverunt omnia ossa mea. » (*Ps.* xxi, 18.) Quando pendens extentus erat in ligno. Non potuit melius describi extensio corporis in ligno, quam ut diceret : « Dinumeraverunt omnia ossa mea. »

19. « Ipsi vero consideraverunt, et conspexerunt

(*a*) Regius Ms. et Vaticanus *rigati sitientes.*

et n'ont point vu. Ils ont eu des yeux qui se sont arrêtés à la chair; ils n'ont point eu un cœur qui pénétrât jusqu'au Verbe. « Ils se sont partagé mes vêtements. » Ses vêtements, c'est-à-dire ses sacrements. Prêtez attention, mes frères. Les vêtements du Sauveur, ou ses sacrements, ont pu être partagés par les hérésies; mais il s'est là trouvé un vêtement qui n'a pu être divisé. « Et ils ont tiré ma robe au sort. » « Il y avait là sa tunique, dit l'Evangéliste, laquelle était d'un seul tissu qui partait du haut; » (*Jean*, XIX, 23) du haut, et par conséquent du ciel, et par conséquent du Père, et par conséquent de l'Esprit saint. Quelle est cette tunique, si ce n'est la charité, que personne ne peut scinder? Quelle est cette tunique, si ce n'est l'unité? On la tire au sort, mais on ne la divise pas. Les hérétiques ont pu se partager les sacrements, mais ils n'ont pu scinder la charité. Et comme ils n'ont pu la diviser, ils se sont retirés, et elle est restée dans son intégrité. Elle est échue par le sort à quelques-uns. Celui qui la possède est en sécurité; personne ne peut alors le retirer de l'Eglise catholique : et si, au dehors de l'Eglise quelqu'un commence à l'acquérir, il est accueilli dans son sein, comme le rameau d'olivier rapporté par la colombe. (*Gen.*, VIII, 11.)

20. « Mais vous, Seigneur, ne différez pas de me secourir. » (*Ps.* XXI, 20.) Son désir s'est accompli, il est ressuscité le troisième jour. « Veillez à ma défense. »

21. « Délivrez mon âme du glaive à deux tranchants, » (*Ibid.*, 21) c'est-à-dire de la mort. Le mot *framea* désigne un glaive, et le glaive désigne ici la mort. « Et délivrez de la puissance du chien celle qui est mon unique. » « Mon âme, mon unique, » ma tête et mon corps. Par ce terme « d'unique » il indique l'Eglise. La puissance du chien est exprimée par ces mots : « la main du chien. » Mais quels sont ces chiens? Ceux qui aboient à la manière du chien, sans savoir contre qui ils aboient. On ne leur fait rien, et ils aboient. Qu'a fait le Christ au chien, en suivant sa route? Et pourtant il aboie. Ceux qui aboient les yeux fermés, sans discerner contre qui ou pour qui sont des chiens.

22. « Sauvez-moi de la gueule du lion. » (*Ibid.*, 22.) Vous savez quel est ce lion rugissant, qui rode et cherche qui dévorer. (I *Pier.*, V, 8.) « Sauvez mon humilité de la corne des licornes. » Il ne dirait pas des licornes, s'il ne voulait signifier les superbes; aussi ajoute-t-il par contraste : « mon humilité. »

23. Vous avez entendu le récit de ce qu'il a souffert, et les prières qu'il a faites pour obtenir sa délivrance; voyons maintenant pourquoi il a souffert. Mais voyez aussi dès à présent, mes

---

me. » (*Ibid.*, 19.) Consideraverunt, et non intellexerunt : conspexerunt, et non viderunt. Usque ad carnem oculos, non usque ad Verbum cor habuerunt. « Diviserunt sibi vestimenta mea. » Vestimenta sua, sacramenta ipsius. Attendite Fratres. Vestimenta ipsius, sacramenta ipsius potuerunt dividi per hæreses : sed erat ibi vestimentum quod nemo divisit. « Et super vestimentum meum miserunt sortem. » Erat ibi tunica, dicit Evangelista, de super texta. Ergo de cœlo, ergo a Patre, ergo a Spiritu sancto. (*Joan.*, XIX, 23.) Quæ est ista tunica, nisi caritas, quam nemo potest dividere? Quæ est ista tunica, nisi unitas? In ipsam sors mittitur, nemo illam dividit. Sacramenta sibi hæretici dividere potuerunt, caritatem non diviserunt. Et quia dividere non potuerunt, recesserunt : illa autem manet integra. Sorte obvenit quibusdam. Qui habet hanc, securus est. Nemo illum movet de Ecclesia catholica : et si foris illam incipiat habere, intromittitur, quomodo ramus olivæ a columba. (*Gen.*, VIII, 11.)

20. « Tu autem Domine ne longe feceris auxilium tuum. » (*Psal.* XXI, 20.) Et factum est : post triduum resurrexit. « In defensionem meam aspice. »

21. « Erue a framea animam meam : » (*Ibid.*, 21) id est a morte. Framea enim gladius est, et per gladium mortem intelligi voluit. « Et de manu canis unicam meam. » « Animam meam, unicam meam, » caput et corpus. « Unicam » dixit, Ecclesiam. « De manu, » id est, de potestate canis. Qui sunt canes? Qui (*a*) canino more latrant, nec intelligunt contra quos. Nihil illis fit, et latrant. Quid fecit cani transiens viam suam? Tamen ille latrat. Qui latrant cæcis oculis, non discernentes contra quos aut pro quibus, canes sunt.

22. « Salvum me fac de ore leonis. » (*Ibid.*, 22.) Leo rugiens nostis quis sit, circumiens et quærens quem devoret. (I *Petr.*, V, 8.) « Et a cornibus unicornium humilitatem meam. » Unicornes non discret, nisi superbos : ideo subjecit, « humilitatem meam. »

23. Audistis quæ passus est, et quid oravit ut eruatur ab istis : attendamus modo quare passus est. Modo jam videte Fratres, qui non est in ea sorte,

---

(*a*) In Mss. Qui cæco more.

frères, pourquoi celui-là est-il chrétien qui refuse d'appartenir à l'Eglise pour laquelle le Christ a souffert? Déjà nous savons ce qu'il a souffert : ses os ont été comptés, il a été bafoué, ses vêtements ont été partagés et en outre sa robe a été tirée au sort, il a été entouré de furieux et de bourreaux et tous ses os ont été dispersés ; voilà ce que nous avons entendu dans ce psaume et ce que nous avons lu dans l'Evangile. Voyons maintenant pourquoi. O Christ, Fils de Dieu, si vous ne l'aviez voulu, vous n'auriez pas souffert, montrez-nous donc le fruit de votre passion. Sachez, dit-il, quel est ce fruit, je ne m'en suis point tu, mais les hommes sont sourds. Oui, sachez quel est ce fruit, sachez pourquoi j'ai souffert toutes ces douleurs. « Je publierai votre nom parmi mes frères. » (*Ps.* XXI, 23.) Voyons si le Christ ne publie le nom de Dieu parmi ses frères que dans quelque partie du monde. « Je publierai votre nom parmi mes frères : Je chanterai vos louanges au milieu de l'Eglise. » C'est ce qui a lieu. Mais cette Eglise quelle est-elle? Car il a dit : « Je chanterai vos louanges au milieu de l'Eglise. » Considérons donc l'Eglise pour laquelle il a souffert.

24. « Vous qui craignez le Seigneur, louez-le. » Partout où l'on craint Dieu, partout où on le glorifie, là est l'Eglise du Christ. Voyez, mes frères, si c'est inutilement que, ces jours-ci, on dit dans l'univers entier : Amen, Alleluia. Est-ce que là on ne craint pas le Seigneur? Est-ce que là on ne le glorifie pas? Donat s'avance et dit : Non, Dieu n'est plus craint, le monde entier a péri. C'est à tort que tu dis : Le monde entier a péri. Est-ce donc qu'il est resté en Afrique une petite portion fidèle? Mais quoi ? le Christ ne dit-il rien pour fermer la bouche de cet homme? Ne dit-il rien pour arracher la langue de qui parle de la sorte? Examinons si nous ne trouverons pas quelque chose. Ces hommes nous disent encore : « Au milieu de l'Eglise, » c'est de notre Eglise qu'il s'agit. « Vous qui craignez le Seigneur, louez-le : » voyons si ces hommes louent le Seigneur, si le Seigneur a parlé d'eux, s'il est loué au milieu de leur Eglise. Comment ceux-là louent-ils le Christ, qui disent : Il a perdu tout l'univers, le démon le lui a ravi par force, il est relégué dans une petite portion du monde? Mais voyons encore : qu'il parle plus clairement, qu'il s'exprime plus ouvertement, qu'il ne laisse aucune place à l'interprétation, qu'il n'y ait lieu à aucune indécision. « Vous, postérité entière de Jacob, glorifiez-le. » Mais peut-être diront-ils : Nous sommes la postérité de Jacob ; voyons s'ils le sont en effet.

25. « Que toute la race d'Israël craigne le Seigneur. » (*Ibid.*, 25.) S'ils disent encore : Nous sommes la race d'Israël, laissons-les dire. « Parce qu'il n'a ni dédaigné ni méprisé la prière des pauvres. » Quels pauvres? Assurément ce ne

---

propter quam passus est Christus, quare Christianus est? Ecce, intelligimus quæ passus est : dinumerata sunt ossa ejus, irrisus est, divisa sunt vestimenta ejus, insuper missa est sors super vestem ipsius, circumdederunt illum furentes et sævientes, et dispersa sunt omnia ossa ejus, et hic audimus et in Evangelio legimus. Videamus quare. O Christe Fili Dei, si nolles non patereris, ostende nobis fructum passionis tuæ. Audi, inquit, fructum : ego non taceo, sed surdi sunt homines. Audi, inquit, fructum quare passus sum ista omnia. « Narrabo nomen tuum fratribus meis. » Videamus si in parte narrat nomen Dei fratribus suis. « Narrabo nomen tuum fratribus meis : in medio Ecclesiæ cantabo te. » (*Psal.* xxi, 23.) Fit hoc modo. Sed videamus ipsa Ecclesia quæ est. Nam dixit : « In medio Ecclesiæ cantabo te. » Ecclesiam videamus, propter quam passus est.

24. « Qui timetis Dominum laudate eum. » (*Ibid.*, 24.) Ubicumque timetur Deus et laudatur, ibi est Ecclesia Christi. Videte, Fratres mei, si his diebus per totum orbem terrarum sine causa dicitur, Amen et Alleluia. Non ibi timetur Deus? Non ibi laudatur Deus? Exivit Donatus, et ait : Prorsus non timetur, totus mundus periit. Sine causa dicis : Totus mundus periit. Ergo modica pars remansit in Africa? Ergo non dicit aliquid Christus, unde obturet ista ora? non dicit aliquid, unde eradicet linguas ista dicentium? Videamus, ne forte inveniamus. Adhuc nobis dicitur : « In medio Ecclesiæ, » de Ecclesia nostra dicit. « Qui timetis Dominum, laudate eum : » videamus si illi laudant Dominum, et intelligamus si de ipsis dicit, et si in medio Ecclesiæ ipsorum laudatur. Quomodo laudant Christum, qui dicunt : Perdidit totum orbem terrarum, diabolus illi totum abstulit, et in parte ipse remansit? Sed adhuc videamus, apertius dicat, apertius loquatur : non sit quod interpretari, non sit quod suspicari. « Universum semen Jacob magnificate eum. » Forte adhuc dicunt : Nos sumus semen Jacob. Si sint ipsi, videamus.

25. « Timeat eum omne semen Israel. » (*Ibid.*, 25.) Adhuc dicant : Nos sumus semen Israel : permittamus, dicant. « Quoniam non sprevit neque despexit

sont pas ceux qui présument d'eux-mêmes. Ceux-là sont-ils pauvres, qui disent : Nous sommes justes, tandis que le Christ s'écrie : « La voix de mes péchés a éloigné mon salut ? » (*Ibid.*, 2.) Mais qu'ici encore ils disent ce qu'il leur plaira. « Il n'a pas détourné sa face de moi, et quand j'ai crié vers lui, il m'a exaucé. » Pourquoi l'a-t-il exaucé ? Pour quel motif ?

26. « Ma louange est en vous. » (*Ibid.*, 26.) C'est en Dieu qu'il a mis sa louange, nous enseignant ainsi à ne point présumer d'un homme. Je leur permets encore de parler à leur mode. Déjà certes ils commencent à sentir le feu, déjà la flamme est proche, et nul ne peut se dérober à son ardeur. (*Ps.* XVIII, 7.) Qu'ils disent donc : Nous avons mis en Dieu seul notre louange, et nous ne présumons pas de nous; qu'ils le disent. « Je vous confesserai au milieu d'une grande assemblée. » Je crois qu'ici il commence à les frapper au cœur. Qu'est-ce, mes frères, que cette grande assemblée ? Est-ce qu'une petite partie de l'univers est cette grande assemblée ? La grande assemblée, c'est l'univers entier. Supposons quelqu'un qui contredise le Christ en ces termes : Mais quoi ! vous avez dit : « Je vous confesserai au milieu d'une grande assemblée ; » où est cette grande assemblée ? Vous en êtes réduit à un petit coin de l'Afrique et vous avez perdu le monde entier. Vous avez répandu votre sang pour l'univers, mais vous êtes vaincu par un usurpateur. Ces paroles, nous les adressons au Seigneur comme si nous l'interrogions, bien que nous sachions parfaitement que répondre nous-même. Mais supposé que nous ignorions la réponse, n'est-il pas vrai du moins qu'il nous répondra ? Ne craignez rien, je dis des choses dont personne ne doute ; attendons par conséquent sa réponse. Pour moi, je voulais me prononcer d'abord et déclarer que personne ne peut admettre une interprétation qui contredirait cette parole du Christ : « dans une grande assemblée. » Or, vous venez nous dire que le Christ n'est plus que dans un coin de l'univers. Ils osent même ajouter : Mais notre Eglise est grande ; que vous semble-t-il de Bagaï et de Tamugade ? Si le Christ ne répond point par une parole qui leur ferme la bouche, qu'ils disent encore, j'y consens, que la seule Numidie est la grande assemblée du Prophète.

27. Voyons, écoutons encore le Seigneur : « Je m'acquitterai de mes vœux devant ceux qui craignent le Seigneur. » (*Ps.* XXI, 26.) Quels sont ses vœux ? Le sacrifice qu'il a offert à Dieu. Savez-vous quel est ce sacrifice ? Les fidèles savent de quels vœux le Christ s'est acquitté devant ceux qui craignent le Seigneur. Car, voici ce qui suit : « Les pauvres mangeront et seront rassasiés. » (*Ibid.*, 27.) Bienheureux les

---

precem pauperum. » Quorum pauperum ? Non de se præsumentium. Videamus si pauperes sunt, qui dicunt : Nos sumus justi. Christus clamat : « Longe a salute mea verba delictorum meorum. » (*Ibid.*, 2.) Sed adhuc dicant quod volunt. « Neque avertit faciem suam a me, et cum clamarem ad eum, exaudivit me. » Ut quid exaudivit ? ad quam rem ?

26. « Apud te est laus mea. » (*Ibid.*, 26.) Apud Deum posuit laudem suam, docuit non præsumi in homine. Adhuc dicant quod volunt. Jam quidem cœperunt uri, cœpit propinquare ignis : « Non est qui se abscondat a calore ejus. » (*Psal.* XVIII, 7.) Sed adhuc dicant : Et nos apud illum laudem nostram posuimus, et nos in nobis non præsumimus, dicant adhuc. « In Ecclesia magna confitebor tibi. » Jam hic puto, quia cœpit interiora tangere. Ecclesia magna quid est, Fratres ? Numquid exigua pars orbis terrarum Ecclesia magna est ? Ecclesia magna totus orbis est. Modo si quis velit Christo contradicere : Dic nobis : Tu dixisti : « In Ecclesia magna confitebor tibi : » quæ Ecclesia magna ? Ad frustum Africæ remansisti, totum mundum perdidisti : effudisti sanguinem pro toto, sed invasorem passus es. Ista nos diximus Domino tanquam quærentes, scientes tamen quid dicturi. Ponamus nos nescire quid dicat : nonne nobis respondet ? Quiescite, adhuc dico unde nemo dubitet. Expectemus ergo quid dicturus est. Jam ego volebam pronuntiare, et non admittere homines aliud aliquid interpretari, cum dicat Christus : « In Ecclesia magna. » Et tu dicis, quia in extrema parte remansit. Et adhuc audent dicere : Et nostra Ecclesia magna est, quid tibi videtur (*a*) Bagai et Tamugade ? Si non dicit aliquid unde obmutescant, adhuc dicant, quia magna est Ecclesia sola Numidia.

27. Videamus, audiamus adhuc Dominum : « Vota mea reddam coram timentibus eum. » (*Psal.* XXI, 26.) Quæ sunt vota sua ? Sacrificium quod obtulit Deo. Nostis quale sacrificium ? Norunt fideles vota quæ reddidit coram timentibus eum. Nam sequitur : « Edent pauperes, et saturabuntur. » (*Ibid.*, 27.) Beati pau-

---

(*a*) Er. *Quid tibi videtur ? Jam etiam audio : Si non dicitur,* etc. Lov. *Quid tibi videtur et Bagaiæ et Tamugadæ.* Mss. vero : *Quid tibi videtur Bagai et Tamugadeo.* Forte legendum *Bagai et Tamugade* vel *Thamugade.* Hæc nimirum præcipua fuerunt oppida a Donatistis occupata.

pauvres, parce qu'ils mangent afin d'être rassasiés. Car les pauvres mangent; mais les riches ne sont pas rassasiés, parce qu'ils n'ont point faim. Les pauvres mangeront. De ce nombre était Pierre le pêcheur; de ce nombre était Jean cet autre pêcheur et Jacques son frère (*Matth.*, IV, 18); de ce nombre était aussi Matthieu le publicain. (*Ibid.*, IX, 9.) Ils étaient de ces pauvres qui ont mangé et qui ont été rassasiés; et ils ont souffert les mêmes supplices que la victime qu'ils avaient mangée. Le Seigneur a donné son festin, et il a donné sa passion : celui-là est rassasié qui l'imite. Les pauvres l'ont imité, car ils ont supporté tous les supplices pour suivre les traces du Christ. « Les pauvres mangeront. » Mais pourquoi sont-ils pauvres? « Et ceux qui cherchent le Seigneur le loueront. » Les riches se glorifient eux-mêmes et les pauvres glorifient le Seigneur. Pourquoi sont-ils pauvres? Parce qu'ils glorifient le Seigneur, parce qu'ils cherchent le Seigneur. Le Seigneur est la richesse des pauvres. Leur maison est vide et leur cœur regorge de biens. Que les riches cherchent à remplir leurs coffres-forts; les pauvres cherchent à remplir leur cœur, et quand ils l'ont rempli ils louent le Seigneur qu'ils ont cherché. Et voyez, mes frères, de quel trésor sont riches les vrais pauvres; il n'est ni dans leurs coffres, ni dans leurs greniers, ni dans leurs magasins. « Leur cœur vivra dans les siècles des siècles. »

28. Redoublez donc d'attention. Le Seigneur a souffert; il a souffert toutes les peines dont vous avez entendu le récit. Nous cherchons maintenant pourquoi il a souffert; et déjà il a commencé à nous le dire : « Je publierai votre nom parmi mes frères, je chanterai vos louanges au milieu de l'Eglise. » (*Ps.* XXI, 27.) Mais ces hommes nous disent : cette Eglise est la nôtre. « Que toute la race d'Israël craigne le Seigneur; » ils disent : nous sommes la race d'Israël. « Parce qu'il n'a ni dédaigné ni méprisé la prière des pauvres. » Ils disent encore : nous sommes ces pauvres. « Et il n'a pas détourné sa face de moi. » C'est le Seigneur Jésus qui n'a pas détourné sa face de dessus lui-même, c'est-à-dire de son Eglise qui est son corps. « Ma louange est en vous. » C'est vous que vous louez, disons-nous : non, répondent-ils, nous louons le Seigneur. « Je m'acquitterai de mes vœux devant ceux qui craignent le Seigneur. » Les fidèles connaissent le sacrifice de paix, le sacrifice de charité, le sacrifice de son corps; nous ne pouvons en traiter à cet instant. « Je m'acquitterai de mes vœux devant ceux qui craignent le Seigneur. » Que les publicains et les pêcheurs participent à cette nourriture; qu'ils mangent, qu'ils imitent le Seigneur, qu'ils souffrent, qu'ils soient rassasiés. Le Seigneur lui-même est mort, les pauvres meurent aussi : la mort des disciples vient se joindre à la

---

peres, quia ideo edunt ut saturentur. Edunt enim pauperes. Qui autem divites sunt, non satiantur, quia non esuriunt. Comedent pauperes. Inde erat piscator ille Petrus, inde erat alius piscator Joannes et Jacobus frater ipsius (*Matth.*, IV, 18), inde erat etiam publicanus Matthæus. (*Matth.*, IX, 9.) De pauperibus ipsi erant, qui comederunt et saturati sunt, talia passi, qualia manducaverunt. Cœnam suam dedit, passionem suam dedit : ille saturatur, qui imitatur. Imitati sunt pauperes : ipsi enim sic passi sunt, ut Christi vestigia sequerentur. « Edent pauperes. » Sed quare pauperes? « Et laudabunt Dominum qui requirunt eum. » Divites se laudant, pauperes Dominum laudant. Quare sunt pauperes? Quia Dominum laudant, et Dominum quærunt. Dominus est divitiæ pauperum. Ideo inanis est domus, ut cor plenum divitiis sit. Divites quærunt unde arcam impleant, pauperes quærunt unde cor impleant : et cum impleverint, laudant Dominum qui requirunt eum. Et videte Fratres, qui vere pauperes sunt, cujus rei divites sint : quia non in arca, non in horreo, non in apotheca : « Vivent corda eorum in sæculum sæculi. »

28. Ergo attendite. Passus est Dominus, omnia quæ audistis passus est Dominus. Quærimus quare passus est, et cœpit narrare : « Narrabo nomen tuum fratribus meis, in medio Ecclesiæ cantabo te. » Sed adhuc dicunt : Ista est Ecclesia. « Timeat eum omne semen Israel. » Dicunt : Nos sumus semen Israel. « Quoniam non sprevit neque despexit precem pauperis. » Adhuc dicunt : Nos sumus. « Neque avertit faciem suam a me. » Ipse Christus Dominus a se, id est, ab Ecclesia sua, quæ est corpus ipsius. « Apud te laus mea. » Vos ipsos vultis laudare. Sed respondent : Prorsus et nos ipsum laudamus. « Vota mea Domino reddam coram timentibus eum. » Sacrificium pacis, sacrificium caritatis, sacrificium corporis sui norunt fideles : disputari inde modo non potest. « Vota mea reddam coram timentibus eum. » Edant publicani, edant piscatores, manducent, imitentur Dominum, patiantur, saturentur. Mortuus est ipse Dominus, moriuntur et pauperes : additur et mors discipulorum morti ma-

mort du Maître. Pourquoi? Montrez-m'en le fruit. « Les peuples de toutes les extrémités de l'univers se souviendront du Seigneur et se convertiront à lui. » (*Ibid.*, 28.) Eh bien! mes frères, que demandez-vous que nous répondions maintenant au parti de Donat? Voici le psaume : il est lu ici aujourd'hui, et aujourd'hui également il est lu chez eux. Ecrivons-le sur nos fronts, marchons avec lui; que notre langue ne garde pas le silence, mais qu'elle dise : Voici que le Christ a souffert; voici que l'acheteur a montré ce qu'il voulait donner; voici le prix qu'il a payé, son sang a été versé. Il portait notre rançon dans un sac; la lance a frappé ce sac et l'a déchiré, le prix de l'univers a coulé de cette ouverture. Que me dis-tu, ô hérétique? N'est-ce point là le prix de l'univers? Est-ce que l'Afrique seule a été rachetée? Tu n'oses le dire : l'univers entier a été racheté, tu l'avoues, mais il a péri. Quel est donc l'usurpateur qui a vaincu le Christ et lui a ravi son bien? « Voici que les peuples de toutes les extrémités de l'univers se souviendront du Seigneur et se convertiront à lui. » Qu'il parle donc jusqu'à vous rassasier pleinement. S'il avait dit : les extrémités de l'univers, et non : « toutes les extrémités de l'univers, » vous auriez peut-être objecté : en Mauritanie nous sommes les extrémités de l'univers. Mais il a dit : « toutes les extrémités de l'univers. » O hérétique, l'entends-tu? « toutes les extrémités. » Par où sortir, pour échapper à la question? Tu n'as point par où sortir, mais tu as où entrer.

29. Pardon, je ne veux point discuter, de peur qu'on ne dise que mon discours a par lui-même quelque force : ne faites attention qu'au psaume, lisez le psaume. Voilà que le Christ a souffert; voilà que son sang a coulé; voilà notre Rédempteur, voilà notre rançon. Qu'a-t-il acheté? Qu'on me le dise. Mais pourquoi le demander? Que répondrai-je si on me dit : insensé pourquoi le demandez-vous? Vous avez le texte sacré; vous y voyez le prix qu'il a donné, cherchez-y ce qu'il a acheté. Le voici : « Les peuples de toutes les extrémités de l'univers se souviendront du Seigneur, et se convertiront à lui. » Les extrémités de l'univers se souviendront; mais les hérétiques ont oublié, et pourtant la vérité leur est rappelée chaque année. Pensez-vous qu'ils prêtent l'oreille, quand leur lecteur prononce ces paroles : « Les peuples de toutes les extrémités de l'univers se souviendront du Seigneur et se convertiront à lui. » Ah! peut-être, ce n'est qu'un seul verset, votre attention se portait ailleurs ou vous échangiez une parole avec votre frère quand on le lisait; eh bien! attention, le Prophète revient à la charge, il heurte des sourds : « Et toutes les nations de la terre seront dans l'adoration en sa présence. » Est-il resté sourd? N'a-t-il point entendu?

---

gistri. Quare? Da mihi fructum. « Commemorabuntur, et convertentur ad Dominum universi fines terræ. » (*Psal.* xxi, 28.) Eia Fratres, quid quæritis a nobis quid respondeamus parti Donati? Ecce Psalmus, et hic legitur hodie, et ibi legitur hodie. Scribamus illum in frontibus nostris, cum illo procedamus, non quiescat lingua nostra, ista dicat : Ecce Christus passus est, ecce mercator ostendit mercedem, ecce pretium quod dedit, sanguis ejus fusus est. In sacco ferebat pretium nostrum : percussus est lancea, fusus est saccus, et manavit pretium orbis terrarum. Quid mihi dicis o hæretice? Non est pretium orbis terrarum? Africa sola redempta est? Non audes dicere : Totus orbis redemptus est, sed periit. Quem invasorem passus est Christus, ut perderet rem suam? Ecce « commemorabuntur, et convertentur ad Dominum universi fines terræ. » Adhuc satiet te, et dicat. Si diceret fines terræ, et non diceret « universi fines terræ : » dicere habebant : Ecce habemus fines terræ in Mauritania. « Universi fines terræ » dixit : o hæretice, « universi » dixit : qua exiturus es, ut eva-das quæstionem? Non habes qua exeas, sed habes quo intres.

29. Rogo vos, nolo inde disputare, ne dicatur, quia sermo meus aliquid valet : Psalmum attendite, Psalmum legite. Ecce Christus passus est, sanguis ejus fusus est : ecce Redemptor noster, ecce pretium nostrum. Quid emit, dicatur mihi. Quid interrogamus? Quid si mihi aliquis dicat : O stulte, quid interrogas? Codicem portas, ibi habes unde emit, ibi quære quid emit. Ecce ibi habes : « Commemorabuntur, et convertentur ad Dominum universi fines terræ. » Fines enim terræ commemorabuntur. Sed hæretici obliti sunt, et ideo audiunt omni anno. Putas ibi ponunt aures, quando lector ipsorum dicit : « Commemorabuntur, et convertentur ad Dominum universi fines terræ? » Eia, forte unus versus est : aliunde cogitabas, cum fratre tuo fabulabaris, quando illud dixit : attende, quia repetit, et surdos pulsat : « Et adorabunt in conspectu ejus universæ patriæ gentium. » Adhuc surdus est, non audit, pulsetur iterum : « Quoniam Domini est regnum, et ipse

Poussez-le encore : « Parce que la souveraineté est à Dieu, c'est lui qui régnera sur les nations. » (*Ibid.*, 29.) Retenez ces trois versets, mes frères, Aujourd'hui ils ont été chantés dans leur assemblée comme ici ; à moins qu'ils ne les aient effacés. Je vous l'avoue, mes frères, je sens en moi une telle chaleur, un tel malaise, je suis tellement étonné de leur surdité et de leur dureté de cœur, que je me prends à douter qu'ils aient ces paroles dans les livres dont ils se servent. Aujourd'hui tout le monde court aux églises, tout le monde est attentif à la lecture du psaume, tout le monde en l'écoutant a comme le cœur suspendu. Mais enfin, admettons de leur part une distraction ; il n'y a point qu'un seul verset. « Les peuples de toutes les extrémités de l'univers se souviendront du Seigneur, et se convertiront à lui. » A ces mots, vous vous réveillez, mais vous vous frottez encore les yeux. « Et toutes les nations de la terre seront dans l'adoration en sa présence. » Chassez le sommeil pour cette fois, mais si vous étiez encore appesanti, écoutez enfin : « Parce que la souveraineté est à Dieu, c'est lui qui régnera sur les nations. »

30. Ont-ils encore quelque chose à dire, je l'ignore ; mais maintenant qu'ils discutent avec les Ecritures et non plus avec nous. Voici le livre lui-même ; qu'ils entrent en lutte avec lui. Où est l'éloge qu'ils se donnent (1) : nous avons sauvé les Ecritures, afin qu'elles ne fussent point brûlées. Elles ont été sauvées, afin que vous-mêmes fussiez brûlés. Qu'avez-vous sauvé ? Ouvrez, lisez. Vous avez sauvé ces pages et vous les attaquez. Pourquoi avez-vous sauvé des flammes ce que vous voulez détruire par vos discours ? Je ne crois pas, je ne crois pas que vous ayez sauvé ces livres : je le dis ouvertement, je ne le crois pas, vous ne les avez pas sauvés. C'est en toute vérité que les nôtres affirment qu'au contraire vous les avez livrés. Celui-là est manifestement le traître qui lit le testament et ne le suit pas. Je le lis et je le suis : vous le lisez et le rejetez. Quel est celui dont la main l'a jeté au feu ? Celui qui y croit et qui le suit, ou celui qui s'afflige qu'on le lise ? Mais je veux ignorer qui l'a sauvé : de quelque part que vienne ce texte, de quelque endroit secret que vienne le testament de notre père, sans examiner quels voleurs essayaient de le dérober ni quels persécuteurs voulaient le brûler, en un mot de quelque part qu'il soit apporté, qu'on le lise. Pourquoi discutez-vous ? Nous sommes frères, pourquoi discutons-nous ? Notre père n'est pas mort intestat. Il a fait un testament et l'a scellé par sa mort : il est mort et il est ressuscité. Il n'y a de contestations sur l'héritage des morts que jusqu'au moment où le testament est produit en public. Quand le testament est produit en public, tous se taisent, afin que les tablettes soient ouvertes et lues à haute

---

(1) Les Donatistes prétendaient qu'ils avaient sauvé les saintes Ecritures et que les Catholiques les avaient livrées.

---

dominabitur gentium. » (*Ibid.*, 29.) Tres istos versus tenete Fratres. Hodie cantati sunt et ibi, aut forte deleverunt eos. Credite mihi Fratres mei, ita æstuo, ita vim patior, ut mirer nescio quam surditatem et duritiam cordis ipsorum, ut aliquando dubitem, utrum habeant illud in codicibus. Hodie currunt omnes ad Ecclesiam, hodie omnes intenti audiunt Psalmum, omnes suspenso corde audiunt. Sed fac quia non sunt intenti : numquid unus versus est : « Commemorabuntur, et convertentur ad Dominum universi fines terræ ? » Evigilas, sed adhuc fricas oculos : « Et adorabunt in conspectu ejus universæ patriæ gentium. » Excute somnum, adhuc gravaris, audi : « Quoniam Domini est regnum, et ipse dominabitur gentium. »

30. Si est adhuc quod dicant, nescio : litigent cum Scripturis, non nobiscum. Ecce codex ipse, contra illum certent. Ubi est lingua : Nos servavimus Scripturas, ne arderent ? Servatæ sunt, unde tu ardeas. Quid servasti ? Aperi, lege : tu servasti, et tu oppugnas. Quid servasti a flamma, quod delere vis lingua ? Non credo, non credo quia servasti : prorsus non credo, non servasti. Verissime dicunt nostri, quia tu tradidisti. Ille probatur traditor, qui lecto testamento non sequitur. Ecce legitur, et sequor ; legitur, et recusas. Cujus manus misit in flammam ? Qui credit, et sequitur ; an qui dolet quia est quod legatur ? Nolo scire quis servaverit : undecumque inventus est codex, testamentum patris nostri exiit de qualibet caverna : nescio qui fures tollere volebant, nescio qui persecutores incendere volebant : undecumque prolatum est, legatur. Quare litigas ? Fratres sumus, quare litigamus ? Non intestatus mortuus est pater. Fecit testamentum, et sic mortuus est : mortuus est, et resurrexit. Tamdiu contenditur de hæreditate mortuorum, quamdiu testamentum proferatur in publicum ; et cum testamentum prolatum fuerit in publicum, tacent omnes, ut tabulæ aperiantur et recitentur : judex intentus audit, advocati silent, præcones silentium faciunt, universus

voix. Le juge écoute attentivement, les avocats se taisent, les huissiers maintiennent le silence, tout le peuple est en•suspens; et cela pour la lecture des paroles d'un mort, privé de sentiment au fond de sa tombe. Il gît insensible dans son tombeau, et ses paroles ont une pleine puissance : le Christ est assis dans le ciel, et l'on contredit son testament. Ouvrez-le donc et lisons-le. Nous sommes frères, pourquoi ces débats? Que nos esprits s'apaisent, notre père ne nous a point laissés sans testament. Celui qui a fait ce testament vit pour l'éternité : il entend nos paroles, il reconnaît les siennes. Lisons, pourquoi discuter? Quelque part qu'ait été trouvé notre héritage, conservons-le. Ouvrez ce testament, lisez au commencement même du livre des psaumes : « Demandez-moi. » (*Ps.* II, 8.) Mais qui parle là? Ce n'est peut-être pas le Christ. Lisez donc ces paroles : « Le Seigneur m'a dit : Vous êtes mon Fils, je vous ai engendré aujourd'hui. » (*Ibid.* 7.) C'est donc le Fils de Dieu qui parle, ou plutôt c'est le Père qui parle au Fils. Et que dit le Père à son Fils? « Demandez-moi, et je vous donnerai les nations pour héritage, et vos possessions s'étendront jusqu'aux confins de la terre. » (*Ibid.*) C'est la coutume, mes frères, quand on prend des informations sur un bien, de s'enquérir des propriétés limitrophes. Entre tel et tel voisin vient le nouveau propriétaire qui a reçu le bien par donation, ou qui en a fait l'acquisition. Mais entre quels voisins cherche-t-on ce nouveau propriétaire? entre les propriétaires dont les terres touchent les siennes de différents côtés. Or, celui dont la propriété n'a point de limites n'a point de voisins. De quelque côté que vous vous tourniez, vous trouvez le Christ. Vous avez donc vous-même pour héritage la terre entière jusqu'à ses dernières limites : venez donc ici, et possédez le tout de concert avec moi. Pourquoi par vos débats m'appeler à n'en posséder qu'une partie? Venez ici : vous gagnerez à perdre, vous possédez le tout. Allez-vous encore plaider à faux? J'ai lu le testament et vous plaidez encore à faux! Allez-vous encore plaider à faux, sous prétexte qu'en disant les confins de la terre, il n'a pas dit tous les confins de la terre? Lisons donc. Que lisons-nous? « Les peuples de toutes les extrémités de l'univers se souviendront du Seigneur et se convertiront à lui. Et toutes les nations de la terre seront dans l'adoration en sa présence. Parce que la souveraineté est à Dieu, c'est lui qui régnera sur les nations. » (*Ps.* XXI, 29.) La souveraineté est à lui et non à vous. Reconnaissez le Seigneur, et reconnaissez l'héritage du Seigneur.

31. Mais vous, qui voulez posséder à part ce qui vous appartient, au lieu de tout posséder en commun dans l'unité du Christ (car vous voulez dominer sur la terre et non régner avec le Christ

---

populus suspensus est, ut legantur verba mortui, non sentientis in monumento. Ille sine sensu jacet in monumento, et valent verba ipsius : sedet Christus in cœlo, et contradicitur testamento ejus? Aperi, legamus. Fratres sumus, quare contendimus? Placetur animus noster, non sine testamento nos dimisit pater. Qui fecit testamentum, vivit in æternum : audit voces nostras, agnoscit suam. Legamus, quid litigamus? Ubi inventa fuerit ipsa hæreditas, ipsam teneamus. Aperi testamentum, lege in primo capite ipsius Psalterii : « Postula a me. » (*Psal.* II, 8.) Sed quis dicit? Forte non Christus. Ibi habes : « Dominus dixit ad me : Filius meus es tu, ego hodie genui te. » (*Ibid.*, 7.) Ergo Filius Dei dicit, vel ad Filium suum Pater dicit. Ergo quid dicit ad Filium? « Postula a me, et dabo tibi gentes hæreditatem tuam, et possessionem tuam fines terræ. » Solet fieri, Fratres, ut quando quæritur de possessione, quærantur affines. Inter affines illum et illum, quæritur hæres, aut cui donatur, aut qui emit. Inter quos affines quæritur? Inter illum et illum (*a*) possidentes. Qui dimisit omnes fines, nullos habet affines. Quocumque te verteris, Christus est. Fines terræ habes hæreditatem, huc veni, totam mecum posside. Quare litigando vocas. ad partem? Huc veni : bono tuo vinceris, totum habebis. An adhuc calumniaris? Ego jam testamentum legi, et tu calumniaris. An adhuc calumniaris, quia fines terræ dixit, non dixit omnes fines terræ? Legamus ergo. Quomodo lectum est? « Commemorabuntur, et convertentur ad Dominum universi fines terræ. Et adorabunt in conspectu ejus universæ patriæ gentium. Quoniam Domini est regnum, et ipse dominabitur gentium. » Ipsius est, non vestrum. Agnoscite Dominum : agnoscite possessionem Domini.

31. Sed et vos, quia privata vestra vultis possidere, et non communi cum Christo unitate (dominari enim vultis in terra, non cum illo in cœlo regnare), possidetis domos vestras. Et aliquando venimus ad illos dicentes : Quæramus verum, inve-

---

(*a*) In plerisque Mss. *possidentis.*

dans le ciel), vous avez vos demeures particulières. Et quelquefois nous allons vers ces hommes, leur disant : cherchons la vérité, trouvons la vérité. Et ils nous répondent : gardez ce que vous avez ; vous avez vos brebis et moi les miennes ; ne tourmentez pas mes brebis, puisque je ne tourmente pas les vôtres. Dieu soit loué ! J'ai des brebis à moi, et il a des brebis à lui. Mais qu'est-ce donc que le Christ a acheté ? Mais elles ne sont ni à vous ni à moi : laissons-les à qui les a achetées ; laissons-les à qui les a marquées de son nom. « Celui qui plante n'est rien ; celui qui arrose n'est rien : Dieu seul est tout, parce qu'il donne l'accroissement. » (1 *Cor.*, III, 7.) Pourquoi aurais-je mes brebis et vous les vôtres ? Si le Christ est avec vous, que mes brebis aillent à lui, car elles ne sont point à moi : si le Christ est ici, que vos brebis viennent ici, car elles ne sont point à vous. Pour garder leurs possessions, ces hommes nous baisent la tête et les mains et disent : Périssent les enfants qui nous sont étrangers! Mais, dit l'hérétique, ce troupeau n'est point ma possession. Voyons s'il n'est point en effet ta possession : voyons si tu ne le réclames pas pour toi. Je travaille au nom du Christ, et toi au nom de Donat. Si, en effet, tu ne cherchais que le Christ, le Christ est partout. Tu dis : « le Christ est ici ; » (*Matth.*, XXIV, 23) je réponds : Il est dans tout l'univers.

« Enfants, louez le Seigneur, louez le nom du Seigneur. » (*Ps.* CXII, 1.) Depuis quel point le louer ? Jusqu'à quel point le louer ? « De l'orient à l'occident louez le nom du Seigneur. » Voilà l'Eglise que je te montre ; voilà ce que le Christ a acheté ; voilà ce qu'il a racheté ; voilà ce pour quoi il a donné son sang. Et toi, que dis-tu ? Je recueille pour lui. Il te répond : « Celui qui ne recueille point avec moi disperse. » (*Matth.*, XII, 30.) Tu divises l'unité, tu cherches à posséder pour toi-même. Et pourquoi donc ces hommes portent-ils le nom du Christ ? Parce que, pour défendre cette possession que tu ambitionnes, tu as mis en avant les titres de propriété de Jésus-Christ. N'est-ce point là ce que font certains hommes pour leurs demeures temporelles ? De peur qu'un homme puissant n'usurpe une maison, on y inscrit le nom d'un plus puissant, et ce nom dont on se fait un titre est un mensonge. Un homme veut être le possesseur réel de sa maison, et, pour la défendre, il y écrit au frontispice un titre étranger : afin qu'à la lecture de ce titre chacun, par crainte de ce nom puissant, s'abstienne de toute agression. C'est ce qu'ils ont fait, quand ils ont condamné les Maximianistes. Ils les ont conduits devant les juges, et ont lu les décrets de leur concile (1), présentant en quelque sorte des titres qui les fissent passer pour évêques. Alors le juge demanda : Quel est

(1) Tenu à Bagaï, en 394.

---

niamus verum. Et illi : Vos tenete quod tenetis : oves tuas habes, oves meas habeo ; noli molestus esse ovibus meis, quia et ego non sum molestus ovibus tuis. Deo gratias : meæ sunt oves, illius sunt oves. Christus quid emit ? Imo nec meæ sint, nec tuæ : sed illius sint qui illas emit, illius sint qui illas signavit. « Neque qui plantat est aliquid, neque qui rigat, sed qui incrementum dat Deus. » (1 *Cor.*, III, 7.) Quare habeo meas, habes tu tuas ? Si ibi est Christus, illo eant meæ, quia non sunt meæ : si hic est Christus, huc eant tuæ, quia non sunt tuæ. Propter possessiones osculentur nobis caput et manus, et (*a*) pereant filii alieni. Non est mea possessio, inquit. Quid est hoc ? Videamus si non est tua possessio, videamus si non illam tibi vindicas. Ego nomini Christi laboro, tu nomini Donati. Nam si Christum attendas, ubique est Christus. « Tu dicis : Ecce hic est Christus : » (*Matth.*, XXIV, 23) ego dico : Per totum est. « Laudate pueri Dominum, laudate nomen Domini. » (*Psal.* CXII, 1.) Unde laudant ? Usque quo laudant ? « A solis ortu usque ad occasum laudate nomen Domini. » Ecce quam Ecclesiam ostendo, ecce quid emit Christus, ecce quid redemit, ecce pro quo sanguinem dedit. Sed tu quid dicis ? Et ego illi colligo. « Qui mecum, inquit, non colligit, spargit. » (*Matth.*, XII, 30.) Dividis unitatem, possessiones tuas quæris. Et quare habent nomen Christi ? Quia ad defensionem possessionis tuæ titulos Christi posuisti. Nonne hoc faciunt nonnulli in domo sua ? Ne domum ipsius invadat aliquis potens, ponit ibi titulos potentis, titulos mendaces. Ipse vult esse possessor, et frontem domus suæ vult de titulo alieno muniri ; ut cum titulus lectus fuerit, conterritus quis potentia nominis, abstineat se ab invasione. Fecerunt illud, quando Maximianistas damnaverunt. Egerunt apud judices, et concilium suum recitaverunt : tanquam titulos ostendentes, ut Episcopi viderentur. Tunc judex interrogavit : Quis hic alter Episcopus est de parte Donati ? Respondit Officium : Nos non novimus nisi Aurelium catho-

(*a*) Sex Mss. *pergant*.

ici l'autre évêque du parti de Donat? Et l'assemblée répondit : Nous n'en connaissons pas d'autre qu'Aurélius, qui est catholique. Par crainte des lois, ils n'osèrent, dans leur réponse, nommer qu'un seul évêque. Pour que le juge les écoutât, ils mettaient en avant le nom du Christ, protégeant de ses titres leurs propres possessions. Que Dieu leur pardonne dans sa bonté, et que, partout où il verra ses titres, il revendique le bien comme lui appartenant. Sa miséricorde est toute puissante : qu'elle daigne ramener à l'unité tous ceux qu'elle trouvera portant le nom du Christ. Et en effet, mes frères, quand un homme puissant trouve ses titres sur une chose, ne la réclame-t-il pas à bon droit comme sa propriété? On a placé là mes titres, dit-il, la chose est à moi : tout ce que je trouve sous mon nom est à moi. Change-t-il ces titres? Non : le titre reste ce qu'il était : le possesseur change, le titre ne change pas. Ainsi en est-il de ceux qui ont reçu le baptême du Christ; s'ils viennent à l'unité, nous ne changeons pas leurs titres, nous n'effaçons pas leurs titres; mais nous reconnaissons les titres de notre Roi, les titres de notre chef. Que disons-nous donc aujourd'hui? O maison malheureuse, que celui-là te possède dont tu portes les titres : tu portes les titres du Christ, ne sois pas la possession de Donat.

32. Nous avons dit beaucoup de choses, mes frères, mais que les paroles lues aujourd'hui ne s'effacent pas de votre mémoire. Je vous les dis de nouveau, et il faudra les répéter souvent : je vous oblige par ce jour lui-même, c'est-à-dire par les mystères célébrés en ce jour, à ne point les laisser sortir de votre cœur. « Les peuples de toutes les extrémités de l'univers se souviendront du Seigneur, et se convertiront à lui. Et toutes les nations de la terre seront dans l'adoration en sa présence. Parce que la souveraineté est à Dieu, c'est lui qui régnera sur les nations. » (*Ps.* XXI, 29.) N'écoutez pas les paroles de mensonge opposées à cette possession du Christ, si manifeste et si évidemment démontrée. Toute contradiction vient des hommes; mais ces paroles viennent de Dieu.

DISCOURS SUR LE PSAUME XXIIe.

Psaume de David pour lui-même. (Ps. XXII, 1.)

1. L'Église dit au Christ : « Le Seigneur est mon pasteur, et rien ne me manquera; » (*Ibid.*) le Seigneur Jésus est mon pasteur, et rien ne me manquera.

2. « Il m'a placé ici dans un lieu choisi pour mon pâturage. » (*Ibid.*, 2.) Il m'a conduit dans un lieu de pâturage, qui commence au chemin de la foi, et il m'y a placé pour y trouver ma nour-

---

licum. Timentes illi leges, non responderunt nisi de uno Episcopo. Illi autem ut audirentur a judice, nomen Christi imponebant : in possessione sua titulos illius imposuerunt. Bonus est Dominus, qui illis parcat, et ubi invenerit titulos suos, vindicet illud possessioni suæ. Potens est misericordia ipsius, qui illis illud faciat, quoscumque invenerit nomen Christi portare, congreget illos. Et videte Fratres, quando potens aliquis invenerit titulos suos, nonne jure rem sibi vindicat, et dicit : Non poneret titulos meos, nisi res mea esset? Titulos meos posuit, mea res est : ubi nomen meum invenio, meum est. Numquid titulos mutat? Titulus qui erat, ipse est : possessor mutatur, titulus non mutatur. Sic et qui baptismum habent Christi, si veniunt ad unitatem, non mutamus titulos, aut delemus titulos; sed agnoscimus titulos regis nostri, titulos imperatoris nostri. Sed quid dicimus? O domus misera, ille te possideat cujus titulos habes, Christi titulos habes, noli esse Donati possessio.

32. Multa diximus, Fratres; sed illud de memoria vestra non recedat, quod hodie legitur. Ecce iterum dico, et sæpe dicendum est : per ipsum diem, id est, per sacramenta hujus diei constringo vos, ut non vobis exeat de cordibus. « Commemorabuntur, et convertentur ad Dominum universi fines terræ. Et adorabunt in conspectu ejus universæ patriæ gentium. Quoniam Domini est regnum, et ipse dominabitur gentium. « Contra tam apertam et manifeste demonstratam possessionem Christi, non audiatis verba calumniatoris. Quidquid contradicunt, homines dicunt : hoc autem Deus dicit.

IN PSALMUM XXII ENARRATIO.

Psalmus ipsi David (*a*). (Psal. XXII, 1.)

1. Ecclesia loquitur Christo : « Dominus pascit me, et nihil mihi deerit : » (*Ibid.*) Dominus Jesus Christus pastor meus est, et nihil mihi deerit.

2. « In loco pascuæ ibi me collocavit. » (*Ibid.*, 2.) In loco pascuæ incipientis (*b*) ad fidem me perducens, ibi me nutriendum collocavit. « Super aquam

---

(*a*) Editi : *In finem, Psalmus*, etc. Abest *In finem* a Mss. et a sacris Bibliis. — (*b*) Vetus codex Corbeiensis, *a fide*.

riture. « Il m'a élevé sur les bords d'une eau fortifiante. » (*Ibid.*) Il m'a élevé sur les bords de l'eau baptismale qui rend la santé et les forces à ceux qui les ont perdues.

3. « Il a converti mon âme; il m'a guidé dans les sentiers de la justice, pour la gloire de son nom. » (*Ibid.*, 3.) Il m'a guidé dans les voies étroites de sa justice, où ne marchent que peu d'hommes ; et cela pour la gloire de son nom et non en raison de mes mérites.

4. « Car, lors même que je marcherais au milieu de l'ombre de la mort; » (*Ibid.*, 4) lors même que je marcherais au milieu de cette vie qui est l'ombre de la mort; « je ne craindrais aucun mal, parce que vous êtes avec moi. » Je ne craindrais aucun mal, parce que vous habitez dans mon cœur par la foi. Vous êtes avec moi à présent, afin qu'après être sorti de l'ombre de la mort je sois avec vous. « Votre baguette et votre bâton m'ont consolé. » Votre discipline, qui est comme une baguette pour le troupeau de vos brebis, et comme un bâton pour vos fils devenus plus grands et déjà passés en raison de leur croissance de la vie animale à la vie spirituelle, votre discipline ne m'a point affligé, mais plutôt elle m'a consolé, parce que vous vous souvenez de moi.

5. « Vous avez préparé une table devant moi, contre ceux qui me persécutent. » (*Ibid.*, 5.) Après avoir usé de la baguette pour me former, petit et charnel que j'étais, dans les pâturages au milieu du troupeau; quand à cette baguette vous avez fait succéder votre bâton; vous avez préparé une table devant moi, afin que je ne fusse plus nourri de lait comme un petit enfant (I *Cor.*, III, 2), mais qu'ayant grandi je prisse une nourriture capable de me rendre fort contre ceux qui me persécutent. « Vous avez oint ma tête avec de l'huile; » vous avez réjoui mon âme d'une joie spirituelle. « Et combien admirable est votre calice enivrant; » et combien admirable est votre calice, qui donne l'oubli de toutes les vaines jouissances du passé!

6. « Et votre miséricorde me suivra tous les jours de ma vie, » (*Ps.* XXII, 6) c'est-à-dire tant que je vivrai dans cette vie mortelle, qui n'est pas votre vie, mais la mienne. « Pour me faire habiter dans la maison du Seigneur jusqu'à la fin des siècles. » Elle ne me suivra pas seulement ici, mais encore elle fera que j'habite éternellement dans la maison du Seigneur.

DISCOURS SUR LE PSAUME XXIIIe.

Psaume de David pour lui-même, pour le premier jour après le sabbat. (Ps. XXIII, 1.)

1. Psaume de David sur la glorification et la résurrection du Seigneur, qui a eu lieu le pre-

---

refectionis educavit me. » Super aquam baptismi, quo reficiuntur qui integritatem viresque amiserant, educavit me.

3. « Animam meam convertit. Deduxit me in semitis justitiæ, propter nomen suum. » (*Ibid.*, 3.) Deduxit me in angustis itineribus, quæ pauci ambulant, justitiæ suæ : non propter meritum meum, sed propter nomen suum.

4. « Nam et si ambulem in medio umbræ mortis. » (*Ibid.*, 4.) Nam et si ambulem in medio vitæ hujus, quæ umbra mortis est. « Non timebo mala, quoniam tu mecum es. » Non timebo mala, quoniam tu habitas in corde meo per fidem : et nunc mecum es, ut post umbram mortis etiam ego sim tecum. « Virga tua et baculus tuus, ipsa me consolata sunt. » Disciplina tua tanquam virga ad gregem ovium, et tanquam baculus jam ad grandiores filios et ab animali vita ad spiritalem crescentes, ipsa me non afflixerunt; magis consolata sunt : quia memor es mei.

5. « Parasti in conspectu meo mensam, adversus eos qui tribulant me. » (*Ibid.*, 5.) Post virgam autem, qua parvulus et animalis in grege pascuis erudiebar, post illam virgam cum esse cœpi sub baculo, parasti in conspectu meo mensam, ut non jam lacte alar parvulus, sed major cibum sumam (I *Cor.*, III, 2), firmatus adversus eos qui tribulant me. « Impinguasti in oleo caput meum. » Lætificasti lætitia spiritali mentem meam. « Et poculum tuum (a) inebrians quam præclarum est! » Et poculum tuum oblivionem præstans priorum vanarum delectationum quam præclarum est!

6. « Et misericordia tua subsequetur me omnibus diebus vitæ meæ : » (*Ps.* XXII, 6) id est, quamdiu vivo in hac mortali vita, non tua, sed mea. « Ut inhabitem in domo Domini in longitudinem dierum. » Subsequetur autem me non hic tantum, sed etiam ut inhabitem in domo Domini in æternum.

IN PSALMUM XXIII ENARRATIO.

Psalmus ipsi David, prima sabbati. (Psal. XXIII, 1.)

1. Psalmus ipsi David, de clarificatione et resur-

(a) De hac parte vers. 5, vide Enarrationem. Psal. XXXV.

mier jour après le sabbat; lequel jour a été appelé depuis lors le jour du Seigneur.

2. « La terre est au Seigneur avec tout ce qu'elle contient, la terre entière avec tous ceux qui l'habitent. » (*Ibid.*) Le Seigneur glorifié par sa résurrection est proposé à la foi de tous les peuples, et l'univers devient son Eglise. « Il l'a solidement établie au-dessus des mers. »(*Ibid.*, 2.) Il a solidement établi son Eglise au-dessus de tous les flots de ce siècle, afin qu'elle les dominât et qu'ils ne pussent lui nuire. « Il l'a élevée au-dessus des fleuves. » Les fleuves coulent dans la mer, et les hommes cupides tombent dans le gouffre du siècle; l'Eglise les domine, parce qu'ayant vaincu par la grâce de Dieu les convoitises du siècle, elle est préparée par la charité à recevoir le don de l'immortalité.

3. « Qui montera sur la montagne du Seigneur? » (*Ibid.*, 3.) Qui montera jusqu'à la hauteur infinie de la justice du Seigneur? « Ou qui demeurera dans sa sainte demeure? » Ou qui demeurera, après y être monté, dans cette demeure établie au-dessus des mers et élevée au-dessus des fleuves?

4. « Celui dont les mains sont innocentes et dont le cœur est pur. » (*Ibid.*, 4.) Qui donc y montera, qui donc y pourra demeurer, sinon celui dont les œuvres sont innocentes et dont les pensées sont pures? « Qui n'a pas reçu son âme en vain; » qui n'a pas compté son âme au nombre des choses passagères, et qui, la sentant immortelle, a voulu lui préparer une éternité stable et immuable. « Et qui n'a pas fait de serment pour tromper son prochain; » et qui pour ce motif s'est montré sans fraude à l'égard du prochain, de même que les choses éternelles sont simples et ne peuvent tromper.

5. « Il recevra la bénédiction des mains du Seigneur, et la miséricorde des mains de Dieu son Sauveur. » (*Ibid.*, 5.)

6. « Telle est la génération de ceux qui cherchent le Seigneur. » (*Ibid.*, 6.) Ainsi naissent ceux qui le cherchent. « De ceux qui cherchent la face du Dieu de Jacob. *Signe de pause.* » (*Ibid.*) Qui cherchent la face du Dieu qui a donné au plus jeune la suprématie sur son aîné.

7. « Enlevez vos portes, ô princes! » (*Ibid.*, 7.) Vous tous qui cherchez à dominer sur les hommes, enlevez, de peur qu'elles ne nuisent, les portes de la cupidité et de la crainte, que vous avez établies vous-mêmes. « Et vous, portes éternelles, ouvrez-vous. » Ouvrez-vous, portes de la vie éternelle, portes du renoncement au siècle et du retour à Dieu. « Et le Roi de gloire entrera; » et le Roi entrera, le Roi en qui nous nous glorifions sans orgueil; le Roi qui, en

---

rectione Domini, quæ matutino primæ sabbati facta est, qui jam dies Dominicus dicitur.

2. « Domini est terra et plenitudo ejus, orbis terrarum et universi qui habitant in (*a*) ea : » (*Ibid.*) cum clarificatus Dominus annuntiatur in fidem omnium gentium, et universus orbis terrarum fit Ecclesia ejus. « Ipse super maria fundavit eam. » (*Ibid.*, 2.) Ipse firmissime stabilivit eam super omnes fluctus sæculi hujus, ut ab ea superarentur, nec nocerent ei. « Et super flumina præparavit eam. » Flumina in mare fluunt, et cupidi homines labuntur in sæculum : etiam istos superat Ecclesia, quæ devictis per Dei gratiam cupiditatibus sæcularibus ad recipiendam (*b*) immortalitatem caritate parata est.

3. « Quis ascendet in montem Domini? » (*Ibid.*, 3.) Quis ascendet in altissimam justitiam Domini? « Aut quis stabit in loco sancto ejus? » Aut quis permanebit in eo, quo ascendet, super maria fundato et super flumina præparato loco?

4. « Innocens manibus et mundus corde. (*Ibid.*, 4.) Quis ergo illuc ascendet, et permanebit ibi, nisi innocens in operibus, et mundus in cogitationibus? « Qui non accepit in vano animam suam. » Qui non in rebus non permanentibus deputavit animam suam, sed eam immortalem sentiens, æternitatem stabilem atque incommutabilem desideravit. « Et non juravit proximo suo in dolo. » Et ideo sine dolo, sicut simplicia et non fallentia sunt æterna, ita se præbuit proximo suo.

5. « Hic accipiet benedictionem a Domino, et misericordiam a Deo salutari suo. » (*Ibid.*, 5.)

6. « Hæc est generatio quærentium Dominum. » (*Ibid.*, 6.) Sic enim nascuntur qui quærunt eum. « Quærentium faciem Dei Jacob. *Diapsalma.* » Quærunt autem faciem Dei, qui posterius nato primatum dedit.

7. « Tollite portas principes (*c*) vestri. » (*Ibid.*, 7.) Quicumque principatum in hominibus quæritis, auferte, ne impediant, aditus quos vos statuistis cupiditatis et timoris. « Et elevamini portæ æternales. » Et elevamini aditus æternæ vitæ, renuntiationis sæculo et conversionis ad Deum. « Et introibit rex gloriæ. » Et introibit rex, in quo sine superbia gloriemur : qui superatis portis mortalitatis, et pate-

---

(*a*) Editi, *in eo.* At Mss. constanter ferunt *in ea.* — (*b*) Sic Mss. Editi vero, *immortalitatis claritatem parata est.* — (*c*) Editi, *vestras.* Mss. vero constanter, *vestri* : sicque etiam Augustinus *in Epist.* CCXXXVII, n. 8.

brisant les portes de la mort et en ouvrant devant lui les portes du ciel, a exécuté ce qu'il avait promis en ces termes : « Réjouissez-vous, car j'ai vaincu le siècle. » (*Jean*, XVI, 33.)

8. « Qui est ce Roi de gloire ? » (*Ibid.*, 8.) La nature mortelle s'étonne et s'épouvante, elle demande : « Qui est ce Roi de gloire ? C'est le Seigneur fort et puissant, » que vous avez cru faible et opprimé. « C'est le Seigneur puissant dans la guerre. » Touchez ses cicatrices, vous sentirez qu'elles sont guéries et que l'infirmité humaine est rendue à l'immortalité. La gloire due au Seigneur sur la terre, où il a combattu la mort, lui a été donnée.

9. « Enlevez vos portes, ô princes ! » (*Ibid.*, 9.) Que d'ici-bas désormais on puisse monter vers le ciel. Que la trompette du Prophète jette une seconde fois ce cri : Princes du ciel, enlevez aussi les portes que vous avez dans le cœur des des hommes qui se sont faits les adorateurs de la milice céleste. (IV *Rois*, XVII, 16.) « Et vous, portes éternelles, ouvrez-vous. » Ouvrez-vous, portes de l'éternelle justice, de la charité et de la chasteté, vous, par qui l'âme donne son amour au seul vrai Dieu, et ne s'égare point dans une coupable fornication avec ceux qui sont appelés des dieux. « Et le Roi de gloire entrera. » Et le Roi de gloire entrera, afin qu'assis à la droite du Père, il intercède pour nous. (*Rom.*, VIII, 34.)

10. « Qui est ce Roi de gloire ? » (*Ps.* XXIII, 10.) Pourquoi, prince des puissances de l'air (*Ephés.*, II, 2), pourquoi t'étonner aussi et demander : « Qui est ce Roi de gloire ? Le Seigneur des armées est lui-même le Roi de gloire ? » Et maintenant qu'il a rendu la vie à son corps, voici qu'après avoir été tenté, il s'avance au-dessus de toi ; après avoir été tenté par l'ange prévaricateur, il s'avance au-dessus de tous les anges. Que nul de vous ne nous fasse obstacle et ne s'oppose à notre marche, afin qu'il soit honoré de nous en qualité de Dieu ; car ni les principautés, ni les anges, ni les vertus ne nous sépareront de l'amour du Christ. (*Rom.*, VIII, 33.) Mieux vaut mettre son espérance en Dieu que dans les princes de ce monde (*Ps.* CXVII, 9), afin que celui qui se glorifie, se glorifie dans le Seigneur. (I *Cor.*, I, 31.) Les vertus des cieux ont leur rôle dans la direction de ce monde, mais c'est « le Seigneur des vertus qui est le Roi de gloire. »

DISCOURS SUR LE PSAUME XXIV°.

Pour la fin : Psaume de David pour lui-même.
(Ps. XXIV, 1.)

1. Le Christ parle dans ce psaume, mais en la personne de l'Eglise : car ce que contient le psaume s'applique surtout au peuple chrétien converti à Dieu.

---

factis sibi cœlestibus, implevit quod ait : Gaudete, quoniam ego vici sæculum. (*Joan.*, XVI, 33.)

8. « Quis est iste rex gloriæ ? » (*Ps.* XXIII, 8.) Pavet admirans natura mortalis, et quærit : « Quis est iste rex gloriæ ? Dominus fortis et potens. » Quem tu infirmum et oppressum putasti. « Dominus potens in bello. » Contrecta cicatrices, et senties reparatas, et immortalitati redditam infirmitatem humanam. Persoluta est quæ debebatur terris, ubi cum morte belligerata est, clarificatio Domini.

9. « Tollite portas principes vestri. » (*Ibid.*, 9.) Hinc jam pergatur in cœlum. Exclamet iterum prophetica tuba : Tollite portas etiam cœlestes principes, quas habetis in animis hominum, qui adorant militiam cœli. (IV *Reg.*, XVII, 16.) « Et elevamini portæ æternales. » Et elevamini portæ æternæ justitiæ, caritatis et castitatis, per quas anima diligit unum verum Deum, et non fornicatur sub multis qui appellantur dii. « Et introibit rex gloriæ. » Et introibit rex gloriæ, ut ad dexteram Patris interpellet pro nobis. (*Rom.*, VIII, 34.)

10. « Quis est iste rex gloriæ ? » (*Ps.* XXIII, 10.) Quid et tu princeps potestatis aeris hujus (*Ephes.*, II, 2) miraris, et quæris : « Quis est iste rex gloriæ. Dominus virtutum ipse est rex gloriæ. » Et jam vivificato corpore, supra te pergit ille tentatus ; supra omnes Angelos tendit, ab angelo prævaricatore ille tentatus. Nemo vestrum se objiciat atque intercludat iter nostrum, ut tanquam Deus colatur a nobis : neque Principatus, neque Angelus, neque Virtus nos separat a caritate Christi. (*Rom.*, VIII, 39.) Bonum est sperare in Domino, quam sperare in principe (*Psal.* CXVII, 9) : ut qui gloriatur, in Domino glorietur. (I *Cor.*, I, 31.) Sunt quidem istæ in hujus mundi ordinatione virtutes, sed « Dominus virtutum ipse est rex gloriæ. »

IN PSALMUM XXIV ENARRATIO.

In finem : Psalmus ipsi David. (Psal. XXIV, 1.)

1. Christus, sed in Ecclesiæ persona, loquitur. Nam magis ad populum Christianum conversum ad Deum pertinent quæ dicuntur.

2. « Seigneur, j'ai élevé mon âme vers vous, » (*Ibid.*, 2) par un désir spirituel, elle qui était d'abord refoulée contre terre par des désirs charnels. « Mon Dieu, je mets ma confiance en vous; que je n'aie plus à rougir. » (*Ibid.*, 2.) Mon Dieu, la confiance que j'avais en moi-même m'a fait tomber dans les faiblesses de la chair. Abandonnant Dieu, j'ai voulu être comme Dieu, et craignant alors que le moindre des plus petits animaux ne me donnât la mort, j'ai rougi à cause des moqueries méritées par mon orgueil. Mais maintenant je mets ma confiance en vous, que je n'aie plus à rougir.

3. « Et que mes ennemis ne me tournent point en risée. » (*Ibid.*, 3.) Que ceux-là ne me tournent point en risée qui, par leurs suggestions perfides et secrètes, m'ont tendu des embûches, et qui en me disant intérieurement : marche, marche, m'ont fait tomber dans une semblable dégradation. « Car tous ceux qui attendent votre secours ne seront point confondus. »

4. « Que ceux-là soient confondus, qui commettent l'iniquité pour de vains motifs. » (*Ibid.*, 4.) Que ceux-là soient confondus qui commettent l'iniquité pour acquérir des biens périssables. « Seigneur, faites-moi connaître vos voies et enseignez-moi vos sentiers. » Enseignez-moi, non les voies larges qui conduisent la multitude à sa perte (*Matth.*, VII, 13), mais vos étroits sentiers que peu d'hommes connaissent.

5. « Conduisez-moi dans la voie de votre vérité, » (*Ps.* XXIV, 5) car je veux fuir l'erreur. « Et instruisez-moi : » car par moi-même je ne connais que le mensonge. « Parce que vous êtes mon Dieu Sauveur et que je vous ai attendu tout le jour. » En effet, chassé par vous de votre paradis (*Gen.*, III, 13), et exilé dans une contrée lointaine (*Luc*, XV, 13), je ne puis rentrer de moi-même dans votre voie, si vous ne venez à la rencontre du coupable qui erre au hasard : et pour retourner à vous j'ai attendu votre miséricorde pendant toute la durée de la vie de ce monde.

6. « Seigneur, souvenez-vous de vos miséricordes. » (*Ps.* XXIV, 6.) Seigneur, souvenez-vous des œuvres de votre miséricorde, parce que les hommes pensent, pour ainsi dire, que vous les avez oubliés. « Vos miséricordes ont commencé avec le monde. » Souvenez-vous que vos miséricordes ont commencé avec le monde. Jamais en effet vous n'avez été sans miséricorde; vous avez sans doute abandonné à la vanité l'homme pécheur, mais en lui laissant l'espérance, et vous ne l'avez pas privé des consolations si nombreuses et si grandes qu'il a reçues comme votre créature.

7. « Ne vous souvenez point des fautes de ma jeunesse et de mon ignorance. » (*Ibid.*, 7.) Ne réservez point à votre justice les fautes que j'ai

---

2. « Ad te Domine levavi animam meam : » (*Ibid.*) desiderio spiritali, quæ carnalibus desideriis conculcabatur in terra. « Deus meus in te confido, non erubescam. » (*Ibid.*, 2.) Deus meus, ex eo quod in me confidebam, perductus sum usque ad istam infirmitatem carnis; et qui deserto Deo sicut Deus esse volui, a minutissima bestiola mortem timens, de superbia mea irrisus erubui : jam ergo in te confido, non erubescam.

3. « Neque irrideant me inimici mei. » (*Ibid.*, 3.) Neque irrideant me, qui serpentinis atque occultis suggestionibus insidiantes, et suggerentes Euge, Euge, ad hæc dejecerunt. « Etenim universi qui te exspectant non confundentur. »

4. « Confundantur iniquæ facientes vana. » (*Ibid.*, 4.) Confundantur iniquæ facientes, ad acquirenda quæ transeunt. « Vias tuas Domine notas fac mihi, et semitas tuas edoce me : » quæ non latæ sunt, nec multitudinem ad interitum ducunt; sed angustas et paucis notas semitas tuas edoce me. » (*Matth.*, VII, 13.)

5. « Dirige me in veritate tua : » (*Ps.* XXIV, 5) errores fugientem. « Et doce me : » nam per meipsum non novi, nisi mendacium : « Quoniam tu es Deus salutaris meus : et te sustinui tota die. » Neque enim dimissus a te de paradiso (*Gen.*, III, 23), et in longinquam regionem peregrinatus (*Luc*, XV, 13), per meipsum redire possum, nisi occurras erranti : nam reditus meus toto tractu temporis sæcularis misericordiam tuam sustinuit.

6. « Reminiscere miserationum tuarum Domine. » (*Ps.* XXIV, 6.) Reminiscere operum misericordiæ tuæ Domine, quia tanquam oblitum te homines putant. « Et quia misericordiæ tuæ a sæculo sunt. » Et hoc reminiscere, quia misericordiæ tuæ a sæculo sunt. Nunquam enim sine illis fuisti, qui etiam peccantem hominem vanitati quidem, sed in spe subjecisti, et tot tantisque creaturæ tuæ consolationibus non descruisti.

7. « Delicta juventutis meæ et ignorantiæ meæ ne memineris. » (*Ibid.*, 7.) Delicta confidentis audaciæ meæ et ignorantiæ meæ ne ad vindictam reserves, sed tanquam excidant tibi. « Secundum misericor-

commises dans mon audace présomptueuse et dans mon ignorance, mais qu'elles sortent, pour ainsi dire, de votre mémoire. « O mon Dieu, souvenez-vous de moi selon votre miséricorde. » Souvenez-vous de moi, non point avec le ressentiment dont je suis digne, mais avec la miséricorde qui est digne de vous. « A cause de votre bonté, Seigneur : » non point à cause de mes mérites, mais, Seigneur, à cause de votre bonté.

8. « Le Seigneur est doux et juste. » (*Ibid.*, 8.) Le Seigneur est doux, puisqu'il a eu pitié des pécheurs et des impies au point de les prévenir par toutes ses grâces : mais en même temps le Seigneur est juste, parce qu'après le don miséricordieux de la vocation et du pardon, grâces qu'ils n'avaient pu mériter, il leur demandera des mérites dignes du jugement qu'il exercera au dernier jour. « C'est pourquoi il donnera à ceux qui s'égarent dans leur route la loi qui les ramènera vers lui ; » parce qu'il a étendu sa miséricorde jusqu'à les conduire et les maintenir dans la véritable voie.

9. « Il dirigera ceux qui sont doux et leur accordera un jugement favorable. » (*Ibid.*, 9.) Il dirigera ceux qui sont doux ; il ne troublera point par son jugement ceux qui suivent sa volonté et qui ne cherchent point à faire prévaloir la leur en lui résistant. « Il enseignera ses voies à ceux qui seront dociles. » Il enseignera ses voies, non à ceux qui veulent courir d'eux-mêmes en avant, comme s'ils étaient capables de se mieux diriger ; mais à ceux qui ne lèvent point fièrement la tête et qui ne regimbent pas, tandis qu'il leur impose un joug qui est plein de douceur et un fardeau qui est léger. (*Matth.*, XI, 30.)

10. « Toutes les voies du Seigneur sont miséricorde et vérité. » (*Ps.* XXIV, 10.) Quelles voies leur enseignera-t-il, si ce n'est celle de sa miséricorde qui fait qu'on le fléchit aisément, et celle de sa vérité qui fait qu'il est incorruptible. Il nous a montré l'une en pardonnant nos péchés, il nous montrera l'autre en jugeant nos mérites. C'est pourquoi toutes les voies du Seigneur sont dans les deux avénements du Fils de Dieu, le premier de miséricorde, le second de justice. Celui-là donc arrive jusqu'à lui en gardant fidèlement ses voies, qui, se voyant délivré sans aucun mérite de sa part, dépose tout orgueil, et se garde désormais de la sévérité du juge après avoir éprouvé la clémence du Sauveur. « Pour ceux qui recherchent son alliance et ses préceptes. » (*Ibid.*) Ceux-là, en effet, comprennent que le Seigneur a été un Sauveur miséricordieux dans son premier avénement et qu'il sera un juste juge dans le second, qui, pleins de douceur et de docilité, recherchent son alliance en entrant dans la vie nouvelle qu'il nous a acquise par son sang, et ses préceptes en écoutant les prophètes et les évangélistes.

11. « A cause de votre nom, Seigneur, vous me pardonnerez mes péchés, parce qu'ils sont

---

diam tuam memor esto mei Deus. » Memor esto quidem mei, non secundum iram qua ego dignus sum, sed secundum misericordiam tuam quæ te digna est. « Propter bonitatem tuam Domine. » Non propter meritum meum, sed propter bonitatem tuam Domine.

8. « Dulcis et rectus Dominus. » (*Ibid.*, 8.) Dulcis est Dominus, quandoquidem et peccantes et impios ita miseratus est, ut omnia priora donarit : sed etiam rectus est Dominus, qui post misericordiam vocationis et veniæ, quæ habet gratiam sine meritis, digna ultimo judicio merita requiret. « Propter hoc legem statuet delinquentibus in via. » Quia misericordiam prærogavit ut perduceret in viam.

9. « Diriget mites in judicio. » (*Ibid.*, 9.) Diriget mites, nec perturbabit in judicio eos qui sequuntur voluntatem ejus, nec ei resistendo præponunt suam. « Docebit mansuetos vias suas. » Docebit vias suas, non eos qui præcurrere volunt, quasi seipsos melius regere possint : sed eos qui non (*a*) erigunt cervicem, neque recalcitrant, cum eis jugum lene imponitur et sarcina levis. (*Matth.*, XII, 30.)

10. « Universæ (*b*) viæ Domini misericordia et veritas. » (*Ps.* XXIV, 10.) Quas autem vias docebit eos, nisi misericordiam qua placabilis, et veritatem qua incorruptus est? Quorum unum præbuit donando peccata, alterum merita judicando. Et ideo universæ viæ Domini, duo adventus Filii Dei, unus miserantis, alter judicantis. Pervenit ergo ad eum tenens vias ejus, qui nullis meritis suis se liberatum videns, deponit superbiam, et deinceps cavet examinantis severitatem, qui clementiam subvenientis expertus est. « Requirentibus testamentum ejus et testimonia ejus.» Intelligunt enim Dominum misericordem primo adventu, et secundo judicem, qui mites et mansueti requirunt testamentum ejus, cum sanguine suo nos in novam vitam redemit : et in Prophetis atque Evangelistis testimonia ejus.

11. « Propter nomen tuum Domine propitiaberis

(*a*) In omnibus nostris Mss. *non rapiunt cervicem*. — (*b*) Idem vers. 10. tractatur in Enarrat. Psal. LX et in CXVIII, Psal. Enarrat. XXIX.

nombreux. » (*Ibid.*, 11.) Non-seulement vous m'avez remis les péchés que j'ai commis avant de croire en vous, mais même, désarmé par le sacrifice d'un cœur contrit, vous me pardonnerez les fautes que j'ai commises depuis; et elles sont nombreuses, parce que les occasions de chute ne manquent pas dans notre route.

12. « Quel est l'homme qui ait la crainte du Seigneur? » (*Ibid.*, 12) cette crainte qui est le commencement de la sagesse. « Il lui établira une loi dans la voie qu'il a choisie. » Cet homme recevra du Seigneur une loi qui le guidera dans la voie qu'il a choisie, afin qu'il ne pèche plus par ignorance.

13. « Son âme conservera paisiblement ses biens, et sa race possédera la terre en héritage. » (*Ibid.*, 13.) Et ses œuvres lui vaudront de recevoir l'impérissable héritage d'un corps renouvelé.

14. « Le Seigneur est le ferme appui de ceux qui le craignent. » (*Ibid.*, 14.) La crainte semble réservée aux faibles, mais le Seigneur est le ferme appui de ceux qui le craignent. Le nom du Seigneur, glorifié dans tout l'univers, fait la force de ceux qui le craignent. « Et il leur donne son testament pour se manifester à eux. » Et il fait en sorte qu'ils connaissent son testament, parce que toutes les nations, jusqu'aux extrémités de la terre, sont l'héritage du Christ.

15. « Mes yeux sont constamment élevés vers le Seigneur, » (*Ibid.*, 15) « parce qu'il délivrera mes pieds de tout piége. » Je ne craindrai pas les périls de la terre, si je ne regarde pas la terre; parce que le Seigneur que je contemple, délivrera lui-même mes pieds de tout piége.

16. « Jetez les yeux sur moi et ayez pitié de moi, parce que je suis unique et pauvre; » (*Ibid.*, 16) parce que je ne forme qu'un peuple unique, et que je conserve l'humilité de votre Église unique, que nul schisme et nulle hérésie ne peuvent atteindre.

17. « Les afflictions de mon cœur se sont multipliées. » (*Ibid.*, 17.) Les afflictions de mon cœur se sont multipliées, en raison de l'iniquité qui va toujours croissant et de la charité qui se refroidit. « Délivrez-moi de mes nécessités. » C'est une nécessité pour moi de supporter ces afflictions, afin que persévérant jusqu'à la fin je sois sauvé (*Matth.*, x, 22); mais Seigneur, délivrez-moi de mes nécessités.

18. « Voyez mon humilité et ma souffrance. » (*Ps.* xxiv, 18.) Voyez mon humilité; grâce à elle, je ne me vante pas d'être juste et je ne me sépare pas de l'unité. Voyez ma souffrance, obligé que je suis de supporter à mes côtés des hommes qui rejettent ma discipline. « Et remettez-moi tous mes péchés. » Apaisé par ces sacrifices, remettez-moi mes péchés, non-seule-

---

peccato meo : multum est enim. » (*Ibid.*, 11.) Non solum peccata mea donasti, quæ antequam crederem admisi : sed et peccato meo, quod multum est, quia et in via non deest offensio, sacrificio contribulati spiritus propitiaberis.

12. « Quis est homo, qui timeat Dominum? » (*Ibid.* 12) unde incipit venire ad sapientiam. « Legem (a) statuet ei in via, quam elegit. » Legem statuet ei in via, quam liber apprehendit, ne impune jam peccet.

13. « Anima ejus in bonis demorabitur, et semen ejus hæreditate possidebit terram. » (*Ibid.*, 13.) Et opus ejus hæreditatem solidam instaurati corporis possidebit.

14. « Firmamentum est Dominus timentium eum. » (*Ibid.*, 14.) Infirmorum videtur esse timor, sed firmamentum est Dominus timentium eum. Et nomen Domini quod glorificatum est per orbem terrarum, firmat timentes eum. « Et testamentum ipsius ut manifestetur illis. » Et facit ut testamentum ipsius manifestetur illis, quia hæreditas Christi gentes sunt, et termini terræ.

15. « Oculi (b) mei semper ad Dominum; quia ipse evellet de laqueo pedes meos. » (*Ibid.*, 15.) Nec timeam pericula terrena, dum terram non intueor : quoniam ille quem intueor, evellet de laqueo pedes meos.

16. « Respice in me, et miserere mei; quoniam unicus et pauper sum ego. » (*Ibid.*, 16.) Quoniam unicus populus, unicæ Ecclesiæ tuæ servans humilitatem, quam nulla schismata vel hæreses tenent.

17. « Tribulationes cordis mei multiplicatæ sunt. » (*Ibid.*, 17.) Tribulationes cordis mei, abundante iniquitate et refrigescente caritate multiplicatæ sunt. « De necessitatibus meis educ me. » Quoniam hæc tolerare mihi necesse est, ut perseverans usque in finem salvus sim (*Matth.*, x, 22), de necessitatibus meis educ me.

18. « Vide humilitatem meam et laborem meum. » (*Ps.* xxiv, 18.) Vide humilitatem meam, qua nunquam me jactantia justitiæ ab unitate abrumpo; et laborem meum, quo indisciplinatos mihi commixtos suffero. « Et remitte omnia peccata mea. » Et his sacrificiis propitiatus remitte peccata mea, non illa tan-

---

(a) Editi, *statuit*. At Mss. *statuet* : juxta LXX, νομοθετήσει. — (b) De hoc vers. 15, vide 2. Enarrationem Psal. xxxi.

ment ceux de ma jeunesse et du temps de mon ignorance, avant que j'eusse la foi, mais aussi ceux que je commets encore, quoique vivant par la foi, en raison de ma faiblesse et des ténèbres de cette vie.

19. « Regardez mes ennemis, parce qu'ils se sont multipliés. » (*Ibid.*, 19.) Ils sont nombreux, non-seulement au dehors, mais dans la communion même de l'Eglise. « Et qu'ils me poursuivent d'une haine injuste. » Ils me haïssent, bien que je les aime.

20. « Gardez mon âme et délivrez-moi; » (*Ibid.*, 20) gardez mon âme, de crainte que je ne me laisse aller à les imiter; et délivrez-moi des perplexités où me jette le mélange de leur vie à la mienne. « Je ne serai pas confondu, parce que j'ai espéré en vous; » je ne serai pas confondu, s'ils viennent à se lever contre moi, parce que j'ai mis mon espérance, non en moi, mais en vous.

21. « Les innocents et les justes se sont attachés à moi, parce que je vous suis resté fidèle. » (*Ibid.*, 21.) Les innocents et les justes ne se mêlent pas seulement à moi par une présence corporelle, comme les méchants; mais ils s'attachent à moi par l'accord intime des cœurs, fondé sur l'innocence et la justice : et cela, parce que je ne me suis pas laissé entraîner à imiter les méchants, mais que je vous suis resté fidèle,

attendant la séparation que vous ferez du grain d'avec la paille dans votre dernière moisson.

22. « Seigneur, délivrez Israël de toutes ses tribulations. » (*Ibid.*, 22.) Seigneur, délivrez votre peuple, que vous avez préparé à jouir de votre vue; délivrez-le des afflictions qui lui viennent, non-seulement du dehors, mais même du dedans.

Ier DISCOURS SUR LE PSAUME XXVe.

De David pour lui-même. (Ps. xxv, 1.)

1. Ce psaume peut-être rapporté à David lui-même, ou, dans le langage figuré, non à Jésus-Christ médiateur et homme, mais à l'Eglise entière déjà parfaitement établie en Jésus-Christ.

2. « Jugez-moi, Seigneur, parce que j'ai marché dans mon innocence. » (*Ibid.*) Jugez-moi, Seigneur, parce qu'ayant été prévenu par votre miséricorde, je ne suis point resté sans quelque mérite, en raison de l'innocence dont j'ai suivi la voie. « Ayant mis mon espérance dans le Seigneur, je ne serai point ébranlé. » Et cependant ce n'est point en moi que j'espère par suite de mon innocence, mais c'est en Dieu seul; aussi demeurerai-je ferme en lui.

3. « Eprouvez-moi, Seigneur, et tentez-moi. » (*Ibid.*, 2.) Afin cependant que rien de ce qui est caché en moi ne me soit inconnu, éprouvez-

---

tum juventutis et ignorantiæ meæ antequam crederem, sed etiam ista quæ jam ex fide vivens per infirmitatem vel vitæ hujus caliginem admitto.

19. « Respice inimicos meos, quoniam multiplicati sunt. » (*Ibid.*, 19.) Non solum enim foris, sed etiam in ipsa intus Ecclesiæ communione non desunt. « Et odio iniquo oderunt me. » Et oderunt me diligentem se.

20. « Custodi animam meam, et erue me. » (*Ibid.*, 20.) Custodi animam meam, (*a*) ne declinem ad imitationem eorum; et erue me a perplexitate, qua mihi miscentur. « Non confundar, quoniam speravi in te. » Non confundar si forte insurgant adversum me, quoniam non in me, sed in te speravi.

21. « Innocentes et recti adhæserunt mihi, quoniam sustinui te Domine. » (*Ibid.*, 21.) Innocentes et recti non præsentia corporali miscentur tantum, sicut mali, sed consensione cordis in ipsa innocentia et rectitudine adhærent mihi : quoniam non defeci, ut imitarer malos; sed sustinui te, exspectans ventilationem ultimæ messis tuæ.

22. « Redime Deus Israel ex omnibus tribulationibus ejus. » (*Ibid.*, 22.) Redime Deus populum tuum, quem præparasti ad visionem tuam, ex tribulationibus ejus, non tantum quas foris, sed etiam quas intus tolerat.

IN PSALMUM XXV ENARRATIO I.

Ipsi David. (Psal. xxv, 1.)

1. Ipsi David, non mediatori homini Christo Jesu, sed (*b*) omni Ecclesiæ jam perfecte in Christo stabilitæ, attribui potest.

2. « Judica me Domine, quoniam ego in innocentia mea ambulavi. » (*Ibid.*) Judica me Domine, quoniam post misericordiam quam tu mihi prærogasti, innocentiæ meæ habeo aliquod meritum, cujus viam custodivi. « Et in Domino sperans non (*c*) movebor. » Nec tamen etiam sic in me, sed in Domino sperans, permanebo in eo.

3. « Proba me Domine, et tenta me. » (*Ibid.*, 2.) Ne quid tamen occultorum meorum me lateat, proba

---

(*a*) Editi, *declinem*. Mss. *decliner*. — (*b*) Mss. prope omnes ferunt, *sed homini Ecclesiæ jam perfecte in Christo stabilito*. — (*c*) Sic editio Lov. At Er. et septem Mss. *non infirmabor*.

moi, Seigneur, et tentez-moi; me manifestant, non à vous-même à qui rien n'échappe, mais à moi et aux hommes. « Brûlez mes reins et mon cœur. » Appliquez le feu, comme un remède purifiant, à mes jouissances et à mes pensées. « Parce que votre miséricorde est devant mes yeux. » (*Ibid.*, 3.) Parce que, pour n'être point consumé par ce feu, j'ai constamment sous les yeux, non mes propres mérites, mais votre miséricorde qui m'a conduit à cette vie d'innocence. « Et que j'ai plu par votre vérité. » Et parce que le mensonge qui était en moi m'a déplu, et que votre vérité m'a plu, j'ai plu moi-même avec elle et en elle.

4. « Je ne me suis point assis dans l'assemblée de la vanité. » (*Ibid.*, 4.) Je n'ai point voulu que mon cœur s'attachât à ceux qui s'efforcent uniquement d'être heureux, par la jouissance des choses périssables, ce qui est impossible. « Et je ne ferai point société avec ceux qui commettent l'iniquité. » Je n'aurai point de secrètes intelligences avec ceux qui commettent le mal, parce qu'une telle union est cause de mille iniquités.

5. « J'ai eu en aversion les réunions des méchants. » (*Ibid.*, 5.) En effet, avant d'en arriver aux assemblées même de la vanité, il se fait des réunions entre les méchants; ces réunions, je les ai détestées. « Et je ne m'assiérai point avec les impies. » C'est pourquoi je ne m'assiérai point dans de semblables réunions au milieu des impies, c'est-à-dire je n'y prendrai point plaisir. « Et je ne m'assiérai point avec les impies. »

6. « Je laverai mes mains dans la compagnie des innocents. » (*Ibid.*, 6.) Je n'accomplirai que des œuvres pures au milieu d'hommes innocents. Je laverai dans la compagnie des innocents mes mains, à l'aide desquelles je toucherai vos sublimes mystères. « Et je me tiendrai auprès de votre autel. »

7. « Afin d'entendre les chants de louange; » (*Ibid.*, 7) afin que j'apprenne comment je dois vous louer. « Et de raconter toutes vos merveilles. » Et quand je l'aurai appris, je raconterai toutes vos merveilles.

8. « Seigneur, j'ai aimé la beauté de votre maison, » (*Ibid.*, 8) de votre Eglise. « Et le lieu qu'habite votre gloire, » et le lieu où vous habitez et où vous êtes glorifié.

9. « Ne perdez point mon âme avec les impies. » (*Ibid.*, 9.) Ne perdez point avec ceux qui vous haïssent mon âme qui a aimé la beauté de votre maison. « Ni ma vie avec les hommes de sang; » avec ceux qui haïssent le prochain. Car deux préceptes font la beauté de votre maison.

10. « L'iniquité souille leurs mains. » (*Ibid.*,

---

me Domine, et tenta me, notum me faciens, non tibi quem nihil latet, sed mihi atque hominibus. « Ure renes meos et cor meum. » Adhibe medicinale purgatorium, quasi ignem, delectationibus et cogitationibus meis. « Quoniam misericordia tua ante oculos meos est. » (*Ibid.*, 3.) Quoniam ne illo igne consumar, non merita mea, sed misericordia tua, qua me ad talem vitam perduxisti, ante oculos meos est. « Et complacui in veritate tua. » Et quia displicuit mihi meum mendacium, complacuit autem veritas tua, placui etiam ipse cum illa et in illa.

4. « Non sedi cum concilio vanitatis. » (*Ibid.*, 4.) Non elegi apponere cor meum his qui providere conantur, quemadmodum, quod fieri non potest, rerum transeuntium (*a*) perfructione beati sint. « Et cum iniqua gerentibus non introibo. » Et quia ipsa causa est omnium iniquitatum, ideo cum iniqua gerentibus absconditam conscientiam non habebo.

5. « Odio habui congregationem malignorum. » (*Ibid.*, 5.) Ut autem veniatur ad ipsum concilium vanitatis, congregationes malignorum fiunt, quas odio habui. « Et cum impiis non sedebo. » Et ideo cum tali concilio, cum impiis non sedebo, id est, placitum non collocabo. « Et cum impiis non sedebo. »

6. « Lavabo (*b*) in innocentibus manus meas. » (*Ibid.*, 6.) Munda faciam inter innocentes opera mea: Lavabo inter innocentes manus meas, quibus amplexabor sublimia tua. « Et circumdabo altare tuum Domine. »

7. « Ut audiam vocem laudis tuæ. » (*Ibid.*, 7.) Ut discam quemadmodum te laudem. « Et enarrem universa mirabilia tua. » Et cum didicero, exponam omnia mirabilia tua.

8. « Domine dilexi decorem domus tuæ: » (*Ibid.*, 8) Ecclesiæ tuæ. « Et locum habitationis gloriæ tuæ: » ubi habitans glorificaris.

9. « Ne perdas cum impiis animam meam. » (*Ibid.*, 9.) Ne ergo simul perdas cum his qui te oderunt, animam meam, quæ dilexit decorem domus tuæ. « Et cum viris sanguinum vitam meam. » Et cum his qui proximum oderunt. Nam duobus præceptis decoratur domus tua.

10. « In quorum manibus iniquitates sunt. » (*Ibid.*,

(*a*) Editi, *perfunctione*. Sed melius aliquot Mss. *perfructione*.— (*b*) Editi, *inter innocentes*. Mss. *in innocentibus*, Græc. LXX, ἐν ἀθώοις.

10.) Ne me perdez donc pas avec les impies et les hommes de sang, dont les œuvres sont impures. « Leur droite est pleine de présents. » Ce qui leur a été donné pour acquérir le salut éternel, ils l'ont employé à acquérir les biens de ce monde, s'imaginant que la piété est un moyen de s'enrichir. (I *Tim.*, VI, 5.)

11. « Pour moi, j'ai marché dans mon innocence, rachetez-moi et prenez pitié de moi. (*Ps.* XXV, 11.) Que le prix si considérable du sang de mon Dieu serve à me délivrer entièrement, et que dans les périls de cette vie votre miséricorde ne m'abandonne pas.

12. « Mon pied est demeuré ferme dans la voie droite. » (*Ibid.*, 12.) Mon amour ne s'est point éloigné de votre justice. « Je vous bénirai, Seigneur, dans les assemblées des hommes. » Je ferai connaître à ceux que vous avez appelés la manière de vous bénir, car à mon amour pour vous j'unis en seconde ligne mon amour pour le prochain.

IIe DISCOURS SUR LE PSAUME XXVe (1).

1. Pendant la lecture de saint Paul, Votre Sainteté a entendu avec nous les paroles suivantes : « Comme la vérité est en Jésus, vous avez appris à dépouiller le vieil homme que corrompt l'illusion des passions, selon lequel vous viviez d'abord ; renouvelez-vous donc dans l'intérieur de votre âme et revêtez l'homme nouveau, qui a été créé selon Dieu dans la justice et dans la sainteté de la vérité. » (*Ephés.*, IV, 21.) Et de peur que quelqu'un ne crût qu'il s'agissait de quitter quelque chose de matériel, comme le fait celui qui retire sa tunique, ou de prendre quelque objet du dehors, comme celui qui prend un vêtement, ôtant pour ainsi dire une tunique afin d'en revêtir une autre; de peur que cette interprétation toute matérielle de ses paroles n'empêchât les hommes d'exécuter ses préceptes au dedans d'eux-mêmes et d'une manière toute spirituelle; l'Apôtre a poursuivi sa pensée et expliqué ce que c'était que de dépouiller le vieil homme et de se revêtir de l'homme nouveau. Car le reste de son discours a trait à cette explication. Il donne en effet réponse à qui semble lui demander : mais comment me dépouiller de l'homme ancien et revêtir le nouveau? Suis-je donc comme une tierce personne, pour déposer l'homme ancien que je possédais, et en prendre un nouveau que je ne possédais pas? Faut-il donc comprendre la présence de trois hommes, parmi lesquels celui du milieu dépose le premier et prend le dernier? De crainte qu'embarrassé par ces pensées toutes grossières,

(1) Discours au peuple. L'orateur exhorte les bons à supporter les méchants dans l'Eglise, et à reconnaître en eux-mêmes les dons de Dieu.

10.) Ne itaque me perdas cum impiis et cum viris sanguinum, quorum opera iniqua sunt. « Dextera eorum repleta est muneribus. » Et quod ad obtinendam salutem æternam datum est, ad accipiendam hujus sæculi munera converterunt, existimantes quæstum esse pietatem. (I *Tim.*, VI, 5.)

11. « Ego autem in innocentia mea ambulavi : redime me, et miserere mei. » (*Ps.* XXIV, 11.) Valeat mihi ad perfectionem liberationis, tantum pretium sanguinis Domini mei ; et in periculis hujus vitæ, misericordia tua non deserat me.

12. « Pes meus stetit in rectitudine. » (*Ibid.*, 12.) Dilectio mea non recessit a justitia tua. « In Ecclesiis benedicam te Domine. » Non occultabo eis quos vocasti benedictionem tuam Domine ; quoniam dilectioni tuæ subiníero proximi dilectionem.

IN PSALMUM XXV ENARRATIO II.

1. Paulus Apostolus cum legeretur, audivit nobiscum Sanctitas Vestra : « Sicut est, inquit, veritas in Jesu, deponere vos secundum priorem conversationem veterem hominem, eum qui corrumpitur secundum concupiscentias deceptionis; renovamini autem spiritu mentis vestræ, et induite novum hominem qui secundum Deum creatus est in justitia et sanctitate veritatis. » (*Ephes.*, IV, 21, 22, etc.) Et ne aliquis arbitraretur deponendam esse aliquam substantiam, quemadmodum se exspoliat tunica; aut aliquid forinsecus accipiendum, quomodo accipit aliquod vestimentum, quasi ponens unam tunicam et sumens alteram, et carnalis iste intellectus non permitteret homines agere in se intus spiritualiter quod præcipiebat Apostolus; secutus est, et exposuit quid esset exui veterem hominem, et indui novum. Cætera enim lectionis ipsius ad eumdem intellectum pertinent. Ait quippe quasi dicenti : Et quomodo me exuturus sum veterem, aut quomodo induturus novum? An ipse tertius homo sum depositurus veterem hominem, quem habui, et accepturus novum, quem non habui; ut tres homines intelligantur, et sit in medio qui deponit veterem hominem, et accipit novum? Ne ergo quisquam tali carnali cogitatione impediatur, minus faceret quod jubetur, et non

le chrétien ne fît point tout ce qui lui était ordonné, et qu'il ne rejetât son inaction sur l'obscurité du précepte, l'Apôtre a dit plus bas : « C'est pourquoi, dépouillez-vous du mensonge et parlez selon la vérité. » Voilà ce que c'est que dépouiller le vieil homme et revêtir le nouveau. « C'est pourquoi, dépouillez-vous du mensonge, et que chacun dise la vérité à son prochain ; parce que nous sommes les membres les uns des autres. » (*Ibid.*, 25.)

2. Mais qu'aucun de vous, mes frères, ne pense qu'il faille dire la vérité au chrétien et qu'il soit permis de mentir au païen. L'Apôtre vous a prescrit de dire la vérité à votre prochain. Or, votre prochain c'est celui qui est né comme vous d'Adam et d'Ève. Nous sommes tous le prochain les uns des autres par la condition de notre naissance terrestre, et nous devenons des frères par l'espérance de l'héritage céleste. Vous devez regarder tout homme comme votre prochain, avant même qu'il ne soit chrétien. Car vous ne savez ce qu'il est devant Dieu ; vous ignorez ce que Dieu sait de lui dans sa prescience. Quelquefois, celui que vous raillez, parce qu'il adore des pierres, se convertit à Dieu, et l'adore peut-être avec plus de religion que vous, qui peu auparavant vous moquiez de lui. Ces hommes qui n'appartiennent point encore à l'Eglise sont donc déjà nos proches d'une manière cachée ; et il en est de cachés dans l'Eglise qui sont grandement éloignés de nous. C'est pourquoi, nous qui ne connaissons pas l'avenir, nous devons regarder tout homme comme notre prochain, non-seulement par la condition commune de la mortalité humaine, qui nous a fait naître sur terre dans les mêmes conditions, mais encore par l'espérance de l'héritage éternel ; car nous ne savons ce que sera dans l'avenir celui qui n'est rien aujourd'hui.

3. Ecoutez donc attentivement les autres choses que renferme ce précepte de revêtir l'homme nouveau après avoir dépouillé l'ancien. « Laissez-là le mensonge, dit l'Apôtre, et que chacun dise la vérité à son prochain, parce que nous sommes les membres les uns des autres. Mettez-vous en colère et gardez-vous de pécher. » (*Ibid.*, 26.) Vous êtes irrité contre votre serviteur parce qu'il a commis une faute ; de peur de pécher aussi, mettez-vous en colère contre vous-même. « Que le soleil ne se couche pas sur votre colère. » Ces mots peuvent être compris littéralement du temps qui nous est donné ; car, si parfois la colère vient à surprendre le chrétien, en raison de la condition humaine et de la faiblesse de notre nature mortelle, du moins ne doit-elle pas durer longtemps et provenir de la veille. Bannissez-la de votre cœur avant le coucher de la lumière visible, de peur que vous ne soyez abandonné de la lumière invisible. Mais il y a pour ces paroles une autre

---

faciens excusaret se de obscuritate lectionis, dicit in consequentibus : « Quapropter deponentes mendacium, loquimini veritatem. » (*Ibid.*, 25.) Et ecce hoc est deponere veterem hominem, et induere novum. « Quapropter deponentes mendacium, loquimini veritatem, unusquisque cum proximo suo : quia sumus invicem membra. »

2. Ne autem quisquam vestrum ita cogitet, Fratres, cum Christiano loquendam veritatem et cum pagano mendacium. Cum proximo tuo loquere. Proximus tuus ille est, qui tecum natus est ex Adam et Eva. Omnes proximi sumus conditione terrenæ nativitatis : sed aliter fratres illa spe cœlestis hæreditatis. Proximum tuum debes putare omnem hominem, et antequam sit Christianus. Non enim nosti quid sit apud Deum, quomodo illum præsciverit Deus ignoras. Aliquando quem irrides adorantem lapides, convertitur, et adorat Deum, fortasse religiosius quam tu, qui eum paulo ante irridebas. Sunt ergo proximi nostri latentes in his hominibus, qui nondum sunt in Ecclesia ; et sunt longe a nobis latentes in Ecclesia. Ideoque qui non scimus futura, unumquemque proximum habeamus, non solum conditione mortalitatis humanæ, qua in hanc terram eadem sorte devenimus ; sed etiam spe illius hæreditatis, quia non scimus quid futurus sit qui modo nihil est.

3. Ergo attendite cætera in induendo novum hominem et exuendo veterem. « Deponentes, inquit, mendacium, loquimini veritatem unusquisque cum proximo suo : quia sumus invicem membra. Irascimini, et nolite peccare. » (*Ibid.*, 26.) Si propterea irasceris servo tuo, quia peccavit : ne et tu ipse pecces, irascere tibi. « Sol non occidat super iracundiam vestram. » (*Ibid.*) Intelligitur quidem secundum tempus fratres : quia etsi ex ipsa humana conditione et infirmitate mortalitatis, quam portamus, subrepit ira Christiano, non debet diu teneri et fieri pridiana. Ejice illam de corde antequam occidat lux ista visibilis, ne te deserat lux invisibilis. Sed et aliter bene intelligitur, quia est noster sol justitiæ veritas Christus ; non iste sol qui adora-

interprétation satisfaisante. Le Christ qui est la vérité est notre soleil de justice; non point ce soleil qu'adorent les païens et les manichéens et que les pécheurs même peuvent voir, mais cet autre soleil dont la vérité éclaire la nature humaine et qui réjouit les Anges. Les yeux affaiblis du cœur humain tremblent sous ses rayons; cependant ils se purifient par la pratique des commandements et parviennent à le contempler. Quand ce soleil a commencé à habiter en vous par la foi, prenez garde que la colère qui naîtrait dans votre cœur ne soit assez violente pour qu'il se couche sur cette colère, c'est-à-dire pour que le Christ vienne à quitter votre cœur : car le Christ se refuse à habiter avec votre colère. Il paraît en effet se coucher pour vous, et c'est vous qui vous couchez pour lui : car la colère en vieillissant devient de la haine et, dès que la haine se produit en vous, vous devenez homicide. Car « quiconque hait son frère, dit l'apôtre saint Jean, est homicide. » (I *Jean*, III, 15.) Le même apôtre dit encore : « Tout homme qui hait son frère, demeure dans les ténèbres. « (I *Jean*, II, 9.) Quoi d'étonnant que celui-là reste dans les ténèbres, pour qui le soleil est couché?

4. On peut rapporter à ce que je viens de dire ce que vous avez lu dans l'Evangile : « La barque était en danger sur le lac et Jésus dormait. » (*Luc*, VIII, 23.) En effet, nous naviguons sur un lac, où les vents et les tempêtes ne manquent pas : notre barque est presque submergée sous les flots des tentations quotidiennes de ce monde. D'où cela vient-il, sinon de ce que Jésus est endormi? Si Jésus ne dormait point en vous, vous ne seriez point en butte à ces tempêtes; mais vous jouiriez intérieurement d'un calme parfait, parce que Jésus veillerait avec vous. Que signifie donc cette parole : Jésus est endormi? Elle signifie que votre foi à l'égard de Jésus est endormie. Les tempêtes du lac se soulèvent; vous voyez les méchants prospérer et les bons souffrir : voilà la tentation, voilà le flot. Et vous dites dans votre âme : O Dieu, est-ce là votre justice, que les méchants prospèrent et que les bons soient abandonnés à la souffrance? Vous dites à Dieu : Est-ce là votre justice? Et Dieu vous répond : Est-ce là votre foi? Que vous ai-je donc promis? Vous êtes-vous fait chrétien pour trouver la prospérité en ce monde? Vous êtes tourmenté parce que les méchants prospèrent ici-bas, eux qui seront ensuite tourmentés avec les démons. Mais d'où vient que vous parlez ainsi? D'où vient que vous êtes agité par les flots du lac et par la tempête? Parce que Jésus est endormi, ou plutôt parce que votre foi à l'égard de Jésus est endormie dans votre cœur. Que faites-vous pour être déli-

---

tur a Paganis et Manichæis, et videtur etiam a peccatoribus; sed ille alius cujus veritate humana natura illustratur, ad quem gaudent Angeli : hominum autem (a) infirmatæ acies cordis etsi trepidant sub radiis ejus, ad eum tamen contemplandum per mandata purgantur. Cum cœperit iste sol in homine habitare per fidem, non tantum in te valeat iracundia quæ in te nascitur, ut occidat super iracundiam tuam, id est, deserat Christus mentem tuam; quia non vult habitare Christus cum iracundia tua. Videtur enim quasi ipse a te occidere, cum tu ab ipso occidas : quia ira cum inveteraverit, odium fit; cum factum fuerit odium, jam homicida es. « Omnis enim qui odit fratrem suum, homicida est, » (I *Joan.*, III, 15) sicut dicit Joannes Apostolus. Item ipse dicit, « quia omnis qui odit fratrem suum, in tenebris manet. » (I *Joan.*, II, 9.) Et non mirum si ille in tenebris manet, a quo occidit sol.

4. Ad hoc forte etiam pertinet quod audistis in Evangelio : Periclitabatur navigium in stagno, et dormiebat Jesus. (*Luc.*, VIII, 23.) Navigamus enim per quoddam stagnum, et ventus et procellæ non desunt : tentationibus quotidianis hujus sæculi prope oppletur nostrum navigium. Unde autem fit, nisi quia dormit Jesus? Si non dormiret in te Jesus, tempestates istas non patereris; sed tranquillitatem haberes interius, convigilante tecum Jesu. Quid est autem dormit Jesus? Fides tua quæ est de Jesu, obdormivit. Surgunt procellæ stagni hujus, vides malos florere, bonos laborare, tentatio est, fluctus est. Et (b) dicit anima tua : O Deus, ipsa est justitia tua, ut mali floreant, boni laborent? Dicis Deo : Ipsa est justitia tua? Et Deus tibi : Ipsa est fides tua? Hæc enim tibi promisi? ad hoc Christianus factus es, ut in sæculo isto florercs? (c) torqueris, quia hic mali florent, qui cum diabolo postea torquebuntur? Sed unde hoc dicis? unde fluctibus stagni et tempestate turbaris? Quia dormit Jesus, id est, quia fides tua quæ est de Jesu, sopita est in corde tuo. Quid facis ut libereris? Excita Jesum, et

---

(a) Sic vetus cod. Corb. At editi *hominum enim infirmitate acies*. — (b) Tredecim Mss. *Et dubitat anima tua*. — (c) Sic Er. Mss. At Lov. *ut in sæculo isto floreres, et in futuro postea in inferno miserrime torquereris? Quia hic mali florent*, etc.

vré? Eveillez Jésus, et dites-lui : « Maître, nous périssons. » (*Ibid.*, 24.) Les incertitudes de notre route sur ces eaux nous effrayent; nous périssons. Il s'éveillera, c'est-à-dire, votre foi reviendra en vous, et, avec l'aide de Jésus, vous considérerez dans votre cœur que les biens maintenant accordés aux méchants ne leur resteront pas. Ces biens leur échapperont pendant leur vie, où ils seront abandonnés par eux au moment de leur mort. Au contraire, ce qui vous est promis vous restera pour l'éternité. Ce qui leur est accordé dans le temps leur est vite enlevé. « Car le méchant a fleuri comme la fleur du foin. Toute chair est comme le foin, le foin s'est desséché et sa fleur est tombée : mais la parole du Seigneur demeure éternellement. » (*Isa.*, XL, 6.) Tournez donc le dos aux choses qui tombent, et le regard vers les choses qui demeurent. Quand le Christ s'éveillera, la tempête n'agitera plus votre cœur, et les flots ne seront plus sur le point de submerger votre barque; parce que votre foi dominera les vents et les flots et que le danger disparaîtra. C'est à cela que se rapporte, mes frères, tout ce que l'Apôtre dit sur la nécessité de se dépouiller du vieil homme : « Mettez-vous en colère et ne péchez point; que le soleil ne se couche point sur votre colère, et ne donnez point prise au démon. » (*Ephés.*, IV, 26.) L'homme ancien lui donnait prise, qu'il n'en soit plus ainsi de l'homme nouveau. « Que celui qui dérobait, ne dérobe plus. » (*Ibid.*) L'homme ancien dérobait, que l'homme nouveau ne dérobe plus. L'homme ancien et l'homme nouveau sont bien un homme; ils sont un seul homme. Cet homme était Adam, qu'il soit le Christ. Il était ancien, qu'il soit nouveau : et ainsi des autres paroles qui viennent à la suite.

5. Mais voyons le psaume avec grand soin : il nous enseignera que plus un homme fait de progrès spirituels dans l'Eglise, plus il doit supporter les méchants qui sont dans l'Eglise. Il ne les connaît même pas; tandis qu'un grand nombre de méchants murmurent contre les méchants : car un homme en bonne santé supporte plus aisément la société de deux malades, que deux malades ne se supportent mutuellement. Voici donc, mes frères, ce que nous avons à dire. L'Eglise de ce temps est une aire : nous l'avons dit souvent, et le disons souvent encore, elle contient à la fois la paille et le blé. Que personne ne cherche à se séparer de toute la paille, avant l'heure où le blé sera vanné. Que nul ne quitte l'aire avant ce moment, sous prétexte de ne pouvoir souffrir les pécheurs; de peur que trouvé hors de l'aire il ne soit ramassé par les oiseaux, avant d'avoir été rangé dans le grenier. Prêtez attention, mes frères, à cette explication. Quand on commence à battre le blé, les grains dispersés au milieu de la paille ne se touchent plus. Ils ne se connaissent plus, pour ainsi dire, en raison de la paille qui les sépare.

---

dic : « Magister, perimus. » (*Ibid.*, 24.) Movent enim incerta stagni : perimus. Evigilabit ille, id est, rediet ad te fides tua; et adjuvante illo, considerabis in anima tua, quia quæ dantur modo malis, non cum illis perseverabunt. Aut enim viventes eos deserunt, aut a morientibus deseruntur. Tibi autem quod promittitur, manebit in æternum. Illis quod temporaliter conceditur, cito tollitur. Floruit enim ut flos fœni. « Omnis enim caro fœnum : aruit fœnum, et flos decidit : verbum autem Domini manet in æternum. » (*Isai.*, XL, 6, etc.) Pone ergo dorsum ad id quod cadit, et faciem ad illud quod manet. Evigilante Christo jam tempestas illa non quatiet cor tuum, non opplebunt fluctus navim tuam ; quia fides tua imperat ventis et fluctibus, et transiet periculum. Ad hoc enim pertinet, Fratres, totum id quod dicit Apostolus, de exuendo veterem hominem. « Irascimini, et nolite peccare : sol non occidat super iracundiam vestram : neque locum detis diabolo. » (*Ephes.*, IV, 26, 27, etc.) Vetus ergo dabat locum, novus non det. Qui furabatur, jam non furetur. Vetus ergo furabatur, novus non furetur. Ipse homo est, unus homo est : Adam erat, Christus sit : vetus erat, novus sit; et cætera quæ ibi sequuntur.

5. Sed Psalmum videamus paulo diligentius, quia cum quisque profecerit in Ecclesia , necesse est patiatur malos in Ecclesia. Sed non eos cognoscit qui talis est ; quanquam multi mali murmurent adversus malos, quomodo facilius unus sanus fert duos ægrotos , quam duo ægroti se invicem singulos. Itaque hoc præcipimus, Fratres , Area est Ecclesia hujus temporis : sæpe diximus, sæpe dicimus : Et paleam habet et frumentum. Nemo quærat exire totam paleam, nisi tempore ventilationis. Nemo ante tempus ventilationis deserat aream, quasi dum non vult pati peccatores : ne præter aream inventus, prius ab avibus colligatur, quam ingrediatur in horreum. Quomodo autem hoc, Fratres, dicamus attendite. Grana cum cœperint triturari, inter paleas jam se non tangunt; ita quasi se non noverunt, quia

Si l'on regarde l'aire à quelque distance, il semble qu'elle ne contienne que de la paille; et il est difficile de parvenir à discerner le grain, à moins qu'on n'y regarde avec plus de soin, à moins qu'on n'y mette la main, à moins qu'avec le souffle de la bouche on ne distingue le grain en le purifiant de la paille. Donc les grains eux-mêmes se trouvent comme séparés les uns des autres, et privés de tout contact mutuel; de telle sorte que l'homme vertueux, à mesure qu'il progresse dans le bien, se croit seul. Cette pensée, mes frères, a tenté Elie, cet homme d'une sainteté si excellente (III *Rois*, XIX, 10), et il a dit à Dieu, au rapport même de l'Apôtre : « Ils ont tué vos prophètes, ils ont renversé vos autels : je suis resté seul et ils me cherchent pour me faire périr. » Mais quelle réponse Dieu lui fit-il? « Je me suis réservé sept mille hommes qui n'ont point fléchi le genou devant Baal. » (*Rom.*, XI, 3, 4.) Dieu n'a point dit à Elie : il y en a deux ou trois autres qui sont semblables à vous; ne croyez pas que vous soyez seul. Il y en a sept mille autres, a-t-il dit, et vous vous croyez seul! Voici donc en peu de mots, ce que nous avons à dire, ainsi que déjà j'ai commencé à l'exposer. Que Votre fraternelle Sainteté m'écoute avec attention, et que la miséricorde de Dieu descende en nos cœurs, afin que ma parole soit comprise de vous, qu'elle fructifie et qu'elle opère en vous. Ecoutez ces quelques mots : Que celui qui est encore mauvais ne s'imagine pas qu'il n'y a personne de bon; et que celui qui est bon ne croie pas que lui seul est bon. Est-ce bien compris? Je répète : écoutez bien. Que celui qui se sent méchant, lorsqu'il interroge sa conscience et que sa conscience lui rend un mauvais témoignage, ne s'imagine pas que nul autre ne soit bon : que celui qui est bon, ne croie pas l'être seul; et que le bon ne craigne rien de son mélange avec les méchants, parce que le jour viendra où il sera séparé d'eux. C'est à cela que se rapporte le verset que nous avons chanté aujourd'hui : « Ne perdez pas mon âme avec les impies et ma vie avec les hommes de sang. » (*Ps.* XXV, 9.) Que veut dire ceci : « Ne perdez pas avec les impies? » Cela veut dire : ne perdez pas en même temps. Pourquoi le Prophète craint-il d'être perdu en même temps que les impies? Je vois en effet qu'il dit à Dieu : puisque vous permettez que nous soyons ensemble, du moins ne perdez pas ensemble ceux que vous laissez ensemble. C'est là le sens de tout le psaume que je veux examiner avec Votre Sainteté, en peu de mots parce qu'il est court.

6. « Jugez-moi, Seigneur. » (*Ps.* XXV, 1.) Le Prophète forme un vœu qui peut lui être fâcheux, et qui est presque un danger : il souhaite d'être jugé. Mais quel est ce jugement qu'il désire? Il désire d'être séparé d'avec les mé-

---

intercedit palea. Et quicumque longius attendit aream, paleam solam putat : nisi diligentius intueatur, nisi manum porrigat, nisi spiritu oris, id est, flatu purgante discernat, difficile pervenit ad discretionem granorum. Ergo aliquando et ipsa grana ita sunt, quasi sejuncta ab invicem, et non se tangentia, ut putet unusquisque cum profecerit, quod solus sit. Hæc cogitatio, Fratres, Eliam tentavit, tantum virum (III *Reg.*, XIX, 10); et dixit ad Deum, sicut etiam Apostolus commemorat : « Prophetas tuos occiderunt, altaria tua suffoderunt, et ego remansi solus, et quærunt animam meam. » Sed quid dicit illi responsum divinum? « Reliqui mihi septem millia virorum, qui non curvaverunt genua ante Baal. » (*Rom.*, XI, 3, 4.) Non dixit ei : Habes alios duos aut tres similes tibi. Noli, inquit, putare te solum. Alia, inquit, septem millia sunt, et solum te putas? Itaque hoc breviter præcipimus, ut dicere cœperam. Intendat mecum fraterna Sanctitas Vestra, et adsit misericordia Dei in cordibus nostris, ut sic a vobis intelligatur, ut fructificet, et in vobis operetur. Audite breviter : Quisquis adhuc malus est, non putet neminem bonum esse : quisquis bonus est, non putet se solum bonum esse. Tenetis hoc? Ecce repeto, videte quia dico : Quisquis malus est, interrogans conscientiam suam, et male sibi renuntians, non arbitretur neminem bonum esse : quisquis bonus est, non arbitretur se solum bonum esse; et non timeat bonus in commixtione malorum, quia veniet tempus ut inde segregetur. Ad hoc enim hodie cantavimus : « Ne perdas cum impiis animam meam, et cum viris sanguinum vitam meam. » (*Psal.* XXV, 9.) Quid enim est : « Ne cum impiis perdas? » Ne simul perdas. Quare timet ne simul perdat? Video enim dictum Deo, quia modo simul nos pateris, quos pateris simul, noli perdere simul. Et hoc habet totus Psalmus, quem volo breviter cum Sanctitate Vestra considerare, quia brevis est.

6. « Judica me Domine. » (*Psal.* XXV, 1.) Molesta vota et quasi periculosa optat sibi, ut judicetur. Quid est judicari quod optat? Discerni se optat a malis. Alio loco evidenter dicit de ipso judicio discretionis;

chants. Dans un autre psaume il parle d'une manière manifeste de ce jugement qui doit le séparer d'eux : « Jugez-moi, Seigneur, et séparez ma cause de celle de la nation qui n'est pas sainte. » (*Ps.* XLII, 1.) Il montre que ces mots « jugez-moi » expriment la demande que, les bons et les méchants entrant également aujourd'hui dans l'Eglise, les bons et les méchants ne soient point également précipités, comme sans jugement, dans le feu éternel. « Jugez-moi, Seigneur. » Pourquoi? « Parce que j'ai marché dans mon innocence, et qu'ayant mis mon espérance dans le Seigneur, je ne serai point ébranlé. » (*Ps.* XXV, 1.) Pourquoi ces mots : « J'ai espéré dans le Seigneur? » C'est que celui-là chancelle encore au milieu des méchants, qui n'espère pas dans le Seigneur. C'est là l'origine des schismes. Les schismatiques (1) ont tremblé de se voir parmi les méchants, quoiqu'eux-mêmes fussent pires encore, comme s'ils ne voulaient pas être bons au milieu des méchants. Oh! s'ils eussent été des grains de blé, ils auraient patiemment supporté la paille dans l'aire jusqu'au moment de la séparation. Mais, comme ils n'étaient que paille, le vent ayant soufflé avant l'heure où le blé devait être vanné les a enlevés de l'aire et les a jetés dans les épines. Mais de ce qu'un peu de paille a été jeté au loin, s'ensuit-il qu'il ne soit resté dans l'aire que du pur froment? Non : rien ne s'envole de l'aire avant le jour de la séparation si ce n'est de la paille, mais il reste toujours de la paille avec le grain, et toute la paille ne sera livrée au vent qu'au jour où le grain sera vanné. C'est en ce sens que le Prophète a dit : « J'ai marché dans mon innocence; et, parce que j'ai mis mon espérance dans le Seigneur, je ne serai point ébranlé. » Si, en effet, je mets mon espérance dans un homme, peut-être le verrai-je un jour mener une vie mauvaise, s'écarter des voies du bien qu'il a apprises ou qu'il enseigne dans l'Eglise, et suivre un chemin que le démon lui aura enseigné; et parce que j'aurai mis mon espérance dans un homme, cet homme venant à chanceler, mon espérance chancellera avec lui, et cet homme venant à tomber, mon espérance tombera avec lui : mais comme j'ai mis mon espérance en Dieu seul, je ne serai pas ébranlé.

7. Il continue : « Eprouvez-moi, Seigneur, et tentez-moi : brûlez mes reins et mon cœur. » (*Ps.* XXV, 2.) Que veut dire : « Brûlez mes reins et mon cœur? » Brûlez mes jouissances, brûlez mes pensées (le cœur signifie ici les pensées, et les reins les jouissances), de peur que je ne pense quelque chose de mal, de peur que je ne jouisse de quelque chose de mal. Mais comment brûlerez-vous mes reins? avec le feu de votre parole. Comment brûlerez-vous mon cœur? par la chaleur de votre souffle. Le Prophète dit de cette chaleur en un autre endroit. « Nul ne peut se dérober à sa chaleur. » (*Ps.* XVIII, 7.) Et le Sei-

(1) Contre les Donatistes.

« Judica me Domine, et discerne causam meam de gente non sancta. » (*Psal.* XLII, 1.) Ostendit quid dixerit : « Judica : » ne tanquam sine judicio (quia modo et boni et mali intrant in Ecclesiam) et boni et mali eant in ignem æternum. « Judica me Domine. » Quare? « Quoniam ego in innocentia mea ambulavi, et in Domino sperans non movebor. » Quid est, « in Domino sperans? » Ille enim titubat inter malos, qui non in Domino sperat. Hinc factum est schismata fierent. Trepidaverunt inter malos, cum ipsi pejores essent, et quasi nollent esse boni inter malos. O si frumenta essent, usque ad tempus ventilationis paleam in area tolerarent. Sed quia palea erant, flavit ventus ante ipsam ventilationem, et rapuit de area paleam, et projecit in spinas. Et palea quidem inde projecta est : sed numquid quod remansit frumentum solum est? Non volat ante ventilationem nisi palea, remanet autem et frumentum et palea : ventilabitur vero palea cum venerit tempus ventilationis. Hoc dixit iste : « In innocentia mea ambulavi, et in Domino sperans non movebor. » Si enim speravero in homine, visurus sum fortasse ipsum hominem aliquando male viventem, nec eas vias tenentem, quas vel didicit vel docet in Ecclesia bonas, sed quas diabolo docente sectatus est; et quia spes mea in homine erit, titubante homine titubabit spes mea, et cadente homine cadet spes mea : quia vero in Domino spero, non movebor.

7. Sequitur : « Proba me Domine, et tenta me; ure renes meos et cor meum. » (*Psal.* XXV, 2.) Quid est, « ure renes meos et cor meum? » Ure delectationes meas, ure cogitationes meas, (cor pro cogitationibus, renes pro delectationibus posuit;) ne aliquid mali cogitem, ne aliquid mali me delectet. Unde autem ures renes meos? igne verbi tui. Unde ures cor meum? calore spiritus tui. De quo calore alibi dicitur : « Et non est qui se abscondat a calore ejus. » (*Psal.* XVIII, 7.) Et de quo igne Dominus dicit :

gneur dit de ce feu : « Je suis venu apporter le feu sur la terre. » (*Luc*, XII, 49.)

8. Il poursuit donc : « Parce que votre miséricorde est devant mes yeux, et que je me suis complu dans votre vérité. » (*Ps*. xxv, 3.) C'est-à-dire : Je n'ai pas mis mes complaisances dans un homme, mais en vous, au dedans de moi, où pénètrent vos regards. Je ne m'inquiète pas si je déplais là où pénètrent les regards des hommes, selon la parole de l'Apôtre : « Que chacun examine ses propres actions, et alors il ne trouvera sa gloire qu'en lui-même et non en autrui. » (*Gal*., VI, 4.)

9. « Je ne me suis point assis dans l'assemblée de la vanité. » (*Ps*. xxv, 4.) Que Votre Sainteté fasse attention au sens de ces mots : « Je ne me suis point assis. » Le Prophète dit qu'aux yeux de Dieu « il ne s'est point assis. » Quelquefois vous n'êtes point dans une assemblée, et pourtant vous y êtes assis. Par exemple, vous n'êtes point au théâtre, mais vous songez aux choses du théâtre, contre lesquelles il est dit : brûlez mes reins : vous y êtes donc assis de cœur, bien que votre corps en soit éloigné. Il peut arriver au contraire que quelqu'un vous prenne et vous y retienne, ou encore qu'un pieux devoir vous y fasse assister. Comment cela ? Un devoir de charité peut obliger un serviteur de Dieu à prendre place dans l'amphithéâtre. Il veut par exemple délivrer je ne sais quel gladiateur; il assiste donc à ce spectacle jusqu'à ce que sorte celui qu'il veut délivrer. Certes, cet homme ne s'est point assis dans l'assemblée de la vanité, bien que de corps il y parût assis. Qu'est-ce donc qu'être assis ? C'est partager les sentiments de ceux qui sont assis en quelque lieu : si vous ne le faites pas, quoique présent de corps, vous ne vous êtes point assis parmi eux; si vous le faites, bien qu'absent de corps, vous vous êtes réellement assis en cet endroit (1). « Et je n'entrerai point dans le même lieu que ceux qui commettent l'iniquité. J'ai eu en aversion les réunions des méchants. » (*Ibid*., 5.) Vous voyez qu'il est dans l'intérieur de ces assemblées. « Et je ne m'assiérai pas avec les impies. » (*Ibid*., 5.)

10. « Je laverai mes mains dans la compagnie des innocents, » (*Ibid*., 6) mais non avec de l'eau visible. Vous lavez vos mains, quand vous pensez à vos actions avec piété et innocence sous le regard de Dieu; parce que sous le regard de Dieu est placé l'autel où est venu le prêtre qui le premier s'est offert pour nous. C'est l'autel des cieux : nul n'embrasse cet autel, qui n'ait lavé ses mains dans la compagnie des innocents.

(1) Saint Augustin ne rappelle point ici ce qui peut-être n'arriva que plus tard à la conférence de Carthage, où les Donatistes refusèrent de siéger avec les catholiques, sous prétexte que ce psaume défendait de s'asseoir avec les impies. Il leur fut répondu que déjà, puisqu'ils étaient entrés avec les catholiques, ils avaient péché contre ce passage : *Je n'entrerai point dans le même lieu que ceux qui commettent l'iniquité*. On leur démontra d'ailleurs que ces deux expressions : s'asseoir et entrer, devaient s'entendre, non d'une action corporelle, mais d'une action toute spirituelle. Voyez le *liv*. *aux Donatistes après la conférence*, ch. v.

« Ignem veni mittere in terram. » (*Luc*., XII, 49.)

8. Ergo sequitur : « Quoniam misericordia tua ante oculos meos est, et complacui in veritate tua. » (*Psal*. xxv, 3.) Hoc est, non in homine complacui, sed intus complacui tibi, ubi tu vides : et non timeo si displiceam ubi homines vident, sicut ait Apostolus : « Opus autem suum probet unusquisque, et tunc in semetipso tantum habebit gloriam, et non in altero. » (*Gal*., VI, 4.)

9. « Non sedi, inquit, cum concilio vanitatis. » (*Psal*. xxv, 4.) Hoc quid est : « Non sedi, » intendat Sanctitas Vestra. Quomodo videt Deus, dicit « Non sedi. » Aliquando non es in concilio, et ibi sedes. Verbi gratia, in theatro non sedes, sed cogitas theatrica, contra quæ dictum est : Ure renes meos : ibi sedes corde, quamvis non sis ibi corpore. Contingit autem ut tenearis ab aliquo, et ibi colligeris, aut aliquod officium pium faciat te ibi sedere. Quomodo potest hoc evenire ? Contingit ex officio pietatis ut servo Dei sit necessitas in amphitheatro esse; liberare volebat nescio quem gladiatorem, fieri posset ut sederet, et exspectaret, donec ille exiret quem liberare cupiebat. Ecce non sedit in concilio vanitatis, quamvis illic corpore sedere videretur. Quid est sedere ? Consentire cum his qui ibi sedent : quod si præsens non feceris, non ibi sedisti : si absens feceris, sedisti ibi. « Et cum iniqua gerentibus non introibo. Odio habui congregationem malignorum. » (*Psal*. xxv, 5.) Videtis quia intus est. « Et cum impiis non sedebo. »

10. « Lavabo in innocentibus manus meas : » (*Psal*. xxv, 6) non aqua ista visibili. Lavas manus, quando pie cogitas de operibus tuis, et (*a*) innocenter coram oculis Dei : quia est et altare coram oculis Dei, quo ingressus est sacerdos, qui pro nobis se primus obtulit. Est cœleste altare, et non amplectitur illud altare, nisi qui lavat manus in innocentibus. Nam multi altare hoc tangunt indigni, et tolerat Deus

(*a*) Er. et quinque Mss. *innocens es*.

Quant à cet autel visible, il y en a beaucoup qui le touchent, quoiqu'ils en soient indignes, et Dieu souffre pour un temps que ses mystères reçoivent cet outrage. Mais, mes frères, en sera-t-il de la Jérusalem céleste comme de l'enceinte de ce temple? Non : vous ne serez pas reçus avec les méchants dans le sein d'Abraham, comme vous êtes reçus avec eux dans l'enceinte de ce temple. Ne craignez donc pas et purifiez vos mains. « Et je me tiendrai auprès de votre autel, » à l'endroit où vous offrez vos vœux au Seigneur, où vous répandez à ses pieds vos prières, où vous dites à Dieu ce que vous êtes; et s'il y a en vous quelque chose qui lui déplaise, Dieu à qui vous l'avouez y apporte remède. Lavez donc vos mains dans la compagnie des innocents, et tenez-vous auprès de l'autel du Seigneur, afin d'entendre les cantiques chantés à sa gloire.

11. Telle est en effet la suite du psaume : « Afin d'entendre les chants de louange, et de raconter toutes vos merveilles. » (*Ibid.*, 7.) Que signifient ces mots : « Afin d'entendre les chants de louange? » Afin de comprendre, dit-il. C'est en effet là entendre devant Dieu, et non point ouïr des sons que beaucoup entendent et que peu comprennent. Combien n'y en a-t-il pas qui nous entendent et qui sont sourds à l'égard de Dieu? Combien qui ont des oreilles, mais qui n'ont pas celles dont Jésus a dit : « Que celui-là entende qui a des oreilles pour entendre. » (*Matth.*, XIII, 9.) Qu'est-ce donc qu'entendre les chants de louange? Je le dirai, si je le puis, avec l'aide de la miséricorde divine et avec le secours de vos prières. Entendre les chants de louange, c'est comprendre intérieurement que tout ce qu'il y a de mal en vous par le péché vient de vous; et que tout le bien qui peut vous rendre juste vient de Dieu. Comprenez les chants de louange de telle sorte que vous ne vous louiez point, même quand vous êtes bon. Car en vous louant vous-même de ce que vous êtes bon, vous devenez mauvais. L'humilité vous avait rendu bon, l'orgueil vous rend mauvais. Vous vous êtes converti pour être éclairé, et votre conversion vous a éclairé, votre conversion vous a rendu tout éclatant de lumière. Mais vers qui vous êtes-vous tourné? Est-ce vers vous? S'il vous suffisait de vous tourner vers vous pour être éclairé, vous ne seriez jamais dans les ténèbres puisque vous êtes sans cesse avec vous. Pourquoi donc avez-vous été éclairé? parce que vous êtes tourné vers quelque chose que vous n'étiez pas. Quelle est cette autre chose que vous n'étiez pas? Dieu qui est lumière. Vous n'étiez pas lumière, parce que vous étiez pécheur; l'Apôtre dit en effet à ceux qu'il engage à entendre les chants de louange : « Vous avez été autrefois ténèbres, et maintenant vous êtes lumière. » (*Ephés.*, v, 8.) Que veut dire : vous

---

pati injuriam ad tempus sacramenta sua. Sed numquid, Fratres mei, quomodo sunt parietes isti, sic erit Jerusalem cœlestis? Non quomodo recipieris cum malis intra parietes istos Ecclesiæ, ita recipieris cum malis in sinum Abrahæ. Non ergo timeas, lava manus. « Et circumdabo altare Domini : » ubi offers vota Domino, ubi preces fundis, ubi conscientia tua pura est, ubi dicis Deo qui sis : et si aliquid est in te forte quod displiceat Deo, curat ille cui confiteris. Lava ergo in innocentibus manus tuas, et circumda altare Domini, ut audias vocem laudis.

11. Hoc enim sequitur : « Ut audiam vocem laudis, et enarrem universa mirabilia tua. » (*Psal.* XXV, 7.) Quid est : « Ut audiam vocem laudis? » Ut intelligam, inquit. Hoc est enim audire coram Deo, non quomodo sonos istos, quos multi audiunt, et multi non audiunt. Quam multi ad nos audientes sunt, et ad Deum surdi sunt! Quam multi habentes aures, non habent illas aures de quibus dicit Jesus : « Qui habet aures audiendi audiat! » (*Matth.*, XIII, 9.) Ergo quid est audire vocem laudis? Dicam si potero, adjuvante misericordia Domini, et orationibus vestris. Audire vocem laudis, est intelligere intus, quidquid in te mali est de peccatis, tuum est; quidquid boni in justificationibus, Dei est. Ita audi vocem laudis, ut non te laudes et quando bonus es. Nam laudando te bonum, fis malus. Bonum enim te fecerat humilitas, malum te facit superbia. Conversus eras ut illuminareris, et conversione tua factus es luminosus, factus illustratus conversione. Sed (*a*) quo? numquid ad te? Si ad te conversus posses illuminari, nunquam posses tenebrari, quia tecum semper esses. Quare illuminatus es? Quia convertisti te ad aliud quod tu non eras. Quid est aliud quod tu non eras? Deus lumen est. Non enim tu lumen eras, quia peccator eras. Dicit enim Apostolus eis, quos vult audire vocem laudis : Fuistis enim aliquando tenebræ, nunc autem lux. (*Ephes.*, v, 8.) Quid est : Fuistis aliquando tenebræ, nisi veteres homines? Nunc autem lux : non sine causa lux estis, qui

(*a*) Sic Mss. At editi : *Sed a quo? numquid a te. Si a te*, etc.

avez été autrefois ténèbres, sinon vous avez été le vieil homme? Et maintenant vous êtes lumière : ce n'est pas sans une cause que vous êtes lumière après avoir été ténèbres; et cette cause c'est que vous avez été éclairé. Ne croyez donc pas que vous soyez vous-même lumière : la lumière est celle « qui éclaire tout homme venant en ce monde; » (*Jean*, I, 9) vous, au contraire, par vous-même, par votre mauvaise volonté, par votre aversion pour la lumière, vous n'étiez que ténèbres; et maintenant vous êtes éclairé. Mais de peur que ceux auxquels il a dit : « Vous êtes maintenant lumière, » ne viennent à en prendre de l'orgueil, l'Apôtre ajoute aussitôt : « dans le Seigneur. » Voici en effet toute sa phrase : « Vous avez été autrefois ténèbres, et maintenant vous êtes lumière dans le Seigneur. » Par conséquent, si en dehors de Dieu vous n'êtes point lumière, et si au contraire vous êtes lumière dès lors que vous êtes en Dieu, « qu'avez-vous que vous n'ayez reçu? Et si vous avez reçu ce que vous avez, pourquoi vous en glorifier, comme si vous ne l'aviez pas reçu? » (I *Cor.*, IV, 7.) C'est là ce qu'a dit l'Apôtre lui-même en un autre endroit à des hommes orgueilleux qui voulaient s'attribuer ce qui vient de Dieu et se glorifier du bien comme d'une chose qui leur appartient. « Qu'avez-vous, disait l'Apôtre, que vous n'ayez reçu? Et si vous avez reçu ce que vous avez, pourquoi vous en glorifier, comme si vous ne l'aviez pas reçu? » (*Ibid.*)

Celui qui a donné à l'humble ôte au superbe : car celui qui a donné, a le pouvoir d'ôter. C'est à cet enseignement, mes frères, que se rapporte (si toutefois j'ai bien exprimé ma pensée, et je l'ai exprimée autant que je l'ai pu, quoique non autant que je l'ai voulu), c'est à cet enseignement que se rapporte cette parole du psaume : « Je laverai mes mains dans la compagnie des innocents, et je me tiendrai, Seigneur, auprès de votre autel, afin d'entendre les chants de louange et de raconter toutes vos merveilles; » c'est-à-dire : je ne m'attribuerai pas le bien qui est en moi, mais je vous l'attribuerai, à vous qui me l'avez donné; et je ne chercherai pas à être loué en moi pour quelque chose venant de moi, mais je chercherai à être loué en vous pour ce qui vient de vous. Aussi le Prophète ajoute-t-il : « Afin d'entendre les chants de louange et de raconter toutes vos merveilles; » non les miennes, mais les vôtres.

12. Et maintenant, mes frères, voyez cet homme qui aime Dieu et qui attribue tout à Dieu, voyez-le placé au milieu des méchants et priant Dieu de ne pas le perdre avec les méchants, parce qu'il sait qu'il ne se trompe point dans ses jugements. Pour vous, quand vous voyez plusieurs personnes entrer dans un même endroit, vous pensez qu'elles ont le même mérite; mais Dieu ne se trompe pas, ne craignez rien. Pour vous, vous discernez le blé d'avec la paille, quand le vent a exercé son jugement;

---

fuistis jam dudum tenebræ, nisi (*a*) quia illuminati estis. Noli putare te ipsum esse lucem : illa est lux, « quæ illuminat omnem hominem venientem in hunc mundum » (*Joan.*, I, 9) tu autem per teipsum, per malam voluntatem, per aversionem tuam tenebratus eras, modo luces. Sed subjecit statim, ne superbirent illi quibus dictum est : Nunc autem lux; et addidit, in Domino. Sic enim ait : Fuistis aliquando tenebræ, nunc autem lux in Domino. Ergo si præter Dominum, nec lux : si autem ideo lux, quia in Domino; quid habes quod non accepisti? Si autem accepisti, quid gloriaris quasi non acceperis? Hoc enim ipse Apostolus dixit alio loco hominibus superbientibus, et volentibus sibi tribuere quod Dei est, et de bono sic gloriari quasi de suo, hoc eis dicit : « Quid enim habes quod non accepisti? Si autem accepisti, quid gloriaris quasi non acceperis? » (I *Cor.*, IV, 7.) Qui dedit humili, aufert superbo : quia qui dedit, potest auferre. Ad hoc enim pertinet, Fratres :

si tamen exposui quod volui; exposui autem quantum potui, etsi non quantum volui : ad hoc pertinet quod ait : « Lavabo in innocentibus manus meas, et circumdabo altare tuum Domine, ut audiam vocem laudis tuæ : » id est, ex ipso bono meo non de me præsumam, sed de te qui dedisti, ne laudari velim de me in me, sed de te in te. Ideo sequitur : « Ut audiam vocem laudis tuæ, et enarrem universa mirabilia tua : » non mea, sed tua.

12. Et jam videte Fratres, videte amatorem illum Dei de Deo præsumentem, positum inter malos, rogantem Deum ut non comperdatur cum malis, quia non errat Deus in judicando. Tu enim cum videris homines in unum locum intrasse, putas ejusdem meriti esse : Deus autem non fallitur, noli timere. Tu judicante vento discernis paleam a frumento : ventum vis flare tibi, et tu non es ventus, sed optas tibi flare ventum : et cum ventilabro utrumque excusseris, ventus leve tollit, grave ma-

(*a*) Editi, *quare, nisi quia*, etc. Abest, *quare* a Mss.

c'est pourquoi vous réclamez l'action du vent, parce que vous n'êtes pas vous-même le vent, et vous lui demandez son souffle. Or, quand vous avez livré tout ensemble le grain et la paille à la puissance du vent, celui-ci entraîne ce qui est léger et laisse ce qui est pesant. Vous recourez donc au vent pour exercer votre jugement dans l'aire de votre grange. Mais est-ce que Dieu cherche quelqu'un pour juger avec lui, dans la crainte de perdre les bons avec les méchants ? Ne craignez donc rien. Vous qui êtes bon, soyez tranquille au milieu même des méchants et répétez ces paroles que vous entendez : « Seigneur, j'ai aimé la beauté de votre maison. » (*Ps.* xxv, 8.) L'Église est la maison de Dieu, elle contient encore des méchants, mais la beauté de la maison de Dieu est dans les bons, elle est dans les saints ; c'est la beauté même de la maison de Dieu que j'ai aimée. « Et le lieu qu'habite votre gloire. » Qu'est-ce que cela ? Je vais le dire. Il y a dans ce texte un peu d'obscurité, que le Seigneur daigne m'aider ! Et vous aussi aidez-moi par l'attention de votre cœur, soutenue par l'inspiration du même Dieu. Que dit le Prophète ? « Et le lieu qu'habite votre gloire. » Il a dit d'abord : « J'ai aimé la beauté de votre maison, » et il explique ce qu'est la beauté de la maison de Dieu, en ajoutant : « Et le lieu qu'habite votre gloire. » Il ne lui suffit pas de dire : Le lieu que Dieu habite ; mais il dit : le lieu qu'habite la gloire de Dieu. Quelle est la gloire de Dieu ? celle dont je disais, il n'y a qu'un instant : Que celui qui est bon cherche sa gloire, non en lui-même, mais dans le Seigneur (I *Cor.*, I, 31) ; car tous ont péché et ont besoin de la gloire de Dieu. (*Rom.*, III, 23.) Par conséquent, ceux dans lesquels Dieu habite de manière à être glorifié en eux de ses propres biens ; ceux qui ne veulent point s'attribuer et réclamer comme leur bien propre tout ce qu'ils ont reçu de Dieu, ceux-là font partie de la beauté de la maison de Dieu. Et l'Écriture ne les distinguerait point de la sorte, s'il n'y avait pas d'autres hommes qui, après avoir reçu le don de Dieu, ne veulent pas chercher leur gloire en Dieu, mais en eux-mêmes : ils possèdent le don de Dieu, mais ils ne font point partie de la beauté de la maison de Dieu. Ceux qui font partie de la maison de Dieu et dans lesquels habite la gloire de Dieu sont véritablement le lieu qu'habite la gloire de Dieu. Mais en qui habite la gloire de Dieu, si ce n'est en ceux qui cherchent leur gloire, non en eux-mêmes, mais en Dieu. C'est pourquoi, parce que j'ai aimé la beauté de votre maison, c'est-à-dire tous ceux qui y demeurent et qui cherchent votre gloire ; parce que je n'ai point mis dans l'homme une confiance présomptueuse, et que je n'ai point partagé les sentiments des impies ; parce que je n'entrerai pas et ne m'assiérai pas dans leur assemblée ; parce que telle a été ma conduite dans l'Église de Dieu, que me donnerez-vous en retour ? Nous trouvons la réponse à la suite : « Ne perdez point mon âme avec les impies,

net. Quæris ergo ventum ad judicandam aream. Numquid Deus quærit alterum qui secum judicet, ne perdat cum malis bonos ? Non itaque timeas ; securus esto bonus, etiam in medio malorum, et dic quæ audis : « Domine, dilexi decorem domus tuæ. » (*Psal.* xxv, 8.) Domus Dei, Ecclesia est ; adhuc habet malos, sed decor domus Dei in bonis est, in sanctis est : ipsum decorem domus tuæ dilexi. « Et locum habitationis gloriæ tuæ. » Quid est hoc ? Et hoc dicam, ad illum sensum pertinet subobscurum aliquantum : adjuvet me Dominus, et intentio cordis vestri ab eodem Domino inspirata. Quid ait, « locum habitationis gloriæ tuæ ? » Dixit prius, « decorem domus tuæ : » et exponit quid sit decor domus Dei : « Locus, inquit, habitationis gloriæ tuæ. » Non sufficit dicere : Locus habitationis Dei : sed : Locus habitationis gloriæ Dei. Quæ est gloria Dei ? De qua paulo ante dicebam, ut et qui fit bonus, non in se, « sed in Domino glorietur. » (I *Cor.*, I, 31.) « Omnes enim peccaverunt, et egent gloria Dei. » (*Rom.*, III, 23.) In quibus ergo sic habitat Dominus, ut et de bonis suis ipse glorificetur, ut non sibi velint tribuere, et quasi proprium vindicare quod ab illo acceperunt, ipsi pertinent ad decorem domus Dei. Nec discerni illos vellet Scriptura, nisi quia sunt quidam qui donum Dei habent quidem, et nolunt in Deo gloriari, sed in se : habent quidem donum Dei, sed non pertinent ad decorem domus Dei. Qui enim pertinent ad decorem domus Dei, in quibus habitat gloria Dei, ipsi sunt locus habitationis gloriæ Dei. In quibus autem habitat gloria Dei, nisi qui sic glorientur, ut non in se, sed in Domino glorientur ? Ergo quia dilexi decorem domus tuæ, id est, omnes qui ibi sunt et gloriam tuam quærunt ; sed et non præsumpsi in homine, et non consensi impiis, et non introibo, et non sedebo in congregatione eorum ; quia ita fui in Ecclesia Dei, quid mihi retribues ? Sequitur quid respondeamus. « Ne comperdas cum impiis animam

ni ma vie avec les hommes de sang. » (*Ps.* xxv, 9.)

13. « L'iniquité souille leurs mains; leur droite est pleine de présents. » (*Ibid.*, 10.) Les présents ne sont pas seulement une somme d'argent, ni seulement de l'or et de l'argent, ni seulement certains cadeaux; et d'autre part, tous ceux qui reçoivent ces choses ne reçoivent pas pour cela les présents dont il s'agit. Ces choses sont en effet quelquefois acceptées par l'Eglise. Ce dont je parle, Pierre l'a reçu, le Seigneur l'a reçu; il avait une bourse, et Judas dérobait ce qu'on y mettait. (*Jean*, XII, 7.) Mais qu'est-ce que recevoir des présents? C'est louer un homme, flatter un homme pour des présents; c'est toucher le prix de sa flatterie; c'est juger contre la vérité pour des présents. Et pour quels présents? Celui qui juge injustement non-seulement pour de l'or, de l'argent ou autre chose semblable, mais même pour une louange, a reçu un présent, et, en ce dernier cas, le plus vain de tous. Car il a tendu la main pour recevoir le témoignage d'une langue étrangère, et il a perdu le témoignage de sa conscience. « L'impiété souille donc leurs mains et leur droite est pleine de présents. » Vous voyez, mes frères, que ceux qui, en présence de Dieu, n'ont point les mains souillées par l'impiété, ni la droite remplie de présents, ne sont connus pour tels que de Dieu; ne peuvent dire qu'à Dieu seul: vous savez, et ne peuvent invoquer que lui par ces paroles: « Ne perdez point mon âme avec les impies, ni ma vie avec les hommes de sang. » Dieu seul, en effet, peut voir qu'ils ne reçoivent pas de présents. Il arrive, par exemple, que deux hommes plaident devant un serviteur de Dieu; chacun d'eux croit que sa cause seule est juste, car s'il pensait sa cause injuste, il ne chercherait point de juge. L'un croit donc avoir raison et l'autre également. Ils viennent devant le juge. Avant que la sentence soit rendue, ils disent tous les deux: Nous acceptons votre jugement, quel qu'il soit; loin de nous de le contredire. Quel est donc votre arrêt? Jugez à votre gré, seulement jugez, et si je rejette quoi que ce soit de votre jugement, que je sois anathème. Tous deux aiment leur juge, avant qu'il n'ait jugé, mais quand la sentence sera prononcée, elle sera contraire à l'un des deux et ni l'un ni l'autre ne sait à qui elle sera contraire. Si donc le juge veut plaire à tous les deux, il recevra pour présent la louange des hommes. Mais en recevant ce présent, voyez quel est le bien qu'il perd. Il reçoit une parole qui ne rend qu'un son et qui passe; et il perd une parole qui ne passe point. La parole de Dieu est toujours dite et ne passe jamais; la parole des hommes passe au moment même où elle est prononcée. Il garde

meam, et cum viris sanguinum vitam meam. » (*Psal.* xxv, 9.)

13. « In quorum manibus iniquitates sunt, dextera eorum repleta est muneribus. » (*Ibid.*, 10.) Munera non solum pecunia est, non solum aurum et argentum, non solum (*a*) exenia sunt; neque omnes qui accipiunt ea, accipiunt munera. Aliquando enim accipiuntur ab Ecclesia. Quod dico, Petrus accepit, Dominus accepit, loculos habuit, ea quæ mittebantur Judas auferebat. (*Joan.*, XII, 7.) Sed quid est accipere munera? Propter munera laudare hominem, (*b*) adulari homini, palpare blandiendo, judicare contra veritatem propter munera. Propter quæ munera? Non solum propter aurum et argentum et hujusmodi aliquid, sed etiam propter laudem qui judicat male, munus accipit, et munus quo nihil inanius. Patuit enim illi manus ad accipiendum judicium linguæ alienæ, et perdidit judicium conscientiæ suæ. Ergo « in quorum manibus iniquitates sunt, dextera eorum repleta est muneribus. » Videtis Fratres quia coram Deo sunt, et in quorum manibus non sunt iniquitates, nec dextera eorum repleta est muneribus, utique coram Deo, et non possunt nisi Deo dicere: Tu scis: non possunt nisi illi dicere: Ne comperdas cum impiis animam meam, et cum viris sanguinum vitam meam: qui solus potest videre, quia non accipiunt munera. Verbi causa: contingit ut duo homines habeant causam apud servum Dei, nemo nisi suam justam dicit causam. Nam si iniquam putaret causam suam, judicem non quæreret. Et ille se putat justam causam habere, et ille. Veniunt ad judicem: antequam proferatur sententia, ambo dicunt: Amplectimur judicium tuum, quidquid judicaveris, absit ut respuamus. Quid et tu dicis? Judica quidvis, tantum judica: prorsus si in aliquo repugnavero, anathema sim. Ambo amant judicem antequam judicet. Cum autem dicta fuerit sententia, contra unum erit; et neuter eorum scit contra quem futura est. Ille ergo si utrisque placere voluerit, accipit munus laudem hominum. Sed accepto munere isto, videte quod munus amittat. Accipit quod sonat, et transit: perdit quod dicitur, et nunquam transit. Verbum Dei sem-

(*a*) Editi, *xenia*. At omnes Mss. *exenia.* — (*b*) In Mss. *adulare hominem.*

ce qui est vain, il laisse échapper ce qui est solide. Si, au contraire, il n'a que Dieu devant les yeux, il rendra une sentence défavorable à l'un des deux, ayant les yeux fixés sur Dieu, dont il considèrera le jugement à venir, tandis qu'il rendra son arrêt. Mais celui contre lequel la sentence aura été rendue, s'il ne peut la faire casser, parce qu'il est lié, sinon peut-être par le droit ecclésiastique, au moins par la loi des princes du monde, qui, par déférence pour l'Eglise (1), ont été jusqu'à statuer que ses jugements, quels qu'ils fussent, ne pourraient être infirmés; si, dis-je, il ne peut la faire casser, du moins il se refuse, dès cet instant, à se connaître lui-même; il tourne contre son juge des yeux égarés par la passion, et il le décrie autant qu'il le peut. Il a voulu, dit-il, plaire à mon adversaire; il l'a favorisé parce qu'il est riche; ou bien il a reçu de lui des présents, ou il a craint de l'offenser. Il l'accuse donc comme s'il avait reçu des présents. Si au contraire le procès a lieu entre un riche et un pauvre, et que la sentence soit en faveur du pauvre, le riche dit encore : le juge a reçu des présents. Quels présents recevoir d'un pauvre? Il a vu que cet homme était pauvre, dit le riche, et de peur qu'on ne lui reprochât d'avoir agi contre un pauvre, il a fait taire la justice et rendu un jugement opposé à la vérité. Comme ces récriminations sont inévitables, concluez de là que ceux qui ne reçoivent pas de présents, ne peuvent dire que devant Dieu, qui seul voit ceux qui reçoivent et ceux qui ne reçoivent pas : « Pour moi, j'ai marché dans mon innocence; rachetez-moi et prenez pitié de moi. Mon pied est demeuré ferme dans la voie droite. » (*Ps.* xxv, 11, 12.) J'ai été de tout côté ébranlé par des occasions de chutes et par les tentations que me suscitaient ceux qui, avec la témérité habituelle aux hommes, ont attaqué mes jugements. Mais « mon pied est demeuré ferme dans la voie droite. » Pourquoi « dans la voie droite? » Parce qu'il a dit plus haut : « Ayant mis mon espérance dans le Seigneur, je ne serai point ébranlé. » (*Ibid.*, 1.)

14. Comment termine-t-il donc? « Je vous bénirai, Seigneur, dans les assemblées des hommes. » (*Ibid.*, 12.) C'est-à-dire : je ne me bénirai pas dans les assemblées, comme étant sûr des hommes, mais je vous bénirai par mes œuvres. En effet, mes frères, bénir Dieu dans les assemblées des hommes, c'est vivre de telle sorte que Dieu soit béni par les bonnes mœurs de chacun. Car celui qui bénit le Seigneur par la langue et non par les œuvres ne bénit point le Seigneur dans les assemblées des hommes. Presque tous le bénissent de la langue, mais

---

(1) Il y a sur ce sujet dans le code Théodosien, liv. XVI, titre *Des jugements Episcopaux*, une loi de Constantin, donnée à Ablavius, préfet du prétoire, par laquelle l'Empereur ordonne que *les sentences prononcées par les Evêques, de quelque nature qu'elles soient, soient toujours tenues pour inviolables et irrévocables, et que toutes les causes, même celles qui appartiennent au droit civil ou au droit prétorien, lorsqu'elles sont terminées par un jugement épiscopal, soient regardées pour toujours comme valables en droit et irrévocablement jugées.*

---

per dicitur, nunquam transit : verbum hominis mox ut dictum fuerit, transit. Tenet inania, dimittit solida. Si autem Deum intueatur, prolaturus est sententiam contra unum, (a) considerato Deo, sub quo judice illam profert. Ille autem contra quem prolata fuerit, et si jam effringi non potest, quia tenetur jure forte non Ecclesiastico, sed principum sæculi, qui tantum detulerunt Ecclesiæ, ut quidquid in ea judicatum fuerit, dissolvi non possit : si ergo effringi non potest, jam non vult intueri se, et cæcos oculos dirigit in judicem, detrahit quantum potest. Placere illi, inquit, voluit, diviti favit, aut aliquid ab illo accepit, aut timuit illum offendere. Accusat quasi accepta sint munera. Si autem pauper habuerit contra divitem, et pro paupere fuerit judicatum; dicit item dives : Accepit munera. Quæ munera a paupere? Vidit, inquit, pauperem, et ne reprehenderetur quod contra pauperem fecerit, oppressit justitiam, et protulit contra veritatem sententiam. Cum ergo necesse sit ut hoc dicatur, videte non posse dici ab his qui munera non accipiunt, nisi coram oculis Dei, qui solus videt quis accipiat, et quis non accipiat : « Ego autem in innocentia mea ambulavi, redime me, et miserere mei : » (*Psal.* xxv, 11) « pes meus stetit in rectitudine. » *Ibid.*, 12.) Concussus sum quidem undique scandalis et tentationibus reprehendentium judicium humana temeritate : sed « pes meus stetit in rectitudine. » Quare autem « in rectitudine? » Quia superius dixerat : « Et in Domino sperans non movebor. » (*Ibid.*, 1.)

14. Quid ergo concludit? « In Ecclesiis benedicam te Domine. » (*Ibid.*, 12.) Id est, in Ecclesiis non me benedicam, quasi certus de hominibus, sed te benedicam in operibus meis. Hoc est enim benedicere Deum in Ecclesiis, Fratres, sic vivere ut per mores cujusque benedicatur Deus. Nam qui benedicit Dominum lingua, et factis maledicit, non in Ecclesiis benedicit Dominum. Lingua prope omnes benedi-

---

(a) Nonnulli codices, *considerante Deo*.

tous ne le bénissent point par les œuvres. Quelques-uns le bénissent par leurs paroles, quelques-uns par leurs bonnes mœurs. Mais ceux dont les mœurs ne répondent point aux paroles font blasphémer le nom de Dieu. Ceux, en effet, qui ne veulent point entrer dans l'Eglise, bien qu'en réalité ils refusent d'être chrétiens, parce qu'ils sont attachés à leurs péchés, s'excusent cependant sur les méchants qui y sont. Ils se flattent et se séduisent eux-mêmes, en disant : Pourquoi voulez-vous me persuader d'être chrétien ? J'ai été trompé par un chrétien, et je n'ai jamais trompé personne. Un chrétien m'a fait un faux serment, et jamais je n'en ai fait à personne. Et ces paroles les détournent de leur salut ; et il ne leur sert de rien, non pas d'être déjà bons, mais de n'être que médiocrement méchants. De même qu'il ne sert de rien d'ouvrir les yeux, si l'on est dans les ténèbres ; ainsi, ne sert-il de rien d'être dans la lumière, si l'on ferme les yeux. C'est ainsi qu'un païen (pour parler préférablement d'eux, comme exemples de personnes dont la vie est honnête) est dans les ténèbres les yeux ouverts, parce qu'il ne connaît pas le Seigneur, la vraie lumière ; au contraire, le chrétien dont la vie est mauvaise est réellement en pleine lumière de Dieu, mais il a les yeux fermés. En effet, à cause de sa vie coupable, il refuse de voir ce Dieu, au nom duquel il est dans la lumière en aveugle volontaire, sans être vivifié par un seul rayon de cette vraie lumière.

Iᵉʳ DISCOURS SUR LE PSAUME XXVIᵉ.

Psaume de David pour lui-même, avant qu'il fût oint. (Ps. xxvi, 1.)

1. Le novice du Christ parle dans ce psaume, au moment où il arrive à la foi. « Le Seigneur est ma lumière et mon salut, qui craindrai-je ? » (*Ibid.*) Le Seigneur me donnera la connaissance de lui-même et le salut, qui pourra m'arracher à lui ? « Le Seigneur est le protecteur de ma vie, devant qui tremblerai-je ? » Le Seigneur détournera toutes les attaques et toutes les embûches de mon ennemi, je ne tremblerai devant personne.

2. « Tandis que ceux qui veulent me nuire, s'approchent pour dévorer mes chairs ; » (*Ibid.*, 2) tandis que ceux qui veulent me nuire, s'approchent pour m'examiner, pour m'insulter, pour s'élever au-dessus de moi, parce que je travaille à me rendre meilleur, et pour dévorer d'une dent méchante, non pas moi, mais plutôt mes désirs charnels. « Tandis que mes ennemis m'affligent ; » ceux qui m'affligent ne sont pas seulement ceux qui me reprennent avec des dispositions amicales, en s'efforçant de me faire revenir de mon dessein ; mais ce sont aussi mes ennemis. « Eux-mêmes ont été affaiblis et ils

---

cunt, sed non omnes factis. Quidam voce benedicunt, quidam moribus. In quorum autem moribus non invenitur quod aiunt, faciunt blasphemari Deum, ut illi qui nondum intrant Ecclesiam, quamvis ament peccata sua, et ideo nolint esse Christiani, tamen excusent se per malos, et dicant : Quid mihi persuades ut Christianus sim ? Ego fraudem a Christiano passus sum, et nunquam feci : falsum mihi juravit Christianus, et ego nunquam. Et cum ista dicunt, impediuntur a salute : ut nihil eis prosit, non quidem quod jam boni sunt, sed quod mediocriter mali. Quomodo enim nihil prodest aperire oculos, si sit quisque in tenebris : ita nihil prodest esse in luce, si clausi sunt oculi. Ita et paganus quidem, (ut de illis potius loquamur velut bene viventibus,) patentibus oculis est in tenebris ; quia non agnoscit lucem suam Dominum : Christianus autem male vivens, in luce quidem est nonnisi Dei, sed clausis oculis. Male vivendo enim videre non vult eum, in cujus nomine tanquam cæcus est in lumine constitutus, nulla visione veri luminis animatus.

IN PSALMUM XXVI ENARRATIO I.

Ipsi David, prius quam liniretur. (Psal. xxvi, 1.)

1. Tyro Christi loquitur, cum accedit ad fidem. « Dominus illuminatio mea et salutaris meus, quem timebo ? » Dominus mihi et notitiam sui et salutem dabit, quis me auferet ei ? « Dominus protector vitæ meæ, a quo trepidabo ? » Dominus repellet omnes impetus et insidias hostis mei, a nullo trepidabo.

2. « Dum appropinquant super me nocentes, ut edant carnes meas. » (*Ibid.*, 2.) Dum accedunt ad cognoscendum me nocentes, et insultandum, ut se mihi præferant (a) mutanti me in melius ; ut maledico dente non me consumant, sed potius carnalia desideria mea. « Qui tribulant me inimici mei. » Non solum qui me tribulant amico animo reprehendentes, et a proposito revocare volentes, sed etiam

---

(a) Ita Mss. At editi, *mutasti me*.

sont tombés. » Tandis qu'ils agissent ainsi dans le désir de défendre leur propre pensée, ils sont devenus moins capables de retour à une meilleure croyance, et ils ont commencé à prendre en haine les paroles de salut, qui me donnent d'accomplir ce qui leur déplaît.

3. « Quand des armées seraient campées contre moi, mon cœur ne craindrait pas. » (*Ibid.*, 3.) Quand même la foule de mes contradicteurs se réunirait et conspirerait contre moi, mon cœur ne craindrait pas, et la crainte ne me ferait point passer dans leur parti. « Lors même qu'une guerre s'allumerait contre moi, je mettrais mon espérance en cette chose. » Si les persécutions de ce monde s'élevaient contre moi, je mettrais mon espérance dans la demande que je veux faire.

4. « J'ai demandé une seule chose au Seigneur, et je la demanderai de nouveau. »(*Ibid.*, 4.) Je n'ai adressé qu'une seule demande au Seigneur, et je la ferai de nouveau. « C'est d'habiter dans la maison du Seigneur tous les jours de ma vie ; » c'est-à-dire, tant que je serai dans cette vie, que nulle adversité ne me sépare du nombre de ceux qui, dans l'univers entier, conservent l'unité et la vérité de la foi du Seigneur. « Afin que je contemple les délices du Seigneur, » c'est-à-dire, afin que, par ma persévérance dans la foi, je mérite que la délectable beauté du Seigneur m'apparaisse, et que je la contemple face à face. « Et que je sois protégé comme étant son temple. » Et que, ayant été transformée en victoire, je sois revêtu d'immortalité et devienne son temple.

5. « Parce qu'il m'a caché dans sa tente au jour de mes adversités. » (*Ibid.*, 5.) Parce qu'à l'aide de l'incarnation de son Verbe, il m'a mis en sûreté contre les tentations auxquelles ma vie mortelle est assujettie. «Il m'a protégé dans le secret de sa tente. » Il m'a protégé, parce que j'ai cru de cœur, pour être justifié. (*Rom.*, x, 10.)

6. « Il m'a élevé sur la pierre. » (*Ps.* xxvi, 6.) Et afin que la croyance de mon cœur devînt manifeste pour mon salut, il a produit ma foi au grand jour dans toute sa fermeté. « Et maintenant voici qu'il a élevé ma tête au-dessus de mes ennemis. » Que me réserve-t-il pour la fin, maintenant que mon corps est mort à cause du péché (*Rom.*, viii, 10), et que je sens mon esprit soumis à la loi de Dieu et non plus conduit comme un captif sous la loi de rebellion du péché? (*Rom.*, vii, 22.) « Je me suis tourné de tous côtés, et j'ai immolé, dans la tente, une hostie de jubilation. » J'ai jeté les yeux sur tout l'univers qui croit au Christ, et plein de joie, parce que Dieu a daigné s'humilier pour nous dans le temps, je l'ai glorifié ; car telle est

---

inimici mei. « Ipsi infirmati sunt, et ceciderunt. » Dum ergo id agunt studio defendendi sententiam suam, infirmi facti sunt ad credenda meliora ; et verbum salutis, per quod facio quod eis displicet, odisse cœperunt.

3. « Si consistant adversum me castra, non timebit cor meum. » (*Ibid.*, 3.) Adversus me autem si contradicentium conspirans multitudo consistat, non timebit cor meum, ut in eorum partes transfugiam. « Si insurgat in me bellum, in hac ego sperabo. » Si exsurgat in me persecutio hujus sæculi, in hac, quam cogito petitionem, figam spem meam.

4. « Unam petii a Domino, hanc requiram. » (*Ibid.*, 4.) Unam enim petitionem petii a Domino, hanc requiram. « Ut inhabitem in domo Domini omnes dies vitæ meæ. » Ut quamdiu in hac vita sum, nullæ adversitates me excludant de numero eorum, qui unitatem et veritatem Dominicæ fidei per orbem terrarum tenent. « Ut contempler delectationem Domini. » Eo fine scilicet, ut in fide perseveranti appareat mihi species delectabilis, quam facie ad faciem contempler. « Et protegar templum ejus. » Et absorpta morte in victoriam, immortalitate induar, effectus templum ejus.

5. « Quoniam abscondit me in tabernaculo suo in die malorum meorum. » (*Ibid.*, 5.) Quoniam abscondit me in dispensatione incarnati Verbi sui in tempore tentationum, quibus mortalis vita mea subjacet. « Protexit me in abscondito tabernaculi sui. » Protexit me, corde credentem ad justitiam. (*Rom.*, x, 10.)

6. « In petra exaltavit me. » (*Psal.* xxvi, 6.) Et ut manifestum etiam fieret ad salutem, quod credidi, in sua (*a*) firmitate fecit eminere confessionem meam. « Et nunc ecce exaltavit caput meum super inimicos meos! » Quid mihi servat in finem, quando et nunc cum corpus mortuum est propter peccatum, (*Rom.*, viii, 10) sentio ecce mentem meam servire legi Dei, nec duci captivam sub rebellante lege peccati? (*Rom.*, vii, 22, etc.) « Circuivi, et immolavi in tabernaculo ejus hostiam jubilationis. » Consideravi orbem credentem in Christum ; et in eo

---

(*a*) Sic Er. et Mss. At Lov, *in sua infirmitate*.

l'hostie qui lui plaît. « Je chanterai et ferai retentir des hymnes à la gloire du Seigneur. » Par le cœur et par les œuvres je me réjouirai dans le Seigneur.

7. « Exaucez, Seigneur, la voix par laquelle j'ai crié vers vous. » (*Ps.* XXVI, 7.) Exaucez, Seigneur, la voix intérieure que mon ardente prière fait monter jusqu'à votre oreille. « Ayez pitié de moi et exaucez-moi. » Ayez pitié de moi, et exaucez-moi, selon la demande de cette voix intérieure.

8. « Mon cœur vous a dit : j'ai cherché votre visage. » (*Ibid.*, 8.) Je ne me suis pas fait voir aux hommes avec ostentation ; mais dans le secret où vous seul entendez, mon cœur vous a dit : Je n'ai cherché aucune récompense en dehors de vous, mais j'ai cherché votre visage. « Je vous demanderai de nouveau à voir votre visage. » Je persévérerai avec insistance dans cette recherche ; en effet, ce n'est pas peu de chose que je vous demanderai, ô mon Dieu, mais la vue de votre visage ; afin que je vous aime pour vous-même, parce que je ne trouve rien de plus précieux.

9. « Ne détournez pas de moi votre visage ; » (*Ibid.*, 9) afin que je trouve ce que je cherche. « Ne vous retirez point, dans votre colère, de votre serviteur ; » de peur qu'en vous cherchant je ne trouve autre chose. Quel chagrin plus grave, en effet, pour un cœur qui vous aime et qui cherche à contempler véritablement votre visage ? « Soyez mon aide. » Quand, en effet, vous trouverai-je, si vous ne m'aidez ? « Ne m'abandonnez pas, ne me méprisez pas, ô Dieu mon Sauveur. » Ne dédaignez pas un mortel qui ose chercher le bien éternel ; car vous guérissez, ô mon Dieu, la plaie de mes péchés.

10. « Car mon père et ma mère m'ont abandonné ; » (*Ibid.*, 10) car le royaume de ce monde et la cité de ce monde, desquels je tiens ma naissance temporelle et périssable, m'ont abandonné lorsque je vous ai cherché, et que j'ai dédaigné les biens qu'ils promettent pour chercher ce qu'ils ne peuvent donner. « Mais le Seigneur m'a pris en adoption. » Le Seigneur qui peut se donner lui-même à moi m'a pris en adoption.

11. « Donnez-moi, Seigneur, la loi que je dois suivre dans votre voie. » (*Ibid.*, 11.) Je tends à vous, et je suis entré par la crainte dans cette route où je veux marcher courageusement pour arriver à la sagesse ; Seigneur, donnez-moi votre loi pour me diriger dans vos voies, de peur que je ne m'égare et que vos enseignements ne viennent à me manquer. « Et dirigez-moi dans le droit sentier, à cause de mes ennemis. » Dirigez-moi dans la droite ligne de l'étroit chemin de votre loi. Il ne me suffit pas, en effet, d'être entré dans cette route, car mes ennemis ne me donneront pas de relâche, jusqu'à ce que je sois arrivé au terme.

---

quod pro nobis temporaliter Deus humiliatus est, gaudens laudavi cum : tali enim hostia delectatur. « Cantabo et psallam Domino. » Corde atque opere lætabor in Domino.

7. « Exaudi Domine vocem meam, qua clamavi ad te. » (*Psal.* XXVI, 7.) Exaudi Domine vocem interiorem, quam in aures tuas forti intentione direxi. « Miserere mei, et exaudi me! » Miserere mei, et exaudi me in ea.

8. « Tibi dixit cor meum : Quæsivi vultum tuum. » (*Ibid.*, 8.) Non enim hominibus me ostentavi ; sed in secreto ubi solus audis, tibi dixit cor meum : Quæsivi non a te aliquod extra te præmium, sed vultum tuum. « Vultum tuum Domine requiram. » Huic inquisitioni perseveranter instabo : non enim vile aliquid, sed vultum tuum Domine requiram, ut gratis te diligam, quia pretiosius aliquid non invenio.

9. « Ne avertas vultum tuum a me : » (*Ibid.*, 9) ut inveniam quod quæro. « Ne declines in ira a servo tuo : » ne te quærens, in aliud incurram. Quid enim hac pœna gravius amanti et quærenti veritatem vultus tui ? « Adjutor meus esto ! » Quando hanc inveniam, nisi tu adjuves ? « Ne derelinquas me, neque despicias me Deus salutaris meus. » Neque contemnas quod mortalis æternum audet inquirere ; tu enim Deus sanas plagam peccati mei.

10. « Quoniam pater meus et mater mea dereliquerunt me. » (*Ibid.*, 10.) Quoniam regnum sæculi hujus et civitas sæculi hujus, ex quibus temporaliter et mortaliter natus sum, dereliquerunt me quærentem te, et despicientem quæ promittebant, cum id quod quæro dare non possent. « Dominus autem assumpsit me. » Dominus autem, qui potest ipse dare mihi se, assumpsit me.

11. « Legem mihi constitue Domine in via tua. » (*Ibid.*, 11.) Ad te igitur tendenti, et tantam possessionem perveniendi ad sapientiam a timore inchoanti, legem mihi constitue Domine in via tua, ne aberrantem disciplina tua deserat. « Et dirige me in semita recta propter inimicos meos. » Et dirige me in rectitudine angustiarum ejus. Non enim inchoare sufficit ; cum inimici, donec perveniatur, non quiescant.

12. « Ne me livrez pas à la volonté de ceux qui m'affligent. » (*Ibid.*, 12.) Ne permettez pas que ceux qui m'affligent se rassasient de mes maux. « Parce que des témoins d'iniquité se sont élevés contre moi. » Parce que des hommes ont proféré des mensonges contre moi, afin de m'éloigner de vous et de me faire retourner en arrière, comme si je recherchais la gloire qui vient des hommes. « Et l'iniquité a menti contre elle-même. » Car elle s'est complue dans son mensonge, mais elle ne m'a point ébranlé, parce que vous m'avez promis une récompense d'autant plus grande, dans les cieux, que j'aurais plus fortement résisté.

13. « Je crois fermement que je verrai les biens du Seigneur dans la terre des vivants. » (*Ibid.*, 13.) Et parce que le Seigneur a souffert avant moi toutes ces douleurs, si je méprise aussi les langues des mortels, « car la bouche menteuse tue l'âme, » (*Sag.*, I, 11) je crois fermement que je verrai les biens du Seigneur dans la terre des vivants, où le mensonge ne peut trouver place.

14. « Attendez le Seigneur, agissez avec courage, que votre cœur se fortifie, et attendez le Seigneur. » (*Ps.* XXVI, 14.) Mais quand viendra ce moment ? Il est difficile à conquérir pour un homme mortel; il est lent à venir pour qui aime. Mais écoutez cette parole qui n'est pas trompeuse. « Attendez le Seigneur. » Souffrez avec courage le feu qui brûle vos reins, supportez avec énergie le feu qui brûle votre cœur. Ne croyez pas que l'on vous refuse ce qui ne vous est point encore accordé. Que le désespoir ne vous fasse pas succomber; voyez qu'il est dit : « Attendez le Seigneur. »

IIe DISCOURS SUR LE PSAUME XXVIe (1).

1. Le Seigneur notre Dieu, s'adressant à nous, et nous consolant, lorsqu'il nous voit, par suite de sa juste sentence, manger notre pain à la sueur de notre front (*Gen.*, III, 19), daigne, pour nous parler, se servir de nos propres paroles; afin de montrer qu'il ne nous a pas seulement créés, mais qu'il habite en nous. En effet, si nous regardons comme de nous les paroles du psaume que nous venons d'entendre et en partie de chanter, il est à craindre que nous ne disions point la vérité; car elles appartiennent plutôt à l'Esprit saint qu'à nous. D'autre part, si nous disons qu'elles ne sont point de nous, nous mentons certainement. Car il n'y a pour gémir que ceux qui souffrent : ou bien, il faudrait admettre que cette voix que nous avons entendue, pleine de douleur et de larmes, peut être la voix de

(1) Discours au peuple. Saint Augustin fortifie le courage de ses auditeurs contre ceux qui les persécutent, et les enflamme du désir du vrai bonheur.

---

12. « Ne tradideris me in animas tribulantium me. » (*Ibid.*, 12.) Ne sinas tribulantes me satiari de malis meis. « Quoniam insurrexerunt mihi testes iniqui. » Quoniam insurrexerunt in me falsa de me dicentes, ad amovendum et revocandum me abs te, quasi gloriam ab hominibus quæram. « Et mentita est iniquitas sibi. » Itaque iniquitas mendacio suo delectata est. Nam me non movit, cui ex hoc promissa est merces major in cœlis.

13. « Credo videre bona Domini, in terra viventium. » (*Ibid.*, 13.) Et quoniam hæc prior passus est Dominus meus; (*a*) et ego quoque linguas morientium contemnam : « Os enim quod mentitur, occidit animam : » (*Sap.*, I, 11) credo videre bona Domini in terra viventium, ubi nullus est falsitati locus.

14. « Sustine Dominum, viriliter age : et confortetur cor tuum, et sustine Dominum. » (*Ibid.*, 14.) Sed quando istud erit ? Arduum est mortali, tardum est amanti : sed audi non fallacem vocem dicentis, « Sustine Dominum. » Tolera ustionem renum viriliter, et ustionem cordis fortiter : non tibi negatum putes, quod nondum accipis. Ne desperatione deficias, vide quia dictum est : « Sustine Dominum. »

IN PSALMUM XXVI ENARRATIO II.

1. Dominus Deus noster alloquens et consolans nos, profecto quos respicit ex justo judicio suo in sudore vultus nostri panem manducare (*Gen.*, III, 19), ex nobis loqui dignatur, ut ostendat, quia non solum est conditor noster, sed et habitator. Voces istæ Psalmi, quas audivimus, et ex parte cantavimus, si dicamus quod nostræ sint, verendum est quemadmodum verum dicamus : sunt enim voces magis Spiritus Dei quam nostræ. Rursum si dicamus nostras non esse, profecto mentimur. Non enim est gemitus nisi laborantium : aut omnis ista vox, quæ hic sonuit, plena doloris et lacrymarum, potest esse

(*a*) Editio Lov. *sic ego quoque,* dissentientibus cæteris libris. Et mox cum editione Er. habebat, *linguas mentientium.* Sed verius Mss. *morientium,* qua voce per antithesim ad *viventium,* usus fuisse Augustinus intelligitur ex illis verbis : *Os enim quod mentitur occidit animam.*

celui qui ne peut être malheureux. Le Seigneur est donc miséricordieux, et nous sommes misérables; dans sa miséricorde, il daigne parler aux misérables, il daigne même se servir envers eux de leur propre langage. Ainsi, il est vrai tout à la fois et que ces paroles sont les nôtres et qu'elles ne sont point les nôtres; qu'elles sont de l'Esprit saint et qu'elles ne sont pas de lui. Elles sont le langage de l'Esprit saint, parce que, sans son inspiration, nous n'aurions pu les dire; elles ne sont point son langage, au contraire, parce qu'il n'est pas misérable et qu'il ne souffre point; tandis que ces paroles sont celles d'hommes voués à la misère et à la douleur. Elles sont encore de nous, parce qu'elles montrent notre misère, et de même elles ne sont point de nous parce que même le mérite de nos gémissements est un don de l'Esprit saint.

2. « Psaume de David, avant qu'il ne fût oint. » (*Ps.* XXVI, 1.) Le titre de ce psaume est : « Psaume de David avant qu'il ne fût oint, » c'est-à-dire avant qu'il ne reçût l'onction, car il a reçu l'onction comme roi. (1 *Rois*, XVI, 13.) Or, il n'y avait alors pour recevoir l'onction que le roi et le grand-prêtre. Deux personnes seulement recevaient donc l'onction en ce temps-là, et ces deux personnes figuraient celui qui devait être à lui seul roi et prêtre, un seul Christ remplissant ce double rôle, et étant appelé Christ du mot grec qui signifie oindre. Non-seulement notre tête a reçu l'onction, mais nous aussi qui sommes son corps. Or, il est roi, parce qu'il nous régit et nous conduit; et il est prêtre, parce qu'il intercède pour nous. » (*Rom.*, VIII, 34.) Et seul il a été prêtre dans de telles conditions, qu'il a été lui-même aussi la victime du sacrifice. Il n'a point offert à Dieu d'autre sacrifice que celui de lui-même. Il lui était impossible en effet de trouver une victime parfaitement pure et digne d'être acceptée, en dehors de lui qui, comme un agneau sans tache, nous a rachetés par l'effusion de son sang, nous a incorporés à lui et a fait de nous ses membres, afin qu'en lui nous fussions le Christ. C'est pourquoi l'onction appartient à tous les chrétiens, tandis qu'au temps de l'Ancien Testament elle n'appartenait qu'à deux personnes. Ce qui fait bien voir que nous sommes le corps du Christ, c'est que tous nous sommes oints; et tous nous sommes en lui autant de christs et le Christ lui-même, parce qu'en un certain sens le Christ tout entier c'est la tête et le corps. Cette onction nous donnera notre perfection spirituelle pour la vie qui nous est promise. Or, dans ce psaume, nous entendons la voix de David qui désire cette vie future, ainsi que la grâce de Dieu qui à la fin sera parfaite en nous; aussi le titre de ce psaume est-il : « Avant que David ne fût oint. »

---

ejus qui nunquam potest esse miser. Dominus ergo misericors, nos miseri : misericors loqui dignatus miseris, dignatur etiam uti in ipsis voce miserorum. Ita utrumque verum est, et nostram esse vocem, et nostram non esse; et Spiritus Dei esse vocem, et ipsius non esse. Spiritus Dei vox est, quia ista nisi illo inspirante non diceremus : ipsius autem non est, quia ille nec miser est, nec laborat, istæ autem voces miserorum et laborantium sunt. Rursus nostræ sunt, quia voces sunt indicantes miseriam nostram : item non sunt nostræ, quia ex dono ejus (*a*) vel gemere meremur.

2. « Psalmus David prius quam liniretur. » (*Psal.* XXVI, 1.) Hoc habet titulus Psalmi : « Psalmus David prius quam liniretur, » hoc est, prius quam ungueretur. Unctus est enim ille ut rex. (1 *Reg.*, XVI, 13.) Et solus (*b*) tunc unguebatur rex, et sacerdos : duæ istæ illo tempore unctæ personæ. In duabus personis præfigurabatur futurus unus rex et sacerdos, utroque munere unus Christus, et ideo Christus a chrismate. Non solum autem caput nostrum unctum est, sed et corpus ejus nos ipsi. Rex autem est, quia nos regit, et ducit; sacerdos, quia pro nobis interpellat. (*Rom.*, VIII, 34.) Et quidem solus ille sacerdos talis exstitit, ut ipse esset etiam sacrificium. Sacrificium obtulit Deo non aliud quam seipsum. Non enim inveniret præter se mundissimam rationalem victimam, tanquam agnus immaculatus fuso sanguine suo redimens nos, concorporans nos sibi, faciens nos membra sua, ut in illo et nos Christus essemus. Ideo ad omnes Christianos pertinet unctio : prioribus autem veteris Testamenti temporibus ad duas solas personas pertinebat. Inde autem apparet Christi corpus nos esse, quia omnes unguimur : et omnes in illo et Christi et Christus sumus, quia quodammodo totus Christus caput et corpus est. Unctio ista perficiet nos spiritaliter in illa vita, quæ nobis promittitur. Est autem hæc vox desiderantis illam vitam; est vox quædam desiderantis gratiam Dei, quæ in nobis in fine perficietur : ideo dictum est : « Prius

---

(*a*) In editis deerant hæc verba, *vel gemere meremur. Psalmus David prius quam liniretur. Hoc habet titulus Psalmi* : quæ undecim Mss. auctoritate restituuntur. — (*b*) Sic Vaticanus codex et quinque Gallicani Mss. Editi vero ferebant : *Unctus est enim ille ut rex et sacerdos. Tunc ungebatur*, etc.

Car nous recevons dès maintenant l'onction dans le sacrement, et le sacrement est lui-même une figure de ce que nous devons être plus tard. Et nous devons désirer ardemment ce je ne sais quoi d'ineffable réservé à l'avenir, et gémir dans le sacrement, afin de nous réjouir plus tard de la chose qui nous est annoncée d'avance par le sacrement.

3. Voici donc ce qu'il dit : « Le Seigneur est ma lumière et mon salut, qui craindrai-je ? » (*Ps.* XXVI, 1.) Il m'éclaire, que les ténèbres disparaissent; il me sauve, que ma faiblesse disparaisse : si je marche ferme en pleine lumière, qui craindrai-je ? Car Dieu ne nous donne point un salut qu'un autre puisse nous arracher; il n'est point une lumière qu'un autre puisse envelopper de ténèbres. Dieu nous éclaire, nous sommes éclairés; Dieu nous sauve, nous sommes sauvés : si donc il nous éclaire et nous sauve, et que par là même nous sommes éclairés et sauvés, il est évident qu'en dehors de lui nous ne sommes que ténèbres et faiblesse. Mais ayant en lui une espérance certaine, ferme et vraie, qui craindrons-nous ? Le Seigneur est votre lumière, le Seigneur est votre salut. Trouvez un plus puissant que lui, et alors craignez, j'y consens. J'appartiens au plus puissant de tous, au Tout-Puissant, de telle sorte qu'il est ma lumière et mon salut; c'est pourquoi je ne crains que lui seul. « Le Seigneur est le protecteur de ma vie, devant qui tremblerai-je ? »

4. « Tandis que ceux qui veulent me nuire s'approchent pour dévorer mes chairs; voici que mes ennemis qui m'affligent, ont été eux-mêmes affaiblis et sont tombés. » (*Ibid.*, 2.) Que craindrai-je donc, ou qui craindrai-je ? Devant qui tremblerai-je, ou devant quoi tremblerai-je ? Ceux qui me persécutent sont affaiblis eux-mêmes, ils tombent eux-mêmes. Mais pourquoi me persécutent-ils ? « Pour dévorer mes chairs. » Or, que sont mes chairs, sinon mes affections charnelles ? Qu'ils déploient donc leur cruauté en me persécutant, ils ne feront mourir en moi rien qui ne soit mortel. Il y aura toujours en moi quelque chose que le persécuteur ne pourra atteindre, c'est le lieu où habite mon Dieu. Qu'ils dévorent mes chairs; quand mes chairs seront consumées, je serai esprit et homme spirituel. Et même, le Seigneur mon Dieu promet de me sauver si complètement que cette chair mortelle, qui semble abandonnée aux mains des persécuteurs, ne périra pas éternellement : car tous les membres doivent espérer la résurrection qui s'est accomplie d'une manière si éclatante pour la tête du corps. Dieu habite dans mon âme, qui craindrait-elle ? Et ma chair, qui craindrait-elle, quand ce qu'elle a de corruptible aura revêtu l'incorruptibilité ?

---

quam liniretur. » Unguimur enim modo in sacramento, et sacramento ipso præfiguratur quiddam quod futuri sumus. Et illud nescio quid futurum ineffabile desiderare debemus, et in sacramento gemere, ut in ea re gaudeamus, quæ sacramento præmonstratur.

3. Ecce quid dicit : « Dominus illuminatio mea, et salutaris meus, quem timebo ? » (*Ibid.*, 1.) Ille me illuminat, recedant tenebræ : ille me salvat, recedat infirmitas : ambulans in lumine firmus, quem timebo ? Non enim talem salutem dat Deus, quæ ab aliquo possit extorqueri; aut tale lumen est, quod ab aliquo possit obtenebrari. Dominus illuminans, nos illuminati; Dominus salvans, nos salvati : si ergo ille illuminans, nos illuminati; et ille salvans, nos salvati; præter ipsum nos tenebræ et infirmitas. Habentes autem in ipso spem certam et fixam et veram, quem timebimus? Dominus illuminatio tua, Dominus salutaris tuus. Inveni potentiorem, et time. Ad potentissimum omnium, ad omnipotentem sic pertineo, ut et illuminet me, et salvet me; nec timeo aliquem præter ipsum. « Dominus protector vitæ meæ, a quo trepidabo? »

4. « Dum appropinquant super me nocentes, ut edant carnes meas : qui tribulant me inimici mei, ipsi infirmati sunt, et ceciderunt. » (*Ibid.*, 2.) Itaque ego quid timebo, aut quem timebo? Ego quem trepidabo, aut quid trepidabo? Qui me persequuntur, ipsi infirmantur, ipsi cadunt. Quare autem persequuntur? « Ut edant carnes meas. » Quæ sunt carnes meæ? Carnales affectus mei. Sæviant persequendo, nihil in me moritur nisi mortale. Erit in me aliquid, quo persecutor pervenire non possit, (*a*) ubi habitat Deus meus. Manducent carnes meas : finitis carnibus spiritus ero, et spiritalis. Et quidem tantam salutem mihi promittit Dominus meus, ut etiam modo ista caro mortalis, quæ videtur (*b*) permitti manibus persequentium, non pereat in æternum; sed quod demonstratum est in capite meo resurgente, hoc omnia membra sperent. Quem timeat anima mea, quam inhabitat Deus? Quem timeat caro mea, cum corruptibile hoc induerit incorruptio-

---

(*a*) Regius et Vaticanus Mss. *ubi habitat.* — (*b*) Quinque Mss. *perimi.*

Voulez-vous vous convaincre que nos persécuteurs, bien qu'ils dévorent nos chairs, ne sont point à redouter pour notre chair elle-même? « C'est qu'un corps tout animal est jeté en terre comme une semence, et qu'il lèvera de cette semence un corps spirituel. » (I *Cor.*, xv, 44.) Quelle invincible confiance doit donc avoir celui qui sait dire : « Le Seigneur est ma lumière et mon salut, qui craindrai-je? Le Seigneur est le protecteur de ma vie, devant qui tremblerai-je? » Un empereur est protégé par des gens armés de boucliers, et il ne craint pas ; un mortel est protégé par des mortels et il est en sécurité; et le mortel protégé par un défenseur immortel craindrait et tremblerait?

5. Mais quelle invincible confiance doit avoir, comprenez-le bien, celui qui dit : « Quand des armées seraient campées contre moi, mon cœur ne craindrait pas ! » (*Ps.* xxvi, 3.) Des camps sont fortifiés, mais qu'y a-t-il de plus fortifié que Dieu? « Lors même qu'une guerre s'allumerait contre moi, » que me fait une guerre? Peut-elle m'ôter mon espérance? Peut-elle m'enlever ce que donne le Tout-Puissant. De même qu'on ne peut vaincre celui qui me donne, de même on ne peut m'enlever ce qu'il me donne. Si on peut enlever le don, on peut vaincre celui qui est le donateur. Donc, mes frères, nul ne peut nous ôter même les dons temporels que nous avons reçus, sinon celui qui nous les a faits. Pour les dons spirituels, Dieu ne vous les ôtera pas, si vous ne les rejetez; mais pour les dons charnels et temporels il vous les ôte lui-même; car de quelque manière qu'ils vous soient ôtés, par l'effet d'un pouvoir qui vient de lui, c'est véritablement lui qui vous les enlève. Nous n'ignorons pas cette vérité, et nous avons lu dans le livre de Job (*Job*, I) que celui-là même qui paraît avoir pour un temps la plus grande puissance à notre égard ne peut rien qu'avec la permission de Dieu. Il a reçu puissance sur les choses infimes, et il a perdu les choses les plus grandes et les plus élevées. Ces actes n'attestent pas la puissance de son courroux, mais le châtiment de ce damné. Il n'a donc lui-même d'autre pouvoir que celui qui lui est laissé. Vous le voyez par le livre que je viens de vous rappeler, et le Seigneur le dit aussi dans l'Évangile : « Cette nuit, Satan a demandé à vous cribler comme du froment; et j'ai prié pour vous, Pierre, afin que votre foi ne vînt point à défaillir. » (*Luc*, XXII, 31.) Ce que Dieu permet au démon est pour nous un châtiment ou une épreuve. Par conséquent, puisque personne ne peut nous ravir ce que Dieu donne, ne craignons personne que Dieu. Quelles que soient les fureurs, quelles que soient les orgueilleuses menaces de nos ennemis, que notre cœur reste sans crainte.

6. « Lors même qu'une guerre s'allumerait

---

nem? Vultis nosse, quia carnes illi manducant, qui nos persequuntur, nec ipsi autem carni nostræ metuendum est? « Seminatur corpus animale, surget corpus spiritale. » (1 *Cor.*, xv, 44.) Quanta autem fiducia debet esse in eo, qui novit dicere : « Dominus illuminatio mea, et salutaris meus, quem timebo? Dominus protector vitæ meæ, a quo trepidabo? » Protegitur imperator scutatis, et non timet ; protegitur a mortalibus mortalis, et securus est : protegitur mortalis ab immortali, et timebit, et trepidabit?

5. Quanta autem fiducia debeat esse in eo, qui ista dicit, audite : « Si consistant adversum me castra, non timebit cor meum. » (*Psal.* xxvi, 3.) Castra munita sunt, sed quid munitius Deo? « Si exsurgat in me bellum. » Quid mihi facit bellum? Potest mihi auferre spem meam? Potest mihi auferre quod dat Omnipotens. » Sicut non vincitur qui dat, sic non aufertur quod dat. Si auferri potest datum, vincitur dator. Ergo nec ipsa quæ temporaliter accipimus, auferre nobis quisquam potest, Fratres mei, nisi solus ille qui dedit. Spiritalia quæ donat, non aufert, nisi tu (*a*) dimiseris : carnalia vero et temporalia ipse aufert; quia et quisquis alius aufert, ipso donante potestatem, aufert. Novimus hoc, et legimus in libro Job, quia nec ille qui videtur quasi maximam habere potestatem ad tempus diabolus, potest aliquid nisi permissus. (*Job*, 1.) Accepit potestatem in infima, et amisit maxima et summa. Et non est ista potestas irati, sed pœna damnati. Nec ipse ergo potest habere aliquam potestatem, nisi permissus. Et in illo libro habes quem commemoravi, et in Evangelio Dominus dicit : « Hac nocte postulavit satanas, (*b*) ut vos cribraret sicut triticum, et ego rogavi pro te, Petre, ne deficiat fides tua. » (*Luc.*, xxii, 31.) Permittitur autem aut ad pœnam nostram, aut ad probationem. Ergo quia nobis nemo potest auferre quod dat Deus, non timeamus nisi Deum. Quidquid aliud fremuerit, quidquid aliud superbierit adversus nos, non timeat cor nostrum.

6. « Si exsurgat in me bellum, in hac ego spera-

(*a*) Tres Mss. *nisi tu deserueris*. Alii duo, *nisi tu desines misereri*. — (*b*) Quatuor Mss. *ut vos vexaret*. Alii decem, *vexere vos*.

contre moi, je mettrais mon espérance en cette chose. » (*Ps.* XXVI, 4.) En quelle chose? « J'en ai demandé une seule au Seigneur. » Il s'est servi du féminin pour désigner le bienfait qu'il sollicite, comme s'il eût dit : une seule demande. Et de même qu'en latin on a coutume par exemple de dire au féminin, sans même y joindre de substantif : *Duas habes*, et non : *Duo habes*, « vous avez deux choses; » de même l'Ecriture use de cette façon de parler. « J'en ai demandé, dit le Prophète, une seule au Seigneur, et je la demanderai de nouveau. » Voyons ce que demande celui qui ne craint rien. Certes, son cœur est dans une parfaite sécurité. Voulez-vous ne rien craindre? Demandez cette seule chose, que demande celui qui ne craint rien, ou qu'il demande pour ne rien craindre. « J'en ai demandé, dit-il, une seule au Seigneur, et je la demanderai de nouveau. » C'est ainsi qu'agissent ceux qui veulent marcher dans la bonne voie. Qu'est-ce donc? Quelle est cette unique chose? « C'est d'habiter dans la maison du Seigneur tous les jours de ma vie. » Voilà cette chose qui est unique; en effet, il faut appeler maison le lieu où nous demeurerons éternellement. Dans cette vie passagère on se sert du terme de maison, mais à proprement parler il ne faudrait prononcer que le nom de tente. La tente convient au voyageur, au soldat en campagne, à celui qui combat un ennemi.

Quand donc nous habitons une tente en cette vie, il est manifeste que nous avons un ennemi à combattre. Avoir ses tentes proches les unes des autres, c'est être compagnons de tente, et tel est le nom, vous le savez, que l'on donne aux soldats en campagne. Nous avons donc ici-bas une tente et là-haut une maison. Cependant, par abus du rapprochement des termes, cette tente est appelée quelquefois une maison, et de même la maison est appelée une tente; mais, à proprement parler, celle-là est la maison et celle-ci une tente.

7. Mais que ferons-nous dans cette maison tant désirée? Le Prophète nous le dit clairement dans un autre psaume : « Heureux ceux qui habitent dans votre maison, ils vous glorifieront dans les siècles des siècles. » (*Ps.* LXXXIII, 5.) Brûlant de ce désir, pour parler ainsi, et tout enflammé de cet amour, le Prophète aspire à passer tous les jours de sa vie dans la maison du Seigneur; tous les jours de sa vie dans la maison du Seigneur, non des jours qui puissent finir, mais des jours éternels. Le mot jour est employé comme le mot années dans ce passage du psaume : « Et vos années ne finiront pas. » (*Ps.* CI, 28.) Car les jours de la vie éternelle ne sont qu'un même jour qui n'a point de coucher. Il a donc dit au Seigneur : J'ai désiré cette chose; j'ai demandé une seule chose, je la demanderai de nouveau. Et si nous lui disons en quelque

---

bo. » (*Psal.* XXVI, 4.) In qua? « Unam, inquit, petii a Domino. » Feminino genere appellavit quoddam beneficium, tanquam diceret : Unam petitionem. Et quomodo solemus loquentes dicere, verbi gratia : Duas habes; non dicimus, duo : hoc more loquendi usa est Scriptura : « Unam, inquit, petii a Domino, hanc requiram. » Videamus quid petit qui nihil timet. Magna securitas cordis. Vultis nihil timere? Hanc unam petite, quam unam petit qui nihil timet, aut quam petit ut nihil timeat? « Unam, inquit, petii a Domino, hanc requiram. » Hoc hic agitur ab eis, qui bene ambulant. Quid est hoc? quæ est illa una? « Ut inhabitem in domo Domini omnes dies vitæ meæ. » Hæc est una : domus enim ea dicitur ubi semper manebimus. In ista peregrinatione dicitur domus, sed proprie tabernaculum appellatur. Tabernaculum peregrinantium, et quodammodo militantium, et adversus hostem pugnantium est. Quando ergo tabernaculum est in hac vita, manifestum est quia est et hostis. Nam simul habere tabernacula,

hoc est esse contubernales : et nostis hoc nomen esse militantium. Ergo hic tabernaculum, ibi domus. Sed et hoc tabernaculum interdum per abusionem vicinitatis dicitur domus, et domus aliquando secundum eumdem modum dicitur tabernaculum : proprie tamen illa domus, hoc tabernaculum.

7. Quid autem acturi simus in illa domo, habes evidenter expressisse alium Psalmum : « Beati qui habitant in domo tua, in sæcula sæculorum laudabunt te. » (*Psal.* LXXXIII, 5.) Hac iste, si dicendum est, cupiditate ardens, et amore isto æstuans, desiderat omnes dies vitæ suæ in domo Domini habitare : in domo Domini omnes dies vitæ suæ, non quasi finiendos, sed æternos. Sic enim dicuntur dies, quomodo anni, de quibus dictum est : « Et anni tui non deficient. » (*Psal.* CI, 28.) Nam dies vitæ æternæ unus dies est sine occasu. Hoc ergo dixit (*a*) ad Dominum : Concupivi hanc : Unam petii : Hanc requiram. Et quasi diceremus ei : Et quid ibi facturus es? quæ ibi delectatio tua? quod avocamentum cor-

(*a*) Duo Mss. Vaticanus et Regius : *A Domino concupivi.*

sorte : Mais que ferez-vous dans la maison du Seigneur? Quelle y sera votre jouissance? Quel y sera le plaisir de votre cœur? Quelles sont les délices qui feront votre joie? Car enfin vous n'y saurez rester toujours qu'à la condition d'y être heureux. D'où viendra donc votre bonheur? Car ici-bas le genre humain a des félicités bien diverses, et celui-là est appelé malheureux qui perd ce qu'il aime. Or, les hommes aiment des choses différentes, et celui-là est appelé heureux qui paraît posséder ce qu'il aime. Mais il est véritablement heureux, non pas s'il possède ce qu'il aime, mais s'il aime ce qu'il doit aimer; car beaucoup sont plus malheureux en possédant ce qu'ils aiment, qu'en ne le possédant pas. Déjà ils sont malheureux d'aimer des choses nuisibles, ils seraient plus malheureux encore de les posséder. Et Dieu agit dans sa miséricorde, quand nous plaçons mal nos affections et qu'il nous refuse ce que nous aimons; c'est au contraire dans sa colère qu'il accorde ce que l'on aime d'une manière mauvaise. L'Apôtre exprime clairement cette pensée, lorsqu'il dit : « Dieu les a livrés aux convoitises de leurs cœurs. » (*Rom.*, I, 24.) Il leur a donc donné ce qu'ils aimaient, mais pour leur perte. D'autre part, l'Apôtre vous montre Dieu lui refusant ce qu'il a demandé. « C'est pourquoi, dit-il, j'ai prié trois fois le Seigneur de l'éloigner de moi (il parle de l'aiguillon de la chair), et Dieu m'a dit : Ma grâce te suffit, car ma force éclate dans la faiblesse de l'homme. » (II *Cor.*, XII, 8, 9.) Ainsi donc Dieu a livré certains hommes aux convoitises de leur cœur, et il a refusé à l'apôtre saint Paul d'exaucer sa demande; mais les premiers ont obtenu pour leur perte, et Paul a été refusé pour son bien. Mais quand nous aimons ce que Dieu veut que nous aimions, il n'y a aucun doute qu'il ne nous l'accorde. Or, la chose unique que nous devons aimer est d'habiter dans la maison du Seigneur tous les jours de notre vie.

8. Mais, dans les habitations terrestres, les hommes recherchent différentes jouissances et voluptés; et chacun veut habiter une maison où rien ne trouble son âme et où un grand nombre de choses le réjouissent, tandis que, si les choses qui le charmaient lui sont ôtées, il veut à tout prix changer de demeure. Par conséquent, insistons, comme par une sorte de curiosité, et que le Prophète nous dise ce qu'il fera dans cette maison, où il souhaite et désire, où il demande à Dieu et réclame comme unique faveur, d'habiter tous les jours de sa vie. Que ferez-vous là, je vous prie? Que désirez-vous y faire? Ecoutez sa réponse : « Afin de contempler les joies du Seigneur. » (*Ps.* XXVI, 4.) Voilà ce que j'aime, voilà pourquoi je veux habiter dans la maison du Seigneur tous les jours de ma vie. Il doit y trouver un spectacle magnifique, il doit y

---

dis? quæ illæ deliciæ, unde gaudia suppetent? Non enim ibi perdurabis, nisi felix eris. Felicitas autem illa unde succedet? Habemus enim hic felicitates diversas generis humani, et miser quisque dicitur quando illi subtrahitur quod amat. Amant ergo homines diversas res; et quando quisque quod amat habere videtur, felix vocatur. Vere autem felix est, non si id habeat quod amat; sed si id amet quod amandum est. Multi enim miseri magis habendo quod amant, quam carendo. Amando enim res noxias miseri, habendo sunt miseriores. Et propitius Deus, cum male amamus, negat quod amamus : iratus autem dat amanti quod male amat. Habes evidenter dicentem Apostolum : « Tradidit illos Deus in concupiscentiam cordis eorum. » (*Rom.*, I, 24.) Dedit ergo quod amabant, sed damnando. Habes rursum negantem petitum : « Propter quod ter Dominum rogavi, inquit, ut auferret eum a me, (stimulum videlicet carnis,) et dixit mihi : Sufficit tibi gratia mea; nam virtus in infirmitate perficitur. » (II *Cor.*, XII, 8, 9.) Ecce illos dedit in concupiscentiam cordis eorum, Paulo Apostolo negavit quod oravit : illis dedit ad damnationem, huic negavit ad sanitatem. Cum autem id amamus quod vult Deus ut amemus, procul dubio daturus est nobis. Hæc est illa una, quæ debet amari, ut habitemus in domo Domini per omnes dies vitæ nostræ.

8. Et quia in istis terrenis habitationibus, diversis deliciis et voluptatibus homines oblectantur, et unusquisque in ea vult domo habitare, ubi non habeat quod offendat animum, et habeat multa quæ delectent; si autem subtrahantur ea quæ delectabant, vult homo undecumque migrare : interrogemus quasi curiosius, et dicat iste, quid nos ipsi, quid acturus est in illa domo, ubi cupit et optat, desiderat et hoc unum petit a Domino, habitare in ea omnes dies vitæ suæ. Quid ibi agis, quæso te? quid est quod desideras? Audi quid : « Ut contempler delectationem Domini. » (*Ibid.*, 4.) Ecce quod amo, ecce quare volo habitare in domo Domini per omnes dies vitæ meæ. Habet ibi magnum spectaculum, delectationem ipsius Domini contemplari. Vult finita

contempler les joies du Seigneur. Il veut, au sortir de sa nuit demeurer dans la lumière du Seigneur. Alors, en effet, notre nuit étant terminée, commencera notre matin ; ainsi que le Prophète l'a dit dans un autre psaume : « Le matin venu, je me tiendrai devant vous, et je verrai. » (*Ps.* v, 5.) Maintenant je ne vois point, parce que je suis tombé ; alors je me tiendrai devant vous et je verrai. C'est le langage de l'homme. L'homme est tombé en effet, et si nous ne fussions tombés, Dieu n'aurait pas envoyé son Fils pour nous relever. Nous sommes tombés, il est descendu. Il monte au ciel, nous y sommes portés à sa suite. « Car personne n'est monté que celui qui est d'abord descendu. » (*Jean*, III, 13.) Celui qui est tombé, est relevé ; celui qui est descendu, remonte. Ne nous désespérons pas de ce qu'il soit monté seul. Il nous soulève, en effet, vers lui, après que notre chute l'a fait descendre vers nous ; et nous nous tiendrons devant lui, nous le contemplerons et nous jouirons d'une joie immense. A ce peu de paroles, déjà vous faites éclater votre désir de contempler cette beauté que vous n'avez point encore vue. Que votre cœur s'élève plus haut que toutes les choses ordinaires ; que votre esprit s'élève plus haut que toutes les pensées que la chair vous a rendues habituelles, qui sont nées des sens de votre corps et qui enfantent en vous je ne sais quels vains fantômes. Rejetez tout cela de votre esprit : quoi que ce soit qui s'y présente, repoussez-le. Reconnaissez toute la faiblesse de votre esprit ; et par cela seul qu'une pensée qui n'excède point votre intelligence vient à vous, dites : ce n'est point là le ciel ; car si c'était le ciel, je n'aurais pas été capable de concevoir cette idée. C'est ainsi qu'il vous faut désirer le bon. Mais quel bon ? Le bon de tout bon, d'où découle tout bon ; le bon que l'on nomme sans y ajouter la désignation de ce qui est bon. Vous dites, en effet, un homme bon, une bonne terre, une bonne maison, un bon animal, un bon arbre, un bon corps, une bonne âme ; mais chaque fois que vous avez prononcé le mot bon, vous y avez ajouté le nom d'un objet. Ici, c'est purement et simplement le bon ; le bon par lequel toutes choses sont bonnes, le bon d'où découle tout ce qui est bon. Telle est la joie du Seigneur, que nous serons admis à contempler. Mais, mes frères, si nous trouvons de l'attrait dans de bonnes choses qui sont appelées bonnes ; si nous trouvons de l'attrait dans de bonnes choses qui, par elles-mêmes, ne sont point bonnes, car tout ce qui peut changer n'est point bon par lui-même ; voyez donc ce que sera la contemplation du bien immuable, éternel, qui est toujours le même. Car toutes ces choses qui sont appelées bonnes seraient sans attrait pour nous, si elles n'étaient bonnes ; et elles ne pourraient être bonnes, si elles ne ve-

nocte sua hærere in luce ipsius. Tunc enim erit mane nostrum nocte transacta : unde alio loco Psalmus dicit : « Mane adstabo tibi, et contemplabor. » (*Psal.* v, 5.) Modo ideo non contemplor, quia cecidi : tunc adstabo, et contemplabor. Hæc vox humana est. Cecidit enim homo, et non mitteretur qui erigeret, nisi cecidissemus. Nos cecidimus, ille ascendit. Ille ascendit, nos levamur : « quia nemo ascendit, nisi qui descendit. » (*Joan.*, III, 13.) (*a*) Qui ruit, levatur ; qui descendit, ascendit. Et non ideo desperemus, quia ille solus ascendit. Levat enim nos, ad quos cadentes descendit : et stabimus, et contemplabimur, et magna delectatione perfruemur. Ecce dixi hoc, et exclamastis desiderio cujusdam speciei nondum visæ. Excedat cor vestrum omnia (*b*) usitata, et excedat intentio universas cogitationes vestras solemnes ex carne, eductas a sensibus carnis, et imaginantes nescio quæ phantasmata. Totum ab animo rejicite, quidquid occurrerit negate : cognoscite infirmitatem cordis vestri, et (*c*) quia vel occurrit quod cogitare possetis, dicite : Non est illud ; non enim si illud esset, mihi jam occurrisset. Ita desiderabitis quoddam bonum. Quale bonum ? Omnis boni bonum, unde omne bonum, bonum cui non additur quid sit ipsum bonum. Dicitur enim bonus homo, et bonus ager, et bona domus, et bona anima : adjunxisti, quotiens dixisti : Bonum. Est bonum simplex, ipsum bonum quo cuncta sunt bona, ipsum bonum ex quo cuncta sunt bona : ipsa est delectatio Domini, hanc contemplabimur. Jam videte Fratres : Si nos delectant bona ista quæ appellantur bona, si nos delectant bona quæ non sunt per se bona ; (omnia enim mutabilia non sunt per se bona :) qualis erit contemplatio incommutabilis boni, æterni, semper eodem modo manentis ? Quandoquidem ista quæ dicuntur bona, nullo pacto nos delectarent, nisi essent bona ; nec alio pacto essent

(*a*) Hæc verba : *Qui ruit, levatur ; qui descendit, ascendit*, omissa fuerunt a Lov. Exhibentur in nostris Mss. et apud Er. — (*b*) Sic omnes prope Mss. At editiones, *omnia visa* : quæ et paulo post habebant, *et imaginatas nescio quo phantasmate*. — (*c*) Editi, *et quidquid occurrerit*. Mss. *et quia vel occurrit*, etc.

naient de celui qui est simplement le bon.

9. Voilà pourquoi, dit le Prophète, je veux habiter dans la maison du Seigneur tous les jours de ma vie. Je vous ai dit pourquoi : « Pour contempler les délices du Seigneur. » Mais pour les contempler toujours, sans que rien ne vienne troubler ma contemplation, sans qu'aucune suggestion ne m'en détourne, sans qu'aucune puissance ne m'en éloigne, sans qu'aucun ennemi ne s'y oppose; et pour jouir en toute sécurité de ces délices, c'est-à-dire de celui qui est mon Seigneur et mon Dieu, que me sera-t-il fait? Dieu me protégera. Je ne veux donc pas seulement contempler les délices du Seigneur, dit-il, mais je veux encore « qu'il me protège comme son temple. » (*Ps.* XXVI, 4.) Afin qu'il me protège comme son temple, je serai son temple, et il me protégera. Est-ce que le temple de Dieu est semblable au temple des idoles? Les idoles des nations sont protégées par leurs temples; au contraire, le Seigneur notre Dieu protégera son temple et je serai en sécurité. Je le contemplerai pour mon bonheur, et il me protégera pour mon salut. Autant ma contemplation sera parfaite, autant sa protection sera parfaite; autant sera parfaite la joie de cette contemplation, autant sera parfaite l'inamissibilité de mon salut. A ces deux pensées : « Afin que je contemple les délices du Seigneur, et que je sois protégé comme étant son temple, » se rapportent ces deux autres paroles par lesquelles commençait le psaume : « Le Seigneur est ma lumière et mon salut, qui craindrai-je ? » Parce que je contemplerai les délices du Seigneur, il est ma lumière; parce qu'il me protégera comme son temple, il est mon salut.

10. Mais pourquoi le Seigneur nous fait-il cette grâce dans l'éternité? « Parce qu'il m'a caché dans sa tente au jour de mes adversités. » (*Ibid.*, 5.) J'aurai donc une demeure dans sa maison pour tous les jours de ma vie, afin que je contemple les délices du Seigneur, et qu'il me protège comme son temple. Mais d'où vient que je me promette d'y parvenir? « parce qu'il m'a caché dans son tabernacle au jour de mes adversités. » Alors je ne serai plus dans mes jours d'adversité, mais Dieu m'aura vu aux jours de mes adversités. Comment donc celui qui m'aura regardé avec miséricorde, tandis que j'étais loin de lui, ne me rendrait-il point heureux quand je serai près de lui? C'est pourquoi, je n'ai pas été impudent en demandant une seule chose, et mon cœur ne m'a point dit : Que demandes-tu, ou à qui demandes-tu? Oses-tu bien demander quelque chose à Dieu, pécheur plein d'iniquité? Oses-tu espérer que Dieu te permette de le contempler, homme faible, cœur immonde? Je l'ose, dit-il, non à cause

bona, nisi ab illo essent qui simpliciter bonus est.

9. Ecce quare habitare volo, inquit, in domo Domini per omnes dies vitæ meæ. Dixi vobis quare : « Ut contemplar delectationem Domini. » Ut autem semper contemplari, et nulla molestia me contingat contemplantem, nulla suggestio avertat, nulla auferat alicujus potentia, nullum inimicum patiar in contemplando, et perfruar deliciis securus, ipso Domino Deo meo, quid fiet mihi? Proteget me. Non solum ergo contemplari volo delectationem Domini, ait, sed etiam « protegi templum ejus. » (*Psal.* XXVI, 4.) Ut templum suum me protegat, ero templum ejus, et protegar ab eo. Numquid tale est templum Dei, qualia templa sunt simulacrorum. Simulacra gentium templis suis proteguntur : Dominus Deus noster templum suum proteget, et securus ero. Contemplabor ad delectationem, et protegar ad salutem. Quam erit illa contemplatio perfecta, tam ista perfecta protectio, et quam illud perfectum gaudium contemplandi, tam perfecta etiam incorruptio sanitatis. Ad ista duo verba quæ dixit, « contempler delectationem Domini, et protegar templum ejus, » pertinent illa duo, unde Psalmus cœpit : « Dominus illuminatio mea, et salutaris meus, quem timebo ? » Quia contemplabor delectationem Domini, illuminatio mea est : quia proteget me templum suum, salutaris meus est.

10. Quare autem nobis hoc præstat in finem? « Quoniam abscondit me in tabernaculo suo in die malorum meorum. » (*Psal.* XXVI, 5.) Erit ergo mihi in domo habitatio per omnes dies vitæ meæ, ad hoc ut contempler delectationem Domini, et protegar templum ejus. Ut autem illuc perveniam, unde mihi promitto? « Quoniam abscondit me in tabernaculo suo in die malorum meorum. » Tunc non erunt dies malorum meorum, sed (*a*) vidit me in diebus malorum meorum. Qui ergo me longe positum misericorditer respexit, secum positum quomodo beabit? Propterea ergo non impudenter unam illam petivi, nec mihi dixit cor meum : Quid petis, (*b*) aut a quo petis? Audes enim a Deo aliquid petere peccator inique? audes sperare aliquam contemplationem Dei

(*a*) Sic melioris notæ Mss. At editi, *sed videt me nunc in diebus*, etc. — (*b*) Vaticanus Ms. *Quid petis, quis petis, a quo petis.*

de moi, mais à cause de sa joie qu'il me communique; non à cause de ma présomption, mais à cause du gage de ce bonheur qu'il m'a déjà donné. Celui qui a donné un tel gage au voyageur exilé, l'abandonnera-t-il au terme du voyage? « Parce qu'il m'a caché dans son tabernacle au jour de mes adversités. » La vie présente forme les jours de nos adversités. Les jours de l'adversité sont autres pour les impies, autres pour les fidèles. Car si les croyants, tant qu'ils voyagent encore loin de Dieu, selon cette parole de l'Apôtre : « Tant que nous habitons dans ce corps mortel, nous voyageons loin de Dieu, » (II *Cor.*, v, 6) ne sont pas dans leurs jours d'adversité; si nous n'y sommes pas nous-mêmes; pourquoi ces paroles de l'Oraison dominicale : « Délivrez-nous du mal? » (*Matth.*, vi, 13.) Mais ceux qui ne croient point encore sont plongés beaucoup plus profondément dans l'adversité; et pourtant Dieu ne les dédaigne pas, car le Christ est mort pour les impies. (*Rom.*, v, 6.) Que l'âme humaine ose donc se promettre et demander à Dieu cette seule chose dont nous parlons; elle est sûre de l'obtenir, elle est sûre de la posséder à jamais. Si elle a été tant aimée dans sa souillure, de quel éclat ne brillera-t-elle pas dans sa beauté? « Parce qu'il m'a caché dans son tabernacle au jour de mes adversités, et qu'il m'a protégé dans l'endroit caché de son tabernacle. » Qu'est-ce que l'endroit caché de son tabernacle? Que signifie cette parole? Le tabernacle avait plusieurs parties extérieures visibles. Et il y avait aussi un endroit retiré, un sanctuaire secret, le lieu le plus intime du temple. Et quel était-il? celui où le grand-prêtre seul pouvait pénétrer. (*Hébr.*, ix, 3.) C'est que, peut-être, Jésus notre prêtre est lui-même l'endroit caché du tabernacle de Dieu. Car il a reçu son corps de ce tabernacle, et il en a fait pour nous l'endroit caché du tabernacle; de la sorte, tous ceux qui croient en lui forment les diverses parties de ce tabernacle, dont lui-même est l'endroit caché. Car, dit l'Apôtre, « vous êtes morts, et votre vie est cachée en Dieu avec le Christ. » (*Colos.*, iii, 3.)

11. Voulez-vous la preuve de ce que j'avance ? La pierre, vous le savez, était le Christ. (I *Cor.*, x, 4.) Or, voyez ce qui suit : « Parce qu'il m'a caché dans son tabernacle au jour de mes adversités, et qu'il m'a protégé dans l'endroit caché de son tabernacle. » (*Ps.* xxvi, 5.) Vous demandiez quel est l'endroit caché de ce tabernacle, écoutez ce qu'ajoute le Prophète : « Il m'a élevé sur la pierre. » (*Ibid.*, 6.) Et par conséquent, il m'a élevé sur le Christ. Parce que vous vous êtes abaissé dans la poussière, il vous élève sur la pierre. Mais le Christ est en haut, et vous êtes en bas; écoutez encore la suite :

---

te habiturum infirme, immundo corde? Audeo, inquit, non de me, sed de ipsius delectatione; non de mea præsumptione, sed de illius pignore. Qui tantum pignus dedit peregrinanti, deseret pervenientem? « Quoniam abscondit me in tabernaculo suo in die malorum meorum. » Ecce dies malorum nostrorum, vita ista est. Dies malorum aliter habent impii, aliter fideles. Nam etiam credentes, sed adhuc peregrinantes a Domino, (« Quamdiu enim sumus in hoc corpore, peregrinamur a Domino : hoc Apostolus dixit, ») (II *Cor.*, v, 6) si dies malorum non agunt, unde vox Dominicæ orationis : « Libera nos a malo, » (*Matth.*, vi, 13) si non sumus in diebus malorum? Sed longe discretius dies malorum agunt qui adhuc non crediderunt : nec ipsos ille despexit. Etenim Christus « pro impiis mortuus est. » (*Rom.*, v, 6.) Audeat ergo præsumere anima humana, et unam illam petere; secura habebit, secura possidebit. Tantum dilecta est fœda, pulchra quomodo fulgebit? « Quoniam abscondit me in tabernaculo suo, in die malorum meorum : protexit me in abscondito tabernaculi sui. » Quid est absconditum tabernaculi ipsius ? quid est hoc ? Multa enim quasi membra tabernaculi forinsecus videntur. Et est quasi adytum, quod dicitur penetrale secretum, (*a*) interius templi. Et quid est hoc ? quod solus sacerdos intrabat. Et forte ipse sacerdos est absconditum tabernaculi Dei. (*Hebr.*, ix, 3.) Accepit enim de isto tabernaculo carnem, et fecit nobis absconditum (*b*) tabernaculi : ut tabernaculum ejus alia membra ipsius credentes in eum sint, absconditum autem tabernaculi ipse sit. « Mortui enim estis, ait Apostolus, et vita vestra abscondita est cum Christo in Deo. » (*Coloss.*, iii, 3.)

11. An vis nosse quia inde dicit? « Petra nempe est Christus. » (1 *Cor.*, x, 4.) Audite quid sequitur : « Quoniam abscondit me in tabernaculo suo in die malorum meorum : protexit me in abscondito tabernaculi sui. » Quærebas quid sit absconditum tabernaculi, audi quod sequitur : « In petra exaltavit me. » (*Psal.* xxvi, 6.) Ergo in Christo exaltavit me. Quia in pulvere humiliasti te, in petra exaltavit te.

(*a*) Editi, *interioris templi*. Plerique autem Mss. *interius templi*. — (*b*) Ita nonnulli Mss. At Er. *et fecit nos absconditum tabernaculum*. Lov. *et fecit nobis absconditum tabernaculum ejus*.

« Et maintenant, voici qu'il a élevé ma tête au-dessus de mes ennemis. » « Et maintenant, » c'est-à-dire avant que je parvienne à cette maison où je veux habiter tous les jours de ma vie, avant que je sois admis à contempler le Seigneur. « Et maintenant, voici qu'il a élevé ma tête au-dessus de mes ennemis. » Je suis encore obligé de supporter les ennemis du corps de Jésus-Christ; je ne suis point encore élevé au-dessus d'eux, mais « il a élevé ma tête au-dessus de mes ennemis. » Déjà le Christ, qui est notre tête, est dans le ciel, bien que nos ennemis puissent encore exercer leur haine contre nous. Nous ne sommes point encore élevés au-dessus d'eux, mais déjà notre tête est à cette hauteur, d'où elle a fait entendre ces paroles : « Saul, Saul, pourquoi me persécutes-tu ? » (*Act.*, IX, 4.) Par là, il a fait voir qu'il était en nous ici-bas; donc nous sommes également en lui dans le ciel, « parce que dès maintenant ma tête est élevée au-dessus de mes ennemis. » Voilà le gage que nous avons reçu et qui, par la foi, par l'espérance et par la charité, nous place dans le ciel pour toujours avec Jésus-Christ notre tête, parce qu'il est avec nous sur terre jusqu'à la la consommation des siècles (*Matth.*, XXVIII, 20), par sa divinité, par sa bonté et par son union en un même corps avec nous.

12. « J'ai parcouru toutes choses, et j'ai immolé dans son tabernacle une hostie de jubilation. » (*Ps.* XXVI, 6.) Nous immolons une hostie de jubilation, nous immolons une hostie de joie, une hostie de reconnaissance, une hostie d'action de grâces qu'il ne nous est pas possible d'expliquer par nos paroles. Nous l'immolons, mais où ? dans son tabernacle, dans la sainte Eglise. Qu'immolons-nous donc ? Une joie immense et inénarrable, que nulles paroles, que nulle voix ne peut décrire. Telle est l'hostie de jubilation. Mais où la cherche-t-on ? où la trouve-t-on ? En parcourant toutes choses. « J'ai parcouru toutes choses, dit le Prophète, et j'ai immolé, dans son tabernacle, une hostie de jubilation. » Que votre esprit parcoure la création entière, et de toutes parts la création vous criera : c'est Dieu qui m'a faite. Ce qui vous charme dans l'œuvre recommande l'ouvrier ; et plus vous parcourez l'univers en tous sens, plus cet examen manifeste à vos yeux la gloire de son auteur. Vous considérez les cieux, ce sont les grandes œuvres de Dieu. Vous considérez la terre, c'est Dieu qui a créé ces nombreuses semences, ces germes d'une variété infinie, cette multitude d'animaux. Parcourez et les cieux et la terre, n'omettez quoi que ce soit ; de tous côtés toutes choses proclament devant vous leur auteur, et les créatures de toutes les espèces sont comme autant de voix qui louent le Créateur.

Sed Christus sursum est, tu autem adhuc deorsum. Audi sequentia : « Et nunc exaltavit caput meum super inimicos meos. » « Et nunc, » antequam veniam ad illam domum, ubi volo habitare per omnes dies vitæ meæ, antequam veniam ad videam contemplationem Domini : « Et nunc exaltavit caput meum super inimicos meos. » Adhuc patior inimicos corporis Christi, adhuc non sum exaltatus super inimicos : sed, « caput meum exaltavit super inimicos meos. » Jam caput nostrum Christus in cœlo est, adhuc inimici nostri possunt in nos sævire : nondum sumus exaltati super illos ; sed caput nostrum jam ibi est, unde hoc dixit : « Saule, Saule, quid me persequeris ? » (*Act.*, IX, 4.) Se dixit in nobis esse hic deorsum : ergo et nos in illo sumus ibi sursum ; quia « et nunc exaltavit caput meum super inimicos meos. » Ecce quale pignus habemus, unde et nos fide et spe et caritate cum capite nostro sumus in cœlo in æternum : quia et ipsum divinitate, bonitate, unitate nobiscum est in terra usque in consummationem sæculi. (*Matth.*, XXVIII, 20.)

12. « Circumivi, et immolavi in tabernaculo ejus hostiam jubilationis. » (*Psal.* XXVI, 6.) Immolamus hostiam jubilationis, immolamus hostiam lætitiæ, hostiam gratulationis, hostiam gratiarum actionis, quæ verbis explicari non potest. Immolamus autem, ubi ? In ipso tabernaculo ejus, in sancta Ecclesia. Quid ergo immolamus ? Abundantissimum et inenarrabile gaudium, nullis verbis, (*a*) voce ineffabili. Hæc est hostia jubilationis. Unde quæsita, unde inventa est ? Circumeundo : « Circumivi, inquit, et immolavi in tabernaculo ejus hostiam jubilationis. » Circumeat animus tuus per universam creaturam : undique tibi clamabit creatura, Deus me fecit. Quidquid te delectarit (*b*) in arte, artificem commendat ; magisque si circumeas universa, consideratio concipit artificis laudem. Vides cœlos, magna opera Dei sunt. Vides terram, Deus fecit seminum numeros, diversitates germinum, multitudinem animalium. Circumi adhuc cœlos usque ad terram, nihil relinquas : undique tibi omnia resonant conditorem ; et ipsæ species creaturarum, voces sunt quædam creatorem

(*a*) Sic Er. et Mss. At Lov. *nulla voce effabile.* — (*b*) Plerique Mss. *in parte ;* et paulo post, *magisque si circumeas, universi consideratio,* etc.

Mais qui pourrait dépeindre la création entière? Qui pourrait en faire l'éloge qu'elle mérite? Qui pourrait louer dignement le ciel, la terre, la mer, et toutes les créatures qu'ils renferment? Et cependant, ce ne sont encore là que des choses visibles. Mais les Anges, les Trônes, les Dominations, les Principautés et les Puissances, qui donc pourrait les louer dignement? Qui pourrait louer dignement ce principe qui vit en nous, qui entretient l'existence de notre corps, qui fait mouvoir nos membres, qui excite nos sens, qui embrasse tant de choses par la mémoire, qui discerne tant de choses par l'intelligence; ce principe qui pourrait dignement le louer? Et si le langage de l'homme est ainsi réduit à l'impuissance quand il s'agit des créatures de Dieu, que peut-il à l'égard du Créateur? La parole expire, et il ne reste à l'homme que l'émotion de sa joie. « J'ai parcouru toutes choses, et j'ai immolé, dans son tabernacle, une hostie de jubilation. »

13. Il est une autre interprétation qui me paraît se rapporter encore mieux à l'ensemble du psaume. Le Prophète ayant dit qu'il a été élevé sur la pierre qui est le Christ, et que sa tête qui est le Christ a été élevée au-dessus de ses ennemis, il a voulu faire comprendre que lui-même, qui a été élevé sur la pierre, a été également élevé au-dessus de ses ennemis en la personne de son chef, rapportant cet honneur à l'Eglise qui a vaincu la persécution; et comme ce triomphe a eu lieu par la diffusion de la foi dans tout l'univers, le Prophète s'écrie : « J'ai parcouru toutes choses, et j'ai immolé, dans son tabernacle, une hostie de jubilation. » Ce qui veut dire : j'ai considéré la foi de tout l'univers, cette foi qui a élevé ma tête au-dessus de ceux qui me persécutaient; et j'ai adressé au Seigneur d'ineffables louanges, dans son tabernacle, c'est-à-dire dans l'Eglise répandue par tout l'univers.

14. « Je chanterai, et ferai retentir des hymnes à la gloire du Seigneur. » (*Ibid.*, 6.) Nous serons en sécurité, nous chanterons en sécurité, nous ferons retentir des hymnes en sécurité, alors que nous contemplerons les délices du Seigneur, et qu'au milieu de la ruine de toutes choses, quand la mort sera absorbée dans sa victoire (I *Cor.*, xv, 54), nous serons protégés comme étant le temple de Dieu. Et maintenant que ferons-nous? Le Prophète nous a dit de quelles joies nous jouirons, lorsque nous aurons été exaucés dans notre unique demande. Mais maintenant que ferons-nous? « Seigneur, exaucez ma voix. » (*Ps.* xxvi, 7.) Maintenant, il faut gémir; maintenant, il faut demander. Il n'y a que les malheureux qui gémissent; il n'y a que les indigents qui demandent. La demande cessera un jour, et les chants de louange lui succéderont; les gémissements cesseront et la joie leur succédera. D'ici là, tant que nous sommes

---

laudantium. Quis autem explicet universam creaturam? quis illam explicet laudibus? quis digne laudet cœlum et terram, mare, et omnia quæ in eis sunt? Et ista quidem visibilia. Quis digne laudet Angelos, Sedes, Dominationes, Principatus, et Potestates? Quis digne laudet hoc ipsum quod in nobis viget, vegetans corpus, movens membra, (*a*) sensus exserens, et memoria tam multa complectens, intellectu tam multa discernens, quis digne laudet? At si in istis creaturis Dei sic laborat humanus sermo, in creatore quid agit, nisi sola restet sermone deficiente jubilatio? « Circumivi, et immolavi in tabernaculo ejus hostiam jubilationis. »

13. Est et alius sensus, qui mihi videtur ad contextionem Psalmi magis pertinere. Quia enim dixerat in petra se exaltatum, quod est Christus; et caput suum exaltatum super inimicos suos, quod est Christus : etiam se, qui in petra exaltatus est, in eodem capite suo exaltatum intelligi voluit super inimicos suos, referens hoc ad honorem Ecclesiæ, cui cessit inimicorum persecutio : et quia hoc per fidem orbis terrarum factum est : « Circumivi, inquit, et immolavi in tabernaculo ejus hostiam jubilationis : » id est, consideravi fidem orbis terrarum, in qua exaltatum est caput meum, super eos qui me persequebantur; et in ipso tabernaculo ejus, id est, in Ecclesia toto orbe diffusa ineffabiliter laudavi Dominum.

14. « Cantabo et psallam Domino. » (*Psal.* xxvi, 6.) Securi erimus, et securi cantabimus, et securi psallemus, cum contemplabimur delectationem Domini, et protegemur templum ejus, in illa incorruptione, quando absorbebitur mors in victoriam. (I *Cor.*, xv, 54.) Modo quid? Quia jam dicta sunt gaudia illa, quæ habebimus, cum acceperimus illam unam petitionem. Modo quid? « Exaudi Domine vocem meam. » (*Psal.* xxvi, 7.) Gemamus modo, oremus modo. Gemitus non est nisi miserorum, oratio non est nisi indigentium. Transiet oratio, succedet laudatio; transiet fletus, succedet gaudium. Interim

---

(*a*) Sic in Mss. At in editis, *sensu exercens*.

dans les jours de nos adversités, ne cessons de prier Dieu et de lui demander cette chose unique que nous désirons; ne nous lassons pas de réitérer notre demande, jusqu'à ce que par sa miséricorde et sous la conduite de sa grâce nous arrivions à la posséder. « Seigneur, exaucez la voix, par laquelle j'ai crié vers vous : ayez pitié de moi et exaucez-moi. » Il ne demande qu'une seule chose, par ses prières, par ses larmes, par ses gémissements, il ne demande qu'une seule chose. Il a mis fin à tous ses désirs; il ne reste qu'une seule chose, qu'il demande.

15. En voici la preuve : « Mon cœur vous a dit : j'ai cherché votre visage. » (*Ibid.*, 8.) C'est la même chose que ce qu'il a dit un peu auparavant : « afin que je contemple les délices du Seigneur. » « Mon cœur vous a dit : j'ai cherché votre visage. » Si notre joie était placée dans le soleil qui éclaire ce monde, ce ne serait pas notre cœur qui dirait : « J'ai cherché votre visage, » ce seraient les yeux de notre corps. A qui notre cœur dit-il : « J'ai cherché votre visage, » si ce n'est à celui que peuvent voir les yeux de notre cœur? Les yeux du corps recherchent la lumière du soleil, et les yeux du cœur la lumière de Dieu. Mais vous voulez voir cette lumière que contemplent les yeux du cœur, parce que cette lumière est Dieu même. Car, « Dieu est lumière, dit saint Jean, et il n'y a point de ténèbres en lui. » (*Jean*, I, 5.) Voulez-vous donc voir cette lumière? Purifiez l'œil qui peut la contempler; car « bienheureux ceux dont le cœur est pur, parce qu'ils verront Dieu. » (*Matth.*, v. 8.)

16. « Mon cœur vous a dit : j'ai cherché votre visage; Seigneur, je vous demanderai de nouveau de voir votre visage. » (*Ps.* XXVI, 8.) J'ai demandé une seule chose au Seigneur, je la demanderai de nouveau, c'est de voir votre visage. « Ne détournez pas de moi votre visage. » (*Ibid.*, 9.) Comme il s'en tient fermement à cette unique demande! Voulez-vous aussi l'obtenir? Ne demandez point autre chose. Qu'il vous suffise de demander uniquement ce qu'il vous suffira d'avoir uniquement reçu. Mon cœur vous a dit : « J'ai cherché votre visage; Seigneur, je vous demanderai de nouveau de voir votre visage. Ne détournez pas de moi votre visage; ne vous retirez point, dans votre colère, de votre serviteur. » Magnifiques paroles! Rien ne pouvait être dit de plus divin. Ceux-là le sentent qui aiment véritablement. Un autre voudrait être heureux et immortel dans la volupté qu'il aime des convoitises terrestres; et peut-être adorerait-il Dieu et le prierait-il pour obtenir de lui de vivre longtemps ici-bas dans ses délices, de ne perdre rien de ce que possède la cupidité terrestre, ni or, ni argent, ni aucune des propriétés qui réjouissent les yeux, et de ne voir mourir ni ses amis, ni ses enfants, ni sa femme, ni ses clients; il voudrait vivre à jamais

---

modo, quando in diebus malorum nostrorum sumus, non cesset oratio nostra ad Deum, a quo unam illam petamus; et ab ipsa petitione non desinamus, donec ad eam illo donante ac perducente perveniamus. « Exaudi Domine vocem meam, qua clamavi ad te; miserere mei, et exaudi me. » Unam illam petit, tam diu rogans, flens, gemens, non petit nisi unam. Finivit omnes cupiditates, remansit illa una quam petit.

15. Audi quia hanc petit : « Tibi dixit cor meum : Quæsivi vultum tuum. » (*Ibid.*, 8.) Hoc est ergo quod paulo ante dixit : Ut contempler delectationem Domini. « Tibi dixit cor meum : Quæsivi vultum tuum. » Si gaudium nostrum in isto sole esset, non cor nostrum diceret : « Quæsivi vultum tuum : » sed, oculi corporis nostri. Cor nostrum cui dicit : « Quæsivi vultum tuum, » nisi ei qui pertinet ad oculum cordis? Lucem istam quærunt oculi carnis, lucem illam quærunt oculi cordis. Sed vis illam lucem, quæ videtur oculis cordis, videre : quia ipsa lux Deus est. Deus enim lux est, ait Joannes, et tenebræ in eo non sunt ullæ. (I *Joan.*, I, 5.) Vis ergo videre illam lucem? Munda oculum, unde videtur : « Beati enim mundo corde, quia ipsi Deum videbunt. » (*Matth.*, v, 8.)

16. « Tibi dixit cor meum : Quæsivi vultum tuum, vultum tuum Domine requiram. » (*Psal.* XXVI, 9.) Unam petii a Domino, hanc requiram, vultum tuum. « Non avertas faciem tuam a me. » Quomodo se fixit in ista unum petitione. Vis impetrare? Aliud noli petere. Uni suffice, quia una tibi sufficiet. « Tibi dixit cor meum : Quæsivi vultum tuum, vultum tuum Domine requiram. Ne avertas faciem tuam a me : ne declines via in ira a servo tuo. » Magnifice, nihil dici divinius potest. Sentiunt hoc qui vere amant. Alius vellet beatus et immortalis esse in his, quas diligit, terrenarum concupiscentiarum voluptatibus : et forte propterea Deum coleret, et oraret, ut diu hic viveret in deliciis suis, et non ab eo aliquid periret quod terrena possidet cupiditas, nec aurum, nec argentum, nec si quid prædiorum oblectaret oculos ejus, nec amici morerentur, nec filii, nec

au sein de ces jouissances. Mais ne pouvant les posséder toujours, car il sait qu'il est mortel, peut-être adore-t-il Dieu et le prie-t-il pour que tous ces biens lui restent jusque dans sa vieillesse. Et si Dieu lui disait : je te fais immortel au milieu de ces jouissances, il accepterait ce don comme un immense bienfait; et dans le transport de sa joie, il ne pourrait se contenir et se confondrait en actions de grâces. Ce n'est pas là ce que veut celui qui ne demande à Dieu qu'une seule chose. Que veut-il donc? Il veut contempler les délices du Seigneur tous les jours de sa vie. D'autre part, celui qui adorerait Dieu de la manière et pour le motif que je viens de dire, du moment qu'il posséderait ces biens temporels, ne craindrait la colère de Dieu qu'autant qu'elle le porterait à les lui ravir. Le Prophète ne craint pas la colère de Dieu pour semblable cause, lui qui a dit de ses ennemis : « Qu'ils dévorent mes chairs. » (*Ibid.*, 2.) Pour quelle cause redoute-t-il cette colère? De peur qu'elle ne lui enlève ce qu'il aime. Et quel est l'objet de son amour? Seigneur c'est votre visage. C'est pourquoi il regarderait comme une preuve de colère, que Dieu vînt à détourner de lui son visage. « Seigneur, ne vous retirez point, dans votre colère, de votre serviteur. » Peut-être lui répondrait-on ainsi : pourquoi craignez-vous qu'il ne se retire de vous dans sa colère? Plus il s'éloignera de vous par l'effet de sa colère, moins il vous châtiera ; si au contraire, vous tombez entre ses mains, tandis qu'il est irrité contre vous, il se vengera sur vous; souhaitez donc plutôt que, dans sa colère, il se retire de vous. Non, dit-il ; car il sait ce qu'il désire. Pour Dieu, se mettre en colère c'est détourner de nous son visage. Mais que penseriez-vous, s'il vous donnait l'immortalité au milieu des délices et de la volupté des joies terrestres? Celui qui aime Dieu comme nous l'avons dit répondrait : je n'en veux pas. Tout ce qui n'est pas lui est sans douceur pour moi. Que Dieu m'enlève tout ce qu'il veut me donner, et que lui-même se donne à moi. « Ne vous retirez point, dans votre colère, de votre serviteur. » Peut-être se détourne-t-il de quelques-uns d'entre eux, mais ce n'est point dans sa colère; quand par exemple quelques-uns lui disent : « Détournez votre visage de mes péchés. » (*Ps.* L, 11.) Quand il détourne son visage de vos péchés, il ne se détourne pas de vous dans sa colère. Qu'il détourne donc son visage de vos péchés, mais qu'il ne détourne pas son visage de vous.

17. « Soyez mon aide, ne m'abandonnez pas. » (*Ps.* XXVI, 9.) Voici que je suis en route : je vous ai demandé une seule chose, d'habiter dans votre maison tous les jours de ma vie, de contempler vos délices et d'être protégé comme

---

conjux, nec clientes, in his deliciis vellet semper vivere. Sed quia non potest semper, novit enim se mortalem ; forte ad hoc colit Deum, et ad hoc orat Deum, et ad hoc gemit Deo, ut ista illi omnia usque in senectutem suppetant. Et si diceret ei Deus: Ecce facio te in his immortalem : pro magno bono acciperet, et exultatione gaudiorum gratulans non se caperet. Non vult hoc iste, qui unam petiit a Domino. Sed quid vult? Contemplari delectationem Domini per omnes dies vitæ suæ. Rursusque alius qui hoc modo et hac causa coleret Deum, si illa sibi temporalia adessent, iratum Deum non timeret, nisi ne illud auferret. Iste non propter hoc timet iratum; quando quidem et de inimicis suis dixit : « Ut edant carnes meas. » (*Ibid.*, 2.) Unde timet iratum? Ne auferat quod amavit. Quid amavit? Vultum tuum. Ideo hanc putat iram Domini, si avertat ab illo vultum suum. Domine « ne declines in ira a servo tuo. » Posset illi forte responderi hoc modo : Quid times, ne declinet a te in ira? Magis si a te declinaverit in ira, non in te vindicabit : si incurras in illum iratum, vindicabit in te. Opta ergo potius ut declinet a te in ira. Non, (*a*) inquit. Novit enim quid desiderat. Ira ejus, non est nisi aversio vultus ejus. Quid si te faciet in deliciis istis et voluptate gaudiorum terrenorum immortalem ? Respondet amator talis : Nolo, quidquid mihi præter illum est, dulce non est : quidquid mihi vult dare Dominus meus, auferat totum, et se mihi det. « Ne declines in ira a servo tuo. » Forte ab aliquibus declinat, non in ira ; quomodo a quibusdam qui illi dicunt : « Averte faciem tuam a peccatis meis. » (*Psal.* L, 11.) Quando a peccatis tuis avertit faciem suam, non in ira a te declinat. Avertat ergo faciem suam a peccatis tuis : sed non avertat faciem suam a te.

17. « Adjutor meus esto, ne derelinquas me. » (*Psal.* XXVI, 9.) Ecce enim in via sum, petivi a te unam, habitare in domo tua per omnes dies vitæ meæ, contemplari delectationem tuam, protegi (*b*) templum tuum; hanc petivi unam : sed ut ad

---

(*a*) Lov. *ut declinet a te in ira*, *non accedat*. *Quid novit enim? quid desiderat?* Er. *ut declinet a te in ira, in ira non accedat. Quid novit enim?* Mss. vero quidam *ut declinet a te in ira, non in ira. Quid novit enim?* Alii demum eam lectionem exhibent, quam in textu damus. — (*b*) Editi, *protege a templo tuo.* At Mss. *protegi templum tuum :* concinnius ad superiora.

étant votre temple. Voilà la seule chose que j'ai demandé; mais pour y arriver, je suis en route. Vous me direz peut-être : Fais effort, marche, je t'ai donné le libre arbitre, tu disposes de ta volonté, poursuis ton chemin, cherche la paix, attache-toi à la paix (*Ps.* xxxiii, 15), ne t'écarte pas du chemin, ne t'arrête point en route, ne regarde pas en arrière, marche avec persévérance, parce que « celui qui aura persévéré jusqu'à la fin sera sauvé. » (*Matth.*, x, 22; xxiv, 13.) Vous avez en effet reçu le libre arbitre, et peut-être en tirez-vous présomption pour marcher de vous-même : ne présumez pas de vous (1); si Dieu vous abandonne, la défaillance vous prendra en chemin, vous tomberez, vous vous égarerez, vous vous arrêterez sans plus marcher. Dites-lui donc : Vous m'avez donné, il est vrai, une volonté libre; mais, sans vous, mes efforts sont impuissants. « Vous êtes mon aide, ne m'abandonnez pas; ne me méprisez pas, ô Dieu mon Sauveur. » Car, vous avez donné l'être, c'est à vous d'aider; vous avez créé, c'est à vous de ne point abandonner.

18. « Parce que mon père et ma mère m'ont abandonné. » (*Ps.* xxvi, 10.) Il se fait le petit enfant de Dieu; il fait de Dieu son père, il fait de Dieu sa mère. Dieu est son père, parce qu'il l'a créé, parce qu'il l'appelle, parce qu'il lui donne des ordres, parce qu'il le dirige : Dieu est sa mère, parce qu'il le tient en ses bras, parce qu'il le nourrit, parce qu'il l'allaite, parce qu'il le porte dans son sein. « Mon père et ma mère m'ont abandonné; mais le Seigneur m'a pris en adoption, » afin de me diriger et de me nourrir. Des parents mortels ont engendré des fils, des fils mortels ont succédé à des parents mortels, et ils sont nés pour leur succéder, afin que ceux qui les ont engendrés mourussent : celui qui m'a créé ne mourra pas, et je ne me séparerai pas de lui. « Mon père et ma mère m'ont abandonné, mais le Seigneur m'a pris en adoption. » Outre les deux parents, de la chair de qui nous sommes nés, un homme pour père, une femme pour mère, comme autrefois Adam et Eve, outre ces deux parents, nous avons ici-bas un autre père et une autre mère; ou plutôt nous les avons eus. Notre père selon le siècle, c'est le diable; il a été notre père, tandis que nous étions infidèles. Car le Seigneur dit aux infidèles : « Vous avez le diable pour père. » (*Jean*, viii, 44.) Si donc celui qui agit efficacement sur les fils de l'incrédulité (*Ephés.*, ii, 2) est le père de tous les impies, quelle est leur mère? C'est une ville qui porte le nom de Babylone. Cette ville est la société de tous les hommes qui se perdent, de l'Orient à l'Occident; c'est elle qui possède le royaume de

---

(1) Allusion probable à l'erreur de Pélage, introduite en Afrique l'an 411.

---

illam perveniam, in via sum. Forte dices mihi : (*a*) Nitere, ambula, liberum arbitrium tibi dedi : voluntatis tuae es, prosequere viam, quaere pacem et sequere eam : (*Psal.* xxxiii, 15) noli a via declinare, noli ibi remanere, noli retro respicere : persevera in ambulando, quoniam « qui perseveraverit usque in finem, hic salvus erit. » (*Matth.*, x, 22, xxiv, 13.) Jam tu accepto libero arbitrio, quasi praesumis unde ambules : noli de te praesumere, si te dereliquerit, in ipsa via deficies, cades, aberrabis, remanebis: dic ergo illi : Voluntatem quidem liberam mihi dedisti, sed sine te nihil est mihi conatus meus : « Adjutor meus esto ne derelinquas me : neque despicias me Deus salutaris meus. » Tu enim adjuvas qui condidisti, tu non deseris qui creasti.

18. « Quoniam pater meus et mater mea dereliquerunt me. » (*Psal.* xxvi, 10.) Fecit se parvulum Deo : ipsum fecit patrem, ipsum fecit matrem. Pater est, quia condidit, quia vocat, quia jubet, quia regit : mater, quia fovet, quia nutrit, quia lactat, quia continet. « Pater meus et mater mea dereliquerunt me : Dominus autem assumpsit me : » et regendum et nutriendum. Mortales parentes genuerunt, filii successerunt, mortales mortalibus, et ad hoc nati sunt qui succederent, ut qui genuerunt decederent: non decedet qui me creavit, ego ab illo non recedam. « Pater meus et mater mea dereliquerunt me : Dominus autem assumpsit me. » Exceptis etiam illis duobus parentibus, de quorum carne nati sumus, patre masculo, et matre femina, tanquam Adam et Eva : exceptis illis duobus parentibus, habemus hic alium patrem, et aliam matrem, vel potius habuimus, Pater secundum saeculum diabolus est, et fuit nobis pater cum essemus infideles. Nam infidelibus dicit Dominus : « Vos a patre diabolo estis. » (*Joan*, viii, 44.) Si ille pater omnium impiorum, « qui operatur in filiis diffidentiae, » (*Ephes.*, ii, 2) mater quae est? Est quaedam civitas, quae Babylonia dicitur : civitas ista, societas est omnium perditorum ab Oriente usque in Occidentem; ipsa habet regnum terrenum : secundum hanc civitatem respublica quaedam dicitur, quam modo videtis se-

(*a*) Sic tres Mss. Alii quinque, *utere*. Editi vero, *ut irem*.

ce monde. A cette ville se rattache une certaine république (1), de la décrépitude et de la décadence de laquelle nous sommes aujourd'hui témoins. Voilà notre première mère, c'est en elle que nous sommes nés. Mais nous avons connu un autre père, Dieu; et nous avons quitté le diable : car comment oserait-il s'approcher de ceux qu'a adoptés celui qui domine toutes choses? Nous avons connu une autre mère, la Jérusalem céleste, la sainte Église, dont une partie est encore voyageuse sur terre; et nous avons quitté Babylone. « Mon père et ma mère m'ont abandonné. » Ils n'ont plus rien à me donner; car au moment même où ils paraissaient me donner quelque chose, vous étiez l'auteur de ce don que je leur imputais.

19. En effet, même à ne regarder que ce monde, de qui l'homme reçoit-il quelque chose, si ce n'est de Dieu? Ou quelle chose peut lui être enlevée, sans l'ordre ou sans la permission de celui qui la lui a donnée? Mais des hommes vains pensent que les choses de ce monde leur sont données par les démons qu'ils adorent, et quelquefois ils se disent : Dieu est nécessaire pour la vie éternelle, pour la vie spirituelle, mais nous devons honorer les autres puissances en vue des biens temporels. O inanité du genre humain! Les choses à cause desquelles vous voulez adorer les démons sont celles que vous aimez le mieux; et certes vous avez plus à cœur, ou du moins vous avez autant à cœur de leur rendre hommage qu'à Dieu. Mais Dieu ne veut pas d'une adoration partagée avec eux, quand même la plus grande part de ce culte ne reviendrait qu'à lui seul. Quoi donc! me direz-vous, est-ce que nous n'avons pas besoin des démons pour les biens temporels? Non. Mais au moins n'avons-nous pas à craindre quelque effet funeste de leur colère? Ils ne nous nuiront jamais, à moins que Dieu ne le permette. Ils ont toujours la volonté de nuire; et qu'on tente de les apaiser, ou qu'on leur adresse des supplications, ils ne cessent pas pour cela de vouloir nuire. C'est là le propre de leur malveillance. Que ferez-vous donc en les adorant, sinon d'offenser celui qui dans son ressentiment vous livrera à leur pouvoir? Et tandis qu'ils ne pourraient vous faire aucun mal, si Dieu vous était propice; ils vous feront tout le mal qu'ils voudront, si Dieu est irrité contre vous. Et si vous voulez savoir à quel point vous les invoquez en vain pour les choses temporelles, vous qui avez de telles pensées à leur égard, est-ce que tous ceux qui honorent Neptune ne font point naufrage? Ou bien tous ceux qui outragent Neptune sont-ils empêchés d'arriver au port? Est-ce que toutes les femmes qui honorent Junon ont des couches heureuses? Ou bien toutes celles qui outragent Junon ont-elles des couches malheureuses? Que Votre Charité comprenne donc par là, combien sont vides

---

(1) Saint Augustin désigne ici la République Romaine comme vieillissant et tombant en ruine, depuis que l'Italie avait été ravagée en 406, et la ville prise en 410.

---

nescere et minui : hæc prima fuit mater nostra, in hac nati sumus. Cognovimus alium patrem, Deum; reliquimus diabolum. Quando enim audet accedere ad eos, quos ille suscepit qui superat omnia? Cognovimus aliam matrem, Jerusalem cœlestem, quæ est sancta Ecclesia, cujus portio peregrinatur in terra : reliquimus Babyloniam. « Pater meus et mater mea dereliquerunt me : » non habent jam quod illi præstent; quia et quando mihi præstare videbantur, tu præstabas, et illis imputabam.

19. A quo enim etiam secundum mundum istum præstatur homini, nisi a Deo? Aut quid aufertur homini; nisi ille jusserit, aut permiserit qui donavit? Sed putant vani homines, quod hoc dæmones præstent, quos adorant : et aliquando dicunt sibi : Deus ad vitam æternam necessarius est, ad illam vitam spiritualem; potestates autem istæ debent a nobis coli, propter ista temporalia. O inanitas generis humani! Plus amas eas res propter quas istos vis colere : profecto plus habes istos colere, ut non dicam plus, certe vel tantum. Non vult autem Deus coli cum illis, nec si ipse colatur multo amplius, et illi multo minus. Quid ergo, inquies, et isti non sunt necessarii ad hæc? Non. Sed timendum est, irati noceant. Non nocebunt nisi ille permittat. Isti semper habent voluntatem nocendi, nec si placentur, nec si rogentur, desinunt nocere velle. Hoc enim malevolentiæ illorum proprium est. Ergo quid facies eos colendo, nisi ut illum offendas, quo offenso in istorum potestatem daberis : ut qui tibi nihil possent facere illo placato, faciant quidquid volunt illo irato. Et ut noveris quam frustra istos colas, quasi propter temporalia, quisquis hæc cogitas? Omnes qui colunt Neptunum, non naufragaverunt; aut omnes qui blasphemant Neptunum, ad portum non pervenerunt? Omnes mulieres colentes Junonem, bene pepererunt; aut omnes blasphemantes Junonem, male pepererunt? Hinc intelligat Ca-

de sens les hommes qui veulent honorer les démons, quand ce ne serait qu'en vue des choses temporelles. Car s'il y avait lieu de les honorer en vue de ces biens, ceux-là seuls qui les honoreraient auraient ces biens en abondance. Et quand même il en serait ainsi, nous devrions encore fuir de tels dons et demander à Dieu une seule chose. Ajoutons, que ces biens terrestres sont accordés par Dieu à ceux mêmes qui l'offensent en honorant le démon. Que notre père et notre mère nous abandonnent donc, que le diable nous abandonne, que Babylone nous abandonne; et que le Seigneur nous prenne en adoption, afin de nous consoler par les biens temporels, et de nous rendre heureux par les biens spirituels. « Car mon père et ma mère m'ont abandonné; mais le Seigneur m'a pris en adoption. »

20. Il a donc été adopté par le Seigneur; il a fui Babylone et le diable qui la gouverne; le diable est en effet le chef des impies, le prince de ce monde et de ces ténèbres. De quelles ténèbres? des pécheurs et des infidèles. C'est pourquoi l'Apôtre dit à ceux qui croient maintenant : « Vous avez été ténèbres pendant un temps, et maintenant vous êtes lumière dans le Seigneur. » (*Ephés.*, v, 8.) Étant donc adoptés par Dieu, que dirons-nous? « Seigneur, donnez-moi la loi que je dois suivre dans votre voie. » (*Ps.* XXVI, 11.) Osez-vous bien lui demander une loi? Et s'il vous répondait : Accomplirez-vous cette loi? si je vous donne ma loi, saurez-vous l'accomplir? Aussi le Prophète n'oserait faire cette demande, s'il n'avait dit auparavant : « Le Seigneur m'a pris en adoption. » Il n'oserait faire cette demande, s'il n'avait dit auparavant : « Soyez mon aide. » Si donc vous m'aidez, si vous me prenez en adoption, donnez-moi une loi. « Seigneur, donnez-moi la loi que je dois suivre dans votre voie. » Donnez-moi donc cette loi dans votre Christ. Car la voie elle-même nous a parlé et a dit : « Je suis la voie, la vérité et la vie. » (*Jean*, XIV, 6.) La loi dans le Christ est une loi de miséricorde. Elle est aussi la sagesse, dont il est écrit : « Il porte sur sa langue la loi et la miséricorde. » (*Prov.*, XXXI, 26.) Si vous commettez quelque faute contre la loi, lui qui a versé son sang pour vous vous la pardonnera, quand vous la lui confesserez. Mais seulement, gardez-vous de quitter la voie; dites-lui : c'est vous qui m'avez reçu, « dirigez-moi dans le droit chemin à cause de mes ennemis. » Donnez-moi votre loi, mais ne m'enlevez pas votre miséricorde. Il est dit en effet dans un autre psaume : « Car celui qui a donné la loi donnera la miséricorde. » (*Ps.* LXXXIII, 8.) Donc, voici les paroles qui concernent le précepte : « Donnez-moi, Seigneur, la loi que je dois suivre dans votre voie; » et voici celles qui expriment la miséricorde : « Et dirigez-moi

---

ritas Vestra, inanes esse homines, qui istos volunt colere vel propter ista terrena. Nam si propter ista terrena colendi essent, soli cultores illorum terrenis omnibus abundarent. Quod quidem si esset, fugere nos talia dona et unam petere a Domino deberemus. Huc accedit, quia et ista ille dat, qui offenditur cum isti coluntur. Ergo relinquat nos Pater noster, et mater nostra : relinquat diabolus, relinquat Babylon civitas : Dominus nos suscipiat consolandos temporalibus, beatificandos æternis : « Quoniam pater meus et mater mea dereliquerunt me : Dominus autem assumpsit me. »

20. Jam ergo assumptus est a Domino, deserta illa civitate et rectore ejus diabolo, quia rector impiorum diabolus est, rector mundi, tenebrarum harum. Quarum tenebrarum? Peccatorum, infidelium. Unde jam credentibus dicit Apostolus : « Fuistis aliquando tenebræ, nunc autem lux in Domino. » (*Ephes.*, v, 8.) Ergo jam suscepti ab illo, quid dicamus? « Legem mihi constitue Domine in via tua. » (*Psal.* XXVI, 11.) Ausus es petere legem? Quid si tibi dicat : Implebis legem? si dedero legem, implebis eam? Non auderet petere, nisi primo diceret : Dominus autem suscepit me. Non auderet petere, nisi primo diceret : Adjutor meus esto. Ergo si tu adjuvas, si tu suscipis, da legem : « Legem mihi constitue Domine in via tua. » Ergo legem mihi constitue in Christo tuo. Ipsa enim via locuta est nobis, et dixit : « Ego sum via, veritas et vita. » (*Joan.*, vi, 6.) Lex in Christo, lex cum misericordia est. Ipsa est sapientia, de qua scriptum est : « Legem autem et misericordiam in lingua portat. » (*Prov.*, XXXI, 26.) Et si offenderis aliquid in lege; ille qui pro te fudit sanguinem suum, confitenti ignoscit tibi : tu tantum viam noli deserere, dic illi : Susceptor meus esto. « Et dirige me in semita recta propter inimicos meos. » Legem da, sed ne auferas misericordiam : qui dixit in alio Psalmo : Nam et misericordiam dabit, qui legem dedit. (*Psal.* LXXXIII, 8.) Ergo : « Legem mihi constitue Domine in via tua, » hoc ad præceptum pertinet : ad misericordiam quid pertinet? « Et dirige me,

dans le droit chemin à cause de mes ennemis. »

21. « Ne me livrez pas à la volonté de ceux qui m'affligent. » (*Ps.* XXVI, 12.) C'est-à-dire : faites que je ne consente pas à la volonté de ceux qui m'affligent. Si en effet vous cédez à la volonté de celui qui vous afflige, en un sens il ne dévorera pas votre chair, mais par sa volonté perverse il dévorera votre âme. « Ne me livrez pas à la volonté de ceux qui m'affligent. » Livrez-moi, si vous le voulez, aux mains de ceux qui m'affligent. C'est en effet ce que les martyrs ont dit à Dieu, et il les a livrés aux mains des bourreaux. Mais que leur a-t-il livré? leur chair. Selon cette parole du livre de Job : « La terre a été livrée aux mains de l'impie, » (*Job*, IX, 24) leur chair a été livrée aux mains des persécuteurs. « Ne me livrez pas; » je parle non de ma chair mais de moi. C'est mon âme qui vous parle, c'est mon esprit qui s'adresse à vous. Je ne dis pas : ne livrez pas ma chair aux mains de ceux qui m'affligent; mais « ne me livrez pas à la volonté de ceux qui m'affligent. » Et comment les hommes sont-ils livrés à la volonté de ceux qui les affligent? « Parce que des témoins d'iniquité se sont élevés contre moi. » Comme ils sont des témoins menteurs, si je suis livré à leur volonté, je mentirai avec eux et je deviendrai comme l'un d'eux, ne participant plus à votre vérité mais à leur mensonge. « Des témoins d'iniquité se sont élevés contre moi, et l'iniquité a menti à son détriment. » Qu'elle mente à son détriment et non au mien; pour sa perte et non pour la mienne. Mais si vous me livrez à la volonté de ceux qui m'affligent; c'est-à-dire, si je consens à leur volonté; ce ne sera plus à son détriment que l'iniquité aura menti, mais au mien. Au contraire, qu'ils exercent à leur gré leur fureur contre moi, qu'ils s'efforcent d'entraver ma marche; pourvu que vous ne me livriez pas à leur volonté par le consentement que je donnerais à leurs désirs, je demeurerai ferme, je resterai dans votre vérité et l'iniquité aura menti à son détriment et non point au mien.

22. Il revient maintenant à la seule chose qu'il ait demandée : après ces périls, après ces travaux, après ces difficultés; agité, haletant, épuisé entre les mains de ceux qui le persécutent et l'affligent, et pourtant ferme et plein de sécurité parce que le Seigneur l'a pris en adoption, parce que le Seigneur est son aide, parce que le Seigneur le conduit, parce que le Seigneur le dirige; après cet examen de toutes choses et ce sacrifice de jubilation, après les transports de son allégresse et ses gémissements dans les peines; à la fin il respire et s'écrie : « Je crois fermement que je verrai les biens du Seigneur dans la terre des vivants. » (*Ps.* XXVI, 13.) O biens du Seigneur, délicieux, immortels, in-

---

iniquit, in semita recta, propter inimicos meos. »
21. « Ne tradideris me in animas tribulantium me : » (*Psal.* XXVI, 12) id est, ne consentiam tribulantibus me. Si enim consenseris tribulanti te in animam ipsius, quodammodo non devorabit carnem, sed voluntate perversa animam tuam manducabit. « Ne tradideris me in animas tribulantium me. » Trade, si hoc placet, in manus tribulantium. Dixerunt enim hoc illi martyres, et tradidit suos in manus tribulantium. Sed quid tradidit? Carnem. Quod dicitur in libro Job : « Terra tradita est in manus impii : » (*Job*, IX, 24) caro tradita est in manus persecutoris : « Ne tradideris me, » non carnem meam, sed me. Anima tibi loquor, mens tibi loquor : non dico : Noli tradere carnem meam in manus tribulantium me; sed : « Noli me tradere in animas tribulantium me. » Et quomodo traduntur homines in animas tribulantium se? « Quoniam insurrexerunt in me testes iniqui. » Jam quia testes iniqui sunt, et multa mala in me dicunt, et in multis mihi detrahunt; si traditus fuero in animas eorum, mentiar et ego, et ero socius eorum, non particeps veritatis tuæ, sed compariceps mendacii adversus te : « Exsurrexerunt mihi testes iniqui : et mentita est iniquitas sibi. » Sibi, non mihi : sibi semper mentiatur, mihi autem non mentiatur. Si tradideris me in animas tribulantium me, id est, si consensero voluntatibus eorum; jam non sibi mentita erit iniquitas, sed et mihi : si autem sæviant quantum voluerint, et conentur impedire cursus meos, non tamen tu me des in animas eorum; non consentiendo voluntatibus eorum, remanebo ego, et permanebo in veritate tua, et mentietur iniquitas, non mihi, sed sibi.

22. Redit ad illam unam post ista pericula, post labores, post difficultates, inter manus persequentium et tribulantium æstuans, anhelans, laborans, et firmus et certus illo suscipiente, illo juvante, illo ducente, illo regente : tamen post illum circuitum et jubilationem exsultans gaudio, et gemens in laboribus, suspiravit ad extremum, et ait : « Credo videre bona Domini in terra viventium. » (*Psal.*

comparables, éternels, immuables! Et quand vous verrai-je, ô biens du Seigneur? Je vous verrai, mais ce ne sera pas dans la terre des mortels. « Je crois fermement que je verrai les biens du Seigneur dans la terre des vivants. » Le Seigneur me fera sortir de la terre des mortels, lui qui a daigné pour moi accepter cette terre des mortels et mourir entre les mains des mortels : le Seigneur me fera sortir de la terre des mortels. « Je crois fermement que je verrai les biens du Seigneur dans la terre des vivants. » Il l'a dit en soupirant, il l'a dit dans la peine, il l'a dit au milieu des périls de ses nombreuses tentations; mais toujours en espérant tout de la miséricorde de celui à qui il a dit : « Seigneur donnez-moi la loi que je dois suivre. » (*Ibid.*, 11.)

23. Et que dit le Seigneur qui lui a donné cette loi? Ecoutons la voix du Seigneur qui, d'en haut, nous exhorte et nous console; la voix de celui que nous avons pour père et pour mère, en place de ceux qui nous ont abandonnés : écoutons sa voix. Car il a entendu nos gémissements, il a vu nos soupirs, il a considéré les désirs de notre cœur, et notre demande unique; cette demande il l'a favorablement accueillie grâce à l'intercession de Jésus-Christ, et tant que nous achevons notre course en ce monde, pendant laquelle il différera mais ne nous refusera pas l'accomplissement de sa promesse, il nous dit : « Attends le Seigneur. » (*Ibid.*, 14.) Vous n'attendrez point quelqu'un qui vous ait menti, ou qui puisse se tromper, ou qui ne saura où prendre, pour le donner, ce qu'il a promis. Vous avez la promesse de celui qui est tout-puissant, la promesse de celui qui est infaillible, la promesse de celui qui est véridique. « Attends le Seigneur, agis avec courage. » Gardez-vous de vous relâcher, ne soyez pas de ceux dont il est dit : « Malheur sur ceux à qui l'attente a fait perdre la patience. » (*Eccli.*, II, 16.) « Attends le Seigneur. » Cette parole s'adresse à tous les hommes, bien qu'elle soit dite à un seul. Nous sommes un dans le Christ, nous sommes le corps du Christ, nous qui désirons une seule chose, qui demandons une seule chose, qui gémissons pendant les jours de nos adversités, et qui croyons fermement voir les biens du Seigneur dans la terre des vivants. A nous tous, qui sommes un dans le seul Christ, il est dit : « Attends le Seigneur, agis avec courage, que ton cœur se fortifie, et attends le Seigneur. » Quelle autre chose peut-il nous dire, que de répéter ce que vous avez entendu? « Attends le Seigneur, agis avec courage. » Celui donc à qui l'attente a fait perdre la patience est devenu faible comme une femme, il a perdu toute vigueur. Que les hommes et que les femmes entendent cette parole, parce que la seule désignation d'homme comprend et l'homme et la

---

XXVI, 13.) O bona Domini dulcia, immortalia, incomparabilia, sempiterna, immutabilia. Et quando vos videbo, bona Domini? Credo videre, sed non in terra morientium. « Credo videre bona Domini in terra viventium. » Eruet me Dominus a terra morientium, qui propter me dignatus est suscipere terram morientium, et mori inter manus morientium; eruet me Dominus de terra morientium : « Credo videre bona Domini in terra viventium. » Suspirans dixit, laborans dixit, periclitans dixit inter magnam turbam tentationum : sed tamen sperans totum de misericordia ejus, cui dixit : « Legem mihi constitue Domine. » (*Ibid.*, 11.)

23. Et quid ille dicit, qui legem illi constituit? Audiamus et vocem Domini desuper exhortantis nos, consolantis nos; illius vocem, quem habemus pro patre et matre, qui nos dereliquerunt, illius vocem audiamus. Audivit enim gemitus nostros, vidit suspiria nostra, intuitus est desiderium nostrum, et unam petitionem nostram, unam postulationem per advocatum Christum libenter accepit; et donec peragamus istam peregrinationem, qua dilaturus est, non ablaturus quod promisit, dixit nobis : « Sustine Dominum. » (*Ibid.*, 14.) Non sustinebis mendacem, non eum qui poterit falli, non eum qui non est inventurus quod det. Omnipotens promisit, certus promisit, verax promisit : « Sustine Dominum, viriliter age. » Noli dissolvi : ne sis inter eos quibus dicitur : « Væ his qui perdiderunt sustinentiam. » (*Eccli.*, II, 16.) « Sustine Dominum, » omnibus nobis dicitur, et uni homini dicitur. Unus sumus in Christo, corpus Christi sumus, qui unam illam desideramus, qui unam illam petimus, qui in illis diebus malorum nostrorum ingemiscimus, qui credimus nos videre bona Domini in terra viventium; nobis omnibus, qui unus in uno sumus, dicitur : « Sustine Dominum, viriliter age; et confortetur cor tuum, et sustine Dominum. » Quid aliud tibi dicat, quam ut hoc repetat quod audisti? « Sustine Dominum, viriliter age. » Ergo qui perdidit sustinentiam, effeminatus est, perdidit vigorem. Hoc viri, hoc feminæ audiant, quia in uno viro vir et

femme. Tel est en Jésus-Christ le chrétien, auquel on ne donne ni le nom d'homme ni le nom de femme. (*Gal.*, III, 28.) « Attends le Seigneur, agis avec courage, que ton cœur se fortifie, et attends le Seigneur. » En attendant le Seigneur, vous le posséderez, vous posséderez celui que vous attendrez. Désirez autre chose, si vous pouvez trouver quelque chose de plus grand, de meilleur, et de plus doux.

DISCOURS SUR LE PSAUME XXVIIe.

De David même. (Ps. XXVII, 1.)

1. C'est la voix du médiateur même, dont la force a éclaté dans la lutte de sa passion. Le mal qu'il paraît souhaiter à ses ennemis, n'est point un vœu de malveillance, mais le simple énoncé de leur châtiment. De même, dans l'Evangile (*Matth.*, XI, 20), lorsqu'il menace les villes au milieu desquelles il a fait des miracles et qui n'ont point cru en lui, il ne désire point par malveillance l'accomplissement de ses paroles, mais il annonce les malheurs qui les attendent.

2. « J'ai crié vers vous, Seigneur mon Dieu, ne gardez pas le silence envers moi. » (*Ps.* XXVII, 1.) J'ai crié vers vous, Seigneur mon Dieu, ne séparez pas l'unité de votre Verbe de ma nature humaine. « De peur que, si vous gardez le silence, je ne devienne semblable à ceux qui descendent dans l'abîme. » Car, par cela même que votre Verbe éternel est uni à mon humanité d'une manière permanente, je suis différent des autres hommes, qui tombent en naissant dans la profonde misère de ce monde, où, comme si vous gardiez le silence, votre Verbe n'est pas connu. « Ecoutez, Seigneur, ma voix suppliante, tandis que je vous prie, et que j'élève mes mains vers votre temple saint; » (*Ibid.*, 2) tandis que je suis attaché à la croix pour le salut de ceux qui, par leur foi, deviennent votre temple saint.

3. « N'entraînez pas mon âme avec celle des pécheurs, et ne me perdez pas avec ceux qui commettent l'iniquité et qui affectent à l'égard de leur prochain un langage de paix; » (*Ibid.*, 3) avec ceux qui me disent : « Nous savons que vous êtes venu de Dieu pour nous enseigner, » (*Jean*, III, 2) « et qui n'ont que le mal dans le cœur, » et qui dans leur cœur n'ont que des paroles de malveillance.

4. « Rendez-leur suivant leurs œuvres : » (*Ps.* XXVII, 4) rendez-leur suivant leurs œuvres, parce que cela est juste; « et selon la méchanceté de leurs desseins. » En effet, puisqu'ils méditent le mal, ils ne peuvent trouver le bien. « Traitez-les selon les œuvres de leurs mains. » Lors même que leurs œuvres seraient salutaires à d'autres, cependant traitez-les en jugeant leurs œuvres

---

femina. Talis in Christo nec masculus nec femina est. « Sustine Dominum, viriliter age; et confortetur cor tuum, et sustine Dominum. » (*Gal.*, III, 28.) Sustinendo Dominum habebis eum, habebis quem sustinebis. Aliud desidera, si majus, si melius, si suavius inveneris.

IN PSALMUM XXVII ENARRATIO.

(*a*) *Ipsius David.* (Ps. XXVII, 1.)

1. Ipsius mediatoris vox est, manu fortis in conflictu passionis. Quæ autem videtur optare inimicis, non malevolentiæ votum est, sed enuntiatio pœnæ illorum : sicut in Evangelio civitatibus in quibus miracula cum fecisset, neque crediddissent ei, non malevolentia optat quæ dicit, sed quid eis immineat prædicit. (*Matth.*, XI, 20.)

2. « Ad te Domine clamavi, Deus meus ne sileas a me. » (*Psal.* XXVII, 1.) Ad te Domine clamavi, Deus meus ne separes unitatem Verbi tui ab eo quod homo sum. « Nequando sileas a me : et ero similis descentibus in lacum. » Ex eo enim quod æternitas Verbi tui non intermittit unire se mihi, fit ut non sim talis homo, quales sunt cæteri, qui nascuntur in profundam miseriam sæculi hujus : ubi tanquam sileas, non cognoscitur Verbum tuum. « Exaudi Domine vocem deprecationis meæ, dum oro ad te; dum extollo manus meas ad templum sanctum tuum. » (*Ibid.*, 2.) Dum crucifigor, ad eorum salutem, qui credentes fiunt templum sanctum tuum.

3. « Ne simul (*b*) trahas cum peccatoribus animam meam, et cum operantibus iniquitatem ne perdas me : cum his qui loquuntur pacem cum proximo suo. » (*Ibid.*, 3.) Cum his qui mihi dicunt : « Scimus quia a Deo venisti magister. » (*Joan.*, III, 2.) « Mala autem in cordibus suis. » Mala autem loquuntur in cordibus suis.

4. « Da illis secundum opera ipsorum. » (*Ibid.*, 4.) Da illis secundum opera ipsorum, quia hoc justum est. « Et secundum malignitatem affectionum ipsorum. » Mala enim affectantes, bona invenire non possunt. « Secundum opera manuum eorum da

---

(*a*) Sic Mss. juxta LXX. At Lov. *Psalmus ipsi David.* — (*b*) Editi, *tradas*, Melius aliquot Mss. *trahas*.

d'après leurs intentions. « Rendez-leur ce qu'ils ont rendu aux autres : » au lieu de la vérité qu'ils entendaient, ils ont voulu rendre la tromperie ; que leur propre tromperie les trompe eux-mêmes.

5. « Car ils n'ont rien compris aux œuvres du Seigneur. » (*Ibid.*, 5.) Et quelle est la cause évidente de ce qui leur est arrivé ? « C'est qu'ils n'ont rien compris aux œuvres du Seigneur. » Leur châtiment a été de ne point reconnaître comme Dieu celui qu'ils ont persécuté comme homme par une pensée malveillante, et de ne point comprendre dans quel dessein le Père l'a envoyé sur terre par l'incarnation. « Ni aux ouvrages de ses mains. » Leur châtiment a encore été de n'être point touchés des ouvrages visibles de Dieu, qui étaient exposés jusque sous leurs yeux. « Vous les détruirez et ne les rétablirez pas. » Qu'ils ne puissent donc point me nuire, et que leurs nouveaux efforts et leurs nouvelles machinations contre mon Eglise, restent impuissants.

6. « Béni soit le Seigneur, parce qu'il a exaucé la voix de ma prière. » (*Ibid.*, 6.)

7. « Le Seigneur est mon aide et mon protecteur ; » (*Ibid.*, 7) le Seigneur qui m'a aidé dans l'excès de mes souffrances, et qui m'a protégé en me donnant l'immortalité dans ma résurrection. « Mon cœur a mis en lui son espérance et j'ai été secouru, et ma chair a refleuri ; » c'est-à-dire : ma chair est ressuscitée. « C'est pourquoi je le louerai de toute ma volonté. » C'est pourquoi, toute crainte de la mort ayant disparu, ceux qui croient en moi, affranchis de la nécessité de la crainte imposée sous la loi, loueront Dieu par leur volonté libre d'accord avec la loi ; et, comme je suis en eux, je le louerai moi-même.

8. « Le Seigneur est la force de son peuple. » (*Ibid.*, 8.) Il n'est point ici question de ce peuple qui ignore la justice de Dieu, et qui veut y substituer la sienne. (*Rom.*, x, 3.) Le peuple de Dieu ne s'est pas cru fort par lui-même, parce que, dans ses combats avec le diable au milieu des difficultés de cette vie, le Seigneur est sa force. « Et il est le protecteur de celui qui a sauvé son Christ ; » afin que ce peuple sauvé par le Christ, et soutenu dans les combats par sa force, reçoive enfin de sa protection la paix de l'immortalité.

9. « Sauvez votre peuple, et bénissez votre héritage. » (*Ps.* XXVII, 9.) J'intercède donc pour lui, après ma résurrection, parce que vous avez dit : « Demandez-moi, et je vous donnerai les nations pour héritage. » (*Ps.* II, 8.) « Sauvez votre peuple et bénissez votre héritage. » Etant mon héritage, il est le vôtre ; parce que tout ce

---

eis. » Quamvis aliis ad salutem valeat quod fecerunt, secundum opera tamen voluntatum illorum da eis. « Redde retributionem eorum ipsis. » Quia pro veritate quam audiebant, voluerunt fallaciam retribuere ; fallacia ipsorum ipsos fallat.

5. « Quoniam non intellexerunt in opera Domini. » (*Ibid.*, 5.) Et unde manifestum est hoc eis accidisse ? Hinc scilicet, « quoniam non intellexerunt in opera Domini. » Hæc ipsa nimirum jam retributio fuit, ut quem malevolo animo hominem tentaverunt, non cognoscerent Deum (*a*) quo consilio incarnatum Pater misit. « Et in opera manuum ejus. » Nec moverentur ipsis visibilibus operibus, quæ porrecta sunt usque ad oculos eorum. « Destrues illos, et non ædificabis eos. » Nihil mihi noceant, sed nec conantes rursus adversus Ecclesiam meam erigere machinas aliquid valeant.

6. « Benedictus Dominus, quoniam exaudivit vocem deprecationis meæ. » (*Ibid.*, 6.)

7. « Dominus adjutor meus et protector meus. » (*Ibid.*, 7.) Dominus adjuvans tanta patientem, et immortalitate protegens resurgentem. « In ipso speravit cor meum, et adjutus sum. Et refloruit caro mea : » id est, et resurrexit caro mea. « Et ex voluntate mea confitebor illi. » Unde jam consumpto mortis metu, non timoris necessitate sub Lege, sed libera voluntate cum Lege confitebuntur illi, qui credunt in me : in quibus quia ego sum, ego confitebor.

8. « Dominus fortitudo plebis suæ. » (*Ibid.*, 8.) Non illa plebs « ignorans justitiam Dei, et suam volens constituere. » (*Rom.*, x, 3.) Non enim per se fortem se putavit : quia Dominus fortitudo plebis suæ, in hujus vitæ difficultatibus cum diabolo dimicantis. « Et protector salutarium Christi sui est. » Ut eam salvam factam per Christum suum, post fortitudinem bellicam, immortalitate pacis ad ultimum protegat.

9. « Salvum fac populum tuum, et benedic hæreditatem tuam. » (*Psal.* XXVII, 9.) Interpello igitur, postquam refloruit caro mea, quia dixisti : « Postula a me, et dabo tibi gentes hæreditatem tuam. » (*Psal.* II, 8.) « Salvum fac populum tuum, et benedic hæreditatem tuam : » (*Joan.*, XVII, 10) quia omnia

---

(*a*) Er. et Lov. *quem*. Nos ex Mss. *quo*.

qui est à moi est à vous. (*Jean*, XVII, 10.) « Dirigez-les et élevez-les jusqu'à l'éternité. » (*Ps.* XXVII, 9.) Dirigez-les dans cette vie temporelle, et élevez-les de cette vie jusqu'à la vie éternelle.

DISCOURS SUR LE PSAUME XXVIII.

Psaume de David pour lui-même, pour la perfection du tabernacle. (Ps. XXVIII, 1.)

1. Ce psaume est adressé au tout-puissant médiateur, pour obtenir la perfection de l'Eglise en ce monde, où elle combat temporellement contre le diable.

2. Le Prophète dit : « Apportez au Seigneur, enfants de Dieu, apportez au Seigneur les petits des béliers. » (*Ibid.*) Offrez-vous vous-mêmes au Seigneur, vous que les apôtres, chefs du troupeau, ont engendrés à la foi par l'Evangile. « Apportez au Seigneur la gloire et l'honneur. » Que par vos œuvres le Seigneur soit glorifié et honoré. « Apportez au Seigneur la gloire due à son nom. » (*Ibid.*, 2.) Que son nom soit glorieusement connu par tout l'univers. « Adorez le Seigneur dans sa sainte cour. » Adorez le Seigneur dans votre cœur dilaté et sanctifié. Car vous êtes sa royale et sainte demeure.

3. « La voix du Seigneur a retenti au-dessus des eaux. » (*Ibid.*, 3.) La voix du Seigneur a retenti au-dessus des peuples. « Le Dieu de majesté a fait entendre son tonnerre. » Le Dieu de majesté, enveloppé de sa chair mortelle comme d'un nuage, a prêché la pénitence d'une manière terrible. « Le Seigneur est sur les grandes eaux. » Le Seigneur Jésus, après avoir fait retentir sa voix au milieu des peuples et les avoir frappés d'effroi, les a transformés en son propre corps et a habité en eux.

4. « La voix du Seigneur donne la force. » (*Ibid.*, 4.) La voix du Seigneur remplit de force les peuples au milieu desquels elle retentit. « La voix du Seigneur produit de grandes choses. » La voix du Seigneur fait en eux de grandes choses.

5. « La voix du Seigneur brise les cèdres. » (*Ibid.*, 5.) La voix du Seigneur humilie les superbes par la contrition de leur cœur. « Le Seigneur brisera les cèdres du Liban. » Le Seigneur brisera par la pénitence ceux qu'enorgueillit l'éclat de leur noblesse terrestre, en choisissant, pour les confondre, les hommes les plus vils de ce monde (I *Cor.*, I, 28), dans lesquels il fera briller sa divinité.

6. « Et il les tiendra humiliés sous le joug, comme le jeune veau du Liban. » (*Ps.* XXVIII, 6.) Et après les avoir précipités du faîte de leur orgueil, il les contraindra d'imiter son humilité, à lui qui, comme un jeune veau, a été conduit à la mort par les grands de ce monde. « Car les

mea tua sunt. « Et rege illos, et extolle illos usque in sæculum. » Et rege illos in hac temporali vita, et in æternam hinc tolle illos.

IN PSALMUM XXVIII ENARRATIO.

Psalmus ipsi David, consummationis tabernaculi. (Psal. XXVIII, 1.)

1. Psalmus ipsi mediatori manu forti, perfectionis Ecclesiæ in hoc sæculo, ubi adversus diabolum temporaliter militatur.

2. Propheta loquitur : « Afferte Domino filii Dei, afferte Domino filios arietum. » (*Ibid.*, 1.) Afferte Domino vosmetipsos, quos per Evangelium duces gregum Apostoli genuerunt. « Afferte Domino gloriam et honorem. » (*Ibid.*, 2.) Per opera vestra Dominus glorificetur et honoretur. « Afferte Domino gloriam nomini ejus. » Gloriose per orbem innotescat. « Adorate Dominum in aula sancta ejus. » Adorate Dominum in dilatato et sanctificato corde vestro. Vos enim estis regium sanctum habitaculum ejus.

3. « Vox Domini super aquas. » (*Ibid.*, 3.) Vox Christi super populos. « Deus majestatis intonuit. » Deus majestatis de nube carnis terribiliter pœnitentiam prædicavit. « Dominus super aquas multas. » Ipse Dominus Jesus postea quam vocem emisit super populos, et perterruit eos, convertit in se, et habitavit in eis.

4. « Vox Domini in virtute. » (*Ibid.*, 4.) Vox Domini jam in ipsis, potentes faciens eos. « Vox Domini in magnificentia. » Vox Domini magna faciens in eis.

5. « Vox Domini conterens cedros. » (*Ibid.*, 5.) Vox Domini contritione cordis humilians superbos. « Conteret Dominus cedros Libani. » Conteret per pœnitentiam Dominus elatos nitore terrenæ nobilitatis, cum ad eos confundendos ignobilia hujus mundi elegerit, in quibus ostendat divinitatem suam. (I. *Cor.*, I, 28.)

6. « Et comminuet eas tanquam vitulum Libani. » (*Psal.* XXVIII, 6.) Et amputata superba celsitudine illorum, deponet eos ad imitationem humilitatis suæ, qui tanquam vitulus per ipsam hujus sæculi nobilitatem ad victimam ductus est. « Adstiterunt enim reges terræ, et principes convenerunt in unum

rois de la terre se sont assemblés et les princes se sont ligués d'un commun accord contre le Seigneur et contre son Christ. » (*Ps.* II, 2.) « Et comme le petit des licornes que chérissent ces animaux. » Car le Christ, Fils unique et bien-aimé du Père, s'est dépouillé de sa propre grandeur ; et il s'est fait homme, comme un simple fils de ces Juifs qui ignoraient la justice de Dieu, et qui se vantaient orgueilleusement de leur justice, unique à leurs yeux. (*Rom.*, x, 3.)

7. « Voix du Seigneur, lequel divise les flammes et les feux. » (*Ibid.*, 7.) Voix du Seigneur, lequel passe à travers les feux les plus ardents de la persécution sans en recevoir la moindre atteinte, ou encore qui a divisé les fureurs haineuses de ses persécuteurs, au point que les uns disaient : Ne serait-il point le Christ par hasard ? et les autres : Non, mais il séduit le peuple. (*Jean*, VII, 12.) Il a donc divisé leurs soulèvements insensés, de telle sorte qu'il a amené les uns à l'aimer et qu'il a laissé les autres dans leur malice.

8. « Voix du Seigneur, lequel ébranle la solitude. » (*Ps.* XXVIII, 8.) Voix du Seigneur, lequel ébranle et amène à la foi les Gentils qui étaient sans espérance et sans Dieu (*Ephés.*, II, 12), dans le monde où n'habitait aucun prophète, aucun prédicateur de la parole divine, aucun homme pour ainsi dire. « Et le Seigneur ébranlera le désert de Cadès. » Et alors le Seigneur répandra de toutes parts la parole sainte de ses Ecritures, que les Juifs qui ne la comprenaient pas avaient abandonnée.

9. « Voix du Seigneur, lequel perfectionne les cerfs. » (*Ps.* XXVIII, 9.) En effet, le Seigneur rend d'abord parfaits ceux qui domptent et qui écrasent les langues venimeuses. « Et il fera pénétrer le jour dans les forêts. » Et alors il fera pénétrer le jour pour eux dans les lieux touffus des livres divins et dans les endroits ombragés des mystères, où ils trouveront de libres pâturages. « Et dans son temple chacun publie sa gloire. » Et dans son Eglise tout homme régénéré à l'espérance éternelle loue Dieu, chacun selon le don qu'il a reçu de l'Esprit saint.

10. « Le Seigneur habite au milieu du déluge. » (*Ibid.*, 10.) Le Seigneur habite donc d'abord au milieu du déluge de ce monde, en chacun de ses saints qui sont gardés dans l'Eglise comme dans l'arche. (*Gen.*, VII.) « Et le Seigneur siégera sur son trône éternellement : » et ensuite, il siégera sur son trône régnant éternellement en eux.

11. « Le Seigneur donnera la force à son peuple. » (*Ps.* XXVIII, 11.) Car le Seigneur donnera à son peuple la force de combattre les tempêtes et les orages de ce monde, ne lui ayant point promis la paix en ce monde. « Le

---

adversus Dominum, et adversus Christum ejus. » (*Psal.* II, 2.) « Et dilectus sicut filius unicornium. » Nam et ipse dilectus atque unicus Patri exinanivit se nobilitate sua ; et factus est homo, sicut filius Judæorum ignorantium justitiam Dei et superbe jactantium tanquam singularem justitiam suam. (*Rom.*, x, 3.)

7. « Vox Domini præcidentis flammam ignis. » (*Psal.* XXVIII, 7.) Vox Domini per ardorem concitatissimum persequentium se sine ulla sua læsione transcuntis, vel dividentis furentem iracundiam persecutorum suorum, ut alii dicerent : Nunquid forte ipse est Christus ; alii : Non, sed seducit populum : (*Joan.*, VII, 12) atque ita præcidentis insanum tumultum eorum, ut alios in caritatem suam trajiceret, alios in malitia eorum relinqueret.

8. « Vox Domini commoventis solitudinem. » (*Psal.* XXVIII, 8.) Vox Domini commoventis ad fidem Gentes quondam sine spe et sine Deo in hoc mundo (*Ephes.*, II, 12) : ubi nullus propheta, nullus verbi Dei prædicator, velut nullus homo habitaverat. « Et commovebit Dominus desertum Cades. » Et tunc celebrari faciet Dominus sanctum verbum Scripturarum suarum, quod a Judæis non intelligentibus deserebatur.

9. « Vox Domini perficientis cervos. » (*Psal.* XXVIII, 9.) Vox enim Domini primo perficit superatores et repulsores venenosarum linguarum. « Et revelabit silvas. » Et tunc eis revelabit opacitates divinorum librorum et umbracula mysteriorum, ubi cum libertate pascantur. « Et in templo ejus unusquisque dicit gloriam. » Et in Ecclesia ejus omnis in spem æternam regeneratus laudat Deum pro suo quisque dono, quod a sancto Spiritu accepit.

10. « Dominus diluvium inhabitat. » (*Ibid.*, 10.) Dominus ergo primum inhabitat diluvium hujus sæculi in sanctis suis (*Genes.*, VII), tanquam in arca, ita in Ecclesia custoditis. « Et sedebit Dominus rex in æternum. » Et deinde sedebit regnans in eis in æternum.

11. « Dominus virtutem populo suo dabit. » (*Psal.* XXVIII, 11.) Quia Dominus virtutem populo suo contra hujus mundi procellas et turbines dimicanti dabit, quia pacem illis in hoc mundo non promisit. « Dominus benedicet populum suum in pace. » Et idem Dominus benedicet populum suum, in seipso illi

Seigneur bénira son peuple en lui donnant la paix. » Et pourtant il le bénira et déjà lui donnera la paix qui est en lui-même, selon sa promesse : « Je vous donne ma paix, je vous laisse ma paix. » (*Jean,* XIV, 27.)

Ier DISCOURS SUR LE PSAUME XXIXe.

Pour la fin : Psaume de cantique pour la dédicace de la maison, de David pour lui-même. (Ps. XXIX, 1.)

1. Pour la fin : Psaume de joie en vue de la résurrection, et en vue de l'état immortel du corps changé et renouvelé non-seulement de Notre-Seigneur mais de toute l'Eglise. Dans le psaume précédent il a été parlé de la perfection du tabernacle où nous habitons pendant ce temps de guerre; maintenant il est question de la dédicace de la maison qui subsistera éternellement au sein de la paix.

2. C'est donc le Christ entier qui parle, et il dit : « Seigneur, je chanterai vos grandeurs, parce que vous m'avez pris sous votre protection. » (*Ibid.,* 2.) Seigneur, je louerai vos sublimes grandeurs, parce que vous m'avez pris sous votre protection. « Et que vous n'avez pas donné lieu à mes ennemis de se réjouir à mon sujet. » Vous n'avez pas permis que je fusse un sujet de joie pour ceux qui tant de fois ont cherché à m'opprimer, dans le monde entier, par toutes sortes de persécutions.

3. « Seigneur mon Dieu, j'ai crié vers vous et vous m'avez guéri. » (*Ibid.*, 3.) Seigneur mon Dieu, j'ai crié vers vous, et le corps que je porte n'est plus soumis à l'infirmité et à la mort.

4. « Seigneur, vous avez ramené mon âme des enfers, vous m'avez retiré sain et sauf du milieu de ceux qui descendent dans la fosse. » (*Ibid.,* 4.) Vous m'avez retiré sain et sauf de l'état de profond aveuglement et de la boue de misère d'une chair corruptible.

5. « Chantez des cantiques au Seigneur, vous qui êtes ses saints. » (*Ibid.*, 5.) Le Prophète, à la vue de ces merveilles à venir, entre dans des transports de joie, et s'écrie : « Chantez des cantiques au Seigneur, vous qui êtes ses saints, et glorifiez-le, parce qu'il s'est souvenu de la sainteté qu'il vous a donnée. » (*Ibid.*) Glorifiez-le, parce qu'il n'a point oublié la sainteté qu'il vous a donnée, alors que tout le temps qui a précédé l'heure de la rédemption a paru long à vos désirs.

6. « Parce que, dans son indignation, il vous a fait sentir sa colère. » (*Ibid.*, 6.) Parce qu'il a châtié sur vous le premier péché que vous avez expié par votre mort. « Et que votre vie a été l'œuvre de sa volonté; » et qu'il vous a donné, parce qu'il l'a voulu, la vie éternelle à laquelle vous ne pouviez en aucune sorte revenir par vos propres forces. « Les larmes dureront tout le soir. » Le soir a commencé au moment où la

---

pacem præstans : quoniam, inquit, « Pacem meam do vobis, pacem meam relinquo vobis. » (*Joan.*, XIV, 27.)

IN PSALMUM XXIX ENARRATIO I.

In finem psalmus cantici dedicationis domus, ipsi David. (Psal. XXIX, 1.)

1. In finem Psalmus lætitiæ resurrectionis atque in immortalem statum mutationis atque innovationis corporis, non tantum Domini, sed etiam totius Ecclesiæ. Nam in superiori Psalmo tabernaculum consummatum est, ubi habitamus belli tempore : nunc autem domus dedicatur, quæ in sempiterna pace permanebit.

2. Christus itaque totus loquitur : « Exaltabo te Domine, quoniam suscepisti me. » (*Ibid.*, 2.) Sublimitatem tuam laudabo Domine, quoniam suscepisti me. « Nec jucundasti inimicos meos super me. » Nec eos qui totiens variis per orbem persecutionibus me opprimere conati sunt, jucundasti super me.

3. « Domine Deus meus clamavi ad te, et sanasti me. » (*Ibid.*, 3.) Domine Deus meus clamavi ad te, et corpus mortalitate saucium et ægrum jam non gero.

4. « Domine reduxisti ab inferis animam meam, salvum fecisti me a descendentibus in lacum. » (*Ibid.*, 4.) Salvum fecisti me a conditione profundæ cæcitatis, atque infimi limi corruptibilis carnis.

5. « Psallite Domino sancti ejus. » (*Ibid.*, 5.) (*a*) Exsultat Propheta futura ista cernens, et dicit : « Psallite Domino sancti ejus. Et confitemini memoriæ sanctitatis ejus. » Et confitemini ei quod sanctitatis, qua vos sanctificavit, non est oblitus, cum totum hoc medium tempus desiderio vestro longum esset.

6. « Quoniam ira in indignatione ejus. » (*Ibid.*, 6.) Quoniam vindicavit in vos primum peccatum, quod morte solvistis. « Et vita in voluntate ejus. » Et vitam æternam, ad quam redire nullis viribus possetis, quia voluit dedit. (*b*) « Vespere demorabitur fletus. » Vespere cœpit, ubi sapientiæ lumen reces-

(*a*) Mss. magno consensu : *Exultet Propheta... et dicat.* — (*b*) De hac parte vers. 6, vide 2. Enarrationem Psal. LVIII.

lumière de la sagesse s'est éloignée de l'homme prévaricateur, lorsqu'il fut condamné à mort. Les larmes continueront depuis ce soir, tout le temps que le peuple de Dieu en sera à attendre, dans les souffrances et dans les épreuves, le jour du Seigneur. « Et avec le matin viendra l'allégresse, » c'est-à-dire, jusqu'au matin où éclatera l'allégresse de la résurrection, qui a eu comme son aurore le matin du jour où le Seigneur est ressuscité.

7. « Moi j'ai dit dans mon abondance : je ne serai point éternellement ébranlé. » Pour moi, qui suis ce peuple qui parlait dès le commencement du psaume, j'ai dit dans mon abondance, alors que je me suis vu délivré de ma misère : « Je ne serai point éternellement ébranlé. »

8. « Seigneur, c'est par votre seule volonté que vous m'avez affermi dans cet état de gloire. » (*Ibid.*, 8.) Mais, Seigneur, j'ai compris que cette abondance ne venait pas de moi, et que vous m'aviez affermi dans cet état de gloire par votre seule volonté ; car « vous avez détourné de moi votre visage, et je suis tombé dans le trouble. » Je l'ai compris, car vous avez parfois détourné de moi votre visage, en raison de quelque faute, et je suis tombé dans le trouble, ayant alors perdu la lumière de votre connaissance.

9. « Je crierai vers vous, Seigneur, et ma prière s'élèvera vers mon Dieu. » (*Ibid.*, 9.) Au souvenir de ce temps de trouble et de misère, quand il me semble que cet état est encore le mien, j'entends la voix de votre premier né, qui est ma tête, et qui s'écrie, tandis qu'il doit mourir pour moi : « Je crierai vers vous, Seigneur, et ma prière s'élèvera vers mon Dieu. »

10. « De quoi servira mon sang, si je descends dans la pourriture du tombeau ? » (*Ibid.*, 10.) De quoi servira que mon sang soit répandu, si je descends dans la pourriture du tombeau ? « La poussière pourra-t-elle confesser votre nom ? » Si je ne ressuscite à l'instant, et si mon corps se corrompt, « la poussière pourra-t-elle confesser votre nom ? » La poussière, c'est-à-dire, la multitude des impies que ma résurrection doit rendre justes. « Pourra-t-elle publier votre vérité ? » Pourra-t-elle annoncer votre vérité pour le salut des autres ?

11. « Le Seigneur m'a entendu et il a eu pitié de moi. Le Seigneur s'est fait mon protecteur. » (*Ibid.*, 10.) Il n'a point souffert que son saint éprouvât la corruption. (*Ps.* xv, 10.)

12. « Vous avez changé mes gémissements en accents joyeux. » (*Ps.* xxviii, 12.) Et moi, votre Eglise, qui ai reçu votre premier né sortant d'entre les morts, je vous dis maintenant, en célébrant la dédicace de votre maison : « Vous avez changé mes gémissements en accents joyeux. Vous avez déchiré le sac dont j'étais revêtu et vous m'avez entouré d'allégresse. » Vous avez déchiré mon vêtement d'iniquité,

---

sit a peccante homine, quando morte damnatus est : ab ipso vespere moras habebit fletus, quamdiu in laboribus et tentationibus populus Dei exspectat diem Domini. « Et in matutinum exsultatio. » Usque in matutinum, quo exsultatio resurrectionis futura est, quæ in matutina Domini resurrectione præfloruit.

7. « Ego autem dixi in abundantia mea : Non movebor in æternum. » (*Ibid.*, 7.) Ego autem ille populus, qui ab initio loquebar, dixi in mea abundantia, jam nullam patiens egestatem : « Non movebor in æternum. »

8. « Domine in voluntate tua præstitisti decori meo virtutem. » (*Ibid.*, 8.) Sed hanc abundantiam Domine non ex me mihi esse, sed in voluntate tua præstitisse te decori meo virtutem ex eo didici : « Avertisti faciem tuam a me, et factus sum conturbatus, » quod avertisti aliquando a peccante faciem tuam, et factus sum conturbatus, recedente a me illuminatione notitiæ tuæ.

9. « Ad te Domine clamabo, et ad Deum meum deprecabor. » (*Ibid.*, 9.) Quod tempus conturbationis et miseriæ meæ recolens, et tanquam in eo constitutus, audio vocem primogeniti tui, capitis mei pro me morituri, et dicentis : « Ad te Domine clamabo, et ad Deum meum deprecabor. »

10. « Quæ utilitas in sanguine meo, dum descendo in corruptionem ? » (*Ibid.*, 10.) Quæ utilitas in effusione sanguinis mei, dum descendo in corruptionem ? « Numquid confitebitur tibi pulvis ? » Si enim non statim resurrexero, corruptumque fuerit corpus meum ; « numquid confitebitur tibi pulvis, » id est, turba impiorum, quam mea resurrectione justificabo ? « Aut annuntiabit veritatem tuam ? » Aut annuntiabit ad salutem cæterorum veritatem tuam ?

11. « Audivit Dominus, et misertus est mihi, Dominus factus est adjutor meus. » (*Ibid.*, 11.) « Nec dedit sanctum suum videre corruptionem. » (*Ps.* xv, 1.)

12. « Convertisti planctum meum in gaudium mihi. » (*Ps.* xxviii, 12.) Quem primogenitum a mortuis consecuta Ecclesia, nunc in dedicatione domus tuæ dico : « Convertisti planctum meum in gau-

c'est-à-dire, la triste condition qui m'assujettissait à la mort, et vous m'avez rendu ma première joie, la robe de mon immortalité.

13. « Afin que dans ma gloire je chante vos louanges et que je ne sois plus percé par les aiguillons de la douleur. » (*Ibid.*, 13.) Je ne gémirai plus dans mon humiliation, mais dans ma gloire je chanterai vos louanges; parce que vous m'avez relevé de mon humiliation : désormais la conscience de mes péchés, la crainte de la mort, la terreur de vos jugements ne me perceront plus de leurs aiguillons. « Seigneur mon Dieu, je vous confesserai éternellement. » Et ma gloire, Seigneur mon Dieu, est de confesser éternellement, à votre louange, que rien en moi ne vient de moi, mais que tout bien vient de vous, ô Dieu, qui êtes tout en toutes choses. (I *Cor.*, xv, 28.)

IIe DISCOURS SUR LE PSAUME XXIXe (1).

1. Nous venons de chanter ces paroles : « Seigneur, je chanterai vos grandeurs, parce que vous m'avez pris sous votre protection, et que vous n'avez pas donné lieu à mes ennemis de se réjouir à mon sujet. » Si nous connaissons par les saintes Ecritures quels sont nos ennemis, nous ne pouvons ignorer le véritable sens de ces paroles; si, au contraire, nous sommes trompés

(1) Discours au peuple.

par la prudence de la chair, au point de ne pas savoir contre qui nous avons à lutter (*Ephés.*, vi, 12), nous rencontrons, dès le commencement de ce psaume, une question qu'il nous est impossible de résoudre. De qui croyons-nous que la voix s'élève ici pour louer Dieu, pour lui rendre grâces et pour faire éclater sa joie en ces termes : « Seigneur, je chanterai vos grandeurs, parce que vous m'avez pris sous votre protection, et que vous n'avez pas donné lieu à mes ennemis de se réjouir à mon sujet ? » (*Ps.* xxix, 1.) Examinons d'abord si ce n'est pas le Seigneur lui-même qui, en raison de la nature humaine qu'il a daigné prendre, a pu, par avance et d'une manière prophétique, s'appliquer convenablement ces paroles. En effet, étant homme, il est faible; étant faible, il prie. C'est ce que nous avons vu dans la lecture du saint Evangile, où il est dit que Jésus s'éloigna de ses disciples dans le désert, où ceux-ci le suivirent et le trouvèrent. « Or, Jésus, se tenant à l'écart, était en prières, et ses disciples l'ayant trouvé lui dirent : Le peuple vous cherche. Et Jésus répondit : Allons prêcher en d'autres lieux et en d'autres villes, car je suis venu pour cela. » (*Marc*, I, 3.) Si nous considérons Notre-Seigneur Jésus-Christ en tant que Dieu, quel est celui qui prie? A qui adresse-t-il sa prière? Pourquoi prie-t-il? Dieu prie-t-il? Prie-t-il celui qui est

---

dium mihi. Conscidisti saccum meum, et præcinxisti me lætitia. » Conscidisti velamentum peccatorum meorum, tristitiam moralitatis meæ; et cinxisti me stola prima, immortali lætitia.

13. « Ut cantet tibi gloria mea, et non compungar. » (*Ibid.*, 13.) Ut jam non plangat, sed cantet tibi, non humilitas, sed gloria mea, quia jam ex humilitate exaltasti me : et non compungar conscientia peccati, timore mortis, timore judicii. « Domine Deus meus in æternum confitebor tibi. » Et hæc est gloria mea, Domine Deus meus, ut in æternum confitear tibi, quod nihil mihi ex me, sed omnia bona ex te, qui es Deus omnia in omnibus. (I *Cor.*, xv, 28.)

IN EUMDEM PSALMUM XXIX ENARRATIO II.

1. Hoc certe cantavimus : « Exaltabo te Domine, quoniam suscepisti me, nec jucundasti inimicos meos super me. » Si noverimus de Scripturis sanctis qui sint inimici nostri, cognoscimus hujus Cantici veri-

tatem : si autem nos fallat carnis prudentia, ut non cognoscamus adversus quos nobis sit colluctatio (*Ephes.*, vi, 12), in ipso Psalmi hujus exordio invenimus quæstionem, quam solvere non possumus. Cujus enim putamus vocem esse laudantis Deum et gratias agentis et exsultantis atque dicentis : « Exaltabo te Domine, quoniam suscepisti me, nec jucundasti inimicos meos super me? » Primo ipsum Dominum consideremus, qui secundum id quod homo esse dignatus est, potuit sibi per præcedentem prophetiam non incongrue verba ista coaptare. Ex quo enim homo, ex hoc et infirmus : ex quo infirmus, ex hoc et orans. Nam quod modo audivimus, cum Evangelium legeretur, quemadmodum etiam in desertum secesserit a discipulis suis (*Marc.*, I, 35), quo eum sunt consecuti, et invenerunt eum : secedens autem ibi orabat, et dictum est a discipulis qui eum invenerunt : Quærunt te homines. At ille respondit : Eamus et in alia loca atque castella prædicare : ad hoc enim veni. Si divinitatem Domini nostri Jesu Christi consideres, quis orat? ad quem orat? quare orat? Orat Deus? orat

un même Dieu avec lui? Quel motif de prier peut avoir celui qui est toujours heureux, toujours tout-puissant, toujours immuable, éternel et coéternel au Père? Examinons donc les paroles qu'il a lancées comme un tonnerre de la bouche de saint Jean, sa nuée mystérieuse : « Au commencement était le Verbe et le Verbe était en Dieu, et le Verbe était Dieu; c'est lui qui au commencement était en Dieu; toutes choses ont été faites par lui et rien n'a été fait sans lui; ce qui a été fait vit en lui, et la vie était la lumière des hommes, et la lumière luit dans les ténèbres, et les ténèbres ne l'ont pas comprise. » (*Jean*, I, 1.) Jusque là, en redisant ces paroles, nous ne trouvons ni prière, ni motif de prière, ni occasion de prière, ni désir de prière. Mais peu après l'Évangéliste ajoute : « Et le Verbe s'est fait chair, et il a habité parmi nous? » Ici nous trouvons la majesté divine que nous pouvons prier, et l'humanité qui peut prier pour nous. En effet, l'Apôtre a dit de Notre-Seigneur Jésus-Christ, même après sa résurrection : « Il est assis à la droite de Dieu, et il intercède pour nous. » (*Rom.*, VIII, 34.) Pourquoi intercède-t-il pour nous? Parce qu'il a daigné se faire notre médiateur. Qu'est-ce qu'être médiateur entre Dieu et les hommes? Ce n'est point être médiateur entre le Père et les hommes, mais entre Dieu et les hommes. (1 *Tim.*, II, 5.)

Qu'est-ce que Dieu? Le Père, et le Fils, et le Saint-Esprit. Que sont les hommes? Des pécheurs, des impies, des condamnés à mort. Entre ce Dieu en trois personnes et l'homme faible et coupable, s'est fait médiateur un homme qui n'est point coupable et qui cependant est faible ; afin que son innocence vous unît à Dieu, et que sa faiblesse le rapprochât de vous. Voilà pourquoi, afin qu'il y eût un médiateur entre Dieu et l'homme, le Verbe s'est fait chair, c'est-à-dire le Verbe s'est fait homme. Car le mot chair désigne les hommes. Il a été dit, en effet : « Et toute chair verra le Sauveur envoyé par Dieu. » (*Luc*, III, 6.) Toute chair signifie tous les hommes. Et l'Apôtre dit également : « Nous n'avons point à lutter contre la chair et le sang, (c'est-à-dire contre les hommes), mais contre les Principautés et les Puissances, contre les dominateurs de ce monde de ténèbres (*Éphés.*, VI, 12), dont nous parlerons dans la suite, avec l'aide du Seigneur. En effet, cette distinction est nécessaire pour l'intelligence du psaume que nous avons entrepris, au nom du Seigneur, d'expliquer à Votre Sainteté. Cependant je vous ai rapporté ces exemples, afin de vous faire savoir que les hommes sont appelés du nom de chair; et afin qu'en entendant ces paroles : le Verbe s'est fait chair, vous compreniez qu'elles signifient : le Verbe s'est fait homme.

---

ad æqualem? Causam autem orandi quam habet, semper beatus, semper omnipotens, semper incommutabilis, æternus, et Patri coæternus? Intuentes ergo quod per Joannem, quasi per quamdam nubem suam, ipse intonuit, dicens : « In principio erat Verbum, et Verbum erat apud Deum, et Deus erat Verbum, hoc erat in principio apud Deum : omnia per ipsum facta sunt, et sine ipso factum est nihil : quod factum est in illo vita est, et vita erat lux hominum, et lux in tenebris lucet, et tenebræ eam non comprehenderunt. » (*Joan.*, I, 1, etc.) Huc usque dicentes, non invenimus orationem, nec causam orandi, nec locum orandi, nec affectum orandi. Sed quoniam paulo post dicit : « Et Verbum caro factum est, et habitavit in nobis, » (*Ibid.*, 14) habes majestatem ad quam ores, habes humanitatem quæ pro te oret. Nam hoc dictum est ab Apostolo, etiam post resurrectionem Domini nostri Jesu Christi : « Qui sedet, inquit, ad dexteram Dei, qui etiam interpellat pro nobis. » (*Rom.*, VIII, 34.) Quare interpellat pro nobis? Quia mediator esse dignatus est. Quid est mediatorem esse inter Deum et homines? (1 *Tim.*, II, 5.) Non inter Patrem et homines, sed inter Deum et homines. Quid est Deus? Pater et Filius et Spiritus sanctus. Quid sunt homines? Peccatores, impii, mortales. Inter illam Trinitatem et hominum infirmitatem et iniquitatem, mediator factus est homo, non iniquus, sed tamen infirmus ; ut ex eo quod non iniquus, jungeret te Deo, ex eo quod infirmus, propinquaret tibi : atque ita, ut inter hominem et Deum mediator existeret, Verbum caro factum est, id est, Verbum homo factum est. Nomine enim carnis appellati sunt homines. Inde est : « Et videbit omnis caro salutare Dei. » (*Luc.*, III, 6.) Omnis caro dictum est, omnes homines. Et Apostolus : « Non est nobis colluctatio adversus carnem et sanguinem, (id est, adversus homines,) sed adversus principes et potestates et rectores mundi, tenebrarum harum : » (*Ephes.*, VI, 12) de quibus in consequentibus, si Dominus adjuverit, loquemur. Pertinet enim ista distinctio ad expositionem Psalmi, quem in nomine Domini suscepimus enodare Sanctitati Vestræ. Tamen ad hoc dixi hæc exempla, ut noveritis carnem appellatos esse homines, ut quod dictum est : Et Verbum caro factum est, intelligatis dictum : Et Verbum homo factum est.

2. Et ce n'est pas sans raison que je vous ai dit cela. Votre Sainteté n'ignore pas qu'il y a eu des hérétiques, peut-être même en reste-t-il encore quelques-uns, qu'on appelait Appollinaristes. Que disaient plusieurs d'entre eux sur cet homme, que la Sagesse de Dieu a pris, et en qui elle a imprimé sa personne, non point comme dans les autres hommes, mais selon ces paroles du psaume : « Dieu vous a oint d'une huile de joie d'une manière plus excellente que ceux qui y ont eu part avec vous, » (*Ps.* XLIV, 8) c'est-à-dire plus amplement que ceux qui y ont eu part avec vous? Que l'on ne croie donc point que le Christ a été oint comme les autres hommes, comme les autres justes, comme les patriarches, les prophètes, les apôtres, les martyrs, et comme ce qu'il y a de plus grand dans toute la race humaine. Or, dans toute la race humaine et parmi ceux qui sont nés de la femme, il n'y a point d'homme plus grand que Jean-Baptiste. (*Matth.*, XI, 11.) Si vous cherchez l'homme qui l'emporte sur tous les autres, cet homme est Jean-Baptiste. Et celui de qui Jean-Baptiste se disait indigne de dénouer la chaussure (*Marc*, I, 7), qu'était-il, sinon quelque chose de plus que les autres hommes? Même en tant qu'homme il était plus que les autres hommes. Car à le considérer comme Dieu, à considérer sa divinité, à considérer qu'au commencement il était le Verbe, que le Verbe était en Dieu et que le Verbe était Dieu ; il est au-dessus de toute créature, il est égal au Père ; mais nous parlons de lui comme homme. Peut-être, mes frères, quelqu'un de vous pense-t-il que cet homme pris par la Sagesse de Dieu était l'égal des autres hommes. Si, parmi vos membres, il y a une grande différence entre la tête et les autres membres, assurément tous ne font ensemble qu'un même corps, mais cette différence entre la tête et les autres membres n'en est pas moins considérable. Car dans tous les autres membres vous ne sentez que par le toucher, les autres membres ne sentent qu'à la condition de toucher ; mais par la tête, vous voyez, vous entendez, vous sentez par l'odorat, vous goûtez et vous touchez. Si telle est l'excellence de la tête sur les autres membres, quelle n'est point celle de la tête de l'Église universelle, c'est-à-dire de l'homme qui, par la volonté divine, a été médiateur entre Dieu et les hommes? Que disaient donc les hérétiques que j'ai nommés, de cet homme qu'a pris le Verbe, alors que le Verbe s'est fait chair? Ils ont dit de lui qu'il n'avait point l'esprit qui est donné à l'homme, ou en d'autres termes qu'il n'avait qu'une âme dénuée de l'intelligence humaine. Vous voyez, en effet, de quoi l'homme est composé : d'une âme et d'un corps. Mais l'âme humaine possède quelque chose que ne

2. Neque sine causa hoc dixi. Noverit Sanctitas Vestra fuisse quamdam hæresim, vel adhuc fortassis haberi reliquias quorumdam qui dicti sunt Apollinaristæ. Aliqui enim ipsorum dixerunt hominem, quem suscepit Sapientia Dei, (et in quo expressit personam suam, non sicut (*a*) in cæteris hominibus, sed sicut dictum est in Psalmo : « Unxit te Deus Deus tuus oleo exsultationis præ participibus tuis, » (*Ps.* XLIV, 8) id est, amplius quam participes tuos : ne putetur sic unctus Christus quomodo cæteri homines, quomodo cæteri justi, quomodo Patriarchæ, Prophetæ, Apostoli, et Martyres, et quidquid magnum est in genere humano. Quando quidem nihil majus exstitit in genere humano quam Joannes Baptista, nec in natis mulierum exsurrexit. (*Matth.*, XI, 11.) Si quæris excellentiam hominis, Joannes Baptista est. Cui autem Joannes se dicit non esse dignum corrigiam calceamenti solvere (*Marc.*, I, 7), quid erat ille nisi amplius quam cæteri homines? Etiam in ipso homine amplius quam cæteri homines. Nam secundum Deum, et secundum divinitatem, et secundum id quod in principio erat Verbum, et Verbum erat apud Deum, et Deus erat Verbum, super omnem creaturam æqualis est Patri : sed agimus de homine. Forte putet quispiam vestrum, Fratres, quia homo ille susceptus a Sapientia Dei, æqualis erat cæteris hominibus. Si in tuis membris multum distat inter caput et cætera membra : certe omnia membra faciunt corpus unum, multum tamen interest inter caput et cætera membra. Et enim in cæteris membris non sentis nisi tactu ; tangendo sentis in cæteris creaturis : in capite autem et vides et audis, et olfacis, et gustas, et tangis. Si tanta excellentia est capitis ad membra cætera, quanta excellentia est capitis universæ Ecclesiæ, id est, illius hominis, quem voluit Deus mediatorem esse inter Deum et homines?) Ergo illi hæretici dixerunt, hominem illum, quem suscepit Verbum, cum Verbum caro factum est, non habuisse mentem humanam, sed tantum animam sine intelligentia humana fuisse. Homo enim videtis unde constat : ex anima et corpore. Sed ipsa anima humana habet aliquid, quod non habent animæ pe-

---

(*a*) Ita Gatianensis codex. Alii vero Mss. *non sicut cæteris hominibus*. Editi *non sicut cæteros homines*.

possède point l'âme des bêtes. Car les bêtes ont une âme, et c'est de là qu'on les appelle des animaux; le nom d'animal ne peut leur venir en effet que de l'âme qu'elles possèdent; et, dans le fait, nous voyons qu'elles sont animées et vivantes. Mais qu'y a-t-il de plus dans l'homme, par quoi il est fait à l'image de Dieu? (*Gen.*, I, 26) c'est qu'il comprend et qu'il sait; c'est qu'il discerne le bien du mal : en cela il est fait à l'image et à la ressemblance de Dieu. Il possède donc quelque chose que les bêtes n'ont pas. Et quand il méprise en lui ce qui le rend supérieur aux bêtes, il détériore et détruit en lui-même, et, en quelque sorte, il avilit l'image de Dieu. C'est à de tels hommes qu'il est dit : « Ne soyez pas comme le cheval et le mulet qui n'ont pas d'intelligence. » (*Ps.* XXXI, 9.) Ces hérétiques ont donc prétendu que Notre-Seigneur Jésus-Christ n'avait point cet esprit humain, ce que les Grecs nomment λογικὸν, ce que nous appelons la raison et qui fait qu'un homme raisonne, faculté dont les autres animaux sont dépourvus. Quel était donc leur système? C'est que le Verbe même de Dieu remplaçait dans la nature humaine de Jésus ce que nous appelons l'esprit. Ils ont été rejetés de l'Eglise; la foi catholique les a condamnés et ils ont formé une hérésie à part. L'Eglise a confirmé ce dogme de foi catholique que l'homme, pris par la Sagesse de Dieu, n'avait rien de moins que les autres hommes, en ce qui touche l'intégrité de la nature humaine, et qu'il est différent des autres hommes quant à l'excellence de sa personne. Car on peut dire des autres hommes qu'ils participent au Verbe de Dieu, qu'ils possèdent le Verbe de Dieu; mais aucun d'eux ne peut être dit le Verbe de Dieu, tandis que ce nom est celui du Christ, selon ces paroles de l'Evangéliste : « Et le Verbe s'est fait chair. » (*Jean*, I, 14.)

3. Il s'est encore trouvé d'autres hérétiques de la même secte, qui non-seulement ont prétendu que le Christ, médiateur entre Dieu et les hommes, n'avait point l'esprit qui fait le propre de l'homme, mais même qu'il n'avait point d'âme. Ils ont dit qu'il n'y avait en lui que le Verbe et la chair, sans âme humaine, sans esprit humain. Telle était leur doctrine. Qu'était donc le Christ d'après eux? Le Verbe uni à un corps. Et ceux-ci ont été également rejetés par l'Eglise Catholique, chassés du milieu des brebis, retranchés de l'unité et de la vérité de la foi; et l'Eglise, ainsi que je l'ai dit, a confirmé ce dogme de foi catholique, que l'homme notre médiateur avait tout ce qui appartient à l'homme, hormis le péché. Si d'abord nous savons qu'il avait un corps véritable et non un fantôme de corps, n'est-ce point en raison des nombreux actes corporels qu'il a accomplis? Comment, par exemple, savons-nous qu'il avait un corps? Il a

corum. Nam et pecora animam habent, et animalia vocantur : non enim vocarentur animalia nisi ab anima : et videmus quia et ipsa vivunt. Sed quid habet amplius homo, unde factus est ad imaginem Dei? (*Gen.*, I, 26.) Quia intelligit et sapit, quia discernit bonum a malo : in hoc factus est ad imaginem et similitudinem Dei. Habet ergo aliquid quod non habent pecora. Et quia contemnit in se (*a*) quo melior est pecoribus; perimit in se vel deterit, et quodammodo obsolefacit imaginem Dei, ut dicatur talibus : « Nolite esse sicut equus et mulus, quibus non est intellectus. » (*Ps.* XXXI, 9.) Illi igitur hæretici dixerunt Dominum nostrum Jesum Christum non habuisse mentem humanam, et illud quod λογικὸν Græci dicunt, nos dicimus rationale, unde homo ratiocinatur, quod non habent cætera animalia. Sed quid dicunt? Ipsum Verbum Dei, hoc erat in illo homine pro mente. Exclusi sunt isti, respuit illos catholica fides, et hæresim fecerunt. Confirmatum est in catholica fide, hominem illum quem suscepit Sapientia Dei, nihil minus habuisse quam cæteri homines, quantum pertinet ad integritatem naturæ : quantum autem ad excellentiam personæ, aliud quam cæteri homines. Nam cæteri homines possunt dici participes Verbi Dei, habentes Verbum Dei : nullus autem eorum potest dici Verbum Dei; quod dictus est ille, cum dictum est : « Verbum caro factum est. » (*Joan.*, I, 14.)

3. Non defuerunt etiam alii quidam ex ipso errore venientes, qui non solum mentem dicerent non habuisse illum hominem, mediatorem Christum inter Deum et homines, sed nec animam : sed tantum dixerunt, Verbum et caro erat, et anima ibi non erat humana, mens ibi non erat humana. Hoc dixerunt. Sed quid erat? Verbum et caro. Et istos respuit Ecclesia catholica, et expellit eos ab ovibus, et a simplici et vera fide : et confirmatum est, quemadmodum dixi, hominem illum mediatorem habuisse omnia hominis, præter peccatum. Si enim multa gessit secundum corpus, ex quo intelligamus quia habuit

(*a*) Sic Mss. At editi, *quod melius est pecoribus, perimit in se vel deserit.*

marché, il s'est assis, il a dormi, il a été arrêté, flagellé, soufflété, crucifié, il est mort. Otez le corps, rien de tout cela ne peut avoir eu lieu. De même donc que, grâce à ces indices, nous savons par l'Evangile que le Christ avait un corps véritable, selon son propre témoignage après sa résurrection : « Touchez et voyez, un esprit n'a ni chair ni os, comme vous voyez que j'ai; » (*Luc*, XXIV, 39) de même qu'en raison de ces faits et de ces actes, nous comprenons et nous savons que le Seigneur Jésus avait un corps; ainsi nous pouvons comprendre et savoir, d'après d'autres opérations naturelles, qu'il avait une âme. Avoir faim, avoir soif, voilà des opérations qui tiennent à l'âme ; ôtez l'âme, le corps qui en sera privé ne pourra ressentir ces impressions. Si les hérétiques prétendent que ces impressions ne sont que supposées, il faut également regarder comme supposées toutes les actions rapportées au corps du Seigneur : si, au contraire, la réalité des opérations de son corps atteste la réalité de son corps, la réalité des opérations de son âme atteste la réalité de son âme.

4. Mais qu'ajouterons-nous? Parce que le Seigneur s'est abaissé pour vous jusqu'à se faire faible comme vous, ô homme qui m'écoutez, gardez-vous de vous comparer avec Dieu. En effet, vous êtes une créature, il est votre créateur. Gardez-vous même de rapprocher de vous cet homme que vous voyez en lui, car le Christ est votre Dieu fait homme pour vous, et le Verbe Fils de Dieu. Comme homme, placez-le donc au-dessus de vous, parce qu'il est votre médiateur; comme Dieu, placez-le au-dessus de toute créature : et par là, comprenez que celui qui pour vous s'est fait homme peut convenablement prier pour vous. Si donc il peut convenablement prier pour vous, il a pu convenablement prononcer à cause de vous ces paroles : « Seigneur, je chanterai vos grandeurs, parce que vous m'avez pris sous votre protection, et que vous n'avez pas donné lieu à mes ennemis de se réjouir à mon sujet. » (*Ps.* XXIX, 2.) Mais ces paroles nous paraîtront fausses, quand nous les appliquerons à Notre-Seigneur Jésus-Christ, si nous ne savons pas comprendre quels sont ces ennemis. Comment sont-elles vraies, si le Christ dit lui-même : « Seigneur, je chanterai vos grandeurs, parce que vous m'avez pris sous votre protection? » Du côté de l'homme, du côté de sa faiblesse, du côté de sa chair, comment sont-elles vraies, puisque ses ennemis se sont réjouis à son sujet quand ils l'ont crucifié, quand ils l'ont saisi, quand ils l'ont flagellé, quand ils l'ont soufflété en disant : « Christ, prophétise-nous? » (*Matth.*, XXVI, 66.) Cette joie des Juifs nous force presque à regarder comme fausses ces paroles : « Et vous n'avez pas donné lieu à mes ennemis de se réjouir à mon sujet. » Et ensuite, lorsqu'il était suspendu à la croix, que

corpus non in mendacio, sed in veritate : ut puta, quomodo intelligimus quia habuit corpus? Ambulavit, sedit, dormivit, comprehensus est, flagellatus est, colaphizatus est, crucifixus est, mortuus est. Tolle corpus, nihil horum fieri potuit. Quomodo ergo ex his indiciis cognoscimus in Evangelio quia verum corpus habuit, sicut et ipse etiam post resurrectionem dixit : « Palpate, et videte, quia spiritus carnem et ossa non habet, sicut me videtis habere : » (*Luc*, XXIV, 39) quomodo ex his rebus, ex his operibus credimus et intelligimus et novimus quia corpus habuit Dominus Jesus, sic et ex quibusdam aliis officiis naturalibus quia habuit animam. Esurire, sitire, animæ sunt ista : tolle animam, corpus hæc exanime non poterit. Sed si falsa dicunt ista fuisse, falsa erunt et illa quæ de corpore creduntur : si autem ex eo verum corpus, quia vera officia corporis; ex eo vera anima, quia vera officia animæ.

4. Quid ergo? Quoniam Dominus factus est infirmus propter te, o homo qui audis, non tibi compares Deum. Etenim creatura es, ille creator tuus. Nec illum hominem tibi conferas, quia propter te homo Deus tuus, et Verbum Filius Dei : sed illum hominem tibi præferas, tanquam mediatorem, Deum autem supra omnem creaturam : et sic intelligas, quia qui homo factus est propter te, non incongrue orat pro te. Si ergo non incongrue orat pro te, non incongrue potuit et ista verba dicere propter te : « Exaltabo te Domine, quoniam suscepisti me, nec jucundasti inimicos meos super me. » Sed ista verba, si non intelligamus inimicos, falsa erunt, ipsum Dominum Jesum Christum cogitantes. Quomodo enim verum est, si Christus Dominus loquitur : « Exaltabo te Domine, quoniam suscepisti me? » Ex persona hominis, ex persona infirmitatis, ex persona carnis, quomodo verum est : quando quidem jucundati sunt inimici ejus super eum, quando illum crucifixerunt, tenuerunt eum, et flagellaverunt, et colaphizaverunt, dicentes : « Prophetiza nobis Christe? » (*Matth.*, XXVI, 66.) Ista jucunditas eorum quasi cogit nos putare falsum esse, quod dictum est : « Nec jucundasti inimicos meos super me. » Deinde cum in cruce pen-

les Juifs passaient ou s'arrêtaient devant lui, qu'ils le considéraient, qu'ils branlaient la tête et s'écriaient : « Voilà le Fils de Dieu, il a sauvé les autres et ne peut se sauver lui-même; qu'il descende de la croix et nous croirons en lui; » (*Matth.*, XXVII, 42) est-ce qu'en disant cela, les Juifs ne se réjouissaient pas à son sujet? Que devient donc cette parole : « Seigneur, je chanterai vos grandeurs, parce que vous m'avez pris sous votre protection, et que vous n'avez pas donné lieu à mes ennemis de se réjouir à mon sujet? »

5. Peut-être, cette parole n'est-elle pas celle de Notre-Seigneur Jésus-Christ, mais celle de l'homme, celle de l'Eglise universelle du peuple chrétien; tous les hommes étant un seul homme dans le Christ, et l'unité des chrétiens ne faisant d'eux qu'un seul homme. Peut-être, par conséquent, l'homme lui-même, ou l'unité des chrétiens, prononce-t-il ces paroles : « Seigneur, je chanterai vos grandeurs, parce que vous m'avez pris sous votre protection, et que vous n'avez pas donné lieu à mes ennemis de se réjouir à mon sujet. » (*Ps.* XXIX, 2.) Mais comment ces paroles seraient-elles vraies en ce sens? Les Apôtres, dont nous célébrons la mémoire, n'ont-ils point été arrêtés? n'ont-ils point été frappés? n'ont-ils point été flagellés? n'ont-ils point été mis à mort? n'ont-ils point été crucifiés? n'ont-ils point été brûlés vifs? n'ont-ils point été livrés aux bêtes? Or, les hommes qui les torturaient ainsi ne se réjouissaient-ils point à leur sujet? Comment donc le peuple chrétien pourrait-il dire : « Seigneur, je chanterai vos louanges, parce que vous m'avez pris sous votre protection, et que vous n'avez pas donné lieu à mes ennemis de se réjouir à mon sujet? »

6. Nous sortirons d'embarras, si nous faisons d'abord attention au titre du psaume. Le voici en effet : « Pour la fin, psaume de cantique pour la dédicace de la maison de David pour lui-même. » (*Ps.* XXIX, 1.) Ce titre renferme toute notre espérance et tout le secret de l'explication de notre question. On fera un jour la dédicace d'une maison que l'on est en train de bâtir. Maintenant en effet on bâtit la maison, c'est-à-dire l'Eglise, et plus tard on en fera la dédicace. Dans cette dédicace brillera la gloire du peuple chrétien, laquelle est maintenant cachée. Que maintenant encore ses ennemis déploient leur fureur, qu'ils l'humilient, qu'ils lui fassent subir, non ce qu'ils veulent, mais ce qui leur est permis d'en haut. Car tout ce que nous souffrons de la part de nos ennemis, nous ne devons pas tellement le leur imputer que nous n'y voyions aussi l'action de notre Dieu. En effet, le médiateur a montré par son propre exemple que, quand d'en haut il permet aux hommes de nous nuire, ce n'est point la volonté mais le pouvoir de nuire qui est donné d'en

---

deret, et transibant vel stabant, et attendebant, et caput movebant, et dicebant : « Ecce Filius Dei, alios salvos fecit, seipsum non potest, descendat de cruce, et credimus in eum : » (*Matth.*, XXVII, 42) ista nonne jucundabantur super eum? Ubi est ergo ista vox : « Exaltabo te Domine, quoniam suscepisti me, nec jucundasti inimicos meos super me? »

5. Fortasse non est ista vox Domini nostri Jesu Christi, (*a*) sed ipsius hominis, sed universæ Ecclesiæ populi Christiani : quia omnis homo in Christo unus homo est, et unitas Christianorum unus homo. Fortasse ipse homo, id est, unitas Christianorum ipsa dicit : « Exaltabo te Domine quoniam suscepisti me, nec jucundasti inimicos meos super me. » Quomodo et hoc verum est de illis? Non sunt comprehensi Apostoli, non sunt cæsi, non sunt flagellati, non sunt occisi, non sunt crucifixi, non sunt incensi vivi, non ad bestias pugnaverunt, quorum memorias celebramus? Quando autem ista illis faciebant homines, nonne jocundabantur super eos? Quomodo ergo potest et populus Christianus dicere : « Exaltabo te Domine, quoniam suscepisti me, nec jucundasti inimicos meos super me? »

6. Intelligemus hoc, si videamus primo titulum Psalmi. Habet enim : « In finem Psalmus Cantici dedicationis domus ipsi David. » (*Psal.* XXIX, 1.) In hoc titulo est omnis spes, et universum sacramentum dissolvendæ hujus quæstionis. Dedicabitur domus aliquando, quæ modo fabricatur. Modo enim fabricatur domus, id est Ecclesia, postea dedicabitur. In dedicatione apparebit gloria populi Christiani, quæ modo latet. Sæviant modo inimici, humilient, faciant non quidquid volunt, sed quidquid de super permittuntur. Non enim quidquid passi ab inimicis fuerimus, inimicis deputandum est, et non Domino Deo nostro. Quando quidem in ipso suo exemplo mediator demonstravit, (*b*) quando nobis de super permittit homines nocere, non voluntatem nocendi de super dari, sed potestatem. Unusquisque enim malus apud se habet voluntatem nocendi : ut autem

---

(*a*) Ita Mss. At editi, *id est ipsius hominis*. — (*b*) Aliquot Mss. *demonstravit nobis, de super permitti*.

haut. Car tout méchant a en lui-même la volonté de nuire, mais il n'a point en son pouvoir la puissance de nuire. Qu'il le veuille, par cela même il est déjà coupable; qu'il le puisse, pour cela il faut une secrète disposition de la Providence qui permet l'action du méchant, à l'égard des uns comme châtiment, à l'égard des autres comme épreuve, à l'égard d'autres encore comme source de récompense. Comme exemple de châtiment, citons le peuple d'Israël, quand il fut permis à des étrangers (Ἀλλόφυλοι) de l'asservir parce qu'il avait péché contre Dieu. (*Juges*, X, 7; XIII, 1.) Comme exemple d'épreuve, rappelons que le démon reçut la permission de tenter Job. (*Job*, I, 12.) Job fut éprouvé et le démon confondu. Enfin, pour la récompense des martyrs, Dieu a laissé agir la rage des persécuteurs : les martyrs ont été immolés et les persécuteurs se sont crus victorieux; mais ils n'ont remporté qu'un faux triomphe apparent, et les martyrs ont remporté une véritable couronne encore cachée à nos yeux. Donc à l'égard de celui que le méchant obtient d'attaquer, rien ne se fait que par une disposition secrète de la divine Providence; mais la volonté de nuire appartient à l'homme seul, qui ne peut donner la mort par cela seul qu'il le veut.

7. C'est pourquoi, Notre-Seigneur lui-même, le juge des vivants et des morts, se tenant devant un homme qui le jugeait, et nous enseignant l'humilité et la patience, non point en vaincu, mais en chef qui donne à ses soldats l'exemple du combat, tandis que son juge le menaçait et lui disait tout gonflé d'orgueil : « Ne savez-vous pas que j'ai le pouvoir de vous mettre en liberté ou de vous envoyer à la mort ? » (*Jean*, XIX, 10) Notre-Seigneur, dis-je, fit tomber d'un mot l'orgueil dont il s'enflait, et retournant en quelque sorte contre lui son souffle arrogant, comme pour le dégonfler : « Vous n'auriez aucun pouvoir sur moi, lui dit-il, s'il ne vous avait été donné d'en haut. » Et Job (car le démon avait tué ses enfants et l'avait privé de tous ses biens), et Job, que dit-il ? « Le Seigneur me les avait donnés, le Seigneur me les a ôtés; il en est arrivé comme il a plu au Seigneur, que le nom du Seigneur soit béni. » (*Job*, I, 21.) Que mon ennemi ne triomphe pas du mal qu'il m'a fait; je sais, dit Job, qui lui a permis d'agir : au démon la volonté de me nuire, mais au Seigneur appartient le pouvoir de m'éprouver. Quand ensuite son corps n'est plus qu'une plaie, sa femme s'approche de lui, car elle lui a été laissée, comme Eve, pour aider le démon et non pour consoler son mari; elle le tente, et, au milieu des reproches dont elle l'accable, elle lui dit : « Maudissez Dieu et mourez. » (*Job*, II, 9.) Mais cet autre Adam est plus prudent sur son fumier qu'Adam dans le paradis. Adam, dans le paradis, écouta sa femme et mérita d'être chassé du paradis (*Gen.*, III, 6); l'autre Adam, sur son fumier, repoussa sa femme

---

possit nocere, non habet in potestate. Ut velit, jam reus est : ut possit, occulta dispensatione providentiæ Dei in alium permittitur ad pœnam, in alium permittitur ad probationem, in alium permittitur ad coronam. Ad pœnam, quomodo permissi sunt Ἀλλόφυλοι, id est, alienigenæ capere populum Israel, quia peccaverunt in Deum. (*Jud.*, X, 7; XIII, 1, etc.) Ad probationem autem permissus est diabolus in Job : probatus est Job, confusus est diabolus. (*Job*, I, 12.) Ad coronam vero permissi sunt persecutores in Martyres : occisi sunt Martyres, quasi vicisse se arbitrati sunt persecutores : illi in manifesto falso triumpharunt, illi in occulto vere coronati sunt. Ergo in quem permittitur, occultæ dispensationis est providentiæ Dei : ut autem velit nocere, ipsius hominis est; non enim continuo quem vult nocere.

7. Itaque ipse Dominus judex vivorum et mortuorum, stans ante hominem judicem, præbens nobis humilitatis et patientiæ documentum, non victus, sed militi pugnandi exemplum demonstrans, minanti judici, tumenti superbia, et dicenti : « Nescis quia potestatem habeo dimittendi et occidendi te ? » (*Joan.*, XIX, 10) abstulit typhum inflantis, et tanquam reddens exsufflationem qua detumesceret : « Non haberes, inquit, in me potestatem, nisi data tibi esset de super. » (*Ibid.*, 11.) Et Job (nempe diabolus occidit filios ipsius, diabolus tulit omnem substantiam ipsius), et ille quid ? « Dominus dedit, Dominus abstulit, sicut Domino placuit ita factum est, sit nomen Domini benedictum. » (*Job*, I, 21.) Non triumphet inimicus, quia ipse fecit : novi ego, inquit, a quo sit permissus : diabolo tribuatur nocendi voluntas, Domino meo probandi potestas. In ipso vulnere corporis accedit uxor relicta, sicut Eva, adjutrix diaboli, non consolatrix mariti; tentat, et dicit inter multas increpationes : « Dic aliquod verbum in Deum, et morere. » (*Job*, II, 9.) Et ille Adam in stercore cautior, quam Adam in paradiso. Nam Adam in paradiso consensit mulieri, ut de paradiso emitteretur (*Gen.*, III, 6) : Adam in stercore respuit mulierem,

et mérita d'être admis dans le paradis. Qu'est-ce donc que cet Adam, qui, sur son fumier, enfantait au dedans de lui-même son immortalité, et qui au dehors voyait ses chairs s'écouler en flots de vers, qu'est-ce qu'il répondit à sa femme? « Vous avez parlé, lui dit-il, comme une femme sans raison. Après avoir reçu nos biens de la main de Dieu, pourquoi ne pas supporter nos maux avec patience? » (*Job*, II, 10.) Il déclara de nouveau que la main du Seigneur était sur lui quand le démon l'avait frappé; car il ne tenait point compte de celui qui le frappait, mais de celui qui avait permis de le frapper. Et le diable lui-même a donné à ce même pouvoir qu'il demandait qu'on lui accordât le nom de main du Seigneur. Car en accusant cet homme juste, auquel le Seigneur rendait témoignage, il a dit à Dieu : « Est-ce donc sans intérêt que Job sert le Seigneur? N'avez-vous pas entouré de tous côtés, comme d'un rempart, lui et sa maison et tous ses biens? Vous avez béni les œuvres de ses mains, et tout ce qu'il possède s'accroît sur la terre. C'est parce que vous lui avez donné d'aussi grands biens qu'il vous sert; mais étendez votre main, et touchez tout ce qui lui appartient, et vous verrez s'il ne vous blasphème point en face. » (*Job*, I, 9.) Que signifient ces mots : étendez votre main, quand lui-même voulait étendre la sienne sur Job? C'est parce qu'il ne pouvait par lui-même étendre la main, qu'il a donné le nom de main de Dieu au pouvoir qu'il a reçu de Dieu.

8. Mais que dire, mes frères, de tant de mal causé aux chrétiens par leurs ennemis? Que dire des transports et de la joie de ceux-ci? Quand donc verra-t-on qu'ils n'ont point eu lieu de se réjouir? quand ils seront confondus et que les chrétiens triompheront à l'avénement du Seigneur notre Dieu; alors qu'il viendra tenant en main ce qui sera dû à chacun: la damnation pour les impies, son royaume pour les justes; la société des démons pour les méchants, la société du Christ pour les fidèles; quand donc il aura manifesté sa justice, et que les justes se tiendront devant lui avec pleine confiance. Je vous cite l'Ecriture elle-même, rappelez-vous ce qu'on lit au livre de la Sagesse : « Alors, les justes se tiendront devant lui avec pleine confiance, en face de ceux qui les auront tenus dans les angoisses. Ceux-ci, tout au contraire, dans leur douleur et dans les angoisses de leur esprit, s'écrieront avec des gémissements : De quoi nous a servi notre orgueil? Que nous ont rapporté ces richesses dont nous étions si fiers? Toutes ces choses ont passé comme une ombre. » Et que diront-ils des justes? Comme les voici comptés au nombre des enfants de Dieu! Comme les voici admis à partager le sort des saints! » (*Sag.*, V, 1, et suiv.) Alors aura lieu la dédicace de la maison qui, dans le temps présent, se bâtit

---

ut ad paradisum admitteretur. Quid ergo ille Adam in stercore, parturiens immortalitatem intrinsecus, vermibus fluescens extrinsecus, quid ait mulieri? « Tanquam una ex insipientibus mulieribus locuta es. Si bona percepimus de manu Domini, mala non sustinebimus? » (*Job*, II, 10.) Iterum et ille manum Domini dixit in se, quod eum diabolus percusserat : quia non attendebat quis percuteret, sed quis permitteret. Namque et ipse diabolus eamdem potestatem, quam sibi volebat dari, manum Domini appellavit. Nam objiciens crimen justo viro, cui Dominus perhibebat testimonium, ait Deo : « Numquid gratis Job colit Dominum? nonne tu vallasti eum ac domum ejus, universamque substantiam ejus per circumitum? Operibus manuum ejus benedixisti, et possessio ejus crevit in terra : tanta bona illi dedisti, propterea te colit; sed mitte manum tuam, et tange omnia quæ sunt ejus, nisi in faciem tuam benedixerit tibi. » (*Job*, I, 9, etc.) Quid est : Mitte manum tuam, cum ipse vellet mittere? Sed quia ipse non posset mittere manum suam, ipsam potestatem quam accepit a Deo, manum Dei appellavit.

8. Quid ergo, Fratres, quia tanta inimici in Christianos fecerunt, et exsultaverunt, et jucundati sunt super eos? Sed quando apparebit, quia non sunt jucundati? Quando illi confundentur, illi exsultabunt in adventu Domini Dei nostri, cum venerit ferens in manu retributiones, damnationem impiis, regnum justis; societatem cum diabolo iniquis, societatem cum Christo fidelibus. Quando ergo hoc ostenderit, quando stabunt justi in magna constantia. (De Scripturis dico, recordamini lectionem de libro Sapientiæ : « Tunc stabunt justi in magna constantia adversus eos qui se angustaverunt : illi autem dicent inter se pœnitentes, et præ angustia spiritus gementes : Quid nobis profuit superbia, et divitiarum jactantia quid contulit nobis? transierunt enim omnia illa tanquam umbra. » Et quid dicent de justis? « Quomodo computati sunt inter filios Dei, et inter sanctos sors illorum est?) » (*Sap.*, V, 1, etc.) tunc erit dedicatio domus, quæ modo in tribulationibus fabricatur : tunc recte

au milieu des tribulations. Alors le peuple saint pourra dire à bon droit : « Seigneur, je chanterai vos louanges, parce que vous m'avez pris sous votre protection, et que vous n'avez pas donné lieu à mes ennemis de se réjouir à mon sujet. » (*Ps.* XXIX, 2.) Cette parole sera donc alors véritable dans la bouche du peuple de Dieu, de ce peuple qui maintenant est dans les angoisses, et qui maintenant est affligé par tant de tentations, par tant de scandales, par tant de persécutions, par tant d'oppressions. Celui qui n'avance pas dans le bien, ne sent pas ces peines d'esprit qui affligent l'Eglise ; il croit que la paix règne autour de lui : mais qu'il commence à marcher, et il verra dans quelle oppression il sera ; car l'herbe ayant poussé et produit des fruits, alors aussi on vit apparaître l'ivraie. (*Matth.*, XIII, 26) Celui qui apporte la science, apporte aussi la douleur. (*Ecclé.*, I, 18.) Qu'il avance, et il verra où se trouve la douleur ; que le fruit se forme, et l'ivraie paraîtra. La parole de l'Apôtre est vraie ; elle reste indestructible depuis le commencement jusqu'à la fin. « Tous ceux, dit-il, qui veulent vivre pieusement en Jésus-Christ souffriront persécution. Mais les méchants et les séducteurs feront des progrès dans le mal, s'égarant eux-mêmes et égarant les autres. (II *Tim.*, III, 12, 13.) Et pourquoi le Psalmiste a-t-il dit : « Attendez le Seigneur, agissez avec force, que votre cœur s'affermisse, attendez le Seigneur ? » (*Ps.* XXVI, 14.) C'était peu pour lui de dire une fois : « Attendez le Seigneur, » s'il ne le répétait encore. Et de peur qu'après une attente de deux jours, de trois jours, de quatre jours, on ne fût encore dans l'oppression et le trouble, il a ajouté : « Agissez avec force ; » il a ajouté encore : « Que votre cœur s'affermisse, » et, comme il en sera ainsi depuis le commencement jusqu'à la fin, il répète encore à la fin ce qu'il avait dit au commencement : « Attendez le Seigneur. » Ces peines qui vous accablent passeront et celui que vous attendez viendra ; il essuiera la sueur de votre front, il séchera vos larmes et désormais vous ne pleurerez plus. Pour le moment, au contraire, gémissons au milieu des tribulations ; car, dit Job, « la vie de l'homme sur la terre n'est-elle point une épreuve permanente ? » (*Job*, VII, 1.)

9. Cependant, mes frères, avant que vienne ce jour de la dédicace, considérons que déjà elle a eu lieu pour celui qui est notre tête. Déjà la dédicace de la maison est célébrée à l'égard de sa tête, et c'est aussi comme la dédicace de ses fondations. La tête est en haut et les fondations sont en bas ; n'avons-nous point tort de dire que le Christ est le fondement de l'édifice ? N'en est-il point plutôt le faîte, puisqu'il est monté au ciel et qu'il est assis à la droite du Père ? Mais je ne crois pas m'être trompé. En effet, l'Apôtre a dit : « Nul ne peut poser d'autre fondement que celui qui a été posé, et qui est Jésus-

---

dicet populus ille : « Exaltabo te Domine ; quoniam suscepisti me, nec jucundasti inimicos meos super me. » Vera ergo erit vox ista in populo Dei, qui populus modo angustatur, modo tribulatur, tantis tentationibus, tantis scandalis, tantis insecutionibus, tanta pressura. Hæc tormenta animi non sentit in Ecclesia qui non proficit, putat enim quia pax est : sed incipiat proficere, et tunc videbit in qua pressura sit : quia « cum crevisset herba, et fructum fecisset, tunc apparuerunt et zizania. » (*Matth.*, XIII, 26.) « Et qui apponit scientiam, apponit dolorem. » (*Eccle*, I, 18.) Proficiat, et videbit ubi sit : exsistat fructus, et apparebunt zizania. Vox veridica est per Apostolum, deleri non potest ab initio usque ad finem : « Sed et omnes qui volunt, inquit, pie vivere in Christo, persecutionem patiuntur. » (II *Tim.*, III, 12.) Maligni autem homines et seductores proficiunt in pejus, ipsi errantes et alios in errorem mittentes. Et unde sunt verba illa Psalmi : « Sustine Dominum, viriliter age, et confortetur cor tuum, et sustine Dominum ? » (*Psal.* XXVI, 14.) Parum erat semel : Sustine Dominum, nisi repeteret ; ne forte sustineret biduo, triduo, quatriduo, et maneret pressura et tribulatio : ideo addidit : Viriliter age ; addidit : Et confortetur cor tuum. Et quia ab initio usque in finem sic erit, quod habet sententia in capite, hoc habet in fine : Et sustine Dominum. Transeunt ista quæ te premunt, et veniet quem sustines, et exterget sudorem ; siccabit lacrymam, ultra non flebis. Modo autem gemamus in tribulationibus, sicut dicit Job : « Nonne tentatio est vita humana super terram ? » (*Job*, VII, 1.)

9. Tamen, Fratres, antequam veniat dies dedicationis domus, videamus quia jam dedicatum est caput nostrum : jam facta est dedicatio domus in capite tanquam dedicatio fundamenti. Caput sursum est fundamentum deorsum : ne forte propterea male dixerimus fundamentum esse Christum : culmen est potius, ascendit in cœlum, sedet ad dexteram Patris. Sed puto nos non errasse. Apostolus enim dixit : « Fundamentum enim aliud nemo potest ponere,

Christ. Que si on élève sur ce fondement un édifice d'or, d'argent, de pierres précieuses, etc. » (I *Cor.*, III, 11.) Ceux qui mènent une vie bonne, qui honorent et glorifient Dieu, qui sont patients dans les tribulations, qui soupirent après la céleste patrie, ceux-là élèvent un édifice d'or, d'argent, de pierres précieuses; mais ceux qui aiment encore les biens de ce monde, qui sont enlacés dans les affaires terrestres, qui sont entraînés par les liens et les affections de la chair, par leurs maisons, leur épouse, leurs possessions, et qui cependant sont chrétiens de telle sorte que leur cœur ne se sépare pas du Christ et ne préfère rien au Christ, ceux-là élèvent un édifice de bois, de foin, et de paille. Mais que dit ensuite l'Apôtre ? « Le feu éprouvera l'œuvre de chacun et montrera ce qu'elle est. » (*Ibid.*, 13.) Ce feu est celui de la tentation et de l'affliction. Ce feu a éprouvé ici-bas un grand nombre de martyrs; et à la fin il éprouve le genre humain tout entier. Il s'est trouvé des martyrs qui avaient l'amour des biens terrestres. Combien de riches et de sénateurs qui ont souffert le martyre ! Plusieurs d'entre eux élevaient des édifices de bois, de foin, de paille, en raison de leur attachement aux intérêts charnels et mondains; mais, parce que le Christ était le fondement sur lequel ils bâtissaient, le foin a brûlé et ils sont restés sur ce fondement. C'est ainsi que l'Apôtre a dit : « Si l'œuvre de quelqu'un demeure, il en recevra la récompense; » (*Ibid.*, 14) et il ne perdra rien, parce qu'il trouvera ce qu'il a aimé. Qu'a donc fait pour les martyrs le feu de la tribulation? Il les a éprouvés. « Si l'œuvre de quelqu'un demeure, il en recevra la récompense. Si l'œuvre de quelqu'un brûle, il en souffrira la perte; cependant il sera sauvé, mais comme par le feu. » (*Ibid.*, 15.) Autre chose est de n'être pas blessé par le feu, autre chose d'être sauvé en passant par le feu. Et d'où viendra le salut? Du fondement sur lequel s'élevait l'édifice. Que votre cœur ne rejette donc pas ce fondement. Gardez-vous aussi de le placer sur le foin, c'est-à-dire, gardez-vous de préférer le foin au fondement; de telle sorte que le foin ait la première place dans votre cœur, et que le Christ n'y obtienne que la seconde. Que si vous ne savez élever qu'un édifice de foin, au moins donnez la première place au Christ et que le foin ne vienne qu'en second lieu.

10. Le Christ est donc le fondement de la maison. Ainsi que je l'ai dit, la dédicace de la tête a été faite, et cette tête est le fondement de l'édifice. Mais le fondement est d'ordinaire placé en bas et la tête en haut. Que Votre Sainteté saisisse bien ce que je vais dire; peut-être viendrai-je à bout de l'expliquer au nom du Christ. Il y a deux sortes de poids. Car le poids est un

præter id quod positum est, quod est Jesus Christus : si quis autem superædificaverit supra fundamentum hoc, aurum, argentum, lapides pretiosos. » (I *Cor.*, III, 11.) Qui bene vivunt, qui Deum honorant et laudant, qui patientes sunt in tribulationibus, qui desiderant patriam, ipsi ædificant aurum, argentum, lapides pretiosos : qui autem amant adhuc sæcularia, et negotiis terrenis implicati sunt, et dediti sunt vinculis quibusdam et affectibus carnis, domibus suis, conjugibus, possessionibus, et tamen Christiani sunt, ita ut cor eorum non recedat a Christo, et nihil præponant Christo, quomodo in ædificando nihil præponitur fundamento; ædificant quidem ipsi ligna, fœnum, stipulam : sed quid secutus est? « Uniuscujusque opus quale sit ignis probabit. » (*Ibid.*, 13.) Ignis tribulationis et tentationis. Iste ignis multos Martyres hic probavit, omne autem genus humanum probat in fine. Inventi sunt Martyres qui haberent ista sæcularia. Quam multi divites et senatores passi sunt? Ædificabant tamen quidam eorum ligna, fœnum, stipulam in affectibus carnalium et sæcularium curarum : sed tamen quia Christum fundamentum habebant super quod ædificabant, arsit fœnum, et ipsi remanserunt in fundamento. Sic dicit Apostolus : « Si cujus opus manserit, mercedem accipiet : » (*Ibid.*, 14) et nihil perdet; quia quod amavit, hoc inveniet. Quid ergo illis fecit ignis tribulationis? Probavit eos. « Si cujus opus permanserit, mercedem accipiet : si cujus opus arserit, damnum patietur; ipse autem salvus erit, sic tamen quasi per ignem. » (*Ibid.*, 15.) Sed aliud est igne non lædi, aliud per ignem salvari. Et unde? Propter fundamentum. Non recedat ergo de corde fundamentum. Noli super fœnum ponere fundamentum, hoc est, noli anteponere fœnum fundamento, ut fœnum habeat primum locum in corde tuo, et secundum Christus : sed si jam non potest nisi esse ibi fœnum, vel primum locum ibi habeat Christus, et fœnum secundum.

10. Ergo fundamentum est Christus. Quomodo dixi, dedicatum est caput nostrum, ipsum caput est fundamentum. Sed fundamentum deorsum solet esse, caput autem sursum. Intelligat Sanctitas Vestra quid dicam, fortassis explicabo in nomine Christi. Pondera gemina sunt. Pondus enim est impetus quidam cujusque rei, velut conantis ad locum suum : hoc

certain élan par lequel chaque chose tend vers sa place : tel est le poids. Vous portez une pierre sur la main, vous en sentez le poids, elle fait effort sur votre main, parce qu'elle cherche sa place. Retirez la main, elle va jusqu'à terre, elle se repose à terre, elle est parvenue où elle tendait, elle a trouvé sa place. Ce poids était donc pour elle comme un mouvement spontané, étranger à toute âme et à tout sentiment. Au contraire, il est des choses qui cherchent leur place de bas en haut. En effet, si vous versez de l'eau sur de l'huile, par son poids l'eau tend au fond du vase. Elle cherche donc sa place, elle cherche l'ordre qui lui convient, parce qu'il est contre l'ordre que l'eau surnage au-dessus de l'huile. Donc, jusqu'à ce qu'elle soit rangée selon l'ordre, jusqu'à ce qu'elle ait trouvé sa place, elle est agitée par un mouvement inquiet. Au contraire, répandez de l'huile sous de l'eau, par exemple si un vase d'huile vient à tomber dans l'eau, dans une fosse, dans la mer, et à s'y briser; l'huile ne veut pas rester au-dessous de l'eau. De même que l'eau versée sur l'huile cherche par son poids sa place au fond du vase, ainsi l'huile versée sous l'eau cherche par son poids sa place au haut du vase. Si donc il en est ainsi, mes frères, où tendent le feu et l'eau? Le feu se porte en haut, c'est en haut qu'il cherche sa place ; et l'eau cherche sa place en bas par l'effet de son poids. Une pierre tend à descendre, ainsi que le bois, les colonnes et la terre qui servent à bâtir nos demeures ; toutes ces choses sont du genre de celles qui par leur poids sont portées en bas. Il est donc évident que le fondement de ces édifices doit être en bas, parce que tous ces matériaux sont portés en bas par leur poids : s'il n'y avait rien pour les soutenir, ils tomberaient de toute leur masse, parce qu'ils tendent de toute leur masse vers la terre. Donc aux choses qui tendent vers le bas, il faut un fondement placé en bas. Mais l'Eglise de Dieu, placée en bas, tend vers le ciel. C'est donc là qu'est placé notre fondement, Jésus-Christ Notre-Seigneur, assis à la droite du Père. Si donc Votre Sainteté a compris que déjà la dédicace de notre fondement est faite, écoutons le Psaume et parcourons-le rapidement.

11. « Seigneur, je chanterai vos grandeurs, parce que vous m'avez pris sous votre protection, et que vous n'avez pas donné lieu à mes ennemis de se réjouir à mon sujet. » (*Ps.* XXIX, 2.) Quels ennemis? Les Juifs? Nous devons juger de la dédicace de la maison à venir, par la dédicace du fondement. Car ce qui est dit aujourd'hui à l'égard du fondement se dira alors à l'égard de la maison entière. Quels sont donc ces ennemis? Sont-ce les Juifs, ou plutôt le diable et ses anges, qui se sont retirés couverts de confusion après la résurrection du Seigneur? Le prince de la mort a pleuré la défaite de la

---

est pondus. Fers lapidem manu, pateris pondus; premit manum tuam, quia locum suum quærit. Et vis videre quid quærat? Subtrahe manum, venit ad terram, quiescit in terra : pervenit quo tendebat, invenit locum suum. Pondus ergo illud motus erat quasi spontaneus, sine anima, sine sensu. Sunt alia quæ sursum versus petunt locum. Namque si aquam mittas super oleum, pondere suo in ima tendit. Locum enim suum quærit, ordinari quærit : quia præter ordinem est aqua super oleum. Donec ergo veniat ad ordinem suum, inquietus motus est, donec teneat locum suum. Contra, oleum funde sub aqua, verbi gratia, quemadmodum si vas olei cadat in aquam, in abyssum, in mare, et frangatur, non se patitur oleum subter. Quomodo aqua super oleum missa pondere ad ima locum suum quærit : sic oleum subter aquam fusum, pondere ad summa locum suum quærit. Si ergo ita est, Fratres, quo tendit ignis et aqua? Ignis sursum fertur, locum suum quærit; et aqua locum suum quærit pondere suo. Lapis ima petit, et lignum, et columnæ, et terra, unde ædificantur istæ domus : de illo ergo sunt genere rerum, quæ pondere suo deorsum feruntur. Manifestum est ergo ideo deorsum accipere fundamentum, quia pondere suo deorsum versus feruntur; et nisi sit quod sustineat, totum cadit, quia totum ad terram vergit. Rebus ergo ad ima tendentibus in imo ponitur fundamentum : Ecclesia vero Dei imo posita tendit in cœlum. Fundamentum ergo nostrum ibi positum est, Dominus noster Jesus Christus sedens ad dexteram Patris. Si ergo intellexit Sanctitas Vestra, quia jam dedicatum est fundamentum nostrum, audiamus breviter Psalmum, et decurramus.

11. « Exaltabo te Domine, quoniam suscepisti me, nec jucundasti inimicos meos super me. » (*Ps.* XXIX, 2.) Quos inimicos? Judæos? In dedicatione fundamenti ipsam dedicationem intelligamus domus futuræ. Quod enim dicitur modo ex persona fundamenti, tunc dicetur ex persona universæ domus. Quos ergo inimicos? Judæos, an potius diabolum et angelos ejus, qui confusi discesserunt, postquam Dominus resurrexit? Præpositus mortis doluit victam

mort. « Et vous n'avez pas donné lieu à mes ennemis de se réjouir à mon sujet : » parce qu'ils n'ont pu me retenir dans les enfers.

12. « Seigneur mon Dieu, j'ai crié vers vous et vous m'avez guéri. » (*Ibid.*, 3.) Le Seigneur a prié sur la montagne avant sa passion, Dieu l'a guéri. (*Matth.*, XXVI, 59.) Qui Dieu a-t-il guéri? Celui qui n'a jamais été malade, le Verbe Dieu, le Verbe divin? Non : mais celui qui venait vous guérir de votre blessure portait votre chair mortelle, il portait votre blessure. Or, la chair a été guérie. Mais à quel moment? Quand il est ressuscité. Ecoutez l'Apôtre, et vous verrez qu'elle a été véritablement guérie. « La mort, dit-il, a été absorbée dans son triomphe. O mort, où est ton aiguillon? O mort, où est ta victoire? » (I *Cor.*, XV, 54.) C'est donc nous qui chanterons ainsi plus tard les grandeurs de Dieu; aujourd'hui c'est le Christ qui les chante.

13. « Seigneur, vous avez ramené mon âme des enfers. » (*Ps.* XXIX, 4.) Ces paroles n'ont pas besoin d'explication. « Vous m'avez retiré sain et sauf du milieu de ceux qui descendent dans la fosse. » (*Ibid.*) Quels sont ceux qui descendent dans la fosse? Tous les pécheurs qui s'enfoncent dans l'abîme. La fosse signifie en effet l'abîme du siècle. Quel est cet abîme du siècle? L'abondance de la luxure et de la malice. Ceux donc qui se plongent dans les plaisirs criminels et dans les convoitises terrestres descendent dans la fosse. Tels étaient ceux qui ont persécuté le Christ. Mais que dit-il? « Vous m'avez retiré sain et sauf du milieu de ceux qui descendent dans la fosse. »

14. « Chantez des cantiques au Seigneur, vous qui êtes ses saints. » (*Ibid.*, 5.) Parce que votre tête est ressuscitée, espérez, vous qui êtes les autres membres du corps, ce que vous voyez accompli en votre tête; espérez, ô membres, ce que vous croyez de votre tête. C'est un proverbe ancien et véridique : où est la tête, là sont aussi les membres. Le Christ est monté au ciel, nous l'y suivrons. Il n'est point resté aux enfers, il est ressuscité et désormais il ne peut mourir; nous aussi nous ressusciterons et dès lors nous serons immortels. Vous donc à qui sont faites ces promesses, « Saints du Seigneur, chantez des cantiques à votre Dieu, et glorifiez-le, parce qu'il s'est souvenu de la sainteté qu'il vous a donnée. » Que signifient ces mots : « Glorifiez-le, parce qu'il s'est souvenu? » C'est que vous l'aviez oublié, mais que lui ne vous a point oubliés.

15. « Parce que, dans son indignation, il vous a fait sentir sa colère, et que votre vie a été l'œuvre de sa volonté. » (*Ibid.*, 6.) Dans son indignation, il a fait sentir sa colère au pécheur. « Le jour où vous mangerez de ce fruit, a-t-il dit, vous mourrez de mort. » (*Gen.*, II, 17.) Ils ont touché à ce fruit, ils sont morts, ils ont été chassés du paradis, « parce que, dans son indignation, il leur a fait sentir sa colère. » Mais il

ne les a point laissés sans espérance, «parce que notre vie a été l'œuvre de sa volonté.» Que veulent dire ces mots : « L'œuvre de sa volonté? » C'est que nous n'avons point obtenu la vie par nos forces, ni par nos mérites; Dieu nous a sauvés, parce qu'il l'a voulu, et non parce que nous étions dignes du salut. En effet, de quoi le pécheur est-il digne, si ce n'est du supplice? La vie est un don de Dieu. Et s'il a donné la vie à des hommes qui étaient impies, que réserve-t-il à leur fidélité?

16. « Les larmes dureront tout le soir. » (*Ps.* XXIX, 6.) Ne craignez pas, si, après nous avoir dit : chantez des cantiques, maintenant il fait entendre un gémissement. La joie ne s'exprime-t-elle point par des chants, et les gémissements ne conviennent-ils point à la prière? Gémissez sur le présent, chantez en vue de l'avenir. Priez à cause de ce que vous éprouvez, chantez à cause de ce que vous espérez. « Les larmes dureront tout le soir. » Que signifient ces mots : « Les larmes dureront tout le soir? » Le soir se fait, quand le soleil se couche. Le soleil, c'est-à-dire la lumière de justice, la présence de Dieu, s'est couché pour l'homme. Aussi lorsqu'Adam est expulsé du paradis, que dit la Genèse? Elle dit que Dieu se promenait dans le paradis, et qu'il se promenait ainsi à l'heure du soir. (*Gen.*, III, 8.) Déjà l'homme pécheur s'était caché dans le bois, il ne voulait plus voir la face de Dieu qu'il avait coutume de contempler avec joie. Le soleil de justice s'était couché pour lui, Adam ne se réjouissait plus de la présence de Dieu. C'est là le début de toute cette vie sujette à la mort. « Les larmes dureront tout le soir. » O genre humain, tu seras longtemps dans les larmes. Tu nais d'Adam et tu partages son sort. Et nous aussi nous sommes venus d'Adam ; et tous les enfants qui sont nés ou qui naîtront de ses fils viennent d'Adam, parce qu'eux-mêmes ont Adam pour père. « Les larmes dureront tout le soir, et avec le matin viendra l'allégresse; » c'est-à-dire quand aura commencé à se lever pour les fidèles la lumière qui s'est couchée pour les pécheurs. Voilà pourquoi Notre-Seigneur Jésus-Christ est sorti le matin de son tombeau (*Matth.*, XXVIII, 1), afin de promettre à la maison entière ce qu'il accomplissait pour le fondement de l'édifice. Pour Notre-Seigneur, le soir fut le moment de sa sépulture, et le matin le moment de sa résurrection, au troisième jour; pour vous, vous avez été enseveli le soir dans le paradis, et vous êtes ressuscité le troisième jour. Comment cela, le troisième jour? Si vous examinez la suite des âges, le premier jour s'est écoulé avant la loi, le second sous la loi, le troisième commence avec le règne de la grâce. Ce que votre tête a fait voir pendant les trois jours dont nous parlons paraît également en vous dans les trois jours que donne la suite des âges. A quel moment? L'espérance et la joie sont pour le matin ; la souffrance et les gémissements pour le moment présent.

---

quia « ira in indignatione ejus : » sed non sine spe, quia « vita in voluntate ejus. » Quid est, « in voluntate ejus? » Non in viribus nostris, non in meritis nostris : sed quia voluit, salvos nos fecit ; non quia digni eramus. Quo est enim peccator dignus, nisi supplicio? Vitam dedit. Et si impiis vitam donavit, quid servat fidelibus?

16. « Vespere demorabitur fletus. » (*Ps.* XXIX, 6.) Nolite timere, quia dixerat nobis : Psallite ; et hic gemitus est : in psallendo exsultatio, in orando gemitus? Geme de præsentibus, psalle de futuris : ora de re, psalle de spe : « Vespere demorabitur fletus. » Quid est : « Vespere demorabitur fletus? » Vespera fit, quando sol occidit. Occidit sol ab homine, id est, lux illa justitiæ, præsentia Dei. Ideo quando expulsus est Adam, quid dictum est in Genesi? (*Gen.*, III, 8.) Cum deambularet Deus in paradiso : ad vesperam deambulabat Deus. Jam ille peccator texerat se intra lignum, nolebat videre faciem Dei, ad quam gaudere consueverat. Occiderat illi sol justitiæ, non gaudebat ad præsentiam Dei. Inde inchoata est omnis vita ista mortalis. « Vespere demorabitur fletus. » Diu eris in fletu, o genus humanum : nasceris enim de Adam, et sic est factum ; et nos ex Adam sumus, et quotquot crearunt filios, et creaturi sunt, ex Adam sunt, ex quo et ipsi creati sunt. « Vespere demorabitur fletus : et in matutinum exsultatio. » Quando cœperit oriri fidelibus lux, quæ occiderat peccatoribus. Nam ideo et Dominus Jesus Christus in matutino resurrexit de sepulcro, ut quod dedicavit in fundamento, hoc promitteret domui. (*Matth.*, XXVIII, 1.) In Domino nostro vespera fuit, qua sepultus est ; et matutinum, quo resurrexit, tertio die : sepultus es et tu vespere in paradiso, et resurrexisti tertio die. Quomodo tertio die? Si sæculum cogites, unus dies est ante Legem, secundus sub Lege, tertius sub gratia. Quod triduo illo ostendit caput tuum, hoc triduo sæculi ostenditur in te. Quando? In matutino sperandum est, lætandum est; sed perferendum est modo, et gemendum.

17. « Mais j'ai dit dans mon abondance : je ne serai jamais ébranlé. » (*Ps.* XXIX, 7.) Et quelle est cette abondance qui fait dire à l'homme : « Je ne serai jamais ébranlé? » Nous parlons ici, mes frères, de l'homme petit et faible. Or, qui possède ici-bas l'abondance? Personne. Quelles sont les choses que l'homme possède en abondance? La souffrance, le malheur. — Mais les riches ont tout en abondance. — Ils sont d'autant plus indigents qu'ils possèdent davantage; leur cœur est ravagé par les désirs, consumé par les convoitises, torturé par les craintes, desséché par la tristesse : où est donc leur abondance? Cette abondance existait, quand l'homme était en possession du paradis, quand rien ne lui manquait, quand il jouissait de Dieu; mais il a dit alors : « Je ne serai jamais ébranlé. » Comment a-t-il dit ces paroles : « Je ne serai jamais ébranlé? » Quand il a consenti à écouter cette insinuation : goûtez de ce fruit, et vous serez comme des Dieux; alors que Dieu avait dit : Le jour où vous aurez mangé de ce fruit, vous mourrez de mort; et que le démon répondait : Vous ne mourrez pas de mort. (*Gen.*, III, 4, 5.) C'est en donnant foi à de tels conseils qu'il a dit : « Je ne serai jamais ébranlé. »

18. Mais comme la parole du Seigneur était vraie, qu'il devait ôter à l'homme orgueilleux ce qu'il avait donné, en le créant, à l'homme soumis et humble, le Prophète continue et dit :

« Seigneur, c'est par votre seule volonté que vous avez affermi ma beauté; » (*Ps.* XXIX, 8) c'est-à-dire ce n'est point par moi-même que j'étais beau et fort, ma beauté et ma force venaient uniquement de vous. Vous aviez affermi ma beauté, par un effet de cette même volonté par laquelle vous m'aviez créé. Et, pour me prouver que je ne devais qu'à vous ma beauté et ma force, « vous avez détourné de moi votre visage, et je suis tombé dans le trouble. » (*Ibid.*) Dieu a donc détourné son visage de celui qu'il a chassé du paradis. (*Gen.*, III, 23.) Dans cet état, que l'homme pousse des cris et dise : « Je crierai vers vous, Seigneur, et ma prière s'élèvera vers mon Dieu. » (*Ps.* XXIX, 9.) Dans le paradis, tu ne poussais pas de cris, mais tu louais le Seigneur; tu ne gémissais pas, mais tu jouissais; banni du paradis, gémis et pousse des cris. Celui qui a délaissé le superbe s'approche de l'affligé. « Car Dieu résiste aux superbes et donne sa grâce aux humbles. » (*Jac.*, IV, 6; I *Pier.*, V, 5.) « Je crierai vers vous, Seigneur, et ma prière s'élèvera vers mon Dieu. »

19. Ce qui suit se rapporte à la personne de Jésus-Christ, notre fondement. « De quoi servira mon sang, si je descends dans la pourriture du tombeau? » (*Ps.* XXIX, 10.) Quel est l'objet de sa prière? sa résurrection. En effet, dit-il, si je descends dans la pourriture du tombeau, si ma chair se corrompt pour ne ressusciter

---

17. « Ego autem dixi in mea abundantia : Non movebor in æternum. » (*Psal.* XXIX, 7.) In qua abundantia dixit homo : « Non movebor in æternum? » Intelligimus Fratres personam humilis hominis. Quis hic habet abundantiam? Nemo. Abundantia hominis quæ est? Ærumna, calamitas. Sed divites habent abundantiam? Plus egent quanto plus habent : desideriis vastantur, cupiditatibus dissipantur, timoribus cruciantur, tristitia contabescunt : quæ illis abundantia? Abundantia erat, quando constitutus est homo in paradiso, quando nihil deerat illi, quando Deo fruebatur; sed dixit : « Non movebor in æternum. » Quomodo dixit : « Non movebor in æternum? » Quando libenter audivit : « Gustate, et eritis tanquam dii; » (*Gen.*, III, 4, 5) cum Deus diceret : Qua die ederitis, morte moriemini; et diabolus : Non morte moriemini. Credens ergo illi talia suadenti dixit : « Non movebor in æternum. »

18. Sed quia verum dixerat Dominus, quod ablaturus esset superbo, quod dederat humili, quando eum creavit (*Ibid.*, 8); sequitur, et dicit : « Domine in voluntate tua præstitisti decori meo virtutem : » id est, quia non ex me bonus eram et fortis, sed ex te eram et pulcher et fortis; decori meo virtutem præstiteras, ex voluntate tua, qua me feceras. Et ut ostenderes mihi, quia ex voluntate tua hoc eram : « Avertisti faciem tuam a me, et factus sum conturbatus. » Avertit ergo faciem ab illo, quem emisit foras de paradiso. (*Gen.*, III, 23.) Jam hic positus, clamet, et dicat : « Ad te Domine clamabo, et ad Deum meum deprecabor. » (*Psal.* XXIX, 9.) In paradiso non clamabas, sed laudabas; non gemebas, sed fruebaris : foris positus geme, et clama. Propinquat tribulanti, qui deseruit superbientem. « Deus enim superbis resistit, humilibus autem dat gratiam. » (*Jac.*, IV, 6; I *Pet.*, V, 5.) « Ad te Domine clamabo, et ad Deum meum deprecabor. »

19. Jam ex persona Domini hoc sequitur, ipsius fundamenti nostri : « Quæ utilitas in sanguine meo, dum descendo in corruptionem? » (*Psal.* XXIX, 10.) Quid ergo orat? Ut resurgat. Si enim descendero, inquit, in corruptionem, si sic fuerit corrupta caro

qu'avec celle des autres hommes, à la fin des siècles, de quoi sert-il que j'aie répandu mon sang? Si je ne ressuscite pas maintenant, je n'évangéliserai personne, je ne gagnerai personne; afin donc que j'annonce à d'autres vos merveilles, vos louanges, la vie éternelle, je demande que ma chair ressuscite et ne descende point dans la corruption. Car si elle a le sort de toute chair humaine, de quoi servira-t-il que j'aie répandu mon sang? « La poussière pourra-t-elle confesser votre nom, ou publier votre vérité? » Il y a deux sortes de confessions; l'une des péchés du coupable, l'autre des louanges de Dieu. Lorsque nous souffrons, confessons nos péchés dans les tribulations; lorsque nous sommes heureux, confessons la gloire de Dieu dans la joie de notre innocence; mais ne soyons jamais sans l'une ou l'autre de ces deux confessions.

20. « Le Seigneur m'a entendu et il a eu pitié de moi. » (*Ibid.*, 11.) De quelle manière? Rappelez-vous la dédicace de la maison. Il m'a entendu et il a eu pitié de moi. « Le Seigneur s'est fait mon protecteur. »

21. Ecoutez maintenant ce que dit le Prophète de la résurrection du Christ. « Vous avez changé mes gémissements en accents joyeux; vous avez déchiré mon sac, et vous m'avez revêtu d'allégresse. » (*Ibid.*, 12.) Quel est ce sac? La nature mortelle. Un sac se fait avec les dépouilles des chèvres et des boucs. Or, les chèvres et les boucs sont les emblèmes des pécheurs. (*Matth.*, XXV, 32.) Le Seigneur, en se faisant l'un de nous, n'a pris que le sac, et non ce que mérite le sac. Or, la cause de ce que mérite le sac, c'est le péché; le sac lui-même c'est notre mortalité. Il a pris, pous nous, notre mortalité, lui qui n'avait rien fait pour mériter la mort. En effet, celui-là mérite la mort, qui commet le péché; mais celui qui n'a point péché ne mérite pas ce que mérite le sac. Dans un autre psaume, c'est encore lui qui dit : « Mais tandis qu'ils m'attaquaient, je me couvrais du cilice. » (*Ps.* XXXIV, 13.) Que veut dire : je me couvrais du cilice? Je présentais à mes persécuteurs ce que je tiens du cilice. Afin que ses persécuteurs ne vissent en lui qu'un homme ordinaire, il s'est voilé à leurs yeux; parce que ses persécuteurs n'étaient point dignes de voir celui que cachait le cilice. Il dit donc : « Vous avez déchiré mon sac et vous m'avez revêtu d'allégresse. »

22. « Afin que ma gloire célèbre votre nom, et que je ne sois plus transpercé. » (*Ps.* XXIX, 13.) Ce qui appartient à la tête appartient aussi au corps. Que veut dire : « Que je ne sois plus transpercé? » Que je ne meure plus. Il a été en effet transpercé, lorsque, suspendu à la croix, il a été frappé d'un coup de lance. (*Jean*, XIX, 34.) Notre tête dit donc : « Que je ne sois plus transpercé, » que je ne meure plus. Et nous que disons-nous en vue de la dédicace de la maison?

Que notre conscience ne soit plus transpercée par les aiguillons du péché. Car toutes nos fautes seront pardonnées et nous serons libres. « Afin, dit-il, que ma gloire célèbre votre nom, » ma gloire et non mon humilité. S'il s'agit de notre gloire, il s'agit aussi de la gloire du Christ ; parce que nous sommes le corps du Christ. Pourquoi? Parce que le Christ, bien qu'il soit assis dans le ciel, dira à quelques-uns : « J'ai eu faim, et vous m'avez donné à manger. » (*Matth.*, xxv, 35.) Il est donc au ciel et ici : au ciel, en lui-même ; ici, en nous. Que dit-il donc? « Afin que ma gloire célèbre votre nom et que je ne sois plus transpercé. » Mon humilité gémit devant vous, ma gloire vous célébrera. Puis, il finit ainsi : « Seigneur mon Dieu, je vous confesserai éternellement. » Que signifie : « Je vous confesserai éternellement? » Je vous louerai éternellement, car nous avons dit qu'il y avait une confession de louange, comme il y a une confession des péchés. Confessez donc maintenant ce que vous avez fait contre Dieu, et plus tard vous confesserez ce que Dieu aura fait pour vous. Qu'avez-vous fait? Vous avez péché. Et Dieu, qu'a-t-il fait? Parce que vous confessez votre iniquité, il vous remet vos péchés ; afin qu'ensuite, le confessant éternellement par vos louanges, vous ne soyez plus transpercés par les aiguillons du péché.

Ier DISCOURS SUR LE PSAUME XXX*.

Pour la fin : Psaume de David pour lui-même, extase. (Ps. xxx, 1.)

1. Pour la fin, psaume de David adressé à lui-même, c'est-à-dire, à notre puissant médiateur, dans les persécutions qu'il a souffertes. Car le mot d'extase, ajouté au titre, exprime le violent état d'un esprit hors de lui, état que peut occasionner la crainte ou quelque révélation. Mais, dans ce psaume, ce qui paraît surtout, c'est la crainte que causent au peuple de Dieu la persécution de toutes les nations et l'abandon de la foi dans l'univers. Le médiateur lui-même parle le premier, puis le peuple racheté par son sang lui rend des actions de grâce ; enfin ce peuple exprime longuement son trouble, et c'est là ce qui appartient à l'extase. Deux fois le Prophète intervient dans le psaume, vers la fin et à la fin même.

2. « Seigneur, j'ai mis en vous mon espoir, que jamais je ne sois confondu. » (*Ibid.*, 2.) Seigneur, j'ai mis en vous mon espoir, que jamais je ne sois confondu, tandis que je serai insulté, comme si je n'étais qu'un homme semblable aux autres hommes. « Dans votre justice, tirez-moi de l'abîme et délivrez-moi. » Dans votre justice, tirez-moi de la fosse de la mort et délivrez-moi de mes nombreux ennemis.

---

nostrum dicit : « Non compungar, » jam non moriar. Nos autem quid dicimus propter dedicationem domus? Non nos compungat conscientia stimulis peccatorum. Dimittentur enim omnia, et tunc liberi erimus. « Ut cantet tibi, inquit, gloria mea, » non humilitas. Si nostra, et Christi : quia corpus Christi nos. Quare? Quia quamvis Christus sedeat in cœlo, dicturus est quibusdam : « Esurivi, et dedistis mihi manducare. » (*Matth.*, xxv, 35.) Et ibi est, et hic : ibi in se, hic in nobis. Quid ergo ait? « Ut cantet tibi gloria mea, et non compungar. » Gemit tibi humilitas mea, cantabit tibi gloria mea. Jam in fine : « Domine Deus meus, in æternum confitebor tibi. » Quid est, « in æternum confitebor tibi? » In æternum laudabo te, quia diximus esse confessionem et in laudibus, non tantum in peccatis. Confitere ergo modo quod tu fecisti in Deum, et confiteberis quid tibi fecerit Deus. Quid fecisti? Peccata. Quid Deus? Confitendi iniquitatem tuam dimittit tibi peccata tua, ut ei postea laudes ipsius confitens in æternum, non compungaris peccato.

IN PSALMUM XXX ENARRATIO I.

In finem : Psalmus ipsi David ecstasis. (Psal. XXX, 1.)

1. In finem Psalmus ipsi David, mediatori manu forti in persecutionibus. Nam et ecstasis, quæ addita est titulo, excessum mentis significat, quæ fit vel pavore, vel aliqua revelatione. Sed in hoc Psalmo pavor maxime apparet perturbati populi Dei persecutione omnium gentium, et (a) defectu per orbem fidei. Sed prior loquitur ipse mediator : deinde redemptus sanguine ipsius populus gratias agit : ad extremum perturbatus diu loquitur, quod ad ecstasim pertinet : Prophetæ vero ipsius persona bis interponitur, prope finem, et in fine.

2. « In te Domine speravi, non confundar in æternum. » (*Psal.* xxx, 2.) In te Domine speravi, nunquam confundar, dum tanquam homini simili cæteris insultabitur. « In justitia tua erue me, et exime me. » Et in tua justitia erue me de fovea mortis, et exime me de numero eorum.

(a) Sic Mss. At editi, *et defectus.*

3. « Inclinez votre oreille vers moi. » (*Ibid.*, 3.) Afin de m'entendre dans ma bassesse, approchez-vous de moi. « Hâtez-vous de me délivrer. » N'attendez pas à la fin des siècles, comme vous le ferez à l'égard de ceux qui croient en moi, pour me séparer des pécheurs. « Soyez pour moi comme un Dieu protecteur. » Soyez pour moi un Dieu protecteur. « Et comme une maison de refuge, afin que vous me sauviez. » Soyez pour moi comme une maison où je puisse me réfugier et trouver mon salut.

4. « Parce que vous êtes ma force et mon refuge. » (*Ibid.*, 4.) Parce que vous êtes ma force, afin que je puisse supporter mes persécuteurs; et mon refuge, afin que je puisse m'éloigner d'eux. « Et, à cause de votre nom, vous serez mon chef et vous me nourrirez. » Et, afin que par mes soins vous soyez connu de toutes les nations, je suivrai en toutes choses votre volonté, et en m'adjoignant peu à peu ceux qui seront mes saints, vous donnerez à mon corps son accroissement et sa mesure parfaite.

5. « Vous me tirerez du piége que mes ennemis m'ont tendu en secret. » (*Ibid.*) Vous me tirerez des embûches qui m'ont été tendues en secret. « Parce que vous êtes mon protecteur. »

6. « Je remets mon esprit entre vos mains. » (*Ibid.*, 6.) Je remets à votre toute-puissance la vie que je vais bientôt reprendre. « Vous m'avez racheté, Seigneur, Dieu de vérité. » Que le peuple racheté par la passion de son Seigneur, et réjoui par la glorification de son chef, s'écrie aussi : « Vous m'avez racheté, Seigneur, Dieu de vérité. »

7. « Vous haïssez ceux qui s'attachent inutilement à des choses vaines. » (*Ibid.*, 7.) Vous haïssez ceux qui s'attachent à la fausse félicité du siècle. « Pour moi, j'ai uniquement espéré dans le Seigneur. »

8. « Je me réjouirai et serai ravi de joie dans votre miséricorde. » (*Ibid.*, 8) qui ne me trompe point. « Parce que vous avez regardé mon état d'humiliation : » état dans lequel vous m'aviez laissé en proie à la vanité, avec l'espérance d'en sortir. « Vous avez sauvé mon âme des nécessités où elle était réduite. » Vous avez sauvé mon âme des entraves de la crainte, afin que mise en liberté elle vous servît avec amour.

9. « Et vous ne m'avez pas mis en esclavage entre les mains de l'ennemi. » (*Ibid.*, 9.) Vous ne m'avez pas rendu esclave, au point que toute espérance me fût fermée de respirer jamais en liberté, et que je fusse pour toujours soumis à la puissance du démon, qui enlace ses victimes dans les convoitises de cette vie et leur fait redouter la mort. « Vous avez mis mes pieds dans un lieu spacieux. » La résurrection du Seigneur m'étant connue et la mienne m'étant promise,

---

3. « Inclina ad me aurem tuam. » (*Ibid.*, 3.) Humilem me exaudi, proximus mihi. « Accelera ut eximas me. » Ne differas in finem sæculi, sicut omnium credentium mihi, segregationem meam a peccatoribus. « Esto mihi in Deum protectorem. » Protector Deus mihi esto. « Et in domum refugii, ut salvum me facias. » Et tanquam domus, quo refugiens salvus fiam.

4. « Quia fortitudo mea et refugium meum es tu. » (*Ibid.*, 4.) Quia fortitudo mea ad tolerandos persecutores meos, et refugium meum ad relinquendos tu mihi es. « Et propter nomen tuum dux mihi eris, et enutries me. » Et ut per me innotescas omnibus gentibus, per omnia sequar voluntatem tuam, et paulatim mihi aggregatis sanctis adimplebis corpus meum, et perfectam staturam meam.

5. « Educes me de muscipula ista, quam occultaverunt mihi. » (*Ibid.*, 5.) Educes me de insidiis istis, quas occultaverunt mihi. « Quoniam tu es protector meus. »

6. « In manus tuas commendo spiritum meum. » (*Ibid.*, 6.) Potestati tuæ commendo spiritum meum, cito recepturus. « Redemisti me Domine Deus veritatis. » Dicat et populus redemptus passione Domini sui, et lætus clarificatione capitis sui : « Redemisti me Domine Deus veritatis. »

7. « Odisti observantes vanitatem supervacue. » (*Ibid.*, 7.) Odisti (*a*) observantes falsam beatitudinem sæculi. « Ego autem in Domino speravi. »

8. « Exsultabo, et jucundabor in tua misericordia : » (*Ibid.*, 8) quæ me non fallit. « Quia respexisti humilitatem meam : » qua me vanitati in spe subjecisti. « Salvam fecisti de necessitatibus animam meam. » Salvam fecisti de necessitatibus timoris animam meam, ut tibi caritate libera serviat.

9. « Nec conclusisti me in manus inimici. » (*Ibid.*, 9.) Nec conclusisti me, ut non haberem aditum respirandi in libertatem, et darer in sempiternam potestatem diaboli, cupiditate hujus vitæ illaqueantis, et morte terrentis. « Statuisti in loco spatioso pedes meos. » Resurrectione cognita Domini mei et mea promissa mihi, spatiatur permanens in latitudinem

---

(*a*) In pluribus Mss. *Odisti sperantes falsam*, etc.

mon amour, délivré des angoisses de la mort, s'élance et se déploie dans les espaces d'une liberté durable.

10. « Ayez pitié de moi, Seigneur, parce que je suis dans la tribulation. » (*Ibid.*, 10.) Mais quelle est cette rage imprévue des persécuteurs, qui me frappe d'une terreur horrible? « Ayez pitié de moi, Seigneur. » Ce n'est plus la mort que je crains, mais les supplices et les tortures. « Mon œil est troublé à la vue de votre colère. » J'avais l'œil dirigé vers vous, afin de n'être pas abandonné de vous; la vue de votre colère l'a troublé, « ainsi que mon âme et mes entrailles. » Cette même colère a troublé mon âme et ma mémoire, où je gardais le souvenir des souffrances que mon Dieu a supportées pour moi et des promesses qu'il m'a faites.

11. « Parce que la douleur consume ma vie. » (*Ibid.*, 11.) Ma vie est de confesser votre nom, mais elle a failli m'abandonner à force de douleurs, quand mon ennemi eut dit : qu'ils soient torturés, jusqu'à ce qu'ils renient leur Dieu. « Et que mes années se passent dans les gémissements. » Les années que je passe en cette vie ne me sont point enlevées par la mort; mais, si je les conserve, elles s'écoulent dans les gémissements. « Ma force s'est affaiblie dans l'indigence. » Je demande la santé de ce corps, et les souffrances ne me sont point épargnées; je demande la dissolution de ce corps, et la mort m'est épargnée. Dans ce manque de tout ce que je demande, je sens ma confiance s'affaiblir. « Et le trouble a pénétré jusque dans mes os. » Et maintenant ma force est troublée.

12. « L'opprobre dont je suis couvert surpasse celui de mes ennemis. » Mes ennemis sont tous les méchants, et cependant on ne les torture pour leurs crimes que jusqu'au moment où ils en font l'aveu; mon opprobre est donc plus grand encore, puisque la mort ne suit pas mes aveux, mais bien un nouveau supplice. « Il a paru excessif à ceux qui étaient près de moi. » Il a paru excessif à ceux qui m'approchaient dans le dessein de vous connaître et de garder la foi que je garde. « Il est devenu la terreur de mes amis. » La vue de mes horribles souffrances a frappé mes amis de terreur. « Ceux qui me voyaient s'enfuyaient loin de moi. » Parce qu'ils ne connaissaient pas l'espérance intérieure et invisible qui me soutenait, ils ont fui loin de moi à cause de mes souffrances extérieures et visibles.

13. « Je suis oublié d'eux et effacé de leur cœur, comme si j'étais mort. » (*Ibid.*, 13.) Ils m'ont oublié, comme si j'étais mort dans leur cœur. « Je suis devenu semblable à un instrument hors d'usage. » Et j'ai cru moi-même ne pouvoir plus rien pour le service du Seigneur pendant ma vie en ce monde, incapable que j'étais de lui gagner une âme, parce que tous redoutaient de s'associer à mon sort.

---

libertatis ab angustiis timoris educta caritas mea.
10. « Miserere mei Domine, quoniam tribulor. » (*Ibid.*, 10.) Sed quæ est ista insperata persequentium crudelitas, magnum mihi pavorem incutiens? « Miserere mei Domine. » Non enim de morte jam terreor, sed de cruciatibus atque tormentis. « Conturbatus est in ira oculus meus. » Habebam oculum in te, quo non me desereres; iratus es, et conturbasti eum. « Anima mea et venter meus. » In eadem ira conturbata est anima mea, et memoria qua tenebam quid pro me pertulerit, et quid mihi promiseris Deus meus.
11. « Quoniam defecit in dolore vita mea. » (*Ibid.*, 11.) Quoniam vita mea confiteri te, sed defecit in dolore, cum dixisset inimicus : Torqueantur donec negent. « Et anni mei in gemitibus. » Tempora quæ ago in hoc sæculo, non mihi morte auferuntur, sed manent, atque in gemitibus sunt. « Infirmatus est in egestate vigor meus. » Ego sanitate hujus corporis, nec parcitur cruciatibus : ego resolutione corporis, et parcitur morti : et in hac egestate infirmata est fiducia mea. Et ossa mea conturbata sunt. » Et firmitas mea conturbata est.
12. « Super omnes inimicos meos factus sum opprobrium. » (*Ibid.*, 12.) Inimici mei sunt omnes iniqui; et tamen pro sceleribus suis usque ad confessionem torquentur : superavi ergo opprobrium eorum, cujus confessionem non mors sequitur, sed cruciatus insequitur. « Et vicinis meis nimium. » Nimium hoc visum est eis, qui jam propinquabant cognoscere te et tenere fidem quam teneo. « Et timor notis meis. » Et ipsis notis meis exemplo horribilis tribulationis meæ timorem incussi. « Qui videbant me, foras fugiebant a me. » Quoniam non intelligebant interiorem et invisibilem spem meam, in exteriora et visibilia fugerunt a me.
13. « Oblitus sum, tanquam mortuus a corde. » (*Ibid.*, 13.) Et obliti sunt me, tanquam mortuus sim a corde ipsorum. « Factus sum tanquam vas perditum. » Visus sum mihi periisse usibus Domini, vivens in hoc sæculo, et neminem lucrifaciens, cum omnes timerent aggregari mihi.

14. « Car j'ai entendu les paroles injurieuses de beaucoup de ceux qui habitent près de moi dans cette vie de passage. » (*Ibid.*, 14.) Car j'ai entendu les paroles injurieuses de beaucoup de ceux qui voyagent près de moi dans le pèlerinage de cette vie, qui s'abandonnent au cours du temps et qui refusent de revenir avec moi dans la patrie éternelle. « Tandis qu'ils s'unissaient entre eux contre moi, et qu'ils tenaient conseil pour s'emparer de mon âme; » c'est-à-dire : pour que mon âme acquiesçât à leurs désirs, car la mort pouvait m'arracher facilement à eux, et ils ont tenu conseil pour m'empêcher de mourir.

15. « Mais moi, Seigneur, j'ai mis en vous mon espoir, et j'ai dit : Vous êtes mon Dieu. » (*Ibid.*, 15.) Car vous êtes toujours le même, et vous qui corrigez, vous donnez aussi le salut.

16. « Mon sort est dans vos mains. » (*Ibid.*, 16.) Mon sort est en votre pouvoir. En effet je ne vois en moi rien qui ait mérité qu'au milieu de l'impiété du genre humain vous m'ayez choisi préférablement à d'autres pour me sauver. Et si vous avez quelque motif juste et secret de m'avoir choisi, moi qui ne le connais pas, je puis dire seulement que je suis assez heureux pour que la robe du Seigneur me soit échue en partage. (*Jean*, XIX, 24.) « Arrachez-moi des mains de mes ennemis et de mes persécuteurs. »

17. « Répandez la lumière de votre visage sur votre serviteur. » (*Ps.* XXX, 17.) Faites connaître aux hommes qui ne croient pas que je sois à vous, que vos yeux sont fixés sur moi et que je suis votre serviteur. « Sauvez-moi dans votre miséricorde. »

18. « Seigneur, que je ne sois pas confondu pour vous avoir invoqué. » (*Ibid.*, 18.) Seigneur, que je ne rougisse pas des injures qui me sont adressées, parce que je vous ai invoqué. « Que les impies rougissent et soient précipités dans l'enfer. » Que ceux-là rougissent plutôt qui invoquent les pierres, et qu'ils soient rejetés dans les ténèbres.

19. « Que les lèvres trompeuses deviennent muettes. » (*Ibid.*, 19.) Pour faire connaître aux peuples que je suis le dépositaire de votre vérité, frappez de stupeur les lèvres qui profèrent sur moi la calomnie et le mensonge. « Les lèvres qui tiennent contre le juste, avec orgueil et mépris, le langage de l'iniquité, » qui tiennent contre le Christ le langage de l'iniquité, s'enorgueillissant et le méprisant comme s'il n'était qu'un homme crucifié.

20. « Seigneur, combien est grande l'abondance de votre douceur. » (*Ibid.*, 20.) Ici, c'est une exclamation du Prophète, qui contemple toutes ces choses, et qui admire de combien de manières votre douceur est abondante, ô mon Dieu! « Douceur que vous cachez à ceux qui vous craignent. » Vous aimez avec tendresse

---

14. « Quoniam audivi vituperationem multorum accolentium in circuitu. » (*Ibid.*, 14.) Quoniam audivi vituperantes me multos in peregrinatione hujus terræ juxta me, sequentes circuitum temporum, et mecum in patriam æternam redire recusantes. « Dum congregarentur ipsi simul adversum me, ut acciperent animam meam consiliati sunt. » Ut consentiret eis anima mea, quæ morte posset de potestate illorum facile exire, excogitaverunt consilium, quo nec mori me sinerent.

15. « Ego autem in te speravi Domine, dixi : Tu es Deus meus. » (*Ibid.*, 15.) Non enim mutatus es, ut non salvum facias qui emendas.

16. « In manibus tuis sortes meæ. » (*Ibid.*, 16.) In potestate tua sunt sortes meæ. Non enim ullum video meritum, quo de universa impietate generis humani me potissimum elegisti ad salutem. Et si est apud te justus et occultus ordo electionis meæ, ego tamen quem hoc latet, ad tunicam Domini mei sorte perveni. (*Joan.*, XIX, 24.) « Erue me de manibus inimicorum meorum, et a persequentibus me. »

17. « Illustra faciem tuam super servum tuum. » (*Psal.* XXX, 17.) Notum fac hominibus, qui non putant me ad te pertinere, super me esse intendentem faciem tuam, meque tibi servire. « Salvum me fac in tua misericordia. »

18. « Domine, non confundar quoniam invocavi te. » (*Ibid.*, 18.) Domine non erubescam insultantibus mihi, ex eo quod te invocavi. « Erubescant impii, et deducantur in infernum. » Erubescant potius qui lapides invocant, et umbris socientur.

19. « Muta efficiantur labia dolosa. » (*Ibid.*, 19.) Nota facies populis sacramenta in me tua, fac obstupescere labia fingentium de me falsa. « Quæ loquuntur adversus justum iniquitatem, in superbia et contemptu. » Quæ loquuntur adversus Christum iniquitatem, superbientes, et contemnentes tanquam hominem crucifixum.

20. « Quam magna multitudo dulcedinis tuæ Domine. » (*Ibid.*, 20.) Exclamat hic Propheta ista cernens, et mirans quam multis modis copiosa est dulcedo tua Domine : « Quam abscondisti timentibus

même ceux que vous corrigez; mais de peur qu'ils ne se relâchent et ne se négligent, s'ils se sentent en sécurité, vous leur cachez la douceur de votre amour, parce qu'il leur est utile de vous craindre. « Et que vous accordez tout entière à ceux qui espèrent en vous. » Mais vous accordez cette douceur dans toute son abondance à ceux qui espèrent en vous. Car vous ne leur refusez pas ce qu'ils attendent avec persévérance jusqu'à la fin. « A la vue des fils des hommes. » En effet, les fils des hommes qui vivent, non selon l'ancien Adam, mais selon le Fils de l'homme, n'ignorent pas quelle demeure éternelle vous réservez dans le secret de votre connaissance à ceux qui espèrent en vous : « Vous les cacherez dans le secret de votre visage, pour les sauver du trouble qui vient des hommes, » (*Ibid.*, 21) pour qu'ils n'aient plus à souffrir aucun trouble de la part des hommes.

21. « Vous les protégerez dans votre tabernacle contre les contradictions des langues. » (*Ibid.*) Mais en attendant ce moment, tandis qu'ici-bas des langues méchantes répètent autour d'eux : qui peut le savoir? qui en est revenu? vous les mettrez à l'abri dans le tabernacle d'une foi inébranlable à tout ce que le Seigneur a fait et souffert pour nous pendant sa vie mortelle.

22. « Béni soit le Seigneur, parce qu'il a fait éclater son admirable miséricorde dans la ville qui m'environne. » (*Ibid.*, 22.) Béni soit le Seigneur, parce qu'après le feu purifiant des plus cruelles persécutions, il a fait éclater son admirable miséricorde par tout l'univers, dans toute l'étendue de la société humaine.

23. « J'ai dit dans mon extase. » (*Ibid.*, 23.) Le peuple de Dieu, élevant de nouveau la voix, s'écrie : J'ai dit dans ma frayeur, tandis que les nations déployaient contre moi leur horrible cruauté : « Je suis rejeté de devant vos yeux. » Car si vous jetiez les yeux sur moi, vous ne me laisseriez pas souffrir ainsi. « C'est pourquoi, Seigneur, vous avez écouté ma voix suppliante, lorsque j'ai crié vers vous. » C'est pourquoi, Seigneur, mettant fin à l'épreuve, et montrant que vous preniez soin de moi, vous avez écouté ma voix suppliante, lorsque dans ma tribulation je criais vers vous de toutes mes forces.

24. « Saints du Seigneur, aimez-le tous. » (*Ibid.*, 24.) Le Prophète, à la vue de ces choses à venir, exhorte de nouveau les fidèles et leur dit : « Saints du Seigneur, aimez-le tous, parce qu'il recherchera la vérité. » Au jour dont il est dit : si le juste sera à peine sauvé, que deviendront le pécheur et l'impie? (I *Pier.*, IV, 18.) « Et il punira les superbes à proportion de leur orgueil. » Et il punira ceux qui bien que vaincus ne se convertissent pas, en raison de l'excès de leur orgueil.

---

te. » Etiam eos quos emendas, multum amas : sed ne dissoluta securitate negligentius agant, abscondis ab eis dulcedinem amoris tui, quibus utile est timere te. « Perfecisti sperantibus in te. » Perfecisti autem hanc dulcedinem sperantibus in te. Non enim subtrahis eis (*a*) quod usque in finem perseveranter expectant. « In conspectu filiorum hominum. » Non enim latet filios hominum, jam non secundum Adam, sed secundum filium hominis viventes : « Abscondes eos in abscondito vultus tui, » (*Ibid.*, 21) quam sedem perpetuam serves in abscondito notitiæ tuæ sperantibus in te. « A conturbatione hominum. » Ut jam nullam humanam conturbationem patiantur.

21. « Proteges eos in tabernaculo tuo, a contradictione linguarum. » (*Ibid.*, 21.) Sed hic interim dum eis maledicæ linguæ obstrepunt dicentes : « Quis hoc novit, aut quis inde venit? proteges eos in tabernaculo fidei earum rerum, quas Dominus pro nobis temporaliter gessit et pertulit.

22. « Benedictus Dominus, quoniam mirificavit misericordiam suam in civitate circumstantiæ. »

(*Ibid.*, 22.) Benedictus Dominus, quoniam post emendationem acerrimarum persecutionum, omnibus mirabilem fecit misericordiam suam per orbem terrarum, in circuitu societatis humanæ.

23. « Ego dixi in ecstasi mea. » (*Ibid.*, 23.) Unde ille populus iterum loquens, ait : Ego dixi in pavore meo, cum horribiliter gentes in me sævirent. « Projectus sum a facie oculorum tuorum. » Non enim si me respiceres, pati me ista sineres. « Ideo exaudisti Domine vocem orationis meæ, cum clamarem ad te. » Ideo modum ponens emendationi, et ostendens me pertinere ad curam tuam, exaudisti Domine vocem orationis meæ, cum eam ex tribulatione nimis intenderem.

24. « Diligite Dominum omnes sancti ejus. » (*Ibid.*, 24.) Hortatur iterum Propheta ista cernens, et dicit : « Diligite Dominum omnes sancti ejus : quoniam veritatem requiret Dominus. » Quando si justus vix salvus erit, peccator et impius ubi parebunt? (I *Pet.*, IV, 18.) « Et retribuet his qui abundanter faciunt superbiam. » Et retribuet his qui nec victi convertuntur, quia multum superbiunt.

(*a*) Aliquot Mss. *eis qui*.

25. « Agissez avec courage, et que votre cœur s'affermisse. » (*Ps.* xxx, 25.) Faites le bien sans défaillance, afin de moissonner en temps convenable. « Vous tous qui mettez votre espérance dans le Seigneur. » C'est-à-dire : vous tous qui craignez et adorez Dieu avec un cœur droit, espérez en lui.

II° DISCOURS SUR LE PSAUME XXX° [1].

1. Mettons à découvert, autant que nous le pourrons, les secrets de ce psaume que nous venons de chanter; sachons en tirer un discours, et le présenter à votre oreille et à votre intelligence. Le titre du psaume est celui-ci : « Pour la fin, psaume de David pour lui-même, extase. » (*Ps.* xxx, 1.) Nous connaissons ce que signifie « pour la fin, » du moment que nous connaissons le Christ. Car l'Apôtre nous dit : « Le Christ est la fin de la loi, pour la justification de tous ceux qui croient en lui. » (*Rom.*, x, 4.) C'est une fin qui ne détruit pas, mais qui achève. En effet, le mot fin a deux significations : il est une fin par laquelle ce qui était n'existe plus, et il est une fin par laquelle ce qui était commencé est achevé. Donc, « pour la fin » veut dire pour le Christ.

2. « Psaume de David, extase. » Le mot grec peut se rendre en latin, autant que nous le comprenons bien, par le seul mot *excessus*, sortie. L'état d'un esprit sorti de lui-même s'appelle extase. Quand l'esprit sort de lui-même, c'est le résultat de la crainte, ou d'une telle application à des choses relevées que la mémoire laisse échapper pour ainsi dire les choses vulgaires. Tous les saints, auxquels Dieu a révélé ses mystères, si élevés au-dessus de ce monde, ont connu cette extase. Saint Paul nous indique, en parlant de lui-même, ce ravissement d'esprit, cet état d'extase, quand il dit : « Si nous sommes comme emportés hors de nous, c'est pour Dieu ; si nous sommes plus retenus, c'est pour vous ; car la charité du Christ nous presse. » (II *Cor.*, v, 13.) C'est-à-dire : si nous ne voulions faire et contempler que ce que nous voyons, quand nous sommes ravis en esprit, nous ne serions pas avec vous, mais nous serions dans les régions célestes, comme si nous vous méprisions. Et si vous nous suiviez d'un pas débile dans ces régions supérieures de l'esprit, de notre côté, pressés encore par la charité du Christ, « qui étant dans la forme de Dieu n'a point regardé comme une usurpation de se faire égal à Dieu, et pourtant s'est anéanti lui-même en prenant la forme d'esclave, » (*Philip.*, II, 6) nous ferions réflexion que nous sommes seulement des serviteurs ; et,

[1] Discours sur le commencement du Psaume xxx, prononcé peu après la fête des saints Apôtres Pierre et Paul, ainsi que le prouvent quelques mots du n° 3. Saint Augustin expose comment le Christ et l'Église ne font qu'un même Christ. Éloge de la grâce de Dieu. Tentations et misères de cette vie.

(a) Tres Mss. *firmo passu*.

pour n'être point ingrats envers celui qui nous a fait ces dons élevés, nous nous abstiendrions, à cause des faibles, de mépriser les dons inférieurs; et nous saurions nous retenir pour ceux qui ne pourraient contempler avec nous les choses sublimes. Tel est le sens de ces paroles : « Si nous sommes comme emportés hors de nous, c'est pour Dieu. » Car c'est Dieu même qui voit les choses que nous voyons en extase; c'est Dieu seul qui nous révèle ses secrets. Saint Paul exprime cette pensée, quand il dit avoir été ravi et enlevé au troisième ciel, où il entendit des paroles ineffables, qu'il n'est pas permis à l'homme de rapporter. Son ravissement était si grand qu'il ajoute : « Etait-ce dans son corps ou hors de son corps que cet homme fut ravi ? Je l'ignore; Dieu le sait. » (II *Cor.*, XII, 2.) Si donc le titre du psaume indique ce ravissement d'esprit, c'est-à-dire cette extase, assurément nous devons attendre de sublimes paroles de celui qui a composé le psaume, c'est-à-dire du Prophète, ou plutôt de l'Esprit saint lui-même par le ministère du Prophète.

3. Mais s'il faut comprendre que cette extase est celle de la terreur, l'ensemble du psaume ne sera point en désaccord avec cette interprétation. Il traite en effet de la Passion, où s'est trouvée la terreur. Mais de qui cette terreur? Est-ce du Christ? Devons-nous le penser parce que le psaume est intitulé « pour la fin, » et que par la fin nous comprenons le Christ? Ou bien est-il question de nos terreurs personnelles? Pouvons-nous en effet attribuer cette crainte à Jésus, aux approches de sa Passion, puisqu'il était venu sur terre pour la souffrir? Et quand fut venu le moment pour lequel lui-même était venu, est-ce qu'il avait peur de la mort qui approchait? S'il n'eût été qu'un homme, au point de n'être pas Dieu, n'eût-il point dû se réjouir plus de sa résurrection que s'effrayer de sa mort. Mais, parce qu'il a daigné prendre la forme d'un esclave, et en cette forme se revêtir de nous, celui qui n'a point dédaigné de nous prendre en lui n'a point dédaigné de nous transformer en lui, et de parler notre langage, afin que nous pussions parler le sien. En effet, ce double et merveilleux changement s'est opéré, ce divin commerce a été achevé, cet échange de possession a été fait publiquement en ce monde par le négociateur céleste. Il est venu recevoir des affronts et donner des honneurs; il est venu épuiser la douleur et donner le salut; il est venu subir la mort et donner la vie. Au moment donc de mourir, comme il avait en lui ce qui était à nous, il a senti la peur, non point en lui, mais en nous; c'est pourquoi il a dit que son âme était triste jusqu'à la mort (*Matth.*, XXVI, 38), car nous-mêmes nous étions

---

raremus esse servos, et non ingrati ei a quo accepimus altiora, propter eos qui infirmi sunt non contemneremus inferiora, et temperaremus nos eis qui non possunt nobiscum videre sublimia? Hoc ergo ait : Sive mente excessimus Deo. Ille enim videt quod nos videmus (a) in mentis excessu, ille solus revelat secreta sua. Quippe ille hoc loquitur, qui se dicit abreptum esse et ablatum in tertium cœlum, et audivisse ineffabilia verba, quæ non licet homini loqui. Tantus autem fuit ille mentis excessus, ut diceret : « Sive in corpore, sive extra corpus, nescio, Deus scit. » (II *Cor.*, XII, 2.) Ergo si hunc excessum mentis, id est hanc ecstasim, significat titulus Psalmi hujus : magna profecto et alta quædam sperare debemus dicturum cum qui condidit Psalmum, id est Prophetam, imo vero per Prophetam Spiritum sanctum.

3. Si vero hæc ecstasis pavor intelligendus est, neque huic significationi verbi deerit hujus Psalmi contextus. Videtur enim de passione locuturus esse, in qua pavor est. Sed cujus pavor est, utrum Christi, quia dixit : « In finem, » et intelligimus finem Christum? an forte noster pavor? Numquid enim possumus pavorem bene intelligere in Christo propinquante passione, qui propter eam venerat; cum venisset ad quod venerat, numquid potius paveret moriturus? Si prorsus ita homo esset, ut Deus non esset, magis gauderet resurrecturus, quam paveret moriturus? Verumtamen quia dignatus est assumere formam servi, et in ea nos vestire se ; qui non est dedignatus assumere nos in se, non est dedignatus transfigurare nos in se, et loqui verbis nostris, ut et nos loqueremur verbis ipsius. Hæc enim mira commutatio facta est, et divina sunt peracta commercia, mutatio rerum celebrata in hoc mundo a negotiatore cœlesti. Venit accipere contumelias, dare honores; venit haurire dolorem, dare salutem; venit subire mortem, dare vitam. Moriturus ergo ex eo quod nostrum habebat, non in se, sed in nobis pavebat : quia et hoc dixit, tristem esse animam suam usque ad mortem (*Matth.*, XXVI, 38), et utique nos ipsi omnes cum illo. Nam sine illo, nos nihil : in illo

---

(a) Ita Er. cui Mss. suffragantur. At Lov. *Ille enim videt quid nos videmus, qui fieri hominem in mentis excessum concedit : ille solus*, etc.

tous alors avec lui. Sans lui, nous ne sommes rien ; en lui, il est le Christ et nous le sommes aussi. Pourquoi? parce qu'il est le Christ entier, la tête et le corps. Il est la tête et le sauveur du corps, et déjà il est monté au ciel (*Ephés.*, v, 23) ; l'Eglise est le corps, et elle combat encore sur terre. Si ce corps n'était attaché à la tête par un lien de charité, au point que tous deux ne fissent qu'un seul Christ, on n'eût point entendu cette voix du ciel disant à un persécuteur : « Saul, Saul, pourquoi me persécutes-tu? » (*Act.*, ix, 4.) Le Christ était assis déjà dans le ciel, où nul homme ne pouvait le toucher ; comment donc Saul, en sévissant sur terre contre les chrétiens, le frappait-il de quelque coup que ce fût? Le Christ ne dit pas : pourquoi persécutes-tu mes saints et mes serviteurs? il dit : « pourquoi me persécutes-tu ? » c'est-à-dire pourquoi persécutes-tu mes membres? La tête criait pour ses membres et les transfigurait en elle. C'est ainsi que la langue parle pour le pied. Quand par hasard, au milieu d'une foule, le pied est meurtri et souffre, la langue crie : vous marchez sur moi. Elle ne dit pas : vous marchez sur mon pied ; mais vous marchez sur moi, affirme-t-elle, bien que personne ne l'ait touchée. Mais le pied qui a été foulé n'est point séparé de la langue. C'est de la sorte qu'on peut attribuer au sentiment de la terreur l'extase dont il est ici parlé. Car enfin, mes frères, si ceux qui doivent souffrir ne ressentaient aucune frayeur, pourquoi le Seigneur, en annonçant à Pierre la souffrance qu'il aurait à endurer, lui aurait-il dit ces paroles que nous avons entendu lire le jour de la fête des Apôtres : « Lorsque vous étiez jeune, vous vous ceigniez vous-même et vous alliez où vous vouliez ; mais, lorsque vous aurez vieilli, un autre vous ceindra et vous conduira où vous ne voudrez pas? Or, remarque l'Evangéliste, Jésus dit ces paroles pour marquer de quelle mort Pierre devait mourir. » (*Jean*, xxi, 18.) Si donc saint Pierre, cet apôtre si parfait, alla malgré lui où il ne voulait point aller; s'il mourut contre son gré, quoiqu'il fût couronné selon son gré; quoi d'étonnant que même les justes et les saints eux-mêmes ressentent quelque frayeur de leurs souffrances? La frayeur vient de la faiblesse humaine, l'espérance vient des promesses divines. Ce que vous redoutez est de vous, ce que vous espérez est un don de Dieu. Il vous est profitable de vous connaître vous-même dans votre frayeur, afin que dans votre délivrance vous glorifiez celui qui vous a créé. Que la faiblesse humaine ressente la frayeur, la miséricorde divine ne lui fera point défaut dans sa frayeur. Le Prophète, en proie à la terreur, commence donc ainsi : « Seigneur, j'ai mis en vous mon espoir, que je ne sois point à jamais couvert de confusion. » (*Ps.* xxx, 2.) Vous voyez qu'il a peur et qu'il espère; vous voyez que sa peur n'est pas sans espérance. Même quand le cœur de l'homme

---

autem ipse Christus, et nos. Quare? Quia totus Christus caput et corpus. Caput ille salvator corporis (*Ephes.*, v, 23), qui jam ascendit in cœlum : corpus autem Ecclesia, quæ laborat in terra. Hoc autem corpus nisi connexione caritatis adhæreret capiti suo, ut unus fieret ex capite et corpore, non de cœlo quemdam persecutorem corripiens diceret : « Saule, Saule, quid me persequeris? » (*Act.*, ix, 4.) Quando cum jam in cœlo sedentem nullus homo tangebat, quomodo eum Saulus in terra sæviens adversus Christianos aliquo modo injuria percellebat? Non ait : Quid sanctos meos, quid servos meos? sed, quid me persequeris, hoc est, quid membra mea. Caput pro membris clamabat, et membra in se caput transfigurabat. Vocem namque pedis suscipit lingua. Quando forte in turba contritus pes dolet, clamat lingua : Calcas me. Non enim ait : Calcas pedem meum; sed se dixit calcari, quam nemo tetigit. Sed pes qui calcatus est, a lingua non separatus est. Ergo etiam sic non incongrue intelligitur ecstasis, pavor. Quid enim dicam, Fratres? Si nullus omnino pavor esset passuris, diceretur ipsi Petro quod audivimus natali Apostolorum die, quando ei Dominus prædixit futuram suam passionem : « Cum esses junior, cingebas te, et ibas quo volebas, cum autem senior factus fueris, alter te cinget, et ducet quo tu non vis? Hoc autem, inquit, dixit significans qua morte moreretur. » (*Joan.*, xxi, 18.) Ergo si Petrus apostolus tanta perfectione quo nollet iit nolens, (nolens mortuus est, sed volens coronatus est,) quid mirum si est aliquis pavor in passione etiam justorum, etiam sanctorum. Pavor est ex humana infirmitate, spes ex divina promissione. Quod paves tuum est, quod speras donum Dei est in te. Et melius in pavore tuo agnoscis te, ut in liberatione tua glorifices qui fecit te. Paveat humana infirmitas, non in eo pavore deficit divina misericordia. Denique pavens iste inde cœpit : « In te Domine speravi, non confundar in æternum. » (*Psal.* xxx, 2.) Videtis quia et pavet, et sperat : videtis quia pavor iste non est sine

est troublé par la crainte, la divine consolation ne s'éloigne pas de lui.

4. Le Christ parle donc ici par la bouche du Prophète ; j'ose le dire, c'est le Christ qui parle. Il dira, dans ce psaume, des choses qui semblent presque ne pouvoir convenir au Christ, à la majesté de notre tête, et surtout au Verbe qui au commencement était Dieu en Dieu ; peut-être même pensera-t-on que quelques-unes de ces paroles ne conviennent pas au Christ dans la forme d'esclave qu'il a prise au sein de la vierge Marie ; cependant c'est bien le Christ qui parle, parce que le Christ est dans les membres du Christ. Et afin que vous sachiez que sa tête et son corps ne sont qu'un seul Christ, écoutez ce qu'il a dit lui-même de leur union : « Ils seront deux dans une seule chair. » (*Gen.*, II, 24.) Ainsi ils ne sont plus deux, mais une seule chair. Et ne pensez qu'il parle ainsi de toute union conjugale ; car l'Apôtre ajoute : « Ils seront deux dans une seule chair ; ce sacrement est grand, je dis dans le Christ et dans l'Eglise. » (*Ephés.*, v, 31.) De deux, de la tête et du corps, de l'époux et de l'épouse, il se fait donc une seule personne. Et cette admirable et excellente unité de personne est également célébrée par le prophète Isaïe ; car le Christ parlant en lui prophétiquement a dit : « Il m'a attaché la mitre sur la tête comme à un époux, et il m'a orné de joyaux comme une épouse. » (*Is.*, LXI, 10.) Il se dit à la fois l'époux et l'épouse : pourquoi se dit-il ainsi l'époux et l'épouse, si ce n'est parce qu'ils seront deux dans une seule chair ? S'ils sont deux dans une seule chair, pourquoi ne seraient-ils point deux dans une seule voix ? Que le Christ parle donc, car l'Eglise parle dans le Christ et le Christ parle dans l'Eglise, le corps dans la tête et la tête dans le corps. Ecoutez l'Apôtre exprimant cette pensée d'une manière plus évidente encore : « Comme notre corps, bien qu'il ne soit qu'un, est composé de plusieurs membres, et que tous les membres du corps, bien qu'ils soient plusieurs, ne forment qu'un seul corps, ainsi en est-il du Christ. »(II *Cor.*, XII, 12.) Il parle des membres du Christ, c'est-à-dire des fidèles, et pourtant il ne dit pas : ainsi en est-il des membres du Christ ; mais ce tout dont il parle, il l'appelle le Christ. Car, de même qu'un corps est unique, quoique formé de plusieurs membres ; et que les membres d'un corps, quoique en grand nombre, ne forment qu'un seul corps : ainsi le Christ compte des membres nombreux et n'est qu'un seul corps. Nous sommes tous unis au Christ notre tête, et ne pouvons rien sans notre tête. Pourquoi ? Parce qu'avec notre tête, nous sommes la vigne ; sans notre tête (Dieu nous garde de ce malheur!), nous ne sommes que des sarments détachés, entièrement inutiles à tout travail de l'agriculteur, et destinés uniquement à être brûlés. C'est pourquoi,

Jésus dit lui-même dans l'Evangile : « Je suis le cep de vigne, vous en êtes les branches, et mon Père est le cultivateur, » et plus loin : « Sans moi vous ne pouvez rien faire. » (*Jean*, xv, 5.) Seigneur, si nous ne pouvons rien sans vous, nous pouvons tout avec vous. En effet, quelque chose qu'il opère par nous, il semble que nous-mêmes l'opérions. Il peut beaucoup, il peut tout sans nous ; et nous ne pouvons rien sans lui.

5. Quelle que soit donc l'extase dans laquelle parle le Christ, sentiment de terreur ou ravissement d'esprit, les paroles du psaume s'appliquent convenablement à lui. Disons, comme étant le corps du Christ ; disons tous, comme n'étant qu'un, parce que l'unité se forme de l'ensemble ; disons : « Seigneur, j'ai mis en vous mon espoir, que je ne sois point à jamais couvert de confusion. » (*Ps*. xxx, 2.) J'ai horreur, dit-il, de cette confusion qui dure éternellement ! Car il y a une certaine confusion passagère, qui est utile ; c'est le trouble d'une âme qui considère ses péchés, qui a horreur de ce qu'elle considère, qui rougit de ce dont elle a horreur, et qui corrige ce dont elle rougit. C'est pourquoi l'Apôtre dit : « Quelle gloire avez-vous retirée des choses dont vous rougissez maintenant ? »(*Rom*., vi, 21.) Il dit donc que les fidèles rougissent, non des dons qu'ils reçoivent présentement, mais des péchés qu'ils ont commis autrefois. Que le chrétien ne redoute point cette confusion ; car même, s'il ne subit pas cette confusion temporaire, il subira celle qui dure éternellement. Cette confusion éternelle commencera quand se réaliseront ces paroles : « Leurs iniquités s'élèveront contre eux, pour les traduire en jugement. » (*Sag*., iv, 20.) Et de tous ceux que leurs iniquités auront ainsi traduits en jugement, se formera le troupeau des méchants, rejetés à gauche et séparés des brebis comme des boucs impurs, et ils entendront cette condamnation : « Allez au feu éternel, qui a été préparé pour le diable et pour ses anges. » (*Matth*., xxv, 41.) Demanderont-ils pourquoi ? « C'est que j'ai eu faim et que vous ne m'avez pas donné à manger. » Ils méprisaient le Christ, alors qu'il avait faim et qu'ils ne lui donnaient point à manger ; alors qu'il avait soif et qu'ils ne lui donnaient point à boire ; alors qu'il était nu et qu'ils ne le vêtaient point, voyageur et qu'ils ne lui donnaient pas l'hospitalité, malade et qu'ils ne le visitaient point : alors ils le méprisaient, et quand il commencera à énumérer devant eux tous ces actes de mépris, ils resteront confus et leur confusion sera éternelle. Voilà la confusion que redoute celui que la crainte ou le ravissement d'esprit a jeté en extase, et il fait à Dieu cette demande : « Seigneur, j'ai mis en vous mon espoir, que je ne sois point à jamais couvert de confusion. »

6. « Dans votre justice tirez-moi de l'abîme et délivrez-moi. » (*Ps*. xxx, 2.) Car si vous ne faites

---

vitis : sine capite nostro, quod absit, sarmenta præcisa, non alicui operi agricolarum, sed igni tantummodo destinata. Ideo et ipse in Evangelio : « Ego sum vitis, vos estis palmites : Pater meus agricola est, et » : « Sine me, inquit, nihil potestis, facere. » (*Joan*., xv, 5.) Domine si sine te nihil, totum in te. Etenim quidquid ille operatur per nos, nos videmur operari. Potest ille multum et totum sine nobis, nos nihil sine ipso.

5. Ergo in quacumque ecstasi loquatur, sive pavore, sive excessu mentis, congruunt quæ dicuntur. Dicamus in Christi corpore, dicamus omnes quasi unus, quia omnes unitas : dicamus : « In te Domine speravi, non confundar in æternum. » Illam, inquit, confusionem perhorresco, quæ est in æternum. Nam est quædam confusio temporalis utilis, perturbatio animi respicientis peccata sua, respectione horrentis, horrore erubescentis, erubescentia corrigentis. Unde dicit et Apostolus : « Quam enim gloriam habuistis tunc in his, in quibus nunc erubescitis ? » (*Rom*., vi, 21.) Ergo erubescere illos dicit jam fideles, non de præsentibus donis, sed de præteritis peccatis. Hanc confusionem non formidet Christianus : imo si hanc non habuerit, æternam habebit. Quæ est æterna confusio? Quando fiet illud quod dictum est : « Et traducent eos ex adverso iniquitates eorum. » (*Sap*., iv, 20.) Et fiet traducentibus ex adverso iniquitatibus omnis grex malus ad sinistram, tanquam hædis ab ovibus separatis ; et audient : « Ite in ignem æternum, qui paratus est diabolo et angelis ejus. » (*Matth*., xxv, 41.) Quærunt quare ? Esurivi enim, et non dedistis mihi manducare. Contemnebant tunc quando esurienti Christo non dabant cibum, quando sitienti non dabant potum, quando nudum non vestiebant, peregrinum non suscipiebant, ægrotantem non visitabant, tunc contemnebant : cum cœperint illis ista enumerari, confundentur, et hæc confusio in æternum erit. Hanc timens iste qui pavet, vel cujus ad Deum est mentis excessus, hoc rogat : « In te Domine speravi, non confundar in æternum. »

6. « Et in tua justitia erue me, et exime me. »

attention qu'à ma justice, vous me condamnerez. « Dans votre justice tirez-moi de l'abîme. » Il y a en Dieu une justice qui devient la nôtre, lorsqu'elle nous est communiquée. C'est pourquoi elle est appelée la justice de Dieu, de peur que l'homme ne croie posséder la justice par lui-même. Car l'apôtre saint Paul parle ainsi : « Pour qui croit en Celui qui justifie l'impie (et que signifie justifier l'impie, si ce n'est faire que d'impie il devienne juste?) sa foi lui est imputée à justice. » (*Rom.*, IV, 5.) Au contraire, les Juifs, qui croyaient pouvoir accomplir toute justice par leurs propres forces, se sont heurtés contre la pierre d'achoppement et de scandale (*Rom.*, IX, 32), et ils n'ont pas connu la grâce du Christ. Ils ont en effet accepté la loi qui pouvait les rendre coupables, et non les délivrer de leur culpabilité. Enfin, que dit l'Apôtre à leur égard? « Je leur rends témoignage qu'ils sont zélés pour Dieu, mais non selon la science. » (*Rom.*, X, 2.) Et pourquoi l'Apôtre dit-il que les Juifs sont zélés pour Dieu, mais non selon la science? Ecoutez ce que signifient ces mots : mais non selon la science. « Parce qu'ils ne connaissent pas la justice de Dieu et voulant établir leur propre justice, ils ne se sont point soumis à celle de Dieu. » (*Ibid.*, 3.) Si donc leur zèle pour Dieu n'est pas selon la science, parce qu'ils ne connaissent pas la justice de Dieu et parce qu'ils veulent établir leur propre justice, en prétendant pour ainsi dire se rendre justes par eux-mêmes; c'est parce qu'ils n'ont pas voulu être sauvés gratuitement, qu'ils n'ont pas connu la grâce de Dieu. Qui donc reçoit gratuitement le salut? celui en qui le Sauveur ne trouve rien à couronner, mais beaucoup à condamner; rien qui mérite des bienfaits, mais beaucoup de choses qui méritent des châtiments. Que Dieu juge en vérité selon la teneur de la loi, et le pécheur sera condamné. Mais s'il suit cette règle, qui délivrera-t-il? Il a trouvé tous les hommes pécheurs. Seul il est venu sans péché, lui qui nous a trouvés dans le péché. Car dit l'Apôtre : « Tous ont péché et ont besoin de la gloire de Dieu. » (*Rom.*, III, 23.) Que veulent dire ces mots : ont besoin de la gloire de Dieu? Ont besoin d'être délivrés par Dieu, et non de se délivrer eux-mêmes. Comme vous ne pouvez vous délivrer vous-même, vous avez besoin d'un libérateur. Pourquoi donc vous vantez-vous? Pourquoi présumer de l'observation de la Loi et de votre justice? Ne voyez-vous pas le combat qui est en vous, sur vous, contre vous? N'entendez-vous pas la voix d'un homme qui combat, qui avoue sa faiblesse et qui demande du secours au milieu du combat? N'entendez-vous pas l'athlète du Seigneur suppliant celui qui préside au combat de l'aider dans la lutte qu'il soutient? Car, quand vous combattez, Dieu n'attend pas l'issue du combat à la manière de celui qui présiderait

(*Psal.* XXX, 2.) Nam si attendas ad justitiam meam, damnas me. « In tua justitia erue me. » Est enim justitia Dei, quæ et nostra fit, cum donatur nobis. Ideo autem Dei justitia dicitur, ne homo se putet a seipso habere justitiam. Sic enim dicit apostolus Paulus : « Credenti in eum qui justificat impium : (Quid est, qui justificat impium? qui ex impio facit justum :) deputatur fides ejus ad justitiam. » (*Rom.*, IV, 5.) Judæi vero quia suis viribus se putabant implere posse justitiam, offenderunt in lapidem offensionis et petram scandali, (*Rom.*, IX, 32) et gratiam Christi non agnoverunt. Acceperunt enim Legem qua fierent rei, non qua liberarentur a reatu. Denique quid de illis Apostolus dicit? « Testimonium enim perhibeo illis quod zelum Dei habent, sed non secundum scientiam. » (*Rom.*, X, 2.) Quid est quod dixit : Zelum Dei habent Judæi, sed non secundum scientiam? Audi quid sit, non secundum scientiam. « Ignorantes enim Dei justitiam et suam volentes constituere, justitiæ Dei non sunt subjecti. » (*Rom.*, X, 3.) Si ergo ideo non secundum scientiam zelum Dei habent, quia ignorant Dei justitiam et volunt suam constituere, quasi ex seipsis justi fiant, » ideo gratiam Dei non cognoverunt, quia gratis salvari noluerunt. Quis est qui salvatur gratis? In quo non invenit Salvator quod coronet, sed quod damnet; non invenit merita bonorum, sed invenit merita suppliciorum. Si agat tanquam veraciter ex regula legis proposita, damnandus est peccator. Hac regula si ageret, quem liberaret? Omnes peccatores invenit : solus iste peccato venit, qui nos peccatores invenit. Hoc ait Apostolus : « Omnes enim peccaverunt, et egent gloria Dei. » (*Rom.*, III, 23.) Quid est : Egent gloria Dei? Ut ipse liberet, non tu. Quia tu te liberare non potes, indiges liberatore. Quid est quod te jactas? Quid est quod de Lege et justitia præsumis? Non vides quid intus confligat in te, de te, adversus te? Non audis pugnantem, et confitentem, et adjutorium in pugna desiderantem? Non audis athletam Domini ab agonotheta petentem adjutorium pugnæ suæ? Non enim sic te exspectat Deus certantem, quomodo te exspectat Editor, si

les jeux, si vous luttiez dans l'amphithéâtre. Celui-ci pourrait bien vous donner une récompense, si vous étiez vainqueur; mais il ne pourrait vous secourir, si vous étiez en péril. Ce n'est point ainsi que Dieu reste en attente à votre égard. Voyez en effet; écoutez attentivement les paroles de l'Apôtre : « Je me complais dans la loi de Dieu selon l'homme intérieur; mais je vois dans mes membres une autre loi qui combat la loi de mon esprit, et qui me réduit en captivité sous la loi du péché laquelle est dans les membres de mon corps. Malheureux homme que je suis! qui m'affranchira d'un corps soumis à une telle mort? La grâce de Dieu, par Jésus-Christ Notre-Seigneur. » (*Rom.*, VII, 22 et suiv.) Pourquoi est-ce une grâce? parce qu'elle est donnée gratuitement. Pourquoi est-elle donnée gratuitement? Parce qu'elle n'a point été précédée par vos mérites, et qu'au contraire les bienfaits de Dieu vous ont prévenu. Gloire donc à celui qui nous délivre. Et voilà pourquoi, tous ayant péché, tous ont besoin de la gloire de Dieu. (*Rom.*, III, 23.) « J'ai donc mis mon espoir en vous, Seigneur, que je ne sois point à jamais couvert de confusion; » parce qu'en effet j'espère en celui qui ne livre point à la confusion ceux qui le servent. » Dans votre justice tirez-moi de l'abîme et délivrez-moi. » (*Ps.* XXX, 2.) Comme vous n'avez point trouvé en moi une justice qui fût à moi, délivrez-moi par votre propre justice; c'est-à-dire, que je sois délivré par ce qui me justifie, par ce qui d'impie me fait pieux, par ce qui d'injuste me fait juste, par ce qui d'aveugle me fait clairvoyant, par ce qui d'homme tombé me fait homme relevé, par ce qui d'homme condamné aux larmes me fait possesseur de la plus douce joie. Voilà ce qui me délivre, et ma délivrance n'est point de moi. « Dans votre justice tirez-moi de l'abîme et délivrez-moi. »

7. « Inclinez votre oreille vers moi. » (*Ibid.*, 3.) C'est ce que Dieu a fait, quand il a envoyé le Christ vers nous. Il a envoyé vers nous celui qui, ayant incliné la tête, écrivait du doigt sur le sable, tandis que la femme adultère lui était présentée pour qu'il la condamnât. (*Jean*, VIII, 6.) Il s'était incliné vers la terre, c'est Dieu qui s'était incliné vers l'homme à qui il est dit : « Vous êtes terre et vous irez dans la terre. » (*Gen.*, III, 19.) En effet, Dieu, en inclinant vers nous son oreille, ne se penche pas vers un lieu corporel, où n'est pas limité par des membres corporels et bornés. Que la vaine imagination de l'homme ne se crée point de semblables fantômes, Dieu est la vérité. Or, la vérité n'a ni longueur ni forme ronde ou carrée. Elle est présente partout où l'œil du cœur s'ouvre pour elle. Cependant Dieu incline son oreille vers nous, en laissant tomber sur nous sa miséricorde. Et quelle plus grande miséricorde que de nous donner son Fils unique, afin, non qu'il vécût avec nous, mais qu'il mou-

---

forte pugnes in amphitheatro. Ille tibi præmium dare potest si viceris, adjuvare te periclitantem non potest. Non sic exspectat Deus. Vide ergo, attende eum qui dicit : « Condelector enim legi Dei secundum interiorem hominem, video autem aliam legem in membris meis repugnantem legi mentis meæ, et captivum me ducentem in lege peccati, quæ est in membris meis. Miser ego homo, quis me liberabit de corpore mortis hujus? Gratia Dei per Jesum Christum Dominum nostrum. » (*Rom.*, VII, 22, 23, etc.) Quare gratia? Quia gratis datur. Quare gratis datur? Quia merita tua non præcesserunt, sed beneficia Dei te prævenerunt. Illi ergo gloria qui nos liberat. « Omnes enim peccaverunt, et egent gloria Dei. » (*Rom.*, III, 23.) « In te ergo Domine speravi, » non in me : « non confundar in æternum, » quia in eo spero qui non confundit. « In tua justitia erue me, et exime me. » Quia non invenisti in me justitiam meam, erue me in tua : hoc est, illud me eruat quod me justificat, quod ex impio pium facit, quod ex iniquo justum, quod ex cæco videntem, quod ex cadente surgentem, quod ex flente gaudentem. Hoc me liberat, non ego. « In justitia tua erue me, et exime me. »

7. « Inclina ad me aurem tuam. » (*Psal.* XXX, 3.) Fecit hoc Deus, quando ipsum Christum ad nos misit. Illum ad nos misit, qui inclinato capite digito scribebat in terra, quando ei adultera mulier offerebatur punienda. (*Joan.*, VIII, 6.) Ille autem inclinaverat se ad terram, id est, Deus ad hominem, cui dictum est : « Terra es, et in terram ibis. » (*Gen.*, III, 19.) Non enim quasi corporalibus locis Deus ad nos inclinat aurem suam, aut membris istis corporeis determinatis finitus est. Omnino nihil horum cogitent humana phantasmata. Veritas est Deus. Veritas nec quadra est, nec rotunda, nec longa. Ubique præsens est, si cordis oculus ad eam pateat. Inclinat tamen aurem suam ad nos Deus, misericordiam deponens super nos. Quæ major misericordia quam ut Unicum suum daret nobis, non vivere no-

rût pour nous? « Inclinez votre oreille vers moi. »

8. « Hâtez-vous de me délivrer. » (*Ps.* XXX, 3.) Il est encore exaucé dans sa prière, quand il dit : « Hâtez-vous. » Ces paroles sont là pour nous donner à comprendre que tout ce qui nous paraît long, dans le cours du temps, n'est réellement qu'un point. Ce qui a une fin ne peut être long. C'en est fait du temps écoulé depuis Adam jusqu'à nous, et cette durée est certainement plus considérable que celle qui reste encore à parcourir. Si Adam vivait encore et mourait aujourd'hui, de quoi lui servirait d'avoir existé si longtemps, d'avoir vécu si longtemps? Pourquoi donc cette hâte dont parle le Prophète? Parce que les temps s'envolent : ce qui nous paraît tarder court aux yeux de Dieu. Et celui qui prie avait saisi, dans son extase, cette rapidité du temps. « Hâtez-vous de me délivrer. Soyez pour moi comme un Dieu protecteur et comme une maison de refuge, afin que vous me sauviez. » Soyez pour moi une maison de refuge, un Dieu protecteur, une maison de refuge. Souvent je suis en danger, et je veux fuir. Où fuir? Vers quel lieu fuir et me trouver en sûreté? Sur quelle montagne? Dans quelle caverne? Vers quel lieu fortifié? Quelle citadelle occuper? Derrière quels murs chercher un abri? Partout où j'irai, je me suivrai moi-même. O homme, tu peux fuir telle chose que tu veux, excepté ta conscience. Au lieu de fuir, retire-toi dans ta maison, cherche le repos dans ton lit, pénètre au plus intime de toi-même; tu n'as point en toi de retraite si profonde que tu puisses y échapper à ta conscience, si le remords du péché te ronge. Mais comme il a dit : Hâtez-vous de me délivrer, et dans votre justice tirez-moi de l'abîme, en me pardonnant mes péchés et en mettant en moi votre justice; il dit aussi : Vous serez pour moi une maison de refuge et c'est en vous que je me réfugie. Car où fuir pour vous échapper? Si Dieu est irrité contre vous, où fuirez-vous? Ecoutez ce que le Prophète, dans un autre psaume, dit par crainte de la colère de Dieu. « Où irai-je pour me dérober à votre souffle? Où fuirai-je votre regard? Que je monte au plus haut des airs, vous y êtes; que je descende au plus profond des abîmes, vous y êtes encore. » (*Ps.* CXXXVIII, 7.) Donc, en quelque endroit que j'aille, je vous trouve : vengeur de mes fautes, si vous êtes irrité; mon protecteur, si vous êtes apaisé. Il ne me reste donc qu'à fuir vers vous, et non à fuir loin de vous. Pour échapper à un homme votre maître, si vous êtes esclave, vous vous réfugiez en un lieu où n'est pas votre maître; pour échapper à Dieu, réfugiez-vous en Dieu. Car il n'est point d'endroit où vous puissiez fuir le Seigneur. Tout est présent, tout est à nu devant les yeux du Tout-Puissant. O mon Dieu, dit-il, soyez donc pour moi

---

biscum, sed mori pro nobis? « Inclina ad me aurem tuam. »

8. « Accelera ut eximas me. » (*Ibid.*, 3.) Exauditur enim in hoc, cum dicit : « Accelera. » Ad hoc enim positum est verbum, ut hoc totum quod nobis diu videtur quamdiu volvitur sæculum, intelligas punctum esse. Non est diu quod habet extremum. Ab Adam usque ad hodiernam diem peractum est, et multo utique plus peractum est quam restat peragendum. Si adhuc viveret Adam, et hodie moreretur; quid ei prodesset tamdiu esse, tamdiu vixisse? Ergo celeritas hæc quare? Quia transvolant tempora : et quod tibi tardum est, in oculis Dei breve est. Jam hanc celeritatem iste intellexerat in ecstasi. « Accelera ut eximas me. Esto mihi in Deum protectorem et in domum refugii, ut salvum me facias. » Domus refugii tu mihi esto, Deus protector, domus refugii. Aliquando enim periclitor, et volo fugere : quo fugio? ad quem locum tutus fugio? ad quem montem? ad quam speluncam? ad quæ tecta munita? Quam arcem teneam? quibus muris ambiar? Quocumque iero, sequor me. Quidquid enim vis potes fugere homo, præter conscientiam tuam. Intra in domum tuam, requiesce in lecto tuo, intra in interiora : interius habere nihil potes, quo fugias a conscientia tua, si rodunt te peccata tua. Quia vero dixit : Accelera ut eximas me, et in tua justitia erue me, ut dimittas peccata mea, et ædifices in me justitiam tuam : tu mihi eris domus refugii, ad te confugio. Nam a te quo fugiam? Irascitur tibi Deus, quo fugies? Audi quid dicat in alio Psalmo, timens iram Dei : « Quo ibo a spiritu tuo, et quo a facie tua fugiam? Si ascendero in cœlum, tu ibi es : si descendero in infernum, ades. » (*Psal.* CXXXVIII, 7) Quocumque iero, ibi te invenio. Et si irasceris, ultorem te invenio : si placatus es, adjutorem. Nihil mihi ergo restat, nisi ad te fugere, non a te. Ut evadas hominem dominum quicumque servus es, fugis in ea loca ubi non est dominus tuus : ut evadas Deum, fuge ad Dominum. Nam non est quo fugias Deum. Præsto sunt omnia et nuda Omnipotentis oculis. Tu ergo mihi, inquit, esto domus refugii. Nam si salvus

une maison de refuge. D'ailleurs si je ne suis guéri, comment prendre la fuite? Guérissez-moi, et je m'enfuis vers vous. Si vous ne me guérissez, je ne pourrai marcher; comment pourrais-je fuir? Où irait, où fuirait, ne pouvant marcher, le voyageur, blessé par les coups des voleurs, et laissé à demi-mort sur le chemin? (*Luc*, x, 30.) Le prêtre qui survint, passa outre; le Lévite qui survint, passa outre; le Samaritain qui survint, eut pitié de lui, c'est-à-dire que le Seigneur lui-même eut pitié du genre humain. En effet, Samaritain signifie gardien. Et qui donc nous garderait, s'il nous abandonnait? Les Juifs ne se trompaient pas, quand ils lui disaient, pour l'outrager : « Ne disons-nous point avec vérité, que vous êtes un Samaritain et un possédé du démon? » (*Jean*, VIII, 48.) Le Seigneur repoussa l'un et accepta l'autre. Je ne suis point possédé du démon, dit-il; mais il ne dit pas : je ne suis point un Samaritain, voulant nous faire comprendre par là qu'il était notre gardien. Il eut donc pitié du blessé, il s'approcha de lui, le pansa, le conduisit à l'hôtellerie, et le combla de sa miséricorde. Désormais cet homme peut marcher, et il peut s'enfuir. Mais où fuirait-il, si ce n'est vers Dieu, en qui il s'est fait une maison de refuge.

9. « Parce que vous êtes ma force et mon refuge, et, à cause de votre nom, vous serez mon chef et vous me nourrirez. » (*Ps.* xxx, 4.) Ce n'est point à cause de mon mérite, mais « à cause de votre nom; » c'est afin que vous soyez glorifié, et non parce que j'en suis digne, que « vous serez mon chef, » de peur que je ne m'égare loin de vous; « et que vous me nourrirez, » afin que je devienne capable de manger le pain dont vous nourrissez les anges. Car le Christ, qui nous a promis la nourriture céleste, nous a d'abord nourris de lait, usant envers nous d'une miséricorde toute maternelle. En effet, comme la mère qui allaite, fait passer par son propre corps la nourriture que l'enfant ne serait point encore capable de prendre et la lui verse dans le lait qu'il boit; (car, de cette façon, l'enfant reçoit la nourriture qu'il aurait prise à table, mais qui est devenue convenable pour lui en passant par le corps de sa mère), ainsi le Seigneur, pour transformer en lait sa divine sagesse, est venu à nous revêtu de notre chair. C'est donc le corps du Christ qui s'exprime en ces termes : « Et vous me nourrirez. »

10. « Vous me tirerez du piége que mes ennemis m'ont tendu en secret. » (*Ibid.*, 5.) Ces paroles sont une figure de la Passion. « Vous me tirerez du piége que mes ennemis m'ont tendu en secret. » Il ne s'agit pas seulement de la passion qu'a soufferte Notre-Seigneur Jésus-Christ. Le diable a tendu un piége qui durera jusqu'à la fin du monde. Malheur à qui tombe dans ce piége ! Et tout homme y tombe, à moins

---

non fuero, quomodo fugio? Sana me, et fugio ad te. Nam si me non sanas, ambulare non possum, fugere quomodo potero? Quo iret, quo fugeret, si ambulare non posset, semivivus in via, sauciatus vulneribus latronum? Quem transiens sacerdos præteriit, transiens Levita præteriit, transiens Samaritanus miseratus est, id est, ipse Dominus, qui miseratus est genus humanum. (*Luc.*, x, 30.) Samarites enim custos interpretatur. Et quis nos custodit, si ille deserit? Merito, cum Judæi conviciantes dicerent : « Nonne verum dicimus, quia Samaritanus es, et dæmonium habes? » (*Joan.*, VIII, 48) unum respuit, alterum amplexus est : Ego, inquit, dæmonium non habeo. Non dixit : Non sum Samaritanus; sic intelligi volens nostrum se esse custodem. Miseratus ergo accessit, curavit, ad stabulum perduxit, implevit circa eum misericordiam : ille jam potest ambulare, potest et fugere. Quo fugeret nisi ad Deum, ubi fecit sibi domum refugii?

9. « Quia fortitudo mea et refugium meum es tu, et propter nomen tuum dux mihi eris, et enutries me. » (*Ps.* xxx, 4.) Non propter meritum meum, sed « propter nomen tuum, » ut tu glorificeris, non quia ego dignus sum : « dux mihi eris, » ne aberrem a te; « et enutries me, » ut validus sim ad manducandum escam, qua pascis Angelos. Hic enim lacte nos nutrivit, qui nobis cœlestem cibum promisit; et usus est materna misericordia. Sicut enim mater lactans eamdem escam, cui sumendæ idoneus infans non est, per carnem trajicit, et lac infundit : (hoc enim accipit parvulus, quod accepturus erat ad mensam; sed quod per carnem trajicitur congruit parvulo :) sic Dominus sapientiam suam ut lac nobis faceret, carne indutus venit ad nos. Ergo corpus Christi loquitur : « Et enutries me. »

10. « Educes me de muscipula ista, quam occultaverunt mihi. » (*Ps.* xxx, 5.) Jam passio significatur : « Educes me de muscipula ista, quam occultaverunt mihi. » Nec sola illa passio est, qua passus est Dominus noster Jesus Christus : muscipulam suam diabolus tetendit usque in finem. Et væ illi, qui in illam muscipulam cadit : cadit autem omnis qui non

qu'il ne mette son espérance en Dieu et qu'il ne dise : « Seigneur, j'ai mis en vous mon espoir, que je ne sois point à jamais couvert de confusion ; dans votre justice, tirez-moi de l'abîme et délivrez-moi. » (*Ibid.*, 2.) Le piége de l'ennemi est tendu et préparé. Il y a mis l'erreur et la terreur ; l'erreur pour attirer ses victimes, la terreur pour les frapper et s'en saisir. Vous donc, fermez contre l'erreur la porte de la convoitise, et fermez contre la terreur la porte de la crainte; vous échapperez ainsi au piége. Votre chef, qui à cause de vous a daigné souffrir la tentation, vous a donné en lui-même l'exemple du combat. Il a d'abord été tenté par l'attrait du mal, et le tentateur a frappé d'abord à la porte de la convoitise, en lui disant : « Ordonnez que ces pierres deviennent des pains. Adorez-moi, et je vous donnerai ces royaumes. Jetez-vous en bas, car il est écrit qu'il a prescrit à ses anges de veiller sur vous et de vous soutenir dans leurs mains, de peur que vous ne heurtiez du pied contre quelque pierre. » (*Matth.*, IV, 3.) Toutes ces choses attrayantes sont autant de tentations pour la convoitise. Mais quand l'ennemi vit que la porte de la convoitise était fermée dans le cœur de celui qui était tenté pour nous, il se retourna pour attaquer la porte de la crainte, et il lui prépara les douleurs de sa passion. Aussi l'Evangéliste a-t-il dit : « La tentation étant épuisée, le diable s'éloigna de lui pour un temps. » (*Luc*, IV, 13.) Que signifie « pour un temps? » Qu'il devait revenir et attaquer la porte de la crainte, parce qu'il avait trouvé fermée la porte de la convoitise. Donc, le corps entier du Christ est tenté jusqu'à la fin du monde. Mes frères, quand d'abord je ne sais quels cruels édits paraissaient contre les chrétiens, ce corps recevait le choc dans toutes ses parties, le corps entier recevait ce choc ; d'où viennent ces paroles du psaume : « On m'a poussé comme un monceau de sable pour me renverser, et le Seigneur m'a soutenu. » (*Ps.* CXVII, 13.) Mais après ces assauts, qui attaquaient le corps entier pour le renverser, sont venues des épreuves partielles. Le corps du Christ est tenté ; mais une Eglise souffre persécution, tandis qu'une autre est en paix. Il n'est plus en butte à la fureur de l'Empereur ; mais il est en butte à la fureur du peuple, que soulève sa propre méchanceté. Que de dévastations causées par les peuples ? Que de mal ont fait à l'Eglise de mauvais chrétiens, semblables aux poissons qui furent pris dans les filets, lors de la pêche du Seigneur avant sa passion, et qui étaient en si grand nombre, que les barques faillirent en être submergées. (*Luc*, V, 7.) Les épreuves de la tentation ne manquent donc pas. Que personne ne se dise : ce n'est point le temps de la tentation. Celui qui parle

---

sperat in Deum, qui non dicit : « In te Domine speravi, non confundar in æternum : in tua justitia erue me, et exime me. » (*Ibid.*, 2.) Extenta est et parata muscipula inimici. Posuit in muscipula errorem et terrorem : errorem quo illiciat, terrorem quo frangat, et rapiat. Tu claude januam cupiditatis contra errorem, tu claude januam timoris contra terrorem, et educeris de muscipula. Hujusmodi pugnæ exemplum ipse tibi Imperator tuus, qui, propter te etiam tentari dignatus est, in se demonstravit. Et primo tentatus est illecebris ; quia tentata est in illo janua cupiditatis, quando eum tentavit diabolus dicens : « Dic lapidibus istis ut panes fiant. Adora me, et dabo tibi regna ista. Mitte te deorsum, quia scriptum est : Quia Angelis suis mandavit de te, et in manibus tollent te, ne quando offendas ad lapidem pedem tuum. » (*Matth.*, IV, 3, etc.) (a) Omnis hæc illecebra cupiditatem tentat. At ubi clausam januam invenit cupiditatis in eo qui tentabatur pro nobis, convertit se ad tentandam januam timoris, et præparavit illi passionem. Denique hoc dicit Evangelista : « Et consummata tentatione, diabolus recessit ab eo ad tempus. » (*Luc.*, IV, 13.) Quid est, ad tempus? Tanquam rediturus et tentaturus januam timoris, quia clausam invenit januam cupiditatis. Totum ergo corpus Christi tentatur usque in finem. Fratres mei, quando jussum est nescio quid contra Christianos mali, simul impingebatur hoc corpus, totum impingebatur : unde dictum erat in Psalmo : « Tanquam cumulus arenæ impulsus sum ut caderem, et Dominus suscepit me. » (*Psal.* CXVI, 13.) At ubi finita sunt illa, quæ totum corpus impingebant ut caderet, cœpit tentatio esse per partes. Tentatur corpus Christi, una Ecclesia non patitur persecutionem, alia patitur. Non patitur furorem Imperatoris, sed patitur furorem mali populi. Quanta vastationes a plebibus ? Quanta mala ingesta sunt Ecclesiæ a malis Christianis, ab eis qui capti in illo retiaculo, tam multiplicati sunt, ut premerent naves in piscatione illa Domini ante passionem ? (*Luc.*, V, 7.) Non ergo desunt pressuræ tentationis. Nemo sibi dicat : Non est tempus tentationis. Qui

(a) Sic plures Mss. At Er. *Omnia hæc per illecebram cupiditatem tentant.* Lov. *Omnia hæc per illecebras cupiditatum tentat.*

ainsi se promet la paix; et celui qui se promet la paix est envahi au milieu de sa sécurité. Que tout le corps du Christ dise donc : « Vous me tirerez du piége que mes ennemis m'ont tendu en secret; » déjà, en effet, notre tête est sortie de ce piége secrètement tendu contre elle par ceux dont l'Évangile a rapporté ces paroles : « Voici l'héritier, venez, tuons-le, et l'héritage nous appartiendra. » Eux-mêmes, interrogés par le Sauveur, ont prononcé leur sentence. « Que fera le père de famille à ces fermiers méchants? Il fera périr misérablement ces misérables, et il louera sa vigne à d'autres vignerons. Eh! quoi? N'avez-vous point lu aussi ces paroles : la pierre rejetée par ceux qui bâtissaient est devenue la pierre angulaire? » (*Matth.*, XXI, 38.) Ces mots : rejetée par ceux qui bâtissaient, ont la même signification que ceux-ci : ils le jetèrent hors de la vigne et le mirent à mort. Le Christ a donc été délivré. Notre tête est au ciel, elle est libre. Attachons-nous à elle par l'amour, afin de lui être ensuite unis plus intimement encore par l'immortalité; et disons tous : « Vous me tirerez du piége que mes ennemis m'ont tendu en secret, parce que vous êtes mon protecteur. »

11. Ecoutons ces paroles prononcées par le Seigneur sur la croix : « Je remets mon esprit entre vos mains. » (*Ps.* XXX, 6.) Assurément, en trouvant dans l'Évangile des paroles de Notre-Seigneur empruntées à ce psaume, nous ne pouvons douter que lui-même ne parle ici par le Prophète. Vous trouvez dans l'Évangile que Jésus dit : « Je remets mon esprit entre vos mains, et qu'ayant incliné la tête il rendit l'esprit : » (*Luc*, XXIII, 46; *Jean*, XIX, 30) ce n'est pas sans motif que Jésus s'est approprié les paroles de ce psaume; c'est qu'il a voulu vous avertir que lui-même parlait dans ce psaume. Cherchez-le donc ici, et souvenez-vous comment il a voulu qu'on le cherchât dans le psaume intitulé : pour le secours du matin. « Ils ont percé mes mains et mes pieds; ils ont compté tous mes os. Ils m'ont considéré et examiné; ils se sont partagés mes vêtements et ont tiré ma robe au sort. » (*Ps.* XXI, 17.) Pour vous faire savoir que toutes ces choses se sont accomplies en lui, il a répété les paroles mêmes qui commencent le psaume : « Mon Dieu, mon Dieu, pourquoi m'avez-vous abandonné? » (*Ibid.*, 2.) Mais en parlant ainsi, il considérait la voix de son corps comme étant la sienne; car jamais le Père n'a délaissé son Fils unique. « Vous m'avez racheté, Seigneur, Dieu de vérité. » Vous avez fait ce que vous avez promis, et vos promesses ne sont jamais trompeuses, ô Dieu de vérité!

12. « Vous haïssez ceux qui s'attachent inutilement à la vanité. » (*Ps.* XXX, 7.) Quel est celui

sibi hoc dicit, pacem sibi promittit : qui sibi pacem promittit, securus invaditur. Totum ergo corpus Christi dicat : « Educes me de muscipula ista, quam occultaverunt mihi : » quia eductum est et caput nostrum de muscipula, quam absconderunt illi, quibus modo dicebatur in Evangelio, quia dicturi erant : « Hic est hæres, venite occidamus eum, et nostra erit hæreditas. » (*Matth.*, XXI, 38, etc.) Et in se sententiam dixerunt interrogati : « Quid faciet ille pater familias colonis malis? Malos male perdet, et vineam suam locabit aliis agricolis. Quid, et illud non legistis : Lapidem quem reprobaverunt ædificantes, hic factus est in caput anguli? » (*Matth.*, XXI, 38, etc.) Quod est enim : Reprobaverunt ædificantes : hoc ait : Ejecerunt extra vineam, et occiderunt. Ergo erutus est et ille. Caput nostrum sursum est, liberum est. Hæreamus illi per dilectionem, ut melius postea conglutinemur ei per immortalitatem; et dicamus omnes : « Educes me de muscipula ista, quam occultaverunt mihi; quoniam tu es protector meus. »

11. Audiamus vocem Domini, quam dixit in cruce : « In manus tuas commendo spiritum meum. » (*Ps.* XXX, 6.) Certe cum verba ejus in Evangelio de isto Psalmo cognoscimus, ipsum hic locutum fuisse non dubitemus. Habes hoc in Evangelio, dixit : « In manus tuas commendo spiritum meum : et inclinato capite tradidit spiritum. » (*Luc.*, XXIII, 46; *Joan.*, XIX, 30.) Non sine causa voluit verba hujus Psalmi sua esse, nisi ut te admoneret se locutum esse in hoc Psalmo. Ipsum hic quære : cogita quomodo in illo Psalmo se quæri voluit pro susceptione matutina : « Foderunt manus meas et pedes meos, dinumeraverunt omnia ossa mea; ipsi vero consideraverunt et conspexerunt me, diviserunt sibi vestimenta mea, et super vestem meam miserunt sortem : » (*Ps.* XXI, 17, etc.) ut te admoneret in se hoc esse completum, in voce sua posuit caput ipsius Psalmi : « Deus Deus meus ut quid me dereliquisti? » (*Ibid.*, 2.) Et tamen vocem corporis in se transfiguravit : non enim Unicum suum Pater aliquando dereliquit. « Redemisti me Domine Deus veritatis. » Faciens quod promisisti, non fallens in pollicitatione tua Deus veritatis.

12. « Odisti observantes vanitatem supervacue. » (*Ps.* XXX, 7.) Quis observat vanitatem? Qui timendo

qui s'attache à la vanité? Celui qui meurt par crainte même de la mort. Car par crainte de la mort, il ment; et il meurt ainsi avant de mourir, parce qu'il a menti pour conserver sa vie. Vous mentez pour ne point mourir; et en mentant, vous mourez. Tandis que vous évitez une mort que vous pouvez bien retarder, mais à laquelle vous ne pouvez échapper, vous tombez dans une double mort : celle de l'âme d'abord, et plus tard celle du corps. Pourquoi ce malheur, si ce n'est parce que vous vous êtes attaché à la vanité; parce que vous trouvez de la douceur dans ce jour qui passe, dans ce temps qui s'envole, sans que vous en puissiez rien retenir, tandis qu'il vous tient captif? « Vous haïssez ceux qui s'attachent inutilement à la vanité. Mais moi, » qui ne m'attache point à la vanité, « j'ai mis mon espérance dans le Seigneur. » Vous mettez votre espérance dans l'argent, vous êtes attaché à la vanité; vous mettez votre espérance dans l'honneur et dans l'excellence de la puissance humaine, vous êtes attaché à la vanité; vous mettez votre espérance en quelque ami puissant, vous êtes attaché à la vanité. Tandis que vous mettez votre espérance dans ces choses, ou bien vous mourez et force vous est de les laisser ici-bas; ou bien, pendant le cours de votre vie, elles périssent et vous êtes déçu de votre espérance. Le prophète Isaïe rappelle cette vanité, lorsqu'il dit : « Toute chair n'est que foin, et toute la gloire de la chair est comme la fleur du foin : le foin s'est desséché et sa fleur est tombée, mais la parole du Seigneur demeure éternellement. » (*Is.*, XL, 6.) Pour moi, je ne suis pas de ceux qui mettent leur espérance dans la vanité et qui s'attachent à la vanité; mais j'ai mis mon espérance dans le Seigneur, qui n'est point vanité.

13. « Je me réjouirai et serai ravi de joie dans votre miséricorde, » et non dans ma propre justice; « parce que vous avez regardé mon état d'humiliation, que vous avez sauvé mon âme des nécessités où elle était réduite, et que vous ne m'avez point mis en esclavage entre les mains de l'ennemi. » (*Ps.* XXX, 8, 9.) Quelles sont ces nécessités, d'où nous désirons sauver notre âme? Qui pourrait les compter? Qui pourrait les réunir en une seule masse? Qui pourrait énumérer complétement celles qu'il faut éviter et fuir? Et d'abord, c'est une dure nécessité de la condition humaine de ne pas connaître le cœur des autres, de se défier le plus souvent d'un ami fidèle, et de se confier le plus souvent à des amis infidèles. O la dure nécessité! Et que pouvez-vous pour sonder les cœurs? Faible et misérable mortel, quel œil est le vôtre? Que pouvez-vous pour lire aujourd'hui dans le cœur de votre frère? Vous n'avez pas moyen de le faire. Et nécessité plus dure encore, vous ne voyez même pas ce que sera votre cœur demain. Et que dire des nécessités que nous impose la mort? C'est une nécessité de mourir, et personne ne le veut.

---

mori moritur. Timendo enim mori mentitur, et moritur antequam moriatur, qui ideo mentiebatur ut viveret. Mentiri vis, ne moriaris : et mentiris, et moreris, et cum vitas unam mortem quam differre poteris, auferre non poteris, incidis in duas, ut prius in anima, postea in corpore moriaris. Unde hoc, nisi observando vanitatem? Quia dulcis est tibi transiens dies, quia dulcia sunt tibi transvolantia tempora, unde nihil tenes, et insuper tu teneris. « Odisti observantes vanitatem supervacue. » « Ego autem, » qui non observo vanitatem, « in Domino speravi. » Speras in pecunia, observas vanitatem : speras in honore et sublimitate aliqua potestatis humanæ, observas vanitatem : speras in aliquo amico potente, observas vanitatem. In his omnibus cum speras, aut tu exspiras, et ea hic dimittis; aut cum vivis omnia pereunt, et in spe tua deficis. Hanc vanitatem commemorat Isaias dicens : « Omnis caro fœnum, et omnis gloria ejus quasi flos fœni : aruit fœnum, et flos ejus decidit; verbum autem Domini manet in æternum. » (*Isa.* XL., 6.) Ego autem, non quomodo illi qui sperant in vanitate, et qui observant vanitatem; sed in Domino speravi, qui non est vanitas.

13. « Exsultabo, et jocundabor in tua misericordia : » (*Ps.* XXX, 8) non in mea justitia. « Quia respexisti humilitatem meam, salvam fecisti de necessitatibus animam meam : » « nec conclusisti me in manus inimici. » (*Ibid.*, 9.) Quæ sunt necessitates, unde volumus salvam fieri animam nostram? Quis eas enumeret? quis digne exaggeret? quis congrue vitandas fugiendasque commendet? Primo in genere humano dura necessitas, nescire cor alterius, male sentire plerumque de amico fideli, bene sentire plerumque de amico infideli. O dura necessitas! Et quid facis ut corda inspicias? quem oculum affers infirma et plangenda mortalitas? quid facis ut videas hodie cor fratris tui? Non habes quid facias. Alia major necessitas, nec tuum vides quale erit cras. Quid jam dicam de necessitatibus ipsius mor-

Personne ne veut ce qui est nécessaire. Personne ne veut ce qui arrivera, qu'on le veuille ou qu'on ne le veuille pas. Dure nécessité, de ne pas vouloir ce qui est inévitable! Car, s'il en pouvait être ainsi, nous voudrions ne jamais mourir; nous voudrions devenir ce que sont les anges, mais par une sorte de métamorphose et non par la mort, selon ces paroles de l'Apôtre : « Nous avons une maison construite par Dieu, non par la main des hommes, et éternelle dans les cieux. Et pour cela nous gémissons, désirant d'être revêtus, comme d'un second vêtement, de notre habitation céleste; si toutefois nous sommes trouvés vêtus et non pas nus. Car tant que nous sommes dans notre demeure actuelle, nous gémissons sous son poids, parce que nous ne voulons pas être dépouillés, mais revêtus par-dessus, en sorte que ce qu'il y a de mortel en nous soit absorbé par la vie. » (II *Cor.*, V, 1 et suiv.) Nous voulons arriver au royaume de Dieu, mais nous ne voulons pas y arriver par la mort; et cependant la nécessité vous dit : vous passerez par cette route. O homme, tu hésites à aller à Dieu par cette route, tandis que Dieu est venu par elle jusqu'à toi! Quelles sont encore ces pénibles nécessités de vaincre des convoitises invétérées, et des habitudes mauvaises fortifiées par les années? Vaincre l'habitude, c'est un dur combat, vous le savez. Vous voyez combien ce que vous faites est mauvais, combien vous devez l'avoir en horreur, combien vous en souffrez; et pourtant vous le faites, vous l'avez fait hier, vous le ferez aujourd'hui. Si vous en avez une telle aversion, quand je vous en parle, quelle aversion n'en avez-vous pas quand vous y réfléchissez? Et cependant vous le ferez. Quelle force vous entraine? Quelle puissance vous captive? N'est-ce pas cette loi de vos membres qui est en lutte avec la loi de votre esprit? Criez donc : « Malheureux homme que je suis! qui m'affranchira d'un corps soumis à une telle mort? la grâce de Dieu par Jésus-Christ Notre-Seigneur. » (*Rom.*, VII, 23) Et alors s'accomplira en vous ce que nous disions tout à l'heure : « Pour moi, j'ai mis mon espérance dans le Seigneur, je me réjouirai et serai ravi de joie dans votre miséricorde, parce que vous avez regardé mon état d'humiliation, et que vous avez sauvé mon âme des nécessités où elle était réduite. » (*Ps.* XXX, 9.) Et d'où vient que votre âme a été délivrée de ses nécessités, sinon de ce que Dieu a regardé votre humilité? Si vous ne vous humiliiez d'abord, il ne vous exaucerait pas en vous délivrant de vos nécessités. Celui-là s'est humilié qui a dit : « Malheureux homme que je suis! qui m'affranchira d'un corps soumis à une telle mort? » Ceux-là ne se sont pas humiliés, « qui, ignorant la justice de Dieu et cherchant à établir la leur, ne se sont pas soumis à la justice de Dieu. » (*Rom.*, X, 3.)

14. « Et vous ne m'avez pas mis en esclavage dans les mains de l'ennemi.» (*Ps.* XXX, 9.) Il ne s'a-

---

talitatis? Mori necesse est, et nemo vult. Nemo vult quod necesse est. Nemo vult, quod erit velit nolit. Dura necessitas, nolle quod non potest evitari. Nam si fieri posset, nollemus utique mori; et effici quod Angeli vellemus, sed commutatione quadam, non morte, sicut dicit Apostolus : « Ædificationem habemus ex Deo, domum non manufactam æternam in cœlis. Etenim in hoc ingemiscimus, habitaculum nostrum quod de cœlo est, superindui cupientes; si tamen induti, et non nudi inveniamur. Etenim qui sumus in hac habitatione, ingemiscimus gravati, in quo nolumus exspoliari, sed supervestiri, ut absorbeatur mortale a vita. » (II *Cor.*, V, 1, etc.) Volumus pervenire ad regnum Dei, sed per mortem nolumus : et tamen dicit tibi necessitas : Hac venies. Hac venire dubitas homo, cum hac ad te venerit Deus? Quæ sunt etiam necessitates vincendarum vetustissimarum cupiditatum, et annosarum malarum consuetudinum? Vincere consuetudinem, dura pugna, nosti. Vides quam male facias, quam detestabiliter, quam infeliciter; et facis tamen : fecisti heri, facturus es hodie. Si sic tibi displicet cum disputo, quomodo displicet tibi cum cogitas? Et tamen facturus es hoc. Unde raperis? quis te captivum trahit? An illa lex in membris tuis repugnans legi mentis tuæ? (*Rom.*, VII, 23.) Clama ergo : « Infelix ego homo, quis me liberabit de corpore mortis hujus? Gratia Dei per Jesum Christum Dominum nostrum : » (*Ibid.*) et impletur in te quod modo diximus : « Ego autem in Domino speravi : exsultabo, et jucundabor in tua misericordia; quia respexisti humilitatem meam, salvam fecisti de necessitatibus animam meam. » Unde enim facta est salva de necessitatibus anima tua, nisi quia respecta est humilitas tua? Nisi prius humiliareris, non te exaudiret, qui te a necessitatibus liberaret. Humiliatus est qui dixit : « Infelix ego homo, quis me liberabit de corpore mortis hujus? » (*Rom.*, X, 3.) Non sunt humiliati, qui ignorantes Dei justitiam, et suam volentes constituere, justitiæ Dei non sunt subjecti.

14. « Nec conclusisti me in manus inimici. » (*Psal.*

git pas ici d'un voisin, d'un copropriétaire, d'un compagnon d'armes que vous avez offensé, ou à qui peut-être vous avez fait injure dans votre pays ; car il n'est pas un d'eux pour qui nous ne devions prier. Nous avons un autre ennemi, le démon, l'antique serpent. Nous tous qui mourons ; si nous faisons une bonne mort, nous sommes délivrés de ses mains. Au contraire, tous ceux qui meurent misérablement dans leurs péchés tombent sous sa domination, pour être condamnés avec lui au dernier jour. Le Seigneur notre Dieu nous délivre donc de la main de notre ennemi, tandis que celui-ci veut nous perdre à l'aide de nos convoitises. Or, nos convoitises, quand elles sont assez fortes pour nous tenir asservis, s'appellent des nécessités? Mais si Dieu délivre notre âme de nos nécessités, comment l'ennemi nous saisira-t-il, pour nous tenir en esclavage entre ses mains ?

15. « Vous avez mis mes pieds dans un lieu spacieux. » (*Ibid.*) Certainement la voie est étroite (*Matth.*, VII, 14) ; elle est étroite pour celui qui marche avec peine, elle est large pour celui qui aime. La même voie qui est étroite devient une voie large. « Vous avez mis mes pieds, dit-il, dans un lieu spacieux ; » de peur que, resserrés dans un sentier trop étroit, ils ne vinssent à se croiser, et qu'en s'embarrassant l'un dans l'autre ils ne me fissent tomber. Que signifie donc cette parole : « Vous avez mis mes pieds dans un lieu spacieux ? » Evidemment elle veut dire : vous m'avez rendu facile une justice qui m'était d'abord difficile. Tel est le sens de ces mots : « Vous avez mis mes pieds dans un lieu spacieux. »

16. « Ayez pitié de moi, Seigneur, parce que je suis dans la tribulation. Mon œil est troublé par la colère, ainsi que mon âme et mes entrailles (*Ibid.*, 10) ; parce que la douleur consume ma vie et que mes années se passent dans les gémissements. » (*Ps.* XXX, 11.) Que ce discours suffise à Votre Charité ; avec l'aide de Dieu nous pourrons achever de payer notre dette, de manière à ne partir qu'après l'explication du psaume entier (1).

IIIᵉ DISCOURS SUR LE PSAUME XXXᵉ (2).

1. Reportons notre attention sur le reste du psaume, et sachons nous reconnaître dans les paroles du Prophète ; car, si nous nous examinons avec soin dans le temps de la tribulation, nous nous réjouirons au temps de la récompense. J'avais fait remarquer à Votre Charité, en exposant la première partie de ce psaume (3), que c'était le Christ qui parlait. Je vous avais

(1) On peut inférer de là que ce discours et les suivants, sur le Ps. XXX, ont été prononcés dans un lieu étranger, en dehors de l'église d'Hippone.
(2) Second discours, sur le second tiers du psaume : saint Augustin y parle des tribulations et des gémissements de l'Eglise, en raison des mauvais chrétiens et des Donatistes.
(3) Discours précédent, n° 3 et suiv.

XXX, 9.) Non vicini tui, non compossessoris tui, non ejus cum quo militasti et cum læsisti, aut forte in tua civitate injuriam ei fecisti : isti enim tales sunt pro quibus orare debemus. Alium habemus inimicum, diabolum, serpentem antiquum. Omnes morientes, si bene moriamur, ab ejus manibus liberamur. Quicumque enim male moriuntur in suis iniquitatibus, in ejus manus concluduntur, ut cum illo in fine damnentur. Liberat ergo nos Dominus Deus noster de manu inimici nostri : ille enim nos per cupiditates nostras vult capere. Cupiditates autem nostræ quando validæ sunt, et quando eis servimus, necessitates vocantur. Liberante autem Deo animam nostram de necessitatibus nostris, quid erit quod in nobis teneat inimicus, ut concludamur in manus ejus?

15. « Statuisti in spatioso pedes meos. » (*Ibid.*, 9.) Certe angusta via est (*Matth.*, VII, 14) : laboranti angusta est, amanti lata est. Eadem quæ angusta est, lata fit. « In spatioso, dicit, posuisti pedes meos, » ne angustati pedes mei irent in se, et incurrendo in se dejicerent me. Ergo quid ait : « Posuisti in spatioso pedes meos? » Plane fecisti mihi facilem justitiam, quæ mihi erat aliquando difficilis : hoc est : « Posusti in spatioso pedes meos. »

16. « Miserere mei Domine, quoniam tribulor, conturbatus est in ira oculus meus, anima mea, et venter meus. » (*Psal.* XXX, 10.) « Quoniam defecit in dolore vita mea, et anni mei in gemitibus. » (*Ibid.*, 11.) Sufficiat Caritati Vestræ, adjuvante Domino fortassis implebimus debitum, ut et Psalmo peracto proficiscamur.

IN EUMDEM PSALMUM XXX ENARRATIO III.

1. Ad reliqua Psalmi nostra revertatur intentio, et nos ipsos agnoscamus in verbis Prophetæ. Quoniam si nos inspexerimus in tempore tribulationis, gaudebimus in tempore retributionis. Commendaveram Caritati Vestræ, cum primas partes hujus Psalmi

exposé comment il fallait comprendre ici le Christ entier, c'est-à-dire la tête et le corps. Je m'étais appuyé sur des témoignages tirés des Ecritures mêmes, assez clairs et assez convaincants pour qu'il ne pût rester aucun doute que le Christ ne fût à la fois la tête et le corps, l'époux et l'épouse, le Fils de Dieu et l'Eglise, le Fils de Dieu devenu le Fils de l'homme à cause de nous qui de fils des hommes devenons ainsi fils de Dieu ; et que, par un mystère ineffable, ils ne fussent deux dans une même chair, comme on voit dans les prophètes qu'ils sont deux dans une même voix. C'est de lui que venait cette expression d'allégresse : « Vous avez regardé mon état d'humiliation, vous avez sauvé mon âme des nécessités où elle était réduite, et vous ne m'avez pas mis en esclavage dans les mains de l'ennemi ; vous avez mis mes pieds dans un lieu spacieux. » (*Ps.* xxx, 8, 9.) Cette allégresse est celle de l'homme délivré de ses tribulations, des membres du Christ délivrés de l'affliction et des embûches de l'ennemi. Et de suite il ajoute : « Ayez pitié de moi, Seigneur, parce que je suis dans l'affliction. » (*Ibid.*, 10.) Mais l'affliction resserre ; comment donc peut-il dire : « Vous avez mis mes pieds dans un lieu spacieux ? » (*Ibid.*, 9.) S'il est encore dans l'affliction, comment ses pieds sont-ils dans un lieu spacieux ? Ne serait-ce pas qu'il n'y aurait qu'une seule voix, parce qu'il n'y a qu'un seul corps, mais que certains membres se sentiraient au large, tandis que d'autres se sentiraient resserrés par l'affliction ; c'est-à-dire que quelques-uns trouveraient facile la pratique de la justice, tandis que d'autres la pratiqueraient avec peine au milieu des tribulations? Et, en effet, si les membres ne se trouvaient pas les uns dans un état les autres dans un autre, l'Apôtre ne dirait point : « Si un membre souffre, tous les membres souffrent avec lui ; et si un membre est glorifié, tous les membres se réjouissent avec lui. » (I *Cor.*, xii, 16.) Par exemple, quelques Eglises sont en paix, d'autres sont dans la tribulation ; celles qui sont en paix ont les pieds dans un lieu spacieux ; celles qui sont dans la tribulation souffrent d'une étreinte qui les resserre ; mais les unes sont contristées par la tribulation des autres, et les secondes sont consolées par la paix des premières. Car l'unité de ce corps exclut toute division, et la division ne peut être amenée que par la dissension. Or, la charité assemble les parties, l'assemblage des parties produit l'unité, l'unité conserve la charité, la charité parvient à la gloire. Il peut donc dire pour quelques-uns de ses membres : « Ayez pitié de moi, Seigneur, parce que je suis dans la tribulation ; mon œil est troublé par la colère, ainsi que mon âme et mes entrailles. »

2. Nous cherchons donc d'où vient cette peine ; car peu auparavant il paraissait se réjouir de sa

---

exponerem, quod Christus loquatur : et quomodo sit accipiendus Christus totus cum capite et corpore, non tacueram : testimoniis etiam Scripturarum, quantum mihi videtur, satis idoneis luculentisque firmaveram ; ita ut omnino dubitari non posset Christum esse caput et corpus, sponsum et sponsam, Filium Dei et Ecclesiam, Filium Dei factum filium hominis propter nos, ut filios hominum faceret filios Dei ; atque ita essent duo in carne una in sacramento magno, qui agnoscuntur in Prophetis duo in voce una. Gratulatio superius expressa est ipsius dicentis : « Respexisti humilitatem meam, salvam fecisti de necessitatibus animam meam, nec conclusisti me in manus inimici, statuisti in loco spatioso pedes meos. » (*Psal.* xxx, 8, 9.) Gratulatio est liberati hominis a tribulatione, liberatorum membrorum Christi ab afflictione et insidiis. Et rursus dicit : « Miserere mei Domine, quoniam tribulor. » (*Ibid.*, 10.) In tribulatione utique angustia est : quomodo ergo : « Posuisti in spatioso pedes meos ? » (*Ibid.*, 9.) Si adhuc tribulatur, quomodo sunt in spatioso pedes ? An forte una quidem vox est, quia unum quidem corpus ; sed in aliquibus membris spatium sentitur, in aliquibus angustia, id est, alii sentiunt facilitatem justitiæ, alii laborant in tribulatione ? Nam si non alia membra illud, alia illud paterentur, non diceret Apostolus : « Si patitur unum membrum, compatiuntur omnia membra ; et si glorificatur unum membrum, congaudent omnia membra. » (I *Cor.*, xii, 26.) Aliquæ Ecclesiæ, verbi gratia, pacem habent, aliquæ in tribulatione sunt : in istis quæ pacem habent, in spatioso sunt pedes ; illæ quæ in tribulatione sunt, angustias patiuntur : sed et istos contristat illorum tribulatio, et illos pax istorum consolatur. Sic est enim unum corpus, ut non sit discissio ; non autem facit discissionem nisi dissensio. Caritas autem compagem facit, compages complectitur unitatem, unitas servat caritatem, caritas pervenit ad claritatem. Dicat ergo ex quibusdam membris : « Miserere mei Domine, quoniam tribulor, conturbatus est in ira oculus meus, anima mea et venter meus. »

2. Quærimus unde sit ista tribulatio, quoniam

délivrance. En effet, Dieu lui avait abondamment communiqué le don de la justice, et il avait élargi la voie sous ses pas, en la dilatant par la charité. D'où peut donc provenir cette peine, si ce n'est de la douloureuse situation que Notre-Seigneur exprime en ces termes : « Parce que l'iniquité se multipliera, la charité d'un grand nombre sera refroidie ? » (*Matth.*, XXIV, 12.) Car d'abord l'Église, que recommandait le petit nombre de saints qui la formaient, s'est multipliée, en jetant les filets où furent pris d'innombrables poissons, selon cette prophétie : « J'ai annoncé et publié (vos merveilles), et la multitude (de ceux qui ont cru) est devenue innombrable ; » (*Ps.* XXXIX, 6) si bien qu'ils surchargeaient les barques et rompaient les filets, comme cela est raconté d'une manière figurative de la première pêche qui précéda la passion du Seigneur. (*Luc*, V, 6.) Leur nombre s'est donc accru jusqu'à ces multitudes immenses, qui, au temps de Pâques, se pressent dans les églises au point que l'enceinte des murailles est trop étroite pour les contenir. Mais comment le juste ne serait-il pas attristé, en voyant cette même foule remplir les théâtres et les amphithéâtres, après avoir rempli les églises ? En voyant ces hommes plongés dans les iniquités, après les avoir vus célébrant les louanges de Dieu ? En les entendant blasphémer Dieu, après les avoir entendus dire à Dieu : que votre volonté se fasse ?

Mais que le juste demeure ferme, qu'il reste inébranlable, qu'il ne défaille pas au milieu même de cette grande multitude de pécheurs ; parce que le grain reste au milieu des monceaux de paille, jusqu'à ce qu'il en soit séparé par le van, et qu'il soit déposé dans le grenier, pour y jouir de la société des saints et se trouver à l'abri de tout ouragan de poussière. Qu'il reste inébranlable ; car après avoir dit : « Parce que l'iniquité se multipliera, la charité d'un grand nombre sera refroidie, » le Seigneur, pour éviter que la prévision d'une semblable iniquité ne fît glisser et chanceler nos pieds, a de suite ajouté, afin de relever, de consoler et de fortifier les fidèles : « Celui qui aura persévéré jusqu'à la fin, sera sauvé. » (*Matth.*, XXIV, 13.)

3. Regardez donc le juste comme éprouvé, si je ne me trompe, par ce genre de tribulation. En effet, lorsqu'il semblerait que sa peine devrait exciter ses plaintes (car la douleur est l'effet naturel de la tribulation), il se représente comme irrité par cette tribulation et il dit : « Ayez pitié de moi, Seigneur, parce que je suis dans la tribulation ; mon œil est troublé par la colère. » (*Ps.* XXX, 10.) Si vous êtes dans la tribulation, pourquoi vous irritez-vous ? Il s'irrite contre les péchés d'autrui. Qui ne s'irriterait de voir les hommes confesser Dieu des lèvres et le renier par leur conduite ? Qui ne s'irriterait de voir les hommes renoncer au monde en paroles

---

liberatus paulo ante gaudere videbatur, justitia quadam infusa sibi largiter dono Dei, et inde facto spatio pedibus suis in latitudine caritatis. Unde ergo et ista exsistit tribulatio, nisi forte ex illo quod Dominus dicit : « Quoniam abundabit iniquitas, refrigescet caritas multorum ? » (*Matth.*, XXIV, 12.) Primo enim commendata paucitate sanctorum, tanquam missis retibus, multiplicata est Ecclesia, et capti sunt innumerabiles, de quibus prædictum erat : « Annuntiavi et locutus sum, multiplicati sunt super numerum. » (*Psal.* XXXIX, 6.) Qui etiam navigia premerent, et retia rumperent, sicut est positum in illa prima piscatione ante passionem Domini. (*Luc.*, V, 6.) Ex his igitur multitudinibus exaggerati sunt, quibus per Pascha sic refertiuntur ecclesiæ, ut turbas ipsorum parietum recuset angustia. Quomodo autem non tribuletur iste de hac multitudine, quando videt ipsos implere theatra et amphitheatra, qui paulo ante ecclesias impleverunt ? ipsos in nequitiis, qui paulo ante in laudibus Dei ? ipsos blasphemare Deum, qui respondebant, Amen Deo ? Permaneat, duret, non deficiat etiam in multitudine copiosa iniquorum, quia nec granum deficit in multitudine palearum, quo usque post ventilationem mittatur in horreum, et ibi sit in societate sanctorum, ne turbulenti aliquid pulveris patiatur. Perduret ergo, quia et Dominus cum dixisset : Quoniam abundabit iniquitas, refrigescet caritas multorum : ne prænuntiata ista abundantia iniquitatis labarent nutarentque pedes nostri, continuo subjecit, quod fideles erigeret, quod consolaretur, atque firmaret, dicens : « Qui perseveraverit usque in finem, hic salvus erit. » (*Matth.*, XXIV, 13.)

3. Attende itaque istum, quantum mihi videtur, in hac tribulatione constitutum. Quando quidem positus in tribulatione quasi dolere deberet, (tribulatio enim dolorem habet congruum,) iratum se dicit in tribulatione, et ait : « Miserere mei Domine, quoniam tribulor, conturbatus est in ira oculus meus. » Si tribularis, quare irasceris ? Irascitur iste alienis peccatis. Quis non irascatur, videns homines confitentes ore Deum, negantes moribus ? Quis non

et non en actions? Qui ne s'irriterait de voir les frères tendre des embûches à leurs frères, et trahir la foi du baiser qu'ils leur donnent avant de participer aux sacrements divins. Et qui pourrait énumérer tous les crimes qui excitent la colère du corps de Jésus-Christ, lequel vit intérieurement de l'esprit du Christ, et gémit comme le grain au milieu de la paille. Et c'est à peine si l'on aperçoit ceux qui gémissent ainsi, qui s'irritent ainsi; de même qu'on aperçoit à peine quelques grains, quand on bat le blé dans l'aire. Celui qui ignore combien il y a là d'épis croirait que tout n'est que paille; mais sous cet amas qui paraît n'être que de la paille, se trouve une grande quantité de grain qui en sera séparée. Au milieu donc des fidèles qui gémissent sans se montrer, se trouve celui qui s'irrite et qui dit en un autre endroit : « Le zèle de votre maison me dévore. » (*Ps.* LXVIII, 10.) Ailleurs, il dit à la vue du grand nombre des prévaricateurs : « J'ai été pris de dégoût à la vue des pécheurs qui abandonnent votre loi. » (*Ps.* CXVIII, 53.) Enfin, dans un autre endroit, il dit encore : « La vue de ces pécheurs insensés m'a fait sécher de douleur. » (*Ibid.*, 158.)

4. Mais il est à craindre que cette colère n'en vienne au point de se changer en haine. La colère n'est point encore la haine. Vous vous fâchez contre votre fils, vous ne haïssez point votre fils : vous lui conservez votre héritage, bien qu'il vous sache irrité contre lui ; et votre colère n'a d'autre but que de l'empêcher de perdre, par une vie gâtée, par de mauvaises mœurs, ce que vous auriez conservé pour lui. La colère n'est donc point encore de la haine ; nous ne haïssons point encore ceux contre qui nous sommes irrités. Toutefois, si cette colère persiste, si elle n'est promptement arrachée du cœur, elle grandit et devient de la haine. C'est pour que notre colère soit promptement arrachée et qu'elle ne se change point en haine, que l'Ecriture nous fait cette leçon : « Que le soleil ne se couche pas sur votre colère. » (*Ephés.*, IV, 26.) Mais quelquefois vous voyez un frère qui a de la haine dans le cœur et qui blâme la colère de son frère ; il ressent de la haine et il reprend la colère dans un autre ; il a une poutre dans l'œil, et il s'indigne d'un fétu de paille qui est dans l'œil de son frère. (*Matth.*, VII, 3.) Mais ce fétu, ce brin de paille, si on ne l'arrache promptement, deviendra une poutre. C'est pourquoi le Prophète ne dit pas : mon œil est éteint par la colère, mais « troublé ; » car s'il était éteint, ce ne serait plus de la colère, ce serait de la haine. Remarquez en effet que la haine éteint l'œil : « Celui qui hait son frère, dit saint Jean, est dans les ténèbres, tant qu'il le hait. » (I *Jean*, II, 11.) Donc, avant d'aller jusqu'à l'a-

---

irascatur, videns homines sæculo verbis, et non factis renuntiantes? Quis est qui non irascatur, videns fratres insidiantes fratribus, fidem non servantes osculo, quod infigunt (*a*) in sacramentis Dei? Et quis enumeret omnia, quibus irascitur corpus Christi, quod intus vivit (*b*) de spiritu Christi, quod gemit tanquam granum inter paleas? Vix enim apparent isti qui sic gemunt, qui sic irascuntur : quomodo vix apparent grana, quando area trituratur. Qui nescit quantæ spicæ missæ sunt, putat totum paleam esse : et ex hoc quod totum palea putatur, inde magna massa purgabitur. In his ergo non apparentibus et gementibus irascitur, qui dicit alio loco : « Zelus domus tuæ comedit me. » (*Psal.* LXVIII, 10.) Dicit et alibi quando quidem videt multos mala facientes : « Tædium detinuit me, a peccatoribus relinquentibus legem tuam. » (*Psal.* CXVIII, 53.) Dicit et alio loco : « Vidi insensatos, et tabescebam. » (*Ibid.*, 158.)

4. Hæc autem ira, metuendum est, ne tanta sit, ut in odium vertatur. Ira enim nondum est odium. Nam irasceris filio, non odisti filium : ei servas hæreditatem, qui te sentit iratum; et ad hoc irasceris, ne perdat quod servaveris, (*c*) male vivens moribus pravis. Ergo ira nondum est odium : nondum odimus eos, quibus irascimur; sed ista ira si mauserit, et non cito evulsa fuerit, crescit et fit odium. Ideo ut recens ira evellatur, et in odium non convertatur, hoc nos docet Scriptura, dicens : « Non occidat sol super iracundiam vestram. » (*Ephes.*, IV, 26.) Invenis autem aliquando fratrem odium habentem, et reprehendit irascentem : in illo est odium, et in alio culpat iram : ipse habet trabem in oculo suo, et reprehendit festucam in oculo fratris sui. (*Matth.*, VII, 3.) Sed festuca ista et surculus, nisi cito evellatur, trabes futura est. Non ergo ait : Exstinctus est oculus meus præ ira; sed, « turbatus. » Nam si extinguitur, jam odium est, non ira. Et vide quia exstinctus est. Hinc ait Joannes : « Qui odit fratrem suum, in tenebris est usque adhuc. » (I *Joan.*, II, 11.)

(*a*) Sic Er. et quatuordecim Mss. At Lov. *quod infigunt sacramentis Dei*, omissa particula *in*. — (*b*) Er. et Lov. *in spiritu*. Aliquot Mss. *de spiritu*. — (*c*) In omnibus Mss. *male evadens*.

veuglement, l'œil est troublé par la colère, et il faut alors prendre garde que la colère ne se tourne en haine et que l'œil ne s'éteigne. Le Prophète dit donc : « Mon œil est troublé par la colère, ainsi que mon âme et mes entrailles; » c'est-à-dire : tout est troublé au dedans de moi. Les entrailles veulent dire ici l'intérieur. Quelquefois en effet nous pouvons bien nous irriter contre les méchants, contre les pervers, contre ceux qui transgressent la loi et qui vivent dans le crime, mais nous ne pouvons crier ouvertement contre eux. Or, quand nous sommes irrités et que nous ne pouvons crier, nous sommes troublés au dedans de nous. Quelquefois, en effet, la perversité des hommes est si grande qu'elle excède tout reproche.

5. « Parce que ma vie s'épuise dans la douleur, et que mes années se passent dans les gémissements. » (*Ps.* XXX, 11.) « Ma vie s'épuise dans la douleur, » dit le Prophète. Et l'Apôtre dit : « Maintenant nous vivons, si vous demeurez fermes dans le Seigneur. » (I *Thes.*, III, .8.) Ceux que l'Evangile et la grâce de Dieu ont rendus parfaits ne vivent ici-bas que pour les autres; car leur vie en ce siècle n'est plus nécessaire pour eux. Mais comme leur action est nécessaire aux autres, il se fait en eux ce que dit encore le même Apôtre : « J'ai le désir de mourir et d'être avec le Christ, c'est de beaucoup le meilleur pour moi; mais, à cause de vous, il est nécessaire que je reste en cette vie. » (*Philip.*, I, 23.) Mais quand un homme voit que son action, ses travaux, ses prédications ne servent de rien aux autres, il sent défaillir sa vie dans l'indigence. C'est là, en effet, une indigence et une faim dignes de pitié, puisque l'Eglise fait pour ainsi dire sa nourriture de ceux que nous gagnons au Seigneur. Que veut dire : faire sa nourriture? L'Eglise les fait passer dans son corps; car nous faisons passer dans la substance de notre corps tout ce que nous mangeons. C'est ce que fait l'Eglise par les saints : elle a faim de ceux qu'elle veut gagner, et elle mange, en quelque façon, ceux qu'elle a gagnés de quelque manière que ce soit. Saint Pierre représentait l'Eglise, quand il vit descendre du ciel vers lui un vase qui renfermait toute espèce d'animaux, de quadrupèdes, de reptiles et d'oiseaux, dont les genres différents étaient le symbole de toutes les nations. Le Seigneur dans cette vision, nous donnait une figure de l'Eglise, laquelle devait absorber tous les peuples et les transformer en son propre corps; et il dit à Pierre : « Tue et mange. » (*Act.*, X, 13.) O Eglise, c'est-à-dire, ô Pierre, parce que sur cette pierre je bâtirai mon Eglise (*Matth.*, XVI, 18), tue et mange. Tue d'a-

---

Antequam ergo catur in tenebras, conturbatur oculus in ira : sed cavendum est, ne ira vertatur in odium, et oculus exstinguatur (*a*). Iste ergo dicit : « Turbatus est præ ira oculus meus, anima mea et venter meus : » hoc est, turbata sunt interiora mea. Ventrem pro interioribus posuit. Aliquando enim iniquis et perversis et a lege deviantibus et male viventibus irasci licet, clamare non licet. Cum irascimur et clamare non possumus, interiora nostra turbantur. Tanta est enim aliquando perversitas, ut nec corripi possit.

5. « Quoniam defecit in dolore vita mea, et anni mei in gemitibus. » (*Psal.* XXX, 11.) « Defecit, inquit, in dolore vita mea. » Dicit Apostolus : « Nunc vivimus, si vos statis in Domino. » (I *Thess.*, III, 8.) Quicumque perfecti sunt ex Evangelio et gratia Dei; non hic vivunt nisi propter alios : nam vita eorum in hoc sæculo, eis jam non est necessaria. Sed quia dispensatio eorum aliis necessaria est, fit in eis quod ait idem Apostolus : « Concupiscentiam habens dissolvi, et esse cum Christo; multo enim magis optimum : manere autem in carne necessarium propter vos. » (*Philip.*, I, 23.) Quando autem videt homo ex dispensatione sua, ex laboribus suis, ex prædicatione sua, non proficere homines, infirmatur in egestate vita hominis. Vere miserabilis egestas et fames : quando quidem eos quos Domino lucramur, quodammodo manducat Ecclesia. Quid est manducat? In corpus suum trajicit. Quidquid enim manducamus, in corpus nostrum trajicimus. Hoc agit Ecclesia per sanctos. Esurit quos lucrari vult, et quos lucrata fuerit aliquo modo, manducat quodammodo. Cujus personam gerebat Petrus, quando ei de cœlo submissus est discus plenus omnibus animalibus quadrupedibus, serpentibus, et volatilibus : quibus generibus omnes gentes significantur. Præfigurabat Dominus Ecclesiam, quod omnes gentes erat transvoratura, in corpus suum conversura : et ait Petro : « Macta, et manduca. » (*Act.*, X, 13.) O Ecclesia, (hoc est Petre, quia super hanc petram ædificabo

(*a*) Editi Er. et Lov. post *exstinguatur*, hæc interponunt : *Hoc autem animadvertat unusquisque qui in pace, hoc est, qui in Christo, qui pacem Dei commendavit, vocatus est, et in cujus nativitate summa pax per Angelum nuntiata est hominibus : si pro aliqua parva vel magna causa in odium proruperit, nullam societatem cum pace, hoc est Christo, habere poterit, nisi per dignam emendationem pœnitentiæ. Sequitur ergo iste, et dicit : Turbatus,* etc. Hinc nos ea verba expungimus, quod absint a nostris omnibus Mss.

bord, et mange ensuite; tue ce qu'ils sont, et fais qu'ils soient ce que tu es. Donc, lorsque l'Evangile est prêché, et que celui qui prêche s'aperçoit que les hommes ne profitent pas de ses paroles, pourquoi ne s'écrierait-il pas : « Ma vie s'épuise dans la douleur, et mes années se passent dans les gémissements. Ma force s'est affaiblie dans l'indigence et le trouble a pénétré jusque dans mes os? » Les années que nous passons ici-bas s'écoulent dans les gémissements. D'où cela vient-il ? De ce que l'iniquité s'est multipliée et que la charité d'un grand nombre s'est refroidie. (*Matth.*, XXIV, 12.) Ces années s'écoulent dans les gémissements, mais non dans des plaintes publiques. Quand l'Eglise voit beaucoup d'hommes se jeter dans le mal, elle dévore en elle-même ses gémissements, et dit à Dieu : « Mes gémissements ne vous sont point cachés. » (*Ps.* XXXVII, 10.) Ces paroles sont d'un autre psaume, mais elles conviennent à celui-ci, et cela revient à dire : mes gémissements, bien que cachés aux hommes, ne vous sont point cachés. « Ma force s'est affaiblie dans l'indigence, et le trouble a pénétré jusque dans mes os. » Nous avons parlé plus haut de cette indigence. Par les os du corps il faut entendre les membres vigoureux de l'Eglise, qui, restant inébranlables au milieu des persécutions, sont troublés cependant à la vue des péchés de leurs frères.

6. « L'opprobre dont je suis couvert surpasse celui de mes ennemis; il est excessif aux yeux de ceux qui vivent près de moi : je suis un objet de crainte pour mes amis. » (*Ps.* XXX, 12.) « L'opprobre dont je suis couvert surpasse celui de mes ennemis. » Quels sont les ennemis de l'Eglise? Les païens? Les Juifs? Les mauvais chrétiens vivent plus mal qu'eux tous. Voulez-vous la preuve que les mauvais chrétiens vivent plus mal que tous ceux-là? C'est de ceux qui leur ressemblent que le prophète Ezéchiel dit qu'ils sont comparables à des sarments inutiles. (*Ezéch.*, XV, 2.) Admettons que les païens soient des arbres de forêt qui croissent en dehors de l'Eglise, du moins on peut en faire quelque chose; de même que le bois destiné à être travaillé est toujours de quelque utilité à l'ouvrier : s'il est noueux, courbé et couvert d'écorce, on peut, à l'aide de divers instruments, le dégrossir, le façonner, l'aplanir et l'accommoder, d'une manière ou d'une autre, aux usages de l'homme. Mais quant aux sarments détachés de la vigne, l'ouvrier n'en peut rien faire; le feu seul les attend. Ecoutez attentivement, mes frères. Bien que l'on préfère partout aux arbres forestiers le sarment encore attaché à la vigne, parce que le sarment donne du fruit, tandis que ces arbres n'en donnent pas; cependant, lorsque le sarment est détaché de la vigne, si on le compare avec l'arbre des forêts, on comprend que celui-ci

Ecclesiam meam,) (*Matth.*, XVI, 18) « macta, et manduca. » Prius macta, et sic manduca. Occide quod sunt, et fac quod es. Cum ergo prædicatur Evangelium, et videt qui prædicat non proficere homines, quare non clamet : « Quoniam defecit in dolore vita mea, et anni mei in gemitibus? Infirmatus est in egestate vigor meus, et ossa mea conturbata sunt. » Anni nostri isti, quos hic ducimus, in gemitibus sunt. Unde? « Quia abundavit iniquitas, refrigescit caritas multorum. » (*Matth.*, XXIV, 12.) In gemitibus, non in claris vocibus. Quando videt Ecclesia multos in perversum ire, gemitus suos devorat apud se, ut dicat Deo : « Gemitus meus non est absconditus a te. » (*Psal.* XXXVII, 10.) In alio Psalmo dicitur, sed congruit huic; et hoc est dicere : Gemitus meus, etsi absconditus est ab hominibus, a te non est absconditus. « Infirmatus est in egestate vigor meus, et ossa mea conturbata sunt. » De hac egestate supra diximus. Ossa vero fortes intelliguntur Ecclesiæ, qui etiam si non conturbantur persecutionibus alienorum, conturbantur tamen iniquitatibus fratrum.

6. « Super omnes inimicos meos factus sum opprobrium, et vicinis meis nimium, et timor notis meis. » (*Psal.* XXX, 12.) « Super omnes inimicos meos factus sum opprobrium : » qui sunt inimici Ecclesiæ? Pagani, Judæi ? Omnibus pejus vivunt mali Christiani. Vis videre quam omnibus pejus vivant mali Christiani? De talibus dicit Propheta Ezechiel, quia comparantur sarmentis inutilibus. (*Ezech.*, XV, 2.) Pone Paganos ligna esse silvatica extra Ecclesiam, adhuc potest inde fieri aliquid, quomodo de lignis fabrilibus est lignum fabro aptum ; et si adhuc nodosum et curvum et corticosum, tamen quod doletur, ascietur, deplanetur, et possit venire ad aliquam fabricam usus humani. De sarmentis autem præcisis fabri nihil facere possunt, ignis ea solus exspectat. Attendite Fratres : Cum silvatico ligno ubique præponatur sarmentum manens in vite, quia sarmentum dat fructum, illud lignum non dat fructum : præciso tamen sarmento de vite si comparatur lignum silvaticum, intelligitur esse melius ; quia de illo faber aliquid facere potest, hoc autem non

l'emporte de beaucoup : car l'ouvrier peut en faire quelque chose, tandis que le sarment n'est ramassé que par celui qui a un foyer à entretenir. C'est pourquoi, le Christ, considérant la multitude de ceux qui vivent mal dans l'Eglise, s'écrie : « L'opprobre dont je suis couvert surpasse celui de mes ennemis. » Les méchants, dit-il, vivent au milieu de mes sacrements plus mal que ceux qui jamais n'en ont approché. Pourquoi userions-nous de ménagements, même en expliquant les paroles du psaume, au lieu de nous expliquer ouvertement et dans un langage compris de tous? Que si à d'autres moments nous n'osons le faire, du moins que la nécessité d'expliquer ce psaume nous donne la liberté de vous reprendre. « L'opprobre dont je suis couvert, dit-il, surpasse celui de mes ennemis. » C'est de tels hommes que l'apôtre saint Pierre a dit : « Leur dernier état est pire que le premier. Mieux valait pour eux qu'ils ne connussent point la voie de la justice, que de retourner en arrière après l'avoir connue, et d'abandonner les saints commandements qu'ils ont reçus. » (II *Pier.*, II, 20.) Quand il dit : « Mieux valait pour eux, qu'ils ne connussent point la voie de la justice, » n'a-t-il pas jugé que nos ennemis qui vivent en dehors de l'Eglise sont meilleurs que les chrétiens de mauvaise vie qui affligent et oppriment l'Eglise? « Mieux valait pour eux, dit-il, qu'ils ne connussent point la voie de la justice, que de retourner en arrière après l'avoir connue, et d'abandonner les saints commandements qu'ils ont reçus. » Enfin, voyez à quelle chose dégoûtante, l'Apôtre a comparé leur conduite : « Il leur est arrivé ce que dit un proverbe vrai : le chien est retourné à son vomissement. » (*Ibid.*, 22.) C'est pourquoi, les Eglises étant pleines de semblables gens, le petit nombre, ou plutôt l'Eglise par la voix du petit nombre ne dit-elle pas : « L'opprobre dont je suis couvert surpasse celui de mes ennemis; il est excessif aux yeux de ceux qui vivent près de moi; je suis un objet de crainte pour mes amis. » L'opprobre dont je suis couvert est excessif aux yeux de ceux qui vivent près de moi, c'est-à-dire, aux yeux de ceux qui s'approchaient de moi, afin d'arriver à la foi; ce qui signifie : tous ceux qui s'approchaient de moi ont été tout à fait rebutés par la mauvaise vie des mauvais et faux chrétiens. Combien y en a-t-il en effet, mes frères, qui voudraient être chrétiens, mais qui sont choqués des mauvaises mœurs des chrétiens? Ce sont là ceux qui s'approchaient de nous, et aux yeux de qui notre opprobre a paru excessif.

7. « Je suis un objet de crainte pour mes amis. » (*Ps.* XXX, 12.) Qu'y a-t-il tant à craindre? Il dit : « Je suis un objet de crainte pour mes amis. » Or, qu'y a-t-il de plus à craindre pour un homme que de voir le grand nombre de ceux qui vivent mal, et de trouver coupables de beaucoup d'actions mauvaises ceux dont il espérait bien? Il craint en effet que tous ceux qu'il

quærit, nisi qui foco ministrat. Attendens itaque multitudinem male viventium in Ecclesia : « Super omnes, inquit, inimicos meos factus sum opprobrium. » Pejus, inquit, vivunt mali in sacramentis meis, quam qui ad illa nunquam accesserunt. Latine aperte cur non dicamus, vel quando Psalmum exponimus? Et si aliis forte temporibus dicere non audemus, saltem necessitas exponendi habeat libertatem corripiendi. « Super omnes, inquit, inimicos meos factus sum opprobrium. » De talibus dicit apostolus Petrus : « Facta sunt illis posteriora deteriora prioribus : melius enim erat illis non cognoscere viam justitiæ, quam cognoscentibus retrorsum reflecti a tradito sibi sancto mandato. » (II *Petr.*, II, 20, etc.) Cum dicit : Melius erat illis non cognoscere viam justitiæ : nonne judicavit meliores esse inimicos foris positos, quam intus male viventes, quibus premitur et gravatur Ecclesia? « Melius, inquit, illis fuerat non cognoscere viam justitiæ, quam cognoscentibus retrorsum reflecti a tradito sibi sancto mandato. » Denique vide quam horribili rei eos comparavit. « Contingit illis res veri proverbii : Canis reversus ad suum vomitum. » (*Ibid.*, 22.) Istis itaque talibus cum sint plenæ Ecclesiæ, nonne veraciter illic dicunt pauci, imo ex paucorum voce ipsa Ecclesia : « Super omnes inimicos meos factus sum opprobrium, et vicinis meis nimium, et timor notis meis? » Vicinis meis nimium opprobrium factus sum, id est, qui mihi jam appropinquabant ut crederent : hoc est : Vicini mei nimium deterriti sunt, mala vita malorum et falsorum Christianorum. Quam multos enim putatis, Fratres mei, velle esse Christianos, sed offendi malis moribus Christianorum? Ipsi sunt vicini qui jam appropinquabant, et nimium opprobrium illis visi sumus.

7. « Timor factus sum notis meis. » (*Psal.* XXX, 12.) Quid tam timendum? « Timor, inquit, factus sum notis meis. » Quid tam timendum, quam cum videt homo multos male viventes, et de quibus bene sperabatur in multis malefactis inventos? Timet ne

croyait bons ne ressemblent à ceux-là, et presque tous les hommes de bien lui deviennent suspects. Un tel homme! Comment est-il tombé? Comment a-t-il commis cette turpitude, ce crime, cette action coupable? Croyez-vous qu'ils ne soient point tous de même? Voilà le sens de ces mots : « Je suis un objet de crainte pour mes amis; » parce que même ceux qui nous connaissent le mieux conçoivent le plus souvent des soupçons sur nous. Et à moins que vous ne soyez consolé par le sentiment de ce que vous êtes, si vous êtes quelque chose, vous ne croyez pas qu'il y ait un seul homme vertueux. L'homme de bien est consolé par sa conscience, alors qu'il peut se demander : Mais toi, qui crains que tous les hommes ne soient pervers, es-tu pervers toi-même? Sa conscience répondra : non, et elle ajoutera : Si donc tu es vertueux, es-tu le seul pour l'être? Crains qu'il n'y ait dans cette pensée un orgueil plus coupable encore que la perversité des autres. C'est ainsi qu'un jour Elie, accablé de tristesse à la vue de la multitude des impies, dit au Seigneur : « Ils ont massacré vos prophètes, ils ont renversé vos autels; je suis resté seul et ils cherchent à m'ôter la vie. » Mais quelle réponse reçut-il de Dieu? « Je me suis réservé sept mille hommes pleins de courage, qui n'ont point fléchi le genou devant Baal. » (III *Rois*, XIX, 10; *Rom.*, XI, 3.) Il n'y a donc, mes frères, qu'un remède au milieu de ces scandales, c'est que vous ne pensiez jamais mal de votre frère. Soyez humblement vous-même tel que vous désirez qu'il soit, et vous ne penserez pas qu'il soit ce que vous n'êtes pas. Cependant cette crainte dont parle le psaume persiste souvent de la part de nos amis, même quand ils nous ont éprouvé.

8. « Ceux qui me voyaient, se sont enfuis hors de moi. » (*Ps.* XXX, 12.) Il serait pardonnable que ceux qui ne me voyaient pas se fussent enfuis hors de moi, mais ceux même qui me voyaient se sont enfuis hors de moi. Mais si ceux qui ne me voyaient pas se sont enfuis hors de moi (et il ne faut pas dire qu'ils ont fui au dehors, parce qu'ils n'étaient point dans l'intérieur; qu'autrement, ils m'auraient vu, ils auraient connu le corps du Christ, ils auraient connu les membres du Christ, ils auraient connu l'unité du Christ), c'est une chose plus déplorable encore, c'est une chose tout à fait intolérable que beaucoup d'hommes qui m'ont vu se soient enfuis hors de moi; c'est-à-dire, que beaucoup d'hommes qui ont connu l'Eglise soient sortis d'elle et aient fait contre elle des hérésies et des schismes. Aujourd'hui, par exemple, vous trouvez un homme qui est né dans le parti de Donat, il ne sait ce qu'est l'Eglise, il tient pour le parti dans lequel il est né; vous ne savez lui enlever une habitude qu'il a sucée avec le lait de sa nourrice. Mais cet homme,

---

tales sint omnes quos putabat bonos, et veniunt in suspicionem malam prope omnes boni. Qualis vir ? quomodo cecidit ? quomodo inventus est in illa turpitudine, in illo scelere, in illo facto malo? putas non tales sunt omnes ? Hoc est « timor notis meis, » ut et ipsis quibus noti sumus, plerumque in dubium veniamus. Et nisi te consoletur quod es, si aliquid es, non credis esse alterum talem. Consolatur hominem qualiscumque conscientia, ut dicat sibi homo qui bene vivit : O tu qui modo vereris ne tales sint omnes, tu talis es? Respondet conscientia : Non sum. Ergo si talis non es, solus es ? Vide ne pejor sit ista superbia, quam illa nequitia. Noli solum te dicere. Nam et Elias aliquando tædio multitudinis impiorum ait : « Prophetas tuos occiderunt, altaria tua suffoderunt, et ego relictus sum solus, et quærunt animam meam. » Sed quid dicit illi responsum divinum? Reliqui mihi septem millia virorum, qui non curvaverunt genua ante Baal. (III *Reg.*, XIX, 10; *Rom.*, XI, 3.) Ergo Fratres, inter hæc scandala unum est remedium, ne male sentias de fratre tuo. (*a*) Humiliter esto quod vis cum esse, et non putabis eum esse quod non es. Sed tamen fit etiam timor notis, etiam expertis.

8. « Qui videbant me, foras fugerunt a me. » (*Psal.* XXX, 12.) Ignoscendum esset si foras fugissent a me, qui non videbant me : etiam qui videbant me, foras fugerunt a me. Sed si qui me non videbant, foras fugerunt a me : (nec dicendum est, foras fugerunt; quia intus non fuerunt : si intus enim fuissent, vidissent me, id est, cognovissent corpus Christi, cognovissent membra Christi, cognovissent unitatem Christi :) illud est magis gemendum, illud omnino intolerabile, quia multi qui viderunt me, foras fugerunt a me, id est, qui cognoverunt quid esset Ecclesia, exierunt foras, et hæreses et schismata contra Ecclesiam fecerunt. Hodie hominem invenis, verbi gratia, natum in parte Donati, nescit quid sit Ecclesia, ubi natus est tenet : non illi evellis consuetudinem quam suxit cum lacte nutri-

---

(*a*) Sic Er. et Mss. At Lov. *Humilis esto.*

IIIᵉ DISCOURS SUR LE PSAUME XXX.

cet homme qui tous les jours se nourrit des Ecritures, qui lit, qui prêche; est-ce donc qu'il n'y voit point enfin ces paroles : « Demandez-moi, et je vous donnerai les nations pour votre héritage, et vos possessions s'étendront jusqu'aux limites de la terre? » (*Ps.* II, 8.) Est-ce qu'il n'y voit point encore ce passage : « Tous les peuples, jusqu'aux dernières limites de la terre, se souviendront du Seigneur et se convertiront à lui, et toutes les nations de la terre l'adoreront? » (*Ps.* XXI, 28.) Si vous voyez dans ces paroles l'unité de l'univers entier, pourquoi fuyez-vous hors de l'Eglise, non-seulement pour y être frappés vous-mêmes d'aveuglement, mais encore pour étendre sur d'autres les mêmes ténèbres? « Ceux qui me voyaient, » c'est-à-dire, ceux qui connaissaient l'Eglise, qui la voyaient dans les Ecritures, « se sont enfuis hors de moi. » Pensez-vous, mes frères, que ceux qui ont fait des hérésies, en temps et lieux différents, ne savaient point tous, par les divines Ecritures, que l'Eglise n'a jamais été prédite autrement que comme répandue sur toute la surface de la terre? En vérité, je le dis à Votre Charité, certainement nous sommes tous chrétiens; du moins, nous nous disons tous chrétiens et nous sommes marqués des signes du Christ; eh bien! les prophètes ont parlé moins clairement du Christ que de l'Eglise. Ils voyaient, je pense, par la lumière de l'Esprit saint, que les hommes élèveraient des partis contre l'Eglise, et que, n'osant attaquer le Christ avec la même fureur, ils exciteraient de grands combats au sujet de l'Eglise. C'est pourquoi les prophètes ont annoncé plus clairement et plus ouvertement le point qui devait être plus violemment attaqué, afin que leurs paroles servissent au jugement de ceux qui ont vu et qui se sont enfuis au dehors.

9. Je vous rapporterai pour exemple une de ces prophéties. Abraham est notre père, non par la transmission du sang, mais par la foi dont il nous a laissé le modèle. Juste et agréable à Dieu, il obtint par la foi, dans sa vieillesse, de Sara son épouse stérile, le fils qui lui était promis, Isaac. (*Gen.*, XXI, 2.) Il reçut ensuite l'ordre d'immoler à Dieu ce même fils (*Gen.*, XXII, 3), et il n'hésita point, et il ne discuta point, et il n'objecta rien contre l'ordre de Dieu, et il ne regarda point comme un mal ce que le Dieu très-bon avait pu lui ordonner. Il emmena donc son fils pour l'immoler, le chargea du bois du sacrifice, arriva au lieu désigné, leva la main pour le frapper, et l'abaissa sur la défense de celui par l'ordre duquel il l'avait levée; après avoir obéi en voulant frapper, il obéit en s'abstenant de frapper, partout obéissant, partout exempt de crainte. Cependant, pour que le sacrifice fût accompli, et qu'il ne quittât point l'autel sans y avoir versé

---

cis. Illum, illum da qui volvitur quotidie in Scripturis, qui legit, qui prædicat. Itane tandem non ibi videt : « Postula a me, et dabo tibi gentes hæreditatem tuam, et possessionem tuam terminos terræ ? » (*Psal.* II, 8.) Non ibi videt : « Commemorabuntur, et convertentur ad Dominum universi fines terræ, et adorabunt in conspectu ejus universæ patriæ gentium? » (*Psal.* XXI, 28.) Si vides ibi totius orbis unitatem, quid foras fugis, ut non solum ipse patiaris, verum et aliis facias cæcitatem ? « Qui videbant me, » id est, qui noverant caritatem Ecclesiæ, qui eam in Scripturis intuebantur : « foras fugerunt a me. » Putatis enim Fratres mei, quia illi omnes qui fecerunt hæreses per loca et partes, non noverant in Scripturis Dei, quia Ecclesia non est (*a*) prædicta nisi toto terrarum orbe diffusa? Vere dico Caritati Vestræ : Certe omnes Christiani sumus, vel Christiani omnes dicimur, et omnes Christi signo signamur : obscurius dixerunt Prophetæ de Christo, quam de Ecclesia : puto propterea quia videbant in Spiritu, contra Ecclesiam homines facturos esse particulas, et de Christo non tantam litem habituros, de Ecclesia magnas contentiones excitaturos. Ideo illud unde majores lites futuræ erant, planius prædictum et apertius prophetatum est, ut ad judicium illis valeat qui viderunt, et foras fugerunt.

9. Exempli gratia unum commemorabo : Abraham pater noster fuit, non propter propaginem carnis, sed propter imitationem fidei : justus et placens Deo, per fidem suscepit filium sibi promissum Isaac de Sara sterili uxore sua in senectute sua (*Gen.*, XXI, 2) : jussus est immolare Deo eumdem filium, nec dubitavit, nec disceptavit, nec de jussu Dei disputavit, nec malum putavit quod jubere optimus potuit; duxit filium suum ad immolandum, imposuit ei ligna sacrificii, pervenit ad locum, erexit dexteram ut percuteret (*Gen.*, XXII, 3); eo prohibente deposuit, quo jubente levaverat; qui obtemperaverat ut feriret, obtemperavit ut parceret ; ubique obediens, nusquam timidus : ut tamen impleretur sacrificium, et sine sanguine non discederetur, inventus est aries hærens in vepre cornibus, ipse immolatus est, per-

---

(*a*) Editi, *prædicata.* Mss. nonnulli, *prædicta.*

du sang, Dieu fit qu'il trouva un bélier retenu par les cornes dans un buisson ; il l'immola et le sacrifice fut consommé. Cherchez la signification de tout ceci : c'est une figure du Christ caché sous ces voiles symboliques. Pour y découvrir le Christ, il faut écarter, il faut dérouler en quelque sorte chacun de ces voiles, afin d'arriver à l'objet caché qu'ils enveloppent. Isaac, comme fils unique et bien aimé de son père, est la figure du Fils de Dieu ; il porte le bois de son sacrifice, comme le Christ a porté sa croix. (*Jean*, XIX, 17.) Le bélier même signifie le Christ; car être retenu par les cornes, n'est-ce point en quelque sorte être crucifié? Tout ceci est donc la figure du Christ. Il fallait par là même annoncer aussi l'Eglise. La tête ayant été l'objet d'une prophétie, il fallait que le corps fût également prophétisé. L'Esprit de Dieu commença, Dieu commença à vouloir révéler l'Eglise à Abraham, et il le fit sans employer de figure. Il avait prédit le Christ à l'aide de figures, il prédit l'Eglise ouvertement. En effet, il dit à Abraham : « Parce que vous avez obéi à ma voix, et qu'à cause de moi vous n'avez point épargné votre fils bien-aimé, je vous comblerai de bénédictions, et multiplierai votre race à l'égal des étoiles du ciel et du sable de la mer, et toutes les nations de la terre seront bénies en celui qui sortira de vous. » (*Gen.*, XXII, 16.) C'est ainsi que presque en tout endroit le Christ est prédit par les prophètes sous quelque voile mystérieux, tandis que l'Eglise est prédite ouvertement ; afin que ceux qui devaient lui être contraires, la vissent clairement, et qu'en eux fût réalisée l'iniquité prédite par le Psaume : « Ceux qui me voyaient, se sont enfuis hors de moi. » Ils sont sortis d'avec nous, mais ils n'étaient pas des nôtres, selon la parole de l'apôtre saint Jean. (I *Jean*, II, 20.)

10. « J'ai été oublié d'eux et effacé de leur cœur, comme si j'étais mort. » (*Ps.* XXX, 13.) J'ai été oublié, je suis tombé dans l'oubli, ceux qui me voyaient m'ont oublié ; ils m'ont oublié et oublié de telle sorte, que j'ai été effacé de leur cœur, comme si j'étais mort. « J'ai été oublié d'eux et effacé de leur cœur, comme si j'étais mort. Je suis devenu semblable à un instrument hors d'usage. » Que signifient ces mots : « Je suis devenu semblable à un instrument hors d'usage ? » Il travaillait, et il n'était utile à personne ; il a vu qu'il était un instrument, et qu'il n'était utile à personne, et il s'est comparé à un instrument hors d'usage.

11. « Car j'ai entendu les paroles de blâme que prononçaient contre moi beaucoup d'hommes qui habitaient autour de moi. » (*Ps.* XXX, 14.) Beaucoup d'hommes habitent autour de moi, et chaque jour ils me blâment. Que de mal ne dit-on pas des mauvais chrétiens? invectives qui retombent sur tous les chrétiens. Celui qui accuse ou qui reprend les chrétiens dit-il : voilà

---

actum est sacrificium. Quære quid sit : Figura est Christi involuta sacramentis. Denique ut videatur discutitur, ut videatur pertractatur, ut quod involutum est evolvatur. Isaac tanquam filius unicus dilectus figuram habens Filii Dei, portans ligna sibi, quomodo Christus crucem portavit. (*Joan.*, XIX, 17.) Ille postremo ipse aries Christum significavit. Quid est enim hærere cornibus, nisi quodam modo crucifigi ? Figura est ista de Christo. Continuo prædicanda erat Ecclesia, prænuntiato capite prænuntiandum erat et corpus : cœpit Spiritus Dei, cœpit Deus ad Abraham prædicare velle Ecclesiam, et tulit figuram. Christum figurate prædicabat, Ecclesiam aperte prædicavit : ait enim ad Abraham : « Quoniam obaudisti vocem meam, et non pepercisti filio tuo dilecto propter me, benedicens benedicam te, et implendo implebo semen tuum sicut stellas cœli, et sicut arenam maris, et benedicentur in semine tuo omnes gentes terræ. » (*Gen.*, XXII, 16.) Et pene ubique Christus aliquo involucro sacramenti prædicatus est a Prophetis, Ecclesia aperte : ut viderent illam et qui futuri erant contra illam, et impleretur in eis ista nequitia quam prædixit Psalmus : « Qui videbant me, foras fugerunt a me. » (1 *Joan.*, II, 20.) Ex nobis exierunt, sed non erant ex nobis : hoc Apostolus Joannes de illis dixit.

10. « Oblitus sum, tanquam mortuus a corde. » (*Psal.* XXX, 13.) Oblitus sum, in oblivionem veni, obliti sunt me illi qui viderunt me : obliti sunt me, et sic me obliti sunt, tanquam mortuus fuerim a corde ipsorum. « Oblitus sum, tanquam mortuus a corde : factus sum tanquam vas perditum. » Quid est hoc : « factus sum tanquam vas perditum ? » Laborabat iste, et nulli proderat ; vidit se vas esse, et nulli prodesse, et se tanquam vas perditum dicit.

11. « Quoniam audivi vituperationem multorum accolentium in circuitu. » (*Psal.* XXX, 14.) Multi accolunt in circuitu meo, et reprehendunt me quotidie. Quanta mala dicunt in malos Christianos, quæ maledicta perveniunt ad omnes Christianos. Numquid enim dicit, qui maledicit, aut qui reprehendit Chris-

ce que font les mauvais chrétiens? nullement, il dit : voilà ce que font les chrétiens. Il n'établit ni séparation, ni distinction. Ceux qui parlent ainsi habitent autour de nous, c'est-à-dire tournent tout autour de nous et n'entrent point parmi nous. Pourquoi tournent-ils autour de nous et n'entrent-ils point? Parce qu'ils aiment les évolutions de la roue du siècle. Ils n'entrent pas dans la vérité, parce qu'ils n'aiment pas l'éternité. Ils s'abandonnent aux choses temporelles, comme s'ils étaient attachés à une roue, et il est dit à leur sujet dans un autre endroit : « Rendez leurs princes semblables à une roue qui tourne; » (*Ps.* LXXXII, 15) et ailleurs : « Les impies marchent dans un cercle perpétuel. » (*Ps.* XI, 9.) « Tandis qu'ils s'unissaient entre eux contre moi, et qu'ils tenaient conseil pour s'emparer de mon âme. » Que signifie : « Et qu'ils tenaient conseil pour s'emparer de mon âme? » pour me faire consentir à leurs actes dépravés. En effet, ceux qui parlent mal de l'Église et qui n'y entrent pas ne se contentent point de n'y pas entrer; ils veulent encore en retirer les autres par le blâme qu'ils jettent sur eux. S'ils vous ont fait sortir de l'Église, ils se sont emparés de votre âme c'est-à-dire qu'ils ont obtenu votre consentement à leur volonté perverse : et désormais vous serez errant autour de l'Église, au lieu d'habiter en elle dans un lieu stable.

12. Mais moi, au milieu de ces opprobres, au milieu de ces scandales, au milieu de ces maux, au milieu de ces séductions, de ces iniquités du dehors et de ces perversités du dedans; tandis que j'examinais de toutes parts, que je cherchais de véritables justes, et que je ne trouvais personne que je pusse imiter; qu'ai-je fait? Quelle résolution ai-je formée? « Seigneur, j'ai mis en vous mon espoir. » (*Ps.* XXX, 15.) Rien de plus salutaire, rien de plus assuré. Vous vouliez imiter je ne sais qui, vous avez trouvé que cet homme n'était point bon; cessez de l'imiter. Vous en avez cherché un autre, je ne sais quoi vous a déplu en lui; vous en avez cherché un troisième, et il ne vous a pas plu davantage; est-ce que pour ce motif, vous périrez vous-même? Cessez d'espérer en quelque homme que ce soit, car « maudit est celui qui met son espérance dans un homme. » (*Jérém.*, XVII, 5.) Si vous jetez encore les yeux sur un homme, si vous cherchez à l'imiter et à dépendre de lui, c'est que vous voulez encore vous nourrir de lait; vous deviendrez alors le nourrisson de votre grand'mère, comme on dit des enfants qui tètent plus longtemps qu'il ne convient. En effet, se nourrir de lait, c'est vouloir faire passer sa nourriture par le corps d'un autre, ou en d'autres termes vivre par un autre. Rendez-vous capable de vous asseoir à la même table et d'y prendre la même nourriture qu'un autre y a prise, ou peut-être n'y a pas prise. Peut-être est-ce pour votre bien que vous êtes

---

tianos : Ecce quæ faciunt non boni Christiani ? sed : Ecce quæ faciunt Christiani. Non separat, non discernit. Illi tamen ista dicunt, qui accolunt in circuitu, id est, circumeunt, et non intrant. Quare circumeunt, et non intrant? Quia rotam temporis amant. Non intrant ad veritatem, quia non amant æternitatem : temporalibus dediti tanquam rotæ constricti, de quibus alibi dicitur : » Pone principes eorum ut rotam : » (*Psal.* LXXXII, 15) et alibi : « In circuitu impii ambulant. » (*Psal.* XI, 9.) « Dum congregarentur ipsi simul adversum me, ut acciperent animam meam consiliati sunt. » Quid est : « ut acciperent animam meam consiliati sunt? » Ut consentirem pravitatibus eorum. Illis enim qui maledicunt, et non intrant, parum est quia non intrant; et ejicere hinc volunt vituperando. Si ejecerunt te Ecclesia, acceperunt animam tuam, id est, tenuerunt consensionem tuam; et eris in circuitu, non in mansione.

12. Ego autem, inter hæc opprobria, inter hæc scandala, inter hæc mala, inter istas seductiones, foris iniquitates, et perversitates intus, cum attenderem homines justos, et quærerem, et deessent quos imitarer, quid feci? quod consilium inveni? « Ego autem in te speravi Domine. » (*Ps.* XXX, 15.) Nihil salubrius, nihil securius. Volebas imitari nescio quem, invenisti illum non bonum : tolle imitationem hanc. Alium quæsisti, nescio quid displicuit : tertium quæsisti, et ipse non placuit : numquid quia et ille et ille displicuit, et tu peribis? Tolle ab homine spem, « quia maledictus omnis qui spem suam ponit in homine. » (*Jerem.*, XVII, 5.) Si attendis adhuc hominem, et cum quæris imitari, et ex illo pendere, adhuc lacte vis nutriri; et fies mammothreptus, quales dicuntur pueri qui diu sugunt, quod non decet. Etenim lacte uti, tanquam per carnem velle sibi cibum trajici, hoc idem est per hominem vivere. Idoneus esto ad mensam, inde cape unde ille cepit, aut fortasse non cepit. Forte utiliter et in malum incidisti, quem bonum putasti, ut in ubere quasi materno amaritudinem invenires, et ea offensione repellereris,

tombé sur un méchant que vous avez cru bon ; parce que vous trouvez de l'amertume à ce sein que vous regardiez comme le sein de votre mère, et que ce mauvais goût vous en détourne et vous porte vers une nourriture plus substantielle. C'est ce que font les nourrices avec les enfants qui ne veulent que téter ; elles mettent sur leur sein quelque objet amer, afin que, rebutés par ce goût, ils quittent la mamelle et réclament de manger à table. Qu'il dise donc : « Mais moi, Seigneur, j'ai mis en vous mon espoir et j'ai dit : vous êtes mon Dieu. » Vous êtes mon Dieu ! Arrière Donat ! Arrière Cécilien ! Ni l'un ni l'autre n'est mon Dieu. Je ne marche point au nom d'un homme, je porte le nom du Christ. Ecoutez saint Paul nous disant lui-même : « Est-ce que Paul a été crucifié pour vous ? Est-ce que vous avez été baptisés au nom de Paul ? » (1 *Cor.*, I, 13.) Je serais perdu, si je me faisais de Paul un chef de parti ; comment n'être point perdu, si je suis du parti de Donat ? Loin donc de nous les noms des hommes, les accusations des hommes, les inventions des hommes ! « Seigneur, j'ai mis en vous mon espoir ; j'ai dit : vous êtes mon Dieu. » Ce n'est point un homme quel qu'il soit, c'est vous seul qui êtes mon Dieu. Tel homme tombe, tel homme progresse ; mon Dieu ne tombe ni ne progresse ; parfait, il ne peut progresser ; éternel, il ne peut tomber : « J'ai dit au Seigneur : vous êtes mon Dieu. »

13. « Mon sort est dans vos mains ; » (*Ps.* xxx, 16) non point dans les mains des hommes, mais dans les vôtres. Quel est ce sort ? Pourquoi ce nom de sort ? En entendant ce nom, ne pensons point aux sortilèges. En effet, le sort n'est pas ici quelque chose de mauvais, c'est un moyen qui indique la volonté divine à l'homme qui est dans le doute ; car les Apôtres se servirent du sort quand Judas eut péri après avoir trahi son Maître, et que, selon cette parole écrite sur lui, « il s'en fut allé en son lieu. » On commença à chercher qui serait ordonné à sa place ; deux hommes furent choisis par le jugement des hommes, et des deux un seul fut choisi par le jugement de Dieu. Dieu fut consulté pour savoir lequel des deux il voulait, « et le sort tomba sur Matthias. » (*Act.*, I, 26.) Que signifient donc ces mots : « Mon sort est dans vos mains ? » Par le sort, le Prophète entend, autant que je puis croire, la grâce par laquelle nous sommes sauvés. Pourquoi appelle-t-il la grâce de Dieu du nom de sort ? Parce que le sort ne suppose pas le choix, mais la volonté de Dieu. Car là où l'on dit : Celui-ci fait, celui-là ne fait pas telle chose, on considère les mérites de chacun ; et dès que l'on considère les mérites, il y a choix, il n'y a point sort. Mais Dieu, n'ayant trouvé en nous aucun mérite, nous a sauvés par le sort de sa volonté, parce qu'il l'a voulu, et non parce que nous l'avons mérité. Voilà ce

et ad cibum validiorem invitareris. Faciunt enim hoc nutrices mammothreptis, ut aliqua amara ponant in papillis suis, quibus offensi parvuli ab ubere resiliant, et ad mensam inhient. Ergo dicat : « Ego autem in te speravi Domine : dixi : Tu es Deus meus. » Tu es Deus meus : recedat Donatus, recedat Cæcilianus : nec ille, nec iste Deus meus est. Non ad hominis nomen ambulo : Christi nomen teneo. Ipsum Paulum audi dicentem : « Numquid Paulus pro vobis crucifixus est, aut in nomine Pauli baptizati estis ? » (1 *Cor.*, I, 13.) Perirem si essem de parte Pauli, quomodo non pereo si fuero de parte Donati ? Prorsus recedant humana nomina, humana crimina, humana figmenta. « In te Domine speravi : dixi : Tu es Deus meus. » Non homo quisquam, sed tu es Deus meus. Unus deficit, unus proficit : Deus meus non deficit, neque proficit ; nec habet quo proficiat perfectus, nec habet unde deficiat æternus. « Dixi Domino : Deus meus es tu. »

13. « In manibus tuis sortes meæ. » (*Psal.* xxx, 16.) Non in manibus hominum, sed in manibus tuis. Quæ sunt istæ sortes ? Quare sortes ? Audito nomine sortium, non debemus sortilegos quærere. Sors enim non aliquid mali est, sed res est in dubitatione humana divinam indicans voluntatem. Nam et sortes miserunt Apostoli, quando Judas tradito Domino periit, et sicut de illo scriptum est : Abiit in locum suum : cœpit quæri quis in locum ejus ordinaretur, electi sunt duo judicio humano, et electus de duobus unus judicio divino : de duobus consultus est Deus, quemnam ipsorum esse vellet, « et cecidit sors super Matthiam. » (*Act.*, I, 26.) Quid igitur est : « In manibus tuis sortes meæ ? » Sortes dixit, quantum ego existimo, gratiam qua salvi facti sumus. Quare sortis nomine appellat gratiam Dei ? Quia in sorte non est electio, sed voluntas Dei. Nam ubi dicitur : Iste facit, iste non facit, merita considerantur ; et ubi merita considerantur, electio est, non sors : quando autem Deus nulla merita nostra invenit, sorte voluntatis suæ nos salvos fecit, quia voluit, non quia digni fuimus. Hæc est sors. Merito tunica

qu'est le sort. C'est avec raison que la robe sans couture du Seigneur (*Jean*, XIX, 23), qui figure l'éternité de la charité, a été tirée au sort, parce que les bourreaux du Christ ne pouvaient la partager. Ceux à qui elle échut désignèrent ainsi ceux à qui le sort des saints paraît échoir. « La grâce vous a sauvés par la foi, dit l'apôtre saint Paul, la grâce vous a sauvés par la foi ; et cela ne vient pas de vous, (voyez ici le sort,) et cela ne vient pas de vous, mais c'est un don de Dieu. Cela ne vient pas des œuvres, (comme si vous aviez fait quelque bien qui pût vous rendre dignes d'arriver au salut ;) cela ne vient pas des œuvres, afin que nul ne se glorifie. Car nous sommes son ouvrage, ayant été créés en Jésus-Christ pour les bonnes œuvres. » (*Ephés.*, II, 8.) Cette volonté secrète de Dieu est en quelque façon un effet du sort, pour le genre humain c'est un sort, mais un sort provenant d'une secrète volonté de Dieu, en qui il ne peut y avoir d'injustice. (*Rom.*, IX, 14.) En effet, il ne fait point acception des personnes, et ce qui est pour nous un sort est en lui l'acte de sa justice secrète.

14. Que Votre Charité veuille bien y prêter attention, et vous verrez de quelle manière cette doctrine est confirmée par l'apôtre saint Pierre. Tandis que Simon le Magicien (*Act.*, VIII, 13, etc.), baptisé par Philippe, restait attaché à celui-ci, et croyait, en raison des miracles divins accomplis en sa présence ; des Apôtres vinrent à Samarie, ville où le Magicien avait embrassé la foi et reçu le baptême. Les apôtres imposèrent les mains à ceux qui avaient été baptisés, et ceux-ci reçurent l'Esprit saint et commencèrent à parler toutes les langues. Simon fut frappé d'étonnement et resta stupéfait d'un si grand miracle de Dieu, que par l'imposition des mains d'un homme, l'Esprit saint descendît sur des hommes et les remplît de sa présence. Il désira, non de recevoir cette grâce, mais d'acquérir cette puissance ; non pour sa délivrance spirituelle, mais pour une vaine élévation. Poussé par ce désir, le cœur rempli d'un orgueil coupable, d'une impiété diabolique, et d'une passion de grandeur qui devait être humiliée, il vint dire aux apôtres : Quelle somme d'argent voulez-vous recevoir de moi, pour que les hommes, par l'imposition de mes mains, reçoivent aussi l'Esprit saint ? Cherchant les biens du monde, habitant seulement autour de l'Eglise, il crut pouvoir acheter à prix d'argent le don de Dieu. Pensant posséder l'Esprit saint à prix d'argent, il crut aussi que les apôtres étaient avares, comme il était lui-même impie et orgueilleux. Mais Pierre lui répondit aussitôt : « Que ton argent périsse avec toi, parce que tu as pensé que le don de Dieu s'acquérait par l'argent. Il n'y a pour toi ni part ni sort dans cette foi ; » (*Ibid.*, 20, etc.) c'est-à-dire : tu ne peux partici-

---

illa Domini de super texta, quæ significat caritatis æternitatem (*Joan.*, XIX, 23), cum dividi a persecutoribus non posset, sors super eam missa est : ad quos pervenit, eos significavit qui videntur ad sortem pervenire sanctorum. « Gratia salvi facti estis per fidem, ait apostolus Paulus : Gratia salvi facti estis per fidem : et hoc non ex vobis : (Vide sortem,) et hoc non ex vobis, sed Dei donum est : non ex operibus, (quasi vos benefeceritis, ut ad hoc accedere digni essetis,) non ex operibus, ut ne forte quis extollatur. Ipsius enim sumus figmentum, creati in Christo Jesu in operibus bonis. » (*Ephes.*, II, 8, etc.) Hæc quodam modo sors occulta est voluntas Dei ; in humano genere sors est, sors veniens de Dei occulta voluntate, apud quem non est iniquitas. (*Rom.*, IX, 14.) Non enim ille personas accipit, sed occulta illius justitia tibi sors est.

14. Attendat itaque Caritas Vestra, videte hoc ipsum quemadmodum firmetur ab apostolo Petro. (*Act.*, VIII, 13, etc.) Cum Simon ille Magus baptizatus a Philippo adhæreret ei, credens miraculis divinis factis in conspectu suo ; venerunt Apostoli ad Samariam, ubi crediderat etiam et ipse Magus, et ubi fuit baptizatus, et imposuerunt Apostoli manus hominibus baptizatis, et acceperunt Spiritum sanctum, et cœperunt linguis loqui : admiratus est ille, et obstupefactus tanto divino miraculo, quod ad impositionem humanarum manuum venit Spiritus sanctus, et implevit homines ; et desideravit istam, non gratiam, sed potentiam ; non unde liberaretur, sed unde extolleretur : at ubi desideravit hoc, et implevit superbia cor ejus, et diabolica impietas et celsitudo dejicienda, ait Apostolis : Quantam vultis pecuniam a me accipere, ut et ad mearum impositionem manuum accipiant homines Spiritum sanctum. Qui quærebat sæcularia, qui in circuitu accolebat, pecunia putavit posse se emere donum Dei. Qui putavit pecunia comparare Spiritum sanctum, etiam Apostolos avaros arbitratus est, sicut erat ipse impius et superbus. Continuo Petrus : « Pecunia tua, inquit, tecum sit in perditionem, quia existimasti donum Dei pecunia comparari. Non est tibi

per à cette grâce que nous avons tous reçue gratuitement, parce que tu penses acheter avec de l'argent ce qui est donné gratuitement. Or, cette grâce est appelée un sort par cela qu'elle est donnée gratuitement. « Il n'y a pour toi ni part ni sort dans cette foi. » Je vous ai dit ces choses, pour vous montrer qu'il ne faut pas nous effrayer de la parole du Prophète : « Mon sort est dans vos mains. » Quel est ce sort? L'héritage de l'Eglise. Jusqu'où s'étend cet héritage ? Quelles en sont les bornes? Les limites mêmes de la terre. « Je vous donnerai les nations comme votre héritage, et vos possessions s'étendront jusqu'aux dernières limites de la terre. » (*Ps.* II, 8.) Qu'un homme ne vienne donc pas me promettre je ne sais quelle parcelle de cette terre. O mon Dieu, « mon sort est dans vos mains. » Que ce discours suffise à Votre Charité; demain, au nom du Seigneur, et avec son secours, nous achèverons de vous donner ce qui reste du psaume.

IVᵉ DISCOURS SUR LE PSAUME XXXᵉ (1).

1. Ce qui reste du psaume, d'où nous avons déjà tiré la matière de deux discours, en forme un peu plus que le tiers, et nous voyons cependant qu'il nous faut aujourd'hui achever le paiement de notre dette. Je prie donc Votre Charité d'avoir pour agréable que nous passions rapidement sur les passages plus faciles que nous rencontrerons, afin de pouvoir nous arrêter à ceux qu'il est nécessaire d'expliquer. Il y a, en effet, beaucoup de choses qui se présentent d'elles-mêmes à l'esprit des fidèles; beaucoup ne réclament qu'un court développement; d'autres enfin, mais en plus petit nombre, exigent, pour qu'on les comprenne, les sueurs de celui qui les explique. Afin donc que le temps de ce discours n'excède ni vos forces ni les nôtres, voyez combien ce qui va suivre est facile à saisir ; ou plutôt reconnaissez-le avec nous, et louez-en le Seigneur de concert avec nous. Si le psaume est une prière, priez; s'il gémit, gémissez; s'il est dans la joie, réjouissez-vous; s'il espère, espérez, s'il exprime la crainte, craignez. Car tout ce qui est écrit dans ce psaume, est pour nous comme un miroir ?

2. « Arrachez-moi des mains de mes ennemis et de mes persécuteurs. » (*Ps.* XXX, 16.) Disons-le, et que chacun le dise de ses ennemis. Car c'est un bien, et nous devons le demander, que Dieu nous arrache des mains de nos ennemis. Mais il faut savoir quels sont les ennemis pour lesquels, et les ennemis contre lesquels il faut

(1) Troisième discours, sur la fin du psaume, prononcé le lendemain du discours précédent.

sors neque pars in fide hac : » (*Ibid.*, 20) id est, non pertines ad istam gratiam, quam gratis omnes accipimus, quia pecunia te putas emere quod gratis datur. Ex eo autem quod gratis datur, sors vocatur. « Non est tibi sors neque pars in fide hac. » Ista dixi, ne expavesceremus quod ait : « In manibus tuis sortes meæ. » Quæ sunt enim sortes? Hæreditas Ecclesiæ. Quo usque est hæreditas Ecclesiæ? inter quos (*a*) fines? Usque ad omnes fines. Dabo tibi gentes hæreditatem tuam, et possessionem tuam fines terræ. (*Psal.* II, 8.) Non mihi ergo promittat homo nescio quam particulam : Deus meus : « In manibus tuis sortes meæ. » Jam sufficiat Caritati Vestræ : quod restat in nomine Domini crastina die ipso adjuvante reddemus.

IN EUMDEM PSALMUM XXX ENARRATIO IV.

1. Quod de Psalmo restat, unde duos jam sermones habuimus, aliquanto est amplius quam tertia pars, et videmus nobis hodie debitum esse complendum. Unde peto Caritatem Vestram, ut libenter habeatis nos in verbis ejus planioribus non immorari, ut ea nos teneant, quorum est necessitas exponendi. Multa enim sunt animis fidelium sponte occurrentia, multa quæ brevi admonitione opus habent : quædam vero, et ea rariora, quibus insudandum est, ut possint intelligi. Ut ergo tempus sufficiat viribus et nostris et vestris, videte quam aperta sunt hæc; et nobiscum potius agnoscite, et in his nobiscum Deum laudate : et si orat Psalmus, orate; et si gemit, gemite; et si gratulatur, gaudete; et si sperat, sperate; et si timet, timete. Omnia enim quæ hic conscripta sunt, speculum nostrum sunt.

2. « Erue me de manibus inimicorum meorum, et a persequentibus me. » (*Ps.* XXX, 16.) Dicamus hoc, et unusquisque de inimicis suis dicat hoc. Bonum est enim, et orare debemus ut nos Deus eruat de manibus inimicorum nostrorum. Sed intelligendi sunt inimici, pro quibus orandum sit, et contra quos orandum sit. Inimici homines, qualescúmque fue-

(*a*) Mss. Regius et Vaticanus, *inter quos affines*.

prier. Les hommes qui sont nos ennemis, quels qu'ils soient, ne doivent pas exciter notre haine, de peur que le méchant ne venant à haïr celui de la méchanceté de qui il souffre, il ne se trouve deux méchants. Que l'homme bon aime celui de la méchanceté de qui il souffre, afin qu'il n'y ait qu'un méchant. Mais les ennemis contre lesquels nous devons prier sont le diable et ses anges. Ils nous envient le royaume des cieux, ils ne veulent pas que nous nous élevions au lieu d'où ils ont été précipités; prions pour que notre âme soit délivrée d'eux. Quand les hommes s'acharnent contre nous, ils deviennent les instruments du démon. C'est pourquoi, saint Paul, en nous avertissant des précautions extrêmes que nous devons prendre contre nos ennemis, dit aux serviteurs de Dieu qui souffraient persécution, et cela, remarquez-le, par les séditions, les méchancetés et les inimitiés des hommes : « Vous n'avez point à lutter contre la chair et le sang (c'est-à-dire contre les hommes) mais contre les princes, les puissances et les gouverneurs de ce monde. » (Ephés., VI, 12.) De quel monde? Du ciel et de la terre? Non. Ce monde n'a de gouverneur que celui qui en est le Créateur. Qu'entend-il par le monde? les amateurs du monde. Et il s'explique en ajoutant : Le monde dont je parle est « ce monde de ténèbres. » Et de quelles ténèbres s'agit-il, sinon des infidèles et des impies? Car, lorsque les infidèles et les impies sont devenus justes et fidèles, le même Apôtre leur parle ainsi : « Vous avez été autrefois ténèbres, et maintenant vous êtes lumière dans le Seigneur. » (Ephés., v, 8.) Vous avez à combattre les esprits de malice répandus dans les airs (Ephés., VI, 12), le diable et ses anges. Ces ennemis, vous ne les voyez pas, et pourtant vous triomphez d'eux. Seigneur, « arrachez-moi des mains de mes ennemis et de mes persécuteurs. »

3. « Répandez la lumière de votre visage sur votre serviteur, sauvez-moi dans votre miséricorde. » (Ps. XXX, 17.) Nous disions plus haut, si Votre Charité se souvient de nos paroles d'hier (1), au moins pour ceux de vous qui étaient présents, que l'Église était surtout persécutée par les chrétiens dont la vie n'est point bonne. Par eux, en effet, l'Église est couverte d'opprobres, et en outre elle a souvent leur haine à supporter. Lorsqu'ils sont repris, lorsqu'on les empêche de faire le mal à leur gré, lorsqu'on traite avec eux par la parole, ils méditent le mal dans leur cœur, et cherchent l'occasion d'éclater au dehors. Le Prophète qui gémit, et nous-mêmes, si nous voulons parler de nous, nous sommes au milieu de ces hommes. En effet, ils forment le grand nombre, et parmi

(1) Discours précédent, n° 2 et suiv.

rint, non sunt odio habendi; ne cum odit malus quem patitur malum, sint duo mali. Diligat bonus et quem patitur malum, ut vel unus sit malus. Illi inimici sunt contra quos orandum est, diabolus et angeli ejus : ipsi nobis invident regnum cœlorum, ipsi nolunt ut ascendamus unde illi dejecti sunt : ab his oremus erui animam nostram. Nam et quando adversum nos homines incitantur, vasa ipsorum fiunt. Proinde Paulus apostolus admonens nos quam cauti esse contra inimicos debeamus, ait servis Dei qui tribulationes patiebantur, utique seditionibus, improbitatibus, inimicitiis hominum : « Non est vobis colluctatio adversus carnem et sanguinem, id est, non adversus homines, sed adversus principes et potestates et rectores mundi. » (Ephes., VI, 18.) Cujus mundi? cœli et terræ? absit. Hujus mundi rector non est nisi Creator. Sed quem dicit mundum ? Amatores mundi. Denique addit, et exponit : Quod dico mundi, « tenebrarum harum. » Quarum utique tenebrarum, nisi infidelium et impiorum ? Nam ex impiis et infidelibus cum essent facti pii et fideles, sic eos alloquitur idem Apostolus : « Fuistis enim aliquando tenebræ, nunc autem lux in Domino. » (Ephes., v, 8.) Adversus spiritalia, inquit, nequitiæ in cœlestibus (Ephes., VI, 12), adversus diabolum et ejus angelos dimicatis : hostes vestros non videtis, et vincitis. « Erue me de manibus inimicorum meorum, et a persequentibus me. »

3. « Illustra faciem tuam super servum tuum, salvum me fac in tua misericordia. » (Ps. XXX, 17.) Superius dicebamus, si meminit hesternæ disputationis Caritas Vestra quicumque adfuistis, quoniam illi maxime persequuntur Ecclesiam, qui Christiani nolunt bene vivere. Per hos enim opprobrium habet Ecclesia, et ab his inimicitias sustinet : quando corripiuntur, quando male vivere non permittuntur, quando cum eis vel verbo agitur, ipsi mala in suis cordibus meditantur, et erumpendi occasionem requirunt. Inter hos est gemens iste, et si volumus nos sumus; quoniam plures sunt ipsi, et inter multitudinem eorum vix apparent boni, tanquam grana in area,

leur foule apparaissent à peine quelques justes, comme les grains de blé dans l'aire; et cependant, c'est de ces grains, purifiés de toute paille, que doivent être remplis les greniers du Seigneur. (*Matth.*, III, 12; *Luc*, III, 17.) Le Prophète qui gémit d'être au milieu d'eux s'écrie donc : « Répandez la lumière de votre visage sur votre serviteur. » Car on pourrait croire qu'il y a quelque confusion dans l'Eglise, où tous, que leur conduite soit bonne ou mauvaise, portent le nom de chrétiens; où tous sont marqués du même caractère, où tous s'approchent du même autel, où tous sont lavés par le même baptême, où tous prononcent la même oraison Dominicale, où tous assistent à la célébration des mêmes mystères. Comment donc ceux qui gémissent seront-ils distingués de ceux sur lesquels ils gémissent, si le Seigneur ne répand sur ses serviteurs la lumière de son visage? Que veut donc dire : « Répandez la lumière de votre visage sur votre serviteur? » Que l'on voie clairement que je vous appartiens; et que le chrétien impie ne puisse dire qu'il vous appartient également, de telle sorte que je vous aie fait inutilement cette prière dans un autre psaume : « Jugez-moi, ô mon Dieu, et discernez ma cause de celle d'un peuple impie. » (*Ps.* XLII, 1.) Ce qu'il dit là : « Discernez ma cause, » il le dit ici : « Répandez la lumière de votre visage sur votre serviteur. » Cependant, de peur de s'enorgueillir et de paraitre se justifier lui-même, il ajoute : « Sauvez-moi dans votre miséricorde, » c'est-à-dire, non point à cause de ma justice ni de mes mérites, mais « dans votre miséricorde; » non parce que j'en suis digne, mais parce que vous êtes miséricordieux. Ne m'écoutez pas avec la sévérité d'un juge, mais avec la bonté la plus miséricordieuse. « Sauvez-moi dans votre miséricorde. »

4. « Seigneur, que je ne sois pas confondu, parce que je vous ai invoqué. » Il invoque un motif suprême. « Que je ne sois pas confondu, parce que je vous ai invoqué. » (*Ps.* XXX, 18.) Voulez-vous que celui qui vous a invoqué soit confondu? Voulez-vous qu'il soit dit : Où est celui de qui il a tant espéré? Mais aussi, quel est, même parmi les impies, celui qui n'invoque pas Dieu? Si donc il ne disait : « Je vous ai invoqué, » d'une façon qui lui fût propre et qui ne pût être celle de beaucoup d'hommes, il n'oserait en aucune sorte réclamer pour cette invocation une aussi grande récompense. Dieu lui répondrait d'une certaine manière dans sa pensée et lui dirait : Que me demandez-vous de n'être pas confondu? Pour quelle raison? Parce que vous m'avez invoqué? Mais, tous les jours, les hommes ne m'invoquent-ils point pour venir à bout d'assouvir des convoitises adultères? Tous les jours, les hommes ne m'invoquent-ils pas, pour que ceux dont ils attendent l'héritage viennent à

---

de quibus tamen purgatis horrea replenda sunt Domini. (*Matth.*, III, 12; *Luc.*, III, 17.) Ergo inter hos gemens iste ait : « Illustra faciem tuam super servum tuum. » Confusio enim quædam putatur, cum omnes Christiani dicuntur, et qui bene vivunt, et qui male vivunt, omnes uno charactere signantur, omnes ad unum altare accedunt, omnes eodem baptismo abluuntur, omnes eamdem orationem Dominicam proferunt, omnes iisdem mysteriis celebrandis intersunt. Quando discernuntur qui gemant, et pro (*a*) quibus gematur, nisi illustret ille faciem suam super servum suum? Quid est ergo : « Illustra faciem tuam super servum tuum? » Appareat quia pertineo ad te : nec sic dicat et Christianus impius quia pertinet ad te, ne sine causa tibi in alio Psalmo dixerim : « Judica me Deus, et discerne causam meam de gente non sancta. » (*Psal.* XLII, 1.) Quod ibi dixit : Discerne causam meam : hoc dicit hic : « Illustra faciem tuam super servum tuum. » Et tamen ne et ipse superbiat, et quasi se justificare videatur, adjungit, et ait : « Salvum me fac in tua misericordia : » hoc est, non in mea justitia, non in meis meritis, sed « in tua misericordia; » non quia ego sum dignus, sed quia tu misericors es. Noli me audire secundum judiciariam severitatem, sed secundum misericordissimam bonitatem. « Salvum me fac in tua misericordia. »

4. « Domine non confundar, quoniam invocavi te. » (*Ps.* XXX, 18.) Magnam causam dixit : « Non confundar, quoniam invocavi te. » Vis ut confundatur qui invocavit te? Vis ut dicatur : Ubi est de quo præsumpsit? Quis autem etiam ipsorum impiorum non invocat Deum? Nisi ergo proprio modo quodam diceret: « Invocavi te, » qui non possit communis esse cum multis, nullo modo de hac invocatione tantam mercedem auderet exigere. Responderet enim illi Deus quodammodo in cogitatione, et diceret : Quid a me petis ut non confundaris? Quare? Quia invocasti me? Nonne quotidie homines, ut impleant forte adulteria quæ concupiscunt, invocant me? nonne quo-

(*a*) Mss. *et a quibus gematur.*

mourir? Tous les jours, les hommes qui méditent des fraudes ne m'invoquent-ils pas pour qu'elles aient un plein succès? Qu'y a-t-il donc, pour exiger de moi une aussi grande récompense, et pour me dire : « Que je ne sois pas confondu, parce que je vous ai invoqué? » Ces hommes invoquent à la vérité, mais ce n'est pas vous qu'ils invoquent. Vous invoquez Dieu, quand vous appelez Dieu en vous. L'invoquer, c'est l'appeler en vous, l'inviter en quelque sorte à entrer dans la maison de votre cœur. Or, vous n'oseriez pas inviter un père de famille aussi considérable, si vous ne saviez lui préparer une demeure. Qu'arriverait-il, en effet, si Dieu vous disait : Voici que vous m'avez appelé à vous, je viens à vous, où entrerai-je? Aurai-je à supporter les souillures si abominables de votre conscience? Si vous invitiez un de mes serviteurs dans votre maison, est-ce que vous ne commenceriez point par la nettoyer? Vous m'appelez dans votre cœur, et il est plein de rapines. Le lieu où votre Dieu est appelé par vos invocations est plein de blasphèmes, plein d'adultères, plein de fraudes, plein de convoitises coupables, et vous m'invoquez! Enfin, que dit le Prophète sur de tels hommes dans un autre psaume? « Ils n'ont point invoqué le Seigneur. » (*Ps.* XIII, 5; LII, 6.) Toujours ils l'ont invoqué et pourtant ils ne l'ont point invoqué. Passons rapidement sur cette question qui s'est présentée à nous, en voyant un homme alléguer pour obtenir une aussi grande récompense, ce mérite unique : « Je vous ai invoqué, » tandis que nous voyons Dieu invoqué par un si grand nombre de méchants; telle est la question soulevée, n'allons point au delà. Je dis donc en peu de mots à l'avare : Vous invoquez Dieu? Pourquoi invoquez-vous Dieu? Afin qu'il m'accorde quelque gain. C'est donc le gain que vous invoquez et non Dieu. Et parce que ce gain si ardemment désiré, vous ne pouvez l'obtenir ni par votre esclave, ni par votre fermier, ni par votre client, ni par votre ami, ni par votre courtisan, vous invoquez Dieu, vous faites de Dieu l'artisan de votre gain : c'est ainsi que vous ravalez Dieu. Voulez-vous invoquer Dieu? invoquez-le avec désintéressement. Malheureux avare, est-ce donc peu de chose pour vous que Dieu lui-même remplisse votre cœur? Si Dieu vient à vous sans or et sans argent, vous ne voulez donc pas de lui? Laquelle d'entre les créatures de Dieu pourra vous suffire, si Dieu lui-même ne vous suffit pas? Le Prophète a donc raison d'adresser à Dieu cette prière : « Que je ne sois pas confondu, parce que je vous ai invoqué. » Invoquez le Seigneur, mes frères, si vous voulez n'être point confondus. Car le Prophète lui-même craint cette confusion, dont il a parlé en ces termes dès le début du psaume : « Seigneur, j'ai mis en vous mon espoir, que je ne sois point à jamais couvert de confusion. »

tidie homines, ut moriantur illi a quibus exspectant hæreditatem, invocan me? nonne quotidie homines, qui fraudem cogitant, ut eam prospero exitu compleant, invocant me? Quid ergo est quod pro magna mercede exigis, ut dicas : « Non confundar, quoniam invocavi te? » Invocant quidem illi, sed non invocant te. Invocas Deum, quando in te vocas Deum. Hoc est enim illum invocare, illum in te vocare, quodam modo eum in domum cordis tui invitare. Non autem auderes tantum patrem familias invitare, nisi nosses ei habitaculum præparare. Si enim tibi dicat Deus : Ecce invocasti me, venio ad te, quo intrabo? Tantas sordes conscientiæ tuæ sustinebo? Si servum meum in domum tuam invitares, nonne prius eam mundare curares? Invocas me in cor tuum, et plenum est rapinis. Quo invocatur Deus plenum est blasphemiis, plenum est adulteriis, plenum est fraudibus, plenum est malis concupiscentiis, et invocas me? De talibus denique quid ait alio loco Psalmus? (*Psal.* XIII, 5; LII, 6.) « Dominum non invocaverunt. » Et utique invocaverunt, nec tamen invocaverunt. Breviter dico, quoniam nata est quæstio, ut tantam mercedem exigat homo allegans unum meritum, dicendo, « quia invocavi te, » cum videamus a tam multis malis invocari Deum, nata est quæstio : unde non transeundum est. Dico ergo breviter homini avaro : Invocas Deum? Quare invocas Deum? Ut det mihi lucrum. Lucrum ergo invocas, non Deum. Quia hoc lucrum quod concupiscis, non potes habere per servum tuum, non potes habere per colonum tuum, per clientem tuum, per amicum tuum, per satellitem tuum : invocas Deum, ministrum lucri tui facis Deum : viluit tibi Deus. Vis invocare Deum? Gratis invoca. Avare, an parum est tibi, si te impleat ipse Deus? Deus si ad te veniat sine auro et argento, non vis illum? Quid ergo tibi de his quæ fecit Deus sufficit, cui Deus ipse non sufficit? Merito ergo rogat iste : « Non confundar, quoniam invocavi te. » Invocate Dominum, Fratres, si non vultis confundi. Confusionem enim quamdam timet iste, de qua in superioribus Psalmi locutus est : « In te Domine speravi, non confundar in æternum. » (*Ps.* XXX, 2.)

(*Ps.* xxx, 2.) Et, pour vous faire connaître quelle est la confusion qu'il redoute, qu'a-t-il ajouté, après ces paroles : « Que je ne sois point à jamais confondu, parce que je vous ai invoqué? » Il a ajouté : « Que les impies rougissent et soient précipités dans l'enfer. » Telle est la confusion éternelle qu'il redoute.

5. « Que les lèvres trompeuses deviennent muettes, elles qui tiennent contre le juste, avec orgueil et mépris, le langage de l'iniquité. » (*Ibid.*, 19.) Ce juste est le Christ. Beaucoup de lèvres tiennent contre lui, avec orgueil et mépris, le langage de l'iniquité. Pourquoi avec orgueil et mépris? Parce qu'il parut méprisable aux orgueilleux, lorsqu'il vint sur terre avec tant d'humilité. Vous ne voulez pas qu'il soit méprisé par ceux qui aiment les honneurs, lui qui a supporté tant d'outrages. Vous ne voulez pas qu'il soit méprisé par ceux qui tiennent cette vie pour un bien précieux, lui qui a souffert la mort? Vous ne voulez pas qu'il soit méprisé par ceux qui regardent comme une honteuse condamnation le supplice de la croix, lui qui a été crucifié? Vous ne voulez pas qu'il soit méprisé par les riches, lui qui a mené dans ce monde une vie pauvre, bien qu'il fût le créateur du monde? Toutes ces choses qu'aiment les hommes, le Christ n'a pas voulu les avoir; non qu'il ne fût en son pouvoir de les posséder, mais afin de montrer, en ne les possédant pas, qu'elles sont méprisables : et par là même, tous ceux qui aiment ces choses le méprisent. Et tout serviteur de Jésus-Christ, qui veut suivre ses traces et marcher lui-même dans la voie d'humilité où il sait que son Maître a marché, est méprisé en Jésus-Christ comme membre de Jésus-Christ; et, quand la tête et les membres sont méprisés, le Christ entier est méprisé, car la tête et le corps forment ce juste tout entier. Et il est nécessaire que le Christ entier soit méprisé par les orgueilleux et les impies, afin que ces paroles s'accomplissent en eux : « Que les lèvres trompeuses deviennent muettes, elles qui tiennent contre le juste, avec orgueil et mépris, le langage de l'iniquité. » Quand ces lèvres deviendront-elles muettes? Dans ce siècle? Jamais. Tous les jours elles crient contre les chrétiens et surtout contre les humbles; tous les jours elles blasphèment; tous les jours elles aboient; elles augmentent pour leurs langues la soif vengeresse qui les attend aux enfers, où elles imploreront une goutte d'eau, sans pouvoir l'obtenir. » (*Luc*, XVI, 24.) Ainsi donc, les lèvres trompeuses ne deviendront pas muettes maintenant. Mais quand donc? Lorsque leurs iniquités s'élèveront contre elles et les condamneront, comme il est dit au livre de la Sagesse : « Alors les justes s'élèveront avec une grande force contre ceux

---

Nam ut sciatis quia istam confusionem timet, quid addidit, cum dixisset : « Non confundar in æternum, quoniam invocavi te? Erubescant impii, et deducantur in infernum : » confusione utique illa in æternum.

5. « Muta efficiantur labia dolosa, quæ loquuntur adversus justum iniquitatem, in superbia et contemptu. » (*Ibid.*, 19.) Justus iste Christus est. Multa labia loquuntur adversus eum iniquitatem in superbia et contemptu. Quare in superbia et contemptu? Quia contemptibilis superbis apparuit, qui tam humilis venit. Non vis ut contemnatur ab eis qui honores amant, ille qui tantas contumelias accepit? Non vis ut contemnatur ab his qui pro magno habent istam vitam, ille qui mortuus est? Non vis ut contemnatur ab eis qui quasi damnationis mortem (*a*) crucis turpem putant, ille qui crucifixus est? Non vis ut contemnatur a divitibus, ille qui pauperem vitam gessit in mundo, cum esset creator mundi? Omnia ista quæ amant homines, quia noluit illa habere Christus, ut non habendo ostenderet contemnenda, non quia in potestate non habuit possidenda; omnes qui amant hæc, contemnunt illum. Et quicumque voluerit servorum ejus sequi vestigia ipsius, ut ambulet et ipse in ea humilitate, in qua didicit ambulasse Dominum suum, contemnitur in Christo quasi membrum Christi : et cum caput et membra contemnuntur, totus ipse Christus contemnitur, quia totus ipse justus est caput et corpus. Et necesse est ut contemnatur totus ipse Christus a superbis et impiis, ut fiat illis quod dicitur : « Muta efficiantur labia dolosa, quæ loquuntur adversus justum iniquitatem, in superbia et contemptu. » Quando efficientur muta labia ista? In hoc sæculo? (*b*) nunquam. Quotidie clamant contra Christianos, maxime humiles; quotidie blasphemant, quotidie latrant : augent linguis suis pœnas, quibus apud inferos sitiant, et aquæ stillam sine causa desiderent. (*Luc.*, XVI, 24.) Non ergo nunc muta efficiuntur labia istorum. Sed quando? Quando traducent eos ex adverso iniquitates eorum, sicut dicitur in libro Sapientiæ : « Tunc stabunt justi in magna constan-

---

(*a*) Vox *crucis* non reperitur in Mss. — (*b*) Corbeiensis Ms. a secunda manu habet, *in hoc sæculo nequam.*

qui les auront tenus dans l'oppression. Alors ces derniers s'écrieront : Ce sont donc là ceux que nous avons autrefois tournés en dérision et considérés comme dignes d'opprobre. Comme les voici comptés au nombre des enfants de Dieu, et admis à partager le sort des saints ! Insensés que nous étions ! nous avons considéré leur vie comme une folie. » (*Sag.*, v, 1 et suiv.) Alors deviendront muettes les lèvres de ceux qui tiennent contre le juste, avec orgueil et mépris, le langage de l'iniquité. Maintenant ils nous disent : Où est votre Dieu? Qu'adorez-vous? Que voyez-vous? Vous croyez et vous prenez de la peine ; votre peine est certaine, l'objet de votre espérance incertain. Quand sera venu ce que nous espérons avec certitude, alors les lèvres trompeuses deviendront muettes.

6. Après cette assurance que les lèvres trompeuses qui tiennent contre le juste, avec orgueil et mépris, le langage de l'iniquité deviendront un jour muettes, voyez quelles sont les paroles qui suivent. Le Prophète qui gémit ainsi s'est recueilli en lui-même ; il a vu intérieurement et en esprit les biens de Dieu ; il a vu ces biens qui se voient dans le secret et que les impies ne voient pas. Il a vu qu'ils tenaient contre le juste, avec orgueil et mépris, le langage de l'iniquité, parce qu'ils ont appris à voir les biens de ce siècle, tandis qu'ils ne savent même pas penser aux biens du siècle à venir. Alors, pour faire apprécier les biens du siècle futur aux hommes qui doivent, selon son enseignement, supporter les choses présentes mais non s'y attacher, il continue et s'écrie : « Seigneur, combien est grande l'abondance de votre douceur. » (*Ps.* xxx, 20.) Si l'impie nous dit : Où est l'abondance de cette douceur ? je lui répondrai : Comment vous ferai-je goûter l'abondance de cette douceur, à vous dont la fièvre de l'iniquité a détruit le palais? Si vous ne connaissiez point le miel, vous ne pourriez vous récrier sur son goût agréable, à moins de l'avoir goûté. Vous n'avez point le palais du cœur pour goûter ces biens ; que puis-je pour vous ? Comment vous montrer ce que vous me demandez ? Vous n'êtes point un homme à qui je puisse dire : « Goûtez et voyez combien le Seigneur est doux. » (*Ps.* xxxiii, 8.) « Seigneur, combien est grande l'abondance de votre douceur, que vous avez cachée pour ceux qui vous craignent. » Que signifie : que vous avez cachée pour eux ? C'est-à-dire : que vous tenez en réserve pour eux, et non point que vous leur refusez ; afin qu'ils y parviennent seuls, parce que ce bien ne peut être commun aux justes et aux impies, et afin qu'ils y parviennent par la crainte. Tant qu'ils craignent, ils n'y sont point encore arrivés ; mais ils croient y parvenir et ils commencent par la crainte. Car rien n'est plus doux que l'immortelle possession de la sa-

tia adversus eos, qui se angustaverunt. Tunc dicent illi : Hi sunt quos aliquando habuimus in risum et in similitudinem improperii. Quomodo computati sunt inter filios Dei, et inter sanctos sors illorum est? Nos insensati vitam illorum æstimabamus insaniam. » (*Sap.*, v, 1, etc.) Tunc efficientur labia eorum muta, qui loquuntur adversus justum iniquitatem, in superbia et contemptu. Modo enim dicunt nobis : Ubi est Deus vester? Quid colitis? quid videtis? Creditis, et laboratis : certum est quod laboratis, incertum est quod speratis. Quum venerit certum quod speramus, muta efficientur labia dolosa.

6. Proinde vide quid sequitur, quia muta efficientur labia dolosa, quæ loquuntur adversus justum iniquitatem, in superbia et contemptu. Attendit iste qui sic gemit, vidit bona Dei intus in spiritu, vidit hæc bona quæ in occulto videntur, sed ab impiis non videntur. Vidit eos propterea loqui adversus justum iniquitatem in superbia et contemptu, quia bona hujus sæculi videre norunt, bona autem futuri sæculi nec cogitare sciunt. Sed ut commendaret ipsa bona futuri sæculi hominibus, quos jubet tolerare, non amare præsentia, exclamavit, et addidit : « Quam multa multitudo dulcedinis tuæ Domine. » (*Ps.* xxx, 20.) Hic homo impius si dicat: Ubi est ista multitudo dulcedinis? Respondebo : Quomodo tibi ostendam multitudinem hujus dulcedinis, qui palatum de febre iniquitatis perdidisti? Mel si non nosses, quam bene saperet non clamares, nisi gustasses. Palatum cordis non habes ad hæc bona gustanda, quid tibi faciam? Quomodo ostendam? Non est cui (*subaud.* possim.) dicere : Gustate, et videte quoniam suavis est Dominus. (*Psal.* xxxiii, 8.) « Quam multa multitudo dulcedinis tuæ Domine, quam abscondisti timentibus te. » Quid est abscondisti illis ? Servasti illis, non negasti, ut soli ad eam perveniant, (bonum est enim quod justis et impiis non potest esse commune ;) ut timendo perveniant. Quamdiu enim adhuc timent, nondum et ipsi pervenerunt : sed credunt se perventuros, et a timore incipiunt. Nihil enim dulcius est immortalitate sapientiæ (*Prov.*, 1,

gesse, mais le commencement de la sagesse est la crainte du Seigneur. (*Prov.*, I, 7 ; *Ps.* cx, 10.) « Douceur que vous avez cachée pour ceux qui vous craignent. »

7. « Mais vous l'accordez entière à ceux qui espèrent en vous à la vue des fils des hommes ; » (*Ps.* xxx, 20) non pas : vous l'accordez entière à la vue des fils des hommes, mais « à ceux qui espèrent en vous à la vue des fils des hommes ; » c'est-à-dire : vous accordez la plénitude de votre douceur à ceux qui espèrent en vous à la vue des fils des hommes. Le Seigneur a dit de même : « Si quelqu'un me renie devant les hommes, à mon tour je le renierai devant mon Père. » (*Matth.*, x, 33.) Si donc vous mettez votre espérance dans le Seigneur, faites-le à la face des hommes ; de peur que vous ne cachiez cette espérance dans votre cœur, et que vous ne craigniez de déclarer que vous êtes chrétien, lorsqu'on tournera ce nom contre vous comme une accusation. Mais à qui donc reproche-t-on maintenant d'être chrétien ? Il en reste si peu qui ne soient pas chrétiens, qu'on leur reproche de ne l'être pas, plutôt qu'ils n'osent reprocher aux autres de l'être. Cependant, mes frères, je vous le dis, commencez, qui que vous soyez qui m'écoutez, commencez à vivre en chrétiens, et voyez si des chrétiens, chrétiens de nom, mais non de vie et de mœurs, ne vous le reprocheront pas. Nul ne le sait, s'il ne l'a éprouvé. Essayez donc, et voyez ce qu'on vous dira. Voulez-vous vivre en chrétiens ? Voulez-vous suivre les traces de votre Maître ? Qu'on vous le reproche, vous rougissez ; et en rougissant vous abandonnez votre résolution. Vous perdez votre route. Vous pensez avoir acquis la justice parce que vous croyez de cœur, mais vous l'avez perdue ; car « pour être sauvé, il faut confesser sa foi par la parole. » (*Rom.*, x, 10.) Si donc vous voulez marcher dans la voie du Seigneur, mettez votre espérance en Dieu à la face des hommes ; en d'autres termes : gardez-vous de rougir de votre espérance. De même qu'elle vit dans votre cœur, qu'ainsi elle habite sur vos lèvres ; car ce n'est point sans cause que le Christ a voulu que son signe fût imprimé sur notre front, où paraît le rouge de la honte, afin que jamais le chrétien ne vînt à rougir des opprobres du Christ. Si donc vous agissez de la sorte aux yeux des hommes, si vous ne rougissez pas de votre foi devant les hommes, si en présence des fils des hommes vous ne reniez le Christ, ni par vos paroles ni par vos actions, espérez que Dieu vous donnera la plénitude de sa douceur.

8. Que dit ensuite le Prophète ? « Vous les cacherez dans le secret de votre visage. » (*Ps.* xxx, 21.) Quel est ce lieu ? Il n'a pas dit : vous les cacherez dans votre ciel ; il n'a pas dit : vous les cacherez dans le paradis ; il n'a pas dit :

---

7), sed initium sapientiæ timor Domini. (*Psal.* cx, 10.) « Quam abscondisti timentibus te. »

7. « Perfecisti autem sperantibus in te in conspectu filiorum hominum. » (*Psal.* xxx, 20.) Non : Perfecisti in conspectu filiorum hominum ; sed « sperantibus in te in conspectu filiorum hominum : » id est, eis perfecisti dulcedinem tuam, qui sperant in te in conspectu filiorum hominum. Quomodo dicit Dominus : « Qui me negaverit coram hominibus, negabo et ego illum coram Patre meo. » (*Matth.*, x, 33.) Ergo si speras in Domino, coram hominibus spera : ne forte abscondas ipsam spem tuam in corde tuo, et timeas confiteri, cum tibi pro crimine objiciatur quia Christianus es. Cui autem modo objicitur quia Christianus est ? Tam pauci non Christiani remanserunt, ut eis magis objiciatur quia Christiani non sunt, quam ipsi audeant aliquibus objicere quia Christiani sunt. Tamen dico vobis, Fratres mei, incipe, quicumque me audis, vivere quomodo Christianus, et vide si non tibi objiciatur et a Christianis, sed nomine, non vita, non moribus. Nemo sentit nisi qui expertus est. Ergo intende, intuere quod audis. Vis vivere ut Christianus ? Vis sequi vestigia Domini tui ? Objiciatur tibi, erubescis, et erubescendo dimittis. Viam perdidisti. Videris tibi corde credidisse ad justitiam, sed perdidisti : « Ore confessio fit ad salutem. » (*Rom.*, x, 10.) Si ergo vis ambulare viam Domini, etiam in conspectu filiorum hominum spera in Deum, id est, noli erubescere de spe tua. Quomodo vivit in corde tuo, sic habitet in ore tuo : quia non sine causa signum suum Christus in fronte nobis figi voluit, tanquam in sede pudoris, ne Christi opprobria Christianus erubescat. Hoc ergo in conspectu hominum si feceris, si inde coram hominibus non erubueris, si in conspectu filiorum hominum nec ore nec factis Christum negaveris : spera tibi perfici dulcedinem Dei.

8. Quid sequitur ? « Abscondes eos in abscondito vultus tui. » (*Psal.* xxx, 21.) Qualis est locus iste ? Non dixit : Abscondes eos in cœlo tuo ; non dixit : Abscondes eos in paradiso ; non dixit : Abscondes eos in sinu Abrahæ. Multis enim (*forte* nominibus) fideli-

vous les cacherez dans le sein d'Abraham. En effet, les demeures futures des saints ont été indiquées dans les Ecritures à plusieurs fidèles. Mais que tout ce qui est en dehors de Dieu nous paraisse peu de chose. Que celui qui nous protége dans le lieu où nous passons cette vie soit lui-même après cette vie le lieu de notre demeure; car, dans ce même psaume, il a été dit plus haut : « Soyez pour moi comme un Dieu protecteur et comme une maison de refuge. » (*Ibid.*, 3.) Nous serons donc cachés dans le visage de Dieu. Mais vous attendez que je vous signale quel enfoncement secret se trouve dans ce divin visage. Purifiez votre cœur, afin que Dieu vous éclaire et que celui que vous invoquez entre en vous. Soyez sa maison et il sera votre maison, qu'il habite en vous et vous habiterez en lui. Si, pendant cette vie, vous le recevez dans votre cœur, après cette vie, il vous recevra dans son visage. « Vous les cacherez, » dit le Prophète. Où les cacherez-vous ? « Dans le secret de votre visage, pour les sauver du trouble qui vient des hommes. » Car, où l'on est caché, on n'éprouve aucun trouble ; le trouble ne peut exister pour eux dans le secret de votre visage. Pensez-vous qu'il y ait en ce monde quelqu'un qui, commençant à être en butte aux opprobres des hommes parce qu'il sert le Christ, soit assez heureux pour s'enfuir vers Dieu dans son cœur, pour commencer à espérer en la douceur divine, et pour entrer par sa conscience dans le visage de Dieu, afin d'y échapper au trouble qui lui vient des hommes dont il entend les paroles outrageantes? Il y entre, en effet, mais pourvu qu'il n'ait rien en lui qui l'empêche d'entrer ; c'est-à-dire : pourvu que sa conscience ne soit point chargée, et qu'elle ne soit point pour lui un fardeau trop considérable à l'entrée de la porte étroite. « Vous les cacherez donc dans le secret de votre visage, pour les sauver du trouble qui vient des hommes. Vous les protégerez dans votre tente contre la contradiction des langues. » Un jour, vous les cacherez dans le secret de votre visage pour les sauver du trouble qui vient des hommes, afin qu'ils soient désormais complètement à l'abri des afflictions humaines ; mais, en attendant, tant qu'ils sont voyageurs en ce monde, comme ceux qui vous servent ont à souffrir de nombreuses contradictions, que ferez-vous pour eux ? « Vous les protégerez dans votre tente. » Quelle est cette tente ? L'Eglise de ce monde est appelée du nom de tente, parce qu'elle voyage encore sur cette terre. La tente est la demeure des soldats en campagne, et les tentes désigent les soldats eux-mêmes. Une maison n'est point une tente. Soyez sur cette terre comme un voyageur, et combattez comme un soldat en campagne ; afin de rester sain et sauf tant que vous habitez sous la tente, et d'être un jour admis avec gloire dans la maison. Car vous trouverez une maison dans le ciel pour l'éter-

---

hus loca futura sanctorum, in Scripturis sanctis posita sunt. Vilescat totum quidquid præter Deum est. Qui nos tuetur in loco vitæ hujus, ipse post istam vitam sit locus noster : quia et iste Psalmus, hoc ei ait superius : « Esto mihi in Deum protectorem, et in domum refugii. » (*Psal.* xxx, 3.) Ergo erimus in vultu Dei absconditi. Quis sinus est in facie Dei, a me expectatis audire? Purgate cor, ut ipse illuminet, et quem invocatis intret. Esto domus ejus, et erit domus tua : habitet in te, et tu habitabis in eo. Si eum in hoc sæculo exceperis corde tuo, ille post hoc sæculum excipiet te vultu suo. « Abscondes, inquit, eos. » Ubi? « In abscondito vultus tui. A conturbatione hominum. » Ibi enim non conturbantur, cum absconduntur : in abscondito vultus tui non conturbantur. Putas est quisquam ita felix in hoc mundo, ut cum cœperit audire opprobria hominum, propterea quod Christo servit, fugiat ad Deum corde, et incipiat spem habere in dulcedine ipsius, et a conturbatione hominum, a quibus audit opprobria, intret in vultum Dei cum conscientia sua? Intrat plane, sed si habeat cum quo intret, id est, si non sit onerosa ipsa conscientia, si non illi faciat sarcinam grandem, ad angustam januam. « Abscondes ergo eos in abscondito vultus tui a conturbatione hominum. Proteges eos in tabernaculo tuo, a contradictione linguarum. » Aliquando abscondes eos in abscondito vultus tui, a conturbatione hominum ; ut prorsus in eis conturbatio humana deinceps esse non possit : sed interim cum peregrinantur in hoc sæculo, quia multas patiuntur linguas contradicentes qui tibi serviunt, quid eis facis ? « Proteges eos in tabernaculo tuo. » Quod est tabernaculum ? Ecclesia hujus temporis, tabernaculum ideo dicitur, quia adhuc in hac terra peregrinatur. Tabernaculum enim habitaculum est militum in expeditione positorum. Ipsa dicuntur tabernacula. Domus non est tabernaculum. Pugna in expeditione peregrinus ; ut salvus factus in tabernaculo, gloriosus recipiaris in domum. Erit enim in cœlo domus tua æterna, si

nité, si vous avez bien vécu pour le présent sous cette tente. Seigneur, vous les protégerez donc dans cette tente contre les contradictions des langues. Les langues qui contredisent sont nombreuses ; diverses hérésies, des schismes différents élèvent la voix ; des langues nombreuses contredisent la véritable doctrine : pour vous, courez vers la tente du Seigneur, attachez-vous à l'Eglise catholique, gardez-vous de vous éloigner de la règle de vérité, et vous serez protégé dans la tente de Dieu contre la contradiction des langues.

9. « Béni soit le Seigneur, parce qu'il a fait éclater son admirable miséricorde dans la ville d'enceinte. » (*Ibid.*, 22.) Quelle est cette ville d'enceinte ? Le peuple de Dieu avait été établi dans le seul pays de Judée, comme au milieu du monde ; là retentissaient les louanges du Seigneur, des sacrifices lui étaient offerts, et les chants des prophètes ne cessaient d'annoncer les choses à venir ; ce peuple était ainsi placé comme au milieu des nations. Le Prophète considéra ce spectacle, qui lui fit apercevoir par avance l'Eglise de Dieu au milieu de toutes les nations ; et comme toutes les nations plaçaient au milieu d'elles le seul peuple juif et l'entouraient de tous côtés, il donna à l'ensemble de ces nations, qui semblaient enceindre la Judée, le nom de ville d'enceinte. Sans doute, ô mon Dieu, vous avez fait éclater votre miséricorde dans la ville de Jérusalem ; c'est là que le Christ a souffert, là qu'il est ressuscité, là qu'il est monté au ciel, là qu'il a fait de nombreux miracles ; mais votre gloire est plus grande encore d'avoir manifesté la plus admirable miséricorde dans la ville d'enceinte. Vous n'avez pas renfermé votre parfum dans la seule Jérusalem comme dans un vase, mais, comme si le vase eût été brisé, votre parfum s'est répandu dans le monde entier, afin que s'accomplît la prédiction de vos saintes Ecritures : « Votre nom est un parfum répandu. » (*Cant.*, 1, 2.) C'est ainsi que vous avez fait éclater votre admirable miséricorde dans la ville d'enceinte ; car le Christ est monté au ciel, il est assis à la droite du Père, après dix jours il a envoyé l'Esprit saint (*Act.*, 1, 9) : les disciples remplis de l'Esprit saint ont commencé à prêcher les œuvres merveilleuses du Christ ; ils ont été lapidés, tués, mis en fuite. (*Act.*, VIII, 1.) Et tandis qu'ils étaient comme chassés d'une seule contrée, semblables à des bois enflammés par un feu divin, ils ont rempli, dans un vaste embrasement, de la chaleur de l'Esprit saint et de la lumière de la vérité, toute la forêt de ce monde ; et le Seigneur a fait éclater son admirable miséricorde dans la ville d'enceinte.

10. « J'ai dit dans mon extase. » (*Ps.* XXX, 23.) Rappelez-vous le titre du psaume ; voici l'extase qui s'y trouve annoncée. Ecoutez ce que

---

modo bene in hoc tabernaculo vixeris. Ergo in hoc tabernaculo proteges eos a contradictione linguarum. Contradicunt linguæ multæ, diversæ hæreses, diversa schismata personant, linguæ multæ contradicunt veraci doctrinæ : tu curre ad tabernaculum Dei, Ecclesiam catholicam tene, a regula veritatis noli discedere, et protegeris in tabernaculo a contradictione linguarum.

9. « Benedictus Dominus, quoniam mirificavit misericordiam suam in civitate circumstantiæ. » (*Ibid.*, 22.) Quæ est civitas circumstantiæ ? In una Judæa populus Dei erat positus, quasi in medio mundo, ubi dicebantur laudes Deo, eique sacrificia offerebantur, ubi prophetia non cessabat canendo futura, quæ modo videmus impleri : iste populus quasi in medio gentium erat. Attendit Propheta iste, et vidit futuram Ecclesiam Dei in omnibus gentibus : et quia omnes gentes circum undique erant, quæ in medio ponebant unam gentem Judæorum ; has undique circumstantes gentes appellavit civitatem circumstantiæ. Mirificasti quidem Domine misericordiam tuam in civitate Jerusalem : ibi passus est Christus, ibi resurrexit, ibi ascendit in cœlum, ibi multa mirabilia fecit : sed major laus tua est, quia mirificasti misericordiam tuam in civitate circumstantiæ, id est, in omnibus gentibus diffudisti misericordiam tuam. Nec unguentum tuum in illa Jerusalem, quasi in vase tenuisti : sed tanquam confracto vase, unguentum per mundum diffusum est, ut impleretur quod dicitur in Scripturis sanctis : « Unguentum effusum est nomen tuum. » (*Cant.*, 1, 2.) Et ita mirificasti misericordiam tuam in civitate circumstantiæ. Ascendit enim in cœlum, sedet ad dexteram Patris, post decem dies misit Spiritum sanctum (*Act.*, 1, 9) : impleti sunt Spiritu sancto discipuli, cœperunt prædicare magnalia Christi ; lapidati, occisi, fugati sunt. (*Act.*, VIII, 1.) Et cum inde tanquam ex uno loco fugarentur, quasi ligna ardentia igne divino, totam silvam mundi accensam fervore Spiritus et lumine veritatis impleverunt ; et mirificavit Dominus misericordiam suam in civitate circumstantiæ.

10. « Ego dixi in ecstasi mea. » (*Psal.* XXX, 23.)

dit le Prophète : « J'ai dit dans mon extase : je suis rejeté de votre visage et de vos yeux. » J'ai dit dans ma terreur, c'est l'explication de ces mots : « J'ai dit dans mon extase. » Il s'est vu effrayé intérieurement de quelques-unes de ces tribulations qui ne manquent jamais ; il a considéré son cœur effrayé et tremblant, et il a dit : « Je suis rejeté de votre visage et de vos yeux. » Si j'étais caché dans votre visage, je ne craindrais point de la sorte ; si vous tourniez vos yeux sur moi, je ne tremblerais pas ainsi. Mais, de même qu'il dit dans un autre psaume : « Si je disais : mon pied est ébranlé, votre miséricorde, Seigneur, venait à mon secours ; » (*Ps.* XCIII, 18) il ajoute immédiatement ici : « C'est pourquoi, Seigneur, vous avez écouté ma voix suppliante. » Parce que j'ai confessé ma misère ; parce que j'ai dit : je suis rejeté de votre visage et de vos yeux ; parce que je n'ai point été orgueilleux, et qu'au contraire j'ai accusé mon propre cœur ; parce que, me sentant chanceler dans mes tribulations, j'ai crié vers vous ; vous avez écouté ma prière. Ce que je viens de vous rappeler d'un autre psaume est donc accompli ici. Ces paroles : « J'ai dit dans mon extase : je suis rejeté de votre face et de vos yeux, » présentent le même sens que celles-ci : « Si je disais : mon pied est ébranlé, » et ces autres paroles : « Votre miséricorde, Seigneur,

venait à mon secours, » se rapportent à ces mots de notre psaume : « C'est pourquoi, Seigneur, vous avez écouté ma voix suppliante. » Considérez dans saint Pierre une application de ces paroles. Il voit le Seigneur marcher sur les eaux, il le prend pour un fantôme. Le Seigneur lui crie : c'est moi, ne craignez pas. Pierre a confiance et répond : « Si c'est vous, dites-moi d'aller à vous en marchant sur l'eau. » (*Matth.*, XIV, 26.) Je saurai que c'est vous, si je puis, sur votre parole, ce que vous pouvez vous-même. Jésus lui dit : venez. Et la parole de celui qui donna cet ordre fit la force de celui qui l'entendit. Venez, dit Jésus ; et Pierre descendit de la barque. Il commença à marcher, il marchait avec intrépidité, mettant son espérance en Jésus. Mais ensuite, voyant que le vent était fort, il eut peur. « J'ai dit dans mon extase : je suis rejeté de votre face et de vos yeux. » Et comme il commençait à enfoncer, il s'écria : Seigneur, je péris. Et Jésus, lui tendant la main, le souleva en lui disant : « Homme de peu de foi, pourquoi avez-vous douté ? » J'ai donc dit dans ma terreur : je suis rejeté de votre face et de vos yeux ; et vous avez écouté, Seigneur, ma voix suppliante, alors que je commençais à périr dans les eaux de la mer. Vous m'avez écouté lorsque j'ai crié vers vous. Ce cri jeté vers Dieu n'est point un cri de la voix, mais un cri du

---

Recordamini titulum Psalmi, ecce est illa ecstasis? Videte quid dicat : « Ego dixi, inquit, in ecstasi mea : Projectus sum a facie oculorum tuorum. » In pavore meo dixi, hoc est : « Dixi id ecstasi mea. » Vidit se paventem intus nescio qua tribulatione magna, sicut non desunt : attendit cor suum pavidum et trepidum, et ait : « Projectus sum a facie oculorum tuorum. » Si in facie tua essem, non sic timerem, si me attenderes, non sic trepidarem. Sed quoniam dicit in alio Psalmo : « Si dicebam motus est pes meus, misericordia tua Domine adjuvabat me ; » (*Psal.* XCIII, 18) continuo et hic ait : « Ideo exaudisti vocem orationis meæ. » Quia confessus sum, quia dixi : Projectus sum a facie oculorum tuorum ; quia non superbus exstiti, sed cor meum accusavi, et in tribulatione mea titubans ad te exclamavi : exaudisti orationem meam. Impletum est ergo quod commendavi de illo Psalmo. Quod enim est : « Ego dixi in ecstasi mea : Projectus sum a facie oculorum tuorum : » hoc est in illo Psalmo : « Si dicebam motus est pes meus. » Et quod est in illo :

« Misericordia tua Domine adjuvabat me, » hoc est in isto : « Ideo exaudisti Domine vocem orationis meæ. » Attende illud in Petro (*Matth.*, XIV, 26) : Videt Dominum ambulantem in aquis, putat phantasma. Exclamat Dominus : Ego sum, noli timere. Confidit Petrus, et dicit : Si tu es, jube me venire ad te super aquas : hinc probo si tu es, si in verbo tuo potuero quod tu potes. Ait ille : Veni. Et (*a*) verbum jubentis facta est potestas audientis. Veni, inquit. Et descendit : cœpit ire, ibat intrepidus, tanquam in illo sperans : videns autem ventum validum timuit. « Ego dixi in ecstasi mea : Projectus sum a facie oculorum tuorum. » Et cum cœpisset mergi, clamavit : Domine pereo. Et Jesus porrigens ei manum, levavit eum dicens : Modicæ fidei, quare dubitasti ? Dixi ergo in pavore meo : Projectus sum a facie oculorum tuorum ; et tanquam jam perire incipientis in mari, exaudisti Domine vocem orationis meæ. Exaudisti autem, « cum clamarem ad te. » Clamor ad Deum non est voce, sed corde. Multi silentes labiis, corde clamaverunt : multi ore strepentes,

a) Lov. *Et ad verbum.* At Er. et Mss. carent particula *ad.*

cœur. Beaucoup se sont tus des lèvres, qui ont crié du cœur; beaucoup, dont la bouche a poussé de grands cris, n'ont rien obtenu, parce que leur cœur n'était point d'accord avec leurs cris. Si donc vous criez vers Dieu, faites-le au dedans de vous, où Dieu vous entend. Lorsque j'ai crié vers vous, dit-il, vous avez écouté ma voix suppliante.

11. Ayant ainsi éprouvé la miséricorde du Seigneur, à quoi va-t-il nous exhorter? « Saints du Seigneur, aimez-le tous. » (*Ps.* xxx, 24.) C'est comme s'il disait : croyez-moi, je l'ai éprouvé ; j'ai eu des tribulations, j'ai invoqué le Seigneur, et je n'ai point été déçu ; j'ai mis mon espérance en Dieu, et je n'ai pas été confondu ; il a éclairé mon esprit, il m'a fortifié dans ma terreur. « Saints du Seigneur, aimez-le tous; » c'est-à-dire aimez le Seigneur, vous qui n'aimez pas le monde, « vous tous qui êtes ses saints. » Car, est-ce à celui qui aime encore l'amphithéâtre, que je dis d'aimer Dieu? Est-ce à celui qui aime encore les mimes, à celui qui aime encore les pantomimes (1), à celui qui aime encore les excès de la table, à celui qui aime encore les pompes du siècle, ses vanités et ses folies mensongères, que je dis d'aimer Dieu? A celui-là je dis : apprenez à ne plus aimer, afin d'apprendre à aimer ; détournez-vous du mal, afin de retourner au bien ; videz-vous, afin d'être rempli. « Saints du Seigneur, aimez-le tous. »

12. « Parce que le Seigneur recherchera la vérité. » (*Ibid.*) Vous savez que maintenant les méchants abondent de toutes parts, vous savez que maintenant ils s'enorgueillissent dans leurs vanités ; mais le Seigneur recherchera la vérité « et il punira les superbes selon la grandeur de leur orgueil. » Supportez jusqu'à ce que vous l'emportiez, tolérez jusqu'à ce que vous vous sentiez à vide ; car le Seigneur qui recherche la vérité punira nécessairement les superbes selon la grandeur de leur orgueil. Mais, direz-vous, quand les punira-t-il? Quand il le voudra. Soyez certain que Dieu les punira ; ne doutez pas du châtiment, mais n'ayez point l'audace de donner conseil à Dieu sur l'heure de sa justice. Assurément il recherchera la vérité, et il punira les superbes en proportion de leur orgueil. Quelques uns seront punis ici-bas; nous l'avons vu et nous l'avons appris. En effet, quand ceux qui craignent Dieu sont humiliés, si par hasard ils étaient revêtus de quelque éclatante dignité de ce siècle, leur humiliation n'est point une chute, parce qu'ils n'ont pas chassé Dieu de leur cœur, et que Dieu même les soutient et les élève. Job paraissait humilié, après avoir perdu tout son bien et perdu ses enfants (*Job*, 1), perdu ce qu'il conservait et ceux pour lesquels il le conservait ; il restait sans héritage, et, ce qui est plus triste encore, il restait sans héritier ; il en vint à n'avoir

(1) Παντόμιμος, danseur qui exprime par des gestes les mœurs et les sentiments de toute nature. Voy. liv. II, de la Doctrine chrétienne, ch. xxv.

corde averso nihil impetrare potuerunt. Si ergo clamas, clama intus, ubi audit Deus. Cum clamarem, inquit, ad te, exaudisti vocem orationis meæ.

11. Jam ergo expertus quid nos hortatur? « Diligite Dominum omnes sancti ejus. » (*Ps.* xxx, 24.) Tanquam diceret : Credite mihi, ego sum expertus ; habui tribulationes, invocavi, et non sum deceptus ; speravi in Deum, et non sum confusus : cogitationes meas illuminavit, trepidationem meam firmavit. « Diligite Dominum omnes sancti ejus : » id est, (*a*) vos diligite Dominum, qui non diligitis mundum, hoc est, « omnes sancti ejus. » Nam cui dico ut diligat Dominum, qui adhuc diligit amphitheatrum? Cui dico ut diligat Dominum, qui adhuc diligit mimum, qui adhuc diligit pantomimum, qui adhuc diligit vinolentiam, qui adhuc diligit pompas sæculi, et vanitates omnes, et insanias mendaces? cui dico : Disce non diligere, ut discas diligere ; avertere, ut convertaris; funde, ut implearis. « Diligite Dominum omnes sancti ejus. »

(*a*) Mss. *id est, illi diligite*, etc.

12. « Quoniam veritatem requiret Dominus. » (*Ibid.*, 24.) Nostis quia modo multi malefici videntur, nostis quia modo in suis vanitatibus extolluntur : veritatem requiret Dominus. « Et retribuet his qui abundanter faciunt superbiam. » Ferte donec efferatis, tolerate donec careatis : necesse est enim ut Dominus veritatem requirens, retribuat his qui abundanter faciunt superbiam. Jam dicturus es : Quando retribuet? Quando vult. Quia retribuet certus sis; de retributione non dubites, de tempore non audeas Deo dare consilium. Prorsus veritatem requiret, et retribuet his qui abundanter faciunt superbiam. Aliquibus et hic retribuet, et vidimus et didicimus quia retribuit. Etenim quando humiliantur qui Deum timent, si forte in aliqua dignitate hujus sæculi refulserant, humiliati non ceciderunt, quia Deum de corde non excluserunt : altitudo ipsorum Deus est. Humiliatus videbatur Job perdita substantia sua (*Job*, 1), perditis filiis suis, perditis quæ servabat, perditis quibus servabat ; remansit sine hæ-

plus que son épouse, non comme consolatrice, mais plutôt comme auxiliaire du démon. (*Job*, II, 9.) Il paraissait humilié; mais voyez s'il était malheureux, voyez s'il n'était pas caché dans le visage de Dieu. « Je suis sorti nu du sein de ma mère, dit-il, je retournerai nu dans le sein de la terre. Ce que le Seigneur m'avait donné, le Seigneur me l'a ôté. Comme il a plu au Seigneur, ainsi est-il arrivé. Que le nom du Seigneur soit béni. » (*Job*, I, 21, etc.) D'où viennent ces perles de louange pour Dieu? Voyez cet homme pauvre extérieurement, riche intérieurement. Ces perles de louange pour Dieu sortiraient-elles de sa bouche, s'il n'avait un trésor dans son cœur? Vous qui voulez être riches, désirez de telles richesses, que vous ne pouvez perdre dans aucun naufrage. Donc, quand les saints sont humiliés, ne les croyez pas malheureux pour cela. Vous vous tromperiez, ne sachant pas ce qu'ils portent en eux. Vous formez ces conjectures sur eux d'après vous qui aimez le monde, parce que la perte de semblables choses vous rend malheureux. Gardez-vous d'en rien croire; ils ont en eux de quoi se réjouir. En eux est leur Seigneur, en eux est leur pasteur et leur consolateur. Ceux-là seuls souffrent de semblables chutes, qui ont mis toutes leurs espérances en ce monde. Ce qui brillait au dehors leur est enlevé; il ne leur reste au dedans que la fumée d'une mauvaise conscience. Ils n'ont rien pour se consoler; ils n'ont point où sortir au dehors, ils n'ont point où rentrer au dedans; privés de la pompe du siècle, vides de la grâce spirituelle, ils sont vraiment humiliés. Et Dieu, dès le temps présent, traite de la sorte un certain nombre de pécheurs, mais non tous les pécheurs. Si, en effet, il n'agissait ainsi à l'égard d'aucun d'eux, sa divine providence semblerait en quelque sorte ne point veiller sur le monde; s'il agissait ainsi envers tous, sa divine patience semblerait être à bout. Et pourtant, ô chrétiens, vous avez appris à supporter le mal et non à chercher votre vengeance. Chrétiens, vous voulez être vengés? Mais le Christ n'est point encore vengé. Vous avez souffert de quelque méchant? Et lui n'a-t-il rien souffert? N'a-t-il pas souffert le premier pour vous, lui qui n'avait rien en lui qui méritât la souffrance? La tribulation est pour vous le creuset de l'orfèvre (si toutefois vous êtes de l'or et non de la paille), où vous devez vous dégager de tout alliage impur et non vous voir réduire en cendres.

13. « Saints du Seigneur, aimez-le tous, parce qu'il recherchera la vérité, et punira les superbes selon la grandeur de leur orgueil. » (*Ps.* XXX, 24.) Oh! s'il les punissait maintenant! je voudrais les voir maintenant humiliés et abattus. Ecoutez ce qui suit : « Agissez avec courage. » (*Ibid.*, 25.) Gardez-vous, dans les tribulations, de laisser tomber vos mains défail-

---

reditate, et quod est tristius, sine hærede; remansit ad solam uxorem, non suam consolatricem, sed diaboli potius adjutricem (*Job*, II, 9) : humiliatus videbatur; vide si miser factus est, vide si non erat in abscondito vultus Dei. Nudus ait exii de utero matris meæ, nudus revertar in terram : Dominus dedit, Dominus abstulit; sicut Domino placuit ita factum est : sit nomen Domini benedictum. (*Job*, I, 21, etc.) Istæ gemmæ laudis Dei unde sunt? Videte foris pauperem, intus divitem. Istæ gemmæ laudis Dei exirent de ejus ore, nisi thesaurum haberet in corde? Qui divites esse vultis, tales divitias concupiscite, quas nec in naufragio potestis amittere. Ergo tales quando humiliantur, nolite eos putare miseros. Erratis, non scitis quid intus habeant. Ex vobis conjicitis, qui mundum diligitis, quia vos cum talia perditis, miseri remanetis. Prorsus nolite hoc putare, habent intus quo gaudeant. Interior est dominator eorum, interior est pastor et consolator ipsorum. Ipsi sunt qui male cadunt, qui spem suam in hoc sæculo ponunt. Aufertur quod nitebat foris, nihil remanet intus nisi fumus malæ conscientiæ. Unde se consolentur non habent, non habent quo foras exeant, non habent quo intro redeant, deserti pompa sæculari, inanes gratia spiritali, vere humiliantur. Et multis facit Deus ista in isto tempore, sed non omnibus. Si enim nemini faceret, quasi non videretur vigilare divina providentia : si omnibus faceret, non servaretur divina patientia. Tu tamen Christiane tolerare didicisti, non vindictam retribuere. Vindicari vis Christiane? Nondum vindicatus est Christus. An tu passus es improbum, et ille non passus est? Nonne prior pro te passus est, qui non habebat quare pateretur? Nam in te tribulatio fornax aurificis est, (si tamen aurum sis, et non palea,) ut sordibus careas, non in cinerem convertaris.

13. « Diligite Dominum omnes sancti ejus : quoniam veritatem requiret Dominus, et retribuet his qui abundanter faciunt superbiam. » (*Psal.* XXX, 24.) Sed quando retribuet? O si modo retribueret, modo eos volebam videre humiliatos atque prostratos. Audite quid sequitur : « Viriliter agite. » (*Ibid.*, 25.)

lantes; que vos genoux ne chancellent point. « Agissez avec courage, et que votre cœur s'affermisse. » Que votre cœur s'affermisse pour supporter toutes les misères de ce monde. Mais quels sont ceux à qui le Prophète dit : « Agissez avec courage, et que votre cœur s'affermisse? » Est-ce à ceux qui aiment le monde? Non. Mais écoutez quels sont ceux auxquels il parle ainsi : « Vous tous, dit-il, qui mettez votre espérance dans le Seigneur. » (Ibid.)

Nolite lassas manus in tribulationibus dimittere, non nutent genua vestra. « Viriliter agite, et confortetur cor vestrum. » Ad perpetienda et toleranda omnia mala hujus sæculi confortetur cor vestrum.

Sed qui sunt quibus hæc dicit Propheta : « Viriliter agite, et confortetur cor vestrum? » Numquid his qui diligunt mundum? Non. Sed quibus dicit, audite : « Omnes qui speratis in Domino. » (Ibid.)

FIN DU TOME ONZIÈME.

TABLE DES MATIÈRES DU TOME ONZIÈME

EXPLICATION DE QUELQUES PROPOSITIONS DE L'ÉPITRE AUX ROMAINS.

Livre unique 1

EXPLICATION COMMENCÉE DE L'ÉPITRE AUX ROMAINS.

Livre unique 35

EXPLICATION DE L'ÉPITRE AUX GALATES.

Livre unique 61

APPENDICE

DES MERVEILLES DE L'ÉCRITURE SAINTE.

Avertissement sur l'opuscule suivant. 121
Des merveilles de l'Ecriture sainte (Trois livres) 122
Préface. 122
LIVRE PREMIER. — *Du Pentateuque de Moïse.* 123
CHAPITRE I. — De Dieu, créateur, et de la création du monde 123
— II. — Du péché différent des deux natures raisonnables. 124
— III. — D'Abel et d'Enoch, les premiers parmi les hommes qui ont pratiqué la justice. 127
— IV. — Pourquoi les animaux terrestres seuls ont-ils péri dans les eaux du déluge ? 128
— V. — Comment les animaux qui ne peuvent vivre exclusivement soit sur la terre soit dans l'eau ont échappé aux eaux du déluge 129
— VI. — De l'irruption des eaux du déluge. 130
— VII. — De l'écoulement des eaux du déluge 132
— VIII. — Du cours du soleil et de la lune pendant le déluge 135
— IX. — De la division des langues 135
— X. — Du châtiment des habitants de Sodome. 137
— XI. — De la femme de Loth changée en statue de sel (*Gen.*, XIX, 17, 26). . . . 137
— XII. — De Sara mettant au monde un fils à l'âge de quatre-vingt-dix ans (*Gen.*, XXI, 1). . . . 138
— XIII. — De la source que vit Agar lorsqu'elle fut chassée avec son fils (*Gen.*, XXI, 19) . . . 138
— XIV. — Du bélier qu'Abraham offrit à la place de son fils (*Gen.*, XXII, 2) 139
— XV. — De Jacob et de Joseph; pourquoi l'un est-il enseveli dans la terre promise et l'autre dans l'Egypte ? 139
— XVI. — Moïse et le buisson d'Oreb. 140
— XVII. — Des deux prodiges de la main transformée dans le sein de Moïse, et de la verge changée en serpent (*Exod.*, IV, 2, 6). . . . 141
— XVIII. — De l'eau qui fut changée en sang (*Exod.*, V, 1, et VII, 10, 20) 142
— XIX. — Des autres plaies d'Egypte. 143
— XX. — De la division et du desséchement de la mer Rouge (*Exod.*, XIV, 5) 144
— XXI. — Du cantique que chantèrent les enfants d'Israël (*Exod.*, XV, 1). . . . 145
— XXII. — Des eaux qui devinrent douces à Mara (*Exod.*, XV, 24). . . . 146
— XXIII. — De la manne qui tombait du ciel (*Exod.*, XII, 34, et XVI, 14, 25) 147
— XXIV. — Du rocher d'Oreb que Moïse frappa de sa verge (*Exod.*, XVII, 6). . . . 149

TABLE DES MATIÈRES.

Chapitre XXV. — Pourquoi les enfants de Moïse ne lui ont pas succédé dans la conduite du peuple de Dieu (*Exod.*, xviii) 150
— XXVI. — Du jeûne de quarante jours. 150
— XXVII. — Convoitise du peuple qui demande de la viande. 150
— XXVIII. — De l'épouse éthiopienne de Moïse et de la lèpre dont fut couverte Marie en punition de ses murmures (*Nomb.*, xii, 1) 151
— XXIX. — De Coré, Dathan et Abiron (*Nomb.*, xvi, 1) 152
— XXX. — De la plaie dont le peuple fut frappé lorsque Moïse s'enfuit dans le tabernacle (*Nomb.*, xvi, 41). . 152
— XXXI. — De la verge d'Aaron qui fleurit (*Nomb.*, xvii, 6). 153
— XXXII. — Du rocher que Moïse frappa deux fois en Cadès. 153
— XXXIII. — Du serpent d'airain (*Nomb.*, xxi, 6). 153
— XXXIV. — De Balaam et de son ânesse (*Nomb.*, xxii, 5) 154
— XXXV. — Moïse se rend sur la montagne d'Abarim. 155

Livre second. — *De la Prophétie* 155

Chapitre I. — De Josué, fils de Nun, et du Jourdain passé à pied sec par le peuple de Dieu (*Jos.*, i, 6). . . 155
— II. — Des chaussures et des vêtements des enfants d'Israël (*Jos.*, v, 12). 156
— III. — De la destruction de Jéricho (*Jos.*, vi, 20) 157
— IV. — Du soleil et de la lune s'arrêtant à la voix de Josué (*Jos.*, x; *Eccli.*, xlvi, 6). . . . 157
— V. — De Gédéon et des deux signes miraculeux qui lui furent donnés 159
— VI. — De la force de Samson qui était dans ses cheveux (*Jug.*, xiii, 2). 160
— VII. — De l'arche du Seigneur transportée dans le pays des Philistins (I *Rois*, iv, 4). . . 161
— VIII. — Du bruit épouvantable du tonnerre qui effraya les Philistins (I *Rois*, vii, 10) . . 162
— IX. — Du tonnerre qui éclata et de la pluie qui tomba quand Saül fut sacré (I *Rois*, viii, 5) . . 162
— X. — Saül prophétise au milieu des prophètes (I *Rois*, xix, 20) 162
— XI. — Samuel évoqué par la pythonisse 163
— XII. — De la punition d'Oza (II *Rois*, vii, 7). 164
— XIII. — David fait le recensement du peuple (II *Rois*, xxiv, 15). 164
— XIV. — Des deux signes de l'autel de Béthel 165
— XV. — De la sécheresse qui dura trois ans et six mois. 165
— XVI. — De la veuve de Sarepta des Sidoniens (III *Rois*, xvii, 8). 166
— XVII. — Du fils unique de la veuve que ressuscite Elie (III *Rois*, xxii, 17). 167
— XVIII. — De l'holocauste offert sur la montagne du Carmel 167
— XIX. — Du jeûne de quarante jours 168
— XX. — Du feu qui est descendu sur les cinquante soldats. 169
— XXI. — Elie et Elisée passent le Jourdain 169
— XXII. — Elie est enlevé au ciel 170
— XXIII. — Des prodiges opérés par Elisée 170
— XXIV. — Naaman est guéri de la lèpre; Giési en est frappé 171
— XXV. — Du fer qui surnage sur l'eau. 172
— XXVI. — De la victoire remportée par Elisée 173
— XXVII. — De la captivité du peuple et de l'arrivée de Sennachérib dans la Judée. . . . 175
— XXVIII. — De la maladie d'Ezéchias et du signe qui lui fut donné 175
— XXIX. — De la captivité de Babylone 177
— XXX. — De la célébrité de Daniel à Babylone 178
— XXXI. — Des trois enfants qui échappèrent au supplice de la fournaise et ne furent point atteints par les flammes 178
— XXXII. — De Daniel dans la fosse aux lions 180
— XXXIII. — D'Esdras rétablissant l'autorité de la loi (*Jér.*, xxv, 12; xxix, 10; *Dan.*, ix, 2; I *Esdr.*, vi et vii) 181
— XXXIV. — Des principales guerres heureusement terminées par le secours du Seigneur. . . 181

Livre troisième. — *Du Nouveau Testament.* 183

Chapitre I. — De la vision de Zacharie et de la naissance de Jean-Baptiste 183
— II. — De l'Incarnation de Notre-Seigneur Jésus-Christ et de sa naissance de la vierge Marie . . 184
— III. — Des bergers auxquels les anges annoncent la naissance de l'enfant Dieu. 184

Chapitre IV.	— Des Mages qui viennent de l'Orient sous la conduite d'une étoile (*Matth.*, II, 1, etc.)	185
— V.	— Du baptême de Jésus-Christ	187
— VI.	— De la tentation et du jeûne de Jésus-Christ (*Matth.*, IV, 1, etc.).	188
— VII.	— Des miracles de l'Evangile jusqu'à celui où Notre-Seigneur marche sur les eaux	189
— VIII.	— Notre-Seigneur marche sur les eaux (*Matth.*, XIV, 26)	189
— IX.	— Des autres miracles de Notre-Seigneur Jésus-Christ.	190
— X.	— Des pains et des poissons qui servirent à nourrir plusieurs mille personnes	190
— XI.	— Notre-Seigneur apparaît sur la montagne s'entretenant avec Moïse et Elie (*Matth.*, XVII, 3).	191
— XII.	— De Lazare et des autres morts qui ont été ressuscités	191
— XIII.	— De l'éclipse du soleil dans la passion de Notre-Seigneur (*Luc*, XXIII, 44)	192
— XIV.	— Des corps des saints qui sortirent de leurs tombeaux après la résurection du Sauveur (*Matth.*, XXVII, 53).	193
— XV.	— De la nourriture que prit Notre-Seigneur après la résurrection (*Luc*, XXIV, 43)	193
— XVI.	— Pierre guérit un paralytique	194
— XVII.	— Puissance de Pierre	194

DES BÉNÉDICTIONS DU PATRIARCHE JACOB.

Avertissement sur le livre suivant 194
Des bénédictions du Patriarche Jacob 195

QUESTIONS SUR L'ANCIEN ET LE NOUVEAU TESTAMENT.

Avertissement sur le livre des questions sur l'Ancien et le Nouveau Testament 202
Elenchus quæstionum 205

QUESTIONS SUR L'ANCIEN TESTAMENT 210

Question I.	— Qu'est-ce que Dieu ?	210
— II.	— Pourquoi Dieu a-t-il créé le monde ?	213
— III.	— Quel besoin de faire connaître par Moïse et non avant lui le commencement du monde et l'ordre de la création ?	215
— IV.	— Pourquoi Dieu n'a pas donné la loi dès le commencement ?	217
— V.	— Pourquoi le sacrifice d'Abel a-t-il été agréé de Dieu et celui de Caïn refusé ?	218
— VI.	— Lamech a-t-il tué Caïn comme quelques-uns le pensent ?	219
— VII.	— Quelles sont les dix paroles qui ont été écrites sur les deux tables, ou quelles paroles étaient gravées sur chaque table, et quel était leur nombre ?	220
— VIII.	— Pourquoi Moïse, en descendant de la montagne avec les tables de la loi, avait-il un visage si éclatant qu'on ne pouvait fixer les regards sur lui ?	221
— IX.	— Si toutes les créatures que Dieu a faites étaient bonnes et très-bonnes, pourquoi dit-il à Noé : « Faites entrer avec vous dans l'arche des animaux purs et impurs, » puisqu'on ne peut appeler bon ce qui est impur ?	221
— X.	— Dieu ayant prédit à Abraham que les enfants d'Israël seraient affranchis de la domination des Egyptiens à la quatrième génération, pourquoi la loi dit-elle : « Les enfants d'Israël sortiront de la terre d'Egypte à la cinquième génération ? »	222
— XI.	— Si la volonté de l'homme juste est bonne, pourquoi Isaac n'a-t-il point béni Esaü comme il le voulait, mais Jacob qu'il ne voulait point bénir ?	223
— XII.	— Pourquoi Abraham a-t-il reçu la circoncision comme signe de sa foi ?	223
— XIII.	— Si les jugements de Dieu sont justes, pourquoi les enfants ont-ils été consumés avec leurs parents dans l'incendie de Sodome ?	224
— XIV.	— Pourquoi Dieu, dont l'Ecriture vante la justice, menace-t-il de punir les péchés des parents sur les enfants, jusqu'à la troisième et la quatrième génération ?	225
— XV.	— Puisque la loi fait l'éloge du juste, et que le vrai juste est celui qui accomplit toute justice, comment expliquer ces paroles de Salomon : « Ne soyez point juste à l'excès ? »	226
— XVI.	— Pourquoi l'ange qui voulait tuer Moïse dans le chemin fut apaisé par la circoncision de son enfant ?	227
— XVII.	— Pourquoi la loi déclare-t-elle maudits ceux qui n'ont pas laissé de postérité dans Israël, tandis qu'Isaïe promet que rien n'est à craindre pour les eunuques qui ne peuvent avoir d'enfants ?	228

TABLE DES MATIÈRES.

Question XVIII. — Pourquoi Saül après son péché demande qu'on prie Dieu de lui accorder son pardon, sans qu'il ait pu l'obtenir, tandis que David, également pécheur, l'a demandé et obtenu? 228

— XIX. — Le corps d'Adam, lorsqu'il fut créé, était-il immortel ou sujet à la mort? 229

— XX. — Pourquoi l'Ecriture dit-elle : « L'homme a mangé le pain des anges, » puisque les anges, créatures simples par leur nature, et revêtus d'une puissance toute spirituelle, n'ont pas besoin de nourriture? 229

— XXI. — Dans quel sens faut-il entendre que Dieu a fait l'homme à son image et à sa ressemblance, et la femme est-elle aussi l'image de Dieu? 230

— XXII. — Pourquoi Salomon dit-il : « Justifiez votre âme avant votre mort, » (*Eccli.*, xiv, 16) tandis que nous lisons dans un psaume : « Nul homme vivant ne sera justifié en votre présence? » (*Ps.* cxlii, 2.) 231

— XXIII. — Les âmes viennent-elles par voie de propagation comme les corps? 231

— XXIV. — Pourquoi, puisque l'homme et la femme sont une seule chair, l'homme est-il l'image de Dieu et non la femme? 232

— XXV. — Pourquoi Joseph, après avoir prédit l'avenir, adjure les enfants d'Israël de transporter ses cendres de l'Egypte, lorsque Dieu les aura délivrés? 232

— XXVI. — Elisée a-t-il obtenu ce qu'il a demandé indiscrètement à Elie? (IV *Rois*, ii, 10.) 233

— XXVII. — La pythonisse a-t-elle évoqué Samuel; a-t-il paru véritablement devant elle, et a-t-il dit à Saül les paroles que rapporte le livre des Rois? (I *Rois*, xxviii, 12.) 234

— XXVIII. — Que peut-on répondre à ceux qui prétendent que ce monde existe naturellement de toute éternité, et qu'il n'a ni commencement ni fin? 235

— XXIX. — Pourquoi Dieu commanda-t-il de circoncire les enfants le huitième jour? (*Gen.*, xvii, 12.) . . 235

— XXX. — Il est écrit dans les Proverbes : « Le juste s'accuse le premier dès le commencement de son discours, » (*Prov.*, xviii, 17) comment peut-il être juste, s'il est pécheur? 236

— XXXI. — Est-ce un serpent véritable qui a parlé avec la femme, ou est-ce l'acte même du diable qui l'a séduite, qui lui a fait donner le nom de serpent? (*Gen.*, iii, 1.) 236

— XXXII. — Nous lisons dans les Proverbes de Salomon : « Le riche et le pauvre se sont rencontrés, le Seigneur est le Créateur de l'un et de l'autre. » (*Prov.*, xxii, 2.) Comment donc peut-on dire qu'il n'y ait point en Dieu d'acception de personnes? 237

— XXXIII. — Salomon dit que les années des méchants seront abrégées (*Prov.*, x, 27), comment donc voyons-nous des impies en grand nombre prolonger leur vie sur la terre? 238

— XXXIV. — Comment le même Salomon dit d'un côté : « Dieu n'a point fait la mort, » (*Sag.*, i, 13) dans un autre : « Les biens et les maux, la vie et la mort, la pauvreté et l'opulence viennent de Dieu. » (*Eccli.*, xi, 14.) 238

— XXXV. — Comment David peut-il encore appeler Saül, l'oint du Seigneur, et lui rendre honneur en cette qualité, après que le Seigneur s'était retiré de lui? (I *Rois*, xxvi, 16.) 239

— XXXVI. — Si l'âme qui pèche doit seule être punie de mort, pourquoi lors du péché d'Achan, fils de Charmi, trente hommes ont été tués pour expier son crime? (*Jos.*, vii, 24.) 239

— XXXVII. — Pourquoi la mort envoyée contre Jacob est tombée sur Israël, puisque Jacob est aussi appelé du nom d'Israël? (*Isa.*, ix, 8, sel. les Sept.) 240

— XXXVIII. — Si le cheval et le mulet n'ont point d'intelligence, combien moins la terre qui n'a aucun sentiment, pourquoi donc la terre est-elle invitée à bénir le Seigneur? (*Ps.* xxxi, 9.) 241

— XXXIX. — Que signifient ces paroles de Salomon : « L'espérance est dans les ténèbres; un chien vivant vaut mieux qu'un lion mort? » (*Eccli.*, ix, 4.) 242

— XL. — Que signifient ces paroles du prophète : « Réjouis-toi, stérile qui n'enfante pas, chante des cantiques de louanges, pousse des cris de joie, toi qui n'avais pas d'enfants, l'épouse abandonnée est devenue plus féconde que celle qui a un époux. » (*Isa.*, liv, 1.) 242

— XLI. — L'esprit qui était porté sur les eaux est-il l'Esprit saint, comme semblerait l'indiquer ces paroles : « L'Esprit de Dieu était porté sur les eaux. » (*Gen.*, i, 2.) 243

— XLII. — Pourquoi l'ange qui fut envoyé pour parler à Moïse lui apparut sur la montagne au milieu du feu d'un buisson? (*Exod.*, iii, 2.) 245

— XLIII. — Puisque Dieu défendit à Abraham d'immoler son fils, pourquoi ne défendit-il pas aussi à Jephté de sacrifier sa fille? (*Jug.*, xi, 39.) 246

— XLIV. — Comment peut-on prouver par le témoignage des prophètes reçu par les Gentils sous la nouvelle alliance, que la promesse que Dieu a faite à Abraham a été accomplie par l'avènement du Christ? 247

TABLE DES MATIÈRES.

Question XLV. — Comment l'homme a-t-il été fait à l'image de Dieu, a-t-il créé pour commander, et en est-il de même de la femme ? 252
— XLVI. — Samuel était-il du nombre des enfants d'Aaron, et doit-on admettre qu'il fût prêtre ? . . . 253
— XLVII. — Comment ces paroles d'Isaïe : « Sept femmes prendront, etc., » doivent-elles s'entendre des sept églises catholiques ? 258

Questions sur le nouveau Testament 260

Question XLVIII. — Dieu est sans nul doute souverainement parfait et indépendant de toutes choses ; qu'était-il donc besoin que le Christ Sauveur naquît de Dieu, et que Dieu eût un Fils par lequel il fît toutes choses ? 260
— XLIX. — Pourquoi le Sauveur, saint dès sa naissance, et qui reçut le nom du Christ Seigneur, a-t-il été baptisé, puisque le baptême a été institué pour purifier du péché ? (*Matth.*, iii, 14.) . . . 260
— L. — Si le Sauveur a voulu être baptisé pour servir d'exemple, pourquoi, bien qu'il eût été circoncis, a-t-il défendu aux autres de l'être ? 261
— LI. — Comment doit-on entendre la réponse que l'ange Gabriel fit à ces paroles de Marie : « Comment saurai-je ce que vous me dites, car je ne connais point d'homme ; » et l'ange Gabriel répondant lui dit : « Le Saint-Esprit surviendra en vous, et la vertu du Très-Haut vous couvrira de son ombre ? » (*Luc*, i, 34.) 262
— LII. — Si le Christ est né de l'Esprit saint, c'est-à-dire si c'est par son opération qu'il a été fait chair, de la chair de Marie, pourquoi est-il écrit : « La sagesse, qui est le Christ, s'est construit une demeure ? » (*Prov.*, ix, 1.) 263
— LIII. — Si Dieu fait tout avec raison, pourquoi dit-on que le Sauveur est né le huitième des calandes de janvier ? 263
— LIV. — Si Jésus-Christ, de la race de David est devenu Fils de Dieu selon la chair, c'est-à-dire si dans sa naissance il était Fils de Dieu, dans ses deux natures, parce qu'il est né saint, comment le Seigneur Dieu lui a-t-il dit après son baptême : « Vous êtes mon Fils, je vous ai engendré aujourd'hui ? » (*Ps.* ii, 7.) 263
— LV. — Pourquoi le Seigneur a-t-il voulu être crucifié le huitième jour des calandes d'avril, époque de la célébration de la Pâque pour les Juifs ? 264
— LVI. — Pourquoi saint Matthieu a-t-il écrit que Jacob était le père de Joseph, tandis que saint Luc le donne comme le fils d'Héli, de manière qu'on le présente assez peu judicieusement comme enfant en deux pères, ou qu'on ne sait pas au juste quel est son véritable père ? (*Matth.*, i, 16 ; *Luc*, iii, 23.) 265
— LVII. — Comment saint Marc peut-il attribuer au prophète Isaïe ces paroles que nous lisons dans le prophète Malachie : « Voici que j'envoie mon ange devant votre face pour vous préparer la voie. » (*Malach.*, iii, 1 ; *Marc*, i, 2.) 266
— LVIII. — Pour quelle raison Jean-Baptiste peut-il nier qu'il connût le Christ avant son baptême, alors qu'il lui dit lorsqu'il s'approcha de lui pour être baptisé : « C'est moi qui dois être baptisé par vous, et vous venez à moi ? » Comment ne connaissait-il pas Celui qu'il se défendait de baptiser, en s'humiliant profondément devant lui ? (*Jean*, i, 31, 33 ; *Matth.*, iii, 14.) 266
— LIX. — Si le baptême est un mystère céleste, pourquoi Notre-Seigneur dit-il à Nicodème, qui doutait de la vertu du baptême dont il lui parlait : « Si je vous ai dit des choses terrestres, et que vous ne les croyiez point, comment me croirez-vous, si je vous dis des choses célestes ? » (*Jean*, iii, 2.) . 267
— LX. — Si la loi et les prophètes n'ont été en vigueur que jusqu'à Jean-Baptiste, comment le Sauveur envoie-t-il des lépreux offrir des présents aux prêtres pour la guérison de leur lèpre ? (*Matth.*, viii, 4 ; *Marc*, i, 44 ; *Luc*, v, 14.) 269
— LXI. — Pourquoi le Sauveur, répondant aux Juifs qui accusaient les disciples de violer le sabbat, en froissant des épis dans leurs mains pour les manger, leur apporte-t-il l'exemple de David, qui avait mangé des pains qu'il n'était permis de manger qu'aux prêtres seulement, exemple, qui loin de les justifier, les rends coupables de la même faute que David, qui d'ailleurs n'a pas fait cette action un jour de sabbat 270
— LXII. — Pourquoi dit-on que Rachel pleure ses enfants, alors que ce sont les enfants de Lia qui avaient été mis à mort ? (*Matth.*, ii, 18.) 272
— LXIII. — Comment les mages de Chaldée ont-ils pu apprendre la naissance de Christ roi des Juifs, sur l'apparition d'une étoile, qui est plus ordinairement le signe qui annonce un roi de la terre ? (*Matth.*, ii, 2.) 272

TABLE DES MATIÈRES.

QUESTION LXIV. — Comment peut-on prouver que le Sauveur est ressuscité des morts après trois jours et trois nuits écoulés ? 273

— LXV. — Si les évangélistes n'ont eu qu'une même pensée, qu'un même langage, comment se fait-il que lorsque trois d'entre eux, saint Matthieu, saint Luc et saint Jean disent que le Sauveur a été crucifié à la sixième heure, saint Marc, au contraire, rapporte qu'il l'a été à la troisième heure ? . 275

— LXVI. — Comment l'évangéliste saint Marc a-t-il pu dire que les démons connaissaient Jésus et le confessaient publiquement, tandis que l'Apôtre déclare que les princes et les puissances de ce monde n'ont point connu la divinité du Seigneur Jésus. En effet, saint Marc dit : « Ils savaient que c'était lui. » (*Marc*, I, 34.) L'Apôtre, au contraire, assure que nul des princes de ce monde ne l'a connu, car s'ils l'avaient connu, ils n'auraient jamais crucifié le Seigneur de la gloire. (I *Cor.*, II, 8.) Si les démons le connaissaient, comment les princes l'ignoraient-ils ? 276

— LXVII. — Comment expliquer ces paroles du Sauveur sur la croix : « Mon Père pardonnez-leur, car ils ne savent ce qu'ils font ? » (*Luc*, XXIII, 34.) S'ils ne savent ce qu'ils font, comment peut-on leur pardonner, alors que le roi Abimélech dit à Dieu : « Perdrez-vous une nation innocente à cause de son ignorance ? » (*Gen.*, XX, 4.) 277

— LXVIII. — Notre-Seigneur nous commande de prier pour nos ennemis (*Matth.*, V, 44), comment donc expliquer cet endroit de l'Apocalypse, où les âmes de ceux qui ont été tués demandent à Dieu de les venger ? (*Apoc.*, VI, 10.) 278

— LXIX. — Si la loi a cessé d'être obligatoire à la prédication de Jean-Baptiste ou du Sauveur, comment expliquer ces paroles de Notre-Seigneur Jésus-Christ : « Je ne suis pas venu détruire la loi ou les prophètes, mais l'accomplir. » (*Matth.*, V, 17.) Car, s'il était défendu de l'observer, n'a-t-elle pas été détruite, ou perdant l'autorité qu'elle avait sur la conduite des hommes ? 279

— LXX. — Notre-Seigneur nous commande certainement d'être ennemis du démon ; pourquoi donc nous dit-il dans l'évangile : « Hâtez-vous de vous réconcilier avec votre adversaire ? » (*Matth.*, V, 25.) Quel est l'adversaire de l'homme, si ce n'est le démon ? 282

— LXXI. — Jacob a été appelé l'homme qui voit Dieu (*Gen.*, XXXII, 30) ; et Moïse a vu Dieu face à face. (*Exode*, XXXIII, 11.) Isaïe dit aussi : « J'ai vu de mes yeux le Dieu des armées. » (*Isaïe*, VI, 5.) Au contraire, l'évangéliste saint Jean dit : « Nul homme n'a jamais vu Dieu. » (I *Jean*, IV, 12.) Il y a donc ici contradiction. 283

— LXXII. — Nous lisons dans l'Apocalypse : « Va, et prends le livre ouvert de la main de l'ange, et dévore-le, et il sera amer dans tes entrailles, mais dans ta bouche il sera doux comme le miel. » (*Apoc.*, X, 8.) 283

— LXXIII. — Que signifient ces paroles de Siméon à Marie, Mère du Christ : « Celui-ci est établi pour la ruine et pour la résurrection de plusieurs en Israël,... et le glaive percera votre âme, afin que les pensées cachées au fond des cœurs d'un grand nombre soient révélées. » (*Luc*, II, 34.) 285

— LXXIV. — Comment concilier ces paroles du prophète Isaïe parlant du Christ : « Il n'a point commis le péché, » (*Isaïe*, LIII, 9) avec ces autres de l'Apôtre : « Il a rendu péché pour nous celui qui ne connaissait point le péché ? » (II *Cor.*, V, 21.) 286

— LXXV. — Pourquoi le Seigneur paie-t-il seulement le didrachme pour lui et pour Pierre, et non pour les autres Apôtres ? Puisque tous avaient abandonné leurs biens pour le suivre, ne devait-il pas payer ce tribut pour tous ? (*Matth.*, XVIII, 26.) 288

— LXXVI. — Saint Jean dit dans son évangile : « La loi a été donnée par Moïse ; la grâce et la vérité sont venues de Jésus-Christ. » (*Jean*, I, 17.) Donc la grâce et la vérité n'existaient pas auparavant. Comment donc Dieu a-t-il donné une loi qui ne contenait pas la vérité ? 289

— LXXVII. — Que signifient ces paroles de l'évangéliste saint Marc sur Notre-Seigneur Jésus-Christ : « Etant entré dans une maison, il désirait que personne ne le sût, mais il ne put rester caché ? » (*Marc*, VII, 24.) S'il désirait rester caché et qu'il ne l'ait pu, sa volonté a donc été impuissante ? . 290

— LXXVIII. — Nous lisons dans l'évangile selon saint Jean que le Sauveur, après avoir dit qu'il n'irait point à Jérusalem pour le jour de la fête, s'y rendit cependant en secret. (*Jean*, VII, 8, 14.) N'est-ce point là un acte d'inconstance ? 291

— LXXIX. — Si nous sommes les maîtres de notre volonté, pourquoi le Sauveur dit-il : « Nul ne vient à moi, si mon Père, qui m'a envoyé, ne l'attire ? » (*Jean*, VI, 44.) L'Apôtre s'exprime en termes semblables : « Il ne suffit ni de vouloir ni de courir, il faut que Dieu fasse miséricorde ; » et encore : « Il fait miséricorde à qui il lui plaît, et il laisse endurcir qui il lui plaît. » (*Rom.*, IX, 16, 18.) Comment la volonté demeure-t-elle libre, si elle est entraînée au bien ou au mal, au gré d'une volonté étrangère ? 292

TABLE DES MATIÈRES.

Question LXXX. — Chacun est nécessairement fils de Dieu ou fils du démon, il est donc toujours fils, tantôt de Dieu, tantôt du démon ; donc, nous est-il commandé de prendre une seconde naissance ? . . . 294

— LXXXI. — L'Apôtre, en disant : « Nous sommes nous autres Juifs de naissance, » (*Gal.*, II, 15) veut montrer que les Juifs tirent leur naissance des Juifs. Je ne parle pas ici des prosélytes qui deviennent Juifs. Ainsi, ceux qui sont nés dans le désert, n'ont pas été circoncis, et cependant ils étaient Juifs. Ce n'est donc point la circoncision qui fait le Juif, mais la naissance de parents fidèles à la religion d'un Dieu créateur. Si donc les Juifs naissent des Juifs, pourquoi les chrétiens ne naissent-ils pas aussi des chrétiens, comme les païens naissent des païens ? 295

— LXXXII. — Nul doute que les païens ne fussent assujettis aux éléments du monde. Pourquoi donc l'Apôtre dit-il : « Nous étions nous-mêmes asservis sous les éléments de ce monde. » (*Gal.*, IV, 3.) Si les Juifs étaient eux-mêmes asservis aux éléments, en quoi différaient-ils des païens ? . . . 297

— LXXXIII. — Si Jésus-Christ est la source du salut, la connaissance véritable et parfaite de Dieu, pourquoi n'est-il point venu plus tôt, afin que nos pères qui étaient dans l'ignorance pussent apprendre la vérité ? Depuis l'avènement du Christ, les hommes ont été sauvés en bien plus grand nombre qu'auparavant. Si donc il était venu plus tôt, le nombre des élus eût été beaucoup plus considérable. Il est donc répréhensible de ne l'avoir point fait ? 298

— LXXXIV. — Pourquoi nous, qui réglons sur le cours de la lune la fête de Pâque, reprochons-nous aux païens d'observer les jours et les différentes phases de la lune ? 301

— LXXXV. — Il est certain que depuis David jusqu'à la transmigration de Babylone, il y a dix-sept générations ; pourquoi donc l'Evangéliste n'en compte-t-il que quatorze, mettant Ochosias qui, après Joram, est le fils de Josaphat, ainsi que Joas fils d'Ochosias et Amasias fils de Joas ? (*Matth.*, I, 17.) 302

— LXXXVI. — Quelle est la preuve que Marie, mère du Sauveur, était de la tribu et de la race de David ? 303

— LXXXVII. — S'il n'y a qu'un seul Dieu, pourquoi placer dans trois l'espérance du salut, plutôt que dans deux, dans quatre ou dans un seul ; pourquoi enfin le mystère de la Trinité n'a-t-il pas été prêché dès le commencement ? 304

— LXXXVIII. — Si la grâce a été plus abondante et l'intelligence plus claire sous le Nouveau Testament que dans l'Ancien, pourquoi le prophète Isaïe a-t-il vu sur le trône de sa majesté le Dieu des armées qui est le Christ selon l'explication de l'évangéliste saint Jean qui a dit : « Isaïe a prophétisé ainsi quand il a vu sa gloire et qu'il a parlé de lui : » (*Isaïe*, VI, 1 ; *Jean*, XII, 41) tandis que sous le Nouveau Testament, Etienne, le premier des martyrs, déclare avoir vu Jésus assis à la droite de Dieu. (*Act.*, VII, 55.) Comment se fait-il que d'un côté le Christ paraisse dans un rang secondaire après ses triomphes, et de l'autre, comme le Dieu souverain, avant d'avoir remporté la victoire ? . 305

— LXXXIX. — Le Sauveur dit de l'Esprit saint, que « lorsqu'il sera venu, il convaincra le monde en ce qui touche le péché, et la justice, et le jugement ; le péché, parce qu'ils n'ont point cru en moi ; la justice, parce que je m'en vais à mon Père, et vous ne me reverrez plus ; et le jugement, parce que le prince de ce monde est déjà jugé. » (*Jean*, XVI, 8.) Notre-Seigneur formule ici une accusation contre le monde, mais qui a besoin d'explication. 305

— XC. — Si le diable est Satan lui-même, pourquoi Notre-Seigneur dit-il aux Juifs : « Le père dont vous êtes nés est le démon, et vous voulez accomplir les désirs de votre père. Il a été homicide dès le commencement, et il n'est point demeuré dans la vérité, car la vérité n'est point en lui. Quand il profère le mensonge, il dit ce qui lui est propre, car il est menteur comme son père. » (*Jean*, VIII, 44.) 306

— XCI. — Comment peut-on combattre les arguments de Photin, qui prétend que le Christ n'est point antérieur à Marie 306

— XCII. — Comment doit-on entendre ces paroles du Sauveur : « Je vous donne ma paix, je vous laisse ma paix, je ne vous la donne pas comme le monde la donne. » (*Jean*, XIV, 27.) 312

— XCIII. — Il nous faut examiner si les apôtres ont eu l'Esprit saint dans le temps qu'ils étaient sur la terre avec le Seigneur, car l'Evangéliste dit : « L'Esprit saint n'avait pas encore été donné, parce que Jésus-Christ n'était pas encore glorifié. » (*Jean*, VII, 39.) Et dans un autre endroit : « Si vous m'aimez, dit Jésus à ses disciples : gardez mes commandements. Et je prierai mon Père, et il vous donnera un autre consolateur, afin qu'il demeure éternellement avec vous : l'Esprit de vérité que le monde ne peut recevoir, parce qu'il ne le voit point et qu'il ne le connaît point ; mais vous, vous le connaîtrez, parce qu'il demeurera avec vous et qu'il est en vous. » (*Jean*, XIV, 15.) Que veulent dire ces paroles ? 312

— XCIV. — Judas Iscariote, qui a trahi Notre-Seigneur, s'est-il pendu avant la passion du Sauveur ? 315

— XCV. — Quelle a été l'origine de la fête de la Pentecôte et la raison de son institution. . . . 316

QUESTION XCVI. — Doit-on interpréter le mot Pâque dans le sens de passage comme l'expliquent les Grecs? . . 318
— XCVII. — Quelle réponse simple peut-on faire d'après l'Ecriture à l'impiété d'Arius? 318

QUESTIONS A LA FOIS SUR L'ANCIEN ET LE NOUVEAU TESTAMENT. 329
QUESTION XCVIII. — Sur l'Evangile de saint Jean 329
— XCIX. — Que signifient ces paroles de l'Apôtre : « Qu'il ne nous survienne que des tentations humaines. » (I *Cor.*, x, 13). 331
— C. — De l'Evangile de saint Matthieu. 332
— CI. — De la présomption des lévites de Rome 333
— CII. — Contre Novatien 336
— CIII. — Comment le Seigneur commande-t-il, dans le Lévitique, d'offrir des sacrifices et des libations qu'il rejette dans un autre endroit? 350
— CIV. — De l'Evangile de saint Luc. 352
— CV. — Comment concilier les prophéties avec l'Evangile sur l'obscurcissement du soleil et sur quelques autres points? (*Luc*, xxi, 25; xxiii, 45). 353
— CVI. — Du livre de la Genèse 355
— CVII. — De la succession du jour et de la nuit 361
— CVIII. — De la langue hébraïque, d'où lui vient ce nom 365
— CIX. — De Melchisédech. 368
— CX. — Sur le psaume I 375
— CXI. — Sur le psaume XXIII. 379
— CXII. — Sur le psaume L. 383
— CXIII. — Pourquoi le Fils de Dieu a été envoyé, et non pas un autre ? 389
— CXIV. — Contre les païens 392
— CXV. — Du destin. 400
— CXVI. — De la raison de la Pâque. 418
— CXVII. — Sur Abraham 419
— CXVIII. — Sur Job 421
— CXIX. — Sur Tobie 423
— CXX. — Du jeûne. 425
— CXXI. — Louange et gloire de la Pâque 426
— CXXII. — Du principe et du commencement. 427
— CXXIII. — Adam a-t-il eu l'Esprit saint ? 432
— CXXIV. — Une même action peut différer selon les personnes et être digne de louange ou de condamnation 436
— CXXV. — Contre Eusèbe. 438
— CXXVI. — De celui qui a reçu la foi de Jésus-Christ 442
— CXXVII. — Du péché d'Adam et d'Eve 446

Avertissement 457
QUESTIONS TIRÉES DE L'ANCIEN TESTAMENT. — Seconde partie. — De I à XX 458
QUESTIONS TIRÉES DU NOUVEAU TESTAMENT. — Seconde partie. — De I à LXV. 465
QUESTIONS A LA FOIS SUR L'ANCIEN ET LE NOUVEAU TESTAMENT. — Seconde partie. — De I à XII . . . 493

EXPOSITION DE L'APOCALYPSE DE SAINT JEAN.

Avertissement 499
Exposition de l'Apocalypse de saint Jean. — Homélies de I à XIX 501

DISCOURS SUR LES PSAUMES.

Préface du tome quatrième de l'édition des Bénédictins 555
Extrait du chapitre xiv du XVIIe livre de la *Cité de Dieu*, sur l'auteur des Psaumes. 573
Loca ex Psalmis variantia in Psalteriis. 575
Paroles de Cassiodore, sénateur, sur le présent ouvrage de saint Augustin, tiré du prologue de son Commentaire sur les Psaumes. 596

TABLE DES MATIÈRES.

Vers mis en tête d'un abrégé des Commentaires de saint Augustin sur les Psaumes. Abrégé qui se trouve dans un ancien manuscrit de la bibliothèque de Colbert 597
Lettre de François Pétrarque à Jean Boccace qui lui avait envoyé l'ouvrage de saint Augustin sur les Psaumes. 598
Préface d'un auteur moderne au sujet des Commentaires de saint Augustin sur les Psaumes. 600
Prologue sur le livre des Psaumes, attribué autrefois à saint Augustin dans les anciennes éditions, mais que l'on ne trouve dans aucun manuscrit. 604
Annotation sur le premier psaume. 606
Note du traducteur. 608
Discours sur le psaume I 609
— sur le psaume II 612
— sur le psaume III. — Psaume de David, quand il fuyait devant son fils Absalon. 616
— sur le psaume IV. — Pour la fin : Psaume cantique de David. 624
— sur le psaume V. 631
— sur le psaume VI. — Pour la fin, dans les hymnes touchant l'octave, psaume de David. . . . 640
— sur le psaume VII. — Psaume de David pour lui-même, qu'il chanta au Seigneur à cause des paroles de Chusi, fils de Gémini 650
— sur le psaume VIII. — Pour la fin, pour les pressoirs, psaume de David pour lui-même. . . . 667
— sur le psaume IX 677
— sur le psaume X. — Pour la fin : Psaume de David pour lui même 697
— sur le psaume XI. — Pour la fin, pour l'octave, psaume de David 707
— sur le psaume XII. — Pour la fin : Psaume de David 710
— sur le psaume XIII. — Pour la fin : Psaume de David pour lui-même 711
— sur le psaume XIV. — Psaume de David pour lui-même 714
— sur le psaume XV. — Inscription du titre, de David pour lui-même. 716
— sur le psaume XVI. — Prière de David pour lui-même. 718
— sur le psaume XVII 721
Ier Discours sur le psaume XVIII. — Pour la fin : Psaume de David pour lui-même. 729
IIe — sur le psaume XVIII 733
Discours sur le psaume XIX. — Pour la fin : Psaume de David. 743
— sur le psaume XX. — Pour la fin : Psaume de David pour lui-même 745
Ier Discours sur le psaume XXI. — Pour la fin, pour le secours du matin : Psaume de David 747
IIe — sur le psaume XXI. 752
Discours sur le psaume XXII. — Psaume de David pour lui-même. 768
— sur le psaume XXIII. — Psaume de David pour lui-même, pour le premier jour après le sabbat . . 769
— sur le psaume XXIV. — Pour la fin : Psaume de David pour lui-même. 771
Ier Discours sur le psaume XXV. — De David pour lui-même. 775
IIe — sur le psaume XXV. 777
Ier — sur le psaume XXVI. — Psaume de David pour lui-même, avant qu'il fût oint. 789
IIe — sur le psaume XXVI 792
Discours sur le psaume XXVII. — De David même 810
— sur le psaume XXVIII. — Psaume de David pour lui-même, pour la perfection du tabernacle . . 812
Ier Discours sur le psaume XXIX. — Pour la fin, psaume de cantique pour la dédicace de la maison, de David pour lui-même 814
IIe — sur le psaume XXIX 816
Ier — sur le psaume XXX. — Pour la fin : Psaume de David pour lui-même, extase. 831
IIe — sur le psaume XXX. 836
IIIe — sur le psaume XXX. 849
IVe — sur le psaume XXX. 862

FIN DE LA TABLE DU TOME ONZIEME.

Besançon. — Imprimerie d'Outhenin-Chalandre fils.

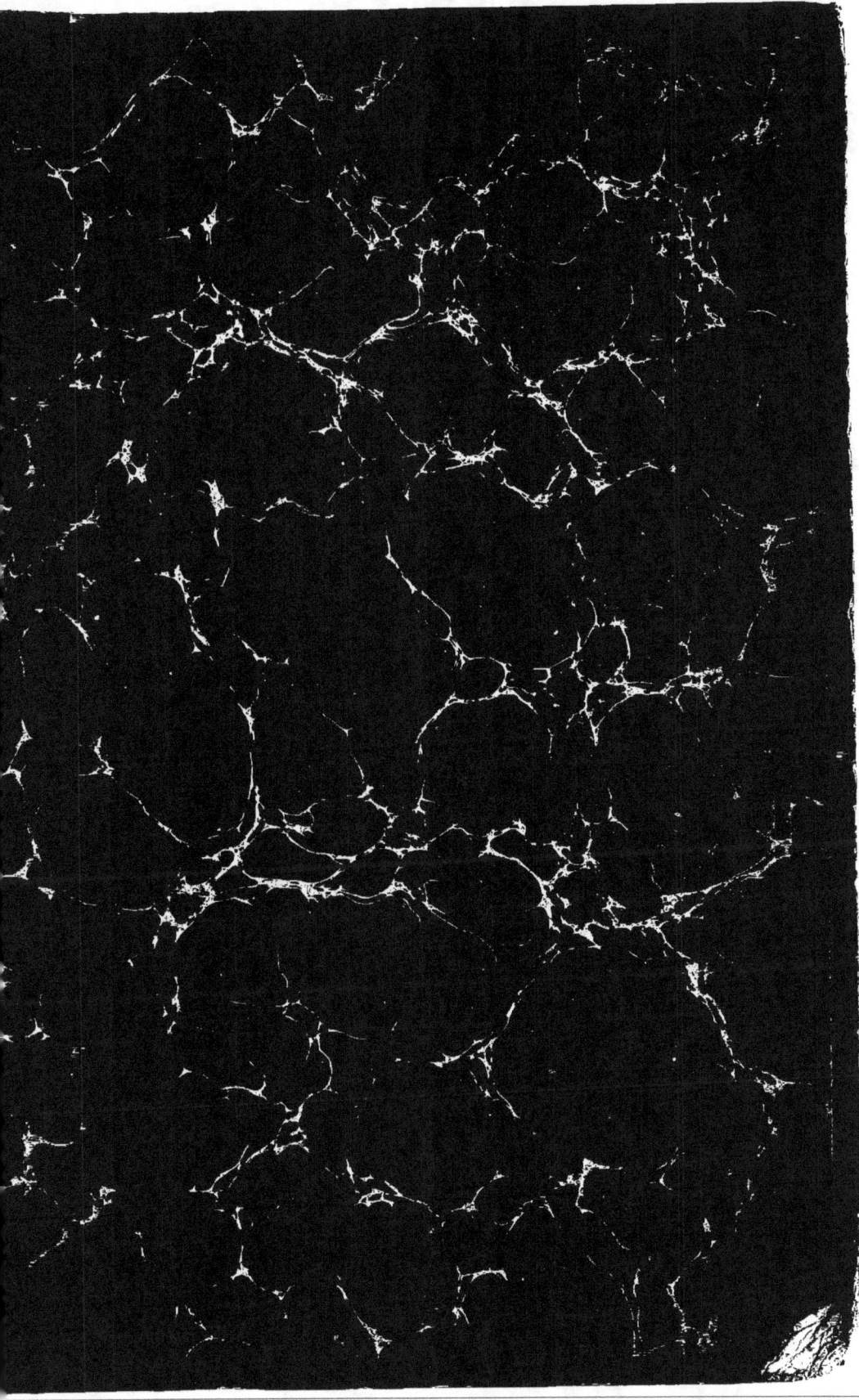

www.ingramcontent.com/pod-product-compliance
Lightning Source LLC
Chambersburg PA
CBHW052127010526
44113CB00034B/832